मध्य प्रदेश शासन,
स्कूल शिक्षा विभाग के अन्तर्गत

मध्य प्रदेश माध्यमिक शिक्षक (विषय)

चयन परीक्षा 2025

विज्ञान

मध्य प्रदेश शासन,
स्कूल शिक्षा विभाग के अन्तर्गत

मध्य प्रदेश माध्यमिक शिक्षक (विषय) चयन परीक्षा 2025

विज्ञान

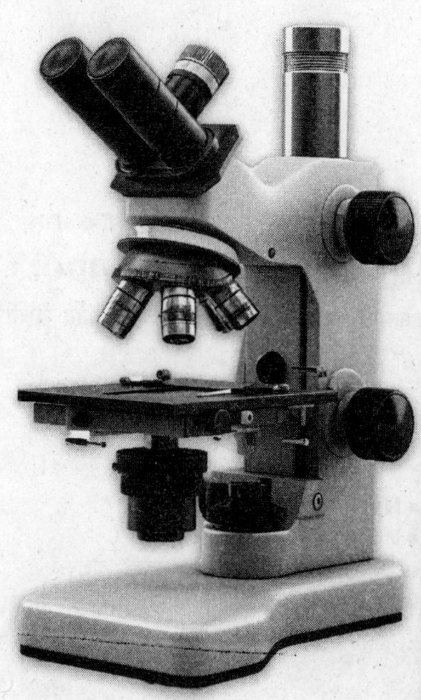

लेखक
डॉ. प्रताप सिंह

अरिहन्त पब्लिकेशन्स (इण्डिया) लिमिटेड

卐 **रजि. कार्यालय**

'रामछाया' 4577/15, अग्रवाल रोड, दरिया गंज, नई दिल्ली- 110002

फोन: 011-47630600, 43518550

卐 **मुख्य कार्यालय**

कालिन्दी, टी.पी. नगर, मेरठ (यूपी)– 250002

फोन: 0121-7156203, 7156204

卐 **शाखा कार्यालय**

आगरा, अहमदाबाद, बरेली, बेंगलुरु, चेन्नई, दिल्ली, गुवाहाटी, हैदराबाद, जयपुर, झाँसी, कोलकाता, लखनऊ, नागपुर तथा पुणे

卐 **मूल्य** ₹ 500.00

PO No. : TXT-59-T063123-02-25

PUBLISHED BY ARIHANT PUBLICATIONS (INDIA) LTD.

'अरिहन्त' की पुस्तकों के बारे में अधिक जानकारी के लिए हमारी वेबसाइट **www.arihantbooks.com** पर लॉग इन करें या **info@arihantbooks.com** पर सम्पर्क करें।

विषय–सूची

जीव विज्ञान **1-256**

1. जैविक वर्गीकरण 3-20
2. कवक एवं लाइकेन 21-48
3. ब्रायोफाइटा 49-72
4. आवृतबीजियों की वर्गिकी 73-90
5. आवृतबीजियों की आन्तरिकी 91-117
6. जन्तु जगत का वर्गीकरण 118-168
7. जीवन की उत्पत्ति एवं जैव–विकास 169-188
8. तन्त्रिका तन्त्र, तन्त्रिकीय संचारण एवं संवेदांग 189-210
9. जैव–अणु एवं जैव रसायन विज्ञान 211-214
10. पारिस्थितिकी एवं पर्यावरणीय 215-226
11. मानव स्वास्थ्य एवं रोग 227-237
12. जैव–प्रौद्योगिकी 238-256

भौतिक विज्ञान **1-154**

1. मापन 3-52
2. द्रव्य के सामान्य क्रम 53-80
3. विद्युतिकी व चुम्बकत्व 81-100
4. प्रकाश व ध्वनि 101-138
5. इलेक्ट्रॉनिकी एवं विकिरण का द्वैत व्यवहार 139-154

रसायन विज्ञान **1-76**

1. पदार्थों की अवस्थाएँ व ऊष्मागतिकी 3-19
2. तत्त्वों का आवर्ती वर्गीकरण 20-31
3. विलयन एवं साम्यवस्था 32-37
4. सामान्य कार्बनिक रसायन 38-66
5. पर्यावरण व दैनिक जीवन में रसायन 67-76

जीव विज्ञान

अध्याय 01 जैविक वर्गीकरण

जीवों को समानता और असमानता के आधार पर समूहों में व्यवस्थित करना और इन समूहों को वर्गिकीय पदानुक्रम; जैसे—जाति, वंश, कुल में रखना **वर्गीकरण** (Classification) कहलाता है। जीवों के मध्य समानता और विविधता के आधार पर जीवों को कई प्रकार से वर्गीकृत करते हैं, जीव विज्ञान की इस शाखा को वर्गिकी (Taxonomy) या **वर्गीकरण विज्ञान** (Systematics) कहते हैं।

वर्गीकरण

नए जीवों को पहचानना, इन्हें सही वैज्ञानिक नाम देना, समान तथा असमान लक्षणों के आधार पर जीवों को अलग-अलग समूहों अथवा वर्गों में रखना वर्गीकरण कहलाता है। जीव विज्ञान की वह शाखा, जिसके अन्तर्गत वर्गीकरण एवं इसके मूल सिद्धान्तों का अध्ययन किया जाता है, **वर्गीकरण विज्ञान या वर्गिकी** (Taxonomy) कहलाती है। टैक्सोनॉमी दो यूनानी (ग्रीक) शब्दों; *टैक्सिस* (*Taxis*) – व्यवस्था अथवा क्रम में रखना एवं *नोमोस* (*nomos*) – नियम अथवा सिद्धान्त से मिलकर बना है। जीवों को वर्गीकृत करने के लिए निम्न चार चरण होते हैं

(i) **पहचान** (Identification) जीवों के नाम तथा स्थान की पहचान करना।
(ii) **वर्गीकरण** (Classification) जीवों को विभिन्न वर्गों में बाँटना।
(iii) **नामकरण** (Nomenclature) जीवों को सर्वमान्य वैज्ञानिक नाम देना।
(iv) **वर्गिकी पदानुक्रम** (Hierarchy taxonomy) वर्गीकरण की व्यवस्था तथा क्रम को बनाना।

आधुनिक वैज्ञानिक जगत में वर्गिकी वैज्ञानिक पहचान, वर्गीकरण व नामकरण को वर्गिकी का आधार मानते हैं।

वर्गीकरण की आवश्यकता

मानव जाति के लिए विभिन्न जन्तुओं एवं पादपों की उपयोगिता जानने के लिए उनका वर्गीकरण करना अत्यन्त आवश्यक है।

जीवधारियों का वर्गीकरण, इनके अध्ययन में निम्नलिखित रूप से सहायक होता है

(i) **अध्ययन की सुविधा** (Convenience of Study)
(ii) **विकास-क्रम का ज्ञान** (Knowledge of Evolutionary Process)
(iii) **नए जीवों की खोज** (Discovery of New Organisms)
(iv) **संयोजक कड़ियों का ज्ञान** (Knowledge of Connective Links)
(v) **अनुकूलन का ज्ञान** (Knowledge of Adaptation)
(vi) **समानताओं एवं विभिन्नताओं के कारण** (Reasons of Similarities and Variations)
(vii) **संग्रहालयों में जीवों के रख-रखाव में सुविधा** (Helpful in Preservation of Organisms in Museum)

जीवों का नामकरण

सामान्यतया यह देखा जाता है, कि एक ही जीव का साधारण नाम अलग-अलग देशों में यहाँ तक कि देश के अनेक राज्यों में अलग-अलग पाया जाता है; जैसे—गौरैया नाम का एक छोटा पक्षी, इसे उत्तर भारत में **गौरैया**, दक्षिण भारत में **पिच्चुका**, इंग्लैण्ड में **हाउस स्पैरो** (House sparrow) तथा जापान में **सुजून** (Suzune) कहा जाता है। इसी असुविधा को ध्यान में रखते हुए **कैरोलस लिनियस** (Carolus Linnaeus) ने द्विनाम या द्विपदनाम नामकरण पद्धति की खोज की। इसके अनुसार, किसी जीव की खोज के पश्चात् जीवों के वर्गीकरण में उसका उपयुक्त स्थान निर्धारित करके उसे एक निश्चित वैज्ञानिक नाम देना ही, जीव का नामकरण कहलाता है।

द्विनाम (द्विपदनाम) पद्धति

लिनियस ने अपनी पुस्तक '*सिस्टेमा नैचुरी* (*Systema Naturae*)' के दसवें संस्करण (1758) में इसका वर्णन किया था। अपने महत्त्वपूर्ण योगदान के कारण इन्हें **वर्गीकरण विज्ञान का जनक** (Father of Taxonomy) भी कहा जाता है। इस पद्धति के अनुसार, प्रत्येक जीव के नाम के दो भाग होते हैं।

पहला भाग जीव के **श्रेणी** या **वंश** (Genus) को प्रदर्शित करता है। इसे **जेनेरिक नाम** (Generic name) कहते हैं तथा दूसरा भाग जीव की **जाति** (Species) को प्रकट करता है, इसे **स्पेसिफिक नाम** (Specific name) कहते हैं; जैसे—घरेलू चिड़िया का वैज्ञानिक नाम *पैसर डोमेस्टिकस* (*Passer domesticus*) है, जहाँ *पैसर* वंश को तथा *डोमेस्टिकस* जाति को निरूपित करता है।

इसी प्रकार **सरसों** (Mustard) का इस पद्धति में वैज्ञानिक नाम *ब्रैसिका कैम्पेस्ट्रिस* (*Brassica campestris*) है, जिसमें *ब्रैसिका* वंश को तथा *कैम्पेस्ट्रिस* जाति को दर्शाता है।

नामकरण के अन्तर्राष्ट्रीय नियम

जीव-जातियों के नामकरण हेतु, लिनियस की द्विपदनाम पद्धति के अनुसार, कुछ अन्तर्राष्ट्रीय नियमों को मान्यता दी गई, जिससे प्रत्येक जाति का विश्वभर में एक ही नाम हो।

इसके अनुसार, प्राणियों के नामकरण के कुछ सिद्धान्त निम्नलिखित हैं

(i) किसी भी प्राणी या पादप का वैज्ञानिक नाम **लैटिन** भाषा से व्युत्पन्न होना चाहिए।
(ii) वंश का नाम पहले तथा जाति का नाम बाद में आना चाहिए।
(iii) जीवों के वैज्ञानिक नाम को सदैव **तिरछे** (Italic) अक्षरों में लिखा जाना चाहिए। हस्तलिपि में इन नामों के नीचे लाइन खींची जानी चाहिए।

(iv) अंग्रेजी में वंश के नाम का पहला अक्षर **बड़ा** (Capital) और जाति के नाम का पहला अक्षर **छोटा** (Small) होना चाहिए।

(v) दो अलग-अलग प्राणियों के जातीय नाम समान हो सकते हैं, किन्तु इनके वंश के नाम समान नहीं होने चाहिए।

(vi) किसी वैज्ञानिक द्वारा ज्ञात नए प्राणी का नाम तभी स्वीकार किया जाता है, जब वह अन्तर्राष्ट्रीय संहिता का पालन करता है।

वर्गीकरण की इकाइयाँ

लिनियस ने सर्वप्रथम लगभग एकसमान जन्तु जातियों के लिए श्रेणियाँ (Genera) बनाकर सभी श्रेणियों को संरचनात्मक लक्षणों के आधार पर निम्न छः वर्गों (Classes) में वर्गीकृत किया

1. मैमेलिया (Mammalia)
2. एवीज (Aves)
3. एम्फीबिया (Amphibia)
4. पिसीज (Pisces)
5. इन्सेक्टा (Insecta)
6. वर्मीस (Vermes)

परन्तु सन् 1758 में लिनियस ने अपनी ही वर्गीकरण प्रणाली में सुधार के फलस्वरूप जन्तुओं के वर्गीकरण के लिए सात प्रमुख क्रमबद्ध समूह नामों या श्रेणी (Rank) को अपनाया, जो निम्नलिखित हैं

(i) जाति अथवा प्रजाति (Species)
(ii) वंश अथवा श्रेणी (Genus)
(iii) कुल अथवा कुटुम्ब (Family)
(iv) गण (Order)
(v) वर्ग (Class)
(vi) समुदाय अथवा संघ (Phylum)
(vii) जगत (Kingdom)

वर्गिकीय पदानुक्रम

वर्गीकरण की सभी श्रेणियों को बड़ी से छोटी श्रेणियों के एक निश्चित क्रम में व्यवस्थित करना वर्गिकीय पदानुक्रम कहलाता है।

सभी सात श्रेणियों का पदानुक्रम निम्नलिखित प्रकार से है

उच्चतम ↑

जगत (Kingdom)
संघ (Phylum) (जन्तुओं में)/विभाग (पादपों में)
वर्ग (Class)
गण (Order)
कुल (Family)
वंश (Genus)
जाति (Species)

निम्नतम

समय-समय पर जीवों का वर्गीकरण करते हुए वैज्ञानिकों ने अनेक पद्धतियाँ प्रस्तावित की इनका विवरण निम्न प्रकार है

(i) **कृत्रिम पद्धति** (Artificial System) यह वर्गीकरण की सबसे सरलतम पद्धति है। इसके अनुसार, जन्तुओं को उनके रंग-रूप, आकार, आकृति, वास-स्थान, आदि के आधार पर **स्थलीय** (Terrestrial), **जलीय** (Aquatic) तथा **वायवीय** (Aerial) श्रेणियों में वर्गीकृत किया गया है।

इसी प्रकार पादपों को आयु के आधार पर **एकवर्षीय, द्विवर्षीय** तथा **बहुवर्षीय** समूहों में वर्गीकृत किया गया है।

(ii) **प्राकृतिक पद्धति** (Natural System) इस प्रकार के वर्गीकरण में एक समूह के जीव, संरचना और प्राकृतिक विकास की दृष्टि से सम्बन्धित होते हैं। वर्तमान में इस पद्धति का उपयोग अधिक किया जाता है।

(iii) **जातिवृत्तीय पद्धति** (Phylogenetic System) वर्गीकरण की इस पद्धति में जीवों को उनके जातिगत विकास और आनुवंशिक लक्षणों के आधार पर वर्गीकृत किया जाता है।

कोशिका विज्ञान एवं आनुवंशिकी

कोशिका

कोशिका (लैटिन, *Cellula* = एक छोटा कक्ष) जीवद्रव्य के संगठित द्रव्यमान (Organised mass) से बनी संरचनात्मक तथा जैविक प्रक्रिया की इकाई है। जीवद्रव्य सुरक्षात्मक तथा वरणात्मक पारगम्य कला से घिरा होता है। एक कोशिका वाले जीवधारी, **एककोशिकीय** कहलाते हैं (उदाहरण—प्रोटोजोआ, जीवाणु)। एक से अधिक कोशिकाओं से बने जीवधारी, **बहुकोशिकीय** कहलाते हैं (उदाहरण—जन्तु तथा मनुष्य)। कोशिकारहित जीवधारी, **अकोशिकीय** कहलाते हैं (उदाहरण—विषाणु)।

कोशिका विज्ञान (Cytology) सूक्ष्मदर्शी के द्वारा, कोशिका की संरचना तथा कार्यिकी का अध्ययन, कोशिका विज्ञान कहलाता है। **कोशिका जीव विज्ञान** (Cell biology) कोशिका की संरचना, कार्य, वृद्धि, जैव रसायन तथा कार्यिकी का अध्ययन कोशिका जीव विज्ञान कहलाता है।

रॉबर्ट हुक (1665) ने सर्वप्रथम आद्य (Primitive) सूक्ष्मदर्शी के द्वारा कॉर्क के पतले टुकड़े में मधुमक्खी के छत्ते के समान विन्यास देखा और उसे 'कोशिका' की संज्ञा दी।

पादप कोशिका तथा जन्तु कोशिका में अन्तर

क्र.सं.	पादप कोशिका	जन्तु कोशिका
1.	कोशिका भित्ति उपस्थित होती है।	अनुपस्थित होती है। (कार्बोहाइड्रेट की बाहुल्यता वाले परिधीय क्षेत्र, कोशिका खोल या ग्लायोकेलिक्स (Glyocalyx) उपस्थित होते हैं।)
2.	एक बड़ी केन्द्रीय रिक्तिका (Central vacuole) उपस्थित होती है।	अनुपस्थित होती है।
3.	तारककाय (Centrosome) अनुपस्थित होता है।	उपस्थित होता है।
4.	लवक (Plastids) उपस्थित होते हैं।	अनुपस्थित होते हैं।
5.	संचित भोज्य पदार्थ प्रायः मण्ड तथा वसा के रूप में होता है।	प्रायः ग्लाइकोजन तथा वसा के रूप में होता है।

प्रोकैरियोटिक तथा यूकैरियोटिक कोशिका में अन्तर

क्र.सं.	प्रोकैरियोटिक कोशिका (Gr. *Pro* – primitive; *karyon* – nucleus)	यूकैरियोटिक कोशिका (Gr. *Eu* – well; *karyon*–nucleus)
1.	प्रकृति में सरल तथा आदि होती है।	सुविकसित तथा प्रकृति में जटिल होती है।
2.	संगठित केन्द्रक अनुपस्थित होता है। इसमें केन्द्रक कला तथा केन्द्रिका उपस्थित नहीं होती है।	संगठित केन्द्रक उपस्थित होता है तथा केन्द्रक कला व केन्द्रिका उपस्थित होती है।
3.	DNA नग्न होता है (जैसे—हिस्टोन से सम्बन्धित नहीं होता)।	केन्द्रकीय DNA, हिस्टोन प्रोटीन के साथ उपस्थित होता है।
4.	माइटोकॉण्ड्रिया, गॉल्जीकाय, तारककाय तथा अन्त:प्रद्रव्यी जालिका अनुपस्थित होती है।	ये सभी उपस्थित होती हैं।
5.	प्रोटीन संश्लेषण केवल कोशिका द्रव्य में होता है।	प्रोटीन संश्लेषण कोशिकाद्रव्य, माइटोकॉण्ड्रिया तथा हरितलवकों में होता है।
6.	राइबोसोम 70S प्रकार के होते हैं।	80S प्रकार के होते हैं।
7.	कोशिका भित्ति पतली होती है। उदाहरण–जीवाणु, नीली-हरी शैवाल	कोशिका भित्ति मोटी होती है। उदाहरण–पादप तथा जन्तु

मैथिआस श्लाइडेन (जर्मनी के वनस्पति विज्ञानी) ने सन् 1838 में तथा **थियोडोर श्वान** (जर्मनी के प्राणी विज्ञानी) ने सन् 1839 में 'कोशिका सिद्धान्त' (Cell theory) प्रतिपादित किया; उनके अनुसार

(i) सभी जीवधारी, कोशिकाओं तथा उनके उत्पादों से मिलकर बने होते हैं।
(ii) कोशिका जीवन की मूल इकाई है।

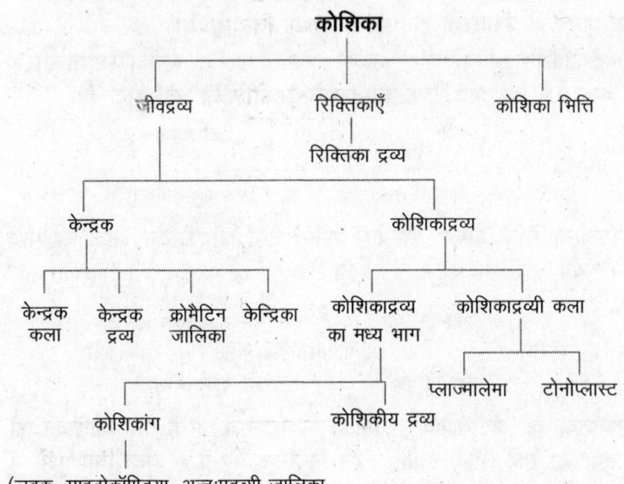

जीवद्रव्य

हक्सले (1868) ने जीवद्रव्य को 'जीवन का भौतिक आधार' कहा। प्रत्येक जीवधारी में एक विशिष्ट प्रकार का जीवद्रव्य होता है। **मैक्स शुल्ज** (Max Schultze; 1861) ने 'जीवद्रव्य सिद्धान्त' प्रतिपादित किया। इसके अनुसार, ''कोशिका सजीव पदार्थों (जीवद्रव्य) का संचय है, जो एक बाह्य कला से घिरी होती है तथा इसमें एक केन्द्रक उपस्थित होता है।''

जीवद्रव्य की उपस्थिति, सजीवों का सबसे महत्त्वपूर्ण लक्षण है। यह एक विशिष्ट पदार्थ है, जो केवल सजीवों में पाया जाता है। सभी जीवन प्रक्रियाएँ कोशिकाद्रव्य में सम्पन्न होती हैं।

प्लाज्मा कला/कोशिका कला

डेनिली तथा **डेवसन** (Danielli and Davson; 1935) ने 'त्रिस्तरीय प्रतिरूप' (Trilamellar model) प्रतिपादित किया, जिसके अनुसार, प्लाज्मा कला, फॉस्फोलिपिड के द्विआण्विक स्तर (35 Å मोटी) से बनी होती है, जिसके दोनों ओर प्रोटीन्स (प्रत्येक 20 Å मोटी) की सतह होती हैं।

रॉबर्टसन (1959) ने 'इकाई झिल्ली प्रतिरूप' (Unit membrane model) प्रतिपादित किया। **सिंगर** तथा **निकोल्सन** (1972) ने कला संरचना का 'तरल मोजैक प्रतिरूप' (Fluid mosaic model) प्रतिपादित किया।

यह किसी कोशिका को घेरने वाली वरणात्मक पारगम्य (Selectively permeable), पतली झिल्लीनुमा संरचना है। प्लाज्मा कला के अतिरिक्त, यूकैरियोटिक कोशिका में रिक्तिका तथा कोशिकांगों को घेरने वाली अन्त:कोशिकीय कलाएँ भी उपस्थित होती हैं।

प्लाज्मा कला का मुख्य कार्य O_2 तथा CO_2 का विसरण तथा कोशिका के अन्दर तथा बाहर पदार्थों के प्रवाह पर नियन्त्रण करना है।

कोशिकाद्रव्य

यह प्लाज्मा कला तथा केन्द्रक के मध्य पाया जाने वाला जीवद्रव्य का एक भाग है। यह जीवद्रव्य का संरचना विहीन द्रव्यमान नहीं है अपितु विभिन्न कोशिकांगों वाली उच्च संगठित संरचना है।

यह जैली के समान तरल पदार्थ है। यह पोषक पदार्थों, उपापचयों तथा एन्जाइमों के अन्त:कोशिकीय वितरण में सहायक है।

कोशिका भित्ति

अधिकांशतया सभी कवक, प्रोकैरियोट्स (जीवाणु तथा नीली-हरी शैवाल) तथा पादपों (युग्मकों के अतिरिक्त) की कोशिकाएँ एक कोशिका भित्ति से घिरी होती हैं। जन्तुओं में कोशिका भित्ति अनुपस्थित होती है। सत्य जीवाणुओं तथा नीली-हरी शैवालों में कोशिका भित्ति, पेप्टाइडोग्लाइकॉन से मिलकर बनी होती है, जबकि कुछ कवकों में यह काइटिन तथा अधिकांश शैवालों व उच्च हरित पादपों में यह सेलुलोज से मिलकर बनी होती हैं।

कोशिकांग

माइटोकॉण्ड्रिया

अल्टमान (1890) ने इन्हें काणिका के रूप में देखा तथा इसे बायोब्लास्ट कहा। **सी बेन्डा** (1897) ने इन्हें सर्वप्रथम माइटोकॉण्ड्रिया नाम दिया। पादप कोशिका में जन्तु कोशिका की अपेक्षा माइटोकॉण्ड्रिया की संख्या कम होती है।

बाह्य कला, आन्तरिक कला से एक स्थान के द्वारा पृथक् होती हैं, जिसे परिमाइटोकॉण्ड्रियल स्थान (Perimitochondrial space) कहते हैं।

क्रिस्टी (Cristae) माइटोकॉण्ड्रिया की आन्तरिक कला मुड़कर तथा अँगुलीनुमा उभारों के रूप में निकलकर, एक संरचना बनाती है, जिन्हें क्रिस्टी (Cristae) कहते हैं।

माइटोकॉण्ड्रिया अर्द्ध-स्वायत्त (Semi-autonomous) कोशिकांग होते हैं। माइटोकॉण्ड्रिया में DNA, *m*RNA एवं राइबोसोम पाए जाते हैं, जिनकी सहायता से ये प्रोटीन संश्लेषण में सक्षम हैं।

माइटोकॉण्ड्रिया, कोशिका का ऊर्जा गृह (Power house of cell) कहलाता है, क्योंकि इसमें ईंधन का चरणबद्ध (Stepwise) ऑक्सीकरण होता है, जिसके फलस्वरूप रासायनिक ऊर्जा (ATP) मुक्त होती है।

अन्तःप्रद्रव्यी जालिका

पोर्टर (Porter) ने सन् 1953 में अन्त:प्रद्रव्यी जालिका (Endoplasmic reticulum) शब्द प्रतिपादित किया।

यह झिल्ली से घिरा, वाहिकाओं (Vessels) का अन्तरा संचारित तन्त्र होता है, जो सिस्टर्नी (Cisternae), पुटिका (Vesicle) तथा द्रव्ययुक्त संकरी नलिकाओं से मिलकर बना होता है।

यह दो प्रकार की होती है

1. **राइबोसोम विहीन** अथवा चिकनी अन्त:प्रद्रव्यी जालिका (SER), जो प्रोटीन संश्लेषण में भाग नहीं लेती।
2. **राइबोसोम युक्त** अथवा खुरदरी अन्त:प्रद्रव्यी जालिका (RER), जो प्रोटीन संश्लेषण में भाग लेती है। यह संश्लेषी पदार्थ (जैसे—ग्लाइकोजन) के भण्डारण के लिए स्थान प्रदान करती है।

राइबोसोम

राइबोसोम की खोज तथा नामकरण **पैलेड** (Palade; 1955) के द्वारा किया गया। ये अतिसूक्ष्म कोशिकांग हैं, जो केवल इलेक्ट्रॉन सूक्ष्मदर्शी के द्वारा देखे जा सकते हैं। राइबोसोम 70S तथा 80S प्रकार के होते हैं।

70S प्रकार के राइबोसोम, प्रोकैरियोटिक कोशिका, माइटोकॉण्ड्रिया तथा लवकों में पाए जाते हैं तथा ये 50S (बड़ी) तथा 30S (छोटी) सह इकाइयों से मिलकर बने होते हैं।

80S प्रकार के राइबोसोम, यूकैरियोटिक कोशिकाओं के कोशिका द्रव्य में पाए जाते हैं तथा ये 60S (बड़ी) तथा 40S (छोटी) सह इकाईयों से मिलकर बने होते हैं।

ये कोशिका के प्रोटीन संश्लेषण के लिए स्थान तथा एन्जाइम प्रदान करते हैं, इसलिए इन्हें प्रोटीन संश्लेषण कारखाना (Protein synthesis factories) भी कहा जाता है।

लाइसोसोम

लाइसोसोम की खोज **क्रिस्टियन डी डुवे** (Christian de Duve) ने सन् 1955 में की थी।

इन्हें प्राय: आत्मघाती थैली (Suicidal bags) भी कहते हैं। ये एकल झिल्लीयुक्त, गोल, छोटी थैलीनुमा संरचना होती हैं। ये प्राय: यूकैरियोटिक कोशिका में पाई जाती हैं, परन्तु जन्तु कोशिका में प्रचुर मात्रा में पाई जाती है तथा भक्षण क्रिया प्रदर्शित करती हैं।

लाइसोसोम में लगभग 40 प्रकार के जल-अपघटनीय एन्जाइम (Hydrolytic enzymes) भरे होते हैं। ये एण्डोसाइटोसिस (Endocytosis) की प्रक्रिया में गृहण किए गए पदार्थों के पाचन में सहायक होते हैं।

गॉल्जीकाय

इसकी खोज सन् 1898 में **कैमिलो गॉल्जी** (Camillo Golgi) ने की तथा इसके लिए उन्होंने सन् 1906 में नोबेल पुरस्कार प्राप्त किया।

यह जालिकानुमा नलिकाओं या पुटिकाओं (Tubules or Vesicles) से बना जटिल संगठन होता है, जो छोटी गोल पुटिकाओं से घिरा होता है। ये मुख्यतया यूकैरियोटिक कोशिका (स्तनधारियों के RBCs के अतिरिक्त) में उपस्थित होती हैं तथा स्रावण कोशिकाओं में प्रचुर मात्रा में पाई जाती हैं। गॉल्जीकाय की तारककाय के निर्माण, शुक्राणु में एक्रोसोम के निर्माण, पीतक के निर्माण, स्राव के भण्डारण, मिलेनिन कणिकाओं के निर्माण, हॉर्मोन (इन्सुलिन) के स्रावण में महत्त्वपूर्ण भूमिका होती है।

केन्द्रक

इसकी खोज **रॉबर्ट ब्राउन** (Robert Brown; 1831) ने की।

प्रत्येक यूकैरियोटिक कोशिका कम-से-कम एक, लगभग गोल, घनी, उच्च स्तरीय संरचना से मिलकर बनी होती हैं, जिसे केन्द्रक कहते हैं, परन्तु परिपक्व पोषवाह के चालनी तत्व एवं स्तनधारियों की RBCs इसके अपवाद हैं।

इसमें केन्द्रक रस या केन्द्रक द्रव्य, केन्द्रक आवरण, क्रोमेटिन तथा केन्द्रिका पाई जाती है। रासायनिक रूप से केन्द्रक, 70% प्रोटीन्स, 10% DNA, 2-3% RNA तथा 3-5% लिपिड से बना होता है। यह आनुवंशिकता का वाहक होता है, क्योंकि इसमें जनन के लिए, उपापचय परिवर्तन के लिए तथा जीवधारियों के व्यवहार के लिए आनुवंशिक सूचनाएँ उपस्थित होती हैं।

केन्द्रक कला या आवरण (Nuclear Membrane or Envelope) केन्द्रक कला, केन्द्रक का आवरण बनाती है।

केन्द्रक रस या केन्द्रकद्रव्य (Nucleoplasm) इसमें शर्करा, प्रोटीन्स, फॉस्फोरस, न्यूक्लिक अम्ल, आदि होते हैं।

न्यूक्लिक अम्ल

न्यूक्लिक अम्ल जटिल कार्बोनिक अम्ल होते हैं तथा कोशिका के सबसे महत्त्वपूर्ण वृहत् अणु (Macro molecule) हैं। ये न्यूक्लियोटाइड नामक इकाइयों (Units) के आपस में फॉस्फोडाइएस्टर बन्ध द्वारा जुड़कर लम्बी शृंखला बनाते हैं।

न्यूक्लियोटाइड्स शर्करा + नाइट्रोजनयुक्त क्षार + फॉस्फेट समूह

न्यूक्लियोसाइड्स शर्करा + नाइट्रोजन युक्त क्षार

न्यूक्लिक अम्ल दो प्रकार के होते हैं— DNA तथा RNA।

DNA (डीऑक्सीराइबोन्यूक्लिक अम्ल) पेन्टोज शर्करा (डीऑक्सीराइबोस), फॉस्फोरिक अम्ल तथा नाइट्रोजन युक्त क्षार से मिलकर बना होता है।

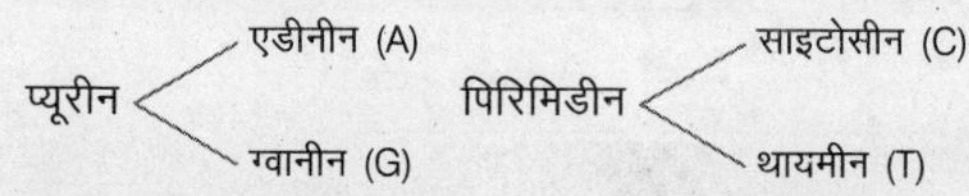

RNA (राइबोन्यूक्लिक अम्ल), राइबोस शर्करा तथा फॉस्फोरिक अम्ल के साथ नाइट्रोजन युक्त क्षारों के जुड़ने से बनता है।

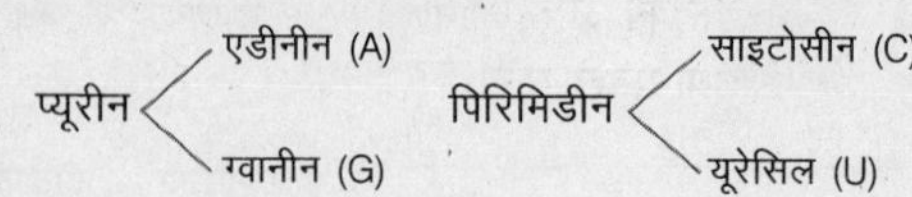

DNA, कोशिका की आनुवंशिक सूचनाओं का वहन करता है तथा कोशिका की संरचना तथा कार्यिकी (Physiology) को नियन्त्रित करता है। कुछ विषाणुओं में RNA आनुवंशिक पदार्थ होता है। RNA तीन प्रकार का होता है—*m*RNA, *t*RNA तथा *r*RNA।

राइबोसोम्स के उत्पादन में केन्द्रिका (Nucleolus) भाग लेती है।

जन्तु तथा पादप कोशिका में विभिन्न कोशिकांगों की उपस्थिति तथा अनुपस्थिति

कोशिकांग	उपस्थिति (P) तथा अनुपस्थिति (A)		प्रकृति/संगठन	कार्य
	जन्तु कोशिका	पादप कोशिका		
कोशिका कला	P	P	प्रोटीन अणुओं युक्त वसा की दोहरी झिल्ली, जो अर्द्धपारगम्य होती है।	कोशिका को आकार प्रदान करती है तथा कोशिका का संगठन बनाए रखती है।
कोशिका भित्ति	A	P	पारगम्य एवं सेलुलोस द्वारा निर्मित होती है।	कोशिका को सामर्थ्य एवं कठोरता प्रदान करती है तथा पदार्थों के आदान-प्रदान में सहायक है।
कोशिकाद्रव्य	P	P	यह स्टार्च, ग्लाइकोजन युक्त तरल पदार्थ है।	इसमें कोशिकांग एवं अन्य पदार्थ पाए जाते हैं।
रिक्तिकाएँ	P	P	यह अनियमित आकृति एवं आकार की द्रव से भरी संरचना है, जो पादप कोशिका में बड़े आकर की होती है।	जल, खनिज पदार्थों, लवणों, खाद्य वर्णक, वर्ज्य पदार्थों, आदि का संग्रह करती है।
केन्द्रक	P	P	यह अण्डाकार, दोहरी झिल्ली युक्त कोशिकांग है, जिसमें क्रोमैटिन पाया जाता है।	उपापचयी क्रियाओं का नियन्त्रण, कोशिका विभाजन का नियन्त्रण, प्रोटीन संश्लेषण में सहायक, गुणसूत्र वंशागति के वाहक।
अन्तःप्रद्रव्यी जालिका	P	P	ये झिल्लीयुक्त जालिका है, जिस पर राइबोसोम उपस्थित अथवा अनुपस्थित होते हैं। RBCs में ये अनुपस्थित होती है।	कोशिका को यान्त्रिक आधार प्रदान करना, परिसंचरण में सहायक, प्रोटीन, लिपिड तथा वसा संश्लेषण में सहायक।
माइटोकॉण्ड्रिया	P	P	दोहरी झिल्ली से घिरा होता है, कोशिकाद्रव्य में पाया जाता है। पेरीमाइटोकॉण्ड्रियल स्थान में मैट्रिक्स पाया जाता है।	कोशिकीय श्वसन या भोजन का ऑक्सीकरण, इसमें ATP संग्रहित होते हैं। यह कोशिका का ऊर्जा गृह कहलाता है।
राइबोसोम	P	P	सूक्ष्म, कलारहित कोशिकांग, जो जीवद्रव्य में मुक्त रूप से अथवा अन्तःप्रद्रव्यी जालिका से जुड़े पाए जाते हैं।	प्रोटीन संश्लेषण का केन्द्र होता है।
लाइसोसोम	P	A	एक झिल्ली द्वारा घिरे, थैलीनुमा कोशिकांग, जिनमें अपघटनीय एन्जाइम पाए जाते हैं।	वाह्य कोशिका कणों, अन्तर कोशिका पदार्थों का पाचन, बाह्य कोशिकीय पाचन तथा स्वलयन के कारण इन्हें आत्महत्या की थैली भी कहते हैं।
हरितलवक	A	P	दोहरी झिल्लीयुक्त थैलीनुमा संरचना, जिसमें पर्णहरित पाया जाता है।	प्रकाश-संश्लेषण का केन्द्र।
तारककाय	P	A	झिल्ली रहित, सूक्ष्म नलिकाओं का बना कोशिकांग।	कोशिका विभाजन में सहायक।
गॉल्जीकाय	P	P	चपटी पट्टिकाओं, नलियों एवं थैलियों का बना होता है।	कोशिका में विभिन्न प्रकार के पदार्थों का परिवहन एवं रूपान्तरण।

गुणसूत्र

गुणसूत्र शब्द का प्रतिपादन **वाल्डेयर** (1888) ने किया।

क्रोमैटिन पदार्थ, जो केन्द्रक की अन्तरावस्था (Interphase) में पाया जाता है तथा विभाजन के समय छोटे तथा पतले धागों में संघनित हो जाता है, गुणसूत्र कहलाता है।

सटन तथा **बोवेरी** (1902) ने सिद्ध किया कि गुणसूत्र ही आनुवंशिकता का आधार है। गुणसूत्र में सेन्ट्रोमीयर तथा भुजाएँ होती हैं। एक जाति के लिए गुणसूत्रों की संख्या सदैव समान रहती है। यह कायिक कोशिकाओं में द्विगुणित ($2n$) तथा युग्मकों में अगुणित (n) होती है।

कुछ जीवों में गुणसूत्रों की संख्या

जीव	प्रत्येक कोशिका में गुणसूत्र संख्या
गोलकृमि	2
मच्छर	6
मटर	14
प्याज	16
मक्का	20
चावल	24
मेंढक	26
सूरजमुखी	34
चूहा	42
मनुष्य	46
आलू	48
कुत्ता	78
कबूतर	80
गोल्डफिश	100
अमीबा	250

हेप्लोपैपस ग्रेसिलिस (*Hoplopappus gracilis*) पादप में सबसे कम गुणसूत्र (4) पाए जाते हैं, जबकि जन्तुओं में सबसे कम गुणसूत्र (2) *ऑफरिओरटोक प्यूरिलिस* (*Ophryortoc puerilis*) में पाए जाते हैं।

सबसे अधिक गुणसूत्र *ऑफियोग्लोसम रेटीकुलेटम* (एडर्स टंग फर्न-1262) और *ओलोकेन्थ* (एक प्रोटिस्ट—1600) में पाए जाते हैं।

गुणसूत्र के प्रकार

गुणसूत्र बिन्दु की स्थिति के आधार पर गुणसूत्र चार प्रकार के होते हैं

(i) **मध्यकेन्द्री** (Metacentric) गुणसूत्र के दो भाग बराबर या लगभग बराबर होते हैं, क्योंकि गुणसूत्र बिन्दु मध्य में स्थित होता है।

(ii) **उपमध्यकेन्द्री** (Sub-metacentric) इस दशा में गुणसूत्र बिन्दू मध्य भाग के समीप होता है जिससे गुणसूत्र के दो भाग बराबर नहीं होते, एक भाग कुछ बड़ा होता है। ऐसे गुणसूत्र L अथवा J-आकार के होते हैं।

(iii) **अग्रबिन्दुक** (Acrocentric) गुणसूत्र बिन्दु गुणसूत्र के किनारे के समीप होता है जिससे गुणसूत्र में एक बहुत छोटा भाग तथा एक बहुत बड़ा भाग होता है।

(iv) **अन्त:केन्द्री** (Telocentric) गुणसूत्र बिन्दु गुणसूत्र के एक किनारे पर स्थित होता है।

कोशिका चक्र

कोशिका चक्र के बारे में सबसे पहले **हावर्ड** तथा **पेले** (Howard and Pele; 1953) ने बताया। यह वह प्रक्रिया है जिसमें कोशिकाएँ अपना जीनोम (Genome) द्विगुणित करके तथा कोशिका अवयवों का निर्माण करके विभाजित होकर सन्तति कोशिकाओं का निर्माण करती हैं। इस प्रकार कोशिका विभाजन चक्र जीवन का चक्र है। सभी घटनाएँ व अवस्थाएँ जोकि कोशिका विभाजन से सम्बन्धित हैं आनुवंशिक रूप से जीन द्वारा नियन्त्रित होती हैं।

कोशिका चक्र में मुख्यतया दो अवस्थाएँ होती हैं। विभाजन प्रारम्भ होने से पूर्व की अवस्था विभाजनान्तराल अवस्था (Interphase) तथा विभाजन (Dividing) अवस्था। विभाजनान्तराल अवस्था G_1, S तथा G_2 से मिलकर बनी होती है, जबकि विभाजन अवस्था में केन्द्रक विभाजन व कोशिकाद्रव्य विभाजन प्रावस्थाएँ होती है।

कोशिका विभाजन

वृद्धि के समय कोशिका विभाजन, जीवन का एक लक्षण है। कोशिका विभाजन मुख्यतया असूत्री (Amitosis), समसूत्री (Mitosis) एवं अर्द्धसूत्री (Meiosis) प्रकार का होता है।

कोशिका विभाजन के तीन पद होते हैं

(i) जीनोम का गुणन (Replication of genome)

(ii) केन्द्रकीय विभाजन (Karyokinesis) केन्द्रक का विभाजन

(iii) कोशिका द्रव्य विभाजन (Cytokinesis) कोशिकाद्रव्य का विभाजन।

असूत्री विभाजन

यह सीधा केन्द्रक विभाजन है, जो तर्कु के निर्माण तथा गुणसूत्रों की मान्य उपस्थिति के बिना सम्पन्न होता हैं। यह सर्वप्रथम मुर्गी के भ्रूण की RBC में **राबर रिमैक** (एक जर्मन वैज्ञानिक) द्वारा देखा गया। यह आद्य (Primitive) प्रकार का विभाजन है। यह प्रोकैरियोट्स, प्रोटोजोआ, यीस्ट, स्तनधारियों की गर्भ झिल्लियों (Foetal membranes) तथा विपोषक (Degenerative) तथा पुराने ऊतकों में पाया जाता है।

समसूत्री विभाजन

समसूत्री विभाजन की व्याख्या सर्वप्रथम पादपों में **ई. स्ट्रॉसबर्गर** (1875) के द्वारा तथा जन्तुओं में **डब्ल्यू फ्लेमिंग** (1879) के द्वारा की गई। समसूत्री विभाजन शब्द **डब्ल्यू फ्लेमिंग** (1882) के द्वारा प्रतिपादित किया गया। इस प्रकार के कोशिका विभाजन में दो समान सन्तति कोशिकाएँ बनती हैं। यह कायिक कोशिकाओं में पाया जाता है, इसलिए यह कायिक विभाजन भी कहलाता है।

पादपों में यह विभज्योतकों (Meristematic tissue) में पाया जाता है, जैसे—प्ररोह (Shoot) के अग्रभाग तथा मूलाग्र (Root)। मूलाग्र समसूत्री विभाजन को दर्शाने वाला वरीय (Preferred) पदार्थ है।

वास्तविक समसूत्री विभाजन दो पदों में पूर्ण होता है

1. **केन्द्रकीय विभाजन** (Karyokinesis) केन्द्रक का दो भागों में विभाजन होना। इसमें निम्नलिखित चार अवस्थाएँ होती हैं

   (i) पूर्वावस्था (Prophase) अन्तरावस्था (Interphase) के पश्चात् पूर्वावस्था आती है, जो समसूत्री विभाजन की प्रथम तथा लम्बी अवस्था होती है। प्रत्येक गुणसूत्र का दो सहायक क्रोमैटिडो (Sister chromatids) में अनुदैर्ध्य विभाजन (Splitting) होता है। केन्द्रक कला टूट जाती है तथा केन्द्रिका (Nucleolus) गायब हो जाती है। अन्तिम पूर्वावस्था में तर्कु भी बनते हैं।

   (ii) **मध्यावस्था** (Metaphase) गुणसूत्रों के सेन्ट्रोमीयर पर तर्कु तन्तुओं के जुड़ने के कारण गुणसूत्र सक्रिय गमन के द्वारा केन्द्र या मध्यरेखा (Equator) पर व्यवस्थित हो जाते हैं।

   (iii) **पश्चावस्था** (Anaphase) यह सबसे छोटी अवस्था है। गुणसूत्र सेन्ट्रोमीयर बिन्दु से विभाजित होकर, दो सहायक क्रोमैटिड बनाते हैं। ये सहायक क्रोमैटिड तर्कु के विपरीत ध्रुवों की ओर जाते हैं।

   (iv) **अन्त्यावस्था** (Telophase) गुणसूत्र विपरीत ध्रुवों पर पहुँचते हैं तथा केन्द्रक कला, प्रत्येक गुणसूत्र के समूह के चारों ओर पुन: प्रकट होती है, इस प्रकार दो सन्तति केन्द्रकों का निर्माण होता है।

2. **कोशिकाद्रव्य विभाजन** (Cytokinesis) केन्द्रक विभाजन के पूर्ण होने के पश्चात् कोशिका पट्ट निर्माण के द्वारा कोशिकाद्रव्य में विभाजन होता है, जो दो प्रकार का होता है— उत्तरोत्तर (Successive) तथा समक्षणिक (Simultaneous)। इस प्रकार कोशिका पट्ट (Cell plate) वनस्पतियों में या कोशिका खाँच (Cell furrow) प्राणियों में, के द्वारा दो पुत्री कोशिकाएँ (Daughter cells) बनती हैं।

अर्द्धसूत्री विभाजन

फारमर तथा **मूरे** (1905) ने अर्द्धसूत्री विभाजन शब्द प्रतिपादित किया। इस प्रकार का कोशिका विभाजन केवल जननीय मातृ कोशिका (Reproductive mother cell) में पाया जाता है। केन्द्रक दो बार विभाजित होता है, परन्तु गुणसूत्र केवल एक बार ही विभाजित होते हैं। सन्तति कोशिका (Daughter cells) में गुणसूत्रों की संख्या मातृ कोशिका की अपेक्षा आधी होती है। इसमें चार सन्तति कोशिकाएँ बनती हैं। अर्द्धसूत्री विभाजन के अध्ययन के लिए उपयुक्त पदार्थ बन्द पुष्प कलिका (प्याज कलिका) है।

इसमें दो विभाजन होते हैं

1. अर्द्धसूत्री विभाजन-I

यह अति महत्त्वपूर्ण हैं, क्योंकि यह गुणसूत्रों की संख्या को घटाकर आधी कर देता है। इसमें चार उपअवस्थाएँ होती हैं

(i) **पूर्वावस्था**–I यह सबसे लम्बी अवस्था है तथा पाँच पदों में विभाजित होती हैं।

(a) **लेप्टोटीन** गुणसूत्र पतले, गुच्छे रहित धागेनुमा संरचना के रूप में प्रतीत होते हैं। आधे गुणसूत्र नर जनक तथा आधे मादा जनक से प्राप्त होते हैं।

(b) **जाइगोटीन** सजातीय गुणसूत्रों के जोड़े बनते हैं (युग्मानुबन्धन)। गुणसूत्रों की अवस्था युगली (Bivalents) दर्शाती है।

(c) **पैकीटीन** गुणसूत्र वियोजित होते हैं तथा चतु: संयोजक अवस्था (Tetravalent) दर्शाते हैं तथा यहाँ दो असमान सहायक क्रोमैटिडों के बीच जीन विनिमय (Crossing over) होता है।

(d) **डिप्लोटीन** सेन्ट्रोमीयर से पृथक्करण प्रारम्भ होता है परन्तु यह पूर्ण नहीं होता, लेकिन सजातीय गुणसूत्र एक या अधिक बिन्दुओं पर जुड़े रहते हैं। इन बिन्दुओं को कियाज्मेटा (Chiasmata) कहते हैं।

जीन विनिमय (Crossing over) दो समजात गुणसूत्रों में 4-सूत्रीय अवस्था के बीच, जीन-विनिमय की क्रिया जीन विनिमय कहलाती है। यह क्रिया अर्द्धसूत्री कोशिका विभाजन की पूर्वावस्था-I अवस्था की उपअवस्था पैकीटीन में होती है। इसमें दो नॉन-सिस्टर क्रोमैटिड्स (Non-sister chromatids) के बीच जीन-विनिमय होता है। इस क्रिया को क्रॉसिंग ओवर नाम **मॉर्गन** ने दिया।

जीन विनिमय का महत्त्व विनिमय के कारण जीवों में नए गुणों के उत्पन्न होने की सम्भावना होती है।

इसके कारण जीवों में विभिन्नता उत्पन्न होती है, जो जैव विकास (Organic evolution) में सहायक है।

विनिमय का उपयोग कर गुणसूत्र के जीन्स के मानचित्र (Genetic maps) बनाने में सहायता करते हैं।

(e) **डाइकाइनेसिस** इसमें उपान्तीभवन (Terminalisation) प्राय: पूर्ण हो जाता है। केन्द्रिका तथा केन्द्रक कला पूर्ण रूप से अदृश्य हो जाते हैं।

(ii) **मध्यावस्था—I** गुणसूत्र मध्य रेखा पर एकत्र होते हैं तथा तर्कु तन्तुओं पर जुड़ जाते हैं।

(iii) **पश्चावस्था—I** अपने दोनों क्रोमैटिड के साथ पूर्ण गुणसूत्र, विपरीत ध्रुवों की ओर जाते हैं।

(iv) **अन्त्यावस्था—I** प्रत्येक ध्रुव की कोशिका के गुणसूत्र समूह के चारों ओर, केन्द्रक कला प्रकट हो जाती है। आधे गुणसूत्रों की संख्या वाले दो सन्तति केन्द्रक बनते हैं।

2. अर्द्धसूत्री विभाजन-II

अर्द्धसूत्री विभाजन–I के पूर्ण होने के पश्चात् द्वितीय अर्द्धसूत्री विभाजन प्रारम्भ होता है। अर्द्धसूत्री विभाजन-II समसूत्री विभाजन के समान होता है। इसमें 4 उपअवस्थाएँ होती हैं।

(i) **पूर्वावस्था**-II गुणसूत्र छोटे तथा पतले होते हैं तथा केन्द्रक कला गायब हो जाती है।

(ii) **मध्यावस्था**-II गुणसूत्र मध्य रेखा पर व्यवस्थित हो जाते हैं तथा तर्कु उपकरण बनता है।

(iii) **पश्चावस्था**-II सेन्ट्रोमीयर दो क्रोमैटिडों में विभाजित होता है जो विपरीत ध्रुवों की ओर जाते हैं।

(iv) **अन्त्यावस्था**-II गुणसूत्र, विपरीत ध्रुवों पर समूह बनाते हैं। केन्द्रक कला तथा केन्द्रिका पुन: प्रकट हो जाते हैं। इस प्रकार दो सन्तति केन्द्रकों का निर्माण होता है।

समसूत्री तथा अर्द्धसूत्री विभाजन में अन्तर

क्र.सं.	समसूत्री विभाजन	अर्द्धसूत्री विभाजन
1.	कायिक कोशिकाओं में होता है।	जननिक कोशिकाओं में होता है।
2.	दो द्विगुणित कोशिकाएँ बनती हैं।	चार अगुणित कोशिकाएँ बनती हैं।
3.	प्रत्येक गुणसूत्र स्वतन्त्र रूप से व्यवहार करता है।	सजातीय गुणसूत्र युग्मन दर्शाते हैं।
4.	आनुवंशिक पदार्थ स्थिर रहते हैं।	गुणसूत्रों की संख्या आधी हो जाती है।
5.	समसूत्री विभाजन 1-2 घण्टे में समाप्त होता है।	अर्द्धसूत्री विभाजन में लगभग 24 घण्टे लगते हैं।
6.	जीन विनिमय नहीं होता है।	जीन विनिमय होता है।

आनुवंशिकी

आनुवंशिकी (Genetics) के अन्तर्गत आनुवंशिकता एवं विभिन्नताओं का अध्ययन किया जाता है। आनुवंशिकी शब्द का प्रयोग सर्वप्रथम **डब्ल्यू बैटसन** (1905) ने किया था।

मेण्डलवाद

ग्रेगर जॉन मेण्डल (Gregor Johann Mendel) ने मटर (*Pisum sativum*) के पादप पर अपने प्रयोग किए। डच वैज्ञानिक **ह्यूगो डी व्रीज** (Hugo de Vries), जर्मन वैज्ञानिक **कार्ल कॉरेन्स** (Carl Correns) तथा आस्ट्रियन **वी शरमाक** (V Tschermak) ने स्वतन्त्र रूप से मेण्डल के निष्कर्षों का पुन:वर्णन किया।

मेण्डल की सफलता के कारण, मटर का एक वर्षीय व द्विलिंगी होना, स्वपरागण की उपस्थिति, परपरागण की सम्भवता, विपरीत या विभेदात्मक लक्षणों की उपस्थिति आदि थे। मेण्डल द्वारा लिए गए सात जोड़े लक्षण, चार अलग-अलग गुणसूत्रों पर उपस्थित थे।

मेण्डल द्वारा लिए गए लक्षणों के प्रभावी तथा अप्रभावी रूप

लक्षण	प्रभावी	अप्रभावी
पादप की ऊँचाई	लम्बा	बौना
पुष्प की स्थिति	कक्षस्थ	अग्रस्थ
फली का रंग	हरा	पीला
फली का प्रकृति	फूली हुई	संकुचित
बीज का आकार	गोल	झुर्रीदार
पुष्प का रंग	बैंगनी	सफेद
बीजपत्र का रंग	पीला	हरा

जब विपरीत लक्षणों वाले पादपों में क्रॉस कराया जाता है, तो F_1-पीढ़ी में केवल **प्रभावी लक्षण** ही दृष्टिगत होता है। इस क्रिया को **प्रभाविता** (Dominance) कहते हैं।

इसे मेण्डल का **प्रभाविता का नियम** (Law of dominance) भी कहा जाता है। मेण्डल ने दो नियम अर्थात् प्रथक्करण का नियम व स्वतन्त्र अपव्यूहन का नियम प्रतिपादित किए।

1. **पृथक्करण का नियम** (Law of Segregation) इसे युग्मकों की शुद्धता का नियम (Law of purity of gametes) कहते है। जब F_1-पीढ़ी के संकर पादपों में स्वपरागण कराया जाता है, तो द्वितीय पीढ़ी में पैतृक लक्षण 3: 1 के निश्चित अनुपात में पृथक् हो जाते हैं, अत: प्रत्येक युग्म के विपरीत लक्षण, युग्मकों के बनते समय एक-दूसरे से पृथक् होकर अलग-अलग युग्मकों में चले जाते हैं।

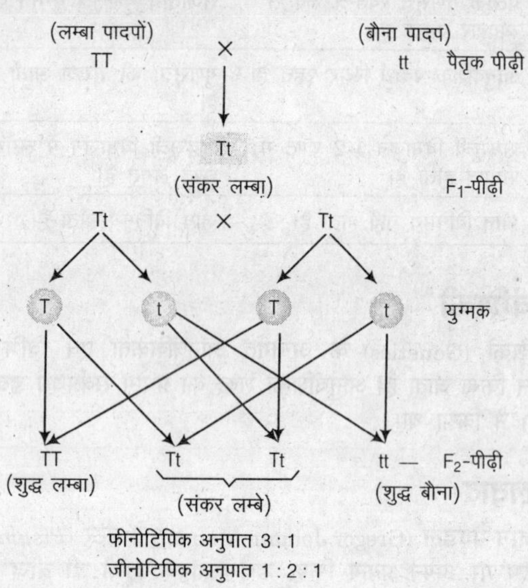

2. **स्वतन्त्र अपव्यूहन का नियम** (Law of Independent Assortment) इस नियम के अनुसार, जब दो जोड़ी विपरीत लक्षणों वाले जीवों में क्रॉस कराया जाता है, तो एक जोड़ी विपरीत लक्षणों का 3: 1 अनुपात में पृथक्करण दूसरी जोड़ी विपरीत लक्षणों के पृथक्करण से स्वतन्त्र होता है।

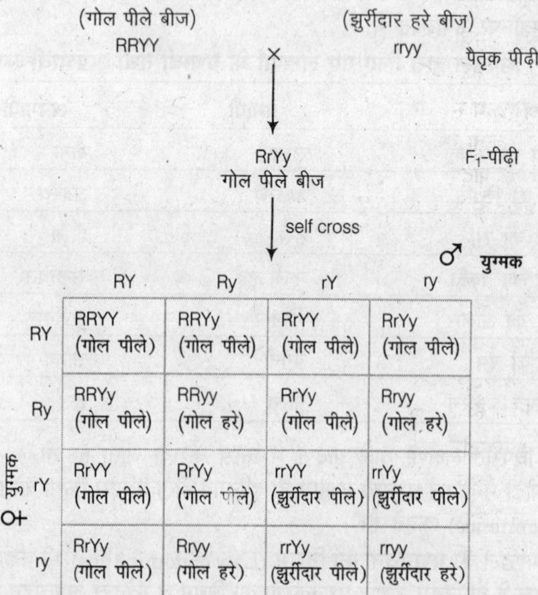

	RY	Ry	rY	ry
RY	RRYY (गोल पीले)	RRYy (गोल पीले)	RrYY (गोल पीले)	RrYy (गोल पीले)
Ry	RRYy (गोल पीले)	RRyy (गोल हरे)	RrYy (गोल पीले)	Rryy (गोल हरे)
rY	RrYY (गोल पीले)	RrYy (गोल पीले)	rrYY (झुर्रीदार पीले)	rrYy (झुर्रीदार पीले)
ry	RrYy (गोल पीले)	Rryy (गोल हरे)	rrYy (झुर्रीदार पीले)	rryy (झुर्रीदार हरे)

फिनोटिपिक अनुपात 9 : 3 : 3 : 1

जीनोटिपिक अनुपात 1 : 2 : 2 : 4 : 1 : 2 : 1 : 2 : 1

प्रतीप संकरण

विषमयुग्मजी F_1 संकर का समयुग्मजी प्रभावी जनक से क्रॉस प्रतीपसंकरण कहलाता है।

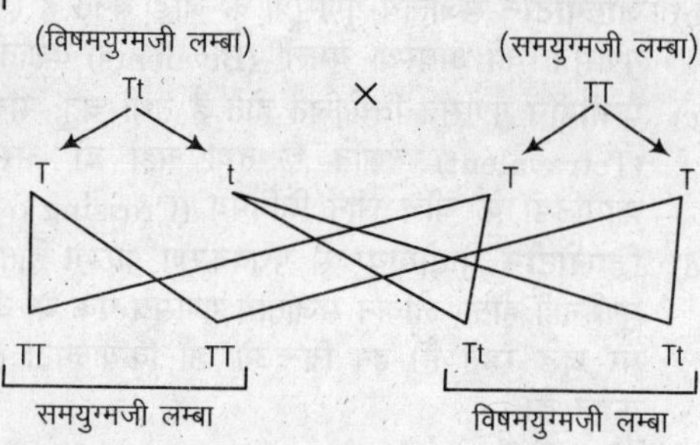

परिक्षार्थ संकरण

विषमयुग्मजी F_1 संकर का समयुग्मजी अप्रभावी जनक के साथ क्रॉस परिक्षार्थ संकरण कहलाता है। इस क्रॉस से पता किया जाता है कि कोई पादप समयुग्मजी है या विषमयुग्मजी।

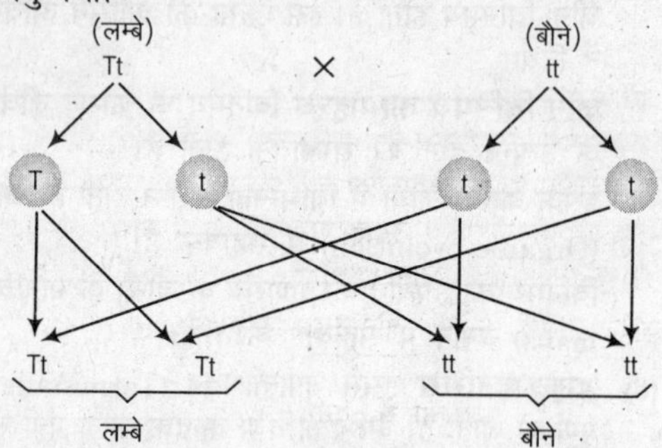

टेस्ट क्रॉस में एक संकर क्रॉस का अनुपात 1 : 1 तथा द्विसंकर क्रॉस का अनुपात 1 : 1 : 1 : 1 प्राप्त होता है।

मेण्डलवाद के अपवाद

1. **अपूर्ण प्रभाविता** (Incomplete Dominance) कुछ पादपों व जन्तुओं में F_1-पीढ़ी की सन्तति में कोई भी लक्षण पूर्णतया प्रभावी नहीं होता अर्थात् मध्यवर्ती (Intermediate) होता है, इसे अपूर्ण प्रभाविता कहते हैं।

   कोरेन्स ने गुलाबाँस (*Mirabilis jalapa*) में देखा कि लाल फूल वाले पादप को सफेद फूल वाले पादप से क्रॉस कराने पर गुलाबी फूल वाले पादप उत्पन्न होते हैं और ये F_2-पीढ़ी में 1 : 2 : 1 का फिनोटाइप व जीनोटाइप व जीनोटाइप अनुपात दर्शाते हैं।

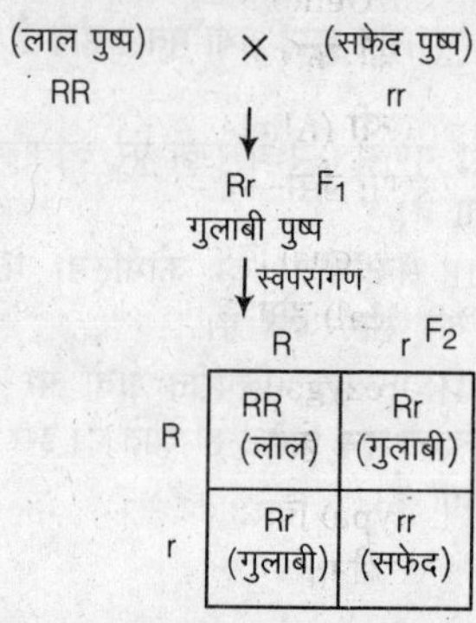

	R	r
R	RR (लाल)	Rr (गुलाबी)
r	Rr (गुलाबी)	rr (सफेद)

लाल : गुलाबी : सफेद = 1 : 2 : 1

2. **सहप्रभाविता** (Codominance) इसमें दोनों ही जनकों के लक्षण पृथक रूप से F_1-पीढ़ी में प्रकट होते हैं। उदाहरण—यदि एक लाल रंग के पशु को श्वते रंग के पशु से क्रॉस कराया जाता है, तो F_1—पीढ़ी है चितकबरी संतान उत्पन्न होती है।

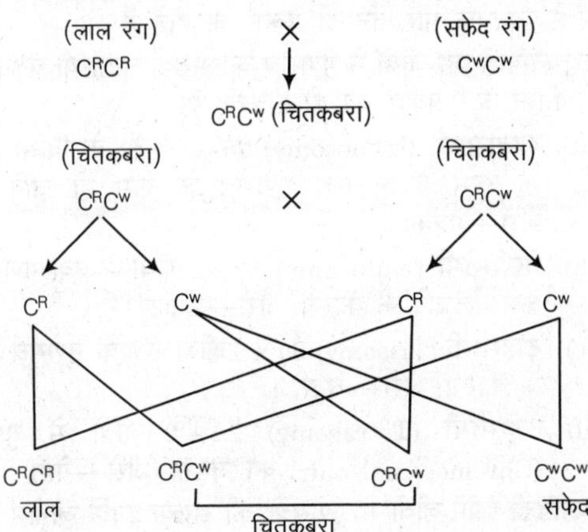

3. **बहुविकल्पिता** (Multiple Allelism) मेण्डल के अनुसार, जीन के दो ही विकल्पी रूप होते हैं, परन्तु एक ही जीन के एक ही लोकस (Locus) पर दो से अधिक एलील हो सकते हैं, जो बहुविकल्पी (Multiple allele) कहलाते हैं। उदाहरण—मनुष्य में रुधिर समूह (A, B, AB तथा O) के लिए तीन एलील (I^A, I^B, I^O) एक ही लोकस पर स्थित होते हैं।

मानव रुधिर समूह, उनका जीनोटाइप तथा आधान

रुधिर समूह	लाल रुधिराणु में प्रतिजन	प्लाज्मा में प्रतिरक्षी	रुधिर दे सकता है	रुधिर ले सकता है	जीनोटाइप
O	None	Anti-a Anti-b	O, A, B, AB	O	$I^O I^O$
A	A	Anti-b	A, AB	O, A	I^AI^A or I^AI^O
B	B	Anti-a	B, AB	O, B	I^BI^A or I^BI
AB	A and B	None	AB	O, A,B, AB	I^AI^B

आनुवंशिक शब्दावली

- **कारक/जीन** (Factor/Gene) किसी आनुवंशिक गुण को पीढ़ी-दर-पीढ़ी ले जाने वाली रचना को **कारक** या **जीन** कहते हैं।
- **एलील या युग्मविकल्पी** (Allele) एक ही जीन के दो वैकल्पिक (Alternatives) लक्षण; जैसे—लम्बाई के लिए T एवं t ।
- **समयुग्मजी** (Homozygous) द्विगुणित (Diploid) अवस्था, जिसमें दोनों एलील समान (Identical) होते हैं; जैसे—TT या tt ।
- **विषमयुग्मजी** (Heterozygous) द्विगुणित अवस्था, जिसमें दोनों एलील अलग-अगल या असमान होते हैं; जैसे—Tt।
- **समलक्षणी** (Phenotype) किसी भी लक्षण का बाह्य या दिखाई देने वाला रूप; जैसे—लम्बा व बौना।
- **जीन प्ररूप** (Genotype) जीवों के जीनी संगठन को व्यक्त करता है; जैसे—TT, Tt, tt।
- विपुन्सन (Emasculation) किसी द्विलिंगी पुष्प में परागकोषों (Anthers) के पकने तथा फटने से पूर्व ही उनको पृथक् करना, विपुन्सन कहलाता है। इस प्रक्रिया द्वारा पुष्प में स्वपरागण रोका जा सकता है।
- **एक-संकर क्रॉस** (Monohybrid cross) **में जीनोटाइप** एवं **फीनोटाइप अनुपात** : एक संकर क्रॉस में जीनोटाइप अनुपात 1 : 2 : 1 एवं फीनोटाइप अनुपात 3 : 1 होता है।
- **द्विसंकर क्रॉस** (Dihybrid cross) जब दो जोड़ी लक्षण लेकर दो पादपों में संकरण कराया जाता है, उसे **द्विसंकर क्रॉस** (Dihybrid cross) कहा जाता है। **द्विसंकर क्रॉस** में स्वतन्त्र अपव्यूहन के कारण, F_2-पीढ़ी में फीनोटाइप अनुपात 9 : 3 : 3 : 1 प्राप्त होता है।
- **अपूर्ण प्रभाविता** (Incomplete dominance) जब प्रभावी लक्षण अप्रभावी लक्षण को पूरी तरह से दबा नहीं पाता, तब एक तीसरे लक्षण की अभिव्यक्ति होती है; जैसे—*मिराबिलिस जलापा* के लाल और सफेद पुष्प वाले पादपों में संकरण कराया जाए, तो पहली पीढ़ी में लाल पुष्प का लक्षण पूर्ण प्रभावी न होने के कारण गुलाबी पुष्प वाले पादप उत्पन्न होते हैं। इस क्रिया को अपूर्ण प्रभाविता कहते हैं। *मिराबिलिस जलापा* एवं ***स्नेपड्रेगन*** में अपूर्ण प्रभाविता पाई जाती है। इसमें जीनोटिपिक अनुपात 1 : 2 : 1 है। अपूर्ण प्रभाविता मेण्डलवाद का अपवाद (Exception of Mendelism) है।
- वह पादप, 4 O' clock (गुलाबाँस) जिसमें पहली बार अपूर्ण प्रभविता को देखा गया है, जिसका वानस्पतिक नाम *मिराबलिस जलापा* है।
- **बैक क्रॉस** (Back cross) विषमयुग्मजी F_1 संकर का जब समयुग्मजी प्रभावी जनक (TT) या समयुग्मजी अप्रभावी जनक (tt) से संकरण या क्रॉस कराया जाता है, तब इसे बैक क्रॉस कहते हैं।
- **टैस्ट क्रॉस** (Test cross) जब विषमयुग्मजी F_1 संकर (Hybrid) का, समयुग्मजी अप्रभावी जनक के साथ क्रॉस किया जाता है, तो इसे टैस्ट क्रॉस कहते हैं।
- **व्युत्क्रम संकरण** (Reciprocal cross) इसके अन्तर्गत जनक पादपों की लैंगिकता को परस्पर बदल कर क्रॉस कराया जाता है अर्थात् एक क्रॉस में जिस पादप को नर के रूप में लिया जाता है। दूसरे में उसी पादप को मादा के रूप में लिया जाता है। केन्द्रकीय आनुवंशिकता (Nuclear genetics) में इसके परिणाम का कोई प्रभाव नहीं होता, परन्तु कोशिकाद्रव्यी आनुवंशिकता (Cytoplasmic inheritance) में इसके परिणाम का प्रभाव पड़ता है।
- **प्रबल जीन** (Epistatic gene) ऐसा जीन जो दूसरे जीन के प्रभाव को दबा देता है, उसे प्रबल जीन कहते हैं एवं इस गुण को प्रबलता (Epistasis) कहते हैं। इसका फीनोटिपिक अनुपात 9 : 3 : 4 होता है।
- **पूरक जीन** (Complementary gene) ऐसे दो जीन जो एक-दूसरे के लिए पूरक होते हैं। इसका फीनोटिपिक अनुपात 9 : 7 होता है।
- **द्विक जीन** (Duplicate gene) वे स्वतन्त्र जीन जो एक समान प्रभाव उत्पन्न करते हैं, द्विक जीन कहलाते हैं। इनका फीनोटिपिक अनुपात 15 : 1 होता है।
- 'एलील' (Allele) या एलिलोमॉर्फ (Allelomorph) शब्द का सर्वप्रथम प्रयोग, सन् 1902 में विपर्यायी लक्षणों के जोड़े के लिए **बैट्सन** एवं **सॉण्डर्स** ने किया

सहलग्नता

सहलग्नता का अध्ययन सन् 1906 में **बैट्सन** तथा **पुनेट** ने किया। सहलग्न जीन संयुक्त रूप से वंशागत होते हैं। जीन विनिमय 4-स्ट्रैण्ड अवस्था में होता है। एक ही गुणसूत्र के सभी जीन्स एक ही युग्मक में जाने का प्रयत्न करते हैं, जिसे **सहलग्नता** कहते हैं।

सहलग्न समूहों (Linkage groups) की संख्या, अगुणित गुणसूत्रों की संख्या के बराबर होती है। सहलग्नता का गुणसूत्रीय सिद्धान्त **मॉर्गन** ने दिया था। पास-पास स्थित जीन्स में सहलग्नता एवं दूर-दूर स्थित जीन्स में जीन विनिमय (Crossing over) की सम्भावना अधिक होती है।

सहलग्न जीन्स एक रेखीय क्रम में व्यवस्थित होते हैं। सहलग्न जीनों के समूह को सहलग्न समूह कहते हैं।

'क्रॉसिंग ओवर' शब्द का उपयोग **मॉर्गन** एवं **कास्टल** ने आनुवंशिक पदार्थ के विनिमय के लिए किया था। **वेस्टगार्ड** एवं **वारके** ने पादपों में सर्वप्रथम लिंग निर्धारण का अध्ययन किया था। गुणसूत्रीय लिंग निर्धारण की खोज **मैकक्लंग** ने की थी।

लिंग सहलग्नता के प्रकार

लिंग सहलग्न जीन, लिंग गुणसूत्रों पर स्थित होते हैं। लिंग सहलग्न जीनों की स्थिति के आधार पर लिंग सहलग्नता चार प्रकार की होती हैं

(i) **डाइजेनिक** (Digynic) लिंग सहलग्न जीन, X-गुणसूत्र के असमजात (Heterozygous) भाग पर स्थित होते हैं तथा लक्षण नर जनक से पोते (Grand son) में जाते हैं।

(ii) **डाइएण्ड्रिक** (Diandric) लिंग सहलग्न जीन, X-समजात गुणसूत्रों (Homozygous) पर स्थित होते हैं तथा लक्षण मादा जनक से नातिन (Grand daughter) में जाते हैं।

(iii) **होलोजेनिक** (Hologynic) लिंग सहलग्न जीन, समान लिंग में वंशागत होते हैं तथा लक्षण माता से पुत्री में जाते हैं।

(iv) **होलोएण्ड्रिक** (Holoandric) लिंग सहलग्न जीन, 'Y' गुणसूत्र पर स्थित होते हैं तथा पिता से पुत्रों में जाते हैं।

सहलग्नता के गुणसूत्रीय सिद्धान्त (मॉर्गन एवं वैस्टल; 1911) अनुसार, गुणसूत्रों पर जीन एक रेखीय क्रम में व्यवस्थित होते हैं। सहलग्न जीन्स एक ही गुणसूत्र पर पाए जाते हैं। सहलग्नता दो सहलग्न जीनों के बीच की दूरी पर निर्भर करती है।

उत्परिवर्तन

किसी जीव में आकस्मिक, स्थायी एवं वंशागत परिवर्तन को उत्परिवर्तन कहते हैं।

ये परिवर्तन जीवों के समलक्षणों (Phenotype) में परिवर्तन करते हैं तथा जीव के आनुवंशिक पदार्थ में परिवर्तन के फलस्वरूप उत्पन्न होते हैं। **ह्यूगो डी व्रीज** (Hugo de Vries) ने जीवों में वंशागत परिवर्तनों के लिए 'उत्परिवर्तन' (Mutation) शब्द प्रयोग किया तथा विकास का उत्परिवर्तन सिद्धान्त (Mutation theory of evolution) प्रस्तुत किया। **चार्ल्स डार्विन** ने पादपों में होने वाले वंशागत परिवर्तनों को 'Sports' की संज्ञा दी

उत्परिवर्तन के प्रकार

उत्परिवर्तन निम्न दो प्रकार के हो सकते हैं

1. गुणसूत्रीय उत्परिवर्तन

गुणसूत्र में संख्यात्मक परिवर्तन दो प्रकार के होते हैं

(i) **एन्यूप्लॉइडी** यह जीवों में गुणसूत्र की संख्या घटने या बढ़ने से होती है। यह निम्न चार प्रकार की हो सकती है

(a) **मोनोसोमी** (Monosomy) $2n-1$ जीवों के किसी एक गुणसूत्र के युग्म में से एक गुणसूत्र के कम हो जाने के कारण; जैसे—मक्का ।

(b) **नलीसोमी** (Nullisomy) $2n-2$ जीवों में एक गुणसूत्र युग्म के कम हो जाने के कारण; जैसे—टमाटर।

(c) **ट्राइसोमी** (Trisomy) $2n+1$ जीवों में एक गुणसूत्र के बढ़ जाने के कारण; जैसे—*धतूरा* ।

(d) **टेट्रासोमी** (Tetrasomy) $2n+2$ जीवों में गुणसूत्र युग्म (Chromosomal pair) का जुड़ना, जैसे—गेहूँ।

(ii) **यूप्लॉइडी** इसमें जीवों में गुणसूत्रों की संख्या इनके जीनोम (Genome) के गुणांक में होती है।

(a) **एकगुणित** (Monoploidy) जीवों में गुणसूत्रों के एक समूह अर्थात् अगुणित जीन (n)।

(b) **द्विगुणित** (Diploid) जीवों में गुणसूत्र के दो समूह ($2n$) की उपस्थिति।

(c) **त्रिगुणित** (Triploid) जीवों में गुणसूत्र के तीन समूह ($3n$) की उपस्थिति।

(d) **बहुगुणित** (Polyploid) इस तरह गुणसूत्रों में 1 या 2 समूहों की वृद्धि होने पर वह बहुगुणक (Polyploid) कहलाता है। बहुगुणिता दो प्रकार की होती है

- **स्वबहुगुणिता** (Autopolyploidy) इसमें एक ही जाति के गुणसूत्रों के समूहों की संख्या बढ़ती है। यह स्थिति युग्मकों के निर्माण के समय अर्द्धसूत्री विभाजन की असफलता तथा निषेचन में एक से अधिक शुक्राणुओं के भाग लेने के कारण उत्पन्न होती है। कोल्चीसीन एक ऐसा पदार्थ है, जो पादपों में बहुगुणिता को प्रेरित करता है; जैसे—तरबूज।
- **परबहुगुणित** (Allopolyploidy) इसमें भिन्न जाति के गुणसूत्रों के सेटों की संख्या में बढ़ोतरी होती है। ऐसा दो भिन्न जातियों के संकरण से उत्पन्न बन्ध्य संकरण (Sterile hybrid) में गुणसूत्रों के द्विगुणन के कारण होता है; जैसे—*ब्रैसिका* (सरसों), *ट्रिटिकम* (गेहूँ), आदि।

गुणसूत्र में संरचनात्मक परिवर्तन ये निम्न प्रकार के होते हैं

(i) **अभाव** (Deletion) गुणसूत्र के किसी भी भाग के टूट जाने पर उस पर स्थित जीन की कमी सिस्ट्रॉन में एक क्षार या न्यूक्लियोटाइड की कमी होने से जीवों के लक्षणों में परिवर्तन आ जाता है, इसे ही अभाव कहते हैं।

(ii) **द्विगुणन** (Duplication) किसी भी गुणसूत्र के जीन के गुणन को द्विगुणन कहते हैं।

(iii) **प्रतीपन** (Inversion) गुणसूत्र के 180° पर घूमकर छूटने एवं भिन्न क्रम (उल्टे क्रम) में जुड़ने को प्रतीपन कहते हैं।

(iv) **स्थानान्तरण** (Translocation) किसी गुणसूत्र के कुछ भाग का टूटकर दूसरे असमजात गुणसूत्रों (Non-homologous chromosomes) के साथ जुड़ने की प्रक्रिया को स्थानान्तरण कहते हैं।

2. जीन या बिन्दु उत्परिवर्तन

गुणसूत्रों पर उपस्थित जीन या सिस्ट्रॉन में होने वाले परिवर्तन को जीन या बिन्दु उत्परिवर्तन कहते हैं। उत्परिवर्तन अधिकतर अप्रभावी (Recessive) तथा हानिकारक (Harmful) होते हैं। ये हेटेरोजाइगस (Heterozygous) जीनों में पाए जाते हैं, इसलिए अधिकतर प्रयोग में नहीं आते। कभी-कभी उत्परिवर्तन लाभदायक होते हैं; जैसे—चावल की टीमाई उत्परिवर्तन द्वारा उच्च उत्पादकता की जातियाँ बनाने में।

बाह्य नाभिकीय या बाह्य क्रोमोसोमल वंशागति

कोशिकाओं के कोशिकाद्रव्य में पाए जाने वाले कुछ कोशिकांग; जैसे—माइटोकॉण्ड्रिया एवं हरितलवक, जिनमें DNA पाया जाता है, भी वंशागति में भूमिका निभाते हैं।

कोशिकाद्रव्य में उपस्थित इस प्रकार के स्वजनित वंशागतिक पदार्थों को प्लाज्मोन (Plasmone) तथा सभी कोशिकाद्रव्यी जीनों को प्लाज्माजीन्स (Plasmagenes) कहते हैं तथा इनसे होने वाली वंशागति को कोशिकाद्रव्यी वंशागति (Cytoplasmic inheritance) या बाह्य गुणसूत्रीय वंशागति कहते हैं।

प्लाज्मोजीन्स

केन्द्रक के अतिरिक्त, कोशिकाद्रव्य स्थित आनुवंशिक पदार्थ को **प्लाज्मोन** (Plasmone) या **प्लाज्माजीन** कहते हैं। सामान्य कोशिका के अन्दर, लवक तथा माइटोकॉण्ड्रिया में उपस्थित आनुवंशिक पदार्थ, इस श्रेणी के अन्तर्गत आते हैं।

प्लाज्मिड

जीवाणुओं में गुणसूत्रीय DNA के अतिरिक्त कुछ अन्य स्वतन्त्र, स्वत:जनन करने वाले आनुवंशिक DNA अणु पाए जाते हैं, जिन्हें **प्लाज्मिड** या **आनुवंशिक कारक** (Genetic factor) कहते हैं।इनकी खोज **लेडरबर्ग** ने सन् 1952 में की थी।

उनके मुख्य गुण निम्न हैं

(i) ये DNA के बने आनुवंशिक तत्व होते हैं।
(ii) ये गुणसूत्र से छोटे तथा पृथक् पाए जाते हैं।
(iii) इनमें स्वपुनरावृत्ति की सम्भावना होती है।
(iv) स्वतन्त्र आनुवंशिक इकाई के कारण, ये नए गुणों को उत्पन्न करने के लिए जीन अभियान्त्रिकी में मुख्य भूमिका निभाते हैं।

आण्विक जीव विज्ञान

आण्विक जीव विज्ञान के अन्तर्गत जीव विज्ञान के तथ्यों का आण्विक स्तर पर अध्ययन किया जाता है। इसमें DNA के गुणन, जीन के प्रकटीकरण, आदि का अध्ययन आण्विक स्तर पर होता है।

आधुनिक जीन धारणा के प्रमुख तथ्य

1. जीन्स गुणसूत्र पर स्थित होते हैं।
2. जीन्स आनुवंशिक लक्षणों को एक पीढ़ी से दूसरी पीढ़ी में ले जाते हैं।
3. जीन्स गुणसूत्र के जिस स्थान पर स्थित होते हैं उसे **लोकस** कहते हैं।
4. गुणसूत्र पर जीन रेखीय क्रम में व्यवस्थित होते हैं।
5. जीन्स एलील के रूप में पाए जाते हैं, जो एक ही लोकस पर स्थित होते हैं।
6. जीन्स अपनी अभिव्यक्ति एन्जाइम के उत्पादन द्वारा करते हैं।
7. जब एक जीन एक से अधिक लक्षणों को धारण करता है, तो उसे **प्लियोट्रॉपिक** (Pleiotropic) जीन कहते हैं।

आनुवंशिक कूट

आनुवंशिक कूट (Genetic code) *m*RNA अणुओं में स्थित नाइट्रोजनी क्षारों का वह क्रम है जिसमें प्रोटीन-संश्लेषण के लिए सन्देश निहित होते हैं। एक अमीनो अम्ल के लिए सन्देश देने वाला तीन न्यूक्लिओटाइड का समूह **प्रकूट** (Codon) कहलाता है।

आनुवंशिक प्रकूट कोड की खोज **नीरेनबर्ग** एवं **मथाई** (Nirenberg and Matthaei; 1961) ने की थी।

AUG तथा GUG (कभी-कभी) प्रारम्भिक प्रकूट, जबकि UAA, UGA, UAG समापन प्रकूट हैं।

DNA का द्विगुणन

कोशिका विभाजन के लिए DNA का द्विगुणन आवश्यक है। DNA का अणु स्वयं का द्विगुणन करता है, जिससे DNA के एक अणु से उसी आकार के दो अणु बनते हैं।

कोशिका के केन्द्रक में विद्यमान गुणसूत्रों के सभी DNA अणु द्विगुणित होते हैं, जिसके फलस्वरूप प्रत्येक गुणसूत्र दो सन्तति गुणसूत्रों (Daughter chromosomes) में बदल जाता है। कोशिका के विभाजन के समय दोनों सन्तति गुणसूत्र अलग-अलग सन्तति कोशिका में पहुँच जाते हैं। इस प्रकार एक ही प्रकार का DNA दोनों सन्तति कोशिकाओं में बराबर मात्रा में पहुँच जाता है।

बार-बार ऐसा होने से कोशिकाओं के विभाजन के साथ-साथ आनुवंशिक सूचना भी पीढ़ी-दर-पीढ़ी हस्तान्तरित होती रहती है। इस सूचना के स्थानान्तरण के लिए DNA का द्विगुणन आवश्यक है, DNA द्विगुणन की तीन सैद्धान्तिक विधियाँ निम्न प्रकार हैं

1. **संरक्षी विधि** (Conservative Method) इसके अन्तर्गत निर्मित दो रज्जुकों में एक पूर्ण रूप से नवीन तथा एक पुराना रज्जुक होता है।
2. **अर्द्धसंरक्षी विधि** (Semi-conservative Method) दोनों परिणामी DNA में एक रज्जुक पुराना तथा एक रज्जुक नया होता है।
3. **प्रसार विषयक विधि** (Dispersive Method) इस विधि के अन्तर्गत दोनों परिणामी रज्जुकों में कुछ भाग पुराने तथा कुछ भाग नवीन DNA के होते हैं।

DNA द्विगुणन की क्रियाविधि

वाटसन एवं **क्रिक** द्वारा प्रस्तुत DNA प्रतिरूप द्वारा इस बात का आसानी से अनुमान लगाया जा सकता था कि DNA का द्विगुणन किस प्रकार होता है? उनका विचार था कि DNA की दोनों श्रृंखलाएँ, विकुण्डलित होकर अलग-अलग हो जाती हैं तथा इन श्रृंखलाओं पर, कोशिकाद्रव्य से इन नाइट्रोजनी क्षारकों के पूरक क्षारक (Complementry base) आकर जुड़ते हैं।

कॉर्नबर्ग (Kornberg) ने सन् 1956 में DNA की एक ही श्रृंखला को साँचे की तरह इस्तेमाल करके DNA का पूरा अणु प्रयोगशाला में बनाने में सफलता प्राप्त की।

(i) DNA का द्विगुणन, समारम्भन बिन्दु (Initiation point) से शुरु होता है। सुकेन्द्रकीय कोशिकाओं में कई या अनगिनत समारम्भन बिन्दु होते हैं क्योंकि इन जीवों का DNA बड़ा व जटिल होता है। इसलिए इनके DNA

मोनोसिस्ट्रॉनिक (Monocistronic) होता है, जबकि पूर्वकेन्द्रकीय जीवों में DNA पॉलीसिस्ट्रॉनिक होता है क्योंकि इन जीवों में कई जीन के निर्माण के लिए एक ही समारम्भन बिन्दु होता है।

(ii) हेलिकेज विकर DNA के दोनों रज्जुकों को पृथक् कर देता है तथा प्रत्येक रज्जुक, एकल रज्जुक बन्धन प्रोटीन (Single strand binding protein) की सहायता से स्थिर हो जाता है।

(iii) टोपोआइसोमरेज (Topoisomerase) विकर रज्जुक में कुण्डलन के तनाव को समाप्त करता है।

(iv) प्रत्येक रज्जुक फर्मे (Template) की तरह कार्य करता है। बहुलीकरण (Polymerisation) से पूर्व, प्राइमेज (Primase) एन्जाइम की सहायता से रज्जुक के 3′ छोर के पूरक RNA प्राइमर का संश्लेषण होता है, जिससे आगे DNA पॉलीमरेज-III (DNA polymerase-III) द्वारा बहुलीकरण होता है।

(v) अग्रग रज्जुक (Leading strand) पर, $5' \longrightarrow 3'$ दिशा में सतत् (Continuous) संश्लेषण होता है, जबकि पश्चगामी रज्जुक (Lagging strand) पर छोटे-छोटे टुकड़ों, जिन्हें **ओकाजाकी टुकड़े** (Okazaki fragments) कहते हैं, के रूप में असतत् (Discontinuous) संश्लेषण होता है। प्रत्येक ओकाजाकी टुकड़े के लिए एक अलग RNA प्राइमर बनता है।

(vi) ओकाजाकी टुकड़े के पूर्ण निर्मित होने पर DNA पॉलीमरेज-I द्वारा RNA प्राइमर को हटा दिया जाता है और DNA लाइगेज (DNA ligase), विकर ओकाजाकी टुकड़ों को जोड़ने का कार्य करता है।

(vii) द्विगुणन के पश्चात् दोनों, नवीन निर्मित रज्जुक पुराने रज्जुकों के साथ अलग हो जाते हैं इस कारण इस द्विगुणन प्रक्रिया को अर्द्धसंरक्षी द्विगुणन कहते हैं।

DNA के द्विगुणन में अत्यधिक परिशुद्धता (Accuracy) बरती जाती है, इसके बावजूद कभी-कभी गलती से एक के बदले कहीं पर दूसरा क्षारक भी लग जाता है। DNA पॉलीमरेज इस क्रम को पढ़ने में सक्षम होता है तथा गलत लगे क्षारक को हटा देता है।

इसके अतिरिक्त कुछ गलत निर्मित DNA के खण्ड, DNA पॉलीमरेज की पकड़ में भी नहीं आ पाते। इन खण्डों को कुछ एन्जाइम, काटकर अलग कर देते हैं, इन्हें **रिपेयर विकर** कहते हैं।

जीन प्रकटीकरण या प्रोटीन संश्लेषण

प्रोटीन अणु एक या कई प्रकार की पॉलीपेप्टाइड श्रृंखलाओं (Polypeptide chains) के बने होते हैं। पॉलीपेप्टाइड श्रृंखलाएँ 20 प्रकार की अमीनो अम्ल इकाइयों (Amino acid units) के बहुलककीकरण (Polymerisation) से बनती हैं।

प्रोटीन की पॉलीपेप्टाइड श्रृंखलाओं का संश्लेषण केन्द्रक के बाहर, कोशिका के साइटोसाल (Cytosol) में होता है।

क्रिक (1958) ने **अणुजैविकी के केन्द्रीय सिद्धान्त** (Central dogma of molecular biology) का प्रतिपादन किया, जिसके अनुसार DNA से *m*RNA तथा RNA से प्रोटीन बनने की क्रिया में एक सूचना का संचार, एक ओर से दूसरी ओर तक होता रहता है।

टेमिन तथा **बाल्टीमोर** (Temin and Baltimore) ने सूचनाओं के विपरीत प्रवाह (Reverse flow of information) की खोज की, *जो इस प्रकार है*

$$\text{DNA} \underset{\text{व्युत्क्रम अनुलेखन}}{\overset{\text{अनुलेखन}}{\rightleftharpoons}} m\text{RNA} \xrightarrow{\text{अनुलिपिकरण}} \text{प्रोटीन}$$

प्रोटीन-संश्लेषण में अनुलेखन (Transcription) तथा अनुलिपिकरण (Translation) दो प्रक्रियाएँ होती हैं।

अनुलेखन

DNA के निर्देशन में विभिन्न प्रकार के RNA के संश्लेषण को अनुलेखन कहते हैं। यह प्रक्रिया विशेष प्रकार के एन्जाइमों द्वारा उत्प्रेरित होती है, जिन्हें **RNA पॉलीमरेज एन्जाइम** (RNA polymerase enzyme) कहते हैं।

यह प्रक्रिया तीन चरणों में पूरी होती है

1. सूत्रपात

DNA पर समाक्षार युग्मों का एक प्रोत्साहक खण्ड (Promoter region) पाया जाता है।

RNA पॉलीमरेज एन्जाइम इस प्रोत्साहक खण्ड से संलग्न हो जाता है।

प्रोत्साहक के प्रथम भाग में A = T युग्म पाए जाते हैं। RNA पॉलीमरेज इन युग्मों के हाइड्रोजन बन्धों को तोड़कर DNA अणु के दो सूत्रों को पृथक् कर देता है।

2. दीर्घीकरण

पृथक् हुए DNA अणु के सूत्रों में से एक की दिशा $3' \rightarrow 5'$ तथा दूसरे की दिशा $5' \rightarrow 3'$ होती है। इनमें से $3' \rightarrow 5'$ सूत्र, RNA अणु के संश्लेषण के लिए साँचे (Template) का कार्य करता है। अत: इस सूत्र को साँचा सूत्र (Template strand) व दूसरे को अनसाँचा सूत्र (Non-template strand) कहते हैं।

अनुलेखन के प्रारम्भ होते ही RNA पॉलीमरेज एन्जाइम धीरे-धीरे आगे बढ़ता है। यह अकुण्डलन (Unwinding) द्वारा DNA के सूत्रों को पृथक् करके, साँचा सूत्रों के समजात (Complementary) राइबोन्यूक्लियोटाइड एकल (Monomers) को **फॉस्फोडाइएस्टर बन्धों** (Phosphodiester bonds) द्वारा जोड़ता है। इसमें नाइट्रोजन बेस थायमिन के स्थान पर यूरेसिल आता है।

RNA अणु का दीर्घीकरण $5' \rightarrow 3'$ दिशा में होता है। यह संश्लेषित होने पर, साँचा सूत्र से पृथक् हो जाता है तथा DNA के दोनों अणु वापस जुड़कर कुण्डलित हो जाते हैं।

3. समापन

RNA अणु के संश्लेषण का समापन, **विलोम पद भाग** (Palindromic region) में होता है। विलोमपद में समाक्षार युग्म का अनुक्रम, दोनों ओर से समान (जैसे—ATATATA) होता है। समापन के पश्चात् RNA पॉलीमरेज एन्जाइम पृथक् हो जाता है तथा किसी अन्य जीन पर अनुलेखन प्रारम्भ कर देता है।

RNA पॉलीमरेज

प्रोकैरियोट्स में एक RNA पॉलीमरेज ही तीनों प्रकार के RNA जैसे—*m*RNA, *t*RNA व *r*RNA बनाता है। यूकैरियोट्स में RNA **पॉलीमरेज-I** (RNA polymerase-I) केन्द्रिक (Nucleolus) में पाया जाता है तथा *r*RNA बनाता है। RNA पॉलीमरेज-I व II केन्द्रकद्रव्य (Nucleoplasm) में पाए जाते हैं और *m*RNA तथा *t*RNA बनाते हैं।

ई. कोलाई (*E. coli*) में RNA पॉलीमरेज, पाँच पेप्टाइड श्रृंखला $(\alpha, \alpha_2, \beta, \beta', \sigma)$ के बने होते हैं। यह एक **होलोएन्जाइम** (Holoenzyme) है, जिसका आण्विक भार 450000 होता है।

सिग्मा कारक (σ or Sigma factor) DNA के प्रोमोटर भाग में, आरम्भन बिन्दु (Start point) को पहचानता है। इस एन्जाइम का बचा भाग $(\alpha_2, \beta, \beta')$ कोर एन्जाइम (Core enzyme) कहलाता है।

अनुलिपिकरण

*m*RNA में न्यूक्लि ोटाइडों की श्रृंखला का, अमीनो अम्लों की पॉलीपेप्टाइड श्रृंखला में, स्थानान्तरण की प्रक्रिया अनुलिपिकरण (Translation) कहलाती है। यह राइबोसोम पर होती है।

अनुलिपिकरण की प्रक्रिया निम्न चरणों में पूर्ण होती है

1. अमीनो अम्लों का सक्रियन

इस प्रक्रिया में अमीनो अम्ल (ATP) की उपस्थिति में एक विशिष्ट **अमीनोएसिल *t*RNA सिन्थेटेज एन्जाइम** से क्रिया करके अमीनोएसिल एडिनाइलेट एन्जाइम कॉम्प्लेक्स का निर्माण करता है। इस प्रक्रिया में पायरोफॉस्फेट (Pyrophosphate) निकलता है। कॉम्प्लेक्स में उपस्थित अमीनो अम्ल सक्रिय अमीनो अम्ल (Activated amino acid) कहलाते हैं।

Amino acid (AA) + ATP + Aminoacyl *t*RNA synthetase enzyme $\longrightarrow$ AA-AMP-E + PPi (Aminoacyl adenylate enzyme complex)

यह सक्रिय अमीनो अम्ल, *t*RNA के 3′ सिरे पर −CCA अनुक्रम से जुड़कर अमीनोएसिल *t*RNA (CAA-*t*RNA) का निर्माण करता है।

AA-AMP-E + *t*RNA — AA-*t*RNA + AMP + एन्जाइम

2. सूत्रपात

इस प्रक्रिया में GTP, Mg^{2+} तथा प्रोटीनीय सूत्रपात कारकों (Proteinaceous initiation factors) की आवश्यकता होती हैं।

प्रोकैरियोट्स में तीन सूत्रपात कारक IF_3, IF_2 व IF_1 पाए जाते हैं, लेकिन यूकैरियोट्स में नौ सूत्रपात कारक (elF_2, elF_3, elF_1, elF_{4A}, elF_{4B}, elF_{4C}, elF_{4D}, elF_5 व elF_6), होते हैं, जिनमें से lF_3 या elF_2 राइबोसोम की छोटी इकाई से जुड़ते हैं।

*m*RNA से राइबोसोम की छोटी इकाई को जोड़ने के लिए GTP की आवश्यकता होती है। इसके कारण *m*RNA का सूत्रपात कोडॉन (Initiation codon) AUG, राइबोसोम की बड़ी इकाई में स्थित P-स्थल के सामने आ जाता है।

$$30S \text{ उपइकाई} + mRNA \xrightarrow[GTP]{IF_3} 30S\text{-}mRNA\text{-}tRNA\text{-f-met}$$

$$40S \text{ उपइकाई} + RNA \xrightarrow[GTP]{eIF_2} 40S\ mRNA\text{-}tRNA \text{ met}$$

प्रोकैरियोट्स में फॉर्मिलेटिड मैथाइल *t*RNA (Formylated methyl *t*RNA) प्रारम्भिक मीथियोनिन को प्राप्त करता है, परन्तु यूकैरियोट्स में अनफॉर्मिलेटिड मैथाइल *t*RNA (Unformylated methyl *t*RNA) यह कार्य करता है।

अब राइबोसोम की बड़ी इकाई, (30S-*m*RNA-*t*RNA-f-met या 40 S-*m*RNA-*t*RNA met से जुड़ जाती है।) इसके लिए प्रौकैरियोट्स को IF_1 व यूकैरियोट्स को त्इ१ व त्इ४ की आवश्यकता होती है।

इस प्रकार जुड़े हुए राइबोसोम में P-स्थल पर *m*RNA-*t*RNA कॉम्प्लेक्स होता है, लेकिन इसकी A-स्थल खाली होती है।

3. दीर्घीकरण

इस प्रक्रिया में GTP तथा दीर्घीकरण कारक प्रोकैरियोट्स में EF-T_4 तथा EFT_5 यूकैरियोट्स में eEF_1 की आवश्यकता होती है। इसमें एक नया अमीनोएसाइल + *t*RNA कॉम्लैक्स, राइबोसोम की A-स्थल पर पहुँचकर हाइड्रोजन बन्ध द्वारा *m*RNA से जुड़ जाता है।

P-स्थल के अमीनो अम्ल के कार्बोक्सिल तथा A-स्थल के अमीनो अम्ल के अमीनो समूह के बीच पेप्टाइड बन्ध (Peptide bond) बनता है। इस प्रक्रिया में पेप्टाइडिल ट्रान्सफरेज (Peptidyl transferase) एन्जाइम भाग लेता है। प्रथम पेप्टाइड बन्ध बनने के बाद P-स्थल का *t*RNA, राइबोसोम के बाहर निकल जाता है तथा A-स्थल का डाइपेप्टिडिल *t*RNA, P-स्थल पर आ जाता है। A-स्थल नए *t*RNA को प्राप्त करने के लिए खाली हो जाती है।

यह क्रिया स्थानान्तरण या **ट्रान्सलोकेशन** (Translocation) कहलाती है। इस तरह नए पेप्टाइड बन्ध बनकर नई पॉलीपेप्टाइड श्रृंखला बनती जाती है।

4. समापन

यह क्रिया समापन कारक (Termination factor) R_2 व R_3 तथा **समापन कोडॉन** UAA, UAG व UGA की सहायता से होती है।

वस्तुनिष्ठ प्रश्न

1. जीव विज्ञान की वह शाखा, जिसके अन्तर्गत वर्गीकरण एवं इसके मूल सिद्धान्तों का अध्ययन किया जाता है, कहलाती है

(a) नामकरण (b) वर्गिकी
(c) जैविकी (d) इनमें से कोई नहीं

2. निम्न में से कौन-सा चरण जीवों को वर्गीकृत करने के लिए उपयोग में आता है?

(a) पहचान (b) वर्गीकरण
(c) नामकरण (d) ये सभी

3. द्विनाम पद्धति में दो पद नाम क्रमश: किन दो समूहों के होते हैं?

(a) वंश और गण (b) वंश और जाति
(c) गण और वंश (d) जाति और वंश

4. जीवधारियों के नामकरण की द्विनाम के जन्मदाता थे

(a) रॉबर्ट हुक (b) लिनियस
(c) डार्विन (d) लुईस पाश्चर

5. वर्गीकरण में विभिन्न श्रेणियों को एक निश्चित क्रम में व्यवस्थित करना क्या कहलाता है?

(a) द्विपदनाम (b) वर्गिकीय पदानुक्रम
(c) विशिष्टता (d) वर्गिकी

6. द्विनाम पद्धति में जीवों के नाम किस भाषा में दिए जाते हैं?

(a) अंग्रेजी (b) जर्मन
(c) लैटिन (d) हिन्दी

7. लैंगिक पद्धति कहलाती है

(a) कृत्रिम पद्धति
(b) प्राकृतिक पद्धति
(c) जातिवृत्तीय पद्धति
(d) उपरोक्त में से कोई नहीं

8. 'वर्गीकरण विज्ञान' शब्द इनमें से किससे सम्बन्धित है?

(a) पादपों तथा प्राणियों की पहचान तथा वर्गीकरण
(b) पादपों तथा प्राणियों की नाम पद्धति तथा पहचान
(c) जीवों की किस्मों की विविधता तथा उनमें आपयी सम्बन्ध
(d) भिन्न किस्मों के जीव तथा उनका वर्गीकरण

9. आइसोटाइप हैं

(a) वास्तविक प्रकार का नमूना
(b) होलोटाइप का डुप्लीकेट
(c) वास्तविक पदार्थ का वह नमूना, जो होलोटाइप नहीं होता
(d) अन्य प्रकार का नमूना, जो होलोटाइप के साथ रहता है

10. निम्नलिखित में से वार्गिकीय पदानुक्रम का सही क्रम बताइए

(a) वर्ग, संघ, जगत, गण, कुल, वंश, जाति
(b) संघ, वर्ग, कुल, गण, वंश, जगत, जाति
(c) जगत, संघ, वर्ग, गण, कुल, वंश, जाति
(d) जगत, संघ, गण, कुल, वर्ग, जाति

11. जातिवृत्तीय वर्गीकरण किस पर आधारित होता है?

(a) उपयोगिता प्रणाली पर
(b) पौधों के स्वभाव पर
(c) समान विकासीय वंशजता पर
(d) समग्र समानताओं पर

12. '*सिस्टेमा नेचुरी*' नामक पुस्तक किस वैज्ञानिक द्वारा लिखी गई?

(a) लैमार्क
(b) लिनियस
(c) अरस्तू
(d) डार्विन

13. ICZN का पूरा नाम है

(a) इण्टरनेशनल कोड ऑफ जूलोजिकल नोमेनक्लेचर
(b) इण्टरनेशनल कमीशन ऑफ ज्योग्रफिकल नोमेनक्लेचर
(c) इण्टरनेशनल कमीशन ऑफ जिनेटिकल नोमेनक्लेचर
(d) उपरोक्त में से कोई नहीं

14. लिनियस की व्यवस्थानुसार वर्गीकरण का सही क्रम बताइए

(a) स्पीशीज, जीनस, फैमिली, ऑर्डर, क्लास
(b) क्लास, फैमिली, स्पीशीज, जीनस, ऑर्डर
(c) फाइलम, क्लास, फैमिली, स्पीशीज, ऑर्डर
(d) स्पीशीज, जीनस, फाइलम, फैमिली, क्लास

15. 'टैक्सा', टैक्सॉन से भिन्न होता है, क्योंकि

(a) यह टैक्सॉन की तुलना में उच्च टैक्सोनॉमिक श्रेणी है
(b) यह टैक्सॉन की तुलना में भिन्न टैक्सोनॉमिक श्रेणी है
(c) यह टैक्सॉन का बहुवचन है
(d) यह टैक्सान का एकवचन है

16. निम्न में से कौन-सी एक श्रेणी नहीं है?

(a) जाति
(b) वर्ग
(c) संघ
(d) ग्लूमेसी

17. आधुनिक वर्गिकी का पितामह किसे माना जाता है?

(a) तख्ताजन
(b) लिनियस
(c) बैन्थम तथा हुकर
(d) थियोफ्रेस्टस

18. वर्गिकी अध्ययन है

(a) उत्परिवर्तन का
(b) जीवन की विभिन्न अवस्थाओं एवं समानताओं का
(c) जीवों की पहचान, नामकरण एवं वर्गीकरण का
(d) जीव विज्ञान की विभिन्न शाखाओं का

19. 'जाति' शब्द का सर्वप्रथम प्रयोग किया था

(a) जॉन रे (b) लिनियस
(c) अरस्तू (d) चरक

20. वर्गीकरण की संरचनात्मक एवं आधारभूत इकाई है

(a) वंश (b) जाति
(c) कुल (d) गण

21. द्विनामकरण पद्धति का अर्थ है

(a) ऑर्डर तथा कुल द्वारा नाम का प्रदर्शन
(b) कुल तथा वंश द्वारा नाम का प्रदर्शन
(c) स्पीशीज तथा वैरायटी द्वारा नाम का प्रदर्शन
(d) वंश तथा स्पीशीज द्वारा नाम का प्रदर्शन

22. एक सजीव, एक निर्जीव तथा सूखी हुई कोशिकाओं में सबसे अधिक मात्रा में पाए जाने वाले क्रमश: होते हैं

(a) जल व प्रोटीन
(b) प्रोटीन व कार्बोहाइड्रेट
(c) जल व कार्बोहाइड्रेट
(d) जल व लिपिड

23. जैविक अणुओं के बहुलकीकरण में

(a) अनेक विभिन्न श्रेणियों के छोटे अणु, अनियमित गुच्छों में जुड़ जाते हैं
(b) एक ही श्रेणी के विभिन्न प्रकार के अणु एक-दूसरे के पीछे जुड़कर, रेखीय वृहत अणु बनाते हैं
(c) विभिन्न श्रेणियों के विभिन्न प्रकार के अणु रेखीय श्रृंखलाओं में जुड़कर, वृहत रेखीय अणु बनाते हैं
(d) विभिन्न प्रकार के वृहत अणु परस्पर जुड़कर बहुआण्विक संरचनाएँ बनाते हैं

24. केन्द्रकीय कोशिकाओं में केन्द्रक की सर्वव्यापी उपस्थिति का पता लगाया

(a) वाल्डेयर (1888) ने
(b) फ्रेडरिक माइखर (1869) ने
(c) रॉबर्ट ब्राउन (1831) ने
(d) अल्टमान (1889) ने

25. न्यूक्लियोटाइड्स अम्लीय क्यों होते हैं?

(a) नाइट्रोजनी क्षारों में ऋणात्मक आवेश के कारण
(b) पंचकार्बनीय शर्करा अणु के ऋणात्मक आवेश के कारण
(c) फॉस्फेट समूह के ऋणात्मक आवेश के कारण
(d) फॉस्फेट समूह के धनात्मक आवेश के कारण

26. निम्न में से किस कोशिका में केन्द्रकीय कला का अभाव होता है?

(a) *एनाबीना* (b) *क्लैमाइडोमोनास*
(c) *राइजोपस* (d) लाइकेन

27. खुरदरी अन्त:प्रद्रव्यी जालिका का मुख्य कार्य है

(a) प्रोटीन संश्लेषण
(b) केन्द्रक का पोषण
(c) पदार्थों का स्रावण
(d) कोशिका को आकार प्रदान करना

28. पादपों में लिंग गुणसूत्रों की खोज सर्वप्रथम हुई

(a) शैवाल में (b) कवक में
(c) फर्न में (d) आवृतबीजियों में

29. किस गुणसूत्र में गुणसूत्र बिन्दु एक किनारे पर स्थित होता है?
(a) अग्रबिन्दुक (b) अन्तः केन्द्री
(c) मध्यकेन्द्री (d) उपमध्यकेन्द्री

30. जीवाणु कोशिका में पाया जाने वाला कोशिकांग है
(a) माइटोकॉण्ड्रिया
(b) राइबोसोम
(c) गॉल्जीकाय
(d) अन्त:प्रद्रव्यी जालिका

31. कोशिका चक्र के सम्बन्ध में कौन-सी प्रावस्थाओं का क्रम सही है?
(a) G_1, G_2, S और M
(b) S, G_1, G_2 और M
(c) G_1, S, G_2 और M
(d) G_2, S, G_1 और M

32. DNA के आनुवंशिक पदार्थ होने के सम्बन्ध में, सर्वोत्तम प्रमाण किससे प्राप्त होता है?
(a) गुणसूत्र DNA के बने होते हैं
(b) जीवाणु कोशिकाओं में रूपान्तरण (Transformation) पाया जाता है
(c) कोशिकाद्रव्य में DNA नहीं पाया जाता है।
(d) यह ज्ञात है कि DNA केन्द्रक में पाया जाता है

33. सभी कोशिकाओं में ऊर्जा विनिमय का कार्य करने वाला उच्च ऊर्जावाहक न्यूक्लियोटाइड है
(a) NAD (b) FAD
(c) ATP (d) ADP

34. कोशिका चक्र के बारे में सर्वप्रथम इस वैज्ञानिक ने बताया
(a) हावर्ड (b) पेले
(c) खुराना (d) (a) व (b) दोनों

35. कौन-सी शर्करा, DNA अणुओं के संश्लेषण में भाग नहीं लेती?
(a) डीऑक्सी राइबोस (b) राइबोस
(c) ग्लूकोस (d) (a) व (b) दोनों

36. निम्न में से किस कोशिका में H_2A, H_2B, H_3 और H_4 प्रोटीन अनुपस्थित होती है?
(a) मानव कोशिका (b) शैवाल
(c) जीवाणु (d) कवक

37. दो न्यूक्लियोसोम्स को जोड़ने वाला कहलाता है
(a) A-DNA (b) C-DNA
(c) अन्तराली DNA (d) D-DNA

38. कोशिका चक्र की S-प्रावस्था के दौरान होने वाली प्रक्रिया है
(a) DNA संश्लेषण (b) RNA संश्लेषण
(c) प्रोटीन संश्लेषण (d) ये सभी

39. निम्न में से कौन-सा एन्जाइम, DNA द्विगुण करता है?
(a) DNA लाइगेज
(b) DNA टोपोआइसोमरेज
(c) DNA पॉलीमरेज
(d) RNA पॉलीमरेज

40. निम्न में से कौन-से कोशिकांग, कोशिकाद्रव्यी वंशागति के लिए उत्तरदाई हैं?
(a) लाइसोसोम और माइटोकॉण्ड्रिया
(b) माइटोकॉण्ड्रिया और गॉल्जीकाय
(c) हरितलवक और माइटोकॉण्ड्रिया
(d) हरितलवक और लाइसोसोम

41. मेण्डल ने शुद्ध सफेद पुष्प वाले अप्रभावी मटर के पादप का प्रभावी शुद्ध लाल पादप से संकरण कराया, संकरण की प्रथम पीढ़ी में उत्पन्न होने वाले पादप होंगे
(a) 50% सफेद पुष्प वाले और 50% लाल पुष्प वाले
(b) सभी लाल पुष्प वाले
(c) 75% लाल पुष्प वाले और 25% सफेद पुष्प वाले
(d) सभी सफेद पुष्प वाले

42. RNA में पाई जाने वाली शर्करा है
(a) राइबोस (b) डीऑक्सी राइबोस
(c) सुक्रोस (d) लेक्टोस

43. समापन प्रकूट है
(a) UAA (b) UGA
(c) UAG (d) ये सभी

44. *ड्रोसोफिला* में गुणसूत्रों की संख्या होती है
(a) 8 (b) 10
(c) 12 (d) 14

45. गुणसूत्र अत्यधिक स्पष्ट दिखाई पड़ते हैं
(a) टीलोफेज में (b) एनाफेज में
(c) मेटाफेज में (d) प्रोफेज में

46. मनुष्य में कितने सहलग्न समूह पाए जाते हैं?
(a) 46 (b) 23
(c) 48 (d) 10

47. एक हीमोफिलिक मनुष्य, एक सामान्य होमोजाइगस स्त्री से विवाह करता है। उसके कितने प्रतिशत पुत्र हीमोफिलिक होंगे?
(a) 100% (b) 75%
(c) 50% (d) 0%

48. विपरीत लक्षणों का युग्म कहलाता है
(a) फीनोटाइप (b) जीनोटाइप
(c) एलील (d) इनमें से कोई नहीं

49. एक युगल (Couple) का रुधिर समूह A तथा B है, तो उसकी सन्तानों का रुधिर समूह होगा
(a) A और B (b) A, B और AB
(c) A, B, AB और O (d) AB केवल

50. निम्न में से कौन-सा अनुपात टैस्ट क्रॉस को दर्शाता है?
(a) 3 : 1 (b) 9 : 7
(c) 1 : 1 : 1 (d) 1 : 1 : 1 : 1

51. किसी पादप का लम्बेपन का कारक 'T' प्रभावी है तथा बौनेपन का कारक t है। लाल पुष्प का प्रभावी कारक R है तथा सफेद पुष्प का कारक r है। यदि RRTt का संकरण ttrr से कराया जाए, तो लम्बे एवं लाल पुष्प वाले पादपों का प्रतिशत क्या होगा?
(a) 100 (b) 25
(c) 50 (d) 75

52. प्राय: उत्परिवर्तन (Mutation) से उत्पन्न होते हैं
(a) अप्रभावी जीन
(b) मारक (Lethal) जीन
(c) बहुजीन (Polygenes)
(d) प्रभावी जीन

53. कोशिका विभाजन के दौरान तर्कु-तन्तु, संघनित गुणसूत्र के एक अत्यधिक विभेदित भाग से जुड़े रहते हैं। इस भाग को कहते हैं
(a) गुणसूत्र (b) परिसूत्र बिन्दु
(c) तारक केन्द्र (d) काइनेटोकोर

54. DNA व RNA में क्या समानता है?
(a) दोनों में एक सी शर्करा है
(b) दोनों में एक जैसे पिरिमिडीन क्षारक होते हैं
(c) प्रतिकृतिकरण की क्षमता होती है
(d) न्यूक्लियोटाइडों के बहुलक है

55. केन्द्रक-बाह्य जीन पाए जाते हैं
(a) लाइसोसोम व हरितलवक में
(b) गॉल्जीकाय व राइबोसोम में
(c) हरितलवक व माइटोकॉण्ड्रिया में
(d) राइबोसोम व माइटोकॉण्ड्रिया में

56. DNA के प्रतिकृतिकरण के दौरान, इसके दोनों सूत्र अलग-अलग हो जाते हैं। इनमें से प्रत्येक सूत्र, नए सूत्रों के संश्लेषण के लिए सांचे का कार्य करता है। इस प्रकार का प्रतिकृतिकरण कहलाता है
(a) असंरक्षी (b) अर्द्धसंरक्षी
(c) लचीला (d) संरक्षी

57. गुणसूत्रों में अन्त:खण्डों (Telomeres) का एक कार्य है
(a) गुणसूत्रों के सिरों को अवरुद्ध करना
(b) अर्द्धगुणसूत्रों को ध्रुवों की ओर जाने में मदद करना
(c) RNA संश्लेषण की शुरुआत करना
(d) समजात गुणसूत्रों के जोड़ों की सही संख्या का पता लगाना

58. डाउन सिण्ड्रोम, 21वें गुणसूत्र की अतिरिक्त प्रतिलिपि के कारण होता है। किसी डाउन सिण्ड्रोम से प्रभावित महिला एवं सामान्य पुरुष की सन्तानों में इस सिण्ड्रोम से प्रभावित बच्चों का प्रतिशत क्या होगा?
(a) 50% (b) 25%
(c) 100% (d) 75%

59. क्या होगा, यदि 50 अमीनो अम्लों की एक पॉलीपेप्टाइड शृंखला के जीन के 25 वें कोडॉन (UAU) में उत्परिवर्तन द्वारा UAA कोडॉन बन जाएँ?
(a) 49 अमीनो अम्लों की पॉलीपेप्टाइड बनेगी
(b) 25 अमीनो अम्लों की पॉलीपेप्टाइड बनेगी
(c) 24 अमीनो अम्लों की पॉलीपेप्टाइड बनेगी
(d) 24 और 25 अमीनो अम्लों की दो पॉलीपेप्टाइड बनेगी

60. अनुलेखन (Transcription) के दौरान DNA का वह स्थान, जहाँ RNA पॉलीमरेज जुड़ता है, कहलाता है

(a) रिसेप्टर (b) एन्हेन्सर
(c) प्रमोटर (d) रेगुलेटर

61. प्रोकैरियोट्स में ट्रान्सलेशन के प्रारम्भ के समय GTP अणु आवश्यक है

(a) फॉर्मिल met-*t*RNA को 30S-*m*RNA से जोड़ने में
(b) राइबोसोम की 50S उपइकाई के प्रारम्भिक मिश्रण (Initiation complex) से संयोग में
(c) फॉर्मिल met-*t*RNA निर्माण में
(d) राइबोसोम की 30S उपइकाई के *m*RNA से संयोग में

62. निम्न में से कौन-सा कोडॉन, प्रोटीन संश्लेषण में कोडॉन के अनुरूप अमीनो अम्ल, प्रारम्भ कोडॉन अथवा विराम कोडॉन से सही मिलान दर्शाता है

(a) UGU-ल्यूसीन
(b) UAC-टायरोसीन
(c) UCG-प्रारम्भ
(d) UUU-विराम

63. *ड्रोसोफिला* में लिंग निर्धारण होता है

(a) X गुणसूत्र के जोड़े एवं ऑटोसोम के जोड़े के अनुपात द्वारा
(b) कि अण्डा निषेचित हुआ है यह अनिषेकजनन द्वारा विकसित हुआ है
(c) X गुणसूत्रों की संख्या एवं ऑटोसोम के समूह के अनुपात द्वारा
(d) X और Y गुणसूत्रों द्वारा

64. 'क्रिसमस रोग' (Christmas disease) का दूसरा नाम है

(a) डाउन सिण्ड्रोम (b) निद्रा रोग
(c) हीमोफीलिया-B (d) हिपेटाइटिस-B

65. जब जीनों का एक समूह सहलग्नता दर्शाता है, तब

(a) ये स्वतन्त्र अपव्यूहन नहीं दर्शाते
(b) ये कोशिका विभाजन को प्रेरित करते हैं
(c) गुणसूत्र नक्शा (Chromosome map) नहीं दर्शाते
(d) अर्द्धसूत्री विभाजन (Meiosis) के समय पुनर्योजन (Recombination) दर्शाता है

66. आनुवंशिक नक्शा (Genetic map) वह है, जो

(a) कोशिका विभाजन की अवस्थाएँ दर्शाता है
(b) किसी क्षेत्र में विभिन्न जातियों का वितरण दर्शाता है
(c) गुणसूत्र पर जीनों का स्थान सुनिश्चित करता है
(d) जीन विकास की अवस्थाएँ सुनिश्चित करता है

67. मेण्डल द्वारा अध्ययन किए गए सात लक्षणों को नियन्त्रित करने वाले जीन, कितने गुणसूत्रों पर स्थित हैं?

(a) 5 (b) 4
(c) 7 (d) 6

68. मेण्डल द्वारा अध्ययन किए गए मटर में निम्न में से कौन-सा लक्षण अप्रभावी था?

(a) फली का हरा रंग
(b) बीज का गोल आकार
(c) पुष्प की अक्षीय स्थिति
(d) बीज का हरा रंग

69. आनुवंशिक कोड कोष (Genetic code dictionary) में सभी आवश्यक 20 अमीनो अम्लों हेतु कितने कोड हैं?

(a) 61 (b) 60 (c) 20 (d) 64

70. एक किसान ने वालनट कलंगी (Walnut comb) वाले और एकल कलंगी (Single comb) वाले मुर्गो के बीच क्रॉस कराया और F_1-पीढ़ी में सभी वालनट कलंगी वाली मुर्गियाँ प्राप्त की। जनकों का जीनोटाइप था

(a) Rr Pp × rrpp (b) RRPP × rrpp
(c) RRpp × rrpp (d) RRPp × rrpp

71. संगठित केन्द्रक विहीन कोशिका है

(a) जीवाणु कोशिका
(b) शैवाल कोशिका
(c) सायनोफायसी कोशिका
(d) (a) व (b) दोनों

72. माइटोकॉण्ड्रिया की लम्बाई होती है

(a) 5-15 μ (b) 1-10 μ
(c) 50-150 μ (d) 75-400 μ

73. कोशिका सिद्धान्त किसने प्रतिपादित किया?

(a) रॉबर्ट हुक ने
(b) रॉबर्ट ब्राउन ने
(c) श्लाइडेन और श्वान ने
(d) वॉटसन और क्रिक ने

74. अतिरिक्त केन्द्रकीय DNA पाया जाता है

(a) हरितलवक में (b) माइटोकॉण्ड्रिया में
(c) कोशिकाद्रव्य में (d) (a) व (b) दोनों

75. कोशिका प्रक्रियाएँ किसके द्वारा नियन्त्रित होती हैं?

(a) हरितलवक में
(b) माइटोकॉण्ड्रिया में
(c) केन्द्रिका
(d) केन्द्रक

76. मध्य पटलिका (Middle lamella) में होता है

(a) क्यूटिन (b) सुबेरिन
(c) पैक्टिन (d) लिग्निन

77. कोशिका का ऊर्जाग्रह है

(a) माइटोकाण्ड्रिया (b) लाइसोसोम
(c) अन्तःप्रद्रव्यी जालिका (d) केन्द्रक

78. 80S राइबोसोम में उपइकाइयाँ होती हैं

(a) 70S + 10S (b) 50S + 30S
(c) 60S + 40S (d) 60S + 20S

79. सबसे छोटी कोशिका होती है

(a) विषाणु की (b) जीवाणु की
(c) माइकोप्लाज्मा की (d) यीस्ट की

80. सेलुलोस का पाचन होता है

(a) मनुष्य के द्वारा
(b) सूक्ष्मजीवों के द्वारा
(c) केवल महिलाओं के द्वारा
(d) (a) व (b) दोनों

81. ऑक्सीसोम मिलते हैं

(a) कोशिका कला में (b) कोशिकाद्रव्य में
(c) माइटोकॉण्ड्रिया में (d) माइक्रोसोम में

82. कोशिका पट्ट (Cell plate) किसके द्वारा बनती है?

(a) फ्रेग्मोप्लास्ट (b) राइबोसोम
(c) माइटोकॉण्ड्रिया (d) हरितलवक

83. हरितलवक में अनुपस्थित वर्णक है

(a) पर्णहरिम (b) कैरोटीन
(c) जैन्थोफिल (d) एन्थोसायनिन

84. क्रिस्टी किससे सम्बन्धित होती है?

(a) प्रकाश-संश्लेषण (b) प्रोटीन संश्लेषण
(c) ATP संश्लेषण (d) वसा संश्लेषण

85. 'कोशिका से ही कोशिका की उत्पति होती है' यह किसका कथन है?

(a) रॉबर्ट ब्राउन का (b) विरचोव का
(c) पुरकिन्जे का (d) श्वान का

86. ग्रेना रहित हरितलवक कहलाता है

(a) क्रोमोप्लास्ट (b) ल्यूकोप्लास्ट
(c) हरितलवक (d) क्रोमैटोफोर

87. कोशिकांग किसमें धँसे रहते हैं?

(a) कोशिकांग द्रव्य में (b) जीवद्रव्य में
(c) केन्द्रिका में (d) माइटोकॉण्ड्रिया में

88. युग्मानुबन्धन (Synapsis) किसके दौरान होती है?

(a) अर्द्धसूत्री विभाजन
(b) असूत्री विभाजन
(c) समसूत्री विभाजन
(d) कोशिकाद्रव्य विभाजन

89. पैकीटीन किसके अन्तर्गत होती है?

(a) अर्द्धसूत्री विभाजन में
(b) कोशिकाद्रव्य विभाजन में
(c) कोशिका मुक्त निर्माण में
(d) मुकुलन में

90. कियाज्मेटा का निर्माण किसके अन्तर्गत होता है?

(a) लेप्टोटीन (b) जाइगोटीन
(c) पैकीटीन (d) डिप्लोटीन

91. समसूत्री विभाजन में केन्द्रक कला विलुप्त हो जाती है

(a) मध्यावस्था में
(b) अन्तिम पूर्वावस्था में
(c) पश्चावस्था में
(d) पूर्व पूर्वावस्था में

92. वह कोशिकीय संरचना, जो समसूत्री विभाजन में सदैव विलुप्त हो जाती है

(a) माइटोकॉण्ड्रिया (b) वर्णक
(c) केन्द्रक कला (d) प्लाज्मा कला

93. समसूत्री विभाजन में DNA का द्विगुणन होता है
(a) पूर्वावस्था में
(b) अन्तिम पूर्वावस्था में
(c) अन्तरावस्था में
(d) अन्तिम अन्त्यावस्था में

94. केन्द्रकीय विभाजन का अर्थ है
(a) केन्द्रक का दो भागों में विभाजन
(b) कोशिका का दो भागों में विभाजन
(c) जीवद्रव्य का दो भागों में विभाजन
(d) उपरोक्त में से कोई नहीं

95. अर्द्धसूत्री विभाजन में गुणसूत्री की युगली (Bivalent) अवस्था पाई जाती है
(a) लेप्टोटीन में (b) जाइगोटीन में
(c) पैकीटीन में (d) डिप्लोटीन में

96. अर्द्धसूत्री विभाजन में उपान्तीभवन सामान्यतया पूर्ण होता है
(a) जाइगोटीन में (b) पैकीटीन में
(c) डिप्लोटीन में (d) डाइकाइनेसिस में

97. कायिक कोशिका में किस प्रकार का कोशिकीय विभाजन होता है?
(a) समसूत्री विभाजन (b) अर्द्धसूत्री विभाजन
(c) (a) व (b) दोनों (d) इनमें से कोई नहीं

98. भ्रूणपोष कोशिकाओं में किस प्रकार का कोशिकीय विभाजन होता है?
(a) समसूत्री
(b) मुकुलन
(c) असूत्री
(d) कोशिका मुक्त निर्माण

99. आत्मघाती थैले हैं
(a) लाइसोसोम
(b) माइटोकॉण्ड्रिया
(c) लवक
(d) अन्तःप्रद्रव्यी जालिका

100. शैवाल में किस प्रकार का कोशिकीय विभाजन होता है?
(a) अर्द्धसूत्री (b) समसूत्री
(c) असूत्री (d) मुकुलन

101. समसूत्री विभाजन में सेन्ट्रोमीयर का विभाजन होता है
(a) पूर्वावस्था में (b) मध्यावस्था में
(c) पश्चावस्था में (d) अन्त्यावस्था में

102. समसूत्री विभाजन में तर्कु का निर्माण होता है
(a) पूर्वावस्था में (b) मध्यावस्था में
(c) पश्चावस्था में (d) अन्त्यावस्था में

103. जन्तु कोशिका में किस प्रकार का कोशिकाद्रव्य विभाजन पाया जाता है?
(a) कोशिका पट्ट के द्वारा
(b) कोशिका खाँच के द्वारा
(c) (a) व (b) दोनों
(d) उपरोक्त में से कोई नहीं

104. प्रारम्भिक प्रकूट है
(a) AUG (b) GUG
(c) UAA (d) (a) व (b) दोनों

105. प्रोटीन संश्लेषण होता है
(a) राइबोसोम में (b) गॉल्जीकाय में
(c) लवक में (d) इनमें से कोई नहीं

106. वृत्तीय DNA पाया जाता है
(a) ई. *कोलाई* में (b) माइटोकॉण्ड्रिया में
(c) हरित लवक में (d) ये सभी

107. द्विरज्जुक RNA पाया जाता है
(a) जीवाणुभोजी में (b) TMV में
(c) माइकोप्लाज्मा में (d) रिट्रोवायरस में

108. सबसे छोटा RNA है
(a) *m*RNA (b) *t*RNA (c) *r*RNA (d) G-RNA

109. जीवाणु का DNA कहलाता है
(a) गुणसूत्र (b) जीनोम
(c) जीनोफोर (d) जीन

110. नाइट्रोजन युक्त क्षार में नहीं होता
(a) कार्बन (b) नाइट्रोजन
(c) फॉस्फोरस (d) हाइड्रोजन

111. T-DNA उपस्थित होता है
(a) Ti-प्लाज्मिड में
(b) जीवाणुभोजी में
(c) कोलिफेज में
(d) नीली-हरी शैवाल में

112. सबसे अधिक कायिक गुणसूत्रों की संख्या, 1262 किसमें अंकित की गई?
(a) फर्न के पादप में
(b) कवक में
(c) कीट में
(d) कशेरुकीय जन्तु में

113. निम्नलिखित में से कौन प्रोकैरियोट्स से सम्बन्धित है?
(a) नीली-हरी शैवाल (b) लाल शैवाल
(c) भूरी शैवाल (d) हरी शैवाल

114. निम्नलिखित में से कौन-सा कथन सत्य है?
(a) एस्कोमाइसीटीज अगुणित कवक है
(b) यीस्ट एक कोशिकीय बेसिडियोमाइसीटीज है
(c) कवक की कोशिका भित्ति काइटिन की बनी होती है
(d) अपूर्ण कवकों में लैंगिक जनन होता है

115. गुणसूत्रों की वंशागति का सिद्धान्त सर्वप्रथम किसके द्वारा प्रतिपादित किया गया?
(a) एवेरी, मैक्कार्टी तथा मैकलियॉड
(b) फ्रेडरिक ग्रिफिथ
(c) मॉर्गन तथा स्टुटवैण्ट
(d) सटन तथा बोवेरी

116. माइटोकॉण्ड्रिया अनुपस्थित होती है
(a) *नॉस्टॉक* में (b) *क्लॉस्ट्रिडियम* में
(c) *माइकोप्लाज्मा* में (d) ये सभी

117. किस वैज्ञानिक ने DNA की कुण्डलित रचना को प्रस्तुत किया?
(a) विल्किन्स
(b) वाटसन एवं क्रिक
(c) बीडल एवं टाटम
(d) कॉर्नबर्ग एवं नीरेनबर्ग

118. DNA का कृत्रिम संश्लेषण सर्वप्रथम किसने किया था?
(a) खुराना ने
(b) वाटसन एवं क्रिक ने
(c) कॉर्नबर्ग ने
(d) नीरेनबर्ग ने

119. एक पीढ़ी से दूसरी पीढ़ी में आनुवंशिक सूचना पहुँचायी जाती है
(a) DNA द्वारा
(b) ट्रिपलेट कोडॉन द्वारा
(c) ट्रान्सफर RNA द्वारा
(d) मेसेन्जर RNA द्वारा

120. DNA स्ट्रैण्ड्स द्वारा प्रतिसमान्तर होने का कारण है
(a) हाइड्रोजन बन्ध
(b) फॉस्फोडाइएस्टर बन्ध
(c) डाइसल्फाइड बन्ध
(d) ग्लाइकोसिडिक बन्ध

121. RNA प्राइमर की आवश्यकता होती है
(a) DNA द्विगुणन में
(b) RNA संश्लेषण में
(c) ट्रान्सक्रिप्शन में
(d) ट्रान्सलेशन में

122. 'एक जीन-एक एन्जाइम परिकल्पना' हेतु नोबेल पुरस्कार प्राप्त किया
(a) हरगोविन्द खुराना ने
(b) बीडल एवं टॉटम ने
(c) वाटसन एवं क्रिक ने
(d) मेण्डल ने

123. हरगोविन्द खुराना, हॉली एवं नीरेनबर्ग को किस कार्य के लिए सन् 1968 में नोबेल पुरस्कार प्रदान किया गया?
(a) आनुवंशिक कूट सम्बन्धी कार्य हेतु
(b) RNA संश्लेषण हेतु
(c) DNA संश्लेषण हेतु
(d) प्रोटीन-संश्लेषण हेतु

124. आनुवंशिक कूट है
(a) सिंगलेट (b) डबलेट
(c) ट्रिप्लेट (d) इनमें से कोई नहीं

125. अनुलेखन में बनता है
(a) *m*RNA (b) DNA
(c) कार्बोहाइड्रेट्स (d) प्रोटीन

126. *m*RNA का कोडॉन, जो कि प्रोटीन-संश्लेषण आरम्भ करता है, वह है
(a) AUU (b) AUG
(c) AUA (d) AUC

127. जन्तु कोशिक में प्रोटीन-संश्लेषण होता है
(a) केवल साइटोसॉल में विद्यमान राइबोसोमों पर
(b) केवल केन्द्रक आवरण तथा अन्तःप्रद्रव्यी जालिका पर संलग्न राइबोसोमों पर
(c) केन्द्रिका तथा केन्द्रकद्रव्य में उपस्थित राइबोसोमों पर
(d) साइटोसॉल और माइटोकॉण्ड्रिया में उपस्थित राइबोसोमों पर

128. DNA के एक कुण्डल (Helicle) की लम्बाई होती है, लगभग

(a) 0.34 nm (b) 20 nm
(c) 2 nm (d) 3.4 nm

129. *t*RNA की त्रिविम रचना कैसी संरचना है?

(a) Y-आकार की
(b) X-आकार की
(c) E-आकार की
(d) C-आकार की

130. एण्टीकोडॉन पाया जाता है

(a) *r*RNA में (b) *t*RNA में
(c) *mt*RNA में (d) *m*RNA में

131. वॉबल अभिधारणा (Wobble hypothesis) के अनुसार, किसको महत्त्वपूर्ण नहीं माना जाता है?

(a) सम्पूर्ण कोडॉन को
(b) एक कोडॉन के तीसरे सदस्य को
(c) एक कोडॉन के प्रथम सदस्य को
(d) एक कोडॉन के द्वितीय सदस्य को

132. जीन किसका भाग है?

(a) गुणसूत्र का (b) DNA का
(c) *m*RNA का (d) केन्द्रिका का

133. वह प्रक्रिया, जिसके द्वारा DNA, RNA को उत्पन्न करता है, कहलाती है

(a) रूपान्तरण (b) गुणन
(c) स्थानान्तरण (d) अनुलेखन

134. DNA द्विगुणन की प्रक्रिया जिसमें रज्जुकों में एक पुराना व एक नया रज्जुक है, कहलाती है

(a) अर्द्धसंरक्षी (b) संरक्षी
(c) प्रसार विषयक (d) इनमें से कोई नहीं

135. अणुजैविकी का केन्द्रीय सिद्धान्त प्रतिपादित किया

(a) क्रिक ने
(b) टेमिन ने
(c) बाल्टीमोर ने
(d) खुराना ने

136. समापन कोडॉन है

(a) UAA (b) UAG
(c) UGA (d) ये सभी

सही उत्तर

1. (b)	2. (d)	3. (b)	4. (b)	5. (b)	6. (c)	7. (a)	8. (c)	9. (b)	10. (c)
11. (c)	12. (b)	13. (a)	14. (a)	15. (d)	16. (d)	17. (c)	18. (c)	19. (a)	20. (b)
21. (d)	22. (a)	23. (b)	24. (c)	25. (c)	26. (a)	27. (a)	28. (d)	29. (b)	30. (b)
31. (c)	32. (b)	33. (c)	34. (d)	35. (d)	36. (c)	37. (c)	38. (a)	39. (c)	40. (c)
41. (b)	42. (a)	43. (d)	44. (a)	45. (c)	46. (b)	47. (d)	48. (c)	49. (c)	50. (d)
51. (c)	52. (a)	53. (d)	54. (d)	55. (c)	56. (b)	57. (a)	58. (a)	59. (c)	60. (c)
61. (d)	62. (b)	63. (c)	64. (c)	65. (a)	66. (c)	67. (b)	68. (d)	69. (a)	70. (b)
71. (d)	72. (b)	73. (c)	74. (d)	75. (d)	76. (c)	77. (a)	78. (c)	79. (c)	80. (b)
81. (c)	82. (a)	83. (d)	84. (c)	85. (b)	86. (d)	87. (a)	88. (a)	89. (a)	90. (d)
91. (b)	92. (c)	93. (c)	94. (a)	95. (b)	96. (d)	97. (a)	98. (d)	99. (a)	100. (c)
101. (c)	102. (b)	103. (b)	104. (d)	105. (a)	106. (d)	107. (d)	108. (b)	109. (c)	110. (c)
111. (a)	112. (a)	113. (a)	114. (c)	115. (d)	116. (d)	117. (b)	118. (a)	119. (a)	120. (a)
121. (a)	122. (b)	123. (a)	124. (c)	125. (a)	126. (b)	127. (d)	128. (d)	129. (d)	130. (b)
131. (b)	132. (b)	133. (d)	134. (a)	135. (a)	136. (d)				

अध्याय 02 कवक एवं लाइकेन

कवक पर्णहरिम रहित, संवहन ऊतक रहित, थैलोफिटिक (Thallophytic) पौधे हैं। ये जड़, तना एवं पत्तियों में विभाजित नहीं होते हैं। कवक परजीवी (Parasite) अथवा मृतोपजीवी (Saprophyte) होते हैं। इनका अध्ययन **कवक विज्ञान** (Mycology) के अन्तर्गत किया जाता है।

मृतोपजीवी कवक प्राय: खाद्य, अचार, रोटी, फल, मुरब्बे, चमड़ा, आदि पर पाए जाते हैं, जबकि परजीवी कवक, पोषक पौधे की कोशिका के बाह्य भाग पर उगते हैं तथा पोषक पौधे से चूषकांग (Haustorium) द्वारा अपना भोजन प्राप्त करते हैं।

मार्टिन (1955) ने कवकों को निम्न तीन उपविभागों (Sub-divisions) में विभाजित किया था

1. शाइजोमाइसिटीज (Schizomycetes) उदाहरण—जीवाणु
2. मिक्सोमाइसिटीज (Myxomycetes) उदाहरण—स्लाइम मोल्ड
3. यूमाइसिटीज (Eumycetes) उदाहरण—सत्य कवक।

कवकों का वर्गीकरण

निम्न विशेषताओं के आधार पर एलेक्सोपोलोस एवं मिम्स् ने 1962 में कवक को माइकोटा के अन्तर्गत शामिल किया

(i) क्लोरोफिल की अनुपस्थिति।
(ii) शरीर सूक्ष्मदर्शी, एककोशिकीय से व्यापक कवकजाल का थैलस।
(iii) केन्द्रक झिल्ली और केन्द्रिका के साथ वास्तविक केन्द्रक।
(iv) काइटिन अथवा सेलुलोस की कोशिका भित्ति।
(v) प्रजनन अलैंगिक या लैंगिक विधि द्वारा

1. उपप्रभाग-मिक्सोमाइकोटिना

- *अमीबा* जैसा शरीर जिसे *प्लाज्मोडियम* कहा जाता है।
- दैहिक संरचना में निश्चित कोशिका भित्ति अनुपस्थित होती है। वे निश्चित कोशिका भित्ति के बिना एक बहुकेन्द्रकीय प्रोटोप्लाज्म का द्रव्यमान है।
- सम्पूर्ण *प्लाज्मोडियम* जिसका केन्द्रक द्विगुणित होता है, फलोत्पादन के समय प्रयोग हो जाता है, जिसमें अर्धसूत्री विभाजन के परिणामस्वरूप उत्पन्न अगुणिता बीजाणु उपस्थित होते हैं।
- बीजाणु में दृढ़ भित्तियाँ होती हैं। कशाभिक कोशिकाओं का विशेष रूप से उत्पादन होता है।
- एक वर्ग—**मिक्सोमाइसिटीज**

2. उपप्रभाग-यूमाइकोटिना

- यह कोशिका भित्ति युक्त वास्तविक कवक है और प्राय: यह तन्तुधारी होते हैं (कुछ एककोशिकीय भी होते हैं)।
- प्रजनन—लैंगिक तथा अलैंगिक विधियों द्वारा।
- इसे आठ वर्गों में वर्गीकृत किया गया है

A. वर्ग-काइट्रिडियोमाइसिटीज

- इस कवक के पीछे एक कशाभिका उपस्थित होती है।
- गतिशील कोशिकाओं (चलबीजाणु या प्लैनोगैमीट) का उत्पादन होता है, इनमें से प्रत्येक के पीछे कशाभिका होती है।
- इसमें तीन गण होते हैं 1. काईट्रिडेल्स (*सिनकाइट्रियम*) 2. ब्लास्टोक्लिडिएल्स (*एलोमायसिस*) 3. मोनोब्लीफरिडेल्स (*मोनोब्लीफेरिस*)।

B. वर्ग–हाइफोकाइट्रिडियोमाइसिटीज

- जलीय कवक।
- गतिशील कोशिकाओं के आगे एक कूर्च कशाभिका उपस्थित होती है।
- शैवाल पर परजीवी या पानी में पौधों तथा कीट की अवशेषों पर मृतोपजीवी होते हैं।
- एक गण—हाइपोकाइट्रिएल्स।

C. वर्ग–ऊमाइसिटीज

- इस वर्ग में कवक में अच्छी तरह से विकसित सीनोसिटिक कवकजाल होता है।
- इनमें अलैंगिक जनन कशाभिक चलबीजाणु द्वारा होते हैं। जिनके पास एक कूर्च कशाभिका जो आगे की ओर चलती है तथा एक प्रतोद कशाभिक है, जो पीछे की ओर चलता है।
- चलबीजाणु विभिन्न प्रकार के बीजाणुधानी से निर्मित होते हैं।
- उत्तम बीजाणु—अण्ड बीजाणु

इसमें 4 गण होते हैं

1. सेप्रोलेगनिएल्स (Saprolegniales)
2. लेप्टोमिटेल्स (Leptomitales)
3. लैगेनिडिएल्स (Lagenidiales)
4. पेरोनोस्पोरेल्स (Peronosporales)

D. वर्ग–प्लाज्मोडियोफोरोमाइसिटीज

- संवहनी पौधों, शैवाल और कवक के अंत:परजीवी कवक होते हैं। ये अकोशिकीय तथा कोशिका भित्ति रहित होते हैं।
- यह बहुकेन्द्रकीय थैलस हैं जो पोषद् की कोशिकाओं में रहते हैं।
- गतिशील कोशिका के पास दो असमान प्रतोद, अग्र कशाभिक होती हैं।
- सुप्त बीजाणु का अधिक संख्या में उत्पादन होता है, लेकिन अलग-अलग फलों में उत्पादन नहीं होता है।

E. **वर्ग-ट्राइकोमाइसिटीज**

- कवक में सरल शाखायुक्त तन्तुधारी सीनोसिटिक सूकाय उपस्थित होते हैं।
- जीवित आर्थ्रोपोड्स की पाचन पथ या बाह्य क्यूटिकल से जुड़ी होती है।
- पोषद् ऊतकों में कवकजाल निमग्न नहीं होता।
  इसमें पाँच गण हैं जिनमें से **ईक्रीनेल्स** मुख्य है।

F. **वर्ग-जाइगोमाइसिटीज**

- ये मृतोपजीवी या परजीवी कवक हैं।
- पूर्ण विकसित सीनोसिटीक या पट कवक जाल।
- लैंगिक प्रजनन के परिणामस्वरूप दो एक-समान युग्मकधानी के संलयन से एक सुप्तबीजाणु बनता है।
- गतिशील कोशिकाएँ अनुपस्थित होती हैं।
- इसमें तीन गण होते हैं -1. म्यूकोरेल्स 2. एन्टोमोफ्थोरेल्स 3. जूपैगेल्स

G. **वर्ग-एस्कोमाइसिटीज**

- दैहिक शरीर में एकपटीय कवकजाल होता है, कुछ एककोशिकीय भी होते हैं।
- गतिशील बीजाणु या युग्मक का उत्पादन नहीं होता।
- लैंगिक प्रजनन द्वारा उत्पादित बीजाणु अर्थात् एस्कोस्पोर एक बोरी जैसी संरचना में निर्मित होते हैं, जिसे एस्कस (Ascus) कहा जाता है। इसमें तीन उपवर्ग होते हैं
  1. हेमीएस्कोमाइसिटीडी
  2. यूएस्कोमाइसिटीडी
  3. लोक्यूलोएस्कोमाइसिटीडी

H. **वर्ग-बैसिडियोमाइसिटीज**

लैंगिक जनन से निर्मित बीजाणु, बैसिडीयोबीजाणु, एक विशेष अंग अर्थात् बैसिडियम पर बाहरी रूप से बनते हैं। जिसमें केन्द्रक संलयन तथा अर्धसूत्री विभाजन होता है। इसमें दो उपवर्ग होते हैं
1. हेटेरोबैसिडियोमाइसिटीडी 2. होमोबैसिडियोमाइसिटीडी

कवक की संरचना

कवकों पर आधारित पुस्तक सर्वप्रथम **वॉन स्टियरबेक** द्वारा लिखी गई। **पी ए माइकेली** (Micheli; 1719) ने *नोवा जेनेरा प्लान्टेरम* (*Nova Genera Plantarum*) के अन्तर्गत 900 कवकों का उल्लेख किया। उन्हें **कवक विज्ञान** का जनक माना जाता है।

'*सिस्टेमा माइकोलॉजीकम*' पुस्तक **एलियाज फ्राइज** (Elias Fries) द्वारा लिखी गई। इसमें उन्होंने कवकों के वर्गीकरण का विस्तृत वर्णन किया है। आधुनिक कवक-विज्ञान व रोग-विज्ञान के जनक **डी बैरी** हैं। **सर ई जे बटलर** को भारतीय कवक विज्ञान का जनक माना जाता है। **एस सदाशिवन** व **लेखराज बत्रा** अन्य भारतीय कवक वैज्ञानिक हैं। सभी कवक परपोषी होते हैं, क्योंकि इनमें पर्णहरिम का अभाव होता है।

कुछ कवक दो विभिन्न रूपों में भी मिलते हैं। एक रूप में तो उनकी यीस्ट की आकृति की संक्रमित अवस्था होती है और दूसरे रूप में, जब वे पोषक माध्यम पर उगाए जाते हैं तो तन्तुमय हो जाते हैं। उदाहरण—*ब्लास्टोमाइसिज डर्मिटिडिस*।

कवकों के प्रकार

कवकों के कुछ मुख्य प्रकार निम्नलिखित हैं

कवकों में संग्रहित भोज्य पदार्थ तेल (Oil) एवं ग्लाइकोजन (Glycogen) के रूप में होता है।

पूर्णकायफलिक एवं अंशकायफलिक कवक

ऐसे कवक, जिनमें सम्पूर्ण थैलस जननांगों में परिवर्तित हो जाता है, **पूर्णकायफलिक कवक** कहलाते हैं, जबकि वे कवक, जिनमें थैलस का केवल आंशिक भाग ही जननांग में परिवर्तित होता है, **अंशकायफलिक कवक** कहलाते हैं।

कवकों में भोजन अवशोषण विधि द्वारा ग्रहण होता है, जिसमें कवक पहले माध्यम में पाचक एन्जाइम स्रावित करते हैं तथा बाद में सरल तथा पचे हुए पदार्थों का अवशोषण **कवकसूत्र** (Hyphae) द्वारा करते हैं।

अपट्टयुक्त बहुकेन्द्रकीय थैलस वाले कवकों को फाइकोमाइसिटीज वर्ग में रखा गया। अब इस वर्ग को भी ऊमाइसिटीज तथा जाइगोमाइसिटीज वर्गों में विभाजित कर दिया गया है।

मिक्सोमाइसिटीज अथवा स्लाइम मोल्ड्स का थैलस नग्न प्रोटोप्लाज्म का बना होता है अर्थात् इनमें कोशिका भित्ति का अभाव होता है। इनके थैलस को *प्लाज्मोडियम* कहते हैं। ये जन्तुओं की भाँति भोज्य कणों को निगलते हैं।

ऐसे कवक, जिनमें लैंगिक जनन का अभाव होता है (या अभी तक खोजा नहीं गया है), **अपूर्ण कवक** (Imperfect fungi) कहलाते हैं। इन्हें पृथक् वर्ग-ड्यूटेरोमाइसिटीज में रखा गया है। कवक भिन्न-भिन्न आवासों में रहने में सक्षम होते हैं, जैसे—लकड़ी पर, गोबर पर, जली लकड़ी पर, वृक्षों की छालों, आदि पर। ये कवक छोटे-छोटे जन्तुओं, जैसे—प्रोटोजोआ, निमैटोडा, आदि को कवक सूत्र की विशेष संरचनाओं द्वारा पकड़ते हैं। उदाहरण—*डेक्टीलेरिया, ऑर्थोब्राटिस*, आदि।

कवकसूत्र के सामूहिक संगठन को **प्लेक्टेनकाइमा** कहते हैं। यदि ये कवकसूत्र दूर-दूर व्यवस्थित होते हैं, तो प्रोसेनकाइमा (उदाहरण *राइजोमोर्फ*) तथा पास-पास व्यवस्थित होने पर स्यूडोपैरेनकाइमा कहलाते हैं; उदाहरण—*स्केरोशिया*।

ऊष्मास्नेही एवं साइक्रोफिलिक कवक

वे कवक, जो अत्यधिक उच्च ताप भी सहन कर सकें, **ऊष्मास्नेही कवक** कहलाते हैं। अत्यन्त निम्न ताप सहन करने वाले कवक **साइक्रोफिलिक कवक** कहलाते हैं।

कवकों के लक्षण

कवकों में हेटेरोथैलिज्म (Heterothallism) की खोज **ब्लैकस्ली** ने म्यूकोरेल्स में की थी। कवकों में हॉर्मोनों द्वारा लैंगिक जनन पर नियन्त्रण का प्रदर्शन सर्वप्रथम **बरगैफ** द्वारा किया गया।

राइजोपस में लैंगिक जनन के दौरान ट्रिस्पोरिक एसिड हॉर्मोन खोजा गया। सन् 1962 में **ब्रैडले** ने सर्वप्रथम इसकी खोज की।

कवकों में परा-लैंगिकता (Para-sexuality), *एस्पर्जिलस निडूलैन्स* (*Aspergillus nidulans*) में **रोपर** व पोन्टीकोरवे द्वारा खोजी गई। इसमें प्लाज्मोगैमी, कैरियोगैमी तथा अर्द्धसूत्री विभाजन लगातार क्रमबद्ध रूप में नहीं होते हैं।

रोपर ने हॉर्मोनों द्वारा लैंगिक जनन नियन्त्रण *ऐक्लिया एम्बीसेक्यूलिस* में देखा तथा बताया कि इसमें चार हॉर्मोन—A, B, C और D, इसके लिए उत्तरदायी होते हैं। A और C को एन्थ्रीडीयल हॉर्मोन व B एवं D को **ऊगोनियल** कहा गया।

पोषण

पी ए मिचैली ने अपनी पुस्तक *'**नोवा जेनेरा प्लान्टेरम** (Nova Genera Plantarum)'* में सन् 1719 में कवकों का सर्वप्रथम वर्णन किया। कवकों में पर्णहरिम नहीं होता, इस कारण से स्वयं भोजन नहीं बना सकते तथा परपोषी (Heterotrophic) होते हैं। ये सड़े-गले पदार्थों से अथवा दूसरे पौधों से अपना भोजन ग्रहण करते हैं। ये अविकल्पी (Obligate) परजीवी या मृतोपजीवी (Saprophyte) होते हैं।

कवक जाल या कवक शरीर जाल

कवकों का शरीर तन्तुओं या कवक सूत्रों (Hyphae) का बना होता है, जिसे कवक जाल या माइसीलियम कहते हैं। इसके कवक तन्तु पट्ट-रहित (Non-septate) होते हैं। कवक जाल की कोशिका भित्ति फंगल सेलुलोज (Fungal cellulose) या काइटिन (Chitin) की बनी होती है। इसके थैलस एककोशिकीय एवं बहुकोशिकीय दोनों प्रकार के होते हैं। थैलस युग्मकोद्भिद् (Gametophyte) होता है।

कवक में प्रजनन

लैंगिक प्रजनन, पुंधानी (Antheridia) तथा अण्डधानी (Oogonia) द्वारा होता है तथा युग्माणु (Zygospore) का निर्माण होता है। एस्कोमाइसिटीज एवं बेसीडियोमाइसिटीज के सदस्यों में जनन अंग नहीं पाए जाते हैं। अलैंगिक प्रजनन में बीजाणुधानियाँ (Sporangia) बनती हैं, जिसमें असंख्य बीजाणु (Spores) बनते हैं, जो अंकुरित होकर थैलस का निर्माण करते हैं।

कवकों में परालैंगिकता

इसकी खोज सन् 1952 में **पोन्टीकोरवे** तथा **रोपर** (Pontecorva and Roper) ने की तथा पुन: सन् 1962 में ब्रेडली (Bredly) नामक कवक विज्ञानी ने सर्वप्रथम यह बताया कि कवकों में भी परालैंगिकता हो सकती है। बक्सटन (Buxton) ने परालैंगिक चक्र द्वारा *फ्यूजेरियम (Fusarium)* की विभिन्न जातियों की रोगजनकता (Pathogenicity) और परपोषी परिसर (Host range) के आनुवंशिक नियन्त्रण में सफलता प्राप्त की।

विषमजालकता (Heterothallism) की खोज **ए एफ ब्लैकस्ली** ने सन् 1904 में की। *एस्पर्जिलस (Aspergillus)* के कवक तन्तु पट्टयुक्त (Septate) होते हैं तथा तन्तुओं की कोशिकाएँ बहुकेन्द्रकीय (Multinucleate) होती हैं।

सोमेटोगैमी (Somatogamy) कुछ उच्च कवकों में स्पष्ट लैंगिक जननांगों का अभाव होता है। इन कोशिकाओं में दो सामान्य कायिक कोशिकाएँ (Vegetative cells) लैंगिक जननांगों की भाँति कार्य करती हैं। इन कोशिकाओं के संयुग्मन से केन्द्रक युग्म (Dikaryon) बनते हैं; उदाहरण—एस्कोमाइसिटीज तथा बेसिडियोमाइसिटीज के सदस्यों में।

राइजोपस (Rhizopus) साधारणतया बासी डबल रोटी पर उगता है, इसलिए इसे **डबल रोटी की फफूँदी** (Bread mould) कहते हैं। इसमें काले रंग के बीजाणु बनते हैं, इसलिए इसे **काली फफूँद** (Black mould) भी कहते हैं। यीस्ट को शर्करा कवक भी कहा जाता है। इसकी सर्वप्रथम खोज **ल्यूवेनहॉक** ने सन् 1680 में की थी। लाइकेन, शैवाल तथा कवक के बने होते हैं, जो एक साथ रहकर सहजीवन (Mutualism or symbiosis) प्रदर्शित करते हैं। *एल्ब्यूगो (Albugo)* में लैंगिक जनन अण्डयुग्म प्रकार का होता है। *एल्ब्यूगो* में चलबीजाणु (Zoospores) दो कशाभिका (दोनों पार्श्वीय स्थित होते हैं) युक्त होता है।

राइजोपस में सीनोगैमीट्स (Coenogametes) बनते हैं। *एस्पर्जिलस* के एस्कस में आठ एस्कोस्पोर्स बनते हैं। *एस्पर्जिलस* में, जो रचनाएँ कोनिडिया धारण करती है, वे **स्टेरिग्मेटा** कहलाती हैं। *एस्पर्जिलस* का फलनपिण्ड **क्लीस्टोथीशियम** कहलाता है।

सिस्टोपस (Cystopus), पादप पुष्पों के विभिन्न अंगों की अति वृद्धि करता है, जिसे हाइपरट्रॉफी (Hypertrophy) कहते हैं। फसलों पर स्मट रोग *अस्टिलैगो (Ustilago)* उत्पन्न करता है।

रासायनिक पदार्थ, जो पौधों के कवक जनित रोग रोकने के लिए प्रयोग किए जाते हैं, **कवकनाशी** (Fungicide) कहलाते हैं। मनुष्य की सामान्य कवकीय बीमारी दाद (Ringworm) है।

म्यूकर स्पीशीज में संयुग्मन प्राय: धनात्मक (+) तथा ऋणात्मक (–) विभेदों में होता है। *म्यूकर* मृतोपजीवी कवक है।

कवकों का आर्थिक महत्त्व

लाभदायक क्रियाएँ

विभिन्न प्रकार के कवक; जैसे—*एगेरिकस (Agaricus), मार्केला (Morchella),* यीस्ट, *एमानिटा (Amanita),* आदि भोजन के रूप में प्रयोग होते हैं। *क्लेवीसेप्स परप्यूरिया (Claviceps purpourea) से अरगॉट* (Ergot) प्राप्त होता है।

सैकेरोमाइसीज सेरेविसी (S. cerevisiae) विटामिन-B का, *एरीमोथिमियम एशबी (Eremothemium ashbyii)* विटामिन-B_{12} का तथा *रोडोटोरुला ग्रेसिलिस (Rhodotorula gracilis)* विटामिन-A का प्रमुख स्रोत है।

एस्पर्जिलस ओराइजी (Aspergillus oryzae) द्वारा चावल के किण्वन (Fermentation) से मदिरा (Wine), जबकि *सैकेरोमाइसीज सेरेविसी (Saccharomyces cerevisiae)* से बीयर (Beer) तैयार की जाती है।

एस्पर्जिलस (Aspergillus), पेनिसिलियम (Penicillium), क्लेडोस्पोरियम (Cladosporium), आदि मृदा के कणों को बाँधने का काम करते हैं।

पेनिसिलियम केममबर्टी (Penicillium camemborti) तथा *पेनिसिलियम रॉक्यूफॉर्टी (P. roqueforti)* पनीर बनाने के काम आते हैं। कवकों का उपयोग कार्बनिक अम्लों के उत्पादन में किया जाता है।

कवकों द्वारा उत्पादित प्रमुख कार्बनिक अम्ल

अम्ल	कवक
सिट्रिक अम्ल	*एस्पर्जिलस नाइगर*
ऑक्जेलिक अम्ल	*एस्पर्जिलस नाइगर*
मैलिक अम्ल	*एस्पर्जिलस गैलोमाइसीज़*
ग्लूकोनिक अम्ल	*पेनिसिलियम परफ्यूरोजीनम*
फ्यूमेरिक अम्ल	*राइजोपस स्टोलोनीफर*

कवकों द्वारा स्रावित प्रमुख प्रतिजैविक

प्रतिजैविक	कवक
पेनिसिलिन	*पेनिसिलियम नोटेटम, पेनिसिलियम क्राइसोजेनम*
रेमाइसिन	*म्यूकर रेमिनियनस*
ग्राइसिओफुलविन	*पेनिसिलियम निगरीकेन्स, पेनिसिलियम ग्राइसिओफुलवम*
प्रोलीफेरिन	*एस्पर्जिलस प्रोलीफेरन्स*
फ्यूमागेलिन	*एस्पर्जिलस फ्यूमिगेटस*
कम्पेस्ट्रिन	*सैलिओटा कम्पेस्ट्रिस*

सैकेरोमाइसिस सेरेविसी (*S. cerevisiae*) से **जाइमेस** व **इनवर्टेस** तथा *एस्पर्जिलस* (*Aspergillus*) से **एमाइलेस** नामक एन्जाइम प्राप्त होता है। बेकरी उद्योग में *सैकेरोमाइसीज सेरेविसी* (*Saccharomyces cerevisiae*) द्वारा कार्बोहाइड्रेट के किण्वन से CO_2 तथा एल्कोहॉल प्राप्त होता है।

हानिकारक क्रियाएँ

कवकों से पौधों में अनेक रोग उत्पन्न होते हैं

कवकों द्वारा उत्पन्न प्रमुख पादप रोग

पादप रोग	कवक
आलू का वार्ट रोग (Wart disease of potato)	*सिनकाइट्रियम एण्डोबायोटिकम (Synchytrium endobioticum)*
पपीते का स्टेम रॉट (Stem rot of papaya)	*पाइथियम एफेनोडर्मेटम (Pythium aphenodermatum)*
आलू की लेट ब्लाइट (Late blight of potato)	*फाइटोफ्थोरा इन्फेस्टेन्स (Phytophthora infestans)*
मटर का पाउडरी मिल्ड्यू (Powdery mildew of pea)	*ऐरीसाइफी पॉलीगोनाई (Erysiphe polygoni)*
गेहूँ का पाउडरी मिल्ड्यू (Powdery mildew of wheat)	*ऐरीसाइफी ग्रेमिनिस (Erysiphe graminis)*
मटर का डाउनी मिल्ड्यू (Downy mildew of pea)	*पेरोनोस्पोरा पिसी (Peronospora pisi)*
क्रूसीफेरी-कुल के सदस्यों में डाउनी मिल्ड्यू (Downy mildew of crucifer)	*पेरोनोस्पोरा (Peronospora sp.)*
क्रूसीफेरी-कुल के सदस्यों में व्हाइट रस्ट (White rust of crucifer)	*एल्ब्यूगो कैन्डिडा (Albugo candida)*
बाजरे का ग्रीन ईयर (Green ear)	*स्क्लैरोस्पोरा ग्रेमीनिकोला (Sclerospora graminicola)*
गेहूँ का ब्लैक रस्ट (Black rust of wheat)	*पक्सीनिया ग्रैमिनिस (Puccinia graminis)*
गेहूँ का फ्लैग स्मट (Flag smut of wheat)	*यूरोसिस्ट्रिस ट्रिटिसाई (Urocystis tritici)*
गेहूँ का लूज स्मट (Loose smut of wheat)	*अस्टिलैगो ट्रिटिसाई (Ustilago tritici)*
जौं का आवृत स्मट (Covered smut of hordeum)	*अस्टिलैगो होरडाई (Ustilago hordei)*
जौं का निरावृत स्मट (Loose smut of hordeum)	*अस्टिलैगो न्यूडा (Ustilago nuda)*
जई का आवृत स्मट (Covered smut)	*अस्टिलैगो कोलेराई (Ustilago kolleri)*
गन्ने का विप स्मट (Whipe smut of sugarcane)	*अस्टिलैगो साइटेमिनी (Ustilago scitamini)*
ज्वार का ग्रेन स्मट (Grain smut of sorghum)	*स्फैसिलोथीका सोरघाई (Sphacelotheca sorghii)*
बाजरे का स्मट (smut)	*टोलीपोस्पोरियम पेनिसिलेराई (Tolyposporium penicillari)*
आलू का अर्ली ब्लाइट (Early blight of potato)	*अल्टरनेरिया सोलेनी (Alternaria solani)*
मूँगफली का टिक्का रोग (Tikka disease of ground nut)	*स्कोर्स्पोरा पर्सोनेटा (Cercospora personata)*
गन्ने का रेड रॉट (Red-rot of sugarcane)	*कोलीटोट्राइकम फल्केटम (Colletotrichum fulcatum)*

कवक मनुष्यों में अनेक रोग पैदा करते हैं

कवकों द्वारा होने वाले प्रमुख मानव रोग

मानव रोग	कवक
एस्पर्जिलोसिस	*एस्पर्जिलस फ्लेवस (Aspergillus flavus) एस्पर्जिलस फ्यूमिगेटस (A. fumigatus), एस्पर्जिलस नाइजर (A. niger)*
क्रिप्टोकोकोसिस	*लाइपोमाइसीज निओफारमैन्स (Lipomyces neoformans)*
ब्लास्टोमाइकोसिस	*ब्लास्टोमाइसीज डरमाइटिस (Blastomyces dermitis)*
हिस्टोप्लाज्मोसिस	*हिस्टोप्लाज्मा कैप्सुलेटम (Histoplasma* capsulatum)
नाड़ी तन्त्र के राग	*म्यूकर प्यूसीलस (Mucor pusillus)*
कैन्डिडायसिस	*कैन्डिडा एल्बीकैन्स (Candida albicans)*
कॉक्सिडियोमाइकोसिस	*कॉक्सिडियाडिस इम्यूटिस (Coccidiodes immutis)*
स्पोरोट्राइकोसिस	*ट्राइकोफाइटॉन परप्यूरियम (Trichophyton purpureum)*

कुछ कवक; जैसे—*एमानिटा मस्केरिया (Amanita muscaria), बॉलीटस (Baletus)*, आदि जहरीले होते हैं। *एस्पर्जिलस फ्यूमिगेटस (A.fumigatus)* से एफ्लाटॉक्सिन (Aflatoxin) नामक विषैला पदार्थ उत्पन्न होता है। कुछ कवक; जैसे—*पॉलीपोरस (Polyporus), फ्यूजेरियम (Fusarium)*, आदि मूल्यवान इमारती **लकड़ी को नष्ट** कर देते हैं। *म्यूकर (Mucor), राइजोपस (Rhizopus), यीस्ट, एस्पर्जिलस (Aspergillus), पेनिसिलियम (Penicillium)*, आदि खाद्य पदार्थों को विघटित करते हैं।

एस्पर्जिलस नाइगर (A. niger), कीटोमियम (Chetomium) तथा *अल्टरनेरिया (Alternaria)*, आदि कागज को नष्ट कर देते हैं। चमड़े की वस्तुओं पर *पेनिसिलियम परफ्यूरोजीनम (P. purphurogenum), फ्यूजेरियम (Fusarium)*, आदि कवक **स्पॉट प्रिन्ट** नामक रोग पैदा करती हैं।

लाइकेन

यह शैवाल तथा कवक के साहचर्य (Association) से निर्मित थैलाभ संरचना है। इसके शैवालीय घटक को शैवालांश (Phycobiont) तथा कवकीय घटक को कवकांश (Mycobiont) कहते हैं। शैवालीय घटक प्रकाश-संश्लेषण तथा कवकी घटक जलावशोषण व प्रतिधारण (Water absorption and retention) का कार्य करते हैं।

लाइकेन के प्रकार

आकारीकीय दृष्टि से लाइकेन, **पर्पटीमय** (Crustose); उदाहरण—*ग्रेफिस (Graphis); लीकानोरा (Lecanora), राइजोकार्पोन (Rhizocarpon)*, **पर्णिल** (Foliose), उदाहरण—*पारमेलिया (Paremelia), पेल्टीगेरा (Peltigera)* तथा **फलयुक्त** अथवा **क्षुपिल** (fruticose), प्रकार के उदाहरण—क्लेडोनिया (Caladonia), अस्निया (Usnea) होते हैं।

लाइकेन में प्रजनन

अलैंगिक जनन **ऑइडियन बीजाणु** (Oediospore), **पिक्निडियम बीजाणु** (Pycnidiospore), आदि के द्वारा होता है। लैंगिक जनन केवल **कवकांश** में होता है। मादा जननांग **कार्पोगोनियम** (Carpogonium) तथा नर जननांग **स्पर्मोगोनियम** (Spermogonium) कहलाते हैं।

लाइकेन का आर्थिक महत्त्व

लाइकेन **प्रदूषण सूचक** (Pollution indicator), मृदा निर्माण, भोजन के रूप में; उदाहरण—*लीकानोरा (Lecanora), पारमेलिया (Parmelia), सिटरेरिया आइसलैण्डिका (Cetraria icelandica),* लिटमस कागज बनाने में; उदाहरण—*रोसेला टिंकटोरिया (Rocelia tinctoria)* तथा लीकेनोरिक अम्ल प्राप्त करने के लिए उपयोगी है।

राइजोपस/म्यूकर

वर्गीकरण

जगत	—	प्लान्टी (Plantae)
उपजगत	—	थैलोफाइटा (Thallophyta)
संघ	—	यूमाइकोफाइटा (Eumycophyta)
वर्ग	—	फाइकोमाइसीटीज (Phycomycetes)
गण	—	म्यूकोरेल्स (Mucorales)
कुल	—	म्यूकोरेसी (Mucoraceae)
वंश	—	*राइजोपस/म्यूकर (Rhizopus/Mucor)*

प्रकृति

राइजोपस एक **मृतोपजीवी** कवक है, जो सड़े-गले कार्बनिक पदार्थों पर पाया जाता है। इसे **काली फफूँद** (Black mould) या **रोटी का फफूँद** (Bread mould) भी कहते हैं।

संरचना एवं जीवन चक्र

कवक जाल (Mycelium) तीन प्रकार के तन्तुओं से मिलकर बना होता है

(a) **मूलाभास** (Rhizoidal) **कवक तन्तु** ये तन्तु आधार में प्रवेश कर आवश्यक पदार्थों का अवशोषण करते हैं।

(b) **भूस्तारी** (Stolon) **कवक तन्तु** ये आधार की सतह पर फैले होते हैं।

(c) **बीजाणुधानीधर** (Sporangiophores) भूस्तारी से ऊपर की ओर सीधी व अशाखित शाखाएँ बीजाणुधानीधर कहलाती हैं, इनके सिरों पर बीजाणुधानियाँ बनती हैं।

कवक तन्तु संकोशिकी (Coenocytic) तथा शाखित होता है इसमें बहुत से केन्द्रक, ग्लाइकोजन कण, रिक्तिकाएँ, माइटोकॉण्ड्रिया, राइबोसोम, अन्त:प्रद्रव्यी जालिका, आदि उपस्थित होते हैं।

कायिक जनन **विखण्डन** (Fragmentation) द्वारा होता है। अलैंगिक जनन, बहुकेन्द्रीय तथा अचल बीजाणुधानीधर (Sporangiospores), जिनमें स्तम्भिका (Collumella) भी उपस्थित होती हैं तथा क्लेमाइडोस्पोर (Chlamydospore) द्वारा होता है।

लैंगिक जनन दो बहुकेन्द्रीय एवं एककोशिकीय युग्मकधानियों (Gemetangia) के संयुग्मन द्वारा होता है। *राइजोपस* की अधिकांश जातियाँ विषमजालिक (Heterothallic); जैसे—*राइजोपस स्टोलोनीफर (Rhizopus stolonifer)* तथा कुछ **समजालिक;** जैसे—*राइजोपस सेक्सुएलिस (Rhizopus sexualis)* होती हैं।

विषमजालिक जातियों के धनात्मक (+) व ऋणात्मक (–) प्रभेद में प्राक्युग्मकधानियाँ (Progametangia) बनती हैं और वृद्धि करके एक दूसरे के अग्र सिरे को छूने लगती है। अनुप्रस्थ भित्ति द्वारा प्रत्येक प्राक्युग्मकधानी अग्रभाग युग्मकधानी तथा पश्च भाग **निलम्बक** (Suspensor) में विभाजित हो जाती है। युग्मकधानी बहुकेन्द्रीय तथा एक युग्मक की भाँति होती है, इसलिए इसे **संयुग्मक** (Coenogamete) कहते हैं। युग्मकधानियों के मध्य की भित्ति घुलने से इनका जीवद्रव्य संयुक्त होकर **युग्माणु** (Zygospore) बनाता है।

अनुकूल परिस्थिति आने पर अंकुरण से पूर्व युग्माणु में अर्द्धसूत्री विभाजन होता है और अन्त: भित्ति से बाहर निकले **प्राक्कवक तन्तु** (Promycelium) का शीर्ष भाग फूलकर युग्माणु बीजाणुधानी (Zygosporangium) बनाता है, जिसमें धनात्मक (+) व ऋणात्मक (–) प्रभेद के बीजाणु बनते हैं, जो अंकुरित होकर नया कवक जाल बनाते हैं।

पाइथियम

वर्गीकरण

उपजगत	—	माइकोटा (Mycota)
संघ	—	यूमाइकोटिना (Eumycotina)
वर्ग	—	ऊमाइसिटीज (Oomycetes)
गण	—	पेरोनोस्पोरेल्स (Peronosporales)
कुल	—	पाथियेसी (Pythiaceae)
वंश	—	*पाइथियम (Pythium)*

प्रकृति एवं संरचना

यह सर्वव्यापी (cosmopolitan) एवं **परजीवी** या **मृतोपजीवी** कवक है। अधिकतर यह तम्बाकू, सरसों, टमाटर, आदि के बीजों पर पाया जाता है। *पाइथियम* का कवक जाल पूर्ण विकसित और **संकोशिकी** (Coenocytic) होता है। परजीवी *पाइथियम* का सम्पूर्ण कवक जाल या कुछ कवक तन्तु पोषद् (Host) के अन्दर फैला होता है। ये चूषक (Haustoria) नहीं बनाता है। कवक जाल संवहन पूल (Vascular bundle) तक फैलकर खाद्य पदार्थ अवशोषित करता है। खाद्य पदार्थों के अवशोषण व व्यर्थ पदार्थों की उत्पन्न होने के कारण परपोषी की मृत्यु हो जाती है।

कवक तन्तु के कोशिकाद्रव्य में केन्द्रक, माइटोकॉण्ड्रिया तथा डिक्टियोसोम अव्यवस्थित रूप से फैले होते हैं। लोमासोम और डिक्टियोसोम की उपस्थिति के कारण *पाइथियम* हरी शैवाल के समान होता है।

जीवन चक्र

अलैंगिक जनन चलबीजाणुओं (Zoospores) द्वारा होता है, जो बहुकेन्द्रकी बीजाणुधानी (Sporangium) में बनते हैं। चलबीजाणु **द्विकशाभिक** (Biflagellate) होते हैं, जो कशाभिकों को खोंकर सिस्ट (Cyst) में परिवर्तित हो जाते हैं।

बीजाणुधानी कवक तन्तु से अलग होकर तथा उचित परपोषी पर पहुँचकर जुड़ जाती है। कुछ वैज्ञानिक इस प्रकार की बीजाणुधानी को **कोनिडियोस्पोरेन्जिया** (Conidiosporangia) कहते हैं।

पाइथियम में दो प्रकार की बीजाणुधानी पाई जाती है। *पाइथियम* में लैंगिक जनन **विषमयुग्मकी** (Oogamous) प्रकार का होता है। इस समय कवक परपोषी की मृत्यु के कारण मृतोपजीवी की तरह रहता है।

जननांग परपोषी के मृत ऊतकों में बनते हैं। नर जननांग **पुंधानी** (Antheridium) एवं मादा जननांग **अण्डधानी** (Oogonium) कहलाता है। अण्डधानी के निर्माण के समय मादा तन्तु की शाखा का शीर्ष भाग कोशिकाद्रव्य व केन्द्रक के एकत्र होने के कारण फूल जाता है। तत्पश्चात् अनुप्रस्थ पट्ट द्वारा शेष कवक जाल से अलग होकर अण्डधानी का निर्माण करता है।

परिपक्व अण्डधानी का जीवद्रव्य **परिद्रव्य** (Periplasm) व **डिम्बद्रव्य** (Ooplasm) में विभेदित होता है। माइटोकॉण्ड्रिया, को छोड़कर अन्य केन्द्रक, रिक्तिकाएँ परिद्रव्य में उपस्थित होते हैं, जबकि एक केन्द्रक व संचित खाद्य डिम्बद्रव्य में उपस्थित होते हैं।

एक केन्द्रकी डिम्बद्रव्य **स्त्रीयुग्मक** (Female gamete) अथवा अण्ड के रूप में कार्य करता है। पुंधानी एक दीर्घित, गदाकार संरचना है, जो कवक तन्तु के शीर्ष पर विकसित होती है तथा अनुप्रस्थ पट्ट द्वारा शेष कवक जाल के पृथक् हो जाती है।

परिपक्व पुंधानी के कोशिकांग परिद्रव्य में रहते हैं तथा इसका एक केन्द्रकी केन्द्रीय भाग **नरयुग्मक** (Male gamete) की भाँति कार्य करता है।

पुंधानी व अण्डधानी के सम्पर्क के स्थान पर पुंधानी की अन्त: भित्ति **निषेचन नलिका** (Fertilisation) का निर्माण करती है। इस निषेचन नलिका के द्वारा कुछ कोशिकाद्रव्य व नर केन्द्रक स्त्रीधानी में पहुँचता है तथा केन्द्रक से संलयन करता है। निषेचित अण्ड के चारों ओर एक मोटी भित्ति स्रावित होती है और अब इसे **निषिक्ताण्ड** (Oospore) कहते हैं।

ड्रेकलर (1946) के अनुसार *पाइथियम* का अनिषेचित अण्ड निषिक्ताण्ड की तरह व्यवहार करता है, जिसे **पार्थीनोस्पोर** (Parthenospore) कहते हैं।

अनुकूल परिस्थिति में निषिक्ताण्ड का केन्द्रक बार-बार विभाजित होता है तथा निषिक्ताण्ड भित्ति की मध्य परत बाह्य वृद्धि कर जनन नलिका (Germ tube) बनाती है तथा स्त्रीधानी भित्ति को तोड़ते हुए निकल आती है तथा एक छोटे कवक तन्तु में विकसित हो जाती है।

एल्ब्यूगो

वर्गीकरण

उपजगत	—	माइकोटा (Mycota)
संघ	—	यूमाइकोटा (Eumycotina)
वर्ग	—	ऊमाइसीट्स (Oomycetes)
गण	—	पेरोनोस्पोरेल्स (Peronosporales)
कुल	—	एल्ब्यूजिनेसी (Albuginaceae)
वंश	—	*एल्ब्यूगो (Albugo)*

प्रकृति एवं संरचना

एल्ब्यूगो की लगभग सभी जातियाँ (25) **अविकल्पी परजीवी** (Obligate parasite) हैं तथा उच्च श्रेणी के पौधों मे **अन्त:परजीवी** (Endoparasite) के रूप में पाई जाती है।

एल्ब्यूगो का थैलस शाखित, पट्टहीन, संकोशिका व अखण्ड कवक जाल के रूप में होता है। इसके कोशिकाद्रव्य में अनेक केन्द्रक, रिक्तिकाएँ तेल तथा ग्लाइकोजन ग्लोब्यूल पाई जाती है। यह परपोषी ऊतक के अन्तराकोशिक अवकाशों (Intercellular spaces) में वृद्धि करता है तथा चूषकांगों द्वारा पोषक पदार्थों का अवशोषण करता है।

प्रजनन

अलैंगिक जनन बहुकेन्द्रीय कोनिडिया (Conidia) बीजाणुधानी (Sporangia) अथवा चलबीजाणुधानी (Zoosporangia) द्वारा होता है। ये कोनिडियोफोर (Conidiaphore) अथवा बीजाणुधानीधर (Sporangiophore) में लम्बी आधारभिवर्धी (Basipetal) शृंखलाओं में विकसित होते हैं।

कोनिडिया अथवा बीजाणुधानी अथवा चलबीजाणुधानी के निर्माण में समय कोनिडियमधर के दूरस्थ भाग से बहुकेन्द्रकीय कोनिडियम का निर्माण लम्बी शृंखला के रूप में होता है।

दो आसन्न कोनोडिया अन्तर्वेशी डिस्क, **जिसे वियोजक** (Disjunctor) कहते हैं, द्वारा पृथक् होती है। नम वातावरण एवं तापमान (10° C) पर कोनिडियम का जीवद्रव्य अनेक एककेन्द्री खण्डों में विभाजित होता है। प्रत्येक खण्ड कायान्तरण द्वारा **द्विकशाभिक चलबीजाणु** का निर्माण करता है, जो कशाभिकाओं को खोकर सिस्ट (Cyst) में परिवर्तित हो जाता है।

एल्ब्यूगो में **लैंगिक जनन** विषमयुग्मकी प्रकार का होता है इसके नर एवं मादा जननांग क्रमश: **पुंधानी** (Antheridium) एवं **अण्डधानी** (Oogonium) कहलाते हैं तथा इनकी उत्पत्ति अन्तर्जात (Endogenous) होती है। **अण्डधानी** के निर्माण मे कवकतन्तु की किसी शाखा का शीर्ष कोशिकाद्रव्य व केन्द्रकों (6-12) के एकत्र होने के कारण फूल जाता है तथा अनुप्रस्थ पट्ट द्वारा शेष कवक जाल से पृथक् हो जाता है।

परिपक्व **अण्डधानी** व जीवद्रव्य, **परिद्रव्य** (Periplasm) एवं **डिम्बद्रव्य** (Ooplasm) में विभेदित होता है। एक केन्द्रक को छोड़कर शेष सभी केन्द्रक परिद्रव्य में उपस्थित होते हैं तथा एक केन्द्रकीय डिम्बद्रव्य **स्त्रीयुग्मक** (Female gamete) अथवा अण्ड के रूप में कार्य करता है।

पुंधानी एक दीर्घित, गदाकार व बहुकेन्द्रीय संरचना है तथा अण्डधानी के समीप स्थित कवक तन्तु के शीर्ष पर विकसित होती है। परिपक्व पुंधानी में 6-1 केन्द्रक होते हैं, परन्तु केवल एक केन्द्रक नर युग्मक के रूप में कार्य करता है। नर युग्मक **निषेचन नलिका** द्वारा अण्ड में प्रवेश करता है। निषेचन नलिका के डिम्बद्रव्य मे प्रवेश से ठीक पूर्व अण्डधानी का कणिकामय कोशिकाद्रव्य **सीनोसेण्ट्रम** (Coenocentrum) बनाता है, जो निषेचन के पश्चात् लुप्त हो जाता है।

निषेचित अण्ड के चारों ओर एक मोटी भित्ति स्रावित होती है और अब इसे **निषिक्ताण्ड** (Oospore) कहते है। अनुकूल परिस्थिति में निषिक्ताण्ड का जीवद्रव्य अनेक एक केन्द्रीय खण्डों में विदलित हो जाता है। प्रत्येक खण्ड एककेन्द्रीय, द्विकशाभिक चलबीजाणु बनाता है चलबीजाणु स्वस्थ परपोषी में पहुँच पर अंकुरित होते हैं। *एल्ब्यूगो केण्डिडा (Albugo candida)* क्रूसीफेरी के **श्वेत किट्ट रोग** (White rust disease) का कारक है।

एगेरिकस

वर्गीकरण

उपजगत	—	माइकोटा (Mycota)
संघ	—	यूमाइकोटा (Eumycota)
वर्ग	—	बेसिडियोमाइसिटीज (Basidiomycetes)
उपवर्ग	—	होमोबेसिडियोमाइसिटीज (Homobasidiomycetes)
गण	—	एगेरिकेल्स (Agaricales)
कुल	—	एगेरिकेसी (Agaricaceae)
वंश	—	*एगेरिकस (Agaricus)*

प्रकृति एवं संरचना

यह एक **मृतजीवी कवक** है। सामान्यतया यह **मशरूम** अथवा **छत्रक** (Mushroom) कहलाता है। *ए. बाइस्पोरस* एक सामान्य खाद्य कवक है। *एगेरिकस* के कायिक कवकजाल में बेसिडियोबीजाणु से बनने वाले एककेन्द्र **प्रारम्भिक कवक जाल** एवं इनके संलयन से बनने वाले द्विकेन्द्रकी, **द्वितीयक कवक जाल** होते हैं।

द्विकेन्द्रकी कवक जाल की दो कोशिकाओं के बीच में **ढोलछिद्री पट** (Dolipore septum) होता है। कवक तन्तु परस्पर अन्तःग्रथित होकर रस्सी सदृश्य **तन्तुजटा** अथवा **राइजोमॉर्फ** (Rhizomorph) बनाते हैं, जिससे **बेसिडियोकार्प** (Basidiocarp) विकसित होता है। यह **छत्रिकावृन्त** (Stipe) तथा **छत्र** (Pileus) में विभेदित होता है।

प्रजनन

कायिक प्रजनन द्विकेन्द्रकी कवक जाल के टुकड़ों द्वारा होता है। **अलैंगिक प्रजनन** द्वितीयक कवक तन्तुओं में अन्तस्थ अथवा अन्तर्वेशी स्थिति पर उत्पन्न **क्लैमाइडोबीजाणुओं** (Chlamydospores) द्वारा होता है। *एगेरिकस* में **जननागों** (Sex organ) का पूर्ण अभाव होता है। बेसिडियोबीजाणु से उत्पन्न होने वाले + तथा –प्रभेद के कवक तन्तुओं के बीच **कायिक युग्मन** (Somatogamy) से द्वितीयक कवक जाल बनता है। पर्याप्त मात्रा में भोज्य पदार्थों का अवशोषण कर द्वितीयक कवक जाल **बटन अवस्था** (Button stage) में बाहर निकलकर **बेसिडियोकार्प** बनाता है। **छत्रिकावृन्त** का परिधीय क्षेत्र आभासी पैरेनकाइमा से बने **वल्कुट** (Cortex) तथा **केन्द्रीय क्षेत्र मज्जा** (Medulla) में विभेदित होता है।

गिल (Gill) **ट्रामा** (Trama) उप-हाइमिनियम अथवा हाइपोथिसियम व हाइमिनियम से बना होता है। हाइमिनियम में पट्टहीन एवं उर्वर कोशिकाएँ **बेसिडिया** (Basidia) होती है। प्रत्येक बेसिडियम के दूरस्थ छोर में चार **प्रागुंल** (Sterigmata) उत्पन्न होते हैं, जिनके शीर्ष पर **बेसिडियोबीजाणु** बनते हैं। बेसिडियोबीजाणु व प्रागुंल की सन्धि के स्थान को **हाइलर एपेण्डिस** (Hiler appendis) कहते हैं। इसके कारण बेसिडियोबीजाणु प्रागुंल पर कुछ तिरछा लगा होता है। बेसिडियोबीजाणु अंकुरित होकर शाखित तथा पट्टयुक्त प्राथमिक एककेन्द्रकी कवक जाल में विकसित होता है।

पक्सीनिया

वर्गीकरण

उपजगत	—	माइकोटा (Mycota)
संघ	—	यूमाइकोटा (Eumycota)
वर्ग	—	बेसिडियोमासिटीज (Basidiomycetes)
उपवर्ग	—	हेटेरोबेसिडियोमाइसिटीज (Heterobasidiomycetes)
गण	—	यूरीडीनेल्स (Uridinales)
कुल	—	पक्सीनिएसी (Pucciniaceae)
वंश	—	*पक्सीनिया (Puccinia)*

प्रकृति एवं संरचना

- *पक्सीनिया* की सभी जातियाँ **आन्तरिक अविकल्पी परजीवी** (Internal obligate parasite) हैं, ये धान्य फसलों; जैसे–गेहूँ, ज्वार, जौं, मक्का, जई, आदि में भयंकर **किट्ट रोग** (Rust disease) फैलाती हैं। *पक्सीनिया* की कुछ जातियाँ (जैसे–*प. एस्पेरागी, प. बटलेरी, प. मेन्थाई, प. पल्वेरुलेण्टा*, आदि) **एकाश्रयी** (Autoecious) जबकि कुछ अन्य जातियाँ (जैसे–*प. ग्रेमिनिस, प. कोरोनेटा*) **भिन्नाश्रयी** (Heteroecious) होती हैं।
- *प. ग्रेमिनिस* के जीवनकाल में **एककेन्द्रकी** (Monokaryotic) व **द्विकेन्द्रकी** (Dikaryotic) कवकजाल पाए जाते हैं, जो **अन्तराकोशिक** (Intercellular) पट्टयुक्त तथा शाखित होते हैं।
- द्विकेन्द्रकी कवकजाल की प्रत्येक कोशिका केन्द्रक युग्म युक्त होती है। यह कवकजाल प्राथमिक परपोषी अर्थात् गेहूँ में पाया जाता है। इसके विपरीत एककेन्द्रकी कवक जाल की प्रत्येक कोशिका एककेन्द्रक युक्त होती है और यह कवक जाल **वैकल्पिक परपोषी** अर्थात् **बरबेरी** में पाया जाता है।

जीवन चक्र

पक्सीनिया ग्रेमिनिस के जीवनकाल में पाँच प्रकार के बीजाणु-**यूरीडोबीजाणु** (Uredospore) **बेसिडियोबीजाणु** (Basidiospore), **टेल्यूटोबीजाणु** (Teleutospore) तीनों प्राथमिक परपोषी पर एवं **पिक्निडियोबीजाणु** (Pycnidiospore), एसियोबीजाणु (Aeciospore) 'दोनों वैकल्पिक परपोषी पर' पाए जाते हैं।

पक्सीनिया के द्विकेन्द्रकी कवक जाल के कवक तन्तु के शीर्ष पर **यूरीडोबीजाणु** का निर्माण होता है, ये सवृन्त, एककोशिकीय, द्विकेन्द्रकी, अण्डाकार होते हैं, इन्हें **पुनरावृत्ति बीजाणु** (Recurrent spore) भी कहते हैं।

गेहूँ की वृद्धि के अन्तिम चरण में वातावरणीय तापक्रम बढ़ने पर यूरीडोबीजाणु के स्थान पर सवृन्त, द्विकोशिकीय, तर्कुरूपी व काले या गहरे भूरे रंग के **टेल्यूटोबीजाणु** बनने लगते हैं। इसके दोनों केन्द्रक संलयित होकर एक द्विगुणित केन्द्रक बनाते हैं।

टेल्यूटोबीजाणु का द्विगुणित केन्द्रक अर्द्धसूत्री विभाजन द्वारा चार अगुणित केन्द्रक बनाता है और अंकुरित होकर प्राक्कवक तन्तु बनाते हैं। **प्राक्कवक तन्तु** (Promycelium) या **अधिबेसिडियम** (Epibasidium) पर चार रंगहीन, एककोशिकीय, एककेन्द्रकी, अगुणित व गोल बेसिडियोबीजाणु बनते हैं।

बेसिडियोबीजाणु अंकुरित होकर बरबेरी की पत्ती पर पिक्निडियम या स्पर्मोगोनियम (Spermogonium) का निर्माण करते हैं, जिनमें पिक्निडियोबीजाणु या स्पर्मेशियम का निर्माण होता है। द्विकेन्द्रकी कवक जन्तु एसीडियम (Acidium) का निर्माण करते हैं, जिसमें एसियोबीजाणु (Aeciospore) बनते हैं।

प. ग्रैमिनिस, प. स्ट्राइफोर्मिस व प. रिकॉन्डिटा में तुलना

प. ग्रैमिनिस	*प. स्ट्राइफोर्मिस*	*प. रिकॉन्डिटा*
यह गेहूँ के काले किट्ट रोग का कारक है।	यह गेहूँ के पीले किट्ट रोग का कारक है।	यह गेहूँ के भूरे किट्ट रोग का कारक है।
उत्तरी भारत में यह मार्च में तथा दक्षिण भारत में नवम्बर के अन्तिम सप्ताह में उत्पन्न होता है।	यह उत्तरी तथा पूर्वी भारत में जनवरी-फरवरी में प्रकट होता है।	यह भी उत्तरी तथा पूर्वी भारत में जनवरी में प्रकट होता है।
यूरीडोसोराई (Uredosori) मुख्यतया तने में तथा उसके पश्चात् पर्णाच्छद (Leaf sheath) पत्तियों तथा बालियों में दिखाई पड़ती हैं।	**यूरीडोसोराई** मुख्यतया पर्णाच्छद तथा बालियों में प्रकट होती हैं।	**यूरीडोसोराई** प्रायः पत्तियों में ही सीमित रहती है।
यूरीडोपिटिकाएँ (Uredopustules) लम्बी तथा लाल व भूरे रंग की होती हैं। इनके परिपक्व होने पर परपोषी की बाह्यत्वचा फट जाती हैं।	**यूरीडोपिटिकाएँ** सूक्ष्म, अण्डाकार तथा धारियों में व्यवस्थित होती हैं। परिपक्व होने पर बाह्यत्वचा बहुत कम फटती है।	**यूरीडोपिटिकाएँ** सूक्ष्म नारंगी तथा बिखरी हुई होती हैं। इनके परिपक्व होने पर बाह्यत्वचा फट जाती है।
यूरीडोबीजाणु (Uredospore) अण्डाकार तथा चार जनन छिद्र (Germ pore) युक्त होते हैं।	**यूरीडोबीजाणु** अण्डाकार, पीले तथा 10 जनन छिद्र युक्त होते हैं।	**यूरीडोबीजाणु** नारंगी तथा 6-10 जनन छिद्र युक्त होते हैं।
टेल्यूटोसोराई (Teleutosori) काले तथा लम्बे होते हैं। सामान्यतया ये तने में ही पाए जाते हैं।	**टेल्यूटोसोराई** काली तथा लम्बी पिटिकाएँ (Pustule) बनाते हैं। ये प्रायः पत्ती की निचली सतह पर ही सीमित होते हैं।	**टेल्यूटोसोराई** प्रायः कम बनते हैं। यदि उपस्थित हों तो काले तथा पत्ती की निचली सतह पर सीमित होते हैं।
टीलिया (Telia) परिपक्व होने पर फट जाते हैं।	**टीलिया** नहीं फटते हैं।	**टीलिया** नहीं फटते हैं।
टेल्यूटोबीजाणु (Teleutospore) द्विकोशिकीय तथा भूरे होते हैं। इनके शीर्ष गोल अथवा शंक्वाकार (Conical) होते हैं।	**टेल्यूटोबीजाणु** द्विकोशिकीय, फनाकार (Cuneiform) तथा पट पर संकीर्णित होते हैं। इनका शीर्ष शंक्वाकार होता है।	**टेल्यूटोबीजाणु** द्विकोशिकीय होते हैं तथा इनका शीर्ष गोलाकार तथा स्थूल (thickened) होता है।
वैकल्पिक परपोषी (Alternate host) *बरबेरिस वल्गैरिस* (*Berberis vulgaris*) है।	**वैकल्पिक परपोषी** *म्यूहलेनबर्जिया ह्यूगेली* (*Muhlenbergia huegelii*) है।	**वैकल्पिक परपोषी** *थैलिक्ट्रम फ्लेवम* (*Thalictrum flavum*) है।

एस्पर्जिलस या *यूरेशियम*

वर्गीकरण

जगत	—	माइकोटा (Mycota)
प्रभाग	—	यूमाइकोटिना (Eumycotina)
उप-प्रभाग	—	ऐस्कोमाइकोटिना (Ascomycotina)
वर्ग	—	प्लेक्टोमाइसिटीज (Plectomycetes)
गण	—	यूरोशिएल्ज (Eurosiales)
कुल	—	यूरोशिएसी (Eurotiaceae)
वंश	—	एस्पर्जिलस (*Aspergillus*)

प्रकृति एवं संरचना

- *एस्पर्जिलस* एक मृतोपजीवी कवक है इसकी सामान्य जातियाँ, *एस्पर्जिलस ग्लोकस, ए. नाइजर, एस्पर्जिलस रेपेन्स, ए. फ्लेक्स, ए. कैन्डिडस, ए. फ्यूमीगेटस*, आदि फल, सब्जियों, अचार, मुरब्बा, आदि खाद्य पदार्थों पर पाई जाती है।
- कवक तन्तु अत्यधिक शाखित व पटयुक्त तथा बहुकेन्द्रकी होता है।
- कवक तन्तु समकेन्द्रकी (Homokaryotic) या विषमकेन्द्रकी (Heterokaryotic) प्रकार के होते हैं।

जीवन चक्र

- *एस्पर्जिलस* में जनन वर्धी या कायिक, अलैंगिक तथा लैंगिक प्रकार का होता है।
- वर्धी प्रजनन विखण्डन द्वारा होता है। *एस्पर्जिलस* में अलैंगिक प्रजनन कोनिडिया द्वारा होता है। *एस्पर्जिलस* में कोनिडिया शृंखला के रूप में सिरे पर उत्पन्न होते हैं।
- *एस्पर्जिलस* में लैंगिक प्रजनन अत्यधिक विकसित नहीं होता है। *एस्पर्जिलस* में लैंगिक प्रजनन जीवद्रव्य संलयन (Plasmogamy) से होता है।
- *एस्पर्जिलस* के नर जननांग को पुंधानी और मादा जननांग को एस्कोगोनियम (Ascogonium) कहते हैं।
- *एस्पर्जिलस* में निषेचन के समय पुंधानी तेजी से विकास करके एस्कोगोनियम को चारों ओर से कुण्डली (Spiral) के समान घेर लेती है।
- *एस्पर्जिलस* में एस्कस मातृ कोशिका में एक द्विगुणित केन्द्रक होता है, जो अर्द्धसूत्री और फिर सूत्री विभाजन द्वारा विभाजित होकर आठ एस्कोबीजाणुओं को बनाता है।

अस्टिलैगो

वर्गीकरण

प्रभाग (Division) — माइकोटा (Mycota)
उपप्रभाग(Subdivision) — यूमाइकोटिना (Eumycotina)
वर्ग(Class) — बैसीडियोमाइकोटिना (Basidiomycotina)
गण(Order) — अस्टिलैजिनेल्स (Ustilaginales)
कुल(Family) — अस्टिलैजिनेसी (Ustilaginaceae)
वंश (Genus) — *अस्टिलैगो* (*Ustilago*)

प्रकृति एवं संरचना

- *अस्टिलैगो* मुख्य रूप से गेहूँ पर श्लथ स्मट रोग (Loose smut of wheat) उत्पन्न करते हैं।
- *अस्टिलैगो* मुख्य रूप से परजीवी होता है और इसके कवकजाल में नर व मादा जननांग (Sex organ) नहीं पाए जाते हैं।

जीवन चक्र

- *अस्टिलैगो* में प्रजनन टेल्यूटोबीजाणु (इन्हें ब्रान्ड बीजाणु क्लैमाइडोबीजाणु अथवा स्मट बीजाणु भी कहते हैं और बैसीडियोबीजाणु के पैदा होने से होता है। *अस्टिलैगो* पहले टेल्यूटोबीजाणु और अंकुरित होने के बाद बैसीडियोबीजाणु बनाते हैं।
- *अस्टिलैगो* में सामान्यतया क्लैम्प-बन्धन नहीं बनता है।
- *अस्टिलैगो* की जातियाँ शीत ऋतु के दौरान टेल्यूटोबीजाणु की अवस्था में या पोषित में कवकजाल की अवस्था में रहते हैं।
- *अस्टिलैगो* में डाइकैरियोटाइजेशन भिन्न-भिन्न प्रजातियों में भिन्न होता है जैसे कि प्राथमिक कवकजाल के कवकसूत्रों के संयोजन से, दो विपरीत प्रकार के बैसीडियोबीजाणुओं की अंकुर नली के संयोजन से, दो विपरीत प्रकार के बैसीडियोबीजाणुओं के मध्य संयुग्मन द्वारा, संक्रमित धागों के संलयन से, विपरीत प्रकार के कवकसूत्रों पर बैसीडियोधर के संलयन से, विपरीत प्रकार के कवकसूत्रों पर कोनिडियम के संलयन से और एक ही प्राथमिक कवकजाल की दो समीप की कोशिकाओं में संलयन से होता है।
- क्लेमाइडोबीजाणु का आकार गोल या दीर्घ वृत्तीय होता है। यह दो परतों से ढका हल्के भूरे रंग का होता है।

अल्टरनेरिया

वर्गीकरण

जगत (Kingdom) — माइकोटा (Mycota)
प्रभाग (Division) — यूमाइकोटिना (Eumycotina)
उपप्रभाग (Subdivision) — ड्यूटेरोमाइकोटिना (Deuteromyotina)
वर्ग (Class) — हाइफोमाइसिटीज (Hyphomycetes)
गण (Order) — मोनिलिएल्ज (Moniliales)
कुल (Family) — डिमैशिएसी (Dematiaceae)
वंश (Genus) — *अल्टरनेरिया* (*Alternaria*)

प्रकृति एवं सरंचना

- *अल्टरनेरिया* के बीजाणु वायु के सूक्ष्मजीवों का एक महत्वपूर्ण भाग हैं, जो मानवों में विभिन्न प्रकार की एलर्जी, मियादी बुखार (Typhoid) और त्वचा सम्बन्धी विकार उत्पन्न करते हैं।
- *अल्टरनेरिया सोलेनी* आलू और टमाटर में अगेती झुलसा रोग (Early blight disease) पैदा करते हैं तथा *अ. टेनुइस* गेहूँ में काला बिन्दु रोग (Black point disease) पैदा करती है।
- इसका कवकसूत्र प्रारम्भ में अन्तरकोशिकीय होता है, जो बाद में अन्तराकोशिकीय हो जाता है।

जीवन चक्र

- *अल्टरनेरिया* में प्रजनन केवल अलैंगिक प्रकार का होता है।
- *अल्टरनेरिया* में अलैंगिक प्रजनन मुख्यतया कोनिडिया द्वारा होता है।
- कोनिडिया गहरे रंग का, चोंचनुमा प्रतिमुद्दररूपी, प्रतिअण्डाकार (Obvoid) अथवा इष्टिकापुंजाभ (Muriform) की आकृति में तथा बहुकोशिकीय होता है।
- कोनिडिया साधारण कमरे के तापमान पर अधिकतम 17 महीनों तक जीवित रह सकते हैं।
- कोनिडिया अंकुरित होने पर कवकजाल का निर्माण करते हैं।
- *अल्टरनेरिया* का कवकजाल अल्टरनेरिक अम्ल बनाता है, जो एक विष होता है।
- वेबस्टर (Webster; 1980) अनुसार, *अल्टरनेरिया* की पूर्ण अवस्था *प्लियोस्पोरा इन्फैक्टोरिया* (*Pleiospora infectoria*) नामक कवक है।

शैवाल

शैवाल (Algae) शब्द का प्रयोग सर्वप्रथम **लिनियस** (1754) ने किया। **फाइकालॉजी** (Phycology) या **एल्गोलॉजी** (Algology) (Gk. *Phycos* – Sea weed, शैवाल; *logos* = discourse of study, अध्ययन) वनस्पति विज्ञान की वह शाखा, जिसमें शैवालों का अध्ययन किया जाता है।

शैवाल पर्णहरिमयुक्त, संवहन ऊतक रहित, थैलोफाइट्स हैं, जिनका शरीर जड़, तना एवं पत्ती में विभाजित नहीं होता है। इनमें एककोशिकीय जननांग पाए जाते हैं तथा भ्रूणीय अवस्था अनुपस्थित होती है। शैवाल तालाब, नदी, पोखर, झरना, समुद्र, आदि में पाए जाते हैं।

शैवालों का विस्तृत वर्गीकरण सर्वप्रथम **एफ ई फ्रिश्च** (1935) ने अपनी पुस्तक '*स्ट्रक्चर एण्ड रिप्रोडक्शन ऑफ दि एल्गी* (*Structure and Reprofuction of the Algae*)' में प्रस्तुत किया।

भारतीय शैवाल विज्ञान (Phycology) का जनक **प्रो. एम ओ पी आयंगर** को माना जाता है।

शैवाल आकार में बहुत सूक्ष्म 0.5 μ (*डूनेलिएला*) से लेकर 30 मी (*मैक्रोसिस्टिस*) तक लम्बे हो सकते हैं।

अधिकांश शैवालों में संचित भोज्य पदार्थ मण्ड (Starch) होता है, परन्तु **बैसिलेरियोफाइसी** व **जैन्थोफाइसी** में वसा एवं तेल, **फियोफाइसी** में लेमिनेरीन एवं मैन्नीटोल, **रोडोफाइसी** में फ्लोरीडियन मण्ड तथा मिक्सोफाइसी में साइनोफाइसियन मण्ड के रूप में संचित रहता है।

शैवालों के प्रकार

शैवालों के कुछ मुख्य प्रकार निम्नलिखित हैं

- बर्फ पर उगने वाले शैवालों को **क्रायोफाइट्स** (Cryophytes) कहा जाता है। *क्लैमाइडोमोनास नाइवेलिस* (*C. nivalis*) एक ऐसा ही क्रायोफाइट शैवाल है, जिसमें लाल रंग के कण पाए जाते हैं। इस कारण यह बर्फ को लाल रंग प्रदान करता है।
- स्वतन्त्र रूप से तैरने वाले शैवाल, पादपप्लवक (Phytoplankton) कहलाते हैं। *क्लैमाइडोमोनास* (*Chlamydomonas*) भी इसी तरह का शैवाल है।
- ***वॉल्वॉक्स*** (*Volvox*) स्वच्छ जल में स्वतन्त्र तैरने वाला शैवाल है, जो मण्डल (Colony) बनाकर रहता है तथा उसकी मण्डल **सीनोबियम** (Coenobium) कहलाती है। प्रत्येक सीनोबियम में कोशिकाओं की संख्या निश्चित होती है।
- *यूलोथ्रिक्स* (*Ulothrix*) एक तन्तुमय हरा-शैवाल है, जो बहते हुए स्वच्छ जल में पाया जाता है, किन्तु *यूलोथ्रिक्स फ्लेका* समुद्री जल में *यूलोथ्रिक्स जोनेटा* ठण्डे जल में तथा *यूलोथ्रिक्स इम्प्लैक्सा,* ज्वारनदमुख (Estceary) में लिथोफाइट के रूप में मिलते हैं।
- *क्लैडोफोरा* एक शाखित शैवाल है, जो स्वच्छ तथा समुद्री जल में मिलता है। *क्लैडोफोरा क्रिस्पेटा* एक एपिजोइक (Epizoic) शैवाल है, जो घोंघे (Snails) के ऊपर पाया जाता है।
- *स्पाइरोगायरा* तन्तुमय शैवाल है, जो प्राय: ठहरे हुए जल में पाया जाता है। इसे **तालाब** का **रेशम** (Pond silk) भी कहते हैं।
- *कारा* (*Chara*) उथले जल (Benthic water) में पाया जाने वाला शैवाल है, जो बाह्य आकारिकी में आवृतबीजियों की भाँति दिखाई देता है। इसके नर जनन अंग को **ग्लोब्यूल** (Globule) तथा मादा जनन अंग को **न्यूक्यूल** (Nucule) कहते हैं।
- *वाऊचेरिया* (*Vaucheria*) विभिन्न आवासों में उगने वाले शैवाल हैं, जो कि स्वच्छ जल (*वाऊचेरिया जर्मीनेटा*), स्थल (*वाऊचेरिया हेमेटा*) और समुद्रों (*वाऊचेरिया पाइलोबोलिडीस*) में पाया जाता है।
- *एक्टोकार्पस* एक कत्थई रंग का समुद्री शैवाल है, जो हेटेरोट्राइकस (Heterotrichous) रूप में अन्य पादपों; जैसे—*लेमिनेरिया, फ्यूकस,* आदि पर उगता है। इसकी कोशिकाओं में कुछ मुड़ी-आकृति के हरितलवक होते हैं। यह निम्न दो प्रकार की बीजाणुधानी उत्पन्न करता है—प्लूरीलोक्यूलर (Plurilocular) तथा यूनीलोक्यूलर (Unilocular)।
- *सारगासम* (*Sargassum*) अटलाण्टिक समुद्रों में अधिकता में पाया जाने वाला शैवाल है तथा जिन भागों में यह मिलता है, उन्हें सारगैसो समुद्र (Sargasso sea) कहते हैं।
- *बैट्रेकोस्पर्मम* एक लाल शैवाल है, जो अपवाद स्वरूप स्वच्छ जल में मिलता है।
- *पॉलीसाइफोनिया* (*Polysiphonia*) एक हेटेरोट्राइकस समुद्री लाल शैवाल है, जो शाखित होता है। इसमें पॉलीसाइफोनस तन्त्र मिलता है अर्थात् अक्षीय कोशिकाएँ चारों ओर से पेरीसेण्ट्रल कोशिकाओं (Pericentral cells) से घिरी रहती हैं। तन्तु की कोशिकाएँ आपस में पिट-कनेक्शन (Pit-connections) से जुड़ी होती हैं।
- डायटम एककोशिकीय, सूक्ष्मदर्शीय, त्रिज्यीय या द्विपार्श्वीय होते हैं, जो भिन्न-भिन्न आकृतियों में पाए जाते हैं। इनकी भित्ति सिलिकायुक्त होती है तथा दो अर्द्ध-भागों से बनी होती है। प्रत्येक अर्द्ध-भाग **वाल्व** कहलाता है जो एक-दूसरे के ऊपर ढक्कन की भाँति लगे रहते हैं।
- फ्रस्टूलस (Frustules) प्राकृतिक आपदाओं को झेलने के अनुकूल होते हैं अर्थात् ये अत्यधिक प्रतिरोधी होते हैं। इनमें बड़े-बड़े समुद्री जमाव मिलकर **डायटोमेशियस भूमि** (Diatomaceous earth) बनाते हैं।
- साइनोफाइसी वर्ग के सदस्य नीले-हरे शैवाल होते हैं, जिनमें क्लोरोफिल - α, β, a-कैरोटिन और मिक्सोजैन्थिन, आदि कण होते हैं। इनकी भित्तिय संरचना तथा प्रोकैरियोटिक कोशिका के आधार पर कुछ जीव-वैज्ञानिक इन्हें **सायनोबैक्टीरिया** (Cynobacteria) भी कहते हैं।

शैवालों में लैंगिक जनन

समयुग्मक (Isogamous), विषमयुग्मक (Anisogamous) तथा अण्डयुग्मक (Oogamous) तीन प्रकार का होता है। लैंगिक जनन **चल** (Motile) या **अचल** (Non-motile) युग्मकों द्वारा तथा अलैंगिक जनन **चलबीजाणु** (Zoospores) द्वारा होता है। चलबीजाणु के अतिरिक्त शैवालों में अचल बीजाणु, सुप्त बीजाणु, निश्चेष्ट बीजाणु पामेला सिस्ट, एण्डोस्पोर, एक्सोस्पोर, कार्पोस्पोर, टेट्रास्पोर आदि बीजाणु बनते हैं।

समयुग्मकता

दोनों युग्मक आकार तथा संरचना में समान, परन्तु क्रियात्मक रूप से असमान होते हैं। इन्हें समयुग्मक (Isogametes) कहते हैं तथा इसके संयुग्मन को समयुग्मकता कहते हैं।

स्पाइरोगायरा तथा *जिग्नीमा (Zygnema)* में समयुग्मक अचल होते हैं तथा अचल युग्मक (Aplanogametes) कहलाते हैं। *यूलोथ्रिक्स, क्लैडोफोरा, एक्टोकार्पस* में समयुग्मक चल प्रकार के होते हैं तथा **चलसमयुग्मक** (Planogametes) कहलाते हैं।

विषमयुग्मकता

युग्मक आकार तथा शरीर-क्रिया-दृष्टि से असमान होते हैं। नर युग्मक छोटे होते हैं तथा मादा युग्मक बड़े होते हैं। इन असमयुग्मक (Anisogametes) के संयुग्मन को असमयुग्मकता (Anisogamy) कहते हैं; जैसे—*क्लैमाइडोमोनास*।

अण्डयुग्मकता

अण्डयुग्मक, आकारिकीय (Morphologically) दृष्टि से तथा शरीर क्रियात्मक दृष्टि से असमान होते हैं। इसमें नर युग्मक छोटे एवं चल होते हैं तथा मादा युग्मक बड़े एवं अचल होते हैं। इन विषमयुग्मकों का संयुग्मन बाह्य होता है, यह विषमयुग्मकता (Oogamy) कहलाता है, जैसे—*कारा, वाऊचेरिया*।

> *स्पाइरुलिना* (*Spirulina*) नामक नीली-हरी शैवाल में प्रोटीन्स की सर्वाधिक मात्रा पाई जाती है। *क्लोरेला* (*Chlorella*) नामक शैवाल में भी प्रोटीन की अधिक मात्रा पाई जाती है।

शैवालों में वर्णकीय संगठन

शैवालों में उपस्थित विभिन्न वर्णकों के कारण ही इनका रंग भिन्न-भिन्न प्रकार का दिखाई देता है। लवक (Plastids), दोहरी झिल्ली से घिरी वह संरचना जिसमें वर्णक पाए जाते हैं।

लवक नीली-हरी शैवालों में अनुपस्थित होते हैं। इनमें वर्णक कोशिकाद्रव्य (Cytoplasm) के परिधीय भाग में उपस्थित पटलिकाओं में वितरित रहते हैं। भिन्न-भिन्न वंशों (Genera) में लवकों की आकृति भिन्न-भिन्न होती है, जो इस प्रकार हैं

सर्पिल या पट्टीदार (Spiral of Ribbon-shaped) — *स्पाइरोगायरा (Spirogyra)*
मेखलाकार (Girdle-shaped) — *यूलोथ्रिक्स (Ulothrix)*
जालिकावत् (Reticulate) — *ऊडोगोनियम (Oedogonium)*
ताराकार (Stellate) — *जिग्नीमा (Zygnema)*
बिम्बाभ (Discoid) — *कारा (Chara)*

शैवालों में मुख्य रूप से निम्नलिखित तीन प्रकार के वर्णक पाए जाते हैं

	वर्णक	रंग
(i)	पर्णहरिम (Chlorophyll)	नीला-हरा
(ii)	कैरोटिनॉएड (Carotenoid)	
	• कैरोटीन पीला	पीला
	• जैन्थोफिल	नारंगी-भूरा
(iii)	फाइकोबिलिन (Phycobilins)	लाल-नीले

1. पर्णहरिम

मुख्य प्रकाश-संश्लेषी (Photosynthetic) वर्णक है। यह मुख्य रूप से पाँच प्रकार के होते हैं

(i) **पर्णहरिम *a*** सभी शैवालों में पाया जाता है।
(ii) **पर्णहरिम *b*** क्लोरोफाइटा (Chlorophyta) व यूग्लीनोफाइटा (Euglenophyta) में पाया जाता है।
(iii) **पर्णहरिम *c*** बेसीलेरियोफाइटा, पायरोफाइटा व फियोफाइटा में पाया जाता है।
(iv) **पर्णहरिम *d*** लाल शैवालों में पाया जाता है।
(v) **पर्णहरिम *e*** जैन्थोफाइटा में पाया जाता है।

शैवालों का हरा रंग पर्णहरिम-*a* एवं *b* के कारण होता है। ये वर्णक नीले (400-450 mμ) रंग की तथा (650-680 mμ) रंग की तरंगदैर्ध्य को अवशोषित करते हैं।

पर्णहरिम-*a* का मूलानुपाती सूत्र $C_{55}H_{72}O_5N_5Mg$ है तथा इसमें तीसरे कार्बन परमाणु पर मिथाइल समूह (CH_3) पाया जाता है। पर्णहरिम-*b* का मूलानुपाती सूत्र $C_{55}H_{70}O_6N_4Mg$ है तथा इसमें तीसरे कार्बन परमाणु पर एल्डिहाइड समूह (—CHO) पाया जाता है।

2. कैरोटिनॉइड

यह वसा में घुलनशील वर्णकों का समूह होता है, जिसे दो भागों में बाँटा जा सकता है

(i) कैरोटीन (ii) जैन्थोफिल

पीले नारंगी लाल तथा भूरे वर्णकों का समूह होता है, जो वसा में घुलनशील तथा जल में अघुलनशील होते हैं। कैरोटिनॉइड रक्षी वर्णक (Protective pigments) होते हैं। यह नीले तथा हरे रंग (430-500 mμ)की तरंग-दैर्ध्य का प्रकाश अवशोषित करते हैं तथा अवशोषित प्रकाश ऊर्जा पर्णहरिम वर्णकों को स्थानान्तरित हो जाती है।

(i) कैरोटीन

- असंतृप्त रैखिक (Unsaturated linear) हाइड्रोकार्बन, मूलानुपाती सूत्र $C_{40}H_{56}$ होता है।
- यह जल में अघुलनशील तथा वसा में घुलनशील वर्णक होता है।

शैवालों में मुख्य रूप से निम्नलिखित पाँच प्रकार के कैरोटीन पाए जाते हैं

विभिन्न वर्गों के शैवालों में कैरोटीन का वितरण

कैरोटीन	फियोफाइटा	साइनोफाइटा	क्लोरोफाइटा	जैन्थोफाइटा	बेसीलेरियोफाइटा
α-कैरोटीन	–	+	–	–	–
β-कैरोटीन	+	+	+	+	+
γ-कैरोटीन	–	+	–	–	–
E-कैरोटीन	+	–	–	+	–
लाइकोपीन	–	–	–	–	–

नोट + → उपस्थित – → अनुपस्थित

(ii) जैन्थोफिल

संरचना में कैरोटीन के समान परन्तु इनमें ऑक्सीजन भी उपस्थित होती है।

इनका मूलाकपाती सूत्र $C_{40}H_{56}O_2$ होता है।

जल में अघुलनशील तथा वसा में घुलनशील वर्णक।

अब तक शैवालों में 20 विभिन्न प्रकार के वर्णक प्राप्त किए गए हैं; जैसे— ल्यूटीन (lutein), जियाजैन्थीन (Zeaxanthin), वायोलाजैन्थीन (Violaxanthin), साइफोनीन (Siphonein), नियोजैन्थीन (Neoxanthin), साइफोनोजैन्थीन (Siphonoxanthin), फ्लेवेसीन (Flavacin), फ्लेवोजैन्थीन (Flavoxanthin), डायटोजैन्थीन (Diatoxanthin), मिक्सोजैन्थीन (myxoxanthin), फ्यूकोजैन्थीन (Fucoxanthin), आदि।

फ्यूकोजैन्थीन, फियोफाइटा (भूरे शैवाल) समूह का मुख्य वर्णक है, जिसके कारण इस समूह के शैवालों का रंग भूरा होता है।

- **बेसीलेरियोफाइटा** में फ्यूकोजैन्थीन तथा डायटोजैन्थीन **साइनोफाइटा** में मिक्सोजैन्थीन व डायनोजैन्थीन वर्णक पाए जाते हैं।
- जैन्थोफिल नीले-हरे रंग के प्रकाश का अवशोषित करते हैं तथा ऊर्जा का स्थानान्तरण पर्णहरिम-*a* को करते हैं।

3. फाइकोबिलिन

गहरे जल में रहने वाले शैवालों में मुख्य प्रकाश अवशोषी वर्णक। जल में घुलनशील तथा वसा में अघुलनशील वर्णक होते हैं।

इन्हें निम्न दो वर्गों में बाँटा गया है

(i) **फाइकोइरिथ्रिन** (Phycoerythrin) लाल रंग के वर्णक तथा वर्ग—रोडोफाइटा (Rhodophyta) अर्थात् लाल शैवालों के मुख्य वर्णक है।

(ii) **फाइकोसायनिन** (Phycocyanin) नीले हरे रंग के वर्णक तथा नीली-हरी शैवालों का मुख्य वर्णक है।

अभी तक सात प्रकार के फाइकोबिलिन ज्ञात हुए हैं

1. फाइकोइरिथ्रिन-*r*
2. फाइकोइरिथ्रिन-*c*
3. फाइकोइरिथ्रिन-*x*
4. फाइकोइरिथ्रिन-*b*
5. फाइकोसायनिन-*r*
6. फाइकोसायनिन-*c*
7. एलोफाइकोसायनिन

नीले-हरे शैवालों में फाइकोइरिथ्रिन-*c*, फाइकोसायनिन-*c* तथा ऐलोफाइकोसायनिन पाया जाता है। इसी कारण ये नीले हरे रंग के होते हैं। लाल शैवालों में *r*-फाइकोइरिथ्रिन, *r*-फाइकोसायनिन तथा ऐलोफाइकोसायनिन पाया जाता है। इसी कारण ये नीले-लाल रंग के होते हैं।

लवक की आन्तरिक संरचना

ये दोहरी कलायुक्त प्रोटोप्लाज्मीय संरचनाएँ है। प्रत्येक लवक में एक रंगहीन आधात्री या स्ट्रोमा (Stroma) पाया जाता है, जिसमें प्रकाश-संश्लेषण की अन्धकार अभिक्रिया सम्पन्न होती है।

स्ट्रोमा में प्रकाश-संश्लेषी इकाइयाँ (Photosynthetic units) पाई जाती हैं, जिन्हें **प्रकाश-संश्लेषीय पटलिकाएँ** (Photosynthetic lamellae) कहते हैं। प्रत्येक पटलिका छोटी-छोटी पट्टिकाओं (Bands) से निर्मित होती है, जिन्हें **थायलेकॉइड** (Thylakoid) अथवा **डिस्क** (Disc) कहते हैं।

शैवालीय वर्णकों का मुख्य लक्षण उनमें पायरीनॉइड की उपस्थिति है, जिसका उच्च श्रेणी के पादपों में अभाव होता है।

नीली-हरी शैवालों में कलाबद्ध लवकों (Membrane bound plastids) का अभाव होता है। इनमें प्रकाश-संश्लेषी वर्णक **क्रोमेटोप्लाज्म** (Chromatoplasm) में अनियमित रूप से पटलिकाओं में उपस्थित होते हैं। भिन्न-भिन्न वर्गों में प्लास्टिड के अन्दर पाए जाने वाले थायलेकॉइड की संरचना भिन्न-भिन्न होती है

1. **वर्ग-रोडोफाइसी** (लाल शैवाल)

- क्रोमेटोफोर दोहरी झिल्ली से घिरा रहता है, जिसके चारों ओर अन्त:प्रद्रव्यी जालिका (Endoplasmic reticulum) का आवरण होता है।
- हरितलवक के स्ट्रोमा में अनेक थायलेकॉइड पाए जाते हैं, जो एक दूसरे से पृथक् रहते हैं।
- यह एक **आद्य लक्षण** (Primitive character) है।
- फ्लोरिडी उपवर्ग में पायरीनॉइड (Pyrenoids) अनुपस्थित होता है। इनमें फ्लोरिडियन स्टार्च कणिकाएँ क्रोमेटोफोर के बाहर कोशिकाद्रव्य में पाई जाती है।
- बैंजिऑयडी उपवर्ग में क्रोमेटोफोर पायरीनॉइड युक्त होते हैं।

2. **वर्ग-क्राइसोफाइसी, जैन्थोफाइसी, बैसीलेरियोफाइसी**

- थायलेकॉइड बहुस्तरित पट्टियों (Multilayered bands) में व्यवस्थित रहते हैं।
- यह क्रोमेटोफोर की सबसे बाहरी पट्टिका (Plate) है, जिसे **मेखला पट्टिका** (Girdle lamellae) कहते हैं। यह अन्य सभी पट्टिकाओं को घेरे रहती है।
- इस वर्ग के शैवालों के क्रोमेटोफोर, रोडोफाइसी वर्ग के शैवालों के क्रोमेटोफोर से अधिक विकसित होते हैं।
- **जैन्थोफाइसी** (Xanthophyceae) वर्ग के कुछ सदस्यों को छोड़कर सभी में पायरीनॉइड पाया जाता है।

3. **वर्ग-फियोफाइसी** (भूरे-शैवाल)

- क्रोमेटोफोर दोहरी झिल्ली युक्त संरचना है, जो बाहर से अन्त:प्रद्रव्यी जालिका (Endoplasmic reticulum) से घिरा रहता है। इस आवरण को **क्रोमेटोफोर अन्त:प्रद्रव्यी जालिका** (Chromatophore endoplasm reticulum) कहते हैं।
- **थायलेकॉइड** (Thylakoids) दो अथवा चार स्तरित पट्टिकाओं (Lamellae) में व्यवस्थित रहते हैं।
- क्रोमेटोफोर के स्ट्रोमा (Stroma) में अनेक लिपिड ग्लोब्यूल (Lipid globules) तथा थायलेकॉइड पाए जाते हैं।
- इस वर्ग के शैवालों में भी मेखला पट्टिकाएँ (Girdle bands) पाए जाते हैं।
- **पायरीनॉइड** (Pyrenoid) क्रोमेटोफोर की सतह पर उभरा हुआ पाया जाता है। इसके चारों ओर एक अतिरिक्त झिल्ली से बना प्रकोष्ठ होता है, जिसे **पायरीनॉइड कोष** (Pyrenoid sac) कहते हैं।

4. **वर्ग-क्लोरोफाइसी एवं कैरोफाइसी**

- सबसे अधिक जटिल एवं विकसित लवक (Plastid)।
- थायलेकॉइड (Thylakoids) सदैव पट्टियों (Bands) में पाए जाते हैं। प्रत्येक पट्टिका में में लगभग 2-20 तक थायलेकॉइड पाए जाते हैं।
- *नाइटेला* (*Nitella*) में 100 थायलेकॉइड एक पट्टिका (Band) में पाए जाते हैं।
- प्राय: प्रत्येक हरित लवक में एक पायरीनॉइड (Pyrenoid) होता है। पायरीनॉइड के चारों तरफ स्टार्च (Starch) का आच्छादन पाया जाता है।

5. **वर्ग-मिक्सोफाइसी** (नीले-हरे शैवाल)

- वर्णक (Pigments), पर्णहरिम-a, β-केरोटिन, c-फाइकोसायनिन व c-फाइकोइरिथ्रिन पाए जाते हैं।
- संचित भोजन **ग्लाइकोजन** के रूप में पाया जाता है।
- चल रचनाएँ अनुपस्थित (Motile structure absent) होती हैं।
- पायरीनॉइड अनुपस्थित होता है।
- लैंगिक जनन अनुपस्थित होता है।

शैवालों का वर्गीकरण

फ्रिश्च का वर्गीकरण वर्णकों (Pigments), संचयी भोज्य पदार्थों (Reserve food material) तथा कशाभिका (Flagella) के प्रकार पर आधारित है।

फ्रिश्च का वर्गीकरण

क्र.सं.	कुल	लक्षण	उदाहरण
1.	क्लोरोफाइसी (Chlorophyceae) (हरे शैवाल)	पर्णहरिम उपस्थित; संचयी भोज्य पदार्थ-स्टार्च	*क्लैमाइडोमोनास, स्पाइरोगीयरा, वॉल्वॉक्स*
2.	जैन्थोफाइसी (Xanthophyceae) (पीले-हरे शैवाल)	जैन्थोफिल उपस्थित, संचयी भोज्य पदार्थ-तेल व ल्यूकोसिन	*वाऊचेरिया*
3.	क्राइसोफाइसी (Chrysophyceae) (नारंगी शैवाल)	फाइकोक्राइसिन मुख्य वर्णक, कशाभ युक्त	*क्रिसोस्फीरा*
4.	बेसीलेरियोफाइसी (Bacillariophyceae) (पीले सुनहरे भूरे शैवाल)	डाइएटोमिन रंग द्रव्य, पायरीनॉइड उपस्थित	*पिनुलेरिया*
5.	क्रिप्टोफाइसी (Cryptophyceae)	जैन्थोफिल व पर्णहरिम रंग द्रव्य, पायरीनॉइड उपस्थित	*क्रिप्टोमोनास*
6.	डायनोफाइसी (Dinophyceae) (पीले या भूरे शैवाल)	संग्रहित भोजन-मण्ड तथा तेल	*पेरीडिनियम*
7.	क्लोरोमोनेडिनी (Chloromonadineae) (भूरे-हरे शैवाल)	एककोशिकी, द्विकशाभयुक्त, संग्रहित भोज्य-पदार्थ तेल	*वैकुओलेरिया*
8.	यूग्लीनिडी (Euglenoideae)	पर्णहरिम उपस्थित, संग्रहित भोजन पैरामायलम	*यूग्लीना*
9.	फियोफाइसी (Phaeophyceae) (भूरे-शैवाल)	फ्यूकोजैन्थीन मुख्य रंग द्रव्य संग्रहित भोज्य पदार्थ मैनीटोल, लैमिनेरीन व वसा	*फ्यूकस, सारगासम*
10.	रोडोफाइसी (Rhodophyceae) (लाल शैवाल)	फाइकोइरीथ्रिन मुख्य रंग द्रव्य संग्रहित भोज्य-पदार्थ, फ्लोरीडियन स्टार्च	*बैट्रेकोस्पर्मम*
11.	मिक्सोफाइसी (Myxophyceae) (नीली-हरी शैवाल)	फाइकोसायनिन रंग द्रव्य उपस्थित, संग्रहित भोज्य पदार्थ मण्ड	*नॉस्टॉक*

सूकाय की संरचना

शैवालों का वर्धी शरीर सूकायिक (Thalloid) होता है अर्थात् यह जड़, तना तथा पत्ती में विभाजित नहीं होता। शैवालों के शारीरिक आकार एवं विस्तार में बड़ी विभिन्नता है, ये एककोशिकीय सूक्ष्म पौधों से लेकर बड़े पौधे केल्प (Kelp) तक विभिन्न रूपों में पाए जाते हैं। कुछ केल्प समुद्र में 60 फीट तक लम्बे होते हैं तथा जल की सतह पर दिखते हैं। सूकाय के संगठन के आधार पर शैवालों को निम्न वर्गों में विभाजित किया जा सकता है

(i) एककोशिकीय

इनमें शैवाल केवल एक कोशिका द्वारा बने होते हैं। यह चल (Motile) अचल (Non-motile) व अमीबीय (Ameboid) तीन प्रकार का होता है।

क्लैमाइडोमोनास (Chlamydomonas) में चल प्रकार का थैलस पाया जाता है। *क्लोरेला (Chlorella)* में अचल प्रकार का थैलस पाया जाता है। *क्राइसअमीबा (Chrysamoeba)* में अमीबीय थैलस पाया जाता है। ये *अमीबा* के समान प्रचलन करते हैं।

(ii) पामेला प्रकार

इन शैवालों में सभी कोशिकाएँ जिलेटनी मैट्रिक्स में धँसी (Embedded) होती हैं। इनमें प्रजनन के समय के अतिरिक्त कभी कशाभ (Flagella) नहीं पाए जाते। उदाहरण—*टेट्रास्पोरा (Tetraspora)*, *क्लोरोकोकस (Chlororococcus)* व *हाइड्रूलस (Hydrulus)*।

क्लैमाइडोमोनास के जीवन चक्र में पामेला अवस्था (Palmella stage) एक अस्थायी अवस्था होती है।

(iii) वृक्षाभ प्रकार

इनका सूकाय (Thallus) वृक्ष के समान होता है; उदाहरण—*प्रेसिनोक्लैडस (Prasinocladus)*, *इक्बैलोसिस्टिस (Ecballocystis)*।

(iv) निवही प्रकार

विभिन्न कोशिकाएँ एकत्रित होकर निवह (Colony) बनाती हैं। यदि निवह में कोशिकाओं की संख्या तथा विन्यास निश्चित होता है, तो इसे **सीनोबियम** (Coenobium) कहते हैं; उदाहरण—*वॉल्वॉक्स (Volvox)*, *हाइड्रोडिक्टयॉन (Hydrodictyon)*।

(v) सूत्राकार प्रकार

विभिन्न कोशिकाएँ जुड़कर एक तन्तु का निर्माण करती हैं। यह शाखित (Branched), अशाखित (Unbranched) व विषम तन्तुक (Heterotrichous) तीन प्रकार का होता है।

क्लैडोफोरा (Cladophora) में शाखित सूकाय (Branched thallus) पाया जाता है। *यूलोथ्रिक्स (Ulothrix)* तथा *स्पाइरोगायरा (Spirogyra)* में अशाखित थैलस होता है। विषम तन्तुक (Heterotrichous) सर्वाधिक विकसित माना जाता है। *इनमें सूकाय दो प्रकार के तन्तुओं से बना होता है*

(i) शयान (Prostrate) एवं (ii) ऊर्ध्व (Erect)

उदाहरण— *फ्रिश्चिएला (Fritschiella)*।

(vi) साइफोनस प्रकार

इन शैवालों के तन्तुओं में पटीकरण (Septation) का अभाव होता है। इनके एककोशिकीय सूकाय में बहुत से केन्द्रक पाए जाते हैं।

उदाहरण—*वाऊचेरिया (Vaucheria)*।

(vii) आभासी पैरेन्काइमी प्रकार

इसमें तन्तुओं की शाखाएँ संगठित होकर पैरेन्काइमा के समान आभासी संरचना का निर्माण करती हैं। *पॉलीसाइफोनिया (Polysiphonia)* में बहुअक्षीय (Multiaxial) तथा *बैट्रेकोस्पर्मम (Batrachospermum)* में एक अक्षीय (Uniaxial) सूकाय पाया जाता है।

(viii) **पैरेन्काइमी प्रकार**

इनमें सूकाय पैरेन्काइमा कोशिकाओं से बना होता है। उदाहरण— *निरियोसिस्टिम (Nereocystis)* *मैक्रोसिस्टिस (Macrocystis)*।

शैवालों का आर्थिक महत्त्व

लाभदायक क्रियाएँ

- कुछ शैवाल भोजन के रूप में प्रयोग होते हैं; जैसे—*अल्वा (Ulva)*-सलाद के रूप में, *पोरफायरा (Porphyra)*-प्रोटीन, कार्बोहाइड्रेट, विटामिन-A, B व C के स्रोत के रूप में, *क्लोरेला (Chlorella)*-प्रोटीन, विटामिन-A व D के स्रोत के रूप में, *एलेरिया (Alaria), सारगासम (Sargassum), लेमिनेरिया (Laminaria), स्पारूलिना (Spirulina)*, आदि विभिन्न स्रोतों के रूप में।
- कुछ शैवालों का प्रयोग चारे के रूप में किया जाता है, जैसे—*फ्यूकस (Fucus)*, *लेमिनेरिया (Laminaria)*, *एस्कोफिलम (Ascophyllum)*, आदि।
- अगार-अगार (Agar-agar) नामक कोलॉइडी पदार्थ *ग्रेसिलेरिया (Gracilaria)* तथा *जेलिडियम (Gelidium)* नामक लाल शैवालों से प्राप्त होता है। यह सूक्ष्मजीवों के संवर्धन माध्मय (Culture medium) के रूप में प्रयोग होता है।
- कैराजीनिन (Carraginin), *कॉन्ड्रस क्रिस्पस (Chondrus crispus)* तथा *गिगार्टिना (Gigartina)* की कोशिका भित्तियों में उपस्थिति पॉलीसैकेराइड है। इसका उपयोग टूथपेस्ट, प्रसाधन, मदिरा तथा चीनी उद्योग में निर्मलक (Clearing agent) तथा औषधि इमल्सीकारक (Drug emulsifier) के रूप में होता है।
- *फ्यूकस (Fucus)*, *लेमिनेरिया (Laminaria)*, *सारगासम (Sargassum)*, आदि से *एल्जिन (Algin)* प्राप्त होता है। यह स्थायीकरण, इमलनीकरण प्रगाठक (thicker) निलम्बन, आदि प्रक्रियाओं में प्रयुक्त होता है।
- डायटम की सिलिकामय कोशिका भित्ति से बने भूखण्ड डायटोमाइट (Diatomite) कहलाते हैं। इनका प्रयोग निस्यन्दक (Filter), अग्निसह ईंटों (Fire bricks) के निर्माण व नाइट्रोग्लिसरीन (Nitroglycerine) के अवशोषक के रूप में होता है।
- कुछ भूरे शैवालों, जैसे—*लेमिनेरिया (Laminaria), एस्कोफिलम (Ascophyllum)*, आदि से आयोडीन प्राप्त होती है।
- कुछ नीले हरे शैवाल, जैसे—*नॉस्टॉक (Nostoc), एनाबीना (Anabaena), ऑलोसिरा (Aulosira)*, आदि वायुमण्डल की नाइट्रोजन का स्थिरीकरण कर भूमि की उर्वरकता (Fertility) को बढ़ाते हैं।
- *फ्यूकस (Fucus), सारगासम (Sargassum), मैक्रोसिस्टिस (Macrocystis)*, आदि भूरे शैवाल खाद के रूप में प्रयोग होते हैं।
- *क्लोरेला (Chlorella)* से क्लोरेलीन (Chlorellin) नामक प्रतिजैविक (Antibiotic) प्राप्त होती है।
- *कारा (Chara), नाइटेला (Nitella), आलोसिरा (Aulosira)*, आदि शैवाल डिम्भकनाशी (Larvicidal) हैं और मलेरिया उन्मूलन में सहायक हैं।
- प्रकाश-संश्लेषण की क्रियाओं के ज्ञान के लिए *क्लोरेला (Chlorella)* तथा कोशिका में केन्द्रक की भूमिका में ज्ञान के लिए *एसिटाबुलेरिया (Acetabularia)* नामक शैवाल का प्रयोग किया गया।
- वाहितमल (Sewage) के ऑक्सीजन के लिए *सेनडेस्मस (Scendermccs), पडिएस्ट्रम (Pediastrum), ऑसिलेटोरिया (Oscilatoria)*, आदि शैवालों का प्रयोग किया जाता है।

हानिकारक क्रियाएँ

कुछ शैवाल; जैसे—*माइक्रोसिस्टिस (Microcystis), ऑसिलेटोरिया (Oscillatoria), लिंगबया (Lyngbya) फॉर्मिडियम (Phormidium), क्रोकोकस (Chrococcus)*, आदि जल की सतह पर जलप्रस्फुटन (Water bloom) उत्पन्न करते हैं।

एक हरा शैवाल *सिफेल्यूरोस वायरीसेन्स (Cephaleuros virescens)* चाय तथा कॉफी की पत्तियों पर परजीवी की तरह रहता है और उन्हें हानि पहुँचाता है।

क्लैमाइडोमोनास

वर्गीकरण

उपजगत	—	शैवाल (Algae)
वर्ग	—	क्लोरोफाइसी (Chlorophyceae)
गण	—	वॉल्वोकेल्स (Volvocales)
कुल	—	क्लैमाइडोमोनेडेसी (Chlamydomonadaceae)
वंश	—	*क्लैमाइडोमोनास (Chlamydomonas)*

प्रकृति एवं आवास

क्लैमाइडोमोनास एक साधारण एककोशिकीय जलीय शैवाल है। ये प्राय: पोखर, तालाब व झील के स्थिर जल में पाए जाते हैं।

क्लैमाइडोमोनास निवेलिस (Chlamydomonas nivalis) बर्फ में पाया जाता है। इसमें हीमेटोक्रोम (Hematochrome) वर्णक की अधिकता के कारण बर्फ लाल दिखाई देता है।

संरचना

- *क्लैमाइडोमोनास* एक एककोशिकीय (Unicellular) शैवाल है। यह आकार में गोल, अण्डाकार या गोलाकार होता है। इसका अगला भाग नुकीला (Pointed) तथा पिछला भाग चौड़ा व गोलाकार होता है।
- इनमें कोशिका भित्ति सेलुलोस (Cellulose) की बनी होती। इनके अग्रभाग पर दो कशाभ (Flagella) पाए जाते हैं। ये जीव के तैरने में सहायता करती है। कशाभ, ब्लीफेरोप्लास्ट (Blepharoplast) से निकलते हैं।
- इनमें दो संकुचन धानियाँ (Contractile vacuoles) पाई जाती हैं। ये श्वसन व उत्सर्जन में सहायता करती हैं।
- संकुचनधानियों के पास एक ओर नेत्र-बिन्दु (Eye-spot) पाया जाता है। इसमें केरोटीन नामक रंगद्रव्य भरा होता है। यह शैवाल के तैरने की दिशा निर्धारित करता है।
- कोशिका के मध्य में एक बड़ा केन्द्रक (Nucleus) पाया जाता है, जो प्यालेनुमा हरितलवक (Cup-shaped chloroplast) के मध्य में स्थिर रहता है।
- हरितलवक के पीछे की ओर एक गोलाकार पायरीनॉइड (Pyrenoid) पाया जाता है। यह एक प्रोटीन पदार्थ से बना होता है। इसके चारों ओर मण्ड (Starch) के कण जमा होते हैं।

क्लैमाइडोमोनास स्वपोषी (Autotrophic) होता है। यह सूर्य के प्रकाश व पानी में घुली कार्बन डाइऑक्साइड का अवशोषण कर हरितलवक द्वारा भोजन का निर्माण करता है।

जनन

क्लैमाइडोमोनास में अलैंगिक (Asexual) व लैंगिक (Sexual) दोनों प्रकार का जनन होता है।

) अलैंगिक प्रजनन

ह दो विधियों द्वारा होता है

(a) **चलजन्यु** अवस्था द्वारा (By Zoospores Stage) *क्लैमाइडोमोनास* में अनुकूल परिस्थितियों में चलजन्यु द्वारा अलैंगिक प्रजनन होता है। इस विधि में सर्वप्रथम शैवाल की कोशिका अपने कशाभों (Flagella) को समेटकर विश्राम अवस्था में आ जाती है।

- कोशिका के अन्दर प्रोटोप्लाज्म 2, 4 या 8 भागों में विभाजित हो जाता है तथा प्रत्येक प्रोटोप्लाज्म के भाग से दो कशाभ का निर्माण होता है। इसमें संकुचनधानियाँ एवं नेत्र-बिन्दु (Eye spot) भी उत्पन्न हो जाते हैं।
- इस प्रकार 8 चलजन्यु का निर्माण होता है, जो मातृ कोशिका भित्ति को तोड़कर बाहर आ जाते हैं। इनमें से प्रत्येक, एक नए *क्लैमाइडोमोनास* की कोशिका का निर्माण करता है।

(b) **पामेला अवस्था द्वारा** (By Palmella Stage) प्रतिकूल अवस्थाओं में *क्लैमाइडोमोनास* नम भूमि पर पड़े रहते हैं, इनके कशाभ लुप्त हो जाते हैं एवं इनका प्रोटोप्लाज्म बार-बार विभाजित होकर अनेक कोशिकाओं के समूह बनाते हैं।
ये सभी पुत्री कोशिकाएँ (Daughter cells) अचल होती हैं। इनमें मातृ कोशिका की भित्ति श्लेष्मीय (Gelatinous) होती है। इस अवस्था को पामेला अवस्था (Palmella stage) कहते हैं।

- पुन: वर्षा ऋतु के आने पर श्लेष्मीय भित्ति घुल जाती है व अनेक नए *क्लैमाइडोमोनास* का निर्माण होता है।

) लैंगिक प्रजनन

क्लैमाइडोमोनास की विभिन्न जातियाँ समयुग्मक (Isogamous) व विषमयुग्मक (Anisogamous) प्रकार की होती है।

एक समयुग्मक जाति में प्रत्येक *क्लैमाइडोमोनास* की कोशिका 16, 32, 64 या और अधिक द्विकशाभयुक्त (Biflagellate) चलीय युग्मकों का निर्माण करती हैं।

ये युग्मक, युग्मकधानी (Gametangium) की भित्ति टूट जाने पर पानी में तैरने लगते हैं। दो युग्मकों के संलयन (Fusion) से द्विगुणित युग्माणु (Diploid zygospore) का निर्माण होता है।

इसमें कशाभ लुप्त हो जाते हैं तथा युग्माणु (Zygospore) अपने चारों ओर एक कोशिका भित्ति का निर्माण कर विश्राम अवस्था में पड़ा रहता है।

अनुकूल परिस्थितियाँ आने पर यह अर्द्धसूत्री विभाजन (Meiosis) कर चार अगुणित जीवद्रव्यक (Haploid protoplasts) का निर्माण करता है, जो विकसित होकर नई सन्तति कोशिकाओं का निर्माण करते हैं। ये धीरे-धीरे बढ़कर पूर्ण विकसित *क्लैमाइडोमोनास* निर्माण करते हैं।

वॉल्वॉक्स

वर्गीकरण

उपजगत	— शैवाल (Algae)
वर्ग	— क्लोरोफाइसी (Chlorophyceae)
गण	— वॉल्वोकेल्स (Volvocales)
कुल	— वॉल्वोकेसी (Volvocaceae)
वंश	— *वॉल्वॉक्स* (*Volvox*)

प्रकृति एवं आवास

वॉल्वॉक्स एक बहुकोशिकीय (Multicellular), निवही (Colonial) शैवाल है। यह प्राय: स्वच्छ जलाशयों, पोखरों, झीलों आदि के पानी में तैरता दिखाई देता है।

संरचना

- *वॉल्वॉक्स* एक निवही शैवाल है। इसका निवह गेंद के आकार का खोखला, गोलाकार व हरे रंग का होता है। प्रत्येक निवह में 500 से 40000 तक समान आकार वाली कोशिकाएँ पाई जाती हैं।
- प्रत्येक निवह एक क्लेदीय छाद (Mucilaginous sheath) द्वारा घिरा होता है। निवह की सभी कोशिकाएँ आपस में एक-दूसरे से जीवद्रव्यक सूत्रों (Protoplasmic strands) द्वारा जुड़ी होती हैं।
- प्रत्येक कोशिका का पिछला चौड़ा भाग निवह के केन्द्र की ओर तथा अग्र नुकीला भाग हमेशा बाह्य सतह की ओर होता है।
- निवह के मध्य में बहुत बड़ा कोष्ठक (Chamber) पाया जाता है, जिसमें तरल पदार्थ भरा होता है। *वॉल्वॉक्स* स्वपोषी (Autotrophic) प्राणी है अर्थात् यह अपने भोजन का स्वयं निर्माण करता है।

प्रजनन

वॉल्वॉक्स में प्रजनन अलैंगिक (Asexual) व लैंगिक (Sexual) दोनों प्रकार से होता है।

(i) अलैंगिक प्रजनन

- *वॉल्वॉक्स* में अलैंगिक प्रजनन गोनीडिया (Gonidia) या पार्थीनोगोनिडिया (Parthenogonidia) के द्वारा होता है। निवह के पश्च-भाग की कुछ कोशिका (2 से 50 तक) अलैंगिक प्रजनन में भाग लेती है।
- ये प्रारम्भिक गोनीडिया कोशिका की भाँति कार्य करती है। इनका जीवद्रव्य लम्बवत (Longitudinal) रूप से विभाजित होकर 8 कोशिकीय प्लेट के समान संरचना बनाता है। यह अवस्था **प्लैकिया अवस्था** (Plakea stage) कहलाती है।
- प्लैकिया अवस्था (Plakea stage) गोलाकार होती है, जिसके एक ओर छिद्र फायलोपोर (Philopore) पाया जाता है। ये कोशिकाएँ फिर से विभाजन करके अनेक कोशिकाएँ बनाती हैं। इनका नुकीले भाग केन्द्र की ओर तथा चौड़ा भाग बाहर की ओर होता है।
- ये सभी कोशिकाएं उलट जाती है तथा कुछ समय बाद इन कोशिकाओं के नुकीले सिरों पर दो फ्लैजिला निकल आते हैं।

- सभी कोशिकाएँ म्यूसीलेज भित्ति बनने के कारण एक-दूसरे से कुछ दूर हट जाती हैं। इस प्रकार मातृ निवह (Parent colony) में नए सन्तति निवह (Daughter colony) बन जाते हैं। ये कुछ समय पश्चात् मातृ निवह से अलग होकर नए *वॉल्वॉक्स* का निर्माण करते हैं।

(ii) लैंगिक प्रजनन

- *वॉल्वॉक्स* में लैंगिक प्रजनन अण्डयुग्मी (Oogamous) प्रकार का होता है। इनकी कुछ जातियाँ एक लिंगाश्रयी (Dioecious); जैसे—*वॉल्वॉक्स ऑरियस* (*Volvox aureus*) व कुछ उभयलिंगाश्रयी (Monoecious); जैसे—*वॉल्वॉक्स ग्लोबेटर* (*Volovx globater*) होती हैं।
- लैंगिक प्रजनन, निश्चित नर युग्मक पुंमणु (Antherozoids) एवं मादा युग्मक अण्डाणु (Oogonia) द्वारा होता है। लैंगिक प्रजनन में भाग लेने वाली कोशिकाएँ निवह के पिछले भाग में पाई जाती हैं।
- वे कोशिकाएँ जो मादा जननांग बनाती हैं, अण्डजनन (Oogonium) कोशिकाएँ कहलाती हैं। इनका जीवद्रव्य सिकुड़कर छोटा हो जाता है तथा यह फ्लास्क का रूप धारण कर लेता है। यह एक अचल अण्डगोल (Non-motile oosphere) का निर्माण करता है।
- पुंधानियों (Antheridium) से नर युग्मक का निर्माण होता है। प्रत्येक पुंधानी का जीवद्रव्य सिकुड़कर विभाजन करता है, जिसके परिणामस्वरूप 64-128 तक लम्बे, तर्कुरूप युग्मक बनते हैं। ये पुंमणु (Antherozoids) कहलाते हैं। ये पुंधानी के फटने पर स्वतन्त्रतापूर्वक जल में तैरने लगते हैं।
- जल में पुंमणु, अण्डगोल से संलयन करके एक बीजाणु का निर्माण करता है। इसके चारों ओर एक तीन पर्त वाली भित्ति बन जाती है।
- अनुकूल परिस्थितियों में इनकी दीवारें फट जाती हैं तथा अन्त:भित्ति बाहर की ओर बढ़ती है, जिससे इसमें जीवद्रव्य भी आ जाता है। जीवद्रव्य के निरन्तर विभाजन से एक नया निवह बन जाता है।

ऊडोगोनियम

वर्गीकरण

उपजगत	—	शैवाल (Algae)
वर्ग	—	क्लोरोफाइसी (Chloropyceae)
गण	—	ऊडोगोनियेल्स (Oedogoniales)
कुल	—	ऊडोगोनिएसी (Oedogoniceae)
वंश	—	*ऊडोगोनियम (Oedogonium)*

प्रकृति एवं आवास

यह एक अलवण जलीय शैवाल है, जो तालाब व पोखरों में किसी आधार से चिपकी रहती है। यह जल में पाए जाने वाले अन्य बड़े पादपों के तने, पत्ती, वृन्त, आदि के ऊपर एपीफाइट (Epiphyte) के रूप में पाई जाती है।

संरचना

- *ऊडोगोनियम (Oedogonium)* एक लम्बी, अशाखित, सूत्र (Filament) के समान संरचना होती है।
- सूत्र की आधारीय कोशिका (Basal cell) में पर्णहरिम (Chloropyll) नहीं पाया जाता, इसे संलग्नक (Holdfast) कहते हैं। इसकी शीर्ष कोशिका (Apical cell) गोलाकार होती है तथा बाकी मध्य कोशिकाएँ (Intercalary cells) आयताकार (Rectangular) होती हैं। मध्यकोशिकाएँ लम्बाई में चौड़ाई से अधिक होती हैं तथा इन पर कैप कोशिका (Cap cell) पाई जाती हैं।
- सूत्र की प्रत्येक कोशिका तीन परत वाली कोशिका भित्ति से बनी होती है। यह बाह्य काइटिन (Chitin) मध्य पेक्टिन (Pectin) था अन्त: सेलुलोस (Cellulose) की कोशिका भित्ति द्वारा निर्मित होती है।
- कोशिका के अन्दर जीवद्रव्य में कोशिका रस (Cell sap), केन्द्रक (Nucleus), बड़ी रसधानी (Vacuole) तथा जालिकारूपी हरितलवक (Reticulate chloroplast) पाया जाता है। हरितलवक में बहुत से पायरीनॉइड (Pyrenoid) भी पाए जाते हैं।

वृद्धि या कोशिका विभाजन

- इनमें कोशिका विभाजन विशेष प्रकार की मध्य कोशिकाओं (Intercalary cells) में होता है। इसमें पहले केन्द्रक (Nucleus) कोशिका में ऊपर की ओर बढ़ता है तथा फिर साधारण विभाजन के द्वारा दो भागों में विभक्त होता जाता है। इसी बीच में ऊपरी पट (Septum) के कुछ नीचे एक हैमीसेलुलोज (Hemicellulose) की वलय (Ring) बन जाती है। नाभिक के विभाजन से एक अनुप्रस्थ पट (Transverse septa) बनने लगता है तथा कोशिका भित्ति टूटकर एक गोलाकार वलय के रूप में हो जाती है।
- टूटी हुई कोशिका भित्ति खिंचती है, जिससे दो कोशिका बन जाती हैं। इसका ऊपरी भाग एक कैप के समान रचना बना लेता है, जिसे कैप कोशिका कहते हैं। यह विभाजन लगातार चलता रहता है।

प्रजनन

ऊडोगोनियम में प्रजनन तीन विधियों द्वारा होता है

(i) वर्धी जनन (Vegetative reproduction)
(ii) अलैंगिक प्रजनन (Asexual reproduction)
(iii) लैंगिक प्रजनन (Sexual reproduction)

(i) वर्धीजनन

ऊडोगोनियम में वर्धी प्रजनन विखण्डन (Fragmentation) की क्रिया द्वारा होता है। इस क्रिया में तन्तु (Filament) दो अथवा अधिक खण्डों में विभाजित हो जाता है। प्रत्येक खण्ड वृद्धि के परिणामस्वरूप नए तन्तु का निर्माण करता है।

(ii) अलैंगिक प्रजनन

(a) **चल जन्यु द्वारा** (By Zoospores) इस प्रकार का प्रजनन अनुकूल परिस्थितियों में होता है। चलजन्यु का निर्माण जल में उपस्थित स्वतन्त्र CO_2 की मात्रा पर निर्भर करता है। तन्तु की कोई भी कैप कोशिका चलजन्युधानी (Zoosporangium) की भाँति क्रिया करने लगती है।

- चलजन्युधानी कोशिका में कोशिकीय पदार्थ अन्दर की ओर सिकुड़ने लगते हैं तथा केन्द्रक व कोशिका भित्ति के मध्य एक काचाभ क्षेत्र (Hyaline region) बन जाता है, जिसके किनारे पर एक ब्लीफेरोप्लास्ट कणों (Blepharoplast granules) की एक वलय बन जाती है।
- प्रत्येक ब्लीफेरोप्लास्ट कण से एक कशाभिका (Flagella) उत्पन्न होता है। इसके पश्चात् चलजन्युधानी की कोशिका भित्ति फट जाती है और चलजन्यु (Zoospore) मुक्त हो जाते हैं।
- प्रत्येक चलजन्यु एककेन्द्रकीय, बहुकशाभिक (*multiflagellate*) व गोलीय रचना होती है।
- इसके अग्रभाग पर एक रंगहीन चोंच के समान रचना होती है। ये स्वतन्त्र होकर पानी में तैरने लगते हैं। कुछ समय पश्चात् ये आधार से चिपक जाते

हैं। इनमें कोशिका विभाजन शुरू हो जाता है, जिसके फलस्वरूप *ऊडोगोनियम* का एक नया तन्तु बन जाता है।

(b) **निश्चेष्ट बीजाणु द्वारा** (By Akinetes) इस प्रकार का अलैंगिक प्रजनन प्राय: प्रतिकूल परिस्थितियों (Unfavourable conditions) में होता है।

- इसमें तन्तु की कुछ कोशिकाएँ भोजन संग्रह करके गोल बीजाणुरूप संरचनाओं का निर्माण करती हैं, जिन्हें निश्चेष्ट बीजाणु कहते हैं। इनमें दीर्घकाल तक प्रतिकूल परिस्थितियों में जीवित रहने की क्षमता होती है।
- अनुकूल परिस्थितियाँ आने पर ये वृद्धि करके नवीन तन्तुओं का निर्माण करती हैं।

(iii) लैंगिक प्रजनन

ऊडोगोनियम में लैंगिक प्रजनन अण्डयुग्मक प्रकार का होता है। इनमें जनन अंग पुंधानी (Antheridium) व अण्डधानी (Archegonium) होती हैं। ये उभयलिंगाश्रयी (Monoecious) व एकलिंगाश्रयी (Dioecious) दोनों प्रकार के होते हैं।

लैंगिक प्रजनन के आधार पर ऊडोगोनियम की विभिन्न जातियों को दो समूहों में विभाजित किया गया है

मैकरेन्ड्एस प्रकार का लैंगिक जनन (Macrandrous Type of Sexual Reproduction) मैकरेन्ड्स प्रकार की जातियों में नर जननांग अथवा पुंधानियाँ सामान्य आकार वाले तन्तु की कोशिका से बनते हैं। ये जातियाँ एकलिंगाश्रयी; जैसे—*ऊडोगोनियम क्रैसम* (Oedogonium crassum) अथवा उभयलिंगाश्रयी; जैसे—*ऊडोगोनियम नोड्यूलोसम* (*Oedogonium nodulosum*) होती है।

- इनमें पुंधानी शीर्षस्थ या मध्यीय होती है। ये कायिक कोशिकाओं के लगातार विभाजन से बनती हैं। ऊपरी छोटी कोशिका से पुंधानियों की एक श्रृंखला बन जाती है।
- पुंधानी कोशिका की अन्तर्वस्तुओं का विभाजन होने से उनमें 2 नर युग्मक (Male gametes) बन जाते हैं। पुंधानी के फटने पर ये युग्मक मुक्त होकर पानी में तैरने लगते हैं।
- अण्डधानियाँ (Oogonium) भी तन्तु में शीर्षस्थ या मध्य में होती है। प्राय: सामान्य कायिक कोशिकाएँ (Vegetative cells) अण्डधानी मातृकोशिका (Oogonial mother cells) के समान कार्य करने लगती हैं। इसमें विभाजन के परिणामस्वरूप ऊपर वाली कोशिका अण्डधानी का निर्माण करती है जबकि नीचे वाली आधारीय कोशिका (Supporting cell) कहलाती है। अण्डधानी में एक अण्ड (Ovum) पाया जाता है। निषेचन के समय अण्डधानी की भित्ति ग्राही बिन्दु (Receptive spot) पर एक छिद्र उत्पन्न हो जाता है, जिसमें पुंमणु (Antherozoids) प्रवेश करता है।

नैनेन्ड्रस प्रकार का लैंगिक जनन (Nannandrous Type of Sexual Reproduction) *ऊडोगोनियम* (Oedogonium) की नैनेन्ड्रस जातियों में पुंधानी सामान्य तन्तु पर जन्म न लेकर विशेष प्रकार के पुंमणों पर जन्म लेते हैं, जिन्हें नैनेन्ड्रिया (Nannadria) या बौना नर (Dwarf male) कहते हैं। इन नैनेन्ड्रिया का जन्म पुंबीजाणुओं (Androspores) से होता है, जो पुंबीजाणुधानी (Androsporangium) में जन्म लेते हैं।

- यदि पुंबीजाणुधानी (Androsporangium) व अण्डधानी एक ही तन्तु पर जन्म लेते हैं तो ऐसी जातियों को **गायनेन्ड्रोस्पोरस** (Gynandrosporous) कहते हैं। यदि ये अलग-अलग तन्तुओं पर जन्म लें, तो ऐसी जातियों को **इडियोएन्ड्रोस्पोरस** (Idioandrosporous) कहते हैं।
- पुंबीजाणुधानी से उत्पन्न पुंबीजाणु स्वतन्त्र होकर पानी में तैरते हैं। कुछ समय पश्चात् ये अण्डाणुधानी या आधारीय कोशिका से चिपक जाते हैं। ये बाद में कोशिका विभाजन करके नैनेन्ड्रिया (Nannandria) का निर्माण करते हैं।
- नैनेन्ड्रिया में आधार कोशिका बन्ध्य (Sterile) होती है। इनके शिखर पर एक या दो पुंधानी कोशिकाएँ पाई जाती है, जो पुंमणु (Antherozoid) का निर्माण करती हैं। ये पुंमणु पुंधानी भित्ति के फटने से मुक्त होकर पानी में तैरने लगती हैं।
- नैनेन्ड्रस जातियों में अण्डधानी (Oogonium) की रचना एवं विकास मैक्रेन्ड्रस जातियों के समान होता है।

निषेचन

- मैकरेन्ड्रस व नैनेन्ड्रस दोनों जातियों में निषेचन पुंमणु के अण्डधानी में प्रवेश एवं संलयन से होता है, जिससे द्विगुणित युग्मनज (Diploid zygote) का निर्माण होता है, जो कुछ समय पश्चात् अपने चारों ओर त्रिस्तरीय भित्ति का निर्माण कर लेता है।
- अण्डधानी भित्ति के फटने से युग्मनज मुक्त हो जाता है। युग्मनज का केन्द्रक अर्द्धसूत्री विभाजन से 4 चल-बीजाणुओं का निर्माण करता है। प्रत्येक चलबीजाणु, पुटिका (Vesicle) के अन्दर निष्कासित होता है। पुटिका के घुल जाने के पश्चात् ये मियोजूस्पोर (Meiozoospore) कुछ समय तक तैरते रहते हैं तथा बाद में उचित आधार मिलने पर कोशिका विभाजन व वृद्धि के फलस्वरूप एक नए पादप को जन्म देते हैं।

वाऊचेरिया

वर्गीकरण

उपजगत	—	जैन्थोफाइकोफाइटा (Xanthophycophyta)
वर्ग	—	जैन्थोफाइसी (Xanthophyacae)
गण	—	हेटेरोसाइफोनेल्स (Heterosiphonales)
कुल	—	वाऊचेरिएसी (Vauccheriaceae)
वंश	—	*वाऊचेरिया* (*Vaucheria*)

प्रकृति एवं आवास

अधिकांश स्वच्छ जलीय प्रजातियाँ एकलिंगाश्रयी या समजालिक जबकि कुछ प्रजातियाँ; जैसे—*वा .डाइकोटोमा* द्विलिंगाश्रयी या विषमजालिक होती हैं।

संरचना

समजालिक (Homothalic) प्रजाति में पुंधानी एवं अण्डधानी की व्यवस्था अलग-अलग होती है। *वाऊचेरिया* में पुंधानी की स्थिति, संरचना व आकृति का वर्गिकीय महत्त्व है।

(i) **पुंधानी की संरचना** एकलिंगाश्रयी प्रजातियों में पुंधानी एक कोशिकाद्रव्यी वृद्धि करके एक नलिकाकार उभार बनाती है। इस उभार में अनेक कोशिकाद्रव्यी केन्द्रक चले जाते हैं एवं यह कोशिकाद्रव्यी वृद्धि पर निर्माण द्वारा पादप से अलग हो जाती है। पुंधानी वृद्धि करके नलिकाकार हो जाती है। इसका ऊपरी भाग मुख्य पुंधानी एवं निचला भाग वृन्त कहलाता है।

प्रत्येक पुंमणु अण्डाकार अथवा नाशपाती के आकार का तथा द्विकशाभिकी संरचना का होता है। दोनों कशाभिकाओं की लम्बाई असमान होती है, तथा वे पुंमणु की पार्श्व भित्ति पर संलग्न होती हैं। दोनों कशाभिकाओं में अग्रस्थ छोटा व कूर्च (Tinsel) प्रकार का व पश्च कशाभिक लम्बा व धागे के समान प्रतोद (Whiplash) प्रकार का होता है।

(ii) **अण्डधानी की संरचना एवं विकास** परिपक्व अण्डधानी एकल केन्द्रीकीय संरचना है, जोकि विकसित होकर अण्डे का निर्माण करती है।

केन्द्रक के चारों ओर उपस्थित जीवद्रव्य सहित गोलाकार समूह अण्ड कहलाता है। परिपक्व अण्ड में एक पृथक् ऊर्ध्व या तिरछी चोंच ऊपरी भाग में विकसित हो जाती है। इस चोंचनुमा संरचना के विपरीत स्थल पर एक रंगहीन ग्राही स्थल विकसित होता है। ग्राही स्थल के सामने एक छिद्र का विकास हो जाता है।

जनन एवं निषेचन

परिपक्व अण्डधानी में श्लेष्मिक पदार्थ स्रावित होता है, जोकि चोंच के छिद्र से बाहर निकलता रहता है। इस समय बड़ी संख्या में समीपवर्ती पुंमणु अण्डधानी के श्लेष्मिक पदार्थ से चिपक जाते हैं, परन्तु इनमें से केवल एक पुंमणु ग्राही बिन्दु द्वारा अण्ड में प्रवेश करता है। इसके तुरन्त पश्चात् अण्डधानी के छिद्र पर एक झिल्ली का निर्माण हो जाता है, जो अन्य पुंमणुओं के प्रवेश को रोकती है। इसके उपरान्त नर तथा अण्ड केन्द्रकों के संयोजन से द्विगुणित युग्मनज (Zygote) बनता है। युग्मनज अपने चारों ओर 3-7 स्तरीय भित्ति स्रावित कर निषिक्ताण्ड (Oospore) में परिवर्तित हो जाता है।

निषिक्ताण्ड का अंकुरण अंकुरण से पूर्व निषिक्ताण्ड विश्राम अवस्था में चला जाता है। अनुकूल परिस्थितियों में निषिक्ताण्ड का अंकुरण होकर नए सूकाय का निर्माण होता है। अंकुरण से पूर्व इसके द्विगुणित केन्द्रक में अर्द्धसूत्री विभाजन होता है। इसके पश्चात् सभी केन्द्रकों में समसूत्री विभाजन होता है। निषिक्ताण्ड का जीवद्रव्य फूलकर भित्ति को एक अथवा अधिक स्थानों से तोड़ देता है। अन्त: भित्ति से घिरा जीवद्रव्य जनन नलिका या अंकुरण नाल के रूप में बाहर आता है एवं *वाऊचेरिया* अगुणित सूकाय के रूप में विकसित हो जाता है।

कारा

वर्गीकरण

उपजगत	—	शैवाल (Algae)
वर्ग	—	क्लोरोफाइसी (Chlorophyceae)
गण	—	कारेल्स (Charales)
कुल	—	कारेसी (Characeae)
वंश	—	*कारा (Chara)*

प्रकृति एवं आवास

कारा एक अलवण जलीय (Freshwater) शैवाल है। यह प्राय: स्थिर जलाशयों में निमग्न रहते हैं। इसकी कुछ जाति; जैसे—*कारा बाल्टिका (Chara baltica)* लवणयुक्त जल में भी मिलती है। *कारा जीलेनिका (Chara zeylanica)* भारत में पाई जाने वाली सामान्य जाति है।

संरचना

- *कारा (Chara)* का सूकाय (Thallus) सीधा एवं शाखायुक्त होता है। यह मूलांग (Rhizoid) द्वारा अध:स्तर से जुड़ा होता है। मुख्य सूकाय पर पर्व (Internodes) व पर्वसन्धियाँ स्पष्ट रहती हैं।
- सूकाय की पर्वसन्धियों से दो प्रकार की शाखाएँ अर्थात् निश्चित वृद्धि वाली शाखाएँ (Branches of limited growth) व अनिश्चित वृद्धि वाली शाखाएँ (Branches of unlimited growth) निकलती हैं।
- निश्चित वृद्धि वाली शाखाएँ पर्व सन्धि पर भ्रमि (Whorl) के रूप में पाई जाती हैं। इनकी संख्या 5 से 15 तक होती है। पर्वसन्धियों में कुछ शाखाएँ अनिश्चित वृद्धि वाली भी होती हैं। इन पर भी पर्व व पर्वसन्धियाँ पाई जाती हैं।
- सूकाय की वृद्धि मुख्य अक्ष एवं शाखाओं की अग्रस्थ गुम्बदाकार (Apical dome-shaped) कोशिका द्वारा होती है।
- *कारा* में पर्वसन्धियों की अपेक्षा, पर्व की कोशिकाएँ छोटी होती हैं। पर्व की कोशिकाओं के चारों ओर एक मोटी कोशिका भित्ति पाई जाती है, जो सेलुलोज, पैक्टिन, कैल्शियम लवणों तथा सिलिका द्वारा निर्मित होती है।
- इनमें प्रौढ़ कोशिकाएँ, बहुकेन्द्रकीय (Multinucleate) होती हैं तथा इनके भीतर अनेक चक्रिक हरितलवक (Discoidal chloroplast) पाए जाते हैं। कोशिकाओं में कोशिकाद्रव्य (Cytoplasm) व केन्द्रीय रिक्तिका (Central vacuole) भी पाई जाती हैं।

प्रजनन

कारा (Chara) में वर्धी (Vegetative) व लैंगिक (Sexual) प्रजनन पाया जाता है।

(i) वर्धी प्रजनन

यह निम्न विधियों द्वारा होता है

(a) **एमाइलम स्टार द्वारा** (By Amylum Strars) इस विधि में निचली पर्वसन्धियों (Nodes) की कुछ कोशिकाओं में विशेष प्रकार के तारे के समान रचना बन जाती है, जिसे एमाइलम स्टार कहते हैं। ये एमाइलम स्टार मादा कोशिका से पृथक् होकर एक नए पादप को जन्म देते हैं। *कारा स्टेलीगेरा (Chara stelligera)* में इस प्रकार का प्रजनन पाया जाता है।

(b) **पत्रप्रकलिकाओं द्वारा** (By Bulbils) इस विधि में मूलाभासों (Rhizoids) पर प्रसुप्त कलिका के समान (Dormant bud like) संरचनाएँ बनती हैं, जो मूल सूकाय से पृथक् होकर एक नए पादप को जन्म देती है।

(c) **प्रथम तन्तु द्वारा** (By Protonema) इस विधि में मुख्य अक्ष की गाँठों (Nodes) से कुछ छोटी संरचनाएँ जन्म लेती हैं, जिन्हें **प्रथम तन्तु** (Protonema) कहते हैं। ये प्रथम तन्तु जनक सूकाय (Parent thallus) से पृथक् होकर नए पादप को जन्म देती हैं।

(ii) लैंगिक प्रजनन

कारा में लैंगिक जनन अण्डयुग्मक (Oogamous) प्रकार का होता है। यह पर्याप्त विकसित लैंगिक अंगों (Sex organs) द्वारा होता है। इनमें नर जननांग पुंधानी (Antheridium) या गोलिका (Globule) तथा मादा जननांग अण्डधानी (Oogonium) या न्यूक्यूल (Nucule) होते हैं। सन्धियों पर न्यूक्यूल, ग्लोब्यूल के ऊपर स्थित होते हैं।

नर जननांग की संरचना एवं परिवर्धन

संरचना

- *कारा* में नर जननांग या ग्लोब्यूल लाल या भूरे रंग के होते हैं। ये शाखाओं की पर्वसन्धियों पर नीचे की ओर स्थित होते हैं।
- प्रत्येक ग्लोब्यूल में 1 वृन्त कोशिका (Pedicel cell), 8 परिरक्षक कोशिकाएँ (Shield cells), 8 मेनुब्रियम कोशिकाएँ (Manubrial cells) तथा 8 मुण्डतल कोशिकाएँ (Capitulum cells) पाई जाती है।
- परिरक्षक कोशिकाओं (Shield cells) की बाह्य भित्ति प्रभासी कोशिकीय (Pseudocellular) होती है तथा इनके केन्द्र से एक छड़ के समान मेनुब्रियम कोशिका निकलती है, जिनके दूरस्थ सिरे पर एक या अनेक मुण्डतल कोशिकाएँ (Capitulum cells) पाई जाती हैं।

- प्रत्येक मुण्डतल कोशिका से द्वितीयक व तृतीयक मुण्डतल कोशिकाएँ जन्म लेती है, जिनके शिखर से पुंधानी तन्तु (Antheridial filaments) विकसित होते हैं। इन तन्तुओं के प्रत्येक खण्ड में एक सर्पिल कुण्डलित (Spirally coiled) द्विकशाभिक पुंमणु (Bilflagellate antherozoid) होता है।

परिवर्धन

- *कारा* में नर प्रजननांग अर्थात् ग्लोब्यूल निश्चित वृद्धि वाली शाखाओं के कक्ष (Axil) में उत्पन्न होते हैं। इसमें पत्ती की अभ्यक्ष सतह (Adaxial surface) पर एक पृष्ठीय पर्वसन्धि कोशिका (Superficial nodal cells) जन्म लेती हैं, जो बाद में अग्रकोशिका की भाँति कार्य करती है। यह कोशिका गोलिका आदि कोशिका (Golobule initial cell) कहलाती है।
- गोलिका आदि कोशिका में अनुप्रस्थ विभाग (Transverse division) से दो कोशिकाएँ बनती हैं। इनमें निचली कोशिका गोलिका के वृत्त (Pedicel) का निर्माण करती हैं, जिसे **अष्टांशक** (Octant) कहते हैं तथा ऊपरी कोशिका में अनुप्रस्थ (Transverse) व उदग्र (Vertical) विभाजनों के फलस्वरूप 8 कोशिकाओं का समूह बन जाता है।

इस अष्टांशक (Octant) में दो परिणत विभाजनों (Periclinal division) से 24 कोशिकाएँ बन जाती हैं। इनमें सबसे बाह्य 8 कोशिकाएँ परिरक्षक कोशिकाएँ (Shield cell), मध्य 8 कोशिकाएँ मेनुब्रियम कोशिकाएँ (Manubrium cells) तथा सबसे भीतरी 8 कोशिकाएँ मुण्डतल कोशिकाएँ (Capitulum cells) कहलाती हैं।

परिरक्षक कोशिकाएँ अन्य विभाजनों के फलस्वरूप एक बहुकोशिकीय रचना का निर्माण करती हैं। मेनुब्रियम कोशिकाएँ शलाका रूप हो जाती है तथा मुण्डतल (Capitulum) कोशिकाएँ पुन: विभाजन के फलस्वरूप द्वितीयक तथा तृतीयक मुण्डतल कोशिकाएँ बनाती हैं।

मुण्डतल कोशिकाओं से पुंधानी तन्तु (Antheridial filaments) विकसित होते हैं। यह बहुकोशिकीय रचना होती हैं। इनमें प्रत्येक कोशिका का केन्द्रक एक सर्पिल कुण्डलित (Spirally coiled), द्विकशाभिक (Biflagellate) **पुंमणु** (Antherozoid) को उत्पन्न करते हैं। परिपक्व गोलिका में एक छिद्र बन जाता है, जिसके द्वारा पुंमणु मुक्त होते हैं। एक गोलिका में पुंमणुओं की संख्या 20000 से 50000 तक होती है।

मादा जननांग की संरचना व परिवर्धन

संरचना

न्यूक्यूल (Nucule) अथवा **अण्डधानी** (Oogonium) *कारा* का मादा जननांग है। यह एक अण्डाकार, वृन्त युक्त (Stalked) संरचना है, जो सीमित वृद्धि वाली शाखा की पर्वसन्धि पर ग्लोब्यूल के ऊपर स्थित होती है। अण्डधानी के शिखर पर 5 कोशिकाओं का एक समूह होता है, जिसे **किरीट** (Corona) कहते हैं। इसका निचला भाग नलिकार कोशिकाओं (Tubular cells) से बना होता है, जो कुण्डलाकार ऐंठन प्रदर्शित करती है। अण्डधानी के भीतर अण्ड (Egg) सुरक्षित रहता है।

परिवर्धन

अण्डधानी (Oogonium) सीमित वृद्धि वाली शाखाओं की पर्व सन्धि पर, अभ्यक्ष सतह (Adaxial) से अण्डधानी आदि कोशिका से उत्पन्न होती है।

अण्डधानी आदि कोशिका दो अनुप्रस्थ विभाजनों के द्वारा त्रिकोशिकीय तन्तु का निर्माण करती है। इन तीन कोशिकाओं में से अग्र कोशिका **अण्डधानी जनक कोशिका** (Oogonial mother cell) कहलाती है। मध्य कोशिका 5 परिधीय कोशिकाओं का निर्माण करती है, जो बाद में नलिकार (Tubular) व किरीट कोशिका बनाती है। सबसे नीचे वाली कोशिका वृन्त कोशिका (Pedicle cell) का निर्माण करती हैं।

- अण्डधानी के घूर्णन के फलस्वरूप नलिका कोशिकाएँ कुण्डलित होकर अण्डधानी कोशिका के चारों ओर लिपट जाती है। किरीट कोशिकाएँ अण्डधानी के शिखर पर ताज के समान रचना बना लेते हैं। अण्डधानी में एक केन्द्रक, तेल, स्टार्च व प्रोटोप्लाज्म पाया जाता है।

निषेचन

अण्डधानी के परिपक्व होने पर नलिका कोशिकाएँ (Tube cells) एक दूसरे से पृथक् हो जाती है, जिसके फलस्वरूप 5 रेखाछिद्र (Slits) बन जाती है। पुंधानी (Antheridium) से मुक्त हुए पुंमणु (Antherozoids) इन रेखाछिद्रों द्वारा अण्डधानी में अन्दर जाने का प्रयास करते हैं। इनमें से एक पुंमणु ग्राही बिन्दु (Receptive spot) को भेदकर अण्ड तक पहुँचता है। नर केन्द्रक (Male nucleus), मादा केन्द्रक (Female nucleus) से संलयन करके युग्मनज (Zygote) का निर्माण करते हैं।

युग्मनज का अंकुरण

- निषेचन के पश्चात् युग्मनज जनक पादप से पृथक् होकर जल में गिर जाता है। यह अपने चारों एक मोटी कोशिका भित्ति उत्पन्न कर सुप्त अवस्था (Dormant stage) में चला जाता है। अनुकूल परिस्थितियों में युग्मनज का द्विगुणित केन्द्रक (Diploid zygote) अर्द्धसूत्री विभाजन करके 4 अगुणित केन्द्रकों (Haploid nucleus) को जन्म देता है।
- इन चार केन्द्रकों में में से तीन केन्द्रक नीचे की ओर चले जाते हैं। एक केन्द्रक ऊपर रह जाता है। यह एक केन्द्रक दूसरे तीन केन्द्रकों से एक अनुप्रस्थ काट द्वारा अलग हो जाता है। नीचे के तीन केन्द्रक धीरे-धीरे नष्ट हो जाते हैं।
- अग्र केन्द्रक युक्त कोशिका एक अनुदैर्ध्य विभाजन (Longitudinal division) द्वारा एक मूलाभासी कोशिका (Rhizoidal cell) तथा दूसरी प्रथम तन्तु कोशिका (Protonema cells) का निर्माण करती है। प्रथम तन्तु कोशिका से एक तन्तु समान (Filamentous) रचना निकलती है। इसमें पर्व व पर्वसन्धियाँ पाई जाती हैं। इसमें सीमित व असीमित वृद्धि वाली शाखाएँ उत्पन्न होती हैं और इस प्रकार एक नए *कारा (Chara)* के पादप का विकास होता है।

पॉलीसाइफोनिया

वर्गीकरण

वर्ग	—	रोडोफाइसी (Rodophyceae)
अधिवर्ग	—	फ्लोरीडी (Floridae)
कुल	—	रोडोमेलेएसी (Rhodomelaceae)
वंश	—	*पॉलीसाइफोनिया (Polysiphonia)*

प्रकृति एवं आवास

पॉलीसाइफोनिया की लगभग 150 प्रजातियाँ हैं जोकि समुद्री है। यह लीथोफिटिक होता है।

पॉलीसाइफोनिया की अनेक जातियाँ बड़े आकार के शैवालों पर अधिगपादपी रूप से पायी जाती हैं; जैसे—*पॉ. फरुलेसिया, पॉ. असीलियोलेटा*, आदि।

पॉ. फेस्टीजिएटा, एस्कोफिल्लम नोडोसम के प्रथमों पर अर्ध परजीवी होता है। *पॉलीसाइफोनिया* भूरे अथवा बैंगनी लाल रंग के सघन गुच्छों में पाए जाते हैं।

संरचना व जीवन-चक्र

मुख्य अक्ष तथा अन्य दीर्घ शाखाओं के केन्द्र में बेलनाकार कोशिकाओं से बना एक केन्द्रीय साइफन होता है जिसके चारों ओर परिकेन्द्रीय साइफन होते हैं। परिकेन्द्रीय साइफन की कोशिकाएँ, केन्द्रीय साइफन की कोशिकाएँ आपस में गर्व-संयोजकों द्वारा जुड़ी रहती है। कोशिकाद्रव्य में क्लोरियन स्टार्च के कण पाए जाते हैं।

पॉलीसाइफोनिया की वृद्धिकेन्द्रीय साइफन की गुम्बदाकार शीर्षस्थ कोशिका द्वारा होती है। *पॉलीसाइफोनिया* एक विषमतन्तुकी शैवाल है।

प्रजनन

पॉलीसाइफोनिया के जीचन चक्र में तीन भिन्न प्रकार के थैलस पाए जाते हैं।

(i) अलैंगिक थैलस अथवा चतुष्की बीजाणुद्भिद्

(ii) युग्मकोद्भिद्

(iii) कार्पोबीजाणुद्भिद्

पॉलीसाइफोनिया में जनन अलैंगिक तथा लैंगिक विधियों द्वारा होता है।

पॉलीसाइफोनिया में अलैंगिक जनन चतुष्कीबीजाणुओं द्वारा होता है।

पॉलीसाइफोनिया में लैंगिक जनन विषमयुग्मकी होता है।

नर जननांग अचलपुंमणधानी कहलाते हैं। ये नर युग्मकोद्भिद् के शीर्ष के निकट स्थित फलद लघु शाखाओं में सघन समूहों में विकसित होते हैं।

पॉलीसाइफोनिया के स्त्रीजननांग कार्पोगोनिया कहलाते हैं।

प्लेसेंटीय कोशिका गोनिमोंब्लास्ट तन्तु एवं कार्पोबीजाणुधानी के चारों ओर कायिक तन्तुओं की एक भित्ति बन जाती है यह संरचना घड़े के आकार के समान होती है तथा सिस्टोकार्प (Cystocarp) अथवा कार्पोबीजाणुद्भिद् (Carposprophyte) कहते हैं। यह संरचना स्त्रीयुग्मकोद्भिद् पर आश्रित होती है। ऊस्पोर अंकुरण करके द्विगुणित अलैंगिक थैलस बनाती है जोकि टेट्रास्पोरोफाइट कहलाता है। यह युग्मकोद्भिद् की भाँति ही आकार में होता है।

बैट्रेकोस्पर्मम

वर्गीकरण

उपजगत	—	शैवाल (Algae)
वर्ग	—	रोडोफाइसी (Rhodophyceae)
गण	—	फ्लोरिडी (Florideae)
कुल	—	बैट्रेकोस्पर्मेसी (Batrachospermaceae)
वंश	—	*बैट्रेकोस्पर्मम (Batrachospermum)*

प्रकृति एवं आवास

बैट्रेकोस्पर्मम एक अलवणयुक्त जल में पाई जाने वाली लाल शैवाल (Red algae) है। इसकी मुख्य जाति *बैट्रेकोस्पर्मम मोनिलीफॉर्म (Batrachospermum moniliforme)* है, जिसे सामान्य रूप से मेंढ़क का स्पॉन (Frog's spawn) कहते हैं। यह प्राय: बहते हुए, गहरे जल में पाई जाती है।

संरचना

- *बैट्रेकोस्पर्मम* का सूकाय, तन्तुमय शाखित तथा जिलेटिनस होता है। इसमें एक मुख्य अक्ष होती है, जिसमें बड़ी कोशिकाएँ पंक्ति के रूप में लगी होती है। अक्ष पंक्ति (Axial row) के अग्र सिरे पर एक अर्धचन्द्राकार (Hemispherical) कोशिका पाई जाती है, जिसके विभाजन से कोशिकाओं की एक माला बनती है। ये कोशिकाएँ लम्बी व चौड़ी होकर अक्ष की लम्बाई व चौड़ाई में वृद्धि करती हैं।
- मुख्य अक्ष से बौनी (Dwarf) पार्श्व शाखाएँ (Lateral branches) निकलती हैं। इनमें कुछ शाखाएँ लम्बी व असीमित वृद्धि (Unlimited growth) वाली होती हैं। इनका एक शाखी (Monopodial) विकास होता है। ये शाखाएँ बौनी शाखाओं की आधारीय कोशिकाओं से निकलती हैं।
- बौनी शाखाएँ (Dwarf branches), अक्षीय कोशिकाओं के ऊपरी भाग के चक्रों (Whorls) से निकलती हैं। प्रत्येक चक्र में 4 से 6 शाखाएँ तक रहती हैं। इन शाखाओं पर इनसे छोटी शाखाएँ पाई जाती है, जिससे मुख्य अक्ष की सन्धि पर छोटी-छोटी शाखाओं का एक गुच्छा-सा बन जाता है। शाखाओं के यह गुच्छे **ग्लोमेरुल** (Glomerules) कहलाते हैं। इन ग्लोमेरुलों के कारण ही अक्ष मणिमय (Beaded) दिखाई देता है।
- सूकाय के प्रौढ़ भाग में कुछ अन्य शाखाएँ पार्श्व सन्धि की ओर विकसित होकर मुख्य अक्ष को ढक लेती हैं। इनकी कोशिकाओं के द्वारा एक आभासी वल्कुट (Pseudocortex) का निर्माण होता है। *बैट्रेकोस्पर्मम* का सम्पूर्ण पादप एक जिलेटनी (Gelatinous) आवरण द्वारा सुरक्षित रहता है।
- *बैट्रेकोस्पर्मम* के सूकाय की प्रत्येक कोशिका में **केन्द्रक** (Nucleus) व अनेक **वर्णकी लवक** (Chromatophore) पाए जाते हैं। प्रत्येक वर्णकी लवक में अनेक पायरीनॉइड होते हैं, जिनमें भोजन **फ्लोरीडियन मण्ड** (Floridean starch) के रूप में संग्रहित होता है।
- इसके प्रत्येक वर्णकी लवक (Chromatophore) में पर्णहरिम (Chlorophyll), फाइकोसायनिन (Phycocyanin), फाइकोइरिथ्रिन (Phycoerythrin) वर्णक उपस्थित रहते हैं।
- इसके सूकाय की वृद्धि एक शिखाग्र कोशिका (Apical cell) द्वारा होती है।

प्रजनन

बैट्रेकोस्पर्मम में प्रजनन अलैंगिक (Asexual) व लैंगिक (Sexual) दोनों प्रकार से होता है।

(i) अलैंगिक प्रजनन

- *बैट्रेकोस्पर्मम* में अलैंगिक जनन अचल, एककेन्द्रकीय मोनोस्पोर के द्वारा होता है। ये मोनोस्पोरेन्जियम में उत्पन्न होते हैं। चैन्ट्रान्शिया (Chantransia) अवस्था में छोटी पार्श्व शाखाओं की कोशिकाएँ फूलकर मोनोस्पोरेन्जिया (Monosporangia) का निर्माण करती हैं।
- *बैट्रेकोस्पर्मम* का नया पौधा चैन्ट्रान्शिया अवस्था में तन्तु से पार्श्वीय अपवृद्धि (Lateral outgrowth) करके निकलता है। यह मॉस प्रथम तन्तुक (Protonema) के समान होता है।

(ii) लैंगिक प्रजनन

- *बैट्रेकोस्पर्मम* में लैंगिक जनन अण्डयुग्मकी (Oogamous) प्रकार का होता है। यह एकलिंगाश्रयी (Dioecious) अथवा बहुलिंगाश्रयी (Monoecious) होता हैं। इसमें नर जननांग पुंधानी (Antheridia) तथा मादा जननांग अण्डधानी (oogonia) या जायांगधानी (Carpogonium) होते हैं।

- नर जननांग अथवा पुंधानी छोटी, गोल और एककोशिकीय (Unicellular) संरचना होती है। यह पार्श्व शाखाओं के शिखाग्रों पर गुच्छों में स्थित रहती हैं। कायिक कोशिका (Vegetative cell) पुंधानी आदि कोशिका (Antheridial initial cell) की भाँति कार्य करती हैं, जिसमें दो से चार तक पुंधानी (Antheridium) जन्म लेती हैं। प्रत्येक पुंधानी की अन्तर्वस्तुएँ एक अचल **पुंमणु** (spermatium) में परिवर्तित हो जाती हैं। ये पुंमणु गोलाकार, रंगहीन, अचल व एककेन्द्रकीय होते हैं।
- मादा जननांग, **जायांगधानी** (Carpogonium) विशिष्ट पार्श्व शिखाग्रों पर उत्पन्न होते हैं, जिन्हें जायांगधानी शाखाएँ कहते हैं। यह शाखा 4 कोशिकाओं की बनी होती है। इसका अग्र सिरा जायांगधानी (Carpogonium) में परिवर्तित हो जाता है। इसका निचला चौड़ा भाग कार्पोगाइन (Carpogyne) तथा ऊपरी ग्रीवासम (Neck-like) भाग ट्राइकोगाइन (Trichogyne) कहलाता है। कार्पोगाइन में एक अण्ड (Egg) उपस्थित रहता है।

निषेचन

निषेचन की प्रक्रिया में मुक्त अचल पुंमणु जल धारा के द्वारा ट्राइकोगाइन के निकट पहुँच जाते हैं। पुंमणु व ट्राइकोगाइन की मध्यभित्ति नष्ट हो जाती हैं तथा **नर केन्द्रक** (Male nucleus), **मादा केन्द्रक** (Female nucleus) से **संलयन** (Fusion) द्वारा युग्मनज (Zygote) का निर्माण करता है।

युग्मनज का अंकुरण

- निषेचन के पश्चात् युग्मनज अपवृद्धि (Outgrowth) का निर्माण करता है। इसका द्विगुणित केन्द्रक (Diploid nucleus) अर्द्धसूत्री विभाजन द्वारा दो अगुणित केन्द्रकों का निर्माण करता है, जिनमें से एक केन्द्रक अपवृद्धि में चला जाता है।
- इसके पश्चात् कार्पोगाइन अपवृद्धि से पृथक् हो जाती है। अपवृद्धि द्वारा **गोनिमोब्लास्ट तन्तुओं** (Gonimoblast filaments) का निर्माण होता है। कार्पोगोनियम पर उत्पादित सूत्रों की अग्रकोशिका फूलकर गोलाकार हो जाती है। यह **फलबीजाणुधानी** (Carposporangium) कहलाती है। प्रत्येक फल बीजाणुधानी एक **अगुणित फलबीजाणु** (Haploid carpospore) का निर्माण करती हैं। गोनिमोब्लास्ट तन्तु, (Gonimoblast filament), फलबीजाणुधानियाँ (Carposporangia) व फलबीजाणु (Carpospore) सम्मिलित रूप से सिस्टोकार्प (Cystocarp) या कार्पोस्पोरोफाइट (Carposporophyte) कहलाते हैं।
- फलबीजाणु मुक्त होकर, लगातार विभाजन करके एक भूशायी सूत्र (Prostrate filament) का निर्माण करते हैं। इनसे कुछ ऊर्ध्व शाखाएँ भी निकलती हैं। *बैट्रेकोस्पर्मम* की इस बाल आकृति (Juvnile) को **चैन्ड्रान्शिया अवस्था** (Chantransia stage) कहते हैं। *बैट्रेकोस्पर्मम* में इस अवस्था में अलैगिक प्रजनन होता है।

पीढ़ी एकान्तरण

बैट्रेकोस्पर्मम (*Batrachospermum*) का पादप स्वतन्त्र **युग्मकोद्भिद** (Gametophyte) है। यह नर व मादा युग्मक उत्पन्न करता है, जो संलयन करके द्विगुणित युग्मनज (Diploid zygote) का निर्माण करते हैं।

इसके जीवन-चक्र में केवल युग्मनज एकमात्र द्विगुणित ($2n$) संरचना के रूप में पाया जाता है। गोनिमोब्लास्ट तन्तु, फलबीजाणुधानियाँ तथा फलबीजाणु **अगुणित** (Haploid) होते हैं तथा सिस्टोकार्प अवस्था को प्रदर्शित करते हैं। **इनमें चैन्ट्रान्शिया अवस्था भी अगुणित (Haploid) होती है, जो अगुणित बैट्रेकोस्पर्मम** के पादपों का निर्माण करती है।

इस प्रकार *बैट्रेकोस्पर्मम* में तीन अगुणित अवस्था तथा एक द्विगुणित अवस्था पाई जाती हैं, जिनका एकान्तरण होता रहता है। इस प्रकार इसका जीवन ट्राइफेजिक (Triphasic) एवं हेप्लोबायोन्टिक (Haplobiontic) प्रकार का होता है।

एक्टोकार्पस

वर्गीकरण

उपजगत	—	शैवाल (Algae)
वर्ग	—	फियोफाइसी (Phaeophyceae)
गण	—	एक्टोकार्पेल्स (Ectocarpales)
वंश	—	*एक्टोकार्पस (Ectocarpus)*

प्रकृति एवं आवास

एक्टोकार्पस एक समुदी शैवाल है। इसकी कुछ जातियाँ; जैसे—*एक्टोकार्पस फैसीकुलेटस* (*E. fasciculatus*) मछलियों के पंखों या अन्य बड़े समुद्री पादपों पर परजीवी के रूप में मिलती हैं।

संरचना

- *एक्टोकार्पस* का सूकाय सूत्रवत् व शाखित (Filamentous and branched) होता है। इसके सूत्र भूशायी (Prostrate) तथा ऊर्ध्व दो प्रकार के होते हैं अर्थात् इनमें विषम तन्तुक (Heterotrichous) अवस्था पाई जाती है। ये आधार द्वारा **मूलाभासों** (Rhizoids) से जुड़े रहते हैं।
- *एक्टोकार्पस* के सूकाय की प्रत्येक कोशिका आयताकार (Rectangular) होती है। यह एक द्विस्तरीय कोशिका भित्ति से घिरी होती है। कोशिका भित्ति का बाह्य स्तर **एलगिन** (algin) व **जिलेटिन** (gelatin) द्वारा निर्मित होता है। अन्तःस्तर **सेलुलोस** (Cellulose) का बना होता है।
- प्रत्येक कोशिका में एक केन्द्रक (Single nucleus), रसधानी (Vacuole) तथा जालिकारूपी हरितलवक (Reticulate chloroplast) पाए जाते हैं। लवक में पर्णहरिम (Chlorophyll) कैरोटिन (Carotene), फ्यूकोजैन्थिन (Fucoxanthin) व जैन्थोफिल (Xanthophyll) पाए जाते हैं। इसकी पर्णहरिम युक्त कोशिकाएँ (Chlorophyllous cells) प्रकाश-संश्लेषण (Photosynthesis) के द्वारा भोजन का निर्माण करती हैं, जो तेल मैनीटॉल (Mannitol) व लैमिनेरिन (Laminarin) के रूप में संग्रहित रहता है।

वृद्धि

- *एक्टोकार्पस* का सूकाय, वृद्धि के समय, विभज्योतक कोशिकाओं द्वारा ऊपर की ओर तथा नीचे की ओर सन्तति कोशिकाओं का निर्माण करता है। *एक्टोकार्पस इरेगुलेरिस* में विभज्योतक कोशिकाएँ (Meristematic cells) रोम के आधार पर स्थित होती हैं लेकिन कुछ अन्य जातियों में ऊर्ध्व तन्तुओं के शिखर पर स्थित रहती हैं।
- ऊपर की दिशा में निर्मित सन्तति कोशिकाएँ प्रकाश-संश्लेषण (Photosynthesis) करती हैं लेकिन नीचे उत्पन्न हुई सन्तति कोशिकाएँ प्रकाश-संश्लेषण के द्वारा भोजन निर्माण करती हैं जो तेल, मैनीटॉल (Mannitol) व लैमिनेरिन (Laminarin) के रूप में संग्रहित रहता है

तथा नई पार्श्व शाखाओं (Lateral branches) को जन्म देती हैं। इस प्रकार की वृद्धि ट्राइकोथैलिक (Trichothallic) कहलाती है।

प्रजनन

एक्टोकार्पस में प्रजनन अलैंगिक व लैंगिक दोनों प्रकार से होता है।

(i) अलैंगिक प्रजनन

- *एक्टोकार्पस* में अलैंगिक जनन द्विकशाभयुक्त चलबीजाणुओं (Biflagellate zoospores) द्वारा होता है। ये चलबीजाणु दो प्रकार की बीजाणुधानियों, एककोष्ठीय बीजाणुधानी (Unilocular sporangia) तथा बहुकोष्ठीय बीजाणुधानी (Pleurilocular sporangia) में उत्पन्न होते हैं, यह निम्न प्रकार से होता है
  - (a) **एककोष्ठीय बीजाणुधानी में उत्पन्न चलबीजाणुओं द्वारा** (By Zoospores Produced in Unilocular Sporangium) यह एककोष्ठीय बीजाणुधानियों में उत्पन्न द्विकशाभिक (Biflagellate), एककेन्द्रकी (Uninucleate) चल बीजाणुओं द्वारा होता है। ये द्विगुणित (Diploid) पादपों पर उत्पन्न होते हैं। इनका निर्माण पादपों के पार्श्व तन्तुओं की शिखाग्र कोशिकाओं (Apical cell) में होता है।
    - इसमें शिखाग्र कोशिकाओं का केन्द्रक, अर्द्धसूत्री विभाजन (Meiosis) के द्वारा 32 से 64 अगुणित केन्द्रकों (Haploid nuclei) का निर्माण करता है। प्रत्येक केन्द्रक के चारों ओर कोशिकाद्रव्य (Cytoplasm) एकत्रित हो जाता है। इसके पश्चात् ये द्विकशाभयुक्त चलबीजाणुओं (Biflagellate zoospores) में परिवर्तित हो जाते हैं।
    - ये चलबीजाणु बीजाणुधानियों में शिखाग्र पर निर्मित छिद्र द्वारा मुक्त होकर जल में तैरने लगते हैं और उचित अवस्था आने पर नवीन अगुणित पादप का निर्माण करते हैं। ये **अगुणित पादप** (Haploid plants) लैंगिक जनन में भाग लेते हैं।
  - (b) **बहुकोष्ठीय बीजाणुधानी में उत्पन्न चलबीजाणु द्वारा** (By Zoospores Produced in Pleurilocular Sporangia) ये चलबीजाणु द्विकशाभयुक्त (Biflagellated), एककेन्द्रकीय (Uninucleated) होते हैं। ये द्विगुणित पादपों पर उत्पन्न होते हैं तथा स्वयं भी द्विगुणित होते हैं। इनका निर्माण पादपों के पार्श्व तन्तु की शिखाग्र कोशिकाओं द्वारा होता है।
    - शिखाग्र कोशिकाएँ अनुप्रस्थ (Transverse) व उदग्र (Vertical) विभाजन करके घनाकृति कोशिकाओं (Cuboidal cells) की एक रचना का निर्माण करती हैं। प्रत्येक घनाकार कोशिका में एक द्विगुणित केन्द्रक (Diploid nuclei) तथा जीवद्रव्य (Cytoplasm) होता है। इस रचना को बहुकोष्ठीय बीजाणुधानी (Pleurilocular sporangia) कहते हैं।
    - बीजाणुधानी की कोशिकाओं का केन्द्रक व जीवद्रव्य मिलकर, द्विकशाभयुक्त चलबीजाणु (Biflagellate zoospore) का निर्माण करते हैं। प्रत्येक चलबीजाणु द्विगुणित होता है। ये बीजाणुधानी के शिखर पर स्थित छिद्र से बाहर निकल आते हैं। उचित आधार मिलने पर चलजन्यु एक द्विगुणित *एक्टोकार्पस* के पादप में रूपान्तरित हो जाते हैं। ये पादप लैंगिक प्रजनन नहीं करते हैं।

(ii) लैंगिक प्रजनन

- *एक्टोकार्पस* में लैंगिक प्रजनन **समयुग्मक** व **असमयुग्मकी** प्रकार का होता है। इसकी अधिकांश जातियाँ उभयलिंगाश्रयी (Monoecious) होती है लेकिन कुछ जाति; जैसे—*एक्टोकार्पस सिलिकुलोसस* (*Ectocarpus siliculosus*) एकलिंगाश्रयी होती है।
- *एक्टोकार्पस* में युग्मकों का निर्माण बहुकोष्ठीय युग्मकधानी (Pleurilocular gametangia) में होता है, जो **अगुणित पादपों** (Haploid plants) पर उत्पन्न होती हैं, ये युग्मकधानियाँ बहुकोशीय (Multicellular) होती हैं। इनकी प्रत्येक कोशिका में एक एककेन्द्रकीय द्विकशाभिक युग्मक होता है।
- ये सभी युग्मक समयुग्मकी (Isogamous) होते हैं।
- युग्मक कुछ समय तक जल में स्वतन्त्रतापूर्वक तैरते रहते हैं। इसके पश्चात् यह समयुग्मक (Isogametes) लिंग-विभेदन द्वारा नर तथा मादा युग्मकों के समान व्यवहार करने लगते हैं। इसमें कई नर युग्मनज का निर्माण होता है। युग्मनज कुछ समय तक सुप्तावस्था व्यतीत करने के पश्चात् नवीन द्विगुणित पादप का निर्माण करता है।

एनाबीना

वर्गीकरण

उपजगत	—	शैवाल (Algae)
वर्ग	—	सायनोफाइली (Cynophyleae)
गण	—	साइनोफाइकेल्स (Cynophycales)
कुल	—	साइनोफाइकेसी (Cynophycaceae)
वंश	—	*एनाबीना (Anabaena)*

प्रकृति एवं आवास

यह अलवणीय जल में पाए जाते है। इन्हें स्वच्छ जलीय शैवाल कहते है।

संरचना

(i) **श्लेष्मक आच्छद** यह बाह्य श्लेष्मीय परत होती है। यह आवश्यक रूप से जीवाणु के समान हैं।

(ii) **कोशिका भित्ति व प्लाज्मा झिल्ली** श्लेष्मीय आच्छद के नील कोशिका भित्ति तथा सबसे आन्तरिक परत लिपोप्रोटीन से बनी प्लाज्मा झिल्ली होती है। कोशिका भित्ति लिप्रोप्रोटीन, लिपोपॉलीसैकेराइड्स तथा म्यूकोप्रोटीन अणुओं से बनी होती हैं। नील–हरित शैवाल और बैंगनी व हरे जीवाणुओं की आन्तरिक झिल्ली विस्तृत होती है, जिसमें प्रकाश-संश्लेषणी वर्णक तथा अन्य प्रकाश–संश्लेषणी उपकरण जुड़े रहते हैं। ये झिल्ली इकाई झिल्ली संरचना के थैले या थाइलेकॉइड के रूप में होती हैं। थाइलेकॉइड्स कोशिका के परिधीय क्षेत्रों में समानान्तर, सकेन्द्रिय वलयों में पट्टलिका के रूप में पाए जाते हैं।

थाइलेकॉइड्स प्रकाश–संश्लेषण के स्थल होते हैं। थाइलेकॉइड्स झिल्ली की आन्तरिक संरचना में प्रकाश ग्राही वर्णक, साइटोक्रोम एवं अन्य यौगिक पाए जाते हैं, जोकि प्रकाश–संश्लेषण के दौरान इलेक्ट्रॉन के स्थानान्तरण में उपयोग होते हैं। कैरोटिनॉइड्स कोशिका के मैट्रिक्स में पाए जाते हैं।

(iii) **कोशिकाद्रव्य** इसमें कोशिका आबद्ध संरचनाएँ; जैसे—अन्तःप्रद्रव्यी जालिका, माइटोकॉण्ड्रिया, गॉल्जी जटिल एवं लाइसोसोम, आदि अनुपस्थित होते हैं। कोशिका के कोशिकाद्रव्य में नग्न गुणसूत्र पाए जाते हैं, जोकि DNA हेलिक्स के समान कुण्डलित होकर कोशिका झिल्ली से सम्बद्ध रहते हैं। कोशिकाद्रव्य में अनगिनत राइबोसोम पाए जाते हैं, जोकि कोशिकाद्रव्य में स्वतन्त्र रूप से वितरित रहते हैं। ये राइबोसोम्स प्रोटीन-संश्लेषण के दौरान पॉलीसोम्स का निर्माण करते हैं।

राबोसोम्स 70 प्रकार के होते हैं। इन सभी के अतिरिक्त नील-हरित शैवालों के कोशिका द्रव्य में प्रकाश संश्लेषी वर्णक; जैसे—क्लोरोफिल एवं कैरोटिनॉइड पाए जाते हैं, जोकि समतल थैलों में पाए जाते हैं। ये थैले संकेन्द्रीय वलयों में व्यवस्थित होते हैं। इसके अतिरिक्त अन्य विशेष वर्णक; जैसे–फाइकोसाइनिन (नीले वर्णक) तथा फाइकोइरिथ्रीन (लाल वर्णक) पाए जाते हैं, जो कोशिकाद्रव्य में पाए जाते हैं।

जनन

1. **कायिक जनन** यह निम्न विधियों द्वारा होता है
   (i) **संलयन** एक कोशिकीय साइनोबैक्टीरियल कोशिका विभाजित होती है व संलयन द्वारा जनन करती है।
   (ii) **विखण्डन** इस विधि में तन्तु छोटे खण्डों में टूटता है और प्रत्येक खण्ड नई निवह में विकसित हो जाता है।
   (iii) **हॉर्मोगोनिया** सभी तन्तुवत प्रारूपों में गुणन हॉर्मोगोनिया निर्माण द्वारा बहुत प्रभावित होता है। हॉर्मोगोनिया तन्तु के खण्ड होते हैं, जो कि तन्तु की अन्तर्वेशी कोशिकाओं की मृत्यु द्वारा निर्मित होते हैं।
   कुछ रूपों में हॉर्मोगोनिया मोटे आवरण द्वारा आवरित होते हैं व इस प्रकार ये भेदन अंग में रूपान्तरित हैं, जिन्हें हॉर्मोसिस्ट या हॉर्मोस्पोर कहते हैं, जो कि अंकुरण होने पर नई तन्तु में विकसित हो जाते हैं।
2. **लैंगिक जनन** नील-हरित शैवाल में लैंगिक जनन लक्षण पूर्णतया अनुपस्थित होते हैं न कोई लैंगिक अंग और न ही कोई चलायमान जननकाय पाई जाती है।
   ये सरल व आद्य प्रकार की कायिक व अलैंगिक विधियों द्वारा जनन करते हैं। प्रवर्धन सरल विभाजन बीजाणु (एकाइनीट्स, अन्त: बीजाणु, बहिबीजाणु) द्वारा या शेष विखण्डन द्वारा होता है। एककोशिकीय या निवह में गुणन मुख्यतया सरल साधारण कोशिका विभाजन द्वारा होता है।

नॉस्टॉक

वर्गीकरण

वर्ग — सायनोफाइसी (Cyanophyceae)
गण — नॉस्टोकेल्स (Nostocales)
कुल — नॉस्टोकेसी (Nostocaceae)
वंश — *नॉस्टॉक* (*Nostoc*)

प्रकृति एवं आवास

- *नॉस्टॉक* अलवणजलीय एवं स्थलीय आवासों में पाया जाता है। स्थलीय जातियाँ नम मिट्टी तथा मॉस व लाइकेन, आदि के साथ पाई जाती हैं।
- इसकी कुछ जातियाँ (*ना. पंक्टीफार्मी*) अन्त: पादपी के रूप में *साइकस* की प्रवालाभ मूलों व *एन्थोसिरोस* के थैलस में पाई जाती है। जबकि *नॉ. स्फैरिकम* व *नॉ. कोलैमा* कवकों के साथ मिलकर लाइकेन बनाती है।

ऑसीलेटोरिया

वर्गीकरण

उपजगत — शैवाल (Algae)
वर्ग — मिक्सोफाइसी (Myxophyceae)
गण — नॉस्टोकेल्स (Nostocales)
कुल — ऑसीलेटोरिएसी (Oscillatoriaceae)
वंश — *ऑसीलेटोरिया* (*Oscillatoria*)

प्रकृति एवं आवास

ऑसीलेटोरिया (*Oscillatoria*) एक अलवणीय जल में पाए जाने वाली नीली-हरी शैवाल (Blue-green algae) है। यह प्राय: तालाबों, नालियों तथा गडढ़ों में पाई जाती है।

संरचना

- *ऑसीलेटोरिया* सूत्राकार (Filamentous) या शिखावत् (Trichomous) अशाखित शैवाल है। इसका प्रत्येक सूत्र (Filament or Trichome) अनेक कोशिकाओं द्वारा बना होता है। इसकी कोशिकाएँ चौड़ाई में लम्बाई से अधिक होती हैं।
- *ऑसीलेटोरिया* की शिखाग्र कोशिका (Apical cell) उत्तल (Convex) होती है। इसके सूत्र एक जिलेटिनी आच्छद (Gelatinous sheath) द्वारा घिरे होते हैं। ये दोलायमान गति (Oscillating movement) प्रदर्शित करते हैं।
- प्रत्येक कोशिका का जीवद्रव्य (Protoplasm), क्रोमोप्लाज्म (Chromoplasm) व सेन्ट्रोप्लाज्म (Centroplasm) में विभेदित रहता है। सेन्ट्रोप्लाज्म कोशिका के मध्य में स्थित होता है। इसमें उपस्थित क्रोमैटिन कणिकाएँ प्रारम्भी केन्द्रक (Incipient nucleus) को प्रदर्शित करती हैं। क्रोमोप्लाज्म परिधीय होता हैं तथा इसमें वर्णक पाए जाते हैं।
- कोशिकाद्रव्य में आभासी रिक्तिकाएँ (Pseudovacuoles) भी उपस्थित रहती हैं। कोशिका में भोज्य पदार्थ सायनोफाइसिन के कणों के रूप में संग्रहित रहता है।

प्रजनन

- *ऑसीलेटोरिया* में जनन केवल **कायिक विधि** (Vegetative method) द्वारा होता है। वर्धीजनन के समय सूत्र हॉर्मोगोन्स (Hormogones) का निर्माण करते हैं।
- इस विधि में सूत्रों में कुछ उभयोत्तल चक्रिकाएँ बन जाती हैं, जिससे सूत्र कुछ हिस्सों में टूट जाता है, जिन्हें **हॉर्मोगोन्स** कहते हैं। प्रत्येक हॉर्मोगोन कोशिकाओं का एक समूह है, जो अंकुरित होकर नए पादप को जन्म देता है।

वस्तुनिष्ठ प्रश्न

1. *म्यूकर* है, एक
(a) परजीवी कवक
(b) मृतोपजीवी कवक
(c) विकल्पी मृतोपजीवी कवक
(d) उपरोक्त में से कोई नहीं

2. *म्यूकर* की माइसीलियम होती है
(a) एककेन्द्रकीय व पट्टयुक्त
(b) दो केन्द्रकीय व पट्टयुक्त
(c) सीनोसिटिक
(d) उपरोक्त में से कोई नहीं

3. अनुकूल परिस्थितियों में *म्यूकर* में किस प्रकार का प्रजनन होता है?
(a) अलैंगिक (b) लैंगिक
(c) परालैंगिक (d) इनमें से कोई नहीं

4. निम्न में से कौन एक परजीवी कवक है?
(a) *राइजोपस* (b) *एगेरिकस*
(c) *म्यूकर* (d) *पक्सीनिया*

5. किस कवक में विषमजालिकता (Heterothallism) पाई जाती है?
(a) *एरीसाइफी* में (b) *पेजाइजा* में
(c) *म्यूकर* में (d) *पेरोनोस्पोरा* में

6. स्तम्भिका (Columella) पाया जाता है
(a) *म्यूकर* में (b) *स्पाइरोगायरा* में
(c) मॉस में (d) (a) और (c) दोनों

7. कवकों में किस प्रकार का ऊतक पाया जाता है?
(a) मृदूतक (b) हरित ऊतक
(c) प्लेक्टेनकाइमा (d) स्थूलकोणोतक

8. निम्न में से किसे माइकोलॉजी के जनक का सम्मान दिया जाता है?
(a) स्टैनले को (b) बॉडेन को
(c) मेण्डल को (d) माइकेली को

9. कवकों का संचित भोज्य पदार्थ होता है
(a) मण्ड
(b) प्रोटीन
(c) ग्लाइकोजन
(d) ग्लाइकोजन तथा तेलकाय

10. कवकों की वृद्धि के लिए कौन-सी ऋतु सर्वोत्तम होती है?
(a) वर्षा (b) ग्रीष्म (c) शरद (d) ये सभी

11. कवकों में संकरण किस कारण नहीं हो पाता?
(a) हेटेरोथैलिज्म के (b) होमोथैलिज्म के
(c) संकोशकीयता के (d) ये सभी

12. अनुकूल परिस्थितियों में किसका प्रजनन वर्धी विधियों से होता है?
(a) शैवाल का (b) कवक का
(c) ब्रायोफाइटा का (d) ये सभी

13. निम्न में से कौन एककोशिकीय कवक है?
(a) *पेनिसिलियम* (b) *एस्पर्जिलस*
(c) यीस्ट (d) ये सभी

14. इम्परफेक्ट कवक (Imperfect fungi) का सदस्य है
(a) *फ्यूजेरियम* (b) *अल्टरनेरिया*
(c) *कोलीटोट्राइकम* (d) ये सभी

15. पृथ्वी का सम्पूर्ण जीवन परोक्ष या अपरोक्ष रूप से सौर ऊर्जा प्राप्त करता है, अलावा
(a) मशरूम और फफूँदी
(b) रसायन संश्लेषी जीवाणु
(c) सहजीवी जीवाणु
(d) रोगकारक जीवाणु

16. सूक्ष्मजीव और प्राणी समानता प्रदर्शित करते हैं
(a) ऊतकीय स्तर पर (b) कोशिकीय स्तर पर
(c) आकारिकीय स्तर पर (d) ये सभी

17. कवक कोशिका में साधारण रूप से संचित भोजन है
(a) ग्लाइकोजन (b) स्टार्च
(c) ग्लूकोस (d) सुक्रोस

18. कवक का समूह, जिसमें कवक जाल पट्टयुक्त और लैंगिक प्रजनन या तो देखा नहीं गया या अनुपस्थित है
(a) फाइकोमाइसिटीज (b) ड्यूटेरोमाइसिटीज
(c) एस्कोमाइसिटीज (d) बेसीडियोमाइसिटीज

19. कवक सूत्रों के सिरे पर अलैंगिक विधि से बने बीजाणु कहलाते हैं
(a) स्पोरेन्जियोफोर्स (b) एन्थोस्पोर्स
(c) कोनिडिया (d) मीओस्पोर्स

20. यदि किसी जीव, उदाहरण के लिए कवक, का पूर्ण थेलस एक या अधिक जनन रचनाओं में परिवर्तित हो जाता है, तो इसे कहते हैं
(a) यूककार्पिक (b) होलोकार्पिक
(c) होलोजोइक (d) होमोथैलिक

21. पफ बॉल्स है
(a) कवक (b) शैवाल
(c) मॉस (d) *पाइनस* का शंकु

22. *म्यूकर* में विषम-सूकाय को किसने पहली बार प्रदर्शित किया?
(a) रॉबर्ट हुक ने (b) ब्लैकेस्ली ने
(c) लुईस पाश्चर ने (d) ए फ्लेमिंग ने

23. *म्यूकर* में अलैंगिक प्रजनन होता है
(a) गतिशील चलबीजाणु द्वारा
(b) बीजाणु द्वारा
(c) चल-युग्मक द्वारा
(d) युग्माणु द्वारा

24. एसाई बनते हैं
(a) *एस्कोबोलस* में (b) *सैकेरोमाइसीज* में
(c) *पेनिसीलियम* में (d) इन सभी में

25. कवकीय तन्तु जड़ की सतह पर पाए जाते हैं, क्योंकि
(a) ये मूलरोम की तरह कार्य करके जल अवशोषण करते हैं
(b) जाइलम जड़ों द्वारा जल ग्रहण करता है
(c) (a) और (b) दोनों
(d) उपरोक्त में से कोई नहीं

26. इनमें से कौन-सा जीवन चक्र *म्यूकर* में पाया जाता है?
(a) अगुणित (b) द्विगुणित
(c) समरूपी (d) विषमरूपी

27. निम्न में से कौन भारत के प्रसिद्ध कवक विज्ञानी (Mycologist) है?
(a) पी. माहेश्वरी
(b) एम. ओ. पी. आयंगर
(c) ए. के. शर्मा
(d) सदाशिवन

28. कवक को स्टेन (Staining) किया जाता है
(a) सेफ्रेनीन से (b) आयोडीन से
(c) लेक्टोफिनोल से (d) कॉटन ब्लू से

29. दाद (Ringworm) फैलता है
(a) माइकोप्लाज्मा से (b) कवक से
(c) जीवाणु से (d) ये सभी

30. एस्कोमाइसिटीज के सभी सदस्यों में एक एस्कस में एस्कोस्पोर्स की संख्या होगी
(a) 2 (b) 5 (c) 8 (d) 16

31. कवक बीजाणु जो अलैंगिक प्रजनन में कवक सूत्र के शीर्ष (Tips) या पार्श्व से उत्पन्न होते हैं, कहलाते हैं
(a) चलबीजाणु (b) बीजाणु
(c) क्लेमाइडोस्पोर्स (d) कोनिडिया

32. विकल्पी परजीवी वह है
(a) जिस जीवित पोषक की नितान्त आवश्यकता होती है
(b) जिस जीवित रहने के लिए मृत कार्बनिक पदार्थ आवश्यक है
(c) जो वास्तविक रूप से परजीवी हैं, किन्तु मृतोपजीवी भी हो सकता है
(d) जो वास्तविक रूप से मृतोपजीवी है, किन्तु परजीवी भी हो सकता है

33. काष्ठ या लकड़ी पर पाए जाने वाले कवक कहलाते हैं
(a) एपीबायोटिक (b) एपीजायलिक
(c) एपीजियन (d) यूकार्पिक

34. वर्ष सभी कवक होते हैं
(a) परपोषी (b) सहजीवी
(c) मृतोपजीवी (d) परजीवी

35. 1943 में बंगाल में अकाल का परपोषी एवं रोगकारक जीव था
(a) गेहूँ का किट्ट–*पक्सीनिया* द्वारा
(b) चावल का ब्लास्ट–*पायरीकुलेरिया ओराइजा* द्वारा
(c) चावल का ब्लास्ट–*जैन्थोमोनास ओराइजा* द्वारा
(d) चावल का भूरा धब्बा–*हैल्मिन्थोस्पोरियम ओराइजा* द्वारा

36. 'रे कवक' है
(a) एस्कोमाइसिटीज
(b) बेसीडियोमाइसिटीज
(c) एक्टिनोमाइसिटीज
(d) फाइकोमाइसिटीज

37. यदि पृथ्वी के सभी जीवाणु और कवक नष्ट कर दिए जाए, तो
(a) सभी जीवित वस्तुएँ अमर हो जाएगी और कोई भी रोग नहीं बचा रहेगा
(b) हम कोई भी प्रतिजीवी प्राप्त नहीं कर सकेंगे
(c) भूमि की नाइट्रोजन मात्रा धीरे-धीरे कम होती जाएगी
(d) पृथ्वी मृत शरीर और जीवों के मल से भर जाएगी

38. मृतोपजीवी वे पौधे हैं, जो
(a) भोजन के लिए दूसरे पौधों पर उगते हैं
(b) प्रकाश की आवश्यकता के लिए दूसरे पौधों पर निर्भर होते हैं
(c) मृत कार्बनिक पदार्थों पर उगते हैं
(d) उपरोक्त में से कोई नहीं

39. निम्नलिखित में से किसमें पर्णहरिम नहीं पाया जाता?
(a) कवक में (b) शैवाल में
(c) ब्रायोफाइटा में (d) टेरिडोफाइटा में

40. कवक के धागेनुमा तन्तु कहलाते हैं
(a) कोनिडिया (b) माइकोराइजा
(c) स्पोरेन्जियम (d) कवक सूत्र

41. *म्यूकर* या *राइजोपस* में लैंगिक युग्मकों के संलयन के बाद बनने वाली संरचना है
(a) ऊस्पोर (b) क्लिस्टोथीशियम
(c) युग्माणु (d) युग्मनज

42. *अल्टरनेरिया* है
(a) जाइगोमाइसिटीज से
(b) बेसिडियोमाइसिटीज से
(c) शाइकोमाइसिटीज से
(d) ड्यूटेरोमाइसीटिज से

43. *एस्पर्जिलस* की फलनकाय है
(a) ऊस्पोर (b) एस्कोगोनियम
(c) जाइगोनियम (d) इनमें से कोई नहीं

44. गेहूँ का स्मट होता है
(a) *अल्टरनेरिया* से (b) *एस्पर्जिलस* से
(c) *अस्टिलैगो* से (d) इनमें से कोई नहीं

45. कवकों के किस समूह में लैंगिक जनन का अभाव होता है?
(a) फाइकोमाइसिटीज (b) बेसिडियोमाइसिटीज
(c) एस्कोमाइसिटीज (d) ड्यूटेरोमाइसिटीज

46. गेहूँ की काली किट्ट का कारण है
(a) *पक्सीनिया* (b) *राइजोपस*
(c) *म्यूकर* (d) *एस्पर्जिलस*

47. *राइजोपस* में जनन होता है
(a) केवल अलैंगिक
(b) केवल लैंगिक
(c) वर्धी, लैंगिक तथा अलैंगिक
(d) उपरोक्त में से कोई नहीं

48. मार्टिन (1955) ने कवकों को कितने उपविभागों में विभाजित किया?
(a) चार (b) छः
(c) तीन (d) दस

49. ग्लूकोनिक अम्ल प्राप्त होता है
(a) *एस्पर्जिलस नाइगर* से
(b) *एस्पर्जिलस ओराइजा* से
(c) *एस्पर्जिलस वेन्टिआई* से
(d) उपरोक्त में से कोई नहीं

50. वर्ग–एस्कोमाइसिटीज के अन्तर्गत आता है
(a) *राइजोपस* (b) *एगेरिकस*
(c) यीस्ट (d) *एल्ब्यूगो*

51. तन्तु अशाखित होते हैं
(a) *ऊडोगोनियम* में (b) *जिग्निमा* में
(c) *स्पाइरोगायरा* में (d) ये सभी में

52. निम्नलिखित निवही संकोशिक शैवाल का उदाहरण है
(a) *जिग्निमा* (b) *ऊडोगोनियम*
(c) *हाइड्रोडिक्टयॉन* (d) *स्पाइरुलिना*

53. निम्नलिखित में से किस प्रकार का सूकाय *बॉट्रीडियम* में पाया जाता है?
(a) मृदूतकीय रूपी
(b) आभासी मृदूतकीय रूपी
(c) सिफनोसियस रूपी
(d) डेन्ड्रॉइड रूपी

54. निम्नलिखित में से जटिल मृदूतकीय सूकाय किसमें पाया जाता है?
(a) *फ्यूकस* में (b) *सारगासम* में
(c) *अल्वा* में (d) *साइटोसिफॉन* में

55. आभासी मृदूतकीय है
(a) वास्तविक शाखीय (b) पटीय शाखीय
(c) कूट शाखीय (d) पार्श्व शाखीय

56. फाइकोलॉजी अध्ययन है
(a) शैवालों का (b) कवकों का
(c) जीवाणुओं का (d) इन सभी का

57. फाइकोलॉजी के पितामह के रूप में कौन प्रसिद्ध है?
(a) फ्रिश्च (b) पेपेनफस (c) स्मिथ (d) मोरिस

58. शैवालों के वर्गीकरण का आधार होता है
(a) वर्णकों के प्रकार
(b) कोशिका भित्ति की प्रकृति
(c) संचित भोज्य पदार्थ की प्रकृति
(d) उपरोक्त सभी

59. भारतीय फाइकोलॉजी का पितामाह किसे माना जाता है?
(a) प्रो. एम. ओ. पी. आयंगर को
(b) प्रो. जे. एन. मिश्रा को
(c) प्रो. आर. आर. मिश्रा को
(d) प्रो. आर. एन. सिंह को

60. निम्न में से किसमें गतिशील कोशिकाएँ तथा लैंगिक प्रजनन नहीं पाया जाता है?
(a) क्लोरोफाइसी (b) मिक्सोफाइसी
(c) रोडोफाइसी (d) फियोफाइसी

61. समुद्री खजूर का वानस्पतिक नाम क्या है?
(a) *पॉलीसाइफोनिया*
(b) *पोस्टेल्सिया*
(c) *एक्टोकार्पस*
(d) *मेक्रोसिस्टिस*

62. अगार-अगार प्राप्त किया जाता है
(a) *गाइगेरटिना* में (b) *जेलीडियम* से
(c) *ग्रेसीलेरिया* से (d) इन सभी से

63. किस वर्ग के सदस्यों से आयोडीन प्राप्त की जाती है?
(a) हरे शैवाल (b) भूरे शैवाल
(c) लाल शैवाल (d) नीली-हरी शैवाल

64. संकोशकीय (Coenocytic) शैवाल का उदाहरण है
(a) *वाऊचेरिया* (b) *कारा*
(c) *नॉस्टॉक* (d) *पॉलीसाइफोनिया*

65. कार्यिकीय विषमयुग्मकता में
(a) युग्मक आकारिकीय रूप से समान किन्तु कार्यिकीय रूप से भिन्न होते हैं
(b) युग्मक आकारिकीय रूप से भिन्न किन्तु कार्यिकीय रूप से समान होते हैं
(c) युग्मक कार्यिकीय तथा आकारिकीय रूप से समान होते हैं
(d) उपरोक्त में से कोई नहीं

66. चावल का अच्छा उत्पादन अनेकों वर्षों तक बिना नाइट्रोजनी उर्वरक दिए हुए प्राप्त होता रहता है, क्योंकि
(a) चावल के पादपों की जड़ों में नाइट्रोजन स्थिरीकरण करने वाले जीवाणु होते हैं
(b) चावल के खेतों में नाइट्रोजन स्थिरीकरण करने वाले शैवाल होते हैं
(b) चावल के पादपों को बहुत कम मात्रा में नाइट्रोजन की आवश्यकता होती है
(d) चावल के पादपों को नाइट्रोजन की आवश्यकता नहीं होती

67. सबसे सरल हरे पादप हैं
(a) यीस्ट (b) जीवाणु
(c) शैवाल (d) *लेक्टोबैसीलस*

68. तापीय शैवाल वे हैं, जो वृद्धि करके जीवन व्यतीत करते हैं
(a) उष्ण कटिबन्धीय क्षेत्रों में जहाँ ताप सीमा अधिक होती है
(b) गर्म झरनों में जहाँ जल का तापक्रम लगभग 70°C होता है
(c) बड़ी चट्टानों पर जिन पर तेज धूप आती है
(d) रेगिस्तान में जहाँ गार्मियों में तापक्रम 70°C के आस-पास होता है

69. जब हरे शैवाल को प्रकाश (बिजली का प्रकाश) में रखा जाए तो चल (Motile) वायवीय जीवाणु उसके आस-पास एकत्रित हो जाते हैं, क्योंकि
(a) जीवाणु प्रकाश की ओर आकर्षित होते हैं
(b) जीवाणु हरे पादप की ओर आकर्षण दिखाते हैं
(c) जीवाणु में ऑक्सीजन के लिए आकर्षण होता है
(d) जीवाणु में कार्बन डाइऑक्साइड के लिए आकर्षण होता है

70. सायनोबैक्टीरिया को रखा जाता है
(a) मायसीटोजोआ (b) मिक्सोमायसिटीज
(c) मिक्सोफाइसी (d) शाइजोमाइसिटीज

71. व्यावसायिक रूप में अगार किससे प्राप्त होता है?
(a) नीली-हरी शैवाल से
(b) भूरे-शैवाल से
(c) हरे शैवाल से
(d) लाल शैवाल से

72. पायरीनॉइड किसके बने होते हैं?
(a) स्टार्च के भीतरी भाग से, जो प्रोटीन के पतले आवरण से घिरा रहता है
(b) प्रोटीन के भीतरी भाग से, जो वसा के पतले आवरण से घिरा होता है
(c) प्रोटीनयुक्त केन्द्र से जो स्टार्च के पतले आवरण से घिर रहता है
(d) न्यूक्लिक अम्ल के भीतरी भाग से जो प्रोटीन के पतले आवरण से घिरा रहता है

73. निम्न में से कौन-सा वर्णक सहायक (Accessory) श्रेणी का नहीं है?
(a) पर्णहरिम-*a* (b) पर्णहरिम-*e*
(c) फाइकोसाइनीन (d) जैन्थोफिल

74. निम्न में से किस समूह में संवहन ऊतक का अभाव होता है?
(a) थैलोफाइटा में (b) आवृतबीजियों में
(c) टेरिडोफाइटा में (d) इन सभी में

75. निम्न में से किस वर्ग के सदस्यों के जीवन-चक्र में पक्ष्मायुक्त कोशिकाएँ नहीं पाई जाती है?
(a) क्लोरोफाइसी (b) फियोफाइसी
(c) (a) व (b) दोनों (d) रोडोफाइसी

76. सीनोबियम का क्या अर्थ है?
(a) एक खोखली गोलाकार मण्डल
(b) सूत्रों का एक समूह
(c) पामेलॉएड प्रकार
(d) उपरोक्त में से कोई नहीं

77. निम्न में से कौन-सा शैवाल परपोषी होता है?
(a) *वाऊचेरिया* (b) *पॉलीसाइफोनिया*
(c) *सिफेल्यूरोस* (d) *बैट्रेकोस्पर्मम*

78. निम्न में से किस वर्ग के सदस्यों में पर्णहरिम एवं एक कोशिकीय जननांग पाए जाते हैं?
(a) शैवाल में (b) कवक में
(c) ब्रायोफाइटा में (d) इन सभी में

79. नीली-हरी शैवाल में संग्रहित भोज्य पदार्थ साधारणतया होता है
(a) ग्लूकोसाइड
(b) सायनोफिसियन स्टार्च
(c) ग्लिसरोफॉस्फेट
(d) ग्लोब्युलिन

80. निम्नलिखित में से नलिकाकार मृदूतकीय सूकाय किसमें पाया जाता है?
(a) *फ्यूकस* में (b) *सारगासम* में
(c) *अल्वा* में (d) *साइटोसिफॉन*

81. वर्ग–यूग्लीनोफाइसी में कशाभिकाओं की संख्या है
(a) एक (b) एक से अधिक
(c) दो (d) तीन

82. चपटा नलिकार सूकाय होता है
(a) मृदूतकीय (b) आभासी मृदूतकीय
(c) साइफोनेसियस (d) विषमतन्तुक

83. प्रोटीन युक्त शैवाल है
(a) *क्लोरेला* (b) *स्पाइरोगायरा*
(c) *ऑसिलेटोरिया* (d) *यूलोथ्रिक्स*

84. आभासी मृदूतकीय सूकाय पाया जाता है
(a) *कोलियोकीट* में (b) *बैट्रेकोस्पर्मम* में
(c) *ड्रैपरनेल्डिऑप्सिस* में (d) *फ्रिश्चिएला* में

85. निम्नलिखित में से किसमें विषमतन्तुक प्रकार का सूकाय पाया जाता है?
(a) *एक्टोकार्पस* में (b) *कोलियोकीट* में
(c) *फ्रिश्चिएला* में (d) इन सभी में

86. शैवाल पर्णहरिम युक्त जीव है। किसकी उपस्थिति इनका मुख्य लक्षण है?
(a) युग्मकों की, किन्तु विशेष जननांग नहीं होते
(b) एककोशिकीय जननांग की
(c) बहुकोशिकीय जननांग की, जिनकी प्रत्येक कोशिका युग्मकों का निर्माण करती है
(d) उपरोक्त में से कोई नहीं

87. अचल एककोशिकीय सूकाय पाया जाता है
(a) डिनोफाइसी (b) जैन्थोफाइसी
(c) क्लोरोफाइसी (d) साइनोफाइसी

88. वास्तविक शाखाओं के प्रकार
(a) साधारण तन्तु
(b) विषमतन्तुक
(c) आभासी मृदूतकीय तन्तु
(d) उपरोक्त सभी

89. प्रोटोप्लास्ट का संकुचन होता है
(a) चलबीजाणु निर्माण के कुछ पूर्व
(b) युग्मक निर्माण के पूर्व
(c) युग्मक संलयन के पूर्व
(d) युग्माणु के अंकुरण के समय

90. फीतेनुमा हरितलवक पाया जाता है
(a) *क्लैमाइडोमोनास* में (b) *स्पाइरोगायरा* में
(c) *यूलोथ्रिक्स* में (d) *रिक्सिया* में

91. जननांगों की सभी कोशिकाएँ युग्मक बनाती हैं
(a) शैवाल में (b) ब्रायोफाइट में
(c) टेरिडोफाइटा में (d) अनावृतबीजी में

92. क्लोरोफाइसी वर्ग में कशाभिका की संख्या होती है
(a) दो (b) पाँच
(c) सात (d) इनमें से कोई नहीं

93. फ्लोरीडियन स्टार्च किसमें पाया जाता है?
(a) क्लोरोफाइसी में
(b) रोडोफाइसी में
(c) मिक्सोफाइसी में
(d) सायनोफेज में

94. शैवाल का एक तन्तु कवकों से किसके द्वारा भिन्न किया जा सकता है?
(a) शैवाल में कोशिकाएँ एक केन्द्रकीय होती हैं, जबकि कवकों में बहुकेन्द्रकीय
(b) कवकों में पर्णहरिम उपस्थित होता है, किन्तु शैवालों में नहीं
(c) शैवाल में सेलुलोज की भित्ति तथा पर्णहरिम युक्त कोशिकाएँ पाई जाती हैं, जबकि कवकों में काइटिन युक्त भित्ति तथा पर्णहरित रहित कोशिकाएँ पाई जाती हैं
(d) शैवाल हरे होते हैं तथा कवक लाल होते हैं

95. एक कशाभिका पाई जाती है
(a) सायनोफाइसी में (b) फियोफाइसी में
(c) रोडोफाइसी में (d) यूग्लीनोफाइसी में

96. लाल नेत्र बिन्दु जिसमें हीमेटोक्रोम उपस्थिति होता है, यह किसके लिए उत्तरदायी होता है?
(a) प्रकाश-संश्लेषण (b) श्वसन
(c) प्रकाश-ग्रहण (d) गति

97. युग्माणु होता है
(a) अगुणित (b) बहुगुणित
(c) द्विगुणित (d) इनमें से कोई नहीं

98. पामेला प्रावस्था उत्पन्न होती है
(a) वर्षा ऋतु में
(b) प्रतिकूल परिस्थितियों में
(c) अनुकूल परिस्थितियों में
(d) उपरोक्त में से कोई नहीं

99. कशाभ की गति नियन्त्रित होती है
(a) प्रकाश-संश्लेषण द्वारा
(b) संकुचनशील रसधानियों द्वारा
(c) न्यूरोमोटर उपकरण द्वारा
(d) पायरीनॉइड द्वारा

100. हमें शैवाल का अध्ययन करना चाहिए, क्योंकि यह महत्त्वपूर्ण होते हैं
(a) ये प्रयोग करने के लिए अच्छे जीव हैं
(b) इन्हें संवर्धन द्वारा बड़े टैंक में उगाया जा सकता है
(c) भविष्य में ये मानव-भोजन के महत्त्वपूर्ण तत्व हो सकते हैं
(d) ये कार्बनिक अम्ल का उत्पादन करते हैं

101. शैवाल, जो एक स्पष्ट कोशिका भित्ति वाली होती है
(a) *यूग्लीना* में (b) *क्लैमाइडोमोनास* में
(c) *क्लोरेला* में (d) *फैकोटस* में

102. कुण्डलित तन्तुमय एककोशिकीय सूकाय पाया जाता है
(a) क्लोरोफाइसी में (b) साइनोफाइसी में
(c) फियोफाइसी में (d) जैन्थोफाइसी में

103. समुद्र की लाल लहरें होने के कारण है
(a) लाल शैवाल
(b) डाइनोफाइसी
(c) डायटम्स
(d) नीली-हरी शैवाल *(ट्राइकोडेस्मियम एरीथ्रियम)*

104. सायनोफाइसी में होता है
(a) सत्य केन्द्रक तथा लवक
(b) सत्य केन्द्रक नहीं परन्तु लवक होते हैं
(c) सत्य केन्द्रक व लवक दोनों अनुपस्थित
(d) सत्य केन्द्रक परन्तु लवक अनुपस्थित

105. पॉण्ड सिल्क किसका सामान्य नाम है?
(a) *यूलोथ्रिक्स* का (b) *स्पाइरोगायरा* का
(c) *वाऊचेरिया* का (d) *ऊडोगोनियम* का

106. शैवालों में अधिकांशतया साधारण सूकाय होते हैं
(a) मृदूतकीय (b) एककोशिकीय
(c) विषमतन्तुक (d) साइफोनेसियस

107. पाल्मेलॉइड कॉलोनी पाई जाती है
(a) *क्लैमाइडोमोनास* (b) *टेट्रास्पोरा*
(c) *एफैनोथीका* (d) इन सभी में

108. *टेट्रास्पोरा* में किस प्रकार की कॉलोनी पाई जाती है?
(a) सीनोबियल (b) पॉल्मेलॉइड
(c) डेन्ड्रॉइड (d) राइजोपोडियल

109. शैवालों की कोशिका भित्ति बनी होती है
(a) काइटिन की (b) क्यूटिन की
(c) सेलुलोस की (d) सुबेरिन की

110. अशाखित तन्तु पाया जाता है
(a) *स्पाइरोगायरा* (b) *जिग्निमा*
(c) *ऊडोगोनियम* (d) इन सभी में

111. एगेरोफाइट का उदाहरण है
(a) *डिक्टियोटा* (b) *फ्यूकस*
(c) *नॉस्टॉक* (d) *जेलीडियम*

112. निम्न में से किसमें संचित प्रकाश-संश्लेषी पदार्थ तेल होता है
(a) रोडोफाइसी में (b) फियोफाइसी में
(c) क्लोरोफाइसी में (d) जैन्थोफाइसी में

113. किस अचल एककोशिकीय शैवाल में केन्द्रक व प्लास्टिड्स पाए जाते हैं?
(a) *क्लोरेला* (b) *क्रूकोकस*
(c) *यूग्लीना* (d) *स्पाइरुलिना*

114. नीली-हरी शैवाल में प्रकाश-संश्लेषण की क्रिया होता है
(a) लेमिली में (b) क्रोमोप्लास्ट में
(c) क्रोमेटोफोर में (d) हरितलवक में

115. नीली-हरी शैवाल को रखा जाता है
(a) मिक्सोमाइसिटीज में
(b) यूकैरियोटिक में
(c) प्रोकैरियोटिक में
(d) न तो यूकैरियोटिक में और न ही प्रोकैरियोटिका में

116. रोडोफाइसी शैवाल लाल रंग के होते हैं
(a) जैन्थोफिल के कारण
(b) केरोटिनॉइड्स के कारण
(c) *r*-फायकोएरीथ्रिन के कारण
(d) c-फायकोसायनिन के कारण

117. शैवाल उसी मुख्य समूह में आता है, जिनमें निम्न आते हैं
(a) मॉस (b) लिवरवर्टस
(c) कवक (d) फर्न

118. थैलॉइड पादपकाय होता है
(a) शैवालों का (b) कवकों का
(c) ब्रायोफाइट्स का (d) इन सभी का

119. परिपक्व एककों का संलयन, जिसमें वह प्रत्यक्ष रूप से युग्मक की तरह कार्य करते हैं, कहलाता है
(a) समयुग्मकता (b) असमयुग्मकता
(c) पूर्ण युग्मन (d) स्वयं युग्मन

120. कशाभ युक्त गतिशील कोशिका कहलाती है
(a) शुक्राणु (b) चलबीजाणु
(c) ऊस्पोर (d) पुटी

121. पार्श्व संयुग्मन होता है
(a) केवल एक तन्तु में (b) दो तन्तुओं में
(c) कई तन्तुओं में (d) इनमें से कोई नहीं

122. बहुअक्षीय सूकाय पाया जाता है
(a) *ऊडोगोनियम* में
(b) *पॉलीसिफोनिया* में
(c) *क्लैडोफोरा* में
(d) *क्लैमाइडोमोनास* में

123. शैवाल के किस वर्ग में एककोशिकीय सूकाय होता है?
(a) कैरोफाइसी (b) डिनोफाइसी
(c) जैन्थोफाइसी (d) क्लोरोफाइसी

124. शाखित तन्तु क्या प्रदर्शित करता है?
(a) वास्तविक शाखाएँ
(b) कूट शाखाएँ
(c) (a) व (b) दोनों
(d) पार्श्व शाखाएँ

125. थैलोफाइटा के सदस्यों के लैंगिक अंग प्रायः होते हैं
(a) एककोशिकीय
(b) बहुकोशिकीय, जिनके बाहर वद्धी आवरण पाया जाता है
(c) एक या बहुकोशिकीय, जिनके बाहर वद्धी आवरण नहीं पाया जाता
(d) एककोशिकीय, जिनके बाहर वद्धी आवरण पाया जाता है

126. थैलोफाइटा के सदस्य होते हैं
(a) सदैव स्वयंपोषी (b) सदैव विषमपोषी
(c) (a) व (b) दोनों (d) इनमें से कोई नहीं

127. पादपप्लवक जीव है
(a) सतह पर तैरने वाले
(b) स्वतन्त्र रूप से तैरने वाले
(c) गहरे समुद्र में पाए जाने वाले
(d) बिलों में रहने वाले

128. शैवाल, जो नाइट्रोजन स्थिरी-करण में सहायक है, निम्न वर्ग से सम्बन्धित है
(a) क्लोरोफाइसी (b) फियोफाइसी
(c) रोडोफाइसी (d) सायनोफाइसी

129. निम्न में से किसमें लैंगिक-जनन नहीं पाया जाता है?
(a) *यूलोथ्रिक्स* में (b) *वॉल्वक्स* में
(c) *स्पाइरोगायरा* में (d) *नॉस्टॉक* में

130. *वाऊचेरिया* में निषिक्ताण्ड अंकुरण करके बनता है
(a) एक सूकाय (b) पुंधानी
(c) स्त्रीधानी (d) इनमें से कोई नहीं

131. पायरीनॉइड किस वर्ग के हरितलवक में पाया जाता है?
(a) कवक (b) शैवाल
(c) टेरिडोफाइटा (d) आवृतबीजी

132. सायनोफाइसी सदस्य प्रदर्शित करते हैं
(a) चल एककोशिकीय रूपी सूकाय
(b) अचल एककोशिकीय रूपी सूकाय
(c) चल बहुकोशिकीय रूपी सूकाय
(d) अचल बहुकोशिकीय रूपी सूकाय

133. निम्नलिखित में से कौन विषमतन्तुक होता है?
(a) *स्टिजियोक्लोनियम*
(b) *क्लैमाइडोमोनास*
(c) *ऊडोगोनियम*
(d) *यूलोथ्रिक्स*

134. दैत्याकार शैवाल (समुद्री खरपतवार) किस वर्ग से सम्बन्धित है?
(a) फियोफाइसी (b) रोडोफाइसी
(c) क्लोरोफाइसी (d) जैन्थोफाइसी

135. निम्न में से कौन-सा शैवाल नाइट्रोजन स्थिरीकरण करता है?
(a) *एनाबीना* (b) *कारा*
(c) (a) व (b) दोनों (d) *नॉस्टॉक*

136. क्लोरोफाइटा में संचित भोजन प्रोटीन के चारों ओर स्टार्च से घिरी रचना को कहते हैं
(a) पेरामायलम (b) पायरीनॉइड
(c) वोल्यूटिन (d) नेत्र-बिन्दु

137. कौन-सा शैवाल विषमशूक (Heterotrichous) प्रकृति दर्शाता है?
(a) *ऊडोगोनियम* (b) *क्लैमाइडोमोनास*
(c) *यूलोथ्रिक्स* (d) *एक्टोकार्पस*

138. रोडोफाइसी का संग्रह उत्पाद है
(a) स्टार्च तथा तेल (b) सेलुलोज
(c) फ्लोरीडियन स्टार्च (d) ग्लाइकोजन

139. युग्मनज में अर्द्धसूत्री विभाजन होता है
(a) थैलोफाइटा में (b) आवृतबीजी में
(c) अनावृतबीजी में (d) टेरिडोफाइटा में

140. हेटेरोसिस्ट किसमें पाया जाता है?
(a) क्लोरोफाइसी में
(b) सायनोबैक्टीरिया में
(c) फियोफाइसी में
(d) एक्टिनोमायसिज में

141. केवल युग्मनज द्वारा ही बीजाणुद्भिद् पीढ़ी का प्रदर्शन होता है
(a) *फ्यूनेरिया* में (b) *क्लैमाइडोमोनास* में
(c) *पाइनस* में (d) *सिलेजिनेला* में

142. बायोटेक्नोलॉजीकल अध्ययन में इस शैवाल का सर्वाधिक शोषण हुआ है यह प्रोटीन स्रोत की दृष्टि से महत्त्वपूर्ण है
(a) *स्पाइरोगायरा* (b) *स्पाइरुलिना*
(c) *क्लैमाइडोमोनास* (d) *साइटेनीमा*

143. एक से अधिक पायरीनॉइड्स पाए जाते हैं
(a) *यूलोथ्रिक्स* में (b) *स्पाइरोगायरा* में
(c) *ऊडोगोनियम* में (d) ये सभी

144. *कोलियोकीट* में सूकाय होता है
(a) आभासी मृदूतकीय (b) पाल्मेलॉइड रूपी
(c) मृदूतकीय (d) विषमतन्तुक

145. *निमैलिऑन* में बहुकोशिकीय सूकाय होता है
(a) सिफनोस (b) मृदूतकीय
(c) तन्तुमय (d) आभासी मृदूतकीय

146. अचल, मोटी भित्ति वाले अलैंगिक बीजाणु कहलाते हैं
(a) सुप्तबीजाणु (b) अचलबीजाणु
(c) गुरुबीजाणु (d) लघु चलबीजाणु

147. निम्न में से कौन-सा कथन *स्पाइरोगायरा* और *म्यूकर* के लिए सत्य नहीं है?
(a) दोनों में ही युग्मनज अर्द्धसूत्री विभाजन होता है
(b) दोनों ही बीजाणुओं द्वारा अलैंगिक प्रजनन करते हैं
(c) दोनों ही एजायगोस्पोर्स उत्पन्न करते हैं, जब लैंगिक प्रजनन असफल होता है
(d) दोनों ही एजायगोस्पोर्स उत्पन्न करते हैं

148. निम्न में से कौन-सा कथन शैवाल के सम्बन्ध में असत्य कथन है?
(a) अधिकांश शैवाल प्रकाश-संश्लेषी होते हैं
(b) शैवालों को उनमें पाए जाने वाले वर्णकों के आधार पर वर्गीकृत किया जा सकता है
(c) सभी शैवाल तन्तुमय होते हैं
(d) *स्पाइरोगायरा* चलबीजाणु उत्पन्न नहीं करता

149. जब युग्मक अर्द्धसूत्री विभाजन के बाद उत्पन्न होते हैं तो उसे कहते हैं
(a) माइटोगैमीट्स (b) मियोगैमीट्स
(c) सीनोगैमीट्स (d) इनमें से कोई नहीं

150. पेरीनेशन में जो मोटी दीवार वाले बीजाणु होते है, कहलाते हैं
(a) चलबीजाणु (b) अचलबीजाणु
(c) सुप्तबीजाणु (d) निश्चेष्ट बीजाणु

151. नीली-हरी शैवाल में नीले तथा हरे वर्णक का संगठन रहता है, नीले वर्णक को कहते हैं
(a) फायकोसायनिन (b) क्रोमोप्लाज्मा
(c) सायनोफायसिन (d) फायकोइरीथिन

152. *क्लैमाइडोमोनास* दर्शाता है
(a) वृहतदर्शीय शैवाल
(b) सूक्ष्मदर्शीय एककोशिकीय शैवाल
(c) सूक्ष्मदर्शीय बहुकोशिकीय शैवाल
(d) सूक्ष्मदर्शीय तन्तुमय शैवाल

153. *पॉलीसाइफोनिया* में कार्पोगोनियम अंकुरित होकर बनाते हैं
(a) नर युग्मकोद्भिद् पादप
(b) मादा युग्मकोद्भिद् पादप
(c) टेट्रास्फोरोफाइट (d) कार्पोस्पोरेन्जिया

154. संचित भोज्य पदार्थ 'क्लोरिडियन स्टार्च' पाया जाता है
(a) *क्लैमाइडोमोनास* में (b) *पॉलीसायफोनिया* में
(c) *कारा* (d) *सारमैसस*

155. पायरीनॉइड *स्पाइरोगायरा* के निम्न भाग में पाया जाता है
(a) कोशिकाद्रव्य (b) कोशिका भित्ति
(c) हरितलवक (d) केन्द्रक

156. सभी शैवालों में है
(a) फाइकोबिलिन्स और कैरोटिन
(b) पर्णहरिम-*a* और पर्णहरित-*b*
(c) पर्णहरित-*b* और कैरोटीन
(d) पर्णहरित-*a* और कैरोटीन

157. थैलोफाइटा में सम्मिलित है
(a) कवक एवं ब्रायोफाइट्स
(b) शैवाल एवं ब्रायोफाइट्स
(c) शैवाल, कवक एवं ब्रायोफाइट्स
(d) शैवाल एवं कवक

सही उत्तर

1. (b)	2. (c)	3. (a)	4. (d)	5. (c)	6. (d)	7. (c)	8. (d)	9. (d)	10. (a)
11. (a)	12. (d)	13. (c)	14. (d)	15. (b)	16. (b)	17. (a)	18. (b)	19. (c)	20. (b)
21. (a)	22. (b)	23. (b)	24. (d)	25. (a)	26. (a)	27. (d)	28. (d)	29. (b)	30. (c)
31. (d)	32. (d)	33. (b)	34. (a)	35. (d)	36. (b)	37. (d)	38. (c)	39. (a)	40. (d)
41. (d)	42. (d)	43. (b)	44. (c)	45. (d)	46. (a)	47. (a)	48. (c)	49. (a)	50. (c)
51. (d)	52. (c)	53. (b)	54. (b)	55. (a)	56. (a)	57. (a)	58. (d)	59. (a)	60. (b)
61. (b)	62. (d)	63. (b)	64. (a)	65. (a)	66. (b)	67. (c)	68. (b)	69. (c)	70. (c)
71. (d)	72. (c)	73. (a)	74. (a)	75. (c)	76. (a)	77. (c)	78. (a)	79. (b)	80. (c)
81. (a)	82. (a)	83. (a)	84. (b)	85. (b)	86. (b)	87. (d)	88. (d)	89. (b)	90. (b)
91. (a)	92. (a)	93. (b)	94. (c)	95. (d)	96. (c)	97. (c)	98. (b)	99. (c)	100. (c)
101. (b)	102. (b)	103. (d)	104. (c)	105. (b)	106. (b)	107. (d)	108. (b)	109. (c)	110. (d)
111. (d)	112. (d)	113. (a)	114. (c)	115. (c)	116. (c)	117. (c)	118. (d)	119. (c)	120. (b)
121. (a)	122. (b)	123. (a)	124. (c)	125. (a)	126. (c)	127. (a)	128. (d)	129. (d)	130. (a)
131. (b)	132. (b)	133. (a)	134. (a)	135. (a)	136. (b)	137. (d)	138. (c)	139. (a)	140. (b)
141. (b)	142. (b)	143. (d)	144. (b)	145. (a)	146. (a)	147. (b)	148. (c)	149. (b)	150. (c)
151. (a)	152. (b)	153. (c)	154. (b)	155. (c)	156. (d)	157. (d)			

अध्याय 03 ब्रायोफाइटा

ब्रायोफाइटा शब्द का प्रतिपादन **रॉबर्ट ब्राउन** (1864) ने किया। **प्रो. एस. आर. कश्यप** भारतीय ब्रायोलॉजी के जनक माने जाते हैं।

ब्रायोफाइट्स स्थलीय होते हैं तथा छायादार स्थानों पर उगते हैं, अत: इन्हें 'पादप जगत के उभयचर' (Amphibians of plant kingdom) कहा जाता है। ब्रायोफाइट्स प्राय: नम स्थानों, नम दीवारों, नम भूमि, लकड़ी के लट्ठों, नदी व तालाब के किनारे तनों तथा नम चट्टानों पर पाए जाते हैं। भारत में ब्रायोफाइट्स की सर्वाधिक जातियाँ पश्चिमी हिमालय पर पाई जाती हैं। ब्रायोफाइट्स में **संवहन बण्डलों** का अभाव होता है, इसलिए इन्हें **एट्रेकिएटा** (Atrachiata) भी कहते हैं। सबसे बड़ा ब्रायोफाइट *डाओसोनिया* (मॉस) है, जिसकी ऊँचाई 40-70 सेमी होती है। ब्रायोफाइट्स के आवासों में भी काफी विभिन्नताएँ देखने को मिलती हैं, जैसे- *बॉक्सबोमिया* सड़ी-गली लकड़ियों पर तथा *डेन्ड्रोसिरस कोनिफेरस* वृक्षों पर मिलते हैं।

स्फैगनम (मॉस) में पानी सोखने की अत्यधिक क्षमता होती है, इसलिए इनका उपयोग पौधों को स्थानान्तरित करते समय किया जाता है।

इसे बॉग या पीट मॉस (Bogg or peat moss) भी कहते हैं।

ब्रायोफाइटा का वर्गीकरण व इसके लक्षण

हिपेटीकॉप्सिडा

- पादपकाय थैलस होता है, जो कभी-कभी तना, पत्ती एवं मूलांग (Rhizoids) में विभाजित होता है।
- मूलांग दो प्रकार के, सपाट भित्ति वाले (Smooth-walled) एवं गुलिकीय (Tuberculated) होते हैं।
- थैलस के अधरतल पर शल्क होते हैं।
- सम्पुट में स्तम्भिका (Columella) का अभाव होता है।
- प्रत्येक कोशिका में अनेक हरिम कणक होते हैं।

एन्थोसिरोटॉप्सिडा

- मूलांग सपाट भित्ति वाले होते हैं। शल्क अनुपस्थित होते हैं।
- सम्पुट (Capsule) में स्तम्भिका पाई जाती है।
- प्रत्येक कोशा में एक या दो हरितलवक होते हैं।

ब्रायोप्सिडा

- युग्मकोद्भिद (Gametophyte) प्रोटोनिमा एवं गैमीटोफोर में विभाजित होता है।
- मूलांग बहुकोशीय तथा शाखित होते हैं। इनमें तिरछे पट होते हैं।
- बीजाणुद्भिद् (Sporophyte) पाद (Foot), सीटा (Seta) एवं सम्पुट में विभाजित होता है।
- सम्पुट में स्तम्भिका उपस्थित होती है।

ब्रायोफाइट्स में सबसे विकसित **बीजाणुद्भिद्** *एन्थोसिरोस* का होता है, जबकि सबसे सरल प्रकार का *रिक्सिया* में पाया जाता है।

पुंधानी (Antheridium) नर जननांग एवं स्त्रीधानी (Archegonium) मादा जननांग होते हैं।

सभी ब्रायोफाइट्स में, विशेषतया लिवरवर्ट्स में भ्रूणीय विकास के दौरान दो भाग, **एम्फीथीसियम** और **एण्डोथीसियम** स्पष्ट दिखाई देते हैं। एण्डोथीसियम से **स्पोरोजिनस ऊतक** तथा बाद में **बीजाणु मातृ कोशिका** (Spore mother cell) बनती है, जो अन्त में अर्द्धसूत्री विभाजन से बीजाणुओं का निर्माण करती है, किन्तु *एन्थोसिरोस* में यही स्पोरोजिनस ऊतक, **एम्फीथीसियम** द्वारा उत्पन्न होते हैं।

(i) **क्लीस्टोकार्पस** इनमें सम्पुट (Capsule) अनियमित रूप से (Irregularly) स्फुटन करते हैं।

(ii) **स्टिगोकार्पस** इनमें सम्पुट पूर्व निर्धारित होकर स्फुटन करते हैं।

यद्यपि ब्रायोफाइट्स के अवशेष **कार्बोनिफेरस युग** से ज्ञात हो चुके थे, यथापि संग्रह हेतु अच्छे ब्रायोफाइट्स **सीनोजोइक** युग से मिले हैं।

सामान्यतया ब्रायोफाइट्स का बीजाणुद्भिद (Sporophyte) **पाद**, **सीटा** व **सम्पुट** में विभेदित होता है, किन्तु *रिक्सिया* में पाद व सीटा अनुपस्थित होते हैं। *कोर्सिनिया* में सीटा नहीं मिलता है। *ऐन्थोसिरोस* में सीटा के स्थान पर विभज्योतकों का एक भाग पाया जाता है।

सर्वाधिक मान्य ब्रायोफाइट्स का वर्गीकरण **प्रोस्क्यूर;** 1957 द्वारा प्रस्तुत किया गया, जिसमें उन्होंने ब्रायोफाइटा को **हिपेटीकॉप्सिडा, एन्थोसिरोटॉप्सिडा** में विभाजित किया।

ब्रायोफाइटा पौधों की पादपकाय (Plant body) युग्मकोद्भिद् (Gametophyte) होती है, जोकि जीवन-चक्र की अगुणित अवस्था (Haploid stage) है। इस वर्ग का मुख्य पौधों युग्मकोद्भिद् होता है, जो स्वतन्त्र तथा स्वयंपोषी (Autotrophic) होता है।

ब्रायोफाइट्स में **सवंहनी तन्त्र** (Vascular system) नहीं पाया जाता है। पादप काय (Plant body) में मृदूतकीय कोशिकाएँ (Parenchymatous cells) होती हैं।

जनन

ब्रायोफाइट्स में अलैंगिक जनन पूर्णतया अनुपस्थित होता है तथा वर्धी प्रजनन मुख्यतया पाया जाता है। लैंगिक प्रजनन प्राय: अण्डयुग्मकी (Oogamous) प्रकार का होता है। ब्रायोफाइट्स का बीजाणुद्भिद् पूर्ण विकसित होता है, परन्तु युग्मकोद्भिद् पर पूर्णतया आश्रित होता है।

ब्रायोफाइटा (मॉस) **में युग्मकोद्भिद् की संरचनाएँ** अण्डा, पुंधानी, स्त्रीधानी, प्रोटोनिमा, पुंमणु, मुख्य पौधा आदि सभी में गुणसूत्रों की संख्या अगुणित (n) होती है।

ब्रायोफाइटा में बीजाणुद्भिद् पीढ़ी की संरचनाएँ निषिक्ताण्डप (Oospore), सम्पुट, बीजाणु मातृ कोशिका (Spore mother cells) आदि में गुणसूत्रों की संख्या द्विगुणित ($2n$) होती है।

रिक्सिया

वर्गीकरण

संघ	—	ब्रायोफाइटा (Bryophyta)
वर्ग	—	हिपेटिकॉप्सिडा (Hepaticopsida)
गण	—	मार्केन्शियेल्स (Marchantiales)
कुल	—	रिक्सियेसी (Ricciaceae)
वंश	—	*रिक्सिया (Riccia)*

एफ. एफ. रिक्सी ने सर्वप्रथम *रिक्सिया* की खोज की थी। यह प्रायः नम व गीली मिट्टी पर उगने वाला पौधा है। इसकी कुछ जलीय जातियाँ भी पाई जाती हैं, जैसे—*रिकोकार्पस नैटान्स* व *रिक्सिया फ्लूटैन्स*।

संरचना

रिक्सिया का मुख्य पादप युग्मकोद्भिद् थैलॉइड होता है। यह छोटा हरा, द्विपृष्ठाधारी व द्विभाजीशाखित होता है। इसका सूकाय आधार से एककोशिकीय शाखा रहित मूलाभासों द्वारा चिपका रहता है।

मूलाभास निम्न दो प्रकार के होते हैं

(i) चिकनी भित्ति युक्त मूलाभास (Smooth walled rhizoids)

(ii) गुलिकीय मूलाभास (Tuberculated rhizoids)

ये जल तथा खनिज लवणों के अवशोषण में सहायक होते हैं।

रिक्सिया की निचली सतह पर बहुकोशिकीय बैंगनी रंग के शल्क पाए जाते हैं।

रिक्सिया के सूकाय की आन्तरिक संरचना में दो क्षेत्र स्पष्ट होते हैं

(i) प्रकाश संश्लेषणीय क्षेत्र (Photosynthetic region)

(ii) संग्रह क्षेत्र (Storage region)

जीवन-चक्र

रिक्सिया (Riccia) में कायिक (Vegetative) व लैंगिक (Sexual), दो प्रकार से प्रजनन होता है।

कायिक जनन

इनमें कायिक जनन, सूकाय की मृत्यु व क्षय से तथा अपस्थानिक शाखाओं द्वारा होता है।

लैंगिक प्रजनन

रिक्सिया की अधिकांश जातियाँ उभयलिंगाश्रयी होती हैं। इनमें लैंगिक जनन विषमयुग्मकी (Oogamous) प्रकार का होता है। इनके नर जनन अंग पुंधानी (Antheridium) तथा मादा जनन अंग स्त्रीधानी (Archegonium) होते हैं।

पुंधानी द्विकशाभिक पुंमणु (Biflagellated antherozoid) उत्पन्न करती है। स्त्रीधानी फ्लास्क के समान होती है। यह ग्रीवा व अण्डधा (Venter) की बनी होती है। ग्रीवा की सुरक्षात्मक जैकेट में 6 अनुदैर्ध्य पंक्तियों में ग्रीवा कोशिकाएँ (Neck cells) लगी होती हैं। ग्रीवा में चार ग्रीवा नाल कोशिकाएँ पाई जाती हैं। अण्डधा में एक अण्डधा नाल कोशिका (Venter canal cell) तथा एक अण्डकोशिका (Egg cell) होती है।

इनमें निषेचन (Fertilisation) जल की उपस्थिति में होता है। पुंमणु व अण्डकोशिका के संयोग से द्विगुणित युग्मनज (Zygote) का निर्माण होता है। इसके चारों ओर भित्ति बन जाने से यह संरचना निषिक्तांड (Oospore) कहलाती है। युग्मनज से बीजाणुद्भिद् (Sporophyte) अवस्था प्रारम्भ होती है। *रिक्सिया* में बीजाणुद्भिद् केवल सम्पुटिका का बना होता है। संपुटिका की कोशिकाओं में परिनत विभाजन (Periclinal division) से बाह्य एम्फीथीसियम (Amphithecium) तथा आन्तरिक एण्डोथीसियम (Endothecium) का निर्माण होता है। एण्डोथीसियम की कोशिकाएँ विभेदित होकर प्रप्रसूतक (Archesporium) का निर्माण करती हैं, जो बीजाणु मातृ कोशिकाओं को जन्म देते हैं।

बीजाणु मातृ कोशिकाएँ (Spore mother cells) अर्द्धसूत्री विभाजन (Meiosis) द्वारा विभाजित होकर बीजाणुओं (Spores) का निर्माण करती हैं। इनमें से कुछ कोशिकाएँ विकासशील बीजाणुओं को भोजन प्रदान करती हैं, जिन्हें नर्स कोशिकाएँ (Nurse cells) भी कहते हैं।

रिक्सिया में सम्पुटिका का स्फुटन ऊतकों के नष्ट होने से होता है, जिससे बीजाणु स्वतन्त्र होकर नए सूकाय का निर्माण करते हैं।

मार्केन्शिया

वर्गीकरण

संघ	—	ब्रायोफाइटा
वर्ग	—	हिपेटिकॉप्सिडा
गण	—	मार्केन्शियेल्स
कुल	—	मार्केन्शियेसी
वंश	—	*मार्केन्शिया*

प्राप्ति स्थान

मार्केन्शिया प्रायः छायादार, ठण्डे व नम स्थानों पर मिलते हैं। *मार्केन्शिया* की लगभग 65 जातियाँ हैं, जो संसार में सर्वत्र पाई जाती हैं। *मार्केन्शिया पॉलीमॉर्फा (M. polymorpha)* व *मार्केन्शिया पामेटा (M. palmata)* प्रमुख भारतीय जातियाँ हैं।

संरचना

मार्केन्शिया का सूकाय युग्मकोद्भिद् व अगुणित होता है। सूकाय भूशायी उत्तराधर व युग्मशाखी होता है।

इसके सूकाय की पृष्ठ सतह पर एक स्पष्ट मध्य -शिरा होती है। इसकी प्रत्येक शाखा के अग्रभाग पर एक कटाव (Notch) होता है। सूकाय 2 से 10 सेमी तक लम्बा होता है।

सूकाय की अधर सतह पर शल्क (Scales) तथा मूलाभास (Rhizoids) पाए जाते हैं। शल्क बहुकोशिकीय लिग्यूलेट (Ligulate) तथा एपेन्डीकुलेट (Appendiculate) होते हैं। मूलाभास एककोशिकीय सरलभित्ति वाले (Smooth walled) तथा गुलिकीय (Tuberculated) होते हैं। इनका कार्य स्थिरीकरण (Fixation) व चूषण (Absorption) का होता है।

सूकाय की पृष्ठ सतह पर कुछ प्यालेनुमा रचनाएँ पाई जाती हैं, जिन्हें गेमा (Gemma) कहते हैं। ये विशेष प्रकार के वर्धी प्रजनन अंग हैं।

सूकाय आन्तरिक रचना में प्रकाश-संश्लेषण क्षेत्र (Photosynthetic region) व संग्रह क्षेत्र (Storage region) में विभेदित होता है। इनमें खाद्य-सामग्री स्टार्च (Starch) के रूप में संग्रहित रहती है।

जीवन-चक्र

मार्केन्शिया में कायिक व लैंगिक दो प्रकार से प्रजनन होता है।

कायिक जनन

मार्केन्शिया में कायिक जनन अनुकूल परिस्थितियों में निम्न विधियों के द्वारा होता है

(i) अग्रभागों की वृद्धि तथा पिछले पुराने भागों के नष्ट होने की विधि से
(ii) अपस्थानिक शाखाओं के निर्माण द्वारा
(iii) गेमी निर्माण द्वारा

गेमी (Gemmae) विशेष प्रकार के कायिक प्रजनन अंग हैं। यह एक बहुकोशिकीय बिम्बाकार (Discoid) संरचना होती है तथा प्यालेनुमा गेमा कप्स (Gemma cups) में पाई जाती है, जो थैलस की पृष्ठ सतह पर मध्य-शिरा (Mid-rib) के पास पाए जाते हैं।

प्रत्येक गेमी अनुकूल परिस्थितियों में पृथ्वी पर गिरने के बाद परिवर्धन कर *मार्केन्शिया* के नए सूकाय का निर्माण करते हैं। गेमा के कटाव (Notch) के स्थान से अग्रकोशिकाएँ (Apical cells) सक्रिय होकर सूकाय का निर्माण करती हैं।

लैंगिक प्रजनन

मार्केन्शिया में लैंगिक प्रजनन अण्डयुग्मकी (Oogamous) प्रकार का होता है। इसकी अधिकतर जातियाँ एकलिंगाश्रयी होती हैं।

लैंगिक जनन निश्चित नर व मादा प्रजनन अंगों के द्वारा होता है जिन्हें पुंधानी (Antheridium) तथा स्त्रीधानी (Archegonium) कहते हैं। इसमें नर व मादा जननांग युग्मकोद्भिद् (Gametophytic) थैलस पर विशेष प्रकार की उर्ध्व शाखाओं पर पाए जाते हैं, जिन्हें पुंधानीधर तथा स्त्रीधानीधर (Antheridiophores and archegoniophores) कहते हैं।

परिपक्व पुंधानी (Mature antheridium) एक मुग्दाकार (Club-shaped) रचना होती है। इसके अन्दर अनेक पुंमणु मातृ कोशिकाएँ पाई जाती हैं, जो द्विपक्ष्माभ पुंमणु (Biflagellated antheridium) का निर्माण करती हैं।

अण्डधानी डिस्क के खण्डों में किसी भी कोशिका के परिवर्तन से बनते हैं। परिपक्व अण्डधानी एक सुराहीनुमा रचना होती है, जो वृन्त द्वारा स्त्रीधानी डिस्क के खण्ड से जुड़ी होती है। इसका ऊपर का भाग ग्रीवा (Neck) तथा नीचे का फूला हुआ भाग अण्डधा (Venter) कहलाता है।

अण्डधानी में एक अण्डकोशिका (Egg cell) व एक अण्डधा नाल कोशिका पाई जाती है। ग्रीवा में 4 से 6 ग्रीवा नाल कोशिकाएँ पाई जाती हैं, जो चोलक स्तर से ढकी होती है। ग्रीवा के अग्र भाग पर 4 ढक्कन कोशिकाएँ भी पाई जाती हैं।

निषेचन

निषेचन की प्रक्रिया जल में होती है, जिसमें पुंमणु (Antherozoids), स्त्रीधानी की दीवार से चिपक जाते हैं। इनमें से एक पुंमणु, ग्रीवा (Neck) द्वारा होता हुआ, अण्ड (Egg) के पास पहुँचकर, संगलन (Fusion) करके द्विगुणित युग्मनज (Diploid zygote) का निर्माण करते हैं।

मार्केन्शिया का परिपक्व बीजाणुद्भिद तीन रक्षक स्तरों से ढका होता है, जो क्रमशः कैलिप्ट्रा (Calyptra), कूटपेरिन्थ (Pseudoperinth) व सहपत्र चक्र (Involucre) कहलाती है। इन तीनों आवरणों का उद्भव युग्मकोद्भिद् (Gametophytic) होता है।

बीजाणुद्भिद् (Sporophyte), पाद (Foot) तथा सीटा (Seta) में विभेदित होता है। इसमें चोलक स्तर, बाह्यएम्फीथीसियम (Amphithecium) तथा प्रप्रसूतक (Archesporium) अन्तःएण्डोथीसियम (Endothecium) से बनता है। प्रप्रसूतक (Archesporium) से बीजाणु मातृ कोशिकाएँ (Spore mother cells) तथा इलेटर्स मातृ कोशिकाओं (Elaters mother cells) का निर्माण होता है। बीजाणु मातृ कोशिकाएँ, अर्द्धसूत्री विभाजन (Meiosis) से अगुणित बीजाणुओं (Haploid spores) का निर्माण करती हैं।

इलेटर्स मातृ कोशिकाएँ (Elaters mother cells) इलेटर्स का निर्माण करती हैं, जो लम्बी (Elongated) तथा तर्कुरूपी संरचनाएँ होती हैं।

ये इलेटर्स आर्द्रता ग्राही (hygroscopic) होते हैं तथा बीजाणुओं के वितरण में सहायक होते हैं। परिपक्व सम्पुट (mature capsule) कैलिप्ट्रा, पेरीगाइनियम, आदि को भेदकर बाहर आ जाता है तथा इसकी भित्ती पर कई दरारें पड़ जाती हैं। इलेटर्स के फैलने व सिकुड़ने से बीजाणु मुक्त हो जाते हैं। ये उचित आधार व परिस्थितियाँ मिलने पर नए पौधे का विकास करते हैं।

एन्थोसिरोस

वर्गीकरण

संघ	—	ब्रायोफाइटा
वर्ग	—	एन्थोसिरोटी
गण	—	एन्थोसिरोटेल्स
कुल	—	एन्थोसिरोटेसी
वंश	—	*एन्थोसिरोस*

प्राप्ति स्थान

एन्थोसिरोस समशीतोष्ण (Temperate) तथा उष्ण (Tropical) प्रदेशों में पाया जाने वाला पौधा है। ये प्रायः नम, छायादार चट्टानों, नालियों, आदि पर पाए जाते हैं। इसकी लगभग 200 जातियाँ हैं ,जो सर्वत्र पाई जाती हैं। *एन्थोसिरोस हिमालयेन्सिस (Anthoceros himalayensis)* तथा *एन्थोसिरोस इरेक्टस (Anthoceros erectus)* मुख्य भारतीय जातियाँ हैं।

संरचना

एन्थोसिरोस (Anthoceros) का मुख्य पौधा युग्मकोद्भिद् होता है। इसका पादप सूकाय (Thallus) के समान उत्तराधर (Dorsiventral), हरे रंग का होता है।

इसमें मूलाभास (Rhizoids), एककोशिकीय तथा चिकनी भित्ती युक्त (Smooth walled) होते हैं। गुलिकीय मूलाभास तथा शल्क अनुपस्थित होते हैं। इनके थैलस में मध्यनाड़ी भी नहीं पाई जाती।

एन्थोसिरोस के थैलस की सभी कोशिकाएँ एक समान होती हैं। प्रत्येक कोशिका में एक पायरीनॉइड (Pyrenoid) युक्त हरितलवक (Chloroplast) पाया जाता है। थैलस की कुछ कोशिकाएँ श्लेष्मयुक्त गुहाओं (Mucilage filled cavities) में बदल जाती हैं, जिसमें नीली-हरी शैवाल *नॉस्टॉक (Nostoc)* पाई जाती है।

जीवन-चक्र

एन्थोसिरोस (Anthoceros) का जीवन चक्र दो निश्चित पीढ़ियों, **युग्मकोद्भिद्** (Gametophyte) व **बीजाणुद्भिद्** (Sporophyte) के द्वारा पूरा होता है।

युग्मकोद्भिद्

एन्थोसिरोस (Anthoceros) का युग्मकोद्भिद् सरल, सूकाय शाखित होता है। इसमें प्रायः **कायिक** (Vegetative) व **लैंगिक** (Sexual) प्रजनन होता है।

(i) कायिक प्रजनन

यह निम्न विधियों के द्वारा होता है

(a) अग्रीय भागों की वृद्धि तथा पश्च भागों की मृत्यु से
(b) गेमी निर्माण के द्वारा-*एन्थोसिरोस ग्लेन्ड्यूलोसस (Anthoceros glandulosus)* में।
(c) ट्यूबर निर्माण द्वारा—*एन्थोसिरोस ट्यूबरोसस (Anthoceros tuberosus)* में।

(d) अग्रकों के चिरलग्न रहने से—*एन्थोसिरोस फ्यूजीफॉर्मिस (Anthoceros fusiformis)* में।

(ii) लैंगिक प्रजनन

एन्थोसिरोस प्राय: उभयलिंगाश्रयी होता है। इनकी उभयलिंगी जातियाँ, **प्रोटेन्ड्रस** (Protandrous) होती हैं अर्थात् इनमें पुंधानी का विकास पहले होता है। इनमें लिंगी प्रजनन, अण्डयुग्मकी (Oogamous) होता है। इसमें नर व मादा जननांग, पुंधानी व अण्डधानी कहलाते हैं। ये सूकाय के अधर तल में धँसे रहते हैं। *एन्थोसिरोस* की पुंधानी गोलाकार संरचना होती है। यह एक चोलक स्तर द्वारा ढकी होती है। इसके अन्दर बहुत से द्विकशाभ युक्त पुंमणु पाए जाते हैं। परिपक्व अवस्था में पुंधानी की भित्ति, पानी अवशोषित करके टूट जाती है तथा पुंमणु स्वतन्त्र हो जाते हैं। इसमें स्त्रीधानी सूकाय के अधरतल पर पाई जाती हैं। इसकी ग्रीवा में 6 ग्रीवा नाल कोशिकाएँ पाई जाती हैं, जिनके ऊपर 4 ढक्कन कोशिकाएँ पाई जाती हैं। स्त्रीधानी में, एक अण्डधा नाल कोशिका तथा एक अण्ड कोशिका पाई जाती है।

निषेचन

निषेचन की प्रक्रिया जल में होती है। इस प्रक्रिया में बहुत से पुंमणु, ग्रीवा द्वारा प्रवेश कर अण्ड कोशिका के पास आ जाते हैं। इनमें से एक पुंमणु, अण्ड कोशिका से संगलन करता है, जिससे द्विगुणित युग्मनज का निर्माण होता है।

बीजाणुद्भिद्

एन्थोसिरोस का परिपक्व बीजाणुद्भिद् (Mature sporophyte) एक लम्बी व पतली संरचना होती है, जो युग्मकोद्भिद् सूकाय के ऊपर पाई जाती हैं प्रत्येक बीजाणुद्भिद् में एक आधारीय बल्बस पाद (Bulbous foot), मध्य क्षेत्र (Intercalary meristematic zone) तथा संपुटिका (Capsule) नामक तीन भाग पाए जाते हैं। पाद का मुख्य कार्य युग्मकोद्भिद् से खाद्य पदार्थ शोषण करके संपुटिका में पहुँचाना है।

इसमें चोलक स्तर (Jacket layer) से बाह्य एम्फीथीसियम तथा अन्त: एम्फीथीसियम से आर्कीस्पोरियम (Archesporium) का निर्माण होता है। आर्कीस्पोरियम से बीजाणु मातृ कोशिकाएँ (Spore mother cells) तथा कुछ बन्ध्य कूटइलेटर्स (Sterile pseudoelaters) का निर्माण होता है। प्रत्येक बीजाणु मातृकोशिका, अर्द्धसूत्री विभाजन (Meiosis) के द्वारा विभाजित होकर, अगुणित बीजाणु (Haploid spores) बनाते हैं।

बीजाणु व कूटइलेटर्स, संपुटिका (Capsule) में स्तम्भिका के बाहर पाए जाते हैं। स्तम्भिका (Columella) संपुटिका (Capsule) के मध्य भाग में पाए जाते हैं। ये संपुटिका का यान्त्रिक सहारा, बीजाणुओं के वितरण में सहायता तथा संवहन ऊतक की भाँति कार्य करते हैं।

कूटइलेटर्स (Pseudoelaters) की आर्द्रताग्राही गति (Hygroscopic movements) से सम्पुट की भित्ति कुण्डलित हो जाती है। भित्ति के फटने से बीजाणु (Spores) संपुटिका से बाहर निकल आते हैं। बीजाणु किसी उचित आधार पर पहुँचकर अंकुरण (Germination) करता है। यह वृद्धि कर एक बहुकोशिकीय थैलस का निर्माण करते हैं।

फ्यूनेरिया

वर्गीकरण

संघ — ब्रायोफाइटा
वर्ग — ब्रायोप्सिडा
गण — फ्यूनेरियेल्स
कुल — फ्यूनेरियेसी
वंश — *फ्यूनेरिया*

प्राप्ति स्थान

फ्यूनेरिया प्राय: सघन गुच्छों के रूप में मिलते हैं। ये जली हुई जमीन पर बहुत संख्या में उगते हैं। इसकी लगभग 117 प्रजातियाँ हैं, जो संसार के सभी भागों में पाई जाती हैं।

फ्यूनेरिया हाइग्रोमेट्रिका (Funaria hygrometrica) भारत में सर्वाधिक पाया जाता है। इसे सामान्यतया कॉर्ड मॉस (Cord moss) भी कहते हैं।

बाह्य संरचना

फ्यूनेरिया का मुख्य पौधा युग्मकोद्भिद् होता है। यह निम्न दो रूपों में मिलता है

(i) प्रोटोनीमा

यह भूमि पर रेंगने वाला (Prostrate), बहुकोशिकीय (Multicellular), सूत्रमयी (filamentous) व शाखित होता है।

प्रोटोनीमा का तन्तु पटयुक्त (Septate) होता है तथा इनमें बहुत से हरितलवक (Chloroplast) पाए जाते हैं। इसकी कुछ शाखाएँ भूमि में मूलाभास (Rhizoids) व कुछ ऊपर की ओर गेमीटोफोर (Gametophore) का निर्माण करती हैं।

(ii) युग्मकधर

यह मॉस के पादप का मुख्य रूप है। यह वयस्क पत्तीयुक्त सीधा खड़ा पौधा है। युग्मकधर (Gametophore) मूलाभासों (Rhizoids), स्तम्भ या अक्ष तथा पत्तियों का बना होता है। तना सीधा व शाखित होता है। इस पर छोटी-छोटी पत्तियाँ लगी होती हैं। पत्ती सरल, अवृन्त, अण्डाकार तथा मध्यशिरा युक्त होती हैं।

आन्तरिक संरचना

इसका मुख्य अक्ष बाह्यत्वचा (Epidermis), कॉर्टेक्स (Cortex) तथा मेड्यूला (Medulla) से बना होता है। इसमें क्यूटिकल व रन्ध्र अनुपस्थित होते हैं। पत्ती का मध्य शिरा (Mid rib) वाला भाग बहुकोशिकीय होता है, जिसके दोनों पार्श्वों में एक परत वाले पक्ष (Wings) होते हैं। पक्ष की कोशिकाएँ बड़ी व पतली भित्ति वाली होती हैं, जिसमें हरितलवक पाए जाते हैं। पत्ती में भी क्यूटिकल तथा रन्ध्र अनुपस्थित होते हैं।

प्रजनन

फ्यूनेरिया में प्रजनन कायिक (Vegetative) व लैंगिक (Sexual) विधियों के द्वारा होता है।

(i) कायिक प्रजनन

यह निम्न विधियों द्वारा होता है

(a) मूलांगों के नष्ट व मृत होने से
(b) गैमी निर्माण द्वारा- *फ्यूनेरिया हाइग्रोमेट्रिका (Funaria hygrometrica)*
(c) प्रोटोनीमा निर्माण द्वारा
(d) अपबीजाणुकता द्वारा

(ii) लैंगिक प्रजनन

फ्यूनेरिया में लैंगिक प्रजनन अण्डयुग्मकी (Oogamous) प्रकार का होता है। इसका युग्मकधर (Gametophore) उभयलिंगाश्रयी (Monoecious) तथा पुंपूर्वी (Protandrous) प्रकार का होता है।

इनके नर व मादा जननांग क्रमश: पुंधानी (Antheridium) एवं अण्डधानी (Oogonium) कहलाते हैं। इनमें पुंधानी मुख्य शाखा (Main axis) पर लगती हैं तथा अण्डधानी पार्श्व शाखा (Lateral branches) पर पाई जाती हैं। पुंधानियों के मध्य में पेराफाइसिस (paraphysis) नामक बहुकोशिकीय रोम पाए जाते हैं।

अण्डधानी एक फ्लास्क के आकार की बहुकोशिकीय संरचना होती है जो लम्बी ग्रीवा (Neck) तथा फूली अण्डधा (Venter) की बनी होती है। ग्रीवा में 6-18 नाल कोशिकाएँ पाई जाती हैं। अण्डधा में एक अण्डधा नाल कोशिका तथा एक अण्डकोशिका (Egg cell) पाई जाती है। ग्रीवा के शिखर पर 2 ढक्कन कोशिकाएँ पाई जाती हैं।

निषेचन

निषेचन की प्रक्रिया जल में होती है। अण्डधानी से स्रावित शर्करा के कारण पुंमणु, अनुचलन (Chemotactic) गति से स्त्रीधानी में प्रवेश करते हैं तथा एक पुंमणु, अण्ड कोशिका से संगलन कर द्विगुणित युग्मनज (Diploid zygote) का निर्माण करता है। युग्मनज बीजाणुद्भिद पीढ़ी की प्रथम कोशिका है।

बीजाणुद्भिद्

फ्यूनेरिया का बीजाणुद्भिद्, युग्मकोद्भिद् पर आंशिक परजीवी होता है। यह तीन भागों पाद, निवृन्त व संपुटिका में विभेदित रहता है।

पाद बीजाणुद्भिद् का छोटा शंकुरूप अवशोषक (Absorptive) अंग हैं, जो युग्मकोद्भिद के अग्र भाग में धँसा रहता है। वृन्त बीजाणुद्भिद् का लम्बा डण्ठल होता है, जिसके ऊपर नाशपाती के आकार की संपुटिका पाई जाती है। संपुटिका में नीचे एपोफाइसिस, मध्य में उर्वरक (Fertile) भाग तथा ऊपर पेरीस्टोम व ओपरकुलम होते हैं।

इसके माध्यम में केन्द्रीय बन्ध्य (Sterile) भाग स्तम्भिका (Columella) को घेरते हुए बीजाणुजनक (Sporogenous layer) पाया जाता है, जिसमें बीजाणु (Spores) रहते हैं। इन बीजाणु थैलियों के बाहर बड़े-बड़े वायुकूप होते हैं।

संपुटिका का स्फुटन तथा बीजाणुओं का प्रकीर्णन

परिपक्व कैप्सूल के सूखने के कारण कोशिकाएँ सिकुड़ जाती हैं। इससे वलयिका फट जाता है। इसका प्रच्छद ढक्कन के समान प्रावरक (Theca) से अलग हो जाता है। इसके पश्चात् पेरिस्टोम के दाँत अपनी आर्द्रताग्राही गतियों (Hygroscopic movements) के द्वारा बीजाणुओं के प्रकीर्णन में सहायता करते हैं।

बीजाणु युग्मकोद्भिद् अवस्था की प्रथम कोशिका है। यह अगुणित, गोल तथा एककोशिकीय होता है। यह दो भित्तियों से घिरा होता है, जिसके अन्दर तेल गोलिकाएँ व हरितलवक पाए जाते हैं।

बीजाणु उचित आधार व अवस्था मिलने पर एक जर्म नाल (Germ tube) निकालता है, जो बाद में विकसित होकर प्रोटोनीमा (Protonema) बनाते हैं। इस प्रोटोनीमा पर कलिका (Bud) तथा मूलाभास (Rhizoids) बनते हैं, जो बाद में विकसित होकर नए युग्मकोद्भिद पौधे का निर्माण करते हैं।

ब्रायोफाइटा का आर्थिक महत्त्व

ब्रायोफाइटा समूह के पादपों का आर्थिक महत्त्व अन्य पादप समूहों की अपेक्षा सीमित है। इस समूह के पादप प्रकृति में मृदा निर्माण उसमें संरक्षण तथा पादप अनुत्क्रमण में महत्त्वपूर्ण भूमिका निभाते हैं। इसके अतिरिक्त इनका उपयोग औषधि, भोजन तथा सूचक के रूप में किया जाता है।

1. औषधि के रूप में उपयोगिता

(a) *पॉलीट्राइकम* से बनी चाय; पित्ताशय तथा गुर्दें की पथरी को गलाने में सहायक होती है।
(b) *स्फैगनम* से प्राप्त स्फैग्नाल चर्म रोगों के उपचार में लाभदायक है।
(c) *मार्केन्शिया पॉलीमॉर्फा (M. polymorpha)* का उपयोग फुफ्फुसीय क्षय रोग तथा यकृत रोगों में किया जाता है।
(d) *स्फैगनम* को जल में उबालकर बनाए गए काढ़े का उपयोग आँखों व रुधिरस्राव के उपचार में उपयोग किया जाता है।

2. भोजन के रूप में उपयोगिता

समान्यतया इनका उपयोग प्रत्यक्ष रूप से भोजन के रूप में नहीं किया जाता है। *स्फैगनम* को विभिन्न जन्तु खाद्य के रूप में प्रयोग करते हैं। ग्राउस चिक (Grouse chicks) तथा ब्लैक बर्ड (Black bird) पक्षी मॉस पादपों को भोजन के रूप में ग्रहण करते हैं। इसके अतिरिक्त अलास्का में हिरण *स्फैगनम* तथा *डाइकेनम*, आदि मॉसों को खाते हैं।

3. सूचक के रूप में

कुछ ब्रायोफाइट्स प्रदूषक सूचक के रूप में कार्य करते हैं; जैसे—*ब्रायम आर्जेन्टियम (Bryum argentium)* क्षारीय स्थलों पर, *रेकोमाइट्रियम (Rhacomitrium)* अम्लीय स्थलों पर तथा *सिफेलोजिया बाइकैस्पीडेटा (Cephalogia bicaspidata)* जस्ता व जिप्सम की अधिकता वाले क्षेत्रों में उगता है।

4. प्रतिजैविकीय उपयोगिता

ब्रायोफाइट्स में कुछ प्रतिजैविक गुण भी पाए जाते हैं

(a) *कोनोसिफैलम कोनिकम (Conocephalum conicum)* का जलीय अर्क *कैण्डिडा एल्बिकेन्स* के विरुद्ध प्रतिजैविक होता है।
(b) *स्फैगनम स्ट्रिक्टम (Sphagnum strictum)* में भी प्रतिजैविक गुण होते हैं जो *स्टैफिल्लोकोकस आरियस* के प्रति क्रियाशील होते हैं।
(c) इसके अतिरिक्त कुछ ब्रायोफाइट्स में जीवाणुओं एवं कवकों के प्रति प्रतिजैविक गुण पाए जाते हैं; जैसे—*बारबूला, नायम, पॉलीट्राइकम, एनोमोडोन*, आदि।

5. अन्य उपयोग

(a) *डाइक्रेनम इलोंगेटा (Dicranum elongata)* नामक मॉस को लैम्प की बत्तियाँ बनाने में प्रयुक्त किया जाता है।
(b) मॉस (Mosses) का उपयोग बाग-बगीचों में भूमि का कटाव रोकने में किया जाता है।
(c) *पॉलीट्राइकम* जातियों के पादपों को टोकरियों एवं टोपियाँ बनाने में प्रयोग किया जाता है।
(d) ये चट्टानों पर उगकर उसे दूसरे बड़े पादपों को उगाने योग्य भूमि तैयार करने में महत्त्वपूर्ण योगदान देते हैं।
(e) **पीट मॉस** या *स्फैगनम* घरेलू जानवरों के नीचे बिछाने के काम आती है। इसके अलावा इनका उपयोग ईंधन के रूप में भी किया जाता है।

टेरिडोफाइटा वर्ग के अन्तर्गत संवहन ऊतक युक्त, अपुष्पोद्भिद् (Vascular cryptogams) पौधे रखे गए हैं। वे प्राय: शाकीय पौधे हैं, जो नम एवं छायादार स्थानों पर पाए जाते हैं। **टेरिडोफाइटा** शब्द का प्रतिपादन **हेकल** (1866) द्वारा किया गया।

टेरिडोफाइटा

टेरिडोफाइटा का वर्गीकरण व इसके लक्षण

टेरिडोफाइटा को चार उपसंघों में बाँटा गया है

1. साइलोफाइटा

- संवहन ऊतक केवल तने में स्थित।
- मूलाभास द्वारा जल अवशोषण पत्तियाँ प्राय: अनुपस्थित।
- समबीजाणुक, बीजाणुधानी तने के अग्र भाग पर स्थित होती है; *उदाहरण—राइनिया, साइलोटम*।

2. लाइकोफाइटा

- संवहन ऊतक सभी अंगों में स्थित पत्तियाँ पाई जाती हैं, इसे ग्रन्थिल मांस भी कहलाते हैं।
- कुछ जातियाँ समबीजाणुक एवं कुछ विषमबीजाणुक; *उदाहरण—सिलेजिनेला, लाइकोपोडियम* ।

3. आर्थ्रोफाइटा

- पत्तियाँ छोटी एवं वलय में स्थित तने में सिलिका पाया जाता है।
- तने पर खाँच एवं कंटक स्थित; *उदाहरण—इक्वीसीटम, हायनिया* ।

4. फिलिकोफाइटा

प्रपर्ण उपस्थित बीजाणुपर्ण की निचली सतह पर बीच में अथवा किनारे पर बहुत सी बीजाणुधानियाँ होती हैं; *उदाहरण—ड्रायोप्टेरिस, टैरिस, एडिएण्टम*।

टेरिडोफाइटा प्रथम पौधे हैं, जिनमें बीजाणुद्भिद् (Sporophyte) पीढ़ी प्रभावी है तथा पौधे जड़, तना व पत्ती में विभेदित होते हैं। ये ऐसे क्रिप्टोगैम्स (वे पौधे, जिनमें पुष्प नहीं बनते) हैं, जिनमें संवहन बण्डल (Vascular bundles) पाए जाते हैं, इसलिए इन्हें संवहनीय अपुष्पोद्भिद् भी कहते हैं।

ये प्राचीनतम पौधे हैं, जिनमें संवहन पूल (Vascular bundles) विकसित हुए। इनमें जीवाश्म (जैसे—*राइनिया*) एवं जीवित (जैसे—*लाइकोपोडियम, सिलेजिनेला*) दोनों प्रकार के पौधे सम्मिलित हैं।

टेरिडोफाइट्स के संवहन बण्डलों में, जाइलम में वाहिकाओं (Vessels) और फ्लोएम में सखि कोशिकाओं (Companion cells) का अभाव होता है।

टेरिडोफाइटा में कैम्बियम (Cambium) अनुपस्थित होने के कारण द्वितीयक वृद्धि नहीं होती है।

टेरिडोफाइट्स समबीजाणुक (Homosporous) (जैसे—*लाइकोपोडियम*) और विषमबीजाणुक (Heterosporous) (जैसे—*सिलेजिनेला*) दोनों प्रकार के हो सकते हैं।

सबसे लम्बे टेरिडोफाइट्स *साइएथिया* और *एलसोफाइला* हैं। इन्हें **ट्री फर्न्स** (Tree ferns) भी कहते हैं। जलीय टैरिडोफाइट्स; जैसे—*एजोला, मार्सीलिया* और *साल्वीनिया* में बीजाणुधानी (Sporangia) स्पोरोकार्प नामक एक विशेष संरचना में ढकी पाई जाती है।

टेरिडोफाइट्स में तने **अधोस्तरीय** (Underground) या **वायवीय** (Aerial) हो सकते हैं। ये पर्वसन्धि (Nodes) एवं पर्व (Internodes) में विभक्त होते हैं, जिसमें ऊर्ध्व दिशा में शाखाएँ निकलती हैं।

टेरिडोफाइट्स में बीजाणु बनाने वाली संरचनाओं में भी काफी विभिन्नताएँ मिलती हैं; जैसे—*सिलेजिनेला* में स्पाइक, *लाइकोपोडियम* में शंकु, *मार्सीलिया* व *एजोला* में स्पोरोकार्प होती हैं। *एजोला* सबसे छोटा टेरिडोफाइट् होता है।

- समबीजाणुक टेरिडोफाइट्स (Homosporous pteridophytes) में प्रोथैलस पूर्ण विकसित **भिन्नाश्रयी** तथा **एक्सोस्पोरिक** होता है, परन्तु विषमबीजाणुक टेरिडोफाइट्स में प्रोथैलस कम विकसित, उभयलिंगाश्रयी तथा एण्डोस्पोरिक होता है।
- निषेचन के बाद द्विगुणित युग्मनज या निषिक्तांड बनता है, जो भ्रूण बनाता है। भ्रूण वृद्धि करके बीजाणुद्भिद् बनाता है।
- टेरिडोफाइट्स में विषमरूपी पीढ़ी एकान्तरण पाया जाता है।
- टेरिडोफाइट्स में नर युग्मक बहुकशाभिक होते हैं, किन्तु *सिलेजिनेला (Selaginella)* में द्विकशाभिक होते हैं।

राइनिया

वर्गीकरण

प्रभाग (Division)	—	टेरिडोफाइटा (Pteridophyta)
उप-प्रभाग (Sub-division)	—	साइलोफाइटोप्सिडा (Psilophytopsida)
गण (Order)	—	साइलोफाइटेल्स (Psilophytales)
कुल (Family)	—	राइनिएसी (Rhyniaceae)
वंश (Genus)	—	*राइनिया (Rhynia)*

प्राप्ति एवं वितरण

- *राइनिया* के जीवाश्म **किडस्टन** व **लैंग** (Kidston and Lang) ने स्कॉटलैण्ड के राइनी नामक स्थान से सन् 1917 में प्राप्त किए थे।
- *राइनिया* वंश की केवल दो जातियाँ (*राइनिया* मेजर तथा *राइनिया गुइन-वाघानी*) हैं। जिनके जीवाश्म मध्य डिवोनियन काल की चट्टानों से प्राप्त हुए थे।

संरचना

- *राइनिया (Rhynia)* के पादपकाय बीजाणुद्भिद् (Sporophytic) थे।
- बीजाणुद्भिद् एक द्विभाजी शाखित विसर्पी प्रकन्द (Dichotomously branched creeping rhizome) तथा उर्ध्व वायवीय शाखाओं में विभेदित थे।
- *राइनिया मेजर (Rhynia major)* के अक्ष की ऊँचाई लगभग 50 सेमी तथा व्यास 1.5-6 मिमी था, जबकि *राइनिया गुइन-वाघानी (Rhynia gwynne-vaughanii)* के अक्ष की ऊँचाई 20 सेमी तथा व्यास 1-3 मिमी था।
- **मर्कर** (Merker; 1950) के अनुसार, चूँकि *राइनिया* के प्रकन्द में कुछ फलास्क के समान गुहिकाएँ पायी गई हैं, जो सम्भवतया इसके विघटित जननांगों की स्थिति दर्शाती हैं। अत: मर्कर के विचार में *राइनिया* का प्रकन्द इसका युग्मकोद्भिदिक (Gametophytic) भाग है।
- इनमें जड़ें (Roots) अनुपस्थित होती थीं, लेकिन प्रकन्द की निचली सतह पर अनेक एककोशिकीय मूलाभास (Rhizoids) उपस्थित थे।
- प्रकन्द तथा वायवीय शाखाओं पर अनेक अपस्थानिक शाखाएँ (Adventitious branches) उपस्थित थीं।
- वायवीय शाखाओं के शीर्ष पर नखररूपी (Pear-shaped) बीजाणुधानियाँ (Sporangia) उपस्थित थीं।
- वायवीय अक्ष (Aerial axis) की बाह्यत्वचा पर अनेक रन्ध्र (Stomata) उपस्थित थे। प्रत्येक रन्ध्र उच्च श्रेणी के पौधों के रन्ध्रों की भाँति दो द्वार कोशिकाओं (Guard cells) तथा अनेक सहायक कोशिकाओं (Subsidiary cells) से घिरा होता है।

- वल्कुट, बाह्य वल्कुट (Outer cortex) तथा अन्त: वल्कुट (Inner cortex) में विभेदित था। वल्कुट का भीतरी भाग मुख्य प्रकाश-संश्लेषी क्षेत्र था।
- अक्ष तथा प्रकन्द के केन्द्रीय भाग में ठोसरम्भ (Protostele) उपस्थित था।
- जाइलम (Xylem) केवल वाहिनिकाओं (Tracheids) से निर्मित था। वाहिनिकाओं में प्राय: वलयाकार (Annular) अथवा सर्पिल स्थूलन बैण्ड (Spiral thickening bands) थे।
- फ्लोएम (Phloem) में पतली भित्ति युक्त दीर्घित कोशिकाओं की 4-5 परतें होती हैं।

प्रजनन

- कुछ वायवीय शाखाओं के शीर्ष पर बीजाणुधानियाँ (Sporangia) उपस्थित होती हैं।
- *राइनिया मेजर* की बीजाणुधानियाँ लगभग 12 मिमी लम्बी तथा 4 मिमी चौड़ी थीं। *राइनिया गुइन-वाघानी* की बीजाणुधानियों का आमाप *राइनिया मेजर* की बीजाणुधानियों की अपेक्षा कम होता है।
- बीजाणुओं की जैकेट बहुस्तरीय होती है।
- बीजाणुधानी की गुहिका में अनेक बीजाणु चतुष्क (Spore tetrads) थे।
- सभी बीजाणु एक ही प्रकार के अर्थात् समबीजाणुक (Homosporous) थे।
- बीजाणुओं के चतुष्कफलकीय विन्यास से यह स्पष्ट होता है कि इनका निर्माण अर्द्धसूत्री (Meiosis) से हुआ था।
- बीजाणुधानी में स्फुटन के लिए कोई संरचनात्मक लक्षण नहीं होते हैं।

लाइकोपोडियम

वर्गीकरण

विभाग	—	माइक्रोफिलोफाइटा (Microphyllophyta)
वर्ग	—	एलिगुलोप्सिडा (Eligulopsida)
गण	—	लाइकोपोडियेल्स (Lycopodiales)
कुल	—	लाइकोपोडिएसी (Lycopodiaceas)
वंश	—	*लाइकोपोडियम (Lycopodium)*

प्राप्ति व वितरण

लाइकोपोडियम की लगभग 400 जातियाँ ज्ञात है, जोकि आर्कटिक शीतोष्ण तथा ऊष्णकटिबन्धीय क्षेत्रों (शुष्क क्षेत्रों को छोड़कर) में पाया जाता है। यह अजोत भूमि (Heath), ह्यूमस भूमि (Humus soil), नम व छायादार स्थानों, विशेषकर पहाड़ियों पर सामान्य रूप से पाया जाता है। यह सामान्यतया **क्लब-मॉसेज** (Club-mosses) व **ग्राउन्ड पाइन्स** (Ground-pines) के नाम से जाना जाता है।

संरचना

लाइकोपोडियम (Lycopodium) की कुछ जातियों (*ला. सिलैगो, ला. अलोइफोलियम*) में तना व शाखाएँ सीधी होती हैं लेकिन अन्य जातियों में सर्पी तने व शाखाएँ पाई जाती हैं; जैसे—*ला. सर्नुअम (L. cernuum), ला. क्लैवेटम (L. clavatum), ला. फ्लैगमेरिया* अधिपादपों (Epiphytes) के रूप में पाई जाती हैं। इसमें तने का शाखान्वयन आंशिक रूप से एकलाक्षी (Monopodial) व द्विभाजी (Dichotomous) होता है।

पत्तियाँ (Leaves), असंख्य, सरल, अवृन्त (Sessile), अप्रत्यक्ष व लम्बायमान होती हैं। कुछ जातियों में यह शल्की रूप में होती है। पत्तियों के किनारे किंचित क्रकची (Serrate) होती हैं। पत्ती के फलक में एक शाखाहीन मध्यनाड़ी (Mid-rib) पाई जाती है।

नवीन बीजाणुभिद् पौधे में प्राथमिक जड़ें (Primary roots) निकलती हैं, जो अल्पायु होती है। रेंगने वाले या सर्पिल (Creeping) पौधों की जड़ें अपस्थानिक (Adventitious) होती हैं।

ये तने के नीचे की ओर अग्राभिसारी (Acropetally) रूप में उत्पन्न होती हैं। सीधे खड़े पौधों की जड़ें एक कलंगी या गुच्छे (Tuft) के रूप में होती हैं। इन्हें वल्कुटीय मूल (Cortical roots) या आन्तरिक मूल (Inner roots) भी कहते हैं। तने में ठोस रम्भ (Portostele) पाई जाती है।

प्रजनन

लाइकोपोडियम में प्रजनन वर्धी (Vegetative) व लैंगिक (Sexual) प्रकार का होता है।

वर्धी प्रजनन

यह निम्न विधियों के द्वारा होता है

(a) खण्डन द्वारा
(b) अपस्थानिक कलियों द्वारा
(c) पत्र प्रकलिकाओं द्वारा
(d) गैमी निर्माण द्वारा
(e) कन्द द्वारा
(f) सुप्त कलिकाओं द्वारा

लैंगिक प्रजनन

प्रत्येक पौधे में निषेचन क्षेत्र के स्थान पर शंकु (Strobili) पाए जाते हैं। शंकु एक केन्द्रीय अक्ष द्वारा बना होता है जिसके ऊपर बीजाणुधानियाँ (Sporangia) एकल रूप में पाई जाती है। बीजाणुधानियाँ प्राय: वृक्काकार (Reniform), एक छोटे वृन्त के साथ तथा बहुसंख्यक बीजाणुओं से भरी होती है।

परिपक्व हो जाने पर बीजाणुधानियाँ दो कपाटों में बँट जाती हैं; जिससे बीजाणु बाहर निकल आते हैं।

लाइकोपोडियम के सभी बीजाणु एक ही प्रकार के तथा आकार में छोटे होते हैं। बीजाणुओं की उत्पत्ति से अगुणित युग्मकोद्भिद् अवस्था प्रारम्भ हो जाती है।

इनमें पतला बाह्य चोल (Exine) व आन्तरिक कणयुक्त अन्त:चोल (Granular intine) पाया जाता है। इनमें थोड़ी मात्रा में पर्णहरिम (Chlorophyll) भी पाया जाता है।

युग्मकोद्भिद् (Gametophyte) छोटे हरे या सफेद मटमैले प्रकार के होते हैं। ये विकसित होने की अवस्था पर निर्भर करते हैं। विकसित होने वाले युग्मकोद्भिद् पौधें में सहजीवी फाइकोमाइसिस्ट्स कवक का संक्रमण अनिवार्य होता है अन्यथा पौधे का विकास रुक जाता है और वे नष्ट हो जाते हैं।

परिपक्व युग्मकोद्भिद् पादप सीधी, खड़ी, माँसल संरचना होती है; जिसका निचला भाग भूमि में अन्तर्भूत (Embedded) होता है; जबकि ऊपरी भाग में प्रविभाजी तन्तुओं (Meristematic strands) से युक्त हरी पालियाँ पाई जाती हैं।

कुछ पौधों; जैसे—*ला. ऐनोटिनम (Lycopodium anotinum)* में विशाल प्रोथैलस पूरी तरह भूमिगत कन्दयुक्त (Tuberous), पालीविहीन व अपूर्ण मृतोपजीवी (Incompletely saprophytic) होता है।

इनमें मादा जनन अंग स्त्रीधानी (Archegonia) व नर जनन अंग पुंधानी (Antheridia) होते हैं। इसका प्रोथैलस उभयलिंगाश्रयी (Monoecious) होता है। पुंधानी में पुंमणु (Antherozoid) पाए जाते हैं, जो द्विपक्ष्माभी (Biflagellated) व तकुए (Fusiform) की आकृति के होते हैं। स्त्रीधानी में अण्ड कोशिका (Egg cell) पाई जाती है।

निषेचन

निषेचन की प्रक्रिया जल में होती है, जिसमें पुंमणु व अण्डकोशिका के केन्द्रक मिलकर एक निषिक्तांड (Oospore) का निर्माण करते हैं।

भ्रूण का परिवर्धन

- *लाइकोपोडियम* के निषिक्तांड में अनुप्रस्थ विभाजन के परिणामस्वरूप एक ऊपरी (Epibasal) कोशिका व निचली (Hypobasal) कोशिका का निर्माण होता है। ऊपरी कोशिका से निलम्बक (Suspensor) का निर्माण होता है। भ्रूण का विकास अर्ध हाइपोबेसल कोशिका से होता है।
- हाइपोबेसल कोशिका के विभाजन के 4-4 कोशिकाओं के दो सोपान (Tier) बनते हैं, जिनमें निकटस्थ सोपान, पाद (Foot) का निर्माण करता है तथा दूरस्थ सोपान जड़, तना व पत्ती बनाता है।
- नवीन भ्रूण युग्मकोद्भिद् का संचित भोजन प्राप्त करता हुआ वृद्धि करता है व नवीन बीजाणुद्भिद् (Sporophyte) रूप धारण कर लेता है, जो विकसित होकर परिपक्व बीजाणुद्भिद् बनाता है।

सिलेजिनेला

वर्गीकरण

संघ	—	ट्रेकियोफाइटा (Trachaeophyta)
उपसंघ	—	लाइकोप्सिडा (Lycopsida)
वर्ग	—	लिग्यूलोप्सिडा (Ligulopsida)
गण	—	सिलेजिनेल्स (Selaginellales)
कुल	—	सिलेजिनेसी (Selaginaceae)
वंश	—	*सिलेजिनेला (Selaginella)*

प्राप्ति व वितरण

सिलेजिनेला की अधिकांश जातियाँ उष्ण प्रदेशों (Tropical regions) तथा नम व छायादार स्थानों पर पाई जाती हैं। इसकी कुछ जातियाँ शीत व शुष्क स्थानों पर पाई जाती हैं। कुछ जातियाँ; जैसे—सिलेजिनेला रुपेस्ट्रिस (Selaginella rupestris) शुष्कोद्भिद् होती हैं। इसे पुनर्जीवित होने वाला पौधा भी कहा जाता है। भारत वर्ष में *सिलेजिनेला की* लगभग 5 जातियाँ पाई जाती हैं, जिनमें *सिलेजिनेला क्रासिआना* (*Selaginella kraussiana*) तथा *सिलेजिनेला पेलीडिस्सिमा* (*Selaginella pallidissima*) प्रमुख हैं।

बाह्य संरचना

सिलेजिनेला (Selaginella) का पादप शरीर बीजाणुद्भिद् (Sporophytic) होता है। पादप संरचना के आधार पर *सिलेजिनेला* को दो उपवंशों में विभक्त किया जाता है।

1. होमियोफिल्लम

इन जातियों में तना ऊर्ध्व द्विभाजी शाखित (Dichotomously branched), पत्तियाँ समपर्णी (Homophyllous) तथा सर्पिल क्रम में व्यवस्थित रहती है; जैसे—*सिलेजिनेला रूपेस्ट्रिस (Selaginella rupestris)*।

2. हेटेरोफिल्लम

इनमें तना भूशायी (Prostrate), अनियमित शाखित (Irregularly barnched) तथा पृष्ठाधर (Dorsiventral) होता है। इसमें पत्तियाँ दो प्रकार की होती हैं। पृष्ठ सतह पर स्थित पत्तियाँ छोटी तथा अधर सतह पर बड़ी पत्तियाँ पाई जाती हैं; जैसे—*सिलेजिनेला लैपिडोफिल्ला (Selaginella lepidophylla)* में तने के निचले भाग में एक लम्बी, रंगहीन, गोलाकार, पत्ती रहित व मूलगोप रहित रचना निकलती हैं, जिसे राइजोफोर (Rhizophore) कहते हैं। इसके अग्र भाग से अपस्थानिक जड़ें निकलती हैं। राइजोफोर जड़ व तने से भिन्न है, क्योंकि यह मूलगोप (Root cap) व पत्तियों से रहित होता है।

सिलेजिनेला की पत्ती प्रायः छोटी व अण्डवृत्त होती हैं। प्रत्येक पत्ती के मध्य में एक अशाखित मध्य शिरा पाई जाती है। प्रत्येक पत्ती की ऊपरी सतह के आधार पर एक लिग्यूल (Ligule) पाया जाता है। परिपक्व लिग्यूल का आधारीय भाग ग्लोसोपोडियम (Glossopodium) तथा ऊपरी भाग पंख के समान होता है। लिग्यूल का कार्य जल व श्लेष्म का उत्सर्जन है।

आन्तरिक संरचना

सिलेजिनेला के तने में बाह्य त्वचा (Epidermis), वल्कुट (Cortex), अन्तस्त्वचा (Endodermis) व रम्भ (Stele) नामक रचनाएँ पाई जाती हैं। अन्तस्त्वचा ट्रेबीकुलेटिड (Trabeculated) होती है।

रम्भ (Stele) के चारों ओर वायुकोष पाई जाते हैं, जो कॉर्टेक्स में अधिक वृद्धि के कारण बनते हैं। रम्भ प्रोटोस्टील (Protostele) प्रकार का होता है। युवा तना एक रम्भीय (Monostelic) तथा परिपक्व तना बहुरम्भीय (Polystelic) प्रकार का होता है।

सिलेजिनेला के तने में द्वितीयक वृद्धि (Secondary growth) नहीं होती।

प्रजनन

सिलेजिनेला में कायिक (Vegetative) व लैंगिक (Sexual) दोनों प्रकार से प्रजनन होता है।

कायिक प्रजनन

इसमें कायिक प्रजनन प्रायः विखण्डन (Fragmentation) या बल्बिल निर्माण (Bulbil formation) के द्वारा होता है।

लैंगिक प्रजनन

सिलेजिनेला के जीवन चक्र में दो पीढ़ियाँ बीजाणुद्भिद् (Sporophyte) तथा युग्मकोद्भिद् (Gametophyte) पाई जाती हैं, जो पीढ़ी एकान्तर (Alternation of generation) प्रदर्शित करती हैं।

सिलेजिनेला विषमबीजाणुक (Heterosporous) होता है, जिसमें लघुबीजाणु (Microspores) तथा गुरुबीजाणु (Macrospores) क्रमशः लघुबीजीय धानियों (Microsporangium) तथा गुरुबीजाणुधानियों (Macrosporangium) में बनते हैं, जो शंकु में पाई जाती हैं।

लघुबीजाणु (Macrospores) नर युग्मकोद्भिद् (Male gametophyte) बनाते हैं, जिसमें 13-कोशिकाएँ पाई जाती है। इनमें 8-जैकेट कोशिकाएँ (Jacket cells), 4-पुंमणु कोशिकाई (Androgonial cells) तथा 1 प्रोथैलियल कोशिका (Prothalial cell) होती है।

गुरुबीजाणु (Macrospore) मादा युग्मकोद्भिद् का निर्माण होता है। *सिलेजिनेला मोनोस्पोरा (Selaginella monospora)* में 4-गुरुबीजाणुओं में से 3 नष्ट हो जाते हैं व एक क्रियाशील रहता है। इनमें नर व मादा युग्मकोद्भिद् एण्डोस्पोरिक (Endosporic) होता है। पुंमणु लम्बे व द्विकशाभिक होते हैं।

अण्डधानी (Archegonium) में एक अण्डधा (Venter) तथा एक ग्रीवा होती है। ग्रीवा में एक ग्रीवा नाल कोशिका (Nack canal cell) तथा 2 सोपानों (Tiers) में व्यवस्थित 8-ग्रीवा कोशिकाएँ (Nack canal cells) पाई जाती है। अण्डधा में एक अण्ड तथा अण्डधा नाल कोशिका (Venter canal cell) उपस्थित होती है।

निषेचन

निषेचन की प्रक्रिया जल में होती है, जिसमें पुंमणु, अण्ड में संलयन का युग्मनज (Zygote) का निर्माण करते हैं। युग्मनज बीजाणुद्भिद् अवस्था की इकाई हैं। इनमें भ्रूण का विकास मीरोब्लास्टिक (Meroblastic) तथा एण्डास्पोपिक (Endosporic) होता है। यह विकसित होकर नए पौधे का निर्माण करता है।

इक्वीसीटम

वर्गीकरण

संघ	—	टेरिडोफाइटा (Pteridophyta)
उपसंघ	—	स्फीनॉप्सडा (Sphenopsida)
वर्ग	—	इक्वीसीटीनी (Equisetinae)
गण	—	इक्वीसीटेल्स (Equisetasles)
वंश	—	*इक्वीसीटम (Equisetum)*

प्राप्ति एवं वितरण

यह ऑस्ट्रेलिया व न्यूजीलैण्ड को छोड़कर संसार के सभी भागों में पाया जाता है। यह छोटे तालाबों, पोखरों तथा नम व छायादार स्थानों पर पाया जाता है। इसकी कुछ जातियाँ; जैसे—*इक्वीसीटम आरवेन्स (Equiseturm arvense)* शुष्क तथा रेतीली भूमि पर पाई जाती है। *इ. डिबाइल (E. debile)* प्रमुख भारतीय जाति है।

बाह्य संरचना

इक्वीसीटम का पादपकाय बीजाणुद्भिद् (Sporophytic) होता है। ये शाकीय तथा बहुवर्षीय (Perennial) होते हैं। इनका पादपकाय जड़, तना व पत्ती में विभेदित होता है।

तना भूमिगत प्रकन्द (Rhizome) होता है, जो पर्व (Node) व पर्व सन्धियों (Internodes) में विभेदित रहता है। पर्व सन्धियों से ऊपर की ओर ऊर्ध्व वायवीय शाखाएँ (Erect aerial branches) व नीचे की ओर अपस्थानिक जड़ें (Adventitious roots) निकलती हैं। प्रकन्द से 2 प्रकार की उर्वर (Fertile) व बन्ध्य (Sterile) शाखाएँ उत्पन्न होती हैं।

इक्वीसीटम में पत्तियाँ सरल, छोटी, एक शिरा वाली व शल्कीय (Scaly) होती हैं। ये तने की पर्व सन्धियों पर भ्रमि (Whorl) के रूप में लगी होती है। पत्तियाँ तने के चारों ओर एक छाद (Sheath) बनाती हैं। इनमें पर्णहरिम (Chlorophyll) अनुपस्थित होता है।

इक्वीसीटम में जड़ें अपस्थानिक (Adventitious) होती हैं, जो प्रकन्द की पर्व सन्धि से उत्पन्न होती है। वे भूमि से पानी व खनिज लवणों का अवशोषण करती हैं।

आन्तरिक संरचना

तने में सबसे बाहर की ओर बाह्य त्वचा (Epidermis), एक चौड़ा वल्कुट (Cortex) व केन्द्र में रम्भ (Stele) पाया जाता है। रम्भ में वाहिनी पूलों की वलय (Ring) उपस्थित होती हैं। रम्भ साइफोनोस्टील प्रकार की होती है, क्योंकि रम्भ के मध्य में एक मज्जा गुहा (Pith cavity) पाई जाती है। अत: इसे **पॉलीफेसीकुलर साइफोनोस्टील** (Polyfascicular siphonostele) भी कहते हैं। *इक्वीसीटम* की जड़ में बाह्य एपीडर्मिस, कॉर्टेक्स तथा मध्य में रम्भ (Stele) पाई जाती है।

जीवन-चक्र

इक्वीसीटम का पादप बीजाणुजनक होता है। इसके जीवन-चक्र में बीजाणुद्भिद् (Sporophytic) व युग्मकोद्भिद् अवस्थाएँ पाई जाती हैं, अत: यह पीढ़ी एकान्तरण (Alternation of generation) प्रदर्शित करता है।

इक्वीसीटम का परिपक्व पादप जीवन-चक्र की बीजाणुद्भिद् (Sporophytic) अवस्था को प्रदर्शित करता है। यह बीजाणुओं के द्वारा प्रजनन करता है। बीजाणुधानी (Sporangium) बीजाणुओं (Spores) का निर्माण करती है। ये शंकु (Strobilus) में पाई जाती है। इसमें बीजाणु (Spores) समबीजाणु (Homospours) प्रकार के होते हैं।

परिपक्व अवस्था में शंकु (Strobilus) का केन्द्रीय अक्ष लम्बाई में वृद्धि करता है जिससे स्पोरेन्जियोफोर्स (Sporangiophores) पृथक हो जाते हैं। स्पोरेन्जियम में दरारें पड़ जाने से बीजाणु स्वतन्त्र होकर इधर-उधर बिखर जाते हैं।

बीजाणु युग्मकोद्भिद् (Gametophytic) अवस्था की इकाई होते हैं। ये अगुणित (Haploid) होते हैं तथा अंकुरण कर युग्मकोद्भिद् का निर्माण करते हैं।

प्रत्येक परिपक्व बीजाणु एककेन्द्रकीय (Uninucleated) व पर्णहरिम युक्त (Chlorophyllus) गोलाकार रचना होती है, जिसमें 4-इलेक्टर्स पाए (Elaters) जाते हैं। इलेटर्स आर्द्रताग्राही होते हैं तथा बीजाणुधानी फटने में तथा बीजाणुओं के विसरण में सहायक होते हैं। बीजाणु बीजाणुधानी से स्वतन्त्र होकर नदियों व तालाबों तथा नम भूमि में अंकुरण करते हैं। उचित अवस्था मिलने पर ये एक बहुकोशिकीय युग्मकोद्भिद् पादप का विकास करते हैं।

युग्मकोद्भिद् में अण्डधानी (Archegonium) व पुंधानी (Antheridium) का विकास होता है, जिनसे पुंमणु (Antheridia) व अण्ड (Egg) का निर्माण होता है। ये दोनों संगलन का युग्मज (Zygote) बनाते हैं, जिससे बीजाणुद्भिद् (Sporophyte) पादप का विकास होता है। इस प्रकार युग्मकोद्भिद् व बीजाणुद्भिद् अवस्थाओं के बीच पीढ़ी एकान्तरण चलता रहता है।

मार्सीलिया

वर्गीकरण

संघ	—	टेरिडोफाइटा (Pteridophyta)
वर्ग	—	लेप्टोस्पोरेन्जियोप्सिडा (Leptosporanigiopsds)
गण	—	मार्सीलियेल्स (Marsileales)
कुल	—	मार्सीलियेसी (Marsileaceae)
वंश	—	*मार्सीलिया (Marsilea)*

प्राप्ति व वितरण

मार्सीलिया (Marsilea) प्राय: तालाबों, झीलों, गड्ढों, आदि में पाया जाता है। यह एक विश्वव्यापी पादप है। *मार्सीलिया माइनूटा (Marsilea minuta)* व *मार्सीलिया क्वार्डीफोलिया (M. quardrifolia)* प्रमुख भारतीय जातियाँ हैं।

बाह्य संरचना

मार्सीलिया का परिपक्व पादप बीजाणुद्भिद् (Sporphytic) होता है। यह जड़, तना व पत्ती में विभेदित रहता है। तना भूमिगत प्रकन्द (Rhizome) होता था। यह प्राय: शाकीय (Herbaceous), विसर्पी (Creeping) तथा पर्व व पर्व सन्धियों (Node and internodes) में विभाजित होता है। प्रकन्द प्राय: द्वियुग्मी शाखित होता है।

मार्सीलिया के पादप में पत्तियाँ, प्रकन्द की मध्य रेखा के दोनों ओर पर्वसन्धियों (Nodes) पर एकान्तर क्रम में लगी होती हैं। प्रत्येक पत्ती में एक लम्बा वृन्त

(Long petiole) व 4–समान पर्णक (Leaflets) पाए जाते हैं। इनमें द्विपुग्मी शाखान्वित (Dichotomoulsy branched) शिराविन्यास पाया जाता है। वृन्त के आधार पर बीजाणु उत्पादक अंग (Spore producing organs) लगे होते हैं, जिन्हें **स्पोरोकार्प** (Sporocarp) कहते हैं। इसमें अपस्थानिक जड़ें (Adventitous roots) पाई जाती हैं जो प्रकन्द की पर्व सन्धियों की निचली सतह से निकलती हैं।

आन्तरिक संरचना

तना परिधि से केन्द्र की ओर बाह्य त्वचा (Epidermis), वल्कुट (Cortex), अन्तस्त्वचा (Endodermis) व रम्भ (Stele) से बना होता है। इनमें मोनोस्टीलिक (Monostelic) एम्फीफ्लोइक साइफोनोस्टील (Amphiphloic siphonostele) पाई जाती है, जिसमें जाइलम दोनों ओर से फ्लोएम (Phloem), पेरीसाइकिल (Pericycle) व एण्डोडर्मिस (Endodermis) द्वारा घिरा होता है। केन्द्र में मज्जा (Pith) पाई जाती है।

जड़ (Root) की अनुप्रस्थ काट में जलोद्‌भिद् लक्षण दिखाई देते हैं। इनमें बाह्य त्वचा (Epidermis), वल्कुट (Cortex) व रम्भ (Stele) प्रमुख रचना होती है। रम्भ डाइआर्क (Diarch) होते हैं, जिसमें मज्जा अनुपस्थित होती है।

जीवन-चक्र

मार्सीलिया का जीवन-चक्र की बीजाणुजनक (Sporophytic) अवस्था को प्रदर्शित करता है। इसमें युग्मकोद्‌भिद् (Gametophyte) व बीजाणुद्‌भिद् (Sporophyte) अवस्थाओं का पीढ़ी एकान्तरण (Alternation of generation) होता रहता है।

बीजाणुद्‌भिद् अवस्था

मार्सीलिया का पादप असमबीजाणुक (Heterosporous) होता है। बीजाणु स्पोरोकार्प (Sporocarp) से उत्पन्न होते हैं, जिनमें बीजाणुधानियाँ (Sporangium) पाई जाती हैं। बीजाणुधानियाँ (Sporangium) दो प्रकार की अर्थात् लघुबीजाणुधानी (Microsporangium) तथा गुरुबीजाणुधानी (Megasporangium) होती हैं, जो लघुबीजाणु (Microspore) तथा गुरुबीजाणु (Megaspore) का निर्माण करती हैं। लघुबीजाणु (Microspore) व गुरुबीजाणु (Megaspore) अगुणित (Haploid) रचना होती है, जो अंकुरण कर युग्मकोद्‌भिद् का निर्माण करती हैं।

युग्मकोद्‌भिद्

लघुबीजाणु (Microspores) व गुरुबीजाणु (Megaspores) स्पोरोकार्प से स्वतन्त्र होकर जल में आ जाते हैं। लघुबीजाणु, नर जन्युजनक की इकाई है। इसके चारों ओर एक बाह्य मोटी भित्ति एक्साइन (Exine) तथा एक पतली भित्ति इन्टाइन (Intine) पाई जाती है। इसके अन्दर केन्द्रक (Nucleus) व कोशिकाद्रव्य (Cytoplasm) पाया जाता है। इनसे पुंमणु (Antherozoid) का निर्माण होता है। पुंमणु कीप के आकार की बहुकशाभिक (Multiflagellated) रचना होती है। ये बीजाणु की भित्ति फट जाने पर स्वतन्त्र हो जाते हैं।

गुरुबीजाणु (Megaspore) मादा युग्मकोद्‌भिद् की प्रथम कोशिका होते हैं। इसके चारों ओर एक बाह्य भित्ति (Exospore) व अन्त: भित्ति (Endospore) पाई जाती है। इसके अग्र सिरे पर एक उभार होता है, जिसके केन्द्रक स्थिर रहता है। इसके निचले भाग में स्टार्च कण व तेल, आदि पदार्थ पाए जाते हैं।

मार्सीलिया का मादा युग्मकोद्‌भिद् (Female gametophyte) एक बहुत सूक्ष्म रचना होती है, जिसमें एक आर्कीगोनियम (Archegonium) पाया जाता है। इसके नीचे पोषण के लिए प्रोथैलियल कोशिका पाई जाती है। अण्डधानी एक सरल रचना होती है, जिसमें एक ग्रीवा नाल कोशिका (Neek canal cell) व एक अण्ड कोशिका (Egg cell) पाई जाती है।

निषेचन

पुंमणु (Antherozoid) अण्ड कोशिका से संलयन (Fusion) करके द्विगुणित युग्मनज (Zygote) का निर्माण करती है। युग्मनज, बीजाणुद्‌भिद् अवस्था की प्रथम कोशिका होती है। इससे भ्रूण का निर्माण होता है। भ्रूण विभाजनों एवं विकास के द्वारा नए पादप में रूपान्तरित हो जाता है।

टेरिडोफाइट में रम्भ तन्त्र

वानटिगम एवं **डूलियट** (Vantighem and Douliot) ने रम्भीय सिद्धान्त (Stelar theory) का प्रतिपादन किया। इनके अनुसार, रम्भ, तने व जड़ का केन्द्रीय भाग है, जो संवहनी ऊतकों (Vascular tissues) का बना होता है। इसमें पिथ (Pith) उपस्थित या अनुपस्थित हो सकती है। पिथयुक्त रम्भ अन्तस्त्वचा से घिरा होता है, *जिसमें पेरीसाइकिल जाइलम, टेरिडोफाइट्स में रम्भ निम्न प्रकार की होती हैं*

आदिरम्भ या प्रोटोस्टील

यह सबसे साधारण रम्भ है। इसमें केन्द्र में जाइलम (Xylem) पाया जाता है, जो फ्लोएम, पेरीसाइकिल व अन्तस्त्वचा से घिरा होता है। इसमें पिथ नहीं होता है। *लाइकोपोडियम (Lycopodium), राइनिया (Rhynia)* व *सिलेजिनेला (Selaginella)* में इस प्रकार की रम्भ पाई जाती है।

जब ठोस जाइलम चारों ओर से फ्लोएम द्वारा घिरा होता है तो यह **हैप्लोस्टील** (Haplostele) कहलाती है। जैसे—*सिलेजिनेला क्रासियाना (Selaginella kraussiana)*। जब केन्द्रीय जाइलम रेडिएटिंग रिब्ज (Radiating ribs) में बँटा होने के कारण तारे के समान आकृति बनाता है तथा फ्लोयम द्वारा घिरा होता है, तो इसे **एक्टीनोस्टील** (Actinostele) कहते हैं; जैसे—*लाइकोपोडियम सिरैटम (Lycopodium serratum)*। वह अवस्था, जिसमें जाइलम प्लेट के समान कुछ भागों में विभाजित हो जाता है, जो प्लेट्स समानान्तर विन्यासित होती हैं तथा फ्लोएम इन जाइलम प्लेट्स के साथ एकान्तर क्रम में पाया जाता है, **प्लेक्टोस्टील** (Plectostele) अवस्था कहलाती है;

जैसे—*लाइकोपोडियम वोल्यूबाइल (Lycopodium volubile)*।

मिश्रित प्रोटोस्टील (Mixed protostele) अवस्था में जाइलम छोटे-छोटे टुकड़ों में विभाजित होकर फ्लोएम (Phloem) में बिखरा रहता है; जैसे—*लाइकोपोडियम सिरेनम (Lycopodium seranum)*।

साइफोनोस्टील

इसमें केन्द्र में पिथ पाया जाता है; जिसके चारों ओर जाइलम तथा फ्लोएम वलय के रूप में पाए जाते हैं। साइफोनोस्टील (Siphonostele) रुपान्तरित पिथ युक्त प्रोटोस्टील (Protostele) है, जो प्रोटोस्टील में मेड्यूलेशन (Medullation) विधि द्वारा विकसित हुई है।

जब केन्द्र में पिथ पाया जाता है, जो चारों ओर से जाइलम व फ्लोएम द्वारा घिरा होता है, तो इसे **एक्टोफ्लोइक साइफोनोस्टील** (Ectophloic siphonostele) कहते हैं। जब स्टील में केन्द्रीय पिथ होता है तथा जाइलम दोनों बाहरी व भीतरी ओर फ्लोएम, पेरीसाइकिल तथा एण्डोडर्मिस द्वारा घिरा होता है, तो उसे एम्फीफ्लोइक साइफोनोस्टील (Amphiphloic siplonostele) कहते हैं; जैसे—*मार्सीलिया (Marsilea)*।

यूस्टीलिक साइफोनोस्टील (Eustelic Siphonostele) जाइलम व फ्लोएम बहुत से वाहिनी पूलों का निर्माण करते हैं। जैसे—फर्न (Fern)।

सोलेनोस्टील

यह साइफोनोस्टील को रुपान्तरित रूप है, इसमें पर्ण अन्तराल (Leaf gap) के कारण स्टील एक स्थान पर छिद्रित होती है; जैसे—फर्न (Fern)।

डिक्टियोस्टील

यह भी साइफोनोस्टील का रुपान्तरण है। इसमें कई पर्ण अन्तराल होते हैं, जिससे स्टील कुछ छोटे-छोटे भागों में विभाजित हो जाती है, जिन्हें मेरीस्टील्स (Meristeles) कहते हैं। जैसे—उच्च फर्न (High fern)।

पॉलीसाइक्लिक स्टील

इसमें बहुत-सी अलग-अलग रम्भ (Stele) क्रमिक घेरों में एक के बाद एक उत्पन्न होती हैं। जैसे—*टेरीडियम एक्वीलियम (Pteridium aquillium)*।

विषमबीजाणुकता व बीज प्रकृति

एक जाति की बीजाणुधानी (Sporangium) में दो भिन्न-भिन्न परिमाण के बीजाणुओं (Spores) का निर्माण होना विषमबीजाणुकता (Heterospory) कहलाता है।

इसमें बड़े बीजाणुओं को गुरुबीजाणु (Megaspore) तथा छोटे बीजाणुओं को लघुबीजाणु (Microspore) कहते हैं। *सिलेजिनेला (Selaginella), मर्सीलिया (Marsilea) व एजोला (Azolla)* तथा कुछ अन्य टेरिडोफाइट्स में यह अवस्था पाई जाती है। **गोबल** (Gobel) व **शटक** (Shattuck) ने विषमबीजाणुकता के उद्भव के पोषाहार सिद्धान्त का समर्थन किया, जिसके अनुसार विषमबीजाणुकता कुछ बीजाणुओं के नष्ट होने तथा शेष बीजाणुओं के उत्तम पोषाहार के कारण उत्पन्न हुई है।

विषमबीजाणुकता का जैविक महत्त्व

टेरिडोफाइट्स में विषमबीजाणुकता का बहुत अधिक महत्त्व है, क्योंकि

(i) गुरुबीजाणु, गुरुबीजाणुधानी के अन्दर ही मादा युग्मकोद्भिद् (Female gametophyte) का निर्माण करता है।

(ii) इनमें नर युग्मकोद्भिद् (Male gametophyte) का विकास लघुबीजाणुधानी के अन्दर ही प्रारम्भ हो जाता है।
विषमबीजाणुकता द्वारा गुरुबीजाणु से मादा युग्मकोद्भिद् का बनना एक बीज स्वभाव की प्रक्रिया है।

टेरिडोफाइट्स का आर्थिक महत्त्व

(i) *लाइकोपोडियम* के बीजाणुओं का उपयोग आतिशबाजी व **विस्फोटकों** (Explosives) के निर्माण में किया जाता है।

(ii) *लाइकोपोडियम* की कुछ प्रजातियों से तेल निकलता है। इनका उपयोग होम्योपैथिक औषधि के निर्माण में किया जाता है।

(iii) फर्न की अनेक जातियों का उपयोग आयुर्वेद तथा होम्योपैथी की दवाएँ बनाने में होता है; जैसे—*ओफियोग्लॉसम (Ophioglossum), ड्रायोप्टेरिस (Dryopteris), बोट्रीकीयम (Botrychium)* की जातियाँ। *स्फैगनम* से प्राप्त स्फैगनॉल चर्म रोगों में उपयोगी है।

(iv) फर्न की कई जातियों का उपयोग **सजावटी पादपों** (Ornamental plants) के रूप में किया जाता है। इनको फर्न हाउस (Fern houses) तथा व्यक्तिगत बागों (Private gardens) में लगाया जाता है; जैसे—*एनीमिया (Annemia), एसप्लेनियम (Asplenium)*, आदि की जातियाँ।

(v) इस वर्ग के कुछ पादपों का उपयोग शोध कार्यों के लिए भी किया जाता है; जैसे—*टेरिस लोंगीफोलिया (Pteris longifolia)*, आदि।

(vi) *इक्वीसीटम* के तने की बाह्यत्वचा की कोशिकाओं में सिलिका के कण मिलते हैं अत: इसके तने के गुच्छे को **बर्तन साफ** करने में उपयोग किया जाता है।

(vii) *एजोला* का उपयोग चावल के खेत में **हरी खाद** के रूप में किया जाता है। अत: इसका उपयोग जैव-उर्वरक के रूप में किया जाता है क्योंकि इसमें नीले-हरे शैवाल *एनाबीना (Anabaena)* पाया जाता है।

(viii) क्विलवर्ट्स के घनकन्द मनुष्य तथा पालतू एवं जंगली जन्तु खाते हैं।

(ix) टेरिडोफाइट्स जीवाश्म ईंधन के एकत्रित होने में अत्यधिक महत्त्वपूर्ण हैं। पुरातनकाल में दलदली वनस्पति के डूबने से इन्हें जीवाणु अपघटित नहीं करवाए। इसलिए, ये कालान्तर में कोयले में निर्मित हो गए।

(x) **कीटनाशक** (Insecticide) के रूप में *लाइकोपोडियम* की अनेक जातियाँ नाइट्रोजनयुक्त रसायन एल्केलॉइड्स बनाती हैं। यह कीटनाशक का कार्य करती हैं।

अनावृतबीजी

'अनावृतबीजी' (Gymnosperm) शब्द का प्रतिपादन **थियोफ्रेस्टस** द्वारा किया गया था। यह सबसे प्राचीन **बीजधारी पादपों** (Seed plants) का समूह है। जिम्नोस्पर्म या अनावृतबीजी का अर्थ 'नग्न बीज धारण करने वाले पादप' (Naked seeded plants) है। इन पादपों में बीज या बीजाण्ड फलभित्ति या अण्डाशय द्वारा घिरे हुए नहीं पाए जाते हैं, अनावृतबीजी पादप बहुवर्षीय, काष्ठीय, सदाहरित वृक्ष, झाड़ियाँ अथवा आरोही लता होते हैं। अनावृतबीजी पादपों में शाकीय पादप नहीं पाए जाते हैं।

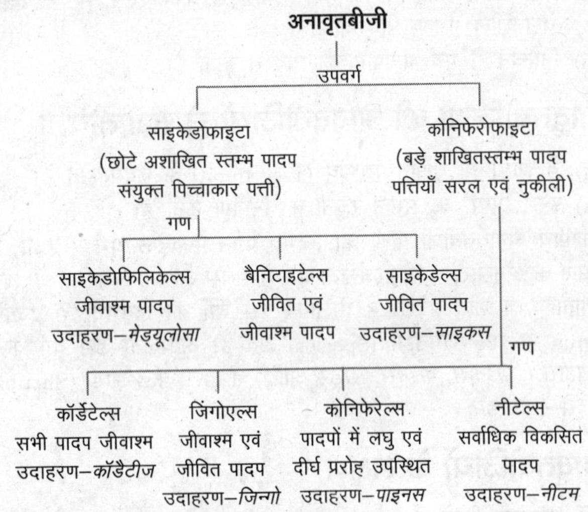

अनावृतबीजी पादपों का वितरण

यह पादप संसार के अधिकांश भागों में पाए जाते हैं।

साइकस एक हमेशा रहने वाला पाम जैसा पादप है, जो पूरे संसार में पाया जाता है। इसकी 16 जातियाँ हैं, जो ऑस्ट्रेलिया, भारत, जापान, चीन, बर्मा व सीलोन में पाई जाती हैं। *साइकस रिवोल्यूटा* चीन, दक्षिण जापान तथा *साइकस कीडिया* ऑस्ट्रेलिया में पाया जाता है। *साइकस मेडागासकरसिस* मेडागासकर तथा अफ्रीका में पाया जाता है। *साइकस* की कुछ जातियाँ भारत में पाई जाती हैं।

पाइनस इसकी 105 जातियाँ हैं। इनमें से 11 जातियाँ भारत में पाई जाती हैं। कुछ भरतीय जातियाँ हैं—*पाइनस गिरार्डिआना, पाइनस रॉक्सगरगाई, पाइनस एक्सल्सा तथा पाइनस इनसूलेरिस*। यह हिमालय क्षेत्र में पाई जाती हैं। पहाड़ो के घने जंगलों में पाई जाती हैं। इसकी कुछ मुख्य जातियाँ हैं, जो भारत तथा पड़ोसी देशों में पाई जाती है।

चैम्बरलेन के अनुसार, अनावृतबीजियों को दो उपवर्गों अर्थात् **साइकेडोफाइटा** (Cycadophyta) एवं **कोनीफेरोफाइटा** (Coniferpphyta) में विभाजित किया गया है। उपवर्ग साइकेडोफाइटा के अन्तर्गत आने वाले पादपों में अशाखित स्तम्भ एवं पिच्छाकार, संयुक्त पत्तियाँ होती हैं। काष्ठ (Wood) कम विकसित होती है, जबकि कोनीफेरोफाइटा के अन्तर्गत आने वाले पादपों में तना शाखित तथा पत्तियाँ सरल एवं छोटी होती हैं। काष्ठ अत्यधिक ठोस तथा विकसित होती है।

साइकेडोफिलिकेल्स (टेरिडोस्पर्मी) सबसे पहले बीजधारी पादप थे।

सबसे छोटा अनावृतबीजी पादप *जैमिया पिग्मिया* है। सबसे बड़ा व प्राचीन अनावृतबीजी पादप *सिकोआ सेमपरवाइरेंस* है। इसे 'रेड वुड' भी कहते हैं।

अनावृतबीजियों की टेरिडोफाइटस् से सजातीयता

(i) बीजाणुद्भिद् पादप का जड़, तना व पत्ती में विभेदित होना।
(ii) अनावृतबीजियों के गण—साइकेडेल्स के सदस्यों की संयुक्त पत्ती में फर्न की तरह **कुण्डलित विन्यास** (Circinate vernation) पाया जाता है।
(iii) संवहन ऊतक का विकास, दारु में वाहिनियाँ एवं पोषवाहक या पोषवाह में सह-कोशिकाएँ अनुपस्थित होती हैं।
(iv) विषमबीजाणुकता (Heterospory) पाई जाती है।
(v) युग्मकोद्भिद् के आकार में ह्रास होता है।
(vi) बीजाणुद्भिद् की जटिलता में क्रमिक वृद्धि होती है।
(vii) कुछ अनावृतबीजियों गण—साइकेडेल्स, गिंगोएल्स में बहुपक्ष्माभीय चलनशील पुंमाणु पाए जाते हैं।
(viii) निषेचन से पूर्व भ्रूणपोष का विकास होता है।

अनावृतबीजियों की आवृतबीजियों से सजातीयता

(i) ये झाड़ी या वृक्षीय स्वभाव (Tree habit) के पादप होते हैं।
(ii) इनमें 'पुष्प' के समान रचना का निर्माण होता है।

जीवाश्मीय अनावृतबीजी पौधों का उद्भव **पेलियोजोइक युग** में हुआ, किन्तु सर्वेक्षण के अनुसार, ये **मीसोजोइक युग** में सबसे अधिक विकसित थे। वर्तमान में शीतोष्ण व शीत प्रदेशों में मिलाकर इस वर्ग की लगभग 70 **प्रजातियाँ** (Genus) व 725 **जातियाँ** (Species) ज्ञात हैं। अधिकतर इस वर्ग के पौधे सदाबहारी (*साइकस, पाइनस, सिड्रस* आदि) हैं किन्तु कुछ झाड़ी (Shrubs) भी हैं, जैसे—*इफेड्रा।*

अनावृतबीजियों के लक्षण

1. अनावृतबीजियों में काष्ठ—**मैनोजाइलिक** (Manoxylic) (*उदाहरण—साइकस*) अथवा **पिक्नोजाइलिक** (Pycnoxylic) (*उदाहरण—पाइनस*) प्रकार की होती है।
2. अनावृतबीजी में शंकु (Cones) उसके जननांग के रूप में होते हैं। नर व मादा शंकुओं की उपस्थिति के आधार पर ये उभयलिंगाश्रयी (Monoecious) जैसे—*पाइनस* या एकलिंगाश्रयी (Dioecious) जैसे—*साइकस* हो सकते हैं।
3. अनावृतबीजियों में बीजाण्ड (Ovules) नग्न होते हैं। यही लक्षण इन्हें आवृतबीजियों से पृथक् करता है। सामान्यतया इनके बीजाण्ड ऑर्थोट्रोपस व एकचोलक (Unitegmic) होते हैं, किन्तु नीटेल्स वर्ग में द्विचोलक (Bitegmic) बीजाण्ड पाए जाते हैं।
4. इनके सूक्ष्मबीजाणुओं (पराग कणों) का प्रकीर्णन नर युग्मकोद्भिद के विकास की विभिन्न प्रावस्थाओं; जैसे—3-कोशिकीय (*साइकस*), 4-कोशिकीय (*पाइनस*) और 5-कोशिकीय (*इफेड्रा*) में होता है। सर्वाधिक लम्बी माइक्रोपाइलर ट्यूब *इफेड्रा* में पाई जाती है।
5. अनावृतबीजी की स्त्रीधानी में **ग्रीवा नाल कोशिका** (Neck canal cell) का अभाव होता है।
6. परागण की प्रक्रिया भी इस वर्ग से प्रारम्भ हो जाती है। इनमें वायु द्वारा परागण (Anemophily) होता है।
7. अनावृतबीजियों में भ्रूणपोष (Endosperm) का विकास निषेचन से पहले ही होने के कारण ये अगुणित (n) होते हैं। इन्हें भ्रूणपोष इसलिए कहते हैं, क्योंकि ये विकासशील भ्रूण को पोषण प्रदान करते हैं।
8. इनमें **बहुभ्रूणता** (Polyembryony) भी सामान्य तौर पर मिलती है, *जो दो प्रकार की होती है*
   (i) **साधारण बहुभ्रूणता** (Simple polyembryony)
   उदाहरण—साइकस।
   (ii) **विखण्डित बहुभ्रूणता** (Cleavage polyembryony)
   उदाहरण—पाइनस।
9. नग्न बीजाण्ड (Ovule) से बीज एवं चोलकों (Integuments) से बीजावरण बनते हैं। बीज में बीजपत्रों की संख्या एक या दो (*साइकस*) या अनेक (*पाइनस*) हो सकती है। एककोशिकीय सूक्ष्मबीजाणु का आंशिक विकास सूक्ष्मबीजाणुधानी (Microsporangium) के आंशिक पराग कोष (Pollen sac) में होता है।
10. चल नरयुग्मक व अण्ड कोशिका के निषेचन को जू-ऊगेमी (Zoo-oogamy) कहते हैं, जो *साइकस* व *पाइनस* में मिलती है।
11. *विलियमसोनिया* (एक जीवाश्म अनावृतबीजी) में बाइस्पोरेन्जिएट शंकु पाए जाते हैं, जो आवृतबीजी पादपों के पुष्प के समान हैं तथा इस संरचना को उच्च पादपों के पुष्प का ही प्रारूप माना जाता है।

नोट *वेलिविट्शिया* एक स्थानिक (Endemic) पादप है, जो दक्षिण-पश्चिमी अफ्रीका में ही मिलता है।
कुछ कोनिफेरी पादपों (जैसे—*पाइनस*) में दो प्रकार की शाखाएँ होती हैं
(i) बौनी शाखाएँ (Dwarf shoots)
(ii) लम्बी शाखाएँ (Long shoots)

पराग कण (Pollen grain) या सूक्ष्मबीजाणु (Microspore), नर युग्मकोद्भिद् (Male gametophyte) की प्रथम कोशिका है तथा गुरुबीजाणु (Megaspore) मादा युग्मकोद्भिद् (Female gametophyte) की प्रथम कोशिका है। युग्मनज (Zygote or oospore) द्विगुणित होता है। यह बीजाणुद्भिद् पीढ़ी की प्रथम कोशिका है।

साइकस

ऐसा माना जाता है कि *साइकस* की उत्पत्ति **जापान** एवं **चीन** में हुई थी, किन्तु **भारत** में भी यह सामान्यतया मिलता है। इनके स्तम्भ वायवीय, सीधे व काष्ठीय होते हैं, किन्तु कुछ अनावृतबीजी (जैसे—*जैमिया*) में यह कन्द्रीय भी होते हैं। *साइकस* एवं *जिंगो* को 'जीवित जीवाश्म' (Living fossil) कहा जाता है।

साइकस में निम्न दो प्रकार की जड़ें पाई जाती हैं
(i) **सामान्य जड़ें** ये धनात्मक गुरुत्वानुवर्ती (Positively geotropic) वृद्धि प्रदर्शित करती हैं।
(ii) **कोरेलॉयड जड़ें** ये ऋणात्मक गुरुत्वानुवर्ती (Negatively geotropic) वृद्धि दर्शाती हैं।

साइकस की 20 बीस जातियों में से केवल 6 जातियाँ ही भारत में मिलती हैं—*साइकस पेक्टीनेटा, साइकस साइमेन्सिस, साइकस सर्सिनेलिस, साइकस बेजेनाई, साइकस रम्फाई* और *साइकस रीवोल्यूटा*।

साइकस की संरचना

साइकस में अपवाद स्वरूप मादा शंकु (Female cone) अनुपस्थित होता है। प्राय: शंकु मोनोस्पोरेन्जिएट (Monosporangiate) होते हैं, किन्तु कुछ जातियों; जैसे—*साइकस कोलिएटा, साइकस इण्टरमीडिया* में ये *बाइस्पोरेन्टिएट* (Bisporantia) होते हैं। *साइकस* में परागनलिका, चूषक (Haustorial) व युग्मक वाहक (Sperm carrier) दोनों का काम करती है। *साइकस* की पत्ती के रैकिस (Rachis) में संवहन पूल (Vascular bundles) ओमेगा (Ω) आकृति में व्यवस्थित होते हैं।

साइकस की कोरेलॉयड जड़ें त्रिआदिदारूक (Triarch) होती है। *साइकस* के स्तम्भ में संवहन पूल (Vascular bundles) एक वलय में व्यवस्थित तथा एकदारुक *(Monoxylic)*, संयुक्त (Conjoint), बहि:पोषवाही (Collateral), अन्त:द्विदारुक (Endarch) व खुले (Open) होते हैं।

साइकस के नर युग्मक लट्टू के आकार के बड़े (पादप जगत में सबसे बड़े आकार के) व बहुपक्ष्माभी (Multiciliate) होते है।

साइकस के लक्षण

1. *साइकस* व *जिंगो* में चल-नरयुग्मक (Motile male gametes) बनते हैं, *साइकस* में चल-नरयुग्मक पादप-जगत के **सबसे बड़े** (180-210 μ) **नरयुग्मक** माने जाते हैं।
2. *साइकस* में बीज का अंकुरण हाइपोजियल प्रकार का होता है।
3. अनावृतबीजियों में परागण और निषेचन के बीच काफी अन्तराल होता है। यह अन्तराल *साइकस* में 4-6 माह का होता है।
4. *साइकस* का मुख्य पादप बीजाणुद्भिद् (Sporophytic) होता है, जिसमें तीन भाग जड़, स्तम्भ और पत्तियाँ होती हैं।
5. *साइकस* की कोरेलॉयड जड़ के वल्कुट (Cortex) में *एनाबीना साइकेडिएरम (Anabaena cycadeanum)* या *नॉस्टॉक (Nostoc)* नामक नीली-हरी शैवाल पाई जाती है।
6. *साइकस* में कायिक जनन (Vegetative reproduction) पत्र-कलिकाओं (Bulbils) द्वारा होता है।
7. *साइकस* एकलिंगाश्रयी (Dioecious) होता है अर्थात् नर तथा मादा जनन अंग अलग-अलग पादपों पर उपस्थित होते हैं।
8. *साइकस* के बीजों में तीन पीढ़ियाँ मिलती हैं—(i) बीजचोल (Testa or Seed-coat) (पुराना बीजाणुद्भिद् $2n$), (ii) भ्रूणपोष (Endosperm) (युग्मकोद्भिद्; n), (iii) भ्रूण (नवीन बीजाणुद्भिद्; $2n$)।
9. *साइकस* की काष्ठ बहुदारुक (Polyxylic) तथा विरलदारुक (Manoxylic) होती है।
10. *साइकस* में परागण के समय नर युग्मकोद्भिद् में तीन कोशिकाएँ होती हैं।

पाइनस

पाइनस की 105 ज्ञात जातियों में से केवल 6 भारत में मिलती हैं—*पाइनस रॉक्सबर्गाई, पाइनस बेलचीनि, पाइनस इन्सुलेटिरस, पाइनस मर्कुसी, पाइनस अरमाण्डी* तथा *पाइनस जिरार्डियाना*।

आकारिकी (Morphology) के आधार पर *पाइनस* की गुरुबीजाणुपर्ण (Megasporophyll) में दो भाग बीजाणु शल्क (Ovuliferous scales) व सहपत्र शल्क होते हैं। फ्लोरिन के अनुसार बीजाणु शल्क में एक रूडीमेन्टरी अक्ष पर दो बीजाण्डधारी गुरुबीजाणुपर्ण और 2-3 बन्ध्य सहपत्र होते हैं।

अत: *पाइनस* की मादा शंकु को आवृतबीजियों के पुष्पक्रम के समतुल्य मानते हैं।

पाइनस की संरचना

- *पाइनस* द्विलिंगाश्रयी (Monoecious) तथा ऑटोइकस (Autoicus) होता है। नर तथा मादा शंकु एक ही पादप पर विकसित होते हैं, किन्तु अलग-अलग शाखाओं पर बनते हैं। नर शंकु गुच्छे में बौने प्ररोह पर विकसित होते हैं। नर शंकु (Malecone) में केन्द्रीय अक्ष पर अनेक लघुबीजाणुपर्ण (Microsporophyll) सर्पिलक्रम (Spirally) में लगे होते हैं।
- लघुबीजाणुपर्ण (Microsporophyll) की निचली सतह पर दो लघु बीजाणुधानियाँ लगी होती हैं जिनमें लघुबीजाणु मातृकोशिका (Microspore mother cell) में अर्द्धसूत्री विभाजन से अगुणित लघुबीजाणु (Microspores) बनते है। लघुबीजाणु सपक्ष (Winged) होते हैं। यह पक्ष (Wings) बाह्यचोल (Exine) से विकसित होते हैं। लघुबीजाणु नर युग्मकोद्भिद् बनाता है।
- *पाइनस* में परागण चार-कोशिकीय अवस्था (4-celled stage) में वायु द्वारा होता है। परागण के समय लघुबीजाणु या पराग कण बहुत बड़ी संख्या में प्रकीर्णित होते हैं तथा धूल के पीले बादल सदृश प्रतीत होते हैं, जिसे सल्फर फुहार (Sulphur shower) कहते हैं।
- परागण के बाद किन्तु निषेचन से पहले जनन कोशिका एक वृन्त कोशिका तथा एक काय कोशिका में विभाजित हो जाती है। काय कोशिका से दो नर युग्मक (Male gametes) बनते हैं। नरयुग्मक अचल होते हैं।
- मादा शंकु (Female cones) लम्बे प्ररोह पर विकसित होते हैं। प्रत्येक मादा शंकु में 80-90 सहपत्र शल्क (Bract scale) होते हैं, इनके कक्ष (axite) से बीजाण्ड धारक शल्क (Ovuliferons scale) विकसित होते हैं, जिन्हें **गुरुबीजाणु पर्ण** (Megasporophyll) भी कहते हैं। बीजाण्ड धारक शल्क की ऊपरी सतह पर (Adaxial surface) दो बीजाण्ड (Ovule) या गुरुबीजाणुधानियाँ (Megasporangia) लगी होती हैं।
- बीजाण्ड प्रतीप (Anatropous) तथा एक अध्यावरणी (Unitegmic) होते हैं। अध्यावरण (Integument) तीन स्तरों का बना होता है तथा इनसे घिरा हुआ बीजाण्डकाय (Nucellus) होता है।
- बीजाण्डकाय में गुरुबीजाणु मात् कोशिका (Megaspore mother cell) अर्द्धसूत्री विभाजन से चार अगुणित गुरुबीजाणु (Megaspores) बनाती है। इनमें से केवल एक क्रियाशील रहता है तथा अन्य तीन नष्ट हो जाते हैं।
- क्रियाशील गुरुबीजाणु से भ्रूणकोष (Endosperm) या मादा युग्मकोद्भिद् बनता है। मादा युग्मकोद्भिद् में बीजाण्डद्वारीय सिरे पर 2-5 स्त्रीधानियाँ बनती हैं। प्रत्येक स्त्रीधानी (Archegonium) में चार ग्रीवा कोशिका तथा एक अण्डकोशिका (Egg) होती है।
- अण्डकोशिका में एक अण्डधा नाल केन्द्रक (Venter canal nucleus) तथा एक अण्ड केन्द्रक (Egg nucleus) होता है।
- निषेचन परागनलिका की सहायता से होता है तथा युग्मनज निषिक्तांड (Zygote or oospore) बनता है, जो बीजाणुद्भिद् अवस्था की प्रथम कोशिका है। निषिक्तांड से भ्रूण बनता है। भ्रूण (Embryo) का परिवर्धन (Development) मीरोब्लास्टिक (Meroblastic) होता है।
- *पाइनस* के भ्रूण (Embryo) में बहुत-से बीजपत्र (Many cotyledons) होते हैं। भ्रूण बनने पर बीजाण्ड बीज में परिवर्तित हो जाते हैं।

पाइनस के लक्षण

- *पाइनस* शंकु रूप कोनिफेरस वृक्ष है। इसका मुख्य पादप बीजाणुद्भिद् होता है तथा जड़ तना एवं पत्तियों में विभेदित होता है।

- इसकी जड़ों के साथ मुख्यतया बेसीडियोमाइसिटीज वर्ग की कवक मिलकर बाह्य कवक मूल (Ectotrophic mycorrhiza) का निर्माण करती है। कवकसूत्र जल तथा पोषक तत्वों के अवशोषण में सहायता करते हैं तथा जड़ें कवक को आश्रय देती हैं।
- *पाइनस* में तना गोल, ठोस तथा शाखित होता है। शाखाएँ दो प्रकार की होती हैं
  - (i) असीमित वृद्धि वाली शाखाएँ (Branches of unlimited growth) इनमें अग्रस्थ कलिका (Apical bud) पाई जाती है, इन्हें लम्बे प्ररोह (Long shoot) कहते हैं।
  - (ii) सीमित वृद्धि वाली शाखाएँ (Branches of limited growth) इनमें अग्रस्थ कलिका नहीं होती है, इन्हें बौने प्ररोह (Dwarf shoot) भी कहते हैं।
- तने में संवहन पूल संयुक्त (Conjoint), बाह्य फ्लोएमी (Collateral) वर्धी (open) तथा अन्त:दारुक (Endarch) होते हैं। द्वितीयक वृद्धि होती है तथा काष्ठ (Wood) व पेरीडर्म (Periderm) बनते हैं। वाहिनिकाओं में एक पंक्ति वाले परिवेशित गर्त (Uniseriate bordered pits) होते हैं। काष्ठ संघनित (Compact) होती है तथा पिक्नोजाइलिक (Pycnoxylic) कहलाती है। वार्षिक वलय (Annual rings) साफ होते हैं। पत्तियाँ भी दो प्रकार की होती हैं
  - (i) **प्रकाश-संश्लेषी पत्तियाँ** (Foliage leaves) यह बौने प्ररोह पर जाती हैं। यह लम्बी हरी तथा सूईयाकार (Needle-shaped) होती हैं।
  - (ii) **शल्की पत्तियाँ** (Scaly leaves) यह छोटी व भूरी होती हैं तथा दोनों बौने व लम्बे प्ररोह (शाखाओं) पर उत्पन्न होती हैं।
- सूईयाकार पत्तियों की संख्या 1-5 तक होती है—*पाइनस मोनोफोलिर* में एक, *पाइनस सिल्वेस्ट्रिस* में दो, *पाइनस लोंगीफोलिया* में तीन तथा *पाइनस सेल्सा* में पाँच।
- पत्ती के बीच में दो संवहन पूल एक पूलाच्छद से घिरे होते हैं। संवहन पूल संयुक्त बहि:फ्लोएमी (Collateral), वर्धी (Open) तथा अन्त:दारुक (endarch) होते हैं। दोनों संवहन पूलों के बीच टी के आकार (T-shaped) के ट्रान्सफ्यूजन ऊतक (Transfusion tissue) पाए जाते हैं।
- *पाइनस* में परागनलिका केवल युग्मक वाहक का ही कार्य करती है।
- *पाइनस* में नर युग्मक अचल होते हैं व बीज का अंकुरण एपीजियल प्रकार का होता है।
- *पाइनस* में विदलन बहुभ्रूणता (Cleavage polyembryony) पाई जाती है।
- *पाइनस* के बीज सपक्ष (Winged) होते हैं तथा इनके पंख (Wing) अधिकतर बीजाण्ड धारक शल्क (Ovuliferous scalar) से बनते हैं।

नोट *चिलगोजा (व्यवसायिक) पाइनस का खाने योग्य बीज है।*

- *पाइनस* की काष्ठ पिक्नोजाइलिक (Pycnoxylic) प्रकार की होती है।
- *पाइनस* में 4-कोशिकीय अवस्था में परागण होता है।
- *पाइनस* में परागण और निषेचन के बीच का अन्तराल 11-12 माह का होता है।
- *पाइनस* के बीजों में 13-18 तक बीजपत्र (Cotyledons) पाए जाते हैं।
- अपबीजाणुता (Apospory) बीजाणुद्भिद् की कोशिका से बिना अर्द्धसूत्री विभाजन के युग्मकोद्भिद् बनने की घटना है।

इफेड्रा

- *इफेड्रा* की लगभग 42 जातियाँ सम्पूर्ण विश्व में पाई जाती हैं।
- भारत में *इफेड्रा* की 8 जातियाँ पाई जाती हैं। इनमें से 7 *इफेड्रा पेचीक्लेडा, इफेड्रा इन्टरमीडिया, सेक्सेटिलिस, इफेड्रा जिरार्डिआना, इफेड्रा नेब्रोडैन्सिस, इफेड्रा मेजर तथा इफेड्रा रेजीलिआना*।
- अधिकतर जातियाँ उत्तर-पश्चिमी हिमालय में पाई जाती हैं, जबकि *इफेड्रा फोलिएटा* (*Ephedra foliata*) राजस्थान और पंजाब के मैदानों में पाई जाती है।

इफेड्रा की संरचना

- *इफेड्रा* का बीजाणुद्भिद् काष्ठिय, आरोही क्षूप (Shrub) होता है।
- मरुद्भिद् जातियों में लम्बी मूसला जड़ें (Tap root) पाई जाती हैं, परन्तु बड़े पादपों में ये अपस्थानिक जड़ों (Adventitionus roots) द्वारा प्रतिस्थापित हो जाती हैं।
- स्तम्भ हरा, शाखित व संघित (Jointed) होता है। यह पर्व (Node) व पर्वसन्धि (Internode) में विभेदित होता है।
- पत्तियाँ सूक्ष्म, शल्कीय (Scaly) एवं अवृन्तीय होती हैं। इनमें प्रकाश-संश्लेषण (Photosynthesis) की क्षमता नहीं होती है।
- जड़ के ऊतक बाह्य मूलीयत्वचा (Epiblema), कॉर्टेक्स (Cortex) तथा संवहन क्षेत्र में विभेदित होते हैं। संवहन क्षेत्र द्वि-आदिदारुक (Diarch), त्रिआदिदारुक (Triarch) होता है।
- स्तम्भ के संवहन क्षेत्र में संवहन पूल संयुक्त (Conjoint), बहि:पोषवाही (Collateral) एवं अन्त:दारुक (Endarch) होता है। जाइलम व फ्लोएम के बीच कैम्बियम की एक पतली पट्टी पाई जाती है।

इफेड्रा के लक्षण

इफेड्रा एक शुष्कोद्भिद् पादप है इसके शुष्कोद्भिद् (Xerophytic) लक्षण निम्न हैं

1. बाह्य त्वचा मोटी एवं क्यूटीकल युक्त होती है।
2. धँसा (Sunken) रन्ध्र प्रकार के होते हैं।
3. कॉर्टेक्स पेलीसेड एवं स्पंजी में विभक्त होता है।
4. स्क्लेरेनकाइमा कोशिकाएँ समूह में पाई जाती हैं।
5. द्वितीयक जाइलम में वाहिका पाई जाती हैं।

अनावृतबीजियों का आर्थिक महत्त्व

- *पाइनस* से तारपीन का तेल प्राप्त होता है।
- *इफेड्रा* से इफेड्रिन नामक औषधि प्राप्त की जाती है।
- अनेक कोनिफर पादपों; जैसे—*पाइनस* से रेजिन पदार्थ निकाला जाता है।
- अम्बर, जोकि सुनारों द्वारा आभूषणों की सजावट में प्रयुक्त किया जाने वाला रेजिन है, *पाइनस सक्सीनिफेरा* से मिलता है।
- कनाडा बालसम का उपयोग स्थायी स्लाइड बनाने में किया जाता है। यह *एबिस बालसेमिया* से प्राप्त होता है।
- ज्यूनिपेरस *वर्जीनिया* से प्राप्त तेल का प्रयोग सूक्ष्मदर्शीय कार्यों में होता है।
- विभिन्न अनावृतबीजियों की लकड़ी का प्रयोग कागज उद्योग में भी किया जाता है; जैसे—*एबिस पिन्ड्रो, क्रिप्टोमोरिया जेपोनिका, पाइनस रॉक्सबर्गाई*, आदि।
- *पाइनस* की लकड़ी का प्रयोग माचिस की तीलियाँ बनाने, लकड़ी का सामान बनाने हेतु भी किया जाता है।
- चिलगोजा, *पाइनस जिरार्डियाना* के बीजों से मिलता है।
- सागो, *साइकस रिवोल्यूटा* से प्राप्त होता है।

वस्तुनिष्ठ प्रश्न

1. ब्रायोफाइट्स कहाँ पर उगते हैं?
(a) नम स्थानों पर (b) शुष्क स्थानों पर
(c) लवणीय स्थानों पर (d) दलदली भूमि पर

2. ब्रायोफाइट्स में बीजाणु मातृ कोशिका है
(a) द्विगुणित (b) अगुणित
(c) त्रिगुणित (d) इनमें से कोई नहीं

3. ब्रायोफाइट्स का एक मादा युग्मकोद्भिद् कवक से निम्न में भिन्न होता है
(a) एक अण्ड कोशिका
(b) बन्ध्य कोशिकाओं की सुरक्षात्मक परत
(c) (a) व (b) दोनों
(d) उपरोक्त में से कोई नहीं

4. निम्न में से क्या *फ्यूनेरिया* तथा *सिलेजिनेला* में समान नहीं है?
(a) जड़ (b) स्त्रीधानी
(c) भ्रूण (d) गतिशील शुक्राणु

5. मॉस का पौधा किससे विकसित होता है?
(a) द्विगुणित बीजाणु से (b) प्रोटोनीमा से
(c) निषिक्ताण्डों से (d) पुंमणु से

6. *फ्यूनेरिया* के सम्पुट में परिमुख दन्त की संख्या है
(a) 16, तीन पंक्तियों में (b) 16, दो पंक्तियों में
(c) 32, दो पंक्तियों में (d) 32, एक पंक्ति में

7. प्रोटोनीमा में पत्तीयुक्त युग्मकोद्भिद बनता है
(a) *मार्केन्शिया* में (b) *रिक्सिया* में
(c) *फ्यूनेरिया* में (d) *एन्थोसिरोस* में

8. मॉस में न्यूनकारी विभाजन होता है
(a) सम्पुट में (b) स्त्रीधानी में
(c) पुंधानी में (d) मूलांगों के सिरों में

9. *फ्यूनेरिया* का लक्षण है
(a) सीढ़ीनुमा जाइलम (b) परिमुख
(c) (a) व (b) दोनों (d) इनमें से कोई नहीं

10. गेमा कप किसमें पाई जाती है?
(a) *मार्केन्शिया* (b) *रिक्सिया*
(c) *फ्यूनेरिया* (d) *पोरेला*

11. मॉस के पुंमणु होते हैं
(a) गतिशील, सीनोसिटिक
(b) गतिशील, एककेन्द्रकीय एवं द्विपक्ष्मी
(c) गतिशील, एककेन्द्रकीय एवं एकपक्ष्मी
(d) अगतिशील एवं पक्ष्म रहित

12. ब्रायोफाइट्स की जलीय वंशानुगत का क्या विशिष्ट धनात्मक साक्ष्य है
(a) कुछ सदस्य आज भी जलीय हैं
(b) सूत्र के समान प्रोटोनीमा
(c) रोम युक्त शुक्राणु
(d) पादपकाय की अपाक्ष सतह पर मध्य सिरा पाई जाती है

13. निम्न के फटने से मॉस सम्पुट का स्फुटन होता है
(a) ऑपरकुलम (b) परिमुख
(c) वलय (d) गोपक

14. प्रोटोनीमा किसमें पाया जाता है?
(a) लिवरवर्ट्स (b) हॉर्नवर्टस
(c) (a) व (b) दोनों (d) इनमें से कोई नहीं

15. ब्रायोफाइट्स की किस प्रजाति में लिंग निर्धारण पर्यावरणीय दशाओं द्वारा होता है?
(a) *स्प्लेचनम ल्यूटियम* (b) *एस. एम्युलिसियम*
(c) (a) व (b) दोनों (d) इनमें से कोई नहीं

16. निम्न में से कौन-सा सत्य मॉस है?
(a) क्लब मॉस (b) रेनडियर मॉस
(c) आयरिश मॉस (d) बॉग मॉस (*स्फैग्नम*)

17. *फ्यूनेरिया* में निम्न बीजाणु विकिरण से सम्बन्धित नहीं है
(a) सीटा (b) परिमुख
(c) वलय (d) पाद

18. मॉस का प्रोटोनीमा हरे शैवाल से समानता दर्शाता है, यह किसकी उपस्थिति में पृथक् होता है?
(a) कलिका की
(b) रंगहीन मूलाभासों की
(c) तिरछे पट्ट एवं डिस्कॉइड हरितलवक की
(d) उपरोक्त सभी की

19. *फ्यूनेरिया* के जननांग विकसित होते हैं
(a) पत्तियों की अक्ष में (b) तने के अग्र सिरे पर
(c) प्रोटोनीमा में (d) सम्पुट के भीतर

20. *फ्यूनेरिया* में हरी, बन्ध्य, उभरी हुई संरचना जो पुंधानियों के मध्य पाई जाती हैं, कहलाती हैं
(a) एपोफायसिस (b) मेरीगोनियल दन्त
(c) ट्रेबीकुली (d) पैराफायसिस

21. निम्न में से कौन-सा युग्मकोद्भिद् का भाग नहीं है?
(a) बीजाणु (b) प्रोटीनीमा
(c) स्तम्भिका (d) पैराफायसिस

22. ब्रायोफाइटा में एक ऑपरकुलम किसकी टोपी के समान संरचना में वृद्धि होती है?
(a) पुंधानी में (b) स्त्रीधानी में
(b) (a) व (b) दोनों (d) इनमें से कोई नहीं

23. कौन-सा ब्रायोफाइटा सबसे बड़ा परिणाम का होता है?
(a) *फ्यूनेरिया* (b) *मार्केन्शिया*
(c) *मेगासीरोस* (d) *डॉसोनिया*

24. भारतीय ब्रायोलॉजी के जनक का सम्मान निम्न में से किसे दिया जाता है?
(a) प्रो. के सी मेहता (c) प्रो. डी डी पन्त
(c) प्रो. एस आर कश्यप (d) प्रो. पी एन मेहरा

25. निम्न में से किसे संवहनी क्रिप्टोगैम कहते हैं?
(a) ब्रायोफाइटा को (b) टेरिडोफाइटा को
(c) अनावृतबीजी को (d) आवृतबीजी को

26. निम्न में से किसे थैलोफाइटा में सम्मिलित नहीं किया जाता?
(a) *स्पाइरोगायरा* को
(b) *म्यूकर* को
(c) मॉस को
(d) (b) व (c) दोनों को

27. ब्रायोफाइट, शैवालों से पृथक् होते हैं, क्योंकि
(a) ये थैलॉयड अवस्था में होते हैं
(b) इनमें संवहन ऊतक नहीं पाया जाता
(c) ये स्त्रीधानी धारण करते हैं
(d) ये हरितलवक युक्त होते हैं

28. *फ्यूनेरिया* के जीवन चक्र में प्रभावी प्रावस्था होती है
(a) प्रोटोनीमा
(b) पत्तीदार युग्मकोद्भिद्
(c) बीजाणु
(d) बीजाणुद्भिद्

29. *फ्यूनेरिया* में पुंमणु होते हैं
(a) द्विकशाभिकीय
(b) सर्पिलाकार कुण्डलित
(c) चतुर्कशाभिकीय
(d) अकशाभिकीय

30. *फ्यूनेरिया* में वर्धी जनन होता है
(a) प्राथमिक प्रोटोनीमा द्वारा
(b) गैमी द्वारा
(c) द्वितीयक प्रोटोनीमा द्वारा
(d) इन सभी द्वारा

31. युग्मकोद्भिद् पर आधारित बीजाणुद्भिद् किसमें पाया जाता है?
(a) शैवाल में (b) कवक में
(c) ब्रायोफाइट में (d) टेरिडोफाइट में

32. युग्मकोद्भिद् से बिना युग्मक निर्माण बीजाणुद्भिद् के विकास को क्या कहते हैं?
(a) एपोगेमी (b) एपोस्पोरी
(c) हेटेरोगेमी (d) इनमें से कोई नहीं

33. जब एक मॉस का बीजाणु उपयुक्त स्थान पर गिरता है, तो यह अंकुरित होकर युग्मकोद्भिद् की प्राथमिक अवस्था बनती है, उसे कहते हैं
(a) प्रोटोनिमा (b) थैलस
(c) (a) एवं (b) दोनों (d) इनमें से कोई नहीं

34. निम्न में से कौन *फ्यूनेरिया* के बीजाणुद्भिद में अनुपस्थित होता है?
(a) पाद (b) सीटा
(c) इलेटर्स (d) स्तम्भिका

35. एपोफायसिस है
(a) *फ्यूनेरिया* के परिमुख का भाग
(b) मॉस पुंधानियों के मध्य का बन्ध्य तन्तु
(c) *पाइनस* की मेजरोफिल्स का शीर्षस्थ सिरा
(d) मॉस सम्पुट का निचला भाग

36. निम्न में से कौन द्विगुणित है?
(a) मॉस सम्पुट
(b) युग्मकोद्भिद्, स्त्रीधानी एवं मॉस का अण्ड
(c) युग्मकोद्भिद्, पुंधानी तथा मॉस के शुक्राणु
(d) युग्मकोद्भिद् तथा मॉस के बीजाणु

37. निम्न में से कौन मॉस सम्पुट से सम्बन्धित नहीं है?
(a) ट्रेबीकुली (b) परिमुख
(c) स्तम्भिका (d) प्रोस्टोमियम

38. ब्रायोफाइट्स में द्विगुणित गुणसूत्र संख्या पाई जाती है
(a) बीजाणु मातृ कोशिका में
(b) युग्मक में
(c) बीजाणु में
(d) मियोबीजाणु में

39. गैमी, वर्धी जनन की संरचना हैं, जो पाई जाती हैं
(a) आवृतबीजी में (b) ब्रायोफाइट्स में
(c) शैवालों में (d) अनावृतबीजी में

40. *फ्यूनेरिया* का मादा जननांग कहलाता है
(a) पैराफायसिस (b) निषिक्ताण्ड
(c) स्त्रीधानी (d) पुंधानी

41. *स्प्लेचनम ल्यूटियम* में लिंग निर्धारण किसके द्वारा होता है?
(a) लिंग गुणसूत्र
(b) पर्यावरणीय कारक
(c) (a) एवं (b) दोनों
(d) उपरोक्त में से कोई नहीं

42. बहुस्रोतोद्भवी उत्पत्ति का सिद्धान्त दिया था
(a) लैन्ग (b) प्रोस्कर
(c) जिम्मरमैन (d) बूवर

43. एपोस्पॉरी पाया जाता है
(a) *एन्थोसिरोस* (b) *मार्केन्शिया*
(c) *फ्यूनेरिया* (d) इनमें से कोई नहीं

44. मॉस का पादप क्या होता है?
(a) कभी युग्मकोद्भिद् तथा कभी बीजाणुद्भिद्
(b) मुख्य रूप से युग्मकोद्भिद्, जिससे बीजाणुद्भिद् जुड़ा होता है
(c) द्विगुणित युग्मकोद्भिद्
(d) बीजाणुद्भिद्

45. ग्रीवा युक्त स्त्रीधानी जिसमें ग्रीवा कोशिकाओं की 4-6 पंक्तियाँ होती हैं, ऐसी सुविकसित स्त्रीधानी मुख्यतया किसमें पाई जाती है?
(a) अनावृतबीजी तथा पुष्पीय पौधों में
(b) ब्रायोफाइट तथा टेरिडोफाइट में
(c) केवल अनावृतबीजी में
(d) टेरिडोफाइट तथा अनावृतबीजी में

46. निम्न में से किसका बीजाणुद्भिद्, युग्मकोद्भिद् पर आश्रित रहता है?
(a) *फ्यूनेरिया* का (b) *टेरिडियम* का
(c) *सिलेजिनेला* का (d) *पाइनस* का

47. इलेटर्स पाए जाते हैं
(a) ब्रायोफाइट्स में (b) *सिलेजिनेला* में
(c) *टेरिडियम* में (d) अनावृतबीजी में

48. युग्मकोद्भिद् अवस्था प्रभावी होती है
(a) मॉस में (b) *सिलेजिनेला* में
(c) *टेरिडियम* में (d) *पाइनस* में

49. ब्रायोफाइट्स में टेरिडोफाइट्स से भिन्न है
(a) तैरने वाले पुंमणु
(b) स्वतन्त्र युग्मकोद्भिद्
(c) स्त्रीधानी
(d) संवहन ऊतक की अनुपस्थिति

50. *फ्यूनेरिया* में रन्ध्र पाए जाते हैं
(a) पत्ती में
(b) तने में
(c) सम्पुट के ऊपरी भाग में
(d) सम्पुट के निचले भाग में

51. *फ्यूनेरिया* में होते हैं
(a) एक कोशिकीय सरल मूलाभास
(b) गुलिकीय मूलाभास
(c) भिन्न शाखित सीनोसिटिक मूलाभास
(d) बहुकोशिकीय तिर्यक पटयुक्त मूलाभास

52. अण्डधानी भाग है
(a) स्पोरोगोनियम का
(b) बीजाणुधानी का
(c) पुंधानी का
(d) स्त्रीधानी का

53. आद्य प्रकार के रन्ध्र पाए जाते हैं
(a) मॉस की पत्तियों में (b) मॉस के अक्ष में
(c) एपोफायसिस में (d) इन सभी में

54. मॉस के पेराफायसिस होते हैं
(a) एककोशिकीय व मुग्दाकार
(b) बहुकोशिकीय व मुग्दाकार
(c) एककोशिकीय व बोतल के समान
(d) बहुकोशिकीय व बोतल के समान

55. प्रोटोनीमा है
(a) जीवाश्मीय टेरिडोफाइटा
(b) *फ्यूनेरिया* के बीजाणुद्भिद् का भाग
(c) मॉस युग्मकोद्भिद की युवावस्था
(d) उपरोक्त में से कोई नहीं

56. आर्कीस्पोरियम होता है
(a) ऐसा द्विगुणित ऊतक जो स्पोरोजीनस ऊतक के विकास के लिए उत्तरदाई होता है
(b) स्त्रीधानी का एक भाग
(c) ऐसा अगुणित ऊतक जो युग्मकोद्भिद् की कोशिकाओं के निर्माण के लिए उत्तरदाई होता है
(d) उपरोक्त में से कोई नहीं

57. ब्रायोफाइटा के मादा युग्मकधानी; कवक के मादा युग्मकधानी से भिन्न हैं, निम्न लक्षणों में
(a) बड़ी ग्रीवा
(b) अण्डधानी
(c) बन्ध्य कोशिकाओं युक्त चोलक पर्त
(d) एक अण्ड कोशिका

58. जब मॉस के बीजाणु अंकुरित होते हैं तो वे बनाते हैं
(a) पत्तीयुक्त युग्मकोद्भिद
(b) सम्पुट
(c) प्रोटोनीमा
(d) मूलाग

59. कौन-सा भाग मॉस के सम्पुट का अंग नहीं है
(a) परिमुख
(b) प्रोटोनीमा
(c) ऑपरकुलम का थीका
(d) वलय

60. ब्रायोफाइट्स होते हैं
(a) अधिक आर्थिक महत्त्व के
(b) किसी महत्त्व के नहीं
(c) अधिक पारिस्थितिकी महत्त्व के
(d) एस्थेटिक महत्त्व के

61. निम्न में से कौन-सा ब्रायोफाइटा का विशिष्ट लक्षण नहीं है?
(a) गतिशील शुक्राणु
(b) स्त्रीधानी
(c) निषेचन के लिए पानी की आवश्यकता
(d) प्रकाश-संश्लेषण की दृष्टि से स्वतन्त्र बीजाणुद्भिद्

62. यदि मॉस की प्रोटोनीमा, मॉस सम्पुट की भित्ति की कोशिकाओं से विकसित होती है, तो सम्भवतया वह होगी
(a) अगुणित (b) द्विगुणित
(c) त्रिगुणित (d) बहुगुणित

63. प्रोटोनीमा, निम्न के जीवन-चक्र में पाई जाती है
(a) *स्पाइरोगायरा* (b) *राइजोपस*
(c) *फ्यूनेरिया* (d) *एश्चिरिचिया*

64. ब्रायोफाइट्स के मुख्य पौधे में कोशिकाएँ होती हैं
(a) द्विगुणित प्रकृति की
(b) अगुणित प्रकृति की
(c) त्रिगुणित प्रकृति की
(d) चतुष्गुणित प्रकृति की

65. *रिक्सिया* तथा *फ्यूनेरिया* में मादा जनन अंग है
(a) स्त्रीधानी (b) पुंधानी
(c) ऊस्पोर (d) पेराफायसिस

66. मॉस में
(a) युग्मकोद्भिद्, बीजाणुद्भिद् पर निर्भर होता है
(b) बीजाणुद्भिद्, युग्मकोद्भिद् पर आंशिक निर्भर रहता है
(c) (a) व (b) दोनों
(d) उपरोक्त में से कोई नहीं

67. *फ्यूनेरिया, पाइनस* से किस लक्षण में भिन्न है?
(a) इसमें फल अनुपस्थित होते हैं
(b) इसमें बीज अनुपस्थित होते हैं
(c) इसमें पुंधानी तथा स्त्रीधानी उपस्थित होते हैं
(d) बीजाणुद्भिद् उपस्थित होता है

68. किस ब्रायोफाइट का उपयोग यकृत की बीमारी के लिए किया जाता है?
(a) *मार्केन्शिया पोलमॉर्फा* (b) *रिक्सिया*
(c) *पोलीट्राइकम* (d) इनमें से कोई नहीं

69. द्विरूपी राइजोइड पाया जाता है
(a) *रिक्सिया* (b) *मार्केन्शिया*
(c) *एन्थोसिरोस* (d) *पेलिया*

70. मॉस का संवहन ऊतक बना होता है
(a) जाइलम तथा फ्लोएम द्वारा
(b) मृदूतक द्वारा
(c) स्थूलकोणोतक द्वारा
(d) जाइलम द्वारा

71. सम्पुट का एपोफायसिस क्षेत्र सम्बन्धित है
(a) प्रकाश-संश्लेषण से (b) बीजाणु निर्माण से
(c) बीजाणु वितरण से (d) नमी रखने से

72. *फ्यूनेरिया* का प्रोटोनीमा है
(a) थैलॉयड (b) फोलीयेज
(c) तन्तुमय (d) क्रस्टेशियस

73. *फ्यूनेरिया* के परिमुख दन्त होते हैं
(a) हायड्रिक (b) जीरिक
(c) मीसक (d) आर्द्रताग्राही

74. ब्रायोफाइट्स का उद्‌गम जलीय होने का प्रमाण है
(a) सीलिया युक्त शुक्राणु
(b) हरा रंग
(c) प्रोटोनीमा तन्तु
(d) कुछ जातियाँ जलीय हैं

75. कौन-सा ब्रायोफाइट आर्थिक रूप से महत्त्वपूर्ण है?
(a) *मार्केन्शिया* (b) *स्फैगनम*
(c) *फ्यूनेरिया* (d) *रिक्सिया*

76. मॉस प्रदर्शित करते हैं
(a) आइसोमॉर्फिक पीढ़ी एकान्तरण
(b) हेटेरोमॉर्फिक पीढ़ी एकान्तरण
(c) हेप्लोबायोन्टिक जीवन-चक्र
(d) उपरोक्त में से कोई नहीं

77. मॉस कैप्सूल का कौन-सा भाग बीजाणु के पोषण में उपयोगी है?
(a) कॉल्यूमेला (b) थीका
(c) पेरीस्टोमियल टीथ (d) इनमें से कोई नहीं

78. एपोस्पोरी है
(a) बीजाणुद्भिद् ऊतक से स्पोरोफाइट का निर्माण
(b) युग्मकोद्भिद् ऊतक से गैमिटोफाइट का निर्माण
(c) बीजाणुद्भिद् ऊतक से युग्मकोद्भिद् का निर्माण
(d) उपरोक्त में से कोई नहीं

79. इलेटर्स किसमें पाए जाते हैं?
(a) पुंधानी (b) स्त्रीधानी
(c) बीजाणुधानी (d) इनमें से कोई नहीं

80. मॉस अक्ष का केन्द्र बना होता है
(a) जाइलम द्वारा (b) फ्लोएम द्वारा
(c) मज्जा द्वारा (d) संवहन ऊतक द्वारा

81. *फ्यूनेरिया* का स्तम्भिका
(a) जनन ऊतक है
(b) पोषक ऊतक है
(c) सहारा देने वाला ऊतक है
(d) रक्षक ऊतक है

82. एन्थोसिरोटॉप्सिडा के सदस्यों को सामान्यतया कहा जाता है
(a) लिवरवर्ट्स (b) हार्नवर्ट्स
(c) मॉसेस (b) इनमें से कोई नहीं

83. गोपक (Calyptra) दिखाई देता है
(a) पुंधानी में (b) स्त्रीधानी में
(c) बीजाणुद्भिद् में (d) युग्मकोद्भिद् में

84. एन्थेरोजॉइड होते हैं
(a) एक कशाभिकीय
(b) एक कशाभिकीय एवं लम्बे
(c) द्विकशाभिकीय
(d) द्विकशाभिकीय एवं चक्रिक ऐंठे हुए

85. *फ्यूनेरिया* का जीवन-चक्र बिना जल के पूर्ण नहीं होता, क्योंकि
(a) *फ्यूनेरिया* ब्रायोफाइट पौधा है
(b) शाखाओं का विकास नहीं होता
(c) निषेचन कवेल पानी की उपस्थिति में ही होता है
(d) पौधा कोमल होने से पानी के अभाव में सूख कर मृत हो जाएगा

86. *एन्थोसिरोस* में युग्मनज विभाजित होकर रचना बनाता है
(a) एककोशिकीय (b) द्विकोशिकीय
(c) चतुष्कोशिकीय (d) आठ कोशिकीय

87. किसके जीवन-चक्र में दो पृथक पीढ़ियाँ पाई जाती हैं?
(a) *बैसीलस* में
(b) आम में
(c) *टैरिस (ड्रायोप्टेरिस)* में
(d) *स्पाइरोगायरा* में

88. मज्जा रहित रम्भ कहलाती है
(a) नलीरम्भ (b) ठोसरम्भ
(c) जालम्भ (d) नालरम्भ

89. निम्न में से कौन-सा जीवाश्मीय टेरिडोफाइट है?
(a) *लाइकोपोडियम* (b) *लायगोडियम*
(c) *साइलोटम* (d) *राइनिया*

90. टेरिडोफाइट्स में अर्द्धसूत्री विभाजन होता है, जब
(a) बीजाणु बनते हैं (b) युग्मक बनते हैं
(c) प्रोथैलस बनता है (d) जननांग बनते हैं

91. *सिलेजिनेला* विषमबीजाणुक (Heterosporous) है। यह दो प्रकार के बीजाणु उत्पन्न करता है, सूक्ष्मबीजाणु से नर युग्मकोद्भिद् व गुरुबीजाणु से मादा युग्मकोद्भिद् विकसित होते हैं। युग्मकोद्भिद् के सन्दर्भ में कौन-सा कथन सत्य है?
(a) सूक्ष्मबीजाणु परिपक्व अवस्था में पर्णहरिम रहित होते हैं
(b) मादा युग्मकोद्भिद् परिपक्व अवस्था में पर्णहरिम रखते हैं
(c) मादा युग्मकोद्भिद् सूक्ष्मबीजाणु की भित्ति के अन्दर विकसित होता है
(d) सूक्ष्म युग्मकोद्भिद् में परिपक्व अवस्था में पर्णहरिम बन जाता है

92. *सिलेजिनेला* के पुंमणु (Antherozoids) में पाई जाती है
(a) लम्बवत् काय जिसके एक सिरे पर दो कशाभ (Flagella) होते हैं
(b) लम्बवत् काय जिसके एक सिरे पर कई कशाभ होते हैं
(c) शिखरकार काय, कई कशाभ के साथ
(d) अण्डाकार काय, जिसके एक सिरे पर दो कशाभ होते हैं

93. वह स्थान जहाँ से फर्न का स्पोरोगोनियम फटकर खुलता है, कहलाता है
(a) ऑपरकुलम (b) वलय
(c) स्फुटन मुख (d) ऑस्टिओल

94. निम्न में से कौन जलीय व स्वतन्त्र वाला फर्न है?
(a) *एजोला* (b) *साल्वीनिया*
(c) (a) व (b) दोनों (d) *टैरिस*

95. *सिलेजिनेला* की स्त्रीधानी में कितनी ग्रीवा नाल कोशिकाएँ होती हैं?
(a) 6-8 (b) 4-6
(c) 2-4 (d) केवल एक

96. फर्न की स्त्रीधानी की ग्रीवा होती है
(a) लम्बी व सीधी (b) छोटी व सीधी
(c) लम्बी व मुड़ी हुई (d) छोटी व मुड़ी हुई

97. ऐसे पौधे, जिनमें बीजाणु विकसित होते हैं और संवहनी ऊतक पाए जाते हैं परन्तु पुष्प नहीं होते हैं उन्हें, वर्गीकृत किया जाता है
(a) ब्रायोफाइट्स में (b) टेरिडोफाइट्स में
(c) अनावृतबाजी में (d) (b) व (c) दोनों में

98. फर्न का प्रोथैलस सामान्यतया होता है
(a) एकगुणित (b) द्विगुणित
(c) त्रिगुणित (d) चतुष्गुणित

99. फर्नों का प्रमुख लक्षण है
(a) विषमबीजाणुकता
(b) बीज धारण करना
(c) समबीजाणुकता
(d) वाहिनिकाएँ तथा वाहिकाओं की उपस्थिति

100. फर्न में जाइलम होता है
(a) एक्जार्क (b) मीजार्क
(c) एण्डार्क (d) पॉलीआर्क

101. बीजधारी पौधों में ऐसा कौन-सा लक्षण है, जिसके विकास के कारण ये फर्नों से बहुत अधिक विस्तृत क्षेत्रों में विकसित होने में सक्षम होते हैं?
(a) प्रकाश-संश्लेषी
(b) रेशेदार जड़ तन्त्र
(c) काष्ठीय तना
(d) न तैर सकने वाला शुक्राणु

102. जाइलम ऊतक में वाहिकाओं का अभाव होता है
(a) टेरिडोफाइटा में (b) अनावृतबीजी में
(c) (a) व (b) दोनों में (d) आवृतबीजों में

103. विषम बीजाणुकता (Heterospory) पाई जाती है
(a) *सिलेजिनेला* में (b) *आइसोइट्स* में
(c) *मार्सीलिया* में (d) ये सभी

104. *सिलेजिनेला* के सन्दर्भ में कौन-सा कथन असत्य है?
(a) *सिलेजिनेला* सामान्यतया पहाड़ियों तथा मैदानों पर वितरित रहते हैं
(b) *सिलेजिनेला* की कुछ प्रजातियाँ वास्तविक रूप में मरुद्भिद् होती हैं
(c) संवहन तन्त्र प्रोटोस्टीलिक होता है
(d) अन्तःत्वचा ट्रेबीकुली युक्त होती है

105. *सिलेजिनेला* कौन-सा लक्षण नहीं दर्शाता है?
(a) कुण्डलित विन्यास
(b) प्रिकॉशियस जर्मिनेशन
(c) माइक्रोफिल्स पत्तियाँ
(d) ठोसरम्भ

106. *सिलेजिनेला* के लिग्यूल का आधारीय भाग अर्धचन्द्राकार होता है तथा कहलाता है
(a) ग्लॉसोपोडियम (b) लिग्यूल ऑन
(c) बण्डल शीथ (d) लिग्यूल का पेडिसिल

107. निम्न में से कौन *सिलेजिनेला* से सम्बन्धित नहीं है?
(a) रेमेन्टा (b) ट्रेबेकुली
(c) राइजोफोर (d) लिग्यूल

108. *सिलेजिनेला* की कौन-सी प्रजाति में स्ट्रॉबिलस के निर्माण के बाद भी शीर्ष निरन्तर वृद्धि करता रहता है?
(a) *सिलेजिनेला हेल्वेटिका*
(b) *सिलेजिनेला कस्पीडेटा*
(c) *सिलेजिनेला रूपेस्ट्रिस*
(d) उपरोक्त में से कोई नहीं

109. इनमें से कौन-सा रम्भ *सिलेजिनेला* के तने में पाया जाता है?
(a) नालरम्भ (b) उभयपोषवाही रम्भ
(c) ठोसरम्भ (d) बाह्यपोषवाही नालरम्भ

110. आर्किगोनिएटी में शामिल है
(a) शैवाल, कवक एवं विषाणु
(b) शैवाल, लाइकेन एवं ब्रायोफाइटा
(c) ब्रायोफाइटा, टेरिडोफाइटा एवं अनावृतबीजी
(d) टेरिडोफाइटा एवं अनावृतबीजी

111. फर्न का बीजाणु प्रदर्शित करता है
(a) बीजाणुद्भिद अवस्था
(b) युग्मकोद्भिद् अवस्था
(c) (a) व (b) दोनों
(d) एपोमिक्टिक अवस्था

112. प्रोटोस्टील तना पाया जाता है
(a) *साइकस* में (b) *रिक्सिया* में
(c) *सिलेजिनेला* में (d) *फ्यूनेरिया* में

113. यूस्पोरेन्जिएट फर्न की बीजाणुधानी में
(a) भित्ति कोशिकाओं की एक पर्त होती है
(b) थोड़ी मात्रा में बीजाणु का उत्पादन होता है
(c) आरम्भिक कोशिकाओं के समूह से उत्पन्न होते हैं
(d) निश्चित रचना अर्थात् स्फुटन मुख वाले स्थान से स्फुटन होता है

114. टेरिडोफाइट्स कहलाते हैं
(a) फेनेरोगेम्स
(b) अपुष्पोद्भिद्
(c) संवहनी अपुष्पोद्भिद्
(d) पादप जगत के उभयचर

115. मेरीस्टील पाई जाती है
(a) *साइकस* के तने में
(b) *पाइनस* के नीडिल में
(c) फर्न की पत्ति में
(d) फर्न के राइजोम में

116. *सिलेजिनेला, टैरिस* से निम्न लक्षणों में भिन्न होता है
(a) बीजों की अनुपस्थिति
(b) जाइलम में वाहिकाओं की अनुपस्थिति
(c) निषेचन के लिए जल की आवश्यकता
(d) विषमबीजाणुक अवस्था

117. कभी-कभी फर्न के प्रोथेलैस से फर्न का पादप उत्पन्न होता है, यह उदाहरण है
(a) एपोस्पोरी का (b) अनिषेकजनन का
(c) अनिषेकफलन का (d) एपोगेमी का

118. फर्नों के संवहन सिलेन्डर में लीफ गैप (Leaf gap) होता है
(a) एयर स्पेस
(b) पेरेनकाइमेटस क्षेत्र
(c) कोलेनकाइमेटस क्षेत्र
(d) पूर्ण रूप से फ्लोएम क्षेत्र

119. मॉस और फर्न के युग्मकोद्भिद् और बीजाणुद्भिद् दोनों में ही दिखाई देने वाले लक्षण हैं
(a) स्वतन्त्र अस्तित्व (b) स्वपोषण
(c) अशाखित प्रकृति (d) शाखित प्रकृति

120. *ड्रायोप्टेरिस* या फर्न में पुंमणु होते हैं
(a) चक्रीय और बहुकशाभिकीय
(b) चक्रीय और द्विकशाभिकीय
(c) हँसिया समान और द्विकशाभिकीय
(d) हँसिया समान और बहुकशाभिकीय

121. *सिलेजिनेला रूपेस्ट्रिस* में गुरुबीजाणु की संख्या होती है
(a) एक (b) दो
(c) तीन (d) चार

122. प्रोथैलस प्रदर्शित करता है
(a) फर्न युग्मकोद्भिद् को
(b) आवृतबीजी बीजाणुद्भिद् को
(c) अनावृतबीजी बीजाणुद्भिद् को
(d) फर्न बीजाणुद्भिद् को

123. *सिलेजिनेला* की पत्तियों में ऊपरी सतह से निकली अतिवृद्धि कहलाती है
(a) स्टीप्यूल (b) लिग्यूल
(c) ट्रेबीकुली (d) वेलम

124. *सिलेजिनेला* के राइजोफोर में सामान्यतया होती है
(a) डाइआर्क रम्भ (b) ट्राइआर्क रम्भ
(c) मोनोआर्क रम्भ (d) टेट्रार्क रम्भ

125. *सिलेजिनेला* का प्रमुख लक्षण है
(a) समबीजाणुकता (b) लिग्यूल
(c) पुष (d) इनमें से कोई नहीं

126. *सिलेजिनेला* का राइजोफोर धनात्मक जियोट्रॉपिक संरचना है, यह है
(a) मूल
(b) तना
(c) एक नया, अंग जिसे स्यूजेनेरिस कहते हैं
(d) उपरोक्त में से कोई नहीं

127. *सिलेजिनेला* की रम्भ मुख्यतया होती है
(a) ठोसरम्भ (b) नालरम्भ
(c) (a) व (b) दोनों (d) जालरम्भ

128. निम्न में से एक लक्षण *सिलेजिनेला* तथा फर्न में समान होता है
(a) विषमबीजाणु
(b) ठोसरम्भ
(c) बीजाणुधानी का विकास
(d) बीज की उपस्थिति

129. सूक्ष्मबीजाणुधानी तथा गुरुबीणुधानी एक ही स्ट्रॉबिलस में पाए जाते हैं
(a) फर्न में (b) *सिलेजिनेला* में
(c) *पाइनस* में (d) मॉस में

130. *सिलेजिनेला* के भ्रूण का विकास होता है
(a) मीरोब्लास्टिक (b) होलोब्लास्टिक
(c) एपोस्पोरस (d) इनमें से कोई नहीं

131. *राइनिया* है
(a) जीवित पादप
(b) जीवाश्म पादप
(c) डिवोनियन काल का पादप
(d) (b) व (c) दोनों

132. निम्न में से कौन विषम बीजाणुक (Heterosporous) नहीं हैं?
(a) *ड्रायोप्टेरिस* (b) *सिलेजिनेला*
(c) *मार्सीलिया* (d) *पाइनस*

133. फर्न की बीजाणुधानी में बीजाणुओं की संख्या होती है
(a) 16 (b) 20 (c) 64 (d) 128

134. *सिलेजिनेला* में जब बीजाणुद्भिद् सीधे मादा युग्मकोद्भिद् से उत्पन्न होता है, इस घटना को कहते हैं
(a) एपोस्पोरी (b) एप्लेनोस्पोरी
(c) एपोगेमी (d) क्लीस्टोगेमी

135. फर्न, निम्न लक्षणों में मॉस से भिन्न है
(a) स्वतन्त्र युग्मकोद्भिद् (b) स्वतन्त्र बीजाणुद्भिद्
(d) तैरने वाले पुंमणु (d) स्त्रीधानी

136. निम्न में से किन पादपों की द्विगुणित अवस्था साधारणतया प्रबल होती है?
(a) शैवाल में (b) कवक में
(c) मॉस में (d) फर्न में

137. सबसे प्राचीन जीवित संवहनीय पौधे है
(a) भूरे शैवाल (b) *स्फैग्नम*
(c) फर्न (d) *साइकेड्स*

138. फर्न प्रोथैलस है
(a) होमोथैलिक (b) हेटेरोथैलिक
(c) हेटेरोट्रॉफिक (d) हेटेरोमॉर्फिक

139. स्पष्ट पीढ़ी एकान्तरण पाया जाता है
(a) *राइजोपस* में (b) जीवाणु में
(c) विषाणु में (d) *टैरिस* (फर्न) में

140. फर्न में बीजाणुधानी और बीजाणु युक्त पत्ती को कहते हैं
(a) रोमेन्टम (b) सोरस
(c) इन्ड्यूसियम (d) स्पोरोफिल

141. फर्न में युवा पत्तियों का रक्षण करता है
(a) राइजोम (b) इन्ड्यूसियम
(c) सोराई (d) रेमेन्टा

142. एक लक्षण जो *फ्यूनेरिया* और *ड्रायोप्टेरिस* दोनों में ही पाया जाता है, यह लक्षण है
(a) द्विलिंगाश्रयी युग्मकोद्भिद्
(b) एकलिंगाश्रयी युग्मकोद्भिद्
(c) विषमबीजाणुक बीजाणुद्भिद्
(d) स्टील (प्रोटोस्टील)

143. *सिलेजिनेला* के पुंधानी से कितने पुंमणु उत्पन्न होते हैं?
(a) 64 (b) 256 या अधिक
(c) 25 से 50 (d) 128 से 256

144. रम्भ में जब जाइलम, फ्लोएम द्वारा घिरा रहता है, तो ऐसी अवस्था को कहते हैं
(a) हेड्रोसेन्ट्रिक (b) लेप्टोसेन्ट्रिक
(c) रेडियल (d) संयुक्त बहिफ्लोएमी

145. टेरिडोफाइट्स का लक्षण है
(a) संवहन ऊतक की उपस्थिति
(b) पुष्प की अनुपस्थिति
(c) फल की अनुपस्थिति
(d) उपरोक्त सभी

146. विषमबीजाणुकता (Heterospory) में किसका उत्पादन होता है?
(a) लैंगिक और अलैंगिक बीजाणुओं
(b) बड़े और छोटे बीजाणुओं का
(c) अगुणित और द्विगुणित बीजाणुओं का
(d) द्विगुणित और चतुष्गुणित बीजाणुओं का

147. फर्न के बीजाणुधानी के स्फूटन में निम्न प्रमुख भूमिका निभाते हैं
(a) वलय (b) इन्ड्यूसियम
(c) टेपीटम (d) सोरस

148. फर्न में रम्भ होता है
(a) जालरम्भ (b) नालरम्भ
(c) ठोसरम्भ (d) इनमें से कोई नहीं

149. निम्न में से कौन-सा एक फर्न में निषेचन क्रिया से सम्बन्धित नहीं है?
(a) पानी (b) पराग नलिका
(c) कशाभिक पुंमणु (d) स्त्रीधानी

150. *सिलेजिनेला* के तने पर ट्रेबीकुली क्या प्रदर्शित करता है?
(a) रूपान्तरित परिरम्भ कोशाएँ
(b) रूपान्तरित अन्तस्त्वचीय कोशाएँ
(c) रूपान्तरित बाह्य त्वचीय कोशाएँ
(c) रूपान्तरित बाह्य त्वचीय कोशाएँ

151. *सिलेजिनेला* में नर-प्रोथैलियल कोशिकाओं की संख्या कितनी होती है?
(a) एक (b) दो
(c) चार (d) शून्य

152. फर्न में बीजाणुधानी की आकृति होती है
(a) उभयोत्तल (b) गोलाकार
(c) उभयावतल (d) समतलोत्तल

153. निम्न में से कौन प्रोथैलस में युग्मकों के निर्माण से सम्बन्धित है?
(a) पुंधानी और ऊगोनिया
(b) पुंधानी और स्त्रीधानी
(c) परागकोष और स्त्रीधानी
(d) परागकोष और एस्कोगोनियम

154. फर्न के बीजाणु के अंकुरण के पश्चात् बनता है
(a) नया फर्न का पादप (b) प्रोथैलस
(c) भ्रूण (d) जायगोस्पोर

155. बहुकशाभिकीय पर युग्मक पाए जाते हैं
(a) *क्लैमाइडोमोनास* में (b) *फ्यूनेरिया* में
(c) *ड्रायोप्टेरिस* में (d) *रिक्सिया* में

156. निम्न में से कौन-सा नाड़ी विन्यास फर्न में विशिष्ट रूप से पाया जाता है?
(a) समान्तर (b) जालिकावत्
(c) डाइकॉटोमस (d) ओपन फरकेट

157. यदि फर्न के भ्रूण के पाद में गुणसूत्रों की संख्या 8 है, तो इसके बीजाणु में गुणसूत्रों की संख्या क्या होनी चाहिए
(a) 4 (b) 8
(c) 16 (d) 23

158. बीजाणुधानियों का समूह, जो प्लेसेन्टा से जुड़ा हो और इन्ड्यूसियम द्वारा घिरा हो तो उसे कहते हैं
(a) स्पोरोफिल (b) सोरेस
(c) शंकु (d) रेमेन्टा

159. विषमबीजाणुक टेरिडोफाइट्स सदैव उत्पन्न करते हैं
(a) द्विलिंगाश्रयी युग्मकोद्भिद्
(b) एकलिंगाश्रयी युग्मकोद्भिद्
(c) होमोथैलिक युग्मकोद्भिद्
(d) उपरोक्त में से कोई नहीं

160. कीटनाशक किस टेरिडोफाइट से प्राप्त होता है
(a) *इक्वीसीटम*
(b) *लाइकोपोडियम*
(c) (a) एवं (b) दोनों
(d) उपरोक्त में से कोई नहीं

161. फर्न जैसे *ड्रायोप्टेरिस* में बीजाणु का निर्माण होता है
(a) बीजाणुधानी में (b) ऊगोनियम में
(c) स्त्रीधानी में (d) स्टोमियम में

162. एपोगेमस कोशिकाएँ हैं
(a) अगुणित (b) द्विगुणित
(c) बहुगुणित (d) त्रिगुणित

163. फर्न प्रोथैलस की कोशिकाओं के केन्द्रक में होते हैं
(a) $4n$ गुणसूत्र (b) $3n$ गुणसूत्र
(c) $2n$ गुणसूत्र (d) n गुणसूत्र

164. *सिलेजिनेला* का विकास हेतु महत्त्वपूर्ण लक्षण है
(a) लिग्यूल (b) बीज
(c) विषमबीजाणुकता (d) स्ट्रॉबिलस

165. टेरिडोफाइट्स की युग्मकोद्भिद् पीढ़ी कहलाती है
(a) थैलस (b) पादप शरीर
(c) प्रोथैलस (d) प्रोटोनीमा

166. कुछ टेरिडोफाइट्स तथा अनावृतबीजियों में बीजाणुपर्ण मुख्य तने या इनकी शाखाओं के सिरे पर एक समूह बनाकर एक सघन संरचना निर्मित करती है, जिसे कहते हैं
(a) स्पोरेन्जियोफोर (b) सोरस
(c) बीजाणुधानी (d) स्ट्रॉबिलस या शंकु

167. वह स्थिति जब टेरिडोफाइट्स में दो प्रकार के बीजाणु तथा बीजाणुधानी उत्पन्न करते हैं, कहलाती है
(a) होमोस्पोरी (b) होमोथैलिज्म
(c) विषमबीजाणुकता (d) एपोस्पोरी

168. फर्न की स्त्रीधानी में
(a) 4-ग्रीवा नाल कोशिकाएँ होती हैं
(b) 3-ग्रीवा नाल कोशिकाएँ होती हैं
(c) एक नाभिक युक्त 1 ग्रीवा नाल कोशिका होती है
(d) दो नाभिक युक्त 1 ग्रीवा नाल कोशिका होती है

169. *सिलेजिनेला* के तने में रम्भ (Stele) का प्रकार होता है
(a) प्रोटोस्टीलिक
(b) यूस्टीलिक
(d) डिक्टियोस्टीलिक
(d) सोलेनोस्टीलिक

170. टेरिडोफाइटा में प्रभावी अवस्था होती है
(a) अगुणित (b) युग्मकोद्भिद्
(c) द्विगुणित (d) त्रिगुणित

171. निषेचन में जल की आवश्यकता नहीं होती है
(a) *यूलोथ्रिक्स* में (b) *एल्ब्यूगो* में
(c) ब्रायोफाइटा में (d) टेरिडोफाइटा में

172. फर्न की नई पत्ती को कहते हैं
(a) बीजाणुपर्ण (b) फ्रोन्ड
(c) पर्णाभ वृन्त (d) पर्णाभ पर्व

173. फर्न के पौधे में बीजाणुओं को वेग के साथ बाहर निकालने में सहायक होता है
(a) स्पोरेन्जियोफोर (b) वलय
(c) स्टोमियम (d) इन्ड्यूसियम

174. *सिलेजिनेला* में अर्द्धसूत्री विभाजन होता है
(a) सूक्ष्मबीजाणु निर्माण के समय
(b) सूक्ष्मबीजाणु तथा गुरुबीजाणु दोनों के निर्माण के समय
(c) शुक्राणु के निर्माण के समय
(d) निषेचन के तुरन्त बाद

175. फर्न का प्रोथैलस होता है
(a) हृदयाकार (b) पृष्ठअधरीय
(c) हरा (d) ये सभी

176. फर्न के पुंमणु होते हैं
(a) गोलाकार (b) कुण्डलित
(c) बहुकशाभिकीय (d) ये सभी

177. *सिलेजिनेला* में सूक्ष्मबीजाणु की तुलना में गुरुबीजाणु कितने बड़े होते हैं?
(a) पाँच गुना (b) दस गुना
(c) बीस गुना (d) सौ गुना

178. *सिलेजिनेला* के नर युग्मक होते हैं
(a) कशाभ रहित
(b) एक कशाभयुक्त
(c) दो कशाभयुक्त
(d) अनेक कशाभयुक्त

179. फर्न के नर युग्मक के कशाभ की संख्या होती है
(a) शून्य (b) एक
(c) दो (d) असंख्य

180. फर्न के शुक्राणु होते हैं
(a) द्विपक्ष्म युक्त एवं वलयित
(b) बहुपक्ष्म युक्त एवं हँसिए के आकार के
(c) बहुपक्ष्म युक्त एवं वलयित
(d) द्विपक्ष्म युक्त एवं हँसिए के आकार के

181. फर्न का पादप होता है
(a) अगुणित युग्मकोद्भिद्
(b) द्विगुणित युग्मकोद्भिद्
(c) द्विगुणित बीजाणुद्भिद्
(d) अगुणित बीजाणुद्भिद्

182. *सिलेजिनेला* के 13-कोशिकीय नर युग्मकोद्भिद् में होते हैं
(a) 8 कोशिकाएँ पुंधानी + 5 प्रोथैलियल कोशिकाएँ
(b) 9 कोशिकाएँ पुंधानी + 4 प्रोथैलियल कोशिकाएँ
(c) 10 कोशिकाएँ पुंधानी + 3 प्रोथैलियल कोशिकाएँ
(d) 12 कोशिकाएँ पुंधानी + 1 प्रोथैलियल कोशिकाएँ

183. फर्नों के बीजाणु का क्या होता है?
(a) यह अंकुरित होकर प्रोथैलस बनाता है
(b) यह अंकुरित होकर दूसरा बीजाणु बनाता है, जो फर्न का पादप बनाता है
(c) यह दूसरे बीजाणु से जुड़ जाता है और प्रांकुर बनाता है
(d) यह सिस्ट में बदला जाता है, जिसे घोंघा खा लेता है

184. निम्न में से कौन-सा टेरिडोफाइट शोध कार्य के लिए उपयोग होता है?
(a) *टेरिस लोंगीफोलिया* (b) *इक्वीसीटम*
(c) *एजोल* (d) इनमें से कोई नही

185. *सिलेजिनेला* की गुरुबीजाणुधनियाँ *पाइनस* की किस रचना के समकक्ष होती है?
(a) बीजाण्ड (b) न्यूसेलस
(c) मादा युग्मकोद्भिद् (d) बीज

186. *सिलेजिनेला* का राइजोफोर होता है
(a) धनात्मक गुरुत्वाकर्षी (Positively geotropic)
(b) ऋणात्मक गुरुत्वाकर्षी (Negatively geotropic)
(c) भू-अपवर्ती या अगुरुत्वाकर्षी (Apogeotropic)
(d) उपरोक्त में से कोई नहीं

187. प्रवालाभ जड़ें विशेषता हैं
(a) शैवाल की (b) *साइकस* की
(c) चीड़ की (d) *जिंगों* की

188. निम्न में से कौन *पाइनस* की बीजाणुद्भिद् पीढ़ी से सम्बन्धित नहीं है?
(a) जड़ (b) भ्रूणपोष
(c) बौनी शाखा (d) लम्बी शाखा

189. *पाइनस* के भ्रूण में रोसेट कोशिकाएँ स्थित होती हैं
(a) निलम्बक कोशिकाओं के ऊपर
(b) निलम्बक और भ्रूणीय कोशिकाओं के बीच में
(c) प्राथमिक और द्वितीयक निलम्बक कोशिकाओं के बीच में
(d) भ्रूणीय और अग्रस्थ कोशिकाओं के बीच में

190. रेजिन और टर्पेन्टाइन प्राप्त किया जाता है
(a) *साइकस* से (b) *पाइनस* से
(c) *एबीज* से (d) *सिड्रस* से

191. अनावृतबीजी पादपों में फल नहीं पाया जाता, क्योंकि
(a) उनमें अण्डाशय नहीं होता
(b) वे परागित नहीं होते
(c) वे बीजरहित पादप होते हैं
(d) उनमें निषेचन क्रिया नहीं होती

192. अनावृतबीजियों में पोलिनेशन ड्रॉप (Pollination drop) होता है
(a) लाल ड्रॉप
(b) वायु द्वारा परागकण ड्रॉप किए जाते हैं
(c) बीजाण्डकाय द्वारा स्रावण
(d) पानी की ड्रॉप्स

193. *पाइनस* की पिरामिड समान आकृति समझाने के लिए सबसे अच्छा स्पष्टीकरण निम्न में से कौन-सा होगा?
(a) सूर्य के प्रकाश के लिए निकटस्थ लगे हुए वृक्षों में स्पर्द्धा
(b) वृद्धि कर रहे तने के सिरे पर ऑक्सिन का प्रभाव
(c) वायु परागण के लिए अनुकूलन
(d) भूमि से पत्तियों तक जल का प्रभावी ढंग से स्थानान्तरण

194. नग्न बीज पाए जाते हैं
(a) *सिलेजिनेला* में
(b) *पाइनस* में
(c) *रिक्सिया* में
(d) *ब्रैसिका* में

195. मंकीज पजल (Monkey's puzzle) समान नाम है
(a) *एरुकेरिया इम्ब्रीकेटा* का
(b) *साइकस रीवोल्यूटा* का
(c) *पाइनस लौंगीफोलिया* का
(d) *नीटम जीनॉन* का

196. सामान्य बहुभ्रूणता प्रदर्शित की जाती हैं
(a) *पाइनस* द्वारा
(b) *साइकस* द्वारा
(c) *साइकस* एवं *पाइनस* दोनों के द्वारा
(d) सभी अनावृतबीजियों द्वारा

197. निम्न में से *पाइनस* के सम्बन्ध में असत्य लक्षण है
(a) सहपत्रों और बीजाण्डधर शल्क
(b) भ्रूण जिसमें दो बीजपत्र होते हैं
(c) नीडिल्स में रेजिन केनाल
(d) ट्रेकीड्स में बॉरडर्ड पिट्स

198. *पाइनस*
(a) पुष्प युक्त है
(b) संवहन ऊतक प्रदर्शित नहीं करता
(c) शंकु में बीज उत्पन्न करता है
(d) शंकु में बीज उत्पन्न नहीं करता

199. निम्न में से कौन-सी रचनाएँ *पाइनस* में अगुणित हैं?
(a) गुरुबीजाणु, अध्यावरण एवं जड़
(b) भ्रूणपोष, गुरुबीजाणु एवं पराग कण
(c) पराग कण, पत्ती एवं जड़
(d) गुरुबीजाणु, भ्रूणपोष एवं भ्रूण

200. *पाइनस* की काष्ठ पूरी तरह से बनी होती हैं
(a) वाहिनिकाओं की
(b) वाहिकाओं की
(c) वाहिनिकाएँ और वाहिकाएँ बराबर की संख्या में
(d) वाहिकाएँ अधिक और वाहिनिकाएँ कम

201. शैवाल प्रदेश गुण पाया जाता है
(a) *साइकस* की जड़ों में
(b) *पाइनस* की जड़ों में
(c) *साइकस* की प्रवालाभ जड़ों में
(d) *साइकस* एवं *पाइनस* के तने का

202. यदि *पाइनस* में अगुणित गुणसूत्रों की संख्या होगी
(a) 12 (b) 24
(c) 36 (d) 6

203. पंखयुक्त बीज पाए जाते हैं
(a) *साइकस* में (b) *पाइनस* में
(c) *पैपेवर* में (d) इनमें से कोई नहीं

204. *पाइनस* के बीज में होते हैं
(a) दो बीजपत्र (b) एक बीजपत्र
(c) माँसल बीजपत्र (d) अनेक बीजपत्र

205. द्विदारुक संवहन बण्डल पाए जाते हैं
(a) *टैरिस* में (b) *सिलेजिनेला* में
(c) *फ्यूनेरिया* में (d) *साइकस* में

206. *पाइनस* के नर प्रोथैलस (युग्मकोद्भिद्) में होती है
(a) एक प्रोथैलियल कोशिका
(b) दो प्रोथैलियल कोशिकाएँ
(c) चार प्रोथैलियल कोशिकाएँ
(d) कोशिकाओं का पुँज

207. ट्रान्सफ्यूजन ऊतक या रूपान्तरित संवहन ऊतक किसकी पत्तियों में उपस्थित होता है?
(a) *पाइनस* की
(b) *ड्रायोप्टेरिस* की
(c) *लाइकोपोडियम* की
(d) *डलबर्जिया* की

208. अधिकांश अनावृतबीजियों में होते हैं
(a) केवल पुंधानी
(b) पुंधानी और स्त्रीधानी
(c) स्त्रीधानी किन्तु पुंधानी नहीं
(d) दोनों अनुपस्थित

209. निम्नलिखित में जीवित जीवाश्म है/हैं
(a) *जिंगों*
(b) *पाइनस*
(c) *साइकस*
(d) (a) एवं (b) दोनों

210. *साइकस* की जड़ें होती हैं
(a) कोरेलॉयड या प्रवालाभ
(b) कोरेलॉयड एवं अपस्थानिक
(c) सामान्य जड़ें, कोरेलॉयड या प्रवालाभ जड़ें
(d) सामान्य अपस्थानिक जड़ें

211. *पाइनस* से प्राप्त की गई काष्ठ का उपयोग होता है
(a) लकड़ी का सामान बनाने में
(b) इमारती कार्यों में
(c) माचिस की तीलियाँ बनाने में
(d) उपरोक्त सभी में

212. *पाइनस* के बीजाण्ड में अध्यावरण (Integument) होता है
(a) अगुणित (b) द्विगुणित
(c) त्रिगुणित (d) चतुष्गुणित

213. *पाइनस रॉक्सबर्गाई* के बीजाण्ड में स्त्रीधानी की संख्या सामान्यतया होती है
(a) 2 से 4 (b) 2 से 5
(c) 2 से 6 (d) 3 से 8

214. *साइकस* में बीजाण्ड सामान्यतया होते हैं
(a) एनाट्रॉपस, तीन अध्यावरण युक्त
(b) ऑर्थोट्रॉपस, एक अध्यावरण युक्त
(c) एम्फीट्रॉपस, तीन अध्यावरण युक्त
(d) ऑर्थोट्रॉपस, दो अध्यावरण युक्त

215. *साइकस* के शुक्राणु होते हैं
(a) बड़े, बहुपक्ष्माभि, लट्टू के आकार के
(b) बड़े, रोमाभिरहित, एवं लट्टू के आकार
(c) छोटे, बहुपक्ष्माभी, एक बाल के आकार के
(d) छोटे तथा अचल, एक लट्टू के आकार के

216. *पाइनस* में गुरुबीजाणु अंकुरण के बाद बनाता है
(a) दो चल शुक्राणु परागनलिका के साथ
(b) स्त्रीधानी, भ्रूणपोष के साथ
(c) स्पर्म, भ्रूणपोष के साथ
(d) भ्रूणकोष, भ्रूणपोष के साथ

217. *पाइनस* का भ्रूणकोष है
(a) नर युग्मकोद्भिद् (b) मादा युग्मकोद्भिद्
(c) बीजाणुद्भिद् (d) इनमें से कोई नहीं

218. *पाइनस* दर्शाता है
(a) सामान्य बहुभ्रूणता (b) विदलन बहुभ्रूणता
(c) (a) व (b) दोनों (d) इनमें से कोई नहीं

219. *पाइनस* के बीज तीन पीढ़ी दर्शाते हैं, जो हैं
(a) जनक बीजाणुद्भिद्, युग्मकोद्भिद् और भविष्य का बीजाणुद्भिद्
(b) जनक युग्मकोद्भिद्, बीजाणुद्भिद् और भविष्य का युग्मकोद्भिद्
(c) जनक बीजाणुद्भिद्, बीजाणुद्भिद् और भविष्य का युग्मकोद्भिद्
(d) उपरोक्त में से कोई नहीं

220. *साइकस* का बीज दर्शाता है
(a) अधोभूमिक अंकुरण (b) उपरिभूमिक अंकुरण
(c) प्रभाविता (d) इनमें से कोई नहीं

221. *पाइनस* के मादा शंकु की तुलना पादप के किस भाग से की जा सकती है?
(a) पुष्प
(b) गुरुबीजाणुपर्ण
(c) पुष्पक्रम
(d) सूक्ष्मबीजाणुपर्ण

222. *साइकस* में पराग कण, परागण हेतु बाहर आते हैं
(a) 4-कोशिकीय अवस्था में
(b) 3-कोशिकीय अवस्था में
(c) द्विकोशीकीय अवस्था में
(d) एकल कोशिकीय अवस्था में

223. *साइकस* का भ्रूणपोष होता है
(a) निषेचन के उपरान्त निर्मित
(b) बीजाणुद्भिद् ऊतक
(c) (a) व (b) दोनों
(d) युग्मकोद्भिद् ऊतक

224. अनावृतबीजी में नहीं होते हैं
(a) वृक्ष (b) झाड़ी
(c) शंकु (d) शाक

225. *पाइनस* का नर युग्मकोद्भिद् होता है
(a) 10-कोशिकीय (b) 6-कोशिकीय
(c) 4-कोशिकीय (d) 2-कोशिकीय

226. *पाइनस* का वृक्ष है
(a) वार्षिक शाक (b) द्वि-वार्षिक शाक
(c) सदाबहार वृक्ष (d) पर्णपाती वृक्ष

227. *पाइनस* के गुरुबीजाणुपर्ण में होता है
(a) दोनों सहपत्र व बीजाण्डधर शल्क
(b) केवल सहपत्र शल्क
(c) केवल बीजाण्डधर शल्क
(d) उपरोक्त में से कोई नहीं

228. निम्नलिखित में कौन-सा नील-हरित शैवाल *साइकस* में/के साथ सहोपकारिता दर्शाता है
(a) *एनाबीना* (b) *ऑलोशिरा*
(c) (a) एवं (b) दोनों (d) *नॉस्टॉक*

229. *पाइनस* स्त्रीधानी ग्रीवा में होती है
(a) कोशिकाओं के पाँच सोपान
(b) चार कोशिकाओं के 6 से 8 सोपान
(c) चार कोशिकाओं के दो सोपान
(d) उपरोक्त में से कोई नहीं

230. *पाइनस* का बीज है
(a) एकबीजपत्रीय
(b) द्विबीजपत्रीय
(c) बहुबीजपत्रीय
(d) चतुष्बीजपत्रीय

231. *पाइनस* के बीज में पंख विकसित होते हैं
(a) अध्यावरण की बाहरी परत तथा बीजाण्डधर शल्क के आधारीय भाग से
(b) जड़ एवं तने से
(c) केवल अध्यावरण की बाहरी परत से
(d) बीजाण्डधर शल्क से

232. *पाइनस* में मादा युग्मकोद्भिद विकसित होता है, केवल
(a) सबसे ऊपरी अगुणित गुरुबीजाणु से
(b) सबसे निचले अगुणित गुरुबीजाणु से
(c) पेनल्टीमेट गुरुबीजाणु से
(d) तीसरे गुरुबीजाणु से

233. *पाइनस* में पर्णी पर्ण या नीडल उत्पन्न होती हैं
(a) असीमित वृद्धि की शाखाओं पर
(b) सीमित वृद्धि की शाखाओं पर
(c) (a) एवं (b) दोनों पर
(d) मादा शंकु पर

234. *पाइनस* नीडल की एसीकुलर प्रवृत्ति किस प्रकृति को दर्शाती है?
(a) मीसोफिटिक (b) जीरोफिटिक
(c) हाइड्रोफिटिक (d) स्पोरोफिटिक

235. *पाइनस* में मादा गेमीटोफाइट बनता है
(a) परागण से पहले (b) परागण के बाद
(c) निषेचन के बाद (d) इनमें से कोई नहीं

236. सागो पाम किसका सामान्य नाम है?
(a) *साइकस रम्फाई* (b) *साइकस सिल्वेस्ट्रिस*
(c) *साइकस रिवोल्यूटा* (d) *साइकस सर्सिनेलिस*

237. निम्नलिखित में किस लक्षण विशेष की उपस्थिति के कारण *साइकस* को, भ्रूण में दो बीजपत्र होते हुए भी, द्विबीजपत्रों के साथ वर्गीकृत नहीं किया जाता है?
(a) क्योंकि इसका बीजाण्ड नग्न होता है
(b) क्योंकि इसको जीवित जीवाश्म कहा जाता है
(c) क्योंकि इसकी पत्तियाँ संयुक्त होती हैं
(d) क्योंकि इसमें गुरुबीजाणुपर्ण होते हैं

238. अनावृतबीजी का उद्भव हुआ
(a) सीनोजोइक में (b) पेलिओजोइक में
(c) केम्ब्रिअन में (d) मीसोजोइक में

239. *पाइनस* के परिपक्व भ्रूण में होते हैं
(a) मूलांकुर और प्रांकुर
(b) 1+10 बीजपत्र
(c) मूलांकुर, प्रांकुर और कई बीजपत्र
(d) 3 बीजपत्र + भ्रूणपोष

240. निम्न में से कौन-सा सबसे छोटा अनावृतबीजी है?
(a) *साइकस* (b) *पाइनस*
(c) *जेमिया* (d) *नीटम*

241. रेड वुड वृक्ष है
(a) *सिड्रस* (b) *पाइनस*
(c) *डलबर्जिया* (d) *सिकोया*

242. *पाइनस* के जीवन चक्र को ध्यान में रखते हुए यदि मादा शंकु शून्य वर्ष के ग्रीष्म काल में बनते हैं, तो निषेचन होगा
(a) दूसरे वर्ष के पश्च शरद में
(b) दूसरे वर्ष के पश्च बसन्त में
(c) उसी वर्ष में अर्थात् शून्य वर्ष में पर अगले मौसम में
(d) अगले वर्ष की पूर्व ग्रीष्म में (अर्थात् प्रथम वर्ष)

243. *पाइनस* में नर शंकु के सूक्ष्मबीजाणुपर्ण का अग्र भाग कहलाता है
(a) भ्रूणकोष
(b) सहपत्र शल्क
(c) बीजाणु
(d) एपोफाइसिस

244. निम्न में कौन-सा समूह *पाइनस* में पूरी तरह से युग्मकोद्भिद् पीढ़ी को दर्शाता है?
(a) बीजाण्ड शल्क, भ्रूण, सहपत्र शल्क
(b) सहपत्र शल्क, पराग कण में प्रोथैलियल कोशिका, अध्यावरण
(c) भ्रूण, भ्रूणपोष, पराग कण
(d) भ्रूणपोष, शुक्राणु, गुरुबीजाणु

245. *पाइनस* के बीज का खाने योग्य भाग है
(a) एपीस्पोर (b) भ्रूणपोष
(c) पेरीस्पर्म (d) पेरीकार्प

246. अनावृतबीजी की जड़ है
(a) मूसला जड़
(b) अपस्थानिक जड़
(c) मूलांग
(d) राइजोफोर

247. आवृतबीजी और अनावृतबीजी में समानता है
(a) काष्ठ की वाहिकाओं में
(b) निषेचन की विधि में
(c) साइफोनोगेमी में
(d) भ्रूणपोष के स्वभाव में

248. *पाइनस* का सूक्ष्मबीजाणुपर्ण समान है
(a) आवृतबीजी के पराग कण के
(b) पुंकेसर के
(c) नर युग्मकोद्भिद के
(d) पुष्पक्रम के

249. *साइकस* में कायिक जनन होता है
(a) *साइकस* में कायिक जनन अनुपस्थित होता है
(b) पत्र प्रकलिकाओं द्वारा
(c) द्विविखण्डन द्वारा
(d) प्रकन्द द्वारा

250. अनावृतबीजियों में सबसे बड़ा वृक्ष है
(a) *सिड्रस* का
(b) *पाइनस* का
(c) *डलबर्जिया* का
(d) *सिकोआ* का

251. कनाडा बालसम प्राप्त होता है
(a) *एबीस बालसेमिया* से
(b) *इम्पेशियेन्स बालसेमिया* से
(c) *पाइनस* से
(d) *हेलिएन्थस* से

252. *पाइनस* में ऊस्पोर का निचला भाग भ्रूण के विकास से सम्बन्धित होता है, ऐसे विकास को कहते हैं
(a) मीरोब्लास्टिक (b) पेरीब्लास्टिक
(c) मीसोब्लास्टिक (d) इनमें से कोई नहीं

253. *पाइनस* में दलपुट (Dwarf shoot) में
(a) एक सुई होती है
(b) दो सुई होती हैं
(c) तीन सुई होती हैं
(d) उपरोक्त सभी

254. *पाइनस* में द्वितीयक-काष्ठ की विशेषता होती है
(a) रेजिन कोशिकाओं की उपस्थिति
(b) रेजिन नलिकाओं की उपस्थिति
(c) रेजिन नलिकाओं की उपस्थिति
(d) नलिका की उपस्थिति

255. ऐसे पादप को जो बीज बनाते हैं, किन्तु पुष्प और फल नहीं होते, आप निम्न में से किस वर्ग में रखेंगे?
(a) कवक (b) ब्रायोफाइटा
(c) टेरिडोफाइटा (d) अनावृतबीजी

256. निम्न में से कौन-सा लक्षण अनावृतबीजी को आवृतबीजी से अलग करने में उपयोग किया जा सकता है?
(a) अनावृतबीजी में नग्न बीजाण्ड की उपस्थिति
(b) अनावृतबीजी में पराग-कक्ष की उपस्थिति
(c) आवृतबीजी में रन्ध्रों की उपस्थिति
(d) उपरोक्त में से कोई नहीं

257. माइकोराइजा है
(a) एक लम्बी पतली जड़
(b) जड़ एवं कवकों का संयोजन
(c) जड़ जैसा भूमिगत तना
(d) परजीवी जड़

258. *पाइनस* का नर शंकु बना होता है
(a) परागकोष द्वारा
(b) गुरुबीजाणुपर्ण द्वारा
(c) लिग्यूल द्वारा
(d) लघुबीजाणुपर्ण द्वारा

259. *पाइनस* के सन्दर्भ में कौन-सा कथन सत्य है?
(a) यह अधिक आर्थिक महत्त्व का होता है
(b) यह सर्वव्यापी होता है
(c) यह मरुस्थल में उगता है तथा इसमें मरुदभिद लक्षण पाए जाते हैं
(d) शीतोष्ण क्षेत्र में इसके वृक्ष पर्णपाती होते हैं

260. पादप जगत में सबसे बड़े शुक्राणु पाए जाते हैं
(a) *पाइनस* में (b) *डलबर्जिया* में
(c) *साइकस* में (d) *सिक्युआ*

261. *पाइनस* में बीजाण्ड का वह भाग, जो गुरुबीजाण मातृकोशा को अगुणित गुरुबीजाणु में बदल देत है, कहलाता है
(a) बीजाण्डकाय (b) भ्रूण
(c) गैमीटेन्जिया (d) गैमीटोफोर

262. *पाइनस* का मादा शंकु किसके समकक्ष मा जाता है?
(a) बौनी शाखा के
(b) असीमित वृद्धि की शाखा के
(c) नीडल्स के
(d) शल्क पत्तियों के

263. *पाइनस* की नीडिल में अधस्त्वचा की दृढ़ोतक (Hypodermis) सहायता करती है
(a) वाष्पोत्सर्जन रोकने में
(b) यान्त्रिक आधार में
(c) प्रकाश-संश्लेषण में
(d) कोशिका की अवशोषी सतह बढ़ाने में

264. निम्न में से कौन *पाइनस* युग्मकोद्भिद् को दर्शाता है?
(a) लघुबीजाणु एवं गुरुबीजाणु
(b) युग्मनज
(c) लघुबीजाणु एवं गुरुबीजाणु
(d) नर एवं मादा शंकु

265. पादपों में माइकोराइजा किस तरह उपयोगी है?
(a) वायुमण्डलीय नाइट्रोजन के स्थिभीकरण में
(b) मृदा द्वारा भोजन के अवशोषण को बढ़ाने में
(c) रोगजनक और कीटों को मारने में
(d) अजैवीय प्रतिबल के विरुद्ध प्रतिरोध उत्पन्न करने में

266. एक आवृतबीजी एक अनावृतबीजी से किसकी अनुपस्थिति में भिन्न है?
(a) संवहन ऊतक (b) अण्डाशय
(c) बीज (d) नग्न बीजाणु

267. अनावृतबीजी के लक्षण है
(a) नग्न बीज
(b) फलों के अन्दर बीज ढके रहते हैं
(c) पंखदार बीज
(d) बहुगुणित शुक्राणु

268. *पाइनस* में किस प्रकार का परागण पाया जाता है?
(a) कीट परागण
(b) वायु परागण
(c) जल परागण
(d) गिलहरी द्वारा परागण

269. *पाइनस* की नीडल में विभज्योतक होता है
(a) अग्रभाग में (b) अन्तर्वेशी भाग में
(c) आधारीय भाग में (d) पार्श्व भाग में

270. *पाइनस* के पराग कण का सक्कस किसका रूपान्तरण है?
(a) इन्टाइन का
(b) एक्साइन का
(c) ट्यूब कोशिकाओं का
(d) पेराइन का

271. *पाइनस* का युग्मकोद्भिद् शुष्कन से सुरक्षित रहता है, क्योंकि यह रहता है
(a) नम भूमि में
(b) शंकु में बीजाणुद्भिद् के नम ऊतक में
(c) बांग व दलदल में
(d) केवल बरसात के मौसम में

272. अनावृतबीजी में भ्रूणपोष होता है
(a) अगुणित (b) द्विगुणित
(c) त्रिगुणित (d) इनमें से कोई नहीं

273. *पाइनस* प्रदर्शित करता है
(a) एपोगेमी
(b) बहुभ्रूणता
(c) समबीजाणुता
(d) एक प्रकार का शाखन

274. 'सल्फर शॉवर' का सम्बन्ध होता है
(a) मॉस से (b) *सिलेजिनेला* से
(c) फर्न से (d) *पाइनस* से

275. सुई के समान पत्तियाँ पाई जाती हैं
(a) मॉस में (b) *सिलेजिनेला* में
(c) फर्न में (d) *पाइनस* में

276. एक्टोट्रॉफिक माइकोराइजा पाया जाता है
(a) मॉस के अक्ष पर
(b) फर्न के प्रोथेलस पर
(c) *पाइनस* की जड़ों पर
(d) *सिलेजिनेला* के राइजोफोर पर

277. *इफेड्रा* की कुल जातियाँ हैं
(a) 42 (b) 24
(c) 52 (d) 56

278. *इफेड्रा* का बीजाणुद्भिद् होता है
(a) अकाष्ठीय
(b) काष्ठीय
(c) पर्वसंधि एवं संधि में अभेदित
(d) उपरोक्त सभी

279. विषमबीजाणुकता का महत्त्व है
(a) बीजाणु निर्माण के साथ लैंगिक भिन्नता की स्थापना
(b) बीजाणु का विकास बीजाणुधानी में ही प्रारम्भ होना
(c) बीजीय प्रवृत्ति के लिए उत्तरदायी होना
(d) उपरोक्त सभी

280. अनावृतबीजी के पादप में फल नहीं बनते, क्योंकि
(a) ये बीजरहित पादप होते हैं
(b) ये परागित नहीं होते
(c) इनमें अण्डाशय नहीं होता
(d) इनमें निषेचन की क्रिया नहीं होती

281. *पाइनस मक्रुसी* की स्पर शूट होती है
(a) मोनोफोलियर
(b) बाइफोलियर
(c) ट्राइफालियर
(d) ट्रेटाफोलियर

282. 'चिलगोजा' के नाम से जाना जाने वाला मेवा (Dry fruit) किससे सम्बन्धित है?
(a) *पाइनस सिल्वेस्ट्रिस*
(b) *पाइनस मोनोफाइला*
(c) *पाइनस जिरार्डियाना*
(d) *पाइनस रॉक्सबर्गाई*

283. *पाइनस* की नीडल्स में संवहन पूल होते हैं
(a) बाइकोलेटरल
(b) बहिःफ्लोएभी तथा बन्द
(c) बहिःफ्लोएमी तथा खुले
(d) संकेन्द्रीय

284. *पाइनस* की नीडल का मीसोफिल ऊतक होता है
(a) भुजीय मृदूतक का
(b) कलोरेनकाइमा का
(c) स्पॉन्जीपेरेनकाइमा का
(d) ट्रान्सफ्यूजन ऊतक का

285. रेजिन नलिकाएँ सामान्यतया पाई जाती हैं
(a) मॉस में
(b) *सिलेजिनेला* में
(c) *साइकस* में
(d) *पाइनस* में

286. एक पादप, जो बीज एवं भ्रूण उत्पन्न करता है तथा संवहन तन्त्र युक्त होता है परन्तु फल नहीं बनाता, उसे आप निम्न में से किस समूह में रखेंगे?
(a) ब्रायोफाइटा में
(b) टेरिडोफाइटा में
(c) जिम्नोस्पर्म में
(d) आवृतबीजी में

सही उत्तर

1. (a)	2. (a)	3. (b)	4. (a)	5. (b)	6. (c)	7. (c)	8. (a)	9. (b)	10. (a)
11. (b)	12. (c)	13. (c)	14. (c)	15. (c)	16. (d)	17. (d)	18. (d)	19. (b)	20. (d)
21. (c)	22. (a)	23. (d)	24. (c)	25. (b)	26. (c)	27. (c)	28. (b)	29. (a)	30. (d)
31. (c)	32. (b)	33. (a)	34. (c)	35. (d)	36. (a)	37. (d)	38. (a)	39. (b)	40. (c)
41. (a)	42. (b)	43. (a)	44. (b)	45. (b)	46. (a)	47. (a)	48. (a)	49. (d)	50. (d)
51. (d)	52. (d)	53. (c)	54. (c)	55. (c)	56. (a)	57. (c)	58. (c)	59. (b)	60. (c)
61. (d)	62. (b)	63. (c)	64. (b)	65. (a)	66. (b)	67. (b)	68. (a)	69. (b)	70. (b)
71. (a)	72. (c)	73. (d)	74. (a)	75. (b)	76. (b)	77. (a)	78. (c)	79. (c)	80. (d)
81. (c)	82. (b)	83. (c)	84. (d)	85. (c)	86. (d)	87. (c)	88. (b)	89. (d)	90. (a)
91. (a)	92. (a)	93. (c)	94. (c)	95. (d)	96. (d)	97. (b)	98. (a)	99. (c)	100. (b)
101. (d)	102. (c)	103. (d)	104. (a)	105. (a)	106. (a)	107. (a)	108. (b)	109. (c)	110. (c)
111. (b)	112. (c)	113. (c)	114. (c)	115. (d)	116. (d)	117. (a)	118. (b)	119. (b)	120. (a)
121. (a)	122. (a)	123. (b)	124. (a)	125. (b)	126. (c)	127. (a)	128. (c)	129. (b)	130. (a)
131. (b)	132. (a)	133. (c)	134. (a)	135. (b)	136. (d)	137. (c)	138. (d)	139. (d)	140. (d)
141. (d)	142. (a)	143. (d)	144. (a)	145. (d)	146. (b)	147. (a)	148. (a)	149. (b)	150. (b)
151. (a)	152. (a)	153. (b)	154. (b)	155. (c)	156. (d)	157. (a)	158. (b)	159. (b)	160. (b)
161. (a)	162. (a)	163. (d)	164. (c)	165. (c)	166. (d)	167. (c)	168. (d)	169. (a)	170. (c)
171. (d)	172. (b)	173. (b)	174. (b)	175. (d)	176. (c)	177. (d)	178. (c)	179. (d)	180. (b)
181. (b)	182. (c)	183. (d)	184. (a)	185. (b)	186. (a)	187. (b)	188. (b)	189. (a)	190. (b)
191. (a)	192. (c)	193. (c)	194. (b)	195. (a)	196. (b)	197. (b)	198. (c)	199. (b)	200. (a)
201. (c)	202. (a)	203. (b)	204. (d)	205. (d)	206. (b)	207. (a)	208. (c)	209. (b)	210. (c)
211. (d)	212. (b)	213. (a)	214. (b)	215. (a)	216. (b)	217. (b)	218. (c)	219. (a)	220. (a)
221. (c)	222. (b)	223. (d)	224. (d)	225. (c)	226. (c)	227. (a)	228. (c)	229. (c)	230. (c)
231. (a)	232. (b)	233. (b)	234. (b)	235. (a)	236. (c)	237. (a)	238. (b)	239. (c)	240. (c)
241. (d)	242. (b)	243. (d)	244. (d)	245. (b)	246. (a)	247. (c)	248. (a)	249. (b)	250. (d)
251. (a)	252. (a)	253. (d)	254. (b)	255. (d)	256. (a)	257. (b)	258. (d)	259. (a)	260. (c)
261. (a)	262. (b)	263. (b)	264. (c)	265. (b)	266. (d)	267. (a)	268. (b)	269. (c)	270. (b)
271. (b)	272. (a)	273. (b)	274. (d)	275. (d)	276. (c)	277. (a)	278. (b)	279. (d)	280. (c)
281. (b)	282. (c)	283. (b)	284. (c)	285. (d)	286. (c)				

अध्याय 04 आवृतबीजियों की वर्गिकी

पौधों के वर्गीकरण का अध्ययन वनस्पति विज्ञान की वर्गिकी (Taxonomy) नामक शाखा के अन्तर्गत किया जाता है। वर्गिकी में पौधों की पहचान (Identification), नामकरण (Nomenclature) तथा पारस्परिक समानताओं के आधार पर उनका वर्गीकरण (Classification) किया जाता है। **ए. पी. डी. कन्डोले** ने **टैक्सोनॉमी** शब्द प्रतिपादित किया।

वर्गीकरण की पद्धति

समय-समय पर दिए गए वर्गीकरणों को निम्न तीन श्रेणियों में विभक्त किया गया है

1. कृत्रिम पद्धति

इसमें पौधों का वर्गीकरण एक या केवल कुछ ही लक्षणों के आधार पर किया जाता है।

(i) **थियोफ्रेस्टस** (Theophrastus) ने पौधों को प्रकृति के आधार पर चार समूहों–**शाक** (Herb), **उपझाड़ियाँ** (Undershrubs), **झाड़ियाँ** (Shrubs) व **वृक्ष** (trees) में विभाजित किया। इन्हें **वनस्पति विज्ञान का जनक** (Father of Botany) कहा जाता है।

(ii) **कैरोलस लिनियस** (Carolus Linnaeus) ने पुष्पों में पुंकेसरों की संख्या के आधार पर पौधों को 24 वर्गों (Classes) में विभाजित किया और इस प्रकार आवृतबीजी पौधों का कृत्रिम वर्गीकरण प्रस्तुत किया। इनकी प्रसिद्ध पुस्तक '**स्पीशीज प्लान्टेरम** (*Species Plantarum*)', '**जेनेरा प्लान्टेरम** (*Genera Plantarum*)' एवं '**सिस्टेमा नेचुरी** (*Systema Naturae*)' हैं।

ब्रेन्थम एवं हुकर के वर्गीकरण की रूपरेखा

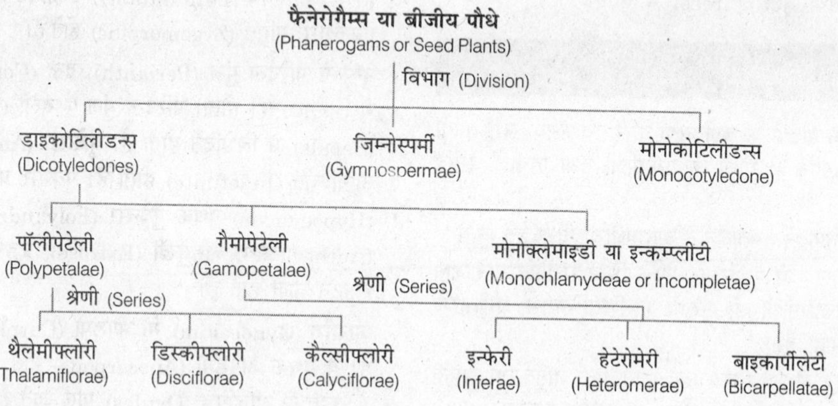

रोलस लिनियस प्रथम वैज्ञानिक थे, जिन्होंने सर्वप्रथम पुष्पीय लक्षणों (Floral characters) के आधार पर पौधों का वर्गीकरण किया। कैरोलस लिनियस को **धुनिक वर्गीकरण विज्ञान का जनक** (Father of Modern Taxonomy) कहा जाता है।

प्राकृतिक पद्धति

में पौधे के सभी महत्त्वपूर्ण लक्षणों को उनके वर्गीकरण में प्रयोग किया जाता है।

थम एवं हुकर ने अपनी '**जेनेरा प्लान्टेरम** (*Genera Plantarum*)' नामक पुस्तक में सन् 1862 में वर्गीकरण की प्राकृतिक पद्धति प्रस्तुत की और आवृतबीजी धों को 202 कुलों में वर्गीकृत किया। सुविधाजनक होने के कारण इसकी प्रायोगिक उपयोगिता किसी भी पद्धति से कहीं अधिक है। उन्होंने ब्रिटेन के रॉयल टेनिकल गार्डन में कार्य किया।

थम एवं हुकर द्वारा दिए गए पादप वर्गीकरण की विभिन्न श्रेणियों को गणों (Orders) तथा कुलों (Families) में विभक्त किया गया है।

3. जातिवृत्तीय वर्गीकरण

इसमें पौधों को उनके विकास एवं उद्भव को ध्यान में रखकर वर्गीकृत किया जाता है। **एंग्लर** एवं **प्रैन्टल** (Engler and Prantl) ने अपनी पुस्तक *'Die Naturlichen Pflanzen Familien'* में तथा **हचिन्सन** (Hutchinson) ने *'Families of Flowering Plants'* नामक पुस्तक में आवृतबीजी पौधों का जातिवृत्तीय वर्गीकरण प्रस्तुत किया। **बैसी** (Bessey), **तख्ताजन** (Takhtajan), **फुलर** (Fullar) एवं **ओसवाल्ड टिप्पो** (Oswald Tippo) ने भी जातिवृत्तीय वर्गीकरण दिया।

द्विनाम नामकरण पद्धति

द्विनाम पद्धति पादपों तथा जन्तुओं के वैज्ञानिक स्तर पर नामकरण करने की प्रचलित पद्धति है। इसे सर्वप्रथम **गास्पर्ड बॉहिन** (1623) द्वारा प्रयोग में लाया गया, परन्तु इस पद्धति को प्रचलित करने का श्रेय **कैरोलस लिनियस** को है। उन्होंने सन् 1753 में अपनी पुस्तक ***'स्पीशीज प्लान्टेरम'*** (*Species Plantarum*) में इस पद्धति का उल्लेख किया था।

"किसी भी पौधे के सम्पूर्ण नाम में वंश (Genus) एवं जाति (Species) दोनों का नाम सम्मिलित होता है" अर्थात् इस पद्धति के अनुसार, प्रत्येक नाम दो भागों में होता है। पहला नाम वंशीय (Generic) तथा दूसरा नाम जातीय (Specific) होता है।

द्विनाम पद्धति में वंश (Genus) या प्रजाति के नाम का पहला अक्षर (First letter), अंग्रेजी वर्णमाला के बड़े अक्षर (Capital letter) से प्रारम्भ होता है। इसके बाद का जातीय नाम (Specific name) अंग्रेजी वर्णमाला के छोटे अक्षर से प्रारम्भ होता है।

विश्व में आज करीब 4,00,000 पौधों की विभिन्न जातियाँ ज्ञात हैं, जिनमें से 2,50,000 केवल आवृतबीजी पौधों की हैं।

ग्रीक दार्शनिक **थियोफ्रेस्टस** (372-287 BC) ने सर्वप्रथम पौधों को **शाक** (Herbs), **झाड़ी** (Shrubs) तथा **वृक्षों** (Trees) में बाँटा।

आवृतबीजी पौधे

जॉन रे ने यह परिकल्पना दी कि पादपों के वर्गीकरण के समय उनके सभी भागों को ध्यान में रखना चाहिए। उन्होंने ही पौधों के एकबीजी तथा द्विबीजी समूह बनाए।

'मैग्नोलियोफाइटा' शब्द का प्रतिपादन तख्ताजन ने आवृतबीजी पौधों हेतु किया।

पौधों के कायिक लक्षणों की तुलना में पुष्पीय लक्षण अधिक संरक्षित माने जाते हैं। कायिक लक्षणों में आवृतबीजी पौधों की पत्तियों का शिराविन्यास, वर्गीकरण में सर्वाधिक अनुकूल माना जाता है।

क्रेनक्वीस्ट (1919) ने आवृतबीजी पौधों का एक तुलनात्मक वर्गीकरण अपनी पुस्तक *'दी इवोल्यूशन एन्ड क्लासीफिकेशन ऑफ फ्लॉवरिंग प्लान्ट्स'* (*The Evolution and Classification of Flowering Plants*) में प्रस्तुत किया। उनके अनुसार टेरिडोफाइटा, आवृतबीजी पौधों के जनक हैं।

कुल-रेननकुलेसी

वर्गीकरण

जगत — पादप (Plantae)
विभाग — डाइकोटिलिडन्स (Dicotyledones)
वर्ग — पॉलिपेटेली (Polypetalae)
श्रेणी — थैलेमीफ्लोरी (Thalamiflorae)
गण — रेनेल्स (Ranales)
कुल — रेननकुलेसी (Ranunculaceae)

इस कुल के पौधे प्राय: ठण्डे भागों में पाए जाते हैं। *रेननकुलस (Ranunculus)*, *थैलिक्ट्रम (Thalictrum)*, आदि प्रमुख भारतीय वंश हैं।

कायिक लक्षण

- एकवर्षीय (Annuals) अथवा बहुवर्षीय (Perennials) शाकीय (Herbaceous) पौधे होते हैं।
- तना (Stem) शाखित, बेलनाकार व सीधा होता है।
- पत्तियाँ (Leaves) सरल (Simple) व संयुक्त (Compound) होती है। ये एकान्तर क्रम में लगी होती है।
- मूसला जड़ तन्त्र (Tap-root system) उपस्थित होता है। *रेननकुलस (Ranunculus)* व *एकोनिटम (Aconitum)* में जड़ें भोजन एकत्रित कर फूल जाती हैं। इन्हें ट्यूबरस जड़ कहते हैं।

पुष्पीय लक्षण

- इस कुल के पौधों में **पुष्पक्रम** (Inflorescence), प्राय: साइमोस (Cymose) (जैसे-*रेननकुलस*), पेनिकल (Penical) (जैसे-*एनीमोन*), एक कलकक्षीय (Solitary axillary) (जैसे-*क्लीमेटिस*) अथवा रेसीमोज (Racemose) (जैसे-*डेलफीनियम*) प्रकार का होता है। एनीमोन (Anemone) के पुष्प के नीचे हरे रंग की पत्तियों का सहपत्र चक्र (Involucre) पाया जाता है।
- **पुष्प** (Flower) द्विलिंगी, त्रिज्यासममित (Actinomorphic) होता है। पुष्प प्राय: लम्बे पुष्पासन (Elongated receptacle) पर उत्पन्न होते हैं। यह हाइपोगाइनस (Hypogynous) तथा कभी-कभी सहपत्री Bracteate) होते हैं। *डेल्फीनियम (Delphinium)*, *एकोनिटम (Aconitum)*, आदि में पुष्प एकव्यासममित (Zygomorphic) होते हैं।
- पुष्प में परिदल पुंज (Perianth), दल (Corolla) व बाह्य दल (Calyx) में भिन्नित नहीं होता। परिदल पुंज ५ दलों (Petals) व 5 बाह्य दलों (Sepals) में विभेदित होता है। **पुंकेसर** (Androecium) की संख्या अनिश्चित (Indefinite) होती है। पुंकेसर प्राय: हाइपोगाइनस (Hypogynous) पृथक पुंकेसर (Polyandrous) होते हैं। परागकोष (Anther) प्राय: बहिर्मुखी (Extrose), एडनेट (Adnate) तथा पार्श्व स्फुटन वाले होते हैं।
- **जायांग** (Gynoecium) में अण्डपों (Carples) की संख्या अनिश्चित होती है। ये पृथक अण्डपी (Apocarpous) होते हैं। प्रत्येक अण्डाशय (Ovary) में बहुत से बीजाण्ड (Ovules) पाए जाते हैं। इनमें बीजाण्डन्यास (Placentation) सीमान्त (Marginal) अथवा आधारी (Basal) होता है। *नाइजेला (Nigella)* में जायांग संयुक्त अण्डपी (Syncarpous) होता है।
- एकीन समूह (Etaerio of achenes) (जैसे-*नाइजेला* में) प्रकार का होता है।
- इस कुल के पौधों के बीज प्राय: सूक्ष्म भ्रूणपोषी (Endospermic) होते हैं।
- **पुष्प सूत्र** (Floral Formula)

$\oplus\ K_5C_5A_\infty G_{\underline{\infty}}$ — *रेनकुलस*

$\%\ K_5C_{(4)}A_\infty G_{\underline{1}}$ — *डेल्फीनियम*

आर्थिक महत्त्व

रेननकुलस (Ranunculus), एनीमोन (Anemone), *एकोनीटम (Aconitum), थैलिक्ट्रम (Thalictrum)* व *नाइजेला (Nigella)* औषधीय पौधे है। ये विभिन्न रोगों के उपचार में प्रयुक्त होते हैं। *डेल्फीनियम (Delphinium)* व *क्लीमेटिस (Clematis)* सजावटी (Ornamental) पौधे हैं।

कुल–पेपेवरेसी

जगत	–	पादप (Plantae)
उपजगत	–	फैनेरोगैम्स (Phanerogams)
विभाग	–	डाइकॉटिलिडन्स (Dicotyledones)
वर्ग	–	पोलीपेटली (Polypetalae)
गण	—	थैलेमीफ्लोरी (Thalamiflorae)
कुल	—	पेपेवरेसी (Papaveraceae)

पुष्पीय लक्षण

पुष्प उभयलिंगी, वायु परागित, 16-60 पुमंग

संयुक्त जायांग 2-100 अण्डाशय युक्त।

बाह्यदल पुंज अलग स्पष्ट बाह्यदल पुंज

दलपुंज अलग स्पष्ट दलपुंज

पुमंग 10-60 पुमंग

जायांग संयुक्त जायांग, 2700 अण्डाशययुक्त, ऊर्ध्वाधर अण्डाशय, यूनीलोक्यूलर

फल कैप्सूल

पुष्प सूत्र $\oplus ⚥ K_{2+2}.\ G_4\ A_{2+4}\ \underline{G}_{(2)}$

आर्थिक महत्त्व

1. काली मिर्च एक प्रकार का बीज है जो पादप का बीज है तथा मसाले के रूप में उपयोग होता है।
2. पेपेवर *सोमनीफेरम* (Poppy) एक सजावटी फूल का पादप है।

कुल–क्रूसीफेरी या ब्रैसिकेसी

वर्गीकरण

जगत	–	पादप (Plantae)
उपजगत	–	फैनेरोगैम्स (Phanerogams)
विभाग	–	डाइकॉटिलिडन्स (Dicotyledones)
वर्ग	–	पॉलिपेटेली (Polypetalae)
श्रेणी	–	थैलेमीफ्लोरी (Thalamiflorae)
गण	—	पैराइटेल्स (Parietales)
कुल	–	ब्रैसिकेसी या क्रूसीफेरी (Brassicaceae)

कायिक लक्षण

प्राय: एकवर्षीय (Annual) या बहुवर्षीय (Perennial) शाक (Herb)।

मूसला जड़ तन्त्र (Tap root system)।

तना (Stem) शाकीय (Herbaceous), शाखित (Branched), बेलनाकार, पर्वसन्धियाँ (Nodes) व पर्व (Internodes) युक्त।

पत्ती (Leaf) सरल, एकान्तर मूलज (Radical) या स्तम्भिक, सवृन्त, अननुपर्णी, जालिकावत शिराविन्यास।

पुष्पीय लक्षण

- **पुष्पक्रम** (Inflorescence) असीमाक्ष (Raceme) अथवा समशिखी असीमाक्ष (Corymbose raceme) जैसे—कैण्डीटफ्ट (Candytuft) में।
- **पुष्प** (Flower) असहपत्री (Ebracteate), पूर्ण (Complete), त्रिज्यासममित (Actinomorphic), कभी-कभी एकव्याससममित (Zygomorphic), उभयलिंगी (Bisexual), चतुष्तयी (Tetramerous) व जायांगधर (Hypogynous)।
- **बाह्यदलपुंज** (Calyx) बाह्य दल 4, पृथक बाह्यदली, कोरछादी (Imbricate) विन्यास।
- **दलपुंज** (Corolla) दल 4 (4 Petals), पृथकदली (Polyandrous); दलपुंज क्रॉसरूपी (Corolla cruciform)।
- **पुंमग** (Androecium) 6 पुंकेसर (6 Stamens), पृथक पुंकेसरी (Polyandrous), चतुर्दीघी (Tetradynamous) अर्थात् बाहरी दो पुंकेसर छोटे और पार्श्वस्थ, भीतरी चार बड़े व माध्यमिक तल में, परागकोष द्विकोष्ठीय, अनुलम्बीय स्फुटन।
- **जायांग** (Gynoecium) द्विअण्डपी (Bicarpelary), युक्ताण्डपी (Syncarpous) आरम्भ में एककोष्ठीय (Unilocular) परन्तु बाद में आभासी पट (Pseudoseptum) के बनने से अण्डाशय द्विकोष्ठीय हो जाता है। अण्डाशय ऊर्ध्ववर्ती (Superior), भित्तिलग्न बीजाण्डन्यास (Parietal placentation)।
- **फल** (Fruits) सिलिकुआ (Siliqua) या सिलिक्युला (Silicula)।
- **पुष्प सूत्र** (Floral formula)

  सरसों- $Ebr \oplus ⚥ K_{2+2} C_{\times 4} \times A_{2+4} \underline{G}_{(2)}$

  कैण्डीटफ्टर $Ebr\ \%\ ⚥ K_{2+2} C \times 4\ A_{2+4} \underline{G}_{(2)}$

आर्थिक महत्त्व

ब्रैसिका ऑलीरेसिया (Brassica oleracea) या फूलगोभी (Cauliflower), *रैफेनस सेटाइवस (Raphanus sativus)* व *ब्रैसिका रेपा (Brassica rapa)* या शलजम (Turnip) सब्जी के रूप में प्रयोग की जाती है। बनारसी राई *(Sisymbrium officinale),* तरहा *(Nasturtium indica)* व तारामीन *(Eruca sativa)* का उपयोग विभिन्न रोगों के उपचार में किया जाता है। पीली सरसों *(Brassica campestris)* से खाद्य तेल निकाला जाता है। शेष बची खल पशुओं के खाने के काम आती है। काली सरसों *(Brassica nigra)* तथा सफेद सरसों *(Brassica alba)* मसालों के काम आती है। *एलिसम (Alyssum), चेइरैन्थस (Cheiranthus)* व *आइबेरिस (Iberis)* सजावटी पौधे हैं।

कुल–एपिएसी या अम्बेलीफेरी

वर्गीकरण

जगत	—	पादप (Plantae)
उपजगत	—	फैनेरोगैम्स (Phanerogams)
विभाग	—	डाइकॉटिलीडन्स (Dicotyledones)
वर्ग	—	पॉलीपेटेली (Polypetalae)
श्रेणी	—	कैल्सीफ्लोरी (Calyciflorae)
गण	—	अम्बीलेल्स (Umbellales)
कुल	—	अम्बेलीफेरी (Umbelliferae)

कायिक लक्षण

- प्राय: एकवर्षीय (Annual) या बहुवर्षीय (Perennial) शाक, तेल ग्रन्थियों की उपस्थिति के कारण सुगन्ध युक्त।

- **जड़** (Root) शाखित मूसला जड़ तन्त्र (Tap root system), कभी-कभी जड़ भोजन संग्रह के कारण फूल जाती है; जैसे—गाजर (Carrot)।
- **तना** (Stem) उर्ध्व (Erect) या शयान (Prostrate), पर्वसन्धियों (Nodes) पर फूला हुआ, फिस्टुलर (Fistular) या ग्लॉकस (Glaucous)।
- **पत्तियाँ** (Leaves) पिच्छाकार संयुक्त (Pinnately compound) या डीकम्पाउण्ड (Decompound), एकान्तरित (Alternate), प्राय: सरल (Simple) एवं अननुपर्णी (Exstipulate); जैसे- *हाइड्रोकोटाइल (Hydrocotyle)*।

पुष्पीय लक्षण

- **पुष्पक्रम** (Inflorescence) प्राय: कम्पाउण्ड अम्बेल (Compound umbel), कभी-कभी सरल अम्बेल (Simple umbel) (*हाइड्रोकोटाइल* में अम्बेल एकल पुष्प के रूप में अपह्रासित होता है), *डॉकस कैरोटा (Daucus carota)* में शीर्षस्थ पुष्प अम्बेल के केन्द्र में स्थित होता है तथा अम्बेल साइमोस लक्षण प्रदर्शित करता है।
- **पुष्प** (Flower) प्राय: त्रिज्यासममित (Actinomorphic) उभयलिंगी (Hermaphrodite) प्राय: बाहर की ओर के पुष्प एक व्याससममित (Zygomorphic) होते हैं, एकलिंगी पुष्प भी उपस्थित होते हैं। पुष्प जायांगोपरिक (Epigynous), पूर्ण (Complete) तथा इन्वॉल्यूकर (Involucre) या सहपत्र (Bracts) युक्त होते हैं।
- **बाह्य दल पुंज** (Calyx) बाह्य दल 5, संयुक्त बाह्यदली (Gamosepalous), कभी-कभी पृथक् बाह्यदली (Polysepalous), वालवेट (Valvate) विन्यास, बाह्यदल पाँच दन्तों (Five teeth) या पालियों युक्त, अण्डाशय भित्ति से लगे (Adnate), विषम संख्या वाला बाह्यदल पश्च (Posterior) होता है।
- दलपुंज (Corolla) 5 दल, पृथक् दली, एपीकली इन्फ्लैक्स्ड (Apically inflexed), वैलवेट या इम्ब्रीकेट (Valvate or imbricate) विन्यास।
- **पुमंग** (Androecium) पुंकेसर 5, स्वतन्त्र, दलों से एकान्तरित (Alternate with petals), परागकोश इण्ट्रोस (Anthers introse), द्विकोशिकीय, आधार या पृष्ठ लग्न (Basi or dorsifixed), कभी-कभी मुक्तदोलनी (Versatile), अनुदैर्ध्य स्फुटन (Dehiscing longitudinally)।
- **जायांग** (Gynoecium) द्विअण्डपी (Bicarpellary), संयुक्ताण्डपी (Syncarpous), अण्डाशय अधोवर्ती (Inferior), एक्साइल बीजाण्डन्यास (Axile placentation), द्विकोष्ठीय (Bilocular), प्रत्येक कोष्ठ में एक बीजाण्ड, अण्डाशय के शीर्ष पर एक नेक्टर डिस्क या **स्टाइलोपोडियम** (Stylopodium) की उपस्थिति।
- **फल** (Fruit) क्रीमोकार्प (Cremocarp)।
- **बीज** (Seed) भ्रूणपोषयुक्त (Endospermic)
- **पुष्प सूत्र** (Floral formula)

$$\oplus ⚥ K_5 \text{ या } {}_{(5)}C_5A_5\overline{G}_{(2)}$$

आर्थिक महत्त्व

कोरिएण्ड्रम सेटाइवम (धनिया) की पत्तियाँ एवं फल खाने योग्य होते हैं। इसके फल मसाले एवं औषधियों में प्रयुक्त होते हैं।

क्यूमिनम साइमिनम (सफेद जीरा) के फल मसाले एवं औषधियों में प्रयुक्त होते हैं। *फोएनीकुलम वल्गेयर* (सौंफ) मसाले हेतु प्रयोग होती है। *डॉकस कैरोटा वर्ने सेटाइवा* (गाजर) सब्जी के रूप में खाई जाती है। *केरम कैप्टिकम* (अजवायन) तथा *फेरुला एसेफोटिडा* (हींग) का प्रयोग मसाले एवं औषधियों में किया जाता है।

कुल-कुकुरबिटेसी

वर्गीकरण

जगत	—	पादप (Plantae)
उपजगत	—	फैनेरोगैम्स (Phanerogams)
विभाग	—	डाइकॉटिलीडन्स (Dicotyledones)
वर्ग	—	पॉलिपेटेली (Polypetalae)
श्रेणी	—	कैलिसिफ्लोरी (Calyciflorae)
गण	—	पैसीफ्लोरेल्स (Passiflorales)
कुल	—	कुकुरबिटेसी (Cucurbitaceae)

इस कुल के सदस्य उष्ण (Tropical) व उपोष्ण (Sub-tropical) प्रदेशों में पाए जाते हैं। कुछ पौधे शीतोष्ण (Temperate) प्रदेशों में भी पाए जाते हैं।

कायिक लक्षण

- सामान्यतया वार्षिक (Annuals), शाकीय (Herbaceous), आरोही (Climber), या आधारीय (Prostrate)।
- प्राय: शाखित मूसला जड़ (Tap root) पाई जाती है।
- **तना** (Stem) शाकीय कभी-कभी काष्ठीय, शाखित, पंच भुजीय आरोही, अरोमिल (Glabrous) अथवा रोमिल (Hairy) अथवा छोटे-छोटे काँटों युक्त होता है।
- **पत्ती** (Leaf) सरल (Simple), एकान्तर (Alternate) कभी-कभी हस्ताकार, विभाजित, अननुपत्री (Exstipulate), सवृन्त (Petiolate) तथा जालिकावत् शिराविन्यास (Reticulate venation) वाली होती है। इस कुल के पौधों में प्राय: अशाखित अथवा शाखित प्रतान (Tendrils) पाए जाते हैं। यह द्विप्राकृतिक होता है। इसमें नीचे का भाग तने का तथा ऊपरी भाग पत्ती का रूपान्तरण है।

पुष्पीय लक्षण

- **पुष्पक्रम** (Inflorescence) प्राय: ससीमाक्षी (Cymose), एकल कक्षीय (Solitary axillary) परन्तु कभी-कभी पेनिकल (Panicle), बहुत कम रेसीमोस (Racemose) प्रकार का होता है। नर व मादा पुष्प प्राय: एक ही पौधे पर (Monoecious) अथवा पृथक् पौधों पर (Dioecious) हो सकते हैं।
- **पुष्प** (Flower) एकलिंगी (Unisexual), त्रिज्यासममित (Actinomorphic), सवृन्त (Pedicellate), अपूर्ण (Incomplete), पंचभागी (Pentamerous) तथा जायांगोपरिक (Epigynous)।
- **बाह्यदल पुंज** (Calyx) 5 बाह्यदल, संयुक्तबाह्यदली (Gamosepalous), कोरछादी (Imbricate or quincuncial) अथवा कोरस्पर्शी (Valvate), पुष्पदल विन्यास (Aestivation) पाया जाता है।
- **दलपुंज** (Corolla) 5 दल, संयुक्तदली (Gamopetalous), घण्टाकृति (Campanulate) या चक्राकार (Rotate), कोरछादी (Imbricate) या कोरस्पर्शी (Valvate) विन्यास।
- **पुंकेसर** (Androecium) प्राय: 5 (*फेवीलिया* में), कभी-कभी 3 पुंकेसर पाए जाते हैं। ये स्वतन्त्र अथवा एक केन्द्रीय स्तम्भ बनाते हुए संयुक्त (Combind) होते हैं। परागकोष प्राय: बहिर्मुखी (Extrose) होता है।

- **जायांग** (Gynoecium) द्विअण्डपी (Tricarpellary), युक्ताण्डपी (Syncarpous), एककोष्ठीय (Unilocular), अधोवर्ती अण्डाशय (Inferior ovary) बीजाण्ड अनेक (Numerous ovules), भित्तिलग्न बीजाण्डन्यास (Parietal placentation) परन्तु शाखित होने के कारण स्तम्भीय बीजाण्डन्यास (Axile placentation) की भाँति प्रतीत होता है वर्तिका (Style) छोटी तथा वर्तीकाग्र (Stigma) त्रिविभाज्य (Trifid) होता है।
- **फल** (Fruit) पीपो (Pepo) होता है। कुछ फन टेट्रासाइक्लिक ट्राइटर्पीन्स (Tetracyclic triterpenes) के कारण स्वाद में कड़वे होते हैं।
- **बीज** (Seed) प्राय: चपटे व एक्सएल्बुमिनस (Exalbuminous) होते हैं।
- **पुष्प सूत्र** (Floral formula)

नर पुष्प (Male flower) Ebr ⊕⚥ $K_{(5)}C_{(5)}A_{(2)+(2)+1}G_{\underline{0}}$

मादा पुष्प (Female flower) Ebr ⊕⚥ $K_{(5)}C_{(5)}A_0$ (staminodes) $\overline{G_3}$

आर्थिक महत्त्व

इस कुल के पौधों के फल विशेष रूप से शाक-सब्जी के रूप में काम आते हैं। जैसे-लौकी *(Lagenaria siceraria)*, कद्दू *(Cucurbita maxima)*, तुरई *(Luffa cylindrica)*, करेला *(Momordica charantia)*. कुछ पौधों के फल खाए जाते हैं, जैसे—पेठा *(Benincasa hispedo)*, तरबूज *(Citrullus vuglaris)*, खरबूजा *(Cucumis melo)*, आदि। कंदूरी *(Coccinia indica)* के फल, पत्तियों तथा जड़ों के रस का मधुमेह में तथा *इकबैलियम (Ecbalium)* का मलेरिया तथा हाइड्रोफोबिया रोगों में प्रयोग किया जाता है।

कुल-कम्पोजिटी या एस्ट्रेसी

वर्गीकरण

जगत	—	पादप (Plantae)
उपजगत	—	फैनेरोगैम्स (Phanerogams)
विभाग	—	डाइकॉटिलीडन्स (Dicotyledones)
वर्ग	—	गैमोपेटेली (Gamopetalae)
श्रेणी	—	इनफेरी (Inferae)
गण	—	एस्टरेल्स (Asterales)
कुल	—	कम्पोजिटी (Compositae)

कम्पोजिटी (Compositate) आवृतबीजियों का सबसे बड़ा कुल है। इस कुल के पौधे विश्वव्यापी होते हैं। ये मुख्यतया उत्तरी शीतोष्ण प्रदेशों (North temperate regions) में पाए जाते हैं।

कायिक लक्षण

अधिकतर एकवर्षीय (Annual), कभी-कभी द्विवर्षीय या बहुवर्षीय, शाक, झाड़ी, वृक्ष बहुत कम।

शाखित मूसला जड़ (Branched tap root) उपस्थित।

तना (Stem) प्राय: शाकीय (Herbaceous), उर्ध्व (Erect) अथवा भूशायी (Prostrate), ठोस (Solid) होता है।

पत्ती (Leaf) प्राय: सरल, कभी-कभी संयुक्त (Compound), एकान्तर या विपरीत, अननुपर्णी (Exstipulate), सवृन्त (Petiolate), रोमयुक्त व जालिकावत् शिराविन्यास (Reticulate venation)।

पुष्पीय लक्षण

पुष्पक्रम (Inflorescence) प्राय: मुण्डक (Capitulum) होता है। इसके पुष्पक्रम के नीचे प्राय: सहपत्रों (Bracts) का एक सहपत्र चक्र (Involucre) पाया जाता है।

- **पुष्प** (Flower) इसमें पुष्प प्राय: पुष्पक (Florets) कहलाते हैं। पुष्पक तीन प्रकार के होते हैं। (i) बाहर की ओर पाए जाने वाले रश्मि पुष्पक (Ray florets), (ii) केन्द्र की ओर पाए जाने वाले बिम्ब पुष्पक (Disc florets), (iii) अलिंगी पुष्पक (Neutral florets)

(i) **रश्मि पुष्पक** (Ray florets) मुण्डक की परिधि की ओर, अपुष्पवृन्त, सहपत्री, जायांगी (Pistillate) या अलिंगी (Neutral), एकव्याससममित (Zygomorphic), जिह्वित (Ligulate), उपरिजाय (Epigynous)।

बाह्यदल पुंज (Calyx) अनुपस्थित या रोमीय पेपस (Hairy pappus) में परिवर्तित अथवा शल्कीय (Scaly)। ये फल के साथ चिरलग्न होते हैं।

दलपुंज (Corolla) 5 दल, संयुक्तदली, जिह्वित (Ligulate), पट्टीदार (Strap-shaped), कोरस्पर्शी विन्यास।

पुमंग (Androecium) रश्मि पुष्पों में पुमंग का अभाव होता है।

जायांग (Gynoecium) द्विअण्डपी, युक्ताण्डपी, अण्डाशय अधोवर्ती (Inferior), एककोष्ठीय, कोष्ठ में एक बीजाण्ड (Ovule) और आधारलग्न बीजाण्डन्यास (Basal placentation), वर्तिका एक, सरल, संकुचित, वर्तिकाग्र शाखामय।

(ii) **बिम्ब-पुष्पक** (Disc Florets) पुष्पक्रम के केन्द्र में अपुष्पवृन्त सहपत्री, द्विलिंगी (Bisexual) त्रिज्यासममित (Actinomorphic), नालाकार (Tubular), उपरिजाय (Epigynous)।

बाह्यदल पुंज (Corolla) अनुपस्थित या पेपस (Pappus)।

दलपुंज (Corolla) 5 दल, संयुक्तदली, नालाकार (Tubular), कोरस्पर्शी विन्यास।

पुमंग (Andoecium) 5 पुंकेसर, दललग्न (Epipetalous), युक्तकोशी (Syngenesious) अर्थात् सभी पुंकेसरों के परागकोश संयुक्त होते हैं तथा पुतन्तु स्वतन्त्र रहते हैं। द्विकोष्ठीय परागकोश, अन्तर्मुखी (Introrse) लम्बाकार स्फुटन, तन्तु स्वतन्त्र।

जायांग (Gynoecium) द्विअण्डपी, युक्ताण्डपी, अण्डाशय अधोवर्ती (Inferior), एककोष्ठीय, कोष्ठ में एक बीजाण्ड, आधारीय बीजाण्डन्यास (Basal placentation), वर्तिका एक, छोटी, वर्तिकाग्र छोटा, द्विपालीय।

(iii) **अलिंगी-पुष्पक** (Neutral Florets) इन पुष्पकों में पुमंग तथा जायांग नहीं होते। शेष सब अंग रश्मि-पुष्पक तथा बिम्ब-पुष्पक के समान होते हैं।

- **फल** सिप्सेला (Cypsela)
- **पुष्प सूत्र** (Floral Formula)

(i) **रश्मि पुष्पक** (Ray floret)

Br % ⚥ $K_{5\,(pappus)}C_{(5)}A_0\overline{G}_{\underline{(2)}}$

(ii) **बिम्ब पुष्पक** (Disc floret)–Br % or

⊕ ⚥ $K_{5\,(pappus)}C_{(5)}\widehat{A_{(5)}}\overline{G}_{\underline{(2)}}$

(iii) **अलिंगी पुष्पक** Br % ⚥ $K_{(pappus)}C_{(5)}A_0G_{\underline{0}}$

आर्थिक महत्त्व

खाद्य पौधे सलाद *(Lactuca sativa)*, ग्लोब आर्टिचोक *(Cynara scolymus)* व हाथीचक *(Helianthus tuberosus)*

औषधीय पौधे कुसुम *(Carthamus tinctorius)*, नाक चिकनी *(Centipeda arbicularis)*, काकरेंडी *(Blumea laera)*, आदि।

सजावटी पौधे सूरजमुखी *(Helianthus annus)*, गेंदा *(Tagetus erectus)*, गुलदावरी *(Chrysanthemum)*, कॉसमॉस *(Cosmos)*, सोमराज *(Venonia cinerea)*, आदि।

कुल-रुबिएसी

बेन्थम एवं **हुकर** के अनुसार

प्रभाग (Division) — एन्जियोस्पर्मी (Angiospermae)

उपप्रभाग(Sub-division) — डाइकोटीलिडनी (Dicotyledonae)

वर्ग (Class) — गेमोपेटेली (Gamopetalae)
श्रेणी (Series) — इनफेरी (Inferae)
गण (Order) — रुबिएल्स (Rubiales)
कुल (Family) — रुबिएसी (Rubiaceae)

आवास एवं स्वभाव

स्वभाव की दृष्टि से इस कुल के सदस्य प्राय: झाड़ियाँ अथवा छोटे वृक्ष होते हैं। इस कुल में लगभग 500 वंश तथा 6000 जातियाँ सम्मिलित हैं, जो प्राय: उष्णकटिबन्धीय क्षेत्रों में पाई जाती हैं, परन्तु इसके कुछ सदस्य विश्व के शीतोष्ण प्रदेशों में भी पाए जाते हैं।

कायिक लक्षण

1. **जड़** (Root) शाखित मूसला जड़
2. **तना** (Stem) शाकीय अथवा काष्ठीय, उर्ध्व एवं शाखित, कभी-कभी आरोही।
3. **पत्तियाँ** (Leaves) प्रायः सरल, सम्मुख व क्रॉसित, कभी-कभी चक्री, शिराविन्यास जालिकावत्।

पुष्पीय लक्षण

1. **पुष्पक्रम** (Inflorescence) पुष्पक्रम एकल, शाखायुक्त या ससीमाक्ष (Panicle cyme) प्रकार का होता है।
2. **पुष्प** (Flower) पूर्ण, उभयलिंगी, सवृन्त या अवृन्त, सहपत्री, त्रिज्यासममित, जायांगोपरिक, चतुष्तयी या पंचतीय प्रकार का होता है।
3. **बाह्यदलपुंज** (Calyx) बाह्यदलों की संख्या 4-5, संयुक्त अथवा पृथक्बाह्यदलीय, विन्यास कोरस्पर्शी।
4. **दलपुंज** (Corolla) दलपत्र 4-5, नलाकार, कीपाकार (Funnel-shaped), कोरछादी, कोरस्पर्शी या सर्पिल पुष्पदल विन्यास।
5. **पुमंग** (Androecium) पुंकेसर प्रायः 4-5, दललग्न, परागकोष द्विकोष्ठी, आधारलग्न व अन्तर्मुखी।
6. **जायांग** (Gyanoecium) सामान्यतया द्विअण्डपी, युक्ताण्डपी, अण्डाशय अधोवर्ती, द्विकोष्ठीय, वर्तिका एक, वर्तिकाग्र समुंड या द्विपालित होता है।
7. **फल** (Fruit) कैप्सूल या बेरी।

पुष्प सूत्र

$$\% \text{ or } \oplus ⚥\ K_{(4-5)}\ \overset{\frown}{C_{(4-5)}A_{(4-5)}}\ \underline{G}_{(2)}$$

आर्थिक महत्त्व

1. *सिनकोना* (*Cinchona*) की अनेक प्रजातियों की छाल से मलेरिया की प्रसिद्ध दवा कुनैन प्राप्त होती है। इसकी छाल में क्वीनीन (Quinine) एवं सिनकोनीडीन (Cinchonidine) नामक दो एल्केलॉइड पाए जाते हैं।
2. *कोफिया अरेबिका* से कॉफी प्राप्त होती है।
3. *रुबिया टिक्टोरिया* की जड़ों से लाल रंजक प्राप्त होता है।
4. *इक्सोरा कोक्सीनिया, हेमेलिया पेटेन्स*, आदि सजावटी पादप हैं।
5. *एन्थेसिफेल्स चाइनेन्सिस* (कदम्ब) से फल व लकड़ी की प्राप्ति होती है।

कुल–मालवेसी

वर्गीकरण

जगत — पादप (Plantae)
उपजगत — फैनेरोगैम्स (Phanerogams)
विभाग — डाइकॉटिलीडन्स (Dicotyledones)
वर्ग — पॉलिपेटेली (Polypetalae)
श्रेणी — थैलेमीफ्लोरी (Thalamiflorae)
गण — मालवेल्स (Malvales)
कुल — मालवेसी (Malvaceae)

कायिक लक्षण

- एकवर्षीय या द्विवर्षीय, शाक, झाड़ी या वृक्ष।
- शाखित मूसला जड़ (Tap root) उपस्थित।
- **तना** (Stem) उच्छीर्ष, शाखामय, गाँठदार, बेलनाकार, प्राय: श्लेष्मीय (Mucilaginous)
- **पत्ती** (Leaf) अनुपर्णी एकान्तर, सरल, सवृन्त अभिन्न या पालिवत (Lobed) जालिकावत शिराविन्यास (Reticulate venation) कभी-कभी पर्णवत्।

पुष्पीय लक्षण

- **पुष्पक्रम** (Inflorescence) प्राय: एकल कक्षीय (Solitary axillary)
- **पुष्प** (Flower) सहपत्री (Bracteate), सहपत्रिक युक्त (Bracteolate), पूर्ण (Complete), त्रिज्या सममित (Actinomorphic), उभयलिंगी (Bisexual), पंचभागी (Pentamerous) व जायांगधर (Hypogynous)
- **ऐपिकैलिक्स** (Epicalyx) 3 से 7 सहपत्रिकाएँ (Bracteoles), उपबाह्यदलपुंज (Epicalyx), *साइडा (Sida)* व *ऐबूटिलॉन (Abutilon)* मे अनुपस्थित होता है।
- **बाह्य दलपुंज** (Calyx) 5 बाह्यदल, संयुक्त बाह्यदली (Gamosepalous), कोरस्पर्शी पुष्पदल विन्यास (Valvate aestivation)।
- **दलपुंज** (Corolla) 5 दल (Petals), पृथकदली (Polypetalous), व्यावर्तित पुष्पदल विन्यास (Twisted aestivation)।
- **पुमंग** (Androecium) असंख्या पुंकेसर (Indefinite stamens), एक संघी (Monadelphous), पुंकेसरों के पुतन्तु (Filaments) वर्तिका के चारों ओर आपस में जुड़कर पुंकेसरी नाल (Staminal tube) का निर्माण करते हैं। पुंकेसर दललग्न (Epipetalous), परागकोष एककोष्ठी (Monothecous) वृक्काकार (Reniform)।
- **जायांग** (Gynoecium) पंचाण्डपी (Pentacarpellary), युक्ताण्डपी (Syncarpous), बहुकोष्ठीय (Multilocular), ऊर्ध्वर्ती अंडाशय (Superior ovary), स्तम्भीय बीजाण्डन्यास (Axile placentation), प्रत्येक कोष्ठ में 1 से अनन्त बीजाण्ड, वर्तिका एक, वर्तिकाग्र पालिवत (Multilobed)।
- **फल** (Fruit) सम्पुट (Capsule)।
- **पुष्प सूत्र** (Floral formula) Br, brl,

$$\oplus ⚥\ Epi_{3-7}\ K_5\ \overset{\frown}{C_5 A_\infty}\ G_{\underline{(5-\infty)}}$$

आर्थिक महत्त्व

(i) **खाद्य पौधे** भिण्डी *(Hibiscus esculentus)*, सेमल *(Bomb malabarica)* व प्रमुख खाद्य पौधे हैं।
(ii) **औषधीय पौधे** *यूरिना* रेपेन्डा *(Urena rependa)* व कंघी घास *(Abutil indicum)* विभिन्न रोगों के उपचार में प्रयुक्त होते हैं।
(iii) **रेशीय पौधे** कपास *(Gossypium)* व पटसन *(Hibiscus cannabinus,* रेशे प्राप्त किए जाते हैं।
(iv) **सजावटी पौधे** गुड़हल *(Hibiscus rosa-sinensis)* व गुलखेरा *(Alth rosea)* प्रमुख सजावटी पौधे हैं।

कुल-रोजेसी

वर्गीकरण

जगत	–	पादप (Plantae)
उपजगत	–	फैनेरोगैम्स (Phanerogams)
विभाग	–	डाइकॉटिलीडन्स (Dicotyledones)
वर्ग	–	पॉलिपेटेली (Polypetalae)
श्रेणी	–	कैलिसीफ्लोरी (Calyciflorae)
गण	–	रोजेल्स (Rosales)
कुल	–	रोजेसी (Rosaceae)

इस कुल के पौधे विश्वव्यापी (World wide) होते हैं। ये मुख्यतया शीतोष्ण (Temperate) प्रदेशों में पाए जाते हैं।

कायिक लक्षण

- शाकीय, झाड़ी या वृक्ष।
- **जड़ें** मूसला अथवा अपस्थानिक (Adventitious) होती हैं।
- **तना** (Stem) शाकीय या काष्ठीय, ऊर्ध्व (Erect) अथवा विसर्पी (Creeping) शाखित (Branched) पर्व व पर्वसन्धियों (Nodes and internodes) युक्त होता है।
- **पत्ती** (Leaf) प्राय: सरल (Simple), कभी-कभी संयुक्त (Compound), एकान्तर (Alternate), कभी-कभी अभिमुख (Opposite) अनुपत्री (Stipulate) व सवृन्त (Petiolate) होती है।

  पत्तियों के किनारे प्राय: आरावत (Serrate) होते हैं तथा जालिकावत शिराविन्यास पाया जाता है।

पुष्पीय लक्षण

- **पुष्पक्रम** (Inforescence) इनमें पुष्पक्रम निम्न प्रकार का होता है।
  (i) एकल (Solitary) जैसे –*रोजा (Rosa)*
  (ii) रेसीम (Raceme) जैसे–*प्रुनस नैपेलेन्सिस (Prunus napalensis)*
  (iii) कक्षीय अथवा साइम (Axillary or cyme) जैसे–*फ्रैगेरिया (Frageria)*
  (iv) स्पाइक (Spike) जैसे– *एग्रीमोनिया (Agrimonia)*
  (v) कोरिम्ब (Corymb) जैसे–*पाइरस (Pyrus)* में।
- **पुष्प** (Flower) सवृन्त (Pedicillate), सहपत्री (Bracteate), उभयलिंगी (Bisexual), त्रिज्यासमित (Actinomorphic), जायांगधर (Hypogynous), अथवा जायांगोपरिक (Epigynous) अथवा पेरीगाइनस (Perigynous) होते हैं।
- **बाह्य दलपुंज** (Calyx)-5 बाह्यदल, संयुक्त बाह्यदली (Gamosepalous), कोरछादी (Imbricate) या कोरस्पर्शी (Valvate) पुष्पदल विन्यास पाया जाता है। सहपत्र (Bracteole), उपबाह्यदलपुंज (Epicalyx) बनाते हैं।
- **दलपुंज** (Corolla) 5 दल, पृथकदली (Polypetalous), कोरछादी (Imbricate) पुष्पदल विन्यास युक्त।
- **पुमंग** (Androecium) असंख्य पुंकेसर (Numerous stamens), एक से कई चक्करों में, प्रत्येक चक्र में 5 पुंकेसर, परिजायांगी (Perigynous), परागकोष छोटे, द्विकोषकी (Bicelled) अन्तर्मुखी (Introse)।
- **जायांग** (Gynoecium) एक अथवा अनेक अण्डप, स्वतन्त्र अण्डपी (Apocarpous) कभी-कभी युक्ताण्डपी (Syncarpous), अण्डाशय (Ovary) ऊर्ध्व (Superior), अधर (Inferior) अथवा परिजायांगी (Perigynous) स्तम्भीय बीजाण्डन्यास (Axile placentation), वर्तिकाग्र की संख्या अण्डपों के समान, अण्डाशय एक अण्डपी (Monocarpellary)।
- **फल** (Fruit) ड्रुप (Drupe), पोम (Pome) या पाइरीफॉर्म बैरी (Pyriform berry)।
- **बीज** (Seed) अभ्रूणपोषी (Non-endospermic) होते हैं।
- **पुष्प सूत्र** (Formal formula)–Br $\oplus$ ⚥ $K_{(5)} C_5 A_{\infty} G_{\infty \text{ or } (2 \text{ to } 5)}$

आर्थिक महत्त्व

खाद्य पौधे आड़ू *(Prunus persica)*, लौकाट *(Eriobotryaio japonica)*, नाशपाती *(Pyrus communis)* व सेब *(Pyrus malus)* प्रमुख आहारीय फल है।

गुलाब *(Rosa indica)* एक **सजावटी** पौधा है इसके पुष्प से गुलाब जल, इत्र, गुलकन्द, आदि बनाया जाता है।

कुल-लेग्युमिनोसी अथवा फैबेसी

इस कुल को दलपुंज (Corolla) तथा पुमंग (Androecium) के प्रकार के आधार पर 3 उपकुलों (Subfamilies) में विभेदित किया गया है।

1. उपकुल-पैपिलियोनेसी

वर्गीकरण

जगत	—	पादप (Plantae)
उपजगत	—	फैनेरोगैम्स (Phanerogams)
विभाग	—	डाइकोटिलीडन्स (Dicotyledones)
वर्ग	—	पॉलिपेटेली (Polypetalae)
श्रेणी	—	कैल्सीफ्लोरी (Calyciflorae)
गण	—	रोजेल्स (Rosales)
कुल	—	लेग्युमिनोसी (Leguminosae)
उपकुल	—	पैपिलियोनेसी (Papilionaceae)

पुष्पीय लक्षण

- **पुष्पक्रम** (Inflorescence) असीमाक्षी (Racemose) या एकल कक्षीय (Solitary axillary)
- **पुष्प** (Flower) सहपत्री (Bracteate), सवृन्त, उभयलिंगी, एकव्यास सममित (Zygomorphic), हाइपोगाइनस (Hypogynous)।
- **बाह्य दलपुंज** (Calyx) 5 बाह्यदल, संयुक्त बाह्यदली (Gamosepalous), कोरस्पर्शी (Valvate) या कोरछादी (Imbriate)।
- **दलपुंज** (Corolla) 5 दल, पृथक्दली (Gamosepalous), वैक्सीलरी पुष्पदल विन्यास (Vaxillary aestivation) या अवरोही कोरछादी (Descending imbricate), दलपुंज मटरकुलीय (Petals papilionaceous)।
- **पुमंग** (Androecium) 10 पुंकेसर, प्राय: द्विसंघी (Diadelphous = (9) + 1), परागकोष द्विकोष्ठीय (Dithecous)।
- **जायांग** (Gynoecium) एकअण्डपी (Monocarpellary), एककोष्ठीय (Unilocular) तथा ऊर्ध्ववर्ती अण्डाशय, सीमान्त बीजाण्डन्यास (Marginal placentation)।
- **फल** (Fruit) फली (Legume) या *लोमेन्टम (Lomentum)*।
- **पुष्पसूत्र** (Floral formula)–Br % ⚥ $K_{(5)}\ C_{1+2+(2)}\ A_{(9)+1}\ \underline{G_1}$

आर्थिक महत्त्व

(i) **खाद्य पौधे** मटर *(Pisum sativum)*, चना (*Cicer arietinum*) लोबिया *(Vigna sinesis)*, अरहर *(Cajanus cajan)*, मसूर *(Lens esculenta)*, मूँग *(Phaseolus aureus)*, आदि दालें भोजन के रूप में प्रयोग की जाती हैं। इनमें प्रोटीन की अधिक मात्रा होती है।
सेम *(Dolichos balbal)*, लोबिया *(Vigna sinensis)* तथा मटर *(Pisum sativum)* की फलियों को शाक के रूप में प्रयुक्त किया जाता है।

(ii) **औषधीय पौधे** ग्लायसिराहिजा *ग्लैब्रा (Glycyrrhiza glabra)* से मुलैठी (Liquorice) प्राप्त की जाती है, जो खाँसी के उपचार में प्रयोग की जाती है। *डलबर्जिया सिस्सो (Dalbergia sissoo)* या शीशम से लकड़ी प्राप्त की जाती है। सनहेम्प *(Crotolaria juncea)* से रेशे प्राप्त किए जाते हैं।

2. उपकुल–सेजलपिनिएसी

वर्गीकरण

- **जगत** (Kingdom) से कुल (Family) तक पैपिलियोनेसी के समान
- **उपकुल** (Subfamily)–सेजलपिनिएसी (Caesalpiniaceae)

पुष्पीय लक्षण

- **पुष्पक्रम** (Inflorescence) प्राय: असीमाक्ष (Raceme), पुष्पछत्र (Umbel) या एकल पुष्प (Solitary flower)।
- **पुष्प** (Flower) सहपत्री (Bracteate), एकव्याससममित (Zygomorphic), उभयलिंगी (Bisexual), जायांगधर (Hypogynous), पंचभागी (Pentamerous)।
- **बाह्यदलपुंज** (Calyx) 5 दल पृथक् दली (Polypetalous), कोरछादी विन्यास (Imbricate aestivation)।
- **दलपुंज** (Corolla) 5 दल पृथक् दली (Polypetalous), आरोही कोरछादी पुष्पदल विन्यास (Ascending imbricate aestivation)।
- **पुमंग** (Androecium) 10 पुंकेसर, 5-5 के 2 चक्रों में, पृथक पुंकेसरी (Polyandrous), पुंकेसरों में प्राय: 7 पुंकेसर उर्वरा (Fertile) व 3 पश्च पुंकेसर बन्ध्य पुंकेसर होते हैं।
- **जायांग** (Gynoecium) एकाण्डपी (Monocarpellary), एककोष्ठीय (Unilocular), ऊर्ध्ववर्ती (Superior) अण्डाशय, सीमान्त बीजाण्डन्यास (Marginal placentation)।
- **फल** (Fruit) फली (Lengume) या *लोमेण्टम (Lomentum)*।
- **पुष्पसूत्र** (Floral Formula)
  Br % ⚥ $K_5\ C_5\ A_{5+2+3\,(staminode)}\ \underline{G_1}$

आर्थिक महत्त्व

(i) **औषधीय पौधे** इमली *(Tamarindus indica)*, कसुण्डा (*Cassia occidentalis*) प्रमुख औषधीय पौधे हैं।
(ii) **खाद्य पौधे** कचनार *(Bauhinia variegata)* व इमली खाद्य पादप हैं।
(iii) *हीमेटोजाइलॉन कैम्पिचिएनम (Haematoxylon campechianum)* से हीमेटोजाइलीन वर्णक प्राप्त किया जाता है, जो अभिरंजक (Stain) के रूप में प्रयोग किया जाता है।

3. उपकुल–मिमोसेसी

वर्गीकरण

- जगत से कुल तक पैपिलियोनेसी के समान
- **उपकुल** (Subfamily)—मिमोसेसी (Mimosaceae)

पुष्पीय लक्षण

- **पुष्पक्रम** (Inflorescence) समुण्ड पुष्पक्रम (Capitate) अथवा स्पाइक (Spike)।
- **पुष्प** (Flower) सहपत्री (Bracteate), अपुष्पवृन्त (Sessile), पूर्ण (Complete), त्रिज्यासममित (Actinomorphic), उभयलिंगी (Bisexual) व जायांगधर (Hypogynous)।
- **बाह्यदलपुंज** (Calyx) 4-5 बाह्यदल, संयुक्त दली (Gamosepalous) कोरस्पर्शी (Valvate)।
- **दलपुंज** (Corolla) 4-5 दल, संयुक्त दली (Gamopetalous) अथवा पृथक्दली (Polypetalous), कोरस्पर्शी (Valvate)।
- **पुमंग** (Androecium) असंख्या पुंकेसर (Indefinite stamens), पृथक् पुंकेसरी (Polyandrous)।
- **जायांग** (Gynoecium) एकाण्डपी, एककोष्ठीय, ऊर्ध्ववर्ती अण्डाशय, सीमान्त बीजाण्डन्यास (Marginal placentation)।
- **फल** (Fruit) फली (Legume) या लोमेन्टस (Lomentum)।
- **पुष्प सूत्र** (Floral formula)–Br ⊕⚥ $K_{(4\ or\ 5)}\ C_{(4\ or\ 5)}\ A_{\infty}\ \underline{G_1}$

आर्थिक महत्त्व

अकेशिया सेनेगल (Acacia senegal) से गोंद प्राप्त किया जाता है। *अकेशिया कैटेचू (Acacia catechu)* से कत्था प्राप्त किया जाता है, जो पान के साथ खाया जाता है। छुई-मुई *(Minosa pudica)* एक सजावटी पौधा है।

कुल–एपोसाइनेसी

बेन्थम व हुकर के अनुसार

प्रभाग	— एन्जियोस्पर्मी (Angiospermae)
उप-प्रभाग	— डाइकोटीलिडन्स (Dicotyledones)
वर्ग	— गेमोपेटेली (Gamopetalae)
श्रेणी	— बाइकार्पेलेटी (Bicarpellatae)
गण	— जेन्शियेनेल्स (Gentianales)
कुल	— एपोसाइनेसी (Apccynaceae)

इस कुल के पादप शाकीय, झाड़ी या आरोही झाड़ी होते हैं। इस कुल में 1[illegible] वंश तथा 1500 जातियाँ पाई जाती हैं। ये पादप मुख्यतया विश्व उष्णकटिबन्धीय क्षेत्रों में वितरित है। इसके कुछ सदस्य शीतोष्ण प्रदेशों मे पाए जाते हैं।

कायिक लक्षण

1. **जड़** (Root) मूसला मूल (Tap root)।
2. **तना** (Stem) प्राय: शाकीय अथवा काष्ठीय, ठोस एवं बेलनाकार, शा[illegible] एवं चिकना होता है।
3. **पत्तियाँ** (Leaves) सरल, प्रमुख क्रॉसित या चक्रिय (Whorled), अननु[illegible] साधारण (Exstipulate simple), किनारा सम्पूर्ण, एकशिरीय जालिक शिराविन्यास पाया जाता है।

पुष्पीय लक्षण

1. **पुष्पक्रम** (Inflorescence) मूलतया पुष्पक्रम ससीमाक्षी प्रकार का [illegible] जाता है। कभी-कभी एकल अथवा समशाखीय ससीमाक्ष या सिरीय ससी[illegible] (Terminal cymose) या अम्बेल प्रकार का पुष्पक्रम भी पाया जाता है।

2. **पुष्प** (Flower) पूर्ण, नियमित, त्रिज्यासममित, सहपत्री, प्रायः पंचतयी, अधोजायांगी परन्तु *प्लूमेरिया (Plumeria)* में परिजायांगी से लेकर उपरिजायांगी (Epigynous) होते हैं।
3. **बाह्यदल पुंज** (Calyx) बाह्यदल 5, संयुक्त, हरे, चिरलग्न, विन्यासकोरछादी या कोरस्पर्शी पुष्पदल विन्यास, बाह्यदलों के आधार पर ग्रन्थियाँ उपस्थित होती हैं।
4. **दलपुंज** (Corolla) दल 5, संयुक्तदली।
5. **पुमंग** (Androecium) पुमंग 5, दललग्न, तन्तु छोटे व लम्बे, परागकोष बाणाकार से होते हैं।
6. **जायांग** (Gynoecium) द्विअण्डपी, युक्ताण्डपी (Syncarpous), अण्डाशय उर्ध्ववर्ती।
7. **फल** (Fruit) मांसल ड्रूप, बेरी, समारा अथवा फॉलिकल।

पुष्प सूत्र (Floral Formula)

$$Br.brl.\oplus ⚥ K_{(5)} C_{(5)} \widehat{A_5 \underline{G}_{(2)}}$$

आर्थिक महत्त्व

1. *राउबोल्फिया सर्पेन्टिना (Rauwolfia serpentina)* –सर्पगन्धा, इसकी सूखी जड़ों से प्राप्त औषधि उच्च रक्तचाप (High blood pressure) एवं तनाव के उपचार में प्रयुक्त होती है।
2. *केथेरेन्थस रोजियस (Catharanthus roseus)*–सदाबहार, इसकी पत्तियों से प्राप्त विनक्रिस्टीन एल्केलॉइड (Alcaloid) या उपयोग कैंसर एवं मधुमेह के उपचार में उपयोगी है।
3. *नेरियम इण्डिकम (Nerium indicum)*–कनेर, इसका पौधा सजावट एवं औषधि में उपयोग किया जाता है।
4. *राइटिया टोमेन्टोसा (Wrightia tomentosa)*–दूधी, इस वृक्ष की छाल सर्पविष प्रतिकारक (Antidote) के रूप में उपयोगी है।

कुल–सोलेनेसी

वर्गीकरण

जगत	–	पादप (Plantae)
उपजगत	–	फैनेरोगैम्स (Phanerogams)
विभाग	–	डाइकॉटिलीडन्स (Dicotyledones)
वर्ग	–	गैमोपेटेली (Gamopetalae)
श्रेणी	–	बाइकार्पलेटी (Bicarpellatae)
गण	–	पॉलीमोलियेल्स (Polymoniales)
कुल	–	सोलेनेसी (Solanaceae)

इस कुल के पौधे उष्ण (Tropical) व उपोष्ण (Sub-tropical) भागों में पाए जाते हैं। ये शीतोष्ण (Temperate) भागों में भी पाए जाते हैं।

कायिक लक्षण

जड़ एकवर्षीय या बहुवर्षीय, शाकीय, झाड़ी या वृक्ष, कभी-कभी आरोही (Climbing) भी होते हैं।

शाखित मूसला जड़े (Branched tap roots) पाई जाती हैं।

तना (Stem) प्रायः शाकीय (Herbaceous), उर्ध्व (Erect), शाखित (Brached), रेमिल (Hairy) अथवा काँटेदार (Spiny) होता है।

पत्तियाँ (Leaves) प्रायः सरल (Simple), अननुपत्री (Exstipulate), एकान्तर (Alternate) कभी-कभी अभिमुख (Opposite) होती है।

पुष्पीय लक्षण

पुष्पक्रम (Inflorescence) प्रायः साइमोस (Cymose), कक्षीय काइम (Axillary cyme) अथवा डाइचेजियल साइम (Dichasial cyme)।

- **पुष्प** (Flower) सवृन्त (Pedicellate), असहपत्री (Ebracteate), पूर्ण त्रिज्यासममित (Actinomorphic), उभयलिंगी, पंचभागी व जायांगधर (Hypogynous)।
- **बाह्यदल पुंज** (Calyx) 5 बाह्यदल, संयुक्तबाह्यदली (Gamosepalous), कोरस्पर्शी (Valvate) व दीर्घस्थायी (Persistent)।
- **दलपुंज** (Corolla) 5 दल, संयुक्ति दली (Gamosepalous), कोरस्पर्शी (Valvate) या व्यवर्तित (Twisted)।
- **पुमंग** (Androecium) 5 पुंकेसर, पृथक् पुंकेसरी (Polyandrous), दललग्न (Epipetalous), परागकोष (Anthers) द्विपालिक (Dithecous) व अन्तर्मुखी (Introse)।
- **जायांग** (Gynoecium) द्विअण्डपी (Bicarpellary), युक्ताण्डपी (Syncarpous), द्विकोष्ठीय (Bilocular) उर्ध्वर्ती अण्डाशय (Superior ovary), स्तम्भीय बीजाण्डन्यास (Axile placentation) पाया जाता है।
- **फल** (Fruit) बेरी (Berry) अथवा सम्पुट (Capsule)।
- **पुष्पसूत्र** (Floral formula)–Ebr $\oplus ⚥ K_{(5)} \widehat{C_{(5)} A_5} \underline{G}_{(2)}$

आर्थिक महत्त्व

(i) **खाद्य पादप** (Food plants) आलू *(Solanum tuberosum)*, बैंगन *(Solanum melongena)*, टमाटर *(Lycopersicon esculentum)*, मिर्च *(Capsicum frutescens)* प्रमुख खाद्य पादप हैं।

(ii) **औषधियाँ** (Medicines) *ऐट्रोपा बेलाडोना (Atropa belladona)* से एट्रोपीन प्राप्त होता है, जो बेलाडोना औषधि बनाने में प्रयोग किया जाता है।

(iii) तम्बाकू *(Nicotiana tabacum)* की पत्तियों में एल्केलॉइड्स होते हैं। अतः ये धूम्रपान में प्रयोग में लाई जाती हैं।

कुल–एकेन्थेसी

वर्गीकरण

जगत	—	पादप (Plantae)
उपजगत	—	फैनेरोगैम्स (Phanerogams)
प्रभाग	—	डाइकॉटिलीडन्स (Dicotyledons)
वर्ग	—	गेमोपेटेली (Gamopetalae)
श्रेणी	—	बाइकार्पेलेटी (Bicarpellatae)
गण	—	परसोनेल्स (Personales)
कुल	—	एकेन्थेसी (Acanthaceae)

- इस कुल के पौधे विश्वव्यापी होते हैं। ये मुख्य रूप से उष्ण (Tropical), उपोष्ण (Sub-tropical) नाम व दलदली स्थानों पर पाए जाते हैं।

कायिक लक्षण

- शाकीय (Herbaceous) व झाड़ी (Shrub). पौधे शुष्कोद्भिद (Xerophytic) व लवणोद्भिद (Halophytic) होते हैं।
- मूसला जड़ (Tap root) पाई जाती है।
- **तना** (Stem) शाकीय (Herbaceous) अथवा काष्ठीय (Woody), उर्ध्व (Erect), शाखित (Brached) होता है।
- **पत्ती** (Leaf) प्रायः सरल, अननुपत्री (Exstipulate), अभिमुख (Opposite), सवृन्त (Petiolate), एकशिरीय जालिकावत शिराविन्यास (Unicostate reticulate venation) पाया जाता है। पत्तियों की बाह्यत्वचीय (Epidermal) कोशिकाओं में कैल्शियम कार्बोनेट का सिस्टोलिथ (Cystolith) पाया जाता है।

पुष्पीय लक्षण

- **पुष्पक्रम** (Inflorescence) ससीमाक्षी (Cymose), कभी-कभी रेसीमोस (Racemose)।
- **पुष्प** (Flower) सहपत्री (Bracteate), सहपत्रकीय (Bracteolate), उभयलिंगी (Bisexual), पूर्ण, एकव्याससममित (Zygomorphic) व द्विओष्ठी (Bilocular), जायांगधर (Hypogynous)।
- **बाह्य दलपुंज** (Calyx) 3-4 बाह्यदल, संयुक्त बाह्यदली (Gamosepalous), व्यावर्तित (Contorted) अथवा कोरछादी (Imbricate), पुष्पदल विन्यास।
- **दलपुंज** (Corolla) 5 दल, कभी-कभी 4 संयुक्त दली (Gamopetalous), कोरछादी (Imbricate) अथवा व्यावर्ती (Twisted) पुष्प दल विन्यास।
- **पुमंग** (Androecium) 4 परन्तु कभी-कभी 5 पुंकेसर होते हैं। स्वतन्त्र (Free) व दललग्न (Epipetalous)।
- **जायांग** (Gynoecium) द्विअण्डपी (Bicarpellary), युक्ताण्डपी (Syncarpous), अण्डाशय उर्ध्ववर्ती (Superior) व द्विकोष्ठीय (Bilocular), स्तम्भीय बीजाण्डन्यास (Axile placentation)।
- **फल** (Fruit) प्राय: संपुटिका (Capsule), कभी-कभी अष्ठिफल (Drupe)।
- **बीज** (Seed) अभ्रूणपोषी (Non-endospermic) होते हैं।
- **पुष्प सूत्र** (Floral formula) $\% ⚥ K_{(4 \text{ or } 5)} \overparen{C_{(4 \text{ or } 5)} A_2} \underline{G}_{(2)}$

आर्थिक महत्त्व

एधेटोडा वेसिका (Adhatoda vasica), बारलेरिया क्रिस्टेटा (Barlaria cristata) व *रुएलिया प्रोस्ट्रेटा (Ruellia prostrata)* प्रमुख औषधीय पौधे हैं, जो विभिन्न रोगों में उपचार में प्रयुक्त होते हैं।

कुल-वर्बीनेसी

वर्गीकरण

जगत	—	पादप (Plantae)
उपजगत	—	फैनेरोगैम्स (Phanerogams)
विभाग	—	डाइकॉटिलीडन्स (Dicotyledons)
वर्ग	—	गैमोपेटेली (Gamopetalae)
श्रेणी	—	बाइकार्पेलेटी (Bicarpellatae)
गण	—	लेमियेल्स (Lamiales)
कुल	—	वर्बीनेसी (Verbenaceae)

कायिक लक्षण

- जड़ शाकीय अथवा झाड़ी, कभी-कभी काष्ठीय (Woody)।
- प्राय मूसला जड़ (Tap root) पाई जाती हैं।
- **तना** (Stem) उर्ध्व (Erect), शाकीय अथवा काष्ठीय, ठोस व कोणीय (Angular) होता है।
- **पत्ती** (Leaf) सरल, कभी-कभी संयुक्त (Compound), अननुपत्री (Exstipulate), अभिमुख (Opposite) अथवा चक्करदार (Whoeled) होती है।

पुष्पीय लक्षण

- **पुष्पक्रम** (Inflorescence) काइम (Chyme) अथवा स्पाइक (Spike)।
- **पुष्प** (Flower) सहपत्री (Bracteate), सवृन्त (Pedicellate), उभयलिंगी (Hermaphrodite), एकव्याससममित (Zygomorphic) या त्रिज्यासममित (Actiinomorphic)।
- **बाह्य दलपुंज** (Calyx) 5 बाह्यदल, संयुक्त बाह्यदली (Gamosepalous), कोरस्पर्शी (Valvate) विन्यास।
- **दलपुंज** (Corolla) 5 दल, संयुक्तदली (Gamopetalous), कोरछादी (Imbricate), द्विपालिक पुष्पदल विन्यास पाया जाता है।
- **पुमंग** (Androecium) 4 पुंकेसर, द्विदीर्घी (Didynamous), पृथक् पुंकेसरी (Polyandrous), दललग्न (Epipetalous), परागकोष अन्तर्मुखी (Intrirse)।
- **जायांग** (Gynoecium) द्विअण्डपी (Bicarpellary), युक्ताण्डपी (Syncarpous), उर्ध्ववर्ती अण्डाशय (Superior ovary), अक्षीय बीजाण्डन्यास (Axile placentation)।
- **फल** (Fruit) प्राय: अष्ठिफल (Drupe) अथवा बेरी (Berry) कभी-कभी सम्पुटिक (Capsule)।
- **पुष्पसूत्र** (Floral formula)

$$\% ⚥ K_{(5)} \overparen{C_{(5)} A_{2++ \text{ or } 5}} \underline{G}_{(2)}$$

आर्थिक महत्त्व

टीक *(Tectona grandis)* से फर्नीचर के लिए लकड़ी प्राप्त की जाती है *वर्बीना ऑफिसिनेलिस (Verbena officinalis)* व *लैन्टेना कमारा (Lantana camara)* सजावटी पौधे हैं।

कुल-लेबिएटी या लेमिएसी

वर्गीकरण

जगत	—	पादप (Plantae)
उपजगत	—	फैनेरोगैम्स (Phanerogams)
विभाग	—	डाइकॉटिलीडन्स (Dicotyledones)
वर्ग	—	गैमोपेटेली (Gamopetalae)
श्रेणी	—	बाइकार्पेलेटी (Bicarpellatae)
गण	—	लेमियेल्स (Lamiales)
कुल	—	लेबिएटी (Labiatae)

विश्वव्यापी (Worldwide), उष्ण (Tropical) व शीतोष्ण (Temperate) प्रदेशों में पाए जाते हैं।

कायिक लक्षण

- एकवर्षीय, द्विवर्षीय या बहुवर्षीय शाक (Herbs)।
- **जड़** (Root) प्राय: मूसला जड़ (Tap root) होती है।
- **तना** (Stem) शाकीय (Herbaceous), कभी-कभी काष्ठीय (Woody), उर्ध्व (Erect), रोमिल (Hairy)।
- **पत्ती** (Leaf) सरल, अभिमुख (Opposite) या भ्रमिरूप (Whorled), अननुपत्री (Extipulate) व तेल ग्रन्थियों युक्त।

पुष्पीय लक्षण

- **पुष्पक्रम** (Inflorescence) प्राय: वर्टिसिलेस्टर (Verticillaster), कभी-कभी एकल (Solitary) अथवा मुण्डक (Capitulum)।

- **पुष्प** (Flower) सहपत्री (Bracteate), एकव्याससममित (Zygomorphic), उभयलिंगी (Hermaphrodite), पूर्ण व जायांगधर (Hypogynous)।
- **बाह्य दलपुंज** (Calyx) 5 बाह्यदल, संयुक्त बाह्यदली (Gamosepalous), द्विओष्ठी (Bilobed), कोरस्पर्शी (Valvate) अथवा कोरछादी (Imbricate) पुष्पदल विन्यास।
- **दलपुंज** (Corolla) 5 दल, संयुक्त दली (Gamopetalous), कोरछादी (Imbricate) पुष्पदल विन्यास।
- **पुमंग** (Androecium) प्राय: द्विदीर्घी (Didynamous) अथवा 2 पुंकेसर हाते हैं। दल-लग्न (Epipetalous), परागकोष द्विकोशिकीय (Bicelled) व अन्तर्मुखी (Introse)।
- **जायांग** (Cynoecium) द्वअण्डपी (Bicarpellary), युक्ताण्डपी (Syncarpous), अण्डाशय ऊर्ध्व (superior) व द्विकोष्ठकी (Bilocular), स्तम्भीय बीजाण्डन्यास (Axile placentation) पाया जाता है।
- **फल** (Fruit) कॉरसेरुलस (Corcerulus)

पुष्पसूत्र (Floral formula)– %⚥ $K_{(5)}\ \overparen{C_{(5)}\ A_{4\ or\ 2}}\ \underline{G}_{(2)}$

आर्थिक महत्त्व

लसी *(Ocimum sanctum)* व पुदीना *(Mentha arvensis)* **औषधीय** पौधे । *कोलियस (Coleus)* व साल्विया *(Salvia)* **सजावटी** पौधे हैं।

कुल-यूफोर्बिएसी

वर्गीकरण

जगत	—	पादप (Plantae)
उपजगत	—	फैनेरोगैसम्स (Phanerogams)
विभाग	—	डाइकॉटिलीडन्स (Dicotyledones)
वर्ग	—	मोनोक्लेमाइडी (Monochlamydeae)
गण	—	यूफोर्बिएल्स (Euphorbiales)
कुल	—	यूफोर्बिएसी (Euphorbiaceae)

। कुल के पौधे विश्वव्यापी हैं। ये प्राय: उष्ण (Tropical) तथा शीतोष्ण emperate) प्रदेशों में पाए जाते हैं।

ायिक लक्षण

य: शाकीय (Herbaceous) कभी-कभी झाड़ी व वृक्ष। पौधे में प्राय: रबर क्षीर atex) पाया जाता है।

जड़ (Root) प्राय: शाखित मूसला जड़ (Branched tap root) होती है।

तना (Stem) प्राय: शाकीय (Herbaceous), कभी-कभी काष्ठीय (Woody) उर्ध्व (Erect), शाखित व बेलनाकार।

पत्ती (Leaf) सरल (Simple), एकान्तर (Alternate) व अनुपत्री (Stipulate) होते हैं। कभी-कभी पत्तियाँ काँटों में रूपान्तरित हो जाते हैं।

पीय लक्षण

ुष्पक्रम (Inflorescence) रेसीमोस (Racemose), साइमोस (Cymose) अथवा विशिष्ट (Special) प्रकार का होता है। *यूफोर्बिया (Euphorbia)* में यह साइएथियम (Cyathium) प्रकार का होता है।

ुष्प (Flower) छोटे (Small), सहपत्री (Bracteate), एकलिंगी Unisexual), अपूर्ण (Incomplete), त्रिज्यासममित (Actinomorphic) । जयांगधर (Hypogynous)।

- **परिदलपुंज** (Perianth) क्रोटोन (Croton) में दलचक्र (Corolla) तथा बाह्य दलचक्र (Calyx) पाई जाती है। *यूफोर्बिया (Euphorbia)* में परिदल पुंज (Petianth) अनुपस्थित होता है, कोरस्पर्शी (Valcate) अथवा कोरछादी (Imbricate) पुष्पदल विन्यास।
- **नरपुष्प** (Male flower) प्राय: परिदलपुंज अनुपस्थित, पुंकेसर के रूप में, शाखित पुंकेसर (Branched stamen) भी पाए जाते हैं। पुंकेसरों में पुतन्तु (Filament) एवं परागकोष (Anther) उपस्थित। परागकोष (Anther), द्विकोषी (Dithecous) व अन्तर्मुखी (Introse)।
- **मादा पुष्प** (Female flower) परिदल पुंज रहित, एक मादा पुष्प, त्रिअण्डपी (Tricarpellary), युक्ताण्ड (Syncarpous), अण्डाशय त्रिकोष्ठीय व उर्ध्ववर्ती (Superior), स्तम्भीय **बीजाण्डन्यास** (Axile placentation)।
- **फल** (Fruit) प्राय: भिदुर (Schizocarpic) व सम्पुटिक (Capsule)।
- **बीज** (Seed) भ्रूणपोषी (Endospermic)।
- **पुष्पसूत्र** (Floral Formula)
  (i) *यूफोर्बिया (Euphorbia)* ⊕♂ $K_0\ C_0\ A_1$, ⊕♀ $K_0\ C_0\ \underline{G}_{(3)}$
  (ii) *रिसिनस (Ricinus)* ⊕♀ $K_5\ C_0\ A_5$ (branched)
  ⊕♀ $K_3\ C_0\ \underline{G}_{(3)}$

आर्थिक महत्त्व

जमाल गोटा *(Croton tigllium)* के बीजों से प्राप्त तेल जुलाब के रूप में प्रयोग किया जाता है। **रबड़ वृक्ष** *(Hevea brasiliensis)* के लेटेक्स से रबड़ बनाई जाती है। **अरण्ड** *(Ricinus communis)* से केस्टर ऑयल प्राप्त होता है, जो स्नेहक (Lubricant) व जुलाब के रूप में प्रयोग किया जाता है।

कुल-ग्रेमिनी या पोएसी

वर्गीकरण

जगत	–	पादप (Plantae)
उपजगत	–	फैनेरोगैम्स (Phanerogams)
विभाग	–	मोनोकॉटिलीडन्स (Monocotyledones)
वर्ग	–	ग्लूमेसी (Glumaceae)
कुल	–	ग्रेमिनी (Graminae)

इस कुल के पौधे मुख्यतया शीतोष्ण (Temperate) प्रदेशों में मिलते हैं। यद्यपि उष्ण (Tropical) व उपोष्ण (Subtropical) भागों में भी इनकी कुछ जातियाँ पाई जाती हैं। ये पौधे घास व अनाज की फसलों के रूप में पाए जाते हैं।

कायिक लक्षण

- प्राय: वार्षिक शाक (Annual herb), कुछ द्विवर्षीय, बहुवर्षीय, आरोही तथा काष्ठीय भी होते हैं।
- **जड़** (Root) प्राय: अपस्थानिक (Adventitious) व रेशेदार (Fibrous) होती है। मक्का में जड़ें अवस्तम्भ (Stilt) प्रकार की होती हैं।
- **तना** (Stem) प्राय: शाकीय (Herbaceous, कभी-कभी काष्ठीय (Woody), ऊर्ध्व, शयान (Prostrate) अथवा विसर्पी (Creeping)।
- **पत्ती** (Leaf) सरल, एकान्तर (Alternate), लम्बी, समानान्तर शिरा विन्यास (Parallel venation), पर्ण आच्छद (Leaf sheath), पूर्ण विकसित, पर्ण आच्छद (Leaf sheath) व पर्णी फलक (Lamina) के जुड़ने के स्थान पर लिग्यूल (Ligule) पाई जाती है।

पुष्पीय लक्षण

- **पुष्पक्रम** (Inflorescence) प्राय: स्पाइकलेट (Spikelet) का स्पाइक तथा कभी-कभी पेनिकल (Panicle) होता है।
- प्रत्येक स्पाइकलेट के अक्ष को *रेकिला (Rachilla)* कहते हैं। इसमें एक या अनेक पुष्प होते हैं। ये आधार पर एक-दूसरे के ऊपर स्थित तीन ग्लूमों (Glumes) से ढके होते हैं। नीचे वाले ग्लूम बन्ध्य (Sterile) होते हैं। तीसरे ग्लूम के अक्ष में एक पुष्प होता है। इसे उर्वर (Fertile) ग्लूम कहते हैं। इसका शीर्ष लम्बे, नुकीले व कण्टकमय शूक (Awn) में परिवर्द्धित होता है।
- **पुष्प** (Flower) सहपत्री, अवृन्ती, उभयलिंगी या एकलिंगी जैसे-मक्का, अपूर्ण, जायांगधर (Hypgynous) व एकव्यास सममित (Zygomorphic)।
- **परिदल पुंज** (Perianth) ह्रासित (Reduced), छोटी पत्तियों की तरह होते हैं जिन्हें लोडीक्यूल्स (Lodicules) कहते हैं।
- **पुमंग** (Androecium) पुंकेसर 3, कभी-कभी 6 जैसे-चावल, पृथक् पुंकेसरी, लम्बे मुक्त परागकोश (Anther), द्विकोशिकीय (Bicelled) व मुक्तदोलनी (Versatile) तथा अन्तर्मुखी (Introrse)।
- **जायांग** (Gynoecium) एक अण्डपी (Monocarpellary), एककोष्ठीय (Unilocular) ऊर्ध्ववर्ती अण्डाशय (Superior ovary), आधारीय बीजाण्डन्यास (Basal placentation), दो पार्श्व (Lateral) वर्तिकाएँ, वर्तिकाग्र पिच्छवत् (Feathery)।
- **फल** (Fruit) केरियोप्सिस (Caryopsis) परन्तु कभी-कभी बेरी (Berry)।
- **पुष्पसूत्र** (Floral formula)–Br ⚥ % $P_{0 \text{ or } 2 \text{ (lodicules)}}$ $A_{3 \text{ or } 3+3}$ $\underline{G}_1$

आर्थिक महत्त्व

गेहूँ *(Triticum aestivum)*, चावल *(Oryza sativa)*, जौ *(Hordeum vulgare)* व जई *(Avena sativa)* आदि अनाज का उपयोग मनुष्य द्वारा भोजन के रूप में तथा पशुओं द्वारा चारे के रूप में किया जाता है। गन्ने से शक्कर निर्मित की जाती है।

गन्ने *(Saccharum officinarum)* से शक्कर निर्मित की जाती है।

कुल–लिलिएसी

वर्गीकरण

जगत	—	पादप (Plantae)
उपजगत	—	फैनरोगैम्स (Phanerogams)
विभाग	—	मोनोकॉटीलीडन्स (Monocotyledones)
गण	—	कोरोनरी (Coronarieae)
कुल	—	लिलिएसी (Liliaceae)

इस कुल में लगभग 240 **वंश** (genera) तथा 4000 **जातियाँ** (Species) हैं। यह **विश्वव्यापी** (cosmpolitan) कुल है। मुख्य रूप से **उष्ण शीतोष्ण** (warm temperature) तथा उष्ण कटिबन्धीय (tropical) प्रदेशों में मिलते हैं। भारत में इस कुल के लगभग **35 वंश** तथा 200 जतियाँ मिलती हैं।

कायिक लक्षण

- पौधे प्राय: **बहुवार्षिक शाक** (Perennial herbs) हैं। कुछ पौधे क्षुप अथवा **झाड़ी** (shrub); जैसे—*ड्रेसिना (Dracaena)* या वृक्ष; जैसे *जेन्थोरोहिया (Xanthorrhoea)*, आरोही; जैसे—स्माइलेक्स (Smilax), *ग्लोरिओसा* (*Gloriosa*) आदि हैं।
- **जड़** (Root) एकबीजपत्री होने के कारण इनमें प्रमुख रूप से अपस्थानिक (Adventitious) जड़ें मिलती हैं।
- **स्तम्भ** (Stem) तना **वायवीय** (Aerial) **उर्ध्वशीर्ष** (Erect), **आरोही** (climber), **भूमिगत प्रकंदीय** (Rhizome), जैसे—*पेरिस क्वाड्रीफोलिया (Paris quadrifolia)*, **शल्क कंदीय** (Bulbous); जैसे—*एलीयम सीपा (Allium cepa)* **घनकन्द** (Corm); जैसे *कोल्चिकम आटमनेल (Colchicum autumnale)* **क्लेडोड** (Cladode), जैसे—*एस्पेरेगस (Asparagus)*, आदि होता है।
- **पत्ती** (Leaf) स्तम्भीय (Cauline) अथवा मूलज (Radicle), अननुपर्णी (Extipulate), स्माइलेक्स (Smilax) में **अनुपर्णी** (Stipulate) तथा अनुपर्ण प्रतान (Tendril) में रूपान्तरित शल्की (Scaly); जैसे—*एस्पेरेगस* तथा *रस्कस* अथवा **गूदेदार** (fleshy), **एकान्तरित** (Alternate) अथवा **सम्मुख** (Opposite); जैसे *ग्लोरिओसा (Gloriosa)* में तथा इसमें फलक का शीर्ष (Laminar apex) प्रतान बनाता है। प्याज में पत्ती खोखली तथा केन्द्रिक (Centric) होती है। सामान्य-रूप से शिराविन्यास समानान्तर (Parallel) होता है, परन्तु *स्माइलेक्स (Smilax)* में यह जालिकावत (Reticulate) होता है।

पुष्पीय लक्षण

- **पुष्पक्रम** (Inflorescence) सामान्यतया रेसीम (Raceme), छत्रक (Umbel) या एकल पुष्पी कभी-कभी **एकलशाखी ससीमाक्ष** (Monochasial cyme) भी मिलता है।
- **पुष्प** (Flower) पुष्प **सहपत्री** (Bracteate), **सवृन्ति** (Pedicellate), **असहपत्रक** (Ebracteolate), केवल *डायनेल्ला (Dianella)* में **सहपत्रक** (Bracteole) मिलते हैं। **उभयलिंगी** (Bisexual), **एकलिंगी** (Unisexual); जैसे—*रस्कस (Ruscus)*, *स्माइलेक्स (Smilax)*, आदि, **त्रिभागी** (Trimerous) तथा **जायांगाधर** (hypogynous), **त्रिज्यासममित** (Actinomorphic), कभी-कभी **एकव्याससममित** (Zygomorphic), जैसे *जिलेसिया* (*Gillesia*), आदि होते हैं। *एलियम* (*Allium*) में **पुष्पदण्डधर** (scape) मिलता है।
- **परिदल पुंज** (Perianth) परिदल पुंज में छ: **परिदल** (tepals) मिलते है। ये **पृथकपरिदली** (Polyphyllous); जैसे—प्याज तथा *एस्फोडिलस (Asphodelous)* अथवा संयुक्त परिदली *(gamophyllous);* जैसे—*एलो (Aloe)* हो सकते हैं। ये तीन-तीन के दो चक्करों में व्यवस्थित होते हैं। पुष्पदल विन्यास **कोराच्छादी** (Imbricate) होता है। बाह्य चक्र का विषम सदस्य **अग्रस्थ** (Anterior) होता है।
- **पुमंग** (Androecium) पुंकेसर की संख्या छ: तथा तीन-तीन के दो चक्र में व्यवस्थित होते हैं। ये परिदल सम्मुख (Opposite to tepal) होते हैं। स्वतन्त्र (Free) और **परिदललग्नी** (Epiphyllous) होते हैं। *रस्कस (Ruscus)* में पुंकेसर **संयुग्मी** (Synandrous) होते हैं। परागकोश (Anthers) **द्विकोष्ठी** (Dithecous), **आधारलग्न** (Basifixed) अथवा **पृष्ठलग्न** (Dorsifixed), **अन्तर्मुखी** (Introrse) होते हैं।
- **जायांग** (Gynoecium) **त्रिअण्डपी** (Tricarpellary), **युक्ताण्डप** (Syncarpous), **त्रिकोष्ठी** (Trilocular), **उर्ध्व अण्डाशयी** (Superior ovary) तथा **स्तम्भिक बीजाण्डन्यास** (Axile placentation) होता है। वर्तिका (Style) एक तथा **वर्तिकाग्र त्रिपालित** (Trilobed) होता है। अण्डाशय में पट पर मकरन्द कोश (Nector sac) मिलते हैं।

- **फल एवं बीज** (Fruits and Seeds) सरल, **शुष्क सम्पुट** (Capsule) होता है; जैसे—*एस्फोडिलस (Asphodelous)*, कभी-कभी बेरी (Berry) मिलती है, जैसे—*ड्रेसीना (Dracaena)* आदि। बीज **अभ्रूणपोषी** होते हैं।
- **परागण** (Pollination) सामान्यतया कीट द्वारा (Entomophily) परागण होता है। *सीइला (Scilla)* में स्वयं परागण होता है। *यक्का (Yucca)* में विशिष्ट शलभ (moth) *प्रोनूबा युक्कसेल्ला (Pronuba yuccasela)* द्वारा कीट परागण होता है। यह सहजीवन (symbiosis) का एक उदाहरण है।
- **पुष्पसूत्र** (Floral formula) Br. ⊕ ⚥ $\widehat{P_{3+3},\ A_{3+3}}$, $G_{(3)}$

  या Br. ⊕ ⚥ P_{3+3}, or (3 + 3) A_{3+3} $G_{(3)}$

आर्थिक महत्त्व

- *एलियम सेपा (Allium cepa)*, **प्याज** (Onion) भूमिगत बल्ब तथा वायवीय पत्तियाँ सब्जी की तरह प्रयोग में आती हैं।
- *एलियम सटाइवम (A. sativum)*, **लहसुन** (Garlic) शल्क कन्द मसाले के रूप में प्रयोग में आते हैं।
- *एस्पेरेगस रेसीमोसस (Asparagus racemosus)*, **सतावर** गुच्छित जड़ें खाई जाती हैं।
- *स्माइलेक्स (Smilax)* तथा *यक्का फिलामेण्टोसा (Yucca filamentosa)* के तने एवं *सेन्सीविएरा (Sensiviera)* की पत्ती से रेशा प्राप्त होता है।
- *वेरेट्रम एल्बम (Veratrum album)* शल्क प्रकन्दों को **शलभ** (Moth) नाशक के रूप में प्रयोग करते हैं।
- *अर्जीनिया इण्डिका (Urginia indica)* इसके शल्क कन्दों से **मूषक** (Rats) का नाश करते हैं।
- *ड्रेसीना (Dracaena)* से रेजिन मिलता है।
- *लिलियम (Lilium)*, *रस्कस एक्यूलिएटस (Ruscus aculeatus)*, *ट्यूलिप (Tulipa)*, *ग्लोरिओसा सुपर्बा (Gloriosa supurba)*, *यक्का (Yucca)*, *स्माइलेक्स (Smilax)*, *फ्रिटिलेरिया टेनेला (Fritillaria tenella)*, *एस्पेरेगस प्लूमोसस (Asparagus plumosus)*, *जेफ्रीएन्थस (Zephryanthus)*, *हेमिरोकेलिस फल्वा (Hemerocallis fulva)* आदि सजावटी पौधे हैं।
- *कॉल्चिकम ऑटम्नेल (Colchicum autumnale)* से **कॉल्चीसिन** (Colchicine) नामक **एल्केलॉइड** (Alkaloid) मिलता है, जिससे पौधों में **बहुगुणत** (polyploidy) उत्पन्न की जाती है।
- *स्माइलेक्स जेलेनिका (Smilax zeylenica)*, *एलोय बारबेडेन्सिस (Aloe barbadensis)*, *फ्रिटिलैरिया सिरहोसा (Fritillaria cirrhosa)*, *एलोय वीरा (Aloe vera)*, *कोल्चिकम लूटियम (Colchicum luteum)*, *जीनिया इण्डिका (Urginia indica)* इत्यादि पौधों से विभिन्न रोगों की कित्सा हेतु औषधियाँ प्राप्त होती हैं।

नस्पतिक उद्यान

नस्पतिक उद्यान परम्परागत एवं आधुनिक अध्ययन के लिए स्थापित किया ा जीवित पादपों का संग्रह होता है। प्रारम्भ में वानस्पतिक उद्यान चिकित्सा ज्ञान के विद्यार्थियों के अध्ययन एवं औषधि प्राप्त करने वाले पौधों के लिए ापित किए जाते थे। रॉयल बॉटेनिकल गार्डन, क्यू की स्थापना का वास्तविक ्देश्य खूबसूरत एवं आकर्षित पुष्पों के उगाने का था। अब यह सार्वभौमिक रूप से स्वीकार किया जा चुका है कि वानस्पतिक उद्यान का उद्देश्य, शिक्षा, शोध के साथ-साथ साज-सज्जा एवं उद्यान विभाग के लिए भी हो गया है। प्रमुख वानस्पतिक उद्यान निम्नलिखित हैं

(i) **रॉयल बॉटेनिकल गार्डन क्यू, इंग्लैण्ड** यहाँ हरबेरियम में 5000000 नमूने, शीशे में 13000 जातियाँ तथा प्रजाति, जबकि 8000 शाकीय जाति बाहर वृद्धि कर रही हैं।

(ii) **नेशनल बॉटेनिकल गार्डन, लखनऊ** हरबेरियम में लगभग 85000 नमूने, पुस्तकालय में वनस्पति विज्ञान, उद्यान विभाग तथा समकक्ष विषयों की पुस्तकों का संग्रह उपस्थित है।

(iii) **लॉयड बॉटेनिकल गार्डन, दार्जिलिंग** यह रॉयल बॉटेनिकल गार्डन, कोलकाता की शाखा के रूप में विकसित हुआ। यहाँ पर चीन तथा जापान से विदेशी जातियों का अच्छा संग्रह पाया जाता है।

(iv) **इण्डियन बॉटेनिकल गार्डन, कोलकाता** यह उद्यान आर्थिक कारणों के लिए खोला गया, परन्तु बाद में वैज्ञानिक संस्थान के रूप में विकसित हुआ। इसमे विशाल बरगद का वृक्ष, पाम घर (पाम की 40 जातियाँ) सजावटी पौधे तथा मांसल पौधे प्रमुख हैं।

भारत के प्रमुख वानस्पतिक उद्यान

1. **इण्डियन बॉटेनिकल गार्डन, सिबपुर** (Indian Botanical Garden, Sibpur) की स्थापना सन् 1787 में रॉबर्ट किड ने की। इस उद्यान का प्रमुख आकर्षण 200 वर्ष पुराना बरगद का वृक्ष है तथा 12000 अन्य वृक्ष हैं। इस उद्यान में अफ्रीकी शाखित पाम, फ्रिश टेल पाम, डबल कोकोनट, आदि दुर्लभ पाम मिलते हैं। इसका रखरखाव BSI द्वारा किया जाता है।
2. **राष्ट्रीय वनस्पति उद्यान (शोध संस्थान), लखनऊ** की स्थापना अवध के नवाबों द्वारा सन् 1929 में की गई। पहले इसे राष्ट्रीय वानस्पतिक उद्यान के नाम से जाना जाता था।

   वर्तमान में यह CSIR द्वारा प्रशासक होता है।
3. **लॉयड वनस्पति उद्यान, दार्जिलिंग** सन् 1878 में स्थापना हुई व विलियम लॉयड के सम्मान में नाम रखा गया है। यह 6000 फीट ऊँचाई पर स्थित है। यहाँ से विश्व के अनेक संस्थानों को शीतोष्ण-उपशीतोष्ण हिमालय की पादप सामग्री, बीज व विदर्श उपलब्ध होते हैं। यहाँ 12000 ऑर्किड स्पेसीमेन है। यहाँ का आकर्षण जिरेनियम, रोडोडेन्ड्रॉन व कोनिफर्स है। यहाँ नीली पत्तियों वाला कोनीफर कैलोट्रिस व डॉन रेड वुड तथा मेटासिकोया फिलिप्टोस्ट्रोपोडीज, आदि दुर्लभ पौधे भी मिलते हैं
4. **लाल बाग उद्यान, बैंगलुरु** के इस उद्यान की गणना विश्व के प्रमुख वानस्पतिक उद्यानों में की जाती हैं। इसका नाम नवाब हैदर अली ने रखा। इसका सर्वाधिक विकास जॉन कैमेरॉन के कार्यकाल में हुआ।
5. **वानस्पतिक उद्यान, सहारनपुर** स्थापना सन् 1779 में हुई। वर्तमान में यह उद्यान उत्तर प्रदेश के उद्यान कृषि विभाग का एक शोध संस्थान है।

हरबेरियम

किसी स्वीकृत पूर्ण वर्गीकरण के आधार पर पादपों को सुखाकर, दबाकर, एक कागज की शीट पर लगाकर उनका संग्रहण कर भविष्य में उनका अध्ययन में उपयोग किया जाए तो उसे हरबेरियम (Herbarium) या पादप संग्रह कहते हैं। भारत में वनस्पति संग्रह का प्रारम्भ रॉयल वानस्पतिक उद्यान की स्थापना के साथ ही विलियम रॉक्सबर्ग (Willium Rouxberg) द्वारा किया गया।

किसी भी क्षेत्र मे फ्लोरा (Flora) अर्थात् पेड़-पादप का अध्ययन करने के लिए हरबेरियम की स्थापना की जाती है एवं इसमें सबसे पहले पादप प्रतिरूपों (Plant specimens) को संग्रह करने का कार्य किया जाता है। अच्छी किस्म के पादप प्रतिरूपों को संग्रह करने लिए पादप संग्रह की तकनीक (Techniques of plant collection) भी सही व श्रेष्ठ स्तर की अपनाई जानी आवश्यक है। सही तकनीक को प्रयुक्त कर पादप प्रतिरूपों को लम्बी अवधि तक सुरक्षित रखा जा सकता है।

वस्तुनिष्ठ प्रश्न

1. आम का वैज्ञानिक नाम है
(a) *मूसा सेपियेण्टम* (b) *डॉकस कैरोटा*
(c) *मेन्जीफेरा इण्डिका* (d) इनमें से कोई नहीं

2. पुंकेसरों की संख्या अनिश्चित होती है
(a) मालवेसी में (b) माइमोसेसी में
(c) पैपेवरेसी में (d) कम्पोजिटी में

3. चना सम्बन्धित है
(a) ग्रेमिनी से
(b) लेग्युमिनोसी से
(c) सोलेनेसी से
(d) डिप्टेरोकार्पेसी से

4. निम्न किस कुल में एकलिंगी पुष्प मिलते हैं?
(a) मालवेसी में (b) लेग्युमिनोसी में
(c) कुकुरबिटेसी में (d) क्रूसीफेरी में

5. निम्नलिखित में से किसमें एक ही पुष्प में नर तथा मादा दोनों जननांग होते हैं?
(a) *कुकरबिटा मेक्सिमा*
(b) *ब्रैसिका कम्पेस्ट्रिस*
(c) *साइकस रिवोल्यूटा*
(d) *पाइनस लोंगीफोलिया*

6. अण्ड पादप सम्बन्धित है
(a) सोलेनेसी कुल से (b) क्रूसीफेरी कुल से
(c) ग्रेमिनी कुल से (d) लिलिएसी कुल से

7. निम्न में से कौन-सा कुल परिदलपुंज की उपस्थिति से पहचाना जाता है?
(a) मालवेसी (b) लिलिएसी
(c) क्रूसीफेरी (d) सोलेनेसी

8. आधारीय बीजाण्डन्यास मिलता है
(a) क्रूसीफेरी में (b) लेग्युमिनोसी में
(c) मालवेसी में (d) कम्पोजिटी में

9. कपास के पौधे का वंशीय नाम होता है
(a) *क्रोटोलेरिया*
(b) *रैफेनस*
(c) *निकोटियाना*
(d) *गॉसीपियम*

10. कम्पोजिटी कुल में मिलने वाले जिह्वाकार दलपुंज को कहते हैं
(a) गोपित (b) द्वि-आष्ठी
(c) पट्टीनुमा (d) चक्ररूपी

11. हरबेरियम होता है
(a) जन्तुओं का संग्रह (b) पौधों का संग्रह
(c) (a) व (b) दोनों (d) ये सभी

12. निम्न में से किस कुल में बाह्यदलपुंज (Calyx) एक रोमपुच्छ (Pappus) में रूपान्तरित होता है?
(a) क्रूसीफेरी (b) मालवेसी
(c) कम्पोजिटी (d) सोलेनेसी

13. केन्द्र से होकर किसी उर्ध्व रेखा द्वारा जब एक पुष्प दो सम अर्द्ध भागों में विभक्त किया जा सकता है, तो ऐसा पुष्प कहलाता है
(a) जाइगोमोर्फिक (b) एक्टिनोमोर्फिक
(c) डाईमोर्फिक (d) पॉलीमोर्फिक

14. निम्नलिखित में से कौन-सा लक्षण मालवेसी कुल में पाया जाता है?
(a) फल सम्पुट होता है
(b) पुष्प एकलिंगी होते हैं
(c) पुंकेसर चतुर्दीर्घी होते हैं
(d) जायांग एकाण्डपी होता है

15. दलपुंज पृथकदली (Polypetalous) होता है
(a) मालवेसी में (b) क्रूसीफेरी में
(c) सोलेनेसी में (d) कम्पोजिटी में

16. *कुकुरबिटा मेक्सिमा* सम्बन्धित है, कुल
(a) क्रूसीफेरी से (b) मालवेसी से
(c) कुकुरबिटेसी से (d) सोलेनेसी से

17. *कैप्सीकम फ्रूटीसेन्स* सम्बन्ध रखता है
(a) ग्रेमिनी से (b) सोलेनेसी से
(c) क्रूसीफेरी से (d) लिलिएसी से

18. वनस्पति विज्ञान के जनक (Father) कौन माने जाते हैं?
(a) थियोफ्रेस्टस (b) ब्रूनफेल्स
(c) कैरोलस लिनियस (d) ओसवाल्ड टिप्पो

19. वर्गिकीय समूहों (Taxonomic categories) का सही क्रम है
(a) विभाग, वर्ग, कुल, जनजाति, गण, वंश, जाति
(b) विभाग, वर्ग, गण, कुल, जनजाति, वंश, जाति
(c) संघ, गण, वर्ग, जनजाति, कुल, वंश, जाति
(d) वर्ग, संघ, जनजाति, गण, कुल, वंश, जाति

20. आलू, टमाटर, बैंगन, सरसों एवं फूलगोभी कितने वंशों से सम्बन्ध रखते हैं?
(a) पाँच (b) चार
(c) तीन (d) दो

21. ओसवाल्ड टिप्पो के अनुसार, आवृतबीजियों (Angiosperms) को वर्गीकृत किया गया है, संघ
(a) एम्ब्रियोफाइटा में (b) ट्रेकियोफाइटा में
(c) स्पर्मेटोफाइटा में (d) एन्जियोस्पर्मी में

22. दललग्न पुंकेसर तथा स्तम्भी बीजाण्डन्यास मिलते हैं
(a) क्रूसीफेरी में (b) लेग्युमिनोसी में
(c) कुकुरबिटेसी में (d) सोलेनेसी में

23. *एट्रोपा बेलाडोना* नामक महत्त्वपूर्ण औषधीय पादप होता है, निम्न कुल का
(a) लिलिएसी (b) कुकुरबिटेसी
(c) क्रूसीफेरी (d) सोलेनेसी

24. निम्न में से आप किस कुल में आरोही तने में उभयफ्लोएमी (Bicollateral) संवहन पूल तथा एकलिंगी पुष्पों वाले पौधे को रखेंगे?
(a) कुकुरबिटेसी (b) क्रूसीफेरी
(c) कम्पोजिटी (d) लेग्युमिनोसी

25. अण्डाशय तिरछा स्थित होता है
(a) एस्टरेसी में (b) सोलेनेसी में
(c) रेननकुलेसी में (d) क्रूसीफेरी में

26. सोलेनेसी में पुंकेसर होते हैं
(a) युक्तपुंकेसरी (b) एपिफिलस
(c) दललग्न (d) युक्तकोषी

27. बीजाण्डन्यास का कौन-सा प्रकार कुल-क्रूसीफेरी का लक्षण है?
(a) भित्तीय (b) सीमान्त
(c) स्तम्भी (d) आधारीय

28. फाइलोजेनी की दृष्टि से निम्न में से कौन-सा कुल द्विबीजपत्री कुलों में अधिक अग्रणी होता है?
(a) एकेन्थेसी (b) स्क्रोफुलेरिएसी
(c) अम्बेलीफेरी (d) कम्पोजिटी

29. कम्पोजिटी कुल में बिम्ब पुष्पकों (Disc florets) का प्रारूपी पुष्प सूत्र होता है
(a) ⊕ ♂ $K_{pappus}\overgroup{C_{(5)}\,A}_5 G_{(2)}$
(b) ⊕ ⚥ $K_{pappus} C_5 A_0 \overline{G}_{(2)}$
(c) ⊕ ⚥ $K_5 A_5 \underline{G}_{(2)}$
(d) ⊕ ⚥ $K_5 C_5 A_{(9)} \underline{G}_{(2)}$

30. कम्पोजिटी कुल के पुष्पों में पुमंग होता है
(a) मुक्तपुंकेसरी तथा युक्तसंघी
(b) मुक्तपुंकेसरी तथा द्विकोष्ठी
(c) दललग्न तथा एकसंघी
(d) दललग्न तथा युक्तसंघी

31. सूर्यमुखी में रश्मि पुष्पक (Ray florets) होते हैं
(a) अलिंगी (b) द्विलिंगी
(c) एकलिंगी (d) इनमें से कोई नहीं

32. कुल-कम्पोजिटी को पहचानते हैं
(a) त्रिअण्डपी जायांग एवं अधोवर्ती अण्डाशय से
(b) सीमान्त बीजाण्डन्यास युक्त एकाण्डपी जायांग से
(c) द्विअण्डपी जायांग, 5 दललग्न, युक्तसंघी पुंकेसरों, सिप्सेला फल एवं शीर्ष मुण्डक पुष्पक्रम से
(d) पंचाण्डपी जायांग तथा ऊर्ध्ववर्ती अण्डाशय से

33. *टैगेटीज* (गेंदा) का सम्बन्ध है, कुल
(a) क्रूसीफेरी से (b) सोलेनेसी से
(c) मालवेसी से (d) कम्पोजिटी से

34. कुल-कम्पोजिटी का दूसरा नाम होता है
(a) ब्रैसिकेसी (b) ऐस्टरेसी
(c) लैमिएसी (d) बोम्बेकेसी

35. अण्डाशय में केवल एक बीजाण्ड मिलता है
(a) कम्पोजिटी में
(b) सोलेनेसी में
(c) लेबिएटी में
(d) उपरोक्त में से कोई नहीं

36. *पेपेवर सोमनीफेरम* पादप है
(a) रूटेसी कुल का (b) लैबीएटी कुल का
(c) पेपेवरेसी कुल का (d) इनमें से कोई नहीं

37. सोलेनेसी कुल में पुष्पक्रम होता है
(a) युक्तदल दलपुंज (b) दललग्न पुंकेसर
(c) ससीमाक्षी पुष्पक्रम (d) द्विअण्डपी जायांग

38. *लेक्टूका सैटाइवा* सम्बन्धित होता है, कुल
(a) स्टरकुलिएसी से (b) रूबिएसी से
(c) कम्पोजिटी से (d) पेपेवरेसी से

39. कम्पोजिटी के बारे में असत्य कथन को ज्ञात कीजिए
(a) ऊर्ध्ववर्ती अण्डाशय
(b) फल सिप्सेला होता है
(c) मुण्डक पुष्पक्रम
(d) युक्तसंघी पुमंग

40. सिलिकुला फल मुख्य लक्षण होता है
(a) पत्तागोभी का (b) कैन्डीटफ्ट का
(c) चुकन्दर का (d) मूली का

41. कम्पोजिटी में बीजाण्डन्यास होता है
(a) स्तम्भी (b) आधारीय
(c) भित्तीय (d) सीमान्त

42. अग्र सतह पर विषम बाह्य दल प्रमुख लक्षण होता है
(a) क्रूसीफेरी का (b) एकेन्थेसी का
(c) लेग्यूमिनोसी का (d) रूबिएसी का

43. कम्पोजिटी कुल का सम्बन्ध है
(a) रोजेल्स से (b) एस्ट्रेल्स से
(c) सोलेनेल्स से (d) मालवेल्स से

44. सूर्यमुखी में पुष्पक्रम होता है
(a) स्पाइक (b) कैपीटुलम
(c) रेसीमोस (d) स्पाइकलेट

45. अधोवर्ती अण्डाशय प्रमुख लक्षण है
(a) क्रूसीफेरी का (b) सोलेनेसी का
(c) कम्पोजिटी का (d) मालवेसी का

46. सोलेनेसी के पुष्प में अण्डाशय होता है
(a) हाइपोगाइनस (b) एपीगाइनस
(c) पेरीगाइनस (d) इनमें से कोई नहीं

47. *कार्थेमस टिंक्टोरियस* किस कुल से सम्बन्ध रखता है?
(a) एकेन्थेसी से (b) रूबिएसी से
(c) कम्पोजिटी से (d) एपोसायनेसी से

48. निम्नलिखित में से कौन-सा लक्षण मालवेसी कुल का प्रमुख लक्षण है?
(a) पृथक् पुंकेसरी दशा (b) मुक्ताण्डपी जायांग
(c) बहुसंघी पुमंग (d) एकसंघी पुमंग

49. एकसंघी पुमंग एवं स्तम्भी बीजाण्डन्यास होता है
(a) सरसों में (b) कपास में
(c) प्याज में (d) मटर में

50. गायनोबेसिक वर्तिका लक्षण है
(a) सोलेनेसी का (b) लेबिएटी का
(c) लिलिएसी का (d) ग्रेमिनी का

51. धतूरा का सम्बन्ध है
(a) कम्पोजिटी से (b) लेबिएटी से
(c) मालवेसी से (d) सोलेनेसी से

52. पुमंग की (9) + 1 दशा पाई जाती है, कुल
(a) सीजलपिनिएसी में (b) पेपिलियोनेसी में
(c) मालवेसी में (d) रूटेसी में

53. *लाइकोपर्सिकम एस्कुलेण्टम* सम्बन्धित है
(a) मालवेसी से (b) क्रूसीफेरी से
(c) सोलेनेसी से (d) इनमें से कोई नहीं

54. कुल-लेग्युमिनोसी के तीन उप-कुल किसके लक्षण द्वारा भिन्नित किए गए हैं?
(a) दलपुंज एवं पुमंग के (b) बाह्यदलों के
(c) फल के (d) अण्डपों के

55. निम्न में से कौन-सा लेबिएटी कुल का प्रमुख लक्षण है?
(a) द्विदीर्घी पुमंग (b) चतुर्दीर्घी पुमंग
(c) एकाण्डपी जायांग (d) पुंकेसरीय प्रकार

56. निम्न में से किसमें द्विसंघी पुमंग पाया जाता है?
(a) कम्पोजिटी (b) लिलिएसी
(c) रूटेसी (d) पेपिलियोनेसी

57. सोलेनेसी में पुष्प होते हैं
(a) जाइगोमॉर्फिक, एकलिंगी एवं अधोजायांगी
(b) एक्टिनोमॉर्फिक, द्विलिंगी एवं उर्ध्वजायांगी
(c) एक्टिनोमॉर्फिक, द्विलिंगी एवं परिजायांगी
(d) एक्टिनोमॉर्फिक, द्विलिंगी एवं उपरिजायांगी

58. सोयाबीन का वानस्पतिक नाम है
(a) *लैथाइरस ओडोरेटस*
(b) *ग्लाइसीन मैक्स*
(c) *डोलिकोस लैब लैब*
(d) *साइसर ऐरीटिनम*

59. रेननकुलेसी का प्रारूपी पुष्प होता है
(a) ⊕ ♀ $K_{2+2}C_4A_{4+24}\underline{G}_{(2)}$
(b) ⊕ ♀ $K_{(5)}C_{(6)}A\ (\infty)\ \underline{G}_{(5\text{-}8)}$
(c) ⊕ ♀ $K_{(5)}C_{(6)}A_{0+1}\ G_1$
(d) ⊕ ♂ $K_5C_5A\infty\ \underline{G}\infty$

60. मालवेसी का प्रारूपी पुष्प सूत्र होता है
(a) Br. ⊕ ♀ $Epi_{.7}K_{(5)}\widehat{C_5A_{(5)}}\ \underline{G}_{(4-\infty)}$
(b) Br. ⊕ ♂ $Epi._{3\text{-}7}K_{(5)}\widehat{C_5A_{(\infty)}}\ \underline{G}_{(5-\infty)}$
(c) Br. ⊕ ♀ $Epi._7K_5C_5A_{(\infty)}\ \underline{G}_{(5-\infty)}$
(d) Br. ⊕ ♀ $Epi._7K_{(8)}C_4A_{(10)}\ \underline{G}_{(5-\infty)}$

61. सिलिकुआ फल मुख्य लक्षण है
(a) लेग्युमिनोसी का (b) मालवेसी का
(c) लिलिएसी का (d) क्रूसीफेरी का

62. क्रूसीफेरी का प्रारूपी पुष्पसूत्र होता है
(a) ⊕ ♀ $K_{2+2}C_4A_{4+2}\ \underline{G}_{(2)}$
(b) ⊕ ♂ $K_{2+2}C_4A_{2+4}\ \underline{G}_2$
(c) ⊕ ♀ $K_5C_5A_{10}\ \underline{G}_{(5)}$ (d)
⊕ ♀ $K_4C_4A_2 +\ \underline{G}_{(4)}$

63. सरसों का पुष्पसूत्र है
(a) ♂ $K_4C_4A_{2+4}\ \underline{G}_{(2)}$ (b)
♀ $K_{2+2}C_4A_{2+2}\ \underline{G}_{(2)}$
(c) ♀ $K_{2+2}C_4A_{2+6}\ \underline{G}_{(2)}$
(d) ♀ $K_{2+2}C_{2+2}A_4\ \underline{G}_{(2)}$

64. पेपिलियोनेसी कुल का प्रारूपी पुष्पसूत्र होता है
(a) ⊕ ♀ $K_{(5)}C_{(5)}A_5\ \underline{G}_2$
(b) ⊕ ♀ $K_{(5-4)}C_{(5-4)}A\infty\ \underline{G}_5$
(c) % ♂ $K_5C_{1+2+(2)}A_{(9)+1}\ \underline{\dot{G}}_1$
(d) % ♀ $K_{(5)}C_5A_{18}\ \underline{G}_1$

65. अण्डाशय में असंख्य बीजाण्ड उपस्थित होते हैं
(a) ग्रेमिनी में
(b) रेननकुलेसी में
(c) कम्पोजिटी में
(d) उपरोक्त में से कोई नहीं

66. *हिबिस्कस* के पुष्पों में, पुमंग होता है
(a) मुक्तपुंकेसरी एवं एककोष्ठी
(b) एकसंघी तथा एककोष्ठी
(c) एकसंघी तथा द्विकोष्ठी
(d) द्विसंघी तथा द्विकोष्ठी

67. लेग्यूमिनोसी कुल के पौधों में अण्डाशय एकवेश्मी होता है तथा बीजाण्ड, बीजाण्डासन पर अधर सीवन के साथ विकसित होते हैं, ऐसा बीजाण्डन्यास कहलाता है
(a) सतही (b) स्तम्भी
(c) सीमान्त (d) भित्तीय

68. कपास सम्बन्धित होता है, कुल
(a) क्रूसीफेरी से (b) कम्पोजिटी से
(c) मालवेसी से (d) रेननकुलेसी से

69. सूरजमुखी का वैज्ञानिक नाम है
(a) *डहेलिया*
(b) *हेलिएन्थस ऐनस*
(c) *टैगेटीज इरेक्टा*
(d) *जीनिया*

70. *ऐस्पेरेगस* का सम्बन्ध है, कुल
(a) लिलिएसी से (b) लेग्युमिनोसी से
(c) मालवेसी से (d) सोलेनेसी से

71. कुल लिलिएसी का प्रारूपी पुष्पसूत्र होता है
(a) ⊕ ♂ $P_{3+3}A_0\ \underline{G}_3$
(b) ⊕ ♂ $\widehat{P_{3+3}A_{3+3}}\ \underline{G}_{(3)}$
(c) ⊕ ♂ $P_{2+2}A_6\ \underline{G}_3$
(d) ⊕ ♀ $P_3A_{3+3}\ \underline{G}_3$

72. समानान्तर शिराविन्यास मिलता है
(a) मॉस में (b) घास में
(c) फर्न में (d) अरण्डी में

73. स्तम्भी बीजाण्डन्यास युक्त त्रिकोष्ठीय अण्डाशय मिलता है
(a) ग्रेमिनी में (b) लिलिएसी में
(c) क्रूसीफेरी में (d) कम्पोजिटी में

74. *ओराइजा सेटाइवा* सम्बन्ध रखता है
(a) ग्रेमिनी से (b) ऐरेसी से
(c) सोलेनेसी से (d) लिलिएसी से

75. ग्रेमिनी के लिए सत्य कथन बताइए
(a) अण्डप में दो वर्तिकाएँ (Styles) होती हैं
(b) शूकिकाएँ (Spikelets) सदैव जोड़ों में होती हैं
(c) पेलिया, सहपत्रिका (Bracteole) होता है
(d) ऑन (Awn), पेलिया का एक उपांग होता है

76. गेहूँ के पौधे का वैज्ञानिक नाम है
(a) *जिया मेज* (b) *ओराइजा सेटाइवा*
(c) *होर्डियमसम वल्गेयर* (d) *ट्रिटिकम एस्टाइवम*

77. किस अधोलिखित लक्षण में कम्पोजिटी कुल को सोलेनेसी कुल से भिन्न किया जा सकता है?
(a) मुण्डक पुष्पक्रम (b) युक्तदली दलपुंज
(c) दललग्न पुंकेसर (d) द्विअण्डपी जायांग

78. *सोलेनम नाइग्रम* किस कुल का पादप है
(a) लेग्यूमिनेसी (b) एस्टेरेसी
(c) बैलीकेसी (d) मालवेसी

79. एक फसल जो खेत में बिना खाद मिलाए नाइट्रोजन की कमी वाली भूमि में भली भाँति उगती है, होती है
(a) *गॉसीपियम हर्बेसियम* (b) *कैजेनस कैजान*
(c) *सीसेमम इण्डिकम* (d) *हेलिएन्थस एनस*

80. निम्नलिखित में से कौन-सा कुल सबसे बड़ा है?
(a) लिलिएसी (b) सोलेनेसी
(c) कुकरबिटेसी (d) कम्पोजिटी

81. *स्माइलैक्स* को एक आरोही वंश में रखने के लिए कौन-सा उपयुक्त कुल होता है?
(a) कुकरबिटेसी (b) सोलेनेसी
(c) लिलिएसी (d) ग्रेमिनी

82. त्रिअण्डपी, युक्ताण्डपी, भित्तीय बीजाण्डन्यास युक्त अधोवर्ती अण्डाशय मिलता है
(a) क्रूसीफेरी में (b) रेननकुलेसी में
(c) सोलेनेसी में (d) कुकुरबिटेसी में

83. बाजरा (Pearl millet) का वानस्पतिक नाम होता है
(a) *पेनीसिटम टायफोइड्स*
(b) *जिया मेज*
(c) *ट्रिटिकम एस्टाइवम*
(d) *सोरघम वल्गेयर*

84. तोरिया अथवा राई या लाही का वानस्पतिक नाम है
(a) *ब्रैसिका नाइग्रा* (b) *ब्रैसिका जन्सिया*
(c) *ब्रैसिका नैपस* (d) *ब्रैसिका कैम्पेस्ट्रिस*

85. दालें (Pulses) पौधों का वह समूह है जो सम्बन्धित होते हैं, कुल
(a) कम्पोजिटी से
(b) सोलेनेसी से
(c) पेपिलियोनेसी (लेग्युमिनोसी) से
(d) क्रूसीफेरी से

86. निम्नलिखित में से कौन-सा कुल—पेपिलियोनेसी से सम्बन्ध नहीं रखता है?
(a) *क्रोटोलेरिया जन्सिया*
(b) *बौहिनिया*
(c) *ऐरेकिस हाइपोजिया*
(d) *पाइसम सैटाइवम*

87. कुल—ग्रेमिनी का पुष्पक्रम होता है
(a) वर्टीसिलैस्टर
(b) हाइपैन्थोडियम
(c) मुण्डक
(d) शूकिकाओं का शूकी

88. ज्वार तथा चावल के वानस्पतिक नाम होते हैं, क्रमश
(a) *ट्रिटिकम एस्टाइवम* तथा *सोरघम वल्गेयर*
(b) *ओराइजा सैटाइवा* तथा *पेनीसिटम टायफोइड्स*
(c) *सोरघम वल्गेयर* तथा *ओराइजा सैटाइवा*
(d) *ओरिजा सैटाइवा* तथा *सोरघम वल्गेयर*

89. निम्नलिखित में से कौन-से कुल के पौधे कार्बोहाइड्रेट्स की प्रचुरता वाला भोजन प्रदान करते हैं?
(a) क्रूसीफेरी (b) लेग्यूमिनोसी
(c) ग्रेमिनी (d) पामी

90. कृत्रिम वर्गीकरण पौधों को वर्गीकृत करता है
(a) फाइलोजेनेटिक विधियों के आधार पर
(b) एक या दो लक्षणों (थोड़े लक्षणों) के आधार पर
(c) अधिकाधिक सम्भावित लक्षणों के आधार पर
(d) उपरोक्त में से कोई नहीं

91. कैरोलस लिनियस द्वारा प्रतिपादित पादप वर्गीकरण का तन्त्र कृत्रिम था, क्योंकि
(a) आकारिकीय लक्षणों सहित इसमें कार्यकीय तथ्यों को बताया गया
(b) यह पादपों के उद्विकासीय सम्बन्धों पर आधारित है
(c) यह केवल पुष्पीय एवं अन्य आकारिकीय लक्षणों में समानताओं तथा अन्तरों पर आधारित है
(d) उपरोक्त में से कोई नहीं

92. आवृतबीजियों के वर्गीकरण का तन्त्र, जो अनेक लक्षणों पर आधारित होता है (अथवा जिसमें सभी महत्त्वपूर्ण लक्षणों पर विचार किया जाता है) कहलाता है
(a) फाइलोजेनेटिक वर्गीकरण
(b) कृत्रिम वर्गीकरण
(c) प्राकृतिक वर्गीकरण
(d) उपरोक्त में से कोई नहीं

93. फाइलोजेनेटिक वर्गीकरण सन्दर्भ देता है
(a) सभी आकारिकीय लक्षणों के अनुसार समूहन का
(b) अपनी बढ़ती हुई जटिलताओं के क्रम मे पादपों के समूहन का
(c) उद्विकासीय विधियों के अनुसार समूहन का
(d) पुष्पीय समानताओं के अनुसार समूहन का

94. हचिन्सन का वर्गीकरण है, एक प्रकार का
(a) कृत्रिम वर्गीकरण
(b) फाइलोजेनेटिक वर्गीकरण
(c) प्राकृतिक वर्गीकरण
(d) आधुनिक वर्गीकरण

95. व्यापक स्तर पर ज्ञात चार वर्गीकरणों में से एक अल्प फाइलोजेनेटिक एवं अधिक प्राकृतिक होता है, यह है
(a) बेन्थम एवं हुकर का (b) हचिन्सन का
(c) एंग्लर एवं प्रैन्टल का (d) टिप्पो का

96. प्रथम महान वर्गीकरण वैज्ञानिक थे
(a) एंग्लर (b) लिनियस
(c) अरस्तू (d) जे डी हुकर

97. पुष्पों के लक्षणों का प्रयोग वर्गीकरण के आधा के रूप में होता है, क्योंकि
(a) जनन भाग कायिक भागों की अपेक्षा अधि संरक्षात्मक होते हैं
(b) पुष्प विभिन्न प्रकार के रंगों को प्रदर्शि करते हैं
(c) पुष्प सरलता से परिरक्षित किए जा सकते
(d) उपरोक्त में से कोई नहीं

98. निम्नलिखित में से किसे वर्गिकी का जन कहते हैं?
(a) मेण्डल (b) लिनियस
(c) खुराना (d) एंग्लर

99. 'सी' (Ceae) से समाप्त होने वाला शब्द प्रदर्श करता है
(a) वंश (b) कुल
(c) गण (d) वर्ग

100. बेन्थम तथा हुकर द्वारा प्रतिपादित वर्गीकरण
(a) प्राकृतिक
(b) फाइलोजेनेटिक
(c) कृत्रिम
(d) संख्यात्मक

101. वर्गीकरण में कौन-सा वर्गिकीय शब्द किसी स्तर (Rank) के लिए प्रतिस्थापन के रूप प्रयुक्त होता है?
(a) वर्ग (b) गण
(c) जाति (d) टैक्सोन

102. '*स्पीशीज प्लान्टेरम* एवं *सिस्टेमा नेच्युरी*' लि गई
(a) एंग्लर द्वारा (b) लिनियस द्वारा
(c) हुकर द्वारा (d) वेलेस द्वारा

103. अनेक सामान्य लक्षणों वाले विभिन्न वंशों (Genera) को एक अकेले समूह में रखते हैं, जो कहलाता है
(a) जाति (b) कुल
(c) श्रेणी (d) प्रभाग

104. पौधों का प्राकृतिक वर्गीकरण कृत्रिम वर्गीकरण से भिन्न होता है
(a) केवल एक पुष्पी लक्षण के विवरण में
(b) केवल एक कायिक लक्षण के विवरण में
(c) पौधों के बीच में सभी समानताओं को बताने में
(d) उपरोक्त सभी

105. जीव विज्ञान की निम्न में से कौन-सी शाखा पौधों एवं जन्तुओं दोनों के लिए प्रयुक्त होती है?
(a) कीट-विज्ञान (b) विषाणु-विज्ञान
(c) जीवाणु-विज्ञान (d) वर्गीकरण-विज्ञान

106. आधारीय इकाई जिसके ऊपर वर्गीकरण के तन्त्र बनाए गए हैं, होती है
(a) जाति (b) गण
(c) कुल (d) वर्ग

107. *'जेनेरा प्लान्टेरम'* के लेखक थे
(a) बेन्थम एवं हुकर (b) एंग्लर
(c) बेसी (d) हचिन्सन

108. निम्नलिखित में से किस पादप में, जालिकावत् शिराविन्यास, एकलिंगी पुष्प एवं अनुपर्णी प्रतान पाए जाते हैं?
(a) *यक्का में* (b) *एलियम में*
(c) *स्माइलैक्स में* (d) *ड्रेसीना में*

109. द्विअण्डपी, युक्ताण्डपी जायांग, चतुर्दीर्घी पुंकेसर एवं सिलिकुआ फल मुख्य लक्षण हैं, कुल
(a) कुकुरबिटेसी के (b) क्रूसीफेरी के
(c) मालवेसी के (d) कम्पोजिटी के

110. पेपीलियोनेसी कुल का निम्न में से कौन-सा मुख्य लक्षण है?
(a) स्तम्भी बीजाण्डन्यास
(b) मुक्त केन्द्रीय बीजाण्डन्यास
(c) द्विसंघी पुमंग
(d) एकसंघी पुमंग

111. बहुत पहले पौधों पर सर्वाधिक लिखित कार्य किया था
(a) बेसी ने (b) लिनियस ने
(c) थियोफ्रेस्टस ने (d) एंग्लर ने

112. निम्नलिखित में से टैक्सा का कौन-सा सही क्रम है?
(a) वर्ग, गण, वंश, कुल
(b) वर्ग, गण, कुल, वंश
(c) कुल, गण, वर्ग, वंश
(d) गण, वर्ग, कुल, वंश

113. युक्तपुंकेसरी (Synandrous) दशा सामान्य होती है, कुल
(a) मालवेसी में (b) कुकुरबिटेसी में
(c) अम्बेलीफेरी में (d) रोजेसी में

114. स्पाइरोसाइक्लिक (हेमीसाइक्लिक), असंख्य स्वतन्त्र पुंकेसर एवं मुक्ताण्डपी (Apocarpous) स्त्रीकेसर मिलते हैं, कुल
(a) क्रूसीफेरी में (b) कुकरबिटेसी में
(c) लेबिएटी में (d) रेननकुलेसी में

115. अनिश्चित पुंकेसर का मिलना प्रमुख लक्षण है, कुल
(a) ग्रेमिनी का (b) मालवेसी का
(c) लेबिएटी का (d) क्रूसीफेरी का

116. एपिकैलिक्स क्या है?
(a) वाह्यदलपुंज का एक उभार
(b) एक अतिरिक्त बाह्यदलपुंज
(c) सहपत्रिकाओं का एक चक्र
(d) सहपत्रों का एक चक्र

117. अनावृतबीजियों को द्विबीजपत्रियों तथा एकबीजपत्रियों के बीच में तृतीय टैक्सोन के रूप में रखा गया है
(a) बेन्थम तथा हुकर द्वारा
(b) हचिन्सन द्वारा
(c) ए पी डी कण्डोले द्वारा
(d) एंग्लर तथा प्रैन्टल द्वारा

118. रेननकुलेसी कुल के पुंकेसर होते हैं
(a) स्पाइरोसाइक्लिक, एककोष्ठी, बाह्यमुखी
(b) सर्पिल, एककोष्ठी, अन्तर्मुखी
(c) स्पाइरोसाइक्लिक, द्विकोष्ठी, बाह्यमुखी
(d) सर्पिल, द्विकोष्ठी, अन्तर्मुखी

119. कुल जो एककोष्ठी परागकोष एवं एकसंघी पुंकेसर प्रदर्शित करता है, होता है
(a) मालवेसी (b) ग्रेमिनी
(c) लिलिएसी (d) रेननकुलेसी

120. निम्नलिखित में से किसमें मुक्ताण्डपी दशा मिलती है?
(a) *धतूरा* (b) *रेननकुलस*
(c) कपास (d) सरसों

121. लेग्यूमिनोसी कुल के सभी उप-कुलों का कौन-सा मुख्य लक्षण है?
(a) शिम्ब फल
(b) सीमान्त बीजाण्डन्यास
(c) अभ्रूणपोषी बीज
(d) मुक्त पुंकेसर

122. क्रूसीफेरी को पहचानते हैं
(a) सिप्सेला फल द्वारा
(b) सीमान्त जरायुन्यास द्वारा
(c) भित्तीय बीजाण्डन्यास सहित द्विअण्डपी अण्डाशय से
(d) द्विदीर्घी पुंकेसरों द्वारा

123. *कुकुरबिटा* जाति में जायांग होता है
(a) त्रिअण्डपी, अधोवर्ती
(b) पंचाण्डपी, बहुकोष्ठीय
(c) द्विअण्डपी, अधोवर्ती
(d) त्रिअण्डपी, ऊर्ध्ववर्ती

124. सोलेनेसी का प्रारूपी पुष्पसूत्र होता है
(a) $\oplus F K_{4-5} C_{4-5} A_{10} \underline{G}_{(2)}$
(b) $\oplus \text{h} K_{(5)} C_{(5)} A_{10} \underline{G}_{(2)}$
(c) $\oplus \text{h} K_{(5)} C_{(5)} A_{5} \underline{G}_{(2)}$
(d) $\oplus F P_{2} A_{3} \underline{G}_{(2)}$

125. खजूर (Date palm) सम्बन्धित होता है वंश
(a) *फीनिक्स से* (b) *बोरेसस से*
(c) *ऐरेका से* (d) *मेट्रोजाइलोन से*

126. चतुर्दीर्घी (Tetradynamous) पुमंग में होते हैं
(a) 2 लम्बे, 2 छोटे पुंकेसर
(b) 4 लम्बे, 2 छोटे पुंकेसर
(c) सभी पुंकेसर संयुक्त
(d) सभी पुंकेसर स्वतन्त्र

127. तिरछा पट तथा फूला हुआ जरायु (Placenta), जायांग के प्रमुख लक्षण हैं
(a) *डलबरजिया सिस्सो के*
(b) *कैप्सीकम एनम (सोलेनेसी) के*
(c) *ग्लोरिओसा सुपर्वा के*
(d) *एल्थिया रोजिया के*

128. क्रूसीफैरी के अण्डाशय में विशिष्ट लक्षण होता है
(a) अधोजायांगता
(b) पृथक्पुंकेसरी
(c) कूट पट
(d) प्रत्येक बीजाण्डासन पर बीजाण्डों की एक पंक्ति

129. *एलियम सेपा* (प्याज) सम्बन्धित होता है, कुल
(a) सोलेनेसी से (b) कम्पोजिटी से
(c) मालवेसी से (d) लिलिएसी से

130. *साइसर* (चना) सम्बन्धित होता है, कुल
(a) सोलेनेसी से (b) पेपिलियोनेसी से
(c) ग्रेमिनी से (d) माइमोसेसी से

131. लाल चने का वानस्पतिक नाम है
(a) *गॉसीपियम हर्बेसियम*
(b) *हेलिएन्थस ऐनस*
(c) *सीसैमम इण्डीकम*
(d) *कैजेनस कजान*

132. *ब्रैसिका कैम्पेस्ट्रिस* से प्राप्त होता है
(a) तेल (b) प्रोटीन
(c) कार्बोहाइड्रेट (d) इनमें से कोई नहीं

133. *सिनकोना ऑफिसिनेलिस* सम्बन्ध रखता है, कुल
(a) लिलिएसी से
(b) रूटेसी से
(c) रूबिएसी से
(d) एपोसायनेसी से

134. अण्डाशय एककोशिकीय परन्तु बाद में द्विकोशिकीय होने वाला, छः पुंकेसरों, भीतरी चार लम्बे, बाहरी दो छोटे, चार दलों, चार बाह्य दलों युक्त पौधा सम्बन्ध रखता है, कुल
(a) क्रूसीफेरी से (b) रेननकुलेसी से
(c) लेग्यूमिनोसी से (d) सोलेनेसी से

135. युक्तपुंकेसरी परागकोष मिलते हैं
(a) कुकुरबिटेसी में
(b) रोजेसी में
(c) अम्बेलीफेरी में
(d) मालवेसी में

136. भिण्डी का वानस्पतिक नाम होता है
(a) *पैपेवर सोमनीफेरम*
(b) *एल्थिया लुडिवलाई*
(c) *एबेलमोस्कम एस्कुलेण्टस*
(d) *माल्वा सिल्वेस्ट्रिम*

137. कम्पोजिटी कुल से सम्बन्धित उस खरपतवार (Weed) का नाम बताइए जो भारतवर्ष के प्रत्येक राज्य में एक ज्वलन्त समस्या है
(a) *निकोटियाना* (b) *पार्थेनियम*
(c) *टैगेटीज* (d) *बिडेन्स*

138. *रैफेनस* सम्बन्ध रखता है, कुल
(a) कुकुरबिटेसी से (b) क्रूसीफेरी से
(c) रुबिएसी से (d) पेपेवरेसी से

139. ग्रेमिनी का प्रारूपी पुष्पसूत्र होता है
(a) $\oplus$♀P_2A_3 या $\underline{G}_{(2)}$
(b) $\oplus$♀P_2A_3 या $_6\underline{G}_{(1)}$ या (3)
(c) $\oplus$♀$P_3A_2\underline{G}_{(1)}$
(d) $\oplus$♀P_2A_3या $_6\underline{G}_{(3)}$

140. अनाज (Cereals) वाले पौधे मिलते हैं, कुल
(a) मालवेसी में (b) क्रूसीफेरी में
(c) ग्रेमिनी में (d) लेग्यूमिनोसी में

141. ग्रेमिनी में परिदलपुंज छोटे शल्की लोडीक्यूल्स द्वारा प्रदर्शित होता है जो होते हैं, प्राय:
(a) दो (b) तीन
(c) चार (d) पाँच

142. सम्पूर्ण पुष्पक्रम सब्जी के रूप में प्रयोग किया जाता है
(a) *ब्रैसिका कैम्पेस्ट्रिस* में
(b) *ब्रैसिका ओलीरेसिया* में
(c) *रैफेनस सैटाइवस* में
(d) *ब्रैसिका नाइग्रा* में

143. लिलिएसी कुल में पुष्प होते हैं
(a) पंचतयी तथा उपरिजायांगी
(b) पंचतयी तथा अधोजायांगी
(c) त्रितयी तथा अधोजायांगी
(d) त्रियती तथा उपरिजायांगी

144. लिलिएसी के पुष्पों द्वारा प्रदर्शित एक विशिष्ट एकबीजपत्री लक्षण होता है
(a) द्विलिंगी पुष्प
(b) त्रितयी पुष्प
(c) अधोजायांगी पुष्प
(d) त्रिज्यासममित पुष्प

145. निम्न में से कौन-सा युग्म एकबीजपत्री पादपो का होता है?
(a) *रेननकुलस* तथा *एनीमोन*
(b) *रोजा* तथा *रुबस*
(c) *एलियम* तथा *एस्पेरेगस*
(d) *कैलोट्रोपिस* तथा *कोरियेण्ड्रम*

सही उत्तर

1. (c)	**2.** (a)	**3.** (b)	**4.** (c)	**5.** (b)	**6.** (a)	**7.** (b)	**8.** (d)	**9.** (d)	**10.** (c)
11. (b)	**12.** (c)	**13.** (b)	**14.** (a)	**15.** (b)	**16.** (c)	**17.** (b)	**18.** (a)	**19.** (c)	**20.** (c)
21. (b)	**22.** (d)	**23.** (d)	**24.** (a)	**25.** (b)	**26.** (c)	**27.** (a)	**28.** (d)	**29.** (a)	**30.** (d)
31. (c)	**32.** (c)	**33.** (d)	**34.** (b)	**35.** (a)	**36.** (c)	**37.** (c)	**38.** (c)	**39.** (a)	**40.** (b)
41. (b)	**42.** (c)	**43.** (b)	**44.** (b)	**45.** (c)	**46.** (a)	**47.** (c)	**48.** (d)	**49.** (b)	**50.** (b)
51. (d)	**52.** (b)	**53.** (c)	**54.** (a)	**55.** (a)	**56.** (d)	**57.** (b)	**58.** (b)	**59.** (d)	**60.** (b)
61. (d)	**62.** (b)	**63.** (a)	**64.** (c)	**65.** (b)	**66.** (b)	**67.** (c)	**68.** (c)	**69.** (b)	**70.** (a)
71. (b)	**72.** (b)	**73.** (b)	**74.** (a)	**75.** (a)	**76.** (d)	**77.** (a)	**78.** (d)	**79.** (b)	**80.** (d)
81. (c)	**82.** (d)	**83.** (a)	**84.** (b)	**85.** (c)	**86.** (b)	**87.** (d)	**88.** (c)	**89.** (c)	**90.** (b)
91. (c)	**92.** (c)	**93.** (c)	**94.** (b)	**95.** (a)	**96.** (b)	**97.** (a)	**98.** (b)	**99.** (b)	**100.** (a)
101. (d)	**102.** (b)	**103.** (b)	**104.** (c)	**105.** (d)	**106.** (a)	**107.** (a)	**108.** (c)	**109.** (b)	**110.** (c)
111. (c)	**112.** (b)	**113.** (b)	**114.** (d)	**115.** (b)	**116.** (c)	**117.** (a)	**118.** (c)	**119.** (a)	**120.** (b)
121. (a)	**122.** (c)	**123.** (a)	**124.** (c)	**125.** (a)	**126.** (b)	**127.** (b)	**128.** (c)	**129.** (d)	**130.** (b)
131. (d)	**132.** (a)	**133.** (c)	**134.** (a)	**135.** (a)	**136.** (c)	**137.** (b)	**138.** (b)	**139.** (b)	**140.** (c)
141. (a)	**142.** (b)	**143.** (c)	**144.** (b)	**145.** (c)					

अध्याय 05 आवृतबीजियों की आन्तरिकी

ऊतक

कोशिकाओं का वह समूह, जो उत्पत्ति, आकृति तथा कार्य में समान होता है, ऊतक कहलाता है। ये प्राय: दो प्रकार के होते हैं

1. विभज्योतकी ऊतक (Meristematic tissue)
2. स्थायी ऊतक (Permanent tissue)

A. विभज्योतकी ऊतक

- विभज्योतकी ऊतक सदैव विभाजित होने वाली तथा नई कोशिकाओं का निर्माण करने वाली कोशिकाओं का समूह है। विभज्योतकी कोशिकाओं के विभाजन से बनी नई कोशिकाएँ स्थायी ऊतक बनकर पौधों में वृद्धि तथा विभेदन (Differentiation) करती हैं।
- विभज्योतकी ऊतक की कोशिकाएँ सजीव, एक केन्द्रकीय तथा कोशिका रस से भरी होती है। इन कोशिकाओं के मध्य में अन्तरकोशिकीय अवकाश (Intercellular space) अनुपस्थित होता है। इन कोशिकाओं की भित्ति पतली व सेलुलोज की बनी होती है। ये आकार में गोलाकार, अण्डाकार या बहुभुजी होती है।
- ये ऊतक प्राय: जड़ व तने के अग्र भाग पर पाए जाते हैं। इनकी सभी कोशिकाएँ रचना व कार्य में समान होती हैं।
- इस प्रकार के विभज्योतक प्राक्विभज्योतक (Promeristem) कहलाते हैं। ये शीघ्र ही प्रोटोडर्म (Protoderm), प्रोकैम्बियम (Procambium) एवं भरण विभज्योतकी (Ground meristem) में विभेदित हो जाते हैं।

विभज्योतकी ऊतकों का वर्गीकरण

1. विकास की अवस्था पर आधारित विभज्योतकी ऊतक

(i) **प्राक्विभज्योतक** (Promeristem) पौधे में नवीन वृद्धि करने वाला भाग है। यह जड़ तथा तने के अग्र भाग पर स्थित होता है तथा प्राथमिक विभज्योतक का निर्माण करता है।

(ii) **प्राथमिक विभज्योतक** (Primary Meristem) ये प्राक्विभज्योतक से बनते हैं। ये पौधों के वर्धी भागों; जैसे-जड़ व तने के शीर्ष पर पाए जाते हैं। इनकी कोशिकाएँ बार-बार विभाजित होती हैं तथा परिपक्व होकर स्थायी ऊतकों का निर्माण करती हैं।

(iii) **द्वितीयक विभज्योतक** (Secondary Meristem) ये स्थायी ऊतकों का कोशिकाओं के पुन: विभज्योतकी (Meristematic) हो जाने से बनते हैं। इनके विभाजन तथा विभेदन से द्वितीय ऊतकों का निर्माण होता है, जिससे पौधों में द्वितीयक वृद्धि होती है। काग एधा या कॉर्क कैम्बियम (Cork cambium) द्वितीयक विभज्योतक का मुख्य उदाहरण है।

2. पौधों में स्थिति के आधार पर विभज्योतकी ऊतक

(i) **शीर्षस्थ विभज्योतक** (Apical Meristem) ये जड़ तथा तने के शिखाग्र पर स्थित होते हैं। इनके विभाजन से पौधे की लम्बाई में वृद्धि होती है; जैसे–प्ररोह शीर्ष (Shoot apex) तथा मूल शीर्ष (Root apex)।

(ii) **पार्श्व विभज्योतक** (Lateral Meristem) ये जड़ व तनों के पार्श्व भाग में पाए जाते हैं। इनके द्वारा पौधों की मोटाई में वृद्धि होती है। संवहन एधा (Vascular cambium) व कॉर्क एधा (Cork cambium) इसके प्रमुख उदाहरण है।

(iii) **अन्तर्वेशी विभज्योतक** (Intercalary Meristem) शीर्षस्थ विभज्योतकों से इनका निर्माण होता है। यह स्थाई ऊतकों के बीच में पाया जाता है। यह प्राय: घासों के पर्वो (Internodes), *इक्वीसीटम* के तने के आधार तथा पोदीने, आदि से पर्वसन्धियों के नीचे पाया जाता है। घासों में पौधों की लम्बाई अन्तर्वेशी विभज्योतक के कारण ही बढ़ती है।

3. कार्य के आधार पर विभज्योतकी ऊतक

(i) **अधित्वक** (Protoderm) यह सबसे बाह्य परत में होते हैं तथा इनसे बाह्यत्वचा (Epidermis) का निर्माण होता है।

(ii) **प्रोकैम्बियम** (Procambium) यह प्राथमिक संवहन ऊतकों; जैसे–जाइलम तथा फ्लोएम का निर्माण करती है।

(iii) **भरण विभज्योतक** (Ground Meristem) इस क्षेत्र की कोशिकाएँ प्राय: बड़ी, सजीव, पतली भित्ति वाली होती हैं। ये अधस्त्वचा (Hypodermis), वल्कुट (Cortex) अन्तस्त्वचा (Endodermis), परिरम्भ (Pericycle), मज्जा किरणें (Medullary rays) व मज्जा (Pith) का निर्माण करती है।

4. विभाजन के तल पर आधारित विभज्योतकी ऊतक

(i) **स्थूल विभज्योतक** (Mass Meristem) इनकी कोशिकाएँ सभी दिशाओं में विभाजित होती हैं, जिससे अनियमित रूप की संरचनाएँ बनती हैं; जैसे-भ्रूणपोष।

(ii) **पट्टिका विभज्योतक** (Plate Meristem) इसकी कोशिका दो दिशाओं में विभाजन करती है, जिससे क्षेत्रफल में वृद्धि होती है; जैसे–पत्ती निर्माण में अधस्त्वचा में वृद्धि।

(iii) **पट्टी विभज्योतक** (Rib Meristem) इनकी कोशिकाओं में विभाजन एक दिशा में होता है, जिससे कोशिकाएँ पंक्तियों में निर्मित होती हैं; जैसे–वल्कुट (Cortex) व मज्जा (Pith) का बनना।

B. स्थायी ऊतक या परिपक्व

विभज्योतकी ऊतकों (Meristematic tissues) के विभाजन तथा विभेदन के फलस्वरूप स्थायी ऊतकों का निर्माण होता है। इनकी कोशिकाएँ परिपक्व होकर एक निश्चित आकार व रूप की हो जाती हैं। स्थायी ऊतक की कोशिकाएँ G_0 अवस्था में अवरुद्ध होने के कारण विभाजन नहीं कर पाती हैं। प्राथमिक विभज्योतक, प्राथमिक स्थायी ऊतक का तथा द्वितीयक विभज्योतक, जैसे—कैम्बियम, द्वितीयक स्थायी ऊतक का निर्माण करते हैं।

स्थायी ऊतक तीन प्रकार के होते हैं

1. सरल ऊतक (Simple tissue)
2. जटिल ऊतक (Complex tissue)
3. विशिष्ट ऊतक (Special tissue)

1. सरल ऊतक

ये ऊतक समान रचना वाली कोशिकाओं से बने होते हैं। ये रचना व कार्य के अनुसार निम्न प्रकार के होते हैं

(i) **मृदूतक** (Parenchyma) इस प्रकार के ऊतकों में सभी कोशिकाएँ समव्यासी तथा पतली भित्तियुक्त होती हैं। ये कोशिकाएँ गोल, अण्डाकार, चौकोर व बहुपार्श्वीय होती है। इनकी कोशिकाओं के बीच में अन्तरकोशिकीय अवकाश (Intercellular space) पाए जाते हैं।

मृदूतक कोशिकाओं की कोशिका भित्तियाँ पतली तथा सेलुलोस युक्त होती हैं। कोशिकाओं में रिक्तिकाएँ भी पाई जाती हैं।

पौधों में मृदूतक कार्य के अनुसार निम्नलिखित प्रकार के होते हैं

(a) **वायुतक** (Aerenchyma) जलीय पौधों में कोशिकाओं के बीच बड़े-बड़े अन्तरकोशिकीय अवकाश पाए जाते हैं, जिन्हें वायुकूप कहते हैं तथा ये ऊतक **वायुतक** कहलाते हैं। ये पौधों की तैरने में सहायता करते हैं।

(b) **हरित ऊतक** (Chlorenchyma) इन मृदूतकों में हरितलवक (Chloroplast) पाए जाते हैं। ये प्रकाश-संश्लेषण करते हैं। हरित ऊतक का वह भाग जिसकी कोशिकाएँ लम्बी और अन्तरकोशिकीय स्थान रहित होती हैं, **खंभ ऊतक** (Palisade tissue) कहलाता है। यह पत्तियों में ऊपरी बाह्यत्वचा के पास पाया जाता है। हरित ऊतक का वह भाग, जिसमें गोलाकार या अण्डाकार कोशिकाएँ बिखरी हुई सीं अवस्था में रहती है तथा कोशिकाओं के मध्य अन्तरकोशिकीय स्थान पाया जाता है **स्पंजी मृदूतक** (Spongy parenchyma) कहलाता है।

(c) **विचित्र कोशिका** (Idioblast) ये कोशिकाएँ टैनिन, तेल, खनिज क्रिस्टल का निर्माण व संचय करती हैं।

मृदूतक ऊतक के कार्य (Functions of Parenchyma) मृदूतक की कोशिकाएँ मुख्य खाद्य पदार्थ; जैसे–मण्ड, प्रोटीन तथा वसा का संचय करती हैं। कुछ मांसल तनों तथा पत्तियों में मृदूतक कोशिकाएँ जल संग्रह का कार्य करती हैं; जैसे-नागफनी (*Opuntia*) व *यूफोर्बिया* (*Euphorbia*)।

द्वितीयक वृद्धि के समय यह ऊतक द्वितीयक विभज्योतक (Secondary meristems) को जन्म देते हैं, जिससे द्वितीयक वृद्धि (Secondary growth) होती है।

(ii) **स्थूलकोणोतक** (Collenchyma) इन ऊतकों की कोशिकाएँ प्रायः सजीव (प्रोटोप्लाज्म युक्त) तथा रिक्तिका युक्त होती हैं। ये कोशिकाएँ आकार में बहुभुजी या गोलाकार होती है। इनकी कोशिका भित्तियाँ अन्तरकोशिकीय अवकाशों में सेलुलोज तथा पैक्टिन के जमाव के कारण स्थूलित हो जाती है।

मृदूतक की कोशिकाओं में कभी-कभी हरितलवक भी पाया जाता है। ये ऊतक प्रायः द्विबीजपत्री तनों में बाह्यत्वचा के नीचे तीन या चार पर्तों के रूप में अधस्त्वचा (Hypodermis) का निर्माण करते हैं। ये भूमिगत तनों तथा एकबीजपत्री पौधों में अनुपस्थित होते हैं।

स्थूलकोणोतक ऊतक के कार्य (Functions of Collenchyma) इन ऊतकों की उपस्थिति के कारण पौधों के कोमल अंगों में दृढ़ता तथा लचीलापन आ जाता है। ये पौधों को यान्त्रिक बल प्रदान करते हैं। हरितलवक की उपस्थिति से ये ऊतक प्रकाश-संश्लेषण में सहायता करते हैं।

(iii) **दृढ़ोतक** (Sclerenchyma) इनकी कोशिकाएँ लम्बी, संकरी तथा दोनों सिरों पर नुकीली होती हैं। इनकी कोशिका भित्ति मोटी तथा लिग्निन युक्त होती है। ये कोशिकाएँ परिपक्व हो जाने पर मृत हो जाती हैं। इनकी कोशिका भित्ति में अनेक साधारण गर्त पाए जाते हैं।

आकार के अनुसार ये दो प्रकार के होते हैं

(a) **दृढ़कोशिका** (Sclereids) ये गोल, अण्डाकार व अनियमित आकार की होती हैं। इनकी कोशिका भित्ति अत्यन्त मोटी व लिग्निन युक्त होती हैं। लिग्निन के अत्यधिक जमाव के कारण कोशिका भित्ति अत्यन्त मोटी हो जाती हैं तथा कोशिका गुहा अत्यन्त संकीर्ण हो जाती हैं। इनमें शाखान्वित साधारण अरीय गर्त (Branched simple radial pits) पाए जाते हैं। ये पौधों के दृढ़ भागों में मिलती हैं, जैसे-अखरोट व नारियल की अन्तः फलभित्तियों में।

(b) **दृढ़ोतक तन्तु** (Sclerenchymatous Fibres) ये कोशिकाएँ लम्बी, संकरी तथा सिरे की ओर नुकीली होती हैं। इनकी कोशिका भित्ति मोटी व लिग्निन युक्त होती हैं। इनके मध्य अन्तरकोशिकीय अवकाश अनुपस्थित होता है। इनकी कोशिका भित्ति में अत्यन्त छोटे-छोटे गोल तथा सरल गर्त भी पाए जाते हैं। परिपक्व होने पर इन कोशिकाओं का जीवद्रव्य समाप्त हो जाता है, जिससे ये मृत हो जाती है।

दृढ़ोतक ऊतक के कार्य (Functions of Sclerenchyma) ये ऊतक पौधों के मुख्य अंगों को यान्त्रिक शक्ति प्रदान करते हैं, जिससे पौधे विभिन्न प्रकार के दबाव, खिंचाव, आदि को सहन कर सकते हैं।

2. जटिल ऊतक

इन ऊतकों में एक से अधिक प्रकार की कोशिकाएँ पाई जाती हैं। ये सब कोशिकाएँ मिलकर एक इकाई की तरह कार्य करती हैं। संवहनी ऊतक तन्त्र इसका प्रमुख उदाहरण है। यह मुख्य रूप से जाइलम तथा फ्लोएम का बना होता है। जटिल ऊतक तथा फ्लोएम एक साथ मिलकर संवहन तन्तुओं का निर्माण करता है, जिन्हें संयुक्त रूप से संवहन पूल (Vascular bundles) कहते है

जाइलम व फ्लोएम ऊतक इसके प्रमुख उदाहरण है

(i) **दारु या जाइलम** (Hadrome or Xylem) ये संवहनी पौधों में जल तथा खनिज पदार्थों को जड़ से विभिन्न भागों तक पहुँचाते हैं। उत्पत्ति के आधार पर जाइलम दो प्रकार का होता है

(a) **प्राथमिक जाइलम** (Primary Xylem) इसकी उत्पत्ति प्राक् एधा (Procambium) से होती है। यह प्रोटोजाइलम (Protoxylem) तथा मेटाजाइलम (Metaxylem) में विभेदित होता है। इनमें अरीय मृदूतक अनुपस्थित होते हैं।

(b) **द्वितीयक जाइलम** (Secondary Xylem) इसकी उत्पत्ति द्वितीयक वृद्धि के समय कैम्बियम से होती है। इनमें अरीय विभेदन पाया जाता है। इनके अक्षीय तंत्र (Axial system) में वाहिनिकाएँ एवं वाहिकाएँ (Tracheids and vessels), जाइलम तन्तु व अक्षीय मृदूतक पाया जाता है, लेकिन अरीय तन्त्र (Radial system), अरीय मृदूतक का बना होता है।

जाइलम ऊतक आवृतबीजी पौधों में निम्नलिखित तत्वों का बना होता है

- **वाहिनिकाएँ** (Tracheids) ये कोशिकाएँ लम्बी, नलिकाकार व दोनों सिरों पर पतली होती हैं। इनकी भित्ति मोटी व लिग्निन युक्त होती हैं। जीवद्रव्य अनुपस्थित होने के कारण ये मृत होती हैं। कोशिकाओं में द्वितीयक भित्तियों का स्थूलन वलयाकार, सर्पिल, सोपानवत, जालिकावत या गर्तीय हो सकता है। इनकी पार्श्व भित्तियों में परिवेशित गर्त पाए जाते हैं।

  इनका मुख्य कार्य संवहन कार्य में सहायता करना है परन्तु ये अपनी मजबूत एवं सख्त भित्तियों के कारण पौधों को यान्त्रिक सहायता भी प्रदान करते हैं।

- **वाहिकाएँ** (Vessels) ये लम्बी व बेलनाकार रचनाएँ हैं, जो अनेक कोशिकाओं के मिलने से बनती हैं। इनके दोनों सिरों की भित्तियाँ छिद्रित होती हैं। वाहिकाओं का निर्माण नलिका सदृश कोशिकाओं की अनुप्रस्थ भित्तियों के पूर्ण रूप से घुल जाने से होता है। इनमें जीवद्रव्य उपस्थित नहीं होता, अत: ये भी मृत होती हैं।

इनकी द्वितीयक भित्तियों पर लिग्निन का जमाव वलयाकार, सर्पिल, सोपानवत, जालिकावत या गर्तीय प्रकार का होता है। ये आवृतबीजियों के जाइलम में पाई जाती हैं इसीलिए द्विबीजपत्री पौधों की काष्ठ को **कठोर काष्ठ** (Hardwood) अथवा **रन्ध्री काष्ठ** (Porous wood) कहते हैं। ये टेरिडोफाइट्स (Pteridophytes) व जिम्नोस्पर्म (Gymnosperm) में अनुपस्थित होती हैं। इनका मुख्य कार्य जल संवहन है।

- **काष्ठ तन्तु** (Wood Fibres) ये कोशिकाएँ लम्बी, पतली व सिरों पर नुकीली होती हैं। ये तन्तु दृढ़ोतक (Sclerenchymatous) होते हैं। इनकी कोशिका भित्ति अत्यन्त मोटी व लिग्निन युक्त होती हैं। इन पर कुछ गर्त भी पाए जाते हैं। इनका मुख्य कार्य पौधों को दृढ़ता तथा सहारा प्रदान करना है।
- **काष्ठ मृदूतक** (Wood Parenchyma) ये जाइलम में पाई जाने वाली साधारण मृदूतक कोशिकाएँ हैं। जीवद्रव्य की उपस्थिति के कारण ये सजीव होती हैं। यह अक्षीय तथा अरीय दोनों रूपों में पाया जाता है। इनका मुख्य कार्य भोजन संग्रह है।

(ii) **पोषवाह या फ्लोएम** (Phloem) फ्लोएम का मुख्य कार्य पौधे के हरे भागों में निर्मित भोज्य पदार्थों को अन्य भागों में पहुँचाना है।
इसके अतिरिक्त ये भोजन संग्रह एवं यांत्रिक अवलम्बन में भी सहायता करते हैं। इसे **बास्ट** (bast) भी कहा जाता है।

विकास के आधार पर फ्लोएम भी दो प्रकार के होते हैं

(a) **प्राथमिक फ्लोएम** (Primary Phloem) यह प्राक् एधा (Procambium) से विकसित होता है व इसमें अरीय विभेदन नहीं होता है।

(b) **द्वितीयक फ्लोएम** (Secondary Phloem) यह द्वितीयक वृद्धि के समय कैम्बियम से विकसित होता है। इसमें अरीय विभेदन पाया जाता है।

फ्लोएम में निम्न प्रकार की कोशिकाएँ पाई जाती हैं।

- **चालनी अवयव** (Sieve Elements) चालनी नलिकाएँ लम्बी एवं नलिका के समान रचनाएँ हैं। ये एक के ऊपर एक स्थित होती हैं। इनकी कोशिका भित्ति पतली तथा सेलुलोज की बनी होती हैं। कोशिकाओं के बीच स्थित अनुप्रस्थ भित्तियों में अनेक छिद्र पाए जाते हैं। इनकी रचना छलनी के समान हो जाती हैं। इस कारण इन्हें चालनी पट्टिकाएँ (Sieve plates) भी कहते हैं।
  चालनी नलिकाओं में प्राथमिक स्थिति में केन्द्रक होता है परन्तु पूर्ण विभेदित हो जाने पर केन्द्रक नष्ट हो जाता है। इनमें कोशिका द्रव्य उपस्थित होता है।
  चालनी नलिकाएँ मुख्यतया आवृतबीजियों के फ्लोएम में पाई जाती हैं। टेरिडोफाइट्स तथा अनावृतबीजी में चालनी अवयव, चालनी कोशिकाओं के बने होते हैं। इनमें केन्द्रक पाया जाता है। सर्दियों में चालनी पट्टिकाओं (Sieve plates) की दोनों सतहों पर कैलोज (callose) नामक पदार्थ के जमाव के कारण छिद्र बन्द हो जाते हैं। इस कैलोज स्तर को कैलस गद्दी (Callose pad) कहते हैं। इससे चालनी नलिकाओं से भोजन संवहन का कार्य रुक जाता है।
- **सखि कोशिकाएँ** (Companion Cells) प्रत्येक चालनी नलिका के साथ ही पार्श्व दिशा में एक अन्य कोशिका होती है, जिसे **सखि कोशिका** कहते हैं। ये कोशिका लम्बी, संकरी व पतली कोशिका भित्ति वाली होती हैं। ये सजीव होती है तथा इसमें केन्द्रक उपस्थित होता है। आवृतबीजी व टेरिडोफाइटा में ये अनुपस्थित होती है। ये भोजन संवहन में चालनी नलिकाओं की सहायता करती हैं।
- **फ्लोएम मृदूतक** (Phloem Parenchyma) ये कोशिकाएँ लम्बी, चौड़ी तथा गोल होती हैं। ये सजीव मृदूतक कोशिकाएँ हैं। इनकी भित्तियाँ सेलुलोस की बनी होती हैं। एकबीजपत्री पौधों में इनका अभाव होता है। इनका मुख्य कार्य **भोजन संग्रह** करना है।
- **फ्लोएम तन्तु** (Phloem Fibre) ये दृढ़ोतक तन्तु (Sclerenchymatous fibres) होते हैं। ये लम्बे सिरों वाले तथा मृत होते हैं। इनकी भित्ति मोटी होती है तथा इस पर अनेक साधारण गर्त होते हैं। इनका मुख्य कार्य पादप अंगों का दृढ़ता प्रदान करना है। इनका प्रयोग रस्सी व धागे बनाने में भी किया जाता है।

संवहन पूलों के प्रकार

संवहन पूल निम्न प्रकार के होते हैं

1. **अरीय** (Radial) जाइलम तथा फ्लोएम अलग-अलग बण्डलों में एकान्तरित त्रिज्या (Alternate radii) पर एक चक्र में स्थित होते है। जाइलम बण्डलों में प्रोटोजाइलम सदैव बहिःआदिदारुक (Exarch) होता है अर्थात् परिधि की ओर होता है; जैसे-जड़ों में इन संवहन बण्डलों में आदिदारुक की वृद्धि उत्तरोत्तर केन्द्र की ओर होती है अर्थात् बहिःआदिदारूक बण्डल अभिकेन्द्री (Centripetal) होते हैं।
2. **संयुक्त** (Conjoint) इसमें जाइलम तथा फ्लोएम दोनों एक बण्डल में समान त्रिज्या पर स्थित होते है। यह बण्डल निम्न प्रकार के होते हैं

(i) **बहिःफ्लोएमी** (Collateral) यह आवृतबीजी तथा अनावृतबीजी पौधों के तनों तथा पत्तियों में पाए जाते हैं। इसमें जाइलम केन्द्र की ओर तथा फ्लोएम बाहर की ओर होता है।

(ii) **उभयफ्लोएमी** (Bicollateral) इनमें जाइलम बीच में तथा फ्लोएम बाहर तथा भीतर दोनों ओर पाया जाता है, जो कैम्बियम की पट्टी द्वारा जाइलम से अलग रहता है। उदाहरण—कुकुरबिटेसी कुल के सदस्य; जैसे—लौकी, ककड़ी, कद्दू, आदि।

(iii) **खुले** (Open) जब जाइलम तथा फ्लोएम के बीच कैम्बियम की पट्टी पाई जाती है; जैसे—द्विबीजपत्री पौधों के तने में।

(iv) **बन्द** (Closed) जब जाइलम तथा फ्लोएम के बीच कैम्बियम नहीं पाई जाती है; जैसे—एकबीजपत्री पौधों के तने तथा पत्तियों के संवहन बण्डल।

(v) **अन्तदिदारुक** (Endarch) जब आदिदारूक केन्द्र के निकट होता है; जैसे—तनों के संवहन बण्डलों में।

3. **संकेन्द्री** (Concentric) यह सदैव बन्द होते हैं। इनमें एक संवहन ऊतक दूसरे की पूर्णतया घेरे रहता है। यह दो प्रकार के होते हैं

(i) **फ्लोएम केन्द्री** (Leptocentric or amphivasal) इनमें फ्लोएम पूर्णतया जाइलम से घिरा होता है; जैसे—*ड्रेसीना (Dracaena)* तथा *यक्का (Yucca)*, आदि एकबीजपत्री पौधे।

(ii) **जाइलम केन्द्री** (Hadrocentric or amphicribal) इनमें से जाइलम पूर्णतया फ्लोएम से घिरा होता है; जैसे—फर्न।

विशिष्ट ऊतक

इस प्रकार के ऊतक पौधों में लेटेक्स (Latex), गोंद (Gum), रेजिन (Resin) व तेल (Oil), आदि का स्रावण करते हैं।

ये दो प्रकार के होते हैं

1. ग्रन्थिल ऊतक (Glandular tissue)
2. रबरक्षीरी ऊतक (Laticiferous tissue)

(i) **ग्रन्थिल ऊतक**

इस प्रकार के ऊतक में ग्रन्थियाँ आती हैं, जिनमें स्रावी या उत्सर्जी पदार्थ उपस्थित होते हैं।

ये ग्रन्थियाँ दो प्रकार की होती हैं

(a) **बाह्य ग्रन्थियाँ** (External Glands) ये ग्रन्थियाँ बाह्यत्वचा पर पाई जाती हैं। कुछ पौधों में ये ग्रन्थियाँ बाह्यत्वचा पर निकले अनेक छोटे-छोटे रोमों के ऊपर होती हैं। इन रोमों को ग्रन्थिल रोम कहते हैं। तम्बाकू व चित्रक (*Plumago*) में ये ग्रन्थिल रोम एक चिपचिपे पदार्थ का स्रावण करते हैं। बिच्छू पौधे (*Urtica dioica*) के अन्दर ये ग्रन्थियाँ जहरीले तथा उत्तेजक पदार्थों का स्रावण करती है।

(b) **आन्तरिक ग्रन्थियाँ** (Internal glands) ये ऊतकों के अन्दर पाई जाती हैं। ये विभिन्न प्रकार की होती हैं

(i) नीबू, नारंगी, आदि फलों के छिलके में तेल ग्रन्थियाँ (Oil glands) पाई जाती है। इनमें लयजात गुहा (Lysogenous cavity) पाई जाती हैं, जिसका निर्माण कुछ कोशिकाओं के नष्ट होने से होता है।

(ii) पान की पत्तियों में श्लेष्मक स्रावी ग्रन्थियाँ (Mucilage secreting glands) पाई जाती हैं।

(iii) *पाइनस* (*Pinus*) में रेजिन (Resin) व टेनिन (Tenin) का स्रावण करने वाली ग्रन्थियाँ पाई जाती हैं। ये शाइजोजिनस (Schizogenous) होती है।

(ii) **रबरक्षीरी ऊतक**

ये पतली भित्ति युक्त शाखित व लम्बी नलिकाएँ हैं। ये बहुकेन्द्रकी होते हैं। ये मृदूतक के मध्य में अनियमित रूप से फैले होते हैं। ये दो प्रकार की होती हैं

(a) **रबरक्षीरी कोशिकाएँ** (Latex Cells) ये कोशिकाएँ लम्बी शाखा युक्त, पतली भित्तियों वाली तथा बहुकेन्द्रकी होती हैं। ये प्रायः *यूफोर्बिया* (*Euphorbia*), कनेर (*Nerium*) व मदार (*Calotropis*) में पाई जाती हैं।

(b) **रबरक्षीरी वाहिकाएँ** (Latex Vessels) ये शाखित, जीवित व बहुकेन्द्रकी होती हैं। इनकी शाखाएँ एक दूसरे से मिलकर जाल के रूप में फैल जाती हैं। ये विभज्योतकी कोशिकाओं की भित्तियों के घुलने के कारण बनती हैं। ये पोस्त (*Opium*), रबड़ (*Hevea*), आदि में पाई जाती हैं।

द्विबीजपत्री तने की आन्तरिक संरचना

हैलिएन्थस एन्नस के तने की अनुप्रस्थ काट में निम्नलिखित संरचनाएँ दिखाई देती है

बाह्यत्वचा

1. तने की यह सबसे बाहर की परत है।
2. बाहर की ओर यह एक पूर्ण विकसित उपत्वचा से घिरी है।
3. इसकी कोशिकाएँ टेंजेशियली चपटी है।
4. इसकी कुछ कोशिकाओं से बहुकोशिकीय बाह्यत्वचीय रोम निकलते हैं।
5. इस परत में कुछ रन्ध्र भी है।

वल्कुट

1. यह स्थूलकोणोतक की कुछ बाहरी परतों मृदूतक की कुछ परतों एवं अन्तस्त्वचा की सबसे अन्दर की परत की बनी हुई है।
2. स्थूलकोणोतक का भाग 3 से 6 परतों का बना है एवं पैक्टिन तथा सेलुलोज के इकट्ठा हो जाने के कारण इन कोशिकाओं के किनारे मोटे हो जाते हैं।
3. स्थूलकोणोतक से अन्दर को मृदूतक की कुछ परतें उपस्थित होती है।
4. मृदूतक की कोशिकाएँ पतली भित्ति वाली है एवं इस पूरे भाग में अनेक अन्तरकोशिकीय अवकाश उपस्थित है।
5. वल्कुट की सबसे अन्दर की परत अन्तस्त्वचा है एवं यह बैरल के आकार की बनी होती है।
6. अन्तस्त्वचा की कोशिकाएँ कैस्पेरियन पट्टियाँ एवं अनेक स्टार्च के कण रखती है।

परिरम्भ

1. प्रत्येक संवहन पूल की पोषवाह के बाहर यह दृढ़ोतक के अर्धचन्द्राकार टुकड़ों के रूप उपस्थित है।
2. परिरम्भ के दृढ़ोतकीय टुकड़ों के बीच-बीच में मृदूतक भी है।

संवहन पूल

1. ये संयुक्त बहिःपोषवाही वर्धी एवं अन्तःआदिदारुक है।
2. ये एक वलय में व्यवस्थित है एवं इनमें से प्रत्येक पोषवाह एधा एवं दारु का बना है।
3. पोषवाही चालनी नलिकाओं, सहचर कोशिकाओं एवं पोषवाह मृदूतक से बनी है।
4. चालनी नलिकाएँ संकरी है एवं इनके साथ सहचर कोशिकाएँ भी लगी है।
5. प्रत्येक संवहन पूल में दारू एव पोषवाह के मध्य में एधा उपस्थित है जिसकी कोशिकाएँ पतली भित्ति वाली आयताकार एवं रेडियल रेखाओं में व्यवस्थित है।

दारु

यह वाहिकाओं, वाहिनिकाओं, काष्ठ तन्तुओं एवं काष्ठ मृदूतक की बनी है

(i) अनुदारु बड़ी वाहिकाओं के रूप में उपस्थित है जबकि आदिदारु छोटी वाहिकाओं के रूप में।

(ii) अनुदारु जालिकारूपी वाहिकाओं की बनी है जबकि आदिदारु स्पाइरल अथवा स्केलेरीफोर्म वाहिकाओं की।

(iii) वाहिनिकाएँ मोटी भित्ति वाली कोशिकाएँ है एवं अनुदारु को घेरती है।

(iv) काष्ठ तन्तु मोटी भित्ति वाली एवं लिग्निफॉइड है।

(v) पतली भित्ति वाली कोशिकाओं के रूप में काष्ठ मृदूतक उपस्थित है।

मज्जा

केन्द्र में पूर्ण विकसित मज्जा उपस्थित है, जो कि पतली भित्ति वाली गोल अथवा पोलीगोनल मृदूतकीय कोशिकाओं का बना है।

एकबीजपत्री तने की आन्तरिक संरचना

जिया मेज के तने के आन्तरिक संरचना निम्नलिखित प्रकार दिखाई देती है

बाह्यत्वचा

1. यह तने की सबसे बाहर की परत है।
2. कोशिकाओं का बाहरी तल एक मोटी उपत्वचा से ढका रहता है।
3. इस परत में काफी कम संख्या में रन्ध्र उपस्थित होते हैं।
4. बाह्यत्वचीय रोम अनुपस्थित होते हैं।

अधस्त्वचा

1. यह दो-तीन कोशिका मोटी, दृढोतकीय एवं बाह्यत्वचा के नीचे स्थित होती है।
2. कोशिकाएँ पोलीगोनल आकार की होती है।

भरण ऊतक

1. यह वल्कुट, अन्तस्त्वचा, परिरम्भ एवं मज्जा में विभेदित नहीं होता।
2. कोशिकाएँ मृदूतकीय होती हैं एवं दृढ़ोतक के नीचे केन्द्र तक फैली रहती है।
3. कोशिकाएँ छोटी एवं अधस्त्वचा के नीचे ठोस रूप में व्यवस्थित होती है लेकिन केन्द्र कोशिकाएँ बड़ी गोल एवं ढीली-ढीली व्यवस्थित होती है।

संवहन पूल

1. संवहन पूल अनेक एवं भरण ऊतक में बिना किसी निश्चित व्यवस्था के बिखरे रहते हैं।
2. ये छोटे होते हैं एवं काट के केन्द्र की तुलना में बाहर की ओर इनकी संख्या अधिक होती है।
3. प्रत्येक संवहन पुल संयुक्त बहिःपोषवाही, अवर्धी एवं अन्तःआदिद।रूक होता है।
4. प्रत्येक संवहन पुल चारों ओर से एक पूर्ण विकसित दृढ़ोतकीय शीथ से घिरा रहता है, जो कि संवहन पूल के ऊपरी एवं निचले सिरों पर अधि विशिष्ट होती है।
5. संवहन पूल का निर्माण दारू एवं पोषवाह के द्वारा होता है।

पोषवाह

1. चालनी नलिकाओं एवं सहचर कोशिकाओं की बनी होती है।
2. पोषवाह तन्तु एवं पोषवाह मृदूतक अनुपस्थित होते हैं।
3. पोषवाह के बाहरी भाग, जो कि टूटे एवं अव्यवस्थित होते हैं, प्राक्पोषवाह कहलाता है।
4. आन्तरिक पोषवाह में चालनी नलिकाएँ एवं सहचर कोशिकाएँ होती हैं एवं यह भाग अनुपोषवाह कहलाता है।

दारु

1. वाहिकाओं (आदिदारु एवं अनुदारु), वाहिनिकाओं एवं दारू मृदूतक की बनी होती है।
2. वाहिकाएँ 'Y' के आकार की है।
3. 'Y' के डाइवर्जेट सिरों पर अनुदारू दो बड़ी अण्डाकार वाहिकाओं के रूप में उपस्थित होते हैं।
4. 'Y' की नीचे की भुजा दो छोटी वाहिकाओं की बनी होती है, जो कि आदिदारु बनाती है।
5. आदिदारू वाहिनिकाओं एवं दारू मृदूतक से घिरी रहती है।
6. आन्तरिक आदिदारु वाहिका एवं मृदूतक टूट कर एक जाल रखने वाली केविटी बनाते है, जिसे लाइसीजीन **गुहा** कहते हैं।

द्विबीजपत्री पत्ती की आन्तरिक संरचना

द्विबीजपत्री पौधों की पत्ती प्रायः उत्तराधर होती हैं। इसकी आन्तरिक संरचना का अध्ययन करने के लिए पत्ती की मध्य नाड़ी से होते हुए एक अनुप्रस्थ काटकर उसे स्टेन कर माइक्रोस्कोप पर देखने से पत्ती की दोनों सतहों पर एकस्तरीय एपीडर्मिस होती है, जिन्हें क्रमशः ऊपरी व निचली एपीडर्मिस कहते हैं। एपीडर्मिस प्रायः सघन चपटे आयताकार कोशिका की बनी होती है।

एपीडर्मिस *नेरयम (Nerium)*, *फाइकस (Ficus)*, आदि की पत्तियों में बहुस्तरीय (Multilayered) होती है। एपीडर्मिस मोटी भित्ति वाली (Thick walled) कोशिकाओं की बनी होती है। प्रायः सभी पौधे एक पतली एपीडर्मिस अथवा क्यूटीकल द्वारा ढकी रहती है। प्रायः निचली एपीडर्मिस पर कुछ छोटे-छोटे रन्ध्र (Stomata) पाए जाते हैं, जो वातविनिमय में सहायक होते हैं। रन्ध्र दो रक्षक कोशिकाओं (Guard cells) से ढका (Covered) रहता है।

दोनों ऊपरी व निचली एपीडर्मिस के मध्य से मीजोफिल ऊतक (Mesophyll tissue) होता है। यह ऊतक (Tissue) पतली भित्ति वाली पैरनकाइमा कोशिकाओं का बना होता है तथा प्रायः द्विबीजपत्री पौधों की पत्ती में यह ऊतक (Tissue) **पैलीसेड** (Palisade) **पैरनकाइमा** व **स्पंजी पैरनकाइमा** (Spongy parenchyma) में भिन्न रहता है।

पैलीसैड पैरनकाइमा लम्बी व बेलनाकार कोशिकाओं (Elongated and cylindrical) का बना होता है तथा इनमें क्लोरोप्लास्ट रहता है। ये कोशिकाएँ सटी हुई होती हैं। पैलीसेड पैरनकाइमा ऊपरी एपीडर्मिस के ठीक नीचे होता है। पैलीसेड पैरनकाइमा के नीचे स्पंज पैरनकाइमा होता है। इनमें कोशिकाएँ ढीली अनिश्चित आकारिकी तथा पतली भित्ति वाली होती हैं। इन कोशाओं में भी क्लोरोप्लास्ट होता है।

मीजोफिल ऊतक (Mesophyll tissue) के मध्य नाड़ी वाले भाग से संवहन पूल पाया जा सकता है। संवहन पूल गोलाकार अर्ध चन्द्राकार अथवा अन्य किसी आकृति का हो सकता है। इसमें ऊपरी सतह की ओर जाइलम तथा नीचे की ओर फ्लोएम होता है जाइलम व फ्लोएम के चारों ओर एक स्कलेरेनकाइमेट्स आवरण होता है। कभी-कभी पूल आवरण (Bundles sheath) पैरनकाइमा कोशिकाओं की एण्डोडर्मिस सदृश्य रचना बन जाती है।

एकबीजपत्री पत्ती की आन्तरिक संरचना

अधिकांश एकबीजपत्री पौधों में पत्तियाँ समद्वि-पार्श्व (Isobilateral) होती है अर्थात् ये पत्तियाँ लगभग उर्ध्व होती हैं तथा इनकी दोनों सतहों को सूर्य का प्रकाश लगभग समान मात्रा में मिलता है। एक प्रारुपिक एकबीजपत्री पौधे की पत्ती का अनुप्रस्थ आच्छद सूक्ष्मदर्शी द्वारा देखने पर विदित होता है। एपीडर्मिस की कोशिकाएँ प्रायः अण्डाकार या कुछ चपटी होती है एपीडर्मिस के बाहर की ओर एक पतली क्यूटिकल भी पाई जाती है दोनों एपीडर्मिस पर रन्ध्र पाए जाते हैं।

दोनों एपीडर्मिस के मध्य मीजोफिल ऊतक होता है। इसमें समस्त मीजोफिल ऊतक समव्यापी सटी हुई क्लोरेनकाइमा से मिलकर बनता है। इनमें कोशिकाओं के मध्य में अन्तरकोशिकीय स्थान भी पाई जाती है। इसमें मीजोफिल ऊतक द्विबीजपत्री पौधों की पत्तियों के समान पेलीसेड व स्पंजी पैरनकाइमा में विभाजित नहीं होती है।

मीजोफिल ऊतक में बहुत से संवहन पूल समान्तर क्रम में पाए जाते हैं। इनमें कुछ संवहन पूल बड़े व कुछ छोटे होते हैं। इनमें जाइलम ऊपर की ओर तथा फ्लोएम नीचे की ओर पाया जाता है। सामान्य रूप से प्रत्येक संवहन पूल पतली भित्ति वाले पैरनकाइमा कोशिकाओं के समूह पाया जाता है, जिससे पत्ती को यान्त्रिक सहायता (Mechanical support) मिलती है।

एक प्रारूपिक द्विबीजपत्री जड़ की प्राथमिक रचना

इसमें सबसे बाहर की ओर पतली भित्ति युक्त कोशिकाओं की एक पंक्ति से बनी पर्त **एपीब्लेमा** अथवा **पिलीफरस पर्त** होती है। इन कोशिकाओं से बाहर की ओर एककोशिकीय मूलरोम निकलते हैं, जो भूमि में उपस्थित जल एवं खनिज लवणों का अवशोषण करते हैं। एपीब्लोमा के नीचे बहुस्तरीय पतली भित्ति युक्त गोलाकार पैरनकाइमा कोशिकाओं का बना भाग कॉर्टेक्स (Cortex) होता है। इनकी कोशिकाओं में अन्तः स्थान (Intercellular space) पाया जाता है।

कॉर्टेक्स की सबसे भीतरी पर्त एन्डोडर्मिस (Endodermis) है। इनकी कोशिकाएँ ढोल की आकृति (Barrel-shaped) की होती है जिनमें अन्तःस्थान (Intercellular spaces) नहीं होते हैं। इन कोशिकाएँ की रेडियल भित्ति मोटी होती तथा इन्हें कैस्पेरियन बैन्ड कहते हैं। इनमें कोशिकाएँ पतली भित्ति वाली होती है। एण्डोडर्मिस के नीचे एक पर्त पतली भित्ति वाली कोशिकाओं की होती है, जिसे **पेरीसाइकिल** कहते हैं।

पेरीसाइकिल के नीचे वाहिनी पूल होते हैं तथा जाइलम व फ्लोएम दोनों संख्या में बराबर होते हैं। बाहर की ओर प्रोटोजाइलम तथा अन्दर की ओर मेटाजाइलम होता है संवहन पूलों की संख्या 2 से 4 तक होती है। जाइलम व फ्लोएम पूलों के मध्य भाग में स्थित पैरनकाइमेट्स ऊतक (Conjunctive tissues) कहलाता है। **पिथ** मध्य का भाग होता है। यह प्रायः बहुत कम विकसित होता है।

प्रारूपिक एकबीजपत्री जड़ की आन्तरिक संरचना

इसमें बाह्य स्तर एपीब्लेमा (Epiblema) अथवा एपीडर्मिस होती है। इस पर्त पर अनेक एककोशिकीय मूल रोम पाए जाते हैं, जो जल व खनिज लवणों का शोषण करते हैं। एपीडर्मिस के नीचे बहुस्तरीय पतली भित्ति वाला पैरनकाइमा कोशिकाओं का बना **कॉर्टेक्स** होता है। इन कोशिकाओ के मध्य अन्तराकोशीय अवकाश पाई जाती है। कॉर्टेक्स की सबसे भीतरी पर्त एण्डोडर्मिस होती है यह बैरल आकार की कोशिकाओं की बनी एक पर्त है। एण्डोडर्मिस के नीचे पतली भित्ति वाली कोशिकाओं की एक पर्त पेरीसाइकिल पाई जाती है।

इसमें पेरीसाइकिल के नीचे संवहन पूल पाए जाते हैं। ये संवहन पूल अरीय होते हैं तथा इनकी संख्या 6 से अधिक होती है। मध्य में सुविकसित **पैरनकाइमेट्स पिथ** होता है।

जड़ तथा तने में सामान्य व असंगत द्वितीयक वृद्धि

कैम्बियम तथा कॉर्क कैम्बियम की क्रियाशीलता के फलस्वरूप जड़ तथा तने की मोटाई में वृद्धि **द्वितीयक वृद्धि** कहलाती है।

द्विबीजपत्री पौधों के तनों में द्वितीयक वृद्धि

द्विबीजपत्री पौधों के तनों में द्वितीयक वृद्धि दो प्रकार के पार्श्वीय विभज्योतकों (Lateral meristems) की क्रिया के फलस्वरूप होती है

(i) संवहन कैम्बियम द्वारा

द्विबीजपत्री पौधों में संवहन बण्डल खुले बाह्य फ्लोएमी तथा एक वलय में स्थित होते हैं। ये मज्जा रश्मियों द्वारा एक दूसरे से अलग होते हैं। संवहन बण्डलों में फ्लोएम तथा जाइलम के मध्य संवहन कैम्बियम स्थित होता है, जो प्राक्कैम्बियम से प्राथमिक वृद्धि के समय उत्पन्न होता है। इसे अन्त:पूलीय कैम्बियम कहते हैं।

द्वितीयक वृद्धि के आरम्भ होने पर दो संवहन बण्डलों के बीच स्थित मृदूतक कोशिकाएँ विभाजित होकर **अन्तर्पूलीय कैम्बियम** का निर्माण करती है। यह द्वितीयक वृद्धि कैम्बियम वाला होता है। पूलीय तथा अन्तर्पूलीय कैम्बियम मिलकर एक संतत् कैम्बियम वलय बनाते हैं।

कैम्बियम कोशिकाएँ स्पर्श रेखीय या परिनत विभाजन कर द्वितीयक ऊतक बनाते हैं। इन ऊतकों के बाहरी स्तर द्वितीयक फ्लोएम तथा आन्तरिक स्तर द्वितीयक जाइलम बनाते हैं। इनके साथ-साथ द्वितीयक मज्जा किरणें भी बनती है।

(ii) कॉर्क कैम्बियम के द्वारा

परिरम्भ की एक परत विभज्योतकी होकर कॉर्क कैम्बियम अथवा फैलोजन बनाती है। कॉर्क कैम्बियम वास्तविक द्वितीयक विभज्योतक है, इसे पार्श्वीय विभज्योतक भी कहते हैं।

कॉर्क कैम्बियम की कोशिकाएँ सतत विभाजन करती रहती हैं। यह अपने बाहर की ओर कॉर्क तथा अन्दर की ओर द्वितीयक वल्कुट का निर्माण करती हैं। कॉर्क, कॉर्क कैम्बियम तथा द्वितीयक वल्कुट मिलकर पेरीडर्म का निर्माण करते हैं।

परिपक्व कॉर्क कोशिकाएँ मृत होती हैं। इनकी भित्ति पर सुबेरिन की पर्त जमा हो जाती हैं, जिससे यह जल तथा गैसों को अन्दर जाने से रोकती हैं।

द्वितीयक वल्कुट की कोशिकाएँ जीवित होती हैं। ये कोशिकाएँ भोजन संचय व कभी-कभी प्रकाश-संश्लेषण का भी कार्य करती है।

वार्षिक वलय

बहुवर्षीय काष्ठीय पौधों के तनों में द्वितीयक जाइलम संकेन्द्रीय वलयाकार परतों के रूप में पाया जाता है। कैम्बियम बसन्त ऋतु में अधिक सक्रिय होता है। अधिक रस संवहन होने के कारण इसके द्वारा निर्मित जाइलम में अधिक तथा चौड़े अवकाश (Lumen) वाली वाहिकाएँ तथ वाहिनिकाएँ बनती हैं, इसे **बसन्त काष्ठ** (Spring wood) कहते हैं।

शरद ऋतु में इसका संवहन बहुत कम होता है तथा कैम्बियम की क्रियाशीलता बहुत कम होती है। अत: इस ऋतु में निर्मित जाइलम वाहिकाएँ व वाहिनिकाएँ संकरे अवकाश वाली होती हैं, इसे शरद काष्ठ (Autumn wood) कहते हैं।

ये दोनों काष्ठ द्वितीयक जाइलम में संकेन्द्री वलयों के रूप में दिखाई देती हैं। एक वर्ष में उत्पन्न बसन्त व शरद काष्ठ दोनों एक साथ वार्षिक वलय बनाते हैं। शीतोष्ण प्रदेशों में वृक्षों के तनों में वार्षिक वलय बड़े ही स्पष्ट रूप से देखें जा सकते हैं।

वाहिका विहीन काष्ठ को **अरन्ध्री काष्ठ** (Soft wood) कहते हैं; जैसे-चीड़, देवदार।

आवृतबीजी पौधों के द्वितीयक जाइलम में वाहिकाएँ पाई जाती हैं। ऐसी काष्ठ को वाहिका युक्त काष्ठ कहते हैं।

तने के पुराने केन्द्रीय भाग में टेनिन, गोंद व तेल के जमा हो जाने के कारण यह कठोर हो जाता है। इस भाग को **कठोर काष्ठ** कहते हैं। द्वितीयक काष्ठ का परिधीय भाग हल्के रंग का होता है। यही भाग जल व खनिज लवणों को पत्तियों तक पहुँचाने का कार्य करता है। इस भाग को **रस काष्ठ** (sap wood) कहते हैं।

छाल

संवहन कैम्बियम के बाहर के सभी ऊतक सामूहिक रूप से **छाल** कहलाते हैं। इसके अन्तर्गत परित्वक (Periderm), वल्कुट परिरम्भ तथा फ्लोएम आते हैं। यह दो प्रकार की अर्थात् **शल्कीय छाल** तथा **वलय छाल** होती है।

छाल में गैसों के आदान प्रदान के लिए छिद्र पाए जाते हैं. जिन्हें **वातरन्ध्र** कहते हैं। वातरन्ध्र में बिखरी हुई कोशिकाओं का समूह होता है। ये कोशिकाएँ सजीव होती हैं तथा इन कोशिकाओं को **पूरक कोशिकाएँ** कहते हैं।

निक्टेन्थस के तने की आन्तरिक संरचना

इस पौधे के स्तम्भ में संवहन पूल सामान्य संवहन पूलों के वलय के साथ-साथ कॉर्टेक्स भी पाए जाते हैं।

इसमें सबसे बाहर का स्तर एपीडर्मिस है, जो पैरनकाइमेट्स कोशिकाओं का स्तर है। एपीडर्मिस के नीचे कोलनकाइमेट्स हाइपोडर्मिस तथा इसके नीचे पैरनकाइमेट्स कॉर्टेक्स होता है। कॉर्टेक्स के नीचे एन्डोडर्मिस वे पेरीसाइकिल होते हैं, जो कभी नष्ट नहीं होते है।

कॉर्टेक्स के भाग में कॉर्टिकल संवहन पूल इनवरसली ओरिएन्टिड होते हैं अर्थात् इसमें फ्लोएम अन्दर की ओर व जाइलम बाहर की ओर होता है।

पेरीसाइकिल के नीचे संवहन पूलों की एक वलय होती है।

बोरहाविया के तने की आन्तरिक संरचना

केवल इसमें यह अन्तर होता है कि *बोरहाविया* के तने में संवहन पूलों के तीन वलय हैं। मध्य में मैड्यूलरी संवहन पूल प्रथम वलय बनाते हैं। मैड्यूलरी संवहन पूलों के बाहर दूसरी वलय 6 से 20 तक तथा तीसरा वलय में 15 से अधिक वाहिनीपूल होते हैं।

द्वितीयक वृद्धि के समय प्रथम व द्वितीयक वलय से संवहन पूलों का कैम्बियम अक्रियाशील रहता है तथा तीसरा वलय के संवहन पूलों का कैम्बियम सक्रिय होकर इन्टरफैसीक्यूलर कैम्बियम बनाता है। इन्टरफैसीक्यूलर कैम्बियम में असंगत प्रकार की क्रियाशीलता है।

यह कैम्बियम संवहन पूलों के भाग में केवल नीचे की ओर द्वितीयक जाइलम तथा अन्य स्थानों पर स्कैलेरेनकाइमा बनाते हैं। ऊपर की ओर पहले कुछ समय तक यह पैरनकाइमा तथा बाद के जाइलम के ऊपर फ्लोएम बनाती है तथा फ्लोएम का एकान्तरण करते हुए स्कलेरेनकाइमा बनाता है। पहले से बना पैरनकाइमा ऊपर की ओर चला जाता है तथा इस कैम्बियम की क्रियाशीलता समाप्त हो जाती है।

इसके पश्चात् अब एक नया असंगत कैम्बियम पैरनकाइमा इसमें से विकसित होता है वह इस प्रकार *बोरहाविया* का तना मोटाई में बढ़ता रहता है। इसमें कॉर्क, कॉर्क कैम्बियम का निर्माण इसमें से होता है।

ड्रेसीना के तने की आन्तरिक संरचना

इनमें सामान्य कैम्बियम न होने के कारण यह द्वितीयक वृद्धि के असामान्य प्रकार की क्रियाशीलता दिखाता है।

ड्रेसीना के स्तम्भ में द्वितीयक वृद्धि के समय आधार ऊतक की कुछ पैरनकाइमेट्स कोशिकाएँ प्रविभाजी होकर एक कैम्बियम वलय बनाती है। अब यह असामान्य कैम्बियम असामान्य प्रकार की क्रियाशीलता दर्शाता है

इस प्रकार बनी कैम्बियम वलय प्राय: अपनी निचली सतह पर ही सक्रिय रहती है। वह पहले नीचे की ओर टुकड़ों में जाइलम काटती है, जो पैरनकाइमा द्वारा एकान्तर करते हैं। अब कुछ समय पश्चात् इस कैम्बियम की क्रियाशीलता बदल जाती है, जिसके फलस्वरूप अब यह यहाँ पर पहले जाइलम बना रहा था अब, यहाँ फ्लोएम बनाने लगता है। पुनः कैम्बियम की क्रियाशीलता परिवर्तित हो जाती है। इस प्रकार कैम्बियम की इस प्रकार की क्रियाशीलता के कारण लेप्ट्रोसेन्ट्रिक (Leptocentric) प्रकार के संवहन पूल बन जाते हैं। अर्थात् इन संवहन पूलों के मध्य फ्लोएम तथा इसके चारों ओर जाइलम होता है। ये संवहन आधार ऊतक धँस जाते हैं। इनसे फिर नई कैम्बियम वलय बनाती है, जिसकी क्रियाशीलता के कारण फिर से लेप्ट्रोसेन्ट्रिक प्रकार के संवहन पूल बनते हैं। इस प्रकार नए संवहन पूलों के निरन्तर बनते रहने के कारण *ड्रेसीना* का स्तम्भ मोटाई मे बढ़ता है।

एकबीजपत्री तनों में द्वितीयक वृद्धि

सामान्यतया एकबीजपत्री पौधों के तनों में द्वितीयक वृद्धि का अभाव होता है लेकिन *ड्रेसीना* (*Dracaena*) व *यक्का* (*Yucca*) में असंगत द्वितीयक वृद्धि पाई जाती है। इन पौधों की प्राथमिक संरचना में कैम्बियम का अभाव होता है। द्वितीयक वृद्धि के समय वल्कुट की कुछ पैरेनकाइमा कोशिकाएँ विभाजनशील होकर कैम्बियम का निर्माण करती हैं, जिससे बाहर की ओर मृदूतक कोशिकाएँ व अन्दर की ओर संयोजी ऊतक का निर्माण होता है, जिनसे द्वितीयक संवहन बण्डल का निर्माण होता है।

ये संवहन बण्डल फ्लोएम केन्द्री (Amphivasal) होते हैं। इनमें बाहरी आधारीय ऊतक में कोशिकाएँ विभाजनशील होती हैं, जो परिनत विभाजन कर नई कोशिकाओं का निर्माण करती हैं।

ये कोशिकाएँ सुबेरिन युक्त हो जाती हैं तथा कॉर्क का निर्माण करती हैं। ये कॉर्क कोशिकाएँ पंक्तियों में पाई जाती हैं, इन्हें **स्टोरिड कॉर्क** (Steriod cork)
कहते हैं।

बिग्नोनिया के तने की अनुप्रस्थ काट एवं द्वितीयक वृद्धि

बिग्नोनिया के तने में प्राथमिक संरचना पूर्णतया सामान्य प्रकार की पाई जाती है द्वितीयक वृद्धि के समय संवहन एधा वलय के रूप में पाया जाता है, परन्तु इस वलय (Ring) के एक-दूसरे के सम्मुख चार स्थानों पर यह संवहन एधा द्वितीयक फ्लोएम ऊतक अधिक मात्रा में व द्वितीयक जाइलम बहुत कम मात्रा में बनाता है।

द्वितीयक वृद्धि "ऐसी वृद्धि, जो प्राथमिक एधा के असामान्य व्यवहार या प्राथमिक एधा के निष्क्रियता व उसके स्थान पर द्वितीयक एधा के क्रियाशील होने के कारण होती हैं, असंगत/असामान्य वृद्धि कहलाती हैं।

1. सामान्य एधा का असामान्य व्यवहार।
2. असामान्य एधा का असामान्य व्यवहार।
3. सहायक एधा वलय का निर्माण।
4. अन्तरजाइलमी फ्लोएम का निर्माण।

द्वितीयक वृद्धि के फलस्वरूप इन चार स्थानों पर द्वितीयक जाइलम के बीच में फ्लोएम की चार स्पष्ट खाँचे बन जाती हैं जो कि क्रॉसरूपी आकृति में व्यवस्थित होती हैं। इन चारों खाँचों में द्वितीयक फ्लोएम ऊतक धँसा रहता है, क्योंकि द्वितीयक फ्लोएम अपेक्षाकृत कोमल कोशिकाओं का बना होता है। इन खाँचों पर दबाव पड़ सकता है एवं इनके द्वितीयक फ्लोएम ऊतक दबकर नष्ट हो सकते हैं। इसलिए द्वितीयक जाइलम के दबाव का सामना करने के लिए द्वितीयक फ्लोएम की खाँचों में बीच-बीच में स्कलेरेनकाइमा (Sclerenchyma) ऊतक की अनुप्रस्थ छड़ें (Bars of sclerenchyma) बन जाती हैं। इन दृढ़ोतकी संरचनाओं के कारण फ्लोएम खाँचों की आकृति यथावत् बनी रहती है तथा यह विरूपित नहीं होती है। पुराने तने में परिधि में वृद्धि के कारण इन चार खाँचों के एकान्तर नए चार खाँचे और बन जाते हैं।

बिग्नोनिया तने में द्वितीयक वृद्धि के समय इस प्रकार द्वितीयक जाइलम के बीच चार लम्बवत् क्रॉसरूपी फ्लोएम खाँचों का निर्माण इनके तने के लिए अत्यन्त महत्वपूर्ण एवं उपयोगी पारिस्थितिकी अनुकूलन का लक्षण जो फ्लोएम छड़ों में स्कलेरेनकाइमा ऊतक के टुकड़े पाए जाते हैं, जोकि फ्लोएम को एक निश्चित आकार प्रदान करते हैं जो कि तने की यान्त्रिक आवश्यकताओं के अनुरूप होता है। फ्लोएम की छड़ें तने को तेज हवाओं एवं झटकों से सुरक्षा प्रदान करती है।

द्विबीजपत्री जड़ों में द्वितीयक वृद्धि

सभी काष्ठीय द्विबीजपत्री पौधों की जड़ों में द्वितीयक वृद्धि होती है। इसमें रम्भ के बाहर और अन्दर की ओर द्वितीयक ऊतकों के निर्माण से जड़ की मोटाई में वृद्धि होती है। यह वृद्धि जड़ के शीर्ष भाग से कुछ सेमी पीछे से आरम्भ होती है।

द्विबीजपत्री जड़ों में संवहन बण्डल अरीय व एक्सार्क होते हैं। सर्वप्रथम फ्लोएम के नीचे की मृदूतक कोशिकाएँ विभज्योतकी हो जाती हैं। शीघ्र ही प्रोटोजाइलम के सामने की परिरम्भ कोशिकाएँ विभज्योतकी हो जाती हैं।

यह दोनों मिलकर एक लहरदार पूर्ण कैम्बियम वलय बनाती हैं। इस प्रकार उत्पन्न हुआ कैम्बियम वलय पूर्ण रूप से द्वितीयक विभज्योतक होता है। यह अन्दर की ओर द्वितीयक जाइलम व बाहर की ओर द्वितीयक फ्लोएम बनाता है।

परिरम्भ की परत विभज्योतकी होकर कॉर्क कैम्बियम का निर्माण करती हैं, जिससे बाहर की ओर कॉर्क कोशिकाएँ तथा अन्दर की ओर द्वितीयक वल्कुट का निर्माण होता है।

द्वितीयक ऊतकों के निर्माण के कारण अन्तस्त्वचा सहित कॉर्टेक्स फट जाता है तथा कुछ स्थानों पर वातरन्ध्र पाए जाते हैं। **टाइलोसेस** (Tyloses) यह गुब्बारे जैसी रचनाएँ है, जो मृदूतकीय कोशिकाओं के उद्धर्थ (Outgrowth) से वाहिका तथा वाहिनिकाओं में बनते हैं तथा उन्हे बन्द कर देते हैं। टाइलोसेस रसकाष्ठ के अन्तःकाष्ठ में बदलने के समय बनते हैं। ये लिग्निनयुक्त होते हैं तथा अन्तःकाष्ठ को मजबूती प्रदान करते हैं।

टीनोस्पोरा की जड़ की संरचना

परिचर्म कॉर्क, कॉर्क एधा एवं द्वितीयक वल्कुट की बनी है, जिन्हें क्रमशः काग (Phellom), कागजन (Phallogen) एवं कागस्तर (Phelloderm) भी कहते हैं। कॉर्क सबसे बाहर का भाग है, जोकि आयताकार आकार की मृत कोशिकाओं का बना है। यह कुछ से अनेक कोशिका गहरा है।

कॉर्क एधा विभज्योतक प्रवृत्ति की है एवं इससे बाहर की ओर को कॉर्क एवं अन्दर की ओर को द्वितीयक वल्कुट काटे जाते हैं। द्वितीयक वल्कुट पतली भित्ति वाली, मृदूतकीय, गोल अथवा अण्डाकार कोशिकाओं की बनी है, जिसमें अनेक अन्तर्कोशिकीय अवकाश है। कोशिकाएँ अनेक हरितलवकों से भरी है। प्रारम्भिक

अवस्थाओं में अन्तस्त्वचा की एक परत उपस्थित है लेकिन परिपक्व अवस्थाओं में परिचर्म के बनने क कारण यह दिखाई नहीं देती। युवा जड़ों में, पीपे के आकार की कोशिकाओं की बनी हुई, एक-परत वाली **परिरम्भ** उपस्थित है। संवहन पूल अरीय एवं बहिरादिदारूक है तथा एधा की उपस्थिति के कारण द्वितीयक वृद्धि दर्शाते हैं।

चौड़ी **मज्जा किरणों** की सहायता से संवहन ऊतक अनेक छोटे समूहों में विभाजित है। संवहन ऊतक प्राथमिक पोषवाह, द्वितीयक पोषवाह, एधा, द्वितीयक दारू, प्राथमिक दारू एवं मज्जा किरणों का बना है।

प्राथमिक पोषवाह विदलित एवं विलुप्त रूप में है एवं प्राथमिक दारू समूहों से एकान्तरित रूप में स्थित है। प्राथमिक पोषवाह के नीचे द्वितीयक पोषवाह पूर्ण विकसित है। पोषवाह चालनी नलिकाओं, पोषवाह-मृदूतक एवं सहचर कोशिकाओं की बनी है। एधा एक से अनेक कोशिका मोटी, लहरदार एवं एक पूर्ण वलय के रूप में उपस्थित है। द्वितीयक पोषवाह पूर्ण विकसित है तथा वाहिनिकाओं, दारू मृदूतक एवं बड़ी वाहिकाओं की बनी है। प्राथमिक दारू के समूह केन्द्र में स्थित हैं एवं इनकी आदिदारू बाहर की ओर को है। मज्जा किरणें मृदूतकीय एवं बहुस्तरीय है तथा संवहन ऊतक को छोटे-छोटे समूहों में बाँटती हैं। मज्जा यह बहुत कम विकसित है।

पादप शरीर क्रिया विज्ञान

पादप कोशिकाओं का जल सम्बन्ध

प्रत्येक पदार्थ को कोशिका में पहुँचने के लिए कोशिका झिल्ली से होकर गुजरना पड़ता है। कोशिका झिल्ली को **वरणात्मक पारगम्य** (Selectively permeable) कहा जाता है। जीवन के लिए यह वरणात्मकता नितान्त आवश्यक है।

प्रत्येक कोशिका के जीवद्रव्य और बाह्य तरल के बीच एक **परासरणी तन्त्र** (Osmotic system) स्थापित हो जाता है। इनके बीच एक वरणात्मक झिल्ली (Selective membrane) होती है। कोशिकाओं के मध्य निम्न जलीय सम्बन्ध पाए जाते हैं

1. विसरण

गैस, द्रव तथा ठोस के अणुओं की उनके अधिक सान्द्रता के क्षेत्र से कम सान्द्रता की ओर होने वाली गति को **विसरण** (Diffusion) कहते हैं। यह गति तब तक होती रहती है, जब तक दोनों की सान्द्रता अर्थात् अणुओं का वितरण समान नहीं हो जाता है।

किसी पदार्थ के विसरण दाब को **आंशिक दाब** (Partial pressure) कहते हैं। प्रकाश-संश्लेषण की प्रक्रिया में जल वाष्प तथा ऑक्सीजन बाहर विसरित होते हैं, जबकि CO_2 पत्ती के अन्दर विसरित होती है।

2. परासरण

जब दो विभिन्न सान्द्रता वाले विलयनों को अर्द्धपारगम्य झिल्ली के द्वारा पृथक् किया जाता है, तब विलायक (Solvent) का कम सान्द्रता वाले विलयन से अधिक सान्द्रता वाले विलयन की ओर गमन, परासरण (Osmosis) कहलाता है।

परासरण के अन्तर्गत जब कोशिका में जल प्रवेश करता है, तो इसे **अन्तःपरासरण** (Endosmosis) कहते हैं व जब जल कोशिका से बाहर की ओर गमन करता है तब यह **बाह्य परासरण** (Exosmosis) कहलाता है।

परासरण का महत्त्व

पादपों में एक कोशिका से दूसरी कोशिका में जल का परिवहन तथा पादपों में जल का वितरण परासरण द्वारा होता है। जड़ों के मूलरोम मृदा से जल का अवशोषण परासरण क्रिया द्वारा करते हैं। रन्ध्रों का खुलना व बन्द होना परासरण पर निर्भर करता है।

स्फीति दाब व भित्ति दाब

जब एक कोशिका को जल में रखा जाता है, तो रिक्तिका रस का परासरण दाब अधिक होने से जल के अणु बाहर से कोशिका में विसरित होते हैं। इसके कारण जीवद्रव्य फैलता है और जीवद्रव्य कला कोशिका भित्ति के ऊपर दबाव डालती है, तो यह दाब **स्फीति दाब** (Turgor pressure) कहलाता है।

कोशिका भित्ति दृढ़ होने के कारण जीवद्रव्य पर स्फीति दाब के बराबर परन्तु विपरीत दिशा में दाब डालती है, जिसे **भित्ति दाब** (Wall pressure) कहते हैं।

स्फीति दाब का महत्त्व

स्फीति दाब पादपों की स्फीति बनाए रखता है, जो पादपों की वृद्धि में सहायक है। स्फीति दाब के कारण युवा प्ररोह सीधा खड़ा रहता है।

चूषण दाब

साधारणतया परासरण दाब का मान स्फीति दाब से अधिक होता है। परासरण दाब तथा स्फीति दाब के अन्तर को **चूषण दाब** (Suction pressure) कहते हैं।

चूषण दाब (SP) = परासरण दाब (OP) − स्फीति दाब (TP)

SP = OP − TP

अन्तःशोषण

किसी पदार्थ के ठोस कणों के द्वारा किसी द्रव का बिना विलयन बनाए अवशोषण करने को **अन्तःशोषण** कहते हैं। अन्तःशोषण, बीजों के अंकुरण के समय व जड़ों द्वारा जल अवशोषण के समय की प्रारम्भिक अवस्था है।

विसरण दाब न्यूनता

विलायक व विलयन के विसरण दाब में अन्तर **विसरण दाब न्यूनता** कहलाता है। विसरण दाब न्यूनता (DPD) परासरण की दिशा को निर्धारित करती है। यह कोशिका की जल अवशोषण शक्ति है।

जीवद्रव्यकुंचन

बहिःपरासरण (Exomosis) की क्रिया के फलस्वरूप जल के अणु रिक्तिका रस से बाहर की ओर गति करते हैं, जिसके परिणामस्वरूप जीवद्रव्य कोशिका भित्ति से हटकर संकुचित हो जाता है, इस घटना को **जीवद्रव्यकुंचन** कहते हैं। कोशिका की यह अवस्था **श्लथ** (Flaccid) कहलाती है।

जल का अवशोषण

शैवालों में जल का अवशोषण सभी कोशिकाओं द्वारा, ब्रायोफाइटा में मूलाभासों (Rhizoids) द्वारा तथा टेरिडोफाइटा, अनावृतबीजी व आवृतबीजी में जड़ों द्वारा होता है। जड़ में कोशिका **परिपक्वन प्रदेश** (Zone of cell maturation) में उपस्थित मूलरोमों के द्वारा पादप जल का अवशोषण करते हैं।

रसारोहण

जड़ों द्वारा अवशोषित जल के पृथ्वी के गुरुत्वाकर्षण के विपरीत स्तम्भ, शाखाओं तक पहुँचने की क्रिया **रसारोहण** (Ascent of sap) कहलाती हैं। रसारोहण की क्रियाविधि के सम्बन्ध में तीन प्रकार की विचार धाराएँ (अर्थात् जैव शक्तिवाद, मूलदाब व भौतिक शक्तिवाद) दी गई हैं

जैव शक्ति वाद

गोडलेवस्की (Godlewski; 1884) के अनुसार, जाइलम मृदूतक तथा मज्जा किरणों (Medullary rays) के बीच परासरण दाब में परिवर्तन के कारण नीचे की कोशिका से जल ऊपर की कोशिका में स्थानान्तरित होता है।

सर जे सी बोस (JC Bose; 1923) ने इलेक्ट्रिक प्रोब (Electric probe) के प्रयोग द्वारा निष्कर्ष निकाला कि वल्कुट की सबसे आन्तरिक परत अर्थात् एण्डोडर्मिस की कोशिकाओं की संवेदन क्रिया (Pulsation movement) के कारण रसारोहण होता है।

स्ट्रासबर्गर (Strasburger) ने पिकरिक अम्ल (जिससे जीवित कोशिकाओं की मृत्यु हो जाती है) के प्रयोग द्वारा सिद्ध किया कि जैव शक्तिवाद की धारणा गलत है।

मूल दाब वाद

जड़ों द्वारा शोषित जल के संचय से उत्पन्न द्रव स्थैतिक दाब (Hydrostatic pressure) मूल दाब (Root pressure) कहलाता है।

प्रिस्टले (Priestley) ने तने के कटे हुए भाग से बाहर निकलने वाले जल के लिए मूल में उत्पन्न होने वाले दाब को द्रव स्थैतिक दाब (Hydrostatic pressure) कहा। मूलदाब की माप **मैनोमीटर** (Manometer) द्वारा की जाती है।

भौतिक शक्ति वाद

डिक्सन (Dixon) तथा **जौली** (Jolly) द्वारा दिए गए वाष्पोत्सर्जनाकर्षण-जलीय संसंजक मत (Transpiration pull-cohesive force of water theory) के अनुसार, रसारोहण की क्रिया निम्नलिखित तथ्यों पर आधारित है

1. **वाष्पोत्सर्जनाकर्षण** (Transpiration pull) पत्तियों की पर्णमध्योतक कोशिकाओं की भित्तियों से जल के वाष्पन के कारण इनकी परासरण सान्द्रता तथा विसरण दाब न्यूनता (DPD) अधिक हो जाती है और परासरण द्वारा जल जाइलम वाहिकाओं (Xylem vessels) से पर्णमध्योतक कोशिकाओं में प्रवेश करता है। इससे जाइलम के द्रव में उत्पन्न तनाव को **वाष्पोत्सर्जनाकर्षण** कहा जाता है।
2. **जल का संसजक बल** (Cohesive force of water) हाइड्रोजन बन्धों के कारण जल के अणुओं के बीच परस्पर आकर्षण को संसंजक बल कहते हैं। संसंजक बल के कारण मूल रोम से पत्तियों तक जल का एक अविरल स्तम्भ (Continuous column) बना रहता है।
3. **जल का आसंजक बल** (Adhesive force of water) जल के अणु संकीर्ण जाइलम वाहिकाओं तथा वाहिनिकाओं से आसंजक बल द्वारा जुड़े रहते हैं।

वाष्पोत्सर्जन

सजीव पेड़ पादपों के वायवीय भागों (Aerial parts) से जल की वाष्प के रूप में हानि को **वाष्पोत्सर्जन** (Transpiration) कहते हैं। वाष्पोत्सर्जन मुख्यतया पत्तियों पर उपस्थित **रन्ध्रों** (Stomata) के द्वारा होता है। रन्ध्र प्रायः रात्रि में बन्द रहते हैं तथा दिन में खुलते हैं, परन्तु CAM पादपों में रन्ध्र दिन में बन्द रहते हैं तथा रात में खुलते हैं। द्विबीजपत्री पादपों में द्वार कोशिकाएँ (Guard cells) वृक्काकार होती हैं, जबकि एकबीजपत्री पादपों में मुग्दाकार (Dumb-bell shaped) होती हैं। जब द्वार कोशिकाएँ उपकोशिकाओं (Surrounding cells) से K^+ आयन ग्रहण करती हैं, तो रन्ध्र खुलते हैं, जो द्वार कोशिकाओं में जल के परासरणीय प्रवेश का अनुसरण करती हैं। K^+ आयनों का निर्गमन सहायक कोशिकाओं से जल की परासरण हानि के फलस्वरूप होता है तथा रन्ध्र बन्द हो जाते हैं। तापमान में वृद्धि के कारण वाष्पोत्सर्जन की दर बढ़ती है। वातावरण में उच्च आर्द्रता (Humidity), वाष्पोत्सर्जन की दर को घटा देती है।

प्रतिवाष्पोत्सर्जक (Antitranspirants); जैसे—एब्सिसिक अम्ल (ABA) तथा फिनाइल मरक्यूरिक एसीटेट (PMA) से वाष्पोत्सर्जन की दर घट सकती है।

वाष्पोत्सर्जन के प्रकार

वाष्पोत्सर्जन निम्न तीन प्रकार का होता है

(i) **रन्ध्रीय वाष्पोत्सर्जन** (Stomatal transpiration) 80-90% वाष्पोत्सर्जन पत्तियों की सतह पर उपस्थित छोटे-छोटे छिद्रों, जिन्हें **रन्ध्र** (Stomata) कहते हैं, के द्वारा होता है।

(ii) **उपत्वचीय वाष्पोत्सर्जन** (Cuticular transpiration) 3-9% वाष्पोत्सर्जन पत्तियों में पाई जाने वाली उपत्वचा (Cuticle) द्वारा होता है।

(iii) **वातरन्ध्रीय वाष्पोत्सर्जन** (Lenticular transpiration) 1% वाष्पोत्सर्जन काष्ठीय (Woody) पादपों के तनों में पाए जाने वाले वातरन्ध्रों (Lenticels) द्वारा होता है।

रन्ध्र की संरचना

प्रत्येक रन्ध्र एक छोटा-सा छिद्र होता है, जो चारों ओर से गुर्दे या सेम के बीज के आकार की बाह्य त्वचीय कोशिकाओं (Epidermal cells), जिन्हें **द्वार कोशिकाएँ या रक्षक कोशिकाएँ** (Guard cells) कहते हैं, से घिरी संरचना है।

द्वार कोशिकाओं की अन्दर की भित्ति मोटी (Inner thick) तथा बाह्य भित्ति पतली (Outer thin) होती है।

द्वार कोशिकाएँ चारों ओर से बाह्य त्वचीय कोशिकाओं जिन्हें **गौण कोशिकाएँ** अथवा **उपकोशिकाएँ** (Subsidiary cells or Accessory cells) कहते हैं, से घिरी रहती है।

पत्तियों पर रन्ध्रों का वितरण

पत्ती पर रन्ध्रों की औसत संख्या 50 से 300 प्रति वर्ग मिमी होती है। रन्ध्र पत्ती का 1-2% भाग घेरते हैं।

वितरण व्यवस्था के अनुरूप रन्ध्रों का क्रम पत्तियों में निम्न प्रकार का होता है

(i) **सेब के प्रकार** के (Apple type) रन्ध्र केवल निचली सतह पर पाए जाते हैं। उदाहरण–सेब।

(ii) **आलू के प्रकार** के (Potato type) रन्ध्र निचली सतह पर अधिक तथा ऊपरी सतह पर कम पाए जाते हैं। उदाहरण–आलू, मटर, टमाटर, आदि।

(iii) **जई के प्रकार** के (Oat type) रन्ध्र पत्ती की दोनों सतहों पर बराबर पाए जाते हैं। उदाहरण–जई।

(iv) **जल लिली के प्रकार** के (Water lily type) रन्ध्र केवल ऊपरी सतह पर ही पाए जाते हैं। उदाहरण–वाटर लिली (Water lily)।

(v) ***पोटेमोजीटान* के प्रकार** के (*Potamogeton* type) रन्ध्र अनुपस्थित या कार्यहीन (Vestigial) अवस्था में होते हैं। उदाहरण–*पोटेमोजीटॉन* ।

रन्ध्रों के खुलने व बन्द होने की क्रियाविधि

रन्ध्र के खुलने व बन्द होने का कारण द्वार कोशिकाओं की स्फीति (Turgidity) तथा श्लथन (Flaccidation) पर निर्भर करता है।

जब द्वार कोशिका, स्फीति दशा (Turgid) में होती है, तो रन्ध्र खुल जाते हैं तथा जब द्वार कोशिका श्लथ (Flaccid) दशा में होती है, तो रन्ध्र बन्द (Close) हो जाते हैं। द्वार कोशिकाओं की स्फीति दशा में परिवर्तन के दो मुख्य कारण बताए गए हैं

1. स्टार्च ⇌ शर्करा परिवर्तन मत

द्वार कोशिकाओं में दिन में स्टार्च की मात्रा कम तथा शर्करा की मात्रा अधिक होती है। इससे द्वार कोशिकाओं का परासरण दाब (Osmotic pressure) बढ़ जाता है और ये पास की सहायक कोशिकाओं से जल अवशोषित कर लेती हैं और रन्ध्र खुल जाते हैं, जबकि रात में शर्करा, स्टार्च में परिवर्तित हो जाती है, जिससे द्वार कोशाओं का परासरण दाब कम हो जाता है। इस कारण जल द्वार कोशिकाओं से सहायक कोशिकाओं में चला जाता है और द्वार कोशिकाएँ श्लथ हो जाती हैं और रन्ध्र बन्द हो जाते हैं।

सेयरे (Sayre; 1972) के अनुसार, pH में परिवर्तन से रन्ध्रों के खुलने के बन्द होने पर प्रभाव पड़ता है। अधिक pH (हाइड्रोजन आयनों की कम सान्द्रता) पर रन्ध्र खुल जाते हैं। ऐसा दिन के समय होता है। इस समय CO_2 की सान्द्रता भी कम होती है। कम pH (हाइड्रोजन आयन की अधिक सान्द्रता) पर रन्ध्र बंद हो जाते हैं, ऐसा रात के समय होता है। उस समय CO_2 की सान्द्रता भी बढ़ जाती है।

स्टीवार्ड (Steward; 1964) के अनुसार, pH-7 पर ग्लूकोस-6-फॉस्फेट ग्लूकोस व अकार्बनिक फॉस्फेट में बदल जाता है साथ ही श्वसन से प्राप्त O_2 तथा ATP, आदि सभी कारक मिलकर रन्ध्रों के खुलने में मदद करते हैं।

2. सक्रिय K^+ आयन स्थानान्तरण क्रियाविधि

अधिकतर समोद्भिद् (Mesophyte) पादपों में रन्ध्र दिन में खुलते हैं तथा रात्रि में बन्द रहते हैं। मरुद्भिद् (Xerophytes) पादपों में धँसे हुए (Sunken) रन्ध्र पाए जाते हैं।

वाष्पोत्सर्जन को प्रभावित करने वाले कारक

(a) आपेक्षिक आर्द्रता कम होने पर वाष्पोत्सर्जन बढ़ जाता है।
(b) दिन में वाष्पोत्सर्जन अधिक तथा रात्रि में कम होता है।
(c) लाल तरंगदैर्ध्य वाली प्रकाश किरणें रन्ध्रों के खुलने में सबसे अधिक सहायक होती हैं।
(d) वायु की गति अधिक होने पर वाष्पोत्सर्जन तेज होता है तथा कम होने पर कम होता है।
(e) अधिक ताप पर वाष्पोत्सर्जन अधिक तथा कम ताप पर कम होता है।
(f) भूमि में जल की मात्रा कम होने पर वाष्पोत्सर्जन भी कम होता है।

पादप पोषण

पादपों द्वारा अपना भोजन प्राप्त करने या अपने लिए भोजन निर्माण करने की विधि को पोषण कहते हैं। पोषण की विधियों के आधार पर पादपों को दो वर्गों अर्थात् स्वपोषित व परपोषित में बाँटा गया है

1. स्वपोषित पादप

अधिकांश पादप सूर्य के प्रकाश की उपस्थिति में पर्णहरिम (Chlorophyll) की सहायता से, वायुमण्डल से CO_2 व भूमि से जल ग्रहण कर प्रकाश-संश्लेषण द्वारा कार्बनिक भोज्य पदार्थ बना लेते हैं। ये पादप जड़ों द्वारा भूमि से विभिन्न खनिज पोषकों का अवशोषण करते हैं।

2. परपोषित पादप

पर्णहरिम की अनुपस्थिति के कारण ये पादप अपना भोजन स्वयं नहीं बना पाते यद्यपि कीटभक्षी पादपों में पर्णहरिम उपस्थित होता है, परन्तु नाइट्रोजन ग्रहण की विभिन्न विधियों के कारण इन पादपों को भी परपोषी वर्ग में रखा गया है। परपोषी पादप निम्न प्रकार के होते हैं

(i) परजीवी पादप

परजीवी पादप अपना भोजन दूसरे जीवित पादपों अथवा जन्तुओं से प्राप्त करते हैं, जिन्हें **पोषक** (Host) कहते हैं। परजीवी पादप के शरीर का कोई भाग परजीवी मूल (Haustorium) में रूपान्तरित हो जाता है और पोषक से भोज्य पदार्थों का अवशोषण करता है।

अमरबेल *(Cuscuta)* एक पीले, पतले, दुर्बल तने युक्त पूर्ण स्तम्भ परजीवी (Total stem parasite) है। *ऑरसियुथोबियम (Arceuthobium)* भी पूर्ण स्तम्भ परजीवी है।

ओरोबैन्की (Orobanche), *बैलेनोफोरा (Balanophora)* *रैफ्लेसिया (Rafflesia)* आदि पूर्ण मूल परजीवी (Total root parasite) पादप हैं *विस्कम (Viscum)*, *लोरेन्थस (Loranthus)*, *कैसिथा फिलिफॉर्मिस (Cassytha filiformis)* आंशिक स्तम्भ परजीवी (Partial stem parasite) पादप हैं।

चन्दन *(Santalum)*, *थेसियम (Thesium)*, *स्ट्राइगा (Striga)*, *रिनेन्थस (Rhinanthus)*, आदि आंशिक मूल परजीवी (Partial root parasite) पादप हैं।

(ii) मृतोपजीवी पादप

मृतोपजीवी पादप जीवों के मृत, सड़े हुए शरीर से अपना भोजन प्राप्त करते हैं, अनेक जीवाणु तथा कवक मृतोपजीवी होते हैं। कुछ मॉस; जैसे—*स्पलैंकनम (Splanchnum)* तथा *हाइपनम (Hypnum)* मृतोपजीवी हैं।

टेरिडोफाइट्स *बॉट्रिकियम (Botrychium)* तथा *लाइकोपोडियम (Lycopodium)* की कुछ जातियाँ आंशिक मृतोपजीवी हैं। कुछ आवृतबीजी पादप; जैसे—*निओटिया (Neottia)* व *मोनोट्रोपा (Monotropa)* मृतोपजीवी हैं।

(iii) सहजीवी पादप

- **सहजीवन** (Symbiosis) दो जीवों के बीच इस प्रकार का सम्बन्ध है जिसमें दोनों जीवों को लाभ होता है।
- **लाइकेन** (Lichen) में शैवाल तथा कवक सहजीवी के रूप में रहते हैं।
- **कवक मूल** (Mycorrhiza) में कवक पादपों की जड़ों में रहते हैं और जल तथा खनिज लवण अवशोषित करते हैं।
- **लेग्यूमिनोसी** (Leguminosae) कुल के पादपों की जड़ों में उपस्थित *राइजोबियम* जीवाणु नाइट्रोजन का स्थिरीकरण करते हैं।

(iv) कीटभक्षी पादप

ये पादप पर्णहरिम की उपस्थिति के कारण अपना भोजन स्वयं बना लेते हैं, परन्तु नाइट्रोजन की आवश्यकता कीटों को पकड़कर तथा उनका पाचन कर पूरी करते हैं।

ड्रोसेरा (Drosera–sundew plant) एक शाकीय पादपों है। इसके फलक पर उपस्थित ग्रन्थिल स्पर्शकों (Tentacles) से एक चिपचिपा पदार्थ स्रावित होता है, जो कीटों को आकर्षित करने तथा इसमें उपस्थित एन्जाइम कीट के नाइट्रोजन युक्त पदार्थों का पाचन करने का कार्य करते हैं।

डायोनिया (Dionaea–venus fly trap) की पत्ती मध्यनाड़ी से दो भागों में विभाजित होती है। प्रत्येक अर्द्धभाग के किनारों पर दाँत सदृश रचनाएँ तथा ऊपरी सिरे पर नुकीले रोम तथा गुलाबी रंग की ग्रन्थियाँ होती हैं। कीट पत्ती के दोनों भागों के बीच फँस जाता है और बाद में पचा लिया जाता है।

यूट्रीकुलेरिया (Utricularia–Bladder wort) मूलरहित, जलीय पादप है। छोटे-छोटे कीट; जैसे—*साइक्लोप्स (Cyclops)*, *डैफनिया (Daphnia)* तथा *रोटिफेरा (Rotifera)* जल के साथ ब्लैडर के अन्दर आ जाते हैं और पचा लिए जाते हैं।

नेपेन्थीस (*Nepenthes*–Pitcher plant) एक संकटग्रस्त पादप है। इसमें पत्तियों से रूपान्तरित कलश (Pitcher) में उपस्थित मकरन्द ग्रन्थियाँ कीटों को आकर्षित करती हैं।

सरासीनिया (*Sarracenia*–devil's boots) एक शाकीय कीटभक्षी कलश पादप है। *एल्ड्रोवेण्डा* (*Aldrovanda*–water flea trap) एक मूल रहित, जलीय कीटभक्षी पादप है।

खनिज पोषण

सर्वप्रथम **डी साउसर** (De Saussure; 1804) ने वर्णन किया कि पादप खनिजों को मृदा से मूल तन्त्र (Root system) के द्वारा प्राप्त करते हैं।

विभिन्न तत्वों के विशिष्ट कार्य तथा कमी के प्रभाव

तत्व	जिस रूप में अवशोषित रूप	कार्य	कमी के प्रभाव
C, H, O	कार्बनिक यौगिक	ढाँचा बनाना	वृद्धि कम होती है
N	नाइट्रेट	प्रोटीन, न्यूक्लिक अम्ल, एन्जाइम एवं क्लोरोफिल के घटक	पुरानी पत्तियों में हरिमहीनता
S	सल्फेट	अमीनो अम्ल का भाग	नवीन पत्तियों की हरिमहीनता
P	फॉस्फेट	न्यूक्लिक अम्ल का भाग	पत्तियों की हरिमहीनता
Ca	नाइट्रेट्स तथा सल्फेट्स	मध्य पटलिका का भाग	विभज्योतक में हरिमहीनता
K	नाइट्रेट्स तथा क्लोराइड	एन्जाइम का सक्रियक	पत्तियों की हरिमहीनता
Mg	मैग्नीशियम	पर्णहरिम का अवयव	वृद्धि में कमी
Fe	फैरस तथा फैरिक	प्रकाश-संश्लेषण तथा श्वसन	वृद्धि में कमी
B	बोरेट	शर्करा का स्थानान्तरण	जड़ की वृद्धि को रोक देता है
Mn	मैंग्नीज के ऑक्साइड	कुछ एन्जाइमों का सक्रियक	कार्यिकी रोग
Zn	जिंक	ऑक्सिन का संश्लेषण	पुरानी पत्तियों की हरिमहीनता
Cu	कॉपर	एन्जाइमों का ऑक्सीकरण	पत्तियों का ऊतक क्षय
Mo	मॉलिब्डेनम	फलियों में ग्रन्थि का निर्माण	फल निर्माण को रोकना
Cl	क्लोरीन	प्रकाश-संश्लेषण	वृद्धि को कम कर देता है

पादप भस्म (Plant ash) का विश्लेषण दर्शाता है कि विभिन्न पादपों में लगभग 92 खनिज तत्व उपस्थित होते हैं, जिनमें से 30 तत्व प्रत्येक पादपों में उपस्थित होते हैं।

इन 30 तत्वों में से 16 तत्व पादप के लिए आवश्यक होते हैं, जो **आवश्यक** तत्व (Essential elements) कहलाते हैं; जैसे—C, H, O, N, P, S, K, Mg, Ca, Fe, Cu, B, Zn, Mn, Mo तथा Cl हैं।

आवश्यक तत्व दो प्रकार के होते हैं

- **दीर्घ** तत्व (Macro elements) ये अधिक मात्रा में आवश्यक होते हैं। उदाहरण—C, H, O, N, S, P, K, Ca तथा Mg।
- **सूक्ष्म** तत्व (Micro elements) ये कम मात्रा में आवश्यक होते हैं। उदाहरण—Fe, Cu, B, Zn, Mn, Mo तथा Cl ।

लेश तत्व (Trace elements) इनका उपयोग पादपों में विभिन्न उपापचयी प्रक्रियाओं का पता लगाने में किया जाता है। उदाहरण—C^{14}, N^{15}, P^{32}

प्रकाश-संश्लेषण

हरे पादपों द्वारा CO_2 तथा H_2O को कच्चे माल (Raw material) के रूप में ग्रहण कर सूर्य के प्रकाश तथा पर्णहरिम की उपस्थिति में भोजन निर्माण की प्रकिया **प्रकाश-संश्लेषण** कहलाती है।

संसार के कुल संश्लेषण का 90% भाग सागर में तथा स्वच्छ जल में पाए जाने वाले शैवालों के द्वारा संश्लेषित किया जाता है।

प्रकाशिक क्रिया

- प्रकाश-संश्लेषण की क्रियाविधि को दो भागों में विभाजित किया जाता है।
- प्रकाश-संश्लेषण की दर क्वाण्टम (Quantum) मापी जाती है।
- प्रकाश-संश्लेषण में आवश्यक क्वाण्टम 8 हैं।
- PS-I का क्रिया केन्द्र P_{700} होता है, जबकि PS-II का क्रिया केन्द्र P_{680} होता है।
- प्रकाश की उपस्थिति में ATP का निर्माण **प्रकाश फास्फोरिलिकरण** कहलाता है।
- NADP के $NADPH_2$ में अपचयन के लिए Fd (फेरीडॉक्सिन) उत्तरदायी हैं।
- Fd, PS-I (P_{700}) के द्वारा अपचियत होती है।
- PS-I चक्रीय प्रकाश फोटोफॉस्फोरिलीकरण में शामिल होता है।
- PS-II अचक्रीय फोटोफॉस्फोरिलीकरण में शामिल होता है।

अप्रकाशिक क्रिया

- यह कैल्विन चक्र या C_3 चक्र भी कहलाती है। C_3 चक्र में हेक्सोज शर्करा का एक मोल बनाने हेतु 18 ATP + 12 $NADPH_2$ का उपयोग होता है। C_4-चक्र में शीघ्रता से प्रकाश-संश्लेषण करती हुई गन्ने की पत्तियाँ CO_2 स्थिरीकरण के फलस्वरूप एक 4C वाला यौगिक;
  जैसे— एस्पार्टिक अम्ल तथा मौलिक अम्ल बनाती है।
- 4 कार्बन वाला यौगिक ऑक्सेलोएसीटिक अम्ल (OAA) है, जो **हैच** तथा **स्लैक** (Hatch and Slack) चक्र का प्रथम स्थिर उत्पाद है।

जीवाणु में प्रकाश-संश्लेषण

हरे पादपों की तरह कुछ नीले तथा हरे सल्फरयुक्त जीवाणु, प्रकाश की उपस्थिति तथा O_2 की अनुपस्थिति में अपना कार्बनिक भोजन बनाने में सक्षम होते हैं। यह प्रक्रिया **जीवाणु प्रकाश-संश्लेषण** कहलाती हैं।

हरे सल्फर जीवाणु *क्लोरोबियम* (*Chlorobium*) नीला सल्फर जीवाणु *क्रोमेशियम* (*Chromatium*) तथा सल्फरविहीन जीवाणु *रोडोस्पाइरिलियम* (*Rhodospirillium*) हैं।

रासायनिक संश्लेषण

कुछ वायवीय जीवाणुओं के द्वारा रासायनिक ऊर्जा का उपयोग कर कार्बनिक भोजन बनाने की क्रिया रासायनिक संश्लेषण कहलाती है। उदाहरण—**सल्फर जीवाणु** (Sulphur bacteria) *बैगीएटोआ* (*Baggiatoa*), *थायोथ्रिक्स* (*Thiothrix*), *थायोबैसीलस* (*Thiobacillus*)। **नाइट्रीकारी जीवाणु** (Nitrifying bacteria) *नाइट्रोसोमोनास, नाइट्रोसोकोकस, नाइट्रोबैक्टर*।

आयरन जीवाणु (Sulphar bacteria) *फैरोबैसीलस* (*Ferrobacillus*) *लेप्टोथ्रिक्स* (*Leptothrix*)।

हाइड्रोजन जीवाणु (Hydrogen bacteria) *बैसीलस पेन्टोट्रॉफस* (*Bacillus pentotrophus*)।

कार्बन जीवाणु (Carbon bacteria) *बैसीलस ऑलिगोकार्बोफिलस* (*Bacillus oligocarbophilus*)।

पादपों में श्वसन

श्वसन जीवित कोशिकाओं में होने वाली ऑक्सीकरण की वह क्रिया है, जिसमें विभिन्न जटिल कार्बनिक पदार्थों (ग्लूकोस सुक्रोस, स्टार्च, शर्करा, वसा, प्रोटीन, कार्बनिक अम्ल, आदि) का विघटन होता है, जिसके फलस्वरूप कार्बन डाइऑक्साइड (CO_2) और जल (H_2O) मुक्त होते हैं तथा ऊर्जा उत्पन्न होती है जो विभिन्न शारीरिक क्रियाओं के लिए ATP (*एडिनोसिन ट्राइफॉस्फेट*) के रूप में संचित हो जाती है।

कोशिकीय श्वसन के प्रकार

ऑक्सीजन की उपलब्धता तथा श्वसनीय पदार्थों के पूर्ण या अपूर्ण ऑक्सीकरण के आधार पर कोशिकीय श्वसन, निम्नलिखित दो प्रकार का होता है

1. **वायवीय** (ऑक्सी) **श्वसन** (Aerobic Respiration) इस प्रक्रिया में ऑक्सीजन का उपयोग होता है एवं कार्बनिक भोज्य पदार्थ मुख्यतया कार्बोहाइड्रेट (शर्करा) का पूर्ण रूप से कार्बन डाइऑक्साइड तथा जल में ऑक्सीकरण हो जाता है।
2. **अवायवीय** (अनॉक्सी) **श्वसन** (Anaerobic Respiration) सर्वप्रथम अवायवीय श्वसन का अध्ययन **कॉस्टीकेव** (Kostychev; 1902) ने किया था। अवायवीय श्वसन ऑक्सीजन के उपयोग के बिना, कार्बनिक यौगिकों का एन्जाइमों द्वारा नियन्त्रित आंशिक विखण्डन हैं, जिसमें ऊर्जा का एक प्रभाग (Fraction) ही मुक्त होता है। अतः इस क्रिया में कार्बनिक भोज्य पदार्थों के अपूर्ण ऑक्सीकरण द्वारा कार्बन डाइऑक्साइड (CO_2) और एथिल एल्कोहॉल (C_2H_5OH) का निर्माण होता है। कभी-कभी अन्य विभिन्न कार्बनिक पदार्थ; जैसे-सिट्रिक अम्ल (Citric acid), मैलिक अम्ल (Malic acid), ऑक्सेलिक अम्ल (Oxalic acid), ब्यूटरिक अम्ल (Butyric acid), लैक्टिक अम्ल (Lactic acid) भी बनते हैं। इस प्रकार के श्वसन को **अन्तराणुक श्वसन** (Intramolecular respiration) भी कहते हैं। श्वसन क्रिया तीन चरणों में सम्पन्न होती है। *जो निम्न प्रकार हैं*

(i) **ग्लाइकोलाइसिस** (Glycolysis) ग्लाइकोलाइसिस की सर्वप्रथम खोज **एम्बडेन, मेयरहॉफ** तथा **पारानास** (Embden, Mayerhof and Paranas; 1930) ने की थी इसलिए इसे **ई एम पी पथ** (EMP pathway) भी कहते हैं। ग्लाइकोलाइसिस (Gr. *glyco* = sweet, sugar; *lysis* = breaking) एक चरणबद्ध प्रक्रिया है। इस प्रक्रिया में ग्लूकोस (6C) के एक अणु के विखण्डन से पाइरुविक अम्ल (3C) के दो अणुओं का निर्माण होता है। यह अणु कोशिकाद्रव्य में माइटोकॉण्ड्रिया में जाते हैं जहाँ क्रैब चक्र की क्रिया होती है।

(ii) **क्रेब्स चक्र** /TCA **चक्र/सिट्रिक अम्ल चक्र** (Krebs' Cycle /Tricarboxylic Acid Cycle/Citric Acid Cycle) पाइरुविक अम्ल के ऑक्सीकरण से निर्मित एसीटाइल Co-A अब क्रेब्स चक्र में प्रवेश कर जाता है। इस चक्र की खोज एक जर्मन जैव-रसायन शास्त्री **सर हैन्स क्रेब्स** (Sir Hans Krebs) ने सन् 1937 में की थी, जिसके लिए उन्हें सन् 1953 में नोबल पुरस्कार प्रदान किया गया।
इस चक्र का प्रथम स्थाई उत्पाद सिट्रिक अम्ल (Citric acid) होता है, इसलिए इसे **सिट्रिक अम्ल चक्र** (Citric acid cycle) भी कहते हैं।
इस चक्र में विभिन्न अभिक्रियाओं की एक श्रृंखला के फलस्वरूप एसीटाइल Co-A का पूर्ण ऑक्सीकरण होता है।
सभी सुकेन्द्रकीय जीवों में यह सम्पूर्ण क्रिया माइटोकॉण्ड्रिया के मैट्रिक्स में होती है। क्रेब्स चक्र के सभी एन्जाइम माइटोकॉण्ड्रिया के मैट्रिक्स में उपस्थित होते हैं इसके आगे की प्रक्रिया को इलेक्ट्रॉन परिवहन कहते हैं जो माइटोकॉण्ड्रिया की भीतरी झिल्ली में सम्पन्न होती है।

(iii) **इलेक्ट्रॉन परिवहन तन्त्र** (Electron Transport System or ETS) श्वसन में विभिन्न उपापचयी क्रियाओं के मध्य होने वाले इलेक्ट्रॉनों के स्थानान्तरण को इलेक्ट्रॉन परिवहन तन्त्र (ETS) कहते हैं। इन अभिक्रियाओं में इलेक्ट्रॉनों का स्थानान्तरण विशिष्ट वाहकों द्वारा होता है।
यह अभिक्रिया माइटोकॉण्ड्रिया के प्रारम्भिक कणों या F_1-कणों के द्वारा सम्पन्न होती है। ETS के लिए आवश्यक एन्जाइम, वाहक तथा सह-एन्जाइम माइटोकॉण्ड्रिया की आन्तरिक झिल्ली में पाए जाते हैं।

पादप गतियाँ

पादपों में बाह्य या आन्तरिक उद्दीपन की अनुक्रिया में अपना स्थान परिवर्तन करने की क्षमता होती है, जो पादप गति (Plant movement) के नाम से जानी जाती है।

स्थान परिवर्तन के लिए उद्दीपन के ग्रहण हेतु एक विशिष्ट क्षेत्र या स्थल होता है, जो ग्राही स्थान या क्षेत्र (Perception site) कहलाता है।

वह न्यूनतम समय, जो उद्दीपन को प्रेरित करने के लिए आवश्यक होता है, **प्रस्तुतीकरण समय** (Presentation time) कहलाता है।

गतियाँ प्रायः दो प्रकार की होती हैं

1. गमन की गति

यह गति दो प्रकार की होती है

(i) **स्वायत्त** (Autonomic) आन्तरिक उद्दीपन के कारण।

(a) **पक्ष्माभी गति** (Ciliary movement) एक स्थान से दूसरे स्थान पर पक्ष्माभ की सहायता से गति करते हैं।
उदाहरण–*क्लैमाइडोमोनास* ।

(b) **अमीबीय गति** (Amoeboid movement) गमन कूटपादों की सहायता से होता है। उदाहरण–अवपंक फफूंदी (Slime moulds)।

(c) **चक्रीय गति** (Cyclosis movement) जीवद्रव्य की स्वायत्त गति। उदाहरण–*हाइड्रिला* ।

(ii) **प्रेरित** (Induce) बाह्य उद्दीपन के कारण।

(a) **रसायन अनुचलनी** (Chemotactic) जीवाणु का O_2 सान्द्रता की ओर गमन।

(b) **प्रकाशिक अनुचलनी** (Phototactic) बहुत से शैवाल निम्न तथा उच्च प्रकाश से मध्यम प्रकाश तीव्रता की ओर गमन करते हैं।

(c) **ताप अनुचलनी** (Thermotactic) कुछ शैवाल ठण्डे जल से गर्म जल की ओर गमन करते हैं।

2. झुकाव की गति

यह गति निम्न दो प्रकार की होती है

(i) यान्त्रिक गमन

यह मृत अंगों के द्वारा दर्शाई जाती है। उदाहरण—जीरोचेजी (Xerochasy); जैसे—H_2O की हानि; जैसे—सम्पुट (Capsule)। हाइड्रोचेजी (Hydrochasy), जैसे— H_2O के अवशोषण के द्वारा; जैसे—मॉस के परिमुखी दंत (Peristomial teeth)।

(ii) जीव सम्बन्धी गमन

यह जीवित अंगों के द्वारा दर्शाई जाती हैं। ये दो प्रकार की होती हैं

(a) **स्वायत्त** (Autonomic) यह आन्तरिक उद्दीपन के कारण। उदाहरण–प्रतानों की गति, अधोवृद्धि वर्तन (Hyponasty) के द्वारा पत्तियों का खुलना।

(b) **प्रेरित** (Induced) यह **अनुवर्तनी** (Tropic) तथा **कुंचन** (Nastic) गमन भी कहलाता है।

A. **अनुवर्तन गति** (Tropic movement) एक दिशा (Unidirectional) में अनुक्रिया देते हैं। उदाहरण–बाह्य उद्दीपन

- **प्रकाशानुवर्तन** (Phototropism) प्रकाशिक उद्दीपन के प्रति अनुक्रिया देते हैं। उदाहरण—जड़ें, ऋणात्मक प्रकाशानुवर्ती होती हैं।
- **गुरुत्वानुवर्तन** (Geotropism) गुरुत्वीय उद्दीपन के कारण। उदाहरण—तना ऋणात्मक गुरुत्वानुवर्ती है।
- **जलानुवर्तन** (Hydrotropism) जलीय उद्दीपन के कारण। उदाहरण—नवीन जड़ें धनात्मक जलानुवर्ती होती हैं।
- **स्पर्शानुवर्तन** (Thigmotropism) सम्पर्क उद्दीपन के कारण प्रतानों द्वारा गति दर्शाई जाती है।

B. **अनुकुंचनीय गति** (Nastic movement) विसरित बाह्य उद्दीपन के प्रति अनुक्रिया देता है।

- **निशानुकुंचनी** (Nyctinastic or Sleep movement) कुछ लेग्यूम पादपों की पत्तियाँ दिन के समय में क्षैतिज अवस्था दर्शाती हैं तथा रात्रि में ऊर्ध्वाधर हो जाती हैं; उदाहरण—*ऑक्सेलिस* की पत्तियाँ।
- **कम्पानुकुंचन गति** (Seismonastic movement) ये झटका या स्पर्श उद्दीपन के द्वारा होती है; उदाहरण—*मिमोसा पुडिका* (छुईमुई)।
- **स्पर्शीनुकुंचन गति** (Thigmonastic movement) कुछ कीटभक्षी पादपों के द्वारा दर्शाई जाती है; उदाहरण—*डायोनिया* तथा *ड्रोसेरा*।

वृद्धि हॉर्मोन्स

सभी जीवधारी अपने सम्पूर्ण जीवन चक्र (जन्म से मृत्यु) में अपने भार, आकार, नाप तथा आयतन में विभिन्न परिवर्तन दर्शाते हैं यह सम्मिलित रूप से वृद्धि के नाम से जाना जाता है। पादप **वृद्धि नियन्त्रक पादप हॉर्मोन** (Phytohormones) भी कहलाते हैं।

ऑक्सिन

ऑक्सिन कोशिका की लम्बाई में वृद्धि (Cell elongation) को प्रेरित करते हैं तथा पार्श्व कलिकाओं की वृद्धि का संदमन करते हैं। इसे शीर्ष प्रमुखता (Capical dominance) कहते हैं।

IAA प्राकृतिक जबकि IBA, NAA तथा 2, 4D कृत्रिम ऑक्सिन हैं। ऊतक संवर्द्धन में साइटोकाइनिन व ऑक्सिन का उचित अनुपात प्ररोह तथा जड़ के विकास को प्रेरित करता है।

जिबरेलिन्स

यह एक कवक *जिबरेला फुजीकुरोई (Gibberella fujikurioi)* से प्राप्त किया गया जो चावल की बकाने (Bakanae) या मूर्ख नवोद्भिद् (Foolish seedling) रोग को कारक हैं। जिबरेलिन कोशिका दीर्घन (Cell elongation) करता है तथा पर्वीय लम्बाई (Internodal length) में वृद्धि करता है जिबरेलिन्स भ्रूणों, जड़ों तथा प्ररोह सिरे के निकट पत्तियों में उत्पन्न होते हैं। यह पुष्पीकरण एन्जाइम संश्लेषण तथा फल वृद्धि में सहायक होते हैं।

साइटोकाइनिन

साइटोकाइनिन (Cytokinins) कोशिका विभाजन को प्रेरित करते हैं। काइटिन सर्वप्रथम DNA के निम्नीकृत (Degraded) **प्रतिरूप** से पृथक् किए गए थे। जियाटिन मक्का के भ्रूणपोष से पृथक् किया गया था। ये कोशिका विभाजन कोशिका दीर्घीकरण (Cell enlargement) के प्रेरण एवं जीर्णता (Senescence) तथा एन्जाइम संश्लेषण को रोकने के लिए उत्तरदायी होते हैं।

इथाइलीन (Ethylene) यह एक गैसीय हॉर्मोन है, जो तने की वृद्धि को रोकता हैं। इथाइलीन फलों का परिपक्वन (Ripening) शीघ्रता से करती है तथा पादप अंगों के कालप्रभावन (Ageing) को प्रेरित करती है।

एब्सिसिक अम्ल

ये दूसरे हॉर्मोनों को विफल करके वृद्धि निरोधक (Growth inhibitor) के रूप में कार्य करते हैं। यह संवहनी कैम्बियम (Vascular cambium) में माइटोसिस को रोकता (Inhibits) है। यह कलिकाओं एवं बीजों में प्रसुप्ति (Dormancy) को प्रेरित करता हैं। यह रन्ध्रों को बन्द करता है। यह एक प्रतिबल हॉर्मोन (Stress hormone) हैं। यह पत्तियों के गिरने के समय भी उत्पन्न होता है।

नाइट्रोजन चक्र

वायुमण्डल में लगभग 78% नाइट्रोजन है, जो पादपों को सीधे प्राप्त नहीं होती है। नाइट्रोजन चक्र के चार मुख्य चरण निम्नलिखित हैं

1. नाइट्रोजन स्थिरीकरण

वायुमण्डल की मुक्त नाइट्रोजन अजैविक (Non-biological) व जैविक (Biological) विधियों द्वारा अपने यौगिकों में बदल जाती है। अजैविक नाइट्रोजन स्थिरीकरण बादलों में बिजली के चमकने से होता है

$$N_2 + O_2 \longrightarrow 2NO$$
$$2NO + O_2 \longrightarrow 2NO_2$$
$$2NO_2 + O \longrightarrow N_2O_3$$
$$N_2O_5 + H_2O \longrightarrow 2HNO_3$$

जैविक नाइट्रोजन स्थिरीकरण दो प्रकार से होता है

(i) **असहजीवी नाइट्रोजन स्थिरीकरण** (Asymbiotic nitrogen fixation) यह मृदा में स्वतन्त्र रूप से पाए जाने वाले अवायवीय (Anaerobic) जीवाणु; जैसे–*क्लॉस्ट्रिडियम (Clostridium)*, वायवीय (Aerobic)

जीवाणु; जैसे–*एजोटोबैक्टर (Azotobacter), बिजेरेन्किया (Beijerinckia)* व स्वतन्त्र नीले-हरे शैवाल; जैसे–*नॉस्टॉक (Nostoc), एनाबीना (Anabaena)*, आदि के द्वारा होता है।

(ii) **सहजीवी नाइट्रोजन स्थिरीकरण** (Symbiotic nitrogen fixation) *राइजोबियम लेग्यूमिनोसेरम (Rhizobium leguminosarum)* नामक जीवाणु लेग्युमिनोसी कुल के पादपों की जड़ में प्रवेश कर ग्रन्थिकाएँ (Nodules) बनाता है। ग्रन्थिका में लाल वर्णक लेगहीमोग्लोबिन (Leghaemoglobin) पाया जाता है जो नाइट्रोजन स्थिरीकरण के लिए आवश्यक है। नाइट्रोजीनेस (Nitrogenase) एन्जाइम नाइट्रोजन को अमोनियम यौगिकों में अपचयित करने की क्षमता रखता है।

2. अमोनीकरण

जीवाणु जैसे *बैसिलस रेमोसस (Bacillus ramosus)* तथा *बै. मायकॉइड्स (B. mycoides)*, द्वारा पादपों तथा जन्तुओं के मृत शरीर की प्रोटीन से अमोनिया बनाने की क्रिया अमोनीकरण कहलाती है।

$$\text{प्रोटीन} \xrightarrow{H_2O} \text{अमीनो अम्ल} \xrightarrow{H_2O} \text{कार्बनिक अम्ल} + NH_3$$

3. नाइट्रीकरण

नाइट्रोसोमोनास (Nitrosomonas), नाइट्रोबैक्टर (Nitrobacter), आदि जीवाणुओं द्वारा अमोनिया के नाइट्रेट में बदलने की क्रिया को नाइट्रीकरण कहते हैं।

$$2NH_3 + 3O_2 \xrightarrow[\text{नाइट्रोसोकोकस}]{\text{नाइट्रोसोमोनास}} 2NO_2^- + 2H^+ + 2H_2O$$

$$2NO_2^- + O_2 \xrightarrow{\text{नाइट्रोबैक्टर}} 2NO_3^-$$

4. विनाइट्रीकरण

कुछ जीवाणु; जैसे—*थायोबैसिलस डीनाइट्रीफिकेन्स (Thiobacillus denitrificans), माइक्रोकोकस डीनाइट्रीफिकेन्स (Micrococcus denitrificans), स्यूडोमोनास (Pseudomonas)*, आदि नाइट्रोजन व अमोनियम यौगिकों को नाइट्रोजन में परिवर्तित कर देते हैं।

नाइट्रोजन स्वांगीकरण

पादपों द्वारा नाइट्रोजन को चार रूपों में ग्रहण किया जाता है

(i) कार्बनिक नाइट्रोजन (ii) अमोनियम युक्त नाइट्रोजन

(iii) नाइट्रेट नाइट्रोजन (iv) आण्विक नाइट्रोजन

अमीनो अम्ल व यूरिया कार्बनिक नाइट्रोजन के स्रोत हैं। नाइट्रेट या अमोनिया की अपेक्षा एलेनीन, एस्परजीन ग्लूटेमिन, ग्लाइसीन, हिस्टीडीन, आइसोल्यूसीन, ल्यूसीन, आदि अधिक उपयोगी सिद्ध हुए हैं। रेडियो क्रियाशील अमोनिया के प्रयोग से अमोनिया उपापचय की क्रिया स्पष्ट हो गई है। अमोनिया अधिग्रहण में प्रारम्भिक पदार्थ ग्लूटैमेट व एस्पार्टेट होते हैं।

दीप्तिकालिता

कुछ पादपों में पुष्पन (Flowering) को प्रेरित/प्रवृत (Induce) करने में प्रकाश की नियतकालिकता की आवश्यकता होती है। ऐसे पादप प्रकाश की नियतकालिकता (Critical dark period) की अवधि को माप सकते हैं, उदाहरण—कुछ पादप में क्रान्तिक अवधि (Critical period) से ज्यादा प्रकाश की अवधि चाहिए, जबकि दूसरे पादप में प्रकाश की अवधि क्रान्तिक अवधि से कम चाहिए, इस प्रकार प्रकाश की अवधि इस प्रकार प्राप्त होती है जिससे कि दोनों तरह के पादप में पुष्पन की शुरूआत हो सके। यह भी ज्ञातव्य है कि सिर्फ प्रकाश की अवधि ही नहीं; बल्कि अन्धकार की अवधि भी महत्त्वपूर्ण है। अतः कुछ पादप में पुष्पन सिर्फ प्रकाश और अन्धकार की अवधि पर ही निर्भर नहीं करता, बल्कि उसकी सापेक्षित अवधि (Relative period) पर निर्भर करता है। इस घटना को दीप्तिकालिता (Photoperiodism) कहते हैं।

बसन्तीकरण

कुछ पादपों में पुष्पन के लिए कम तापमान की आवश्यकता होती है। कम तापमान-आधारित पुष्पन की इस क्रिया को बसन्तीकरण (Vernalisation) कहते हैं। रूसी वैज्ञानिक **लाइसेन्को** (Lysenko; 1928) ने अपने अध्ययन में पाया कि शीत किस्म के बीजों को अंकुरण के समय अगर कम तापमान (0°C –5°C) पर कुछ दिनों तक रखा जाए तो ऐसे बीजों को गर्मियों के आरम्भ में बोने पर उसी वर्ष फल दे देते हैं। बसन्तीकरण का वास्तविक कार्यशील स्थल विभाज्योतकी कोशिकाएँ, प्ररोह शीर्ष, मूल शीर्ष, भ्रूण शीर्ष, अपरिपक्व पत्तियाँ, आदि हैं।

जैसे—गाजर, बन्दगोभी, चुकन्दर, आदि कुछ द्विवर्षी पादपों में साधारणतया दूसरे वर्ष में पुष्पन होता है, लेकिन इन्हें कम तापमान देकर समय के पहले पैदा किया जाता है। पादपों की कलियों तथा नवोद्भिदों (Seedlings) को भी कम तापमान से शीघ्र पुष्पित किया जा सकता है। बसन्तीकरण के लिए कम तापमान सामान्यतया वर्धी शीर्ष (Growing tip) पर या फिर बीजों के अंकुरण के समय पर दिया जाता है। बसन्तीकरण के बाद पुष्पन के लिए पादप को उचित प्रकाश की आवश्यकता पड़ती है। इस दौरान **वर्नेलिन** (Vernalin) नामक एक हॉर्मोन बनता है जो पुष्पन के लिए आवश्यक हॉर्मोन फ्लोरिजन (Florigen) बनाने में सहायता करता है।

बीज प्रसुप्तता

कुछ बीज कुछ समय के लिए अनुकूल परिस्थितियाँ प्रदान करने पर भी अंकुरण करने में सक्षम नहीं होते क्योंकि इनमें अवरोधी कारक उपस्थित होते हैं इसे ही बीज सुप्तावस्था कहते हैं।

बीज में अंकुरण क्षमता को जीवनक्षमता (Viability of seeds) कहते हैं। जीवन क्षमता नष्ट होने पर भ्रूण की मृत्यु हो जाती है, जिससे उसमें अंकुरण नहीं हो पाता। सबसे लम्बी जीवन क्षमता कमल (*निलम्बो न्यूसिफैरा*) में लगभग 200 वर्ष की होती है।

बीज प्रसुप्तता के कारण

ये निम्नलिखित हैं

(i) बीज आवरण की ऑक्सीजन के प्रति अपारगम्यता; जैसे–*चीनोपोडियम*।

(ii) बीजावरण यान्त्रिक रूप से कठोर; जैसे-सरसों, *एमेरेन्थस*।

(iii) अपरिपक्व भ्रूण की उपस्थिति; जैसे-*जिन्गो बाइलोबा* (अनावृतबीजी)।

(iv) रासायनिक यौगिकों का उत्पादन; जैसे-टमाटर में फेरुलिक अम्ल अवरोधक के रूप में पाया जाता है।

बीजों का अंकुरण

इसमें प्रसुप्त बीज का भ्रूण पुनः सक्रिय होकर वृद्धि करता है, जिससे नए पादप का विकास होता है। बीज अंकुरण दो भिन्न प्रकार से होता है

(i) **भूम्युपरिक अंकुरण** (Epigeal germination) इसमें बीज पत्र भूमि के ऊपर आ जाते हैं वायु तथा प्रकाश ग्रहण करने के कारण बीजपत्राधार (Hypocotyl) में तीव्र वृद्धि होती है। बीज पत्र हरे हो जाते हैं और अन्त में सूखकर गिर जाते हैं तथा बीजांकुर स्वतन्त्र पादप बनाता है। उदाहरण–सेम, अरण्डी

(ii) **अधोभूमिक अंकुरण** (Hypogeal germination) इसमें बीजपत्र भूमि में ऊपर नहीं आते हैं तथा बीजों पर बीजपत्रोपरिक लम्बा होकर प्रांकुर को ऊपर की ओर ले जाता है एवं बीज पत्र हरे नहीं होते हैं; जैसे–मटर, आम, मक्का, मूँगफली, आदि।

भ्रौणिकी

पुष्प

पुष्प एक विशेष प्रकार का रूपान्तरित प्ररोह (Modified shoot) है, जिस पुष्प में नर व मादा दोनों भाग होते हैं, उसे **द्विलिंगी पुष्प** (Bisexual flower or Hermaphrodite) कहते हैं, यदि नर या मादा किसी एक पुष्प पर उपस्थित होते हैं, तो उस पुष्प को **एकलिंगी** (Unisexual) कहते हैं। एक पूर्ण पुष्प में मुख्य रूप से निम्न चार चक्रीय भाग उपस्थित होते हैं

1. **बाह्यदलपुंज** (Calyx) यह प्रथम चक्र, जिसमें बाह्यदल (Sepals) होते हैं। कभी-कभी बाह्यदलपुंज के नीचे बाह्यदलों के समान एक अन्य चक्र होता है जिन्हें **अनुबाह्यदल** (Epicalyx) कहते हैं।
2. **दलपुंज** (Corolla) यह दूसरा चक्र, जिसमें दल (Petals) होते हैं।
3. **पुमंग** (Androecium) यह तीसरा चक्र, जिसमें (नर जनन अंग) पुंकेसर (Stamen) होते हैं।
4. **जायांग** (Gynoecium) यह चौथा चक्र, जिसमें (मादा जनन अंग) एक या एक से अधिक अण्डप या स्त्रीकेसर (Carpels) होते हैं। उपरोक्त चक्रों में बाह्यदलपुंज तथा दलपुंज को **सहायक चक्र** (Accessory whorls) तथा पुमंग तथा जायांग को **आवश्यक चक्र** (Necessary whorls) कहते हैं।

पुमंग, पुंकेसर, लघुबीजाणुधानी तथा परागकण

(i) एक पुमंग में एक या एक से अधिक पुंकेसर या लघुबीजाणुपर्ण (Stamen or Microsporophyll) होते हैं। पुंकेसर (नर जननांग) में परागकण अथवा लघुबीजाणु (Pollen grains or Microspores) उत्पन्न होते हैं।

(ii) प्रत्येक पुंकेसर दो भागों में विभक्त रहता है जिसमें एक बीजाणुयुक्त भाग परागकोष तथा एक पतला वृन्त तन्तु होता है। परागकोष में प्रायः दो पालियाँ (Anther lobes) होती हैं, जो एक संयोजी द्वारा जुड़ी होती हैं। संयोजी में संवहन बण्डल स्थित होते हैं।

(iii) प्रत्येक परागकोष पालि में दो प्रकोष्ठ (द्विकोष्ठी) होते हैं, जिन्हें **लघुबीजाणुधानी** (Microsporangium) या **परागकोष** (Pollen sac) कहते हैं अर्थात् एक परागकोष की अनुप्रस्थ काट को देखें, तो वह चार भागों में बँटी संरचना होती है जिसके चारों कोनों पर लघुबीजाणुधानी उपस्थित होती है। इस लघुबीजाणुधानी या परागपुटी में परागकण (Microspore or Pollen grain) भरे होते हैं।

लघुबीजाणुओं का निर्माण, लघुबीजाणु मातृ-कोशिकाओं में अर्द्धसूत्री विभाजन (Meiosis) के परिणामस्वरूप होता है, अतः ये अगुणित होते हैं और इन्हें **माइक्रोमियोस्पोर्स** भी कहते हैं। परागकोष के परिपक्व होने पर प्रत्येक पालि का मध्य ऊतक नष्ट हो जाता है जिससे परागकोष की प्रत्येक पालि में केवल एक प्रकोष्ठ का निर्माण होता है। इस प्रकार विस्फोटन के समय एक परागकोष में केवल दो प्रकोष्ठ होते हैं।

लघुबीजाणुजनन

इस क्रिया के अन्तर्गत परागकोष तथा परागकणों का परिवर्धन होता है। एक तरुण परागकोष की अनुप्रस्थ काट देखने पर पता चलता है कि वह विभज्योतकीय (Meristematic) कोशाओं का एक समूह है जो बाह्यस्तर (Epidermis) द्वारा घिरा होता है।

बाह्यस्तर के नीचे की अधोस्तरीय कोशाएँ (Hypodermal cells) अपने दीर्घाकार, स्पष्ट केन्द्रक व गाढ़े जीवद्रव्य की उपस्थिति के कारण अन्य कोशाओं से भिन्न हो जाती हैं तथा इन्हें **प्रप्रसु कोशिकाएँ** (Archesporial cells) कहते हैं।

प्रत्येक प्रप्रसु कोशा परिनत विभाजन (Periclinal division) की सहायता से विभाजित होकर बाहर की ओर एक प्राथमिक भित्तीय कोशा (Primary parietal cell) तथा भीतर की ओर एक प्राथमिक पुंबीजाणुजनन कोशा (Primary microsporogenous cell) का निर्माण करती है। ये दोनों कोशाएँ निरन्तर विभाजित होती रहती हैं। विभाजन के फलस्वरूप प्राथमिक भित्तीय कोशाएँ तीन से पाँच भित्ति स्तर बनाती हैं।

इनमें बाह्य स्तर के नीचे वाली परत की कोशा भित्ति प्रायः मोटी हो जाती है जिसे अन्तःस्तर (Endothecium) कहते हैं। परागकोष में जिन स्थानों से स्फुटन होता है वहाँ की भित्ति पतली रह जाती है वह स्थान **रन्ध्रक** (Stomium) कहलाता है। अन्तःस्तर के नीचे वाली 1-5 भित्तिय कोशाएँ मध्य स्तर तथा सबसे नीचे वाली टेपीटम बनाती हैं।

टेपीटम

यह परागकोष की एककोशिकीय अन्तःभित्ति है। टेपीटम की कोशिकाएँ बड़ी, लम्बी व अन्तःसूत्री विभाजन (Endomitosis) द्वारा बहुगुणित (Polyploid) हो जाती हैं तथा बाद में नष्ट होकर लघुबीजाणुओं को पोषण देने का कार्य करती हैं।

टेपीटम स्रावी या ग्रन्थिल (Secretory or Glandular) तथा अमीबीय या प्लाज्मोडियल (Amoeboid or Plasmodial) प्रकार की होती है। अमीबीय प्रकार की टेपीटम कोशिकाओं की अरीय भित्ति टूटकर जीवद्रव्य पराग कक्ष में छोड़ देती है। यह सारा जीवद्रव्य मिलकर **पेरीप्लाज्मोडियम** बनाता है। टेपीटम कोशिकाएँ जो कोशिका भित्ति तथा कोशिका कला के बीच पहुँचकर स्पोरोपोलेनिन (Sporopollenin) द्वारा घिर जाती हैं ये **यूबिस काय** (Ubisch bodies) कहलाती हैं। ये परागकण की बाह्य भित्ति के निर्माण में सहायक हैं।

प्राथमिक पुंबीजाणुजनन कोशाएँ ये प्रत्यक्ष रूप से दो या तीन विभाजनों की सहायता से विभाजित होकर अनेक लघुबीजाणु मातृ कोशाओं का निर्माण करती हैं। प्रत्येक क्रियात्मक लघुबीजाणु मातृ कोशिका एक अर्द्धसूत्री विभाजन द्वारा विभाजित होकर चार अगुणित परागकण या लघुबीजाणु बनाती हैं। परागकणों को **माइक्रोमियोस्पोर्स** भी कहा जाता है।

लघुबीजाणु या परागकण

परागकण, नर युग्मकोद्भिद् की प्रथम कोशा है। ये सामान्यतया गोलाकार या अण्डाकार तथा दो आवरणों या भित्तियों से ढके रहते हैं। बाह्य भित्ति कठोर तथा खुरदुरी होती है इसे **बाह्य चोल** कहते हैं, जो स्पोरोपोलेनिन नामक प्रतिरोधक वसीय पदार्थ की बनी होती है।

स्पोरोपोलेनिन उच्च ताप तथा सुदृढ़ अम्लों एवं क्षारों के सम्मुख नष्ट नहीं होता है। इस भित्ति में छोटे-छोटे जनन छिद्र पाए जाते हैं जिनसे पराग नलिका निकलती है। परागकण की आन्तरिक भित्ति **अन्तःचोल** (Intine) कहलाती है, जो पेक्टोसेलुलोस (Pectocellulose) की बनी होती है। पराग नलिका का निर्माण अन्तःचोल द्वारा होता है। परागकण में दोनों स्तरों के अन्दर कोशिकाद्रव्य तथा एक बड़ा केन्द्रक स्थित होता है। परागकणों की संरचना आदि का अध्ययन **परागाणु विज्ञान** में किया जाता है।

परागकोष का स्फुटन तथा परागकणों का विकास

परिपक्व परागकोष में केवल बाह्यत्वचा व अन्तःभित्ति (Endothecium) पायी जाती है। मध्यस्तर तथा टेपीटम नष्ट हो जाते हैं। परागकोष का स्फुटन अनुदैर्ध्य (Longitudinal slits) बनने से होता है। परागकोष के स्फुटन की प्रक्रिया निम्न प्रकार से होती है। परिपक्व परागकोष के अन्तःस्तर से जल का ह्रास हो जाता है जिस कारण से इन कोशिकाओं की बाह्य पतली भित्ति भीतर की ओर सिकुड़ जाती है। भीतर की ओर सिकुड़ने के कारण रन्ध्रक (Stomium) या मुख की कोशाओं पर दाब पड़ता है, जिससे ये एक-दूसरे से पृथक् हो जाती हैं तथा स्फुटन (Dehiscence) हो जाता है जिसके फलस्वरूप परागकण स्वतन्त्र हो जाते हैं। स्वतन्त्र होने से पूर्व ही परागकण का अंकुरण हो जाता है। इस प्रक्रिया में परागकण का केन्द्रक समसूत्री विभाजन द्वारा दो केन्द्रकों में विभाजित हो जाता है।

इनमें बड़े केन्द्रक को **वर्धी केन्द्रक** तथा छोटे केन्द्रक को **जनन केन्द्रक** (Generative nucleus) कहते हैं। कुछ समय पश्चात् जनन केन्द्रक के चारों ओर कोशिकाद्रव्य एकत्रित हो जाता है। अब यह **जनन कोशिका** कहलाती है। इस अवस्था में परागकण, परागकोष से स्वतन्त्र हो जाते हैं।

कुछ पादपों में जनन कोशा, परागकण में ही दो नर युग्मकों में विभाजित हो जाती है। परागकण, परागण की क्रिया द्वारा अण्डपों के वर्तिकाग्र पर पहुँच जाते हैं। नर युग्मकोद्भिद् का आगे परिवर्धन जायांग में होता है।

बीजाण्ड की संरचना

बीजाण्ड एक छोटी-सी संरचना है, जो बीजाण्डवृन्त (Funicle or Funiculus) द्वारा बीजाण्डसन से जुड़ा रहता है। बीजाण्ड का वह भाग जिससे बीजाण्डवृन्त जुड़ा होता है **नाभिका** (Hilum) कहलाता है। बीजाण्ड के भीतर का अधिकांश भाग जो मृदूतकीय कोशाओं (Parenchymatous Cells) का बना होता है, जिसे **बीजाण्डकाय** (Nucellus) कहा जाता है। बीजाण्डकाय एक या दो आवरणों से ढका होता है, जिन्हें **अध्यावरण** (Integuments) कहा जाता है। यह अध्यावरण बीजाण्ड को एक छोटे से रन्ध्र को छोड़कर चारों ओर से घेरे रहता है। इस रन्ध्र को **बीजाण्डद्वार** कहते हैं। बीजाण्डद्वार सिरे के ठीक विपरीत **निभाग** (chalaza) होता है। बीजाण्डकाय के मध्य में एक थैलीनुमा संरचना भ्रूणकोष होती है। इसे **मादा युग्मकोद्भिद** भी कहते हैं।

गुरुबीजाणुजनन

गुरुबीजाणु मातृ कोशिका से गुरुबीजाणु के बनने की क्रिया गुरुबीजाणुजनन कहलाती है। इस प्रक्रिया में बीजाण्डकाय की अधोस्तरीय (Hypodermal) कोशिका आकार में बड़ी होकर अन्य कोशिकाओं से भिन्न हो जाती है, जिसे **प्राथमिक प्रप्रसु कोशिका** कहते हैं।

यह कोशिका परिनत विभाजन (Periclinal division) द्वारा विभाजित एक बाहरी प्राथमिक भित्तीय कोशा तथा भीतरी प्राथमिक बीजाणुजनन कोशिका (Primary Sporogenous Cell or PSC) बनाती है। प्राथमिक बीजाणुजनन कोशिका (PSC) गुरुबीजाणु मातृ कोशिका (Megaspore Mother Cell or MMC) के समान कार्य करने लगती है।

गुरुबीजाणु मातृ कोशा ($2n$) अर्द्धसूत्री विभाजन द्वारा विभाजित होकर चार अगुणित (n) गुरुबीजाणु बनाती है, जो प्राय: एक लम्बवत् चतुष्क में विन्यासित रहते हैं, लेकिन कभी-कभी T-आकार या '⊥' आकार के भी चतुष्क होते हैं। प्राय: चतुष्क का निचला निभागीय गुरुबीजाणु कार्यरत रहता है। बीजाण्डद्वारे की ओर के शेष तीनों अक्रियाशील गुरुबीजाणु नष्ट हो जाते हैं। कार्यरत गुरुबीजाणु भ्रूणकोष का निर्माण करता है।

मादा युग्मकोद्भिद् अथवा भ्रूणकोष

भ्रूणकोष की संरचना

भ्रूणकोष में निभाग की ओर तीन प्रतिमुख कोशाएँ (Antipodal cells), दो स्वतन्त्र ध्रुवीय केन्द्रक (Polar nuclei) केन्द्र में तथा तीन कोशाएँ (दो सहायक कोशाएँ तथा इनके मध्य एक अण्ड कोशा) बीजाण्डद्वार की ओर होती है। सम्मिलित रूप से ये तीनों कोशाएँ **अण्ड समुच्चय** कहलाती हैं। एक सामान्य आवृतबीजी बीजाण्ड 8-केन्द्रीय व 7-कोशिकीय संरचना है। ये (प्रतिमुख) कोशिकाएँ भ्रूणपोष की वृद्धि एवं विकास के लिए भोज्य पदार्थ स्रावित करती हैं।

भ्रूणकोष का विकास

क्रियाशील गुरुबीजाणु, मादा युग्मकोद्भिद् की प्राथमिक कोशा है। गुरुबीजाणु अगुणित होते हैं। क्रियाशील बीजाणु अपने आकार को बढ़ाकर बीजाण्डकाय का अधिकांश भाग घेर लेते हैं। इसी बीच बीजाणु का केन्द्रक विभाजित होकर दो सन्तति केन्द्रक बनाता है और ये दोनों केन्द्रक ध्रुवों (बीजाण्डद्वार एवं निभाग) पर चले जाते हैं और बाद में फिर से केन्द्रक तीन समसूत्री विभाजनों की सहायता से विभाजित होकर आठ केन्द्रक बनाता है।

इनमें चार केन्द्रक बीजाण्डद्वार की ओर तथा चार केन्द्रक निभाग की ओर रहते हैं। दोनों तरफ से एक-एक केन्द्रक, केन्द्र की तरफ बढ़कर ध्रुवीय केन्द्रक बनाते हैं। ये दोनों ध्रुवीय केन्द्रक भ्रूणकोष के मध्य में मिलकर द्वितीयक केन्द्रक का निर्माण करते हैं। बीजाण्डद्वार की ओर के तीन केन्द्रकों के मध्य भित्ति निर्माण हो जाने से अण्ड उपकरण बनता है, जिसमें एक बड़ी अण्डकोशा या मादा युग्मक तथा उसके दोनों ओर दो सहायक कोशाएँ होती है। इसी प्रकार निभाग की तरफ तीन केन्द्रक तीन प्रतिमुख कोशाओं का निर्माण करते हैं। भ्रूणकोष प्राय: बीजाण्डकाय पर पोषण के लिए निर्भर होते हैं।

परागण

परागकणों का परागकोष से वर्तिकाग्र तक पहुँचने की क्रिया को **परागण** कहते हैं। परागण क्रिया दो प्रकार की होती हैं

(i) स्व-परागण या ऑटोगैमी

स्व-परागण की क्रिया में एक पुष्प के परागकण उसी पुष्प अथवा उसी पादप के किसी दूसरे पुष्प के वर्तिकाग्र पर पहुँचते हैं। स्व-परागण के दो भेद दिए जा सकते हैं

(i) एक अवस्था, जिसमें एक द्विलिंगी पुष्प के परागकण, उसी पुष्प की वर्तिकाग्र पर पहुँचते हैं।

(ii) दूसरी अवस्था, जिसमें एक ही पादप के पुष्प (एकलिंगी नर पुष्प या द्विलिंगी पुष्प) के परागकण उसी पादप के दूसरे पुष्प (मादा पुष्प या द्विलिंगी पुष्प) के वर्तिकाग्र पर पहुँचते हैं। स्व-परागण की इस अवस्था को **सजातपुष्पी परागण** (Geitonogamy) कहते हैं।

(ii) पर-परागण

यदि परागण उसी जाति के दो पादपों के मध्य या दूसरी जाति के पादपों के मध्य होता है, तो इसे पर-परागण या पर-निषेचन (Allogamy) या **जीनोगैमी** (Xenogamy) कहते हैं। यहाँ पर दोनों पुष्प दो अलग-अलग पादपों पर लगे रहते हैं। वे एकलिंगी या द्विलिंगी कोई भी हो सकते हैं। पृथकलिंगी पादपों के पुष्पों में केवल पर-परागण ही सम्भव है।

निषेचन

नर व मादा जनन इकाइयों के संयोजन की क्रिया को निषेचन कहते हैं। पुष्पीय पादपों में यह क्रिया परागकणों में निर्मित नर युग्मक तथा बीजाण्ड में स्थित अण्डकोशा के संयोजन द्वारा होती है। यह क्रिया निम्नलिखित चरणों के माध्यम से सम्पन्न होती है

(i) परागकण का वर्तिकाग्र पर अंकुरण

परागकण वर्तिकाग्र पर पहुँचकर वर्तिकाग्र की सतह पर उपस्थित शक्करीय तरल पदार्थ को अवशोषित करके फूल जाते हैं। इनका अन्त:चोल (Intine) पराग नलिका के रूप में जनन छिद्र से बाहर निकल आता है। प्राय: एक परागकण से केवल एक पराग नलिका बनती है, ये परागकण **एक नलिकीय** (Monosiphonous) कहलाते हैं। मालवेसी तथा कुकुरबिटेसी कुल के सदस्य **बहुनलिकीय** (Polysiphonous) होते हैं, जिनमें एक से अधिक पराग नलिकाएँ निकलती हैं। परागकोष से बाहर निकलने के समय परागकण में एक बड़ी वर्धी कोशिका तथा एक छोटी जनन कोशिका होती है।

पराग नलिका में पहले नाल केन्द्रक जाता है, जो कुछ समय पश्चात् नष्ट हो जाता है तथा जनन कोशिका के निषेचन से पहले दो छोटे नर युग्मक बनते हैं। परागनली वर्तिका से होती हुई बीजाण्ड के पास पहुँच जाती है।

(ii) पराग नलिका का बीजाण्ड में प्रवेश

अधिकांश आवृतबीजियों में परागनली वर्तिका में से होती हुई बीजाण्डद्वार के समीप पहुँच जाती है और इसी समय परागनली में स्थित जनन केन्द्र दो नर-युग्मक में विभाजित हो जाता है। उदाहरण— *कैप्सेला* में पराग नलिका बीजाण्डद्वार द्वारा बीजाण्ड में प्रवेश करती है। इसे **अण्डद्वारी प्रवेश** (Porogamy) कहते हैं।

कैज्युराइना (*Casuarina*) में पराग नलिका निभाग द्वारा बीजाण्ड में प्रवेश करती है। इसे **निभागीय प्रवेश** (Chalazogamy) कहते हैं।

कभी-कभी पराग नलिका बीजाण्ड के अध्यावरण (Integuments) को तोड़कर प्रवेश करती है। इसे **मध्यप्रवेश** (Mesogamy) कहते हैं; जैसे–*कुकुरबिटा* (*Cucurbita*)।

(iii) पराग नली का भ्रूणकोष में प्रवेश

पराग नलिका भ्रूणकोष में सदैव बीजाण्डद्वारी छोर से रासायनिक उद्दीपन के कारण प्रवेश करती है। पराग नलिका का अन्तिम सिरा अण्ड उपकरण में एक सहायक कोशिका और अण्डकोशिका के बीच से होकर या सहायक कोशिका को भेदते हुए बीजाण्ड में प्रवेश करता है। सहायक कोशिका में पराग नलिका फटकर दोनों नर युग्मकों को स्वतन्त्र कर देती है।

(iv) नर और मादा युग्मकों का संयोजन

भ्रूणकोष में एक नर युग्मक अण्डकोशिका से संयोजन करके द्विगुणित युग्मनज का निर्माण करता है। यह प्रक्रिया **संयुग्मन** कहलाती है। युग्मनज द्विगुणित ($2n$) होता है। दूसरा नर युग्मक द्वितीयक केन्द्रक ($2n$) के साथ मिलकर त्रिगुणित भ्रूणपोष केन्द्रक बनाता है। इस क्रिया में कुल पाँच केन्द्रक भाग लेते हैं।

यह प्रक्रिया **त्रिसंलयन** या **त्रिसमेकन** (Triple fusion) कहलाती है, इस प्रकार दोनों युग्मक निषेचन प्रक्रिया में भाग लेते हैं अर्थात् निषेचन दो बार होता है। इसे **द्विनिषेचन** कहते हैं। संयुग्मन तथा त्रिसमेकन दोनों द्विनिषेचन के ही भाग हैं। संयुग्मन के फलस्वरूप बना युग्मनज भ्रूण का निर्माण करता है तथा त्रिसंलयन के पश्चात् बना त्रिगुणित केन्द्रक भ्रूणपोष का निर्माण करता है, जो भ्रूण के परिवर्धन के समय भ्रूण के पोषण में काम आता है। निषेचन के पश्चात् सहायक कोशिकाएँ व प्रतिमुख कोशिकाएँ नष्ट हो जाती हैं।

द्विनिषेचन की खोज **नवाश्चिन** (Nawaschin) ने *फ्रिटिलेरिया* (*Fritillaria*) व *लिलियम* (*Lilium*) नामक पादपों में की, जबकि **संयुग्मन** की खोज **स्ट्रासबर्गर** ने की थी। इस प्रक्रिया में बने युग्मनज से भ्रूण बनता है तथा भ्रूणकोष केन्द्रक से भ्रूणकोष का निर्माण होता है। भ्रूणकोष में भोजन संग्रहित रहता है और भ्रूणीय विकास में सहायता करता है। यह **आवृतबीजियों की विशेषता** है।

भ्रूण का विकास

संयुग्मन के पश्चात् **अण्ड युग्मनज** कहलाता है जिससे भ्रूण का विकास होता है। यह द्विबीजपत्रीय तथा एकबीजपत्रीय पादपों में भिन्न होता हैं।

द्विबीजपत्री भ्रूण का विकास

युग्मनज आकार में बढ़कर अपने चारों ओर सेलुलोज की भित्ति का निर्माण करता है। यह अनुप्रस्थ विभाजन के द्वारा बीजाण्डद्वार की ओर, आधार कोशिका तथा निभाग की ओर, अन्तस्थ कोशिका (Terminal cell) का निर्माण करता है आधारकोशा को **निलम्बक कोशा** तथा अन्तस्थ कोशा को **भ्रूणीय कोशा** (Embryonal cell) कहते हैं। आधार कोशिका अनुप्रस्थ विभाजनों द्वारा 6-10 कोशिका लम्बा निलम्बक बनाती है निलम्बक की ऊपरी कोशिका फूलकर एक पुटिका कोशिका (Vasicular cell) बनाती है तथा सबसे निचली कोशिका **अध:स्फीतिका** (Hypophysis) कहलाती है।

यह कोशिका आगे विभाजन करके मूलांकुर (Radicle) के शीर्ष को जन्म देती है। निलम्बक का कार्य बीजाण्डकाय से भोजन अवशोषित करके वृद्धि कर रहे भ्रूण को प्रदान करना है। अन्तस्थ कोशिका अनुप्रस्थ विभाजन करके अष्टांशक (Octant) का निर्माण करती है। इसमें अध:स्फीतिका के नीचे की चार कोशिकाएँ **अधराधर कोशिकाएँ** तथा इसके नीचे की चार कोशिकाएँ **अध्याधर कोशिकाएँ** कहलाती हैं। अध्याधर कोशिकाओं से मूलांकुर व अधोबीजपत्र तथा अध्याधर कोशिकाओं से प्रांकुर व बीजपत्र (Cotyledons) बनते हैं।

अष्टाशंक अवस्था की आठ कोशिकाएँ परिनत विभाजन (Periclinal division) के द्वारा बाह्यत्वचीय कोशिकाओं का एक स्तर बनाती हैं, जो अपनत विभाजन (Anticlinal division) के द्वारा त्वचाजन बनाता है। इसके अन्दर की कोशिकाएँ उदग्र व अनुप्रस्थ विभाजनों द्वारा विभाजित होकर केन्द्रीय रम्भजन तथा मध्य में वल्कुटजन बनाती हैं। वल्कुटजन कोशिकाएँ वल्कुट (Cortex) तथा रम्भजन कोशिकाएँ रम्भ बनाती हैं। भ्रूण वृद्धि करके हृदयाकार हो जाता है। इसमें बीजपत्र बड़े होकर मुड़ जाते हैं।

इस प्रकार परिपक्व द्विबीजपत्री भ्रूण में दो बीजपत्री होते हैं, जो एक अक्ष से जुड़े होते हैं।

अक्ष का एक भाग जो बीजपत्रों के बीच होता है **प्रांकुर** कहलाता है और दूसरा भाग **मूलांकुर** कहलाता है।

इस प्रकार का द्विबीजपत्री भ्रूणीय परिवर्धन क्रूसीफेरी कुल के सदस्य *कैप्सेला बुर्सा-पेस्टोरिस* (*Capsella bursa-pastoris*) में पाया जाता है।

एकबीजपत्री भ्रूण का विकास

एकबीजपत्री पादप में युग्मनज लम्बाई में बढ़कर अनुप्रस्थ विभाजन द्वारा विभाजित होता है। इससे बीजाण्डद्वार की ओर आधार कोशिका तथा निभाग की ओर अन्तस्थ कोशिका बनती है आधार कोशिका से निलम्बक का निर्माण होता है।

अन्तस्थ कोशिका के अनुदैर्घ्य विभाजन से दो कोशिकाएँ बनती हैं। ऊपर की कोशिका निलम्बक तथा नीचे की कोशिकाओं से T-आकार का नया भ्रूण बनता है। भ्रूण में एकबीजपत्र होता है जिसे **स्कुटेलम** (Scutellum) कहते हैं। इसके अतिरिक्त इसमें प्रांकुर बीजपत्राधार (Hypocotyl) व मुलांकुर होता है। इसमें प्रांकुर पार्श्वीय होता है। निषेचित बीजाण्ड से बीज का निर्माण होता है। बीजाण्ड के अध्यावरण **बीजावरण** (Seed coat) कहलाते हैं। इसमें बाह्य आवरण **बीजचोल** (Aril) तथा अन्त:आवरण **अन्त:कवच** (Tegmen) कहलाते हैं।

भ्रूणपोष का विकास

आवृत्तबीजियों में भ्रूणपोष त्रिसंलयन के फलस्वरूप बनता है, इसलिए ये त्रिगुणित ($3n$) होता है। भ्रूणपोष वृद्धि करते हुए भ्रूण को पोषण देता है।

असंगजनन

कभी-कभी पादपों के जीवन चक्र में युग्मक संलयन (Syngamy) व अर्द्धसूत्री विभाजन की अनुपस्थिति में ही नए पादप का निर्माण हो जाता है। यह क्रिया असंगजनन कहलाती है। इसकी खोज **विंकलर** (Winkler) नामक वैज्ञानिक ने सन् 1908 में की थी।

बहुभ्रूणता

बीजाण्ड या बीज में एक से अधिक भ्रूणों का उत्पन्न होना बहुभ्रूणता कहलाती है। इसकी खोज **एण्टोनी वॉन ल्यूवेनहॉक** (A vLeeuwenhoek) ने सन् 1791 में **संतरे** में की। ये निम्नलिखित प्रकार की होती है

(i) **सरल बहुभ्रूणता** (Simple Polyembryony) इस स्थिति में बीजाण्ड में एक से अधिक भ्रूणकोष होते हैं जिनमें निषेचन की क्रिया के पश्चात् अनेक निषिक्ताण्ड का निर्माण होता है। प्रत्येक से भ्रूण का निर्माण होता है; जैसे-*ब्रैसिका* (*Brassica*)।

(ii) **मिश्रित बहुभ्रूणता** (Mixed Polyembryony) इस स्थिति में एक से अधिक पराग नलिकाएँ बीजाण्ड में प्रवेश करती हैं जिनमें उपस्थित अतिरिक्त नर युग्मक, सहायक कोशाओं या प्रतिमुख कोशाओं से संयुक्त होकर द्विगुणित कोशा ($2n$) बनाते हैं। इन द्विगुणित कोशाओं से भी भ्रूण का निर्माण होता है; जैसे-प्याज, आदि में।

(iii) **विदलन बहुभ्रूणता** (Cleavage Polyembryony) इस स्थिति में युग्मनज दो या दो से अधिक भागों में विभाजित हो जाता है तथा प्रत्येक भाग से भ्रूण बनता है; जैसे-*निम्फिआ एडवीना*।

(iv) **अपस्थानिक भ्रूणता** (Adventive Embryony) जब भ्रूण बीजाण्डकाय या अध्यावरण की कोशिकाओं के विभाजन से उत्पन्न होता है अपस्थानिक भ्रूणता कहलाती है; जैसे-नींबू, सन्तरा, आम, आदि।

अनिषेकजनन (Parthenocarpy) बिना निषेचन के फल बनना अनिषेकजनन कहलाता है।

जैव-प्रौद्योगिकी एवं आनुवंशिक अभियान्त्रिकी

जैव-प्रौद्योगिकी

जैव-प्रौद्योगिकी एकल विधा तकनीक नहीं, वरन् तकनीकी विधाओं का समूह है, जो सजीव कोशिकाओं तथा उनके अवयवों के सहकार्य में समान विशेषताएँ साझा करती है। वर्तमान में, विज्ञान की इस विधा के क्षेत्रों तथा उपयोगिताओं का विस्तार हुआ है। यह फसली पादपों के उत्पादन एवं सुधार, मानव स्वास्थ्य सेवाएँ एवं रासायनिक उद्योगों में एक महत्त्वपूर्ण साधन की भूमिका में कार्यरत हैं। विभिन्न संगठनों द्वारा जैव-प्रौद्योगिकी को निम्न प्रकार परिभाषित किया गया है

पारम्परिक जैव-प्रौद्योगिकी

पारम्परिक जैव-प्रौद्योगिकी वास्तव में हमारे पूर्वजों द्वारा किण्वित जीवाणुओं, कवकों, आदि सूक्ष्मजीवों के प्रयोगों द्वारा विकसित पाकशाला तकनीक (Kitchen technology) है। मनुष्य सदियों से सूक्ष्मजीवों की सहायता से डबल रोटी, मदिरा, बीयर, सिरका, आदि का उत्पादन करता रहा है। प्रथम विश्वयुद्ध के दौरान सूक्ष्मजीवों के सर्वप्रथम उपयोग द्वारा सिट्रिक अम्ल (Citric acid) का उत्पादन किया गया।

तत्पश्चात् सूक्ष्मजीवों एवं सुलभ पदार्थों का प्रयोग करके अधिक उपयोगी तथा अधिक मूल्यवान पदार्थों; जैसे–प्रतिजैविक (Antibiotics), कार्बनिक अम्ल (Organic acids), आदि का उत्पादन प्रारम्भ हुआ। प्रयोगशाला में जन्तु एवं पादप कोशिका संवर्धन तकनीक (ऊतक संवर्धन) द्वारा विभिन्न मूल्यवान उत्पादों की प्राप्ति की जाती है।

इस प्रकार, हम कह सकते हैं कि पारम्परिक जैव-प्रौद्योगिकी के अन्तर्गत, वे सेवाएँ तथा प्रक्रम आते हैं, जो सूक्ष्मजीवों की प्राकृतिक क्षमता पर आधारित होते हैं। जैव-प्रौद्योगिकी के पारम्परिक ज्ञान के उपयोग से, मानव ने बाजार में खाद्य उत्पादों की विश्वस्तरीय श्रृंखला खड़ी कर दी है।

पारम्परिक जैव-प्रौद्योगिकी के विभिन्न उपयोगी क्षेत्र निम्नलिखित हैं

आधुनिक जैव-प्रौद्योगिकी

आधुनिक जैव-प्रौद्योगिकी को पारम्परिक जैव-प्रौद्योगिकी से विभिन्न करने वाली दो मुख्य विशेषताएँ निम्न हैं

1. पुनर्योगज DNA (Recombinant DNA) तकनीक द्वारा आनुवंशिक पदार्थ में विशिष्ट आवश्यकताओं के अनुरूप परिवर्तन की विज्ञानी क्षमता।
2. तकनीक का स्वामित्व एवं इसका सामाजिक राजनैतिक प्रभाव। आधुनिक जैव-प्रौद्योगिकी का शुभारम्भ सन् 1970 पुनर्योगज DNA (*r*DNA) तकनीक के विकास से हुआ। *r*DNA तकनीकी को आनुवंशिक अभियान्त्रिकी (Genetic engineering) भी कहा जाता है।

यह तकनीक वाँछित उत्पाद के उत्पादन हेतु, किसी जीव से वाँछित जीन का पृथक्करण (Isolation) उसका अन्य जीव में स्थानान्तरण (Transfer) तथा अभिव्यक्ति (Expression) की अनुमति प्रदान करती है। आज पारम्परिक औद्योगिकी, औषधीय एवं स्वास्थ्य उद्योग, कृषि उद्योग, आदि जैव-प्रौद्योगिकी आधारित उत्पाद निर्मित करने के लिए प्रयासरत् हैं। इसलिए आनुवंशिक अभियान्त्रिकी पर आधारित उत्पादन तकनीकों को प्रायः आधुनिक प्रौद्योगिकी कहा जाता है।

आनुवंशिक अभियान्त्रिकी, पुनर्योगज DNA तकनीक, जीन क्लोनिंग, आदि तकनीक आधुनिक जैव-प्रौद्योगिकी के अन्तर्गत आती हैं, जिनके अन्तर्गत DNA खण्डों का विलगन, उनका नवीन संयोग से संयोजन तथा पुनर्योगज अणु का वापस नवीन अणुओं में पुनःस्थापना (Introduction) को उपरोक्त चित्र में दर्शाया गया है। पुनर्योगज DNA विधियाँ जीवों के सुधार हेतु आनुवंशिक विभिन्नताओं के नवीन प्रारूप की आपूर्ति में जन्तु तथा पादपों में प्रजनन की पारम्परिक विधियों के पूरक हैं।

आनुवंशिक अभियान्त्रिकी केन्द्रों की समसामयिक अभिरुचियाँ निम्नलिखित हैं

(i) विशिष्ट जीन, जीन का अंश या जीनोम के क्षेत्र का विलगन।
(ii) विशिष्ट RNA तथा प्रोटीन अणुओं का बहुल उत्पादन।
(iii) जैव-रासायनिक पदार्थ; जैसे-एन्जाइम एवं औषधियों के उत्पादन की कार्यक्षमता में वृद्धि।
(iv) विशिष्ट वाँछित विशेषता युक्त जीव की रचना।
(v) आनुवंशिक रोगों के लिए एलीलिक स्ट्टेस का निदान।
(vi) उच्चवर्गीय जीवों में आनुवंशिक विकारों में सहसम्बन्ध।

आनुवंशिक अभियान्त्रिकी

आण्विक जीव विज्ञान (Molecular biology) के क्षेत्र में हुई असाधारण प्रगति ने जैव-प्रौद्योगिकी के एक अत्यन्त महत्त्वपूर्ण क्षेत्र आनुवंशिक अभियान्त्रिकी को जन्म दिया है।

जीन या आनुवंशिक अभियान्त्रिकी तकनीक के सहयोग से किसी एक प्रजाति के जीवों के आनुवंशिक वाहक जीन का प्रत्यारोपण अन्य प्रजाति के जीवों में किया जाता है तथा वाँछित गुणों युक्त जीव प्राप्त किए जाते हैं।

आधुनिक वैज्ञानिकों ने संकरण द्वारा नहीं बल्कि जीवों के आनुवंशिक पदार्थ (DNA) में जोड़-तोड़ (Manipulation) करके सूक्ष्मजीवों, पौधों तथा जन्तुओं की मानव के लिए अधिक उपयोगी नस्लों की उत्पत्ति की विधियों का आविष्कार किया, जिसे **आनुवंशिक अभियान्त्रिकी** (Genetic engineering) कहते हैं। आनुवंशिक अभियान्त्रिकी में कृत्रिम विधियों द्वारा कोशिकाओं की आनुवंशिक रूपरेखा में परिवर्तन किया जाता है। इसमें पुनर्संयोजन DNA बनाने के लिए जीन का स्थानान्तरण या पुनर्संयोजन होता है।

इस तकनीक में दो भिन्न जीवों के DNA को संयुक्त कर पुनर्संयोजन DNA उत्पन्न किया जाता है। इस तकनीक को DNA **पुनर्संयोजन तकनीक** (DNA recombinant technique) भी कहा जाता है।

जीव-जातियों की इस विधि द्वारा उत्पन्न नस्लों को **जीव-परिवर्ती** (transgenic) कहते हैं। उदाहरण—के लिए रोग प्रतिरोधी या फिर उपयोगी तथा उत्तम उत्पाद; जैसे-एन्जाइम, हॉर्मोन, वैक्सीन, आदि बनाने के लिए इस तकनीक में अत्यधिक कुशलता और उच्च सम्बद्धता (High precision) की आवश्यकता होती है।

आनुवंशिक अभियान्त्रिकी, जीन की मरम्मत, नवीन संकरणों का निर्माण, जीन की संश्लेषण क्षमता का औद्योगिक दृष्टि से उपयोग करने की विधियों को विकसित करने जैसे पक्षों से सम्बन्धित है।

दूसरे शब्दों में, जैव-प्रौद्योगिकी की इस महत्त्वपूर्ण तकनीक में जीन विलगन (Gene isolation), जीन संश्लेषण (Gene synthesise), पुनर्योगज DNA, पॉलीमरेज श्रृंखला अभिक्रिया (Polymerase chain reaction), जीन मानचित्रीकरण (Gene mapping), आदि तकनीक उपयोग में लाई जाती हैं।

आनुवंशिक अभियान्त्रिकी में प्रयुक्त साधन

आनुवंशिक अभियान्त्रिकी द्वारा सजीव तन्त्र के आनुवंशिक पदार्थ में जोड़-तोड़ (Gene manipulation) साधारण तथा सरल प्रक्रम नहीं है, इस उद्देश्य की पूर्ति के लिए विभिन्न साधनों की आवश्यकता होती है। इन साधनों (यन्त्रों) में एन्जाइम, वाहक DNA, पैसेन्जर DNA, DNA प्रोब, आदि सम्मिलित हैं।

वाहक या संवाहक

जिस DNA अणु में वाँछित जीन को जोड़ते हैं, उसे वाहक (vector) कहते हैं। इसका चयन निम्नलिखित लक्षणों के आधार पर करते हैं

(a) यह माप में छोटा होना चाहिए।

(b) इसमें रेस्ट्रिक्शन एन्डोन्यूक्लिएज एन्जाइम की क्रिया के लिए कहीं पर वैसा ही एक विलोम पद होना चाहिए, जैसे-विलोम पदों पर दाता (Donor) जीव के DNA अणुओं का विखण्डन हुआ है।

(c) इसमें वाँछित जीन को अपने में निवेशित (insert) कर लेने की क्षमता होनी चाहिए। इस क्षमता युक्त DNA को पुनर्योगज DNA या **पुनर्योगज संवाहक** कहा जाता है। पुनर्योगज संवाहक को संकर संवाहक (Hybrid vector) या **काइमैरिक संवाहक** भी कहते हैं।
वाहक के भी क्लोनिंग संवाहक हो सकते हैं क्योंकि जीवाणु कोशिका के अन्दर पुनर्योगज DNA के गुणन द्वारा इनकी अनेक प्रतिलिपियाँ तैयार की जाती हैं तथा इनमें जीवाणु कोशाओं के अन्दर गुणसूत्र नियन्त्रण के बगैर स्वतन्त्र रूप से द्विगुणन/प्रतिकृतिकरण की क्षमता होती है, इसके अतिरिक्त ऐसे वाहक जो द्विगुणन की क्षमता के साथ जोड़-तोड़ या हेर-फेर (Manipulation) की क्षमतायुक्त भी होते हैं उन्हें **अभिव्यक्ति संवाहक** (Expression vectors) कहते हैं।

(d) **प्रतिकृतिकरण का उद्भव** (Origin of replication) यह प्रतिकृतिकरण के प्रारम्भ होने वाला अनुक्रम या स्थल (Sequence or site) है। DNA का कोई खण्ड इस स्थल से बँधकर परपोषी कोशाओं में द्विगुणन करने में सक्षम है। यह अनुक्रम स्वायत रूप से प्रतिकृतिकरण की अनुमति देती है, तथा इस प्रकार वाहक परपोषी कोशिकाएँ स्वयं की अनेक प्रतिलिपियाँ उत्पन्न कर सकता है। इसलिए लक्ष्य DNA की अत्यधिक संख्या प्राप्त करने के लिए, अत्यधिक प्रतिरूप बनाने में सहायक उत्पत्ति अनुक्रम (*Ori* sequence) संवाहक में क्लोन किया जाता है।

(e) **एक मार्कर जीन या वरण योग्य चिन्हक** (A marker gene or Selectable marker) एक अच्छे संवाहक में वरण योग्य चिन्हक की भी एक आवश्यक विशेषता होती है। यह रूपान्तरित परपोषी कोशिकाओं के चयन (वरण) की अनुमति प्रदान करता है तथा अरूपान्तरित कोशिकाओं को पहचान कर उनको नष्ट करने में सहायक होता है। यह रूपान्तरित परपोषी कोशिकाओं की वृद्धि का प्रेरण करता है। सामान्यतया प्रतिजैविक औषधियाँ (टेट्रासाइक्लेन, क्लोरैम्फैनिकाल, कैनामाइसीन तथा एम्पिसिलिन) के प्रति प्रतिरोधक कूट युक्त जीन, *ई. कोलाई* के लिए उपयोगी वरण चिन्ह समझे जाते हैं। कुछ सामान्य वाहक निम्नलिखित हैं

- **प्लाज्मिड** (Plasmid) यह सर्वाधिक प्रयोग किए जाने वाला वाहक है। यह एक छल्लेनुमा रचना होती है जो DNA की बनी होती है। जो जीवाणु में मुख्य जीनोम के अतिरिक्त पाए जाते हैं। इनमें प्रतिजैविकता, लैंगिक कारक, भारी धातुओं के लिए प्रतिरोधक जीन, आदि पायी जाती है। ये जीवाणु के जीनोम से अलग पुनरावृत्ति करते हैं इन्हें आकार में छोटे होने के कारण कोशिका से आसानी से अलग किया जा सकता है। प्लाज्मिड एक कोशिका से दूसरी कोशिका में जा सकता है। सबसे अधिक वाहक के रूप में प्रयोग किए जाने वाले वाहक (जैसे— pBR324, pC194, pBR 322) एक जीवाणु कोशिका में बन्द, वृत्ताकार, स्व-प्रतिकृतिकरण में सक्षम, बाह्य गुणसूत्रीय पदार्थ होते हैं। प्लाज्मिड का आकार 1×10^6 से 200×10^6 डॉल्टन के मध्य होता है। प्लाज्मिड को वाहक के रूप में सर्वप्रथम 1973 में प्रयोग किया गया।
- **बैक्टीरियोफेज** (Bacteriophage) क्लोनिंग वाहक के रूप में प्रयोग में आने वाले कुछ वाहक हैं; जैसे—लैम्बडा (λ), बैक्टीरियोफेज (जीवाणु में), कॉलीफ्लॉवर मोजैक वायरस (पौधों में), सिमियन वायरस-40 (चूहों में), हर्पीज वायरस और एडीनो वायरस (मानव और अन्य जन्तुओं में)।
- यदि किसी सम्पूर्ण जीनोम या एक विशाल DNA युक्त यूकैरियोट के जीनोमिक लाइब्रेरी तैयार करने में बैक्टीरियोफेज वाहक, जैसे—लैम्बडा (λ) बैक्टीरियोफेज उपयोग में लाया जाता है। जबकि प्लाज्मिड को लघु आकार के DNA खण्डों के क्लोन बनाने में प्रयोग किया जाता है।
- **कॉस्मिड और फैज्मिड** (Cosmid and phagmid) ये वाहक प्लाज्मिड और वायरस के बने होते हैं। कॉस्मिड का निर्माण लैम्बडाकार विभोजी के गुणसूत्र तथा प्लाज्मिड के DNA के संयोग से होता है। फैज्मिड का निर्माण जीवाणुभोजी तथा प्लाज्मिड के संयोग से होता है। pUC 118 तथा pUC 119 फैज्मिड संवाहक है।
- **कृत्रिम गुणसूत्र** (Artificial chromosomes) जीवाणु के कृत्रिम गुणसूत्र (Bacteria Artificial Chromosomes—BACs), यीस्ट के कृत्रिम गुणसूत्र तथा स्तनधारी के कृत्रिम गुणसूत्र सुकेन्द्रीय जीन अन्तरण के लिए अधिक सक्षम होते हैं।

पुनर्योगज DNA तकनीकी

आण्विक स्तर पर जीन के प्रकार्य तथा संरचना के विस्तृत अध्ययन में व्यक्तिगत जीन की शुद्ध विशाल मात्रा आवश्यक होती है। तकनीकी प्रौद्योगिकी की एक किस्म/प्रकार, जिसको पुनर्योगज DNA तकनीक कहा जाता है, DNA की क्लोनिंग या जीन क्लोनिंग में प्रयोग की जाती है। इस तकनीकी ने वैज्ञानिकों को समान DNA अणुओं की एक विशाल संख्या के निर्माण की अनुमति प्रदान की है वै-प्रौद्योगिकी के प्रारम्भिककरण (1970) के बाद से DNA के एक खण्ड को दूसरे जीव के DNA के साथ संकरण सम्भव हुआ, जिसके परिणामस्वरूप प्राप्त DNA को पुनर्योगज कहा गया अर्थात् 'कोई भी साधारण DNA, जो विभिन्न स्रोतों से व्युत्पन्न अनुक्रमों द्वारा निर्मित होता है, पुनर्योगज DNA कहलाता है।'

सन् 1972 में **पॉल बर्ग** ने एक विषाणु DNA (SB-40) को जीवाणु *ई. कोलाई* में प्रत्यारोपण द्वारा नवीन जीव की उत्पत्ति की, जो दोनों (विषाणु तथा जीवाणु) के समान गुणों का संयुक्त प्रतिदर्श (नमूना) था। **उदाहरण** यह मानव आँत में जीवाणु *ई. कोलाई* की भाँति वृद्धि में सक्षम था तथा विषाणु के जैसी रोगजनक क्षमतायुक्त था। इस प्रकार एक नवीन तकनीक का विकास हुआ, जिसे **पुनर्योगज DNA तकनीक** (*r*DNA technology) कहते हैं।

पुनर्योगज rDNA तकनीक की प्रक्रिया

पुनर्योगज DNA तकनीक की प्रक्रिया निम्न चरणों में पूर्ण होती है

(i) वाँछित आनुवंशिक पदार्थ (DNA) का विलगन एवं पृथक्करण। यूकैरियोटिक या प्रोकैरियोटिक जीवों के विशिष्ट DNA को रेस्ट्रिक्शन एण्डोन्यूक्लिएज एन्जाइम की सहायता से खण्डों में बाँटा जाता है एवं विभिन्न विधियों द्वारा उसे पृथक कर लिया जाता है।

(ii) वियोजित DNA खण्ड या जीन को योग्य वेक्टर DNA अर्थात् प्लाज्मिड, जीवाणुभोजी या जीवाणु कृत्रिम गुणसूत्र के साथ DNA लाइगेज एन्जाइम की सहायता से जोड़ा जाता है।

(iii) पुनर्योगज DNA को ग्राही जीव (recipient organism) अर्थात् वाँछित जीवाणु में डाला जाता है।

(iv) कोशिका के विभाजन के साथ इस उचित जीन तथा जीन उत्पाद की प्रतियाँ बनने लगती है।

पारजीनी पौधे

पुनर्योगज DNA तकनीक द्वारा पारजीनी जीव प्राप्त होते हैं। इनमें वाँछित गुण का जीन प्रविष्ट करा दिया जाता है, जिससे उनका आनुवंशिक रूप परिवर्तित हो जाता हैं इस प्रकार प्राप्त पारजीनी पादप अनेक वाँछित गुणों से युक्त होते हैं; जैसे—किसी कीट के प्रति प्रतिरोधक।

क्लोनिंग

क्लोन एक ऐसी जैविक रचना है, जो एकमात्र जनक (माता अथवा पिता) से अलैंगिक विधि द्वारा उत्पादित होता है। यह उत्पादित क्लोन अपने माता-पिता के जीन के विपरीत सिर्फ अपने जनक माता अथवा पिता के शारीरिक एवं आनुवंशिक रूप से पूर्णतया समरूप होता है।

पादपों में क्लोनिंग को **टिशू कल्चर या ऊतक संवर्धन** कहा जाता है। ऊतक संवर्धन के लिए किसी पादप भाग का प्रयोगशाला में संवर्धन करवाया जाता है और उससे सम्पूर्ण पादप की प्राप्ति की जाती है। इसके लिए संवर्धन माध्यम में अनेक पादप हॉर्मोन भी डाले जाते हैं। पूर्ण पादप बनने के पश्चात् उसे उद्यान में स्थानान्तरित कर दिया जाता है।

जैव-प्रौद्योगिकी का मानव कल्याण में महत्त्व

1. अनेक कीट प्रतिरोधी पादपों की प्राप्ति।
2. उच्च उत्पादकता वाली फसलों की प्राप्ति।
3. अनेक वैक्सीन के उत्पादन में सहायक।
4. वैक्सीन के प्रभाव को जाँचने हेतु पारजीनी जीवों की उपलब्धि हेतु उत्तरदायी।
5. उच्च गुणवत्ता वाली फसलों की प्राप्ति।

जैव-कीटनाशक

ये खरपतवारा, कीट, आदि नियन्त्रण की एक उत्तम विधि है। इस विधि का एक प्रमुख उदाहरण *बैसीलस थ्यूरिनजिएन्सिस* है जो *Bt*-क्रिस्टल नामक टॉक्सिन उत्पन्न करता है। ये कुछ लेपिडोप्टेरेन के लिए हानिकारक होते हैं। ये कीटों को नियन्त्रित कर पैदावार बढ़ाते हैं। कुछ अन्य प्राकृतिक पदार्थ; जैसे नीम से प्राप्त अजाडिरेक्टिन भी कीटों को नष्टकर पैदावार बढ़ाता है।

जैव-उर्वरक

कुछ सूक्ष्मजीव उर्वरक की भाँति कार्य करते हैं। जैसे दलहनी पादपों की जड़ों में रहने वाला जीवाणु *राइजोबियम* नाइट्रोजन का स्थिरीकरण करके भूमि की उर्वरता को बढ़ाता है। इसके अतिरिक्त अनेक असहजीवी जीवाणु व नील-हरित शैवाल भी भूमि को उर्वरता को बढ़ाते हैं।

वस्तुनिष्ठ प्रश्न

1. एण्डोडर्मिस की कुछ कोशिकाएँ जो प्रोटोजाइलम के ठीक सामने होती हैं तथा जिनकी आमने-सामने की भित्तियाँ पतली होती हैं, उनको कहते हैं

(a) स्टार्च कोशिकाएँ (b) मार्ग कोशिकाएँ
(c) सह-कोशिकाएँ (d) रेजिन कोशिकाएँ

2. सखि कोशिकाएँ सम्बन्धित है

(a) चालनी नलिकाओं से (b) जाइलम से
(c) स्थूलकोणोतक से (d) कैम्बियम से

3. रेजिन डक्ट्स पाई जाती है

(a) *पाइनस* में (b) गेहूँ में
(c) मक्का में (d) ज्वार में

4. संवहनी पूल को, जिसमें केन्द्रीय फ्लोएम चारों ओर से जाइलम द्वारा घिरा होता है, कहते हैं

(a) उभयफ्लोएमी
(b) फ्लोएम केन्द्री
(c) संपार्श्विक
(d) जाइलम केन्द्री

5. वल्कुटजन से उत्पन्न होता है

(a) बाह्य त्वचा (b) वल्कुट
(c) (b) व (c) दोनों (d) अंतस्त्वचा

6. ट्यूनिका-कॉर्पस सिद्धान्त किसने प्रतिपादित किया?

(a) हेन्सटीन ने (b) नगेली ने
(c) हॉफमीस्टर ने (d) श्मिट ने

7. अन्तर्विष्ट विभज्योतक मिलता है

(a) तने के शीर्ष भाग पर
(b) जड़ के शीर्ष भाग पर
(c) तने के पार्श्व तल पर
(d) तने के आधार अथवा पर्वसन्धियों के बीच

8. पार्श्व विभज्योतक में विभाजन होता है

(a) अनुप्रस्थ तल में (b) क्षैतिज तल में
(c) अरीय दिशा में (d) (a) व (c) दोनों

9. पौधों के कोमल भागों में अधिकतर मिलती है

(a) मृदूतक कोशिकाएँ (b) स्थूलकोण कोशिकाएँ
(c) दृढ़ोतक (d) इनमें से कोई नहीं

10. निम्नलिखित स्थान पर उगने वाले पौधों में वार्षिक वलय स्पष्ट होते हैं

(a) उष्ण कटिबन्धीय क्षेत्रों में
(b) ध्रुवीय क्षेत्रों में
(c) घास के मैदान में
(d) शीतोष्ण क्षेत्रों में

11. द्वितीयक वृद्धि में दो संवहन बण्डल के मध्य, जो कैम्बियम बनता है, उसको कहते हैं

(a) कैम्बियम वलय
(b) अन्त:पूलीय कैम्बियम
(c) अन्तर्पूलीय कैम्बियम
(d) कॉर्क कैम्बियम

12. कॉर्क कैम्बियम की उत्पत्ति होती है

(a) कॉर्टेक्स की भीतर की कोशिकाओं से
(b) कॉर्टेक्स को किसी भी कोशिका से
(c) कॉर्टेक्स की बाहर की कोशिकाओं से
(d) अन्त: तथा अन्तर पूलीय एधा से

13. पेरीडर्म का निर्माण होता है

(a) फैलम से
(b) फैलोजन से
(c) फैलोडर्म से
(d) ये सभी

14. सेप वुड (sap wood) मिलता है

(a) द्वितीयक काष्ठ में बाहर की ओर
(b) द्वितीयक काष्ठ में अन्दर की ओर
(c) पेरीसाइकिल
(d) कॉर्टेक्स

15. असामान्य द्वितीयक वृद्धि मिलती है
(a) *ड्रेसीना* में (b) *ट्रिटिकम* में
(c) *हेलीएन्थस* में (d) *कुकुरबिटा* में

16. कॉर्क कोशिकाएँ जल के प्रति अपारगम्य होती हैं, क्योंकि इसमें होता है
(a) लिग्निन (b) सेलुलोस
(c) क्यूटिन (d) सुबेरिन

17. तनों में द्वितीयक वृद्धि होती है
(a) शीर्षस्थ विभज्योतक से
(b) पार्श्व विभज्योतक से
(c) अन्तर्वेशी विभज्योतक से
(d) (a) व (b) दोनों

18. शरद ऋतु के काष्ठ को बसन्त ऋतु के काष्ठ से पहचाना जा सकता है
(a) वाहिनिका तथा वाहिकाओं की चौड़ी गुहा द्वारा
(b) वाहिनिका तथा वाहिकाओं की संकरी गुहा द्वारा
(c) जाइलम के लाल रंग द्वारा
(d) विभज्योतक द्वारा

19. फर्नीचर के लिए आप किस प्रकार के तने का भाग चयनित करेंगे?
(a) अन्तःकाष्ठ (b) रस काष्ठ
(c) मेड्यूला (d) फैलम या कॉर्क

20. फैलोजन से बनता है
(a) फ्लोएम
(b) जाइलम
(c) कॉर्क
(d) कॉर्क और द्वितीयक कॉर्टेक्स

21. ऊतक, जिसकी कोशिकाएँ आयताकार होती हैं और जिससे द्वितीयक वृद्धि प्रारम्भ होती है, उसको कहते हैं
(a) जाइलम (b) फ्लोएम
(c) पेरीसाइकिल (d) कैम्बियम

22. छाल के लेन्टीसेल्स होते हैं
(a) वायु छिद्र (b) वाहिकाएँ
(c) ऊतक (d) संवहन ऊतक

23. कॉर्क के लिए दूसरा शब्द है
(a) फैलोजन (b) फैलोडर्म (c) फैलम (d) पेरीडर्म

24. एक तने में द्वितीयक वृद्धि होते रहने पर कौन व्यास में बढ़ेगा?
(a) अन्तःकाष्ठ (b) रसकाष्ठ
(c) कॉर्टेक्स (d) इनमें से कोई नहीं

25. व्यावसायिक कॉर्क प्राप्त किया जाता है
(a) *फाइकस रेलिजिओसा* से
(b) *क्वेरकस सुबर* से
(c) *डैलबर्जिया सिस्सू* से
(d) *पाइनस* जाति से

26. वह ऊतक, जो द्विबीजपत्री तने या जड़ की मोटाई में वृद्धि के लिए उत्तरदायी है
(a) वल्कुट (b) मज्जा
(c) संवहन एधा (d) अधोवाही

27. टाइलोसिस होते हैं
(a) वाहिनी डक्ट जो वाहिनियों व वाहिकाओं के अन्तः कोशिकीय स्थान को अवरूद्ध करते हैं
(b) संयुक्त चालनी पट्टिकाएँ
(c) विशेषीकृत स्त्रावक कोशिकाएँ
(d) रबरक्षीरी वाहिनियाँ

28. द्विबीजपत्री तनों में पाई जाने वाली संवहन एधा है
(a) द्वितीयक विभज्योतक
(b) प्राथमिक विभज्योतक
(c) अन्तरकोशिकीय विभज्योतक
(d) शीर्षस्थ विभज्योतक

29. कॉर्क कोशिकाएँ होती हैं
(a) मृत (b) विभज्योतकी
(c) प्रकाश-संश्लेषी (d) इनमें से कोई नहीं

30. निम्नलिखित में से कौन द्विबीजपत्रीय मूलों की शारीरिकी का लाक्षणिक गुण नहीं हैं?
(a) अरीय संवहन पूल
(b) द्वितीयक वृद्धि
(c) मज्जा कम या अनुपस्थित
(d) संवहन पूल 15-20

31. एक वृक्ष के मुख्य स्तम्भ की अनुप्रस्थ काट में 50 वार्षिक वलय हैं। वृक्ष की आयु होगी
(a) 25 वर्ष (b) 50 वर्ष (c) 100 वर्ष (d) 200 वर्ष

32. काष्ठ में गाँठें बन जाती है, इसका कारण है
(a) कीटों द्वारा काटना
(b) जन्तुओं द्वारा चोट पहुँचाना
(c) मुख्य तने में शाखाओं का ढक जाना
(d) शाखाओं का गिरना व दाग छोड़ना

33. एकबीजपत्रियों में रोपण सम्भव न होने का कारण है
(a) एधा का अनुपस्थिति
(b) ये शाकीय होते हैं
(c) इसमें समान्तर शिराविन्यास होता है
(d) संवहन पूल बिखरे होते हैं

34. मूलगोप का उद्‌भव किससे हैं?
(a) गोपकजन (b) रम्भजन
(c) प्राक्‌एधा (d) त्वचाजन

35. अरीय संवहन पूल पाए जाते हैं
(a) एकबीजपत्री पत्ती में
(b) द्विबीजपत्री मूल में
(c) तने में
(d) द्विबीजपत्री में

36. वनस्पति विज्ञान की वह शाखा, जिसके अन्तर्गत पादप शरीर के आन्तरिक संगठन का अध्ययन किया जाता है
(a) कार्यिकी (b) पारिस्थितिकी
(c) पादप शारीरिकी (d) साइटोलॉजी

37. प्रशान्त केन्द्र पाया जाता है
(a) मूल शीर्ष में (b) प्ररोह शीर्ष में
(c) पुष्प शीर्ष में (d) पर्ण शीर्ष में

38. जड़ में पेरीसाइकिल उत्तरदाई हैं?
(a) पार्श्व जड़ों के निर्माण के लिए
(b) यान्त्रिक सहायता प्रदान करने के लिए
(c) संवहन पूल के निर्माण के लिए
(d) वल्कुट के निर्माण के लिए

39. सहचर कोशिकाएँ सम्बन्धित होती है
(a) चालनी नलिकाओं से
(b) जाइलम से
(c) स्थूलकोण ऊतक से
(d) एधा से

40. वाहिनिकाएँ वाहिकाएँ का तन्तु तथा मृदूतक पाए जाते हैं
(a) जाइलम में (b) फ्लोएम में
(c) कैम्बियम में (d) वल्कुट में

41. जीवित कोशिकाओं से बना यान्त्रिक ऊतक है
(a) दृढ़ोतक (b) स्थूलकोण ऊतक
(c) मृदूतक (d) जटिल ऊतक

42. कुकुरबिटा में संवहन पूल होते हैं
(a) कोलेट्रल (b) बाइकोलेट्रल
(c) अरीय (d) उल्टे

43. मरुद्‌भिद पौधे का लक्षण नहीं है
(a) मोटा रन्ध्र (b) वायुतक
(c) विकसित जड़ (d) फिल्लोक्लेडोड

44. समुद्र के आस-पास वृक्षों में वार्षिक वलय नहीं पाए जाते हैं, क्योंकि
(a) भूमि रेतीली होती है
(b) जलवायु में परिवर्तन होता रहता है
(c) मौसम में स्पष्ट परिवर्तन नहीं होता
(d) वायुमण्डल में काफी अधिक नमी होती है

45. कौन-सा यान्त्रिक ऊतक वाले द्विबीजपत्री पौधों में ही पाया जाता है?
(a) मृदूतक (b) स्थूलकोण ऊतक
(c) दृढ़ोतक (d) हरित ऊतक

46. *निक्टेन्थस* के तने में संवहन पूल में जाइलम होता है
(a) अन्दर की ओर (b) बाहर की ओर
(c) बीच में (d) अनुपस्थित होता है

47. *बोरहाविया* में कैम्बियम बनता है
(a) पैरनकाइमा से (b) स्कलेरेनकाइमा में
(c) क्लोरेनकाइमा से (d) अनुपस्थित होता है

48. *ड्रेसीना* में द्वितीयक वृद्धि होती है
(a) असामान्य (b) सामान्य
(c) अनुपस्थित (d) इनमें से कोई नहीं

49. *बिग्नोनिया* के तने पर रोम होते हैं
(a) अनुपस्थित (b) एककोशिकीय
(c) बहुकोशिकीय (d) इनमें से कोई नहीं

50. *बिग्नोनिया* के तने में स्कलेरेनकाइमा ऊतक पाया जाता है
(a) खाँच में (b) उभार में
(c) केन्द्र में (d) अनुपस्थित होता है

51. ऑक्सेनोमीटर एक उपकरण है, जो प्रयोग किया जाता है, नापने के लिए
(a) वृद्धि की दर
(b) प्रकाश-संश्लेषण की दर
(c) श्वसन की दर
(d) वाष्पोत्सर्जन की दर

52. सर्वाधिक वृद्धि होती है
(a) एक्सपोनेन्शियल अवस्था में
(b) लैग अवस्था में
(c) स्थैतिक प्रावस्था में
(d) अवरोही प्रावस्था में

53. पादपों में जीर्णता का विलम्ब हो सकता है
(a) ऑक्सिन के प्रयोग से
(b) साइटोकाइनिन के प्रयोग से
(c) जिबरेलिन के प्रयोग से
(d) इथाइलीन से

54. जिबरेलिन पुष्पन उद्दीप्त करते हैं
(a) अल्प प्रदीप्तकाली पादपों में
(b) दीर्घ प्रदीप्तकाली पादपों में
(c) निरपेक्ष प्रदीप्तकाली पादपों में
(d) सभी पादपों में

55. निम्न में से कौन फलों को कृत्रिम रूप से पकाने के काम आता है?
(a) इथाइलीन (b) कोमेरिन
(c) ऑक्सिन (d) साइटोकाइनिन

56. पादपों में बौनापन किसके प्रभाव से नियन्त्रित किया जाता है?
(a) जिबरेलिन (b) साइटोकाइनिन
(c) एण्टीजिबरेलिन (d) ऑक्सिन

57. शीर्ष प्रमुखता किसके निर्माण के कारण होती है?
(a) पार्श्व कलिकाओं में GA
(b) तने के शीर्ष में काइनिन
(c) तने के शीर्ष में ऑक्सिन
(d) पार्श्व कलिका में ABA

58. प्रतिकूल वातावरणीय दशाओं में पादपों में प्रतिबल हॉर्मोन विकसित होता है
(a) इथाइलीन (b) एमिनो प्यूरीन
(c) 2,4-D (d) एब्सिसिक अम्ल

59. पादपों में ऑक्सिन का संश्लेषण होता है
(a) वल्कुट में
(b) जाइलम कोशिकाओं में
(c) फ्लोएम कोशिकाओं में
(d) मूल तथा प्ररोह शीर्ष में

60. रन्ध्रों के बन्द होने की क्रिया घटित होती है
(a) काइनेटिन द्वारा
(b) एब्सिसिक अम्ल द्वारा
(c) इण्डोल ब्यूटाइरिक अम्ल द्वारा
(d) जिबरेलिक अम्ल द्वारा

61. जिबरेलिन सर्वप्रथम खोजे गए थे
(a) कवक में (b) शैवाल में
(c) जीवाणु में (d) विषाणु में

62. सर्वप्रथम साइटोकाइनिन संश्लेषित किया था
(a) मिलर ने (b) लीथम ने
(c) बेन्सन एवं कैल्विन ने (d) थीमैन तथा वेन्ट ने

63. निम्नलिखित में से कौन-सा हॉर्मोन जड़ विभेदन में प्रमुख भूमिका अदा करता है?
(a) IAA (b) ABA (c) NAA (d) 2, 4-D

64. 2, 4-डाइक्लोरो फिनॉक्सी एसीटिक एसिड (2, 4-D) है
(a) कीटनाशी (b) कवकनाशी
(c) खरपतवारनाशी (d) रोडेण्टीसाइड

65. निम्नलिखित में से कौन-सा गैसीय वृद्धि नियन्त्रक है?
(a) एसीटिलीन (b) GA
(c) इथाइलीन (d) बेन्जीन

66. श्वसन क्रिया होती है
(a) केवल हरित कोशिकाओं में
(b) केवल रंगहीन कोशिकाओं में
(c) कुछ अजीवित जीवों में
(d) सभी जीवित जीवों में

67. कोशिकीय क्रियाओं के लिए आवश्यक ऊर्जा प्राप्त होती है
(a) DNA से (b) ATP से
(c) RNA से (d) NAD से

68. ATP का अभिप्राय है।
(a) एडिनोसिन ट्राइफॉस्फेट
(b) एडिनिन डाइफॉस्फेट
(c) एडिनोसिन टेट्राफॉस्फेट
(d) एडिनिन ट्राइफॉस्फेट

69. श्वसन में विभिन्न अवस्थाएँ नियन्त्रित रहती हैं
(a) ऑक्सिन द्वारा (b) शुगर द्वारा
(c) एन्जाइम में (d) काइनेटिन द्वारा

70. श्वसन एन्ज़ाइम स्थित है
(a) माइटोकॉण्ड्रियल मैट्रिक्स में
(b) पेरिमाइटोकॉण्ड्रियल स्पेस में
(c) क्रिस्टी में
(d) बाहरी झिल्ली में

71. अंकुरित बीज के भ्रूणपोष में α-एमाइलेस की सक्रियता प्रेरित होती है
(a) इथाइलीन द्वारा (b) साइटोकाइनिन द्वारा
(c) IAA द्वारा (d) जिबरेलिन् द्वारा

72. घास के मैदान पर चलने से अधिक रख-रखाव होता है, क्योंकि इससे
(a) शीर्ष प्रमुखता को नष्ट कर पार्श्व विभज्योतक में वृद्धि होती है
(b) शीर्ष प्रमुखता नष्ट होती है
(c) पादपों के घायल होने से तेजी से पुनर्जनन होता है
(d) अग्र प्रमुखता को नष्ट कर अन्तर्वेशी विभज्योतक में वृद्धि होती है

73. निम्न में से कौन-सा कथन श्वसन क्रिया के लिए अधिक सही है?
(a) श्वसन में O_2 सदैव प्रयोग होती है
(b) श्वसन में O_2 कार्बन से क्रिया करके CO_2 बनाती है
(c) श्वसन में O_2 हाइड्रोजन से क्रिया करके पानी बनाती है
(d) श्वसन गैसों का विनिमय सरन्ध्रों से होता है

74. लाल व सुदूर-लाल वर्णक के अन्तरापरिवर्तन सम्बन्धित हैं
(a) साइटोक्रोम से (b) जैन्थोफिल से
(c) लाइकोपेन से (d) फाइटोक्रोम से

75. निम्न में से कौन-सा प्राकृतिक रूप से पाया जाने वाला तथा वृद्धि में रुकावट डालने वाला पदार्थ है?
(a) IAA (b) ABA (c) NAA (d) GA

76. श्वसन होता है
(a) एन्डोथर्मिक क्रिया (b) एक्सोथर्मिक क्रिया
(c) एनाबोलिक क्रिया (d) एन्डरगोनिक क्रिया

77. पादपों में फूलों के विकास पर दीप्तिकाल का प्रभाव कहलाता है
(a) प्रकाश-श्वसन (b) दीप्तिकालिता
(c) प्रकाशानुवर्तन (d) रसायनुवर्तन

78. निम्न में से किसने दीप्तिकालिता का प्रतिपादन किया था?
(a) गार्नर एवं एलार्ड ने (b) डार्विन ने
(c) लाइसेन्को ने (d) आर्नन ने

79. कम तापमान से पुष्पन का प्रेरण कहलाता है
(a) बसन्तीकरण (b) दीप्तिकालिता
(c) क्रायोबायोलॉजी (d) गति

80. सौर ऊर्जा के रासायनिक ऊर्जा में परिवर्तन वाली क्रिया कहलाती है
(a) प्रकाश-संश्लेषण (b) श्वसन
(c) वाष्पोत्सर्जन (d) रसारोहण

81. प्रकाश-संश्लेषण एक प्रक्रिया है
(a) ऑक्सीकारक, ऊष्माक्षेपी, कैटाबोलिक
(b) अपचयित, ऊष्माशोषी, एनाबोलिक
(c) अपचयित, ऊष्माक्षेपी, एनाबोलिक
(d) अपचयित, ऊष्माशोषी, कैटाबोलिक

82. विश्व का 85-90% प्रकाश-संश्लेषण होता है
(a) झाड़ियों द्वारा
(b) शाक द्वारा
(c) समुद्री शैवालों द्वारा
(d) बड़ी शाखाओं युक्त वृक्ष द्वारा

83. प्रकाश-संश्लेषण के लिए सीमाकारी कारकों का सिद्धान्त दिया
(a) ब्लैकमैन ने (b) हिल ने
(c) रुबेन ने (d) कैमन ने

84. हरे पादपों में प्रकाश-संश्लेषण के समय निकली ऑक्सीजन का स्रोत होता है
(a) प्रकाश संश्लेषी एन्जाइम
(b) पत्तियों में उपस्थित कार्बोहाइड्रेट
(c) जल
(d) कार्बन डाइऑक्साइड

85. ग्लूकोस के प्रत्येक अणु के संश्लेषण के लिए आवश्यक ATP और $NADPH_2$ के अणुओं की संख्या है
(a) 12 व 18 (b) 18 व 12
(c) 15 व 10 (d) 33 व 22

86. प्रकाश-संश्लेषण के लिए दृश्य प्रकाश हेतु तरंगदैर्ध्य किस भाग में सर्वाधिक होती है?
(a) हरा (b) पीला (c) लाल (d) बैंगनी

87. प्रकाश-संश्लेषण में CO_2 के मार्ग की व्याख्या के लिए नोबेल पुरस्कार प्राप्त हुआ
(a) कैल्विन को (b) क्रैब्स को
(c) खुराना को (d) वाटसन एवं क्रिक को

88. प्रकाश-संश्लेषण के लिए कौन-सा सीमाकारक नहीं होता?
(a) O_2 (b) CO_2
(c) क्लोरोफिल (d) प्रकाश

89. प्रकाश-संश्लेषण की अप्रकाशिक अभिक्रिया को यह नाम दिया गया है, क्योंकि
(a) यह अन्धकार में हो सकती है
(b) इसमें प्रकाश की आवश्यकता नहीं होती
(c) यह शाम के समय होती है
(d) रात्रि में बिजली के प्रकाश में होती है

90. कुछ बीजों में प्रसुप्ति के लिए निम्न में से कौन-सा निरोधक या सन्दमक पदार्थ उत्तरदायी है?
(a) एब्सिसिक अम्ल (b) कौमेरिन
(c) फेरुलिक अम्ल (d) ये सभी

91. Cu चक्र में CO_2
(a) PGA से जुड़ती है
(b) PEP से जुड़ती है
(c) RuBP के साथ क्रिया करती है
(d) RMP के साथ क्रिया करती है

92. प्रकाश-संश्लेषी जीवाणु तथा नीले हरे शैवालों में उनके प्रकाशग्राही तन्त्र के आण्विक पदार्थ होते हैं
(a) क्लोरोप्लास्ट में (b) क्रोमेटोफोर में
(c) ग्रेना में (d) माइटोकॉण्ड्रिया में

93. निम्न में से कौन-सा C_4 पादप है?
(a) पपीता (b) मटर
(c) आलू (d) मक्का

94. प्रकाश-संश्लेषण में ग्लूकोस में O_2 कहाँ से आती है?
(a) जल से (b) CO_2 से
(c) वायुमण्डल की O_2 से (d) इनमें से कोई नहीं

95. प्रकाश-संश्लेषण में ATP का निर्माण कहलाता है
(a) फॉस्फोरिलीकरण
(b) प्रकाश फॉस्फोरिलीकरण
(c) ऑक्सीकृत फॉस्फोरिलीकरण
(d) उपरोक्त में से कोई नहीं

96. प्रकाश संश्लेषण के दौरान
(a) CO_2 व जल दोनों का ऑक्सीकरण होता है
(b) CO_2 व जल दोनों का अपचयन होता है
(c) CO_2 जल का ऑक्सीकरण व जल का अपचयन होता है
(d) CO_2 का अपचयन व जल का ऑक्सीकरण होता है

97. ट्रोपिकल पादप जैसे गन्ना CO_2 स्थिरीकरण की अधिक दक्षता प्रदर्शित करता है
(a) कैल्विन चक्र के कारण
(b) हैच व स्लैक चक्र के कारण
(c) EMP मार्ग के कारण
(d) TCA चक्र के कारण

98. क्लोरोफिल-a का संरचनात्मक सूत्र है
(a) $C_{35}H_{72}O_5N_4Mg$ (b) $C_{55}H_{70}O_6N_4Mg$
(c) $C_{55}H_{72}O_5N_4Mg$ (d) $C_{54}H_{70}O_6N_4Mg$

99. कौन-सा वर्णक जल में घुलनशील होता है?
(a) क्लोरोफिल (b) कैरोटीन
(c) एन्थोसायनिन (d) जैन्थोफिल

100. प्रकाश-संश्लेषण की प्रकाश अभिक्रिया पाई जाती है
(a) ग्रेना में
(b) स्ट्रोमा में
(c) एण्डोप्लाज्मिक रेटीकुलम में
(d) कोशिकाद्रव्य में

101. प्रकाश फॉस्फोरिलीकरण क्रिया की खोज की थी
(a) कैल्विन ने (b) आर्नन ने
(c) प्रीस्टले ने (d) वारबर्ग ने

102. प्रसुप्ति प्राय: अधिक पायी जाती है
(a) प्राकृत पादपों में (b) खेती वाले पादपों में
(c) (a) व (b) दोनों (d) इनमें से कोई नहीं

103. *जैन्थियम* में बीजों की प्रसुप्ति का कारण है
(a) बीजावरण की ऑक्सीजन के लिए अपारगम्यता
(b) यान्त्रिक रूप से प्रतिरोधी बीजावरण
(c) अपूर्ण परिवर्तित भ्रूण
(d) सन्दमक पदार्थों की उपस्थिति

104. प्रकाश-संश्लेषण का दो प्रकाश तन्त्र सिद्धान्त दिया
(a) हिल ने (b) ब्लैकमैन ने
(c) इमर्सन ने (d) आर्नन ने

105. प्रकाश-संश्लेषण की अन्धकार अभिक्रिया होती है
(a) ग्रेना में (b) स्ट्रोमा में
(c) मैट्रिक्स में (d) कोशिकाद्रव्य में

106. C_3-पादपों की अप्रकाशिक अभिक्रिया का प्रथम स्थायी उत्पाद है
(a) 3-फॉस्फोग्लिसरिक अम्ल
(b) मैलिक अम्ल
(c) ऑक्सेलोएसीटिक अम्ल
(d) RuBP

107. क्रैन्ज प्रकार की शारीरिकी पाई जाती है
(a) C_2-पादपों में (b) C_3-पादपों में
(c) C_4-पादपों में (d) CAM पादपों में

108. प्रकाश फॉस्फोरिलीकरण क्रिया में
(a) प्रकाश ऊर्जा ATP के रूप में रासायनिक ऊर्जा में बदल जाती है
(b) NADP बनता है
(c) ADP बनाने में रासायनिक ऊर्जा का उपयोग होता है
(d) CO_2 कार्बोहाइड्रेट में अपचयित हो जाती है

109. प्रकाश-संश्लेषण की प्रथम घटना होती है
(a) ATP का संश्लेषण
(b) क्लोरोफिल की प्रकाशीय उत्तेजना व इलेक्ट्रॉन का निष्कासन
(c) जल का प्रकाशीय अपघटन
(d) ऑक्सीजन का निकलना

110. जीवाणुवीय प्रकाश-संश्लेषण में हाइड्रोजन दाता होता है
(a) H_2S (b) NH_2 (c) H_2O (d) H_2SO_4

111. कलिका प्रसुप्तिता को प्रेरित किया जाता है।
(a) ABA द्वारा
(b) IAA द्वारा
(c) इथाइलीन द्वारा
(d) जिबरेलिक अम्ल द्वारा

112. निम्न में से कौन-सा बीज की प्रसुप्तता से सम्बन्धित होता है?
(a) स्टार्च (b) एब्सिसिक एसिड
(c) इथाइलीन (d) जिबरेलिक एसिड

113. CAM प्रकाश-संश्लेषण किन पादपों में होता है?
(a) जिनमें जालिका रूपी शिराविन्यास युक्त पतली हरी पत्तियाँ होती हैं
(b) जिनमें समानान्तर शिराविन्यास युक्त पतली हरी पत्तियाँ होती हैं
(c) जिनमें माँसल हरी पत्तियाँ होती हैं
(d) जिनमें पतली रंगीन पत्तियाँ होती हैं

114. प्रकाशिक अभिक्रिया के परिणाम हैं
(a) केवल ATP (b) केवल $NADPH_2$
(c) ATP व $NADPH_2$ (d) FAD

115. प्रकाश-संश्लेषण एवं श्वसन दोनों में सामान्य है
(a) साइटोक्रोम (b) प्रकाश
(c) जल (d) तापमान

116. ग्रेनारहित क्लोरोप्लास्ट पाए जाते हैं
(a) मांसलोद्भिदों में
(b) C_4-पादपों की पूलाच्छद कोशिका में
(c) जलोद्भिदों में
(d) C_4 पादपों की पर्णमध्योतक कोशिका में

117. प्रकाश-संश्लेषण के प्रकाश तन्त्र-I के वर्णक हैं
(a) पर्णहरिम-*a*, पर्णहरिम-*b*, कैरोटिनॉइड, P_{700}
(b) पर्णहरिम-*a*, पर्णहरिम-*b*, P_{680}
(c) पर्णहरिम-*a*, पर्णहरिम-*b*, P_{780}
(d) पर्णहरिम-*a*, जैन्थोफिल, P_{700}

118. C_3-पादपों में CO_2 ग्राही है
(a) जाइलुकोज 5-फॉस्फेट
(b) 3-फॉस्फोग्लिसरिक अम्ल
(c) राइब्यूलोज 1, 5-बाइफॉस्फेट
(d) फॉस्फोइनॉल पाइरुविक अम्ल

119. निम्न में से कौन-सा तत्व प्रकाश-संश्लेषण में ऑक्सीजन निकासी के लिए आवश्यक है?
(a) ताँबा (b) लौह
(c) मैंगनीज (d) जस्ता

120. C_3-पादपों में प्रकाश श्वसन का मुख्य क्रियाकारी पदार्थ है
(a) फॉस्फोग्लिसरेट (b) फॉस्फोग्लाइकोलेट
(c) ग्लिसरेट (d) ग्लाइकोलेट

121. जीवाणुवीय प्रकाश-संश्लेषण उच्च पादपों के प्रकाश-संश्लेषण से भिन्न होता है, क्योंकि
(a) ऊर्जा स्थिर नहीं होती है
(b) प्रकाश आवश्यक नहीं होता है
(c) ऑक्सीजन नहीं निकलती है
(d) एक पोषद जीव की आवश्यकता होती है

122. क्लोरोफिल-b का संरचनात्मक सूत्र होता है
(a) $C_{55}O_4N_3Mg$ (b) $C_{55}H_{70}O_6N_4Mg$
(c) $C_{55}H_{71}C_6N_4Mg$ (d) $C_{55}H_{72}O_6N_4Mg$

123. प्रकाश श्वसन, श्वसन से भिन्न है, क्योंकि
(a) यह हरे पादपों में पाया जाता है
(b) यह प्रकाश में होता है
(c) इसमें कम O_2 से अधिक CO_2 निकलती है
(d) यह ATP नहीं बनाता है

124. ग्लाइकोलेट का उपापचय किसमें होता है?
(a) लाइसोसोम (b) राइबोसोम
(c) ग्लाइऑक्सीसोम (d) परऑक्सीसोम

125. प्रकाश-संश्लेषण की दृष्टि से सक्रिय विकिरण निम्न में से किस तरंग के परास में होती है?
(a) 340-450 nm (b) 400-700 nm
(c) 500-600 nm (d) 400-950 nm

126. प्रकाश श्वसन को किन परिस्थितियों द्वारा समर्थन मिलता है?
(a) उच्च O_2 तथा निम्न CO_2
(b) निम्न प्रकाश तथा उच्च CO_2
(c) निम्न तापमान तथा उच्च CO_2
(d) निम्न O_2 तथा उच्च CO_2

127. कितने कैल्विन चक्र एक हेक्सोज अणु बनाते हैं?
(a) 2 (b) 6 (c) 4 (d) 8

128. C_4-पादपों में CO_2 का आरम्भिक स्थिरीकरण होता है
(a) द्वार कोशिकाओं के हरितलवक में
(b) स्पंजी पर्णमध्योतक हरितलवक में
(c) खम्भ ऊतक के हरितलवक में
(d) पूलाच्छद के हरितलवक में

129. कौन-सा एन्जाइम पृथ्वी पर सर्वाधिक मात्रा में पाया जाता है?
(a) नाइट्रोजीनेज (b) इनवर्टेज
(c) कैटालेज (d) रुबिस्को

130. निम्न में से किसमें PEP कार्बोक्सिलेस तथा RuBP कार्बोक्सिलेस पर्णमध्योतक कोशिकाओं के हरितलवक में पाए जाते हैं?
(a) CAM (b) C_4
(c) C_3 (d) CAM एवं C_4

131. उच्च पादपों में कार्बोहाइड्रेट का स्थानान्तरण होता है
(a) ग्लूकोस के रूप में
(b) सुक्रोस के रूप में
(c) फ्रक्टोस के रूप में
(d) स्टार्च के रूप में

132. प्रकाश-संश्लेषण के उत्पादों का स्थानान्तरण होता है
(a) रबरक्षीरी वाहिनियों द्वारा
(b) सूक्ष्मनलिकाओं द्वारा
(c) चालनी नलिकाओं द्वारा
(d) जाइलम वाहिकाओं द्वारा

133. पादपों में वह तत्व, जो शर्करा के स्थानान्तरण के लिए आवश्यक है
(a) मैंगनीज (b) लोहा
(c) बोरॉन (d) मॉलिब्डेनम

134. पादप शरीर क्रिया विज्ञान के पिता कहे जाते हैं
(a) एम केल्विन (b) स्टीफन हेल्स
(c) के वी थीमान (d) कर्टिस

135. अतिपरासारी जल में रखने पर कोशिका जीवद्रव्यकुंचन करती है, कोशिका भित्ति तथा जीवद्रव्यकुंचित पदार्थ के बीच का स्थान भरा होता है
(a) जल से
(b) कोशिका रस से
(c) अतिपरासारी विलयन से
(d) अल्पपरासारी विलयन से

136. सर्वोच्च परासरणीय दाब होता है
(a) लवणोद्भिदों में (b) समोद्भिदों में
(c) शुष्कोद्भिदों में (d) लिथोफाइट्स में

137. जब एक कोशिका पूर्णतया स्फीति हो तो क्या शून्य होगा?
(a) परासरण दाब (b) भित्ति दाब
(c) स्फीति दाब (d) विसरण दाब न्यूनता

138. यदि कोशिका 'A' जिसका परासरण दाब (OP) 10 atm और स्फीति दाब (TP) 5 atm है, एक दूसरी कोशिका 'B', जिसका परासरण दाब 15 atm तथा स्फीति दाब 12 atm है, से एक झिल्ली द्वारा अलग होती है, तो जल का बहाव होगा
(a) 'A' से 'B' में (b) 'B' से 'A' में
(c) बराबर (d) इनमें से कोई नहीं

139. जीवद्रव्यकुंचन एक प्रक्रम है
(a) बाह्य परासरण का (b) अन्तःपरासरण का
(c) अन्तःचूषण का (d) वाष्पोत्सर्जन का

140. परासरण एक प्रक्रिया है, जिसमें
(a) जल निम्न स्तर से उच्चस्थ सान्द्रता की ओर विसरित हो
(b) विलेय निम्न स्तर से उच्चस्थ सान्द्रता की ओर विसरित हो
(c) आयनों का सक्रिय अभिगमन हो
(d) आयनों का निष्क्रिय अभिगमन हो

141. शुद्ध जल का जल विभव तथा परासरण विभव होता है
(a) 100 तथा शून्य (b) शून्य तथा शून्य
(c) 100 तथा 100 (d) शून्य तथा 100

142. वाष्पोत्सर्जनाकर्षण जल संसंजन वाद के प्रतिपादक हैं
(a) जे सी बोस (b) गोल्डवस्की
(c) डिक्सन एवं जौली (d) बोहम

143. शाकीय पादप का तना काट देने पर जाइलम रस का रिसना किस कारण सम्भव है?
(a) निष्क्रिय अवशोषण से
(b) मूलदाब से
(c) बिन्दुस्राव द्वारा
(d) वाष्पोत्सर्जन की उपस्थिति से

144. सर जे सी बोस ने रसारोहरण की क्रिया को समझाने के लिए प्रतिपादित किया था
(a) रिले पम्पवाद
(b) स्पंदन वाद
(c) वाष्पोत्सर्जनाकर्षण वाद
(d) केशिका बलवाद

145. पादपों में अधिकांश जल अवशोषण होता है
(a) मूलगोप से
(b) मूलाग्र से
(c) मूलरोम से
(d) विभज्योतकी क्षेत्र से

146. रन्ध्र दिन में खुलते हैं, क्योंकि रक्षक कोशिकाओं में
(a) बाह्य भित्ति पतली होती है
(b) वृक्क आकार के होते हैं
(c) हरितलवक होते हैं
(d) वृहत् केन्द्रक होते हैं

147. रन्ध्रों द्वारा वाष्पोत्सर्जन किस समय लगभग पूर्ण रूप से रुक जाता है?
(a) रात में (b) सुबह के समय
(c) सायंकाल (d) इनमें से कोई नहीं

148. तीव्र सूर्य के प्रकाश तथा तीव्र शुष्क अवस्थाओं में रन्ध्र को बन्द करने के लिए आवश्यक है
(a) K^+ का बाहर आना
(b) H^+ की हानि
(c) एब्सिसिक अम्ल का बनना
(d) इथाइलीन का बनना

149. रन्ध्रों का बन्द होना प्रभावित होता है
(a) काइनेटिक अम्ल द्वारा
(b) एब्सिसिक अम्ल द्वारा
(c) जिबरेलिक अम्ल द्वारा
(d) IAA द्वारा

150. रन्ध्रों के खुलने और बन्द होने की व्याख्या करने वाली पोटैशियम आयन विनिमय परिकल्पना प्रतिपादित की थी
(a) मैनर्स ने (b) लेविट ने
(c) स्टीवार्ड ने (d) सेयरे ने

151. सर्वाधिक वाष्पोत्सर्जन होता है
(a) समोद्भिदी पादपों में
(b) जलोद्भिदों में
(c) मरुद्भिदों में
(d) शैवालीय कोशिकाओं में

152. पादपों में वाष्पोत्सर्जन की दर निर्भर होती है
(a) प्रकाश व ताप पर
(b) ताप तथा मृदा पर
(c) प्रकाश, ताप, वायुमण्डलीय आर्द्रता तथा वायु
(d) वायु, ताप तथा प्रकाश

153. बिन्दु स्राव किसके द्वारा होता है?
(a) रन्ध्र (b) जल रन्ध्र
(c) मूलरोम (d) पुष्पकलियाँ

154. सामान्यतया वाष्पोत्सर्जन की दर मापी जाती है
(a) ऑक्सिनोमीटर (b) बारवर्गमीटर
(c) पोटोमीटर (d) माइक्रोमीटर

155. किसने कहा था कि 'वाष्पोत्सर्जन एक आवश्यक दुर्गुण है'?
(a) कर्टिस (b) स्टीवार्ड
(c) एण्डरसन (d) जे सी बोस

156. निम्न में से कौन-सा कारक वाष्पोत्सर्जन के नियन्त्रण के लिए सर्वाधिक जरूरी है?
(a) प्रकाश (b) आर्द्रता
(c) ताप (d) वायु

157. पत्तियों पर PMA (फीनाइल मरक्यूरिक एसीटेट) के छिड़कने से
(a) बिन्दु स्राव की दर बढ़ जाती है
(b) जल अवशोषण की दर बढ़ जाती है
(c) वाष्पोत्सर्जन की दर कम हो जाती है
(d) वाष्पोत्सर्जन की दर बढ़ जाती है

158. रन्ध्रों के खुलने व बन्द होने से सम्बन्धित एन्जाइम है
(a) RuBP कार्बोक्सिलेज (b) PEP कार्बोक्सिलेज
(c) पाइरुविक काइनेज (d) α-एमाइलेस

159. निम्न में से किसमें वाष्पोत्सर्जन की दर अधिक होगी?
(a) CAM पादप
(b) C_3 पादप
(c) C_4 पादप
(d) (b) व (c) दोनों

160. कोशिका कला के पार सक्रिय एवं निश्चेष्ट परिवहन के बीच मुख्य अन्तर यह होता है कि
(a) सक्रिय परिवहन निश्चेष्ट परिवहन की अपेक्षा अधिक तीव्र होता है
(b) निश्चेष्ट परिवहन अचयनित होता है
(c) निश्चेष्ट परिवहन सान्द्रता विभव के कारण कोशिका कला के आर-पार होता है, जबकि सक्रिय परिवहन उपापचयी ऊर्जा के कारण होता है
(d) निश्चेष्ट परिवहन ऐनायन्स तक सीमित रहता है, जबकि सक्रिय परिवहन केवल कैटायन्स तक ही सीमित रहता है

161. चयनात्मक पारगम्य कला का उदाहरण है
(a) कोशिका भित्ति
(b) माइटोकॉण्ड्रिया की कला
(c) हरितलवक की कला
(d) जीवद्रव्य कला

162. स्थलीय पादपों में द्वार कोशिकाएँ अन्य बाह्यत्वचीय कोशिकाओं से भिन्न होती हैं
(a) केन्द्रक होने के कारण
(b) हरितलवक के कारण
(c) माइटोकॉण्ड्रिया के कारण
(d) अन्तःप्रद्रव्यी जालिका के कारण

163. रन्ध्रों के नियन्त्रण में किस धातु के आयन भाग लेते हैं?
(a) लोहा (b) मैग्नीशियम
(c) जिंक (d) पोटैशियम

164. एक मूल कोशिका जो सक्रिय रूप से जल अवशोषण कर रही है, इसका जल विभव होगा
(a) मृदा जल के जल विभव से अधिक
(b) शून्य
(c) शून्य से कम
(d) शून्य से अधिक

165. म्लानि के समय मृदा में पाई जाने वाली जल की प्रतिशत मात्रा को कहते हैं
(a) म्लानि गुणांक (b) मृदा pH
(c) मृदा जल धारिता (d) जल धारण क्षमता

166. पादपों में म्लानि होती है, जब
(a) जाइलम का मार्ग अवरुद्ध हो जाता है
(b) फ्लोयम का मार्ग अवरुद्ध हो जाता है
(c) (a) और (b) दोनों
(d) थोड़ी-सी जड़ें हटा दी जाती हैं

167. पादपों में वाष्पोत्सर्जन निम्न होता है, जब
(a) वायुमण्डल में आर्द्रता अधिक होती है
(b) वायु वेग अधिक होता है
(c) केशिका में जल की अधिकता होती है
(d) वातावरणीय परिस्थितियाँ शुष्क होती हैं

168. पादपों के लिए उपयोगी है
(a) केशिका जल
(b) गुरुत्व जल
(c) आर्द्रताग्राही जल
(d) रासायनिक बन्धित जल

169. सामान्यतया अचार को नमक तथा तेज के संतृप्त घोल में तथा मुरब्बे को शर्करा के सान्द्र घोल में संरक्षित रखा जाता है, क्योंकि
(a) ये मुलायम बने रहते हैं
(b) सूक्ष्मजीव जीवद्रव्यकुंचित होकर मर जाते हैं
(c) ये गल जाते हैं
(d) उपरोक्त में से कोई नहीं

170. पादपों में हरिमहीनता किसके कारण से होती है?
(a) भूमि से पीले वर्णक के अवशोषण
(b) उच्च सूर्य-प्रकाशीय प्रखरता
(c) भूमि में मैग्नीशियम तथा लोहे की अल्पता
(d) अल्प सूर्य प्रकाशीय प्रखरता

171. जड़ों द्वारा अवशोषित खनिज पदार्थ पत्तियों तक पहुँचते हैं
(a) फ्लोएम द्वारा
(b) चालनी नलिका के द्वारा
(c) जाइलम द्वारा
(d) उपरोक्त में से कोई नहीं

172. एन्जाइम जो प्रकाश-संश्लेषी C_4-चक्र को उत्प्रेरित करता है?
(a) RuDP कार्बोक्सीलेज (b) PEP कार्बोक्सीलेज
(c) कार्बोनिक एनहाइड्रेज (d) इनमें से कोई नहीं

173. वायुमण्डलीय नाइट्रोजन-स्थिरीकरण के लिए उत्तरदायी एन्जाइम होता है
(a) नाइट्रोजिनेज (b) हाइड्रोजिनेज
(c) ऑक्सीजिनेज (d) कार्बोक्सिलेज

174. लेग्युमिनोसी कुल के पादपों की जड़ों की ग्रन्थियों में होता है
(a) नाइट्रीकारी जीवाणु
(b) डीनाइट्रीकारी जीवाणु
(c) नाइट्रोजन स्थिरीकारक जीवाणु
(d) नाइट्रोजन उत्पादक जीवाणु

175. एक लघु मात्रिक तत्व, जो पादप वृद्धि एवं रेडियो आइसोटोप की तरह आवश्यक होता है तथा जो कैंसर की चिकित्सा के लिए उपयुक्त होता है
(a) कैल्शियम (b) कोबाल्ट
(c) सोडियम (d) लोहा

176. कोशिका में खनिज लवणों का प्रवेश होता है
(a) अणुओं के रूप में (b) आयनों के रूप में
(c) विलेय के रूप मे (d) परमाणुओं के रूप में

177. फसली पादपों किस रूप में कार्बन प्राप्त करते हैं?
(a) कार्बन डाइऑक्साइड के
(b) तात्विक कार्बन (कोयला) के
(c) कार्बोनेट्स के
(d) अमीनो अम्लों के

178. निम्न में से कौन सूक्ष्ममात्रिक तत्वों का समूह हैं?
(a) N, S, P, Si (b) C, H, O, P
(c) Zn, CO, B, Mo (d) K, Mg, Na, Cl

179. हाइड्रोपॉनिक्स का अर्थ है
(a) जलीय संवर्धन माध्यम में पादपों को उगाना
(b) जलीय पादपों को उगाना
(c) प्लावी पादपों को उगाना
(d) पादपों की मृदा रहित कृषि

180. निम्न में से कौन-सा पादप अधोभूमिक अंकुरण प्रदर्शित करता हैं तथा यह भ्रूणपोषी भी है
(a) बाजरा (b) चना
(c) सेम (d) अरण्डी

181. *सेरिओप्स, राइजोफोरा* में किस प्रकार का अंकुरण पाया जाता है?
(a) अधोभूमिक (b) पितृस्थ
(c) (a) व (b) दोनों (d) जरायुजता

182. निम्न में से कौन अंकुरण के लिए सहायक कारक नहीं है?
(a) जल (b) ऑक्सीजन
(c) भोजन (d) कार्बन डाइऑक्साइड

183. बीजों के अंकुरण के लिए उपयुक्त तापमान है
(a) 10-20°C (b) 20-35°C
(c) 50-60°C (d) 40-50°C

184. भूम्यूपरिक अंकुरण पाया जाता है
(a) सेम में (b) इमली में
(c) (a) व (b) दोनों में (d) इनमें से कोई नहीं

185. दीप्तिकालिका प्रभावित करती है।
(a) कायिक वृद्धि
(b) इन्टरनोड में दीर्घीकरण
(c) बीज अंकुरण
(d) उपरोक्त सभी

186. फ्लोरिन का संश्लेषण स्थल है
(a) तना (b) पत्तियाँ
(c) मूल (d) फल

187. प्रकाशदीप्तिकला के सन्दर्भ में कौन-से दीर्घ दिवसीय पादप हैं?
(a) गेहूँ, जई, सोयाबीन
(b) गेहूँ, *जेन्थियम*, धान्य
(c) गेहूँ, पॉपी, सोयाबीन
(d) गेहूँ, पॉपी, चुकन्दर

188. कौन-से हॉर्मोन बसन्तीकरण को प्रतिस्थापित करते हैं?
(a) विण्टरिंग (b) इथाइलीन
(c) जिबरेलिन (d) साइटोकाइनिन

189. गर्मियों के मौसम में बीजों को उत्तम वृद्धि तथा पुष्पन के लिए निम्न ताप उपचार दिया जाता है।, यह कहलाता है
(a) विण्टरिंग (b) बसन्तीकरण
(c) अबसन्तीकरण (d) थर्मोलिसिस

190. दीर्घ प्रदीप्तकाली पादपों में पुष्पीकरण किसके द्वारा प्रेरित होता है?
(a) ऑक्सिन (b) जिबरेलिन
(c) इथाइलीन (d) साइटोकाइनिन

191. सामान्यतया वृद्धि के लिए इष्टम तापमान (Optimum temperature) हैं
(a) 0-10°C (b) 10-20°C
(c) 20-25°C (d) 25-30°C

192. दाब लगाना द्वारा कायिक तनन किसमें पाया जाता है?
(a) जैसमिन में (b) गन्ना में
(c) मक्का में (d) इन सभी में

193. अगुणित पादप किसके संवर्धन से प्राप्त किए जा सकते हैं?
(a) नवीन पत्तियों के (b) भ्रूणपोष के
(c) परागकण के (d) मूल शीर्ष के

194. निम्न में से कौन एक कृत्रिम ऑक्सिन नहीं है?
(a) IAA (b) IBA (c) NAA (d) 2, 4-D

195. पुष्पन हेतु उत्तरदायी वर्णक है
(a) कैरोटीन (b) राइबोफ्लेविन
(c) फाइटोक्रोम (d) जैन्थोफिल

196. एक पादप में पूर्ण पादपों उत्पन्न करने की क्षमता है, पादप कोशिका का यह गुण हैं
(a) जीन क्लोनिंग (b) पूर्णशक्तता
(c) ऊतक संवर्धन (d) बहुशक्तता

197. परागकोष की दोनों पालियाँ जुड़ी रहती हैं
(a) तन्तु द्वारा (b) परागकोष द्वारा
(c) संयोजी द्वारा (d) मध्यत्वचा द्वारा

198. लघुबीजाणु उत्पन्न होते हैं
(a) पुंकेसर में (b) अण्डाशय में
(c) पुष्पासन (d) वर्तिकाग्र में

199. लघुबीजाणु जनन के अन्तर्गत परिवर्धन होता है
(a) परागकोष का (b) परागकणों का
(c) (a) व (b) दोनों (d) बीजाण्ड का

200. टेपीटम कोशिकाओं में पायी जाने वाली यूबिश संरचना किसके निर्माण में सहायता करती है?
(a) पोलन किट एवं पोलिनिया
(b) बाह्यचोल
(c) स्पोरोपोलेनिन
(d) अन्तःचोल एवं पोलन किट

201. अध्यावरण ढ़के रहते हैं
(a) नाभिका को (b) बीजाण्डकाय को
(c) बीजाण्डद्वार को (d) निभाग को

202. क्रियाशील गुरुबीजाणु होता है
(a) अगुणित (b) द्विगुणित
(c) त्रिगुणित (d) बहुगुणित

203. बीजाण्डकाय एक या दो आवरणों से ढ़का रहता है जिन्हें कहते हैं
(a) नाभिक (b) प्रतिमुख कोशिका
(c) अध्यावरण (d) ध्रुवीय कोशिका

204. मादा युग्मकोद्भिद् के निभाग की ओर कितनी प्रतिमुख कोशिकाएँ पाई जाती हैं?
(a) दो (b) तीन (c) चार (d) पाँच

205. ध्रुवीय केन्द्रक पाए जाते हैं
(a) पराग नलिका में (b) भ्रूणकोष में
(c) भ्रूणपोष में (d) निभाग में

206. बीजाण्डकाय के मध्य में एक थैलीनुमा संरचना कहलाती है
(a) भ्रूणकोष (b) भ्रूणपोष
(c) अध्यावरण (d) नाभिका

207. भ्रूणकोष किस पर पोषण के लिए निर्भर होते हैं?
(a) बीजाण्ड पर (b) बीजाण्डकाय पर
(c) निभाग पर (d) प्रतिमुख कोशिका पर

208. एकलिंगी पादपों में नहीं पाया जाता है
(a) स्व-परागण (b) पर-परागण
(c) (a) व (b) दोनों (d) इनमें से कोई नहीं

209. स्व-परागण होता है
(a) एकलिंगी (b) द्विलिंगी
(c) उभयलिंगी (d) इनमें से कोई नहीं

210. गेहूँ, जौ, मक्का, आदि में परागण होता है
(a) जन्तु परागण (b) वायु परागण
(c) जल परागण (d) कीट परागण

211. परागनली का क्या कार्य है?
(a) परागण में सहायता (b) वर्तिकाग्र की सुरक्षा
(c) नर युग्मक वाहक (d) ये सभी

212. शुद्ध वंश चलाने में सहायक है
(a) पर-परागण (b) स्व-परागण
(c) (a) व (b) दोनों (d) इनमें से कोई नहीं

213. स्व-परागण के लिए आवश्यक है
(a) द्विलिंगता (b) समकालपक्वता
(c) (a) व (b) दोनों (d) इनमें से कोई नहीं

214. द्विबीजपत्री भ्रूण के विकास में आधार कोशिका बनाती है
(a) अधःस्फीतिका (b) निलम्बक
(c) पुटिका कोशिका (d) इनमें से कोई नहीं

215. एबीजपत्री भ्रूण के बीजपत्र कहलाता है
(a) स्कुटेलम (b) बीजपत्राधार
(c) बीजपत्रोपरिक (d) इनमें से कोई नहीं

216. असंगजनन की खोज की
(a) खुराना ने (b) माहेश्वरी ने
(c) विंकलर ने (d) पाश्चर ने

217. संतरे में बहुभ्रूणता देखी
(a) विंकलर ने
(b) ल्यूवेनहॉक ने
(c) माहेश्वरी ने
(d) खुराना ने

218. आधुनिक जैव-प्रौद्योगिकी के अन्तर्गत आने वाली तकनीकें हैं
(a) पुनर्योगज DNA तकनीकी
(b) DNA फिंगरप्रिंटिंग
(c) जीन क्लोनिंग
(d) उपरोक्त सभी

219. वह तकनीक जिसमें जीन्स का संकलन (addition) तथा विलोपन (deletion) किया जाता है, कहलाती है
(a) जीन चिकित्सा (b) जीन स्पलाइसिंग
(c) आनुवंशिक अभियान्त्रिकी
(d) कृत्रिम संश्लेषण

220. जैव-प्रौद्योगिकी नामक महत्त्वपूर्ण तकनीकी में कौन-सी प्रक्रियाएँ प्रयोग में लायी जाती है?
(a) जीन विलगन (b) जीन संश्लेषण
(c) पुनर्योगज DNA (d) ये सभी

221. रूपान्तरित कोशिकाओं की पहचान की जाती है
(a) वाहकों द्वारा (b) PCR द्वारा
(c) आनुवंशिक चिन्हन द्वारा
(d) शॉटगन द्वारा

222. पुनर्योगज DNA तकनीक में प्रयोग होने वाले एन्जाइम है
(a) विदलन एन्जाइम (b) लयन एन्जाइम
(c) संयोजक एन्जाइम (d) ये सभी

223. आनुवंशिक अभियान्त्रिकी में प्रयुक्त आण्विक कैंचियाँ हैं
(a) DNA लाइगेज (b) DNA पॉलीमरेज
(c) हेलिकेज
(d) रेस्ट्रिक्शन एण्डोन्यूक्लिएज

224. प्लाज्मिड्स हैं
(a) विषाणु
(b) नए प्रकार के सूक्ष्मजीव
(c) जीवाणुओं का अतिरिक्त गुणसूत्र आनुवंशिक पदार्थ
(d) जीवाणुओं का आनुवंशिक पदार्थ

225. सबसे अधिक वाहक के रूप में प्रयोग किए जाने वाले वाहक हैं
(a) pBr324 (b) pC194
(c) pBr322 (d) ये सभी

226. जीवाणु में क्लोनिंग वाहक के रूप में काम आने वाले वाहक हैं
(a) बैक्टीरियोफेज (b) मोजैक वायरस
(c) एडीनो वायरस (d) हर्पीज वायरस

227. पैसेन्जर DNA का दूसरा नाम है
(a) संक्रमण DNA (b) असंक्रमण DNA
(c) DNA प्रोब (d) ये सभी

228. जैव प्रौद्योगिक का प्रयोग होता है
(a) कीट प्रतिरोधी फसल के उत्पादन में
(b) उत्पादकता बढ़ाने में
(c) गुणवत्ता बढ़ाने में
(d) उपरोक्त सभी

229. पादप ऊतक संवर्धन में किसका प्रयोग होता है?
(a) पादप हॉर्मोन (b) विटामिन
(c) सुक्रोस (d) ये सभी

230. ऊतक संवर्धन में जड़ उत्पन्न करने हेतु प्रयुक्त हॉर्मोन हैं
(a) ऑक्सिन (b) सायटोकाइनिन
(c) जिब्रेलिन (d) इथाइलीन

231. किण्वन द्वारा सिरके प्राप्ति उदाहरण है
(a) पारम्परिक जैव-प्रौद्योगिकी का
(b) आधुनिक जैव-प्रौद्योगिकी का
(c) जैव-उर्वरक का
(d) उपरोक्त से कोई नहीं

232. जैव-उर्वरक है
(a) *फाइटोफ्थोरा* (b) *स्यूडोमोनास*
(c) *राइजोबियम* (d) *साल्मोनेला*

233. बायोपेस्टीसाइड है
(a) *बेसिल थ्यूरिजिएन्सिस* (b) राइजोबियम
(c) *साल्मोनेला* (d) *पाइथियम*

234. प्लाज्मिड का प्रयोग होता है
(a) जैव अभियांत्रिकी में (b) जैव-उर्वरक में
(c) जैव-कीटनाशक में (d) ये सभी

235. *Eco* RI एन्जाइम का स्रोत जीव है
(a) *E.Coli* RY-13 (b) *E.Coli* R245
(c) *E.Coli* R13 (d) *E.Coli*

236. रेस्ट्रिक्शन एन्जाइम मुख्यतया किससे पृथक् किए जाते हैं?
(a) शैवाल से (b) कवक से
(c) प्रोटोजोआ से (d) प्रोकैरियोट से

237. पादप ऊतक संवर्धन में प्राप्त कोशिकाओं का समूह है
(a) ऊतक (b) कैलस
(c) कर्तोतक (d) इनमें से कोई नहीं

सही उत्तर

1. (b)	2. (a)	3. (a)	4. (b)	5. (c)	6. (d)	7. (d)	8. (c)	9. (b)	10. (d)
11. (c)	12. (c)	13. (d)	14. (a)	15. (a)	16. (d)	17. (b)	18. (b)	19. (a)	20. (d)
21. (d)	22. (a)	23. (c)	24. (a)	25. (b)	26. (c)	27. (a)	28. (b)	29. (a)	30. (d)
31. (b)	32. (c)	33. (b)	34. (a)	35. (b)	36. (c)	37. (a)	38. (a)	39. (a)	40. (a)
41. (c)	42. (b)	43. (b)	44. (c)	45. (b)	46. (b)	47. (a)	48. (a)	49. (c)	50. (b)
51. (a)	52. (a)	53. (b)	54. (b)	55. (a)	56. (a)	57. (c)	58. (d)	59. (d)	60. (b)
61. (a)	62. (a)	63. (c)	64. (c)	65. (c)	66. (d)	67. (b)	68. (a)	69. (c)	70. (a)
71. (d)	72. (b)	73. (c)	74. (d)	75. (b)	76. (b)	77. (b)	78. (a)	79. (a)	80. (a)
81. (b)	82. (c)	83. (a)	84. (c)	85. (b)	86. (c)	87. (a)	88. (a)	89. (b)	90. (a)
91. (b)	92. (b)	93. (d)	94. (b)	95. (b)	96. (d)	97. (b)	98. (c)	99. (c)	100. (a)
101. (b)	102. (b)	103. (d)	104. (c)	105. (b)	106. (a)	107. (c)	108. (a)	109. (c)	110. (a)
111. (a)	112. (b)	113. (c)	114. (c)	115. (a)	116. (b)	117. (a)	18. (c)	119. (c)	120. (d)
121. (c)	122. (b)	123. (d)	124. (d)	125. (b)	125. (a)	127. (b)	128. (b)	129. (d)	130. (a)
131. (b)	132. (c)	133. (c)	134. (b)	135. (c)	136. (a)	137. (d)	138. (b)	139. (a)	140. (a)
141. (a)	142. (c)	143. (b)	144. (b)	145. (c)	146. (c)	147. (a)	148. (a)	149. (b)	150. (b)
151. (c)	152. (c)	153. (b)	154. (c)	155. (a)	156. (a)	157. (c)	158. (b)	159. (c)	160. (c)
161. (d)	162. (b)	163. (d)	164. (c)	165. (a)	166. (a)	167. (a)	168. (a)	169. (b)	170. (c)
171. (c)	172. (b)	173. (a)	174. (c)	175. (c)	176. (b)	177. (b)	178. (a)	179. (c)	180. (a)
181. (c)	182. (d)	183. (b)	184. (c)	185. (d)	186. (b)	187. (c)	188. (c)	189. (b)	190. (d)
191. (b)	192. (d)	193. (a)	194. (c)	195. (a)	196. (c)	197. (c)	198. (a)	199. (b)	200. (a)
201. (c)	202. (a)	203. (c)	204. (b)	205. (b)	206. (a)	207. (c)	208. (b)	209. (b)	210. (b)
211. (c)	212. (b)	213. (c)	214. (b)	215. (a)	216. (c)	217. (b)	218. (d)	219. (a)	220. (d)
221. (c)	222. (d)	223. (d)	224. (c)	225. (c)	226. (a)	227. (d)	228. (d)	229. (d)	230. (a)
231. (a)	232. (c)	233. (a)	234. (a)	235. (a)	236. (d)	237. (b)			

अध्याय 06 जन्तु जगत का वर्गीकरण

अकशेरुकी या नॉन-कॉर्डेटा

कुल जन्तु जाति का 95% अकशेरुकी जन्तु हैं। अकशेरुकियों में पृष्ठरज्जु (Notochord) की अनुपस्थिति होती है।

संघ-प्रोटोजोआ

लक्षण

1. प्रोटोजोआ छोटे, सूक्ष्मदर्शीय, विभिन्न आकृति के एककोशिकीय जीवधारी होते हैं।
2. ये जलीय (स्वच्छ जलीय या समुद्री जलीय), स्थलीय, स्वतन्त्र जीवी या परजीवी होते हैं। परजीवी प्रोटोजोआ, मनुष्य तथा जन्तुओं में विभिन्न रोग उत्पन्न करते हैं।
3. **पोषण** प्राणीसम (Holozoic), पादपसम (Holophytic), मृतोपजीवी (Saprophytic), परजीवी (Parasitic) अथवा मिश्रपोषी (Mixotrophic) होता है।
4. प्राणीसम सदस्यों में पाचन, खाद्य धानियों (Food vacuoles) में होता है।
5. इनमें गमन हेतु कूटपाद (Pseudopodia), कशाभ (Flagella) या पक्ष्माभ (Cilia), आदि अंग होते हैं।
6. गैसों का आदान-प्रदान प्रत्येक जीवधारी की सामान्य शरीर सतह के द्वारा होता है।
7. **उत्सर्जन** (Excretion) सामान्य शरीर सतह से होता है।
8. **अलैंगिक जनन** (Asexual reproduction) द्विविभाजन, बहुविभाजन या मुकुलन के द्वारा होता है।
9. **लैंगिक जनन** (Sexual reproduction) युग्मक संलयन (Syngamy) या संयुग्मन (Conjugation) के द्वारा होता है।
   उदाहरण—*अमीबा, पैरामीशियम, यूग्लीना* ।

वर्गीकरण

गमनीय अंगों के आधार पर जगत-प्रोटोजोआ को चार वर्गों में विभाजित किया जाता है

(i) **मैस्टिगोफोरा या फ्लैजिलेटा** (Mastigophora or flagellata)
उदाहरण—*ट्रिपैनोसोमा, लीशमानिया, गिआर्डिया*।

(ii) **सारकोडिना** (Sarcodina)
उदाहरण—*अमीबा, एन्टअमीबा*।

(iii) **स्पोरोजोआ** (Sporozoa)
उदाहरण—*प्लाज्मोडियम*।

(iv) **सिलिएटा** (Ciliata)
उदाहरण—*वोरटिसेला, ओपेलाइनो*।

यूग्लीना

यूग्लीना दिखने में लम्बा व धुरी के आकार का होता है। अगला सिरा मोथरा, मध्य भाग चौड़ा तथा पिछला सिरा नुकीला होता है। शरीर एक मोटे, संकुचनशील तथा मजबूत अधिचर्मयी तनुत्वक से घिरा रहता है। अगला सिरा फ्लास्क के समान, कशाभी कोश या कोशिका मुख नलिकाकार कोशिका-ग्रसनी के अन्दर जाता है। जो बाद में एक बड़ी गोलाकार पुटिका से मिलती है, जो जलाशय या कशाभिक कोष है। कशाभी-आशय के आधार के पास के एक बड़ा वर्णक बिन्दु होता है, जो स्टिगमा कहलाता है।

एक बड़ी परासरण नियमन शरीर, जिसके जलाशय के पास संकुचनशील रिक्तिका होती है। एकमात्र चाबुक समान कशाभ कशाभिक आशय से निकलता है, जिसके दो मूल होते हैं। प्रत्येक मूल नेत्राच्छादन से निकलती है।

साइटोप्लाज्म का जीवद्रव्य को एक बाहरी पतले अकणिकामय एक्टोप्लाज्म और एक आन्तरिक कणिकामय, रिक्तिका एण्डोप्लाज्म में विभेदित किया जाता है। एण्डोप्लाज्म, में बड़ा गोलाकार केन्द्रक में स्थित होता है। कई हरितलवक व एमाइलम निकाय एण्डोप्लाज्म में निलम्बित रहते हैं।

जनन

यूग्लीना में अलैंगिक जनन होता है अनुदैर्ध्य द्विविखण्डन के द्वारा पुटीभवन भी होता है। लैंगिक जनन नहीं होता है।

1. **द्विविखण्डन** अनुकूलित दशाओं में जीव अपनी प्रक्रियाएँ रोक देता है तथा एक श्लेष्मी आवरण अपने चारों ओर स्रावित करता है। विखण्डन सदैव सममित जन्य होता है; जैसे—जनक *यूग्लीना* दो पुत्री *यूग्लीना* में विभाजित होती है, जो बिल्कुल एक-दूसरे के समान होती है। केन्द्रक समसूत्री विभाजन द्वारा विभाजित होता है।
   एण्डोसोम अनुदैर्ध्य रूप से लम्बाई में बढ़ता है तथा दो बराबर भागों में संकुचित हो जाता है। केन्द्रक विभाजन केन्द्रक झिल्ली में होता है। अग्रसिरा स्टिगमा, जलाशय, नेत्राच्छादन अंगों के प्रतिलिपि का कार्य करता है।
   शरीर लम्बाई अनुसार विभाजित होता है, अग्रसिरे से शुरू होकर नीचे की ओर पश्च सिरे की ओर 1 और परिणामस्वरूप दो पुत्री प्राणी बनते हैं। पूर्व फ्लैजिला या कशाभ एक आधे भाग में ही बना रहता है, जबकि दूसरे में नए कशाभ की वृद्धि हो जाती है।
2. **पुटीभवन व बहुविखण्डन** अप्रिय दशाओं *यूग्लीना* पीलाभ परिपुट का स्राव करता है, जो जलीय पदार्थ होता है विपरीत परिस्थितियों; जैसे—तेज ठण्ड या गर्मी, भोजन की कमी में *यूग्लीना* के साथ बना रहता है।
   यह पुटीभवन कहलाता है। बहुविखण्डन पुटीभवन परिस्थितियों में होता है। केन्द्रक व कोशिकाद्रव्य समसूत्री विभाजन दोहराते हैं, जिससे 16 या 32 पुत्री कोशिकाएँ बनती है।
   उपयुक्त परिस्थितियों के आने पर पुटी विखण्डित हो जाती है तथा पुत्री कोशिकाएँ बाहर आ जाती हैं। प्रत्येक पुत्री जीव का निर्माण करती है। यह बीजाणुभवन भी कही जाती है।

3. ***यूग्लीना* की व्यवस्थित स्थिति** प्राणियों व पादपों के साथ इसके कई लक्षण होते हैं। हरितलवक, पारेनायक व स्वपोषी पोषण की उपस्थिति के कारण वैज्ञानिक इसे पादप जगत में रखते हैं। हम इसे संघ–प्रोटोजोआ के सदस्य के रूप में प्राणी जगत में रखते हैं, वर्ग–मेस्टीगोफोरा में निम्नलिखित कारणों के कारण रखते हैं
   (i) इसमें तनुत्वक प्रोटीन से बना होता है न कि पादप के समान सेलुलोस से।
   (ii) ब्लीफेरोब्लास्ट की उपस्थिति तारककेन्द्र से तुलना की जाती है।
   (iii) कशाभिकीय देह, प्रकाश-संवेदी संकुचन।
   (iv) संकुचनशील रिक्तिका की उपस्थिति, जो पादपों में नहीं मिलती।
   (v) मृतोपजीवी या सहपोषी पोषण।
   (vi) अनुदैर्ध्य द्विविखण्डन उपस्थिति पादपों में नहीं होती हैं।

एण्टअमीबा हिस्टोलाइटिका

एण्टअमीबा हिस्टोलाइटिका की खोज सर्वप्रथम **लैम्बल** (Lamble) ने 1859 ई. में की थी तथा रूसी वैज्ञानिक **फ्रेड्रिक लॉश** (Friedrick Losch) ने 1875 ई. में इसके रोगजनक स्वभाव का पता लगाया। *एण्टअमीबा हिस्टोलाइटिका* सम्पूर्ण विश्व में पाया जाता है, परन्तु यह समशीतोष्ण प्रदेश की अपेक्षा उष्ण एवं उपोष्ण प्रदेशों में अधिक वितरित होता है।

एण्टअमीबा हिस्टोलाइटिका मनुष्य की आँत सूक्ष्मदर्शीय अन्त: परजीवी (Endoparasite) है और सामान्यतया वह वृहद् आँत (Colon) के ऊपरी भाग में पाया जाता है। यह मनुष्य में अमीबीय पेचिश (Amoebic dysentery) या **आँत्रीय अमीबिएसिस** (Intestinal amoebiasis) रोग उत्पन्न करता है। कभी-कभी यह यकृत, फेफड़ों, मस्तिष्क और वृषणों में भी पहुँच जाता है। विश्व की लगभग 10% जनसंख्या अमीबिएसिस (Amoebiasis) से पीड़ित है।

एण्टअमीबा हिस्टोलाइटिका की संरचना

एण्टअमीबा हिस्टोलाइटिका एक सूक्ष्मदर्शीय परजीवी *अमीबा* है। यह अपने जीवन-चक्र में तीन रूपों में मिलता है; जैसे—(i) ट्रोफोजोइट (Trophozoite) (ii) प्रीसिस्टिक (Precystic) (iii) सिस्टिक (Cystic)

1. ट्रोफोजोइट या मैग्ना

यह सबसे अधिक सक्रिय, सचल और अशनी रूप है, जो मानव में रोग उत्पन्न करता है। यह मनुष्य की बड़ी आँत की श्लेष्म और उपश्लेष्म पर्तों में पाया जाता है। इसकी बाह्य कोशिका कला पतली, लचीली एवं अर्द्धपारगम्य (Semi-permeable) होती है।

इसका कोशिकाद्रव्य कणिका विहीन, बाह्य, **एक्टोप्लाज्म** (Ectoplasm) तथा केन्द्रीय, कणिकामय, **एण्डोप्लाज्म** (Endoplasm) में विभेदित रहता है। एण्डोप्लाज्म में एक केन्द्रक (Nucleus) होता है, जिसके चारों ओर एक पतली व कोमल केन्द्रककला (Nuclear membrane) होती है। केन्द्रक कला की अन्त: सतह पर अतिसूक्ष्म क्रोमेटिन कणिकाएँ (Chromatin granules) परिधि पर व्यवस्थित रहती हैं। केन्द्रक के केन्द्र में एक छोटी व गोल संरचना पाई जाती है, जिसे **एण्डोसोम** (Endosome) या केरयोसोम (Karyosome) कहते हैं। एण्डोसोम को घेरे हुए एक साफ क्षेत्र पाया जाता है, जिसे **हेलो** (Halo) कहते हैं। एण्डोप्लाज्म में खाद्य धानियाँ (Food vacuoles) भी पाई जाती हैं, जिनमें अन्तर्ग्रहित लाल रुधिर कणिकाएँ श्वेत रुधिर कणिकाएँ (Leucocytes) उपकला कोशिकाओं के टुकड़े और जीवाणु पाए जाते हैं। *एण्टअमीबा* एक समपरासरी (Isotonic) वातावरण में रहता है अत: इसमें संकुचनशील रिक्तिका (Contractile vacuole) का अभाव होता है।

एण्टअमीबा एक कूटपादी (Monopodial) होता है, कूटपाद की सहायता से यह गति करता है। इसकी गति **लाइमैक्स गति** कहलाती है। ट्रोफोजोइट में प्राणीसम (Holozoic) पोषण होता है। यह भक्षपोषित (Phagotrophy) विधि से अशन (Feeding) करता है।

2. प्रीसिस्टिक या माइन्यूटा

यह छोटा, गोलाकार, अचल (Non-motile) और अनाशनी (Non-feeding) होता है। यह रोग उत्पन्न नहीं करता। इसकी संरचना ट्राफोजोइट के समान होती है, लेकिन यह परिमाण (size) में छोटा होता है तथा इसमें खाद्य धानियों का अभाव होता है। यह मनुष्य की बड़ी आँतों की अवकाशिका (Lumen) में पाया जाता है।

3. पुटियाँ

सामान्य अवस्था में माइन्यूटा रूपों का पुटीभवन (Encystment) होने के कारण यह गोलाकार हो जाता है एवं इसके चारों ओर एक पतली, अत्यन्त प्रतिरोधी तथा अपवर्तनीय पुटीभित्ति बन जाती है। आरम्भ में पुटी में एक केन्द्रक होता है। कुछ समय पश्चात् केन्द्रक में विभाजन होने से पुटी द्विकेन्द्रकी (Binucleate) और अन्त में चतुष्केन्द्रकी (Quadrinucleate) हो जाती है।

एण्टअमीबा हिस्टोलाइटिका का जीवन-चक्र

एण्टअमीबा हिस्टोलाइढिका एकपोषीय (Monogenetic) प्राणी है, अर्थात् जीवन-चक्र में केवल एक परपोषी होता है। सुअर, कुत्ते एवं खरगोश इसके आशयी परपोषी (Reservoir hosts) हैं। मनुष्य इसका एक परपोषी है, जिसके अन्दर इसकी जनन क्रिया एवं जीवन-चक्र पूरा होता है।

ट्रोफोजोइट आँत की भित्ति के अन्दर द्विखण्डन (Binary fission) द्वारा अलैंगिक रूप से जनन करता है। इसके केन्द्रक में केन्द्रक कला के विलुप्त हुए बिना ही सूत्री (Mitosis) विभाजन होता है, जिसके बाद तुरन्त कोशिकाद्रव्य विभाजन (Cytokinesis) द्वारा एक से दो सन्तति जीव उत्पन्न होते हैं।

इनमें से कुछ नई कोशिका में प्रवेश करके प्रीसिस्टिक या माइन्यूटा रूप धारण कर लेते हैं। प्रीसिस्टिक या माइन्यूटा रूपों का पुटीभवन केवल आँत की गुहा के ही अन्दर होता है। विभाजन करके ये चतुष्केन्द्रकी पुटी का निर्माण करते हैं। चतुष्केन्द्रकी पुटी संक्रमणकारी अवस्था है।

ए. हिस्टोलाइटिका की पुटियों से युक्त भोजन व जल का उपयोग करने से मनुष्य में इसका संक्रमण हो जाता है। गृह-मक्खियाँ एवं तिलचट्टे इसको फैलाने में महत्त्वपूर्ण भूमिका निभाते हैं। जब ये पुटी छोटी आँत में पहुँचती है; तो वहाँ ट्रिप्सिन एन्जाइम पुटीभित्ति का पाचन कर देता है, जिससे चतुष्केन्द्रकी *अमीबा* या मेटासिस्ट मुक्त हो जाता है।

प्रत्येक पश्चपुटी या मेटासिस्ट (Metacyst) बाहर निकलने के पश्चात् द्विखण्डन द्वारा विभाजन करता है, जिसके फलस्वरूप छोटे-छोटे आठ एककेन्द्रीकीय अमीब्यूली (Uninucleate amoebulae) व मेटासिस्टिक ट्रोफोजोइट (Metacystic trophozoites) बन जाते हैं। ये मेटासिस्टिक ट्रोफोजोइट बड़ी आँत में प्रवेश करके वयस्क ट्रोफोजोइट में विकसित हो जाते हैं।

मनुष्य में पाए जाने वाले अन्य एण्टअमीबा
(Other Entamoeba Found in Man)

1. ***एण्टअमीबा कोलाई*** (*Entamoeba coli*) *ए. कोलाई* मनुष्य की आँत में पाया जाता है। यह रोगकारी नहीं है, लेकिन यह आँत की गुहा में रहते हुए पाचन सम्बन्धी जटिलताएँ उत्पन्न कर सकता है।
2. ***एण्टअमीबा जिन्जीवैलिस*** (*Entamoeba gingivalis*) यह मुख के अन्दर प्रायः दाँतों व मसूड़ों के बीच में रहता है, जो मनुष्य पायरिया रोग से ग्रस्त होते हैं, उनमें यह अधिकता से मिलता है। ये पुटियों का निर्माण नहीं करते तथा इसका संक्रमण एक मनुष्य से दूसरे मनुष्य में चुम्बन तथा भोजन द्वारा होता है।
3. ***एण्टआमीबा हार्टमेनी*** (*Entamoeba hartmanni*) यह *एण्टअमीबा हिस्टोलाइटिका* के प्रीसिस्टिक रूप के समान होता है। यह मनुष्य की बड़ी आँत की अवकाशिका में रहता है तथा आँत्रीय ऊतकों पर आक्रमण करता है। यह मनुष्य में अमीबीय पेचिश उत्पन्न करता है।

पैरामीशियम

पैरामीशियम (*Paramecium*) शब्द सर्वप्रथम 1752 ई. में **जॉन हिल** ने प्रतिपादित किया। इन्हें **स्लिपर जन्तुक** (Slipper animalcule) भी कहा जाता है। *पैरामीशियम* अलवणीय जलयुक्त तालाबों, पोखरों, खाइयों, नदियों व झीलों में पाया जाता है।

पैरामीशियम की संरचना

बाह्य संरचना

- *पैरामीशियम* एक सूक्ष्मदर्शीय जीव है। *पैरामीशियम कोडेटम* की लम्बाई 170-290 μ तक होती है। यह सबसे बड़ी जाति है।
- *पैरामीशियम* प्रायः स्लिपराकार, सिगाराकार व तर्कु आकार के होते हैं।
- *पैरामीशियम* के शरीर का बाह्य आवरण सजीव दृढ़ व प्रत्यास्थ, उपत्वचीय (Cuticle) झिल्ली होता है, जिसे तनुत्वक् (Pellicle) कहते हैं। यह तीन कलाओं की बनी होती है; जैसे— (i) बाह्य प्लाज्मा कला (ii) बाह्य कूपिकीय कला (iii) अन्तः कूपिकीय कला।
- शरीर की अधर सतह पर एक स्पष्ट, तिरछा व छिछला गर्त होता है, जिसे मुख खाँच (Oral groove) कहते हैं। यह पीछे की ओर तुम्बिका (Vestibule) बनाती है। यह तुम्बिका पीछे की ओर मुखगुहिका में खुलती है, जिसमें साइटोस्टोम (Cytostome) होता है।
- *पैरामीशियम* के सम्पूर्ण शरीर पर असंख्य महीन व छोटे-छोटे रोम होते हैं, जिन्हें **पक्ष्माभ** (Cilia) कहते हैं।
- पश्च सिरे पर कुछ पक्ष्माभ बड़े होकर एक पुच्छीय गुच्छ (Caudal tuft) की रचना करते हैं।

आन्तरिक संरचना

- कोशिकाद्रव्य दो भागों में विभेदित होता है।
- परिधीय सकरा, स्वच्छ व गाढ़ा भाग, जिसमें अधः पक्ष्माभी तन्त्र (Infraciliary system) व दंशिकाएँ (Trichocysts) होती हैं यह एक्टोप्लाज्म (Ectoplasm) या बहिःर्द्रव्य कहलाता है।
- कोशिकाद्रव्य का केन्द्रीय, बड़ा कणदार और अर्द्धतरल भाग अन्तःर्द्रव्य या एण्डोप्लाज्म (Endoplasm) कहलाता है। इसमें सामान्य कोशिकीय अवयव; जैसे—माइटोकॉण्ड्रिया, गॉल्जीकाय, राइबोसोम, क्रिस्टल, संचित भोजन कणिकाएँ इत्यादि पाए जाते हैं।
- केन्द्रक, संकुचनशील रिक्तिकाएँ और खाद्य धानियाँ मुख्य एण्डोप्लाज्मी अन्तर्वेशन है।
- तनुत्वकी कूपिकाओं (Pellicular alveoli) के ठीक नीचे अवपक्ष्माभी तन्त्र पाया जाता है जो आधारीय कायों (Basal bodies) एवं काइनेटोडेस्मेटा (Kinetodesmata) का बना होता है। आधारीय काय, पक्ष्माभ की आधारीय रचना होती है। इसे काइनेटोसोम भी कहते हैं। प्रत्येक आधारीय काय से एक तारक केन्द्र (Centriole) या उसकी व्युत्पत्ति होती है।

काइनेटोडेस्मेटा, पक्ष्माभों की आधारीय कायों से सम्बद्ध और एक्टोप्लाज्म में स्थित विशिष्ट पट्टीदार काइनेटोडेस्मी तन्तुकों का एक तन्त्र होता है।

सम्पूर्ण बहिःर्द्रव्य (Ectoplasm) में आधारीय कायों के साथ विशेष प्रकार के छड़तुल्य या अण्डाकार अंगक होते हैं, जिन्हें ट्राइकोसिस्ट (Trichocysts) कहते हैं। इसमें ट्राइकिनिन नामक रेशेदार प्रोटीन पाया जाता है। वे बाहर तनुत्वक में छोटे छिद्रों की सहायता से खुलते हैं। ये आक्रमण व सुरक्षा के अंगक हैं।

पैरामीशियम विषमकेन्द्रकी (Heterokaryotic) है, क्योंकि इसमें दो प्रकार के केन्द्रक होते हैं। *पैरामीशियम कोडैटम* (*Paramecium caudatum*) में एक लघुकेन्द्रक (Micronucleus) व एक बड़ा गुरुकेन्द्रक (Meganucleus) पाया जाता है। *पैरामीशियम ऑरीलिया* में एक गुरुकेन्द्रक के अलावा दो लघुकेन्द्रक व *पैरामीशियम मल्टीमाइक्रोन्यूक्लिएटम* में अनेक लघुकेन्द्रक पाए जाते हैं।

सामान्यतया गुरुकेन्द्रक (Macronucleus) बड़ा बहुगुणित (Polyploid) व अधिक क्रोमेटिन पदार्थ (DNA) का बना होता है। यह कोशिका की उपापचयी (Metabolic) क्रियाओं को नियन्त्रित करता है।

लघुकेन्द्रक (Micronucleus) छोटा, गोलाकार व द्विगुणित होता है। यह जीव की जनन क्रियाओं पर नियन्त्रण करता है। पैरामीशियम में दो संकुचनशील रिक्तिकाएँ (Contractile vacuoles) पाई जाती हैं। प्रत्येक रिक्तिका चारों ओर से लम्बी, संकरी, तुर्करूप, 6 से 10 अरीय नलिकाओं (Radial canals) द्वारा घिरी होती है जो कोशिका द्रव्य में दूर तक फैली होती है।

अन्तःद्रव्य में असंख्य असंकुचनशील, गोलाकार खाद्य धानियाँ (Food vacuoles) गति करती हुई पाई जाती हैं। ये कोशिका द्रव्य में चक्रण करके भोजन का पाचन करती है।

पैरामीशियम का जीवन-चक्र

अलैंगिक जनन

पैरामीशियम अनुप्रस्थ द्विखण्डन (Binary fission) द्वारा अलैंगिक जनन (Asexual reproduction) करता है। इसके अलावा इसमें अनेक प्रकार से केन्द्र की पुनर्गठन; जैसे—संयुग्मन (Conjugation), अन्तःमिश्रण (Endomixis), स्वक्युग्मन (Autogamy) आदि भी होते हैं। भोजन और तापमान की कुछ परिस्थितियों के अन्तर्गत इनमें पुटीभवन (Encystment) भी होता है। अनुकूल अवस्थाओं में *पैरामीशियम* सामान्यतया अनुप्रस्थ या क्षैतिज द्विखण्डन द्वारा जनन करता है।

इससे यह दो भागों में विभक्त हो जाता है। लघुकेन्द्रक समसूत्री विभाजन से तथा गुरुकेन्द्रक असूत्री (Amitosis) विभाजन से विभाजित होता है। परिणामस्वरूप दो सन्तति पैरामीशिया बनते हैं। इनमें से जो जनकप्राणी के अग्र भाग से बनता है, उसे **प्रोटर** (Proter) व पश्चभाग से बनने वाले को ऑपिस्थे (Opisthe) कहते हैं।

लैंगिक जनन

यह निम्न चार प्रकार से होता है

1. संयुग्मन

समान जाति के दो प्राणियों के लघुकेन्द्रकी पदार्थ के आंशिक विनिमय के लिए एक अस्थायी संलयन, संयुग्मन, कहलाता है। यह *पैरामीशियम* में एक लैंगिक परिघटना माना जाता है।

संयुग्मन की प्रक्रिया में निम्न प्रमुख अवस्थाएँ पाई जाती हैं
संयुग्मन में भिन्न-भिन्न संगम प्रकार के दो प्राणी या पूर्वसंयुग्मक (Preconjugants) अपने अधरतल से परस्पर सम्पर्क करते हैं और अपनी मुँख खाँचों से जुड़ जाते हैं। इनके जुड़ने के स्थान की तनुत्वक् और एक्टोप्लाज्म ह्रासित हो जाती है और दोनों प्राणियों के बीच एक जीवद्रव्यी सेतु (Protoplasmic bridge) बन जाता है। जुड़ने वाले प्राणी संयुग्मक (Conjugants) कहलाते हैं।

प्रत्येक संयुग्मक का कायिक गुरुकेन्द्रक छोटे-छोटे टुकड़ो में टूट जाता है। प्रत्येक संयुग्मक का लघुकेन्द्रक अर्द्धसूत्री (Meiosis) विभाजन से विभाजित होकर चार अगुणित सन्तति लघुकेन्द्रक का निर्माण करता है, जिनमें से तीन अपभ्रष्ट होकर अदृश्य हो जाती हैं, शेष बची एक सन्तति लघुकेन्द्रक सूत्री विभाजन द्वारा विभाजित होती है और दो असमान प्राक केन्द्रक या युग्मक केन्द्रक बनाती है। इनमें छोटी सक्रिय प्रवासी युग्मक केन्द्रक व बड़ी निष्क्रिय अचल युग्मक केन्द्रक होती है। ये दोनों युग्मक केन्द्रक संलयित होकर एक द्विगुणित, युग्मनज (Zygote) केन्द्रक या सिन्केरियोन (Synkaryon) का निर्माण करती है। यह क्रिया **उभयमिश्रण** (Amphimixis) कहलाती है। जुड़े हुए दोनों *पैरामीशियम* 12 से 48 घण्टे के पश्चात् एक-दूसरे से अलग हो जाते हैं और जब ये बहिसंयुग्मक (Exconjugants) कहलाते हैं।

बहिसंयुग्मक में युग्मनज केन्द्रक में शीघ्रता से तीन विभाजन होते है, जिससे प्रत्येक में आठ केन्द्रक बन जाते हैं। इनमें से चार लघुकेन्द्रक व चार गुरुकेन्द्रक बन जाते हैं। तीन लघुकेन्द्रक खण्डित होकर अदृश्य हो जाते हैं जबकि शेष बचा एक लघुकेन्द्रक बहिसंयुग्मक के साथ द्विखण्डन द्वारा विभाजित हो जाता है। इस प्रकार प्रत्येक बहिसंयुग्मक से दो सन्तति पैरामीशियम बन जाते हैं। जिनमें से प्रत्येक में दो गुरुकेन्द्रक व एक लघुकेन्द्रक होता है।

सन्तति *पैरामीशियम* के विभाजन के साथ ही लघुकेन्द्रक फिर विभाजित हो जाता है तथा अन्त में प्रत्येक संयुग्मक से चार सन्तति प्राणी, जिनमें एक गुरुकेन्द्रक व एक लघुकेन्द्रक पाया जाता है, का निर्माण होता है।

संयुग्मन का महत्त्व (Importance of Conjugation) इस प्रक्रिया के निम्न प्रभाव होते हैं

(i) यदि द्विखण्डन की क्रिया कई पीढ़ियों तक निरन्तर होती रहती है, तो *पैरामीशियम* की शक्ति निरन्तर क्षीण हो जाती है और अन्त में वह अवनमित कार्यिकी दक्षता एवं जीर्णत्य की अवस्था में प्रवेश कर जाता है। संयुग्मन से यह कार्यिकी दक्षता व शक्ति पुन: प्राप्त कर लेता है। यह क्रिया पुनर्युवनन (Rejuvenation) कहलाती है।

(ii) संयुग्मन से गुरुकेन्द्रक का पुनर्गठन होता है तथा केन्द्रक व कोशिका द्रव्य के बीच एक पुनर्समायोजन होता है। गुरुकेन्द्रक पुनर्गठन, उपापचयी क्रियाओं को त्वरित करने के लिए नवीन उत्साह व जीवन शक्ति प्राप्त करता है।

(iii) संयुग्मन के होने से वंशागत विविधता प्राप्त होती है जिससे नई सन्तति, जनक से भिन्न पैदा होती है।

2. अन्तःमिश्रण

वुड्रफ (Woodruff) तथा **अर्डमैन** (Erdmann) ने अन्त: मिश्रण की प्रक्रिया सर्वप्रथम द्विलघुकेन्द्रकी जाति में खोज की। यह प्रक्रिया निम्न चरणों में पूरी होती है

(a) सर्वप्रथम कायिक गुरुकेन्द्रक अपभ्रष्ट होकर अदृश्य हो जाती है।

(b) दोनों लघुकेन्द्रक दो बार विभाजित होकर आठ सन्तति केन्द्रकों का निर्माण करते हैं।

(c) इन आठ सन्तति केन्द्रकों में से छ: अपभ्रष्ट हो जाती हैं एवं दो बचती हैं।

(d) *पैरामीशियम* विभाजित हो जाता है और इस प्रकार बनी प्रत्येक सन्तति में एक लघुकेन्द्रक आ जाती है।

(e) प्रत्येक सन्तति की लघुकेन्द्रक दो बार विभाजित होकर चार केन्द्रक बनाती है, जिनमें से प्रत्येक प्राणी में दो लघुकेन्द्रक व दो गुरुकेन्द्रक हो जाती हैं।

(f) *पैरामीशियम* द्वि-खण्डन द्वारा दो सन्ततियों में विभाजित होता है साथ ही लघुकेन्द्रक भी विभाजित होती है। इस प्रकार प्रत्येक सन्तति में एक गुरुकेन्द्रक व दो लघुकेन्द्रक हो जाती है। इस प्रकार एक जनक से चार *पैरामीशियम* का निर्माण होता है।

अन्त:मिश्रण का महत्त्व (Importance) *पैरामीशियम* में यह संयुग्मन का प्रतिस्थान है। गुरुकेन्द्रक का पुनर्गठन होता है।

3. स्वक्युग्मन या स्वमिश्रण

डब्लू. एफ. डिलर (WF Diller) ने वर्ष 1936 में *पैरामीशियम ऑरेलिया* (*P. aurelia*) में संयुग्मन के समान केन्द्रकी पुनर्गठन का वर्णन किया क्योंकि यह केवल एक ही प्राणी होता है। अत: इसे स्वक्युग्मन तथा स्वमिश्रण कहा जाता है।

यह प्रक्रिया निम्न चरणों में पूर्ण होती है

(a) गुरुकेन्द्रक छोटे-छोटे टुकड़ों में टूटकर कोशिका द्रव्य में अवशोषित हो जाता है।

(b) दोनों लघुकेन्द्रक अर्द्धसूत्री (Meiosis) विभाजन करके आठ अगुणित सन्तति केन्द्रक का निर्माण करते हैं।

(c) सात सन्तति केन्द्रक ह्रासित हो जाती है तथा शेष बची एक केन्द्रक सन्तति सूत्री विभाजन करके दो युग्मक केन्द्रक बनाती हैं।

(d) दोनों युग्मक केन्द्रक कोशिका मुख के निकट एक स्थायी जीवद्रव्य शंकु में प्रवेश कर जाती है और परस्पर संलयित होकर एक पूर्णरूपेण समांगी द्विगुणित युग्मज केन्द्रक (Synkaryon) का निर्माण करती हैं।

(e) युग्मज केन्द्रक में दो बार विभाजन होता है और चार केन्द्रक बन जाते हैं। इनमें से दो गुरुकेन्द्रक व दो लघुकेन्द्रक होते हैं।

(f) इसके पश्चात् कोशिकाय एवं लघुकेन्द्रकों में एक साथ विभाजन होता है, जिससे दो सन्तति प्राणी बन जाते हैं। इन सन्तति प्राणियों में से प्रत्येक में एक नई गुरुकेन्द्रक व दो लघुकेन्द्रक होती हैं। इस प्रकार स्वक्युग्मन की क्रिया से पैरामीशियम का पुनर्युवनन हो जाता है।

(g) स्वक्युग्मन का परिणाम समयुग्मजता (Homozygosity) होता हैं।

4. कोशिका युग्मन

यह प्रक्रिया *पैरामीशियम कोडैटम* (*P. caudatum*) में पाई जाती है। यह प्रक्रिया संयुग्मन के समान होती है लेकिन इसमें प्रवासी प्राक केन्द्रकों (Migratory pronuclei) के मध्य केन्द्रकी विनियम नहीं होता। इसमें प्रत्येक प्राणी की दोनों युग्मक केन्द्रक परस्पर ही संलयन कर एक युग्मज केन्द्रक का निर्माण करती है। *पैरामीशियम ऑरेलिया* में संवर्द्धन के समय हेमिक्सिस (Hemixis) के द्वारा जनन होता है। प्रतिकूल परिस्थितियों में *पैरामीशियम* पुटीभवन (Encystment) के द्वारा भी जनन करते हैं।

पैरामीशियम में कोशिकाद्रव्यी कण

पैरामीशियम में निम्न प्रकार के कोशिकाद्रव्यी कण पाए जाते है।

1. **कप्पा कण** (Kappa Particles) **टी एच सोनीबोर्न** (TH Sonneborn) ने ज्ञात किया कि संयुग्मन के समय जीवित रहने वाले *पैरामीशियम* में एक विशेष प्रकार के स्व प्रतिकृति कारक कोशिकाद्रव्यी कण पाए जाते हैं, जिनमें DNA पाया जाता है, इन्हें **कप्पा कण** कहते हैं। ये कण एक **मारक** (Killer) पदार्थ, **पैरामीसीन** (Paramecin) उत्पन्न करते हैं, जो कप्पा विहीन प्राणियों की मृत्यु का कारण होता है।
2. **पाइ-कण** (π particles) ये कप्पा कणों के उत्परिवर्ती (Mutant) रूप है, जो विषैले पदार्थ का स्त्रावण नहीं करते।

3. **म्यू-कण** (μ particles) ये कण भी मारक होते हैं।
4. **लैम्बडा कण** (λ particles) ये कण सभी मारक *पैरामीशियम* में उपस्थित होते हैं।

प्लाज्मोडियम

मलेरिया परजीवी

- यह मलेरिया फैलाने वाला अन्त:परजीवी है, जिसकी खोज सबसे पहले **चार्ल्स लैवरॉन** (Charles Laveron) ने सन् 1880 में की।
- **रोनाल्ड रॉस** (Ronald Ross) ने सन् 1897 में मलेरिया और मच्छर के बीच सम्बन्ध को खोजा।
- **ग्रासी** (Grassi) ने सन् 1898 में मादा *एनॉफिलीज* (Female *Anopheles)* मच्छर में *प्लाज्मोडियम* के जीवन-चक्र का वर्णन किया।
- यह दो पोषकों (Digenetic) में अपना जीवन-चक्र पूरा करता है, प्रथम मनुष्य तथा द्वितीय मच्छर। *प्लाज्मोडियम* का अलैंगिक जीवन मनुष्य में तथा लैंगिक जीवन मच्छर में घटित होता है।
- *प्लाज्मोडियम* की संक्रमणशील अवस्था **बीजाणुज** (Sporozoite) अवस्था है। यकृत की कोशिका में स्पोरोजोइट कोशिकाद्रव्य का भक्षण करता है और क्रिप्टोजोइट (Cryptozoite) में बदल जाता है, जो केन्द्रक बहुविभाजन द्वारा अनेक सन्तति केन्द्रकों मे विभाजित होकर **शाइजोन्ट अवस्था** बनाता है। प्रत्येक सन्तति केन्द्रक कोशिकाद्रव्य द्वारा घिरकर **क्रिप्टोमीरोजोइट** (Cryptomerozoite) बनाता है।
- क्रिप्टोमीरोजोइट नई कोशिका के कोशिकाद्रव्य का भक्षण कर छोटे माइक्रोमेटाक्रिप्टोजोइट (Micrometacryptozoite) तथा बड़े मैगामेटाक्रिप्टोजोइट (Megametacryptozoite) बनाते हैं।
- लाल रुधिराणु में प्रवेश कर माइक्रोमेटाक्रिप्टोमीरोजोइट युवा ट्रोफोजोइट (Trophozoite) में रूपान्तरित हो जाता है। यह केंन्द्रक को एक किनारे पर व्यवस्थित कर **सिग्नेट मुद्रिका प्रावस्था** (Signet ring stage) बना लेता है।
- ट्रोफोजोइट से स्रावित एन्जाइम द्वारा रुधिराणु की हीमोग्लोबिन का ग्लोबिन प्रोटीन (Globin protein) तथा रंगा पदार्थ हीमेटिन (Hematin) में प्रोटोपघटन (Proteolysis) होता है। हीमेटिन विषैले अपाच्य छोटे-छोटे कणों के रूप में कोशिकाद्रव्य में इकट्ठे हो जाते हैं जिन्हें हीमेज्वाइन या मिलेनिन कणिकाएँ (Haemozoin or melanin granules) कहते हैं।
- अमीबीय ट्रोफोजोइट वृद्धि कर शाइजोन्ट (Schizont) और तत्पश्चात् **मीरोजोइट या शाइजोइट** (Schizoite) बनाता है। लाल रुधिराणुओं से निकलकर मीरोजोइट **युग्मकजनक** (gametocytes) बनाते हैं।
- मादा *एनॉफिलीज* मच्छर द्वारा संक्रमित मनुष्य का रुधिर चूषते समय गैमीटोसाइट मच्छर में प्रवेश कर जाते हैं और युग्मकजनन (Gametogony) तथा बीजाणुजनन (Sporogony) द्वारा लैंगिक चक्र पूर्ण करते हैं। बीजाणुजनन द्वारा स्पोरोजोइट्स का निर्माण होता है, जो संक्रमणशील अवस्था है।

मच्छर में पूरा होने वाला जीवन-चक्र **स्पोरोगोनी** (Sporogony) एवं मनुष्य में पूरा होने वाला जीवन चक्र **शाइजोगोनी** (Schizogony) कहलाता है।

प्रोटोजोआ एवं उनसे जनित रोग

रोग	परजीवी	रोग वाहक
अफ्रीकी निद्रालु व्याधि (African sleeping sickness)	*ट्रिपैनोसोमा गैम्बियन्स (T. gambiens)*	सी-सी मक्खी (Tse-tse fly)
अमीबी पेचिश या अमीबिएसिस (Amoebic dysentery)	*एण्टअमीबा हिस्टोलाइटिका (E. histolytica)*	संदूषण (दूषित जल/खाद्य) द्वारा संक्रमण
प्रवाहिका (Diarrhoea)	*गिआर्डिया (Giardia)*	संदूषण द्वारा संक्रमण
काला जार (Kala-azar)	*लीशमैनिया डोनोवेनाई (Leishmania donovani)*	सैण्ड फ्लाई (Sand fly)
ल्यूकोरिया (Leucorrhoea)	*ट्रिपैनोसोमा वैजीनेलिस (T. vaginalis)*	मैथुन द्वारा लैंगिक रूप से पारंगत (Sexually transmitted)
मलेरिया (Malaria)	*प्लाज्मोडियम* स्पी.	मादा *एनॉफिलीज* मच्छर
सुदम तृतीयक मलेरिया (Benign tertian malaria)	*प्लाज्मोडियम वाइवैक्स (P. vivax)*	मादा *एनॉफिलीज* मच्छर
दुर्दम तृतीयक मलेरिया/ सेरीब्रल मलेरिया (Malignant tertian malaria/ cerebrel malaria)	*प्लाज्मोडियम फैल्सीरम (P. falciparum)*	मादा *एनॉफिलीज* मच्छर
चतुर्थक मलेरिया (Quartan malaria)	*प्लाज्मोडियम मलेरियाई (P. malariae)*	मादा *एनॉफिलीज* मच्छर
ऑवेल मलेरिया	*प्लाज्मोडियम ऑवेल (P. ovale)*	मादा *एनॉफिलीज* मच्छर
दैनिक मलेरिया (Quotidian malaria)	*प्लाज्मोडियम* की एक से अधिक जातियाँ	मादा *एनॉफिलीज* मच्छर
पायरिया का त्वरण	*एण्टअमीबा जिन्जिवैलिस*	संक्रमण चुम्बन द्वारा

संघ-पोरीफेरा

लक्षण

1. सभी स्पंज जलीय, अधिकांश समुद्री, बहुत कम स्वच्छ जलीय (*स्पॉन्जिला*) एकल या सामूहिक होते हैं।
2. इनका शरीर छिद्रयुक्त (Porous) होता है। **छिद्र** *दो प्रकार के होते हैं;* जैसे—**ऑस्टिया** (Ostia) तथा **ऑस्कुला** (Oscula)।
3. स्पंजों के शरीर की मध्य शरीर गुहा, स्पंजगुहा (Spongcoel) या पैरागैस्ट्रिक गुहा (Paragastric cavity) कहलाती है।
4. स्पंज का कंकाल सिलिका युक्त काँटों या प्रोटीन युक्त स्पंजिन तन्तुओं या दोनों से मिलकर बना होता है।
5. स्पंज अलैंगिक तथा लैंगिक दोनों प्रकार से जनन करते हैं। उदाहरण—*साइकन, ल्यूकोसोलीनिया* ।

वर्गीकरण

कंकाल के आधार पर जगत-पोरीफेरा को तीन वर्गों में विभाजित किया जाता है

1. **कैल्केरिआ** (Calcarea)
   उदाहरण—*साइकन, ल्यूकोसोलीनिया ।*
2. **हैक्सैक्टिनेलिडा** (Hexactinellida) या **हायलोस्पॉन्जीआई** (Hyalospongiae)
   उदाहरण—*यूप्लैक्टैला ।*
3. **डिमोस्पॉन्जीआई** (Demospongiae)
   उदाहरण—*यूस्पोन्जिया, स्पॉन्जिला ।*

ल्यूकोसोलीनिया-एक स्पंज

ल्यूकोसोलीनिया की **कॉलोनियाँ** समुद्र तट के निकटवर्ती **छिछले** जल में पाई जाती है। इनके शरीर की **सममिति अरीय** (Radial symmetry) होती है। चर्म स्तर या पिनेकोडर्म (Dermal layer or pinacoderm) **पिनेकोसाइट्स** (Pinacocytes) का बना होता है।

इसमें **एस्कॉन नाल प्रणाली** (Ascon canal system) पाई जाती है।

पिनैकोडर्म में रन्ध्र कोशिकाएँ या पोरोसाइट्स (Porocytes) पाई जाती हैं, जिनसे जल शरीर के अन्दर जाता है। मीसेनकाइम (Mesenchyme) या मध्यस्तर में अमीबी कोशिकाएँ (Amoebocytes) तथा कंटिकाएँ (Spicules) पाई जाती है। अमीबी कोशिकाएँ अपने कूटपादों तथा कार्य के अनुसार थीसोसाइट्स (Thesocytes), श्लेष कोशिकाएँ (Collenocytes), क्रोमोसाइट्स (Chromocytes), ग्रन्थिल, मायोसाइट्स (Myocytes), आर्किओसाइट्स (Archaeocytes) तथा ट्रोफोसाइट्स (Trophocytes) प्रकार की होती हैं।

आर्किओसाइट्स RNA की अधिकता युक्त **टोटीपोटेन्ट कोशिका** (Totipotent cell) है। **थीसोसाइट्स** (Thesocytes) में संग्रहित पोषक कण (Reserve food granules) होते हैं। **मायोसाइट्स** (Myocytes) कोशिकाएँ ऑस्कुलम के चारों ओर एक वर्तुल अवरोधनी (Sphincter) बनाती है, जो इसे आवश्यकतानुसार खोल या बन्द कर सकती है।

ट्रोफोसाइट्स (Trophocytes) कोशिकाएँ विकासशील कोशिकाओं को पोषक पदार्थ देती हैं, अत: इन्हें **धाय कोशिकाएँ** (Nurse cells) भी कहते हैं। इनमें ज्ञानेन्द्रियाँ (Sensory organs) एवं तन्त्रिका तन्त्र (Nervous system) नहीं होते, परन्तु प्रत्येक कोशिका उद्दीपनों (Stimuli) से प्रभावित होकर स्वतन्त्र प्रतिक्रिया करती है। इनमें जनद (Gonads) नहीं होते। शुक्राणु एवं अण्डाणु का विकास आर्कियोसाइट से होता है अर्थात् आर्किओसाइट्स प्रजनन का कार्य करती हैं।

साइकॉन

ये छिछले समुद्र में पत्थरों, चट्टानों (एकल या झुण्ड में) पर चिपके रहते हैं। शरीर कटीला, भूरा-पीला, फूलदाननुमा, 2.5-10 सेमी लम्बा व द्विस्तरीय (Diploblastic) तथा कैल्शियम की कंटिकाओं का बना होता है। मुख के चारों ओर ऑस्कुलम झालर (Osculum fringe) पाई पाती है।

साइकॉन का नाल तन्त्र

साइकॉन की देह एक जटिल नाल तन्त्र में व्यवस्थित होती है। स्पन्ज की देहीय कला जल के संचरण के लिए मुड़ी हुई जटिल तन्त्र बनाती है। नाल तन्त्र के विभिन्न अंग है

(i) **ऑस्टिया या चर्मीय छिद्र** देह सतह के बाहरी द्वार एक पतले झिल्ली छिद्र द्वारा ढके होते हैं। इसके एक या दो छिद्र होते हैं। ये छिद्र ऑस्टिया या चर्मीय छिद्र कहलाते है। ऑस्टिया कोशिकाओं की परत द्वारा घिरी रही है, जो मोनोसाइट्स कही जाती है, जो प्रवृत्ति में संकुचनशील होती है तथा दबाने वाले यन्त्र की तरह कार्य करती है। स्पंजगुहा ऑस्कुलम द्वारा खुलती है।

(ii) **अरीय नालें** स्पंजगुहा की देहीय कला लम्बवत् नियमित अन्तराल के पश्चात् उंगलियों के रूप में प्रक्षेपण की तरह बाहर धकेली जाती है। यह प्रक्षेपण या संरचनाएँ अरीय नालें कहलाती है।

अरीय नालों की भित्ति कशाभित कॉलर कोशिकाओं या कोएनोसाइट्स से आस्तरित सिरा खुला होता है, जो स्पंजगुहा में खुलकर सम्पर्क बनाता है। अपद्वार या आन्तरिक गुहा कहलाते हैं। कोएनोसाइट्स के कशाभ लगातार स्पन्दन करते हैं तथा जल प्रवाह को निर्देशित करते हैं।

(iii) **अन्तर्वाही नालें** दो अरीय नालों के बीच एक नलिकाकार स्थान जो अन्तर्वाही नाल कही जाती है उपस्थित होती हैं आन्तरिक सिरा बन्द तथा बाह्य सिरा ऑस्टिया में खुला होता है। इसकी भित्ति बाह्य चर्मीय, चपटे पिनेकोसाइट्स द्वारा आस्तरित होती है।

(iv) **बहिर्वाही नालें** बहिर्वाही नालें छोटी परन्तु बड़ी नलिकाकार अरीय नाल के आन्तरिक सिरे पर स्थित होती हैं तथा स्पंजगुहा से सम्पर्क बनाए रखती हैं। यह भी पिनेकोसाइट्स द्वारा आन्तरिक रूप में आस्तरित होती हैं। यह अपद्वार द्वारा ऑस्कुलम में खुलती हैं।

(v) **जल प्रवाह** बाह्य सतह के कई ऑस्टिया के द्वारा जल शरीर के अन्दर गमन करता है। प्रत्येक ऑस्टियम या चर्मीय छिद्र अन्तर्वाही नालों में खुलते हैं। अन्तर्वाही नालों से जल अरीय नालों में आगामी द्वार से होते हुए आता है।

अपद्वार के द्वारा जल स्पंजगुहा में अरीय नालों से आता है। अन्त: स्पंजगुहा से बाह्य द्वारा द्वारा ऑस्कुलम से बाहर आ जाता है।

नाल तन्त्र ***साइकॉन*** के जीन में मुख्य भूमिका निभाती है। यह भोजन, ऑक्सीजन परिपूर्ण जल लाती है तथा CO_2 अन्य नाइट्रोजनी अपशिष्ट को बाहर निकालती है।

जलधारा अन्दर को —चर्मी ऑस्टिया से→ अन्तर्वाही नालों में —आगमन द्वारों से→ ↓

जलधारा बाहर को ←ऑस्कुलम से— स्पंज गुहा में ←अपद्वारों से— अरीय नालों में

कुछ महत्त्वपूर्ण स्पंज (Some Important Sponges)

यूप्लैक्टेला (*Euplectella*)	वीनस की फूलों की टोकरी (Venus flower basket)
हायलोनीमा (*Hyalonema*)	काँच की रस्सी रूपी स्पंज (Glass rope sponge)
यूस्पॉंजिया (*Euspongia*)	स्नान स्पंज (Bath sponge)
क्लाइओना (*Cliona*)	बेधक स्पंज (Boring sponge)
कैलाइना (*Chalina*)	मरमेड के दस्ताने (Mermaid's gloves sponge)
हिप्पोस्पंजिया (*Hippospongia*)	अश्व स्पंज (Horse sponge)

संघ-सीलेन्ट्रेटा या निडेरिया

लक्षण

1. ये सभी जलीय जन्तु हैं। कुछ को छोड़कर अधिकांश समुद्री जल में रहते हैं; जैसे—*हाइड्रा* स्वच्छ जलीय है।
2. सीलेन्ट्रेटा के सदस्यों में कोशिका तथा ऊतक स्तर का संगठन होता है।
3. सीलेन्ट्रेटा संघ के प्राणी द्विस्तरीय (Diploblastic) होते हैं अर्थात् ये बाह्य त्वचा तथा अन्त: त्वचा से बने होते हैं।
4. शरीर गुहा को सीलेन्ट्रोन (Coelenteron) या जठरवाही गुहा (Gastrovascular cavity) कहते हैं।

5. सुरक्षा के लिए दंशकोरक (Cnidoblast) अथवा निमेटोसिस्ट (Nematocyst) पाए जाते हैं।
6. श्वसन तथा उत्सर्जन शरीर सतह से विसरण (Diffusion) के द्वारा होता है।
7. जनन लैंगिक तथा अलैंगिक (मुकुलन) दोनों प्रकार का होता है।
   उदाहरण—*हाइड्रा, ओबेलिया, ओरेलिया* ।

वर्गीकरण

जीवन-चक्र में पाई जाने वाली मेड्यूसा (Medusa) या पॉलिप (Polyp) अवस्था के आधार पर संघ-सीलेन्ट्रेटा को तीन वर्गों में विभाजित किया जाता है

(i) **हाइड्रोजोआ** (Hydrozoa)
   उदाहरण—*हाइड्रा, ओबेलिया* ।

(ii) **स्कायफोजोआ** (Scyphozoa)
   उदाहरण—*ओरेलिया, राइजोस्टोमा* ।

(iii) **एन्थोजोआ** (Anthozoa)
   उदाहरण—*गॉरगोनिया, मेट्रीडियम* ।

निडेरिया में बहुरूपता

किसी एक ही जाति में एक से अधिक प्रकार के ऐसे जन्तुओं या जीवकों (Zooids) का पाया जाना, जो आकार और कार्य में भिन्न हो, बहुरूपता (Polymorphism) कहलाती है। सीलेन्ट्रेट या हाइड्रोजोआ एकल या निवही रूप में मिलते हैं। इनके जीवकों के दो मौलिक रूप पॉलिप (Polyp) व मेड्यूसी (Medusae) पाए जाते हैं। **पॉलिप** (Polyps) एक नली के आकार की संरचना होती है, जिसमें एक सिरे पर स्पर्शकों (Tentacles) से घिरा हुआ मुख होता है एवं दूसरा सिरा बन्द हो जाता है। यह पदिक बिम्ब द्वारा आधार से जुड़ा होता है। पॉलिप स्थानबद्ध (Sessile) संरचना होती है। **मेड्यूसी** (Meducae) एक कटोरे या छाते के आकार की सरंचना होती है। इसके किनारे-किनारे स्पर्शक और नीचे की अवतल सतह के केन्द्र में एक उभार होता है, जिसके केन्द्र में मुख होता है। यह सामान्यतया सचल (Motile) संरचना होती है।

बहुरूपता के प्रकार

हाइड्रोजोआ के भिन्न-भिन्न प्राणी समूहों में विविध प्रकार की बहुरूपता पाई जाती है। ये इस प्रकार हैं

द्विरूपी

इनमें केवल दो प्रकार के जीवक (Zooids) होते हैं।

1. **जठर जीवक** (Gastrozooids) या **पोषजीवक** (Hydranths) पोषण का कार्य करते हैं।
2. **जननजीवक** (Gonozooids) या **कोरक-स्ताम्भ** (Blastocytes) अलैंगिक मुकुलन (Asexual, budding) द्वारा लैंगिक मेड्यूसी या जनकधरों (Gonophores) को उत्पन्न करने का कार्य करते हैं। इस प्रकार दो जीवकों के पाए जाने की घटना को द्विरूपता (Dimorphism) कहते हैं।
   उदाहरण—*ओबेलिया* (*Obelia*) *ट्यूबुलेरिआ* (*Tubularia*) व *कैम्पैनुलेरिआ* (*Companularia*)।

त्रिरूपी

इनमें जठर जीवकों और जनन जीवकों के अलावा **अंगुलि-जीवक** (Dactylozooids) नामक तीसरे प्रकार के जीवक भी पाए जाते हैं। अँगुली-जीवक में दंश कोशिकाओं की बैटरियाँ पाई जाती हैं, जिससे ये प्रतिरक्षा का कार्य करते हैं।
उदाहरण—*प्लूमुलैरिया* (*Plumularia*)

बहुरूपी

इनमें पाँच प्रकार के पॉलिप होते हैं, जो अलग-अलग विशेष कार्य करते हैं

1. **जठर जीवक** (Gastrozooids) भोजन ग्रहण करने में प्रयोग होते हैं।
2. **सर्पिल अँगुली जीवक** (Spiral dactylozooids) **आरक्षी जीवक** प्रतिरक्षा में प्रयुक्त होते हैं।
3. लम्बे संवेदी अँगुली जीवक (Long dactylozooids) या **स्पर्शक जीवक** (Tantaculozooids) इसमें अंसख्य तन्त्रिकीय कोशिकाएँ पाई जाती हैं।
4. **कंकाल जीवक** (Skeletozooids) काइटिन के शूलीय उभरों के समान संरचना होती है।
5. **जनन जीवक** (Gonozooids) या नर व मादा जनक धर (Gonophores) इन्हें मेड्यूसी जनन जीवक भी कहते हैं। ये लैंगिक जनन के लिए होते हैं।
   उदाहरण—*हाइड्रैक्टिनिया* ।

साइफोनोफोरा गण के जन्तुओं में बहुरूपता के विभिन्न उदाहरण मिलते हैं। इन जन्तुओं में पॉलिपाभ (Polypoid) और मेड्यूसाभ (Medusoid) दोनों रूप एक ही निवह में होते हैं और अशन (Feeding), सुरक्षा, जनन, तैरना इत्यादि विशिष्ट कार्य करते हैं।

उदाहरण—*फाइसैलिया* (*Physalia*), *डाइफीस* (*Dyphis*) व *स्टीफैलिया* (*Stephalia*) आदि।

कान्ड्रोफोरा गण में *पोर्पिटा* (*Porpita*), एवं *बैलला* (*Valella*) में बहुरूपता मिलती है।

पॉलिपों के रूपान्तर

पॉलिपाभ में निम्न प्रकार के जीवक होते हैं

1. अँगुलीजीवक (Dactylozooids) या **आरक्षी पॉलिप** (Protective Polyp) ये सामान्यतया मुख विहीन व एक लम्बे आधारी स्पर्शक सहित होते हैं।
2. **जठर जीवक** (Gastrozooids) या **अशनकारी पॉलिप** ये प्राय: मुख व लम्बे स्पर्शक युक्त होते हैं।
3. **जनन जीवक** (Gonozooids) या **जनन पॉलिप** (Reproductive polyp) ये लैंगिक मेड्यूसी या जनकधरों को उत्पन्न करते हैं।

मेड्यूसी के रूपान्तर (Modifications of Medusae) मेड्यूसाभों में निम्न प्रकार के जीवक होते हैं

1. **प्लवनकारी जीवक या तरण चषकियाँ** (Nectocalyx) इनमें हस्तक (Manubrium) और स्पर्शकों अभाव होता है व एक पेशीय घण्टी पाई जाती है।
2. **वातपुटीधर** (Pneumatophore) या **प्लव** (Float) ये स्रावित गैस से भरपूर ब्लैडर के समान संरचना पाई जाती है।
3. **फिल्लोजीवक** (Phylozooids) या **पत्रजीवक** (Bract) ये पत्ती के समान व दंशकोशिकाओं से लदी संरचना होती है, जो अन्य जीवकों की रक्षा करती है।
4. **जनकधर** (Gonophore) ये नर व मादा जनन ग्रन्थियों को धारण किए हुए संरचना होती है। ये शुक्राणुओं तथा अण्डाणुओं को उत्पन्न करते हैं।

बहुरूपता का महत्त्व (Importance of Polymorphism) बहुरूपता वास्तव में श्रम विभाजन की परिघटना होती है। इसमें जीव के शरीर में होने वाली विभिन्न क्रियाओं का अलग-अलग अंगों या भागों द्वारा न करके अलग-अलग प्राणियों या जीवकों द्वारा की जाती है।

जैसे—पॉलिप भोजन लेने, सुरक्षा व अलैंगिक जनन का कार्य करते हैं और मेड्यूसी लैंगिक जनन का कार्य करती है।

ओबेलिया की संरचना

ओबेलिया एक छोटे परिमाण कर समुद्रवासी निवही हाइड्रोजोआ है। इसे सामान्यतया **समुद्री समूर** (Sea fur) के नाम से जाना जाता है।

ओबेलिया अलैंगिक तथा लैंगिक दोनों रूपों में मिलता है अलैंगिक रूप, एक शाखित **हाइड्राभ निवह** (Hydroid colony) होता है तथा लैंगिक रूप एक बहुत छोटी घण्टी या छाते के समान मुक्त प्लावी अवस्था होती है, जिसे **मेड्यूसा** कहते हैं।

हाइड्राभ निवह

यह ओबेलिया की अलैंगिक अवस्था है, इसकी संरचना निम्नलिखित प्रकार है

बाह्य संरचना

- *ओबेलिया* का निवह कोमल, अर्द्धपारदर्शीय तथा हल्के भूरे रंग का होता है। इसकी आकृति समूर के समान होती है।
- *ओबेलिया* में ऊर्ध्वाधर व शाखित स्तम्भ होते हैं, जिन्हें हाइड्रोस्तम्भ (Hydrocaulus) कहते हैं। ये जड़ के समान **हाइड्रोनल** (Hydrorhiza) से 2 या 3 सेमी ऊपर निकले होते हैं। ये दोनों धागे के समान संरचना होती हैं।
- प्रत्येक हाइड्रोस्तम्भ से एकान्तरित क्रम में अनेक शाखाएँ निकलती हैं। प्रत्येक शाखा के शीर्ष पर एक जीवक होता है, जिसे पॉलिप (Polyp) या **हाइड्रैन्थ** (Hydranth) कहते हैं।

प्रौढ़ पॉलिपों के कक्ष में बेलनाकार जनन जीवक होते हैं, जिन्हें **ब्लास्टोइल्स** (lastostyles) या **गोनेन्जिआ** (Gonangia) कहते हैं। अत: निवह में दो प्रकार के जीवक होने के कारण *ओबेलिया* द्विरूपी होता है। जब ब्लास्टोस्टाइल्स से प्लेटाकार संरचनाओं का निर्माण होता है, जिन्हें मेड्यूसी कहते हैं, तो निवह **त्रिरूपी** (Trimorphic) हो जाता है।

सीनोसार्क

सीनोसार्क निवह की शाखाओं और जीवकों की संरचना में भीतर की ओर एक नली के आकार की संरचना है। यह जन्तु की कोशिकीय भित्ति है, जिसके अन्दर एक नाल पाई जाती है, जिसे **जठरवाही गुहिका** (Gastro-vascular cavity) कहते हैं। यह नाल जीवकों की जठरवाही गुहिका से जुड़ी रहती है।

पेरीसार्क

पेरीसार्क, सीनोसार्क के बाहर पीले या भूरे रंग का दृढ़, पारदर्शीय व निर्जीव आवरण है। इसका स्रावण बहिचर्म (Epidermis) द्वारा बाहर की ओर होता है। यह स्तर निवह को सुरक्षित रखता है तथा आलम्ब प्रदान करने वाले बहि:कंकाल की भाँति कार्य करता है। पेरीसार्क निवह को दृढ़ बनाता है।

जीवक

ओबेलिया निवह के द्विरूपी होने पर उसमें दो प्रकार के जीवक होते हैं। ये दोनों जीवक आकारिकी व कार्यिकी रूप से भिन्न होते हैं।

पॉलिप या हाइड्रैन्थ

पॉलिप निवह का जठर-जीवक (Gastrozooid) होते हैं। एक जठर-जीवक को पोषजीवक (Trophozooid) भी कहते हैं। इसकी संरचना *हाइड्रा* के समान अरीय सममितीय व पीले रंग की होती है। इसका संकरा आधारीय भाग हाइड्रोस्तम्भ के सीनोसार्क से जुड़ा रहता है एवं इसका दूरस्थ भाग एक शंकु रूपी उभार, हस्तक (Manubrium) या अधोरन्ध्र (Hypostome) बनाता है। इसकी माप कुल हाइड्रैन्थ की 1/3 होती है, जिसे मुख (Mouth) कहते हैं।

अधोरन्ध्र के आधार से लगभग 30 ठोस स्पर्शक निकलते हैं। हाइड्रैन्थ को चारों ओर से आवरित करने वाला पेरीसार्क फैलकर एक ढीला प्यालाकार पारदर्शी आरक्षी आवरण बनाता है, जिसे **चषक-प्रावार** (Hydrotheca) कहते हैं।

ब्लास्टोस्टाइल या गोनेन्जियम

ये एक विशेष प्रकार के **जनन-जीवक** (Gonozooids) या **कोरक-जीवक** (Blastozooids) हैं। ये हाइड्रोस्तम्भ के पूर्ण विकसित होने पर विकसित होते हैं। हाइड्रैन्थ की अपेक्षा इनकी संख्या कम होती है। ये प्रौढ़ हाइड्रैन्थों के कक्ष में पाए जाते हैं। इसमें मुख व स्पर्शक अनुपस्थित होते हैं और इसकी जठरवाही गुहिका अत्यन्त ह्रासित हो जाती है।

पेरीसार्क एक ढीला, पारदर्शी, पुष्पपात्र के समान सम्पुट (Capsule) बनाती है, जिसे **जनक-प्रावार** (Gonotheca) कहते हैं। ब्लास्टोस्टाइल पार्श्व मुकुलन द्वारा लैंगिक रचनाएँ उत्पन्न करता है, जिन्हें मेड्यूसी (Medusea) या जनकधर (Gonophores) कहते हैं।

पूर्ण निर्मित मेड्यूसी ब्लास्टोस्टाइल से पृथक् होकर एक छिद्र द्वारा जल में स्वतन्त्र हो जाती है। इस छिद्र को जननरन्ध्र (Gonophore) कहते हैं तथा इसका निर्माण जनक-प्रावार (Gonotheca) के शीर्ष के फटने से होता है।

ब्लास्टोस्टाइल तथा मेड्यूसी सहित जनक-प्रावार को जनकधारी (Gonangium) कहते हैं। *ओबेलिया* की हाइड्राभ निवह में मेड्यूसी मुकुलों के विकसित होने पर निवह त्रिरूपी (Trimorphic) हो जाती है अर्थात् *ओबेलिया* में तीन प्रकार के जीवक हाइड्रैन्थ, ब्लास्टोस्टाइल व मेड्यूसा पाए जाते हैं।

मेड्यूसा

ये एक प्रकार के रूपान्तरित जीवक हैं, इनका निर्माण ब्लास्टोस्टाइल से अलैंगिक मुकुलन के द्वारा होता है। यह एक छोटे छाते या घण्टी के समान रचना होती है। इसकी बाह्य उत्तल सतह **बहि:छत्र** (Exumbrella) और अन्दर की ओर अवतल सतह **अवछत्र** (Subumbrella) कहलाती है।

अवछत्र सतह पर जठरवाही तन्त्र की चार अरीय नालें (Radial canals) और किनारे-किनारे एक वृत्तीय नाल (Circular canal) होती है। एक पूर्ण परिपक्व मेड्यूसा की प्रत्येक अरीय नाल के मध्य में एक जनन ग्रन्थि पाई जाती है।

अवछत्र सतह के केन्द्र से एक छोटा, खोखला व हैंडिल के आकार का प्रवर्ध नीचे की ओर लटका रहता है, जिसे **हस्तक** (Manubrium) कहते हैं। इसके दूरस्थ सिरे पर एक चतुर्भजी **मुख** (Mouth) होता है, जो चारों ओर से चार मुखपालियों से घिरा होता है।

छत्र का किनारा अन्दर की ओर एक अति संकरे, अवशेषी वलन या शेल्फ (Shelf) के आकार में बड़ा होता है, जिसे **वीलम** (Velum) कहते हैं। छत्र के तट से असंख्य छोटे-छोटे **स्पर्शक** (Tentacles) निकाले होते हैं। स्पर्शक अत्यन्त संकुचनशील और दंश कोशिकाओं से युक्त होते हैं।

एक नवजात मेड्यूसा में 16 स्पर्शक होते हैं। इन स्पर्शकों के आधार फूले हुए होते हैं और **स्पर्शक बल्ब** (Tentacular bulbs) बनाते हैं, जिनमें संवेदी अंग **सन्तुलन पुटिया** (Statocysts) होती है। इनमें निमेटोसिस्ट्स का निर्माण होता है।

ओबेलिया का जीवन-चक्र

ओबेलिया के जीवन-चक्र में अलैंगिक हाइड्राभ निवह और लैंगिक मेड्यूसा दोनों पीढ़ियाँ पाई जाती हैं। जीवन-चक्र को पूरा करने के लिए इन दोनों पीढ़ियों का नियमित एकान्तरण होता है

1. जनद

ओबेलिया में जनद चार अरीय नालों पर उपस्थित होते हैं। वयस्क होने के पश्चात् ये नर निवह में शुक्राणु व मादा निवह में अण्डाणु का निर्माण करते हैं।

नर व मादा युग्मक विकसित होने के पश्चात् जनदों की एक्टोडर्मल दीवार को तोड़कर बाहर निकल आते हैं और ये जल में स्वतन्त्र गमन करते है।

2. निषेचन

ओबेलिया में निषेचन विपरीत (Cross type) तथा आन्तरिक या बाह्य प्रकार का होता है। शुक्राणु जल की धाराओं द्वारा मादा मेड्यूसा तक लाए जाते हैं, जहाँ ये अण्डाणुओं को निषेचित करत हैं। जिससे **युग्मनज** (Zygote) का निमार्ण होता है। पितृ मेड्यूसी युग्मकों को मुक्त करने के तुरन्त बाद ही मर जाती है।

3. परिर्वधन

ओबेलिया में परिवर्धन तीन प्रकार होता है

(a) **विदलन** (Cleavage) युग्मनज में **पूर्णभंजी** (Holoblastic) या पूर्ण विदलन होता है, जिसके फलस्वरूप कोशिकाओं का एक ठोस गेंद के समान **मोरूला** (Morula) बन जाता है।

इसके पश्चात् **ब्लास्टुला** (Blastula) अवस्था बनती है। इसकी गुहा **कोरक गुहा** (Blastocoel) कहलाती है। यह कोरकखण्ड़ों (Blastomeres) के एक स्तर द्वारा आस्तरित रहती है। **गैस्टुला भवन** (Gastrulation), **विस्तरण** (Delamination) कोरकखण्डों की आन्तरिक सतह से नई कोशिकाएँ बनकर पृथक् होती रहती हैं और कोरकगुहा में भर जाती है।

गैस्टुला भवन के पश्चात् भ्रूण एक **ठोस गैस्टुला** (Solid gastrula) या घनकंदक बन जाता है। इसके सबसे बाह्य स्तर को **एक्टोडर्म** (Ectoderm) तथा आन्तरिक स्तर को एण्डोडर्म (Endoderm) कहते हैं।

(b) **प्लैनुला लारवा** (Planula Larva) गैस्टुला की एक्टोडर्म कोशिकाएँ पक्ष्माभ धारण कर लेती है तथा इसकी ठोस एण्डोडर्म में विस्तरण क्रिया (Delamination) क्रिया द्वारा एक गुहिका विकसित हो जाती है, जिसे **आघात्र** (Enteron) कहते है। इस प्रकार एक प्लैनुला लारवा का निर्माण होता है।

प्लैनुला लारवा में स्तम्भी बहि:चर्मी, संवेदी, तन्त्रिका ग्रन्थि कोशिकाएँ, पेशीय, प्रवर्ध और दंश कोशिकाएँ पाई जाती हैं।

(c) **हाइड्रुला** (Hydrula) कुछ समय सक्रिय मुक्तप्लावी जीवन यापन करने के पश्चात् प्लैनुला लारवा अपने अगले सिरे द्वारा चट्टान, पौधे अथवा समुद्र में किसी ठोस पदार्थ पर चिपक जाता है। अब इसमें कायान्तरण (Metamorphosis) होता है।

इसका प्रारम्भिक सिरा, चिपकने के लिए **आधारी बिम्ब** (Basal disc) में व दूरस्थ स्वतन्त्र सिरे पर मुख सहित एक हस्तक तथा स्पर्शकों का एक **वृत्तक** (Circlet) विकसित हो जाता है।

अब लारवा एक सामान्य पॉलिप या *हाइड्रा* के समान दिखाई देता है, इसे **हाइड्रूला** कहा जाता है।

अलैंगिक मुकुलन की एक विस्तीर्ण प्रक्रिया द्वारा हाइड्ला धीरे-धीरे अपने पितृ *ओबेलिया* निवह के समान एक नए शाखादार *ओबेलिया* निवह में बदल जाता है।

4. पीढ़ियों का एकान्तरण एवं मेटाजिनेसिस

ओबेलिया के जीवन-चक्र में हाइड्राभ निवह (Hydroid colony) अलैंगिक पीढी को तथा एकल मेड्यूसाभ (Medusoid) लैंगिक पीढ़ी को प्रदर्शित करते हैं। ये दोनों पीढ़ियाँ नियमित रूप में एक-दूसरे से एकान्तरण करती है तथा पीढ़ी एकान्तरण की परिघटना को प्रदर्शित करती हैं।

ओबेलिया में हाइड्राभ स्थानबद्ध व लिंगविहीन होता है, जिसमें जनन ग्रन्थियों का अभाव होता है। इससे मुकुलन की अलैंगिक विधि द्वारा मेड्यूसी बनती है। मेड्यूसी नितान्त रूप से लैंगिक विधि द्वारा अण्डाणु एवं शुक्राणु उत्पन्न करके लैंगिक विधि से जनन करते हैं, जिससे नए हाइड्राभ निवह बनते हैं। इस प्रकार *ओबेलिया* में पीढ़ी एकान्तरण पाया जाता है।

हाइड्रा

हाइड्रा की खोज **ल्यूवेनहॉक** (Leeuwenhoek; 1703) ने की और 1744 ई. में **ट्रेम्बले** (Trembley) ने पूर्ण वर्णन किया, जबकि *हाइड्रा* नाम **लिनियस** (Linnaeus) ने 1758 ई. में दिया। शरीर की **सममिति अरीय** (Radial symmetry) होती है।

हाइड्रा की देहभित्ति द्विजनस्तरी (Diploblastic) होती है। बाहरी घनाकार कोशिकाओं के बने अधिचर्म में उपकला पेशी कोशिकाएँ (Epitheliomuscular cells), अन्तराली कोशिकाएँ (Interstitial cells), ग्रन्थिल पेशी कोशिकाएँ (Glandulomuscular cells), संवेदी कोशिकाएँ (Sensory cells), तन्त्रिका कोशिकाएँ (Nerve cells), जनन कोशिकाएँ (Germ cells) तथा दंश कोशिकाएँ (Cnidoblasts) उपस्थित होती हैं।

उपकला पेशी कोशिकाएँ संकुचन, अन्तराली कोशिकाएँ वृद्धि, जनन, पुनरुद्भवन, ग्रन्थिल पेशी कोशिकाएँ प्रचलन (खिसकने), संवेदी कोशिकाएँ संवेदना ग्रहण करने, तन्त्रिका कोशिकाएँ प्रेरणा प्रसारण, जनन कोशिकाएँ नर युग्मक व मादा युग्मक बनाने तथा दंश कोशिकाएँ सुरक्षा तथा आक्रमण का कार्य करती हैं।

गैस्ट्रोडर्मिस में पोषक पेशी कोशिकाएँ (Nutritive muscular cells), अन्तराली कोशिकाएँ, तन्त्रिका कोशिकाएँ संवेदी कोशिकाएँ तथा ग्रन्थि या स्रावी कोशिकाएँ उपस्थित होती हैं।

हाइड्रा सबसे छोटा पॉलिप (Polyp) होता है। *हाइड्रा विरिडिस्सिमा* (*Hydra viridissima*) हरे रंग का तथा *हाइड्रा ओलाइगैक्टिस* (*Hydra oligactis*) भूरे रंग का होता है।

हाइड्रा विरिडिस्सिमा की पोषक पेशी कोशिकाओं में *जूक्लोरेला* (*Zoochlorella*) अर्थात् *क्लोरेला विरिडिस* (*Chlorella viridis*) शैवाल सहजीवी के रूप मे रहता है। इनके शरीर पर उपस्थित **स्पर्शक** (Tentacles) गमन, भोजन ग्रहण एवं शत्रुओं से सुरक्षा में सहायता करते हैं।

हाइड्रा की देहगुहा सीलेन्ट्रॉन (Coelenteron) या गेस्ट्रोवैस्कुलर गुहा (Gastrovascular cavity) कहलाती है। *हाइड्रा* में गुदा (Anus) नहीं होती है पेनीट्रैन्टस (Penetrants) सबसे बड़ी और रचना में सबसे जटिल दंशिक (Nematocyst) है।

दंश कोशिका (Nematocyst) के मुख्य भाग सम्पुट (Capsule) की गुहा में हिप्नोटॉक्सिन (Hypnotoxin) नामक विषैला तरल भरा रहता है, जो शिकार को बेहोश कर देता है।

हाइड्रा की जठरवाहिनी गुहा में बाह्यकोशिकीय पाचन तथा पोषक पेशी कोशिकाओं में अन्त:कोशिकीय पाचन होता है। *हाइड्रा* में **पुनरुद्भवन** (Regeneration) की अपार क्षमता होती है। *हाइड्रा* में श्वसन तथा उत्सर्जन के लिए विशिष्ट कोशिकाएँ नहीं होती।

इसमे विदलन **सम्पूर्ण** तथा **पूर्णभंजी** (Holoblastic) होता है। *हाइड्रा* में हाइपोस्टोम (Hypostome) के आधार भाग में स्पर्शकों की उद्गम रेखा के ठीक पीछे का कुछ हिस्सा वृद्धि क्षेत्र (Growth zone) होता है।

कुछ महत्त्वपूर्ण निडेरियन (Some Important Cnidarian)

ओबेलिया (Obelia)	समुद्री समूर (Sea fur)
फाइसेलिया (Physalia)	पुर्तगाली सिपाही (Portuguese man-of-war)
ऑरेलिया (Aurelia)	जेली मीन (Jelly fish)
मैट्रीडियम (Metridium)	समुद्री एनीमोन (Sea anemone)
पैनाट्युला (Pennatula)	समुद्री कलम (Sea pen)
गॉरगोनिया (Gorgonia)	समुद्री पंखा (Sea fan)
एल्सायोनियम (Alcyonium)	मृत मनुष्य की अँगुलियाँ (Dead man's finger)
कोरेलियम (Corallium)	मूँगा (Precious red coral)
ट्यूबीपोरा (Tubipora)	आर्गन पाइप प्रवाल (Organ pipe coral)
फन्जिया (Fungia)	मशरूम प्रवाल (Mushroom coral)

ऑरेलिया

ऑरेलिया, एक विश्वव्यापी जैली-फिश होती है, जो तटीय जल में मिलती है तथा प्रमुख मेड्यूसा अवस्था को प्रदर्शित करती है। पॉलिप स्काइफोस्टोमा द्वारा प्रदर्शित होता है। देह कोमल प्रवर्ध नुमा चार लाल या गुलाबी जनन छिद्र ऊपरी सतह पर स्थित होते हैं और चार लम्बी संकरी मुख भुजाएँ नीचे की ओर लटकी रहती है।

बाह्य उत्तल सतह बहिछत्रीय कहलाती है तथा निचली उत्तल सतह अवछत्रीय कहलाती है। आठ बिन्दुओं पर छत्रीय सतह पर स्पर्शक व खाँच होते हैं।

प्रत्येक खाँच में एक संवेदी अंग होता है, टेन्टोकुलोसिस्ट या स्टेटोसिस्ट दो आलरों के मध्य संरक्षित होती है। ये सभी संरचनाएँ अवछत्रीय के कोमल वलन से उत्पन्न होती है।

जो संकुचनशील सीमाकार पट्टी बनाती है विलेरियम कहलाती है। अवछत्रीय सतह पर निम्न संरचनाएँ उपस्थित होती हैं

(i) **हस्तक** अवछत्रीय सतह से एक चार दिशीय अकंटकीय हस्तक नीचे की ओर लटका रहता है।

इस वर्गाकार मुख कोने से चार लम्बे, कोमल तथा झालरदार मुख-भुजा लटकी होती है चारों मुख-भुजाओं की अधर सतह पर पक्ष्माभित खाँच होती है।

ये खाँच के किनारों पर दंश कोशिकाएँ होती हैं, जो सामान्यतया तीन प्रकार की होती हैं। जो दो प्रारों के मध्य एक अन्तरारीय तथा प्रत्येक प्रार व उसके प्रत्येक पास वाली अन्तरारीय के मध्य एकअरीय होती है।

(ii) **अवजनद् गर्तें व जनन ग्रन्थियाँ** अवछत्रीय की ऊपरी सतह पर मुखभुजा के मध्य स्थित होती है। मुख के निकट चार छोटी उथले गुहिका या अवजनद गते स्थित होती है।

अवजनद गर्तों के ठीक ऊपर घोड़े की नाल के आकार की जनन ग्रन्थियाँ उपस्थित होती हैं।

आन्तरिक संरचनाएँ

(i) **देह भित्ति** यह द्विकोरकी होती है अन्तश्चर्म व बाह्यचर्म तथा मध्य परत मिसोग्लिया के साथ। मुख्य देह मध्य स्तर द्वारा आवरित होती है। बहिछत्रीय तथा अवछत्रीय सतह बाह्यत्वचा द्वारा आस्तरित होता है। जबकि बहिश्छत्रीय सतह ग्रसिका आमाशय, अरीय नाल, गोलीय नाल अन्तचर्म द्वारा आवरित होते हैं।

(ii) **पेशीन्यास** यह एक सुविकसित पेशीन्यास होता है, जो अवछत्रीय सतह तक सीमित होता है, जो अधिचर्म की उपकला पेशी कोशिकाओं के प्रवर्ध से बनता है। पेशी तन्तु अनुदैर्ध्य रूप से हस्तक स्पर्शक में तथा मुख-भुजा में व्यवस्थित होता है। जबकि अरीय छत्रीय में होता है। संकुचनशील स्पन्दन द्वारा तैरने में अविकसित पेशीन्यास उत्तरदायी होता है।

(iii) तन्त्रिका तन्त्र सम्मिलित करता है

(a) **तन्त्रिका जाल** यह लम्बी द्विध्रुवी तन्त्रिका कोशिकाओं से बना होता है तथा तन्त्रिका तन्तु अवछत्रीय सतह पर प्रार व अन्तरारीय के निकट होती है। मुख्य तन्त्रिका जाल अवछत्रीय सतह से स्पर्शकों, संस्पर्शक, हस्तक तथा मुख भुजा तक फैला होता है।

(b) **संस्पर्श गुच्छिकाएँ** तट के निकट वलयाकार संरचना बनती है तन्त्रिका कोशिका के मिलने के कारण। मुख्य तन्त्रिका का नियन्त्रण गमन तथा विसरित तन्त्रिका जाल पोषण व भोजन को नियन्त्रित करता है।

ज्ञानेन्द्रियाँ आठ संस्पर्श ज्ञानेन्द्रियों का काम करते हैं। प्रत्येक संस्पर्श के पास एक स्टेटोसिस्ट होता है, दो घ्राण गर्त तथा दो नेत्र होते हैं।

स्टेटोसिस्ट छोटी, कीपाकार विशिष्ट संवेदी स्पर्शकों तटीय खाँचों में होती है। स्टेटोसिस्ट की दिशाओं तथा स्टेटोसिस्ट का आधार, मोटी अधिचर्म के पास संवेदी कोशिकाएँ होती हैं। ये तैरने के समय समन्वय बनाए रखती हैं।

दो घ्राण गर्त प्रत्येक स्टेटोसिस्ट के पास गर्त के रूप बनते हैं, जो बाह्य अभिमुखीय घ्राण गर्त कहलाते हैं, जो टोपी के आधार पर स्थित होते हैं तथा अन्त अभिमुखीय घ्राण गर्त अन्त दिशा में स्थित होते हैं प्रत्येक गर्त संवेदी अधस्त्वचा द्वारा आस्तरित होते हैं तथा रसायनग्राही की तरह कार्य करते हैं। स्टेटोसिस्ट में बाहर की ओर एक प्रकाश संवेदी बाह्यचक्रीय वर्णक दाग होता है, जो ऑसिलाव कहलाता है।

(iv) **जनन अंग** यह द्विलिंगी होता है। जिसमें नर व मादा अंग पृथक्-पृथक् जीवों में उत्पन्न होते हैं, जो देखने पर विभेदित होते हैं। जननग्रन्थियाँ आन्तरिक अरीय बाह्यचर्म के अन्दर स्थित होती है।

शुक्राशय शुक्रजनन करते तथा अण्डाशय अण्डाणु आँत की जठर थैली में मुक्त होते हैं। शरीर के अन्दर निषेचन होता है। युग्मनज जठर थैली को छोड़कर मुख गुहा तक पहुँचता है। युग्मनज का परिवर्धन प्लेनुला में समानकोरकी विभेदन के साथ होता है। प्लेनुला अनुदैर्ध्य रूप से मुक्त होता है तथा कायान्तरण वयस्क जन्तुओं में वृद्धि करता है।

संघ-टीनोफोरा

टीनोफोरा वर्टीब्रेट जन्तुओं का एक संघ हैं। इसके अधिकांश सदस्य समुद्र में पाए जाते हैं। इनके शरीर पर सीलिया पाए जाते हैं, जो इनकी तैरने में सहायता करते हैं। ये ऐसे सबसे बड़े जन्तु हैं, जो सीलिया द्वारा गमन करते हैं।

प्ल्यूरोबैंकिया

इसे समुद्री करौंदा (Sea gooseberry) भी कहा जाता है। यह छोटा समुद्री, रेंगने वाला जीव है। शरीर का मुख्य भाग मांसल होता है, जो अर्द्धवृत्ताकार पालियाँ बनाता है।

इन पालियों के मिलन बिन्दु पर एक खाँच उपस्थित होती है, जिससे स्पर्शक जुड़े रहते हैं। इनमें केवल लैंगिक जनन पाया जाता है।

संघ-प्लेटीहैल्मिन्थीज

चपटा कृमि

लक्षण

1. संघ प्लेटीहैल्मिन्थीज में चपटे कृमि आते हैं, जो त्रिस्तरीय, गुहारहित (Acoelomate) होते हैं तथा संगठन अंगीय स्तर का होता है।
2. इन जन्तुओं का शरीर कोमल, पृष्ठधारी, चपटा, पत्तीनुमा या फीते के आकार का होता है।

3. इसमें उत्सर्जन विशेष प्रकार की कोशिकाओं, **ज्वाला कोशिकाओं** (Flame cells) के द्वारा होता है, जो एक या अधिक उत्सर्जी छिद्रों के द्वारा बाहर खुलती हैं।
4. इनके तन्त्रिका तन्त्र में सीढ़ीनुमा मस्तिष्क तथा दो मुख्य अनुदैर्ध्य तन्त्रिका रज्जु होती हैं।
5. ये जन्तु प्राय: **उभयलिंगी** (Hermaphrodite) होते हैं।
6. इनमें निषेचन आन्तरिक होता है।
7. परजीवी अवस्था में चूषक, हुक दोनों उपस्थित होते हैं। ये परपोषी (Host) से जुड़ने के लिए उपस्थित होते हैं। उदाहरण—*फीताकृमि, यकृत फ्लूक*।

वर्गीकरण

जीवन के प्रकार, पाचन तन्त्र की उपस्थिति या अनुपस्थिति तथा शरीर भित्ति पर पक्ष्माभ के आधार पर संघ प्लेटीहैल्मिन्थीज को तीन वर्गों में बाँटा गया है

(i) **टर्बीलेरिया** (Turbellaria) उदाहरण—डूजेसिया (*Dugesia*)
(ii) **ट्रिमेटोडा** (Termatoda) उदाहरण—फेशिओला (*Fasciola*)
(iii) **सेस्टोडा** (Cestoda) उदाहरण—*टीनिया* (*Taenia*)

टीनिया सोलियम

टीनिया सोलियम एक द्विपोषी (Digenetic) परजीवी है अर्थात् यह अपना जीवन-चक्र दो परपोषियों में पूरा करता है। इसका वयस्क अपने मुख्य परपोषी मानव की छोटी आँत में रहता है तथा इसकी लारवा अवस्था मध्यस्थ परपोषी (Intermediate host) सुअर के ऊतक में पाई जाती है। यह सामान्यतया **फीताकृमि** (Tapeworm) के नाम से जाना जाता है।

टीनिया सोलियम की संरचना

बाह्य संरचना

टीनिया सोलियम प्राय: सफेद, क्रीम या पीले रंग का होता है। इसका शरीर फीते की भाँति लम्बा एवं चपटा होता है, जिसकी लम्बाई 1 मी से 5 मी तक होती है। शरीर अगले सिरे पर संकरा व पीछे की ओर चौड़ा होता है।

टीनिया सोलियम का शरीर बहुत से भागों या खण्डों में विभाजित होता है, जिन्हें **देहखण्ड** (Proglottides) कहते हैं। देहखण्डों की संख्या लगभग 850 तक हो जाती है। फीताकृमि में विखण्डन की होने वाली प्रक्रिया **कूटविखण्डन** (Pseudometamerism) कहलाती है। इसका सम्पूर्ण शरीर निम्न तीन भागों में विभक्त होता है

1. स्कोलैक्स

यह शरीर के अगले सिरे पर, घुण्डी के समान द्विअरीय सममित संरचना होती है। इसके अग्र भाग पर एक गतिशील शंकु होता है, जिसे **रोस्टेलम** (Rostellum) कहते हैं। इसमें 22 से 32 वक्रित काइटनी हुक पाए जाते हैं। ये हुक इसके आधार के चारों ओर दो पंक्तियों में व्यवस्थित रहते हैं।

इसके चौड़े भाग पर चार अर्द्धगोलाकार, अत्यन्त पेशीय चूषक अंग होते हैं, जिन्हें **प्रचूषक** (Acetabula or suckers) कहते हैं। इनकी सहायता से स्कोलैक्स परपोषी की आन्त्रीय श्लेष्मा (Mucosa) में गहराई से धँसा रहता है।

2. ग्रीवा

ग्रीवा स्कोलैक्स के पीछे एक छोटा, संकरा और असंकीर्णित (Unconstricted) भाग होता है। ग्रीवा से मुकुलन द्वारा देहखण्डों की उत्पत्ति होती है। अत: इसे **प्रचुरोद्भवन का क्षेत्र** (Area of proliferation) एवं विखण्डन का क्षेत्र (Area of segmentation) भी कहा जाता है।

3. स्ट्रॉबिला

यह शरीर का लम्बा व प्रमुख भाग है, जिसमें 800 से 1000 देहखण्ड (Proglottids) होते हैं। ये एक श्रेणी में शृंखला (Chain) के समान सुव्यवस्थित रहते हैं। प्रत्येक परिपक्व देहखण्ड में जननांगों का एक पूरा समूह होता है। रेखाबद्ध पद्धति में देहखण्डों और जननांगों का दोहराने का **प्रोग्लोटाइजेशन** (Proglottisation) कहते हैं। अगले देहखण्ड सबसे नए एवं लैंगिक अपरिपक्व होते हैं, जबकि पिछले देहखण्ड पुराने तथा लैंगिक परिपक्व होते हैं।

विकास की भिन्न अवस्थाओं के कारण स्ट्रॉबिला में आगे से पीछे तक अपरिपक्व 200, परिपक्व 450 तथा ग्रैविड 150-350 तीन प्रकार के देहखण्ड पाए जाते हैं। **अण्डपूर्ण या ग्रैविड** (Gravid) देहखण्ड छोटे-छोटे समूह में नियमित रूप से स्ट्रॉबिला के पिछले सिरे से अलग होकर परपोषी के मल के साथ बाहर निकलते हैं। यह प्रक्रिया **प्रोमोचन** (Apolysis) कहलाती है तथा फीताकृमि, जिसमें यह परिघटना होती है, **प्रमोचनी** (Apolytic) कहलाता है।

आन्तरिक संरचना

1. शरीर संरचना

टीनिया सोलियम में **बहिचर्म** (Epidermis) अनुपस्थित होती है। शरीर की सबसे बाह्य परत **अध्यावरण** (Integument) कहलाती है। यह कैल्शियम कार्बोनेट से व्याप्त प्रोटीन की बनी तथा असंख्य सूक्ष्म नालों द्वारा छिद्रित परत होती है।

अध्यावरण एक मोटी, सजीव तथा बहुकेन्द्रकी परत है। इसके बाहर की ओर अनेक प्रवर्ध निकले होते हैं, जिन्हें **सूक्ष्मरोमक** (Microtriches) कहते हैं। ये परजीवी के शरीर की सतह का क्षेत्रफल बढ़ाते हैं।

अध्यावरण के नीचे एक पतली सुस्पष्ट अम्लरंजी (Acidophilic), आधारी झिल्ली (Basement membrane) पाई जाती है। यह **अध्यावरणी पेशीविन्यास** (Integumentary musculature) को अध्यावरण से पृथक् करती है।

आधारी झिल्ली के नीचे पेशीविन्यास पाया जाता है, इसमें वृत्तीय (Circular), अनुदैर्ध्य (Horizontal) तथा अनुप्रस्थ (Longitudinal) तन्तु पाए जाते हैं। **पैरेन्काइमा या मेसेन्काइम** (Parenchyma or Mesenchyme) ढीली-ढाली पैरेन्काइमेटस कोशिकाओं द्वारा निर्मित होता है। पेशियों के मध्य में ग्रन्थि कोशिकाएँ पाई जाती है। ये ग्रन्थियाँ पाचन एन्जाइमों के विरुद्ध स्रावण करती हैं।

2. पोषण

टीनिया सोलियम में आहारनाल तथा पाचन ग्रन्थियाँ अनुपस्थित होती हैं। यह अपने परपोषी की क्षुद्रांत्र में स्थित पचा हुआ भोजन अवशोषित करके पोषण प्राप्त करते हैं। अवशोषण शरीर की सामान्य सतह द्वारा होता है।

3. श्वसन

टीनिया सोलियम में ऑक्सीजन की अनुपस्थिति के कारण **अवायवीय** (Anaerobic) श्वसन होता है। ग्लाइकोजन के कार्बन डाइ-ऑक्साइड तथा वसीय अम्लों में विदलन से ऊर्जा प्राप्त होती है।

4. उत्सर्जी तन्त्र

टीनिया सोलियम का उत्सर्जी तन्त्र **ज्वाला कोशिका** (Flame cells) **पार्श्वीय अनुदैर्ध्य उत्सर्जी नालें** (Lateral longitudinal excretory canals) तथा **द्वितीयक नालें** (Secondary canals) द्वारा निर्मित होता है।

इसमें प्रत्येक पार्श्व में दो पार्श्वीय अनुदैर्ध्य उत्सर्जी नालें (कुल 2) होती हैं जिनमें से एक पृष्ठीय व दूसरी अधरीय होती हैं। अन्तिम देहखण्ड को छोड़कर

प्रत्येक देहखण्ड के पिछले भाग में दोनों अधर नालें एक अनुप्रस्थ नाल (Transverse canal) द्वारा जुड़ी होती हैं। प्रत्येक द्वितीयक नाल का निर्माण कई महीन कोशिकाओं (Capillaries) के मिलने से होता है, जिनमें से प्रत्येक कोशिका एक ज्वाला कोशिका से जुड़ी होती है। ज्वाला कोशिकाएँ मेसेन्काइमा में चारों ओर फैली रहती है, जहाँ ये उपापचयी पदार्थों को पृथक् करती हैं।

5. तन्त्रिका तन्त्र

टीनिया सोलियम के स्कोलैक्स में एक जोड़ी दृढ़ प्रमस्तिष्क गुच्छिका (Cerebral ganglia) होती हैं। प्रमस्तिष्क गुच्छिकाएँ, पृष्ठीय तथा अधर संधानी (Dorsal and ventral commisures) के एक वलय संधानी (Ring commisure) से तथा एक मोटे, गुच्छिकामय क्रॉस संधानी (Cross commisure) द्वारा जुड़ी होती हैं।

इस **मस्तिष्क कॉम्प्लैक्स (**Brain complex) से आगे की ओर 18 तन्त्रिका निकलती हैं, जिनमें से चार वलय संधानी से तथा चार अनुप्रस्थ संधानी से आती हैं।

मस्तिष्क कॉम्पलैक्स से तीन जोड़ी अनुदैर्ध्य तन्त्रिका रज्जु (Longitudinal nerve cords), पार्श्वीय तन्त्रिका रज्जु (Lateral nerve cords) पृष्ठ तन्त्रिका रज्जु (dorsal nerve cords) तथा अधर तन्त्रिका रज्जु (Ventral nerve cords) निकलते हैं। प्रत्येक देहखण्ड में उपरोक्त छः तन्त्रिका रज्जु, एक अनुप्रस्थ संयोजी (Transverse connective) द्वारा जुड़े होते हैं।

6. जनन तन्त्र

केवल कुछ अग्र व कुछ पश्च देहखण्डों को छोड़कर प्रत्येक देहखण्ड में जननांगों का एक समूह पाया जाता है। *टीनिया* एक **उभयलिंगी** (Hermaphrodite) जन्तु है। जननांग, मेसेन्काइमा से विकासित होते हैं। नर जननांग मादा जननांगों से पहले विकसित होते हैं। इस प्रकार पुंपूर्वी (Protandrous) दशा पाई जाती है।

इसमें जनन तन्त्र निम्न प्रकार के होते हैं

(a) **नर जनन तन्त्र** (Male Reproductive System) नर जनन तन्त्र में असंख्य वृषण (Testes), शुक्र **वाहिका** (Vasa efferentia), शुक्र वाहिनी (Vas deferens) जननिक परिकोष्ठ (Genital atrium) पाए जाते है जो जननछिद्र (Gonopore) के द्वारा बाहर निकलते है।

(b) **मादा जनन तन्त्र** (Female Reproductive System) मादा जनन तन्त्र, दो द्विपालित अण्डाशय (Ovary), अण्डवाहिनी (Oviduct), ऊटाइप (Ootype), योनि (Vagina), गर्भाशय (Uterus), एवं पीतक ग्रन्थियों (Vitelline glands) द्वारा निर्मित होता है।

ऊटाइप के चारों ओर एककोशीय मेहली की ग्रन्थियाँ (Mehli's glands) पाई जाती है। ये सम्पुटों (Capsules) के मार्ग को चिकना बनाती है।

टीनिया सोलियम का जीवन-चक्र

टीनिया का जीवन चक्र दो परपोषियों में पूरा होता है। इसका प्राथमिक पोषी मानव तथा द्वितीयक पोषी सुअर होता है।

मैथुन एवं निषेचन

मैथुन क्रिया में एक देहखण्ड का सिरस उसी देहखण्ड या किसी अन्य देहखण्ड को योनि में प्रवेश कर जाता है और शुक्राणुओं को छोड़ देता है। योनि में प्रविष्ट होने वाले **शुक्राणु** (Spermatozoa) निषेचन वाहिनी में अण्डाणुओं (Ova) से संयोग कर युग्मनज (Zygotes) बनाते हैं। इस प्रकार के निषेचन को **आन्तरिक निषेचन** (Internal fertilisation) कहा जाता है।

टीनिया सोलियम में **स्वनिषेचन** (Self fertilisation) पाया जाता है

सम्पुट निर्माण

युग्मनज, ऊटाइप में पीतक ग्रन्थि (Vitelline gland) द्वारा स्रावित पीतक कोशिकाओं (Yolk cells) द्वारा घिर जाते हैं। पीतक कोशिकाएँ युग्मनज के चारों ओर एक कवच का निर्माण करती हैं।

इस प्रकार बना सम्पुट गर्भाशय में पहुँच जाता है। इनका मार्ग मेहली ग्रन्थियों के स्रावण से चिकना होता है।

विदलन

युग्मनज का विदलन गर्भाशय में ही आरम्भ हो जाता है। विदलन **असमान** (Unequal) व **पूर्णभंजी** (Holoblastic) होता है। प्रथम असमान विभाजन के परिणामस्वरूप एक-बड़ा **दीर्घखण्ड** (Macromere) तथा एक छोटी भ्रूण कोशिका (Embryonic cell) बनती है।

भ्रूण कोशिकाओं के लगातार विभाजन से **मोरुला** (Morula) का निर्माण होता है। यह आन्तरिक लघुखण्डों तथा बाह्य दीर्घखण्डों द्वारा निर्मित होता है।

पीतक कोशिका विकासशील भ्रूण को पोषण प्रदान करती है। दीर्घखण्ड परस्पर संलयित होकर बहुकेन्द्रीय पोषक आवरण या **बाही भ्रूण झिल्ली** (Outer embryonic membrane) बनाते हैं।

हैक्साकैंथ एवं गोलांकुश

मोरुला के पिछले सिरे पर तीन जोड़ी काइटिनी हुकों का विकास होता है। यह विकसित होकर हैक्साकैंथ का निर्माण करता है, जिसमें छः हुक पाए जाते हैं। यह संरचना में वृत्ताकार होता है।

जब हैक्साकैंथ केवल बाह्य **भ्रूणधर** (Embryo) से घिरा होता है, **गोलांकुश** (Oncosphere) कहलाता है।

द्वितीयक परपोषी (सुअर) को संक्रमण

अण्डपूर्ण, देहखण्ड प्रमोचन द्वारा परपोषी की विष्टा के साथ बाहर त्याग दिए जाते हैं। बाहर आने पर ये देहखण्ड फट जाते हैं जिससे उनके अन्दर उपस्थिति हजारों गोलांकुश स्वतन्त्र हो जाते हैं। इन गोलांकुशों (Onosphere) को खाने से माध्यम परपोषी सुअर में संक्रमण होता है।

द्वितीयक परपोषी (सुअर) के आमाशय में पहुँचकर अम्लीय जठर रस का क्रिया द्वारा गोलांकुशों का भ्रूणधर (Embryophore) तथा आधार झिल्ली नष्ट हो जाती हैं। इस प्रकार हैक्सोकैंथ स्वतन्त्र हो जाता है।

क्षुद्रांत्र के आंत्रीय रस और पितृ लवणों की उपस्थिति में हैक्साकैंथ सक्रिय हो जाता है। यह अपने हुकों की सहायता से आँत की उपकला को भेदकर उसके अन्दर रुधिर वाहिनियों तथा लसिका वाहिनयों में पहुँच जाता है।

रुधिर वाहिनियों में से हैक्साकैंथ, **यकृत निवाहिका शिरा** (Hepatic portal vein) से होकर यकृत में पहुँचता है जहाँ से यह हृदय गर्दन, जंघा इत्यादि की रेखित पेशियों में पहुँचकर स्थापित हो जाता है, यहाँ यह **ब्लैडरमवर्म** (Bladderworm) या पुटीपुच्छक (Cysticercus) में परिवर्धित हो जाता है।

सिस्टिसर्कस या ब्लैडरवर्म का निर्माण

सिस्टिसर्कस हुकविहीन होता है। हैक्साकैंथ के मध्यवर्ती भाग की कोशिकाओं के टूट जाने से इसमें एक केन्द्रीय गुहा का निर्माण होता है। धीरे-धीरे यह बड़ी हो जाती है तथा एक आशय से भर जाती है, जिसमें अधिकतर परपोषी का रुधिर प्लाज्मा होता है।

तरल से भरे इस आशय को ब्लैडर कहते हैं। अगले सिरे के स्थान की भित्ति मोटी होकर **अन्तर्वलित** (Invaginated) हो जाती है। यह अन्तर्वलन एक प्रोस्कोलैक्स (Proscolex) का निर्माण करता है, जिसमें चूषक, हुक और

रोल्टेलम होते हैं। भ्रूण की यह अवस्था ब्लैडरवर्म (Bladder worm) या सिस्टिसर्कस (Cysticercus) कहलाती है।

सिस्टिसर्कस, जब मनुष्य परपोषी द्वारा अन्तर्ग्रहित कर लिया जाता है, तो यह वयस्क में परिवर्धित हो जाता है। सुअर के शरीर के अन्दर यह निष्क्रिय रहता है। सुअर के ऐसे माँस को जिसमें सिस्टिसर्कस धब्बे के समान होते हैं, **मिजली सुअर माँस** (Measly pork) कहते हैं।

प्राथमिक परपोषी (मानव) को संक्रमण (Infection of primary host, man) अधपके मिजली सुअर के माँस को खाने से मानव परपोषी में इसका संक्रमण होता है। छोटी आँत में पहुँचकर सिस्टिसर्कस सक्रिय हो जाते हैं और यह आँत की भित्ति में चिपक जाता है।

10 से 12 सप्ताह के अन्दर परजीवी अपना वयस्क रूप प्राप्त कर लेता है और इसमें प्रमोचन के लिए अण्डपूर्ण (Gravid) देहखण्ड तैयार हो जाते हैं। *टीनिया* के संक्रमण द्वारा मानव में होने रोग को सेस्टोडिएसिस कहते हैं।

एक वयस्क मनुष्य टीनिया और सिस्टिसर्कस दोनों के द्वारा संक्रमित हो सकता है, जो क्रमशः टीनिएसिस एवं सिस्टि सर्कोसिल कहलाते हैं। सिस्टिसर्कोसिस टीनिएसिस की अपेक्षा अधिक घातक होता है, क्योंकि इसमें ब्लैडर का पुटी भवन परपोषी की एच्छिक पेशियों, हृदपेशियों तथा महत्त्वपूर्ण कोमल अंगों; जैसे—मस्तिष्क, यकृत एव नेत्र में हो सकता है, जहाँ से इनका निकलना कठिन हो जाता है।

फैसिओला

***फैसिओला* का परजीवी अनुकूलन** यह यकृत फ्लूक परजीविता के दौरान अनेक कार्यिकी व आकारिकी परिवर्तन लाता है। ताकि भेड़ की पित्तवाहिनी में रहने के लिए अनुकूलित हो सके।

1. इसकी बाहरी त्वचा मोटी तथा जल में घुल सकने में सक्षम होती है। लेकिन एन्जाइम में नहीं घुलती। अत: परजीवी का परपोषी में पाचक रसों द्वारा पाचन नहीं होता है।
2. इसमें चलन अंग या पाद अनुपस्थित होते हैं।
3. मिरासिडियम में पक्ष्माभ उपस्थित होते हैं, जबकि सर्केरिया में पूँछ चलने के लिए होती है।
4. वयस्क कृमि के शरीर भित्ति का मुख चूषक व स्पाइन परपोषी की देह से चिपक सकने में सहायक होते हैं।
5. आहारनाल में गुहा नहीं होती है व सक्टोरियल ग्रसनी पित्त को चूसने के काम आती है।
6. वयस्क में परिसंचरण, श्वसन अंग व ज्ञानेन्द्रियों का अभाव होता है।
7. तन्त्रिका तन्त्र अल्पविकसित होता है। मिरासिडिया लार्वा में संवेदी दृक्‌बिन्दु होता है।
8. श्वसन अवायवीय होता है।
9. जनन तन्त्र पूर्ण विकसित होता है।
10. युग्मनज के चारों ओर अण्डों का एक खोल होता है, जो कि प्रतिकूल वातावरण में उसे सुरक्षा प्रदान करता है।
11. ये द्विलिंगी होते हैं।

जनन

फैसिओला द्विलिंगी जन्तु होता है। एक ही जीव में नर व मादा अंग पाए जाते हैं। जनन तन्त्र अतिविकसित व देह के बड़े भाग में स्थित होता है।

नर जनन तन्त्र (Male Reproductive System)

नर जनन तन्त्र में निम्नलिखित अंग सम्मिलित होते हैं

(i) **वृषण** एक जोड़ी वृषण देह के पश्च मध्य भाग में एक-दूसरे के अग्र व पश्च स्थित होते हैं। वृषणों का यह विन्यास टाण्डेम कहलाता है। वृषण एक शाखान्वित व पॉलिदार रचना होती है। अग्र वृषण बाए तथा पिछला वृषण दाएँ होता है। जनन कोशिकाओं का अस्तर वृषणों में पाया जाता है। जिसमें शुक्राणु बनते हैं।

(ii) **शुक्रवाहक** प्रत्येक वृषण के अग्र सिरे से एक-एक शुक्रवाहक निकलता है। अत: एक जोड़ी वृषण के साथ एक-एक जोड़ी शुक्रवाहक होते हैं। दोनों शुक्रवाहक आगे की ओर एक-दूसरे के समान्तर गति करते हैं व ऐसीटाबुलम के समीप आकर एक-दूसरे से जुड़ जाते हैं। शुक्राशय इनके द्वारा शुक्राणुओं को प्राप्त होता है।

(iii) **शुक्राशय** ऐसीटाबुलम के समीप दोनों शुक्रवाहक में मिलकर एक फूली नाशपाती के आकार की संरचना बनाते हैं। जिसे शुक्राशय कहते हैं। इसमें शुक्राणुओं का संकलन होता है।

(iv) **स्खलन नलिका** यह एक पतली कुण्डलित नलिका होती है, जो शुक्राशय से निकलकर टेढ़े-मेढ़े आगे बढ़ती है और शिश्न में से होती हुई नर जनन छिद्र द्वारा जनन वेश्म में खुलती है।

(v) **सिरस या शिश्न तथा सिरस आवरण** शिश्न एक पेशीयुक्त छोटी बेलनाकार संरचना है जिनके मध्य में से स्खलन नलिका गुजरती है।

शिश्न नर जनन छिद्र से बाहर निकाला व अन्दर लौटाया जा सकता है। अत: यह मैथुनांक का कार्य करता है। शिश्न प्रोस्टेट ग्रन्थियाँ तथा शुक्राशय दोनों ही एक थैले में समान झिल्ली में बन्द रहते हैं। जिसे सिरस आवरण कहा जाता है।

(vi) **प्रोस्टेट ग्रन्थियाँ** ये असंख्य एककोशिकीय ग्रन्थियाँ है, जो स्खलन व वाहिनी के चारों ओर स्थित होती हैं। ये मैथुन के समय शुक्राणुओं के मुक्त रूप से गति कराने के लिए क्षारीय स्राव करती हैं।

मादा जनन तन्त्र (Female Reproductive System)

(i) **अण्डाशय** यकृत फ्लूक में एक अण्डाशय मिलता है, जो शरीर के अगले एक-तिहाई भाग में वृषणों के आगे की ओर स्थित होता है। यह एक शाखादार नलिकाकार संरचना है, जिसे जर्मेरियम भी कहते हैं।

(ii) **अण्डवाहिनी** अण्डाशय की सभी नालाकार शाखाएँ एक छोटी व संकरी नली में खुलती हैं, इसे अण्डवाहिनी कहते हैं। अण्डवाहिनी नीचे व पीछे की ओर बढ़कर शरीर के मध्य भाग में मध्यवर्ती पीतकवाहिनी में संगलन हो जाती है। यकृत फ्लूक की कुछ जातियों में जिस स्थान पर अण्डवाहिनी मध्यवर्ती पीतक वाहिनी से जुड़ती है वह काफी फूल जाती है, जिसे ऊटाइप कहते हैं। *फैसिओला हिपेटिका* में ऊटाइप नहीं पाया जाता।

(iii) **गर्भाशय** अण्डवाहिनी जहाँ पर मध्यवर्ती पीतक वाहिनी से मिलती है, वह स्थान शरीर के बाँई तरफ गर्भाशय बनाता है। यकृत फ्लूक में गर्भाशय एक अत्यन्त चौड़ी कुण्डलित नली के रूप में पाया जाता है, जो शरीर के आगे की ओर जनन वेश्म में नर जनन छिद्र में बाईं ओर मादा जनन छिद्र द्वारा खुलता है। गर्भाशय के अन्दर निषेचित अण्डे बड़ी संख्या में मिलते हैं जिसके कारण इसका आकार बड़ा व अनियमित हो जाता है।

(iv) **लॉरर-स्टीडिया नली** यह एक छोटी पेशीयुक्त नली है, जो अण्ड वाहिनी से निकलती है और मैथुन नली का कार्य करती है। इसे लॉरर-स्टीडिया नाल भी कहते हैं। जननकाल में यह नली शरीर के पृष्ठ सतह पर ऐसीटाबुलम के नीचे एक अस्थायी सूक्ष्म छिद्र से बाहर खुलती है। मैथुन के समय यह छिद्र योनि का कार्य करता है।

सहायक ग्रन्थियाँ ये निम्नलिखित हैं

1. **मेहलिस की ग्रन्थियाँ** ये एक कोशिका ग्रन्थियों का गुच्छ होता है। ये ग्रन्थियाँ अण्डवाहिनी, मध्यवर्ती पीतक नली और गर्भाशय तीनों के जोड़ पर चारों ओर पाई जाती हैं। इसमें स्रावित पदार्थ गर्भाशय को भीतर से चिकना करता है, जिसमें गर्भाशय से होकर अण्डे आसानी से गुजर सकें। ये स्राव शुक्राणुओं को भी सक्रिय बनाए रखता है। इन ग्रन्थियों को खोल या कवच ग्रन्थियाँ भी कहते हैं। यद्यपि ये कवच का निर्माण नहीं करती हैं।

2. **पीतक ग्रन्थियाँ** इन्हें ग्रन्थियों या विटेलेरिया भी कहा जाता है। यह देह के एक सिरे से दूसरे सिरे तक असंख्य छोटी-छोटी पुटिकाओं के रूप में फैली हुई होती है। प्रत्येक पुटी से सूक्ष्म नलिका निकलती है, ये नलिकाएँ आपस में मिलकर अपनी ओर की पार्श्व लम्बवत् पीतक वाहिनियाँ शरीर के मध्य में गर्भाशय के उत्पत्ति के समान से कुछ नीचे आपस में एक अनुप्रस्थ पीतक वाहिनी से जुड़कर 'H' अक्षर के आकार की रचना निर्मित करती हैं। अनुप्रस्थ पीतक वाहिनी का मध्य भाग फूलकर पीतक आशय निर्मित करता है। पीतक आशय के अग्रभाग से एक मध्यवर्ती पीतक वाहिनी निकलती है, जो अण्डवाहिनी से जुड़कर गर्भाशय बनाती है। पीतक ग्रन्थियाँ ये विटेलेरिया विशेष प्रकार की पीता या योग कोशिकाओं का निर्माण करती है। जिसमें भ्रूण के पोषण के लिए योक या पीतक की अत्यधिक मात्रा होती है। साथ ही इन कोशिकाओं में कवच गोलिकाएँ भी पाई जाती है। जिनसे अण्डों के चारों ओर कवच का निर्माण होता है।

संघ-एस्कैल्मिन्थीज या निमैटीहैल्मिन्थीज

गोलकृमि

लक्षण

1. इनका शरीर प्राय: बेलनाकार, अखण्डित होता है।
2. शरीर भित्ति क्यूटिकल, उपचर्म तथा पेशीय सतह की बनी होती है।
3. गोलकृमि **त्रिस्तरीय** (Triploblastic) तथा द्विपार्श्व (Bilateral) सममित होते हैं।
4. इनका पाचन तन्त्र, मुख तथा गुदा युक्त एवं पूर्ण होता है।
5. उत्सर्जन, **ग्रन्थि कोशिका** (Gland cells) या अन्त: **कोशिकीय नलिका** (Intra cellular canal) अथवा दोनों के द्वारा होता है।
6. ये पुनरुद्भवन (Regeneration) तथा लैंगिक द्विरूपता (sexual dimorphism) प्रदर्शित करते हैं।
   उदाहरण—*ऐस्कैरिस*।

वर्गीकरण

संघ-एस्केहैल्मिन्थीज के पाँच वर्ग होते हैं

(i) **निमैटोडा** (Nematoda)
उदाहरण—*ऐस्कैरिस* (*Ascaris*)

(ii) **निमैटोमॉर्फा** (Nematomorpha)
उदाहरण—*नैक्टोनिमा* (*Nectonema*)

(iii) **रोटिफेरा** (Rotifera)
उदाहरण—*फिलोडिना* (*Philodina*)

(iv) **काइनोरिन्का** (Kinorhyncha)
उदाहरण—*इकाइनोडेरिस* (*Echinoderes*)

(v) **गैस्ट्रोट्राइका** (Gastrotricha)
उदाहरण—*कीटोनोटस* (*Chaetonotus*)

एस्कैरिस लुम्ब्रीकॉइडिस

यह वर्ग—निमेटोडा का मुख्य प्रतिनिधि जन्तु है। यह सामान्य गोलकृमि गण—एस्कैरॉइडिया (Ascaroidea) का सदस्य है। इसके *कुछ सामान्य लक्षण, प्रकृति एवं आवास, आकृति, बाह्य संरचना, आदि निम्नलिखित हैं*

(i) साधारण बोलचाल की भाषा में गोलकृमि के नाम से प्रचलित यह निमेटोड्स मनुष्य तथा कुछ अन्य कशेरुकी; जैसे— सूअर, मवेशी, भेड़, बन्दर तथा गिलहरी एवं अन्य स्तनधारी की छोटी आँत (Small intestine) में पाया जाता है।

(ii) मनुष्यों में यह परजीवी बच्चों की आँत में अक्सर/बहुधा अन्त:परजीवी (Endoparasite) के रूप में पाया जाता है। गर्म एवं नम जलवायु युक्त क्षेत्रों/प्रदेश में निवास करने वाले व्यक्तियों में यह परजीवी अधिक मिलता है।

(iii) जन्तु का शरीर बेलनाकार होता है, जो बाह्य मोटी चमकदार उपचर्म के आवरण युक्त तथा पक्ष्माभ रहित होता है। मादा लगभग 20-40 सेमी लम्बी तथा 4-6 मिमी मोटी होती है जबकि नर *एस्कैरिस* 2-4 मिमी मोटा तथा 15-30 सेमी लम्बा होता है।

(iv) देहगुहा वास्तविक देहगुहा से भिन्नता प्रदर्शित करती है क्योंकि इस जन्तु की देहगुहा का निर्माण कोरकगुहा से होता है तथा यह मध्यचर्म (Mesoderm) द्वारा आस्तरित नहीं होती है। इसलिए इनकी गुहा को **कूट देहगुहा** कहते हैं।

(v) जन्तु की उपचर्म पर कभी-कभी रेखित या झुर्रियों जैसी संरचनाएँ दिखाई देती हैं, जिसके फलस्वरूप कूट खण्डीभवन (Pseudosegmentation) प्रतीत होता है। इस प्रकार की झुर्रियाँ उपचर्म में अनुप्रस्थ रेखाओं की उपस्थिति के कारण होती हैं। इसकी उपचर्म मोटी, अम्ल तथा एन्जाइम प्रतिरोधी होती है।

(vi) वर्तुल (Circular) पेशियाँ अनुपस्थित होती हैं जबकि लम्बवत् या अनुदैर्ध्य या अनुलम्ब पेशियाँ (Longitudinal muscles) उपस्थित होती हैं, जो देहभित्ति में लम्बाई के लम्बवत् चार अनुलम्ब धारियाँ, एक मध्य पृष्ठधारी (Median dorsal streak) एक मध्य अधरधारी (Median ventral streak) तथा एक युग्म पार्श्वधारियाँ (Lateral streaks) होती हैं।

(vii) नर *एस्कैरिस* में अवस्कर द्वार (Cloacal aperture) से आगे 50 युग्म अग्रगुदीय अंकुर (preanal papillae) तथा 5 युग्म पश्चगुदीय अंकुर होते हैं, जो मैथुन के समय आलिंगन में सहायक हैं। 5 युग्म पश्चगुदीय अंकुर में प्रथम दो जुड़ी होती है (जोड़ी में); जबकि बाकि पृथक्-पृथक् होती है।

कुछ महत्त्वपूर्ण निमेटोड्स एवं उनसे उत्पन्न रोग

निमेटोड्स	रोग
कशाकृमि	*ट्राइक्यूरिस ट्राइक्यूरिस* (*Trichiuris trichiuris*) – उदरान्त्रीय पीड़ा (Gastro-intestinal trouble)
आँख कृमि	*लोआ-लोआ* (*Loa-loa*)–कैलाबार सूजन (Calabar swelling)
हुक कृमि	*एन्साइलोस्टोमा ड्यूओडिनेल* (*Ancylostoma duodenale*) –एन्किलोस्टोमिएसिस (Ancylostomiasis)
गिनी कृमि	*ड्रैकनकुलस मेडीनेनसिस* (*Dracunculus* medinensis) – अतिसार (Diarrhoea)
पिन कृमि	*ऐण्टीरोबियस वर्मीकुलेरिस* (*Enterobius vermicularis*) – चुन्ने लगना (Perineal itching)
ट्रिचिना कृमि	*ट्रिचिनेला स्पाइरेलिस* (*Trichinella spiralis*) – ट्राइकिनोसिस (Trichinosis)

संघ-ऐनीलिडा

खण्डयुक्त जन्तु

लक्षण

1. इस संघ के जन्तु **त्रिस्तरीय** (Triploblastic), द्विपार्श्व (Bilateral) सममिति वाले होते हैं।
2. शरीर खण्डों में बँटा होता है।
3. बहुत से जन्तुओं में माँसयुक्त उपांग (Appendeges) होते हैं जिन्हें **पैरापोडिया** (Perapodia) कहते हैं।
4. इनके उत्सर्जी अंग **नेफ्रिडिया** (Nephridia) कहलाते हैं।
5. ऐनीलिडा में जनन **लैंगिक** प्रकार का होता है।
6. जन्तु प्राय: द्विलिंगी (Bisexual), **उभयलिंगी** (Hermaphrodite), **एकलिंगाश्रयी** (Monoecious) होते हैं परन्तु एकलिंगी (Unisexual) या द्विलिंगाश्रयी (Dioecious) भी हो सकते हैं।
7. ये जन्तु **अण्डज** (Oviparous) होते हैं तथा अण्ड, अण्डकवच (Ootheca) में होते हैं।
   उदाहरण—केंचुआ, जोंक।

वर्गीकरण

सीटी (Setae) की उपस्थिति या अनुपस्थिति के आधार पर संघ-एनीलिडा को चार वर्गों में विजित किया गया है

(i) **पॉलीकीटा** (Polychaeta)
उदाहरण—*नीरीज (Nereis)*

(ii) **ओलिगोकीटा** (Oligochaeta)
उदाहरण—*फेरीटीमा (Pheretima)*

(iii) **हिरुडीनिया** (Hirudinea)
उदाहरण—*हिरुडिनेरिया (Hirudinaria)*

(iv) **आर्चिएनीलिडा** (Archiannelida)
उदाहरण—*पोलीगोर्डियस (Polygordius)*, डाइनोफिलस (Dinophilus), प्रोटोड्रील्स (Protodrilus)।

नेरीस या निएन्थीज

इस पॉलीकीट के सामान्य लक्षण निम्नलिखित हैं

(a) *नेरीस* समुद्री जलवासी रात्रिचर तथा माँसाहारी जन्तु है, जो समुद्र तल के छिछले जल, समुद्र के रेतीले किनारे, पत्थरों के नीचे या रेतीली सुरंगों में पाया जाता है। इसे **सीपीकृमि या बालू कृमि** भी कहते हैं।

(b) जन्तु की विभिन्न जातियों में *नेरीस वाइरेन्स (N. virens)*, *नेरीस पैलेजिका*, *नेरीस कल्ट्रीफैरा* एवं *नेरीस डाइवर्सीकोलर* (*N. diversicolor*), आदि सम्मिलित हैं।

(c) प्रजननकाल के समय, कृमि अपने बिल को स्थायी रूप से छोड़कर, समुद्र में सक्रिय रूप से तैरता है।

(d) जन्तु का शरीर लम्बा (8-16 तक लम्बाई) हल्का गुलाबी, पतला, जो ऊपर नीचे से कुछ चपटा तथा 80-200 समखण्डों में बँटा होता है। जन्तु का शरीर सिर, धड़ तथा अन्तिम खण्ड पाइजीडियम (Pygidium) में बँटा होता है।

(e) शरीर के अग्र छोर पर स्थित स्पष्ट सिर दो भागों का बना होता है। आगे का भाग **परोमुख** (Prostomium) तथा पीछे की ओर स्थित भाग **परितुण्ड** (Peristomium) कहलाता है।

(f) पेरिस्टोमियम शरीर का प्रथम खण्ड होता है। यह मुख को घेरे रहता है तथा प्रथम दो भ्रूणीय खण्डों के संयोजन से बनता है।

(g) परोमुख सत्य देहखण्ड नहीं है। वास्तव में यह परितुण्ड की अग्र पृष्ठ सतह से हुई अतिवृद्धि है। परोमुख में या इसके पास पृष्ठीय मस्तिष्क तन्त्रिका तन्त्र बना होता है; जिसमें दोहरी खण्डीय गुच्छिकाओं पृष्ठीय (Segmented ganglia) तथा तन्त्रिका युक्त तन्त्रिका रज्जु (Nerve cord) होती है।

(h) परोमुख पर, दो युग्म छोटे एवं गोल नेत्र, एक युग्म छोटे स्पर्शक (Tentacles), एक युग्म माँसल पैल्प तथा चार युग्म बड़े स्पर्शक होते हैं। एक युग्म छोटे स्पर्शक संवेदी होते हैं। एक युग्म माँसल पैल्प को **परोमुख पैल्प** कहते हैं। परोमुख पर उपस्थित चार जोड़ी रोमगुच्छ, एक युग्म माँसल पैल्प तथा स्पर्शक संयुक्त रूप से संवेदी अंग का कार्य करते हैं।

(i) जन्तु का शरीर लगभग 80-200 खण्डों में बँटा होता है, जिसमें अन्तिम खण्ड पाइजीडियम भी सम्मिलित होता है।

(j) वक्ष या धड़ के लगभग प्रत्येक देहखण्ड में गमनांग पार्श्वपाद (Parapodia) पाए जाते हैं। प्रथम तथा अन्तिम खण्ड पर पार्श्वपाद नही पाए जाते हैं। पार्श्वपाद पर उपचर्म की बनी लम्बी सीटी के दो समूह होते हैं। पार्श्वपाद पत्थर, रेत, आदि पर रेंगने तथा जल में स्वतन्त्र रूप से तैरने में सहायक हैं। ये श्वसन में भी सहायक हैं।

(k) पाइजीडियम को **गुदीय खण्ड** कहते हैं क्योंकि गुदाद्वार इसी खण्ड मे होता है। गुदाद्वार पर एक जोड़ी गुदीय रोमगुच्छ तथा अनेक सूक्ष्म संवेदी अंकुर होते हैं। ये संयुक्त रूप से संवेदांग का कार्य करते हैं।

(l) पाचन तन्त्र स्पष्ट सीधी आहारनाल युक्त होता है। आहारनाल मे स्टोमोडेटम (अग्रगुहा), मीजेन्ट्रॉन (मध्य गुहा) तथा प्रोक्टोडियम (पश्चगुहा) तीन स्पष्ट क्षेत्र होते हैं। अग्रगुहा में मुख प्रकोष्ठ एवं ग्रसनी मध्यगुहा में ग्रासनली, आमाशय, आँत एवं पश्चगुहा में मलाशय आते हैं मुख प्रकोष्ठ में महीन दाँत जैसा कण्टक, ग्रसनी में दो मजूबत जबड़े (Jaws) होते हैं। मुख प्रकोष्ठ तथा ग्रसनी दोनों ही मुखद्वार में पलटकर शुण्ड (proboscis) के रूप में बाहर निकलने में सक्षम होती है। ग्रासनली में एक जोड़ी स्वतन्त्र ग्रन्थियाँ भी खुलती हैं।

(m) रुधिर परिसंचरण तन्त्र में एक पृष्ठ एवं एक अधर तल में प्रमुख रुधि वाहिनियाँ पायी जाती हैं। ये प्रत्येक खण्ड में एक जोड़ी छल्ले के समा संयोजकों द्वारा परस्पर जुड़ी होती हैं। हीमोग्लोबिन प्लाज्मा में घुला होता है।

(n) श्वसन के लिए गैसीय विनिमय पृष्ठतल एवं पार्श्वपादों की देहभित्ति से प्रसरण द्वारा सम्पन्न होता है।

(o) उत्सर्जन के लिए प्रत्येक खण्ड में एक जोड़ी बड़ी उत्सर्जिका (Nephridia) पायी जाती हैं।

(p) लैंगिक परिपक्वता पर, जन्तु शरीर पश्च भाग में स्थित देहखण्ड युग्मक से भर जाते हैं तथा शारीरिक एवं आकारिकी रूप से विभिन्नता दर्शाते है। पश्चभाग के खण्ड लैंगिक क्षेत्र/भाग कहलाते हैं।

(q) जन्तु एकलिंगी, जनद शरीर के लैंगिक क्षेत्र (पश्चभाग के कु देहखण्ड) में केवल जननकाल (Breeding period) में अस्था संरचनाओं के रूप में विकसित होते हैं, ये देहगुहा की उपकला प निर्मित होते हैं। पश्च देहखण्डों में बनी युग्मक कोशिकाएँ जल में मुक्त हो जाती हैं, इस प्रकार निषेचन (Fertilisation) तथा भ्रूणीय परिवर्ध जल में सम्पन्न होता है अर्थात् बाह्य होता है। जीवन-वृत्त में ट्रोकोफो लार्वा अवस्था पायी जाती है।

(r) लैंगिक रूप से परिपक्व *नेरीस* को *हेटेरोनेरीस* (*Heteronereis*) कहा जाता है।

फेरीटिमा पोस्थुमा (भारतीय केंचुआ)

केंचुएँ की त्वचा, **पोरफाइरिन** (porphyrin) नामक रंगा पदार्थ के कारण भूरी-सी होती है। शरीर के प्रथम खण्ड को **पेरिस्टोमियम** (Peristomium) तथा मुखाग्र को **प्रोस्टोमियम** (Prostomium) कहते हैं। केंचुएँ में **क्लाइटेलम** (Clitellum) 14वें, 15वें एवं 16वें खण्डों में पाया जाता है। यह जनन काल में कोकून (Cocoon) बनाता है।

केंचुएँ में गमन **सीटी** (Setae) द्वारा होता है। केचुएँ में सीटी की परिशूक व्यवस्था (Perichaetine) होती है। इसमें उत्सर्जन (नाइट्रोजनीय उत्सर्जन) **नेफ्रिडिया** (nephridia) द्वारा होता है। O_2 रहित वातावरण में भी केंचुआ छ: से तीस घण्टों तक जीवित रह सकता है, क्योंकि इसमें अवायवीय श्वसन (anaerobic respiration) की भी कुछ क्षमता होती है। इसमें **हीमोग्लोबिन** रूधिर प्लाज्मा में घुला होता है।

केंचुएँ के शरीर पर उपस्थित खण्ड **मेटामीयर** (metamere) कहलाते हैं, और यह विखण्डन **मेटामेरिक विखण्डन** कहलाता है। उत्सर्जन की दृष्टि से केंचुआ जलीय आवास में **अमोनोटेलिक** एवं स्थलीय आवास में **यूरियोटेलिक** होता है। केंचुएँ का प्रमुख उत्सर्जी पदार्थ **यूरिया** होता है। केंचुएँ में कोकून-निर्माण होता है। केंचुएँ की देहगुहा **शाइजोसीलिक** (Schizocoelic) होती है।

इनमें **क्लोरैगोगन कोशिकाएँ** (chloragogen cells) पाई जाती है, जो कशेरुकियों के जिगर के समरूप होती है। शुक्राणुओं का परिपक्वन अण्डाणुओं से पहले ही हो जाता है, अर्थात् केंचुएँ में **पुंपूर्वता** (Protandry) पाई जाती है। केंचुएँ के जीवन-चक्र में लारवा प्रावस्था और कायान्तरण नहीं होता है।

यह एक **द्विलिंगी** (Bisexual) जन्तु है। केंचुएँ में पार्श्वीय ''हृदयों'' की संख्या 8 होती है। केंचुएँ में शुक्रग्राहिका (Spermathecae) छिद्र 5/6, 6/7, 7/8, 8/9 खण्डों में होते हैं। केंचुएँ किसान के लिए प्राकृतिक हलवाहों (Natural ploughmen) का काम करते हैं।

केंचुएँ में संवेदी, प्रेरक तथा समायोजन न्यूरॉन पाए जाते हैं। केंचुएँ के शरीर में 100 से 120 खण्ड पाए जाते हैं। **के एन बहल** (KN Bahel) ने भारतीय केंचुएँ का विस्तार से अध्ययन किया था। *मेगास्कोलैक्स (Megascolex)* सबसे बड़ा भारतीय केंचुआ है।

हिरुडिनेरिया

हिरुडिनेरिया गैनुलोसा, **भारतीय पशु जोंक** (Indian cattle leech) के नाम से जानी जाती है। यह एक रुधिरवाही (Sanguivorous) प्राणी है, जो मछलियों, मेंढकों, पशुओं पर बाह्य परजीवी के रूप में पाई जाती हैं।

हिरुडिनेरिया की संरचना

बाह्य संरचना

1. **आकार व परिमाप** (Shape and Size) *हिरूडिनेरिया* का शरीर कोमल, कृमिरूपी, लम्बा एवं पृष्ठ अधरी चपटा होता है। इसकी लम्बाई 10 से 35 सेमी तक होती है। इसकी त्वचा श्लेष्मा (Mucus) के स्राव के कारण नम व नसीली होती है। संकुचन की अवस्था में यह बेलनाकार तथा प्रसारित अवस्था में रिबन की भाँति चपटी होती है।
2. **रंग** (Colouration) इसकी पृष्ठ सतह (Dorsal surface) जैतूनी-हरे रंग की तथा अधर सतह (Ventral surface) नारंगी लाल रंग की होती है। इसके दोनों पार्श्वों में नारंगी या पीले रंग की स्पष्ट धारियाँ होती हैं। जोंक की पृष्ठ सतह पर पहले खण्ड से गुदा तक **मध्यवर्ती धारी** (Median strip) पाई जाती है। वर्णक अधिचर्म (Epidermis) व चर्म (Dermis) दोनों में पाए जाते हैं।
3. **अण्डीभवन** (Segmentation) जोंक का शरीर 33 **मेटामियर्स** (Metameres) या **देहखण्डों** (Somites) में विभाजित होता है। पहले 2 और अन्तिम 7 खण्ड़ों को छोड़कर प्रत्येक खण्ड़ पुन: खाँचों द्वारा वलयों (Rings) या **छल्लों** (Annuli) में उपविभाजित होता हैं। एक खण्ड में 2 सामान्यतया 5 छल्ले होते हैं। लेकिन तीसरे में 2, चौथे, पाँचवें तथा छठवें में 3, सात से बाइस तक 5, तेइसवें में 3 तथा चौबीसवें से छब्बीसवें तक प्रत्येक में 2 वलय पाए जाते हैं।

   अग्रचूषक (Anterior sucker) आगे के तीन कायखण्डों से तथा पश्चचूषक (Posterior sucker) 27 से 33 तक, अन्तिम सात खण्डों के संलयन से बना होता है। जनन काल आने पर नौवें, दसवें और ग्यारहवें खण्ड पर एक अस्थायी **क्लाइटेलम** बन जाता है। जोंक का शरीर छ: भागों में विभाजित होता है।
4. **शरीर के भाग** (Parts of Body)
   - (a) **शीर्षस्थ भाग** (Cephalic Region) पहले पाँच खण्डों से निर्मित, जिन्हें **नेत्र खण्ड** (Ocular segments) कहा जाता है। प्रोस्टोमियम, अग्रचूषक, मुख एवं नेत्र इस भाग में पाए जाते हैं। पहले तीन खण्ड प्रोस्टोमियम से मिलकर **ऊपरी ओष्ठ** (Upper lip) का निर्माण करते हैं। वृक्क छिद्र (Nephridiophore) अनुपस्थित होती है।
   - (b) **क्लाइटेलम पूर्वी भाग** (Pre-clitellar Region) 6 वें, 7 वें तथा 8 वें खण्ड द्वारा निर्मित होता है। प्रत्येक खण्ड में वृक्क छिद्र (Nephridiophore) उपस्थित होते हैं।
   - (c) **क्लाइटमी भाग** (Clitellar Region) 9 वें, 10 वें तथा 11 वें खण्ड द्वारा निर्मित होता है।
   - (d) **ग्रन्थिल** (Glandular) वृक्क रन्ध्र उपस्थित होते हैं
   - (e) **मध्य भाग** (Middle region) सबसे बड़ा, 12 वें से 22 वें तक, 11 खण्ड़ों द्वारा निर्मित, वृक्क रन्ध्र उपस्थित
   - (f) **पुच्छ भाग** (Caudal region) 23 से 26 तक, चार खण्डों द्वारा निर्मित। वृक्क रन्ध्र अनुपस्थित, 26 वें खण्ड के मध्य में पृष्ठ भाग में **गुदा छिद्र** (Anal aperture) उपस्थित।
   - (g) **पश्च चूषक** (Posterior-sucker) 22 वें से 33 वें खण्ड तक कुल 7 खण्डों द्वारा निर्मित। प्रत्येक छल्ले की सतह पर छोटे संवेदी पैपिला (Sensory papilla) होते हैं, जिन्हें **वलयस्थ ग्राही** (Annular receptor) कहते हैं।

प्रत्येक वलय की पृष्ठ और अधर सतह पर लगभग 18-18 वलयस्थ ग्राही पाए जाते हैं। इनके अलावा प्रत्येक खण्ड के पहले वलय की ऊपरी सतह पर तीन जोड़ी **खण्डीय ग्राही** (Segmental receptor) या संवेदिका नाम की बड़ी-बड़ी **संवेदी** पैपलिया भी पाई जाती है।

पहले पाँच खण्डों में प्रत्येक के पहले वलय की पृष्ठ सतह पर एक जोड़ी नेत्र होते हैं। इन खण्डों को नेत्रीय खण्ड (Ocular segments) कहा जाता है।

आन्तरिक संरचना

1. **शरीर भित्ति** (Body Wall) इसकी शरीर भित्ति में क्यूटिकल, अधिचर्म, चर्म, पेशीपर्त और द्राक्षगुच्छाभ (Botryoidal) ऊतक सहित कुल पाँच स्तर पाए जाते हैं।

   क्यूटिकल (Cuticle) सबसे बाह्य, पतला, कोमल, पारदर्शीय, रंगहीन और पर्याप्त लचीला आरक्षी आवरण है। यह पृष्ठ सतह पर अधर सतह की अपेक्षा कुछ मोटी होती है तथा सम्पूर्ण शरीर पर अधिचर्मीय ग्रन्थियों द्वारा छिद्रित होती है।

   अधिचर्म (Epidermis) क्यूटिकल के नीचे हथौड़े रूपी कोशिकाओं (Hammer-shaped cells) द्वारा निर्मित होती है। इसमें **तन्तुमय**

संयोजी ऊतक (Fibrous connective tissues), **वर्णक कोशिकाएँ** (Pigment cells) और रुधिर **गुहिक कोशिकाएँ** (Haemocoelomic capillaries) पाई जाती हैं, जिससे यह संवहनी (Vascular) तथा श्वसन झिल्ली (Respiratory membrane) बन जाती है।

कुछ एपिडर्मी कोशिकाएँ रूपान्तरित होकर एककोशीय ग्रन्थियों [जैसे—**अवपंकी ग्रन्थियों** (Slime glands); चूषक ग्रन्थियों (Sucker glands), **प्रोस्टोमियल ग्रन्थियाँ** (Prostomial glands) तथा **क्लाइटेलर ग्रन्थियों** (Clitellar glands)] तथा बहुकोशीय ग्राही अंगों का निर्माण करती है।

एपीडर्मिस के नीचे, तन्तुमय संयोजी ऊतकों द्वारा निर्मित चर्म (dermis) पाई जाती है। इसमें वर्णक, वसा कोशिकाएँ, पेशी तन्तु तथा रुधिर गुहिक केशिकाएँ (Haemocoelomic capillaries) पाई जाती हैं।

पेशीपर्त में वृत्ताकार (Circular), तिर्यक (Oblique) व अनुदैर्ध्य (Longitudinal) पेशियाँ पाई जाती हैं।

अनुदैर्ध्य पेशियों के नीचे तथा आहारनाल के चारों ओर एक विशिष्ट प्रकार का द्राक्षगुच्छाभ (Botryoidal) ऊतक पाया जाता है। यह लगभग सम्पूर्ण प्रगुहा में भरा होता है। इसकी अन्त: कोशिकीय नालों में एक लाल, तरल रूधिर गुहिक द्रव (Haemocoelomic fluid) भरा होता है। यह द्रव उत्सर्जन क्रिया में सहायक है।

2. **पाचन तन्त्र** (Digestive System) जोंक की आहारनाल (Alimentary canal) मुख से गुदा तक फैली विविध व्यास की एक सीधी नली होती है। यह मुखगुहिका, ग्रसनी, ग्रसिका, क्रॉप, आमाशय, आँत तथा मलाशय में विभक्त होती है।

   मुखगुहिका तथा ग्रसनी संयुक्त रूप से **स्टोमोडियम** (Stomodaeum) तथा आमाशय, आँत तथा मलाशय **प्रॉक्टोडियम** (Proctodaeum) का निर्माण करती हैं।

3. **प्रगुहा** (Coelom) प्रगुहा, आहारनाल तथा शरीर भित्ति के मध्य के अवकाश को कहा जाता है। जोंक में पर्यतरंग प्रगुहिका (Perivisceral cavity) का अभाव होता है। इनकी प्रगुहिका अत्यन्त विलुप्त तथा एक विलक्षण गुच्छेदार ऊतक (Botryoidal tissue) से भरी होती है।

   हिरुडिनेरिया में मूल प्रगुहा चार अनुदैर्ध्य वाहिकाओं, (Longitudinal channels), उनकी शाखाओं और असंख्य अवकाशों द्वारा निर्मित होती है। यह रुधिर **गुहिक तरल** (Haemocoelomic fluid) द्वारा भरी होती है।

4. **रुधिर गुहिका तन्त्र** (Haemocoelomic system) *हिरुडिनेरिया* के रुधिर गुहिका तन्त्र में मुख्य चार वाहिकाएँ तथा उनकी शाखाएँ पाई जाती हैं। इन वाहिकाओं में **एक पृष्ठ** (Dorsal), **एक अधर** (Ventral) दो **पार्श्व** (Lateral) और उनकी शाखाएँ होती हैं।

   पृष्ठ और अधर वाहिकाएँ असंकुचनशील पतली तथा संयोजी ऊतक और प्रगुही उपकला की भित्तियों द्वारा निर्मित होती है तथा पार्श्व वाहिकाएँ संकुचनशील और मोटी पेशीय भित्ति की बनी होती हैं।

   इन रुधिर गुहिकाओं में लाल रंग का रुधिर गुहिक द्रव परिभ्रमण करता है, जिसमें अमीबाभ कणिकाएँ और घुला हुआ हीमोग्लोबिन होता है। अमीबाभ कणिकाएँ स्वभाव से **भक्षी-कोशिकाएँ** (Phagocytes) होती हैं।

5. **श्वसन** (Respiration) *हिरुडिनेरिया* में विशिष्ट श्वसनाँगों का अभाव होता है। इसकी त्वचा सुरक्षा प्रदान करने के साथ-साथ श्वसन कार्य भी करती है। रुधिर गुहिक द्रव के द्वारा विसरण से गैसों का विनिमय होता है।

6. **उत्सर्जी तन्त्र** (Excretory System) इसके उत्सर्जी तन्त्र में 17 जोड़ी सूक्ष्म कुण्डलित नलियाँ होती हैं। जिन्हें **वृक्कक** (Nephridia) कहते हैं। ये छठे खण्ड से 22 वें खण्ड तक प्रत्येक में एक जोड़ी होते हैं।

   वृक्कक दो प्रकार के होते हैं: **वृषण-पूर्वी वृक्कक** (Pretesticular nephridia) तथा **वृषण वृक्कक** (Testicular nephridia)

   प्रथम 6 जोड़ी वृक्क जो पहले छठे से 11 वें खण्डों में पाए जाते हैं वृषण पूर्वी वृक्कक कहलाते हैं। **पिछले 11 जोड़ी** वृक्क जो 12 वें खण्ड से 22 वें खण्ड तक प्रत्येक में एक जोड़ी पाए जाते हैं, वृषण-वृक्कक कहलाते हैं।

7. **तन्त्रिका तन्त्र** (Nervous System) *हिरुडिनेरिया* का तन्त्रिका तन्त्र **केन्द्रीय** (Central), **परिधीय** (Peripheral) तथा अनुकम्पी (Sympathetic) तीन भागों से बना होता है। सम्पूर्ण केन्द्रीय तन्त्रिका तन्त्र अधर रुधिर गुहिक वाहिका के अन्दर पाया जाता है। इसमें एक **अग्र तन्त्रिका वलय** (Anterior nerve rign), एक **अधर तन्त्रिका रज्जु** (Ventral nerve cord) तथा **अन्तस्थ गुच्छिका पिण्ड** (Terminal ganglionic mass) तीन भाग होते हैं।

   वे युग्मित तन्त्रिकाएँ जो केन्द्रीय तन्त्रिका तन्त्र की गुच्छिकाओं से निकलती है परिधीय तन्त्रिका तन्त्र में सम्मिलित होती हैं। जैसे; दृष्टि तन्त्रिकाएँ।

   अनुकम्पी तन्त्रिका तन्त्र एक तन्त्रिका जालिका होती है जो अधिचर्म (Epidermis) के नीचे माँसपेशियों के अन्दर तथा आहार नाल की भित्ति के ऊपर उपस्थित होती है।

8. **जनन तन्त्र** (Reproductive System)

   (a) **नर जननांग** (Male Reproductive Organs) प्रत्येक जन्तु में वृषण कोष (11 जोड़ी, 12 से 22 वें खण्ड तक)।

   शुक्र वाहिकाएँ (Vasa efferentia), शुक्र वाहिनी (Vasa deferentia) (2 से 11 वें खण्ड तक फैली हुई)।

   एपीडिडाइमिस (Epididymis), स्खलन वाहिनियाँ (Ejaculatory ducts) तथा परिकाष्ठ (Atrium) (9 वें तथा 10 वें खण्ड में) के द्वारा नर जनन तन्त्र का निर्माण होता है।

   (b) **मादा जननांग** (Female Reproductive Organs) *हिरुडिनेरिया* में अण्डकोष (Ovisacs), अण्डाशय (Ovaries), अण्डवाहिनियाँ (Oviducts) सर्वनिष्ठ अण्डवाहिनी (Common oviduct), योनि (Vagina) (11 वें खण्ड में) मादा जननांग पाए जाते हैं।

हिरुडिनेरिया का जीवन-चक्र

हिरुडिनेरिया एक उभयलिंगी (Hermaphrodite) जन्तु है अर्थात् प्रत्येक जोंक में नर व मादा दोनों प्रकार के जननांग पाए जाते हैं।

1. मैथुन व निषेचन

हिरुडिनेरिया में मार्च एवं अप्रैल में मैथुन क्रिया होती है। दो जोंक अपनी अधर सतहों से सिर-पुच्छ स्थिति में इस प्रकार सम्पर्क करती हैं कि एक का मादा जननिक रन्ध्र दूसरी के नर जननिक रन्ध्र के सम्मुख हो जाता है। इस स्थिति में एक का शिश्न (Penis) दूसरी के मादा जननिक रन्ध्र में प्रवेश कर जाता है और शुक्राणुधरों सहित शुक्र द्रव का पारस्परिक विनिमय हो जाता है। मैथुन क्रिया के पश्चात् दोनों जन्तु पृथक् हो जाते हैं।

जोंक में **पर निषेचन** (Cross-fertilization) पाया जाता है। यह आन्तरिक (Internal) तथा प्रत्येक जन्तु की योनि में होता है। निषेचित अण्डे आगे परिवर्धन के लिए एक कोकून में विसर्जित कर दिए जाते हैं।

2. कोकून का निर्माण

मैथुन क्रिया के पश्चात् अप्रैल, मई एवं जून में कोकूनों का निर्माण होता है। 9, 10 तथा 11 वें खण्ड में उपस्थित क्लाइटेलम ग्रन्थियों द्वारा एक हिम-श्वेत (Snow-white) झागदार करधनी के रूप में, कोकून स्रावित किया जाता है।

क्लाइटेलम ग्रन्थियाँ एक एल्बुमिनी द्रव का भी स्राव करती हैं, जो निषेचित अण्डों के साथ कोकून के अन्दर इकट्ठा हो जाता है।

इसके बाद जन्तु पीछे की ओर तथा कोकून, जन्तु के सिर की तरफ, आगे की ओर सरकता है, जिससे प्रोस्टोमल ग्रन्थियाँ कोकून के अगले तथा पिछले दो ध्रुवीय प्लगों (Polar plugs) का स्रावण करती हैं।

कोकून लगभग 6 घण्टों में बन जाता है। इसके पश्चात् यह किसी तालाब या जलाशय के किनारे आर्द्र स्थान में स्थापित कर दिया जाता है। वायु के सम्पर्क में आने पर यह कठोर हो जाता है।

3. परिवर्धन

शिशुओं का परिवर्धन कोकून के अन्दर होता है, जिसमें 1 से 24 तक भ्रूण हो सकते हैं। कोकून के अन्दर का एल्बुमिन परिवर्धनशील भागों के लिए भोजन का कार्य करता है।

4. विदलन

असमान तथा परिवर्धन प्रत्यक्ष होता है जिसमें कोई भी लारवा नहीं बनता। कोकून से शिशुओं के निकलने के समय दोनों ध्रुवीय प्लग गिर जाते हैं और वयस्क जोंकों से मिलती-जुलती जोंकें बाहर आ जाती हैं। परिवर्धन की सम्पूर्ण प्रक्रिया लगभग 15 दिन में पूरी होती है।

संघ-आर्थ्रोपोडा

लक्षण

1. आर्थ्रोपोड त्रिस्तरीय, रुधिर गुहा युक्त, खण्डयुक्त अकशेरुकी होते हैं।
2. इनमें बाह्य कंकाल काइटिन युक्त तथा सन्धि पाद पाए जाते हैं।
3. इनकी शरीर गुहा, **रुधिर गुहा** (Haemocoel) होती है अर्थात् गुहा रुधिर से भरी रहती है।
4. खुला रुधिर परिसंचरण तन्त्र (Open circulatory system) पाया जाता है अर्थात् रुधिर निश्चित वाहिनियों में नहीं बहता है।
5. इनमें उत्सर्जी अंग हरित ग्रन्थि (Green glands) या मैल्पीघियन नलिकाएँ (Malpighian tubules) होती हैं।
6. जन्तु एकलिंगी (Unisexual) होते हैं।
7. लैंगिक द्विरूपता (Sexual dimorphism) प्रदर्शित करते हैं।
8. जन्तु अण्डज (Oviparous) होते हैं।
   उदाहरण—तिलचट्टा, मक्खी, मच्छर, बिच्छू

वर्गीकरण

शरीर विभाजन तथा कुछ उपांगों की उपस्थिति या अनुपस्थिति के आधार पर संघ—आर्थ्रोपोडा को तीन उपसंघों में विभाजन किया गया है

1. **उप-संघ-ट्राइलोबाइटोमोरफा** (Trilobitomorpha)
2. **उप-संघ-केलिसिरैटा** (Chelicerata)
   (i) **वर्ग मीरोस्टोमैटा** (Merostomata)
   उदाहरण—*लिम्यूलस (Limulus)*
   (ii) **वर्ग-ऐरैक्नाइडा (Arachnida)**
   उदाहरण—बिच्छू, मकड़ी, *इक्सोडीज (Ixodes)*
3. **उप-संघ-मैन्डीबुलैटा या ऐन्टिनैटा** (Mandibulata or Antennata)
   (i) **वर्ग—क्रस्टेशिया** (Crustaceae)
   उदाहरण—क्रे फिश, केंकड़े, झींगा
   (ii) **वर्ग-इन्सेक्टा** (Insecta)
   उदाहरण—कॉकरोच, मक्खी, मच्छर, रजतमीन, टिड्डी, पतंगा, मॉथ
   (iii) **वर्ग-डिप्लोपोडा** (Diplopoda)
   उदाहरण—*स्पाइरोबोलस* (Spirobolus), *जूलस (Julus)*
   (iv) **वर्ग-काइलोपोडा** (Chilopoda)
   उदाहरण—*स्कोलोपेण्ड्रा (Scolopendra)* कानखजूरा या शतपाद *(Centipede)*
   (v) **वर्ग-सिम्फाइला** (Symphyla)
   उदाहरण—*स्कूटीजेरेला (Scutigerella)*
   (vi) **वर्ग-पॉरोपोडा (Pauropoda)**
   उदाहरण—*पॉरोपस (Pauropus)*

क्रस्टेशिया के डिम्भक रूप

कुछ **क्रस्टेशियाई** प्राणियों में प्रत्यक्ष प्रकार का परिवर्धन पाया जाता है। प्रत्यक्ष परिवर्धन (Direct development) में भ्रूण के विभेदन और क्रमिक वृद्धि द्वारा वयस्क अवस्था प्राप्त होती है। इनका शिशु सामान्य संरचना में इनके जनक से मिलता है; जैसे—*पैलीमोन, एस्टेक्स*।

अधिकतम क्रस्टेशियाई जन्तुओं में अप्रत्यक्ष परिवर्धन (Indirect development) पाया जाता है और इनमें विभिन्न प्रकार के लारवीय रूप पाए जाते हैं।

क्रस्टेशिया के विभिन्न लार्वीय रूप इस प्रकार हैं

1. नौप्लियस लार्वा

यह अधिकांश समुद्री क्रस्टेशियाई में पाए जाने वाला सरलतम एवं सामान्यतम लारवा है। यह सबसे प्रारम्भिक लार्वा अवस्था है।

यह छोटा व स्वतन्त्र होता है। इनमें तीन अस्पष्ट भाग, एक मध्यवर्ती नेत्र तथा तीन जोड़ी उपांग (Appendages) पाए जाते हैं। जिनमें एक शाखी एन्टीन्यूल (Antenule), सन्तुलन कारी अंग, द्विशाखी एन्टीना, प्रचलन अंग तथा मैन्डिबल पाए जाते हैं।

ब्रैकियोपोड प्राणियों में नौप्लियस लार्वा सीधा वयस्क में परिवर्धित हो जाता है लेकिन अन्य में यह मध्यवर्ती लार्वा अवस्थाओं; जैसे—मैटानौप्लियस, प्रोटोजोइया, जोइया तथा माइसिस से गुजरता है।

2. मैटानौप्लियस लार्वा

नोप्लियस में वृद्धि तथा निर्मोचन के फलस्वरूप मेटानोप्लियस लार्वा का निर्माण होता है। इनका शरीर एक अग्र चौड़े शिरोवक्ष (Cephalothorax) तथा लम्बे उदर (Abdomen) में विभाजित होता है। उदर का अन्त एक जोड़ी पुच्छीय काँटों में होता है।

इसमें तीन जोड़ी उपांगों के अतिरिक्त चार जोड़ी उपांगों के अवशेष भी पाए जाते हैं, जिनमें दो जोड़ी मैक्सिली (Maxillae) और दो जोड़ी मैक्सिलीपिडस (Maxillipedes) उपस्थित होते हैं। कुछ डेकापोड में मैटानौप्लियस लारर्वा से जीवन-चक्र आरम्भ होता है।

3. प्रोटोजोइया लार्वा

इसका शरीर एक चौड़े सखण्ड शिरोवक्ष (Cephalothorax) तथा पतले उदर (Abdomen) में विभेदित रहता है। शिरोवक्ष एक छोटे पृष्ठवर्म (Carapace) द्वारा ढका होता है। उदर अखण्ड तथा उपांग विहीन होता है, जिसके अन्तिम सिरे पर एक द्विशाखी पुच्छखण्ड (Telson) पाया जाता है।

इनमें एक मध्यवर्ती नेत्र तथा 7 जोड़ी उपांग उपस्थित होते हैं। एन्टिनी (Antennae) द्विखण्डी, एन्टीन्यूल सन्धियों से निर्मित तथा मैन्डिबल्स उपस्थित होते हैं।

4. जोइया लार्वा

जोइया में एक चौड़ा शिरोवक्ष तथा एक वक्रित उदर पाया जाता है। उदर के अन्त में द्विशाखी पुच्छ खण्ड (Forked telson) उपस्थित होता है।

पृष्ठवर्म में एक मध्यपृष्ठीय कंटक (Median dorsal spine) और दूसरा मध्य तुण्डकी (Median rostum) तथा दो पार्श्वीय कंटक (Lateral spines) पाए जाते हैं। जोइया में उपांगों के साथ वक्षीय उपांगों के अवशेष भी दिखाई देते हैं तथा इनमें एक जोड़ी बड़े चलायमान नेत्र पाए जाते हैं।

5. मेगालोपा लार्वा

वास्तविक केकड़ों में जोइया लार्वा कायान्तरण करके मेगालोपा लारवा (Megalopa larva) में परिवर्तित हो जाता है।

यह वयस्क के समान होता है तथा सभी 13 जोड़ी उपांग होते हैं। 6 जोड़ी प्लवपाद युक्त उदर शिरोवक्ष के साथ सीधी रेखा में जुड़ा होता है।

6. ग्लौकोथी लार्वा

ग्लौकोथी लार्वा हर्मिट क्रैब (Hermit crab) में पाया जाता है। इसकी संरचना मेगालोपा के समान होती है तथा इसमें उदर व प्लवपाद भी पाए जाते हैं।

7. शाइजोपोड लार्वा

कुछ क्रस्टेशियाई लोबस्टर (Lobster) में अण्डोजत्पत्ति के पश्चात् शाइजोपोड लार्वा का निर्माण होता है। इसमें वक्षीय उपांगों में पहले तीन जोड़ी चीलेट उपांग होते हैं।

8. माइसिस लार्वा

कुछ डेकापोड; जैसे—*पेनियस (Penaeus)* में, जोइया परिवर्तित होकर माइसिस (Mysis) लार्वा बनाता है। यह वयस्क माइसिस के समान होता है। इसमें 13 जोड़ी उपांग होते हैं। इसमें पाँच द्विशाखित पश्च वक्षीय उपांग होते हैं। उदर में पाँच जोड़ी द्विशाखित प्लवपाद और एक जोड़ी पश्चातपाद (Uropods) तथा पुच्छखण्ड (Talson) पाया जाता है। कुछ लोबस्टरों का जीवन चक्र माइसिस अवस्था से प्रारम्भ होता है।

9. साइप्रिस लार्वा

कुछ क्रस्टेशियाई जैसे—*लीपास (Lepas)* व *सैकुलाइना (Saccuina)* में नौप्लियस लार्वा साइप्रिस में परिवर्तित होता है। इसका सम्पूर्ण शरीर एक द्विकपाटित कवच के अन्दर पाए जाते हैं।

इसकी रूपान्तरित एन्टीन्यूल पर सीमेन्ट ग्रन्थियाँ पाई जाती हैं। इसमें एक संयुक्त नेत्र सभी शिरोवक्षीय उपांग पाए जाते हैं। इसके उदर में चार से पाँच खण्ड होते हैं।

10. एलाइमा लार्वा

स्क्युइला (Squilla) में जोइया रूपान्तरित होकर एलाइमा लार्वा बनाता है। इसका शरीर पतला, काँचाभ और पारदर्शी होता है। इसमें सिर के सभी उपांग होते हैं परन्तु वक्षीय उपांगों में से केवल प्रथम दो ही उपस्थित होते हैं। उदर छ: खण्डीय होता है।

11. फाइलेसोमा लार्वा

यह बड़े आकार का चपटा पत्ती के समान कोमल और काचाभ होता है। इसे **काँच क्रैब** (Glass crab) भी कहा जाता है। इसका शरीर तीन भागों; जैसे—सिर, पारदर्शी वक्ष तथा उदर से बना होता है। नेत्र संवृन्त तथा संयुक्त होते हैं।

छ: जोड़े वक्षीय उपांगों में से प्रथम जोड़ी मैक्सिलीपिड अवशेषी द्वितीय जोड़ी एक शाखी, तृतीय जोड़ी सुनिर्मित और द्विशाखित होते हैं।

लार्वीय रूपों का महत्त्व

हेकल (Haeckel) के जाति आवर्तन नियम (Biogenetic law) के अनुसार, प्रत्येक जीव अपने परिवर्धन या व्यक्तिवृत्त (Ontogeny) के अन्तर्गत अपने जातिवृत्त (Phylogeny) को दोहराता है। क्रस्टेशिया की लार्वीय रूप इस नियम का पालन करते हैं तथा इससे पता चलता है कि क्रस्टेशियाई प्राणियों का जातिवृत्त विकास हुआ है।

लार्वे जातियों को दूर-दूर रखने तथा अण्डों में कम-से-कम भोजन रखने में सहायक होते हैं।

क्रस्टेशिया में परजीविता

यद्यपि कुछ क्रस्टेशियाई प्राणी जलीय जन्तुओं पर परोपजीवी होते हैं, परन्तु मनुष्य पर कोई परजीवी नहीं हैं। कुछ क्रस्टेशियाई प्राणी मनुष्य एवं अन्य कशेरुकी जन्तुओं के परजीवी कृमियों के लिए मध्यस्थ परपोषी का कार्य करते हैं।

क्रे फिश (Cray fish), फुफ्फुस कृमि, *पैरागोनिमस वेस्टर्मेनी (Paragonimus westermani)* का मध्यस्थ परपोषी है। यह कृमि मानव में पैरागोनिमिसिस रोग पैदा करता है। *साइक्लॉप्स (Cyclops)* की जातियाँ *ड्रैकुन्कुलस मेडीनेन्सिस (Dracunculus medinensis)* तथा *डाइफिलोबोथ्रियम लेटम (Diphyllobothrium latum)* की मध्य परपोषी है। ये इन कृमिकों के वाहक के रूप में कार्य करते है *साइक्लोप्स* मानव अत्यन्त हानिकारक क्रस्टेशियन प्राणी है।

कॉकरोच–*पेरिप्लैनेटा अमेरिकाना*

लिनियस (Linnaeus) ने सर्वप्रथम *ब्लैटा अमेरिकाना (Blatta americana)* **डी गीयर** (De Geer) ने *ब्लैटा कैकिरेलाक (Blatta kakeralac)* तथा **बुर्मेस्टर** (Burmeister) ने वंशीय नाम *पेरिप्लैनेटा (Periplaneta)* प्रयोग किया।

कॉकरोच रात्रिचर (Nocturnal) और सर्वाहारी (Omnivorous) होते हैं तथा गर्म, नम व अँधेरे स्थानों में पाए जाते हैं। इनके शरीर पर काइटिन युक्त क्यूटिकल का आवरण होता है। **गुद शूक** (Anal style) केवल नर कॉकरोच में पाई जाती है।

कॉकरोच का परिसंचरण तन्त्र **खुले या लेक्यूनर प्रकार** (Open or lacunar type) का होता है। इसमें बहने वाला पदार्थ **रुधिर लसिका** (Haemolymph) कहलाता है। कॉकरोच के रुधिर में **हीमोसाइट** (Haemocyte) कोशिकाएँ पाई जाती हैं। कॉकरोच का हृदय संकरा नलिकाकार (Tubular), **13 कोष्ठों वाला** तथा माला के दानों के समान दिखाई पड़ता है।

कॉकरोच के मुखाँग (Mouth parts) **कर्तन** और **चर्वणक** (Cutting and chewing) प्रकार के होते हैं। कॉकरोच यूरिक अम्ल उत्सर्गी या **यूरिकोटेलिक** (Urecotelic) है। यूरिक अम्ल (Uric acid) तथा सोडियम व पोटैशियम के यूरेट (Urate) कॉकरोच के उत्सर्जी पदार्थ हैं। कॉकरोच में निम्न संरचना उत्सर्जन में सहायक हैं

1. **मैल्पीघियन नलिकाएँ** (Malpighian tubules) रुधिर लसिका से नाइट्रोजनी उत्सर्जी पदार्थ यूरिक अम्ल के रूप में पृथक कर लेती हैं।
2. **वसा काय** (Fat bodies) इनमें माइसीटोसाइट्स (Mycetocytes), यूरे कोशिकाएँ, ओएनोसाइट्स तथा ट्रोफोसाइट्स पाई जाती हैं।
3. **नेफ्रोसाइट्स** (Nephrocytes) उत्सर्जी पदार्थों से यूरिक अम्ल का संश्लेषण करती हैं।
4. **क्यूटिकल** (Cuticle) इस पर नाइट्रोजनी उत्सर्जी पदार्थ जमा हो जाते है।
5. **यूरिकोज ग्रन्थियाँ** (Uricose glands) ये ग्रन्थियाँ हीमोलिम्फ से नाइट्रोजनी पदार्थ ग्रहण कर यूरिक अम्ल का संश्लेषण करती हैं।

कॉकरोच में **संयुक्त नेत्र** (Compound eye) पाए जाते हैं तथा नेत्र की संरचनात्मक व क्रियात्मक इकाई **नेत्रांशक** या **ओमेटीडियम** (Ommatidium

होती है। कॉकरोच में श्वसन श्वासनाल (Trachaea) द्वारा होता है। **फैलिक** या **कोंग्लोबेट ग्रन्थि** (Phallic or conglobate gland) नर कॉकरोच में पाई जाती है।

ऐलरी पेशियाँ (Alary muscles) कॉकरोच के हृदय से सम्बन्धित होती है। मादा कॉकरोच में अण्डप्रावर का निर्माण (Formation of ootheca) **कोलीटीरियल ग्रन्थियों** (Colleterial glands) द्वारा होता है। कॉकरोच में **जुवेनाइल हॉर्मोन** (Juvenile hormone) का स्रावण **कॉरपोरा ऐलैटा** (corpora allata) द्वारा होता है, जो वृद्धि व कायान्तरण में सहायक होता है।

कॉकरोच में **अग्रवक्षीय ग्रन्थियाँ** (prothoracic glands) **निर्मोचन हॉर्मोन** (moulting hormone) स्रावित करती है। कॉकरोच की लार में **डायस्टेस** (diastase) एन्जाइम पाया जाता है। कॉकरोच में **स्टोमोडियल वाल्व** (stomodeal valve) पेषणी व मध्यान्त्र के बीच स्थित होता है।

मादा कॉकरोच द्वारा स्रावित एक पीले-से **कामोत्तेजक** (Sex-attracting) पदार्थ की तेज गन्ध से नर इसकी ओर आकर्षित होता है। ऐसे पदार्थ को **फीरोमोन** (pheromone) कहते हैं। कॉकरोच में **निम्फ** (nymph) लारवा पाया जाता है।

घरेलू मक्खी-*मस्का नेब्युलो*

घरेलू मक्खी की कई जातियाँ; जैसे—*मस्का नेब्युलो* (*Musca nebulo*) भारत में, *मस्का डोमेस्टिका* (*Musca domestica*) यूरोप में तथा *मस्का विसिनिया* (*Musca vicinia*) एशिया व अफ्रीका में पाई जाती हैं।

घरेलू मक्खी के सिर पर दो संयुक्त नेत्र होते हैं (प्रत्येक में लगभग 4000 नेत्रांशक होते हैं)। इनका शरीर क्रमशः सिर, वक्ष व उदर में बँटा रहता है। इसके मुख पूर्व छिद्र (Preoral aperture) के चारों ओर **प्रीस्टोमियल दाँत** (Prestomial teeth) लगे रहते हैं। इनमें मुखांग **स्पंजी प्रकार** (Sponging type) के होते हैं।

वक्ष में तीन जोड़ी टाँगें होती हैं। नर में अन्तिम खण्ड में एक जोड़ी **आलिंगक** (Claspers) होते हैं तथा मादा में **अण्ड निक्षेपक** (Ovipositor) होता है। मैण्डिबल्स (Mandibles) अनुपस्थित होते हैं। पश्च वक्ष पर एक जोड़ी अवशेषी पंख होते हैं, जिन्हें **सन्तोलक** (halters or balancers) कहते हैं।

नर व मादा मक्खियाँ पृथक् होती हैं। इनका **जनन काल** मार्च-अप्रैल से अक्टूबर तक होता है। एक मादा मक्खी एक समय में लगभग 100-160 अण्डे देती है तथा **अण्डजोत्पत्ति** (Hatching) 8 से 24 घण्टे बाद होती है। अण्डे से निकला लार्वा **मैगोट** (maggot) कहलाता है, इसमें 13 खण्ड होते हैं। पहला खण्ड विकसित होता है और **स्यूडोसिफैलॉन** (Pseudocephalon) कहलाता है। **3 वक्षीय** एवं **9 उदर** खण्ड होते हैं।

लार्वा तरल भोजन ग्रहण करता है, ट्रेकिया द्वारा श्वसन करता है तथा **शूकयुक्त गद्दियों** की सहायता से चलता है। घरेलू मक्खी का लार्वा कुछ समय के पश्चात् **प्यूपा** (Pupa) बन जाता है जो **प्यूपेरियम** (Puparium) में बन्द रहता है। अनुकूल परिस्थितियों में 4-5 दिन में प्यूपा वयस्क में बदल जाता है। मक्खी प्यूपेरियम को टिलिनम (Ptilinum) जो सिर पर एक थैलीनुमा रचना है की सहायता से तोड़कर बाहर निकलती है। नई निकली मक्खी को पूर्ण कीट या **इमैगो** (Imago) कहते हैं। मक्खी में **कायान्तरण पूर्ण** या **होलोमेटाबोली** (Complete or holometaboly) होता है।

मच्छर

मच्छर रात्रिचर (Nocturnal) होता है। इसके सिर पर दो संयुक्त नेत्र, दो सरल नेत्र, दो लम्बी शृंगिकाएँ तथा भेदने व चूसने वाले (Piercing and sucking type) मुखांग होते हैं। नर पौधों का रस चूसते हैं तथा मादा **रुधिरहारी या सैंग्वीवोरस** (Sanguivorous) होती है।

इनके उदर में 10 खण्ड होते हैं। नर में 9वें खण्ड में एक जोड़ी **आलिंगक** (Clasper) तथा मादा में आखिरी खण्ड में एक जोड़ी **गुद लूम** (Anal cerci) होते हैं। नर में **प्लूमोस शृंगिका** (Plumose antenna) तथा मादा में **पाइलोस शृंगिका** (Pilose antenna) पाई जाती हैं। शृंगिका में 15 खण्ड होते हैं तथा इसमें श्रवण संवेदी **जॉन्सटन अंग** (Johnston's organ) होते हैं।

एनॉफिलीज (*Anopheles*) सतह से 45° का कोण बनाकर बैठता है और इसके पंखों पर धब्बे होते हैं, जबकि *क्यूलेक्स* (*Culex*) सतह के समानान्तर बैठता है तथा इसके पंख सादे होते हैं। इनके अलावा *एडीज* (*Aedes*) सतह के समानान्तर बैठता है और इसके पंखों पर काली तथा सफेद धारियाँ होती हैं।

मच्छर का लार्वा **रिग्लर** (Wriggler) होता है तथा इसके प्यूपा को **टम्बलर** (Tumbler) कहते हैं। प्यूपा से नए निकले मच्छर को **इमैगो** (Imago) कहते हैं। मच्छर में **कायान्तरण पूर्ण** या **होलोमेटाबोली** (Complete metamorphosis or holometaboly) होता है।

पैलीमोन

पैलीमोन (*Palaemon*) आर्थ्रोपोडा (Arthropoda) संघ के क्रस्टेशिया (Crustacea) वर्ग से सम्बन्धित है। यह सामान्यतया झींगा (Prawn) के नाम से जाना जाता है।

पैलीमोन एक सर्वाहारी, रात्रिचर तथा अलवण जलीय जन्तु है, जो शैवालों (Algae), माँस (Mosses) छोटे-छोटे कीटों तथा मलबे (Debris) इत्यादि को खाता है।

पैलीमोन की संरचना

बाह्य संरचना

इसका शरीर लम्बा, तकुए के आकार का और द्विपार्श्व सममित (Bilaterally symmetrical) होता है। विभिन्न जाति के वयस्कों का परिमाण भिन्न-भिन्न होता है। *पै. माल्कोम्सोनाई (P. malcolmsonii)* 25 से 40 सेमी., *पै. कार्सिनस (P. carcinus) 90* सेमी. तथा पै. लैमेरी (P. lamarrei) 2.5 से 5 सेमी. तक लम्बा होता है।

शिशु पारभासी तथा सफेद रंग का तथा वयस्क पीला नीला या हरिताभ होता है। इस पर भूरे या नारंगी लाल रंग के धब्बे होते हैं। वयस्क पैलीमोन का शरीर अग्र शिरोवक्ष (Cephalothorax) तथा पश्च उदर (Abdomen) में बँटा होता है। वयस्क शरीर में कुल 19 खण्ड पाए जाते हैं।

शिरोवक्ष (Cephalothorax) शिरोवक्ष दृढ़ असन्धित (Unjointed) तथा बेलनाकार होता है। शिरोवक्ष के पृष्ठ तथा पार्श्व तलों के कवक (Sclerites) परस्पर जुड़कर एक बड़ी पृष्ठ ढाल (Dorsal shield) बनाते हैं। इसका अग्रभाग सिर के ऊपर एक दाँतेदार प्रवर्ध रॉस्ट्रम (Rostrum) की भाँति बढ़ जाता है। पृष्ठ ढाल के पिछले भाग को कैरापेस (Carapace) कहते हैं। यह वक्ष के दाएँ-बाएँ गिल आवरण की भाँति स्वतन्त्रता पूर्वक नीचे लटका होता है।

शिरोवक्ष में 13 जोड़ी उपांग होते हैं, जिनमें से 5 शीर्षस्थ (Cephalix) तथा 8 जोड़ी वक्षीय उपांग (Thoracic appendages) होते हैं।

5 जोड़ी शीर्षस्थ उपांग अगले सिरे से क्रमशः प्रशृंगिकाएँ (Antennules), शृंगिकाएँ (Antennae) चिबुक (Mandibles), लघु जम्भिकाएँ तथा जम्भिकाएँ (Maxillae) होते हैं। प्रशृंगिकाएँ मुखपूर्वी तथा अन्य मुखपश्चीय उपांग होते हैं।

प्रशृंगिकाओं में सन्तुलन पुटी पाई जाती है, जो एक संवेदी अंग का कार्य करती है। शृंगिकाएँ संवेदी, उत्सर्जी व सन्तुलनकारी होती है। **चिबुक** भोजन को पीसने का कार्य करते हैं। लघुजम्भिकाएँ भोजन के परिचालन में तथा जम्भिकाएँ, श्वसन क्रिया तथा परिचालन में सहायक होती है।

वक्षीय उपांगों में अगले तीन जोड़ी **जम्भपदक** (Maxillipedes) तथा पिछले पाँच जोड़ी चलन **टाँगें** (Walking legs) होती हैं। जम्भपदक भोजन लेने और उसे उचित स्थिति में पकड़ने का कार्य करते हैं। ये श्वसन में भी सहायक होते हैं।

उदर (Abdomen) उदर भाग सुविकसित और सन्धित होता है। इसमें 6 सन्धित गतिशील खण्ड और एक अन्तस्थ शंकुरूप **टेल्सन** (Telson) पाया जाता है।

उदरीय कठक (Abdominal sclerites) एक-दूसरे से पृथक्, वलय तुल्य होते हैं। आस-पास के कठक पतली सन्धिकारी कलाओं (Arthrodial membrane) द्वारा जुड़कर गतिशील सन्धियाँ बनाते हैं। प्रत्येक उदर कठक में ऊपरी चौड़ी प्लेट को **टर्गम**, नीचे की प्लेट को **स्टर्नम** (Sternum) और पल्लों के समान पार्श्व की प्लेटों को **प्लूरा** (Pleura) कहते हैं।

तीसरे और चौथे उदर खण्डों को छोड़कर सभी उदर खण्डों में एक जोड़ी **कब्जा सन्धियाँ** (Hinge joints) पाई जाती हैं, जिनके कारण उदर खण्ड एक-दूसरे पर केवल ऊर्ध्वाधर दिशा में गति कर सकते हैं।

उदर के प्रत्येक खण्डों में एक जोड़ी उदरीय उपांग पाए जाते हैं। इनमें से पहले 5 जोड़ी तैरने के लिए प्लवपाद (Pleopods) होते हैं जो पैडिलों की भाँति कार्य करते हैं। छठी जोड़ी पश्चांतपाद (Uropods) होते हैं, जो टैल्सन के साथ मिलकर पुच्छ पख (Tail fin) का निर्माण करते हैं। ये सभी उपांग साधराण द्विशाखी (Biramous) प्रकार के होते हैं।

बाह्य छिद्र (External Openin pose) पैलीमोन में मुख (Mouth), गुदा (Anus), युग्मित वृक्क छिद्र (Renal apertures), युग्मित मादा जननिक छिद्र (Female genital apertures), युग्मित नर जननिक छिद्र (Male genital apertures) तथा दो छोटे स्टेटोसिस्ट के छिद्र मुख्य बाह्य छिद्र पाए जाते हैं।

शरीर भित्ति (Body wall) बाह्य क्यूटिकल, मध्यवर्ती एपीडर्मिस तथा अन्त: डर्मिस से बनी होती है।

पैलीमोन में प्रगुहिका (Coelomic cavity) अति समानीत (Reduced) होती है। आहारनाल और शरीर भित्ति के बीच के अवकाश में माँसपेशियों और रुधिर धारी अन्तरावकाशों सहित अन्य अंगक होते हैं। ये अन्तरावकाश सामूहिक रूप से मिलकर शरीर-गुहिका या रुधिर गुहिका (Haemocoel) बनाते हैं।

आन्तरिक संरचना

पाचन तन्त्र (Digestive System) आहारनाल तीन भागों (i) अग्र आहारनाल (Foregut) मुख, मुखगुहिका, ग्रसिका और आमाशय (ii) मध्य आहारनाल (Midgut) आँत सहित और (iii) पश्च आहारनाल (Hindgut) या मलाशय (Rectum) से मिलकर बनी होती है।

अग्र और पश्च आहारनाल **इन्टीमा** (Intima) नामक क्यूटिकल द्वारा आस्तरित होती है, जो विमोचन के समय जन्तु के बाह्य कंकाल के साथ त्याग दी जाती है।

मध्य आहारनाल, **अन्त:चर्म** (Endoderm) द्वारा आस्तरित होती है। आमाशय में वृत्ताकार प्लेट (Circular plate) भालाकार प्लेट (Lanceolate plate), हेस्टेट प्लेट (Hestate plate) खाँच प्लेट (Groove plate) तथा कटक प्लेट (Ridged plate) पाई जाती हैं।

पाचन तन्त्र में एक बड़ा द्विपालित, सघन और नारंगी रंग का ग्रन्थिल पुँज पाया जाता है जो जनन ग्रन्थि के नीचे लगभग सम्पूर्ण शिरोवक्ष गुहिका में फैला होता है। इसे **यकृत-अग्न्याशय** (Hepato-pancreas) कहते हैं।

यकृत-अग्न्याशय (Hepato-pancreas), अग्न्याशय, क्षुद्रांत्र और यकृत का संयुक्त रूप से कार्य करता है। इसमें कुछ अन्त: कोशिकीय पाचन भी पाया जाता है।

श्वसन तन्त्र (Respiratory System) *पैलीमोन* में श्वसन तन्त्र सुविकसित होता है। यह **क्लोमवारकों के आस्तर** (Lining of gill cover), तीन जोड़ी **अधिपादांश** (Epipodites) तथा आठ जोड़ी **गिलों** (Gills) का बना होता है। उपरोक्त सभी अंग वक्ष के दोनों ओर दो बड़े तथा संकुचित **क्लोम कोष्ठों** (Gill chambers) में सुरक्षित रहते हैं। पैलीमोन के गिल पर्णक्लोग (Phyllobranchs) प्रकार के होते हैं। ये पोडोब्रैंक, आर्थ्रोब्रैंक तथा प्लूरोब्रैंक तीन प्रकार के होते हैं।

रुधिर संवहनी तन्त्र (Blood Vascular System) *पैलीमोन* में खुले (Opens) या रिक्तिकामय (Lacunar) प्रकार का रुधिर संवहन तन्त्र पाया जाता है। इसमें रुधिर केशिकाओं (Blood capillaries) का अभाव होता है तथा रुधिर, रिक्तिकाओं या कोटरों (Lacunae or sinuses) से होकर शरीर में बहता है।

रुधिर परिवहन तन्त्र में, हृदयावरण (Pericardium) हृदय (Heart), धमनियाँ (Arteries) रुधिर आशय (Blood lacunae), रुधिर चैनल तथा रुधिर सम्मिलित होते हैं।

रुधिर रंगहीन, पतला व जल के समान तरल होता है, जिसमें अमीबाक्ष श्वेत रुधिर कणिकाएँ तैरती रहती हैं। इसमें लाल रुधिराणुओं का अभाव होता है। इसमें **हीमोसायनिन** (Haemocyanin) नामक वर्णक पाया जाता हैं, जो रुधिर प्लाज्मा में घुला होता है। रुधिर में विशिष्ट स्कन्दी गुण पाए जाते हैं।

उत्सर्जी तन्त्र (Excretory System) वयस्क *पैलीमोन* के उत्सर्जी तन्त्र में एक जोड़ी हरित **ग्रन्थियाँ** (Green glands), एक जोड़ी पार्श्व वाहिनियाँ (Lateral ducts), एक **रीनल कोष** (Renal sac) और अध्यावरण (Integument) मुख्य भाग होते हैं।

प्रत्येक हरित ग्रन्थि, शृंगिका के कक्षांश में पाई जाती है। ये मटर के बीज के आकार की श्वेत रंग की होती है।

तन्त्रिका तन्त्र (Nervous System) तन्त्रिका तन्त्र तीन भागों, (i) केन्द्रीय तन्त्रिका तन्त्र (Central nervous system) (ii) परिधीय तन्त्रिका तन्त्र (Peripheral nervous system) तथा (iii) अनुकम्पी तन्त्रिका तन्त्र (Sympathetic nervous system) से मिलकर बना होता है।

केन्द्रीय तन्त्रिका तन्त्र में मस्तिष्क, एक जोड़ी परिग्रसिका सन्धानियों द्वारा गुच्छिकित अधर तन्त्रिका तन्त्र से जुड़ा होता है।

ज्ञानेन्द्रियाँ (Sense Organs) *पैलीमोन* में संयुक्त नेत्र (Compound eye), लघु शृंगिकाएँ और शृंगिकाएँ मुख्य ज्ञानेन्द्रियाँ होती हैं।

इसमें एक जोड़ी काले और अर्द्धगोलाकार नेत्र होते हैं। नेत्र रोस्ट्रम (Rostrum) के आधार पर दाएँ, बाएँ दो नेत्र खाँचों (Orbital notches) में स्थापित रहते हैं। प्रत्येक नेत्र की रचना में स्वतन्त्र दृष्टि इकाइयों की एक बड़ी संख्या होती है, जिन्हें नेत्राँशक (Ommatidia) कहते हैं। इस प्रकार के नेत्र संयुक्त नेत्र (Compound eye) कहलाते हैं।

लघुशृंगिका (Antennule) के कक्षांग पूर्वी (Precoxa) खण्ड के अन्दर एक **सन्तुलन पुटी** (Statocyst) पृष्ठभित्ति से चिपकी पाई जाती है।

सन्तुलन पुटियाँ, गुरूत्व बल (Force of gravity) की दिशा को ग्रहण करके स्थिति निर्धारण (Orientation) एवं सन्तुलन (Equilibrium) अंगों का कार्य करती है।

जनन तन्त्र (Reproductive System) *पैलीमोन* में लिंग पृथक् होते हैं। तथा **लैंगिक द्विरूपता** (Sexual dimorphism) पाई जाती है। नर जन्तु मादा की अपेक्षा बड़ा होता है।

नर जनन तन्त्र (Male reproductive system) में दो **वृषण** (Testis), शुक्रवाहक (Vasa deferentia) तथा **शुक्राशय** (Vesicula seminalis) प्रमुख भाग होते हैं। वृषण में **शुक्रजनन** (Spermatogenesis) की क्रिया द्वारा **शुक्राणुओं** (Spermatozoa) का निर्माण होता है।

मादा जनन तन्त्र (Female reproductive system) में दो अण्डाशय (Ovaries) तथा अण्डवाहिनियाँ (Oviducts) पाई जाती हैं। अण्डवाहिनी मादा जननिक छिद्र (Female genital aperture) द्वारा बाहर खुलती है।

पैलीमोन का जीवन-चक्र

निषेचन

पैलीमोन (Palaemon) में मई से जुलाई तक जनन होता है। मादा एक बार में 200 से 300 परिपक्व अण्डे देती है। नर अपने शुक्राणु मादा के जननिक छिद्रों के निकट जमा कर देता है और जैसे ही अण्डे बाहर निकलते हैं उनमें निषेचन हो जाता है। इस प्रकार *पैलीमोन* में **बाह्य निषेचन** (External fertilisation) पाया जाता है।

प्रजनन काल में मादा सैकड़ों अण्डों को उस समय तक धारण किए रहती है जब तक उनसे बच्चे नहीं निकलते इस अवस्था में मादा को **'बेरी में'** (In berry) कहा जाता है।

परिवर्धन

पैलीमोन में कोई स्वतन्त्र लारवा अवस्था नहीं पाई जाती। इनमें परिवर्धन प्रत्यक्ष (Direct) होता है तथा अण्डों से वयस्क के समान शिशु बाहर निकलते हैं। कई निर्मोचन के पश्चात् वयस्क रूप में परिवर्तित हो जाते हैं, जो *पैलीमोन* का परिवर्धन चित्र प्रकार से होता है।

इनमें **केन्द्रपीतकी अण्डे** (Centrolecithal eggs) पाए जाते हैं, जिनमें पृष्ठीय विदलन (Superficial cleavage) होता है। यह विदलन अपूर्ण होता है।

निषेचित अण्डे के केन्द्रक में कई बार सूत्री विभाजन होता है जिससे बहुत से केन्द्रकों का एक बहुकेन्द्रकी (Syncytial) पुँज बन जाता है। ये केन्द्रक परिधीय कोशिकीय द्रव में प्रवेश करके कोरक चर्म (Blastoderm) का निर्माण करते हैं। अण्डे के केन्द्रीय भाग में केवल अविभाजित पीतक (Yolk) पदार्थ होता है। यह सम्पूर्ण क्रिया कोरकभवन या **ब्लास्टुलेशन** (Blastulation) कहलाती है।

कोरकचर्म के निर्माण के समय अधर सतह के पश्च सिरे पर एक **अन्तर्वलन** (Invagination) बन जाता है। अन्तर्वलन से एक छोटे **आधांत्र** (Archenteron) का निर्माण होता है। इस प्रकार कोरकभवन (Gastrulation) की प्रक्रिया से **गैस्ट्रुला** का निर्माण होता है। इससे **त्रिजनस्तरी** (Triploblastic) भ्रूण का निर्माण होता है।

इसके पश्चात् **अंगविकास** (Organogenesis) की क्रिया प्रारम्भ होती है। बहिर्चर्म के दो अन्तर्वलनों में से एक के द्वारा मुखद्वार सहित **अग्राहारनाल** (Stomodaeum) तथा दूसरे के द्वारा गुदा छिद्र सहित **पश्चाहारनाल** (Proctodaeum) का निर्माण होता है।

बहिर्चर्म (Ectoderm) से अध्यावरण की उपचर्म, तन्त्रिका तन्त्र, नेत्रों के भाग, बाह्य कंकाल, गिलों की उपकलाएँ और सन्तुलन पुटियों का निर्माण होता है।

अन्तःचर्म (Endoderm) से मध्याहारनाल की उपकला तथा यकृत-अग्न्याशय का निर्माण होता है।

मध्यचर्म (Mesenchyma) से संयोजी ऊतक, माँसपेशियाँ रूधिर संचारी तन्त्र तथा जनन ग्रन्थियों की रचना होती है। इस प्रकार 4 से 6 सप्ताह में अण्डे से बाहर निकला शिशु वयस्क प्राणी के समान दिखाई देता है।

कीटों का आर्थिक महत्त्व

कीट वर्ग (class-Insecta) जन्तु-जगत का सबसे बड़ा वर्ग है। 15 लाख ज्ञात जन्तु-जातियों में से लगभग 10 लाख कीटों की ही हैं। कीटों का अध्ययन जन्तु विज्ञान की एक पृथक् शाखा **कीटशास्त्र या एण्टोमोलॉजी** (Entomology) के अन्तर्गत किया जाता है।

मानव जीवन से सम्बन्धित कीटों को हम दो श्रेणियों में बाँट सकते हैं

1. हानिकारक कीट 2. लाभदायक कीट

1. हानिकारक कीट

हानिकारक कीटों को तीन प्रमुख श्रेणियों में बाँटा जा सकता है

A. कृषि के लिए हानिकारक कीट

कृषि के लिए हानिकारक कीट निम्न प्रकार होते हैं

(i) **पौधों को कुतरने वाले कीट**

(a) **टिड्डी** (Locust, *Schistocerca*) मुलायम पत्तों विशेषकर धान के पौधों को चबाती हैं।

(b) **आलू कटवी या कजरा पिल्लू** (Potato or Gramcutworm–*Agrotis*) यह मटमैला सा पतंगा (Moth) होता है, जो रबी की फसलों (चना, गोभी, तम्बाकू, मूँगफली, गेहूँ, मटर आदि) के पौधों के तनों को भूमि के पास से चबाकर नष्ट कर देता है।

(c) **लाल कददू बीटल** (Red pumpkin beetle– *Raphidopalp foueicollis*) यह तरबूज, सीताफल या कददू, ककड़ी, लोकी, खीरा आदि की पौध को खाकर नष्ट कर देता है।

(ii) **पौधों का रस चूसने वाले कीट**

(a) **कपास का झाँगा** (Red cotton stainer–*Dysdercus*) यह खटमल जैसा एक लाल कीट होता है, जो कपास के पौधों की पत्तियों, डोडी व बीजों का रस चूसता है। इससे कपास में धब्बे पड़ जाते हैं।

(b) **गन्नापर्ण फुदकी-*पाइरिला*** (Sugarcane leaf hopper–*Pyrilla*) यह एक छोटा सा पतंगा होता है, जो गन्ने की पत्तियों एवं तने का रस चूसता है।

(c) **चावल की गन्धी** (Rice bug–*Leptocorisa*) यह खटमल जैसा बग होता है, जो धान की बालियों के कच्चे बीजों का रस चूसकर इन्हें नष्ट कर देता है।

(d) **गोभी का चेंपा** (Cabbage-Aphid) यह गोभी, सरसों आदि के तनों एवं फलों का रस चूसता है।

(e) **काला सुंडर** (Painted bug–*Bagrada*) यह धब्बेदार, काला सा बग शलजम, मूली, गाजर आदि की पत्तियों का रस चूसकर इन्हें सुखा देता है।

(f) **आम का तेला या लासी** (Mango Leaf Hopper–Idiocercus) यह बग आम की कोमल टहनियों और कलियों का रस चूसता है।

(iii) **पौधों में धँसकर इन्हें खोखला बनाने वाले कीट**

(a) **कपास की सुरही** (Spotted bollworm– *Earias*) **तथा कपास का कीड़ा** (Pink bollworm– *Pectinophora*) इन पतंगों की लारवी कपास के फूलों, फलों एवं बीजों में घुसकर इन्हें खोखला बना देती हैं।

(b) **ईख की गिडार** (Sugarcane Stem Borer– *Argyria*) इन पतंगों की लारवी ईख एवं बाजरे के तने को भीतर से खोखला कर देती हैं।

(c) **मक्का बेधक** (Corn Borers–*Chilo* and *Pyrausta*) इन पतंगों की लारवी मक्का एवं ज्वार आदि के तनों को खोखला बनाती हैं।

(iv) **पौधों में अण्डरोपण करने एवं घोंसला बनाने वाले कीट** कई प्रकार के कीट पौधों के तनों आदि में दरारें बनाकर अण्डरोपण करते हैं। कुछ कीट फसली पौधों की कोमल पत्तियों के टुकड़े तोड़-तोड़कर इनसे घोंसला बनाते हैं। इनमें पत्ती को काटने वाली **चीटी** तथा **मक्खी** प्रमुख हैं।

B. मनुष्य एवं पालतू पशुओं के लिए हानिकारक कीट

मनुष्य एवं पालतू पशुओं के लिए हानिकारक कीट निम्न प्रकार के होते हैं

(i) **खिजाने वाले कीट** (Annoying Insects) अनेक प्रकार के कीट मनुष्य तथा पालतू पशुओं के सहवासी होते हैं; जैसे—कॉकरोच, लाल व काली चीटियाँ, झींगुर आदि, परन्तु इनकी गन्ध तथा शरीर से इनका स्पर्श अच्छा नहीं लगता। इससे मनुष्य एवं पशु खीज उठते हैं।

(ii) **जहरीले कीट** (Venomous Insects) कुछ कीट जहरीले होते हैं। इनसे मनुष्य एवं पशुओं को शारीरिक पीड़ा हो जाती है। ततैया या मधुमक्खी के डंक (sting) का अनुभव बहुत कटु होता है। चींटी, मच्छर आदि के काटने से भी खुजली व जलन होती है।

(iii) **परजीवी कीट (Parasitic insects)** *पैडीकुलस* (Pediculus) या जूँ, *साइमेक्स* (Cimex) या खटमल, *जीनोसिला* (Xynopsylla) या पिस्सू, मच्छर आदि बाह्य परजीवी है तथा मनुष्य व पालतू पशुओं का रुधिर चूसते हैं।

(iv) **रोग फैलाने वाले कीट** (Disease-carrier insects) अनेक कीट, जैसे मक्खी, मच्छर आदि मनुष्य के अनेक रोगों के वाहक है। सी-सी मक्खी-अफ्रीकी निद्रा रोग, सैण्ड फ्लाई-काला-अजार तथा ओरियन्टल सोर, चूहे के पिस्सू-ब्यूबोनिक प्लेग, खटमल-टाइफस बुखार, घोड़े की मक्खी-घोड़े व अन्य पशुओं का सुरा रोग आदि फैलाते हैं।

C. उपयोगी वस्तुओं के विनाशकारी कीट

उपयोगी वस्तुओं के लिए कुछ विनाशकारी कीट निम्न प्रकार के होते हैं

(i) **दीमक या ओडोन्टोटर्मिस** (Odontotermes) यह कागज या लकड़ी खाती है।

(ii) **रजतमीन या *लेपिस्मा*** (Silver Fish– Lepisma) यह मण्ड (starch) की शौकीन होती है और पुस्तकों, कागजों, फोटो आदि को खा जाती है।

(iii) **वस्त्र पतंगी** (Cloth Moth) यह गर्म व सिल्क के कपड़ों को काट देती है।

2. लाभदायक कीट

(i) **मधुमक्खी** (Honey Bee–*Apis indica*) मधुमक्खी से शहद व मोम मिलता है और ये परागण (pollination) में सहायता करती हैं।

(ii) **रेशम कीट** या *बाम्बिक्स मोरी (Bombyx mori)* इससे वास्तविक रेशम प्राप्त होता है। लार्वा की लार ग्रन्थियाँ धागे के रूप में रेशम का स्रावण करती हैं तथा इसके चारों ओर कोकून बना देती हैं। सिल्क में फाइब्रोइन (Fibroin) प्रोटीन के तन्तु सेरेसिन (Serecin) द्वारा चिपके रहते हैं।

(iii) *लैसिफर* या *टैकार्डिया लैक्का* (*Laccifer* or *Tachardia lacca*) या **लाख कीट** मादा कीट लाख का स्रावण करती हैं।

(iv) **कैन्थर डीन बीटल** कैन्थरडीन उत्पन्न करता है।

(v) ***डैक्टाइलोपियस कोकस*** (*Dactylopius coccus*) इससे लाल आलता तथा टैनिन प्राप्त होते हैं।

संघ-मोलस्का

कोमल काय जन्तु

लक्षण

मोलस्का कोमल शरीर वाले, अखण्डयुक्त, त्रिस्तरीय, गुहीय, प्रायः कवच वाले जन्तु होते हैं। शरीर शीर्ष, पाद तथा अंतरंग पुँज (Visceral mass) से घिरे मेन्टल में विभाजित होता है। ये प्रायः जलीय, समुद्री या स्वच्छ जलीय या दोनों होते हैं तथा कुछ स्थलीय होते हैं।

मेन्टल के द्वारा एक कठोर कैल्केरस खोल स्रावित होता है। गुहा (Coelom) पूर्ण रूप से छोटी होकर शरीर गुहा, रक्तगुहा (Haemocoel) बनाती है। गैसों का आदान-प्रदान एक या अधिक क्लोमों (Gills) टिनिडिया (Ctenidia) के द्वारा होता है। उत्सर्जन प्रायः एक जोड़ी थैलीनुमा वृक्क या मेटानेफ्रिडिया (Metanephridia) के द्वारा होता है। इनमें लिंग प्रायः पृथक् होते हैं, परन्तु कुछ उभयलिंगी (Hermaphrodite) भी होते हैं।

उदाहरण—घोंघा, *सीपिया*।

वर्गीकरण

संघ मोलस्का को सात वर्गों में विभाजित किया जाता है

(i) **मोनोप्लेकोफोरा** (Monoplacophora)
उदाहरण—*नियोप्लाइना (Neopilina)*

(ii) **एप्लेकोफोरा** *(Aplacophora)*
उदाहरण—कीटोडर्मा (Chaetaderma)

(iii) **स्कैफोपोडा** (Scaphopoda)
उदाहरण—*डेन्टैलियम (dentolium)*

(iv) **गैस्ट्रोपोडा** (Gastropoda)
उदाहरण—*पाइला (Pila)*

(v) **पैलीसिपोडा** (Pelecypoda) अथवा *बाइवेल्विया (Bivalvia)*
उदाहरण—*यूनियो (Unio), माइटीलस (Mytilus)*

(vi) **सिफैलोपोडा** (Cephalopada)
उदाहरण—*ऑक्टोपस* (डेविड मछली)

(viii) **पोली-प्लेकोफोरा** (Polyplacophora)
उदाहरण—*काइटन (Chiton)*

पाइला

पाइला ग्लोबोसा (Pila globosa) सामान्यतया **सेवाभ घोंघा** (Apple snail) के नाम से जाना जाता है। यह एक अलवण जलीय, महाभक्षी (Voracious eater तथा उभयचरी अर्थात् जल व स्थल पर जीवन यापन करने में सक्षम होता है।

पाइला की संरचना

बाह्य संरचना

1. **कवच** (Shell) *पाइला* में एक गोलाकार (Globose) आकृति ए पीले-भूरे रंग का बाह्य कंकाल पाया जाता है, जो कवच (Shel कहलाता है। यह *पाइला* के मुलायम शरीर का बाह्य रक्षक आवरण हो है। कवच एक दीर्घित संरचना है, जिसमें एक केन्द्रीय अक्ष **स्तम्भिक** (Collumella) के चारों ओर भ्रमियाँ (Whorls) पाई जाती हैं।

   पाइला ग्लोबोसा के कवच में लगभग 6.5 चक्र होते हैं। सबसे छोटा ए प्रारम्भिक चक्र कवच के शिखर पर स्थित होता है। यह लारवा द्वारा बना गए प्रक्शंख (Protoconch) या प्रथम कवच का निरूपण करता है। प्रारम्भिक चक्र के बाद उत्तरोत्तर चक्रों का आकार बढ़ता है और अन्त एक सबसे बड़ा **देहचक्र** (**b**ody whorl) पाया जाता है। कव एककोष्ठी (Unilocular) होता है, क्योंकि इन चक्रों के बीच पट न पाए जाते। बाहर की ओर से ये भिन्न-भिन्न चक्र रेखाओं द्वारा चिहि होते हैं। इन रेखाओं को **सीवन** (Sutures) कहा जाता है।

   देहचक्र मुख के द्वारा बाहर खुलता है। कवच की सतह पर उभरी ह असंख्य **वृद्धि रेखाएँ** (Lines of growth) पाई जाती हैं, जो छिद्र के त के समानान्तर फैली रहती हैं।

पाइला में **दक्षिणावर्त** (Dextral or clockwise) कवच पाया जाता है। कवच रासायनिक रूप से **कॉन्चिओलीन** (Conchiolin) तथा कैल्शियम कार्बोनेट का बना होता है।

कवच तीन स्तरों से बना होता है। बाह्य स्तर, **परिकवच** (Periostracum) (कॉन्चिओलीन द्वारा निर्मित), मध्य **ऑस्ट्रेकम** (Ostracum) (कैल्शियम कार्बोनेट द्वारा बना हुआ) तथा **हाइपोऑस्ट्रैकम** (Hypostracum) या **मौक्तिक स्तर** (Nacreous layer) द्वारा निर्मित होता है। कवच का मुख पाद की ऊपरी सतह से जुड़े प्राच्छद (Operculum) द्वारा बन्द होता है।

2. **शरीर** (Body) *पाइला* का शरीर, सिर (Head)] पाद (Foot), **अंतरंग पुंज** (Visceral mass) तथा प्रावार (Mantle) से बना होता है। सिर (Head), शरीर का अगला, माँसल भाग है। यह पाद के ऊपर होता है। इसमें **मुख** (Mouth), दो जोड़ी **स्पर्शक** (Tentacles) तथा एक जोड़ी **नेत्र** (Eyes) उपस्थित होते हैं।

   पाद (Foot), शरीर का पेशीय अधर भाग होता है। यह अत्यन्त संकुचनशील, घोंघे का प्रचलन अंग होता है। इसके अन्दर अनेक पदिक-ग्रन्थि कोशिकाएँ (Pedal-gland cells) पाई जाती हैं।

   अंतरंग पुँज (Visceral mass) में शरीर के समस्त अंतरांग होते हैं। यह सर्पिल रूप से कुण्डलित होता है। यह **ऐंठन** (Torsion) के सिद्धान्त को प्रदर्शित करता है।

   अंतरंग पूँज की त्वचा पर एक पतला व कोमल आवरण पाया जाता है, जिसे **प्रावार** (Mantle) कहते हैं। कवच का स्रावण एवं आस्तरण प्रावार के द्वारा होता है।

3. **प्रावार गुहिका** *अथवा* **प्रावार कॉम्प्लेक्स** (Mantle Cavity or Pallial Complex) *पाइला* के पृष्ठ-पार्श्व भाग में प्रावार एक बड़ी गुहिका को बन्द करता है, जिसे प्रावार गुहिका कहते हैं। प्रावार गुहिका में अनेक अंग पाए जाते हैं, जिन्हें सामूहिक रूप से प्रावार या पेलियल कॉम्प्लैक्स (Pallial complex) के अंग कहा जाता है। *ये निम्न प्रकार हैं*

   प्रावार गुहिका में दाहिनी ओर मोनोपेक्टीनेट **कंकत क्लोम** या गिल (Ctenidium or gill) पाया जाता है। टीनिडियम के बाईं ओर **मलाशय** (Rectum) पाया जाता है। नर तथा मादा जननिक वाहिनी मलाशय के निकट **जननिक छिद्र** (Genital opening) द्वारा खुलती है।

   शिश्न (Penis) के आधार पर एक फूली हुई **अध:क्लोम ग्रन्थि** (Hypobranchaia gland) पाई जाती है।

   इसका स्राव मैथुन में सहायक होता है। प्रावार गुहिका की छत से नीचे की ओर **फुफ्फुस कोष** (Pulmonary sac) पाया जाता है। यह वायवीय श्वसन में सहायक होता है। फुफ्फुस कक्ष में बाईं ओर प्रावार से निकलती हुई एक **द्विकंकत** (Bipectinate) **जलेक्षिका** (Osphradium) होती है। यह संवेदी अंग है।

4. **अध्यावरण** (Integument) *पाइला* का अध्यावरण **उपचर्म** (Epidermis) तथा **जटिल चर्म** (Dermis) द्वारा निर्मित होता है। उपचर्म कुछ भागों पर पक्ष्माभित (Ciliated) होती है।

आन्तरिक संरचना

1. **पाचन तन्त्र** (Digestive System) *पाइला* की आहारनाल एक कुण्डलित नली है। यह तीन भागों अग्रांत्र (Foregut) मध्यांत्र, (Midgut) और पश्चांत्र (Hindgut) द्वारा निर्मित होती है। अग्रांत्र में मुखगुहिका और ग्रसिका, मध्यांत्र में आमाशय और आँत तथा पश्चांत्र में मलाशय पाया जाता है।

   मुखगुहिका में काइटली, वक्रित संरचना होती है, जिसे रैडुला (Redula) कहते हैं। रैडुला की ऊपरी सतह पर असंख्य अनुप्रस्थ पंक्तियों में व्यवस्थित दाँत होते हैं, जो भोजन चबाने का कार्य करते हैं।

   आहारनाल में दो **लार ग्रन्थियाँ** (Salivary glands), एक **यकृत-अग्न्याशय** (Hepato-pancreas), एक जोड़ी **ग्रसिका कोष्ठ** (Oesophageal pouches) तथा एक जोड़ी **मुख ग्रन्थियाँ** (buccal glands) मुख्य पाचन ग्रन्थियाँ होती हैं, जो भोजन के पाचन में सहायक हैं।

2. **श्वसन तन्त्र** (Respiratory System) *पाइला* जलीय तथा वायवीय दोनों प्रकार से श्वसन करता है।

   जलीय श्वसन हेतु एक कंकत क्लोम (Ctenidium) तथा वायवीय श्वसन हेतु एक फुफ्फुस कोष पाया जाता है।

   कन्धरा पालियाँ (Nuchal lobes) सहायक संरचनाओं की भाँति कार्य करती हैं। ये अत्यन्त संकुचनशील तथा दाएँ-बाएँ, एक-एक स्थित होती हैं।

3. **रुधिर परिसंचरण तन्त्र** (Blood Circulatory System) *पाइला* के रुधिर परिसंचरण तन्त्र में हृदयावरण (Pericardium), हृदय (Heart), धमनियाँ (Arteries), कोटरे (Sinuses) तथा शिराएँ (Veins) पाई जाती हैं। हृदय दो कक्षों, एक **अलिन्द** (Auricle) तथा एक **निलय** (Ventricle) से बना होता है।

   धमनियाँ आगे की ओर **शीर्षस्थ** महाधमनी (Cephalic aorta) तथा पीछे की ओर **अंतरंग महाधमनी** (Visceral aorta) में विभक्त होता है। ये दोनों महाधमनियाँ, असंख्य धमनियों में बँटी होती हैं। *पाइला* के रुधिर का रंग हीमोसायनिन (Haemocyanin) वर्णक की उपस्थिति के कारण नीला होता है।

4. **उत्सर्जी तन्त्र** (Excretory System) *पाइला* में एक बड़ा उत्सर्जी वृक्कांग (Renal organ) या **बोजैनस का अंग** (Organ of Bojanus) पाया जाता है। यह बाईं ओर पाया जाता है।

5. **तन्त्रिका तन्त्र** (Nervous System) *पाइला* के तन्त्रिका तन्त्र में **युग्मित गुच्छिकाएँ** (Ganglia), संधायिनिया (Commisures) तथा इनके संयोजक तथा तन्त्रिकाएँ सम्मिलित होती हैं।

   पाइला में युग्मित गुच्छिकाएँ, प्रमस्तिष्क गुच्छिकाएँ (Cerebral ganglia), मुख गुच्छिकाएँ (Buccal ganglia), पार्श्व-पदिक गुच्छिकाएँ (Pleuropedal ganglia) अधिआंत्रीय गुच्छिका (Supra intestinal ganglia) तथा अंतरांगी गुच्छिकाएँ (Visceral ganglia) आदि युग्मित गुच्छिकाएँ पाई जाती हैं।

   पाइला में अनेक **संयोजक** (Connectives) जो दो भिन्न प्रकार की गुच्छिकाओं को जोड़ती हैं, पाई जाती हैं, जैसे—मुख-प्रमस्तिष्क संयोजक (Cerebro buccal connectives), प्रमस्तिष्क (Cerebral), मुख (Buccal) तथा पदिक (Pedal) आदि संधासिनियाँ पाई जाती हैं। पाइवींय संभोग (cerebro pleural connectives) तथा प्रमस्तिष्क पदिक संयोजक (Cerebro pedal connectives) आदि।

   पाइला में एक **जलेक्षिका** (Osphradium), युग्मित नेत्र (Eyes) **सन्तुलन पुटियाँ** (Statocysts), **अधरोष्ठीय स्पर्शक** (Labial palps) और **स्पर्शक** (Tentacles) आदि प्रमुख ज्ञानेन्द्रियाँ (Sense organs) पाई जाती हैं।

6. **जनन तन्त्र** (Reproductive System)

   (i) **नर जनन जन्त्र** (Male Reproductive System) *पाइला* में वृषण (Testis), शुक्र वाहिकाएँ (Vasa efferentia), शुक्र वाहक (Vas deferens), मैथुनाँग (Copulatory organs), अग्रक्लोमी ग्रन्थियाँ (Hypobranchial glands) नर जनन तन्त्र का निर्माण करते हैं।

   वृषण में **यूपाइरीन** (Eupyrene) तथा **ऑलिगोपाइरीन** (Oligopyrene) दो प्रकार के शुक्राणु उत्पन्न होते हैं। इनमें यूपाइरीन शुक्राणु सचल होते हैं तथा अण्डाणुओं का निषेचन करते हैं। ओलिगोपाइरीन अचल और अण्डाणुओं के निषेचन में अक्षम होते हैं।

(ii) **मादा जनन तन्त्र** (Female Reproductive System) मादा जनन तन्त्र में अतिशाखित, नारंगी अण्डाशय (Ovary), अण्डवाहिनी (Oviduct), शुक्रपात्र (Recepticulum seminis), गर्भाशय (Uterus), योनि (Vagina) तथा अग्रक्लोम ग्रन्थि (Hypobranchial gland) आदि अंग पाए जाते हैं।

पाइला का जीवन-चक्र

पाइला **एकलिंगी** (Unisexual) जन्तु है अर्थात् इसमें नर व मादा पृथक्-पृथक् होते हैं। *पाइला* में वर्षा ऋतु में जनन क्रिया होती है।

मैथुन क्रिया में नर घोंघें का शिश्न अपने आवरण सहित मादा की प्रावार गुहिका में प्रवेश कर मादा के जनन छिद्र में प्रवेश कर जाता है, जिससे नर से शुक्राणु मादा के शुक्रग्राही (Seminal receptacle) में स्थानान्तरित हो जाते हैं।

पाइला में **आन्तरिक निषेचन** (Internal fertilisation) होता है। लेकिन भ्रूण का परिवर्धन मादा के शरीर के बाहर होता है। मैथुन क्रिया के दो दिन पश्चात् **अण्डोत्सर्ग** (Ovulation) की क्रिया प्रारम्भ होती है। अण्डे एक-एक करके मादा के जननिक छिद्र से बाहर आते हैं, जो मिट्टी से बनी एक गुहिका में रख दिए जाते हैं।

पाइला में अण्डे गोलीय और मटर के समान होते हैं। परिवर्धन के समय भ्रूण के अंतरंग पूँज और कवच सर्पिल रूप से ऐंठन (Torsion) द्वारा कुण्डलित हो जाते हैं।

जिसके कारण शरीर असममिता हो जाता है, अण्डों से निकलने वाले शिशु वयस्क घोंघें के समान होते हैं।

यूनियो

यह एक जलीय, कवचयुक्त जीव है, इसे बाइवाल्व भी कहते हैं।

श्वसन तन्त्र

- *यूनियो* में केवल जलीय श्वसन पाया जाता है।
- जलीय श्वसन गिल व मेन्टल द्वारा होता है।
- फुफ्फुसीय कोष अनुपस्थित होता हैं
- प्रत्येक लैमिना की जल नलिका-ब्रैन्कियल कक्ष में खुलती है।
- न्यूकल पाली अनुपस्थित होती है।

यूनियो का पाचन तन्त्र

पाचन तन्त्र में आहारनाल एवं एक जोड़ी पाचक ग्रन्थियाँ पाई जाती हैं।

1. **आहारनाल** यह एक लम्बी कुण्डलित नलिका है, जिसमें मुख, ग्रासनाल, आमाशय, आन्त्र एवं मलाशय होता है।

(i) **मुख** यह एक अनुप्रस्थ पट्टनुमा छिद्र है, जो कि देह के अग्र छोर पर, अग्र अडक्टर पेशी के अधर सतह पर स्थित होता है।

- मुख के दोनों ओर एक जोड़ी त्रिकोणीय, मांसल, चपटे, सिलियायुक्त ओष्ठीय पैल्प पाए जाते हैं, जिनमें से एक मुख के आगे तथा एक पीछे होता है।
- ओष्ठीय पैल्प दूसरे छोर पर अपने साथियों से जुड़े जाते हैं और ऊपरी व निचला सिरा ओष्ठ बनाता है।
- प्रत्येक ओर के दो ओष्ठीय पैल्प एक सिलियायुक्त मुखगुहा में बन्द रहते हैं, जो मुख में जाती है।
- इनमें लाक्षणिक जबड़ेयुक्त मुखगुहा एवं रेड्युला नहीं पाए जाते हैं।

(ii) **ग्रासनाल** मुख पीछे एवं पृष्ठ भाग में एक छोटे संकरे नलिकाकार भाग में खुलता है जिसे ग्रासनाल कहते हैं। ग्रासनाल की आन्तरिक भित्ति सिलियायुक्त होती है।

(iii) **आमाशय** ग्रासनाल आगे एक मोटी भित्ति युक्त थैलेनुमा आमाशय में खुलती है, जिसमें सिलिया का स्तर होता है। आमाशय विसरल मास के पृष्ठ में होता है तथा यह एक बड़ी पाचक ग्रन्थि या यकृत द्वारा घिरा होता है, जो कि कई नलिकाओं द्वारा आमाशय में खुलती है।

- आमाशय में एक पृष्ठ भाग होता है, जिसमें ग्रासनाल खुलती है तथा एक अधर भाग होता है, जिसमें क्रिस्टेलाइन स्टाइल उपस्थित होते हैं। पाचक ग्रन्थियों की नलिकाएँ आमाशय के पृष्ठ भाग में खुलती हैं।
- क्रिस्टेलाइन स्टाइल के पारदर्शी, ठोस, जिलेटिनीकृत एवं लचीली छड़नुमा संरचना है, जो कि आमाशय की कोशिकाओं से स्रावित होती है।
- क्रिस्टेलाइन स्टाइल में प्रोटीन की मैट्रिक्स होती है। इसमें म्यूकस तथा कार्बोहाइड्रेट तोड़ने वाले एमाइलेज एवं ग्लूकोनिएज एन्जाइम होते हैं। एमाइलेज प्रोटीन अणुओं पर संघनित रहता है।
- स्टाइल आमाशय की सिलिया द्वारा घूमता है, जिसमें इसका अग्र स्वतन्त्र सिरा एमाइलेज निकालता है ताकि आमाशय में स्टार्च आंशिक बाह्यकोशिकीय पाचन हो सके।
- स्टाइल का घूर्णन आमाशयी पदार्थों के मिलने में भी मदद करता है।
- आमाशय के पृष्ठ भाग पर पाचन ग्रन्थियों के मुख के चारों ओर वलित भित्ति पाई जाती है।
- ये वलन भोजन संग्रहण में सहायक होते हैं तथा अपशिष्ट पदार्थों के आन्त्र में जाने में सहायक होते हैं।

ये सूक्ष्म एवं आंशिक पाचित भोज्य पदार्थों को पाचक ग्रन्थियों की नलिकाओं तक भेजने में भी मदद करते हैं।

(iv) **आँत** आमाशय का पश्च सिरा आँत में खुलता है, जो नीचे की ओर जाकर विसरल मास में एक कुण्डली बनाती है जहाँ यह जननांगों से घिरी होती है और फिर पुनः ऊपर आती है।

आमाशय के बाद आन्त्र मलाशय में वापस घूम जाती है।

(v) **मलाशय** मलाशय पेरिकार्डियम से पीछे की ओर जाता है, यह निलय के अनुप्रस्थ चलता है और पश्च अडक्टर पेशी के ऊपर गुदा द्वारा साइफन में खुलता है, जो फ्लोएका की भाँति कार्य करता है। आहारनाल की भित्ति आमाशय के पश्च भाग एवं आन्त्र के प्रथम भाग में दो उभार या वलन बनाती है मलाशय में ऐसी कोई उभार नहीं होती। इन उभारों को टिफ्लोसोल कहते हैं।

2. **पाचक ग्रन्थियाँ** यकृत एक ही पाचक ग्रन्थि है, जो पार्श्व एवं पश्च सतह से आमाशय से घिरी होती है। यह एक बड़ी गहरे भूरे या हरे रंग की युग्मित संरचना है। यह कई नलिकाओं द्वारा आमाशय के पश्च भाग में खुलती है। यह पाचक एन्जाइमों का स्राव करती है और इसकी कोशिकाएँ भोज्य कणों को अन्तर्ग्रहण करने में सक्षम होती हैं जहाँ अन्तःकोशिकीय पाचन होता है।

3. **भोजन ग्रहण** *यूनियो* के भोजन में छोटे पादप, प्रोटोजोआ एवं कार्बनिक अपशिष्ट शामिल हैं।

- *यूनियो* एक फिल्टर या सिलिया से भोज्य लेने वाला जन्तु है या टेनिडिया जो कि भोजन प्राप्त करने का कार्य करता है।

- श्वसन का वेग भोज्य कणों को मेण्टल गुहा में लाता है। मेण्टल गुहा में आने के बाद, जल का वेग धीमा हो जाता है और भारी कण नीचे बैठ जाते हैं और पश्च हिस्से में चले जाते हैं।

- छोटे कण टेनिडिया के गिल तन्तुओं के ऊपर से जल के वेग के साथ चले जाते हैं।
- गिल तन्तुओं के विभिन्न सिलिया अलग-अलग कार्य करते हैं। पार्श्वीय सीलिया भोजन युक्त जलीय वेग को मेण्टल गुहा में लाता है, अग्र पार्श्वीय सिलिया छोटे भोज्य कणों को तन्तुओं के ऊपर लादता है और बड़े भोज्य कणों को टेनीडिया में फँसने से रोकता है।
- अब अग्र सिलिया भोज्य कणों को इकट्ठा करके टेनिडिया की सतह पर स्थित ऊपरी व निचली भोजन खाँचों में भेजता है।
- टेनिडिया म्यूकस स्रावित करता है, जिनमें भोज्य कण फँसकर दंशाकार मास (गुच्छा) बनाते हैं, जो मुख की ओर पृष्ठ एवं अधर भोजन खाँचों में जाता है।
- लेबियल (ओष्ठ) पैल्प के सिलिया म्यूकस लदे भोजन को मुख में सिलियायुक्त मुखीय खाँचों के सहारे भेजते हैं।
- लेबियल पैल्प भोजन के छाँटने एवं मुख तक पहुँचाने का कार्य करते हैं। साथ ही ये कुछ भोज्य कणों को रोकने और उन्हें बाहर की ओर जाने वाले वेग तक भेजने को कार्य करते हैं।

न्त्रिका तन्त्र

तन्त्रिका तन्त्र कम विकसित।

तन्त्रिका तन्त्र सममित होता है।

तन्त्रिका वलय नहीं बनती।

सेरेब्रल और प्लूरल में गैंग्लियानों मिलकर सेरेब्रो-प्लूरल गैंग्लियोनिक मास बनाते हैं।

मुखीय गैंग्लिया अनुपस्थित होते हैं।

द्विपालित गैंग्लियोनिक मास दो अलग-अलग पादीय गैंग्लियोनों के मिलने से बनता है।

संघ-इकाइनोडर्मेटा (काँटेदार त्वचायुक्त जन्तु)

क्षण

1. ये प्राय: समुद्री, माँसाहारी (Carnivorous) तथा जलीय (समुद्र की तली में पाए जाने वाले) जन्तु हैं।
2. इनका शरीर बेलनाकार, गोल, ताराकर या खीरे के आकार का होता है।
3. इनमें शीर्ष निर्माण (Cephalisation) अनुपस्थित होता है।
4. इसमें गमन के लिए **विशिष्ट पाद नाल** (Peculiar tube feet) विकसित होती हैं।
5. आन्तरिक कंकाल कैल्कैरियस प्लेट्स जिन्हें अस्थिकाएँ (Ossicles) कहते हैं, से मिलकर बना होता है, जो मध्यचर्म से उत्पन्न होती हैं।
6. इनमें सत्यगुहा (आन्तरिक गुहा) रोमाभी पैरीटोनियम (Ciliated peritoneum) से घिरी होती है।
7. श्वसन **चर्म रन्ध्रों** (Dermal branchiae), **पेरीटोनियम गिल्स** (Peritonium gills) तथा पाद नलिकाओं के द्वारा होता है।
8. ये **एकलिंगाश्रयी** (Dioecious) होते हैं, परन्तु कोई लैंगिक द्विसमरूपता नहीं होती, निषेचन बाह्य होता है
9. इनके जीवनकाल में प्राय: रोमाभयुक्त लारवा होता है, जैसे—द्विपिच्छक डिम्भक (Bipinnaria), लघुबाहु (branchiolaria), **कर्णकाभ** (Auricularia), डिम्भकों में **कायान्तरण** (Metamorphosis) होता है।
10. **स्वांगोच्छेदन** (Autotomy) की प्रक्रिया (अर्थात् सुरक्षा हेतु अपने शरीर के किसी भाग को छोड़ने की क्रिया) **अंतरंगक्षेपण** (Evisceration) (विसरा का त्याग) तथा **पुनरुद्भवन** (Regeneration) सामान्य लक्षण है।
    उदाहरण—तारामीन।

वर्गीकरण

संघ—इकाइनोडर्मेटा पाँच वर्गों में विभाजित है

(i) **ऐस्टोरॉइडिया** (Asteroidea)
उदाहरण—*ऐस्ट्रिअस* (तारामीन)

(ii) **ओफियूरॉइडिया** (Ophiuroidea)
उदाहरण—*आफिओथ्रिक्स* (ब्रिटल तारा)

(iii) **इकाइनोइडिया** (Echinoidea)
उदाहरण—*इकाइनस* (समुद्री अर्चिन)

(iv) **होलोथ्यूरिया** (सी-कुकुम्बर)
उदाहरण—*होलोथ्यूरिया* (सी-कुकुम्बर)

(v) **क्रिइनॉइडिया** (Crinoidea)
उदाहरण—*ऐण्टीडॉन* (पक्ष तारा)

स्टार फिश

स्टार फिश (Star fish) या *ऐस्टेरिआस* (*Asterias*) स्वतन्त्रजीवी समुद्रवासी जन्तु है। ये रेतीली मिट्‌टीदार तली या चट्‌टानों अथवा कवचों के ऊपर इधर-उधर भ्रमण करते पाए जाते हैं। स्टार फिश एक माँसाहारी जन्तु है। क्रस्टेशियन, पॉलीकीट तथा मोलस्क जन्तु इसका मुख्य भोजन होते हैं।

स्टार फिश की संरचना

बाह्य संरचना

स्टार फिश पंचभागी (Pentamerous), अरीय सममित (Radially symmetrical) तारे के समान होती है। *ऐस्टेरिआस* के शरीर में एक अस्पष्ट केन्द्रीय डिस्क (Central disc) पाई जाती है, जिससे पाँच लम्बी शुण्डाकार भुजाएँ निकलती हैं।

स्टार, फिश भूरी, पीली, नारंगी, गुलाबी रंग की होती हैं। इनका शरीर अत्यन्त चपटा होता है जिसमें मुखसतह (Oral surface), अपमुख सतह (Aboral surface) से पृथक् होती है।

शरीर की चपटी निचली सतह, जो आधार तल की ओर होती है, अधर सतह या **मुख सतह** (Oral surface) कहलाती है। शरीर की ऊपरी पृष्ठ सतह **अपमुख सतह** (Aboral surface) कहलाती है। इस सतह पर असंख्य शूल या **गुलिकाएँ** (Tubercles) पाई जाती हैं।

गुलिकाओं के चारों ओर तथा बीच-बीच में छोटी-छोटी चिमटी के समान संरचनाएँ वृंतपद (Pedicellariae) पाई जाती हैं। ये शरीर की सतह को साफ करने एवं सुरक्षित रखने में प्रयोग होती हैं।

शरीर भित्ति

ऐस्टेरिआस की शरीर भित्ति उपचर्म (Epidermis), चर्म (Dermis), पेशीय पर्त (Muscular layer) और भित्तीय पेरिटोनियम (Parietal peritoneum) से बनी होती है। **उपचर्म**, शूलों को छोड़कर शरीर की सम्पूर्ण सतह पर पाई जाती है। यह पक्ष्माभित स्तम्भी **उपकला कोशिकाओं** (Epithelial cells) की बनी होती हैं, जिसमें ग्रन्थि कोशिकाएँ (Gland cells) और **तन्त्रिका संवेदी कोशिकाएँ** (Neuro sensory cells) पाई जाती हैं।

उपचर्म के नीचे तन्दुमय संयोजी ऊतकों द्वारा निर्मित चर्म (Dermis) पाई जाती है। इसके बाहरी भाग में **अस्थिकाएँ** (Ossicles) होती हैं, जो अन्त: कंकाल का निर्माण करती हैं।

पेशीय स्तर अनैच्छिक या चिकने पेशीय ऊतकों का बना होता है, इसमें बाह्य वृत्ताकार (Circular) तथा भीतरी अनुदैर्ध्य पेशियों (Longitudinal muscles) के दो स्तर होते हैं।

शरीर के सबसे भीतर, भित्तीय पेरिटोनियम (Parietal peritoneum) पाई जाती हैं, जो पक्ष्माभित घनाकार उपकला से बनी होती हैं।

आन्तरिक संरचना

1. **शरीर-गुहा** (Coelom) स्टारफिश में एक वास्तविक विस्तृत गुहा पाई जाती है, जिसे **आँत्रगुहा** (Enterocoel) कहते हैं। आँत्रगुहा का एक बड़ा भाग शरीर भित्ति तथा अंतरंग अंगों के बीच **पर्यतरंग गुहा** (Perivisceral cavity) के रूप में सतत् फैला रहता है।

   पर्यतरंग गुहा के अलावा इसमें कुछ अन्य सीमित गुहीय अवकाश; जैसे—**जल-संवहनी तन्त्र** (Water vascular system), अक्षीय कोटर (Axial sinus), **परिरुधिर नालें** (Perihaemal canals) कोटरें (Sinuses) एवं जननिक कोटरें (Genital sinuses) भी पाए जाते हैं। प्रगुहीय तरल शरीर के विभिन्न भागों के बीच पदार्थों का परिवहन करता है।

2. **पाचन तन्त्र** (Digestive System) स्टार फिश में एक पूर्ण आहारनाल पाई जाती है। यह मुख-अपमुख (Oral-aboral) अक्ष के साथ पाया जाता है। आहारनाल को मुख, ग्रसिका, आमाशय, आँत तथा गुदा में विभक्त किया जा सकता है।

   मुख (Mouth) एक पंचभुजीय छिद्र होता है, जिसके चारों ओर एक कोमल परिमुख कला (Peristome) पाई जाती है।

   यह **मुख अंकुरकों** (Mouth papillae) या मुख कंटकों (Oral spines) द्वारा सुरक्षित रहता है।

   मुख और आमाशय के मध्य **ग्रसिका** (Oesophagus) पाई जाती है। आमाशय (Stomach) दो भागों, कार्डियक (Cardiac) तथा पाइलोरिक (Pyloric) आमाशय में बँटा होता है। आँत (Intestine) एक छोटी, पाँच भुजाओं की नली के समान होती है।

   आँत का पिछला भाग मलाशय (Rectum) कहलाता है, जो गुदा के द्वारा अपमुख सतह पर खुलता है।

   स्टार फिश में हरे रंग की पाँच जोड़ी पाइलोरिक सीका (Pyloric caeca), पाचन ग्रन्थि पाई जाती हैं। ये प्रत्येक भुजा में एक जोड़ी होती हैं। ये अग्न्याशय रस के समान एक पदार्थ का स्रावण करती हैं, जो प्रोटीन, कार्बोहाइड्रेट तथा वसा का पाचन करता है।

3. **जल संवहनी तन्त्र** (Water Vascular System) इकाइनोडर्म में एक विशेष प्रकार का जल संवहनी तन्त्र पाया जाता है। यह गमन (Locomotion) में सहायक होता है।

   यह निम्न भागों से बना होता है

   स्टार फिश की अपमुख सतह पर एक मोटी वृत्ताकार एक कैल्केरियाई प्लेट पाई जाती है जिसे प्ररन्ध्रक (Madreporite) कहते हैं। इनमें लगभग 250 छोटे-छोटे रन्ध्र पाए जाते हैं, जो रन्ध्रनाल से एक तुम्बिका (Ampullae) में खुलते हैं। तुम्बिका अश्म नाल (Stone canal) से जुड़ी होती है।

   अश्म नाल (Stone canal) एक S के समान नली होती है, जो मुखतल पर मुख के चारों ओर स्थित एक वलय नाल (Ring canal) में खुलती है।

   वलय नाल (Ring canal) एक चौड़ी व पन्चभुजाकार संरचना होती है, जो ग्रसिका के चारों ओर एक वलय बनाती है। वलय-नाल के भीतरी तल पर छोटे, गोलीय, ग्रन्थिल कोष खुलते हैं जिन्हें टीडमैन की रचनाएँ (Tiedemann's bodies) कहते हैं।

   टीडमैन की कुल नौ रचनाएँ पाई जाती हैं। ये भक्षाणु अमीबीय कोशिकाओं का निर्माण करने वाली लसिका ग्रन्थियों की भाँति कार्य करती है। वलय नाल से अरीय नालें (Radial canals) निकलती हैं। ये संख्या में 5 होती हैं। ये संगत भुजा के अन्तिम सिरे तक जाती हैं। अरीय नाल से संगत भुजा की सम्पूर्ण लम्बाई में संकरी पार्श्व नालों (Lateral canals) की दो श्रेणियाँ निकलती हैं। प्रत्येक पार्श्व नाल, एक नाल पाद (Tue feet) में खुलती हैं। इसके छिद्र पर एक कपाटी होती है, जो द्रव के उल्टे प्रवाह को रोकती है। प्रत्येक भुजा में नाल पादों (Tube feet) की दो दोहरी पंक्तियाँ होती हैं। प्रत्येक नाल पाद, एक पतली भित्ति वाली बन्द नली की भाँति होता है। यह एक चूषक पम्प की भाँति कार्य करता है।

   कार्य (Functions) जल संवहन तन्त्र, द्रवचालित दबाव-विधि द्वारा इधर उधर गमन करता है। शरीर हो आधारतल पर स्थिर रखने और भोजन को पकड़ने तथा रोके रखने में नाल-पाद सहायक होते हैं।

4. **श्वसन तन्त्र** (Respiratory System) श्वसन क्रिया मुख्यतया अपमुख सतह की ओर स्थिर-असंख्य चर्मीय क्लोमों (Dermal branchae) के द्वारा होती है।

5. **उत्सर्जन तन्त्र** (Excretory System) विशिष्ट उत्सर्जी अंग का अभाव होता है।

7. **तन्त्रिका तन्त्र** (Nervous System) तन्त्रिका जाल के रूप में होता है जिसमें तन्त्रिका तन्तु (Nerve fibres) और गुच्छिका कोशिका (Ganglion cells) पाई जाती हैं। कुछ स्थानों पर ऊतक सान्द्रित होकर स्पष्ट तन्त्रिका रज्जुओं (Nerve cords) का निर्माण करता है।

7. **ज्ञानेन्द्रियाँ** (Sense Organs) स्टार फिश में प्रमुख संवेदी अंग तन्त्रिका संवेदी कोशिकाओं (Nurosecretory cells) तथा पाँच चमकीले व लाल रंग के नेत्र चिन्ह (Eye spots) होते हैं। तन्त्रिका संवेदी कोशिका स्पर्श-संवेदी (Tractle) तथा घ्राण संवेदी (Olfactory) दो प्रकार की होती हैं। नेत्र चिन्ह, प्रकाश की तीव्रता में परिवर्तन को ज्ञात करते हैं।

8. **रुधिर परिसंचरण तन्त्र** (Blood Circulatory System) स्टार फिश में रुधिर परिवहन तन्त्र, परिरुधिर तन्त्र (Perihaemal system) के अन्दर बन्द, रुधिर तन्त्र (Haemal system) द्वारा निरूपित होता है।

   रुधिर तन्त्र (Haemal System) प्रगुही तरल से भरी एवं परस्पर जुड़े कोटरों या नालों से बना होता है। इसमें मुख रुधिर वलय (Oral haemal ring), अरीय रुधिर कोटरें (Radial haemal sinuses), अक्षीय ग्रन्थि (Axial gland) तथा अपमुख रुधिर वलय (Aboral haemal ring) पाए जाते हैं।

   अक्षीय ग्रन्थि रुधिर तन्त्र का प्रमुख भाग होता है। इसे हृदय या ब्राउन ग्रन्थि (Brown galnd) भी कहा जाता है। परिरुधिर तन्त्र प्रगुहा से उत्पन्न होता है। यह नली के आकार की वाहिकाओं के तन्त्र का बना होता है, जो जठर-रुधिर गुच्छों को छोड़कर रुधिर तन्त्र के समस्त कोटरों को बन्द किए रखता है।

9. **जनन तन्त्र** (Reproductive System) स्टार फिश एक एकलिंगी (Unisexual) जन्तु है अर्थात् इसमें नर व मादा पृथक-पृथक होते हैं। स्टार फिश में 5 जोड़ी जनन ग्रन्थियाँ पाई जाती हैं। ये प्रत्येक भुजा के आधार में जठर निर्गमी अन्धनालों एवं ताल पाद की तुम्बिकाओं के बीच एक-एक जोड़ी स्थित रहती हैं।

   वृषण और अण्डाशय आकृति में समान होते हैं और शरीर में समान स्थान पर पाए जाते हैं। वृषण घूसराभ और अण्डाशय गुलाबी से नारंगी रंग के होते हैं। जनन ग्रन्थियों के प्रारम्भिक सिरे से एक छोटी पक्ष्माभित जनन वाहिनी (Gonoduct) निकलती है जो अपमुख सतह पर एक छोटे जनन रन्ध्र (Gonopore) द्वारा बाहर खुलती है।

स्टार फिश का जीवन-चक्र

यद्यपि स्टार फिश एकलिंगी जन्तु है, लेकिन इसमें लैंगिक द्विरूपता (Sexual diamorphism) नहीं पाई जाती है। जनन क्रिया वसन्त ऋतु में होती है। परिपक्व अण्डाणु तथा शुक्राणु समुद्र के जल में त्याग दिए जाते हैं, जहाँ बाह्य निषेचन (External fertilisation) की क्रिया होती है।

अण्डाणु तथा शुक्राणु के केन्द्रकों के संलग्न होने से युग्मनज (Zygote) बनता है, जिसके चारों ओर एक कोमल निषेचन-कला (Fertilisation membrane) का निर्माण होता है।

स्टार फिश में अप्रत्यक्ष परिवर्धन (Indirect development) में पाया जाता है। इनमें निषेचित अण्डा लघुपीतकी (Microlecithal) होता है। विदलन (Cleavage) पूर्णभंजी (Holoblastic), समान, अरीय एवं अनिर्धारित होता है।

विदलन के पश्चात् ब्लास्टुला (Blastula) या सीलोब्लास्टुला (Caeloblastula) बनता है। इसमें एम्बोलिक अन्तर्वलन (Embolic invagination) होता है। जिससे यह द्विस्तरीय गैस्ट्रला (Gastrula) में परिवर्तित हो जाता है। अन्त में गैस्टुला, स्वतन्त्र प्लावी लारवा में परिवर्तित हो जाता है।

स्टार फिश में डिप्ल्यूरुला (Dipleurula), बाइपिनेरिया (bipinnaria) तथा ब्रैकिओलेरिया (Brachiolaria) तीन लारवीय अवस्थाएं पाई जाती हैं। ये सभी लारवे द्विपार्श्व सममित (Bilateral symmetrical) होते हैं। लारवा, कायान्तरण (Bilateral symmetrical) करके वयस्क रूप में परिवर्तित हो जाता है।

संघ-कशेरुकी या कॉर्डेटा

कॉर्डेटा में तीन विभेदी लक्षण, पृष्ठ रज्जु (Notochord)। पृष्ठीय खोखला तन्त्रिका तन्त्र तथा ग्रसनी क्लोम चाप (Pharyngeal gill slits) होते हैं। कॉर्डेटा में अस्थियों तथा उपास्थियों का अन्तःकंकाल उपस्थित होता है। संघ कॉर्डेटा तीन उपसंघों यूरोकॉर्डेटा (Urochordata) सिफैलोकॉर्डेटा (Cepalochordata) तथा वर्टिब्रेटा (Vertebrata) में विभाजित होता है।

कॉर्डेटा की उत्पत्ति

संघ-कॉर्डेटा की स्थापना **बालफोर** (Balfour) ने 1880 ई. में की थी। कॉर्डेट्स में जीवन इतिहास की किसी भी अवस्था में तीन विशिष्ट लक्षण अवश्य पाए जाते हैं। जो इस प्रकार हैं

(i) एक पृष्ठीय तन्त्रिका रज्जु (Dorsal nerve cord)
(ii) एक अनुदैर्ध्य पृष्ठ रज्जु (Longitudinal notochord)
(iii) ग्रसनीय क्लोम छिद्रों (Pharyngeal gill slits) की एक श्रेणी

ऑस्ट्रैकोडर्मस (Ostracoderms) सर्वप्रथम ज्ञात कॉर्डेट जन्तु हैं। इन्हें जबड़े रहित समूह एग्नैथा में साइक्लोस्टोम्स के साथ रखा जाता है। ऑस्ट्रैकोडर्मस से सम्बन्धित प्राचीनतम जीवाश्म आर्डोविशियन काल (Ordovician period) में पाए जाते हैं।

अमेरिकी भूवैज्ञानिक चेरम्बरलेन ने 1900 में वर्टिब्रेट्स की 'ताजे पानी में उत्पत्ति' का विचार दिया। इसका समर्थन **रोमर** और होमर **स्मिथ** ने किया यद्यपि कॉर्डेट्स की 'सागरीय उत्पत्ति' के प्रमाण भी जबरदस्त हैं।

अमेरीकी भूवैज्ञानिक चेम्बरलेन ने एक परिकल्पित प्रोटोवर्टिब्रेट की योजना दी है। इनके अनुसार प्रोटोवर्टिब्रेट एक जलीय गतिशील, सक्रिय तैराक मछली समान जन्तु था। इसका शरीर द्विपार्श्वीय सममित तथा निश्चित सिर और पुच्छ वाला था।

कॉर्डेटा के ड्यूटेरोस्टम विकास को सबसे महत्वपूर्ण माना गया है। *इससे सम्बन्धित कुछ प्रस्ताव इस प्रकार हैं*

- इकाइनोडर्म पूर्वज परम्परा (Echinoderm ancestry) के अनुसार, कॉर्डेट्स सम्भवतया किसी आदि इकाइनोडर्म या इकाइनोडर्म डिम्भक (बाइपिनैरिया या डिप्लूरूला) से उत्पन्न हुए हैं।
- **गार्सटांग** (Garstang) तथा डी बियर (de Beer) ने निओटीनस डिम्भक सिद्धान्त (Neotenous larva theory) का प्रतिपादन किया। इन्होंने बताया कि ऑरिक्युलेरिया डिम्भक (Auricularia larva) से कॉर्डेट का उदय हुआ है।
- **डब्लू गार्सटांग** (W Garstang) ने 1928 में वर्टिब्रेट्स की उत्पत्ति का यूरोकॉर्डेट (Urochordate) या ऐसिडियन सिद्धान्त प्रतिपादित किया।
- कॉलबर्ट (Colbert) ने सिफैलोकॉर्डेट पूर्वज परम्परा (Cephalochordate ancestry) का सिद्धान्त दिया इन्होंने *एम्फिऑक्सस* (Amhioxus) को आदि कशेरुक (Vertebrate) माना है।
- ई. जे. डब्लू बैरिंगटन (E J W Barrington) ने 1965 में कॉर्डेट विकास की ड्यूटेरोस्टोम वंश परम्परा की परिकल्पना दी। इन्होंने हेमीकॉर्डेट सिफैलोडिस्कस (Cephalodiscus) को इकाइनोडर्म तथ कशेरुक (Vertebrate) की अन्तर्वर्ती (Transitional) अवस्था बताया।

उपसंघ-यूरोकॉर्डेटा

लक्षण

यूरोकॉर्डेटा में पृष्ठ रज्जु केवल डिम्भक की पुच्छ (भेक) में उपस्थित होती है। वयस्कों में पुच्छ उपस्थित हो भी सकती है और नहीं भी।

उदाहरण—*हर्डमानिया, डॉलिओलम, साल्पा* ।

हर्डमानिया

हर्डमानिया (Herdmania) या *रैब्डोसिंथिया* (Rhabdocynthia) वर्ग ऐसिडिऐशिया (Ascidiacea) से सम्बन्धित है। यह सामान्तया 'ऐसिडियन्स' (Ascidians) या समुद्री फव्वारे (Seasquirt) के नाम से जाना होता है।

हर्डमानिया पैलिडा (Herdmania pallida) एकल स्थानबद्ध तथा समुद्री जन्तु है। यह हिन्द महासागर तथा पेसीफिक और अटलांटिक महासागर में 5-15 फैथम की गहराई में पाया जाता है। यह समुद्र की चट्टानों से अपने आधार (ase) तथा अपने पाद (Foot) के द्वारा रेतीले फर्श में स्थापित होता है।

हर्डमानिया की संरचना

बाह्य संरचना

हर्डमानिया का शरीर पार्श्वीय सम्पीड़ित तथा आयताकार (Rectangular) होता है। यह एक बटुए या थैले के समान दिखाई देता है। यह लगभग 10 सेमी. लम्बा, 7 सेमी. चौड़ा तथा 4 सेमी. मोटा होता है। जीवित प्राणी गुलाबी रंग तथा परिरक्षित (Preserved) पीले रंग का होता है।

इसका सम्पूर्ण शरीर चोल (Test) से ढका होता है। और मुख्य शरीर तथा पाद नामक दो भागों में बँटा होता है। *हर्डमानिया* के शरीर का दूरस्थ स्वतन्त्र भाग मुख्य शरीर होता है। यह स्वतन्त्र छोर पर परिकोष्ठीय विनालों या कीपों (Siphon or funels) दो छोटे बेलनाकार उभारों में निकला होता है।

मुख विनाल या क्लोम (Branchial siphon) छोटा तथा बाहर की ओर दिष्ट होता है। यह अन्तर्वाही छिद्र (Branchial aperture) या मुख (Mouth) के द्वारा खुलता है। परिकोष्ठीय विनाल (Atrial siphon) बड़ा तथा ऊपर की ओर दिष्ट होता है। इसका अन्तस्थ द्वार परिकोष्ठीय रन्ध्र (Atrial aperture) कहलाता है।

पाद पूर्णतया चोल (Test) या कंचुक (Tunic) से बनता है। यह रंग में गन्दा तथा रेत के कणों कवच के टुकड़ों आदि के चिपकने के कारण खुरदरा होता है। संलगन और स्थिरण के अतिरिक्त पाद शरीर को असंलगन अवस्था में एक सन्तुलक की भाँति खड़ा रखता है।

हर्डमानिया में शरीर के चारों ओर एक रक्षक आवरण पाया जाता है। यह चोल या कुंचुक (Test or tunic) कहलाता है। यह एक सहायक श्वसन तथा ग्राही अंग का भी कार्य करता है। चोल में बड़ी संख्या में शैवाल, हाइड्रायड्स ऐनीमोन्स, मोलस्क्स, बारनेकिल्स आदि जीव भी पाए जाते हैं। चोल एक स्वच्छ जिलेटिनी मैट्रिक्स का बना होता है।

मैट्रिक्स ट्यूनीसिन (Tunicin) से बना होता है जिसमें 60% सेल्यूलोज पाया जाता है।

चोल में दो प्रकार की कैल्शियमी कन्टिकाएँ, दीर्घकन्टीकाएँ (Megascleres) तथा लघुकन्टिकाएँ (Microscleres) पाई जाती हैं। ये कन्टिकाएँ अन्त: कंकाल की भाँति एक आन्तरिक दृढ़ आलम्बी ढाँचा प्रदान करती हैं। यह मैन्टल को चोल से दृढ़ता से जमाए रखती हैं और परभक्षियों से बचाती हैं।

चोल के नीचे देहभित्ति (body wall) या प्रावार (Mantle) पाया जाता है। यह चोल को स्रावित करता है। प्रावार क्लोम और परिकाष्ठीय रन्ध्रों पर संगत विनाल बनाता हुआ संलग्न रहता है।

प्रगुहा और परिकोष्ठ (Coelom and Atrium) ऐसिडियन्स की वास्तविक प्रगुहा (True coelom) एट्रियम के अतिपरिवर्धन के कारण अत्यन्त ह्रासित हो जाती है और कुछ व्युत्पन्नों जैसे प्रगुहा जनद तथा तन्त्रिका ग्रन्थि में पाई जाती हैं। प्रावार तथा फेरिक्स के मध्य की विस्तृत गुहा, जिसमें आन्तरांग बन्द रहते हैं परिकोष्ठ या एट्रियम (Atrium) कहलाती है। यह मैन्टल की आन्तरिक एपीडर्मिस से आस्तरित होती है।

पाचन तन्त्र (Digestive System) *हर्डमानिया* की आहारनाल कुण्डलित व पूर्ण होती है। यह मुख से आरम्भ होकर गुदा पर समाप्त होती है।

इसमें निम्न भाग होते हैं

मुख (Mouth) शरीर के अग्र छोर पर क्लोम विनाल के शीर्ष पर स्थित होता है। यह चोल द्वारा निर्मित चार ओष्ठों या पालियों द्वारा घिरा होता है।

एक छोटी, संकीर्ण तथा पार्श्वों से सम्पीड़ित क्लोम विनाल की गुहा, मुखगुहा (uccal cavity) कहलाती है। विनाल के आधार पर 64 कोमल क्लोम स्पर्शकों (Branchial tentacles) का एक वृत्तक पाया जाता है। ये चार आकारों के (8 बड़े, 8 मध्यम, 16 छोटे तथा 32 बहुत छोटे होते हैं)।

मुखगुहा, ग्रसनी (Pharynx) में खुलती है, जो देहगुहा या परिकोष्ठ गुहा के अधिकांश भाग को घेरती है। ग्रसनी पूर्व क्लोम क्षेत्र (Prebranchial zone) तथा क्लोम कोष्ठ (Branchial sac) में विभेदित होता है।

क्लोम कोष्ठ (Branchial sac) के फर्श पर एक मध्यप्रतिप्रष्ठ खाँच एण्डोस्टाइल (Endostyle) पाई जाती है। एण्डोस्टाइल में 5 अनुदैर्ध्य पक्ष्माभी क्षेत्र (1 मध्यवर्ती 2 पार्श्व युगल) पाए जाते हैं, जो श्लेष्मा स्रावित करने वाली ग्रन्थि कोशिकाओं के चार अनुदैर्ध्य क्षेत्रों से एकान्तरित होते हैं। मध्यवर्ती क्षेत्रों के पक्ष्माभ सबसे लम्बे होते हैं।

क्लोम कोष्ठ (Branchial sac) ग्रसिका (Oesophagus) में खुलता है। यह आमाशय में खुलने वाली एक बहुत छोटी नली होती है।

ग्रसिका से आगे चौड़ा, पतली भित्तियुक्त तथा दोनों सिरों पर अवरोधिनी युक्त आमाशय पाया जाता है।

आमाशय एक पतली भित्ति युक्त U के आकार की नली, आँत (Intestine) में खुलता है। आँत मलाशय में खुलती है, जो अवस्कर (Cloaca) से होकर परिकोष्ठीय रन्ध्र (Atrial aperture) द्वारा बाहर खुलता है।

आन्तरिक संरचना

हर्डमानिया में यकृत (Liver) तथा जठरनिर्गमी (Pyloric glands) मुख्य पाचन ग्रन्थियाँ होती हैं।

श्वसन तन्त्र (Respiratory System) *हर्डमानिया* की ग्रसनी में प्रतिष्ठ होने ाली जलधारा सागर में घुलित ऑक्सीजन को भी लाती है। ग्रसनीय भित्ति (Pharyngeal wall) रुधिर वाहिनियों के सम्पन्न जाल द्वारा अत्यन्त संवहनी होती है और गैसीय विनिमय के योग्य बहुत पतली होती है। संवहन तुम्बिकाएँ (Vascular ampullae) और रुधिर वाहिनियों की उपस्थिति के कारण चोल (Test) भी सतह से गैसीय विनियम में सहायता करता है।

रुधिर संवहन तन्त्र (Blood Vascular System) *हर्डमानिया* का रुधिर संवहन तन्त्र, हृदय तथा हृदयावरण, रुधिर वाहिनियों तथा रुधिर से बना होता है। हृदयावरण (Pericardium) दाएँ जनद के नीचे तिरछी जाती हुई, लगभग 7 सेमी. लम्बी तथा 3 सेमी. चौड़ी एक अंकुचनशील, लम्बी और पारदर्शी नली है। हृदयावरण के मध्य में एक नाशपाती रूपी काय (Pear-shaped body) हृदय में रुधिर के प्रवाह का नियमन करती है। रुधिर संवहन तन्त्र में अधर महाधमनी (Ventral aorta), पृष्ठ महाधमनी (Dorsal aorta), क्लोम आन्तरांग वाहिनी (Branchio-visceral vessel) तथा हृद आन्तरांग वाहिनी (Cardio-visceral vessel) आदि बड़ी रुधिर वाहिनियाँ पाई जाती हैं। ये अनेक शाखाओं में बँटी होती हैं।

हर्डमानिया में रुधिर थोड़ा लाल सा पारदर्शी तथा अतिपरासरी (Hypertonic) होता है इसमें कुछ अमीबीय रंगहीन श्वेताणु (Leucocytes), 6-7 प्रकार की केन्द्रक युक्त या रहित रक्त कणिकाएँ तथा वृक्क कोशिकाएँ (Nephrocytes) पाई जाती हैं।

हर्डमानिया में रुधिर प्रवाह का नियन्त्रण क्रमाकुंचक तरंगों तथा छोटे नाशपातीनुमा काय द्वारा होता है।

उत्सर्जन तन्त्र (Excretory System) *हर्डमानिया* में तन्त्रिका ग्रन्थि (Neural gland) उत्सर्जी अंग होती है। यह प्रावार के मध्य पृष्ठ और ठीक मस्तिष्क के ऊपर स्थित होती है।

वास्तव में उत्सर्जी कोशिकाएँ (Nephrocytes) रुधिर की वृक्क कोशिकाएँ होती हैं। ये मुख्यतया जैन्थीन (Xanthine) तथा यूरेट कणों (Urate particles) जैसे वर्ज्य पदार्थों का संग्रह करती हैं।

तन्त्रिका तन्त्र (Nervous System) तन्त्रिका तन्त्र बिल्कुल सरल तथा ह्रासित होता है। दोनों विनालों के मध्य मैन्टल में पृष्ठ और अन्त: स्थापित एक प्रमस्तिष्क गुच्छिका होती है। मस्तिष्क द्विध्रुवीय और बहुध्रुवीय तन्त्रिका कोशिकाओं और बहुशाखित तन्त्रिका ऊतकों के जाल से बना होता है। मस्तिष्क से आगे की ओर तीन तन्त्रिकाएँ तथा पीछे की ओर दो तन्त्रिकाएँ जाती हैं।

संवेदी अंग (Sense Organs) हर्डमानिया में स्पर्शक (Tentacles) पाए जाते हैं। अपनी सम्पन्न तन्त्रिका आपूर्ति के कारण क्लोम स्पर्शकों की प्रकृति घ्राणीय समझी जाती है। ये ग्रसनी में प्रवेश करते जल के गुण और भोजन कणों के परिमाण की जाँच करते हैं।

पृष्ठ गुलिका (Dorsdal tubercle) *हर्डमानिया* के प्रमुख संवेदी अंग हैं। यह पूर्व-क्लोम क्षेत्र में परिग्रसनी पट्ट (Peripharyngeal band) और पृष्ठ पटल (Dorsal lamina) के ठीक आगे एक छोटी संवेदी रचना होती है। यह ग्रसनी में प्रवेश करने वाले जल को सूँघने तथा चखने का कार्य करती है।

जनन तन्त्र (Reproductive System) *हर्डमानिया* एक द्विलिंगी (bisexual) जन्तु है। इसमें स्त्रीपूर्वी (Protogynous) अवस्था पाई जाती है। इनमे पर-निषेचन (Cross-fertilisation) पाया जाता है। इसमें दो बड़े जनद (Gonad) मैन्टल में अन्त: स्थापित तथा परिक्लोम या परिकोष्ठ गुहा में उभरे हुए होते हैं।

प्रत्येक जनद मोटा, दीर्घित सपालिक तथा उभयलिंगी ग्रन्थि है। इनमें वृषण क्षेत्र, शुक्राणु अन्धनालों (Spermatic caeca) तथा अण्डाशय क्षेत्र, अण्डाशयी पुटिकाओं (Ovarian follicles) से बना होता है। इस प्रकार जनद एक अण्डवृषण (Ovotestis) या उभयलिंगी ग्रन्थि (Hermaphrodite gland) होती है।

प्रत्येक जनद की केन्द्रीय अक्ष के साथ जाती हुई दो जनदवाहिनियाँ अण्डवाहिनी तथा शुक्रवाहिनी होती हैं। अण्डवाहिनी, अण्डवाहिनी छिद्र के द्वार तथा शुक्रवाहिनी, शुक्रवाहिक छिद्र के द्वारा अवस्कर में खुलती है।

उपसंघ-सिफैलोकॉर्डेटा

इसमें पृष्ठ रज्जु (Nerve chord) पूर्ण जीवन काल में होती है तथा सम्पूर्ण शरीर में पाई जाती हैं। इनमें पृष्ठीय, खोखली तन्त्रिका रज्जु (Dorjal hollow nerve cord) उपस्थित होती है।

इनमें उत्सर्जी अंग नलोत्सर्ग (Solenocytes) युक्त प्रोटोनैफ्रिडिया (Protonephridia) होते हैं। इनका रुधिर, श्वसन वर्णक रहित होता है। इनमें हृदय अनुपस्थित होता है, परन्तु रुधिर परिसंचरण तन्त्र उपस्थित होता है। *उदाहरण*—ब्रैंकिओस्टोमा (*Branchiostoma*)

एम्फिऑक्सस

एम्फऑक्सस (Amphioxus) उप-संघ—सिफैलोकॉर्डेटा (Cephalochordata) का सदस्य है। सिफैलोकॉर्डेटा का विशिष्ट लक्षण है कि इसमें नोटोकॉर्ड (Notochord) तुन्ड में मस्तिष्क से भी आगे निकला होता है।

एम्फिऑक्सस का दूसरा नाम *ब्रैंकिओस्टोमा* (Breanchiostoma) भी है। इसे सामान्यतया दुरुखी छुरी या लान्सिलेट (Lancelet) के नाम से जाना जाता है।

एम्फिऑक्सस (*Amphioxus*) छिछले व खारे पानी में पाया जाने वाला समुद्री जन्तु है। यह संसार के विभिन्न महासागरों में पाया जाता है। भूमध्यसागर में यह अधिक उपलब्ध है।

एम्फिऑक्सस की संरचना

बाह्य संरचना

एम्फिऑक्सस 5 से 8 सेमी. लम्बा मछली के समान जन्तु है। इसका शरीर सफेद, अल्पपारदर्शी, पार्श्वीय सपीडित तथा दोनों सिरों पर नुकीला होता है। इसी कारणवश यह लान्सिलेट (Lancelet) नाम से भी जाना जाता है। इसका पश्चसिरा अग्रसिरे की अपेक्षा अधिक शुन्डकार तथा नुकीला होता है।

एम्फिऑक्सस में सिर अपह्रासित और अनुपस्थित होता है शरीर बड़े अग्र धड़ (Tunk) तथा पश्च गुहा क्षेत्र पूँछ (Tail) में विभाजित होता है। धड़ का अग्र छोर नुकीले प्रोथ या तुन्ड (Snout or rostrum) के समान निकला रहता है।

धड़ में मुख (Mouth), एट्रिओपोर (Atripore) और गुदा (Anus) तीन छिद्र पाए जाते हैं। इसमें तीन अनुदैर्ध्य मध्यवर्ती या अयुग्मित पख (पृष्ठ, पुच्छीय और अतिपृष्ठ) उपस्थित होते हैं। पृष्ठ पख (Dorsal fin) पुच्छ पख के साथ जुड़ा रहता है। अधर पख (Ventral fin) पुच्छ पख से परिकोष्ठ छिद्र तक जाता है। यह पश्च धड़ के मध्य-अधर तल पर स्थित होता है।

इनमें युग्मित पख नहीं होते मुखछद (Oral hood) से परिकोष्ठ छिद्र (Atriopore) तक धड़ के अगले दो तिहाई भाग में दो अनुदैर्ध्य खोखले झिल्लामय पश्च पार्श्वक या मेटाप्ल्यूरल वलन (Metapleural folds) होते हैं। ये अपनी गुहा में देह लसीका के प्रवाह से उत्पन्न स्फीति (Turgescence) के कारण रेत में तेजी से बिल खोदने में सहायता करते हैं।

शरीर के प्रत्येक पार्श्व में तीर रूपी पेशी पट्टियों की एक श्रेणी पाई जाती है, जिन्हें आदिपेशीखण्ड (Myotomes) या पेशीखण्ड (Myomeres) कहते हैं।

देहभित्ति (Body Wall) यह बाह्य पारदर्शी त्वचा (Skin), विकसित पेशीन्यास (Musculature) तथा भित्तीय पेरिटोनियम (Peritoneum), तीन भागों में बनी होती हैं। त्वचा (Skin) में आन्तरिक आधार कला (Basement membrane) पर टिकी बाह्य अधिचर्म (Epidermis), मध्यचर्म (Cutis) तथा अन्त: स्पन्जी उपचर्म (Subcutis) तीन स्तर पाए जाते हैं।

त्वचा के ठीक नीचे स्थित पेशियाँ, देहभित्ति का अधिकतर भाग बनाती हैं। *एम्फिऑक्सस* में प्रत्येक ओर 60 से 62 आदिपेशीखण्ड (Myotomes) पाए जाते है। ये विपरीत ओर के पेशीखण्डों से एकान्तरित होते हैं। पेशियाँ सारे शरीर में आदिपेशीखण्डों में शृंखला में विन्यसित होकर स्पष्ट विखण्डी खण्डीभवन (Metameric segmentation) प्रदर्शित करती हैं।

पेशीय सतर में अन्दर की ओर भित्तीय पेरीटोनियम (Peritoneum) पाई जाती है। यह ग्रसनीय क्षेत्र में टुकड़ों में सीमित रहती है।

कंकाल (Skeleton) एम्फिऑक्सस में बाह्य कंकाल अनुपस्थित होता है। अनेक अन्त: कंकालीय रचनाएँ पाई जाती हैं परन्तु ये अस्थिल या उपास्थिमय नहीं होती।

नोटोकॉर्ड (Notochord) प्रमुख अक्षीय अन्त: कंकाल है। यह कॉर्डा डॉर्सेलिस (Chorda dorsalis) भी कहलाता है। यह शुन्डाकार, संकीर्ण, बेलनाकार तथा शलाका के समान सरंचना है, जो प्रोथ के सिरे से पूँछ के अन्त तक फैली रहती है। जिलेटिनी प्लेटों की एक शृंखला से इसका निर्माण होता है, जो इसे कठोर एवं स्फीत बनाती है।

नोटोकॉर्ड शरीर के मुड़ने की गतियों में तथा अनुदैर्ध्य पेशियों के संकुचन में महत्त्वपूर्ण भूमिका निभाती है।

पखों के आधार पर फिन-रे बक्से (Fin-ray boxes), मुखछद (Oral hood) पर मुख वलय (Oral ring), क्लोम छिद्रों पर क्लोम छड़ें (Gill-rods), एन्डोस्टाइल के आधार पर अधोग्रसनी प्लेट्स (Endostylar plates), तथा कठोर संयोजी ऊतक (Connective tissue) अन्य अन्त: कंकालीय रचनाएँ हैं।

प्रगुहा (Coelom) *एम्फिऑक्सस* की देहगुहा वास्तविक प्रगुहा है, जो मध्यचर्म के दैहिक (Somatic) और अन्तरंगीय (Splanchinc) स्तरों से आस्तरित होती है। यह लसीका के समान प्रगुहीय द्रव से भरी होती है। इसकी उत्पत्ति आन्त्रगुहिक (Enterocoelic) होती है।

प्रगुहा आँत के चारों ओर एक विस्तृत गुहा है, जिसमें आँत के एक पृष्ठ आँतयोजनी से निलम्बित रहती हैं। एम्फिऑक्सस में ग्रसनी के चारों ओर प्रगुहा अत्यधिक लघुकृत अवस्था में होती है।

परिकोष्ठ (Atrium) *एम्फिऑक्सस* में प्रगुहा के अलावा परिकोष्ठीय गुहा दूसरा बड़ा देह अवकाश है। परिकोष्ठ ग्रसनी तथा आँत को पार्श्व व अधर दोनों तलों से घेरता है। यह संरचना में अर्धचन्द्राकार होता है।

परिकोष्ठ अधर पख के ठीक आगे एक छोटे गोले परिकोष्ठ छिद्र (Atricopore) द्वारा बाहर खुलता है। परिकोष्ठ कोमल ग्रसनी क्षेत्र की रक्षा करता है।

आन्तरिक संरचना

पाचन तन्त्र (Digestive System) आहारनाल मुख से गुदा तक सीधी और पूर्णनली होती है। यह पक्ष्माभी उपकला से आस्तरित होती है।

आहारनाल निम्न भागों में बनी होती है

धड़ के अग्रतम छोर पर अग्राधरीय (Anteroventral) मुख स्थित होता है। यह मुखछद (Oral hood) द्वारा सीमांकित होता है।

मुखछड़ धड़ के अग्रछोर के पृष्ठ हाथ पार्श्व प्रक्षेपों से बनता है। मुखछद के अधर-पार्श्व किनारे 10 से 11 जोड़ी पक्ष्माभी मुखकरल या सिरसों (Oral or buccal cirri) का घेरा होता है। सिरसों पर संवेदी अंकुरक होते हैं। मुखकरल खाद्यधारा के साथ आने वाले बड़े भोजन के कणों को रोकने के लिए एक चलनी (Sieve) बनाते हैं।

मुखछद का उपकला स्तर आधार क्षेत्र में 6 से 8 अंगुली समान वलन (Folds) बनाता है। सभी वलन सामूहिक रूप से एक चक्रांग (Wheel organ) या मूलर का अंग (Muller's organ) बनाते हैं।

चक्रांग के पश्च पक्ष्मांग, मुख में खाद्यजीवों को बटोरने के लिए भँवर बनाते हैं।

मध्य-पृष्ठीय खाँच सबसे बड़ी होती है, जो मुखगुहा की छत पर एक छोटे गर्त में समाप्त हो जाती है।

ये क्रमश: हैटशेक खाँच (Hatschek's groover) और हैटशेक गर्त (Halschek's pit) कहलाते हैं। दोनों पक्ष्माभी ग्रंथिल होते हैं और म्यूकस स्रावित करते हैं।

आँत मुख को खोलने या बन्द करने के लिए गुठिका (Velum) में अवरोधिनी (Sphincter) होती है। गुठिका के पश्च किनारे से 10 से 12 संवेदी गुठिका स्पर्शक (Velar tentacles) निकलते हैं। ये आन्त्रमुख से जलधारा को छानने का कार्य करते हैं।

आहारनाल का सबसे बड़ा भाग ग्रसनी (Pharynx), विस्तृत तथा पार्श्वीय संपीडित होता है। इसमें ग्रसनीय भित्ति और क्लोम छिद्र (Pharyngeal wall and gill slits), अधोग्रसनी खाँच (Endostyle), अधिग्रसनीय खाँच (Epipharyngeal groove) तथा परिग्रसनीय पट्टियाँ (Peripharyngeal bands) आदि प्रमुख भाग होते हैं।

ग्रसनी की पार्श्वीय भित्ति में 150 से 200 जोड़े छिद्र पाए जाते हैं। इन्हें क्लोम छिद्र (branchial aperture) कहते हैं। दो संलग्न क्लोम छिद्रों के बीच का ग्रसनीय भित्ति का भाग क्लोम पटलिका (Branchial lamella) या क्लोम दण्ड (Gill bar) कहलाता है।

ग्रसनी, पक्ष्माभ ग्रसिका (Oesophagus) में खुलती है। जो आँत में जाती है। आँत (Intestine) तीन भागों में विभाजित होती है। इसका अपेक्षाकृत अधिक चौड़ा अग्र भाग मध्याँत्र (Mid gut) कहलाता है। आँत, मलाशय (Rectum) के द्वारा गुदा से बाहर की ओर खुलती है।

एम्फिऑक्सस में मध्यांत्र अन्धनाल (Midgut diverticulum) यकृत के समान कार्य करती है। यह मुख्य पाचक ग्रन्थि है।

रुधिर परिसंचरण तन्त्र (Blood circulatory System) *एम्फिऑक्सस* में विकसित तथा बन्द (Close) प्रकार का परिसंचरण तन्त्र पाया जाता है। रुधिर किसी श्वसन वर्णक के अभाव से रंगहीन होता है। रुधिर का मुख्य कार्य भोजन और उत्सर्जी उत्पादों का परिवहन है।.

इसमें हृदय का अभाव होता है। अत: सब रुधिर वाहिकाएँ पेशीय और संकुचनशील होती हैं।

शिरापात्र (Sinus venosus), अधर महाधमनी (Ventral sorta) पृष्ठ महाधमनी (dorsal aorta) तथा यकृत निवाहिका तन्त्र (Hepatic portal system) प्रमुख रुधिर वाहिकाएँ पाई जाती हैं।

उत्सर्जन तन्त्र (Excretory System) *एम्फिऑक्सस* में आदिवृक्क (Protonephridia), हेटशेक वृक्क (Hatschek's nephridium), ब्राउन फनल (Brown funnel) तथा वृक्क अंकुरक (Renal papillae) प्रमुख उत्सर्जी अंग पाए जाते हैं। इसमें आदिवृक्क पक्ष्माभी और पतली भित्तियुक्त बाह्य चर्मीय नलिकाएँ होती हैं। वृक्क के पृष्ठ और अग्रतल से अनेक छोटी शाखाएँ निकलती हैं। प्रत्येक शाखा से सोलीनोसाइट्स (Solenocytes) नामक ज्वाला कोशिकाओं (Flame cells) के गुच्छे निकलते हैं।

तन्त्रिका तन्त्र (Nervous System) तन्त्रिका तन्त्र अत्यधिक सरल होता है। यह तन्त्रिका रज्जु (Nerve cord), तन्त्रिकाओं (Nerves) तथा स्वायत्त तन्त्रिका तन्त्र (Autonomic nervous system) से बना होता है। *एम्फिऑक्सस* में नोटोकॉर्ड के ठीक ऊपर मध्य पृष्ठ पर तन्त्रिका रज्जु (Nerve cord) पाई जाती है। तन्त्रिका रज्जु में एक संकीर्ण केन्द्रीय तन्त्रिका गुहा (Neurocoel) होती है, जो प्रमस्तिष्क मेरु-द्रव (Cerebro spinal fluid) से भरी होती है।

संवेदी या ग्राही अंग (Sensory Organs or Receptors) *एम्फिऑक्सस* में नेत्रक (Ocelli), शिरस्थ वर्णक बिन्दु (Cephalic pigment spot), कीपाकार अंग (Infundibular organ), कोलिकर का गर्त (Kollicker's pit) हेटशेक की खाँच (Hatchek's groove) तथा संवेदी कोशिकाएँ और अंकुरक (Sensory cells or papillae) आदि प्रमुख संवेदी अंग हैं।

नेत्रक, प्रकाश संवेदी (Photoreceptor), शिरस्थ वर्णक बिन्दु ऊष्माग्राही (Thermoreceptor) कीपाकार अंग, दाब ज्ञात करने में (Rheoreceptor) तथा प्रकाश संवेदी (Photoreceptor) तथा कोलिकर का गर्त, घ्राणीय रसोग्राही (Olfactory chaemoreceptor) होते हैं।

जनन तन्त्र (Reproductive System) *एम्फिऑक्सस* एकलिंगी (Unisexual) जन्तु है अर्थात इसमें नर व मादा पृथक् होते हैं लेकिन इनमें लैंगिक द्विरूपता (Sexual dimorphism) नहीं पाई जाती है।

वयस्क में एक जैसे जनदों के 26 से 27 जोड़े पाए जाते हैं। ये 2 पंक्तियों में 25 से 51 वें खण्ड तक विखण्डीय विधि (Metamerically) से विन्यासित होते हैं। *एम्फिऑक्सस* का शुक्राणु, कॉर्डेट्स में सबसे छोटा लगभग 18 फिट लम्बा होता है अण्डाशय में अण्डाणु भरे होते हैं जो बड़ी तथा गोलाकार कोशिकाएँ होती हैं। अण्डाणु लघुपीतकी (Microlecithal) होता है। इसमें जनदवाहिनियाँ नहीं पाई जाती।

चतुष्पादों की उत्पत्ति

चतुष्पाद वर्ग में उभयचर, सरीसृप, स्तनधारी तथा पक्षी आते हैं। इनमें उभयचर सर्वप्रथम उत्पन्न हुए हैं, जिनसे अन्य वर्ग के जीवों की उत्पत्ति हुई।

उभयचरों (चतुष्पादों) के प्रारम्भिक जीवाश्म लैबिरिथोडॉन्शिया (Labyrinthodontia) कहलाते हैं। ये लगभग 30 करोड़ वर्ष पूर्व डिवोनियन (ͺevonian) कल्प में उत्पन्न हुए थे तथा ट्राइऐसिक में लुप्त हो गए।

मछलियों को उभयचरों का पूर्वज माना जाता है। उभयचरों की मछलियों से शरीर के अधिकतम तन्त्रों में समानता पाई जाती है; जैसे—दोनों असमतापी (Cold blooded) होते हैं। क्लोम के द्वारा द्वारा श्वसन तथा जल में अण्डे देना इनके प्रमुख लक्षण है।

लैबिरिथोडोंट्स क्रासोप्टेरिजियन (Crossopterygian) का उदय मछलियों से हुआ है। इनमें निम्न आकारिकीय समानताएँ पाई जाती हैं

(a) उभयचरों की पंचागुलीय भुजा (Pentadactyl limb) क्रासोप्टेरेजियन पंखपालि (Fin lobes) से उत्पन्न मानी जाती है।

(b) इनकी करोटि और जबड़े समान हैं और अस्थि से अस्थि की समानता की जा सकती है।

(c) इनमें बाह्य तथा आन्तरिक नासारन्ध्रों की स्थिति समान होती है। ग्रीनलैण्ड में पाए गए एक लैबिरिंथोडोन्ट जीवाश्म *इक्थियोस्टेगा* (*Ichthyostega*) में क्रॉसोप्टेरिजियन और उभयचर दोनों के लक्षण पाए जाते हैं और यह एक संक्रामी (Transitional) अवस्था का प्रतिनिधित्व करता है।

उपसंघ-क्रैनिएटा या कशेरुकी

लक्षण

1. ये उच्च कॉर्डेटा होते हैं जिनमें मस्तिष्क के चारों ओर कपाल (Cranium) पाया जाता है।
2. इनमें पृष्ठ रज्जु, मेरुरज्जु (Spinal cord) के चारों ओर कशेरुकदण्ड (Vertebral columu) द्वारा तथा मस्तिष्क के चारों ओर कपाल द्वारा प्रतिस्थापित होती है।
3. इनका अन्त: कंकाल उपास्थि या उपास्थि एवं प्रतिस्थापित अस्थियों का बना हाता है।

4. इनका हृदय अधर भाग में स्थित होता है।
5. इनके उत्सर्जी अंग वृक्क होते हैं।
6. उपसंघ-क्रैनिएटा में दो गण ऐग्नैथा (जबड़े रहित) तथा ग्नैथोस्टोमेटा (जबड़े सहित) हैं।

वर्ग-पिसीज मछली या मीन

लक्षण

1. मीन, शीत रुधिर तापी (Cold blooded), पृष्ठ कशेरुक, क्लोम (Gills) तथा पख (Fins) युक्त होती हैं।
2. कुछल मीनों का शरीर शीर्ष, उदर तथा पुच्छ का बना होता है।
3. हृदय द्विकोष्ठीय तथा शिरीय (Venous) अर्थात् हृदय में केवल अशुद्ध रुधिर बहता है।
4. मछली का शरीर शल्कों से घिरा हो भी सकता है तथा नहीं भी।
5. मछलियाँ (Pisces) एनएम्निऑटस होते हैं अर्थात् उल्ब (Amnion) रहित।

उदाहरण—उड़न मछली (*एक्सोसीटस*), मच्छर मछली (*गैमब्यूसिया*), समुद्री घोड़ा (*हिप्पोकैम्पस*)।

स्कॉलियोडॉन

स्कॉलियोडॉन (*Scoliodon*) सामान्यतया **कुत्ता मछली** (Dog fish) के नाम से जानी जाती है। यह भारतीय (Indian) प्रशान्त (Pacific) तथा अटलांटिक (Atlantic) महासागरों में व्यापक रूप में पाई जाती है। सामान्य भारतीय डॉगफिश (*स्कॉलियोडॉन सॉराकोवाह*) (*Scoliodon sorrakkowah*) हैं। *स्कॉलियोडॉन* एक समुद्री, माँसभक्षी (Carnivorous) तथा परभक्षी (Predaceous) मछली है, जो केकड़ों, लोब्स्टर्स, कृमियों तथा अन्य मछलियों का शिकार करती है। यह जरायुज (Viviparous) होती है।

स्कॉलियोडॉन की संरचना

बाह्य संरचना

इसका शरीर लम्बा, आकार में तुर्क के समान तथा पार्श्वों से चपटा होता है। इसकी लम्बाई लगभग 55-65 सेमी. होती है। इसकी पृष्ठतल का रंग गहरा स्लेटी (Dark grey) व प्रतिपृष्ठ पर पीलापन लिए सफेद होता है। पुच्छ पख (Caudal fin) के पिछले भाग का रंग गहरा होता है अत: *स्कॉलियोडॉन* को **कालीशार्क** (Black shark) के नाम से भी जाना जाता है।

स्कॉलियोडॉन का शरीर तीन भागों शीर्ष (Head), धड़ (Trunk) और पूँछ (Tail) में विभाजित होता है।

1. **सिर** (Head) सिर **पृष्ठाधरीय चपटा** (Dorsoventrally flattened) और अग्रछोर पर नुकीले तुण्ड (Snout) में विकसित होता है। सिर के प्रत्येक पार्श्व में एक स्पष्ट नेत्र पाया जाता है। पलकें भी पाई जाती हैं। खतरे के समय गतिशील **निमेषक पटल** (Nictitating membrane) फैल कर नेत्र को ढक लेता है।

   सिर के दोनों अधर-पार्श्वों में एक-एक अर्द्धचन्द्राकार बाह्य नासाछिद्र (Nostrils) पाया जाता है। यह घ्राण संवेदी (Olfactory) अंग है।

   नेत्रों के पीछे प्रत्येक ओर 5 तिरछे **क्लोम रन्ध्रों** (Gill slits) की एक श्रृंखला पाई जाती है। ये क्लोम कोष्ठों (Gill pouches) में खुलती हैं तथा श्वसन क्रिया में भाग लेते हैं।

   सिर के अगले छोर पर अर्द्धचन्द्राकार **मुख** (Mouth) पाया जाता है। इसमें ऊपरी तथा निचले जबड़े पाए जाते हैं जिनमें दाँतों की एक या दो कतार होती हैं, जो शिकार को पकड़ने व फाड़ने के लिए अनुकूलित हैं।

2. **धड़** (Trunk) धड़ अनुप्रस्थ काट में लगभग अण्डाकार होता है और पीछे की ओर क्रमश: पतला होता जाता है। धड़ में युग्मित तथा अयुग्मित माध्यिक पख पाए जाते हैं।

   दो जोड़े युग्मित पख, धड़ के अधर पार्श्व भागों से जुड़े होते हैं। अगले, अंश पख (Pectoral fin) अत्यधिक बड़े तथा पिछले, श्रोणि पख (Pelvic fin) अपेक्षाकृत छोटे होते हैं।

   नर डॉगफिश में प्रत्येक श्रोणि पख का मध्यवर्ती भाग एक **क्लास्पर** (Clasper) में विकसित हो जाता है, जो मैथुन के समय प्रयुक्त होते हैं।

   माध्यमिक पखों में 2 पृष्ठीय, 1 पुच्छीय तथा 1 अधरीय पख सम्मिलित होते हैं।

3. **पूँछ** (Tail) पूँछ शरीर का लगभग आधा पश्च भाग बनाती है। पूँछ **विषमपालित** (Heterocercal) होती है अर्थात् इसका पश्च सिरा ऊपर की दिशा में मुड़ा और दो असमान पालियों से निर्मित **पुच्छ पख** (Caudal fin) सहित होता है। पुच्छ पख से 4 सेमी. आगे की ओर एक अधर या **गुद-पख** (Ventral or anal fin) पाया जाता है।

   पूँछ के मूल पर दोनों श्रोणि पखों (Pelvic fins) के बीच में एक मध्यवर्ती, **अवस्कर छिद्र** (Cloacal aperture) खुलता है। पुच्छ के आधार पर एक पुच्छ गर्त (Caudal pits) पाया जाता है। इसकी उपस्थिति *स्कॉलियोडॉन* वंश की विशिष्टता है।

   सिर से पुच्छ तक प्रत्येक पार्श्व पर **पार्श्व रेखा** (Lateral line) पाई जाती है। यह एक संवेदी अंग है। *स्कॉलियोडॉन* का सम्पूर्ण शरीर **चीमड़** (Leathery) आवरण द्वारा ढका होता है जिसे त्वचा (Skin) या अध्यावरण (Integument) कहते हैं। यह बाह्य अधिचर्म (Epidermis) तथा अन्त: मध्यजन चर्म (Dermis) से बना होता है।

   स्कॉलियोडॉन की त्वचा खुरदरी होती है। खुरदरापन **प्लैकॉइ शल्क** (Placoid scales) के कारण होता है। ये नियमित तिरछी पंक्तियों में त्वचा में अन्त: स्थापित (Embedded) होते हैं तथा बाह्य कंकाल का निर्माण करते हैं।

   प्लैकॉइड शल्क, **मध्यजनस्तरीय** (Mesodermal) होते हैं।

   स्कॉलियोडॉन की प्रगुहा दो असमान कक्षों अग्र **हृदयावरणी गुहा** (Pericardial cavity) तथा पश्च **उदरीय गुहा** (Abdominal cavity) में विभाजित हाती है।

आन्तरिक संरचना

हृदयावरणी गुहा, हृदय को चारों ओर से तथा उदरीय गुहा, आंतरांग (आहारनाल, यकृत, अग्न्याशय, तिल्ली और जनद) को घेरे रहती है।

1. **पाचन तन्त्र** (Digestive System) *स्कॉलियोडॉन* का पाचन तन्त्र **आहारनाल** (Alimentary canal) तथा **पाचन ग्रन्थियों** (digestive glands) से बना होता है। आहारनाल, मुख से आरम्भ होकर गुदा (Anus) में समाप्त होती है। इसमें मुखगुहा, ग्रसनी, ग्रासनली, आमाशय तथा आँत मुख्य भाग होते हैं।

   स्कॉलियोडॉन में दाँत, समदंती (Homodont) तथा **बहुबारदंती** (Polyphyodont) होते हैं। दाँत केवल शिकार पकड़ने के काम आते हैं, चबाने के लिए नहीं। आँत का आन्तरिक श्लेष्मल स्तर वामवर्ती (Anticlockwise) दिशा में कई बार लिपटकर एक **स्क्रोल कपाट** (Scroll valve) बनाता है। यह भोजन को आँत में अधिक समय तक रोकने तथा अवशोषी तल के बढ़ाने का कार्य करते हैं।

   यकृत (Liver), **अग्न्याशय (Pancreas) तथा मलाशय ग्रन्थि** (Rectal glands) आदि मुख्य पाचक ग्रन्थियाँ पाई जाती हैं।

2. **श्वसन तन्त्र** (Respiratory System) *स्कॉलियोडॉन,* श्वसन के लिए जल में घुली ऑक्सीजन पर निर्भर करती हैं अत: इसमें श्वसन **जलीय** (Aquatic) होता है। *स्कॉलियोडॉन* में 5 जोड़ी **क्लोम कोष्ठ** (Gill pouches) तथा उनमें उपस्थित **क्लोम** (Gills) मुख्य श्वसन अंग हैं। ग्रसनी के दोनों ओर की दीवारों में पाँच-पाँच क्लोम कोष्ठ एक शृंखला में पाए जाते हैं।
एक क्लोम पट की श्लेष्मल झिल्ली में अनेक क्षैतिजनुमा वलन पाए जाते हैं। ये **क्लोम पटलिका** (Gill lamellae) कहलाते हैं। यही **वास्तविक क्लोम** (Gill proper) बनाती हैं।
स्कॉलियोडॉन में कंठिका चाप (Hyoid arch) के पश्चतल पर एक अर्धक्लोम पाया जाता है। प्रथम 4 क्लोम चापों पर पूर्ण क्लोम होते हैं लेकिन पाँचवीं चाप क्लोम रहित या एब्रैंक (Abranch) होती है।
इसमें कंठिका चाप (Hyoid arch) या प्रथम आन्तरिक क्लोम रन्ध्र के आगे पार्श्व तल पर श्वासरन्ध्र (Spriacle) होता है। इसे एक अवशेषी क्लोम कोष्ठ (Vestigeal gill pouch) माना जाता है।

3. **रुधिर परिसंचरण तन्त्र** (Blood Circulatory System) *स्कॉलियोडॉन* में रुधिर परिसंचरण तन्त्र 4 भागों (i) हृदय तथा हृदयवारण (Heart and pericardium), (ii) धमनियाँ (Arteries), (iii) शिराएँ (Venis) तथा (iv) रुधिर (Blood) से मिलकर बना होता है।
हृदय केवल शिरा-रुधिर प्राप्त करता है जिसको यह वातन (Aeration) के लिए क्लोमों में पम्प करता है। इसलिए हृदय को शिरा या क्लोम हृदय (Venous or Branchial heart) कहा जाता है। यह द्विस्तरीय झिल्ली हृदयावरण (Pericardium) द्वारा घिरा रहता है।
हृदय पेशीय, पृष्ठ धरीय तथा S-आकृति की नलिका है। यह चार कक्षों (i) शिराकोटर (Sinus-venosus), (ii) अलिन्द (Auricle), (iii) निलय (Ventricale) तथा (iv) कोनस आर्टिरियोसस (Conus arteriosus) से मिलकर बना होता है।
स्कॉलियोडॉन के धमनी तन्त्र में अधर महाधमनी (Ventral aorta), अपवाही क्लोम धमनियाँ (Effertenet branchial arteries) तथा अधिक्लोम धमनियाँ (Epibranchial arteries), अध: क्लोम रुधिर जालक (Hypobranchial blood plexus), सिर की धमनियाँ (Arteries of head) पृष्ठ महाधमनी (dorsal aorta) तथा इसकी शाखाएँ, प्रमुख धमनियाँ होती हैं।
शिरा तन्त्र (Venous system) अग्र कार्डिनल तन्त्र (Anterior cardinal system), वृक्क निवाहिका तन्त्र Renal cardinal system), यकृत निवाहिका तन्त्र (Hepatic protal system) तथा पार्श्व उदरीय तन्त्र (Lateral abdominal system) द्वारा बना होता है।

4. **तन्त्रिका तन्त्र** (Nervous System) *स्कॉलियोडॉन* का तन्त्रिका तन्त्र तीन मुख्य भागों केन्द्रीय तन्त्रिका तन्त्र (Central nervous system), परिधीय तन्त्रिका तन्त्र (Peripheral nervous system) तथा स्वायत्त तन्त्रिका तन्त्र (Autonomic nervous system) से मिलकर बना होता है।
केन्द्रीय तन्त्रिका तन्त्र में मस्तिष्क तथा रीढ़ रज्जु होते हैं। मस्तिष्क तीन भागों अग्रमस्तिष्क (Fore brain), मध्य मस्तिष्क (Mid-brain) तथा पश्चमस्तिष्क (Hind brain) से मिलकर बनता है।
रीढ़ रज्जु, ऑब्लोंगेटा से पूँछ के अन्तिम सिरे तक फैला होता है। यह कशेरुकों द्वारा निर्मित तन्त्रिका नाल (Neural tube) में सुरक्षित रहता है। मस्तिष्क से 10 जोड़ी कपाल तन्त्रिकाएँ (Cranial nerves) निकलती हैं। एक जोड़ी अतिरिक्त अग्र अन्तस्थ तन्त्रिका भी होती है जिनका अंकन शून्य किया गया है।
स्कॉलियोडॉन के रीढ़ रज्जु की पूरी लम्बाई में रीढ़ तन्त्रिकाओं (Spinal nerves) के अनेक जोड़े पाए जाते हैं। प्रत्येक तन्त्रिका दो मूलों, एक संवेदी पृष्ठमूल (dorsal root) तथा दूसरी प्रेरक अधरमूल (Ventral root)।

5. **संवेदी अंग** (Sense Organs) *स्कॉलियोडॉन* में घ्राण अंग, नेत्र, कर्ण, पार्श्व रेखा अंग तथा लौरेन्जिनी की तुम्बिकाएँ आदि प्रमुख संवेदी अंग हैं। घ्राण अंग (Olfactory orgnas) विशेष तौर पर बड़े होते हैं तथा ये जल में घुले रसायनों की जाँच करते हैं। एक जोड़ी बड़े, विकसित नेत्र प्रकाशग्राही होते हैं। ये कपाल के दोनों तरफ बने नेत्रकोटर (Orbits) में स्थित होते हैं।
स्कॉलियोडॉन में एक आन्तरिक कर्ण (Internal ear) उपस्थित होता है, जो कला गहन (Membranous labyrinth) बनाता है। यह एक सन्तुल-ध्वनिक अंग (Stato-acoustic organ) है।
धड़ और पूँछ के प्रत्येक ओर पार्श्व में एक मद्धिम पार्श्व रेखा (Lateral line) स्थित होती हैं। यह एक धाराग्राही (Rheoreceptor) अंग है।
स्कॉलियोडॉन के तुण्ड में अँगूर के गुच्छों के समान लौरेन्जिनी की तुम्बिकाएँ (Ampullae of Lorenzini) पाई जाती हैं। ये सिर के पृष्ठ और अधरतल पर अपने-अपने स्वतन्त्र सूक्ष्म छिद्रों द्वारा बाहर खुलती हैं। यह एक तापग्राही अंग (Thermoreceptor organ) का कार्य करती है।

6. **मूत्रोजनन तन्त्र** (Urinogenital System)

(a) **नर मूत्रजनन अंग** (Male Urinogenital System) स्कॉलियोडॉन में एक जोड़ी लम्बे, चपटे मध्यवृक्की वृक्क (Mesonephric kidney) पाए जाते हैं। ये नर डॉगफिश के उत्सर्जी अंग हैं।
नर जनन अंगों में एक जोड़ी बड़े व लम्बे वृषण (Testes), शुक्रवाहिकाएँ (Vasa efferentia), शुक्रवाहक (Vasa defernes), शुक्राशय (Seminal vesicle) आदि प्रमुख हैं। अलिंगक (Claspers) नर जनन तन्त्र के अतिरिक्त सहायक अंग हैं।

(b) **मादा मूत्रजनन तन्त्र** (Female Urinogential System) मादा *स्कॉलियोडॉन* में भी वृक्क, अग्र उत्सर्जी तथा पश्च उत्सर्जी भागों में भिन्नित होते हैं। मादा डॉगफिश की दोनों मूत्रावाहिनियाँ (Ureter), संयुक्त होकर एक सामान्य मध्यस्थ मूत्रवाहिनी द्वारा पीछे की ओर मूत्र कोटर (Urinary sinus) में खुलती हैं, जो छोटे मूत्र अंकुरक (Urinary papilla) के सिरे पर अवस्कर (Cloaca) में खुलता है।
मादा जनन अंगों में दो जोड़ी छोटे अण्डाशय (Ovaries), अण्डवाहिनियाँ (Oviducts), अण्डवाहिनी कीप (Oviduct funnel), गर्भाशय (Uterus) तथा योनि (Vagina) आदि प्रमुख अंग हैं। योनि एक बड़े छिद्र के द्वारा अवस्कर में खुलती है।

वर्ग-उभयचर (जलस्थलीय कशेरुकी)

लक्षण

1. उभयचर एनएम्निऑट्स समूह के अन्तर्गत आते हैं अर्थात् उल्ब (Amnion) रहित।
2. ये शीत रुधिर तापी (Cold blooded) जन्तु होते हैं तथा प्रकृति मे उभयचर होते हैं।
3. इनकी त्वचा चिकनी या खुरदरी तथ ग्रन्थियाँ युक्त होती है। ग्रन्थियाँ त्वचा को नम रखती हैं।
4. इनमें लारवा अवस्था में क्लोम उपस्थित होते हैं।
5. उभयचरों के श्वसन अंग फेफडे (Lungs), मुख ग्रसनी गुहिका (Buccopharyngeal cavity), त्वचा (Skin) तथा क्लोम (Gills) होते हैं।
6. इनका हृदय, त्रिकोष्ठीय (Three chambered) होता है।
उदाहरण—राना टिग्रीना, ब्यूफो मिलैनोस्टिक्स, एलाइट्स आदि।

मेंढक

यह कशेरुकी जीव एम्फीबिया वर्ग का उभयचर प्राणी है। यह जल तथा स्थल दोनों पर पाया जाता है। इसका शरीर कूदने तथा तैरने के लिए अनुकूलित होता है। *राना टिग्रीना (Rana tigrina)* प्रमुख भारतीय जाति है, जो अलवणीय जल में पाया जाता है।

आवास व आकारिकी

यह प्राय: जल स्रोतों के निकट पाया जाता है। यह कीटभक्षी (Insectivorous), माँसाहारी (Carnivorous) जीव है। यह ठण्डे रुधिर वाला प्राणी है। अत: यह वातावरण के अनुसार शरीर में ताप परिवर्तन नहीं कर पाता हैं जिस कारण इनमें शीत निद्रा या निष्क्रियता (Hibernation) और ग्रीष्म निद्रा (Aestivation) पायी जाती है। इसके शरीर की लम्बाई 15-20 सेमी तक होती है। इसकी त्वचा रंगीन (गहरी हरी-पीली) तथा लसलसी होती है। इसके पश्चपाद बड़े तथा कूदने एवं तैरने में अनुकूलित होते हैं। नर में वाक्कोष (Vocal sac) पाए जाते हैं, जो वर्षा काल में मादा को टर्र-टर्र की ध्वनि कर आकर्षित करते हैं।

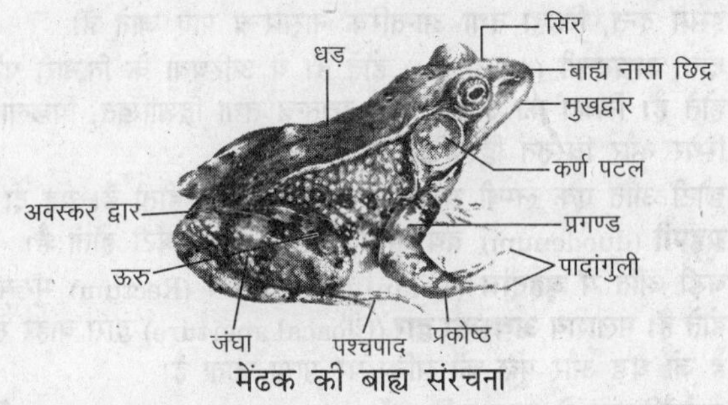

मेंढक की बाह्य संरचना

मेंढक का शरीर द्विपार्श्व सममित (bilaterally symmetrical) तथा सिर एवं धड़ में बँटा होता है। इनमें ग्रीवा अनुपस्थित होती है।

(i) **सिर** (Head) मेंढक का सिर त्रिभुजाकार होता है। इस पर मुख, बाह्य नासा छिद्र, कर्ण पटल, वाक्कोष तथा नेत्र पाए जाते हैं। इसके नेत्र पर ऊपरी पलक, निचली पलक तथा निमेषक पटल उपस्थित होती है।

(ii) **धड़** (Trunk) यह श्लेष्म युक्त नम तथा चौड़ा भाग है। इस पर ही अग्रपाद तथा पश्चपाद पाए जाते हैं। इसकी ऊपरी सतह गहरी हरी तथा अधर सतह हल्की पीली होती है।

पाचन तन्त्र

मेंढक माँसाहारी प्राणी है, मेंढक में पाचन तन्त्र दो भागो में बँटा होता है

(i) **आहारनाल** (Alimentary canal) इसकी आहारनाल छोटी होती है। यह मुख से लेकर अवस्कर द्वार तक फैली होती है।

(a) **मुख गुहा** (Buccal cavity) मेंढक का मुख 'V' आकार का होता है। इसकी गुहा मुख ग्रसनी गुहिका कहलाती है। इसमें कीटों को पकड़ने के लिए 5-10 सेमी तक की लम्बी तथा अन्त:वलित जिह्वा पायी जाती है।

इसका अग्र सिरा गुहा के फर्श से जुड़ा तथा पश्च सिरा स्वतन्त्र होता है।

मेंढक के मुख के ऊपरी जबड़े में समान आकार के जम्भिका दन्त (Maxillary teeth) पाए जाते हैं, जो शिकार को बाहर जाने से रोकते हैं। यहाँ पाचक ग्रन्थियाँ अनुपस्थित होती हैं। ऊपरी तालु में दो सीरिक दन्त भी पाए जाते हैं। यह गुहा ग्रसिका (Oesophagous) में खुलती हैं।

(b) **आमाशय** (Stomach) ग्रसिका से भोजन चौड़े, पेशीय तथा थैलीनुमा आमाशय में आता है। इसकी आन्तरिक भित्तियों द्वारा जठर रस तथा HCl का स्राव होता है। यहाँ भोजन का पाचन होता है। यह अर्द्ध-पाचित भोजन काइम कहलाता है।

(c) **आँत** (Intestine) आमाशय से अर्द्धपाचित भोजन 'U' आकार की ग्रहणी (Duodenum) में आता है। यहाँ पित्तरस तथा अग्न्याशयी रस आकर भोजन में मिलकर इसे पचाने में मदद करते हैं। यहाँ से भोजन क्षुद्रान्त्र (illeum) में पाया जाता है।

यह आँत का सबसे लम्बा भाग है, जहाँ भोजन का अन्तिम बार पाचन होता है। इनके अन्तिम छोर पर सूक्ष्मांकुर (Microvilli) पाए जाते हैं, जो अवशोषण की दर बढ़ाते हैं।

(d) **अवस्कर द्वार** (Cloaca) क्षुद्रान्त्र के अन्तिम छोर से अवशिष्ट भोजन तुम्बाकार अवस्कर में आ जाता है। जहाँ से यह अवस्कर द्वार द्वारा बाहर निकल जाता है।

(ii) **सहायक पाचक ग्रन्थियाँ** (Associate glands) मेंढक में यकृत तथा अग्न्याशय (Pancreas) सहायक ग्रन्थियाँ है। पित्ताशय (Gall bladder) में एकत्रित पित्त का स्रावण यकृत द्वारा होता है। पित्त में विभिन्न प्रकार के पाचक एन्जाइम पाए जाते हैं, जो भोजन के पाचन में सहायक है।

श्वसन तन्त्र

मेंढक में तीन प्रकार की श्वसन विधियाँ पायी जाती है

फुफ्फुसीय श्वसन

स्थल पर मेंढक में फेफड़ों द्वारा श्वसन होता है। इनमें तन्तुपट (diaphragm) एवं पसलियों का अभाव होता है। फेफड़े खोखले, गुलाबी तथा स्पंजी होते हैं, जिनमें गोल कूपिकाएँ पायी जाती है। फेफड़ों के बाह्य स्तर को पेरीटोनियम कहते हैं। यहीं पर गैसों का विनिमय होता है। मुख गुहा के जबड़ों के ऊपर-नीचे होने पर नासा छिद्रों से गैसो का आवागमन होता है।

त्वचीय श्वसन

मेंढक में प्राय: नम, पतली, श्लेष्मी तथा संवहनीय त्वचा द्वारा ही श्वसन होता है। इस प्रकार का श्वसन जल में तथा निष्क्रियता के दौरान होता है। इस प्रकार के श्वसन में गैसों का विनिमय विसरण द्वारा होता है।

मुख-गुहीय श्वसन

मेंढक में स्थल पर कभी-कभी मुख गुहा द्वारा गैसों का आवागमन होता है, जिसे मुख गुहीय श्वसन कहते हैं।

परिसंचरण तन्त्र

मेंढक में बन्द तथा एकल परिसंचरण तन्त्र पाया जाता है। इसके हृदय व रुधिर वाहिनियों में रुधिर प्रवाहित होता है।

(i) **रुधिर** (Blood) मेंढक में लाल रंग का रुधिर पाया जाता है जिसमें प्लाज्मा तथा रुधिर कणिकाएँ (RBC, WBC व प्लेटलेट) पायी जाती है।

(ii) **हृदय** (Heart) मेंढक में त्रिकोणीय, पेशीय, संकुचनशील तथा त्रिकोष्ठकीय हृदय पाया जाता है। इस पर हृदयावरण (Pericardium) पाया जाता है। यहाँ हृदयावरणीय गुहा भी पायी जाती है। यह हृदय की सुरक्षा में सहायक है। मेंढक के हृदय में 2 अलिन्द तथा एक निलय पाया जाता है। चित्र (24.27) यहाँ अलिन्दों के मध्य अन्तर-अलिन्दीय कपाट (Interauricular septum) तथा दोनों अलिन्दों में निलयी छिद्र पाए जाते हैं। इस छिद्र पर कपाट पाए जाते हैं, जो रुधिर को एकदिशीय (अलिन्द से निलय) ही प्रवाहित होने देता है।

वर्ग-सरीसृप (रेंगने वाले कशेरुकी)

लक्षण

1. सरीसृप रेंगने वाले तथा बिल में रहने वाले (Burrowing), शीत रुधिरतापी (Cold blooded) जन्तु हैं जिन पर उपचर्मीय शल्क (Epidermal scales) पाए जाते हैं। इनमें श्वसन सदैव फेफड़ों के द्वारा होता है।
2. इनके हृदय में दो **अलिन्द** (Auricles) तथा आंशिक रूप से विभक्त एक **निलय** (Ventricles) होते हैं।
3. इनमें **पार्श्व रेखीय तन्त्र** (Lateral line system) अनुपस्थित होता है।
4. इनमें निषेचन **आन्तरिक** (Internal) होता है। ये अधिकतर **अण्डज** (Oviparous) होते हैं।
   उदाहरण—हैमीडेक्टाइलस, ड्रेको, कैलोट्स, सर्प (कोबरा, करैत, वाइपर) आदि।

यूरोमैस्टिक्स

यूरोमैस्टिक्स सूखे रेतीले स्थानों जैसे मरुस्थलों में निवास करता है। इसके रेतीले आवास के कारण इसे **रेतीली छिपकली** (Sand lizard) भी कहा जाता है। भारत में केवल एक जाति *यूरोमैस्टिक्स हार्डविकाई* (Uromastix hardwickii) पाई जाती है।

यूरोमैस्टिक्स की संरचना

बाह्य संरचना

यूरोमैस्टिक्स का शरीर भारी, लम्बा व चपटा होता है। शरीर का ऊपरी भाग हल्के भूरे रंग का तथा निचला भाग हल्के पीले रंग का होता है।

इसका शरीर निम्न चार भागों सिर, ग्रीवा, धड़ और पूँछ में बँटा होता है

- **सिर** (Head) आगे की ओर **प्रोथ** (Snout) बनाता है जिसका अग्रछोर कुंठित होता है।
- **मुख** (Mouth) व दो अण्डाकार बाह्य नासाछिद्र (External nares), दो छोटे दीर्घवृत्तीय नेत्र (Elliptical eyes) तथा बाह्य कर्ण छिद्र (External ear openings) सिर को उपस्थित होते हैं।
- **ग्रीवा** (Neck), सिर को धड़ के साथ जोड़ती है।
- **धड़** (Trunk) लम्बा, चौड़ा और दबा हुआ होता है। यह दो भागों **वक्ष** (Thorax) तथा उदर (Abdomen) से बना होता है। धड़ और पूँछ के सन्धिस्थल पर **अवस्कर द्वार** (Cloacal aperture) पाया जाता है।
- **पूँछ** (Tail), दीर्घित, स्थूल तथा पृष्ठाधरीय चपटी होती है। पूँछ पर कँटीले शल्कों की उपस्थिति के कारण *यूरोमैस्टिक्स* को 'कँटीली पुच्छ छिपकली' कहते हैं। इनमें **पुच्छ स्वांगोच्छेदन** (Caudal autotomy) अनुपस्थित होता है।
- *यूरोमैस्टिक्स* में दो जोड़ी पाद पाए जाते हैं। ये धड़ के पार्श्वों से निकले होते हैं। पाद छोटे विकसित, पेशीय और **पंचांगुलि** (Pentadactyl) होते हैं। बिलकारी तथा स्थलीय जीवन के अनुकूलित होते हैं। इसमें जाँघ के अधरतल पर 2 से 18 सूक्ष्म छिद्र एक वक्रित कतार में पाए जाते हैं। इन्हें **प्रीएनोफीमोरल छिद्र** (Preanofemoral pores) कहा जाता है। इनसे एक **शृंगी स्राव** (Horny secretion) उत्पन्न होता है, जिससे अस्थाई कंटक बनते हैं। ये नर में विकसित होते हैं, जो मैथुन के समय मादा को पकड़ने में सहायता करते हैं।
- *यूरोमैस्टिक्स* की **देहभित्ति** (Body wall) शरीर के कोमल आन्तरिक अंगों की रक्षा करती है। यह त्वचा (Skin), पेशियों (Muscles) तथा पेरिटोनियम (Peritoneum) से बनी होती है।
- *यूरोमैस्टिक्स* में देहभित्ति और पाचननाल के बीच एक बड़ी **मध्यजनस्तरीय प्रगुहा** (Coelom) पाई जाती है। यह अग्र **हृदयावरणी गुहा** (Pericardial cavity) तथा **उदरीय गुहा** (Abdominal cavity) में विभाजित होती है।

आन्तरिक संरचना

1. **पाचन तन्त्र** (Digestive System) पाचन तन्त्र में आहारनाल (Alimentary canal) तथा सम्बन्धित पाचक ग्रन्थियाँ (digestive glands) पाई जाती हैं। *यूरोमैस्टिक्स* में एक पूर्ण आहारनाल पाई जाती है। यह मुख से प्रारम्भ होकर अवस्कर द्वारा पर समाप्त हो जाती है।
   आहारनाल में मुख, मुखगुहा, ग्रसनी, ग्रासनली, आमाशय, छोटी आँत, बड़ी आँत, अवस्कर तथा अवस्कर द्वारा आदि मुख्य अंग पाए जाते हैं।
   मुखगुहा (Buccal Cavity) श्लेष्मा झिल्ली द्वारा आस्तरित होती है। इसमें दन्त, जिव्हा तथा आन्तरिक नासारन्ध्र पाए जाते हैं।
   दाँत, **अग्रदन्ती** (Acrodont) होते हैं। ये अस्थियों के किनारों पर लगे होते हैं। जिव्हा का अग्रिम सिरा स्वतन्त्र तथा द्विशाखित, पिछला सिरा स्थिर और विस्तृत द्विशाखित होता है।
   छोटी आँत एक लम्बी संकरी व कुंडलित नली होती है। यह दो भागों **ग्रहणी** (duodenum) तथ **क्षुद्रांत्र** (Ileum) में बँटी होती है।
   बड़ी आँत में **वृहदांत्र** (Colun) तथा मलाशय (Rectum) मुख्य भाग होते हैं। मलाशय **अवस्कर द्वार** (Cloacal aperture) द्वारा बाहर खुलता है जो धड़ और पूँछ की सन्धि पर पाया जाता है।
   यूरोमैस्टिक्स में **लार ग्रन्थियाँ** (Salivary glands), जठर **ग्रन्थियाँ** (Gastric glands), यकृत **(Liver),** अग्न्याशय **(Pancreas)** तथा **आँत ग्रन्थियाँ** (Intestinal glands) मुख्य पाचन ग्रन्थियाँ हैं।
2. **श्वसन तन्त्र** (Respiratory System) *यूरोमैस्टिक्स* में **फुफ्फुसीय** (Pulmonary) श्वसन पाया जाता है अर्थात् श्वसन **फेफड़ों** (Lungs) के द्वारा होता है।
   यूरोमैस्टिक्स में एक जोड़ी फेफड़े पाए जाते हैं। दोनों फेफड़ें, वक्षगुहा में हृदय के प्रत्येक ओर एक-एक स्थित होते हैं। फेफड़े दीर्घित, तर्कुरूपी, प्रत्यास्थ तथा नारंगी रंग के थैले जैसे होते हैं।
   यूरोमैस्टिक्स में **स्वर रज्जु** (Vocal cords) नहीं पाए जाते।
   श्वसन की क्रिया **पसलियों** (Ribs) और उनकी **अन्तरापर्शुक पेशियों** (Intercostal muscles) द्वारा होती है।
3. **रुधिर परिसंचरण तन्त्र** (Blood Circulatory System) *यूरोमैस्टिक्स* में **बन्द प्रकार** (Close type) का परिसंचरण तन्त्र पाया जाता है। यह हृदय, धमनी तन्त्र, शिरा तन्त्र तथा रुधिर से बना होता है।
   हृदय एक त्रिकोष्ठीय (Three-chambered) अंग है, जो दो **अग्र अलिन्दों** (Auricles) तथा एक पश्च **निलय** से मिलकर बना होता है। शिरा कोटर (Sinus venosus) नामक एक चौथा अतिरिक्त कोष्ठ अलिन्दों के पृष्ठ तल पर पाया जाता है। हृदय एक द्विस्तरीय, पतले एवं पारदर्शी **हृदयावरण** (Pericardium) के अन्दर सुरक्षित रहता है।
   धमनी तन्त्र (Arterial system) में **महाधमनी चाप** (Aortic arch), पल्मोनरी चाप (Pulmonary arch), दैहिक चाप (Systemic arch), पृष्ठ महाधमनी (dorsal aorta) तथा इनकी विभिन्न शाखाएँ पाई जाती हैं।
   शिरा तन्त्र (Venous system) में **पल्मोनरी शिराएँ** (Pulmonary veins), महाशिराएँ (Caval veins), वृक्क निवाहिका तन्त्र (Renal portal system) तथा यकृत निवाहिका तन्त्र (Hepatic portal system) पाए जाते हैं।

यूरोमैस्टिक्स एक **शीत रुधिर तापी** या **असमतापी** (Cold blooded or poikilotermous) प्राणी होती हैं। इसके रुधिर में **लाल रुधिर कणिकाएँ** (RBCs) अण्डाकार, केन्द्रकीय तथा उभयोत्तल (biconvex) होती है।

4. **तन्त्रिका तन्त्र** (Nervous System) तन्त्रिका तन्त्र तीन भागों **केन्द्रीय** (Central), **परिधीय** (Peripheral) तथा स्वायत्त (Autonomic) तन्त्रिका तन्त्रों से मिलकर बना होता है।

केन्द्रीय तन्त्रिका तन्त्र में मस्तिष्क एवं मेरुरज्जु सम्मिलित होते हैं

(a) **मस्तिष्क** (brain) तीन भागों से मिलकर बना होता है :

(i) अग्रमस्तिष्क (Fore Brain) घ्राण-कंद, प्रमस्तिष्क गोलार्द्ध, डाइएनसिफैलोन

(ii) मध्यमस्तिष्क (Mid Brain) ऑप्टिक पालियाँ

(iii) पश्चमस्तिष्क (Hind Brain) मेड्यूला ऑब्लोगेटा अनुमस्तिष्क मेड्यूला ऑब्लोगेटा, अनुमस्तिष्क

(b) **मेरुरज्जु** (Spinal cord) एक लम्बी, श्वेत तथा पृष्ठाधरीय चपटी नलिका है। यह मेरुदण्ड की तन्त्रिका नाल में पड़ी रहती है। यह प्रतिवर्ती क्रियाओं पर नियन्त्रण रखती है।

यूरोमैस्टिक्स में 12 जोड़ी **कपाल तन्त्रिकाएँ** (Cranial nerves) तथा 16 जोड़ी **स्पाइनल तन्त्रिकाएँ** (Spinal nerves) पाई जाती हैं।

5. **संवेदी अंग** (Sense Organs) *यूरोमैस्टिक्स* में **घ्राण कोष** (Olfactory sacs), **जैकब्सन अंग** (Jacobson organ), **नेत्र** (Eye) तथा **कर्ण** (Ear) मुख्य संवेदी अंग पाए जाते हैं।

जैकब्सन अंग (Jacobson's organ) मुख की छत और नासावेशमों के बीच स्थित होते हैं। ये **घ्राण अंग** (Olfactory organ) होते हैं, जो भोजन को सूँघ कर पता लगाने तथा भोजन के रासायनिक स्वभाव को ज्ञात करने के काम आते हैं।

6. **मूत्र-जनन तन्त्र** (Urinogenital System) *यूरोमैस्टिक्स* में नर और मादा लिंग अलग-अलग होते हैं तथा इनमें लैंगिक द्विरूपता कम विकसित होती है।

(a) **मूत्रीय या उत्सर्जी तन्त्र** (Urinary or Excretory System) नर व मादा दोनों लिंगों में उत्सर्जी अंग समान होते हैं। एक जोड़ी **वृक्क** (Kidneys), एक जोड़ी **मूत्रवाहिनियाँ** (Ureters) तथा एकल **मूत्राशय** (Urinary bladder) से मिलकर उत्सर्जी तन्त्र का निर्माण होता है।यूरोमैस्टिक्स एक यूरेकोटेलिक (Urecotelic) प्राणी है अर्थात् ये यूरिक अम्ल (Uric acid) का उत्सर्जन करते हैं।

(b) **नर जनन तन्त्र** (Male Reproductive System) नर जनन तन्त्र में एक-एक जोड़ी वृषण (Testes), शुक्रवाहक (Vasa deferentia) तथा अर्धशिश्न (Hemipenis) मुख्य अंग होते हैं। अर्धशिश्न अवस्कर के पीछे और पूँछ के मूल में मध्य-अधर तल पर पाए जाते हैं। मैथुन के समय एक अर्धशिश्न शुक्राणुओं के स्थानान्तरण के लिए मादा के अवस्कर छिद्र में निविष्ट होता है।

(c) **मादा जनन तन्त्र** (Female Reproductive System) एक जोड़ी **अण्डाशय** (Ovary) तथा एक जोड़ी **अण्डवाहिनियाँ** (Oviduct) मिलकर मादा जनन तन्त्र बनाते हैं। इनमें दाहिना अण्डाशय, बाएँ की अपेक्षा थोड़ा आगे होता है। प्रत्येक अण्डवाहिनी, वृक्कों के अधर तल के ऊपर से गुजरते समय फूलकर एक **कवच ग्रन्थि** (Shell gland) या अण्डकोष (Ovisac) बनाती है जिसमें निषेचित अण्डों को रोककर अण्ड कवच प्रदान किए जाते हैं। अण्डवाहिनी का अंतिम भाग **योनि** (Vagina) कहलाता है। यह **अवस्कर** (Cloaca) में पृष्ठतल पर खुलता है।

विषैले व विषहीन सर्पों की पहचान

संरचनाएँ	लक्षण	प्रकृति	उदाहरण
पूँछ (Tail)	(a) पूँछ पार्श्वीय संपीडित, पतवार सदृश	विषैले	*हाइड्रोफिस एनहाइड्रिना*
	(b) पूँछ बेलनाकार या शुंडाकार	विषैले या विषहीन आगे परीक्षण कीजिए	स्थलीय सर्प
तुंदशल्क (Belly scales) या अधरक (Ventrals)	(a) तुंदशल्क (belly scales) छोटे, पृष्ठ शल्कों से अविच्छिन्न	विषहीन	अजगर
	(b) अधरक तुंद को ढकने के लिए अपूर्णतया चौड़े	विषहीन	
	(c) अधरक चौड़े, तुंद को पूर्णतया ढकते हुए	आगे परीक्षण कीजिए	
शीर्षशल्क (Head scales), लोरियल गर्त (Loreal pit) एवं अधपुच्छी (Subcaudals)	(a) शीर्ष शल्क छोटे, सिर त्रिकोणाकार, लोरियल गर्त अनुपस्थित	विषैले	गर्तहीन वाइपर
	(i) अधपुच्छी दोहरे	विषैले	*वाइपेरा रसैली*
	(ii) अधपुच्छी एकल	विषैले	*एकिस कैरिनेटा*
	(b) शीर्ष शल्क छोटे, लोरियल गर्त उपस्थित	विषैले	*पिट वाइपर्स*
	(c) बड़े व शल्कों से युक्त शीर्ष, लोरियल गर्त अनुपस्थित	आगे परीक्षण कीजिए	

संरचनाएँ	लक्षण	प्रकृति	उदाहरण
कशेरुक शल्क (Vertebrals), चौथा अधः ओष्ठ (4th infraorbitals) एवं तीसरा अधः ओष्ठ (3rd supralabial)	(a) कशेरुक शल्क दीर्घित, षट्भुजाकार, चौथा अर्धओष्ठ सबसे बड़ा	विषैले	करैत
	(b) कशेरुक शल्क दीर्घित, नहीं तीसरा अधः ओष्ठ शल्क नेत्र और नासारन्ध्र को स्पर्श करता है।	विषैले	
	(i) ग्रीवा फण और फण चिन्ह सहित	विषैले	नाग
	(ii) फण अनुपस्थित, तुंद प्रवाल धब्बों सहित	विषैले	*कैलोफिस*

कुछ महत्त्वपूर्ण बिन्दु

सरीसृपों के अध्ययन को **हर्पेटोलॉजी** (Herpotology) कहा जाता है। सरीसृपों का स्वर्ण युग **मीसोजाइक काल** (Mesozoic era) है।

इनकी करोटि **मोनोकोंडाइलर** (Monocondylar) होती है। हृदय 3 1/2 कोष्ठीय होता है। **गर्भ झिल्ली** (Foetal membrane) उपस्थित होती है।

सरीसृप **असमतापी** (Poikilothermic) प्राणी होते हैं।

डायनोसोर मीसोजोइक काल (Mesozoic peroid) में प्रभावी थे।

सर्पों में पाद अनुपस्थित होते हैं। लाल रुधिर कणिकायें अण्डाकार, द्विउत्तल (iconvex) तथा केन्द्रीकीय होती हैं।

सरीसृपों में 12 जोड़ी कपाल तन्त्रिकायें (Cranial nerves) पाई जाती हैं लेकिन सर्पों में ये 10 जोड़ी होती हैं।

बाह्य निषेचन पाया जाता है। अण्डा गुरुपीतकी (Macrolecithal) होता है। नर में दो अर्द्धशिश्न पाए जाते हैं।

मगरमच्छ व घड़ियाल में चर्तुकोष्ठीय हृदय पाया जाता है।

हेलोडर्मा (Heloderma) एकमात्र विषैली छिपकली है।

सर्पों के विषैले दाँतों को **फैंग** (Fangs) कहते हैं। ये मैक्सीलरी दाँतों के रूपान्तरण हैं। सर्पों में पाई जाने वाली विषैली ग्रन्थियाँ **लार ग्रन्थियों** (Salivary glands) का रूपान्तरण हैं।

कोबरा और करैत का विष तन्त्रिकाविष (Neurtoxin) होता है अर्थात् विष तन्त्रिका तन्त्र को प्रभावित करता है।

वाइपर एक **रुधिराविषक** (Haemotoxic) प्राणी है अर्थात् इसका विष रुधिर से क्रिया करता है।

सर्प के काटने के उपचार में **प्रतिविष** (Antivenom) का प्रयोग किया जाता है।

हॉपकिन इन्स्टीट्यूट, बॉम्बे प्रतिविष बनाने के लिए प्रसिद्ध है।

सरीसृपों में पाए जाने वाला **जैकब्सन का अंग** (Jacobson organ) घ्राण संवेदी होता है।

वर्ग : पक्षी वर्ग

लक्षण

1. पक्षी वर्ग **नियततापी** (Warm blooded) होते हैं जिनमें अग्रपाद, पंखों से रूपान्तिरित हो जाते हैं।
2. पक्षियों में ऊपरी तथा निचलें जबड़े, चोंच (beak) में रूपान्तरित हो जाते हैं।
3. आहारनाल में **अन्नपुट** (Crop) तथा **पेषणी** (Gizzard) होते हैं।
4. इनका हृदय **चार कोष्ठीय** (Four chambered) होता है।
5. इनमें **लैंगिक द्विसमरूपता** (Sexual dimorphism) पाई जाती है। निषेचन आन्तरिक होता है।
6. सभी पक्षी **अण्डज** (Oviparous) होते हैं।
   उदाहरण — शुतरमुर्ग, कीवी, पेग्विन, तोता, कबूतर आदि।

पक्षियों में प्रवास

पक्षियों का एक स्थान से दूसरे स्थान को नियतकालिक भ्रमण, **प्रवास** (Migration) कहलाता है। पक्षी प्रवास एक **द्विपथ यात्रा** (Two-way journey) होती है।

पक्षियों में प्रवास एक नैसर्गिक (Instinct) अभिक्रिया है। भोजन का अभाव, दिन के प्रकाश का घटना तथा शीत की उत्तरोत्तर वृद्धि होना इसके मुख्य कारण हैं।

प्रवास **लैंगिक चक्र** (Sexual cycle) का एक भाग है। **विलियम रौवेन** के अनुसार, दीप्तिकाल (Photoperiod) जनन ग्रन्थियों के परिवर्धन को प्रभावित करता है। जनदों के फूलने से पक्षी उत्तर दिशा की ओर गमन करते हैं तथा जनन स्थलों पर पहुँचकर जनन करते हैं। पक्षियों के प्रवास के अध्ययन **दूरबीन** या टेलीस्कोप और रेडार के प्रयोग से करते हैं।

प्रवासों के अध्ययन की एक महत्त्वपूर्ण विधि **वलयन** (Ringing) या **पट्टाभन** (Banding) है। इसका प्रयोग सर्वप्रथम डेनमार्क के पक्षी विज्ञानी **एच. सी. सी. मार्टेन्सन** (HCC Martensen) ने 1899 में किया था।

प्रवास के प्रकार

1. अक्षांशीय प्रवास

यह उत्तर से दक्षिण तथा दक्षिण से उत्तर की ओर होता है। यह उत्तरी गोलार्द्ध में अधिक स्पष्ट है। अमेरिका की **सुनहरी टिटिहरी** (Golden Plover या *प्लूविएलिस डोमिनिका (Pluvialis dominica)* इस प्रकार का प्रवास दिखाती है।

2. देशान्तरीय प्रवास

यह पूर्व से पश्चिम तथा पश्चिम से पूर्व की ओर होता है। **तिलियर** (Starling) यूरोप या एशिया में अपने जनन क्षेत्र से अटलांटिक तट की ओर चली जाती है।

3. तुंग प्रवास

इसमें पक्षी पर्वतीय क्षेत्रों में ढालों के ऊपर-नीचे नियमित रूपसे गति करते हैं। यह अर्जेन्टाइना में एन्डीज पर्वतों की पनडुब्बियों (Grebes) और कारण्डवों (Coots), ग्रेट ब्रिटेन की बैंगनी हरी अबाबीलों में पाया जाता है।

4. आंशिक प्रवास

कभी-कभी एक ही जाति की कुछ जनसंख्या प्रवास करती है और बाकी नहीं। यह आंशिक प्रवास कहलाता है। *बार्न आउल* या *टाइटो एब्ला (Tyto alba)*, नीलमी (blue birds), टिट माउस और फिंच (Finch)इस प्रकार का प्रवास करती हैं।

5. अनियमित प्रवास

कुछ पक्षियों; जैसे—बगुलों में जनन के पश्चात् वयस्क व शिशु भोजन की खोज और शत्रुओं से रक्षा के लिए इस प्रकार का प्रवास करते हैं।

6. ऋतु प्रवास

ऋतु परिवर्तन के अनुसार प्रवास, ऋतु प्रवास कहलाता है। ब्रिटेन में **बतासी** (Swifts), अबाबील **(Swallows),** बुलबुल **(Nightingales)** और कोकिल **(Cuckoos)** ग्रीष्म आगन्तुक हैं। **फील्ड फेयर** (Field fare), स्नों बन्टिंग (Snow bunting) और रैडविंग (Redwing) शीत आगान्तुक (Winter visitor) हैं।

7. निर्मोक प्रवास

प्रवासी पक्षी प्रवास यात्रा के आरम्भ में प्राय: निर्मोचन (Moulting) करते हैं। *यूरेशियन शेलडक (Tadoma tadoma)* तथा जल मुर्गाबी (Anatidae) में इस प्रकार का प्रवास पाया जाता है।

बत्तख, गंगालिचिया (Gulls) तटीय पक्षी, रात्रि और दिन दोनों समय प्रवास कर सकते हैं। कौवे, अबाबील, रॉबिन्स, सारस, लून्स, राजहंस (Goose) व पेलिकेन्स दिन के समय प्रवास करते हैं।

फुदकियाँ (Warblers), शरालियाँ (Thrushes) और गौरेया **रात्रि प्रवासी** (Nocturnal Migrants) होते हैं। **आर्कटिक टर्न** (Arctic tern) या *स्टर्ना पैराडाइजिआ (Sterna paradisaea)* को प्रवासी पक्षियों का सम्राट कहा जाता है। यह शीत में अपने गंतव्य दक्षिण ध्रुवों के किनारे पहुँचने के लिए, 11,000 मील की यात्रा करती है और उसी दूरी से पुन: वापस लौटती है। **गोल्डन प्लोवर** *(Pluvialis)*, बॉबलिक्स *(Bolichonyx)* और अबाबील अन्य लम्बा प्रवास करने वाले पक्षी हैं।

गोल्डन प्लोवर बिना रुके 2175-3500 किमी. की दूरी तय करती है और सर्वाधिक लम्बी उड़ान का कीर्तिमान बनाती है। पक्षियों में प्रवास पृथ्वी से लगभग 3000 फीट के अन्दर होता है। प्रवास के दौरान पक्षियों का औसत वेग 30 मील प्रति घण्टा होता है। यद्यपि बतासियों (Swift) की दो प्रजातियाँ 171-200 मील प्रति घण्टा की चाल से चलती हैं।

कोलम्बा

कबूतर *(Columba)* दरारों, चट्टानों के विवरों, किलों और पुराने खण्डहरों में निवास करते हैं। ये डरपोक, निरापद व शान्तिप्रिय होते हैं।

कोलम्बा की संरचना

बाह्य संरचना

कबूतर का शरीर ठोस, तर्कुरूप (Fusiform) व धारारेखित (Streamlined) होता है। यह लगभग 33 सेमी. लम्बा होता है। यह सलेटी-धूसर रंग का होता है। इसके वक्ष व गर्दन पर चमकदार हरा व बैंगनी रंग का धब्बा (Spot) होता है। कबूतर का शरीर चार भागों, सिर (Head), ग्रीवा (Neck), धड़ (Trunk) तथा पूँछ (Tail) में विभाजित होता है।

सिर (Head) पर चोंच (Beak), नासाद्वार (Nostrils), श्रवण रंध्र (Auditory apertures) तथा आँखें (Eyes) पाई जाती हैं।

ग्रीवा (Neck) अत्यन्त लचीली होती है और धड़ को सिर से जोड़ती है। धड़ (Trunk) मजबूत व तकुरूपी होता है। इस पर नौतल (Keel) पाई जाती है। इसका धड़, वक्ष तथा उदर (Thorax) दो भागों से बना होता है।

पूँछ (Tail), अवस्कर छिद्र के पीछे उपस्थित होती है। इसे पुच्छकूट (Uropygium) कहते हैं। पूँछ के पृष्ठ आधारी भाग पर एक उभार होता है जिस पर प्रीन अथवा यूरोपाइजियल ग्रन्थि (Preen or uropygial gland) का छिद्र खुलता है। इसका स्रावण, परों में चिकनापन लाने व संवारने में प्रयुक्त होता है।

कबूतर में दो जोड़ी पाद (एक जोड़ी पंख तथा एक जोड़ी पैर) धड़ से जुड़े होते हैं। कबूतर के दोनों अग्रपाद, पंखों (Wings) में रूपान्तरित होते हैं। ये पीठ पर धड़ के अग्रभाग तथा वक्ष से ऊपर की ओर जुड़े होते हैं। पश्चपाद, धड़ के कुछ अग्रभाग से निकलते हैं। इनमें चार लम्बी व नखयुक्त पादांगुलियाँ पाई जाती हैं। पैरों की उपस्थिति पक्षियों को द्विपादी चाल (Bipedal gate) प्रदान करती है।

बाह्य कंकाल (Exoskeleton) पक्षियों का बाह्य कंकाल पूर्णतया अधिचर्मी (Epidermal) और नखर व चोंच (Claws and beaks), पदकंट (Spurs), पाद जाल (Webs), शल्क (Scales) तथा परों (Feathers) द्वारा प्रदर्शित किया जाता है। कबूतरों में पदकंट (Spurs) नहीं पाए जाते।

पिच्छ या पर (Feathers) पक्षी के शरीर पर परों के क्रम व वितरण को पिच्छ विन्यास (Pterylosis) कहते हैं। कबूतर के देहपिच्छ (Contour feather), कैरोटिन द्वारा निर्मित होते हैं तथा इनमें तन्त्रिकाओं तथा रुधिर वाहिकाओं का पूर्ण अभाव होता है। पिच्छ दो प्रमुख भागों, केन्द्रीय अक्ष (Central axis) और पिच्छ फलक (Vexillum) से बने होते हैं। कबूतर में आकार, कार्य एवं स्थिति के आधार पर परों को विभिन्न प्रकारों में विभाजित किया जा सकता है। इनमें से केवल क्विल्स (Quills), कवर्ट्स (Coverts), कन्टूर्स (Contours), फिलोप्लूम्स (Filoplumes) और डाउन पिच्छ (down feather) ही कबूतर में पाए जाते हैं।

आन्तरिक संरचना

पेशी तन्त्र (Muscular System) कबूतर में पेशीतन्त्र प्राय: सुविकसित, शक्तिशाली और अत्यन्त कार्यक्षम होता है। इसमें पीठ की पेशियाँ, लगभग क्षीण होती हैं लेकिन गर्दन, पूँछ, पंख, टाँग और धड़ के अधर भाग की पेशियाँ भली भाँति विकसित होती हैं।

उड्डयन, द्विपादी प्रचलन तथा पर्चिंग में मदद करने वाली पेशियाँ अधिक विकसित होती है।

उड्डयन पेशियाँ तीन प्रकार की होती हैं

(i) अंश पेशियाँ (ii) सहायक पेशियाँ
(iii) टेन्सर पेशियाँ

वृहत-अंस पेशी (Pectoralis major) तथा लघु-अंस पेशी (Pectoralis minor) मुख्य अंस पेशियाँ हैं। यह पंखों की ऊपर-नीचे गति के लिए उत्तरदायी होती हैं। ये उरोस्थि की नौतल (Keel of sternum) तथा पंखों से जुड़ी होती हैं।

कोरैको ब्रैकिएलिस लॉन्गस (Coraco-brachialis longus), कोरैकों ब्रैकिएलिस ब्रेविस (Coraco-brachialis brevis) मुख्य सहायक पेशियाँ हैं। ये दोनों पेशियाँ पंखों को ग्लीनॉइड गुहा में घुमाती हैं। इनके अतिरिक्त द्विशिरस्क (Biceps) और त्रिशिरस्क (Triceps), एक्सटेंसर कार्पी रेडिएलिस व एक्सटेंसर कार्पी अल्नेरिस उड्डयन में सहायता पहुँचाती हैं। टेन्सर लॉन्गस (Tensor longus), टेन्सर ब्रेविस (Tensor brevis) तथा टेन्सर ऐक्सेसोरियस (Tensor-accessories) मुख्य टेन्सर पेशियाँ हैं।

पक्षिसाद पेशियाँ दो प्रकार की होती है

(i) आकोचनी (Flexor) (ii) प्रसारणी (Extensor)

ऐम्बिएन्स, पेरोनियस, गैस्ट्रॉक्निमियस तथा फ्लेक्सर परफोरेन्स मुख्य आकोचनी पेशियाँ हैं।

पाचन तन्त्र (Digestive System) कबूतर के पाचन तन्त्र में आहारनाल (Alimentary canal) तथा पाचक ग्रन्थियाँ (digestive glands) पाई जाती हैं। आहारनाल एक लम्बी कुण्डलित नली है, जो मुख से आरम्भ होकर क्रमशः मुखगुहा, ग्रसनी, ग्रसिका, उदर, छोटी आँत व बड़ी आँत को शामिल करते हुए अवस्कर छिद्र (Cloacal aperture) में समाप्त होती है।

मुख (Mouth), चोंच द्वारा सीमित होता है। यह दाँत रहित होता है। ग्रसिका (Oesophagus) का मध्य भाग फैलकर एक पतली भित्ति का द्विपालिक, अन्नपुट (Crop) बनाता है जिसमें कबूतर के दूध (Pigeon's milk) का स्रावण होता है, यह नर व मादा दोनों पक्षियों में बनता है। इसमें 35% वसा पाई जाती है। और यह अवयस्क पक्षियों के पोषण में प्रयुक्त होता है।

आमाशय (Stomach) दो भागों अग्र ग्रन्थिल जठर (Proventricular) तथा पिछले पेशीय गिजार्ड (Gizzard) में विभाजित होता है। अवस्कर एक त्रिभागी (Tripartite) कक्ष है। यह अग्रकॉप्रोडियम (Coprodaeum), मध्य यूरोडियम (Urodaeum) तथा पश्च प्रोक्टोडियम (Proctodaeum) से बना होता है। प्रोक्टोडियम की पृष्ठ भित्ति पर बर्सा फैब्रिसी (Bursa fabricii) पाई जाती है। यह एक छोटा लसीका ऊतक से बना ग्रंभिल प्रकोष्ठ है।

इसका एण्डोडर्मल अस्तर लसीकाणु (Lymphocytes) बनाता है, जो स्थानीय संक्रमणों से रक्षा प्रदान करते हैं। मुख ग्रन्थियाँ (Buccal glands), जठर ग्रन्थियाँ (Gastric glands), यकृत (Liver), अग्न्याशय (Pancreas) व आँत ग्रन्थियाँ (Intestinal glands) मुख्य पाचन ग्रन्थियाँ पाई जाती हैं।

श्वसन तन्त्र (Respiratory System) कबूतर में फुफ्फुसीय (Pulmonary) श्वसन पाया जाता है। इनमें डायाफ्राम (Diaphragm) अनुपस्थित होता है। श्वसन तन्त्र के अन्तर्गत श्वसन पथ (Respiratory tract), फेफड़े (Lungs) तथा वायु कोष (Air sac) आते हैं।

श्वसन पथ (Respiratory tract) में नासिका रन्ध्र (Nares), नासा-कोष (Nasal sacs), घाँटी (Glottis), कंठ (Larynx) तथा शब्दिनी (Syrinx) उपस्थित होते हैं।

इनमें स्वर-रज्जु (Vocal cords) नहीं पाए जाते। वाक् यन्त्र, सेरिंक्स (Syrinx) होता है। दो गहरे लाल, ठोस तथा अप्रत्यास्थ फेफड़े पाए जाते हैं। ये कभी वायु एकत्र नहीं करते तथा अपनी पृष्ठीय सतह द्वारा वक्षीय कशेरुकों तथा पसलियों से निकटता से जुड़े होते हैं।

वायु कोष (Air sacs) फेफड़ों को चारों ओर से घेरे रखते हैं। ये बड़े, पतली भित्ति वाले, झिल्लीमय तथा असंवहनी होते हैं। कबूतर में कुल 9 वायुकोष पाए जातें हैं।

परिसंचरण तन्त्र (Circulatory System) परिसंचरण तन्त्र हृदय, धमनियाँ, शिराएँ, लसिका वाहिनियों तथा रुधिर से मिलकर बना होता है। हृदय चतुर्कोष्ठीय (Four chambered) होता है तथा दो अलिन्द (Auricle) व दो निलय (Ventricle) से बना होता है। यह एक पतले, पारदर्शक हृदयावरण (Pericardium) से ढका होता है। कबूतर में दोहरा परिसंचरण (Double circulation) तन्त्र पाया जाता है अर्थात शिरा रुधिर व धमनी रुधिर पृथक् होते हैं। हृदय का दायाँ अर्धांश केवल अशुद्ध रुधिर प्राप्त करता है जबकि बायाँ अर्धांश केवल शुद्ध रुधिर लेता है।

धमनी तन्त्र (Arterial system) महाधमनी चाप (Aortic arch) तथा फुफ्फुस धमनी चाप (Pulmonary aorta) पाया जाता है। केवल दाएँ महाधमनी चाप का पाया जाना पक्षियों का विशेष लक्षण है। शिरातन्त्र (Venous system) में महाशिराएँ (Caval veins), फुफ्फुस शिराएँ (Pulmonary veins), यकृत निवाहिका तन्त्र (Hepatic portal system) व वृक्क निवाहिका तन्त्र (Renal portal system) आते हैं।

पक्षियों का रुधिर अन्य जन्तुओं की अपेक्षा अधिक समृद्ध माना जाता है क्योंकि इसमें लाल रुधिराणुओं की संख्या प्रति आउन्स किसी अन्य जन्तु की अपेक्षा अधिक होती है। इनकी लाल रुधिर कणिकाएँ सूक्ष्म, अण्डाकार तथा केन्द्रक युक्त होती हैं।

तन्त्रिका तन्त्र (Nervous System) तन्त्रिका तन्त्र तीन मुख्य भागों केन्द्रीय (Central), परिधीय (Peripheral) तथा स्वायत्त (Autonomic) तन्त्रिका तन्त्रों से मिलकर बना होता है।

केन्द्रीय तन्त्रिका तन्त्र में मस्तिष्क (Brain) व मेरुरज्जु (Spinal cord) तथा परिधीय तन्त्रिका तन्त्र में कपाल मेरुतन्त्रिकाएँ (Spinal nerves) आती हैं।

अग्रमस्तिष्क में प्रमस्तिष्क गोलार्द्ध अत्यन्त बड़े और उत्तल होते हैं। पक्षियों का सहज व्यवहार तथा उड़ान के समय कुशल संचालन की क्षमता प्रमस्तिष्क के कॉरपोरा स्ट्रिएटा (Corpora striata) तथा अनुमस्तिष्क (Cerebellum) के अत्यधिक विकास के कारण होती है।

इनमे 12 जोड़ी कपाल तन्त्रिकाएँ (Cranial nerves) पाई जाती हैं। संवेदी अंगों में कान (Ear), नेत्र (Eye), स्पर्श अंग (Tactile organs) व घ्राण अंग (Olfactory organs) प्रमुख होते हैं। इनमें एकनेत्री दृष्टि (Monocular vision) पाई जाती हैं।

मूत्रोजनन तन्त्र (Urinogenital System) कबूतर में एक जोड़ी वृक्क (Kidneys) तथा एक जोड़ी मूत्रवाहिनियाँ (Ureters) प्रमुख उत्सर्गी अंग होते हैं। इनमें मूत्राशय (Urinary bladder) अनुपस्थित होता है, जो शरीर के भार को कम करता है।

वृक्क मेटानेफ्रिक (Metanephric) होते हैं। कबूतर एक यूरिकोटीलिक (Urecotelic) उत्सगर्सी जन्तु है अर्थात् इसमें उत्सर्जी पदार्थ यूरिक अम्ल व यूरेट्स होते हैं। कबूतर में दोनों लिंग पृथक होते हैं तथा लैंगिक द्विरूपता नहीं पाई जाती है।

नर के मुख्य जनन अंग एक जोड़ी वृषण (Testes) तथा एक जोड़ी शुक्रवाहक (Vasa deferentia) होते हैं। इनमें मैथुन अंग नहीं पाया जाता। मादा जनन अंग केवल बाईं ओर विकसित होते हैं। इनके भ्रूण में दो अण्डाशय व दो अण्डवाहिनी होती हैं किन्तु वयस्क होने पर दाईं ओर के अपहासित हो जाते हैं तथा बाईं ओर के स्थायी रूप से उपस्थित व क्रियाशील होते हैं।

वर्ग-स्तनधारी

लक्षण

1. ये जन्तु नियततापी (Warm blooded), रोम युक्त होते हैं तथा इनमें स्तन ग्रन्थियाँ या दूध उत्पन्न करने वाली ग्रन्थियाँ पाई जाती हैं।
2. ये जीवधारी अपने शिशुओं का पोषण दूध के द्वारा करते हैं।
3. इनका हृदय चार कोष्ठीय होता है।
4. इनमें विभिन्न प्रकार के अर्थात् विषमदन्ती तथा जबड़ों के गर्तों (Sockets) में धँसे हुएँ अर्थात् गर्तदन्ती (Thecodont) दाँत पाए जाते हैं।
5. इनमें करोटि, द्विकन्दीय (dicondylic) अर्थात् दो अनुकपाल, अस्थि कन्दीय (Occipital condyles) होती है।
6. इनमें प्रगुहा चार गुहाओं में विभक्त होती है, एक हृदयावरणी गुहा (Pericardial cavity), दो फुफ्फुसावरणी गुहा (Pleural cavities) तथा एक उदरीय गुहा (Abdominal cavity) होती है। प्राय: स्तनधारियों में आन्तरिक निषेचन (Internal fertilization) होता है।

   उदाहरण—प्लैटिपस (*ऑरनिथोरिंकस*), खरगोश (*ऑरिक्टोलैगस*), गिलहरी (*फुनएम्बुलस*), मनुष्य (*होमो सेपियन्स सेपियन्स*) आदि।

प्रोटोथीरिया

प्रोटोथीरिया (Prototheria) का एक मात्र गण मोनोट्रिमेटा (Monotremata) है। ये आस्ट्रेलिया तस्मानिया में पाए जाते हैं।

विशिष्ट लक्षण

1. जलीय या स्थलीय, रात्रिचर, अपूर्णतया समतापी चतुष्भोजी व मुख्यतया कीटभोजी होते हैं।
2. शरीर छोटा और बालों व शूकों से ढ़का हुआ, थूथन एक चोंच में वर्धित, स्तन ग्रन्थियाँ चूचकों (Teats) रहित नर की प्रत्येक पश्च टाँग पर एक विषैला गल्फकंट (Tarsal spur) पाया जाता है।
3. त्वचा ग्रंथिल, चोंच व पंजे उपस्थित होते हैं।
4. करोटि द्विकंदीय (dicondylic), कर्णास्थियाँ तीन, कर्णपटह वलय समान और कर्णपटह श्रवण गोलक नहीं बनता है। ग्रीवा कशेरुकाएँ 7 और योनिप्रवर्ध (Zygapophyses) रहित होता है।
5. फुफ्फुसीय श्वसन, हृदय 4-कक्षीय, दायाँ अलिन्द-निलय कपाट अपूर्ण व माँसल।
6. मस्तिष्क अपेक्षाकृत छोटा, कार्पस कैलोसम रहित, दृक् पालियाँ चार, नर से उदरीय वृषण और शिश्न आकुंचनशील है, जो केवल शुक्राणुओं को निष्कासित करता है, मूत्र को नहीं।
7. मादा में दायाँ अण्डाशय ह्रासित और अण्डवाहिनियाँ पृथक-पृथक अवस्कर में जाती हैं। गर्भाशय और योनि अनुपस्थित, मादाएँ अण्डज (Oviparous)।

   उदाहरण—शूली चींटीखोर (Spiny anteater) *टेकिग्लोसस* (*Tachyglossus*) डकबिल्ड प्लेटीपस (Duck billed phatypes) *आर्निथोरिंकस* (*Ornithorhynchus*)]

प्रोटोथीरिया की बन्धुताएँ

(i) **सरीसृपीय बन्धुता**

- अवस्कर की उपस्थिति
- कशेरुकाएँ अधिप्रवर्धों (Epiphyses) रहित और ग्रैव पर्शुकाओं (Cervical ribs) सहित
- एक मध्यस्थ T-रूपी इन्टरक्लैविकल उपस्थित।
- कॉर्पस कैलोमेस अनुपस्थित। शरीर तापक्रम अस्थिर होता है।
- मूत्र वाहिनियाँ जननमूत्र कोटर में खुलती हैं।
- मादाएँ अण्डज (Oviparous) होती हैं।

(ii) **स्तनीय बन्धुता**

- शरीर बालों द्वारा ढका हुआ, कर्णपल्लव उपस्थित।
- त्वचा में स्वेद (Sweat) तथा वसा ग्रन्थियाँ (Sebaceous glands) उपस्थित। करोटि द्विकंदीय (Dicondylic) व मध्यकर्ण गुहा में तीन कर्णास्थियाँ पाई जाती हैं।
- हृदय चार कक्षीय (Four chambered) तथा लाल रुधिर कणिकाएँ वृत्ताकार केन्द्रक रहित।
- चार दृक पालियों (*कार्पोश क्वाड्रिजेमिना*) की उपस्थिति
- दुग्ध स्रावी दुग्ध ग्रन्थियों की उपस्थिति।

मैटाथीरिया

मैटाथीरिया (Metatheria) में कोष्ठयुक्त एवं प्लैसेन्टा रहित स्तनी हैं, जो एकल गण मार्सूपीलिया (Marsupilia) में रखे जाते हैं। ये प्राय: आस्ट्रेलियाई क्षेत्र में पाए जाते हैं।

विशिष्ट लक्षण

1. स्थलीय, बिलकारी या वृक्षावासी, वायुश्वसनी, नियततापी, कोष्ठयुक्त स्तनधारी।
2. शरीर घने कोमल बालों द्वारा आच्छादित, कर्णपल्लव सुविकसित स्तन ग्रन्थियाँ रूपान्तरित वसा ग्रन्थियाँ हैं।
3. इनमें डायाफ्राम (Diaphargm) उपस्थित होता है।
4. करोटि द्विकंदीय (Dicondylic), करोटि का शिखर चपटा वासास्थियाँ बड़ी व पश्च और प्रसारित, कर्णपटही गोलक अनुपस्थित, कशेरुकाएँ अधिप्रवर्धों (Epiphyses) सहित, ग्रीवा कशेरुकाएँ 7, वक्षीय पर्शुकाएँ (Thoracic ribs) द्विशीर्षी दाँत एकबार दन्ती (Monophyodont)।
5. मस्तिष्क अपेक्षाकृत छोटा, घ्राण पालि बड़ी, प्रमस्तिष्क गोलार्द्ध छोटे, अनुमस्तिष्क छोटा व अनावृत कॉर्पस कैलोसम अल्पविकसित या अनुपस्थित।
6. नरों में शिश्न सुविकसित, सिरे पर द्विशाखित, वृषणों सहित वृषण कोष शिश्न के सामने उपस्थित।
7. मादा में दो अण्डवाहिनियाँ पृथक् जननमूत्र कोटरों में खुलती हैं जिससे 2 गर्भाशय व 2 योनियाँ (Vagina) पाई जाती हैं।
8. मादाएँ जरायुज (Viviparous) होती हैं। मादा में एक उदरीय मार्सूपियम (Marsupium) या शिशु धानी पाई जाती है जिसमें पूर्णतया विकसित होने तक शिशु रखे जाते हैं।

   उदाहरण—कंगारू या *मैक्रोपस* (*Macropus*), ओपोसम या *डाइडेल्फिस* (*Didelphis*)

मेटाथीरिया की बन्धुताएँ

(i) **प्रोटोथीरिया से बन्धुताएँ**

- अवस्कर की उपस्थिति।
- क्लैविकल, एपीप्यूबिक व छल्ले के समान टिम्पैनिक की उपस्थिति। कर्णपटही गोलक (Tympanic bulla) का अभाव
- कॉर्पस कैलोसम अनुपस्थित या अल्पविकसित।
- वास्तविक अपरापोषिका अपरा (Allantoic placenta) का अभाव।

(ii) **यूथीरिया से बन्धुताएँ**

- बालों और बाह्य कणो की उपस्थिति।
- स्तन ग्रन्थियाँ वसीय (Sebaceous) व चूचकों सहित।
- मस्तिष्क में चार द्विकपालियाँ होती हैं।
- दाँत विषमदंती होते हैं। नर शिश्न सहित, 'वृषण' वृषण कोषों में होते हैं।
- गर्भाशय और योनि की उपस्थिति होती है।
- मादा जरायुज (Viviparous) होती है।

यूथीरिया

स्तनियों में यूथीरियन प्राणी सबसे विकसित तथा सर्वश्रेष्ठ बुद्धि वाले होते हैं।

विशिष्ट लक्षण

1. बाल-परिधानी, अधिकतर स्थलीय, वायु श्वसनी, समतापी व चतुष्पाद (Tetrapod) कशेरुकी होते हैं।
2. शरीर सिर, ग्रीवा, धड़ और पूँछ में विभाजित होता है।
3. पाद दो जोड़ी, पंचागुलि (Pentadactyl), सिटेशियन्स (Cetaceans) और साइरेनियन्स (Sirenians) में पश्चपादों का अभाव होता है।
4. बाल, शूक, शल्क, पंजे, नाखून, खुर, सींग, बाह्य कंकाल का निर्माण करते हैं।

5. त्वचा में स्वेद (Sweat) व वसामय (Sebaceous) ग्रन्थियाँ उपस्थित, मादाओं में चूचकों (Teats) युक्त दुग्धोत्पादक स्तन-ग्रन्थियाँ पाई जाती हैं।
6. कंकाल पूर्णतया अस्थिभूत, करोटि द्विकंदीय (dicondylic) होती है।
7. कशेरुक सिरों पर एपिफाइसीज युक्त और अगर्ती कशेरुकाओं (Acaclus centra) सहित, ग्रीवा कशेरुकाएँ 7 होती हैं।
8. आहारनाल पूर्ण, मुख से प्रारम्भ होकर गुदा (Anus) द्वारा समाप्त होती है। दाँत विषमदन्ती (Heterodont) गर्तदन्ती (Thecodont) व द्विबारदन्ती (diphyodont) होते हैं।
9. श्वसन फुफ्फुसीय (Pulmonary), फेफड़ों द्वारा होता है।
10. हृदय चतुर्कोष्ठीय (Four chambered), केवल बायाँ महाधमनी चाप (Aortic arch) उपस्थित, दोहरा परिसंचरण तन्त्र पाया जाता है।
11. गुर्दे पश्चन्वृकीय, मूत्रवाहिनियाँ मूत्राशय में खुलती हैं। उत्सर्जन यूरिकोटीलिक (Urecotelic) होता है।
12. मस्तिष्क अत्यन्त विकसित, प्रमस्तिष्क और अनुमस्तिष्क होनों वृह्द और संवलित। चार दृक पालियाँ, दोनों सेरिब्रल गोलार्द्ध कार्पस कैलोसम द्वारा जुड़े हुए, 12 जोड़ी कपाल तन्त्रिकाएँ पाई जाती हैं।
13. लिंग पृथक्, लैंगिक द्विरूपता (Sexual dimorphism) पायी जाती है। उत्थानशील मैथुन अंग शिश्न होता है।
14. वृषण, वृषण कोष में स्थित, अण्डे छोटे, थोड़े पीतक युक्त और कवचहीन होते हैं।
15. जरायुज (Viviparous), निषेचन आन्तरिक, परिवर्धन गर्भाशय में, भ्रूण कलाएँ : ऐम्निओन (Amnion), कोरिओन (Chorion) और ऐलेन्टाइस (Allantois) उपस्थित।

उदाहरण—चूहा (*Rattus*), गिलहरी (*Funambulus*) हाथी (*Elephas*), मनुष्य (*Homo sapiens sapiens*)

खरगोश

संघ	–	कॉर्डेटा (Chordata)
उपसंघ	–	वर्टीब्रेटा (Vertebrata)
अधिवर्ग	–	टेट्रापोडा (Tetrapoda)
वर्ग	–	स्तनधारी (Mammalia)
उपवर्ग	–	थीरिया (Theria)
गण	–	लेगोमोरफा (Lagomorpha)
वंश	–	*ऑरिक्टोलेगस* (*Oryctolagus*)
जाति	–	*क्युनिकुलस* (*cuniculus*)

खरगोश शाकाहारी, स्थलीय, समतापी और जरायुज (Viviparous) जन्तु है। खरगोश के पूर्ण शरीर पर श्रृंगी एक्टोडर्मल बालों का कोमल सूमर (Fur) बाह्य कंकाल (Exoskeleton) के रूप में होता है। इसमें दाँत गर्तदन्ती (Thecodont), विषमदन्ती (Heterodont) तथा दोनों जबड़ों पर उपस्थित होते हैं।

खरगोश का दन्त सूत्र (Dental formula) होता है

$$I\frac{2}{1}C\frac{0}{0}Pm\frac{3}{2}M\frac{3}{3} = 28$$

इसमें ईसोफेगस (Oesophagus) बिना क्रॉप के आमाशय में खुलती है। इसमें रेक्टल ग्रन्थि (Rectal gland) अनुपस्थित होती है। खरगोश की मुखगुहा में चार प्रकार की लार ग्रन्थियाँ पाई जाती हैं।

इनमें लैरिंक्स और ट्रेकिया अलग-अलग होते हैं। लैरिंक्स में स्वर रज्जु (Vocal chords) और थायरॉइड ग्रन्थि उपस्थित होते हैं। इनमें हृदय 4-कक्षीय (Four chambered) होता है। इनमें 12 जोड़ी **कपाल तन्त्रिकाएँ** (Cranial nerves) पाई जाती हैं। इनमें **कॉर्पस कैलोसम** (Corpus callosum) मस्तिष्क में प्रमस्तिक गोलार्धों (Cerebral hemisphere) को परस्पर जोड़ता है।

इसमें **दोहरा रुधिर संचरण** (Double blood circulation) पाया जाता है। इनके मध्य मस्तिष्क की दृक् पालियाँ (Optic lobes) **पिण्ड चतुष्टि** (Corpora quadrigemina) बनाती है।

इनके वृक्क **मेटानेफ्रिक** (Metanephric) होते हैं और यह **यूरियोटेलिक** (Ureotelic) होता है क्योंकि यूरिया का त्याग करते है।

खरगोश का अन्त: कंकाल मुख्यतया अस्थियों (Bones) का बना होता है उपास्थि (Cartilage) बहुत कम होती हैं। खरगोश की करोटि ट्रॉपिबेसिक (Tropibasic) होती है अर्थात् दोनों नेत्रकोटरों के मध्य एक खड़ा अन्तरा-नेत्रकोटर पट (Inter-orbital septum) होता है।

हायड उपकरण (Hyoid apparatus) मुख गुहा के फर्श में स्थित होता है। हायड उपकरण में हायड काय (Body of hyoid) होता है जिसमें अग्रकार्नु तथा पश्चकानु (Anterior cornu and posterior cornu) होते हैं। खरगोश के कशेरुक दण्ड (Vertebral column) में 46 कशेरुकाएँ होती है। *खरगोश के कशेरुक दण्ड को निम्न भागों में बाँटा जाता है।*

ऊतकों एवं अंगों का सूक्ष्मदर्शीय अध्ययन ऊतक विज्ञान या **औतिकी** (Histology) कहलाता है।

खरगोश के आमाशय में तीन मुख्य भाग पाए जाते हैं।

1. कार्डियक (cardiac)
2. फन्डिक (fundic)
3. पाइलोरिक (pyloric)

खरगोश की जठर ग्रन्थि में चार प्रकार की कोशिकाएँ होती हैं।

1. म्यूकस कोशिकाएँ (Mucous cells)
2. जाइमोजन कोशिकाएँ (Zymogen cells)
3. ऑक्सिन्टिक कोशिकाएँ (Oxyntic cells)
4. आरजेन्टाफिन कोशिकाएँ (Argentaffin cells)

खरगोश की आंत्र में चूषक या **गोब्लेट कोशिकाएँ** (Goblet cells) और रसांकुर या **विलाई** (Villi) उपस्थित होते हैं। खरगोश की ग्रहणी (Duodenum) में लिबरकुहन की प्रगुहिकाएँ (Crypts of Lieberkuhn) और ब्रूनर की ग्रन्थियाँ (Brunner's glands) पाई जाती हैं।

खरगोश की इलियम (Ileum) में लसिका गाँठे या **पेयर्स के चकते** (Payer's patches) पाए जाते हैं, जो लिम्फोसाइट्स का निर्माण करते हैं। खरगोश का यकृत पंच-पालियुक्त (5-lobed) होता है जिसमें कुप्फर की कोशिकाएँ (Cells of Kupffer) और ग्लिसन के सम्पुट (Glisson's capsules) जैसी संरचनाएँ पायी जाती हैं। खरगोश की अस्थि में **हैवर्सियन नलिकाएँ** (Haversian canals) और **वॉल्कमैन नलिकाएँ** (Volkmann canals) पाई जाती हैं। खरगोश के रुधिर मे RBC **उभयावतल** (Biconcave) तथा **केन्द्रक-विहीन** होती है।

खरगोश का अण्डाशय ठोस एवं अण्डाकार होता है। यह हाइलस (Hilus) पर गर्भाशय से **मेसोवेरियम** (Mesovarium) नामक पेरिटोनियम की दोहरी परत द्वारा जुड़ा रहता है।

जनन तन्त्र

नर जनन तन्त्र (Male reproductive system) खरगोश के नर जनन तन्त्र मे निम्नलिखित संरचनाएँ होती हैं

(i) वृषण (Testis)
(ii) अधिवृषण (Epididymis)
(iii) शुक्र वाहिनी (Vas deferens)
(iv) मूत्रमार्ग (Urethra)
(v) शिश्न (Penis)

सहायक लैंगिक ग्रन्थियाँ

(i) प्रोस्टेट ग्रन्थि (Prostate gland)
(ii) शुक्राशय (Seminal vesicles)
(iii) काउपर ग्रन्थि (Cowper's glands)
(iv) पेरिनियल ग्रन्थि (Perineal gland)
(v) रेक्टल ग्रन्थि (Rectal gland)

मादा जनन तन्त्र (Female Reproductive System) खरगोश के मादा जनन तन्त्र में निम्नलिखित संरचनाएँ होती हैं

(i) अण्डाशय (Ovary)
(ii) अण्डवाहिनी (Fallopian tube = oviduct)
(iii) गर्भाशय (Uterus)
(iv) ग्रीवा (Cervix)
(v) भगशेफ (Clitoris)
(vi) योनि (Vagina)
(vii) भग (Vulva)

सहायक लैंगिक ग्रन्थियाँ

(i) रेक्टल ग्रन्थि (Rectal gland)
(ii) पेरिनियल ग्रन्थि (Perineal gland)
(iii) बार्थोलिन ग्रन्थि (Bartholin's gland)

स्तनधारियों का आर्थिक महत्त्व

स्तनधारी जन्तुओं का सबसे अधिक महत्वपूर्ण समूह है। इनका महत्त्व इस प्रकार है

लाभकारी स्तनधारी

1. घरेलू स्तनधारी जानवरों का उपयोग खाद्य पदार्थ उत्पादन; जैसे—मीट अण्डे, दूध के लिए होता है।
2. औद्योगिक उत्पादों के लिए कुछ स्तनधारी उपयोगी है; जैसे—लैदर के लिए हिरन, घोड़े, रैनडीयर, लोमड़ी, आदि स्तनधारियों का उपयोग होता है।
3. बालों एवं ऊन के लिए भेड़, ऊँट, सुअर, घोड़े, आदि उपयोगी है। इनसे ऊनी कपड़े, ब्रश, आदि बनाए जाते हैं।
4. मस्क हिरन, व्हेल के शुक्राणु से खुशबू के पदार्थों का उत्पादन होता है।
5. कई स्तनधारियों को प्राचीन काल से ही ट्रान्सपोर्ट एवं वाहन के रूप में उपयोग किया जाता रहा है; उदाहरण—घोड़ा, ऊँट, हाथी, आदि।
6. कृषि में स्तनधारियों को कई रूपों में उपयोग किया जाता है; जैसे—जुताई, आदि।

हानिकारक स्तनधारी

1. कई स्तनधारी, जैसे- चूहे, गिलहारी, आदि कृषि उत्पादों को नष्ट कर देते हैं।
2. कई शिकारी स्तनधारी; जैसे—चीता, शेर, भेड़िए, निरन्तर मानव के लिए घातक सिद्ध होते रहे है।
3. चूहे, कुत्ते, सूअर कई घातक बीमारियों के लिए वाहक होते हैं; जैसे—प्लेग, टाइफस, स्पोटेड ज्वर, आदि।

जन्तु ऊतक

- शरीर की संरचनात्मक इकाई कोशिका होती है। समान कोशिकाएँ मिलकर ऊतक बनाती हैं।
- कई ऊतक मिलकर अंग; जैसे—मस्तिष्क, हृदय, यकृत, नेत्र आदि का निर्माण करते हैं तथा कई अंग मिलकर अंग तन्त्र बनाते हैं, जो विशेष कार्य करते हैं; जैसे—गुर्दें, मूत्रवाहिनियाँ एवं मूत्राशय मिलकर उत्सर्जन तन्त्र बनाते हैं।
- जन्तुओं के शरीर में विभिन्न प्रकार के अंग तन्त्र; जैसे—पाचन तन्त्र, श्वसन तन्त्र, परिसंचरण तन्त्र, तन्त्रिका तन्त्र आदि उपस्थित रहते हैं। बहुकोशिकीय जन्तुओं में चार प्रकार के ऊतक पाए जाते हैं

1. एपिथीलियमी ऊतक

- यह ऊतक शरीर के सुरक्षा कवच का कार्य करते हैं। यह ऊतक शरीर के ऊपर तथा अन्दर विभिन्न भागों की गुहिका (Lumen) का आवरण बनाता है।
- त्वचा, मुख, आहारनाल तथा फेफड़ों की बाहरी सतह इसी की बनी होती है।
- इनकी उत्पत्ति भ्रूण के तीनों प्राथमिक जनन स्तरों (Germinal Layers); जैसे—एक्टोडर्म, मीसोडर्म एवं एण्डोडर्म से होती है।
- एपिथीलियमी ऊतक (Epithelial Tissue) की कोशिकाएँ एक-दूसरे से सटी रहती हैं तथा अन्तराल बन्धन (Gap Junctions) द्वारा जुड़ी होती हैं, जिसमें रुधिर वाहिनियाँ अनुपस्थित होती हैं।
- यह ऊतक अकोशिकीय, आधारी झिल्ली पर स्थित होता है, जो इसके नीचे स्थित संयोजी ऊतक से अलग करती है। यह जल एवं अन्य पोषक पदार्थों के अवशोषण में सहायता पहुँचाते हैं।
- इन ऊतकों के द्वारा घाव भरा जाता है, क्योंकि इनमें **पुनरुदभवन** (Regeneration) की क्षमता बहुत होती है।
- यह आहारनाल में अवशोषण, वृक्क नलिकाओं में पुनरावशोषण (Reabsorption) तथा उत्सर्जन में सहायता करती है। शरीर की सभी ग्रन्थियाँ एपिथीलियमी ऊतक से बनती हैं, जो दो प्रकार की होती हैं

कोशिकाओं की परत तथा आकार के आधार पर उपकला ऊतक को निम्न भागों में वर्गीकृत किया गया है

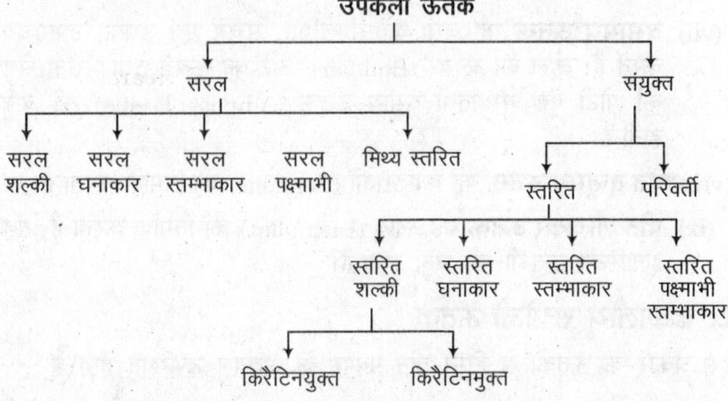

2. संयोजी ऊतक

- संयोजी ऊतक (Connective Tissues) विभिन्न अंगों और ऊतकों को सम्बद्ध करता है। इस ऊतक की कोशिकाएँ मैट्रिक्स (माध्यम) के अन्दर उपस्थित होती हैं।
- इस ऊतक में कोशिकाओं की संख्या कम होती है तथा अन्तरकोशिकीय पदार्थ (Intercellular Fluid) अधिक होता है।
- यह अन्तरकोशिकीय पदार्थ तन्तुवत, ठोस जैली की तरह, तरल, सघन या कठोर अवस्था में रह सकता है। इन ऊतकों का निर्माण भ्रूणीय मीसोडर्म (Embryonic Mesoderm) में होता है।
- शरीर के लगभग 30% भाग का निर्माण संयोजी ऊतक से ही होता है। यह शरीर की विभिन्न कोशिकाओं, ऊतकों एवं अंगों के बीच रहता है तथा इसे परस्पर बाँधने या जोड़ने का कार्य करता है।

संयोजी ऊतक के प्रकार

मैट्रिक्स तथा तन्तुओं की रचना के आधार पर संयोजी ऊतक को तीन श्रेणियों में विभाजित किया गया है

1. वास्तविक संयोजी ऊतक

यह सबसे सामान्य रूप से पाया जाने वाला संयोजी ऊतक है, जिसमें पाए जाने वाले अवयव और उनके कार्य निम्न प्रकार हैं

(i) **फाइब्रोब्लास्ट** घाव भरने में सहायक होता है।

(ii) **मैक्रोफेज** माइक्रोग्लिया कोशिका (मस्तिष्क), कुफ्फर कोशिका (यकृत), मोनोसाइट (रुधिर)। ये कोशिकाएँ फैगोसाइटिक तथा अपमार्जक (Decomposer) होती हैं।

(iii) **मास्ट कोशिकाएँ** एलर्जी में मुख्य भूमिका निभाती हैं।
उदाहरण-शरीर की रक्षा तथा विभिन्न पदार्थ उत्पन्न करती हैं; जैसे—हिपैरिन रुधिर को जमने से रोकता है तथा हिस्टेमिन (Histamine) एलर्जी में उत्तेजक का कार्य करता है।

(iv) **लसीका कोशिकाएँ** प्रतिरक्षियों का संश्लेषण एवं संवहन में सहायक होता है।

(v) **प्लाज्मा कोशिकाएँ** प्रतिरक्षी पदार्थों का संश्लेषण करते हैं।

(vi) **अन्तराली संयोजी ऊतक** विभिन्न ऊतकों के बीच का स्थान भरने तथा उन्हें जोड़ने एवं अंगों को उनके स्थान पर बनाए रखने में सहायक होता है।
उदाहरण-धमनी व शिराओं की भित्ति पर, खोखले अंगों में आदि।

(vii) **वसामय ऊतक** यह वसा को संश्लेषित, संचय एवं उसका उपापचय करते हैं। व्हेल का ब्लबर (Blubber), ऊँट का कूबड़ तथा मैरीनो भेड़ की मोटी पूँछ मुख्यतया वसीय ऊतक (Adipose Tissue) की बनी होती हैं।

(viii) **श्वेत तन्तुमय ऊतक** यह कण्डराओं (Tendons) का निर्माण करता है।

(ix) **पीत लोचदार ऊतक** यह स्नायु (Ligament) का निर्माण करता है, यह इलास्टिन तन्तुओं का बना होता है।

2. कंकालीय संयोजी ऊतक

इस प्रकार के ऊतकों में निम्न तीन प्रकार के अवयव उपस्थित होते हैं

(i) **उपास्थि** (Cartilage) यह ठोस, अर्द्ध-कठोर तथा लचीला संयोजी ऊतक है। यह लैरिंक्स, ट्रेकिया, ब्रोंकाई आदि में मिलते हैं। शार्क मछली का पूरा कंकाल तन्त्र उपास्थि का बना होता है।
उपास्थि की रचना तीन घटकों द्वारा होती है
- पेरीकॉण्ड्रियम • मैट्रिक्स • कॉण्ड्रियोसाइट्स।

(ii) **अस्थि** (Bone) एक ठोस, कठोर संयोजी ऊतक है, इसके मैट्रिक्स में कैल्शियम तथा फॉस्फेट के एपेटाइट लवण होते हैं। ऑस्टियोसाइट्स अस्थि का निर्माण करती हैं। इसके मैट्रिक्स को ओसीन (Ossein) कहते हैं। स्तनधारियों की लम्बी अस्थियों के मैट्रिक्स में एक हैवर्सियन नलिका होती है, जो रुधिर द्वारा अस्थि के अन्दर पोषक पदार्थों तथा ऑक्सीजन का परिवहन करती है।
किसी अस्थि के जल जाने से कार्बनिक पदार्थ जल जाता है, जबकि अकार्बनिक पदार्थ राख के रूप में शेष रह जाता है। अस्थि में कार्बनिक तथा अकार्बनिक लवणों का अनुपात क्रमश: 62% और 38% होता है, जिन अस्थियों में हैवर्सियन तन्त्र पाया जाता है, उन्हें संहत (Compact) अस्थि कहते हैं।

(iii) **स्नायु** (Ligaments) तथा **कण्डरा** (Tendons) स्नायु अस्थि को अस्थि से जोड़ता है, जबकि कण्डरा (Tendons) पेशी को अस्थि से जोड़ता है।

3. तरल संयोजी ऊतक

- रुधिर हमारे शरीर में पाया जाने वाला एक तरल संयोजी ऊतक (Fluid Connective Tissue) है।
- इस ऊतक की कोशिकाएँ तरल मैट्रिक्स में तैरती रहती हैं। मैट्रिक्स को प्लाविका (रुधिर प्लाज्मा) कहते हैं।
- रुधिर कणिकाएँ विभिन्न प्रकार की होती हैं; जैसे—लाल रुधिर कणिकाएँ, श्वेत रुधिर कणिकाएँ तथा प्लेटलेट्स।

3. पेशीय ऊतक

- इस ऊतक का विकास मीसोडर्म से होता है। पेशीय ऊतकों (Muscular Tissues) के कारण ही हमारे शरीर के अंगों में गति होती है।
- पेशी कोशिकाओं में संकुचनशील प्रोटीन (एक्टिन तथा मायोसिन) उपस्थित होने के कारण संकुचन तथा प्रसार होता है, जिससे अंगों में गति होती है। कार्यिकी के आधार पर पेशीय ऊतक तीन प्रकार के होते हैं

(i) रेखित पेशियाँ

- रेखित पेशियाँ (Striated Muscles) अस्थियों (Bones) से कण्डराओं (Tendons) के द्वारा जुड़ी होती हैं। ये पेशियाँ जन्तु की इच्छानुसार कार्य करती हैं और इनमें ऐच्छिक गति होती है इसी कारण, इन्हें **ऐच्छिक** पेशी या **कंकाल पेशी** भी कहते हैं।
- प्रत्येक पेशीय तन्तु पर क्रमश: गहरे A तथा हल्के I-डिस्क होते हैं। I-पट्ट के मध्य में एक गहरी Z-रेखा होती है। A-डिस्क में हेन्सन की डिस्क या M-रेखा पाई जाती है।
- रेखित पेशियाँ (Striated Muscles) अनेक बहुकेन्द्रक तन्तुओं द्वारा बनती हैं, जिसमें अनेक मायोफाइब्रिल होते हैं। ये मायोफाइबिल मोटे मायोसीन एवं पतले एक्टिन तन्तुओं के बने होते हैं। यह पेशी हाथ, पैर, गर्दन, जिह्वा, ग्रासनली, आदि में पाई जाती हैं।

(ii) अरेखित पेशियाँ

- अरेखित पेशियाँ (Unstriated Muscles) हमारी इच्छा के नियन्त्रण में नहीं होती हैं, इसलिए इन्हें **अनैच्छिक पेशियाँ** (Involuntary Muscles) भी कहते हैं। ये पेशियाँ पतली, लम्बी, तर्कुरूप तथा तन्तुमय पेशी कोशिकाओं की बनी होती हैं।

- आहारनाल के एक भाग से दूसरे भाग में भोजन का प्रवाह इस पेशी के संकुचन एवं प्रसार के कारण होता है। यह मूत्राशय, जठरान्त्र मार्ग में उपस्थित रहती हैं।

(iii) हृदय पेशी

- यह हृदय की दीवारों में पाई जाती हैं। हृदय पेशियाँ (Cardiac Muscles) स्वायत्त तन्त्रिका तन्तुओं से जुड़ी होती हैं। इसलिए ये अपने आप स्वतन्त्र रूप से बिना थके एक लय से जीवन भर धड़कती रहती हैं।
- इसमें उपस्थित अन्तर्विष्ट पट्टियाँ (Intercalated Discs) हृदय पेशियों (Cardiac Muscles) हेतु उत्तेजक लहर (Excitation Waves) के रूप में बूस्टर का कार्य करती हैं। इनका संकुचन मायोजेनिक (Myogenic) होता है, न्यूरोजेनिक (Neurogenic) नहीं।

पेशी संकुचन की क्रियाविधि

- रेखित पेशियों में गति, तन्त्रिकाओं की उत्तेजना के कारण होती है। प्रत्येक तन्त्रिका पेशी सन्धि पर **एसीटिलकोलीन** नामक न्यूरोट्रान्समीटर (Neurotransmitter) स्रावित होता है, जो पेशियों के संकुचन को प्रेरणा देता है।
- **ए एफ हक्सले** तथा **एच ई हक्सले** ने वर्ष 1965 में रेखित पेशियों के संकुचन की क्रियाविधि का विस्तृत अध्ययन किया।
- संकुचन के समय सार्कोमियर की लम्बाई घट जाती है, जिससे मायोफाइब्रिल सिकुड़ जाता है।
- संकुचन समाप्त होने पर मायोफाइब्रिल में शिथिलन होता है। पेशी संकुचन के लिए ऊर्जा ATP से प्राप्त होती है।
- पेशी का संकुचन प्रोटीनयुक्त **एक्टिन फिलामेन्ट** के कारण होता है। संकुचन हेतु Ca^{2+} आवश्यक होता है।

थकावट

- जब पेशियों को कुछ समय तक निरन्तर आकुंचन (Contraction) क्रिया करनी पड़ती है, तो इनमें आकुंचन क्रिया की क्षमता लगातार कम होती जाती है और पेशियों में लैक्टिक अम्ल के जमा हो जाने के कारण इनमें आकुंचन क्रिया बिल्कुल बन्द हो जाती है।
- इसी को थकावट (Fatigue) कहते हैं। कुछ समय पश्चात् यकृत द्वारा लैक्टिक अम्ल धीरे-धीरे ग्लूकोस में बदल जाता है और थकावट की दशा समाप्त हो जाती है।

कँपकँपी

कँपकँपी (Shivering) क्रिया का उद्देश्य शरीर के ताप को बढ़ाना है। जाड़े में कभी-कभी क्षणभर के लिए हमें अपने-आप कँपकँपी आ जाती है। यह कंकाल पेशियों की एक अनैच्छिक क्रिया होती है।

4. तन्त्रिका ऊतक

- तन्त्रिका ऊतक (Nervous Tissue), संवेदना को शरीर के एक भाग से दूसरे भाग में भेजने का कार्य करता है। इसका निर्माण एक्टोडर्म से होता है।
- यह ऊतक **तन्त्रिका कोशिका** या **न्यूरॉन** का बना होता है। न्यूरॉन में एक बड़ी कोशिका काय (Cell Body or Cyton or Perikaryon) पाई जाती है। इससे डेन्ड्राइट और एक्सॉन नामक प्रवर्ध निकलते हैं। लम्बे तन्त्रिका प्रवर्ध को **एक्सॉन** कहते हैं, एक न्यूरॉन के एक्सॉन की अन्तिम छोर की शाखाएँ दूसरे न्यूरॉन के डेन्ड्राइट्स से जुड़कर **सिनैप्स** (Synapse) बनाती हैं।
- आवेग का संचार एक्सॉन की एक कोशिका से दूसरी कोशिका के डेन्ड्राइट्स तक होने से होता है।
- कोशिका काय (Cell Body) में एक निसल्स के कण (Nissl's Granules) उपस्थित होते हैं।
- एक्सॉन की कोशिका कला को **एक्सोलेमा** तथा कोशिकाद्रव्य को **एक्सोप्लाज्म** कहते हैं। एक्सॉन दूरस्थ छोर पर छोटी-छोटी शाखाओं में विभाजित हो जाता है, जिन्हें **टीलोडेण्ड्रिया** कहते हैं।

वस्तुनिष्ठ प्रश्न

1. 'वीनस फूलों की टोकरी' किसका साधारण नाम है?
(a) *साइकन* (b) *यूप्लैक्टेला*
(c) *यूस्पॉन्जिया* (d) *ल्यूकोसोलीनिया*

2. स्पंजों का लक्षण है
(a) जलीय
(b) स्थलीय
(c) छिद्र युक्त शरीर
(d) सजीव तथा निर्जीव के बीच की कड़ी

3. कॉलर कोशिकाएँ पाई जाती हैं
(a) स्पंजों में
(b) *हाइड्रा* में
(c) सेण्ड कृमि में
(d) तारा मछली में

4. पोरीफेरा में कंकाल निर्माण करने वाली कोशिकाएँ होती हैं
(a) अमीबाणु
(b) संचाराणु
(c) स्कलीरोब्लास्ट
(d) आर्कियोसाइट कोशिका

5. स्पंजों के लिए कौन-सा लक्षण सार्वभौमिक (Universal) है?
(a) अरीय सममिति
(b) कैल्केरियम कंटिकाएँ
(c) समुद्रीय
(d) उच्च पुनरुद्भवन क्षमता

6. दंशकोशिका (Nematocyst) है, एक
(a) अंग (b) कोशिका
(c) कोशिका का समूह (d) कोशिका का भाग

7. *हाइड्रा* में जनन किसके द्वारा होता है?
(a) अनिषेकजनन (b) पुटी भवन
(c) बहुभ्रूणता (d) लैंगिक तथा अलैंगिक

8. सर्वप्रथम किस वैज्ञानिक ने प्रोटोजोआ का अध्ययन किया?
(a) ल्यूवेनहॉक ने (b) लिनियस ने
(c) अरस्तू ने (d) लैमार्क ने

9. मलेरिया रोग किस प्रोटोजोआ के कारण होता है?
(a) *ट्रिपैनोसोमा* (b) *प्लाज्मोडियम*
(c) *एण्टअमीबा* (d) इनमें से कोई नहीं

10. *पैरामीशियम में लैंगिक जनन किसके द्वारा होता है?*
(a) द्विखण्डन (b) संयुग्मन
(c) बहुविखण्डन (d) इनमें से कोई नहीं

11. निम्नलिखित में से प्रोटोजोआ नहीं है
(a) *अमीबा* (b) यूग्लीना
(c) *ल्यूकोसोलीनिया* (d) *पैरामीशियम*

12. जैली मछली किस वर्ग से सम्बन्धित है?
(a) सायफोजोआ (b) हाइड्रोजोआ
(c) एन्थोजोआ (d) इनमें से कोई नहीं

13. निम्न में से कौन एक सीलेण्ट्रेट है?
(a) समुद्री पैन (b) समुद्री मछली
(c) समुद्री अर्चिन (d) समुद्री खीरा

14. फीताकृमि पोषक से अपना भोजन किसके द्वारा प्राप्त करते हैं?
(a) चूषण के द्वारा
(b) खुरचन के द्वारा
(c) अध्यावरण से अवशोषण
(d) स्वतः पोषण के द्वारा

15. यकृत फ्लूक (Liver fluke) का मध्य पोषक है
(a) मनुष्य (b) सूअर
(c) घोंघा (d) मच्छर

16. ज्वाला कोशिकाएँ (Flame cells) पाई जाती हैं
(a) पोरीफेरा में
(b) सीलेण्ट्रेटा में
(c) प्लेटीहैल्मिन्थीज में
(d) एस्केहैल्मिन्थीज में

17. *टीनिया सोलियम* का मुख्य लक्षण है?
(a) आसंजन के लिए अंकुशों की उपस्थिति
(b) पाचन तन्त्र की अनुपस्थिति
(c) बाह्य रूप से विभाजित शरीर
(d) उपरोक्त सभी

18. गोलकृमि, चपटे कृमि से किसकी उपस्थिति के कारण भिन्न होते हैं?
(a) कूट प्रगुहा की
(b) ज्वाला कोशिकाओं की
(c) खण्डयुक्त शरीर की
(d) एन्जाइमों के निर्माण की

19. बच्चों में पाया जाने वाला सामान्य कृमि है
(a) *एन्टेरोबियस वर्मीक्युलेरिस*
(b) *ऑक्सीयुरिस वर्मीक्युलेरिस*
(c) *ड्रेक्नक्युलस मेडीनेन्सिस*
(d) *ब्रुजिया मलाई* तथा *ब्रुजिया टिमोरी*

20. केंचुए के उत्सर्जी अंग हैं
(a) ज्वाला कोशिकाएँ (b) प्रगुहा
(c) नेफ्रीडिया (d) पेषणी

21. *फैरेटिमा* में रुधिर परिवहन तन्त्र होता है
(a) बन्द (b) पार्वीय
(c) अधरीय (d) अध्यावरणी

22. प्रगुहीय द्रव्य (Coelomic fluid) में गति किसके गमन में सहायक है?
(a) तारामीन (b) *हाइड्रा*
(c) मेंढक (d) केंचुआ

23. केंचुए में अण्डाशय किस खण्ड में उपस्थित होते हैं?
(a) 13वें (b) 9वें
(c) 10वें (d) 26वें

24. केंचुए में वृषण किन खण्डो में उपस्थित होते हैं?
(a) 12 तथा 13वें (b) 10 तथा 11वें
(c) 14 तथा 15वें (d) 17 तथा 18वें

25. किसके रुधिर प्लाज्मा में हीमोग्लोबिन घुला रहता है?
(a) मेंढक के (b) खरगोश के
(c) तिलचट्टा के (d) केंचुए के

26. केंचुए का मुख्य नाइट्रोजन युक्त उत्सर्जी पदार्थ है
(a) यूरिक अम्ल (b) अमोनिया
(c) यूरिया (d) अमीनो अम्ल

27. घरेलू मक्खी निम्न में से किस रोग के अतिरिक्त, सभी रोगों का संचार करती है?
(a) पेचिश के (b) टायफॉइड के
(c) हैजा के (d) पीत ज्वर के

28. आर्थ्रोपोड में किसकी कमी होती है?
(a) पक्ष्माभ की
(b) सन्धि युक्त उपांग की
(c) श्वसन अंग की
(d) खण्डयुक्त शरीर की

29. कीटों का लक्षण है
(a) संयुक्त नेत्र
(b) काइटिन युक्त बाह्य कंकाल
(c) खण्डयुक्त शरीर
(d) तीन जोड़ी पाद

30. घरेलू मक्खी का मैगॉट (Maggot) होता है
(a) प्यूपा (b) लार्वा
(c) कोशस्थ (d) पूर्णकीट

31. मच्छर द्वारा नहीं फैलता है
(a) मलेरिया (b) हैजा
(c) डेंगू (d) फाइलेरिया

32. निम्न में से कौन मोलस्का से सम्बन्धित हैं?
(a) कटल मीन तथा *पाइला*
(b) सिल्वर मछली तथा तारामीन
(c) समुद्री अर्चिन तथा सागर तारा
(d) पंख तारा तथा समुद्री खीरा

33. *ऑक्टोपस*, स्क्विड तथा कटल मछली किससे सम्बन्धित है?
(a) स्केफोपोडा (b) एपोडा
(c) डेकापोडा (d) सिफैलोपोडा

34. पाद नलिकाएँ पाई जाती है
(a) तिलचट्टे में (b) कटलमीन में
(c) कैटफिश में (d) तारामीन में

35. अरीय सममिति पाई जाती है
(a) *एनॉफिनीज* में (b) तिलचट्टे में
(c) *ऐस्टेरिआस* में (d) घोंघे में

36. तारामीन किससे सम्बन्धित है?
(a) क्राईनॉइडिया से (b) एस्टीरॉइडिया से
(c) ऑफियूरॉइडिया से (d) होलोथ्यूरॉइडिया से

37. निम्न में कौन इकाइनोडर्मेटा का सदस्य नहीं है?
(a) तारामीन (b) समुद्री लिलि
(c) *एस्कैरिस* (d) ऑफियूथ्रिक्स

38. कॉर्डेटा का लक्षण है
(a) श्वासरन्ध्र
(b) पश्च गुदा पुच्छ
(c) दोनों (a) और (b)
(d) काइटिन युक्त बाह्य कंकाल

39. कौन-सा शीत रुधिर तापी जन्तु है?
(a) कंगारू (b) कबूतर (c) शार्क (d) खरगोश

40. निम्न में से कौन जरायुजी (Viviparous) है?
(a) शार्क (b) मेंढक
(c) फुफ्फुस मीन (d) अस्थियमीन

41. समुद्री घोड़ा किसका उदाहरण है?
(a) सरीसृप का (b) स्तनधारी का
(c) पक्षी का (d) मत्स्य का

42. *इक्यियोफिस* किससे सम्बन्धित है?
(a) मोलस्का से (b) सरीसृप से
(c) एनीलिडा से (d) उभयचर से

43. उभयचरों का हृदय होता है
(a) त्रिकोष्ठीय (b) चार कोष्ठीय
(c) द्विकोष्ठीय (d) एक कोष्ठीय

44. निम्न में से कौन एक सत्य उभयचर नहीं है?
(a) टोड (b) सेलामेण्डर
(c) कछुआ (d) मेंढक

45. मेंढक की त्वचा में उपस्थित ग्रन्थियाँ होती हैं
(a) स्वेद तथा वसामय ग्रन्थियाँ
(b) स्वेद तथा स्तन ग्रन्थियाँ
(c) स्वेद तथा श्लेष ग्रन्थियाँ
(d) श्लेष्म तथा विष ग्रन्थियाँ

46. एक विषहीन सर्प है
(a) वाइपर (b) *बंगेरस*
(c) *पाइथन* (d) समुद्री साँप

47. सर्प की विष ग्रन्थि किसमें रूपान्तरित होती है?
(a) अधोजिव्हा में (b) जिव्हा में
(c) जम्भिका में (d) कर्णपूर्व में

48. कोबरा का विष किसे प्रभावित करता है?
(a) तन्त्रिका तन्त्र को (b) श्वसन तन्त्र को
(c) परिसंचरण तन्त्र को (d) पाचन तन्त्र को

49. सींग भेक (Horn toad) है, एक
(a) स्तनधारी (b) उभयचर
(c) सरीसृप (d) मीन

50. निम्न में कौन सर्प नहीं है?
(a) काँच गोधिका (b) रैटल सर्प
(c) करेट (d) वाइपर

51. सबसे तेज उड़ने वाला पक्षी है
(a) एमू (b) *एल्बैट्रॉस*
(c) *पिस्टेकुला* (d) *फैल्कॅन*

52. पक्षियों में सक्रिय अण्डाशय तथा अण्डवाहिनी है
(a) दाईं
(b) बाईं
(c) दायाँ अण्डाशय, बाईं अण्डवाहिनी
(d) दायाँ अण्डाशय, दोनों अण्डवाहिनी

53. *आर्किओप्टेरिक्स* है
(a) विलुप्त पक्षी (b) विलुप्त स्तनधारी
(c) तारामीन (d) समुद्री मछली

54. किस की अस्थियों में अस्थि मज्जा अनुपस्थित होती है?
(a) पक्षियों की (b) सरीसृपों की
(c) उभयचरों की (d) मत्स्यों की

55. एक पक्षी जो दाँतों के लिए जाना जात है
(a) गिद्ध (b) कीवी
(c) डोडो (d) *आर्किओप्टेरिक्स*

56. उड़न क्षमता रहित (Flight less) पक्षी कौन है?
(a) *एल्बेट्रॉस* (b) एमू
(c) क्रेन (d) *फ्लेमिनोज*

57. पक्षी की उड्डयन पेशियाँ किससे जुड़ी होती हैं?
(a) क्लैविकल से (b) स्टनर्म की कील से
(c) स्कैपुला से (d) कोराकॉयड से

58. पेंग्विन में होते हैं
(a) लम्बे पैर
(b) चप्पू के समान पँख
(c) अण्डे रखने के लिए कोष्ठ
(d) दो आगे की ओर तथा दो पीछे की ओर निर्देशित पाद

59. ऐसा स्तनधारी जो अण्डे देता है
(a) शल्कीय चींटी खोर (b) काँटेदार चींटी खोर
(c) हैडहॉग (d) सेही

60. कंगारु है
(a) जरायुजी (b) अण्डज
(c) अण्डजरायुजी (d) इनमें से कोई नहीं

61. निम्न में से कौन मॉरीशस से विलुप्त हो चुका है?
(a) शेर
(b) डोडो
(c) चीता
(d) दो सीगों वाला गैंडा

62. कृन्तकों (Rodents) में होते हैं
(a) लम्बे काँटे (b) शूक
(c) लम्बे कृन्तक (d) लम्बे रदनक

63. ऐसा स्तनधारी जिसमें दोनों (नर तथा मादा) दूध उत्पादन करते हैं
(a) *पाइथन* (b) *एकिडना*
(c) *मैक्रोपेपस* (d) *डाइडैलिफिस*

64. निम्नलिखित में से कौन-सा कथन सत्य नहीं है?
(a) संघ-पोरीफेरा के जन्तु, जिन्हें स्पंज कहते है, में जनन केवल अलैंगिक, मुकुलन के द्वारा होता है
(b) संघ-सीलेण्ट्रेटा के बहुत-से रूपों में कोरल बनाने के लिए चूने का बना बाह्य कंकाल पाया जाता है
(c) संघ-एनीलिडा के जन्तु नम मृदा, स्वच्छ जल तथा समुद्र में मिलते हैं
(d) संघ-इकाइनोडर्मेटा के जन्तुओं में शरीर सतह, पूर्ण रूप से केल्कैरियस काँटों से घिरी रहती है

65. जीवधारियों के विकास में सही कालानुक्रम (Chronological sequence) क्रम जिसमें चमगादड़, शुतुरमुर्ग, समुद्री घोड़ा तथा कछुआ प्रकट होते हैं/है
(a) कछुआ, शुतुरमुर्ग, समुद्री घोड़ा, चमगादड़
(c) चमगादड़, कछुआ, शुतुरमुर्ग, समुद्री घोड़ा
(c) शुतुरमुर्ग, चमगादड़, समुद्री घोड़ा, कछुआ
(d) समुद्री घोड़ा, कछुआ, शुतुरमुर्ग, चमगादड़

66. निम्न में से कौन-सा कथन सही है?
(a) सभी कॉर्डटा कशेरुकी होते हैं, परन्तु सभी कशेरुकी कॉर्डटा नहीं होते हैं
(b) सभी कॉर्डटा कशेरुकी होते हैं, परन्तु सभी कशेरुकी कॉर्डटा भी होते हैं
(c) सभी कशेरुकी कॉर्डटा होते हैं, परन्तु सभी कॉर्डटा, कशेरुकी नहीं होते हैं
(d) सभी अकशेरुकी कॉर्डटा होते हैं, परन्तु सभी कशेरुकी कॉर्डटा नहीं होते हैं

67. सेस्टोड्स (Cestodes) में अण्डा पूर्ण (Gravid) देहखण्डों का शरीर से अलग होना कहलाता है
(a) प्रमोचन (b) स्वांगोच्छेदन
(c) शावकी जनन (d) स्वतः भोजिता

68. *टीनिया* में उत्सर्जन के लिए कौन-सी संरचनाएँ होती हैं?
(a) सोलेनासोइट्स
(b) क्लोम
(c) नेफ्रिडिया
(d) उपरोक्त में से कोई नहीं

69. *चीनोपोडियम* के तेल का उपयोग किस रोग में करते हैं?
(a) एस्कैरिएसिस (b) मलेरिया
(c) फाइलेरिएसिस (d) टायफॉइड

70. *ल्यूकोसोलीनिया* में थीसोसाइट्स का कार्य होता है
(a) श्लेष्म स्रावण (b) जनन
(c) पोषक पदार्थ संग्रहण (d) भ्रूणीय संरक्षण

71. मनुष्य में मलेरिया परजीवी की खोज करने वाले वैज्ञानिक थे
(a) रोनाल्ड रॉस (b) चार्ल्स लैवरॉन
(c) लुईस पाश्चर (d) ग्रासी

72. मलेरिया परजीवी के जीवन-चक्र में शाइजॉण्ट कहाँ बनता है?
(a) RBC में
(b) यकृत में
(c) दोनों (a) और (b) में
(d) केवल मादा *एनॉफिलीज* के आमाशय

73. बाथ स्पंज होता है
(a) *यूप्लैक्टेला*
(b) *स्पांजिला*
(c) *यूस्पांजिया*
(d) स्पंज का सूखा कंकाल

74. *हाइड्रा* में दंश कोशिकाओं की उत्पत्ति होती है
(a) बाह्य चर्म से (b) अन्तः चर्म से
(c) मीसेनकाइम से (d) मध्यजनस्तर से

75. मोती उद्योग के लिए कौन-सा स्पंज हानिकारक है?
(a) *यूस्पांजिया* (b) *क्लिओना*
(c) *कैलाइना* (d) *ल्यूकोसोलीनिया*

76. जापान में कौन-सा स्पंज भेंट में दिया जाता है?
(a) *हायलोनीमा* (b) *यूप्लैक्टेला*
(c) *टेथ्या* (d) *ल्यूकोसोलीनिया*

77. जातियों की संख्या के आधार पर सबसे बड़ा संघ है।
(a) प्रोटोजोआ (b) आर्थ्रोपोडा
(c) प्लेटीहैल्मिन्थीज (d) कॉर्डटा

78. प्रोटोजोआ का कौन-सा वर्ग केवल परजीवियों का है?
(a) प्लाज्मोड्रोमा (b) सीलिएटा
(c) मैस्टीगोफोरा (d) स्पोरोजोआ

79. *टीनिया सोलियम* का सिस्टीसर्कस लार्वा पाया जाता है
(a) मनुष्य में (b) भेड़ में
(c) सुअर में (d) घोंघा में

80. निम्न में से *ऐस्कैरिस* का लार्वा कौन-सा है?
(a) रहैब्डीटीफार्म (b) ट्रोकोफोर
(c) वेलिजर (d) ग्लोकीडियम

81. कॉकरोच से आने वाली तीव्र दुर्गन्ध का कारण है
(a) फैलिक ग्रन्थि का स्रावण
(b) कोलोटिरियल ग्रन्थि का स्रावण
(c) फेरोमोन का स्रावण
(d) क्योंकि यह गन्दी नालियों में रहता है

82. जापान में किसे मोती उद्योग का जनक कहा जाता है?
(a) वॉन मोल (b) हेकल
(c) कोकीची मिकिमोटो (d) कैटू

83. केंचुएँ में कौन-से खण्ड में हृदय होता है
(a) 8th 12th, 13th खण्ड में
(b) 10th, 12th, 13th खण्ड में
(c) 7th, 9th 12th, 13th खण्ड में
(d) 15th, 16th, 17th, 18th खण्ड में

84. केंचुएँ में पोरफाइरिन वर्णक का कार्य है
(a) वृक्क (b) यकृत
(c) त्वचा (d) आहारनाल

85. केंचुए की क्लोरोगोगन कोशिकाएँ समरूप होती है
(a) रुधिर में, O_2 का संवहन
(b) त्वचा में भोजन निर्माण
(c) शरीर की हानिकारक पराबैंगनी किरणों से रक्षा
(d) उत्सर्जन में सहायक

86. लॉरर की नलिका (Laurer's canal) किसमें पाई जाती हैं?
(a) *फैशिओला* में (b) *टीनिया* में
(c) *एस्कैरिस* में (d) कॉकरोच में

87. टर्बिलेरियन होते हैं
(a) स्वतन्त्र जीवी (b) बाह्य परजीवी
(c) अन्तः परजीवी (d) चपटे कृमि

88. *फैशिओला हिपेटिका* पाया जाता है
(a) भेड़ की आँत में (b) भेड़ के यकृत में
(c) मनुष्य के यकृत में (d) भेड़ के आमाशय में

89. कॉकरोच का हृदय होता है
(a) 13 कक्षों वाला (b) 12 कक्षों वाला
(c) 11 कक्षों वाला (d) 10 कक्षों वाला

90. पक्षियों की विश बोन बनती है
(a) अंश मेखला से (b) पश्चपाद से
(c) करोटि से (d) श्रोणि मेखला से

91. *एस्कैरिस* के लार्वा का प्रथम निर्मोचन होता है
(a) मृदा में (b) फुफ्फुस में
(c) आँत में (d) अण्ड में

92. एम्निओटा समूह में कौन-से जन्तु आते हैं?
(a) पक्षी एवं सरीसृप
(b) पक्षी एवं स्तनी
(c) सरीसृप एवं स्तनी
(d) सरीसृप, पक्षी एवं स्तनी

93. खरगोश में शुक्राणुओं का पोषण व संग्रहण होता है
(a) वृषण (b) अधिवृषण
(c) वासा इफरेंशिया (d) स्पर्मेटिक कॉर्ड

94. पूर्णतया जरायुज है
(a) अस्थि मछलियाँ (b) उपास्थि मछलियाँ
(c) शार्क (d) व्हेल्स

95. नर खरगोश की ग्रन्थि है
(a) फेलिक ग्रन्थि (b) मशरूम ग्रन्थि
(c) प्रोस्टेट ग्रन्थि (d) कांग्लोबेट ग्रन्थि

96. खरगोश में निषेचन के कितने समय बाद गर्भाशय में भ्रूण का आरोपण (Implantation) होता है?
(a) 4 दिन (b) 6 दिन
(c) 9 दिन (d) 12 दिन

97. खरगोश में अण्डवाहिनी (Oviduct) का अग्र फूला हुआ भाग कहलाता है
(a) पक्ष्माभित कीप (b) गर्भाशय
(c) वेजाइना (d) वेस्टीब्यूल

98. खरगोश के वीर्य में क्षारकता का कारण है
(a) बार्थोलिन ग्रन्थि
(b) काउपर ग्रन्थि
(c) पेरीनियल ग्रन्थि
(d) ये सभी

99. अण्डजता (Oviparity) पाई जाती है
(a) व्हेल में (b) चमगादड़
(c) पेन्गुइन (d) ओटर

100. मादा खरगोश का क्लिटोरिस (Clittoris) है
(a) पेनिस का समजात अंग
(b) मादा का क्रियाशील शिश्न
(c) नर का अक्रिय शिश्न
(d) इनमें से कोई नहीं

101. सभी कृमि होते हैं
(a) असममित (b) अरीय सममित
(c) द्विस्तरीय (d) त्रिस्तरीय

102. मेटामॉरफोसिस किसमें नहीं होता है?
(a) पॉलीकीटा
(b) ऑलिगोकीटा (केंचुआ)
(c) निडेरिया
(d) ये सभी

103. मछलियों का सबसे अच्छा जलपात्र संग्रहालय कहाँ है?
(a) मुम्बई (b) चेन्नई
(c) कोलकाता (d) त्रिवेन्द्रम

104. किसमें वक्ष भाग नहीं होता है?
(a) व्हेल (b) गिलहरी
(c) सेन्टीपीड (d) रेशम कीट

105. कशेरुकियों की आँत के फीताकृमि अपना पोषण करते हैं
(a) चूषकों द्वारा खाद्य कणों के अन्तर्ग्रहण से
(b) हुकों द्वारा पोषण की आन्त्रीय दीवार को खुरच कर
(c) स्वयं अपने शरीर में पोषक पदार्थों के संश्लेषण द्वारा
(d) अपनी त्वचा से तरल पदार्थों के अवशोषण द्वारा

106. क्रोकोडाइल और ऐलीगेटर दोनों में श्वसनांग होते हैं
(a) केवल जलीय
(b) जलीय तथा सहायक वायुवीय
(c) केवल वायुवीय
(d) वायुवीय तथा सहायक जलीय

107. इनमें से कौन सीलेण्ट्रेट है
(a) समुद्री एनीमॉन
(b) समुद्री खीरा
(c) समुद्री गाय
(d) समुद्री अश्व

108. किसके जीवन-चक्र में मिरैसिडियम या सरकेरिया प्रावस्था होती है?
(a) जोंक (b) *टीनिया*
(c) *एस्कैरिस* (d) *फैशिओला*

109. अलवणजलीय तालाब न रहें तो कौन-से परजीवी का अस्तित्व नहीं रहेगा
(a) *टीनिया सोलियम*
(b) *एस्कैरिस लुम्ब्रीकॉइडिस*
(c) *फैशिओला* तथा *वूचेरेरिया बैंक्रोफ्टाई*
(d) *एण्टआमीबा*

110. समुद्र तल के जन्तु सतह पर नहीं आ सकते, क्योंकि
(a) इनमें तैरने के लिए अंग नहीं होते
(b) सतह के पास जल की दाब कम होती है
(c) इन्हें गुरुत्वाकर्षण के विरुद्ध तैरना पड़ेगा
(d) बड़े जन्तु इन्हें खा जाएँगें

111. इनमें से कौन-सी वास्तविक मछली है?
(a) क्रेफिश (b) फ्लाइंग फिश
(c) कटलफिश (d) सिल्वर फिश

112. पर्ल ओइस्टर में मोती बनता है
(a) मत्स्यकन्या के आंसू से
(b) वर्षा की पहली बूंद से
(c) उस अण्डे से, जो शरीर से बाहर नहीं निकल पाता
(d) त्वचा में धंसे किसी बाहरी कण के चारों ओर

113. वायुआशय होता है
(a) स्तनियों का उत्सर्जी अंग
(b) अस्थीय मछलियों का द्रव्यस्थैतिक अंग
(c) पक्षियों का श्वसनांग
(d) एक निडेरियन

114. मछलियों के हृदय की विशेषता
(a) इनमें केवल शुद्ध रुधिर होता है
(b) इनमें केवल अशुद्ध रुधिर होता है
(c) दोनों (a) व (b)
(d) इनमें रुधिर होता ही नहीं

115. किसके जीवन-चक्र में मेड्यूसा पाया जाता है?
(a) *हाइड्रा* (b) तारामीन
(c) *ओबेलिया* (d) इनमें से कोई नहीं

116. कोब्रा-दंश में रोगी की मृत्यु का कारण होता है
(a) RBCs का विनाश
(b) पेशियों का स्थायी संकुचन
(c) तन्त्रिकाओं की निष्क्रियता
(d) उपरोक्त में से कोई नहीं

117. कोरल चट्टानें कौन-से जन्तु बनाते है?
(a) मोलस्क (b) इकाइनोडर्म
(c) सीलेन्ट्रेट्स (d) प्रोटोजोआ

118. किस संघ में वयस्क अरीय एवं लार्वा द्विपार्श्वीय सममिति वाली होती है?
(a) तारामीन तथा अन्य इकाइनोडर्मेटा
(b) निडेरिया
(c) निमैटोडा
(d) मोलस्का

119. सिस्टिसर्कस होता है
(a) *टीनिया* की लार्वा प्रावस्था
(b) *मोनोसिस्टिस* की संक्रमण प्रावस्था
(c) मेंढक के अन्तः कर्ण का एक भाग
(d) कॉकरोच का एक उदर उपांग

120. *पैरामीशियम* में जननिक पदार्थ का आदान-प्रदान किस प्रकिया में होता है
(a) द्विविभाजन (b) संयुग्मन
(c) एण्डोमिक्सिस (d) परिकोष्ठन

121. ओवोटेस्टिस होता है
(a) कॉकरोच में (b) झींगुर में
(c) द्विलिंगी घोंघों में (d) मक्खी में

122. फीताकृमि की कौन-सी प्रावस्था मानव के लिए संक्रामक होती है?
(a) मिरेसिडियम (b) सरकेरिया
(c) ब्लैडरवर्म (d) इनमें से कोई नहीं

123. वास्तविक सीलोम किसमें एक चीर के रूप में बनती है?
(a) एण्डोडर्म
(b) मीसोडर्म
(c) एक्टोडर्म
(d) एक्टोडर्म एवं एण्डोडर्म के बीच में

124. 'समुद्री शेर' किसका सदस्य है?
(a) उपवर्ग-प्रोटोथीरिया (b) वर्ग-सरीसृप
(c) गण-कार्नीवोरा (d) समूह-पाइसेज

125. स्थानबद्ध जन्तु जलीय होते हैं ताकि ये
(a) जलधारा उत्पन्न करके खाद्य कण एवं O_2 आसानी से प्राप्त कर सकें
(b) स्थलीय शत्रुओं से अपनी रक्षा कर सकें
(c) रोगाणुओं से सुरक्षित रह सकें
(d) जल का आनन्द ले सकें

126. पक्षियों के वायु-कोष किसमें सहायक होते हैं?
(a) रुधिर परिसंचरण में
(b) ताप नियन्त्रण में
(c) शरीर भार को कम करने में
(d) शरीर को गर्म रखने में

127. किसका प्रभाव चमगादड़ के 'ध्वनि आवृति उपकरण' पर नहीं पड़ेगा?
(a) केवल नेत्रों को ढकना
(b) कानों को बन्द करना
(c) पूरी थूथन को ढक देना
(d) नेत्रों को ढकना और कानों को बन्द करना

128. रजतमछली (सिल्वर फिश) होती है एक
(a) कीट (b) निडेरियन
(c) क्रस्टेशियन (d) मछली

129. *टीनिया* तथा अन्य फीताकृमियों में आहारनाल नहीं होती, क्योंकि ये भोजन ग्रहण करते है
(a) मुख द्वारा (b) चूषकों द्वारा
(c) त्वचा द्वारा (d) ये सभी

130. इनमें से कौन-सा सेट वर्गीकरण के दृष्टिकोण से ठीक है?
(a) संघों के रूप में एनीलिडा एवं प्रोटोजोआ
(b) संघों के रूप में आर्थ्रोपोडा एवं हाइड्रोजोआ
(c) संघों के रूप में क्रस्टेशिया एवं ओलीगोकीटा
(d) वर्गों के रूप में एवीज एवं कॉर्डेटा

131. मोलस्का का वह वर्ग जिसके सदस्यों में, सिर पर, कशेरुकियों की भाँति, बड़ी-बड़ी आँखें होती है
(a) गैस्ट्रोपोडा (b) बाइवाल्विया
(c) पेलिसीपोडा (d) सिफैलोपोडा

132. पादविहीन उभयचर
(a) *इक्थियोफिस* (b) *हाइला*
(c) *ऐम्बिस्टोमा* (d) *नेक्टयूरस*

133. यकृत कृमि के जीवन-चक्र की वह प्रावस्था, जो प्राथमिक पोषद के लिए संक्रामक होती है
(a) *सिस्टीसरकस* (b) *रीडिया*
(c) *स्पोरोजोइट* (d) *सरकेरिया*

134. बिना अपवाद के सारी स्पंजे
(a) समुद्री होती हैं
(b) इनमें कंटिकाएँ होती हैं
(c) इनमें स्पंजिन धागे होते हैं
(d) इनमें स्पंजोसील और कशाभयुक्त की कोशिकाएँ होती हैं

135. अरीय सममिति वाले जन्तु प्रायः
(a) जलवासी होते हैं
(b) इनमें आहारनाल केवल एक ही छिद्र से बाहर खुलती है
(c) किसी आधार वस्तु से चिपके रहते हैं
(d) सिलियरी विधि से भोजन ग्रहण करते हैं

136. काँटेदार कीटभक्षी होता है
(a) ऑस्ट्रिया का स्तनी
(b) ऑस्ट्रेलिया का स्तनी
(c) भारत का पक्षी
(d) आस्ट्रेलिया का सरीसृप

137. अधोलिखित समुच्चय (Sets) में से कौन-सा एक ही संघ से सम्बद्ध है?
(a) *अमीबा, हाइड्रा, पैरामीशियम*
(b) चमगादड़, कबूतर, केंचुआ
(c) जोंक, तोता, मक्खी
(d) तिलचट्टा/कॉकरोच, खटमल, मच्छर

138. आर्थ्रोपोडा संघ के सदस्यों में कौन-सा अधोलिखित लक्षण नहीं होता है?
(a) बाह्य कंकाल जो काइटिन से बना होता है
(b) संयुक्त नेत्र
(c) मैल्पीघी नलिकाओं द्वारा उत्सर्जन
(d) साधारणतया एक बन्द प्रकार का रुधिर परिसंचरण तन्त्र

139. वह संघ जिसके जन्तु भूमि पर, जल में रहते हैं एवं उड़ भी सकते है
(a) आर्थ्रोपोडा (b) प्रोटोजोआ
(c) मोलस्का (d) इकाइनोडर्मेटा

140. कटलफिश किस समूह से सम्बद्ध है?
(a) टीलियोस्टिआई (b) मोलस्का
(c) आर्थ्रोपोडा (d) इकाइनोडर्मेटा

141. अधोलिखित में से वर्गों एवं उसके कुछ प्रमुख लक्षणों का कौन-सा मिलता-जुलता सैट है?
(a) स्पोरोजोआ–बीजाणु द्वारा संक्रमण, मध्यस्थ पोषक द्वारा संचरण एवं संकुचनशील धानी
(b) ट्रिमैटोड–भली प्रकार विकसित चूषक, चपटा अखण्डित शरीर
(c) एरेक्निडा–तीन जोड़ी पाद, काइटिनी बाह्य कंकाल एवं जहरीला डंक
(d) इन्सेक्टा (कीट वर्ग)–संयुक्त नेत्र विखण्डित शरीर एवं वृक्कक

142. इकाइनोडर्मेटा के लिए यह शब्द अनुचित है
(a) मैड्रीपोराइट (b) पदीय
(c) समुद्री (d) द्विपार्श्व सममिति

143. इनमें से कौन-सा संघ वास्तविक देहगुहा की अनुपस्थिति द्वारा जाना जा सकता है?
(a) इकाइनोडर्मेटा संघ
(b) निमेटोडा-सूत्रकृमि संघ
(c) एनीलिडा संघ
(d) मोलस्का संघ

144. *अमीबा* में पादाभ की गति का कारण है
(a) तापमान में परिवर्तन
(b) वायुमण्डल में परिवर्तन
(c) श्यानता में परिवर्तन
(d) दाब में परिवर्तन

145. प्रोटोजोआ का प्रचलनांगक (Locomotary organelle) नहीं है
(a) कशाभिक (b) पक्ष्माभ
(c) शूक (d) पादाभ

146. एक सक्रिय रूप से गति करते हुए *अमीबा* में प्लाज्माजेल के विजैलन में परिवर्तन सामान्य रूप से घटित होगा
(a) पश्च छोर पर
(b) अग्र छोर पर
(c) खाद्य धानियों के चारों ओर
(d) अग्र छोर से थोड़ा पीछे

147. *अमीबा* में संकुचनशील धानी का उद्देश्य है
(a) परासरण नियमन एवं नाइट्रोजनी अपशिष्टों को बाहर निकालने के लिए
(b) जल की अतिरिक्त मात्रा को बाहर निकालना
(c) परासरण नियमन तथा अपच भोजन का उत्सर्जन
(d) नाइट्रोजनी अपशिष्टों का त्यागना

148. जिस पूर्वज जीव (Ancestral form) से पादप और जन्तु विकसित हुए है उससे कौन-सा प्रोटोजोआ मिलता-जुलता है?
(a) *अमीबा* (b) *पैरामीशियम*
(c) *यूग्लीना* (d) *प्लाज्मोडियम*

149. यदि किसी *अमीबा* को लवणीय जल में स्थापित कर दिया जाए, इसकी संकुचनशील धानी
(a) बढ़ेगी (b) अदृश्य होगी
(c) गुणन करेगी (d) फट जाएगी

150. प्रतिकूल परिस्थितियों में *अमीबा* जनन करता है
(a) द्विखण्डन द्वारा (b) संयुग्मन द्वारा
(c) परिकोष्ठन द्वारा (d) अन्तः मिश्रण द्वारा

151. *एण्टअमीबा हिस्टोलिटिका* का प्रसरण होता है
(a) मादा *एनॉफिलीज* मच्छर द्वारा
(b) वायु द्वारा
(c) चुम्बन द्वारा
(d) सन्दूषित भोजन एवं जल द्वारा

152. *एण्टअमीबा हिस्टोलिटिका* की एक पुटी (Cyst) से कितने *एण्टअमीबा* बाहर निकलते है
(a) आठ (b) चार
(c) दो (d) एक

153. *एण्टअमीबा हिस्टोलिटिका* में उत्सर्जन घटित होता है
(a) संकुचनशील धानी द्वारा
(b) सामान्य सतह द्वारा
(c) खाद्य धानी
(d) इनमें से कोई नहीं

154. मानव में *प्लाज्मोडियम* की संक्रामक अवस्था है
(a) दीर्णक शाइजॉन्ट (b) पोष जीवाणु
(c) बीजाणुज (d) अमीबाभ

155. मच्छर की आहारनाल में पाचन के समय *प्लाज्मोडियम* की कौन-सी अवस्था पलायन करती है?
(a) बीजाणुज, स्पोरोज्वाइट
(b) युग्मकजनक, गैमीटोसाइट
(c) पोषजीवाणु, ट्रोफोज्वाइट
(d) खण्डजाणु, मीरोज्वाइट

156. संघ–पोरीफेरा का वर्गीकरण मुख्य रूप से इस पर आधारित है
(a) नलिका तन्त्र
(b) कंकाल
(c) कीप कोशिका आकृति पर
(d) कीप कोशिकाओं पर

157. कौन-सी कोशिकाएँ स्पंजों के शरीर से जल-धारा को बनाए रखती है?
(a) अमीबी कोशिकाएँ (b) रंध्राणु कोशिकाएँ
(c) कीप कोशिकाएँ (d) सपाट कोशिकाएँ

158. इनमें से कौन, स्पंज में अनुपस्थित है?
(a) तन्त्रिका कोशिकाएँ (b) संवेदी कोशिकाएँ
(c) ग्रन्थि कोशिकाएँ (d) ये सभी

159. *ल्यूकोसोलीनिया* में किस प्रकार का नलिका तन्त्र पाया जाता है?
(a) एस्कॉन (b) रहैगॉन
(c) ल्यूकॉन (d) साइकॉनाभ

160. *हाइड्रा* है
(a) उभयलिंगाश्रयी
(b) जरायुज
(c) एकलिंगाश्रयी
(d) लैंगिक अंगों (जननांगों) का अभाव

161. प्रचलन का मैथुन से सम्बन्ध नहीं है
(a) कॉकरोचों में (b) केंचुए में
(c) गृह-मक्खी में (d) *हाइड्रा* में

162. संघ-सीलेण्ट्रेटा को स्थापित किया गया है
(a) संगठन के कोशिकीय स्तर पर
(b) संगठन के अंग स्तर पर
(c) संगठन के ऊतक स्तर पर
(d) संगठन के अंगतन्त्र स्तर पर

163. निम्नलिखित में से *हाइड्रा* की एक कोशिका में कशाभिका एवं पादाभ दोनों पाए जाते हैं
(a) संवेदी कोशिकाएँ (b) ग्रन्थि कोशिकाएँ
(c) उपकला कोशिकाएँ (d) पोषक कोशिकाएँ

164. *हाइड्रा* है
(a) समुद्री, अरीय सममिति एवं द्विस्तरीय
(b) अलवणजलीय, द्विअरीय सममिति
(c) अलवणजलीय, अरीय सममिति एवं द्विस्तरीय
(d) अलवणजलीय, अरीय सममिति एवं त्रिस्तरीय

165. *हाइड्रा* में उपकला पेशी कोशिकाएँ पाई जाती है
(a) अन्तस्त्वचा में (b) बाह्यत्वचा में
(c) दोनों (a) व (b) में (d) इनमें से कोई नहीं

166. *फैरेटिमा पोस्थूमा* के खण्ड 7वें व 9वें में केवल संरचना उपस्थित है
(a) पार्श्व हृदय (b) ग्रसनी वृक्क
(c) गुच्छिका (d) शुक्र ग्राहिका

167. यकृत पर्णाभ की स्थिति में मध्यवर्ती परपोषी है
(a) घोंघा (b) सूअर (c) मनुष्य (d) मक्खी

168. मादा *एस्कैरिस* को नर से पहचाना जा सकता है
(a) देह के पश्च मुड़े हुए भाग से
(b) देह के पश्च सीधे भाग से
(c) मैथुन शूक
(d) आकार में छोटा होने से

169. *एस्कैरिस* की देहभित्ति एवं आहारनाल के मध्य का स्थान जाना जाता है
(a) आभासी देहगुहा (b) प्रगुहा
(c) अप्रगुहा (d) इनमें से कोई नहीं

170. परजीवी, जो कोई आहारनाल नहीं रखते
(a) हुककृमि (b) केंचुआ
(c) फीताकृमि (d) इनमें से कोई नहीं

171. *ऐस्कैरिस* के लिए कौन-सा विवरण सही नहीं है?
(a) नर में पश्च गुच्छ छोर मुड़ा होता है
(b) यह प्रगुही है
(c) कूटगुहिक है
(d) नर में मैथुन शूक उपस्थित है

172. केंचुए का रुधिर संवहन तन्त्र है
(a) खुले प्रकार का (b) बन्द प्रकार का
(c) निवाहिका प्रकार का (d) इनमें से कोई नहीं

173. पीत ज्वर फैलता है
(a) मादा *क्यूलैक्स* द्वारा
(b) मादा *एनॉफीलिज* द्वारा
(c) मादा *एडीज* द्वारा
(d) गृह-मक्खी

174. श्वसन साइफन पाई जाती है
(a) गृह-मक्खी के लार्वा में
(b) मेंढक के टैडपोल में
(c) कॉकरोच के शिशु में
(d) मच्छरों के लार्वा में

175. *फैरेटिमा* है
(a) रोगाणुरहित (b) एकलिंगी
(c) उभयलिंगी (d) अरीय सममिति

176. हीमोग्लोबिन युक्त लाल रुधिर अनुपस्थित है
(a) चूहों में
(b) मच्छर एवं कॉकरोच में
(c) केंचुए में
(d) पक्षियों में

177. मादा *एनॉफीलिज* अण्डों का निक्षेपण करती है
(a) जल में (b) तैरती हुई चींटी में
(c) अन्धेरे स्थानों में (d) गोबर में

178. कौन-सा एक कीट की देह से स्राव है?
(a) मधु (b) मोती
(c) लाख (d) प्रवाल

179. सी-सी मक्खी अपने काटने के द्वारा इसका संक्रामण चरण (Infective stage) प्रेषण कर सकती है
(a) *लीशमानिया डोनोवेनी*
(b) *ट्रिपैनोसोमा गैम्बिएन्स*
(c) *प्लाज्मोडियम फैल्सीपेरम*
(d) *वूचेरेरिया बैन्क्रोफटाई*

180. इकाइनोडर्म हैं
(a) एकलिंगाश्रयी (b) द्विलैंगिक
(c) उभयलिंगी (d) उभयलिंगाश्रयी

181. सर्प में विष लाने वाले दाँत कहलाते हैं
(a) कैनाइन (b) फैंग
(c) लोफोडोंट (d) न्यूनोडोंट

182. इनमें से विषम सदस्य को चिन्हित करिए
(a) कूर्म (b) छिपकली
(c) डॉल्फिन (d) मगरमच्छ

183. सर्प में
(a) पलकें नहीं होती हैं
(b) अचल पलकें होती हैं
(c) सचल पलकें होती हैं
(d) केवल निमेषक झिल्ली होती हैं

184. पक्षियों के बारे में इनमें से कौन-सा कथन सही नहीं है?
(a) वे अपने शरीर के तापमान का नियमन करते हैं
(b) वक्ष को उदर से अलग करने के लिए एक डायाफ्राम होता है
(c) चोंच होती है, पर दाँत नहीं होते
(d) उत्सर्जन और नाइट्रोजनी वर्ज्य यूरिक अम्ल होता है

185. पक्षियों और रेप्टाइलों के अण्डों को ······ कहा जा सकता है
(a) बहुपीतकी (b) समपीतकी
(c) समान पीतकी (d) अपीतकी

186. असमतापी जन्तु वे होते हैं, जिनमें
(a) रुधिर जम जाता है
(b) शरीर का तापमान स्थिर रहता है
(c) परिवेश के साथ शरीर का तापमान बदल जाता है
(d) उपरोक्त में कोई नहीं

187. इनमें से कौन जन्तु समतापी होता है?
(a) नाग (b) मछली
(c) मेंढक (d) कबूतर

188. निम्नलिखित जन्तु समूहों में से कौन, बिना किसी अपवाद के इसके अभिलाक्षणिक गुण से सुमेलित हैं?
(a) कॉर्डेटा–एक ऊपरी तथा एक निचले जबड़े सहित मुख की उपस्थिति
(b) कॉण्ड्रिक्थीज–उपास्थिय अन्तःकंकाल की उपस्थिति
(c) मैमेलिया–बच्चों को जन्म देते हैं
(d) रेप्टीलिया–एक अपूर्ण रूप से विभाजित निलय सहित हृदय कोष्ठीय

189. सामान्य कॉकरोच के सम्बन्ध में निम्नलिखित में से कौन-सा कथन सही है?
(a) ऑक्सीजन का परिवहन रुधिर में हीमोग्लोबिन द्वारा होता है
(b) नाइट्रोजनी उत्सर्जी पदार्थ यूरिया होता है
(c) भोजन को मेण्डिबल्स तथा पेषणी द्वारा पीसा जाता है
(d) कोलन से निकलने वाली मैल्पीघियन नलिकाएँ उत्सर्जी अंग होते हैं

190. *प्लाज्मोडियम* के चल युग्मनज पाए जाते हैं
(a) मादा *एनॉफिलीज* की आँत में
(b) *एनॉफिलीज* की लार ग्रन्थियों में
(c) मनुष्य की RBCs में
(d) मनुष्य के यकृत में

191. कुछ जन्तुओं के बारे में नीचे दिए गए कथनों में से कौन-सा कथन सही हैं?
(a) गोलकृमि (एस्केहैल्मिन्थीज) कूट प्रगुहिक प्राणी है
(b) मोलस्का अगुहिक प्राणी है
(c) कीट कूट प्रगुहिक प्राणी है
(d) चपटे कृमि (प्लेटीहैल्मिन्थीज) प्रगुहिक प्राणी हैं

192. *फैरेटिमा* तथा इसके निकट सम्बन्धी पोषण प्राप्त करते हैं
(a) गन्ने की जड़ों से
(b) भूमि पर गिरी, सड़ती हुई पत्तियों और मृदा के कार्बनिक पदार्थों से
(c) मृदा कीटों से
(d) मक्का, आदि की ताजी गिरी हुई पत्तियों के छोटे टुकड़ों से

193. *पेरिप्लेनेटा अमेरिकाना* के सम्बन्ध में निम्नलिखित में से सही कथन का चुनाव कीजिए
(a) इसमें पृष्ठीय तन्त्रिका तन्त्र होता है, जिसमें खण्डीय रूप से व्यवस्थित गैंगलिया लम्बवत् संयोजकों के एक युग्म द्वारा जुड़े रहते हैं
(b) नर में एक जोड़ी छोटे, धागेनुमा गुद शूक (Anal styles) पाए जाते हैं
(c) इसमें मध्यान्त्र तथा पश्चान्त्र के जोड़ पर 16 अत्यधिक लम्बी मैल्पीघियन ट्यूब्यूल्स पाई जाती हैं
(d) भोजन को पीसने का कार्य केवल मुखांगों द्वारा ही किया जाता है

194. किस मलेरिया परजीवी का संक्रमणकाल सर्वाधिक होता है?
(a) *प्लाज्मोडियम वाइवेक्स*
(b) *प्लाज्मोडियम फैल्सीपेरम*
(c) *प्लाज्मोडियम ओवेली*
(d) *प्लाज्मोडियम मलेरी*

195. मादा *एनॉफिलीज* के आमाशय में *प्लाज्मोडियम* की लगभग सभी अवस्थाएँ पच जाती हैं, केवल
(a) बीजाणुज को छोड़कर
(b) युग्मकजनक को छोड़कर
(c) रक्ताणु को छोड़कर
(d) उपरोक्त में से कोई नहीं

196. नोटोकॉर्ड की उपस्थिति के सम्बन्ध मे निम्नलिखित में से कौन-सा कथन पूर्णतया असत्य है, जबकि अन्य तीन सत्य हैं?
(a) एसीडियन्स में यह केवल लार्वीय पुच्छ में उपस्थित होती है
(b) वयस्क मेंढक में यह कशेरुक दण्ड द्वारा पुनर्स्थापित हो जाती है
(c) मनुष्यों में यह प्रारम्भिक अवस्था से लेकर जीवन पर्यन्त अनुपस्थित रहती है
(d) *एम्फीऑक्सस* में यह जीवन पर्यन्त उपस्थित रहती है

197. केंचुए द्वारा डेंट्राइट्स को छोटे कणों में तोड़ने की प्रक्रिया कहलाती है
(a) ह्यूमीफिकेशन (b) विखण्डन
(c) खनिजीकरण (d) अपचय

198. निम्नलिखित के लिंग की पहचान के लिए आप क्या देखेंगे?
(a) नर मेंढक–पश्चपाद की प्रथम अंगुलिका पर मैथुन गद्दी
(b) मादा कॉकरोच–गुद लूम
(c) नर शार्क–श्रोणि पखों पर आलिंगक
(d) मादा *एस्कैरिस*–तीक्ष्ण मोड़ वाला पश्च सिरा

199. *एण्टअमीबा* का संक्रमण होता है
(a) बीजाणुज द्वारा
(b) द्विकेन्द्रकीय सिस्ट द्वारा
(c) प्रीसिस्टिक अवस्था द्वारा
(d) चर्तुकेन्द्रकीय सिस्ट द्वारा

200. निम्नलिखित में से किस लक्षण में मगरमच्छ तथा पेंग्विन, व्हेल तथा डॉगफिश के समान होते हैं?
(a) एक ठोस एक-रज्जुकी केन्द्रीय तन्त्रिका तन्त्र की उपस्थिति
(b) अण्डे देना तथा उनके स्फुटन तक उनकी रक्षा करना
(c) अस्थायी कंकाल की उपस्थिति
(d) जीवन की किसी अवस्था पर क्लोम विदर की उपस्थिति

201. निम्नलिखित में से किस एक जोड़े के दोनों प्राणी उनके आगे दिए गए पहलू के विषय में एक-दूसरे के समान हैं?
(a) *टेरोपस* तथा *ऑर्निथोरिंक्स* सजीवप्रजता
(b) उद्यान छिपकली (गिरगिट) तथा मगरमच्छ-तीन कक्षीय हृदय
(c) *एस्कैरिस* तथा *ऐंकाइलोस्टोमा* विखण्डी खण्डीभवन
(d) समुद्री घोड़ा तथा उड़न मछली शीतरुधिरीय (असमतापी)

202. निम्नलिखित में से प्राणियों की वह कौन-सी एक श्रेणी है, जिसका बिना एक भी अपवाद के, सही वर्णन किया गया है?
(a) सभी सरीसृपों में शल्क होते हैं, तीन कक्षीय हृदय होता है तथा वे शीतरुधिरीय (असमतापी) होते हैं
(b) सभी अस्थिल मछलियों में चार जोड़ी क्लोम तथा दोनों ओर एक-एक प्रच्छद होता है
(c) सभी स्पंज समुद्री होते हैं एवं उनमें कॉलरयुक्त कोशिकाएँ होती हैं
(d) सभी स्तनी शिशुप्रज होते हैं तथा उनमें श्वास लेने के लिए एक डायाफ्राम (मध्यपट) होता है

203. निम्नलिखित में से किस एक जीव का सही वैज्ञानिक नाम, जो नामकरण के अन्तर्राष्ट्रीय नियमों के अनुसार सही छापा गया है तथा जिसका वर्णन भी किया गया है, कौन-सा हैं?
(a) *मस्का डोमेस्टिका*–सामान्य घरेलू छिपकली, एक सरीसृप
(b) *प्लाज्मोडियम फैल्सीपैरम*–एक प्रोटोजोअन रोगजनक, जिससे सर्वाधिक गम्भीर प्रकार का मलेरिया होता है
(c) *फैलिस टिगरिस*–भारतीय बाघ, गिर जंगलों में भली भाँति सुरक्षित
(d) *ई. कोलाई*–पूरा नाम *एण्टअमीबा कोलाई*, मानव आँतें में सामान्यतया पाया जाने वाला एक जीवाणु

204. कॉकरोच में चर्वणक अंग (Organ of mastication) है
(a) लेब्रम (b) लेबियम
(c) मेण्डीबल (d) मैक्सिला

205. गण–प्राइमेट में रखे गए हैं
(a) मंजोरू (ßet) और हिज होग
(b) चमगादड़ और वेम्पायर
(c) बन्दर और मनुष्य
(d) घोड़ा और जेबरा

206. *साइकन* का लार्वा है
(a) पेरनकाइमुला (b) एम्फीब्लास्टूला
(c) रेडिया (d) टोकोफोर

207. *नेरिस*, बिच्छू , कॉकरोच तथा सिल्वर फिश के विषय में क्या सही है?
(a) इन सभी में सन्धियुक्त युग्मित उपांग होते हैं
(b) इन सभी में पृष्ठ हृदय होता है
(c) इनमें से कोई भी जलीय नहीं है
(d) ये सभी एक ही संघ के सदस्य हैं

208. निम्नलिखित में से किस एक समुच्चय के सभी चारों प्राणी शिशुओं को जन्म देने वाले हैं?
(a) सिंह, चमगादड़, व्हेल, शुतुरमुर्ग
(b) प्लैटिपस, पेंगुइन, चमगादड़, दरियाई घोड़ा
(c) मंजोरू (ßet), चमगादड़, बिल्ली, कीवी
(d) कंगारू, जाहक, डॉल्फिन, लोरिस

209. कनखजूरा, कॉकरोच तथा केकड़े में कौन–से दो अभिलक्षण समान रूप से पाए जाते हैं?
(a) संयुक्त आँखें तथा गुदा लूम
(b) संधित टाँगें तथा काइटिनी बाह्यकंकाल
(c) हरित ग्रन्थि तथा वार्तिकाएँ
(d) पुस्त फुफ्फुस तथा शृंगिकाएँ

210. शशक की श्रोणि मेखला बनी होती है
(a) इलियम, इश्चियम और प्यूबिस से
(b) इलियम, इश्चियम और कोराकॉइड से
(c) कोराकॉइड, स्केपुला और क्लेविकल से
(d) इलियम, कोराकॉइड और स्केपुला से

211. निम्न में से कौन सरीसृपों एवं पक्षियों के बीच की कड़ी है?
(a) *आर्किओप्टेरिक्स* (b) *यूग्लीना*
(c) *नियोप्लीना* (d) *लैटीमेरिया*

212. निम्नलिखित में से किस एक संघ को उसके दो सामान्य अभिलक्षणों से सही मिलाया गया है?
(a) आर्थ्रोपोडा–शरीर शीर्ष, वक्ष एवं उदर में विभाजित और श्वसन का वातकों द्वारा होना
(b) कॉर्डेटा–किसी अवस्था पर नोटोकॉर्ड (पृष्ठरज्जु) का होना एवं गुदा तथा मूत्र छिद्रों का अलग-अलग बाहर को खुलना
(c) इकाइनोडर्मेटा–पंचतयी अरीय सममिति तथा अधिकतर भीतरी निषेचन
(d) मोलस्का–सामान्यतया अण्डप्रजक तथा एक ट्रोकोफोर तथा वेलिजर लार्वा के माध्यम से परिवर्धन

213. सरीसृपों का अध्ययन कहलाता है
(a) हर्पेटोलॉजी (b) डर्मेटोलॉजी
(c) एंजियोलॉजी (d) पैराजूलॉजी

सही उत्तर

1. (b)	**2.** (c)	**3.** (a)	**4.** (c)	**5.** (d)	**6.** (d)	**7.** (d)	**8.** (a)	**9.** (b)	**10.** (b)
11. (c)	**12.** (a)	**13.** (a)	**14.** (c)	**15.** (c)	**16.** (c)	**17.** (d)	**18.** (a)	**19.** (a)	**20.** (c)
21. (a)	**22.** (d)	**23.** (a)	**24.** (b)	**25.** (d)	**26.** (c)	**27.** (d)	**28.** (a)	**29.** (d)	**30.** (b)
31. (b)	**32.** (a)	**33.** (d)	**34.** (d)	**35.** (c)	**36.** (b)	**37.** (c)	**38.** (b)	**39.** (c)	**40.** (a)
41. (d)	**42.** (d)	**43.** (a)	**44.** (c)	**45.** (d)	**46.** (c)	**47.** (d)	**48.** (a)	**49.** (c)	**50.** (a)
51. (b)	**52.** (b)	**53.** (a)	**54.** (a)	**55.** (d)	**56.** (b)	**57.** (b)	**58.** (b)	**59.** (b)	**60.** (a)
61. (b)	**62.** (c)	**63.** (b)	**64.** (a)	**65.** (d)	**66.** (c)	**67.** (a)	**68.** (a)	**69.** (a)	**70.** (c)
71. (b)	**72.** (b)	**73.** (c)	**74.** (a)	**75.** (b)	**76.** (b)	**77.** (b)	**78.** (d)	**79.** (c)	**80.** (a)
81. (c)	**82.** (c)	**83.** (c)	**84.** (b)	**85.** (c)	**86.** (a)	**87.** (a)	**88.** (b)	**89.** (a)	**90.** (a)
91. (c)	**92.** (d)	**93.** (b)	**94.** (d)	**95.** (c)	**96.** (b)	**97.** (a)	**98.** (b)	**99.** (c)	**100.** (a)
101. (d)	**102.** (d)	**103.** (a)	**104.** (c)	**105.** (d)	**106.** (c)	**107.** (a)	**108.** (d)	**109.** (c)	**110.** (b)
111. (b)	**112.** (d)	**113.** (b)	**114.** (b)	**115.** (c)	**116.** (c)	**117.** (c)	**118.** (a)	**119.** (a)	**120.** (b)
121. (c)	**122.** (c)	**123.** (b)	**124.** (c)	**125.** (a)	**126.** (c)	**127.** (a)	**128.** (a)	**129.** (c)	**130.** (a)
131. (d)	**132.** (a)	**133.** (a)	**134.** (d)	**135.** (a)	**136.** (b)	**137.** (d)	**138.** (d)	**139.** (a)	**140.** (b)
141. (b)	**142.** (d)	**143.** (b)	**144.** (c)	**145.** (c)	**146.** (a)	**147.** (a)	**148.** (c)	**149.** (b)	**150.** (c)
151. (d)	**152.** (a)	**153.** (b)	**154.** (c)	**155.** (b)	**156.** (b)	**157.** (c)	**158.** (d)	**159.** (a)	**160.** (a)
161. (d)	**162.** (c)	**163.** (d)	**164.** (c)	**165.** (b)	**166.** (a)	**167.** (a)	**168.** (b)	**169.** (b)	**170.** (c)
171. (b)	**172.** (b)	**173.** (c)	**174.** (d)	**175.** (c)	**176.** (b)	**177.** (a)	**178.** (c)	**179.** (b)	**180.** (a)
181. (b)	**182.** (b)	**183.** (a)	**184.** (b)	**185.** (a)	**186.** (c)	**187.** (d)	**188.** (b)	**189.** (c)	**190.** (a)
191. (a)	**192.** (c)	**193.** (b)	**194.** (d)	**195.** (b)	**196.** (c)	**197.** (b)	**198.** (c)	**199.** (d)	**200.** (d)
201. (d)	**202.** (b)	**203.** (b)	**204.** (c)	**205.** (c)	**206.** (b)	**207.** (c)	**208.** (d)	**209.** (b)	**210.** (a)
211. (a)	**212.** (a)	**213.** (a)							

अध्याय 07

जीवन की उत्पत्ति एवं जैव-विकास

जीवन की उत्पत्ति के सम्बन्ध में छः मुख्य सिद्धान्त हैं

1. स्वतः उत्पत्तिवाद

इस मत के अनुसार, जीव स्वत: निर्जीव पदार्थ से उत्पन्न हुए हैं।

वॉन हेल्मोन्ट (1652) के अनुसार, जब गेहूँ के दानों को पसीने से भीगी कमीज के साथ अंधेरे में रखा जाता है, तो 21 दिनों में चूहे उत्पन्न हो जाते हैं।

2. जीवात् जीवोत्पत्तिवाद

फ्रान्सिस्को रेड्डी (1668), **लैजैरो स्पैलेन्जानी** (1765) एवं **लुईस पाश्चर** (1861) ने जीवन की उत्पत्ति के स्वत: उत्पत्तिवाद का खण्डन किया।

माँस के ऊपर मक्खियों के स्वत: जनन को **रेड्डी** ने अप्रमाणित कर दिया। स्पैलेन्जानी ने बताया कि वायु में सूक्ष्मजीव उपस्थित होते हैं। **पाश्चर** 'रोगों के रोगाणु सिद्धान्त' (Germ theory of disease) देने के लिए प्रसिद्ध हैं। सर्जरी में काम आने वाले उपकरणों के निजर्मीकरण (Sterilisation) से उन पर उपस्थित रोगाणु मर जाते हैं।

3. विशिष्ट उत्पत्तिवाद

इस मत के अनुसार, जीवन की उत्पत्ति किसी विशिष्ट प्राकृतिक शक्ति (Super natural power) जैसे—ईश्वर के द्वारा हुई है। **फादर सोरेज** (Father Saurez) के अनुसार, ईश्वर द्वारा जीवन की उत्पत्ति लगभग 4004 BC में हुई थी। फादर सोरेज इस सिद्धान्त के पक्के समर्थक थे।

4. आधुनिक सिद्धान्त (ओपेरिन सिद्धान्त)

जीवन की उत्पत्ति के लिए जल की उपस्थिति अति आवश्यक है। जल की अनुपस्थिति के कारण ही चन्द्रमा पर जीवन नहीं है। आदि वातावरण में हाइड्रोजन परमाणु बहुत क्रियाशील एवं बहुत अधिक संख्या में थे। वायुमण्डल की ऑक्सीजन पौधों, से सहउत्पाद के रूप में उत्पन्न हुई। यह सिद्धान्त **एलेक्जैन्डर आई. ओपेरिन** ने प्रतिपादित किया तथा *'द ओरिजिन ऑफ लाइफ'* (1936) पुस्तक लिखी।

5. जैव-विकास के प्रमाण

समजात अंग (Homologous organs), ये अंग उत्पत्ति एवं संरचना में समान, परन्तु कार्य में असमान होते हैं। चमगादड़ के पंख, बिल्ली का पंजा, घोड़े के अग्रपाद, मनुष्य का हाथ एवं पक्षियों के पंख समजात अंग हैं।

समवृत्ति अंग (Analogous organs), जीवों में समवृत्ति अंगों का विकास एक समान आवास एवं जीवन पद्धति के कारण हुआ, जबकि ये जीव विकास क्रम के अनुसार, जातिवृत्त (Phylogenetically) में भिन्न-भिन्न होते हैं। कीट, पक्षी एवं चमगादड़ के पंख समवृत्ति अंग हैं।

अवशेषी अंग (Vestigial organs), कार्यविहीन अंग होते हैं, जो पहले कार्य करते थे। कर्ण पल्लव की पेशियाँ, शरीर के ऊपर बाल, कृमिरूप परिशेषिका (Vermiform appendix), निमेषक पटल (Nictitating membrane), आदि अवशेषी अंग हैं।

पूर्वजता या प्रत्यावर्तन (Atavism or Reversion) में कुछ पूर्वजों के लक्षण पुन: नई पीढ़ी में प्रदर्शित होते हैं। मोटे बाल छोटी अस्थायी पूँछ, आदि पूर्वजता के उदाहरण हैं।

जीवाश्मीय अभिलेख

प्राचीन जीवों के शेष बचे पदार्थों; जैसे—हड्डी, दाँत, शैल, आदि को जीवाश्म (fossil) कहते हैं। जीवाश्मों का अध्ययन **जीवाश्म विज्ञान** (Palaeontology) कहलाता है। इनके द्वारा भी जैव-विकास के प्रमाण मिलते हैं। सबसे पहले जीवाश्म का पता **लियोनार्डो डी विंसी** (Leonardo de Vinci) ने लगाया। इन्हें **जीवाश्म विज्ञान का पिता** (Father of Palaeontology) कहते हैं। **जॉर्ज क्यूवियर** (George Cuvier; 1800) ने जीवाश्म विज्ञान की स्थापना की।

जीवाश्मीकरण अर्थात् जीवाश्मों के बनने, की विधियों के अनुसार जीवाश्म निम्न प्रकार के होते हैं

(i) **अपरिवर्तित जीवाश्म** (Unaltered fossil) जीवों के पूरे शरीर, जो बर्फ या अम्बर (चीड़ की परिरक्षित रेजिन) में दबकर ज्यों के त्यों सुरक्षित पड़े रहते हैं।

(ii) **प्रस्तीकृत जीवाश्म** (Petrified fossil) मृत्यु के पश्चात् जन्तुओं के कोमल भाग सड़ गए या जन्तुओं द्वारा खा लिए गए, जबकि सख्त भाग जैसे—कशेरुकियों के दाँत एवं अस्थि, मोलस्का के कवच, आर्थ्रोपोडा के कंकाल, आदि के छिद्रों में चूना, सिलिका, आदि खनिज जमा हो गए।

(iii) **साँचा जीवाश्म** (Mould fossil) इनमें जीव शरीर की केवल आकृति के साँचे होते हैं।

(iv) **ठप्पा जीवाश्म** (Print fossil) इनमें चट्टानों पर अतीतकालीन जीवों की छाप होती है।

(v) **कॉप्रोलाइट्स** (Coprolites) ये बड़े जन्तुओं के मल के ऐसे जीवाश्म होते हैं, जिनका जीवाश्मीकरण फॉस्फेट लवणों के संचय से हुआ।

जीवाश्मों की आयु यूरेनियम-लैड विधि (Uranium lead method) तथा रेडियोधर्मी कार्बन विधि (Radioactive carbon dating method), फिसन ट्रैक (Fission track), इलेक्ट्रॉन चक्रण रेसोनेन्स (Electron spin resonance), आदि विधियों द्वारा ज्ञात की जा सकती है।

6. जैव-विकास के सिद्धान्त

जैव-विकास सामान्यतया प्रगामी (Progressive) होता है तथा विभिन्नताएँ इसके लिए मुख्य आवश्यकता है। जैविक विभिन्नताओं के लिए उत्परिवर्तन (जीनों में होने वाला आकस्मिक परिवर्तन) अन्तिम स्रोत है।

लैमार्कवाद

जीन बैप्टिस्ट डी लैमार्क (1744-1829) ने *फिलॉस्फी जूलोजिक* नामक पुस्तक में जैव-विकास पर पहला तर्कसंगत सिद्धान्त प्रस्तुत किया। लैमार्कवाद को 'उपार्जित लक्षणों की वंशागति' का सिद्धान्त अथवा 'अंगों के उपयोग तथा अनुपयोग का सिद्धान्त' भी कहते हैं।

लैमार्क का सिद्धान्त चार मूल धारणाओं पर आधारित है

1. आन्तरिक बल के फलस्वरूप शरीर के आकार में वृद्धि होती है।
2. नई जातियों की उत्पत्ति आवश्यकतानुसार होती है।
3. अंगों का विकास, अंगों के उपयोग तथा अनुपयोग के आधार पर होता है।
4. जीवों द्वारा उपार्जित सभी लक्षण आनुवंशिकता द्वारा नई पीढ़ी में पहुँचते हैं।

अंगों के उपयोग तथा अनुपयोग के कुछ उदाहरण निम्नलिखित हैं

- तैरने वाले पक्षियों के चपटे पैर, साँपों में उपांगों की अनुपस्थिति।
- जिराफ की लम्बी गर्दन।
- जीवों के अवशेषी अंग।

लैमार्कवाद की सबसे कड़ी आलोचना जर्मन वैज्ञानिक **वीजमान** (Weisman) ने की। इन्होंने अपने प्रयोग में 21 पीढ़ियों तक चूँहों की पूँछ काट कर आपस में प्रजनन कराया, लेकिन किसी भी पीढ़ी में पूँछ विहीन चूँहे उत्पन्न नहीं हुए।

वीजमान ने सन् 1886 में जननद्रव्य की निरन्तरता का सिद्धान्त (Theory of continuity of germplasm) प्रतिपादित किया।

सुमनर, कैमर, मैकडॉगल ने **नव-लैमार्कवाद** (Neo-Lamarckism) का समर्थन किया। इसके अनुसार केवल जनन कोशिकाओं से सम्बन्धित विभिन्नताओं की वंशागति होती है।

डार्विनवाद

चार्ल्स डार्विन (1809-1882) और **अल्फ्रेड रसेल वैलेस** (1823-1913) ने 'प्राकृतिक वरण' का सिद्धान्त प्रस्तुत किया। डार्विन के विचारों को चार्ल्स लायल ने भी प्रभावित किया।

डार्विन का सिद्धान्त पाँच निमयों पर आधारित है

1. जीव में अति उत्पादन की क्षमता
2. जीवन संघर्ष
3. जीवन संघर्ष से वंशानुगत विभिन्नताएँ
4. जीव में विभिन्नताओं के फलस्वरूप योग्यतम् की उत्तरजीविता
5. प्राकृतिक वरण एवं जाति निर्माण

विकास के विषय में डार्विन की व्याख्या का आधार पर एच. एम. एस. बीगल (HMS Beagle) नामक जहाज पर की गई समुद्री यात्रा के समय का प्राकृतिक अवलोकन एवं **माल्थस** (Malthus) का जनसंख्या सिद्धान्त था।

अपनी यात्रा के दौरान डार्विन ने गैलापैगोस द्वीप समूह (Galapagos Islands) पर 20 प्रकार की चिड़ियाँ देखी। बाद में ये चिड़ियाँ डार्विन की फिन्चेस् (Darwin's finches) के नाम से प्रसिद्ध हुई।

डार्विन की व्याख्या को बाद में वैलेस (Wallace) ने एक चार्ट द्वारा संक्षेप में स्पष्ट किया।

वैलैस का चार्ट

	प्रमाणित तथ्य	परिणाम
(i)	▪ जीवों में सन्तानोत्पत्ति की प्रचुर क्षमता, फिर भी ▪ प्रकृति में प्रत्येक जीव-जाति की स्थाई सन्तुलित आबादी	जीवन संघर्ष
(ii)	▪ जीवन संघर्ष ▪ विभिन्नताएँ एवं इनकी वंशागति	योग्यतम् की उत्तरजीविता या प्राकृतिक चयन
(iii)	▪ योग्यतम् की उत्तरजीविता ▪ वातावरणीय दशाओं में निरन्तर परिवर्तन	अविच्छिन्न प्राकृतिक चयन एवं संरचनात्मक रूपान्तरण के फलस्वरूप नई-नई जीव-जातियों की उत्पत्ति

सभी प्रकार की विभिन्नताओं की वंशागति को स्पष्ट करने के प्रयास में डार्विन ने सन् 1868 में पैनजिनैसिस सिद्धान्त (Pangenesis theory) प्रस्तुत किया। विभिन्नताओं के कारण, उत्पत्ति तथा आनुवंशिकता की व्याख्या न होने, अवशेषी अंगों की उपस्थिति स्पष्ट न होने, आदि के कारण डार्विनवाद की आलोचना की गई।

वीजमान, हैल्डेन, हक्सले, सिवाल राइट, श्मिट, डॉब्जैनस्की (Dobzhansky) तथा स्टैबिन्स, आदि वैज्ञानिकों ने नव-डार्विनवाद का समर्थन किया। **नव-डार्विनवाद** के अनुसार, लैंगिक जनन करने वाले जीवों की सन्तानों में उत्परिवर्तन के कारण विभिन्नताएँ होती हैं। प्रकृति इनमें से लाभदायक विभिन्निताओं का चयन करती हैं। एक जाति के विभिन्न समूहों के प्रजनन काल भिन्न होने के कारण लैंगिक पृथक्करण (Sexual isolation) हो जाता है, जिसके फलस्वरूप नई जातियों का विकास होता है।

पेपर्ड मॉथ *(Biston betularia)* की ग्रे किस्म का औद्योगिक क्रान्ति के पश्चात् काली किस्म में रूपान्तरित होना अर्थात् **मैलेनिनता** या **अधिकृष्णता** (Industrial melanism) प्राकृतिक चयन (Natural selection) का उदाहरण है।

ह्यूगो डी व्रीज का उत्परिवर्तन सिद्धान्त

ह्यूगो डी व्रीज ने **सांध्य प्रिमरोज** या *ऑइनोथीरा लैमार्कियाना* (Evening primrose or *Oenothera lamarckiana*) पर प्रयोग किया। अचानक होने वाले वंशागत परिवर्तनों को डी व्रीज ने **उत्परिवर्तनों** (Mutations) का नाम दिया। उत्परिवर्तन **अनिश्चित** होते हैं, ये किसी एक अंग विशेष में या साथ-साथ एक से अधिक अंगों में हो सकते हैं। सभी जीव-जातियों में उत्परिवर्तन की **प्राकृतिक प्रवृत्ति** होती है, जो कभी बहुत कम, कभी अधिक और कभी बिल्कुल सुप्त होती है। **डार्विन** ने अचानक होने वाले परिवर्तन को **नवोदय प्रदर्शन** और **बेटसन** ने **विच्छिन विभिन्नताएँ** (Discontinuous or Saltatory variations) कहा। **जोहन्सन** (Johanssen) ने उद्यान-सेम (Garden bean) के पौधों पर **डी व्रीज** की भाँति के प्रयोग करके उत्परिवर्तन सिद्धान्त (Mutation theory) का समर्थन किया।

जाति निर्माण

जाति अन्त: प्रजनन करने वाले ऐसे जीवों का समूह है, जो एक या अनेक जनसंख्याओं में रहते हैं। किसी जनसंख्या के सारे सदस्यों के जीन मिलकर उस जनसंख्या की जीन राशि (Gene pool) बनाते हैं। एक जननिक रूप से समांग जनसंख्या का दो या अधिक जनसंख्याओं, जो आनुवंशिक रूप से भिन्न तथा जननिक पृथक्करण युक्त हो, में टूटना जाति निर्माण या स्पीसिएशन (Speciation) कहलाता है।

जाति निर्माण मुख्यतया दो प्रकार से होता है

1. एलोपैट्रिक स्पीसिएशन

एक जाति की कुछ जनसंख्याओं का भौगोलिक पृथक्करण (Geographical isolation) हो जाता है। हजारों वर्षों बाद ये दो जनसंख्याएँ विकास के क्रम में भिन्न हो जाती है। जब ये दो जनसंख्याएँ दोबारा सम्पर्क में आती है, तब इनके बीच प्रजनन नहीं होता है। इस प्रकार प्रत्येक जनसंख्या एक नई जाति बन जाती है।

2. सिम्पैट्रिक स्पीसिएशन

जब एक जाति की, एक ही भौगोलिक क्षेत्र में रहने वाली दो जनसंख्याएँ जननिक रूप से पृथक् (Reproductively isolated) हो जाती है, तब ये जनसंख्या धीरे-धीरे एक-दूसरे से भिन्न होती चली जाती है और अलग जातियाँ बन जाती हैं।

जैविक या जैव-विकास

जीवन की उत्पत्ति आदिसागर के जल में न्यूक्लियोप्रोटीन्स के वायरस-जैसे कणों के रूप में, आज से लगभग 3.7 अरब वर्ष पूर्व, पृथ्वी के इतिहास के प्रीकैम्ब्रियन महाकल्प (Precambrian era) में हुई और ये 'प्रारम्भिक जीव' परपोषी (Heterotrophic) एवं अवायवीय (Anaerobic) थे।

ऐसे माना जाता है कि प्रारम्भिक जीवन रसायनी परपोषी (Chemoheterotrophs) थे, जो जटिल कार्बनिक पदार्थों के किण्वन से ऊर्जा लेते थे। क्लोरोफिल के विकास से प्रकाशस्वपोषी (Photoautotrophs) जीवों का विकास हुआ। प्रारम्भिक प्रकाश स्वपोषी जीव अवायवीय थे, जो 3.5 अरब वर्ष वायवीय तथा स्वपोषी जीवों में रूपान्तरित हुए।

भू-वैज्ञानिक समय मापक्रम

वैज्ञानिकों ने पृथ्वी एवं पत्थरों की आयु ज्ञात करने के लिए एक मापक्रम विकसित किया, जिसे **भू-वैज्ञानिक समय मापक्रम** कहते हैं। *इसके अनुसार*

(i) पृथ्वी की आयु लगभग 46000 लाख वर्ष है।

(ii) पृथ्वी को ठण्डा होने में लगा समय लगभग 90 लाख वर्ष है।

पृथ्वी की कुल जीवन अवधि (अर्थात् 46000 लाख वर्ष) को भू-वैज्ञानिक समय (Geological time) कहते हैं।

प्रीकैम्ब्रियन काल

आर्किओजोइक महाकल्प (Archaeozoic era) तथा प्रोटिरोजोइक महाकल्प (Proterozoic era) को सम्मिलित रूप से **क्रिप्टोजोइक महाकल्प** (Cryptozoic era) या **प्रीकैम्ब्रियन काल** कहते हैं।

पृथ्वी के कुल काल का 87% (लगभग) प्रीकैम्ब्रियन काल है।

यह 46000 लाख वर्ष पूर्व आरम्भ हुआ और इसमें सौर मण्डल और पृथ्वी की उत्पत्ति हुई। पृथ्वी पर प्रथम चट्टानों की उपस्थिति इसकी विशेषता है। इसमें प्रथम जीवित कोशिका (प्रोकैरियोट्स) की उत्पत्ति हुई। प्रथम प्रोकैरियोटिक कोशिका अर्थात् सायनोबैक्टीरिया (Cyanobacteria) में प्रकाश-संश्लेषण की क्रिया का उदय हुआ। वातावरण में स्वतन्त्र ऑक्सीजन की उपस्थिति भी इसकी विशेषता है। प्रथम यूकैरियोटिक एककोशिकीय शैवाल तथा प्रथम बहुकोशिकीय जीव की उत्पत्ति इसी काल में हुई।

पेलीओजोइक महाकल्प

इसे **प्राचीन जीवन का उद्भव स्थान** (The cradle of ancient life) भी कहते हैं। इस महाकल्प में एम्फीबियन, मछलियों एवं अकशेरुकियों की अधिकता थी। इस महाकल्प को छः कल्पों में विभाजित किया गया है

1. कैम्ब्रियन कल्प

यह 5000-6000 लाख वर्ष पूर्व का कल्प है। इस कल्प में केवल अकशेरुकी; जैसे—स्पन्ज,कृमि, मोलस्का, इकाइनोडर्मेटा, आदि पाए जाते थे। इस कल्प में समुद्री जीवाणु तथा शैवालों का विकास हुआ।

2. ओर्डोविसियन कल्प

यह 4200-5000 लाख वर्ष पूर्व का कल्प है। इस कल्प में कशेरुकियों का उद्गम हुआ। इस कल्प में सिफेलोपोड्स (Cephalopods) की उत्पत्ति हुई। इस कल्प में ऑस्ट्रैकोडर्मस् (Ostracoderms) तथा कवच वाली मछलियों का विकास हुआ। इस कल्प में समुद्री शैवाल एवं अलवण जलीय पौधों की उत्पत्ति हुई।

3. सिलूरियन कल्प

यह 4000-4200 लाख वर्ष पूर्व का कल्प है। इस कल्प में प्रथम वायु श्वसनी जन्तुओं की उत्पत्ति हुई। इस कल्प में प्लैकोडर्मस् (Placoderms) तथा ऑस्ट्रैकोडर्मस् (Ostracoderms) का उत्थान हुआ। इस कल्प में स्थलीय फर्न तथा क्लब मॉसों (Mosses) की उत्पत्ति हुई तथा शैवालों का प्रभुत्व स्थापित था।

4. डिवोनियन कल्प

यह 3450-4000 लाख वर्ष पूर्व का कल्प है। इस कल्प में एम्फीबियन (Amphibians) की उत्पत्ति हुई। इसे **मछलियों का युग** (Age of fishes) भी कहा जाता है। केकड़ा, घोंघा, मोलस्का, आदि सर्वप्रथम इसी कल्प में उत्पन्न हुए। दैत्याकार क्लब मॉस तथा प्रथम स्थलीय पादपों की उत्पत्ति इस कल्प में हुई।

5. कार्बोनिफेरस कल्प

यह 2860-3600 लाख वर्ष पूर्व का कल्प है। इसे **उभयचरों का युग** (Age of amphibians) भी कहा जाता है। पूर्व सरीसृपों (Reptiles) का विकास इसी कल्प में हुआ। दलदली बीज वाले फर्नों एवं अनावृतबीजियों का विकास भी इसी कल्प में हुआ।

6. परमियन कल्प

यह 2450-2860 लाख वर्ष पूर्व का कल्प है। इस कल्प में स्थलीय कशेरुकियों तथा आधुनिक कीटों का चहुँमुखी विकास हुआ। इस कल्प में कोनिफेरस अनावृतबीजी (Coniferous gymnosperms) का विकास हुआ।

मीसोजोइक महाकल्प

मीसोजोइक महाकल्प को **सरीसृपों का युग** (Age of reptiles) भी कहा जाता है। इस महाकल्प को तीन कल्पों में विभाजित किया गया है

1. ट्राइऐसिक कल्प

यह 1810-2250 लाख वर्ष पूर्व का कल्प है। इस कल्प में डायनोसोरों (Dinosaurs) की उत्पत्ति एवं विकास हुआ। इस कल्प में प्रथम अण्डे देने वाले स्तनी तथा अस्थिमय मछलियों का विकास हुआ। इस कल्प में कोनीफर वनों का फैलाव, वास्तविक फर्नों की बहुलता थी।

2. जूरेसिक कल्प

यह 1330-1810 लाख वर्ष पूर्व का कल्प है। इस कल्प में दाँत युक्त पक्षियों व उड़ने वाले सरीसृपों; जैसे—*आर्किओप्टेरिक्स (Archaeopteryx)* का विकास हुआ। इस कल्प में कीट भक्षी प्रोटोथीरियन्स का विकास हुआ। इस कल्प में अनावृतबीजियों का विकास चरम सीमा पर था तथा आवृतबीजियों की उत्पत्ति हुई।

3. क्रिटेशियस कल्प

यह 630-1330 लाख वर्ष पूर्व का कल्प है। इस कल्प में विशालकाय सरीसृपों की विलुप्ति हुई। इस कल्प में स्तनियों का चहुँमुखी विकास हुआ। इस कल्प में आधुनिक पक्षियों का उद्गम हुआ। इस कल्प में फर्न तथा अनावृतबीजी पादपों की अवनति हुई। इस कल्प में मुख्यतया एकबीजपत्री आवृतबीजी पादपों का विकास हुआ।

सीनोजोइक महाकल्प

इसे **स्तनियों का युग** (Age of mammals) भी कहा जाता है। इसे दो कल्पों में विभाजित किया गया है

1. टरशरी कल्प

यह 700 लाख वर्ष पूर्व का कल्प है। इसको पाँच युगों में विभाजित किया गया है

(a) **पेलीओसीन युग** (Palaeocene epoch) 700 लाख वर्ष पूर्व।

(b) **इओसीन युग** (Eocene epoch) 500 लाख वर्ष पूर्व।

(c) **ओलिगोसीन युग** (Oligocene epoch) 350 लाख वर्ष पूर्व।

(d) **मीओसीन युग** (Miocene epoch) 250 लाख वर्ष पूर्व।

(e) **प्लीओसीन युग** (Pliocene epoch) 100 लाख वर्ष पूर्व।

इस काल में अपराधारी स्तनी (Placental mammals) तथा पक्षियों का विकास हुआ।

2. क्वाटरनरी कल्प

यह लगभग 10 लाख वर्ष पूर्व का कल्प है। इस कल्प को दो युगों में विभाजित किया गया है

(a) **प्लीस्टोसीन युग** (Pleistocene epoch) इसे मानव युग (Age of man) भी कहा जाता है। इस युग में आदिमानव की उत्पत्ति हुई और महाकाय स्तनी तथा काष्ठीय पादप विलुप्त हुए।

(b) **आधुनिक युग अथवा होलोसीन युग** (Recent or Holocene epoch) यह 20,000 वर्ष पुराना युग है, जिसकी मुख्य विशेषता आधुनिक स्तनियों का पाया जाना है। सभ्य मानव का विकास इसी युग में हुआ।

मानव का विकास

मानव का वर्गीकरण

संघ	–	कॉर्डेटा (Chordata)
वर्ग	–	स्तनधारी (Mammalia)
गण	–	प्राइमेटा (Primata)
उपगण	–	एन्थ्रोपोइडिया (Anthropoidea)
कुल	–	होमीनिडी (Hominidae)
वंश	–	*होमो (Homo)*
जाति	–	*सेपियन्स (sapiens)*
उपजाति	–	*सेपियन्स (sapiens)*

मानव या **होमीनिड** (Hominid) वंश, जो मनुष्य व कपियों के पूर्वज थे, का उद्भव आज से लगभग 2.4 करोड़ वर्ष पूर्व हुआ। होमीनिड कुल का विकास एशिया तथा अफ्रीका में हुआ।

डार्विन (Darwin) ने अपनी पुस्तक *Descent of Man and Selection in Relation to Sex* में मानव का विकास कपियों जैसे पूर्वज से होने के सिद्धान्त का वर्णन किया।

लिनियस (Linnaeus) ने मनुष्य को वानरों व कपियों के साथ रखा तथा उसे वैज्ञानिक नाम *होमो सेपियन्स (Homo sapiens)* दिया, जिसका अर्थ है—बुद्धिमान प्राणि आदि।

मानव पृथ्वी पर सबसे बुद्धिमान प्राणी है मनुष्य का जन्तु वैज्ञानिक नाम *होमो सेपियन्स सेपियन्स* है। मानव के प्रमुख विकासीय लक्षण बुद्धि, सीधी खड़ी भंगिमा (Erect posture), वस्तुओं को पकड़ना (Grasping), संवेदन क्षमताएँ (Sensitivity), जनन क्षमता (Reproduction capacity) एवं संस्कृति (Culture) है।

मानव के सबसे पहले पूर्वज छछूंदर (Shrews) के समान थे। मानव में त्रिविम दृष्टि (Stereoscopic vision) पाई जाती है तथा यह रंगों में भेद कर सकता है। मनुष्य की आँखें पराबैंगनी (Ultra violet) एवं अवरक्त (Infrared) किरणों को देखने में समक्ष नहीं हैं।

मनुष्य में सूँघने एवं सुनने की शक्ति अन्य जन्तुओं की अपेक्षा कुछ कम होती है। हमारे कर्ण पल्लवों में पेशियाँ नहीं होती हैं, जिसके कारण कर्ण पल्लव हिल-डुल नहीं सकते। आग का विकास, औजारों का निर्माण, भाषा एवं संस्कृति मनुष्य के विकास में प्रमुख उपलब्धियाँ हैं। मानव का विकास सम्भवतया **मध्य अफ्रीका** में हुआ। मनुष्य का प्रथम पालतू जानवर **कुत्ता** था। मनुष्य ने सबसे पहले कुल्हाड़ी एवं पहिए का विकास किया था।

कपि वंश में गिब्बन, गोरिल्ला, चिम्पैन्जी तथा ऑरंग उटान है। चिम्पैन्जी को मानव का सबसे समीपवर्ती कपि समझा जाता है। सबसे पहला प्रागैतिहासिक मानस सम्भवतया *होमो हैबिलिस* था। जावा मानव का वैज्ञानिक नाम *पिथेकैन्थ्रोपस इरेक्टस* था। क्रो-मैगनॉन मानव, मनुष्य का प्रत्यक्ष पूर्वज है, जिससे आधुनिक मानव का विकास माना जाता है। क्रो-मैगनॉन मानव की कपाल गुहा का आयतन सर्वाधिक था। क्रो-मैगनॉन मानव 50000 वर्ष पूर्व उत्पन्न हुए तथा 20000 वर्ष पूर्व विलुप्त हो गए। आधुनिक मानव लगभग 25000 वर्ष पूर्व से पृथ्वी पर रह रहा है।

पाचन तन्त्र

मनुष्य एवं अन्य जन्तुओं में **जन्तुसम पोषण** (Holozoic nutrition) पाया जाता है। भोजन का पोषण आहारनाल में होता है। यह पोषण निम्न चरणों में होता है

1. भोजन का अन्तर्ग्रहण

भोजन, मुखगुहा द्वारा लिया जाता है। यह दाँतों के द्वारा कुतरा जाता है तथा लार के साथ मिश्रित किया जाता है। अन्तर्ग्रहण, **मुखगुहा** (Buccal cavity) में होता है। लार ग्रन्थियाँ, भोजन को गीला करके, भोज्य कणों को समूह में लाकर लुगदी बना देती हैं। लार ग्रन्थि में स्टार्च को तोड़ने वाला एन्जाइम **टायलिन** (Ptyalin) पाया जाता है।

2. भोजन का पाचन

संयुक्त एवं अघुलनशील भोज्य कणों को सरल, घुलनशील एवं अवशोषण योग्य भोज्य कणों में परिवर्तन करने की क्रिया **पाचन** (Digestion) कहलाती है।

(a) **मुखगुहा में पाचन** (Digestion in Buccal Cavity) मुखगुहा में स्टार्च पर लारीय एमाइलेज कार्य करता है।

(b) **आमाशय में पाचन** (Digestion in Stomach) भोजन, ग्रासनली (Oesophagus) से होकर आमाशय (Stomach) में प्रवेश करता है। अब भोजन में आमाशयी रस एवं हाइड्रोक्लोरिक अम्ल मिलता है, जो भोजन को जीवाणु रहित एवं माध्यम को अम्लीय बना देता है। **पेप्सिन**, **प्रोटीन** का पाचन करके उन्हें पेप्टोन्स में परिवर्तित कर देता है। **रेनिन**, दूध को दही में परिवर्तित करता है। यह आंशिक पचित भोजन **काइम** (Chyme) कहलाता है।

(c) **छोटी आँत में पाचन** (Digestion in Small Intestine) काइम, ग्रहणी (Duodenum) में पहुँचता है। भोजन में **पित्तरस** (यकृत से स्रावित) मिलता है, जो वसा को छोटी गोलियों (Small globules) में तोड़ देता है। **ट्रिप्सिन**, प्रोटीन पर कार्य करके उसे पेप्टाइड में तोड़ देता है। एमाइलेज, स्टार्च को सरल शर्करा में परिवर्तित कर देता है।

लाइपेज, वसा को वसा अम्लों एवं ग्लिसरॉल में परिवर्तित कर देता है। भोजन, **इलियम** (Ileum) में पहुँचकर आँत रस से मिलता है। **माल्टेज**, माल्टोस को ग्लूकोस में परिवर्तित कर देता है। **लेक्टेज**, लेक्टोस को ग्लूकोस एवं गैलेक्टोस में परिवर्तित कर देता है। **सुक्रेज**, सुक्रोस को ग्लूकोस एवं फ्रक्टोस में बदल देता है। **ट्रिप्सिन**, पेप्टाइड्स का अमीनो अम्लों में पाचन करता है। अब भोजन **काइल** (Chyle) कहलाता है।

3. पचे हुए भोजन का अवशोषण एवं स्वांगीकरण

इलियम (Ileum) की आन्तरिक सतह पर अँगुलीनुमा उभार पाए जाते हैं, जिन्हें **विलाई** (Villi) कहते हैं। प्रत्येक विलाई पर रुधिर केशिकाओं (Blood capillaries) और लसीका वाहिनियों (Lymph vessels) का जाल बिछा होता है, जो भोजन के अवशोषण में सहायता करता है।

4. अपचित भोजन का बहिष्करण

पचा हुआ भोजन बड़ी आँत (Intestine) में प्रवेश करता है। बड़ी आँत भोजन का अवशोषण नहीं कर सकती, लेकिन जल का अवशोषण करती है। शेष बचा हुआ ठोस वर्ज्य पदार्थ **विष्ठा** (Faeces) कहलाता है और **मलाशय** (Rectum) में पहुँचता है। यह **मलद्वार** (Anus) के द्वारा बाहर निकाल दिया जाता है

पाचन ग्रन्थियाँ

(i) यकृत

यकृत सबसे बड़ी ग्रन्थि है। मनुष्य में इसका भार लगभग 1.5 किग्रा होता है। **यकृत ग्लिसन कैप्सूल** (Glisson's capsule) द्वारा आवरित होता है। यकृत के शिरापात्रों (Sinusoids) में **कुप्फर कोशिकाएँ** (Kupffer cells) पाई जाती हैं, जो मृत RBCs व जीवाणुओं का भक्षण करती हैं। यकृत में रुधिर परिवहन निम्न प्रकार से होता है

यकृत निवाहिका शिरा → शिरापात्र → केन्द्रीय शिरा → यकृत शिरा → पश्च महाशिरा

यकृत के कार्य

1. यकृत पित्त का स्रावण करता है तथा ग्लाइकोजन संग्रह करता है।
2. हिपैरिन (Heparin), फाइब्रिनोजन (Fibrinogen) तथा प्रोथ्रॉम्बिन (Prothrombin) का स्रावण करता है।
3. वसा उपापचय का केन्द्र है तथा वसा संचय भी करता है।
4. यूरिया का संश्लेषण करता है तथा विटामिन-A, D तथा B_{12} का निर्माण करता है।
5. अमीनो अम्लों का डीएमीनेशन तथा विषैले पदार्थों का विषहरण (Detoxification) करता है।
6. फैगोसाइटोसिस (Phagocytosis) क्रिया द्वारा जीवाणुओं का भक्षण करता है।
7. भ्रूणावस्था में लाल रुधिराणुओं का निर्माण करता है।
8. एन्जाइमों का स्रावण करता है।

(ii) अग्न्याशय

यह शरीर की दूसरी बड़ी, मिश्रित ग्रन्थि (Mixed gland) है। इसके अन्त:स्रावी भाग में चार प्रकार की कोशिकाएँ होती हैं

(a) **एल्फा-कोशिकाएँ**, जो ग्लूकेगॉन (Glucagon) हॉर्मोन स्रावित करती हैं।
(b) **बीटा-कोशिकाएँ**, जो इन्सुलिन (Insulin) हॉर्मोन स्रावित करती हैं।
(c) **डेल्टा-कोशिकाएँ** ये सोमेटोस्टेटिन का स्रावण करती हैं।
(d) **पी पी-कोशिकाएँ** ये कोशिकाएँ पेन्क्रिएटिक पॉलीपेप्टाइड का स्रावण करती हैं।

अग्न्याशय रस का स्रावण, अग्न्याशय के बाह्य भाग (एसीनी कोशाओं) द्वारा होता है।

दन्त विन्यास

मनुष्य में 32 स्थायी दाँत होते हैं, जो चार प्रकार के होते हैं

कृन्तक (Incisors) ये संख्या में 4 होते हैं तथा भोजन कुतरने का कार्य करते हैं।

रदनक (Canines) ये संख्या में 2 होते हैं तथा भोजन को चीरने, फाड़ने का कार्य करते हैं।

अग्रचर्वणक (Premolars) ये संख्या में 4 होते हैं तथा भोजन को चबाने तथा दबाने का कार्य करते हैं।

चर्वणक (Molars) ये संख्या में 6 होते हैं तथा भोजन चबाने का कार्य करते हैं।

हाथी के **रद** (Tusks) ऊपरी जबड़े के **कृन्तक** (Incisor) दाँत होते हैं। सूअर एवं घोड़े में दाँतों की संख्या 44 होती है। मेटाथीरिया ओपोसम में दाँतों की संख्या सर्वाधिक (52) होती है। दाँतों का **इनेमल** (Enamel) शरीर का सबसे कठोर भाग होता है। दाँतों का अधिकांश भाग **डेन्टाइन** (Dentine) का बना होता है।

कुछ स्तनधारियों के दन्त सूत्र

स्तनधारी	दन्त सूत्र	दाँतों की संख्या
मनुष्य (बच्चा)	2102/2102	20
मनुष्य (वयस्क)	2123/2123	32
घोड़ा	3143/3143	44
कुत्ता	3142/3143	42
गाय एवं भेड़	0033/3133	32
बिल्ली	3131/3121	30
खरगोश	2033/1023	28
चूहा	1003/1003	16

श्वसन तन्त्र

श्वसन एक ऑक्सीकारक (Oxidising) एवं ऊर्जा प्रदान करने वाली प्रक्रिया है, जिसमें जटिल कार्बनिक यौगिकों के टूटने से सरल कार्बनिक यौगिक बनते हैं। श्वसन, श्वसन अंगों द्वारा होता है।

श्वसन अंग भिन्न-भिन्न जन्तुओं में भिन्न-भिन्न होते हैं

- **फेफड़े** (Lungs) मनुष्य, मेंढक, पक्षी, छिपकली एवं पशु, आदि।
- **त्वचा** (Skin) मेंढक, केंचुआ।
- **क्लोम** (Gills) मेंढक का लारवा, मछली, प्रॉन।
- **श्वसन नाल** (Trachea) कीट।
- **सामान्य शरीर सतह** (General body surface) *अमीबा, यूग्लीना* आदि।

वायवीय श्वसन

इस प्रक्रिया में ऑक्सीजन की उपस्थिति में श्वसन क्रियाधार (Respiratory substrate) का ऑक्सीकरण, CO_2, H_2O एवं ऊर्जा में होता है।

$$C_6H_{12}O_6 + 6O_2 \longrightarrow 6\ CO_2 + 6\ H_2O + 686 \text{ कि.कैलोरी}$$

ग्लूकोस के एक अणु से पाइरुविक अम्ल के 2 अणुओं का निर्माण होता है। यह प्रक्रिया **ग्लाइकोलाइसिस** (Glycolysis) कहलाती है।

ग्लाइकोलाइसिस, कोशिकाद्रव्य (Cytoplasm) में सम्पन्न होती है। क्रेब्स चक्र (Krebs' cycle) में पाइरुविक अम्ल के ऑक्सीकरण से ऊर्जा, कार्बन डाइऑक्साइड (CO_2) तथा जल (H_2O) निकलता है।

यूकैरियोटिक कोशिका (Eukaryotic cell) में एक ग्लूकोस अणु के ऑक्सीकरण से 36 ATP प्राप्त होते हैं। प्रोकैरियोटिक कोशिका (Prokaryotic cell) में एक ग्लूकोस अणु के ऑक्सीकरण से 38 ATP प्राप्त होते हैं।

अवायवीय श्वसन या किण्वन

इस प्रक्रिया में **श्वसन क्रियाधार** (Respiratory substrate) का CO_2 एवं एल्कोहॉल में अपूर्ण ऑक्सीकरण होता है।

$$C_6H_{12}O_6 \xrightarrow[\text{(यीस्ट कोशिका)}]{} 2CO_2 + 2C_2H_5OH + 56 \text{ कि.कैलोरी}$$

मनुष्य में श्वसन

मनुष्य में श्वसन दो चरणों में पूर्ण होता है

1. श्वासोच्छवास् (फेफड़ों में वायु का आवागमन)

बाह्य श्वसन में वायु का **अन्तःश्वास** (Inspiration) एवं **उच्छवास्** (Expiration) होता है।

(a) **अन्तःश्वास** (Inspiration) इस प्रक्रिया में वायु अन्दर ली जाती है, जिससे डायाफ्राम की पेशियाँ संकुचित होती हैं एवं डायाफ्राम समतल (Flattened) हो जाता है। निचली पसलियाँ बाहर एवं ऊपर की ओर फैलती हैं। छाती फूल जाती है, फेफड़ों में वायु का दाब कम हो जाता है, वायु फेफड़ों की ओर बहती है।

(b) **उच्छवास्** (Expiration) में वायु बाहर निकाली जाती है। डायाफ्राम एवं पसलियों की पेशियाँ शिथिल हो जाती हैं तथा डायाफ्राम फिर से **गुम्बद के आकार** (Dome-shaped) का हो जाता है। छाती संकुचित होती है तथा वायु बाहर की ओर नाक एवं वायुनाल द्वारा निकलती है। मनुष्य एक मिनट में 12-15 बार साँस लेता है।

श्वासोच्छवास् का नियन्त्रण

मनुष्य की हर सामान्य साँस में लगभग 2 सेकण्ड की अन्तःश्वास और 3 सेकण्ड की उच्छवास् होती है।

श्वासोच्छवास् पूर्णरूपेण तन्त्रिकीय नियन्त्रण में होता है। मस्तिष्क के **मेड्यूला** (Medulla) एवं **पोन्स वैरोलाई** (Pons varoli) में स्थित एक द्विपार्श्वीय (Bilateral) श्वास केन्द्र (Respiratory centre) श्वासोच्छवास् की सामान्य लय (Rhythm) एवं दर (Rate) का नियन्त्रण करता है।

2. अन्तः श्वसन (भोजन का ऑक्सीकरण)

यह एक जटिल प्रक्रिया है, जिसमें भोजन के ऑक्सीकरण से ऊर्जा निकलती है। यह जैव रासायनिक (Biochemical) प्रक्रिया है, जो कोशिका में होती है। मनुष्य में वायु का मार्ग निम्न प्रकार है

नासारन्ध्र (Nostrils) → ग्रसनी (Pharynx) → स्वर यन्त्र (Larynx) → श्वसन नाल (Trachea) → श्वसनी (Bronchi) → श्वसनिकाएँ (Bronchioles) → वायुकोष्ठक (Alveoli) → रुधिर (Blood) → कोशिका (Cell)

मनुष्य में फुफ्फुसीय वायु आयतन और क्षमता

1. **अवरीय या प्रवाही आयतन** (Tidal Volume or TV) सामान्य श्वसन के दौरान एक बार में ली गई या निकाली गई वायु का आयतन प्रवाही आयतन कहलाता है। यह लगभग 500 मिली होता है।
2. **उच्छवसन आरक्षित आयतन** (Expiratory Reserve Volume or ERV) उच्छवसन के बाद फेफड़ों में कुछ वायु रह जाती है, उसमें से बलपूर्वक निकाली गई वायु के आयतन को **उच्छवसन आरक्षित आयतन** (ERV) कहते हैं। इसका आयतन लगभग 1000 मिली होता है।
3. **निःश्वसन आरक्षित आयतन** (Inspiratory Reserve Volume or IRV) एक सामान्य निःश्वसन के बाद बलपूर्वक फेफड़ों के द्वारा ली जाने वाली वायु के आयतन को निःश्वसन आरक्षित आयतन (IRV) कहते हैं। इसका आयतन लगभग 2500-3000 मिली होता है।
4. **अवशेषी आयतन** (Residual Volume or RV) पूरे प्रयास से फेफड़ों से वायु निकालने के बाद फेफड़ों में शेष बची वायु का आयतन अवशेषी आयतन (RV) कहलाता है। यह लगभग 1500 मिली होता है।
5. **निःश्वसन क्षमता** (Inspiratory Capacity or IC) प्रवाही आयतन के अतिरिक्त अभ्यास द्वारा फेफड़ों में अधिक-से-अधिक ली जा सकने वाली वायु की मात्रा को निःश्वसन क्षमता कहते हैं।
   IC = TV + IRV = 500 मिली + 3000 मिली = 3500 मिली
6. **कार्यात्मक अवशेष क्षमता** (Functional Residual Capacity or FRC)
   FRC = RV + ERV
   = 1500 मिली + 1000 मिली = 2500 मिली
7. **सजीव क्षमता** (Vital Capacity or VC) फेफड़ों में पूरे प्रयास के बाद अधिक-से-अधिक वायु भरने के उपरान्त जितनी वायु पूरे प्रयास से बाहर निकाली जा सकती है, उसे सजीव क्षमता (VC) कहते हैं।
   VC = TV + IRV + ERV
   = 500 मिली + 3000 मिली + 1000 मिली = 4500 मिली
8. **फेफड़ों की सम्पूर्ण क्षमता** (Total Lung Capacity of TLC) हमारे फेफड़ों में कुल वायु की जितनी मात्रा समा सकती है, वही फेफड़ों की सम्पूर्ण क्षमता कहलाती है।
   TLC = TV + IRV + ERV + RV = VC + RV

जन्तुओं के श्वसन वर्णक

वर्णक	क्षेत्र या स्थल (स्थिति)	धात्विक समूह (युक्त)	रंग	जन्तु
हीमोग्लोबिन (Haemoglobin)	RBC एवं प्लाज्मा	लौह	लाल	सभी कशेरुकी जन्तु, ऐनेलिड्स एवं मोलस्कस्
हीमोसायनिन (Haemocyanin)	प्लाज्मा	ताँबा	नीला	अधिकांश मोलस्कस् एवं आर्थोपोड्स
हीमोएरिथ्रिन (Haemoerythrin)	RBC	लौह	लाल	कुछ ऐनेलिड्स
क्लोरोक्रुओरिन (Chloroqueriorin)	प्लाज्मा	ताँबा	हरा	कुछ ऐनेलिड्स
पिन्नोग्लोबिन (Pinnoglobin)	प्लाज्मा	मैंगनीज	भूरा	कुछ मोलस्कस्

श्वसन भागफल

किसी पदार्थ के ऑक्सीकरण में उत्पन्न CO_2 तथा ग्रहण की गई O_2 के अनुपात को **श्वसन भागफल** या **श्वसन गुणांक** कहते हैं।

$$\text{श्वसन भागफल (RQ)} = \frac{\text{उत्पन्न } CO_2 \text{ का आयतन}}{\text{ग्रहण की गई } O_2 \text{ का आयतन}}$$

इसका मान **कार्बोहाइड्रेट** के लिए 1, **प्रोटीन** के लिए 0.9, **वसा** के लिए 0.7 तथा **कार्बनिक अम्ल** के लिए एक से अधिक होता है। श्वसन भागफल **गैनोंग के रैसपाइरोमीटर** (Ganong's respirometer) द्वारा नापा जाता है।

श्वसन विकार

मनुष्य के शरीर में होने वाले श्वसन से सम्बन्धित विकार निम्नलिखित हैं

1. **एम्फाइसिमा** (Emphysema) सिगरेट पीने या धुएं के बीच काफी समय तक श्वांस लेने से **एम्फाइसिमा** हो जाता है। इसमें अनेक कूपिकाओं के बीच की भित्ति का संलयन हो जाने से श्वसन सतह कम हो जाती है, जिसके कारण कूपिका की भित्ति का लचीलापन समाप्त हो जाता है और गैसीय विनिमय की क्षमता कम हो जाती है।
2. **श्वसनी शोथ** (Bronchitis) श्वसनी शोथ में श्वसनी के आन्तरिक स्तर में उपस्थित चषक कोशिकाएँ (Goblet cells) तथा सीरोम्यूकस ग्रन्थियों (Sero-mucus glands) में अति वृद्धि तथा अतिवर्धन (Hypertrophy and hyperplasia) हो जाता है।
3. **श्वसनी दमा** (Bronchial Asthma) यह श्वसनी या साँस द्वारा भीतर गए किसी पदार्थ से एलर्जी के कारण होता है। इसमें श्वसनी तथा श्वसनिका की अरेखित पेशियों में अतिसंकुचन (Spasm) हो जाता है, जिससे श्वांस लेने में कठिनाई होती है।
4. **सायनोसिस** (Cyanosis) त्वचीय केशिकाओं में अनॉक्सीकृत रुधिर की उपस्थिति से सायनोसिस हो जाता है। इसमें त्वचा तथा नाखून नीले हो जाते हैं।
5. **श्वासावरोध** (Asphyxia) शरीर के ऊतकों को ऑक्सीजन की प्राप्ति न होने को श्वासावरोध या एस्फिक्सिया (Asphyxia) कहते हैं।
6. **नासीय शोथ** (Rhinitis) नासिका गुहा की श्लेष्म कला के तीव्र शोथ को नासीय शोथ कहते हैं।
7. **न्यूमोनिया** (Pneumonia) न्यूमोनिया में फेफड़ों के वायु कोशों में शोथ हो जाता है तथा वायु कोष और श्वसनिका की छोटी शाखाओं में WBC तथा तरल एकत्र हो जाते हैं।
8. **फुफ्फुसीय तपेदिक** (Pulmonary Tuberculosis) *माइकोबैक्टीरियम ट्यूबरकुलोसिस* जीवाणु फेफड़ों तथा प्लूरल कला को नष्ट कर देता है, जिससे श्वसन गैसों का विसरण रुक जाता है।
9. **अवश्वसन** (Hypopnea) श्वसन दर कम हो जाने को अश्वसन या हाइपोनीआ (Hypopnea) कहते हैं।
10. **अतिश्वसन** (Hyperpnea) श्वसन दर बढ़ जाने को अतिश्वसन या हाइपरनीआ (Hyperpnea) कहते हैं।
11. **डिस्पिनया** (Dyspnea) दर्द युक्त श्वास डिस्पिनया (Dyspnea) कहलाती है।
12. **अवऑक्सीयता** (Hypoxia) ऊतकों में ऑक्सीजन की कमी को अवऑक्सीयता या हाइपोक्सिया कहते हैं, *यह दो प्रकार का होता है*
    (a) कृत्रिम अवऑक्सीयता (Artificial hypoxia) वायु में ऑक्सीजन की कमी होने को कृत्रिम अवऑक्सीयता कहते हैं।
    (b) **रक्ताल्पता अवऑक्सीयता** (Anaemic hypoxia) रक्ताल्पता के कारण रुधिर की ऑक्सीजन वहन क्षमता कम हो जाने के कारण **रक्ताल्पता अवऑक्सीयता** हो जाती है।

रुधिर एवं परिसंचरण तन्त्र

रुधिर एक लाल, वाहक संयोजी ऊतक (Vascular connective tissue) है। यह अपारदर्शी, चिपचिपा द्रव है। रुधिर की श्यानता (Viscosity) 4.7 है। मनुष्य का रुधिर जल से 5 गुना अधिक चिपचिपा होता है। रुधिर हल्का क्षारीय प्रकृति का होता है, जिसकी pH 7.36 से 7.54 तक होती है (औसत pH = 7.4)। ऑक्सीकृत रुधिर चमकीले लाल रंग का होता है, जबकि अनॉक्सीकृत रुधिर गुलाबी रंग का होता है। रुधिर सम्पूर्ण शरीर का लगभग 6-10% भाग बनाता है। एक वयस्क मनुष्य में लगभग 5.8 लीटर रुधिर पाया जाता है। ऊँचे स्थानों पर रहने वाले लोगों में नीचे स्थानों पर रहने वाले लोगों की तुलना में अधिक रुधिर पाया जाता है। यह अतिरिक्त रुधिर, शरीर की कोशिकाओं को अधिक ऑक्सीजन पहुँचाता है।

रुधिर का संगठन

रुधिर दो भागों का बना होता है

1. प्लाज्मा

प्लाज्मा पीले रंग का निर्जीव द्रव है। यह हल्का क्षारीय एवं चिपचिपा होता है। यह रुधिर के सम्पूर्ण आयतन का लगभग 55-60% होता है। प्लाज्मा में 90-92% जल, 1-2% अकार्बनिक लवण, 6-7% प्लाज्मा प्रोटीन एवं 1-2% अन्य कार्बनिक यौगिक पाए जाते हैं।

प्लाज्मा के कार्य

(i) इसका कार्य सरल भोज्य पदार्थों (ग्लूकोस, अमीनो अम्ल, आदि) का आँत एवं यकृत से शरीर के अन्य भागों में परिवहन करना है।
(ii) यह उपापचयी **वर्ज्य पदार्थों** (Metabolic wastes) जैसे— यूरिया, यूरिक अम्ल, आदि का ऊतकों से वृक्कों तक उत्सर्जन हेतु परिवहन करता है।
(iii) यह अन्त:स्रावी ग्रन्थि से लक्ष्य अंगों तक हॉर्मोन्स (Hormones) का परिवहन करता है।
(iv) यह रुधिर का pH स्थिर रखने में सहायक है।

(v) प्लाज्मा में उपस्थित रुधिर प्रोटीन एवं फाइब्रिनोजन, जख्म अथवा क्षति पहुँचने पर रुधिर का थक्का जमाने में सहायक होते हैं।

(vi) यह ऊतक द्रव्य (Tissue fluid) का निर्माण करता है, जो ऊतक को आर्द्र रखता है और रुधिर एवं कोशिकाओं के मध्य पदार्थों के आदान-प्रदान में सहायक है।

2. रुधिर कणिकाएँ या रुधिर कोशिकाएँ

ये कोशिकाएँ प्लाज्मा में पाई जाती हैं। ये रुधिर प्लाज्मा का 40-45% भाग बनाती हैं। रुधिर कणिकाओं का प्रतिशत हीमेटोक्रिट मूल्य (Haematocrit value) अथवा पैक्ड सैल वॉल्यूम (Packed cell volume) कहलाता है। मनुष्य में सामान्य हीमेटोक्रिट मूल्य अथवा पैक्ड सैल वॉल्यूम 40-45% होता है। ये तीन प्रकार की होती हैं

(a) लाल रुधिर कणिकाएँ (RBCs) या इरिथ्रोसाइट्स (Erythrocytes)
(b) सफेद रुधिर कणिकाएँ (WBCs) या ल्यूकोसाइट्स (Leucocytes)
(c) रुधिर प्लेटलेट्स (Blood Platelets)

(a) लाल रुधिर कणिकाएँ या इरिथ्रोसाइट्स

ये स्तनधारियों के अलावा सभी कशेरुकियों में, अण्डकार, द्विउत्तल (Biconvex) एवं केन्द्रकीय होती हैं। स्तनियों में ऊँट एवं लामा को छोड़कर सभी की RBCs गोलाकार, द्विअवतल (Biconcave) और केन्द्रकविहीन होती हैं। RBCs की संख्या WBCs से अधिक होती है। महिलाओं में RBCs की संख्या पुरुषों से कुछ कम होती है।

RBCs की संख्या का निर्धारण हीमोसाइटोमीटर द्वारा किया जाता है। कार्यिकीय अवस्था एवं स्थान की ऊँचाई के कारण RBCs की संख्या बदल जाती है।

हेमरेज (Haemorrhage) एवं हीमोलाइसिस (Haemolysis) से RBCs की संख्या घट जाती है, जिसे रक्ताल्पता (Anaemia) कहते हैं। RBCs की संख्या में सामान्य स्तर से अधिक वृद्धि पॉलीसाइथीमिया (Polycythemia) कहलाती है। अकेली RBC पीले रंग की दिखाई पड़ती है, परन्तु RBCs का गुच्छा हीमोग्लोबिन के कारण लाल रंग का दिखाई पड़ता है।

गर्भस्थ शिशु में RBCs का निर्माण यकृत (Liver) एवं प्लीहा (Spleen) में होता है, जबकि शिशु के जन्म के उपरान्त RBCs का निर्माण मुख्यतया **अस्थि मज्जा** (Bone marrow) में होता है। RBC का परिपक्वन फोलिक अम्ल एवं विटामिन-B_1 द्वारा नियन्त्रित होता है। RBCs की अतिरिक्त मात्रा प्लीहा (Spleen) में संग्रहित होती है, जो **रुधिर बैंक** (Blood bank) की भाँति कार्य करती है। मनुष्य की RBC का औसत जीवनकाल 120 दिन होता है, जबकि मेंढक एवं खरगोश की RBC का जीवनकाल क्रमशः 100 दिन एवं 50-70 दिन होता है।

हीमोग्लोबिन

(*Haem* = iron containing pigment, *globin* = protein)

एक RBC में लगभग 280 हीमोग्लोबिन अणु पाए जाते हैं। हीमोग्लोबिन की मात्रा जन्म के समय बच्चे में सर्वाधिक होती है, जो लगभग 23 ग्राम प्रति 100 mL रुधिर है। वयस्क महिला में हीमोग्लोबिन 13.5 से 14.5% तथा वयस्क पुरुष में 14.5 से 15.5% होता है।

कार्य

1. हीमोग्लोबिन, pH को स्थिर करने में सहायक है।
2. हीमोग्लोबिन, ऊतकों से फेफड़ों तक कार्बन डाइऑक्साइड का परिवहन करता है।
3. हीमोग्लोबिन, ऑक्सीजन का फेफड़ों से ऊतकों तक परिवहन करता है।

(b) सफेद रुधिर कणिकाएँ या ल्यूकोसाइट्स

ये गोल अथवा अमीबाकार, केन्द्रकयुक्त, वर्णकविहीन कोशिकाएँ हैं। WBCs आकार में RBCs से बड़ी होती हैं। WBCs संख्या में RBCs से कम होती हैं (1 : 600)। ल्यूकीमिया (रुधिर कैंसर) में WBCs की संख्या बढ़ जाती है।

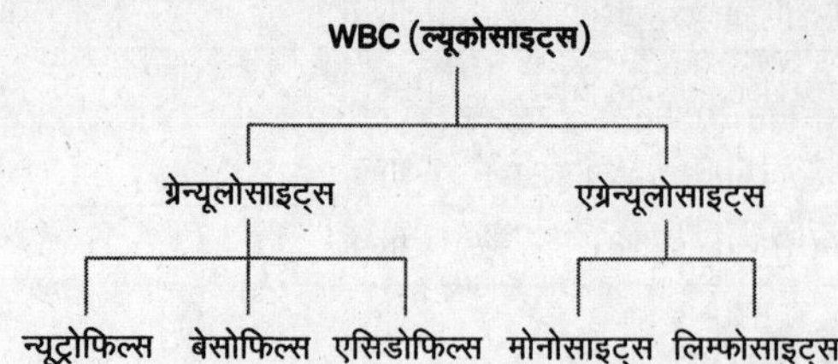

ग्रेन्यूलोसाइट्स

ये कोशिकाएँ **लाल अस्थि मज्जा** (Red bone marrow) में बनती हैं। ये कुल ल्यूकोसाइट्स की लगभग 65% होती है।

ये केन्द्रक के आकार एवं उनके अणुओं (Granules) की अभिरंजक क्रियाओं (Staining reactions) के आधार पर पुनः निम्न प्रकार विभाजित की जा सकती हैं

(i) **न्यूट्रोफिल्स** (Neutrophils) ये WBCs की कुल संख्या का लगभग 62% होती हैं। इनके कोशिकाद्रव्य में महीन कण (Fine granules) पाए जाते हैं, जो अम्लीय एवं क्षारीय अभिरंजकों द्वारा अभिरंजित होते हैं तथा बैंगनी रंग के दिखाई पड़ते हैं।
केन्द्रक 3 से 5 पॉलीयुक्त (Lobed) होता है। इनका जीवनकाल 10-12 घण्टे या 3 दिन होता है। ये शरीर के रक्षक की भाँति कार्य करती हैं।

(ii) **बैसोफिल्स** (Basophils) ये सायनोफिल्स (Cyanophils) भी कहलाती हैं। कोशिकाद्रव्यी कण बड़े होते हैं, जो नीले रंग के दिखाई पड़ते हैं। केन्द्रक दो अथवा तीन पॉलीयुक्त अथवा S के आकार का होता है।
इनका जीवनकाल 12-15 दिन होता है। ये **हिपैरिन** (Heparin) एवं **हिस्टेमाइन** (Histamine) को स्रावित कर रुधिर का थक्का जमने से रोकती है।

(iii) **एसिडोफिल्स** (Acidophils) ये **इओसीनोफिल्स** (Eosinophils) भी कहलाती हैं। इनका केन्द्रक द्विपालीयुक्त (Bilobed) होता है। इनका जीवनकाल 14 घण्टे होता है। एलर्जी रोग में इनकी संख्या बढ़ जाती है। ये घावों को भरने में सहायक होती हैं।

एग्रेन्यूलोसाइट्स

ये कुल WBCs का लगभग 35% भाग होती हैं।

इन्हें दो भागों में विभाजित किया जा सकता है

(i) **मोनोसाइट्स** (Monocytes) ये सबसे बड़ी ल्यूकोसाइट्स (WBCs) है। ये कुल ल्यूकोसाइट्स का लगभग 5.3% भाग बनाती है। इनका केन्द्रक अण्डाकार, वृक्क अथवा घोड़े की नाल के आकार का और बाह्य केन्द्रीय (Excentric) होता है।
इनका निर्माण लिम्फनोड एवं प्लीहा में होता है। ये अत्यधिक चल (Motile) होती हैं। इनका जीवनकाल कुछ घण्टों से लेकर कई दिनों तक हो सकता है।

(ii) **लिम्फोसाइट्स** (Lymphocytes) ये ल्यूकोसाइट्स का लगभग 30% भाग बनाती हैं। इनका केन्द्रक बड़ा और गोल होता है तथा कोशिकाद्रव्य पतली परिधीय परत (Peripheral layer) बनाता है।

इनका निर्माण थाइमस, लिम्फनोड, प्लीहा तथा टॉन्सिल्स में होता है। इनका जीवनकाल 3-4 दिन होता है। ये प्रतिरक्षियों (Antibodies) का निर्माण कर शरीर के प्रतिरक्षा तन्त्र में महत्त्वपूर्ण भूमिका अदा करती हैं।

(c) रुधिर प्लेटलेट्स

ये रंगहीन, अण्डाकार, चक्रिक (Discoidal) कोशिकाद्रव्यी भाग है तथा ये अकेन्द्रकीय होते हैं। रुधिर में प्लेटलेट्स की संख्या में कमी थ्रॉम्बोसाइटोपीनिया (Thrombocytopenia) कहलाती है। रुधिर में प्लेटलेट्स की संख्या में वृद्धि थ्रॉम्बोसाइटोसिस (Thrombocytosis) कहलाती है। इनका जीवनकाल लगभग एक सप्ताह होता है। ये रुधिर के जमने (Blood clotting) में महत्त्वपूर्ण भूमिका अदा करती है।

थ्रॉम्बोसाइट्स को तर्कु कोशिकाएँ (Spindle cells) भी कहा जाता है। ये तुर्क (Spindle) के आकार की होती हैं तथा स्तनधारियों के अतिरिक्त सभी कशेरुकियों में पाई जाती हैं। इनमें केन्द्रक अण्डाकार होता है तथा ये कशेरुकियों में रुधिर का थक्का जमाने में सहायक हैं।

रुधिर वर्ग

लैण्डस्टीनर ने तीन प्रकार के रुधिर वर्गों A, B और O की खोज की। चौथे प्रकार के एवं बहुत कम पाए जाने वाले रुधिर वर्ग AB की खोज **वॉन डीकॉस्टेलो एवं स्टर्ले** (1902) ने की। **लैण्डस्टीनर** (1900) ने दो प्रकार के प्रतिजनों (Antigens), प्रतिजन A एवं प्रतिजन B की खोज की। प्रतिजन A एवं B प्रोटीन न होकर म्यूकोपॉलीसैकेराइड होती है।

मनुष्य को वह रुधिर नहीं दिया जाता, जो उसकी एण्टीबॉडी से क्रिया कर थक्का बना देता है। O रुधिर वर्ग वाले मनुष्य सर्वदाता (Universal donor) कहलाते हैं। AB रुधिर वर्ग वाले मनुष्य **सर्वग्राही** (Universal recipients) कहलाते हैं।

Rh-कारक

Rh-कारक की खोज सर्वप्रथम रीसस बन्दर की RBC में **लैण्डस्टीनर** एवं **वीनर** (1940) ने की थी। Rh-कारक सहित मनुष्य Rh^+ कहलाता है तथा Rh कारक रहित मनुष्य Rh^- कहलाता है। विश्व के लगभग 85% मनुष्य Rh^+ तथा 15% Rh^- होते हैं।

भारत में कुल जनसंख्या के लगभग 97% लोग Rh^+ हैं।

Rh-कारक केवल मनुष्य एवं रीसस बन्दर में पाया जाता है। अन्य जन्तुओं में इसकी खोज नहीं हो पाई है। मनुष्य प्राकृतिक रूप से Rh प्रतिरक्षी (Antibodies) उत्पन्न नहीं करते।

परिसंचरण तन्त्र

उच्च बहुकोशिकीय जन्तुओं में आवश्यक पदार्थों की आपूर्ति एवं अनावश्यक पदार्थों का बहिष्करण सीधे कोशिका द्वारा नहीं होता, इसलिए इन्हें एक परिवहन तन्त्र की आवश्यकता होती है जिसे परिसंचरण तन्त्र (Circulatory system) कहते हैं।

परिसंचरण तन्त्र के कार्य

यह पोषक पदार्थों; जैसे—ग्लूकोस, वसीय अम्ल, विटामिन, आदि का शरीर के विभिन्न भागों तक परिवहन करता है। यह नाइट्रोजनी वर्ज्य पदार्थों (जैसे—अमोनिया, यूरिया, यूरिक अम्ल, आदि) का शरीर के विभिन्न भागों में उत्सर्जी अंगों तक परिवहन करता है। यह हॉर्मोन का अन्त:स्रावी ग्रन्थि से लक्ष्यी अंगों (Target organs) तक परिवहन करता है। यह फेफड़ों से शरीर की कोशिकाओं एवं ऊतकों तक ऑक्सीजन का परिवहन करता है।

रुधिर परिसंचरण तन्त्र

रुधिर परिवहन तन्त्र तीन अवयवों का बना होता है

1. **हृदय** (Heart) यह मोटा, पेशीय, रुधिर को शरीर में प्रवाहित करने वाला अंग है।
2. **रुधिर वाहिनियाँ** (Blood vessels) ये पतली मोटी नलिकाकार रचनाएँ होती हैं, जिनमें रुधिर निरन्तर बहता रहता है। रुधिर वाहिनियाँ दो प्रकार की होती हैं
   (a) **धमनियाँ** (Arteries) मोटी, भित्तियुक्त रुधिर वाहिनियाँ, जो रुधिर को हृदय से विभिन्न अंगों में पहुँचाती है। ये शरीर में गहराई में स्थित होती है तथा इनमें **वाल्व** (Valve) का अभाव होता है।
   फुफ्फुस धमनी (Pulmonary artery) के अतिरिक्त सभी धमनियों में ऑक्सीकृत (शुद्ध) रुधिर प्रवाहित होता है। धमनियों में रुधिर अधिक दाब एवं अधिक गति से बहता है।
   (b) **शिराएँ** (Veins) ये पतली भित्ति वाली रुधिर वाहिनियाँ हैं, जो विभिन्न अंगों से रुधिर को हृदय तक ले जाती हैं ये शरीर में अधिक गहराई में नहीं होतीं तथा इनमें रुधिर की विपरीत गति को रोकने हेतु **वाल्व** (Valves) पाए जाते हैं।
   इनमें रुधिर कम दाब एवं कम गति से बहता है। फुफ्फुस शिरा (Pulmonary vein) के अतिरिक्त सभी शिराओं में अनॉक्सीकृत रुधिर (अशुद्ध) प्रवाहित होता है।

रुधिर केशिकाएँ

ये सबसे पतली रुधिर नलिकाएँ हैं, जो धमनियों को शिराओं से जोड़ती हैं। प्रत्येक केशिका चपटी कोशिकाओं की एक परत से बनी होती है। ये पोषक पदार्थों, वर्ज्य पदार्थों, गैस, आदि पदार्थों का रुधिर एवं कोशिका के मध्य आदान-प्रदान करने में सहायक है।

3. **रुधिर** (Blood) यह लाल, संवहनी (Vascular), संयोजी ऊतक है जिसमें रुधिर कणिकाएँ, प्लाज्मा, हीमोग्लोबिन, प्लाज्मा प्रोटीन, आदि उपस्थित होते हैं।

रुधिर परिसंचरण तन्त्र के प्रकार

रुधिर परिसंचरण तन्त्र निम्नलिखित दो प्रकार का होता है

1. खुला परिसंचरण तन्त्र

रुधिर कुछ समय के लिए रुधिर नलिकाओं में उपस्थित रहता है तथा अन्त में रुधिर नलिकाओं से खुले स्थान में आ जाता है। इस प्रकार का रुधिर परिसंचरण, तिलचट्टा, प्रॉन, कीट, मकड़ी, आदि में पाया जाता है।

रुधिर कम दाब एवं कम वेग से बहता है। तिलचट्टे (Cockroach) में रुधिर परिसंचरण चक्र 5-6 मिनट में पूर्ण होता है।

2. बन्द परिसंचरण तन्त्र

यह केंचुए, *नेरीस*, मोलस्क एवं सभी कशेरुकियों में पाया जाता है। रुधिर बन्द नलिकाओं में बहता है। रुधिर अधिक दाब एवं अधिक वेग से बहता है। पदार्थों का आदान-प्रदान **ऊतक द्रव्य** (Tissue fluid) द्वारा होता है।

हृदय

हृदय एक मोटा, पेशीय, संकुचनशील, स्वत: पम्पिंग अंग है। इसका वह भाग, जो शरीर के ऊतकों से रुधिर ग्रहण करता है, **अलिन्द** (Auricle) कहलाता है तथा हृदय का वह भाग, जो ऊतकों में रुधिर पम्प करता है, **निलय** (Ventricle) कहलाता है। मछलियों में केवल द्विकोष्ठीय (Two chambered) हृदय पाया जाता है, जिसमें एक अलिन्द एवं एक निलय होता है।

उभयचरों (Amphibians) में तीन कोष्ठीय (Three chambered) हृदय होता है। सरीसृपों का हृदय संरचना में तीन कोष्ठीय तथा कार्य में चार कोष्ठीय (Four chambered) होता है। पक्षियों एवं स्तनियों में हृदय चार कोष्ठीय होता है, जिसमें दो अलिन्द एवं दो निलय होते हैं।

मानव हृदय

सभी मनुष्यों का हृदय लगभग समान आकार का होता है। पुरुषों में हृदय का औसत वजन 280-340 ग्राम तथा महिलाओं में 230-280 ग्राम होता है। नवजात शिशु के हृदय का वजन लगभग 20 ग्राम होता है। हृदय, वक्ष गुहा (Thoracic cavity) में दोनों फेफड़ों के मध्य स्थित होता है। हृदय के चारों ओर द्विकलायुक्त कोष पाया जाता है। यह कला पेरीकार्डियम (Pericardium) कहलाती है। दोनों कलाओं के मध्य पेरीकार्डियल द्रव से भरी एक गुहा पाई जाती है। पेरीकार्डियल द्रव हृदय की धक्कों से सुरक्षा करता है।

हृदय की संरचना

मनुष्य का हृदय चार कोष्ठीय होता है, जिसमें दो अलिन्द एवं दो निलय पाए जाते हैं

1. दायाँ अलिन्द

इसमें सुपीरियर वेना कावा (Superior vena cava) एवं इन्फीरियर वेना कावा (Inferior vena cava) से अनॉक्सीकृत रुधिर आता है। दायाँ अलिन्द, दाएँ निलय में एक चौड़े, वृत्तीय दाएँ अलिन्द निलय छिद्र (Auriculoventricular aperture) द्वारा खुलता है, जो ट्राइकस्पिड वाल्व (Tricuspid valve) द्वारा ढका होता है।

ट्राइकस्पिड वाल्व, दाएँ अलिन्द से दाएँ निलय की ओर रुधिर के एक दिशीय प्रवाह को नियन्त्रित करता है।

2. दायाँ निलय

इससे फुफ्फुस धमनी (Pulmonary artery) निकल कर फेफड़ों में पहुँचती है, जिसमें अनॉक्सीकृत रुधिर (Deoxygenated blood) प्रवाहित होता है।

3. बायाँ अलिन्द

इसमें फुफ्फुस शिरा (Pulmonary vein) के द्वारा फेफड़ों से ऑक्सीकृत रुधिर (Oxygenated blood) आता है। इनमें वाल्व अनुपस्थित होते हैं। बायाँ अलिन्द, बाएँ निलय में, बाएँ अलिन्द-निलय छिद्र (Auriculoventricular aperture) द्वारा खुलता है।

अलिन्द-निलय छिद्र, बाइकस्पिड वाल्व (Bicuspid valve) अथवा **मिट्रल वाल्व** (Mitral valve) द्वारा ढका रहता है। बाइकस्पिड वाल्व, बाएँ अलिन्द से बाएँ निलय में रुधिर के विपरीत प्रवाह को रोकता है।

4. बायाँ निलय

इससे बड़ी रुधिर नलिका निकलती है, जिसे महाधमनी (Aorta) कहते हैं। महाधमनी (Aorta) शरीर के विभिन्न भागों में ऑक्सीकृत रुधिर प्रवाहित करती है। मानव हृदय का सबसे मोटा भाग बाएँ निलय की भित्ति (Left wall of ventricle) है।

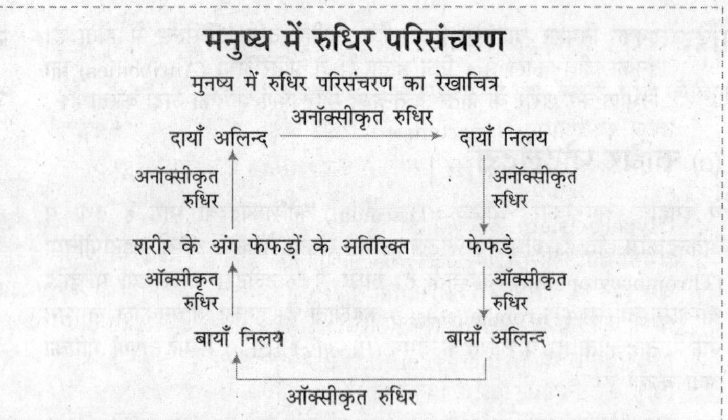

रुधिर दाब

रुधिर द्वारा हृदय की बार-बार पम्पिंग के कारण रुधिर नलिकाओं की दीवारों पर पड़ने वाला दाब, रुधिर दाब कहलाता है। रुधिर दाब को हमारे शरीर के कुछ स्थानों पर महसूस किया जा सकता है; जैसे—हाथ की कलाई पर।

उत्तेजित अवस्था में हृदय स्पन्दन की दर बढ़ जाती है। सामान्य मनुष्य का रुधिर दाब 120/80 mm Hg होता है। आयु, हृदय की रुधिर पम्प करने की क्षमता (Cardiac output), कुल परिधीय प्रतिरोध, आदि रुधिर दाब को प्रभावित करने वाले कारक हैं।

यदि कोई व्यक्ति लगातार उच्च रुधिर दाब (150/90 mm Hg) से पीड़ित है, तो यह अवस्था हाइपरटेन्शन (Hypertension) कहलाती है। उच्च रुधिर दाब के लिए अधिक भोजन, भय, चिन्ता, दुःख, आदि कारक उत्तरदायी हैं।

लगातार निम्न रुधिर दाब (100/50 mm Hg) से हाइपोटेन्शन (Hypotension) हो जाती है।

ECG = इलेक्ट्रोकार्डियोग्राफी (Electrocardiography) हृदय स्पन्दन (Heart beat) की सामान्य दर 70-72 बार प्रति मिनट होती है।

नवजात शिशु की हृदय स्पन्दन दर लगभग 140 बार प्रति मिनट होती है। व्यायाम के समय हृदय स्पन्दन दर 170-200 बार प्रति मिनट होती है।

लसिका तन्त्र

रुधिर के छनने से लसिका का निर्माण होता है। **लसिका**, लसिका केशिकाओं में बहता है। लसिका केशिकाएँ उपास्थियों, मस्तिष्क व मेरुरज्जु में अनुपस्थित होती हैं। प्लीहा (Spleen) व थाइमस (Thymus) लसिका ग्रन्थियाँ हैं।

प्लीहा को RBC का कब्रिस्तान (Graveyard of RBC) कहा जाता है। लसिका वाहिनियों पर अनेक लसिका गाठें (Lymph nodes) पाई जाती हैं। इनके द्वारा लिम्फोसाइट्स (Lymphocytes) का निर्माण होता है।

रुधिर एवं लसिका में अन्तर

रुधिर	लसिका
RBC उपस्थित	RBC अनुपस्थित
घुलनशील प्रोटीन्स अधिक।	अघुलनशील प्रोटीन्स अधिक।
उत्सर्जी पदार्थों एवं CO_2 की मात्रा सामान्य।	उत्सर्जी पदार्थों एवं CO_2 की मात्रा काफी अधिक।
WBC कम, न्यूट्रोफिल्स सबसे अधिक।	WBC अधिक, लिम्फोसाइट्स सबसे अधिक।
O_2 एवं पोषक पदार्थ काफी।	O_2 एवं पोषक पदार्थ बहुत कम।

परिसंचरण तन्त्र के विकार

मनुष्य के शरीर में होने वाल परिसंचरण तन्त्र से सम्बन्धित विकार निम्नलिखित हैं

1. **उच्च रक्तचाप** (Hypertension) यदि कोई व्यक्ति लगातार उच्च रुधिर दाब $\left(\frac{150}{90} \text{ mm Hg}\right)$ से पीड़ित है, तो यह अवस्था हाइपरटेन्शन (Hypertension) कहलाती है।
2. **धमनी काठिन्य** (Arteriosclerosis) धमनियों की भित्ति में कोलेस्ट्रॉल जम जाने के कारण इसकी भित्तियाँ कठोर हो जाती हैं, इस अवस्था को धमनी काठिन्य या आरटीरियोस्कलेरोसिस (Arteriosclerosis) कहते हैं।
3. **एथिरोकाठिन्य** (Atherosclerosis) एथिरोकाठिन्य में धमनियों की भित्ति में अनियमित मोटाई विकसित हो जाती है, जिससे इनकी भित्ति का पूर्ण प्रसारण नहीं होता है और ये पूर्ण रूप से फैल नहीं पाती हैं।
4. **हृदयघात** (Coronary Heart Disease) कोरोनरी धमनी (Coronary artery) में रुधिर का थक्का आ जाने से हृदय पेशियों की ऑक्सीजन आपूर्ति कम हो जाती है, जिसे हृदय घात (Heart attack) कहते हैं।
5. **हृदय अवरोध** (Heart Block) इसमें हृदय के संवहनी तन्त्र के किसी भी भाग में हृदय प्रेरणा (Cardiac impulses) आगे जाने से रुक जाती है। सामान्यतया दो प्रकार के हृदय अवरोध पाए जाते हैं
   (i) AV अवरोध (AV block)
   (ii) बण्डल शाखा अवरोध (Bundle branch block)
6. **रुमेटी हृदय रोग** (Rheumatic Heart Disease or RHD) रुमेटी ज्वर के पश्चात् रुमेटी हृदय रोग उत्पन्न हो जाता है। रुमेटी ज्वर में हृदय के किसी कपाट (या धमनीय अर्ध चन्द्राकार कपाट) में स्थाई क्षति हो सकती है। रुमेटी हृदय रोग का कारक एक विषाणु है।
7. **मस्तिष्क संवहनीय दुर्घटना** (Cerebro Vascular Accident or CVA) इसमें मस्तिष्क की रुधिर वाहिनी रुक जाने से या फट जाने से मस्तिष्क के किसी भाग की रुधिर आपूर्ति बन्द हो जाती है, जिससे कोशिकाओं को ऑक्सीजन व ग्लूकोस की आपूर्ति रुक जाती है।

उत्सर्जन तन्त्र

शरीर से नाइट्रोजनी वर्ज्य पदार्थों को बाहर निष्कासित करने की प्रक्रिया उत्सर्जन (Excretion) कहलाती है। उत्सर्जन में सहायक अंग, उत्सर्जी अंग (Excretory organs) कहलाते हैं।

विभिन्न जन्तुओं में उत्सर्जी अंग

जन्तुओं में निम्नलिखित प्रकार के उत्सर्जी अंग पाए जाते हैं

1. **प्लाज्माकला** (Plasma membrane) *अमीबा* सदृश प्रोटोजोआ
2. **सामान्य शरीर सतह** (Normal body surface) पोरीफेरा (स्पंज), सीलेण्ट्रेटा (*हाइड्रा*)।
3. **फ्लेम कोशिकाएँ** (Flame cells) प्लेटीहेल्मिन्थीज (*टीनिया* एवं *फेसिओला*)
4. **नेफ्रीडिया** (Nephridia) ऐनेलिडा
5. **मैल्पीघियन नलिका** (Malpighian tubules) आर्थ्रोपोडा (कॉकरोच)
6. **कोक्सल ग्रन्थि** (Coxal gland) मकड़ी
7. **क्लोरैगोजन कोशिकाएँ** (Chloragogen cells) केंचुआ
8. **वृक्क** (Kidneys) सभी कशेरुकियों में मुख्य उत्सर्जी अंग

उत्सर्जन के प्रकार

विभिन्न जन्तु भिन्न-भिन्न प्रकार के नाइट्रोजनी पदार्थ उत्सर्जित करते हैं, जिनके आधार पर उत्सर्जन निम्न तीन प्रकार से होता है

1. अमोनोटीलिक

मुख्य नाइट्रोजनी वर्ज्य पदार्थ **अमोनिया** (Ammonia) होता है। अमोनोटीलिक उत्सर्जन, जलीय जन्तुओं; जैसे—**प्रोटोजोअन** (*अमीबा, पैरामीशियम*), **सीलेण्ट्रेट** (*हाइड्रा*), जलीय आर्थ्रोपोड (प्रॉन), **मोलस्क** (*पाइला*), **बोनी फिश** (*लेबियो*), टेडपोल, आदि में पाया जाता है। अत्यधिक pH होने के कारण अमोनिया शरीर के लिए हानिकारक होती है। अमोनिया, जल में घुलनशील होने के कारण, इसके उत्सर्जन हेतु अधिक मात्रा में जल की आवश्यकता होती है। अमोनिया, सामान्य शरीर सतह से वातावरण के जल में छोड़ दी जाती है। इसका उत्सर्जन मूत्र के रूप में भी होता है।

2. यूरियोटीलिक

मुख्य नाइट्रोजनी वर्ज्य पदार्थ यूरिया होता है। यूरियोटीलिक उत्सर्जन उन जन्तुओं में पाया जाता है, जो जल का उपयोग करते हैं तथा जिनका रुधिर यूरिया की काफी मात्रा धारण करने में सक्षम है। इस प्रकार का उत्सर्जन मनुष्य, ह्वेल, सील, ऊँट, कंगारू, टोड, मेंढक, शार्क, आदि में पाया जाता है।

स्तनियों में यूरिया निर्माण का अध्ययन **क्रैब्स** एवं **हैन्सलेट चक्र** द्वारा किया जाता है। यूरिया निर्माण यकृत (Liver) में अमोनिया के निर्विषीकरण (Detoxification) द्वारा होता है।

रुधिर में यूरिया का परिवहन **रुधिर प्लाज्मा** (Blood plasma) द्वारा होता है। वे मनुष्य, जो भोजन में अधिक प्रोटीन का उपयोग करते हैं, अधिक मात्रा में यूरिया उत्सर्जन करते हैं। काफी समय से भूखे एवं प्यासे मनुष्य के रुधिर में यूरिया की मात्रा अधिक हाती है। यूरिया उत्सर्जन हेतु कम जल की आवश्यकता होती है।

3. यूरिकोटीलिक

मुख्य नाइट्रोजनी वर्ज्य पदार्थ **यूरिक अम्ल** (Uric acid) के रवे होते हैं। यह पक्षियों, स्थलीय, सरीसृपों, कीटों, आदि में पाया जाता है। यह अर्द्धठोस अवस्था में उत्सर्जित होता है। यह यूरिकोटीलिक जन्तुओं के यकृत में तथा कीटों की मैल्पीघियन नलिकाओं में बनता है।

मानव का उत्सर्जी तन्त्र

मानव का उत्सर्जी तन्त्र निम्न भागों का बना होता है

1. वृक्क (दो)
2. मूत्रवाहिनी नलिका (दो)
3. मूत्राशय (एक)
4. मूत्रमार्ग (एक)

1. वृक्क

यह उदरगुहा में पाई जाने वाली, सेम के आकर की, भूरी-चॉकलेट रंग की संरचना है। प्रत्येक वृक्क, डायफ्राम के नीचे, कशेरुक दण्ड (Vertebral column) के पार्श्व में स्थित होते हैं।

बायाँ वृक्क, दाएँ वृक्क की तुलना में कुछ ऊँचाई पर स्थित होता है, जबकि खरगोश में इसके विपरीत स्थिति होती है। वृक्क बाहर की ओर उत्तल तथा अन्दर की ओर अवतल होता है। अवतल सतह पर उपस्थित गड्ढे को वृक्क नाभि या **हाइलस** (Hilus) कहते हैं। ये मूत्र निर्माण करता है तथा बाह्य वातावरण के अनुसार अन्दर के परासरण दाब (Osmotic pressure) को नियन्त्रित रखता है।

वृक्क के कार्य का नियन्त्रण कुछ हॉर्मोनों द्वारा होता है, जो निम्न हैं

(a) **एन्टीडाइयूरेटिक हॉर्मोन** (Antidiuretic Hormone or ADH) यह हॉर्मोन पीयूष ग्रन्थि के पश्च पिण्ड से स्रावित होता है और DCT (Distal Convoluted Tubule) तथा CT (Collecting Duct) द्वारा जल के पुनः अवशोषण को नियन्त्रित करता है।

(b) **एल्डोस्टीरॉन** (Aldosterone) यह हॉर्मोन एड्रीनल कॉर्टेक्स (Adrenal cortex) द्वारा स्रावित होता है और DCT में जल व Na के पुन: अवशोषण को बढ़ा देता है।

(c) **एट्रियल नैट्रीयूरेटिक कारक** (Atrial Natriuretic Factor or ANF) यह हॉर्मोन हृदय के अलिन्दों की भित्ति में स्थित कोशिकाओं द्वारा स्रावित होता है। यह हॉर्मोन NaCl तथा जल का पुन: अवशोषण कम करता है।

2. मूत्रवाहिनी नलिका

ये हाइलस से निकलने वाली पतली एक जोड़ी नलिकाएँ हैं। इनकी लम्बाई लगभग 30 सेमी होती है। ये मूत्र को नीचे की ओर लाती है तथा मूत्राशय में खुलती है।

3. मूत्राशय

प्रत्येक **मूत्रवाहिनी नलिका** मूत्राशय में खुलती है। यह अस्थाई रूप से मूत्र का संग्रह करता है। इसमें लगभग 0.5-1.0 ली मूत्र एकत्र हो सकता है। यह पक्षियों में अनुपस्थित होता है। सरीसृपों एवं पक्षियों में मूत्रवाहिनी नलिका तथा मलाशय (Rectum) दोनों एक ही कोष में खुलते हैं, जो अवस्कर (Cloaca) कहलाता है।

4. मूत्रमार्ग

मूत्राशय पीछे की ओर संकरा होकर **मूत्रमार्ग** (Urethra) बनाता है। मादा में यह छोटी होती है, जो केवल मूत्र हेतु मार्ग बनाती है। नर में यह नलिका लम्बी होती है, जो मूत्र एवं स्पर्मेटिक द्रव (Spermatic fluid) दोनों के लिए मार्ग बनाती है।

मूत्र

मूत्र **ग्लोमेरुलर निस्यन्दन** (Glomerular filteration), पुनः अवशोषण एवं स्राव से बनता है। **यूरोक्रोम** (Urochrome) वर्णक की उपस्थिति के कारण मूत्र पीले रंग का होता है। यूरीनोड (Urinod) के कारण मूत्र में तीव्र शोरमिक गन्ध (Faint aromatic odour) होती है। सामान्य मनुष्य में प्रतिदिन 1.5-1.8 ली मूत्र निकलता है।

मूत्र का रासायनिक संगठन

जल = 95-96%, यूरिया = 2%, लवण = 2% (सोडियम क्लोराइड), यूरिक अम्ल, क्रिएटिनीन, आदि = 0.4 %

मूत्र में अनियमितता

मूत्र में होने वाली अनियमितता निम्नलिखित हैं

1. **प्रोटीन यूरिया** (Protein urea) मूत्र में प्रोटीन की उपस्थिति प्रोटीन यूरिया कहलाती है।
2. **एल्ब्यूमिन यूरिया** (Albumin urea) मूत्र में एल्ब्यूमिन की उपस्थिति एल्ब्यूमिन यूरिया कहलाती है।
3. **यूरेमिया** (Uremia) मूत्र में अत्यधिक यूरिया का पाया जाना यूरेमिया कहलाता है।
4. **हीमेट्यूरिया** (Hematuria) मूत्र में रुधिर का पाया जाना हीमेट्यूरिया कहलाता है।
5. **पाइयूरिया** (Pyuria) मूत्र में WBC या मवाद (Pus) का पाया जाना पाइयूरिया कहलाता है।
6. **हीमोग्लोबिनयूरिया** (Haemoglobinurea) मूत्र के साथ हीमोग्लोबिन का त्याग हीमोग्लोबिनयूरिया कहलाता है।
7. **कीटोन्यूरिया** (Ketonurea) मूत्र में कीटोन बॉडीज (Ketone bodies) की उपस्थिति कीटोन्यूरिया कहलाती है।
8. **ग्लाइकोसूरिया** (Glycosuria) मूत्र में ग्लूकोस की उपस्थिति ग्लाइकोसूरिया कहलाती है।

उत्सर्जन तन्त्र के विकार

मनुष्य के शरीर में होने वाले उत्सर्जन तन्त्र से सम्बन्धित विकार निम्नलिखित हैं

1. **मूत्राशय शोथ** (Cystitis) मूत्राशय में सूजन आ जाना मूत्राशय शोथ या सिस्टाइटिस (Cystitis) कहलाता है। कभी-कभी प्रोस्टेट ग्रन्थि के बढ़ जाने से भी मूत्राशय शोथ हो जाता है। इस रोग में दर्द एवं जलन के साथ जल्दी-जल्दी मूत्र आने लगता है।
2. **वृक्क पथरी** (Renal Stones) वृक्क के ऊतकों में कैल्शियम ऑक्सेलेट (Calcium oxalate) तथा फॉस्फेट्स (Phosphates) के जमाव से पथरी का निर्माण होता है। वृक्क की पथरी को ऑपरेशन द्वारा या लिथोट्रॉपी की सहायता से हटाया जाता है।
3. **जलीय शोथ** (Oedema) ऊतकों में अधिक मात्रा में तरल एकत्र हो जाने से सूजन आ जाती है, जिसे जलीय शोथ (Oedema) कहते हैं। प्लाज्मा प्रोटीन की मात्रा में कमी होने पर भी सूजन आ जाती है।
4. **असंयम** (In-Continence) मूत्र त्याग का नियन्त्रण न करने की अवस्था को असंयम कहते हैं। ऐसा बाह्य अवरोधनी के तन्त्रिका मार्ग की पूरी तरह से निर्माण न हो पाने के कारण होता है।
5. **वृक्क नलिका अम्लता** (Renal Tubular Acidosis) इस अवस्था में व्यक्ति हाइड्रोजन आयनों का स्रावण उचित मात्रा में नहीं कर पाता है, जिससे मूत्र में सोडियम बाइकार्बोनेट अधिक मात्रा में उत्सर्जित होने लगता है।
6. **अपोहन या डायलाइसिस** (Dialysis) अर्द्धपारगम्य (Semi-permeable) झिल्ली से विसरण के द्वारा रुधिर से उत्सर्जी पदार्थों को पृथक् करना **अपोहन** (Dialysis) कहलाता है।

रुधिर में एकत्रित व्यर्थ उत्सर्जी पदार्थों को कृत्रिम वृक्क (Artificial kidney) की सहायता से पृथक् करने को **रुधिर अपोहन** (Haemodialysis) कहते हैं।

माँसपेशियाँ एवं कंकाल तन्त्र

कंकाल तन्त्र

कंकाल का अध्ययन 'अस्थि विज्ञान' (Osteology) कहलाता है। मनुष्य के अन्त: कंकाल में कुल 206 अस्थियाँ तथा नवजात शिशु में 300 अस्थियाँ होती हैं।

मनुष्य का अन्तः कंकाल

अक्षीय कंकाल

कुल 80 अस्थियाँ होती हैं

करोटि	29, (कपाल 8, चेहरा 14, कंठिका 01, कर्ण अस्थिकाएँ 06)
कशेरुकाएँ	26 (सेक्रमी 01, अनुत्रिक 01, ग्रीवा 07, वक्षीय 12 तथा कटीय 05)
पसलियाँ	24 (प्रत्येक तरफ 12)
उरोस्थि	01

अनुबन्धीय कंकाल

कुल अस्थियाँ 126 होती हैं।

(a) **ऊपरी भाग** (Upper extremity) कुल अस्थियाँ 64 होती हैं

अंश मेखला	04 (प्रत्येक अंश मेखला में 02 अस्थि)
ऊपरी भुजाएँ	02
निचली भुजाएँ	04
कलाई	16
हथेली	10
अंगुलियाँ	28

(b) **निचला भाग** (Lower extremity) कुल अस्थियाँ 62 होती हैं

श्रोणि मेखला	02 (प्रत्येक श्रोणि मेखला में 01 अस्थि)
अरू	02
जानुफलक	02
अधःपाद	04
टखना	14
तलुवे	10
पादांगुलियाँ	28

फीमर (Femur) सबसे लम्बी तथा स्टेपीज (Stapes) सबसे छोटी अस्थि होती है। आर्थ्रोलॉजी (Arthrology) सन्धियों का अध्ययन है। टिबिया (Tibia) सबसे चमकीली अस्थि होती है।

मछलियों में स्टर्नम (Sternum) अनुपस्थित होता है। टिबिया-फिबुला (Tibia-Fibula) मेंढक की सबसे लम्बी अस्थि होती है। फनी अस्थि (Funny bone) कुहनी के बीच के झुकाव में पाई जाने वाली अस्थि है। कशेरुकियों में स्पॉन्डिलाइटिस शोथ पाई जाती हैं। सायनोवाइटिस एक शोथ (Inflammation) है, जो सन्धियों की सूजन को उत्पन्न करता है।

उपास्थियों का अध्ययन उपास्थि विज्ञान (Chondrology) कहलाता है। अस्थि (Bone) सबसे कठोर ऊतक होती है। शिश्नास्थि (Os-penis) कृन्तकों के शिश्न में पाई जाने वाली अस्थि फाइब्रो उपास्थि (Fibro-cartilage) सबसे शक्तिशाली उपास्थि है।

पेशीय तन्त्र

पेशियाँ शरीर के कुल भार का अधिकांश भाग बनाती है।
पेशीय ऊतक तीन प्रकार के होते हैं

1. रेखित पेशियाँ

रेखित पेशियाँ, अस्थियों (Bones) से कण्डराओं (Tendons) के द्वारा जुड़ी रहती हैं तथा इच्छानुसार हिलाई जा सकती हैं, इसीलिए इन्हें ऐच्छिक (Voluntary) या कंकालीय (Skeletal) पेशियाँ भी कहते हैं।

प्रत्येक पेशीय तन्तु पर क्रमशः गहरे (A) तथा हल्के (I) पट्ट होते हैं। I-पट्ट के मध्य में एक गहरी Z-रेखा उपस्थित होती हैं। सार्कोमीयर (Sarcomere) पेशीय तन्तु की कार्यात्मक इकाई होती हैं।

मायोफाइब्रिल्स (Myofibrils) घने मायोसिन तथा पतले एक्टिन तन्तुओं के बने होते हैं। रेखित पेशियाँ पाद (Limbs), जिव्हा (Tongue), ग्रासनली (Pharynx), आदि में पाई जाती है।

2. अरेखित पेशियाँ

अनैच्छिक पेशियाँ या सरल पेशियाँ (Smooth muscles) हमारी इच्छा के नियन्त्रण में नहीं हाती है, इसलिए अनैच्छिक पेशियाँ (Involuntary muscles) कहलाती हैं। कार्यात्मक रूप से अरेखित पेशियाँ दो प्रकार की होती हैं; जैसे—एकल इकाई तथा बहु इकाई।

एकल इकाई सरल पेशियाँ (Single unit smooth muscles) मूत्राशय (Urinary bladder) तथा जठरांत्र मार्ग (Gastrointestinal tract) में उपस्थित होती हैं।

3. हृद पेशियाँ

हृद पेशियाँ अपवर्जनीय रूप से हृदय की दीवारों में पाई जाती हैं। अन्तर्विष्ट डिम्ब (Intercalated discs) दो तन्तुओं के सन्धि स्थानों पर उपस्थित होती हैं। हृद पेशियाँ अपनी उत्तेजक लहर (Excitation waves) उत्पन्न करती हैं। अन्तर्विष्ट डिम्ब, उत्तेजक लहरों के लिए अभिवर्धक (Booster) का कार्य करती है।

कंकाल पेशियों की संरचना

पेशियाँ असंख्य पेशी तन्तुओं (Muscle fibres) से मिलकर बनी होती हैं, जो पूलों (बण्डलों) में विन्यासित होते हैं। इन पूलों को **पूलिकाएँ** (Fasciculi) कहते हैं। प्रत्येक पूलिका चारों ओर से संयोजी ऊतक से बने आवरण से आच्छादित होती हैं, जिसे **पेरीमाइसियम** कहते हैं।

पेशी तन्तुओं के मध्य एक संयोजी ऊतक भरा होता है, जिसे **एण्डोमाइसियम** कहते हैं। विभिन्न प्रकार के पेशी तन्तुओं से निर्मित पेशी के चारों ओर के आवरण को **एपीमाइसियम** कहते हैं।

प्रत्येक पेशी तन्तु का बाह्य आवरण **सार्कोलेमा** (Sarcolemma) कहलाता है। पेशी तन्तु के अन्दर उपस्थित जीवद्रव्य को **सार्कोप्लाज्म** (Sarcoplasm) कहते हैं। पेशी तन्तु असंख्य **पेशी तन्तुकों** (Myofibrils) से मिलकर बनता है।

पेशी तन्तुकों

पेशी तन्तुकों का इलेक्ट्रॉन सूक्ष्मदर्शी में अध्ययन करने पर इसमें गहरी और हल्के रंग की पट्टियाँ दिखाई देती हैं, जो एक-दूसरे के साथ एकान्तरिक क्रम में लगी होती है। हल्के रंग की पट्टियाँ **I-पट्टी** (I-bands) और गहरे रंग की पट्टियाँ **A-पट्टी** (A-bands) कहलाती हैं।

प्रत्येक I-पट्टी, Z-रेखा (Z-line) अथवा क्राउस झिल्ली (Krause's membrane) द्वारा दो भागों में बँटी रहती है। एक हल्के रंग की **H-पट्टी** (H-band) अथवा हेन्सन रेखा (Hensen's line), A-पट्टी के मध्य उपस्थित होती हैं। H-पट्टी के मध्य एक पतली रेखा, जिसे **M-रेखा** (M-line) कहते हैं, उपस्थित होती हैं। दो संलग्न Z-रेखाओं के मध्य का भाग **सार्कोमीयर** कहलाता है, जो पेशी तन्तु की **रचनात्मक** और **क्रियात्मक इकाई** होती हैं।

सार्कोप्लाज्म

सार्कोप्लाज्म में सभी प्रकार के कोशिका अंगक (Cell organelles) उपस्थित होते हैं। अत्यधिक संख्या में उपस्थित माइटोकॉण्ड्रिया पेशी संकुचन के समय अत्यधिक ऊर्जा की आवश्यकता को दर्शाती हैं। इसके अतिरिक्त सार्कोप्लाज्म में पोटैशियम, मैग्नीशियम, फॉस्फेट आयन और एन्जाइम भी अत्यधिक मात्रा में पाए जाते हैं। सार्कोप्लाज्म में उपस्थित अन्तःप्रर्द्रव्यी जालिका (Endoplasmic reticulum) को **सार्कोप्लाज्मिक रेटीकुलम** कहा जाता है। पेशी संकुचन के लिए महत्त्वपूर्ण तीन प्रोटीन्स; जैसे—मायोग्लोबिन (Myoglobin), मायोएल्ब्यूमिन (Myoalbumin) और मायोसिन (Myosin) प्रोटीन भी सार्कोप्लाज्म में पाई जाती है।

पेशी तन्तुओं की इलेक्ट्रॉन सूक्ष्मदर्शी संरचना का अध्ययन **हक्सले** (Huxley) और **मुरे** एवं **वेबर** (Murray and Webber; 1974) ने किया था। मायोफाइब्रिल दो प्रकार के तन्तुओं से मिलकर बना होता है।

(a) **मायोसिन तन्तु** (Myosin filament) A-डिस्क में उपस्थित मोटे तन्तु मायोसिन तन्तु कहलाते हैं, जो मायोसिन प्रोटीन के बने होते हैं। यह 6 पॉलीपेप्टाइड श्रृंखलाओं से मिलकर बने होते हैं। दो पॉलीपेप्टाइड श्रृंखलाएँ **भारी श्रृंखलाएँ** कहलाती हैं इन श्रृंखलाओं का एक सिरा **ग्लोब्यूलर शीर्ष** (Globular head) का निर्माण करता है, जबकि दूसरा सिरा सीधी पुच्छ (Tail) का निर्माण करता है। शीर्ष भाग, वृन्त (Stalk) द्वारा एक कण्टक (Spur) के रूप में, छड़ की सतह पर उभरा होता हैं

(b) **एक्टिन तन्तु** (Actin filament) I-बैण्ड में पाए जाने वाले तन्तु एक्टिन तन्तु कहलाते हैं। प्रत्येक एक्टिन तन्तु तीन प्रकार के प्रोटीन्स-एक्टिन (Actin), ट्रोपोमायोसिन (Tropomyosin) और ट्रोपोनिन (Troponin) से मिलकर बने होते हैं। एक्टिन प्रोटीन की दो पॉलीपेप्टाइड श्रृंखलाएँ आपस में कुण्डलित होकर एक्टिन तन्तु का आधार बनाती हैं, जिसे **F-एक्टिन** (F-actin) कहते हैं। प्रत्येक पॉलीपेप्टाइड श्रृंखला **G-एक्टिन** (G-actin) कहलाती है।

ट्रोपोमायोसिन और **ट्रोपोनिन** प्रोटीन इस F-एक्टिन के साथ सम्बद्ध रहते हैं। ट्रोपोमायोसिन एक द्विशृंखलित, α-कुंडलित एवं तन्तुक अणु है, जोकि F-एक्टिन की खाँच में उपस्थित रहता है। ऐसा माना जाता है कि सामान्यावस्था में यह F-एक्टिन पर उपस्थित सक्रिय स्थलों (Active sites) को ढके रहता है जिसके कारण इस अवस्था में एक्टिन एवं मायोसिन तन्तुओं के बीच सेतु बंधन (Cross bridges) नहीं बन पाते हैं।

पेशी संकुचन की प्रक्रिया

एण्ड्रयू हक्सले एवं **राल्फ निदरजर्क** (Andrew Huxley and Ralph Niedergerke; 1954) और **हग हक्सले** एवं **जीन हेनसन** (Hugh Huxley and Jean Hanson; 1954) ने पेशी संकुचन के छड़ विसर्पण सिद्धान्त का प्रतिपादन किया।

(i) हक्सले के अनुसार, एक्टिन तन्तु, मायोसिन तन्तुओं पर फिसलते हैं। पेशी के तन्त्रिका से सम्बन्धों को **तन्त्रिकान्यास** (Innervation) कहते हैं। तन्त्रिका और पेशी तन्तु के मध्य सन्धि को **तन्त्रिका पेशी सन्धि स्थान** (Neuromuscular junction) कहते हैं।

(ii) जब केन्द्रीय तन्त्रिका तन्त्र से तन्त्रिका आवेग तन्त्रिका पेशी सन्धि स्थान तक पहुँचता है, तब रासायनिक पदार्थ एसीटिलकोलीन मुक्त होकर पेशी संकुचन के लिए पेशी तन्तु में आवेग पहुँचाता है।

(iii) पेशी की कला ध्रुवित अवस्था में होती है। इसकी बाह्य सतह पर धनात्मक और भीतरी सतह पर ऋणात्मक आवेश होता है। एसीटिलकोलीन द्वारा पेशी कला का निध्रुवण (Depolarisation) होता है।

(iv) **क्रियात्मक विभव** (Action potential) स्थापित करने के लिए पेशीय कला Na^+ के लिए अत्यधिक पारगम्य हो जाती है, लगभग 3 सेकण्ड बाद पेशी तन्तु में संकुचन होता है।

(v) क्रियात्मक विभव स्थापित होने के फलस्वरूप पेशी की कला Ca^{++} आयनों के लिए अत्यधिक पारगम्य (Highly permeable) हो जाती है तथा Ca^{++} आयन बहुत तेजी से पेशी तन्तुओं के आस-पास सांद्रित हो जाते हैं।

(vi) पेशी तन्तु के एक्टिन छड़ों में उपस्थित ट्रोपोनिन, ट्रोपो-मायोसिन से बन्धुता समाप्त कर देता है जिसके फलस्वरूप F-एक्टिन पर उपस्थित सक्रिय स्थल खुल जाते हैं और सेतु बंधन बनने लगते हैं।

(vii) पेशी संकुचन एक्टिन छड़ की सर्पी गति के कारण होता है। एक्टिन छड़ें मायोसिन छड़ों की H-पंक्ति या Z-जोन की ओर खिसकती हैं। मायोसिन छड़ों के प्रेरक (Spur) के सेतु बन्धन (Cross bridges) के बनने अथवा टूटने के फलस्वरूप यह क्रिया होती है।

(viii) वास्तव में एक्टिन छड़ों की गति सेतु बंधन बनने के पश्चात् उसमें उपस्थित मायोसिन शीर्षों के विसर्पण या घूर्णन गति के कारण होती है। इस प्रक्रिया में ATP का व्यय होता है अर्थात् ATP द्वारा ऊर्जा ली जाती है।

(ix) मायोसिन शीर्ष ATP को अपघटित करके पेशी के संकुचन की क्रिया को दोहराते हैं। तन्त्रिका आवेग के समाप्त हो जाने पर सार्कोप्लाज्म द्वारा Ca^{2+} के अवशोषण से एक्टिन पुन: ढक जाते हैं। जिसके फलस्वरूप Z-रेखाएँ अपने मूल स्थान पर वापस आ जाती हैं, अत: पेशी में शिथिलन हो जाता हैं।

(x) उक्त प्रक्रिया के फलस्वरूप सार्कोमीयर का पेशीखण्ड छोटा हो जाता है, लेकिन मोटी और पतली छड़ों की लम्बाई नहीं बदलती है।

(xi) A- बैण्ड की लम्बाई ज्यों-की-ज्यों रहती हैं, I- बैण्ड की लम्बाई कम होती जाती है। ADP और फॉस्फेट मुक्त करके मायोसिन विश्राम अवस्था में आ जाता है। एक नए ATP के बँधने से सेतु बन्धन टूटते हैं।

वस्तुनिष्ठ प्रश्न

1. निम्न में से सबसे पहले किसका उद्भव हुआ?
(a) जीव का (b) कोशिका का
(c) इयोबायॉन्ट का (d) कोएसरवेट्स का

2. जैव-विकास का प्रमाण मिलता है
(a) अवशेषी अंग से (b) समजात अंग से
(c) जीवाश्म से (d) इन सभी से

3. चन्द्रमा पर जीवन सम्भव नहीं है, क्योंकि वहाँ नहीं पाया जाता
(a) जल (b) कार्बन
(c) नाइट्रोजन (d) हाइड्रोजन

4. निम्नलिखित में से कौन-सा सिद्धान्त डार्विन द्वारा प्रतिपादित नहीं किया गया?
(a) प्राकृतिक चयन
(b) योग्यतम् का चयन
(c) जीवन संघर्ष
(d) उपार्जित लक्षणों की वंशागति

5. 'योग्यतम् की उत्तरजीविता' (Survival of the fittest) सिद्धान्त का प्रतिपादन किया
(a) लैमार्क ने (b) मेण्डल ने
(c) चार्ल्स डार्विन ने (d) कार्ल लैण्डस्टीनर ने

6. वे अंग, जो आकारिकी में भिन्न तथा कार्य में समान होते हैं, कहलाते हैं
(a) समजात अंग (b) समवृत्ति अंग
(c) अवशेषी अंग (d) इनमें से कोई नहीं

7. *आर्किओप्टेरिक्स* एक जीवाश्म है, जो संयोजी कड़ी है
(a) एनीलिडा तथा आर्थ्रोपोडा की
(b) मत्स्य तथा सरीसृप की
(c) पक्षी तथा सरीसृप की
(d) स्तनी तथा सरीसृप की

8. मनुष्य का निकटतम सम्बन्धी है
(a) लिमर
(b) चिम्पैन्जी
(c) नई दुनिया के बन्दर
(d) पुरानी दुनिया के बन्दर

9. नीचे दिए गए जन्तु समूहों का सही क्रम कौन-सा है, जोकि विकास के समय पृथ्वी पर अवतरित हुए?
(a) पोरीफेरा → ऐनेलिडा → सीलेण्ट्रेटा → प्रोटोजोआ
(b) प्रोटोजोआ → सीलेण्ट्रेटा → पोरीफेरा → ऐनेलिडा
(c) ऐनेलिडा → पोरीफेरा → प्रोटोजोआ → सीलेण्ट्रेटा
(d) प्रोटोजोआ → पोरीफेरा → सीलेण्ट्रेटा → ऐनेलिडा

10. मानव जाति के विकास का मुख्य स्थान है
(a) एशिया
(b) मध्य अफ्रीका
(c) यूरोप
(d) चीन

11. विकास का उत्परिवर्तन सिद्धान्त प्रतिपादित किया था
(a) हक्सले ने
(b) डार्विन ने
(c) लैमार्क ने
(d) ह्यूगो डी व्रीज ने

12. मनुष्य का जन्तु वैज्ञानिक नाम है
(a) *होमो सेपियन्स सेपियन्स*
(b) *होमो हैबिलिस*
(c) *होमो इरेक्टस*
(d) *होमो निएण्डरथेलैन्सिस*

13. जीवन की उत्पत्ति का आधुनिकतम सिद्धान्त है
(a) जीवात्-जीवोत्पत्ति वाद (Biogenesis theory)
(b) अजीवात्-जीवोत्पत्ति वाद (Abiogenesis theory)
(c) दैविय शक्ति वाद (Divine power theory)
(d) रासायनिक उद्विकास वाद (Chemical evolution)

14. रासायनिक उद्विकास वाद (Chemical evolution theory) प्रतिपादित किया था
(a) ए. आई. ओपेरिन ने (b) इवानोवस्की ने
(c) ट्वार्ट ने (d) डीह रेल ने

15. निम्न में से किस मानव ने सर्वप्रथम औजार बनाए?
(a) क्रो-मैगनॉन ने (b) *होमो सेपियन्स* ने
(c) *ऑस्ट्रेलोपिथिकस* ने (d) निएण्डरथल ने

16. कपाल गुहा का आयतन सर्वाधिक था
(a) निएण्डरथल मानव का
(b) क्रो-मैगनॉन मानव का
(c) आधुनिक मानव का
(d) जावा मानव का

17. आधुनिक मानव का सीधा पूर्वज समझा जाता है
(a) जावा मानव को
(b) क्रो-मैगनॉन मानव को
(c) निएण्डरथल मानव को
(d) पेकिंग मानव को

18. जैव-विकास का उत्परिवर्तन सिद्धान्त दिया
(a) डार्विन ने (b) लैमार्क ने
(c) ड्रीज ने (d) सुमनर ने

19. समजात अंगों में होती है
(a) उद्भव में समानता (b) कार्य में समानता
(c) परिवर्धन में समानता (d) व्यवहार में समानता

20. वे अंग, जो उत्पत्ति एवं संरचना में भिन्न परन्तु कार्य में समान होते हैं, कहलाते हैं
(a) समजात अंग (b) समवृत्ति अंग
(c) विलुप्त अंग (d) अवशेषी अंग

21. निम्न में से किस काल में जीवन नहीं था?
(a) एजोइक महाकल्प
(b) सीनोजोइक महाकल्प
(c) मीसोजोइक महाकल्प
(d) पेलिओजोइक महाकल्प

22. आधुनिक मानव का विकास हुआ लगभग
(a) 100000 वर्ष पूर्व (b) 25000 वर्ष पूर्व
(c) 250000 वर्ष पूर्व (d) 500000 वर्ष पूर्व

23. आधुनिक मानव के सबसे निकट है
(a) बन्दर (b) छछून्दर
(c) चिम्पैन्जी (d) इनमें से कोई नहीं

24. लैमार्क का सिद्धान्त है
(a) प्राकृतिकवरण
(b) योग्यतम् की उत्तरजीविता
(c) उपार्जित लक्षणों की वंशागति
(d) जीवन संघर्ष

25. कीट एवं चमगादड़ के पंख प्रदर्शित करते हैं
(a) समजातता (b) समरूपता
(c) पूर्वजता (d) संयोजक कड़ी

26. निम्न में कौन-सी रचनाएँ मानव में अवशेषी अंग हैं?
(a) कृमिरूप परिशेषिका, शरीर के बाल, कॉक्लिया
(b) अक्ल दाढ़, कॉक्सिक्स, पटेला
(c) निमेषक पटल, कृमिरूप परिशेषिका, कर्ण पल्लव पेशियाँ
(d) शरीर के बाल, कर्ण पल्लव पेशियाँ, एटलस कशेरुक

27. 'योग्यतम् की उत्तरजीविता' का सिद्धान्त दिया था
(a) माल्थस ने (b) लायल ने
(c) डार्विन ने (d) हर्बर्ट स्पेंसर ने

28. पैन्जेनेसिस सिद्धान्त किसने प्रतिपादित किया था?
(a) लैमार्क ने (b) वैलेस ने
(c) हेकल ने (d) डार्विन ने

29. *ओरिजिन ऑफ लाइफ* पुस्तक लिखी गई थी
(a) मिलर द्वारा (b) ओपेरिन द्वारा
(c) डी व्रीज द्वारा (d) चार्ल्स डार्विन द्वारा

30. सिम्पेट्रिक स्पीशिएसन का कारण है
(a) पॉलीप्लॉइडी (b) संकरण
(c) एलोपैट्रिक (d) पृथक्करण

31. *होमो सेपियन्स* का विकास हुआ था
(a) प्लिओसीन में
(b) प्लिस्टोसीन में
(c) ओलीगोसीन में
(d) मीसोजोइक महाकल्प में

32. कौन-सा प्रमाण यह दर्शाता है कि मनुष्य अन्य होमीनिड कपियों की अपेक्षा चिम्पैंजी के अधिक निकट सम्बन्धी है?
(a) केवल लिंग गुणसूत्रों के DNA से प्रमाण द्वारा
(b) केवल गुणसूत्रों की आकारिकी की तुलना द्वारा
(c) केवल जीवाश्म रिकॉर्ड तथा जीवाश्म माइटोकॉण्ड्रिया के DNA द्वारा
(d) लिंग गुणसूत्रों, दैहिक गुणसूत्र व माइटोकॉण्ड्रिया से निष्कर्षित DNA द्वारा

33. जावा मानव का जैविक नाम है
(a) *होमो हैबिलिस* (b) *होमो इरेक्टस*
(c) *होमो सेपियन्स* (d) *ऑस्ट्रेलोपिथेकस*

34. निम्न में से कौन-से समरूपी (Homologous) अंग हैं
(a) सुअर, बत्तख व कंगारू के पिछले पैर
(b) चमगादड़, तितली व पक्षियों के पंख
(c) शहद की मक्खी, बिच्छू व सर्प के डंक
(d) चूँहे, मोर व कॉकरोच की पूँछ

35. निम्न में से एक महाकाल्प 'सरीसृपों का युग' या 'डायनोसोरों का स्वर्णिम काल' कहा जाता है। यह है
(a) पेलिओजोइक (b) मीसोजोइक
(c) सीनोजोइक (d) आर्किओजोइक

36. जावा मानव की खोज किसने की थी?
(a) डनकन ने (b) डुबॉइस ने
(c) जॉन स्मिथ ने (d) ग्रे ने

37. कौन-से मानव का जीवाश्म सबसे पहले खोजा गया?
(a) क्रो-मैगनॉन मानव (b) *जिन्जेन्थ्रोपस*
(c) निएण्डरथल मानव (d) *साइनेन्थ्रोपस*

38. मछलियों का युग है
(a) डिवोनियन काल (b) ऑर्डोवीसियन काल
(c) सिलूरियन (d) इनमें से कोई नहीं

39. गैलापैगोस द्वीप समूह किस वैज्ञानिक से सम्बन्धित है?
(a) डार्विन (b) लैमार्क
(c) डी व्रीज (d) वैलेस

40. डी व्रिज ने किस पादप पर उत्परिवर्तन के प्रयोग किए?
(a) *पाइसम सेटाइवम* (b) *लेबिया*
(c) सांध्य प्रिमरोज (d) इनमें से कोई नहीं

41. पाचन क्रिया है, एक
(a) भौतिक क्रिया (b) रासायनिक क्रिया
(c) (a) व (b) दोनों (d) इनमें से कोई नहीं

42. सबसे बड़ी लार ग्रन्थियाँ हैं
(a) सबलिंग्युअल ग्रन्थियाँ
(b) सबमैक्सिलरी ग्रन्थियाँ
(c) पैरोटिड ग्रन्थियाँ
(d) सबमैण्डीबुलर ग्रन्थियाँ

43. अन्त:कोशिकीय पाचन पाया जाता है
(a) *अमीबा* में (b) *यूग्लीना* में
(c) *पैरामीशियम* में (d) इन सभी में

44. बाह्य कोशिकीय पाचन पाया जाता है
(a) *हाइड्रा* में (b) कॉकरोच में
(c) मनुष्य में (d) इन सभी में

45. शाकाहारी जन्तुओं की आहारनाल प्राय:
(a) लम्बी होती है
(b) छोटी होती है
(c) माँसाहारी के बराबर होती है
(d) माँसाहारी से आधी होती है

46. मनुष्य का दन्त विन्यास है
(a) $I\frac{2}{2}, C\frac{1}{1}, Pm\frac{2}{2}, M\frac{3}{3}$
(b) $I\frac{3}{3}, C\frac{1}{1}, Pm\frac{4}{4}, M\frac{2}{3}$
(c) $I\frac{3}{3}, C\frac{1}{1}, Pm\frac{4}{4}, M\frac{3}{3}$
(d) $I\frac{1}{1}, C\frac{0}{0}, Pm\frac{0}{0}, M\frac{3}{3}$

47. ब्रुनर्स ग्रन्थियाँ पाई जाती हैं
(a) छोटी आँत में
(b) आमाशय में
(c) मलाशय में
(d) मुखगुहा में

48. लिबरकुहन की दरारें पाई जाती हैं
(a) इलियम तथा ड्यूओडिनम में
(b) आमाशय में
(c) मलाशय में
(d) यकृत में

49. मानव का यकृत होता है
(a) पाँच पालीयुक्त (b) तीन पालीयुक्त
(c) द्विपालीयुक्त (d) चार पालीयुक्त

50. ग्लिसन का सम्पुट (Glison's capsule) पाया जाता है
(a) हृदय में (b) यकृत में
(c) वृक्क में (d) प्लीहा में

51. किसके दूध में वसा की मात्रा सर्वाधिक होती है?
(a) गाय (b) भैंस (c) ऊँट (d) रेनडियर

52. प्रोटीन की कमी से होने वाला रोग है
(a) मलेरिया (b) हैपेटाइटिस
(c) टायफॉइड (d) क्वाशियोरकोर

53. पालक में सबसे अधिक पाया जाता है
(a) विटामिन-A (b) विटामिन-B
(c) विटामिन-C (d) विटामिन-D

54. गाय का दूध मुख्य स्रोत है
(a) विटामिन-A (b) विटामिन-B
(c) विटामिन-C (d) विटामिन-D

55. मनुष्य में लार होती है
(a) अम्लीय (b) क्षारीय
(c) उदासीन (d) इनमें से कोई नहीं

56. सामान्यतया अक्कल दाढ़ कितने वर्ष की आयु में निकलती है?
(a) 12-15 वर्ष की (b) 17-30 वर्ष की
(c) 34-40 वर्ष की (d) 40-45 वर्ष की

57. आमाशयी ग्रन्थि की ऑक्सेन्टिक कोशिकाएँ (Oxyntic cells) स्रावित करती हैं
(a) आमाशयी लाइपेज
(b) आमाशयी पेप्सिन
(c) आमाशयी रेनिन
(d) आमाशयी हाइड्रोक्लोरिक अम्ल

58. अक्कल दाढ़ (Wisdom teeth) होते हैं
(a) रदनक (Canine)
(b) प्रचर्वणक (Premolars)
(c) चर्वणक (Molars)
(d) कृन्तक (Incisors)

59. लार में पाया जाने वाला एन्जाइम है
(a) पेप्सिन (b) टायलिन
(c) ट्रिप्सिन (d) काइमोट्रिप्सिन

60. निम्न में सत्य आमाशय (True stomach) है
(a) रुमन (b) रेटिकुलम
(c) ओमासम (d) एबोमेसम

61. ओमासम (Omasum) अनुपस्थित होता है
(a) बकरी में (b) गाय में
(c) ऊँट में (d) भैंस में

62. मनुष्य के बच्चे का दन्त सूत्र है
(a) 2102/2102 (b) 2103/2103
(c) 2100/2100 (d) 2123/2123

63. निम्न में से कौन-सा विटामिन, विटामिन-'B' समूह का सदस्य नहीं है?
(a) राइबोफ्लेविन (b) टोकोफेरॉल
(c) साइनोकोबालएमीन (d) निकोटिन

64. पित्त रस में कौन-सा एन्जाइम उपस्थित होता है?
(a) बाइलिन (b) बिलरुबिन
(c) बिलवर्डिन (d) इनमें से कोई नहीं

65. बेरी-बेरी रोग किसकी कमी से होता है?
(a) विटामिन-A (b) विटामिन-B_1
(c) विटामिन-B_{12} (d) विटामिन-K

66. मेटाथीरियन स्तनधारी ओपोसम का दन्त विन्यास है
(a) $I\frac{2}{2}, C\frac{1}{1}, Pm\frac{2}{2}, M\frac{3}{3}$
(b) $I\frac{3}{3}, C\frac{1}{1}, Pm\frac{4}{4}, M\frac{2}{3}$
(c) $I\frac{5}{5}, C\frac{1}{1}, Pm\frac{4}{4}, M\frac{3}{3}$
(d) $I\frac{3}{2}, C\frac{1}{1}, Pm\frac{2}{3}, M\frac{3}{3}$

67. मनुष्य में प्रोटीन का पाचन कहाँ से प्रारम्भ होता है?
(a) मुखगुहा से (b) आमाशय से
(c) ग्रासनली से (d) आँत्र से

68. लैंगरहैन्स की द्वीपिकाएँ पाई जाती हैं
(a) आमाशय में (b) आहारनाल में
(c) अग्न्याशय में (d) यकृत में

69. ग्लाइकोजन एकत्रित रहती है
(a) यकृत और पेशियों में (b) केवल यकृत में
(c) केवल पेशियों में (d) अग्न्याशय में

70. यकृत की कोशिकाएँ जो भक्षकाणु की तरह कार्य करती हैं, वे हैं
(a) डॉयटर कोशिकाएँ (b) कुफ्फर कोशिकाएँ
(c) हैन्सेन कोशिकाएँ (d) गच्छ कोशिकाएँ

71. वायवीय श्वसन में भोजन का दहन कौन-सी गैस की उपस्थिति में होता है?
(a) नाइट्रोजन (b) ऑक्सीजन
(c) कार्बन डाइऑक्साइड (d) अमोनिया

72. श्वसन की सही समीकरण है
(a) $C_6H_{12}O_6 + 6O_2 \rightarrow 6CO_2 + 6H_2O + 686$ कि. कैलोरी ऊर्जा
(b) $C_6H_{12}O_6 + 5O_2 \rightarrow 5CO_2 + 5H_2O + 686$ कि. कैलोरी ऊर्जा
(c) $C_6H_{12}O_6 + 6H_2O \rightarrow 6O_2 + 6CO_2$
(d) $6O_2 + 6CO_2 \rightarrow C_6H_{12}O_6 + 6H_2O$

73. ऊर्जा का सिक्का (Coin of energy) कहलाता है
(a) ATP (b) ADP
(c) NAD (d) NADP

74. अवायवीय श्वसन में माँसपेशियाँ उत्पन्न करती हैं
(a) साइट्रिक अम्ल (b) लैक्टिक अम्ल
(c) ऑक्सेलिक अम्ल (d) एसीटिक अम्ल

75. मनुष्य की लाल रुधिराणुओं (RBCs) में किस प्रकार का श्वसन पाया जाता है?
(a) वायवीय श्वसन
(b) अवायवीय श्वसन
(c) (a) और (b) दोनों
(d) श्वसन नहीं होता है

76. किस जीव में वायु का आदान-प्रदान शरीर की नम सतह से होता है?
(a) *अमीबा* में (b) *पैरामीशियम* में
(c) *यूग्लीना* में (d) इन सभी में

77. निम्न में से किस जन्तु में वायु सहित ऑक्सीजन स्पाइरेकिल से ट्रैकिया में प्रवेश करती है?
(a) कॉकरोच में (b) मक्खी में
(c) मच्छर में (d) इन सभी में

78. वह जन्तु, जिसमें जल से ऑक्सीजन, गिल (Gills) द्वारा रुधिर में पहुँचती है
(a) मनुष्य
(b) मछली
(c) मेंढक का टेडपोल लारवा
(d) (b) और (c) दोनों

79. मनुष्य में श्वसन क्रिया होती है
(a) गिल द्वारा
(b) फेफड़ों द्वारा
(c) शरीर की नम सतह द्वारा
(d) देहभित्ति द्वारा

80. बुक लंग (Book lungs) द्वारा गैसीय आदान-प्रदान होता है
(a) मकड़ी में (b) बिच्छु में
(c) (a) और (b) दोनों (d) मेंढक में

81. सामान्य अवस्था में मनुष्य प्रति मिनट कितनी बार श्वास लेता है?
(a) 1-2 बार (b) 12-15 बार
(c) 50-70 बार (d) 100-110 बार

82. अन्त:श्वसित वायु (Inspired air) में सर्वाधिक प्रतिशत मात्रा होती है
(a) ऑक्सीजन की
(b) नाइट्रोजन की
(c) कार्बन डाइऑक्साइड की
(d) नियॉन की

83. नि:श्वसनी वायु (Expired air) में कितने प्रतिशत ऑक्सीजन होती है?
(a) 16.0% (b) 35.4%
(c) 3.1% (d) 8.4%

84. श्वसनीय एन्जाइम (Respiratory enzyme) उपस्थित होते है, जीवाणु के
(a) माइटोकॉण्ड्रिया में
(b) गॉल्जीकाय में
(c) प्लाज्मा झिल्ली में
(d) अन्त:प्रद्रव्यी जालिका में

85. मनुष्य के एक हीमोग्लोबिन अणु के साथ ऑक्सीजन के कितने अणु जुड़े होते हैं?
(a) एक (b) दो (c) तीन (d) चार

86. निम्न में से कौन स्वर रज्जु (Vocal cords) रखता है?
(a) स्वर यन्त्र (b) ग्रसनी
(c) घाँटी (d) प्रथम श्वसनिका

87. अनॉक्सीकृत श्वसन होता है
(a) चींटी में (b) केंचुए में
(c) फीताकृमि में (d) इकानोडर्म्स में

88. अन्त:श्वास के समय की वायु में ऑक्सीजन की मात्रा होती है
(a) 4% (b) 21% (c) 16% (d) 25%

89. वह कौन-सी मुख्य अवस्था है जिसमें CO_2 का स्थानान्तरण रुधिर द्वारा होता है?
(a) कार्बोनिक अम्ल
(b) ऑक्सीहीमोग्लोबिन
(c) बाइकार्बोनेट
(d) कार्बोक्सीहीमोग्लोबिन

90. परम नि:श्वसन के समय नि:श्वसित (Expired) हो सकने वाली अत्यधिक वायु की मात्रा है
(a) अवशिष्ट आयतन
(b) टाइडल आयतन
(c) फेफड़ीय आयतन
(d) फेफड़ों की वाइटल क्षमता

91. कीटों में श्वसन अंग है
(a) फेफड़े (b) ट्रैकिया
(c) त्वचा (d) ग्रसनी

92. मनुष्य में दायाँ फेफड़ा होता है
(a) द्विपालित (b) चार पालित
(c) त्रिपालित (d) इनमें से कोई नहीं

93. जोंक का श्वसन अंग है
(a) फेफड़े (b) ट्रैकिया (c) त्वचा (d) गिल

94. श्वास केन्द्र स्थित होता है?
(a) मेड्यूला व पॉन्स वैरोलाइ
(b) सेरेबेलम
(c) हाइपोथैलेमस
(d) उपरोक्त में से कोई नहीं

95. कोशिकीय क्रियाओं के लिए तुरन्त मिलने वाली ऊर्जा का स्रोत है?
(a) FAD (b) RNA (c) NAD (d) ATP

96. मनुष्य के फुफ्फुसों की कुल सजीव क्षमता कितनी होती है?
(a) 500 मिली (b) 2,000 मिली
(c) 4,500 मिली (d) 9,800 मिली

97. फुफ्सीय तपेदिक का कारण है
(a) विषाणु का संक्रमण
(b) *माइकोबैक्टिरियम* का संक्रमण
(c) माइकोप्लाज्मा का संक्रमण
(d) उपरोक्त सभी

98. मनुष्य में वसा का श्वसन भागफल क्या होता है?
(a) 0.693 (b) 0.655 (c) 0.703 (d) 0.825

99. जब कार्बोहाइड्रेट का अवायवीय श्वसन होता है तब श्वसन भागफल (RQ) होता है
(a) 1 (b) अनन्त (∞)
(c) 1.7 (d) 1.4

100. हीमोसायनिन वर्णक पाया जाता है
(a) मोलस्का में (b) इकानोडर्मेटा में
(c) कॉर्डेटा में (d) इन्सेक्टा में

101. रुधिर है, एक
(a) उपकला ऊतक (b) तरल संयोजी ऊतक
(c) तान्त्रिका ऊतक (d) पेशी ऊतक

102. रुधिर की उत्पत्ति भ्रूण के किस स्तर से होती है?
(a) एक्टोडर्म (b) मीसोडर्म
(c) एण्डोडर्म (d) इनमें से कोई नहीं

103. रुधिर का pH होता है
(a) 5.0 से 6.0 (b) 1.5 से 4.5
(c) 3.9 से 4.8 (d) 7.3 से 7.5

104. निम्न में से किसके रुधिराणु में केन्द्रक पाया जाता है?
(a) मनुष्य (b) गाय (c) ऊँट (d) हाथी

105. स्तनधारियों के सबसे छोटे लाल रुधिराणु पाए जाते हैं
(a) कस्तूरी मृग में (b) हाथी में
(c) ऊँट में (d) मनुष्य में

106. स्तनधारियों में सबसे बड़े रुधिराणु पाए जाते हैं
(a) कस्तूरी मृग में (b) हाथी में
(c) ऊँट में (d) मनुष्य में

107. स्तनधारियों के एरिथ्रोसाइट में अनुपस्थित होते हैं
(a) केन्द्रक (b) गॉल्जीकाय
(c) सेण्ट्रियोल (d) ये सभी

108. निम्न में से कौन ग्रेन्यूलोसाइट नहीं हैं?
(a) इओसिनोफिल (b) लिम्फोसाइट
(c) बेसोफिल (d) न्यूट्रोफिल

109. मनुष्य में लाल रुधिराणु का जीवनकाल होता है
(a) 80 दिन (b) 100 दिन
(c) 120 दिन (d) 140 दिन

110. नीले रंग का रुधिर पाया जाता है
(a) मोलस्का एवं आर्थ्रोपोडा में
(b) ऐनेलिडा एवं स्तनधारियों में
(c) कॉर्डेटा एवं स्तनधारियों में
(d) कॉर्डेटा एवं ऐनेलिडा में

111. हीमोसायनिन श्वसन वर्णक में पाया जाता है
(a) लौह (b) जस्ता
(c) कॉपर (d) कैल्शियम

112. रुधिर में लाल रुधिर कणिकाओं की संख्या में असाधारण वृद्धि कहलाती है
(a) पॉलीसाइथीमिया (b) एनीमिया
(c) एन्यूरिया (d) इनमें से कोई नहीं

113. मनुष्य में रुधिर की मात्रा पाई जाती है
(a) 2-3 लीटर (b) 5-6 लीटर
(c) 8-10 लीटर (d) 10-12 लीटर

114. सबसे बड़ी लसिका ग्रन्थि है
(a) प्लीहा (b) पिट्यूटरी
(c) यकृत (d) थायरॉइड

115. रुधिर का थक्का जमने की क्रिया में सहायक होता है
(a) हिपैरिन (b) हिस्टेमीन
(c) सिरेटोनिन (d) प्रोथ्रोम्बिन

116. भ्रूणीय अवस्था में लाल रुधिर कणिकाएँ बनती हैं
(a) यकृत में (b) अस्थि मज्जा में
(c) हृदय में (d) इन सभी में

117. सबसे बड़ा रुधिराणु है
(a) न्यूट्रोफिल (b) बेसोफिल
(c) मोनोसाइट्स (d) इरिथ्रोसाइट्स

118. ABO रुधिर वर्ग की खोज की थी
(a) लैमार्क ने (b) डार्विन ने
(c) लैण्डस्टीनर ने (d) ह्यूगो डी व्रीज ने

119. रुधिर वर्ग AB की खोज की थी
(a) लैण्डस्टीनर ने (b) डीकास्टेलो ने
(c) स्टर्ले ने (d) (b) व (c) दोनों

120. निम्न में से कौन-से रुधिर वर्ग का रुधिर सभी को दिया जा सकता है?
(a) A (b) B
(c) AB (d) O

121. सर्वग्राही रुधिर वर्ग है
(a) A (b) B (c) AB (d) O

122. Rh-कारक की खोज सर्वप्रथम की थी
(a) लैण्डस्टीनर एवं वीनर ने
(b) लैण्डस्टीनर एवं डीकास्टेलो ने
(c) लैण्डस्टीनर एवं स्टर्ले ने
(d) डीकास्टेलो एवं स्टर्ले ने

123. विश्व में लगभग कितने प्रतिशत लोग Rh^+ होते हैं?
(a) 15% (b) 50%
(c) 30% (d) 85%

124. मनुष्य के हृदय के किस भाग में अशुद्ध रुधिर होता है?
(a) दाएँ भाग में (b) बाएँ भाग में
(c) निलयों में (d) दोनों अलिन्दों में

125. हीमोग्लोबिन का मुख्य कार्य है
(a) ऑक्सीजन का परिवहन
(b) रुधिर को लाल रंग प्रदान करना
(c) रुधिर में प्रतिरक्षा उत्पन्न करना
(d) उपरोक्त में से कोई नहीं

126. एक सामान्य वयस्क मनुष्य में रुधिर दाब होता है
(a) 80/120 mm Hg (b) 120/80 mm Hg
(c) 150/90 mm Hg (d) 90/150 mm Hg

127. एक चक्रीय परिसंचरण (Single circulation) पाया जाता है
(a) स्तनधारियों में
(b) सरीसृपों में
(c) मछलियों तथा उभयचरों में
(d) मछलियों में

128. श्वेत रुधिराणुओं की संख्या में बढ़ोत्तरी कहलाती है
(a) एनीमिया (b) पॉलीथीमिया
(c) ल्यूकोपीनिया (d) ल्यूकीमिया

129. मनुष्य में श्वेत रुधिराणुओं (WBCs) का जीवनकाल होता है
(a) 10 दिन से कम (b) 24 घण्टे
(c) 120 दिन (d) 100 घण्टे

130. हृदय में पेसमेकर है
(a) AV नोड (b) SA नोड
(c) पुरकिन्जे तन्तु (d) हिज का बण्डल

131. शिराएँ, जो ऑक्सीकृत रुधिर रखती हैं, कहलाती हैं
(a) पल्मोनरी (b) केशिकाएँ
(c) आयोर्टा (d) इनमें से कोई नहीं

132. रुधिर दाब (Blood pressure) निम्न में से किसमें पाया जाने वाला दाब है?
(a) धमनियों में (b) शिराओं में
(c) अलिन्द में (d) निलय में

133. द्वितीय हृदय ध्वनि है
(a) 'लब' (Lubb) अनुशिथिलन के अन्त में
(b) 'लब' अनुशिथिलन के आरम्भ में
(c) 'डब' (Dubb) प्रकुंचन के अन्त में
(d) 'डब' प्रकुंचन के आरम्भ में

134. खुला परिवहन तन्त्र पाया जाता है
(a) कीटों में (b) जोंक में
(c) मोलस्क में (d) इन सभी में

135. ECG का प्रयोग किसका पता लगाने में होता है?
(a) हृदय स्पन्दन का
(b) रुधिर दाब का
(c) पक्षाघात का
(d) आर्टियोस्क्लेरोसिस का

136. हृदय को घेरे रहने वाली झिल्ली है
(a) पेरीटोनियम (b) प्ल्यूरा
(c) पेरीकार्डियम (d) म्यूकस झिल्ली

137. रुधिर दाब मापा जाता है
(a) हीमोग्लेबिनोमीटर द्वारा
(b) स्टैथोस्कोप द्वारा
(c) स्फेग्मोमेनोमीटर द्वारा
(d) धड़कन दर द्वारा

138. Rh-कारक सर्वप्रथम किसमें खोजा गया था?
(a) नर मानव में
(b) मादा मानव में
(c) कुत्ते में
(d) बन्दर में

139. लसिका का रंग होता है
(a) लाल (b) पीला
(c) रंगहीन (d) नीला

140. स्तनधारियों के हृदय में पाया जाने वाला शिरा अलिन्द नोड (SA node) जाना जाता है
(a) स्वतः नियन्त्रक
(b) पेसमेकर
(c) समय नियन्त्रक
(d) स्पन्दन नियन्त्रक

141. केन्द्रक युक्त लाल रुधिराणु नहीं पाए जाते हैं
(a) पक्षी में (b) मेंढक में
(c) बकरी में (d) इन सभी में

142. किस रूप में CO_2 रुधिर के अन्दर प्रवेश करती है?
(a) मैग्नीशियम कार्बोनेट के
(b) सोडियम कार्बोनेट के
(c) पोटैशियम कार्बोनेट के
(d) सोडियम बाइकार्बोनेट के

143. रुधिर में पाया जाने वाला तत्व नहीं है
(a) लौह (b) मैग्नीशियम
(c) कॉपर (d) क्रोमियम

144. रुधिर परिसंचरण की खोज किसने की?
(a) स्टीफन हेल्स ने (b) विलियम हार्वे ने
(c) स्टार्लिंग ने (d) अरस्तू ने

145. धमनी (Artery), शिरा से किसकी अनुपस्थिति के कारण भिन्न होती है?
(a) संकरी गुहा (b) मोटी गुहा
(c) कपाट (d) इनमें से कोई नहीं

146. धमनियों की भित्ति में कोलेस्ट्रॉल के जमाव से कौन-सा रोग होता है?
(a) एथिरोकाठिन्य (b) धमनी काठिन्य
(c) हृदय अवरोध (d) उच्च रक्तचाप

147. मनुष्य में हृदय दर किसके द्वारा आरम्भ होती है?
(a) SA नोड (b) पुरकिन्जे तन्तु
(c) AV नोड (d) हिस तन्तु

148. वह मध्यचर्मी गुहा जिसमें रुधिर उपस्थित होता है
(a) कूटगुहा (b) स्पंजगुहा
(c) हीमोगुहा (d) एण्टरोगुहा

149. धमनी एवं शिरा का pH होता है
(a) समान (b) धमनी में अधिक
(c) शिरा में अधिक (d) इनमें से कोई नहीं

150. रुधिर निर्माण कहलाता है
(a) हीमोअपघटन
(b) हीमोनिर्माण
(c) प्लाज्मा अपघटन
(d) एनोक्सीमिया

151. कौन-सा अंग RBC का कब्रिस्तान कहलाता है, जहाँ वे मेक्रोफेजेज द्वारा नष्ट की जाती हैं?
(a) लाल अस्थि मज्जा (b) प्लीहा
(c) वृक्क (d) आन्त्र

152. T-लिम्फोसाइट्स (T-lymphocytes) उत्पन्न होती है
(a) थाइमस में (b) अस्थि मज्जा में
(c) यकृत में (d) इनमें से कोई नहीं

153. निम्न में से किस दशा में घातक या भयंकर परिणाम की स्थिति हो सकती है?
(a) Rh^- नर की शादी Rh^- मादा से
(b) Rh^- नर की शादी Rh^+ मादा से
(c) Rh^+ नर की शादी Rh^+ मादा से
(d) Rh^+ नर की शादी Rh^- मादा से

154. हिस के बण्डल पाए जाते हैं
(a) पेशियों में (b) हृदय में
(c) मस्तिष्क में (d) यकृत में

155. किस डॉक्टर ने प्रथम हृदय प्रत्यारोपण किया था?
(a) हरगोविन्द खुराना (b) क्रिश्चियन बर्नार्ड
(c) वाटसन (d) विलियम हाव

156. अमोनोटीलिक उत्सर्जन में जन्तु उत्सर्जित करते हैं
(a) अमोनिया (b) अमीनो अम्ल
(c) यूरिया (d) यूरिक अम्ल

157. अमोनोटीलिक उत्सर्जन पाया जाता है
(a) सीपी में (b) घोंघा में
(c) तारामीन में (d) इन सभी में

158. निम्न में से कौन-सा यूरिकोटीलिक जन्तु नहीं है?
(a) सर्प (b) मुर्गा (c) कबूतर (d) मछली

159. मनुष्य है, एक
(a) एथीनोटीलिक जन्तु (b) अमोनोटीलिक जन्तु
(c) यूरियोटीलिक जन्तु (d) यूरिकोटीलिक जन्तु

160. मनुष्य का उत्सर्जी अंग है
(a) हृदय (b) वृक्क
(c) थायरॉइड (d) अग्न्याशय

161. ज्वाला कोशिकाएँ (Flame cells) उत्सर्जी अंग के रूप में पाई जाती हैं
(a) एस्केहैल्मिन्थीज में (b) प्लेटीहेल्मिन्थीज में
(c) प्रोटोजोआ में (d) मोलस्का में

162. केंचुए का उत्सर्जी अंग है
(a) ज्वाला कोशिकाएँ (b) नेफ्रीडिया
(c) वृक्क (d) फेफड़े

163. भ्रूण में उत्सर्जन किसके द्वारा होता है?
(a) यकृत (b) वृक्क
(c) एलेण्टोइन (d) त्वचा

164. यूरिया का निर्माण होता है
(a) वृक्क में (b) यकृत में
(c) बोमेन सम्पुट में (d) इनमें से कोई नहीं

165. क्लोरैगोगन द्वारा उत्सर्जन होता है
(a) केंचुए में (b) कॉकरोच में
(c) मोलस्का में (d) मकड़ी में

166. मूत्र का pH होता है
(a) 6 (b) 8
(c) 3 (d) 2

167. आवश्यक अमीनो अम्लों से यूरिया का संश्लेषण होता है
(a) वृक्क में (b) मूत्राशय में
(c) यकृत में (d) आमाशय में

168. यूरिया की सर्वाधिक मात्रा होती है
(a) हिपेटिक शिरा में (b) वृक्कीय शिरा में
(c) वृक्कीय धमनी में (d) इनमें से कोई नहीं

169. वृक्क द्वारा स्रावित यह हॉर्मोन दूरस्थ कुण्डलित नलिका में जल एवं सोडियम के पुन: अवशोषण को बढ़ा देता है
(a) एण्टीडाइयूरेटिक हॉर्मोन
(b) एल्डोस्टीरोन
(c) कोर्टिसोल
(d) ANF

170. परानिस्यंदन (Ultrafiltration) होता है
(a) बोमेन सम्पुट में
(b) समीपस्थ कुण्डलित नलिका में
(c) हेनले लूप में
(d) दूरस्थ कुण्डलित नलिका में

171. निम्न में से किस अंग का नाइट्रोजनी उत्सर्जन में कोई योगदान नहीं है?
(a) वृक्क (b) यकृत (c) एड्रीनल (d) ये सभी

172. मेंढक में कार्यशील वृक्क होता है
(a) प्रोनेफ्रिक (b) मीजोनेफ्रिक
(c) मेटानेफ्रिक (d) इनमें से कोई नहीं

173. निम्न में से कौन-सा वृक्क का कार्य नहीं है?
(a) परासरण नियमन (b) लवण सन्तुलन
(c) अम्ल-क्षार सन्तुलन (d) यूरिया संश्लेषण

174. मैल्पीघियन नलिकाएँ उत्सर्जी अंग हैं
(a) कॉकरोच में (b) पाइला में
(c) मेंढक में (d) प्लेटीहैल्मिन्थीज में

175. मानव मूत्र में यूरिया किसके टूटने से बनता है?
(a) ग्लूकोस (b) अमीनो अम्ल
(c) वसा (d) यूरिक अम्ल

176. यूरिया का परिवहन निम्न में से किसके द्वारा होता है?
(a) रुधिर प्लाज्मा (b) इरिथ्रोसाइट
(c) ल्यूकोसाइट (d) हीमोग्लोबिन

177. अमोनिया मुख्य नाइट्रोजनी अवशिष्ट (Nitrogenous waste) है
(a) मच्छरों में
(b) मेंढक के टेडपोल में
(c) उपास्थिमय मछलियों में
(d) रेगिस्तानी स्तनियों में

178. मूत्र में श्वेत रुधिर कणिकाओं की उपस्थिति/अनियमितता कहलाती है
(a) पाइयूरिया (b) हीमेटयूरिया
(c) यूरिमिया (d) ग्लाइकोसूरिया

179. मनुष्य के शरीर में पाई जाने वाली पेशियों की संख्या कितनी होती है?
(a) 409 (b) 439
(c) 539 (d) 639

180. पेशियों का आवरण कहलाता है
(a) फेसिया (b) पेरीटोनियम
(c) लिगामेन्ट (d) टेण्डन

181. बाइसेप्स और ट्राइसेप्स पेशियाँ पाई जाती हैं
(a) अग्रपाद में (b) पिण्डली में
(c) कन्धे में (d) निचले जबड़े में

182. पेशी के संकुचन का कारक है
(a) मायोसिन (b) एक्टिन
(c) ATP (d) एक्टोमायोसिन

183. पेशियाँ किस संरचना के द्वारा अस्थियों से जुड़ी रहती हैं?
(a) एरीओलर ऊतक (b) ट्रैकिया
(c) पेशियाँ (d) टेण्डन

184. रेखित पेशियाँ संकुचन करती हैं
(a) एक्टिन तन्तु के मायोसिन तन्तु पर फिसलने से
(b) मायोसिन तन्तु के एक्टिन तन्तु पर फिसलने से
(c) मायोसिन तन्तु के खिचने से
(d) एक्टिन तन्तु के खिचने से

185. एक कंकाल पेशी की गहरी पट्टियाँ कहलाती हैं
(a) आइसोट्रॉपिक बैण्ड
(b) एनआइसोट्रॉपिक बैण्ड
(c) इण्टरकेलेटड डिस्क
(d) क्रॉस ब्रिज

186. एक विशिष्ट संकुचनशील प्रोटीन एक्टिन कहाँ पाई जाती है?
(a) A-पट्टी के मोटे तन्तु में
(b) I-पट्टी के महीन तन्तु में
(c) दोनों मोटी तथा पतली पट्टियों में
(d) पूर्ण मायोफाइब्रिल में

187. उस संयोजी ऊतक के आवरण का क्या नाम है, जो पेशीय समूह को ढकता है?
(a) एपीमाइसियम (b) एण्डोमाइसियम
(c) पेरीमाइसियम (d) सार्कोमीयर

188. सार्कोलेमा एक झिल्ली होती है जो पाई जाती है
(a) तन्त्रिका तन्तु में (b) हृदय पेशियों में
(c) पेशी तन्तुओं में (d) हृदय में

189. मानव करोटि अस्थियों के बीच में पाई जाने वाली सन्धि को कहते हैं
(a) सिनेन्थ्रोडियम सन्धि (b) साइनोवियल सन्धि
(c) कार्टीलेजीनस सन्धि (d) फाइब्रस सन्धि

190. चेहरे की कितनी अस्थियाँ होती हैं?
(a) 12 (b) 30
(c) 40 (d) 14

191. खरगोश और मनुष्य के कंकाल की सबसे छोटी अस्थि होती है
(a) नेजल (b) स्टेपीज
(c) पटेला (d) पेलेटाइन

192. स्तनियों में सबसे बड़ी कशेरुका कौन-सी होती है?
(a) सरवाइकल (b) लम्बर
(c) पुच्छीय (d) सैक्रल

193. मनुष्य की अधिकतर कशेरुकाओं में सेन्ट्रम किस प्रकार का होता है?
(a) प्रोसीलस (b) एम्फीसीलस
(c) एम्फीप्लेटीयस (d) ओफिस्थोसीलस

194. वे कशेरुकाएँ, जिनमें कशेरुकीय नलिका पाई जाती है
(a) सैक्रल (b) कॉडल
(c) लम्बर (d) सर्वाइकल

195. 8 वीं और 9वीं पसली असत्य पसलियाँ होती हैं क्योंकि इनका बाहरी भाग जुड़ा होता है
(a) जिफीस्टर्नम से
(b) 7वीं पसली के कोस्टा से
(c) उनमें कोस्टा नहीं होता है
(d) ये सत्य पसलियाँ नहीं होतीं

196. मानव में अक्षीय कंकाल बना होता है
(a) 80 हड्डियों का (b) 100 हड्डियों का
(c) 103 हड्डियों का (d) 106 हड्डियों का

197. पक्षियों की खोपड़ी होती है
(a) द्विकोन्डाइली
(b) एक कॉन्डाइला ऑक्सीपिटल
(c) उभयकोन्डाइली
(d) उपरोक्त में से कोई नहीं

198. लम्बी अस्थियों के सिरे आपस में जुड़े होते हैं
(a) पेशियों से (b) कण्डरा से
(c) स्नायु से (d) उपास्थि से

199. फीमर के सिर की सन्धि के लिए कप के समान गुहा का क्या नाम है?
(a) ग्लीनॉइड गुहा (b) एसीटाबुलम
(c) ओब्टयूरेटर (d) सिग्मॉइड नोच

200. मनुष्य के पश्च पाद में अस्थियों की संख्या होती हैं
(a) 14 (b) 21
(c) 24 (d) 30

201. स्तनियों में अंश मेखला का प्रत्येक अर्द्ध भाग बना होता है
(a) इलियम का (b) इश्चियम का
(c) प्यूबिस का (d) इन सभी का

202. पटेला सम्बन्धित है
(a) कोहनी से (b) घुटने से
(c) ग्रीवा से (d) कलाई से

203. मनुष्य में कब्जा सन्धि कहाँ होती हैं?
(a) एटलस कशेरुक व खोपड़ी
(b) निचला जबड़ा व खोपड़ी
(c) अल्ना व ह्यूमरस
(d) फीमर व नितम्ब अस्थि

204. अंश मेखला के भाग हैं
(a) स्केपुला तथा क्लेविकल
(b) रेडियस तथा अल्ना
(c) इलियम तथा इश्चियम
(d) मैक्सिला तथा मैण्डिबल

205. साइनोवियल झिल्ली किसमें पाई जाती है?
(a) न्यूरोमोटर सन्धि में
(b) अन्तर्ग्रथन सन्धि स्थल में
(c) सन्धियों में
(d) सभी तन्त्रिकाओं में

206. निचले जबड़े और कपाल के मध्य कौन-सी सन्धि होती है?
(a) ग्लाइडिंग
(b) कब्जा
(c) पूर्ण सन्धि
(d) सैडल सन्धि

207. मांसपेशी संकुचन के दौरान संकुचित होने वाला भाग है
(a) I-क्षेत्र
(b) Z-क्षेत्र
(c) H-क्षेत्र
(d) M-क्षेत्र

208. चेहरे की कौन-सी हड्डी जोड़े में नहीं पाई जाती?
(a) लैक्राइमल
(b) पेलाटाइन
(c) नेजल
(d) वोमर

सही उत्तर

1. (d)	2. (d)	3. (a)	4. (d)	5. (c)	6. (b)	7. (c)	8. (b)	9. (d)	10. (b)
11. (d)	12. (a)	13. (d)	14. (a)	15. (c)	16. (b)	17. (b)	18. (c)	19. (a)	20. (b)
21. (a)	22. (b)	23. (c)	24. (c)	25. (b)	26. (c)	27. (c)	28. (d)	29. (b)	30. (d)
31. (c)	32. (d)	33. (b)	34. (a)	35. (b)	36. (b)	37. (c)	38. (a)	39. (a)	40. (c)
41. (c)	42. (a)	43. (d)	44. (d)	45. (a)	46. (a)	47. (a)	48. (a)	49. (c)	50. (b)
51. (d)	52. (d)	53. (a)	54. (b)	55. (c)	56. (b)	57. (d)	58. (c)	59. (b)	60. (d)
61. (c)	62. (a)	63. (b)	64. (d)	65. (b)	66. (c)	67. (b)	68. (c)	69. (a)	70. (b)
71. (b)	72. (a)	73. (a)	74. (b)	75. (b)	76. (d)	77. (d)	78. (d)	79. (b)	80. (c)
81. (b)	82. (b)	83. (a)	84. (c)	85. (d)	86. (a)	87. (c)	88. (b)	89. (c)	90. (d)
91. (b)	92. (c)	93. (c)	94. (a)	95. (d)	96. (c)	97. (b)	98. (c)	99. (a)	100. (a)
101. (b)	102. (b)	103. (d)	104. (c)	105. (a)	106. (c)	107. (d)	108. (b)	109. (c)	110. (a)
111. (c)	112. (a)	113. (b)	114. (a)	115. (a)	116. (a)	117. (c)	118. (c)	119. (d)	120. (d)
121. (c)	122. (a)	123. (d)	124. (a)	125. (a)	126. (b)	127. (d)	128. (d)	129. (a)	130. (b)
131. (a)	132. (a)	133. (c)	134. (a)	135. (a)	136. (c)	137. (c)	138. (d)	139. (c)	140. (b)
141. (c)	142. (d)	143. (d)	144. (b)	145. (c)	146. (b)	147. (a)	148. (c)	149. (b)	150. (b)
151. (b)	152. (b)	153. (d)	154. (b)	155. (b)	156. (a)	157. (d)	158. (d)	159. (c)	160. (b)
161. (b)	162. (b)	163. (c)	164. (b)	165. (a)	166. (a)	167. (c)	168. (a)	169. (b)	170. (a)
171. (c)	172. (b)	173. (d)	174. (a)	175. (b)	176. (a)	177. (b)	178. (a)	179. (d)	180. (a)
181. (a)	182. (d)	183. (d)	184. (a)	185. (b)	186. (b)	187. (a)	188. (c)	189. (a)	190. (d)
191. (b)	192. (b)	193. (c)	194. (d)	195. (b)	196. (a)	197. (b)	198. (b)	199. (b)	200. (d)
201. (d)	202. (b)	203. (c)	204. (a)	205. (c)	206. (d)	207. (c)	208. (d)		

अध्याय 08 तन्त्रिका तन्त्र, तन्त्रिकीय संचारण एवं संवेदांग

तन्त्रिका तन्त्र केवल जन्तुओं में पाया जाता है तथा पौधों में अनुपस्थित होता है। तन्त्रिका तन्त्र, **तन्त्रिका कोशिकाओं** (Neurons) से बने ऊतकों के माध्यम से शरीर की विभिन्न क्रियाओं का नियन्त्रण करता है।

तन्त्रिका कोशिकाएँ (Neurons) निम्न तीन प्रकार की होती हैं

1. **चालक** (Motor) केन्द्रीय तन्त्रिका तन्त्र से प्रभावित अंग तक सूचनाएँ पहुँचती हैं।
2. **संवेदी** (Sensory) संवेदी अंगों से केन्द्रीय तन्त्रिका तन्त्र तक सूचनाएँ पहुँचती हैं।
3. **बहुध्रुवीय** (Multipolar) विभिन्न दिशाओं में सूचनाएँ पहुँचाती हैं।

तन्त्रिका कोशिका के विभिन्न भाग

1. तन्त्रिकाएँ, तन्त्रिका केन्द्रों को विशिष्ट अंगों से जोड़ती हैं।
2. विद्युतरोधी तन्त्रिकाएँ चारों ओर से **माइलिन आच्छाद** (Myelin sheath) द्वारा ढकी रहती हैं।
3. तन्त्रिका में कुछ स्थानों पर विद्युतरोधन नहीं होता और ये स्थान **रेनवियर के नोड** (Nodes of Ranvier) कहलाते हैं।
4. **डेण्ड्राइट्स** (Dendrites) कोशिकाकाय से निकलने वाले जीवद्रव्यी प्रवर्द्ध होते हैं।
5. **कोशिकाकाय** (Cell body) साइटोन या सोमा भी कहलाता है।
6. यह तन्त्रिका का मुख्य भाग होता है, जिसमें केन्द्रक एवं अन्य अंगक पाए जाते हैं।
7. **एक्सोन** (Axon) कोशिकाकाय से निकलने वाली धागेनुमा संरचना, जो न्यूरोलेमा द्वारा सुरक्षित रहती है।
8. **सिनेप्सिस** (Synapsis) सिनेप्सिस एक तन्त्रिका कोशिका के डेण्ड्राइट तथा दूसरी तन्त्रिका कोशिका के एक्सोन के सिरे के मध्य संयोजन (Junction) है।

केन्द्रीय तन्त्रिका तन्त्र

यह **मस्तिष्क** (Brain) एवं **मेरुदण्ड** (Spinal cord) द्वारा बना होता है। मेरुदण्ड, **धूसर द्रव्य** (Grey matter) एवं श्वेत द्रव्य (White matter) का बना होता है। मस्तिष्क, खोपड़ी के **क्रेनियम** (Cranium) में स्थित होता है। मेंढक में मस्तिष्क एवं मेरुदण्ड दो मेनिंग्स (Menings) द्वारा घिरे होते हैं तथा स्तनियों में तीन मेनिंस द्वारा।

मस्तिष्क एवं मेरुदण्ड के अन्दर तथा चारों ओर **सेरीब्रोस्पाइनल द्रव** (Cerebrospinal fluid) पाया जाता है। मेनिंजाइटिस (Meningites) में मेनिंग्स संक्रमित हो जाती है, जिसके फलस्वरूप सरदर्द, उल्टी एवं दर्द, आदि होता है।

मानव मस्तिष्क

मस्तिष्क (Brain)

अग्र मस्तिष्क (Forebrain)	मध्य मस्तिष्क (Midbrain)	पश्च मस्तिष्क (Hindbrain)
I. प्रमस्तिष्क (Cerebrum)	I. दृष्टि पिण्ड (Optic lobes)	I. अनुमस्तिष्क (Cerebellum)
II. घ्राण पिण्ड (Olfactory lobes)	II. टेक्टम सेरीब्रल (Tectum cerebral)	II. मेड्यूला ऑब्लोंगेटा (Medula oblongata)
III. थैलेमस (Thalamus)	III. वृन्त, पीनियल ग्रन्थि, आदि (Penduncle, pineal gland, etc.)	
IV. हाइपोथैलेमस (Hypothalamus)		

- **प्रमस्तिष्क** (Cerebrum), मस्तिष्क का सबसे बड़ा भाग है, जो प्रमस्तिष्क अर्द्धगोलार्द्धों (Cerebral hemispheres) द्वारा घिरा होता है। प्रमस्तिष्क की छत **सेरीब्रल कॉर्टेक्स** (Cerebral cortex) होती है। प्रमस्तिष्क में सचेतना और सूचनाओं का संग्रहण होता है।
- **घ्राण पिण्ड** (Olfactory lobes), छोटे आकार की एक जोड़ी संरचनाएँ हैं, जो प्रमस्तिष्क द्वारा घिरी होती हैं। ये खोपड़ी के केन्द्र में पाई जाती हैं।
- **थैलेमस** (Thalamus), संवेदी अंगों; जैसे-आँख, कान, त्वचा, आदि से आने वाली संवेदी तरंगों (Sensory impulses) को जोड़ता है। थैलेमस दर्द, दाब और ताप से सम्बन्धित होता है।

ब्रोका का क्षेत्र (Broca's Area)

मस्तिष्क में पाया जाता है तथा **भाषण** (Speech) से सम्बन्धित है, जबकि मस्तिष्क का रेनिक्स क्षेत्र (Wrenick's area) भाषण को समझने से सम्बन्धित है।

- **हाइपोथैलेमस** (Hypothalamus) भाषण, शरीर सन्तुलन, लिंग व्यवहार, निद्रा, तनाव तथा पिट्यूटरी ग्रन्थि के हॉर्मोन के नियन्त्रण से सम्बन्धित है।
- **मध्य मस्तिष्क** (Midbrain) दृष्टि, विश्लेषण एवं स्रावण से सम्बन्धित है।
- **अनुमस्तिष्क** (Cerebellum) सिर के पीछे की ओर आधार भाग में होता है।
- **मेड्यूला ऑब्लोंगेटा** (Medula Oblongata), मस्तिष्क एवं मेरुदण्ड को जोड़ने वाला लम्बा भाग है। यह हृदय स्पन्दन, रुधिर नलिकाओं, श्वासोच्छ्वास, लार स्राव और बहुत-सी प्रत्यावर्ती एवं अनैच्छिक गतियों को नियन्त्रित करता है।

मेरुदण्ड

यह लम्बी, रस्सीनुमा संरचना है, जो पीठ पर मध्य लम्बवत् स्थित होती है और अस्थिमय कशेरुक दण्ड द्वारा सुरक्षित रहती है। मनुष्य में मेरुदण्ड से 31 जोड़ी **मेरु तन्त्रिकाएँ** (Spinal nerves) निकलती हैं। यह प्रतिवर्ती क्रिया (Reflex action) का केन्द्र है तथा संवेदनाओं (Impulses) का संचरण करता है।

प्रतिवर्ती क्रिया

ये अबन्धित, जन्मजात, यन्त्रवत् क्रियाएँ हैं, जिन पर मस्तिष्क का नियन्त्रण नहीं होता; जैसे—नेत्र प्रतिवर्ती क्रिया, लार स्रावण, प्रतिवर्ती क्रिया, जानुझटक प्रतिवर्ती क्रिया, उबासी, खाँसना, छींकना, आदि। प्रतिवर्ती क्रियाएँ बहुत तीव्र होती हैं। तीव्र क्रिया हेतु ये सबसे छोटे मार्ग से संचरित होती हैं। ये अधिकांशतः सुरक्षा से सम्बन्धित होती हैं।

उपार्जित प्रतिवर्ती क्रिया (Acquired Reflex Action) ये प्रतिबन्धित प्रतिवर्ती क्रियाएँ भी कहलाती हैं। इन्हें जन्तु अनुभव एवं प्रशिक्षण द्वारा सीखता है। इनको सबसे पहले रूसी जैव कार्यिकी के वैज्ञानिक **इवान पैट्रोविच पावलोव** ने भूखे कुत्ते में प्रदर्शित किया।

जैसे—नाचना, साइकिल चलाना, तैरना, गाना, आदि सीखना। ये सीखने के दौरान सेरीब्रल (Cerebral) के नियन्त्रण में रहती है।

परिधीय तन्त्रिका तन्त्र

यह 12 जोड़ी कपाल तन्त्रिकाओं (Cranial Nerves) तथा 31 जोड़ी मेरु तन्त्रिकाओं (Spinal Nerves) का बना होता है।

कपाल तन्त्रिकाएँ, मस्तिष्क से तथा मेरु तन्त्रिकाएँ, मेरुदण्ड से उत्पन्न होती हैं। **मछलियों** (Fishes) एवं उभयचरों (Amphibians) में 10 जोड़ी कपाल तन्त्रिकाएँ होती हैं। खरगोश में 12 जोड़ी कपाल तन्त्रिकाएँ तथा 37 जोड़ी मेरु तन्त्रिकाएँ पाई जाती हैं। पहली 10 जोड़ी कपाल तन्त्रिकाएँ मेंढक एवं खरगोश में समान होती हैं।

मनुष्य की कपाल तन्त्रिकाएँ

कपाल तन्त्रिका	संख्या	कार्य का प्रकार	वितरण
घ्राण तन्त्रिका (Olfactory)	I	संवेदी	नाक
दृक तन्त्रिका (Optic)	II	संवेदी	आँख की रेटिना
नेत्र प्रेरक तन्त्रिका (Occulomotor)	III	चालक	नेत्र गोलक की चार पेशियों में
चक्रक तन्त्रिका (Trochlear)	IV	चालक	नेत्र गोलक की उत्तर-तिरछी पेशी में
त्रक तन्त्रिका (सबसे बड़ी) (Trigeminal)	V	मिश्रित	
(a) ओप्थेल्मिक (Opthalmic)	-	संवेदी	प्रोथ
(b) मैक्सिलरी (Maxillary)	-	संवेदी	ऊपरी जबड़ा
(c) मैण्डीबुलर (Mandibular)	-	मिश्रित	निचला जबड़ा
अपचालिनी तन्त्रिका (Abducens)	VI	चालक	पश्च रेक्टस पेशी
आनन तन्त्रिका (Facial nerve)	VII	मिश्रित	गर्दन, कर्ण, जीभ, निचला जबड़ा
श्रवण तन्त्रिका (Auditory)	VIII	संवेदी	अन्तःकर्ण
जिह्वा ग्रसनी (Glossopharyngeal)	IX	मिश्रित	जीभ एवं ग्रसनी
वेगस तन्त्रिका (Vagus nerve)	X	मिश्रित	आमाशय, फेफड़े, हृदय, आदि
स्पाइनल एसेसरी (Spinal accessory)	XI	चालक	गर्दन
हाइपोग्लोसल (Hypoglossal)	XII	चालक	गर्दन एवं जीभ

स्वायत्त तन्त्रिका तन्त्र

इसकी खोज **लेंगले** (Langley) ने की थी। यह पूर्णतया चालक होता है तथा नियन्त्रण रहित होता है।

स्वायत्त तन्त्रिका तन्त्र दो भागों का बना होता है

1. **अनुकम्पी तन्त्रिका तन्त्र** (Sympathetic Nervous System) यह तन्त्रिका तन्त्र प्रतिकूल वातावरण में शरीर की सुरक्षा से सम्बन्धित आन्तरिक क्रियाओं को नियन्त्रण करता है। यह तनाव की अवस्था में सक्रिय रहता है; जैसे— दर्द, भय, क्रोध, आदि।
2. **परानुकम्पी तन्त्रिका तन्त्र** (Parasympathetic Nervous System) यह तन्त्रिका तन्त्र विश्राम के समय सुख, प्रसन्नता की अनुभूति करता है। यह ऊर्जा संरक्षण में सहायक है।

संयोजन या सिनैप्स

एक तन्त्रिका तन्तु का एक्सॉन (Axon) जहाँ दूसरे तन्त्रिका तन्तु के डेण्ड्राइट (Dendrite) पर समाप्त होता है, उसे **संयोजन** या **सिनैप्स** (Synapse) कहते हैं। सिनैप्स पर एक्सॉन तथा डेण्ड्राइट एक-दूसरे को स्पर्श नहीं करते, बल्कि उनके बीच का स्थान एक पतले द्रव से भरा स्थान होता है, जिसे **सिनेप्टिक** दरार (Synaptic cleft) कहते हैं। एक्सॉन के अन्तिम सिरे पर **सिनेप्टिक आशय** (Synaptic vesicles) या अन्त्य बटन (Terminal button) होते हैं, जिनसे न्यूरोट्रांसमीटर (Neurotransmitter), एड्रीनेलिन (Adrenalin) तथा **एसीटिलकोलीन** (Acetylcholine) निकलते हैं। सिनैप्स दो प्रकार के होते हैं

(i) **विद्युतीय सिनैप्स** (Electrical Synapse) विद्युतीय स्नैप्स में दो न्यूरॉन के बीच 0.2 नैनोमीटर की सिनैप्टिक दरार (Synaptic cleft) पाई जाती है। इनमें क्रिया विभव (Action potential) दूसरे न्यूरॉन पर सीधा ही संचारित हो जाता है।

(ii) **रासायनिक सिनैप्स** (Chemical Synapse) अधिकांश सिनैप्स इसी प्रकार के होते हैं। रासायनिक सिनैप्स में क्रिया विभव के संचरण (Transmission) के लिए तन्त्रिका संचारी या न्यूरोट्रांसमीटर (Neurotransmitter) होते हैं।

तन्त्रिका आवेग (Nerves impulse) का रासायनिक संचरण एक तन्त्रिका कोशिका से दूसरे में या तन्त्रिका कोशिका से पेशी कोशिका में एसीटिलकोलीन (Acetylcholine) द्वारा होता है। ग्लाइसीन (Glycine) तथा गामा (γ) अमीनो ब्यूटेरिक अम्ल (GABA) आवेग अवरोधी (Impulse inhibitory) पदार्थ होते हैं।

तन्त्रिका आवेग का संचरण

यह एक न्यूरॉन (Neuron) के एक्सॉन (Axon) के अन्त से दूसरे न्यूरॉन के डेण्ड्राइट (Dendrite) पर होता है। यह केवल एक ही दिशा में (Unidirectional) होता है। यह एक विद्युत रासायनिक प्रक्रिया है।

विश्रामावस्था में तन्त्रिका कोशिका के कोशिकाद्रव्य (Cytoplasm) में K^+ की सान्द्रता अधिक होती है तथा कोशिका के बाहर Na^+ की सान्द्रता अधिक होती है, जिसके कारण कोशिका कला के भीतर –80 mV का विद्युत विभव (Electrical potential) होता है। यह **सुप्त कला अवस्था** (Polarised state) कहलाती है।

तन्त्रिका कोशिका की कला में विद्युत विभवान्तर (Electrical Potential Difference) होता है, जिसे **कला विभव** (Membrane potential) कहते हैं। न्यूरॉन की प्लाज्मा कला में **आयन चैनल** (Ion channel) उपस्थित होते हैं। ये केवल एक ही प्रकार के आयन के लिए पारगम्य होते हैं; जैसे– Na^+ या K^+ या Ca^{2+}, आदि।

तन्त्रिका कोशिका में **ध्रुवित अवस्था** (Polarised state) बनाए रखने के लिए कोशिका कला में सोडियम-पोटैशियम पम्प होता है। इसके द्वारा कोशिकाद्रव्य से तीन सोडियम आयन बाहर निकाले जाते हैं तथा बाहर से दो पोटैशियम आयन कोशिकाद्रव्य में प्रवेश करते हैं।

जब कोशिका को **प्रभाव सीमा उद्दीपन** (Threshold stimulus) दिया जाता है तब कोशिका कला की पारगम्यता परिवर्तित हो जाती है। **एक्सोलेमा** (Axolema) की पारगम्यता सोडियम के लिए बढ़ जाती है, जिस कारण Na^+ कोशिका के भीतर प्रवेश करने लगता है, जिससे विभव बदलकर + 30 mV **उच्च विभव** (Spike potential) हो जाता है। यह केवल सेकण्ड के कुछ भाग के लिए ही होता है।

अब कोशिका कला की पारगम्यता सोडियम के लिए कम होकर पोटैशियम के लिए बढ़ने लगती है, उच्च विभव कम होने लगता है तथा फिर यह + 20 mV का क्रियात्मक विभव (Action potential) हो जाता है तथा यह कला अब विध्रुवित (Depolarised) हो जाती है।

नॉन-मेड्यूलेटेड तन्तु (Non-medullated fibre) में ये आयनिक परिवर्तन पूरे तन्त्रिका तन्तु में दोहराए जाते हैं। **मेड्यूलेटेड तन्तुओं** (Medullated fibre) में क्रियात्मक विभव **रैनवियर की गाँठ** (Node of Ranvier) द्वारा एक बिन्दु से दूसरे बिन्दु पर संचरित होता है, इसे साल्टेटरी संचरण (Saltatory conduction) कहते हैं।

तन्त्रिका आवेग का प्रसारण

तन्त्रिका आवेग का प्रसारण एक न्यूरॉन के एक्सॉन (Axon) से दूसरे न्यूरॉन के डेण्ड्रॉन (Dendron) पर सिनैप्स (Synapse) द्वारा होता है।

जब तन्त्रिका आवेग **टीलोडेण्ड्रिया** (Telodendria) पर पहुँचता है, तो सिनैप्टिक दरार या विदर (Synaptic cleft) के ऊतक **द्रव** से Ca^{2+} टीलोडेण्ड्रिया में प्रवेश कर जाते हैं और सिनैप्टिक घुण्डियाँ (Synaptic button) सिनैप्स में **न्यूरोट्रांसमीटर** (Neurotransmitter) मुक्त कर देती है। न्यूरोट्रांसमीटर तन्त्रिका आवेग को अगले न्यूरॉन में प्रसारित कर देते हैं। एन्जाइम एसीटिलकोलीनेस्टीरेस (Acetylcholinesterase) सिनैप्टिक विदर (Synaptic cleft) पर एसीटिलकोलीन (Acetylcholine) का विघटन कर देता है।

सिनैप्स (Synapse) पर एक न्यूरॉन से दूसरे न्यूरॉन में तन्त्रिका आवेग के जाने में लगे समय को सिनैप्टिक देरी (Synaptic delay) कहते हैं।

इलेक्ट्रॉएनसिफेलोग्राम

(Electroencephalogram or EEG)

EEG मस्तिष्क के विभिन्न भागों की विद्युतीय सक्रियता (Electrical Activity) की रिकॉर्डिंग है।

EEG में चार तरंग (Waves) होती हैं

1. **एल्फा-तरंगें** (Alpha Waves) ये मस्तिष्क का विश्राम दर्शाती हैं। इनकी आवृत्ति 10-12 चक्र/सेकण्ड होती है।
2. **बीटा-तरंगें** (Beta Waves) ये तनाव दर्शाती हैं। इनकी आवृत्ति (Frequency) 10-15 चक्र/सेकण्ड होती है।
3. **थीटा-तरंगें** (Theta Waves) ये भावात्मक दबाव; जैसे- निराशा के दौरान उभरती है, इनकी आवृत्ति 5-8 चक्र/सेकण्ड होती है।
4. **डेल्टा-तरंगें** (Delta Waves) सोते समय आती हैं ये मस्तिष्क की चोट या विकार दर्शाती हैं। इनकी आवृत्ति 1-5 चक्र/सेकण्ड होती है।

पहला EEG **बर्गर** (Berger) ने सन् 1929 में अंकित किया था।

संवेदी अंग

जन्तुओं के शरीर में विभिन्न प्रकार के ऐसे अंग पाए जाते हैं; जो वातावरण से प्राप्त विभिन्न उद्दीपनों (Stimulus) को ग्रहण करते हैं तथा इन्हें विद्युत रासायनिक तन्त्रिका आवेगों के रूप में केन्द्रीय तन्त्रिका तन्त्र तक पहुँचाते हैं, ऐसे अंगों को संवेदी अंग कहते हैं।

संवेदी अंगों को निम्नलिखित प्रकार से वर्गीकृत किया जा सकता है

स्थिति के अनुसार वर्गीकरण

1. **बाह्य संवेदांग** (Exteroceptors) शरीर की बाह्य सतह पर स्थित।
   (a) **विशिष्ट संवेदांग** (Special sense organs) नाक, कान, आँख आदि।
   (b) **त्वक् संवेदांग** (Cutaneous sense organs) त्वचा।
2. **आन्तरिक संवेदांग** (Introceptors) ऐसे संवेदांग, जो आन्तरिक उद्दीपनों को ग्रहण करते हैं व आंतरांगों में स्थित होते हैं।
3. **मध्य संवेदांग** (Proprioceptors) यह एच्छिक पेशियों, स्नायु (ligaments), कण्डराओं (tendons), सन्धियों (Joints), आदि में पाए जाते हैं।

संरचना के आधार पर वर्गीकरण

1. **तन्त्रिका उपकलीय संवेदांग** (Neuro-epithelial Receptors) इनमें संवेदी कोशिकाएँ **रूपान्तरित तन्त्रिका कोशिकाएँ** या **न्यूरॉन्स** (Neurons) होती हैं; उदाहरण—घ्राण संवेदांग (Olfactory receptors)।
2. **उपकलीय संवेदांग** (Epithelial Receptors) इनमें संवेदी कोशिकाएँ **रूपान्तरित एपिथीलियमी** कोशिकाएँ होती हैं। ये कोशिकाएँ ऐसे तन्त्रिका तन्तु से सम्बन्धित रहती हैं, जो केन्द्रीय तन्त्रिका तन्तु के निकट होते हैं; **जैसे**—प्रकाशग्राही, स्वादग्राही व श्रवणग्राही।
3. **तन्त्रिकीय संवेदांग** (Neural Receptors) इनमें क्रैनियोस्पाइनल गुच्छकों (Craniospinal ganglia) में स्थित ऐसे मिथ्या एकध्रुवीय न्यूरॉन्स होते हैं, जिनके लम्बे तन्तु के त्वचा, कंकाल-सन्धियों, कंकाल पेशियों, कण्डराओं (Tendons), स्नायुओं (Ligaments), आदि में स्थित स्वतन्त्र छोर ही स्वयं संवेदी होते हैं।

उद्दीपन के आधार पर वर्गीकरण

1. स्पर्श संवेदांग (Mechanoreceptors)
2. रासायनिक संवेदांग (Chemoreceptors)
3. ताप संवेदांग (Thermoreceptors)
4. परासरण संवेदांग (Osmoreceptors)
5. प्रकाश संवेदांग (Photoreceptors)

मानव कर्ण

कर्ण सुनने एवं सन्तुलन बनाने में सहायक है। कर्ण को निम्न तीन भागों में विभाजित किया जा सकता है

1. बाह्य कर्ण (कर्ण पल्लव + बाह्य कर्ण कूहर)
2. मध्य कर्ण (कर्णपटह गुहा)
3. अन्त:कर्ण (मेम्ब्रेन्स लेबिरिंथ)

बाह्य कर्ण

बाह्य कर्ण, कर्ण पल्लव से नालाकार गुहा को होता हुआ कर्णपटह (Tympanic membrane) तक फैला होता है। कर्ण पल्लव ध्वनि तरंगों का संग्रह करती है। कर्ण कूहर (Auditory meatus) की दीवार में कर्ण मोम या **सेरूमिनस ग्रन्थियाँ** (Cerumenous glands) होती हैं। सेरूमिनस ग्रन्थियों से स्रावित होने वाला मोम जैसा पदार्थ कर्ण पटह को चिकना बनाए रखता है तथा बाह्य कणों को अन्दर प्रवेश करने से रोकता है।

नोट *मनुष्य में कर्ण पल्लव अवशेषी अंग है, जो हिल नहीं सकते, परन्तु कुछ जन्तुओं जैसे—बिल्ली, खरगोश, हाथी, आदि में ये हिल सकते हैं।*

मध्य कर्ण

कर्णपटह कला (Tympanic membrane) मध्य कर्ण को बाह्य कर्ण से पृथक् करती है।

मध्य कर्ण की तीन कर्ण अस्थिकाएँ निम्न हैं

(a) **मेलियस** (Malleus) बाहरी एवं हथौड़ी सदृश
(b) **इनकस** (Incus) मध्य में एवं निहाई के आकार की
(c) **स्टेपीज** (Stapes) आन्तरिक तथा रकाब के आकार की। यह एक ओर इनकस से तथा दूसरी ओर फेनेस्ट्रा ओवेलिस पर मढ़ी झिल्ली से लगी रहती है।

स्टेपीज मानव शरीर की सबसे छोटी अस्थि (1.2 mg) है। मध्य कर्ण गुहा एक **यूस्टेकियन नलिका** (Eustachian tube) द्वारा नासाग्रसनी में खुलती है। इसके कारण कर्ण पटह के भीतर एवं बाहर दोनों ओर वायु का दबाव एक समान रहने से उसके फटने का डर नहीं रहता।

अन्त:कर्ण

लेबिरिंथ दो मुख्य भागों का बना होता है। अस्थिमय लेबिरिंथ (Bony labyrinth) तथा कलागहन (Membranous labyrinth)। अस्थिमय **लेबिरिंथ परिलसिका** (Perilymph) द्रव से भरा होता है, जबकि कलागहन अन्त: **लसिका द्रव्य** (Endolymph fluid) से भरा होता है। कलागहन सन्तुलन एवं सुनने से सम्बन्धित है।

अन्त:कर्ण तीन भागों का बना होता है

(a) काय (यूट्रीकुलस तथा सैक्यूलस)
(b) अर्द्धवृत्ताकार नलिकाएँ
(c) कॉक्लिया

कॉक्लिया छोटी घोंघा (Snail) सदृश संरचना है। यह खरगोश में $2\frac{1}{2}$ कुण्डल द्वारा तथा मनुष्य में $2\frac{3}{4}$ कुण्डल द्वारा बना होता है। कॉक्लिया में तीन कक्ष स्केल वेस्टिबुलाई, स्केला मीडिया तथा स्केला टिम्पैनाई होते हैं।

स्केला मीडिय में कॉर्टी का अंग (Organ of Corti) पाया जाता है, जिसक खोज **एल्फेन्सो कॉर्टी** ने की थी।

नोट

सुनने की क्रिया का नियन्त्रण कर्ण क्षेत्र की सेरीब्रल कॉर्टेक्स टेम्पोरल प्रवर्ध्द द्वारा होता है।

मनुष्य का कान केवल 60-80 डेसीबल की ध्वनि को सुन सकता है। ध्वनि को डेसीबल (dB) में मापा जाता है।

- सर्प में कानों का अभाव होता है।

मानव नेत्र

नेत्र प्रकाश संवेदी अंग है। नेत्र गोलक मुख्यतया तीन स्तरों का बना होता है

1. **दृढ़ पटल** (Sclerotic) बाह्य दृढ़ तथा अपारदर्शी भाग
2. **रक्तक पटल** (Choroid) यह कोमल, संयोजी ऊतक का बना होता है इसमें रंगा कणिकाएँ होती हैं। रंगा कणिकाएँ खरगोश में लाल, मनुष्य काली, भूरी या नीली होती हैं।
3. **दृष्टि पटल** (Retina) सबसे भीतरी परत है, जो संवेदी होती है।

मानव नेत्र के अंग

- कॉर्निया एक पतली, पारदर्शी परत से ढका होता है, जिसे **कन्जक्टीवा** (Conjuctiva) कहते हैं। यह प्रकाश को दृष्टिपटल पर केन्द्रित करता है।
- आइरिस, वर्तुल स्फिंक्टर पेशियों (Circular sphincter muscles) एवं अरीय प्रसादी पेशियों (Radial dilatory muscles) से बना होता है।
- आइरिस (Iris) पुतली के आकार को नियन्त्रित करता है।
- पुतली (Pupil) आइरिस के बीच में स्थित काला छिद्र है, जिसके द्वारा प्रकाश नेत्र गोलक में प्रवेश करता है। यह प्रकाश के नेत्र गोलक में प्रवेश को नियन्त्रित करता है।
- लैंस द्विउत्तल, पारदर्शी वृत्तीय, ठोस संरचना है, जो प्रोटीन का बना होता है।
- कॉर्निया एवं लैंस के बीच का भाग तेजोजल या **एक्वस ह्यूमर** द्वारा भरा होता है।
- लैंस एवं रेटिना के मध्य की गुहा में काचर जल या **विट्रयस ह्यूमर** भरा होता है।
- दृष्टिपटल (Retina) एक तन्त्रिका ऊतक की परत एवं एक वर्णक परत का बना होता है। किसी भी वस्तु का चित्र दृष्टिपटल पर बनता है।
- रेटीना दो प्रकार की कोशिकाओं **दृष्टि शलाकाएँ** (Rods) एवं **दृष्टि शंकुओं** (Cones) का बना होता है।
- शलाकाएँ लम्बी, बेलनाकार एवं तन्तुमय होती हैं, जबकि शंकु छोटे एवं मोटे होते हैं।
- शलाकाएँ कम प्रकाश के लिए संवेदी होती हैं तथा इनमें लाल-गुलाबी वर्णक, **रोडोप्सिन** (Rhodopsin) पाया जाता है।
- शंकु तेज प्रकाश के लिए संवेदी है तथा रंगों में अन्तर उत्पन्न करते हैं; जैसे—लाल, हरा, नीला, आदि।
- **पीत बिन्दु** (Yellow spot) दृष्टिपटल के ठीक मध्य में स्थित होता है। यहाँ वस्तु का प्रतिबिम्ब सबसे स्पष्ट बनता है। पीत बिन्दु की महीन रेटि **मैकुला लूटिया** (Macula lutea) कहलाती है।

- पीत बिन्दु के मध्य में मध्यवर्ती गर्त या **फोबिया सेण्ट्रेलिस** (Fovea centralis) होता है। इसमें केवल दृष्टि शंकु उपस्थित होते हैं।
- **अन्ध बिन्दु** (Blind spot) पर शलाका व शंकु अनुपस्थित होते हैं। यहाँ कोई प्रतिबिम्ब नहीं बनता।
- **टेपिटम** (Tapetum) से धीमे प्रकाश में भी जन्तु भली प्रकार देखने में सफल होते हैं।
- टेपिटम ल्यूसीडम (Tapetum lucidum) जस्ता, सिस्टीन और ग्वानीन का बना होता है।

> - एट्रोपीन रसायन का उपयोग डॉक्टरों द्वारा पुतली के विस्फारण (Dilation) में किया जाता है।
> - रतौंधी रोग शलाकाओं (Rods) में रोडोप्सिन की कमी से होता है।
> - शंकुओं (Cones) की कमी के कारण वर्णान्धता या डाल्टोनिज्म हो जाती है।
> - मनुष्य, कपि, बन्दर, पक्षी, छिपकली, कछुआ एवं कुछ मछलियों में रंगीन दृष्टि पाई जाती है।
> - उल्लू के दृष्टिपटल में केवल शलाकाएँ पाई जाती हैं, जबकि मुर्गे (Fowl) में केवल शंकु पाए जाते हैं।
> - माँसाहारी जन्तुओं; जैसे—बिल्ली, कुत्ता, शेर, आदि की आँखें टेपिटम ल्यूसीडम के कारण रात में चमकती हैं।
> - पीले-हरे रंग के लिए आँखें सबसे अधिक संवेदी होती हैं।
> - मधुमक्खियाँ पराबैंगनी किरणें देख सकती है, जबकि गिद्ध में सबसे तीव्र दृष्टि पाई जाती है।
> - शरीर अनुपात के आधार पर हिरन में सबसे बड़ी आँखें होती हैं।
> - दृष्टिपटल पर प्रतिबिम्ब सत्य एवं उल्टा बनता है।

मानव नेत्र के रोग

मानव नेत्र से सम्बन्धित निम्नलिखित रोग होते हैं

(a) **निकट दृष्टि दोष** (Myopia) केवल कम दूरी की वस्तुएँ स्पष्ट दिखाई देती हैं। प्रतिबिम्ब दृष्टिपटल के सामने बनता है। यह रोग अवतल लैंस (Concave lens) के उपयोग द्वारा ठीक हो सकता है।

(b) **दूर दृष्टि दोष** (Hypermetropia) केवल दूर की वस्तुएँ स्पष्ट दिखाई देती हैं। प्रतिबिम्ब दृष्टिपटल के पीछे बनता है। इस रोग को उत्तल लैंस (Convex lens) का उपयोग करके दूर किया जा सकता है।

(c) **दृष्टिवैषम्य** (Astigmatism) इसमें कॉर्निया की आकृति असामान्य हो जाती है। सिलैण्ड्रीकल (Cylindrical) लैंस द्वारा यह रोग दूर हो सकता है।

(d) **मोतिया बिन्द** (Cataract) इसमें विटामिन-A की कमी से रोडोप्सिन का संश्लेषण कम होने लगता है, जिससे कम प्रकाश में दिखाई नहीं देता।

(e) **कन्जक्टीवाइटिस** (Conjunctivitis) जीवाणु द्वारा कन्जक्टीवा में सूजन हो जाती है।

नाक

यह गन्ध ग्रहण करने वाला संवेदी अंग है। नासावेश्मों की दीवार घ्राण उपकला की बनी होती है। घ्राण कोशिकाएँ लम्बी, पतली एवं तर्कु रूप होती हैं। घ्राण कोशिकाएँ, स्वाद कोशिकाओं की तुलना में अधिक रसायन संवेदी होती हैं। घ्राण संवेदनाओं; जैसे—मिर्च, क्लोरोफॉर्म, अमोनिया, आदि से आँसू निकल आते हैं। कुत्ते तीव्र घ्राण संवेदी होते हैं। कुत्ते विभिन्न मनुष्यों की पहचान, इसलिए कर लेते हैं, क्योंकि इनमें विभिन्न मनुष्यों की गन्ध में अन्तर करने की क्षमता होती है। मॉथ, तितली, आदि की एण्टीना में घ्राण रसायन संवेदांग होते हैं।

जीभ

स्वाद के लिए जीभ की सतह पर **स्वाद कलिकाएँ** (Taste buds) होती हैं। जीभ पर स्वाद कलिकाएँ बहुत अधिक होती हैं।

मनुष्य में चार विभिन्न प्रकार के स्वाद जीभ के *विभिन्न भागों द्वारा अनुभव किए जाते हैं।*

मीठा जीभ के अग्र छोर पर

नमकीन अग्र स्वतन्त्र सिरे के पार्श्व पर

खट्टा पश्च पार्श्वों में

कड़वा पश्च भाग में

कई कार्बनिक पदार्थ; जैसे— क्यूनीन, मॉर्फीन, कैफीन, यूरिया, आदि कड़वा स्वाद रखते हैं।

त्वचा

यह शरीर का बाह्य आवरण है। यह शरीर की सुरक्षा का पहला व बाहरी कवच है। त्वचा का बाहरी स्तर उपचर्म या **एपीडर्मिस** (Epidermis) होता है, जो एक्टोडर्म (Ectoderm) से बनता है। त्वचा का आन्तरिक स्तर चर्म या **डर्मिस** (Dermis) होता है, जो **मीसोडर्म** (Mesoderm) से बनता है।

चर्म में अनेकों स्वतन्त्र **तन्त्रिका छोर** (Nerve ending) होते हैं। कुछ विशेष संवेदी कोशिकाएँ भी होती हैं। त्वचा में **त्वक् संवेदी** (Cutaneous receptors) होते हैं, जो निम्न हैं

(a) **एल्जीसीरिसेप्टर** (Algecireceptor) पीड़ा ग्राही।

(b) **स्पर्शग्राही** (Tangoreceptors) **मीसनर के देहाणु** (Meissner's corpuscles) तथा **मरकेल की तश्तरियाँ** (Merkel's discs) स्पर्शग्राही (Tangoreceptor) हैं।

(c) **दाब तथा कम्पन्न ग्राही** (Pressure and vibration receptors)

(d) **पैसीनी के देहाणु** (Pacini's corpuscles) दाब तथा कम्पन ग्राही (Pressure and vibration receptors) होते हैं।

(e) **तापग्राही** (Thermoreceptor) **क्राउस के देहाणु** (Krause's corpuscles) शीत उद्दीपन ग्रहण करते हैं, और शीत ग्राही (Cold receptors) कहलाते हैं।

(f) **रूफिनी के छोर अंग** (End Organ Ruffini) गर्मी का उद्दीपन ग्रहण करते हैं और ऊष्मा ग्राही (Heat receptors) कहलाते हैं।

अन्तःस्रावी ग्रन्थियाँ एवं उनके कार्य

अन्तःस्रावी ग्रन्थियाँ

इन ग्रन्थियों में अपने स्राव को लक्ष्य अंगों तक ले जाने हेतु नलिकाएँ नहीं होती हैं। अन्तःस्रावी ग्रन्थियों से सम्बन्धित विज्ञान **एण्डोक्राइनोलॉजी** (Endocrinology) कहलाता है। इनके स्राव (हॉर्मोन) का परिवहन रुधिर के द्वारा होता है। उदाहरण—थायरॉइड, पिट्यूटरी, हाइपोथैलेमस, एड्रीनल, आदि।

बहिःस्रावी ग्रन्थियाँ

इन ग्रन्थियों में नलिकाएँ (Ducts) होती हैं। ये अपना स्राव नलिकाओं में स्रावित कर लक्ष्य तक पहुँचाती है। उदाहरण—त्वचा की स्वेद ग्रन्थियाँ एवं तेल ग्रन्थियाँ, लार ग्रन्थियाँ, यकृत, आदि।

हॉर्मोन

ये अन्त:स्रावी ग्रन्थियों से अल्प मात्रा में स्रावित होने वाले कार्बनिक पदार्थ हैं। ये जैव उत्प्रेरकों के रूप में कार्य करते हैं। अत: ये शरीर की क्रियाओं को प्रेरित करते हैं अर्थात् उनकी गति को बढ़ा देते हैं अथवा घटा देते हैं। ये सूचना के प्रथम वाहक अणु (Messenger molecule) होते हैं।

ये अन्त: वातावरण को नियन्त्रित करते हैं तथा अन्य हॉर्मोनों की क्रिया को अनुमति प्रदान करते हैं। हॉर्मोन की खोज **बेलिस** (Bayliss) और **अर्नेस्ट एच स्टर्लिंग** (Ernst H. Starling) ने **सीक्रिटीन** (Secretin) हॉर्मोन के रूप में की थी।

रासायनिक दृष्टि से हॉर्मोन प्रोटीन स्टीरॉइड्स तथा अमीनो अम्लों के व्युत्पन्न पदार्थ होते हैं।

1. **प्रोटीन हॉर्मोन** (Protein Hormones) ये जल में घुलनशील होते हैं तथा ये बाह्य कोशिकीय ग्राहियों द्वारा कार्य करते हैं। कुछ प्रोटीन हॉर्मोन (जैसे—इन्सुलिन) प्राथमिक दूत (Primary messenger) की भाँति कार्य करते हैं तथा प्लाज्मा में उपस्थित एन्जाइम एडीनाइल साइक्लेस (Adenyl cyclase) को क्रियाशील कर देते हैं। यह **एडीनाइल साइक्लेज** ATP अणु को चक्रीय AMP (Cyclic AMP) में बदल देता है, जो द्वितीयक दूत (Secondary messenger) की भाँति कार्य करता है तथा कोशिका के कार्य को प्रभावित करता है। यह परिकल्पना सदरलैण्ड (Sutherland) ने दी थी।

   बाह्य कोशिकीय ग्राही के स्तर पर कार्य करते हॉर्मोन्स में सबसे अधिक अध्ययन इन्सुलिन का हुआ है।

2. **स्टीरॉइड हॉर्मोन** (Steroid Hormones) स्टीरॉइड हॉर्मोन; जैसे—**कॉर्टिकोस्टीरॉइड, लिंग हॉर्मोन**; जैसे—**एस्ट्रोजन, प्रोजेस्ट्रॉन टेस्टोस्टीरॉन**, आदि वसा में घुलनशील तथा ये कोशिका के अन्दर प्रवेश कर सकते हैं।

   कोशिका में प्रवेश करने के पश्चात् ये हॉर्मोन अन्तराकोशिकीय ग्राही (Intracellular receptor) के साथ बँध जाते हैं।

3. **अमीनो अम्लों के व्युत्पन्न पदार्थ** (Derivatives of Amino Acids) ये रचना में सबसे छोटे तथा टाइरोसीन (Tyrosine), हिस्टिडीन (Histidine) व ट्रिप्टोफेन (Tryptophan) से व्युत्पन्न होते हैं; जैसे—थायरॉक्सिन, एपिनेफ्रिन, नोरएपिनेफ्रिन।

मानव की अन्त:स्रावी ग्रन्थियाँ

मनुष्य में कुल 9 अन्त:स्रावी ग्रन्थियाँ पाई जाती हैं, जिनमें से अधिकांश नर एवं मादा में समान होती हैं।

1. पिट्यूटरी ग्रन्थि	2. थायरॉइड	3. पैराथायरॉइड
4. अग्न्याशय	5. एड्रीनल	6. पीनियल ग्रन्थि
7. थाइमस	8. हाइपोथैलेमस	9. जनद

1. पिट्यूटरी ग्रन्थि

इसे **मास्टर ग्रन्थि** (Master gland) भी कहते हैं। यह महिलाओं में पुरुषों से कुछ बड़ी होती है। यह अग्र मस्तिष्क में स्थित होती हैं।

इसमें स्रावित हॉर्मोन अग्रलिखित हैं

अन्तःस्रावी ग्रन्थि	हॉर्मोन	लक्ष्य अंग	कार्य/प्रभाव
एडीनोहाइपोफाइसिस (पिट्यूटरी का अग्र भाग)	वृद्धि हॉर्मोन (GH)	सभी ऊतक	सामान्य शरीर वृद्धि
	एडिनो कॉर्टिकोट्रोफिक हॉर्मोन (ACTH)	एड्रीनल कॉर्टेक्स	ग्लूकोकॉर्टी कॉइड स्राव
	थायरोट्रॉफिन हॉर्मोन (TSH)	थायरॉइड ग्रन्थि	थायरॉक्सिन स्रावण
	प्रोलैक्टिन (Prolactin)	स्तन ग्रन्थि की कोशिकाएँ	दूध निर्माण में
	फॉलिकल स्टीमुलेटिंग हॉर्मोन (FSH)	अण्डाशयी फॉलीकल	महिलाओं में अण्डाशयी फॉलीकल की वृद्धि एवं एस्ट्रोजन स्रावण पुरुषों में शुक्र जनन (Spermatogenesis) एवं शुक्रजनन नलिकाओं को उद्दीप्त करना
	ल्यूटिनाइजिंग हॉर्मोन (LH)	वृषण एवं अण्डाशय	महिलाओं में कॉर्पस ल्यूटियम का विकास एवं प्रोजेस्ट्रॉन का स्रावण, पुरुषों में टेस्टोस्टीरॉन का स्रावण
	मिलेनोसाइट स्टीमुलेटिंग हॉर्मोन (MSH)	त्वचा	त्वचा में मिलेनिन का संश्लेषण
न्यूरोहाइपोफाइसिस (पिट्यूटरी का पश्च भाग)	ऑक्सीटोसिन (Oxytocin)	गर्भाशय, स्तन ग्रन्थियाँ	दूध का स्रावण, गर्भाशय संकुचन

पिट्यूटरी ग्रन्थि के विकार

मानव शरीर में होने वाले पिट्यूटरी ग्रन्थि से सम्बन्धित विकार निम्नलिखित हैं

(a) **बौनापन** (Dwarfism) बचपन में वृद्धि हॉर्मोन की कमी से बौनापन रोग हो जाता है।

(b) **महाकायता** (Gigantism) बचपन में वृद्धि हॉर्मोन के अधिक स्रावित होने से महाकायता रोग हो जाता है।

(c) **साइमण्ड का रोग** (Simmond's Disease) प्रौढ़ावस्था में वृद्धि हॉर्मोन के कम स्रावित होने से साइमण्ड का रोग हो जाता है।

(d) **एक्रोमीगेली** (Acromegaly) प्रौढ़ावस्था में वृद्धि हॉर्मोन के अति:स्रावण से एक्रोमीगेली रोग हो जाता है। इस रोग में व्यक्ति के हाथ, पैर और चेहरे की अस्थियाँ सामान्य से अधिक बढ़ जाती हैं।

(e) **डायबिटीज इन्सीपीडस** (Diabetes Insipidus) एण्टीडाइयूरेटिक हॉर्मोन (ADH) अर्थात् वैसोप्रेसिन की कमी से शरीर में मूत्रता का रोग हो जाता है।

2. थायरॉइड ग्रन्थि

यह सबसे बड़ी अन्त:स्रावी ग्रन्थि है। यह गर्दन में, श्वासनली व स्वरयन्त्र के जोड़ के पार्श्व-अधरतल पर स्थित होती है। यह गुलाबी रंग की, H के आकार की, द्विपालित ग्रन्थि है।

इससे स्रावित हॉर्मोन निम्न हैं

हॉर्मोन	लक्ष्य अंग	कार्य/प्रभाव
कैल्सिटोनिन (CT)	अस्थि, वृक्क	रुधिर में कैल्शियम स्तर का नियन्त्रण
थायरॉक्सिन	हृदय, यकृत, वृक्क, कंकाल पेशियाँ, मास्ट कोशिकाएँ	ऊतक उपापचय वृद्धि, उभयचरों में कायान्तरण

थायरॉइड ग्रन्थि के विकार

थायरॉइड ग्रन्थि से सम्बन्धित विकार निम्न हैं

(a) **जड़वामनता** (Cretinism) यह रोग भ्रूण में या शिशु अवस्था में थायरॉइड के अल्प स्रावण के कारण होता है इस रोग में बच्चे बौने रह जाते हैं।

(b) **मिक्सोडीमा** (Myxoedema) यह वयस्कों में थायरॉइड अल्पस्रावण से होता है। इसमें त्वचा के नीचे श्लेष्म (mucous) के जमाव से इसका एक मोटा स्तर बन जाता है। शरीर फूला सा दिखाई देता है और सुस्त हो जाता है।

(c) **सामान्य घेंघा** (Simple Goitre) थायरॉइड ग्रन्थि के बड़ी होकर फूलने को घेंघा रोग कहते हैं। यह रोग भोजन में आयोडीन की कमी से होता है।

(d) **हाशीमोटो का रोग** (Hashimoto's Disease) कभी-कभी वृद्धावस्था, चोट, संक्रमण, शल्य चिकित्सा आदि के कारण थायरॉइड ग्रन्थि के अल्पस्रावण से रुधिर में इसके हॉर्मोन की मात्रा इतनी कम हो जाती है कि शरीर कोशिकाओं में उपस्थित इनकी ग्राही प्रोटीन्स तक को इनकी पहचान नहीं हो पाती। शरीर में हॉर्मोनों को नष्ट करने वाले प्रतिरक्षी (Antibodies) बनने लगते हैं, जोकि स्वयं ग्रन्थि को ही नष्ट कर देते हैं।

(e) **नेत्रोत्सेंधी गलगण्ड** (Exophthalmic Goitre) थायरॉक्सिन हॉर्मोन के अतिस्रावण से थायरॉइड ग्रन्थि फूल कर घेंघे का रूप ले लेती है। इसे **ग्रैवी** का रोग (Grave's disease) भी कहते हैं। किसी-किसी रोगी में अतिस्रावण करने वाली थायरॉइड ग्रन्थि में जगह-जगह गाँठे बन जाने से यह फूलती है। इसे **प्लूमर** का रोग (Plummer's disease) कहते हैं।

3. पैराथायरॉइड

ये चार ग्रन्थियाँ होती हैं, जो थायरॉइड में धँसी रहती हैं। ये पीले रंग की अण्डाकार होती है। इससे स्रावित हॉर्मोन निम्न हैं

हॉर्मोन	लक्ष्य अंग	कार्य/प्रभाव
पैराथॉर्मोन (PTH)	अस्थि, वृक्क	रुधिर में कैल्शियम एवं फॉस्फेट का नियमन

पैराथायरॉइड ग्रन्थि के विकार

पैराथायरॉइड ग्रन्थि से सम्बन्धित विकार निम्न हैं

(a) **टिटेनी** (Tetany) पैराथॉर्मोन (PTH) की कमी से शरीर में टिटेनी रोग हो जाता है। इस रोग में पेशियों और तन्त्रिकाओं में अनावश्यक उत्तेजना के कारण पेशियों में ऐंठन और कम्पन्न होने लगता है, रोंगटे खड़े हो जाते है, पसीना आने लगता है और हाथ-पैर ठण्डे हो जाते हैं।

(b) **ओस्टियोपोरोसिस** (Osteoporosis) पैराथॉर्मोन के अतिस्रावण से ओस्टियोपोरोसिस रोग हो जाता है, इसमें हड्डियाँ गलकर, कोमल, कमजोर व भंगुर हो जाती हैं।

4. अग्न्याशय

ग्रहणी (Duodenum) के वक्र में स्थित होती है। यह मिश्रित ग्रन्थि है, जिसमें अन्त:स्रावी एवं बहि:स्रावी दोनों भाग होते हैं।

इसके लैंगरहैन्स के द्वीप में निम्न तीन प्रकार की कोशिकाएँ पाई जाती हैं

(i) α-**कोशिकाएँ** बड़ी एवं परिधीय कोशिकाएँ, जो ग्लूकेगॉन (Glucagon) हॉर्मोन स्रावित करती हैं।

(ii) β-**कोशिकाएँ** छोटी केन्द्रीय कोशिकाएँ, जो इन्सुलिन (Insulin) हॉर्मोन स्रावित करती हैं।

(iii) γ-**कोशिकाएँ** मध्यवर्ती कोशिकाएँ, जो सोमेटोस्टेटिन (Somatostatin) स्रावित करती हैं।

अग्न्याशय से स्रावित हॉर्मोन निम्न हैं

हॉर्मोन	लक्ष्य अंग	कार्य/प्रभाव
इन्सुलिन	सभी कोशिकाएँ	रुधिर में शर्करा का स्तर घटता है। ग्लूकोजिनेसिस का प्रेरण, ऊतकों में प्रोटीन का संग्रह बढ़ाता है। अल्प स्रावण से **डायबिटीज मेलिटस** (Diabetes mellitus) रोग हो जाता है।
ग्लूकेगॉन	यकृत	रुधिर शर्करा का स्तर बढ़ाता है।

अग्न्याशय के विकार

अग्न्याशय से सम्बन्धित विकार निम्न हैं

(a) **मधुमेह** (Diabetes Mellitus) इन्सुलिन हॉर्मोन के अल्पस्रावण से रुधिर में ग्लूकोस की मात्रा बढ़ जाती है, इसे **हाइपरग्लाइसीमिया** (Hyperglycemia) भी कहते हैं।

(b) **हाइपोग्लाइसीमिया** (Hypoglycemia) इन्सुलिन हॉर्मोन के अतिस्रावण से रुधिर में ग्लूकोस की मात्रा कम हो जाती है।

5. एड्रीनल ग्रन्थि

एक जोड़ी ग्रन्थियाँ वृक्कों के ऊपर स्थित होती हैं। यह ग्रन्थि एड्रीनल कॉर्टेक्स एवं एड्रीनल मेड्यूला में विभाजित होती हैं, इसे 4S or 3F ग्रन्थि भी कहा जाता है।

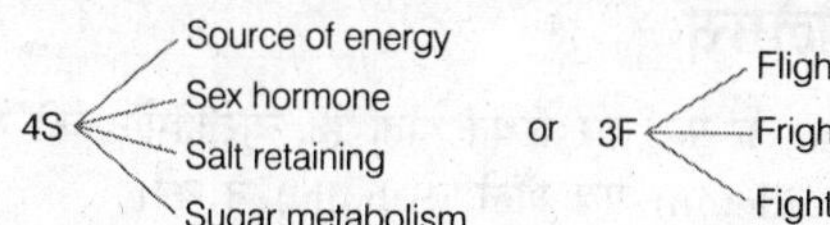

इससे स्रावित हॉर्मोन निम्न हैं

हॉर्मोन	लक्ष्य अंग	कार्य/प्रभाव
ग्लूकोकॉर्टिकोइड्स	ऊतक, मास्ट कोशिकाएँ	कार्बोहाइड्रेट, वसा, प्रोटीन, स्टीरॉइड उपापचय
मिनरेलोकॉर्टिकोइड्स	वृक्क	जल अवशोषण, सोडियम एवं पोटैशियम उपापचय
सैक्स कॉर्टिकोइड्स	शरीर कोशिकाएँ	बाह्य लैंगिक लक्षण
एड्रीनेलिन तथा नॉर-एड्रीनेलिन	मास्ट कोशिकाएँ	हृदय स्पन्दन, रुधिर दाब, पेशियों का संकुचन एवं शिथिलन बढ़ाता है।

एड्रीनल ग्रन्थि के विकार

एड्रीनल ग्रन्थि से सम्बन्धित विकार निम्न हैं

(a) **एडीसन का रोग** (Addison's Disease) मिनरेलो कॉर्टिकोइड्स और ग्लूकोकॉर्टिकॉइड्स हॉर्मोन के अल्प स्रावण से यह रोग हो जाता है। इस रोग में सोडियम और इसके साथ-साथ जल की अधिक मात्रा का मूत्र के साथ उत्सर्जन हो जाने से शरीर का निर्जलीकरण हो जाता है और रुधिर में शर्करा की कमी हो जाती है।

(b) **कुशिंग रोग** (Cushing Syndrome) कॉर्टिसोल (Cortisol) हॉर्मोन के अतिस्रावण से कुशिंग रोग हो जाता है, इसमें वक्षीय भाग व चेहरे में कहीं भी वसा के जमाव से चेहरा लाल व गोल सा, कन्धे अत्यधिक मोटे हो जाते हैं, उदर फूल जाता है।

(c) **एड्रीनल विरिलिज्म** (Adrenal Virilism) सैक्स कॉर्टिकॉइड्स (Sex corticoids) हॉर्मोन के अतिस्रावण से लड़कियों में लड़कों जैसे लक्षण (मोटी आवाज, दाढ़ी-मूँछ, शरीर पर घने बाल, आदि) विकसित हो जाते हैं।

(d) **गाइनीकोमैस्टिया** (Gynaecomastia) लड़कों में एस्ट्रोजन (Oestrogen) हॉर्मोन के अतिस्रावण से उनका स्तन भाग फूल जाता है।

6. पीनियल ग्रन्थि

यह तीसरी वेन्ट्रीकल की छत (थैलैमस) से निकले एक तन्तुमय वृन्त पर स्थित सफेद रंग की एवं चपटी ग्रन्थि होती है। मनुष्य में यह 70 वर्ष की उम्र से घटनी (Degenerate) प्रारम्भ हो जाती है। वयस्क में यह केवल तन्तुमय ऊतक के रूप में पाई जाती है। यह नलिकाओं में हॉर्मोन स्रावित करती है, जो तन्त्रिका तन्त्र की क्रियाओं हेतु उत्तरदायी होता है।

इससे स्रावित हॉर्मोन निम्न हैं

हॉर्मोन	लक्ष्य अंग	कार्य/प्रभाव
मिलेटोनिन	मिलेनोफोर	मिलेनिन का वितरण

7. थाइमस ग्रन्थि

हृदय के सामने स्थित होती है। बच्चों में थाइमस सक्रिय होती है, परन्तु लैंगिक परिपक्वता के पश्चात् यह महत्त्वहीन हो जाती है। यह परिधीय कॉर्टेक्स एवं केन्द्रीय मेड्यूला की बनी होती है।

इससे स्रावित हॉर्मोन निम्न है

हॉर्मोन	लक्ष्य अंग	कार्य/प्रभाव
थाइमोसिन	प्रतिरक्षा तन्त्र	शरीर का प्रतिरक्षा तन्त्र, लिम्फोसाइट निर्माण

8. हाइपोथैलेमस

यह अग्रमस्तिष्क के फर्श पर स्थित होता है। न्यूरोहॉर्मोन की सर्वप्रथम खोज **ग्यूलिनिन** (Guillenin) एवं **शैले** (Schally) ने की।

इससे स्रावित हॉर्मोन निम्न हैं

हॉर्मोन	लक्ष्य अंग	कार्य/प्रभाव
थायरोट्रोपिन	थायरॉइड ग्रन्थि	थायरोट्रोपिन स्रावण
रिलीजिंग हॉर्मोन	एड्रीनल ग्रन्थि	कॉर्टिकोट्रोपिन स्रावण
कॉर्टिकोट्रोपिन रिलीजिंग हॉर्मोन	पिट्यूटरी	पिट्यूटरी के गोनेडोट्रोपिन का स्रावण
सोमेटोस्टेटिन	पिट्यूटरी	वृद्धि हॉर्मोन के स्रावण का प्रारम्भ

9. जनद

इसका मुख्य कार्य युग्मकों का निर्माण है। ये लिंग हॉर्मोन भी स्रावित करते हैं। लिंग हॉर्मोन मुख्यतया स्टीरॉइड होते हैं। पुरुषों में वृषण तथा महिलाओं में अण्डाशय होता है।

इससे स्रवित हॉर्मोन निम्न हैं

अन्तःस्रावी ग्रन्थी	हॉर्मोन	लक्ष्य अंग	कार्य/प्रभाव
वृषण	टेस्टोस्टीरॉन	मास्ट कोशिकाएँ	नर के बाह्य लक्षण एवं द्वितीयक लैंगिक अंगों का विकास
अण्डाशय	एस्ट्रोजन	मास्ट कोशिकाएँ	मादा के बाह्य लक्षणों एवं द्वितीयक लैंगिक अंगों का विकास
कॉपर्स ल्यूटियम (अण्डाशय)	प्रोजेस्ट्रॉन	गर्भाशय, स्तन ग्रन्थियाँ	गर्भावस्था में होने वाले परिवर्तन, लैंगिक अंग

विषाणु

विषाणु (Virus) अतिसूक्ष्म परजीवी है, जो सजीव कोशिका में गुणन करते हैं इनका अध्ययन जीव विज्ञान की शाखा **विषाणु विज्ञान** (Virology) के अन्तर्गत किया जाता है। विषाणु की खोज रुसी वैज्ञानिक **इवानोवस्की** (Ivanowski) ने सन् 1892 में तम्बाकू के मोजैक रोग (Tobacco mosaic disease) के अध्ययन से की थी। विषाणु नाम **बेजेरिंक** (Beijerinck) ने प्रतिपादित किया तथा **डब्ल्यू स्टैनले** (W. Stanley) ने विषाणुओं को रवों (Crystals) के रूप में प्राप्त किया था। इस महत्त्वपूर्ण कार्य हेतु इन्हें नोबेल पुरस्कार से सम्मानित किया गया था विषाणुओं के सन्दर्भ में मुख्य खोजें इस प्रकार हैं

विषाणु विज्ञान में महत्त्वपूर्ण खोजें

क्र.सं. (S.No.)	वैज्ञानिक का नाम (Name of Scientist)	खोजें (Discoveries)
1.	एडवर्ड जेनर (Edward Jenner; 1796)	चेचक का टीका
2.	डी. जे. इवानोवस्की (DJ Ivanowski; 1892)	विषाणु की खोज (TMV)
3.	ए. मेयर (A Mayer; 1886)	तम्बाकू मोजैक रोग
4.	लुईस पाश्चर (L Pasteur; 1880)	रेबीज का टीका
5.	लॉफलर तथा फ्रॉश (Loeffler and Frosch; 1898)	पहला रोगजनक विषाणु (खुरपका तथा मुँहपका विषाणु)
6.	ए. आइसैक्स (A Issacs; 1957)	इन्टरफेरॉन (Interferon)
7.	हर्शे एवं चेस (Harshey and Chase; 1952)	विषाणु का संक्रमक भाग न्यूक्लिक अम्ल है
8.	डब्ल्यू. एम. स्टैनले (WM Stanley; 1935)	विषाणु का क्रिस्टलीकरण
9.	ए. ल्वॉफ तथा ई. वालमेन (A Lwoff and E Wallman; 1953)	टेम्परेट फेज या प्रोफेज
10.	जे. साल्क (J Salk; 1957)	पोलियो का टीका
11.	सैफरमेन तथा मौरिस (Safferman and Morris; 1963)	नील-हरित शैवालभोजी
12.	आर. फ्रेंकलिन, ए. क्लग तथा के. सी. होम्स (R Franklin, A Klug and KC Holms; 1955-57)	TMV की सूक्ष्म रचना
13.	आर. एल. सिनशीमर (RL Sinsheimer; 1959)	एकल कुण्डलित DNA युक्त कोलीफेज $\phi \times 174$ की खोज
14.	एस. ब्रैनर तथा उनके साथी (S Brener et. al; 1959)	जीवाणुभोजी विषाणु T_2 की सूक्ष्म रचना
15.	लू. मॉटेगनियर आर. गैलो तथा उनके साथी (Lu Montagnier, R Gallo *et.al;* 1984)	एड्स विषाणु (AIDS virus)
16.	डिबेको (Debecco; 1975)	कैंसर के जनक विषाणु

विषाणुओं के मुख्य लक्षण

विषाणुओं के मुख्य लक्षण निम्न प्रकार हैं

1. विषाणु अकोशिकीय (Acellular) अति सूक्ष्म कण हैं। विषाणु को केवल इलेक्ट्रॉन सूक्ष्मदर्शी द्वारा ही देखा जा सकता है। ये जीवाणुओं से भी छोटे होते हैं।
2. विषाणु पूर्ण परजीवी (Obligate parasite) होते हैं तथा अन्तराकोशिकीय परजीवी (Intracellular parasite) के रूप में पाए जाते हैं।
3. विषाणु रासायनिक रूप से न्यूक्लिक अम्ल (Nucleic acid) एवं प्रोटीन्स (Protein) के बने होते हैं। न्यूक्लिक अम्ल DNA अथवा RNA होता है।
4. विषाणु केवल विशेष सजीव पोषक कोशिकाओं के भीतर ही क्रियाशील होते हैं। ये पोषक कोशिकाओं से बाहर निकलने पर निर्जीव रचनाओं के समान प्रतीत होते हैं।
5. ये केवल सजीव कोशिकाओं में ही गुणन तथा उत्परिवर्तन करने में सक्षम होते हैं।
6. विषाणुओं प्रकृति में न्यूक्लियो-प्रोटीन के होते हैं। इनमें आनुवंशिक पदार्थ DNA अथवा RNA पाया जाता है।
7. इनमें जैविक क्रियाएँ (Metabolic activities); जैसे—श्वसन (Respiration), वृद्धि (Growth) तथा प्रकाश-संश्लेषण (Photosynthesis), आदि नहीं पाई जाती हैं।
8. ये संवर्धन (Culture) द्वारा कृत्रिम माध्यम (Artificial medium) में नहीं उगाए जा सकते हैं।
9. ये आसानी से एक परपोषी से अन्य परपोषी पर स्थानान्तरित हो सकते हैं।
10. ये 90°C से अधिक तापक्रम पर सक्रिय नहीं रहते हैं या इस तापक्रम पर इन्हें निष्क्रिय किया जा सकता है। इस ताप को TDP (Thermal Death Point) कहा जाता है।
11. विषाणु अपने पर्यावरण के प्रति संवेदनशील होते हैं, किन्तु इन पर एण्टीबायोटिक (Antibiotics) का प्रभाव नहीं पड़ता है।
12. ये ताप, प्रकाश, रसायन के प्रति संवेदी होते हैं लेकिन अम्ल, क्षार व लवण के प्रतिरोधी (Resistant) होते हैं।
13. ये X-किरणों तथा पारे के लैम्प की रोशनी में एक घण्टा रखने पर निष्क्रिय (Inactive) हो जाते हैं।

DNA युक्त विषाणु

क्र.सं.	विषाणु का नाम	सूत्रों की संख्या
1.	कोलीफेज $\phi \times 174$	एक-कुण्डलितत DNA
2.	कोलीफेज S_{13}	एक-कुण्डलितत DNA
3.	कोलीफेज T_2	द्विकुण्डलितत DNA
4.	कोलीफेज T_3	द्विकुण्डलितत DNA
5.	कोलीफेज T_4	द्विकुण्डलितत DNA
6.	कोलीफेज T_6	द्विकुण्डलितत DNA
7.	कोलीफेज T_7	द्विकुण्डलितत DNA
8.	हर्पीस विषाणु	द्विकुण्डलितत DNA
9.	पॉक्स विषाणु	द्विकुण्डलितत DNA
10.	सायनोफेज	द्विकुण्डलितत DNA
11.	एडिनो विषाणु	द्विकुण्डलितत DNA

RNA युक्त विषाणु

क्र.सं.	विषाणु का नाम	सूत्रों की संख्या
1.	तम्बाकू-मोजेक विषाणु	एक-कुण्डलितत RNA
2.	इन्फ्लूएन्जा विषाणु	एक-कुण्डलित RNA
3.	पोलियो विषाणु	एक-कुगडलित RNA
4.	ल्यूकेमिया विषाणु	एक-कुगडलित RNA
5.	ट्यूमर विषाणु	द्विकुण्डलित RNA
6.	रियोवायरस	द्विकुण्डलित RNA
7.	राइस ड्वार्फ विषाणु	द्विकुण्डलित RNA

विषाणुओं का पारगमन

विषाणुओं का पारगमन निम्नलिखित के द्वारा होता है

1. **वायु द्वारा**; जैसे—जुकाम, खसरा, चेचक, आदि रोगों के विषाणु वायु के साथ श्वसन मार्ग से मनुष्य के शरीर में प्रवेश करते हैं।
2. **संक्रमित भोजन तथा पेयजल द्वारा**; उदाहरण— हिपेटाइटिस, पोलियो, आदि।
3. **मूत्र-जनन मार्ग द्वारा**; उदाहरण—AIDS या HIV वाइरस।
4. **संक्रमित जानवरों के काटने**; उदाहरण— रेबीज का वाइरस।

तम्बाकू मोजैक विषाणु

इस विषाणु को **इवानोवस्की** (Ivanowski; 1892) ने खोजा तथा **स्टैनले** (Stanley; 1935) ने इसको क्रिस्टल अवस्था (Crystal form) में प्राप्त किया।

संरचना

तम्बाकू मोजैक विषाणु कण सीधे, दृढ़ नलिकाकार, छड़नुमा होते हैं। ये कुण्डलीनुमा सममितयुक्त, खोखली छड़ें 15 nm व्यास की तथा 300 nm लम्बी होती हैं। खोखली क्रोड, छड़ के दोनों सिरों तक 4 nm चौड़ी होती हैं, जिसके चारों ओर 14 nm मोटी भित्ति होती है।

इस प्रकार अनुप्रस्थ काट में विषाणु कण के दो भाग होते हैं

(a) बाह्य प्रोटीन का सुरक्षात्मक आवरण (Protein coat), जिसे **पेटिका** (Capsid) कहते हैं।

(b) आन्तरिक संक्रमणकारी भाग, आनुवंशिक पदार्थ या न्यूक्लिक अम्ल होता है, जोकि एकल तन्तुकी RNA (*ss*RNA) कुण्डलीनुमा एवं पूरी छड़ की लम्बाई में उपस्थित होता है।

पेटिका 2130 सूक्ष्म, एकसमान प्रोटीन उप-इकाइयों अर्थात् कैप्सोमियर्स द्वारा बनी होती हैं। ये उप-इकाइयाँ RNA कुण्डलिनी (RNA helix) के चारों ओर एक नियमित क्रम में पास-पास सटी होती हैं। इनमें प्रत्येक उप-इकाई का अणुभार 17300 होता है तथा यह 158 अमीनो अम्ल की शृंखला होती है।

TMV का संघटन

विषाणु का 95% भाग प्रोटीन से बना होता है तथा शेष 5% RNA होता है। इसका RNA लगभग 65000 न्यूक्लियोटाइडों का एक तन्तु है, जिसका अणुभार 2.4 लाख होता है। विषाणु की प्रोटीन अन्य पादप प्रोटीन के समान ही होती है तथा सामान्य प्रकार से अमीनो अम्लों के पेप्टाइड बन्ध से बनती है। विषाणु प्रोटीन का अणुभार साधारण प्रोटीन से अधिक होता है। TMV प्रोटीन का अणुभार लगभग 40 मिलियन होता है।

प्रत्येक कैप्सोमियर्स का अणुभार 17300 होता है तथा ये 158 अमीनो अम्ल के संघनित्रिकरण (Condensation) से बनती हैं। तम्बाकू की सूखी पत्तियों में यह विषाणु लगभग 50 वर्ष तक अक्रियाशील पड़ा रह सकता है। ये उबलते पानी को 10 मिनट तक सहन कर सकते हैं।

कुछ प्रमुख पादप रोग जो विषाणुओं से उत्पन्न होते हैं; जैसे—TMV, चन्दन कील रोग, गन्ने का मोजैक, केले का गुच्छित रोग, भिण्डी का पीली शिरा मोजैक, पपीते का कुंचित पर्ण रोग, आलू का मिल्ड मोजैक, आलू का रुगोस मोजैक, बैंगन की छोटी पत्ती, नींबू का ट्रिस्टेजा, आदि।

एड्स विषाणु

एड्स (Acquired Immuno Deficiency Syndrome) एक संक्रामक विषाणु जनित रोग है। एड्स के विषाणु को विभिन्न नामों से जाना जाता है; जैसे—HTLV-III (Human T-cell Lymphotrophic Virus-III) या LAV (Lymphodenopathy Associated Virus) या HIV (Human Immuno-deficiency Virus) या ARV (AIDS Related Retrovirus)। एड्स विषाणु में एक कुण्डलित RNA होता है, जो प्रोटीन के आवरण से घिरा होता है तथा यह एक रिट्रोवाइरस (Retrovirus) है। इसके द्वारा मानव में रोगों की प्रतिरोधकता की शक्ति (Immunity) समाप्त हो जाती है।

जीवाणुभोजी विषाणु

इनकी खोज **एफ. डब्ल्यू. टॉर्ट** (FW Twort) ने सन् 1915 में की। **एफ. डी. हैरल** (F de Herelle) ने इनको बैक्टीरियोफेज नाम दिया तथा इनकी विस्तृत संरचना का वर्णन किया। यह विषाणु सदैव जीवाणुओं पर संक्रमण करते हैं, इसलिए इन्हें जीवाणुओं का भक्षक (Eaters of bacteria) कहते हैं। इनका आकार भेक शिशु (Tadepole) के समान होता है तथा इनके अन्दर द्विकुण्डलित DNA पाया जाता है, जो एक प्रोटीन आवरण से ढका रहता है। इनकी पूँछ लगभग 1000 × 250Å लम्बी होती है। इसके मध्य में खोखला कोर होता है, पूँछ के चारों ओर संकुचनशील प्रोटीन पुच्छ आवरण (Tail sheath) होता है। पूँछ के अन्त में आधारीय प्लेट कोणीय रूप में पाई जाती है।

इस आधारीय प्लेट से छः पुच्छ तन्तुक (Tail fibres) निकलते हैं। ये तन्तुक जीवाणु की सतह पर चिपकने में सहायता करते हैं। पूँछ आवरण के अन्तिम सिरे से स्रावित एन्जाइम (Enzyme) जीवाणु भित्ति में छिद्र उत्पन्न कर देते हैं, जिसमें से फेज (Phage) का DNA जीवाणु कोशिका में प्रवेश कर जाता है। *ई. कोलाई* जीवाणु पर पाए जाने वाले जीवाणुभोजी **कोलीफेज** (Coliphage) कहलाते हैं। इसके विभिन्न विभेद खोजे जा चुके हैं जिनको T_1, T_2, T_3, T_4, T_6 तथा T_7 कहा जाता है।

वाइरॉइड्स

इनकी खोज **टी. ओ. डाइनर** (TO Diener; 1971) ने की। वाइरॉइड्स केवल एक कुण्डलित RNA के बने होते हैं। इनमें प्रोटीन का आवरण नहीं पाया जाता है। वाइरॉइड्स सबसे सूक्ष्म रोगजनक (Smallest infectious particles) होते हैं।

डाइनर तथा **रेमर** (Diener and Raymer) ने सर्वप्रथम बताया कि पोटैटो-स्पिन्डल ट्यूबर रोग (Potato-spindle tuber disease) स्वतन्त्र RNA से उत्पन्न होता है तथा इन कणों को इन्होंने **वाइरॉयड्स** (Viroids) कहा।

प्रियोन्स

प्रियोन्स प्रोटीन के बने कण होते हैं, जो रोग उत्पन्न करते हैं। प्रियोन का नाम **प्रूसीनर** (Prusiner) ने दिया। ये भेड़ में स्क्रेपी रोग (Scrapie disease in sheep) का कारण है। प्रियोन्स से केन्द्रीय तन्त्रिका तन्त्र (Central nervous system) का कुरू (Kuru) रोग भी होता है।

- **प्रूसीनर** (Prusiner) को सन् 1997 में नोबल पुरस्कार प्रदान किया गया है।
- जीवाणुभोजी विषाणु (Bacteriophage virus) आनुवंशिकी के अध्ययन में प्रयोग किए जाते हैं।
- नील-हरित शैवालभोजी विषाणु (Cyanophages); जैसे—LPP-1 को जल-प्रस्फुटन (Water bloom) के नियन्त्रण हेतु प्रयोग किया जाता है।
- जीवाणुभोजी विषाणु गंगा के जल को शुद्ध करते हैं। विषाणुओं से प्रतिरोधक (Vaccines) बनाए जाते हैं।

विषाणुओं का आर्थिक महत्त्व

विषाणुओ का आर्थिक महत्त्व निम्न प्रकार है

लाभदायक क्रियाएँ

1. विषाणु, टीके (Vaccines) के स्रोत होते हैं, जिसे संक्रमण को रोका जा सकता है।
2. चिकित्सीय अनुसन्धानों (Medical researches) में विषाणुओं का उपयोग वैक्टर (Vectors) के रूप में होता है।
3. अतिसार या पेचिश, आँत्र शोथ (Coitis) उत्पन्न करने वाले जीवाणु (*E. coli*) को नष्ट करके रोग निवारक के लिए फेज T_2 विषाणु का उपयोग किया जा सकता है।

हानिकारक क्रियाएँ

विषाणु मानव एवं पादपों में रोग उत्पन्न करके हानि पहुँचाते हैं। निम्न दो तालिकाएँ मानव एवं पादप में विषाणुजनित रोग दर्शाती है

मनुष्य में विषाणुजनित रोग

क्र.सं.	रोग	विषाणु
1.	चेचक	*वेरिओला* विषाणु
2.	कैटेरल पीलिया	*ट्रैकोना* विषाणु
3.	डेंगू ज्वर	डेंगू ज्वर विषाणु
4.	कन्जक्टीवाइटिस की अतिवृद्धि	हिपेटाइटिस विषाणु
5.	केन्द्रीय तन्त्रिका तन्त्र का एक संक्रामक रोग जिसमें मस्तिष्क का केवल धूसर पदार्थ ही ग्रसित होता है	एनसिफेलाइटिस विषाणु
6.	सामान्य सर्दी	कोरिजा विषाणु
7.	खसरा	मम्प्स विषाणु
8.	हाइड्रोफोबिया	रेबीज विषाणु
9.	इन्फ्लुएन्जा	इन्फ्लूएन्जा विषाणु
10.	हर्पिस	हर्पिस विषाणु
11.	पोलियो	पोलियोमाइलिटिस विषाणु
12.	एड्स रोग	एड्स विषाणु (HIV)

पादपों में विषाणुजनित रोग

क्र.सं.	रोग का नाम	पादप का नाम
1.	तम्बाकू मोजैक रोग (Tobacco mosaic disease)	तम्बाकू
2.	पपीते में पत्तियों का ऐंठन (Leaf curl in papaya)	पपीता
3.	केले का बन्ची टॉप (Banchy top of banana)	केला
4.	टमाटर में पत्तियों का ऐंठन (Leaf curl in tomato)	टमाटर
5.	आलू मोजैक (Potato mosaic)	आलू
6.	गन्ने का मोजैक (Mosaic of sugarcane)	गन्ना
7.	आलू की पत्तियों का मुड़न (Potato leaf-roll)	आलू
8.	मूँगफली का रोजेट (Rosette of ground nut)	मूँगफली
9.	गन्ने का रतून स्टंट (Ratoon stant of sugarcane)	गन्ना
10.	नींबू का ट्रिस्टेजा (Tristeza of citrus)	नींबू

जीवाणु

पाँच जगत वर्गीकरण के अनुसार, जीवाणुओं को जगत—**मोनेरा** (Monera) में रखा गया है। ये **प्रोकैरियोटिक कोशिका** युक्त जीव हैं। **सी. जी. एरेनबर्ग** (Erenberg, 1829) ने इनको जीवाणु (Bacteria) कहा; **लिनियस** ने इन्हें वर्मीज (Vermes) वंश के अन्तर्गत रखा।

जीवाणु सरलतम संरचना वाले जीव हैं, जो सभी स्थानों; जैसे—जल, स्थल तथा वायु में पाए जाते हैं। जीवाणु मृदा में सर्वाधिक संख्या में पाए जाते हैं तथा आसुत जल में इनका अभाव होता है। **लुईस पाश्चर** ने 'रोगों का रोगाणु सिद्धान्त' (Germ theory of disease) प्रतिपादित किया।

जीवाणुओं में स्पष्ट केन्द्रक एवं झिल्लीयुक्त कोशिकांगों; जैसे—माइटोकॉण्ड्रिया, हरितलवक, गॉल्जीकाय, अन्त:प्रद्रव्यी जालिका, आदि का अभाव होता है। इनमें 70S प्रकार के राइबोसोम पाए जाते हैं तथा इनमें जनन मुख्य रूप से विखण्डन द्वारा होता है।

एण्टॉनी वॉन ल्यूवेनहॉक (Antony von Leeuwenhoek) जिन्हें जीवाण विज्ञान का जनक माना जाता है, ने सर्वप्रथम जीवाणुओं को लार, दाँतों की खुरचन तथा मलिन जल में देखा। सर्वप्रथम सूक्ष्मजीवों (जीवाणुओं) की खोज सन् 1683 में **एण्टॉनी वॉन ल्यूवेनहॉक** ने की।

द सीक्रेट्स ऑफ नेचर डिस्कवर्ड बाई एण्टॉनी वॉन ल्यूवेनहॉक नामक शीर्षक (Title) से लन्दन की रॉयल सोसायटी द्वारा सन् 1695 में प्रकाशित की गई थी। **पाश्चुरीकरण** (Pasteurisation) के सिद्धान्त को **लुईस पाश्चर** (1822-95) ने प्रतिपादित किया।

रॉबर्ट कोच (1843-1910) ने एन्थ्रैक्स नामक रोग के जीवाणु की खोज की तथा 'रोग के रोगाणु सिद्धान्त' (Germ theory of disease) को प्रमाणित किया। उनके इस महत्त्वपूर्ण योगदान 'कोच पोस्चुलेट' (Koch's Postulate) के लिए उन्हें सन् 1905 में नोबेल पुरस्कार मिला।

एहरिच (Ehrich, 1854-1915) के महत्त्वपूर्ण योगदान के लिए उन्हें रसायन-चिकित्सा का जनक (Father of Chemotherapy) कहा जाता है। जीवाणु भिन्न-भिन्न रूपों में मिलते हैं; जैसे—गोल (कोकाई), छड़ाकर (बैसीलाई), चक्राकार (स्पाइरिला), आदि।

यूकैरियोटिक कोशिकाओं की भाँति इनके कशाभिकों में (9 + 2) का व्यवस्था क्रम नहीं होता है। **ग्राम** (Gram) नामक वैज्ञानिक ने जीवाणुओं को रंजित करने की एक विधि का उल्लेख किया, जिसके आधार पर उसने **ग्राम पॉजिटिव** व **ग्राम नेगेटिव** जीवाणु वर्गीकृत किए।

कुछ जीवाणुओं में गुणसूत्रीय DNA भी कोशिकाद्रव्य में मिलता है, जिसे **प्लाज्मिड** कहते हैं। ये जनन, प्रतिरोधकता, आदि में सहायक होते हैं। स्वपोषी जीवाणुओं में इलेक्ट्रॉनदाता जल के अणु न होकर कोई अन्य अकार्बनिक यौगिक; जैसे— H_2S होते हैं।

जीवाणुओं के लक्षण

जीवाणुओं के मुख्य लक्षण निम्नलिखित हैं

1. जीवाणु सरल, एककोशिकीय और सूक्ष्म संरचना होती हैं, जिनमें असत्य केन्द्रक (Primitive nucleus) पाया जाता है।
2. ये पर्णहरिम रहित (Achlorophyllous) होते हैं।
3. अधिकांशतया जीवाणु मृतोपजीवी होते हैं (Saprophyte) कुछ परजीवी (Parasitic) और बहुत कम स्वपोषी (Autotrophic) होते हैं।
4. जीवाणुओं में विशिष्ट विधि (Characteristic method) द्वारा द्विविभाजन (Binary fission) होता है। कुछ जीवाणुओं में बीजाणु (Spores) भी बनते हैं।
5. अधिकांश जीवाणुओं का परिमाप (Size) 0.2 से 5.0μ तक होता है। सबसे बड़े जीवाणु 60μ तक लम्बे और 25μ तक चौड़े होते हैं। सबसे छोटे जीवाणु लगभग 0.1μ व्यास के होते हैं।

जीवाणुओं में पोषण

जीवाणुओं में पोषण दो प्रकार के होते हैं

1. स्वपोषी पोषण

वे जीवाणु, जो अपना भोजन कार्बन डाइऑक्साइड (CO_2) एवं अकार्बनिक पदार्थों की सहायता से स्वयं बनाते हैं, स्वपोषी कहलाते हैं।

ये दो प्रकार के होते हैं

(i) **प्रकाश-संश्लेषी या प्रकाश-स्वपोषी जीवाणु** (Photosynthetic or Photoautotrophic Bacteria) कुछ जीवाणुओं में पर्णहरिम (Chlorophyll) के समान वर्णक (Pigment) उपस्थित होते हैं। बैंगनी तथा लाल जीवाणु स्वयं में उपस्थित **बैक्टीरियोपरप्यूरिन** (Bacteriopurpurin) और **जीवाणु पर्णहरिम** (Bacteriochlorophyll) से प्रकाश-संश्लेषण की क्रिया करते हैं

(ii) **रसायन-स्वपोषित या रसायन-संश्लेषी जीवाणु** (Chemoautotrophic or Chemosynthetic Bacteria) इस प्रकार के जीवाणु प्रकाश की अनुपस्थिति कुछ अकार्बनिक पदार्थों का ऑक्सीकरण कर उसके फलस्वरूप निष्कासित ऊर्जा का प्रयोग भोजन निर्माण में करते हैं।

2. परपोषी या विषमपोषित पोषण

अधिकांश जीवाणुओं में पर्णहरिम (Chlorophyll) अनुपस्थित होता है। अत: वे अपना भोजन स्वयं न बनाकर दूसरों पर पोषण हेतु आश्रित रहते हैं। ये प्रकृति में बहुतायत में पाए जाते हैं। इन परपोषी जीवाणुओं में से अनेक का मनुष्य के जीवन सम्बन्धी गतिविधियों पर महत्त्वपूर्ण प्रभाव पड़ता है। ये दूध से दही बनाने में, प्रतिजैविकों (Antibiotics) के निर्माण, आदि में सहायक होते हैं।

जीवाणु रूप

जीवाणुओं के विभिन्न रूप निम्नलिखित हैं

1. **दण्डाणु या बैसिलस रूप** ये जीवाणु एक डण्डे के आकार/रूप के होते हैं। ये तीन प्रकार के होते हैं
   (i) मोनोबैसिलस (ii) डिप्लोबैसिलस
   (iii) स्ट्रेप्टोबैसिलस
   अधिकांश जीवाणु दण्डाणु या बैसिलस प्रकार के होते हैं।
2. **कोमा रूप** ये कोमा जैसे होते हैं; जैसे—*विब्रियो (Vibrio)*, हैजा का जीवाणु।
3. **सर्पिलाकृतिक** (Spiral) ये सर्पिल आकृति जैसे होते हैं; जैसे—स्पाइरिलम रूप में।
4. **गोलाकार या कोकाई** (Cocci) इस प्रकार के जीवाणु गोलाकार या अण्डाकार जीवाणु होते हैं। ये जीवाणु निम्न प्रकार के हैं
   (i) **माइक्रोकोकाई** उदाहरण—*माइक्रोकोकस* (ये जीवाणु अलग-अलग रहते हैं)।
   (ii) **डिप्लोकोकाई** उदाहरण—*डिप्लोकोकस न्यूमोनी*, (ये जोडों में रहते हैं)।
   (iii) **स्ट्रेप्टोकोकाई** उदाहरण—*स्ट्रेप्टोकोकस लैक्टिस* (ये जंजीर के रूप में होते हैं)।
   (iv) **चतुष्क** उदाहरण—*नैसीरिया* (ये जीवाणु एक चौरस पैकेट में रहते हैं)।

कशाभ के आधार पर जीवाणुओं का वर्गीकरण

कशाभ के आधार पर जीवाणुओं को निम्न प्रकार से वर्गीकृत किया जा सकता है

(i) **एककशाभी** (Monotrichous) इन जीवाणुओं की कोशिका के केवल एक सिरे पर एक कशाभ (Flagellum) लगा होता है।
उदाहरण—*विब्रियो कोलेरी (Vibrio cholerae)*।

(ii) **गुच्छकशाभी** (Lophotrichous) इनकी कोशिका में केवल एक सिरे पर अनेक कशाभों का गुच्छा लगा होता है।
उदाहरण—*स्पाइरिलम वाल्युटेन्स (Spirillum volutans)*।

(iii) **उभयकशाभी** (Amphitrichous) इनकी कोशिका के दोनों सिरों पर कशाभों का एक-एक गुच्छा लगा होता है।
उदाहरण—*नाइट्रोसोमोनास (Nitrosomonas)*।

(iv) **परिरोमी** (Peritrichous) सम्पूर्ण शरीर की परिधि पर कशाभ होते हैं।
उदाहरण—*एश्चिरिचिया* तथा *क्लॉस्ट्रीडियम*।

(v) **सिफैलोट्राइकस** (Cephalotrichous) कोशिका के दोनों तरफ एक-एक कशाभ पाया जाता है। उदाहरण—*प्रोटियस वुल्गेरिस (Proteus vulgaris)*

(vi) **अकशाभी** (Atrichous) कशाभ अनुपस्थित होते हैं।
उदाहरण—*डिफ्थीरिया बैसीलाई (Diphtheria bacilli)*

जीवाणु की कोशिका भित्ति

पॉलीसैकैराइड (Polysaccharides), लिपिड (Lipid), म्युकोपेप्टाइड (Mucopeptide) तथा वसा (Fats) की बनी होती है। **जीवाणु में पारक्रमण** (Transduction) क्रिया का अध्ययन सर्वप्रथम सन् 1952 में **जिण्डर एवं लीडरबर्ग** द्वारा *सालमोनेला टाइफीम्यूरियम* नामक जीवाणु में किया गया। सर्वप्रथम सन् 1878 में **टी. जे. बुरिल** (TJ Burrill) नामक वैज्ञानिक ने जीवाणुओं द्वारा पादप रोगों की सूचना दी। जीवाणु कोशिका प्रोकैरियोटिक प्रकार की कोशिका है, इसमें माइटोकॉण्ड्रिया, गॉल्जी उपकरण, सत्य केन्द्रक एवं इकाई कला से घिरे कोशिकांग अनुपस्थित होते हैं तथा इसके केन्द्रक में केन्द्रक कला, संगठित गुणसूत्रों का अभाव होता है। न्यूक्लिक अम्ल रचना का निर्माण केवल DNA के द्वारा होता है।

जीव-वैज्ञानिकों के मतानुसार, प्रोकैरियोट्स पृथ्वी की सतह पर अवतरित होने वाले प्रथम जीव माने जाते हैं। जीवाणुओं में संगृहित खाद्य पदार्थ ग्लाइकोजन होता है। जीवाणुओं के कशाभ (Flagellum) केवल दो केन्द्रीय फाइब्रिल के बने होते हैं। इस प्रकार यह अन्य पौधों में पाए जाने वाले 9 + 2 विन्यास से भिन्न हैं।

जीवाणुओं में लगभग गोल (Circular) DNA तन्तु पाया जाता है। इस प्रकार की रचना प्रारम्भिक केन्द्रक (Incipient nucleus) कहलाती है। प्रोकैरियोट्स समुदाय में सरलतम जीव, जीवाणु, नीली-हरी शैवाल, सायनोबैक्टीरिया, स्पाइरोकीट्स, रिकेट्सी और माइकोप्लाज्मा हैं।

निर्जर्मीकरण (Sterilisation) या प्रतिरोधी शल्य-चिकित्सा की खोज **जे. एल. लिस्टर** ने की। बहुरूपी (Polymorphic) जीवाणु वातावरण में परिवर्तन के कारण आकार बदल सकता है। इसे बहुरूपता (Polymorphism) कहते हैं तथा इस जीवाणु को बहुरूपी जीवाणु कहते हैं; जैसे—*एसीटोबैक्टर*।

जीवाणुओं में लैंगिक जनन की रूपान्तरण (Transformation) विधि की क्रिया की खोज सर्वप्रथम **ग्रिफिथ** ने *न्यूमोकोकस* में सन् 1928 में की। इसके पश्चात् सन् 1944 में **ऐवरी, मैक्लिओड** तथा **मैक्कार्टी** ने इसकी पुन: खोज की।

जीवाणु संरचना

इलेक्ट्रॉन सूक्ष्मदर्शी फेज कॉन्ट्रास्ट सूक्ष्मदर्शी व अभिरंजन (Stain) करने की नई खोज के साथ ही जीवाणु की आन्तरिक रचना के बारे में हमारी ज्ञान वृद्धि हुई है। जीवाणु **एक कोशिका भित्ति** (Cell wall) से घिरी रहती है, जो पॉलीसैकेराइड, लिपिड व प्रोटीन की बनी होती है, इसमें **म्युकोपेप्टाइड** या **पेप्टीडोग्लाइकन पदार्थ** होता है, जिसमें **ऐसीटिलग्लूकोसेमीन** और **ऐसीटिलम्यूरेमिक अम्ल** के अणु एक-दूसरे के बाद जुड़े रहते हैं।

जीवाणुओं की कोशिका भित्ति के अन्दर जीवद्रव्य होता है, जो बाहर की ओर जीवद्रव्य कला (Protoplasmic membrane) से घिरा रहता है। इनके जीवद्रव्य में **ग्लाइकोजन, वसा** व वॉल्युटिन कण होते हैं। जीवाणुओं में 70S प्रकार के राइबोसोम पाए जाते हैं।

जीवाणुओं में माइटोकॉण्ड्रिया, लवक (Plastids) व अन्त:प्रद्रव्यी जालिका आदि नहीं पाए जाते। कोशिकाद्रव्य में कुछ कलाएँ, जो **मध्यकाय** (Mesosomes) कहलाती है, उपस्थित होती हैं जिनसे जीवाणुओं में **श्वसन** प्रक्रिया होती है। जीवाणुओं में उपस्थित केन्द्रकीय पदार्थ, कोशिकाद्रव्य में स्थित, **केन्द्रकाभ** (Nucleoid) को **आरम्भी केन्द्रक** (Incipient nucleus) कहते हैं।

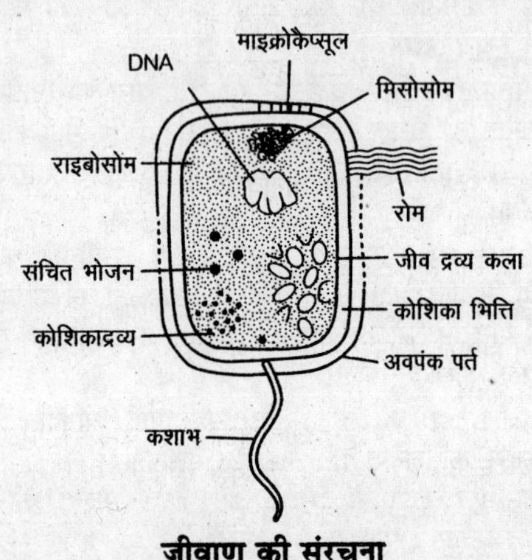

जीवाणु की संरचना

जीवाणुओं में जनन

जीवाणुओं में जनन मुख्य रूप से वर्धी (Vegetative) तथा अलैंगिक (Asexual) विधियों द्वारा सम्पन्न होता है। जीवाणुओं में सत्य लैंगिक जनन (Sexual reproduction) अनुपस्थित होता है, परन्तु वर्तमान काल में इलेक्ट्रॉन सूक्ष्मदर्शी की सहायता से हुए अध्ययन से यह स्पष्ट हो चुका है, कि जीवाणुओं की कुछ जातियों में **आनुवंशिक पुनर्योजन** (Genetic recombination) अर्थात् **आनुवंशिक पदार्थ का विनिमय** (Exchange of genetic material) होता है।

1. कायिक (वर्धी) जनन

जीवाणुओं में इस प्रकार का जनन विखण्डन (Binary fission) तथा मुकुलन (Budding) द्वारा होता है।

(i) **विखण्डन द्वारा** (By Binary Fission) यह समस्त जीवाणुओं में जनन की मुख्य एवं सामान्य विधि है। अनुकूल परिस्थितियों में जीवाणु कोशिका अपने आकार को बढ़ाती है। जीवद्रव्य मध्य में संकीर्णन तथा अनुप्रस्थ भित्ति बन जाने के कारण दो भागों में विभक्त हो जाता है, ये दो भाग पृथक् होकर दो कोशिकाओं का निर्माण कर लेते हैं। पुनः ये कोशिकाएँ आकार में बढ़कर जनन प्रारम्भ कर देती है; उदाहरण—*ई. कोलाई (E. coli)*।

(ii) **मुकुलन द्वारा** (By Budding) इसमें जीवाणु कोशिका में एक कलिका समान संरचना निकलती है, जो कोशिकाद्रव्य तथा केन्द्रकीय पदार्थ युक्त होती है।
पूर्ण विकसित हो जाने पर ये **कलिका** (Bud) जनक शरीर से पृथक् हो नई कोशिका की भाँति कार्य करने लगती है;
उदाहरण—*बिगिडि बैक्टीरियम बिफाइड्स (Bigidi bacterium bifidus)*, *हाइफोमाइक्रोबियम (Hyphomicrobium)*।

2. अलैंगिक जनन

जीवाणुओं में अलैंगिक जनन निम्नलिखित विधियों द्वारा सम्पन्न होता है

(i) **अन्तःबीजाणुओं द्वारा** (By Endospores) *बैसिलस (Bacillus)* तथा *क्लॉस्ट्रिडियम (Clostridium)* प्रकार के जीवाणुओं की प्रत्येक कोशिका में केवल एक अन्तःबीजाणु ही उत्पन्न होता है। ये बीजाणु, जीवाणुओं के मध्य भाग में अथवा एक किनारे के पास उपस्थित रहता है।
प्रतिकूल परिस्थितियों में जीवाणु कोशिका का जीवद्रव्य संकुचित होकर गोलाकार हो जाता है, जिसके चारों ओर एक कड़ी **प्रतिरोधक भित्ति** (Resistant membrane) निर्मित हो जाती है। अन्तःबीजाणु निर्माण की प्रारम्भिक अवस्था में DNA द्विगुणन द्वारा एक लम्बे अक्षीय केन्द्रिकाभ (Axial nucleoid) का निर्माण होता है।

(ii) **कर्णा द्वारा** (By Conidia) कुछ तन्तुमय जीवाणुओं के तन्तुओं में अनुप्रस्थ भित्तियाँ बनने से शृंखला में कर्णा (Conidia) बनते हैं, जिस तन्तु पर कर्णा बनते हैं वह **कर्णाधार** (Conidiophore) कहलाता है। कर्णा मुक्त होकर अनुकूल वातावरण में अंकुरित होते हैं तथा नए जीवाणु बनाते हैं; उदाहरण—*स्ट्रेप्टोमाइसीज (Streptomyces)*, *माइक्रोमोनोस्पर्मा (Micromonosperma)*।

(iii) **चलबीजाणु द्वारा** (By Zoospore) कुछ जीवाणुओं में चलबीजाणुओं का निर्माण होता है, जिनसे नए जीवाणु बनते हैं; उदाहरण—*राइजोबियम (Rhizobium)*।

(iv) **पुटी द्वारा** (By Cyst) कुछ जीवाणुओं में कोशिका के चारों तरफ एक मोटी भित्ति निर्मित हो जाती है, जिससे कोशिका एक पुटी के रूप में बदल जाती है। अनुकूल वातावरण में पुटी अंकुरित होकर नए जीवाणु को उत्पन्न करती है; उदाहरण—*एजोटोबैक्टर (Azotobacter)*।

3. लैंगिक जनन

इनमें लैंगिक जनन निम्न विधियों द्वारा हो सकता है

(i) **रूपान्तरण** (Transformation) इसमें एक प्रकार के जीवाणु का DNA दूसरे प्रकार के जीवाणु में प्रवेश कर जाता है। इसकी खोज **ग्रिफिथ** (Griffith) ने सन् 1928 में की थी।

(ii) **पारक्रमण** (Transduction) इसकी खोज **एन. डी. जिण्डर** व **लैडबर्ग** ने की। यह जीवाणुभोजी विषाणुओं की सहायता से होता है।

(iii) **संयुग्मन** (Conjugation) इसमें दो भिन्न जीवाणु परस्पर सम्पर्क में आते हैं। यह **लैडरबर्ग** व **टॉटम** द्वारा खोजा गया।

जीवाणुओं का आर्थिक महत्त्व

सूक्ष्मजीवों का आर्थिक महत्त्व निम्न प्रकार है

लाभदायक क्रियाएँ

- *एजोटोबैक्टर (Azotobacter)*, *क्लॉस्ट्रीडियम (Clostridium)* तथा *राइजोबियम लैग्यूमिनोसेरम (Rhizobium leguminoserum)* वायुमण्डल की नाइट्रोजन का स्थिरीकरण करके भूमि की उर्वरता को बढ़ाते हैं।
- *नाइट्रोसोमोनास (Nitrosomonas)* अमोनिया को नाइट्राइट में तथा *नाइट्रोबैक्टर (Nitrobacter)* नाइट्राइट को नाइट्रेट में परिवर्तित करते हैं।
- अमोनीकारी जीवाणु *बैसीलस रेमोसस (Bacillus ramosus)* व *बैसिलस वुल्गेरिस (Bacillus vulgaris)* प्रोटीन को सरल अणुओं जैसे—अमोनिया में बदल देते हैं।
- *लैक्टोबैसीलस* जीवाणु दूध को दही में परिवर्तित कर देते हैं।
- *एसीटोबैक्टर एसिटी (Acetobacter aceti)* शर्करा विलयन से सिरका बनाने में प्रयुक्त होते हैं।
- कुछ जीवाणु; जैसे—*बैसीलस मेगाथीरियम (Bacillus megatherium)* व *माइक्रोकोकस कैण्डिडेन्स (Micrococcus candidans)* तम्बाकू की पत्तियों में स्वाद व सुगन्ध प्रदान करते हैं।
- *माइक्रोकोकस कैण्डिडेन्स (Micrococcus candidans)* चाय की पत्तियों में सुगन्ध व स्वाद देने में प्रयोग होते हैं।
- मानव व अन्य कशेरुकी प्राणियों की आँत में *एश्चिरिचिया कोलाई (Escherichia coli)* नामक जीवाणु पाया जाता है, जो पाचन क्रिया में सहायता करता है।
- कुछ प्रतिजैविक औषधियाँ जीवाणुओं से बनाई जाती हैं, जो अन्य सूक्ष्म जीवाणुओं के लिए हानिकारक होती हैं; जैसे—**स्ट्रेप्टोमाइसिन** (Streptomysin) **इरिथ्रोमाइसिन** (Erythromycin) आदि।

हानिकारक क्रियाएँ

- कुछ जीवाणु विषैले पदार्थों का स्रावण कर खाद्य विषाक्तता (Food poisoning) उत्पन्न करते हैं; जैसे—*सालमोनेला (Salmonella)* व *क्लॉस्ट्रीडियम (Clostridium)* जो मनुष्य में सालमोनेलेसिस (Salmonellasis) व बॉट्यूलिज्म (Botulism) रोग उत्पन्न करते हैं।
- जीवाणु मनुष्य में अनेक भयानक रोग; जैसे—तपेदिक, निमोनिया, टाइफॉइड, हैजा व पेचिश रोग उत्पन्न करते हैं।
- *स्पाइरोकीट साइटोफेज (Spirochaete cytophage)* कपास के रेशों को नष्ट करता है।
- कुछ जीवाणु; जैसे—*थायोबैसीलस डीनाइट्रीफिकेन्स (Thiobacillus denitrificans)* और *माइक्रोकोकस डीनाइट्रीफिकेन्स*

(Micrococcus denitrificans) विनाइट्रीकरण द्वारा नाइट्रोजन यौगिकों को स्वतन्त्र नाइट्रोजन व अमोनिया में बदल देते हैं। इससे भूमि की उर्वरकता कम हो जाती है।

पादपों में जीवाणुजनित रोग

क्र.सं.	रोग	जीवाणु
1.	आलू की गलन (Potato wilt)	*स्यूडोमोनास सोलेनेसिएरम* (Pseudomonas solanacearum)
2.	सेम की अंगमारी (Bean blight)	*जैन्थोमोनास फेसियोली इण्डिकस* (Xanthomonas phaseoli indicus)
3.	धान की अंगमारी (Blight of Paddy)	*जैन्थोमोनास ओराइजी* (Xanthomonas oryzae)
4.	सेब की अंगमारी (Fire blight of apple)	*इर्वीनिया एमाइलोवोरा* (Erwinia amylovora)
5.	गन्ने में लाल धारी (Red stripe of sugarcane)	*स्यूडोमोनास रुब्रीलिनीयन्स* (Pseudomonas rubrilineans)
6.	मिर्च की पर्ण चित्ती (Leaf spot of chillies)	*जैन्थोमोनास वेसिकाटोरिया* (Xanthomonas vesicatoria)
7.	नींबू का कैंकर (Citrus canker)	*जैन्थोमोनास सिट्री* (Xanthomonas citri)
8.	कपास की कोणीय पर्ण चित्ती (Angular leaf spot of cotton)	*जैन्थोमोनास माल्वेसिएरम* (Xanthomonas malvacearum)

मनुष्य में जीवाणुजनित रोग

क्र.सं.	रोग	जीवाणु
1.	तपेदिक (Tuberculosis)	*माइकोबैक्टीरियम ट्यूबरकुलोसिस* (Mycobacterium tuberculosis)
2.	कुष्ठ रोग (Leprosy)	*माइकोबैक्टीरियम लेप्री* (Mycobacterium leprae)
3.	हैजा (Cholera)	*विब्रियो कोलेरी* (Vibrio cholerae)
4.	टिटनेस (Tetanus)	*क्लॉस्ट्रीडियम टिटेनी* (Clostridium tetani)
5.	काली खाँसी (Whooping cough)	*बोर्डेटेला परट्यूसिस* (Bordetella pertussis)
6.	गोनोरिया (Gonorrhoea)	*निशेरिया गोनोरही* (Neisseria gonorrhoeae)
7.	अतिसार (Diarrhoea)	*बैसिलस कोलाई* (Bacillus coli)
8.	मेनिनजाइटिस (Meningitis)	*निशेरिया मेनिनजाइटिएडिस* (Neisseria meningitiadis)
9.	सिफलिस (Syphilis)	*ट्रिपोनिमा पैलिडम* (Treponema pallidum)
10.	टायफॉइड (Typhoid)	*सालमोनेला टाइफी* (Salmonella typhie)
11.	प्लेग (Plague)	*पाश्चुरिला पेस्टीस* (Pasteurella Pestis)
12.	ज्वरान्त्रशोथ (Gasteroenteritis)	*एश्चिरिचिया कोलाई* (Escherichia coli)
13.	डिफ्थीरिया (Diphtheria)	*कोर्निबैक्टीरियम डिफ्थीरी* (Corynebacterium diphtheriae)
14.	न्यूमोनिया (Pneumonia)	*स्ट्रेप्टोकोकस न्यूमोनी* (Streptococcus pneumoniae)

वस्तुनिष्ठ प्रश्न

1. निम्न में से कौन केन्द्रीय तन्त्रिका तन्त्र का भाग है?
(a) मस्तिष्क (b) मेरुदण्ड
(c) (a) और (b) दोनों (d) संवेदांग

2. स्पाइनल तन्त्रिकाएँ होती हैं
(a) चालक
(b) संवेदी
(c) मिश्रित
(d) उपरोक्त में से कोई नहीं

3. प्रतिबन्धित प्रतिवर्ती क्रियाओं (Conditional reflex action) का अध्ययन किया था
(a) पावलोव ने
(b) मेण्डल ने
(c) विलयम हार्वे ने
(d) ह्यूगो डी व्रीज ने

4. पावलोव ने अपने प्रयोग किए थे
(a) भेड़ पर (b) कुत्ते पर
(c) गाय पर (d) बिल्ली पर

5. अग्र मस्तिष्क से सम्बन्धित नहीं है
(a) घ्राण भाग (b) प्रमस्तिष्क
(c) डाइएनसिफैलॉन (d) अनुमस्तिष्क

6. गन्ध ज्ञान का केन्द्र स्थित है
(a) घ्राण पिण्ड में (b) प्रमस्तिष्क में
(c) अनुमस्तिष्क में (d) पॉन्स में

7. प्रमस्तिष्क है
(a) ज्ञान स्मृति का केन्द्र
(b) वाणी तथा चिन्तन का केन्द्र
(c) इच्छा-शक्ति तथा ऐच्छिक गतियों का केन्द्र
(d) उपरोक्त सभी

8. निम्न में से कौन-सी क्रिया का नियन्त्रण केन्द्र हाइपोथैलेमस में स्थित नहीं है?
(a) भूख, प्यास एवं थकावट
(b) नींद एवं ताप नियन्त्रण
(c) प्रेम, घृणा, तृप्ति एवं क्रोध
(d) ज्ञान, स्मृति, वाणी एवं चिन्तन

9. निम्न में से कौन-सी क्रिया अग्र मस्तिष्क के भाग सेरीब्रम द्वारा नियन्त्रित होती है?
(a) बुद्धिमत्ता (b) रोना
(c) मूत्र त्याग (d) ये सभी

10. तन्त्रिका तन्त्र का विकास होता है
(a) एक्टोडर्म से (b) मीजोडर्म से
(c) एण्डोडर्म से (d) इन सभी से

11. शशक में कितनी कपाल तन्त्रिकाएँ होती हैं?
(a) 10 जोड़ी (b) 11 जोड़ी
(c) 20 जोड़ी (d) 12 जोड़ी

12. मनुष्य में कितनी जोड़ी कपाल तन्त्रिकाएँ होती हैं?
(a) 10 (b) 12
(c) 14 (d) 16

13. मनुष्य में कितने जोड़ी स्पाइनल तन्त्रिकाएँ होती हैं?
(a) 30 (b) 31
(c) 37 (d) 40

14. शशक में कितने जोड़ी स्पाइनल तन्त्रिकाएँ होती हैं?
(a) 30 (b) 31
(c) 37 (d) 40

15. एक सामान्य मनुष्य के मस्तिष्क का भार होता है
(a) 1380 ग्राम (b) 1004 ग्राम
(c) 1880 ग्राम (d) 2500 ग्राम

16. तन्त्रिका ऊतक की इकाई है
(a) तन्त्रिका कोशिका (b) तन्त्रिका तन्तु
(c) न्यूरोग्लिया (d) पेशियाँ

17. निम्न में से कौन तन्त्रिका कोशिका का भाग नहीं है?
(a) साइटोन (b) एक्सॉन
(c) डेण्ड्रॉन (d) मेरुदण्ड

18. तन्त्रिका कोशिकाओं में अनुपस्थित होता है
(a) माइटोकॉण्ड्रिया (b) गॉल्जीकाय
(c) सेन्ट्रोसोम (d) केन्द्रक

19. भ्रूणीय परिवर्द्धन के पश्चात् निम्न में से कौन-सी कोशिका कभी विभाजित नहीं होती है?
(a) तन्त्रिका कोशिका (b) पेशी कोशिका
(c) त्वचा की कोशिका (d) यकृत कोशिका

20. निसल कण पाए जाते हैं
(a) उपास्थिमय कोशिकाओं में
(b) तन्त्रिका कोशिकाओं में
(c) पेशी कोशिकाओं में
(d) अस्थि कोशिकाओं में

21. दो तन्त्रिका कोशिकाओं (Neurons) के मिलने के स्थान को कहते हैं
(a) सिनैप्सिस (b) सिनेप्टिकुला
(c) सिनेप्स (d) सिनैप्टिक क्लैफ्ट

22. तन्तुमय आच्छद (Fibrous sheath) जो अस्थि को जोड़ती है
(a) कण्डरा (b) एपोन्यूरोसिस
(c) पेरीओस्टियम (d) स्नायु

23. दृष्टिपिण्ड किसका भाग है?
(a) प्रमस्तिष्क (b) मध्य मस्तिष्क
(c) अग्र मस्तिष्क (d) पश्च मस्तिष्क

24. मनुष्य के मस्तिष्क का बाह्य आवरण होता है
(a) ड्यूरामेटर (b) पायामेटर
(c) एरेक्नॉइड (d) कोरोइड

25. परकिन्सन रोग (Parkinson disease) सम्बन्धित है
(a) केन्द्रीय तन्त्रिका तन्त्र से
(b) अग्न्याशय से
(c) त्वचा से
(d) मुखगुहा से

26. मस्तिष्क में कॉपर्स कैलोसम (Corpus callosum) पाया जाता है
(a) हाथी में (b) कबूतर में
(c) घड़ियाल में (d) मेंढक में

27. तन्त्रिका कोशिका में क्रिया विभव (Action potentinal) उत्पन्न होता है
(a) Ca^{2+} द्वारा (b) K^{+} द्वारा
(c) Mn^{+} द्वारा (d) Na^{+} द्वारा

28. शराब का सेवन करने के पश्चात् किसी व्यक्ति के मस्तिष्क का कौन-सा भाग सबसे पहले प्रभावित होता है?
(a) सेरीब्रम (b) सेरीबेलम
(c) पॉन्स वेरोली (d) मेड्यूला ऑब्लोगेटा

29. तन्त्रिका आवेग के संचरण में
(a) Na^{+} तन्त्रिकाक्ष द्रव्य (Axoplasm) के अन्दर जाता है
(b) Na^{+} तन्त्रिकाक्ष द्रव्य के बाहर जाता है
(c) K^{+} तन्त्रिकाक्ष द्रव्य के अन्दर जाता है
(d) Ca^{2+} तन्त्रिकाक्ष द्रव्य के अन्दर जाता है

30. श्वसन केन्द्र कहाँ उपस्थित होता है?
(a) मेड्यूला ऑब्लोंगेटा में (b) सेरीब्रम में
(c) सेरीबेलम में (d) हाइपोथेलेमस में

31. हमारे कान किस आवृत्ति की ध्वनि को सुन सकते हैं?
(a) 50 से 20000 हर्ट्ज प्रति सेकण्ड
(b) 20000 से 40000 हर्ट्ज प्रति सेकण्ड
(c) 40000 से 100000 हर्ट्ज प्रति सेकण्ड
(d) 100000 से 200000 हर्ट्ज प्रति सेकण्ड

32. कान का पर्दा कहलाता है
(a) टिम्पैनिक झिल्ली (b) टेन्सर टिम्पैनाई
(c) स्केला टिम्पैनाई (d) स्केला वेस्टीब्यूली

33. कॉर्निया प्रत्यारोपण विशेष रूप से सफल रहा, क्योंकि
(a) इसकी तकनीक बहुत सरल है
(b) कॉर्निया का संरक्षण बहुत आसान है
(c) कॉर्निया आसानी से उपलब्ध हो जाता है
(d) कॉर्निया का रुधिर परिवहन तथा प्रतिरक्षा तन्त्र से कोई सम्बन्ध नहीं है

34. निम्न में से किसके नेत्र रात्रि में नहीं चमकते?
(a) बिल्ली (b) शेर
(c) मनुष्य (d) मछली

35. मायोपिया या निकट दृष्टि दोष ठीक किया जा सकता है
(a) उत्तल लैंस द्वारा
(b) अवतल लैंस द्वारा
(c) सिलेण्ड्रिकल लैंस द्वारा
(d) कॉर्निया को बदल कर

36. मानव नेत्र के रेटिना में सर्वाधिक शंकु (Cone) पाए जाते हैं
(a) अन्ध बिन्दु पर
(b) रेटिना के किनारों पर
(c) फोविया पर
(d) कोरॉइड पर

37. प्रकाश का तन्त्रिकीय आवेग में संचरण है, एक
(a) जैविक क्रिया (b) रासायनिक क्रिया
(c) यान्त्रिक क्रिया (d) जैव-भौतिक क्रिया

38. भूकम्प की संवेदना ग्रहण करने वाला अंग है
(a) कान (b) आँख
(c) तलुओं की त्वचा (d) प्रोपियोरिसेप्टर

39. मध्य कर्ण की सबसे छोटी अस्थि है
(a) मेलियस (b) इनकस
(c) स्टेपीस (d) इनमें से कोई नहीं

40. उल्लू केवल रात्रि में ही देखने में सक्षम है, क्योंकि
(a) उल्लू के रेटिना में केवल रॉड्स होती है
(b) उल्लू के रेटिना में केवल शंकु होते हैं
(c) उल्लू रात्रिचर है
(d) शलाकाएँ तथा शंकु दोनों अनुपस्थित होते हैं

41. मीठा तथा खट्टा स्वाद अच्छी प्रकार से पहचाना जा सकता है
(a) जिह्वा के अग्र भाग द्वारा
(b) जिह्वा के आधार द्वारा
(c) जिह्वा के मध्य भाग द्वारा
(d) जिह्वा के पार्श्व भाग द्वारा

42. काचर जल द्रव पाया जाता है
(a) कान में (b) आँख में
(c) मस्तिष्क में (d) अस्थि मज्जा में

43. नेत्र प्रचलन के नियमन हेतु कितनी नेत्र पेशियाँ पाई जाती हैं?
(a) 3 (b) 4
(c) 5 (d) 6

44. वर्णान्धता किसकी अनुपस्थिति के कारण होती है?
(a) शलाका (b) शंकु
(c) पलक (d) इनमें से कोई नहीं

45. किसकी त्वचा के ऊपर सर्वाधिक स्वेद ग्रन्थियाँ पाई जाती हैं?
(a) माथे पर (b) बगल में
(c) पीठ पर (d) हथेली पर

46. अवतल लैंस का प्रयोग किस रोग के उपचार में किया जाता है?
(a) मोतियाबिन्द में
(b) निकट दृष्टि दोष में
(c) रात्रि अन्धता में
(d) दूर दृष्टि दोष में

47. निम्नलिखित में से कौन त्वचा की सतह को जल से अभेद्य बनाता है?
(a) कोलेजन (b) मिलेनिन
(c) किरेटिन (d) काइटीन

48. शलाका (Rods) कोशिकाएँ तथा दृक शंकु (Cones) पाए जाते हैं
(a) आइरिस (Iris) में
(b) कॉर्निया (Cornea) में
(c) स्कलीरोटिक (Sclerotic) में
(d) दृष्टिपटल (Retina) में

49. आँख में प्रवेश करने वाले प्रकाश की मात्रा नियन्त्रित होती है
(a) कॉर्निया द्वारा (b) पुतली द्वारा
(c) आइरिस द्वारा (d) दृढ़ पटल द्वारा

50. वह रिसेप्टर जो दर्द के प्रति संवेदी होते हैं, कहलाते हैं
(a) टेंगो रिसेप्टर (b) फ्रेगिडोरिसेप्टर
(c) रियोरिसेप्टर (d) एल्गेसी रिसेप्टर

51. मनुष्य में जेकोब्सन के अंग (Jacobson's Organ) का क्या कार्य है?
(a) दर्द संवेदी अंग (b) अवशेषी अंग
(c) स्वाद अंग (d) सूँघने का

52. स्तनधारियों की त्वचा के निश्चित भागों में पाई जाने वाली पेसीनियन (Pacinion) देहाणु हैं
(a) दर्दग्राही
(b) नग्न स्पर्शग्राही
(c) ग्रन्थिल प्रकार
(d) एनकैप्सूलेटेड

53. रुफिनी के छोर अंग (End Orgnas of Ruffini) ग्राही हैं
(a) ऊष्मा के (b) शीत के
(c) दाब के (d) स्पर्श के

54. अन्त:कर्ण (Internal ear) में कॉर्टी के अंग (Organ of Corti) जो रोम को कोशिका में वहन करते हैं, निम्न में स्थित होते हैं
(a) स्केला टिम्पैनी
(b) स्केला मीडिया
(c) स्केला वेस्टीबुली
(d) सैक्यूलस

55. मीसनर के देहाणु (Meissner's corpuscles) स्थित होते हैं
(a) त्वचा में
(b) टॉन्सिल्स में
(c) कॉक्लिया में
(d) आमाशय की दीवार में

56. निम्न में से कौन एक बहि:स्रावी ग्रन्थि नहीं है?
(a) यकृत (b) लार ग्रन्थियाँ
(c) स्वेद ग्रन्थियाँ (d) एड्रीनल ग्रन्थि

57. निम्न में से कौन एक मिश्रित ग्रन्थि है?
(a) थाइमस (b) थायरॉइड
(c) अग्न्याशय (d) पिट्यूटरी

58. सिक्रिटिन है एक
(a) हॉर्मोन (b) एन्जाइम
(c) फेरोमोन (d) विटामिन

59. निम्न में से कौन-सा हॉर्मोन प्रोटीन द्वारा निर्मित नहीं होता है?
(a) ऑक्सीटोसिन (b) वैसोप्रेसिन
(c) प्रोलैक्टिन (d) टेस्टोस्टीरोन

60. निम्न में से किस ग्रन्थि को मास्टर ग्रन्थि कहा जाता है?
(a) थायरॉइड को (b) थाइमस को
(c) एड्रीनल को (d) पिट्यूटरी को

61. एडीसन रोग किस हॉर्मोन के अल्प स्रावण के कारण होता है?
(a) इन्सुलिन की (b) एड्रीनेलिन की
(c) ग्लूकोकॉर्टिकोइड की (d) थायरॉक्सिन की

62. कुशिंग रोग किस हॉर्मोन के अति स्रावण से होता है?
(a) कॉर्टिसोल (b) TSH
(c) ACTH (d) MSH

63. पिट्यूटरी ग्रन्थि अथवा पीयूष ग्रन्थि पाई जाती है
(a) यकृत में (b) मस्तिष्क में
(c) हृदय में (d) वृक्क में

64. इन्सुलिन हॉर्मोन स्रावित होता है
(a) पिट्यूटरी ग्रन्थि से
(b) अग्न्याशय से
(c) थाइमस ग्रन्थि से
(d) थायरॉइड ग्रन्थि से

65. इन्सुलिन हॉर्मोन की कमी से होने वाला रोग है
(a) मधुमेह (b) घेंघा
(c) मूत्रलता (d) अतिकायता

66. थायरॉइड ग्रन्थि की असामान्यता से सम्बन्धित रोग है
(a) क्रिटीनिज्म (b) मिक्सोडीमा
(c) घेंघा (d) ये सभी

67. पशुओं से दूध प्राप्त करने हेतु किस हॉर्मोन के इन्जेक्शन का प्रयोग किया जाता है?
(a) रिलैक्सिन (b) ऑक्सीटोसिन
(c) प्रोजेस्टेरॉन (d) एस्ट्रोजन

68. एक्रोमिगैली (Acromegaly) रोग किस हॉर्मोन की अधिकता से होता है?
(a) GH की
(b) ACTH की
(c) FSH की
(d) MSH की

69. प्रतिरक्षा में योगदान देने वाली अन्त:स्रावी ग्रन्थि है
(a) थायरॉइड ग्रन्थि (b) थाइमस ग्रन्थि
(c) पिट्यूटरी ग्रन्थि (d) एड्रीनल ग्रन्थि

70. यदि एक टेडपोल (मेंढक का लार्वा) से थायरॉइड ग्रन्थि को निकाल दिया जाए तो
(a) यह तुरन्त मर जाएगा
(b) यह एक बड़े मेंढक में बदल जाएगा
(c) यह बौने मेंढक में बदल जाएगा
(d) यह आजीवन टेडपोल ही रहेगा

71. अग्न्याशय की कौन-सी कोशिकाएँ ग्लूकेगॉन का स्रावण करती हैं?
(a) α-कोशिकाएँ (b) γ-कोशिकाएँ
(c) (a) व (b) दोनों (d) β-कोशिकाएँ

72. स्तनधारियों में उपापचयी दर नियन्त्रित होती है
(a) अग्न्याशय द्वारा
(b) यकृत द्वारा
(c) पिट्यूटरी द्वारा
(d) थायरॉइड द्वारा

73. सामान्यतया हॉर्मोन नहीं पाए जाते हैं
(a) चूहे में (b) बन्दर में
(c) जीवाणुओं में (d) बिल्ली में

74. प्रोजेस्टेरॉन तथा रिलेक्सिन का स्राव होता है
(a) वृषण द्वारा (b) पिट्यूटरी द्वारा
(c) थायरॉइड द्वारा (d) अण्डाशय द्वारा

75. निम्न में से कौन भय तथा उड़ान (Fright and flight) हॉर्मोन स्रावित करता है?
(a) पीनियल ग्रन्थि (b) थायरॉइड ग्रन्थि
(c) पिट्यूटरी ग्रन्थि (d) एड्रीनल ग्रन्थि

76. टेस्टोस्टीरॉन स्रावित होता है
(a) लीडिग कोशिकाओं से
(b) सर्टोली कोशिकाओं से
(c) कॉर्पस ल्यूटियम से
(d) ऑक्सेण्टिक कोशिकाओं से

77. इन्सुलिन की खोज की थी
(a) एलेक्जैण्डर फ्लेमिंग ने
(b) एडमोण्ड फिशर ने
(c) डॉ. एफ. जी. बैटिंग ने
(d) जोसेफ इ. मूरे ने

78. शरीर में पाई जाने वाली दूसरी सबसे बड़ी ग्रन्थि है
(a) अग्न्याशय (b) यकृत
(c) पिट्यूटरी (d) थायरॉइड

79. शरीर में पाई जाने वाली सबसे बड़ी ग्रन्थि है
(a) यकृत (b) अग्न्याशय
(c) थायरॉइड (d) पिट्यूटरी

80. रासायनिक रूप से हॉर्मोन होते हैं
(a) केवल बायोजेनिक एमीन
(b) केवल प्रोटीन
(c) केवल स्टीरॉइड
(d) प्रोटीन, बायोजेनिक एमीन, स्टीरॉइड

81. गठिया रोग के उपचार में दिया जाने वाला हॉर्मोन है
(a) थाइरॉक्सिन (b) एड्रीनेलिन
(c) कॉर्टिसोल (d) इन्सुलिन

82. मेलाटोनिन का स्राव होता है
(a) पिट्यूटरी द्वारा
(b) पीनियल ग्रन्थि द्वारा
(c) एड्रीनल द्वारा
(d) हाइपोथैलेमस द्वारा

83. शिशु के जन्म के समय कौन-से हॉर्मोन का स्रावण होता है?
(a) प्रोजेस्टेरॉन (b) थायरॉक्सिन
(c) रिलैक्सिन (d) ग्लूकोकॉर्टिकोइड

84. मनुष्य के पैराथॉर्मोन (Parathormone) की कमी से कौन-सा रोग हो जाता है?
(a) हाइपरकैल्शिमिया
(b) हाइपोकैल्शिमिया
(c) घेंघा
(d) उपरोक्त सभी

85. ग्लूकेगॉन हॉर्मोन का निम्न में कौन-सा कार्य है?
(a) 'ग्लाइकोलिनेसिस' को बढ़ाना
(b) रुधिर में शर्करा स्तर को कम करना
(c) यकृत कोशिकाओं से 'ग्लूकोस' को मुक्त करना एवं 'ग्लाइकोजिनोलाइसिस' को प्रेरित करना
(d) कोशिकाओं द्वारा ग्लूकोस एवं वसीय अम्ल का उद्ग्रहण

86. प्रथम बार क्रिस्टलाइज किया गया विषाणु था
(a) इन्फ्लुएन्जा का विषाणु
(b) फूलगोभी का चितेरा विषाणु
(c) तम्बाकू का चितेरा विषाणु
(d) टमाटर का चितेरा विषाणु

87. विषाणु रासायनिक रूप से बने होते हैं
(a) कार्बोहाइड्रेड से (b) लिपिड से
(c) न्यूक्लियोप्रोटीन से (d) प्रोटीन से

88. पादप विषाणुओं में प्राय: होते हैं
(a) DNA (b) DNA एवं RNA
(c) RNA (d) DNA अथवा RNA

89. द्विसूत्री (Double-stranded) RNA विषाणु कहलाते हैं
(a) राइबोविषाणु (b) आर्बोविषाणु
(c) राइबोविरा (d) रियोविषाणु

90. जीवाणुभोजी, कवकों के समान होते हैं
(a) काइटिन की बनी कोशिका भित्ति के होने में
(b) RNA आनुवंशिक पदार्थ के रूप में होने में
(c) जनन की विधि में
(d) DNA आनुवंशिक पदार्थ के रूप में होने में

91. सायनोफेजेज की खोज की
(a) जैकब तथा मोनोड ने
(b) लेडरबर्ग तथा टाटम ने
(c) लेडरबर्ग तथा जिण्डर ने
(d) सैफरमैन तथा मौरिस

92. संरचनात्मक दृष्टि से पूर्ण विषाणु कहलाता है
(a) विरिऑन (b) वाइरॉइड
(c) विषाणु (d) वाइरा

93. शैवाल पर पाए जाने वाले विषाणु कहलाते हैं
(a) फायकोफेजेज (b) सायनोफेजेज
(c) मायकोफेजेज (d) बाइनल विषाणु

94. जीवाणुभोजियों (Becteriophages) की खोज की गई
(a) ट्वॉर्ट द्वारा (b) मौरिस द्वारा
(c) इवानोवस्की द्वारा (d) स्टैनले द्वारा

95. अनेक कशेरुकियों (Vertebrates) में विषाणु संक्रमण से प्रतिक्रिया हेतु बने विषाणुओं के गुणन का प्रतिरोध करने वाले प्रतिविषाणु (Antiviral) पदार्थ कहलाते हैं
(a) इण्टरफेरॉन (b) विरियॉन
(c) एण्टीजन (d) एण्टीवाइरिन

96. विषाणुओं के रोचक लक्षणों में एक होता है कि, ये
(a) केवल प्रोटीन्स के बने होते हैं
(b) केवल पोषक के कोशिकाद्रव्य में गुणन करते हैं
(c) केवल जीवाणुओं के अन्दर मिलते हैं
(d) पौधों की भाँति व्यवहार करते हैं

97. निम्न में से एक जन्तु विषाणु में RNA नहीं है
(a) पोलियोमाइलिटिस
(b) पॉक्स विषाणु
(c) राउस सार्कोमा विषाणु
(d) खुर एवं मुख रोग विषाणु

98. सबसे छोटे RNA विषाणु जाने जाते हैं
(a) आर्बोविषाणु (b) राइबोविषाणु
(c) पिकोर्नेविषाणु (d) रिओविषाणु

99. किसी विषाणु के DNA को रेडियोधर्मी बनाया जा सकता है
(a) P^{32} के माध्यम में विषाणु का संवर्द्धन (Culture) करके
(b) जब विषाणु जीवाणु पर आक्रमण करने वाला हो उस समय P^{32} प्रदान करके
(c) विषाणु द्वारा संक्रमित हो चुके जीवाणु को P^{32} प्रदान करके
(d) आलु, डेक्स्ट्रोज तथा P^{32} के माध्यम में विषाणु के संवर्द्धन द्वारा

100. विषाणु अपने प्रोटीन खोलों को संश्लेषित करते हैं
(a) पोषक कोशिका के बाहर तथा अन्दर दोनों
(b) पोषक कोशिका के अन्दर
(c) पोषक कोशिका के बाहर
(d) उपरोक्त में से कोई नहीं

101. विषाणुओं का संक्रमण करने वाला भाग सर्वप्रथम खोजा था
(a) ट्वॉर्ट एवं हेरिल ने
(b) जिन्डर एवं लेडरबर्ग ने
(c) हर्षे एवं चेज ने
(d) इवानोवस्की एवं स्टैनले ने

102. कोलीफेज $\phi \times 174$ में होता है
(a) द्विसूत्री (Double-stranded) RNA
(b) एकसूत्री (Single-stranded) DNA
(c) एकसूत्री (Single-stranded) RNA
(d) द्विसूत्री (Double-stranded) DNA

103. विषाणुओं का वह समूह, जो नीले-हरे शैवालों पर आक्रमण करता है, कहलाता है
(a) सायनोफेजेज (b) जीवाणुभोजी
(c) केवल फेजेज (d) मोजैक विषाणु

104. बैंगन में 'छोटी पत्ती का रोग' उत्पन्न होता है
(a) जीवाणुओं द्वारा (b) विषाणुओं द्वारा
(c) कवकों द्वारा (d) इनमें से कोई नहीं

105. राउस सार्कोमा (Rous sarcoma) विषाणु में होता है
(a) RNA (b) DNA या RNA
(c) DNA (d) इनमें से कोई नहीं

106. घाव के ट्यूमर विषाणु मे मिलता है
(a) एक सूत्री RNA (b) द्विसूत्री DNA
(c) एकसूत्री DNA (d) द्विसूत्री RNA

107. सायनोफेज में आनुवंशिक पदार्थ होता है
(a) RNA (b) प्रोटीन्स
(c) DNA (d) RNA एवं DNA

108. राउस सार्कोमा विषाणु में RNA से DNA के संश्लेषण की खोज किसने की?
(a) ट्वॉर्ट ने (b) स्मिथ ने
(c) टेमिन ने (d) मेयर ने

109. कोशिका सिद्धान्त के लिए निम्न में से एक अपवाद है
(a) शैवाल (b) कवक
(c) ब्रायोफाइट्स (d) विषाणु

110. मनुष्य में विषाणुओं द्वारा उत्पन्न रोग होता है
(a) हैजा (b) पोलियो
(c) कुकुर खाँसी (d) प्लेग

111. जीवाणुभोजी बना होता है
(a) DNA से
(b) न्यूक्लियो प्रोटीन्स से
(c) केवल प्रोटीन्स से
(d) कार्बन तथा नाइट्रोजन से

112. निम्न में से कौन-सा अगार (Agar) माध्यम में वृद्धि नहीं करेगा?
(a) *पेनिसिलियम* (b) ब्रेड फफूँदी
(c) यीस्ट (d) विषाणु

113. एक जीवाणुभोजी पहचाना जा सकता है, अपनी
(a) रोम्बोइडल आकृति द्वारा
(b) टैडपोल आकृति द्वारा
(c) अनियमित आकृति द्वारा
(d) सुन्दर गोल आकृति द्वारा

114. निम्न में से कौन-सा मानव का विषाणुजनित रोग नहीं है?
(a) जुकाम (b) सिफिलिस
(c) पेलियोमाइलाइटिस (d) एन्सिफैलाइटिस

115. विषाणु द्वारा संक्रमण जिसके कारण पोषक की कोशिका टूट जाती है, कहलाता है
(a) स्यूडोलायसोजेनी (b) लायसोजेनी
(c) लाइटिक संक्रमण (d) ये सभी

116. शीर्ष एवं कुण्डलित पूँछ वाले विषाणु कहलाते हैं
(a) राइबो विषाणु (b) पिकोर्ने विषाणु
(c) बाइनल विषाणु (d) इनमें से कोई नहीं

117. एक जीवाणुभोजी तथा एक यीस्ट कोशिका समान है क्योंकि दोनों
(a) में एन्जाइम्स होते हैं
(b) में सत्य केन्द्रक पाया जाता है
(c) परपोषी होते हैं
(d) रंगहीन होते हैं

118. विषाणु निर्जीव माने जाते हैं, क्योंकि
(a) इनमें उत्परिवर्तन हो सकते हैं
(b) ये वृद्धि कर सकते हैं
(c) ये क्रिस्टलाइज हो सकते हैं
(d) ये गुणन कर सकते हैं

119. एक भोजी (Phage) जो पोषक में प्रवेश करता है, किन्तु इसे नष्ट नहीं करता है, कहलाता है
(a) टेम्परेट फेज (b) सैक्सडक्शन
(c) फाइकोफेजेज (d) वाइरुलेण्ट फेज

120. जीवाणुओं में आनुवंशिक पुनर्संयोजन (Recombination) विषाणु द्वारा होता है, कहलाता है
(a) रूपान्तरण (b) ट्रांसडक्शन
(c) सैक्सडक्शन (d) इनमें से कोई नहीं

121. स्थान जहाँ विषाणु के प्रोटीन कवच के लिए प्रोटीन का संश्लेषण होता है
(a) पोषक की प्लाज्मा झिल्ली है
(b) पोषक की माइटोकॉण्ड्रिया है
(c) विषाणु का RNA है
(d) पोषक का राइबोसोम है

122. एन्जाइम्स अनुपस्थित अथवा अल्पतम होते हैं
(a) कवकों में (b) जीवाणुओं में
(c) स्लाइम मोल्ड्स में (d) विषाणुओं में

123. पारक्रमण (Transduction) की खोज की
(a) लेडरबर्ग तथा जिण्डर ने
(b) सेफरमैन तथा मौरिस ने
(c) स्मिथ तथा नाइट में
(d) उपरोक्त में से कोई नहीं

124. यदि विषाणु जनित DNA पोषक DNA से संयुक्त हो जाए, तो इसे कहते हैं
(a) वेजीफेज (Vegephage)
(b) सायनोफेज (Cyanophage)
(c) पूर्वभोजी (Prophage)
(d) फाइकोफेज (Phycophage)

125. एक पदार्थ, जो विषाणु को मारता है, कहलाता है
(a) जर्मीसाइड
(b) एण्टीबायोटिक
(c) वाइरीसाइड
(d) विरिऑन

126. रेबीज रोग उत्पन्न होता है
(a) जीवाणु द्वारा (b) स्लाइम मोल्ड द्वारा
(c) विषाणुओं द्वारा (d) कवक द्वारा

127. जीवाणुभोजियों (Bacteriophages) में होते हैं
(a) कार्बन तथा हाइड्रोजन
(b) DNA तथा RNA
(c) न्यूक्लिक अम्ल तथा प्रोटीन
(d) न्यूक्लिक अम्ल, प्रोटीन तथा वसा

128. विषाणु का एक विभेद (Strain) TMV के न्यूक्लिक अम्ल तथा HRV के प्रोटीन आवरण से बनाया जाता है तथा इसके बाद तम्बाकू की पत्ती को इससे संक्रमित किया जाता है, तो
(a) TMV के लक्षण प्रकट होंगे
(b) HRV के लक्षण प्रकट होंगे
(c) TMV तथा HRV दोनों के लक्षण प्रकट होंगे
(d) उपरोक्त में से किसी के नहीं

129. तम्बाकू के चितेरे रोग के विषाणु (TMV) में होते हैं
(a) RNA तथा प्रोटीन्स
(b) DNA, RNA एवं प्रोटीन्स
(c) DNA तथा प्रोटीन्स
(d) केवल प्रोटीन्स

130. पशुओं में सामान्य विषाणु रोग होता है
(a) स्किन रौट
(b) लकवा
(c) लौक जा
(d) खुरपका एवं मुखपका रोग

131. हाइड्रोफोबिया रोग उत्पन्न होता है, एक
(a) जीवाणु द्वारा (b) कवक द्वारा
(c) विषाणु द्वारा (d) प्रोटोजोआ द्वारा

132. एड्स उत्पन्न होता है
(a) जीवाणु द्वारा
(b) कवक बीजाणु द्वारा
(c) विषाणु HTLV III या LAV या ARV-2 द्वारा
(d) पराग कण द्वारा

133. वाइरोइड्स (Viroids) में होता है
(a) एक सूत्री RNA, जो प्रोटीन खोल में बन्द नहीं होता है
(b) एक सूत्री DNA, जो प्रोटीन खोल में बन्द नहीं होता है
(c) द्विसूत्री DNA, जो प्रोटीन खोल में बन्द होता है
(d) प्रोटीन खोल में बन्द द्विसूत्री RNA

134. तम्बाकू का चितेरा विषाणु (TMV) प्रथम बार क्रिस्टल के रूप में पृथक् किया था
(a) बौडिन ने (b) बेजेरिंक ने
(c) स्टैनले ने (d) इवानोवस्की ने

135. एड्स के विषाणु में होता है
(a) प्रोटीन सहित RNA (b) प्रोटीन सहित DNA
(c) बिना प्रोटीन के RNA (d) केवल DNA

136. पादप विषाणु को प्रथम बार पृथक् करने वाले थे
(a) डब्ल्यू. एम. स्टैनले (b) आर. एम. स्मिथ
(c) डी. इवानोवस्की (d) एफ. सी. स्टैकमैन

137. निम्न में से विषाणुजनित रोग कौन-सा है?
(a) पोटैटो मोजैक
(b) सिट्रस कैंकर
(c) आलू का ब्राउन रोट
(d) कपास का लीफ रोट

138. विषाणु गुणन करते हैं
(a) केवल जीवाणुओं में
(b) सभी सजीव कोशिकाओं में
(c) विशिष्ट सजीव कोशिकाओं में
(d) नष्ट हुए भोजन में

139. एक वाहक (Vector) क्या होता है?
(a) पोषक तक रोगाणु पहुँचाने वाला जीव
(b) रोग का प्राकृतिक आशय (Reservoir)
(c) मानव-परजीवी
(d) रोगजनक प्रोटोजोआ

140. विषाणुओं का समूह, जो जीवाणुओं में रोग उत्पन्न करता है, कहलाता है
(a) स्लाइम मोल्ड्स (b) स्मट्स
(c) जीवाणु मोजैक (d) जीवाणुभोजी

141. खसरा की बीमारी होती है
(a) जन्तुओं द्वारा (b) राइजोपस द्वारा
(c) जीवाणुओं द्वारा (d) विषाणु द्वारा

142. चेचक होती है
(a) मक्खी द्वारा (b) विषाणु द्वारा
(c) जीवाणु द्वारा (d) मच्छर द्वारा

143. कुछ विषाणुओं में केवल RNA होता है DNA नहीं होता, इससे क्या संकेत मिलता है?
(a) ये विषाणु प्रतिकृति नहीं बना सकते
(b) RNA से भी आनुवंशिक सूचना का प्रेषण हो सकता है
(c) विषाणुओं से वंशागतिशील सूचना नहीं होती है
(d) विषाणु की प्रतिकृति के लिए उसका न्यूक्लिक अम्ल परपोषी के DNA के साथ जुड़ना आवश्यक है

144. T_2-जीवाणुभोजी विषाणु का प्रयोग करके किसने सिद्ध किया कि इसका संक्रामक भाग DNA है?
(a) स्टैनले ने (b) इवानोवस्की ने
(c) हर्शे तथा चेज ने (d) डी. हैरेल ने

145. विषाणु होते हैं
(a) पूर्ण परजीवी (b) पूर्ण मृतोपजीवी
(c) अपूर्ण मृतोपजीवी (d) अपूर्ण परजीवी

146. निम्न में से कौन-सी विषाणुजनित बीमारी है?
(a) पोलियो, हाइड्रोफोबिया
(b) इन्फ्लूएन्जा, खसरा, मम्प्स
(c) चेचक, छोटी चेचक
(d) उपरोक्त सभी

147. एड्स का कारण है
(a) T_4 लिम्फोसाइट्स की कमी
(b) जीवाणु का संक्रमण
(c) राइबोफ्लेविन की कमी
(d) उच्च रुधिर दाब

148. ऐसा पदार्थ, जो विषाणु संक्रमण से परपोषी कोशिकाओं द्वारा उत्पन्न होता है तथा अन्य कोशिकाओं को भविष्य में विषाणु से बचाता है, कहलाता है
(a) फाइटोटॉक्सिन (b) एण्टीबॉडी
(c) इण्टरफेरॉन (d) हॉर्मोन

149. वाइराइड्स में न्यूक्लिक अम्ल की प्रकृति है
(a) एक रज्जुकीय DNA (b) एक रज्जुकीय RNA
(c) द्विरज्जुकीय DNA (d) द्विरज्जुकीय RNA

150. निम्न में से कौन-सा रोग विषाणु जनित है?
(a) गन्ने का रेड रॉट
(b) आलू की विलम्बित अंगमारी
(c) गेहूँ का काला किट्ट
(d) पपीते की लीफ कर्ल

151. विषाणु अधिकतर संचारित होते हैं
(a) वायु द्वारा (b) जन्तुओं द्वारा
(c) जल द्वारा (d) कीटों द्वारा

152. निम्न में से किस विषाणु में DNA होता है?
(a) गोभी मोजैक विषाणु (b) आलू मोजैक विषाणु
(c) टमाटर मोजैक विषाणु (d) तम्बाकू मोजैक विषाणु

153. किस वर्ग के सदस्यों में सामान्यतया अलैंगिक प्रजनन पाया जाता है?
(a) यूबैक्टीरिया में (b) सायनोबैक्टीरिया में
(c) आर्कीबैक्टीरिया में (d) इन सभी में

154. *एनाबीना* है, एक
(a) यूबैक्टीरिया (b) एक्टिनोमाइसिटीक
(c) आर्कीबैक्टीरिया (d) सायनोबैक्टीरिया

155. निम्न में से किसे नीली-हरी शैवाल भी कहते हैं?
(a) यूबैक्टीरिया को
(b) एक्टिनोमाइसिटीक को
(c) आर्कीबैक्टीरिया को
(d) सायनोबैक्टीरिया को

156. निम्न में से कौन-सा जीवधारी सबसे सूक्ष्म होता है?
(a) जीवाणु (b) *क्लैमाइडोमोनास*
(c) *अमीबा* (d) *यूग्लीना*

157. जीव जिसमें हरितलवक (Chloroplast) नहीं होता किन्तु प्रकाश-संश्लेषण कर सकते हैं, ऐसा जीव निम्न में से कौन-सा है?
(a) जीवाणु (b) कवक
(c) विषाणु (d) जीवाणुभोजी

158. निम्न में से कौन मृदा में अधिक संख्या में पाए जाते हैं?
(a) कवक (b) शैवाल
(c) जीवाणु (d) नील-हरित शैवाल

159. रूपान्तरण (Transformation) की क्रिया में
(a) DNA का द्विगुणन होता है
(b) RNA का द्विगुणन होता है
(c) एक जीवाणु कोशिका में DNA दूसरी कोशिका में प्रवेश करता है और प्रापक (Recipient) के DNA के भाग को प्रतिस्थापित करता है
(d) क्रोमोसोमल उत्परिवर्तन होता है

160. अधिक नमक वाले अचार में जीवाणु जीवित नहीं रह पाते हैं, क्योंकि
(a) ये जीवद्रव्यकुंचित (Plasmolysed) हो जाते हैं और मर जाते हैं
(b) अचार में जीवाणुओं के जीवित रहने के लिए आवश्यक पोषक पदार्थ नहीं होते हैं
(c) लवण (नमक) जनन का संदमन करता है
(d) जीवाणुओं को जनन के लिए पर्याप्त प्रकाश नहीं मिलता है

161. जीवाणुओं में रूपान्तरण की खोज किसने की?
(a) जैकब ने (b) ग्रिफिथ ने
(c) ऐवरी ने (d) लैडरबर्ग ने

162. जीवाणुओं द्वारा प्रतिकूल परिस्थितियों में उत्पन्न विश्रामी बीजाणु कहलाते हैं?
(a) ऑइडिया (b) एण्डोस्पोर्स
(c) एक्सोस्पोर्स (d) क्लैमाइडोस्पोर्स

163. एक गोल जीवाणु कहलाता है
(a) *विब्रियो* (b) *कोकस*
(c) *बैसीलस* (d) *स्पाइरिलस*

164. जीवाणुओं में संयुग्मन (Conjugation) की खोज किसने की?
(a) लैडरबर्ग तथा टॉटम ने
(b) ग्रिफिथ ने
(c) जैकब तथा वोलमैन ने
(d) जिण्डर तथा लैडरबर्ग ने

165. जीवाणु में लैंगिक जनन होता है
(a) रूपान्तरण द्वारा (b) पारक्रमण द्वारा
(c) संयुग्मन द्वारा (d) इन सभी द्वारा

166. जीवाणुओं में पारक्रमण की खोज किसने की?
(a) वोलमैन तथा जैकब ने
(b) जिण्डर तथा लैडरबर्ग ने
(c) लैडरबर्ग तथा टॉटम ने
(d) हीरेल तथा ट्वॉर्ट ने

167. सिट्रस कैंकर उत्पन्न होता है
(a) *जैन्थोमोनास* द्वारा
(b) *सालमोनेला* द्वारा
(c) *इर्विनिया* द्वारा
(d) *एजोटोबैक्टर* द्वारा

168. डेयरी में दुग्ध किण्वन के लिए उत्तरदायी जीवाणु होते हैं
(a) *एसीटोबैक्टर* (b) *राइजोबियम*
(c) *लैक्टोबैसीलस* (d) *बैसीलस*

169. डिक्ट्योसोम अनुपस्थित होता है
(a) *म्यूकर* में
(b) *राइजोपस* में
(c) *पेनिसिलियस* में
(d) जीवाणुओं में

170. जीवाणुओं में
(a) DNA कोशिकाद्रव्य में बिखरा हुआ होता है
(b) DNA केन्द्रक में बिखरा हुआ होता है
(c) DNA केन्द्रक में बन्द होता है
(d) केन्द्रक में DNA की संख्या चार होती है

171. टिकोइक अम्ल पाया जाता है
(a) ग्राम धनात्मक जीवाणु की कोशिका भित्ति में
(b) ग्राम ऋणात्मक जीवाणु की कोशिका भित्ति में
(c) *माइकोप्लाज्मा* की कोशिका भित्ति में
(d) उपरोक्त सभी

172. जीवाणुओं में केन्द्रकीय पदार्थ होता है
(a) केवल न्यूक्लिक अम्ल
(b) न्यूक्लिक अम्ल और हिस्टोन प्रोटीन
(c) न्यूक्लिक अम्ल और कोशिकाद्रव्य
(d) उपरोक्त सभी

173. माइटोकॉण्ड्रिया अनुपस्थित होते हैं
(a) कवक में (b) हरे शैवाल में
(c) जीवाणु में (d) यीस्ट में

174. एल्कोहॉल से सिरके (Vinegar) का निर्माण होता है
(a) *क्लॉस्ट्रीडियम* द्वारा
(b) *बैसीलस सबटिलिस* द्वारा
(c) *एजोटोबैक्टर* द्वारा
(d) *एसीटोटोबैक्टर एसीटी* द्वारा

175. नाइट्रोजन का स्थिरीकरण करने वाला जीवाणु है
(a) *नाइट्रोसोमोनास* (b) *राइजोबियम*
(c) *नाइट्रोबैक्टर* (d) *नाइट्रोकोकस*

176. जीवाणुजनित राइबोसोम पाया जाता है
(a) अन्तःप्रद्रव्यी जालिका में
(b) केन्द्रक कला में
(c) कोशिकाद्रव्य में
(d) कोशिका की भित्ति पर

177. ट्रिपल एण्टीजन होता है
(a) पोलियो, रेबीज एवं हिपेटाइटिस के विरुद्ध टीका
(b) मलेरिया, टायफॉइड एवं कैंसर के विरुद्ध टीका
(c) टिटनेस, कुकर खाँसी एवं डिफ्थीरिया के विरुद्ध टीका
(d) टिटनेस, डिफ्थीरिया एवं कुकर खाँसी उत्पन्न करने वाला विषाणुओं का मिश्रण

178. निम्न में से कौन CO_2 का स्थितिकरण कार्बोहाइड्रेट्स में करते हैं?
(a) *नाइट्रोबैक्टर* (b) *रोडोस्पाइरिलम*
(c) *राइजोबियम* (d) *बैसीलस*

179. जीवाणु की खोज सर्वप्रथम की
(a) ए. वी. ल्यूवेनहॉक ने. (b) रॉबर्ट हुक ने
(c) रॉबर्ट कोच ने (d) लुईस पाश्चर ने

180. निम्न में कौन-सा कथन सत्य है?
(a) सभी जीवाणु स्वपोषी होते हैं
(b) सभी जीवाणु परपोषी होते हैं
(c) अधिकांश जीवाणु परपोषी होते हैं किन्तु कुछ स्वपोषी होते हैं
(d) सभी जीवाणु प्रकाश-संश्लेषी होते हैं

181. जीवाणुओं को पौधे माना गया है, क्योंकि ये/इनमें
(a) गति नहीं कर सकते हैं
(b) कठोर कोशिका भित्ति होती है
(c) विखण्डन द्वारा गुणन कर सकते हैं
(d) सभी जगहों पर पाए जाते हैं

182. नाइट्रीकारी जीवाणु बदलते हैं
(a) नाइट्रोजन को नाइट्रेट्स में
(b) अमोनिया अथवा अमोनियम यौगिकों को नाइट्रेट्स में
(c) नाइट्रेट को नाइट्रोजन में
(d) CO_2 को कार्बोहाइड्रेट्स में

183. जीवाणु तथा यीस्ट किस लक्षण में समान नहीं होते हैं
(a) दोनों किण्वन (Fermentation) कर सकते हैं
(b) दोनों पौधे होते हैं
(c) दोनों प्रोकैरियोट्स होते हैं
(d) दोनों एककोशिकीय होते हैं

184. सबसे छोटे जीवाणु (Bacteria) होते हैं, लगभग
(a) 0.5μ के (b) 0.05μ के
(c) 0.005μ के (d) 0.0005μ के

185. जीवाणुओं को आदिम जीवधारी (Primitive organisms) माना गया है, क्योंकि इनमें/ये
(a) प्रारम्भिक केन्द्रक होता है
(b) छोटे, सूक्ष्मदर्शक पौधे होते हैं, जो नग्न आँखों से दिखाई नहीं देते हैं
(c) मानव, पालतू जन्तुओं एवं फसली पादपों में गम्भीर रोग उत्पन्न करते हैं
(d) अन्तः बीजाणु उत्पन्न करते हैं, जो विपरीत परिस्थितियों के अति प्रतिरोधी होते हैं

186. रेशों (Fibres) की अपलगन (Retting) में जीवाणुओं की प्रमुख भूमिका होती है
(a) तन्तुओं की कोशिका भित्ति की सेलुलोस का जलीय अपघटन
(b) कोशिकाओं को परस्पर बाँधने वाले पेक्टिक पदार्थों का जलीय अपघटन
(c) कोशिकाओं के सजीव घटकों का जलीय अपघटन
(d) द्वितीयक भित्ति का निर्माण करने वाले लिग्नन का जलीय अपघटन

187. निम्नलिखित में कौन-सा सहजीवी जीवाणु है?
(a) *नाइट्रोबैक्टर* (b) *नाइट्रोसोमोनास*
(c) *राइजोबियम* (d) *क्लॉस्ट्रीडियम*

188. निम्न में से कौन-सा रसायन स्वपोषी (Chemoautotrophic) जीवाणु है?
(a) *नाइट्रोसोमोनास* (b) *राइजोबियम*
(c) *ई. कोलाई* (d) *लैक्टोबैसीलस*

189. जो जीवाणु सीधे ही वायुमण्डलीय नाइट्रोजन को नाइट्रोजन के यौगिकों में बदलते हैं, कहलाते हैं
(a) विनाइट्रीकारी जीवाणु
(b) सड़ाने वाले जीवाणु
(c) नाइट्रोजन स्थिरीकरण जीवाणु
(d) नाइट्रीकारी जीवाणु

190. वे जीवाणु, जो कुछ पादप जड़ों के सहयोजन में वायुमण्डलीय नाइट्रोजन का स्थिरीकरण करते हैं, कहलाते हैं
(a) *राइजोबियम* (b) *साल्मोनेला*
(c) *स्यूडोमोनास* (d) *बैसीलस*

191. बैक्टीरियम तथा सायनोबैक्टीरियम के बीच समानता होती है
(a) न्यूक्लियोइड की उपस्थिति
(b) कशाभिका की उपस्थिति
(c) 80S राइबोसोम्स की उपस्थिति
(d) उपरोक्त में से कोई नहीं

192. जीवाणुओं की कोशिका भित्ति (Cell wall) बनी होती है
(a) पेप्टाइडोग्लाइकेन की
(b) प्रोटीन तथा सेलुलोस की
(c) काइटिन की
(d) सेलुलोस तथा लिपिड की

193. जीवाणुओं का केन्द्रक कहलाता है
(a) न्यूक्लियोहिस्टोन (b) न्यूक्लियोइड
(c) गुणसूत्र (d) जीन

194. जीवाणुओं में श्वसन एंजाइम स्थित होते हैं
(a) कोशिकाद्रव्य में (b) कोशिका कला में
(c) राइबोसोम्स में (d) माइटोकॉण्ड्रिया में

195. प्रोकैरियोट्स (Prokaryotes) पहचाने जाते हैं
(a) द्विस्तरीय केन्द्रक कला युक्त सुविकसित केन्द्रक की उपस्थिति से
(b) काइटिन की बनी कोशिका भित्ति की उपस्थिति से
(c) द्विस्तरीय केन्द्रक कला की अनुपस्थिति वाले एक असत्य केन्द्रक से
(d) राइबोसोम्स की अनुपस्थिति द्वारा

196. नील-हरित शैवालों तथा जीवाणुओं की कोशिका बनी होती है
(a) पेक्टिन (b) काइटिन
(c) म्यूरेमिक अम्ल (d) सेलुलोस

197. ग्राम धनात्मक जीवाणुओं में कोशिका भित्ति बनी होती है
(a) लिपिड एवं प्रोटीन (b) म्यूरिन (Murein) की
(c) केवल प्रोटीन्स की
(d) सेलुलोस एवं पेक्टिन की

198. अपने एक ध्रुव पर केवल एक कशाभिक (Flagellum) रखने वाले जीवाणु को कहते हैं
(a) लोफोट्राइकस (b) मोनोट्राइकस
(c) एट्राइकस (d) एम्फीट्राइकस

199. जीवाणुओं में श्वसन क्रिया का केन्द्र (Site) होता है
(a) मीसोसोम (b) एपिसोम
(c) राइबोसोम (d) माइक्रोसोम

200. जीनोफोर (Genophore) नाम है
(a) यूकैरियोट्स के DNA का
(b) जीवाणुओं के DNA का
(c) *ड्रोसोफिला* के जीन्स का
(d) *न्यूरोस्पोरा* के जीन्स का

201. ग्राम ऋणात्मक जीवाणु, ग्राम धनात्मक जीवाणुओं से इस बात में भिन्न होते हैं कि उनकी कोशिका भित्ति होती है
(a) मोटी (b) वसारहित
(c) जटिल (d) सरल

202. अनेक जीवाणु कोशिकाओं में कोशिका भित्ति पर सूक्ष्म रोमिल रचनाएँ होती हैं, ये कहलाती हैं
(a) रोम (b) कशाभिका
(c) पिलई (d) रोमाभि

203. वायुमण्डलीय नाइट्रोजन का स्थिरीकरण करने वाला स्वतन्त्र-जीवी जीवाणु है
(a) *एजोटोबैक्टर* (b) *स्ट्रेप्टोकोकस*
(c) *स्टैफाइलोकोकस* (d) इनमें से कोई नहीं

204. एक जीवाणु कोशिका एक घण्टे में एक प्याला भरने के लिए एक मिनट में एक बार विभाजित होती है। आधा प्याला भरने के लिए इसे कितना समय लगेगा?
(a) 60 मिनट (b) 29 मिनट
(c) 59 मिनट (d) 30 मिनट

205. प्लाज्मिड्स होते हैं
(a) जीवाणुओं के बाह्य गुणसूत्री आनुवंशिक पदार्थ
(b) विषाणु
(c) जीव-कला के वलन
(d) नए प्रकार के जीव

206. जीवाणुओं में जनन की अत्यधिक सामान्य विधि होती है
(a) संयुग्मन
(b) मुकुलन
(c) विखण्डन
(d) अन्तःबीजाणु निर्माण

207. पूरे शरीर पर कशाभिका धारण करने वाले जीवाणु कहलाते हैं
(a) मोनोट्राइकस (b) पेरीट्राइकस
(c) सिफैलोट्राइकस (d) एट्राइकस

208. वास्तविक केन्द्रक अनुपस्थित होता है
(a) कवकों में (b) लाइकेन्स में
(c) जीवाणुओं में (d) हरे शैवालों में

209. कोल्ड स्टोरेज में भोजन को सामान्य कपबोर्ड की अपेक्षा अधिक समय तक रख सकते हैं, क्योंकि
(a) निम्न तापमान में प्लाज्मोलिसिस होता है
(b) कीटों द्वारा संक्रमण नहीं हो सकता है
(c) जीवाणुवीय गुणन अधिक बढ़ जाता है
(d) जीवाणुवीय गुणन रुका रहता है

210. जीवाणु अलैंगिक जनन करते हैं
(a) सिस्ट बनाकर
(b) अन्तः बीजाणु बनाकर
(c) विखण्डन द्वारा
(d) उपरोक्त सभी

211. जीवाणु जनन करते हैं
(a) अधिकतर अलैंगिक (b) अधिकतर लैंगिक
(c) केवल अलैंगिक (d) केवल लैंगिक

212. जीवाणुवीय प्रकाश-संश्लेषण अद्भुत होता है, क्योंकि यह बिना
(a) प्रकाश-संश्लेषी वर्णकों के हो सकता है
(b) जल के हो सकता है
(c) कार्बन के हो सकता है
(d) प्रकाश के हो सकता है

213. यदि एक जीवाणु कोशिका प्रत्येक 20 मिनट में विभक्त होती है, तो दो घण्टों में कितने जीवाणु बनेंगे?
(a) 4 (b) 8
(c) 16 (d) 64

214. प्रकाश-संश्लेषी तथा रसायन-संश्लेषी जीवाणुओं में मुख्य अन्तर यह होता है कि
(a) प्रकाश-संश्लेषी जीवाणुओं में सूर्य के प्रकाश की ऊर्जा का उपयोग होता है, जबकि रसायन-संश्लेषी जीवाणुओं में यह अकार्बनिक पदार्थों के ऑक्सीकरण से उत्पन्न होती है
(b) प्रकाश-संश्लेषी जीवाणुओं द्वारा जल का उपयोग होता है, जबकि रसायन-संश्लेषी जीवाणु इसका प्रयोग नहीं करते हैं
(c) प्रकाश-संश्लेषी जीवाणु हरी पादप कोशिकाओं में परजीवियों की भाँति रहते हैं, जबकि रसायन-संश्लेषी जीवाणु अन्य मृत भोज्य पदार्थों पर मृतोपजीवी के रूप में पाए जाते हैं
(d) प्रकाश-संश्लेषी जीवाणु हरे पादपों में मिलते हैं, जबकि रसायन-संश्लेषी जीवाणु रासायनिक पदार्थों पर पाए जाते हैं

215. जीवाणुओं में सर्वाधिक प्रतिरोधी अवस्था होती है
(a) मीरोजाइगोट
(b) एण्टीबायोटिक
(c) सम्पुटयुक्त कायिक कोशिका
(d) नवविभाजित कोशिका

216. जीवाणुवीय संयुग्मन (Conjugation) के अन्तर्गत होता है, प्रायः
(a) एक संयुग्मक (Conjugant) से दूसरे में आनुवंशिक पदार्थ का केवल आंशिक स्थानान्तरण
(b) विषाणुओं द्वारा आनुवंशिक पदार्थ का आंशिक किन्तु पारम्परिक विनिमय
(c) विषाणुओं द्वारा आनुवंशिक पदार्थ का पारस्परिक एवं पूर्ण लेन-देन (विनिमय)
(d) विषाणुओं द्वारा एक संयुग्मक से दूसरे में आनुवंशिक पदार्थ का पूर्ण स्थानान्तरण

217. बोट्यूलिज्म (Botulism) मानव भोजन की एक घातक विषाक्तता (Poisoning) है। यह उत्पन्न होता है।
(a) *ई. कोलाई* द्वारा, जो मनुष्य में बड़ी आँत के वृहदान्त्र (Colon) भाग में रहता है
(b) मृतोपजीवी जीवाणु *क्लॉस्ट्रीडियम* द्वारा
(c) उग्र (Virulant) रोगोत्पादक परजीवी विषाणु द्वारा जिसे T_2 जीवाणुभोजी (Bacteriophage) कहते हैं
(d) अलवण जलीय शैवाल *कौस्मेरियम* द्वारा, जो पीने वाले टोंटी के पानी में उपस्थित होता है

218. फलीदार पौधों (Leguminous plants) की मूल ग्रन्थिकाओं में उपस्थित लाल वर्णक कहलाता है
(a) बैक्टीरियोक्लोरोफिल (b) फाइकोइरिथ्रिन
(c) बैक्टीरियोविरीडिन (d) लेगहीमोग्लोबिन

219. सड़ाने वाले जीवाणु (Putrefying bacteria) क्रिया करते हैं
(a) प्रोटीन्स पर (b) स्टार्च पर
(c) वसाओं पर (d) कार्बोहाइड्रेट्स पर

220. किसी जीवाणु के DNA का विषाणु द्वारा स्थानान्तरण कहलाता है
(a) पारक्रमण (b) रूपान्तरण
(c) लाइटिक (d) लाइसोजेनिक

221. निम्नलिखित में से कौन-सी क्रिया पूर्णतया जीवाणु ही करते हैं?
(a) ह्यूमस का निर्माण
(b) आँत में विटामिन-K का निर्माण
(c) पनीर का परिपक्वन
(d) प्रतिजैविकों का संश्लेषण

222. यदि संसार के सभी जीवाणु तथा कवक नष्ट हो जाएँ, तो
(a) सभी जीवाणु पदार्थ अमर हो जाएँगे और कोई भी बीमारी नहीं बचेगी
(b) हमें कोई भी प्रतिजैविक पदार्थ नहीं मिल पाएगा
(c) भूमि से धीरे-धीरे नाइट्रोजन समाप्त हो जाएगी
(d) संसार लाशों तथा सभी प्रकार के सजीवों के उत्सर्जी पदार्थों से भर जाएगा

223. *स्ट्रेप्टोमाइसीज वेनेजुएली* का प्रयोग होता है प्राप्त करने में
(a) क्लोरोमाइसिटीन को (b) स्ट्रेप्टोमाइसिन को
(c) टेट्रासाइक्लिन को (d) ओरियोमाइसिन को

224. दूध दही में बदलता है
(a) *जैन्थोमोनास सिट्री* द्वारा
(b) *बैसीलस मैगाथीरियम* द्वारा
(c) *एसीटोबैक्टर एसीटाई* द्वारा
(d) उपरोक्त में से कोई भी

225. निम्न में से कौन-सा डिप्थीरिया उत्पन्न करता है?
(a) *कोरिनीबैक्टीरियम* (b) *स्यूडोमोनास*
(c) *बैसीलस डिप्थीरी* (d) *साल्मोनेला टाइफोसा*

226. जीवाणु, जिनकी कोशिका में केवल एक वक्र (Curve) होता है, कहलाते हैं
(a) *विब्रियो* (b) *कोकाई*
(c) *स्पाइरिला* (d) *बैसिलाई*

227. पाश्चुरीकरण की विधि प्रस्तुत की थी
(a) ल्यूवेनहॉक ने (b) लुईस पाश्चर ने
(c) रॉबर्ट कोच ने (d) मेण्डल ने

228. *नाइट्रोसोमोनास* द्वारा अमोनिया से नाइट्रेट्स का उत्पादन कहलाता है
(a) नाइट्रीकरण
(b) अमोनीकरण
(c) नाइट्रोजन स्थिरीकरण
(d) विनाइट्रीकरण

229. एक जीवाणु, जो प्रायः मनुष्य तथा जन्तुओं की आँत में उपस्थित होता है, वह है
(a) *बैसीलस ब्रिविस*
(b) *एश्चिरिचिया कोलाई*
(c) *स्ट्रेप्टोकोकस लैक्टिस*
(d) *स्यूडोमोनास सिट्री*

230. ग्राम का स्टेन (Stain) होता है
(a) एक ग्राम से उत्पन्न स्टेन
(b) एक ट्रेडमार्क
(c) डच वैज्ञानिक 'ग्राम' द्वारा विकसित एक तकनीक
(d) जीवाणुओं के विभेदन के लिए रसायन

231. प्रकाश-संश्लेषी जीवाणु होते हैं
(a) *स्ट्रेप्टोकोकस* तथा *स्टेफाइलोकोकस*
(b) *क्लोरोबियम* तथा *क्लॉस्ट्रीडियम*
(c) *क्लोरोबियम* तथा *रोडोस्पाइरिलम*
(d) *नाइट्रोबैक्टर* तथा *नाइट्रोसोमोनास*

232. कुछ रसायन-संश्लेषी जीवाणु ऊर्जा प्राप्त करते हैं, ऑक्सीकृत करके
(a) गन्धक को
(b) CO_2 को
(c) नाइट्रोजन को
(d) हाइड्रोजन सल्फाइड को

233. *स्ट्रेप्टोमाइसीज ग्राइसियस* देते हैं, एक प्रतिजैविक
(a) स्ट्रेप्टोमाइसिन (b) क्लोरोमाइसिटीन
(c) टेरामाइसिन (d) पोलनीमिक्सिन

234. निम्न में से कौन-से अवायवीय होते हैं?
(a) *स्पाइरोगायरा* (b) मटर
(c) प्याज (d) मीथेन जीवाणु

235. निम्न में से कौन-सा जीवाणु जनित रोग है?
(a) खसरा (b) चेचक
(c) रेबीस (d) तपेदिक

236. एसीटिक अम्ल किण्वन होता है
(a) *क्लोरोबियम* द्वारा (b) *एसिटोबैक्टर* द्वारा
(c) *नाइट्रोबैक्टर* द्वारा (d) *राइजोबियम* द्वारा

237. जीवाणु, विषाणुओं से भिन्न होते हैं
(a) इनमें आनुवंशिक पदार्थ होता है
(b) इनमें आनुवंशिक पदार्थ का अभाव होता है
(c) इनमें सुस्पष्ट कोशिकाद्रव्य होता है
(d) ये प्रकृति में रोगजनक होते हैं

238. ऑटोक्लेविंग द्वारा भोजन का निर्जर्मीकरण किया जाता है
(a) विषाणुओं को मारने के लिए
(b) जीवाणुओं को मारने के लिए
(c) जीवाणुओं तथा एन्जाइम को नष्ट करने के लिए
(d) एन्जाइम को निष्क्रिय बनाने के लिए

239. पाश्चुरीकृत (Pesturised) दूध होता है
(a) सूक्ष्मजीवों से मुक्त नहीं
(b) जीवाणुओं से मुक्त नहीं
(c) बन्ध्य और किसी भी दशा में खट्टा नहीं होगा
(d) उपरोक्त सभी

240. सायनोबैक्टीरिया में जनन होता है
(a) अलिंगी तथा कायिक (b) लिंगी तथा अलिंगी
(c) लिंगी (d) कायिक

241. जीवाणुवीय राइबोसोम्स होते हैं
(a) 50S प्रकार के (b) 70S प्रकार के
(c) 30S प्रकार के (d) 80S प्रकार के

242. नाइट्रीकरण जीवाणु होते हैं
(a) स्वपोषी (b) मृतोपजीवी
(c) परजीवी (d) रसायन-संश्लेषी

243. स्ट्रेप्टोमाइसिन का प्रयोग होता है
(a) ग्राम-ऋणात्मक जीवाणुओं द्वारा उत्पन्न रोगों पर
(b) ग्राम-धनात्मक जीवाणुओं द्वारा उत्पन्न रोगों पर
(c) ग्राम-उदासीन जीवाणुओं द्वारा उत्पन्न रोगों पर
(d) दोनों (a) व (b) द्वारा उत्पन्न रोगों पर

244. पेप्टाइडोग्लाइकेन कोशिका भित्ति में मुख्य संगठक होता है
(a) यूबैक्टीरिया एवं एक कोशिकीय यूकैरियोट्स की
(b) बैक्टीरिया तथा सायनोबैक्टीरिया की
(c) आर्कीबैक्टीरिया तथा यूकैरियोट्स की
(d) मोनेरा तथा प्रोटिस्टा के सभी सदस्यों की

सही उत्तर

1. (c)	2. (c)	3. (a)	4. (b)	5. (d)	6. (a)	7. (d)	8. (d)	9. (d)	10. (a)
11. (d)	12. (b)	13. (b)	14. (c)	15. (a)	16. (a)	17. (d)	18. (c)	19. (a)	20. (b)
21. (c)	22. (a)	23. (b)	24. (a)	25. (a)	26. (a)	27. (d)	28. (b)	29. (a)	30. (a)
31. (a)	32. (a)	33. (d)	34. (c)	35. (b)	36. (c)	37. (b)	38. (c)	39. (c)	40. (a)
41. (a)	42. (b)	43. (d)	44. (b)	45. (b)	46. (b)	47. (c)	48. (d)	49. (c)	50. (d)
51. (d)	52. (b)	53. (a)	54. (b)	55. (a)	56. (d)	57. (c)	58. (a)	59. (d)	60. (d)
61. (c)	62. (a)	63. (b)	64. (b)	65. (a)	66. (d)	67. (b)	68. (a)	69. (b)	70. (d)
71. (a)	72. (d)	73. (c)	74. (d)	75. (d)	76. (a)	77. (c)	78. (a)	79. (a)	80. (d)
81. (c)	82. (b)	83. (c)	84. (b)	85. (c)	86. (c)	87. (c)	88. (c)	89. (d)	90. (d)
91. (d)	92. (a)	93. (a)	94. (a)	95. (a)	96. (b)	97. (b)	98. (c)	99. (c)	100. (b)
101. (c)	102. (c)	103. (a)	104. (d)	105. (a)	106. (d)	107. (c)	108. (c)	109. (d)	110. (b)
111. (b)	112. (d)	113. (b)	114. (b)	115. (c)	116. (c)	117. (c)	118. (c)	119. (a)	120. (b)
121. (d)	122. (d)	123. (a)	124. (c)	125. (c)	126. (c)	127. (c)	128. (a)	129. (a)	130. (d)
131. (c)	132. (c)	133. (a)	134. (c)	135. (a)	136. (c)	137. (a)	138. (c)	139. (a)	140. (d)
141. (d)	142. (b)	143. (b)	144. (c)	145. (a)	146. (d)	147. (a)	148. (c)	149. (b)	150. (d)
151. (b)	152. (a)	153. (d)	154. (d)	155. (d)	156. (a)	157. (a)	158. (c)	159. (c)	160. (a)
161. (b)	162. (b)	163. (b)	164. (a)	165. (d)	166. (b)	167. (a)	168. (c)	169. (d)	170. (a)
171. (a)	172. (a)	173. (c)	174. (d)	175. (b)	176. (c)	177. (c)	178. (b)	179. (a)	180. (c)
181. (b)	182. (b)	183. (c)	184. (a)	185. (a)	186. (b)	187. (c)	188. (a)	189. (c)	190. (a)
191. (a)	192. (a)	193. (b)	194. (b)	195. (c)	196. (c)	197. (b)	198. (b)	199. (a)	200. (b)
201. (c)	202. (c)	203. (a)	204. (c)	205. (a)	206. (c)	207. (b)	208. (c)	209. (d)	210. (d)
211. (a)	212. (b)	213. (d)	214. (a)	215. (c)	216. (a)	217. (b)	218. (d)	219. (a)	220. (a)
221. (b)	222. (d)	223. (a)	224. (d)	225. (a)	226. (a)	227. (b)	228. (a)	229. (b)	230. (c)
231. (c)	232. (d)	233. (a)	234. (d)	235. (d)	236. (b)	237. (c)	238. (b)	239. (a)	240. (a)
241. (b)	242. (d)	243. (a)	244. (b)						

अध्याय 09 जैव-अणु एवं जैव रसायन विज्ञान

जैव-अणु

जैव-अणु वे रासायनिक पदार्थ हैं, जो जीवों की कार्यिकी के लिए महत्त्वपूर्ण हैं, इसमें प्रोटीन, कार्बोहाइड्रेट, पॉलीसैकेराइड, लिपिड, आदि बड़े अणु एवं अकार्बनिक आयन, जल, आदि छोटे अणु साथ ही साथ प्राथमिक एवं द्वितीयक उपापचयी पदार्थ (Metabolites) सम्मिलित होते हैं।

(i) **प्राथमिक उपापचयी** (Primary metabolites) ये सामान्य अभिक्रियाओं से बनते हैं और सीधे जीव की वृद्धि एवं प्रजनन में भाग लेते हैं; जैसे—एन्जाइम और प्रोटीन।

(ii) **द्वितीयक उपापचयी** (Secondary metabolites) ये प्राथमिक उपापचयी पदार्थों की अभिक्रियाओं से बनते हैं और सीधे-सीधे जैविक क्रियाओं में भाग नहीं लेते हैं। प्रतिजैविक, वर्णक, एल्केलॉइड, गोंद, मसाले, आदि द्वितीयक उपापचयी के उदाहरण है। द्वितीयक उपापचयी पर्यावरणीय, सामाजिक, आर्थिक रूप से महत्त्वपूर्ण है; जैसे—इनको दवा (औषधि), आदि के रूप में प्रयोग कर सकते हैं।

कार्बोहाइड्रेट्स

कार्बोहाइड्रेट, पॉलीहाइड्रॉक्सी एल्डिहाइड अथवा कीटोन होते हैं, जो C, H एवं O से बने होते हैं। इनमें C, H एवं O का अनुपात सामान्यतया 1 : 2 : 1 होता है। सामान्य सूत्र $C_n(H_2O)_n$ (n = कार्बन परमाणुओं की संख्या) होता है।

कार्बोहाइड्रेट हमारे शरीर हेतु ऊर्जा के मुख्य स्रोत हैं। ये ऑक्सीकरण के पश्चात् शरीर में ऊर्जा उत्पन्न करते हैं। 1 ग्राम कार्बोहाइड्रेट के ऑक्सीकरण से 17 किलो जूल अथवा 4.1 किलो कैलोरी ऊर्जा निकलती है।

हमारे भोजन की कुल ऊर्जा में से लगभग 60-80% ऊर्जा, कार्बोहाइड्रेट से आती है। कार्बोहाइड्रेट हमारे शरीर का लगभग 1% भाग बनाते हैं।

कार्बोहाइड्रेट्स के प्रकार

शर्करा अणुओं के आधार पर इन्हें तीन भागों में बाँटा जा सकता है

1. **मोनोसैकेराइड्स** ये सबसे सरल कार्बोहाइड्रेट हैं। ये केवल एक शर्करा अणु के बने होते हैं; जैसे—ग्लूकोस, फ्रक्टोस, गैलेक्टोस।
2. **डाइसैकेराइड्स** ये मोनोसैकेराइड्स की दो इकाइयों के बने होते हैं; जैसे—सुक्रोस (चीनी), माल्टोस, लैक्टोस (दुग्ध शर्करा)।
3. **पॉलीसैकेराइड्स** ये बहुत सी मोनोसैकेराइड इकाइयों के ग्लाइकोसाइडिक बन्ध (Glycosidic bond) द्वारा जुड़ने से बनते हैं; जैसे—सेलुलोस, स्टार्च (आलू में), ग्लाइकोजन (जन्तु यकृत में), काइटिन (आर्थ्रोपोड्स के कवच), हैलुरिक अम्ल , आदि।

प्रोटीन

यह जीवधारियों के शरीर का महत्त्वपूर्ण घटक है। कोशिकाओं के विलयों के अणुओं में प्रोटीन्स के अणुओं की संख्या ही नहीं वरन् संरचनात्मक एवं कार्यात्मक विविधता भी सबसे अधिक होती है। सजीव कोशिकाओं का 12-14% एवं मृत या शुष्क कोशिकाओं का 75% भाग प्रोटीन होता है।

प्रोटीन एक जटिल कार्बनिक यौगिक है, जो बहुत से अमीनो अम्लों से मिलकर बना होता है। **बर्जिलीयस** (Berzelius; 1838) एवं **मूलर** (1838) ने इन यौगिकों को **प्रोटीन** (Proteins: first or foremost) का नाम दिया।

प्रोटीन, कार्बोहाइड्रेट्स एवं लिपिड्स की भाँति कार्बन, हाइड्रोजन एवं ऑक्सीजन से बने होते हैं साथ ही साथ इनमें 15-18% नाइट्रोजन और कुछ सल्फर, फॉस्फोरस एवं आयोडीन भी होता है।

प्रोटीन की भागीदारी भरण-पोषण से लेकर शरीर की बनावट तक सभी में होती है। प्रोटीन, अमीनो अम्ल का बहुलक है। प्रोटीन अणु में अनेक अमीनो अम्ल पेप्टाइड बन्ध द्वारा जुड़े रहते हैं। एक पेप्टाइड बन्ध में एक अमीनो अम्ल का कार्बोक्सिल समूह (–COOH) दूसरे अमीनो अम्ल के अमीनो ($-NH_2$) समूह से जुड़ता है। एक पेप्टाइड बन्ध बनने में जल का एक अणु मुक्त होता है, इसलिए इसे **निर्जलीकरण संघनन** (Dehydration condensation) प्रक्रिया कहते हैं।

प्रोटीन का संरचनात्मक स्तर

कोशिकाएँ सूक्ष्म आकार की त्रिविमीय संरचनाएँ होती हैं, जबकि प्रोटीन की पॉलीपेप्टाइड श्रृंखलाएँ कोशिकाओं से कहीं लम्बी व रेखाकार होती हैं। अतः कोशिकाओं में समाने के लिए वलन व कुण्डलन द्वारा, ये विभिन्न प्रकार की त्रिविम आकृतियाँ धारण करते हैं। इन आकृतियों को प्रोटीनों के प्रारूप संरुपण कहते हैं। प्रोटीन्स के प्रारूप संरुपणों के चार स्तर हैं

(a) **प्राथमिक संरचना** (Primary structure) पॉलिपेप्टाइड श्रृंखला में पेप्टाइड बन्धों द्वारा जुड़े अमीनो अम्लों के अनुक्रम, प्रोटीन की संरचना का प्राथमिक स्तर प्रदर्शित करते हैं। प्रोटीन में अमीनो अम्लों का अनुक्रम इसके जैविक प्रकार्य को निर्धारित करता है केवल एक अमीनो अम्ल के प्रतिस्थापन से ही प्रोटीन का कार्य बदल जाता है।

सन् 1953 में **फैड्रिक सेंगर** ने सर्वप्रथम इन्सुलिन हॉर्मोन में अमीनो अम्ल के क्रम को खोजा था।

(b) **द्वितीयक संरचना** (Secondary structure) कार्यशील होने के लिए प्रोटीन को विशेष त्रिविमीय रचना में रहना पड़ता है। एक कार्यशील प्रोटीन में एक या इससे अधिक पॉलीपेप्टाइड श्रृंखलाएँ होती हैं। श्रृंखला में अमीनो अम्ल का क्रम यह निर्धारित करता है कि कहाँ पर श्रृंखला मुड़ेगी और कहाँ पर श्रृंखलाएँ लम्बाई में एक-दूसरे से जुड़ेंगी। श्रृंखला का मुड़ना एवं विभिन्न पॉलीपेप्टाइड श्रृंखलाओं का मिलना अमीनो अम्लों के हाइड्रोजन परमाणुओं तथा कार्बोक्सिल समूह की ऑक्सीजन के बीच हाइड्रोजन बन्धों पर निर्भर करता है। हाइड्रोजन बन्ध बनने से पेप्टाइड श्रृंखला की द्वितीयक रचना का रूप बन जाता है। द्वितीयक संरचना को सन् 1984 **लाइनस पॉलिंग** (Linus Pauling) ने खोजा और बताया कि प्रोटीनों की पॉलीपेप्टाइड श्रृंखलाएँ दो प्रकार की होती हैं

- α-कुण्डलिनी (α-helix)
- β-परत (β-sheet)

(c) **तृतीयक संरचना** (Tertiary structure) पॉलीपेप्टाइड श्रृंखला में त्रिविमीय वलन से बनी सघन गोलाकार आकृतियाँ **तृतीयक संरचना** प्रदर्शित करती हैं। यह संरचना ग्लोब्यूलर प्रोटीन (Globular proteins) में पाई जाती है। इसमें द्वितीयक संरचना वाली एक α-कुण्डलिनी या लहरियादार शीट का पुन: कुण्डलन एवं वलन होता है। ये वलन पॉलीपेप्टाइड श्रृंखला में दूर-दूर पर स्थित अमीनो अम्लों के R-समूहों (पार्श्व श्रृंखलाओं) के पास-पास आने और मुड़ने से बनते हैं। इनके परिणामस्वरूप अमीनो अम्लों के अध्रुवीय, जलविरागी (Hydrophobic) R-समूह प्रोटीन अणु के अन्दर की ओर छिप जाते हैं तथा ध्रुवीय, जलस्नेही (Hydrophilic) NH_2-समूह प्रोटीन अणु की सतह पर आ जाते हैं। साथ ही प्रोटीन के सक्रिय या कर्मकारी भाग प्रोटीन की सतह पर आ जाते हैं। इन सक्रिय क्षेत्रों को **डोमेन** कहते हैं।

(d) **चतुष्क संरचना** (Quaternary structure) इसमें प्रोटीन बहुलीकृत होकर एक उच्च कुण्डलित रचना बनाती है इन प्रोटीनों में दो या दो से अधिक पॉलीपेप्टाइट श्रृंखलाएँ होती हैं, जो आपस में गैर-सहसंयोजक बन्ध से जुड़े रहते हैं। इनकी संरचना में भाग लेने वाली सभी पॉलीपेप्टाइड श्रृंखलाओं की संरचना तृतीयक होती है किन्तु कई श्रृंखलाओं के एक-साथ जुड़ने पर ही प्रोटीन अणु क्रियाशील होता है; जैसे—हीमोग्लोबिन। इसमें 2α एवं 2β श्रृंखलाएँ होती हैं, तम्बाकू के मोजेक विषाणु एवं कुछ अन्य विषाणुओं के प्रोटीन-आच्छद कई पॉलीपेप्टाइड श्रृंखलाओं के बने होते हैं।

लिपिड

लिपिड शब्द का प्रयोग जर्मनी के **विल्हेम ब्लूर** (Wilhelm Bloor) ने सन् 1943 में किया था। उन्हें आधुनिक **जैव-रसायन का जनक** माना जाता है। लिपिड विभिन्न प्रकार के तैलीय (Oily), स्नेहकीय (Greasy) तथा मोम (Waxy) के समान कार्बनिक पदार्थ है, जो सभी जीवधारियों में पाए जाते हैं। इसके अन्तर्गत वसा (Fat) तथा अन्य पदार्थ; जैसे— तेल, फॉस्फोलिपिड विटामिन-A, D, K, E, केरोटिनॉइड, आदि आते हैं। सामान्यतया लिपिड जल में अविलेय परन्तु वसा विलायकों (Fat solvents), अध्रुवीय कार्बनिक विलायकों; जैसे—क्लोरोफॉर्म, ईथर, बेन्जीन, एसीटोन, पेट्रोलियम, आदि में घुलनशील होते हैं। रासायनिक रूप से ये वसीय अम्लों (Fatty acids) के एस्टर (Esters) के हाइड्रोलिक पदार्थ हैं। इनका अणुभार 750 – 1500 तक होता है।

वसीय अम्ल

ये कार्बनिक पदार्थ हैं जिनमें लम्बी (4-24) हाइड्रोकार्बन की श्रृंखला कार्बोक्सिल समूह से जुड़ी रहती है। ये हाइड्रोकार्बन की श्रृंखला सीधी या कुण्डलित होती है। प्रत्येक श्रृंखला में कार्बन परमाणुओं की संख्या सदैव सम (Even) होती है। वसीय अम्ल के एक सिरे पर कार्बोक्सिल समूह (– COOH) होता है तथा दूसरे सिरे से एक मेथिल समूह ($-CH_3$) जुड़ा रहता है। कार्बोक्सिल समूह पर ऋणात्मक आवेश होने के कारण यह ध्रुवीय (Polar) होता है। अत: यहं वसा अम्ल के अणु का **जलरागी शीर्ष** (Hydrophilic head) भाग बनाता है। अणु का शेष भाग हाइड्रोकार्बन की बनी एक लम्बी **पुच्छ** बनाता है। अध्रुवीय वसा अम्लों की पुच्छ के कारण ही वसाएँ जल में अघुलनशील होती हैं।

जलविरागी (Hydrophobic) गुण के कारण ही वसाएँ समूह बनाकर जलीय माध्यम में अलग रहती हैं। वे कार्बनिक अणु, जिनमें जलरागी तथा जलविरागी दोनों भाग होते हैं—**उभयसंवेदी** (Amphipathic) अणु कहलाते हैं। वसीय अम्ल मुख्य दो प्रकार के होते हैं, अर्थात् संतृप्त एवं असंतृप्त वसीय अम्ल।

न्यूक्लिक अम्ल

न्यूक्लिक अम्ल के द्वारा सभी सजीव प्राणियों के आनुवंशिक पदार्थ का निर्माण होता है। दो महत्त्वपूर्ण न्यूक्लिक अम्ल अर्थात् डि-ऑक्सीराइबोन्यूक्लिक अम्ल (DNA) और राइबोन्यूक्लिक अम्ल (RNA) जीवित कोशिकाओं में उपस्थित होते हैं।

डीऑक्सी राइबोन्यूक्लिक अम्ल

DNA, एक ही प्रकार के बहुत से **एकलकों** (Monomers) अर्थात् न्यूक्लियोटाइड (Nucleotide) का बहुलक है। इसका न्यूक्लियोटाइड, डिऑक्सीराइबोस शर्करा, फॉस्फेट तथा प्यूरीन (एडीनीन व ग्वानीन) एवं पिरीमिडीन (थायमीन व साइटोसीन) के एक-क्षारक से मिलकर बनता है।

X-किरण विश्लेषण द्वारा **विल्किन्स एवं फ्रेंकलिन** (Wilkins and Franklin) ने बताया कि DNA कुण्डलिनी के रूप में होता है। इन सूचनाओं का प्रयोग कर **वाटसन** एवं **क्रिक** (Watson and Crick) ने सन् 1953 में DNA का द्विकुण्डलीदर मॉडल (Double helix model) प्रस्तुत किया।

दोहरे कुण्डल में DNA की दो पॉलीन्यूक्लियोटाइड श्रृंखलाएँ एक-दूसरे के प्रति-समानान्तर (Anti-parallel) होती हैं तथा पूरक क्षारकों के मध्य हाइड्रोजन बन्धों द्वारा जुड़ी रहती है।

एडीनीन व थायमीन दो हाइड्रोजन बन्धों द्वारा जबकि ग्वानीन व साइटोसीन तीन हाइड्रोजन बन्धों द्वारा जुड़े होते हैं।

DNA अणु का व्यास 20 Å होता है तथा कुण्डलाकार रचना में एक पूर्ण चक्र 34 Å की दूरी पर होता है।

राइबोस न्यूक्लिक अम्ल

RNA राइबोस शर्करा (Ribose sugar), नाइट्रोजनी क्षारक (Nitrogenous base) तथा फॉस्फेट समूह से बने न्यूक्लियोटाइडों अर्थात् **राइबोटाइड** (Ribotide) या राइबोन्यूक्लियोटाइड का बहुलक है।

इसके पिरिमिडीन में थायमीन के स्थान पर यूरेसिल (Uracil) होता है।

एन्जाइम्स/विकर

एन्जाइम जीवित कोशिकाओं द्वारा उत्पन्न वे विशिष्ट कार्बनिक पदार्थ (Organic substance) हैं, जो जीव रसायन क्रियाओं में उत्प्रेरक (Catalyst) का कार्य करते हैं।

गुण

जो एन्जाइम जिस कोशिका में उत्पन्न होते हैं और उसी कोशिका में कार्य करते हैं, तब इन्हें अन्त:कोशिकीय एन्जाइम कहते हैं परन्तु जो एन्जाइम विसरित (Diffused) होकर बाह्य किसी माध्यम पर क्रिया करते हैं तब ऐसे एन्जाइम को **बाह्य-कोशिकीय एन्जाइम** (Extracellular enzyme) कहते हैं।

कुहने (Kuhne; 1978) ने एन्जाइम को जैविक उत्पत्ति (Biological origin) का उत्प्रेरक कहा। **मेयरबैक** (Mayrback; 1950) ने एन्जाइम को सरल अथवा संयुक्त (Compound) प्रोटीन्स कहा, जो विशिष्ट उत्प्रेरकों की भाँति कार्य करते हैं। वास्तव में एन्जाइम एक या अधिक सक्रिय स्थल (Active site) युक्त प्रोटीन अणु हैं।

एन्जाइम का नामकरण एवं वर्गीकरण

सन् 1961 में जैव-रसायन एवं आण्विक जीव-विज्ञान की अन्तर्राष्ट्रीय परिषद् (IUBMB) ने एन्जाइम का नामकरण एवं वर्गीकृत किया।

एन्जाइमों का नामकरण एवं उनका वर्गीकरण समय-समय पर परिवर्तित होता रहता है। प्राय: एन्जाइम नाम सबस्ट्रेट के नाम पर आधारित रहता है इसके अन्त में ase (ऐज) का प्रयोग करते हैं; जैसे—माल्टोस से माल्टेज, सुक्रोस से सुक्रेज, आदि। बाद में, एन्जाइम द्वारा उत्प्रेरित अभिक्रिया के नाम पर भी नामकरण हुआ, जिसमें ase (ऐज) शब्द को अभिक्रिया के प्रकार के आधार पर जोड़ा गया; जैसे—आइसोमरेज (Isomerase), हाइड्रोलेज (Hydrolase)।

महत्त्व

ये उपापचयी क्रियाओं को उत्प्रेरित करते हैं।

हॉर्मोन

यह विभिन्न प्रकार के रासायनिक पदार्थ होते हैं। ये सभी अलग-अलग रासायनिक संरचना के होते हैं, प्रत्येक हॉर्मोन का अपनी लक्ष्य कोशिकाओं (Target cells) पर विशिष्ट प्रभाव होता है। ये हॉर्मोन अपनी विशिष्ट हॉर्मोन ग्राही प्रोटीन (Hormone receptor protein) पर बन्ध जाते हैं। यह हॉर्मोन ग्राही प्रोटीन लक्ष्य कोशिका की कोशिका कला पर उपस्थित होती है। ये अन्तस्रावी ग्रन्थियों द्वारा स्रावित होते हैं।

अन्त:स्रावी तन्त्र (Endocrine system) बहुत सारी ग्रन्थियों से सम्बन्धित होता है, जो पूरे शरीर में अलग-अलग स्थान पर उपस्थित होती हैं, परन्तु इन ग्रन्थियों का आपस में संरचनात्मक रूप से जुड़ाव नहीं होता है। वास्तव में अन्त:स्रावी तन्त्र अत्यन्त जटिल जन्तु के शरीर हेतु तन्त्रिका तन्त्र का **अनुलग्न तन्त्र** है, जिसके अनेक कार्यों को तन्त्रिका तन्त्र नियन्त्रित करता है। इस कारण दोनों तन्त्रों को हम **तन्त्रिकीय अन्त:स्रावी तन्त्र** (Neuroendocrine system) कहते हैं।

विटामिन

विटामिन शब्द **कैसीमिर फुंक** (Casimir Funk) ने प्रतिपादित किया था। हमारा शरीर विटामिन-D एवं K का संश्लेषण कर सकता है।

वसा में घुलनशील विटामिन

वसा में घुलनशील विटामिन निम्नलिखित हैं

(i) **विटामिन-A** (रेटीनॉल) विटामिन-A को कैरोटीन के रूप में भी जाना जाता है। **स्टीनबॉक** (1919) ने विटामिन-A की खोज की थी तथा **कैरियर** (1931) ने विटामिन-A की संरचना ज्ञात की थी। इस विटामिन को प्रति-संक्रमण (Anti-infective) विटामिन भी कहा जाता है।

यह सामान्य दृष्टि एवं स्वस्थ आँखों के लिए आवश्यक है। इसके स्रोत, पीली एवं हरी पत्तीदार सब्जियाँ (पालक), गाजर, पपीता, आम, मक्का, दूध, घी, मछली के यकृत का तेल, आदि हैं। यह अधिक ताप पर नष्ट हो जाता है।

इसकी कमी से **रतौंधी** (Night blindness), जिसमें कम प्रकाश में वस्तुएँ दिखाई नहीं देती, **जीरोफ्थैलमिया** या **किरेटोमेलेसिया** (आँख की पुतली की बाह्य परत का सूखना एवं सिकुड़ना), आदि रोग उत्पन्न हो जाते हैं।

(ii) **विटामिन-D** (कैल्सीफेरॉल) इसे सूर्य से प्राप्त विटामिन अथवा एण्टी-रिकेट्स विटामिन भी कहते हैं। यह सूर्य के प्रकाश की उपस्थिति में त्वचा के नीचे बनता है।

यह अस्थियों एवं दाँतों की मजबूती हेतु आवश्यक है। यह DNA संश्लेषण और कैल्शियम एवं फॉस्फोरस के अवशोषण में सहायक है। इसके स्रोत अण्डा, दूध, मछली के यकृत का तेल, आदि हैं।

सूर्य का प्रकाश, विटामिन-D का सबसे सस्ता स्रोत है। यह अस्थियों को प्रभावित करता है तथा इसकी कमी से बच्चों एवं वयस्कों में क्रमश: **रिकेट्स** एवं **ऑस्टियोमेलिसिया** रोग उत्पन्न हो जाते हैं।

(iii) **विटामिन-E** (टोकोफेरॉल) इसे सौन्दर्य का विटामिन भी कहते हैं। यह ऑक्सीकारक के रूप में कार्य करता है तथा लाल रुधिर कणिकाओं (RBCs) के निर्माण में सहायक है। यह नर एवं मादा दोनों में प्रजनन तन्त्र के सामान्य कार्यान्वयन हेतु आवश्यक होता है। इसके स्रोत वनस्पति तेल, गेहूँ, बिनौला, आदि हैं।

इसकी कमी से **पेशियाँ नष्ट** होने लगती हैं तथा **प्रजनन तन्त्र असामान्य** हो जाता है।

(iv) **विटामिन-K** (फिल्लोक्विनोन) इसकी खोज **हेर्नीक डेम** (1935) ने की थी। यह नैफ्थोक्विनोन भी कहलाता है तथा शरीर में जीवाणुओं द्वारा संश्लेषित किया जाता है।

यह विटामिन रुधिर का थक्का जमाने में सहायक है तथा स्कन्दन विटामिन भी कहलाता है। इसके मुख्य स्रोत फूलगोभी, पालक, टमाटर, सोयाबीन, आदि हैं।

इसकी कमी से रुधिर का थक्का जमने में विलम्ब होता है तथा **हैमरेज** (Haemorrhage) या रुधिर स्रावण हो जाता है।

जल में घुलनशील विटामिन

जल में घुलनशील विटामिन निम्नलिखित हैं

(i) विटामिन-B कॉम्प्लैक्स

- **विटामिन-B_1** (थायमीन) इसका नाम विटामिन-B_1 फुंक ने प्रतिपादित किया था। यह भोजन पकाते समय नष्ट हो जाता है तथा भोजन के पानी में घुल जाता है। यह तन्त्रिका कोशिका और उपापचय की क्रिया-विधि में सहायक है। यह पाचन एवं भूख को सामान्य रखने में सहायक है। इसके मुख्य स्रोत यीस्ट, चावल, गेहूँ, सेम, सोयाबीन, यकृत का तेल, दूध, आदि हैं। इसकी कमी से बेरी-बेरी रोग हो जाता है, जिसके लक्षण भूख न लगना एवं पैरों तथा सिर में अधरंग (Paralysis) हैं।
- **विटामिन-B_2** (राइबोफ्लेविन) यह भोजन पकाते समय तथा तेज सूर्य के प्रकाश में नष्ट हो जाता है। यह प्रोटीन एवं वसा उपापचय में सहायक है। यह शरीर की सामान्य वृद्धि हेतु आवश्यक है। इसके मुख्य स्रोत दूध, अण्डा, यकृत का तेल, हरी सब्जियाँ, दालें, पनीर, आदि हैं। इसकी कमी से **जीभ** एवं **कॉर्निया** में सूजन आ जाती है एवं **होंठ** फटने लगते हैं।
- **विटामिन-B_3** (नियासिन/निकोटिनिक अम्ल) यह **एण्टी पेलाग्रा** (Antipellagra) कारक भी कहलाता है। यह कार्बोहाइड्रेट, प्रोटीन एवं वसा के ऑक्सीकरण में सहायक है। इसके मुख्य स्रोत अनाज, यकृत का तेल, मक्का, फल, दूध, अण्डा, माँस, आदि हैं। इसकी कमी से **पेलाग्रा, डर्मेटाइटिस** आदि रोग उत्पन्न हो जाते हैं।
- **विटामिन-B_9** (फोलिक अम्ल) यह लाल रुधिर कणिकाओं की वृद्धि एवं परिपक्वन हेतु आवश्यक है। इसके मुख्य स्रोत हरी पत्तीदार सब्जियाँ, यीस्ट, केला, दालें, फूलगोभी, माँस, यकृत का तेल, आदि हैं। इसकी कमी से मनुष्य में **मैक्रोसाइटिक रक्ताल्पता** (Macrocytic anaemia) हो जाता है।
- **विटामिन-B_{12}** (सायनोकोबालअमीन) यह कोबामाइड सायनाइड भी कहलाता है। यह लाल रुधिर कणिकाओं (RBCs) के निर्माण एवं तन्त्रिका तन्त्र के कार्य में सहायता करता है। इसके मुख्य स्रोत यकृत का तेल, पनीर, दूध, माँस, मछली, अण्डा, वृक्क, आदि हैं। इसकी अल्पता से **पर्नीसियस एनीमिया** (Pernicious anaemia) हो जाता है।

(ii) विटामिन-C (एस्कॉर्बिक अम्ल)

इस विटामिन की खोज सबसे पहले हुई थी। यह दाँत, मसूड़े एवं जोड़ों हेतु आवश्यक है। यह पित्ताशय में पत्थरी (Stones) के बनने को रोकता है। यह ताप से नष्ट हो जाता है। यह संक्रमण के प्रति हमारे शरीर को शक्ति प्रदान करता है। इसके प्रमुख स्रोत आँवला, रसीले फल (नींबू, सन्तरा), अमरूद, टमाटर, मिर्च, आदि हैं। इसकी कमी से **स्कर्वी** (Scurvy) रोग हो जाता है जिसमें मसूड़ों से खून निकलने लगता है।

वस्तुनिष्ठ प्रश्न

1. कार्बोहाइड्रेट पदार्थों को कहते हैं
(a) कार्बन के हाइड्रेट्स
(b) ऑक्सीजन के हाइड्रेट
(c) ईथर के हाइड्रेट्स
(d) उपरोक्त में से कोई नहीं

2. कार्बोहाइड्रेट पदार्थ नहीं है
(a) रेमिनोज
(b) ग्लूकोसामीन
(c) पॉलीहाइड्रोक्सी एल्डिहाइड
(d) लैक्टिक अम्ल

3. मोनोसैकेराइड्स नहीं हैं
(a) राइबोस (b) इरिथ्रोज
(c) फ्रक्टोस (d) सेलुलोस

4. मोनोसैकेराइड्स में प्रत्येक अणु में कार्बन परमाणु होते हैं
(a) 2-5 (b) 3-7
(c) 7-11 (d) 12-15

5. मोनोसैकेराइड का एक कार्बन हाइड्रोजन व ऑक्सीजन परमाणु से जुड़ कर कार्बोनिल समूह बनाता है और शेष कार्बन परमाणुओं में से प्रत्येक परमाणु जुड़ता है
(a) हाइड्रोक्सिल समूह (b) एल्डिहाइड से
(c) कीटोन (d) इनमें से कोई नहीं

6. लैक्टोस उदाहरण हैं
(a) मोनोसैकेराइड का
(b) ऑलिगोसैकेराइड (डाइसैकेराइड)
(c) पॉलीसैकेराइड
(d) उपरोक्त से कोई नहीं

7. लैक्टोस लैक्टिक अम्ल में बदलता है
(a) *स्ट्रेप्टोकोकस न्यूमोनी*
(b) *स्ट्रेप्टोकोकस टिट्रीसाई*
(c) *स्ट्रेप्टोकोकस लैक्टिस*
(d) उपरोक्त में से कोई नहीं

8. प्रोटीन सजीव कोशिका में लगभग पाया जाता है
(a) 2% (b) 17%
(c) 20% (d) 33%

9. प्रोटीन शब्द का सर्वप्रथम प्रयोग किया था
(a) बर्जिलियस ने (b) चारगॉफ ने
(c) मिलर ने (d) इनमें से कोई नहीं

10. प्रोटीन में पाया जाता है
(a) कार्बन, हाइड्रोजन एवं ऑक्सीजन
(b) नाइट्रोजन एवं सल्फर
(c) फॉस्फोरस एवं आयोडीन
(d) उपरोक्त सभी

11. ग्लाइकोप्रोटीन है
(a) हिपेरिन (b) विटेलिन
(c) केसीन (d) फैरिटिन

12. लिपिड होते हैं
(a) तैलीय (b) स्नेहकीय
(c) मोम (d) ये सभी

13. संतृप्त वसीय अम्ल है
(a) ऑइलिक अम्ल
(b) लिनोलेइक अम्ल
(c) एरीकिडोनिक अम्ल
(d) स्टीरिक अम्ल

14. RNA में पूरक क्षार नहीं होते हैं
(a) एडीनीन-थाइमीन (b) साइटोसीन-ग्वानीन
(c) एडीनीन-यूरेसिल (d) इनमें से कोई नहीं

15. एन्जाइम अभिक्रिया की गति को
(a) बढ़ाते हैं (b) घटाते हैं
(c) (a) व (b) दोनों (d) इनमें से कोई नहीं

16. एन्जाइम की खोज की
(a) समर (b) मेयर बैक
(c) कुहने (d) जी एन कोरथा

17. प्राय: एन्जाइमों के नामों के पीछे लगाते हैं
(a) ऐज, 'ase' (b) ऐज, 'age'
(c) ऐज, 'edge' (d) ऐज, 'ease'

18. ताला-चाबी परिकल्पना या टेम्पलेट वाद किसने प्रस्तुत की?
(a) कोशलैण्ड (b) फिशर
(c) मेयर बैक (d) माइकेलिस

19. एन्जाइमों की सक्रियता निर्भर करती है
(a) ताप (b) pH
(c) सान्द्रता (d) ये सभी

20. हॉर्मोन का स्रावण होता है
(a) अन्त:स्रावी द्वारा (b) बहिस्रावी ग्रन्थि द्वारा
(c) मिश्रित ग्रन्थि द्वारा (d) (a) व (c) दोनों

21. निम्न में से कौन-सा विटामिन बैक्टीरिया द्वारा आँत्र में स्रावित होता है?
(a) विटामिन-B_1 (b) विटामिन-D
(c) विटामिन-K (d) विटामिन-C

सही उत्तर

1. (a) **2.** (d) **3.** (d) **4.** (b) **5.** (a) **6.** (b) **7.** (c) **8.** (b) **9.** (a) **10.** (d)
11. (a) **12.** (d) **13.** (d) **14.** (a) **15.** (a) **16.** (c) **17.** (a) **18.** (b) **19.** (d) **20.** (d)
21. (c)

अध्याय 10 पारिस्थितिकी एवं पर्यावरणीय

जीव तथा उसके बाह्य वातावरण के पारस्परिक सम्बन्धों का अध्ययन **पारिस्थितिकी** कहलाता है। **इकोलॉजी** (Ecology) शब्द का सर्वप्रथम प्रयोग **रीटर** ने सन् 1868 में 'ऑइकोलॉजी' के रूप में किया था।

अर्नेस्ट हेकल (1869) के अनुसार 'जीवधारियों के कार्बनिक तथा अकार्बनिक वातावरण और पारस्परिक सम्बन्धों के अध्ययन को **पारिस्थितिकी** कहते हैं।'

यू ओडम (1963) के अनुसार, 'पारिस्थितिकी प्रकृति की संरचना एवं प्रक्रिया का अध्ययन है।'

प्रो. आर मिश्रा (1967) के अनुसार, 'पारिस्थितिकी रूप प्रक्रिया और कारकों के मध्य पारस्परिक सम्बन्ध है।'

पारिस्थितिकी की शाखाएँ

पारिस्थितिकी को दो भागों अर्थात स्वपारिस्थितिकी (Autecology) एवं संपारिस्थितिकी (Synecology) में विभाजित किया जा सकता है।

1. **स्वपारिस्थितिकी** (Autecology) किसी एक प्राणी अथवा किसी एक जाति एवं उसके वातावरण के बीच पारस्परिक सम्बन्धों का अध्ययन **स्वपारिस्थितिकी** कहलाता है।
2. **संपारिस्थितिकी** (Synecology) इसके अन्तर्गत किसी स्थान पर पाए जाने वाले समस्त जीव समूह (Community) एवं वहाँ के वातावरण के पारस्परिक सम्बन्धों का अध्ययन किया जाता है।

वातावरणीय कारक

वातावरण का प्रत्येक भाग, जो पौधों पर प्रभाव डालता है, वातावरणीय कारक कहलाता है, जो कारक पौधों को सीधे प्रभावित करते हैं (जैसे—प्रकाश, तापक्रम, आर्द्रता, मृदा में नमी, मृदा में लवण, आदि) **प्रत्यक्ष कारक** (Direct factors) कहलाते हैं तथा जो कारक पौधों को परोक्ष रूप से प्रभावित करते हैं, (जैसे—वर्षा, वायु, मृदा संरचना, ऊँचाई, ढलान, आदि), **अप्रत्यक्ष कारक** (Indirect factors) कहलाते हैं।

विभिन्न प्रकार के कारकों को निम्न चार भागों में बाँटा जा सकता है

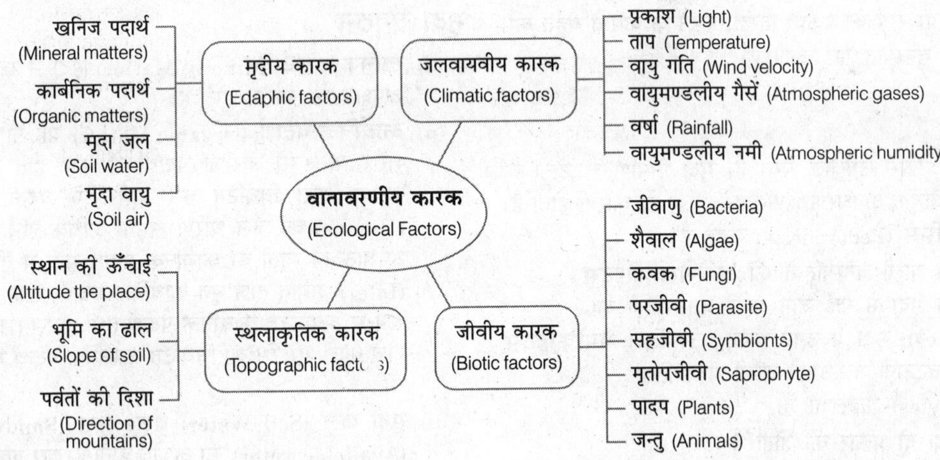

जलवायवीय कारक

पृथ्वी के चारों ओर स्थित पारदर्शी गैसीय आवरण को **वायुमण्डल** कहते हैं। वायुमण्डल में विभिन्न स्तर—क्षोभमण्डल (Troposphere), समतापमण्डल (Stratosphere), मध्यमण्डल (Mesosphere) तथा तापमण्डल (Thermosphere) होते हैं।

जलवायवीय कारक निम्न प्रकार के होते हैं

(i) **प्रकाश** (Light) पौधों के लिए सूर्य ही एक मात्र ऊर्जा का स्रोत है। प्रकाश की आवश्यकता के अनुसार पौधों को **प्रकाश रागी** (Photophilous) या **सूर्यानुरागी** (Heliophilous) या **प्रकाशप्रिय** (Sunloving) तथा **छायारागी** (Sciophilous) या **छायाप्रिय** (Shade loving) वर्गों में रखा गया है।

(ii) **तापमान** (Temperature) पौधों में दिन तथा रात के तापमानों में अन्तर की प्रक्रिया को तापकालिता (Thermoperiodicity) कहते हैं। ताप के आधार पर पौधों को चार वर्गों—महातापी (Megatherms) अर्थात् उच्च तापक्रम पर पाए जाने वाले पौधे; जैसे—उष्णकटिबन्धीय वर्षा वन (Tropical rainforests), **मध्यतापी** (Mesotherms) अर्थात् उच्च निम्न तापमान का एकान्तरण; जैसे—उपोष्णकटिबन्धीय क्षेत्र के पौधे, **न्यूनतापी** (Microtherms) अर्थात् कम तापमान पर वृद्धि करने वाले पौधे; जैसे—मिश्रित शंकुवृक्षी वन (Mixed coniferous forests) तथा **अतिन्यूनतापी** (Hekistotherms) अर्थात् अत्यन्त कम तापमान पर उगने वाले पौधे; जैसे—उच्च पर्वतीय वनस्पति, में विभाजित किया जाता है।

(iii) **जल** (Water) पौधों की वृद्धि एवं विकास जल की प्राप्ति पर ही निर्भर करता है। पृथ्वी पर उपस्थित जल का अधिकांश भाग वर्षा (Rain) से प्राप्त होता है। जल प्राप्ति के आधार पर पौधों को जलोद्भिद (Hydrophytes), समोद्भिद् (Mesophytes), मरुद्भिद् (Xerophytes) एवं लवणोद्भिद् (Halophytes) वर्गों में रखा जाता है।

(iv) **वायु** (Wind) तेज वायु मृदा अपरदन, अधिक वाष्पोत्सर्जन व वाष्पीकरण, वृक्षों के टूटने का प्रमुख कारण है। वायु, परागण तथा फलों व बीजों के प्रकीर्णन में भी सहायक है।

(v) **वायुमण्डलीय गैसें** (Atmospheric gases) पृथ्वी के गैसीय आवरण में ऑक्सीजन (21%), कार्बन डाइऑक्साइड (0.03%), नाइट्रोजन (79%) सूक्ष्म मात्रा में हाइड्रोजन तथा अनेक प्रकार की निष्क्रिय गैसें (Inert gases) उपस्थित हैं।

प्राकृतिक कारक

ऊँचाई (Altitude) बढ़ने पर हवा की गति, आपेक्षिक आर्द्रता तथा प्रकाश की तीव्रता बढ़ जाती है, जबकि तापमान तथा वायु का दाब कम हो जाता है। ऊँचाई के आधार पर वनस्पति को उष्णकटिबन्धीय आद्रवन (Tropical wet forests)—1800 फीट तक, घास के मैदान या मरुस्थल—1800-4000 फीट तक, शीतोष्ण पर्णपाती वन—4000-7500 फीट तक, शीतोष्ण सदाबहार वन—7500-12000 फीट तक एलपाइन वनस्पति—12000-14500 फीट तक, में वर्गीकृत किया गया है।

अधिक ढलान (Slope) के कारण जल के तेजी से बहने के कारण मृदा अपरदन (Soil erosion) होता है। घाटियों में ह्यूमस जमा होने से वहाँ घनी वनस्पति तथा ढलान पर कम वनस्पति पैदा होती है।

ढलान की दिशा (Direction of slope) भी वनस्पति के विकास को प्रभावित करती है। हिमालय के दक्षिणी ढलानों पर सूर्य के पर्याप्त प्रकाश के कारण घने वन जबकि, उसमें ढलानों पर सूर्य का प्रकाश तिरछा पड़ने के कारण बहुत कम तथा मरुद्भिद प्रकार की वनस्पति पाई जाती है।

मृदीय कारक

मृदा पृथ्वी की सतह की ऊपरी उपजाऊ परत है। मृदा निर्माण चट्टानों के भौतिक, रासायनिक तथा जैविक अपक्षरण (Weathering) के कारण होता है। मृदा निर्माण को पीडोजेनेसिस (Pedogenesis) कहते हैं।

अम्लीय मृदा में पाई जाभे वाली वनस्पतियों को **ऑक्सेलोफाइट्स** (Oxalophytes), लवणीय मृदा में पाई जाने वाली वनस्पतियों को **हैलोफाइट्स** (Halophytes), मृदा में उगने वाली वनस्पतियाँ **सैमोफाइट्स** (Sammophytes) तथा चट्टानों पर उगाने वाली वनस्पतियाँ **लीथोफाइट्स** (Lithophytes) कहलाती हैं।

निर्माण के आधार पर मृदा दो प्रकार की होती है

(i) **अवशिष्ट मृदा** (Residual soil) यह मृदा अपने निर्माण वाले स्थान पर ही उपस्थित रहती है।

(ii) **वाहित मृदा** (Transported soil) यह मृदा निर्माण के बाद दूसरे स्थान पर वाहकों के साथ स्थानान्तरित हो जाती है।

वाहकों के अनुसार यह निम्न प्रकार की होती है

(a) **जलोढ़** (Alluvial) बहते जल के द्वारा स्थानान्तरित मृदा।

(b) **वायोढ़** (Eolian) पवन द्वारा स्थानान्तरित मृदा।

(c) **मिश्रोढ़** (Colluvial) गुरुत्व द्वारा स्थानान्तरित मृदा।

(d) **हिमनदीय** (Glacial) बर्फ या हिम द्वारा स्थानान्तरित मृदा।

कुछ मुख्य प्रकार की भारतीय मृदाएँ

(i) **काली मृदा** (Black Soil) क्ले युक्त अधिक उपजाऊ मिट्टी है। इसमें घास, वन, फसलें; जैसे—चावल, गन्ना, कपास, सोयाबीन आदि उगाए जाते हैं। यह दक्षिण-पश्चिमी भारत के पठारों पर पाई जाती है।

(ii) **लैटेराइट मृदा** (Laterite Soil) इसमें गाय, भैंस का गोबर तथा पौधे आदि मिल जाने के कारण यह अधिक उपजाऊ होती है। यह निचली सतह पर दलदली भूमि में तथा नदियों के डेल्टा या मुहाने पर पाई जाती है।

(iii) **लाल मृदा** (Red Soil) यह अति उपयोगी मृदा है, इसमें घास, वन, फसलें आदि उगाई जा सकती हैं। यह मध्य प्रदेश, बिहार तथा उत्तरी आन्ध्र प्रदेश में पाई जाती है।

(iv) **पर्वतीय मृदा** (Mountainous Soil) इसका रंग सलेटी, हल्का पीला या भूरा होता है और यह अपेक्षाकृत कम उपजाऊ होती है, इसमें केवल चीड़, देवदार के वृक्ष ही उगते हैं। यह हिमालय के पर्वतीय क्षेत्रों में पाई जाती है।

(v) **मरुस्थलीय मृदा** (Desert Soil) यह कम कार्बनिक पदार्थों के कारण कम उपजाऊ होती है। यह मृदा पश्चिमी रेगिस्तानों में पाई जाती है।

(vi) **दलदली मृदा** (Marshy Soil) यह जलाक्रान्त (Water-logged) एवं भारी, नाइट्रोजन व ऑक्सीजन की कमी युक्त मृदा है, जो दलदली स्थानों में पाई जाती है। यह सुन्दरवन के तटीय क्षेत्रों उड़ीसा, बंगाल तथा दक्षिणी पूर्वी तमिलनाडु में पाई जाती है।

(vii) **तराई मृदा** (Terai Soil) इस प्रकार की मृदा का निर्माण गिरधार (Hill stream) तथा नदिकाओं (Rivulets) द्वारा लाए गए कूड़ा-करकट तथा मिट्टी के द्वारा होता है। मृदा कणों के आकार-प्रकार एवं बाहुल्य के आधार पर ये बलुई (Sandy), चिकनी (Clay), सिल्ट (Silt) एवं दोमट (Loamy) कहलाती है। दोमट मृदा खेती के लिए सबसे अच्छी होती है।

मृदा संगठन

(i) **खनिज पदार्थ** (Mineral Matter) मृदा में खनिज पदार्थ चट्टानों के अपक्षय के कारण होते हैं।

(ii) **कार्बनिक पदार्थ** (Organic Matter) यह पौधों तथा जन्तुओं के मृत शरीर या उनसे उत्सर्जी पदार्थों से प्राप्त होते हैं, जो जीवाणुओं तथा कवकों द्वारा विघटित कर ह्यूमस में बदल दिए जाते हैं। ह्यूमस (Humus) की जल धारण क्षमता अधिक होने के कारण मृदा अधिक उपजाऊ हो जाती है। कार्बनिक पदार्थ मृदा में तीन अवस्थाओं—**लिटर** (Liter) अर्थात् ताजे मृत कार्बनिक पदार्थ, **डफ** (Duff) अर्थात् आंशिक रूप से अपघटित कार्बनिक पदार्थ तथा ह्यूमस (Humus) अर्थात् डफ के नीचे काले भूरे रंग का विघटित कार्बनिक पदार्थ या मल (Mull), में पाए जाते हैं।

(iii) **मृदा जल** (Soil Water) बलुई मृदा (Sandy soil) में प्राप्य जल (Available water) का अभाव होता है। इस प्रकार की मृदा को भौतिक रूप से शुष्क मृदा कहते हैं। लवणरागी (Halophilic) मृदा में लवणों की मात्रा अधिक होने के कारण अप्राप्त जल उपस्थित होता है, इस प्रकार की मृदा को शरीर क्रियात्मक रूप से शुष्क (Physiologically dry) मृदा कहते हैं। मृदा में उपस्थित सम्पूर्ण जल होलार्ड (Holard), पौधों द्वारा अवशोषित किया जाने वाला जल **चेसार्ड** (Chesard) तथा शेष जल **इकार्ड** (Echard) कहलाता है।

(iv) **मृदा वायु** (Soil Air) मृदा में उपस्थित ऑक्सीजन श्वसन के लिए आवश्यक होता है। जलाक्रान्त (Water-logged) मृदा में ऑक्सीजन की कमी के कारण जड़ों की मृत्यु हो जाती है। CO_2 की अधिक मात्रा जड़ों के लिए विषैली (Toxic) होती है।

(v) **मृदा जीव** (Soil Organism) मृदा में जीवाणु (Bacteria), कवक (Fungi), एक्टिनोमाइसिटीज (Actinomycetes), प्रोटोजोअन (Protozoan), रोटिफर (Rotifer), सूत्रकृमि (Nematodes), केंचुएँ (Earthworms), आर्थ्रोपोड्स (Arthropods), आदि पाए जाते हैं।

मृदा परिच्छेदिका

सतह से नीचे स्थित शैलों तक भूमि की **उद्धर्व काट** (Vertical section) को **मृदा परिच्छेदिका** कहते हैं। सामान्यतया मृदा में चार संस्तर (Horizones); जैसे—A, B, C व D होते हैं।

A संस्तर को ऊपरी मृदा कहते हैं। इसमें कार्बनिक पदार्थों की अधिकता तथा जैविक क्रियाएँ चरम सीमा पर होती हैं। मृदा संस्तर B को **उपमृदा** (Sub-soil) कहते हैं। इसमें कम कार्बनिक पदार्थ तथा ऊपरी स्तर से निक्षालित (Leached) पदार्थ एकत्र होते हैं।

A व B संस्तर मिलकर वास्तविक मृदा बनाते हैं, जिसे **सोलम** (Solum) कहते हैं। C संस्तर में अपूर्ण रूप से अपक्षीण चट्टानें तथा D या R संस्तर में अनपक्षीण (Unweathered) जनक चट्टानें पाई जाती हैं। प्रचुर पोषक पदार्थ युक्त मृदा **यूट्रॉफिक** (Eutrophic), जबकि कम पोषक पदार्थ युक्त द्वारा मृदा **ऑलिगोट्रॉफिक** (Oligotrophic) कहलाती है।

मृदा अपरदन

उपजाऊ मिट्टी या ऊपरी मृदा की हवा, पानी या अन्य भौगोलिक परिस्थितियों के कारण हानि को मृदा अपरदन (Soil erosion) कहते हैं। मृदा अपरदन दो मुख्य कारकों—जल एवं वायु द्वारा होता है

(i) **जल द्वारा अपरदन** (Erosion by Water) जल के बहाव के कारण पतली परत के रूप में मिट्टी का हटना परत अपरदन (Sheet Erosion) कहलाता है। बहते जल द्वारा मृदा के हट जाने से कम गहरी नालियों का बन जाना **रिल या क्षुद्र सरिता अपरदन** (Rill erosion) कहलाता है।

अनेक छोटी नालियों के मिलने से बड़ी नालियों (Gullies) का बनना **अवनलिका या गली अपरदन** (Gully erosion) कहलाता है। बहते जल के द्वारा नदियों के किनारों का अपरदन **नदी तटीय या रिपेरियन अपरदन** (Reparian erosion) कहलाता है।

ढलानों पर बहता पानी शैलों की विदरिकाओं (Crevices) में भर जाता है, जिससे **भूस्खलन अपरदन** (Landslide erosion) होता है। ग्लेशियर तथा पर्वत शिखरों पर जमे हिमखण्ड गर्मियों में खिसककर नीचे गिरने लगते हैं, जिसके कारण पहाड़ों की चट्टानों तथा उसके साथ उर्वर मृदा भी लुढ़ककर नीचे गिर पड़ती है, इसे हिम अपरदन (Ice erosion) कहते हैं।

(ii) **वायु द्वारा अपरदन** (Erosion by Wind) मृदा के सूक्ष्म कणों (<1 mm size) का तेज वायु के साथ धूल के रूप में एक स्थान-से-दूसरे स्थान पर जाना **निलम्बन अपरदन** (Suspension erosion) कहलाता है।

मृदा के बड़े तथा भारी कणों का तेज हवा के कारण लुढ़ककर एक स्थान-से-दूसरे स्थान पर स्थानान्तरित होना **वल्गन** (Saltation) कहलाता है।

सतही विसर्पण (Surface creep) अपरदन में मृदा के बड़े कण (5-10 mm) तेज हवा के कारण छोटे कणों से टकराकर भूमि से हट जाते हैं।

(iii) **मानव हस्तक्षेप** (Human interferance) वनों के काटने, वन-अग्नि (Forest fire) तथा खनन संक्रिया (Mining operation), आदि के कारण भी मृदा अपरदन को बढ़ावा मिला है।

मृदा संरक्षण

मृदा की हानि या अपरदन को रोकना भूमि संरक्षण (Soil conservation) कहलाता है। मृदा अपरदन को निम्न विधियों द्वारा रोका जा सकता है

(i) **जैविक विधियाँ** (Biological Methods) मृदा अपरदन को रोकने के लिए विभिन्न शस्यविज्ञानीय विधियाँ (Agronomic practice); जैसे—**कण्टूर कृषि** (Contour farming) अर्थात् क्रमशः खाँचों (Furrows) व कटक (Ridges) का बनाना, फसल-चक्र (Crop rotation) अर्थात् विभिन्न प्रकार की फसलों को एकान्तर में उगाना, **सीढ़ीनुमा खेती** (Terracing) अर्थात् ढालू क्षेत्रों में विभिन्न ऊँचाइयों पर भूमि को काटकर समतल खेत बनाना, **मुल्चिग** (Mulching) अर्थात् फसल काटने के बाद पौधों के वृन्त का खेतों में फैला दिया जाना व **पट्टीदार खेती** (Strip cropping) अर्थात् बड़े व छोटे पौधों का एकान्तर पट्टियों में लगाया जाना आदि प्रयोग की जाती हैं।

मृदा को संगठित करने के लिए **घास विज्ञानीय विधियाँ** (Agrostological methods), **ले खेती** (Lay farming) अर्थात् फसलों के साथ घासों का एकान्तरण तथा वर्षाहीन या **शुष्क खेती** (Dry farming) अर्थात् कम वर्षा वाले क्षेत्रों में कम पानी की आवश्यकता तथा कम समय में पकने वाली फसलों को उगाना आदि उपयोगी है।

वनारोपण (Afforestation) के अन्तर्गत बड़े-बड़े वृक्षों को कतारों में लगा दिया जाता है।

(ii) **यान्त्रिक विधियाँ** (Mechanical Methods) भूमि के कटाव व बाढ़ को रोकने के लिए **बाँध** (Dam) बना दिए जाते हैं। नदियों के उद्धर्व किनारों को ढालू बनाकर तथा किनारों पर वृक्ष, घासें व अन्य वनस्पतियाँ उगाकर किनारों की सुरक्षा की जा सकती है।

जल को रोकने के लिए समोच्च रेखाओं के साथ-साथ संग्रहण क्षेत्र बनाए जाते हैं।

जैवीय कारक

(i) **किसी क्षेत्र विशेष के पौधों में पारस्परिक सम्बन्ध** (Inter-relationship among plants of a particular area); जैसे—लाइनाज (Lianas), उपरिरोही (Epiphytes), परजीवी (Parasites), मृतोपजीवी (Saprophytes) तथा सहजीवी (Symbionts)।

(ii) **किसी क्षेत्र विशेष के जन्तु एवं वनस्पतियों के पारस्परिक सम्बन्ध** (Inter-relationship among plants and animals of a particular area); जैसे—कभी-कभी चीटियाँ आम, लीची, जामुन, आदि के वृक्षों के तनों में स्थान बनाकर रहने लगती हैं और वृक्षों की अन्य जन्तुओं से रक्षा करती हैं।

(iii) **पौधों व मृदा के सूक्ष्मजीवों में पारस्परिक सम्बन्ध** (Inter-relationship between plants and soil microorganisms) विभिन्न सूक्ष्मजीव; जैसे—जीवाणु, विषाणु, प्रोटोजोआ, निमेटोड्स, आदि पौधों पर भिन्न-भिन्न प्रकार से प्रभाव डालते हैं।

पारिस्थितिक अन्तक्रियाएँ

पर्यावरण में प्रायः विभिन्न जातियों के सदस्य एक-दूसरे को प्रभावित करते हैं तथा परस्पर अन्तर्क्रियाएँ भी करते हैं। इन्हें पारिस्थितिक अन्तर्क्रियाएँ कहते हैं।

अन्तर्क्रियाओं के प्रकार

साधारणतया अन्तर्क्रियाएँ तीन प्रकार की होती हैं

1. धनात्मक या लाभदायक अन्तर्क्रियाएँ

इस प्रकार की अन्तर्क्रियाएँ में भाग लेने वाली एक अथवा दोनों जातियाँ लाभान्वित होती हैं। इसके अन्तर्गत निम्नलिखित अन्तर्क्रियाएँ सम्मिलित होती हैं

(i) **अपमार्जिता** (Scavenging) जब कोई जीव जाति अन्य मृत जीवों अथवा उनके अवशेषों को भोजन के रूप में ग्रहण करके लाभ प्राप्त करती है, तो इसे अपमार्जित तथा ऐसे जीवों को अपमार्जक (Scavenger) कहते हैं। उदाहरण—गिद्ध।

(ii) **सहभोजिता** (Commensalism) इस प्रकार की अन्तर्क्रिया में भाग लेने वाली एक जाति लाभान्वित होती है, जबकि दूसरी अप्रभावित रहती है। उदाहरण—मनुष्य की आँत में रहने वाला जीवाणु *ई. कोलाई* भोजन तथा आश्रय प्राप्त करता है।

(iii) **प्रोटोकॉपरेशन** (Protocooperation) इस सम्बन्ध के अन्तर्गत दो भिन्न जातियों के सदस्य जब परस्पर अन्तर्क्रिया करते हैं, तो वे दोनों लाभान्वित होते हैं, किन्तु ये पृथक्-पृथक् स्वतन्त्र रूप से भी निर्वाह कर सकते हैं।
उदाहरण—पशु एवं कीटभक्षी पक्षी, क्योंकि ये पक्षी पशुओं के शरीर से जुएँ एवं कीट भोजन के रूप में ग्रहण करते हैं और बदले में पशुओं को इन परजीवियों से छुटकारा मिल जाता है।

(iv) **सहोपकारिता** (Mutualism) यह दो भिन्न जातियों के जीवों के मध्य ऐसा सम्बन्ध है, जिसमें दोनों ही जीव लाभान्वित होते हैं, किन्तु इनमें से कोई भी पृथक होकर जीवित नहीं रह सकता है।
उदाहरण—रोमन्थी जीव (Ruminants) तथा सूक्ष्मजीव। रोमन्थी जीवों के आमाशय में सूक्ष्मजीव भोजन एवं आश्रय प्राप्त करते हैं और बदले में सेलुलोस पर क्रिया करके उसे पाचन योग्य बना देते हैं।

2. ऋणात्मक या एन्टागोनिस्टिक अन्तर्क्रियाएँ

इस प्रकार की अन्तर्क्रियाओं में सम्मिलित दो जीव जातियों में से एक को हानि उठानी पड़ती है। इसके अन्तर्गत अग्रलिखित अन्तर्क्रियाएँ सम्मिलित होती हैं

(i) **एमेनसेलिज्म** (Amensalism) इसमें एक जीव अपने विषैले स्राव द्वारा दूसरे जीव को हानि पहुँचाता है। इसमें हानि उठाने वाला जीव (Amensal) तथा प्रभावित करने वाला जीव संदमक (Inhibitor) कहलाता है। उदाहरण—*स्ट्रेप्टोमाइसिस ग्राइसिमस*, स्ट्रेप्टोमाइसिस नामक प्रतिजैविक स्रावित करता है जिससे अन्य जीवाणुओं का संदमन होता है।

(ii) **प्रतिस्पर्द्धा** (Competition) जब जीवन हेतु आवश्यक संसाधन सीमित मात्रा में पाए जाते हैं, तो उन्हें प्राप्त करने के लिए दो अथवा अधिक जीवों के मध्य प्रतिस्पर्द्धा होती है। यह प्रतिस्पर्द्धा अन्त: जातीय (Intraspecific) या अन्तर्जातीय (Interspecific) दोनों प्रकार की हो सकती है।
उदाहरण—मांसाहारी जीव; जैसे—शेर, चीता, तेन्दुआ, बाघ इत्यादि शिकार हेतु प्रतिस्पर्द्धा करते हैं।

(iii) **परजीविता** (Parasitism) यह दो जातियों के भिन्न आकार वाले जीवों के मध्य ऐसा सम्बन्ध है, जिसमें छोटा जीव लाभान्वित होता है और बड़े जीव को हानि उठानी पड़ती है। लाभ प्राप्त करने वाला जीव परजीवी कहलाता है, जो बड़े जीव अर्थात् पोषद (Host) के शरीर पर अथवा उसके भीतर रहता है।
उदाहरण—*एनॉफिलीज* मच्छर व मनुष्य में मलेरिया परजीवी *(प्लाज्मोडियम)* तथा जन्तुओं के शरीर पर जुएँ इत्यादि।

(iv) **परभक्षण** (Predation) इस प्रकार की अन्तर्क्रिया में एक जीव किसी अन्य जीवित जीव को मार कर खा जाता है। भक्षण करने वाला जीव परभक्षी (Predator) तथा भोजन बनने वाला जीव भक्ष्य (Prey) कहलाता है।
उदाहरण—सभी माँसाहारी शिकारी जीव परभक्षी होते हैं।

3. उदासीन अन्तर्क्रियाएँ

इस प्रकार की अन्तर्क्रियाओं में दोनों में से किसी भी जीव को लाभ या हानि नहीं होती है। *उदाहरण*—अनुहरण (Mimicry)। अनुहरण (Mimicry) में एक जीव रूप, रंग, आकार या व्यवहार में किसी अन्य जीव या निर्जीव पदार्थ की नकल करता है, जिससे परभक्षी या तो उसे पहचान नहीं पाते या उसे हानिकारक व्यर्थ समझकर या छोड़ देते हैं। नकल करने वाला जीव मिमिक (mimic) कहलाता है, जबकि वह जीव, जिसकी नकल की जाती है, मॉडल (Model) कहलाता है। उदाहरण—कुछ तितलियाँ, मॉथ, आदि।

पादप समुदाय

किसी भी विशेष क्षेत्र में एक ही अथवा विभिन्न जातियों (Species) के छोटे व बड़े पौधों के समूह को पादप समुदाय (Plant community) कहते हैं।

पादप समुदाय में यदि पौधे एक-दूसरे के बीच काफी स्थान छोड़कर दूर-दूर उगते हैं, तो उसे खुला पादप समुदाय (Open plant community) कहते हैं। इस समुदाय में खाली स्थानों पर नए पौधे आकर उग सकते हैं। यदि पादप समुदाय पौधे एक-दूसरे के बहुत करीब व घने (Dense) हों, तो इसे बन्द पादप समुदाय (Closed plant community) कहते हैं।

समुदाय मुख्य रूप से तीन वर्गों का बना होता है

1. उत्पादक 2. उपभोक्ता 3. अपघटक

पादप समुदाय की उत्पत्ति व विकास

किसी पादप समुदाय की उत्पत्ति (Origin) किसी खाली स्थान (Naked land) पर पौधे के बीज (Seeds), बीजाणु (Spores), आदि के होने से होती है। ये बीज आदि उपयुक्त परिस्थितियों में अंकुरित होकर परिपक्वता को प्राप्त होते हैं तथा ये पौधे जनन (Reproduction) द्वारा अपना वंश बढ़ाते हैं। ये पौधे उपनिवेश (Colonisation) द्वारा इस क्षेत्र में स्थापित हो जाते हैं इसका आस्थापन (Ecesis) कहते हैं।

इसके पश्चात् पौधों में समुच्चयन (Aggregation) प्रारम्भ हो जाता है जिसके फलस्वरूप इनमें **प्रतियोगिता** (Competition) होती है, जिससे कमजोर पौधे नष्ट हो जाते हैं तथा केवल शक्तिशाली पौधे रह जाते हैं। अब, ये स्थायी पौधे एक-दूसरे पर तथा वातावरण पर प्रक्रिया (Reaction) करते हैं तथा अब इस अस्थायी पादप समुदाय में विभिन्न प्रकार की वनस्पति का विकास यहाँ के वातावरण व जलवायु पर निर्भर करता है।

अन्त में स्थाई वातावरण व जलवायु में उगी हुई वनस्पति बहुत कुछ जलवायु के साथ सन्तुलन बनाए रखने वाली होती है तथा यह वनस्पति उपस्थित जलवायु में आवास के दृष्टिकोण के मुख्य प्रकार की होती है तथा इस प्रकार की वनस्पति चरम अवस्था की वनस्पति (Climax vegetation) कहलाती है।

इकोटॉन एवं कोर प्रभाव

इकोटॉन वह स्थान या क्षेत्र है जहाँ दो प्रमुख समुदायों का सम्मिश्रण होता है अथवा यह दो बायोम (biomes) के बीच की विस्तृत संक्रामी पट्टी है। वन व इस्चोरिन संक्रामी क्षेत्रों के उदाहरण हैं। अतः इकोटॉन वह संकीर्ण संगम स्थान है, जो विस्तृत समुदाय प्रदेशों के बीच स्थित होते हैं।

इसमें कुछ जीव तो दोनों प्रदेशों में होते हैं, किन्तु कुछ जातियाँ केवल इकोटॉन में सीमित रहती हैं। इसलिए इकोटॉन में किसी भी संलग्न वायोम की अपेक्षा जीवों की सघनता एवं विभिन्न जातियों की संख्या दोनों ही अधिक होते हैं। इकोटॉन की इस प्रवृत्ति को **कोर प्रभाव** (Edge effect) कहते हैं।

कोर प्रभाव इकोटॉन की वह प्रवृत्ति है, जिसके द्वारा यह जातियों की अधिक संख्या एवं समष्टि की सघनता को बनाए रखंता है। इकोटॉन में प्रमुख रूप से या अधिक संख्या में पाई जाने वाली जातियों को कोर जातियाँ कहते हैं।

पादप अनुक्रमण

नग्न क्षेत्रों (Naked or bare lands) पर पादप समुदायों (Plant communities) का उद्‌भव (Origin) होने उसे परिपक्व (Mature) होने तक की विकास की क्रिया को **पादप अनुक्रमण** (Plant succession) कहते हैं।

पादप अनुक्रमण की क्रिया की मध्य की अवस्थाओं की क्रमकों समुदाय (Serial communities) कहते हैं तथा ये मिलकर क्रमक (Sere) बनाती हैं।

यदि पादप अनुक्रमण ऐसे नग्न क्षेत्र (Naked land) पर होता है, जिस पर पहले कभी कोई पौधा न उगा हो, तब उसे प्राथमिक क्रमक (Prisers) कहते हैं। यदि पादप अनुक्रमण ऐसे नग्न क्षेत्र (Naked land) पर होता है, जिस पर एक बार पौधे उग चुके हों (वे फिर आग लगने लकड़ी काटने या अन्य किसी कारण से नष्ट हो चुके हों) तब इसे उपक्रमक (Sub-sere) कहते हैं।

जब पादप अनुक्रमण किसी जलीय आवास; जैसे—तालाब, नदी आदि से प्रारम्भ होता है। इसके विकास की विभिन्न अवस्थाएँ जल क्रमक (Hydrosere) कहलाती हैं तथा शुष्क पारिस्थितिक अवस्था (Dry conditions) अथवा चट्टानों से उत्पन्न होने वाली वनस्पति की अनुक्रमक अवस्थाएँ मरुक्रमक (Xerosere) कहलाती हैं।

जलक्रमक

जलक्रमक में निम्नलिखित अवस्थाएँ होती हैं

1. पादप प्लवक (Phytoplankton) एवं निक्सन अवस्था (Submerged stage)
   उदाहरण—*हाइड्रिला, वेलिसनेरिया, यूट्रिकुलेरिया*।
2. प्लवमान अवस्था (Floating stage)
   उदाहरण—*निम्फिया, ट्रापा, पिस्टिया, लेम्ना, आइकॉर्निया*।
3. रीड स्वाम्प अवस्था (Reedswamp stage)
   उदाहरण—*टाइफा, सैजिटेरिया, पॉलीगोनम, रयूमैक्स*।
4. मार्श मीडो अवस्था (Marsh Meadow stage)
   उदाहरण—*सैजिस*, घास, मिण्ट।
5. वन भूमि अवस्था (Wood land stage)
   उदाहरण—झाड़ियाँ।
6. चरम अवस्था (Climax stage)
   उदाहरण—उपयुक्त वृक्ष।

मरुक्रमक

1. क्रस्टोज लाइकेन अवस्था (Crustose lichen stage)
2. फोलियोज लाइकेन अवस्था (Foliose lichen stage)
3. मॉस अवस्था (Moss stage)
4. शाकीय अवस्था (Herbaceous stage)
5. झाड़ी अवस्था (Shrub stage)
6. चरम अवस्था (Climax stage)

पौधों में अनुकूलन

ये पौधे प्राय: सीधे होते हैं तथा इनकी पत्ती विभिन्न प्रकार से रूपान्तरित होती है

जलोद्‌भिद् में अनुकूलता

जलीय पौधों में वातावरण सम्बन्धी निम्न अनुकूलताएँ देखने को मिलती हैं

- जलीय पौधों में जड़ें या तो अविकसित या अनुपस्थित होती हैं चूँकि इन पौधों की पूर्ण सतह शोषण का कार्य करती है।
- इन पौधों के स्तम्भ जल में रहने के कारण किसी आधार (Support) की आवश्यकता नहीं होती है। इसी कारण ये तने कोमल होते हैं। इन तनों में वायु स्थान होने के कारण ये संपजीन होते हैं।
- पौधों की जलीय आवास (Aquatic habitat) होने के कारण इनको किसी (Supporting tissue) जैसे स्केलेरनकाइमा (Sclerenchyma) आदि की आवश्यकता नहीं होती है।
- इन पौधों में बड़े-बड़े वायु छिद्र (Large air spaces) पाए जाते हैं, जो पौधें के तैरने (Floating) तथा वायु विनिमय (Gaseous exchange) में सहायक होते हैं।
- चूँकि जलीय पौधों में भोज्य पदार्थों का संवहन जड़ों द्वारा नहीं होता है। अत: इनमें वाहिनी ऊति अविकसित होती है। इस प्रकार यह स्पष्ट है कि जलीय पौधे अपने आवास के पूर्ण रूप से अनुकूल (Adapted) हैं।

मरुद्‌भिद् में अनुकूलता

एपीडर्मिस की ब्राह्य सतह पर प्राय: मोटी क्यूटीकिल (Thick cuticle) पाई जाती हैं।

स्टोमेटा धँसे (sunken) होते हैं।

- यान्त्रिक ऊतक (mechanical tissue) पूर्ण रूप से विकसित होता है।
- संवहन ऊतक (Vascular tissue) पूर्ण रूप से विकसित होता है।
- इनमें प्राय: पूर्ण रूप से विकसित द्वितीयक वृद्धि होती है।
- ये पौधे सख्त होते हैं, इनमें sponginons नहीं होती है। इनमें वायु छिद्र (air spaces) भी नहीं होती हैं।
- जीरोफाइट्स के अधिकांश पौधों के स्तम्भ में पैलीसेड (Palisade) ऊतक पाया जाता है।
- ये पौधे कम वृद्धि के कारण प्राय: छोटे रहते हैं।
- सरस (Succulent) पौधों में स्टोमेटा केवल रात्रि में खुलते हैं।
- सरस पौधों में उपापचय क्रियाएँ (Metabolic activities) विशेष प्रकार की होती हैं। इनमें रात में अम्ल बनता है, जो दिन में CO_2 में विच्छेदित होकर दिन में प्रकाश-संश्लेषण की क्रिया में सहायक होता है।
- इन पौधों की कोशिकाओं में रसाकर्षण का दाब (Osmotic pressure) कम होने के कारण प्रकाश-संश्लेषण व उत्स्वेदन क्रिया कम होती है।
- मोटी क्यूटीकिल की उपस्थिति के कारण इनमें उत्स्वेदन कम होता है।

अधिपादपों में अनुकूलता

- इसमें जड़ें आधार (Support) को पकड़ने के लिए काफी विकसित होती हैं।
- इनकी पत्तियाँ मोटी होती हैं तथा इनमें पूर्ण रूप से विकसित संग्रह ऊतक (Storage tissue) होते हैं।
- इसमें वायु से नमी शोषित करने के लिए वायवीय जड़ें (Aerial roots) होती हैं।
- इनकी वायवीय जड़ों में जल का अवशोषण वेलामेन द्वारा होता है।
- इनमें बीजों का विकिरण चिड़ियों द्वारा होता है।

लवणमृदोद्‌भिद् या मैंग्रोव पौधों में अनुकूलता

- हेलोफाइट्स प्राय: शाकीय (herbs) पौधे हैं, जो अधिकतर तापीय स्थानों (Temperate region), कभी-कभी उष्णकटिबन्धीय (tropical) व उपउष्ण कटिबन्धीय (subtropical region) स्थानों पर पाए जाते हैं।

- इन पौधों की पत्तियाँ जलसंग्रह (Water storage) के कारण मोटी एवं सरस होती हैं।
- इनकी पत्तियों में पूर्ण रूप से विकसित पैलीसेड ऊतक (Palisade tissue) होता है।
- इन पौधों के स्तम्भों व पत्तियों की बाह्य सतह (Epidermis) क्यूटीकिल युक्त (Cutinised) होती है।
- इनका फ्लोरा अविकसित होता है।
- इन पौधों की कोशाओं में रसाकर्षण दबाव (Osmotic pressure) बहुत अधिक होता है।
- कुछ हेलोफाइट्स में श्वसन मूलें (Respiratory roots or pneumatophores) होती हैं।
- कुछ हेलोफाइट्स में पत्तियाँ अनुपस्थित होती है।
- इन हेलोफाइट्स पौधों में पितृस्थ अंकुर (Vivipary) पाया जाना एक विशिष्ट लक्षण है।

पारिस्थितिक तन्त्र

पारिस्थितिक तन्त्र (Ecosystem) शब्द सर्वप्रथम **ए. जी. टैन्सले** के द्वारा दिया गया। पर्यावरण के सजीव तथा निर्जीव अवयवों की पारस्परिक क्रिया से उत्पन्न होने वाला तन्त्र **पारिस्थितिक तन्त्र** कहलाता है।

पारिस्थितिक तन्त्र दो प्रकार का होता है

1. प्राकृतिक पारिस्थितिक तन्त्र

यह प्राकृतिक स्थितियों के द्वारा संचालित होता है। यह दो प्रकार का होता है

(a) **स्थलीय** (Terrestrial) उदाहरण—वन, घास का मैदान तथा मरुस्थलीय पारिस्थितिक तन्त्र।

(b) **जलीय** (Aquatic) यह पुन: तीन प्रकार का होता है

(i) **स्थिरजलीय** (Lentic) उदाहरण—तालाब, पोखर, पारिस्थितिक तन्त्र।

(ii) **सरितजलीय** (Lotic) उदाहरण—नदी, धारा, झरना पारिस्थितिक तन्त्र।

(iii) **समुद्री** (Marine) उदाहरण—महासागर (Ocean) तथा सागर (Sea)।

2. कृत्रिम पारिस्थितिक तन्त्र

ये मनुष्य के द्वारा संचालित होते हैं। ये मनुष्य द्वारा निर्मित पारिस्थितिक तन्त्र के नाम से भी जाने जाते हैं।

उदाहरण—फसल (Crop land) पारिस्थितिक तन्त्र तथा जल जीव कुण्ड (Aquarium)।

खाद्य श्रृंखला

उत्पादकों (Producers) से उपभोक्ताओं (Consumers) तक जीवधारियों की श्रेणी के द्वारा ऊर्जा के स्थानान्तरण की प्रक्रिया **खाद्य श्रृंखला** (Food chain) कहलाती है।

घास (उत्पादक) —खाई गई→ खरगोश (प्राथमिक उपभोक्ता) —खाया गया→ बाज (द्वितीयक उपभोक्ता)

प्रकृति में खाद्य श्रृंखलाएँ तीन प्रकार की हो सकती हैं

1. **परभक्षी खाद्य श्रृंखला** (Predator food chain) यह हरे पौधों से प्रारम्भ होकर, छोटे जन्तुओं में तथा फिर बड़े जन्तुओं की ओर जाती है।
2. **परजीवी खाद्य श्रृंखला** (Parasitic food chain) यह बड़े जन्तुओं से प्रारम्भ होकर छोटे जन्तुओं तक जाती है।
3. **मृतोपजीवी खाद्य श्रृंखला** (Saprophytic food chain) यह मृत प्राणियों से प्रारम्भ होकर सूक्ष्मजीवों की ओर जाती है।

खाद्य जाल

विभिन्न खाद्य श्रृंखलाएँ आपस में जुड़कर एक तन्त्र बनाती हैं, जो खाद्य जाल के नाम से जाना जाता है। पारिस्थितिक तन्त्र में साम्यावस्था बनाए रखने के लिए खाद्य जाल बहुत महत्त्वपूर्ण है।

पारिस्थितिक पिरामिड

पारिस्थितिक तन्त्र की पोषक संरचना, एक प्रकार की उत्पादक-उपभोक्ता व्यवस्था है तथा पारिस्थितिक तन्त्र की पोषक संरचना का आलेखी (Graphic) प्रदर्शन, **पारिस्थितिक पिरामिड** कहलाता है। पारिस्थितिक पिरामिड का सिद्धान्त **एल्टन** (Elton) के द्वारा सन् 1927 में दिया गया। प्रत्येक खाद्य स्तर, **पोषक स्तर** कहलाता है। पारिस्थितिक पिरामिड तीन प्रकार के होते हैं

1. संख्या का पिरामिड

प्रत्येक पोषक स्तर पर व्यक्तिगत संख्या इस पिरामिड में दर्शाई जाती है। संख्या का पिरामिड घास तन्त्र तथा तालाब पारिस्थितिक तन्त्र में सीधा, वन पारिस्थितिक तन्त्र में मध्यम तथा परजीवी खाद्य श्रृंखला में उल्टा होता है।

2. जीवभार का पिरामिड

जहाँ प्रत्येक पोषक स्तर पर जीवभार दर्शाया जाए जीवभार का पिरामिड कहलाता है। इसका पिरामिड घास तन्त्र तथा वन पारिस्थितिक तन्त्र में सीधा होता है, जबकि तालाब पारिस्थितिक तन्त्र में उल्टा होता है।

3. ऊर्जा का पिरामिड

जहाँ पिरामिड में ऊर्जा निहित या विभिन्न पोषक स्तरों पर उत्पादकता दिखाई जाए, ऊर्जा का पिरामिड कहलाता है। इसका पिरामिड सभी पारिस्थितिक तन्त्रों में सदैव सीधा होता है।

पारिस्थितिक तन्त्र की गतिकी

पारिस्थितिक तन्त्र में ऊर्जा का प्रवेश रूपान्तरण तथा विसरण ऊष्मागतिकी के नियमों का पालन करता है।

ऊष्मागतिकी के प्रथम नियम के अनुसार, ऊर्जा न तो उत्पन्न की जा सकती है और न नष्ट की जा सकती है। ऊष्मागतिकी के द्वितीय नियम के अनुसार, ऊर्जा के रूपान्तरण की क्रिया में कुछ ऊर्जा परिवर्तित रूप में तन्त्र से परिक्षेपित अवस्था में विसरित होती है। हरे पौधे या उत्पादक (Producers) प्रकाश ऊर्जा को प्रकाश-संश्लेषण की क्रिया द्वारा रासायनिक ऊर्जा में परिवर्तित कर देते हैं।

पारिस्थितिक तन्त्र में ऊर्जा का स्थानान्तरण एक दिशीय (Unidirectional) होता है।

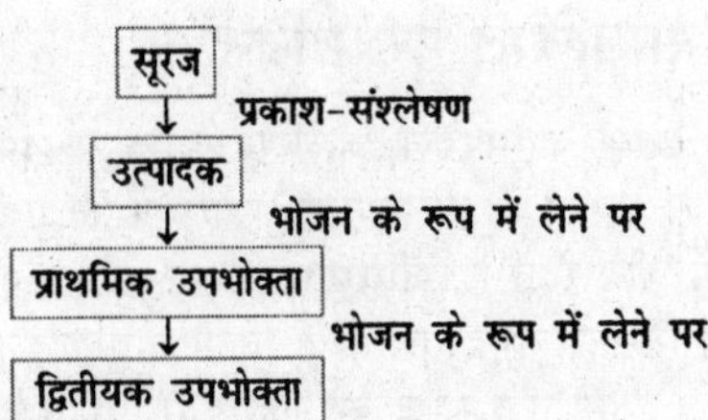

लिण्डेमान (1942) के 10% नियम के अनुसार, शाकाहारी जन्तु, उत्पादक की शुद्ध प्राथमिक उत्पादकता, (Net primary productivity) का 10% भाग संचित करते हैं। जब कोई माँसाहारी जन्तु शाकाहारी जन्तु को खाता है, तो वह शाकाहारी जन्तु की 10% ऊर्जा संचित करता है।

एक पोषण स्तर से दूसरे पोषण स्तर में केवल ऊर्जा की 10% मात्रा संचित होती है तथा लगभग 90% ऊर्जा व्यर्थ जाती है। ऊर्जा की यह हानि ऊष्मागतिकी के द्वितीय नियम के अनुसार होती है।

पारिस्थितिक तन्त्र में खाद्य शृंखला जितनी छोटी होगी ऊर्जा का ह्रास उतना ही कम होगा। किसी पारिस्थितिक तन्त्र में ऊर्जा का अन्तिम स्रोत सूर्य है।

उत्पादकता

प्राथमिक उत्पादकों (Primary producers) द्वारा, प्रकाश-संश्लेषण क्रिया द्वारा बनाए गए कार्बनिक पदार्थों की कुल मात्रा को **सकल प्राथमिक उत्पादकता** (Gross primary productivity) कहते हैं।

प्राथमिक उत्पादकों द्वारा संचित कार्बनिक पदार्थों या ऊर्जा की मात्रा, **शुद्ध प्राथमिक उत्पादकता** (Net primary productivity) कहलाती है।

शुद्ध प्राथमिक उत्पादकता, सकल प्राथमिक उत्पादकता का वह भाग है, जो श्वसन क्रिया में कार्बनिक पदार्थों के ऑक्सीकरण के पश्चात् शेष बचता है, अत: शुद्ध प्राथमिक उत्पादकता (Net primary productivity) = सकल प्राथमिक उत्पादकता (Gross primary productivity)–श्वसन में प्रयुक्त ऊर्जा (Energy used in respiration)।

प्रत्येक खाद्य स्तर का उपभोक्ता, सकल प्राथमिक उत्पादकता का एक अंश ही प्राप्त करता है, जिसका कुछ भाग श्वसन क्रिया में प्रयुक्त हो जाता है तथा शेष भाग संचित कर लिया जाता है। इससे सम्पूर्ण समुदाय के जीवभार में वृद्धि होती है। उपभोक्ताओं द्वारा अधिक मात्रा में संचित पदार्थों के कारण पूरे समुदाय के जीवभार में हुई वृद्धि को **द्वितीयक उत्पादकता** (Secondary productivity) कहते हैं।

जैव-विविधता

शब्द 'जैव-विविधता' से तात्पर्य जीवों एवं उनमें पायी जाने वाली पारिस्थितिकीय जटिलता के प्रकार एवं विभिन्नताओं से है। जैव-विविधता पादपों एवं जन्तुओं में देखी जा सकती है। पादपों एवं जन्तुओं के अलावा मृदा में अत्यधिक सूक्ष्मजीव पाए जाते हैं, जो नग्न नेत्रों से दिखायी नहीं देते हैं, जैव-विविधता एक स्थान से दूसरे स्थान पर भिन्न होती है एवं प्रत्येक आवास में भिन्न बायोटा (biota) होते हैं।

जैव-विविधता संरक्षण

संरक्षण (conservation) दो लैटिन शब्द *Con*–together व *servare* – guard से मिलकर बना है। मानव द्वारा जैवमण्डल के उचित तथा सीमित प्रयोग के प्रबन्धन को संरक्षण कहा जा सकता है। यूनेस्को (UNESCO) ने अन्तर्राष्ट्रीय स्तर पर 'मानव तथा जैवमण्डल परियोजना' (Man and Biosphere Project) सन् 1971 में प्रारम्भ की। प्रकृति तथा प्राकृतिक संसाधनों के संरक्षण के लिए अन्तर्राष्ट्रीय संगठन विभिन्न राष्ट्रीय उद्यानों व संरक्षित क्षेत्रों को सहायता देता है।

वन्य जीव का संरक्षण ***स्व स्थाने संरक्षण*** (*in situ* conservation) तथा ***बाह्य स्थाने संरक्षण*** (*ex situ* conservation) द्वारा किया जाता है। *स्व स्थाने* संरक्षण में जीवों का संरक्षण उनके प्राकृतिक आवासों में करते हैं। जैसे—राष्ट्रीय उद्यान, जैवमण्डल, पशु-विहार आदि, जबकि *बाह्य स्थाने* संरक्षण में जीवों को प्राकृतिक आवासों से हटाकर मानव निर्मित सुरक्षित स्थलों पर रखा जाता है। संरक्षण द्वारा हम पादपों व जीव जन्तुओं के लिए उन उपायों को काम में लेते हैं जिनसे उन्हें जीवनक्षम बनाए रख कर उनकी प्रजनन वृद्धि एवं विकास को सुनिश्चित कर सकें। इसके अन्तर्गत पादप व जन्तुओं की देखभाल की जाती है व उनका दुरुपयोग रोका जाता है।

प्रदूषण

'प्रदूषण' शब्द की व्याख्या **ओडम** (Odum) ने की। वायु, जल तथा मृदा के भौतिक, रासायनिक तथा जैविक गुणों में अवांछित परिवर्तन, जो प्रत्यक्ष या अप्रत्यक्ष रूप से मनुष्य को प्रभावित करता है, **प्रदूषण** कहलाता है। प्रदूषण उत्पन्न करने वाले कारक या पदार्थ प्रदूषक (Pollutants) कहलाते हैं।

प्रदूषण के प्रकार

प्रदूषण मुख्यत: निम्न प्रकार का होता है

1. वायु प्रदूषण

वायु प्रदूषण विभिन्न गैसों, धुएँ, विशेष पदार्थों, रसायनों, प्रत्यूर्जक (Allergens) इत्यादि के अधिकता में होने से उत्पन्न होता है। महत्वपूर्ण प्राथमिक प्रदूषक CO, SO_2, NO_2, HF, आदि हैं।

द्वितीयक वायु प्रदूषक O_3, परऑक्सीएसीटिल नाइट्रेट (PAN), आदि हैं। सबसे महत्त्वपूर्ण गैसीय वायु प्रदूषक SO_2 है। SO_2 जीवाश्मी ईंधनों के दहन से उत्पन्न होता है।

सल्फाइट की अधिक मात्रा पौधों में SO_2 क्षति उत्पन्न करती है।

1 ppm से अधिक SO_2 मनुष्यों की आँखों में जलन एवं श्वसन क्षेत्र में श्वसनीशोथ (Bronchitis), दमा के रूप में प्रभावित करती है।

> भारत में अधिकांश SO_2 प्रदूषण कोलकाता में होता है। आगरा का ताजमहल पीला तथा काला, मथुरा परिष्करणशाला (Mathura refinery) से निकलने वाली SO_2 के कारण हो रहा है। SO_2 से होने वाला प्रदूषण, **पाषाण कोढ** (Stone leprosy) भी कहलाता है।

पृथ्वी के तापमान में वृद्धि मुख्यतया CO_2 की सान्द्रता के कारण हो रही है, जो **हरितगृह प्रभाव** (Greenhouse effect) कहलाती है। लाइकेन के पौधों को SO_2 प्रदूषण संकेतक कहा जाता है। हरितगृह प्रभाव पृथ्वी पर CO_2, CH_4, NO_2 तथा CFCs के कारण बढ़ रहा है।

हरितगृह गैसें वनों के काटने, इंडस्ट्री लगाने तथा रेफ्रिजरेटर व वातानुकूलन के अधिक प्रयोग से उत्पन्न होती हैं। जल के साथ SO_2 तथा NO_2 का मिश्रण **अम्लीय वर्षा** (Acid rain) कहलाता है। भारत में मुख्य वायु प्रदूषण दुर्घटना भोपाल में वर्ष 1984 में यूनियन कार्बाइड के कीटनाशी कारखाने से **मिथाइल आइसोसायनेट** (MIC) गैस के रिसने के कारण हुई।

2. जल प्रदूषण

मुख्यतया कारखानों के अपशिष्ट, वाहित मल (Sewage) तथा अन्य अवशिष्ट पदार्थ जलीय प्रदूषण उत्पन्न करते हैं। जलीय प्रदूषण का स्तर BOD के रूप में मापा जाता है। यदि BOD 1500-4000 मिलीग्राम/लीटर से कम है, तो यह कम प्रदूषण इंगित करती है। डायनिया तथा मछलियाँ जल प्रदूषण के लिए

संवेदनशील होते हैं। यदि BOD 1500-4000 मिलीग्राम/लीटर है तो यह मध्यम प्रदूषण इंगित करती है।

यदि BOD 4000 मिलीग्राम/लीटर से अधिक है, तो यह उच्च प्रदूषण इंगित करती है। मरकरी (Hg) बहुत स्थायी क्षय अभिलाक्षणिक (Persistent effluent) बहिस्राव है। कैडमियम का यकृत, वृक्क तथा थायरॉइड में जमाव **इटाई-इटाई** (ऊच-ऊच) रोग उत्पन्न करता है।

3. मृदा प्रदूषण

रासायनिक अवशिष्टों के फलस्वरूप मृदा की विषाक्तता बढ़ती है, जो मनुष्यों पर विपरीत प्रभाव डालती है। नाइट्रोजनी उर्वरकों का अधिक उपयोग मृदा में नाइट्रेट के स्तर को बढ़ाता है, जो **ब्लू बेबी सिण्ड्रोम** (Blue baby syndrome) के लिए उत्तरदाई है।

मृदा में विभिन्न प्रकार के अवशिष्टों के द्वारा लाया गया अवांछित (हानिकारक) परिवर्तन, **मृदा प्रदूषण** कहलाता है। **जैवीय परपोषी** (Biological heterotrophs) मृदा प्रदूषण में महत्त्वपूर्ण भूमिका अदा करते हैं।

4. ध्वनि प्रदूषण

अवांछित स्वर ध्वनि कहलाता है तथा यह डेसीबल के रूप में मापी जाती है। प्राय: 80 डेसीबल से अधिक ध्वनि को शोर का नाम दिया गया है। कानपुर (उ. प्र.) सबसे अधिक ध्वनि प्रदूषित शहर है।

हरे पौधे, जो उच्च ध्वनि प्रदूषित क्षेत्रों में रोपे गए हैं, **हरी पट्टिकाओं** (Green mufflers) के रूप में जाने जाते हैं, क्योंकि उनमें ध्वनि तरंगों को अवशोषित करने की क्षमता होती है।

ध्वनि गति से भी तेज चलने वाले सुपर सोनिक जेट अपने पीछे ध्वनि तरंगों को छोड़ते जाने की ध्वनि को बूम कहते हैं।

5. रेडियोधर्मी प्रदूषण

रेडियोधर्मी प्रदूषण का मुख्य स्रोत नाभिकीय विस्फोट (Nuclear explosion) है। रेडियोधर्मी पदार्थ (Sr^{90}, C^{137}, C^{14}, Co^{60}, Ru^{106}) पृथ्वी सतह से 10-15 किमी ऊपर प्रारम्भिक गैसीय अवस्था में होते हैं। इनका रेडियोधर्मी अवपात या केन्द्रकीय अवपात (Nuclear fall outs) वायु, जल तथा मृदा प्रदूषण पैदा करता है।

Sr^{90} अस्थि मज्जा में जमा होकर **रुधिर कैन्सर** (Leukaemia) उत्पन्न करता है। Cs^{137} पेशियों में जमा होकर पेशियों में दर्द उत्पन्न करता है। I^{130} से थायरॉइड कैंसर हो जाता है

रेडियोधर्मी विस्फोट सर्वप्रथम वर्ष 1945 में जापान के दो शहरों **हिरोशिमा** तथा **नागासाकी** में हुए, जब संयुक्त राज्य अमेरिका (USA) ने द्वितीय विश्व युद्ध के दौरान नाभिकीय बम गिराए।

1986 में **चिर्नोबिल** (USSR) में नाभिकीय दुर्घटना घटी। सीमेण्ट फैक्ट्री के कर्मचारी में सिलिकोसिस (Silicosis) बीमारी होती है।

6. ऊष्मीय प्रदूषण

नाभिकीय तथा अन्य पारम्परिक स्रोतों (Conventional sources) के कारण, जल तथा वातावरण का तापमान बढ़ जाता है, जो विभिन्न जीवधारियों पर विपरीत प्रभाव डालता है।

पर्यावरण से सम्बन्धित मुख्य बिन्दु

- पृथ्वी को सामान्यतया वायुमण्डल, जलमण्डल एवं स्थलमण्डल नामक भागों में बाँटा जा सकता है। जलमण्डल, स्थलमण्डल एवं वायुमण्डल का वह भाग जिसमें जीव रहते हैं, **जीवमण्डल** (Biosphere) कहलाता है। जीवमण्डल का विस्तार समुद्र तल से 6 किमी वायुमण्डल में पृथ्वी की सतह पर तथा 8 किमी तक समुद्र की गहराई में अर्थात् कुल 14 किमी क्षेत्र माना जाता है।
- जीवमण्डल के जैविक घटक उत्पादक, उपभोक्ता तथा अपघटक होते हैं। सभी हरे पौधे, जिनमें पर्णहरिम (Chlorophyll) होता है तथा प्रकाश-संश्लेषण द्वारा अपना भोजन स्वयं बनाते हैं, **उत्पादक** (Producers) कहलाते हैं। वे जीव जो उत्पादकों द्वारा बनाए खाद्य पदार्थों पर निर्भर होते हैं, **उपभोक्ता** (Consumer) कहलाते हैं; जैसे—सभी जन्तु।
- उपभोक्ता तीन प्रकार के होते हैं; प्राथमिक उपभोक्ता, द्वितीयक उपभोक्ता एवं तृतीयक उपभोक्ता। वे जन्तु जो हरे पौधों अर्थात् उत्पादकों से भोजन प्राप्त करते हैं, **प्राथमिक उपभोक्ता** (Primary consumer) कहलाते हैं। ये शाकाहारी होते हैं; जैसे—चूहा, खरगोश, गाय। वे माँसाहारी जन्तु जो प्राथमिक उपभोक्ताओं अर्थात् शाकाहारियों को अपना भोजन बनाते हैं, **द्वितीयक उपभोक्ता** (Secondary consumer) कहलाते हैं; जैसे—मेंढक। वे माँसाहरी जन्तु, जो द्वितीयक उपभोक्ताओं को अपना भोजन बनाते हैं, **तृतीयक उपभोक्ता** (Tertiary consumer) कहलाते हैं; जैसे—शेर, चीता, सर्प, आदि।
- पर्यावरण के अजैविक घटकों में मुख्यतया जलवायवीय अवस्थाएँ, मृदीय अवस्थाएँ एवं भू-आकृति सम्बन्धी अवस्थाएँ होती हैं। ताप, प्रकाश, वायु की गैसें, वायु की गति, वायु की नमी आदि जलवायवीय अवस्थाएँ हैं। मृदा का स्वरूप, मृदा का संगठन, मृदा जल, मृदा वायु तथा ह्यूमस, मृदीय अवस्थाएँ हैं। भूमि की ऊँचाई, भूमि का ढाल, पर्वत श्रृंखलाओं की उपस्थिति तथा उनकी दिशा भू-आकृति सम्बन्धी अवस्थाएँ हैं।
- प्रत्येक पोषी स्तर पर ऊर्जा का स्थानान्तरण ऊर्जा के पिरामिड द्वारा प्रदर्शित होता है। ऊर्जा का पिरामिड सदैव सीधा होता है।
- तेज वायु, आँधी, वर्षा, बहता जल आदि कारणों से शीर्ष मृदा का ऊपरी भाग अपने स्थान से दूर चला जाता है अथवा अपनी उपजाऊ शक्ति खो देता है। इस प्रकार की हानि अथवा उसमें उर्वरता की कमी भूमि अपरदन (Soil erosion) कहलाती है।
- विश्व पर्यावरण दिवस **5 जून** को मनाया जाता है।
- विश्व वानिकी दिवस प्रति वर्ष **21 मार्च** को मनाया जाता है।
- वन महोत्सव प्रतिवर्ष **फरवरी** व **जुलाई** में मनाया जाता है।
- वन्य जीव सप्ताह प्रतिवर्ष **1 से 8 अक्टूबर** तक मनाया जाता है।
- वे जातियाँ, जिनके विलुप्त होने की सम्भावना है, क्योंकि इनके आवास अत्यधिक कम हो गए हैं, **संकटग्रस्त जातियाँ** (Endangered species) कहलाती हैं। वे जातियाँ, जो संख्या में कम तथा कुछ विशेष स्थानों पर बची हैं, **दुर्लभ जातियाँ** (Rare species) कहलाती हैं।
- संकटग्रस्त पादप व जन्तुओं की सारणी '**लाल आँकड़ों की पुस्तक** (Red Data Book) में प्रकाशित की गई है। IUCN द्वारा **लाल आँकड़ों की पुस्तक** में लगभग 1000 आपत्तिग्रस्त जातियों को स्थान दिया गया है।

- ऐसी जातियाँ, जिनके प्राकृतिक आवास इतने बिगड़ चुके हैं कि शीघ्र ही इनके संकटग्रस्त स्थिति में आ जाने की सम्भावना है, **आपत्तिग्रस्त जातियाँ** (Threatened species) कहलाती हैं।
- ऐसी जातियाँ जिनके निकट भविष्य में आपत्तिग्रस्त श्रेणी में आ जाने की सम्भावना है तथा थोड़े से प्रयास से इन्हें संकटग्रस्त होने से बचाया जा सकता है, **सुभेद्य जातियाँ** (Vulnerable species) कहलाती हैं।
- पहचान के पश्चात् दुर्लभ तथा संकटग्रस्त पादप जातियों के पौधों को सुरक्षित स्थानों पर उगाया जाता है ऐसे पौधों का विवरण, **हरित पुस्तक** (Green Book) में दिया जाता है।
- IUCN की स्थापना सन् 1948 में हुई इसकी दसवीं गोष्ठी सन् 1969 में भारत में सम्पन्न हुई।
- **विश्व वन्यजीव कोष** (World Wildlife Fund) की स्थापना सन् 1962 में हुई।
- सन् 1972 को अन्तर्राष्ट्रीय प्रकृति संरक्षण वर्ष घोषित किया गया।
- **भारतीय वन्यजीव मण्डल** (Indian Board of Wildlife) की स्थापना सन् 1952 में हुई।
- टाइगर परियोजना (Tiger Project) का प्रारम्भ सन् 1970 में किया गया।
- गिर सिंह परियोजना (Gir Lion Project) का प्रारम्भ सन् 1972 में किया गया था।
- क्रोकोडाइल ब्रीडिंग तथा प्रबन्ध परियोजना वर्ष 1975 में प्रारम्भ की गई।
- वन्य जीव संरक्षण कानून सन् 1987 में लागू किया गया है।
- कॉर्बेट नेशनल पार्क नैनीताल (उत्तराखण्ड) काजीरंगा जन्तु शरण स्थल असोम में स्थित है।

वस्तुनिष्ठ प्रश्न

1. सागरों में पौधों द्वारा उत्पादित जीव भार होता है
(a) 55% (b) 65% (c) 75% (d) 85%

2. एक तालाब पारितन्त्र (Pond ecosystem) में सर्वाधिक क्या होता है?
(a) प्राथमिक उपभोक्ता (b) द्वितीयक उपभोक्ता
(c) उत्पादक (d) अपघटक

3. एक खाद्य कड़ी के घटकों के प्रकार उत्पादक → शाकाहारी → माँसाहारी → सर्वोच्च माँसाहारी माने तो घटना क्रम में एक तत्त्व से दूसरे में पहुँचने वाली ऊर्जा का क्या होगा?
(a) यह अन्य खाद्य कड़ी द्वारा फिर से पकड़ ली जाती है
(b) यह वातावरण में चली जाती है
(c) इसके फलस्वरूप एक अधिक बड़ी अपघटक आबादी बन जाती है
(d) यह उत्पादकों में पुनर्चक्रण करती है

4. सही खाद्य कड़ी को चुनिए।
(a) गिरी हुई पत्तियाँ → जीवाणु → कीट → लार्वा
(b) घास → गिरगिट → कीट → पक्षी
(c) घास → लोमड़ी → शशक → पक्षी
(d) पादपप्लवक → जन्तुप्लवक → मछली

5. निम्न में कौन-सा कार्बन चक्र में योगदान देता है?
(a) श्वसन (b) प्रकाश-संश्लेषण
(c) जीवश्म-ईंधन का (d) ये सभी

6. किसी पारितन्त्र में ऊर्जा-प्रवाह का मार्ग होता है
(a) उत्पादक → माँसाहारी → शाकाहारी → अपघटक
(b) उत्पादक → शाकाहारी → माँसाहारी → अपघटक
(c) शाकाहारी → उत्पादक → माँसाहारी → अपघटक
(d) शाकाहारी → माँसाहारी → उत्पादक → अपघटक

7. पौधे किस तरह कार्बन चक्र में सहयोग देते हैं?
(a) ये कार्बन चक्र में योगदान नहीं देते हैं
(b) जब ये श्वसन करते हैं, तो ये वायुमण्डल में CO_2 छोड़ते हैं
(c) जब ये प्रकाश-संश्लेषण करते हैं तो ये वायुमण्डल से CO_2 लेते हैं
(d) (b) व (c) दोनों

8. किस रूप में अपघटक, उत्पादकों जैसे होते हैं?
(a) इनमें से एक चरने वाली खाद्य कड़ी का सदस्य हो सकता है
(b) दोनों ही जीवन के अन्य रूपों के लिए ऑक्सीजन उत्पन्न करते हैं
(c) दोनों को ही पोषक अणुओं एवं ऊर्जा के स्रोत की आवश्यकता होती है
(d) दोनों ही जीवमण्डल के लिए कार्बनिक भोजन की आपूर्ति करते हैं

9. जीवों का उनके प्राकृतिक आवास में संरक्षण है
(a) *स्व स्थाने* संरक्षण
(b) *बाह्य स्थाने* संरक्षण
(c) हरबेरियम
(d) राष्ट्रीय उद्यान

10. यदि कार्बन डाइऑक्साइड को जीवमण्डल से खींच लिया जाए, तो कौन-सा जीव सर्वप्रथम नकारात्मक प्रभाव का अनुभव करेगा?
(a) प्राथमिक उपभोक्ता (b) उत्पादक
(c) द्वितीयक उपभोक्ता (d) तृतीयक उपभोक्ता

11. प्रथम श्रेणी का उपभोक्ता किस तरह द्वितीय श्रेणी के उपभोक्ता जैसा है?
(a) ऊर्जा की हानि के बिना दोनों ही कार्बनिक यौगिकों को ATP में बदलने में सक्षम होते हैं
(b) जितनी ऊर्जा ये प्राप्त करते हैं उसकी अपेक्षा कम ऊर्जा को दोनों अगले खाद्य स्तर में पहुँचाते हैं
(c) दोनों समान ऊर्जा की मात्रा को अगले खाद्य स्तर में पहुँचाते हैं
(d) दोनों ही शाकाहारी होते हैं, जो पौधों के लिए पोषक उत्पन्न करते हैं

12. द्वितीयक वायु प्रदूषक है
(a) PAN (b) O_3
(c) CO_2 (d) (a) व (b) दोनों

13. जीवीय घटकों में होते हैं
(a) उत्पादक (b) अपघटक
(c) उपभोक्ता (d) ये सभी

14. राइजोस्फीयर (Rhizosphere) होता है
(a) वह क्षेत्र जहाँ पर *राइजोबियम* जीवाणु शिम्बकुलीय पौधों की जड़ों पर ग्रन्थिकाएँ बनाते हैं
(b) वह क्षेत्र जहाँ शैवाल तथा जड़ एक-दूसरे के सम्पर्क में आते हैं
(c) वह क्षेत्र जहाँ जड़ तथा मिट्टी सम्पर्क में आती हैं
(d) वह क्षेत्र जहाँ जड़ तथा जीवाणु सम्पर्क में आते हैं

15. माँसाहारी होते हैं
(a) प्रायः प्राथमिक उपभोक्ता
(b) प्रायः द्वितीयक उपभोक्ता
(c) प्रायः द्वितीयक अथवा तृतीयक उपभोक्ता
(d) उपभोक्ताओं की अपेक्षा अधिकतर अपघटनकर्ता

16. झील के पारितन्त्र में जीवभार का पिरामिड होता है
(a) सीधा
(b) उल्टा
(c) कोई भी स्थिति सम्भव है
(d) उपरोक्त में से कोई नहीं

17. किसी वन के पारितन्त्र में शेर का कौन-सा खाद्य स्तर (Trophic level) होता है?
(a) T_3 (b) T_4 (c) T_2 (d) T_1

18. किसी खाद्य श्रृंखला में शाकाहारी होते हैं
(a) प्राथमिक उत्पादक
(b) प्राथमिक उपभोक्ता
(c) द्वितीयक उपभोक्ता
(d) अपघटनकर्ता

19. एक खाद्य-श्रृंखला प्रारम्भ होती है
(a) नाइट्रोजन स्थिरीकरण से
(b) विनष्टि (Decay) से
(c) प्रकाश-संश्लेषण से
(d) श्वसन से

20. खाद्य स्तर बनते हैं
(a) खाद्य शृंखलाओं से जुड़े जीवों द्वारा
(b) केवल पौधों द्वारा
(c) केवल जन्तुओं द्वारा
(d) केवल मांसाहारियों द्वारा

21. वायुमण्डल में सन्तुलन स्थापित होता है
(a) उत्पादकों द्वारा
(b) अपघटकों द्वारा
(c) उत्पादकों एवं उपभोक्ताओं द्वारा
(d) उत्पादकों, उपभोक्ताओं एवं अपघटकों द्वारा

22. एक खाद्य-शृंखला बनी होती है
(a) केवल उत्पादकों की
(b) केवल उपभोक्ताओं की
(c) (a) व (b) दोनों की
(d) केवल अपघटनकर्ताओं की

23. यदि समुद्र में पादपप्लवक नष्ट कर दिए जाएँ, तब
(a) शैवालों को वृद्धि के लिए अधिक स्थान मिलेगा
(b) प्राथमिक उपभोक्ता अधिकता में उत्पन्न होंगे
(c) यह खाद्य-शृंखला को प्रभावित करेगा
(d) कोई भी प्रभाव दिखाई नहीं देगा

24. एक खाद्य शृंखला में प्रारम्भिक जीव होते हैं
(a) प्रकाश-संश्लेषण करने वाले (प्राथमिक उत्पादक)
(b) प्राथमिक उपभोक्ता
(c) द्वितीयक उपभोक्ता
(d) खाद्य-शृंखला में सर्वोच्च उपभोक्ता

25. किसी वन-पारितन्त्र में हरे पादप होते हैं
(a) उपभोक्ता
(b) उत्पादक
(c) द्वितीयक उपभोक्ता
(d) प्राथमिक उपभोक्ता

26. खाद्य शृंखला, जिसमें सूक्ष्मजीव, उत्पादकों द्वारा संश्लेषित ऊर्जा प्रचुर यौगिकों का अवशोषण एवं विखण्डन करते हैं; होती है
(a) परजीवी खाद्य-कड़ी
(b) अपरदभोजी खाद्य-कड़ी
(c) परभक्षी खाद्य-कड़ी
(d) उपरोक्त में से कोई नहीं

27. किसी पारितन्त्र में उत्पादकों का कार्य होता है
(a) कार्बनिक यौगिकों को अकार्बनिक यौगिकों में बदलना
(b) सौर ऊर्जा को पकड़ना और इसे रासायनिक ऊर्जा में बदलना
(c) रासायनिक ऊर्जा को काम में लाना
(d) ऊर्जा को मुक्त करना

28. शाकाहारी निम्नलिखित में से ऊर्जा की कौन-सी उस मात्रा का उपयोग करते हैं, जो उनके द्वारा अन्तर्ग्रहित भोजन से प्राप्त होती है?
(a) 5% (b) 10% (c) 20% (d) 55%

29. किसी तालाब के पारितन्त्र में खाद्य-कड़ी प्रारम्भ होती है
(a) पादपप्लवक से (b) जन्तुप्लवक से
(c) जलीय कीटों से (d) छोटी मछलियों से

30. घासस्थलीय पारितन्त्र की खाद्य शृंखला में सर्वोच्च उपभोक्ता होते हैं
(a) माँसाहारी (b) शाकाहारी
(c) या तो मांसाहारी अथवा शाकाहारी
(d) जीवाणु

31. किसी पारितन्त्र में ऊर्जा का स्रोत होता है
(a) सूर्य का प्रकाश (b) ATP
(c) DNA (d) RNA

32. किसी खाद्य कड़ी में प्रथम कड़ी सदैव एक हरा पादप होता है, क्योंकि
(a) इसमें माँसाहारी जन्तुओं की अपेक्षा शाकाहारी जन्तु अधिक होते हैं
(b) पौधे एक ही स्थान पर स्थिर होते हैं
(c) पौधे प्रत्येक स्थान पर उपस्थित होते हैं
(d) इसमें कार्बनिक भोजन के संश्लेषण की क्षमता होती है

33. कोई मानव पारिस्थितिक तन्त्र का हिस्सा कब बनता है?
(a) सदैव
(b) केवल जब वह बड़े शहरों में रहता है
(c) केवल जब वह जंगलों में रहता है
(d) कभी भी नहीं

34. खाद्य-कड़ी में निम्नलिखित में से कौन-सा क्रम सही है?
(a) घास → शशक → भेड़िया → शेर
(b) घास → कीट → साँप → बाज
(c) घास → साँप → कीट → हिरण
(d) घास → भेड़िया → हिरण → भैंस

35. मृदा अपरदन है
(a) मृदा की उपजाऊ परत का नष्ट होना
(b) मृदा निर्माण
(c) मृदा संरक्षण
(d) उपरोक्त में से कोई नहीं

36. वृक्ष के पारितन्त्र में संख्या का पिरामिड होता है
(a) सीधा (b) उल्टा
(c) (a) व (b) दोनों (d) इनमें से कोई नहीं

37. निम्नलिखित में से कार्बन चक्र का कौन-सा सही क्रम है?
(a) प्रकाश-संश्लेषण → अपघनकर्ता → उपभोक्ता
(b) प्रकाश-संश्लेषण → उपभोक्ता → अपघटनकर्ता
(c) अपघटकर्ता → प्राकश-संश्लेषण → उपभोक्ता
(d) उपभोक्ता → प्रकाश-संश्लेषण → अपघटनकर्ता

38. बाहर से किसी जीव में प्रवेश करने वाली ऊर्जा का प्रभावी उपयोग 100% होता है
(a) सभी हरे पादपों में (b) किसी पौधे में नहीं
(c) केवल कुछ प्रकाश-संश्लेषी जीवाणुओं में
(c) केवल एककोशिकीय हरे शैवालों में

39. यदि प्रयोगशाला में सीमित एक पारितन्त्र में मात्रात्मक अनुमापन किए जाते हैं तो चक्रीय के बदले एक-मार्गीय पथ होगा
(a) पोटैशियम का (b) कार्बन का
(c) मुक्त ऊर्जा का (d) नाइट्रोजन का

40. यूट्रोफिक झीलों का अभिप्राय है
(a) पोषकों की कमी वाली झील
(b) पोषकों की प्रचुरता वाली झील
(c) फ्लोरा एवं फोना की कमी वाली झील
(d) जल की कमी वाली झील

41. एक खाद्य-कड़ी के घटकों को इस प्रकार उत्पादक → शाकाहारी → माँसाहारी → सर्वोच्च माँसाहारी मानिए तो किस स्तर में सर्वाधिक ऊर्जा होगी?
(a) शाकाहारियों में (b) माँसाहारियों में
(c) प्राथमिक उत्पादकों में (d) सर्वोच्च मांसाहारियों में

42. जीव भू-रासायनिक चक्रण का अभिप्राय है
(a) किसी पारितन्त्र में ऊर्जा का चक्रण
(b) पादपों तथा वायुमण्डल के बीच में गैसों का चक्रण
(c) किसी पारितन्त्र में पोषकों का चक्रण
(d) जल का चक्रण

43. जब किसी क्षेत्र की वनस्पति जलवायवीय शिखर तक पहुँच जाती है, तो यह होती है
(a) लिथोफाइटिक (b) मरुद्भिद्
(c) समोद्भिद् (d) जलोद्भिद्

44. बंजर भूमि (Barren lands) में सबसे पहले उगने वाले पौधे होते हैं, प्राय:
(a) लाइकेन्स (b) फर्न
(c) मॉस (d) डायटम्स

45. निम्नलिखित में से कौन-सा जीवोम (Biome) है?
(a) घास के मैदान (b) पर्णपाती वन
(c) गेहूँ का खेत (d) तालाब

46. निम्नलिखित में से एक वनस्पति का पायोनीयर (Pioneer) होता है
(a) शैवाल (b) कवक
(c) लाइकेन्स (d) ब्रायोफाइट्स

47. बालू वाले क्षेत्रों में भाग लेने वाला पादप अनुक्रमण (Succession) कहलाता है
(a) हैलोसीयर (b) सेमोसीयर
(c) (a) व (b) दोनों (d) जलक्रमक

48. *नेपेन्थीज* होता है
(a) प्राथमिक उत्पादक
(b) उपभोक्ता
(c) प्राथमिक उत्पादक एवं उपभोक्ता
(d) उपरोक्त में से कोई नहीं

49. किसी प्राकृतिक समुदाय में एक जीव-से-दूसरे जीव में ऊर्जा स्थानान्तर बनाता है
(a) खाद्य कड़ियाँ (b) जीव वैज्ञानिक नियन्त्रण
(c) प्राकृतिक बाधाएँ (d) ये सभी

50. प्राथमिक उत्पादकता के लिए निम्न में से कौन-सा आवास अत्यन्त अनुपयुक्त (Unsuitable) होता है?
(a) दलदली क्षेत्र
(b) वन रोपित नदी का किनारा
(c) गुफा
(d) तालाब

51. एक साँप ने तुरन्त ही एक मेंढक को खा लिया, जब किसी बाज ने साँप को देखा, तो उस पर हमला कर दिया और खा गया। इस प्रकार पारिस्थितिक भाषा में बाज होगा
(a) एक उत्पादक (b) सर्वोच्च उपभोक्ता
(c) द्वितीयक उपभोक्ता (d) तृतीयक उपभोक्ता

52. पारितन्त्र (Ecosystem) शब्द सर्वप्रथम बताया था
(a) वीवर एवं क्लीमेण्ट्स ने
(b) ए. जी. टैन्सले ने
(c) ई. पी. ओडम ने
(d) इन सभी ने

53. घास स्थलीय पारितन्त्र में ऊर्जा का पिरामिड होता है
(a) उल्टा (b) सीधा
(c) उल्टा या सीधा (d) इनमें से कोई नहीं

54. एक पारितन्त्र परिवर्तन का प्रतिरोध करता है, क्योंकि यह अवस्था में होता है
(a) समस्थैतिक की
(b) प्रकाश के अभाव की
(c) असन्तुलन की
(d) घटकों की अल्पता की

55. किसी पारितन्त्र में ऊर्जा-प्रवाह का सही मार्ग होता है
(a) उत्पादक → माँसाहारी → शाकाहारी → अपघटक
(b) उत्पादक → शाकाहारी → माँसाहारी → अपघटक
(c) शाकाहरी → माँसाहारी → उत्पादक → अपघटक
(d) शाकाहारी → उत्पादक → माँसाहारी → अपघटक

56. ऊर्जा का पिरामिड (Pyramid of energy) होता है
(a) सदैव सीधा
(b) सदैव उल्टा
(c) सीधा तथा उल्टा दोनों
(d) उपरोक्त में से कोई नहीं

57. पारितन्त्र की सही परिभाषा होती है
(a) एक-दूसरे से परस्पर प्रतिक्रिया करने वाला जीवों का एक समुदाय
(b) किसी आवास के अजीवीय घटक
(c) पृथ्वी का एक भाग एवं इसका वायुमण्डल जिसमें जीवधारी रहते हैं
(d) वातावरण के साथ जीवों का समुदाय जिसमें वे रहते हैं

58. एक पारितन्त्र की परिभाषा इस प्रकार की जा सकती है
(a) अपने भौतिक रासायनिक वातावरणों के साथ-साथ पादपों, जन्तुओं एवं सूक्ष्मजीवों के विभिन्न समुदाय
(b) पौधों एवं सूक्ष्मजीवों के विभिन्न समुदाय और इनका भौतिक, रासायनिक वातावरण
(c) अनेक पौधों एवं जन्तुओं का एक स्थानीय सहयोजन
(d) उपरोक्त में से कोई नहीं

59. खाद्य-शृंखला बनती है
(a) उत्पादकों एवं पौधों से
(b) उत्पादकों, माँसाहारी एवं अपघटकों से
(c) उत्पादकों एवं प्राथमिक उपभोक्ताओं से
(d) उत्पादकों, शाकाहारियों एवं माँसाहारियों से

60. किसी पारितन्त्र में उत्पादक एवं उपभोक्ताओं के बीच के सम्बन्ध का रेखीय प्रदर्शन कहलाता है
(a) पारिस्थितिक निकेत (b) पारिस्थितिक पिरामिड
(c) पारिस्थितिक तन्त्र (d) खाद्य-स्तर

61. पारितन्त्र के निम्नलिखित घटकों में से कौन-सा बाहर से आता है?
(a) ऑक्सीजन (b) तापमान
(c) कीट (d) ऊर्जा

62. पारितन्त्र में दो घटक होते हैं
(a) खरपतवार और वृक्ष (b) जीवीय और अजीवीय
(c) मेंढक और मानव (d) पादप और जन्तु

63. पारितन्त्र का महत्त्व होता है
(a) ऊर्जा के प्रवाह में (b) खनिजों के चक्रण में
(c) (a) और (b) दोनों (d) इनमें से कोई नहीं

64. पारिस्थितिक खाद्य-शृंखला के सन्दर्भ में मानव होता है
(a) उत्पादक (b) उपभोक्ता
(c) (a) और (b) दोनों (d) उत्पादक तथा अपघटक

65. एक पारितन्त्र में अजीवीय घटक होता है
(a) जीवाणु (b) *डेफ्निया*
(c) जल (d) *क्लोरेला*

66. जब एक बड़ी मछली, एक छोटी मछली को खाती है, जो पादपप्लवक पर भोजन हेतु निर्भर जलीय पिस्सुओं (Fleas) को खाती है, जलीय पिस्सू होते हैं
(a) प्राथमिक उपभोक्ता
(b) द्वितीयक उपभोक्ता
(c) उत्पादक
(d) इस खाद्य शृंखला में सर्वोच्च उपभोक्ता

67. पारितन्त्र में ऊर्जा का प्राथमिक या मुख्य स्रोत होता है
(a) सूर्य का प्रकाश (सौर ऊर्जा)
(b) पौधों में संचित शर्करा
(c) किण्वन में मुक्त हुई ऊष्मा
(d) श्वसन के अन्तर्गत मुक्त हुई ऊष्मा

68. हरे पादप अधिक महत्त्वपूर्ण होते हैं, क्योंकि
(a) ये पृथ्वी को ठण्डी तथा हरित रखने में सहायता करते हैं
(b) ये छाया प्रदान करने में सहायता करते हैं
(c) ये उत्पादक होते हैं
(d) इनके बिना वर्षा नहीं होती है

69. कोई पारितन्त्र परस्पर अभिक्रिया करने वाला जटिल तन्त्र होते है
(a) समुदायों एवं इनकी मृदा दशाओं का
(b) समुदायों एवं इनके भौतिक वातावरण का
(c) (a) व (b) दोनों
(d) उपरोक्त में से कोई नहीं

70. तालाब के पारितन्त्र में संख्या का पिरामिड होता है
(a) सीधा (b) उल्टा (c) अनियमित (d) रेखीय

71. प्रदूषण के कारण पृथ्वी के तापमान में वृद्धि है
(a) हरितगृह प्रभाव (b) ओजोन अवक्षेप
(c) मृदा प्रदूषण (d) अम्ल वर्षा

72. वन के पारितन्त्र में जैव भार का पिरामिड होता है
(a) सीधा (b) उल्टा
(c) (a) व (b) दोनों (d) इनमें से कोई नहीं

73. पारितन्त्र में होते हैं
(a) खाद्य कड़ी (b) खाद्य जाल
(c) (a) व (b) दोनों (d) इनमें से कोई नहीं

74. संख्या का पिरामिड आधारित होता है
(a) प्रति क्षेत्र इकाई पर
(b) प्रति सदस्य भोजन पर
(c) खाद्य स्तर के सदस्यों पर
(d) उपरोक्त में से कोई नहीं

75. जल-प्रदूषण का स्तर इसके रूप में मापा जाता है
(a) DO (b) BOD
(c) COD (d) इनमें से कोई नहीं

76. एक झील के पारितन्त्र में प्रभावी द्वितीय खाद्य स्तर होता है
(a) प्लवक (b) जन्तुप्लवक
(c) पादपप्लवक (d) बेन्थोस

77. निम्नलिखित में से कौन-सा *होमो सेपियन्स* से सम्बन्धित है?
(a) शाकाहारी (b) माँसाहारी
(c) स्वपोषी (d) सर्वाहारी

78. कौन-सा पारिस्थितिक पिरामिड उल्टे रूप में नहीं बन सकता है?
(a) जातीय प्रचुरता का पिरामिड
(b) संख्या का पिरामिड
(c) जीवभार का पिरामिड
(d) ऊर्जा का पिरामिड

79. घास → हिरण → चीता खाद्य शृंखला वाले एक सामान्य पारितन्त्र में, चीते के जीवभार की कितनी मात्रा बनेगी यदि घास का उत्पादन एक टन है?
(a) 100 किग्रा (b) 10 किग्रा
(c) 200 किग्रा (d) 1 किग्रा

80. किसी भोजन-कड़ी में सर्वाधिक बड़ी आबादी होती है
(a) प्राथमिक उपभोक्ताओं की
(b) द्वितीयक उपभोक्ताओं की
(c) अपघटकों की (d) उत्पादकों की

81. हरे पौधे बनाते हैं
(a) प्रथम खाद्य स्तर (b) द्वितीय खाद्य स्तर
(c) तृतीय खाद्य स्तर (d) पूर्ण खाद्य कड़ी

82. खाद्य कड़ी के जीवों में उच्च खाद्य स्तरों में DDT का बढ़ता हुआ जमाव कहलाता है
(a) जीव वैज्ञानिक मूल्य (b) जीवीय मूल्य
(c) बायोमैग्नीफिकेशन (d) जीवीय विभव

83. लाइकेन्स तथा मॉस देखें जा सकते हैं
(a) जीरोसीयर में (b) हाइड्रोसीयर में
(c) हाइड्रेक में (d) सेमोसीयर में

84. प्लवक, नेक्टोन एवं बेन्थोस निम्नलिखित में से किस पारितन्त्र के घटक नहीं होते हैं?
(a) तालाब (b) अलवणजलीय
(c) घास स्थल (d) समुद्री

85. संसार के सबसे बड़े पारितन्त्र होते हैं
(a) घास स्थल (b) वन
(c) बड़ी झीलें (d) सागर

86. पारिस्थितिक तन्त्र में ऊर्जा का प्रथम स्रोत है
(a) पौधों में संचित शर्करा
(b) शर्करा के किण्वन में निष्कासित गर्मी
(c) सूर्य से मिला प्रकाश
(d) श्वसन में निष्कासित गर्मी

87. विश्व आधार पर सर्वाधिक उत्पादकता निम्न में से कौन प्रदर्शित करता है?
(a) वन पारिस्थितिक तन्त्र
(b) जलीय पारिस्थितिक तन्त्र
(c) रेगिस्तान (d) घास स्थल

88. जीवोम (Biomes) होते हैं
(a) किसी स्थान की जलवायु के संकेतक (Indicators)
(b) पौधों के प्रमुख पारिस्थितिक समूह
(c) जन्तुओं तथा पादपों के प्रमुख पारिस्थितिक समूह
(d) जलीय वनस्पति

89. पादप अनुक्रमण में अन्तिम स्थिरता प्राप्त समुदाय कहलाता है
(a) सीरल समुदाय (Seral community)
(b) चरम समुदाय (Climax community)
(c) इकोटोन (Ecotone)
(d) इकोसीयर (Ecosere)

90. एक पारिस्थितिक निकेत (Niche) में निवास करते हैं
(a) एक छोटा समुदाय (Community)
(b) प्रतियोगिता करने वाले जातियाँ (Species)
(c) प्रतियोगिता करने वाले वंश (Genera)
(d) एक आबादी (Population)

91. एक समुदाय, जो किसी आवास में अनुक्रमण (Succession) की क्रिया को प्रारम्भ करता है, कहलाता है
(a) जीवीय समुदाय (b) अजीवीय समुदाय
(c) पायोनीयर समुदाय (d) इनमें से कोई नहीं

92. पायोनीयर तथा चरम समुदाय के बीच के माध्यमिक समुदाय कहलाते हैं
(a) पादप समुदाय (b) जीवीय समुदाय
(c) ट्रान्जिटरी समुदाय (d) इनमें से कोई नहीं

93. एक जलीय वातावरण में रहने वाले सूक्ष्मदर्शी जन्तु तथा पादप सामूहिक रूप से कहलाते हैं
(a) प्लवक (Planktons)
(b) सहभोजी (Commensals)
(c) शाकाहारी (Herbivores)
(d) फॉना (Fauna) तथा फ्लोरा (Flora)

94. प्लवक (Plankton) के जीवन की कौन-सी विधि होती है?
(a) सक्रिय रूप से जल में तैरना
(b) जल पर अथवा जल की सतह के पास तैरना अथवा हल्का तैरना
(c) जलाशय की तली से लगे रहना
(d) जल के सतह-तनाव (Surface tension) द्वारा समर्थित

95. निम्नलिखित क्रम पर विचार कीजिए।
नीले-हरे शैवाल → क्रस्टोज लाइकेन्स → फोलिओज लाइकेन्स → मॉस → झाड़ियाँ → द्विबीजपत्री वृक्ष यह क्रम प्रदर्शित करता है
(a) एक फायलोजेनेटिक परम्परा
(b) एक खाद्य पिरामिड
(c) पारिस्थितिक अनुक्रमण परम्परा
(d) आनुवंशिक ड्रिफ्ट

96. एक चने *(Cicer arietinum)* के पौधे द्वारा एक पारितन्त्र में स्थिर की गई कुल ऊर्जा कहलाती है
(a) प्राथमिक उत्पादन (b) कुल उत्पादन
(c) द्वितीय उत्पादन (d) इनमें से कोई नहीं

97. पारितन्त्र है
(a) एक बन्द इकाई
(b) एक खुली इकाई
(c) उपस्थित जीवभार पर आधरित खुली तथा बन्द दोनों प्रकार की इकाई
(d) समुदाय के प्रकार पर आधारित बन्द तथा खुली दोनों इकाई

98. जो जन्तु एक ही खाद्य स्तर (Trophic level) में आते हैं, होते हैं
(a) चीता तथा सूअर (b) हिरण तथा मधुमक्खियाँ
(c) साँप तथा सुअर (d) कौआ तथा गाय

99. पारितन्त्र का चालक बल (Driving force) होता है
(a) उत्पादक (b) पौधों में कार्बोहाइड्रेट
(c) जीवभार (d) सौर ऊर्जा

100. साँप प्रायः सम्बन्धित होता है
(a) मृतोपजीवियों से (b) प्राथमिक उपभोक्ता से
(c) द्वितीयक खाद्य स्तर से (d) इनमें से किसी से नहीं

101. किसी पारितन्त्र में अपघटकों में सम्मिलित हैं
(a) जीवाणु तथा कवक (b) केवल सूक्ष्मदर्शी जीव
(c) (a) और (b) दोनों (d) ये सभी

102. सागरों के एबायसल क्षेत्र (Abyssal zone) पहचाने जाते हैं
(a) सूर्य के प्रकाश तथा उत्पादकों की उपस्थिति द्वारा
(b) सूर्य के प्रकाश एवं सभी जीवधारियों की अनुपस्थिति द्वारा
(c) सूर्य के प्रकाश की अनुपस्थिति किन्तु उत्पादकों की उपस्थिति द्वारा
(d) सूर्य के प्रकाश की अनुपस्थिति तथा उपभोक्ताओं एवं अपघटकों की उपस्थिति द्वारा

103. बायोसीनोसिस (Biocoenosis) शब्द प्रदान किया था
(a) आर मिश्रा ने (b) टैन्सले ने
(c) कार्ल मोबियस ने (d) वार्मिंग ने

104. एक प्राकृतिक खाद्य-जाल
(a) में अनेक खाद्य स्तर होते हैं
(b) में केवल चरने वालों की खाद्य कड़ियाँ होती हैं
(c) प्रायः अस्थिर होता है (d) उपरोक्त सभी

105. यदि एक पारितन्त्र के अपघटक हटा दिए जाएँ तो निम्न में से कौन-सा चक्र प्रभावित होगा?
(a) उत्पादक चक्र (b) उपभोक्ता चक्र
(c) अपघटक चक्र (d) जीव भू-रासायनिक चक्र

सही उत्तर

1. (d)	2. (c)	3. (a)	4. (d)	5. (d)	6. (b)	7. (d)	8. (d)	9. (a)	10. (b)
11. (b)	12. (d)	13. (d)	14. (d)	15. (c)	16. (b)	17. (b)	18. (b)	19. (c)	20. (a)
21. (d)	22. (c)	23. (c)	24. (a)	25. (b)	26. (b)	27. (b)	28. (b)	29. (a)	30. (a)
31. (a)	32. (d)	33. (a)	34. (a)	35. (a)	36. (b)	37. (b)	38. (b)	39. (c)	40. (b)
41. (c)	42. (c)	43. (c)	44. (a)	45. (b)	46. (c)	47. (b)	48. (c)	49. (a)	50. (c)
51. (b)	52. (b)	53. (b)	54. (a)	55. (b)	56. (a)	57. (d)	58. (a)	59. (d)	60. (b)
61. (d)	62. (b)	63. (c)	64. (b)	65. (c)	66. (a)	67. (a)	68. (c)	69. (b)	70. (a)
71. (a)	72. (a)	73. (c)	74. (c)	75. (b)	76. (b)	77. (d)	78. (d)	79. (b)	80. (d)
81. (a)	82. (c)	83. (a)	84. (c)	85. (d)	86. (c)	87. (b)	88. (c)	89. (b)	90. (b)
91. (c)	92. (c)	93. (a)	94. (b)	95. (c)	96. (b)	97. (b)	98. (b)	99. (d)	100. (d)
101. (a)	102. (d)	103. (c)	104. (a)	105. (d)					

अध्याय 11 मानव स्वास्थ्य एवं रोग

मानव स्वास्थ्य, व्यवस्थित क्रियाओं का समायोजित परिणाम है तथा इन क्रियाओं में होने वाले प्राकृतिक अथवा मानवजन्य विकारों को रोग की संज्ञा दी जाती है। वर्तमान में स्वास्थ्य एक सामूहिक संकल्पना है।

मानव स्वास्थ्य

विश्व स्वास्थ्य संगठन (World Health Organisation or WHO) के अनुसार, "स्वास्थ्य केवल रोग या विकलांगता का अभाव नहीं, बल्कि सम्पूर्ण शारीरिक, मानसिक एवं सामाजिक सुखद स्थिति है।" स्वास्थ्य सम्बन्धित आधुनिक धारणाओं के अनुसार, "स्वास्थ्य, उत्पादकीय जीवन का सार है न कि चिकित्सकीय देखभाल के निरन्तर बढ़ते खर्चों का परिणाम।" 'स्वास्थ्य, जीवन की गुणवत्ता की परिकल्पना का केन्द्रीय विचार है।' स्वास्थ्य के निर्माण में प्रमुख समस्या (जैसे–रोग) का वर्णन इस अध्याय में आगे किया जा रहा है।

मानव रोग

रोग का अर्थ, शरीर को अस्वस्थ रखने वाली शारीरिक प्रक्रिया से है। रोग उत्पन्न करने वाले कारणों के वैज्ञानिक विश्लेषण को **रोग निदान** (Diagnosis) कहा जाता है। एक स्वस्थ व्यक्ति वह है, जो शारीरिक, मानसिक और सामाजिक रूप से कार्यशील हों। मानव रोग मुख्यतया दो प्रकार के होते हैं

1. संक्रामक रोग

- विशिष्ट रोगाणु द्वारा उत्पन्न वे रोग, जो संक्रमित व्यक्ति से स्वस्थ व्यक्ति में प्रत्यक्ष अथवा अप्रत्यक्ष माध्यम से संचारित (Transmit) होते हैं, संक्रामक रोग (Communicable Diseases) कहलाते हैं।
- यह हानिकारक सूक्ष्मजीवों; जैसे–विषाणु, जीवाणु, कवक एवं प्रोटोजोआ, आदि द्वारा फैलते हैं। रोगकारक जीव का संचरण वायु, जल, भोजन, रोगवाहक कीट तथा शारीरिक सम्पर्क द्वारा एक व्यक्ति से दूसरे व्यक्ति में होता है। कुछ संक्रामक रोग निम्नलिखित हैं

एड्स

- एक्वायर्ड इम्यूनो डेफिसिएन्सी सिन्ड्रोम (Acquired Immuno Deficiency Syndrome or AIDS), मानव प्रतिरक्षा अपूर्णता विषाणु (Human Immunodeficiency Virus or HIV) के द्वारा होता है। HIV एक रिट्रोविषाणु (Retrovirus) है।
- यह एक घातक रोग है, जिससे शरीर की प्रतिरक्षा क्षमता प्रभावित हो जाती है। पहली बार इस रोग का पता जून, 1981 में अमेरिका में चला था। भारत में एड्स का पहला रोगी मई, 1985 **में चेन्नई** में मिला था।
- संक्रमित व्यक्ति से स्वस्थ व्यक्ति में इस रोग का संक्रमण प्राय: यौन सम्बन्धों, सन्दूषित सुई, ब्लेड, रुधिर आदान, उस्तरे तथा नाई द्वारा प्रयुक्त धार वाले अन्य उपकरणों व संक्रमित टैटू उपकरण के प्रयोग द्वारा होता है। इस रोग का संचरण संक्रमित माँ से भ्रूण में हो जाता है।

लक्षण

एड्स के निम्नलिखित लक्षण हैं

1. रात्रि के समय पसीना आना तथा भार में कमी।
2. रुधिर पट्टिकाओं की संख्या में कमी।
3. लसीका ग्रन्थियों में सूजन।
4. मस्तिष्क पर अत्यन्त प्रतिकूल प्रभाव, जिससे स्मृति ह्रास।
5. प्रतिरोधी क्षमता के छिन्न-भिन्न होने से अन्य रोगों के संक्रमण का खतरा बढ़ जाता है।

एड्स 'विशिष्ट तथ्य'

- इसका पहली बार एड्स नामकरण करने का श्रेय **प्रो. ल्यूक मोन्टागनियर** (फ्रांस) व **डॉ. रॉबर्ट सी गैलो** (अमेरिका) को जाता है। HIV रुधिर में पाई जाने वाली T_4-लिम्फोसाइट (श्वेत रुधिराणु का प्रकार) कोशिकाओं को प्रभावित करता है।
- अभी तक HIV के दो प्रकार; जैसे-HIV-I और HIV-II की पहचान की जा चुकी है। HIV संक्रमण की सम्भावना पुरुषों की तुलना में स्त्रियों में दोगुनी होती है।
- वर्ष 1988 से प्रतिवर्ष 1 दिसम्बर को 'विश्व एड्स दिवस' मनाया जाता है। 'लाल फीता' एड्स के प्रति जागरुकता का अन्तर्राष्ट्रीय चिन्ह है।
- एड्स के प्रसार को रोकने के लिए यौन कर्मी व यौन व्यवहार में संलग्न लोगों हेतु प्रिवेन्शन ऑफ इम्मोरल ट्रैफिक एक्ट, यानी PITA कानून बनाया गया है।
- राष्ट्रीय एड्स शोध संस्थान (National AIDS Research Institute) पुणे में स्थित है।
- भारत में सार्वजनिक क्षेत्र का उपक्रम हिन्दुस्तान लेटेक्स लिमिटेड एड्स नियन्त्रण हेतु प्रयत्नशील है। इसकी स्थापना का मुख्य उद्देश्य अच्छे किस्म के कन्डोम की आपूर्ति करना है।
- राष्ट्रीय एड्स नियन्त्रण समिति (NACC) का गठन 1986 में हुआ था, इसका कार्यक्रम वर्ष 1987 में आरम्भ हुआ था।
- भारत में राष्ट्रीय एड्स नियन्त्रण संगठन (National AIDS Control Organisation or NACO) की स्थापना वर्ष 1992 में की गई।
- एड्स उपचार की एक प्रभावी आयुर्वेदिक औषधि कम्पाउण्ड, क्यू है। 'संरक्षा' बंगलुरु स्थित एड्स शोध एवं नियन्त्रण परियोजना है। एलिसा (ELISA) जाँच तथा वेस्टर्न ब्लॉट (Western Blot) जाँच एड्स रोग के परीक्षण हेतु काम में लाया जाता है।
- क्रिप्टोलेपाइन, एक नवीन औषधि है, जिसका पेटेण्ट यूएसए के **सेथ एब्लोरडेप्पी** (Seth Ablodeppey) को मिला है। यह एड्स के मामले में सामान्यतया पाए जाने वाले संक्रमणों के उपचार में लाभकर सिद्ध हुई है।

रोकथाम

एड्स से बचाव के उपाय निम्नलिखित हैं

1. रक्तदान करने वाले व्यक्ति का HIV परीक्षण करना चाहिए, जिससे पता चले कि वह व्यक्ति संक्रमित है या नहीं।
2. नाई की दुकान पर सभी के लिए एक ही उस्तरे का प्रयोग नहीं करना चाहिए।
3. बिना उपयोग की गई सीरिंज तथा सुइयों का प्रयोग करना चाहिए, जिन्हें उपयोग के बाद नष्ट कर दिया जाना चाहिए।
4. अनजान व्यक्ति के साथ यौन सम्बन्ध नहीं बनाना चाहिए।

पीलिया/हिपेटाइटिस

पीलिया (Jaundice) विषाणुजनित संक्रामक रोग है। यह कई प्रकार का होता है; जैसे—हिपेटाइटिस-A, B, C, D, E, F एवं G, जिसमें हिपेटाइटिस-A एवं B मुख्य हैं। हिपेटाइटिस-A से यकृत संक्रमित हो जाता है, जबकि हिपेटाइटिस-B अतिसंक्रमणीय रोग है।

लक्षण

इस रोग के निम्नलिखित लक्षण हैं

1. तीव्र ज्वर, सिरदर्द और जोड़ों में दर्द।
2. संक्रमण (Infection) के 3-10 दिनों बाद गहरे पीले रंग का मूत्र तथा हल्के पीले रंग की विष्ठा (मल) आना।
3. भूख न लगना, मिचली तथा वमन (Vomiting)।

रोकथाम

इस रोग की रोकथाम के लिए क्लोरीनीकृत, उबले तथा ओजोन उपचारित जल का प्रयोग करें। इसके अतिरिक्त हिपेटाइटिस-B टीके का प्रयोग करना चाहिए।

कुछ और विषाणु जनित संक्रामक रोग

जिन संक्रामक रोगों के रोगाणु विषाणु होते हैं, उन्हें विषाणु जनित संक्रामक रोग कहते हैं।
इनमें से कुछ महत्त्वपूर्ण रोग निम्नलिखित हैं

रोग	विषाणु	संक्रमण माध्यम	लक्षण	रोकथाम
इन्फ्लुएन्जा	इन्फ्लुएन्जी	खाँसने या छींकने से	सिर व पूरे शरीर में दर्द, सर्दी, खाँसी एवं तेज ज्वर	टेरामाइसीन, टेट्रासाइक्लिन प्रतिजैविक से, साफ-सफाई रखने पर एवं टीकाकरण करने से।
चेचक	विरोला	खाँसने या छींकने से	सिर, पीठ, कमर में दर्द एवं लाल दाने	टीकाकरण, रोगी व्यक्ति से उचित दूरी रखने पर।
पोलियो	पोलियो विषाणु	मल, संक्रमित भोजन, मच्छरों से।	यह रीढ़ की हड्डी, आँत पर संक्रमण करता है।	टीकाकरण, पोलियो के टीके में मृत रोगाणु होते हैं, जिससे शरीर की प्रतिरोधक क्षमता बढ़ जाती है।
रेबीज	रेहब्डोविषाणु	पागल कुत्ते, भेड़िए, लोमड़ी के काटने से	केन्द्रिका, तन्त्रिका तन्त्र प्रभावित होता है, पक्षाघात, तेज बुखार, सिरदर्द एवं वमन	रेबीजरोधी टीकाकरण, काटने पर घाव को कार्बोक्सलिक या नाइट्रिक अम्ल से धोना चाहिए। रेबीजरोधी टीके का अविष्कार लुईस पाश्चर ने किया था।
छोटी माता	शिंगेल	संक्रमित व्यक्ति के छूने तथा कपड़े के इस्तेमाल द्वारा	हल्का बुखार, शरीर पर पित्तिकाएँ, जलस्फोट	टीकाकरण, सफाई रखने से एवं संक्रमित व्यक्ति से पृथक् रहना चाहिए।
मेनिनजाइटिस	हर्पीज विषाणु	सेरिब्रोस्पाइनल द्रव से संक्रमण होता है।	मस्तिष्क पर प्रभाव, तेज बुखार, बेहोशी	मेनिनजाइटिस रोधी टीकाकरण एवं प्रतिजैविक का प्रयोग
डेंगू या हड्डी तोड़ बुखार	डेंगू विषाणु	मच्छर जैसे *एडिस एजिप्टी, एडिस एल्बोपिक्टस* व *क्यूलेक्स फेरिगनसस* के काटने से	तेज बुखार, चेहरे व हाथ पर लाल चकते, आँखों में दर्द, कमजोरी, हड्डियों व जोड़ों में दर्द, खाँसी	पूरा आराम, मच्छरों से सुरक्षा साफ-सफाई एवं पूरी दवाइयाँ
सार्स	सार्स कोरोना विषाणु	—	बुखार व खाँसी, कमजोरी गले में दर्द	प्रतिजैविक, फेफड़ों की सूजन कम करने हेतु स्टिरॉइड का सेवन एवं ऑक्सीजन लेना
एन्सिफेलाइटिस	हर्पीज, रेबीज एवं पोलियो विषाणु	मच्छर के काटने से	बुखार, सिरदर्द एवं मानसिक असन्तुलन	टीकाकरण द्वारा बचाव होता है।

रोग	विषाणु	संक्रमण माध्यम	लक्षण	रोकथाम
गलसुआ (Mumps)	मम्पस विषाणु	रोगी की लार से	झुरझुरी, सिरदर्द, कमजोरी, पैरोटिड ग्रन्थि में सूजन	टेरामाइसिन के इन्जेक्शन, नमक के पानी की सिकाई करनी चाहिए।
खसरा (Measles)	मोर्बेली विषाणु	वायु के द्वारा, नाक के स्राव द्वारा	आँख व नाक से पानी बहना, शरीर में दर्द, बुखार एवं लाल दाने यकृत खराब होने से, पीलिया गम्भीर रोगावस्था में मृत्यु	गामा ग्लोब्युलिन (γ-globulin) का टीका, पूरा आराम, हल्का भोजन एवं उबला पानी पीना चाहिए। टीकाकरण
हर्पीज	हर्पीज विषाणु	रोगी की त्वचा द्वारा, रोगी से शारीरिक सम्बन्ध बनाने पर	शरीर की त्वचा पर खुजली एवं फफोले	विषाणुरोधी दवाइयाँ जैसे–एसाइक्लोवीर, वेलेसाइक्लोवीर का इस्तेमाल करना चाहिए।
चिकनगुनिया	चिकनगुनिया विषाणु	*एडीज एजिप्टी* मच्छरों के काटने से	अचानक बुखार एवं जोड़ों में दर्द	पूरा आराम तथा तरल पदार्थ लेना
COVID-19	SARS-COV-2	सम्पर्क व बूँद संचरण, वायु जनित	जुकाम, बुखार	कोवैक्सिन, कोविशील्ड, स्पुतनिक-वी
जीका ज्वर	जीका विषाणु	एडीज मच्छर	लाल नेत्र, जोडों में दर्द, सिर दर्द के साथ तेज बुखार शरीर पर चकते	स्थाई उपचार नहीं मच्छरों पर नियन्त्रण करना।
इबोला	इबोला विषाणु	जूनोसिस व शारीरिक तरल पदार्थ		एर्वेबो, जबडेनो + मवाबिया दवाई

जीवाणु जनित कुछ अन्य रोग

रोग	जीवाणु	संक्रमण माध्यम	लक्षण	रोकथाम
कोढ़	*माइकोबैक्टीरियम लेप्री*	रोगी व्यक्ति से लम्बा तथा नजदीकी सम्बन्ध होने पर	शरीर पर चकते, ऊतकों का अपक्षय एवं तन्त्रिकाएँ प्रभावित	एमडीटी (MDT) दवाई के प्रयोग द्वारा, जिसमें तीन दवाइयाँ आती हैं जैसे डेपसोन, क्लोफाजीमीन तथा रिफैमिसीन
हैजा	*विब्रियो कोलेरी*	रोगग्रस्त भोजन अथवा पानी से एवं घरेलू मक्खी से	रोगी के शरीर में जल की कमी, धीमा रुधिर संचार, उल्टी, दस्त, माँसपेशियों में खिंचाव	पूरी तरह से पका हुआ भोजन तथा उबला जल पीना चाहिए, हैजे का टीकाकरण कराना चाहिए।
डिफ्थीरिया	*कोरनीबैक्टीरियम डिफ्थीरिया*	रोगी व्यक्ति के द्वारा खाँसने या छीकने से फैले रोगाणुओं द्वारा तथा संक्रमित दूध के माध्यम द्वारा	श्वासावरोध, हल्का बुखार, गले में कृत्रिम झिल्ली का निर्माण हो जाता है।	डिफ्थीरिया एन्टीटॉक्सिन का टीकाकरण करना चाहिए, रोगी से उचित दूरी रखनी चाहिए।
आँत ज्वर	*साल्मोनेला टाइफोसा*	पानी की गन्दगी द्वारा फैलता है तथा संक्रमित भोजन द्वारा भी फैलता है।	प्लीहा तथा आँत की ग्रन्थियों में सूजन, बुखार, लाल चकते पड़ना।	पूरी तरह से साफ-सफाई रखनी चाहिए, भोजन तथा पानी शुद्ध लेना चाहिए। क्लोरोमाइसिटिन दवाई का प्रयोग किया जाता है।
प्लेग	*बैसिलस पेस्टिस*	इसका संक्रमण चूहों पर पाए जाने वाले पिस्सुओं द्वारा होता है। *जेनोप्सला केओपिस* प्लेग का भयानक पिस्सू है	शारीरिक दर्द, गिल्टी, काँख तथा गर्दन की ग्रन्थियों में सूजन आ जाती है। न्यूमोनिक प्लेग में हल्का बुखार तथा सेप्टीसिमिक प्लेग में रुधिर में जीवाणु फैल जाता है।	सल्फाड्रग्स तथा स्ट्रेप्टोमाइसीन दवाइयों के प्रयोग द्वारा, चूहों को घर में प्रवेश करने से रोकना चाहिए।
न्यूमोकोकल	*स्ट्रेप्टोकोकस न्यूमोनी*	रोगी व्यक्ति द्वारा खाँसने या छींकने से फैले जीवाणुओं द्वारा	तेज बुखार, साँस लेने में कठिनाई, फेफड़ों में सूजन	ठण्ड से बचाव तथा प्रतिजैविकी दवाइयों का व न्यूमोकोकल कंजुगेट टीके प्रयोग किया जाता है।
काली खाँसी	*हिमोफिलस परटूसिस*	हवा में फैले रोगाणुओं द्वारा। यह प्रमुख तौर पर बच्चों को होती है।	रात्रि में खाँसी	इसके बचाव के लिए बच्चों को डीपीटी (DPT) का टीका लगाया जाता है।
सिफिलिस	*ट्रैपोनेमा पैलिडम*	यह असुरक्षित यौन सम्बन्धों द्वारा फैलती है।	शिश्न व योनि पर लाल चकते, ऊतक क्षय होना, जननांगों पर दर्द तथा सूजन	पेनिसिलिन प्रतिजैविकी का प्रयोग किया जाता है।
गोनोरिआ	*नाइसेरिया गोनोरियाई*	यह रोग रोगी व्यक्ति से सम्भोग करने पर फैलता है। इसमें मूत्रोजनन पथ की म्यूकस में संक्रमण होता है।	जोड़ों में दर्द, मूत्रमार्ग में लालपन, दर्द, सूजन तथा पस	सुरक्षित सम्भोग, पेनिसिलिन, टेट्रासाइक्लिन, स्ट्रेप्टोमाइसिन प्रतिजैविकी दवाइयों का प्रयोग किया जाता है।
क्षय रोग	*माइकोबैक्टीरियम ट्यूबर कुलोसिस*	रोगी व्यक्ति के बोलने, खाँसने, थूकने के द्वारा	भूख नहीं लगना, भार में कमी, थकावट	एण्टीट्यूबर कुलर (ATT) चिकित्सा

हेल्मिन्थीज द्वारा संक्रामक रोग

हेल्मेन्थीज परजीवी कीड़े होते हैं, जिनसे विभिन्न प्रकार के रोग होते हैं

रोग	रोगाणु	संक्रमण	लक्षण	बचाव
फाइलेरिया	*वाऊचेरिया बैंक्रोफ्टाई* नामक सूत्रकृमि से	मच्छरों के काटने से (जिनमें रोग सूत्रकृमि से होता है।)	लसीका वाहिनी व ग्रन्थियाँ फूल जाती हैं, जिसे फाइलेरियोसिस कहा जाता है।	हेट्राजन दवाइयों द्वारा, रोगियों को दही, केला, चर्बी युक्त तथा प्रोटीन युक्त भोजन नहीं करना चाहिए, मच्छरों को नष्ट करना चाहिए (डीडीटी तथा विरंजक चूर्ण नामक कीटनाशक दवाइयों द्वारा)।
ऐस्कैरिएसिस	*ऐस्कैरिस लुम्ब्रीकॉइड्स* (यह एक निमेटोड है)	संक्रमित भोजन द्वारा	पेट में तेज दर्द, रुकी हुई वृद्धि, ज्वर, खाँसी, रुधिर में कमी	व्यक्तिगत तथा सामाजिक सफाई रखनी चाहिए।
टीनिएसिस	*टीनिया सोलियम*	रोगी व्यक्ति की आँत में परजीवी के रूप पाया जाता है, जो मल के साथ बाहर आकर संक्रमण फैलाता है। इसका दूसरा पोषी सुअर है। इस अवस्था को ब्लैडर वर्म कहते हैं।	अपच, पेट में दर्द, कभी-कभी इनका लार्वा तन्त्रिका तन्त्र, आँख, फेफड़ों या मस्तिष्क में पहुँचकर रोगी की मृत्यु का भी कारण बनते हैं।	पूर्णतः पका हुआ सुअर का माँस खाना चाहिए।
हुकवर्म संक्रमण	गोलकृमि, जो आँत पर असर करता है।	मिट्टी में मौजूद मल से लार्वा द्वारा ये मानव की आँत में परजीवी के रूप में रहते हैं।	खून की कमी, (एनीमिया) हृदय एवं पेट में जलन व कब्ज, आदि।	मल मूत्र का उचित अपघटन।

कवक जनित संक्राम रोग

कवक द्वारा शरीर में निम्न संक्रामक रोग होते हैं

दाद	*ट्राइकोफाइटॉन*	हवा में फैले फफूँद के बीजाणुओं द्वारा	त्वचा पर लाल चकते, त्वचा पर जलन	रोगी व्यक्ति से पूरी तरह पृथक रहना चाहिए।
एथलीट फुट	*ट्राइकोफाइटॉन*	संक्रमित जमीन द्वारा फैलता है।	त्वचा के मुलायम हिस्से पर संक्रमण	नंगे पाँव नहीं रहना चाहिए।
खाज	*स्केरस स्केबीज*	—	त्वचा में खुजली एवं सफेद दाग	—
टीनिया कुरुरिस	*ट्राइकोफाइटोन रुबरुन*	रोगी व्यक्ति द्वारा उपयोग की गई वस्तुओं को छूने से	खुजली के साथ लाल धब्बे	प्रति-कवक दवाइयाँ जैसे एलिलामीन व एजोली दवाइयाँ।

मलेरिया

- यह *प्लाज्मोडियम* प्रोटोजोआ द्वारा होने वाला एक सामान्य रोग है। यह प्रोटोजोआ मादा *एनॉफिलीज* मच्छर द्वारा फैलता है, जो इस रोग को इसके बीजाणु (Sporozoites) द्वारा फैलाती है। *प्लाज्मोडियम* की विभिन्न प्रजाति *प्लाज्मोडियम वाइवेक्स, प्ला. मलेरी* एवं *प्ला. फेल्सीपेरम* विभिन्न प्रकार के मलेरिया रोगों के कारक हैं।
- मेलिग्नेंट मलेरिया *प्लाज्मोडियम फेल्सीपेरम* द्वारा फैलता है, जो सबसे खतरनाक व मृत्यु जनित होता है।

मलेरिया के लक्षण

- कमजोरी, ठण्ड लगना, सिरदर्द, पेशियों में दर्द, बेचैनी, उल्टी व दस्त। मलेरिया द्वारा एनीमिया व पीलिया भी हो सकता है, क्योंकि इसमें लाल रुधिराणुओं की कमी हो जाती है।
- यदि इसका तुरन्त इलाज न हो तो जीवन को खतरा हो सकता है, क्योंकि शारीरिक अंगों में रुधिर की कमी हो जाती है। गम्भीर अवस्था में इस रोग द्वारा वृक्क शूल (Kidney Failure), मानसिक असन्तुलन (Mental Confusion) कोमा व मृत्यु भी हो सकती है।
- **रोकथाम** मलेरिया से पीड़ित व्यक्ति के उपचार के लिए कुनैन का प्रयोग किया जाता है जिसे *सिनकोना* वृक्ष की छाल से प्राप्त किया जाता है।

प्रोटोजोअन संक्रामक रोग

ये एककोशिकीय जीव होते हैं, जो मानव में बहुत से रोग उत्पन्न करते हैं।

काला-अजार	*लीशमानिया डोनोवानी*	बालूमक्खी के काटने से फैलता है।	प्लीहा, यकृत आकार में बढ़ जाते हैं। बुखार एवं पीलिया हो जाता है।	तुरन्त डॉक्टर से परामर्श लेना चाहिए।
निद्रा रोग	*ट्रिपेनोसोमा ब्रुस* (सी-सी मक्खियों में पाए जाने वाला परजीवी)	सी-सी मक्खियों के काटने से	लसीका ग्रन्थियाँ बढ़ जाती हैं। शारीरिक तथा मानसिक निष्क्रियता बढ़ जाती है। शरीर में दर्द तथा कमजोरी।	कीटनाशक दवाइयों का छिड़काव करना चाहिए। ट्रिपर्समाइड इन्जेक्शन का पूरा कोर्स करना चाहिए।
पेचिश	*एन्टअमीबा हिस्टोलिटिका*	यह परजीवी मनुष्य की बड़ी आँत में रहता है। रोगी के मल द्वारा फैलता है।	दस्त में खून आना एवं पेट में मरोड़।	शुद्ध वातावरण रखना चाहिए तथा शुद्ध पानी पीना चाहिए।
पायरिया	*एन्टअमीबा जिन्जिवेलिस*	चुंबन द्वारा संक्रमित रोग।	दाँतों के मसूड़ों से पस का आना, कभी-कभी दाँतों की जड़ों में जख्म होना।	दाँतों व मसूड़ों की लगातार साफ-सफाई, प्रति सेप्टिकों से मुँह की सफाई। माउथवाश का प्रयोग।

प्रियॉन्स (Prions) द्वारा जनित रोग

इस नई पीढ़ी के रोग कारक अवयव में अन्य रोगाणुओं की तरह कोई भी आनुवंशिक पदार्थ अर्थात् DNA या RNA नहीं होता है। ये कोशिका में कोशिकीय प्रोटीन के रूप में पाए जाते हैं, परन्तु इनमें स्वयं को एक ऐसी संरचना में बदलने की क्षमता होती है, जिससे अत्यन्त हानिकारक जैविक कण उत्पन्न हो जाते हैं। ये गम्भीर एवं घातक रोगों को जन्म देते हैं।

इसके खोजकर्ता **डॉ. प्रुजीनर** हैं। प्रियॉन्स से सम्बन्धित रोग या तो एक पीढ़ी से दूसरी पीढ़ी में स्थानान्तरित होते हैं या फिर आकस्मिक भी उत्पन्न हो सकते हैं। प्रियॉन्स जन्म से एक प्राकृतिक प्रोटीन के रूप में विद्यमान रहता है। धीरे-धीरे यह धागे सदृश संरचना में बदलने लगता है और फिर अन्ततः न्यूरॉन्स (संवेदी कोशिकाओं) को समाप्त कर देता है।

उदाहरण-जानवरों में मैडकाऊ रोग (Mad-Cow Disease) एक प्रियॉन्स जनित रोग है, जो गायों के मस्तिष्क को प्रभावित करता है। मानव में कुरू (Kuru), जी एस एस (GSS or Gerstmann- Straussler-Scheinker), एफ एफ आई (FFI or Fatal Familial Insomnia), आदि हैं।

2. असंक्रामक रोग

असंक्रामक रोग (Non-infectious Diseases) एक रोगी तक ही सीमित रहते हैं अर्थात् एक व्यक्ति से दूसरे तक प्रत्यक्ष या अप्रत्यक्ष रूप से संचारित नहीं होते हैं। इनके निम्नलिखित प्रकार हैं

ह्रासित रोग

ह्रासित रोग निम्नलिखित हैं

डायबिटीज/मधुमेह

डायबिटीज दो प्रकार की होती है

(i) डायबिटीज इन्सिपिडस

- डायबिटीज इन्सिपिडस (Diabetes Insipidus) रोग के अन्तर्गत रोगी के मूत्र में शर्करा नहीं होती है।
- यह रोग पीयूष ग्रन्थि की वैसोप्रेसिन अथवा मूत्ररोधी हॉर्मोन (Antidiuretic Hormone or ADH) के स्राव में विक्षोभ (Disturbances) के कारण उत्पन्न होता है।

(ii) डायबिटीज मैलिटस

- डायबिटीज मैलिटस (Diabetes Mellitus) साधारण भाषा में डायबिटीज के नाम से जाना जाता है, जिसमें **लैंगरहेन्स की कोशिकाएँ** (Islets of Langerhans) पर्याप्त मात्रा में इन्सुलिन हॉर्मोन का निर्माण नहीं कर पाती हैं। रुधिर में उपस्थित ग्लूकोस का उपापचय नहीं हो पाता है।
- ग्लूकोस मूत्र द्वारा निकलने लगता है, जिससे रोगी को पर्याप्त मात्रा में ऊर्जा नहीं मिल पाती, इसमें रोगी को बहुत प्यास लगती है तथा बार-बार मूत्र आता है।
- इन्सुलिन के टीके लगातार लेने एवं शर्करा रहित पेय पदार्थों के उपयोग द्वारा ही इसे नियन्त्रित किया जा सकता है।

सन्धिशोथ अर्थराइटिस

- सन्धिशोथ अर्थराइटिस (Joint Arthritis) में शरीर की सन्धियों में सूजन आ जाती है। इसे **गठिया रोग** भी कहा जाता है।
- शरीर में यूरिक अम्ल की अधिकता हो जाने से यह रोग उत्पन्न होता है, इसके परिणामस्वरूप रोगी के शरीर के विभिन्न भागों के जोड़ों में सूजन आ जाती है तथा भयंकर दर्द होता है। इसके उपचार हेतु *सिनकोफेन* ड्रग का सेवन लाभदायक होता है।

रुहमेटॉइड अर्थराइटिस

रुहमेटॉइड अर्थराइटिस (Rheumatoid Arthritis) में साइनोवियल झिल्ली में सूजन आ जाती है तथा उपास्थि (Cartilage) के ऊपर कठोर ऊतक उत्पन्न हो जाता है परिणामस्वरूप चलने-फिरने में कठिनाई होती है।

ऑस्टिओअर्थराइटिस

प्रायः 40 वर्ष से अधिक आयु के लोगों में जोड़ों की उपास्थि ह्रासित होने से होता है तथा ये जोड़ कड़े हो जाते हैं। सामान्यतया यह फुटबॉल खिलाड़ियों के घुटनों में होता है।

कैंसर

- मानव रोग के भयंकर रोगों में से एक कैंसर है। हमारे शरीर में कोशिका वृद्धि तथा विभेदन अत्यधिक नियन्त्रित व नियमित प्रक्रिया है। कैंसर कोशिकाओं में ये नियामक क्रियाविधि टूट जाती है।
- कैंसर कोशिकाएँ विभाजित होना जारी रखकर कोशिकाओं का भण्डार खड़ा कर देती हैं, जिसे अर्बुद (Tumour) कहते हैं। आन्तरिक अंगों के कैंसर का पता लगाने में विकिरण चित्रण (Radiography), चुम्बकी अनुनादी इमेजिंग (MRI) तकनीक उपयोगी है। आमतौर पर कैंसरों के इलाज हेतु शल्य क्रिया, विकिरण चिकित्सा, प्रतिरक्षा चिकित्सा का सहारा लिया जाता है।

सम्भावित कार्सीनोजन (कैंसर फैलाने वाले तत्व) एवं उससे प्रभावित अंग

कार्सीनोजन	प्रभावित अंग
ऐस्बेस्टॉस	फेफड़े
आर्सेनिक	यकृत, फेफड़े एवं त्वचा
आयरन ऑक्साइड	लेरिंक्स एवं फुफ्फुस
यूरेनियम	अस्थि, फेफड़े एवं त्वचा
बेन्जीन	ल्यूकेमिया
क्रोमियम	लेरिंक्स, फेफड़े एवं साइनस
एरोमैटिक एमाइन	मूत्राशय
विनाइल क्लोराइड	मस्तिष्क एवं यकृत
कैडमियम	वृक्क, फेफड़े एवं प्रोस्टेट
निकिल	फेफड़े
चारकोल	त्वचा एवं फेफड़े

पोषाहार न्यूनता रोग

- शरीर में विभिन्न प्रकार के पोषक तत्वों के अभाव में बहुत-से पोषाहार न्यूनता रोग उत्पन्न हो जाते है, जिसके अन्तर्गत विभिन्न प्रकार के विटामिन, कार्बोहाइड्रेट, प्रोटीन एवं वसा तत्वों की आवश्यक मात्रा जरूरी होती है। उससे कम पोषण मिलता है तब ये रोग होते है।
- विटामिन-A, C तथा E रुधिर में एण्टी-ऑक्सीडेन्ट (Antioxidant) का कार्य करते हैं। यदि ये पर्याप्त मात्रा में नहीं हों, तो अनेक पोषण सम्बन्धी विकार हो जाते हैं।

प्रोटीन की कमी से होने वाले रोग

प्रोटीन की कमी के कारण दो प्रकार के रोग होते हैं

(i) मेरैस्मस

मेरैस्मस (Marasmus) सामान्यतया एक वर्ष से कम आयु के बच्चों को अधिक प्रभावित करता है। इसका मुख्य कारण अल्पायु में ही माँ के दुग्ध के स्थान पर अल्प प्रोटीन और कम कैलोरी वाले भोजन को देना है। यह रोग एक प्रकार का प्रोटीन ऊर्जा कुपोषण (Protein Energy Malnutrition or PEM) है। मेरैस्मस के प्रमुख लक्षण निम्नलिखित हैं

- शरीर की त्वचा ढीली होकर लटक जाती है।
- त्वचा के नीचे के वसीय स्तर के लुप्त होने के कारण पसलियाँ दिखाई देने लगती हैं।
- हाथ और पैर अत्यधिक पतले हो जाते हैं।
- मानसिक और शारीरिक विकास मन्द पड़ जाते हैं।
- बच्चों को प्रोटीनयुक्त भोजन देकर विकार मुक्त किया जा सकता है।

(ii) क्वाशियोरकर

क्वाशियोरकर (Kwashiorkor) प्रोटीन की अत्यधिक हीनता के कारण उत्पन्न होता है। यह रोग 1-3 वर्ष के बच्चों को होता है। इस रोग के प्रमुख लक्षण निम्नलिखित हैं

- पेट बाहर की ओर निकल जाता है।
- चेहरे पर आँखे उभरी रहती हैं।
- बच्चे को भोजन के प्रति अरुचि हो जाती है, भूख नहीं लगती तथा बच्चे की वृद्धि रुक जाती है। पैर लम्बे, पतले तथा मुड़े होते हैं।
- बच्चे को प्रोटीनयुक्त भोजन देकर इस रोग की रोकथाम की जा सकती है।

खनिजहीनता के कारण होने वाले रोग

खनिजों की कमी के कारण निम्नलिखित रोग होते हैं

अरक्तता

- अरक्तता (Anaemia) लौह (Iron) की कमी के कारण होता है। लाल रुधिर कोशिकाओं (RBCs) में उपस्थित हीमोग्लोबिन (Haemoglobin) के संश्लेषण के लिए लौह-तत्व की आवश्यकता होती है। अरक्तता के रोगी के रुधिर में हीमोग्लोबिन की प्रतिशत मात्रा बहुत कम हो जाती है।
- हीमोग्लोबिन का प्रमुख कार्य फेफड़ों से शरीर के विभिन्न अंगों तक ऑक्सीजन को पहुँचाना है।

घेंघा

- भोजन में आयोडीन की कमी से घेंघा रोग (Goitre) होता है। आयोडीन थाइरॉइड (Thyroid) नामक ग्रन्थि द्वारा स्रावित थाइरॉक्सिन हॉर्मोन के संश्लेषण के लिए आवश्यक है।
- आयोडीन की कमी से थाइरॉइड ग्रन्थि का आकार असामान्य रूप से बढ़ जाता है।

आनुवंशिक रोग

आनुवंशिक रोग (Genetic Diseases) एक पीढ़ी से दूसरी पीढ़ी में प्रसारित होता है, यह रोग गुणसूत्रों में गड़बड़ी के कारण होता है। **उदाहरण**-टर्नर सिन्ड्रोम, डाउन सिन्ड्रोम, क्लाइनफेल्टर सिन्ड्रोम, वर्णान्धता आदि। इन रोगों का वर्णन अध्याय-आनुवंशिकी में किया जा चुका है।

मानसिक रोग

मानसिक रोग (Mental Diseases) मानव में मनोवैज्ञानिक असन्तुलन होने के कारण होते हैं; जैसे–सिजोफ्रेनिया, पागलपन, मानसिक तनाव, अल्जाइमर, पार्किन्सन रोग, साइकोसिस, न्यूरोसिस, मिर्गी आदि।

अल्जाइमर

इसका नाम 'अल्जाइमर' वैज्ञानिक के नाम पर रखा गया, चूँकि उन्होंने ही सर्वप्रथम इसका विवरण दिया था। इस रोग में याद्दाश्त की कमी, निर्णय लेने में असमर्थता आदि की समस्या आती हैं।

पार्किन्सन रोग

पार्किन्सन रोग (Parkinson Disease) तन्त्रिका तन्त्र से सम्बन्धित रोग है, जिसमें डोपामाइन (Dopamine) उत्पादन वाली कोशिकाएँ प्रभावित हो जाती हैं। इस रोग के कारण पेशीय गति में अवरोध तथा बोलने में कठिनाई होती है।

हृदय रोग

हृदय से सम्बन्धित रोग निम्नलिखित हैं

हृदयवाहिता तन्त्र का न्यूरोसिस

- मानव की उच्च तन्त्रिकीय क्रिया या मस्तिष्क के सामने अचानक कोई खतरा या बहुत बड़ी समस्या आ पड़े, तो यह रोग हो जाता है।
- हृदयवाहिता तन्त्र की कार्यविधि बिगड़ जाती है। किसी भी प्रकार का मानसिक आघात कॉर्टेक्स की कार्यविधि को खराब कर सकता है, जिससे सब-कॉर्टेक्स के तन्त्रिकीय यन्त्रवर्धी, तन्त्रिका तन्त्र का नियन्त्रण खो बैठते हैं परिणामस्वरूप रोगी को नींद नहीं आती है और वह चिड़चिड़ा हो जाता है।

उच्च रक्तदाब या अति तनाव

उच्च रक्तदाब (High Blood Pressure) का मुख्य लक्षण उच्च धमनी दाब 145/90 mm Hg है। यह अवस्था अतितनाव (Hypertension) को जन्म देती है, जिससे मानव के अंग; जैसे–मस्तिष्क, वृक्क आदि प्रभावित होते हैं।

अल्प रक्तदाब

जब प्रकुंचन (सिस्टोलिक) धमनी दाब लगातार 100 mm Hg के नीचे रहता है, तो रक्तदाब निम्न हो जाता है।

हृदय धमनी रोग या एथिरोस्क्लेरोसिस

- हृदय धमनी रोग (Atherosclerosis) में धमनियों की दीवारें सख्त हो जाती हैं और उसके अन्दर कोलेस्ट्रॉल जमा हो जाता है, महत्त्वपूर्ण धमनियों, महाधमनी, हृदय तथा मस्तिष्क की धमनियों के भीतर कोलेस्ट्रॉल की कलाट्स आगे चलकर गाढ़ी हो जाती हैं।
- इसी कारण इस रोग का नाम एथिरोस्क्लेरोसिस पड़ा है। कोलेस्ट्रॉल के संचयन से हृदय की दीवार को रुधिर देने वाली धमनी के भीतर का अवकाश संकरा हो जाता है।
- कम्पनी विज्ञापनों में उत्पादों में ट्रान्स-वसा का न होना यह दर्शाता है कि कम्पनी के आहार-उत्पाद हाइड्रोजनीकृत तेलों से निर्मित नहीं किए जाते हैं तथा ये उपभोक्ताओं के हृदवाहिका स्वास्थ्य को क्षति नहीं पहुँचाएँगे।

हृदयशूल

हृद्शूल (Angina Pectoris) में हृदय को रुधिर प्रदान करने में थोड़ा-सा व्यवधान होने पर हृद्-पेशियों को यदि ऑक्सीजन की पूर्ति आवश्यकतानुसार नहीं होती है, तो हमें वक्ष भाग में दर्द का आभास होता है।

हृदय पेशी का रोग

- हृदय की किसी भी धमनी की गुहा (Lumen) संकुचित अथवा बन्द हो जाने से हृद पेशी का रोग हो जाता है। इसके परिणामस्वरूप, हृद पेशी के किसी भी भाग को रुधिर नहीं पहुँच पाता।
- रुधिर के अभाव में पेशी का यह भाग धीरे-धीरे नरम होता जाता है और फिर एक दाग का रूप ले लेता है।

हृदयाघात

यह तब होता है, जब हृदय के कपाटों या रन्ध्रों में कोई खराबी आ जाती है, जिन्हें ये कपाट बन्द करते हैं।

प्रदूषणजनित रोग

कुछ प्रदूषणजनित रोग निम्नलिखित हैं

मिनामाटा रोग

मिनामाटा रोग शरीर में **पारा** (Hg) की अधिकता से होता है। सर्वप्रथम यह रोग जापान की मिनामाटा खाड़ी की Hg संक्रमित मछलियों का माँस खाने से हुआ था। इसमें शरीर के अंग-होंठ तथा जीभ काम करना बन्द कर देते हैं। मानसिक असन्तुलन भी उत्पन्न हो जाता है।

इटाई-इटाई रोग

इटाई-इटाई (Itai-Itai) कैडमियम प्रदूषण से होता है, इससे अस्थियों तथा जोड़ों में दर्द होता है।

ब्लू-बेबी सिन्ड्रोम

ब्लू-बेबी सिन्ड्रोम (Blue-Baby Syndrome) रोग पेयजल में नाइट्रेट (NO_3^-) की अधिकता से होता है। नाइट्रोजन की अधिक मात्रा हीमोग्लोबिन से क्रिया करके अक्रिय पदार्थ निर्मित कर देती है। फलत: नवजात शिशु नीला पड़ जाता है।

मानव शरीर के रोग : एक दृष्टि में

रोग	प्रभावित अंग
अर्थराइटिस	जोड़ों में सूजन
डिफ्थीरिया	गला एवं श्वास नली
एग्जीमा	त्वचा
पीलिया	यकृत
प्लूरिसी	छाती
पाइरिया	दाँत एवं मसूड़े
गठिया या रुहमैटिज्म	जोड़ों में दर्द
टिटेनस	तन्त्रिका तन्त्र एवं माँसपेशी
कुष्ठ	त्वचा, तन्त्रिकाएँ आँत एवं आहारनाल
हैजा	आँत एवं आहारनाल
काली खाँसी	श्वसन तन्त्र
प्लेग	फेफड़े एवं लाल रुधिर कणिकाएँ
कैटारेक्ट तथा ग्लाइकोमा	नेत्र
क्रिप्टोकॉकसिस, हिपेटाइटिस-B	स्नायु तन्त्र, यकृत
ट्रेकोमा	अग्न्याशय, गुर्दे एवं नेत्र
डायबिटीज	अग्न्याशय, गुर्दे एवं नेत्र
घेंघा	थाइरॉइड ग्रन्थि
पार्किन्सन	मस्तिष्क
निमोनिया	फेफड़े
टाइफॉइड	आँत
दस्त	बड़ी आँत
अतिसार	आँत का अग्र भाग
रिकेट्स	हड्डियाँ
सिफिलिस	जनन अंग
सुजाक एवं श्वेत प्रदर	मूत्र मार्ग
काला-अजार	रुधिर, प्लीहा एवं अस्थि मज्जा
एथलीट फुट	पैर
मेनिनजाइटिस	रीढ़ की हड्डी एवं मस्तिष्क

बोल्बाचिया विधि

यह (बोल्बाचिया विधि) मच्छरों के द्वारा फैलने वाले वायरल रोगों के नियन्त्रण में सहायक है। बोल्बाचिया अत्यन्त सामान्य जीवाणु है, जो 50% कीट प्रजातियों में स्वाभाविक रूप से पाए जाते हैं। इनमें कुछ मच्छर, तितलियाँ आदि शामिल हैं। जहाँ *एडीज एजिप्टी* पाया जाता है, वहाँ यह कार्य करता है।

प्रतिरक्षित अनुक्रिया

रोगाणुओं से रक्षा करने के लिए शरीर में निम्न दो प्रकार के प्रतिरक्षा तन्त्र (Immune System) होते हैं

स्वाभाविक या अविशिष्ट प्रतिरक्षा तन्त्र

- इसके अन्तर्गत बाह्य मार्गरोधक तथा भीतरी अविशिष्ट प्रतिरक्षा के घटक आते हैं। बाह्य मार्ग रोधक के अन्तर्गत शरीर की त्वचा बाहर से रोगाणुओं के प्रवेश को रोकती है।
- स्वेद ग्रन्थियों से निकले पदार्थ शरीर की सतह को अम्लीय बना देते हैं, इसके फलस्वरूप अनेक सूक्ष्मजीव त्वचा पर पनप नहीं पाते हैं। पसीने में उपस्थित एन्जाइम लाइसोजाइम, जीवाणुओं की कोशिका भित्ति का लयन कर देता है।

विशिष्ट प्रतिरक्षा तन्त्र

- वर्ष 1884 में **मेसिनकॉफ** ने **प्रतिरक्षा का कोशिकावाद सिद्धान्त** प्रस्तुत किया, जिसमें उन्होंने पाया कि *अमीबा* सम कोशिकाएँ-भक्षण कोशिकाएँ संक्रमण करने वाली कोशिकाओं का भक्षण करती हैं, परन्तु **बेहरिंग** तथा **कितासातो** (1890) के अनुसार, किसी रोग से पीड़ित हो चुके व्यक्ति के सीरम में पाया जाने वाला पदार्थ प्रतिरक्षी (Antibody) अर्थात् **एण्टीटॉक्सिन** होता है।
- इसके अन्तर्गत बाह्य मार्गरोधक तथा भीतरी अविशिष्ट प्रतिरक्षा के घटक आते है। बाह्य मार्गरोधक के अन्तर्गत शरीर में बाहर से प्रवेश करने वाले पदार्थ प्रतिजन (Antigen) के विरुद्ध प्रतिरक्षी तन्त्र प्रतिरक्षी उत्पन्न करता है।

- अधिकांश प्रतिजन प्रोटीन या कार्बोहाइड्रेट युक्त बड़े अणु होते हैं। जीवाणु सहित सभी बाहरी पदार्थ; जैसे—परागकण, प्रतिरोपित ऊतक सभी प्रतिजन (Antigen) होते हैं, इसे **उपार्जित प्रतिरोधकता** (Acquired Immunity) कहते हैं।
- **उपार्जित प्रतिरोधकता** दो प्रकार की होती हैं; जैसे—सक्रिय प्रतिरोधकता या निष्क्रिय प्रतिरोधकता। किसी विषाणु के शरीर में प्रवेश करने पर उत्पन्न प्रतिरक्षी को **सक्रिय प्रतिरोधकता** (Active Immunity) कहते हैं।
- **निष्क्रिय प्रतिरोधकता** (Passive Immunity) में एक व्यक्ति में उपस्थित प्रतिरक्षी को दूसरे व्यक्ति में स्थानान्तरित किया जाता है। निष्क्रिय प्रतिरोधकता को दो प्रकार से उपार्जित किया जा सकता है
  (i) अपरा द्वारा माता के प्रतिरक्षी का भ्रूण में स्थानान्तरण।
  (ii) किसी विशिष्ट रोग; जैसे—टिटेनस, डिफ्थीरिया या रैबीज हेतु तैयार एण्टीसीरम (प्रतिरक्षी युक्त रुधिर प्लाज्मा) के इंजेक्शन द्वारा।

शरीर में प्रतिरक्षा तन्त्र के मुख्यतया दो घटक पाए जाते हैं, जो निम्नलिखित हैं

(i) **कोशिका माध्यित प्रतिरक्षा तन्त्र** (Cell Mediated Immune System or CMIS) इस तन्त्र में अत्यधिक विशिष्टीकृत कोशिकाएँ रक्षात्मक क्रिया-कलाप करती हैं। ये रुधिर एवं ऊतकों में संचित होती हैं।
यह शरीर की रोगजनकों के साथ प्रोटिस्ट एवं कवकों से रक्षा करती हैं, जो पोषक की कोशिकाओं के भीतर प्रवेश करते हैं। यह तन्त्र ऊतक प्रत्यारोपण के विरुद्ध भी कार्य करता है और प्राय: शरीर की अपनी कोशिकाओं के विरुद्ध भी, यदि वे कैंसरयुक्त हो गई हैं, तो इस तरह की प्रतिक्रिया के लिए दो प्रकार की कोशिकाएँ (T एवं B) उत्तरदाई होती हैं।

(ii) **ह्यूमोरल या प्रतिरक्षी माध्यित प्रतिरक्षा तन्त्र** (Humoral or Antibody Mediated Immune System or AMIS) ह्यूमोरल प्रतिरक्षा तन्त्र में प्रतिरक्षी (Antibody) का उत्पादन होता है। ये प्रतिरक्षी घुलनशील प्रोटीन के रूप में रुधिर के प्लाज्मा तथा लसीका में परिसंचरित होते हैं, जो प्रारम्भ में **ह्यूमर्स** (Humors) कहलाते थे। ह्यूमोरल प्रतिरक्षा तन्त्र शरीर की रुधिर तथा लसीका में प्रवेश करने वाले जीवाणुओं और विषाणुओं से रक्षा करता है। इसमें विभिन्न प्रकार के प्रतिरक्षी होते हैं।

मोनोक्लोनल प्रतिरक्षी

- वह प्रतिरक्षी, जो कोशिकाओं के एकल पुंज (Clone) से प्राप्त किया जाता है तथा केवल एक प्रकार के प्रतिजन (Antigen) की पहचान करता है, **मोनोक्लोनल प्रतिरक्षी** कहलाता है।
- इन प्रतिरक्षियों को उत्पन्न करने [सामान्य प्रतिरक्षी उत्पन्न करने वाली कोशिकाओं को कैंसर उत्पन्न करने वाले अर्बुद (Tumour) की कोशिकाओं (मायलोमा कोशिकाओं) से संयुक्त करके] की विधि की खोज **जॉर्ज कोहलर** (Georges Kohler) एवं **सीजर मिल्सटीन** (Cesar Milstein) ने वर्ष 1970 में की।
- इन संयुक्त कोशिकाओं को हाइब्रिडोमा (Hybridoma) कहते हैं। इस तकनीकी को **हाइब्रिडोमा** (Hybridoma) कहते हैं। ये प्रतिरक्षी, रुधिर वर्गों की पहचान करने, कैंसर कोशिकाओं के नष्टीकरण, टीका उत्पादन में तथा प्रतिरक्षा उपचार में प्रयोग करते हैं।

प्रतिरक्षी प्रतिक्रिया

प्रतिरक्षी प्रतिक्रिया दो प्रकार की होती है

(i) **प्राथमिक प्रतिक्रिया** (Primary Response) वह प्रतिक्रिया है, जो रोगाणु के प्रथम बार आक्रमण द्वारा होती है। इस प्रतिक्रिया के पश्चात् इसका विवरण याद्दाश्त में संचित हो जाता है।

(ii) **द्वितीय प्रतिरक्षण** (Secondary Immune Response/Anamnestic Response) उसी रोगाणु के दोबारा आक्रमण करने पर होती है अर्थात् यह प्राथमिक से ज्यादा तेजी से होती है। इसमें स्वयं तथा बाहरी अणुओं को पहचानने की क्षमता होती है क्योंकि यह अत्यधिक विशिष्ट प्रतिक्रिया है।
प्राथमिक व द्वितीयक प्रतिरक्षण प्रतिक्रिया B व T-लिम्फोसाइट्स द्वारा उत्पन्न होती है।

प्रतिरक्षण

- यह एक प्रक्रिया है, जिसमें किसी व्यक्ति का प्रतिरक्षा तन्त्र किसी कारक के विरुद्ध दृढ़ हो जाता है।
- प्रतिरक्षा तन्त्र के महत्त्वपूर्ण अवयव T-कोशिका, B-कोशिका व प्रतिरक्षी है, जो प्रतिरक्षण द्वारा विकसित होती है।
- स्मृति B-कोशिका व स्मृति T-कोशिका, बाहरी अणु के विरुद्ध तीव्र प्रतिक्रिया हेतु जिम्मेदार होती है। निष्क्रिय प्रतिरक्षण में ये तत्व शरीर में सीधे डाले जाते हैं ना की शरीर स्वयं इन्हें बनाती है।

एलर्जी

- यह अतिरंजित (Exaggerated) एवं अतिविशिष्ट प्रक्रिया है, जो प्रतिरक्षा तन्त्र द्वारा वातावरणीय कारकों के विरुद्ध होती है, जब किसी व्यक्ति का सामान्य प्रतिरक्षा तन्त्र किसी हानिकारक पदार्थ उदाहरण धूल, परागकण, गर्मी, ठण्ड, धागे, आदि एलर्जी कारकों (Allergens) से क्रिया करता है, तो एलर्जी प्रतिक्रिया होती है।
- एलर्जी कारकों के विरूद्ध **IgE** प्रकार की प्रतिरक्षी बनती हैं। इसके लवण छींक, आँखों से पानी आना, लाल चकते, बहती हुई नाक, साँस लेने में तकलीफ (अस्थमा), आदि हैं।
- एलर्जी मास्ट कोशिकाओं द्वारा **हिस्टेमिन** व **सिरोटोनिन** नामक रसायनों के स्रावित होने से होती है। इनकी प्रति दवाइयाँ जैसे प्रति हिस्टेमिन, एड्रीनेलिन व स्टिरॉइड्स, आदि एलर्जी के प्रभाव को तुरन्त कम कर देते हैं।
- आज के समय में बच्चों में एलर्जी बहुत सामान्य है, जो अत्यधिक नाजुक होने व प्रतिरक्षा में कमी के कारण होती है।

स्वप्रतिरक्षा

- यह वह अवस्था है, जिसमें शरीर अपने व बाहरी अणुओं में अन्तर नहीं कर पाता है तथा प्रतिरक्षी तन्त्र अपने ही अणुओं को नष्ट करना प्रारम्भ कर देता है। इससे शरीर को नुकसान होता है तथा कई प्रकार की प्रतिरक्षी रोग होते हैं जैसे रिह्यूमेटॉइड गठियाँ, एडिसन रोग, हाशिमोटो रोग, आदि।
- **एण्टीसेरा या एण्टीटॉक्सिन** किसी संक्रमण या विषाक्त पदार्थों के खिलाफ निष्क्रिय टीकाकरण में उपयोग के लिए जन्तुओं में तैयार की गई सामग्री।

- **एण्टीजन या प्रतिजन** किसी जीवधारी के शरीर में उपस्थित वे अणु है, जो रोगों से लड़ने की क्षमता उत्पन्न करते हैं। ये प्रतिरक्षा प्रतिक्रिया को उत्तेजित करने में सक्षम हैं।
- **प्रतिरक्षी या एण्टीबॉडी** ये प्रोटीन अणु होते हैं, जो किसी हानिकारक विजातीय पदार्थों की प्रतिक्रिया के सन्दर्भ में शरीर की प्रतिरक्षा प्रणाली द्वारा निर्मित होते हैं। जिससे संक्रामक कारक संक्रमण के विरुद्ध प्रतिरक्षा तन्त्र के प्रति संवेदनशील हो जाता है।

टीके

मृत, निष्क्रिय सूक्ष्मरोगाणु या उनके उत्पादों से निर्मित वह पदार्थ, जिसे शरीर में प्रवेश कराने पर बिना रोग उत्पन्न किए, रक्षात्मक (Protective) कोशिकाओं के निर्माण या प्रतिरक्षी के निर्माण को प्रेरित करके शरीर में प्रतिरक्षा उत्पन्न कराते हैं, टीका कहलाता है।

टीकाकरण

- मृत, निष्क्रिय सूक्ष्मरोगाणु या उनके उत्पादों से निर्मित पदार्थ अर्थात् टीके को शरीर में प्रवेश कराने की क्रिया को टीकाकरण कहते हैं।
- टीकाकरण विभिन्न प्रकार के रोगों; जैसे—पोलियो, डिफ्थीरिया, काली खाँसी, टिटेनस और चेचक के रोगाणुओं के विरुद्ध सक्रिय उपार्जित प्रतिरक्षा को प्रेरित करने का सम्भव उपाय है।
- टीके स्मृति-B व T-कोशिकाएँ बनाते हैं, जो रोगजनक को शीघ्र पहचान लेती है जिससे ज्यादा मात्रा में प्रतिरक्षी बना लिए जाते हैं।
- प्रतिरक्षा तन्त्र इस प्रकार, इन प्रतिजनों के विरुद्ध प्रतिरक्षी उत्पादित करने के लिए प्रेरित हो जाता है।
- टीकाकरण का सिद्धान्त प्रतिरक्षा तन्त्र के स्मृति गुण पर आधारित होता है।
- टीकाकरण से स्मृति-B व T-कोशिकाएँ बनती हैं, जोकि रोगजनक को जल्दी से पहचानकर प्रतिरक्षियों के उत्पादन द्वारा रोगजनकों (Pathogens) को खत्म करने में मदद करती है।
- इस प्रकार का प्रतिरक्षण **सक्रिय प्रतिरक्षण** (Active immunisation) के अन्तर्गत आता है। कई बार घातक रोगजनकों के संक्रमण से रक्षा हेतु प्रतिरक्षियों की आवश्यकता होती है।
- इसके टीके द्वारा सीधे ही प्रतिरक्षी या प्रतिआविष शरीर में प्रवेश कराया जाता है; जैसे-जहरीले साँप के कांटने पर या टिटेनस में जो टीके लगाये जाते हैं उनमें पहले से निर्मित प्रतिरक्षी होते हैं। इस प्रकार के प्रतिरक्षीकरण को **निष्क्रिय प्रतिरक्षीकरण** (Passive immunication) कहते हैं।

टीकों को उनकी निर्माण प्रक्रिया के आधार पर तीन पीढ़ियों में वर्गीकृत किया जा सकता है

(i) **प्रथम पीढ़ी के टीके** (First Generation Vaccines) इन्हें जीवित या मृत प्रतिजनों (Antigens) का उपयोग करके बनाया जाता है। **उदाहरण**-रेबीज, पोलियो, टाइफॉइड, टिटेनस एवं डिफ्थीरिया, आदि।

(ii) **द्वितीय पीढ़ी के टीका** (Second Generation Vaccines) इन्हें आनुवंशिक अभियान्त्रिक (पुनर्योगज DNA) तकनीक द्वारा बनाया जाता है। इनके पार्श्व प्रभाव नहीं होते हैं। **उदाहरण**-हिपेटाइटिस-B का टीका।

(iii) **तृतीय पीढ़ी के टीके** (Third Generation Vaccines) ये कृत्रिम रूप से बनाए जाते हैं। ये अत्यधिक शुद्ध एवं प्रभावी होते हैं।

शिशुओं एवं बच्चों के लिए प्रमुख टीके

टीका (वैक्सीन)	बीमारी	उम्र वर्ग	सुरक्षा
BCG	ट्यूबरकुलोसिस	10-14 वर्ष के सभी बच्चे	70%
DPT	डिफ्थीरिया, काली खाँसी, टिटेनस	1½, 2½ तथा 3½ महीने की उम्र के सभी बच्चे	90-99% के बीच
हिपेटाइटिस -B	हिपेटाइटिस	उन सभी बच्चों को जिनकी माताएँ या नजदीकी परिवार हिपेटाइटिस-B से संक्रमित हो चुके हैं।	अभी तक जानकारी नहीं है
पोलियो	पोलियो	1½, 2½ तथा 3½ महीने की उम्र के सभी बच्चों को DPT-Hib के साथ	लगभग 100%

आविषाभ एवं आविष (Toxoids and Toxin) कुछ जीवाणुओं की उपापचय क्रियाओं के फलस्वरूप आविष का निर्माण होता है। इस आविष को रसायनों (जैसे-फॉर्मेल्डिहाइड) द्वारा उपचारित करके इसकी विषाक्तता (Toxicity) समाप्त की जाती है, लेकिन जीवाणुओं का प्रतिजनत्व (Antigenecity) प्रभावित नहीं होता। यह निष्क्रिय आविष, जीवाणु आविषाभ कहलाता है।

आविषाभ का टीकों में उपयोग किया जाता है। इस प्रकार के टीके अल्प समय के लिए निश्चेष्ट या निष्क्रिय प्रतिरक्षा प्रदान करते हैं; जैसे—डिफ्थीरिया एवं टिटेनस के आविषाभ।

DNA टीका

- पुनर्योगज DNA तकनीक से जीवाणु तथा खमीर (यीस्ट), आदि में रोग जनक की प्रतिजनी पॉलीपेप्टाइड का उत्पादन हो रहा है। इस तकनीक से बड़े पैमाने पर टीकों का उत्पादन हो रहा है।
- DNA टीका में 'उपयुक्त जीन' का तात्पर्य **प्रतिरक्षाजनी** (Immunogenic) प्रोटीन के निर्माण एवं नियन्त्रण करने वाले जीन से है। ऐसे जीनों को क्लोन किया जाता है तथा फिर वाहक के साथ समेकित करके व्यक्ति को प्रतिरक्षित करने के लिए प्रवेश कराते हैं।

रोगाणुरोधी प्रतिरोधी

- रोगाणुरोधी या जीवाणुरोधी औषधियों का उपयोग, मानवों, जन्तुओं और पादपों में संक्रामक रोगों को रोकने व उनके उपचार में किया जाता है।
- इस प्रकार के प्रतिरोधी में बैक्टीरिया, परजीवी, विषाणु या कवक जैसे सूक्ष्मजीव रोगाणु रोधी उपचारों के प्रति प्रतिरोधी हो जाते हैं, जिनके प्रति वे पहले संवेदनशील थे।
- सुपरबग जीवाणु के उपभेद हैं, जो कई प्रकार के एण्टीबायोटिक औषधियों के प्रति प्रतिरोधी होते हैं।
- सुपरबग के अन्य उदाहरणों में प्रतिरोधी जीवाणु सम्मिलित हैं, जो निमोनिया, मूत्र-पथ के संक्रमण और त्वचा संक्रमण के कारण बन सकते हैं।

जैव-प्रबलीकरण

- खाद्य गुणवत्ता को सुधारने के लिए पादप प्रजनन (Plant breeding) द्वारा ऐसी पादप किस्मों का निर्माण किया जाता है, जिनमें खनिज लवण

(Minerals), विटामिन (Vitamin), प्रोटीन अंश (Protein content) तथा अन्य पोषक तत्व उपस्थित हों, ताकि लोगों में स्वास्थ्य के स्तर को बढ़ाया जा सके। यह प्रक्रिया ही जैव-प्रबलीकरण या **जैव पुष्टीकरण** कहलाती है।

- एक अध्ययन (Study) के अनुसार, विश्व के लगभग 300 करोड़ लोग "छिपी हुई भूख (Hidden hunger)" से प्रभावित हैं। यह वह स्थिति है, जब एक व्यक्ति के खाने में किसी **सूक्ष्मपोषक तत्व** (Micronutrients) जैसे-जिंक, आयरन, विटामिन या आवश्यक प्रोटीन अंश की मात्रा में कमी हो तो शरीर में इन आवश्यक पोषक तत्त्वों की कमी से दृष्टिहीनता, कमजोर प्रतिरक्षा तन्त्र, अवरुद्ध वृद्धि व मानसिक विकार जैसे लक्षण विकसित हो जाते हैं।

अत: ऐसे लोगों में पोषक तत्वों की कमी को दूर करने के दो उपाय हैं

- **प्रथम उपाय** ये है कि उनके खाने में बाहर से पोषक तत्व मिला दिए जाएँ, जोकि लोगों के लिए एक महँगा प्रक्रम है।
- **दूसरा उपाय** ये है कि पादप प्रजनन की विधि द्वारा आहार में उपस्थित पोषक तत्वों की मात्रा में वृद्धि कर दी जाए। यह बेहतर उपाय है तथा यह प्रक्रिया ही जैव-प्रबलीकरण कहलाती है।
- जैव-प्रबलीकरण द्वारा ऐसी पादप किस्मों का निर्माण किया जाता है, जिनमें पोषक तत्वों की अधिक उपलब्धत हो।
- अत: इससे पादप के स्वास्थ्य में भी सुधार होता है। इसके कारण पादप ऐसी भूमि में भी उग सकता है, जिसमें पोषक तत्वों की कमी हों अत: जैव-प्रबलीकरण का अप्रत्यक्ष उद्देश्य पादप की स्वयं की वृद्धि के लिए भी पोषक गुणवत्ता में सुधार करना है।
- भारतीय कृषि अनुसंधान परिषद ने गेहूँ, मक्का, बाजरा, चावल, मूँगफली और सरसों सहित बायोफोर्टिफाइड फसलों की 20 से अधिक किस्में विकसित की है, जिनमें पारम्परिक किस्मों की तुलना में पोषक तत्वों का स्तर 1.5 से 3 गुना अधिक है। इन्हें फसल प्रजनन तकनीकों के माध्यम से विकसित किया गया है।
- प्रोबायोटिक्स खाद्य पूरक होते हैं। इनमें जीवित सूक्ष्मजीव (यीस्ट) होते हैं, जिनका उद्देश्य शरीर में अच्छे बैक्टीरिया को बनाए रखना या उनमें सुधार करना है और उनके संचरण को रोककर प्रतिरक्षियों को दुरुपयोग को कम करके AMR के विरुद्ध लड़ई में योगदान दे सकते हैं।

एक स्वास्थ्य दृष्टिकोण

- आज हमारे समाज के सामने आने वाली जटिल स्वास्थ्य चुनौतियों जैसे कि पारिस्थितिकी तन्त्र की गिरावट खाद्य प्रणाली की विफलता, जेनेटिक रोग और रोगाणु-रोधी प्रतिरोध का समाधान करने के लिए एक स्वास्थ्य पहल पर ध्यान आकर्षित किया गया है।

एक स्वास्थ्य संयुक्त कार्य योजना (2022-26)

- चार बहुपक्षीय एजेन्सियों FAO, UNEP, WHO और विश्व पशु स्वास्थ्य संगठन ने एक स्वास्थ्य संयुक्त कार्य योजना (2022-26) (OHJPA) शुरू की है।
- इस योजना का मुख्य उद्देश्य वैश्विक, क्षेत्रीय और देश स्तर पर स्वास्थ्य चुनौतियों को कम करना है।

राष्ट्रीय वन हेल्थ मिशन (NOHM)

- भारत सरकार ने प्रधान वैज्ञानिक सलाहकार के कार्यालय के तहत राष्ट्रीय वन हेल्थ मिशन की परिकल्पना की।
- इसका उद्देश्य में सभी मौजूदा स्वास्थ्य पहलों का समन्वय, समर्थन और एकीकरण करना है।
- सरकार ने राष्ट्रीय वन हेल्थ मिशन के तत्त्वाधान में पशु महामारी तैयारी पहल (एपीपीआई) के साथ-साथ विश्व बैंक द्वारा वित्त पोषित पशु स्वास्थ्य प्रणाली समर्थन फॉर वन हेल्थ (AHSOOH) परियोजना शुरू की।

औषधि व्यसन

- यदि औषधियाँ बिना आवश्यकता के ली जाएँ, तो यह स्थायी आदत बन जाती है।
- एक बार इनकी न्यूनतम मात्रा लेने के बाद उनकी मात्रा की माँग उत्तरोत्तर बढ़ती जाती है और यदि रोगी इन दवाइयों का प्रयोग बन्द करना चाहे, तो उसे तीव्र बेचैनी व कठिनाई की अवस्था से गुजरना पड़ता है, जो बहुत कष्टदायक हो सकती है।
- इन दवाइयों को चार भागों में बाँटा गया है, जिसमें **डिप्रेसेन्ट्स, स्टीमुलैट्स, हेलूसिनोजन्स** व **केनाबीस** हैं।

कुछ साधारण औषधियाँ

कुछ साधारण औषधियाँ निम्न प्रकार हैं

एनस्थेटिक्स

एनस्थेटिक्स (Anesthetics) औषधियाँ रोगी की शल्य क्रिया से कुछ समय पूर्व दी जाती हैं, जिससे कि शल्य क्रिया के दौरान होने वाली पीड़ा रोगी को महसूस न हो। **उदाहरण**-क्लोरोफार्म, ईथर तथा सोडियम पेन्टोथॉल हैं।

एनलजेसिक्स

एनलजेसिक्स (Analgesics) औषधियाँ भी किसी कारण से उत्पन्न पीड़ा को कम करती हैं, लेकिन रोगी में चेतना बनी रहती है। इस श्रेणी की सामान्य औषधि एस्प्रिन है तथा शक्तिशाली एनलजेसिक्स में मॉर्फिन तथा हेरोइन हैं।

डिक्लोफिनैक

जानवरों को दर्द से निवारण के लिए उपयोग की जाती है। पक्षी, गिद्ध जब इन जानवरों का माँस खाते हैं, तो उनके वृक्को पर असर पड़ता है जिस कारण ये पक्षी विलुप्त होते जा रहे है।

प्रतिजैविक

प्रतिजैविक (Antibiotics) औषधियाँ शरीर में उत्पन्न रोगाणुओं से लड़ने तथा उन्हें खत्म करने में सक्षम होती हैं तथा उनकी वृद्धि को रोकती हैं। यह अनेक सूक्ष्मजीवों द्वारा होने वाले संक्रमण को तथा उनकी वृद्धि रोकते हैं। पेनिसिलिन, स्ट्रेप्टोमायसिन, क्लोरोमायसिन तथा टैरामायसिन इस समूह की महत्त्वपूर्ण दवाइयाँ हैं।

एण्टीहिस्टामाइन्स

एण्टीहिस्टामाइन्स (Antihistamines) औषधियाँ एलर्जी से आराम पहुँचाती हैं; जैसे—अस्थमा, हे-फीवर (Hay Fever) आदि।

एण्टीपाइरेटिक्स

एण्टीपाइरेटिक्स (Antipyretics) औषधियाँ बुखार या ज्वर की स्थिति में शरीर का तापमान कम करने में काम आती हैं।

औषधियाँ एवं उनके मूल स्रोत

औषधि	मूल स्रोत	औषधि	मूल स्रोत
कुनैन	*सिनकोना* की छाल	रिसरपाइन	*राउवोल्फिया सर्पेंटाइना* की जड़
मॉर्फिन	अफीम	पेनिसिलिन	कवक
हेरोइन	अफीम	कोकीन	*इरिथ्रोजाइलोन कोका*
कोडीन	अफीम	एल्केलॉइड कैफीन	चाय एवं कॉफी
पेन्टाजोसिन	अफीम	डिजिटेलिस	*फॉक्सग्लोव* की पत्तियाँ
एस्प्रिन	विलो	निकोटिन	तम्बाकू

नार्कोटिक्स

नार्कोटिक्स (Narcotics) औषधियाँ पूरे तन्त्रिका तन्त्र को प्रभावित करती हैं तथा उसे सुप्त कर देती हैं। ये व्यक्ति को निद्रा प्रदान करती हैं तथा बेहोश कर देती हैं, जिससे कि उसे पीड़ा महसूस न हो। अफीम से प्राप्त कोडीन, मॉर्फिन तथा हेरोइन कुछ प्रमुख नार्कोटिक्स हैं।

सैडेटिव्स

सैडेटिव्स (Sedatives) औषधियाँ रोगी को निद्रा देती हैं। बार्बीट्यूरेट्स तथा ब्रोमाइड मुख्य सैडेटिव्स हैं।

ट्रांक्वीलाइजर्स

ट्रांक्वीलाइजर्स (Tranquilliser) औषधियाँ भय या उत्तेजना को कम करने के लिए प्रयोग की जाती हैं, जो मानसिक व शारीरिक क्रिया-कलापों को कम (अस्थायी रूप से) कर देते हैं।

वस्तुनिष्ठ प्रश्न

1. निम्नलिखित कथनों में से कौन-सा कथन एड्स से सम्बन्धित है?

(a) एड्स से सम्बन्धित वायरस HIV एक रिट्रोवायरस है
(b) इस रोग के कारण लसीका ग्रन्थि में सूजन हो जाती है
(c) इस रोग में रुधिर पट्टिकाओं (Blood Platelets) की संख्या में कमी आ जाती है
(d) उपरोक्त सभी

2. निम्नलिखित कथनों पर विचार कीजिए।

1. एन्थ्रैक्स नामक रोग *बैसिलस एन्थ्रेसिस* नामक जीवाणु के कारण होता है।
2. यदि कोई व्यक्ति एन्थ्रैक्स रोग से संक्रमित किसी पशु के सम्पर्क में आता है, तो वह व्यक्ति भी संक्रमित हो सकता है।
3. प्रियॉन्स में DNA या RNA का अभाव होता है, यह केवल प्रोटीन का बना होता है।

उपरोक्त कथनों में से कौन-सा/से कथन सही है/हैं?

(a) केवल 1 (b) 1 और 2
(c) 2 और 3 (d) ये सभी

3. रक्तचाप की चिकित्सा के लिए एक औषधि किसकी जड़ों से प्राप्त की जाती है?

(a) *सेल्सिया कोरामेनडेलिवा*
(b) *राउवोल्फिया सर्पेंटाइना*
(c) *इकबेलियम इलैटरियम*
(d) *फेंसेनीकुलम वुल्गेर*

4. खुजलाने से खाज मिटती है, क्योंकि

(a) इससे त्वचा की बाहरी धूल हट जाती है
(b) इससे रोगाणु मर जाते हैं
(c) इससे कुछ तन्त्रिकाएँ उद्दीप्त होती हैं, जो मस्तिष्क को प्रतिहिस्टामिन रसायनों का उत्पादन बढ़ाने का निर्देश देती हैं
(d) इससे खुजली उत्पन्न करने वाले विकरों का दमन होता है

5. निम्नलिखित में से कोन-सा युग्म सुमेलित है?

1. सी-सी मक्खी — निद्रा रोग
2. मादा *एनॉफिलीज* मच्छर — मलेरिया
3. बालू मक्खी — काला-अजार

कूट

(a) 1 और 2 (b) 2 और 3
(c) 1 और 3 (d) 1, 2 और 3

6. इनमें से कौन-से समूह के रोग मच्छर के काटने से मानव में फैलते हैं?

(a) मलेरिया, फील पाँव, पोलियो
(b) एन्साइलोस्टोमियासिस, रिंग वर्म, डेंगू बुखार
(c) डेंगू बुखार, विषाणु मस्तिष्कशोथ, पीत बुखार
(d) फील पाँव, मलेरिया, एस्कैरिएसिस

7. डॉक्टर एक रोगी को सलाह देता है कि वह बहुत सारे नींबू-वंश के फल, अमरूद, टमाटर और आँवला दो महीने तक रोज खाए। आपके विचार से उस रोगी को क्या शिकायत हो सकती है

(a) हड्डियों में नमी और दर्द, मेरुदण्ड का झुकना
(b) स्पंजी मसूड़े, जिनमें सूजन रहती है और आसानी से रक्तस्राव हो जाता है
(c) धूमिल दृष्टि, जीभ और आँखों में जलन व सूखापन, मुँह के कोनों की त्वचा का फटना
(d) अत्यधिक कमजोरी, टाँगों में सूजन और दर्द, सिरदर्द, भूख न लगना

सही उत्तर

1. (d) **2.** (d) **3.** (b) **4.** (c) **5.** (d) **6.** (c) **7.** (b)

अध्याय 12 जैव-प्रौद्योगिकी

'जैव-प्रौद्योगिकी' आधुनिकतम प्रौद्योगिकीय परिदृश्य में महत्त्वपूर्ण है। विज्ञान की यह नवीन प्रौद्योगिकीय प्रशाखा आधुनिकतम् अन्वेषणों एवं अनुप्रयोगों से जुड़ी है और हमारे दिन-प्रतिदिन के जीवन में उपयोग की जा रही है।

जैव-प्रौद्योगिकी के विकास का इतिहास

- जैव-प्रौद्योगिकी शब्द को सर्वप्रथम हंगरी (Hungary) के अभियन्ता **कार्ल इर्के** (Karl Ereky) ने वर्ष 1917 में दिया जबकि इस शब्द का प्रयोग सर्वप्रथम ब्रिटेन की लीड्स नगर-परिषद् ने वर्ष 1920 में किया था। उसी समय वहाँ जैव-प्रौद्योगिकी संस्थान की भी स्थापना हुई।
- लगभग पाँच दशक पूर्व महान् वैज्ञानिक **हाल्डेन** ने आधुनिक जैव-प्रौद्योगिकी की कल्पना की थी। तब उन्होंने कहा था, वास्तव में जैव-प्रौद्योगिकी किसी-न-किसी रूप में हजारों वर्षों से हमारे काम में आती रही है; जैसे-शराब व खमीर का निर्माण व दही बनाना आदि जैविक क्रियाओं के फलस्वरूप ही सम्भव है।
- आज जैव-प्रौद्योगिकी ऊर्जा एवं ईंधन, खाद्य प्रौद्योगिकी रसायन, चिकित्सा एवं अपशिष्ट संशोधन आदि सभी क्षेत्रों में योगदान करने में सक्षम है। नवीन प्रौद्योगिकी एवं अभियान्त्रिकी के सिद्धान्तों पर आधारित खोजों ने इस दिशा में काफी सहयोग किया है।

अनुसन्धान एवं विकास

- जब सूक्ष्मजीवों, पशु या पादप कोशिकाओं या उनके किसी भाग को, किसी उत्पाद के लिए या किसी सेवा के लिए प्रयोग किया जाता है, जिससे मानव को लाभ पहुँचे, तो इस प्रकार की प्रक्रिया को **जैव-प्रौद्योगिकी** कहते हैं।
- यह वस्तुत: जीव विज्ञान (Biology) तथा प्रौद्योगिकी (Technology) के समन्वय से उपजी जैविक प्रौद्योगिकी है, जिसके अन्तर्गत जैविक कारकों अथवा उनके अवयवों के नियन्त्रित उपयोग द्वारा मानव के लाभ हेतु वस्तुओं अथवा सेवाओं का उत्पादन किया जाता है।
- प्रथम विश्व युद्ध के समय सूक्ष्मजीवों के प्रयोग द्वारा सिट्रिक एसिड (Citric Acid) का उत्पादन किया गया। उसके बाद प्रतिजैविकों (Antibiotics) का उत्पादन किया गया। जैव उर्वरक, **जैव ऊर्जा** (Bio-energy), ऊतक संवर्द्धन, जीन अभियान्त्रिकी, भ्रूण प्रतिरोपण तथा परखनली शिशु जैव-प्रौद्योगिकी के विविध आयाम हैं। जैव-प्रौद्योगिकी के चौथे युग का अभी प्रारम्भ हुआ है।
- अणु-जैविकी एवं आनुवंशिकी के क्षेत्रों में हुई वैज्ञानिक क्रान्ति ने इसका सूत्रपात किया है। नए उत्पादों की प्राप्ति इनका पहला अनुप्रयोग था।
- **हाइब्रिडोमा** तकनीकी द्वारा एकीकृतिकीय प्रतिरक्षी (Monoclonal Antibody) की प्राप्ति सम्भव हुई, तो आनुवंशिक अभियान्त्रिकी द्वारा मानव वृद्धि हॉर्मोन व इन्सुलिन की।

कई देशों में रूढ़ रसायन निर्माण करने वाली कम्पनियों ने जैव-प्रौद्योगिकी के क्षेत्र में भी पूँजी निवेश प्रारम्भ किया है।

जैव-प्रौद्योगिकी के सिद्धान्त

आधुनिक जैव-प्रौद्योगिकी के विकास के सिद्धान्त निम्न हैं

आनुवंशिक अभियान्त्रिकी

- **'आनुवंशिक अभियान्त्रिकी'** जैव-प्रौद्योगिकी का एक भाग है, जिसका तात्पर्य उस तकनीक से है, जिसमें किसी एक प्रजाति के जीव-जन्तुओं के आनुवंशिक वाहक या वांछित जीन का प्रत्यारोपण अन्य प्रजाति के जीव-जन्तुओं में किया जाता है एवं इच्छित गुणों वाले जीन प्राप्त किए जाते हैं।
- इस प्रौद्योगिकी के अन्तर्गत एक या एक से अधिक जीनों से युक्त DNA को एक कोशिका से निकालकर दूसरी कोशिका के DNA से जोड़ दिया जाता है। इसे पुनर्योगज DNA तकनीक (Recombinant DNA Technology-rDT) कहा जाता है। पुन: संयोजित (रिकॉम्बिनेण्ट) वेक्टर वैक्सिनों के विकास में आनुवांशिक इन्जीनियरी का प्रयोग किया जाता है।
- इसका विकास जीवाणुओं और विषाणुओं का प्रयोग करके रोग वाहक (वेक्टर) के रूप में किया जाता है। पादप जीन अभियान्त्रिकी में *एग्रोबैक्टीरियम ट्यूमिफेशिएन्स* जीवाणु के प्लाज्मिड का *r*DNA तकनीक में वाहक के रूप में प्रयोग होता है।
- जीन अभियान्त्रिकी का प्रयोग मानव के असाध्य आनुवंशिक रोगों में सुधार; जैसे—एड्स, हृदय रोग, हीमोफीलिया, मलेरिया आदि के टीके बनाने में किया जा रहा है। कृषि में जीन अभियान्त्रिकी के द्वारा उन्नत किस्म की फसलें तैयार की जाती हैं।
- पशुपालन में जीन अभियान्त्रिकी के द्वारा अच्छे किस्म की पशु प्रजातियाँ तैयार की जा रही हैं। DNA पुनर्योगज तकनीक से जीनों को विलगित और परिष्कृत करने के पश्चात् जीन के वांछित (Derived) अंश को एक जीव या परखनली से दूसरे जीव या परखनली में स्थानान्तरित किया जाता है। जीव के आनुवंशिक रूपान्तरण में मूलभूत तीन चरण निम्न हैं
  (i) वांछित जीन युक्त डीएनए की पहचान
  (ii) चिह्नित डीएनए का परपोषी में स्थानान्तरण
  (iii) स्थानान्तरित डीएनए को परपोषी में सुरक्षित रखना तथा उसकी सन्तति में स्थानान्तरित करना

रासायनिक अभियान्त्रिकी

इसके अन्तर्गत पुनर्योगज DNA के द्वारा प्रतिजैविक (Antibiotics), टीका (Vaccine), विकर (Enzymes) आदि का निर्माण होता है।

प्रोटीन अभियान्त्रिकी

यह एक जटिल प्रक्रिया होती है, जो इस प्रकार है
1. विभिन्न उत्परिवर्तनजनों द्वारा जीनों के विशिष्ट स्थानों का परिवर्तन, जिससे वे नए जीनीय उत्पाद बना सकें।
2. स्थायी प्रोटीन हेतु जीन का प्रदर्शन।
3. उत्पादित प्रोटीन की संरचना तथा कार्यों को लक्षित करना।

आनुवंशिकी अभियान्त्रिकी के उपकरण

इसमें प्रयोग होने वाले उपकरण क्लोनिंग वाहक (प्लाज्मिड), प्रतिबन्धन एण्डोन्यूक्लिऐज व लाइगेज एन्जाइम हैं। **प्लाज्मिड** जीवाणुओं के कोशिकाद्रव्य में उपस्थित वे वर्तुल DNA हैं, जिन पर केवल लिंग भेद एवं प्रतिजैविक प्रतिरोधी जीन होते हैं।

वाहक या संवाहक

जिस DNA अणु में वांछित जीन को जोड़ते है, उसे वाहक (Vector) कहते हैं। इसका चयन निम्नलिखित लक्षणों के आधार पर करते हैं
(i) यह माप में छोटा होना चाहिए।
(ii) इसमें **रेस्ट्रिक्शन एण्डोन्यूक्लिऐज एन्जाइम** की क्रिया के लिए कहीं पर भी वैसा ही एक विलोम पद होना चाहिए, जैसा विलोम पदों पर दाता (Donor) जीव के DNA अणुओं का विखण्डन हुआ है।
(iii) इसमें वांछित जीन को अपने में निवेशित (Insert) कर लेने की क्षमता होनी चाहिए। इस क्षमता युक्त DNA को पुनर्योगज DNA या **पुनर्योगज संवाहक** कहा जाता है। पुनर्योगज संवाहक को संकर संवाहक (Hybrid Vector) या **काइमैरिक संवाहक** भी कहते हैं।
(iv) **वसाकाय** (Liposomes) एक गोलाकार झिल्ली होती है, जो फॉस्फोलिपिड की द्विस्तरीय संरचना से बनी होती है। इसका प्रयोग पोषक तत्त्वों और दवाइयों को समुचित रूप से निर्दिष्ट स्थान पर पहुँचाने में किया जाता है। इस प्रक्रिया में लयनकाय कोशिकाओं में वांछित जीन डिलीवरी एवं कैंसर उपचार विधियों में उपयोगी सिद्ध हुए हैं।

कुछ सामान्य वाहक निम्नलिखित हैं

(i) प्लाजिमड

- ये एक्ट्राक्रोमो सोयल डी एन ए अणु होते हैं, जिनमें स्वायत्त रूप से प्रतिकृति बनाने की क्षमता होती है। यह सर्वाधिक प्रयोग किए जाने वाला वाहक है। यह एक छल्लेनुमा रचना होती है, जो DNA की बनी होती है। ये जीवाणु में मुख्य जीनोम के अतिरिक्त पाए जाते हैं।
- इनमें प्रतिजैविकता, लैंगिक कारक एवं भारी धातुओं के लिए प्रतिरोधक जीन पाए जाते हैं। ये जीवाणु के जीनोम से अलग पुनरावृत्ति करते हैं। इन्हें आकार में छोटे होने के कारण कोशिका से आसानी से अलग किया जा सकता है।
- प्लाज्मिड एक कोशिका से दूसरी कोशिका में जा सकता है। सबसे अधिक वाहक के रूप में प्रयोग किए जाने वाले वाहक; जैसे—(pBR324, pC194, pBR 322) एक जीवाणु कोशिका में बन्द, वृत्ताकार, स्व-प्रतिकृतिकरण में सक्षम, बाह्य गुणसूत्रीय पदार्थ होते हैं। प्लाज्मिड का आकार 1×10^6 से 200×10^6 डॉल्टन के मध्य होता है। प्लाज्मिड को वाहक के रूप में सर्वप्रथम वर्ष 1973 में प्रयोग किया गया।

(ii) बैक्टीरियोफेज/जीवाणुभोजी

- क्लोनिंग वाहक के रूप में प्रयोग में आने वाले कुछ वाहक हैं; जैसे—लैम्बडा (λ) बैक्टीरियोफेज (जीवाणु में), कॉलीफ्लॉवर मोजैक वायरस (पादपों में), सिमियन वायरस-40 (चूहों में), हर्पिस वायरस और एडीनो वायरस (मानव और अन्य जन्तुओं में)।
- किसी सम्पूर्ण जीनोम या एक विशाल DNA युक्त यूकैरियोट के जीनोमिक लाइब्रेरी तैयार करने में बैक्टीरियोफेज वाहक; जैसे—लैम्बडा (λ) बैक्टीरियोफेज उपयोग में लाया जाता है, जबकि प्लाज्मिड को लघु आकार के DNA खण्डों के क्लोन बनाने में प्रयोग किया जाता है।

(iii) कॉस्मिड और फैज्मिड

- ये वाहक प्लाज्मिड और वायरस के बने होते हैं। कॉस्मिड का निर्माण लैम्बडाकार जीवाणुभोजी के गुणसूत्र तथा प्लाज्मिड के DNA के संयोग से होता है।
- फैज्मिड का निर्माण जीवाणुभोजी तथा प्लाज्मिड के संयोग से होता है। pUC118 तथा pUC1119 फैज्मिड संवाहक है।

(iv) कृत्रिम गुणसूत्र

जीवाणु के कृत्रिम गुणसूत्र (Bacterial Artificial Chromosomes or BACs), यीस्ट के कृत्रिम गुणसूत्र तथा स्तनधारी के कृत्रिम गुणसूत्र सुकेन्द्रीय जीन अन्तरण के लिए अधिक सक्षम होते हैं।

कृत्रिम DNA

कृत्रिम DNA का निर्माण सर्वप्रथम जनवरी, 2000 में टेक्सॉस विश्वविद्यालय में किया गया। इसे कृत्रिम जीव-1 (Synthetic Organism-1) के नाम से जाना जाता है। यह मानव द्वारा निर्मित DNA की लम्बी श्रृंखला है, जिसमें हजारों क्षार युग्म हैं।

कृत्रिम DNA के लाभ इस तकनीक का प्रयोग डिजाइनर बग की श्रृंखला का निर्माण करने के लिए किया जा सकता है, जिसकी लक्षित ऊतक (Trageted Tissue) पर प्रभाव डालने की प्रक्रिया अति कुशल होगी; जैसे–कैंसर, ट्यूमर, आदि के ऊतकों को नष्ट करने में।

कृत्रिम DNA की हानियाँ कृत्रिम DNA का सबसे बड़ा खतरा यह है कि इससे एक सूक्ष्मजीव की अतिविकसित जाति का जन्म हो सकता है, जो मानव तथा जन्तुओं को खतरा उत्पन्न कर सकता है तथा इसका प्रभाव पर्यावरण पर भी पड़ सकता है।

वांछित पोषद जीव

- यह वाहक या संवाहक DNA को ग्रहण करने वाली वांछित कोशिका होती है, जिसमें वाहक DNA का उत्पाद बनता है।
- प्रथम पुनर्योगज DNA अणु का निर्माण **सल्मोनेला टाइफीमूरियम** के सहज प्लाज्मिड में प्रतिजैविक प्रतिरोधी कूटलेखन जीन के जुड़ने से हो सका था। स्टेनले कोहेन व हरबर्ट बोयर ने वर्ष 1972 में उपरोक्त कार्य प्लाज्मिड में DNA का टुकड़ा काट कर सम्पन्न किया, जिनमें प्रतिजैविक प्रदान करने के लिए उत्तरदायी जीन था।

एन्जाइम

पुनर्योगज DNA तकनीक में विभिन्न एन्जाइम; जैसे—विदलन एन्जाइम (प्रतिबन्धन एन्जाइम, एक्सोन्यूक्लिऐज, एण्डोन्यूक्लिऐज), लयन एन्जाइम (Lyases), संयोजक एन्जाइम (Ligases), संश्लेषी एन्जाइम (Synthesising Enzyme) तथा क्षारकीय फॉस्फेटेज कार्यरत होते हैं।

विदलन एन्जाइम

इस समूह के एन्जाइम DNA अणु को वांछित खण्डों में पृथक् करते हैं। इन्हें पुन: तीन वर्गों में विभाजित किया जाता है

(i) **एक्सोन्यूक्लिऐजेस** (Exonucleases) ये एन्जाइम DNA अणु के 5' अथवा 3' सिरों से न्यूक्लियोटाइड को पृथक् करते हैं।

(ii) **एण्डोन्यूक्लिऐजेस** (Endonucleases) ये एन्जाइम DNA अणु को मध्य (विशिष्ट स्थानों) से काटते/पृथक् करते हैं।

(iii) **प्रतिबन्धन एण्डोन्यूक्लिऐजेस** (Restriction Endonucleases) ये आनुवंशिक अभियान्त्रिकी के सबसे महत्वपूर्ण एन्जाइम हैं। इनको आण्विक कैंची/चाकू कहा जाता है।
इनकी खोज का श्रेय **आर्बर** को जाता है। इस एन्जाइम का सर्वप्रथम पृथक्करण **नैथन्स** व **स्मिथ** नामक वैज्ञानिक ने किया।

रेस्ट्रिक्शन एण्डोन्यूक्लिऐज एन्जाइम DNA को विशिष्ट स्थलों पर काट सकता है। ये जीवाणु द्वारा प्रतिरक्षा साधन के रूप में संश्लेषित होते हैं। विशिष्ट एण्डोन्यूक्लिऐज द्विरज्जुकीय, DNA को सीमित स्थलों पर काटते हैं। यह विदलन (Cleavage) DNA के **अभिज्ञान अनुक्रमों** (Recognition Sequences) की संख्या पर निर्भर करता है।

पुनर्योगज DNA तकनीकी

- आण्विक स्तर पर जीन के प्रकार्य तथा संरचना के विस्तृत अध्ययन में व्यक्तिगत जीन की शुद्ध विशाल मात्रा आवश्यक होती है। तकनीकी प्रौद्योगिकी की एक किस्म/प्रकार, जिसको पुनर्योगज DNA तकनीक कहा जाता है, DNA की क्लोनिंग या जीन क्लोनिंग में प्रयोग की जाती है।
- इस तकनीकी ने वैज्ञानिकों को समान DNA अणुओं की एक विशाल संख्या के निर्माण की अनुमति प्रदान की है।
- जैव-प्रौद्योगिकी के प्रारम्भिककरण (1970) के बाद से DNA के एक खण्ड को दूसरे जीव के DNA के साथ संकरण सम्भव हुआ, जिसके परिणामस्वरूप प्राप्त DNA को पुनर्योगज कहा गया अर्थात् 'कोई भी साधारण DNA, जो विभिन्न स्रोतों से व्युत्पन्न अनुक्रमों द्वारा निर्मित होता है, पुनर्योगज DNA कहलाता है।'
- वर्ष 1972 में **पॉल बर्ग** ने एक विषाणु DNA (SB-40) के जीवाणु ***ई. कोलाई*** में प्रत्यारोपण द्वारा नवीन जीव की उत्पत्ति की, जो दोनों (विषाणु तथा जीवाणु) के समान गुणों का संयुक्त प्रतिदर्श (नमूना) था।
उदाहरणत: यह मानव आँत में जीवाणु ई. कोलाई की भाँति वृद्धि करने में सक्षम था तथा विषाणु के जैसी रोगजनक क्षमतायुक्त था।
- इस प्रकार एक नवीन तकनीक का विकास हुआ, जिसे पुनर्योगज DNA तकनीक (*r*DNA Technology) कहते हैं।

पुनर्योगज rDNA तकनीकी की प्रक्रिया

पुनर्योगज DNA तकनीक की प्रक्रिया निम्न चरणों में पूर्ण होती है

(i) वांछित आनुवंशिक पदार्थ (DNA) का विलगन एवं पृथक्करण। यूकैरियोटिक या प्रोकैरियोटिक जीवों के विशिष्ट DNA को रेस्ट्रिक्शन एण्डोन्यूक्लिऐज एन्जाइम की सहायता से खण्डों में बाँटा जाता है एवं विभिन्न विधियों द्वारा उसे पृथक् कर लिया जाता है।

(ii) वियोजित DNA खण्ड या जीन को योग्य वेक्टर DNA अर्थात् प्लाज्मिड, जीवाणुभोजी या जीवाणु कृत्रिम गुणसूत्र के साथ DNA लाइगेज एन्जाइम की सहायता से जोड़ा जाता है।

(iii) पुनर्योगज DNA को ग्राही जीव (Recipient Organism) अर्थात् वांछित जीवाणु में डाला जाता है।

पॉलीमरेज श्रृंखला अभिक्रिया

- पॉलीमरेज श्रृंखला अभिक्रिया (Polymerase Chain Reaction) के अन्तर्गत DNA की पूरी लम्बाई तक क्षारों के अनुक्रम पर DNA एम्पलीफिकेशन की निर्भरता होती है। इस विधि के अन्तर्गत तीन प्रक्रियाएँ शामिल हैं, जो निम्न हैं
(i) विगुणन (Denaturation)
(ii) तापानुशीतन (Annealing)
(iii) विस्तारण (Extension)
- DNA के रज्जुओं के पृथक्कीकरण को **विगुणन** कहते हैं, जबकि पॉलीमरेज की सहायता से पूरक रज्जुओं की निर्माण विधि **तापानुशीतन** कहलाती है।
- इस पद्धति में अणु को 55°C ताप पर ठण्डा किया जाता है। अन्त में एक के बाद एक DNA की प्रतिलिपि बनाई जाती है, इसे **विस्तारण** कहते हैं। DNA के जिस अणु का प्रयोग इस पद्धति में किया जाता है, उसे लक्षित DNA कहा जाता है।
- इस DNA के अणु को 95-98°C ताप पर 30 सेकण्ड तक गर्म किया जाता है, जिसके परिणामस्वरूप उसकी द्विकुण्डली संरचना (Double-Stranded) में दोनों रज्जु एक-दूसरे से पृथक् हो जाते हैं। इस क्रम में दोनों रज्जुओं के निर्माण के साथ उसकी पूरकता बनी रहती है।
- पृथक्करण के बाद DNA पॉलीमरेज नामक एन्जाइम की सहायता से प्रत्येक रज्जु की प्रतिलिपि बनाई जाती है। यद्यपि पॉलीमरेज में यह कार्य सम्भव नहीं हो पाता है, तो इसका कारण यह है कि DNA की एक श्रृंखला का निर्माण बिना न्यूक्लियोटाइड के अनुक्रम की सहायता के नहीं हो सकता है। इसी कारण एक अन्य एन्जाइम **प्राइमेज** की आवश्यकता होती है।

DNA फिंगरप्रिण्टिंग

- आनुवंशिकी के अन्तर्गत इसे DNA **टाइपिंग** भी कहा जाता है। इसमें DNA के नाइट्रोजन क्षारों (न्यूक्लियोटाइड्स) के अनुक्रम की पहचान कर, उन्हें चित्रित किया जाता है अर्थात् DNA फिंगरप्रिण्टिंग एक अत्याधुनिक जैविक तकनीक है।
- इसका मुख्य आधार है प्रत्येक व्यक्ति में पाए जाने वाले पुनरावृत्ति DNA (Repetitive DNA) का असमान होना। दूसरे शब्दों में कहें, तो प्रत्येक व्यक्ति का DNA पैटर्न एकमात्र एवं अनोखा होता है। यहाँ तक कि क्लोनिंग से प्राप्त समरूप बच्चों का DNA पैटर्न भी अलग होगा। अत: इसका प्रयोग मानव की पहचान हेतु किया जा सकता है, जिसके कारण इस तकनीकी को DNA फिंगरप्रिण्टिंग कहा जाता है।
- यह साधारण प्रिण्टिंग से बेहतर होता है, क्योंकि इसमें किसी भी तरह के परिवर्तन की सम्भावना नहीं है। **DNA फिंगरप्रिण्टिंग तथा नैदानिक केन्द्र, हैदराबाद** DNA फिंगरप्रिण्टिग का मुख्य संस्थान है। DNA फिंगरप्रिण्टिग की विधि निम्न चित्र में दर्शाई गई है

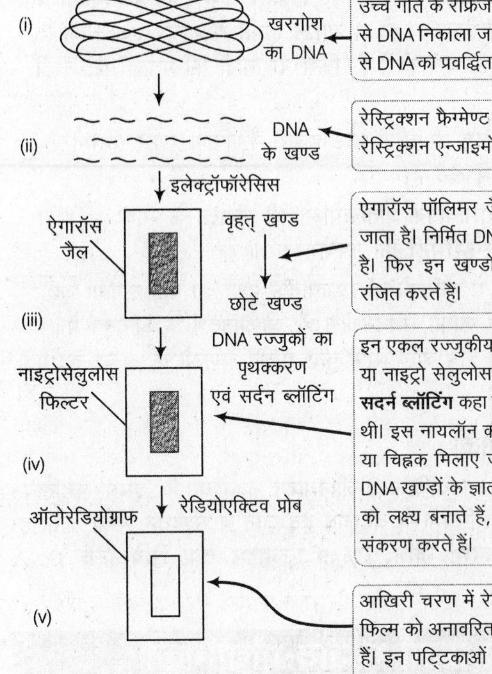

DNA फिंगरप्रिण्टिग

DNA फिंगरप्रिण्टिंग का प्रयोग

(i) जैविक सबूतों के आधार पर अपराध; जैसे—खून, बलात्कार, अनुसन्धान क्रम में वास्तविक अपराधी को पकड़ने हेतु।
(ii) वंशानुगत रोगों की पहचान हेतु तथा उसके लिए चिकित्सा पद्धति के विकास हेतु।
(iii) बच्चे के वास्तविक माता-पिता के निर्धारण हेतु।
(iv) पैतृक सम्पत्ति सम्बन्धी दावों को निपटाने हेतु।
(v) यह युद्ध पीड़ितों, सैनिकों की लाशों को पहचानने में मदद करेगा, विशेषतया तब, जब उसकी लाश परिवर्तित हो गई हो।

RNA इण्टरफेस प्रौद्योगिकी

- RNA इण्टरफेस एक जैविक प्रक्रिया है, जिसमें RNA अणु, लक्षित mRNA अणुओं को निष्प्रभाव करके जीन अभिव्यक्ति या अनुवाद को रोकते हैं।
- RNA इण्टरफेस परजीवी न्यूक्लियोटाइड अनुक्रमों के विरुद्ध कोशिकाओं की रक्षा करने में एक महत्त्वपूर्ण भूमिका निभाता है। RNA इण्टरफेस एक प्राकृतिक प्रक्रिया है, जो कोशिकाओं को बन्द करने या अवांछित या हानिकारक जीन को शान्त करने के लिए उपयोग करती है।
- सेल के कोशिकाद्रव्य में प्राकृतिक RNA इण्टरफेस के द्वारा RNA अणुओं को हस्तक्षेप करने वाले डीएस में एक एंजाइम द्वारा काटा जाता है, ताकि अवांछित लक्ष्य प्रोटीन का उत्पादन न हो। इस तरह से जीन को शान्त (Gene Silencing) किया जाता है।

Cas9 प्रोटीन

- **क्लस्टर्ड रेगुलर इण्टरस्पेस्ड पैलिण्ड्रोमिक रिपीट्स** (CRIsPR/Cas9) एक प्रोटीन है, जो DNA वायरस के विरुद्ध कुछ बैक्टीरिया की प्रतिरक्षात्मक रक्षा में महत्त्वपूर्ण भूमिका निभाता है और जिसका उपयोग आनुवंशिक इन्जीनियरिंग अनुप्रयोगों में किया जाता है। इसका मुख्य कार्य DNA में कटौती करना है। इसलिए यह कोशिका के जीनोम को बदल सकता है।
- बैक्टीरियल प्रतिरक्षा में अपने मूल कार्य के अतिरिक्त, Cas9 प्रोटीन का DNA में साइट-निर्देशित डबल स्ट्रैण्ड ब्रेक को प्रेरित करने के लिए जीनोम इन्जीनियरिंग उपकरण के रूप में भारी उपयोग किया गया है।
- **Cas9** प्रोटीन जीनोम एडिटिंग के क्षेत्र में एक प्रमुख उपकरण बन रहा है।

बायोमेट्रिक तकनीक

- बायोमेट्रिक, व्यक्ति को उसकी शारीरिक एवं व्यावहारिक विशेषताओं, गुणों एवं दोषों के आधार पर पहचान करने अथवा सत्यापित करने की स्वचालित कार्यविधि है। इसके अन्तर्गत व्यक्ति का चेहरा, रेटिना, फिंगरप्रिण्ट, हाथ की रेखाएँ, आयरिश, आवाज की विशेषताओं तथा लिखावट को जाँच कर पहचान स्थापित की जाती है।
- लोगों की पहचान सुनिश्चित करने तथा फर्जी लोगों के प्रवेश को रोकने हेतु **भाभा एटॉमिक रिसर्च सेण्टर** (BARC) द्वारा बायोमेट्रिक आधारित नई प्रणाली विकसित की गई है, जिसमें हाथ को जैविक पहचान के रूप में इस्तेमाल किया जाएगा। यह प्रणाली मूल रूप से **वन-टू-वन** नामक पद्धति पर आधारित है, जिसमें जाँच के लिए जाने वाले व्यक्ति के हाथ के वर्तमान नमूने का मिलान पहले से लिए गए नमूने से किया जाता है। इस पहचान प्रौद्योगिकी के दो चरण हैं—पंजीयन और सत्यापन।
- **पंजीयन चरण** में नाखूनों की ओर से हाथ की अँगुलियों के दो आयामी चित्र लिए जाते हैं। इन दो आयामी तस्वीरों को अन्य जानकारियों के साथ नमूने के तौर पर रखा जाता है।
- इन्हीं तस्वीरों के माध्यम से उस व्यक्ति का किसी जीवित नमूने से मिलान किया जाता है। पंजीयन के समय हर व्यक्ति को एक व्यक्तिगत पहचान संख्या आवण्टित की जाती है। **सत्यापन** के समय व्यक्ति को यह संख्या टाइप करनी पड़ती है, जिससे उसका रिकॉर्ड सामने आ जाता है। इस तकनीक का उपयोग अपराधी को पकड़ने, ATM में प्रवेश पाने एवं कम्प्यूटर सुरक्षा आदि में किया जाता है।

नैनो टेक्नोलॉजी

- 'नैनो' का अर्थ 'सूक्ष्म' (छोटा) होता है अर्थात् नैनो तकनीक का अर्थ एक ऐसी तकनीक से है, जो किसी पदार्थ के सूक्ष्मतम् कणों का अध्ययन करती है। हाल के दिनों में इस तकनीक द्वारा कार्बन के एक नए प्रतिरूप की खोज हुई है, जो सामान्य ताप पर स्थिर रहता है।

- इस प्रतिरूप को **नैनो स्क्रॉल** कहा जाता है। नैनो स्क्रॉल का प्रदूषण-मुक्त हाइड्रोजन कारों के निर्माण में प्रयोग किया जाता है। इसके अलावा वायुयानों तथा कारों के हल्के पदार्थों का निर्माण भी इससे किया जा सकता है। जैव-प्रौद्योगिकी में नैनो टेक्नोलॉजी के माध्यम से प्रोटीन अणुओं के संकुचन तथा विस्तारण सहित उसके अन्य व्यवहारों को समझने में विशेष सुविधा होती है।
- जैव-प्रौद्योगिकी में नैनो टेक्नोलॉजी का मुख्य उपयोग **आनुवंशिकी** के अन्तर्गत होता है, चूँकि इस तकनीक से मानव जीनोम के अध्ययन की विधि तथा मानव जीनों का मानचित्रीकरण सरल बनाया जाना सम्भव है।
- कृत्रिम DNA अनुक्रम का निर्माण कर पॉलीमरेज श्रृंखला अभिक्रिया जैसी परम्परागत तकनीकों के प्रतिस्थापन की भी सम्भावना परिलक्षित होती है।

कार्बन नैनो ट्यूब्स

कार्बन नैनो ट्यूब्स (CNTs) एक बेलनाकार नैनो संरचना वाले **कार्बन के एलोट्रोप्स** हैं। इन बेलनाकार कार्बन अणुओं में नवीन गुण होते हैं, जो उन्हें नैनो टेक्नोलॉजी इलेक्ट्रॉनिक्स, प्रकाशिकी और पदार्थ विज्ञान के अन्य क्षेत्रों में अनुप्रयोगों के साथ-साथ वास्तु क्षेत्र में सम्भावित रूप से उपयोगी बनाते हैं। कार्बन नैनो ट्यूब्स के अन्य निम्नलिखित उपयोग है

- इसको मानव शरीर में औषधियों और प्रतिजनों के वाहकों के रूप में प्रयुक्त किया जा सकता है।
- इसको शरीर के क्षतिग्रस्त भाग के लिए कृत्रिम रक्त कोशिकाओं के रूप में बनाया जा सकता है।
- इनका जैव रासायनिक संवेदकों के रूप में उपयोग किया जा सकता है।
- कार्बन नैनो ट्यूब जैव निम्नीकरणीय होती है।

बायोनिक चिप

- बायोनिक चिप में एक जीवित कोशिका को एक अत्यन्त ही छोटे **सिलिकॉन परिपथ** में स्थापित कर दिया जाता है। इस प्रकार वह कोशिका एक **डायोड** अथवा विद्युत गेट की भाँति कार्य करने लगती है। जैसे ही एक निश्चित आवेश कोशिका भित्ति से टकराता है, वह खुल जाती है तथा आवेश इससे पार हो जाता है और इस तरह से सिलिकॉन परिपथ पूर्ण हो जाता है।
- इस आधार पर बायोनिक चिप के ऊपरी सिरे से निचले सिरे तक विद्युत का प्रवाह सम्भव हो पाता है। इस प्रकार से विभिन्न कोशिकाओं को खोलने हेतु आवश्यक विद्युत की मात्रा का निर्धारण किया जा सकता है। अत: संक्षेप में बायोनिक चिप द्वारा कोशिकाओं के अन्दर DNA अंश का प्रत्यारोपण आसानी से किया जा सकता है

आर्गस II

- यह बायोनिक रेटिना नामक एक ऐसा उपकरण है, जिसकी सहायता से अक्षरों को बड़ा देख सकेंगे एवं अपने दाएँ एवं बाएँ होने वाली चहलकदमी को भी जान सकेंगे। इसमें चश्मे के शीशों पर एक छोटा वीडियो कैमरा और ट्रांसमीटर लगा होता है।
- मरीज के रेटिना के अन्दर वीडियो प्रोसेसिंग यूनिट और इलेक्ट्रोड लगाए जाते हैं। इसमें व्यक्ति कुछ हद तक देखने एवं स्वतन्त्र रूप से कहीं जाने में सक्षम हो जाता है।

नई बायोचिप सेन्सर

- अमेरिका के वैज्ञानिकों ने लार के माध्यम से रक्त शर्करा स्तर का पता लगाने वाली एक नई बायोचिप सेन्सर तकनीक विकसित की है।
- यह एक ऐसी युक्ति है, जो बिना रक्त निकाले मधुमेह से ग्रस्त लोगों के ग्लूकोस स्तर का परीक्षण करने में सफल होगी। बायोचिप एक चौकोर क्वार्ट्ज के टुकड़े से बनी होती है, जिस पर चाँदी की पतली परत चढ़ी होती है।
- चाँदी में प्रत्येक साइड पर छोटे-छोटे हजारों नैनोकिल इण्टर फेरोमीटर छिद्र एक प्रणाली में लगे हैं।
- नई चिप विशिष्ट रासायनिक प्रतिक्रियाओं की श्रृंखला के साथ **प्लाज्मोनिक इण्टरफेरोमेट्री** का उपयोग करती है।
- प्रकाश के उपयोग से यौगिकों के रासायनिक गुणों का पता लगाया जा सकता है। डिवाइस काफी संवेदनशील है, जो प्रतिदर्श के आयतन में ग्लूकोस सान्द्रता में होने वाले सिर्फ कुछ हजार अणुओं के अन्तर का पता लगाने में सक्षम है।

जीन ड्राइव प्रौद्योगिकी

यह एक प्रकार की आनुवांशिक इन्जीनियरिंग तकनीक है। इसमें मेडेलियन वंशानुक्रम के निर्धारित नियमों में बदलाव हेतु जीन में संशोधन किया जाता है। इसके तीन घटक क्रमश: **जीन, Cas9 एन्जाइम** तथा **रिपिटेटिव DNA अनुक्रम** है।

पर्यावरण एवं ऊर्जा में जैव-प्रौद्योगिकी

- जैव-प्रौद्योगिकी का उपयोग पर्यावरण के प्रदूषणों को कम करने के लिए भी किया जाता है। इसका अच्छा उदाहरण फाइटोरेमेडिएशन (Paytoremediation) है।
- इसमें वैज्ञानिक तकनीकों का उपयोग करके मृदा एवं जल में उपस्थित प्रदूषकों का अपघटन करके उनका निवारण किया जाता है। इसका सर्वश्रेष्ठ उदाहरण *स्यूडोमॉनास प्यूटिडा* है।
- यह एक आनुवंशिक अभियान्त्रिकी द्वारा रूपान्तरित जीवाणु है, जिसका उपयोग समुद्री जल में उपस्थित विभिन्न विषाक्त रसायन पदार्थों (Toxic Chemical Material) को जैविक रूप से अपघटित करने में किया जाता है। उदाहरण 1, 2, 3-ट्राईक्लोरोप्रोपेन (TcP) यह जीवाणु वायवीय रूप से रिकैल्सीट्रेण्ट क्लोरीनेटेड हाइड्रोकार्बन को भी अपघटित करने की क्षमता रखता है।

पादप जैव-प्रौद्योगिकी

पादप कोशिकाओं, ऊतकों एवं अंगों के उपयोग से उत्पाद एवं सेवाओं की प्राप्ति पादप जैव-प्रौद्योगिकी कहलाती है। इसके अन्तर्गत दो आधारभूत प्रौद्योगिकियों का उपयोग किया जाता है; जैसे—**पादप ऊतक संवर्द्धन** तथा **पादप आनुवंशिक अभियान्त्रिकी**।

पादप ऊतक संवर्द्धन

यह पादप कोशिकाओं, ऊतकों तथा अंगों के कृत्रिम माध्यम से संवर्द्धन की प्रविधि है। इसमें निम्न तकनीकें; जैसे—ऊतक संवर्द्धन, भ्रूण संवर्द्धन, प्ररोह संवर्द्धन आदि सम्मिलित हैं।

पादप आनुवंशिक अभियान्त्रिकी

किसी पादप से बाधित जीन अथवा DNA खण्ड के किसी दूसरे पादप कोशिका से स्थानान्तरित तथा उस बाधित जीन को पादप कोशिका के **आनुवंशिक द्रव्य** (Genetic Material) में प्रविष्ट कराना पादप आनुवंशिक अभियान्त्रिकी कहलाता है तथा इस प्रकार प्राप्त पादप, पारजीनी पादप (Transgenic Plants) कहलाते हैं। इसके अन्तर्गत निम्न तकनीकें; जैसे—पारजीनी कृषि, आनुवंशिकतया रूपान्तरित फसलें आदि आती हैं।

पारजीनी कृषि

- जैव-प्रौद्योगिकी के उपयोग से कृषि उत्पादन वृद्धि के व्यापक परीक्षणों में पारजीनी कृषि आधुनिकतम् है।
- पारजीनी पादपों की प्रजातियों के विकास में प्राकृतिक जीन में कृत्रिम उपायों (पुनर्योजित DNA तकनीक) द्वारा किसी दूसरे पादप के जीन का भाग जोड़ दिया जाता है अथवा इसकी मूल संरचना को परिवर्तित कर दिया जाता है।

आनुवंशिकतया रूपान्तरित फसल

- ये ऐसी फसल होती हैं, जिनमें बाहरी जीन पाया जाता है। इसके प्रयोग से मनचाहा उत्पादन, रोग एवं सूखे से प्रतिरोधकता रखने वाली फसल उत्पन्न की जा सकती है।
- महाराष्ट्र सरकार ने 31 जनवरी, 2015 को प्रदेश में पाँच आनुवंशिकतया रूपान्तरित या जीन संवर्द्धित फसलों (Genetically Modified Crops or GM Crops) **बैंगन, मक्का, धान, मटर** और **कपास** के खेत परीक्षण के लिए 'अनापत्ति प्रमाण-पत्र' प्रदान किया। जून, 2013 के बाद से यह अनिवार्य कर दिया गया है कि जो कम्पनियाँ जिन राज्यों में खेत परीक्षण करना चाहती हैं, उन्हें उस प्रदेश सरकार से 'अनापत्ति प्रमाण-पत्र' प्राप्त करना होगा।

बॉलगार्ड-1 और बॉलगार्ड-11 प्रौद्योगिकी का सम्बन्ध आनुवांशिक रूप से रूपान्तरित फसली पादपों के विकास से है। GM पादप (फसल) के निम्न लाभ हैं

- यह फसल कम साधनों में अधिक गुणवत्ता एवं उत्पादकता प्रदान करती है तथा इस पर हानिकारक कीटनाशकों को छिड़कने की जरूरत नहीं पड़ती।
- इसका प्रयोग प्रतिकूल परिस्थितियों; जैसे—अर्द्ध सूखे क्षेत्र में भी किया जाता है।
- इस फसल में प्रोटीन एवं खनिज आदि की प्रचुरता को आवश्यकतानुसार बढ़ाया जा सकता है। कोई खराब जीन एक जीव से अन्य पादपों में हस्तान्तरित होकर उनके लिए हानिकारक हो सकता है।

यद्यपि GM जीव की प्रतिरोधक क्षमता यदि जीवाणुओं में हस्तान्तरित हो गई, तो उनमें एण्टीबायोटिक का असर कम हो जाएगा, जो मानव स्वास्थ्य के लिए भी हानिकारक हो सकता है।

बीटी कपास

- बीटी कपास की तीन किस्में **मैक-12, मैक-162** और **मैक-184** हैं। इन किस्मों को बहुराष्ट्रीय कम्पनी मॉनसेण्टो (Monsento) की भारतीय अनुषंगी कम्पनी (Accessory Company) **महाराष्ट्र हाइब्रिड सीड** कम्पनी ने विकसित किया है।
- बीटी जीन अमेरिकी बोलवॉर्म (सुण्डी-कपास को रोगी बनाने वाला कीड़ा) नामक बीमारी पर नियन्त्रण करता है, जो कपास के पादपों में पाई जाती है।

इस *बीटी* कपास में *बैसिलस थूरिन्जिएन्सिस* (Bacillus thuringiensis) नामक बैक्टीरिया की *क्राई (cry)* नामक जीन का प्रयोग किया जाता है, जिससे पादपों में स्वयं ही कीटनाशक प्रभाव पैदा करने की क्षमता विकसित हो जाती है और कपास की फसल सुरक्षित हो जाती है।

बैसिलस थूरिन्जिएन्सिस

- यह एक भूमिगत जीवाणु है, जिसकी खोज जापानी वैज्ञानिक **ईशीवाटा** ने वर्ष 1902 में की थी। यह जीवाणु बीजाणुजनन के दौरान एण्डोप्रोटीन नामक क्रिस्टलीकृत प्रोटीन बनाता है, जो अनेकों कीटाणुओं; जैसे—मच्छरों, मक्खियों, चीटियों, दीमकों, तितलियों आदि को नष्ट कर देता है।
- इसके अतिरिक्त पादपों एवं पशुओं पर निर्भर कुछ कृमियों, घोंघा, प्रोटोजोआ और तिलचट्टों को भी नष्ट करता है।

बीटी बैंगन

- बीटी बैंगन एक आनुवंशिक तथा संशोधित फसल है। इस बैंगन में मृदा में पाए जाने वाले जीवाणु *बैसिलस थूरिन्जिएन्सिस* से *क्राई* जीन निकालकर प्रविष्ट कराई जाती है। इस जीन द्वारा संश्लेषित प्रोटीन के कारण बैंगन पर लगने वाले **कीट फूड एण्ड शूट बोरर** की रोकथाम की जाती है। इससे बैंगन का उत्पादन बढ़ जाता है।
- आनुवंशिक तथा संशोधित फसलें, ऐसी फसलें हैं, जिनके गुणसूत्र में परिवर्तन करके उनका आकार-प्रकार तथा गुणवत्ता में मनोवांछित स्वरूप प्राप्त किया जाता है। यह गुणवत्ता परिवर्तन फसल में कीटाणुओं से लड़ने की क्षमता या पौष्टिकता में वृद्धि के रूप में हो सकती है।

सुनहरा धान

- वैज्ञानिकों द्वारा जीन परिवर्तन कर विटामिन-A की कमी को दूर करने वाले चावल का विकास किया गया है, जिसे सुनहरा चावल (Golden Rice) नाम दिया गया है।
- इस चावल को पैदा करने के लिए उसके पादपों पर तीन जीनों का प्रत्यारोपण किया जाता है। इस प्रक्रिया के अन्तर्गत **बीटा-कैरोटिन** (B-carotene) युक्त पीले रंग का चावल उत्पन्न होता है। यही बीटा-कैरोटिन शरीर में विटामिन-A में परिवर्तित हो जाता है। यह बीटा-कैरोटिन विटामिन-A का सर्वाधिक प्रमुख स्रोत है।

फ्लेवर सेवर

इस ट्रांसजेनिक टमाटर में एण्टीसेन्स RNA (Antisense RNA) तकनीक के कारण कोशिका भित्ति की पेक्टिन को नष्ट करने वाले एन्जाइम पॉलीगेलैक्टोयूरोनेज का संश्लेषण (Synthesis) कम होता है और यह टमाटर लम्बे समय तक ताजा बना रहता है।

आनुवंशिकतया रूपान्तरित सरसों

- GM सरसों (GM Mustard) या DMH-11 एक आनुवंशिक रूप से रूपान्तरित संकर सरसों है। वैज्ञानिकों ने एक संकरण तन्त्र की खोज की है, जिसके द्वारा सरसों की उत्पादकता 25-30% बढ़ गई है।
- यह उत्पादकता, सामान्य सरसों की उच्च उत्पादकता वाली किस्मों से अपेक्षाकृत अधिक है। यह किस्म दिल्ली विश्वविद्यालय के सेण्ट्रल फॉर जेनेटिक मैनीपुलेशन ऑफ क्रॉप प्लॉण्ट्स की एक टीम द्वारा विकसित की गई है।

नोट *भारतीय शोधकर्ताओं ने जीनोम एडिटिंग तकनीक का उपयोग कर* ***कम तीखी गन्ध वाली सरसों की नई किस्म*** *विकसित की है, जिसमें ग्लूकोसिनोलेट की मात्रा कम है। भारतीय सरसों में 120-130 PPM ग्लूकोसिनोलेट होता है।*

पुंजनन एवं जायांगजनन

इन विधियों से अगुणित पादप तैयार किए जाते हैं। इनका सर्वाधिक उपयोग उन वृक्षों के लिए है, जिनका पुनर्जनन-चक्र दीर्घकालीन होता है। चीन में इस विधि से धान, गेहूँ तथा तम्बाकू की नई किस्में उत्पन्न करने में सफलता मिली है।

टर्मिनेटर जीन/समापक जीन

- इस जीन की खोज और सम्बद्ध तकनीक का विकास अमेरिकी कम्पनी डेल्टा एण्ड पाइनलैण्ड और अमेरिका के कृषि विभाग ने सम्मिलित रूप से किया है।
- टर्मिनेटर जीन एक **उपज शक्ति विनाशक** जीन है, जिससे युक्त बीज पहली बार बोए जाने पर तो सामान्य रूप से कार्य करता है, परन्तु मूल बीज से उगाई जाने वाली फसल के बीज से जब दूसरी बार फसल प्राप्त करने की कोशिश की जाती है, तब उससे पादप तो उत्पन्न होते हैं, किन्तु उसमें फूल या फल नहीं लगते।
- इस तकनीक का विकास किसानों द्वारा किसी बीज को दूसरी बार प्रयोग करने से रोकने के लिए किया गया है, परन्तु टर्मिनेटर जीन तकनीकी का एक लाभ भी है। इसके द्वारा अनिच्छित पादप *पार्थेनियम* की वृद्धि को रोका जा सकता है, जो आम लोगों के स्वास्थ्य के लिए हानिकारक भी है।

जीन बैंक

जीन बैंक द्वारा पादप प्रजातियों की विविधता (Diversity) को संरक्षित किया जाता है। कठिन फसल प्रकारों के प्रजनन के लिए संसाधन उपलब्ध कराते हैं। आपदा के समय खाद्यान्न सुरक्षा उपलब्ध कराते हैं। भविष्य की पीढ़ियों के लिए खाद्य आपूर्ति सुनिश्चित करते हैं। जीन बैंक उन पादपों के जीवित नमूने हैं, जिन पर मानवता निर्भर करती है और वे जीन की भाँति ही बहुमूल्य हैं। एक सामान्य शब्द जीन बैंक अपने में अपार सम्भावनाएँ समेटे हुए है।

जलीय कृषि

जैव-प्रौद्योगिकी के द्वारा जलीय पादपों एवं जीवों से दवाइयों एवं टीकों का निर्माण किया जाता है। साफ पानी में जल कृषि के अन्तर्गत जैव-प्रौद्योगिकी का उपयोग करके कार्प मछलियों के शरीर में इन्जेक्शन द्वारा हॉर्मोन का प्रवेश कराकर प्रजनन दर को बढ़ाया जाता है और सभी मछलियों का मिश्रित रूप से संवर्द्धन किया जाता है, जबकि खारे पानी में जलकृषि के अन्तर्गत झींगा मछली उत्पादन पर विशेष जोर दिया जाता है।

जैव-उर्वरक

- कृषि में रासायनिक उर्वरकों के अत्यधिक प्रयोग से भूमि की उर्वरता में कमी आ रही है तथा मृदा प्रदूषण भी बढ़ रहा है। जैव-उर्वरक, रासायनिक उर्वरक का एक कारगर एवं अत्यन्त उपयोगी विकल्प है, जिसके द्वारा मृदा ह्रास एवं प्रदूषण को नियन्त्रित किया जा सकता है। जैव-उर्वरक पारिस्थितिकी मित्र (Eco-friendly) भी है। जिन सूक्ष्मजीवों (Microscopic Organisms) का उपयोग पादपों की पोषकीय उपलब्धता बढ़ाने के लिए किया जाता है, वे जैव-उर्वरक के अन्तर्गत आते हैं।
- सूक्ष्मजीवों की श्रेणी में जीवाणु, फफूँद एवं नील-हरित शैवाल (Cyanobacteria) आते हैं, जो **नाइट्रोजन-स्थिरीकरण** (Nitrogen-Fixation) एवं फॉस्फोरस की घुलनशीलता बढ़ाकर भूमि की उर्वरा शक्ति में वृद्धि करते हैं।

कुछ जीवाणु, जो नाइट्रोजन स्थिरीकरण में सक्रिय होते हैं, वे हैं

- *राइजोबियम लेग्युमिनोसेरम* (मटर में)
- *राइजोबियम फैसियोली* (मूँग, मसूर एवं उड़द में)
- *राइजोबियम जेपोनिकम* (सोयाबीन में)
- *राइजोबियम ब्रैडीराइजोबियम* (लोबिया में।)

अभी हाल ही में भाभा एटोमिक रिसर्च सेण्टर (Bhabha Atomic Research Centre or BARC) द्वारा गामा किरणों का प्रयोग कर उच्चकोटि के लेग्युमिनस पादप ***सैस्बेनिया रॉस्ट्रेटा*** का विकास हुआ है, जिसकी जड़ों एवं तनों की गाँठों में *एजोराइजोबियम काइलिनोडेन्स* नामक जीवाणु द्वारा तीव्र गति से नाइट्रोजन स्थिरीकरण किया जाता है। यह पादप 50 दिनों में करीब एक हेक्टेयर भूमि में लगभग 120-160 किग्रा नाइट्रोजन का संग्रह कर सकता है।

जैव-उर्वरक के रूप में उपयोगी कुछ सूक्ष्मजीव

सूक्ष्मजीव	क्रिया	सहयोग	फसल
राइजोबियम लेग्युमिनोसेरम, जेपोनिकम, राइजोबियम, फैसियोली, आदि	N_2-स्थिरीकरण	सहजीवी	लेग्यूम; जैसे–दलहनें, तिलहनें, चारा फसलें आदि।
एजोस्पाइरिलम	N_2-स्थिरीकरण	सहसंघी	गेहूँ, गन्ना, ज्वार आदि।
एजोटोबैक्टर	N_2-स्थिरीकरण	असहजीवी	गेहूँ, ज्वार, बाजरा, जौ, सब्जियाँ आदि।
साइनोबैक्टीरिया; जैसे–*एनाबीना, नॉस्टाक,* आदि।	N_2-स्थिरीकरण	असहजीवी	धान
एजोला, एनाबीना संकुल	N_2-स्थिरीकरण	सहजीवी	धान
बैक्टीरिया; जैसे–*थायोबैसिलस, बैसिलस।*	फॉस्फेट विलेयीकरण	असहजीवी	
माइकोराइजा; जैसे–*ग्लोमस* (कवक)	फॉस्फेट विलेयीकरण	सहसंघी	उच्च पादप

जन्तु जैव-प्रौद्योगिकी

- भारत में जन्तु जैव-प्रौद्योगिकी के विभिन्न तरीकों; जैसे—भ्रूण हस्तान्तरण या प्रत्यारोपण, भ्रूण परिवर्द्धन, स्वास्थ्य, परखनली निषेचन (Test-tube Fertilisation), आदि का उपयोग पशुओं की नए नस्ल विकसित करने तथा नस्ल एवं स्वास्थ्य सुधार में किया जाता है।
- ओपन न्यूक्लिअस ब्रीडिंग के अन्तर्गत नए बछड़ों का आनुवंशिक मानकीकरण किया गया है, जो राष्ट्रीय कृत्रिम गर्भधारण कार्यक्रमों के लिए अच्छे शुक्राणु (Sperms) उपलब्ध कराएँगे। भ्रूण हस्तान्तरण से उत्पन्न गायें काफी मात्रा में दुग्ध देती हैं। इसके लिए दो पूर्णतया स्वदेशी नस्लों, कांकरेज एवं ओंगोल के भ्रूण संगृहीत किए गए हैं।
- इस प्रयास से भ्रूण, माइक्रोमेनिपुलेशन, स्पिलिरिंग, क्लोनिंग तथा सेक्सिंग की प्रक्रियाओं में सुधार लाया गया है। पशुओं में रोग दूर करने हेतु विविध टीकों एवं निदानों के विकास की बड़ी परियोजना शुरू की गई है।
- इस सम्बन्ध में मुर्गियों में **रानीखेत रोग** एवं दुधारू पशुओं में **संक्रामक बोवाइन राइनोट्रेकिएटिस रोग** हेतु ऊतक संवर्द्धन पर आधारित टीकों का विशेष रूप से विकास जन्तु प्रौद्योगिकी के अन्तर्गत हुआ है।

निम्नतापी शल्य चिकित्सा

- इस चिकित्सा के अन्तर्गत कई प्रकार के ऊतकों को अत्यन्त न्यून तापमान पर नष्ट किया जाता है। इसके लिए अधिकांशतया **डिपस्टिक तकनीक** (Dipstick Technology) का प्रयोग किया जाता है।
- इस तकनीक के अन्तर्गत एक रूई-युक्त प्रयोगक को तरल नाइट्रोजन में डुबाकर घाव पर लगाया जाता है। ठोस रूप में CO_2 का प्रयोग भी त्वचा पर एसीटोन का मिश्रण लगाकर किया जाता है।

निम्नतापी जैविकी

यह जीन संसाधनों का भण्डार होता है, जहाँ ऐसे संसाधन को लम्बी अवधि के लिए तरल नाइट्रोजन का प्रयोग कर सुरक्षित रखा जाता है।

स्तम्भ कोशिका

- स्तम्भ कोशिका (Stem Cell) ऊतक एवं प्रत्येक अंग की आधार कोशिकाएँ होती हैं। ये कोशिकाएँ वृद्धि, विभाजन एवं विभेदन कर नए ऊतकों एवं अंगों को उत्पन्न कर सकती हैं।
- **अस्थि मज्जा** (Bone Marrow) से प्राप्त ये कोशिकाएँ आजीवन शरीर में रुधिर को पैदा करती हैं तथा कैंसर आदि रोगों में इनका प्रत्यारोपण कर पूरी रुधिर प्रणाली को पुनर्सिंचित किया जा सकता है। भारत में इसके लिए अनुसन्धान हैदराबाद स्थित **सेण्टर फॉर सेल्युश्लर एण्ड मोलिक्यूलर बायोलॉजी** (Centre for Cellular and Molecular Biology) में किया जा रहा है।

स्टेम कोशिका संवर्द्धन

- स्तम्भ कोशिका या स्टेम कोशिका रिक्त कोशिकाएँ होती हैं, जिनमें शरीर के किसी भी हिस्से में तन्त्रिका, यकृत, हृदय आदि की कोशिकाओं को विकसित करने की क्षमता होती है। स्टेम कोशिका मानव भ्रूण की आधार कोशिकाएँ हैं, जिनसे आगे चलकर मानव शरीर के लगभग 225 प्रकार के ऊतकों का निर्माण होता है। प्रत्येक कोशिका में जैविक गुण विद्यमान होते हैं।
- स्टेम कोशिका के विकास सम्बन्धी अनुसन्धान को बुनियादी सामग्री भ्रूण से ही मिलती है। गर्भधारण के उपरान्त जब निषेचित अण्डाणु (Fertilised Egg) का विभाजन होता है, तब कोशिकाओं के कुछ प्रारम्भिक समूह (भ्रूण के स्टेम कोशिका) अलग हो जाते हैं और इन्हीं कोशिकाओं में किसी भी अंग के रूप में विकसित होने की क्षमता होती है।

मानव स्तम्भ कोशिका से पशुओं पर शोध तथा प्रारूप

- जैव-प्रौद्योगिकी विभाग और भारतीय चिकित्सा अनुसन्धान परिषद् ने स्टेम कोशिका पर अनुसन्धान को लेकर 23 सितम्बर, 2012 को नए दिशा-निर्देशों में स्टेम कोशिका अनुसन्धान को तीन भागों पहला-स्वीकृत श्रेणी, दूसरा-सीमित **स्वीकृत श्रेणी** तथा **तीसरा-प्रतिबन्धित श्रेणी** में विभाजित किया है।
- सीमित श्रेणी में स्टेम कोशिका से जुड़े सामान्य अनुसन्धानों को रखा गया है, जबकि सीमित स्वीकृत श्रेणी में मानव स्टेम कोशिका के गैर-मानवों में प्रयोग को शर्तों के साथ मंजूरी दी गई है। प्रावधान के अनुसार, वैज्ञानिक अकेले मानव स्टेम कोशिका को मिलाकर पशुओं में प्रयोग करके उसके प्रभावों का अध्ययन कर सकते हैं। स्टेम कोशिका थैरेपी प्रक्रिया निम्न चित्र में दर्शाई गई है

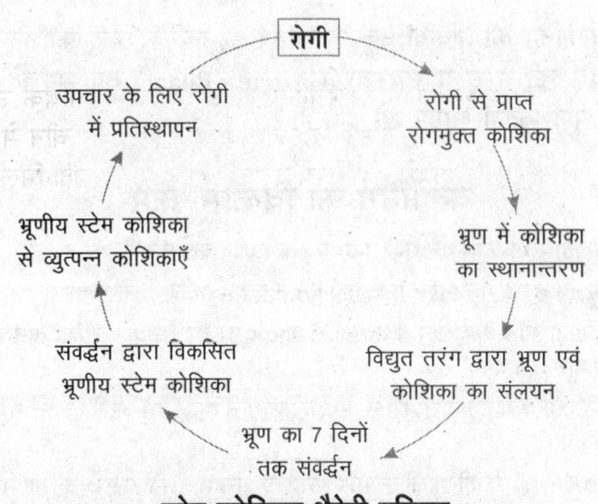

स्टेम कोशिका थैरेपी प्रक्रिया

स्टेम सेल रिसर्च फोरम ऑफ इण्डिया

'स्टेम सेल रिसर्च फोरम ऑफ इण्डिया' की स्थापना का उद्देश्य भारत में स्टेम सेल का अनुसन्धान तथा विकास करना है। इस संस्था का उद्देश्य स्टेम कोशिका अनुसन्धान को बढ़ावा देना एवं स्टेम कोशिका से सम्बन्धित वैज्ञानिकों तथा संगठनों के बीच विचारों का आदान-प्रदान करना है, जिससे असाध्य रोगों से ग्रसित व्यक्तियों का इलाज किया जा सकें।

क्लोनिंग

- क्लोनिंग वह प्रक्रिया है, जिसके द्वारा पैतृक जीव से समान जीव या क्लोन उत्पन्न किए जाते हैं अर्थात् क्लोन एक ऐसी जैविक रचना है, जो एकमात्र जनक माता अथवा पिता से **अलैंगिक** (Asexual) **विधि** द्वारा उत्पादित होता है।
- यह उत्पादित 'क्लोन' अपने जनक से शारीरिक एवं आनुवंशिक रूप से पूर्णतया समरूप होता है।
- क्लोनिंग के लिए प्राय: **केन्द्रक स्थानान्तरण तकनीक** (Nuclear Transfer Technique) का प्रयोग होता है। इस तकनीक के अन्तर्गत कोशिका के केन्द्रक को यान्त्रिक तरीके से निकालकर इसे केन्द्रक रहित अण्डाणु में प्रतिस्थापित कर दिया जाता है तथा निषेचन हेतु विद्युत तरंगों को प्रवाहित किया जाता है, परिणामस्वरूप अत्यन्त ही तेजी से कोशिका विभाजन होने लगता है। इस प्रक्रिया में पूर्ण विकसित अण्डाणु को मादा के गर्भ में प्रत्यारोपित करके समरूप 'क्लोन' प्राप्त किए जाते हैं। क्लोनिंग की परम्परागत तकनीक भ्रूण क्लोनिंग है, जिसमें कोशिका को भ्रूण से लेकर प्रतिरूप तैयार किए जाते हैं।
- **डॉ. इयान विलमट** के कठिन प्रयास से वर्ष 1997 में रॉसलिन इन्स्टीट्यूट, एडिनबर्ग (स्कॉटलैण्ड) में क्लोन का विकास किया गया। क्लोनिंग का उपयोग कर **डॉली** नामक भेड़ का क्लोन तैयार किया गया। यद्यपि **गार्डन** नामक वैज्ञानिक द्वारा वर्ष 1975 में केन्द्रक स्थानान्तरण तकनीक का आविष्कार किया गया था, परन्तु **इयान विलमट** एवं **कीच कैम्पबेल** द्वारा **कोशिका चक्र** तकनीक का समावेश कर केन्द्रक स्थानान्तरण तकनीक से जुड़ी बाधाओं को दूर किया गया तथा इस तकनीक को भेड़ का क्लोन तैयार करने में प्रयोग किया।
- क्लोन भेड़ **डॉली** का जन्म 24 फरवरी, 1997 को हुआ था। उल्लेखनीय है कि 'डॉली' की उत्पत्ति 6 वर्षीय गर्भवती भेड़ के स्तन से कुछ कोशिकाएँ निकालकर की गई थी।

- जन्तु क्लोनिंग की प्रक्रिया अत्यन्त कठिन है, क्योंकि जन्तु कोशिकाएँ परिवर्द्धक की **गैस्ट्रुला अवस्था** (Gastrula Phase) तक पहुँचते-पहुँचते अपनी पूर्णशक्तता क्षमता खो देती हैं।

क्लोनिंग का विकास-क्रम

भेड़ (1996) डॉली नाम की भेड़ में प्रथम स्तनी जीव क्लोन बनी।

चूहा (1998) हवाई में अनुसन्धानकर्ताओं ने एक चूहे के 50 क्लोन बनाए।

साँड (1999) साँड़ के क्लोन ने क्लोनों से प्राप्त दुग्ध व माँस के सुरक्षित होने सम्बन्धी चर्चा की शुरुआत की।

सुअर (2000) क्लोनिकृत सुअरों ने अंगों को उत्पन्न करने हेतु जीवों के क्लोन का मार्ग प्रशस्त किया।

बकरी (2000) बकरी की पहली क्लोन फेफड़ों के असामान्य विकास के कारण मर गई।

गौर बैल (2001) इस लुप्तप्राय प्रजाति का पहला क्लोन बनाया गया।

मॉफलोन (2001) एक भेड़, इस लुप्तप्राय प्रजाति की प्रथम क्लोन बनी।

बिल्ली (2001) टेक्सॉस के ए तथा एम (A and M) विश्वविद्यालय ने बिल्ली का प्रथम क्लोन बनाया।

खरगोश (2002) अनुसन्धानकर्ताओं ने एक खरगोश का क्लोन बनाया, जो मानव रोगों के प्रतिरूप बनाने में काम आ सकता है।

खच्चर (2003) घोड़े तथा गधे के संकर का यह पहला क्लोन है।

कुत्ता (2005) दक्षिण कोरिया में अनुसन्धानकर्ताओं ने एक अफगानी कुत्ते का क्लोन तैयार किया और इसे स्नूपी नाम दिया।

जल भैंस (2005) यह चीन में क्लोन की गई, इसने जन्तुओं तथा उसके दुग्ध में सुधार में रुचि उत्पन्न की।

घोड़ा (2005) यह ऐसा पहला क्लोन था, जिसकी सेरोगेट माँ भी एक आनुवंशिक दानकर्ता थी।

फेरेट (2006) लोवा होप में अनुसन्धानकर्ताओं ने इसका प्रयोग मानव श्वसन रोगों के अध्ययन में किया।

भैंस (2009) भारतीय वैज्ञानिकों द्वारा विश्व में प्रथम बार भैंस का क्लोन बनाया गया।

इनजाज (2009) ऊँट का क्लोन बना।

गरिमा II (2010) भैंस का क्लोन बना।

पश्मीना बकरी (2012) नूरी पहली क्लोन पश्मीना बकरी है। शेर-ए-कश्मीर कृषि विज्ञान तथा तकनीक विश्वविद्यालय के पशुपालन संकाय के वैज्ञानिकों ने डॉ. रियाज अहमद के नेतृत्व में उन्नत प्रजनन तकनीक का प्रयोग कर पहली पश्मीना बकरी का क्लोन तैयार किया।

वर्ष 2013 में क्लोनिंग द्वारा स्टेम सेल बनाने में सफलता।

वर्ष 2015 में रूस में 12 हजार वर्ष पहले के बाघों का जीनोम तैयार करने पर शोध।

वर्ष 2016 में विलुप्त प्रजातियों के जीवों के पुनरुद्धार के लिए क्लोनिंग की प्रक्रिया अपनाने के लिए यूएसए, जर्मन, इटली तथा जापान के वैज्ञानिकों का अनुसन्धान।

वर्ष 2024 में पहला क्लोन प्रेजवल्स्की घोड़ा कर्ट पैदा हुआ। घोड़े की त्वचा के उत्तक को 1980 में संरक्षित किया गया था।

भैंस का क्लोन

- विश्व में पहली बार भैंस का क्लोन करनाल स्थित नेशनल डेयरी रिसर्च इन्स्टीट्यूट द्वारा तैयार किया गया।
- केन्द्रक स्थानान्तरण तकनीकी (Nuclear Transfer Technology) द्वारा इस क्लोन का विकास किया गया। 7 जून, 2009 को क्लोनिंग के माध्यम से भैंस ने बच्चे को जन्म दिया तथा उसका नाम 'गरिमा' रखा गया है।

गरिमा II एवं श्रेष्ठ

- गरिमा II एवं श्रेष्ठ दो भैंस के बछड़ों के क्लोन हैं, जो नेशनल डेयरी इन्स्टीट्यूट, करनाल द्वारा तैयार किए गए हैं।
- इनमें 'गरिमा II' **मादा बछड़े** का नाम है, जबकि 'श्रेष्ठ' **नर बछड़े** का नाम है। गरिमा II को परम्परागत क्लोनिंग तकनीक से, जबकि श्रेष्ठ को हस्तनिर्देशित क्लोनिंग तकनीक की सहायता से तैयार किया गया है।

महिमा

- राष्ट्रीय डेयरी शोध संस्थान (NDRI) के वैज्ञानिकों ने फरवरी, 2013 में क्लोनिंग के क्षेत्र में एक महत्त्वपूर्ण उपलब्धि प्राप्त की। NDRI ने 'गरिमा II' नामक क्लोन भैंस को माँ बनाकर एक बड़ी पहचान बनाई है। इस क्लोन को तैयार करने के लिए उन्होंने सबसे सस्ती हैण्ड गाइडेड तकनीक को ही अपना सहारा बनाया।
- वैज्ञानिकों ने 6 जून, 2009 को कोशिका से ही गरिमा को पैदा किया, जोकि दो साल दो माह तक जीवित रही। 22 अगस्त, 2010 को गरिमा II व 26 अगस्त, 2010 को श्रेष्ठ को पैदा किया।

लालिमा

राष्ट्रीय डेयरी अनुसन्धान संस्थान (NDRI) के शोधकर्ताओं ने मई, 2014 में एक मादा भैंस के बछड़े का क्लोन तैयार किया है, जिसे 'लालिमा' नाम दिया गया है। इसमें उन्नत हैण्ड गाइडेड तकनीक का प्रयोग किया गया है। लालिमा NDRI का सातवाँ क्लोन बछड़ा है।

गंगा

राष्ट्रीय डेयरी अनुसन्धान संस्थान (NDRI) करनाल के वैज्ञानिकों के द्वारा 16 मार्च, 2023 को देश में पहली बार क्लोन बछिया पैदा की। गिर नस्ल की इस बछिया का नाम 'गंगा' रखा गया है।

भारत मेरिनो

- संरक्षित भ्रूण से मेमने का जन्म केन्द्रीय भेड़ एवं ऊन अनुसन्धान संस्थान, अविकानगर द्वारा विकसित किया गया।
- एक मेमना विकसित उन्नत नस्ल की भेड़ भारत मेरिनोफ के भ्रूण से अण्डोत्सर्ग तकनीक द्वारा एक से अधिक डिम्बों का विकास किया गया है।
- निषेचन के बाद लेप्रोस्कोप दूरबीन की सहायता से तरलीकृत भ्रूण को देशी नस्ल की पोषक माता खेरी भेड़ के गर्भाशय में प्रत्यारोपित किया गया।
- इस प्रकार इन देशी नस्ल की खेरी भेड़ से एक उन्नत भारत मेरिनो के मेमने का जन्म कराया गया।

क्लोनिंग द्वारा विकसित मानव भ्रूण

- अमेरिका के मेसाच्यूसेट्स स्थित निजी कम्पनी एडवांस सेल टेक्नोलॉजी (ACT) ने क्लोनिंग तकनीक से विश्व का पहला मानव भ्रूण विकसित करने का दावा 25 नवम्बर, 2001 को किया।
- यह मानव भ्रूण **अनिषेकजनन** (Parthenogenesis) तकनीक से तैयार किया गया है, जिसमें अनिषेचित डिम्ब को सक्रिय किया जाता है।
- इस प्रक्रिया में मानव अण्डाणु कोशिका से DNA निकालकर उसमें मानव शरीर का DNA प्रवेश कराया जाता है, जिसके परिणामस्वरूप अण्डाणु कोशिका से मानव भ्रूण का निर्माण होने लगता है।

मानव क्लोनिंग की दिशा में सफलता

- वैज्ञानिकों ने मानव क्लोनिंग के क्षेत्र में जो सफलता प्राप्त की है, उसके द्वारा अब पार्किन्सन, मल्टीपल सिरोसिस, रीढ़ की हड्डी में चोट और हृदय सम्बन्धी रोगों में प्रत्यारोपण अधिक आसान हो जाएगा।
- वैज्ञानिकों ने कायिक कोशिका केन्द्रक स्थानान्तरण तकनीक का प्रयोग कर मानव शरीर की त्वचा कोशिकाओं को शुरुआती दौर के भ्रूण में बदला है।
- इस कामयाबी से वैज्ञानिक अब क्लोनिंग के द्वारा इन्सान पैदा करने की दिशा में एक कदम और आगे बढ़ गए हैं।

क्लोनिंग से लाभ

- क्लोन सिद्धान्त के अन्तर्गत ऊतक संवर्द्धन के तहत विभिन्न जलवायविक एवं प्रतिकूल कृषि मौसम में भी उत्पादकता प्रदान करने वाली पादप प्रजातियों का विकास किया जा रहा है। उदाहरण के तौर पर मरुस्थलीय क्षेत्रों में जल्दी से बढ़ने वाली पादपों की किस्मों को तैयार करना।
- राष्ट्रीय महत्त्व के वन वृक्षों की फसल के विकास हेतु ऊतक संवर्द्धन तकनीक प्रभावी है।
- ऊतक संवर्द्धन की प्रक्रिया उन पादपों हेतु अधिक उपयोगी है, जिनको विकसित होने में काफी समय लगता है; जैसे—चन्दन एवं रबर। कुछ व्यावसायिक फसलों; जैसे—गन्ना एवं हल्दी के सम्बन्ध में *इन विट्रो* (अन्त: पात्रे) क्लोनिंग विशेष महत्त्व रखता है।
- मानव क्लोनिंग से सम्बद्ध अनुसन्धान से यह समझने में सुविधा होगी कि कोई वयस्क कोशिका अपने भ्रूणीय चरण में चली जाती है और फिर गुणित होने लगती है, जिससे कैंसर होता है। अत: इससे कुछ प्रकार के कैंसरों का उपचार ढूँढ़ा जा सकता है।

क्लोनिंग से हानियाँ

- एक महिला का अपना क्लोन तैयार किया जा सकता है, लेकिन किसी पुरुष का क्लोन किसी महिला की गर्भाशय की सहायता के बिना तैयार नहीं किया जा सकता, जिसके परिणामस्वरूप सामाजिक संस्थाओं; जैसे—शादी तथा परिवार, आदि पर नुकसान पहुँचेगा।
- कम आनुवंशिक विविधता वाली कुछ प्रजातियों के बढ़ने से उनकी वातावरण के साथ सामंजस्य रखने की क्षमता में कमी आएगी, जिसके रहते किसी एक रोग के फैलने से ही प्रजातियों के सम्पूर्ण वंश का अन्त हो जाएगा।

मानव जीनोम परियोजना

- मानव जीनोम परियोजना विश्व की सबसे बड़ी, खर्चीली और महत्त्वाकांक्षी जीव वैज्ञानिक परियोजना है। इसकी शुरुआत वर्ष 1990 में की गई, जिसमें भारत सहित 18 देशों के वैज्ञानिकों ने भाग लिया।
- मानव जीनोम परियोजना का मुख्य उद्देश्य, मानव शरीर की प्रत्येक कोशिका में पाए जाने वाले DNA की सही रासायनिक शृंखला का पता लगाना है। मानव जीनोम परियोजना के वैज्ञानिकों ने जून, 2000 में मानव जीनोम की पहेली को सुलझाने में सफलता प्राप्त की।
- इनके अनुसार, मानव जीनोम, DNA से बने 3.1 बिलियन क्षार युग्मों से मिलकर बना है। प्रत्येक मानव शरीर में जीनों की संख्या 50000 से भी अधिक है। जीनों के इस विशाल समूह को **जीनोम** (Genome) कहते हैं। मानव जीनोम गुणसूत्रों से बना है, जो गूंथा हुआ कुण्डलीनुमा DNA का होता है।
- मानव शरीर में कुल 23 जोड़े गुणसूत्र होते हैं और मानव जीनोम परियोजना में इन्हीं गुणसूत्रों की गुत्थियों को सुलझाने का प्रयास किया गया है। आनुवंशिक निर्देश में थोड़ी-सी गड़बड़ी मानव शरीर में कई तरह के आनुवंशिक रोगों का कारण बनती है।

मानव जीनोम के लाभ

- रोग; जैसे—कैंसर, एड्स, मधुमेह, हृदयरोग, अल्जाइमर आदि के लिए दवाइयाँ तैयार करना सम्भव होगा।
- जीन में मौजूद कमी या दोष की जानकारी लेकर उन्हें जीन थैरेपी या जीन उपचार द्वारा दूर किया जा सकता है।
- आनुवंशिकी में यह क्षमता है कि विभिन्न लोगों के बीच पाए जाने वाले अन्तर को उजागर कर सकें, जिससे उचित उपचार तथा प्रत्येक व्यक्ति के लिए अलग दवा का निर्माण किया जा सके अथवा वंशानुगत रोगों की पहचान करके और उनके लिए अलग चिकित्सा पद्धति का विकास करने के लिए किया जा सकता है।
- जीनोमिक्स की जानकारी से मानव के विकास और अन्य जीवों के साथ हमारे सम्बन्धों को समझने में सुविधा होगी।
- मानव जीनोम युद्ध पीड़ितों को पहचानने में मदद करेगा, विशेषतया तब जब सैनिकों के मृत शरीर की पहचान संदिग्ध है। किसी बच्चे के वास्तविक माता-पिता के निर्धारण में यह मदद करेगा।
- जैविक सबूतों; जैसे—बाल, चमड़े आदि के आधार पर वास्तविक अपराधी को पकड़ने में सहायता प्राप्त होगी।
- अंग प्रत्यारोपण (Organ Transplant) कार्यक्रम के अन्तर्गत दानकर्ता और ग्राही के अंगों को मिलाने में मानव जीनोम मदद करेगा।

जीनोम अनुक्रमण

DNA के स्टैंड में क्षार (Bases) युग्मों के सटीक क्रम का पता लगाना ही अनुक्रमण या सिक्वेंसिग कहलाता है। जीनोम किसी सजीव के DNA का पूरा सेट होता है। अनुक्रमण में लॉन्ग रीड तथा शॉर्ट रीड तकनीक का उपयोग होता है।

भारत का पहला DNA भण्डार

- देश का पहला DNA भण्डार कोलकाता में स्थापित किया गया है।
- इस परियोजना के अन्तर्गत बड़ी संख्या में सजातीय जनसंख्या समूहों का गहन अध्ययन किया गया, जिसके परिणामस्वरूप भविष्य में फॉरेंसिक व चिकित्सीय-नैदानिक अध्ययन हेतु जनसंख्या समूहों के अध्ययन के लिए एक **जीनोम DNA बैंक** की स्थापना की गई।
- इसके नमूने एक बारकोड संख्या के आधार पर नामांकित किए गए हैं, जो प्रत्येक नमूने के लिए अलग-अलग हैं, इसमें जनसंख्या कोड, व्यक्ति कोड तथा भण्डार का स्थान कोड शामिल है।
- इन बारकोड संख्या के द्वारा कोई भी आधिकारिक उपयोगकर्ता किसी निश्चित नमूने व इससे सम्बन्धित सूचनाओं तक शीघ्र पहुँच सकता है।

चिकित्सा जैव-प्रौद्योगिकी

- उन्नत किस्म की सस्ती औषधियाँ एवं टीके, कैंसर की वैक्सीन, वृद्धि हॉर्मोन्स एवं एन्जाइम, DNA तकनीक द्वारा प्रोटीन, उत्तम जनन प्रतिरोध क्षमता, परखनली कीटों आदि के निर्माण में जैव-प्रौद्योगिकी का महत्त्वपूर्ण योगदान है।

- **जननद्रव्य** (Germplasm) के संरक्षण, सूक्ष्म प्रवर्द्धन के लिए, अन्त: पात्रे अध्ययन और कैंसर रोधी टैक्सॉल के उत्पादन में काम आने वाली 10 डी एसीटिल नैकाडिन के उत्पादन हेतु वर्तमान समय में 5 परियोजनाएँ कार्यरत हैं।

मानव इन्सुलिन

- जैव-प्रौद्योगिकी के विकास में मानव इन्सुलिन के **अभियान्त्रित जीवाणुओं** (Engineered Bacteria) द्वारा निर्माण की एक विधि विकसित की गई। वर्ष 1983 में एलि लिली (Eli Lilly) नामक अमेरिकन कम्पनी ने सर्वप्रथम आनुवंशिक अभियान्त्रित मानव इन्सुलिन (Humulin) बनाया।
- इसमें सर्वप्रथम मानव इन्सुलिन की A तथा B श्रृंखलाओं को पृथक् स्ट्रेन्स के *E. coli* जीवाणु के प्लाज्मिड के साथ जोड़ दिया जाता है। इस प्रकार से जीवाणु में इन्सुलिन निर्माण की जीन्स प्रवेश कर जाती हैं।
- इन जीवाणुओं का अनुकूल माध्यम व वातावरणीय दशाओं में **किण्वन टैंक** (Fermentation Tank) में संवर्द्धन किया जाता है। अन्त में टैंक से पदार्थ निकालकर इन्सुलिन श्रृंखला अलग कर ली जाती है। दोनों श्रृंखालाओं को डाइसल्फाइड बन्धकों की सहायता से जोड़कर मानव इन्सुलिन (Humulin) की प्राप्ति की जाती है।
- वर्तमान में मानव इन्सुलिन के समान ही **ह्यूमोलोग** (Humolog) नामक इन्सुलिन उत्पाद भी उपलब्ध है। यह अधिक उपयोगी सिद्ध हो रहा है।

जीनी अभियान्त्रित फलों व सब्जियों से खाए जाने वाले वैक्सीन्स

- जैव-प्रौद्योगिकी तकनीक की सहायता से आनुवंशिक रूप से रूपान्तरित ऐसे फल व सब्जियों को उत्पन्न किया जा रहा है, जो वैक्सीन की खुराक पहुँचाने हेतु वाहन (Vehicles) के रूप में प्रयोग होते हैं। इन्हें **खाने योग्य पादप वैक्सीन** (Edible Plant Vaccines) कहते हैं।
- ***उदाहरण*** हिपैटाइटिस-B वैक्सीन। हिपैटाइटिस-B के संक्रमण से यकृत कैंसर होता है। हिपेटाइटिस-B एण्टीजन विषाणु की सतह पर पाया जाता है।
- इसकी जीन को आलू की कोशिकाओं के DNA में प्रवेश करा दिया जाता है। ऐसे पारजीनी (Transgenic) आलू के पादपों को जिनमें एण्टीजन्स की अधिक मात्रा होती है, लेकर परिपक्व किया जाता है।
- आलू की परिपक्वता के साथ ही बाहरी DNA जिसमें हिपैटाइटिस-B के सतही एण्टीजन का कोड होता है, आलू के ऊतक में एकत्रित होता रहता है। यही खाद्य वैक्सीन है। अन्य खाद्य पादप वैक्सीन उत्पन्न करने हेतु टमाटर तथा केला आदि फल भी प्रयोग किए जाते हैं।

औषधियों व रसायनों का निर्माण

जैव-प्रौद्योगिकी में विभिन्न आनुवंशिकी अभियान्त्रित जीवों की सहायता से अनेक दवाइयों तथा रसायनों का निर्माण किया जा रहा है, जिनमें से कुछ प्रमुख अग्रलिखित हैं

DNA **पुनर्संयोजित तकनीकी द्वारा उत्पन्न औषधियाँ**

औषधि (Drug)	**उपयोग** (Use)
इण्टरफेरॉन (Interferon)	कुछ विषाणुओं व कैंसर कोशिकाओं का विनाश
पेगास्पार्गेस (Pegas pargase)	लिम्फोब्लास्टिक ल्यूकीमिया (Lymphoblastic Leukemia) का उपचार
रेनिन सन्दमक (Renin Inhibitor)	रुधिर दाब कम करता है
मानव वृद्धि हॉर्मोन (Human Growth Hormone)	बौनों में हड्डी व पेशियों की वृद्धि को बढ़ाता है
रिलैक्सिन (Relaxin)	शिशु जन्म में सहायक
सुपरऑक्साइड डिस्म्यूटेस (Superoxide Dismutase)	हृदयाघात के पश्चात् हृदय पेशियों के आगे नुकसान को रोकता है
एट्रियल नेट्रीयूरेटिक फैक्टर (Atrial Natriuretic Factor)	रुधिर वाहिनियों को फैलाता है, मूत्र विसर्जन प्रेरित करता है
उपकलीय वृद्धि कारक (Epidermal Growth Factor)	घाव के भरने को बढ़ाता है, पेट के अल्सर के उपचार में सहायक
एरिथ्रोपोईटिन (Erythropoietin)	RBCs के निर्माण को प्रेरित करके रक्त अल्पता के उपचार में सहायक
कारक VIII (Factor VIII)	हीमोफिलिया के उपचार में रुधिर थक्का बनने को प्रेरित करता है
फर्टिलिटी हार्मोन्स (FSH, LH, HCG)	बन्धता के उपचार में
कैल्सिटोनिन (Calcitonin)	ऑस्टियोमेलेसिया (Osteomalacia) का उपचार
स्ट्रेप्टोकाइनेज [TPA] (Tissue Plasminogen Activator)	रक्त को जमने से रोकता है (Anticoagulant)
इण्टरल्यूकिन्स (Interleukins)	प्रतिरक्षी गड़बड़ी (Immune Disorders) तथा अर्बुद (Tumours) के उपचार में

जीन उपचार

- किसी मानव शरीर में विकारी जीन को सामान्य जीन से विस्थापित करके या विकसित जीन को जीन लक्ष्यमोदन के द्वारा सही करके या जीन प्रतिलिपि की संख्या में वृद्धि करके किया गया सुधार ही जीन उपचार कहलाता है।
- इसमें जीन लक्ष्यमोदन के अन्तर्गत अहानिकारक रिट्रो वायरस को विकारी जीन में प्रवेश कराकर उसे ठीक किया जाता है।
- जीन उपचार को पुनरुद्धभवन उपचार (Regenerating Treatment Therapy) भी कहा जाता है। यह आनुवंशिक रोगों; जैसे—**हीमोफीलिया** को ठीक करने का क्रान्तिकारी तरीका है।

चिकित्सा सम्बन्धी आधुनिक तकनीक

ये तकनीकें निम्नलिखित हैं

लेजर सूक्ष्म शल्य चिकित्सा

- ऊतकों पर लेजर का प्रभाव उसके तरंगदैर्ध्य (Wave Length) पर निर्भर करता है। लेजर का तरंगदैर्ध्य उसके प्रकार के अनुसार विशिष्ट होता है, परिणामस्वरूप ऐसे लेजर प्रकाश का प्रभाव बहुत ही स्थानिक होता है।
- तन्त्रिका शल्य चिकित्सा ऐसे लेजर का प्रयोग वैसे मस्तिष्कीय ट्यूमर को निकालने में करते हैं, जिसके निकटवर्ती तन्त्रिका ऊतकों में अल्प आघात होने से घातक परिणाम होते हैं।
- गोचरणीय ऑर्गन-आयन लेजर का ऊतकों पर मध्यवर्ती प्रभाव होता है तथा यह बहुधा आँखों की शल्य चिकित्सा में प्रयुक्त होता है।

एक्स-किरण रेडियोग्राफी

- एक्स-किरणें शरीर के हड्डी जैसे सघन हिस्सों की विस्तृत छाया लेने में प्रमुख निदानसूचक उपकरण हैं।

- कुछ किरणें रोगी के शरीर के हिस्सों से गुजरती हुई फिल्म पर गिरती हैं, जो एक्स-किरण संवेदी इमल्शन को अन्तर्विष्ट किए रहती हैं।
- इससे एक छाया प्राप्त होती है, जिसे रेडियोग्राफी कहते हैं, यह शरीर के सघन हिस्सों का प्रतिबिम्ब (Image) है।

एन्जियोग्राफी

- डिजिटल सबस्ट्रैक्शन एन्जियोग्राफी (Digital Substraction Angiography or DSA) छाया प्राप्त करने की एक तकनीक है, जिससे वाहिका में बहते रुधिर का साफ चित्र खींचा जा सकता है।
- प्रवाह में यदि कोई अवरोध है, तो उसका चित्र भी प्राप्त होता है।

कम्प्यूटेड टोमोग्राफी (CT)

- कम्प्यूटेड एक्सीयल टोमोग्राफी (CAT) की अपेक्षा सामान्य रेडियोग्राफी से प्राप्त चित्र दुर्बोध होते हैं, क्योंकि उनमें कई आन्तरिक संरचनाएँ एक-दूसरे पर अध्यारोपित रहती हैं।
- वर्ष 1972 में विकसित, संवेदनशील तकनीक CT या केट से आन्तरिक संरचनाओं के अलग-अलग चित्र लेना सम्भव हो गया।
- इसकी खोज के लिए भौतिकविद् **गॉडफ्रे हॉन्सफील्ड** Godfrey Hounsfield को वर्ष 1979 में नोबेल पुरस्कार दिया गया। इस तकनीक को सैद्धान्तिक आधार पर भारतीय जैव भौतिकवेत्ता **श्री गोपालसमुद्रम नारायणन एन रामचन्द्रन** ने दिया।
- इस विधि में एक्स-किरणों के घूमते पुंज, कम्प्यूटरीय विश्लेषण तथा विशेषज्ञ की मदद से आन्तरिक अंगों का त्रिविमीय चित्र तैयार कर लिया जाता है।

मैग्नेटिक रिजोनेन्स इमेजिंग (MRI)

- यह तकनीक नाभिकीय मैग्नेटिक रिजोनेन्स (Nuclear Magnetic Resonance or NMR) की परिघटना पर आधारित है। इसमें जल की कमी वाले भागों; जैसे—दाँत, हड्डी, आदि की उपेक्षा कर उनसे घिरे जलबहुल ऊतकों में बहुदृढ़ वाले छोटे आघातों को परखने, जोड़ों के आघातों, मेरु की जाँच, लघुतर कैंसरीय गुर्दों को देखने आदि क्रियाओं में समर्थ है।
- यह एक उत्कृष्ट चित्र देता है तथा इसमें मरीज को हानिकारी आयनीकृत (Ionised) विकिरण झेलना भी नहीं पड़ता है।

प्रोन्यूक्लियर ट्रांसफर

- यह एक ऐसी तकनीकी है.जिसमें महिला के अण्डाणु को पुरुष के शुक्राणु के साथ संयुग्मित किया जाता है।
- इस तकनीकी द्वारा भावी माता-पिता के अण्डाणु या शुक्राणु उत्पन्न करने वाली कोशिकाओं में आनुवंशिक परिवर्तन किए जा सकते हैं।
- इस तकनीकी में व्यक्ति का जीनोम जन्म से पूर्व प्रारम्भिक भ्रूणीय अवस्था में सम्पीड़ित किया जा सकता है।
- इस तकनीकी के द्वारा मानव प्रेरित बहुशक्तिशाली स्टेम (Pluripotent Stem) कोशिकाओं को एक शूकर के भ्रूण में अन्तर्वेशित किया जा सकता है।

पॉजिट्रॉन एमीशन टोमोग्राफी (PET)

- इस विधि में रोगी की रक्तधारा (Blood Circulation) में रेडियो सक्रिय ग्लूकोस की एक बूँद डाली जाती है, जो शरीर की क्रिया द्वारा पूरे शरीर में फैल जाती है। जैसे ही रेडियो सक्रिय अणु समाप्त होता है, यह पॉजिट्रॉन नामक अपरमाण्विक कण का विसर्जन करता है, तुरन्त ही यह निसर्जित कण किसी विलोम कण, इलेक्ट्रॉन से टकराता है और परिणामतया विद्युत चुम्बकीय ऊर्जा विकिरण का विस्फोट होता है।
- यह विकिरण साथ-साथ दूसरी दिशा में भी होता है। पॉजिट्रॉन एमीशन टोमोग्राफी (Positron Emition Tomography-PET) स्केन की कुंजी है। मिर्गी, स्किजोफ्रेनिया, पार्किन्सन रोग तथा नशीली दवाइयों से होने वाले रोग के निदान में यह तकनीक उपयोगी है।

सोनाग्राफी

- यह तकनीक पराध्वनि तथा इसके 'इको' की जाँच पर आधारित है। पराध्वनि समाँगी ऊतकों से निर्बन्ध गुजरती है, लेकिन अन्य ऊतकों या अंगों से उनका आंशिक परावर्तन होता है।
- परावर्तन का गुणांक दो ऊतकों या अंगों के घनत्वों में अन्तर पर निर्भर करता है। सोनोग्राफी एक्स-विकिरण से सुरक्षित, आरामदायक तथा सस्ती है।
- भ्रूणिकी विकास एवं प्रसव विषयक् कठिनाइयों के सम्बन्ध में उपयोग होने वाली प्रचलित तकनीक है।
- **डॉप्लर प्रभाव** से यह तकनीक हृदय की धड़कन से रुधिर प्रवाह का चित्र भी खींच सकती है।

टेलीचिकित्सा

- टेलीचिकित्सा नेटवर्क भारत के लिए पूर्णतया नई अवधारणा है। वस्तुत: टेलीचिकित्सा, चिकित्सकीय विशेषज्ञों का एक केन्द्र है, जिसे 'टेलीचिकित्सा केन्द्र' कहते हैं। इसे विश्व के किसी भी स्थान पर स्थापित किया जा सकता है।
- कम्प्यूटर नेटवर्क से जुड़े इन टेलीचिकित्सा केन्द्रों की सहायता से किसी भी रोग की जाँच एवं इलाज के लिए चिकित्सा विशेषज्ञों की परामर्श सुविधा विश्व के किसी भी स्थान पर उपलब्ध कराई जा सकती है।
- वैज्ञानिकों ने टेलीचिकित्सा तकनीक को लैपरोस्कोपिक सर्जरी वाले ऑपरेशन थिएटर तक पहुँचा दिया है।
- इसके लिए एक कैमरा शल्य चिकित्सा कक्ष तथा एक कैमरा लैपरोस्कोप से जोड़ दिया जाता है। इसके अतिरिक्त शल्य चिकित्सक तथा शल्य चिकित्सा परामर्श देने वाले विशेषज्ञ दोनों अपने हैडसेट (Head Set) उपकरण के माध्यम से बातचीत करते हैं।
- परामर्श विशेषज्ञ अपने कम्प्यूटर या एक विशेषज्ञ बटन का प्रयोग करके वीडियो इमेज में किसी विशेष चीज को हाइलाइट करने के लिए चिह्नित कर सकता है। इन तस्वीरों को शल्य चिकित्सा कक्ष में भेजा जाता है, जहाँ शल्य चिकित्सक इनको देखकर उपयोग में लाता है।
- भारत में दिल्ली एवं चेन्नई में टेलीचिकित्सा सेण्टरों का सफलतापूर्वक प्रयोग किया जा रहा है।

प्रोस्थेटिक हृदय गति-प्रेरक

- इस युक्ति के द्वारा शरीर के अन्दर एक लघु इलेक्ट्रॉनिक परिपाथिकी डालकर प्राकृतिक वैद्युत स्पन्दन को प्रतिस्थापित किया जाता है।
- यह हृदय में बारम्बार वैद्युत आवेग का संचार कर हृदय की गति को उपयुक्त स्तर पर बनाए रखती है। इसमें लिथियम कम्पोजिट बैटरी होती है, जो 10 वर्ष तक शक्ति प्रदान करती है। अगर हृदय सामान्य रूप से कार्य करने लगे, तो यान्त्रिक गति-प्रेरक अपने आप अवरुद्ध हो जाता है।

स्वदेशी पेसमेकर लय

- जैव चिकित्सकीय अभियान्त्रिकी सोसायटी (बंगलुरु) के वैज्ञानिकों ने शरीर के बाहर लगाया जाने वाला स्वदेशी पेसमेकर निर्मित किया है। वैज्ञानिकों ने इस स्वदेशी पेसमेकर का नाम 'लय' रखा है।
- हृदय रक्तावरोध से पीड़ित रोगियों को अपने हृदय-स्पन्दन को नियमित रखने में 'लय' से मदद मिल सकेगी।

अन्तः महाधमनी बैलून पम्प (एन्जियोप्लास्टी)

- इसका उपयोग हृदय वाहिनियों को साफ करने के लिए घण्टों या दिनों तक किया जाता है, जब तक कि मरीज का अपना हृदय निजी कार्य करने में सक्षम नहीं हो जाता है। एक पॉलीयूरीथेन बैलून केथेटर पर स्थित अन्तरायिक स्फीति को अवरोही वक्षीय महाधमनी के अन्दर प्रवेश कराया जाता है।
- यह एक नली के माध्यम से एक बाह्य स्थित पम्प से जुड़ा रहता है, जोकि बैलून को तालबद्ध तरीके से स्फीति तथा अपस्फीति करता है। निलय अनुशिथिलन के प्रारम्भ में स्फीतिकरण रुधिर दबाव तथा हृदय परफ्यूजन को संवर्द्धित करता है। इसके बाद अपस्फीतिकरण, ठीक अगले निलय प्रकुंचन के पहले से बाएँ निलय के लिए यह आसान हो जाता है कि रुधिर को बाहर निकालें। एन्जियोप्लास्टी उपचार का एक प्राथमिक लक्ष्य है—माइयोकार्डियल ऑक्सीजन माँग को घटाना।

क्रॉयो शल्य चिकित्सा

इस पद्धति में ऊतकों को नष्ट करने के लिए हिमकारी ताप का प्रयोग किया जाता है। **तरल नाइट्रोजन** (क्वथनांक 196°C) को ऊतकों (यथा मस्सा) पर सीधा फैलाकर अथवा ऊतकों में प्रवेश करा (जैसे—कैंसरीय ट्यूमर) उन्हें नष्ट किया जाता है।

संवहनीय कलम

- हृदय प्रहार, स्ट्रोक तथा कैंसर मृत्यु के सर्वाधिक महत्त्वपूर्ण कारकों में से हैं। इसके उपचार में क्षतिग्रस्त धमनियों का पुनर्निर्माण किया जाता है।
- टेफ्लॉन या बुने हुए डैक्रॉन से बनी छिद्रयुक्त नली को रोगग्रस्त धमनी में प्रतिस्थापित किया जाता है।
- स्टेनलेस इस्पात से बने स्प्रिंगनुमा छल्ला स्टैण्ड को प्लास्टिक तलों की मदद से धमनी में स्थापित कर दिया जाता है। इससे हृदय की मांसपेशियों में आवश्यकतानुसार रुधिर संचरण होता रहता है।

जीन गन

- यह एक आधुनिकतम् जैव-तकनीक है, जिसकी सहायता से बाह्य जीन को मस्तिष्क ऊतक में सीधे ही प्रत्यारोपित किया जा सकता है। यह तकनीक **पार्किंसन रोगियों** हेतु काफी लाभदायक होती है।
- जीन गन के माध्यम से प्रत्यारोपित जीन द्वारा कोशिका में डोपामाइन का निर्माण किया जाता है, जो मस्तिष्क कोशिका में अन्तरकोशिकीय संचरण में सहायक होता है।

किरीटीय धमनी बाइपास ग्राफ्टिंग

- यह हृदय में रुधिर पूर्ति बढ़ाने का एक तरीका है। इस शल्य पद्धति में शरीर के दूसरे भाग की रुधिर वाहिका का उपयोग किरीटीय धमनी के बन्द हुए क्षेत्रों को बाइपास करने के लिए किया जाता है।
- मानव में सामान्यतया दो वाहिकाएँ उपयोग में लाई जाती हैं, **सेफेनस वीन,** जो पैर में रहती है और **आन्तरिक मैमरी (स्तनिक) धमनी,** जो वक्ष से ली जाती है।
- स्टैनलेस स्टील से बने स्प्रिंग छल्ले जैसा स्टैण्ड भी ए कैथेटर के द्वारा स्थायी रूप में धमनी में लगा दिया जाता है। इसके द्वारा धमनी से हृदय मांसपेशियों को समुचित रुधिर संचरण जारी रहता है।

IGRT तकनीक

- कैंसर रोगियों के लिए इमेज गाइडेड रेडियो थैरेपी (Image Guided Radio Therapy or IGRT) विकिरण के दुष्प्रभाव को काफी हद तक कम कर देने में लाभदायक साबित हो रही है।
- इस नई तकनीक में कैंसर से प्रभावित स्थान या ट्यूमर (Tumour) को विकिरण हेतु ज्यादा सटीक तरीके से लक्षित किया जा सकता है।
- इससे रोगग्रस्त क्षेत्र के आस-पास के तन्तु विकिरण के दुष्प्रभाव से बचे रहते हैं।
- IGRT विधि में ट्यूमर वाले हिस्से को **रेडिएशन ऑन्कोलॉजी** (Radiation Oncology) की इमेज से मैच किया जाता है और उपचार मशीन के भीतर ही वर्चुअल सीटी स्कैन बना दिया जाता है। ये इमेज डायग्नॉस्टिक एक्स-रे से हासिल की जा सकती है, इसे कान बीम सीटी स्कैनिंग भी कहते हैं।

CAR-T सेल थेरेपी

- यह सेलुलर इम्यूनोथेरेपी उपचार का एक प्रकार है, जिसमें T- कोशिकाओं का उपयोग किया जाता है। T-कोशिका को आनुवांशिक रूप से परिवर्तित किया जाता है। ये परिवर्तित O कोशिकाएँ कैंसर कोशिकाओं की पहचान करके उन्हें प्रभावी ढंग से नष्ट कर देती है।

हॉर्मोन उपचार

प्रतिरक्षण तन्त्र की आत्मघाती सक्रियता; जैसे—ऑटोइम्यून रोग को दबाने के लिए इसका प्रयोग किया जाता है, ***उदाहरण*** रजोवृत्ति एवं PCOD जैसी जटिलताओं के लिए एस्ट्रोजन प्रतिस्थापन सर्वाधिक निर्धारित चिकित्सा है।

प्रतिरक्षी उपचार

उपचार की इस पद्धति में प्रतिरक्षण प्रतिवेदन की अवरुद्धता या संवर्द्धन के द्वारा अपेक्षित चिकित्सकीय प्रभाव प्राप्त किए जाते हैं। यहाँ विभिन्न कारकों की मदद से प्रतिरक्षी प्रतिवेदन की जोड़-तोड़ की जाती है। साइटोकाइन एक प्राकृतिक असंक्राम्य मॉड्यूलेटर है, जोकि एक प्रकार की प्रतिरक्षक कोशिकाओं का उत्सर्जन करता है, यह इस प्रकार की प्रतिरक्षण कोशिकाओं के प्रतिवेदन को दर्शाता है। दूसरे प्रकार की इन कोशिकाओं के उत्पाद के उदाहरण हैं, इण्टरल्यूकिस, इण्टरफेरॉन तथा ट्यूमर ऊतक क्षय कारक।

- **प्रतिरक्षा उत्प्रेरण उपचार** प्रतिरक्षण प्रतिवेदन को संवर्द्धित करने के लिए किया जाता है।
- **प्रतिरक्षा संदमन उपचार** प्रतिरक्षण तन्त्र की आत्मघाती सक्रियता जैसे ऑटोइम्यून रोग को दबाने के लिए किया जाता है।

साइबर नाइफ

- साइबर नाइफ (Cyber knife) एक विकिरण थेरेपी उपकरण है, जिसे 'एक्यूरेट इनकॉरपोरेट' द्वारा तैयार किया जाता है। इस प्रणाली का उपयोग कैंसर के इलाज में किया जाता है।
- वर्ष 2002 में अमेरिका के फूड्स एण्ड ड्रग्स एडमिनिस्ट्रेशन (FDA) ने साइबर नाइफ को कैंसर के इलाज के रूप में मान्यता दी।

- इस तकनीक के अन्तर्गत शरीर के अंगों में स्थित विभिन्न प्रकार के कैंसरों को साइबर नाइफ का रोबोट चिह्नित कर लेता है तथा विकिरणों के माध्यम से उसे लक्षित करता है। इससे स्वस्थ कोशिकाएँ बच जाती हैं।

पी-स्कैन

- स्तन कैंसर का पता लगाने के लिए मूत्र आधारित जाँच की एक नई विधि, जिसके द्वारा एक्स-रे से भी पहले इस रोग की गम्भीरता के बारे में जानकारी उपलब्ध हो सकेगी।
- अनुसन्धानकर्ताओं ने मूत्र के नमूनों में *टेरेडाइन्स* नामक एक मेटाबोलाइट की सघनता का पता लगाने के लिए **पी-स्कैन** नामक उपकरण का विकास किया है।
- **टेरेडाइन्स** सभी मानवों के मूत्र में उपस्थित होते हैं, लेकिन इनकी असामान्य ढंग से अधिक मात्रा में सघनता कैंसर होने का संकेत है।
- इस विधि से मरीज के मूत्र के नमूने देने के मात्र 10 मिनट बाद परिणाम आ जाते हैं।

बायोकैमिकल ऑटोएनालाइजर

- यह एक बहुचैनलनीय, पूर्णतया तापमान नियन्त्रित तथा कम्प्यूटर नियन्त्रित उपकरण है।
- यह शरीर के सैकड़ों तरल पदार्थ; जैसे—रक्तसीरमीय, सेरीब्रोस्पाइनल तरल आदि सैम्पलों की जाँच कम समय में कर सकता है।
- सैम्पल को एक नियमित अन्तराल पर अनुक्रमिक तरीके से सूक्ष्म पिपेटो नेटवर्क के सम्पर्क में रखा जाता है।
- सैम्पल के साथ प्रकाशीय पारदर्शी ट्यूब में अभिकर्मक मिलाया जाता है।
- सरल स्वचालित विश्लेषक मात्र एक ही पैरामीटर की जाँच एक समय में कर सकते हैं; जैसे—ग्लूकोस, कोलेस्ट्रॉल, यूरिया आदि पैरामीटर, लेकिन अत्याधुनिक विश्लेषक एक ही समय में दस पैरामीटर पर एक ही सैम्पल से जाँच करने में समर्थ है।

प्रत्यारोपण

- प्रत्यारोपण द्वारा क्षतिग्रस्त या रोगग्रस्त ऊतकों या अंगों; जैसे—त्वचा, कॉर्निया, हृदय, फेफड़ा, वृक्क, यकृत, अस्थि मज्जा, रुधिर तथा अग्न्याशयों का प्रत्यारोपण किया जाता है।
- प्रत्यारोपण की सफलता ग्राही तथा दाता के मानव **लसिनाभ प्रतिजन** (Human Leukocyte Antigen or HLA) यौगिक पर निर्भर करती है।
- व्यक्ति के अपने ही ऊतकों का प्रत्यारोपण सर्वाधिक सफल होता है। समजात रोपण प्रत्यारोपण में दाता तथा ग्राही, दोनों आनुवंशिक होते हैं।

प्रोस्थेसिस

प्रोस्थेसिस का तात्पर्य है-शरीर के अंगों के लिए एक कृत्रिम प्रतिस्थापी अंग का प्रत्यारोपण। इण्ट्रा ऑक्कुलर दर्पण का अन्तःरोपण, कान के अन्दर सुनने वाली मशीन डालना, आदि आन्तरिक प्रोस्थेसिस के उदाहरण हैं। जबकि पैर या हाथ का रोपण बाहरी प्रोस्थेसिस का लोकप्रिय उदाहरण है।

बायोडायग्नोस्टिक किट

इसका प्रयोग कर असाध्य रोगों का पता लगाकर उनका उपचार किया जाता है। ये बचपन के रोगों; जैसे—बौनापन, थाइरॉइड से सम्बन्धित रोग, आदि का उपचार तथा अनुपलब्ध एन्जाइम; जैसे—**यूरोकिनेस** के उत्पादन हेतु किया जाता है, जो रुधिर का थक्का बनने से रोकता है।

सिन्क्रोट्रॉन बीम

- ब्रिटिश वैज्ञानिकों ने विषाणुओं के अध्ययन की सिन्क्रोट्रॉन-बीम नामक नई युक्ति का विकास किया है।
- इस तकनीक के अन्तर्गत सिन्क्रोट्रॉन नामक विकिरण को विषाणुओं पर डाला जाता है। इससे विषाणुओं के प्रोटीन बनाने वाले ब्लॉकों की त्रिविमीय व सब-माइक्रोस्कोपिक इमेज बनाना सम्भव हो पाता है।
- सिन्क्रोट्रॉन बीम इतना शक्तिशाली होता है कि इससे अनुसन्धानकर्ताओं को विषाणुओं के भीतरी अवयवों व प्रोटेक्टिव शैलों को बनाने वाले बायोलॉजिकल अणुओं का सही चित्र बनाने में मदद मिलेगी।
- इससे विषाणुओं के विरुद्ध लड़ने की सही तकनीक ढूँढ़ी जाएगी। विषाणुओं की रोकथाम हेतु कारगर टीका का विकास करना सम्भव हो सकेगा।

भारत की पहली मोबाइल टीकाकरण क्लीनिक

19 दिसम्बर, 2019 को पुणे (महाराष्ट्र) में इस प्रकार के प्रथम मोबाइल टीकाकरण क्लीनिक की शुरुआत हुई। इस उपक्रम को जिग्नेष्य पटेल नामक उद्यमी (जीविका हेल्थकेयर के संस्थापक) ने बिल एण्ड मिलिण्डा गेट्स फॉउण्टेशन के सहयोग से शुरू किया हैं। इसे vaccineonwheels.com नाम दिया गया है। इसकी प्रमुख विशेषताएँ हैं

- निम्न आय-वर्ग के लिए कम-लागत टीकाकरण सेवा प्रदान करना।
- सरकार के टीकाकरण कार्यक्रम हेतु जागरूकता उत्पन्न करना।
- उन टीकों को उपलब्ध कराना, जो सरकारी एजेन्सियाँ नहीं उपलब्ध कराती हैं।
- राज्य के साथ WHO के दिशा-निर्देशों के अनुसार अत्याधुनिक उपक्रमों के साथ कोल्डचेन रख-रखाव का अनुपालन करना शामिल है।

भारतीय भेषज संहिता को मान्यता देने वाला प्रथम देश अफगानिस्तान

20 दिसम्बर, 2019 को अफगानिस्तान के सार्वजनिक स्वास्थ्य मन्त्रालय के औषधि नियामक तथा स्वास्थ्य उत्पादों के राष्ट्रीय विभाग द्वारा भारतीय औषधि (Indian Pharma Copoeia-IP) संहिता को स्वीकृति दी गई। यह दवाओं की पहचान, शुद्धता और क्षमता की दृष्टि से दवाओं को बनाने और विपणन के लिए मानक तय करता है। IP अधिकारिक तौर पर एक स्वीकृत पुस्तक है, जिसे ड्रग्स एण्ड कॉस्मेटिक एक्ट, 1940 तथा ड्रग्स एक्ट कॉस्मेटिक नियम, 1945 के तहत मानकों के अनुसार बनाया गया है।

सहायक प्रजनन प्रौद्योगिकी

इसके अन्तर्गत आने वाली कुछ विधियाँ निम्नलिखित हैं

डिजाइनर बेबी

मनपसन्द सूरत व गुण वाली सन्तानें अर्थात् 'डिजाइनर बेबी' पैदा करना, इस विट्रो निषेचन तकनीक की सहायता से सम्भव है। इस तकनीक के अन्तर्गत निम्न प्रक्रियाएँ सम्मिलित हैं

- माँ बनने की इच्छुक महिला के गर्भ में उसके पति के 'शुक्राणुओं' का भी अन्य महिला 'डोनर' के 'डिम्ब' के साथ मेल कराकर बनाए गए भ्रूण को प्रत्यारोपित कर दिया जाता है।
- नि:सन्तान 40 वर्ष तक की महिलाएँ भी माँ बन सकती हैं।

गैमीट इण्ट्रा फेलोपियन ट्रांसफर/युग्मक अन्तः अण्डवाहिनी स्थानान्तरण

इस तकनीक में महिलाओं से लिए गए अण्डाणु व पुरुषों के शुक्राणुओं को इन्जेक्शन में डालकर महिला की 'फेलोपियन ट्यूब' में डाल दिया जाता है।

यह 'निषेचन' की प्राकृतिक प्रक्रिया को ही आगे बढ़ाता है। इसमें सफलता की सम्भावना लगभग 22% रहती है।

जायगोट इण्ट्रा फेलोपियन ट्रांसफर/युग्मनज अन्तः अण्डवाहिनी स्थानान्तरण

इस प्रक्रिया में महिला के अण्डाणु को पुरुष के शुक्राणु के साथ निषेचित करके एक दिन के बाद 'फेलोपियन ट्यूब' में डाल दिया जाता है। इस प्रयोग में 20% से 25% तक सफलता प्राप्त की जा सकती है।

इण्ट्रा-सायटो-सामयिक स्पर्म थैरेपी

- मुम्बई के जेजे अस्पताल की चिकित्सक **श्रीमती पिडरोजा पारेख** के कठिन प्रयासों के परिणामस्वरूप इण्ट्रा-सायटो-सामयिक स्पर्म इन्जेक्शन थैरेपी' से भारत के प्रथम शिशु ने जन्म लिया है।
- इस प्रक्रिया में पुरुष के वीर्य में से सशक्त शुक्राणु को विभाजित कर उसे पहले से ही इकट्ठा करके सशक्त स्त्री के डिम्ब के साथ मिलाया जाता है।
- इस प्रक्रिया में लड़का या लड़की इच्छानुसार प्राप्त किया जा सकता है, हालाँकि यह प्रक्रिया महँगी है तथा माता को पूरे समय दवाइयों पर निर्भर रहना पड़ता है, फिर भी यह आशा की किरण है।

परखनली शिशु

- किसी अलग किए गए अण्डाणु को उपयुक्त पात्र में शुक्राणु से निषेचित कर बने युग्मनज (Zygote) को किसी स्त्री के गर्भाशय में स्थानान्तरित करना तत्पश्चात् शिशु का जन्म होना ही परखनली शिशु कहलाता है।
- इस तकनीक में नव भ्रूण को सम्बन्धित माता के गर्भाशय में ग्रीवा नाल (Cervical Canal) के माध्यम से **टेफ्नॉल कैथेटर नली** की सहायता से स्थानान्तरित किया जाता है।
- इसमें प्राय: भ्रूण स्थानान्तरण के बाद माता को उपयुक्त हॉर्मोनों की निर्धारित मात्रा पर रखा जाता है।
- प्रथम परखनली शिशु **लुइस ज्वाय ब्राउन** का जन्म 25 जुलाई, 1978 (इंग्लैण्ड में) को हुआ था।
- भारत में प्रथम परखनली शिशु **(इन्दिरा)** का जन्म 6 अगस्त, 1986 (मुम्बई में) को हुआ था।

सेरोगेट मदर

- यह जैविक माँ (Biological Mother) नहीं होती है। किसी अन्य स्त्री और पुरुष के अण्डाणु और शुक्राणु को किसी उपयुक्त पात्र में निषेचित किया जाता है।
- निषेचन के बाद भ्रूण को जिस स्त्री के गर्भ में स्थानान्तरित किया जाता है, उसे सेरोगेट मदर कहते हैं।

देश का पहला अण्डाणु बैंक

नोवा पल्स आईवीएफ ने विश्व में आईवीएफ की विशाल शृंखला खोलने वाली स्पेन की आईवीआई कम्पनी के साथ साझीदारी कर 12 अप्रैल, 2012 को अहमदाबाद में देश का पहला अण्डाणु (एआरटी-असिस्टेड रिप्रोडक्टिव टेक्नोलॉजी) बैंक प्रारम्भ किया है।

विभिन्न असाध्य रोग

वर्तमान में जानकारी में आए कुछ असाध्य रोग निम्न हैं

सैक्स सुपरबग

- **गोनोरिया मानव** में होने वाला आम यौन संचारित रोग है, जिसका कारक *निस्सेरिया गोनोरी* (*Neisseria gonorrhorae*) नामक जीवाणु होता है। इस जीवाणु की एक प्रतिजैविक रोधी नस्ल एच जीरो 41 (H041) की खोज जापान में वर्ष 2011 में हुई।
- अप्रैल, 2013 में अमेरिका के राज्य हवाई में H041 से संक्रमण के दो नए मामलों के सामने आने पर हवाई के स्वास्थ्य विभाग के अधिकारियों की चिन्ता बढ़ गई, चूँकि वर्तमान प्रतिजैविक उपचार के प्रति जीवाणु की इस नस्ल (H041) ने प्रतिरोधकता (Resistance) प्रदर्शित की है।

एण्टेरो विषाणु

- हाथ, पैर व मुँह का रोग (HFMD) का कारण एण्टेरो विषाणु है, जिससे 20,000 से अधिक बच्चे प्रभावित हुए हैं, उनमें से 40 मारे गए, यह रोग चार एशियाई देशों में फैला।
- यह विषाणु अपनी शुरुआत बुखार, फफोलों व मुँह के छालों के साथ करता है, बाद में तलवों और मस्तिष्क में सूजन आ जाती है और अन्तत: मृत्यु हो जाती है। इसका संक्रमण, पीड़ित व्यक्ति के मल, लाल श्लेष्मा के प्रत्यक्ष सम्पर्क में आने से होता है।

सिजनोप्रेनिया रोग

कैटेचोल-ओ-मेथिलट्रांफरेज (Cate Chol-O-Methyl Transferase-COMT) जीन की **सिजोफ्रेनिया** (Schizophrenia) रोग में भूमिका पहले से ही ज्ञात है। अब इस जीन की भूमिका प्रीक्लोम्पसया में भी देखी गई है।

चिकित्सा विज्ञान में नवीनतम विकास

चिकित्सा विज्ञान में हुए कुछ नवीनतम् विकास निम्नलिखित हैं

रुधिर का नया विकल्प

- भारतीय वैज्ञानिकों ने रुधिर की कमी को पूरा करने के लिए एक विशेष प्रकार के कृत्रिम रुधिर की खोज की है। यह लाल रुधिर एक प्रकार का प्लाज्मा (Plasma) है। रुधिर में लाल और सफेद कोशिकाएँ जिस तरह के पदार्थ में तैरती हैं, उसे प्लाज्मा कहते हैं। नया बनावटी प्लाज्मा स्वास्थ्य के लिए बिल्कुल हानिरहित व प्रयोग में सहज है।
- वैज्ञानिकों ने रुधिर के इस विकल्प को **वोलप्लैक्स** नाम दिया है। रुधिर के इस विकल्प को गाय के कोलेजन ऊतक से प्राप्त जिलेटिन से बनाया जाता है। रासायनिक दृष्टि से रूपान्तरित करके इसे तरल रूप प्रदान किया जाता है।
- दुर्घटना या किसी सदमे के कारण जब रुधिर मुख्यधारा से दूसरे ऊतकों में चला जाता है और मुख्यधारा में रुधिर की कमी हो जाती, तो उस समय कृत्रिम रुधिर या *'वोलप्लैक्स'* का इस्तेमाल किया जाता है। विशेषज्ञों के अनुसार *वोलप्लैक्स* देने पर हृदय जल्दी ही सामान्य रूप में कार्य करने लगता है।

त्रुवदा

- कैलिफोर्निया स्थित फार्मास्यूटिकल कम्पनी **गिलीड साइंसेज** (Gilead Sciences) द्वारा विकसित त्रुवदा (Truvada) ऐसी पहली दवा है, जो HIV संक्रमण के खतरे को कम करने में कारगर है।
- यह दवा उन लोगों को दी जाती है, जो HIV संक्रमित नहीं हैं, परन्तु जिन्हें HIV संक्रमण का खतरा बहुत अधिक है। उल्लेखनीय है कि HIV संक्रमित व्यक्तियों के उपचार हेतु गिलीड साइंसेज द्वारा औषधि का विपणन वर्ष 2004 से ही किया जा रहा है तथा वर्ष 2010 तथा उसके बाद हुए विभिन्न चिकित्सीय अनुसन्धानों ने यह प्रदर्शित किया है कि त्रुवदा की एक गोली प्रतिदिन खाने से HIV संक्रमण का खतरा 73% तक कम हो सकता है।

मानव अंग प्रत्यारोपण अधिनियम

4 फरवरी, 1995 को केन्द्र सरकार द्वारा मानव अंग प्रत्यारोपण अधिनियम, 1994 लागू कर दिया गया। इस अधिनियम के अन्तर्गत

- केवल खून के रिश्ते के लोग ही एक-दूसरे को गुर्दा दे सकेंगे, बाकी सभी तरह के प्रत्यारोपण पर पाबन्दी होगी। अब मस्तिष्क मृत्यु को भी मृत्यु माना जाएगा। अवैध व्यापार करने वालों को दण्डित किया जाएगा।
- उक्त कानून में मानव अंगों के संग्रह का भी प्रावधान है। अंगों की व्यावसायिक खरीद-फरोख्त पर पूर्ण प्रतिबन्ध। अस्पताल में मृत व्यक्तियों, लावारिस शव तथा शव परीक्षण के लिए भेजी गई लाशों के अंग निकालकर संग्रह करने की अनुमति।

कैंसर की पहचान के लिए नई डाई

- ऑक्सफोर्ड यूनिवर्सिटी द्वारा 27 मार्च, 2012 को जारी प्रेस विज्ञप्ति के अनुसार, वैज्ञानिकों ने एक ऐसी डाई (रंग) की खोज की है, जो एमआरआर स्कैन में अलग रंग की दिखाई देती है।
- यह डाई वीसीएएम-1 नामक अणु की पहचान करती है तथा उसके साथ अलग दिखाई देने लगती है और पता चल जाता है कि कैंसर मस्तिष्क में कहाँ-कहाँ फैल चुका है।

जीव

- भारतीय दवा निर्माता कम्पनी बायोलॉजिकल-ई- प्राइवेट लिमिटेड (BEL) ने इंसेफलाइटिस रोग के उपचार हेतु जीव (JEEV) नामक टीका निर्मित करने में सफलता प्राप्त की है।
- इस रोग की रोकथाम के लिए देश में निर्मित यह द्वितीय पीढ़ी का उन्नत टीका (Vaccine) है, जिसका सुरक्षा प्रभाव कई चरणों के सफल प्रयोग के बाद स्थापित हो चुका है।
- ऑस्ट्रिया की दवा कम्पनी इण्टरसेल (Intercell) की जिस तकनीकी सहायता से बायोलॉजिकल-ई-कम्पनी ने यह टीका बनाया है, वह तकनीक भी 'यू एस फूड एण्ड ड्रग्स एडमिनिस्ट्रेशन' (US Food and Drugs Administration) द्वारा प्रमाणित तथा लाइसेन्स प्राप्त है।

इम्युनाइजेशन त्वरित टीकाकरण पद्धति

- त्वरित टीकाकरण के लिए उपयोगी नई तकनीक का पूर्व प्रकाशन अमेरिका के PNAS (Proceedings of National Academy of Sciences of the United States of America) में हो चुका है।
- इस तकनीक से विषाणु व जीवाणु संक्रमण, कैंसर, आदि रोगों से लड़ने में सहायता मिलेगी। वैज्ञानिकों ने इस इम्युनाइजेशन टीकाकरण पद्धति का परीक्षण चूहों पर किया। इनमें से कुछ बड़ी आँत (Colon) कैंसर से भी पीड़ित थे।

आयुर्वेद, योग एवं प्राकृतिक चिकित्सा, यूनानी, सिद्ध तथा होम्योपैथी (आयुष)

- स्वास्थ्य एवं परिवार कल्याण मन्त्रालय के अन्तर्गत भारतीय चिकित्सा पद्धति एवं होम्योपैथी विभाग की स्थापना मार्च, 1995 में की गई। नवम्बर, 2003 में इसका नाम बदलकर **'आयुर्वेद, योग एवं प्राकृतिक चिकित्सा, यूनानी, सिद्ध** तथा **होम्योपैथी** (आयुष) **विभाग'** कर दिया गया।
- राष्ट्रीय ग्रामीण स्वास्थ्य मिशन ने सार्वजनिक स्वास्थ्य प्रणाली की मुख्यधारा में आयुष को शामिल करने का विचार किया है।
- पहली बार भारतीय चिकित्सा पद्धति और होम्योपैथी के सम्बन्ध में एक अलग से राष्ट्रीय नीति, 2002 बनाई गई। इस नीति का मुख्य उद्देश्य बेहतर स्वास्थ्य को प्रोत्साहन देना, सेवाओं का विस्तार तथा लोगों तक उचित मूल्य पर 'आयुष' (Ayush) की उपलब्धता सुनिश्चित करना है।

प्लाज्मा पायरोलिसिस सिस्टम

- सर्वोच्च न्यायालय द्वारा अस्पतालों से निकलने वाले कचरे को नष्ट करने के लिए ठोस व्यवस्था करने के निर्देश के बाद एक नया सिस्टम तैयार किया गया है, जिसे 'प्लाज्मा पायरोलिसिस सिस्टम' या **प्लाज्मा गैसीफिकेशन सिस्टम** कहा जाता है।
- इस प्रणाली में अस्पतालों से निकलने वाले कचरों को इतने उच्च तापमान पर जलाया जाता है कि यह कचरा बहुत सामान्य गैसों में परिवर्तित हो जाता है। इसके लिए 'प्लाज्मा इनसिरेटर' (प्लाज्मा भट्टी) का प्रयोग किया जाता है, ताकि कचरे के भीतर के रुधिर कणों को पूरी तरह नष्ट किया जा सके।
- गाँधीनगर के प्लाज्मा अनुसन्धान संस्थान की एक शाखा **फेसिलिएशन सेण्टर फॉर इण्डस्ट्रीयल पॉल्यूशन टेक्नोलॉजी** (Faciliation Centre for Industrial Pollution Technology-FCIPT) ने ढाई वर्ष के प्रयासों से प्लाज्मा भट्टी तैयार की है।
- भारत में अस्पतालों से निकलने वाले कचरे की समस्या के निदान के लिए देश के चार स्थानों पर **प्लाज्मा इनसिरेटर** (प्लाज्मा भट्टी) लगाए जा रहे हैं।

न्यूमोकोकल वैक्सीन

- न्यूमोकोकल संक्रमण, बीमारियों की एक व्यापक श्रृंखला का प्रतिनिधत्व करता है, जो स्ट्रेप्टोकोकस निमोनिया के कारण से होता है।
- यह श्वसन स्राव की छोटी-छोटी बूँदों के फैलने और उनसे सम्पर्क में आने से, संचरण के अन्य तरीकों से सम्पर्क में आने से एक मरीज से दूसरे मरीज तक फैल सकता है।
- न्यूमोकोकल वैक्सीन निमोनिया रोग के साथ-साथ मैनिनजाइटिस और सेटिसस नामक रोग में भी प्रभावी होती है।
- इस वैक्सीन से उन एण्टी बायोटिक्स पर निर्भरता कम की जा सकती है, जो औषधि-प्रतिरोधी जीवाणुओं के विरुद्ध प्रभावी नही हैं।

औद्योगिक जैव-प्रौद्योगिकी

व्यावसायिक स्तर पर बहुसंख्यक जैव रसायनों के उत्पादन के लिए जैविक कारकों अर्थात् सूक्ष्मजीवों का उपयोग ही औद्योगिक जैव-प्रौद्योगिकी कहलाता है। इसके कुछ उदाहरण निम्न प्रकार हैं

एल्कोहॉल निर्माण

- इथाइल एल्कोहॉल बनाने के लिए शक्कर युक्त पदार्थों; जैसे—गन्ने का रस, सीरा, फलों का रस या स्टार्च युक्त पदार्थों; जैसे—आलू, जौ, मक्का, आदि का सूक्ष्मजीवों, यीस्ट की सहायता से किण्वन (Fermentation) कराया जाता है।
- अंगूर व सेब के रस का यीस्ट द्वारा एल्कोहॉलिक किण्वन कराकर कई प्रकार की शराब (Wines) बनाई जाती है।

प्रतिजैविक निर्माण

- सूक्ष्मजीवों द्वारा उत्पन्न वह जटिल रासायनिक पदार्थ, जो सूक्ष्मजीवियों को नष्ट करते हैं, प्रतिजैविक (Antibiotic) कहलाते हैं।
- **एलेक्जेण्डर फ्लेमिंग** ने वर्ष 1928 में *पेनिसिलियम नोटेटम* से सर्वप्रथम **पेनिसिलिन** को पृथक् किया।
- प्रतिजैविक कोशिका भित्ति को नष्ट कर या प्रोटीन-संश्लेषण न्यूक्लिक अम्ल संश्लेषण में व्यवधान उत्पन्न कर सूक्ष्मजीवियों को नष्ट कर देता है।

कुछ प्रतिजैविक, उनके स्रोत एवं कार्य

प्रतिजैविक	सूक्ष्मजीव	कार्य
पेनिसिलिन	पेनिसिलियम नोटेटम, पेनिसिलियम क्राइसोजेनम	टॉन्सलिटिस, रह्यूमेटिक बुखार से बचाव
ग्राइसिओफल्विन	पेनिसिलियम ग्राइसिओफल्विन	दाद से बचाव
स्ट्रेप्टोमाइसिन	स्ट्रेप्टोमाइसीज ग्राइसियस	टीबी, मेनिनजाइटिस, न्यूमोनिया से बचाव
क्लोरेमफेनिकॉल	स्ट्रेप्टोमाइसीज वेनेजुएली	टाइफाइड, आँत के संक्रमण से बचाव
निओमाइसिन	स्ट्रेप्टोमाइसीज फ्रेडी	ग्राम धनात्मक व ऋणात्मक जीवाणुओं पर प्रभाव

पनीर निर्माण

चिकनाई युक्त शुद्ध दुग्ध को 63°C ताप पर 30 मिनट तक या लगभग 15 सेकण्ड के लिए 72°C ताप पर गर्म किया जाता है। इस दुग्ध को 30°C ताप पर ठण्डा करते हैं और *स्ट्रेप्टोकोकस लैक्टिस* या *लैक्टोबैसिलस* जीवाणु और सूक्ष्म मात्रा में रेनिन एन्जाइम मिलाने पर लगभग 45 मिनट में दुग्ध का केसीन ठोस हो जाता है, जिसे टुकड़ों में काट लेते हैं।

- **रॉक्यूफोर्ट पनीर** (Roquefort Cheese) *पेनिसिलियम रॉक्वेफार्टी* की सहायता से तैयार किया जाता है। इस पनीर में एक विशेष प्रकार के कवक वृद्धि के कारण विशेष सुगन्ध आती है।
- **सी हेनसन** ने सर्वप्रथम पनीर बनाने वाले एन्जाइम **रेनेट** को बछड़े के आमाशय से पृथक् किया था।

योगहर्ट निर्माण

- यह बहुत ही पौष्टिक, स्वादिष्ट तथा दुग्ध से बनाया जाने वाला उत्पाद है।
- योगहर्ट निर्माण के लिए दुग्ध को गर्म करके, ठण्डा कर उसमें *स्ट्रेप्टोकोकस थर्मोफिलस* तथा *लैक्टोबैसिलस वल्गेरिकस* नामक जीवाणु युक्त संवर्द्धक डाल देते हैं। दुग्ध जमकर किण्वन के कारण अर्द्धठोस हो जाता है, जिसे मथने पर चिकनाई मुक्त पदार्थ योगहर्ट प्राप्त होता है।

जैव ऊर्जा

- जैव ऊर्जा को खाद्य वनस्पति तेल, अखाद्य वनस्पति तेल एवं जन्तुओं की वसा से बनाया जाता है।
- वर्तमान विश्व में जैव डीजल (Biodiesel) को अधिकतर कृषि आधारित फसलों से बनाया जा रहा है।
- इसके लिए गन्ना, मक्का, जेट्रोफा, अरण्डी आदि का प्रयोग किया जा रहा है। वर्तमान में 5% **इथाइल एल्कोहॉल** (Ethyl Alcohol) को पेट्रोलियम के साथ मिलाकर प्रयोग किया जा रहा है।
- पेट्रोलियम तथा प्राकृतिक गैस मन्त्रालय के निर्देशन में पेट्रोलियम संरक्षण व अनुसन्धान संघ ने दिल्ली में जैव ईंधन मुख्यालय स्थापित किया है, जो जेट्रोफा की फसल उपजाने व जैव ईंधन निर्मित करने व जागरूकता फैलाने का कार्य करेगा।
- **भारतीय तेल निगम** (IOC) ने भारतीय रेलवे के साथ एक स्मरण-पत्र (मेमोरेण्डम) पर हस्ताक्षर किए हैं, जिसके अन्तर्गत गुजरात के सुरेन्द्र नगर में 70 हेक्टेयर भूमि पर जैव डीजल से सम्बन्धित पादपों को उगाया जाएगा।
- यह देश की एकमात्र परियोजना है, जिसमें जेट्रोफा जैव डीजल के प्रत्येक पक्ष का अध्ययन किया जाएगा।
- शताब्दी व जन-शताब्दी रेलगाड़ियों में परीक्षण हेतु क्रमश: 5% तथा 10% जैव ईंधन मिलाया गया।

सूक्ष्मजैविक ईंधन कोशिकाएँ

- सूक्ष्मजैविक ईंधन कोशिकाएँ (Microbial Fuel Cells), एक जैव विद्युत प्रणाली है, जिसमें जीवाणुओं का प्रयोग किया जाता है।
- इनका प्रयोग जल का शोधन और विद्युत उत्पादन करने के लिए **अपशिष्ट जल शोधन** (Waste Water Purification) संयन्त्रों में किया जा सकता है।

DNA **बारकोडिंग**

- DNA बारकोडिंग के माध्यम से समान दिखने वाली प्रजातियों के बीच भिन्नता ज्ञात की जाती है। इसमें एक विशिष्ट जीन से DNA के एक छोटे खण्ड का उपयोग कर प्रजातियों की सटीक पहचान की जाती है।
- DNA बारकोडिंग के द्वारा प्रसंस्कृत खाद्य पदार्थों में सूक्ष्मजीवों की उपस्थिति का पता लगाया जाता है। खाद्य पदार्थों में होने वाली मिलावट को इस प्रक्रिया द्वारा रोका जाता है।

जैव-प्रौद्योगिकी से सम्बन्धित विशिष्ट पहलू

जैव-प्रौद्योगिकी से सम्बन्धित विशिष्ट पहलू निम्नलिखित हैं

बायोइथिक्स/जैव-नैतिकता

कोई भी समाज अपने लिए एक आचरण का स्तर बनाता है, जिससे यह पता चलता है कि उस समाज के व्यक्तियों द्वारा किया गया कार्य सही है या गलत। ठीक उसी प्रकार जीव-जगत (Biological World) में किसी भी क्रिया के लिए जैव-नैतिकता (Bio-ethics) को रखा गया है।

वस्तुनिष्ठ प्रश्न

1. 'प्लाज्मिड' के सम्बन्ध में कौन-सा/से कथन सही है/हैं?
(a) यह सर्वाधिक उपयोग किया जाने वाला DNA वाहक है
(b) यह एक लम्बी एवं छोटी संरचना होती है
(c) इसमें प्रतिरोधक जीन का अभाव पाया जाता है
(d) इसकी प्रमुख विशेषता यह है कि यह एक कोशिका से दूसरी कोशिका में नहीं जा सकती है

2. निम्नलिखित कथनों पर विचार कीजिए
कथन I जीन अभियान्त्रिकी का प्रयोग मानव के असाध्य आनुवंशिक रोगों; (एड्स, हृदय रोग, हीमोफीलिया, मलेरिया) में सुधार हेतु टीके बनाने में होता है।
कथन II DNA पुनर्योगज तकनीक से जीनों को विलगित और परिष्कृत करने के बाद जीन के वांछित अंश को एक जीव या परखनली से दूसरे जीव या परखनली में स्थानान्तरित किया जाता है।
कूट
(a) कथन I और कथन II दोनों सही हैं तथा कथन II, कथन I की सही व्याख्या है
(b) कथन I और कथन II दोनों सही हैं, परन्तु कथन II, कथन I की सही व्याख्या नहीं है
(c) कथन I सही है, किन्तु कथन II गलत है
(d) कथन I गलत है, किन्तु कथन II सही है

3. निम्नलिखित कथनों पर विचार कीजिए
1. जैव-प्रौद्योगिकी विभाग विज्ञान एवं प्रौद्योगिकी मन्त्रालय के अधीन कार्य करता है।
2. DNA की दो श्रृंखलाओं के अन्तिम छोर पर नई DNA श्रृंखलाएँ जोड़ने हेतु टर्मिनल ट्रांसफरेज एंजाइम का प्रयोग होता है।
3. उद्योगों में सूक्ष्मजीवों में जीवाणुओं का सर्वाधिक उपयोग होता है।
4. देश का पहला अत्याधुनिक क्रायोजेनिक स्टेम सेल बैंक कोलकाता में स्थापित किया गया है।

उपरोक्त में से कौन-सा/से कथन असत्य है/हैं?
(a) 1 और 2 (b) 3 और 4
(c) 2 और 3 (d) केवल 2

4. कृत्रिम DNA के सन्दर्भ में निम्नलिखित कथनों पर विचार कीजिए
1. इसका निर्माण सर्वप्रथम टेक्सॉस विश्वविद्यालय में किया गया।
2. यह हजारों अमल युग्मों से संयोजित होकर बनता है, जिसे कृत्रिम जीन-1 के नाम से जाना जाता है।
3. इस तकनीकी का प्रभावी उपयोग असाध्य रोगों; जैसे—कैंसर, ट्यूमर आदि के निदान में किया जा सकता है।

उपरोक्त में से कितने कथन सही हैं?
(a) केवल एक (b) केवल दो
(c) सभी तीनों (d) इनमें से कोई नहीं

5. 'RNA अन्तर्क्षेप [RNA इटरफेरेन्स (RNAi)]' प्रौद्योगिकी ने पिछले कुछ वर्षों में लोकप्रियता हासिल कर ली है। क्यों?
1. यह जीन अनभिव्यक्तिकरण (जीन साइलेंसिंग) रोगोपचारों के विकास में प्रयुक्त होता है।
2. इसे कैंसर की चिकित्सा में रोगोपचार विकसित करने हेतु प्रयुक्त किया जा सकता है।
3. इसे हॉर्मोन प्रतिस्थापित रोगोपचार विकसित करने हेतु प्रयुक्त किया जा सकता है।
4. इसे ऐसी फसल/पादपों को उगाने के लिए प्रयुक्त किया जा सकता है, जो विषाणु रोगजनकों के लिए प्रतिरोधी है।

नीचे दिए गए कूट का प्रयोग कर सही कथनों को चुनिए
(a) केवल एक (b) केवल दो
(c) केवल तीन (d) सभी चारों

6. निम्नलिखित तकनीकियों में से कौन वन-टू-वन नामक पद्धति पर आधारित है?
(a) नैनो तकनीक
(b) बायोमैट्रिक तकनीक
(c) लेजर माइक्रोसर्जरी तकनीक
(d) इमेज गाइडेड रेडियो थैरेपी तकनीक

7. नैनो टेक्नोलॉजी के सम्बन्ध में निम्नलिखित कथनों में कौन-सा/से कथन सही है/हैं?
1. इस तकनीक के माध्यम से प्रोटीन अणुओं के संकुचन तथा विस्तारण का अध्ययन सम्भव है।
2. यह तकनीक प्रदूषण-मुक्त हाइड्रोजन कारों के निर्माण में सहायक है।

कूट
(a) केवल 1
(b) केवल 2
(c) 1 और 2 दोनों
(d) न तो 1 और न ही 2

8. निम्नलिखित युग्मों में से कितने युग्म सही सुमेलित हैं?
1. *राइजोबियम लग्युमिनोसेरम* — गन्ना
2. *ऐजोस्पाइरिलम* — तिलहन
3. *एजेटोबैक्टर* — ज्वार

कूट
(a) केवल एक (b) केवल दो
(c) सभी तीनों (d) इनमें से कोई नहीं

9. निम्नलिखित कथनों पर विचार कीजिए
1. किसी क्लोन का लक्षणप्रारूप उसके जीनप्रारूप, वातावरण एवं जीनप्रारूप-X वातावरण अन्योन्यकरण के प्रभावों के कारण उत्पन्न होता है।
2. बायोमैट्रिक पहचान में फिंगरप्रिण्ट शामिल नहीं है।
3. गरिमा II एक श्रेष्ठ भेड़ की एक नवीनतम क्लोन है।
4. *बीटी* कपास में *बैसिलस थूरिन्जिएन्सिस* नामक जीवाणु के *क्राई* जीन का प्रयोग किया गया है।

उपरोक्त कथनों में से कितने कथन असत्य हैं?
(a) केवल एक (b) केवल दो
(c) केवल तीन (d) सभी चारों

10. निम्नलिखित में से कौन-से रोग जीन उपचार की सहायता से ठीक किए जा सकते हैं?
1. एल्केप्टोन्यूरिया
2. हँसियाकार रुधिराजु अल्पता
3. कैंसर
4. निमोनिया

कूट
(a) 1, 2 और 3 (b) 1, 3 और 4
(c) 2, 3 और 4 (d) ये सभी

11. निम्नलिखित कथनों पर विचार कीजिए
1. प्रतिरक्षा उत्प्रेरण उपचार प्रतिरक्षण प्रतिवेदन को संवर्द्धित करने के लिए किया जाता है।
2. प्रतिरक्षा सदमन उपचार प्रतिरक्षा तन्त्र की आत्मघाती सक्रियता जैसे ऑटोइम्यून रोग को दबाने के लिए किया जाता है।

उपरोक्त कथनों में से कथन सही है/हैं?
(a) केवल 1 (b) केवल 2
(c) 1 और 2 दोनों (d) न तो 1 और न ही 2

12. निम्नलिखित युग्मों पर विचार कीजिए

	औषधि (Drug)		**उपयोग** (Use)
1	कैल्सिटोनिन (Calcitonin)	-	ऑस्टियोमेलेसिया (Osteomalacia)
2	मानव वृद्धि हॉर्मोन (Human Growth Hormone)	-	बौनों में हड्डी व पेशियों की वृद्धि को बढ़ाता है।
3	सुपरऑक्साइड डिस्म्यूटेस (Superoxide Dismutase)	-	हृदयाघात के पश्चात् हृदय पेशियों के आगे नुकसान को रोकता है।

उपरोक्त युग्मों में से कितने युग्म सही सुमेलित हैं?

(a) केवल एक (b) केवल दो
(c) सभी तीनों (d) इनमें से कोई नहीं

13. निम्नलिखित युग्मों में से कितने युग्म सही सुमेलित है/हैं?

1. *गौनोरिया* - यौन संक्रमण
2. जीव - इन्सफ्लाइटिस रोग का टीका
3. जीनवेक स्पिलसिंग - विभिन्न जीवाणुओं को मिलाकर एक जीवाणु बनाना

कूट

(a) केवल एक (b) केवल दो
(c) सभी तीनों (d) इनमें से कोई नहीं

14. त्रुवदा (Truvada) नामक दवा, किस रोग से संक्रमण के खतरे को कम करने के लिए दी जाती है?

1. चिकुनगुनिया
2. जापानी इन्सेफ्लाइटिस
3. एच आई वी (एड्स)
4. मलेरिया

उपरोक्त में से कितने विकल्प सही हैं?

(a) केवल एक (b) केवल दो
(c) केवल तीन (d) ये सभी

15. निम्नलिखित युग्मों पर विचार कीजिए

प्रतिजैविक		कार्य
1. पेनिसिलिन	-	दाद से बचाव
2. निओमाइसिन	-	ग्राम धनात्मक व ऋणात्मक जीवाणुओं पर प्रभाव
3. क्लोरेमफेनिकॉल	-	टाइफाइड, आँत के संक्रमण से बचाव
4. स्ट्रेप्टोमाइसिन	-	टीबी से बचाव

उपरोक्त युग्मों में से कितने युग्म सही हैं?

(a) केवल एक (b) केवल दो
(c) केवल तीन (d) सभी चारों

16. निम्नलिखित युग्मों में से कितने युग्म सुमेलित नहीं है?

संस्थान		स्थान
1. राष्ट्रीय रोग प्रतिरक्षीकरण संस्थान	-	नई दिल्ली
2 राष्ट्रीय कोशिका विज्ञान केन्द्र	-	पुणे
3. DNA फिंगरप्रिण्टिंग तथा नैदानिकी केन्द्र	-	हैदराबाद
4. जीवन विज्ञान संस्थान	-	इम्फाल

कूट

(a) केवल एक (b) केवल दो
(c) केवल तीन (d) सभी चारों

17. 'रिजेनरेटिंग थेरेपी' के द्वारा निम्नलिखित रोगों में से किनका उपचार सम्भव है?

1. डायबिटीज 2. हीमोफीलिया
3. कैंसर

कूट

(a) केवल 1
(b) 2 और 3
(c) 1 और 3
(d) 1, 2 और 3

18. भारतीय भेषज संहिता के सन्दर्भ में विचार कीजिए

1. इसे ड्रग्स एड कॉस्मेटिक एक्ट, 1940 तथा ड्रग्स कॉस्मेटिक नियम 1945 के निर्धारित मानकों के तहत बनाया गया है।
2. नेपाल इस संहिता की स्वीकृति देने वाला पहला देश है।
3. यह दवाओं की पहचान तथा क्षमता मानक को निर्धारित करने की ही शक्ति रखता है।

उपरोक्त कथनों में से कितने कथन सही है?

(a) केवल एक (b) केवल दो
(c) सभी तीनों (d) इनमें से कोई नहीं

19. 'प्रोजेरिया' के सम्बन्ध में निम्नलिखित में से कितने कथन सही हैं?

1. प्रोजेरिया एक आनुवंशिक विकास आधारित व्याधि है।
2. LMNA जीन, इस रोग का कारण है।
3. इस रोग से ग्रस्त रोगियों की औसत आयु 20 वर्ष है।

कूट

(a) केवल एक (b) केवल दो
(c) सभी तीनों (d) इनमें से कोई नहीं

सही उत्तर

1. (a) **2.** (b) **3.** (d) **4.** (b) **5.** (c) **6.** (b) **7.** (c) **8.** (a) **9.** (b) **10.** (a)
11. (c) **12.** (c) **13.** (c) **14.** (a) **15.** (c) **16.** (a) **17.** (d) **18.** (b) **19.** (b)

भौतिक विज्ञान

अध्याय 01 मापन

भौतिक राशियाँ

ऐसी राशियाँ जिनके मापन को एक संख्या द्वारा प्रकट किया जा सके, भौतिक राशियाँ (physical quantities) कहलाती हैं। उदाहरण के लिए लम्बाई, द्रव्यमान, समय, ताप, वेग, बल, कार्य, ऊर्जा आदि भौतिक राशियाँ हैं।

भौतिक राशियाँ दो प्रकार की होती हैं

(i) मूल राशियाँ (fundamental quantities)

(ii) व्युत्पन्न राशियाँ (derived quantities)

ऐसी भौतिक राशियाँ, जो आपस में पूर्णतया स्वतन्त्र होती हैं तथा जिन्हें अन्य राशियों की सहायता से प्राप्त नहीं किया जा सकता, मूल राशियाँ कहलाती हैं तथा वे भौतिक राशियाँ जिन्हें मूल राशियों की सहायता से प्राप्त किया जा सकता है, व्युत्पन्न भौतिक राशियाँ कहलाती हैं।

मात्रक

किसी भौतिक राशि को मापने के लिए उसी प्रकार की राशि के निश्चित परिमाण को मानक (standard) मान लेते हैं तथा इस मानक को ही उस भौतिक राशि का मात्रक (unit) कहते हैं। किसी भौतिक राशि के मापन को व्यक्त करने के लिए दो बातों की आवश्यकता होती है

(i) राशि के मात्रक का नाम (ii) संख्यात्मक मान

मूल राशि के मात्रकों को मूल मात्रक व व्युत्पन्न राशियों के मात्रकों को व्युत्पन्न मात्रक कहते हैं।

मूल मात्रक

यान्त्रिकी में आने वाली सभी भौतिक राशियों को लम्बाई, द्रव्यमान तथा समय के मात्रकों की सहायता से प्रकट किया जा सकता है। इन तीन राशियों के मात्रकों में परस्पर कोई सम्बन्ध नहीं होता तथा ये पूर्णतः स्वतन्त्र होते हैं। इन राशियों को मूल राशियाँ (fundamental quantities) तथा इनके मात्रकों को मूल मात्रक (fundamental units) कहते हैं। इस प्रकार यान्त्रिकी में मूल राशियाँ, लम्बाई, द्रव्यमान तथा समय के मात्रक क्रमशः मीटर, किग्रा तथा सेकण्ड ।

क्र.सं.	मूल राशि	प्रतीक	मूल मात्रक
1.	लम्बाई	m	मीटर
2.	द्रव्यमान	kg	किग्रा
3.	समय	s	सेकण्ड
4.	ताप	K	केल्विन
5.	विद्युत धारा	A	ऐम्पियर
6.	ज्योति तीव्रता	cd	केण्डिला
7.	पदार्थ की मात्रा	mol	मोल
8.	तलीय कोण	rad	रेडियन
9.	घन कोण	sr	स्टेरेडियन

व्युत्पन्न मात्रक

व्युत्पन्न राशियों के मात्रकों को व्युत्पन्न मात्रक कहते हैं। सभी व्युत्पन्न मात्रक मूल मात्रकों को गुणा अथवा भाग करके प्राप्त किए जा सकते हैं। जैसे- वेग का मात्रक मीटर/सेकण्ड, त्वरण का मात्रक मीटर/सेकण्ड आदि है।

प्रमुख मात्रक पद्धतियाँ

यन्त्रिकी में लम्बाई, द्रव्यमान तथा समय के मूल मात्रकों के आधार पर मात्रकों की निम्नलिखित पद्धतियाँ प्रचलित हैं

प्रमुख मात्रक पद्धतियाँ

यन्त्रिकी में लम्बाई, द्रव्यमान तथा समय के मूल मात्रकों के आधार पर मात्रकों की निम्नलिखित पद्धतियाँ प्रचलित हैं

1. **सेंटीमीटर-ग्राम-सेकण्ड अथवा सी जी एस पद्धति** (CGS system) इस पद्धति में लम्बाई का मात्रक सेंटीमीटर (centimetre), द्रव्यमान का मात्रक ग्राम (gram) तथा समय का मात्रक सेकण्ड (second) होता है।
2. **मीटर-किलोग्राम-सेकण्ड पद्धति अथवा एम के एस पद्धति** (MKS system) इस पद्धति में लम्बाई का मात्रक मीटर (metre), द्रव्यमान का मात्रक किलोग्राम (kilogram) तथा समय का मात्रक सेकण्ड (second) होता है।
3. **फुट-पाउण्ड-सेकण्ड पद्धति अथवा एफ पी एस पद्धति** (FPS system) इस पद्धति में लम्बाई का मात्रक फुट (foot), द्रव्यमान का मात्रक पाउण्ड (pound) तथा समय का मात्रक सेकण्ड (second) होता है।
4. **अन्तर्राष्ट्रीय पद्धति अथवा एस आई पद्धति** (SI system) मात्रकों की उपरोक्त तीन पद्धतियाँ केवल यान्त्रिकी में आने वाली भौतिक राशियों के मापन में ही प्रयुक्त हो सकती हैं। सम्पूर्ण भौतिक विज्ञान में आने वाली भौतिक राशियों को मापने के लिए अन्तर्राष्ट्रीय प्रणाली (international system) का प्रयोग किया गया है, जिसे मात्रकों की एस आई प्रणाली, (SI system) कहते हैं। इस पद्धति को सन् 1960 में अन्तर्राष्ट्रीय माप-तौल के अधिवेशन में स्वीकार किया गया, जिसका पूरा नाम de System International 'd' Units है। एस आई प्रणाली, एम के एस प्रणाली का ही विस्तार है। एस आई प्रणाली में सात मूल मात्रक तथा दो पूरक मूल मात्रक हैं।

10 की घातों के उपसर्ग (Prefixes of Powers of 10)

उपसर्ग	प्रतीक	10 की घात
डेसी (deci)	d	−1
सेंटी (centi)	c	−2
मिली (milli)	m	−3
माइक्रो (micro)	μ	−6
नैनो (nano)	n	−9
पिको (pico)	p	−12
फैम्टो (femto)	f	−15
एटो (atto)	a	−18
डेका (deca)	da	1
हैक्टा (hecta)	h	2
किलो (kilo)	k	3
मेगा (mega)	M	6
गीगा (giga)	G	9
टेरा (tera)	T	12
पीटा (peta)	P	15
एक्सा (exa)	E	18

भौतिक राशि की विमाएँ

किसी भौतिक राशि की विमाएँ वे घात होती हैं, जिन्हें उस राशि के मात्रक को व्यक्त करने के लिए मूल मात्रकों पर चढ़ाते हैं। किसी भौतिक राशि के मात्रक को द्रव्यमान M, लम्बाई L, समय T, ताप θ व विद्युत धारा A के पदों में लिखने पर प्राप्त सूत्र को भौतिक राशि का विमीय सूत्र कहते हैं।

कुछ भौतिक राशियों के विमीय सूत्र
(Dimensional Formula of Some Physical Quantities)

क्र. सं.	मूल राशि व प्रतीक	अन्य राशियों से सम्बन्ध	विमीय सूत्र	SI मात्रक का प्रतीक	समतुल्य मात्रक
1.	लम्बाई (L)		$[M^0LT^0]$	मीटर	
2.	दूरी (s)		$[M^0LT^0]$	मीटर	
3.	विस्थापन (s)		$[M^0LT^0]$	मीटर	
4.	द्रव्यमान		$[ML^0T^0]$	किग्रा	
5.	समय		$[M^0L^0T]$	सेकण्ड	
6.	क्षेत्रफल	लम्बाई × चौड़ाई	$[M^0L^2T^0]$	मीटर^2	
7.	आयतन	लम्बाई × चौड़ाई × ऊँचाई	$[M^0L^3T^0]$	मीटर^3	
8.	घनत्व	द्रव्यमान/आयतन	$[ML^{-3}T^0]$	किग्रा-मी$^{-3}$	
9.	विशिष्ट घनत्व	$\frac{\text{वस्तु का घनत्व}}{4°\text{C पर जल का घनत्व}}$	$[M^0L^0T^0]$		
10.	चाल	दूरी / समय	$[M^0LT^{-1}]$	मीटर-सेकण्ड$^{-1}$	
11.	वेग	विस्थापन / समय	$[M^0LT^{-1}]$	मीटर-सेकण्ड$^{-1}$	
12.	वेग–प्रवणता	वेग-परिवर्तन /दूरी	$\frac{[M^0LT^{-1}]}{[L]}=[M^0L^0T^{-1}]$	सेकण्ड$^{-1}$	
13.	संवेग	द्रव्यमान × वेग	$[MLT^{-1}]$	किग्रा–मीटर-सेकण्ड$^{-1}$	न्यूटन-सेकण्ड

क्र. सं.	मूल राशि व प्रतीक	अन्य राशियों से सम्बन्ध	विमीय सूत्र	SI मात्रक का प्रतीक	समतुल्य मात्रक
14.	त्वरण	$\frac{\text{वेग-परिवर्तन}}{\text{समयान्तराल}}$	$\frac{[M^0LT^{-1}]}{[T]} = [M^0LT^{-2}]$	मीटर-सेकण्ड$^{-2}$	
15.	गुरुत्वीय त्वरण		$[M^0LT^{-2}]$	मीटर-सेकण्ड$^{-2}$	न्यूटन
16.	बल	द्रव्यमान × त्वरण	$[MLT^{-2}]$	किग्रा-मीटर-सेकण्ड$^{-2}$	न्यूटन
17.	भार		$[MLT^{-2}]$	किग्रा-मीटर-सेकण्ड$^{-2}$	न्यूटन
18.	तनाव		$[MLT^{-2}]$	किग्रा-मीटर-सेकण्ड$^{-2}$	न्यूटन
19.	अभिलम्ब प्रतिक्रिया		$[MLT^{-2}]$	किग्रा-मीटर-सेकण्ड$^{-2}$	
20.	घर्षण गुणांक	$\frac{\text{घर्षण बल}}{\text{अभिलम्ब प्रतिक्रिया}}$	$[M^0L^0T^0]$		
21.	बल नियतांक	बल / खिंचाव	$\frac{[MLT^{-2}]}{[L]} = [ML^0T^{-2}]$	किग्रा-सेकण्ड$^{-2}$	न्यूटन-मीटर$^{-1}$
22.	कार्य	बल × दूरी	$[MLT^{-2}][L] = [ML^2T^{-2}]$	किग्रा-मीटर$^{-2}$-सेकण्ड$^{-2}$	जूल
23.	गतिज ऊर्जा	$\frac{1}{2}mv^2$	$[MLT^{-2}][L] = [ML^2T^{-2}]$	किग्रा-मीटर^2-सेकण्ड$^{-2}$	जूल
24.	स्थितिज ऊर्जा	mgh	$[MLT^{-2}][L] = [ML^2T^{-2}]$	किग्रा-मीटर^2-सेकण्ड$^{-2}$	जूल
25.	ऊर्जा		$[MLT^{-2}][L] = [ML^2T^{-2}]$	किग्रा-मीटर^2-सेकण्ड$^{-2}$	जूल
26.	क्षमता	$\frac{\text{कार्य}}{\text{समय}}$	$\frac{[ML^2T^{-2}]}{[T]} = [ML^2T^{-3}]$	किग्रा-मीटर^2-सेकण्ड$^{-3}$	वाट
27.	संघट्ट गुणांक	$\frac{\text{अलग होने का सापेक्ष वेग}}{\text{पास आने का सापेक्ष वेग}}$	$[M^0L^0T^0]$		–
28.	आवेग	बल × समय	$[MLT^{-1}]$	किग्रा-मीटर-सेकण्ड$^{-1}$	न्यूटन-सेकण्ड
29.	गुरुत्वाकर्षण नियतांक	$F = G\frac{m_1m_2}{r^2}$ $\Rightarrow g = \frac{Fr^2}{m_1m_2}$	$[M^{-1}L^3T^{-2}]$	किग्रा$^{-1}$-मीटर^3-सेकण्ड$^{-2}$	न्यूटन-मी^{2}-किग्रा$^{-2}$
30.	गुरुत्वीय क्षेत्र तीव्रता	$\frac{GM}{r^2}$	$\frac{[M^{-1}L^3T^{-2}][M]}{[L^2]} = [M^0L^2T^{-2}]$	मीटर-सेकण्ड$^{-2}$	

विमीय विश्लेषण के उपयोग

1. किसी समीकरण के विमीय सन्तुलन का परीक्षण भौतिकी में प्रयुक्त होने वाले प्रत्येक समीकरण अथवा सम्बन्ध के प्रत्येक पदों की विमाएँ समान होनी चाहिए, यदि किसी समीकरण के प्रत्येक पद की विमाएँ समान नहीं हैं, तो वह समीकरण सही नहीं होगी। इस प्रकार, विमीय विश्लेषण की सहायता से हम किसी समीकरण की सत्यता की जाँच कर सकते हैं।

उदाहरण 1. दिखाइए गति की समीकरण $v = u + at$ विमीय रूप में सन्तुलन में है।

हल $v = u + at$

LHS की विमा = (v) वेग की विमा = $[LT^{-1}]$

RHS की विमा = (u) वेग की विमा = $[LT^{-1}]$

at की विमा = $[LT^{-2}][T] = [LT^{-1}]$

∵ LHS तथा RHS दोनों ओर की विमाएँ बराबर हैं,

अत: दी गई समीकरण विमीय रूप से सन्तुलित है।

2. एक पद्धति के मात्रकों का दूसरी पद्धति के मात्रकों में बदलना विमीय विश्लेषण की सहायता से हम एक पद्धति के मात्रकों को दूसरी पद्धति के मात्रकों में बदल सकते हैं, यह इस तथ्य पर आधारित है कि किसी भी भौतिक राशि के आंकिक मान व मात्रक का गुणनफल सदैव एक नियतांक होता है।

यदि किसी भौतिक राशि के दो विभिन्न पद्धतियों में आंकिक मान n_1 व n_2 हैं व इन पद्धतियों में इसके मात्रक u_1 व u_2 हों, तो

$$n_1 u_1 = n_2 u_2$$

$$n_2 = n_1\left[\left(\frac{M_1}{M_2}\right)^a \left(\frac{L_1}{L_2}\right)^b \left(\frac{T_1}{T_2}\right)^c\right]$$

जहाँ M_1, L_1 व T_1 पहली पद्धति में मूल मात्रकों की माप हैं व M_2, L_2 व T_2 द्वितीय पद्धति में मूल मात्रकों की माप हैं।

उदाहरण 2. पारे का घनत्व 13.6 ग्राम/सेमी^{3} है। यदि द्रव्यमान तथा लम्बाई MKS पद्धति में नापें, तब नई पद्धति में पारे का घनत्व कितना होगा?

हल घनत्व का विमीय सूत्र = $[ML^{-3}]$ है। माना M_1, L_1 क्रमश: ग्राम, सेमी तथा M_2, L_2 क्रमश: किलोग्राम, मीटर को प्रदर्शित करते हैं, तब इन पद्धतियों में घनत्व के मात्रक क्रमश: $[M_1, L_1^{-3}]$ तथा $[M_2, L_2^{-3}]$ होंगे, यदि आंकिक मान क्रमश: n_1 व n_2 हैं, तब

$$n_1[M_1L_1^{-3}] = n_2[M_2L_2^{-3}]$$

$$n_2 = 13.6\left[\frac{M_1}{M_2}\right]\left[\frac{L_1}{L_2}\right]^{-3}$$

$$= 13.6\left[\frac{\text{ग्राम}}{\text{किग्रा}}\right]\left[\frac{\text{सेमी}}{\text{मीटर}}\right]^{-3}$$

$$= 13.6\left[\frac{\text{ग्राम}}{1000\ \text{ग्राम}}\right]\left[\frac{\text{सेमी}}{100\ \text{सेमी}}\right]^{-3}$$

$$= 13.6 \times 10^3$$

$\therefore$ पारे का घनत्व $= 13.6 \times 10^3$ किग्रा/मी^{3}

3. विमीय विधि से हम विभिन्न भौतिक राशियों में सम्बन्ध भी स्थापित कर सकते हैं।

उदाहरण 3. किसी वृत्तीय कक्षा में परिभ्रमण करने वाले कण पर लगने वाला अभिकेन्द्र बल F, कण के द्रव्यमान m, वृत्त की त्रिज्या r तथा कण की चाल v पर निर्भर करता है। विमीय विश्लेषण विधि से अभिकेन्द्र बल F, के लिए सूत्र की स्थापना कीजिये।

हल माना कि वृत्तीय कक्षा में परिभ्रमण करने वाले कण का अभिकेन्द्र बल F द्रव्यमान (m) की a घात पर, त्रिज्या (r) की b घात पर तथा चाल (v) की c घात पर निर्भर करता है। तब

$$F \propto m^a r^b v^c \quad \text{अथवा} \quad F = K m^a r^b v^c \quad ...(i)$$

जहाँ K एक विमाहीन नियतांक है। दोनों ओर की विमाएँ लिखने पर,

$$[MLT^{-2}] = [M]^a [L]^b [LT^{-1}]^c$$

अथवा $[M^1L^1T^{-2}] = [M^aL^{b+c}T^{-c}]$

विमीय सन्तुलन के लिए दोनों ओर के पदों की विमाएँ समान होनी चाहिए। अत: दोनों ओर की विमाओं की तुलना करने पर,

$$a = 1, b + c = 1 \quad \text{तथा} \quad -c = -2$$

हल करने पर, $a = 1, b = -1$ तथा $c = 2$

इन मानों को समी. (i) में रखने पर,

$$F = Kmr^{-1}v^2 = K\frac{mv^2}{r}$$

विमाओं की रीति की सीमाएँ

इसकी निम्न सीमाएँ हैं

(i) इस विधि से किसी सूत्र में उपस्थित विमाहीन नियतांक का मान ज्ञात नहीं कर सकते।

(ii) जब कोई भौतिक राशि तीन से अधिक राशियों पर निर्भर करती है, तो उनके बीच इस विधि से सम्बन्ध स्थापित नहीं किया जा सकता, क्योंकि M, L और T की घातों को सम (equal) करने पर केवल तीन समीकरणें ही बनती हैं तथा उनसे तीन मान ही प्राप्त किए जा सकते हैं।

(iii) इस विधि द्वारा त्रिकोणमितीय $(\sin\theta, \cos\theta ...)$ चरघातांकीय (exponential) तथा $\log x$ आदि पद वाले समीकरणों का विश्लेषण नहीं किया जा सकता।

वेक्टर विश्लेषण

भौतिक राशियाँ दो प्रकार की होती हैं अदिश (scalar) तथा सदिश (vector)।

अदिश राशियाँ

कुछ राशियाँ ऐसी होती हैं, जिन्हें व्यक्त करने के लिए केवल परिमाण (magnitude) की आवश्यकता होती है, दिशा की (direction) नहीं, ऐसी राशियों को अदिश राशि कहते हैं; **जैसे**— द्रव्यमान, दूरी, समय, चाल, आयतन, घनत्व, दाब, कार्य, ऊर्जा, शक्ति, आवेश, विद्युत-धारिता, विभव, ताप, विशिष्ट ऊष्मा, आवृत्ति इत्यादि।

सदिश राशियाँ

कुछ राशियाँ ऐसी होती हैं, जिन्हें व्यक्त करने के लिए परिमाण के साथ-साथ दिशा की भी आवश्यकता होती है। ऐसी भौतिक राशियों को सदिश राशियाँ कहते हैं; **जैसे**—स्थिति, विस्थापन, वेग, त्वरण, बल, भार, संवेग, आवेग, विद्युत-क्षेत्र, चुम्बकीय बल-क्षेत्र, धारा-घनत्व, इत्यादि।

सदिशों का निरूपण

सदिश राशियों को एक तीर के द्वारा निरूपित किया जाता है, तीर की लम्बाई राशि के परिमाण को व तीर की नोंक राशि की दिशा को प्रदर्शित करती है।

वेक्टरों से सम्बन्धित कुछ महत्त्वपूर्ण परिभाषाएँ

(i) **समान वेक्टर** (Equal vectors) किसी सदिश राशि को निरूपित करने वाले वेक्टर (बाण) को उसके ही समान्तर खिसका देने पर इस राशि पर कोई प्रभाव नहीं पड़ता। अत: सभी समान्तर वेक्टर जिनकी लम्बाइयाँ (परिमाण) व दिशाएँ समान हैं, समान वेक्टर कहलाते हैं।

चित्र में किसी राशि को निरूपित करने वाले वेक्टर **A** व **B** समान वेक्टर हैं।

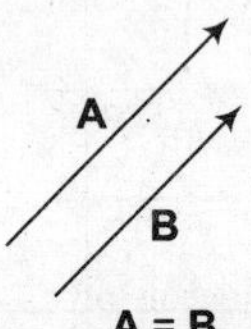

A = B

(ii) **एकांक वेक्टर** (Unit vector) वह वेक्टर जिसका परिमाण 1 होता है, एकांक वेक्टर कहलाता है। यदि **A** एक वेक्टर है, जिसका परिमाण A है, तो $\frac{\mathbf{A}}{A}$ एकांक वेक्टर है, जिसकी दिशा **A** की दिशा में है। **A** की दिशा में एकांक वेक्टर को $\hat{\mathbf{A}}$ से लिखा जाता है। इस प्रकार

$$\hat{\mathbf{A}} = \frac{\mathbf{A}}{A}$$

अर्थात् $\mathbf{A} = A\,\hat{\mathbf{A}}$

लम्बकोणीय एकांक वेक्टर (Rectangular unit vectors) निर्देशांक अक्षों x, y व z-अक्षों के अनुदिश एकांक वेक्टरों को लम्बकोणीय एकांक वेक्टर कहते हैं।

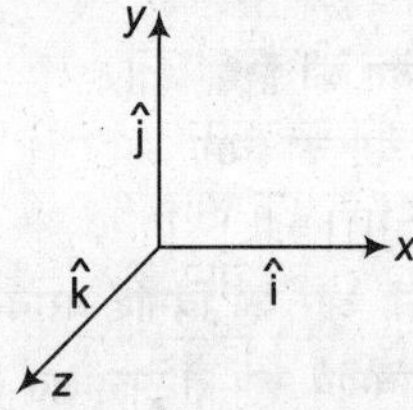

x-अक्ष के अनुदिश एकांक वेक्टर $\hat{i}$, y-अक्ष के अनुदिश एकांक वेक्टर $\hat{j}$ व z-अक्ष के अनुदिश एकांक वेक्टर $\hat{k}$ है।

(iii) **विपरीत वेक्टर** (Opposite vectors) ऐसे दो समान्तर वेक्टर जिनके परिमाण बराबर हैं, परन्तु दिशाएँ विपरीत हैं, विपरीत वेक्टर कहलाते हैं। चित्र में **C** व **D** विपरीत वेक्टर हैं।

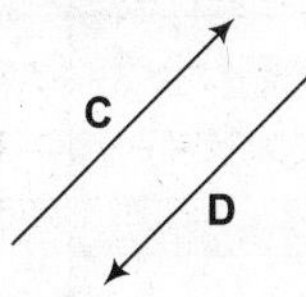

C = –**D**

(iv) **ऋणात्मक वेक्टर** (Negative vector) ऐसा वेक्टर जिसका परिमाण किसी दिए गए वेक्टर के समान है, परन्तु जिसकी दिशा दिए गए वेक्टर के विपरीत है, तो इस वेक्टर को दिए गए वेक्टर का, ऋणात्मक वेक्टर कहते हैं।

A → ← –**A**

(v) **सह-प्रारम्भिक वेक्टर** (Co-initial vector) वे वेक्टर जिनका प्रारम्भिक बिन्दु उभयनिष्ठ होता है, सह-प्रारम्भिक वेक्टर कहलाते हैं।

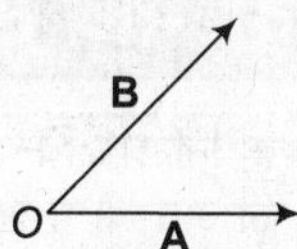

चित्र में दर्शाए गए वेक्टर सह-प्रारम्भिक हैं।

(vi) **समरेखीय वेक्टर** (Collinear vector) परिमाण में समान अथवा असमान वेक्टर जो या तो एक ही रेखा के या समान्तर रेखाओं के अनुदिश कार्य करते हैं, समरेखीय वेक्टर कहलाते हैं।

A → **B** → **A** → ; **B** →

चित्र में दर्शाए वेक्टर समरेखीय हैं।

(vii) **शून्य वेक्टर** (Zero vector or null vector) वह वेक्टर जिसका परिमाण शून्य है, शून्य वेक्टर कहलाता है। इसे **0** लिखा जाता है। शून्य वेक्टर के प्रारम्भिक तथा अन्तिम बिन्दु संपाती होते हैं, अत: इसकी दिशा अनिश्चित होती है।

यदि दो वेक्टर **A** व **B** समान वेक्टर हों (**A** = **B**), तब

A – **B** = **0**

वेक्टरों का योग

वेक्टरों को, बीजगणित के सामान्य नियमों द्वारा नहीं जोड़ा जा सकता है। वेक्टरों को वेक्टर बीजगणित के सिद्धान्तों के अनुसार ही जोड़ा जाता है। *वेक्टरों को निम्न तीन नियमों द्वारा जोड़ा जाता है*

(i) **वेक्टरों के जोड़ने का त्रिभुज सिद्धान्त** (Triangular law of vector addition) इस नियम के अनुसार, यदि हम दो वेक्टरों को परिमाण व दिशा में एक त्रिभुज की एक ही क्रम में ली गई दो भुजाओं से प्रदर्शित करें तो उन दोनों वेक्टरों का योग अथवा परिणामी, परिमाण व दिशा में विपरीत क्रम में ली गई उस त्रिभुज की तीसरी भुजा से प्राप्त होगा।

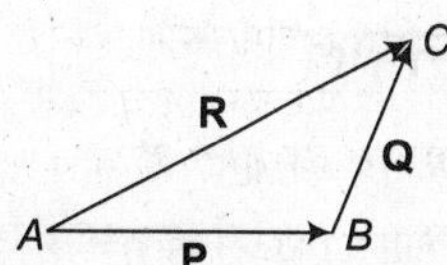

(ii) **वेक्टरों की समान्तर-चतुर्भुज विधि** (Method of parallelogram of vectors) इसके अनुसार दो वेक्टरों **A** तथा **B** का योग-वेक्टर **R**, उस समान्तर चतुर्भुज के विकर्ण से प्रदर्शित होता है जिसकी दो संलग्न भुजाएँ वेक्टरों **A** व **B** को व्यक्त करती हैं। दो वेक्टरों के योग का परिमाण उन वेक्टरों के बीच के कोण पर निर्भर करता है।

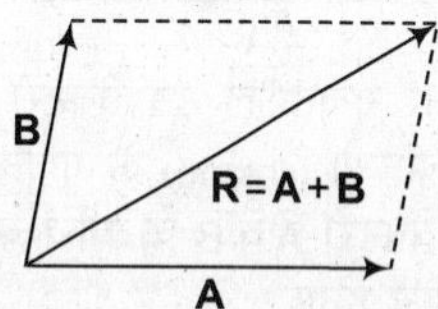

(iii) **वेक्टरों के जोड़ने का बहुभुज नियम** (Polygon law of vector addition) यदि वेक्टरों को परिमाण व दिशा में एक बहुभुज की एक ही क्रम में ली गई भुजाओं से प्रदर्शित किया जाता है, तो उन वेक्टरों का योग, परिमाण व दिशा में विपरीत क्रम में ली गई बहुभुज की आखिरी भुजा से प्राप्त होगा।

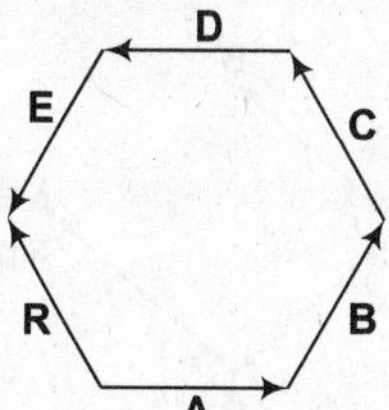

R = **A** + **B** + **C** + **D** + **E**

(iv) **दो वेक्टरों को जोड़ने की गणितीय विधि** (Analytical method of vector addition) यदि दो वेक्टर **A** व **B** की दिशाओं के बीच का कोण θ है, तो इन वेक्टरों का परिणामी

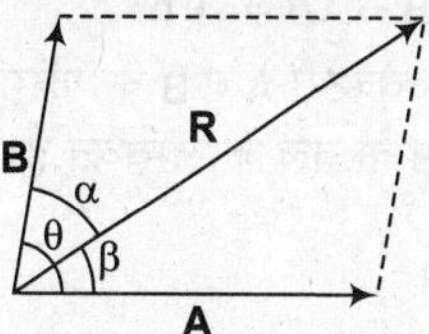

$$|\mathbf{R}| = \sqrt{A^2 + B^2 + 2AB\cos\theta}$$

A व **B** के बीच का कोण θ है, तब

परिणामी की दिशा $\tan\beta = \dfrac{B\sin\theta}{A + B\cos\theta}$

तथा $\tan\alpha = \dfrac{A\sin\theta}{B + A\cos\theta}$

वेक्टरों का योग क्रम विनिमेय होता है। अर्थात्

A + **B** = **B** + **A**

दो वेक्टरों का घटाना

यदि हम किसी वेक्टर का ऋणात्मक वेक्टर किसी अन्य वेक्टर में जोड़ दें तो इसे वेक्टरों का घटाना कहते हैं। जैसे—

A – **B** = **A** + (–**B**)

दो वेक्टरों का गुणनफल

वेक्टरों का गुणनफल दो प्रकार का होता है

(i) स्केलर या डॉट गुणन (ii) वेक्टर या क्रॉस गुणन

(i) **स्केलर या डॉट गुणन** (Scalar or dot product) यदि दो वेक्टरों को इस प्रकार गुणा किया जाए कि गुणनफल अदिश (स्केलर) हो, तो इस प्रकार के गुणनफल को स्केलर या डॉट गुणन कहते हैं।

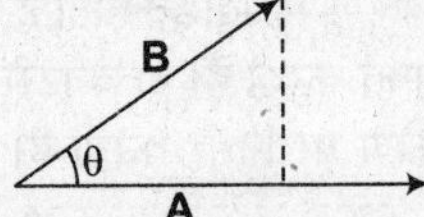

दो वेक्टरों का स्केलर गुणनफल उन वेक्टरों के परिमाणों तथा उनके बीच बने कोण की कोज्या (cosine) के गुणनफल के बराबर होता है। इस प्रकार, यदि दो वेक्टरों **A** व **B** के बीच कोण θ हो, तो **A** व **B** का स्केलर गुणनफल निम्न होगा

$$\mathbf{A}\cdot\mathbf{B} = AB\cos\theta$$

(ii) **वेक्टर या क्रॉस गुणन** (Vector or Cross Product) यदि दो वेक्टरों को इस प्रकार गुणा किया जाए कि गुणनफल सदिश हो, तो इस प्रकार के गुणन को वेक्टर या क्रॉस गुणन कहते हैं।

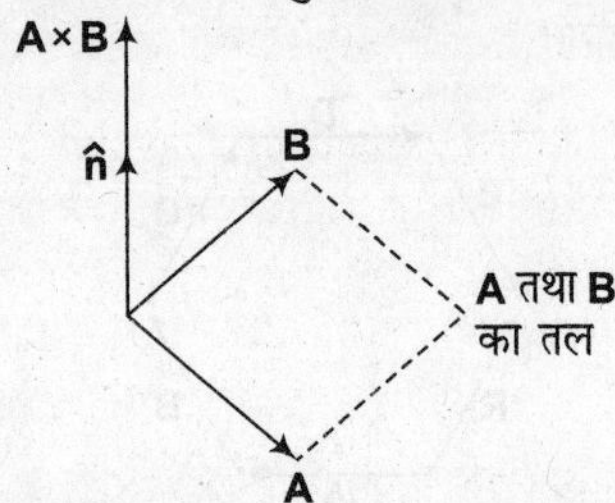

दो वेक्टरों का वेक्टर गुणनफल उन दोनों वेक्टरों के परिमाणों तथा उनके बीच के कोण की ज्या (sine) के गुणनफल के बराबर होता है तथा इसकी दिशा दोनों वेक्टरों के तल के लम्बवत् होती है। यदि दो वेक्टर **A** व **B** हैं जिनके बीच कोण θ है, तो उनका वेक्टर गुणनफल निम्न होगा

$$\mathbf{A}\times\mathbf{B} = AB\sin\theta\,\hat{\mathbf{n}}$$

जहाँ A व B क्रमश: वेक्टरों **A** व **B** के परिमाण हैं तथा $\hat{\mathbf{n}}$ एक एकांक वेक्टर है, जो **A** व **B** के तल के लम्बवत् है।

सापेक्षिक गति

एक वस्तु की दूसरी वस्तु के सापेक्ष समय के साथ स्थिति परिवर्तन, एक वस्तु की दूसरी वस्तु के प्रति सापेक्ष गति कहलाती है।

सापेक्षिक वेग

एक वस्तु के दूसरी वस्तु के सापेक्ष समय के साथ स्थिति में परिवर्तन की दर एक वस्तु का दूसरी वस्तु के प्रति सापेक्ष वेग कहलाता है।

यदि दो वस्तुएँ A तथा B क्रमश: $\mathbf{v}_A$ तथा $\mathbf{v}_B$ वेग से समान दिशा में गतिशील हों तब वस्तु A का B के सापेक्ष वेग

$$\mathbf{v}_{AB} = \mathbf{v}_A - \mathbf{v}_B$$

$$\mathbf{v}_{AB} = \mathbf{v}_A - \mathbf{v}_B$$

यदि ये वस्तुएँ विपरीत दिशा में गतिशील हों तब वस्तु A का B के सापेक्ष वेग

$$\mathbf{v}_{AB} = \mathbf{v}_A - \mathbf{v}_B$$

$$\mathbf{v}_{AB} = \mathbf{v}_A - (-\mathbf{v}_B) = \mathbf{v}_A + \mathbf{v}_B$$

उदाहरण वर्षा ऊर्ध्वाधरत: 35 मी/से की चाल से नीचे गिर रही है। वायु पूर्व से पश्चिम दिशा में 12 मी/से की चाल से बह रही है। एक व्यक्ति स्वयं को वर्षा से बचाने के लिए छाते को किस दिशा में पकड़ना होगा?

हल दिया है $v_r = 35$ मी/से, $v_W = 12$ मी/से

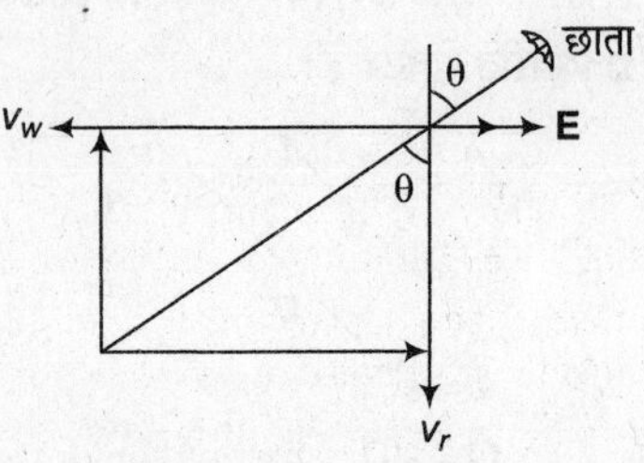

व्यक्ति स्वयं को वर्षा से बचाने के लिए छाते को $\mathbf{v}_r$ तथा $\mathbf{v}_w$ के परिणामी **R** की दिशा में पकड़ना होगा, तब

$$\tan\theta = \frac{\mathbf{v}_w}{\mathbf{v}_r} = \frac{12}{35} = 0.3429$$

$$\theta = \tan^{-1}(0.3429)$$

अत: व्यक्ति को छाता ऊर्ध्वाधर से पूर्व की ओर $\theta = \tan^{-1}(0.3429)$ कोण पर पकड़ना चाहिए।

गतिः एकविमीय, द्विविमीय व त्रिविमीय

यदि किसी वस्तु की स्थिति में एक निश्चित बिन्दु के सापेक्ष लगातार परिवर्तन होता रहता है, तो वह वस्तु गति की अवस्था में कही जाती है। *गति निम्न प्रकार की होती है*

(a) एकविमीय गति (b) द्विविमीय गति (c) त्रिविमीय गति

गति से सम्बन्धित कुछ परिभाषाएँ (Some Definitions Related with Motion)

(i) **दूरी** (Distance) किसी वस्तु द्वारा तय किए गए कुल भाग की लम्बाई को उस वस्तु द्वारा चली गई दूरी कहते हैं। यह अदिश राशि है।

(ii) **विस्थापन** (Displacement) किसी वस्तु की प्रारम्भिक व अन्तिम स्थितियों के बीच की न्यूनतम दूरी को उस वस्तु का विस्थापन कहते हैं। यह सदिश राशि है।

दूरी व विस्थापन दोनों के मात्रक वही हैं, जो लम्बाई के हैं। किसी दिए गए समयान्तराल में विस्थापन शून्य, ऋणात्मक अथवा धनात्मक कुछ भी हो सकता है, परन्तु दूरी केवल धनात्मक व शून्य हो सकती है, परन्तु ऋणात्मक नहीं।

किसी दिए गए समयान्तराल में वस्तु द्वारा चली गई दूरी वस्तु के विस्थापन के बराबर अथवा विस्थापन से बड़ी हो सकती है। किसी वस्तु का दो बिन्दुओं के बीच विस्थापन, यह प्रदर्शित नहीं करता कि वास्तव में दोनों बिन्दुओं के बीच वस्तु ने कितनी दूरी तय की है।

दो बिन्दुओं के बीच किसी कण का विस्थापन, एक अद्वितीय पथ है, जो कण को प्रारम्भिक से अन्तिम अवस्था में ले जाता है।

(iii) **चाल** (Speed) किसी वस्तु द्वारा एकांक समय में चली गई दूरी को उस वस्तु की चाल कहते हैं। इसका मात्रक मीटर/सेकण्ड है। यह अदिश राशि है।

$$\text{चाल} = \frac{\text{दूरी}}{\text{समय}}$$

(iv) **वेग** (Velocity) किसी वस्तु द्वारा एकांक समय में तय किए गए विस्थापन को उस वस्तु का वेग कहते हैं। इसका मात्रक मीटर/सेकण्ड है।

$$\text{वेग} = \frac{\text{विस्थापन}}{\text{समय}}$$

यह सदिश राशि है।

विशेष

- वेग व चाल दोनों के मात्रक मीटर/सेकण्ड ही हैं।
- किसी वस्तु की किसी निश्चित दिशा में चाल को उस वस्तु का वेग कहते हैं।
- किसी वस्तु का वेग धनात्मक, ऋणात्मक व शून्य कुछ भी हो सकता है, परन्तु वस्तु की चाल केवल धनात्मक या शून्य हो सकती है, ऋणात्मक नहीं।
- किसी वस्तु की चाल से हमें उस वस्तु की गति की दिशा के बारे में कोई सूचना प्राप्त नहीं होती।

सरल रेखीय गति (Simple Linear Motion)

जब वस्तु की स्थिति केवल समय के साथ सरल रेखीय रूप से परिवर्तित होती है, तो वह गति सरल रेखीय गति कहलाती है।

एकसमान गति

यदि कोई वस्तु समान समयान्तरालों में समान विस्थापन तय करती है, तो उसकी गति एकसमान गति कहलाती है।

सापेक्ष वेग

किसी वस्तु की स्थिति में किसी अन्य वस्तु की स्थिति के सापेक्ष परिवर्तन की दर को उस वस्तु का सापेक्ष वेग कहते हैं।

(i) यदि दोनों वस्तुएँ एक ही दिशा में विभिन्न वेगों से गतिमान हैं, तो उनका सापेक्ष वेग, दोनों वस्तुओं के वेगों के अन्तर के बराबर होगा।

$$\text{सापेक्ष वेग } v = v_1 \sim v_2$$

(ii) यदि दोनों वस्तुएँ विपरीत दिशा में विभिन्न वेगों से गतिमान है, तो उनका सापेक्ष वेग, दोनों वस्तुओं के वेगों के योग के बराबर होगा।

$$\text{सापेक्ष वेग } v = v_1 + v_2$$

(iii) यदि दोनों वस्तुएँ एक-दूसरे से θ कोण पर गतिमान हैं, तो उनका सापेक्ष वेग

$$v = \sqrt{v_1^2 + v_2^2 + 2v_1 v_2 \cos\theta}$$

असमान गति

यदि कोई वस्तु समान समयान्तराल में असमान विस्थापन तय करती है, तो उसकी गति को असमान गति कहते हैं।

त्वरण

किसी वस्तु के वेग-परिवर्तन की दर को उसका त्वरण कहते हैं।

$$\text{त्वरण} = \frac{\text{अन्तिम वेग } - \text{ प्रारम्भिक वेग}}{\text{समयान्तराल}}$$

(i) एकसमान गति में त्वरण शून्य होता है।

(ii) यदि वस्तु का वेग समय के साथ घटता है, तो उसके त्वरण को ऋणात्मक लेते हैं। ऋणात्मक त्वरण को मंदन भी कहते हैं।

(iii) त्वरण एक सदिश राशि है। इसका मात्रक मीटर/सेकण्ड^2 है।

एकसमान त्वरित गति

यदि प्रत्येक एकांक समय से वस्तु के वेग में समान परिवर्तन हो, तो वस्तु की इस प्रकार की गति को एकसमान त्वरित गति कहते हैं।

औसत चाल

यदि कोई वस्तु विभिन्न दूरियों को विभिन्न समय में तय करती है, तो उसकी औसत चाल को निम्न सूत्र से ज्ञात करते हैं

$$\text{औसत चाल} = \frac{\text{कुल दूरी}}{\text{कुल समय}}$$

(i) यदि कोई वस्तु कुल दूरी की आधी दूरी को v_1 चाल से व शेष दूरी को v_2 चाल से तय करती है, तो

$$\text{औसत चाल} = \frac{2v_1 v_2}{v_1 + v_2}$$

(ii) यदि कोई वस्तु प्रथम एक-तिहाई दूरी को a चाल से, अगली एक-तिहाई दूरी को b चाल से व अन्तिम एक-तिहाई दूरी को c चाल से तय करती है, तो

$$\text{औसत चाल} = \frac{3abc}{ab + bc + ca}$$

तात्क्षणिक चाल

किसी क्षण वस्तु द्वारा प्राप्त चाल, उसकी तात्क्षणिक चाल कहलाती है। यदि $\Delta t \to 0$, तब तात्क्षणिक चाल

$$\lim_{\Delta t \to 0} \frac{\Delta s}{\Delta t} = \frac{ds}{dt}$$

औसत वेग

किसी वस्तु का औसत वेग, वह नियत वेग है जिससे वह किसी दिए गए विस्थापन को उतने ही समय में तय करती है, जिस समय में वह उस विस्थापन को परिवर्तित वेग से तय करती है।

$$\text{औसत वेग} = \frac{\text{कुल विस्थापन}}{\text{कुल समयान्तराल}}$$

यदि कोई वस्तु t_1 समय के लिए v_1 वेग से चलती है व t_2 समय के लिए v_2 वेग से चलती है, तो

$$\text{औसत वेग} = \frac{v_1 t_1 + v_2 t_2}{t_1 + t_2}$$

तात्क्षणिक वेग

किसी वस्तु की किसी क्षण अथवा इसके पथ के किसी बिन्दु पर वेग उस वस्तु का उस क्षण या उस बिन्दु पर तात्क्षणिक वेग कहलाता है।

$$\text{तात्क्षणिक वेग } v = \lim_{\Delta t \to 0} \frac{\Delta x}{\Delta t}$$

समत्वरित गति से सम्बन्धित समीकरण

यदि कोई वस्तु u वेग से चलना प्रारम्भ करती है व t समय पश्चात् इसका वेग v हो जाता है, वस्तु का त्वरण a है तथा वस्तु द्वारा चली गई दूरी s है, तो हमें निम्नलिखित तीन सम्बन्ध प्राप्त होते हैं।

(i) $v = u + at$ (ii) $s = ut + \left(\frac{1}{2}\right)at^2$

(iii) $v^2 = u^2 + 2as$

(iv) किसी वस्तु द्वारा nवें सेकण्ड में चली दूरी

$$S_n = u + \left(\frac{1}{2}\right) a (2n - 1)$$

विशेष

- यदि कोई वस्तु विरामावस्था से चलना प्रारम्भ करती है, तो उसके प्रारम्भिक वेग को शून्य रखते हैं।
- यदि किसी वस्तु का वेग समय के साथ घटता जाता है, तो उसके त्वरण को ऋणात्मक लिया जाता है, अर्थात् $+a$ के स्थान पर $-a$ रखा जाता है।

गुरुत्वाधीन गति

यदि किसी वस्तु को ऊपर की ओर फेंका जाता है या नीचे की ओर गिराया जाता है, तो वस्तु पृथ्वी के गुरुत्वीय क्षेत्र में गति करती है। इस प्रकार की गति को ही गुरुत्वाधीन गति कहते हैं। गुरुत्वाधीन गति के समीकरण लिखते समय त्वरण (a) के स्थान पर गुरुत्वीय त्वरण (g) लिखते हैं।

ऊपर की ओर गति के समीकरण

(i) $v = u - gt$ (ii) $h = ut - (1/2)\, gt^2$

(iii) $v^2 = u^2 - 2gh$

नीचे की ओर गति के समीकरण

(i) $v = u + gt$ (ii) $h = ut + \left(\frac{1}{2}\right) gt^2$

(iii) $v^2 = u^2 + 2gh$

यदि किसी वस्तु को कुछ ऊँचाई से गिराया जाता है व किसी अन्य वस्तु को उसी ऊँचाई तक फेंका जाता है, तो दोनों अवस्थाओं में लिया गया समय समान रहता है।

किसी वस्तु के त्वरण व वेग की दिशा अलग-अलग हो सकती है।

किसी वस्तु के त्वरण व वेग के मान एक साथ शून्य नहीं हो सकते।

किसी वस्तु द्वारा लगातार सेकण्डों में चली गई दूरी का अनुपात, 1 : 3 : 5 :...होता है।

यदि दो वस्तुओं को समान ऊँचाई से, एक को ऊर्ध्वाधरतः नीचे फेंका जाता है व दूसरी को क्षैतिजतः फेंका जाता है, तो दोनों वस्तुएँ एकसाथ पृथ्वी पर पहुँचती हैं।

द्विविमीय व त्रिविमीय गति

प्रक्षेप्य गति

जब किसी वस्तु को क्षैतिज से किसी कोण पर फेंका जाता है, तो वस्तु ऊर्ध्वाधर तल में एक वक्रपथ पर गति करती है, इस प्रकार की गति को प्रक्षेप्य गति कहते हैं।

विभिन्न स्थितियों में प्रक्षेप्य की गति

(i) **किसी ऊँचाई से प्रक्षेपित प्रक्षेप्य** माना पृथ्वी तल से h ऊँचाई से नियत वेग u से प्रक्षेप्य फेंका जाता है। इस प्रक्षेप्य की गति का पथ परवलय होगा, जो निम्नलिखित समीकरण से व्यक्त किया जाता है।

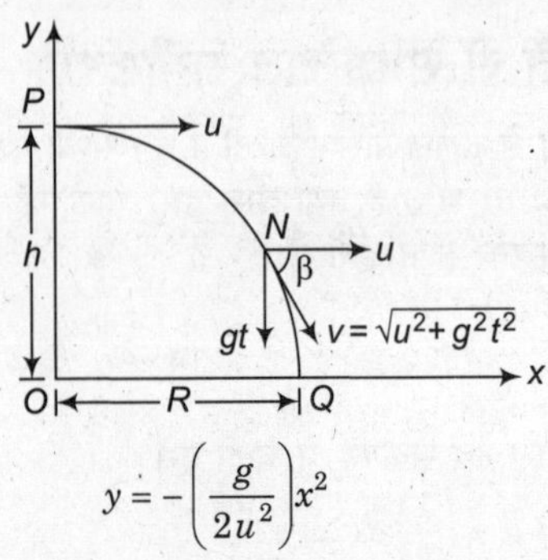

$$y = -\left(\frac{g}{2u^2}\right)x^2$$

(ii) **पृथ्वी तल से प्रक्षेपित प्रक्षेप्य** माना एक प्रक्षेप्य पृथ्वी तल से क्षैतिज से θ कोण पर फेंका गया है। इस प्रकार फेंके गए प्रक्षेप्य का पथ परवलयाकार होता है, जो निम्न समीकरण से व्यक्त किया जाता है।

$$y = x\tan\theta - \left(\frac{g}{2\,u^2\cos^2\theta}\right)x^2$$

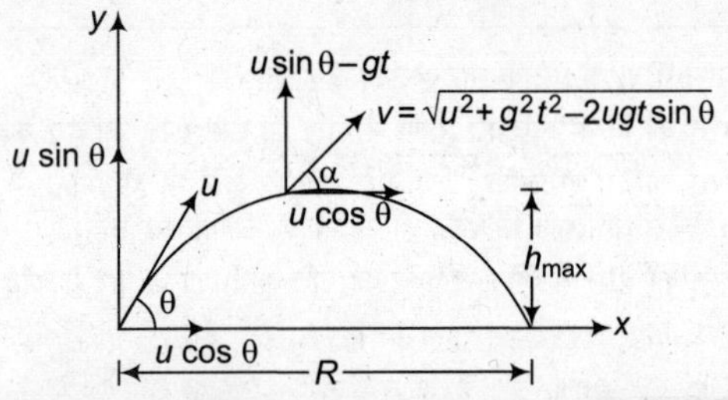

(a) **प्रक्षेप्य की ऊँचाई** (Height of projectile) प्रक्षेप्य द्वारा प्राप्त की गई अधिकतम ऊँचाई

$$H_{\max} = \frac{u^2\sin^2\theta}{2g}$$

(b) **प्रक्षेप्य का क्षैतिज परास** (Horizontal range of projectile) प्रक्षेप्य द्वारा उड्डयनकाल में तय की गई क्षैतिज दूरी प्रक्षेप्य का क्षैतिज परास कहलाती है।

$$R = \frac{u^2\sin 2\theta}{g}$$

यदि प्रक्षेपण कोण $\theta = 45°$ हो, तो प्रक्षेप्य की परास अधिकतम हो जाती है। अतः

$$R_{\max} = \frac{u^2}{g}$$

(c) **प्रक्षेप्य का उड्डयन काल** (Time period of projectile) प्रक्षेप्य के पृथ्वी तल से फेंकने व इसके पुनः पृथ्वी तल तक वापिस लौटकर आने के समय को उड्डयन काल T कहते हैं।

$$T = \frac{2u\sin\theta}{g}$$

(d) किसी कण को यदि θ कोण तथा $\left(\frac{\pi}{2} - \theta\right)$ कोण पर फेंका जाए, तो दोनों स्थितियों में क्षैतिज परास समान होगी।

(e) क्षैतिज तल से प्रक्षेप्य की दिशा $\alpha = \tan^{-1}\left(\tan\theta - \frac{gt}{u\cos\theta}\right)$

(f) प्रक्षेप्य का वेग किसी क्षण t पर निम्नलिखित है; $v = \sqrt{u^2 + g^2t^2 - 2ugt\sin\theta}$

न्यूटन के गति के नियम तथा घर्षण

बल

बल वह बाह्य कारक है जो किसी वस्तु की गति की अवस्था या विराम की अवस्था में परिवर्तन कर सकता है।

यदि किसी वस्तु पर लगने वाले सभी बलों का परिणामी बल शून्य हो, तो ऐसे बलों को सन्तुलित बल कहते हैं।

यदि किसी वस्तु पर लगने वाले सभी बलों का परिणामी बल शून्य नहीं है, तो ऐसे बलों को असन्तुलित बल कहते हैं।

यदि दो बल P व Q जिनकी दिशाओं के बीच का कोण α है, किसी वस्तु पर कार्यरत हैं, तो दोनों बलों का परिणामी

$$R = \sqrt{P^2 + Q^2 + 2PQ \cos \alpha}$$

परिणामी R की P से दिशा यदि θ हो, तो $\tan \theta = \dfrac{Q \sin \alpha}{P + Q \cos \alpha}$

जड़त्व

किसी वस्तु का वह गुण जिसके कारण वह अपनी स्थिति में परिवर्तन का विरोध करती है, जड़त्व कहलाता है।

जड़त्व तीन प्रकार का होता है

1. **विराम का जड़त्व** (Inertia of rest) किसी वस्तु का वह गुण, जिसके कारण वह स्वयं अपनी विराम की अवस्था में परिवर्तन नहीं कर सकती, विराम का जड़त्व कहलाता है।
2. **गति का जड़त्व** (Inertia of motion) किसी वस्तु का वह गुण है, जिसके कारण वह अपनी एकसमान गति की अवस्था में परिवर्तन नहीं कर सकती, गति का जड़त्व कहलाता है।
3. **दिशा का जड़त्व** (Inertia of direction) किसी वस्तु का वह गुण, जिसके कारण वह अपनी एकसमान सरल रेखीय गति की दिशा में परिवर्तन नहीं कर सकती, दिशा का जड़त्व कहलाता है।

न्यूटन के गति के नियम

न्यूटन ने गति के तीन नियम दिए, जो निम्न प्रकार हैं

प्रथम नियम

इस नियम के अनुसार, यदि कोई वस्तु विरामावस्था में हो, तो वह विराम की अवस्था में ही रहेगी व यदि कोई वस्तु गति की अवस्था में हो, तो वह गति की अवस्था में ही रहेगी जब तक कि उस पर कोई बाह्य बल न लगाया जाए। इस नियम को जड़त्व का नियम भी कहते हैं।

जड़त्वीय तन्त्र (Inertial Frame) जड़त्वीय तन्त्र वह तन्त्र है जिसमें न्यूटन का प्रथम नियम किसी वस्तु की गति को, जिस पर कोई नेट बाह्य बल नहीं लगा है, ठीक-ठीक वर्णित करता है। न्यूटन के प्रथम नियम की दृष्टि से विरामावस्था में वस्तु व नियत वेग से गतिमान वस्तु में कोई अन्तर नहीं होता (क्योंकि दोनों ही स्थितियों में बाह्य बल अनुपस्थित है।)

न्यूटन के प्रथम नियम के कुछ अनुप्रयोग

(i) बस के अचानक चलने पर, बस में बैठे यात्री पीछे की ओर गिर जाते हैं।
(ii) कोई खिलाड़ी ऊँची कूद लेने से पहले बहुत तेज दौड़ता है।
(iii) चलती हुई बस से उतरने पर यात्री आगे की ओर गिर पड़ते हैं।
(iv) कम्बल को डण्डे से पीटने पर उसमें से धूल के कण अलग हो जाते हैं।
(v) बस के अचानक रुकने पर यात्री आगे की ओर गिर जाते हैं।
(vi) एकसमान वेग से गतिमान रेलगाड़ी में किसी गेंद को ऊपर उछालने पर यह वापस फेंकने वाले के हाथों में आ जाती है।
(vii) पेड़ों की डालों को हिलाने पर, फल नीचे गिर पड़ते हैं।
(viii) गतिमान वाहन के पहियों से कीचड़ स्पर्श रेखीय दिशा में गिरती है।

द्वितीय नियम

किसी वस्तु के संवेग परिवर्तन की समय दर उस पर लगे नेट बल के बराबर होती है तथा यह परिवर्तन बल की ही दिशा में होता है।

गणितीय रूप से, बल $\mathbf{F} = \dfrac{d\mathbf{p}}{dt}$

$$\mathbf{p} = m\mathbf{v}$$

(वस्तु का संवेग)

$$\mathbf{F} = \frac{d}{dt}(m\mathbf{v}) = m\frac{d\mathbf{v}}{dt} = m\mathbf{a}$$

जहाँ, $\mathbf{a} = \dfrac{d\mathbf{v}}{dt}$, बल की दिशा में वस्तु का त्वरण है।

अर्थात् किसी वस्तु पर लगने वाला बल उस वस्तु के द्रव्यमान व वस्तु में बल के कारण उत्पन्न त्वरण के गुणनफल के बराबर होता है।

आवेग

यदि किसी वस्तु पर कोई बल अत्यन्त कम समय के लिए कार्य करता है, तो बल व समय के गुणनफल को बल का आवेग कहते हैं। इसका मात्रक न्यूटन-सेकण्ड है।

आवेग = बल × समयान्तराल = $F \times \Delta t$

या आवेग = संवेग-परिवर्तन

इसका मात्रक न्यूटन-सेकण्ड या किग्रा-मीटर/सेकण्ड है।

आवेग की परिकल्पना के कुछ उदाहरण

(i) किसी गेंद को कैच करते समय क्रिकेट खिलाड़ी, चोट से बचने के लिए अपने हाथों को पीछे कर लेते हैं।
(ii) कार, बस, ट्रक आदि में झटकों आदि से बचने के लिए शोकर (shock absorber) लगाए जाते हैं।
(iii) पक्के फर्श पर गिरने पर, कच्चे फर्श पर गिरने की अपेक्षा अधिक चोट लगती है।
(iv) क्रॉकरी या चीनी मिट्टी के बर्तनों को पैक करते समय उन्हें भूसे आदि में रखा जाता है।

तृतीय नियम

जब भी कोई एक वस्तु किसी दूसरी वस्तु पर बल लगाती है, तो दूसरी वस्तु भी पहली वस्तु पर उतना ही बल विपरीत दिशा में लगाती है।

इस नियम के अनुसार, "प्रत्येक क्रिया की बराबर परन्तु विपरीत दिशा में प्रतिक्रिया होती है।"

न्यूटन के तृतीय नियम के कुछ उदाहरण

(i) बन्दूक से गोली चलाने पर, बन्दूकधारी को पीछे की ओर झटका लगता है।
(ii) जब नाविक नाव से किनारे पर कूदता है, तो वह नाव पर पीछे की ओर एक बल लगाता है।
(iii) जब हम पानी में कूदते हैं, तो हम तैरने के लिए अपने हाथ, पैरों को चलाकर पानी को पीछे की ओर धकेलते हैं।

रेखीय संवेग

किसी गतिमान वस्तु की गति की कुल मात्रा को उस वस्तु का संवेग कहते हैं।

किसी वस्तु के द्रव्यमान व वेग के गुणनफल को उसका रेखीय संवेग (p) कहते हैं।

$$p = mv$$

यह एक सदिश राशि है, इसका मात्रक किग्रा-मीटर/सेकण्ड होता है तथा विमीय सूत्र $[MLT^{-1}]$ होता है।

यदि किसी पिण्ड का संवेग p है, तो उसकी गतिज ऊर्जा $K = \frac{p^2}{2m}$ होती है।

रेखीय संवेग संरक्षण का नियम

यदि किसी निकाय पर लगने वाला बल शून्य है, तो उसका कुल रेखीय संवेग संरक्षित रहता है।

यदि m_1 व m_2 द्रव्यमान की दो वस्तुएँ क्रमश: u_1 व u_2 वेग से गतिमान हैं व टकराने के बाद इनके वेग v_1 व v_2 हो जाते हैं, तो रेखिय संवेग संरक्षण के नियम से,

$$m_1u_1 + m_2u_2 = m_1v_1 + m_2v_2$$

यदि कोई m द्रव्यमान की वस्तु v वेग से दीवार से टकराती है व समान वेग v से वापस लौटती है, तो संवेग परिवर्तन $= 2\,mv$

यदि गुरुत्व के अधीन गति करती कोई वस्तु छोटे-छोटे टुकड़ों में टूट जाती है, तो निकाय का द्रव्यमान केन्द्र उसी रेखा के अनुदिश रहता है।

यदि m द्रव्यमान की n गोलियाँ, v वेग से बन्दूक से निकल रही हैं, तो बन्दूक पर लगने वाला बल mnv होगा।

संवेग संरक्षण के अनुप्रयोग

(i) जब बन्दूक से गोली छोड़ते हैं, तो बन्दूक, बन्दूकधारी को पीछे की ओर धकेलती है।

यदि बन्दूक का द्रव्यमान M व वेग v है तथा गोली का द्रव्यमान m व वेग u है, तब

$$Mv + mu = 0$$

$$Mv = -mu = p$$

$$v = -\frac{m}{M}u$$

(ii) जब कोई व्यक्ति नाव से किनारे पर कूदता है, तो नाव किनारे से पीछे की ओर हटती है।

(iii) कोई व्यक्ति घर्षण रहित सतह पर अपने मुँह से वायु बाहर निकालकर अथवा अपनी गति की विपरीत दिशा में कोई वस्तु फेंककर वाँछित दिशा में गति कर सकता है।

(iv) रॉकेट का प्रक्षेपण संवेग संरक्षण के सिद्धान्त पर आधारित है। राकेट का प्रारम्भिक संवेग इसके प्रक्षेपण तल पर शून्य है। जब रॉकेट को इसके प्रक्षेपण तल से प्रक्षेपित किया जाता है, तब दहन कक्ष में ईंधन के जलने से उत्पन्न गैसें तेजी से नीचे की ओर बाहर निकलती हैं। अत: संवेग संरक्षण के नियम से रॉकेट ऊपर की ओर गति करता है।

घिरनी

यदि दो असमान द्रव्यमान m तथा $2m$ चिकनी द्रव्यमान हीन घिरनी के ऊपर से गुजरने वाली तथा लम्बाई में न बढ़ने वाली डोरी के दो सिरों से चित्रानुसार बँधे हैं। माना द्रव्यमान $2m$ इसके भार $2mg$ के बराबर बल से नीचे खींचा जा रहा है। इसी प्रकार द्रव्यमान m को बल mg से ऊपर की ओर खीचा जा रहा है, तब

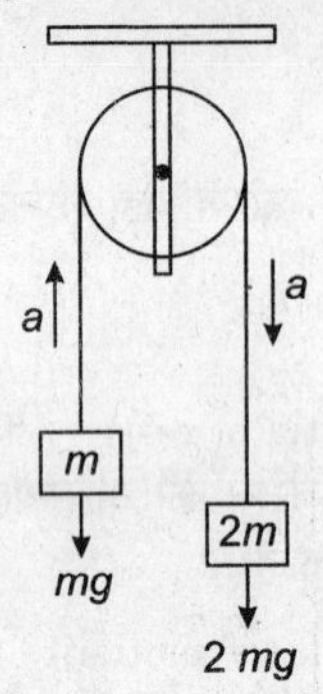

कुल खिंचाव बल $= 2mg - mg = mg$

तथा कुल द्रव्यमान $= 2m + m = 3m$

$\therefore$ निकाय का त्वरण, $a = \frac{\text{कुल खिंचाव बल}}{\text{कुल द्रव्यमान}} = \frac{mg}{3m} = \frac{g}{3}$

नोट

- यदि डोरी खींचने योग्य नहीं है, तब डोरी से जुड़े कुछ द्रव्यमानों के त्वरण के परिमाण सदैव समान रहते हैं।
- यदि डोरी द्रव्यमान हीन है, तब इसमें प्रत्येक स्थान पर तनाव समान रहता है। यदि डोरी में द्रव्यमान है, तब विभिन्न बिन्दुओं पर द्रव्यमान भिन्न-भिन्न होता है।
- यदि डोरी व घिरनी के बीच घर्षण है, तब घिरनी के दोनों ओर तनाव भिन्न होता है। परन्तु यदि घिरनी तथा डोरी के बीच घर्षण नहीं है, तब घिरनी के दोनों ओर तनाव समान होता है।
- डोरी टूटने पर डोरी में तनाव शून्य हो जाता है।
- पिण्ड या घिरनी पर तनाव की दिशा सदैव डोरी या घिरनी से दूर की ओर ली जाती है।

संलग्न पिण्डों की गति

चित्र से,

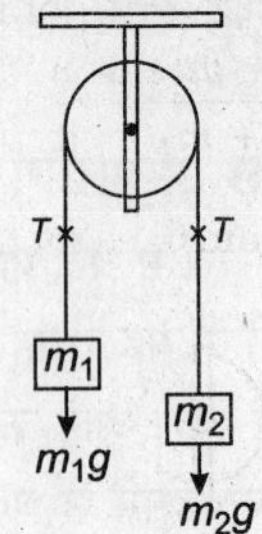

$$m_1g - T = m_1a \quad ...(i)$$

तथा

$$T - m_2g = m_2a \quad ...(ii)$$

समी (i) व (ii) से,

$$a = \left(\frac{m_1 - m_2}{m_1 + m_2}\right)g \quad \text{तथा} \quad T = \left(\frac{2m_1m_2}{m_1 + m_2}\right)g$$

1. लटके पिण्ड द्वारा क्षैतिज सतह पर त्वरित पिण्ड

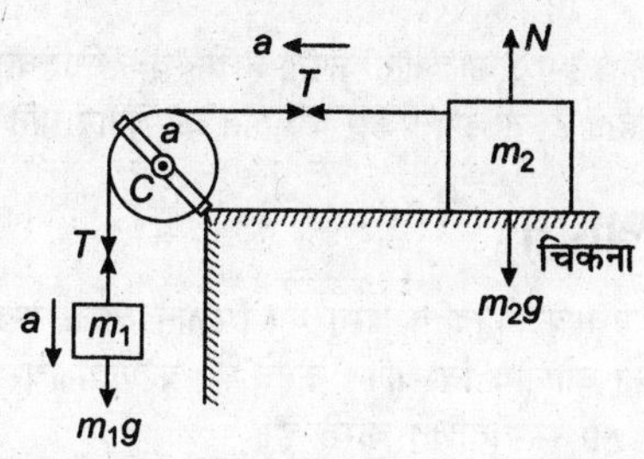

$$T = m_2 a \quad ...(i)$$

$$m_1 g - T = m_1 a \quad ...(ii)$$

तनाव, $a = \left(\frac{m_1}{m_1 + m_2}\right)g$

त्वरण, $T = \left(\frac{m_1 m_2}{m_1 + m_2}\right)g$

2. चिकने आनत तल पर गति

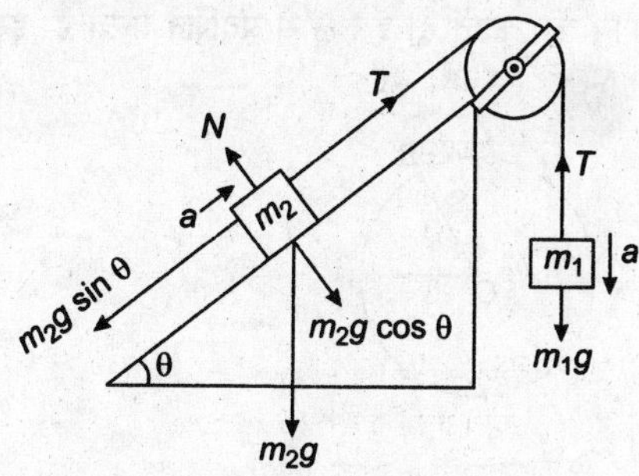

$$m_1 g - T = m_1 a \quad ...(i)$$

$$T - m_2 g \sin\theta = m_2 a \quad ...(ii)$$

$\therefore \quad a = \left(\frac{m_1 - m_2 \sin\theta}{m_1 + m_2}\right)g$

तथा $\quad T = \frac{m_1 m_2 (1 + \sin\theta) g}{(m_1 + m_2)}$

3. θ_1 व θ_2 कोण के नत समतल पर स्थित पिण्डों की गति

त्वरण, $a = \frac{(m_1 \sin\theta_1 - m_2 \sin^2\theta_2)}{m_1 + m_2}$

तनाव, $T = \frac{m_1 m_2}{m_1 + m_2} \cdot (\sin\theta_2 + \sin\theta_1) g$

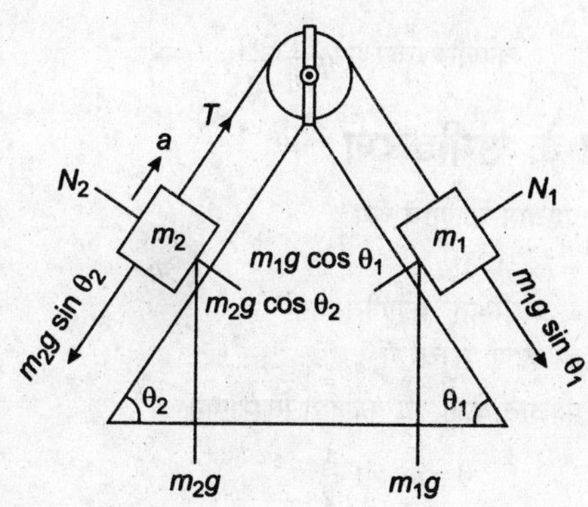

घर्षण

जब दो वस्तुएँ सम्पर्क में रखी जाती हैं, तो उनके पृष्ठों के मध्य लगने वाला वह बल जो उनके बीच आपेक्षिक गति का विरोध करता है, घर्षण बल कहलाता है तथा यह गुण घर्षण कहलाता है।

घर्षण बल दो पिण्डों की सतह के समान्तर तथा उत्पन्न हुई गति के विरुद्ध कार्य करता है। घर्षण बल सम्पर्क में आए तलों अथवा गतिमान वस्तुओं के बीच आपेक्षिक गति को नष्ट करता है।

घर्षण बल ससंजन तथा आसंजन बलों के कारण होता है।

जब किन्हीं दो तलों में घर्षण बल अधिक होता है, तो स्नेहक के द्वारा घर्षण बल कम कर दिया जाता है।

बेलनी घर्षण < सर्पी घर्षण

घर्षण बल के प्रकार

स्थैतिक घर्षण बल (Static friction force) वह घर्षण बल जो दो तलों के बीच आपेक्षिक गति पैदा होने से पहले कार्य करता है, तो उसे हम स्थैतिक घर्षण बल (static frictional force) कहते हैं। यह प्रकृति में स्वयं व्यवस्थित हो जाता है तथा यह परिमाण को इस प्रकार व्यवस्थित करता है कि वस्तु पर कार्यरत् अन्य बलों के साथ यह दो तलों के मध्य विश्राम अवस्था बनाए रखता है।

अतः $\quad f_s = F$

दिए हुए तलों के लिए,

$f_s \propto R \quad$ (अभिलम्ब प्रतिक्रिया)

या $\quad f_s = \mu_s R$

जहाँ μ_s को स्थैतिक घर्षण-गुणांक कहते हैं।

गतिक घर्षण बल (Dynamic friction force) गति प्रारम्भ होने पर तलों के मध्य लगने वाला घर्षण बल नष्ट हो जाता है तथा अब एकसमान गति बनाए रखने के लिए कुछ कम बल F की आवश्यकता होती है। गति के दौरान तलों के बीच लगने वाले घर्षण बल को गतिक घर्षण बल (dynamic frictional force) f_k कहते हैं। इसका मान सीमान्त स्थैतिक घर्षण बल f_s से कम होता है।

गतिक घर्षण बल $f_k = \mu_k R$ जहाँ μ_k गतिक घर्षण गुणांक है।

सीमान्त घर्षण बल (Limiting friction force) आरोपित बल F को थोड़ा-सा बढ़ाने पर वस्तु गति नहीं करती। इससे तात्पर्य है कि स्थैतिक घर्षण बल f_s भी बढ़कर पुनः F के नए मान के बराबर हो जाता है। इस प्रकार, जैसे-जैसे F का मान बढ़ाते हैं, स्थैतिक घर्षण बल f_s भी बढ़ता जाता है।

स्थैतिक घर्षण बल f_s के इस अधिकतम मान को सीमान्त घर्षण बल (Limiting frictional force) कहते हैं।

सीमान्त घर्षण के नियम

(i) सीमान्त घर्षण का मान, दोनों सम्पर्क पृष्ठों की प्रकृति व उनका रूक्षता पर निर्भर करता है।

(ii) सीमान्त घर्षण दोनों सम्पर्क पृष्ठों के स्पर्शरेखीय व उस दिशा के विपरीत होता है जिसमें गति शुरू होने वाली होती है।

(iii) दो सतहों के बीच सीमान्त घर्षण का मान, उन दोनों पृष्ठों के बीच की अभिलम्ब प्रतिक्रिया के समानुपाती होता है।

अर्थात् $\quad F_L \propto R$

$$F_L = \mu_L R$$

μ_L = सीमान्त घर्षण गुणांक

(iv) यदि अभिलम्ब प्रतिक्रिया समान रहे तो पृष्ठों के लिए सीमान्त घर्षण, पृष्ठों की आकृति व क्षेत्रफल पर निर्भर नहीं करता।

सर्पी घर्षण

जब कोई वस्तु किसी अन्य वस्तु की सतह पर फिसलती है अथवा फिसलने का प्रयास करती है, तो दोनों वस्तुओं के बीच लगने वाले घर्षण बल को सर्पी घर्षण कहते हैं।

लोटनिक घर्षण

जब कोई वस्तु किसी अन्य वस्तु की सतह पर लुढ़कती है अथवा लुढ़कने का प्रयास करती है, तो दोनों वस्तुओं के बीच लगने वाले घर्षण को लोटनिक घर्षण कहते हैं।

घर्षण कोण

सीमान्त घर्षण की अवस्था में अभिलम्ब प्रतिक्रिया बल (R) तथा सीमान्त घर्षण बल (f_s) के परिणामी तथा अभिलम्ब प्रतिक्रिया के बीच बना कोण, घर्षण कोण कहलाता है।

यदि α घर्षण कोण हो, तो

$$\tan\alpha = \frac{f}{R}$$

परन्तु $\frac{f}{R} = \mu$, घर्षण गुणांक

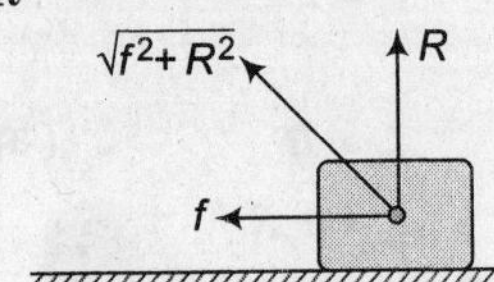

$\therefore$ $\tan\alpha = \mu$

इस प्रकार स्थैतिक घर्षण गुणांक घर्षण कोण की स्पर्श रेखा के बराबर है।

विराम कोण

नत तल के द्वारा बनाया गया वह कोण, जिससे उस पर रखी वस्तु फिसलना प्रारम्भ कर दे, विराम कोण कहलाता है। साम्यावस्था में,

$$f = mg\sin\theta$$
$$N = mg\cos\theta$$

एक को दूसरे से विभाजित करने पर,

$$\frac{f}{N} = \tan\theta \qquad \left(\because \frac{f}{N} = \mu\right)$$

$$\mu = \tan\theta$$

इस प्रकार सीमान्त गुणांक विराम (repose) कोण की स्पर्श रेखा के बराबर है।

वृतीय व घूर्णन गति

वृत्तीय गति

यदि कोई कण इस प्रकार गति करता है कि एक निश्चित बिन्दु से सदैव इसकी दूरी समान रहती है, तो कण की इस प्रकार की गति को वृत्तीय गति कहते हैं।

घूर्णन गति

यदि कणों का निकाय इस प्रकार गति करता है कि एक निश्चित बिन्दु से इसकी दूरी सदैव समान रहती है, तो इस प्रकार की गति को घूर्णन गति कहते हैं।

कोणीय विस्थापन

वस्तु के वृत्ताकार पथ के केन्द्र व वस्तु को मिलाने वाली रेखा द्वारा केन्द्र पर बनाए गए कोण को कोणीय विस्थापन कहते हैं। कोणीय विस्थापन का मात्रक रेडियन है व इसे $\Delta\theta$ से प्रदर्शित करते हैं।

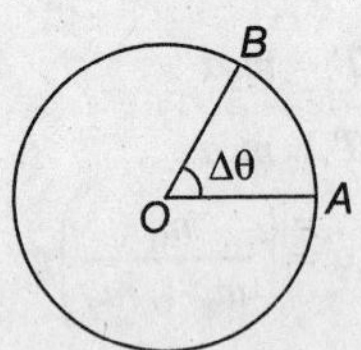

कोणीय वेग

एकसमान वृत्तीय गति करने वाली किसी वस्तु द्वारा 1 सेकण्ड में किए गए कोणीय विस्थापन को कोणीय वेग कहते हैं। इसे ω से प्रदर्शित करते हैं, इसका मात्रक रेडियन/सेकण्ड है।

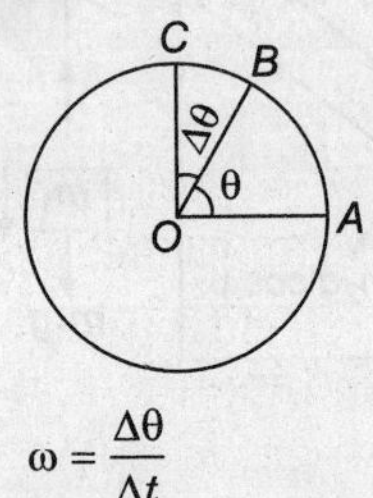

$$\omega = \frac{\Delta\theta}{\Delta t}$$

(i) यदि वस्तु अपना 1 चक्कर पूरा करने में T सेकण्ड का समय लेती है, तो

$$\omega = \frac{2\pi}{T}$$

(ii) यदि कोई वस्तु 1 सेकण्ड में n चक्कर पूरे करती है, तो $\omega = 2\pi n$,

(iii) यदि कोई वस्तु r त्रिज्या के वृत्ताकार पथ पर ω कोणीय वेग से गति कर रही है, तो वस्तु का रेखीय वेग $v = r\omega$ अर्थात् वस्तु केन्द्र से जितनी अधिक दूरी पर होगी, उसका रेखीय वेग उतना ही अधिक होगा।

कोणीय त्वरण

किसी वस्तु के कोणीय वेग परिवर्तन की दर को उस वस्तु का कोणीय त्वरण कहते हैं।

$$\text{कोणीय त्वरण } \alpha = \frac{\Delta\omega}{\Delta t}$$

घूर्णन गति के समीकरण

(i) t समय पश्चात् कोणीय वेग

$$\omega = \omega_0 + \alpha t$$

ω_0 = प्रारम्भिक कोणीय वेग,

α = कोणीय त्वरण

(ii) t समय पश्चात् कण का कोणीय विस्थापन

$$\theta = \omega_0 t + \frac{1}{2}\alpha t^2$$

(iii) यदि कोणीय विस्थापन θ के पश्चात् कोणीय वेग ω_0 से बदलकर ω हो जाए, तो

$$\omega^2 = \omega_0^2 + 2\alpha\theta$$

एकसमान वृत्तीय गति

यदि कोई वस्तु किसी वृत्ताकार पथ पर नियत चाल से गति करती है, तो उसकी गति एकसमान वृत्तीय गति कहलाती है।

अभिकेन्द्रीय त्वरण

जब कोई वस्तु एकसमान वृत्तीय गति करती है, तो उसकी चाल तो नियत रहती है परन्तु उसकी दिशा लगातार बदलती रहती है, अर्थात् वस्तु का वेग बदलता रहता है। वेग परिवर्तन की इस दर को त्वरण कहते हैं। अर्थात् एकसमान वृत्तीय गति में जो त्वरण होता है, उसे अभिकेन्द्रीय त्वरण कहते हैं।

अभिकेन्द्रीय त्वरण $a = \frac{v^2}{r}$ या $a = r\omega^2$

अभिकेन्द्रीय त्वरण की दिशा सदैव केन्द्र की ओर होती है।

अभिकेन्द्रीय त्वरण का परिमाण तो नियत रहता है परन्तु उसकी दिशा लगातार बदलती रहती है तथा सदैव कण के वेग के लम्बवत् रहती है।

कोरिऑलिस बल

किसी घूर्णी निर्देश तन्त्र में किसी गतिशील वस्तु में जिस बल के कारण विक्षेपण होता है उसे कॉरिऑलिस बल कहते हैं। यदि निर्देश तन्त्र घड़ी की दिशा में घूम रहा है तो यह बल वस्तु की गति की दिशा के बायीं ओर को प्रभावी होता है तथा यदि निर्देश तन्त्र घड़ी की विपरीत दिशा में घूम रहा है तो यह बल वस्तु की गति की दिशा के दायीं ओर को प्रभावी होता है तथा वस्तु को विक्षेपित कर देता है।

अभिकेन्द्रीय बल

एकसमान वृत्तीय गति करने वाली किसी वस्तु पर कार्य करने वाले बल को अभिकेन्द्रीय बल कहते हैं।

अभिकेन्द्रीय बल $F = \frac{mv^2}{r}$ या $F = mr\omega^2$

बिना अभिकेन्द्रीय बल के एकसमान वृत्तीय गति सम्भव नहीं है।

छद्म बल

अजड़त्वीय फ्रेम में न्यूटन के गति के नियम प्रयोग करने के लिए m द्रव्यमान के कण पर जो काल्पनिक बल कार्यरत रहता है, उसे छद्म बल कहते हैं।

अपकेन्द्र बल

वृत्तीय गति करती हुई किसी वस्तु पर केन्द्र से बाहर की ओर को लगने वाले बल को अपकेन्द्र बल कहते हैं।

यह एक आभासी अथवा छद्म बल है, जो अभिकेन्द्र बल की प्रतिक्रिया के बराबर होता है।

वाशिंग मशीन का कार्य सिद्धान्त अपकेन्द्रण है तथा इसी सिद्धान्त पर दूध से घी निकाला जाता है।

दैनिक जीवन में अभिकेन्द्र बल उत्पन्न करने के उदाहरण निम्नलिखित हैं

(i) साइकिल सवार अपनी साइकिल को मोड़ते समय अपने शरीर को साइकिल सहित मोड़ के केन्द्र की ओर को झुका लेता है।

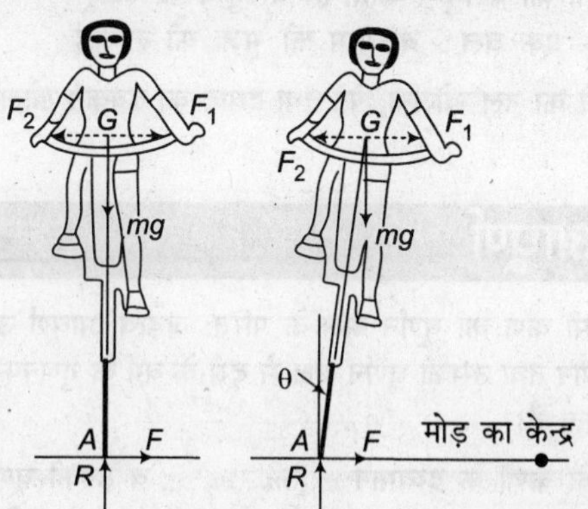

साइकिल सवार का झुकाव कोण $\theta = \tan^{-1}\left[\frac{v^2}{rg}\right]$

v = साइकिल सवार का वेग,

r = मोड़ की वक्रता त्रिज्या, g = गुरुत्वीय त्वरण

(ii) मोड़ पर सड़कों व रेल की पटरी में ढलाव होता है, जिससे मोटर गाड़ी अथवा रेलगाड़ी को मोड़ पर मुड़ने के लिए आवश्यक अभिकेन्द्र बल प्राप्त हो जाए।

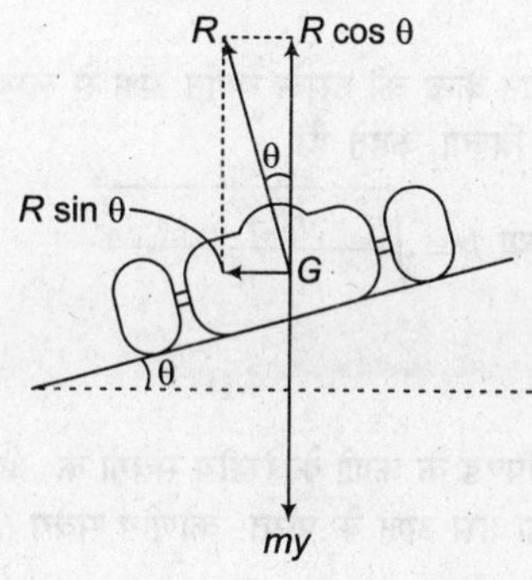

सड़क अथवा पटरी का ढलाव कोण $\theta = \tan^{-1}\left[\frac{v^2}{rg}\right]$

इस सूत्र से किसी निश्चित चाल v तथा निश्चित त्रिज्या r के लिए θ का मान निश्चित हो जाता है।

बल आघूर्ण

किसी बल की वह प्रवृत्ति जिसके कारण वह एक निश्चित बिन्दु के परित: किसी वस्तु को घुमाने का प्रयास करता है, बल आघूर्ण कहलाता है। बल आघूर्ण का मान वस्तु पर लगे बल व निश्चित बिन्दु से बल की क्रिया रेखा की लम्बवत् दूरी के गुणनफल के बराबर होता है। यह एक सदिश राशि है।

बल आघूर्ण $\tau = \mathbf{r} \times \mathbf{F}$

इसका मात्रक न्यूटन-मीटर है।

बलयुग्म

किसी वस्तु पर दो बराबर किन्तु विपरीत दिशाओं में कार्य करने वाले समानान्तर बलों को बलयुग्म कहते हैं। बलयुग्म का आघूर्ण

= एक बल × बलयुग्म की भुजा की लम्बाई

उदाहरण पानी का नल खोलना, पेन तथा दवाद का ढक्कन खोलना आदि।

जड़त्व आघूर्ण

पिण्ड के किसी कण का घूर्णन अक्ष के परित: जड़त्व आघूर्ण उस कण के द्रव्यमान तथा उसकी घूर्णन अक्ष से दूरी के वर्ग के गुणनफल के बराबर होता है।

यदि निकाय के कणों के द्रव्यमान m_1, m_2, m_3 .... व उनकी घूर्णन अक्षों से दूरियाँ क्रमश: r_1, r_2, r_3 .... हों, तो घूर्णन अक्ष के परित: जड़त्व आघूर्ण

$$I = \sum_{i=1}^{n} m_i r_i^2$$

यह एक अदिश राशि है, इसका मात्रक किग्रा-मीटर^2 है।

पिण्ड का आघूर्ण, घूर्णन गति में वही कार्य करता है, जो रेखीय गति में उसका द्रव्यमान।

घूर्णन त्रिज्या

किसी पिण्ड के द्रव्यमान केन्द्र की उसके घूर्णन अक्ष से लम्बवत् दूरी को पिण्ड की घूर्णन त्रिज्या कहते हैं।

$$\text{घूर्णन त्रिज्या } k = \sqrt{\frac{r_1^2 + r_2^2 + ... + r_n^2}{n}}$$

कोणीय संवेग

घूर्णन अक्ष के परित: पिण्ड के कणों के रेखीय संवेगों के आघूर्णों के योग को उस पिण्ड का उस अक्ष के परित: कोणीय संवेग (J) कहते हैं। कोणीय संवेग, $J = I\omega$

इसका मात्रक जूल-सेकण्ड अथवा किग्रा-मीटर^2/सेकण्ड है। किसी पिण्ड के कोणीय संवेग परिवर्तन की दर उस पिण्ड पर लगे बल आघूर्ण के बराबर होती है।

$$T = \frac{dJ}{dt}$$

कोणीय संवेग संरक्षण का सिद्धान्त

यदि घूर्णन गति करते हुए किसी पिण्ड पर कोई बल आघूर्ण कार्य नहीं कर रहा हो, तो उस पिण्ड का कोणीय संवेग नियत रहता है।

J = नियतांक, यदि $\tau = 0$

कोणीय संवेग संरक्षण के सिद्धान्त के कुछ उपयोग

(i) सूर्य के चारों ओर दीर्घ वृत्तीय कक्षा में गति करते ग्रह का कोणीय वेग, सूर्य के निकट आने पर अधिक होता है व सूर्य से दूर जाने पर कम होता है।

(ii) यदि घूर्णन करते हुए प्लेटफॉर्म पर अपने हाथों में भार लिए व हाथ फैलाए हुए खड़ा कोई व्यक्ति, अपने हाथ मोड़ कर अपनी छाती से लगा लेता है, तो उसकी घूर्णन की चाल बढ़ जाती है।

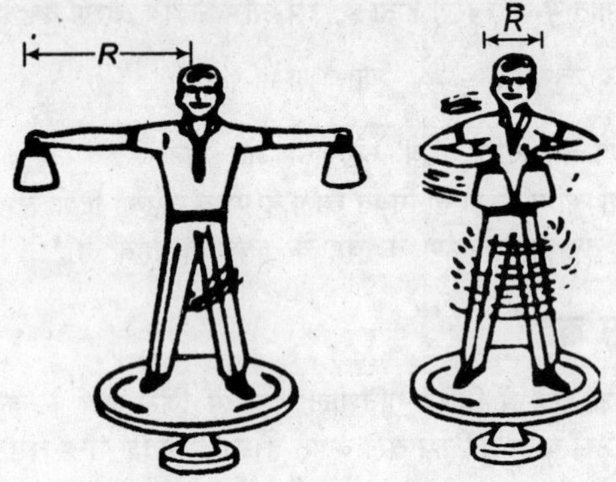

(iii) बैले डांसर (ballet dancer) अपने हाथों को मोड़कर व अपनी टांगों को परस्पर निकट लाकर अपना कोणीय वेग बढ़ा सकती है।

(iv) जब कोई तैराक ऊपर से जल में कूदता है, तो वह सीधे कूदने के बजाए अपने शरीर को मोड़ लेता है।

घूर्णन गति व स्थानान्तरीय (रेखीय) गति में तुलना
(Comparison between Rotational and Translational Motion)

क्र.सं.	स्थानान्तरीय गति	घूर्णन गति
1.	रेखीय या स्थानान्तरीय गति के समीकरण	घूर्णन गति के समीकरण
	(i) $v = u + at$	(i) $\omega = \omega_0 + \alpha t$
	(ii) $s = ut + \frac{1}{2}at^2$	(ii) $\theta = \omega_0 t + \frac{1}{2}\alpha t^2$
	(iii) $v^2 - u^2 = 2as$	(iii) $\omega^2 - \omega_0^2 = 2\alpha\theta$
	(iv) $s_{nth} = u + \frac{a}{2}(2n-1)$	(iv) $\theta_{nth} = \omega_0 + \frac{\alpha}{2}(2n-1)$
2.	क्षमता $P = \mathbf{F}.\mathbf{v}$	क्षमता $= \tau . \omega$
3.	कार्य $W = \mathbf{F}.\mathbf{r}$	कार्य $W = \tau.\theta$
4.	बल $\mathbf{F} = m\mathbf{a}$	बल आघूर्ण $\tau = I\alpha$
5.	रेखीय आवेग $= \mathbf{F}(\Delta t) = \Delta p$	कोणीय आवेग $\tau(\Delta t) = \Delta \mathbf{L}$
6.	रेखीय संवेग $\mathbf{p} = mv$	कोणीय संवेग $\mathbf{L} = I\omega$
7.	रेखीय त्वरण $\mathbf{a} = \frac{dv}{dt} = \frac{d^2\mathbf{r}}{dt^2}$	कोणीय त्वरण $\mathbf{a} = \frac{d\omega}{dt} = \frac{d^2\theta}{dt^2}$
8.	रेखीय वेग $\mathbf{v} = \frac{d\mathbf{r}}{dt}$	कोणीय वेग $\omega = \frac{d\theta}{dt}$
9.	रेखीय गतिज ऊर्जा $E_t = \frac{1}{2}mv^2$	घूर्णन गतिज ऊर्जा $E_r = \frac{1}{2}I\omega^2$

कार्य, सामर्थ्य व ऊर्जा

कार्य

जब किसी वस्तु पर बल लगाकर उसकी स्थिति में परिवर्तन किया जाता है, तो इसे कार्य होना कहते हैं।

यदि किसी वस्तु पर F बल लगाकर उसे s दूरी तक विस्थापित किया जाता है, तो कार्य $W = \mathbf{F} \cdot \mathbf{s}$

यदि बल व विस्थापन की दिशाओं के बीच कोण θ है, तो

$$W = F \cdot s \cos\theta$$

कार्य का मात्रक जूल है, यह अदिश राशि है।

CGS पद्धति में कार्य का मात्रक अर्ग होता है।

$$1 \text{ जूल} = 10^7 \text{ अर्ग}$$

विभिन्न स्थितियों में कार्य की प्रकृति

यदि बल व विस्थापन के बीच कोण θ, न्यूनकोण है, तो किया गया कार्य धनात्मक होगा।

उदाहरण

1. जब कोई वस्तु मुक्त रूप से गिरती है, तो गुरुत्व द्वारा किया गया कार्य धनात्मक होगा।
2. जब घोड़ा क्षैतिज सड़क पर गाड़ी को खींचता है, तो किया गया कार्य धनात्मक होगा।

यदि बल व विस्थापन के बीच कोण θ अधिक कोण है, तो किया गया कार्य ऋणात्मक होगा।

उदाहरण

1. जब कोई वस्तु किसी रूक्ष सतह पर फिसलती है, तो घर्षण बल द्वारा किया गया कार्य ऋणात्मक होगा।
2. जब एक धनावेश को दूसरे धनावेश की ओर गति कराई जाती है, तो विद्युत स्थैतिक आकर्षण द्वारा किया गया कार्य ऋणात्मक होगा।
3. जब किसी वस्तु को ऊपर की ओर फेंका जाता है, तो गुरुत्व द्वारा किया गया कार्य ऋणात्मक होगा।

यदि बल व विस्थापन के बीच कोण θ, समकोण (90°) है अथवा F व s दोनों शून्य या एक शून्य है, तो किया गया कार्य शून्य होगा।

उदाहरण

1. जब कोई कुली अपने सिर पर भार रखकर, चलता है, तो सैद्धान्तिक रूप से उसके द्वारा किया गया कार्य शून्य होगा।
2. जब किसी वस्तु को डोरी से बाँधकर घुमाया जाता है, तो डोरी में तनाव द्वारा किया गया कार्य शून्य होगा।
3. यदि कोई व्यक्ति भारी बोझा लेकर एक स्थान पर खड़ा है, तो भी उसके द्वारा किया गया कार्य शून्य होगा।

संरक्षी तथा असंरक्षी बल

संरक्षी बल (Conservative Force)

यदि किसी बल द्वारा किसी वस्तु को एक बिन्दु से दूसरे बिन्दु तक विस्थापित करने में किया गया कार्य, वस्तु द्वारा चले पथ पर निर्भर नहीं करता, तो इस प्रकार के बल को **संरक्षी बल** कहते हैं।

या

यदि बल द्वारा किसी वस्तु को बन्द पथ में चलाने में किया गया कार्य शून्य है, तो बल को संरक्षी बल कहते हैं।

उदाहरण गुरुत्वाकर्षण बल व विद्युत स्थैतिक बल संरक्षी बल के उदाहरण हैं।

असंरक्षी बल

यदि किसी बल द्वारा किसी वस्तु को बन्द पथ में चलाने में किया गया कार्य शून्य न हो, तो ऐसे बल को असंरक्षी बल कहते हैं।

या

यदि कण एक चक्र पथ पूर्ण करने पर अपनी प्रारम्भिक स्थिति में बदली हुई गतिज ऊर्जा से लौटता है तो कण पर लगने वाला बल असंरक्षी बल कहलाता है। *उदाहरण* घर्षण बल।

ऊर्जा

किसी व्यक्ति अथवा वस्तु की कार्य करने की क्षमता को उसकी ऊर्जा कहते हैं। ऊर्जा के रूपान्तरण द्वारा ही कार्य किया जाता है इसलिए कार्य व ऊर्जा के मात्रक समान होते हैं अर्थात् ऊर्जा का मात्रक भी जूल है। *यान्त्रिक ऊर्जा दो प्रकार की होती है*

गतिज ऊर्जा

किसी वस्तु की गति के कारण उसमें जो कार्य करने की क्षमता होती है, उसे उस वस्तु की गतिज ऊर्जा कहते हैं। यदि m द्रव्यमान की कोई वस्तु v वेग से गतिमान है, तो गतिज ऊर्जा

$$\text{KE} = \frac{1}{2}mv^2$$

यदि वस्तु का संवेग p है, तो $\text{KE} = \frac{p^2}{2m}$

कार्य-ऊर्जा प्रमेय (Work-Energy Theorem)

इस प्रमेय के अनुसार "किसी वस्तु पर लगे बल द्वारा वस्तु पर किया गया कार्य उस वस्तु की गतिज ऊर्जा में परिवर्तन के बराबर होता है।

किया गया कार्य $W = \frac{1}{2}mv^2 - \frac{1}{2}mu^2$

= अन्तिम गतिज ऊर्जा − प्रारम्भिक गतिज ऊर्जा

स्थितिज ऊर्जा

किसी वस्तु की स्थिति के कारण उसमें जो कार्य करने की क्षमता होती है, उसे उस वस्तु की स्थितिज ऊर्जा कहते हैं।

स्थितिज ऊर्जा एक स्थिति फलन है जिसकी ऋणात्मक प्रवणता से नैज बल प्राप्त होता है।

(नैज बल, वह बल है जो निजी आन्तरिक क्रियाओं के परिणामस्वरूप उत्पन्न होता है, यह सदैव संरक्षी होता है)

विभिन्न प्रकार की स्थितिज ऊर्जाएँ

1. **गुरुत्वीय स्थितिज ऊर्जा** (Gravitational potential energy) किसी वस्तु की पृथ्वी की सतह से ऊपर स्थिति के कारण कार्य करने की जो क्षमता होती है, उसे गुरुत्वीय स्थितिज ऊर्जा कहते हैं।

   गुरुत्वीय स्थितिज ऊर्जा $= mgh$

2. **विद्युत स्थैतिक स्थितिज ऊर्जा** (Electrostatic potential energy) दो विद्युत आवेशों के निकाय की स्थितिज ऊर्जा को विद्युत स्थैतिक स्थितिज ऊर्जा कहते हैं।

   सजातीय आवेशों के निकाय की स्थितिज ऊर्जा धनात्मक व विजातीय विद्युत आवेशों के निकाय की स्थितिज ऊर्जा ऋणात्मक होती है।

   विद्युत स्थैतिक स्थितिज ऊर्जा $U = \frac{1}{4\pi\varepsilon_0}\frac{q_1 q_2}{r}$

3. **प्रत्यास्थ स्थितिज ऊर्जा** (Elastic potential energy) किसी वस्तु की प्रत्यास्थता के कारण उसमें उपस्थित प्रत्यानयन बल द्वारा किया गया कार्य ही वस्तु की प्रत्यास्थ स्थितिज ऊर्जा के बराबर होता है।

   खिचे स्प्रिंग की प्रत्यास्थ स्थितिज ऊर्जा $U = \frac{1}{2}kx^2$

   जहाँ, $k =$ स्प्रिंग का बल नियतांक,

   $x =$ स्प्रिंग का खिंचाव।

द्रव्यमान-ऊर्जा तुल्यता

आइन्सटीन के अनुसार, द्रव्यमान को ऊर्जा में बदला जा सकता है।

m द्रव्यमान के तुल्य ऊर्जा $E = mc^2$

$c =$ निर्वात में प्रकाश की चाल

$= 3 \times 10^8$ मी/से

ऊर्जा संरक्षण का नियम

इस नियम के अनुसार, ऊर्जा को न तो उत्पन्न किया जा सकता है और न ही नष्ट, परन्तु ऊर्जा को एक रूप से दूसरे रूप में बदला जा सकता है।

ऊर्जा का रूपान्तरण (Transformation of Energy)

ऊर्जा के एक रूप से दूसरे रूप में बदलने को ऊर्जा का रूपान्तरण कहते हैं।

उदाहरण

1. ऊष्मीय इंजन में, ऊष्मीय ऊर्जा, यान्त्रिक ऊर्जा में बदलती है।
2. सूर्य में द्रव्यमान, विकरित ऊर्जा में बदलता है।
3. कोयले के दहन में रासायनिक ऊर्जा, ऊष्मीय ऊर्जा में बदलती है।
4. विद्युत बल्ब में विद्युत ऊर्जा, ऊष्मीय ऊर्जा व प्रकाश ऊर्जा में बदलती है।
5. विद्युत मोटर में विद्युत ऊर्जा, यान्त्रिक ऊर्जा में बदलती है।

यान्त्रिक ऊर्जा संरक्षण का नियम

संरक्षी बलों के प्रभाव में (घर्षण बलों की अनुपस्थिति में) किसी निकाय की कुल यान्त्रिक ऊर्जा (गतिज ऊर्जा + स्थितिज ऊर्जा) नियत रहती है अर्थात्

$$K + U = E \text{ (नियत)}$$

या $\Delta K + \Delta U = 0$

या $+\Delta K = -\Delta U$

अर्थात् किसी निकाय की गतिज ऊर्जा में वृद्धि

= स्थितिज ऊर्जा में कमी

अतः किसी निकाय की गतिज ऊर्जा एवं स्थितिज ऊर्जा एक-दूसरे में परिवर्तित हो जाती हैं।

सामर्थ्य

किसी वस्तु अथवा व्यक्ति की कार्य करने की दर को उस व्यक्ति अथवा वस्तु की सामर्थ्य कहते हैं।

$$\text{सामर्थ्य} = \frac{\text{कार्य}}{\text{समय}} \Rightarrow P = \frac{W}{t}$$

यह एक अदिश राशि है, इसका मात्रक वाट है।

अन्य मात्रक : 1 किलोवाट = 1000 वाट = 10^3 वाट

1 मेगावाट = 1000 किलोवाट = 10^6 वाट

1 अश्वशक्ति = 746 वाट

तात्क्षणिक क्षमता,

$$P = Fv\cos\theta = \mathbf{F}\cdot\mathbf{v}$$

संघट्ट

संघट्ट वह घटना या प्रक्रिया है, जिसमें दो पिण्डों या कणों के पास आने पर या अन्योन्य क्रिया करने पर इनके वेग परिवर्तित हो जाते हैं, उन दो पिण्डों या कणों की टक्कर संघट्ट कहलाती है अथवा दो वस्तुओं या कणों के मध्य अन्योन्य क्रिया को संघट्ट कहते हैं। संघट्ट के दौरान कणों का स्पर्श करना आवश्यक नहीं है तथा

सभी प्रकार की संघट्टों में रेखीय संवेग संरक्षण का नियम आवश्यक रूप से लागू होता है, जबकि यान्त्रिक ऊर्जा संरक्षण का नियम लागू होना आवश्यक नहीं है।

यदि दो पिण्ड संघट्ट के पश्चात् अपने वास्तविक आकार तथा रूप में आ जायें अर्थात् यान्त्रिक ऊर्जा का कोई भाग, पिण्डों में विकृत स्थितिज ऊर्जा के रूप में संचित नहीं होता तो पिण्डों के बीच संघट्ट प्रत्यास्थ (elastic) कहलाता है। अतः रेखीय संवेग के साथ गतिज ऊर्जा भी संरक्षित रहती है।

दूसरी ओर अप्रत्यास्थ (Inelastic) संघट्ट में टकराने वाले पिण्ड अपने वास्तविक आकार तथा रूप में पूर्ण रूप से नहीं आ पाते तथा यान्त्रिक ऊर्जा का कोई भाग, विकृत स्थितिज ऊर्जा के रूप में चला जाता है। अतः केवल रेखीय संवेग संरक्षित रहता है।

प्रत्यावस्थान गुणांक

किन्हीं दो पिण्डों की संघट्ट के पश्चात् दूर जाते समय सापेक्ष वेग तथा टक्कर से पूर्व पिण्डों के निकट आते समय सापेक्ष वेग का अनुपात प्रत्यावस्थान गुणांक कहलाता हैं। इसे e से प्रदर्शित करते हैं।

यदि किन्हीं दो पिण्डों के संघट्ट से पूर्व वेग क्रमशः u_1 व u_2 तथा संघट्ट के बाद वेग क्रमशः v_1 व v_2 हों, तब

$$\text{प्रत्यावस्थान गुणांक } e = -\frac{\text{संघट्ट के बाद सापेक्ष वेग}}{\text{संघट्ट से पहले सापेक्ष वेग}}$$

$$= -\frac{\text{अपगमन वेग}}{\text{उपगमन वेग}}$$

$$= \frac{(v_1 - v_2)}{(u_1 - u_2)}$$

पूर्णतः प्रत्यास्थ संघट्ट के लिये,

$$e = 1$$

पूर्णतः अप्रत्यास्थ संघट्ट के लिये,

$$e = 0$$

सामान्य जीवन में घटित होने वाले अधिकांश संघट्टों के लिए,

$$0 < e < 1$$

सम्मुख संघट्ट के लिए

$$m_1u_1 + m_2u_2 = m_1v_1 + m_2v_2$$

तथा $u_1 - u_2 = -e(v_1 - v_2)$

सार्वत्रिक गुरुत्वाकर्षण

विश्व में प्रत्येक वस्तु दूसरी वस्तु को अपनी ओर आकर्षित करती है, किन्हीं भी दो वस्तुओं के बीच लगने वाले इस आकर्षण बल को ही गुरुत्वाकर्षण कहते हैं।

न्यूटन का गुरुत्वाकर्षण का नियम

दो वस्तुओं के बीच लगने वाला गुरुत्वाकर्षण बल दोनों वस्तुओं के द्रव्यमानों के गुणनफल के समानुपाती व उनके बीच की दूरी के वर्ग के विलोमानुपाती होता है। अतः

$$F \propto \frac{m_1m_2}{r^2} \text{ या } F = \frac{Gm_1m_2}{r^2}$$

जहाँ, G = सार्वत्रिक गुरुत्वाकर्षण नियतांक

$= 6.67 \times 10^{-11}$ न्यूटन-मी^{2}/किग्रा^{2}

गुरुत्वीय त्वरण

जब कोई वस्तु पृथ्वी की ओर मुक्त रूप से गिरती है, तो जैसे-जैसे वस्तु पृथ्वी के निकट आती है, वस्तु के वेग में वृद्धि होती जाती है।

वस्तु के वेग में प्रति सेकण्ड होने वाली वृद्धि को गुरुत्वीय त्वरण कहते हैं।

$$\text{गुरुत्वीय त्वरण } g = \frac{GM_e}{R_e^2}$$

जहाँ, M_e = पृथ्वी का द्रव्यमान, R_e = पृथ्वी की त्रिज्या।

(i) विषुवत् रेखा अथवा भूमध्य रेखा पर (at equator) g का मान न्यूनतम व ध्रुवों पर (at poles) अधिकतम होता है।

(ii) पृथ्वी तल से h ऊँचाई पर g का मान

$$g' = g\left(1 - \frac{2h}{R_e}\right)$$

(iii) पृथ्वी तल से d गहराई पर

$$g' = g\left(1 - \frac{d}{R_e}\right)$$

(iv) λ° अक्षांश पर गुरुत्वीय त्वरण का मान

$$g' = g - R_e\omega^2 \cos^2\lambda$$

(v) पृथ्वी का द्रव्यमान $M_e = \frac{gR_e^2}{G}$

राशियों के मान रखने पर,

$$M_e = 6 \times 10^{24} \text{ किग्रा}$$

(vi) पृथ्वी का घनत्व $\rho = \frac{3g}{4\pi R_e G}$

राशियों के मान रखने पर,

$$\rho = 5.5 \times 10^3 \text{ किग्रा/मी}^3$$

जड़त्वीय द्रव्यमान

किसी वस्तु पर लगे बाह्य बल व बल के कारण वस्तु में उत्पन्न त्वरण के अनुपात को, वस्तु का जड़त्वीय द्रव्यमान कहते हैं।

$$\text{जड़त्वीय द्रव्यमान } m = \frac{F}{a}$$

गुरुत्वीय द्रव्यमान

किसी वस्तु का वह द्रव्यमान, जो उस वस्तु पर लगे गुरुत्वीय खिंचाव का निर्धारण करता है, गुरुत्वीय द्रव्यमान कहलाता है।

किसी निश्चित स्थान पर किसी वस्तु का जड़त्वीय द्रव्यमान व गुरुत्वीय द्रव्यमान आपस में बराबर होते हैं।

गतिमान लिफ्ट में किसी व्यक्ति का आभासी भार

प्रथम स्थिति (First case) यदि लिफ्ट विरामावस्था में है, तो व्यक्ति का आभासी भार, उसके वास्तविक भार के बराबर ही होता है।

$$\text{आभासी भार} = mg$$

द्वितीय स्थिति (Second case) यदि लिफ्ट एकसमान वेग से ऊपर या नीचे जा रही है, तब भी व्यक्ति का आभासी भार, उसके वास्तविक भार के बराबर होगा।

$$\text{आभासी भार} = mg$$

तृतीय स्थिति (Third case) यदि वस्तु एकसमान त्वरण a से ऊपर की ओर आ रही है, तो व्यक्ति का आभासी भार, वास्तविक भार से अधिक होता है।

इस स्थिति में आभासी भार $= m(g + a)$

चतुर्थ स्थिति (Fourth case) यदि वस्तु एकसमान त्वरण a से नीचे की ओर आ रही है $(a < g)$, तो व्यक्ति का आभासी भार, वास्तविक भार से कम होगा।

इस स्थिति में आभासी भार $= m(g - a)$

पंचम स्थिति (Fifth case) यदि लिफ्ट की डोरी टूट जाए व लिफ्ट मुक्त रूप से गिर रही हो, इस स्थिति में व्यक्ति का आभासी भार शून्य होता है

$$\text{आभासी भार} = 0$$

छठी स्थिति (Sixth case) यदि लिफ्ट नीचे की ओर एकसमान त्वरण a से आ रही है $(a > g)$, तो इस स्थिति में व्यक्ति का आभासी भार ऋणात्मक होगा व व्यक्ति के पैर लिफ्ट के तल से ऊपर उठ जाँएगे तथा उसका सिर लिफ्ट की छत से टकरा जाएगा।

गुरुत्वीय क्षेत्र की तीव्रता

गुरुत्वीय क्षेत्र में एक बिन्दु पर रखे एकांक द्रव्यमान पर जितना बल लगता है, उसे उस बिन्दु पर 'गुरुत्वीय क्षेत्र की तीव्रता' अथवा 'गुरुत्वीय बल क्षेत्र' कहते हैं। बिन्दु द्रव्यमान M के कारण, उससे r दूरी पर स्थित द्रव्यमान m पर गुरुत्वीय क्षेत्र की तीव्रता

$$I = \frac{F}{m} = \frac{\left(\frac{GMm}{r^2}\right)}{m} = \frac{GM}{r^2}$$

गुरुत्वीय विभव

एकांक द्रव्यमान को अनन्त से गुरुत्वीय क्षेत्र के किसी बिन्दु तक लाने में जो कार्य होता है, उसे उस बिन्दु पर 'गुरुत्वीय विभव' कहते हैं। यह कार्य हमें प्राप्त होता है, करना नहीं पड़ता।

पृथ्वी के केन्द्र से r दूरी पर स्थित, द्रव्यमान m पर गुरुत्वीय विभव

$$V = \frac{W}{m} = \frac{-GM}{r} \text{ जूल/किग्रा}$$

चूँकि कार्य W हमें प्राप्त होता है अर्थात् यह ऋणात्मक है, अत: गुरुत्वीय विभव V सदैव ऋणात्मक होगा।

गुरुत्वीय क्षेत्र की तीव्रता व गुरुत्वीय विभव में निम्न सम्बन्ध होता है।

$$I = -\frac{dV}{dr}$$

गुरुत्वीय क्षेत्र में किसी बिन्दु पर क्षेत्र की तीव्रता उस बिन्दु पर ऋणात्मक विभव-प्रवणता के बराबर होती है।

गुरुत्वीय स्थितिज ऊर्जा

किसी वस्तु को अनन्त से गुरुत्वीय क्षेत्र के भीतर किसी बिन्दु तक लाने में जितना कार्य प्राप्त होता है, उसे उस बिन्दु पर वस्तु की 'गुरुत्वीय स्थितिज ऊर्जा' कहते हैं।

पृथ्वी-तल पर द्रव्यमान m की गुरुत्वीय स्थितिज ऊर्जा

$$U = -\frac{GM_e m}{R_e}$$

जहाँ, M_e = पृथ्वी का द्रव्यमान,

R_e = पृथ्वी की त्रिज्या।

यदि आकर्षणकारी द्रव्यमान M से r दूरी पर कोई m द्रव्यमान का कण है, तो कण की स्थितिज ऊर्जा

$$U = \frac{-GMm}{r}$$

गुरुत्वीय स्थितिज स्व ऊर्जा

किसी पिण्ड अथवा निकाय की गुरुत्वीय स्थितिज स्व ऊर्जा उस कार्य के बराबर है, जो पिण्ड अथवा निकाय के अल्पांशों के इकट्ठा करने में किया जाता है जबकि ये अल्पांश प्रारम्भ में अनन्त दूरियों पर थे।

N बिन्दु द्रव्यमानों के निकाय की गुरुत्वीय स्थितिज ऊर्जा

$$U = -\frac{1}{2}N(N-1)\frac{Gm^2}{r}$$

पलायन वेग

वह न्यूनतम वेग जिससे किसी वस्तु को ऊपर फेंके जाने पर वह पृथ्वी के गुरुत्वीय क्षेत्र से बाहर निकल जाती है व पृथ्वी पर वापस नहीं आती है, पलायन वेग कहलाता है।

पलायन वेग $v_{es} = \sqrt{2gR_e}$

$$= \sqrt{\frac{2GM_e}{R_e}} = \sqrt{\frac{8\pi G\rho}{3}}$$

जहाँ, ρ = पृथ्वी का घनत्व

(i) पृथ्वी तल के लिए इसका मान 11.2 किमी/से है।

(ii) किसी वस्तु को पलायन वेग से फेंकने के लिए आवश्यक ऊर्जा को पलायन ऊर्जा कहते हैं। अत: पलायन ऊर्जा

$$U_{es} = +\frac{GM_e m}{R_e}$$

उपग्रह

ऐसे आकाशीय पिण्ड जो किसी ग्रह के चारों ओर चक्कर लगाते हैं, उपग्रह कहलाते हैं। उपग्रह किसी ग्रह के चारों ओर वृत्तीय गति करते हैं, जो द्विविमीय गति होती है।

जो उपग्रह पहले से ही ब्रह्माण्ड में उपस्थित हैं, प्राकृतिक उपग्रह कहलाते हैं; जैसे—चन्द्रमा पृथ्वी का उपग्रह है।

वे उपग्रह जो मानव द्वारा ब्रह्माण्ड में छोड़े जाते हैं, कृत्रिम उपग्रह कहलाते हैं।

(i) r त्रिज्या की कक्षा में पृथ्वी के चारों ओर घूमते उपग्रह की कक्षीय चाल

$$v_o = \sqrt{\frac{GM_e}{r}}$$

(ii) यदि उपग्रह पृथ्वी तल के निकट घूम रहा है, तो

$$v_o = \sqrt{gR_e} = 7.92 \text{ किमी/से}$$

(iii) यदि उपग्रह पृथ्वी तल से h ऊँचाई पर है, तो

$$v_o = R_e\sqrt{\left(\frac{g}{R_e + h}\right)}$$

(iv) उपग्रह का परिक्रमण काल $T = 2\pi\sqrt{\left(\frac{(R_e + h)^3}{GM_e}\right)}$

(v) यदि उपग्रह पृथ्वी तल के निकट घूम रहा है, तो

$$T = 2\pi\sqrt{\left(\frac{R_e}{g}\right)} = 84.6 \text{ मिनट}$$

(vi) ऐसे उपग्रह जिनका परिक्रमण काल 24 घण्टे होता है, भू-स्थिर उपग्रह कहलाते हैं।

(vii) भू-स्थिर उपग्रह की पृथ्वी तल से ऊँचाई 36000 किमी होती है।

(viii) भू-स्थिर उपग्रह के चक्रण की दिशा, पृथ्वी के समान अर्थात् पश्चिम से पूर्व की ओर होती है।

(ix) किसी उपग्रह की गतिज ऊर्जा

$$K = \frac{1}{2}\frac{GM_e m}{R_e}$$

(x) किसी उपग्रह की स्थितिज ऊर्जा

$$U = -\frac{GM_e m}{R_e}$$

(xi) किसी उपग्रह की कुल ऊर्जा

$$E = U + K = -\frac{1}{2}\frac{GM_e m}{R_e}$$

(xii) किसी उपग्रह की बन्धन ऊर्जा

$$E_B = +\frac{1}{2}\frac{GM_e m}{R_e}$$

भारहीनता

यदि किसी वस्तु पर लगने वाला गुरुत्वीय बल शून्य हो जाए, तो उस वस्तु का भार शून्य प्रतीत होता है, इसे ही भारहीनता की स्थिति कहते हैं।

जब कोई वस्तु मुक्त रूप से गिरती है, तो वह भारहीनता की अवस्था में होती है। उपग्रह में बैठा कोई व्यक्ति, भारहीनता की अवस्था में होता है।

कैप्लर के ग्रह गति सम्बन्धी नियम

कैप्लर के ग्रह गति सम्बन्धी निम्नलिखित तीन नियम हैं

प्रथम नियम (First law) प्रत्येक ग्रह सूर्य के चारों ओर एक दीर्घवृत्ताकार कक्षा में घूमता है तथा सूर्य इसके फोकस पर स्थित होता है।

द्वितीय नियम (Second law) ग्रह को सूर्य से मिलाने वाली रेखा समान समय में समान क्षेत्रफल तय करती है, अर्थात् ग्रह की क्षेत्रीय चाल नियत रहती है।

अर्थात्, $\frac{dA}{dt}$ = नियतांक

तृतीय नियम (Third law) किसी ग्रह के परिक्रमण काल का वर्ग, ग्रह की सूर्य से औसत दूरी के घन के बराबर होत है।

$$T^2 \propto r^3$$

जहाँ r = ग्रह व सूर्य के बीच की दूरी।

सूर्य के चारों ओर घूमते किसी ग्रह व किसी ग्रह के चारों ओर घूमते उपग्रह के लिए कोणीय संवेग संरक्षित रहता है।

कोणीय संवेग **L** = नियतांक

वस्तुनिष्ठ प्रश्न

1. किसी कण पर लगे बल को निम्न सम्बन्ध से व्यक्त किया जाता है, $F = pt^{-1} + qt$ जहाँ t समय है, तो p का मात्रक निम्न में से किसके समान होगा?

(a) त्वरण (b) वेग
(c) विस्थापन (d) संवेग

2. गुप्त ऊष्मा का मात्रक है

(a) जूल (b) जूल मोल$^{-1}$
(c) जूल किग्रा$^{-1}$ (d) इनमें से कोई नहीं

3. सूची I (मात्रा) को सूची II (इकाई) के साथ सुमेलित कीजिए और सूचियों के नीचे दिए गए कूट का प्रयोग कर सही उत्तर चुनिए

सूची I	सूची II
A. उच्च वेग	1. मैक (Mach)
B. तरंगदैर्ध्य	2. ऐंगस्ट्रॉम
C. दाब	3. पास्कल
D. ऊर्जा	4. जूल

कूट

	A	B	C	D		A	B	C	D
(a)	2	1	3	4	(b)	1	2	4	3
(c)	1	2	3	4	(d)	2	1	4	3

4. दाब प्रवणता का विमीय सूत्र है

(a) $[ML^{-2}T^{-2}]$ (b) $[ML^{-2}T^{-1}]$
(c) $[ML^{-1}T^{-1}]$ (d) $[ML^{-1}T^{-2}]$

5. निम्न में से किस युग्म के विमीय सूत्र समान हैं?

(a) कार्य व क्षमता (b) संवेग व ऊर्जा
(c) बल व शक्ति (d) कार्य व ऊर्जा

6. निम्न में से किस युग्म की विमाएँ समान नहीं हैं?

(a) आवृत्ति व कोणीय वेग
(b) दाब प्रवणता व विभव प्रवणता
(c) कोणीय आवृत्ति व वेग-प्रवणता
(d) बल नियतांक व पृष्ठ-तनाव

7. यदि ऊर्जा (E), वेग (v) व समय (T) को मूल राशि माना जाए, तो पृष्ठ-तनाव की विमाएँ होंगी

(a) $[Ev^{-2}\ T^{-1}]$ (b) $[Ev^{-1}\ T^{-2}]$
(c) $[Ev^{-2}\ T^{-2}]$ (d) $[E^2v^{-1}\ T^{-3}]$

8. निम्न में से किस राशि की विमाएँ गुरुत्वाकर्षण नियतांक की विमाओं के समान है?

(a) $\frac{(\text{वेग})^2}{\text{द्रव्यमान प्रति एकांक लम्बाई}}$

(b) $\frac{\text{बल}}{\text{द्रव्यमान}}$

(c) $\frac{(\text{संवेग})^2}{\text{बल}}$

(d) $\frac{\text{कार्य}}{\text{समय}}$

9. यदि लम्बाई व बल के मात्रकों को चार गुना कर दिया जाए, तो ऊर्जा का मात्रक बढ़ेगा

(a) 4 गुना (b) 16 गुना
(c) 8 गुना (d) कोई वृद्धि नहीं

10. वह मूल मात्रक जिसकी घात, पृष्ठ-तनाव व श्यानता गुणांक के विमीय सूत्रों में समान है, हैं

(a) द्रव्यमान (b) लम्बाई
(c) समय (d) इनमें से कोई नहीं

11. यदि बल $f = at + bt^2$ है जहाँ t समय है, तो a व b की विमाएँ होंगी

(a) $[MLT^{-3}]$ व $[MLT^{-4}]$
(b) $[MLT^{-4}]$ व $[MLT^{-3}]$
(c) $[MLT^{-1}]$ व $[MLT^{-2}]$
(d) $[MLT^{-1}]$ व $[MLT^{0}]$

12. किसी नली में बहते हुए द्रव का आयतन V, अनुप्रस्थ- परिच्छेद का क्षेत्रफल A, वेग v व समय t से निम्न प्रकार सम्बन्धित है $V \propto A^{\alpha}v^{\beta}t^{\gamma}$, तो

(a) $\alpha \neq \beta \neq \gamma$ (b) $\alpha \neq \beta = \gamma$
(c) $\alpha = \beta \neq \gamma$ (d) $\alpha = \beta = \gamma$

13. यदि क्षेत्रफल (A), वेग (v) व घनत्व (D) को मूल राशि माना जाए, तो बल का विमीय सूत्र होगा

(a) $[Av^2D]$ (b) $[A^2vD]$
(c) $[AbD^2]$ (d) $[AvD]$

14. निम्न में से किसका मात्रक न्यूटन/मीटर है?

(a) आवेग (b) पृष्ठ-तनाव
(c) त्वरण (d) ऊर्जा घनत्व

15. यदि E, m, l व G क्रमशः ऊर्जा, द्रव्यमान, कोणीय संवेग व गुरुत्वाकर्षण नियतांक को व्यक्त करते हैं, तो $\frac{El^2}{m\sqrt{h^2}}$ का विमीय सूत्र, निम्न में से किसके समान है?

(a) कोण (b) लम्बाई
(c) द्रव्यमान (d) समय

16. यदि C व R क्रमशः धारिता व प्रतिरोध को प्रदर्शित करें, तो RC की विमाएँ होंगी

(a) $[M^0L^0T^0]$ (b) $[M^0L^0T]$
(c) $[ML^{-1}]$ (d) इनमें से कोई नहीं

17. गैसों की अवस्था समीकरण निम्नलिखित रूप में व्यक्त होती है $\left(p + \frac{a}{V^2}\right)(V - b) = RT$, यहाँ p दाब, V आयतन, T परमताप तथा a, b व R नियतांक हैं, a की विमाएँ होंगी

(a) $[ML^5T^{-2}]$ (b) $[ML^{-1}T^{-2}]$
(c) $[M^0L^3T^0]$ (d) $[M^0L^6T^0]$

18. एक कण का वेग v (सेमी/से) में तथा समय t (सेकण्ड) में, सूत्र $v = at + \frac{b}{t+c}$ द्वारा व्यक्त किया गया है, a, b, c की विमाएँ होंगी

(a) $a = [L^2]$, $b = [T]$, $c = [LT^2]$
(b) $a = [LT^2]$, $b = [LT]$, $c = [L]$
(c) $a = [LT^{-2}]$, $b = [L]$, $c = [T]$
(d) $a = [L]$, $b = [LT]$, $c = [T]$

19. मुक्त रूप से गिरती हुई वस्तु का वेग $g^p\ h^q$ से परिवर्तित होता है, जहाँ g गुरुत्वीय त्वरण व h ऊँचाई है, तो p व q के मान होंगे

(a) $1, \frac{1}{2}$ (b) $\frac{1}{2}, \frac{1}{2}$ (c) $\frac{1}{2}, 1$ (d) $1, 1$

20. बालू के एक कण की त्रिज्या 1.6×10^{-4} मी है। इस कण की त्रिज्या ऐंगस्ट्रॉम में होगी

(a) 1.6×10^6Å (b) 1.5×10^6Å
(c) 1.4×10^6Å (d) 1.2×10^6Å

21. एक मिनट में होते हैं

(a) 7×10^7 माइक्रोसेकण्ड
(b) 6×10^7 माइक्रोसेकण्ड
(c) 5×10^7 माइक्रोसेकण्ड
(d) 8×10^7 माइक्रोसेकण्ड

22. एक जीवाणु का आकार 1 माइक्रोन है, 1 मी लम्बाई में जीवाणुओं की संख्या होगी

(a) 10^3 (b) 10^{-3} (c) 10^{-6} (d) 10^6

23. हाइड्रोजन परमाणु में इलेक्ट्रॉन नाभिक के चारों ओर 10^{-6} नैनो सेकण्ड में एक चक्कर लगाता है। इलेक्ट्रॉन एक सेकण्ड में चक्कर लगाएगा

(a) 10^6 (b) 10^9 (c) 10^{15} (d) 10^{12}

24. किसी तारे से पृथ्वी तक प्रकाश को आने में 5 वर्ष लगते हैं, तारे की पृथ्वी से दूरी किमी में होगी

(a) 3×10^8 (b) 15×10^8
(c) 4.73×10^{13} (d) 9.3×10^{12}

25. एक इलेक्ट्रॉन का द्रव्यमान 9.11×10^{-26} ग्राम है, तो 1 ग्राम में इलेक्ट्रॉन होंगे

(a) 1.10×10^{25} (b) 1.093×10^{23}
(c) 110×10^{-27} (d) 0.1093×10^{28}

26. किसी तारे की पृथ्वी से दूरी 5 प्रकाश वर्ष है, यह दूरी मीटर में होगी

(a) 4.73×10^{16} (b) 4.73×10^{18}
(c) 4.73×10^{14} (d) 4.73×10^{15}

27. पारिस्थितिक दबाव (atmospheric pressure) की इकाई क्या है?

(a) बार (bar) (b) नॉट (knot)
(c) जूल (joule) (d) ओह्म (ohm)

28. न्यूटन के अनुसार श्यान बल $F = -\eta A \dfrac{dv}{dx}$, जहाँ η = श्यानता गुणांक, तो η की विमाएँ होंगी
(a) $[ML^{-1} T^{-2}]$ (b) $[MLT^{-2}]$
(c) $[ML^{-1} T^{-1}]$ (d) $[M^{-2} L^{2} T^{-2}]$

29. यदि किए गए कार्य W को, सूत्र $KW = M$ से प्रदर्शित करें, जहाँ M द्रव्यमान है, तो K की विमाएँ होंगी
(a) $[M^0L^{-1}T^2]$ (b) $[L^{-2}T^2]$
(c) $[L^{-2}T^{-2}]$ (d) $[L^2T^2]$

30. कोई समीकरण $\left(p + \dfrac{a}{V^2}\right) = b\dfrac{\theta}{V}$ है, जहाँ p दाब है, V आयतन है व θ परम ताप है, यदि a व b नियतांक हैं, तो a की विमाएँ होंगी
(a) $[ML^5T^{-2}]$ (b) $[M^{-1}L^5T^2]$
(c) $[ML^{-5}T^{-1}]$ (d) $[ML^5T^{-1}]$

31. बल नियतांक K वाले स्प्रिंग से लटके m द्रव्यमान के पिण्ड के दोलनों की आवृत्ति, निम्न सम्बन्ध से दी जाती है। $f = cm^xK^y$, जहाँ c विमाहीन नियतांक है, तो x व y के मान होंगे
(a) $x = \frac{1}{2}, y = \frac{1}{2}$ (b) $x = -\frac{1}{2}, y = -\frac{1}{2}$
(c) $x = \frac{1}{2}, y = -\frac{1}{2}$ (d) $x = -\frac{1}{2}, y = \frac{1}{2}$

32. किसी तार के पदार्थ का यंग प्रत्यास्थता गुणांक 12.6×10^{11} डाइन सेमी$^{-2}$ है, तो MKS पद्धति में इसका मान होगा
(a) 1.26×10^{-12} न्यूटन/मी^{2}
(b) 12.6×10^{10} न्यूटन/मी^{2}
(c) 12.6×10^{6} न्यूटन/मी^{2}
(d) 12.6×10^{8} न्यूटन/मी^{2}

33. सही कथन को चुनिए।
(a) विमीय रूप से शुद्ध समीकरण, सत्य हो सकती है
(b) विमीय रूप से अशुद्ध समीकरण, सत्य हो सकती है
(c) विमीय रूप से शुद्ध समीकरण, असत्य हो सकती है
(d) विमीय रूप से अशुद्ध समीकरण, असत्य हो सकती है

34. CGS पद्धति में लकड़ी का घनत्व 0.5 ग्राम/सेमी^{3} है, तो SI पद्धति में इसका मान होगा
(a) 500 किग्रा/मी^{3} (b) 5 किग्रा/मी^{3}
(c) 0.5 किग्रा/मी^{3} (d) 50 किग्रा/मी^{3}

35. एक मापन पद्धति में वेग (v), घनत्व (ρ) व आवृत्ति (f) को मूल भौतिक राशि माना जाए, तो इस पद्धति में आवेग की विमाएँ होंगी
(a) $[\rho f^3 v^{-4}]$ (b) $[\rho v^4 f^{-3}]$
(c) $[\rho^2 v^3 f^2]$ (d) $[\rho v^2 f^{-1}]$

36. शक्ति का मात्रक है
(a) हर्ट्ज (b) वोल्ट
(c) वाट (d) न्यूट्रॉन

37. चालक की वैद्युत प्रतिरोधकता की इकाई है
(a) फैरड (b) वोल्ट
(c) ओम-मीटर (d) ओम

38. प्रकाश वर्ष है
(a) वह वर्ष, जिसमें फरवरी 29 दिनों की होती है
(b) वह दूरी, जो प्रकाश एक वर्ष में तय करता है
(c) वह समय, जो सूर्य की किरणें पृथ्वी तक पहुँचने में लेती हैं।
(d) वह समय, जिसमें अन्तरिक्षयान पृथ्वी से चन्द्रमा तक पहुँचने में लेता है

39. एक पारसेक, तारों सम्बंधी दूरियाँ मापने का मात्रक ,बराबर है
(a) 4.25 प्रकाश वर्ष (b) 3.25 प्रकाश वर्ष
(c) 4.50 प्रकाश वर्ष (d) 3.05 प्रकाश वर्ष

40. माप की कौन-सी इकाई को 0.39 से गुणा करने पर 'इंच' प्राप्त होता है?
(a) मिलीमीटर (b) सेंटीमीटर
(c) मीटर (d) डेसीमीटर

41. मेगावाट बिजली के नापने की इकाई है, जो
(a) उत्पादित की जाती है
(b) उपभोग की जाती है
(c) बचत की जाती है
(d) ट्रांसमिशन में ह्रास हो जाती है

42. निम्नलिखित में से कौन-सा सुमेलित नहीं है?
(a) नॉट–जहाज के चाल की माप
(b) नॉटिकल मील–नौसंचालन में प्रयुक्त दूरी की इकाई
(c) ऐंग्स्ट्रॉम–प्रकाश के तरंगदैर्ध्य की इकाई
(d) प्रकाश वर्ष–समय मापन की इकाई

43. निम्नांकित में से कौन एक वायुमण्डल के ओजोन-परत की मोटाई नापने वाली इकाई है?
(a) नॉट (b) डॉब्सन
(c) प्वॉज (d) मैक्सवेल

44. सूची I को सूची II से सुमेलित कीजिए तथा सूचियों के नीचे दिए गए कूट का प्रयोग करते हुए सही उत्तर चुनिए।

	सूची I		सूची II
A.	क्यूसेक	1.	दाब
B.	बाइट	2.	भूकम्प की तीव्रता
C.	रिक्टर	3.	प्रवाह की दर
D.	बार	4.	कम्प्यूटर

कूट

	A	B	C	D		A	B	C	D
(a)	1	2	3	4	(b)	3	4	2	1
(c)	4	3	2	1	(d)	3	4	1	2

45. तेल का एक बैरेल निम्न में से लगभग कितना होता है?
(a) 131 लीटर (b) 159 लीटर
(c) 179 लीटर (d) 201 लीटर

46. सही सुमेलित कीजिए।

	सूची I		सूची II
A.	फैदोमीटर	1.	वायुमण्डलीय दाब
B.	बैरोमीटर	2.	वायुमण्डलीय आर्द्रता
C.	हाइग्रोमीटर	3.	ऊँचाई
D.	अल्टीमीटर	4.	समुद्र की गहराई

कूट

	A	B	C	D		A	B	C	D
(a)	2	3	1	4	(b)	4	1	2	3
(c)	4	2	3	1	(d)	3	1	2	4

47. कौन-सा सुमेलित नहीं है?
(a) सेल्सियस-ताप
(b) किलोवाट आवर-विद्युत
(c) आर एच गुणक-रक्त
(d) रिक्टर पैमाना-आर्द्रता

48. सूची I को सूची II से सुमेलित कीजिए तथा सूचियों के नीचे दिए गए कूट की सहायता से सही उत्तर चुनिए।

	सूची I		सूची II
A.	ऐनिमोमीटर	1.	भूकंप
B.	सीस्मोग्राफ	2.	वायुमण्डलीय दाब
C.	बैरोग्राफ	3.	वायु वेग
D.	हाइग्रोमीटर	4.	आर्द्रता

कूट

	A	B	C	D		A	B	C	D
(a)	1	2	3	4	(b)	4	1	2	3
(c)	4	1	3	2	(d)	3	1	2	4

49. सूची I को सूची II से सुमेलित कीजिए तथा सूचियों के नीचे दिये गए कूट से सही उत्तर का चयन कीजिए।

	सूची I		सूची II
A.	स्टेथोस्कोप	1.	प्रकाश की तीव्रता मापने के लिए
B.	स्फिग्नोमैनोमीटर	2.	सोने की शुद्धता का पता लगाने के लिए
C.	कैरेटोमीटर	3.	हृदय की ध्वनि सुनने के लिए
D.	लक्समीटर	4.	रक्त चाप मापने के लिए

कूट

	A	B	C	D		A	B	C	D
(a)	1	2	3	4	(b)	4	3	2	1
(c)	3	4	2	1	(d)	2	1	4	3

50. निम्न में से कौन सुमेलित नहीं है?
(a) एनीमोमीटर-वायु की चाल
(b) अमीटर-विद्युत धारा
(c) टैकियोमीटर-दाबान्तर
(d) पाइरोमीटर-उच्च ताप

51. दो सदिश वेक्टरों **A** तथा **B** के परिमाणों का गुणनफल 12 है। **A** तथा **B** का अदिश (स्केलर) गुणनफल $6\sqrt{3}$ है। **A** तथा **B** के बीच का कोण है

(a) 30° (b) 45° (c) 90° (d) 180°

52. $\mathbf{A}+\mathbf{B}=\mathbf{C}$ व **A** तथा **B** के मध्य कोण 120° है तथा $A = B$। यदि $\mathbf{A}+\mathbf{B}+\mathbf{C}=0$ हो, तब **A** तथा **B** के मध्य कोण होगा

(a) 150° (b) 120° (c) 60° (d) 30°

53. $\Delta\mathbf{A}$ तथा **A** के मध्य कोण का मान क्या होना चाहिए, ताकि $(\Delta\mathbf{A}) = \Delta|\mathbf{A}|$?

(a) 90° (b) 60° (c) 30° (d) 0°

54. सदिश P, x-अक्ष से 120° का कोण बनाता है तथा सदिश Q, y-अक्ष से 30° का कोण बनाता है। इनका परिणामी होगा

(a) $P+Q$ (b) $P-Q$
(c) $\sqrt{P^2+Q^2}$ (d) $\sqrt{P^2-Q^2}$

55. यदि **A** + **B** का परिमाणी $\mathbf{R}_1$ है तथा वेक्टर **B** को उत्क्रमित करने पर परिमाणी $\mathbf{R}_2$ हो जाता है, तो $\mathbf{R}_1^2+\mathbf{R}_2^2$ का मान होगा

(a) A^2+B^2 (b) A^2-B^2
(c) $2(A^2+B^2)$ (d) $2(A^2-B^2)$

56. यदि $A = B$, तो **A** + **B** तथा **A** − **B** के मध्य कोण है

(a) 180° (b) 90° (c) 30° (d) 60°

57. यदि दो एकांक सदिशों का योग एकांक सदिश है, तो उनके अन्तर का परिमाण होगा

(a) $\sqrt{5}$ (b) $\frac{1}{\sqrt{2}}$ (c) $\sqrt{3}$ (d) $\sqrt{2}$

58. **A** + **B** तथा **A** × **B** के बीच कोण है

(a) π (b) $\frac{\pi}{2}$ (c) $\frac{\pi}{4}$ (d) शून्य

59. $\hat{\mathbf{i}}+\hat{\mathbf{j}}$ के अनुदिश एकांक सदिश होगा

(a) $\hat{\mathbf{k}}$ (b) $\hat{\mathbf{j}}+\hat{\mathbf{i}}$
(c) $\frac{\hat{\mathbf{i}}+\hat{\mathbf{j}}}{\sqrt{2}}$ (d) $\frac{\hat{\mathbf{i}}+\hat{\mathbf{j}}}{2}$

60. यदि $P = 12, Q = 5, R = 13$ तथा $\mathbf{P}+\mathbf{Q}=\mathbf{R}$ हैं, तो **P** तथा **Q** के मध्य कोण है

(a) $\frac{\pi}{4}$ (b) 0
(c) π (d) $\frac{\pi}{2}$

61. दो सदिश **P** तथा **Q** एक तल में हैं, परन्तु सदिश **R** उनके तल में नहीं है। ऐसी स्थिति में **P** + **Q** + **R** का मान

(a) शून्य हो सकता है
(b) शून्य नहीं हो सकता
(c) **P** तथा **Q** के तल में स्थित है
(d) **R** के तल में स्थित है

62. एक एकांक वेक्टर $0.4\hat{\mathbf{i}}+0.8\hat{\mathbf{j}}+b\hat{\mathbf{k}}$ में b का मान होगा

(a) $\sqrt{0.8}$ (b) 0.8 (c) 0.2 (d) $\sqrt{0.2}$

63. $\hat{\mathbf{i}}+\hat{\mathbf{j}}+\hat{\mathbf{k}}$ तथा $\hat{\mathbf{i}}$ के मध्य कोण होगा

(a) $\frac{\pi}{3}$ (b) $\frac{\pi}{6}$
(c) $\frac{\pi}{4}$ (d) इनमें से कोई नहीं

64. 4 तथा 3 परिमाण वाले दो सदिशों के परिणामी का परिमाण 1 है। उनके मध्य कोण का मान होगा

(a) π (b) $\frac{\pi}{2}$ (c) $\frac{\pi}{4}$ (d) शून्य

65. किसी बल के आयताकार घटक 3N व 4N है, इस बल का परिमाण क्या होगा?

(a) 5 न्यूटन (b) 7 न्यूटन
(c) 1 न्यूटन (d) इनमें से कोई नहीं

66. यदि $\mathbf{A}=3\hat{\mathbf{i}}+4\hat{\mathbf{j}}$ व $\mathbf{B}=7\hat{\mathbf{i}}+24\hat{\mathbf{j}}+4\hat{\mathbf{k}}$ तो B के समान परिमाण एवं A के समान्तर वेक्टर होगा

(a) $15\hat{\mathbf{i}}+20\hat{\mathbf{j}}$ (b) $7\hat{\mathbf{i}}+4\hat{\mathbf{j}}$
(c) $20\hat{\mathbf{i}}+15\hat{\mathbf{j}}$ (d) इनमें से कोई नहीं

67. एक कण एकसमान बल $(4\hat{\mathbf{i}}+\hat{\mathbf{j}}+3\hat{\mathbf{k}})$ N के कारण स्थिति $(3\hat{\mathbf{i}}+2\hat{\mathbf{j}}-6\hat{\mathbf{k}})$ से $(14\hat{\mathbf{i}}+13\hat{\mathbf{j}}+9\hat{\mathbf{k}})$ तक विस्थापित होता है, यदि विस्थापन मीटर में हो, तो किया गया कार्य ज्ञात कीजिए

(a) 100 जूल (b) 80 जूल
(c) 125 जूल (d) इनमें से कोई नहीं

68. यदि $\mathbf{A}=\mathbf{B}+\mathbf{C}$ तथा **A**, **B** व **C** के परिमाण क्रमशः 5, 4 व 3 मात्रक हैं, तो **A** व **C** के बीच का कोण है

(a) $\cos^{-1}\left(\frac{3}{5}\right)$ (b) $\cos^{-1}\left(\frac{4}{5}\right)$
(c) $\cos\left(\frac{\pi}{2}\right)$ (d) $\sin^{-1}\left(\frac{3}{4}\right)$

69. तीन वेक्टर **P**, **Q** व **R** सम्बन्धों $\mathbf{P}\cdot\mathbf{Q}=0$ व $\mathbf{P}\cdot\mathbf{R}=0$ को सन्तुष्ट करते हैं, वेक्टर **P** के समान्तर होगा

(a) **Q** (b) **R** (c) **Q** . **R** (d) **Q** × **R**

70. दो वेक्टर **P** व **Q** (परिमाण क्रमशः $5\sqrt{3}$ व 10 मात्रक) परस्पर 30° पर झुके हुए हैं, इन दोनों के वेक्टर गुणनफल का परिमाण होगा

(a) $5\sqrt{3}$ मात्रक (b) 10 मात्रक
(c) $25\sqrt{3}$ मात्रक (d) 75 मात्रक

71. बिन्दु $\mathbf{r}=(7\hat{\mathbf{i}}+3\hat{\mathbf{j}}+\hat{\mathbf{k}})$ पर कार्यरत् बल $\mathbf{F}=-3\hat{\mathbf{i}}+\hat{\mathbf{j}}+5\hat{\mathbf{k}}$ का आघूर्ण ज्ञात कीजिए

(a) $14\hat{\mathbf{i}}-38\hat{\mathbf{j}}+16\hat{\mathbf{k}}$
(b) $4\hat{\mathbf{i}}+4\hat{\mathbf{j}}+6\hat{\mathbf{k}}$
(c) $-21\hat{\mathbf{i}}+4\hat{\mathbf{j}}+4\hat{\mathbf{k}}$
(d) $-14\hat{\mathbf{i}}+34\hat{\mathbf{j}}-16\hat{\mathbf{k}}$

72. घूर्णन करते हुए पिण्ड का रेखीय वेग $\mathbf{v}=\omega\times\mathbf{r}$ के द्वारा प्राप्त होता है, जहाँ ω कोणीय वेग व **r** त्रिज्या वेक्टर है। एक पिण्ड के लिए $\omega=\hat{\mathbf{i}}-2\hat{\mathbf{j}}+2\hat{\mathbf{k}}$ तथा त्रिज्या वेक्टर $\mathbf{r}=4\hat{\mathbf{j}}-3\hat{\mathbf{k}}$ है, तो (**v**) का मान है

(a) $\sqrt{29}$ मात्रक (b) $\sqrt{31}$ मात्रक
(c) $\sqrt{37}$ मात्रक (d) $\sqrt{41}$ मात्रक

73. यदि **A** व **B** दो लम्बवत् वेक्टर हैं व $\mathbf{A}=5\hat{\mathbf{i}}+7\hat{\mathbf{j}}-3\hat{\mathbf{k}}$ व $\mathbf{B}=2\hat{\mathbf{i}}+2\hat{\mathbf{j}}-a\hat{\mathbf{k}}$ हैं, तो a का मान है

(a) −2 (b) 8
(c) −7 (d) −8

74. धरातल के सापेक्ष नाव का वेग $3\hat{\mathbf{i}}+4\hat{\mathbf{j}}$ नदी में जल प्रवाह का वेग पृथ्वी के सापेक्ष $-3\hat{\mathbf{i}}-4\hat{\mathbf{j}}$ है, पानी के सापेक्ष नाव का वेग है

(a) $8\hat{\mathbf{j}}$ (b) $-6\hat{\mathbf{i}}-8\hat{\mathbf{j}}$
(c) $6\hat{\mathbf{i}}+8\hat{\mathbf{j}}$ (d) $5\sqrt{2}$

75. यदि $|\mathbf{A}\times\mathbf{B}|=|\mathbf{A}\cdot\mathbf{B}|$ तब **A** व **B** के बीच बना कोण है

(a) 30° (b) 45°
(c) 60° (d) 90°

76. कोणीय संवेग है

(a) अदिश राशि
(b) ध्रुवित वेक्टर
(c) अक्षीय वेक्टर
(d) उपरोक्त में से कोई नहीं

77. निम्न में से कौन-सी सदिश राशि नहीं है?

(a) भार (b) विद्युत धारा
(c) त्वरण (d) आवेग

78. भिन्न-भिन्न परिमाणों के न्यूनतम कितने समतलीय सदिशों का योग शून्य हो सकता है?

(a) 2 (b) 3 (c) 4 (d) 5

79. 40 किमी/घण्टा की चाल से पश्चिम से पूर्व की ओर गतिमान बस में बैठा एक व्यक्ति देखता है कि वर्षा की बूंदें ऊर्ध्वाधर नीचे की ओर गिर रही हैं। जमीन पर खड़े दूसरे व्यक्ति को वर्षा की बूँदें प्रतीत होंगी

(a) ऊर्ध्वाधर नीचे की ओर गिरती हुई
(b) पश्चिम से पूर्व की ओर किसी कोण पर गिरती हुईं
(c) पूर्व से पश्चिम की ओर किसी कोण पर गिरती हुईं
(d) वर्षा की दिशा-निर्धारण के लिए उपरोक्त विवरण अपर्याप्त है

80. वह सदिश जिसे सदिश $\hat{\mathbf{i}}-3\hat{\mathbf{j}}+2\hat{\mathbf{k}}$ तथा $3\hat{\mathbf{i}}+6\hat{\mathbf{j}}-7\hat{\mathbf{k}}$ में जोड़ने पर इनका परिणामी y-अक्ष के अनुदिश इकाई सदिश प्राप्त होगा

(a) $4\hat{\mathbf{i}}+2\hat{\mathbf{j}}+5\hat{\mathbf{k}}$
(b) $-4\hat{\mathbf{i}}-2\hat{\mathbf{j}}+5\hat{\mathbf{k}}$
(c) $3\hat{\mathbf{i}}+4\hat{\mathbf{j}}+5\hat{\mathbf{k}}$
(d) शून्य सदिश

81. जब किसी वस्तु पर कई बल एक साथ कार्य करते हैं, तो प्रत्येक बल के कारण, परिमाण व दिशा में त्वरण ऐसे लगता है, जैसे कि
(a) केवल दो बल एक साथ कार्यरत हों
(b) अन्य बल कार्यरत नहीं हैं
(c) सबका परिणामी कार्यरत है
(d) उपरोक्त में से कोई नहीं

82. एक कण की स्थिति परिवर्तित हुई है। हम कण के विस्थापन एवं इसके द्वारा चली गई दूरी के सम्बन्ध में क्या कह सकते हैं?
(a) दोनों शून्य नहीं हो सकते
(b) दोनों शून्य हो सकते हैं
(c) दोनों शून्य होने चाहिए
(d) यदि एक धनात्मक है, तो दूसरा ऋणात्मक होगा

83. एक कण एकसमान वेग से गतिमान है। कण की गति के सम्बन्ध में निम्न में से कौन-सा कथन सत्य है?
(a) इसकी चाल शून्य है
(b) इसका त्वरण शून्य है
(c) इसका त्वरण, वेग की विपरीत दिशा में है
(d) इसकी चाल चर है

84. मोटर वाहन में स्पीडोमीटर द्वारा निम्न में से किसका मापन होता है?
(a) मध्य चाल (b) त्वरण
(c) तात्क्षणिक चाल (d) तात्क्षणिक वेग

85. विस्थापन व दूरी में आंकिक निष्पत्ति होती है
(a) सदैव <1 (b) सदैव 1
(c) सदैव >1 (d) सम्भवतः ≤ 1

86. समान त्रिज्या की लोहे की गेंद व लकड़ी की गेंद को निर्वात् में h ऊँचाई से छोड़ा जाता है, दोनों गेंदों द्वारा पृथ्वी तक पहुँचने में लगा समय होगा
(a) असमान (b) समान
(c) लगभग समान (d) शून्य

87. भिन्न द्रव्यमान m_1 व m_2 के दो पिण्ड, पृथ्वी से h_1 व h_2 ऊँचाइयों से एक साथ गिराए जाते हैं। पृथ्वी तक पहुँचने में दोनों पिण्डों द्वारा लगे समय अन्तरालों का अनुपात है
(a) $m_1h_1 : m_2h_2$ (b) $m_1h_2 : m_2h_1$
(c) $\sqrt{h_1} : \sqrt{h_2}$ (d) $h_1^2 : h_2^2$

88. एक वायु अवरुद्ध पिंजड़े में लटकी हुई एक स्प्रिंग तुला में एक तोता बैठा हुआ है। यदि तोता उड़ना आरम्भ कर देता है, तो स्प्रिंग तुला के पाठ्यांक में
(a) वृद्धि होगी (b) कमी होगी
(c) परिवर्तन नहीं होगा (d) शून्य होगा

89. एक खिलाड़ी R त्रिज्या के वृत्ताकार पथ में एक पूर्ण चक्कर 40 सेकण्ड में पूरा करता है। 2 मिनट 20 सेकण्ड पश्चात् इसका विस्थापन होगा
(a) 0 (b) $2R$
(c) $2\pi R$ (d) $7\pi R$

90. प्रारम्भ में एक कार समान वेग से चल रही थी। उस पर 1 मी/से^{2} का त्वरण 12 सेकण्ड तक लगा, जिसके फलस्वरूप 12वें सेकण्ड में कार ने 190 मी की दूरी तय की, कार का प्रारम्भिक वेग मी/से में होगा
(a) 17.85 (b) 18.75 (c) 178.5 (d) 1785

91. किसी वस्तु के वेग को दोगुना कर देने पर उसे रोकने की सापेक्ष दूरी होगी
(a) दोगुनी (b) तीन गुनी
(c) चार गुनी (d) आठ गुनी

92. एक पिण्ड समान त्वरण के साथ चल रहा है। एक समय पर इसका वेग 10 मी/से है। 5 सेकण्ड बाद इसका वेग 20 मी/से हो जाता है। 2 सेकण्ड पूर्व इसका वेग था
(a) 4 मी/से (b) 6 मी/से
(c) 8 मी/से (d) 10 मी/से

93. एक हवाई जहाज 75 मी/से की गति से सीधी रेखा में चलते हुए, 6 सेकण्ड तक रॉकेट छोड़ता है। इस समय के अन्त तक हवाई जहाज की गति बढ़कर 120 मी/से हो जाती है। जहाज द्वारा प्रथम 10 सेकण्ड में तय की गई दूरी है
(a) 930 मी (b) 1200 मी
(c) 1065 मी (d) इनमें से कोई नहीं

94. फुटबॉल की चार किक का पथ चित्रानुसार दर्शाया गया है। (वायु का प्रतिरोध, नगण्य है) पथ में अधिकतम प्रारम्भिक वेग के वक्र का घटता क्रम क्या है?

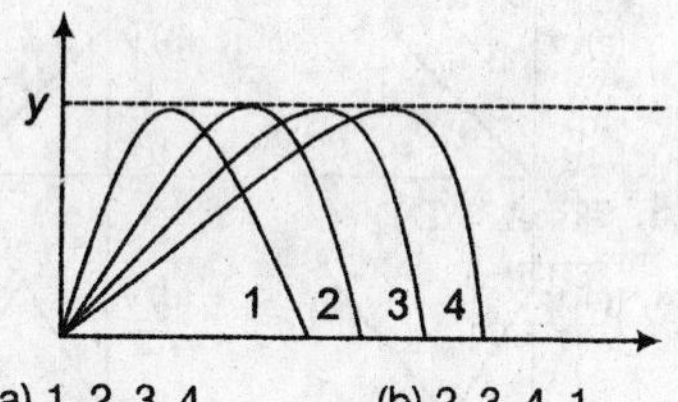

(a) 1, 2, 3, 4 (b) 2, 3, 4, 1
(c) 3, 4, 1, 2 (d) 4, 3, 2, 1

95. एक मीनार की चोटी से एक पत्थर स्वतन्त्रतापूर्वक नीचे गिराया जाता है। एक सेकण्ड बाद दूसरा पत्थर 20 मी/से के वेग से गिराया जाता है, मीनार की चोटी से कितनी दूरी पर दूसरा पत्थर पहले से टकराएगा? ($g = 10$ मी/से^{2})
(a) 11.25 मी (b) 1.2 मी
(c) 12.1 मी (d) 1.21 मी

96. चित्र में दिखाया गया है कि एक r त्रिज्या के अर्द्ध गोले के पृष्ठ पर स्थित बिन्दु P पर m द्रव्यमान का कण स्थित है। अचानक कण पर क्षैतिज दिशा में एक क्षैतिज त्वरण a_0 लगता है। यदि गुरुत्वीय त्वरण नगण्य है, तब कण कितने समय में गोले को स्पर्श करेगा?

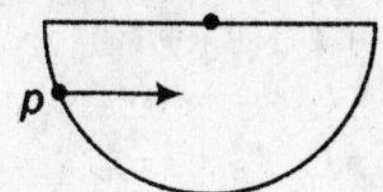

(a) $\sqrt{\frac{4r\sin\alpha}{a_0}}$
(b) $\sqrt{\frac{4r\tan\alpha}{a_0}}$
(c) $\sqrt{\frac{4r\cos\alpha}{a_0}}$
(d) उपरोक्त में से कोई नहीं

97. एक पिण्ड स्थिर अवस्था में एकसमान त्वरण से चलना प्रारम्भ करता है। यदि वह पहले 2 सेकण्डों में s_1 दूरी तथा अगले 2 सेकण्डों में s_2 दूरी तय करे, तो s_1 व s_2 के बीच सम्बन्ध होगा
(a) $s_1 = s_2$ (b) $2s_1 = s_2$
(c) $3s_1 = s_2$ (d) $3s_1 = 2s_2$

98. 20 मी ऊँचाई से दो गेंदें 1 सेकण्ड के अन्तराल पर छोड़ी जाती हैं। दोनों के छोड़े जाने के 2 सेकण्ड बाद उनके बीच दूरी होगी
(a) 24.5 मी (b) 4.9 मी
(c) 9.8 मी (d) 19.6 मी

99. एक जहाज पूर्व की ओर 12 किमी/घण्टा की गति से 1 घण्टे तक चलता है, फिर ठीक दक्षिण की ओर मुड़ जाता है तथा इस ओर 1 घण्टे तक 5 किमी/घण्टा की गति से चलता है। जहाज का औसत वेग होगा
(a) 17 किमी/घण्टा (b) 6.5 किमी/घण्टा
(c) 8.5 किमी/घण्टा (d) 13 किमी/घण्टा

100. दो स्टेशनों के बीच एक गाड़ी की गति पहले समान रूप से बढ़ती है, तदुपरान्त स्थिर हो जाती है एवं अन्तिम चरण में समान रूप से घटती है। यदि लिए गए समय क्रमशः 1 : 6 : 1 के अनुपात में हों तथा अधिकतम गति 32 किमी/घण्टा हो, तो सम्पूर्ण यात्रा की औसत गति किमी/घण्टा में होगी
(a) 4 (b) 14 (c) 28 (d) 32

101. 43.2 किमी/घण्टा की गति से चलती हुई मोटर कार पर, इस प्रकार ब्रेक लगाए जाते हैं, कि इसकी गति का मन्दन 60 सेमी/से^{2} की दर से हो। विश्रामावस्था में जाने से पूर्व कार द्वारा तय की गई दूरी है
(a) 120 मी (b) 360 मी
(c) 720 मी (d) इनमें से कोई नहीं

102. एक लड़का एक भवन की चोटी से गेंद को छोड़ता है। वह शीर्ष से 10 मी नीचे, 2 मी ऊँचाई की खिड़की को पार करेगी, लगभग
(a) 1.41 सेकण्ड में (b) 0.13 सेकण्ड में
(c) 0.3 सेकण्ड में (d) 0.6 सेकण्ड में

103. एक पिण्ड ऊर्ध्वाधर ऊपर की ओर फेंका जाता है। उसके अधिकतम ऊँचाई तक पहुँचने के लिए t समय लगता है। उसे अधिकतम ऊँचाई के 3/4 तक जाने के लिए समय लगेगा
(a) $\frac{2t}{3}$ (b) $\frac{t}{2}$ (c) $\frac{t}{3}$ (d) $\frac{2t}{\sqrt{3}}$

104. एक पत्थर ऊँचाई h से गिराया जाता है। उसी समय एक अन्य पत्थर ऊपर फेंका जाता है, जो ऊँचाई $2h$ तक पहुँचता है। दोनों पत्थर एक-दूसरे से समय t के बाद गुजरेंगे, जो बराबर है

(a) $\sqrt{\left(\frac{h}{4g}\right)}$

(b) $\sqrt{\left(\frac{4h}{g}\right)}$

(c) $\sqrt{(4gh)}$

(d) उपरोक्त में से कोई नहीं

105. किसी बिन्दु A से दो कण P एवं Q क्रमशः 15 मी/से एवं 20 मी/से के वेग से एक ही दिशा में अलग-अलग त्वरण से गुजर रहे हैं। जब P, बिन्दु B पर Q के आगे बढ़ता है, तो P का वेग 30 मी/से होता है। बिन्दु B पर Q का वेग होगा

(a) 30 मी/से (b) 25 मी/से
(c) 45 मी/से (d) 35 मी/से

106. चित्रानुसार, एक खोखले बेलन के चारों ओर एक डोरी लिपटी हुई है, डोरी का मुक्त सिरा दृढ़ आधार से बँधा है। यदि बेलन को गिरने के लिए छोड़ दिया जाए, तो स्थिरावस्था से 7 मी गिरने में समय लगेगा

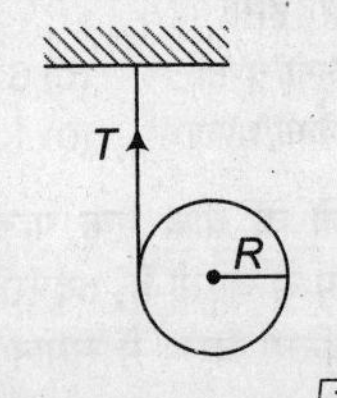

(a) $\frac{20}{7}$ सेकण्ड (b) $\sqrt{\frac{7}{20}}$ सेकण्ड
(c) $\sqrt{\frac{20}{7}}$ सेकण्ड (d) $\frac{7}{20}$ सेकण्ड

107. एक व्यक्ति स्थिर एस्केलेटर पर 60 सेकण्ड में चढ़ता है, जब वह इस पर खड़ा होता है, तो वह चलते हुए एस्केलेटर में 30 सेकण्ड में ले जाया जाता है, व्यक्ति को चलते हुए एस्केलेटर पर चढ़ने में समय लगेगा

(a) 40 सेकण्ड (b) 30 सेकण्ड
(c) 20 सेकण्ड (d) 10 सेकण्ड

108. 25 किग्रा के एक छोटे रॉकेट की गैसों का रॉकेट के सापेक्ष वेग 28×10^2 मी/से है। ईंधन किस दर से जले कि वह पृथ्वी के क्षेत्र में 9.8 मी/से^{2} के त्वरण से ऊपर उठ सके

(a) 175 किग्रा/से (b) 1.75 किग्रा/से
(c) 0.175 किग्रा/से (d) शून्य

109. पृथ्वी की सतह से h ऊँचाई से एक पिण्ड को वेग v से ऊर्ध्वाधर ऊपर की ओर फेंका जाता है, पिण्ड का जमीन पर टकराने का समय होगा

(a) $\frac{v}{g} + \frac{2hg}{\sqrt{2}}$ (b) $\frac{v}{g}\left[1 - \sqrt{1 + \frac{2h}{g}}\right]$

(c) $\frac{v}{g}\left[1 + \sqrt{1 + \frac{2gh}{v^2}}\right]$

(d) $\frac{v}{g}\left[1 + \sqrt{v^2 + \frac{2g}{h}}\right]$

110. ऊँचाई h से एक कण को विराम स्थिति से नीचे गिराया जाता है तथा यह अन्तिम सेकण्ड में $\frac{9h}{25}$ दूरी तय करता है, तो ऊँचाई h है ($g = 9.8$ मी/से^{2})

(a) 100 मी
(b) 122.5 मी
(c) 145 मी
(d) 167.5 मी

111. दो लड़के जमीन के दो किनारों A व B पर इस प्रकार खड़े हैं कि $AB = a$ है। B पर खड़ा लड़का v_1 वेग से AB के लम्बवत् दौड़ना प्रारम्भ करता है उसी समय A पर खड़ा लड़का v वेग से दौड़ना प्रारम्भ करता है तथा दूसरे लड़के को t समय में पकड़ लेता है, जहाँ t है

(a) $\frac{a}{\sqrt{v^2 + v_1^2}}$ (b) $\sqrt{\frac{a^2}{(v^2 - v_1^2)}}$

(c) $\frac{a}{(v - v_1)}$ (d) $\frac{a}{(v + v_1)}$

112. एक गेंद को ऊर्ध्वाधर ऊपर की ओर फेंका जाता है, उसकी उड़ान के दौरान उसका वेग-समय $(v - t)$ वक्र होगा

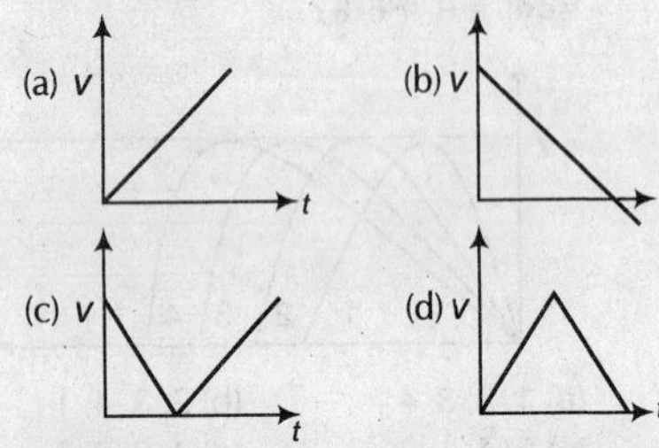

113. एकसमान त्वरण में गतिशील एक ट्रेन का इंजन एक बिजली के खम्बे को u वेग से पार करता है तथा इसका अन्तिम डिब्बा इसे v वेग से पार करता है। ट्रेन का मध्य बिन्दु इस खम्भे को किस वेग से पार करेगा?

(a) $\sqrt{\frac{v^2 - u^2}{2}}$ (b) $\sqrt{\frac{v^2 + u^2}{2}}$

(c) $\frac{u^2 + v^2}{2}$ (d) $\frac{u + v}{2}$

114. एक बिन्दु समरूप त्वरण से गतिशील है और तीन उत्तरोत्तर समय-अन्तरालों t_1, t_2, t_3 में उसका औसत वेग v_1, v_2, v_3 रहता है। $v_1 - v_2 : v_2 - v_3$ का मान होगा

(a) $t_1 - t_2 : t_2 - t_3$
(b) $(t_1 + t_2) : (t_2 + t_3)$
(c) $t_1 + t_2 : t_2 - t_3$
(d) $t_1 - t_2 : t_2 + t_3$

115. निम्न में से कौन-सा समय-वेग वक्र व्यवहार से प्राप्त किया जा सकता है?

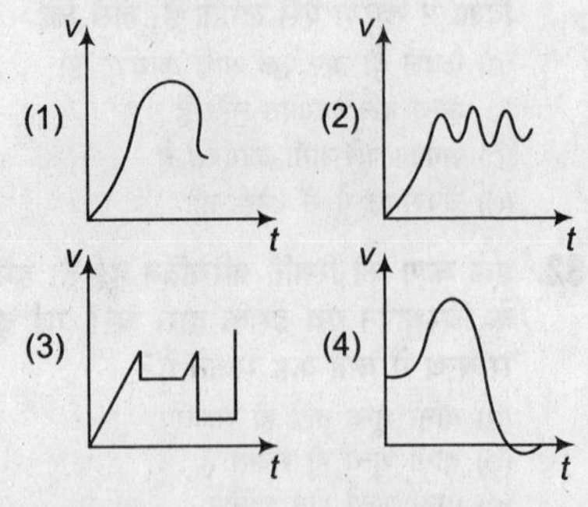

(a) केवल 1, 2, 4 (b) केवल 1, 2, 3
(c) केवल 2, 4 (d) ये सभी

116. एक स्थिर कार कुछ समय तक एकसमान दर α से त्वरित होती है। उसके बाद एकसमान दर β से मन्दित होकर स्थिर हो जाती है। यदि लगा हुआ सम्पूर्ण समय t हो, तो कार द्वारा अर्जित उच्चतम वेग होगा

(a) $\frac{\alpha + \beta}{\alpha\beta} . t$ (b) $\frac{\alpha\beta}{\alpha + \beta} . t$

(c) $\frac{\alpha^2 - \beta^2}{\alpha\beta} . t$ (d) $\frac{\alpha + \beta^2}{\alpha\beta} . t$

117. तीन गुब्बारे P, Q तथा R ऊपर की ओर क्रमशः $u, 4u$ तथा $8u$ वेग से ऊपर उठ रहे हैं। जब तीनों समान ऊँचाई पर हैं, तब तीनों से समान द्रव्यमान के पत्थर छोड़े जाते हैं, तब

(a) सभी एक साथ पृथ्वी पर पहुँचेंगे
(b) P से छोड़ा गया पत्थर पहले पृथ्वी पर पहुँचेगा
(c) R से छोड़ा गया पत्थर पहले पृथ्वी पर पहुँचेगा
(d) Q से छोड़ा गया पत्थर पहले पृथ्वी पर पहुँचेगा

118. किसी वस्तु को h_1 तथा h_2 ऊँचाइयों तक गिरने में लगने वाले समय क्रमशः t_1 व t_2 हों, तो $t_1 : t_2$ होगा

(a) $h_1 : h_2$ (b) $\sqrt{h_1} : \sqrt{h_2}$
(c) $h_1 : 2h_2$ (d) $2h_1 : h_2$

119. एक गेंद को पृथ्वी से d ऊँचाई से छोड़ा जाता है पृथ्वी से टकराने के पश्चात् गेंद $d/2$ ऊँचाई तक वापस उठती है। वायु का प्रतिरोध नगण्य मानते हुए गेंद का उसके पश्चात् की गति को छोड़ते हुए, गेंद का वेग व पृथ्वी से उसकी ऊँचाई h के वक्र होगा

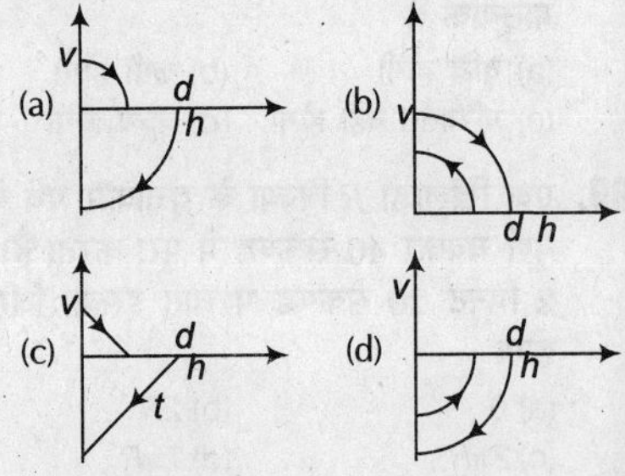

120. गुरुत्व के अधीन विरामावस्था से मुक्त रूप से गिरने वाले किसी कण की स्थिति में समय (t) में विस्थापन (d) का विवरण किसमें सही दर्शित है?

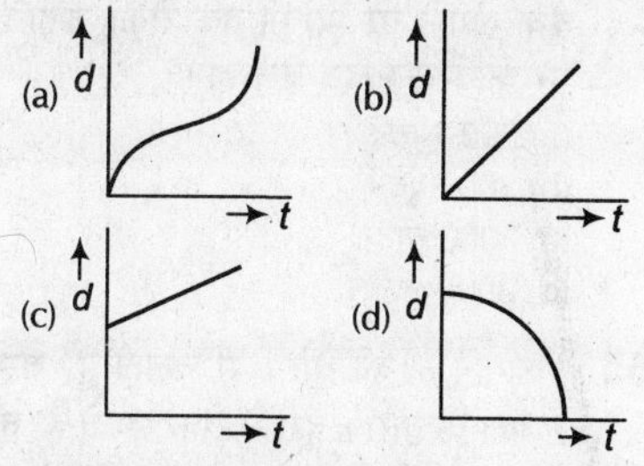

121. तैराकी सम्भव है
(a) गति के प्रथम नियम के कारण
(b) गति के द्वितीय नियम के कारण
(c) गति के तृतीय नियम के कारण
(d) न्यूटन के गुरुत्वाकर्षण नियम के कारण

122. एक स्थिर पाल नाव (sail boat) में रखे हुए पंखे द्वारा पाल पर हवा फेंकी जा रही है, नाव
(a) वायु प्रवाह की दिशा में चलेगी
(b) वायु प्रवाह के विपरीत दिशा में चलेगी
(c) अपनी स्थिति के चारों ओर घूमेगी
(d) स्थिर रहेगी

123. जब हम पानी में खड़ी हुई नाव से कूदते हैं, तो यह खिसकती है
(a) आगे की ओर (b) पीछे की ओर
(c) बराबर में (d) इनमें से कोई नहीं

124. किसी पिण्ड के द्रव्यमान व त्वरण दोनों को दोगुना करने पर पिण्ड पर कार्यरत बल, पहले मान की अपेक्षा
(a) आधा हो जाता है
(b) समान रहता है
(c) बढ़कर दोगुना हो जाता है
(d) बढ़कर चार गुना हो जाता है

125. भारहीन एवं घर्षणरहित घिरनी P के ऊपर से गुजरती हुई भारहीन डोरी का एक सिरा हुक C से बँधा हुआ है, जबकि दूसरा सिरा स्वतन्त्र है। डोरी अधिकतम 360 N का तनाव सहन कर सकती है। 60 kg का एक बन्दर किस न्यूनतम सुरक्षित त्वरण (मी/से^{2} में) से रस्सी से उतर सकता है?

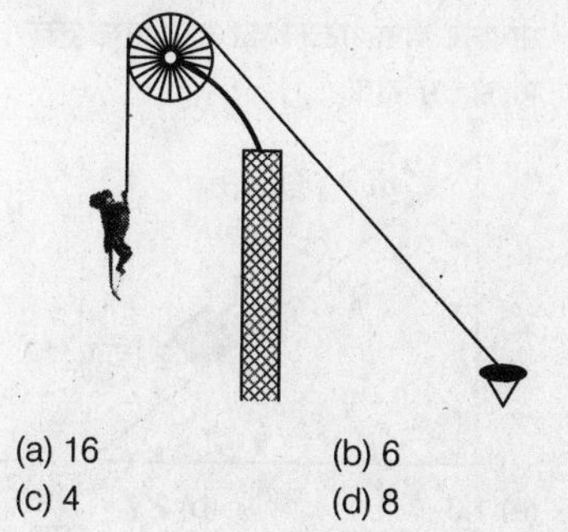

(a) 16 (b) 6
(c) 4 (d) 8

126. एक पिण्ड पर जब नियत बल लगाया जाता है, तब निम्नलिखित में से कौन-सी राशि एकसमान होगी?
(a) वेग (b) त्वरण
(c) संवेग (d) इनमें से कोई नहीं

127. एक वस्तु तब तक त्वरित होती रहेगी, जब तक
(a) उस पर लगने वाले परिणामी बलों का मान घटने लगता है
(b) उस पर परिणामी बल शून्य हो जाए
(c) परिणामी बल उसके घूमने की दिशा के लम्बवत् हो जाए
(d) परिणामी बल का मान लगातार बढ़ता जाए

128. एक कार एकसमान वेग से घर्षण युक्त सड़क पर गतिमान है। न्यूटन के गति के प्रथम नियम के अनुसार,
(a) कार को इंजन द्वारा कोई बल नहीं दिया जा रहा है
(b) कार को इंजन द्वारा अवश्य ही बल दिया जा रहा है
(c) कार में त्वरण उत्पन्न हो रहा है
(d) कार की गतिज ऊर्जा में वृद्धि हो रही है

129. चित्र के अनुसार एक अवितान्य डोरी के सिरे P व Q एकसमान चाल U से नीचे को चलते हैं। घिरनियाँ A व B स्थिर हैं। द्रव्यमान M ऊपर की ओर किस चाल से चलेगा?

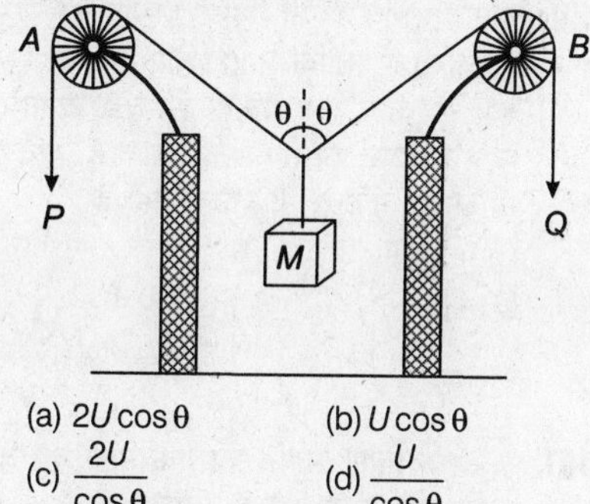

(a) $2U\cos\theta$ (b) $U\cos\theta$
(c) $\frac{2U}{\cos\theta}$ (d) $\frac{U}{\cos\theta}$

130. यदि विराम में स्थित किसी पिण्ड को गति प्रदान की जाए, तो वह सरल रेखा में चलने लगता है, अब यदि इस पर विपरीत बल कार्य करे, तब
(a) पिण्ड की दिशा निश्चित रूप से बदलेगी
(b) पिण्ड की चाल कम हो जाएगी
(c) पिण्ड उसी चाल से तथा उसी दिशा में चलता रहेगा
(d) उपरोक्त में से कोई नहीं

131. एक मोटर जिसका द्रव्यमान 50 किग्रा है, 15 मी/से के वेग से चली जा रही है। ब्रेक लगाने के 10 सेकण्ड पश्चात् उसका वेग 5 मी/से हो जाता है। ब्रेक द्वारा लगाया गया बल है
(a) –50 न्यूटन
(b) –20 न्यूटन
(c) –30 न्यूटन
(d) – 40 न्यूटन

132. एक मोटर साइकिल का त्वरण 8 मी/से^{2} है। यदि एक दोगुने द्रव्यमान की खराब मोटर साइकिल इसके पीछे बाँध दी जाए, तो इसका त्वरण होगा
(a) 16 मी/से^{2} (b) 4 मी/से^{2}
(c) 8 मी/से^{2} (d) 78.4 मी/से^{2}

133. एक मोटर कार 10 मी/से की चाल से चल रही है। कार का द्रव्यमान 2500 किग्रा है। 25 मी की दूरी पर रोकने के लिए कार पर ब्रेक द्वारा लगाया गया बल होगा
(a) 1000 न्यूटन (b) 2000 न्यूटन
(c) 5000 न्यूटन (d) 6000 न्यूटन

134. 5 ग्राम द्रव्यमान के पिण्ड (विराम अवस्था में) पर एक बल 20 सेकण्ड के लिए लगता है, जिसके बाद उस पर कोई बल नहीं लगता तथा 5 सेकण्ड पश्चात् पिण्ड 50 सेमी की दूरी चलकर रुक जाता है। बल का मान न्यूटन में होगा
(a) 0.2×10^{-3} (b) 0.2×10^{-2}
(c) 5×10^{-3} (d) 5×10^{-5}

135. 5 न्यूटन का बल m_1 द्रव्यमान के एक पिण्ड में 8 मी/से^{2} का त्वरण उत्पन्न करता है तथा m_2 द्रव्यमान के एक पिण्ड में 24 मी/से^{2} का त्वरण उत्पन्न करता है। यदि दोनों पिण्ड एक साथ बाँध दिए जाएँ, तो यह बल उत्पन्न करेगा
(a) 6 मी/से^{2} का त्वरण
(b) 7 मी/से^{2} का त्वरण
(c) 8 मी/से^{2} का त्वरण
(d) 5 मी/से^{2} का त्वरण

136. 4 कुन्तल का लट्ठा एक ट्रैक्टर के पीछे बँधा है। ट्रैक्टर लट्ठे को 2000 न्यूटन के बल से खींचता है और पृथ्वी लट्ठे पर P न्यूटन का घर्षण बल लगाती है, जिससे लट्ठा 2 सेकण्ड में 6 मी खिसक जाता है। लट्ठे पर लगने वाला घर्षण बल होगा
(a) 1200 न्यूटन (b) 800 न्यूटन
(c) 2000 न्यूटन (d) 2800 न्यूटन

137. 40 किलोग्राम का एक विस्फोटक 12 मी/से के वेग से जा रहा है। टक्कर के पश्चात् वह 28 किग्रा व 12 किग्रा के दो टुकड़ों में विभाजित हो जाता है। यदि टक्कर के पश्चात् बड़े टुकड़े का वेग शून्य हो जाए तो, छोटे टुकड़े का वेग होगा
(a) 20 मी/से (b) 30 मी/से
(c) 40 मी/से (d) 50 मी/से

138. 10 ग्राम भार की एक गेंद एक कठोर सतह पर ऊर्ध्वाधर रूप से 5 मी/से की गति से टकराती है एवं उसी गति से वापस होती है। गेंद पर 0.01 सेकण्ड में सतह द्वारा लगाया गया औसत बल है
(a) 1 न्यूटन (b) 0.1 न्यूटन
(c) 100 न्यूटन (d) 10 न्यूटन

139. 10 ग्राम द्रव्यमान की एक गोली 400 मी/से के वेग से चलती हुई 900 ग्राम द्रव्यमान के मुक्त रूप से लटके लकड़ी के ब्लॉक में धँस जाती है। ब्लॉक द्वारा प्राप्त किया गया वेग होगा

(a) 2.2 मी/से (b) 5.44 मी/से
(c) 4.39 मी/से (d) 0.44 मी/से

140. 150 किग्रा की एक तोप से 1.5 किग्रा का एक गोला दागा जाता है, जो 60 मी/से के वेग से निकलता है। तोप के पीछे हटने का वेग होगा

(a) 10.5 मी/से
(b) 6 मी/से
(c) 0.6 मी/से
(d) उपरोक्त में से कोई नहीं

141. एक वस्तु का संवेग 10 किग्रा-मी/से है। उसे 2 सेकण्ड में रोकने के लिए बल की आवश्यकता होगी

(a) 10 न्यूटन
(b) 5 न्यूटन
(c) 2.5 न्यूटन
(d) 25 न्यूटन

142. एक बल 0.5 किग्रा की वस्तु पर 10 सेकण्ड तक कार्य करता है। इसके बाद बल को हटा लिया जाता है और वस्तु एकसमान चाल से गति करके 10 सेकण्ड में 2 मी की दूरी तय करती है। बल का परिमाण है

(a) 10 न्यूटन (b) 0.1 न्यूटन
(c) 1 न्यूटन (d) 0.01 न्यूटन

143. 53 किग्रा द्रव्यमान का एक मनुष्य लिफ्ट में खड़ा हुआ है। जब लिफ्ट ऊपर की ओर 2 मी/से^{2} के एकसमान त्वरण से गति करती है, तो लिफ्ट के फर्श द्वारा मनुष्य पर आरोपित बल होगा ($g = 10$ मी/से^{2})

(a) 600 न्यूटन (b) 700 न्यूटन
(c) 800 न्यूटन (d) 900 न्यूटन

144. 10 किग्रा का एक द्रव्यमान रस्सी के निचले सिरे पर लटका हुआ है। रस्सी का ऊपरी सिरा हाथ में पकड़ कर द्रव्यमान को 2 मी/से^{2} के एकसमान त्वरण से ऊपर की ओर ले जाने पर रस्सी में उत्पन्न तनाव होगा

(a) 120 न्यूटन (b) 80 न्यूटन
(c) 60 न्यूटन (d) शून्य

145. 150 किग्रा का एक गोला घर्षणरहित तल पर रखा है। एक 0.15 किग्रा की गोली 200 मी/से के वेग से गोले से टकराकर विराम अवस्था में आ जाती है, टक्कर के पश्चात् गोले का वेग होगा

(a) 2 मी/से (b) 20 मी/से
(c) 0.30 मी/से (d) 0.2 मी/से

146. 25 किग्रा द्रव्यमान के पिण्ड पर 200 न्यूटन का बल लगा है, तो विरामावस्था से 64 मी चलने में उस पिण्ड को समय लगेगा

(a) 1 सेकण्ड (b) 2 सेकण्ड
(c) 4 सेकण्ड (d) 8 सेकण्ड

147. एक पिण्ड स्थिर वेग v से चलते हुए अन्य समान पिण्ड से समान वेग लेकिन विपरीत दिशा में टकराता है तथा उसके साथ चिपक जाता है, तो

(a) दोनों लम्ब दिशा में वेग $2v$ से चलेंगे
(b) दोनों लम्ब दिशा में वेग v से चलेंगे
(c) दोनों वेग $\frac{v}{2}$ से चलेंगे
(d) दोनों विश्राम अवस्था में आ जाएँगे

148. 20 ग्राम द्रव्यमान की बन्दूक की एक गोली 10 मी/से के वेग से चलायमान है। विश्रामावस्था में आने से पूर्व यह लक्ष्य में 10 सेमी धँस सकती है। यदि लक्ष्य की मोटाई केवल 6 सेमी हो, तो लक्ष्य के बाहर निकलने पर गोली का वेग होगा

(a) 5.68 मी/से
(b) 6.32 मी/से
(c) 6 मी/से
(d) उपरोक्त में से कोई नहीं

149. 5 किलोग्राम का पत्थर एक पहाड़ी की चोटी के ऊपर से गिरता है, जो 100 मी ऊँची है। पत्थर गिरने पर रेत में 2 मी धँस जाता है। धँसने में समय लगेगा ($g = 10$ मी/से^{2})

(a) $\sqrt{5}$ सेकण्ड
(b) $0.4 \times \sqrt{5}$ सेकण्ड
(c) $0.04 \times \sqrt{5}$ सेकण्ड
(d) उपरोक्त में से कोई नहीं

150. एक 400 किग्रा की लिफ्ट इस्पात की रस्सी से आधारित है, जोकि 800 किग्रा का भार सुरक्षित रूप से वहन कर सकती है। वह न्यूनतम दूरी जिसमें लिफ्ट को रोका जा सकता है, यदि वह 1 मी/से की गति से नीचे उतर रही है ($g = 10$ मी/से^{2})

(a) 4 मी (b) 20 मी
(c) $\frac{1}{20}$ मी (d) इनमें से कोई नहीं

151. 3×10^7 किग्रा संहति का एक पानी का जहाज, जोकि प्रारम्भ में विराम अवस्था में हैं, 5×10^4 न्यूटन के बल से 12 मी दूरी तक खींचा जाता है। यदि पानी का प्रतिरोध नगण्य हो, तो पानी के जहाज की गति होगी

(a) 0.2 मी/से (b) 0.02 मी/से
(c) 0.04 मी/से (d) 0.4 मी/से

152. 1000 किग्रा संहति की एक कार ढालू जमीन, जिसका ढलान 30° है, पर विश्राम अवस्था में है। यदि ब्रेक को एकदम छोड़ दिया जाए, तो 125 मी चलने में समय लगेगा

(a) $12\sqrt{3}$ सेकण्ड (b) 7.14 सेकण्ड
(c) 12 सेकण्ड (d) इनमें से कोई नहीं

153. 1 किग्रा द्रव्यमान की एक घर्षणहीन घिरनी एक दृढ़ टेक से रस्सी द्वारा लटकी हुई है। घिरनी पर से एक अन्य रस्सी गुजरती है तथा रस्सी के सिरों पर 2 किग्रा तथा 3 किग्रा के दो ब्लॉक बँधे हैं। यदि ब्लॉकों को चलने में स्वतन्त्र रखा जाए, तो घिरनी को टेक देने वाली रस्सी में तनाव होगा

(a) 4.8 किग्रा (b) 5.8 किग्रा
(c) 6.0 किग्रा (d) 5.0 किग्रा

154. 1200 किग्रा द्रव्यमान की एक कार, जो 72 किमी/घण्टा की चाल से चल रही है, को ब्रेक लगाने पर 80 मी तक रोका जाता है। कार पर कार्यरत् मन्दन बल होगा

(a) 200 न्यूटन
(b) 300 न्यूटन
(c) 2000 न्यूटन
(d) 3000 न्यूटन

155. द्रव्यमान m की वेग u से चलती हुई वस्तु को F बल के द्वारा s दूरी में रोक सकते हैं, तो दोगुने द्रव्यमान की आधे वेग से चलती हुई वस्तु को उतनी दूरी में रोकने के लिए आवश्यक बल होगा

(a) $\frac{F}{2}$ (b) F
(c) $\sqrt{2}\,F$ (d) $\frac{F}{\sqrt{2}}$

156. M द्रव्यमान के गुब्बारे से बँधी निचली सीढ़ी से m द्रव्यमान का एक आदमी लटका है तथा गुब्बारा स्थिर है। यदि वह आदमी सीढ़ी के सहारे ऊपर चढ़ने लगे, तो गुब्बारा किस वेग से चलने लगेगा?
(आदमी का सीढ़ी के सापेक्ष वेग v है)

(a) $\frac{mv}{m+M}$ वेग से नीचे की ओर
(b) $\frac{Mv}{m+M}$ वेग से नीचे की ओर
(c) v वेग से ऊपर की ओर
(d) v वेग से नीचे की ओर

157. दो गुटके जिनके द्रव्यमान और आनत तल के साथ घर्षण गुणांक क्रमश: 4 किग्रा, 2 किग्रा 0.75 व 0.25 है, चित्रानुसार एक भारहीन डोरी से जुड़े हुए हैं। ये गुटके 37° आनति वाले आनत तल पर नीचे खिसकते हैं। डोरी को तनी हुई ही मानकर दोनों गुटकों का उभयनिष्ठ त्वरण मी/से^{2} में होगा

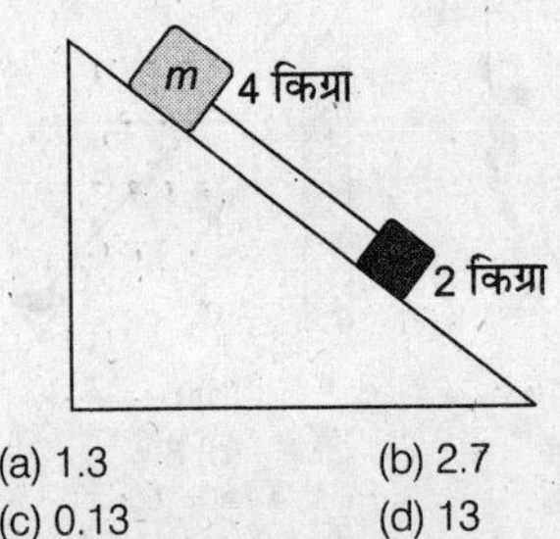

(a) 1.3 (b) 2.7
(c) 0.13 (d) 13

158. एक 10^5 किग्रा का इंजन 5° प्रवणता की चढ़ाई पर 100 मी/से की गति से चढ़ रहा है। इंजन तथा रेल की पटरी के मध्य घर्षण गुणांक 0.1 है। इंजन को 1 सेकण्ड में कितना कोयला जलाना पड़ेगा? यदि इंजन, ऊष्मा को कार्य में 4% क्षमता से परिवर्तित करता है तथा $\sin 5° = 0.0872$, $\cos 5° = 0.9962$ और 1 किग्रा कोयला जलाने पर 50×10^3 जूल ऊष्मा प्राप्त होती है।

(a) 9 किग्रा (b) 90 किग्रा
(c) 9.15×10^3 किग्रा (d) 9×10^5 किग्रा

159. एक सीढ़ी चित्रानुसार दीवार के सहारे खड़ी है। सीढ़ी के प्रत्येक सिरे पर घर्षण गुणांक 0.25 है। सीढ़ी द्वारा क्षैतिज से बनाया गया न्यूनतम कोण क्या हो, ताकि वह फिसले नहीं?
$(\tan^{-1} 1.875 = 60°56')$

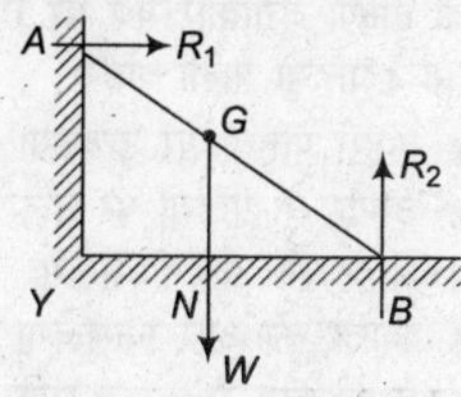

(a) 61° 56′ (b) 16°
(c) 65° (d) 56°

160. एक पिण्ड एक लम्बे आनत तल प्रवणता 1 में 2 पर नीचे की तरफ गति कर रहा है, पिण्ड तथा तल के मध्य घर्षण गुणांक $\mu = 0.49x$ की दर से परिवर्तित हो रहा है, जहाँ पर x तल पर नीचे की तरफ चली हुई दूरी है, x के किस मान पर पिण्ड का वेग अधिकतम होगा?

(a) 0.18 मी (b) 1.8 मी
(c) 1.18 मी (d) 18 मी

161. A व B ब्लॉकों के द्रव्यमान क्रमश: 0.5 किग्रा व 1 किग्रा हैं। ये चित्र के अनुसार व्यवस्थित हैं तथा एक भारहीन डोरी से जुड़े हैं, सभी सम्पर्क तलों के मध्य घर्षण गुणांक का मान 0.4 है। B को नियत वेग से गति देने के लिए आवश्यक बल होगा ($g = 10$ मी/से^{2})

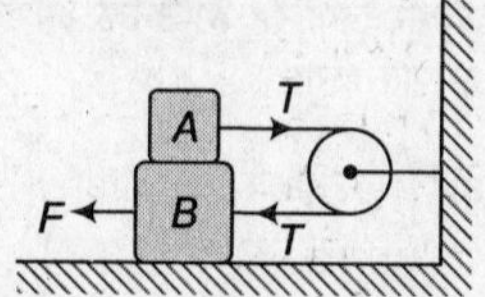

(a) 5 न्यूटन (b) 10 न्यूटन
(c) 15 न्यूटन (d) 20 न्यूटन

162. एक द्रव्यमान m_1 क्षैतिज तल पर रखा है तथा इससे बँधी हुई डोरी टेबिल के सिरे पर लगी घर्षण विहीन घिरनी से होकर नीचे लटक रही है, जिसके दूसरे सिरे पर m_2 द्रव्यमान लटक रहा है, निकाय का त्वरण होगा

(a) $\frac{m_2 g}{m_1 + m_2}$ (b) $\frac{m_1 g}{m_1 + m_2}$
(c) g (d) $\frac{m_2}{m_1} g$

163. यदि किसी पिण्ड पर बल $\mathbf{F} = 6\hat{\mathbf{i}} - 8\hat{\mathbf{j}} + 10\hat{\mathbf{k}}$ आरोपित करने पर उसमें 1 मी/से^{2} का त्वरण उत्पन्न होता है, तो पिण्ड का द्रव्यमान होगा

(a) $10\sqrt{2}$ किग्रा (b) $2\sqrt{10}$ किग्रा
(c) 10 किग्रा (d) 20 किग्रा

164. M द्रव्यमान की गाड़ी 10 मी लम्बी द्रव्यमानहीन डोरी से बँधी है, डोरी का दूसरा सिरा M द्रव्यमान वाले व्यक्ति के हाथ में है, सम्पूर्ण निकाय घर्षणरहित तल पर है, व्यक्ति की स्थिति $x = 0$ पर तथा गाड़ी की स्थिति $x = 10$ मी पर है। यदि व्यक्ति रस्सी से गाड़ी को खींचता है, तो व्यक्ति व गाड़ी के मिलने की स्थिति होगी

(a) $x = 0$ मी
(b) $x = 5$ मी
(c) $x = 10$ मी
(d) उपरोक्त में से कोई नहीं

165. पिण्ड पर 250 न्यूटन का बल आरोपित करने पर उसे 125 किग्रा-मी/से का संवेग प्राप्त होता है। पिण्ड पर कितने समय तक बल कार्य करता है?

(a) 0.5 सेकण्ड (b) 0.2 सेकण्ड
(c) 0.4 सेकण्ड (d) 0.25 सेकण्ड

166. 2 किग्रा का एक पिण्ड जमीन पर गति कर रहा है और कुछ समय पश्चात् वह स्थिर हो जाता है, पिण्ड और जमीन के बीच गतिज घर्षण गुणांक 0.2 है, पिण्ड पर मन्दन होगा

(a) 9.8 मी/से^{2} (b) 4.73 मी/से^{2}
(c) 2.16 मी/से^{2} (d) 1.96 मी/से^{2}

167. एक साइकिल सवार 100 मी की त्रिज्या के वृत्ताकार पथ पर चल रहा है, यदि घर्षण गुणांक 0.2 है, तो वह अधिकतम चाल होगी, जिससे वह तीक्ष्ण मोड़ लेते समय अन्दर की ओर न झुके।

(a) 9.8 मी/से (b) 1.4 मी/से
(c) 140 मी/से (d) 14 मी/से

168. 2 किग्रा का एक पिण्ड 2 मी/से के अचर वेग से एक घर्षण युक्त क्षैतिज तल में खींचा जा रहा है। यदि सतह और पिण्ड के बीच घर्षण गुणांक 0.20 हो, तो पिण्ड में 5 सेकण्ड में उत्पन्न ऊष्मा का मान होगा

(a) 9.52 कैलोरी (b) 10.21 कैलोरी
(c) 12.67 कैलोरी (d) 13.34 कैलोरी

169. एक कार को घर्षण युक्त नत समतल पर जिसका झुकाव कोण 45° है। अधिकतम ढलान की दिशा में प्रक्षेपित किया गया है। यदि घर्षण गुणांक 0.5 है, तो मन्दन होगा

(a) $\frac{g}{2\sqrt{2}}$ (b) $\frac{3g}{2\sqrt{2}}$ (c) $\frac{g}{\sqrt{2}}$ (d) g

170. 40 किग्रा का एक पिण्ड एक घर्षणहीन सतह पर रखा है। इस पिण्ड के ऊपर 10 किग्रा का पिण्ड रखा है, दोनों पिण्डों के बीच घर्षण गुणांक 0.6 तथा 0.4 है। ऊपर वाले पिण्ड पर 100 न्यूटन का एक क्षैतिज बल लगाया गया है। यदि $g = 9.8$ मी/से^{2} हो तो, नीचे वाले पिण्ड पर परिमाणी त्वरण होगा

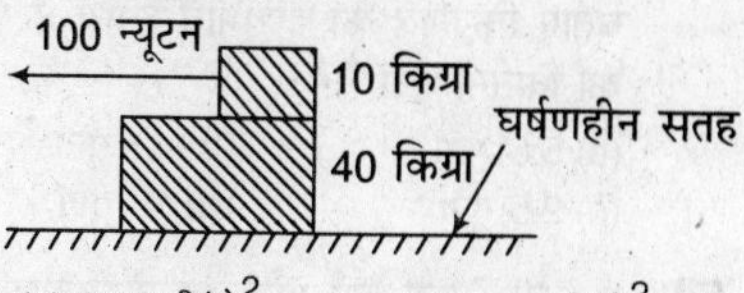

(a) 0.98 मी/से^{2} (b) 1.47 मी/से^{2}
(c) 1.52 मी/से^{2} (d) 6.1 मी/से^{2}

171. साधारण यन्त्र किसी व्यक्ति की सहायता करता है

(a) कम काम करने में
(b) कम बल का प्रयोग करके भी उतनी ही मात्रा में काम करने में
(c) उतनी ही मात्रा में काम धीरे-धीरे करने में
(d) उतनी ही मात्रा में काम अधिक तेजी से करने में

172. यदि किसी घन के आयतन और पृष्ठ क्षेत्रफल को निरूपित करने वाली संख्याएँ समान हों, तो उस घन के किनारे की लम्बाई माप की इकाई में होगी

(a) 3 (b) 4 (c) 5 (d) 6

173. ऊर्जा संरक्षण का आशय है, कि

(a) ऊर्जा का सृजन और विनाश होता है
(b) ऊर्जा का सृजन हो सकता है
(c) ऊर्जा का सृजन नहीं हो सकता, परन्तु विनाश हो सकता है
(d) ऊर्जा का न तो सृजन हो सकता है और न ही विनाश

174. एक ट्रेन जैसे ही चलना आरम्भ करती है, उसमें बैठे हुए यात्री का सिर पीछे की ओर झुक जाता है, इसका कारण है

(a) स्थिरता का जड़त्व (b) गति का जड़त्व
(c) जड़त्व आघूर्ण (d) द्रव्यमान का संरक्षण

175. **कथन** (A) एक पूर्णत: घर्षणहीन पृष्ठ (completely frictionless surface) पर खड़ा एक व्यक्ति सीटी बजाने से अपने को गति में ला सकता है।
कारण (R) यदि किसी तन्त्र पर कोई बाह्य बल क्रियाशील नहीं है, तो इसका संवेग H परिवर्तित नहीं हो सकता।

कूट
(a) A और R दोनों सही हैं, और R, A का सही स्पष्टीकरण है
(b) A और R दोनों सही हैं, और R, A का सही स्पष्टीकरण नहीं है
(c) A सही है, परन्तु R गलत है
(d) A गलत है, परन्तु R सही है

176. सड़क पर चलने की अपेक्षा बर्फ पर चलना कठिन है, क्योंकि

(a) बर्फ सड़क से सख्त होती है
(b) सड़क बर्फ से सख्त होती है
(c) जब हम अपने पैर से धक्का देते हैं, तो बर्फ कोई प्रतिक्रिया व्यक्त नहीं करती
(d) बर्फ में सड़क की अपेक्षा घर्षण कम होता है

177. एक मनुष्य स्थिर नाव से 5 मी/से की चाल से कूदा और नाव 0.5 मी/से की चाल से खिसकी। बताएँ कि नाव का द्रव्यमान मनुष्य के द्रव्यमान का कितना गुना है?
(a) 5.5 गुना (b) 4.5 गुना
(c) 2.5 गुना (d) 10 गुना

178. एक ट्रक, एक कार और एक मोटर साइकिल की गतिज ऊर्जाएँ समान हैं, यदि समान अवरोधक बल लगाए जाएँ और वे क्रमश: X, Y और Z दूरी पर रुकें, तो
(a) $X > Y > Z$
(b) $X < Y < Z$
(c) $X = Y = Z$
(d) $X \cong 4Y \cong 8X$

179. एक व्यक्ति कार में, जो विराम में बैठा है, सड़क से कार के चार पहियों में से प्रत्येक पर प्रतिक्रिया R है, जब कार सीधी समतल सड़क पर चलेंगी, तो अग्र पहियों में प्रत्येक पर प्रतिक्रिया में क्या परिवर्तन आएगा?
(a) यह R से अधिक होगा
(b) यह R से कम होगा
(c) यह R के बराबर होगा
(d) यह सड़क के पदार्थ पर निर्भर करेगा

180. तेल से अंशत: भरा हुआ तेल का एक टैंकर समतल सड़क पर आगे की ओर एकसमान त्वरण से जा रहा है। तेल का मुक्त पृष्ठ
(a) क्षैतिज बना रहेगा
(b) क्षैतिज से इस प्रकार आनत होगा कि पिछले सिरे पर कम गहराई होगी
(c) क्षैतिज से इस प्रकार आनत होगा की पिछले सिरे पर अधिक गहराई होगी
(d) परवलयी वक्र का आकार लेगा

181. एकसमान वृत्तीय गति में
(a) वेग व त्वरण स्थिर होते हैं
(b) चाल व त्वरण स्थिर होते हैं, परन्तु वेग-परिवर्तित रहता है
(c) त्वरण व वेग परिवर्तित होते हैं
(d) त्वरण व चाल स्थिर होते हैं

182. जब कोई वस्तु स्थिर चाल से वृत्ताकार मार्ग पर चलती है, तो
(a) इस पर कोई बल कार्य नहीं करता
(b) अभिकेन्द्र बल की दिशा विपरीत हो जाती है
(c) अभिकेन्द्र बल की दिशा परिवर्तित होती है
(d) अभिकेन्द्र बल दोगुना हो जाएगा

183. सोडा वाटर की एक बोतल को गर्दन से पकड़कर तेजी से ऊर्ध्वाधर वृत्त में घुमाया जाता है, बोतल के किस भाग के निकट बुलबुले एकत्रित होंगे?
(a) तली के पास
(b) मध्य में
(c) गर्दन के निकट
(d) पूरी बोतल में समान रूप से वितरित होंगे

184. क्षैतिज मार्ग पर गतिमान कार मुड़ते समय, सड़क से बाहर जा पड़ेगी
(a) गुरुत्वीय बल द्वारा
(b) अभिकेन्द्रीय बल के पर्याप्त न होने के कारण
(c) सड़क व टायर के बीच घूर्णन घर्षण के कारण
(d) सड़क की प्रतिक्रिया के कारण

185. बिना झुके मार्ग (unbanked road) पर v वेग से चल रहे साइकिल सवार को r त्रिज्या के मोड़ पर मुड़ते समय, θ कोण से अन्दर की ओर को झुकना पड़ेगा, जिसका मान
(a) $\tan^{-1}\left[\frac{v^2}{g}\right]$ (b) $\tan^{-1}\left[\frac{g}{v}\right]$
(c) $\tan^{-1}\left[\frac{v^2}{rg}\right]$ (d) $\tan^{-1}\left[\frac{rg}{v^2}\right]$

186. जब कोई पिण्ड, किसी नियत बिन्दु के परित: एक तल में घूम रहा हो, तो इसके कोणीय संवेग की दिशा होती है
(a) त्रिज्या के अनुदिश
(b) कक्षा की स्पर्श रेखा के अनुदिश
(c) घूर्णन तल के लम्बवत् रेखा के अनुदिश
(d) उपरोक्त में से कोई नहीं

187. एक कण एक वृत्तीय मार्ग पर एक बल के अन्र्तगत गति करता है, तब एक पूर्ण चक्र में किया गया कार्य होगा
(a) अशून्य व धनात्मक
(b) अशून्य व ऋणात्मक
(c) शून्य
(d) उपरोक्त में से कोई नहीं

188. यदि किसी निकाय पर कार्यरत बल आघूर्ण शून्य है, तो निम्नलिखित में से क्या स्थिर रहेगा?
(a) बल (b) रेखीय संवेग
(c) कोणीय संवेग (d) रेखीय आवेग

189. किसी पिण्ड का जड़त्व आघूर्ण निर्भर नहीं करता है
(a) पिण्ड के कोणीय वेग पर
(b) पिण्ड के द्रव्यमान पर
(c) पिण्ड के द्रव्यमान वितरण पर
(d) पिण्ड के घूर्णन अक्ष पर

190. समान त्रिज्या के एक ठोस गोला व एक चकती, एक ढलवा तल पर बिना सटे हुए गिरते हैं। एक के दूसरे से पहले पहुँचने का कारण है
(a) विभिन्न घूर्णन त्रिज्या
(b) भिन्न आकार
(c) भिन्न घर्षण
(d) भिन्न-भिन्न जड़त्व आघूर्ण

191. एक घड़ी की सेकण्ड की सूईं की लम्बाई 3.0 सेमी है, इसके नोंक की चाल होगी
(a) 0.314 सेमी/से
(b) 3.14 सेमी/से
(c) 31.4 सेमी/से
(d) 0.0314 सेमी/से

192. एक डोरी अधिक-से-अधिक 100 न्यूटन बल बिना टूटे सह सकती है। इस डोरी के 1 मी लम्बे टुकड़े के एक सिरे पर 1 किग्रा का पिण्ड बाँधकर उसे क्षैतिज तल में घुमाया जाता है। पिण्ड की अधिकतम रेखीय चाल, ताकि डोरी न टूटे, होगी
(a) 5 मी/से (b) 15 मी/से
(c) 20 मी/से (d) 10 मी/से

193. महामार्ग के वृत्तीय वक्र पर 60 किमी/घण्टा की चाल से चलने वाली गाड़ियों के लिए सड़क को कितने कोण का ढलाव देना उपयुक्त होगा, यदि वक्र की त्रिज्या 0.1 किमी है?
($g = 9.8$ मी/से^{2})
(a) 25.8° (b) 15.8° (c) 20.8° (d) 18.8°

194. निम्न कथनों पर विचार कीजिए।
एक तीक्ष्ण वृत्ताकार पथ पर तीव्र गति से जाता हुआ 4 पहियों वाला वाहन
1. बाहरी पहियों पर उलटेगा
2. अन्दर के पहियों पर उलटेगा
3. बाहर की ओर फिसलेगा
4. अन्दर की ओर फिसलेगा
इसमें से कौन-से कथन सही हैं?
(a) 1 और 3 (b) 2 और 4
(c) 2 और 3 (d) 1 और 4

195. एक जल से भरी बाल्टी 9 मी त्रिज्या के ऊर्ध्वाधर वृत्त में इस प्रकार घुमायी जाती है कि जल नीचे नहीं गिरता। एक चक्कर लगाने में समय लगेगा
(a) 12 सेकण्ड (b) 3 सेकण्ड
(c) 9 सेकण्ड (d) 6 सेकण्ड

196. एक पिण्ड r त्रिज्या के वृत्तीय पथ पर एकसमान चाल से गति कर रहा है। यदि पिण्ड की चाल को तीन गुना कर दिया जाए, तो उसका अभिकेन्द्र त्वरण
(a) दोगुना हो जाएगा (b) तिहाई हो जाएगा
(c) उतना ही रहेगा (d) नौ गुना हो जाएगा

197. समान द्रव्यमान वाले दो कण क्रमश: r_1 व r_2 त्रिज्याओं के वृत्ताकार पथों पर समान चाल से चक्कर लगा रहे हैं। उनके अभिकेन्द्रीय बलों का अनुपात होगा
(a) $\left(\frac{r_2}{r_1}\right)^2$ (b) $\left(\frac{r_1}{r_2}\right)^2$ (c) $\sqrt{\left(\frac{r_2}{r_1}\right)}$ (d) $\frac{r_2}{r_1}$

198. एक छोटे आकार का भारी गोला एक l लम्बाई की रस्सी से लटका है। गोला क्षैतिज में इस प्रकार घूमता है, कि रस्सी लम्बवत् दिशा से θ कोण बनाए। इस शंक्वाकार दोलक का आवर्तकाल है
(a) $T = 2\pi\sqrt{\frac{l}{g}}$ (b) $T = 2\pi\sqrt{\frac{l\sin\theta}{g}}$
(c) $T = 2\pi\sqrt{\frac{l\cos\theta}{g}}$ (d) $T = 2\pi\sqrt{\frac{l}{g\cos\theta}}$

199. l लम्बाई की एक डोरी के एक सिरे से बंधा पत्थर ऊर्ध्वाधर वृत्त में इस प्रकार घुमाया जाता है, कि डोरी का दूसरा सिरा केन्द्र पर रहता है। किसी क्षण पर पत्थर अपनी निम्नतम स्थिति में है तथा इसकी चाल u है। जब डोरी क्षैतिज होती है, उस स्थिति में इसके वेग में परिवर्तन का परिणाम है

(a) $\sqrt{u^2 - 2gl}$ (b) $\sqrt{2gl}$
(c) $\sqrt{2(u^2 - gl)}$ (d) $\sqrt{u^2 - gl}$

200. एक मोटर साइकिल एक 500 मी त्रिज्या के वक्रीय रास्ते पर गतिमान है। यदि रास्ते तथा सड़क के मध्य घर्षण गुणांक 0.5 है, तो मोटर साइकिल के फिसलने के लिए अधिकतम चाल होगी

(a) 500 मी/से (b) 250 मी/से
(c) 50 मी/से (d) 10 मी/से

201. एक कण जिसका द्रव्यमान 2 किग्रा है, 0.8 मी की त्रिज्या वाले वृत्त में 44 रेडियन/से के कोणीय वेग से घूम रहा है। यदि इसके मार्ग की त्रिज्या 1 मी हो, तो इसका कोणीय वेग होगा

(a) 28.16 रेडियन/से
(b) 14.08 रेडियन/से
(c) 2.8 रेडियन/से
(d) 56.32 रेडियन/से

202. दोनों सिरों पर खुले एक पतले खोखले सिलिण्डर का द्रव्यमान m है। पहली स्थिति में वह बिना लुढ़के वेग v से फिसलता है तथा दूसरी स्थिति में बिना फिसले उसी वेग से लुढ़कता है। दोनों स्थितियों में गतिज ऊर्जाओं का अनुपात होगा

(a) 1 : 2 (b) 2 : 1
(c) 4 : 1 (d) 1 : 4

203. द्रव्यमान m तथा त्रिज्या R का एक पिण्ड क्षैतिज तल पर बिना फिसले चाल v से लुढ़क रहा है। फिर यह पहाड़ी पर लुढ़कता हुआ अधिकतम ऊँचाई h तक चढ़ता है। यदि $h = 3v^2/4g$ है, तो पिण्ड का जड़त्व आघूर्ण होगा

(a) $\frac{1}{2}mR^2$ (b) $\frac{3}{2}mR^2$
(c) mR^2 (d) $2mR^2$

204. एक ठोस बेलन 2.4 मी ऊँचाई से नत तल पर लुढ़क कर नीचे आ रहा है। तल के निचले सिरे पर उसका रेखीय वेग होगा

(a) 5.6 मी/से (b) 2.8 मी/से
(c) 3.9 मी/से (d) 4.8 मी/से

205. mg भार लटकाने से एक स्प्रिंग की लम्बाई में x_0 वृद्धि होती है। इस दशा में स्प्रिंग में संचित स्थितिज ऊर्जा होगी

(a) $\frac{1}{2}mgx_0$ (b) mgx_0
(c) $\frac{1}{4}mgx_0$ (d) $2mgx_0$

206. 10 किग्रा द्रव्यमान एवं 0.4 मी व्यास की एक रिंग अपनी ज्यामितीय अक्ष के परित: 2100 चक्कर/मिनट की दर से घूम रही है। उसके जड़त्व आघूर्ण तथा कोणीय संवेग क्रमश: होंगे

(a) 0.4 किग्रा-मी^{2}, 88 किग्रा-मी^{2}/से
(b) 0.2 किग्रा-मी^{2}, 44 किग्रा-मी^{2}/से
(c) 0.8 किग्रा-मी^{2}, 66 किग्रा-मी^{2}/से
(d) 1.6 किग्रा-मी^{2}, 132 किग्रा-मी^{2}/से

207. घूर्णन करती एक गोल मेज पर एक लड़का आकर बैठ जाता है, निम्नलिखित में से क्या संरक्षित रहेगा?

(a) कोणीय संवेग
(b) रेखीय संवेग
(c) गतिज ऊर्जा
(d) उपरोक्त में से कोई नहीं

208. द्रव्यमान m तथा त्रिज्या R की एक डिस्क एक क्षैतिज तल पर कोणीय चाल ω से लुढ़क रही है। मूल बिन्दु O के परित: डिस्क का कोणीय संवेग है

(a) $2mR^2\omega$ (b) $\frac{3}{2}mR^2\omega$
(c) $mR\omega$ (d) $\frac{1}{2}mR^2\omega$

209. समान द्रव्यमान तथा त्रिज्या होने पर निम्नलिखित में से किस पिण्ड का जड़त्व आघूर्ण अधिकतम होगा?

(a) डिस्क–तल के लम्बवत्, गुरुत्व केन्द्र से जाते अक्ष के परित:
(b) ठोस गोला–व्यास के परित:
(c) गोलीय कोश–व्यास के परित:
(d) वलय–ज्यामितीय अक्ष के परित:

210. M द्रव्यमान और R त्रिज्या की वृत्ताकार चकती में से m द्रव्यमान व a त्रिज्या की एक चकती काट ली जाती है। शेष चकती के लिए उसके द्रव्यमान केन्द्र से गुजरने वाले तल के लम्बवत् अक्ष के सापेक्ष जड़त्व आघूर्ण होगा

(a) $\frac{M-m}{2}(R^2 + a^2)$
(b) शून्य
(c) $(M - m)\left(\frac{R^2 - a^2}{2}\right)$
(d) $\left(\frac{M-m}{2}\right)\left(\frac{R^2 + a^2}{2}\right)$

211. घड़ी के मिनट वाले काँटे एवं घण्टे वाले काँटे की कोणीय चाल का अनुपात होता है

(a) 1 : 6 (b) 6 : 1
(c) 1 : 12 (d) 12 : 1

212. एक व्यक्ति घूमते हुए स्टूल पर भुजाएँ फैलाए बैठा है, अचानक वह भुजाएँ सिकोड़ लेता है

(a) कोणीय संवेग बढ़ जाएगा
(b) कोणीय वेग नियत रहेगा
(c) जड़त्व आघूर्ण घट जाएगा
(d) कोणीय वेग घट जाएगा

213. गतिपालक चक्र में अधिकांश द्रव्यमान परिधि के निकट होता है, क्योंकि इससे

(a) उसका वेग बढ़ जाता है
(b) उसका जड़त्व आघूर्ण बढ़ जाता है
(c) उसके बनाने में सुविधा होती है
(d) वलय मजबूत हो जाता है

214. द्रव्यमान M तथा लम्बाई l की एक पतली तथा समरूप छड़ AB का एक सिरा A फर्श पर एक कब्जे द्वारा घूमने के लिए स्वतन्त्र है। प्रारम्भ में यह छड़ ऊर्ध्वाधर है, यदि इसे गिरने दें तो जब यह फर्श से टकराएगी, उस समय उसका कोणीय वेग होगा

(a) $\sqrt{\left(\frac{3g}{l}\right)}$ (b) $\sqrt{\left(\frac{l}{3g}\right)}$
(c) $\sqrt{\left(\frac{2g}{l}\right)}$ (d) $\sqrt{\frac{3g}{4l}}$

215. जब किसी पिण्ड को निश्चित बिन्दु के परित: एक तल में घुमाया जाता है, तो कोणीय संवेग की दिशा होगी

(a) कण की स्पर्श रेखा के अनुदिश
(b) त्रिज्या के अनुदिश
(c) घूर्णन तल पर लम्ब रेखा के अनुदिश
(d) उपरोक्त में से कोई नहीं

216. द्रव्यमान M तथा त्रिज्या R की एक पतली वृत्ताकार रिंग अपने अक्ष के परित: कोणीय वेग ω से घूम रही है। रिंग के व्यास के सिर पर दो पिण्ड जिनमें प्रत्येक का द्रव्यमान m है, चिपका दिए गए हैं। रिंग का कोणीय वेग होगा

(a) $\left(\frac{M}{M+2m}\right)\omega$ (b) $\frac{\omega m}{(M+2m)}$
(c) $\left(\frac{M+2m}{M}\right)\omega$ (d) $\frac{\omega m}{M-2m}$

217. एक कार 22 किमी/घण्टा की चाल से दौड़ रही है। इसके पहियों का व्यास 0.50 मी है। यदि इसके पहियों को ब्रेक लगाकर 20 चक्करों में रोक दें, तो ब्रेक द्वारा कोणीय मंदन होगा

(a) 25.5 रेडियन/से^{2}
(b) 12.5 रेडियन/से^{2}
(c) 18.5 रेडियन/से^{2}
(d) उपरोक्त में से कोई नहीं

218. गाड़ी के एक पहिए की त्रिज्या 0.4 मी है। गाड़ी विरामावस्था से 20 सेकण्ड तक 1.5 रेडियन/से^{2} के कोणीय त्वरण से त्वरित होती है। इस समयान्तराल में पहिए के द्वारा तय की गई दूरी तथा इसका रेखीय वेग क्रमश: होंगे

(a) 80 मी, 45 मी/से
(b) 60 मी, 60 मी/से
(c) 120 मी, 12 मी/से
(d) 75 मी, 9 मी/से

219. एक पिण्ड जिसका जड़त्व आघूर्ण 3 किग्रा-मी^{2} है, विरामावस्था में है। इसे 6 न्यूटन-मी के आघूर्ण द्वारा 20 सेकण्ड तक घुमाया जाता है, पिण्ड का कोणीय विस्थापन होगा

(a) 400 रेडियन (b) 200 रेडियन
(c) 100 रेडियन (d) 250 रेडियन

220. M द्रव्यमान व R त्रिज्या की एकसमान वृत्ताकार चकती अपने केन्द्र से गुजरने वाली क्षैतिज अक्ष के सापेक्ष कोणीय वेग ω से घूर्णन कर रही है, चकती से m द्रव्यमान का एक टुकड़ा टूटकर अलग हो जाता है तथा टूटने वाले बिन्दु से ऊर्ध्वाधर ऊपर की ओर जाता है। चकती की कोणीय चाल होगी

(a) $\frac{(M-2m)}{(M-m)}\omega$ (b) $\frac{(M+2m)}{(M+m)}\omega$
(c) $\frac{(M-2m)}{M+m}\omega$ (d) $\frac{(M+2m)}{(M-m)}\omega$

221. M द्रव्यमान व R त्रिज्या के तीन गोलों को चित्रानुसार व्यवस्थित किया गया है, जो yy'-अक्ष के सापेक्ष निकाय का जड़त्व आघूर्ण होगा

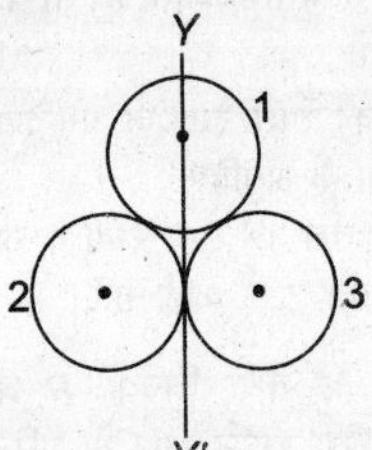

(a) $\frac{21}{5}MR^2$ (b) $\frac{16}{5}MR^2$
(c) $\frac{7}{2}MR^2$ (d) $\frac{4}{5}MR^2$

222. 1 किग्रा द्रव्यमान और 0.3 मी व्यास का एक ठोस गोला एक तार से लटकाया गया है। यदि तार को ऐंठने के लिए आवश्यक बलयुग्म 6×10^{-3} न्यूटन-मी/रेडियन हो, तो अल्प विस्थापनों के लिए कोणीय दोलनों का आवर्तकाल होगा

(a) 0.7 सेकण्ड (b) 7.7 सेकण्ड
(c) 77 सेकण्ड (d) 777 सेकण्ड

223. एक नत तल पर एक गोलीय कोश प्रथम अवस्था में लुढ़कता है तथा द्वितीय अवस्था में वह बिना फिसले लुढ़कता है, दोनों अवस्थाओं में त्वरणों का अनुपात होगा

(a) $\frac{5}{3}$ (b) $\frac{3}{5}$
(c) $\frac{15}{13}$ (d) $\frac{13}{15}$

224. यदि किसी पिण्ड की घूर्णन गतिज ऊर्जा में 300% की वृद्धि होती है, तो उसके कोणीय संवेग में कितने प्रतिशत की वृद्धि होगी?

(a) 600% (b) 150%
(c) 100% (d) 1500%

225. हाइड्रोजन परमाणु में परिभ्रमण कर रहे इलेक्ट्रॉन के कक्षक की त्रिज्या r_1 से बदलकर r_2 तथा कोणीय आवृत्ति ω_1 से बदलकर ω_2 हो जाती है, तो ω_1 व ω_2 की निष्पत्ति होगी

(a) $\left(\frac{r_1}{r_2}\right)^2$ (b) $\left(\frac{r_2}{r_1}\right)^2$
(c) $\frac{r_1}{r_2}$ (d) $\frac{r_2}{r_1}$

226. जब कोई वस्तु वृत्ताकार मार्ग में गति करती है, तब लगने वाले बल द्वारा कोई कार्य नहीं किया जाता है, क्योंकि

(a) वस्तु का विस्थापन शून्य है
(b) कोई परिणामी बल विद्यमान नहीं है
(c) बल तथा विस्थापन परस्पर लम्बवत् होते हैं
(d) बल हमेशा केन्द्र से दूर की ओर लगता है

227. वृत्तीय गति करती हुई किसी वस्तु का कोणीय विस्थापन समय के साथ $\theta=\theta_0+\theta_1 t+\theta_2 t^2$ के अनुसार परिवर्तित होता है। वस्तु का कोणीय त्वरण है

(a) θ_1 (b) θ_2
(c) $2\theta_1$ (d) $2\theta_2$

228. यदि ओवरब्रिज उत्तल की बजाय अवतल हो, तो निम्नतम बिन्दु पर सड़क पर लगने वाला प्रणोद बल (thrust) होगा

(a) $mg+\frac{mv^2}{r}$ (b) $mg-\frac{mv^2}{r}$
(c) $\frac{m^2v^2g}{r}$ (d) $\frac{v^2g}{r}$

229. m द्रव्यमान का कण r त्रिज्या के क्षैतिज वृत्त में अभिकेन्द्रीय बल $\left(\frac{-k}{r^2}\right)$ द्वारा घूम रहा है, इसकी कुल ऊर्जा है

(a) $-\frac{k}{2r}$ (b) $-\frac{k}{r}$
(c) $-\frac{2k}{r}$ (d) $-\frac{4k}{r}$

230. घड़ी के मिनट वाले काँटे तथा घण्टे वाले काँटे की कोणीय चालों का अनुपात होता है

(a) 1 : 12 (b) 6 : 1
(c) 12 : 1 (d) 1 : 6

231. एक हल्के तथा एक भारी पिण्ड का संवेग समान है, किसकी ऊर्जा अधिक होगी?

(a) हल्के पिण्ड की
(b) दोनों की समान
(c) भारी पिण्ड की
(d) इनमें से कोई नहीं

232. टक्कर के बाद जब दो वस्तुएँ परस्पर जुड़ जाती हैं, तो यह टक्कर होती है

(a) आंशिक रूप से प्रत्यास्थ
(b) प्रत्यास्थ
(c) अप्रत्यास्थ
(d) उपरोक्त में से कोई नहीं

233. किसी निकाय की स्थितिज ऊर्जा में वृद्धि होगी, यदि इस निकाय पर कार्य किया जाए

(a) किसी संरक्षित अथवा असंरक्षित बल द्वारा
(b) एक असंरक्षित बल द्वारा
(c) एक संरक्षित बल द्वारा
(d) उपरोक्त में से कोई नहीं

234. आरम्भ में एक स्थिर गोला, फटकर समान द्रव्यमान के दो टुकड़ों में विभाजित हो जाता है, दोनों टुकड़े

(a) स्थिर होंगे
(b) भिन्न-भिन्न वेग से भिन्न दिशाओं में चलेंगे
(c) समान वेग से विपरीत दिशाओं में चलेंगे
(d) समान वेग से समान दिशाओं में चलेंगे

235. रेखीय संवेग संरक्षण का नियम न्यूटन के किस नियम का तर्कसंगत निष्कर्ष है?

(a) प्रथम नियम (b) द्वितीय नियम
(c) तृतीय नियम (d) सभी तीनों नियम

236. एक किलोवाट घण्टा बराबर होता है

(a) 36×10^5 जूल (b) 31×10^3 जूल
(c) 36×10^{-5} जूल (d) 36×10^{-3} जूल

237. यदि किसी पिण्ड के संवेग में 50% वृद्धि होती है तब इस पिण्ड की गतिज ऊर्जा में वृद्धि होगी

(a) 25% (b) 50%
(c) 100% (d) 125%

238. एक रेलगाड़ी v वेग से चल रही है तथा इस पर F बल कार्य कर रहा है, इस पर लगी शक्ति है

(a) Fv (b) Fv^2
(c) $\frac{F}{v}$ (d) F^2v

239. एक गेंद को h ऊँचाई से गिराया जाता है, यदि प्रत्यावस्थान गुणांक e है, तब पृथ्वी से दो बार उछलने के बाद गेंद किस ऊँचाई तक उठेगी?

(a) $\frac{eh}{2}$ (b) $2eh$
(c) eh (d) e^4h

240. 300 ग्राम द्रव्यमान के एक पिण्ड का किसी क्षण वेग $v=(3\hat{i}+4\hat{j})$ मी/से है, इसकी गतिज ऊर्जा क्या होगी?

(a) 1.35 जूल (b) 2.40 जूल
(c) 3.75 जूल (d) 7.35 जूल

241. 500 ग्राम का पिण्ड 40 मी/से के वेग से हवा में ऊपर फेंका जाता है। पिण्ड की अधिकतम ऊँचाई पर ऊर्जा होगी

(a) 200 जूल (b) 800 जूल
(c) 600 जूल (d) 400 जूल

242. एक लड़का जिसका द्रव्यमान 50 किग्रा है, अपने साथ 10 किग्रा का एक बॉक्स लेकर सीढ़ियों द्वारा 10 मी ऊँची छत पर 1 मिनट में चढ़ जाता है। लड़के की सामर्थ्य है

(a) 98 वाट (b) 88 वाट
(c) 78 वाट (d) 48 वाट

243. 10 अश्व शक्ति की मोटर द्वारा 7.46 मी गहरे कुएँ से प्रति सेकण्ड पानी खींचा जा सकता है ($g = 10$ मी/से^{2})
(a) 200 किग्रा (b) 100 किग्रा
(c) 400 किग्रा (d) 500 किग्रा

244. दो मशीनें समान कार्य को 20 मिनट एवं 30 मिनट में कर सकती हैं। पहली मशीन की सामर्थ्य 120 वाट है। दूसरी मशीन की सामर्थ्य होगी
(a) 40 वाट (b) 60 वाट
(c) 100 वाट (d) 80 वाट

245. एक तालाब से 60 मी ऊँचाई पर स्थित एक टंकी में 20 मी^{3} जल आता है। यह टंकी एक पम्प के द्वारा तालाब के जल से 3 घण्टे 16 मिनट में भर जाती है। पम्प की सामर्थ्य है
(a) 2000 वाट (b) 60 वाट
(c) 4000 वाट (d) 1000 वाट

246. एक बिजली की मोटर कुछ वजन उठाने में केबिल में 4500 न्यूटन का तनाव उत्पन्न करती है और इसे 2 मी/से की दर से लपेटती है। मोटर की शक्ति है
(a) 15 किलोवाट
(b) 9 किलोवाट
(c) 225 किलोवाट
(d) 9000 किलोवाट

247. एक पिण्ड को मशीन द्वारा चलाया जाता है, जोकि समय t तक स्थिर शक्ति प्रदान करती है। पिण्ड द्वारा चली गई दूरी समानुपाती होगी
(a) $t^{3/2}$ (b) t^2
(c) $t^{1/2}$ (d) t

248. 50 किग्रा द्रव्यमान वाला मनुष्य 40 पग वाली सीढ़ी पर 10 सेकण्ड में चढ़ जाता है। यदि सीढ़ी के प्रत्येक पग की ऊँचाई 0.20 मी हो, तो मनुष्य की सामर्थ्य है
(a) 400 वाट (b) 392 वाट
(c) 360 वाट (d) 390 वाट

249. 1 किग्रा के द्रव्यमान को स्प्रिंग से लटका देने पर 1 सेमी का खिंचाव उत्पन्न होता है। स्प्रिंग की ऊर्जा होगी
(a) 0.449 जूल (b) 0.049 जूल
(c) 4.9 जूल (d) 49 जूल

250. एक जल पम्प, जो पेट्रोल से चलता है, 30 मी गहराई से 0.5 मी^{3}/मिनट की दर से जल निकालता है। यदि पम्प की क्षमता 70% है, तो इंजन द्वारा शक्ति उत्पन्न होगी
(a) 3500 वाट (b) 25 वाट
(c) 35 वाट (d) 1000 वाट

251. एक बन्दूक से 5 ग्राम द्रव्यमान की गोली 100 मी/से के वेग से छोड़ी जाती है। यदि बन्दूक की नाल 1 मी लम्बी है, तो गैस के दहन से गोली पर लगने वाला बल होगा
(a) 20 न्यूटन (b) 25 न्यूटन
(c) 30 न्यूटन (d) 35 न्यूटन

252. एक चेन एक घर्षणहीन मेज के ऊपर इस प्रकार रखी है कि उसका 1/5 भाग मेज के किनारे से नीचे लटका है। यदि चेन की लम्बाई l तथा द्रव्यमान m है, तो चेन के लटके हुए भाग को ऊपर खींचने में किया गया कार्य होगा
(a) $\frac{mgl}{20}$ (b) $\frac{mgl}{25}$
(c) $\frac{mgl}{50}$ (d) $\frac{mgl}{100}$

253. मिठाई के एक टुकड़े का पोषणिक मान 360 किलो कैलोरी है। इससे प्राप्त ऊर्जा एक 100 वाट के लैम्प को कितने समय तक जलाए रखने के लिए काफी है?
($J = 4.2$ जूल/कैलोरी)
(a) 1 घण्टे के लिए
(b) 2 घण्टे के लिए
(c) 4 घण्टे 12 मिनट के लिए
(d) 4 घण्टे 20 मिनट के लिए

254. 1000 किग्रा द्रव्यमान का एक ट्रक 2 मिनट में 36 किमी/घण्टा की चाल से 72 किमी/घण्टा की चाल प्राप्त कर लेता है। ट्रक के इंजन द्वारा कृत कार्य है
(a) 1.5×10^5 जूल
(b) 3600 जूल
(c) 7200 जूल
(d) 1000 जूल

255. 200 ग्राम के एक पत्थर को ऊर्ध्वाधर ऊपर की ओर 60 मी/से के वेग से फेंका गया है। 7 सेकण्ड बाद पत्थर की गतिज ऊर्जा होगी ($g = 10$ मी/से^{2})
(a) 5 जूल (b) 10 जूल
(c) 15 जूल (d) 20 जूल

256. 5 किग्रा द्रव्यमान के पिण्ड पर 50 न्यूटन का बल 1/12 मिनट तक कार्य करता है। वस्तु की गतिज ऊर्जा में वृद्धि होगी
(a) 6250 जूल
(b) 6125 जूल
(c) 3000 जूल
(d) उपरोक्त में से कोई नहीं

257. एक पिण्ड का संवेग 20% बढ़ने से उसकी गतिज ऊर्जा में प्रतिशत वृद्धि होगी
(a) 69 (b) 44 (c) 48 (d) 64

258. दो चलते हुए पिण्डों के द्रव्यमानों का अनुपात 1 : 2 तथा गतिज ऊर्जाओं का अनुपात 1 : 8 है। उनके वेगों का अनुपात है
(a) 1 : 16 (b) 1 : 2
(c) 1 : 4 (d) 1 : 8

259. वह लगभग गति जिस पर एक पोल वॉल्ट के खिलाड़ी को दौड़ना चाहिए ताकि वह 6 मी की ऊँचाई तक कूद लगा सके
(a) 11 मी/से (b) 7.7 मी/से
(c) 12 मी/से (d) 6.0 मी/से

260. 3 किग्रा के एक पिण्ड को 20 मी/से की प्रारम्भिक गति से ऊर्ध्वाधर ऊपर की ओर फेंका जाता है। यदि $g = 10$ मी/से^{2} तो 1 सेकण्ड बाद गतिज व स्थितिज ऊर्जा जूल में होंगी
(a) 600, 1800 (b) 600, 0
(c) 100, 500 (d) 150, 450

261. एक 60 किग्रा भार का व्यक्ति रोटी की ऊर्जा, जोकि 10000 कैलोरी ऊष्मा उत्पन्न करती है, का उपयोग पहाड़ी पर चढ़ने में करता है। यदि व्यक्ति का शरीर 25% दक्षता पर कार्य करता है, तो वह पहाड़ी पर चढ़ सकता है ($g = 9.8$ मी/से^{2})
(a) 20 मी (b) 169.9 मी
(c) 47.6 मी (d) इनमें में से कोई नहीं

262. 3 अश्व शक्ति की एक मोटर पहिए को 1200 चक्कर प्रति मिनट घुमाती है। पहिए पर आरोपित बल-आघूर्ण का मान है
(a) 18 न्यूटन-मी (b) 1.8 न्यूटन-मी
(c) 1.5 न्यूटन-मी (d) 15 न्यूटन-मी

263. 5 मी लम्बी रस्सी के लटके हुए झूले पर 25 किग्रा संहति का एक लड़का बैठा है। एक व्यक्ति रस्सी को इस प्रकार खींचता है कि रस्सी ऊर्ध्वाधर से 30° का कोण बनाती है। लड़के की गुरुत्व स्थितिज ऊर्जा में सन्निकट वृद्धि होगी
(a) 164.15 जूल (b) 1225 जूल
(c) 625 जूल (d) कोई वृद्धि नहीं

264. एक किग्रा द्रव्यमान का एक पत्थर एक 2 मी ऊँची खिड़की के सामने से नीचे गिरता हुआ दिखता है। खिड़की के ऊपरी सिरे पर पत्थर की गति 4 मी/से थी, तो खिड़की के निचले सिरे तक पहुँचते-पहुँचते इसकी गतिज ऊर्जा में वृद्धि होगी ($g = 9.8$ मी/से^{2})
(a) 19.6 जूल (b) 16 जूल
(c) 8 जूल (d) 39.2 जूल

265. 10^7 न्यूटन भार की एक रेलगाड़ी समतल पटरी पर 36 किमी/घण्टा की एकसमान चाल से गतिमान है, घर्षण बल प्रति कुन्तल 0.5 किग्रा है, इन्जन की शक्ति क्या है?
(a) 0.5 किलोवाट (b) 5 किलोवाट
(c) 50 किलोवाट (d) 500 किलोवाट

266. यदि हम किसी पिण्ड को 4 मी/से के वेग से ऊपर की ओर फेंकते हैं, तो किस ऊँचाई पर इसकी गतिज ऊर्जा, प्रारम्भिक मान की आधी रह जाएगी? ($g = 10$ मी/से^{2})
(a) 0.8 मी (b) 0.4 मी
(c) 1.0 मी (d) इनमें से कोई नहीं

267. क्रमशः + 0.5 मी/से, – 0.3 मी/से के वेगों से गतिमान दो समरूप गेंदों A व B में आमने-सामने की प्रत्यास्थ टक्कर होती है, टक्कर के बाद गेंद A व B के वेग होंगे क्रमशः
(a) 0.5 मी/से, 0.3 मी/से
(b) – 0.3 मी/से, 0.5 मी/से
(c) – 0.3 मी/से, + 0.5 मी/से
(d) – 0.5 मी/से, 0.3 मी/से

268. 8 किग्रा द्रव्यमान के एक गतिमान पिण्ड की 2 किग्रा द्रव्यमान के एक स्थिर पिण्ड से टक्कर होती है। यदि गतिमान पिण्ड की प्रारम्भिक गतिज ऊर्जा E है, तब टक्कर के बाद इसमें शेष गतिज ऊर्जा होगी

(a) $0.8\,E$ (b) $0.64\,E$
(c) $0.36\,E$ (d) $0.08\,E$

269. एक लम्बे स्प्रिंग को 2 सेमी खींचा जाता है, इसकी स्थितिज ऊर्जा U है। यदि इस स्प्रिंग को 10 सेमी खींचा जाए तो इसमें संचित स्थितिज ऊर्जा होगी

(a) $\frac{U}{25}$ (b) $\frac{U}{5}$
(c) $5\,U$ (d) $25\,U$

270. 5 न्यूटन के बल के प्रभाव में एक पिण्ड एक सरल रेखा पर 10 मी चलता है। यदि किया गया कार्य 25 जूल है, तो पिण्ड की गति की दिशा के साथ बल जो कोण बनाता है, है

(a) 0° (b) 30°
(c) 60° (d) 90°

271. एक गेंद 10 मी की ऊँचाई से गिराई जाती है, यदि टक्कर से 40% ऊर्जा की हानि होती है, तो पहली टक्कर के बाद गेंद किस ऊँचाई तक उछलेगी?

(a) 10 मी (b) 8 मी
(c) 4 मी (d) 6 मी

272. बन्दूक की एक गोली एक तख्ते को पार करते समय अपने वेग का 1/20 वाँ भाग खो देती है, उन तख्तों की न्यूनतम संख्या क्या होनी चाहिए जिससे गोली पूर्ण रूप से स्थिर जो जाए?

(a) 5 (b) 10
(c) 11 (d) 20

273. 400 ग्राम की 1 मी लम्बी छड़ी, जिसका एक सिरा कसा है, को 60° तक विस्थापित किया गया है, इसकी स्थितिज ऊर्जा में वृद्धि होगी

(a) 2 जूल
(b) 10 जूल
(c) 100 जूल
(d) 1000 जूल

274. 12 अश्व शक्ति की एक मोटर 8 घण्टे प्रतिदिन काम में लाई जा रही है, यदि इस मोटर को 10 दिन तक काम में लाया जाए तो 50 पैसे के हिसाब से कितना खर्च आएगा?

(a) ₹ 350 (b) ₹ 358
(c) ₹ 375 (d) ₹ 377

275. क्षैतिज व घर्षणरहित एक ठोस गुटके से एक गोली टकराती है एवं इसमें धँस जाती है, इसमें संरक्षित है

(a) संवेग व गतिज ऊर्जा
(b) केवल गतिज ऊर्जा
(c) केवल संवेग
(d) न संवेग न गतिज ऊर्जा

276. E तथा v के बीच ग्राफ है

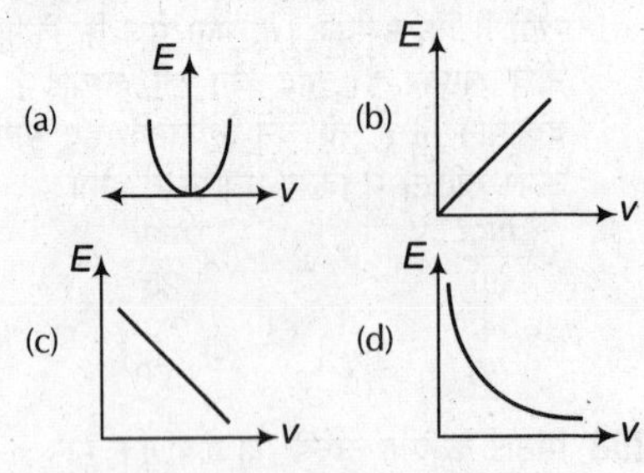

277. m द्रव्यमान की एक कार बाह्य प्रतिरोधक बल R के विरूद्ध त्वरण a से एक सरल समतल सड़क पर गतिशील है। जब कार का वेग v है तब कार के इंजन की कार्य करने की दर होगी

(a) Rv (b) mav
(c) $(R \times ma)\,v$ (d) $(ma - R)v$

278. $\sqrt{E}$ तथा $\frac{1}{p}$ के बीच का ग्राफ निम्न में से कौन-सा है? (E = गतिज ऊर्जा तथा p = संवेग)

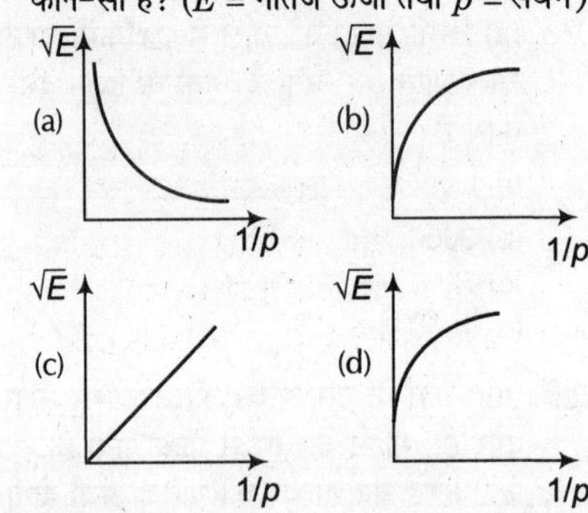

279. एक कण मूल बिन्दु पर स्थित है तथा इस पर एक बल $F = k(x)$ कार्यरत है (जहाँ k एक धनात्मक नियतांक है) यदि $U(0) = 0$ हो तब $U(x)$ तथा x के बीच ग्राफ होगा (जहाँ U स्थितिज ऊर्जा फलन है)

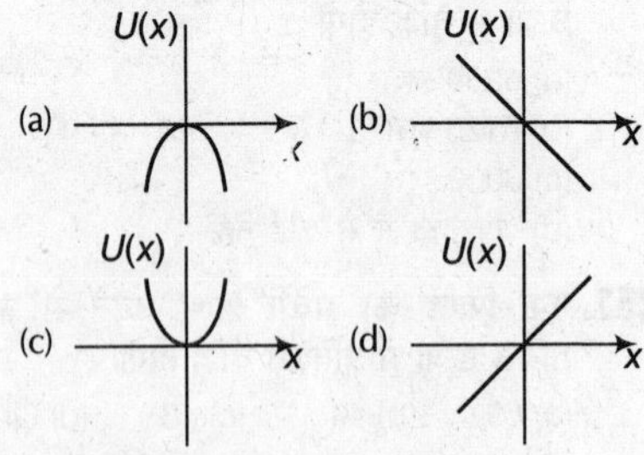

280. बिन्दु द्रव्यमान m के गुरुत्व क्षेत्र में, किसी गतिमान कण को A से B तक तीन विभिन्न पथों 1, 2 व 3 से ले जाने में किए गए कार्य क्रमश: W_1, W_2 तथा W_3 हैं, तो W_1, W_2 तथा W_3 में सही सम्बन्ध है

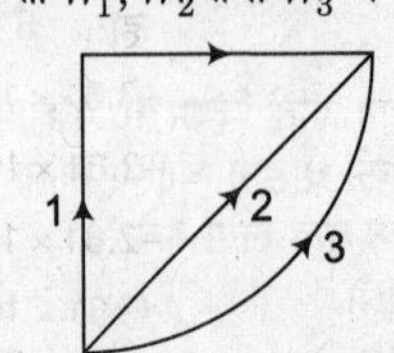

(a) $W_1 > W_2 > W_3$ (b) $W_1 = W_2 = W_3$
(c) $W_1 < W_2 < W_3$ (d) $W_2 > W_1 > W_3$

281. निम्न में से कौन-सी पूर्णत: प्रत्यास्थत संघट्ट नहीं है?

(a) दो काँच की गोलियों का टकराना
(b) गोली का रेत के बैग से टकराना
(c) इलेक्ट्रॉन का प्रोटॉन द्वारा अवग्रहण करना
(d) एक व्यक्ति का गतिशील कार्ट में कूदना

282. अप्रत्यास्थ संघट्ट का उदाहरण

(a) नाभिक से α कणों का प्रकीर्णन
(b) आदर्श गैस के कणों का टकराना
(c) घर्षणहीन मेज पर दो स्टील की गेंदों का टकराना
(d) लकड़ी के गुटके पर गोली का टकराना

283. एक प्रत्यास्थ संघट्ट में

(a) निकाय की गतिज ऊर्जा संरक्षित रहती है
(b) निकाय का संवेग संरक्षित रहता है
(c) संवेग तथा गतिज ऊर्जा दोनों संरक्षित रहते हैं
(d) न तो गतिज ऊर्जा और न ही संवेग संरक्षित रहता है

284. m द्रव्यमान का एक गोला नियत वेग से गतिशील है तथा समान द्रव्यमान के अन्य स्थिर गोले पर टकराता है। यदि e प्रत्यास्थता गुणांक है, तब संघट्ट के बाद गोले के वेग का अनुपात होगा

(a) $\frac{1-e}{1+e}$ (b) $\frac{1+e}{1-e}$ (c) $\frac{e+1}{e-1}$ (d) $\frac{e-1}{e+1}$

285. एक वस्तु कुछ ऊँचाई से गिराई जाती है तथा फर्श पर टकराने के बाद ऊपर की ओर उछलकर पूर्व ऊँचाई से अधिक ऊँचाई तक जाती है, तब

(a) संघट्ट प्रत्यास्थ है
(b) संघट्ट के दौरान अतिरिक्त ऊर्जा का स्रोत है
(c) यह सम्भव नहीं
(d) इस प्रकार की घटना व्यवहारिक रूप से प्रकृति में सम्भव नहीं

286. एक छोटा उपग्रह पृथ्वी की सतह के निकट चक्कर लगा रहा है, इसका कक्षीय वेग लगभग होगा

(a) 8 किमी/से
(b) 11.2 किमी/से
(c) 4 किमी/से
(d) 6 किमी/से

287. किसी दिए गए ग्रह से एक पिण्ड का पलायन वेग निर्भर नहीं करता है

(a) पिण्ड के द्रव्यमान पर
(b) प्रक्षेपण की दिशा पर
(c) ग्रह के द्रव्यमान पर
(d) ग्रह की त्रिज्या पर

288. किसी खोखले गोले के भीतर, गुरुत्वीय क्षेत्र की तीव्रता होती है

(a) परिवर्तनीय (b) न्यूनतम
(c) अधिकतम (d) शून्य

289. जैसे-जैसे हम विषुवत् रेखा से ध्रुवों की ओर जाते हैं, g का मान
(a) समान रहता है
(b) कम होता है
(c) बढ़ता है
(d) 45° अक्षांश तक बढ़ता है

290. समुद्र में उत्पन्न होने वाले ज्वार-भाटा का प्रमुख कारण है
(a) पृथ्वी के वातावरण का प्रभाव
(b) शुक्र का पृथ्वी पर गुरुत्वाकर्षण प्रभाव
(c) सूर्य का पृथ्वी पर गुरुत्वाकर्षण प्रभाव
(d) चन्द्रमा का पृथ्वी पर गुरुत्वाकर्षण प्रभाव

291. चन्द्रमा पर कोई वायुमण्डल नहीं है, क्योंकि
(a) यह पृथ्वी के निकट है
(b) यह पृथ्वी के परितः परिक्रमण करता है
(c) यहाँ गैस के अणुओं का पलायन वेग, इनके वर्ग-माध्य मूल वेग से कम होता है
(d) उपरोक्त में से कोई नहीं

292. पृथ्वी के परितः अन्तरिक्षयान में घूमते हुए भारहीनता का अनुभव, परिणाम है
(a) जड़त्व का (b) त्वरण का
(c) शून्य गुरुत्व का (d) गुरुत्व केन्द्र का

293. पृथ्वी के परितः परिक्रमण कर रहे एक उपग्रह के अन्दर एक सरल लोलक का आवर्तकाल होगा
(a) शून्य (b) ∞ (c) T (d) $2T$

294. जब उपग्रह अपनी कक्षा में है, तो इसके लिए निम्नलिखित में क्या एकसमान होता है?
(a) वेग (b) संवेग
(c) कोणीय संवेग (d) त्वरण

295. एक तुल्यकाली उपग्रह
(a) ध्रुवीय अक्ष के परितः घूमता है
(b) का परिक्रमण काल, पृथ्वी के निकट उपग्रह से कम होता है
(c) पृथ्वी के निकट उपग्रह की अपेक्षा, तीव्र गति से चलता है
(d) अन्तरिक्ष में स्थिर रहता है

296. एक उपग्रह पृथ्वी तल से 2620 किमी की दूरी पर वृत्तीय कक्षा में घूम रहा है। यदि पृथ्वी की त्रिज्या 6380 किमी, पृथ्वी का द्रव्यमान 6×10^{24} किग्रा तथा $G = 6.67 \times 10^{-11}$ न्यूटन मी^{2}/किग्रा^{2} हो, तो उपग्रह के कक्षीय वेग तथा परिक्रमण काल क्रमशः होंगे
(a) 6.67 किमी/से, 2.35 घण्टे
(b) 66.7 किमी/से, 3.48 घण्टे
(c) 8.67 किमी/से, 1.35 घण्टे
(d) उपरोक्त में से कोई नहीं

297. एक ग्रह की त्रिज्या पृथ्वी की त्रिज्या की दोगुनी है, परन्तु दोनों के औसत घनत्व समान हैं। यदि v_p तथा v_e ग्रह एवं पृथ्वी पर पलायन वेग हों, तो $\frac{v_p}{v_e}$ का मान होगा
(a) 2 (b) 4 (c) $\frac{1}{2}$ (d) $\frac{1}{4}$

298. एक अन्तरिक्षयान को पृथ्वी के अति समीप वृत्तीय कक्षा में छोड़ा गया है। इसे इस कक्षा में कितना और अधिक वेग दें ताकि यह पृथ्वी के आकर्षण के बाहर निकल जाए?
(पृथ्वी की त्रिज्या $R_e = 6400$ किमी, तथा $g = 9.8$ मी/से^{2})
(a) 3.28×10^2 मी/से
(b) 3.28×10^5 मी/से
(c) 3.28×10^4 मी/से
(d) 3.28×10^3 मी/से

299. दो उपग्रह एक ही वृत्ताकार कक्षा में चक्कर लगा रहे हैं, उनके
(a) वेग समान होंगे
(b) कोणीय आवेग समान होंगे
(c) द्रव्यमान समान होंगे
(d) गतिज ऊर्जाएँ समान होंगी

300. किसी कण का पलायन वेग उसके द्रव्यमान पर किस प्रकार निर्भर करता है?
(a) m (b) m^2
(c) m^0 (d) m^{-1}

301. बुध तथा मंगल ग्रह की कक्षाओं के अर्द्ध-दीर्घाक्ष कोणीय मात्रक क्रमशः 0.387 तथा 1.524 हैं। यदि बुध का आवर्तकाल 0.241 वर्ष है, तो मंगल ग्रह का आवर्तकाल होगा
(a) 3.9 वर्ष (b) 0.39 वर्ष
(c) 1.3 वर्ष (d) 1.9 वर्ष

302. यदि चन्द्रमा की त्रिज्या पृथ्वी की त्रिज्या का $\frac{1}{4}$ भाग हो और इसका द्रव्यमान $\frac{1}{80}$ वाँ भाग हो, तो चन्द्रमा के तल पर गुरुत्वीय त्वरण का मान होगा
(a) $\frac{g}{3}$ (b) $\frac{g}{10}$
(c) $\frac{g}{4}$ (d) $\frac{g}{5}$

303. पृथ्वी के तल से कितनी ऊँचाई पर जाने पर गुरुत्वीय त्वरण का $\frac{1}{9}$ वाँ भाग शेष रह जाएगा?
(पृथ्वी की त्रिज्या 6400 किमी है)
(a) 12800 किमी
(b) 6400 किमी
(c) 19200 किमी
(d) 15800 किमी

304. यदि चन्द्रमा का द्रव्यमान 7.34×10^{22} किग्रा, त्रिज्या 1.74×10^6 मी है तथा $G = 6.67 \times 10^{-11}$ न्यूटन मी^{2}/किग्रा^{2} हैं, तो चन्द्रमा के तल पर गुरुत्वीय बल क्षेत्र तथा गुरुत्वीय विभव क्रमशः होंगे
(a) 2.62 न्यूटन/किग्रा, -3.81×10^5 जूल/किग्रा
(b) 1.62 न्यूटन/किग्रा, -2.81×10^6 जूल/किग्रा
(c) 5.62 न्यूटन/किग्रा, -2.81×10^5 जूल/किग्रा
(d) 3.62 न्यूटन/किग्रा, -2.81×10^3 जूल/किग्रा

305. यदि पृथ्वी तल से ऊपर किसी बिन्दु पर गुरुत्वीय विभव -5.12×10^7 जूल/किग्रा तथा गुरुत्वीय त्वरण 6.4 मी/से^{2} हैं, तो पृथ्वी की औसत त्रिज्या 6400 किमी मानकर पृथ्वी तल से इस बिन्दु की ऊँचाई होगी
(a) 1600 किमी (b) 3200 किमी
(c) 800 किमी (d) 2400 किमी

306. यदि पृथ्वी की त्रिज्या R_e तथा पृथ्वी तल पर गुरुत्वीय त्वरण g है, तो पृथ्वी तल से ऊँचाई h पर जाने में m द्रव्यमान के पिण्ड की स्थितिज ऊर्जा में वृद्धि होगी
(a) $\frac{3mgh}{\left(1+\frac{h}{R_e}\right)}$ (b) $\frac{1+\frac{h}{R_e}}{mgh}$
(c) $\frac{mgh}{\left(1+\frac{h}{R_e}\right)}$ (d) $\frac{2mgh}{\left(1+\frac{2h}{R_e}\right)}$

307. एक कण के प्रक्षेपण का वेग ताकि कण द्वारा प्राप्त अधिकतम ऊँचाई $0.5\,R_e$ हो, होगा (पृथ्वी का द्रव्यमान $= M_e$ तथा पृथ्वी की त्रिज्या $= R_e$)
(a) $\frac{2}{3}\sqrt{\left(\frac{GM_e}{R_e}\right)}$ (b) $\sqrt{\left(\frac{2}{3}\frac{GM_e}{R_e}\right)}$
(c) $\sqrt{\left(\frac{3}{2}\frac{GM_e}{R_e}\right)}$ (d) $\sqrt{\left(\frac{2}{9}\frac{GM_e}{R_e}\right)}$

308. माना कि एक हल्का ग्रह बहुत भारी तारे के चारों ओर R त्रिज्या के वृत्तीय पथ पर परिक्रमण कर रहा है। इसका परिक्रमण काल T है। यदि ग्रह व तारे के बीच गुरुत्वाकर्षण बल $R^{-5/2}$ के समानुपाती है, तो निम्नलिखित में कौन-सा सम्बन्ध सही है?
(a) $T^2 \propto R^{7/2}$ (b) $T^2 \propto R^{5/2}$
(c) $T^2 \propto R^5$ (d) $T^2 \propto R^3$

309. दो पिण्डों के मध्य गुरुत्वाकर्षण बल 1 न्यूटन है। यदि उनके मध्य की दूरी पहले से दोगुनी कर दें, तो उनके बीच बल होगा
(a) 1 न्यूटन (b) 0.5 न्यूटन
(c) 2 न्यूटन (d) 0.25 न्यूटन

310. दो इलेक्ट्रॉनों के बीच स्थिर वैद्युत बल व गुरुत्वीय बल का अनुपात है
(a) 10^{43} (b) 10^{23}
(c) 10^{63} (d) 10^{11}

311. एक तुल्यकाली उपग्रह पृथ्वी के परितः 36000 किमी त्रिज्या की एकवृत्तीय कक्षा में घूमता है। एक जासूसी उपग्रह (spy satellite) जो पृथ्वी की सतह से कुछ 100 किमी ऊँचाई पर वृत्तीय कक्षा में घूम रहा है, तो जासूसी उपग्रह का आवर्तकाल होगा ($R_e = 6400$ किमी)
(a) 2 घण्टा (b) 4 घण्टा
(c) 1.5 घण्टा (d) 0.5 घण्टा

312. चन्द्रमा पर एक विस्फोट होता है। पृथ्वी पर इसकी ध्वनि सुनाई देगी
(a) 2 घण्टे बाद (b) 3.5 घण्टे बाद
(c) 2.5 घण्टे बाद (d) सुनाई नहीं देगी

313. बृहस्पति की कक्षीय चाल है
(a) शून्य
(b) पृथ्वी की कक्षीय चाल से अधिक
(c) पृथ्वी की कक्षीय चाल से कम
(d) पृथ्वी की कक्षीय चाल के बराबर

314. एक कृत्रिम उपग्रह की कुल (गतिज + स्थितिज) ऊर्जा E_0 है, तो उसकी स्थितिज ऊर्जा होगी
(a) $2E_0$ (b) $-E_0$ (c) E_0 (d) $1.5\,E_0$

315. यदि पृथ्वी की त्रिज्या 1% सिकुड़ जाए, परन्तु इसका द्रव्यमान वही रहे, तो पृथ्वी तल पर गुरुत्वीय त्वरण
(a) वही रहेगा
(b) कम हो जाएगा
(c) कुछ कहा नहीं जा सकता
(d) अधिक हो जाएगा

316. एक मिसाइल को पलायन वेग से कम वेग पर प्रक्षेपित किया जाता है, तो इसकी गतिज ऊर्जा एवं स्थितिज ऊर्जा का योगफल हो जाएगा
(a) अनन्त (b) शून्य
(c) ऋणात्मक (d) धनात्मक

317. पृथ्वी के किसी उपग्रह S की कक्षीय त्रिज्या एक दूरसंचार उपग्रह की कक्षीय त्रिज्या की चार गुनी है, तो S का परिक्रमण काल होगा
(a) 16 दिन (b) 32 दिन
(c) 2 दिन (d) 8 दिन

318. किसी उपग्रह को ग्रह के परित: घूमने के लिए आवश्यक अभिकेन्द्र बल प्राप्त होता है
(a) गुरुत्वाकर्षण बल से (b) नाभिकीय बल से
(c) स्थिरवैद्युत बल से (d) अपकेन्द्र बल से

319. ध्रुवों पर किसी वस्तु का भार, विषुवत् रेखा पर उसी वस्तु के भार से
(a) कम होता है
(b) अधिक होता है
(c) बराबर होता है
(d) कुछ कहा नहीं जा सकता

320. किसी ग्रह का द्रव्यमान 6×10^{24} किग्रा एवं त्रिज्या 6×10^{6} मी है। इसकी सतह पर 2 किग्रा द्रव्यमान के पिण्ड की बन्धन ऊर्जा होगी
(a) 6.7×10^{7} जूल (b) 6.7×10^{11} जूल
(c) 13.4×10^{7} जूल (d) 40.2×10^{11} जूल

321. पृथ्वी से पलायन वेग 11.2 किमी/से है। यदि एक पिण्ड ऊर्ध्व से 45° पर प्रक्षेपित किया जाता है, तो पलायन वेग होगा
(a) 11.2×2 किमी/से
(b) 11.2 किमी/से
(c) $11.2\times\frac{1}{\sqrt{2}}$ किमी/से
(d) $11.2\times\sqrt{2}$ किमी/से

322. नेप्च्यून व शनि की सूर्य से दूरी क्रमश: 10^{13} व 10^{12} मी (लगभग) है, यह मानते हुए कि ये वृत्ताकार कक्षाओं में परिक्रमण करते हैं, इनके परिक्रमणकालों में अनुपात होगा
(a) 10 (b) 100
(c) $10\sqrt{10}$ (d) 1000

323. दो उपग्रह A व B, एक ग्रह P के परित:क्रमश: $4R$ व R त्रिज्या की वृत्तीय कक्षाओं में घूम रहे हैं। यदि उपग्रह A की चाल $3v$ है, तो उपग्रह B की चाल होगी
(a) $12v$ (b) $6v$
(c) $\frac{4v}{3}$ (d) $\frac{3v}{2}$

324. एक वस्तु को पृथ्वी के केन्द्र से r दूरी से छोड़ा जाता है। जिस समय वह पृथ्वी के तल से टकराएगी उस समय उसका वेग v होगा। यदि R, पृथ्वी की त्रिज्या हो तथा $r>R$, तो v का मान है
(a) $\sqrt{2Rg}$ (b) $\sqrt{Rg}$
(c) $\sqrt{\frac{2g(r-R)R}{r}}$ (d) $\sqrt{\frac{2gRr}{(r-R)}}$

325. m द्रव्यमान का एक उपग्रह r त्रिज्या की वृत्ताकार कक्षा में चक्कर लगा रहा है। कक्षा के केन्द्र के सापेक्ष उपग्रह का कोणीय संवेग J व पृथ्वी के द्रव्यमान M_e के मध्य सम्बन्ध होगा
(a) $J=\sqrt{GMm^2r}$
(b) $J=\sqrt{GMm}$
(c) $J=\sqrt{GMmr}$
(d) $J=\sqrt{mvr}$

326. m द्रव्यमान का एक उपग्रह पृथ्वी के चारों ओर r त्रिज्या की वृत्तीय कक्षा में परिक्रमा कर रहा है। घर्षण के कारण इसकी ऊर्जा प्रति सेकण्ड C कम हो रही है। उपग्रह कितने समय पश्चात् पृथ्वी पर गिर जाएगा?
(a) $\frac{mMG}{C}\left(\frac{1}{R}-\frac{1}{r}\right)$ (b) $\frac{mMG}{2C}\left(\frac{1}{r}-\frac{1}{R}\right)$
(c) $\frac{MG}{3C}\left(\frac{1}{r}+\frac{1}{R}\right)$ (d) $\frac{MG}{4C}\left(\frac{1}{r}-\frac{1}{R}\right)$

जहाँ, $M=$ पृथ्वी का द्रव्यमान
$R=$ पृथ्वी की त्रिज्या

327. m द्रव्यमान एक ग्रह m_s द्रव्यमान के सूर्य के परित: दीर्घवृत्ताकार कक्षा में घूम रहा है। सूर्य से ग्रह की अधिकतम व न्यूनतम दूरियाँ क्रमश: r_1 व r_2 हैं। ग्रह का आवर्तकाल समानुपाती है
(a) $(r_1+r_2)^{3/2}$ (b) $(r_1+r_2)^{1/2}$
(c) $(r_1-r_2)^{3/2}$ (d) $(r_1-r_2)^{1/2}$

328. यदि पृथ्वी की सतह से h ऊँचाई पर g के मान में वही परिवर्तन होता है, जो सतह से x गहराई नीचे होता है, (यहाँ पर x व $h<<R_e$), तब
(a) $x=h^2$ (b) $x=h$
(c) $x=\frac{h}{2}$ (d) $x=2h$

329. 100 किग्रा द्रव्यमान के एक रॉकेट की पृथ्वी की सतह से 10^7 मी दूरी पर गुरुत्वीय स्थितिज ऊर्जा 4×10^9 जूल है। 10^9 मी की दूरी पर रॉकेट का भार है
(a) 4×10^{-2} न्यूटन
(b) 4×10^{-3} न्यूटन
(c) 8×10^{-2} न्यूटन
(d) 8×10^{-3} न्यूटन

330. चन्द्रमा पृथ्वी के सापेक्ष 1 वर्ष में 13 बार चक्कर लगाता है। यदि सूर्य से पृथ्वी की दूरी का, पृथ्वी से चन्द्रमा की दूरी का अनुपात 392 है, तो सूर्य तथा पृथ्वी के द्रव्यमानों का अनुपात होगा
(a) 365 (b) 356
(c) 3.56×10^{15} (d) 1

331. द्विकण निकाय की गतिज ऊर्जा (E_K) व स्थितिज ऊर्जा (U) के वक्र चित्रानुसार हैं। निकाय किन बिन्दुओं पर बद्ध अवस्था में होगा?

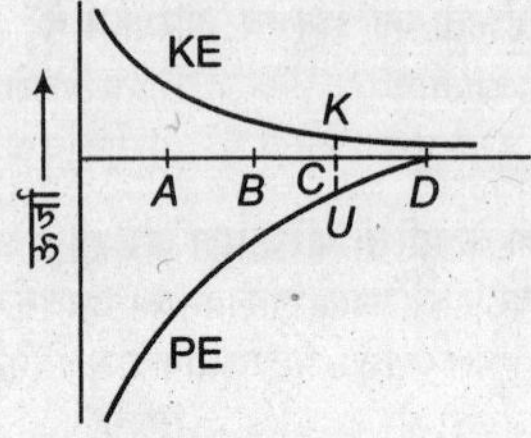

(a) केवल D बिन्दु पर
(b) केवल A बिन्दु पर
(c) बिन्दुओं D व A पर
(d) बिन्दुओं A, B व C पर

332. निम्नलिखित में से किसने न्यूटन से पूर्व ही बता दिया था कि सभी वस्तुएँ पृथ्वी की ओर गुरुत्वाकर्षित होती हैं?
(a) आर्यभट्ट (b) वराहमिहिर
(c) बुद्धगुप्त (d) ब्रह्मगुप्त

333. गुरुत्वाकर्षण का सिद्धान्त किसने दिया?
(a) चार्ल्स न्यूटन
(b) चार्ल्स बैबेज
(c) आइजैक न्यूटन
(d) जॉन एडम्स

334. अन्तरिक्ष यात्री निर्वात में सीधे खड़े नहीं रह सकते, क्योंकि
(a) गुरुत्व नहीं होता है
(b) वायुमण्डल में श्यानता बल बहुत तीव्र होता है
(c) सौर वायु ऊपर की ओर बल लगाती है
(d) वायुमण्डलीय दबाव बहुत कम होता है

335. अन्तरिक्षयान, जो चक्कर लगा रहा है, से एक सेब छोड़ा जाता है, तो वह
(a) पृथ्वी की ओर गिरेगा
(b) कम गति से गतिमान होगा
(c) अन्तरिक्षयान के साथ-साथ उसी गति से गतिमान होगा
(d) अधिक गति से गतिमान होगा

336. पीसा (Pisa) की झुकी मीनार गिरती नहीं है, क्योकि
(a) वह शीर्ष भाग में पतली (tapper) हो गई है
(b) वह बड़े तल क्षेत्रफल को आच्छादित करती है
(c) इसका गुरुत्वाकर्षण केन्द्र निम्नतम स्थिति में रहता है
(d) गुरुत्व केन्द्र से जाने वाली ऊर्ध्वाधर लाइन (रेखा) तल के अन्दर रहती है

337. जब कोई वस्तु ऊपर से गिराई जाती है, तो उसका भार होता है
(a) शून्य
(b) अपरिवर्तित
(c) परिवर्तनशील
(d) सभी गलत है

338. लकड़ी, लोहे व मोम के समान आकार के टुकड़ों को समान ऊँचाई से पृथ्वी पर गिराया जाता है। कौन-सा टुकड़ा सर्वप्रथम पृथ्वी की सतह पर पहुँचेगा?
(a) लकड़ी
(b) मोम
(c) लोहा
(d) सभी साथ-साथ पहुँचेंगे

339. हवा में लोहे और लकड़ी की समान भार की गेंद समान उँचाई से गिराने पर
(a) पृथ्वी पर दोनों एक समय गिरेगी
(b) एक पहले गिरेगी, एक बाद में गिरेगी
(c) लकड़ी की गेंद बाद में गिरेगी
(d) कुछ अन्तराल में गिरेंगी

340. **कथन** चन्द्रमा पर मानव का वजन पृथ्वी की तुलना में 1/6 रहता है।
कारण चन्द्रमा पर पृथ्वी की तरह गुरुत्वाकर्षण नहीं है।
निम्नलिखित कूटों में से उत्तर का चयन कीजिए।
(a) कथन और कारण दोनों सही हैं तथा कारण कथन को सही स्पष्ट करता है
(b) कथन और कारण दोनों सही हैं, परन्तु कारण कथन को सही स्पष्ट नहीं करता है
(c) कथन सही है, परन्तु कारण गलत है
(d) कथन गलत है, परन्तु कारण सही है

341. किसी पिण्ड का भार
(a) पृथ्वी तल पर सब जगह समान होता है
(b) ध्रुवों पर सर्वाधिक होता है
(c) विषुवत् रेखा पर अधिक होता है
(d) मैदानों की अपेक्षा पहाड़ों पर अधिक होता है

342. यदि पृथ्वी का द्रव्यमान वही रहे और त्रिज्या 1% से कम हो जाए, तब पृथ्वी के तल पर g का मान
(a) 0.5% बढ़ जाएगा
(b) 2% बढ़ जाएगा
(c) 0.5% कम हो जाएगा
(d) 2% कम हो जाएगा

343. विनाशकारी भूकम्प के गुरुत्व के कारण त्वरण होगा
(a) > 550 सेमी/से^{2}
(b) > 750 सेमी/से^{2}
(c) > 950 सेमी/से^{2}
(d) > 980 सेमी/से^{2}

344. एक वस्तु का पृथ्वी पर द्रव्यमान 100 किग्रा है (गुरुत्व जनित त्वरण, $g_e = 10$ मी/से^{2} अगर चन्द्रमा पर गुरुत्व जनित त्वरण $g_e = 10$ मी/से^{2} है, तो चन्द्रमा पर वस्तु का द्रव्यमान होगा
(a) 100/6 किग्रा (b) 60 किग्रा
(c) 100 किग्रा (d) 600 किग्रा

345. भारहीनता होती है
(a) गुरुत्वाकर्षण की शून्य स्थिति
(b) जब गुरुत्वाकर्षण घटता है
(c) निर्वात की स्थिति में
(d) उपरोक्त में से कोई नहीं

346. यदि पृथ्वी का गुरुत्वाकर्षण बल अचानक लुप्त हो जाता है, तो निम्न में से कौन-सा परिणाम सही होगा?
(a) वस्तु का भार शून्य हो जाएगा परन्तु द्रव्यमान वही रहेगा
(b) वस्तु का द्रव्यमान शून्य हो जाएगा परन्तु भार वही रहेगा
(c) वस्तु का भार तथा द्रव्यमान दोनों शून्य हो जाएंगे
(d) वस्तु का द्रव्यमान बढ़ जाएगा

347. पृथ्वी के चारों ओर परिक्रमा कर रहा कृत्रिम उपग्रह इसलिए पृथ्वी पर नीचे नहीं गिरता, क्योंकि पृथ्वी का आकर्षण
(a) उतनी दूरी पर अस्तित्वहीन होता है
(b) चन्द्रमा के आकर्षण से निष्क्रिय हो जाता है
(c) उसकी नियमित चाल के लिए आवश्यक गति प्रदान करता है
(d) उसकी गति कि लिए आवश्यक त्वरण प्रदान करता है

348. एक भू-उपग्रह अपने कक्ष में निरन्तर गति करता है। यह अपकेन्द्र बल के प्रभाव से होता है जो प्राप्त होता है
(a) उपग्रह को प्रेरित करने वाले रॉकेट इन्जन से
(b) पृथ्वी द्वारा उपग्रह पर लगने वाले गुरुत्वाकर्षण से
(c) सूर्य द्वारा उपग्रह पर लगने वाले गुरुत्वाकर्षण से
(d) उपग्रह द्वारा पृथ्वी पर लगने वाले गुरुत्वाकर्षण से

349. किसी लिफ्ट में बैठे हुए व्यक्ति को अपना भार कब अधिक मालूम पड़ेगा?
(a) जब लिफ्ट त्वरित गति में ऊपर जा रही हो
(b) जब लिफ्ट त्वरित गति में नीचे आ रही हो
(c) समान वेग में ऊपर जा रही हो
(d) समान वेग से नीचे आ रही हो

350. सार्वत्रिक गुरुत्वाकर्षण नियतांक का मान होता है
(a) 6.67×10^{-11} न्यूटन मी^{2}-किग्रा^{2}
(b) 6.67×10^{-11} न्यूटन/मी^{2} किग्रा
(c) 6.67×10^{-12} न्यूटन मी^{2}/ किग्रा^{2}
(d) 6.67×10^{-12} न्यूटन मी^{2}-किग्रा^{2}

सही उत्तर

1. (d)	**2.** (c)	**3.** (c)	**4.** (a)	**5.** (d)	**6.** (b)	**7.** (c)	**8.** (a)	**9.** (b)	**10.** (a)
11. (a)	**12.** (b)	**13.** (a)	**14.** (b)	**15.** (a)	**16.** (b)	**17.** (a)	**18.** (c)	**19.** (b)	**20.** (a)
21. (b)	**22.** (d)	**23.** (c)	**24.** (c)	**25.** (a)	**26.** (a)	**27.** (a)	**28.** (c)	**29.** (b)	**30.** (a)
31. (d)	**32.** (b)	**33.** (a)	**34.** (a)	**35.** (b)	**36.** (c)	**37.** (c)	**38.** (b)	**39.** (b)	**40.** (b)
41. (a)	**42.** (d)	**43.** (b)	**44.** (b)	**45.** (b)	**46.** (b)	**47.** (d)	**48.** (d)	**49.** (c)	**50.** (c)
51. (a)	**52.** (b)	**53.** (d)	**54.** (a)	**55.** (c)	**56.** (b)	**57.** (c)	**58.** (b)	**59.** (c)	**60.** (d)
61. (b)	**62.** (d)	**63.** (d)	**64.** (a)	**65.** (a)	**66.** (a)	**67.** (a)	**68.** (a)	**69.** (d)	**70.** (c)
71. (a)	**72.** (a)	**73.** (d)	**74.** (c)	**75.** (b)	**76.** (c)	**77.** (b)	**78.** (b)	**79.** (b)	**80.** (b)
81. (c)	**82.** (a)	**83.** (b)	**84.** (c)	**85.** (d)	**86.** (b)	**87.** (c)	**88.** (c)	**89.** (b)	**90.** (c)
91. (c)	**92.** (b)	**93.** (c)	**94.** (d)	**95.** (a)	**96.** (c)	**97.** (c)	**98.** (a)	**99.** (b)	**100.** (c)
101. (a)	**102.** (b)	**103.** (b)	**104.** (a)	**105.** (b)	**106.** (c)	**107.** (c)	**108.** (c)	**109.** (c)	**110.** (b)
111. (b)	**112.** (b)	**113.** (b)	**114.** (b)	**115.** (c)	**116.** (b)	**117.** (b)	**118.** (b)	**119.** (a)	**120.** (a)
121. (c)	**122.** (d)	**123.** (b)	**124.** (d)	**125.** (c)	**126.** (b)	**127.** (d)	**128.** (b)	**129.** (c)	**130.** (b)
131. (a)	**132.** (b)	**133.** (c)	**134.** (d)	**135.** (a)	**136.** (b)	**137.** (c)	**138.** (d)	**139.** (c)	**140.** (c)
141. (b)	**142.** (d)	**143.** (d)	**144.** (a)	**145.** (d)	**146.** (c)	**147.** (d)	**148.** (b)	**149.** (c)	**150.** (c)
151. (a)	**152.** (b)	**153.** (b)	**154.** (d)	**155.** (a)	**156.** (a)	**157.** (a)	**158.** (c)	**159.** (a)	**160.** (c)
161. (b)	**162.** (a)	**163.** (a)	**164.** (b)	**165.** (a)	**166.** (d)	**167.** (d)	**168.** (a)	**169.** (a)	**170.** (a)
171. (b)	**172.** (d)	**173.** (d)	**174.** (b)	**175.** (d)	**176.** (d)	**177.** (d)	**178.** (c)	**179.** (b)	**180.** (d)
181. (b)	**182.** (c)	**183.** (c)	**184.** (b)	**185.** (c)	**186.** (c)	**187.** (c)	**188.** (c)	**189.** (a)	**190.** (d)
191. (a)	**192.** (d)	**193.** (b)	**194.** (c)	**195.** (d)	**196.** (d)	**197.** (d)	**198.** (c)	**199.** (c)	**200.** (c)
201. (a)	**202.** (a)	**203.** (a)	**204.** (a)	**205.** (a)	**206.** (a)	**207.** (a)	**208.** (b)	**209.** (d)	**210.** (a)
211. (d)	**212.** (c)	**213.** (b)	**214.** (a)	**215.** (c)	**216.** (a)	**217.** (a)	**218.** (c)	**219.** (a)	**220.** (a)
221. (b)	**222.** (b)	**223.** (b)	**224.** (b)	**225.** (b)	**226.** (c)	**227.** (d)	**228.** (a)	**229.** (a)	**230.** (c)
231. (a)	**232.** (c)	**233.** (b)	**224.** (b)	**225.** (b)	**236.** (a)	**237.** (c)	**238.** (a)	**239.** (d)	**240.** (c)
241. (d)	**242.** (a)	**243.** (b)	**244.** (d)	**245.** (d)	**246.** (b)	**247.** (a)	**248.** (b)	**249.** (b)	**250.** (a)
251. (b)	**252.** (c)	**253.** (c)	**254.** (a)	**255.** (b)	**256.** (a)	**257.** (b)	**258.** (b)	**259.** (a)	**260.** (d)
261. (a)	**262.** (a)	**263.** (a)	**264.** (a)	**265.** (d)	**266.** (b)	**267.** (d)	**268.** (d)	**269.** (d)	**270.** (c)
271. (d)	**272.** (c)	**273.** (a)	**274.** (b)	**275.** (c)	**276.** (a)	**277.** (c)	**278.** (d)	**279.** (a)	**280.** (b)
281. (a)	**282.** (d)	**283.** (c)	**284.** (a)	**285.** (b)	**286.** (a)	**287.** (a)	**288.** (d)	**289.** (c)	**290.** (d)
291. (c)	**292.** (c)	**293.** (b)	**294.** (c)	**295.** (a)	**296.** (a)	**297.** (a)	**298.** (d)	**299.** (a)	**300.** (c)
301. (d)	**302.** (d)	**303.** (a)	**304.** (b)	**305.** (a)	**306.** (c)	**307.** (b)	**308.** (a)	**309.** (d)	**310.** (a)
311. (a)	**312.** (d)	**313.** (c)	**314.** (a)	**315.** (d)	**316.** (c)	**317.** (d)	**318.** (a)	**319.** (a)	**320.** (a)
321. (b)	**322.** (c)	**323.** (b)	**324.** (c)	**325.** (a)	**326.** (b)	**327.** (a)	**328.** (d)	**329.** (c)	**330.** (c)
331. (c)	**332.** (d)	**333.** (c)	**334.** (a)	**335.** (c)	**336.** (d)	**337.** (b)	**338.** (d)	**339.** (c)	**340.** (c)
341. (b)	**342.** (b)	**343.** (d)	**344.** (c)	**345.** (a)	**346.** (a)	**347.** (d)	**348.** (b)	**349.** (a)	**350.** (a)

सॉल्यूशन्स

1. ***(d)*** किसी भी समीकरण के प्रत्येक पद की विमाएँ अथवा मात्रक समान होने चाहिए।

$\therefore$ pt^{-1} का मात्रक = F का मात्रक

p का मात्रक = $\frac{F}{t^{-1}}$ का मात्रक

= Ft का मात्रक

= न्यूटन-सेकण्ड

= संवेग का मात्रक

4. ***(a)*** दाब प्रवणता = $\frac{\text{दाब}}{\text{दूरी}}$

$$= \frac{[ML^{-1}T^{-2}]}{[L]} = [ML^{-2}T^{-2}]$$

6. ***(b)*** आवृत्ति की विमाएँ = $[T^{-1}]$

कोणीय वेग की विमाएँ = $[T^{-1}]$

दोनों की विमाएँ समान हैं।

(b) दाब प्रवणता की विमाएँ = $[ML^{-2}T^{-2}]$

विभव प्रवणता की विमाएँ = $[M^{-1}LT^{-3}A^{-1}]$

अतः दाब प्रवणता व विभव प्रवणता की विमाएँ समान नहीं हैं।

7. ***(c)*** माना पृष्ठ-तनाव (S), ऊर्जा (E), वेग (v) व समय (T) की क्रमशः a, b व c घातों पर निर्भर करता है,

$$T = kE^a v^b T^c$$

दोनों ओर विमाएँ लिखने पर,

$$[ML^0T^{-2}] = [ML^2T^{-2}]^a\ [LT^{-1}]^b [T]^c = [M^a L^{2a+b} T^{-2a-b+c}]$$

दोनों ओर तुलना करने पर,

$\therefore$ $a = 1, 2a + b = 0$

$-2a - b + c = -2$

हल करने पर,

$a = 1, b = -2, c = -2$

$\therefore$ T की विमाएँ = $[Ev^{-2}T^{-2}]$

8. ***(a)*** गुरुत्वाकर्षण नियतांक की विमाएँ = $[M^{-1} L^3T^{-2}]$

$$\frac{(\text{वेग})^2}{\text{द्रव्यमान प्रति एकांक लम्बाई}} = \frac{[LT^{-1}]^2}{[ML^{-1}]} = [M^{-1}L^3T^{-2}]$$

अतः $\frac{(\text{वेग})^2}{\text{द्रव्यमान प्रति एकांक लम्बाई}}$ की विमाएँ गुरुत्वाकर्षण नियतांक की विमाओं के समान हैं।

9. ***(b)*** ऊर्जा = कार्य = बल $\times$ दूरी

अतः बल व लम्बाई के मात्रकों को चार गुना करने पर, ऊर्जा का मात्रक $4 \times 4 = 16$ गुना हो जाएगा।

10. ***(a)*** पृष्ठ-तनाव की विमाएँ = $[MT^{-2}]$

श्यानता गुणांक की विमाएँ = $[ML^{-1}T^{-1}]$

दोनों राशियों के विमीय सूत्र में द्रव्यमान (M) की विमाएँ समान हैं।

11. ***(a)*** $F = at + bt^2$

किसी भी समीकरण में प्रत्येक पद की विमाएँ समान होनी चाहिए,

at की विमाएँ = F की विमाएँ

a की विमाएँ = $\frac{F \text{ की विमाएँ}}{t \text{ की विमाएँ}} = \frac{[MLT^{-2}]}{[T]}$

$= [MLT^{-3}]$

इसी प्रकार b की विमाएँ = $\frac{[MLT^{-2}]}{[T^2]}$

$= [MLT^{-4}]$

12. ***(b)*** $V = kA^\alpha v^\beta t^\gamma$

दोनों ओर विमाएँ लिखने पर,

$$[L^3] = [L^2]^\alpha [LT^{-1}]^\beta [T]^\gamma$$
$$[L^3] = [L^{2\alpha+\beta}T^{-\beta+\gamma}]$$

दोनों ओर तुलना करने पर,

$2\alpha + \beta = 3$

$-\beta + \gamma = 0$

$\gamma = \beta$

अर्थात् $\alpha \neq \beta = \gamma$

13. ***(a)*** $F \propto A^a v^b D^c$

$$F = kA^a v^b D^c$$

दोनों ओर विमाएँ लिखने पर,

$$[MLT^{-2}] = [L^2]^a\ [LT^{-1}]^b\ [ML^{-3}]^c = [M^c L^{2a+b-3c} L^{-b}]$$

दोनों ओर तुलना करने पर,

$c = 1, b = 2$

$2a + b - 3c = 1$

$2a + 2 - 3 \times 1 = 1$

$\Rightarrow$ $2a = 1 - 2 + 3$

$2a = 2$

$a = 1$

बल F की विमाएँ = $[Av^2\ D]$

16. ***(b)*** RC की विमाएँ = $[ML^2T^{-3}A^{-2}]$

$$[M^{-1}L^{-2}T^4A^{-2}] = [T]\ [M^0L^0T]$$

17. ***(a)*** $\left(p + \frac{a}{V^2}\right)(V - b) = RT$

समान विमाओं वाली राशियों को ही जोड़ा अथवा घटाया जा सकता है।

$\therefore$ $\frac{a}{V^2}$ की विमाएँ = p की विमाएँ

a की विमाएँ = [V^2की विमाएँ $\times$] [p की विमाएँ]

$= [L^6]\ [ML^{-1}T^{-2}] \Rightarrow [ML^5T^{-2}]$

18. ***(c)*** $v = at + \frac{b}{t + c}$

a की विमाएँ = $\frac{v}{t}$ की विमाएँ

$= \frac{[LT^{-1}]}{[T]} = [LT^{-2}]$

c की विमाएँ = t की विमाएँ = $[T]$

इसी प्रकार b की विमाएँ = $[L]$

19. ***(b)*** $v = kg^p h^q$

दोनों ओर विमाएँ लिखने पर,

$$[LT^{-1}] = [LT^{-2}]^p\ [L]^q$$
$$[LT^{-1}] = [L^{p+q}T^{-2p}]$$

दोनों ओर तुलना करने पर,

$-2p = -1 \Rightarrow p = \frac{1}{2}$

$p + q = 1 \Rightarrow q = 1 - p$

$\Rightarrow$ $q = 1 - \frac{1}{2} = \frac{1}{2}$

20. ***(a)*** कण की त्रिज्या = 1.6×10^{-4} मी

$\because$ 10^{-10} मी = 1Å

$\therefore$ 1.6×10^{-4} मी = $\frac{1.6 \times 10^{-4}}{10^{-10}}\ \text{Å}$

$= 1.6 \times 10^{-4} \times 10^{10}\ \text{Å}$

$= 1.6 \times 10^6\ \text{Å}$

21. ***(b)*** 1 मिनट = 60 सेकण्ड

$\because$ 10^{-6} सेकण्ड = 1 माइक्रोसेकण्ड

$\therefore$ 60 सेकण्ड = $\frac{60}{10^{-6}} = 60 \times 10^6$

माइक्रोसेकण्ड = 6×10^7 माइक्रोसेकण्ड

22. ***(d)*** 1 मी में जीवाणुओं की संख्या

$= \frac{1\text{मी}}{10^{-6}\text{ मी}} = 10^6$ ($\because$ 1 माइक्रोन = 10^{-6} मी)

23. ***(c)*** इलेक्ट्रॉन द्वारा 1 सेकण्ड में लगाए गए चक्करों की संख्या

$= \frac{1}{10^{-6} \times 10^{-9}} = 10^6 \times 10^9 = 10^{15}$

($\because$ 1 नैनोसेकण्ड = 10^{-9} सेकण्ड)

24. *(c)* तारे की पृथ्वी से दूरी = चाल × समय

$= (3\times10^8$ मी/से$) \times 5$ वर्ष

$= (3\times10^8$ मी/से$) \times 5\times365\times24\times60\times60$ सेकण्ड

$= 4730400\times10^{10}$ मी

$= \frac{4.73\times10^{16}}{10^3}$ किमी $= 4.73\times10^{13}$ किमी

25. *(a)* 1 ग्राम में इलेक्ट्रॉनों की संख्या

$$= \frac{1}{9.11\times10^{-26}} = \frac{10^{26}}{9.11} = 1.1\times10^{25}$$

26. *(a)* चूँकि 1 प्रकाश वर्ष $= 9.46\times10^{15}$ मी

∴ तारे की पृथ्वी से दूरी = 5 प्रकाश वर्ष

$= 5\times9.46\times10^{15}$ मी

$= 4.73\times10^{16}$ मी

28. *(c)* $F = -\eta A\frac{dv}{dx}$

$\eta = \frac{Fdx}{Adv}$, η की विमाएँ

$$= \frac{[MLT^{-2}][L]}{[L^2][LT^{-1}]} = [ML^{-1}T^{-1}]$$

29. *(b)* $KW = M \Rightarrow K = \frac{M}{W}$

K की विमाएँ $= \frac{[M]}{[ML^2T^{-2}]} = [L^{-2}T^2]$

31. *(d)* $f = cm^xk^y$

दोनों ओर विमाएँ लिखने पर,

$[T^{-1}] = [M]^x[MT^{-2}]^y = [M^{x+y}T^{-2y}]$

दोनों ओर तुलना करने पर,

$x + y = 0$

$-2y = -1 \Rightarrow y = \frac{1}{2}$

$\Rightarrow \quad x = -\frac{1}{2}$

34. *(a)* $n_2 = n_1\left[\left(\frac{M_1}{M_2}\right)^a\left(\frac{L_1}{L_2}\right)^b\left(\frac{T_1}{T_2}\right)^c\right]$

यंग प्रत्यास्थता गुणांक की विमाएँ

$= [ML^{-1}T^{-2}]$

अर्थात्,

$a = 1, b = -1, c = -2$ $n^2 = 12.6\times10^{11}$

$$\times\left[\left(\frac{\text{ग्राम}}{\text{किग्रा}}\right)^1\left(\frac{\text{सेमी}}{\text{मीटर}}\right)^{-1}\left(\frac{\text{सेकण्ड}}{\text{सेकण्ड}}\right)^{-2}\right]$$

(डाइन सेमी$^{-2}$, CGS पद्धति का मात्रक है)

$$n^2 = 12.6\times10^{11}\left[\left(\frac{1}{10^3}\right)\left(\frac{1}{10^2}\right)^{-1}\right]$$

$= 12.6\times10^{11}[10^{-3}\times10^2]$

$= 12.6\times10^{10}$ न्यूटन/मी^{2}

35. *(b)* आवेग $I = kv^a\rho^bf^c$

दोनों ओर विमाएँ लिखने पर,

$[MLT^{-1}] = [LT^{-1}]^a[ML^{-3}]^b[T^{-1}]^c$

$= [M^bL^{a-3b}T^{-a-c}]$

दोनों ओर तुलना करने पर,

$b = 1$

$a - 3b = 1$

$a = 1 + 3b = 4$

$-a - c = -1$

$a + c = 1$

$c = 1 - a = 1 - 4 = -3$

आवेग की विमाएँ $= [v^4\rho f^{-3}]$

51. *(a)* माना **A** तथा **B** के बीच का कोण θ है।

इनका स्केलर गुणनफल,

$\mathbf{A}\cdot\mathbf{B} = AB\cos\theta$ ...(i)

प्रश्नानुसार, $AB = 12$ तथा $\mathbf{A}\cdot\mathbf{B} = 6\sqrt{3}$

समी (i) से $\cos\theta = \frac{\mathbf{A}\cdot\mathbf{B}}{AB} = \frac{6\sqrt3}{12} = \frac{\sqrt3}{2}$

$\Rightarrow \quad \cos\theta = \frac{\sqrt3}{2}$

$\Rightarrow \quad \cos\theta = \cos30°$

$\therefore \quad \theta = 30°$

52. *(b)* चित्र से स्पष्ट है कि दोनों स्थितियों में **A** तथा **B** के मध्य कोण 120° है।

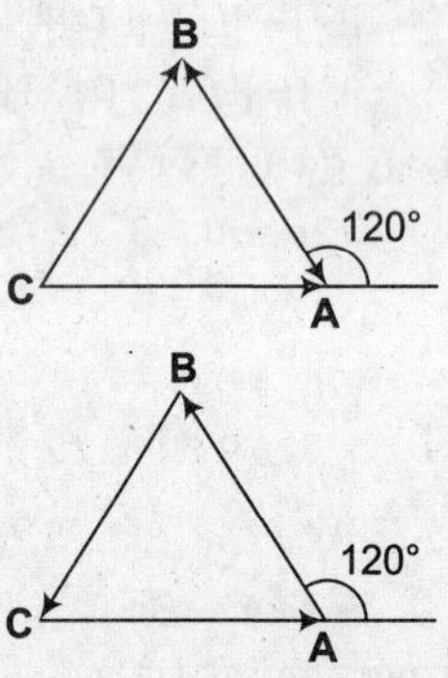

53. *(d)* $\mathbf{A} = A\hat{\mathbf{A}}$

$\therefore \quad \Delta\mathbf{A} = (\Delta A)\hat{\mathbf{A}} = (\Delta A)A$

जब $\quad \Delta\hat{\mathbf{A}} = 0$

तो $\quad \Delta\mathbf{A} = (\Delta A)\hat{\mathbf{A}} = (\Delta|\mathbf{A}|)\hat{\mathbf{A}}$

$\therefore \quad |\Delta\mathbf{A}| = \Delta|\hat{\mathbf{A}}|$

चूँकि $\Delta\hat{\mathbf{A}} = 0$ अतः $\Delta\mathbf{A}$ तथा **A** के बीच कोण शून्य है।

54. *(a)* चूँकि P तथा Q एक दिशा में हैं।

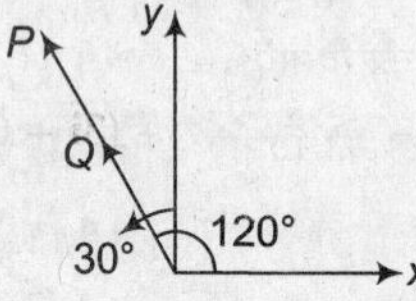

अतः इनका परिणामी $= P + Q$

55. *(c)* $\mathbf{A} + \mathbf{B} = \mathbf{R}_1$

$\Rightarrow \quad A^2 + B^2 + 2AB\cos\theta = R_1^2$ ...(i)

$\mathbf{A} - \mathbf{B} = \mathbf{R}_2$

$\Rightarrow \quad A^2 + B^2 - 2AB\cos\theta = R_2^2$ ...(ii)

समीकरणों (i) व (ii) को जोड़ने पर

$$2(A^2 + B^2) = R_1^2 + R_2^2$$

56. *(b)* $(\mathbf{A} + \mathbf{B})\cdot(\mathbf{A} - \mathbf{B}) = 0 \quad (\because A = B)$

∴ $(\mathbf{A} + \mathbf{B})$, $(\mathbf{A} - \mathbf{B})$ के लम्बवत् है।

57. *(c)* माना दो एकांक सदिशों के मध्य कोण θ है, सूत्र $R^2 = P^2 + Q^2 + 2PQ\cos\theta$ से

यहाँ $\quad |\mathbf{R}| = |\mathbf{P}| = |\mathbf{Q}| = 1$

अर्थात् $\quad R = P = Q = 1$

अतः

$1^2 = 1^2 + 1^2 + 2\times1\times\cos\theta$

$\Rightarrow \quad \cos\theta = -\frac{1}{2} = \cos120°$

$\Rightarrow \quad \theta = \frac{2\pi}{3}$

अब यदि दो एकांक सदिशों के बीच कोण θ′ है, तो अन्तर के लिए θ′ का मान है

$$\theta' = \pi - \frac{2\pi}{3} = \frac{\pi}{3}$$

पुनः $\quad R^2 = P^2 + Q^2 + 2PQ\cos\theta$

$R^2 = 1 + 1 + 2\times1\times1\cos\frac{\pi}{3}$

$\Rightarrow \quad R^2 = 1 + 1 + 2\times\frac{1}{2} = 3$

$\Rightarrow \quad R = \sqrt3$

58. *(b)* वेक्टर **A** + **B** वेक्टरों **A** तथा **B** के समान्तर है। परन्तु **A** × **B** दोनों वेक्टरों **A** तथा **B** लम्बवत् है।

अतः **A** + **B** तथा **A** × **B** के मध्य कोण 90° या $\frac{\pi}{2}$ है।

59. *(c)* $\hat{\mathbf{A}} = \frac{\mathbf{A}}{|A|} = \frac{\hat{\mathbf{i}} + \hat{\mathbf{j}}}{\sqrt{1+1}} = \frac{\hat{\mathbf{i}} + \hat{\mathbf{j}}}{\sqrt2}$

60. *(d)* चूँकि, $P^2 + Q^2 = R^2$ अतः **P** तथा **Q** परस्पर लम्बवत् होंगे अर्थात् इनके मध्य कोण 90° है।

61. *(b)* हम जानते हैं, कि **P** + **Q** + **R** शून्य तभी हो सकता है जबकि **P**, **Q** तथा **R** एकतलीय हों।

62. *(d)* यहाँ $(0.4)^2 + (0.8)^2 + b^2 = 1^2$

$\Rightarrow \quad 0.16 + 0.64 + b^2 = 1$

$\Rightarrow \quad b^2 = 1 - 0.8 = 0.2$

अतः $\quad b = \sqrt{0.2}$

64. *(a)* चूँकि $R^2 = P^2 + Q^2 + 2PQ\cos\theta$

अतः, $\cos\theta = \frac{R^2 - P^2 - Q^2}{2PQ}$

$\cos\theta = \frac{1 - 16 - 9}{2 \times 4 \times 3} = -1$

$\Rightarrow \cos\theta = -1 = \cos 180°$

$\therefore \theta = 180° = \pi$

65. *(a)* आयताकार घटक $A_x = 3\text{N}, A_y = 4\text{N}$

बल का परिमाण $A = \sqrt{A_x^2 + A_y^2}$

$= \sqrt{3^2 + 4^2}$

$= \sqrt{9 + 16} = \sqrt{25} = 5\text{N}$

66. *(a)* माना अभीष्ट वेक्टर, **C** है,

$\mathbf{C} = C_x\,\hat{\mathbf{i}} + C_y\,\hat{\mathbf{j}}$

प्रश्नानुसार **C**, **A** के समान्तर है

$\therefore \frac{A_x}{A_y} = \frac{C_x}{C_y} \Rightarrow \frac{3}{4} = \frac{C_x}{C_y}$

$\Rightarrow \frac{C_y}{C_x} = \frac{4}{3}$ ...(i)

प्रश्नानुसार **C** परिमाण में **B** के बराबर है।

$\sqrt{C_x^2 + C_y^2} = \sqrt{B_x^2 + B_y^2}$

$= \sqrt{7^2 + 24^2}$

$\sqrt{C_x^2 + C_y^2} = \sqrt{625}$

$C_x^2 + C_y^2 = 625$ ... (ii)

समी (i) व (ii) से

$C_x = 15, C_y = 20$

$\therefore C = 15\,\hat{\mathbf{i}} + 20\,\hat{\mathbf{j}}$

67. *(a)* बल $\mathbf{F} = (4\,\hat{\mathbf{i}} + \hat{\mathbf{j}} + 3\,\hat{\mathbf{k}})$ N

$\mathbf{r}_1 = (3\,\hat{\mathbf{i}} + 2\,\hat{\mathbf{j}} - 6\,\hat{\mathbf{k}})$

$\mathbf{r}_2 = (14\,\hat{\mathbf{i}} + 13\,\hat{\mathbf{j}} + 9\,\hat{\mathbf{k}})$

विस्थापन $\mathbf{d} = \mathbf{r}_2 - \mathbf{r}_1$

$= (14\,\hat{\mathbf{i}} + 13\,\hat{\mathbf{j}} + 9\,\hat{\mathbf{k}}) - (3\,\hat{\mathbf{i}} + 2\,\hat{\mathbf{j}} - 6\,\hat{\mathbf{k}})$

$= (11\,\hat{\mathbf{i}} + 11\,\hat{\mathbf{j}} + 15\,\hat{\mathbf{k}})$

कार्य, $W = \mathbf{F} \cdot \mathbf{d}$

$= (4\,\hat{\mathbf{i}} + \hat{\mathbf{j}} + 3\,\hat{\mathbf{k}}) \cdot (11\,\hat{\mathbf{i}} + 11\,\hat{\mathbf{j}} + 15\,\hat{\mathbf{k}})$

$= 44 + 11 + 45$

$= 100$ जूल

68. *(a)* $\mathbf{A} = 5, \mathbf{B} = 4, \mathbf{C} = 3$

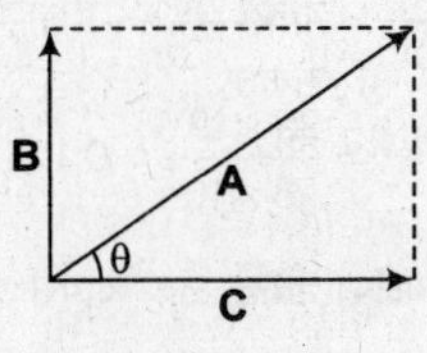

$(\mathbf{A})^2 = (\mathbf{B})^2 + (\mathbf{C})^2$

अतः **B** व **C** के बीच का कोण समकोण है।

B व **C** का परिणामी **A** है

A व **B** के बीच का कोण $\theta = \cos^{-1}\frac{|\mathbf{C}|}{|\mathbf{A}|}$

$\Rightarrow \theta = \cos^{-1}\left(\frac{3}{5}\right)$

69. *(d)* $\mathbf{P} \cdot \mathbf{Q} = 0$ अतः $\mathbf{P} \perp \mathbf{Q}$ ...(i)

$\mathbf{P} \cdot \mathbf{R} = 0$

अतः $\mathbf{P} \perp \mathbf{R}$ ...(ii)

समी (i) व (ii) से यह स्पष्ट है कि $\mathbf{Q} \parallel \mathbf{R}$

$(\mathbf{Q} \times \mathbf{R})$ की दिशा **Q** व **R** दोनों के लम्बवत होगी

अतः $(\mathbf{Q} \times \mathbf{R})$, **P** के समान्तर होगा।

70. *(c)* $\mathbf{P} \times \mathbf{Q} = PQ\sin\theta$

$= 5\sqrt{3} \times 10 \sin 30° = 50\sqrt{3} \times \frac{1}{2}$

$= 25\sqrt{3}$ मात्रक

71. *(a)* बल आघूर्ण $\tau = \mathbf{r} \times \mathbf{F}$

$$\tau = \begin{vmatrix} \hat{\mathbf{i}} & \hat{\mathbf{j}} & \hat{\mathbf{k}} \\ 7 & 3 & 1 \\ -3 & 1 & 5 \end{vmatrix}$$

$= \hat{\mathbf{i}}[(3 \times 5) - (1 \times 1)] - \hat{\mathbf{j}}[(7 \times 5) - (-3 \times 1)] + \hat{\mathbf{k}}[(7 \times 1) - (-3 \times 3)]$

$= 14\,\hat{\mathbf{i}} - 38\,\hat{\mathbf{j}} + 16\,\hat{\mathbf{k}}$

79. *(b)* व्यक्ति बस में बैठा है, जो पश्चिम से पूर्व की ओर जा रही है तब उसे पानी की बूँदें ऊर्ध्वाधरतः गिरती हुई प्रतीत हो रही है।

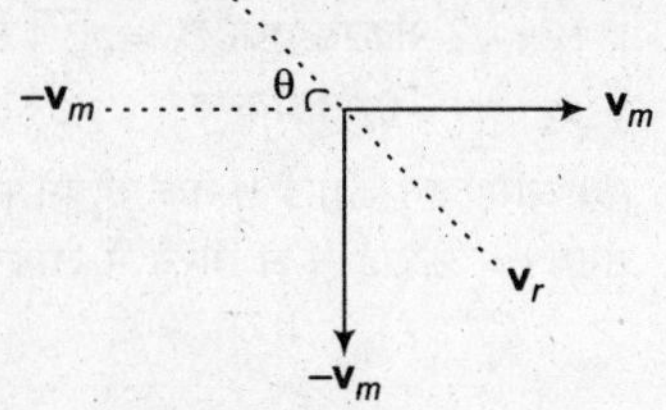

v_m = मनुष्य का वेग

v_r = पानी की बूँदों का वास्तविक वेग जो कि ऊर्ध्वाधरतः θ कोण पर गिर रही हैं।

v_{rm} = पानी की बूँदों को गतिमान मनुष्य के सापेक्ष वेग

यदि कोई दूसरा व्यक्ति वर्षा की बूँदों को देखता है तो वह पाता है कि वास्तव में पानी की बूँदें v_r वेग से पूर्व की ओर बनने वाले कोण पर गिर रही हैं।

80. *(b)* y-अक्ष के अनुदिश एकांक सदिश = $\hat{\mathbf{i}}$

इसलिए आवश्यक सदिश

$= \hat{\mathbf{i}} - [(\hat{\mathbf{i}} - 3\hat{\mathbf{j}} + 2\hat{\mathbf{k}}) + (3\hat{\mathbf{i}} + 6\hat{\mathbf{j}} - 7\hat{\mathbf{k}})]$

$= -4\hat{\mathbf{i}} - 2\hat{\mathbf{j}} + 5\hat{\mathbf{k}}$

90. *(c)* $s_t = u + \frac{1}{2}a(2t - 1)$

$\therefore 190 = u + \frac{1}{2} \times (2 \times 12 - 1)$

$\Rightarrow u = 190 - \frac{23}{2} = 178.5$ मी/से

91. *(c)* गति के तीसरे समीकरण से,

$s = \frac{u^2}{2a}$

चूँकि a नियत है

$\therefore s \propto u^2$

$\frac{s_2}{s_1} = \left(\frac{u_2}{u_1}\right)^2$ ...(i)

$\because \frac{u_2}{u_1} = 2$ ...(ii)

समी (i) व (ii) से,

$s_2 = 4s_1$

92. *(b)* $a = \frac{\Delta v}{\Delta t} = \frac{20 - 10}{5} = 2$ मी/से^{2}

समीकरण $v = u + at$ में $u = 10$ मी/से व $t = -2$ सेकण्ड रखने पर,

$v = 10 - 2 \times 2 = 6$ मी/से

93. *(c)* $a = \frac{\Delta v}{t} = \frac{120 - 75}{6} = 7.5$ मी/से^{2}

पहले 6 सेकण्ड में चली दूरी

$s = ut + \frac{1}{2}at^2$ से,

$s_1 = 75 \times 6 + \frac{1}{2} \times 7.5 \times 36 = 585$ मी

अगले 4 सेकण्ड में चली दूरी

$s_2 = 120 \times 4 = 480$ मी

$\therefore$ 10 सेकण्ड में चली दूरी

$= 585 + 480 = 1065$ मी

94. *(d)* $R = u^2\frac{\sin 2\theta}{g} = 2u_x\frac{v_y}{g}$

परास α प्रारम्भिक क्षैतिज वेग (u_x)

पथ 4 में परास अधिकतम है, अतः फुटबाल इस पथ में अधिकतम वेग पर रहेगी।

95. *(a)* माना t सेकण्ड पश्चात् पत्थर परस्पर टकराते हैं, तो

$s = \frac{1}{2}gt^2$

$s = 20(t - 1) + \frac{1}{2}g(t - 1)^2$

$\therefore \frac{1}{2}gt^2 = 20t - 20 + \frac{1}{2}gt^2 - gt + \frac{1}{2}g$

$\therefore 0 = 20t - 20 - 10t + \frac{1}{2} \times 10$

$(\because g = 10$ मी/से$^2)$

$\therefore \quad 10t = 15$

$\therefore \quad t = 1.5$ सेकण्ड

$\therefore \quad s = \frac{1}{2} \times 10 \times 1.5 \times 1.5 = 11.25$ मी

96. *(c)* माना कण बिन्दु A पर गोले को छूता है

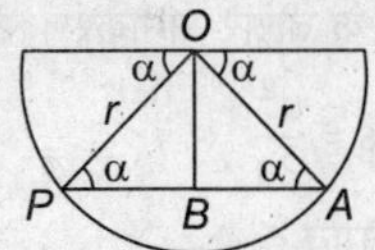

माना $\quad PA = l$

$\therefore \quad PB = \frac{l}{2}$

ΔOPB में, $\cos\alpha = \frac{PB}{r}$

$\therefore \quad PB = r\cos\alpha$

या $\quad \frac{l}{2} = r\cos\alpha$

$\therefore \quad l = 2r\cos\alpha$

परन्तु $\quad l = \frac{1}{2} a_0 t^2$

$\therefore \quad t = \sqrt{\left(\frac{2l}{a_0}\right)} = \sqrt{\left(\frac{2 \times 2r\cos\alpha}{a_0}\right)}$

$= \sqrt{\left(\frac{4r\cos\alpha}{a_0}\right)}$

97. *(c)* प्रथम 2 सेकण्ड में चली गई दूरी

$$s_1 = \frac{1}{2}at^2 = \frac{1}{2}a(2)^2 = 2a \quad \text{...(i)}$$

कुल समय (4 सेकण्डों) में चली गई दूरी

$$s_1 + s_2 = \frac{1}{2} \times a(4)^2 = 8a \quad \text{...(ii)}$$

समी (i) व (ii) से,

$2a + s_2 = 8a$

$\therefore \quad s_2 = 6a$

अतः $\quad \frac{s_2}{s_1} = \frac{6a}{2a} = 3$

या $\quad s_2 = 3s_1$

98. *(a)* $s_1 - s_2 = \frac{1}{2}g(3)^2 - \frac{1}{2}g(2)^2$

$= \frac{1}{2} \times 9.8 \times 5 = 24.5$ मी

100. *(c)* माना दूरियाँ s_1, s_2 तथा s_3 क्रमशः $t, 6t, t$ समय में तय की गईं।

तब $\quad s_1 = 0 + \frac{1}{2}at^2 = \frac{1}{2}at^2$

s_1 दूरी तय करने के बाद अधिकतम वेग

$v = at = 32$ किमी/घण्टा

$s_2 =$ वेग $\times$ समय

$= at \times 6t = 6at^2$

तथा $\quad s_3 = \frac{1}{2}at^2$

$\because$ जितने समय में गति अधिकतम होती है, उतने समय में घटकर शून्य हो जाती है। अतः त्वरण और मन्दन के मान समान हैं।

अब औसत चाल $v_{av} = \frac{s_1 + s_2 + s_3}{t + 6t + t}$

$$v_{av} = \frac{1}{8t}\left(\frac{1}{2}at^2 + 6at^2 + \frac{1}{2}at^2\right)$$

$$= \frac{7}{8}at = \frac{7}{8} \times 32$$

$v_{av} = 28$ किमी/घण्टा

101. *(a)* $v^2 = u^2 + 2as$

यहाँ, $v = 0, u = 43.2$ किमी/घण्टा

$= \frac{43.2 \times 1000}{60 \times 60}$ मी/से

$= 12$ मी/से

$a = -60$ सेमी/से^{2}

$= -0.6$ मी/से^{2}

$\therefore \quad s = -\frac{u^2}{2a} = \frac{(12)^2}{2 \times 0.6}$

$= \frac{144}{1.2} = 120$ मी

102. *(b)* यदि गेंद को 10 मी गिरने में लगा समय t_1 सेकण्ड है तथा 12 मी गिरने में लगा समय, t_2 सेकण्ड है, तो 2 मी ऊँचाई की खिड़की को पार करने में लगा समय $(t_2 - t_1)$ सेकण्ड होगा।

$$h = \frac{1}{2}gt^2$$

$\Rightarrow \quad t = \sqrt{\left(\frac{2h}{g}\right)}$

$\therefore \; t_1 = \sqrt{2}$ सेकण्ड तथा $t_2 = \sqrt{2.4}$ सेकण्ड

$\therefore \; t_2 - t_1 = 0.13$ सेकण्ड

103. *(b)* अधिकतम ऊँचाई H तक पहुँचने में लगा समय $t =$ ऊँचाई H से गिरने में लगा समय

$\because \quad H = \frac{1}{2}gt^2$

$\therefore \quad t = \sqrt{\left(\frac{2H}{g}\right)} = \frac{t}{2}$

यदि $\frac{H}{4}$ ऊँचाई गिरने में लगा समय t_1 हो, तो

$$t_1 = \sqrt{\left(\frac{H}{2g}\right)} = \frac{t}{2}$$

अतः शेष ऊँचाई $\frac{3}{4}H$ गिरने में लगा समय

$= t - \frac{t}{2} = \frac{t}{2}$

अतः अभीष्ट समय अर्थात् $\frac{3}{4}H$ ऊँचाई तक पहुँचने में लगा समय $\frac{t}{2}$ होगा।

104. *(a)* h ऊँचाई से गिरने पर t सेकण्ड में तय दूरी

$$s_1 = \frac{1}{2}gt^2 \quad \text{...(i)}$$

दूसरे पत्थर को $2h$ ऊँचाई पर पहुँचाने के लिए प्रारम्भिक वेग

$$u = \sqrt{2g \times 2h} = \sqrt{4gh} \quad \text{...(ii)}$$

इस पत्थर द्वारा t सेकण्ड में तय की गई ऊँचाई

$$s_2 = ut - \frac{1}{2}gt^2$$

$\therefore \quad h = s_1 + s_2 = ut$

$\Rightarrow \quad t = \frac{h}{u} = \frac{h}{\sqrt{4gh}} = \sqrt{\left(\frac{h}{4g}\right)}$

105. *(b)* माना A व B के बीच की दूरी s है, तब

$v_1 = u_1 + a_1t \quad \text{...(i)}$

$v_1^2 = u_1^2 + 2a_1s \quad \text{...(ii)}$

$v_2 = u_2 + a_2t \quad \text{...(iii)}$

$v_2^2 = u_2^2 + 2a_2s \quad \text{...(iv)}$

$\because \quad u_1 = 15$ मी/से, $v_1 = 30$ मी/से

$\therefore \quad 15 = a_1t$ तथा $v_2 - u_2 = a_2t$

$\therefore \quad \frac{a_2}{a_1} = \frac{v_2 - u_2}{15} \quad \text{....(v)}$

समी (ii) व (iv) से,

$$\frac{a_2}{a_1} = \frac{v_2^2 - u_2^2}{v_1^2 - u_1^2} = \frac{v_2^2 - u_2^2}{45 \times 15} \quad \text{...(vi)}$$

समी (v) व (vi) से,

$$\frac{v_2^2 - u_2^2}{45 \times 15} = \frac{v_2 - u_2}{15} \Rightarrow v_2 + u_2 = 45$$

$\therefore \quad v_2 = 45 - u_2 = 45 - 20 = 25$ मी/से

107. *(c)* माना एस्केलेटर की लम्बाई l है, तो स्थिर एस्केलेटर पर व्यक्ति की चाल

$v_1 = \frac{l}{60}$ मी/से

इसी प्रकार चलते हुए एस्केलेटर की चाल

$v_2 = \frac{l}{30}$ मी/से

$\therefore$ चलते हुए एस्केलेटर पर चढ़ने में लगा समय

$= \frac{l}{v_1 + v_2} = \frac{l}{\frac{l}{60} + \frac{l}{30}} = 20$ सेकण्ड

108. *(c)* $F = u\frac{dm}{dt}$

$$\frac{dm}{dt} = \frac{F}{u} = \frac{m(g + a)}{u} = \frac{25\,(9.8 + 9.8)}{28 \times 10^2}$$

$= \frac{25 \times 19.6}{28 \times 10^2} = 0.175$ किग्रा/से

109. *(c)* प्रक्षेप्य बिन्दु तक वापस आने में लगा समय $T = \frac{2v}{g}$

h ऊँचाई से v वेग से धरती तक गिरने में लगा समय

$$h = vt + \frac{1}{2} gt^2$$

हल करने पर, $t = \frac{-20 \pm \sqrt{4v^2 + 8gh}}{2g}$

अतः कुल समय $= T + t$

$$= \frac{v}{g}\left[1 + \sqrt{1 + \frac{2gh}{v^2}}\right]$$

111. *(b)* माना कि दोनों लड़कें प्रारम्भ से t समय पश्चात् C बिन्दु पर मिलते हैं, तब $AC = vt$, $BC = v_1 t$

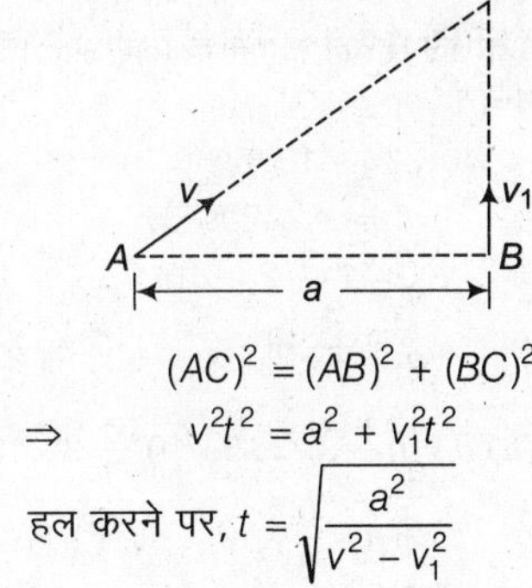

$$(AC)^2 = (AB)^2 + (BC)^2$$

$\Rightarrow \quad v^2 t^2 = a^2 + v_1^2 t^2$

हल करने पर, $t = \sqrt{\frac{a^2}{v^2 - v_1^2}}$

113. *(b)* गति की तृतीय समीकरण,

$v^2 - u^2 = 2as$

$v'^2 - u^2 = 2a\left(\frac{s}{2}\right)$

$\Rightarrow \quad as = \frac{v^2 - u^2}{2}$

$$v' = \sqrt{u^2 + \frac{v^2 - u^2}{2}}$$

$$= \sqrt{\frac{u^2 + v^2}{2}}$$

114. *(b)* चित्र से स्पष्ट है

$v_1 = u + \frac{at_1}{2}, v_2 = u + at_1 + \frac{at_2}{2}$

$$v_3 = u + a(t_1 + t_2) + \frac{at_3}{2}$$

$\therefore \quad v_1 - v_2 = -\frac{1}{2} a(t_1 + t_2)$

$v_2 - v_3 = -\frac{1}{2}(t_2 + t_3)$

$\therefore$

$v_1 - v_2 : v_2 - v_3 = (t_1 + t_2) : (t_2 + t_3)$

115. *(c)* समय पीछे नहीं चलता, अतः वक्र (1) सम्भव नहीं है। वेग-समय वक्र की ढाल 90° नहीं हो सकती, अतः वक्र (3) सम्भव नहीं है। जिस वक्र की प्रवणता अधिक होगी, उस का वेग अधिक होगा।

116. *(b)* वक्र से,

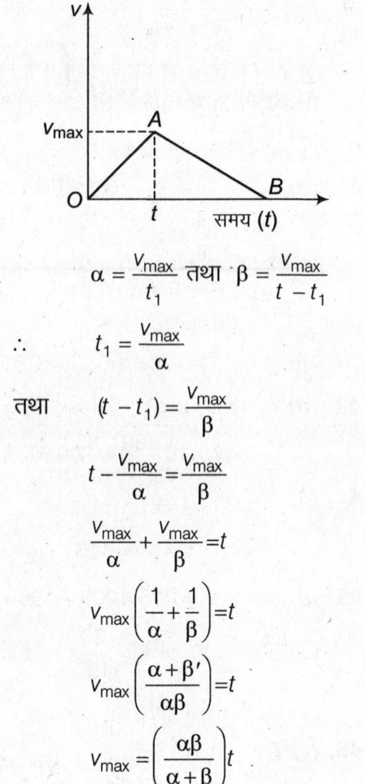

$$\alpha = \frac{v_{max}}{t_1} \text{ तथा } \beta = \frac{v_{max}}{t - t_1}$$

$\therefore \quad t_1 = \frac{v_{max}}{\alpha}$

तथा $\quad (t - t_1) = \frac{v_{max}}{\beta}$

$$t - \frac{v_{max}}{\alpha} = \frac{v_{max}}{\beta}$$

$$\frac{v_{max}}{\alpha} + \frac{v_{max}}{\beta} = t$$

$$v_{max}\left(\frac{1}{\alpha} + \frac{1}{\beta}\right) = t$$

$$v_{max}\left(\frac{\alpha + \beta'}{\alpha\beta}\right) = t$$

$$v_{max} = \left(\frac{\alpha\beta}{\alpha + \beta}\right)t$$

117. *(b)* P से छोड़ा गया पत्थर पृथ्वी पर पहले पहुँचेगा, क्योंकि इसका ऊपर की ओर प्रारम्भिक वेग कम है।

118. *(b)* h ऊँचाई से गिरने में लगा समय,

$$t = \sqrt{\frac{2h}{g}}$$

$$\therefore \quad \frac{t_1}{t_2} = \sqrt{\frac{h_1}{h_2}}$$

119. *(a)* d ऊँचाई से छोड़ने पर वेग नीचे की ओर होगा तथा इसका मान 0 से $\sqrt{2dg}$ तक बढ़ता है तथा टकराने के बाद गेंद $d/2$ ऊँचाई तक जाती है। अतः वेग $\sqrt{dg}$ से घटकर शून्य हो जाता है तथा ऊपर की ओर दिष्ट होता है।। अतः वक्र (1) v व h के वक्र को सही निरूपित करता है।

125. *(c)* यदि बन्दर (a) त्वरण से नीचे की ओर गति करता है, तो इसका आभासी भार घटता है। इस स्थिति में

डोरी में तनाव $= m(g - a)$

यह रस्सी (डोरी) की त्रोटन सामर्थ्य से अधिक नहीं होना चाहिए। अर्थात्

$$360 \geq m(g - a)$$

$\Rightarrow \quad 360 \geq 60(10 - a)$

$\Rightarrow \quad a \geq 4$ मी/से^{2}

129. *(c)*

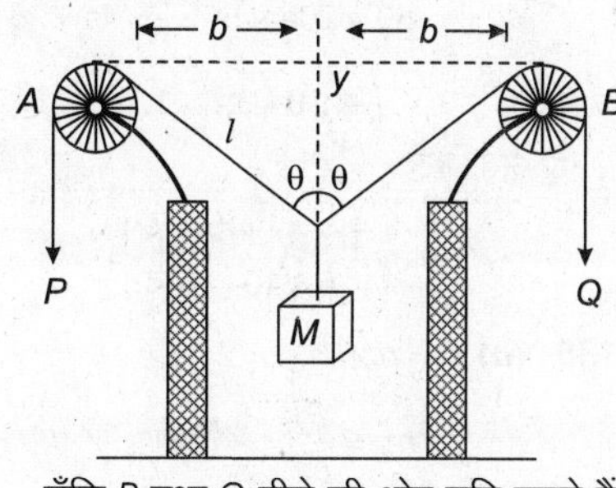

चूँकि P तथा Q नीचे की ओर गति करते हैं, अतः लम्बाई l U मी/से की दर से घटेगी।

चित्र से स्पष्ट है कि, $l^2 = b^2 + y^2$

समय के सापेक्ष अवलकन करने पर,

$$2l \times \frac{dl}{dt} = 2b \times \frac{db}{dt} + 2y \times \frac{dy}{dt}$$

$$\left(\because \frac{db}{dt} = 0, \frac{dl}{dt} = U\right)$$

$\Rightarrow \quad \frac{dy}{dt} = \left(\frac{l}{y}\right) \times \frac{dl}{dt}$

$\Rightarrow \quad \frac{dy}{dt} = \left(\frac{1}{\cos\theta}\right) \times U = \frac{U}{\cos\theta}$

131. *(a)* $F = ma = \frac{m\,\Delta v}{\Delta t}$

$= \frac{50\,(5 - 15)}{10} = -50$ न्यूटन

132. *(b)* चूँकि आरोपित बल नहीं बदलता है,

अतः $\quad m_1 a_1 = m_2 a_2$

$\Rightarrow \quad a_2 = \frac{m_1 a_1}{m_2}$

ज्ञात है, $\frac{m_1}{m_2} = \frac{1}{2}$

$\therefore \quad a_2 = \frac{1}{2} \times 8 = 4$ मी/से^{2}

133. *(c)* $\quad v^2 = u^2 + 2as$

$\therefore \quad 0 = (10)^2 + 2 \times a \times 25$

$a = -2$ मी/से^{2}

मन्दन बल $= 2500 \times 2 = 5000$ न्यूटन

134. *(d)* समीकरण $v = u + at$ से 20 सेकण्ड पश्चात् वेग

$$v = 0 + a \times 20 = 20a$$

अगले 5 सेकण्ड के लिए,

$u = 20a, s = 50$ सेमी

तथा $\quad v = 0$

$\because \quad v = u + a_1 t$

$0 = 20a + a_1 \times 5$

$\Rightarrow \quad a_1 = -4a$

$\therefore \quad s = ut + \frac{1}{2} a_1 t^2$ में,

s, u, t तथा a_1 के मान रखने पर,

$$50 = 20a \times 5 - \frac{1}{2} \times 4a \times 25$$

$a = 1$ सेमी/से^{2}

अत: बल $F = m \times a$

$= 5 \times 1 = 5$ डाइन

$= 5 \times 10^{-5}$ न्यूटन

135. *(a)* $F = ma$ से,

$\therefore \quad m_1 = \frac{F}{a_1} = \frac{5}{8}$ किग्रा

तथा $\quad m_2 = \frac{F}{a_2} = \frac{5}{24}$ किग्रा

$\therefore m_1 + m_2 = \frac{5}{8} + \frac{5}{24} = \frac{15+5}{24}$

$= \frac{20}{24} = \frac{5}{6}$ किग्रा

अत: $\quad a = \frac{F}{m_1 + m_2}$

$= \frac{5}{5/6} = 6$ मी/से^{2}

136. *(a)* $s = ut + \frac{1}{2}at^2$

$\therefore \; 6 = 0 + \frac{1}{2} \times a \times (2)^2 \Rightarrow a = 3$ मी/से^{2}

लट्ठे पर प्रभावी बल $f = (2000 - P)$ न्यूटन

$400 \times 3 = 2000 - P$

$\therefore \quad P = 800$ न्यूटन

137. *(c)* संवेग संरक्षण के नियम से,

$$mv = m_1v_1 + m_2v_2$$

$$40 \times 12 = 28 \times 0 + 12 \times v_2$$

$\therefore \quad v_2 = 40$ मी/से

138. *(d)* बल = संवेग परिवर्तन की दर

$$F = \frac{mv - mu}{t} = \frac{m(v-u)}{t}$$

$\therefore \quad F = \frac{0.01[5 - (-5)]}{0.01} = 10$ न्यूटन

139. *(c)* संवेग संरक्षण के नियम से,

$$(m_1 + m_2)v = m_1v_1 + m_2v_2$$

$$(0.01 + 0.9)v = m_1v_1 + m_2v_2$$

$$0.91v = 0.01 \times 400 + 0.9 \times 0$$

$0.91v = 4 \Rightarrow v = \frac{4}{0.91} = 4.39$ मी/से

140. *(c)* संवेग संरक्षण के नियम से,

$$150 \times u + 1.5 \times 60 = 0$$

$$150u + 90 = 0 \Rightarrow u = -\frac{90}{150}$$

$\therefore \quad u = -0.6$ मी/से

ऋणात्मक चिन्ह दर्शाता है कि तोप का वेग विपरीत दिशा में हैं।

141. *(b)* बल $= \frac{\text{संवेग परिवर्तन}}{\text{समयान्तराल}} = \frac{0-10}{2}$

$= -5$ न्यूटन

ऋणात्मक चिन्ह से प्रदर्शित होता है कि वस्तु पर आरोपित बल की दिशा वस्तु की गति के विपरीत है।

142. *(d)* $v = \frac{2 \text{ मी}}{10 \text{ सेकण्ड}} = 0.2$ मी/से

$v = u + at$ से,

$\therefore \quad 0.2 = 0 + a \times 10$

$a = 0.02$ मी/से^{2}

अत: $\quad F = ma = 0.5 \times 0.02 = 0.01$ न्यूटन

143. *(d)* $R = m(g + a)$

$\therefore \quad = 75(10 + 2) = 900$ न्यूटन

144. *(a)* $T = m(g + a)$

$= 10(10 + 2) = 120$ न्यूटन

145. *(d)* $150 + v = 0.15 \times 200 + 150 \times 0$

$$\Rightarrow 150v = 30 \Rightarrow v = \frac{30}{150}$$

$\therefore \quad v = 0.2$ मी/से

146. *(c)* $F = ma$ से,

$\therefore \quad a = \frac{F}{m} = \frac{200}{25} = 8$ मी/से^{2}

अब $\quad s = ut + \frac{1}{2}at^2$ से,

$$\Rightarrow \quad 64 = 0 + \frac{1}{2} \times 8 \times t^2$$

$\therefore \quad t = 4$ सेकण्ड

147. *(d)* संवेग संरक्षण के नियम से,

$$(m + m)v' = mv + m(-v)$$

$$\therefore \quad 2mv' = 0 \Rightarrow v' = 0$$

अत: दोनों विश्राम अवस्था में आ जाएँगे।

148. *(b)* गोली की गति के लिए,

$$v^2 = u^2 + 2as$$

$$0 = (10)^2 + 2 \times a \times 10 \times 10^{-2}$$

$\therefore \; a = -\frac{100}{20 \times 10^{-2}} = -\frac{10^4}{20}$ मी/से^{2}

$= -500$ मी/से^{2}

अब 6 सेमी मोटे लक्ष्य के लिए,

$$v^2 = u^2 + 2as$$

$$= (10)^2 - 2 \times 500 \times 6 \times 10^{-2}$$

$$= 100 - 60 = 40$$

$\therefore \; v = \sqrt{40} = 6.32$ मी/से

149. *(c)* समीकरण $v^2 = u^2 + 2gh$ से,

$$v^2 = 0 + 2 \times 10 \times 100$$

$$v^2 = 2000$$

रेत में 2 मी धँसने के बाद वेग $v = 0$

$v^2 = u^2 + 2as$ से,

$$0 = 2000 - 2 \times a \times 2$$

$\therefore \quad a = 500$ मी/से^{2}

$\therefore \quad v = u + at$ से,

$$0 = 20\sqrt{5} - 500t \text{ या } t = \frac{20\sqrt{5}}{500}$$

$\therefore \quad t = 0.04\sqrt{5}$ सेकण्ड

150. *(c)* $T = w + F \Rightarrow T = m(g + a)$

$\therefore \quad a = \frac{T}{m} - g$

$\Rightarrow \quad a = \frac{800}{400} \times g - g$

$\Rightarrow \; 2g - g = g$

$\therefore \quad a = g = 10$ मी/से^{2}

अत: लिफ्ट को रोकने के लिए अधिकतम मन्दन

$= -10$ मी/से^{2}

$\therefore \quad v^2 = u^2 + 2as$ से,

$\Rightarrow \quad 0 = 1^2 + 2(-10) \times s$

$\therefore \quad s = \frac{1}{20}$ मी

151. *(a)* $F = ma$ से, $\Rightarrow 5 \times 10^4 = 3 \times 10^7 \times a$

$\therefore \quad a = \frac{5}{3} \times 10^{-3}$ मी/से^{2}

$$v^2 = u^2 + 2as$$

$$= 0 + 2 \times \frac{5}{3} \times 10^{-3} \times 12$$

$$= 40 \times 10^{-3} = 0.04$$

$\therefore \quad v = 0.2$ मी/से

152. *(b)* यदि ढालू तल का क्षैतिज से झुकाव θ है, तो

$s = ut + \frac{1}{2}at^2$ से,

$$\Rightarrow \; s = ut + \frac{1}{2} g \sin\theta \, t^2 \; (\because \theta = 30°)$$

$$\therefore \; 125 = 0 + \frac{1}{2} \times 9.8 \times \frac{1}{2} \times t^2;$$

$$t^2 = \frac{125}{2.45}$$

$\therefore \; t = \sqrt{\left(\frac{2500}{49}\right)} = \frac{50}{7} = 7.14$ सेकण्ड

153. *(b)* $3g - T = 3a$ ...(i)

तथा $\quad T - 2g = 2a$ ...(ii)

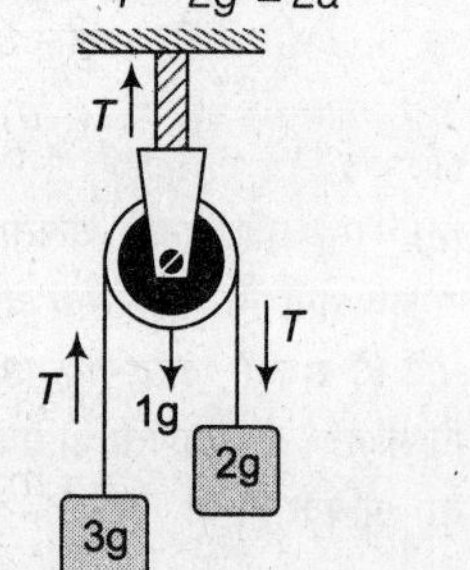

समी (i) व (ii) को हल करने पर,

$$a = \frac{g}{5}$$

समी (i) में a का मान रखने पर,

$$T = \frac{12g}{5}$$

अतः घिरनी को टेक देने वाली रस्सी में तनाव

$T' = 2T + g$

$T' = \frac{24g}{5} + g = \frac{29g}{5} = 5.8$ किग्रा-भार

154. ***(d)*** $v^2 = u^2 + 2as$ से $(\because v = 0)$

$\therefore \quad a = -\frac{u^2}{2s}$

$\because \quad u = 72$ किमी/घण्टा $= \frac{72 \times 5}{18} = 20$ मी/से

तथा $\quad s = 80$ मी

$\therefore \quad a = -\frac{20 \times 20}{2 \times 80} = 2.5$ मी/से^{2}

अतः $\quad$ बल $F = ma = -1200 \times 2.5$

$\Rightarrow \quad F = -3000$ न्यूटन

ऋण चिह्न दर्शाता है कि कार्यरत् बल एक मन्दन बल है।

155. ***(a)*** $v^2 = u^2 + 2as$ में $v = 0$ रखने पर,

$\therefore \quad a = -\frac{u^2}{2s}$

अतः अभीष्ट बल, $F = ma = \frac{mu^2}{2s}$ ...(i)

$\therefore \quad F' = \frac{m'(u')^2}{2s}$ ...(ii)

$\because \quad m' = 2m$ तथा $u' = \frac{u}{2}$

समी (ii) में दिए गए मान रखने पर,

$\therefore \quad F' = \frac{2mu^2}{4(2s)} = \frac{1}{2}\left(\frac{mu^2}{2s}\right) = \frac{F}{2}$

156. ***(a)*** आदमी का सीढ़ी के सापेक्ष वेग $= v$

सीढ़ी स्थिर है।

आदमी का वेग $= v$

माना गुब्बारे का पृथ्वी के सापेक्ष वेग $= u$

$\therefore$ आदमी का पृथ्वी के सापेक्ष वेग $= (v - u)$

संवेग संरक्षण के नियम से,

कुल प्रारम्भिक संवेग = कुल अन्तिम संवेग

$0 = m(v - u) + M(-u)$

$= m(v - u) - Mu$

$u = \frac{mv}{M + m}$

157. ***(a)*** एक पिण्ड के लिए आनत तल पर त्वरण

$ma = mg \sin\theta - \mu\, mg \cos\theta$

दो पिण्डों के लिए,

$(m_1 + m_2)a = (m_1 + m_2)g \sin\theta - (\mu_1 m_1 + \mu_2 m_2)g \cos\theta$

$(4 + 2)a = (4 + 2) \times 9.8 \times \sin 37° - (0.75 \times 4 + 0.25 \times 2) \times 9.8 \cos 37°$

$a = \frac{6 \times 9.8 \times 0.6 - (3 + 0.5) \times 9.8 \times 0.8}{6}$

$= 1.3$ मी/से^{2}

158. ***(c)*** इंजन द्वारा प्रति सेकण्ड किया गया कार्य

$W = mg(\sin\theta + \mu\cos\theta) \times s$

1 सेकण्ड में हुआ विस्थापन

$s = 100 \times 1 = 100$ मी

$\therefore W = 10^5 \times 9.8 (\sin 5° + 0.1 \cos 5°) \times 100$

$= 10^5 \times 9.8 [0.0872 + 0.9962 \times 0.1] \times 100$

$= 1.83 \times 10^7$ जूल/से

1 किग्रा कोयले से प्राप्त ऊष्मा $= 50 \times 10^3$ जूल

कार्य में परिवर्तित ऊष्मा $= \frac{50 \times 10^3 \times 4}{100}$

$= 2 \times 10^3$ जूल

आवश्यक कोयले की मात्रा $= \frac{1.83 \times 10^7}{2 \times 10^3}$

$= 9.15 \times 10^3$ किग्रा

160. ***(c)*** नीचे की ओर पिण्ड का त्वरण

$a = g \sin\theta - \mu g \cos\theta$

$= g(\sin\theta - 0.49x \cos\theta)$

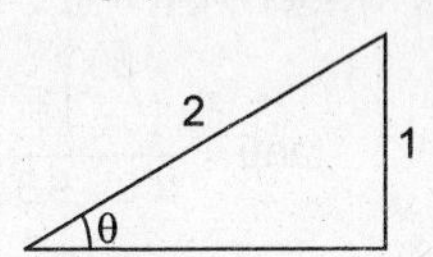

यदि $x > \frac{\tan\theta}{0.49}$ तो a ऋणात्मक है, अर्थात् पिण्ड अवमन्दित होगा।

यदि $x < \frac{\tan\theta}{0.49}$ तो a धनात्मक है, अर्थात् पिण्ड त्वरित होगा।

परन्तु $x = \frac{\tan\theta}{0.49}$ पर पिण्ड अधिकतम वेग प्राप्त कर चुका होगा।

$\sin\theta = \frac{1}{2} \quad \therefore \quad \theta = 30°$

$x = \frac{\tan 30°}{0.49} = \frac{\frac{1}{\sqrt{3}}}{0.49} = 1.18$ मी

161. ***(a)*** ब्लॉक A पर केवल डोरी के तनाव के कारण बल लगेगा

$\therefore \quad T = \mu m_A g$

परन्तु ब्लॉक B पर कुल कार्यरत बल

$F = T + \mu m_A g + \mu(m_A + m_B)g$

T का मान रखने पर,

$F = 3\mu\, m_A g + \mu m_B g$

$= \mu g(3m_A + m_B)$

$= 0.4 \times 10(3 \times 0.5 + 1) = 10$ न्यूटन

162. ***(a)***

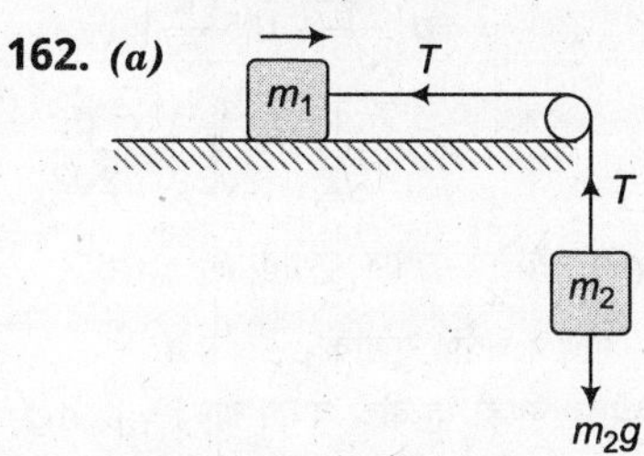

माना निकाय का त्वरण a है,

तो $\quad T = m_1 a$

व $\quad m_2 g - T = m_2 a$

$m_2 g - m_1 a = m_2 a$

$a = \frac{m_2 g}{m_1 + m_2}$

163. ***(a)*** $\mathbf{F} = 6\hat{\mathbf{i}} - 8\hat{\mathbf{j}} + 10\hat{\mathbf{k}}$

$a = 1$ मी/से^{2}

$m = \frac{F}{a} = \frac{|6\hat{\mathbf{i}} - 8\hat{\mathbf{j}} + 10\hat{\mathbf{k}}|}{1}$

$m = \sqrt{(6)^2 + (-8)^2 + (10)^2}$

$= \sqrt{36 + 64 + 100} = \sqrt{200}$

$= 10\sqrt{2}$ किग्रा

164. ***(b)*** व्यक्ति व गाड़ी दोनों, निकाय के द्रव्यमान केन्द्र पर मिलेंगे, द्रव्यमान केन्द्र की स्थिति

$x = \frac{m_1 x_1 + m_2 x_2}{m_1 + m_2}$

$= \frac{M \times 0 + M \times 10}{M + M} = 5$ मी

165. ***(a)*** $F = \frac{\Delta p}{\Delta t}$ से,

$\Delta t = \frac{\Delta p}{F} = \frac{125}{250} = 0.5$ सेकण्ड

166. ***(d)*** मन्दन $a = \mu g = 0.2 \times 9.8$

$= 1.96$ मी/से^{2}

167. ***(d)*** अधिकतम चाल $v = \sqrt{\mu r g}$

$= \sqrt{02 \times 100 \times 9.8}$

$= \sqrt{196} = 14$ मी/से

168. 5 सेकण्ड बाद पिण्ड का विस्थापन

$s = 2 \times 5 = 10$ मी

5 सेकण्ड में किया गया कार्य,

$W = \mu mgs$

$= 0.2 \times 2 \times 10 \times 10 = 40$ जूल

उत्पन्न ऊष्मा $= \frac{40}{4.2} = 9.52$ कैलोरी

169. *(a)* मन्दन $a = g\sin\theta - \mu g\cos\theta$

$$= g\,(\sin\theta - \mu\cos\theta)$$
$$= g(\sin 45° - 0.5\cos 45°)$$
$$= g\left(\frac{1}{\sqrt{2}} - 0.5\frac{1}{\sqrt{2}}\right)$$
$$= g\left(\frac{1}{\sqrt{2}} - \frac{1}{2\sqrt{2}}\right) = \frac{g}{2\sqrt{2}}$$

170. *(a)* स्थैतिक घर्षण गुणांक $\mu_s = 0.6$

गतिज घर्षण गुणांक $\mu_k = 0.4$

दोनों पिण्डों के बीच घर्षण बल $f = \mu_k mg$

$$= 0.4 \times 10 \times 9.8$$

बड़े पिण्ड का त्वरण $= \dfrac{f}{m}$

$$= \frac{0.4 \times 10 \times 98}{40}$$
$$= 0.98 \text{ मी/से}^2$$

172. *(d)* घन का आयतन $= l^3$ (जहाँ l घन की एक भुजा है)

घन का पृष्ठ क्षेत्र $= 6l^2$

प्रश्नानुसार, दोनों आपस में समान हैं।

इसलिए, $l^3 = 6l^2$

अतः, $l = 6$

177. *(d)* माना व्यक्ति का द्रव्यमान m तथा नाव का द्रव्यमान

n है। नाव + व्यक्ति का कूदने के पूर्व संवेग $= 0$

व्यक्ति के कूदने के उपरान्त दोनों का संवेग

$$= m \times 5 - n \times 0.5$$

$\Rightarrow \quad m \times 5 - n \times 0.5 = 0$

(संवेग संरक्षण के सिद्धान्त से)

$\therefore \quad n \times 0.5 = m \times 5$

$$n = \frac{m \times 5}{0.5}$$
$$n = 10 \times m$$

178. *(c)* यदि किन्हीं वस्तुओं की गतिज ऊर्जा समान हैं और उन पर समान अवरोधक बल लगाए जाएँ, तो वे समान दूरी पर ही रुकेंगी। अतः X, Y और Z आपस में बराबर होंगे।

179. *(b)* किसी वस्तु में गतिक घर्षण (dynamic friction) अवलम्ब प्रतिक्रिया के समानुपाती तथा स्थैतिक घर्षण (static friction) से कम होता है।

180. *(d)* समतल सड़क पर समान त्वरण से गति करने के कारण टैंकर में उपस्थित तेल का मुक्त पृष्ठ, तनाव के कारण परवलयी वक्र का आकार ग्रहण कर लेगा।

191. *(a)* हम जानते हैं कि घड़ी की सेकण्ड वाली सूईं 60 सेकण्ड में एक चक्कर लगाती है, अर्थात् 2π रेडियन कोण घूमती है। अतः सूईं का कोणीय वेग

$$\omega = \frac{\text{कोण}}{\text{समय}} = \frac{2\pi}{60} \text{ रेडियन/से}$$

चूँकि सूईं की लम्बाई 3.0 सेमी है, अतः इसकी नोंक की चाल

$$v = r\omega = 3 \times \frac{2 \times 3.14}{60} = 0.314 \text{ सेमी/से}$$

192. *(d)* पिण्ड को क्षैतिज तल में घुमाने पर आवश्यक अभिकेन्द्र बल डोरी के तनाव से प्राप्त होगा। अतः अधिकतम अभिकेन्द्र बल $F = 100$ न्यूटन हो सकता है। माना अधिकतम रेखीय चाल v तथा डोरी की लम्बाई r है, तब

$$F = \frac{mv^2}{R}$$

$$\Rightarrow \quad v = \sqrt{\left(\frac{Fr}{m}\right)} \Rightarrow v = \sqrt{\frac{100 \times 1}{1}}$$

अतः $\quad v = 10$ मी/से

193. *(b)* ढलाव कोण θ के लिए,

$$\tan\theta = \frac{v^2}{rg} \quad \text{...(i)}$$

यहाँ $v = 60$ किमी/घण्टा

$$= 60 \times \frac{5}{18} = \frac{50}{3} \text{ मी/से,}$$

तथा $r = 0.1$ किमी $= 100$ मी

दिए गए मान को समी (i) में रखने पर,

$$\tan\theta = \frac{\left(\frac{50}{3}\right)^2}{100 \times 9.8} = 0.283$$

$$\theta = \tan^{-1}(0.283) = 15.8°$$

195. *(c)* $v = \sqrt{Rg}$ (जहाँ R वृत्त की त्रिज्या है)

$$T = \frac{2\pi R}{v} \quad (\because v_0 = \sqrt{Rg})$$

$$\Rightarrow \quad T = \frac{2\pi R}{\sqrt{Rg}}$$

$$\Rightarrow T = 2\pi\sqrt{\left(\frac{R}{g}\right)} = 2 \times 3.14 \times \sqrt{\left(\frac{9}{10}\right)}$$

अथवा $\quad T = \dfrac{2 \times 3.14 \times 3}{\sqrt{10}}$

$$= 5.96 \text{ सेकण्ड}$$
$$\approx 6 \text{ सेकण्ड}$$

196. *(a)* अभिकेन्द्र त्वरण $a = \dfrac{v^2}{r}$

यहाँ, $v' = 3v$ तब $a' = \dfrac{v'^2}{r} = \dfrac{(3v)^2}{r}$

$$a' = \frac{9v^2}{r} = 9a$$

197. *(d)* अभिकेन्द्रीय बल $F = \dfrac{mv^2}{r}$

चूँकि द्रव्यमान तथा वेग समान हैं।

अतः $\quad \dfrac{F_1}{F_2} = \dfrac{r_2}{r_1}$

198. *(c)* क्षैतिज तल में वृत्तीय पथ की त्रिज्या

$$r = l\sin\theta$$

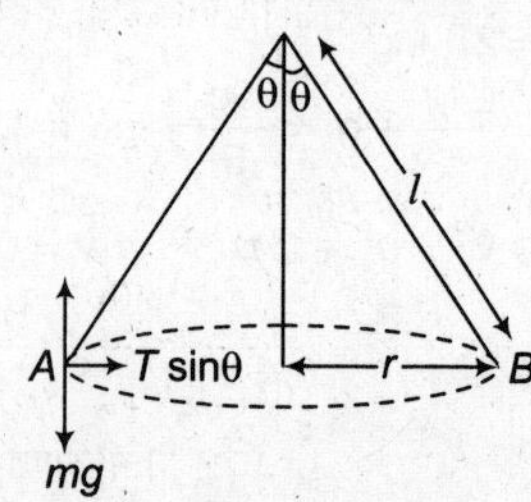

T को क्षैतिज तथा लम्बवत् घटकों में तोड़ने पर

$$T\cos\theta = Mg \quad \text{...(i)}$$
$$T\sin\theta = Mr\omega^2$$
$$= Ml\sin\theta\omega^2$$

या $\quad T = Ml\omega^2 \quad$ ...(ii)

समी (ii) को समी (i) से भाग करने पर,

$$\frac{1}{\cos\theta} = \frac{l\omega^2}{g}$$

या $\quad \omega^2 = \dfrac{g}{l\cos\theta}$

$\therefore$ आवर्तकाल $T = \dfrac{2\pi}{\omega} = 2\pi\sqrt{\dfrac{l\cos\theta}{g}}$

199. *(c)* माना डोरी के क्षैतिज होने पर पत्थर की चाल u' है, तब ऊर्जा संरक्षण के नियम से,

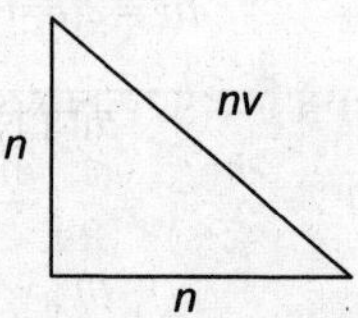

$$\frac{1}{2}mu^2 = \frac{1}{2}mu'^2 + mgl$$

$$u'^2 = u^2 - 2gL$$

वेग-परिवर्तन का परिमाण

$$|\Delta \mathbf{u}| = \sqrt{u^2 + u'^2}$$
$$= \sqrt{2(u^2 - gL)}$$

200. *(c)* यहाँ, $\mu = 0.5$, $r = 500$ मी,

$$g = 10 \text{ मी/से}^2$$
$$v_{max} = \sqrt{\mu rg}$$
$$= \sqrt{0.5 \times 500 \times 10} = 50 \text{ मी/से}$$

201. *(a)* कोणीय संवेग संरक्षण से, $I_1\omega_1 = I_2\omega_2$

$\therefore \quad 2 \times (0.8)^2 \times 44 = 2 \times (1.0)^2 \times \omega_2$

$\therefore \quad \omega_2 = \dfrac{1.28 \times 44}{2} = 28.16$ रेडियन/से

202. *(a)* सिलिण्ड· के फिसलने पर स्थानान्तरीय गतिज ऊर्जा होती है

$$K_{\text{trans}} = \frac{1}{2}mv^2 \quad ...(i)$$

सिलिण्डर के लुढ़कने पर घूर्णन गतिज ऊर्जा तथा स्थानान्तरीय गतिज ऊर्जा दोनों होती हैं

$$K_{\text{total}} = \frac{1}{2}I\omega^2 + \frac{1}{2}mv^2 \quad ...(ii)$$

समी (i) तथा (ii) से,

$$\frac{K_{\text{trans}}}{K_{\text{total}}} = \frac{\frac{1}{2}mv^2}{\left(\frac{1}{2}I\omega^2 + \frac{1}{2}mv^2\right)} \quad ...(iii)$$

परन्तु $I = mR^2$ तथा $\omega = \dfrac{v}{R}$

अतः समी (iii) से,

$$\frac{K_{\text{trans}}}{K_{\text{total}}} = \frac{\frac{1}{2}mv^2}{\frac{1}{2}mR^2\frac{v^2}{R^2} + \frac{1}{2}mv^2} = \frac{1}{2}$$

203. *(a)* लुढ़कते पिण्ड की कुल गतिज ऊर्जा

$$K_{\text{total}} = K_{\text{rot}} + K_{\text{trans}}$$
$$= \frac{1}{2}I\omega^2 + \frac{1}{2}mv^2$$
$$= \frac{1}{2}I\frac{v^2}{R^2} + \frac{1}{2}mv^2$$
$$= \frac{1}{2}v^2\left(\frac{1}{R^2} + m\right)$$

जब यह लुढ़कता हुआ पहाड़ी पर अधिकतम ऊँचाई $h = \dfrac{3v^2}{4g}$ तक पहुँचता है, तो उसकी कुल गतिज ऊर्जा गुरुत्वीय स्थितिज ऊर्जा में बदल जाती है, अतः

$$\frac{1}{2}v^2\left(\frac{I}{R^2} + m\right) = mg\left(\frac{3v^2}{4g}\right)$$

$$\frac{I}{R^2} + m = \frac{3}{2}m$$

$$\therefore \quad I = \frac{1}{2}mR^2$$

204. *(a)* चूँकि लुढ़कने पर कुल गतिज ऊर्जा गुरुत्वीय ऊर्जा में बदल जाती है, अतः सूत्र के अनुसार

$$\frac{1}{2}mv^2 + \frac{1}{2}I\omega^2 = mgh$$

अथवा $\quad \dfrac{1}{2}mv^2 + \dfrac{1}{2}\cdot\dfrac{mR^2}{2}\cdot\dfrac{v^2}{R^2} = mgh$

$\Rightarrow \quad \dfrac{3}{4}mv^2 = mgh$

$$v = \sqrt{\left(\frac{4gh}{3}\right)}$$

$$= \sqrt{\left(\frac{4 \times 9.8 \times 2.4}{3}\right)}$$

$= 5.6$ मी/से

205. *(a)* $mg = kx_0$

या $\quad k = \dfrac{mg}{x_0}$

$\therefore$ संचित ऊर्जा $= \dfrac{1}{2}kx_0^2 = \dfrac{1}{2} \times \dfrac{mg}{x_0} \times x_0^2$

$$= \frac{1}{2}mgx_0$$

206. *(a)* रिंग का उसकी अक्ष के परितः जड़त्व आघूर्ण

$$I = mR^2$$

यहाँ, $\quad m = 10$ किग्रा,

$R = \dfrac{0.4}{2} = 0.2$ मी

$\therefore \quad I = 10 \times (0.2)^2 = 0.4$ किग्रा-मी^{2}

रिंग का कोणीय वेग $\omega = 2\pi n$

यहाँ n प्रति सेकण्ड चक्करों की संख्या

$= \dfrac{2100}{60} = 35$ प्रति सेकण्ड

अतः $\quad \omega = 2 \times \dfrac{22}{7} \times 35$

$= 220$ प्रति सेकण्ड

रिंग का कोणीय संवेग

$J = I\omega = 0.4 \times 220$

$= 88$ किग्रा-मी^{2}/से

210. *(a)* M द्रव्यमान की चकती में से m द्रव्यमान की चकती काट लेने पर शेष चकती का द्रव्यमान

$$M' = (M - m) \quad ...(i)$$

चकती का इसके द्रव्यमान केन्द्र के परितः तथा तल के लम्बवत् अक्ष के सापेक्ष जड़त्व आघूर्ण

$$I = M'\left(\frac{R^2 + a^2}{2}\right)$$

$$= (M - m)\left(\frac{R^2 + a^2}{2}\right)$$

214. *(a)* सिरे के परितः छड़ का जड़त्व आघूर्ण

$$I = \frac{1}{12}Ml^2 + M\left(\frac{l}{2}\right)^2$$

$$= \frac{1}{12}Ml^2 + \frac{Ml^2}{4} = \frac{1}{3}Ml^2$$

जब छड़ गिरती है, तो स्थितिज ऊर्जा में परिवर्तन

$$= Mg\frac{l}{2}$$

ऊर्जा संरक्षण के नियम से,

$$\frac{1}{2}I\omega^2 = Mg\frac{l}{2}$$

या $\quad \dfrac{1}{2} \times \dfrac{1}{3}ml^2\omega^2 = mg\dfrac{l}{2}$

$$\omega = \sqrt{\left(\frac{3g}{l}\right)}$$

216. *(a)* कोणीय संवेग संरक्षण के नियम से,

$$I\omega = I'\omega'$$

$$MR^2\omega = (MR^2 + 2mR^2)\,\omega'$$

$\therefore \quad \omega' = \left(\dfrac{M}{M + 2m}\right)\omega$

217. *(a)* यहाँ, $v = 72$ किमी/घण्टा

$= 72 \times \dfrac{5}{18} = 20$ मी/से तथा

$r = 0.25$ मी

पहिए की कोणीय चाल

$\omega_0 = \dfrac{v}{r} = \dfrac{20}{0.25} = 80$ रेडियन/से

20 चक्करों में कोणीय विस्थापन

$\theta = 2\pi \times 20 = 40\pi$ रेडियन

सूत्र $\quad \omega^2 = \omega_0^2 + 2\alpha\theta$ से,

$0 = (80)^2 + 2\alpha\,(40\pi)$

$\therefore \quad \alpha = -\dfrac{(80)^2}{80\pi} = -25.5$ रेडियन/से^{2}

ऋणात्मक चिह्न कार का मन्दन दर्शाता है।

218. *(c)* पहिया प्रारम्भ में विरामावस्था में है, अतः $\omega_0 = 0$

t समयान्तराल में पहिए का कोणीय विस्थापन

$$\theta = \omega_0 t + \frac{1}{2}\alpha t^2$$

$= 0 + \dfrac{1}{2}(1.5 \times 20^2) = 300$ रेडियन

पहिए का रेखीय विस्थापन

$s = r\theta = 0.4 \times 300 = 120$ मी

पहिए का t समयान्तराल के बाद कोणीय वेग

$\omega = \omega_0 + \alpha t$

$= 0 + 1.5 \times 20 = 30$ रेडियन/से

अब पहिए का रेखीय वेग

$v = r\omega = 0.4 \times 30 = 12$ मी/से

219. *(a)* माना कि बल आघूर्ण लगाने पर पिण्ड में कोणीय त्वरण α उत्पन्न होता है, तब

$$\tau = I\alpha$$

$\Rightarrow \quad \alpha = \dfrac{\tau}{I} \quad ...(i)$

यहाँ I पिण्ड का घूर्णन अक्ष के परितः जड़त्व आघूर्ण है।

समी (i) में दिए मान रखने पर,

$$\alpha = \frac{6}{3} = 2 \text{ रेडियन/से}^2$$

पिण्ड विरामावस्था में है, अतः $\omega_0 = 0$

यह कोणीय त्वरण α के अन्तर्गत 20 सेकण्ड तक घूमता है। इस समयान्तराल में पिण्ड का कोणीय विस्थापन

$$\theta = \omega_0 t + \frac{1}{2}\alpha t^2$$

$$= 0 + \frac{1}{2} \times 2 \times 20^2 = 400 \text{ रेडियन}$$

220. ***(a)*** कोणीय संवेग संरक्षण के नियम से, कुल प्रारम्भिक कोणीय संवेग = कुल अन्तिम कोणीय संवेग $I\omega = I_1\omega_1 + I_2\omega_2$

प्रारम्भ में चकती का जड़त्व आघूर्ण

$$I = \frac{mR^2}{2}$$

शेष चकती का जड़त्व आघूर्ण

$$I_1 = \frac{(M-m)R^2}{2}$$

टुकड़े का जड़त्व आघूर्ण $I_2 = mR^2$

$\therefore$

$$\frac{MR^2\omega}{2} = \frac{(M-m)}{2}R^2\omega_1 + mR^2\omega_2$$

किन्तु टुकड़ा समान कोणीय वेग से घूमता रहेगा

$$\therefore \quad \omega = \omega_2$$

$$\therefore \quad \frac{MR^2\omega}{2} = \frac{(M-m)}{2}R^2\omega_1 + mR^2\omega$$

$$\frac{\omega R^2}{2}(M-2m) = \frac{(M-m)}{2}R^2\omega_1$$

$$\omega_1 = \frac{(M-2m)}{(M-m)}\omega$$

221. ***(b)*** अक्ष yy' प्रथम गोले के केन्द्र से होकर गुजरती है, अतः yy' अक्ष के परितः प्रथम गोले का जड़त्व आघूर्ण

$$I_1 = \frac{2}{5}MR^2$$

द्वितीय गोले के लिए समान्तर अक्षों की प्रमेय लगाने से,

$$I_2 = \frac{2}{5}MR^2 + MR^2$$

$$\Rightarrow \quad I_2 = \frac{7}{5}MR^2$$

इसी प्रकार, तृतीय गोले के लिए

$$I_3 = \frac{7}{5}MR^2$$

अतः, कुल जड़त्व आघूर्ण $I = I_1 + I_2 + I_3$

$$= \frac{2}{5}MR^2 + \frac{7}{5}MR^2 + \frac{7}{5}MR^2 = \frac{16}{5}MR^2$$

222. ***(b)*** अल्प विस्थापनों के लिए आवर्तकाल

$$T = 2\pi\sqrt{\left(\frac{I}{C}\right)}$$

ठोस गोले के लिए, $I = \frac{2}{5}MR^2$

$$T = 2\pi\sqrt{\left(\frac{2}{5}\frac{MR^2}{C}\right)}$$

$$m = 1 \text{ किग्रा}, R = \frac{0.3}{2} = 0.15 \text{ मी}$$

$$C = 6 \times 10^{-3}$$

$$\therefore \quad T = 2 \times 3.14\sqrt{\left(\frac{2}{5} \times \frac{1 \times (0.15)^2}{6 \times 10^{-3}}\right)}$$

$$= 7.7 \text{ सेकण्ड}$$

223. ***(b)*** प्रथम अवस्था में त्वरण $a_r = \frac{3}{5}g\sin\theta$

द्वितीय अवस्था में त्वरण $a_s = g\sin\theta$

$$\therefore \quad \frac{a_r}{a_s} = \frac{3}{5}$$

224. ***(b)*** घूर्णन गतिज ऊर्जा $K = \frac{J^2}{2I}$

या कोणीय संवेग $J = \sqrt{2KI}$

$$\therefore \quad \frac{\Delta J}{J} \times 100 = \frac{1}{2} \times \frac{\Delta K}{K} \times 100$$

$$= \frac{1}{2} \times 300 = 150\ \%$$

225. ***(b)*** कोणीय संवेग संरक्षण के नियमानुसार,

$$I_1\omega_1 = I_2\omega_2$$

$$m_1r_1^2\omega_1 = m_2r_2^2\omega_2$$

परन्तु, $m_1 = m_2$

$$\therefore \quad r_1^2\omega_1 = r_2^2\omega_2$$

$$\frac{\omega_1}{\omega_2} = \left(\frac{r_2}{r_1}\right)^2$$

227. ***(d)*** कोणीय त्वरण $= \frac{d^2\theta}{dt^2} = 2\theta_2$

229. ***(a)*** $\frac{mv^2}{r} = \frac{k}{r^2} \Rightarrow mv^2 = \frac{k}{r}$

$$\therefore \text{ गतिज ऊर्जा} = \frac{1}{2}mv^2 = \frac{k}{2r}$$

$$\text{स्थितिज ऊर्जा} = \int F\,dr = \int \frac{k}{r^2}dr$$

$$= -\frac{k}{r}$$

कुल ऊर्जा = गतिज ऊर्जा + स्थितिज ऊर्जा

$$= \frac{k}{2r} - \frac{k}{r} = -\frac{k}{2r}$$

230. ***(c)*** $\omega_{\text{मिनट}} = \frac{2\pi}{60}$ रेडियन/मिनट तथा

$$\omega_{\text{घण्टा}} = \frac{2\pi}{12 \times 60} \text{ रेडियन/घण्टा}$$

$$\therefore \quad \frac{\omega_{\text{मिनट}}}{\omega_{\text{घण्टा}}} = \frac{\frac{2\pi}{60}}{\frac{2\pi}{12 \times 60}} = \frac{12}{1}$$

240. ***(b)*** $\mathbf{v} = 3\hat{\mathbf{i}} + 4\hat{\mathbf{j}}$

$$\mathbf{v} = \sqrt{(3)^2 + (4)^2} = 5 \text{ मी/से}$$

$$\text{गतिज ऊर्जा} = \frac{1}{2}mv^2 = \frac{1}{2} \times \frac{300}{1000} \times (5)^2$$

$$= \frac{150}{1000} \times 25 = 3.75 \text{ जूल}$$

243. ***(b)*** $P = \frac{W}{t} = \frac{mgh}{t}$

$$\Rightarrow \quad m = \frac{Pt}{gh} = \frac{7460 \times 1}{10 \times 7.46} = 100 \text{ किग्रा}$$

244. ***(d)*** $P = \frac{W}{t}$ से,

$$\text{अतः } \frac{P_1}{P_2} = \frac{W}{t_1} \times \frac{t_2}{W} = \frac{t_2}{t_1}$$

$$\therefore \quad P_2 = \frac{P_1 \times t_1}{t_2} = \frac{120 \times 20}{30} = 80 \text{ वाट}$$

245. ***(d)*** m = आयतन × घनत्व = 20×10^3 किग्रा,

t = 3 घण्टा 16 मिनट

= 196 मिनट = 196 × 60 सेकण्ड

$$\therefore \quad P = \frac{W}{t} = \frac{mgh}{t}$$

$$= \frac{20 \times 10^3 \times 9.8 \times 60}{196 \times 60} = 1000 \text{ वाट}$$

246. ***(b)*** $P = Fv$

$\therefore P = 4500 \times 2 = 9000$ वाट

= 9 किलोवाट

247. ***(a)*** $P = \frac{W}{t} = \frac{Fs}{t}$

$\because F = ma$ तथा $s = \frac{1}{2}at^2$

$$\therefore \quad F = \frac{2ms}{t^2} \quad \therefore \quad P = \frac{2ms^2}{t^3}$$

$\because P$ नियत है अतः $s \propto t^{3/2}$

248. ***(b)*** $P = \frac{mgh}{t}$

$$\therefore P = \frac{50 \times 9.8 \times 40 \times 0.20}{10} = 392 \text{ वाट}$$

249. ***(b)*** $F = k \times x$ से, $1 \times 9.8 = k \times 1 \times 10^{-2}$

$$\therefore \quad k = \frac{9.8}{10^{-2}} = 980$$

स्प्रिंग में संचित स्थितिज ऊर्जा

$$U = \frac{1}{2}kx^2$$

$$= \frac{1}{2} \times 980 \times 10^{-4}$$

$$= 490 \times 10^{-4} = 0.049 \text{ जूल}$$

250. *(a)* $\because$ जल का घनत्व $= 10^3$ किग्रा/मी^{3}

अतः जल का द्रव्यमान $m = 0.5 \times 10^3$ किग्रा

सूत्र $P = \frac{mgh}{t}$ से,

$$P \times \frac{70}{100} = \frac{0.5 \times 10^3 \times 9.8 \times 30}{60}$$

$$P = \frac{0.5 \times 10^3 \times 9.8 \times 30 \times 100}{60 \times 70}$$

$P = 3500$ वाट

251. *(b)* गोली की गतिज ऊर्जा $= \frac{mv^2}{2}$

गतिज ऊर्जा = कृत कार्य $\Rightarrow \frac{1}{2}mv^2 = Fs$

$$\therefore \quad F = m\frac{v^2}{2s} = \frac{5 \times 10^{-3} \times 100 \times 100}{2 \times 1}$$

$= 25$ न्यूटन

252. *(c)* लटकी हुई चेन का द्रव्यमान $= m/5$

लटकी हुई चेन के गुरुत्व केन्द्र की मेज के किनारे से दूरी

$$= \frac{1}{2}\left(\frac{l}{5}\right) = \frac{l}{10}$$

लटकी हुई चेन का भार $\left(\frac{mg}{5}\right)$ चेन के गुरुत्व केन्द्र पर कार्यरत है। अतः लटकी हुई चेन को खींचने में किया गया कार्य

$$W = \text{भार} \times \text{विस्थापन} = \frac{mg}{5} \times \frac{l}{10}$$

$= \frac{mgl}{50}$ जूल

253. *(a)* $H = Pt$

$\therefore \quad t = \frac{H}{P} = \frac{360 \times 10^3 \times 4.2}{100}$ सेकण्ड

$= 4.2 \times 3600$ सेकण्ड $= 4$ घण्टे 12 मिनट

254. *(a)* $v_1 = 36$ किमी/घण्टा $= \frac{36 \times 5}{18}$

$= 10$ मी/से

$v_2 = 72$ किमी/घण्टा $= \frac{72 \times 5}{18}$

$= 20$ मी/से

अतः $W = \frac{1}{2}m(v_2^2 - v_1^2)$

$= \frac{1}{2}m(v_2 + v_1)(v_2 - v_1)$

$= \frac{1}{2} \times 1000 \times 30 \times 10$

$= 1.5 \times 10^5$ जूल

255. *(b)* $v = u + gt$ से,

$v = 60 - 10 \times 7 = -10$ मी/से

अतः गतिज ऊर्जा $K = \frac{1}{2}mv^2$

$= \frac{1}{2} \times 0.2 \times (-10)^2 = 10$ जूल

256. *(a)* $F = ma$ से $a = \frac{50}{5} = 10$ मी/से^{2}

$\frac{1}{12}$ मिनट अर्थात् 5 सेकण्ड में चली गई दूरी

$$s = ut + \frac{1}{2}at^2 = 0 + \frac{1}{2} \times 10 \times 25$$

$\Rightarrow s = 125$ मी

अतः गतिज ऊर्जा में वृद्धि

$\Delta K = W = Fs = 50 \times 125 = 6250$ जूल

257. *(b)* $K = \frac{p^2}{2m}$

$$\therefore \quad K + \Delta K = \frac{(p + \Delta p)^2}{2m}$$

$\because \quad \Delta p = 0.2p$

अतः $K + \Delta K = \frac{(1.2p)^2}{2m} = \frac{1.44p^2}{2m}$

$$\Rightarrow \quad \Delta K = \frac{1.44p^2}{4m} - \frac{p^2}{2m} \quad \left(\because K = \frac{p^2}{2m}\right)$$

$$\Delta K = \frac{0.44p^2}{2m}$$

$$\therefore \quad \frac{\Delta K}{K} = 0.44 = 44\%$$

258. *(b)* $K_1 = \frac{1}{2}m_1v_1^2$

$$K_2 = \frac{1}{2}m_2v_2^2 \quad \therefore \quad \frac{K_1}{K_2} = \frac{m_1v_1^2}{m_2v_2^2}$$

$$\therefore \quad \frac{v_1^2}{v_2^2} = \frac{K_1}{K_2} \times \frac{m_2}{m_1} = \frac{1}{8} \times \frac{2}{1} = \frac{1}{4}$$

$$\therefore \quad \frac{v_1}{v_2} = \frac{1}{2}$$

259. *(a)* $\frac{1}{2}mv^2 = mgh$

$v^2 = 2gh = 2 \times 9.8 \times 6$

या $\quad v = 10.8 \approx 11$ मी/से (लगभग)

260. *(d)* एक सेकण्ड बाद पिण्ड का वेग

$v = u - gt$

$\therefore \quad v = 20 - 10 \times 1 = 10$ मी/से

1 सेकण्ड बाद गतिज ऊर्जा $K_2 = \frac{1}{2}mv^2$

$= \frac{1}{2} \times 3 \times 10 \times 10 = 150$ जूल

प्रारम्भिक गतिज ऊर्जा

$K_1 = \frac{3 \times 20 \times 20}{2} = 60$ जूल

$\because \quad K_1 + U_1 = K_2 + U_2$

$\Rightarrow \quad 600 + 0 = 150 + U_2$

$\therefore \quad U_2 = 600 - 150 = 450$ जूल

261. *(a)* $U = mgh$ से,

$$10000 \times \frac{28}{100} \times 4.2 = 60 \times 9.8 \times h$$

($\because$ 1 कैलोरी = 4.2 जूल)

$\therefore \quad h = 20$ मी

262. *(a)* बल-आघूर्ण

$$\tau = \frac{Pt}{\theta} = \frac{Pt}{2\pi n} = \frac{3 \times 746 \times 60}{2 \times 3.14 \times 1200} = 17.8$$

न्यूटन-मी

$\therefore \quad \tau = 18$ न्यूटन-मी

263. *(a)* माना झूले को बिन्दु A से B तक लाने पर रस्सी ऊर्ध्वाधर से 30° का कोण बनाती है। अतः

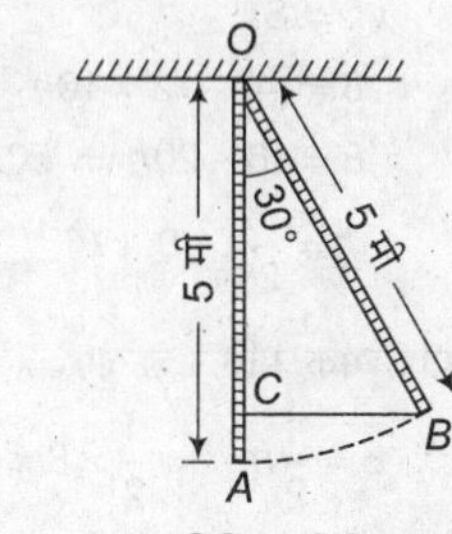

$$\cos 30° = \frac{OC}{OB} = \frac{OC}{5}$$

$\therefore \quad OC = 5\cos 30°$

$= 5 \times \frac{\sqrt{3}}{2}$

$\therefore \quad AC = OA - OC$

$= 5 - \frac{5\sqrt{3}}{2} = 5 - \frac{5 \times 1.732}{2}$

$= 5 - 4.33 = 0.67$

A बिन्दु पर स्थितिज ऊर्जा शून्य है। जब झूला B बिन्दु पर है, तब

स्थितिज ऊर्जा $= mg \times AC$

अतः स्थितिज ऊर्जा में वृद्धि $= mg \times AC$

$= 25 \times 9.8 \times 0.67 = 164.15$ जूल

264. *(a)* गतिज ऊर्जा में वृद्धि = स्थितिज ऊर्जा में कमी

$= mgh = 1 \times 9.8 \times 2 = 19.6$ जूल

265. *(d)* रेलगाड़ी का द्रव्यमान

$= \frac{10^7}{10} = 10^6$ किग्रा $= 10^4$ कुन्तल

घर्षण बल

$F = 0.5 \times 10^4 = 5 \times 10^3$ किग्रा-भार

$= 5 \times 10^3 \times 10$ न्यूटन

$= 5 \times 10^4$ न्यूटन

$v = 36 \times \frac{5}{18} = 10$ मी/से

सामर्थ्य, $P = F \cdot v = 5 \times 10^4 \times 10$ वाट
$= 500$ किलोवाट

266. *(b)* प्रारम्भिक गतिज ऊर्जा $= \frac{1}{2}mu^2$

$= \frac{1}{2}m(4)^2 = 8m$ जूल

माना h ऊँचाई पर गतिज ऊर्जा आधी रह जाती है।

$$v^2 = u^2 - 2gh$$
$$= (4)^2 - 2 \times 10 \times h$$
$$\frac{1}{2}mv^2 = \frac{1}{2}\left[\frac{1}{2}mu^2\right]$$
$$\Rightarrow \frac{1}{2}mv^2 = \frac{1}{2} \times 8m$$
$$v^2 = 8$$
$$\therefore \quad 8 = (4)^2 - 2 \times 10h$$
$$8 = 16 - 20h \Rightarrow 20h = 8$$
$h = \frac{8}{20} = 0.4$ मी

268. *(d)* प्रारम्भिक गतिज ऊर्जा

$$E = \frac{1}{2}mv^2 = \frac{1}{2} \times 8 \times v^2 = 4v^2$$

संवेग संरक्षण के नियम से,

$$M_1v_1 + M_2v_2 = (M_1 + M_2)v'$$
$$8 \times v + 2 \times 0 = (8+2)v'$$
$$v' = \frac{8}{10}v = 0.8v$$

अन्तिम गतिज ऊर्जा $E = \frac{1}{2}mv'^2$

$$= \frac{1}{2}m(0.8v)^2$$
$$= \frac{1}{2}m(0.64v)^2$$
$$\frac{E'}{E} = \frac{0.32}{4} \Rightarrow E' = 0.08E$$

269. *(d)* 2 सेमी खींचने पर स्थितिज ऊर्जा

$$U = \frac{1}{2}k(x_1^2) = \frac{1}{2}k(2)^2 = 2k$$

10 सेमी खींचने पर $U' = \frac{1}{2}k(10)^2 = 50k$

$$U' = 25U$$

270. *(c)* $W = F.d \cos\theta$

$$\Rightarrow 25 = 5 \times 10 \times \cos\theta$$
$$\cos\theta = \frac{1}{2} = \cos 60^\circ \Rightarrow \theta = 60^\circ$$

271. *(d)* गेंद की प्रारम्भिक ऊर्जा $= mgh$

$= mg \times 10 = 10mg$

प्रथम टक्कर के बाद शेष ऊर्जा

$= (100 - 40) = 60\%$

$= 10mg \times \frac{60}{100} = 6mg$

$mgh' = 6mg$

$h' = 6$ मी

273. *(a)* ΔOAB में, $\cos 60^\circ = \frac{OA}{OB}$

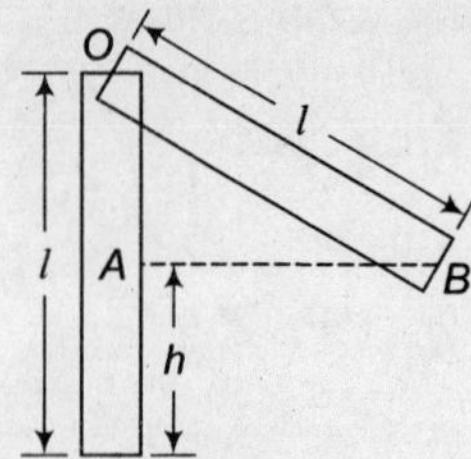

$$\Rightarrow OA = OB\cos 60^\circ = l\cos 60^\circ$$
$$h = l - l\cos 60^\circ$$
$$= l(1 - \cos 60^\circ)$$
$$= l\left(1 - \frac{1}{2}\right) = \frac{l}{2}$$

स्थितिज ऊर्जा में वृद्धि $= mgh = \frac{mgl}{2}$

$= \frac{400}{1000} \times 10 \times \frac{1}{2}$

$= 2$ जूल

274. *(b)* मोटर की क्षमता $= 12$ अश्व शक्ति

$= 12 \times 746$ वाट

व्यय ऊर्जा $= \frac{\text{वाट} \times \text{घण्टे} \times \text{दिन}}{1000}$

$= \frac{12 \times 746 \times 8 \times 10}{1000}$

$= 716.16$ यूनिट

व्यय धन $=$ ₹716.16×50 पैसे

$= 716.16 \times \frac{1}{2} =$ ₹358

276. *(a)* गतिज ऊर्जा $E = \frac{1}{2}mv^2 \Rightarrow E \propto v^2$

अतः ग्राफ E-अक्ष के सममित परवलय होगा।

277. *(c)* नियत वेग से गति करने के लिए आवश्यक बल

$\therefore$ शक्ति $= Fv$

यह बल m द्रव्यमान की वस्तु में त्वरण a उत्पन्न करता है। तथा यह प्रतिरोध बल R के विरुद्ध लगता है

$\therefore$ शक्ति $= (R + ma)v$

278. *(d)* $p = \sqrt{2mE}$ अतः यह स्पष्ट है कि

$$p \propto \sqrt{E}$$

अतः p तथा $\sqrt{E}$ के बीच का ग्राफ एक सीधी रेखा होगी।

परन्तु $\frac{1}{p}$ तथा $\sqrt{E}$ के बीच का ग्राफ अतिपरवलय होगा।

279. *(a)* $U = -\int F\,dx = -\int kx\,dx = -k\frac{x^2}{2}$

$\Rightarrow F \propto -x$ अर्थात् गति सरल आवर्त गति होगी।

280. *(b)* गुरुत्वाकर्षण बल एक संरक्षी बल है तथा इसके विरुद्ध किया गया कार्य बिन्दु फलन है, अर्थात् यह कार्य के मार्ग पर निर्भर नहीं करता।

284. *(a)* $m_1 = m_2 = m, u_1 = 4$ तथा $u_2 = 0$

$$v_1 = \frac{v}{2}(1-e) \Rightarrow v_1 = \frac{v}{2}(1+e)$$
$$\frac{v_1}{v_2} = \left(\frac{1-e}{1+e}\right)$$

296. *(a)* उपग्रह की कक्षा की त्रिज्या

$R_e + h = 6380 + 2620 = 9000$ किमी
$= 9 \times 10^6$ मी

उपग्रह का कक्षीय वेग $v_0 = \sqrt{\frac{GM_e}{R_e + h}}$

$$= \sqrt{\left(\frac{6.67 \times 10^{-11} \times 6 \times 10^{24}}{9 \times 10^6}\right)}$$

$= 6.67 \times 10^3$ मी/से $= 6.67$ किमी/से

परिक्रमण काल

$$T = \frac{2\pi(R_e + h)}{v}$$
$$= \frac{2 \times 3.14 \times 9 \times 10^6}{6.67 \times 10^3}$$

$= 8474$ सेकण्ड $= 2.35$ घण्टे

297. *(a)* माना पृथ्वी व ग्रह में प्रत्येक का औसत घनत्व ρ है।

$$v_e = \sqrt{\left(\frac{2GM_e}{R_e}\right)}$$

परन्तु, $M_e = \frac{4}{3}\pi R_e^3\rho$

$$v_e = \sqrt{\left(\frac{2G \times \frac{4}{3} \times \pi R_e^3\rho}{R_e}\right)}$$
$$= R_e\sqrt{\left(\frac{8}{3}G\pi\rho\right)} \quad \ldots \text{(i)}$$

इसी प्रकार ग्रह पर पलायन वेग

$$v_p = R_p\sqrt{\left(\frac{8}{3}G\pi\rho\right)} \quad \ldots \text{(ii)}$$

समी (i) तथा (ii) से

$\frac{v_p}{v_e} = \frac{R_p}{R_e}$ परन्तु, $R_p = 2R_e$

अतः $\frac{v_p}{v_e} = \frac{2R_e}{R_e} = 2$

298. *(d)* कक्षीय वेग $v_o = \sqrt{gR_e}$

तथा पलायन वेग $v_e = \sqrt{2gR_e}$

अतः पलायन के लिए आवश्यक वेग वृद्धि

$$v_e - v_o = \sqrt{2gR_e} - \sqrt{gR_e}$$
$$= \sqrt{gR_e}\,(\sqrt{2} - 1)$$
$$= \sqrt{9.8 \times 6.4 \times 10^6} \times (1.414 - 1)$$
$$= 3.28 \times 10^3 \text{ मी/से}$$

301. *(d)* कैप्लर के नियम से, $T = (R)^{3/2}$

अतः $\dfrac{T_{\text{मंगल}}}{T_{\text{बुध}}} = \left(\dfrac{R_{\text{मंगल}}}{R_{\text{बुध}}}\right)^{3/2}$

यहाँ $R_{\text{बुध}} = 0.387$, $R_{\text{मंगल}} = 1.524$ ... (i)

तथा $T_{\text{बुध}} = 0.241$ वर्ष

समी (i) में दिए हुए मान रखने पर,

$$T = 0.241\left(\frac{1.524}{0.387}\right)^{3/2} = 1.9 \text{ वर्ष}$$

302. *(a)* $g = \dfrac{GM_e}{R_e^2}$ ... (i)

$g' = \dfrac{GM_m}{R_m^2}$ ... (ii)

समी (ii) को समी (i) से भाग करने पर,

$$\frac{g'}{g} = \frac{M_m}{M_e} \times \left(\frac{R_e}{R_m}\right)^2$$
$$= \frac{M_e}{80 \times M_e} \times \left(\frac{4R_e}{R_e}\right)^2 = \frac{1}{5}$$

$\Rightarrow \quad g' = \dfrac{g}{5}$

303. *(a)* $g' = \dfrac{g}{\left(1 + \dfrac{h}{R_e}\right)^2}$

$\therefore \quad \dfrac{1}{9} = \dfrac{1}{\left(1 + \dfrac{h}{R_e}\right)^2}$ ... (i) $\left(\because \dfrac{g'}{g} = \dfrac{1}{9}\right)$

समी (i) के दोनों ओर का वर्गमूल लेने पर,

$$\left(1 + \frac{h}{R_e}\right) = 3$$

$\Rightarrow \quad h = 2R_e = 2 \times 6400$

$= 12800$ किमी

304. *(b)* चन्द्रमा के तल पर गुरुत्वीय बल क्षेत्र

$$\frac{GM}{R^2} = \frac{6.67 \times 10^{-11} \times 7.34 \times 10^{22}}{(1.74 \times 10^6)^2}$$

$= 1.62$ न्यूटन/किग्रा

चन्द्रमा के तल पर गुरुत्वीय विभव

$$V = -\frac{GM}{R}$$
$$= -\frac{6.67 \times 10^{-11} \times 7.34 \times 10^{22}}{1.74 \times 10^4}$$

$= -2.81 \times 10^6$ जूल/किग्रा

305. *(a)* दिया है, गुरुत्वीय विभव $= -5.1 \times 10^7$ जूल/किग्रा

अतः $-\dfrac{GM_e}{R} = -5.12 \times 10^7$ जूल/किग्रा

गुरुत्वीय त्वरण, $g = \dfrac{GM_e}{R} = 6.4$ मी/से^{2}

$$\therefore \quad R = \frac{1}{6.4}\left(\frac{GM_e}{R}\right) = \frac{5.12 \times 10^7}{6.4}$$

$= 8 \times 10^6$ मी $= 8000$ किमी

अतः बिन्दु की ऊँचाई

$= 8000 - 6400 = 1600$ किमी

306. *(c)* माना पृथ्वी का द्रव्यमान M_e है, तब पृथ्वी तल से h ऊँचाई पर जाने में गुरुत्वीय स्थितिज ऊर्जा में वृद्धि

$$\Delta U = GM_e m\left(\frac{1}{R_e} - \frac{1}{R_e + h}\right)$$
$$= \frac{GM_e mh}{R_e(R_e + h)} = \frac{gR_e^2 mh}{R_e(R_e + h)}$$
$$= \frac{mgh}{\left(1 + \dfrac{h}{R_e}\right)} \qquad (\because GM_e = gR_e^2)$$

307. *(b)* माना कण का द्रव्यमान m है।

$$U = -\frac{GM_e m}{R_e}$$

तथा $U' = \dfrac{GM_e m}{R_e + 0.5R_e} = \dfrac{-2}{3}\dfrac{GM_e m}{R_e}$

स्थितिज ऊर्जा में वृद्धि

$$U' - U = -\frac{2}{3}\frac{GM_e m}{R_e} - \left(-\frac{GM_e m}{R_e}\right)$$
$$= \frac{1}{3}\frac{GM_e m}{R_e}$$

यह वृद्धि कण के द्वारा प्रारम्भिक गतिज ऊर्जा $\left(\dfrac{1}{2}mv^2\right)$ से प्राप्त होगी जहाँ v कण का वेग है।

अर्थात्, $\dfrac{1}{2}mv^2 = \dfrac{1}{3}\dfrac{GM_e m}{R_e}$

$\Rightarrow \quad v = \sqrt{\left(\dfrac{2}{3}\dfrac{GM_e}{R_e}\right)}$

308. *(a)* दिया है, $F \propto R^{-5/2}$

अतः, $F = \dfrac{GMm}{R^{5/2}}$

परन्तु $F =$ अभिकेन्द्र बल $= \dfrac{mv^2}{R}$

अतः $\dfrac{mv^2}{R} = \dfrac{GMm}{R^{5/2}}$

$\Rightarrow \quad v^2 = GMR^{-3/2}$

तथा $T = \dfrac{2\pi R}{v}$

अथवा $T^2 = \dfrac{4\pi^2 R^2}{v^2} = \dfrac{4\pi^2 R^2}{GMR^{-3/2}}$

$$T^2 = \frac{4\pi^2 R^{7/2}}{GM} \quad \therefore T^2 \propto R^{7/2}$$

309. *(d)* $F = \dfrac{GMm}{R^2} \Rightarrow F \propto \dfrac{1}{R^2}$

$$\therefore \quad \frac{F_1}{F_2} = \left(\frac{R_2}{R_1}\right)^2 = \left(\frac{2R}{R}\right)^2 = 4$$

या $F_2 = \dfrac{F_1}{4} = 0.25F$

$= 0.25 \times 1 = 0.25$ न्यूटन

311. *(a)* कैप्लर के नियम से, $T^2 \propto R^3$

$T^2 \propto (36000)^3$ तथा

$T'^2 \propto (6400 + h)^3$

$$\Rightarrow T'^2 = T^2\left(\frac{6400 + h}{36000}\right)^3 > T^2\left(\frac{6400}{36000}\right)^3$$
$$> 24^2\left(\frac{8}{45}\right)^3$$

$$\therefore \quad T' > \frac{24 \times 8 \times \sqrt{8}}{45 \times \sqrt{45}} > = 1.8 \text{ घण्टा}$$

≈ 2 घण्टा

314. *(a)* पृथ्वी के परितः पृथ्वी के तल के समीप वृत्ताकार कक्षा में चक्कर लगाते उपग्रह की कुल ऊर्जा

$$E_o = -\frac{1}{2}\frac{GM_e m}{R_e} \quad \text{... (i)}$$

तथा स्थितिज ऊर्जा $U = -\dfrac{GM_e m}{R_e}$ ... (ii)

अतः $U = 2E_o$

315. *(d)* पृथ्वी पर गुरुत्वीय त्वरण $g = \dfrac{GM}{R^2}$

(जहाँ R पृथ्वी की त्रिज्या है)

$$g \propto \frac{1}{R^2}$$

अतः सूत्र से स्पष्ट है कि R का मान घटाने पर g का मान अधिक हो जाएगा।

316. *(c)* स्थितिज ऊर्जा $U = -\dfrac{GMm}{R}$

परन्तु, $GM = gR^2$

अतः $U = -\dfrac{gR^2 m}{R} = -mgR$

मिसाइल की गतिज ऊर्जा $K = \dfrac{1}{2}mv_e^2$

$K = \dfrac{1}{2}m \times 2gR \quad (\because v_e = \sqrt{2gR})$

$K = mgR$

प्रश्नानुसार, मिसाइल का वेग, पलायन वेग से कम है। अतः मिसाइल की गतिज ऊर्जा सदैव mgR से कम रहेगी, अतः कुल ऊर्जा ऋणात्मक रहेगी।

320. *(a)* पिण्ड की बन्धन ऊर्जा $E = \frac{1}{2}\frac{GMm}{R}$

$$= \frac{1}{2} \times \frac{6.67 \times 10^{-11} \times 6 \times 10^{24} \times 2}{6 \times 10^6}$$

$$= 6.67 \times 10^7 = 6.7 \times 10^7 \text{ जूल}$$

321. *(b)* किसी भी ग्रह के पलायन वेग का मान, पिण्ड के प्रक्षेपण की दिशा पर निर्भर नहीं करता।

322. *(c)* कैप्लर के नियम से, $T^2 \propto R^3$

$$\frac{T_1}{T_2} = \left(\frac{R_1}{R_2}\right)^{3/2} = \left(\frac{10^{13}}{10^{12}}\right)^{3/2}$$

$$= (10)^{3/2} = 10\sqrt{10}$$

323. *(b)* उपग्रह A की चाल $v_A = \sqrt{\frac{GM_e}{r_A}}$

$$\Rightarrow \sqrt{\frac{GM_e}{4R}} = \frac{1}{2}\sqrt{\frac{GM_e}{R}}$$

$$v_B = \sqrt{\frac{GM_e}{r_B}} = \sqrt{\frac{GM_e}{R}}$$

$$= 2v_A = 2 \times 3v = 6v$$

324. *(c)* वस्तु की प्रारम्भिक ऊर्जा, $E_1 = -\frac{GMm}{r}$

वस्तु की पृथ्वी के तल पर ऊर्जा,

$E_1 = E_K + U$

E_1, E_K व U के मान रखने पर,

$$\frac{-GMm}{r} = \frac{mv^2}{2} - \frac{GMm}{R}$$

$$\frac{-GM}{r} = \frac{v^2}{2} - \frac{GM}{R}$$

$$\Rightarrow \frac{v^2}{2} = \frac{GM}{R} - \frac{GM}{r}$$

$$\Rightarrow v^2 = 2GM\left(\frac{r-R}{Rr}\right)$$

$$\Rightarrow v = \sqrt{\frac{2gR(r-R)}{r}} \quad (\because GM = gR^2)$$

325. *(a)* $F_{\text{अभिकेन्द्रीय}} = F_{\text{गुरुत्वीय}}$

$$\frac{mv^2}{r} = \frac{GMm}{r^2}$$

या $\quad mv^2r = GMm$

mr से गुणा करने पर,

$$(mvr)^2 = GMm^2r \quad \text{...(i)}$$

कोणीय संवेग $J = mvr$ ...(ii)

समी (i) व (ii) से, $J = \sqrt{GMm^2r}$

326. *(b)* कक्षा में उपग्रह की कुल ऊर्जा $= -\frac{GMm}{2r}$

पृथ्वी तल पर उपग्रह की कुल ऊर्जा, अर्थात् जब उपग्रह पृथ्वी के अति निकट परिक्रमा करता है

$$= -\frac{GMm}{2R}$$

अतः पृथ्वी पर गिरने में उपग्रह की ऊर्जा का क्षय

$$= -\frac{MmG}{2R} - \left(-\frac{GMm}{2r}\right)$$

$$= \frac{1}{2}GMm\left(\frac{1}{r} - \frac{1}{R}\right)$$

यदि गिरने में उपग्रह को t समय लगता है, तो

$$Ct = \frac{1}{2}GMm\left(\frac{1}{r} - \frac{1}{R}\right)$$

अतः समय $t = \frac{GMm}{2C}\left(\frac{1}{r} - \frac{1}{R}\right)$

327. *(a)* कैप्लर के तृतीय नियम से,

$T^2 \propto a^3$ जहाँ पर a = अर्द्धदीर्घाक्ष ...(i)

$$a = \frac{r_1 + r_2}{2} \quad \text{...(ii)}$$

समी (i) व (ii) से,

$$T^2 \propto \left(\frac{r_1 + r_2}{2}\right)^3 \text{ या } T \propto (r_1 + r_2)^{3/2}$$

328. *(d)* $g'_h = g\left(1 - \frac{2h}{R}\right)$ ...(i)

$$g'_x = g\left(1 - \frac{x}{g}\right) \quad \text{...(ii)}$$

प्रश्नानुसार, $\quad g'_h = g'_x$

समी (i) व (ii) से,

$$g\left(1 - \frac{2h}{R}\right) = g\left(1 - \frac{x}{R}\right)$$

या $\quad -\frac{2h}{R} = -\frac{x}{R}$ या $x = 2h$

329. *(c)* $U_1 = 4 \times 10^9$ जूल

$r_1 = 10^7$ मी, $r_2 = 10^9$ मी,

$m = 100$ किग्रा

$M = 6 \times 10^{24}$ किग्रा

गुरुत्वीय स्थितिज ऊर्जा $U = -\frac{GMm}{r}$

$$|U| \propto \frac{1}{r} \Rightarrow \frac{U_2}{U_1} = \frac{r_1}{r_2}$$

या $\quad U_2 = U_1 \times \frac{r_1}{r_2} = \frac{4 \times 10^9 \times 10^7}{10^9}$

$$= 4 \times 10^7 \text{ जूल}$$

लेकिन, $U_2 = -\frac{GMm}{r_2}$

$$F = \frac{GMm}{r_2^2} = \frac{GMm}{r_2 \times r_2} = \frac{U_2}{r_2} = \frac{4 \times 10^7}{10^9}$$

$$= 4 \times 10^{-2} \text{ न्यूटन}$$

330. *(c)* M_s द्रव्यमान के सूर्य के सापेक्ष पृथ्वी का परिक्रमण काल

$$T_e^2 = \frac{4\pi^2R_e^3}{GM_s} \quad \text{...(i)}$$

M_e द्रव्यमान की पृथ्वी के सापेक्ष चन्द्रमा का परिक्रमण काल

$$T_m^2 = \frac{4\pi^2R_m^3}{GM_e} \quad \text{... (ii)}$$

समी (i) में समी (ii) का भाग देने पर,

$$\left(\frac{T_e}{T_m}\right)^2 = \left(\frac{R_e}{R_m}\right)^3\left(\frac{M_e}{M_s}\right)$$

या $\quad \left(\frac{M_s}{M_e}\right) = \left(\frac{R_e}{R_m}\right)^3\left(\frac{T_m}{T_e}\right)^2$ ... (iii)

प्रश्नानुसार, $\frac{R_e}{R_m} = 392$ व $\frac{T_m}{T_e} = \frac{1}{13}$ ... (iv)

समी (iii) व (iv) से, $\frac{M_s}{M_e} = 3.56 \times 10^5$

332. *(d)* ब्रह्मगुप्त गुप्तोत्तर कालीन वैज्ञानिक थे। इनका जन्म उज्जैन में हुआ था। इन्होंने 'ब्रह्म सिद्धान्त' की रचना की तथा सर्वप्रथम यह बताया कि पृथ्वी सभी वस्तुओं को अपनी ओर आकर्षित करती है।

334. *(a)* अन्तरिक्ष में कम गुरुत्व के चलते अन्तरिक्ष यात्री सीधे खड़े नहीं रह पाते। कम गुरुत्व में लम्बे अन्तरिक्ष अभियानों में अन्तरिक्ष यात्रियों को पेशीय क्षय और अस्थियों के घनत्व में कमी का सामना करना पड़ता है। अस्थि घनत्व कम होने से अस्थियाँ कमजोर हो जाती हैं।

336. *(a)* गुरुत्व केन्द्र वह बिन्दु है, जहाँ वस्तु का सम्पूर्ण द्रव्यमान संकेन्द्रित होता है। कोई भी वस्तु तब तक स्थिर रहती है, जब तक गुरुत्व केन्द्र से जाने वाली ऊर्ध्वाधर रेखा उसके तल से होकर गुजरती है। अभी तक पीसा की मीनार के गुरुत्व केन्द्र से होकर जाने वाली ऊर्ध्वाधर रेखा मीनार के तल के अन्दर रहती है, इसलिए झुकी हुई मीनार अभी तक नहीं गिरी है। ऐसा माना जाता है कि मीनार के और अधिक झुकने पर गुरुत्व केन्द्र से होकर जाने वाली रेखा मीनार के तल से बाहर हो जाएगी, तब वह गिर पड़ेगी। अनुसंधानकर्ताओं के अनुसार 2030 से 2050 तक यह मीनार पूर्ण रूप से गिर जाएगी।

342. *(b)* गुरुत्वीय त्वरण के मान में प्रतिशत परिवर्तन

$= \frac{dg}{g} \times 100 = 2\frac{dR}{R} \times 100\%$ जब m नियत रहता है।

$$= (2 \times 1)\% = 2\%, \text{ वृद्धि}$$

343. *(d)* विनाशकारी भूकम्प के गुरुत्व के कारण त्वरण का मान 980 सेमी/से^{2} या 9.8 मी/से^{2} से अधिक होगा।

अध्याय 02 द्रव्य के सामान्य क्रम

प्रत्यास्थता

किसी वस्तु के पदार्थ का वह गुण, जिसके कारण वस्तु बाह्य विरूपक बल (deforming force) को लगाने पर उत्पन्न परिवर्तन का विरोध करती है व विरूपक बल को हटाने पर अपनी पूर्व अवस्था (आकार व आकृति) प्राप्त कर लेती है, प्रत्यास्थता कहलाता है। इस प्रकार की वस्तुएँ प्रत्यास्थ (elastic) वस्तुएँ कहलाती हैं व जो वस्तुएँ विरूपक बल को हटाने पर अपनी पूर्व अवस्था प्राप्त नहीं करतीं, अप्रत्यास्थ (inelastic) वस्तुएँ कहलाती हैं।

प्रत्यास्थता की सीमा

किसी पदार्थ पर लगे विरूपक बल की वह सीमा, जिसके अन्तर्गत पदार्थ का प्रत्यास्थता का गुण विद्यमान रहता है अर्थात् जिससे अधिक बल लगाने पर वस्तु का प्रत्यास्थता का गुण नष्ट हो जाता है, पदार्थ की **प्रत्यास्थता की सीमा** कहलाती है।

दूसरे शब्दों में, विरूपक बल की वह अधिकतम सीमा जिसके आगे बल बढ़ाने पर वस्तु अपनी प्रारम्भिक अवस्था में नहीं लौटती, प्रत्यास्थता की सीमा कहलाती है।

- प्रत्यास्थता सीमा का मापन बल द्वारा किया जाता है।

प्रत्यास्थता सीमा वस्तु का गुण है, जबकि प्रत्यास्थता वस्तु के पदार्थ का।

प्रतिबल

जब किसी वस्तु पर कोई बाह्य विरूपक बल लगाया जाता है, तो वस्तु की प्रत्येक काट पर विरूपक बल के बराबर परन्तु विपरीत दिशा में आन्तरिक प्रतिक्रिया बल उत्पन्न हो जाता है, जो वस्तु को उसकी प्रारम्भिक अवस्था में लाने का प्रयास करता है। साम्यावस्था में वस्तु की अनुप्रस्थ-काट के एकांक क्षेत्रफल पर कार्य करने वाले आन्तरिक प्रतिक्रिया बल को **प्रतिबल** कहते हैं।

$$\text{प्रतिबल} = \frac{\text{बल } (F)}{\text{क्षेत्रफल } (A)}$$

इसका मात्रक न्यूटन/मीटर^2 है।

प्रतिबल तीन प्रकार के होते हैं

(i) अनुदैर्ध्य प्रतिबल

यदि वस्तु में उत्पन्न प्रतिबल, वस्तु की सतह के लम्बवत् कार्य करे, तो इस प्रकार के प्रतिबल को **अनुदैर्ध्य प्रतिबल** कहते हैं।

अनुदैर्ध्य प्रतिबल दो प्रकार का होता है

(a) तनन प्रतिबल

यदि वस्तु पर विरूपक बल लगाने पर, वस्तु में उत्पन्न प्रतिबल, वस्तु की लम्बाई में वृद्धि करता है, तो उत्पन्न प्रतिबल को **तनन प्रतिबल** कहते हैं।

(b) संपीड़न प्रतिबल

यदि वस्तु पर विरूपक बल लगाने पर, वस्तु में उत्पन्न प्रतिबल, वस्तु की लम्बाई में कमी करता है, तो उत्पन्न प्रतिबल को **संपीड़न प्रतिबल** कहते हैं।

(ii) अपरूपी प्रतिबल

किसी वस्तु की सतह के स्पर्श रेखीय व एकांक क्षेत्रफल पर कार्य करने वाले विरूपक बल को **अपरूपी प्रतिबल** कहते हैं।

(iii) आयतन प्रतिबल

यदि किसी वस्तु के प्रत्येक तल पर समान मान का विरूपक बल लगाने से वस्तु के आयतन में परिवर्तन होता है, तो इस आयतन में परिवर्तन का विरोध करने वाले प्रति एकांक परिच्छेद क्षेत्रफल पर कार्य करने वाले आन्तरिक बल को **आयतन प्रतिबल** कहते हैं।

विकृति

बाह्य बलों के कारण, किसी वस्तु के एकांक आकार या रूप में होने वाले परिवर्तन को **विकृति** कहते हैं।

$$\text{विकृति} = \frac{\text{वस्तु के आकार में परिवर्तन}}{\text{वस्तु का प्रारम्भिक आकार}}$$

- विकृति एक अनुपात है, इसीलिए इसका कोई मात्रक व विमा नहीं होती है।

विकृति तीन प्रकार की होती है

(i) अनुदैर्ध्य विकृति

किसी वस्तु की एकांक लम्बाई में होने वाले परिवर्तन को **अनुदैर्ध्य विकृति** कहते हैं।

$$\text{अनुदैर्ध्य विकृति} = \frac{\Delta l}{l}$$

(ii) आयतन विकृति

किसी वस्तु के एकांक आयतन में होने वाले परिवर्तन को **आयतन विकृति** कहते हैं।

$$\text{आयतन विकृति} = \frac{\Delta V}{V}$$

(iii) अपरूपण विकृति

किसी वस्तु की पूर्व अवस्था व विस्थापित अवस्था के बीच के कोण को **अपरूपण विकृति** कहते हैं।

हुक का नियम

इस नियम के अनुसार, "प्रत्यास्थता की सीमा के भीतर प्रतिबल व विकृति का अनुपात एक नियतांक होता है, जिसे **प्रत्यास्थता गुणांक** कहते हैं।"

$$\frac{\text{प्रतिबल}}{\text{विकृति}} = E\ (\text{नियतांक})$$

E को पदार्थ का प्रत्यास्थता गुणांक कहते हैं, इसका मान उत्पन्न प्रतिबल व उत्पन्न विकृति के प्रकार पर निर्भर करता है।

E का मात्रक वही होता है जो प्रतिबल का होता है।

प्रत्यास्थता गुणांक तीन प्रकार का होता है

(i) यंग प्रत्यास्थता गुणांक

अनुदैर्ध्य प्रतिबल व अनुदैर्ध्य विकृति के अनुपात को **यंग प्रत्यास्थता गुणांक** (Y) कहते हैं।

$$\text{यंग प्रत्यास्थता गुणांक } (Y) = \frac{\text{अनुदैर्ध्य प्रतिबल}}{\text{अनुदैर्ध्य विकृति}}$$

$$= \frac{F/A}{\Delta l/l}$$

$$= \frac{Fl}{A\Delta l}$$

$$= \frac{mgl}{\pi r^2 \Delta l}$$

Y का SI मात्रक न्यूटन/मीटर^2 अथवा पास्कल है।

(ii) आयतन प्रत्यास्थता गुणांक

अनुदैर्ध्य प्रतिबल व आयतन विकृति के अनुपात को **आयतन प्रत्यास्थता गुणांक** कहते हैं। इसे K से प्रदर्शित करते हैं।

$$K = \frac{p\Delta V}{V}$$

K का मात्रक SI पद्धति में न्यूटन/मीटर^2 अथवा पास्कल है।

संपीड़यता

किसी पदार्थ के आयतन प्रत्यास्थता गुणांक के व्युत्क्रम (reciprocal) को उस पदार्थ की **संपीड़यता** कहते हैं।

(iii) दृढ़ता गुणांक

अपरूपक प्रतिबल व अपरूपण विकृति के अनुपात को **दृढ़ता गुणांक** (η) कहते हैं।

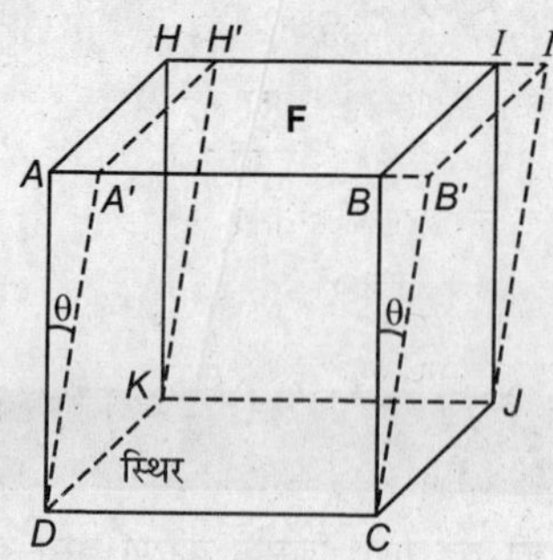

$$\text{दृढ़ता गुणांक } (\eta) = \frac{F}{A\theta},$$

जहाँ θ = अपरूपण विकृति।

η का SI मात्रक न्यूटन/मीटर^2 अथवा पास्कल है।

दाब

किसी सतह के एकांक क्षेत्रफल पर लम्बवत् कार्य करने वाले बल को दाब कहते हैं।

$$\text{दाब} = \frac{\text{बल}}{\text{क्षेत्रफल}} \Rightarrow p = \frac{F}{A}$$

यह अदिश राशि है, इसका मात्रक न्यूटन/मी^{2} या पास्कल है।

द्रव दाब

किसी द्रव द्वारा बर्तन की तली व दीवारों पर लगने वाले दाब को **द्रव दाब** कहते हैं।

द्रव की सतह से h गहराई पर स्थित किसी बिन्दु पर द्रव का दाब, द्रव की सतह से उस बिन्दु की गहराई, द्रव का घनत्व तथा गुरुत्वीय त्वरण के गुणनफल के बराबर होता है।

$$p = h\,d\,g$$

जहाँ d = द्रव का घनत्व।

द्रव दाब के नियम

द्रव के भीतर एक क्षैतिज तल पर स्थित सभी बिन्दुओं पर द्रव दाब समान होता है।

द्रव के भीतर किसी बिन्दु पर द्रव दाब सभी दिशाओं में समान होता है।

द्रव द्वारा लगाया गया दाब सदैव द्रव के सम्पर्क वाली सतह के लम्बवत् होता है। द्रव के भीतर किसी बिन्दु पर द्रव दाब द्रव की सतह के आकार व क्षेत्रफल पर निर्भर नहीं करता।

उत्प्लावन बल

जब किसी वस्तु को किसी द्रव में पूर्ण या आंशिक रूप से डुबोया जाता है, तो द्रव द्वारा वस्तु पर ऊपर की ओर एक बल लगता है, इसी बल को **उत्प्लावन बल** कहते हैं। यह वस्तु द्वारा हटाये गये द्रव के भार के बराबर होता है।

आर्किमिडीज का सिद्धान्त

इस सिद्धान्त के अनुसार, ''जब किसी वस्तु को किसी द्रव में पूर्ण रूप से या आंशिक रूप से डुबोया जाता है, तो वस्तु के भार में कमी प्रतीत होती है, वस्तु के भार में यह आभासी कमी वस्तु द्वारा हटाये गये द्रव के भार के बराबर होती है।''

वस्तु का आभासी भार = वास्तविक भार − हटाये गये द्रव का भार

= वास्तविक भार − उत्प्लावन बल $= mg\left(1-\frac{\rho}{d}\right)$

जहाँ d = वस्तु का घनत्व, ρ = द्रव का घनत्व।

प्लवन के नियम

जब कोई वस्तु किसी तरल में डुबोई जाती है, तो

(i) यदि वस्तु का भार w, उत्प्लावन बल w' से अधिक $(w > w')$ हो, तो वस्तु डूब जाएगी।

(ii) यदि वस्तु का भार w, उत्प्लावन बल w' के बराबर $(w = w')$ हो, तो वस्तु द्रव में पूरी डूबी हुई तैरेगी।

(iii) यदि वस्तु का भार w, उत्प्लावन बल w' से कम $(w < w')$ हो, तो वस्तु इस प्रकार तैरेगी कि उसका कुछ भाग द्रव के बाहर रहे।

नोट

- जब कोई बर्फ का टुकड़ा ऐसे द्रव में तैरता है, जिसका घनत्व जल के घनत्व से अधिक है, तो बर्फ के पिघलने पर द्रव के तल में वृद्धि हो जाती है।
- यदि द्रव का घनत्व, जल के घनत्व से कम है, तो बर्फ के पिघलने पर तल गिर जाता है।
- द्रव का सम्पूर्ण दाब, वायुमण्डलीय दाब + hdg
- सामान्य तथा वायुमण्डलीय दाब, 76 सेमी पारे के दाब के बराबर होता है।
- 1 वायुमण्डलीय दाब = 76 सेमी पारे के स्तम्भ का दाब
  = 0.76 मी × पारे का घनत्व × g
  $= 0.76 \times (13.6 \times 10^3) \times 9.8$
  $= 1.013 \times 10^5$ न्यूटन/मी^{2}
- किसी द्रव में डूबी वस्तु का दाब केन्द्र वह बिन्दु है, जिस पर परिणामी द्रव दाब कार्य करता है।
- द्रव, असंपीड्य होते हैं, अतः इनका घनत्व सर्वत्र एकसमान रहता है।
- द्रव के किसी बिन्दु पर द्रव का दाब सभी दिशाओं में समान रूप से संचरित हो जाता है।
- दाब के साथ द्रव के घनत्व में निम्न प्रकार से परिवर्तन होता है।

$$d = d_0\left(1+\frac{\Delta p}{K}\right)$$

जहाँ, Δp = दाबान्तर, K = आयतन प्रत्यास्थता गुणांक।

पृष्ठ तनाव

द्रव का वह गुण जिसके कारण वह अपने स्वतन्त्र पृष्ठीय क्षेत्रफल को न्यूनतम करने की कोशिश करता है, पृष्ठ तनाव कहलाता है।

अथवा

द्रव की सतह पर खींची गयी किसी काल्पनिक रेखा की एकांक लम्बाई पर कार्य करने वाले बल को द्रव का **पृष्ठ तनाव** कहते हैं। यह द्रव की प्रकृति पर निर्भर करता है, पृष्ठ के क्षेत्रफल तथा काल्पनिक रेखा की लम्बाई पर निर्भर नहीं करता है।

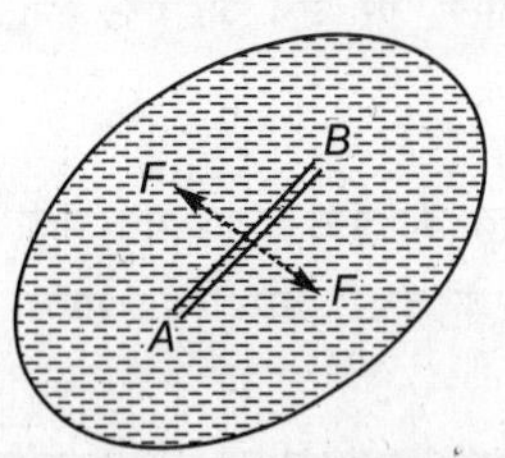

पृष्ठ तनाव $T = \frac{F}{l}$, इसका मात्रक न्यूटन/मी है।

यह एक अदिश राशि है।

ससंजक तथा आसंजक बल

एक ही पदार्थ के विभिन्न अणुओं के बीच कार्य करने वाले आकर्षण बल को **ससंजक बल** कहते हैं।

भिन्न-भिन्न पदार्थों के अणुओं के बीच कार्य करने वाले आकर्षण बल को **आसंजक बल** कहते हैं।

नोट

- जिन द्रवों के लिए ससंजक बल का मान आसंजक बल के मान से अधिक होता है, वे द्रव बर्तन को नहीं भिगोते।
  जैसे पारा, काँच के बर्तन को नहीं भिगोता।
- जिन द्रवों के लिए आसंजक बल का मॉन ससंजक बल के मान से अधिक होता है, वे द्रव बर्तन को भिगोते हैं।
  जैसे जल, काँच के बर्तन को भिगोता है।
- ससंजक बल ठोस पदार्थों में अधिकतम होता है।
- ससंजक व आसंजक बल अणुओं के मध्य दूरी के आठवें घात के विलोमानुपाती होते हैं।

पृष्ठ तनाव पर प्रभाव

पृष्ठ तनाव पर निम्न कारकों का प्रभाव पड़ता है

ताप का प्रभाव

किसी द्रव का पृष्ठ तनाव ताप बढ़ने पर घटता है तथा क्रान्तिक ताप (critical temperature) पर शून्य हो जाता है।

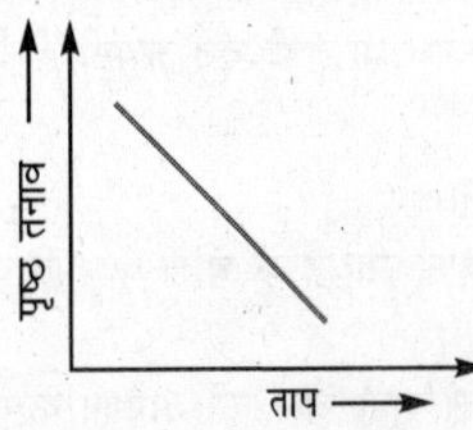

(ii) संदूषण का प्रभाव

यदि जल के पृष्ठ पर धूल, कोई चिकनाई (ग्रीस या तेल) हो, तो इससे जल का पृष्ठ तनाव घट जाता है।

(iii) विलेय का प्रभाव

यदि विलेयक बहुत घुलनशील (soluble) है, तो द्रव का पृष्ठ तनाव बढ़ जाता है, जैसे जल में नमक डालने पर जल का पृष्ठ तनाव बढ़ जाता है। यदि विलेयक कम घुलनशील है, तो पृष्ठ तनाव घट जाता है, जैसे साबुन या फिनोल (phenol) डालने पर जल का पृष्ठ तनाव घट जाता है।

(iv) विद्युतीकरण पर

विद्युतीकरण के कारण द्रव का पृष्ठ तनाव घट जाता है।

द्रव का पृष्ठ तनाव, द्रव के दूसरी ओर स्थित माध्यम पर भी निर्भर करता है।

पृष्ठ ऊर्जा

द्रव के पृष्ठ के अणुओं की स्थितिज ऊर्जा को द्रव की **पृष्ठ ऊर्जा** कहते हैं। जब द्रव के पृष्ठ का क्षेत्रफल बढ़ाया जाता है, तो कुछ अणु द्रव के भीतर से पृष्ठ पर आ जाते हैं। इन अणुओं को पृष्ठ के ठीक नीचे वाले अणुओं के आकर्षण-बल के विरुद्ध कुछ कार्य करना पड़ता है। यह कार्य, निर्मित हुए नवीन पृष्ठ में स्थितिज ऊर्जा के रूप में संचित हो जाता है।

पृष्ठ तनाव व पृष्ठ ऊर्जा में सम्बन्ध

पृष्ठ तनाव उस यांत्रिक कार्य के बराबर होता है जो नियत ताप पर पृष्ठ के क्षेत्रफल में एकांक वृद्धि करने के लिये किया जाता है। अतः पृष्ठ तनाव को 'जूल/मी^{2}' (J/m^2) में भी व्यक्त कर सकते हैं।

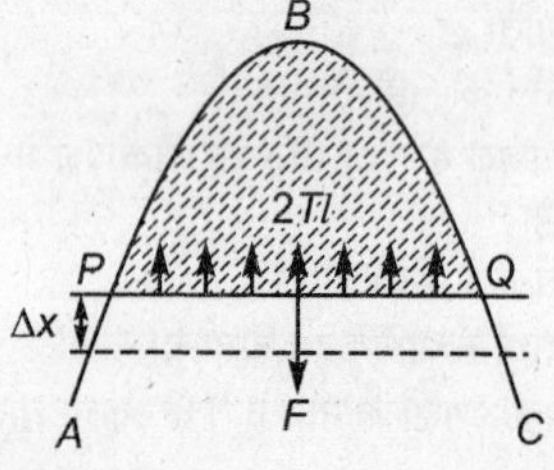

पृष्ठ ऊर्जा, $W = T \cdot \Delta A$

जहाँ, T = द्रव का पृष्ठ तनाव,

ΔA = पृष्ठ क्षेत्रफल में वृद्धि।

पृष्ठ तनाव पर आधारित कुछ घटनाएँ

(i) काँच की नली के सिरों का बर्नर की ज्वाला में गर्म होने पर गोल हो जाना।
(ii) पारे की छोटी बूँदें गोल तथा बड़ी बूँदें चपटी होती हैं।
(iii) सीसे के छर्रे बनाना।
(iv) सूईं का जल पर तैरना।
(v) साधारण जल की अपेक्षा साबुन के घोल के अधिक बड़े बुलबुले बनाये जा सकते हैं।
(vi) साबुन मिला हुआ जल शुद्ध जल की अपेक्षा कपड़ों की अधिक सफाई करता है।

नोट

- यदि r त्रिज्या की n छोटी-छोटी बूँदें परस्पर मिलकर R त्रिज्या की एक बड़ी बूँद बनाती हैं, तो बड़ी बूँद का पृष्ठ क्षेत्रफल छोटी बूँदों के कुल पृष्ठ क्षेत्रफल से कम होता है, अर्थात् पृष्ठ ऊर्जा उत्सर्जित होती है व बूँद का ताप बढ़ जाता है।
- R व r में सम्बन्ध $r = \frac{R}{n^{1/3}}$
- बड़ी बूँद के ताप में वृद्धि $= \frac{3T}{J}\left(\frac{1}{r} - \frac{1}{R}\right)$
- जब एक बड़ी बूँद n छोटी-छोटी बूँदों में टूटती है, तो ऊर्जा का अवशोषण होता है, क्योंकि पृष्ठ क्षेत्रफल में वृद्धि होती है।
  $$\text{ऊर्जा} = 4\pi R^2 T (n^{1/3} - 1)$$
- यदि R त्रिज्या की एक बड़ी बूँद को r त्रिज्या की n छोटी-छोटी बूँदों में विभक्त किया जाए, तो छोटी-छोटी बूँदों का कुल पृष्ठ क्षेत्रफल, बड़ी बूँद के पृष्ठ क्षेत्रफल से अधिक होता है, अतः ऊर्जा अवशोषित होती है, यही कारण है कि जल को फुहारने पर ठंडक का अनुभव होता है।
- किसी द्रव का पृष्ठ तनाव, सतह के क्षेत्रफल पर निर्भर नहीं करता।
- साबुन के बुलबुले को चाहे ऋणावेश दिया जाए या धनावेश, इसका आकार बढ़ता है।
- जब दो बुलबुले परस्पर मिलकर एक बड़ा बुलबुला बनाते हैं, तो बड़े बुलबुले की त्रिज्या $R^2 = r_1^2 + r_2^2$
- r_1 त्रिज्या की द्रव की बूँद को फुलाकर r_2 त्रिज्या करने में किया गया कार्य
  $$W = 4\pi T (r_2^2 - r_1^2)$$
- r_1 त्रिज्या के साबुन के बुलबुले को फुलाकर r_2 त्रिज्या करने में किया गया कार्य, $W = 8\pi T (r_2^2 - r_1^2)$

स्पर्श कोण

द्रव की सतह पर खींची गयी स्पर्श रेखा व ठोस के पृष्ठ पर द्रव के भीतर की ओर खींची गयी स्पर्श रेखा के बीच का कोण **स्पर्श कोण** कहलाता है।

यदि स्पर्श कोण = 90°, तो

(i) द्रव बर्तन को भिगोता है।
(ii) केशनली में द्रव न तो ऊपर चढ़ता है और न नीचे उतरता है।
(iii) केशनली में द्रव का तल क्षैतिज होता है।

यदि स्पर्श कोण < 90°, तो

(i) द्रव बर्तन को भिगोता है।
(ii) द्रव केशनली में ऊपर चढ़ता है।
(iii) केशनली में द्रव का तल अवतल होता है।

यदि स्पर्श कोण > 90°, तो

(i) द्रव बर्तन को नहीं भिगोयेगा।
(ii) द्रव केशनली में नीचे गिरेगा।
(iii) केशनली में द्रव का तल उत्तल होता है।

केशनली को झुकाने पर स्पर्श कोण पर कोई प्रभाव नहीं होता है।

ताप बढ़ने पर स्पर्श कोण का मान बढ़ता है।

शुद्ध जल तथा स्वच्छ काँच के लिये स्पर्श कोण शून्य होता है। साधारण जल तथा काँच के लिये इसका मान लगभग 8° होता है। पारे तथा काँच के लिये स्पर्श कोण अधिक कोण (लगभग 135°) होता है।

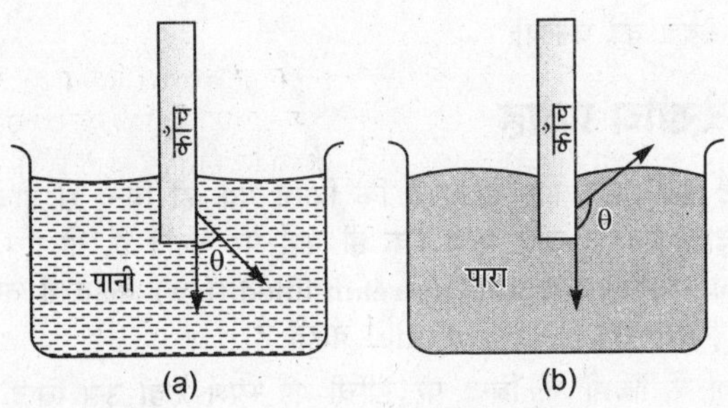

वक्र पृष्ठ के अवतल पार्श्व पर दाब उत्तल पार्श्व की अपेक्षा अधिक होता है।

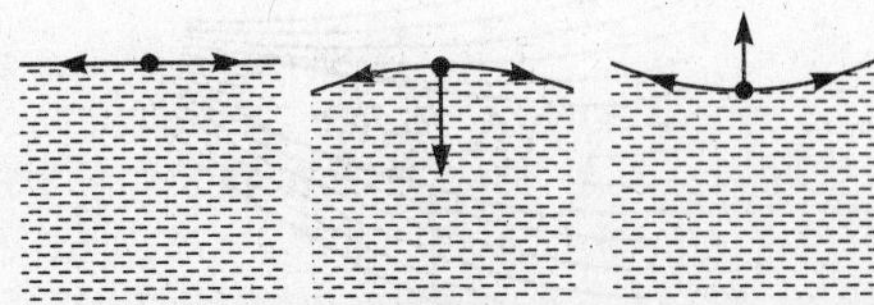

केशिकात्व

जब काँच की एक अत्यन्त बारीक नली अर्थात् केशनली को किसी द्रव में डुबोया जाता है, तो द्रव केशनली में मुक्त तल की अपेक्षा या तो ऊपर चढ़ता है या नीचे उतरता है, इसी घटना को **केशिकात्व** कहते हैं।

यदि कोई द्रव किसी केशनली में h ऊँचाई तक चढ़ता है या h गहराई तक उतरता है व उसका स्पर्श कोण θ है, तो

$$h = \frac{2T \cos\theta}{r\, d\, g}$$

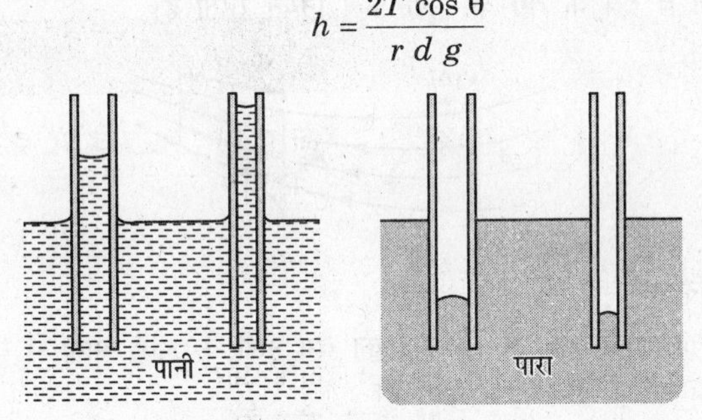

जहाँ $r =$ केशनली की त्रिज्या,
$d =$ द्रव का घनत्व,
$T =$ द्रव का पृष्ठ तनाव।

केशिकात्व का कारण

द्रव के केशनली में ऊपर चढ़ने अथवा नीचे गिरने का कारण द्रव का पृष्ठ तनाव है।

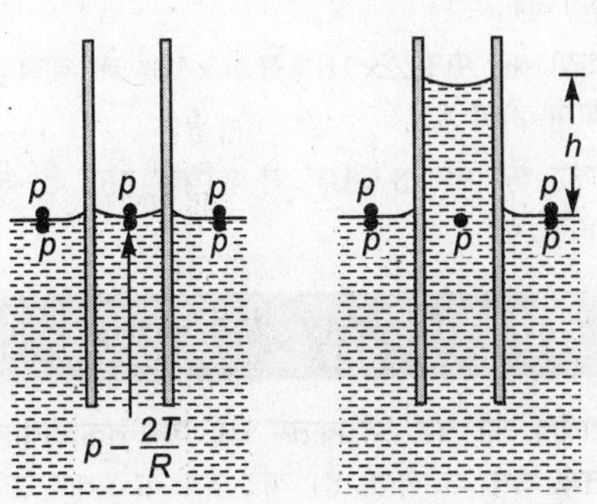

जब केशनली जल में खड़ी की जाती है, तो नली के भीतर जल का पृष्ठ अवतल होता है। अवतल पृष्ठ के ठीक नीचे जल में दाब पृष्ठ के ऊपर वाले दाब से $\frac{2T}{R}$ कम होता है, इस दाबान्तर को पूरा करने के लिये ही बाहर से जल, केशनली के भीतर जाने लगता है।

> **जूरिन का नियम**
>
> केशनली में चढ़े द्रव की ऊँचाई केशनली की त्रिज्या के व्युत्क्रमानुपाती होती है।
>
> $$h \propto \frac{1}{r} \text{ अथवा } r_1 h_1 = r_2 h_2$$
>
> इससे स्पष्ट है कि r जितना कम होगा, h उतना ही अधिक होगा, अर्थात् केशनली जितनी बारीक होगी जल उतना ही ऊँचा ऊपर चढ़ेगा।

श्यानता

द्रव का वह गुण जिसके कारण वह अपनी विभिन्न परतों के बीच की आपेक्षिक गति का विरोध करता है, **श्यानता** कहलाता है।

द्रवों में श्यानता, द्रव के अणुओं के मध्य ससंजक बलों के कारण होती है, परन्तु गैसों में श्यानता अणुओं की एक परत से दूसरी परत में विसरण गति के कारण होती है।

फाउण्टेन पैन स्याही की विशेषता उसकी श्यानता पर निर्भर करती है।

वायु की श्यानता के कारण ही बादल आकाश में तैरते दिखायी पड़ते हैं।

भारी मशीनों में स्नेहक के रूप में अधिक श्यानता वाले तेल प्रयुक्त किये जाते हैं।

श्यान बल

द्रव या तरल की विभिन्न परतों के मध्य कार्यरत वह आन्तरिक स्पर्श रेखीय बल जो उन परतों की आपेक्षिक गति का विरोध करता है, **श्यान बल** कहलाता है।

श्यानता गुणांक

न्यूटन के अनुसार श्यान बल (F), तल के क्षेत्रफल (A) व प्रवाह के लम्बवत् वेग प्रवणता के अनुक्रमानुपाती होता है।

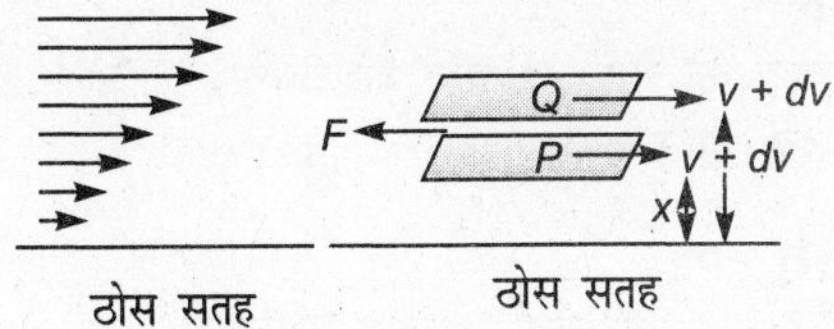

$$F \propto A \quad \ldots(i)$$

व $$F \propto \frac{dv}{dx} \quad \ldots(ii)$$

समी (i) व (ii) से, $F \propto A\frac{dv}{dx} \Rightarrow F = \pm\, \eta\, A\frac{dv}{dx}$

जहाँ η एक नियतांक है, जिसे द्रव का **श्यानता गुणांक** कहते हैं। यह **न्यूटन का सूत्र** कहलाता है।

उपरोक्त सूत्र में ± चिह्न दर्शाता है कि बल F दो परतों के बीच अन्योन्य-बल (mutual interaction force) है।

यदि $A = 1$ व $\frac{dv}{dx} = 1$

तब $\eta = F$

अतः किसी द्रव का श्यानता गुणांक, उस श्यान बल के बराबर है, जो द्रव की किसी परत के एकांक क्षेत्रफल पर कार्य करता है, जबकि उस परत में प्रवाह की दिशा के लम्बवत् वेग प्रवणता एकांक है।

श्यानता गुणांक की विमा एवं मात्रक

सूत्र से $\eta = \frac{F}{A \frac{dv}{dx}}$

$\therefore$ η की विमा = $[ML^{-1}T^{-1}]$

श्यानता गुणांक का SI मात्रक किग्रा/(मीटर-सेकण्ड) है। श्यानता गुणांक का एक अन्य मात्रक प्वाइज (poise) भी है।

जहाँ 1 प्वाइज = $\frac{1}{10}$ किग्रा/(मीटर-सेकण्ड)

नोट

- श्यानता गुणांक का मान द्रव की प्रकृति पर निर्भर करता है तथा विभिन्न द्रवों के लिये इसका मान भिन्न होता है।
- आदर्श द्रवों के लिये इसका मान शून्य होता है।
- ताप बढ़ाने पर इसका मान घटता है।
- द्रवों के श्यानता गुणांक (η) व ताप (T) में निम्न सम्बन्ध होता है।

$$\eta = \frac{Ae^{c\rho/T}}{\rho^{-1/3}}$$

T = द्रव का परमताप, ρ = द्रव का घनत्व,

A व C नियतांक है।

- ताप बढ़ने पर गैसों की श्यानता बढ़ती है।
- कम दाब पर गैसों की श्यानता दाब के अनुक्रमानुपाती होती है।
- अधिक दाब पर गैसों की श्यानता दाब पर निर्भर नहीं करती।

स्टोक्स का नियम

जब कोई गोलीय वस्तु किसी द्रव में गिरती है, तो द्रव वस्तु पर ऊपर की ओर एक बल F लगाता है।

$$F = 6\pi\eta r v$$

जहाँ, v = वस्तु का वेग, r = वस्तु की त्रिज्या,
η = द्रव का श्यानता गुणांक।

सीमान्त वेग

जब कोई वस्तु मुक्त रूप से किसी द्रव में गिरती है, तो उस पर निम्न बल कार्य करते हैं

(i) वस्तु का भार (नीचे की ओर)
(ii) द्रव का उत्प्लावन बल (ऊपर की ओर)
(iii) श्यान बल (ऊपर की ओर)

जब ये सभी बल सन्तुलित हो जाते हैं, तो वस्तु एक नियत वेग प्राप्त कर लेती है, इस वेग को ही **सीमान्त वेग** कहते हैं।

सीमान्त वेग $v = \frac{2}{9} r^2 \frac{(d - \sigma)g}{\eta}$

जहाँ, r = वस्तु की त्रिज्या, d = वस्तु के पदार्थ का घनत्व,

σ = द्रव का घनत्व।

धारा-रेखीय प्रवाह

जब कोई द्रव इस प्रकार बहता है कि किसी एक ही बिन्दु से होकर गुजरने वाले द्रव के सभी कण एक ही मार्ग पर चलते हैं, तो द्रव के प्रवाह को **धारा-रेखीय प्रवाह** (stream-lined flow) कहते हैं तथा उस मार्ग को **धारा-रेखा** (stream-line) कहते हैं।

धारा रेखा के किसी भी बिन्दु पर खींची गई स्पर्श-रेखा उस बिन्दु पर द्रव के वेग की दिशा को प्रदर्शित करती है।

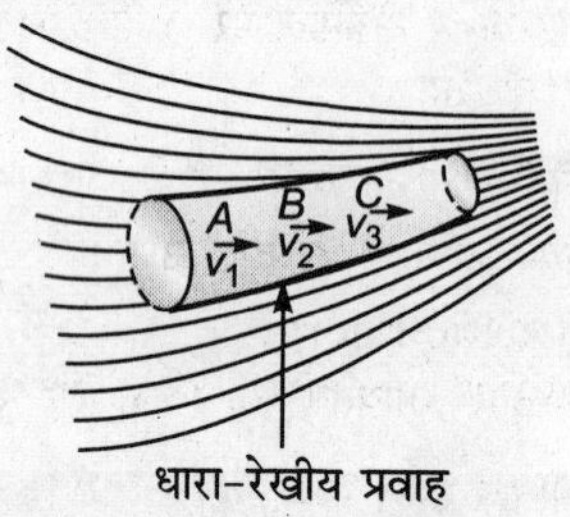

धारा-रेखीय प्रवाह

धारा-रेखा के भिन्न-भिन्न बिन्दुओं पर द्रव का वेग भिन्न-भिन्न हो सकता है, परन्तु किसी एक बिन्दु पर वेग स्थिर रहता है।

अविरत्‌ता समीकरण

कोई द्रव किसी असमान क्षेत्रफल वाली नली में धारा रेखीय प्रवाह में बहता है, तो द्रव के प्रवाह के प्रत्येक बिन्दु पर नली के अनुप्रस्थ काट के क्षेत्रफल व द्रव के वेग का गुणनफल नियत रहता है।

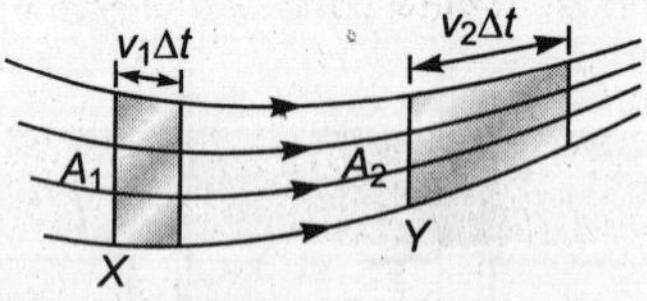

Av = नियतांक

इससे यह स्पष्ट होता है कि द्रव का वेग नली के चौड़े भागों में कम तथा संकीर्णित भागों में अधिक होता है।

रेनॉल्ड संख्या

किसी द्रव के लिये जड़त्वीय बल व श्यान बल के अनुपात को **रेनॉल्ड संख्या** कहते हैं।

संकीर्ण नलियों तथा जल के लिये इसका मान लगभग 10^3 होता है।

जब तक रेनॉल्ड संख्या का मान 2×10^3 से कम रहता है, द्रव का प्रवाह धारा रेखीय रहता है।

जब रेनॉल्ड संख्या का मान 2×10^3 से 3×10^3 के बीच होता है, तो द्रव का प्रवाह अस्थायी होता है।

जब रेनॉल्ड संख्या का मान 3×10^3 से अधिक होता है, तो द्रव का प्रवाह विक्षुब्ध होता है।

क्रान्तिक वेग

किसी द्रव के प्रवाह का वह अधिकतम वेग जब तक प्रवाह धारा रेखीय रहता है, **क्रान्तिक वेग** कहलाता है। यदि द्रव के प्रवाह का वेग क्रान्तिक वेग से अधिक होता है, तो द्रव का प्रवाह विक्षुब्ध हो जाता है।

क्रान्तिक वेग, $v_c = \frac{K\eta}{dD}$

जहाँ, K = रेनॉल्ड संख्या, η = श्यानता गुणांक,

d = द्रव का घनत्व, D = नली का व्यास।

बहते द्रव की ऊर्जा

बहते हुए द्रव में निम्नलिखित तीन प्रकार की ऊर्जा होती हैं

(i) **दाब ऊर्जा** (Pressure Energy)

यदि द्रव की सतह के A क्षेत्रफल पर p दाब कार्यरत है व इसके कारण द्रव l दूरी चलता है, तो

$$\text{दाब ऊर्जा} = pAl$$

जहाँ, p = एकांक आयतन की दाब ऊर्जा।

(ii) **गतिज ऊर्जा** (Kinetic Energy)

यदि m द्रव्यमान व V आयतन का द्रव v वेग से गतिमान है, तो

$$\text{गतिज ऊर्जा} = \frac{1}{2}mv^2$$

$$\text{एकांक आयतन की गतिज ऊर्जा} = \frac{1}{2}\left(\frac{m}{V}\right)v^2 = \frac{1}{2}dv^2$$

जहाँ, d = द्रव का घनत्व।

(iii) **स्थितिज ऊर्जा** (Potential Energy)

यदि m द्रव्यमान का द्रव पृथ्वी तल से h ऊँचाई पर है, तो स्थितिज ऊर्जा $= mgh$

$$\text{एकांक आयतन की स्थितिज ऊर्जा} = \left(\frac{m}{V}\right)gh = dgh$$

बरनौली की प्रमेय

इस प्रमेय के अनुसार, "यदि कोई द्रव धारा रेखीय प्रवाह में बहता है, तो इसके मार्ग के प्रत्येक बिन्दु पर इसकी एकांक आयतन की कुल ऊर्जा अर्थात् दाब ऊर्जा, गतिज ऊर्जा व स्थितिज ऊर्जा का योग नियत रहता है।" अर्थात्

$$p + \frac{1}{2}dv^2 + dgh = \text{नियतांक}$$

इस प्रमेय को हम निम्न रूप में भी लिख सकते हैं।

$$\frac{p}{dg} + \frac{1}{2}\frac{v^2}{g} + h = \text{नियतांक}$$

जहाँ, $\frac{p}{dg}$ = दाब शीर्ष (pressure head),

$\frac{v^2}{2g}$ = वेग शीर्ष (velocity head)

h = गुरुत्वीय शीर्ष (gravitation head)

किसी आदर्श द्रव के क्षैतिज व धारा रेखीय प्रवाह के लिये उसके मार्ग के प्रत्येक बिन्दु पर दाब और द्रव के एकांक आयतन की गतिज ऊर्जा का योग नियत होता है।

$$p + \frac{dv^2}{2} = \text{नियतांक}$$

बरनौली प्रमेय पर आधारित अनुप्रयोग व उदाहरण

(i) वेन्च्यूरी मीटर

यह बरनौली प्रमेय पर आधारित ऐसी युक्ति है, जिसके द्वारा हम नली में द्रव के बहने की दर ज्ञात कर सकते हैं।

नली में प्रति सेकण्ड बहने वाले द्रव का आयतन

$$= A_1A_2\sqrt{\frac{2gh}{A_1^2 - A_2^2}}$$

(ii) वायुयान कार्य प्रणाली

बरनौली प्रमेय के अनुसार, **किसी तरल में जहाँ वेग अधिक होता है वहाँ दाब कम होता है व जहाँ वेग कम होता है वहाँ दाब अधिक होता है।**

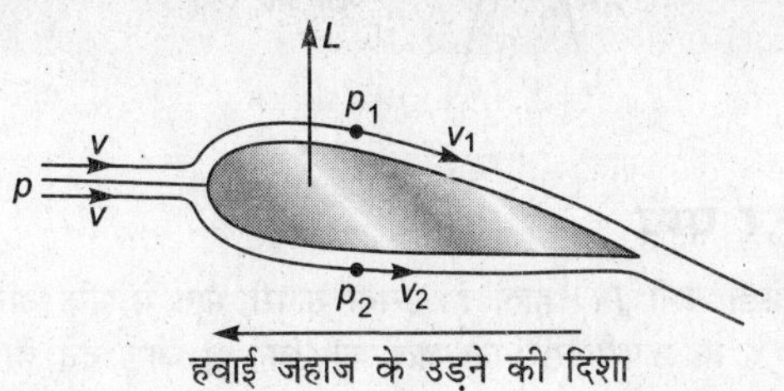

वायुयान पंखों की आकृति इस प्रकार रखी जाती है कि उनकी ऊपरी सतह की वक्रता (curvature) निचली सतह की वक्रता से अधिक होती है तथा सामने का किनारा गोल और पीछे का किनारा चपटा होता है पंख के ऊपर व नीचे वायु का प्रवाह धारा-रेखीय होता है।

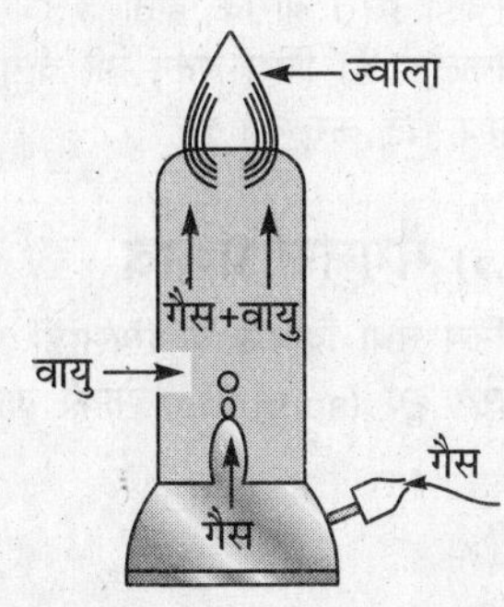

पंख पर सामने से टकराने वाली वायु को पंख के ऊपर, पंख के नीचे की अपेक्षा, अधिक मार्ग तय करना पड़ता है। अत: पंख के ऊपर के तल पर वायु का वेग v_1 नीचे के तल पर वेग v_2 की अपेक्षा अधिक होता है।

इस कारण पंख के ऊपर के तल पर वायु का दाब p_1 कम तथा नीचे के तल पर वायु का दाब p_2 अधिक हो जाता है। इसी दाबान्तर के $(p_2 - p_1)$ कारण हवाई जहाज को आवश्यक उत्थापक बल (lifting force) L मिलता है।

(iii) बुनसन बर्नर

बुनसन बर्नर ऐसा बर्नर है जिससे ज्योतिहीन ज्वाला उत्पन्न की जाती है। 'ज्योतिहीन' (non-luminous) ज्वाला उत्पन्न करने के लिए ज्वलनशील गैस में वायुमण्डल की वायु मिलायी जाती है।

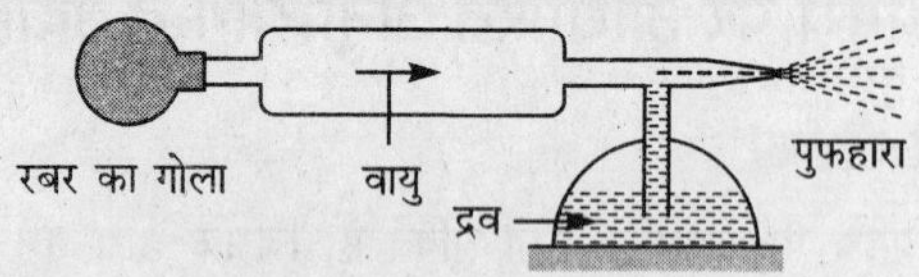

(iv) कणित्र

इस यंत्र के द्वारा किसी द्रव को छोटी-छोटी बूँदों के रूप में फुहारा (spray) जा सकता है। इस नली के एक सिरे पर रबर का गोला होता है तथा दूसरे सिरे पर महीन छिद्र होता है। जब रबर के गोले को दबाते हैं, तो वायु क्षैतिज नली में को होती हुई बाहर निकलती है।

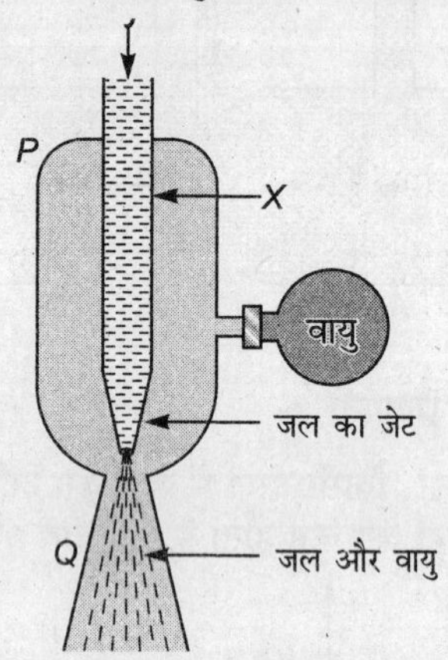

(v) फिल्टर पम्प

इसमें एक चौड़ी नली PQ होती है। इसके ऊपरी भाग में एक अन्य नली X होती है। X के ऊपरी सिरे को जल की टंकी से जोड़ देते हैं। X का निचला सिरा बारीक होता है जिसमें को जल जेट के रूप में बाहर निकलता है। जिस बर्तन की वायु निकालनी होती है, उसे नली PQ से सम्बन्धित कर देते हैं।

(vi) मैगनस प्रभाव

टेनिस तथा क्रिकेट के खिलाड़ी प्राय: अनुभव करते हैं कि जब गेंद स्पिन करते हुए (spinning) फेंकी जाती है, तो यह वायु में एक सरल रेखा पर न चलकर एक वक्राकार पथ पर चलती है जिसे गेंद का 'स्विंग' (swing) करना कहते हैं।

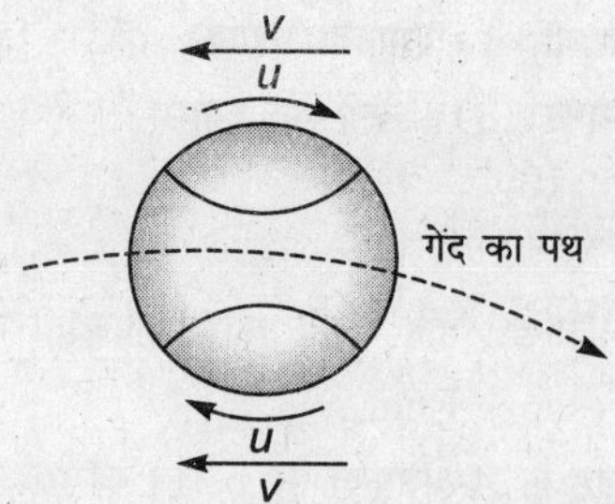

जब गेंद स्पिन करेगी तो गेंद के चारों ओर की वायु भी गेंद के साथ u वेग से घूमेगी। अत: चित्र के अनुसार, गेंद के ऊपर वायु का वेग घट जाता है तथा नीचे बढ़ जाता है। अत: बरनौली प्रमेय के अनुसार, गेंद के ऊपर वायु-दाब अधिक तथा गेंद के नीचे कम हो जाता है। इस दाबान्तर के कारण गेंद सरल रेखा में न चलकर, नीचे की ओर झुकते गये वक्राकार पथ पर चलती है। इसी प्रभाव को हम **मैगनस प्रभाव** कहते हैं।

(vii) गहरा जल सदैव शान्त होता है

जहाँ जल गहरा होगा वहाँ द्रवस्थैतिक दाब (hydrostatic pressure) अधिक होगा। बरनौली प्रमेय की समीकरण के अनुसार, वहाँ जल का वेग कम होगा अर्थात् जल शान्त होगा।

ताप व ऊष्मा

ऊष्मा

ऊष्मा वह ऊर्जा है जो एक वस्तु से दूसरी वस्तु में तापान्तर के कारण उत्पन्न होती है तथा सदैव ऊँचे ताप वाली वस्तु से, कम ताप वाली वस्तु की ओर प्रवाहित होती है।

ताप

किसी वस्तु की गर्माहट अथवा ठण्डेपन की माप को ताप कहते हैं।

अथवा

ताप किसी वस्तु का वह भौतिक गुण है जिससे यह पता चलता है, कि वस्तु किसी अन्य वस्तु के साथ तापीय साम्य में है या नहीं।

ताप सामर्थ्य

तापमान द्वारा हमें ऊष्मीय ऊर्जा प्राप्त होती है। तापमान से प्रति सेकण्ड प्राप्त की गई ऊर्जा को ताप सामर्थ्य कहते हैं। अथवा तापमान द्वारा प्रति सेकण्ड किए गए कार्य को ताप सामर्थ्य कहते हैं।

परम शून्य ताप

वह न्यूनतम सम्भव ताप जिसे प्रायोगिक रूप से प्राप्त किया जा सकता है, परमताप अथवा परम शून्य ताप कहलाता है। इसका मान $-273.15\,K$ होता है।

ताप के पैमाने

ताप के मापन के लिए निम्नलिखित पैमानों का उपयोग किया जाता है

(i) **सेल्सियस पैमाना** (Celsius scale) इस पैमाने में उच्च बिन्दु व निम्न बिन्दु को क्रमश: 100°C व 0°C लिया जाता है व इन दोनों तापों के अन्तर के 100वें भाग को 1°C लिया जाता है।

(ii) **फारेनहाइट पैमाना** (Fahrenheit scale) इस पैमाने में उच्च बिन्दु व निम्न बिन्दु क्रमश: 212°F व 32°F लिए जाते हैं व इन दोनों तापों के अन्तर के 180वें भाग को 1°F लिया जाता है।

(iii) **केल्विन पैमाना** (Kelvin scale) इस पैमाने में उच्च बिन्दु व निम्न बिन्दु क्रमश: 373K व 273K लिए जाते हैं व इन दोनों तापों के अन्तर के 100वें भाग को 1 K लिया जाता है।

(iv) **रियूमर पैमाना** (Reaumer scale) इस पैमाने में उच्च बिन्दु व निम्न बिन्दु क्रमश: 80°R व 0°R लिए जाते हैं। इन दोनों तापों के अन्तर को 80 बराबर भागों में विभाजित कर देते हैं तथा प्रत्येक भाग को 1°R (एक रियूमर डिग्री) कहते हैं।

(v) **रैन्किन पैमाना** (Rankin scale) इस पैमाने पर उच्च बिन्दु व निम्न बिन्दु क्रमश: 672° Ra व 492°Ra लेते हैं तथा इन तापों के अन्तर को 180 बराबर भागों में विभाजित कर देते हैं। प्रत्येक भाग को 1°R (एक रैन्किन डिग्री) कहते हैं।

ताप के उपरोक्त पाँचों पैमानों में निम्न सम्बन्ध होता है

$$\frac{C}{100} = \frac{F-32}{180} = \frac{K-273}{100} = \frac{R}{80} = \frac{Ra-492}{180}$$

तापमापी

तापमापी वे यन्त्र हैं जिनकी सहायता से किसी वस्तु का ताप मापा जा सकता है। इसको हम भिन्न-भिन्न तापमापक गुणों पर आधारित तापमापियों के तापक्रमों के लिए प्रयुक्त करते हैं

(i) प्लेटिनम प्रतिरोध तापमापी

प्लेटिनम प्रतिरोध तापमापी द्वारा अज्ञात तापमान ज्ञात करने का सूत्र निम्न है

$$t = \frac{R_t - R_0}{R_{100} - R_0} \times 100°C$$

(ii) स्थिर आयतन गैस तापमापी

स्थिर आयतन गैस तापमापी द्वारा अज्ञात तापमान ज्ञात करने का सूत्र निम्न है

$$t = \frac{P_t - P_0}{P_{100} - P_0} \times 100°C$$

(iii) तापयुग्म तापमापी

यह तापमापी सीबेक के प्रभाव (Seebeck effect) पर आधारित है। जब दो विभिन्न धातुओं, जैसे एण्टिमनी व बिस्मिथ, के मोटे तारों को जोड़कर एक बन्द परिपथ बनाते हैं तथा दोनों सन्धियों को भिन्न-भिन्न तापों पर रखते हैं, तो एक वि. वा. बल उत्पन्न हो जाता है। यह प्रबन्ध, तापयुग्म (thermo-couple) कहलाता हैं। यदि एक सन्धि को 0°C (शीतल सन्धि) पर तथा दूसरी को t°C (तप्त सन्धि) पर रखें, तो ताप वि. वा. बल

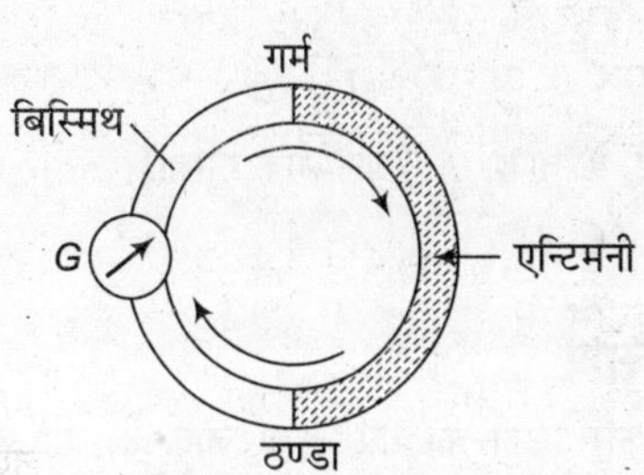

$$E = at + bt^2$$

जहाँ, a व b युग्म के लिए नियतांक हैं।

E तथा t के मध्य ग्राफ चित्र में दर्शाया गया है। स्पष्ट है कि तप्त सन्धि का ताप बढ़ाने पर वि. वा. बल E का मान बढ़ता जाता है तथा एक विशेष ताप पर E का मान अधिकतम हो जाता है। इस ताप को उदासीन ताप कहते हैं। तप्त सन्धि का ताप और अधिक बढ़ाने पर E घटने लगता है, और अन्त में शून्य हो जाता है, इस ताप को जिस पर E शून्य हो जाता है, उत्क्रमण ताप कहते हैं।

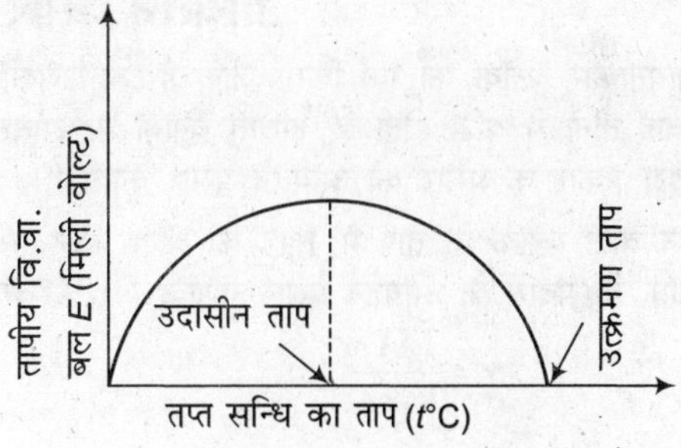

नोट

- मनुष्य के शरीर का सामान्य ताप 98.4°F या 37°C होता है।
- साधारण तापमापी से हम 96°F से 110°F तक तापमान मापते हैं।
- पारे के तापमापी की अपेक्षा एल्कोहॉल तापमापी अच्छे होते हैं, क्योंकि एल्कोहॉल का प्रसार अधिक होता है।
- अधिक प्रसार के कारण गैस तापमापी को द्रव तापमापी की अपेक्षा अधिक सुग्राही माना जाता है।
- एक ही तापमापी में भिन्न गैसों को एक साथ प्रयोग नहीं किया जा सकता।
- पारे को तापमापी में प्रयोग के लिए अधिक उपयुक्त समझा जाता है, क्योंकि
  (a) इसका वास्तविक प्रसार गुणांक कम व एकसमान होता है।
  (b) इसकी विशिष्ट ऊष्मा कम होती है।
  (c) यह तापमापी की दीवारों को नहीं भिगोता।
  (d) इसे शुद्ध रूप में प्राप्त किया जा सकता है।

ऊष्मीय प्रसार

प्राय: सभी ठोस गर्म करने पर फैलते हैं, ठोस के इस प्रसार को ही ऊष्मीय प्रसार कहते हैं। ऊष्मीय प्रसार तीन प्रकार का होता है

(i) रेखीय प्रसार

जब किसी ठोस का प्रसार एक रेखा के अनुदिश होता है, जैसे लम्बी छड़ को गर्म करने पर, तो इस प्रकार के प्रसार को रेखीय प्रसार कहते हैं।

एकांक लम्बाई की छड़ के ताप में 1°C वृद्धि करने पर हुई लम्बाई में वृद्धि, छड़ के पदार्थ के रेखीय प्रसार गुणांक (α) के बराबर होती है।

$$\alpha = \frac{\Delta L}{L \times \Delta t}$$

जहाँ ΔL = लम्बाई में वृद्धि, L = प्रारम्भिक लम्बाई, Δt = ताप वृद्धि। इसका मात्रक प्रति °C है।

(ii) क्षेत्रीय प्रसार

जब किसी आयताकार पटल को गर्म किया जाता है, तो उसकी लम्बाई व चौड़ाई दोनों में वृद्धि होती है, अर्थात् पटल के क्षेत्रफल में वृद्धि हो जाती है, इस प्रकार के प्रसार को क्षेत्रीय प्रसार कहते हैं।

एकांक क्षेत्रफल वाले पटल के ताप में 1°C की वृद्धि करने पर क्षेत्रफल में हुई वृद्धि पटल के पदार्थ के क्षेत्रीय प्रसार गुणांक (β) के बराबर होती है।

$$\beta = \frac{\Delta A}{A \times \Delta t}$$

जहाँ, ΔA = क्षेत्रफल में वृद्धि, A = प्रारम्भिक क्षेत्रफल, Δt = ताप वृद्धि। इसका मात्रक प्रति °C है।

(iii) आयतन प्रसार

जब किसी आयताकार ब्लॉक को गर्म किया जाता है, तो उसकी लम्बाई, चौड़ाई व ऊँचाई तीनों में वृद्धि होती है, अर्थात् ब्लॉक के आयतन में वृद्धि हो जाती है, इस प्रकार के प्रसार को आयतन प्रसार कहते हैं।

एकांक आयतन वाले ब्लॉक के ताप में 1°C की वृद्धि करने पर आयतन में हुई वृद्धि, ब्लॉक के पदार्थ के आयतन प्रसार गुणांक (γ) के बराबर होती है।

$$\gamma = \frac{\Delta V}{V \times \Delta t}$$

जहाँ, ΔV = आयतन में वृद्धि, V = प्रारम्भिक वृद्धि, Δt = ताप वृद्धि।

α, β व γ में निम्न सम्बन्ध होता है

$$\alpha : \beta : \gamma = 1 : 2 : 3$$

द्रवों का प्रसार

द्रवों का कोई आकार नहीं होता है, इनका केवल आयतन होता है। अत: द्रवों में केवल आयतन प्रसार होता है। जब किसी द्रव को गर्म किया जाता है, तो पहले बर्तन का प्रसार होता है, फिर द्रव का।

इस आधार पर द्रवों का प्रसार दो प्रकार का होता है

(a) आभासी प्रसार

बर्तन के सापेक्ष द्रव के प्रसार को आभासी प्रसार कहते हैं।

$$\text{आभासी प्रसार गुणांक } \gamma_a = \frac{\text{आयतन में आभासी वृद्धि } (\Delta V_a)}{\text{प्रारम्भिक आयतन } (V) \times \text{ताप वृद्धि } (\Delta t)}$$

(b) वास्तविक प्रसार

द्रवों का वह प्रसार जो बर्तन के प्रसार पर निर्भर नहीं करता, वास्तविक प्रसार कहलाता है।

$$\text{वास्तविक प्रसार गुणांक } \gamma_r = \frac{\text{आयतन में आभासी वृद्धि } (\Delta V_r)}{\text{प्रारम्भिक आयतन } (V) \times \text{ताप वृद्धि } (\Delta t)}$$

अत: वास्तविक प्रसार = आभासी प्रसार + बर्तन का प्रसार

या $$\gamma_r = \gamma_a + \gamma_g$$

जहाँ γ_g = बर्तन के पदार्थ का आयतन प्रसार गुणांक।

जल का असामान्य व्यवहार

प्राय: द्रवों का आयतन ताप बढ़ाने पर बढ़ता है, परन्तु जब जल को 0°C से 4°C तक गर्म किया जाता है, तो उसका आयतन घटता है तथा घनत्व बढ़ता है। 4°C के पश्चात् आयतन बढ़ने लगता है तथा घनत्व घटने लगता है। 4°C पर जल का घनत्व अधिकतम तथा आयतन न्यूनतम होता है।

नोट

- ताप के साथ घनत्व में परिवर्तन निम्न प्रकार से होता है।
  $$d_t = d_0(1 + \gamma t)$$
- रबर के लिए रेखीय प्रसार गुणांक ऋणात्मक होता है।
- यदि किसी गैस के ताप व आयतन नियत रखे जाए तो
  $$\frac{P_1}{P_2} = \frac{m_1}{m_2}$$
- 4°C पर जल को चाहे ठण्डा किया जाए या गर्म, इसमें प्रसार होता है।
- ऊष्मीय प्रसार के कारण ही रेल की पटरियों के बीच स्थान छोड़ा जाता है।

कैलोरीमिति

कैलोरी

1 ग्राम जल का ताप 14.5°C से 15.5°C तक बढ़ाने के लिए आवश्यक ऊष्मा की मात्रा को 1 कैलोरी कहते हैं। इसी प्रकार 1 किग्रा जल का ताप, 14.5°C से 15.5°C तक बढ़ाने के लिए आवश्यक ऊष्मा की मात्रा को 1 किलो कैलोरी कहते हैं।

$$1 \text{ किलो कैलोरी} = 10^3 \text{ कैलोरी}$$

ऊष्मा का यान्त्रिक तुल्यांक

जब किसी कार्य को ऊष्मा में या ऊष्मा को कार्य में बदला जाता है, तो कार्य व ऊष्मा में अनुपात सदैव निश्चित रहता है। इस अनुपात को ही ऊष्मा का यान्त्रिक तुल्यांक (J) कहते हैं।

$$J = \frac{W}{Q}$$

इसका मात्रक जूल/कैलोरी है। इसका मान 4.18 जूल/कैलोरी या 4.18×10^3 जूल/किलो कैलोरी है।

विशिष्ट ऊष्मा

किसी पदार्थ के 1 ग्राम द्रव्यमान का ताप 1°C बढ़ाने के लिए आवश्यक ऊष्मा की मात्रा को उस पदार्थ की विशिष्ट ऊष्मा कहते हैं।

$$\text{विशिष्ट ऊष्मा } s = \frac{Q}{m \times \Delta t}$$

जहाँ Q = ऊष्मा की मात्रा, m = पदार्थ का द्रव्यमान, Δt = ताप वृद्धि।

विशिष्ट ऊष्मा का मात्रक कैलोरी/ग्राम-°C या कैलोरी/ग्राम-K है। इसका SI मात्रक जूल/किग्रा-°C या जूल/किग्रा-K है।

ऊष्मा धारिता

किसी वस्तु के तापमान में 1°C की वृद्धि करने के लिए आवश्यक ऊष्मा की मात्रा को, उस वस्तु की ऊष्मा धारिता कहते हैं। इसका मात्रक कैलोरी/°C है।

ऊष्मा धारिता $C = ms$

जहाँ m = वस्तु का द्रव्यमान, s = वस्तु के पदार्थ की विशिष्ट ऊष्मा।

जल तुल्यांक

किसी वस्तु का जल तुल्यांक, जल के उस द्रव्यमान के बराबर है, जिसके ताप में परिवर्तन वस्तु के ताप में परिवर्तन के समान होने पर, यह वस्तु के समान मात्रा में ऊर्जा का उत्सर्जन या अवशोषण करता है।

गुप्त ऊष्मा

स्थिर ताप पर किसी पदार्थ के 1 ग्राम द्रव्यमान के अवस्था परिवर्तन के लिए आवश्यक ऊष्मा की मात्रा को गुप्त ऊष्मा कहते हैं।

$$\text{गुप्त ऊष्मा } L = \frac{Q}{m}$$

जहाँ, Q = दी गई ऊष्मा अथवा ली गई ऊष्मा,

m = पदार्थ का द्रव्यमान।

गुप्त ऊष्मा का मात्रक कैलोरी/ग्राम है।

गुप्त ऊष्मा दो प्रकार की होती है

(i) गलन की गुप्त ऊष्मा

स्थिर ताप पर किसी पदार्थ के 1 ग्राम द्रव्यमान को ठोस अवस्था से द्रव अवस्था में बदलने के लिए आवश्यक ऊष्मा की मात्रा को उस पदार्थ की गलन की गुप्त ऊष्मा कहते हैं। बर्फ की गलन की गुप्त ऊष्मा 80 कैलोरी/ग्राम है।

(ii) वाष्पन की गुप्त ऊष्मा

स्थिर ताप पर किसी पदार्थ के 1 ग्राम द्रव्यमान को द्रव अवस्था से गैस अवस्था में बदलने के लिए आवश्यक ऊष्मा की मात्रा को उस पदार्थ की वाष्पन की गुप्त ऊष्मा कहते हैं। जल के वाष्पन की गुप्त ऊष्मा 536 कैलोरी/ग्राम है।

नोट

- समान ताप के गर्म जल की अपेक्षा, भाप से जलना अधिक खतरनाक है।
- 0°C का बर्फ, 0°C के जल से अधिक ठण्डा लगता है।
- द्रव में अशुद्धि मिलाने पर क्वथनांक बढ़ जाता है।
- बर्फ में अशुद्धि मिलाने पर गलनांक घट जाता है।
- किसी ईंधन के 1 ग्राम द्रव्यमान से प्राप्त ऊष्मा की मात्रा को उस ईंधन का कैलोरी मान कहते हैं।

आर्द्रता

वायुमण्डल में जलवाष्प की उपस्थिति को आर्द्रता कहते हैं। वायु में उपस्थित जलवाष्प की यह मात्रा प्रत्येक स्थान पर समान नहीं होती है। प्रायः समुद्र तटीय स्थान में जलवाष्प की मात्रा अर्थात् आर्द्रता अधिक होती है। वर्षा ऋतु में भी आर्द्रता बढ़ जाती है।

आपेक्षिक आर्द्रता

वायु के किसी दिए गए आयतन में जलवाष्प की वास्तविक मात्रा (m) और जलवाष्प की वह मात्रा (M) जो समान आयतन को समान तापक्रम पर संतृप्त करने के लिए आवश्यक हो, का अनुपात आपेक्षिक आर्द्रता कहलाता है। आपेक्षिक आर्द्रता को मापने के लिए **हाइग्रोमीटर** का उपयोग किया जाता है।

$$\text{आपेक्षिक आर्द्रता} = (m/M) \times 100\ \%$$

कैलोरीमिति का सिद्धान्त

जब दो भिन्न-भिन्न तापों वाली वस्तुओं को परस्पर सम्पर्क में रखा जाता है, तो ऊष्मा का प्रवाह उच्च ताप वाली वस्तु से निम्न ताप वाली वस्तु में होता है। ऊष्मा का यह प्रवाह तब तक होता रहता है, जब तक कि दोनों वस्तुओं के ताप बराबर न हो जाए। इस अवस्था में,

गर्म वस्तु द्वारा दी गई ऊष्मा = ठण्डी वस्तु द्वारा ली गई ऊष्मा

अर्थात् $m_1 s_1 (T_2 - T) = m_2 s_2 (T - T_1)$

जहाँ T साम्य ताप है।

ड्यूलांग पेटिट का नियम

इस नियम के अनुसार, किसी शुद्ध क्रिस्टलीय ठोस की प्रति मोल विशिष्ट ऊष्मा लगभग 6 कैलोरी-मोल-केल्विन होती है।

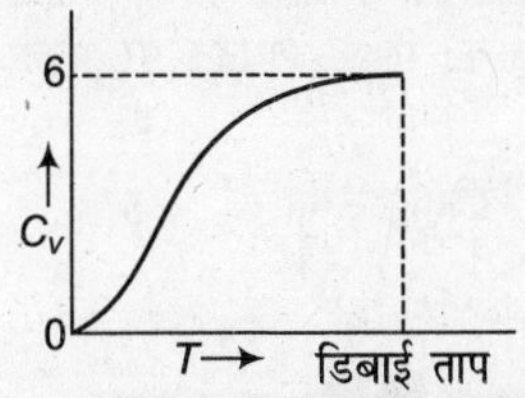

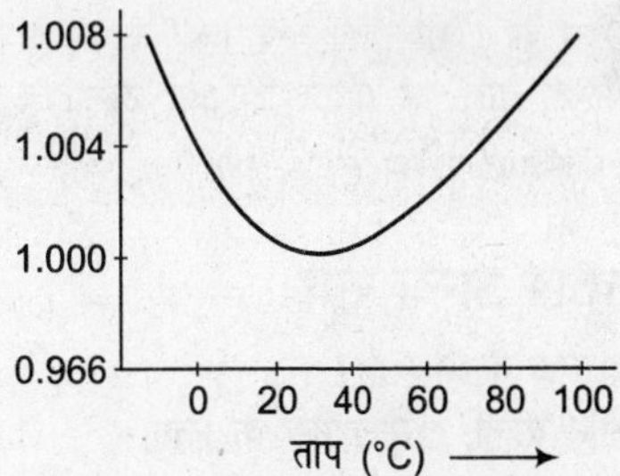

सामान्य ताप पर बहुत सारे ठोस ड्यूलांग पेटिट के नियम का पालन करते हैं। ताप के साथ विशिष्ट ऊष्मा में परिवर्तन निम्न ग्राफ द्वारा दर्शाया जाता है, आइन्सटीन के अनुसार, जिस ताप पर ठोस की विशिष्ट ऊष्मा 6 कैलोरी/मोल-केल्विन होती है, उसे डिबाई ताप कहते हैं।

दाब

एकांक क्षेत्रफल पर कार्यरत बल को दाब कहते हैं। इसका मात्रक न्यूटन/मी^{2} होता है।

ऊर्जा घनत्व

प्रति एकांक आयतन की ऊर्जा को ऊर्जा घनत्व कहते हैं। इसका मात्रक जूल/मी^{3} होता है।

गैस की विशिष्ट ऊष्मा

गैस की विशिष्ट ऊष्मा का मान इस बात पर निर्भर करता है कि, गैस को ऊष्मा देते समय दाब व आयतन सम्बन्धी परिस्थितियाँ क्या हैं, इस आधार पर गैसों की विशिष्ट ऊष्मा दो प्रकार की होती हैं।

(i) स्थिर आयतन पर विशिष्ट ऊष्मा

स्थिर आयतन पर किसी गैस के 1 ग्राम द्रव्यमान का ताप 1°C बढ़ाने के लिए आवश्यक ऊष्मा की मात्रा को उस गैस की, स्थिर आयतन पर विशिष्ट ऊष्मा कहते हैं। इसे c_V से प्रदर्शित करते हैं।

(ii) स्थिर दाब पर विशिष्ट ऊष्मा

स्थिर दाब पर किसी गैस के 1 ग्राम द्रव्यमान का ताप 1°C बढ़ाने के लिए आवश्यक ऊष्मा की मात्रा को उस गैस की स्थिर दाब पर विशिष्ट ऊष्मा कहते हैं।

इसे c_p से प्रदर्शित करते हैं।

C_p तथा C_V में निम्न सम्बन्ध होता है।

$$C_p - C_V = R$$

जहाँ R गैस नियतांक है। इसे मेयर (Mayer) का सूत्र कहते हैं।

स्थिर आयतन पर मोलर विशिष्ट ऊष्मा

स्थिर आयतन पर किसी गैस के 1 मोल का ताप 1°C बढ़ाने के लिए, आवश्यक ऊष्मा की मात्रा को स्थिर आयतन पर मोलर विशिष्ट ऊष्मा कहते हैं।

स्थिर आयतन पर मोलर विशिष्ट ऊष्मा $C_V = Mc_V$

$M =$ गैस का अणुभार

स्थिर दाब पर मोलर विशिष्ट ऊष्मा

स्थिर दाब पर किसी गैस के 1 मोल का ताप 1°C बढ़ाने के लिए, आवश्यक ऊष्मा की मात्रा को स्थिर दाब पर मोलर विशिष्ट ऊष्मां कहते हैं।

स्थिर दाब पर मोलर विशिष्ट ऊष्मा $C_p = Mc_p$

C_p व C_V के कुछ अन्य सूत्र

स्थिर आयतन पर विशिष्ट ऊष्मा (C_V)

(i) f स्वतन्त्रता कोटि वाली 1 मोल गैस के लिए

$$C_V = f\frac{R}{2}$$

$R =$ गैस नियतांक

(ii) एक परमाणुक गैस के लिए, $C_V = \frac{3R}{2}$

(iii) द्विपरमाणुक गैस के लिए, $C_V = \frac{5R}{2}$

(iv) त्रिपरमाणुक गैस के लिए

(a) रेखीय संरचना के लिए, $C_V = \frac{7R}{2}$

(b) त्रिभुजाकार संरचना के लिए, $C_V = \frac{6R}{2}$

(v) $C_V = \left(\frac{\partial Q}{\partial T}\right)_V = \left(\frac{\partial E}{\partial T}\right)_V$

(vi) मिश्रण की स्थिर आयतन पर विशिष्ट ऊष्मा

(a) $C_{V\text{ मिश्रण}} = \frac{C_{V\text{ एक परमाणुक}} + C_{V\text{ द्विपरमाणुक}} + C_{V\text{ त्रिपरमाणुक}}}{3}$

(b) भिन्न-भिन्न द्रव्यमान तथा भिन्न-भिन्न γ वाली गैसों के मिश्रण के लिए C_V

$$C_V = \frac{R}{n_1 + n_2}\left[\frac{n_1}{\gamma_1 - 1} + \frac{n_2}{\gamma_2 - 1}\right]$$

$$C_V = \frac{R}{\frac{m_1}{M_1} + \frac{m_2}{M_2}}\left[\frac{m_1}{M_1(\gamma_1 - 1)} + \frac{m_2}{M_2(\gamma_2 - 1)}\right]$$

(c) $C_{V\text{ मिश्रण}} = R\frac{[n_1 f_1 + n_2 f_2]}{[n_1 - n_2]}$

(d) $C_{V\text{ मिश्रण}} = \frac{n_1 C_{V_1} + n_2 C_{V_2}}{n_1 + n_2}$

(vii) $C_V = C_p - R$

(viii) $C_V = \frac{R}{\gamma - 1}$

(ix) $C_V = \frac{C_p}{\gamma}$

(x) $C_V = C_p \frac{dU}{dQ}$

(xi) m ग्राम गैस के लिए $C_V = \frac{mR}{M(\gamma - 1)}$

स्थिर दाब पर विशिष्ट ऊष्मा (C_p)

(i) f स्वतन्त्रता की कोटि वाली 1 मोल गैस के लिए

$$C_p = R\left[\frac{f}{2} + 1\right]$$

(ii) एक परमाणुक गैस के लिए $C_p = \frac{5R}{2}$

(iii) द्विपरमाणुक गैस के लिए $C_p = \frac{7R}{2}$

(iv) त्रिपरमाणुक गैस के लिए C_p

(a) रेखीय संरचना $C_p = \frac{9R}{2}$ (b) त्रिभुजाकार $C_p = \frac{8R}{2}$

(v) $C_p = \left(\frac{\partial Q}{\partial T}\right)_p = \left(\frac{\partial E}{\partial T}\right)_p$

(vi) (a) $C_{p\text{मिश्रण}} = \frac{C_{p\text{ एक परमाणुक}} + C_{p\text{ द्विपरमाणुक}} + C_{p\text{ त्रिपरमाणुक}}}{3}$

(b) भिन्न-भिन्न द्रव्यमान तथा भिन्न-भिन्न γ वाली गैसों के मिश्रण के लिए

$$C_{p\text{मिश्रण}} = \frac{R}{\left(\frac{m_1}{M_1} + \frac{m_2}{M_2}\right)}\left[\frac{m_1\gamma_1}{M_1(\gamma_1 - 1)} + \frac{m_2\gamma_2}{M_2(\gamma_2 - 1)}\right]$$

(c) $C_{p\text{मिश्रण}} = \frac{n_1 C_{p_1} + n_2 C_{p_2}}{(n_1 + n_2)}$

(vii) $C_p = C_V + R$

(viii) 1मोल गैस के लिए $C_p = \frac{\gamma R}{\gamma - 1}$

(ix) $C_p = \gamma C_V$ (x) $C_p = C_V \left(\frac{dQ}{dU}\right)$

(xi) m ग्राम गैस के लिए $= C_p = \frac{m\gamma R}{M(\gamma - 1)}$

γ के कुछ सूत्र (Some Formulae of γ)

(i) $\gamma = \frac{C_p}{C_V}$

(ii) $\gamma = \frac{h_1}{h_1 - h_2}$ क्लीमेन्ट तथा डिसोर्मी सूत्र

(iii) $\gamma = 1 + \frac{2}{f}$

(iv) एक परमाणुक गैस के लिए $\gamma = 1.66$

(v) द्विपरमाणुक गैस के लिए $\gamma = 1.4$

(vi) त्रिपरमाणुक गैस के लिए

(a) रेखीय संरचना के लिए $\gamma = 1.28$

(b) त्रिभुजाकार संरचना के लिए $\gamma = 1.33$

(vii) (a) $\gamma_{\text{मिश्रण}} = \frac{(C_p)_{\text{मिश्रण}}}{(C_V)_{\text{मिश्रण}}}$ (b) $\gamma_{\text{मिश्रण}} = \frac{(C_V)_{\text{मिश्रण}} + R}{(C_V)_{\text{मिश्रण}}}$

(c) $\gamma_{\text{मिश्रण}}$ जब अलग-अलग गैसों के γ दिए हुए हों

$$\gamma_{\text{मिश्रण}} = \frac{n_1\gamma_1(\gamma_2 - 1) + n_2\gamma_2(\gamma_1 - 1)}{n_1(\gamma_2 - 1) + n_2(\gamma_1 - 1)}$$

(d) $\gamma_{\text{मिश्रण}} = \frac{(C_p)_{\text{मिश्रण}}}{(C_V)_{\text{मिश्रण}}} = \frac{n_1 C_{P1} + n_2 C_{P2}}{n_1 C_{V1} + n_2 C_{V1}}$

(viii) $\gamma = \frac{C_p}{C_V} = \frac{\left[\frac{5}{2} + f\right] R}{\left[\frac{3}{2} + f\right] R}$

(ix) वायु के लिए (द्विपरमाणुक गैस, $O_2 + N_2$ का मिश्रण मानकर) $\gamma = 1.4$ होता है।

ऊष्मागतिकी

विज्ञान की वह शाखा जिसमें ऊष्मीय ऊर्जा का अन्य प्रकार की ऊर्जाओं से सम्बन्ध का अध्ययन किया जाता है, ऊष्मागतिकी कहलाता है।

आन्तरिक ऊर्जा

किसी पदार्थ के अणु में संचित ऊर्जा की कुल मात्रा को उस पदार्थ की आन्तरिक ऊर्जा कहते हैं। इसे U से प्रदर्शित करते हैं।

ऊष्मागतिक निकाय

वह निकाय जिसकी अवस्था को दाब, आयतन व ताप के पदों में व्यक्त किया जा सके ऊष्मागतिक निकाय कहलाता है।

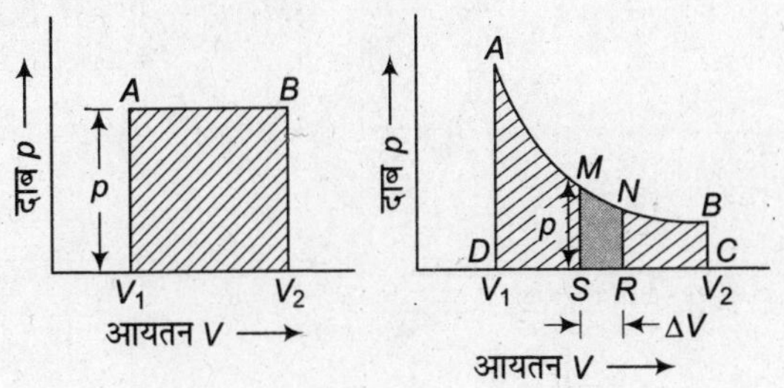

ऊष्मागतिक निकाय द्वारा कृत कार्य

किसी ऊष्मा गतिक निकाय द्वारा किया गया कार्य निम्न सूत्र से दिया जाता है।

$$\Delta W = p \times \Delta V$$

इस प्रकार p-V वक्र तथा आयतन-अक्ष से घिरे क्षेत्रफल से गैस अथवा किसी भी निकाय द्वारा किया गया कार्य सीधे प्राप्त हो जाता है।

किसी प्रक्रम में निकाय द्वारा अथवा निकाय पर किए गए कार्य का मान, न केवल निकाय की प्रारम्भिक तथा अन्तिम अवस्थाओं पर ही निर्भर करता है, बल्कि उस मार्ग पर भी निर्भर करता है जिसके द्वारा वह प्रक्रम किया जाता है।

चक्रीय प्रक्रम (Cyclic Process) में किया गया कार्य

जब कोई निकाय विभिन्न अवस्थाओं से गुजरता हुआ अपनी प्रारम्भिक अवस्था में लौट आता है, तो उसे चक्रीय प्रक्रम कहते हैं।

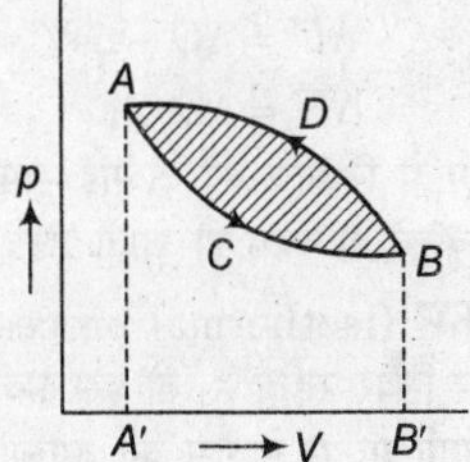

निकाय द्वारा किया गया नेट कार्य अथवा निकाय पर किया गया नेट कार्य, वक्र से घिरे क्षेत्रफल के बराबर होगा।

यदि दाब-आयतन वक्र का अनुरेखण (tracing) दक्षिणावर्त (clockwise) दिशा में होता है, तो नेट कार्य निकाय द्वारा किया जाता है। यदि अनुरेखण वामावर्त (anti-clockwise) दिशा में होता है, तो नेट कार्य निकाय पर किया जाता है। चित्र में $p-V$ वक्र का अनुरेखण वामावर्त दिशा में है; अत: नेट कार्य गैस पर किया गया है।

ऊष्मागतिकी का शून्यवाँ नियम

जब दो निकाय किसी तीसरे निकाय के साथ अलग-अलग तापीय साम्यावस्था में हैं, तो वे परस्पर भी तापीय साम्यावस्था में होंगे।

अत: यदि A व B, C के साथ तापीय साम्यावस्था में है।

अत: $T_A = T_C$ तथा $T_B = T_C$ तो A व B भी तापीय साम्यावस्था में होंगे, अर्थात् $T_A = T_B$

ऊष्मागतिकी का प्रथम नियम

''किसी निकाय को दी गई ऊष्मा दो कार्यों में व्यय होती है, आन्तरिक ऊर्जा बढ़ाने में तथा बाह्य कार्य के विरुद्ध अथवा बाह्य कार्य करने में''।

अत: $dQ = dU + dW$

कुछ ऊष्मागतिकी प्रक्रम

(i) **चक्रीय प्रक्रम** (Cyclic Process) यदि किसी प्रक्रम के दौरान निकाय विभिन्न अवस्थाओं से होता हुआ अपनी प्रारम्भिक स्थिति में आ जाता है, तो इस प्रकार के प्रक्रम को चक्रीय प्रक्रम कहते हैं। चक्रीय प्रक्रम में $\Delta U = 0$। अत: ऊष्मागतिकी के प्रथम नियम से,

$$\Delta U = \Delta Q - \Delta W$$

$$0 = \Delta Q - \Delta W$$

या $$\Delta Q = \Delta W$$

अत: किसी चक्रीय प्रक्रम में निकाय को दी गई ऊष्मा, निकाय द्वारा किए गए नेट कार्य के बराबर होती है।

(ii) **विलगित निकाय** (Isolated System) ऐसा निकाय जो न तो कार्य कर सकता है और न ही बाह्य वातावरण से ऊष्मा का आदान-प्रदान कर सकता है, विलगित निकाय कहलाता है। विलगित निकाय के लिए

$$\Delta Q = \Delta W = 0$$

अत: $$\Delta U = \Delta Q - \Delta W = 0$$

अत: एक विलग निकाय की आन्तरिक ऊर्जा स्थिर रहती है।

(iii) **समदाबीय प्रक्रम** (Isobaric process) ऐसा प्रक्रम जिसके दौरान दाब स्थिर रहता है, समदाबीय प्रक्रम कहलाता है।

(iv) **समआयतनिक प्रक्रम** (Isochoric process) यदि किसी प्रक्रम के दौरान निकाय का आयतन स्थिर रहता है तब वह प्रक्रम समआयतनिक प्रक्रम कहलाता है। समआयतनिक प्रक्रम के लिए

$\Delta W = 0$

अत: $$\Delta U = \Delta Q - \Delta W = \Delta Q - 0$$

$\Rightarrow$ $$\Delta U = \Delta Q$$

अत: ऐसे प्रक्रम में निकाय को दी गई समस्त ऊष्मा निकाय की आन्तरिक ऊर्जा में वृद्धि करने में व्यय हो जाती है।

(v) **समतापी प्रक्रम** (Isothermal process) यदि किसी प्रक्रम के दौरान निकाय का ताप स्थिर रहता है, तो इस प्रकार के प्रक्रम को समतापी प्रक्रम कहते हैं। समतापी प्रक्रम में गैस की आन्तरिक ऊर्जा में कोई परिवर्तन नहीं होता।

अर्थात् $$\Delta U = 0$$

अत: $$\Delta U = \Delta Q - \Delta W$$

$\Rightarrow$ $$\Delta Q = \Delta W$$

अत: समतापी प्रक्रम में गैस द्वारा ली गई समस्त ऊष्मा, गैस द्वारा कार्य करने में व्यय होती है। यह निकाय केवल आदर्श गैस के लिए ही सत्य है। समतापी प्रक्रम में बॉयल के नियम का पालन होता है।

$$pV = \text{नियतांक}$$

समतापी प्रक्रम में आदर्श गैस द्वारा कृत कार्य

$$W = 2.3026\,\mu RT \log_{10}\frac{V_f}{V_i}$$

$$= 2.3026\,\mu RT \log_{10}\frac{p_i}{p_f}$$

(vi) **रुद्धोष्म प्रक्रम** (Adiabatic process) यदि किसी प्रक्रम के दौरान निकाय व वातावरण के बीच ऊष्मा का आदान-प्रदान नहीं होता, तब इस प्रकार के प्रक्रम को रुद्धोष्म प्रक्रम कहते हैं।

अत: $$\Delta U = 0 - \Delta W \qquad (\because \Delta Q = 0)$$

$\Rightarrow$ $$\Delta U = -\Delta W$$

अत: रुद्धोष्म प्रक्रम में यदि कार्य निकाय पर किया जाता है (अर्थात् ΔW ऋणात्मक है), तब

$$\Delta U = -(-\Delta W) = \Delta W$$

इसके विपरीत यदि कार्य निकाय द्वारा किया जाता है।

(अर्थात् W धनात्मक है) तब,

$$\Delta U = -(+\Delta W)$$
$$= -\Delta W$$

रुद्धोष्म प्रक्रम के लिए,

$$pV^\gamma = \text{नियतांक}$$

इसे **पॉयसन का नियम** कहते हैं

रुद्धोष्म प्रक्रम में निम्न अवस्था समीकरणें लागू होती हैं।

$$TV^{\gamma-1} = \text{नियतांक}$$
$$p^{1-\gamma}T^\gamma = \text{नियतांक}$$
$$pd^{-\gamma} = \text{नियतांक}$$
$$\frac{T}{d^{\gamma-1}} = \text{नियतांक}$$

यहाँ d गैस का घनत्व है।

रुद्धोष्म प्रक्रम में किया गया कार्य,

$$W = \frac{\mu R}{(\gamma - 1)}(T_i - T_f)$$

या $$W = \frac{\mu(p_iV_i - p_fV_f)}{(\gamma - 1)}$$

समतापी तथा रुद्धोष्म वक्र

समतापी परिवर्तन में गैस के निश्चित द्रव्यमान के दाब p व आयतन V के बीच खींचे गए ग्राफ को समतापी वक्र तथा रुद्धोष्म परिवर्तन में गैस के दाब p व आयतन V के बीच खीचे गए ग्राफ को रुद्धोष्म वक्र कहते हैं।

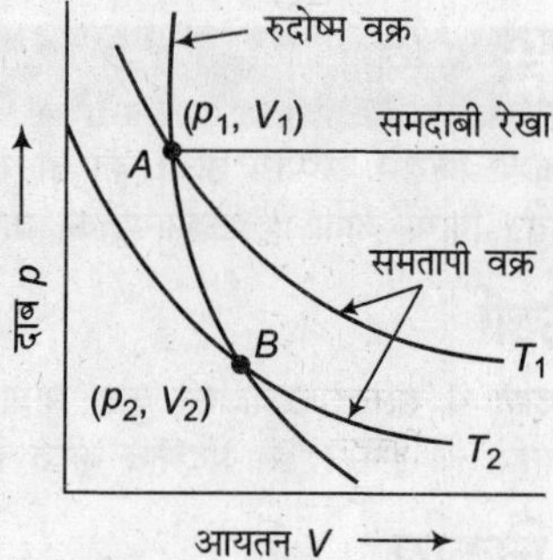

विभिन्न प्रकार के प्रक्रमों में ऊष्मागतिकी के प्रथम नियम का उपयोग

क्र.सं.	परिवर्तन या प्रक्रम का नाम	समदाबीय	समआयतनिक	समतापीय	रुद्धोष्म
1.	परिभाषा	$p =$ नियत	$V =$ नियत	$T =$ नियत	(a) $Q =$ नियत, (b) एन्ट्रॉपी $S =$ नियत
2.	dQ	(a) ठोसों के लिए $dQ = mC_p dT$, (b) गैसों के लिए $dQ = mC_p dT$ $= nC_p dT$ (c) अवस्था परिवर्तन के लिए $dQ = mL$	(a) ठोसों के लिए $dQ = mC_V dT$, (b) गैसों के लिए $dQ = nC_V dT$	$dQ = dW$	शून्य
3.	dU	(a) $dQ - pdV$ (b) $dQ - nRdT$	dQ	शून्य	$-dW$
4.	dW	(a) pdV, (b) $nRdT$	शून्य	(a) $2.303\, nRT \log_{10} \frac{V_2}{V_1}$ (b) $2.303\, p_1V_1 \log_{10} \frac{V_2}{V_1}$ (c) $2.303\, p_1V_1 \log_{10} \frac{p_1}{p_2}$	(a) $\frac{R(T_2 - T_1)}{(1-\gamma)}$ (b) $\frac{p_2V_2 - p_1V_1}{(1-\gamma)}$
5.	अवस्था समीकरण	$\frac{V}{T} =$ नियतांक, या $\frac{V_1}{T_1} = \frac{V_2}{T_2}$	$\frac{p}{T} =$ नियतांक, या $\frac{p_1}{T_1} = \frac{p_2}{T_2}$	$pV =$ नियतांक, या $p_1V_1 = p_2V_2$	(i) $pV^\gamma =$ नियतांक (ii) $TV^{\gamma-1} =$ नियतांक (iii) $p^{1-\gamma} V^\gamma =$ नियतांक
6.	$p-V$ वक्र का ढ़ाल	शून्य	∞	$-\frac{p}{V}$	$\frac{-\gamma p}{V}$
7.	प्रयुक्त नियम	चार्ल्स का नियम	गेलूसेक का नियम	बॉयल का नियम	प्वाइसन का नियम
8.	प्रथम नियम का स्वरूप	$dQ = dU + dW$ $= nC_V dT + pdV$	$dQ = dU = nC_V dT$	$dQ = dW = pdV$	(i) $dW = -dU$ (ii) $dU = -dW$
9.	आयतन प्रत्यास्थता गुणांक	शून्य	अनन्त	$-p$	$-\gamma p$
10.	कार्य का अधिकतम परिणाम	अधिकतम	शून्य	समदाबीय से कम परन्तु रुद्धोष्म से अधिक	न्यूनतम लेकिन शून्य नहीं
11.	आवश्यक शर्तें	बेलन की दीवारें तथा पिस्टन दृढ़ होने चाहिए।	बेलन की दीवारें तथा पिस्टन दृढ़ होने चाहिए।	(i) परिवर्तन धीरे-धीरे होने चाहिए।, (ii) बेलन की दीवारें ऊष्मा की सुचालक होनी चाहिए।	(i) परिवर्तन तेजी से (अचानक) होने चाहिए।, (ii) बेलन की दीवारें ऊष्मा की कुचालक होनी चाहिए।

ऊष्मा का संचरण एवं चालन

ऊष्मा के एक स्थान से दूसरे स्थान तक जाने को ऊष्मा का संचरण कहते हैं। ऊष्मा के संचरण की निम्नलिखित विधियाँ हैं

(i) चालन

ऊष्मा के संचरण की वह प्रक्रिया जिसमें ऊष्मा, पदार्थ के एक कण से दूसरे कण में जाती है, परन्तु कोई भी कण अपना स्थान नहीं छोड़ता, चालन कहलाती है। प्राय: सभी ठोसों में ऊष्मा का प्रवाह चालन विधि से होता है।

चालक

जिन पदार्थों में ऊष्मा का चालन सरलता से हो जाता है उन्हें ऊष्मा के अच्छे चालक कहते हैं; जैसे धातु, अम्लीय जल, मानव शरीर आदि ऊष्मा के अच्छे चालक हैं।

कुचालक

जिन पदार्थों में ऊष्मा का चालन सरलता से नहीं होता या बहुत कम होता है उन्हें कुचालक कहते हैं। लकड़ी, काँच, वायु, गैसें, सिलिका, कपड़ा, ऊन, रबर आदि ऊष्मा के कुचालक है। बुरे चालक अच्छे रोधी/रोधक होते हैं।

(ii) संवहन

ऊष्मा के संचरण की वह प्रक्रिया जिसमें पदार्थ के कण ऊष्मा स्रोत से ऊष्मा लेकर अन्य भागों में चले जाते हैं व उनके स्थान पर नए कण आ जाते हैं, संवहन कहलाती है। प्राय: सभी द्रवों में ऊष्मा का प्रवाह संवहन विधि से होता है।

संवहन धारा

संवहन विधि में द्रव एवं गैस के गर्म कणों के हल्के होकर ऊपर उठकर ठण्डे भाग की ओर जाने तथा इनके स्थान पर ठण्डे कणों के आने से ऊष्मा के प्रवाह को संवहन धाराएँ कहते हैं। इसमें ऊर्ध्वाधरत: तापान्तर होने के कारण संवहन धाराओं द्वारा ऊष्मा पृथ्वी नीचे से ऊपर की ओर होता है। पृथ्वी का वायुमण्डल संवहन विधि से गर्म होता है।

(iii) विकिरण

ऊष्मा के संचरण की वह प्रक्रिया जिसमें ऊष्मा के संचरण के लिए किसी माध्यम की आवश्यकता नहीं होती, विकिरण कहलाती है। सूर्य से पृथ्वी तक ऊष्मा का संचरण विकिरण विधि से होता है।

यह विकिरण विद्युत चुम्बकीय तरंगों के रूप में प्राप्त होता है। यह विभिन्न तरंगों से मिलकर बना होता है।

1. **रेडियों तरंगें** (Radio waves) रेडियों तरंगों की तरंगदैर्ध्य 10^5 मी से 0.1 मी तक होती है। ये रेडियों तथा टी.वी. संचरण में प्रयुक्त होती है। इनका आविष्कार 1895 ई. में मारकोनी ने किया था।
2. **सूक्ष्म अथवा माइक्रो तरंगें** (Micro waves) इनकी तरंगदैर्ध्य 1 मी से 10^{-4} मी तक होती है। इनकी कम तरंगदैर्ध्य होने के कारण ये रडार में, उपग्रहों तथा लम्बी दूरी वाले बेतार संचार में तथा माइक्रोवेव ओवन में प्रयुक्त होती है। इनका आविष्कार 1888 ई. में हर्ट्ज ने किया था।
3. **अवरक्त अथवा ऊष्मीय तरंग** (Infrared or heat waves) इनकी तरंगदैर्ध्य 10^{-3} मी से 7×10^{-7} मी (दृश्य प्रकाश की सबसे बड़ी तरंगदैर्ध्य) तक होती हैं ये तरंगें अधिकतर पदार्थों द्वारा अवशोषित हो जाती है तथा परिणामत: इनका ताप बढ़ जाता है। यह तरंगें काँच द्वारा अवशोषित पौध घरों में पौधों को गर्म रखने में, कोहरे व धुन्ध के पार देखने में, *IR* फोटोग्राफी में, रिमोट कन्ट्रोल में, शरीर के भागों को सिकाई करने में प्रयोग की जाती है। इनका आविष्कार 1800 ई. में हरशैल ने किया था।
4. **दृश्य प्रकाश** (Visible light) यह विद्युत चुम्बकीय तरंगों का सबसे परिचित (most familar) रूप है। इन्हें मानव नेत्रों द्वारा देखा जा सकता है। इनका तरंगदैर्ध्य क्रम 7×10^{-7} मी (लाल) में 4×10^{-7} मी (बैंगनी) तक होता है। मानव नेत्र की अधिकतम संवेदिता (sensitivity) 5.5×10^{-7} मी तरंगदैर्ध्य पर होती है। इनका आविष्कार न्यूटन ने 1666 ई. किया था।
5. **पराबैंगनी किरणें** (Ultraviolet rays) इन तरंगों का तरंगदैर्ध्य क्रम 4×10^{-7} मी से 10^{-9} मी तक है। सूर्य पराबैंगनी प्रकाश (UV) का एक महत्त्वपूर्ण स्रोत है। सूर्य का अधिकतम पराबैंगनी प्रकाश वायुमण्डल की ओजोन परत (ozone layer) द्वारा अवशोषित हो जाता है। इनमें γ-किरणों वाले सभी गुण होते हैं परन्तु भेदन क्षमता बहुत कम होती है। ये किरणें अदृश्य लिखाई, नकली दस्तावेजों, अँगुली के निशानों का पता लगाने में, खाने की वस्तुओं के संरक्षण में, कीड़े मारने तथा प्रकाश संश्लेषण में प्रयुक्त होती है। इनका आविष्कार 1801 ई. में रिटर ने किया था।
6. **X-किरणें** (X-Rays) चिकित्सा अनुप्रयोगों (medical applications) के कारण, हम इन किरणों से भली भाँति परिचित है। इनकी तरंगदैर्ध्य परास 10^{-8} मी से 10^{-12} मी तक होती है। इनमें γ- किरणों वाले सभी गुण है, परन्तु भेदन क्षमता कम है। शरीर में टूटी-हड्डी एवं मूल्यवान वस्तु का पता लगाने में तथा परमाणु के भीतरी इलेक्ट्रॉन कोश की संरचना जानने में इनका प्रयोग होता है। 1895 ई. में रोन्जेन ने X-किरणों का आविष्कार किया था।
7. **गामा-किरणें** (Gamma Rays) ये रेडियोएक्टिव नाभिकों द्वारा उत्सर्जित होती हैं। इन किरणों की तरंगदैर्ध्य 10^{-10} मी से 10^{-14} मी तक होती है। इनकी विभेदन क्षमता बहुत अधिक है। ये किरणें कैंसर के इलाज के लिए प्रयुक्त होती है। इनका आविष्कार 1896 ई. में बैकुरल एवं क्यूरी ने किया था।

ताप प्रवणता

दो समतापी पृष्ठों के बीच की दूरी के साथ ताप के परिवर्तन की दर को ताप प्रवणता कहते हैं। इसका मात्रक °C/मी है।

यदि दो समतापी पृष्ठों के ताप क्रमश: θ व $\theta - \Delta\theta$ हों तथा उनके बीच की लम्बवत् दूरी Δx हो, तो उनके बीच ताप प्रवणता

$$= \frac{\text{ताप परिवर्तन}}{\text{लम्बवत् दूरी}} = \frac{(\theta - \Delta\theta) - \theta}{\Delta x} = -\frac{\Delta\theta}{\Delta x}$$

ऊष्मा चालकता गुणांक

किसी पदार्थ का ऊष्मा चालकता गुणांक, ऊष्मा की वह मात्रा है, जो स्थायी अवस्था में उस पदार्थ की 1 मी लम्बी तथा 1 मी^{2} अनुप्रस्थ-क्षेत्रफल की छड़ में, 1 सेकण्ड में प्रवाहित होती है, जबकि छड़ के दोनों सिरों का तापान्तर 1°C है व ऊष्मा का संचरण छड़ के सिरों के लम्बवत् है।

ऊष्मा चालकता गुणांक, $K = \frac{Q \times d}{A \times \Delta\theta \times t}$

जहाँ Q = ऊष्मा की मात्रा, d = छड़ की लम्बाई

$\Delta\theta$ = छड़ के सिरों का तापान्तर

A = छड़ की अनुप्रस्थ-काट का क्षेत्रफल, t = समय

K का मात्रक किलो-कैलोरी/मी-सेकण्ड°C है।

ऊष्मीय प्रतिरोध

पदार्थ द्वारा ऊष्मा के प्रवाह में डाली गई रूकावट को पदार्थ का ऊष्मीय प्रतिरोध कहते हैं।

ऊष्मीय प्रतिरोध, $R = \dfrac{l}{KA} = \dfrac{\theta_1 - \theta_2}{H}$

जहाँ l = छड़ की लम्बाई, H = ऊष्मा प्रवाह की दर

$\theta_1 - \theta_2$ = तापान्तर

जब समान क्षेत्रफल की दो छड़ों को परस्पर मिलाकर रखा जाता है, तो दोनों छड़ों के अन्तरापृष्ठ का ताप

$$\theta = \frac{K_1\, \theta_1\, l_2 + K_2\, \theta_2\, l_1}{K_1\, l_2 + K_2\, l_1}$$

श्रेणी क्रम में रखी हुई दो छड़ों का तुल्य ऊष्मीय चालकता गुणांक

$$K = \frac{l_1 + l_2}{\dfrac{l_1}{K_1} + \dfrac{l_2}{K_2}}$$

समान्तर क्रम में रखी हुई दो छड़ों का तुल्य ऊष्मा चालकता गुणांक

$$K = \frac{K_1 A_1 + K_2 A_2}{A_1 + A_2}$$

उत्सर्जन क्षमता

किसी पृष्ठ के प्रति एकांक क्षेत्रफल से प्रति सेकण्ड उत्सर्जित कुल विकिरण ऊर्जा की मात्रा को उत्सर्जन क्षमता e कहते हैं। e का मान उत्सर्जित पृष्ठ की प्रकृति पर निर्भर करता है। इसका मात्रक जूल/मी^{2}-सेकण्ड है।

$$e = \int_0^{\infty} e_\lambda\, d\lambda$$

जहाँ e_λ पृष्ठ की तरंगदैर्ध्य λ पर स्पेक्ट्रमी उत्सर्जन क्षमता है।

अवशोषण क्षमता

किसी पृष्ठ द्वारा किसी समय में अवशोषित विकिरण-ऊर्जा की मात्रा तथा उसी समय में इस पर आपतित कुल विकिरण-ऊर्जा की मात्रा के अनुपात को पृष्ठ की अवशोषण क्षमता a कहते हैं। इसका कोई मात्रक नहीं है।

$$a = \int_0^{\infty} a_\lambda\, dQ$$

जहाँ a_λ, पृष्ठ की तरंगदैर्ध्य λ पर स्पेक्ट्रमी अवशोषण क्षमता है।

स्टीफन का नियम

किसी पृष्ठ के एकांक क्षेत्रफल से 1 सेकण्ड में उत्सर्जित होने वाली ऊष्मा की मात्रा, उस पृष्ठ के परम ताप के चतुर्थ घात के समानुपाती होती है।

$$E \propto T^4$$

या

$$E = \sigma T^4$$

यदि वातावरण का ताप T_0 है, तो

$$E = \sigma (T^4 - T_0^4)$$

जहाँ σ स्टीफन का नियतांक है, इसका मान 5.67×10^{-8} वाट/मी^{2}-K^4 होता है। वस्तु द्वारा परम ताप पर उत्सर्जित (ऊष्मा) की दर

$$R = \frac{dQ}{dt} = \sigma e A T^4$$

न्यूटन का शीतलन नियम

किसी वस्तु के ठण्डे होने की दर, उस वस्तु व वातावरण के तापान्तर के समानुपाती होती है।

ऊष्मा हानि की दर, $\dfrac{dQ}{dt} = -K(\theta - \theta_0)$

K = शीतलन नियतांक $= 4\,\sigma\, A\, \theta_0^3$

θ = वस्तु का ताप,

θ_0 = वस्तु के चारों ओर के वातावरण का ताप यदि कोई वस्तु t समय में θ_1 से θ_2 ताप तक ठण्डी होती है, तो

$$\frac{(\theta_1 - \theta_2)}{t} = K\left[\frac{\theta_1 + \theta_2}{2} - \theta_0\right]$$

न्यूटन के शीतलन के नियम की सीमाएँ

(i) ऊष्मा का ह्रास केवल काले तलों से होना चाहिए।

(ii) ऊष्मा की हानि केवल विकिरणों के द्वारा होनी चाहिए (चालन या संवहन द्वारा नहीं)

(iii) तापान्तर (तापाधिक्य) $(\theta - \theta_0)$ अधिक नहीं होना चाहिए अर्थात् $(\theta - \theta_0) \le 30 - 35°$

(iv) वस्तु का पृष्ठ क्षेत्रफल (A), उसकी प्रकृति तथा औसत ताप $\theta\left(\theta = \dfrac{\theta_1 + \theta_2}{2}\right)$ नियत रहने चाहिए।

(v) वायु शान्त (still) होनी चाहिए।

(vi) कम विशिष्ट ऊष्मा वाले ठोस अथवा द्रव तेजी से गर्म अथवा ठण्डे होते हैं। जबकि अधिक विशिष्ट ऊष्मा वाले धीरे-धीरे गर्म अथवा ठण्डे होते हैं।

(vii) शीतलन की दर या ऊष्मा क्षय की दर $\left(\dfrac{dQ}{dt}\right)$ तथा ताप क्षय की दर $\left(\dfrac{d\theta}{dt}\right)$ दो भिन्न-भिन्न राशियाँ हैं।

(viii) जैसे-जैसे वस्तु ठण्डी होती जाती है, शीतलन की दर कम होती जाती है।

(ix) R त्रिज्या, D घनत्व तथा S विशिष्ट ऊष्मा वाले ठोस गोले को θ ताप तक गर्म करके θ_0 ताप के परिवेश में रखकर ठण्डा होने पर उसके ताप पतन की दर $\dfrac{d\theta}{dt} \propto \dfrac{1}{RDS}$ होगी।

प्लांक की परिकल्पना

प्लांक के अनुसार किसी वस्तु से विकिरण का उत्सर्जन ऊर्जा के छोटे-छोटे बण्डलों के रूप में होता है, जिन्हें क्वाण्टा (quanta) या फोटॉन (photon) कहते हैं। प्रत्येक फोटॉन की ऊर्जा $E = h\nu$ होती है, जहाँ h प्लांक नियतांक तथा ν विकिरण की आवृत्ति है। इस प्रकार किसी वस्तु से विकिरण का उत्सर्जन $h\nu, 2h\nu, 3h\nu...$ के रूप में ही सम्भव है।

प्लांक के अनुसार,

$$E_\lambda\, d\lambda = \frac{8\,\pi\, hc\, d\lambda}{\lambda^5\, [e^{h\phi\lambda\, kT} - 1]}$$

जहाँ c = प्रकाश की चाल एवं k = वोल्टज्मैन नियतांक है। यह समीकरण **प्लांक का विकिरण नियम** कहलाती है। यह विकिरण के सभी तरंगदैर्ध्यों के लिए सत्य है एवं विकिरण के नियमों को पूर्णत: परिभाषित करता है।

कम तरंगदैर्ध्य के विकिरण के लिए $\left(\lambda << \frac{hc}{kT}\right)$ वीन का ऊर्जा वितरण नियम का स्वरूप प्राप्त होता है, जिसके अनुसार

$$E_\lambda \, d\lambda = \frac{A}{\lambda^5} e^{-B/\lambda T} \, d\lambda$$

अधिक तरंगदैर्ध्य के विकिरण के लिए $\left(\lambda >> \frac{hc}{kT}\right)$

रैलेजीन्स का ऊर्जा वितरण नियम का स्वरूप प्राप्त होता है। जिसके अनुसार, $E_\lambda \, d\lambda = \frac{8\pi kT}{\lambda^4} d\lambda$

सौर नियतांक (Solar Constant)

पृथ्वी के प्रति एकांक क्षेत्रफल पर प्रति-सेकण्ड अभिलम्बवत् आपतित सौर ऊर्जा की मात्रा, सौर नियतांक (S) कहलाती है।

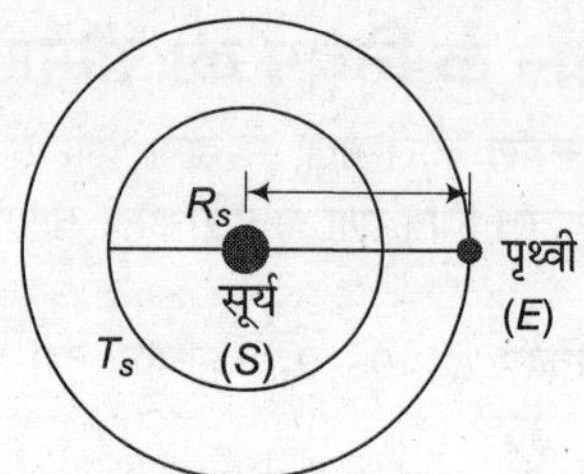

$$S = \frac{\sigma T_s^2 R_s^2}{l^2}$$

जहाँ R_s = सूर्य की त्रिज्या, T_s = सूर्य का ताप

l = पृथ्वी तथा सूर्य के बीच की दूरी

σ = स्टीफन नियतांक

सौर नियतांक S का मान 1340 वाट/मी^{2} या 2 कैलोरी/सेमी^{2}- मिनट होता है।

आदर्श कृष्णिका

1. आदर्श कृष्णिका, वह वस्तु है, जो अपने पृष्ठ पर आपतित सभी विकिरणों को पूर्णत: अवशोषित कर लेती है।
2. वह वस्तु जिसकी अवशोषण क्षमता (a) तथा एकवर्णी अवशोषण क्षमता (a_λ) एकांक हो या 100% हो आदर्श कृष्णिका कहलाती है।
3. वह वस्तु जो ताप दीप्त (बहुत अधिक ताप) होने पर कम तरंगदैर्ध्य के विकिरणों को उत्सर्जित करती है, आदर्श कृष्णिका कहलाती है; जैसे—सूर्य।
4. आदर्श कृष्णिका का रंग काला होना आवश्यक नहीं है।
5. प्रकृति में कोई भी वस्तु ऐसी नहीं है, जिसका अवशोषण गुणांक एकांक हो, फिर भी प्लेटिनम, कागज व दीप काजल (लैम्प ब्लैक) को आदर्श कृष्णिका मान सकते हैं, क्योंकि इसके लिए a का मान लगभग एक के बराबर होता है।
6. आदर्श कृष्णिका के लिए परावर्तन तथा पारगमन गुणांक शून्य होते हैं।
7. कृष्णिका से उत्सर्जित विकिरण की प्रकृति उसके घनत्व, द्रव्यमान, आकार तथा वस्तु की प्रकृति पर निर्भर न होकर केवल उसके ताप पर निर्भर करती है।

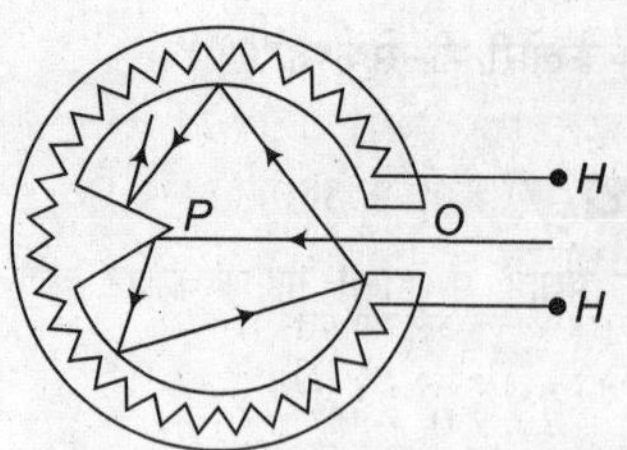

8. कृष्णिका के भीतर रखी वस्तु द्वारा उत्सर्जित विकिरण की प्रकृति कृष्णिका से उत्सर्जित विकिरणों जैसी ही होती है।
9. किसी एकसमान ताप वाले बन्द बर्तन के भीतर विकिरण में सभी सम्भव तरंगदैर्ध्य होती हैं, इसे सम्पूर्ण विकिरण कहते हैं। यदि इसके अन्दर एक आदर्श कृष्णिका रखी हो तो वह विकिरण का पूर्णत: अवशोषण करेगी।
10. आदर्श कृष्णिका के विकिरणों को श्वेत विकिरण भी कहते हैं, क्योंकि गर्म करने पर वह समस्त तरंगदैर्ध्य वाले विकिरणों को उत्सर्जित करती है।
11. आदर्श कृष्णिका का उत्सर्जन स्पेक्ट्रम सतत होता है, इसलिए प्रकृति में उपलब्ध समस्त सतत उत्सर्जन स्पेक्ट्रम वाली वस्तुएँ भी आदर्श कृष्णिका होंगी।

किरचॉफ का नियम

एक निश्चित ताप पर दी हुई तरंगदैर्ध्य के लिए सभी वस्तुओं की उत्सर्जन क्षमता (e_λ) तथा अवशोषण क्षमता (a_λ) की निष्पत्ति एक नियतांक होती है तथा यह उसी ताप पर एक आदर्श कृष्णिका की उत्सर्जन-क्षमता के बराबर होती है। अत:

$$\frac{e_\lambda}{a_\lambda} = \text{नियतांक} = E_\lambda$$

अच्छे अवशोषक, अच्छे उत्सर्जक भी होते हैं। यह भी किरचॉफ के नियम का ही एक रूप है।

जो वस्तु जिन तरंगदैर्ध्य के विकिरणों को कम ताप पर अवशोषित करती है, ताप दीप्त होने पर उच्च ताप पर उन्हीं तरंगदैर्ध्य के विकिरणों को उत्सर्जित भी करेगी।

वीन का विस्थापन नियम

इस नियम के अनुसार, किसी विशेष परम ताप पर आदर्श कृष्णिका की अधिकतम ऊर्जा के संगत तरंगदैर्ध्य व ताप का गुणनफल नियतांक होता है

अर्थात् $\lambda_m T$ = नियतांक $= b$

जहाँ नियतांक (b) का मान 2.9×10^{-3} मी-K है।

इस नियम के अनुसार, कृष्णिका का ताप बढ़ाने पर कृष्णिका से उत्सर्जित अधिकतम ऊर्जा-विकिरण निम्नतम तरंगदैर्ध्य की ओर विस्थापित हो जाता है।

λ_m व T में निम्न प्रकार का ग्राफ प्राप्त होता है।

अधिकतम विकिरणों के संगत आवृत्ति (ν_{max}) कृष्णिका के परम ताप के अनुक्रमानुपाती होती है।

$$\nu_{max} \propto T$$

वस्तुनिष्ठ प्रश्न

1. किसी प्रत्यास्थ पदार्थ में अनुदैर्ध्य वृद्धि अत्यन्त सूक्ष्म है, इसमें प्रेक्ष्य (appreciable) परिवर्तन के लिये पदार्थ का रूप होना चाहिए

(a) किसी भी अनुप्रस्थ क्षेत्रफल का पतला पिण्ड
(b) किसी भी कटान क्षेत्रफल का मोटा पिण्ड
(c) लम्बा व पतला तार
(d) छोटा व पतला तार

2. सामान्यत: विभिन्न पदार्थों के यंग गुणांक पर ताप का प्रभाव होता है

(a) ताप में वृद्धि होने पर यह बढ़ता है
(b) स्थिर रहता है
(c) ताप में वृद्धि होने पर यह कम होता है
(d) ताप के साथ कभी बढ़ता है कभी कम होता है

3. एक चक्राकार स्प्रिंग को, इससे जुड़े हुए एक भार द्वारा खींचा जाता है, विकृति होगी

(a) अपरूपण (b) प्रत्यास्थ
(c) खींचने वाली (d) बल्क

4. यदि स्टील के एक तार का अनुप्रस्थ क्षेत्रफल 1 सेमी^{2} हो, तो इसकी लम्बाई को तीन गुना करने के लिए कितना बल चाहिए? ($Y = 2 \times 10^{11}$ न्यूटन/मी^{2})

(a) 4×10^{11} न्यूटन (b) 6×10^{7} न्यूटन
(c) 2×10^{11} न्यूटन (d) 4×10^{7} न्यूटन

5. वायुमण्डलीय दाब पर एक आदर्श गैस का समतापीय आयतन प्रत्यास्थता गुणांक होता है

(a) 1.03×10^{5} न्यूटन/मी^{2}
(b) 1.03×10^{4} न्यूटन/मी^{2}
(c) 1.03×10^{10} न्यूटन/मी^{2}
(d) 1.03×10^{11} न्यूटन/मी^{2}

6. स्टील की एक छड़, जिसकी लम्बाई l, कटान का क्षेत्रफल A यंग गुणांक Y व रेखीय प्रसार गुणांक α है, को $t°C$ से गर्म किया जाता है, गर्म करने पर छड़ द्वारा किया जा सकने वाला कार्य होगा

(a) $(YA\alpha t) \times (l\alpha t)$
(b) $\frac{1}{2}(YA\alpha t)(l\alpha t)$
(c) $\frac{1}{2}(YA\alpha t) \times \frac{1}{2}(l\alpha t)$
(d) $2(YA\alpha t) \times (l\alpha t)$

7. Y, η व σ में सम्बन्ध है

(a) $Y = 2\eta(1+\sigma)$ (b) $\eta = 2Y(1+\sigma)$
(c) $\sigma = \frac{2Y}{(1+\sigma)}$ (d) $Y = \eta(1+\sigma)$

8. निम्नलिखित में से किसकी संपीड्यता अधिक होगी?

(a) ठोस की (b) द्रव की
(c) गैस की (d) इनमें से कोई नहीं

9. किसी खिचे तार की प्रति एकांक आयतन की स्थितिज ऊर्जा होती है

(a) प्रतिबल × विकृति
(b) $\frac{1}{2} \times \frac{\text{प्रतिबल}}{\text{विकृति}}$
(c) $\frac{1}{2} \times$ यंग प्रत्यास्थता गुणांक × विकृति^{2}
(d) $\frac{1}{2} \times$ यंग प्रत्यास्थता गुणांक × विकृति

10. रबर की एक गेंद को किसी गहरी झील में 200 मी गहराई पर ले जाने पर उसके आयतन में 0.1% की कमी हो जाती है। रबड़ के आयतन प्रत्यास्थता गुणांक का मान होगा (झील के जल का घनत्व $= 1 \times 10^3$ किग्रा/मी^{3} तथा $g = 10$ मी/से^{2})

(a) 2×10^{9} न्यूटन/मी^{2}
(b) 1.0×10^{9} न्यूटन/मी^{2}
(c) 4×10^{9} न्यूटन/मी^{2}
(d) 0.5×10^{9} न्यूटन/मी^{2}

11. 4.0 मी लम्बे तथा 1.2 सेमी^{2} अनुप्रस्थ-काट वाले ताँबे के तार को 4.8×10^3 न्यूटन बल द्वारा खींचा जाता है। यदि ताँबे के लिए यंग गुणांक $Y = 1.2 \times 10^{11}$ न्यूटन/मी^{2} हो, तो प्रतिबल तथा विकृति के मान क्रमश: होंगे

(a) 4.0×10^{7} न्यूटन/मी^{2}, 3.3×10^{-4}
(b) 4.0×10^{9} न्यूटन/मी^{2}, 3.3×10^{-5}
(c) 4.0×10^{5} न्यूटन/मी^{2}, 3.3×10^{-3}
(d) 4.0×10^{3} न्यूटन/मी^{2}, 3.3×10^{-6}

12. एक धातु के तार पर एक भार लटकाया गया है। यदि α अनुदैर्ध्य विकृति तथा Y यंग मापांक गुणांक है, तो प्रत्यास्थ स्थितिज ऊर्जा प्रति एकांक आयतन होगा

(a) $2\alpha Y^2$ (b) $\frac{\alpha^2}{2Y}$
(c) $\frac{1}{2}\frac{Y}{\alpha^2}$ (d) $\frac{1}{2}Y\alpha^2$

13. एक धातु का आयतन प्रत्यास्थता गुणांक 10^{10} न्यूटन/मी^{2} तथा पॉयसन निष्पत्ति 0.20 है। यदि अणुओं के मध्य औसत दूरी 3 Å है, तो अन्तरआण्विक बल नियतांक होगा

(a) 5.4 न्यूटन/मी (b) 7.5 न्यूटन/मी
(c) 3.6 न्यूटन/मी (d) 36 न्यूटन/मी

14. एक धातु की छड़ का यंग मापांक 2×10^{11} न्यूटन/मी^{2} है। यदि छड़ में 0.5% की विकृति होती है, तो छड़ में ऊर्जा प्रति एकांक आयतन एकत्र होगी

(a) 0.5×10^{11} न्यूटन/मी^{3}
(b) 2.5×10^{8} जूल/मी^{3}
(c) 2.5×10^{6} जूल/मी^{3}
(d) 5×10^{8} जूल/मी^{3}

15. धातु का यंग मापांक 1.2×10^{11} न्यूटन/मी^{2} है तथा इसका अन्तरआण्विक बल नियतांक 3.6×10^{-9} न्यूटन/Å है। परमाणु के मध्य औसत दूरी होगी

(a) 3×10^{-10} मी
(b) 4.32×10^{-20} मी
(c) 3 Å
(d) 15 Å

16. तैरते हुए पिण्ड के स्थायी सन्तुलन के लिए, इसका प्लवन केन्द्र होना चाहिए

(a) इसके गुरुत्व केन्द्र से ऊर्ध्वाधर दिशा में ऊपर
(b) इसके गुरुत्व केन्द्र से ऊर्ध्वाधर नीचे
(c) इसके गुरुत्व केन्द्र के साथ क्षैतिज रेखा पर
(d) कहीं भी हो सकता है

17. एक टैंक में 10^3 किग्रा/मी^{3} घनत्व वाला जल भरा है। टैंक के पेंदे में दाब 3 वायुमण्डलीय दाब के बराबर है। यदि तली में छेद कर दिया जाए, तो जल के बहि:स्राव का वेग होगा (1 वायुमण्डलीय दाब $= 10^5$ न्यूटन/मी^{2})

(a) $\sqrt{500}$ मी/से
(b) $\sqrt{600}$ मी/से
(c) $\sqrt{400}$ मी/से
(d) $\sqrt{100}$ मी/से

18. यदि गुरुत्वीय प्रभाव कम हुआ होता, आपके विचार में, निम्न में कौन-से बल किस प्रकार प्रभावित हुए होते?

(a) श्यान बल
(b) आर्किमिडीज का ऊपर की ओर का बल
(c) स्थिर विद्युत बल
(d) नाभिकीय

19. साबुन के दो बुलबुले जिनकी त्रिज्यायें r_1 तथा r_2, $(r_1 > r_2)$ हैं, मिलकर एक हो जाते हैं। उनके उभयनिष्ठ पृष्ठ की त्रिज्या R होगी

(a) $\frac{r_1 r_2}{r_1 + r_2}$
(b) $\frac{r_1 r_2}{r_2 - r_1}$
(c) $r_1 - r_2$
(d) $r_1 + r_2$

20. एक केशनली में जल एक निश्चित ऊँचाई तक इस प्रकार चढ़ता है कि पृष्ठ तनाव के कारण अधोमुखी बल, द्रव के भार के कारण लगने वाले बल 7.5×10^{-4} न्यूटन से सन्तुलित हो जाता है। यदि जल का पृष्ठ तनाव 6×10^{-2} न्यूटन/मी हो, तो केशनली की आन्तरिक त्रिज्या होगी

(a) 0.5×10^{-2} मी (b) 1.25×10^{-2} मी
(c) 6.5×10^{-2} मी (d) 12.5×10^{-2} मी

21. साबुन के घोल में बने एक बुलबुले के अन्दर दाब की अधिकता p है, वायु में बने समान त्रिज्या के साबुन के बुलबुले के अन्दर दाब की अधिकता होगी

(a) p (b) $2p$
(c) $\frac{p}{2}$ (d) $4p$

22. गोली P का व्यास गोली Q के व्यास का आधा है। जल के भीतर उनके सीमान्त वेगों का अनुपात होगा

(a) 1 : 4 (b) 4 : 1
(c) 2 : 1 (d) 1 : 8

23. एक पिण्ड किसी द्रव में तैर रहा है (दोनों के घनत्व समान हैं), यदि पिण्ड को थोड़ा सा नीचे की ओर दबाकर छोड़ दिया जाए, तो यह पिण्ड

(a) दोलन करने लगेगा
(b) तली तक तैर जाएगा
(c) तुरन्त अपनी पूर्व स्थिति में लौट आएगा
(d) अपनी पूर्व अवस्था में धीरे-धीरे लौटेगा

24. R मिमी त्रिज्या वाली बारिश की एक बूँद का सीमान्त वेग होगा $\eta_{\text{वायु}} = 1.8 \times 10^{-5}$ न्यूटन-से/मी^{2},
$\rho_{\text{वायु}} = 1.2$ किग्रा/मी^{3},
$\rho_{\text{पानी}} = 10^3$ किग्रा/मी^{3},
$g = 10$ मी/से^{2})

(a) $1.2 R^2 \times 10^6$ मी/से
(b) $1.2 R^2 \times 10^7$ मी/से
(c) $123.3 R^2$ मी/से
(d) $1.2 R^2 \times 10^9$ मी/से

25. क्रान्तिक ताप पर, किसी द्रव का पृष्ठ तनाव

(a) शून्य होता है
(b) अनन्त होता है
(c) उतना ही होता है जितना कि अन्य किसी ताप पर होता है
(d) ज्ञात नहीं किया जा सकता

26. एक नियत दाब शीर्ष के अन्तर्गत किसी केशनली में द्रव की बहाव दर Q है। यदि नली का व्यास आधा तथा लम्बाई दोगुनी कर दी जाए, तो द्रव की नवीन बहाव दर होगी

(a) $\frac{Q}{4}$ (b) $\frac{Q}{8}$
(c) $\frac{Q}{32}$ (d) $16Q$

27. एक केशनली को द्रव में ऊर्ध्व डुबोया जाता है। यदि द्रव की सतह अर्द्ध गोलाकार है, तब स्पर्श कोण होगा

(a) $\theta = 90°$
(b) $\theta = 0°$
(c) $\theta > 90°$
(d) $\theta < 90°$ परन्तु शून्य नहीं

28. तार के एक आयताकार छल्ले पर 3 सेमी ×3 सेमी की साबुन की फिल्म बनी है। यदि फिल्म का आकार 3 सेमी ×4 सेमी पर दिया जाए, तो इस प्रक्रिया में किए गए कार्य का मान होगा
(साबुन के घोल का पृष्ठ तनाव 3×10^{-2} न्यूटन/मी)

(a) 1.8×10^{-5} जूल (b) 5.4×10^{-5} जूल
(c) 1.8×10^{-3} जूल (d) 5.4×10^{-3} जूल

29. एक केशनली में जल 2.0 सेमी ऊपर चढ़ता है। यदि एक अन्य केशनली की त्रिज्या इसकी एक-तिहाई हो, तो उसमें चढ़े जल की ऊँचाई होगी

(a) 8 सेमी (b) 6 सेमी
(c) 3 सेमी (d) 9 सेमी

30. पानी के भीतर 3 मी की गहराई पर लकड़ी का एक गुटका पकड़कर रखा गया है। लकड़ी का घनत्व 400 किग्रा/मी^{3} है। यदि गुटके को स्वतन्त्र कर दिया जाए, तो पानी की सतह की तरफ उसका त्वरण होगा

(a) $2g$ (b) $\frac{3}{2}g$ (c) g (d) $\frac{1}{2}g$

31. 1.0 मिमी त्रिज्या की पारे की एक बूँद, बराबर आयतन की 27 बूँदों में तोड़ दी जाती है। इसमें किया गया कार्य होगा (पारे का पृष्ठ तनाव 0.032 न्यूटन/मी है)

(a) 8×10^{-7} जूल (b) 4×10^{-7} जूल
(c) 16×10^{-7} जूल (d) 6×10^{-7} जूल

32. कृत्रिम उपग्रह में एक अन्तरिक्ष यात्री स्याही में पेन को डुबोकर पेन में स्याही भरने का प्रयास करता है। स्याही पेन में

(a) भरी जायेगी
(b) नहीं भरी जाएगी
(c) स्याही की श्यानता पर निर्भर करेगा
(d) कुछ कहा नहीं जा सकता

33. दो केशनलियाँ जिनके व्यास क्रमशः 5.0 मिमी तथा 4.0 मिमी हैं, एक-एक करके जल में खड़ी की जाती हैं। प्रत्येक में जल की ऊँचाइयाँ क्रमशः होंगी
(जल का पृष्ठ तनाव = 7.2×10^{-2} न्यूटन/मी)

(a) 5.6 मिमी, 7 मिमी
(b) 11.2 मिमी, 3.5 मिमी
(c) 7.6 मिमी, 5 मिमी
(d) 3.2 मिमी, 9 मिमी

34. जल पर तैरती एक सूईं की लम्बाई 2.5 सेमी है। सूईं को जल के तल से ऊपर उठाने के लिए सूईं के भार के अतिरिक्त कम से कम बल लगाना होगा
(जल का पृष्ठ तनाव = 7.2×10^{-4} न्यूटन/सेमी)

(a) 18×10^{-4} न्यूटन (b) 36×10^{-4} न्यूटन
(c) 18×10^{-5} न्यूटन (d) 36×10^{-6} न्यूटन

35. R त्रिज्या की बूँद को r त्रिज्या की n बूँदों में तोड़ने के लिए आवश्यक ऊर्जा होगी

(a) $4\pi T(nr^2 - R^2)$ (b) $\frac{4}{3}\pi(r^3 n - R^2)$
(c) $4\pi T(R^2 - nr^2)$ (d) $4\pi T(nr^2 + R^2)$

36. 0.05 मी त्रिज्या के साबुन के बुलबुले को फूंककर बनाने में किया गया कार्य
(साबुन के घोल का पृष्ठ तनाव $= 3 \times 10^{-2}$ न्यूटन/मी)

(a) 1.88×10^{-3} जूल (b) 1.88×10^{-4} जूल
(c) 18.8×10^{-3} जूल (d) 48.8×10^{-3} जूल

37. पारे की एक बूँद की कमरे के ताप पर त्रिज्या 3.00 मिमी है। उस ताप पर पारे का पृष्ठ तनाव 0.465 न्यूटन/मी है, बूँद के भीतर आधिक्य दाब तथा कुल दाब होगा
(वायुमण्डलीय दाब $= 1.01 \times 10^5$ न्यूटन/मी^{2})

(a) 310 न्यूटन/मी^{2}, 1.01×10^5 न्यूटन/मी^{2}
(b) 165 न्यूटन/मी^{2}, 1.9×10^5 न्यूटन/मी^{2}
(c) 620 न्यूटन/मी^{2}, 2.01×10^5 न्यूटन/मी^{2}
(d) 260 न्यूटन/मी^{2}, 2.9×10^5 न्यूटन/मी^{2}

38. एक केशनली में जल 10 सेमी की ऊँचाई तक चढ़ता है। यदि उतने ही व्यास की 8 सेमी लम्बी केशनली को जल में ऊर्ध्वाधर स्थिति में खड़ी करें, तो फव्वारा

(a) निकलेगा
(b) नहीं निकलेगा
(c) निकलेगा परन्तु बाद में रुक जाएगा
(d) कुछ कहा नहीं जा सकता

39. जल की छोटी-छोटी बूंदों से मिलकर एक बड़ी बूँद बनने की प्रक्रिया में निकाय की पृष्ठ ऊर्जा

(a) घटती है
(b) बढ़ती है
(c) अपरिवर्तित रहती है
(d) बढ़ या घट सकती है

40. जब r त्रिज्या की केशनली में जल h_1 ऊँचाई तक चढ़ता है, तो उस समय जल की स्थितिज ऊर्जा U_1 है। यदि $2r$ त्रिज्या की केशनली को उसी जल में डालने पर जल की स्थितिज ऊर्जा U_2 है, तो $\frac{U_1}{U_2}$ का मान होगा

(a) 1 : 2 (b) 4 : 1
(c) 1 : 4 (d) 1 : 1

41. एक काँच की छड़ को पारे में डुबोकर निकालने पर उससे पारा न चिपकने का कारण है

(a) आसंजक बल का अधिक होना
(b) पृष्ठ तनाव का अनन्त होना
(c) पारे के घनत्व का कम होना
(d) ससंजक बल का अधिक होना

42. श्यान द्रव के एक लम्बे स्तम्भ में ऊर्ध्वाधर गिरते हुए, एक छोटे गोले पिण्ड के वेग v का समय t के साथ परिवर्तन, निम्नांकित वक्रों में किसके द्वारा प्रदर्शित होता है?

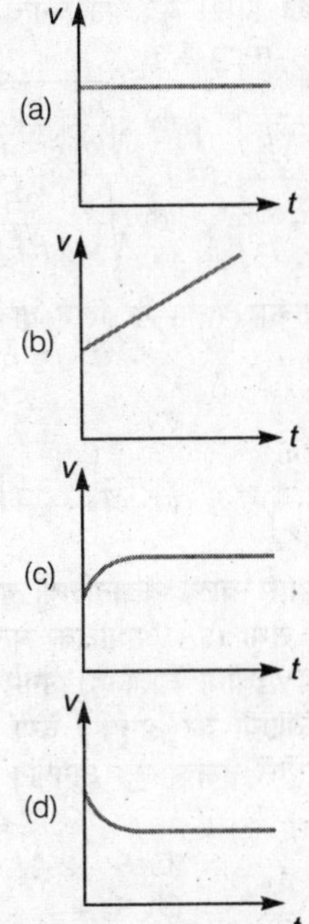

43. निम्नलिखित में से किस पदार्थ की केशनली में जल ऊपर चढ़ने के स्थान पर नीचे गिरेगा?

(a) काँच की (b) धातु की
(c) पैराफिन मोम की (d) इनमें से कोई नहीं

44. किसी बर्तन की तली में 0.1 मिमी व्यास का एक छिद्र है। इसमें बिना क्षरण के जल किस ऊँचाई तक भरा जा सकता है? (पानी का पृष्ठ तनाव = 75 डाइन/सेमी, $g = 1000$ सेमी/से^{2})

(a) 30 सेमी (b) 45 सेमी
(c) 80 सेमी (d) 15 सेमी

45. जल सोखने वाले किसी पदार्थ के लिए स्पर्श कोण का मान बदलता है

(a) $\frac{\pi}{2}$ से अधिककोण तक
(b) अधिककोण से न्यूनकोण तक
(c) न्यूनकोण से $\frac{\pi}{2}$ तक
(d) न्यूनकोण से अधिककोण तक

46. एक छोटा गोला जिसका द्रव्यमान M तथा घनत्व ρ_1 है। एक ग्लिसरीन भरे पात्र में डाला जाता है। कुछ समय बाद गोले का वेग स्थिर हो जाता है। यदि ग्लिसरीन का घनत्व ρ_2 है, तो गोले पर कार्य करने वाला बल होगा

(a) $\frac{M\rho_1 g}{\rho_2}$
(b) $Mg\left(1-\frac{\rho_2}{\rho_1}\right)$
(c) $\frac{M(\rho_1+\rho_2)}{g} + M\rho_1\rho_2$
(d) उपरोक्त में से कोई नहीं

47. एक वस्तु किसी द्रव सतह पर तैर रही है, वस्तु का घनत्व द्रव के घनत्व के समान है। वस्तु को द्रव के भीतर की ओर हल्का सा दबाने पर क्या होगा?

(a) वस्तु तुरन्त बाहर आ जाएगी
(b) वस्तु डूब जाएगी
(c) यह वहीं रहेगी जहाँ पर इसे छोड़ा जाएगा
(d) यह धीरे-धीरे अपनी प्रारम्भिक अवस्था में आ जाएगी

48. एक नल से जल 1.0 मी/से की प्रारम्भिक चाल से ऊर्ध्वाधर नीचे की ओर गिरता है। नल का परिच्छेद क्षेत्रफल 10^{-4} मी^{2} है। यदि जल की सम्पूर्ण धार में दाब नियत रहता है तथा प्रवाह स्थायी है, तो नल से 0.15 मी नीचे धार का परिच्छेद क्षेत्रफल होगा
($g = 10$ मी/से^{2})

(a) 2×10^{-5} मी^{2} (b) 5×10^{-5} मी^{2}
(c) 1×10^{-5} मी^{2} (d) 3×10^{-5} मी^{2}

49. एक असमान परिच्छेद वाले क्षैतिज पाइप में जल बह रहा है। पाइप में जिस स्थान पर जल के बहने का वेग 0.4 मी/से है, वहाँ दाब 0.1 मी पारे के स्तम्भ के बराबर है। किसी अन्य स्थान पर जहाँ जल का वेग 0.5 मी/से है, दाब का मान होगा

(a) 0.0003376 मी (पारा)
(b) 1.0003376 मी (पारा)
(c) 2.0003376 मी (पारा)
(d) उपरोक्त में से कोई नहीं

50. धारा रेखीय प्रवाह में होता है

(a) केवल त्रिज्य प्रवणता
(b) अनुदैर्ध्य एवं त्रिज्य वेग प्रवणता
(c) केवल अनुदैर्ध्य वेग प्रवणता
(d) न अनुदैर्ध्य और नहीं त्रिज्य प्रवणता

51. 4 सेमी तथा 6 सेमी व्यास के जल के दो पाइप मुख्य धारा सप्लाई से जुड़े हैं। 4 सेमी व्यास वाले पाइप में जल के प्रवाह का वेग v है। 6 सेमी व्यास वाले पाइप में जल के प्रवाह का वेग होगा

(a) $\frac{4v}{9}$ (b) $\frac{3v}{9}$
(c) $\frac{4v}{3}$ (d) इनमें से कोई नहीं

52. एक तालाब की गहराई से ऊपरी सतह तक उठने में एक बुलबुले की त्रिज्या दोगुनी हो जाती है। वायुमण्डलीय दाब, h ऊँचाई के पानी के स्तम्भ के बराबर है, तो झील की गहराई होगी

(a) 7 h (b) 2 h
(c) 4 h (d) $h/2$

53. साबुन के घोल के दो बुलबुलों में आधिक्य दाबों का अनुपात 3 : 1 है। इनके आयतन का अनुपात होगा

(a) 1 : 27 (b) 3 : 1
(c) 9 : 1 (d) 1 : 9

54. एक केशनली, जिसकी आन्तरिक त्रिज्या r है, में द्रव साम्यावस्था में है, जैसा चित्र में दिखाया गया है। यदि द्रव का तल तनाव T है, स्पर्श कोण θ है तथा द्रव का घनत्व ρ है, तब P व Q के बीच दाब में अन्तर है

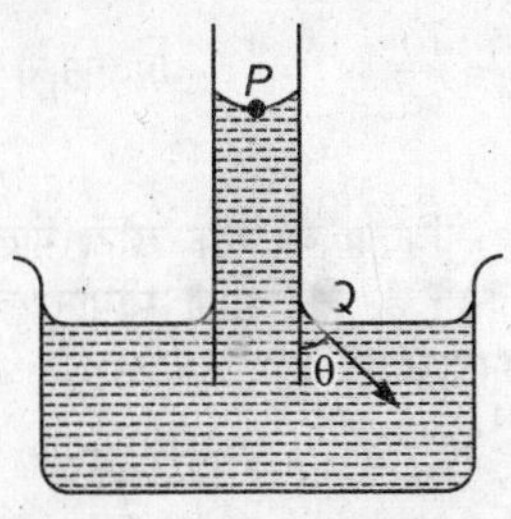

(a) $\frac{T}{r}\cos\theta$ (b) $\frac{T}{r\cos\theta}$
(c) $\frac{2T}{r\cos\theta}$ (d) $\frac{2T\cos\theta}{r}$

55. दिए गए चित्र के अनुसार एक द्रव साइफन में प्रवाहित हो रहा है, प्रवाह की दर निर्भर करेगी

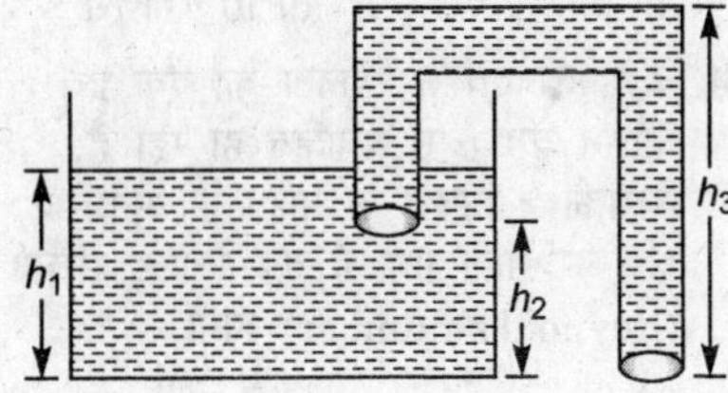

(a) केवल h_3 पर (b) केवल h_1 पर
(c) h_2 व h_3 पर (d) h_1 व h_2 पर

56. एक नियत दाब शीर्ष के अन्तर्गत किसी केशनली से द्रव प्रवाह की दर V है। यदि नली की लम्बाई को चार गुना तथा व्यास को आधा किया जाए, तो प्रवाह की दर होगी

(a) $\frac{V}{64}$ (b) $\frac{V}{8}$ (c) $\frac{V}{16}$ (d) $\frac{V}{32}$

57. संलग्न ग्राफ, एकसमान तार के प्रति एकांक क्षेत्रफल पर लगाए गए बल F तथा तार की प्रति एकांक लम्बाई में होने वाली वृद्धि x के बीच खींचा गया है। ग्राफ के वे क्षेत्र जिनमें हुक के नियम का पालन होता है, पदार्थ श्यान द्रव की भाँति व्यवहार करता है तथा प्रत्यास्थ सीमा है, व्यक्त किए जाते हैं

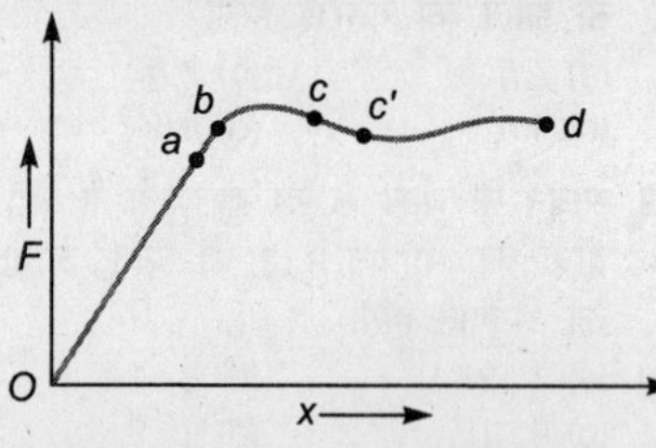

(a) ob, cc', c (b) ob, bc, b
(c) oc, cc', c (d) oa, cc', c'

58. एक खोखला गोला जिसमें r त्रिज्या का छेद है, उसे h गहराई तक डुबोने पर उसमें पानी नहीं भरता है, तो r का मान होगा

(a) $r = \frac{2T}{h\,dg}$ (b) $r = \frac{T}{h\,dg}$
(c) $r = \frac{Tg}{hd}$ (d) इनमें से कोई नहीं

59. जब r त्रिज्या की एक छोटी गोली द्रव में गिर रही है, तो इसका सीमान्त वेग समानुपाती होता है

(a) $\frac{1}{r}$ के (b) $\frac{1}{r^3}$ के
(c) $\frac{1}{r^2}$ के (d) r^2 के

60. एक टंकी में जल 20 मी की ऊँचाई पर है। इसकी तली में 1 सेमी^{2} परिच्छेद क्षेत्रफल का एक छिद्र है। इस छिद्र से जल के निकलने की दर होगी

(a) 10^{-2} मी^{3}/से (b) 2×10^{-3} मी^{3}/से
(c) 10^{-4} मी^{3}/से (d) 10^{-3} मी^{3}/से

61. d घनत्व एवं η श्यानता का एक द्रव औसत वेग v से प्रवाहित हो रहा है, जिसको r त्रिज्या के पाइप के अनुप्रस्थ क्षेत्र पर मापा गया है तब रेनॉल्ड संख्या (Reynold's number) होगी

(a) $R = \frac{2r\eta v}{d}$ (b) $R = \frac{rvd}{\eta^2}$
(c) $R = \frac{rvd}{\eta}$ (d) $R = \frac{2rvd}{\eta}$

62. पानी की दो समानान्तर परतों का सापेक्ष वेग 8.0 सेमी/से है तथा परतों के बीच की लम्बवत् दूरी 0.1 सेमी है। वेग प्रवणता होगी

(a) 60 प्रति सेकण्ड (b) 160 प्रति सेकण्ड
(c) 40 प्रति सेकण्ड (d) 80 प्रति सेकण्ड

63. 100 वर्ग सेमी क्षेत्रफल की एक समतल प्लेट तथा एक बड़ी प्लेट के बीच ग्लिसरीन की 1 मिमी मोटी परत है। यदि ग्लिसरीन का श्यानता गुणांक 1.0 किग्रा/मी-से हो, तो प्लेट को 7 सेमी/से के वेग से चलाने के लिए बल चाहिए

(a) 0.7 न्यूटन
(b) 1.4 न्यूटन
(c) 2.1 न्यूटन
(d) 0.15 न्यूटन

64. जल की एक बूँद जिसकी त्रिज्या 0.0015 मिमी है, वायु में गिर रही है। यदि वायु का श्यानता गुणांक 1.8×10^{-5} किग्रा/मी-से हो, तो बूँद का सीमान्त वेग होगा (जल का घनत्व $= 1 \times 10^3$ किग्रा/मी^{3} तथा $g = 9.8$ न्यूटन/किग्रा, वायु का घनत्व नगण्य है, उसकी उपेक्षा की जा सकती है)

(a) 2.72×10^{-3} मी/से
(b) 2.72×10^{-4} मी/से
(c) 2.72×10^{-2} मी/से
(d) 2.72×10^{-5} मी/से

65. यदि वायुमण्डलीय दाब (p) को विभिन्न ऊँचाइयों (H) पर नापकर ग्राफ खींचे जाए, तो ग्राफ का आकार होगा

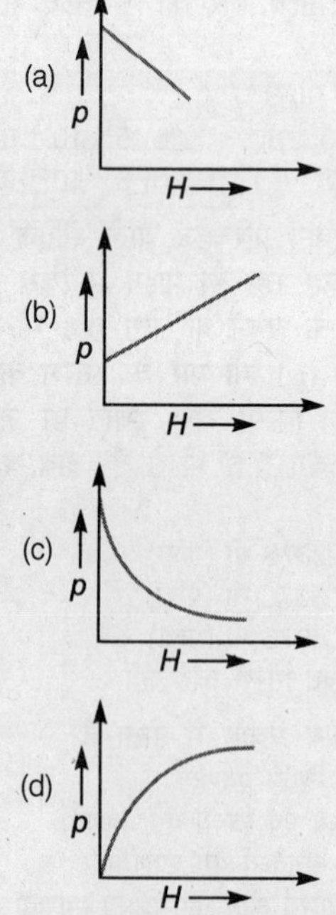

66. σ, η तथा K के मध्य सही सम्बन्ध है

(a) $\sigma = \frac{3K - 2\eta}{3K - 2\eta}$ (b) $\sigma = \frac{6K + 2\eta}{3K - 2\eta}$
(c) $\sigma = \frac{3K + 2\eta}{6K - 2\eta}$ (d) $\sigma = \frac{3K + 2\eta}{6K + 2\eta}$

67. रबर की एक ठोस गेंद को 200 मी गहरी झील के ऊपरी तल से उसके पेंदे (bottom) तक ले जाने में गेंद के आयतन में 0.1% की कमी हो जाती है। रबर के आयतन प्रत्यास्थता गुणांक का मान होगा

(a) 2×10^9 पास्कल (b) 2×10^6 पास्कल
(c) 2×10^4 पास्कल (d) 2×10^{-4} पास्कल

68. r त्रिज्या की n नन्हीं समान द्रव बूँदें मिलकर R त्रिज्या की एक बड़ी बूँद का निर्माण करती हैं। यदि उत्पन्न ऊर्जा निर्मित बूँद की गतिज ऊर्जा प्रदान करे, तो बूंद की चाल होगी। बूंद का घनत्व $= d$, द्रव का पृष्ठ तनाव $= T_1$

(a) $\sqrt{\frac{T}{6d}\left(\frac{1}{r} - \frac{1}{R}\right)}$ (b) $\sqrt{\frac{6T}{d}\left(\frac{1}{r} - \frac{1}{R}\right)}$
(c) $\sqrt{\frac{6T}{d}\left(\frac{1}{r} + \frac{1}{R}\right)}$ (d) $\sqrt{\frac{6T}{d}\left(\frac{2R}{R - r}\right)}$

69. किसी बेलनाकार सतह के लिए दाबान्तर होता है

(a) $\frac{2T}{r}$ (b) $\frac{T}{r}$
(c) $2T\left[\frac{1}{r_1} - \frac{1}{r_2}\right]$ (d) $4T\left[\frac{1}{r_1} - \frac{1}{r_2}\right]$

70. दो समान व्यास वाली केशनलियों को क्रमशः 0.4 तथा 0.8 आपेक्षिक घनत्व वाले द्रवों में डुबोया जाता है। उनमें चढ़े द्रवों की ऊँचाइयों का अनुपात क्या होगा, यदि उनके पृष्ठ तनावों का अनुपात 6 : 5 हो?

(a) 12 : 5 (b) 5 : 12
(c) 4 : 8 (d) 8 : 4

71. समतापी अवस्था में साबुन के दो बुलबुले मिलकर एक बड़े बुलबुले का निर्माण करते हैं। यदि इस क्रिया में आयतन में परिवर्तन V हो तथा क्षेत्रफल में परिवर्तन S हो, तो

(a) $pV + TS = 0$ (b) $4pV + 3TS = 0$
(c) $3pV + 4TS = 0$ (d) $3pV + TS = 0$

72. एक छोटी ठोस गोल गेंद एक श्यान द्रव में गिर रही है। श्यान द्रव में उसका वेग व्यक्त होगा

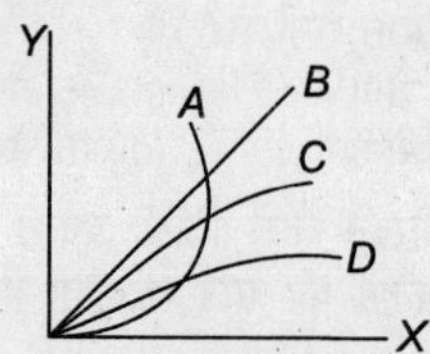

(a) वक्र D से
(b) वक्र C से
(c) वक्र B से
(d) वक्र A से

73. चार गर्म धात्विक तार जिनके रंग क्रमशः नीले, लाल, काले व सफेद हैं, के ताप समान हैं। चारों तार ठण्डे हो रहे हैं। किस तार के ठण्डे होने की दर सबसे अधिक होगी?
(a) सफेद (b) लाल
(c) नीला (d) काला

74. यदि 0°C के 150 ग्राम बर्फ को, 50°C के 300 ग्राम जल के साथ मिला दिया जाता है, तो परिणामी ताप क्या होगा?
(a) 33.3°C (b) 6.6°C
(c) 25°C (d) 13.4°C

75. बर्फ का दाब बढ़ाने पर, उसका गलनांक
(a) घटता है
(b) बढ़ता है
(c) अपरिवर्तित रहता है
(d) पहले बढ़ता है फिर घटता है

76. किसी गर्म वस्तु को ठण्डा करने के लिए उसके ऊपर से वायु प्रवाहित की जाती है। निम्नलिखित में से किसके कारण ऊष्मा क्षय की दर बढ़ेगी?
(a) चालन
(b) विकिरण व संवहन
(c) संवहन
(d) चालन व संवहन

77. फारेनहाइट तापमापी 14°F ताप दर्शाता है। सेल्सियस पैमाने में यह ताप कितना होगा?
(a) – 20°C (b) – 10°C
(c) 10°C (d) 20°C

78. दो सिलिण्डरों A तथा B में, जिनमें पिस्टनें लगी हैं, समान परिमाण की आदर्श द्विपरमाणुक गैस 300 K पर भरी है। A की पिस्टन चलने के लिए स्वतन्त्र है, जबकि B की पिस्टन स्थिर है। प्रत्येक सिलिण्डर की गैस को समान परिणाम में ऊष्मा दी जाती है। यदि A में गैस के ताप में वृद्धि 30 K है, तो B में गैस के ताप में वृद्धि है
(a) 30 K (b) 18 K
(c) 50 K (d) 42 K

79. पैराफिन मोम जमने पर सिकुड़ता है, मोम का गलनांक
(a) दाब के साथ परिवर्तित नहीं होता
(b) दाब बढ़ने पर घटता है
(c) दाब बढ़ने पर बढ़ता है
(d) उपरोक्त में से कोई नहीं

80. किसी द्विपरमाणुक गैस का दाब व घनत्व रुद्धोष्म प्रक्रम में (p, ρ) से (p', ρ') हो जाते हैं। यदि ρ'/ρ का मान 32 है, तो p'/p का मान होगा
(a) 128 (b) 28
(c) $\frac{1}{128}$ (d) 32

81. यदि आदर्श गैस के एक बर्तन का आयतन 500 सेमी^{3}, दाब 2×10^5 न्यूटन/मी^{2} है तथा प्रत्येक अणु की औसत गतिज ऊर्जा 6×10^{-21} जूल है, तो बर्तन में गैस के अणुओं की संख्या होगी
(a) 12.5×10^{22} (b) 25×10^{21}
(c) 5×10^{23} (d) 5×10^{25}

82. परम ताप पैमाने पर किसी वस्तु का ताप 373 K है, इसका ताप आदर्श गैस ताप पैमाने पर होगा
(a) 373 K (b) 273 K
(c) 250 K (d) 498 K

83. डीजल इंजन की अधिकतम दक्षता कितनी होती है?
(a) 30% (b) 70%
(c) 50% (d) 40%

84. 10 ग्राम द्रव्यमान की एक गोली 210 मी/से के वेग से चलती हुई अचानक रुक जाती है। यदि गोली की सम्पूर्ण गतिज ऊर्जा, ऊष्मा में परिवर्तित हो जाती है, तो उत्पन्न ऊष्मा का मान कैलोरी में लगभग होगा
(a) 52.5×10^2 (b) 52.5×10^4
(c) 525 (d) 52.5

85. पेट्रोल इंजन की दक्षता लगभग कितनी होती है?
(a) 50% (b) 30%
(c) 25% (d) 10%

86. एक आदर्श ऊष्मा इंजन T_1 ताप पर Q_1 ऊष्मा का अवशोषण करता है। T_2 ताप पर Q_2 ऊष्मा निष्कासित करता है, तो
(a) $Q_1 \times Q_2 = T_1 \times T_2$
(b) $Q_1 / Q_2 = T_2 / T_1$
(c) $Q_1 - Q_2 = T_1 - T_2$
(d) $Q_1 / Q_2 = T_2 / T_1$

87. यदि ऊष्मा इंजन कि लिए स्रोत व सिंक के ताप क्रमशः 400 K व 300 K हैं, तो इसकी दक्षता होगी
(a) 50% (b) 25%
(c) 30% (d) 100%

88. पारे की छोटी-छोटी बूँदें रुद्धोष्मीय रूप से (adiabatically) मिलकर एक बड़ी बूँद बनाती है। बड़ी बूँद का ताप
(a) घट जाएगा
(b) अपरिवर्तित रहेगा
(c) बढ़ेगा
(d) आकार पर निर्भर करता है

89. 76 सेमी पारे के दाब पर 1 लीटर वायु को समतापीय रूप से 120 सेमी पारे के दाब तक संपीडित किया जाता है। नया आयतन होगा
(a) 633.3 सेमी^{3} (b) 6.33 सेमी^{3}
(c) 76 सेमी^{3} (d) 19 सेमी^{3}

90. किसी गैस के 1 लीटर आयतन जिसका दाब 2 वायुमण्डल व ताप 27°C है, को तब तक गर्म किया जाता है जब तक कि दाब व आयतन दोगुने न हो जाएँ। इस अवस्था में अन्तिम ताप होगा
(a) 120 K (b) 100 K (c) 1200 K (d) 500 K

91. जब कार्नो इंजन में, आदर्श गैस, ऊष्मा स्रोत से ऊष्मा लेती है, तो स्रोत का ताप
(a) घटता है (b) बढ़ता है
(c) नियत रहता है (d) इनमें से कोई नहीं

92. समदाबीय प्रक्रम में नाइट्रोजन के 0.1 मोल के ताप में 300 K का परिवर्तन होता है। गैस द्वारा किया गया कार्य है
(a) 597 कैलोरी (b) 59.7 कैलोरी
(c) 0.597 कैलोरी (d) 5.97 कैलोरी

93. चित्र में गैस की किसी दी हुई मात्रा के लिए चार वक्र A, B, C तथा D खींचे गए हैं। वक्र जो रुद्धोष्म व समतापी प्रक्रमों को निरूपित करते हैं

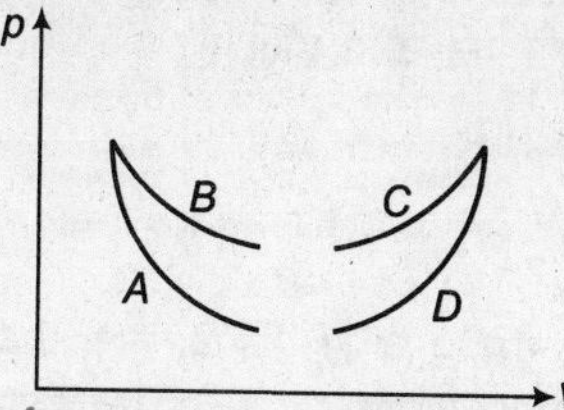

(a) क्रमशः C व D (b) क्रमशः A व B
(c) क्रमशः B व A (d) क्रमशः D व C

94. किसी तार का प्रतिरोध ताप गुणांक 0.00125/°C है। 300 K ताप पर प्रतिरोध 1 ओम है। किस ताप पर तार का प्रतिरोध 2Ω होगा?
(a) 1000 K (b) 1350 K
(c) 1127 K (d) 1500 K

95. सूर्य का ताप किस यन्त्र द्वारा नापा जाता है?
(a) द्वि-धात्वीय पत्ती तापमापी
(b) प्रतिरोध तापमापी
(c) गैसीय तापमापी
(d) पाइरोमीटर

96. संलग्न चित्र में एक गैस का p–V वक्र दिखाया गया है। बिन्दु A की स्थिति से बिन्दु B की स्थिति तक गैस को ले जाने में कितना कार्य करना होगा?

p (न्यूटन/मी²) → ; A, B, C, D ; O 1 2 3 4 → V ; V (मी²) →

(a) 20 जूल (b) –5 जूल
(c) 9 जूल (d) 15 जूल

97. किसी आदर्श गैस के अणुओं की कुल ऊर्जा किस रूप में होती है?
(a) गतिज ऊर्जा
(b) स्थितिज ऊर्जा
(c) गुरुत्वीय ऊर्जा
(d) गतिज ऊर्जा व स्थितिज ऊर्जा दोनों

98. किसी गैस के अणुओं की आन्तरिक ऊर्जा निम्नलिखित में से किस पर निर्भर करती है?
(a) केवल आयतन पर
(b) केवल ताप पर
(c) केवल दाब पर
(d) दाब व ताप दोनों पर

99. किसी गैस के 1 ग्राम अणु की गतिज ऊर्जा कितनी होती है?
(a) $\frac{5}{2}RT$ (b) $\frac{1}{4}RT$
(c) $\frac{7}{2}RT$ (d) $\frac{3}{2}RT$

100. गैसों के अणुगति सिद्धान्त के अनुसार, किसी गैस के 1 ग्राम अणु प्रति स्वतन्त्र्य कोटि की ऊर्जा होती है
(a) $\frac{1}{2}kT$ (b) $\frac{5}{2}kT$
(c) $\frac{7}{2}kT$ (d) kT

101. दो गैसें A व B, जिनके ताप, दाब व आयतन क्रमशः T, p व V (समान हैं), को मिश्रित किया जाता है। यदि मिश्रण का समान ताप T व आयतन V है, तो मिश्रण का दाब होगा
(a) p (b) $p/2$
(c) $3p$ (d) $2p$

102. 0.2 मोल नाइट्रोजन का ताप स्थिर दाब पर 37°C से 337°C तक बढ़ाने में किया गया कार्य है।
($C_p = 7$ कैलोरी/मोल-°C)
(a) 525 जूल
(b) 1764 जूल
(c) 1232 जूल
(d) शून्य

103. किसी गैस के ग्राम अणुभार के लिए pV/T का मान होता है
(a) 8.3×10^7 अर्ग/ग्राम मोल-K
(b) 8.7 कैलोरी
(c) 9.2×10^8 जूल
(d) 8.7 अर्ग/ग्राम मोल-K

104. किसी आदर्श गैस के 1 लीटर का ताप 27°C है, को नियत दाब पर गर्म करने पर इसका ताप 29.7°C हो जाता है। अन्तिम आयतन होगा
(a) 20 लीटर
(b) 18 लीटर
(c) 1.009 लीटर
(d) 2.5 लीटर

105. किस ताप पर हाइड्रोजन के अणुओं का वर्ग माध्य मूल वेग, सामान्य ताप व दाब पर वर्ग माध्य मूल वेग का दोगुना हो जाएगा?
(a) 746 K (b) 800 K
(c) 1092 K (d) 373 K

106. किसी गैस का ताप 27°C से 177°C करने पर गैस के अणुओं की औसत गतिज ऊर्जाओं का अनुपात होगा
(a) 2 : 3 (b) 3 : 1
(c) 1 : 3 (d) 2 : 1

107. यदि किसी गैस के सभी अणुओं का द्रव्यमान आधा कर दिया जाए व उनकी चाल दोगुनी कर दी जाए, तो प्रारम्भिक व अन्तिम दाब का अनुपात होगा
(a) 1 : 4 (b) 1 : 2
(c) 2 : 1 (d) 4 : 1

108. यदि लोहे का एक टुकड़ा 1 किमी की ऊँचाई से जमीन पर गिरता है, तो इसकी सम्पूर्ण ऊर्जा, ऊष्मा में परिवर्तित हो जाती है। टुकड़े के ताप में कितनी वृद्धि होगी? [लोहे की विशिष्ट ऊष्मा = 0.1 कैलोरी/(ग्राम-°C)]
(a) 2.33°C
(b) 0.233°C
(c) 23.3°C
(d) 233°C

109. एक आदर्श गैस को इनके प्रारम्भिक आयतन के $\frac{1}{4}$ भाग तक सम्पीड़ित किया जाता है। यदि गैस का प्रारम्भिक दाब 1 वायुमण्डल है व गैस को समतापीय अवस्था में सम्पीड़ित किया जाता है, तो गैस का अन्तिम दाब कितना होगा?
(a) 8 वायुमण्डल
(b) 12 वायुमण्डल
(c) 4 वायुमण्डल
(d) 16 वायुमण्डल

110. 1 किग्रा जल का ताप 1°C बढ़ाने के लिए आवश्यक ऊष्मा की मात्रा को कहते हैं
(a) कैलोरी
(b) किलो-कैलोरी
(c) जूल
(d) ऊर्जा

111. एक टायर जोकि 3.375 वायुमण्डलीय दाब पर 27°C ताप पर था, अचानक फट जाता है। अन्तिम ताप होगा
($\gamma = 1.5$)
(a) –73°C (b) –25°C
(c) 40°C (d) 73°C

112. किस ताप पर फारेनहाइट व सेल्सियस पैमानों के पाठ्यांक समान होते हैं?
(a) –30° (b) –60°
(c) –80° (d) –40°

113. NTP पर 3 मोल हाइड्रोजन गैस का रुद्धोष्म प्रसार करने पर गैस का ताप 263 K तक गिर जाता है। गैस द्वारा कृत कार्य तथा गैस की आन्तरिक ऊर्जा में परिवर्तन क्रमशः हैं
($\gamma = 1.4$ तथा $R = 8.31$ जूल/मोल-K)
(a) 623 जूल, 421 जूल
(b) 623 जूल, –623 जूल
(c) 421 जूल, 623 जूल
(d) 421 जूल, –421 जूल

114. किसी वस्तु की सतह से उत्सर्जित विकिरण की दर अनुक्रमानुपाती होती है
(a) परम ताप के
(b) परम ताप के वर्ग के
(c) परम ताप की तृतीय घात के
(d) परम ताप की चतुर्थ घात के

115. ऑटो इंजन में पेट्रोल जहाँ वाष्प में परिवर्तित होता है उसे कहते हैं
(a) प्लांट चैम्बर (b) बसन्त गृह
(c) कारबुरेटर (d) बॉयलर

116. किसी वस्तु के पृष्ठ की अवशोषकता 0.8 है। यदि विकिरण द्वारा पृष्ठ पर 5 जूल ऊष्मीय ऊर्जा आपतित हो तो वस्तु की ऊर्जा में कितनी वृद्धि हो जाएगी?
(a) 5 जूल (b) 4 जूल
(c) 0.04 जूल (d) 0.4 जूल

117. दोपहर के समय सूर्य से आने वाली किरणों में अधिक गर्मी होती है, क्योंकि
(a) सूर्य कुछ बड़ा हो जाता है
(b) किरणों को वायुमण्डल में कम दूरी तय करनी पड़ती है, जिससे ऊष्मा का अवशोषण कम होता है
(c) सूर्य चमकदार होता है
(d) किरणें तेजी से आती हैं

118. यदि किसी समय आपेक्षिक आर्द्रता एक हो जाए तो
(a) बरसात होगी
(b) सर्दी होगी
(c) गर्मी होगी
(d) कुछ भी हो सकता है

119. पूर्णतः कृष्ण पिण्ड की अवशोषकता होती है
(a) 1 (b) 2
(c) –1 (d) 5

120. कम्बल से ढ़कने पर बर्फ नहीं पिघलती
(a) क्योंकि कम्बल ऊनी होता है
(b) क्योंकि कम्बल ऊष्मा का सुचालक होता है
(c) क्योंकि कम्बल मोटा होता है
(d) क्योंकि कम्बल ऊष्मा का कुचालक होता है

121. कैलोरीमीटर ताँबे का बनाया जाता है
(a) क्योंकि ताँबे की विशिष्ट ऊष्मा कम है
(b) क्योंकि ताँबा मजबूत होता है
(c) क्योंकि ताँबा ऊष्मा का सुचालक होता है
(d) क्योंकि ताँबे पर जंग नहीं लगता है

122. सूर्य एवं चन्द्रमा क्रमशः 5000 Å एवं 15μ तरंगदैर्ध्य पर अधिकतम विकिरण उत्सर्जित करते हैं। यदि सूर्य का ताप 6000 K हो, तो चन्द्रमा का ताप होगा
(a) 150 K (b) 200 K
(c) 1500 K (d) 2000 K

123. किरचॉफ के नियम की प्रायोगिक व्याख्या किसके द्वारा की गई?
(a) फ्राउनहोफर द्वारा (b) रिशि द्वारा
(c) प्लांक द्वारा (d) स्टीफन द्वारा

124. सामान्य दाब तथा 100°C ताप पर 1 ग्राम जल को भाप में परिवर्तित करने पर एण्ट्रॉपी परिवर्तन होगा
(a) 1.44 कैलोरी/K
(b) शून्य
(c) 5.37 कैलोरी/K
(d) –1.44 कैलोरी/K

125. द्रवों की ऊष्मा चालकता के मापन में द्रव को ऊपर से गर्म करते हैं, जिससे उसमें
(a) ऊष्मा का नीचे की ओर चालन सुगम हो सके
(b) संवहन, चालन तथा विकिरण तीनों सुगम हो
(c) संवहन न हो
(d) विकिरण न हो

126. लकड़ी तथा धातु के टुकड़े समान ठण्डे अथवा गर्म होते हैं
(a) –20°C पर
(b) हमारे शरीर के ताप पर
(c) 4°C पर
(d) 100°C पर

127. एक पृष्ठ की अवशोषकता 0.4 है। इस पर आपतित 10 जूल ऊष्मा में से कितनी परावर्तित हो जाएगी?
(a) 6 जूल (b) 4 जूल
(c) 9.6 जूल (d) 2.5 जूल

128. यदि किसी पिण्ड का परम ताप तीन गुना कर दिया जाए, तो उससे उत्सर्जित विकिरण की दर कितनी गुनी हो जाएगी?
(a) 10 गुनी (b) 81 गुनी
(c) 27 गुनी (d) 54 गुनी

129. एक घर्षणहीन ऊष्मा इंजन की दक्षता 100% हो सकती है, यदि इसके सिंक (sink) का ताप हो
(a) 0 K
(b) 0°C
(c) स्रोत के ताप के बराबर
(d) स्रोत के ताप का आधा

130. एक कृष्ण पिण्ड A से कृष्ण पिण्ड B जिसका आकार एवं माप A के समान है, की अपेक्षा 4 गुनी ऊष्मा का विकिरण होता है। यदि A का तापमान 192°C हो तो B का तापमान लगभग होगा
(a) 56°C (b) 225°C
(c) –56°C (d) 48°C

131. ऊष्मा का एक बिन्दु स्रोत P, एक गोलीय कोश के केन्द्र पर स्थित है, जिसकी माध्य त्रिज्या R है। कोश के पदार्थ का ऊष्मा चालकता गुणांक K है। यदि कोश की बाहरी व भीतरी सतहों के बीच तापान्तर T से अधिक नहीं होने देना हो, तो कोश की मोटाई...से कम नहीं होनी चाहिए
(a) $\frac{4\pi R^2KT}{P}$ (b) $\frac{\pi R^2KT}{P}$
(c) अनन्त (d) $2R$

132. एक बेलनाकार छड़ के सिरों के ताप T_1 व T_2 हैं। स्थायी अवस्था में ऊष्मा प्रवाह की दर Q_1 हो, तो प्रत्येक रेखीय विमाओं को दोगुना करने पर समान तापान्तर के लिए ऊष्मा प्रवाह की दर होगी
(a) $4Q_1$ (b) $2Q_1$
(c) $\frac{Q_1}{4}$ (d) $\frac{Q_1}{2}$

133. एक मोटर कार के पहिए की ट्यूब में 27°C ताप व 2 वायुमण्डल दाब पर वायु भरी है। यदि ट्यूब अचानक फट जाए तो वायु का अन्तिम ताप होगा $\left[\left(\frac{1}{2}\right)^{2/7} = 0.82\right]$
(a) 246 K
(b) 642 K
(c) 300 K
(d) 563 K

134. NTP पर एक परमाणुक गैस के 1 लीटर आयतन को अचानक एक घन सेमी तक सम्पीड़ित किया गया है, अन्तिम दाब होगा
(a) 10^5 पास्कल
(b) 2×10^5 पास्कल
(c) 10^{10} पास्कल
(d) 10^{25} पास्कल

135. दो तार A व B क्रमशः 4×10^3 Å व 5×10^3 Å तरंगदैर्ध्य पर अधिकतम विकिरण ऊर्जा उत्सर्जित करते हैं। इन दोनों के तापों का अनुपात होगा
(a) 2 : 1 (b) 1 : 2
(c) 5 : 4 (d) 4 : 5

136. एक गोलाकार ऊष्मा स्रोत से R व $3R$ दूरियों पर विकिरण की तीव्रताओं का अनुपात होगा
(a) 1 : 3 (b) 3 : 1 (c) 9 : 1 (d) 1 : 9

137. 0°C की 1 ग्राम बर्फ को 100°C की भाप में परिवर्तित करने के लिए कितनी ऊष्मा की आवश्यकता होगी?
(a) 765 कैलोरी (b) 1200 कैलोरी
(c) 716 कैलोरी (d) 450 कैलोरी

138. $dU + dW = 0$ किस प्रक्रम के लिए होता है?
(a) रुद्धोष्म प्रक्रम
(b) समतापीय प्रक्रम
(c) समदाबीय प्रक्रम
(d) सम आयतनिक प्रक्रम

139. कार्नो इंजन की दक्षता 100%, यदि
(a) $T_1 = 0$ K
(b) $T_1 = 73$ K
(c) $T_2 = 0$ K
(d) $T_1^2 = 273$ K

140. एक विद्युत पंखा, एक बन्द कमरे में चलाया जाता है, कमरे की वायु
(a) ठण्डी हो जाएगी
(b) गर्म हो जाएगी
(c) कमरे के नियत ताप पर हो जाएगी
(d) गर्म होगी या ठण्डी हो जाएगी यह वायुमण्डलीय दाब पर निर्भर करता है

141. p-V ग्राफ में बन्द वक्र के बीच क्षेत्र प्रदर्शित करता है
(a) निकाय की स्थिति
(b) निकाय पर या उसके द्वारा किया गया कार्य
(c) चक्रीय प्रक्रिया में किया गया कार्य
(d) एक ऊष्मागतिक प्रक्रम

142. यदि आन्तरिक ऊर्जा मार्ग पर निर्भर नहीं करती है, तब इस प्रक्रिया को कहते हैं
(a) समतापीय
(b) रुद्धोष्म
(c) (a) व (b) दोनों
(d) उपरोक्त में से कोई नहीं

143. 100°C की वाष्प द्वारा उत्पन्न जलन उसी ताप के पानी द्वारा उत्पन्न जलन से अधिक गम्भीर होती है क्योंकि
(a) वाष्प एक गैस होती है
(b) वाष्प द्वारा अधिक ऊष्मा दी जाती है
(c) वाष्प अधिक ज्वलनशील होती है
(d) वाष्प द्वारा अधिक दाब उत्पन्न किया जाता है

144. स्वचालित इंजनों हेतु निम्नलिखित में से कौन-सा एक हिमरोधी के तौर पर प्रयुक्त होता है?
(a) एथेनॉल
(b) एथिलीन ग्लाइकॉल
(c) मिथेनॉल
(d) प्रोपिल एल्कोहॉल

145. गर्म करने से विस्तारण
(a) केवल ठोस पदार्थ में होता है
(b) पदार्थ का भार बढ़ा देता है
(c) पदार्थ का घनत्व घटा देता है
(d) सभी द्रव्यों और ठोस पदार्थों में समान दर से होता है

146. समय की दृष्टि से दो द्रवों P और Q के ताप का 0 डिग्री सेण्टीग्रेड से 100 डिग्री सेण्टीग्रेड तक उतार-चढ़ाव नीचे के आरेख में दिखाया गया है।

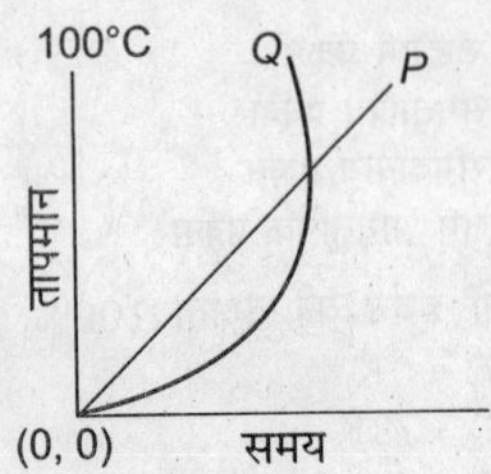

निम्नलिखित में से कौन-सा कथन सही है?

(a) तापन प्रक्रिया में द्रव P, द्रव Q की तुलना में सदा उष्णतर रहा
(b) तापन प्रक्रिया में दोनों ही द्रवों का ताप किसी भी समय एक सा नहीं रहा
(c) P का ताप Q की तुलना में 100 डिग्री सेण्टीग्रेड पर तेजी से पहुँचा
(d) Q का ताप P की तुलना में 100 डिग्री सेण्टीग्रेड पर तेजी से पहुँचा

147. थर्मोस्टेट वह यन्त्र है, जो
(a) ऊष्मा मापता है
(b) तापक्रम मापता है
(c) किसी निकाय का तापक्रम स्वनियंत्रित करता है
(d) किसी निकाय का दाब स्वनियंत्रित करता है

148. रेफ्रिजरेटर में खाद्य पदार्थ ताजा रखने के लिए सुरक्षित तापमान है
(a) 4°C (b) 8°C (c) 0°C (d) 10°C

149. जब सीले बिस्कुटों को थोड़ी देर के लिए फ्रिज के अन्दर रखा जाता है तो वह कुरकुरे हो जाते हैं, क्योंकि
(a) ठण्ड से अतिरिक्त नमी बाहर आ जाती है
(b) फ्रिज के अन्दर आर्द्रता कम होती है, इसलिए अतिरिक्त नमी अवशोषित हो जाती है
(c) फ्रिज के अन्दर आर्द्रता अधिक होती है इसलिए अतिरिक्त नमी अवशोषित हो जाती है
(d) फ्रिज के अन्दर दाब अधिक होता है, जिससे अधिक नमी बाहर आने में मदद मिलती है।

150. **कथन (A)** बर्फ का टुकड़ा पेय को ठण्डा बना देता है।
कारण (R) बर्फ पिघलाने के लिए पेय से गुप्त ऊष्मा लेता है, जिससे पेय ठण्डा हो जाता है।
नीचे दिए कूट से सही उत्तर का चयन कीजिए
कूट
(a) A तथा R दोनों सही हैं तथा A की सही व्याख्या R है
(b) A तथा R दोनों सही है किन्तु A की सही व्याख्या R नहीं है
(c) A सही है, परन्तु R गलत है
(d) A गलत है, परन्तु R सही है

151. **कथन (A)** बड़े शीतगृह संयंत्र प्रशीतक (Refrigerant) के रूप में अमोनिया का उपयोग करते हैं जबकि घरेलू प्रशीतित्र (Refrigerators) क्लोरोफ्लुओरोकार्बन (CFC) का उपयोग करते हैं।
कारण (R) अमोनिया (Ammonia) को कम दाब एवं परिवेश ताप (Ambient Temperatures) पर द्रवित किया जा सकता है।
कूट
(a) A और R दोनों सही हैं और R, A का सही स्पष्टीकरण है
(b) A और R दोनों सही हैं किन्तु R, A का सही स्पष्टीकरण नहीं है
(c) A सही है, परन्तु R गलत है
(d) A गलत है, परन्तु R सही है

152. नीचे दिए हुए एक धातु गोलक और धातु वलय के चित्रों पर ध्यान दीजिए

गोलक

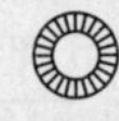
वलय

पत्ती से बने धातुवलय के छिद्र में धातु-गोलक भर सकता है। यदि गोलक को गरम करें तो वह अटक जाता है, परन्तु यदि धातु वलय को गरम करें तो
(a) गोलक निकल सकेगा, क्योंकि तापन से प्रसार के कारण वलय का व्यास बढ़ जाएगा
(b) गोलक अटक जाएगा, क्योंकि प्रसार के कारण छिद्र का व्यास घट जाएगा
(c) गोलक निकल सकेगा, क्योंकि छिद्र का व्यास परिवर्तित नहीं होगा
(d) गोलक निकल सकेगा, क्योंकि वलय में कोई परिवर्तन नहीं होगा

सही उत्तर

1. (c)	**2.** (c)	**3.** (a)	**4.** (d)	**5.** (a)	**6.** (a)	**7.** (a)	**8.** (c)	**9.** (c)	**10.** (a)
11. (a)	**12.** (d)	**13.** (a)	**14.** (c)	**15.** (c)	**16.** (a)	**17.** (b)	**18.** (b)	**19.** (b)	**20.** (b)
21. (b)	**22.** (a)	**23.** (b)	**24.** (c)	**25.** (a)	**26.** (c)	**27.** (b)	**28.** (a)	**29.** (b)	**30.** (b)
31. (a)	**32.** (b)	**33.** (a)	**34.** (b)	**35.** (a)	**36.** (a)	**37.** (a)	**38.** (b)	**39.** (a)	**40.** (d)
41. (a)	**42.** (c)	**43.** (c)	**44.** (a)	**45.** (d)	**46.** (b)	**47.** (b)	**48.** (b)	**49.** (a)	**50.** (c)
51. (a)	**52.** (a)	**53.** (a)	**54.** (d)	**55.** (a)	**56.** (a)	**57.** (a)	**58.** (a)	**59.** (d)	**60.** (b)
61. (d)	**62.** (d)	**63.** (a)	**64.** (b)	**65.** (a)	**66.** (a)	**67.** (a)	**68.** (b)	**69.** (b)	**70.** (a)
71. (c)	**72.** (b)	**73.** (a)	**74.** (a)	**75.** (b)	**76.** (c)	**77.** (b)	**78.** (d)	**79.** (c)	**80.** (a)
81. (b)	**82.** (a)	**83.** (d)	**84.** (d)	**85.** (b)	**86.** (d)	**87.** (b)	**88.** (c)	**89.** (a)	**90.** (c)
91. (c)	**92.** (b)	**93.** (b)	**94.** (c)	**95.** (d)	**96.** (c)	**97.** (a)	**98.** (b)	**99.** (d)	**100.** (a)
101. (d)	**102.** (b)	**103.** (a)	**104.** (c)	**105.** (c)	**106.** (a)	**107.** (b)	**108.** (c)	**109.** (c)	**110.** (b)
111. (a)	**112.** (d)	**113.** (b)	**114.** (d)	**115.** (c)	**116.** (b)	**117.** (b)	**118.** (a)	**119.** (a)	**120.** (d)
121. (c)	**122.** (b)	**123.** (b)	**124.** (a)	**125.** (c)	**126.** (b)	**127.** (a)	**128.** (b)	**129.** (a)	**130.** (a)
131. (a)	**132.** (b)	**133.** (a)	**134.** (c)	**135.** (c)	**136.** (c)	**137.** (c)	**138.** (a)	**139.** (c)	**140.** (b)
141. (b)	**142.** (c)	**143.** (b)	**144.** (b)	**145.** (c)	**146.** (d)	**147.** (c)	**148.** (a)	**149.** (b)	**150.** (a)
151. (c)	**152.** (a)								

सॉल्यूशन्स

74. *(a)* माना 300 ग्राम जल व 150 ग्राम बर्फ को मिला देने पर, परिणामी ताप θ है।

$\therefore$ कैलोरीमिति के सिद्धान्त से,

$$300\times 1\times 50=(300+150)\times 1\times \theta$$

या $300\times 50=450\times \theta$

या $\theta=\dfrac{300\times 50}{450}$

$=\dfrac{300}{9}=33.3°C$

77. *(b)* $\dfrac{C}{100}=\dfrac{F-32}{180}$ से,

$\therefore \dfrac{C}{100}=\dfrac{14-32}{180}=-\dfrac{18}{180}$

या $C=-\dfrac{18\times 100}{180}=-10°C$

78. *(d)* $Q=\mu C_P(\Delta T)_A=\mu C_V(\Delta T)_B$

या $(\Delta T)_B=\dfrac{C_p}{C_V}(\Delta T)_A$

द्विपरमाणुक गैस के लिए,

$\dfrac{C_p}{C_V}=\dfrac{7}{5}$

$\therefore (\Delta T)_B=\dfrac{7}{5}\times 30\,K=42\,K$

80. *(a)* रुद्धोष्म परिवर्तन से, $\dfrac{p}{\rho^{\gamma}}=\dfrac{p'}{\rho'^{\gamma}}$

या $\dfrac{p}{p}=\left(\dfrac{\rho'}{\rho}\right)^{\gamma}$

$=-(32)^{7/5}=[(32)^{1/5}]^7$

$=(2)^7=128$

$\because$ द्विपरमाणुक गैस के लिए $\gamma=7/5$ होता है।

81. *(b)* यहाँ $V=500\times 10^{-6}$ मी^{3}

$p=2\times 10^5$ न्यूटन/मी^{2},

$E=6\times 10^{-21}$ जूल

सूत्र, $E=\dfrac{3}{2}kT$ से,

$\Rightarrow kT=\dfrac{2}{3}E=\dfrac{2}{3}\times 6\times 10^{-21}$

$=4\times 10^{-21}$ जूल

सूत्र, $pV=nkT$ से,

$\Rightarrow n=\dfrac{pV}{kT}=\dfrac{2\times 10^5\times 500\times 10^{-6}}{4\times 10^{-21}}$

$=25\times 10^{21}$

84. *(d)* यहाँ $m=10\times 10^{-3}$ किग्रा,

$v=210$ मी/से

प्रश्नानुसार, $Q=\dfrac{K}{4.2}$ कैलोरी

$=\dfrac{1}{2}\times\dfrac{mv^2}{4.2}$

$=\dfrac{1}{2}\times\dfrac{10\times 10^{-3}\times 210\times 210}{4.2}$

$=52.5$ कैलोरी

86. *(d)* आदर्श कार्नो इंजन में आदर्श गैस प्रयुक्त होती है

$\dfrac{Q_1}{T_1}=\dfrac{Q_2}{T_2}$ अर्थात् $\dfrac{Q_1}{Q_2}=\dfrac{T_1}{T_2}$

87. *(b)* $\eta=\left(1-\dfrac{T_2}{T_1}\right)\times 100$

$=\left(1-\dfrac{300}{400}\right)\times 100$

$=\left(1-\dfrac{3}{4}\right)\times 100$

$=\dfrac{1}{4}\times 100=25\%$

89. *(a)* यहाँ $p_1=76$ सेमी (पारा),

$V_1=1$ लीटर $=1000$ सेमी^{3},

$p_2=120$ सेमी (पारा), $V_2=?$

सूत्र, $p_1V_1=p_2V_2$ से,

$V_2=\dfrac{p_1V_1}{p_2}$

$=\dfrac{76\times 1000}{120}=633.3$ सेमी^{3}

90. *(c)* यहाँ $V_1=1$ लीटर, $p_1=2$ वायुमण्डल,

$T_1=273+27=300\,K$, $V_2=2$ लीटर

$p_2=4$ वायुमण्डल

सूत्र $\dfrac{p_1V_1}{T_1}=\dfrac{p_2V_2}{T_2}$ से,

$T_2=\dfrac{p_2V_2T_1}{p_1V_1}=\dfrac{4\times 2\times 300}{2\times 1}$

$\Rightarrow T_2=1200\,K$

92. *(b)* यहाँ $\mu=0.1$ मोल,

$R=1.99$ कैलोरी/मोल-K,

$T=300\,K$

$\therefore W=\mu RT=0.1\times 1.99\times 300$

$=1.99\times 3\times 0.1=59.7$ कैलोरी

94. *(c)* यहाँ $\alpha=0.00125/°C$, ,

$t_1=300-273=27°C$

$R_{27}=1\Omega, R_t=2\,\Omega$

$\therefore R_t=R_0(1+\alpha t)$ से,

$\Rightarrow R_{27}=R_0(1+0.00125\times 25)=1\,\Omega$ ...(i)

$R_t'=R_0(1+0.00125\times t)=2\,\Omega$ ...(ii)

समी (i) को (ii) से भाग देने पर,

$\dfrac{1+0.03375}{1+0.00125t}=\dfrac{1}{2}$

$1+0.00125t=2.06750$

$t=854°C$

या $t=854+273=1127\,K$

96. *(c)* $W=p\times dV=3$ न्यूटन/मी^{2} $\times(4-1)$ मी^{3}

$=9$

101. *(d)* आंशिक दाब के नियम से,

$p_2=p+p=2p$

102. *(b)* μ मोल नाइट्रोजन को दी गई कुल ऊष्मा

$Q=\mu C_P\Delta T$

$=0.2$ मोल $\times 7$ कैलोरी/(मोल°C) $\times 300°C$

$=420$ कैलोरी

यह ऊष्मा $420\times 4.2=1764$ जूल कार्य के तुल्य है।

103. *(a)* यहाँ $p=1.01\times 10^5$ न्यूटन/मी^{2}

$V=22.4\times 10^{-3}$ मी^{2}

$T=273\,K$

$\therefore \dfrac{pV}{T}=\dfrac{1.01\times 10^5\times 22.4\times 10^{-3}}{273}$

$=8.3$ जूल/ग्राम मोल-K

$=8.3\times 10^7$ अर्ग/ग्राम मोल-K

($\because 1$ जूल $=10^7$ अर्ग)

104. *(c)* यहाँ $V_1=1$ लीटर $=10^{-3}$ मी^{3}

$T_1=27+273=300\,K$

$T_2=29.7+273=302.7\,K$

सूत्र, $\dfrac{V_1}{T_1}=\dfrac{V_2}{T_2}$ से,

$\Rightarrow V_2=\dfrac{V_1T_2}{T_1}=\dfrac{10^{-3}\times 302.7}{300}$

$=1.009\times 10^{-3}$ मी^{3} $=1.009$ लीटर

105. *(c)* यहाँ

$(v_{rms})_1=v, (v_{rms})_2=2v, T_1=273\,K$

$\therefore \dfrac{(v_{rms})_1}{(v_{rms})_2}=\sqrt{\dfrac{T_1}{T_2}}$

या $\dfrac{T_1}{T_2}=\left(\dfrac{v}{2v}\right)^2$ या $\dfrac{T_1}{T_2}=\dfrac{1}{4}$

या $T_2=4T_1$

$=4\times 273=1092\,K$

106. *(a)* यहाँ $T_1=27+273=300\,K$

$T_2=177+273=450\,K$

$\because$ KE $(=E)\propto T$

$\therefore \dfrac{E_1}{E_2}=\dfrac{T_1}{T_2}=\dfrac{300}{450}=\dfrac{2}{3}$

या $E_1:E_2=2:3$

107. *(b)* सूत्र $p = \frac{1}{3}\frac{M}{V}v_{rms}^2$ से,

$$\therefore \quad \frac{p_1}{p_2} = \frac{\frac{1}{3}\frac{M}{V}v_{rms}^2}{\frac{1}{3}\frac{M}{2V}(2v_{rms})^2}$$

या $\frac{p_1}{p_2} = \frac{1}{2}$ या $p_1 : p_2 = 1 : 2$

108. *(c)* $\frac{mgh}{4.2 \times 10^3} = mc\,\Delta\theta$

$$\frac{m \times 9.8 \times 100}{4.2 \times 10^3} = m \times 0.1 \times \Delta\theta$$

$$\therefore \quad \Delta\theta = \frac{98}{42 \times 0.1} = 23.3°C$$

109. *(c)* समतापीय अवस्था में बॉयल के नियम से,

$pV =$ नियतांक

$p_1V_1 = p_2V_2$

यहाँ $p_1 = 1$ वायुमण्डल,

$V_1 = V, V_2 = \frac{1}{4}V$

$\therefore \quad p_2 = \frac{p_1V_1}{V_2} = \frac{1 \times V}{V/4} = 4$ वायुमण्डल

111. *(a)* टायर के भीतर की वायु का रुद्धोष्म प्रसार होता है।

यहाँ, $p = 3.375$ वायुमण्डल

$T = 27 + 273 = 300\,K$

$p' = 1$ वायुमण्डल

$\gamma = 1.5 = 3/2$

रुद्धोष्म प्रसार के लिए,

$\frac{T^\gamma}{p^{\gamma-1}} = \frac{T'^\gamma}{p'^{\gamma-1}}$ या $\left(\frac{T}{T'}\right)^\gamma = \left(\frac{p}{p'}\right)^{\gamma-1}$

मान रखने पर,

$$\left(\frac{300}{T'}\right)^{3/2} = \left(\frac{3.375}{1}\right)^{1/2}$$

या $\frac{300}{T'} = \left(\frac{3.375}{1}\right)^{1/3} = 1.5$

$\Rightarrow \quad T' = \frac{300}{1.5} = 200K$

$= -73°C$

112. *(d)* $\frac{C}{5} = \frac{F-32}{9}$ में $C = F$ रखने पर

या $\frac{C}{5} = \frac{C-32}{9}$ या $9C = 5C - 160$

या $9C - 5C = -160$

$4C = -160$

$C = -\frac{160}{4} = -40°C$

113. *(b)* μ मोल गैस का ताप T_i से T_f तक रुद्धोष्म प्रसार होने में गैस द्वारा कृत कार्य,

$$W = \frac{\mu R}{\gamma - 1}(T_i - T_f)$$

यहाँ $\mu = 3$ मोल, $R = 8.31$ जूल/मोल-K

$\gamma = 1.4, T_i = 273\,K, T_f = 263\,K$

$\therefore \quad W = \frac{3 \times 8.31}{1.4 - 1}(273 - 263) = 623$ जूल

गैस की आन्तरिक ऊर्जा में परिवर्तन

$\Delta U = Q - W$ (रुद्धोष्म प्रक्रम में, $Q = 0$)

$= 0 - (623) = -623$ जूल

116. *(b)* पृष्ठ की अवशोषकता = 0.8

आपतित ऊर्जा = 5 जूल

अतः पृष्ठ की ऊर्जा में वृद्धि = अवशोषित ऊर्जा = 5 × 0.8 जूल = 4.0 जूल

122. *(b)* वीन का विस्थापन नियम

$\lambda_m T =$ नियतांक

सूर्य के लिए $\lambda_m = 5000 Å$

तथा $T = 6000\,K$

चन्द्रमा के लिए $\lambda_m = 15\,\mu = (15 \times 10^4) Å$

$[\because 1\,\mu = 10^{-6}$ मी $= 10^4\, Å]$

$\therefore 5000 Å \times 6000K = (15 \times 10^4) Å \times T$

$\therefore \quad T = \frac{5000 \times 6000}{(15 \times 10^4)} = 200\,K$

124. *(a)* एण्ट्रॉपी परिवर्तन,

$\Delta S = \frac{\Delta Q}{T} = \frac{536}{373} = 1.44$ कैलोरी/K

127. *(a)* पृष्ठ की अवशोषकता = 0.4

आपतित ऊष्मा = 10 जूल

अवशोषित ऊष्मा = 10 × 0.4 = 4 जूल

$\therefore$ परावर्तित ऊष्मा

= आपतित ऊष्मा – अवशोषित ऊष्मा

= 10 – 4 = 6 जूल

128. *(b)* यहाँ $T_1 = T, T_2 = 3T$

स्टीफन के नियम से,

$E \propto T^4$

$\therefore \quad \frac{E_1}{E_2} = \left(\frac{T_1}{T_2}\right)^4$ या $\frac{E_1}{E_2} = \left(\frac{T}{3T}\right)^4 = \left(\frac{1}{3}\right)^4$

$\frac{E_1}{E_2} = \frac{1}{81} \Rightarrow E_2 = 81E_1$ गुनी

129. *(a)* दक्षता $\eta = \left(1 - \frac{T_1}{T_2}\right) \times 100$

यदि $T_1 = 0K$ तो $\eta = \left(1 - \frac{0}{T_2}\right) \times 100$

$= 100\%$

130. *(a)* यहाँ, $E_B = E, E_A = 4E,$

$T_A = 192 + 273 = 465\,K$

स्टीफन के नियम से,

$E \propto T^4$

$$\therefore \quad \frac{E_A}{E_B} = \left[\frac{T_A}{T_B}\right]^4 = \left[\frac{465}{T_B}\right]^4$$

या $\frac{4E}{E} = \left[\frac{465}{T_B}\right]^4$

$\therefore \quad \frac{465}{T_B} = (4)^{1/4} = (2^2)^{1/4} = 2^{1/2}$

$T_B = \frac{465}{2^{1/2}} = \frac{465}{1.414} = 329\,K$

$T_B = 329 - 273 = 56°C$

133. *(a)* रुद्धोष्म प्रक्रम के लिए,

$$\frac{T_2}{T_1} = \left(\frac{p_2}{p_1}\right)^{\frac{\gamma-1}{\gamma}} \Rightarrow T_2 = T_1\left(\frac{p_2}{p_1}\right)^{\frac{\gamma-1}{\gamma}}$$

$$= (27 + 273)\left(\frac{1 \times 10^5}{2 \times 10^5}\right)^{\frac{1.4-1}{1.4}}$$

(वायु के लिए $\gamma = 1.4$)

$$= 300\left(\frac{1}{2}\right)^{\frac{0.4}{1.4}} = 300\left(\frac{1}{2}\right)^{\frac{2}{7}}$$

$= 300 \times 0.82 = 246\,K$

134. *(c)* रुद्धोष्म प्रक्रम के लिए, $pV^\gamma = K$

$$\frac{p_1}{p_2} = \left(\frac{V_2}{V_1}\right)^\gamma$$

$$\frac{1 \times \text{वायुमण्डल}}{p_2} = \left(\frac{1\ \text{सेमी}^3}{1\ \text{लीटर}}\right)^\gamma$$

$$= \left(\frac{10^{-6}\ \text{मी}^3}{10^{-3}\ \text{मी}^3}\right)^{1.67}$$

$$\frac{1}{p_2} = (10^3)^{1.67}$$

$p_2 = (10^3)^{1.67} = 10^5$ वायुमण्डल

$= 10^5 \times 10^5$ पास्कल $= 10^{10}$ पास्कल

135. *(c)* वीन के नियम से, $\frac{T_1}{T_2} = \frac{\lambda_2}{\lambda_1} = \frac{5 \times 10^3}{4 \times 10^3}$

$T_1 : T_2 = 5 : 4$

136. *(c)* विकिरण की तीव्रता $I \propto \frac{1}{r^2}$

$$\frac{I_1}{I_2} = \left(\frac{r_2}{r_1}\right)^2 = \left(\frac{3R}{R}\right)^2 = \frac{9}{1}$$

$I_1 : I_2 = 9 : 1$

137. *(c)* 0°C की 1 ग्राम बर्फ को 0°C के जल में बदलने में दी गई ऊष्मा

$Q_1 = mL =$ बर्फ की गुप्त ऊष्मा

= 80 कैलोरी

0°C के 1 ग्राम जल को 100°C के जल में बदलने में दी गई ऊष्मा

$Q_2 = mc\,\Delta T = 1 \times 1 \times 100$

= 100 कैलोरी

100°C के जल को 100°C की भाप में बदलने में दी गयी ऊष्मा = भाप की गुप्त ऊष्मा

= 536 कैलोरी

कुल ऊष्मा = 80 + 100 + 536

= 716 कैलोरी

अध्याय 03 विद्युतिकी व चुम्बकत्व

विद्युतिकी की वह शाखा जिसमें गतिक अवस्था में आवेशों का अध्ययन किया जाता है, गतिक विद्युतिकी कहलाती है।

आवेश

आवेश द्रव्य का एक मूलभूत गुण है, इसे द्रव्य से अलग करना असम्भव है। आवेश दो प्रकार का होता है

(i) धनात्मक आवेश

(ii) ऋणात्मक आवेश

विद्युत धारा

किसी चालक में आवेश के प्रवाह की दर को विद्युत धारा कहते हैं। आवेश के प्रवाह की दर, विद्युत धारा की माप के बराबर होती है।

$$\text{विद्युत धारा } (i) = \frac{\text{आवेश } (q)}{\text{समय } (t)}$$

विद्युत धारा एक अदिश राशि है, इसका मात्रक ऐम्पियर है। इसकी विमा $[AT^{-1}]$ होती है।

धारा घनत्व

किसी सतह के एकांक क्षेत्रफल से लम्बवत् प्रवाहित होने वाली धारा को धारा घनत्व (J) कहते हैं।

$$\text{धारा घनत्व } (J) = i/A, A = \text{सतह का क्षेत्रफल}$$

धारा घनत्व का मात्रक ऐम्पियर/मीटर^2 है तथा इसकी विमा $[AL^{-2}]$ होती है।

मुक्त इलेक्ट्रॉन

किसी पदार्थ में उसके परमाणुओं से अलग होकर, मुक्त रूप से विचरण करने वाले इलेक्ट्रॉन, मुक्त इलेक्ट्रॉन कहलाते हैं। इन पर नाभिक का नियन्त्रण नहीं रहता।

मुक्त इलेक्ट्रॉनों का माध्य मुक्त पथ

धातुओं में मुक्त इलेक्ट्रॉन बन्द बर्तन में भरी गैस के अणुओं की तरह व्यवहार करते हैं, इसी कारण इनके समूह को इलेक्ट्रॉन गैस कहते हैं। ये इलेक्ट्रॉन धातु के स्थिर आयनों के बीच खाली स्थान में उच्च ऊष्मीय वेग ($\approx 10^5$ मी/से) से अनियमित गति करते रहते हैं। गति करते समय मुक्त इलेक्ट्रॉन बारम्बार धन आयनों से टकराते हैं।

अतः किसी मुक्त इलेक्ट्रॉन द्वारा दो क्रमागत टक्करों के बीच चली गयी माध्य दूरी को इलेक्ट्रॉन का माध्य पथ कहते हैं।

श्रांतिकाल

दो क्रमागत टक्करों के बीच के माध्य समयान्तराल को श्रांतिकाल कहते हैं।

नोट

- चूँकि मुक्त इलेक्ट्रॉन की गति की दिशा प्रत्येक टक्कर के बाद बदल जाती है, अतः सभी इलेक्ट्रॉनों का औसत ऊष्मीय वेग शून्य रहता है।

अनुगमन वेग

किसी चालक के सिरों पर विभवान्तर आरोपित करने पर, विद्युत क्षेत्र के विपरीत दिशा में मुक्त इलेक्ट्रॉन जिस वेग से चलते हैं, उसे अनुगमन वेग v_d कहते हैं। इसका मान लगभग 10^{-4} मी/से होता है।

$$v_d = \frac{eE}{m}\tau = \frac{eV}{ml}\tau$$

जहाँ τ श्रांतिकाल है तथा E वैद्युत क्षेत्र की तीव्रता है।

तथा $$v_d = \mu E$$

जहाँ μ इलेक्ट्रॉनों की गतिशीलता है।

विद्युत चालकता

विद्युत प्रतिरोध के व्युत्क्रम को विद्युत चालकता कहते हैं। इसे G से प्रदर्शित करते हैं।

विद्युत चालकता, $G = \frac{1}{R}$

इसका मात्रक ओम$^{-1}$ या म्हो या साइमन होता है। इसका विमीय सूत्र $[M^{-1}L^2T^3A^2]$ होता है।

इलेक्ट्रॉनों की गतिशीलता

किसी चालक पर लगाये गये एकांक विद्युत क्षेत्र के कारण इलेक्ट्रॉन द्वारा प्राप्त अनुगमन वेग को इलेक्ट्रॉनों की गतिशीलता कहते हैं।

$$\text{इलेक्ट्रॉनों की गतिशीलता } \mu = v_d / E$$

इसका मात्रक मी^{2}/वोल्ट-सेकण्ड है।

ओम का नियम (Ohm's Law)

यदि किसी चालक की भौतिक अवस्थाएँ समान रहें, तो चालक के सिरों पर उत्पन्न विभवान्तर, उसमें प्रवाहित धारा के समानुपाती होता है।

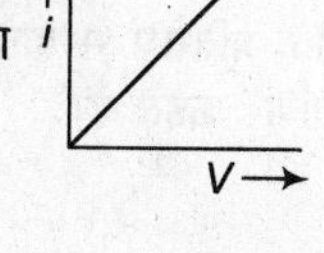

$$V \propto i$$

या $$\frac{V}{i} = R \text{ (नियतांक)}$$

जहाँ R एक नियतांक है, जिसे चालक के पदार्थ का प्रतिरोध कहते हैं। प्रतिरोध का मात्रक ओम (Ω) है।

चालक का प्रतिरोध

किसी चालक के सिरों पर लगे विभवान्तर व उसमें प्रवाहित धारा के अनुपात को चालक का प्रतिरोध कहते हैं।

$$R = \frac{V}{i} \text{ या } R = \frac{ml}{ne^2 A\tau}$$

इसका मात्रक वोल्ट/ऐम्पियर या ओम है।

यदि किसी चालक के सिरों पर 1 वोल्ट विभवान्तर लगाने पर उसमें एक ऐम्पियर की धारा प्रवाहित होती है, तो चालक का प्रतिरोध 1 ओम होता है।

विशिष्ट प्रतिरोध अथवा प्रतिरोधकता

किसी चालक का प्रतिरोध (R) उसकी लम्बाई (l) के समानुपाती तथा उसके अनुप्रस्थ-काट के क्षेत्रफल (A) के व्युत्क्रमानुपाती होता है, अर्थात्

$$R \propto \frac{l}{A} \quad \text{या} \quad R = \rho\frac{l}{A}$$

जहाँ ρ एक नियतांक है, जिसे विशिष्ट प्रतिरोध या प्रतिरोधकता कहते हैं। विशिष्ट प्रतिरोध का मात्रक MKS पद्धति में ओम-मीटर तथा CGS पद्धति में ओम-सेमी होता है

$$\text{विशिष्ट प्रतिरोध } (\rho) \text{ की विमा} = \frac{R \text{ की विमा} \times A \text{ की विमा}}{[l] \text{ की विमा}}$$

$$= \frac{[ML^2T^{-3}A^{-2}][L^2]}{[L]}$$

विशिष्ट प्रतिरोध (ρ) की विमा $= [ML^3T^{-3}A^{-2}]$ होती है।

धातु का विशिष्ट प्रतिरोध धातु के प्राचलों (parameters) के पदों में

विशिष्ट प्रतिरोध के व्यंजक $\rho = R\frac{A}{l}$

$$R = \frac{ml}{ne^2\tau A} \text{ रखने पर,}$$

$$\rho = \frac{m}{ne^2\tau}$$

जहाँ, m = इलेक्ट्रॉन का द्रव्यमान

n = प्रति एकांक आयतन में मुक्त इलेक्ट्रॉनों की संख्या

τ = श्रांतिकाल

इस प्रकार किसी धातु का विशिष्ट प्रतिरोध अथवा प्रतिरोधकता धातु के मुक्त इलेक्ट्रॉन घनत्व n पर, अर्थात् धातु की प्रकृति पर निर्भर करता है।

प्रतिरोध ताप गुणांक

यदि किसी तार का 0°C पर प्रतिरोध एकांक हो तो उसका ताप 1°C बढ़ाने पर उसके प्रतिरोध में होने वाली वृद्धि को, उस तार के पदार्थ का 'प्रतिरोध ताप गुणांक' कहते हैं।

$$\rho_t = \rho_0(1 + \alpha t)$$

व $$R_t = R_0(1 + \alpha t)$$

इस प्रकार, $$\alpha = \frac{\rho_t - \rho_0}{\rho_0 \times t} = \frac{R_t - R_0}{R_0 \times t} /°C$$

धातुओं के लिए α धनात्मक होता है तथा अधिकांश धातुओं के लिए इसका मान लगभग $\frac{1}{273}$ प्रति °C होता है।

अर्द्धचालकों के लिए α का मान ऋणात्मक होता है।

विद्युत अपघट्यों के लिए α का मान ऋणात्मक होता है।

मिश्र धातुओं; जैसे—मैंगनिन, कान्स्टेन्टन तथा नाइक्रोम के लिए α का मान लगभग नगण्य होता है।

प्रतिरोध पर ताप का प्रभाव

(i) धातु का ताप बढ़ाने पर प्रतिरोध बढ़ता है।

(ii) अर्द्धचालकों का ताप बढ़ाने पर, प्रतिरोध घटता है।

(iii) मिश्र धातुओं का ताप बढ़ाने पर, प्रतिरोध बढ़ता है, परन्तु प्रतिरोध में वृद्धि धातु की अपेक्षाकृत काफी कम होती है।

(iv) विद्युत अपघट्यों का ताप बढ़ाने पर, इनका प्रतिरोध घटता है।

नोट

- यदि किसी तार को खींचकर उसकी लम्बाई दोगुनी कर दी जाए, तो प्रतिरोध 4 गुना हो जाता है।
- विद्युत धारा की दिशा, इलेक्ट्रॉनों के चलने की दिशा के विपरीत होती है।

चालकता

किसी चालक के प्रतिरोध के व्युत्क्रम को उसकी चालकता कहते हैं।

$$\text{चालकता } G = \frac{1}{R}$$

इसका मान ओम$^{-1}$ या म्हो (mho) होता है। SI पद्धति में चालकता का मात्रक सीमेन (Siemen) है।

विशिष्ट चालकता

किसी चालक के पदार्थ के विशिष्ट प्रतिरोध के व्युत्क्रम को उसकी विशिष्ट चालकता कहते हैं।

$$\text{विशिष्ट चालकता } \sigma = \frac{1}{\rho}$$

या $$\text{विशिष्ट चालकता } \sigma = \frac{J}{E}$$

J = धारा घनत्व व E = विद्युत क्षेत्र की तीव्रता

या $\sigma = n e \mu$

विशिष्ट चालकता का मात्रक ओम$^{-1}$ मीटर$^{-1}$ या म्हो मीटर$^{-1}$ है।

तापीय प्रतिरोध

तापीय प्रतिरोध, प्रायः अर्द्धचालक पदार्थ का बना ऐसा सुग्राही प्रतिरोध होता है कि इसके ताप में थोड़ा सा भी परिवर्तन करने पर इसके प्रतिरोध में बहुत अधिक परिवर्तन होता है।

1. तापीय प्रतिरोध का प्रतिरोध ताप गुणांक काफी उच्च होता है।
2. तापीय प्रतिरोध का प्रतिरोध ताप गुणांक धनात्मक या ऋणात्मक दोनों ही हो सकता है।

अतिचालकता

किसी चालक के ताप में कमी करने पर चालक का प्रतिरोध घटता है। यदि ताप घटाते जाए तो प्रतिरोध भी घटता जाएगा व एक निश्चित ताप (क्रांतिक ताप) पर चालक का प्रतिरोध शून्य हो जाएगा, इस घटना को ही अतिचालकता कहते हैं।

प्रतिरोधों के संयोग

(i) **श्रेणी क्रम** (Series Order)

जब प्रतिरोधों को सिरे से सिरा मिलाकर जोड़ा जाता है, तो इस प्रकार के क्रम को श्रेणी क्रम कहते हैं। श्रेणी क्रम में तुल्य प्रतिरोध

$$R = R_1 + R_2 + R_3 + ...$$

श्रेणी क्रम में सभी प्रतिरोधों में धारा का मान समान होता है।

$$i_1 = i_2 = i_3 = i$$

श्रेणी क्रम में सभी प्रतिरोधों पर विभवान्तर का मान अलग-अलग होता है। अतः संयोग का कुल विभवान्तर

$$V = V_1 + V_2 + V_3$$

या $$V_1 : V_2 : V_3 \equiv R_1 : R_2 : R_3$$

(ii) **समान्तर क्रम** (Parallel Order)

इस क्रम में सभी प्रतिरोधों के प्रथम सिरों को एक बिन्दु से व द्वितीय सिरों को दूसरे बिन्दु से जोड़ा जाता है।

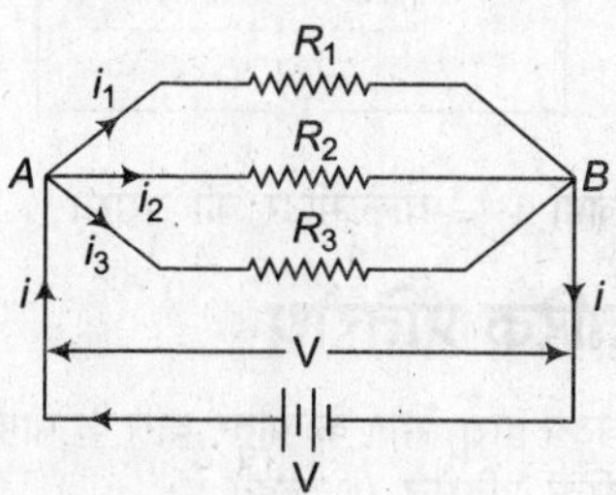

समान्तर क्रम में तुल्य प्रतिरोध

$$\frac{1}{R} = \frac{1}{R_1} + \frac{1}{R_2} + \frac{1}{R_3} + ...$$

समान्तर क्रम में सभी प्रतिरोधों में धारा का मान अलग-अलग होता है। परन्तु सभी प्रतिरोधों के सिरों पर विभवान्तर समान होता है।

समान्तर क्रम के लिए,

$$i_1 : i_2 : i_3 \equiv \frac{1}{R_1} : \frac{1}{R_2} : \frac{1}{R_3}$$

संधारित्र

ऐसा समायोजन जिसमें किसी चालक के आधार में परिवर्तन किए बिना उस पर आवेश की पर्याप्त मात्रा संचित की जा सकती है, संधारित्र कहलाता है। सामान्यतया संधारित्र किसी विद्युतरोधी के द्वारा पृथक् दो चालकों का निकाय होता है।

संधारित्र की धारिता, $C = \frac{Q}{V}$

संधारित्रों का संयोजन

(i) **श्रेणीक्रम संयोजन** (Series Combination)

संधारित्रों के श्रेणीक्रम संयोजन की तुल्य धारिता का व्युत्क्रम, प्रत्येक संधारित्र की धारिताओं के व्युत्क्रमों के योग के समान होता है।

$$\frac{1}{C} = \frac{1}{C_1} + \frac{1}{C_2} + ... + \frac{1}{C_n}$$

(ii) **समान्तर क्रम संयोजन** (Parallel Combination)

तुल्य धारिता का सभी संधारित्रों की धारिताओं के योग के समान होता है।

$$C = C_1 + C_2 + C_3 + ... + C_n$$

विद्युत वाहक बल

रासायनिक ऊर्जा को विद्युत ऊर्जा में परिवर्तित करने वाली युक्ति सेल कहलाती है तथा एकांक आवेश को सेल सहित पूरे परिपथ में प्रवाहित करने में सेल द्वारा किया गया कार्य सेल का विद्युत वाहक बल कहलाता है।

विद्युत वाहक बल $E = \frac{W}{q}$

या $i = \frac{E}{R + r}$

R = बाह्य प्रतिरोध

r = आन्तरिक प्रतिरोध

विद्युत वाहक बल का मात्रक जूल/कूलॉम या वोल्ट है।

विद्युत सेल

विद्युत सेल, विद्युत धारा के रासायनिक प्रभाव पर आधारित ऐसी युक्ति है जो किसी परिपथ में धारा के प्रवाह को निरन्तर बनाए रखती है, यह रासायनिक ऊर्जा को विद्युत ऊर्जा में बदलती है।

विद्युत सेल दो प्रकार के होते हैं

(i) प्राथमिक सेल

वे सेल जो एक बार निरावेशित होने पर पुनः आवेशित नहीं किए जा सकते, प्राथमिक सेल कहलाते हैं। **जैसे–**

(a) **वोल्टीय सेल** (Voltaic cell) इसमें एक काँच के बर्तन में तनु H_2SO_4 भरा होता है, जिसमें एक कॉपर की व दूसरी जिंक की छड़ डूबी रहती है। सेल के भीतर की रासायनिक क्रियाओं के कारण जिंक की छड़ ऋणात्मक व कॉपर की छड़ धनात्मक हो जाती है।

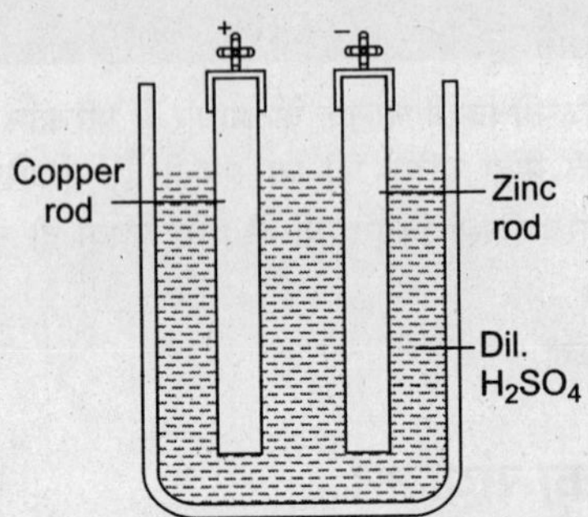

(b) **डेनियल सेल** (Daniel cell) इसमें एक ताँबे का बर्तन होता है जिसमें $CuSO_4$ विलयन भरा होता है, कॉपर का बर्तन धन इलेक्ट्रोड का कार्य करता है, $CuSO_4$ के विलयन के भीतर एक सरन्ध्र पात्र रखा होता है, जिसमें तनु H_2SO_4 अम्ल व जिंक की छड़ होती है, जिंक की छड़ ऋण इलेक्ट्रोड का कार्य करती है।

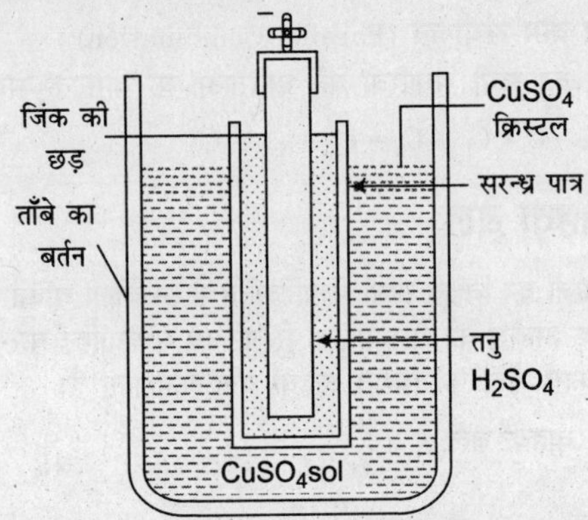

(c) **लेक्लांशे सेल** (Leclanche cell) इसमें एक काँच का बर्तन होता है, जिसमें NH_4Cl का विलयन भरा होता है व इसमें एक जिंक की छड़ डूबी रहती है जो ऋण इलेक्ट्रोड का कार्य करती है। विलयन में सरन्ध्र पात्र रखा होता है। जिसमें कार्बन की छड़ रहती है यह छड़ धन ध्रुव का कार्य करती है।

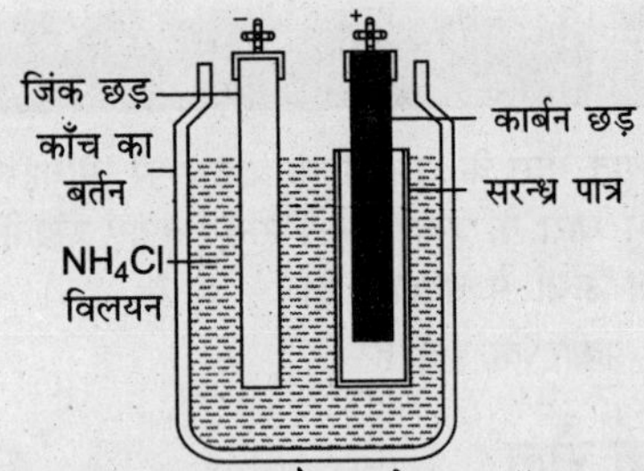

मैग्नीज डाई ऑक्साइड और चाकोल का पॉउडर का मिश्रण

(d) **शुष्क सेल** (Dry cell) इसमें NH_4Cl व $ZnCl_2$ का पेस्ट (paste) एक जिंक के बर्तन में रखा होता है। जिंक का बर्तन सेल के ऋण ध्रुव का कार्य करता है। पीतल की टोपी में लगी कार्बन की छड़, जिंक के बर्तन के बीच में रखी जाती है तथा यह सेल के धन ध्रुव का कार्य करती है।

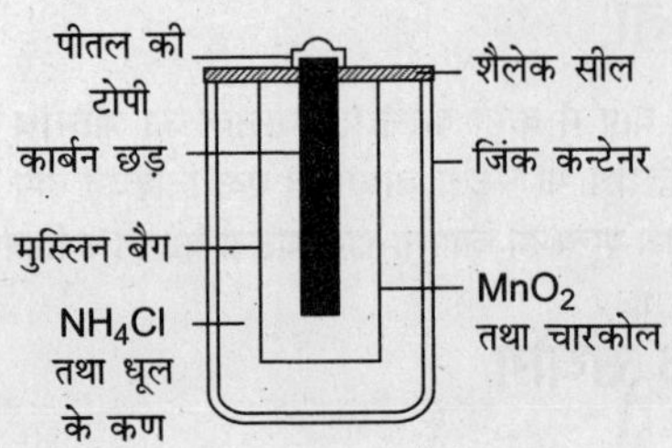

(ii) द्वितीयक सेल

वे सेल जिन्हें एक बार निरावेशित होने के बाद पुनः आवेशित किया जा सकता है, द्वितीयक सेल कहलाते हैं। **जैसे— लैड संग्राहक** (Lead accumulator) इसमें एक काँच या सख्त रबर के बर्तन में तनु H_2SO_4 अम्ल भरा होता है। H_2SO_4 में लैड की छड़ें लटकी रहती हैं, धन छड़ों में

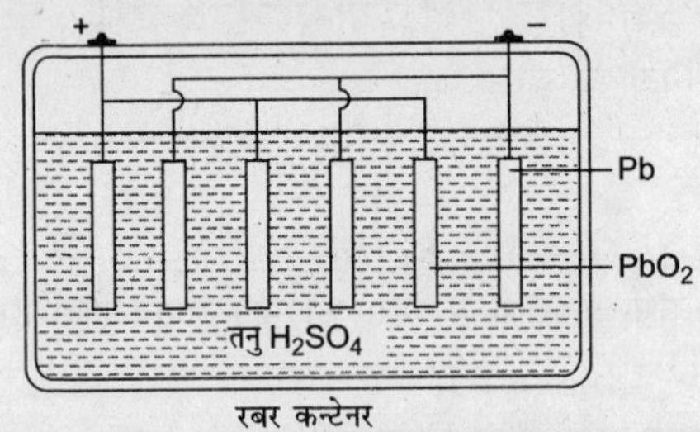

रबर कन्टेनर

जहाँ G = गैल्वेनोमीटर का प्रतिरोध, i_g = गैल्वेनोमीटर में प्रवाहित धारा, i = अमीटर की परास।

गैल्वेनोमीटर को वोल्टमीटर में बदलने के लिए, श्रेणी क्रम में एक उच्च प्रतिरोध (R) लगा देते हैं।

$$R = \frac{V}{i_g} - G$$

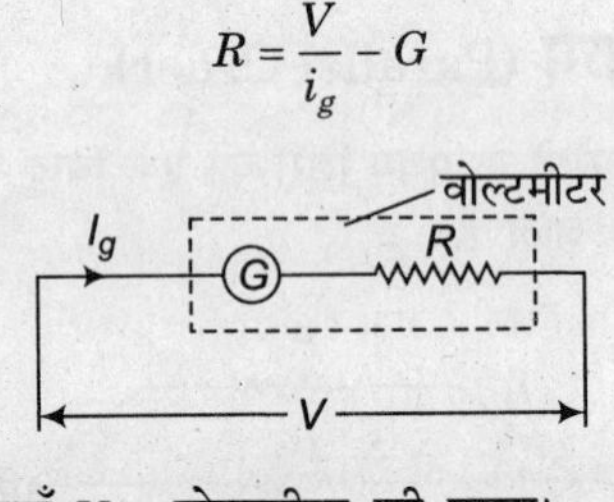

जहाँ V = वोल्टमीटर की परास।

सेल का आन्तरिक प्रतिरोध

सेल के विद्युत अपघट्य द्वारा, सेल के भीतर धारा के मार्ग में डाली गई रुकावट को सेल का आन्तरिक प्रतिरोध (r) कहते हैं।

1. यदि सेल की प्लेटों के बीच की दूरी बढ़ा दी जाए, तो सेल का आन्तरिक प्रतिरोध बढ़ जाता है।
2. सेल के इलेक्ट्रोडों का क्षेत्रफल बढ़ाने पर सेल का आन्तरिक प्रतिरोध घट जाता है।
3. सेल के विद्युत अपघट्य का सान्द्रण बढ़ाने पर सेल का आन्तरिक प्रतिरोध बढ़ जाता है।

सेल का आन्तरिक प्रतिरोध $r = \left(\frac{E - V}{i}\right)$ या $r = R\left(\frac{E}{V} - 1\right)$

जहाँ E = सेल का विद्युत वाहक बल,
V = सेल के सिरों का विभवान्तर, R = बाह्य प्रतिरोध, i = प्रवाहित धारा।

सेल के सिरों का विभवान्तर

बंद परिपथ में (अर्थात् जब सेल से धारा ली जा रही हो तो)सेल के दोनों ध्रुवों के बीच के विभवान्तर को सेल के सिरों के बीच का विभवान्तर कहते हैं। यदि सेल से कोई धारा नहीं ली जा रही है, तो सेल के दोनों सिरों के बीच का विभवान्तर, सेल के विद्युत वाहक बल के बराबर होता है।

सेलों का संयोग

1. **श्रेणी क्रम** (Series Order) श्रेणी क्रम में सभी सेलों को सिरे से सिरा मिलाकर जोड़ा जाता है।

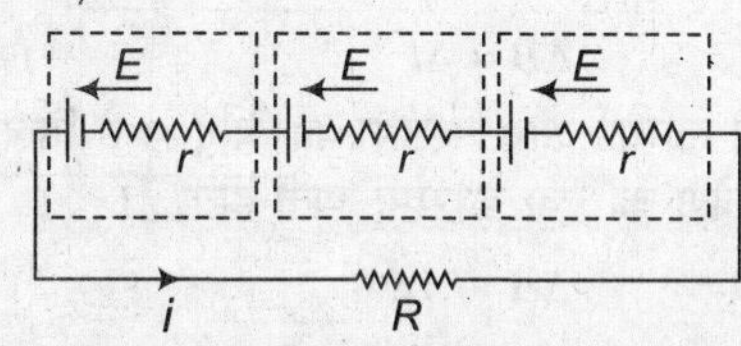

(i) यदि r आन्तरिक प्रतिरोध व E विद्युत वाहक बल वाले n सेलों को श्रेणी क्रम में जोड़ा जाता है, तो

कुल विद्युत वाहक बल $= nE$

कुल आन्तरिक प्रतिरोध $= nr$

संयोग से ली गई धारा $i = \frac{nE}{nr + R}$

जहाँ R = बाह्य प्रतिरोध।

(ii) यदि $nr << R$ अर्थात् कुल आन्तरिक प्रतिरोध, बाह्य प्रतिरोध से बहुत कम है, तो सेलों के संयोग से ली गई धारा, एक ही सेल से ली गई धारा का लगभग n गुना होती है।

(iii) यदि $nr >> R$, अर्थात् कुल आन्तरिक प्रतिरोध, बाह्य प्रतिरोध से बहुत अधिक हो, तो सेलों के संयोग से ली गई धारा, एक सेल से ली गई धारा के बराबर होती है, अर्थात् अधिक आन्तरिक प्रतिरोध वाले सेलों को श्रेणी क्रम में जोड़ने पर कोई लाभ नहीं होता।

2. **समान्तर क्रम** (Parallel Order) समान्तर क्रम में सभी सेलों के धन सिरों को एक बिन्दु से व ऋण सिरों को दूसरे बिन्दु से जोड़ा जाता है।

(i) यदि r प्रतिरोध वाले n सेलों को समान्तर क्रम में जोड़ा जाता है, जिनमें प्रत्येक का विद्युत वाहक बल (E) है, तो कुल आन्तरिक प्रतिरोध $= \frac{r}{n}$

संयोग से ली गई धारा $i = \frac{nE}{r + nR}$

(ii) यदि $n >> R$ अर्थात् आन्तरिक प्रतिरोध का मान बाह्य प्रतिरोध से अधिक है, तो संयोग से ली गई धारा, एक सेल से ली गई धारा के लगभग n गुना होती है।

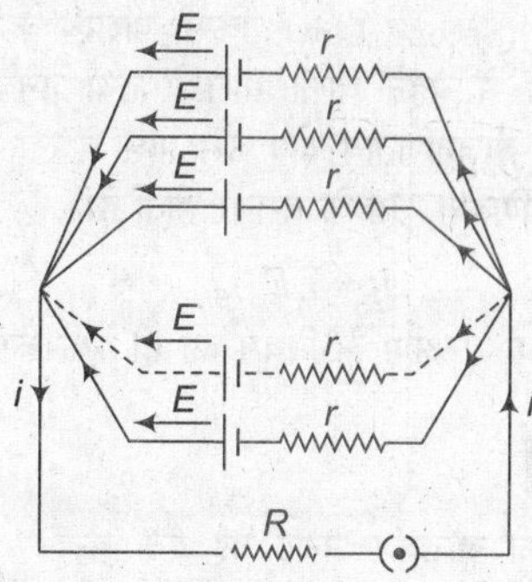

(iii) यदि $r << R$ अर्थात् आन्तरिक प्रतिरोध का मान बाह्य प्रतिरोध से कम है, तो संयोग से ली गई धारा का मान, एक सेल से ली गई धारा के मान के बराबर होता है, अर्थात् कम आन्तरिक प्रतिरोध वाले सेलों को समान्तर क्रम में जोड़ने पर कोई लाभ नहीं होता।

3. **मिश्रित क्रम** (Mixed Order) इस क्रम में कुछ सेल श्रेणी क्रम में जोड़े जाते हैं व इस प्रकार की कुल श्रेणियों को आपस में समान्तर क्रम में जोड़ देते हैं।

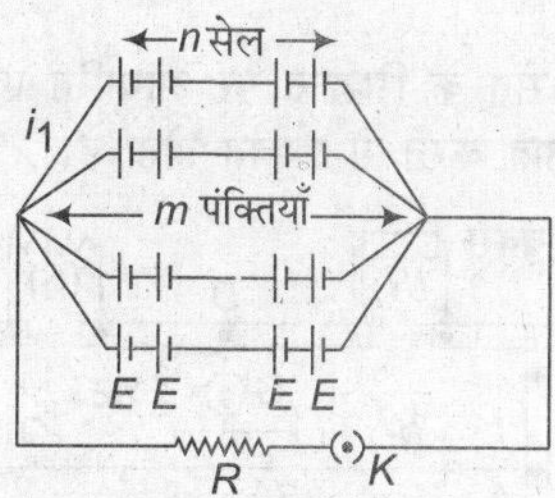

कुल विद्युत वाहक बल $= nE$

कुल आन्तरिक प्रतिरोध $= \frac{nr}{m}$

संयोग से ली गई धारा $i = \frac{mnE}{nr + mR}$

मिश्रित क्रम के बाह्य परिपथ में धारा का मान अधिकतम तब होगा, जब बैटरी का आन्तरिक प्रतिरोध व बाह्य प्रतिरोध बराबर हो।

किरचॉफ के नियम

किरचॉफ के दो नियम निम्न प्रकार हैं

1. **प्रथम नियम** (First Law) किसी विद्युत परिपथ में किसी भी सन्धि पर मिलने वाली धाराओं का बीजगणितीय योग शून्य होता है।

अर्थात् $\Sigma i = 0$

i_4 i_3 i_1 i_2

(i) सन्धि की ओर आने वाली धाराओं को धनात्मक व सन्धि से दूर जाने वाली धाराओं को ऋणात्मक लिया जाता है।

(ii) यह नियम आवेश संरक्षण के नियम का ही एक रूप है।

2. **द्वितीय नियम** (Second Law) किसी परिपथ के प्रत्येक बन्द पाश के विभिन्न खण्डों में बहने वाली धाराओं तथा उनके संगत प्रतिरोधों के गुणनफलों का बीजगणितीय योग उस पाश में लगने वाले विद्युत वाहक बलों के बीजगणितीय योग के बराबर होता है।

अर्थात् $\Sigma iR = \Sigma E$

यह नियम ऊर्जा संरक्षण के नियम का ही एक रूप है।

व्हीटस्टोन सेतु

यह चार प्रतिरोधों को जोड़कर बनाई गई एक बन्द आकृति होती है। इसकी सहायता से किसी अज्ञात चालक का प्रतिरोध ज्ञात किया जा सकता है। जब धारामापी में कोई विक्षेप नहीं है, तब

$$\frac{P}{Q} = \frac{R}{S}$$

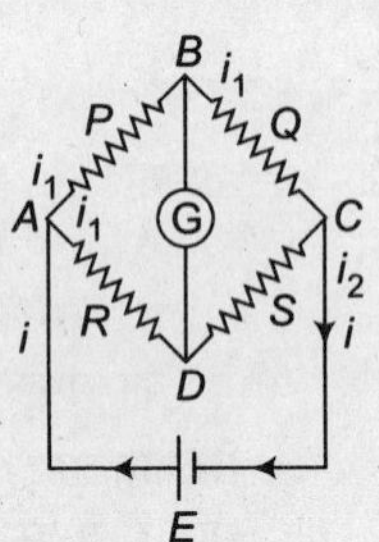

मीटर सेतु

मीटर सेतु, व्हीटस्टोन सेतु के सिद्धान्त पर आधारित एक सुग्राही यन्त्र है, जो चालक का प्रतिरोध ज्ञात करने में प्रयुक्त होता है।

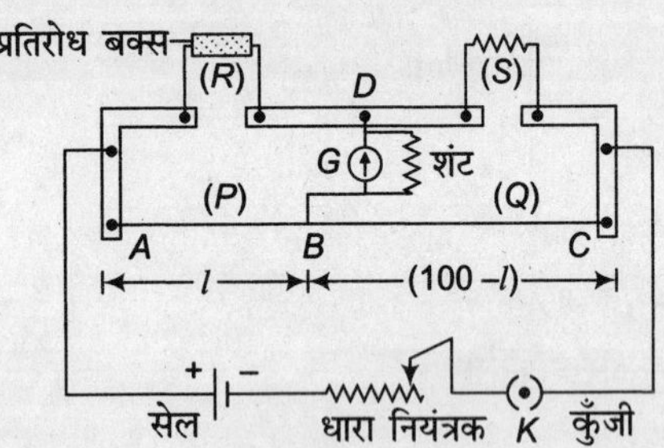

जिस तार का प्रतिरोध ज्ञात करना होता है उसे बिन्दुओं C व D के बीच लगा देते हैं। सबसे पहले प्रतिरोध बक्स में से कोई प्रतिरोध R निकालते हैं। अब सर्पी कुंजी को तार के सहारे खिसकाकर ऐसी स्थिति प्राप्त करते हैं कि धारामापी (G) में कोई विक्षेप उत्पन्न न हो, माना बिन्दु (B) वह स्थिति है, तो

$$S = R\left(\frac{100 - l}{l}\right)$$

बायो-सेवर्ट का नियम

बायो-सेवर्ट के नियम द्वारा किसी धारावाही चालक के कारण किसी बिन्दु पर चुम्बकीय क्षेत्र ज्ञात किया जाता है।

धारा अवयव

धारावाही चालक तार के किसी अल्पांश की लम्बाई और उसमें से बहने वाली धारा के गुणनफल को धारा अवयव कहते हैं।

धारा अवयव एक सदिश राशि है। इसकी दिशा धारा प्रवाह की दिशा में होती है।

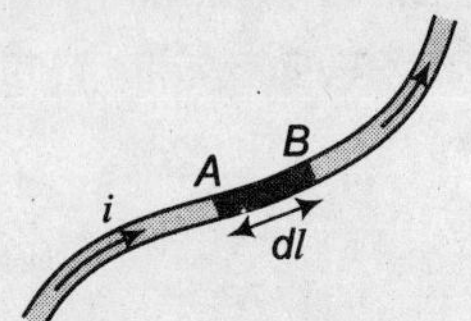

धारा अवयव $AB = id\mathbf{l}$

किसी धारावाही चालक के एक अल्पांश dl के द्वारा किसी बिन्दु P पर उत्पन्न चुम्बकीय क्षेत्र ΔB का मान

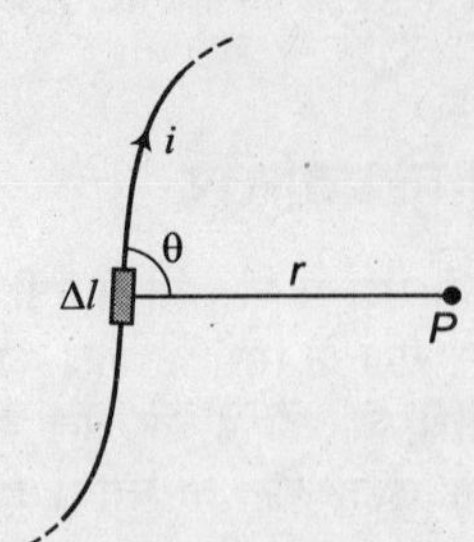

1. चालक में प्रवाहित धारा के अनुक्रमानुपाती होता है।
$$\Delta B \propto i$$
2. चालक के उस अल्पांश की लम्बाई Δl के अनुक्रमानुपाती होता है।
$$\Delta B \propto \Delta l$$
3. अल्पांश की लम्बाई और अल्पांश को बिन्दु P से मिलाने वाली रेखा के बीच बने कोण की ज्या के समानुपाती होता है।
$$\Delta B \propto \sin\theta$$
4. यह बिन्दु P की अल्पांश से दूरी r के वर्ग के व्युत्क्रमानुपाती होता है।
$$\Delta B \propto \frac{1}{r^2}$$
5. अतः: $$\Delta B \propto \frac{i\,(\Delta l)\sin\theta}{r^2}$$
या $$AB = \frac{\mu_0 i\,\Delta l \sin\theta}{4\pi r^2}$$
जहाँ $\frac{\mu_0}{4\pi}$ समानुपाती नियतांक है। इसका मान 10^{-7} वेबर/ऐम्पियर-मी है।
6. μ_0 निर्वात की चुम्बकशीलता है।
7. μ_0 का विमीय सूत्र $[MLT^{-2}A^{-2}]$ होता है।
8. बायो-सेवर्ट के नियम का वेक्टर स्वरूप
$$d\mathbf{B} = \frac{\mu_0 i}{4\pi}\left(\frac{d\mathbf{l} \times \mathbf{r}}{r^3}\right)$$
9. dB की दिशा $d\mathbf{l} \times \mathbf{r}$ की दिशा में होती है।
10. धारा घनत्व के पदों में बायो-सेवर्ट का नियम
$$d\mathbf{B} = \frac{\mu_0}{4\pi}\left(\frac{\mathbf{j} \times \mathbf{r}}{r^3}\right)dV$$
11. यदि dl व r परस्पर समान्तर हों अर्थात् $\theta = 0°$ तो $B = 0$
12. जब dl व r परस्पर लम्बवत् हों अर्थात् $\theta = 90°$
$$B = \frac{\mu_0}{4\pi}\Sigma\frac{i\,dl}{r^2}$$
13. आवेश तथा आवेश के वेग के पदों में बायो-सेवर्ट का नियम
$$d\mathbf{B} = \frac{\mu_0}{4\pi}\frac{q\,(\mathbf{v} \times \mathbf{r})}{r^3}$$
14. चुम्बकीय क्षेत्र का मात्रक वेबर/मीटर² या टेस्ला होता है।

ऐम्पियर का परिपथीय नियम

इस नियम के अनुसार, "किसी बन्द पथ पर परिपथ के अनुदिश चुम्बकीय क्षेत्र के रंखीय समाकलन (linear integral) का मान, उस पथ से घिरे पृष्ठ से गुजरने वाली कुल धारा के मान का μ_0 गुना होता है।"

अत: $$\oint \mathbf{B} \cdot d\mathbf{l} = \mu_0 (I_{\text{net}})$$

इसका सरलतम रूप है,

$$Bl = \mu_0 I_{\text{net}}$$

यह समीकरण निम्न शर्तों में ही प्रयोग की जाती है

1. बन्द पथ के प्रत्येक बिन्दु पर,
2. बन्द पथ के प्रत्येक स्थान पर चुम्बकीय क्षेत्र का परिमाण समान रहता है।

विभवमापी

यह किसी सेल का वि.वा.बल (EMF) अथवा किसी वैद्युत परिपथ के दो बिन्दुओं के बीच विभवान्तर (PD) नापने का एक यथार्थ उपकरण है।

सिद्धान्त

इसमें मुख्यत: एक लम्बा व एकसमान व्यास का धातु का प्रतिरोध तार AB होता है। इसका एक सिरा A एक संचायक बैटरी के धन ध्रुव से जुड़ा होता है। बैटरी का ऋण ध्रुव एक कुंजी (K) तथा एक धारा-नियन्त्रक (Rh) के द्वारा तार के दूसरे सिरे B से जोड़ दिया जाता है। धारा-नियन्त्रक के द्वारा तार AB में धारा को घटाया अथवा बढ़ाया जा सकता है। E एक सेल है, जिसका वि.वा.बल हमें नापना है। इसका धन ध्रुव तार के A सिरे से जुड़ा है तथा ऋण ध्रुव एक धारामापी G के द्वारा जौकी J से जुड़ा होता है जोकि तार पर खिसकाकर कहीं भी स्पर्श कराई जा सकती है।

1. माना बिन्दु J पर सर्पी कुंजी को स्पर्श कराने पर धारामापी में कोई विक्षेप उत्पन्न नहीं होता है।

   व $AJ = l$ तो सेल का वि.वा.बल $E = Kl$

   K = विभवमापी की तार की विभव-प्रवणता
2. विभवमापी की सहायता से हम दो सेलों के वि.वा.बल की तुलना कर सकते हैं यदि दोनों सेलों के लिए शून्य विक्षेप स्थिति क्रमश: l_1 व l_2 दूरी पर प्राप्त होती है, तो

$$\frac{E_1}{E_2} = \frac{l_1}{l_2}$$

3. विभवमापी की सहायता से किसी सेल का आन्तरिक प्रतिरोध भी ज्ञात किया जा सकता है।

   आन्तरिक प्रतिरोध $r = R\left(\frac{l_1}{l_2} - 1\right)$

विद्युत ऊर्जा

आवेश के प्रवाह के कारण जो ऊर्जा व्यय होती है, उसे विद्युत ऊर्जा कहते हैं।

विद्युत ऊर्जा $E = Vit = \frac{V^2}{R} t = i^2Rt$ जूल

विद्युत शक्ति (Electric Power)

विद्युत ऊर्जा के व्यय होने की दर को विद्युत शक्ति कहते हैं।

विद्युत शक्ति $P = Vi = V^2/R = i^2R$ वाट

विद्युत धारा का ऊष्मीय प्रभाव

जब किसी चालक में विद्युत धारा प्रवाहित की जाती है, तो चालक का ताप बढ़ जाता है, अर्थात् चालक में ऊष्मा उत्पन्न होती है। विद्युत धारा के इस प्रभाव को ही विद्युत धारा का ऊष्मीय प्रभाव कहते हैं।

चालक में उत्पन्न ऊष्मा

$$H = Vit = i^2Rt = \frac{V^2}{R} t \text{ जूल}$$

या $$H = \frac{Vit}{4.2} = \frac{i^2Rt}{4.2} = \frac{V^2t}{4.2R} \text{ कैलोरी}$$

विद्युत धारा का रासायनिक प्रभाव

जब विद्युत धारा किसी विद्युत अपघट्य, अम्लों व क्षारों के विलयनों में से गुजरती है, तो विलयन अपने आयनों में विभक्त हो जाता है। विद्युत धारा के इस प्रभाव को विद्युत धारा का रासायनिक प्रभाव कहते हैं व इस घटना को विद्युत अपघटन कहते हैं।

फैराडे के विद्युत अपघटन सम्बन्धी नियम

(i) प्रथम नियम

विद्युत अपघटन की प्रक्रिया में इलेक्ट्रोडों पर मुक्त हुए पदार्थ का द्रव्यमान, विद्युत अपघट्य में प्रवाहित आवेश के समानुपाती होता है।

$$m = zq$$

जहाँ z = पदार्थ का विद्युत रासायनिक तुल्यांक।

$$m = z\,it$$

(ii) द्वितीय नियम

यदि विद्युत धारा की समान मात्रा विभिन्न विद्युत अपघट्यों में समान समय के लिए प्रवाहित की जाए, तो इलेक्ट्रोडों पर मुक्त हुए पदार्थों का द्रव्यमान, उसके रासायनिक तुल्यांकों के समानुपाती होता है।

$$\frac{m_1}{m_2} = \frac{E_1}{E_2}$$

जहाँ E_1 व E_2 पदार्थों के रासायनिक तुल्यांक हैं।

या $$\frac{z_1}{z_2} = \frac{E_1}{E_2}$$

फैराडे नियतांक

किसी पदार्थ के 1 ग्राम तुल्यांक को मुक्त कराने के लिए आवश्यक आवेश की मात्रा को फैराडे नियतांक कहते हैं।

फैराडे नियतांक $F = 96500$ कूलॉम, $F = Ne$

जहाँ N = आवोगाद्रो संख्या,

e = एक इलेक्ट्रॉन पर आवेश।

विद्युत चुम्बकीय प्रेरण

जब किसी परिपथ से बद्ध चुम्बकीय फ्लक्स में परिवर्तन होता है, तो परिपथ में एक विद्युत वाहक बल प्रेरित हो जाता है। इस परिघटना को विद्युत चुम्बकीय प्रेरण कहते हैं।

विद्युत चुम्बकीय प्रेरण के फैराडे के नियम

प्रथम नियम (First Law) जब किसी परिपथ से सम्बद्ध चुम्बकीय फ्लक्स में परिवर्तन होता है, तब इसमें विद्युत वाहक बल प्रेरित हो जाता है। परिपथ यदि बन्द है, तो विद्युत वाहक बल के कारण परिपथ में एक विद्युत धारा भी प्रेरित हो जाती है। परिपथ में विद्युत वाहक बल केवल तभी तक प्रेरित होता है, जब तक परिपथ से बद्ध चुम्बकीय फलक्स में परिवर्तन होता है।

द्वितीय नियम (Second Law) परिपथ में प्रेरित विद्युत वाहक बल का परिमाण परिपथ से सम्बद्ध नेट चुम्बकीय फ्लक्स ϕ के समय के सापेक्ष परिवर्तन दर के अनुक्रमानुपाती होता है।

$$e = -\frac{Nd\phi}{dt}$$

यहाँ, N = कुण्डली में फेरों की संख्या

लेंज का नियम

प्रेरित विद्युत वाहक बल (अथवा प्रेरित धारा) की दिशा इस प्रकार है कि यह उस परिवर्तन का विरोध करती है जिससे यह स्वयं उत्पन्न हुई है। यह कथन लेंज का नियम (Lenz's law) कहलाता है।

स्वप्रेरण

किसी परिपथ में धारा परिवर्तन के स्वयं उसी परिपथ में प्रेरित विद्युत वाहक बल की उत्पत्ति की परिघटना को स्वप्रेरण कहते हैं।

अन्योन्य प्रेरण

यदि कुण्डिलियों को अति समीप रखकर, एक में धारा प्रवाहित करें अथवा प्रवाहित धारा के मान में परिवर्तन करें, तो दूसरी कुण्डली में एक प्रेरित विद्युत वाहक बल उत्पन्न होता है। विद्युत चुम्बकीय प्रेरण की यह घटना अन्योन्य प्रेरण कहलाती है।

अन्योन्य प्रेरण गुणांक, $M = \frac{N_s Q_s}{i_p}$

प्रत्यावत्ती धारा एवं विद्युत चुम्बकीय तरंगें

वह विद्युत धारा जिसकी दिशा व परिमाण समय के साथ बदलते हैं व एक निश्चित समय पश्चात् उसी दिशा व परिमाण की पुनरावृत्ति होती है, प्रत्यावर्ती धारा कहलाती है।

प्रत्यावर्ती धारा का समीकरण,

$$I = I_0 \sin \omega t$$

जहाँ, I_0 = प्रत्यावर्ती धारा का शिखर मान,

ω = प्रत्यावर्ती धारा की कोणीय आवृत्ति।

प्रत्यावर्ती विभव

वह विद्युत विभव जिसकी दिशा व परिमाण समय के साथ बदलते हैं, व एक निश्चित समय पश्चात् उसी दिशा व परिमाण की पुनरावृत्ति होती है, प्रत्यावर्ती विभव कहलाता है।

प्रत्यावर्ती विभव का समीकरण $\quad V = V_0 \sin \omega t$

जहाँ V_0 = प्रत्यावर्ती विभव का शिखर मान।

प्रत्यावर्ती धारा का माध्य मान

एक पूर्ण चक्र के लिए प्रत्यावर्ती धारा का मान शून्य होता है परन्तु एक आधे चक्र के लिए धारा का औसत मान

$$I_m = +\frac{2I_0}{\pi} = +0.637\, I_0$$

इसी प्रकार, प्रत्यावर्ती विभव के लिए,

$$V_m = +\frac{2V_0}{\pi} = +0.637\, V_0$$

दूसरे आधे चक्र के लिए, $\quad I_m = -\frac{2I_0}{\pi} = -0.637\, I_0$

इसी प्रकार $\quad V_m = -\frac{2V_0}{\pi} = -0.637\, V_0$

प्रत्यावर्ती धारा का वर्ग माध्य मूल मान

प्रत्यावर्ती धारा के पूर्ण चक्र के लिए वर्ग माध्य मूल मान निम्न सूत्र से दिया जाता है।

$$I_{rms} = \frac{I_0}{\sqrt{2}} = 0.707\, I_0$$

इसी प्रकार $\quad V_{rms} = \frac{V_0}{\sqrt{2}} = 0.707\, V_0$

विभिन्न प्रकार के प्रत्यावर्ती धारा परिपथ

क्र.सं.	परिपथ के कारक	शुद्ध प्रतिरोधीय	शुद्ध प्रेरकीय	शुद्ध धारितीय	*R-L* परिपथ	*R-C* परिपथ	*R-L-C* परिपथ
1.	प्रत्यावर्ती विभव व धारा का परिवर्तन	$E = E_0 \sin \omega t$ $I = I_0 \sin \omega t$	$E = E_0 \sin \omega t$ $I = I_0 \sin \left(\omega t - \frac{\pi}{2}\right)$	$E = E_0 \sin \omega t$ $I = I_0 \sin \left(\omega t + \frac{\pi}{2}\right)$	$E = E_0 \sin \omega t$ $I = I_0 \sin (\omega t - \theta)$	$E = E_0 \sin \omega t$ $I = I_0 \sin (\omega t + \theta)$	$E = E_0 \sin \omega t$ $I = I_0 \sin (\omega t \pm \theta)$
2.	कला आरेख		E_0, I_0, 90°	I_0, E_0, 90°	E_0, I_0, 90°	I_0, E_0, θ	I_0, E_0, +θ, –θ, I_0
3.	धारा का विभव के सापेक्ष कलान्तर	0 (शून्य)	$\frac{\pi}{2}$ पश्चगामी	$\pi/2$ अग्रगामी	θ पश्चगामी, जहाँ $\tan \theta = \frac{X_L}{R}$	θ अग्रगामी, जहाँ $\tan \theta = \frac{X_C}{R}$	θ अग्रगामी/पश्चगामी, जहाँ $\tan = \frac{X_L - X_C}{R}$
4.	प्रतिबाधा (Z)	$Z = R$	$Z = X_L$	$Z = X_C$	$Z = \sqrt{R^2 + X_L^2}$	$Z = \sqrt{R^2 + X_C^2}$	$Z = \sqrt{R^2 + (X_L \sim X_C)^2}$
5.	प्रेरकत्व (X)	0 (शून्य)	$X_L = \omega_l L$	$X_C = \frac{1}{\omega C}$	$X_L = \omega L$	$X_C = \frac{1}{\omega C}$	$X_L \sim X_C$
6.	शक्ति गुणांक	1	0 (शून्य)	0 (शून्य)	$\frac{R}{\sqrt{R^2 + X_L^2}}$	$\frac{R}{\sqrt{R^2 + X_C^2}}$	$\frac{R}{\sqrt{R^2 + (X_L \sim X_C)^2}}$
7.	शिखर धारा (I_0)	$I_0 = \frac{E_0}{R}$	$I_0 = \frac{E_0}{X_L}$	$I_0 = \frac{E_0}{X_C}$	$I_0 = \frac{E_0}{\sqrt{R^2 + X_L^2}}$	$I_0 = \frac{E_0}{\sqrt{R^2 + X_C^2}}$	$I_0 = \frac{E_0}{\sqrt{R^2 + (X_L \sim X_C)^2}}$

विद्युत अनुनाद

यदि प्रत्यावर्ती-धारा परिपथ में प्रेरकत्व और धारिता दोनों ही विद्यमान हैं तथा प्रेरण-प्रतिघात ωL, धारितीय-प्रतिघात $1/\omega C$ के बराबर है तो परिपथ की प्रतिबाधा Z (impedance) न्यूनतम होती है तथा इसका मान ओमिक प्रतिरोध (ohmic resistance) के बराबर होता है ($Z = R$)। इस घटना को विद्युत अनुनाद कहते हैं।

$$\omega L = \frac{1}{\omega C} \quad \text{अथवा} \quad \omega = \frac{1}{\sqrt{LC}}$$

यदि लगाए गए विभवान्तर की आवृत्ति f है, तब

$$\omega = 2\pi f$$

$$\therefore \quad 2\pi f = \frac{1}{\sqrt{LC}}$$

अथवा $$f = \frac{1}{2\pi \sqrt{LC}} = f_0 \quad \text{(माना)}$$

श्रेणी अनुनादी परिपथ

किसी *L-C-R* श्रेणी परिपथ का उच्च आवृत्तियों पर प्रेरण-प्रतिघात बहुत अधिक होता है तथा निम्न आवृत्तियों पर धारितीय-प्रतिघात बहुत अधिक होता है। किसी एक विशेष आवृत्ति पर परिपथ में कुछ प्रतिघात शून्य होता है तथा परिणामी प्रतिबाधा न्यूनतम (*R* के बराबर) होती है।

अत: इस आवृत्ति पर श्रेणी परिपथ में उच्चतम धारा प्रवाहित होती है। इस घटना को विद्युत अनुनाद (electrical resonance) कहते हैं। इस परिपथ को स्वीकारी परिपथ भी कहते हैं।

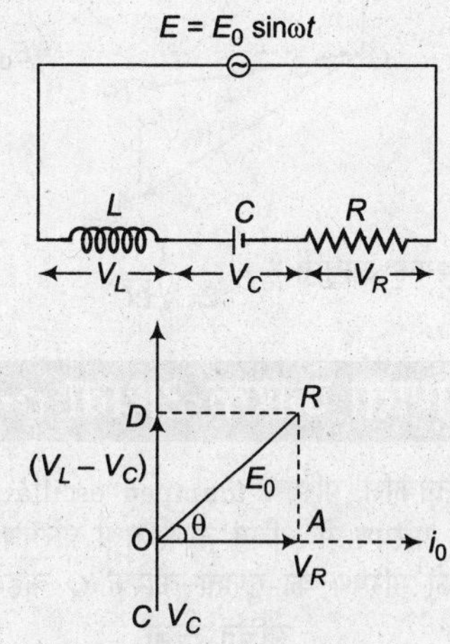

अनुनाद के लिए आवश्यक आवृत्ति

$$f_0 = \frac{1}{2\pi \sqrt{LC}}$$

यदि R, L तथा C नियत हैं, तथा आरोपित वि. वा. बल. की आवृत्ति f को शून्य से लगातार बढ़ाया जाता है तो शिखर (अथवा rms) धारा चित्र में दिखाए अनुसार बढ़ती है। प्रारम्भ में धारा बहुत क्षीण होती है। जब वि. वा. बल की आवृत्ति बढ़कर अपने अनुनादी मान f_0 पर पहुँच जाती है तो धारा बढ़कर अधिकतम हो जाती है, तथा इसके बाद पुन: गिर जाती है।

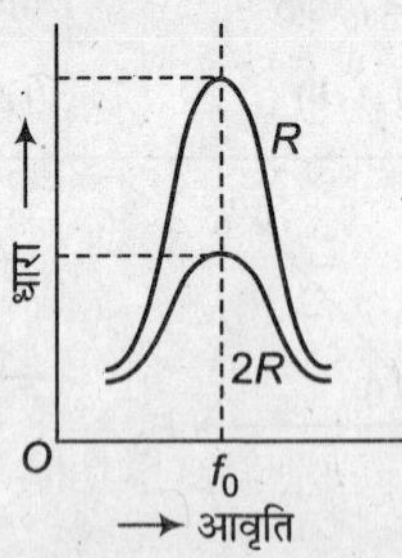

(अनुनाद से पहले धारा आरोपित वि.वा. बल से अग्रगामी है, अनुनाद पर यह वि. वा. बल की कला में है तथा अनुनाद के पश्चात् यह वि. वा. बल से पश्चगामी है।)

समान्तर अनुनादी परिपथ

जब क्षणिक धारा i_e आरोपित वि. वा. बल. E_0 की कला में होती है तब समान्तर परिपथ को अनुनाद में कहा जाता है। इस स्थिति में परिपथ शुद्ध प्रतिरोध की भाँति व्यवहार करता है। इस परिपथ को अस्वीकारी परिपथ भी कहते हैं।

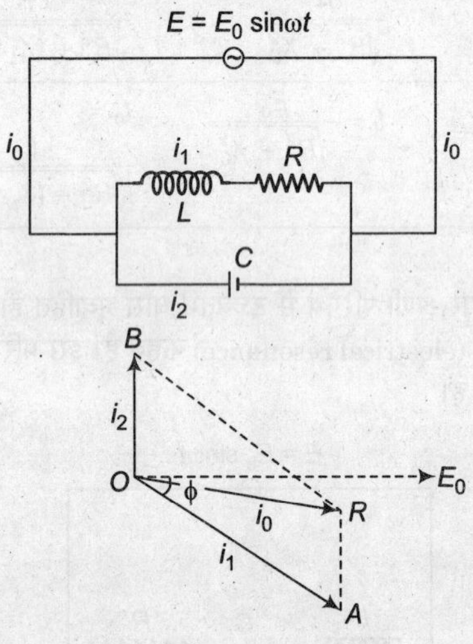

अनुनाद के लिए आवश्यक आवृत्ति $f_0 = \dfrac{1}{2\pi\sqrt{LC}}$

परिपथ का गुणता कारक अथवा Q-गुणांक

किसी अवमन्दित दोलनकारी परिपथ (damped oscillating circuit) के प्रत्येक दोलनकाल में, परिपथ में संचित ऊर्जा तथा परिपथ में क्षय ऊर्जा के अनुपात के 2π गुने को परिपथ का गुणता-कारक Q कहते हैं, अर्थात्

$$Q = 2\pi \frac{\text{संचित ऊर्जा}}{\text{प्रत्येक दोलन में क्षय ऊर्जा}}$$

या $$Q = \frac{1}{R}\sqrt{\frac{L}{C}}$$

प्रत्यावर्ती परिपथ में शक्ति

(i) जब परिपथ में केवल प्रतिरोध है, तो औसत शक्ति

$$P_{av} = V_{rms} \times I_{rms}$$

(ii) जब परिपथ में प्रतिरोध व प्रेरकत्व दोनों हैं तो

$$P_{av} = V_{rms} \times I_{rms} \cos\phi$$

$\cos\phi$ को शक्ति गुणांक कहते हैं।

तथा $$\cos\phi = \frac{R}{\sqrt{R^2 + \omega^2 L^2}}$$

(iii) यदि परिपथ में केवल प्रेरकत्व या धारिता है तो

$$P_{av} = 0$$

चोक कुण्डली

चोक कुण्डली ऐसी युक्ति है जो प्रत्यावर्ती परिपथ में धारा को नियन्त्रित करने में प्रयुक्त होती है। चोक कुण्डली में शक्ति क्षय नगण्य होता है।

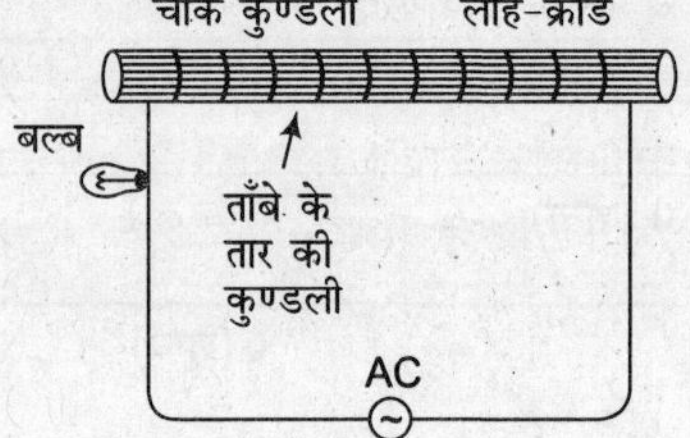

यह उच्च प्रेरकत्व की एक कुण्डली होती है जो ताँबे के 'मोटे' पृथक्कृत तार को नर्म लोहे की पटलित (laminated) क्रोड़ के ऊपर फेरों की बड़ी संख्या में लपेट कर बनाई जाती है। चूँकि तार ताँबे का तथा मोटा होता है, अत: कुण्डली का ओमिक प्रतिरोध (R) लगभग शून्य होता है, परन्तु फेरों की बड़ी संख्या तथा लौह-क्रोड़ की उच्च चुम्बकशीलता के कारण इसका प्रेरकत्व (L) काफी अधिक होता है। लौह-क्रोड़ को कुण्डली के भीतर किसी भी दूरी तक प्रविष्ट कराने के लिए एक प्रबन्ध होता है। लौह-क्रोड़ कुण्डली के भीतर जितनी अधिक दूरी तक प्रविष्ट होगी, कुण्डली का प्रतिघात ωL तथा परिपथ में प्रतिबाधा $\sqrt{R^2 + \omega^2 L^2}$ उतनी ही अधिक होगी। अत: प्रत्यावर्ती-धारा परिपथ में इस कुण्डली के द्वारा धारा के मान को घटा-बढ़ा सकते हैं।

ट्रांसफॉर्मर

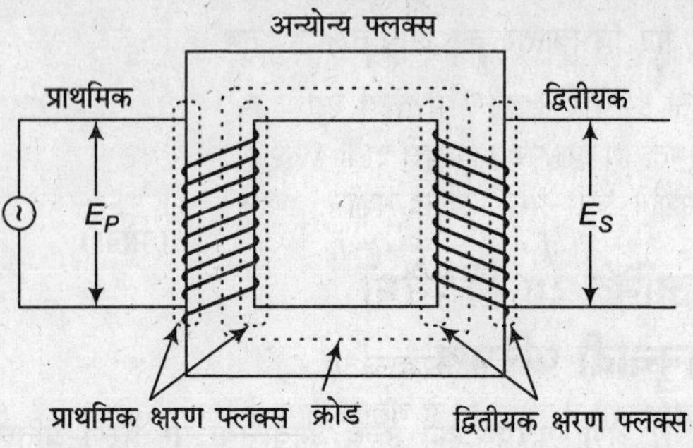

ट्रांसफॉर्मर अन्योन्य प्रेरण के सिद्धान्त पर आधारित है जो प्रत्यावर्ती धारा की वोल्टता बदलने के लिए प्रयोग किया जाता है। ट्रांसफॉर्मर में दो कुण्डलियाँ होती हैं। जिनमें से एक को प्राथमिक कुण्डली व दूसरी को द्वितीयक कुण्डली कहते हैं।

प्राथमिक व द्वितीयक कुण्डलियाँ एक-दूसरे से पृथक् रखी जाती हैं तथा नर्म लोहे के एक पटलित क्रोड़ पर लिपटी होती हैं। ट्रांसफॉर्मर दो प्रकार के होते हैं

(i) **उच्चायी ट्रांसफॉर्मर** (Step-up Transformer) ऐसा ट्रांसफॉर्मर जो प्रत्यावर्ती विभव का मान बढ़ाने में प्रयुक्त होता है, उच्चायी ट्रांसफॉर्मर कहलाता है। उच्चायी ट्रांसफॉर्मर की प्राथमिक कुण्डली में मोटे तार के कम फेरें होते हैं व द्वितीयक कुण्डली में पतले तार के अधिक फेरें होते हैं। (उच्चायी ट्रांसफॉर्मर) में धारा का मान घट जाता है।

(ii) **अपचायी ट्रांसफॉर्मर** (Step-down Transformer) ऐसा ट्रांसफॉर्मर जो प्रत्यावर्ती विभव का मान घटाता है परन्तु धारा का मान बढ़ाता है, अपचायी ट्रांसफॉर्मर कहलाता है। अपचायी ट्रांसफॉर्मर की प्राथमिक कुण्डली में पतले तार के अधिक फेरें होते हैं व द्वितीयक कुण्डली में मोटे तार के कम फेरें होते हैं।

ट्रांसफॉर्मर के लिए, $\frac{I_S}{I_P} = \frac{V_P}{V_S} = \frac{N_P}{N_S} = k$

I_P व I_S = प्राथमिक व द्वितीयक कुण्डलियों में धाराओं के मान

V_p व V_s = प्राथमिक व द्वितीयक कुण्डलियों में विभवों के मान

N_P व N_S = प्राथमिक व द्वितीयक कुण्डलियों में फेरों की संख्या

k = परिणमन अनुपात (transformation ratio)।

उच्चायी ट्रांसफॉर्मर के लिए $k > 1$

व अपचायी ट्रांसफॉर्मर के लिए $k < 1$

निर्गत शक्ति व निवेशी शक्ति के अनुपात को ट्रांसफॉर्मर की दक्षता कहते हैं।

$$\eta = \frac{\text{निर्गत शक्ति}}{\text{निवेशी शक्ति}} = \frac{V_S I_S}{V_P I_P}$$

नोट

- केवल संधारित्र युक्त परिपथ में धारा, विभवान्तर से 90° अग्रगामी होती है।
- केवल प्रेरकत्व युक्त परिपथ में धारा, विभवान्तर से 90° पश्चगामी होती है।
- केवल प्रतिरोध युक्त परिपथ में धारा, विभवान्तर से समान कला में होती है।
- श्रेणी अनुनादी परिपथ में आरोपित प्रत्यावर्ती वोल्टेज की आवृत्ति
$$f = \frac{1}{2\pi\sqrt{LC}}$$

विद्युत मोटर

विद्युत मोटर की सहायता से वैद्युत ऊर्जा को यान्त्रिक ऊर्जा में परिवर्तित किया जाता है, इसमें एक आयताकार कुण्डली होती है, जिसे कच्चे लोहे की क्रोड पर ताँबे के तारों को लपेटकर बनाया जाता है। इस कुण्डली को आर्मेचर कहते हैं। जब इस कुण्डली को चुम्बकीय क्षेत्र में रखकर इसमें विद्युत धारा प्रवाहित की जाती है तो इसमें एक बलयुग्म कार्य करता है, जिससे यह लगातार चुम्बकीय क्षेत्र में घूमती है। इस पर एक धुरी लगी होती है, जिस पर पट्टा (belt) लगाकर विभिन्न मशीनें; जैसे-पंखा, खराद मशीन, आटा चक्की आदि चलाये जाते हैं।

वैद्युत जनित्र या डायनेमो

यह वैद्युत चुम्बकीय प्रेरण के सिद्धान्त पर कार्य करने वाली युक्ति है। इसके द्वारा यान्त्रिक ऊर्जा को वैद्युत ऊर्जा में बदला जाता है। प्रत्यावर्ती धारा (Alternating current) उत्पन्न करने के लिए प्रत्यावर्ती धारा जनित्र तथा दिष्ट धारा (Direct current) को उत्पन्न करने के लिए दिष्ट धारा जनित्र का उपयोग होता है।

इस वैद्युतरोधी तारों से बनी कुण्डली को प्रबल चुम्बकीय ध्रुवों के बीच घुमाया जाता है। जिससे कुण्डली में से गुजरने वाली चुम्बकीय फ्लक्स में लगातार परिवर्तन होता रहता है तथा कुण्डली में वैद्युत धारा प्रेरित हो जाती है। कुण्डली को घुमाने में जो कार्य किया जाता है, वही कुण्डली में वैद्युत ऊर्जा के रूप में प्राप्त हो जाता है।

जनित्र/डायनेमो

यह ऐसी युक्ति है जो यांत्रिक ऊर्जा को विद्युत ऊर्जा में परिवर्तित कर देती है।

सिद्धान्त

यह विद्युत चुम्बकीय प्रेरण के सिद्धान्त पर कार्य करता है, अर्थात् जब किसी कुण्डली को एक समरूप चुम्बकीय क्षेत्र में घुमाया जाता है तो इसमें एक प्रेरित वि.वा. बल उत्पन्न हो जाता है।

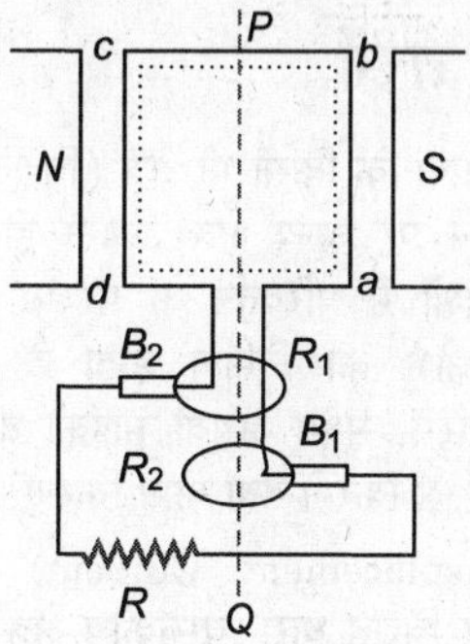

DC जनरेटर

यदि जनरेटर से दिष्ट धारा प्राप्त होती है तो यह DC जनरेटर कहलाता है।

DC जनरेटर के मुख्य भाग है (i) आर्मेचर (कुण्डली)
(ii) चुम्बक (iii) विभक्त वलय दिक्-परिवर्तक (iv) कार्बन ब्रुश।

DC जनरेटर में सर्पी वलय के स्थान पर विभक्त वलय दिक्-परिवर्तक का उपयोग किया जाता है। प्रत्येक चक्र में दिक्-परिवर्तक, कुण्डली के साथ घूमता है। जब e की दिशा उलटती है तो दिक् परिवर्तक भी उलट जाता है अर्थात् दूसरे ब्रुश के सम्पर्क में आ जाता है, जिसके बाहरी लोड परिपथ में धारा सदैव समान दिशा में बहती है अर्थात् DC प्राप्त होती है।

चुम्बकीय पदार्थों का वर्गीकरण

पदार्थों में चुम्बकीय व्यवहार के आधार पर उन्हें निम्नलिखित वर्गों में विभाजित किया गया हैं

1. **प्रतिचुम्बकीय पदार्थ** (Diamagnetic substances) प्रतिचुम्बकीय पदार्थ वे पदार्थ हैं जो किसी चुम्बकीय क्षेत्र में रखे जाने पर क्षेत्र की दिशा की विपरीत दिशा में मामूली से चुम्बकित हो जाते हैं तथा किसी शक्तिशाली चुम्बक के सिरे के समीप लाये जाने पर थोड़ा-सा प्रतिकर्षित होते हैं। इन पदार्थों के इस गुण को प्रतिचुम्बकत्व कहते हैं तथा जो पदार्थ केवल प्रतिचुम्बकत्व गुण/प्रभाव प्रदर्शित करते हैं उन्हें प्रतिचुम्बकीय पदार्थ कहते हैं।

उदाहरण

Ag, Au, Sb, P, Zn, Cu, C (हीरा) NaCl, H_2O, Hg, H_2, N_2

2. **अनुचुम्बकीय पदार्थ** (Paramagnetic substances) अनुचुम्बीय पदार्थ वे पदार्थ हैं जो किसी चुम्बकीय क्षेत्र में रखे जाने पर क्षेत्र की दिशा में मामूली से चुम्बकित हो जाते हैं तथा किसी शक्तिशाली चुम्बक के सिरे के समीप लाए जाने पर थोडा-सा आकर्षित होते है। इन पदार्थो के इस गुण को अनुचुम्बकत्व कहते हैं।

उदाहरण Pt, Al, Cr, Na, Mn, $CuCl_2$

3. **लौह चुम्बकीय पदार्थ** (Ferromagnetic Substances) लौह चुम्बकीय पदार्थ वे पदार्थ हैं जो किसी चुम्बकीय क्षेत्र में रखे जाने पर क्षेत्र की दिशा में प्रबल रूप से चुम्बकित हो जाते हैं तथा इनके सिरों पर स्वतंत्र ध्रुव उत्पन्न हो जाते हैं। किसी चुम्बक के सिरे को समीप लाये जाने पर ये पदार्थ तेजी से आकर्षित होते हैं। इन पदार्थों के इस गुण को 'लौह चुम्बकत्व' कहते हैं।

उदाहरण Fe, Ni, Co तथा इनकी मिश्रधातु

विद्युत चुम्बकीय तरंगें

मैक्सवेल ने यह सिद्ध किया कि किसी भी क्षेत्र (विद्युत या चुम्बकीय) को समय के साथ परिवर्तित करने पर अन्य क्षेत्र उत्पन्न हो जाता हैं तथा विद्युत व चुम्बकीय क्षेत्र के सदिशों में परिवर्तन के परस्पर लम्बवत् होने के कारण वातावरण में एक विक्षोभ का निर्माण होता हैं जिसे **विद्युत चुम्बकीय तरंगें** कहते हैं। रेडियो तरंगें, सूक्ष्म अथवा माइक्रो तरंगें, अवरक्त तरंगें, दृश्य प्रकाश, पराबैंगनी किरणें, X-किरणें तथा गामा किरणें, विद्युत चुम्बकीय तरंगें हैं।

विस्थापन धारा (Displacement Current) ऐम्पियर के परिपथीय (circuital) नियमानुसार विद्युत धारा, चुम्बकीय क्षेत्र उत्पन्न करती हैं। धारा के मान तथा उत्पन्न होने वाले चुम्बकीय क्षेत्र को निम्न सूत्र द्वारा प्रदर्शित किया जाता हैं :

$$\oint \mathbf{B} \cdot d\mathbf{l} = \mu_0 \mathbf{I}$$

जहाँ, M_0 निर्वात् की चुम्बकशीलता तथा I धारा है।

मैक्सवेल के समीकरण

मैक्सवेल ने विद्युत एवं चुम्बकत्व के सभी नियमों को गणितीय सूत्रों में लिखकर चार समीकरण प्राप्त किए हैं। ये समीकरण विद्युत चुम्बकत्व के सभी आधारभूत नियमों तथा एक प्रकार के क्षेत्र का दूसरे क्षेत्र पर प्रभाव की व्याख्या करती हैं। ये समीकरणें मैक्सवेल की समीकरण कहलाती हैं।

(i) विद्युत क्षेत्र के लिए गॉस की प्रमेय $\oint_S \mathbf{E} \cdot d\mathbf{A} = \frac{\Sigma q}{\varepsilon_0}$

मैक्सवेल की प्रथम समीकरण कहलाती हैं।

(ii) चुम्बकीय क्षेत्र के लिए गॉस की प्रमेय है।

$$\oint_S \mathbf{B} \cdot d\mathbf{l} = 0$$

मैक्सवेल की द्वितीय समीकरण कहलाती है।

(iii) विद्युत-चुम्बकीय प्रेरण का फैराडे का नियम

$$\oint_L \mathbf{E} \cdot d\mathbf{l} = -\frac{d}{dt}\oint_S \mathbf{B} \cdot d\mathbf{A}$$

मैक्सवेल की तृतीय समीकरण कहलाती है।

(iv) विस्थापन धारा $\oint \mathbf{B} \cdot d\mathbf{l} = \mu_0 I_C + \mu_0 \varepsilon_0 \oint \frac{dt}{dt}$

मैक्सवेल की चतुर्थ समीकरण कहलाती है।

वस्तुनिष्ठ प्रश्न

1. द्रवों में ओम के नियम का
(a) पूर्ण रूप से पालन होता है
(b) आंशिक रूप से पालन होता है
(c) धारा व विभवान्तर में कोई सम्बन्ध नहीं है
(d) उपरोक्त में से कोई नहीं

2. अनओमीय प्रतिरोध का उदाहरण है
(a) कॉपर का तार (b) कार्बन प्रतिरोध
(c) डायोड (d) टंगस्टन का तार

3. विद्युत फ्यूज के लिए क्या महत्वहीन है?
(a) इसका विशिष्ट प्रतिरोध
(b) इसकी त्रिज्या
(c) इसकी लम्बाई
(d) इसमें प्रवाहित धारा

4. किरचॉफ का प्रथम नियम अर्थात् किसी सन्धि पर $\sum i = 0$ सम्बन्धित है
(a) आवेश के संरक्षण से
(b) ऊर्जा के संरक्षण से
(c) संवेग के संरक्षण से
(d) कोणीय संवेग के संरक्षण से

5. विद्युत तीव्रता E, धारा घनत्व J व विशिष्ट प्रतिरोध K के बीच सम्बन्ध है
(a) $E = \frac{J}{K}$ (b) $E = JK$
(c) $E = \frac{K}{J}$ (d) $K = JE$

6. दो प्रतिरोध R_1 व R_2 $(R_1 < R_2)$ समान्तर क्रम में जोड़े जाते हैं, तुल्य प्रतिरोध R इस प्रकार है कि
(a) $R > R_1 + R_2$
(b) $R_2 < R < R_1 + R_2$
(c) $R_1 < R < R_2$
(d) $R < R_1$

7. आन्तरिक प्रतिरोध r के सेल के साथ एक बाह्य प्रतिरोध R जोड़ा जाता है, बाह्य प्रतिरोध में अधिकतम धारा प्रवाहित होगी, यदि
(a) $R < r$
(b) $R > r$
(c) $R = r$
(d) R का कोई भी मान हो

8. किसी धारावाही चालक में, इलेक्ट्रॉनों के अनुगमन वेग के परिमाण की कोटि होती है
(a) 10^{10} सेमी/से (b) 10^4 सेमी/से
(c) 10^{-2} सेमी/से (d) 10^{-7} सेमी/से

9. 20 सेमी लम्बे तार का प्रतिरोध 5 ओम है, इस तार को एकसमान रूप से तार की 40 सेमी लम्बाई तक खींचा जाता है, अब इस तार का प्रतिरोध (ओम में) होगा
(a) 5 (b) 10
(c) 20 (d) 200

10. कॉपर की एक विद्युत केबिल में, 9 मिमी त्रिज्या का केबिल तार है, इसका प्रतिरोध 5 ओम है, केबिल में हम अकेले तार के स्थान पर, भलीभाँति अवरुद्ध, 3 मिमी त्रिज्या के 6 भिन्न तार लेते हैं, अब केबिल का कुल प्रतिरोध होगा
(a) 270 ओम (b) 90 ओम
(c) 45 ओम (d) 7.5 ओम

11. विभवमापी द्वारा किसके आन्तरिक प्रतिरोध मापन हेतु प्रयोग में, सेल के 5 ओम प्रतिरोध द्वारा शंट करने पर उदासीन बिन्दु 2 मी लम्बाई पर प्राप्त होता है तथा 10 ओम प्रतिरोध द्वारा शंट करने पर यह 3 मी लम्बाई पर प्राप्त होता है? तब सेल का आन्तरिक प्रतिरोध है
(a) 1 ओम (b) 15 ओम
(c) 10 ओम (d) 1.5 ओम

12. 1 मी लम्बाई व r त्रिज्या के एक कॉपर के तार के सिरों के बीच V विभवान्तर लगाया गया है, इलेक्ट्रॉनों का अनुगमन वेग v_d है। यदि तार का व्यास दोगुना कर दिया जाए, तो इलेक्ट्रॉन का अनुगमन वेग हो जाएगा
(a) v_d^3 (b) $\frac{v_d}{2}$ (c) $\frac{v_d}{3}$ (d) v_d

13. एक एल्युमीनियम (Al) व एक जर्मेनियम (Ge) के टुकड़ों को T_1 K से T_2 K तक ठण्डा किया जाता है, प्रतिरोध
(a) प्रत्येक का बढ़ता है
(b) प्रत्येक का कम होता है
(c) एल्युमीनियम का बढ़ता है व जर्मेनियम का कम होता है
(d) एल्युमीनियम का कम होता है तथा जर्मेनियम का बढ़ता है

14. भिन्न-भिन्न विद्युत वाहक बल व आन्तरिक प्रतिरोध के दो सेल परस्पर एक लैड प्रतिरोधक के साथ श्रेणी क्रम में जोड़े जाते हैं व धारा 3.0 ऐम्पियर है एक बैटरी की ध्रुवता को विपरीत करने पर धारा 1.0 ऐम्पियर हो जाती है, दो बैटरियों के वि.वा. बलों के अनुपात हैं
(a) 2 : 5 (b) 2 : 1 (c) 1 : 5 (d) 1 : 0

15. संलग्न चित्र में X तथा Y बिन्दुओं के मध्य प्रतिरोध का मान क्या होगा, यदि XY व्यास की लम्बाई 2 मी व वृत्त और व्यास दोनों 10^{-4} ओम/मी प्रतिरोध के एकसमान तार से बने हुए हैं?

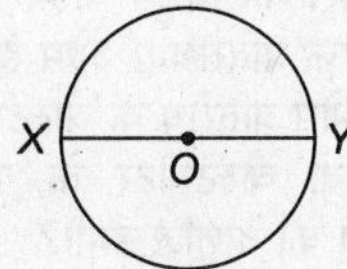

(a) 1.57×10^{-4} ओम (b) 8 ओम
(c) 80 ओम (d) 0.8 ओम

16. एक मानक प्रतिरोध 1 ओम व एक अन्य प्रतिरोध श्रेणी क्रम में जुड़े हैं, संयोजन हेतु विभवमापी तार की सन्तुलित लम्बाई 630 सेमी है, जबकि 1 ओम प्रतिरोध पर विभवान्तर 600 सेमी पर सन्तुलित होता है, r का मान होगा
(a) 1 ओम (b) 2 ओम
(c) 0.5 ओम (d) 0.05 ओम

17. नीचे प्रदर्शित परिपथ चित्र में धारामापी का पाठ्यांक शून्य है। यदि सेलों का आन्तरिक प्रतिरोध नगण्य हो, तो प्रतिरोध X का मान होगा

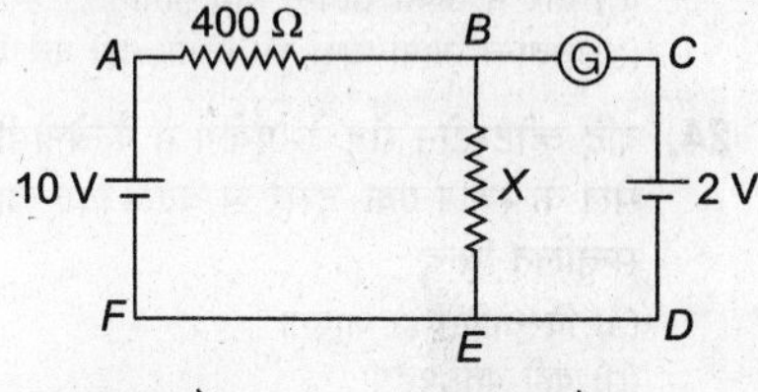

(a) 200 ओम (b) 50 ओम
(c) 400 ओम (d) 100 ओम

18. संलग्न परिपथ में अमीटर व वोल्टमीटर के पाठ्यांक क्रमशः 2 ऐम्पियर व 120 वोल्ट हैं। यदि R का मान 75 ओम है, तो वोल्टमीटर का प्रतिरोध होगा

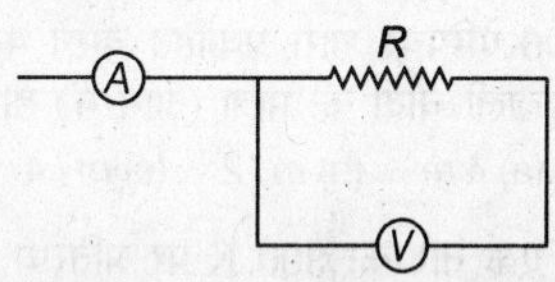

(a) 100 ओम (b) 150 ओम
(c) 300 ओम (d) 75 ओम

19. श्रेणी बद्ध m सेलों वाली n पंक्तियाँ परस्पर समान्तर क्रम में जुड़ी हैं, इनसे 3 ओम के प्रतिरोध में अधिकतम धारा ली जा रही है, यदि प्रयुक्त सेलों की संख्या 24 है तथा प्रत्येक सेल का आन्तरिक प्रतिरोध 0.5 ओम है, तो
(a) $m = 8, n = 3$ (b) $m = 6, n = 4$
(c) $m = 12, n = 2$ (d) $m = 2, n = 12$

20. सेल का खुले परिपथ में विभवान्तर 6 वोल्ट व 2 ऐम्पियर धारा होने पर विभवान्तर 4 वोल्ट रह जाता है, उस सेल का आन्तरिक प्रतिरोध है
(a) 1 Ω (b) 1.5 Ω (c) 3 Ω (d) 2 Ω

21. संलग्न परिपथ में अमीटर का पाठ्यांक शून्य हो, तो वोल्टमीटर का पाठ्यांक होगा

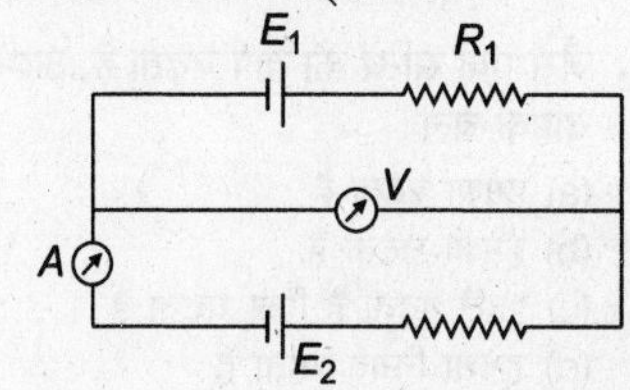

(a) शून्य (b) $E_1 + E_2$ (c) E_1 (d) E_2

22. 0.5 ऐम्पियर परास वाले अमीटर का प्रतिरोध 1.8 ओम है, इसके समान्तर क्रम में 0.2 ओम का शंट जोड़ा गया है। जब इसका संकेतक 2 ऐम्पियर धारा व्यक्त करता है, तब प्रभावी धारा होगी

(a) 10 ऐम्पियर (b) 200 ऐम्पियर
(c) 20 ऐम्पियर (d) 4 ऐम्पियर

23. जब विद्युत धारा किसी प्रतिरोधक तार में प्रवाहित होती है, तो

(a) तार में उत्पन्न ऊष्मा अधिक होगी यदि धारा, प्रत्यावर्ती धारा है
(b) तार में उत्पन्न ऊष्मा अधिक होगी यदि धारा, दिष्ट धारा है
(c) तार में ऊष्मा उत्पन्न नहीं होगी
(d) उत्पन्न ऊष्मा धारा पर निर्भर नहीं करेगी

24. यदि व्हीटस्टोन सेतु के प्रयोग में गैल्वेनोमीटर व सेल के स्थान एक-दूसरे से बदल दिए जाए, तो सन्तुलित बिन्दु

(a) विस्थापित हो जाएगा
(b) वहीं बना रहेगा
(c) यह सेल के आन्तरिक प्रतिरोध और गैल्वेनोमीटर के प्रतिरोध पर निर्भर करेगा
(d) उपरोक्त में से कोई नहीं

25. एक विद्युत अपघटन प्रयोग में, जब 2 मिनट तक 4 ऐम्पियर की धारा प्रवाहित की जाती है, तो m ग्राम चाँदी जमा होती है। 40 सेकण्ड तक 6 ऐम्पियर धारा प्रवाहित करने पर, जमा होने वाली चाँदी की मात्रा (ग्राम में) होगी

(a) $4m$ (b) $m/2$ (c) $m/4$ (d) $2m$

26. एक तार का 300 K पर प्रतिरोध 1 ओम तथा 1127 K पर प्रतिरोध 2 ओम है। इसका प्रतिरोध ताप गुणांक है

(a) 0.125 प्रति °C (b) 1.25 प्रति °C
(c) 0.0125 प्रति °C (d) 0.00125 प्रति °C

27. यदि दो बल्बों, P_1 वाट, 220 वोल्ट तथा P_2 वाट, 220 वोल्ट को समान्तर क्रम में जोड़ा जाए, तो कुल शक्ति होगी

(a) $P_1 + P_2$ (b) $P_1 - P_2$
(c) $\frac{P_1P_2}{P_1 + P_2}$ (d) $\frac{P_1 + P_2}{P_1 P_2}$

28. यदि दो बल्बों 25 वाट, 220 वोल्ट व 100 वाट, 200 वोल्ट को श्रेणी क्रम में जोड़ा जाए, तो कुल शक्ति होगी

(a) 25 वाट (b) 100 वाट
(c) 125 वाट (d) 20 वाट

29. जैसे एक सन्धि का ताप बढ़ता है, ऊष्मीय विद्युत वाहक बल

(a) हमेशा बढ़ता है
(b) हमेशा घटता है
(c) पहले बढ़ता है फिर घटता है
(d) हमेशा नियत रहता है

30. कितने इलेक्ट्रॉन की प्रवाह दर, एक ऐम्पियर धारा है?

(a) 6.25×10^9 (b) 6.25×10^{18}
(c) 6.25×10^5 (d) 6.25×10^6

31. एक गोलाकार संधारित्र की धारिता ज्ञात कीजिए, जिसके गोलों की त्रिज्याएँ 0.50 तथा 0.60 मी हैं। गोलों के बीच के स्थान में भरे पदार्थ का परावैद्युतांक 6 है

$$\left(\frac{1}{4\pi\varepsilon_0} = 9 \times 10^9 \text{ न्यूटन-मी}^2/\text{कूलॉम}^2\right)$$

(a) 4×10^{-8} फैरड (b) 4×10^{-9} फैरड
(c) 2×10^{-9} फैरड (d) 2×10^{-8} फैरड

32. C_1 व C_2 धारिता के दो धातु के गोलों पर कुछ आवेश हैं। उन्हें स्पर्श करके हटा दिया जाता है। उन पर अन्तिम आवेश q_1 व q_2 इस प्रकार होंगे कि

(a) $\frac{q_1}{q_2} = \frac{C_1}{C_2}$ (b) $\frac{q_1}{q_2} > \frac{C_1}{C_2}$
(c) $\frac{q_1}{q_2} = \frac{C_2}{C_1}$ (d) $\frac{q_1}{q_2} < \frac{C_1}{C_2}$

33. यदि 30 वोल्ट, 90 वाट के बल्ब को 120 वोल्ट लाइन से जोड़ा जाए तो इसके श्रेणी क्रम में कितना प्रतिरोध लगाना होगा?

(a) 40 ओम (b) 30 ओम
(c) 20 ओम (d) 10 ओम

34. फ्यूज तार वह तार है, जिसका

(a) उच्च प्रतिरोध व निम्न गलनांक होता है
(b) निम्न प्रतिरोध व निम्न गलनांक होता है
(c) निम्न प्रतिरोध व उच्च गलनांक होता है
(d) उच्च प्रतिरोध व उच्च गलनांक होता है

35. ताँबे में 8.4×10^{22} मुक्त इलेक्ट्रॉन प्रति सेमी^{3} होते हैं। यदि ताँबे के तार में 0.21 ऐम्पियर की धारा बह रही हो, तो इलेक्ट्रॉनों का अनुगमन वेग ज्ञात कीजिए। तार का अनुप्रस्थ-क्षेत्रफल 1 मिमी^{2} है। ($e = 1.6 \times 10^{-19}$ कूलॉम)

(a) 2.56×10^{-8} मी/से (b) शून्य
(c) 4.0×10^{-8} मी/से (d) 1.56×10^{-5} मी/से

36. एक स्थायी विद्युत धारा, असमान परिच्छेद वाले धातु के एक चालक में बहती है। चालक की लम्बाई के अनुदिश स्थिर राशि/राशियाँ है/हैं

(a) विद्युत धारा, विद्युत क्षेत्र व अनुगमन चाल
(b) केवल अनुगमन चाल
(c) विद्युत धारा व अनुगमन चाल
(d) केवल विद्युत धारा

37. एक सेल का विद्युत वाहक बल 2 वोल्ट तथा आन्तरिक प्रतिरोध 2 ओम है। यदि इसे 998 ओम प्रतिरोध के वोल्टमीटर से जोड़ दिया जाए, तो वोल्टमीटर के पाठ्यांक में कितने प्रतिशत की अशुद्धि होगी?

(a) 0.2% (b) 0.4% (c) 0.3% (d) 0.1%

38. धारामापी को वोल्टमीटर में बदलने के लिए लगाते हैं

(a) उच्च प्रतिरोध श्रेणी क्रम में
(b) निम्न प्रतिरोध समान्तर क्रम में
(c) निम्न प्रतिरोध श्रेणी क्रम में
(d) उच्च प्रतिरोध समान्तर क्रम में

39. दिखाए गए परिपथ में बिन्दुओं A व B के बीच तुल्य प्रतिरोध है

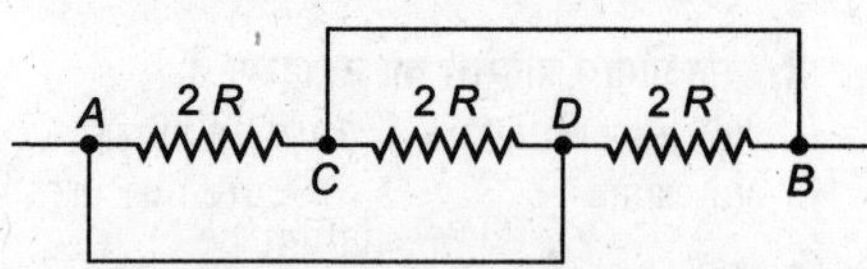

(a) $R/2$ (b) $2R$
(c) $5R$ (d) $3R$

40. एक दिष्ट धारा लाइन में वोल्टमीटर V_1 व V_2 श्रेणी क्रम में जुड़े हैं। वोल्टमीटर V_1 में पाठ्यांक 80 वोल्ट है एवं उसका प्रति वोल्ट प्रतिरोध 200 ओम है तथा V_2 का कुल प्रतिरोध 32 किलो ओम है। लाइन वोल्टेज है

(a) 120 वोल्ट (b) 160 वोल्ट
(c) 220 वोल्ट (d) 240 वोल्ट

41. यदि किसी सेल के खुले सिरों के बीच विभवान्तर 2.2 वोल्ट तथा इसके सिरों के बीच 5 ओम प्रतिरोध जोड़ने पर, सिरों के बीच विभवान्तर 1.8 वोल्ट हो, तो सेल का आन्तरिक प्रतिरोध होगा

(a) $\frac{7}{12}$ ओम (b) $\frac{12}{7}$ ओम
(c) $\frac{9}{10}$ ओम (d) $\frac{10}{9}$ ओम

42. यदि व्हीटस्टोन सेतु की प्रत्येक भुजा तथा धारामापी का प्रतिरोध R है, तो बैटरी को जोड़ने वाले सिरों के बीच प्रतिरोध है

(a) $R/2$ (b) R
(c) $2R$ (d) $R/4$

43. समान लम्बाई के दो हीटर के तार पहले श्रेणी क्रम में तथा बाद में समान्तर क्रम में किसी विद्युत स्त्रोत से जोड़े जाते हैं। इन दोनों परिस्थितियों में उत्पन्न हुई कुल ऊष्माओं का अनुपात है

(a) 2 : 1 (b) 1 : 2
(c) 4 : 1 (d) 1 : 4

44. कौन-सा कथन अशुद्ध है?

(a) व्हीटस्टोन सेतु अधिकतम सुग्राही होता है जब चारों प्रतिरोध समान कोटि के हों
(b) किरचॉफ का प्रथम नियम आवेश संरक्षण को दर्शाता है
(c) धारा-नियन्त्रक को विभव नियन्त्रक की तरह प्रयुक्त किया जा सकता है
(d) व्हीटस्टोन सेतु में धारामापी तथा सेल का स्थान परस्पर बदलने पर सेतु का सन्तुलन प्रभावित हो जाता है

45. 99 ओम प्रतिरोध के चलकुण्डल धारामापी में मुख्य धारा का 10% भेजने के लिए आवश्यक शंट है
(a) 9.9 ओम (b) 10 ओम
(c) 11 ओम (d) 9 ओम

46. संलग्न चित्र में i का मान है

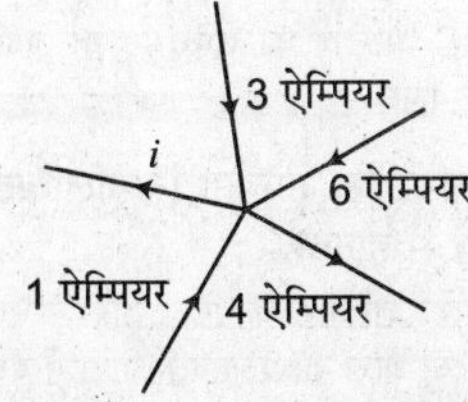

(a) 4 ऐम्पियर (b) 6 ऐम्पियर
(c) 3 ऐम्पियर (d) 1 ऐम्पियर

47. दो बल्बों पर 60 वाट, 200 वोल्ट तथा 100 वाट, 200 वोल्ट अंकित हैं। यदि इन्हें 200 वोल्ट वाली मेन-लाइन के समान्तर क्रम में जोड़ दिया जाए, तो कौन-सा बल्ब अधिक चमकेगा?
(a) 60 वाट बल्ब
(b) 100 वाट बल्ब
(c) दोनों समान रूप से चमकेंगे
(d) कोई नहीं चमकेगा

48. 100 मिली ऐम्पियर धारा, 2 ओम प्रतिरोध के एक धारामापी में एक पूर्ण स्केल विक्षेप देती है। धारामापी को 5 वोल्ट तक नापने वाले वोल्टमीटर में बदलने के लिए लगा प्रतिरोध है
(a) 98 ओम (b) 52 ओम
(c) 50 ओम (d) 48 ओम

49. एक किलोवाट घण्टा का मान होता है
(a) 3.6×10^6 जूल (b) 3.6×10^3 जूल
(c) 10^3 जूल (d) 10^5 जूल

50. बिजली की खपत का बिल किसके मापन पर आधारित होता है?
1. वाटेज 2. वोल्टेज
3. ओम 4. ऐम्पियर
निम्नलिखित कूटों से अपना उत्तर चुनें
(a) केवल 1 (b) 1 एवं 2
(c) 2 एवं 3 (d) 1 एवं 4

51. यदि 60 वाट का बल्ब प्रतिदिन 5 घण्टे प्रयोग किया जाए, तो 30 दिन में कितने यूनिट बिजली खर्च होगी?
(a) 12 (b) 9
(c) 6 (d) 3

52. एक मकान में दो बल्ब लगें हैं, उनमें से एक-दूसरे से अधिक प्रकाश देता है। निम्न में से कौन-सा कथन सही है?
(a) प्रकाश की दीप्ति प्रतिरोध पर निर्भर नहीं है
(b) दोनों बल्बों में प्रतिरोध समान है
(c) अधिक प्रकाश वाले बल्ब में प्रतिरोध अधिक है
(d) कम प्रकाश वाले बल्ब में प्रतिरोध अधिक है

53. निम्न में से कौन-सी धातु रोशनी के बल्बों में फिलामेंट के रूप में प्रयोग होती है?
(a) लौह (b) मॉलिब्डेनम
(c) चाँदी (d) टंगस्टन

54. बिजली के बल्ब का तन्तु बना होता है
(a) मैग्नीशियम का (b) लोहे का
(c) नाइक्रोम का (d) टंगस्टन का

55. सर्वाधिक विद्युत चालकता वाला तत्व क्या है?
(a) चाँदी (b) कॉपर
(c) एल्युमीनियम (d) लोहा

56. मेन्ज विद्युत प्रदाय में फ्यूज का प्रयोग एक सुरक्षा युक्ति के रूप में होता है फ्यूज के विषय में निम्नलिखित कथनों में से कौन-सा एक सही है?
(a) मेन स्विच से यह समान्तर जुड़ा होता है
(b) यह मुख्य रूप से रजत मिश्रधातु से बना होता है
(c) इसका गलनांक निम्न होना आवश्यक है
(d) इसमें बहुत उच्च प्रतिरोध होना आवश्यक है

57. फ्यूज का सिद्धान्त है
(a) विद्युत का रासायनिक प्रभाव
(b) विद्युत का यान्त्रिक प्रभाव
(c) विद्युत का ऊष्मीय प्रभाव
(d) विद्युत का चुम्बकीय प्रभाव

58. फ्यूज में प्रयुक्त होने वाले तार की विशेषता होती है
(a) निम्न प्रतिरोधक शक्ति/उच्च गलनांक
(b) निम्न प्रतिरोधक शक्ति/निम्न गलनांक
(c) उच्च प्रतिरोधक शक्ति/निम्न गलनांक
(d) उच्च प्रतिरोधक शक्ति/उच्च गलनांक

59. घर की सुरक्षित विद्युत सप्लाई के लिए उपयोग में लाने वाली फ्यूज तार जिस धातु की बनी होती है, उसका
(a) गलनांक कम होता है
(b) गलनांक ज्यादा होता है
(c) प्रतिरोध अधिक होता है
(d) प्रतिरोध कम होता है

60. मानव शरीर (शुष्क) के विद्युत प्रतिरोध के परिमाण की कोटि क्या है?
(a) 10^2 ओम (b) 10^4 ओम
(c) 10^6 ओम (d) 10^8 ओम

61. निम्न में से कौन-सा वक्र धारितीय प्रतिघात (X_C) का आवृत्ति f के साथ सही विचरण व्यक्त करता है?

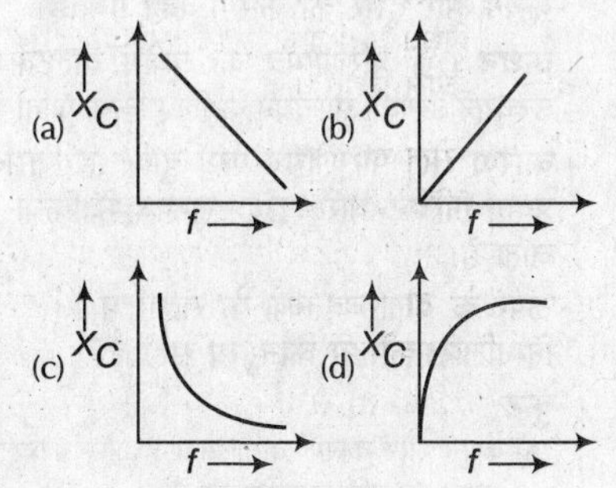

62. चित्र में दिखाए गए परिपथ में सम्भरण वोल्टेज V नियत है परन्तु आवृत्ति f परिवर्ती है। किस आवृत्ति पर R के सिरों के बीच वोल्टेज अधिकतम होगा?

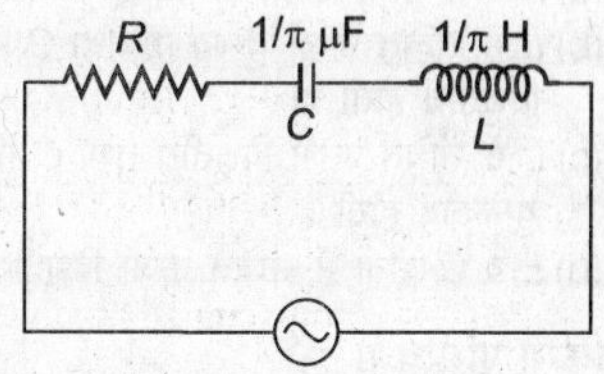

(a) 100 हर्ट्ज (b) 200 हर्ट्ज
(c) 400 हर्ट्ज (d) 500 हर्ट्ज

63. एक चोक कुण्डली
(a) दिष्ट धारा का मान घटाती है
(b) दिष्ट धारा का मान बढ़ाती है
(c) प्रत्यावर्ती धारा का मान घटाती है
(d) प्रत्यावर्ती धारा का मान बढ़ाती है

64. एक अपचायी ट्रांसफॉर्मर में निवेशी विभव 200 वोल्ट है व निर्गत विभव 5 वोल्ट है तो ट्रांसफॉर्मर की कुण्डलियों में फेरों की संख्या का अनुपात होगा
(a) 40 : 1 (b) 30 : 2
(c) 20 : 1 (d) 1 : 30

65. एक ट्रांसफॉर्मर की दक्षता 80% है। यह 4 किलोवाट व 100 वोल्ट पर कार्य करता है। यदि द्वितीयक विभव 240 वोल्ट है, तो प्राथमिक कुण्डली में धारा का मान होगा
(a) 5 ऐम्पियर (b) 7 ऐम्पियर
(c) 15 ऐम्पियर (d) 40 ऐम्पियर

66. एक उच्चायी ट्रांसफॉर्मर 120 वोल्ट की लाइन पर 2400 वोल्ट पर 2 ऐम्पियर धारा प्राप्त करने में प्रयुक्त होता है। यदि प्राथमिक कुण्डली में 100 फेरें हैं, तो द्वितीयक कुण्डली में फेरों की संख्या होगी
(a) 1000 (b) 150 (c) 600 (d) 2000

67. दो विद्युत बल्ब 500 वाट व 220 वोल्ट पर कार्य करते हैं। यदि दोनों बल्बों को श्रेणी क्रम में 110 वोल्ट पर जोड़ा जाता है, तो प्रत्येक बल्ब में उत्पन्न शक्ति होगी
(a) 25 वाट (b) 10 वाट
(c) 31.25 वाट (d) 3.125 वाट

68. एक प्रतिरोध R, प्रेरकत्व L तथा संधारित्र C, f आवृत्ति के दोलित्र के साथ श्रेणी क्रम में जोड़े गए हैं। यदि अनुनादी आवृत्ति f_r है, तो धारा वोल्टेज से पश्चगामी होगी, जब
(a) $f < f_r$ (b) $f = f_r$
(c) $f > f_r$ (d) $f = 0$

69. एक प्रत्यावर्ती धारा वोल्टेज $V = 200\sqrt{2} \sin (100\,t)$ वोल्ट, को 1 माइक्रोफैरड धारिता के संधारित्र से एक प्रत्यावर्ती धारा अमीटर के द्वारा जोड़ा गया है।

अमीटर का पाठ्यांक होगा

(a) 10 मिली ऐम्पियर (b) 40 मिली ऐम्पियर
(c) 80 मिली ऐम्पियर (d) 20 मिली ऐम्पियर

70. L-C परिपथ में

(a) L व C दोनों में संचित ऊर्जा चुम्बकीय होती है
(b) L में संचित ऊर्जा चुम्बकीय तथा C में विद्युतीय होती है।
(c) L में संचित ऊर्जा विद्युतीय तथा C में चुम्बकीय होती है
(d) L व C दोनों में संचित ऊर्जा विद्युतीय होती है

71. किसी परिपथ में $\cos\phi = \dfrac{R}{\sqrt{R^2 + (X_L \sim X_C)^2}}$ है। अनुनाद की स्थिति में $\cos\phi$ होगा

(a) शून्य (b) अनन्त
(c) 1 (d) 1/2

72. एक प्रत्यावर्ती धारा परिपथ में धारा $i = i_0 \sin \omega t$ है। धारा के अधिकतम मान से वर्ग माध्य मूल मान तक बदलने में लगने वाला समय है

(a) $\pi/4\omega$ (b) π/ω (c) $2\pi/\omega$ (d) $\omega/2\pi$

73. L-C-R श्रेणी परिपथ में अनुनाद की स्थिति में शक्ति क्षय है

(a) $\dfrac{V^2}{X_L - X_C}$ (b) $I^2 L\omega$ (c) I^2R (d) $\dfrac{V^2}{X_C}$

74. दिष्ट धारा के लिए कुण्डली का प्रतिरोध R ओम है। प्रत्यावर्ती धारा में प्रयुक्त करने पर प्रतिरोध होगा

(a) शून्य (b) X_L
(c) $\sqrt{R^2 + (\omega L)^2}$ (d) R

75. दो समरूपी विद्युत बल्ब B_1 व B_2 एक प्रत्यावर्ती धारा स्रोत से जुड़े हैं। B_1, 100 मिली हेनरी की कुण्डली तथा B_2, 10 पिको फैरड की धारिता वाले संधारित्र के साथ चित्रानुसार श्रेणीक्रम में जोड़ा गया है। B_1 व B_2 में तेज प्रकाश होगा

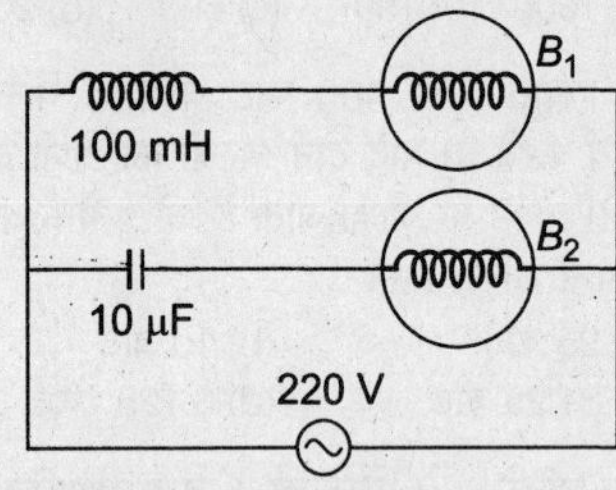

(a) दोनों का
(b) B_1 का
(c) यह प्रत्यावर्ती धारा स्रोत की आवृत्ति पर निर्भर करेगा
(d) B_2 का

76. 200-200 वाट के दो विद्युत बल्ब समान्तर क्रम में जोड़कर उनके श्रेणीक्रम में 400 वाट का एक बल्ब जोड़ा जाता है। इस संयोजन की परिणामी विद्युत शक्ति होगी

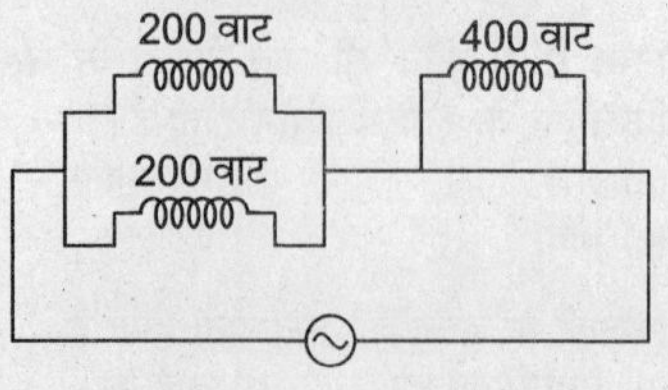

(a) 200 वाट (b) 400 वाट
(c) 800 वाट (d) शून्य वाट

77. 200 किमी लम्बे टेलीग्राफ के तार की धारिता 0.014 μF प्रति किमी है। यदि इसमें 5 kHz आवृत्ति की प्रत्यावर्ती धारा प्रवाहित हो तो उस प्रेरकत्व का मान क्या होगा जिससे इसके साथ श्रेणीक्रम में जोड़ने पर परिपथ की प्रतिबाधा न्यूनतम हो जाए

(a) 0.36 मिली हेनरी (b) 36 मिली हेनरी
(c) 3.6 मिली हेनरी (d) शून्य

78. 10^{-2} हेनरी का प्रेरकत्व तथा 1 ओम का प्रतिरोध एक 200 वोल्ट विद्युत वाहक बल और 50 हर्ट्ज के प्रत्यावर्ती धारा स्रोत के साथ श्रेणीक्रम में जुड़े हैं। धारा तथा वोल्टता के मध्य समय पश्चता का मान होगा

(a) 5×10^{-2} सेकण्ड (b) 4×10^{-3} सेकण्ड
(c) 4×10^{-4} सेकण्ड (d) 5×10^{3} सेकण्ड

79. L-C-R श्रेणी परिपथ में L, C, R के मान क्रमशः 1 हेनरी, 7.04 μF तथा 1 ओम हैं। इसका विशेषता गुणांक है

(a) 377 (b) 77 (c) 177 (d) 277

80. $1/\pi$ हेनरी स्वप्रेरकत्व वाली एक कुण्डली को 300Ω के प्रतिरोध से श्रेणीक्रम में जोड़ा गया है। यदि इस संयोजन पर 200 हर्ट्ज आवृत्ति वाले स्रोत से 200 वोल्ट विभव आरोपित किया जाए तो धारा व वोल्टता के मध्य कलान्तर होगा

(a) $\tan^{-1}\dfrac{4}{3}$ (b) $\tan^{-1}\dfrac{3}{4}$
(c) $\tan^{-1}\dfrac{1}{4}$ (d) $\tan^{-1}\dfrac{5}{4}$

81. 50 हर्ट्ज और 180 वोल्ट की प्रत्यावर्ती धारा प्रदायक से 0.2 हेनरी प्रेरकत्व तथा 100 ओम प्रतिरोध की एक कुण्डली जोड़ी गई है। परिपथ में प्रवाहित धारा का आभासी मान होगा

(a) 0.525 ऐम्पियर (b) 5.25 ऐम्पियर
(c) 1.525 ऐम्पियर (d) 15.25 ऐम्पियर

82. नीचे दो वक्तव्य दिए गए हैं जिनमें से एक को कथन और दूसरे को कारण कहा गया है।

कथन (A) परिणामित्र का प्रयोग वोल्टता के उच्चयन अथवा अपचयन के लिए किया जाता है।

कारण (R) परिणामित्र ऐसी युक्ति है जिसका प्रयोग निर्दिष्ट धारा (DC) परिपथ में किया जाता हैं।

ऊपर के दोनों वक्तव्यों के संदर्भ में, निम्नलिखित में से कौन-सा सही हैं?

कूट

(a) कथन और कारण दोनों सही हैं और कारण कथन का सही स्पष्टीकरण है।
(b) कथन और कारण दोनों सही हैं किन्त कारण कथन का सही स्पष्टीकरण नहीं है।
(c) कथन सही है परन्तु कारण गलत है।
(d) कथन गलत है परन्तु कारण सही है।

83. ट्रांसफॉर्मर प्रयुक्त होते हैं

(a) AC को DC में बदलने के लिए
(b) DC को AC में बदलने के लिए
(c) DC वोल्टेज का उपचयन करने के लिए
(d) AC वोल्टेज का उपचयन या अपचयन करने के लिए

84. ट्रांसफॉर्मर का उपयोग निम्नलिखित में से किस उद्देश्य से होता है?

(a) प्रत्यावर्ती धारा को दिष्ट धारा में बदलने के लिए
(b) दिष्ट धारा को प्रत्यावर्ती धारा में बदलने के लिए
(c) प्रत्यावर्ती धारा विभव को उच्चायी अथवा अपचायी करने के लिए
(d) दिष्ट धारा विभव को उच्चायी करने के लिए

85. प्रत्यावर्ती धारा को दिष्ट धारा में परिवर्तित करने वाली युक्ति को कहते हैं

(a) इनवर्टर (b) रेक्टीफयर
(c) ट्रांसफॉर्मर (d) ट्रांसमीटर

86. पृथ्वी के चुम्बकीय क्षेत्र का कारण है

(a) भूक्रोड के अन्दर की चक्रक धाराएँ
(b) इसके केन्द्र में मौजूद विशाल चुम्बक
(c) पृथ्वी के बाहर अन्तरिक्ष में गतिमान आवेश
(d) उपरोक्त में से कोई नहीं

87. प्रत्यावर्ती धारा किसके लिये उपयुक्त नहीं है?

(a) स्टोरेज बैटरी को चार्ज करने हेतु
(b) इलेक्ट्रिक मोटर चलाने हेतु
(c) विद्युत शक्ति संचारण हेतु
(d) इलेक्ट्रिक टोस्टर को गर्म करने हेतु

88. **कथन** (A) भारत में विद्युत वितरण कम्पनियाँ विद्युत खपत की गणना kWh (किलो वाट घण्टे) में करती हैं।

कारण (R) भारत में विद्युत प्रणाली 60 Hz आवृत्ति पर काम करती है।

(a) A और R दोनो सही हैं, किन्तु R, A का सही स्पष्टीकरण है।
(b) A और R दोनों सही हैं, किन्तु R, A का सही स्पष्टीकरण नहीं है।
(c) A सही है, परन्तु R गलत है।
(d) A गलत है परन्तु R सही है।

89. निम्न में कौन विद्युत खपत को बढ़ते क्रम में प्रदर्शित कर रहा है?

(a) टेलीविजन, पंखा, विद्युत प्रेस, इलेक्ट्रिक केतली
(b) टेलीविजन, पंखा, इलेक्ट्रिक केतली, विद्युत प्रेस
(c) पंखा, टेलीविजन, विद्युत प्रेस, इलेक्ट्रिक केतली
(d) विद्युत प्रेस, इलेक्ट्रिक केतली, पंखा, टेलीविजन

90. निम्नलिखित में से असत्य कथन है

(a) प्रत्यावर्ती धारा की ध्रुवीयता परिवर्तित होती रहती है
(b) दिष्ट धारा सदैव एक ही दिशा मे प्रवाहित होती है
(c) दिष्ट धारा की ध्रुवीयता नियत रहती है
(d) प्रत्यवर्ती धारा सदैव एक ही दिशा में बहती है

सही उत्तर

1. (a)	**2.** (c)	**3.** (a)	**4.** (a)	**5.** (b)	**6.** (d)	**7.** (c)	**8.** (c)	**9.** (c)	**10.** (d)
11. (c)	**12.** (d)	**13.** (d)	**14.** (b)	**15.** (a)	**16.** (d)	**17.** (d)	**18.** (c)	**19.** (c)	**20.** (a)
21. (d)	**22.** (c)	**23.** (b)	**24.** (b)	**25.** (b)	**26.** (d)	**27.** (a)	**28.** (d)	**29.** (c)	**30.** (b)
31. (c)	**32.** (a)	**33.** (b)	**34.** (a)	**35.** (d)	**36.** (d)	**37.** (a)	**38.** (a)	**39.** (a)	**40.** (d)
41. (d)	**42.** (b)	**43.** (d)	**44.** (d)	**45.** (c)	**46.** (b)	**47.** (b)	**48.** (d)	**49.** (a)	**50.** (a)
51. (b)	**52.** (d)	**53.** (d)	**54.** (d)	**55.** (a)	**56.** (c)	**57.** (c)	**58.** (c)	**59.** (a)	**60.** (c)
61. (c)	**62.** (d)	**63.** (c)	**64.** (a)	**65.** (d)	**66.** (d)	**67.** (c)	**68.** (c)	**69.** (d)	**70.** (b)
71. (c)	**72.** (a)	**73.** (c)	**74.** (c)	**75.** (c)	**76.** (a)	**77.** (a)	**78.** (b)	**79.** (a)	**80.** (d)
81. (c)	**82.** (c)	**83.** (d)	**84.** (c)	**85.** (a)	**86.** (a)	**87.** (a)	**88.** (c)	**89.** (c)	**90.** (d)

सॉल्यूशन्स

9. *(c)* $R \propto l^2$

$\therefore \quad \frac{R_1}{R_2} = \left(\frac{l_1}{l_2}\right)^2$

$\Rightarrow \quad \frac{5}{R_2} = \left(\frac{20}{40}\right)^2$

$\frac{5}{R_2} = \left(\frac{1}{2}\right)^2$

$\Rightarrow \quad \frac{5}{R_2} = \frac{1}{4}$

$R_2 = 20$ ओम

10. *(d)* $R \propto \frac{1}{r^2}$

$\frac{R_1}{R_2} = \left(\frac{r_2}{r_1}\right)^2$

$\frac{5}{R_2} = \left(\frac{3}{9}\right)^2$

$\Rightarrow \quad \frac{5}{R_2} = \left(\frac{1}{3}\right)^2$

$R_2 = 45$ ओम

45 ओम प्रतिरोध के 6 तारों को समान्तर क्रम में जोड़ा गया है। अतः इनका कुल प्रतिरोध

$R = \frac{45}{6} = 7.5\Omega$

11. *(c)* विभवमापी के सूत्र से,

$\frac{V_1}{V_2} = \frac{l_1}{l_2} = \frac{R_1(R_2 + r)}{R_2(R_1 + r)}$

$l_1 = 2$ मी, $l_2 = 3$ मी

$R_1 = 5$ ओम, $R_2 = 10$ ओम

$\therefore \quad \frac{2}{3} = \frac{5(10 + r)}{10(5 + r)}$

$\Rightarrow \quad 20(5 + r) = 15(10 + r)$

$\Rightarrow \quad 4(5 + r) = 3(10 + r)$

$\Rightarrow \quad 20 + 4r = 30 + 3r$

$r = 10$ ओम

14. *(b)* प्रथम स्थिति में, $i = \frac{E_1 + E_2}{r_1 + r_2 + R_L}$

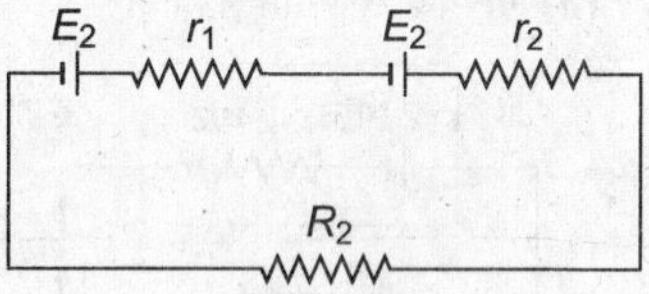

$\Rightarrow \quad 3 = \frac{E_1 + E_2}{r_1 + r_2 + R_L}$

$E_1 + E_2 = 3r_1 + 3r_2 + 3R_L \quad \ldots(i)$

द्वितीय स्थिति में,

$i = \frac{E_1 - E_2}{r_1 + r_2 + R_L}$

$\Rightarrow \quad 1 = \frac{E_1 - E_2}{r_1 + r_2 + R_L}$

$E_1 - E_2 = r_1 + r_2 + R_L \quad \ldots(ii)$

समी (i) व (ii) से,

$E_1 = \frac{4(r_1 + r_2 + R_L)}{2}$

$E_1 = 2(r_1 + r_2 + R_L)$

$E_2 = 3(r_1 + r_2 + R_L) - E_1$

$= 3(r_1 + r_2 + R_L) - 2(r_1 + r_2 + R_L)$

$E_2 = (r_1 + r_2 + R_L)$

$\frac{E_1}{E_2} = \frac{2}{1}$

15. *(a)* वृत्त की परिधि $= 2\pi r = \pi(2r)$

$= \pi \times 2 = 2\pi$ मी

तार का कुल प्रतिरोध $= 10^{-4} \times 2\pi$

$= 2\pi \times 10^{-4}$ ओम

आधे तार का प्रतिरोध

$R_1 = \frac{2\pi \times 10^{-4}}{2}$

$= \pi \times 10^{-4}$ ओम

$\therefore \quad R_2 = \pi \times 10^{-4}$

$\frac{1}{R_{XY}} = \frac{1}{2 \times 10^{-4}} + \frac{1}{\pi \times 10^{-4}} + \frac{1}{\pi \times 10^{-4}}$

$R_{XY} \approx 1.57 \times 10^{-4}$ ओम

16. *(d)* प्रथम स्थिति में,

$V_1 = 6.30 \times x = I(r + 1)$

द्वितीय स्थिति में,

$V_2 = 6.00x = I \times 1$

$\frac{6.3x}{6x} = \frac{r + 1}{1}$

$r = \frac{6.3}{6} - 1$

$= \frac{0.3}{6} = 0.05$ ओम

18. *(c)* $i = 2$ ऐम्पियर

माना वोल्टमीटर का प्रतिरोध $= G$

प्रतिरोध R में प्रवाहित धारा

$i = \frac{120}{75} = 1.6$ ऐम्पियर

$\therefore$ वोल्टमीटर में प्रवाहित धारा

$= 2 - 1.6 = 0.4$ ऐम्पियर

$120 = 0.4 \times G$

$G = \frac{120}{0.4} = 300\Omega$

19. *(c)* $r = 0.5$ ओम, $R = 3$ ओम

धारा के अधिकतम मान के लिए,

$mr = nR$

$m \times 0.5 = n \times 3$

$\frac{m}{n} = \frac{3}{0.5}$

$\frac{m}{n} = 6$

$\Rightarrow \quad m = 6n$

प्रश्नानुसार, $mn = 24$

$\therefore \quad 6n \times n = 24$

$n = 2$

$\therefore \quad m = 12$

20. *(a)* $E = 6$ वोल्ट, $V = 4$ वोल्ट

$i = 2$ ऐम्पियर

$V = E - ir$

$4 = 6 - 2 \times r$

$2r = 2$

$r = 1$ ओम

22. *(c)* $i_g = 0.5$ ऐम्पियर, $G = 1.8$ ओम

$R = 0.2$ ओम, $i = 2$ ऐम्पियर

$$R = \frac{G}{n-1}$$

$$n - 1 = \frac{4}{R}$$

$$\Rightarrow \quad n = \frac{G}{R} + 1$$

$$n = \frac{1.8}{0.2} + 1 = 10$$

अर्थात् परास 10 गुना बढ़ गयी है।

$\therefore$ प्रभावी धारा $= 2 \times 10 = 20$ ऐम्पियर

25. *(b)* $m = zit$ से,

$$z = \frac{m}{it} = \frac{m}{4 \times 2 \times 60} \text{ किग्रा/कूलॉम}$$

पुनः $m' = z \cdot i't' = \dfrac{m}{4 \times 2 \times 60} \times 6 \times 40$

$$= \frac{m}{2}$$

26. *(d)* $\alpha = \dfrac{R_2 - R_1}{R_1 t_2 - R_2 t_1}$ प्रति °C

$$\therefore \alpha = \frac{2 - 1}{1 \times (1127 - 273) - 2 \times (300 - 273)}$$

$$= \frac{1}{854 - 54} = 0.00125/°\text{C}$$

28. *(d)* श्रेणी क्रम में शक्ति,

$$P = \frac{P_1 P_2}{P_1 + P_2} = \frac{25 \times 100}{25 + 100}$$

$$= \frac{2500}{125} = 20 \text{ वाट}$$

30. *(b)* $q = ne$

$$\therefore \quad n = \frac{q}{e} = \frac{it}{e}$$

$$= \frac{1 \times 1}{1.6 \times 10^{-19}}$$

$$= 0.625 \times 10^{19}$$

$$= 6.25 \times 10^{18}$$

33. *(b)* बल्ब का प्रतिरोध

$$R = \frac{V^2}{P} = \frac{30 \times 30}{90} = 10 \text{ ओम}$$

बल्ब में प्रवाहित धारा

$$i = \frac{P}{V} = \frac{90}{30} = 3 \text{ ऐम्पियर}$$

माना बल्ब को 120 वोल्ट मेन्स से जोड़ने पर, बल्ब के श्रेणी क्रम में R' प्रतिरोध जोड़ते हैं।

$\therefore$ कुल प्रतिरोध $R'' = R' + 10$

सूत्र $\quad V' = iR''$ से

$120 = 3(R' + 10)$

या $\quad R' + 10 = \dfrac{120}{3} = 40$

या $\quad R' = 40 - 10 = 30$ ओम

35. *(d)* इलेक्ट्रॉनों का अनुगमन वेग,

$$v_d = \frac{j}{ne} = \frac{i/A}{ne}$$

$$\therefore \; v_d = \frac{0.21/(1 \times 10^{-6})}{(8.4 \times 10^{28}) \times (1.6 \times 10^{-19})}$$

$$= 1.56 \times 10^{-5} \text{ मी/से}$$

37. *(a)* परिपथ में प्रवाहित धारा,

2 वोल्ट 2 वाट

i

वोल्टमीटर

$R = 998$ ओम

$$i = \frac{E}{R + r}$$

$$= \frac{2 \text{ वोल्ट}}{(998 + 2) \text{ वोल्ट}}$$

$$= 2 \times 10^{-3} \text{ ऐम्पियर}$$

वोल्टमीटर का पाठ्यांक,

$$V = E - ir$$

$\therefore$ पाठ्यांक में अशुद्धि,

$$E - V = ir = (2 \times 10^{-3}) \times 2$$

$$= 4 \times 10^{-3} \text{ वोल्ट}$$

अतः प्रतिशत अशुद्धि

$$= \frac{4 \times 10^{-3}}{2} \times 100 = 0.2\%$$

39. *(a)* $2R$ व $2R$ समान्तर क्रम में हैं।

$$\therefore \quad \frac{1}{R'} = \frac{1}{2R} + \frac{1}{2R} = \frac{2}{2R} = \frac{1}{R}$$

या $\quad R' = R$

R' व R समान्तर क्रम में हैं

$$\therefore \quad \frac{1}{R''} = \frac{1}{R} + \frac{1}{R} = \frac{2}{R}$$

या $\quad R'' = R/2$

40. *(d)* यहाँ $V_1 = 80$ वोल्ट,

$R_1 = 80 \times 200 = 16000$ ओम,

$R_2 = 32000$ ओम

$$\therefore \quad i = \frac{V_1}{R_1} = \frac{80}{16000} \text{ ऐम्पियर}$$

V_2 का पाठ्यांक,

$$V_2 = iR_2$$

$$= \frac{80}{16000} \times 32000$$

$$= 160 \text{ वोल्ट}$$

अतः लाइन वोल्टेज

$$V = V_1 + V_2 = 80 + 160 = 240 \text{ वोल्ट}$$

41. *(d)* $E = 2.2$ वोल्ट, $V = 1.8$ वोल्ट,

$R = 5$ ओम

$$r = R\left(\frac{E}{V} - 1\right)$$

$$\therefore \quad r = 5\left(\frac{2.2}{1.8} - 1\right) = \frac{10}{9} \text{ ओम}$$

42. *(b)* चूँकि सेतु की किन्हीं दो संलग्न भुजाओं के प्रतिरोधों की निष्पत्ति समान है अतः सेतु सन्तुलित है। इसलिए धारामापी का प्रतिरोध R अप्रभावी है।

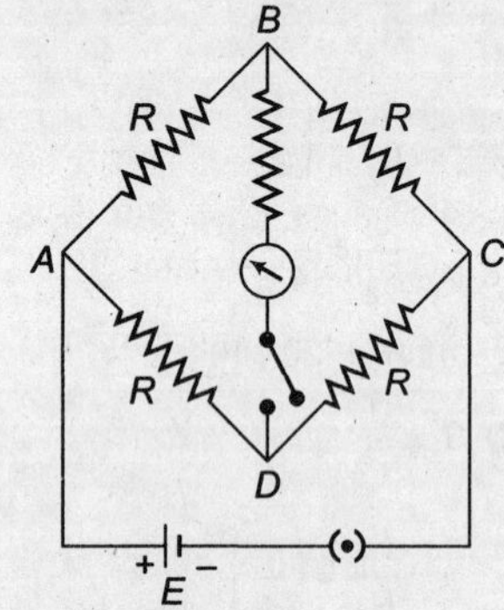

AB, BC श्रेणी बद्ध हैं

$\therefore \quad R' = R + R = 2R$

AD व CD श्रेणी बद्ध हैं

$\therefore \quad R'' = R + R = 2R$

अब R' व R'' समान्तर क्रम में जुड़े हैं।

$\therefore$ बैटरी को जोड़ने वाले सिरों के बीच तुल्य प्रतिरोध

$$\frac{1}{R'''} = \frac{1}{2R} + \frac{1}{2R} = \frac{2}{2R} = \frac{1}{R}$$

$\therefore \quad R''' = R$

43. *(d)* श्रेणी क्रम में जोड़ने पर प्रतिरोध दोगुना हो जाता है।

$\therefore$ उत्पन्न ऊष्मा $H_1 = i^2(2R)t = 2i^2Rt$ जूल

समान्तर क्रम में जोड़ने पर प्रतिरोध आधा $(R/2)$ तथा धारा चार गुनी हो जाती है।

$$\therefore \quad H_2 = (4i)^2\left(\frac{R}{2}\right)t = 8i^2Rt \text{ जूल}$$

$$\therefore \quad \frac{H_1}{H_2} = \frac{2i^2Rt}{8i^2Rt} = \frac{1}{4}$$

45. *(c)* यहाँ, $G = 99$ ओम, $i_g = \frac{i}{10}$ ऐम्पियर

$$i_g \times G = (i - i_g) \times S$$
$$\frac{i}{10} \times 99 = \left(i - \frac{i}{10}\right) \times S$$
या $$\frac{i}{10} \times 99 = \frac{9i}{10} \times S$$
$\therefore$ $$S = \frac{99}{9} = 11 \text{ ओम}$$

46. *(b)* किरचॉफ के प्रथम नियम से,

$\therefore$ $$\Sigma i = 0$$
$$i + 4 - 6 - 3 - 1 = 0$$
या $$i - 6 = 0$$
या $$i = 6 \text{ ऐम्पियर}$$

47. *(b)* बल्ब का प्रतिरोध, $R = \frac{V^2}{P}$

अतः 100 वाट के बल्ब का प्रतिरोध 60 वाट के बल्ब के प्रतिरोध से कम है। समान्तर क्रम में दोनों पर आरोपित विभवान्तर समान होगा। अतः सूत्र $P = V^2 / R$ के अनुसार,

शक्ति क्षय $P \propto \frac{1}{R}$

स्पष्टतः कम प्रतिरोध (अधिक वोल्टेज) वाले बल्ब में शक्ति क्षय अधिक होगा, अर्थात् 100 वाट का बल्ब अधिक चमकेगा।

48. *(d)* यहाँ $i_g = 100 \times 10^{-3}$ ऐम्पियर,

$G = 2$ ओम, $V = 5$ वोल्ट
$$V = i_g(G + R)$$
$\therefore$ $$5 = 100 \times 10^{-3}(2 + R)$$
या $$5 = 0.2 + 0.1R$$
या $$0.1R = 5 - 0.2 = 4.8$$
या $$R = \frac{4.8}{0.1} = 48 \text{ ओम}$$

49. *(a)* 1 किलोवाट घण्टा = (1 किलोवाट) (1 घण्टा)

(1000 जूल/से) (3600 सेकण्ड)

$= 36 \times 10^5$ जूल

$= 3.6 \times 10^6$ जूल

51. *(b)* हम जानते हैं कि

यूनिट की संख्या = किलोवाट घण्टा

= वाट × घण्टा/1000

$= \frac{60 \times 30 \times 5}{1000} = 9$ यूनिट

52. *(d,* अधिक विद्युत ऊर्जा का क्षय करने वाला बल्ब अधिक प्रकाश उत्पन्न करेगा।

शक्ति (P) = वोल्टेज (V) × धारा (I)

ज्ञात है कि $V = I \times$ प्रतिरोध (R)

$$P = \frac{V^2}{R}$$
$\Rightarrow$ $$P \propto \frac{1}{R}$$

अतः अधिक प्रतिरोध वाला बल्ब कम विद्युत ऊर्जा का क्षय करेगा तथा कम प्रकाश उत्पन्न करेगा।

61. *(c)* $X_C = \frac{1}{\omega C} = \frac{1}{2\pi f C}$

$\therefore$ $X_C \propto \frac{1}{f}$

अतः धारितीय प्रतिघात X_C, आवृत्ति f के व्युत्क्रमानुपात में बदलता है।

62. *(d)* अनुनाद की स्थिति में R के सिरों पर वोल्टेज अधिकतम होगा।

अतः $\omega L = \frac{1}{\omega C}$ (अनुनाद अवस्था में)

या $(2\pi f)^2 = 1/LC$

या $$f = \frac{1}{2\pi\sqrt{LC}} = \frac{1}{2\pi\sqrt{\left(\frac{1}{\pi} \times \frac{1}{\pi} \times 10^{-6}\right)}}$$
$$= \frac{1}{2\pi \times (1/\pi) \times 10^{-3}}$$
$$= \frac{10^3}{2} = 500 \text{ हर्ट्ज}$$

64. *(a)* यहाँ $V_P = 200$ वोल्ट, $V_S = 5$ वोल्ट

$\therefore$ $$\frac{N_P}{N_S} = \frac{V_P}{V_S}$$
या $$\frac{N_P}{N_S} = \frac{200}{5} = \frac{40}{1}$$
$$N_P : N_S = 40 : 1$$

65. *(d)* यहाँ $P_P = 4 \times 1000 = 4000$ वाट,

$V_P = 100$ वोल्ट
$\therefore$ $$P_P = V_P \times I_P$$
$\Rightarrow$ $$4000 = 100 \times I_P$$
$\Rightarrow$ $$I_P = \frac{4000}{100} = 40 \text{ ऐम्पियर}$$

66. *(d)* यहाँ $V_P = 120$ वोल्ट,

$V_S = 2400$ वोल्ट

$N_P = 100, N_S = ?$

$\therefore$ $N_P / N_S = V_P / V_S$

या $$N_S = \frac{N_P \times N_S}{V_P}$$
$$= \frac{100 \times 2400}{120} = 2000$$

67. *(c)* $R_1 = R_2 = \frac{V^2}{P}$
$$= \frac{220 \times 220}{500} = \frac{484}{5}$$
$\therefore$ $$R = R_1 + R_2 = \frac{484}{5} + \frac{484}{5}$$
$$= 2 \times \frac{484}{5} \text{ ओम}$$

110 वोल्ट मेन्स से जोड़ने पर प्रत्येक बल्ब में प्रवाहित धारा
$$i = \frac{V}{R} = \frac{110}{2 \times 484} \times 5$$
$$= \frac{25}{44} \text{ ऐम्पियर}$$

प्रत्येक बल्ब में उत्पन्न शक्ति $P = i^2 R_1$
$$= \frac{25 \times 25}{44 \times 44} \times \frac{484}{5}$$
$$= \frac{125}{4} = 31.25 \text{ वाट}$$

69. *(d)* समीकरण $V = 200\sqrt{2} \sin(100t)$ की तुलना

$V = V_0 \sin \omega t$ से करने पर,

$\Rightarrow$ $V_0 = 200\sqrt{2}, \omega = 100$

$\therefore$ $$V_{rms} = \frac{V_0}{\sqrt{2}} = 200 \text{ वोल्ट}$$
और $$X_C = \frac{1}{\omega C} = \frac{1}{100 \times 1 \times 10^{-6}}$$
$$= 10^4 \ \Omega$$

अमीटर का पाठ्यांक $I_{rms} = \frac{V_{rms}}{X_C}$
$$= \frac{200}{10^4} = 20 \times 10^{-3} \text{ ऐम्पियर}$$
$$= 20 \text{ मिली ऐम्पियर}$$

70. *(b)* प्रेरकत्व L (कुण्डली) में संचित ऊर्जा चुम्बकीय ऊर्जा $\left(\frac{1}{2}Li_0^2\right)$ होती है।

जबकि संधारित्र (C) में संचित ऊर्जा विद्युत ऊर्जा $\left(\frac{1}{2}\frac{q^2}{C}\right)$ होती है।

71. *(c)* अनुनाद की स्थिति में, $X_L = X_C$

$\therefore$ $$\cos\phi = \frac{R}{R} = 1$$

72. *(a)* $i = i_{rms} = \frac{i_0}{\sqrt{2}} = i_0 \sin \omega t$

या $$\frac{1}{\sqrt{2}} = \sin \omega t$$
या $$\sin\frac{\pi}{4} = \sin \omega t$$
या $$\omega t = \frac{\pi}{4} \text{ या } t = \frac{\pi}{4\omega}$$

75. *(c)* X_L व X_C के मान प्रत्यावर्ती धारा स्रोत की आवृत्ति f पर निर्भर करते हैं। f के बिना X_L व X_C ज्ञात नहीं कर सकते तथा उनके बिना B_1 व B_2 के चमकने के बारे में नहीं बताया जा सकता।

76. *(a)* माना 200 वाट के प्रत्येक बल्ब का प्रतिरोध R है इसलिए 400 वाट के बल्ब का प्रतिरोध $\frac{R}{2}$ होगा $\left(\text{क्योकि } R \propto \frac{1}{P}\right)$

संयोजन का कुल प्रतिरोध $= \frac{(R \times R)}{R + R} + \frac{R}{2}$

$$= \frac{R^2}{2R} + \frac{R}{2}, R_T = R$$

$\therefore \quad P_T = P = 200$ वाट होगी

77. *(a)* अनुनाद की स्थिति में प्रतिबाधा न्यूनतम होती है अर्थात्

$$X_L = X_C, \omega L = \frac{1}{\omega C}$$

या $\quad L = \frac{1}{\omega^2 C} = \frac{1}{4\pi^2 f^2 C} \quad \ldots(i)$

$\because \quad f = 5 \times 10^3$ हर्ट्ज,

$C = 200 \times 0.014 \times 10^{-6}$ फैरड

समी (i) में मान रखने पर,

$$L = \frac{1}{4\pi^2 (5 \times 10^3)^2 \times 0.014 \times 200 \times 10^{-6}}$$

$L = 0.36$ मिली हेनरी

78. *(b)* कला में समय पश्चता

$$t = \frac{\theta}{\omega} = \frac{\theta}{2\pi f} \quad \ldots(i)$$

$f = 50$ हर्ट्ज $\quad \ldots(ii)$

$$\tan\theta = \frac{2\pi f L}{R} \quad \ldots(iii)$$

$L = 10^{-2}$ हेनरी, $R = 1$ ओम $\quad \ldots(iv)$

समी (ii), (iii) व (iv) से,

$$\tan\theta = \frac{2\pi \times 50 \times 10^{-2}}{1}$$

$$\tan\theta = \pi$$

$$\therefore \quad \theta = 72.34 = \frac{72.34 \times \pi}{180} \quad \ldots(v)$$

समी (i), (ii) व (v) से,

$$\therefore\ t = \frac{72.34 \times \pi}{2 \times 180 \times \pi \times 50} = \frac{1}{200}$$

$= 4 \times 10^{-3}$ सेकण्ड

79. *(a)* $Q = \frac{\omega L}{R} = \frac{1}{R}\sqrt{\frac{L}{C}} \quad \ldots(i)$

प्रश्नानुसार, $L = 1$ हेनरी,

$C = 7.04 \times 10^{-6}$ फैरड,

$E = 1$ ओम

समी (i) में दिए मान रखने पर,

$$Q = \frac{1}{1}\sqrt{\left(\frac{1}{7.04 \times 10^{-6}}\right)}$$

$$= \frac{1000}{\sqrt{7.04}} = 376.89 \approx 377$$

81. *(c)* $I_{rms} = \frac{E_{rms}}{\sqrt{R^2 + L^2\omega^2}} \quad \ldots(i)$

या $\quad I_{rms} = \frac{E_{rms}}{\sqrt{R^2 + 4\pi^2 f^2 L^2}}$

$E_{rms} = 180$ वोल्ट, $f = 50$ हर्ट्ज,

$L = 0.2$ हर्ट्ज, $R = 100$ ओम

समी (i) में मान रखने पर,

$$I_{rms} = \frac{180}{\sqrt{(100)^2 + 4 \times (3.14)^2 \times (50)^2 \times (0.2)^2}}$$

$I_{rms} = 1.525$ ऐम्पियर

90. *(d)* प्रत्यावर्ती धारा की दिशा एक नियत समय पर परिवर्तित होती रहती है तथा इसकी ध्रुवीयता नियत नहीं रहती है। जहाँ दिष्ट धारा केवल एक ही दिशा में प्रवाहित होती है। अतः इसकी ध्रुवीयता नियत रहती है।

अध्याय 04 प्रकाश व ध्वनि

प्रकाश

प्रकाश ऐसा विकिरण है जिसकी सहायता से हम अन्य वस्तुओं को देख सकते हैं, परन्तु यह स्वयं हमें दिखाई नहीं देता। प्रकाश ऊर्जा का ही एक रूप है।

प्रकाश का परावर्तन

जब प्रकाश किसी चिकनी सतह पर टकराता है, तो यह सतह से टकराकर वापस लौट जाता है। इस घटना को ही प्रकाश का परावर्तन कहते हैं।

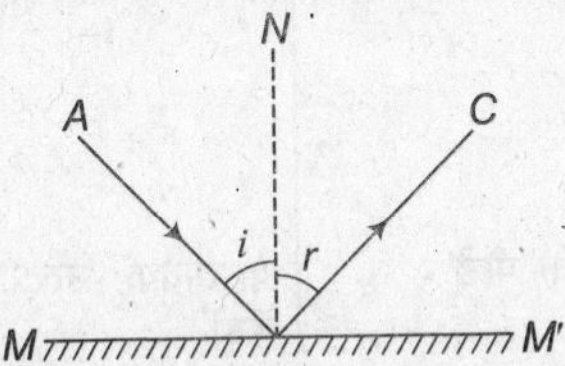

परावर्तन के नियम

परावर्तन के दो नियम हैं

(i) आपतन कोण का मान सदैव परावर्तन कोण के मान के बराबर होता है।

(ii) आपतित किरण, अभिलम्ब व परावर्तित किरण तीनों एक ही तल में स्थित होते हैं।

प्रतिबिम्ब

यदि किसी वस्तु से आने वाली प्रकाश की किरणें परावर्तन के पश्चात् किसी अन्य बिन्दु पर मिलती हैं या मिलती हुई प्रतीत होती हैं, तो इस बिन्दु को उस वस्तु का प्रतिबिम्ब कहते हैं।

प्रतिबिम्ब दो प्रकार के होते हैं

आभासी प्रतिबिम्ब (Apparent image) यदि परावर्तन के पश्चात् प्रकाश की किरणें किसी अन्य बिन्दु पर वास्तव में नहीं मिलती, बल्कि अन्य बिन्दु से आती हुई प्रतीत होती हैं, तो प्रतिबिम्ब आभासी कहलाता है। यह सदैव सीधा होता है तथा इसे पर्दे पर नहीं लिया जा सकता है।

वास्तविक प्रतिबिम्ब (Real image) यदि परावर्तन के पश्चात् प्रकाश की किरणें किसी अन्य बिन्दु पर वास्तव में मिलती हैं, तो इस अन्य बिन्दु पर बने प्रतिबिम्ब को वास्तविक प्रतिबिम्ब कहते हैं। यह सदैव उल्टा होता है तथा इसे पर्दे पर लिया जा सकता है।

समतल दर्पण से बनने वाले प्रतिबिम्बों के गुण

(i) प्रतिबिम्ब का आकार वस्तु के आकार के बराबर होता है।

(ii) दर्पण से वस्तु की दूरी = दर्पण से प्रतिबिम्ब की दूरी

(iii) यदि वस्तु को दर्पण की ओर या दर्पण से दूर a दूरी तक विस्थापित किया जाता है, तो प्रतिबिम्ब भी a दूरी तक विस्थापित हो जाता है।

(iv) यदि दर्पण, वस्तु से दूर या वस्तु की ओर a दूरी तक विस्थापित होता है, तो प्रतिबिम्ब $2a$ दूरी तक विस्थापित हो जाता है।

(v) यदि दो दर्पण θ कोण पर झुके हों, तो उनके बीच रखी वस्तु के प्रतिबिम्बों की संख्या

$$n = \frac{360°}{\theta} - 1 \qquad \left(\text{यदि } \frac{360°}{\theta} \text{ सम है}\right)$$

तथा

$$= \frac{360°}{\theta} \qquad \left(\text{यदि } \frac{360°}{\theta} \text{ विषम है}\right)$$

(vi) किसी व्यक्ति को अपना पूरा प्रतिबिम्ब देखने के लिए, दर्पण की ऊँचाई व्यक्ति की ऊँचाई की आधी होनी चाहिए।

(vii) समतल दर्पण की फोकस दूरी अनन्त व क्षमता शून्य होती है।

गोलीय सतह पर परावर्तन

गोलीय दर्पण

गोलीय दर्पण वे दर्पण हैं जिनकी परावर्तक सतह गोलीय होती है। गोलीय दर्पण दो प्रकार के होते हैं।

1. **उत्तल दर्पण** (Convex Mirror) ऐसे दर्पण जिनमें परावर्तन उभरी हुई सतह से होता है, उत्तल दर्पण कहलाते हैं।

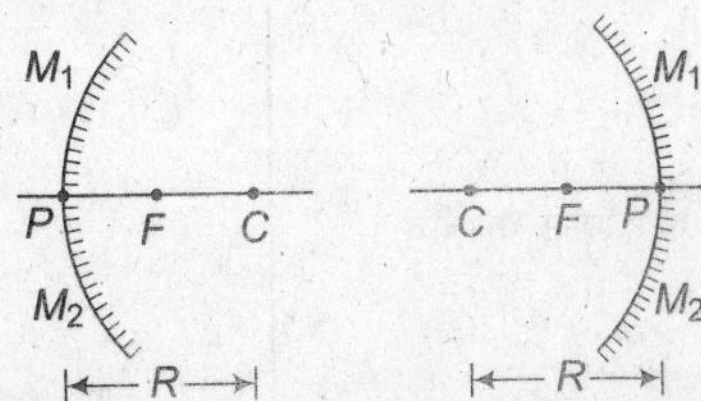

2. **अवतल दर्पण** (Concave Mirror) ऐसे दर्पण जिनमें परावर्तन दबी हुई सतह से होता है, अवतल दर्पण कहलाते हैं।

अवतल दर्पण द्वारा प्रतिबिम्ब का बनना

क्र. सं.	वस्तु की स्थिति	किरण आरेख	प्रतिबिम्ब की स्थिति	प्रतिबिम्ब की प्रकृति तथा आकार
1.	अनन्त पर	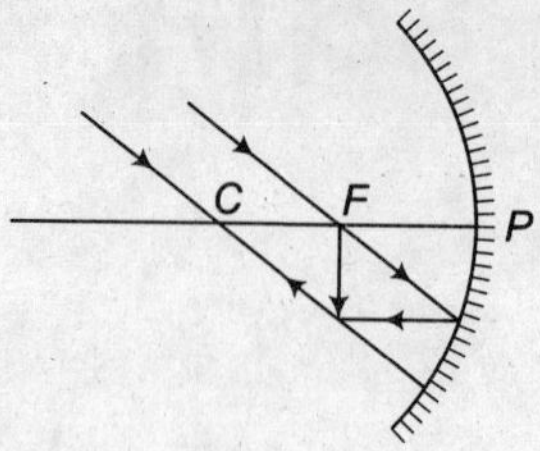	फोकस पर या फोकस तल में	वास्तविक, उल्टा व आकार में बहुत छोटा
2.	वक्रता-केन्द्र के पीछे	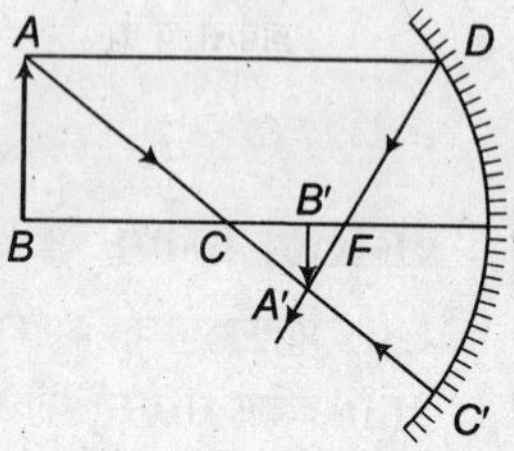	फोकस व वक्रता केन्द्र के बीच	वास्तविक, उल्टा व छोटा
3.	वक्रता-केन्द्र पर	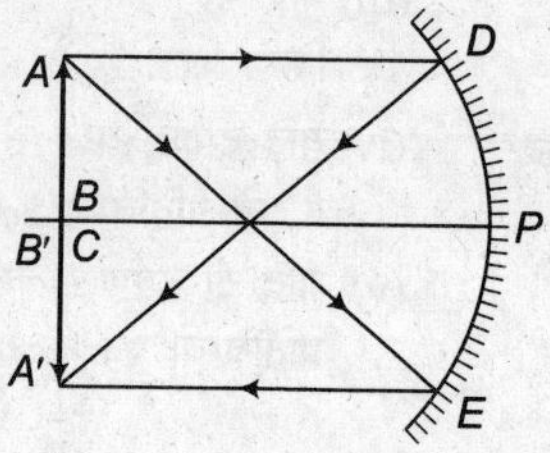	वक्रता-केन्द्र पर	वास्तविक, उल्टा व वस्तु के बराबर
4.	वक्रता-केन्द्र व फोकस के बीच	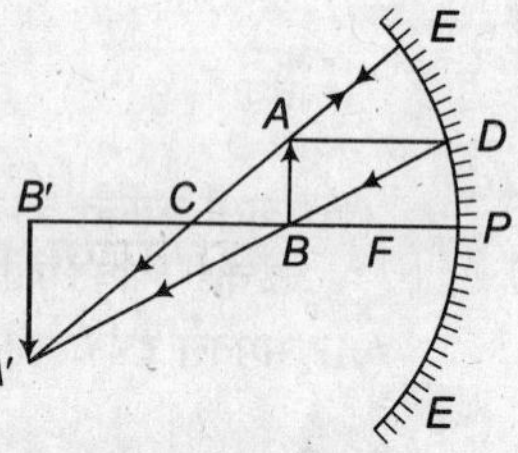	वक्रता-केन्द्र के पीछे	वास्तविक, उल्टा व वस्तु से बड़ा
5.	मुख्य फोकस पर	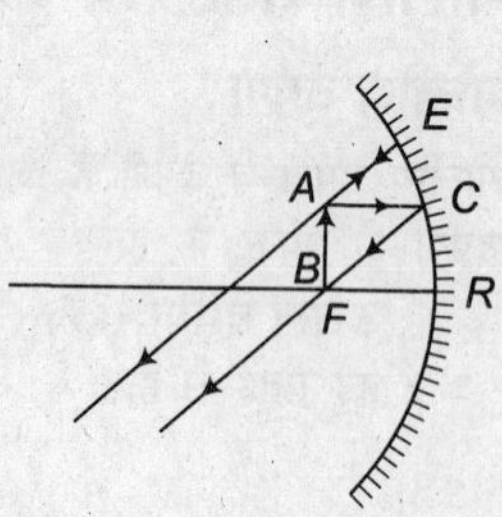	अनन्त पर	बहुत बड़ा
6.	ध्रुव व फोकस के बीच	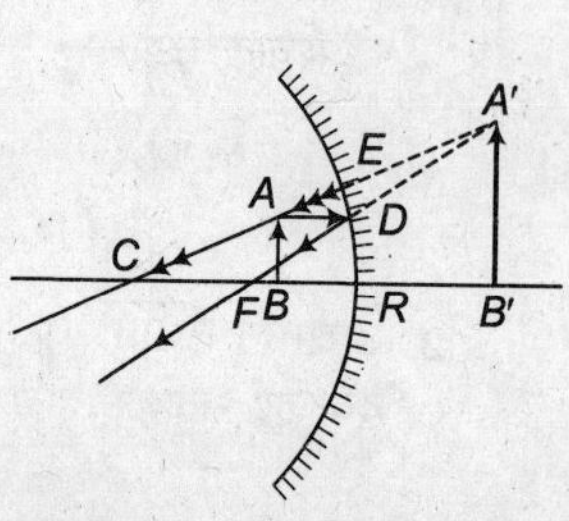	दर्पण के पीछे	आभासी, सीधा व आवर्धित

उत्तल दर्पण द्वारा प्रतिबिम्ब का बनना

क्र.सं.	वस्तु की स्थिति	किरण आरेख	प्रतिबिम्ब की स्थिति	प्रतिबिम्ब की प्रकृति तथा आकार
1.	अनन्त पर		फोकस पर	आभासी, सीधा, बहुत छोटा
2.	अनन्त व ध्रुव के बीच		फोकस व ध्रुव के बीच	आभासी, सीधा व छोटा

गोलीय दर्पण से सम्बन्धित कुछ परिभाषाएँ

1. **गोलीय दर्पणों का वक्रता केन्द्र व वक्रता त्रिज्या** (Centre of Curvature and Radius of Curvature of Spherical Mirrors) किसी गोलीय दर्पण की वक्रता त्रिज्या व वक्रता केन्द्र उस गोले की त्रिज्या व केन्द्र है, जिसका दर्पण एक भाग है। चित्र में AC वक्रता त्रिज्या व C वक्रता केन्द्र है।

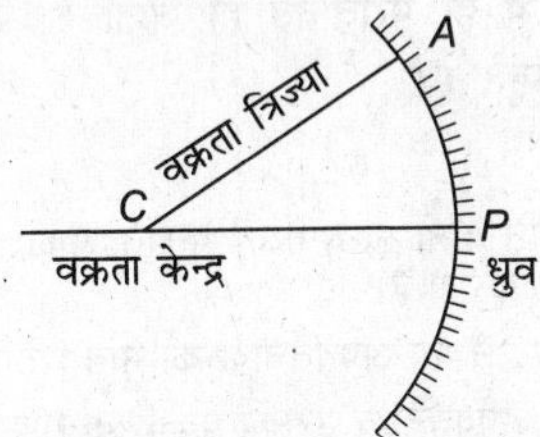

2. **ध्रुव** (Pole) दर्पण की परावर्तक सतह के मध्य बिन्दु को दर्पण का ध्रुव कहते हैं। इसे P से प्रदर्शित करते हैं।
3. **मुख्य फोकस** (Principal focus) दर्पण के मुख्य अक्ष के समान्तर आने वाली प्रकाश की किरणें दर्पण से परावर्तन के पश्चात् जिस बिन्दु पर मिलती हैं या मिलती हुई प्रतीत होती हैं, वह बिन्दु दर्पण का मुख्य फोकस कहलाता है। अवतल दर्पण का फोकस दर्पण के सामने जबकि उत्तल दर्पण का फोकस दर्पण के पीछे होता है।

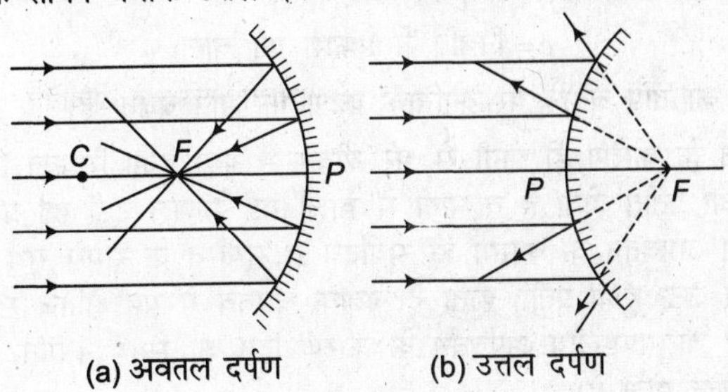

(a) अवतल दर्पण (b) उत्तल दर्पण

अवतल दर्पण का फोकस वास्तविक जबकि उत्तल दर्पण का फोकस आभासी होता है।

4. **फोकस दूरी** (Focal length) दर्पण के ध्रुव से फोकस तक की दूरी को दर्पण की फोकस दूरी कहते हैं, इसे f से प्रदर्शित करते हैं। उत्तल दर्पण की फोकस दूरी धनात्मक व अवतल दर्पण की फोकस दूरी ऋणात्मक होती है। यदि किसी गोलीय दर्पण की वक्रता त्रिज्या R व फोकस दूरी f हो, तो

$$f = \frac{R}{2}$$

गोलीय दर्पण से प्रतिबिम्ब बनाने के नियम

गोलीय दर्पण से प्रतिबिम्ब बनाने के निम्नलिखित तीन नियम हैं

(i) दर्पण के मुख्य अक्ष के समान्तर आने वाली प्रकाश की किरणें दर्पण से परावर्तन के पश्चात्, दर्पण के फोकस से गुजरती हैं अथवा आती हुई प्रतीत होती हैं।

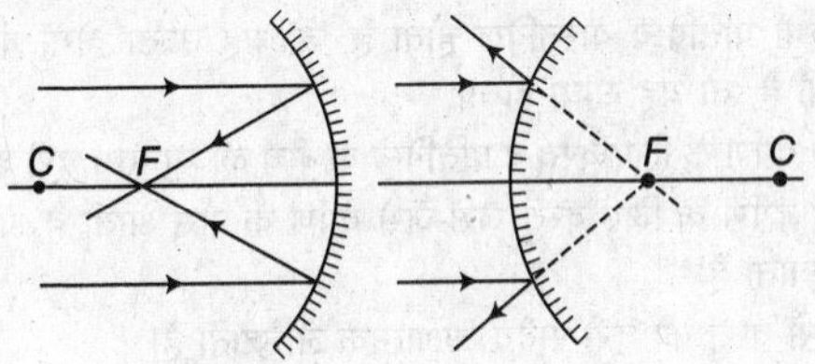

(ii) दर्पण के वक्रता केन्द्र से होकर आने वाली किरणें परावर्तन के पश्चात्, उसी मार्ग पर वापस लौट जाती हैं।

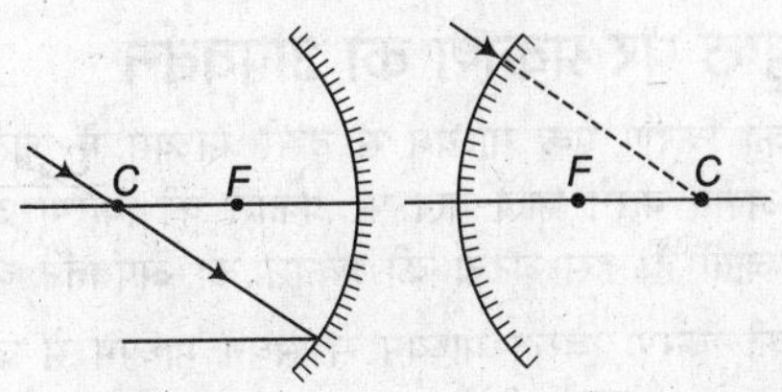

(iii) दर्पण के फोकस से होकर आने वाली किरणें परावर्तन के पश्चात् दर्पण के मुख्य अक्ष के समान्तर हो जाती है।

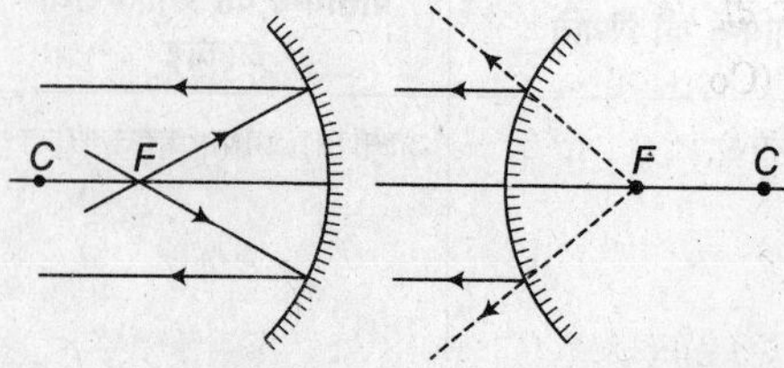

दर्पण का सूत्र

यदि गोलीय दर्पण के ध्रुव से किसी वस्तु की दूरी u है, इसके प्रतिबिम्ब की ध्रुव से दूरी v है व दर्पण की फोकस दूरी f है, तो

$$\frac{1}{f}=\frac{1}{u}+\frac{1}{v}$$

रेखीय आवर्धन

किसी दर्पण के द्वारा बने प्रतिबिम्ब की ऊँचाई व वस्तु की ऊँचाई के अनुपात को दर्पण का रेखीय आवर्धन कहते हैं।

$$\text{रेखीय आवर्धन } (m)=\frac{\text{प्रतिबिम्ब की ऊँचाई } (I)}{\text{वस्तु की ऊँचाई } (O)}$$

या $$m=\frac{v}{u}$$

दर्पणों के उपयोग

1. **समतल दर्पण** (Plane mirror) चेहरा देखने में।
2. **अवतल दर्पण** (Concave mirror) दाढ़ी बनाने में, टेबल लैम्पों व सर्च लाइटों में।
3. **उत्तल दर्पण** (Convex mirror) वाहनों में पीछे की वस्तुओं को देखने में, सड़क की लाइटों में।

नोट

- समतल दर्पण का रेखीय आवर्धन 1 होता है।
- किसी बिन्दुवत् वस्तु का प्रतिबिम्ब, सदैव समतल दर्पण द्वारा ही प्राप्त किया जा सकता है।
- जब कभी प्रतिबिम्ब वास्तविक होता है, तो यह उल्टा होगा व यदि प्रतिबिम्ब आभासी है, तो यह सीधा होगा।
- अवतल दर्पण के लिए वस्तु व प्रतिबिम्ब के बीच की न्यूनतम दूरी शून्य होती है।
- अवतल दर्पण के लिए वस्तु जैसे-जैसे दर्पण के पास आती है, प्रतिबिम्ब दूर को हटता जाता है।
- दर्पणों से वस्तु की दूरी सदैव ऋणात्मक ली जाती है।
- यदि आँख व किसी वस्तु के प्रतिबिम्ब को जोड़ने वाली रेखा, दर्पण की सतह को काटती है, तो किसी भी स्थिति से प्रतिबिम्ब देखा जा सकता है।

समतल पृष्ठ पर प्रकाश का अपवर्तन

जब प्रकाश की किरण एक माध्यम से दूसरे माध्यम में जाती है, तो दोनों माध्यमों को अलग करने वाले तल पर प्रकाश की किरण अपने मार्ग से विचलित हो जाती है। इस घटना को प्रकाश का अपवर्तन कहते हैं।

जब प्रकाश की किरण विरल माध्यम से सघन माध्यम में जाती है, तो यह अभिलम्ब की ओर झुक जाती है।

जब प्रकाश की किरण सघन माध्यम से विरल माध्यम में जाती है, तो यह अभिलम्ब से दूर हट जाती है।

यदि प्रकाश की किरण दोनों माध्यमों को अलग करने वाले तल पर लम्बवत् आपतित होती है, तो यह अपने मार्ग से विचलित नहीं होती।

अपवर्तन के नियम

(i) आपतित किरण, आपतन बिन्दु पर अभिलम्ब व अपवर्तित किरण तीनों एक ही तल में होते हैं।

(ii) आपतन कोण की ज्या ($\sin i$) व अपवर्तन कोण की ज्या ($\sin r$) का अनुपात एक नियतांक होता है, जिसे दूसरे माध्यम का पहले माध्यम के सापेक्ष **अपवर्तनांक** कहते हैं।

$$_1\mu_2=\frac{\sin i}{\sin r}$$

इस नियम को स्नैल का नियम भी कहते हैं।

क्रान्तिक कोण

जब प्रकाश की किरण सघन माध्यम से विरल माध्यम में जाती है, तो आपतन कोण का मान बढ़ाने पर अपवर्तन कोण का मान भी बढ़ता है। आपतन कोण के जिस मान के लिए अपवर्तन कोण का मान 90° हो जाता है, क्रान्तिक कोण कहलाता है।

$$\sin C=\frac{\mu_{\text{विरल}}}{\mu_{\text{सघन}}}$$

पूर्ण आन्तरिक परावर्तन

यदि आपतन कोण का मान क्रान्तिक कोण से अधिक है, तो प्रकाश की किरण पहले माध्यम में ही परावर्तित हो जाती है, इस घटना को पूर्ण आन्तरिक परावर्तन कहते हैं।

नोट

- अपवर्तनांक का मान दोनों माध्यमों की प्रकृति, प्रकाश किरण का रंग व माध्यमों के ताप पर निर्भर करता है।
- माध्यम का ताप बढ़ाने पर अपवर्तनांक का मान घटता है।
- किसी माध्यम का अपवर्तनांक उसका प्रकाशिक गुण है।
- यदि प्रकाश की किरण निर्वात् से किसी माध्यम में चली जाती है, तो माध्यम के अपवर्तनांक को परम अपवर्तनांक (absolute refractive index) कहते हैं।

$$\text{किसी माध्यम का अपवर्तनांक}=\frac{\text{निर्वात् में प्रकाश की चाल}}{\text{माध्यम में प्रकाश की चाल}}$$

μ अपवर्तनांक वाले d मोटाई की किसी पट्टी को पार करने में प्रकाश द्वारा लिया गया समय $t=\frac{\mu d}{c}$,

$c=$ निर्वात् में प्रकाश की चाल।

माध्यम का ताप बढ़ाने पर क्रान्तिक कोण का मान बढ़ता है।

अपवर्तन के कारण ही पानी से भरे बीकर में पड़ा हुआ सिक्का ऊपर उठा हुआ प्रतीत होता है व पानी में डाली गई पेन्सिल टूटी हुई प्रतीत होती है। अपवर्तन के कारण ही सूर्योदय व सूर्यास्त के समय सूर्य क्षैतिज से ऊपर उठा हुआ प्रतीत होता है जबकि वास्तव में यह क्षैतिज से नीचे होता है। वायुमण्डलीय अपवर्तन के कारण दिन का समय 4 मिनट बढ़ा हुआ प्रतीत होता है।

प्रिज्म

प्रिज्म, अपवर्तन सतहों से घिरा एक ठोस पारदर्शी त्रिभुजाकार माध्यम होता है। अपवर्तन सतहों के मध्य का कोण प्रिज्म कोण A कहलाता है।

प्रिज्म द्वारा अपवर्तन

मान PQR काँच के एक प्रिज्म का मुख्य परिच्छेद है। प्रिज्म के पृष्ठ पर किरण आपतित होने पर आपतन कोण i है तथा निर्गत कोण e है।

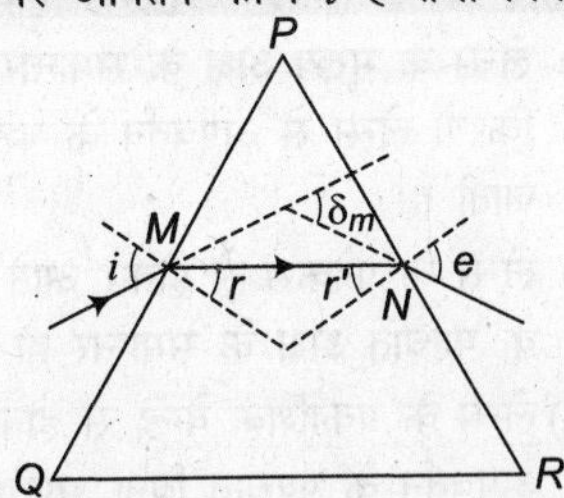

आपतित किरण तथा निर्गत किरण के मध्य बना कोण, विचलन कोण δ_m कहलाता है।

न्यूनतम विचलन कोण

जब आपतन कोण का मान बढ़ाते हैं, तो विचलन कोण पहले घटता है, फिर बढ़ता है। एक विशेष आपतन कोण पर विचलन कोण का मान न्यूनतम होता है, उसे न्यूनतम विचलन कोण कहते हैं।

न्यूनतम विचलन की स्थिति में,

(i) आपतन कोण i तथा निर्गमन कोण e बराबर होते हैं।

(ii) अपवर्तित किरण, प्रिज्म के आधार के समान्तर होती है।

(iii) आपतन कोण $i = \dfrac{\delta_m + A}{2}$, जहाँ A = प्रिज्म कोण।

(iv) $i = e, r = r', \delta = \delta_m$

प्रिज्म के अपवर्तनांक के लिए सूत्र

स्नैल के नियम से, $\mu = \dfrac{\sin i}{\sin r} = \dfrac{\sin\left(\dfrac{A+\delta_m}{2}\right)}{\sin (A/2)}$

पतले प्रिज्म के लिए, $\delta_m = (\mu - 1) A$

वर्ण-विक्षेपण

प्रिज्म द्वारा श्वेत प्रकाश की किरण सात रंगों में विभाजित हो जाती है, इस घटना को वर्ण-विक्षेपण कहते हैं।

(i) सबसे नीचे बैंगनी, फिर जामनी, नीला, हरा, पीला, नारंगी तथा सबसे ऊपर लाल रंग होता है। यह स्पेक्ट्रम VIBGYOR कहलाता है।

(ii) श्वेत प्रकाश में स्वयं में रंग होते हैं, प्रिज्म केवल उन्हें अलग-अलग करता है।

(iii) वर्ण-विक्षेपण का कारण पारदर्शी माध्यम में भिन्न रंगों की चाल का भिन्न-भिन्न होना है।

(iv) विक्षेपण क्षमता $\omega = \dfrac{\delta_v - \delta_R}{\delta_y} = \dfrac{\mu_v - \mu_R}{\mu_y - 1}$

(v) किसी प्रिज्म की वर्ण-विक्षेपण क्षमता जितनी अधिक होगी उस प्रिज्म से प्राप्त स्पेक्ट्रम उतना ही विस्तृत होगा।

गोलीय सतह पर आवर्तन

गोलीय सतह दो प्रकार की होती है

(i) उत्तल (Convex) (ii) अवतल (Concave)

दोनों ही पृष्ठों के लिए अपवर्तन का सूत्र निम्नलिखित है

$$\frac{{}_1\mu_2}{v} - \frac{1}{u} = \frac{{}_1\mu_2 - 1}{R}$$

जहाँ ${}_1\mu_2$ पहले माध्यम के सापेक्ष दूसरे माध्यम का अपवर्तनांक है। यदि μ_1 व μ_2 क्रमशः पहले व दूसरे माध्यम के अपवर्तनांक हो, तब

$$\frac{\mu_2}{v} - \frac{\mu_1}{u} = \frac{\mu_2 - \mu_1}{R}$$

लेन्स

लेन्स दो गोलीय सतहों से घिरा पारदर्शी माध्यम होता है। *लेन्स दो प्रकार के होते हैं*

1. **उत्तल लेन्स** (Convex lens) दोनों ओर से उभरी हुई सतहों से घिरे पारदर्शी माध्यम को उत्तल लेन्स कहते हैं।

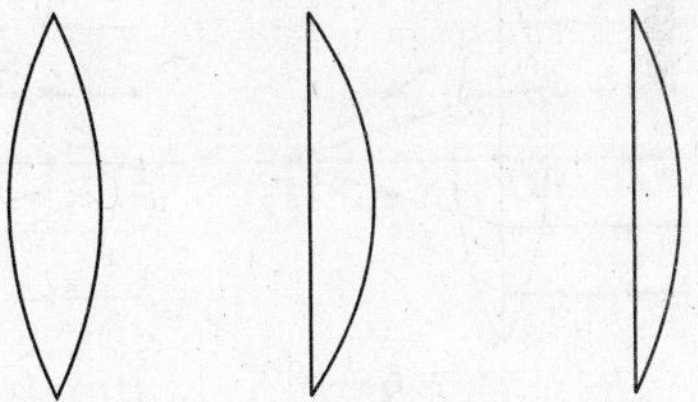

(a) उभयोत्तल (b) समतल-उत्तल (c) अवतलोत्तल

2. **अवतल लेन्स** (Concave lens) दोनों ओर से दबी हुई सतहों से घिरे पारदर्शी माध्यम को अवतल लेन्स कहते हैं।

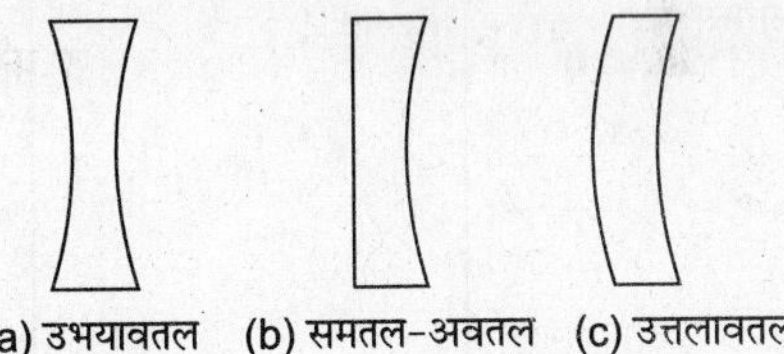

(a) उभयावतल (b) समतल-अवतल (c) उत्तलावतल

लेन्सों से सम्बन्धित कुछ परिभाषाएँ

1. **प्रकाशिक केन्द्र** (Optical centre) यदि लेन्स पर प्रकाश की कोई किरण इस प्रकार आपतित हो कि लेन्स से अपवर्तित होकर बाहर निकलने पर निर्गत किरण आपतित किरण के समान्तर हो, तो अपवर्तित किरण लेन्स की मुख्य अक्ष को जिस बिन्दु पर काटती है अथवा काटती हुई प्रतीत होती है, उसे लेन्स का प्रकाशिक केन्द्र कहते हैं।

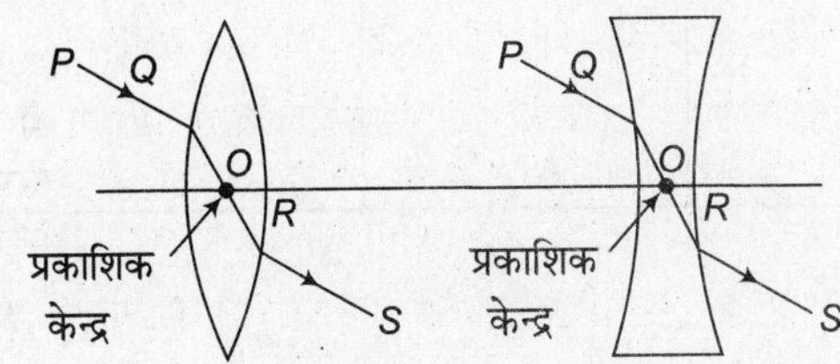

2. **मुख्य फोकस** (Principal focus) *लेन्स के दो मुख्य फोकस होते हैं*

(a) **प्रथम मुख्य फोकस** (First principal focus) लेन्स के मुख्य अक्ष पर स्थित वह बिन्दु जिससे चलने वाली अथवा जिसकी ओर हुई आती प्रतीत होने वाली किरणें लेन्स से अपवर्तन के पश्चात् मुख्य अक्ष के समान्तर हो जाती हैं, लेन्स का प्रथम फोकस कहलाता है।

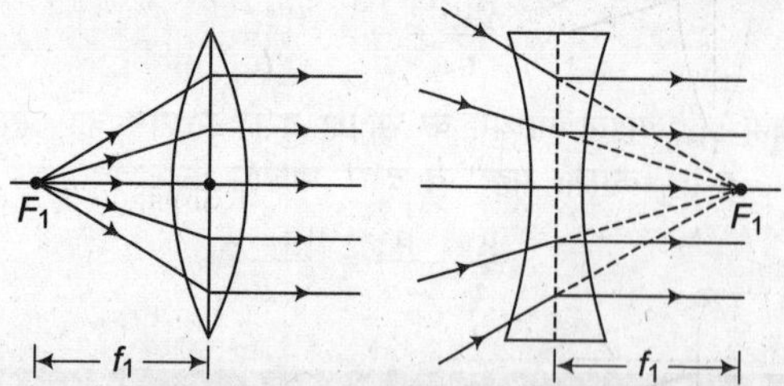

(b) **द्वितीय मुख्य फोकस** (Second principal focus) लेन्स के मुख्य अक्ष के समान्तर आने वाली प्रकाश की किरणें लेन्स से अपवर्तन के पश्चात् जिस बिन्दु पर मिलती हैं या जिस बिन्दु से आती हुई प्रतीत होती हैं, लेन्स का द्वितीय फोकस कहलाता है।

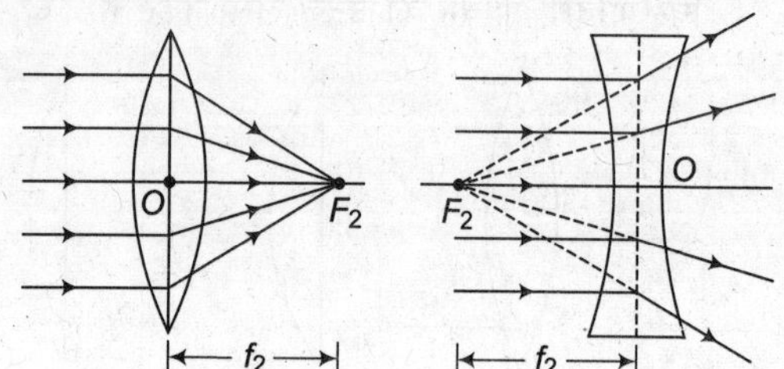

3. **फोकस दूरी** (Focal length) लेन्स के प्रकाशिक केन्द्र व फोकस के बीच की दूरी को लेन्स की फोकस दूरी कहते हैं। उत्तल लेन्स की फोकस दूरी धनात्मक व अवतल लेन्स की फोकस दूरी ऋणात्मक होती है।

लेन्सों से प्रतिबिम्ब बनाने के नियम

(i) लेन्स के मुख्य अक्ष के समान्तर आने वाली प्रकाश की किरणें लेन्स से अपवर्तन के पश्चात् फोकस से होकर जाती हैं।

(ii) लेन्स के फोकस से होकर आने वाली किरणें अपवर्तन के पश्चात् अक्ष के समान्तर हो जाती हैं।

(iii) लेन्स के प्रकाशिक केन्द्र से होकर आने वाली किरणें अपवर्तन के पश्चात् बिना अपना मार्ग बदले सीधी निकल जाती हैं।

नोट

- सभी दूरियाँ लेन्स के प्रकाशिक केन्द्र से नापी जाती हैं।
- आपतित किरण की दिशा में नापी जाने वाले दूरियाँ, धनात्मक तथा विपरीत दिशा में नापी जाने वाली दूरियाँ ऋणात्मक चिह्न के साथ ली जाती हैं।
- प्रतिबिम्ब तथा वस्तु की लम्बाई मुख्य अक्ष से ऊपर की ओर धनात्मक तथा नीचे की ओर ऋणात्मक ली जाती है।

उत्तल लेन्स द्वारा प्रतिबिम्ब का बनना

क्र. सं.	वस्तु की स्थिति	प्रतिबिम्ब की स्थिति	किरण आरेख	प्रतिबिम्ब की प्रकृति एवं आकार
1.	अनन्त पर	F_2 पर		वास्तविक, बहुत छोटा व उल्टा
2.	$2F_1$ के पीछे	F_2 व $2F_2$ के बीच		वास्तविक, छोटा व उल्टा
3.	$2F_1$ पर	$2F_2$ पर		वास्तविक, वस्तु के बराबर व उल्टा

क्र. सं.	वस्तु की स्थिति	प्रतिबिम्ब की स्थिति	किरण आरेख	प्रतिबिम्ब की प्रकृति एवं आकार
4.	F_1 व $2F_1$ के बीच	$2F_2$ के पीछे	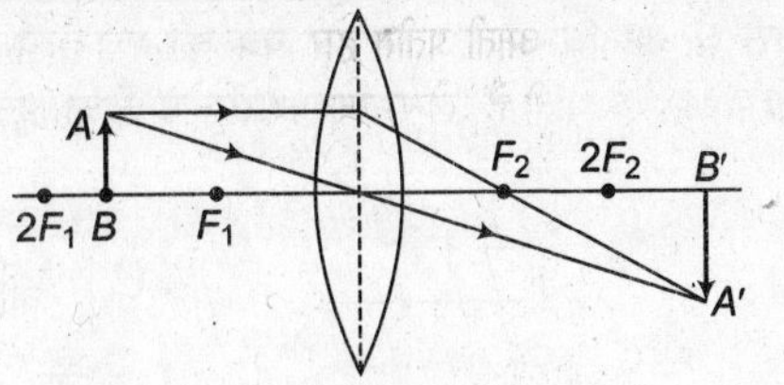 A, F_2, $2F_2$, B′, $2F_1$, B, F_1, A′	वास्तविक, वस्तु से बड़ा व उल्टा
5.	F_1 पर	अनन्त पर	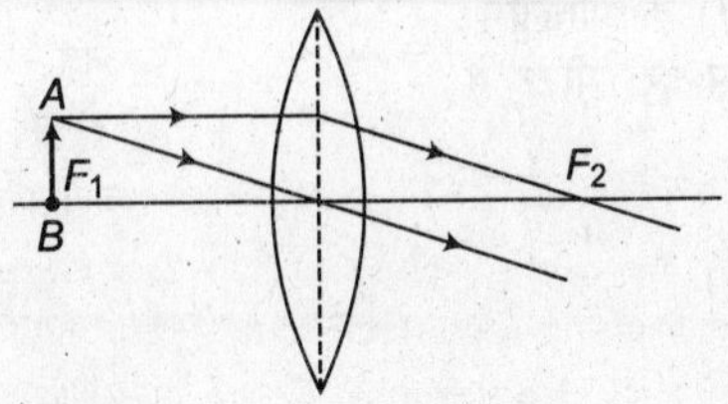 A, F_1, B, F_2	वास्तविक, वस्तु से बड़ा व उल्टा
6.	लेन्स व F_1 के बीच	वस्तु के पीछे	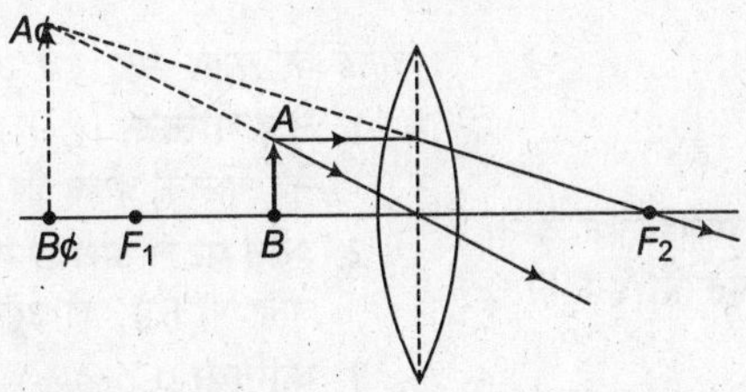 A¢, A, B¢, F_1, B, F_2	आभासी, सीधा व आवर्धित

अवतल लेन्स द्वारा प्रतिबिम्ब का बनना

क्रं सं.	वस्तु की स्थिति	प्रतिबिम्ब की स्थिति	किरण आरेख	प्रतिबिम्ब की प्रकृति एवं आकार
1.	अनन्त पर	फोकस पर (वस्तु की ओर)	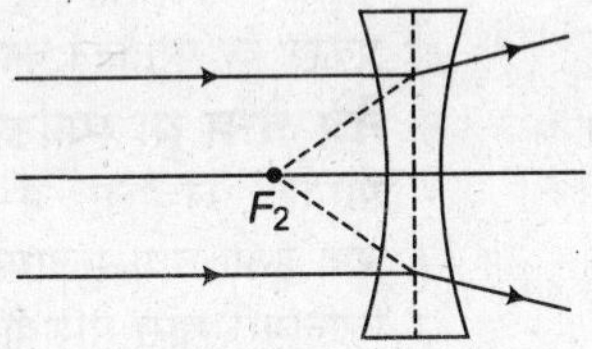 F_2	आभासी, बहुत छोटा व सीधा
2.	अनन्त व प्रकाशिक केन्द्र के बीच कहीं भी	फोकस व प्रकाशिक केन्द्र के बीच (वस्तु की ओर)	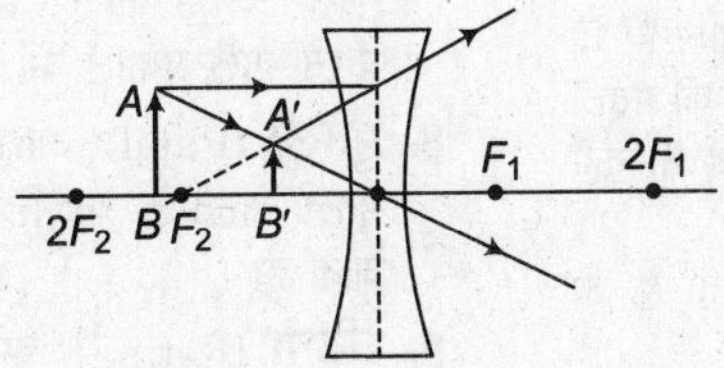 A, A′, F_1, $2F_1$, $2F_2$, B, F_2, B′	आभासी, बहुत छोटा व सीधा

लेन्स का सूत्र

यदि लेन्स के प्रकाशिक केन्द्र से वस्तु की दूरी u, प्रतिबिम्ब की दूरी v व लेन्स की फोकस दूरी f है, तो

$$\frac{1}{f} = \frac{1}{v} - \frac{1}{u}$$

क्षमता

एक पतले लेन्स की क्षमता (P), फोकस दूरी (f) के प्रतिलोम (reciprocal) के बराबर होती है, जबकि फोकस दूरी मीटर में नापी गई हो।

$$\text{लेन्स की क्षमता } P = \frac{1}{\text{फोकस दूरी } (f) \text{ (मीटर में)}}$$

$$P = \frac{100}{f \text{(सेमी)}}$$

लेन्स की क्षमता का मात्रक डायोप्टर (D) है।

रेखीय आवर्धन

लेन्स द्वारा बने किसी वस्तु के प्रतिबिम्ब की लम्बाई तथा वस्तु की लम्बाई के अनुपात को रेखीय आवर्धन कहते हैं। इसे m से प्रदर्शित करते हैं।

$$\text{रेखीय आवर्धन} = \frac{\text{प्रतिबिम्ब की लम्बाई } (I)}{\text{वस्तु की लम्बाई } (O)}$$

या $$m = \frac{v}{u} = \frac{I}{O}$$

लेन्सों के लिए न्यूटन का सूत्र

यदि किसी वस्तु की लेन्स के प्रथम फोकस से दूरी a_1 द्वितीय फोकस से दूरी a_2 है, तो लेन्स की फोकस दूरी, $f = \sqrt{a_1 a_2}$

नोट

- यदि माध्यम का अपवर्तनांक लेन्स के अपवर्तनांक से अधिक है, तो लेन्स की प्रकृति बदल जाती है।
- यदि माध्यम का अपवर्तनांक लेन्स के अपवर्तनांक के बराबर है, तो लेन्स की फोकस दूरी अनन्त हो जाती है व लेन्स, काँच की पट्टी की तरह व्यवहार करता है। ऐसे माध्यम में लेन्स दिखाई भी नहीं देता।
- यदि लेन्स को इसके मुख्य अक्ष के समान्तर काटा जाता है, तो प्रत्येक भाग की फोकस दूरी उतनी ही रहती है।
- यदि लेन्स को मुख्य अक्ष के लम्बवत् काटा जाता है, तो प्रत्येक भाग की फोकस दूरी, प्रारम्भिक फोकस दूरी की दोगुनी हो जाती है।
- यदि f_1 व f_2 फोकस दूरियों वाले दो लेन्सों को परस्पर सम्पर्क में रख दिया जाए व संयोग की फोकस दूरी इ हो, तो $\frac{1}{F} = \frac{1}{f_1} + \frac{1}{f_2}$

  व क्षमता, $P = P_1 + P_2$

मानव नेत्र

मानव नेत्र की रचना कैमरे की रचना से बहुत कुछ मिलती है। यह एक प्रकृति का मानव शरीर में दिया हुआ प्रकाशिक यन्त्र है।

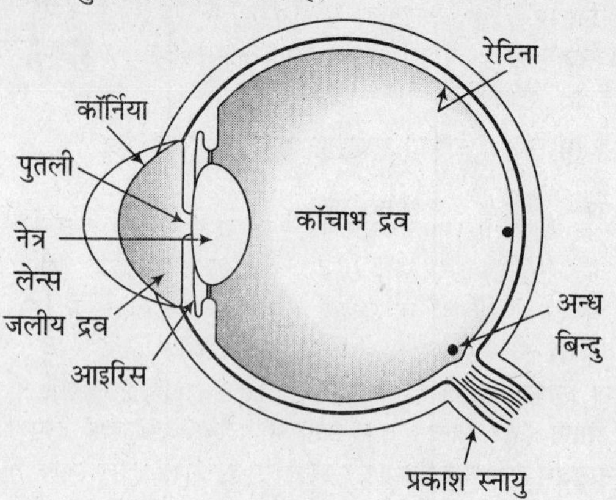

आँख के मुख्य भाग एवं उनके कार्य निम्नलिखित हैं

1. **नेत्र गोलक** (Eye ball) आँख लगभग गोल होती है तथा आँख के गोले को नेत्र गोलक कहते हैं।
2. **श्वेत पटल अथवा स्कलेरा** (Sclera) यह आँख की कठोर कोलेजन तन्तुमय बाह्य परत है, जो आँख को सुरक्षा एवं आकार प्रदान करती है।
3. **कॉर्निया** (Cornea) यह स्कलेरा का पारदर्शी पृष्ठ भाग है, जो प्रकाश को अपवर्तित करके रेटिना पर पहुँचाता है।
4. **पलक** (Eyelid) यह कॉर्निया को यान्त्रिक एवं रासायनिक क्षति से बचाती है तथा रेटिना को तीव्र प्रकाश से सुरक्षा प्रदान करती है।
5. **कोरोइड** (Choroid) इसमें रुधिर नलिकाएँ होती है, जो रेटिना को रुधिर प्रदान करती हैं तथा यह काली वर्णक कोशिकाओं से ढकी होती है। यह आँख में प्रकाश के परावर्तन को रोकती है। यह परत आगे जाकर दो भागों में बँट जाती है।
6. **नेत्र लेन्स या स्फटिक लेन्स** (Eye lens or crystalline lens) यह पारदर्शी, लचीला, अभयोत्तल लेन्स है, जो जिलेटिन जैसे पारदर्शक पदार्थ से बना हुआ तथा मुलायम होता है। यह प्रकाश को रेटिना पर केन्द्रित करता है। सिलियरी माँस पेशियों द्वारा यह लेन्स लटका रहता है।
7. **आइरिस** (Iris) यह वृत्तीय, पेशीय, सिकुड़ने तथा फैलने वाला डायाफ्राम है, जिसमें आँख को रंग प्रदान करने वाले वर्णक पाए जाते हैं। यह आँख में प्रवेश करने वाले प्रकाश की मात्रा को भी नियन्त्रित करती है।
8. **पुतली** (Pupil) आइरिस में एक छिद्र होता है जिससे प्रकाश प्रवेश करता है, इसे पुतली कहते हैं। यह छिद्र अन्धेरे में स्वत: फैल जाता है तथा तेज रोशनी में सिकुड़ जाता है।
9. **रेटिना** (Retina) इसमें प्रकाशग्राही कोशिकाएँ, छड़ (rods) एवं शंकु (cones) पाए जाते हैं। यह गोलक की सबसे भीतरी परत है। इस पर प्रकाश पड़ने पर यह संवेदना, प्रकाश स्नायु (optic nerves) द्वारा मस्तिष्क तक पहुँचकर हमें देखने का ज्ञान कराती है।
10. **जलीय द्रव** (Acquous humour) यह कॉर्निया तथा नेत्र लेन्स के बीच भरा हुआ पारदर्शी द्रव होता है। इसका अपवर्तनांक 1.337 होता है।
11. **काँचाभ द्रव** (Vitreous humour) यह लेन्स तथा रेटिना के बीच भरा पारदर्शी द्रव होता है। इसका अपवर्तनांक भी 1.337 होता है।

ये दोनों द्रव अभिसारित लेन्स की भाँति व्यवहार करते हैं।

कार्य (Working) जब वस्तु से चलने वाली प्रकाश किरणें आँख में प्रवेश करती हैं, तब कॉर्निया, जलीय द्रव, नेत्र लेन्स तथा कांचाभ द्रव (जोकि अभिसारित लेन्स की भाँति व्यवहार करते हैं) से अपवर्तन के पश्चात् किरणें, रेटिना पर वस्तु का उल्टा, वास्तविक तथा छोटा प्रतिबिम्ब बनाती हैं परन्तु मस्तिष्क की वस्तु को सीधा देखने की संवेदना के कारण, वस्तु हमें सीधी दिखाई पड़ती है।

नेत्र की समंजन क्षमता एवं स्पष्ट दृश्यता की न्यूनतम दूरी (Power of accommodation of eye and minimum distance of vision) वस्तु चाहे दूर हो या निकट हो, हमें स्पष्ट दिखाई देती है। यह कार्य आँख के लेन्स के द्वारा फोकस दूरी को बदलकर किया जाता है। यह परिवर्तन सिलियरी पेशियों के तनाव के घटने तथा बढ़ने के कारण होता है। आँख की यह क्षमता समंजन क्षमता कहलाती है, जिसकी एक सीमा निश्चित होती है। सामान्य आँख के लिए 25 सेमी निकट बिन्दु से अनन्त (दूर बिन्दु) तक होती है, जिन्हें वह साफ देख सकता है। **उस न्यूनतम दूरी को जिस पर रखी वस्तु आँख द्वारा स्पष्ट रूप से देखी जाए, स्पष्ट दृष्टि की न्यूनतम दूरी कहलाती है।** यह सामान्य आँख के लिए 25 सेमी होती है।

दृष्टिदोष एवं उनका निवारण

1. निकट दृष्टिदोष

कारण निकट दृष्टिदोष वाले व्यक्ति को निकट की वस्तु तो स्पष्ट दिखाई देती है, परन्तु दूर की वस्तु स्पष्ट दिखाई नहीं देती है। इस दोष में दूर की वस्तु से आती हुई लगभग समान्तर किरणें रेटिना से पहले ही फोकस हो जाती हैं।

इसके दो कारण हैं

(a) नेत्र गोलक का लम्बा हो जाना,

(b) स्फटिक लेन्स का अधिक उत्तल होना या उसकी फोकस दूरी का कम होना।

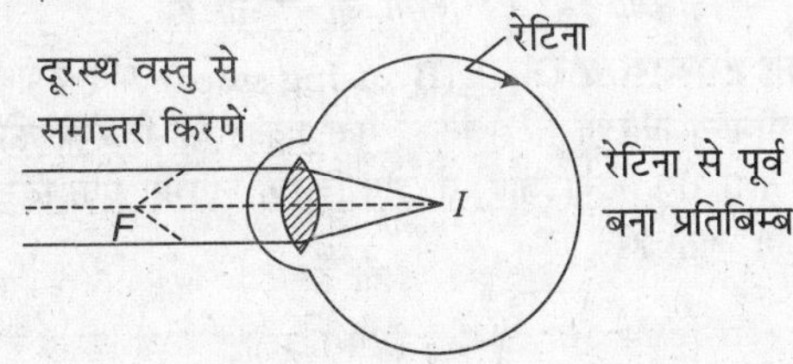

ऐसी आँख निश्चित अधिकतम दूरी के बिन्दु F तक की वस्तुओं को देख सकती है।

निवारण ऐसे दोष से पीड़ित व्यक्ति को सामान्य दृष्टि प्रदान करने के लिए उपयुक्त फोकस दूरी के अवतल लेन्स प्रयोग किए जाते हैं, जो समान्तर किरणों को थोड़ा अपसारित करके प्रतिबिम्ब को रेटिना पर फोकस कर देते हैं।

अत: वस्तु साफ दिखाई देने लगती है। अनन्त से कम दूरी पर स्थित वस्तु का प्रतिबिम्ब, लेन्स के कारण दूर बिन्दु से कम दूरी पर बनेगा। अत: आँख की समंजन क्षमता के कारण मनुष्य उसे स्पष्ट देख सकेगा।

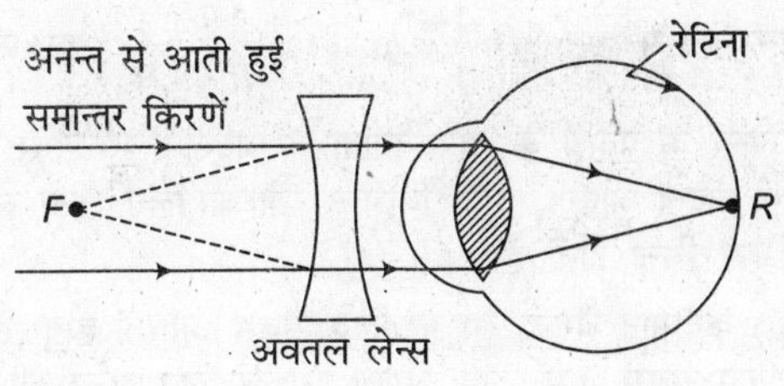

2. दूर दृष्टिदोष

कारण दूर दृष्टिदोष वाले व्यक्ति को दूर की वस्तु तो स्पष्ट दिखाई देती है, परन्तु निकट (25 सेमी पर) की वस्तु स्पष्ट दिखाई नहीं देती। इसमें 25 सेमी पर रखी वस्तु का प्रतिबिम्ब रेटिना के पीछे बनता है।

इसके दो कारण हैं

(a) नेत्र गोलक का छोटा हो जाना

(b) स्फटिक लेन्स का कम उत्तल होना अथवा फोकस दूरी का अधिक होना।

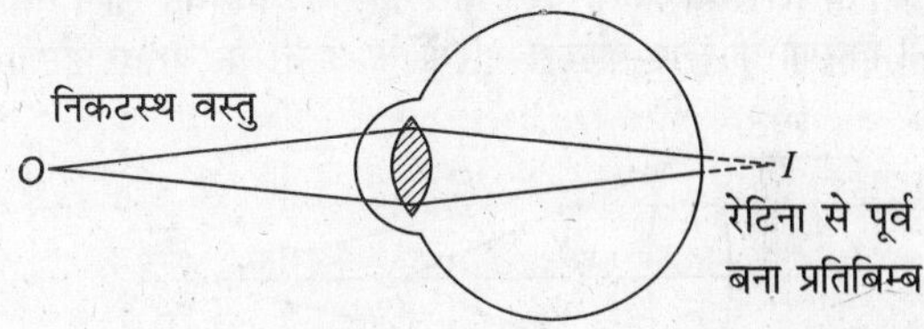

ऐसी आँख के लिए 25 सेमी से दूर बिन्दु से आती किरणें रेटिना पर फोकस हो जाती हैं। इस प्रकार दूर बिन्दु पर या उससे अधिक दूर रखी वस्तु आँख द्वारा स्पष्ट देखी जा सकती है। यह बिन्दु आँख का निकट बिन्दु कहलाता है।

निवारण जिस आँख में दूर दृष्टि दोष हो, उसको सामान्य दृष्टि प्रदान करने के लिए उपयुक्त फोकस दूरी के उत्तल लेन्स प्रयोग में लाए जाते हैं।

सामान्य आँख के लिए स्पष्ट दृष्टि की न्यूनतम दूरी अर्थात् 25 सेमी पर बिन्दु O से आती हुई किरणें उत्तल लेन्स द्वारा कुछ अभिसारित हो जाती हैं तथा प्रतिबिम्ब रेटिना पर बन जाता हैं तथा आँख को किरणें बिन्दु N से आती हुई प्रतीत होती है तथा वस्तु दिखाई देती है।

इस प्रकार व्यक्ति अपनी आँख की समायोजन क्षमता के कारण उन्हें भी स्पष्ट देख लेता है।

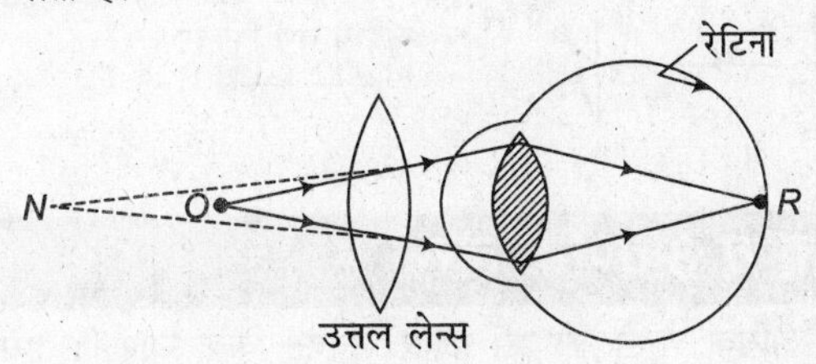

वर्ण विपथन

किसी श्वेत वस्तु का लेन्स द्वारा बना प्रतिबिम्ब प्राय: रंगीन व अस्पष्ट (blurred) होता है। प्रतिबिम्ब के इस दोष को 'वर्ण विपथन'(chromatic aberration) कहते हैं। इसके उत्पन्न होने का कारण यह है कि लेन्स के पदार्थ का अपवर्तनांक प्रकाश के रंग के साथ परिवर्तित होता है।

एक पतले लेन्स की फोकस दूरी $\frac{1}{f} = (\mu - 1)\left(\frac{1}{R_1} - \frac{1}{R_2}\right)$ इस सूत्र से स्पष्ट है कि लेन्स के पदार्थ के अपवर्तनांक के बदलने पर लेन्स की फोकस दूरी भी बदल जाएगी, अतः विभिन्न रंगों के लिए लेन्स की फोकस दूरी भिन्न-भिन्न होती है।

अपवर्तनांक (μ) का मान बैंगनी रंग के लिए सबसे अधिक होता है व लाल रंग के लिए सबसे कम, अतः बैंगनी रंग के लिए लेन्स की फोकस दूरी सबसे कम, अतः बैंगनी रंग के लिए लेन्स की फोकस दूरी सबसे कम व लाल रंग के लिए फोकस दूरी सबसे अधिक होती है।

वर्ण विपथन दो प्रकार का होता है

1. **अनुदैर्ध्य अथवा अक्षीय वर्ण-विपथन** (Longitudinal or Axial Chromatic Aberration) अक्ष के अनुदिश विभिन्न बिन्दुओं पर विभिन्न रंगों के प्रतिबिम्बों का बनना अक्षीय (axial) अथवा अनुदैर्ध्य (longitudinal) वर्ण विपथन कहलाता है। लाल तथा बैंगनी प्रतिबिम्बों के बीच की अक्षीय दूरी इस विपथन की माप है। अनन्त पर स्थित किसी वस्तु के लिए, वर्ण विपथन लाल तथा बैंगनी किरणों के लिए फोकस-दूरियों के अन्तर के बराबर होगा।

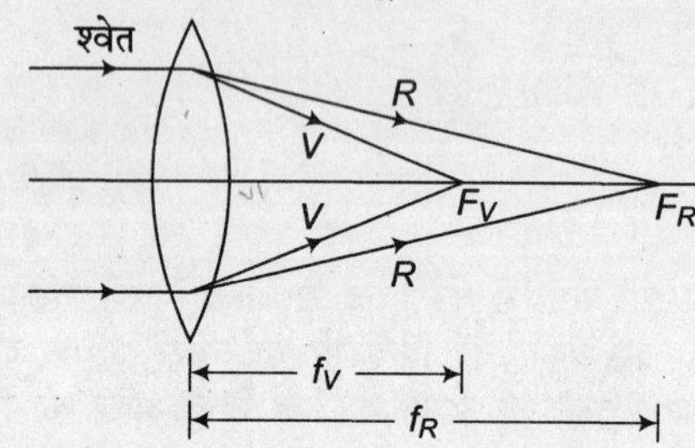

अनन्त पर स्थित वस्तु के लिए अक्षीय वर्ण विपथन

$$f_r - f_v = \omega f$$

2. **पार्श्विक वर्ण** (Lateral chromatic) विभिन्न रंगों के प्रतिबिम्बों का भिन्न-भिन्न आकारों में बनना पार्श्विक वर्ण विपथन कहलाता है।

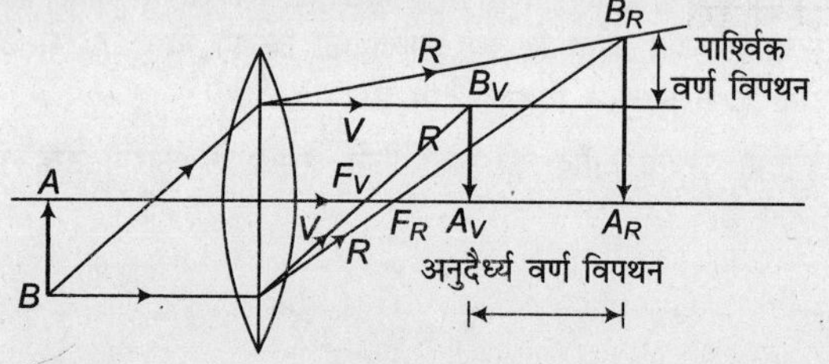

अवर्णता व अवर्णक लेन्स

यदि दो या अधिक लेन्सों को इस प्रकार संयुक्त किया जाए कि इस संयोग द्वारा सभी रंगों के प्रतिबिम्ब एक ही स्थिति में व एक ही आकार के बनें, तो ऐसे संयोग को अवर्णक लेन्स योग व उनके इस गुण को अवर्णता कहते हैं।

सम्पर्क में रखे दो लेन्सों के लिए अवर्णता का प्रतिबन्ध निम्नलिखित है

$$\frac{\omega_1}{f_1} + \frac{\omega_2}{f_2} = 0$$

जहाँ f_1 व f_2 दोनों लेन्सों की फोकस दूरियाँ तथा ω_1 व ω_2 दोनों लेन्सों की वर्ण विक्षेपण क्षमताएँ हैं।

इस सूत्र में हमें निम्न तथ्यों का ज्ञान होता है

(i) दोनों लेन्स भिन्न पदार्थों के होने चाहिए।

(ii) f_1 व f_2 के चिह्न विपरीत होने चाहिए अर्थात् यदि एक लेन्स उत्तल है तो दूसरा अवतल होना चाहिए।

एक ही पदार्थ के दो लेन्सों से भी अवर्णक संयोग बनाना सम्भव है यदि वे परिमित दूरी से पृथक्कृत हैं, तो

$$\text{आवश्यक दूरी } d = \frac{f_1 + f_2}{2}$$

गोलीय विपथन

लेन्स का वह दोष जिसके कारण मुख्य अक्ष के पास वाली व दूर वाली किरणें एक बिन्दु पर फोकस नहीं होती तथा अक्ष पर रखी बिन्दु वस्तु का प्रतिबिम्ब अस्पष्ट प्राप्त होता है, गोलीय विपथन कहलाता है।

गोलीय विपथन का कारण लेन्स की गोलीय आकृति है जिसके कारण लेन्स के विभिन्न भागों की फोकस दूरियाँ भिन्न-भिन्न होती हैं।

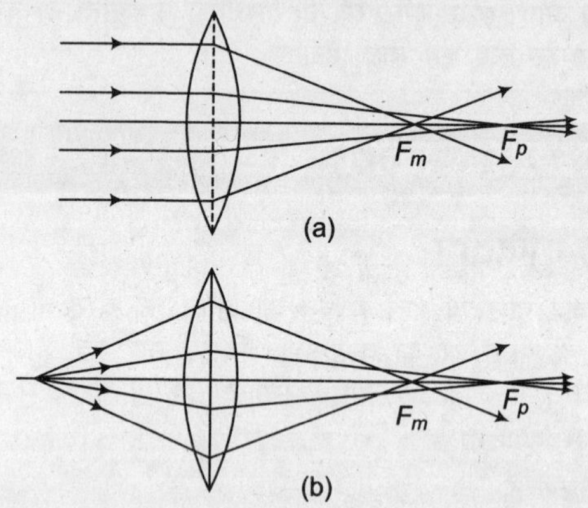

(a)

(b)

लेन्सों में गोलीय विपथन दूर करने की विधियाँ

विपथन को निम्न विधियों द्वारा दूर किया जा सकता है

1. **रोक का उपयोग करने से** (By using stops) यदि उपाक्षीय अथवा सीमान्त किरणों में से किसी एक प्रकार की किरणों को 'रोक' (stop) द्वारा रोक दिया जाए, तो शेष किरणें लगभग एक बिन्दु पर फोकस हो जाती हैं।

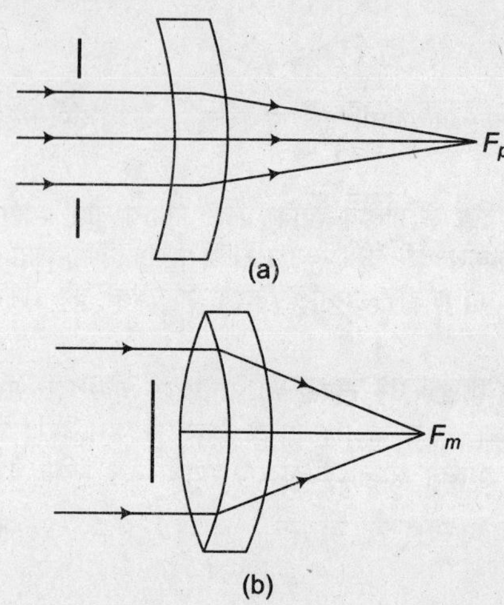

(a)

(b)

2. **बड़ी फोकस दूरी के लेन्सों का उपयोग करके** (By using lenses of large focal length) अनुदैर्ध्य गोलीय विपथन लेन्स की फोकस दूरी के घन के विलोमानुपाती होता है, अत: बड़ी फोकस दूरी के लेन्स का उपयोग करके इसका मान घटाया जा सकता है।
3. **समतलोत्तल लेन्सों का उपयोग करके** (By using planoconvex lens) यदि लेन्स द्वारा उत्पन्न कुल विचलन उसके पृष्ठों पर बराबर-बराबर बँट जाए, तो गोलीय विपथन-न्यूनतम होगा। इसके लिए समतलोत्तल लेन्स का उपयोग किया जाता है।

तरंग प्रकाशिकी

व्यतिकरण

जब किसी माध्यम में एक ही आवृत्ति की दो तरंगें एक साथ एक ही दिशा में जाती हैं, तो उनके अध्यारोपण से माध्यम के विभिन्न बिन्दुओं पर परिणामी तीव्रता उन तरंगों की अलग-अलग तीव्रताओं के योग से भिन्न होती हैं। कुछ बिन्दुओं पर परिणामी तरंग की तीव्रता बहुत अधिक तथा कुछ बिन्दुओं पर बहुत कम पायी जाती है। इस घटना को व्यतिकरण (interference) कहते हैं।

(i) जब परिणामी तीव्रता तरंगों की अलग-अलग तीव्रताओं के योग से अधिक होती है $[I > (I_1 + I_2)]$, तब व्यतिकरण को संपोषी व्यतिकरण (constructive interference) कहते हैं।

(ii) जब परिणामी तीव्रता तरंगों की अलग-अलग तीव्रताओं के योग से कम होती है $[I < (I_1 + I_2)]$, तब व्यतिकरण को विनाशी व्यतिकरण (destructive interference) कहते हैं।

संपोषी व्यतिकरण

किसी बिन्दु पर अधिकतम तीव्रता, अर्थात् संपोषी व्यतिकरण के लिए परिणामी तरंग की समीकरण

$$I = I_1 + I_2 + 2\sqrt{I_1 I_2}\cos\phi \quad \text{...(i)}$$

में $\cos\phi = +1$ रखने पर,

अर्थात् $\phi = 0, 2\pi, 4\pi, ...$ अथवा $\phi = 2m\pi$ रखने पर,

जहाँ $m = 0, 1, 2...$

$$\therefore \quad I_{max} = I_1 + I_2 + 2\sqrt{I_1 I_2} = (\sqrt{I_1} + \sqrt{I_2})^2$$

विनाशी व्यतिकरण (Destructive Interference)

किसी बिन्दु पर न्यूनतम तीव्रता अर्थात् विनाशी व्यतिकरण के लिए $\cos\phi = -1$ समी (i) में रखने पर, अर्थात् $\phi = \pi, 3\pi, 5\pi$

अथवा $\phi = (2m - 1)\pi$, रखने पर,

जहाँ $m = 1, 2, 3....$

$$\therefore \quad I_{min} = I_1 + I_2 - 2\sqrt{I_1 I_2} = (\sqrt{I_1} - \sqrt{I_2})^2$$

यंग का व्यतिकरण सम्बन्धी द्विक रेखाछिद्र प्रयोग

सन् 1801 में सर थॉमस यंग ने द्विक रेखाछिद्र प्रयोग द्वारा प्रकाश के व्यतिकरण को दर्शाया। द्विक रेखाछिद्र का यह व्यतिकरण प्रतिरूप वास्तव में फ्रिन्जों का एक समूह है, जो कि दीप्त तथा अदीप्त फ्रिन्जों से बना है।

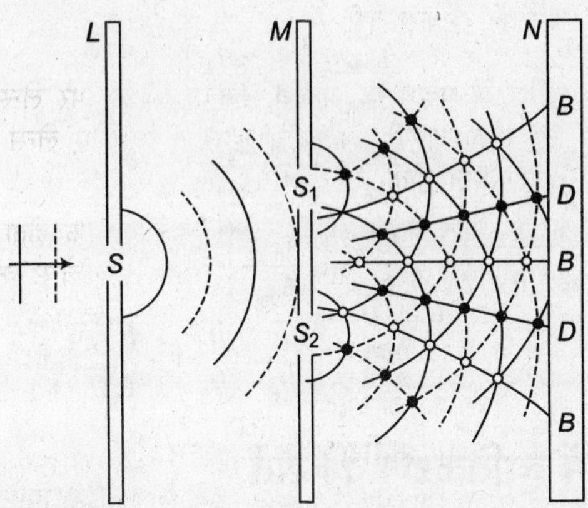

फ्रिन्जों की स्थितियाँ

(a) nवीं दीप्त फ्रिन्ज की स्थिति

$$x_n = 2n\left(\frac{D\lambda}{2d}\right) = (n = 0, 1, 2, ...)$$

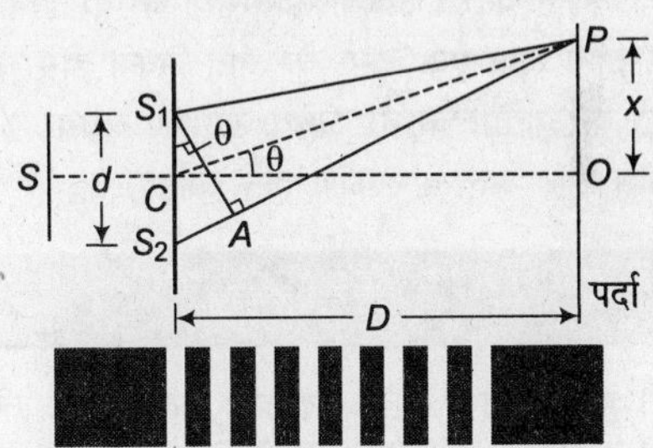

(b) nवीं अदीप्त फ्रिन्ज की स्थिति

$$x_n = (2n - 1)\left(\frac{D\lambda}{2d}\right)$$

$(n = 0, 1, 2, ...)$

फ्रिन्ज की चौड़ाई (Fringe width) व्यतिकरण प्रतिरूप में समान चौड़ाई की फ्रिन्जें बनती हैं। अत: किसी भी दीप्त अथवा अदीप्त फ्रिन्ज की चौड़ाई $\beta = D\lambda / d$

फ्रिन्ज की कोणीय चौड़ाई (Angular fringe width) कोणीय फ्रिन्ज चौड़ाई $\theta = \lambda / d$

यहाँ, λ = प्रकाश की तरंगदैर्ध्य, D = स्रोत से पर्दे तक की दूरी, d = रेखाछिद्रों की चौड़ाई।

फ्रिन्ज दृश्यता

फ्रिन्ज दृश्यता निम्नलिखित सूत्र से दी जाती है

$$V = \frac{I_{max} - I_{min}}{I_{max} + I_{min}}$$

यदि $I_1 = I_2 = I_0$ या $I_{min} = 0$ हो, तो फ्रिन्ज दृश्यता महत्तम होगी। अर्थात् $V = 1$

यदि $I_{max} = 0$ हो, तो $V = -1$ होगा।

यदि $I_{max} = I_{min}$ हो, तो $V = 0$ होगा। इस स्थिति में व्यतिकरण प्रतिरूप दिखाई नहीं देगा।

नोट

$$\frac{A_{max}}{A_{min}} = \left(\frac{a_1 + a_2}{a_1 - a_2}\right)$$

$$\frac{I_{max}}{I_{min}} = \frac{(a_1 + a_2)^2}{(a_1 - a_2)^2}$$

$$\frac{I_{max}}{I_{min}} = \left(\frac{A_{max}}{A_{min}}\right)^2$$

$$\frac{A_{max}}{A_{min}} = \left(\frac{\sqrt{I_1} + \sqrt{I_2}}{\sqrt{I_1} - \sqrt{I_2}}\right) = \frac{(\sqrt{(I_1 / I_2)} + 1)}{(\sqrt{(I_1 / I_2)} - 1)}$$

प्रकाश में व्यतिकरण की शर्तें

प्रकाश में व्यतिकरण की घटना को देखने के लिए निम्न शर्तों का पूरा होना आवश्यक है

(i) प्रकाश के दोनों स्रोतों से निकलने वाली तरंगों की कलाओं का अन्तर स्थिर रहना चाहिए।
(ii) दोनों तरंगों की तरंगदैर्ध्य अथवा आवृत्तियाँ बराबर होनी चाहिए।
(iii) प्रकाश के दोनों स्रोत एक-दूसरे के अति निकट होने चाहिए।
(iv) दोनों तरंगों के आयाम बराबर अथवा लगभग बराबर होने चाहिए।
(v) दोनों प्रकाश स्रोत अत्यन्त संकीर्ण होने चाहिए।

विवर्तन

जब प्रकाश तरंगें छोटे छिद्र (aperture) या अवरोध के तीक्ष्ण किनारों पर पड़ती हैं, तो प्रकाश ऋजुरेखीय पथ से विचलित हो जाता है, अर्थात् किनारों पर आंशिक रूप से मुड़ जाता है। इस प्रकार किनारों से मुड़ना प्रकाश का विवर्तन कहलाता है।

विवर्तन की घटना को दो वर्गों में विभक्त किया गया है

1. फ्रेनल विवर्तन तथा
2. फ्रॉनहॉफर विवर्तन।

फ्रेनल विवर्तन

फ्रेनल वर्ग विवर्तन में प्रकाश-स्रोत अथवा वह पर्दा जिस पर विवर्तन-चित्र प्राप्त किया जाता है, अथवा दोनों विवर्तक अवरोध अथवा द्वारक से परिमित (finite) दूरी पर होते हैं। इस वर्ग के विवर्तन में लेन्सों का उपयोग नहीं किया जाता तथा आपतित तरंगाग्र गोलाकार अथवा बेलनाकार होता है।

फ्रेनल विवर्तन

फ्रॉनहॉफर विवर्तन

फ्रॉनहॉफर वर्ग के विवर्तन में प्रकाश स्रोत तथा पर्दा दोनों ही विवर्तक अवरोध अथवा द्वारक से प्रभावी रूप से अनन्त दूरी पर होते हैं। इस स्थिति को प्राप्त करने के लिए स्रोत तथा पर्दे को दो लेन्सों के फोकस तलों में रखते हैं। इसमें आपतित तरंगाग्र समतल होता है।

फ्रॉनहॉफर विवर्तन

एक ऋजु कोर पर फ्रेनल विवर्तन

चित्र में ऋजु कोर पर विवर्तन दर्शाया गया है, यहाँ पर S कागज के तल के लम्बवत् तथा λ तरंगदैर्ध्य के प्रकाश से प्रकाशित एक संकीर्ण स्लिट है व AB एक अवरोधी की ऋजु कोर है, जो स्लिट के समान्तर है। पर्दे AB पर विवर्तन प्रतिरूप प्राप्त होता है।

पर्दे पर तीव्रता वितरण को ग्राफीय रूप में निम्न चित्र में दर्शाया गया है।

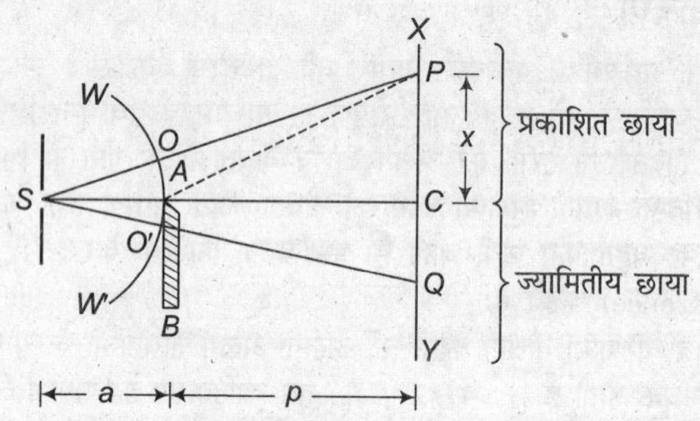

विवर्तन फ्रिन्जों की चौड़ाई $x = K\sqrt{2n+1}$

जहाँ K पर नियतांक व $n = 0, 1, 2, 3, \ldots$ जैसे-जैसे हम पर्दे पर C से ऊपर की ओर को चलते हैं, फ्रिन्जें अधिकाधिक समीप आती जाती हैं।

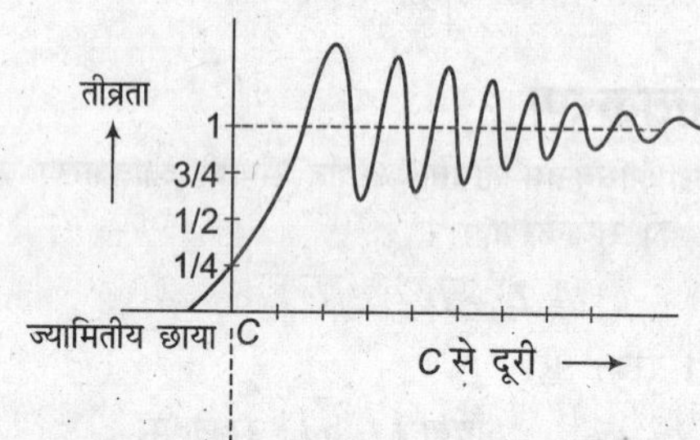

पतले तार द्वारा फ्रेनल विवर्तन

चित्र में एक पतले तार द्वारा विवर्तन दर्शाया गया है। AB एक पतला तार है, जिसका व्यास d है व इसकी लम्बाई स्लिट के समान्तर है। पर्दे XY पर विवर्तन प्रतिरूप प्राप्त होता है। A' से ऊपर व B' से नीचे स्लिट की लम्बाई के समान्तर असमान चौड़ाई को निम्न कोटि के विपर्यास की फ्रिन्जें प्राप्त होती हैं व $A'B'$ के भीतर समान चौड़ाई की फ्रिन्जें पायी जाती हैं।

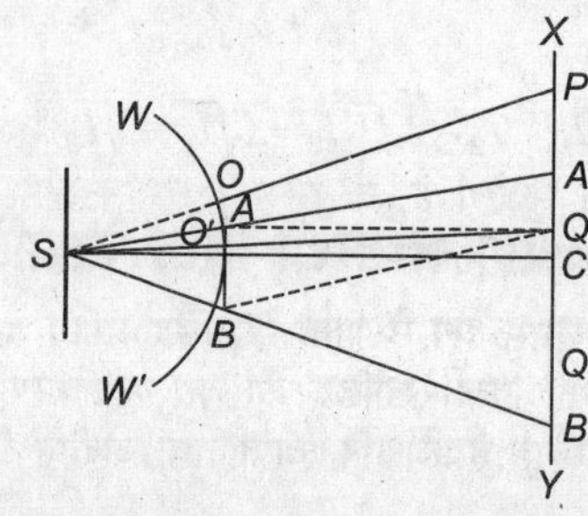

फ्रिन्जों की तीव्रता वितरण का ग्राफीय निरूपण निम्न चित्र में दर्शाया गया है।

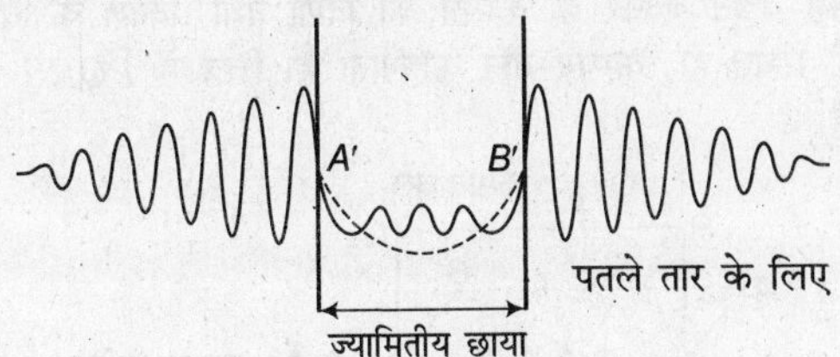

ज्यामितीय छाया में प्राप्त फ्रिन्जों की चौड़ाई

$$W = \frac{D\lambda}{d}$$

यदि तार की मोटाई बढ़ा दी जाए, तो ज्यामितीय छाया में बनने वाली व्यतिकरण फ्रिन्जों की चौड़ाई घटती है, परन्तु विवर्तन बैण्डों पर कोई प्रभाव नहीं पड़ता।

आयताकार द्वारक पर फ्रेनल विवर्तन

चित्र में एक आयताकार द्वारक पर फ्रेनल विवर्तन दर्शाया गया है। माना AB एक आयताकार द्वारक है, जो स्लिट व पर्दे के बीच स्लिट के समान्तर रखा है। पर्दे XY पर एक विवर्तन रूप प्राप्त होता है, जो द्वारक की चौड़ाई पर निर्भर करता है।

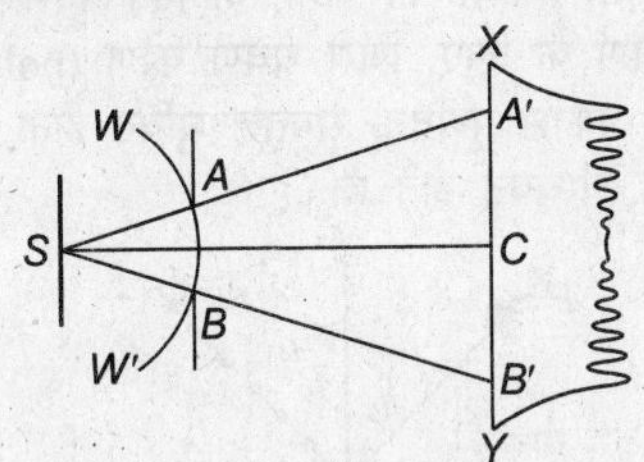

यदि द्वारक चौड़ा है, तो पर्दे पर $A'B'$ के भीतर एकसमान प्रदीप्ति तथा A' व B' के समीप असमान चौड़ाई के व निम्न विपर्यास वाले विवर्तन बैण्ड प्राप्त होते हैं। A' से ऊपर व B' से नीचे तीव्रता शीघ्रता से गिरकर शून्य हो जाती है।

यदि द्वारक संकीर्ण है, तो क्षेत्र $A'B'$ का केन्द्र C दीप्त या अदीप्त होता है व A' तथा B' के समीप असमान चौड़ाई के तथा निम्न कोटि के विपर्यास वाले बैण्ड प्राप्त होते हैं।

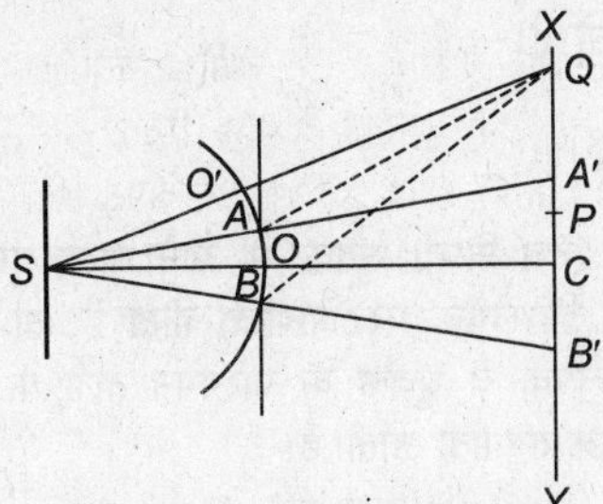

यदि द्वारक अत्यन्त संकीर्ण है, तो बिन्दु C सदैव दीप्त होता है व क्षेत्र $A'B'$ में समान चौड़ाई के बैण्ड प्राप्त होते हैं।

अपारदर्शी डिस्क पर फ्रेनल विवर्तन (Fresnel Diffraction at a Opaque Disc) एक छोटी अपारदर्शी डिस्क एक बिन्दु स्रोत ए से आने वाले प्रकाश के मार्ग में रखी गयी है। पर्दे XY पर विवर्तन प्रतिरूप प्राप्त होता है।

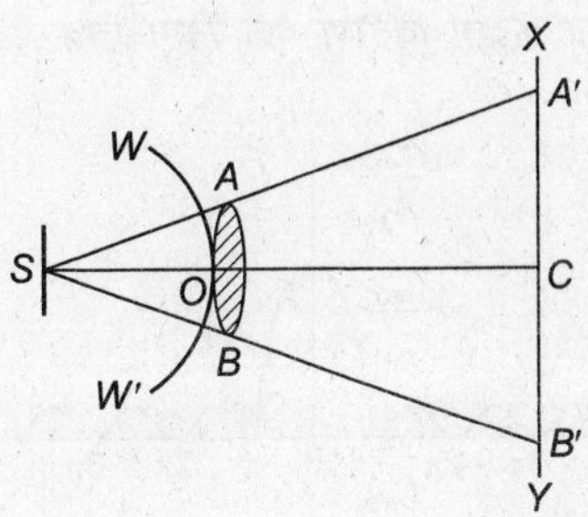

ज्यामितीय छाया $A'B'$ के केन्द्र C पर एक चमकीला धब्बा बनता है। डिस्क जितनी छोटी होती है धब्बा उतना ही चमकीला बनता है। ज्यामितीय छाया के बाहर चमकीली व चौड़ी वलय प्राप्त होती है।

एक संकीर्ण वृत्ताकार द्वारक पर फ्रेनल विवर्तन

चित्र में संकीर्ण वृत्ताकार द्वारक पर विवर्तन दर्शाया गया, विवर्तन प्रतिरूप पर्दे XY पर प्राप्त होता है।

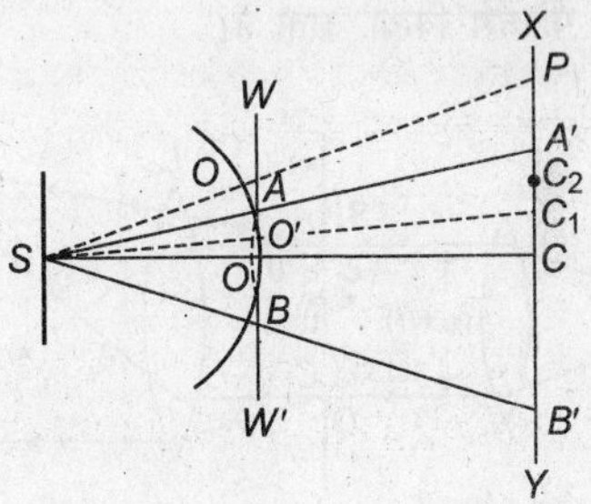

प्रदीप्त क्षेत्र $A'B'$ का केन्द्र C दीप्त या अदीप्त होता है व इसके चारों ओर एकान्तर क्रम में दीप्त व अदीप्त विवर्तन वलय प्राप्त होती हैं। A' से ऊपर व B' से नीचे प्रकाश की तीव्रता शीघ्रता से घटकर शून्य हो जाती है।

एकल स्लिट द्वारा फ्रॉनहॉफर विवर्तन

चित्र में e चौड़ाई वाली एक स्लिट पर प्रकाश का विवर्तन दिखाया गया है। विवर्तित प्रकाश को एक उत्तल लेन्स द्वारा पर्दे XY पर फोकस किया गया है।

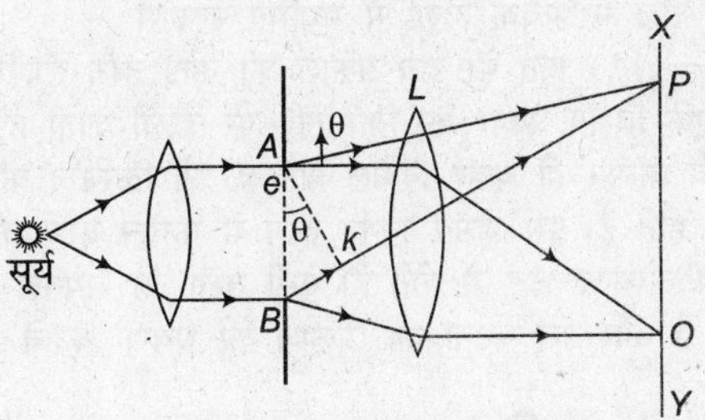

पर्दे पर प्राप्त विवर्तन प्रतिरूप में एक केन्द्रीय चमकीला बैण्ड होता है व इसके दोनों ओर एकान्तर क्रम में काले व घटती हुई तीव्रता के कम चमकीले बैण्ड प्राप्त होते हैं।

पर्दे पर प्राप्त निम्निष्ठों की दिशाएँ निम्न सम्बन्ध से ज्ञात होती हैं।

$$e\sin\theta = \pm n\lambda$$

जहाँ $n = 1, 2, 3, \ldots$

विवर्तन प्रतिरूप का तीव्रता वितरण वक्र निम्न चित्र में दर्शाया गया है।

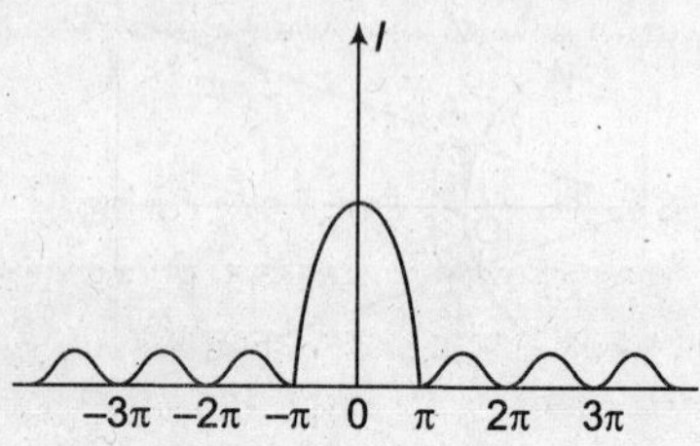

स्लिट को संकीर्ण करने पर केन्द्रीय उच्चिष्ठ का फैलाव बढ़ता है, यदि स्लिट की चौड़ाई आपतित प्रकाश की तरंग दैर्ध्य के बराबर हो जाती है (अर्थात् $e = \lambda$), तब केन्द्रीय उच्चिष्ठ पूरे स्थान को घेर लेगा।

द्वि-स्लिट पर फ्रॉनहॉफर विवर्तन (Fraunhofer Diffraction at Double Slit) चित्र में द्वि-स्लिट पर फ्रॉनहॉफर विवर्तन दर्शाया गया है। e चौड़ाई व d दूरी से पृथक दो स्लिटों पर एकवर्णी प्रकाश अभिलम्बवत् आपतित होता है। विवर्तित प्रकाश को एक उत्तल लेन्स द्वारा पर्दे XY पर फोकस किया जाता है।

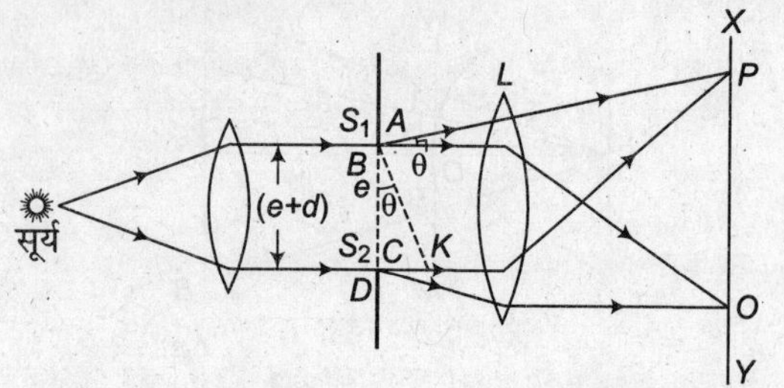

(i) पर्दे पर प्राप्त विवर्तन प्रतिरूप, एकल स्लिट द्वारा प्राप्त विवर्तन प्रतिरूप के समान है।

(ii) स्लिट की चौड़ाई बढ़ाने पर, केन्द्रीय शिखर तीक्ष्ण हो जाता है, परन्तु फ्रिन्ज की चौड़ाई अपरिवर्तित रहती हैं। यदि स्लिटों के बीच की दूरी बढ़ायी जाए, तो फ्रिन्जें परस्पर निकटस्थ हो जाती हैं।

ध्रुवण

सामान्यत: प्रकाश की तरंग में वैद्युत वेक्टर के कम्पन तरंग की गति के लम्बवत् तल में प्रत्येक दिशा में सममित रूप से (symmetrically) होते हैं। जब प्रकाश की कोई तरंग टूरमैलीन क्रिस्टल (एक विशेष प्रकार का क्रिस्टल) पर डाली जाती है, तो तरंग के केवल वे कम्पन ही बाहर निकल पाते हैं, जो क्रिस्टल की अक्ष के समान्तर होते हैं। इस प्रकार निर्गत तरंग में कम्पन तरंग की गति की दिशा में लम्बवत् तल में होते हैं। ऐसी तरंग को समतल ध्रुवित तरंग कहते हैं और इस घटना को 'प्रकाश का ध्रुवण' कहते हैं।

अध्रुवित तथा ध्रुवित प्रकाश

(i) अध्रुवित प्रकाश में वैद्युत वेक्टर के कम्पन प्रकाश के चलने की दिशा के लम्बवत् तल में सममित रूप से सभी दिशाओं में होते हैं।

(ii) ध्रुवित प्रकाश में वैद्युत वेक्टर के कम्पन प्रकाश की किरण के चलने की दिशा के लम्बवत् तल में होते हैं, परन्तु ये सभी दिशाओं में सममित रूप से न होकर केवल एक ही दिशा में होते हैं।

कम्पन-तल

वह तल जिसमें वैद्युत वेक्टर के कम्पन की दिशा तथा प्रकाश के चलने की दिशा दोनों ही स्थित हों, कम्पन-तल कहलाता है। चित्र में $PQRS$ कम्पन-तल है।

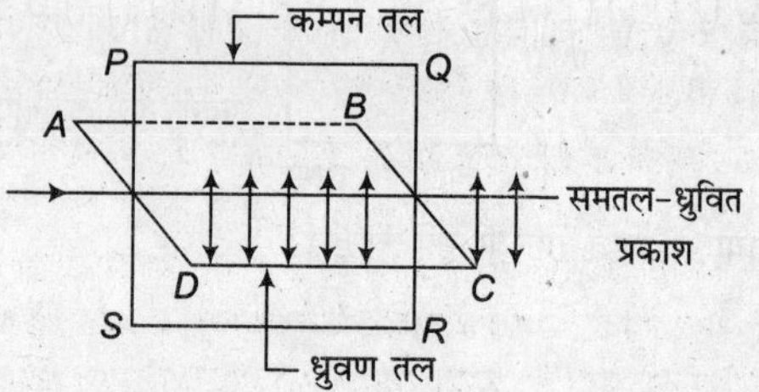

ध्रुवण-तल

वह तल जिसमें प्रकाश के संचरण की दिशा स्थित हो, परन्तु कोई भी कम्पन दिशा न हो, ध्रुवण-तल कहलाता है। इस तल में प्रकाश के कम्पन नहीं होते। ध्रुवण-तल, कम्पन-तल के लम्बवत् होता है। उपरोक्त चित्र में $ABCD$ ध्रुवण-तल है।

ब्रूस्टर का नियम

परावर्तित प्रकाश में ध्रुवित प्रकाश की मात्रा, आपतन कोण पर निर्भर करती है। एक विशेष आपतन कोण के लिए, जिसे ध्रुवण कोण (polarising angle) i_p कहते हैं, परावर्तित प्रकाश पूर्णतया समतल ध्रुवित होता है तथा इसके कम्पन आपतन-तल के लम्बवत् होते हैं।

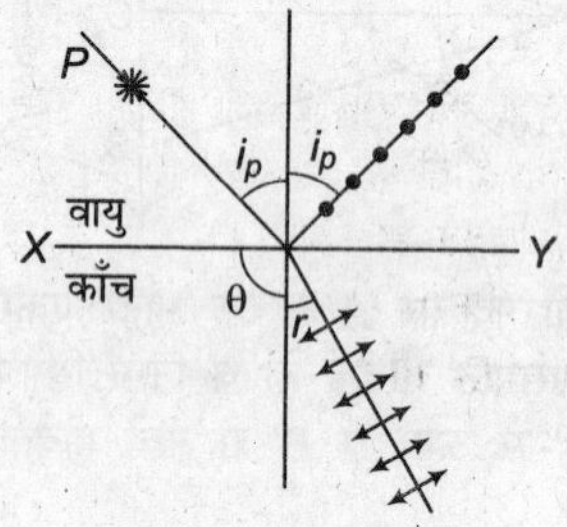

अत: ब्रूस्टर के नियम से, $\mu = \tan i_p$

जहाँ, μ = पारदर्शी माध्यम का अपवर्तनांक।

जब प्रकाश ध्रुवण कोण पर आपतित होता है, तो परावर्तित किरण, अपवर्तित किरण के लम्बवत् होती है।

मैलस का नियम

इस नियम के अनुसार, जब किसी ध्रुवक से आने वाला पूर्णतया समतल ध्रुवित प्रकाश पुंज एक विश्लेषक पर आपतित होता है, तो विश्लेषक से निर्गत प्रकाश की तीव्रता विश्लेषक व ध्रुवक के पारगमन तलों के बीच के कोण की कोज्या के वर्ग के अनुक्रमानुपाती होती है।

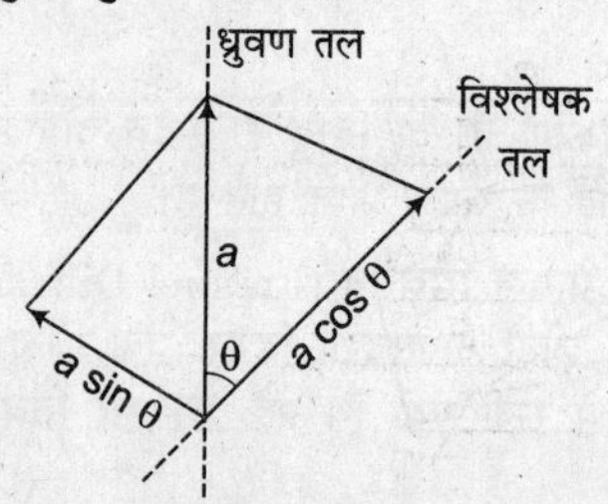

विश्लेषक से निकलने वाले प्रकाश की तीव्रता

$$I_\theta = I \cos^2 \theta$$

निकॉल प्रिज्म

यह कैल्साइट क्रिस्टल से बना एक विशेष प्रिज्म होता है जो समतल ध्रुवित प्रकाश को उत्पन्न करने व विश्लेषित करने में प्रयुक्त होता है।

रचना इसमें एक कैल्साइट क्रिस्टल *(ABCD)* होता है, जिसकी लम्बाई व चौड़ाई का अनुपात 1 : 3 होता है। क्रिस्टल के मुख्य परिच्छेद में कोण 68° व 112° रखे जाते हैं। फिर क्रिस्टल को एक समतल $A'D'$ के अनुदिश दो टुकड़ों में काटा जाता है, यह समतल मुख्य परिच्छेद के लम्बवत् व अन्य फलकों $A'B$ व CD' के भी लम्बवत् होता है। प्राप्त टुकड़ों को घिसकर तथा पॉलिश करके प्रकाशतः समतल कर लिया जाता है व इन्हें पारदर्शी द्रव कनाडा बालसम की पतली तह से परस्पर जोड़ दिया जाता है।

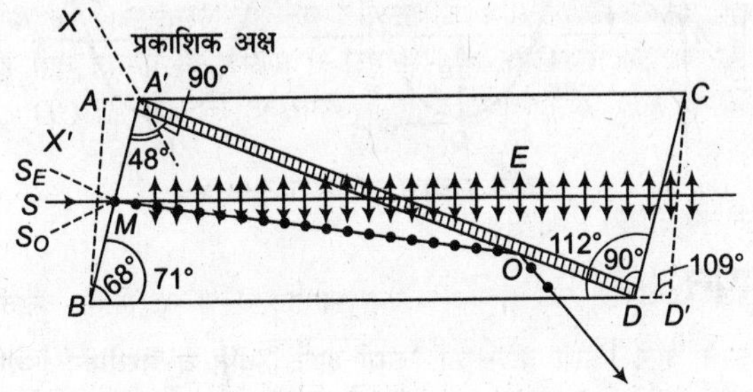

कार्य-प्रणाली

जब एकवर्णी अध्रुवित प्रकाश की एक किरण *SM*, फलक *A'B* पर *BD'* के लगभग समान्तर आपतित होती है, तो यह दो अपवर्तित किरणों, *O*-किरण व *E*- किरण, में विभक्त हो जाती है। ये दोनों किरणें समतल-ध्रुवित होती हैं। *O*- किरण में कम्पन क्रिस्टल के मुख्य परिच्छेद के लम्बवत् होते हैं, जबकि *E*- किरण में कम्पन मुख्य परिच्छेद के समान्तर होते हैं।

उपयोग

निकॉल प्रिज्म ध्रुवक (polariser) तथा विश्लेषक (analyser) दोनों की तरह प्रयुक्त किया जा सकता है।

जब अध्रुवित प्रकाश की किरण एक निकॉल प्रिज्म *P* (चित्र *(a)*) पर आपतित होती है, तो *P* से निकलने वाली *E*- किरण समतल-ध्रुवित होती है जिसके कम्पन *P* के मुख्य परिच्छेद में होते हैं। यदि यह किरण एक दूसरे निकॉल प्रिज्म *A* पर गिरे, जिसका मुख्य परिच्छेद प्रिज्म *P* के परिच्छेद के समान्तर है, तो इसके कम्पन प्रिज्म *A* के भी मुख्य परिच्छेद में होंगे। अतः प्रिज्म *A* में यह किरण *E*- किरण की तरह ही व्यवहार करते हुए पूर्णतः पारगमित हो जाएगी। इस स्थिति में निर्गत प्रकाश की तीव्रता अधिकतम होगी।

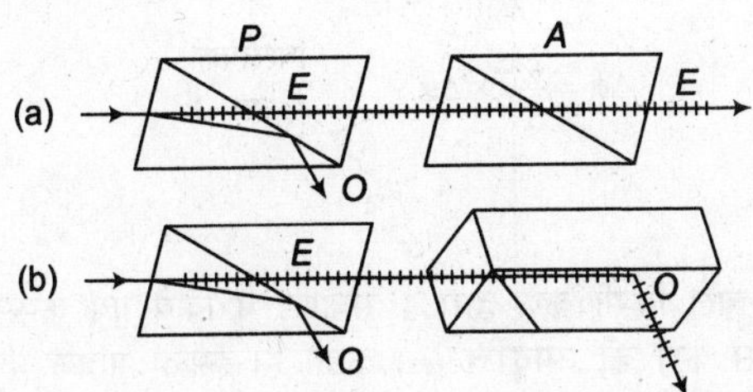

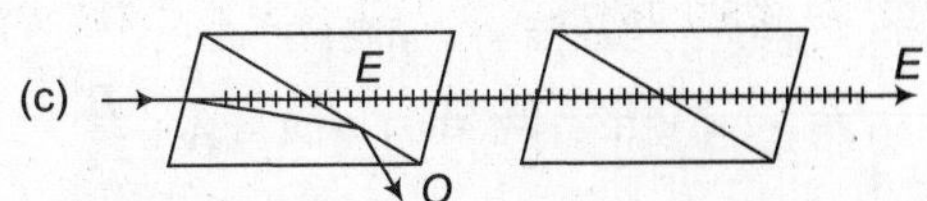

अब यदि निकॉल प्रिज्म *A* को इतना घुमाया जाए कि इसका मुख्य परिच्छेद प्रिज्म *P* के मुख्य परिच्छेद के लम्बवत् हो जाए [चित्र (b)], तो प्रिज्म *A* पर आपतित समतल-ध्रुवित किरण के कम्पन, *A* के मुख्य परिच्छेद के लम्बवत् होंगे। अतः *A* के भीतर यह किरण, *O*-किरण की तरह व्यवहार करेगी तथा कैल्साइट-बालसम पृष्ठ पर पूर्ण परावर्तित हो जाएगी। अतः *A* से कोई प्रकाश नहीं निकलेगा। इस स्थिति में दोनों निकॉल 'क्रॉसित' (crossed) कहे जाते हैं।

अब यदि निकॉल प्रिज्म *A* कोर पुनः घुमाकर *A* का मुख्य परिच्छेद *P* के मुख्य परिच्छेद के समान्तर कर दिया जाए [चित्र (c)], तो निर्गत प्रकाश की तीव्रता फिर अधिकतम हो जाएगी।

प्रिज्म *P* को ध्रुवक (polariser) तथा प्रिज्म *A* को विश्लेषक (analyser) कहते हैं।

ध्रुवण घूर्णकता

कुछ पदार्थ ऐसे होते हैं जिनमें से यदि समतल-ध्रुवित प्रकाश को गुजारें, तो वे ध्रुवण-तल को घुमा देते हैं। इस प्रकार के पदार्थों को ध्रुवण (optical active) कहते हैं तथा ध्रुवण तल को घुमाने की इस घटना को ध्रुवण—घूर्णकता कहते हैं। लैक्टिक अम्ल, ग्लूकोस, टार्टरिक अम्ल, गन्ने की शक्कर आदि इस प्रकार के गुण को प्रदर्शित करते हैं।

यदि एक निकॉल प्रिज्म N_1 से निकलने वाले समतल-ध्रुवित प्रकाश को एक, दूसरे निकॉल N_2 में से देखा जाए, तो यह पाया जाता है कि जब N_2 का मुख्य-परिच्छेद N_1 के लम्बवत् है, अर्थात् दोनों प्रिज्म एक-दूसरे के सापेक्ष क्रॉसित हैं, तब N_2 में से देखने पर बिल्कुल अन्धेरा दिखाई पड़ता है। परन्तु यदि दोनों प्रिज्मों के बीच में क्वार्ट्ज की एक ऐसी प्लेट *C* रखी जाए जिसकी प्रकाशिक-अक्ष उसके पृष्ठ के 'लम्बवत्' हो, तो अब दोनों प्रिज्मों के क्रॉसित होते हुए भी N_2 से होकर कुछ प्रकाश गुजरना आरम्भ हो जाता है, परन्तु यदि N_2 को किसी कोण से घुमाया जाए, तो प्रकाश पुनः पूर्णतया कट जाता है।

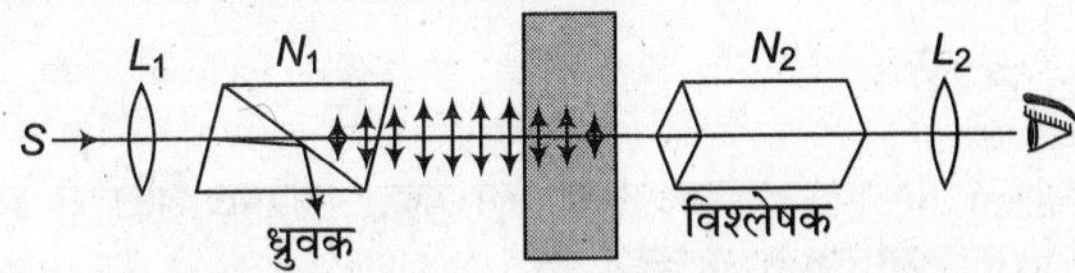

इससे यह प्रदर्शित होता है कि क्वार्ट्ज प्लेट *C* से निर्गत होने वाला प्रकाश अब भी समतल-ध्रुवित है, परन्तु इसका ध्रुवण-तल क्वार्ट्ज-प्लेट द्वारा किसी कोण से घुमा दिया गया है। अतः क्वार्ट्ज ध्रुवण-घूर्णक (optically-active) है। बहुत से द्रव तथा कुछ कार्बनिक यौगिकों (जैसे-चीनी) के विलयन भी ध्रुवण-घूर्णक पाए जाते हैं। *ये पदार्थ दो प्रकार के होते हैं*

(i) **दक्षिणावर्ती घूर्णक** (Dextro-rotatory or right handed) ऐसे पदार्थ जो समतल ध्रुवित प्रकाश के ध्रुवण-तल को दक्षिणावर्त दिशा में घुमा देते हैं, दक्षिणावर्ती ध्रुवण घूर्णक कहलाते हैं। *उदाहरण* &-ग्लूकोस, क्वार्ट्ज (*R*) आदि।

(ii) **वामावर्ती घूर्णक** (Leavo-rotatory of left handed) ऐसे पदार्थ जो समतल ध्रुवित प्रकाश के ध्रुवण-तल को वामावर्त दिशा में घुमा देते हैं, वामावर्ती घूर्णक कहलाते हैं।

उदाहरण α-फ्रक्टोज, क्वार्ट्ज (L) आदि।

ध्रुवण-घूर्णक पदार्थ द्वारा उत्पन्न घूर्णन कोण $= A + \frac{B}{\lambda^2}$

अर्थात् घूर्णन कोण लगभग तरंगदैर्ध्य के वर्ग के विलोमानुपाती होता है।

विशिष्ट घूर्णन

एक दिए गए ताप तथा दी गई तरंगदैर्ध्य के प्रकाश के लिए, किसी पदार्थ का विशिष्ट घूर्णन S उस घूर्णन (डिग्री में) के बराबर है, जो उस पदार्थ के घोल की 1 डेसीमीटर लम्बाई द्वारा उत्पन्न होता है, जबकि घोल की सान्द्रता (concentration) 1 ग्राम/सेमी³ है,

अर्थात् $$S = \frac{\theta}{l \times c}$$

विशिष्ट घूर्णन तथा पदार्थ के अणुभार का गुणनफल ग्राम अणुक घूर्णक कहलाता है।

तरंग गति

किसी माध्यम में विक्षोभ के एक स्थान से दूसरे स्थान तक चलने की प्रक्रिया को **तरंग गति** कहते हैं। *तरंग गति में निम्न विशेषताएँ होती हैं*

माध्यम के कण अपनी-अपनी साम्य स्थिति के दोनों ओर कम्पन करते हैं। माध्यम में आगे वाले कणों में थोड़े समय के पश्चात् उसी प्रकार की गति पायी जाती है जैसे कि पिछले कणों में होती है।

ऊर्जा एक स्थान से दूसरे स्थान को संचरित हो जाती है, जबकि उनके बीच का माध्यम अपने ही स्थान पर बना रहता है।

तरंग गति के लिए माध्यम के आवश्यक गुण

तरंग गति के लिये माध्यम में निम्न गुण होने चाहिए

(i) माध्यम में जड़त्व का गुण होना चाहिए।
(ii) माध्यम में प्रत्यास्थता का गुण होना चाहिए।
(iii) माध्यम के कणों की गति सरल आवर्त होनी चाहिए।
(iv) माध्यम में घर्षण कम होना चाहिए।

यांत्रिक तरंगें

किसी पदार्थिक माध्यम में बिना अपना रूप बदले निश्चित चाल से चलने वाली तरंगों को **यांत्रिक तरंगें** कहते हैं।

यांत्रिक तरंगें भौतिक माध्यम के कणों की सीमित गति के द्वारा ऊर्जा तथा संवेग का संचरण करती हैं, परन्तु माध्यम अपने ही स्थान पर बना रहता है।

यांत्रिक तरंगें दो प्रकार की होती हैं

(i) अनुप्रस्थ तरंगें

यदि किसी माध्यम में तरंगों के चलने पर माध्यम के कण तरंग के चलने की दिशा के लम्बवत् कम्पन करते हैं, तो इस प्रकार की तरंगों को **अनुप्रस्थ तरंगें** कहते हैं।

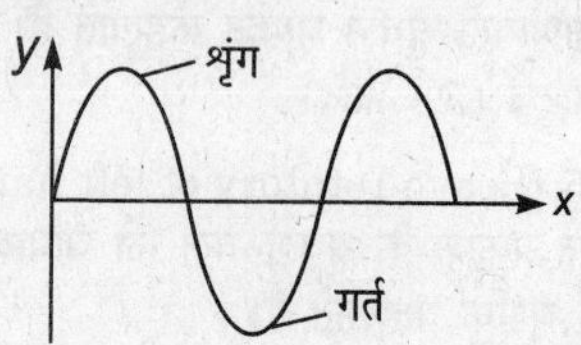

(ii) अनुदैर्ध्य तरंगें

यदि किसी माध्यम में तरंग के चलने पर माध्यम के कण तरंग के चलने की दिशा के समान्तर कम्पन करते हैं, तो इस प्रकार की तरंगों को अनुदैर्ध्य तरंगें कहते हैं।

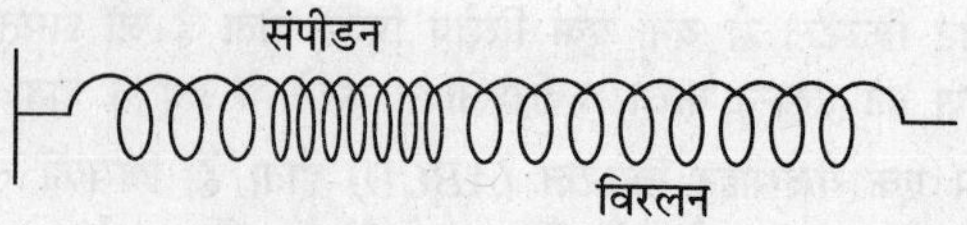

तरंगों से सम्बन्धित कुछ परिभाषाएँ

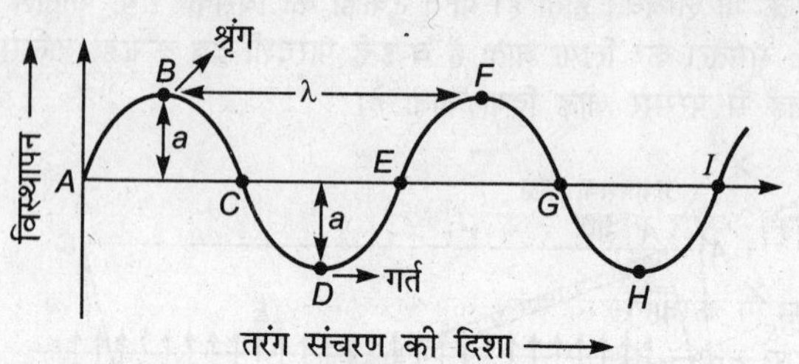

विस्थापन

कम्पन करने वाले किसी कण की किसी क्षण स्थिति व मध्यमान स्थिति के बीच की दूरी को उस कण का **विस्थापन** (y) कहते हैं।

आयाम

कम्पन करने वाले किसी कण की मध्यमान स्थिति के एक ओर के अधिकतम विस्थापन को उस कण का **आयाम** (a) कहते हैं।

आवर्तकाल

कम्पन करने वाले किसी कण द्वारा 1 कम्पन पूरा करने में लिए गए समय को कण का **आवर्तकाल** (T) कहते हैं।

कला एवं कलान्तर

कम्पन करते हुए किसी कण की किसी क्षण कला, उस क्षण कण की स्थिति तथा गति की दिशा को प्रकट करती है। यदि माध्यम के दो कण किसी क्षण साम्यावस्था से एक ही दिशा में समान दूरियों पर हों तथा उनकी दिशा एक ही हो, तो वे दोनों **समान कला** में कहलाते हैं।

कलान्तर

दो अलग-अलग समयों पर किसी कण की कलाओं के अन्तर को **कलान्तर** कहते हैं।

कलान्तर $$\Delta\phi = \frac{2\pi}{\lambda} \times \text{पथान्तर } (\Delta x)$$

या $$\Delta\phi = \frac{2\pi}{T} \times \Delta x$$

आवृत्ति

कम्पन करने वाले किसी कण द्वारा 1 सेकण्ड में किये गये कम्पनों की संख्या को उस कण की **आवृत्ति** (n) कहते हैं। इसका मात्रक प्रति सेकण्ड या हर्ट्ज होता है।

तरंगदैर्ध्य

किसी तरंग द्वारा माध्यम के किसी कण के आवर्तकाल के बराबर समय में चली गयी दूरी को तरंग की **तरंगदैर्ध्य** कहते हैं। इसे λ से प्रदर्शित करते हैं।

अनुप्रस्थ तरंगों के लिये दो क्रमागत शृंगों अथवा गर्तों के बीच की दूरी को तरंगदैर्ध्य कहते हैं व अनुदैर्ध्य तरंगों के लिये दो क्रमागत संपीडनों अथवा दो क्रमागत विरलनों के बीच की दूरी को तरंगदैर्ध्य कहते हैं।

तरंग वेग

एक सेकण्ड में तरंग द्वारा चली गयी दूरी को **तरंग वेग** कहते हैं। इसे v से प्रदर्शित करते हैं।

$$\text{तरंग वेग, } v = \frac{\omega}{k} = \frac{\text{कोणीय वेग या आवृत्ति}}{\text{तरंग संचरण सदिश}}$$

आवृत्ति, वेग तथा तरंगदैर्ध्य में सम्बन्ध

माना कम्पन करती किसी वस्तु का आवर्तकाल T तथा आवृत्ति n है। इस वस्तु द्वारा उत्पन्न तरंग T सेकण्ड में λ दूरी तय करेगी, जहाँ λ तरंगदैर्ध्य है। इस प्रकार

तरंग चाल = 1 सेकण्ड में तरंग द्वारा चली गयी दूरी

$$v = \lambda / T = n\lambda \qquad (\because\ n = 1/T)$$

अथवा चाल = आवृत्ति × तरंगदैर्ध्य

कण वेग

सरल आवर्त गति कर रहे माध्यम के कण के साम्यावस्था के इधर-उधर वेग को **कण वेग** कहते हैं।

समूह वेग

जिस वेग से तरंगों का समूह गति करता है, **समूह वेग** कहलाता है।

$$\text{समूह वेग, } v_g = \frac{d\omega}{dk}$$

तरंग संख्या

एकांक लम्बाई में उपस्थित तरंगों की संख्या को **तरंग संख्या** कहते हैं।

$$\text{तरंग संख्या, } \bar{\nu} = \frac{1}{\lambda}$$

तरंग संचरण सदिश या संचरण नियतांक

एकांक दूरी पर स्थिति कम्पित कणों के मध्य कलान्तर को **संचरण नियतांक** कहते हैं।

$$\text{संचरण नियतांक, } k = \frac{\omega}{v} \quad \text{या} \quad k = \frac{2\pi}{\lambda}$$

तरंग की तीव्रता

किसी तरंग के चलने की दिशा के लम्बवत् एकांक क्षेत्रफल से एकांक समय में प्रवाहित होने वाली ऊर्जा की मात्रा को **तरंग की तीव्रता** (I) कहते हैं। इसका मात्रक जूल/मी^{2}-सेकण्ड या वाट/मी^{2} होता है।

$$I = \frac{1}{2}\omega^2 A^2 \rho v = 2\pi^2 f^2 A^2 \rho v$$

जहाँ, ω = कोणीय आवृत्ति, a = तरंग का आयाम,
f = तरंग की आवृत्ति, ρ = माध्यम का घनत्व तथा
v = तरंग का वेग।

$$\therefore \qquad I \propto A^2$$

अर्थात् तरंग की तीव्रता (I) कम्पन के आयाम के वर्ग (A^2) के अनुक्रमानुपाती होती है।

ध्वनि तरंग की तीव्रता, $I = \dfrac{p_{\max}^2}{2\rho v}$

जहाँ, $p_{\max}$ = माध्यम में अधिकतम दाबान्तर।

तरंग गति का अवकल समीकरण

(i) $\nabla^2 y = \dfrac{1}{v^2}\dfrac{\partial^2 y}{\partial t^2} \longrightarrow$ त्रिविमीय

(ii) $\dfrac{\partial^2 y}{\partial x^2} = \dfrac{1}{v^2}\dfrac{\partial^2 y}{\partial t^2} \longrightarrow$ एकविमीय

प्रगामी तरंगों को ज्या (sine) या कोज्या (cosine) के फलन या दोनों के योग के रूप में व्यक्त किया जा सकता है, अतः इन्हें **ज्यावक्रीय** (sinusoidal) **तरंग** भी कहते हैं।

यांत्रिक तरंगों की चाल

अनुप्रस्थ तरंगों की चाल

अनुप्रस्थ तरंगें केवल ठोस माध्यम में ही चल सकती हैं, क्योंकि ठोसों में दृढ़ता होती है।

किसी ठोस माध्यम में अनुप्रस्थ तरंग की चाल

$$v = \sqrt{\left(\frac{\eta}{d}\right)}$$

जहाँ, η = ठोस के पदार्थ का दृढ़ता गुणांक,
d = ठोस के पदार्थ का घनत्व।

एक लचीली तनी हुई डोरी में अनुप्रस्थ तरंग की चाल

$$v = \sqrt{\left(\frac{T}{m}\right)}$$

जहाँ, T = डोरी में तनाव,
m = डोरी की एकांक लम्बाई का द्रव्यमान

या $$v = \sqrt{\left(\frac{T}{\pi r^2 d}\right)}$$

d = डोरी के पदार्थ का घनत्व।

अनुदैर्ध्य तरंगों (ध्वनि) की चाल

अनुदैर्ध्य तरंगें तीनों प्रकार के माध्यमों अर्थात् ठोस, द्रव व गैस तीनों में चल सकती हैं।

किसी माध्यम में अनुदैर्ध्य तरंगों की चाल केवल माध्यम के गुणों पर निर्भर करती है, तरंग के गुणों पर नहीं।

ठोस माध्यम में अनुदैर्ध्य तरंग की चाल $v = \sqrt{\dfrac{B + \frac{4}{3}\eta}{d}}$

जहाँ, B = ठोस के पदार्थ का आयतन प्रत्यास्थता गुणांक,
η = ठोस के पदार्थ का दृढ़ता गुणांक तथा
d = ठोस के पदार्थ का घनत्व।

यदि ठोस एक लम्बी छड़ के रूप में है, तो अनुदैर्ध्य तरंगों की चाल

$$v = \sqrt{\frac{Y}{d}}$$

जहाँ, Y = ठोस के पदार्थ का यंग प्रत्यास्थता गुणांक।

द्रवों में अनुदैर्ध्य तरंगों की चाल $v = \sqrt{\frac{B}{d}}$

गैसों में अनुदैर्ध्य तरंगों (ध्वनि) की चाल के लिए न्यूटन का सूत्र

न्यूटन के अनुसार, किसी गैस में अनुदैर्ध्य तरंग की चाल निम्न सूत्र से प्राप्त होनी चाहिए

$$v = \sqrt{\frac{p}{d}}$$

p = गैस का दाब (परन्तु यह सूत्र सही नहीं पाया गया।)

लाप्लास का संशोधन

लाप्लास ने बताया कि जब कोई अनुदैर्ध्य तरंग किसी गैसीय माध्यम में चलती है, तो रुद्धोष्म प्रक्रम होता है, अत: गैस में अनुदैर्ध्य तरंग की चाल

$$v = \sqrt{\frac{\gamma p}{d}}$$

γ = गैस की विशिष्ट ऊष्माओं का अनुपात $= \frac{C_p}{C_V}$

वायु में अनुदैर्ध्य तरंगों (ध्वनि) की चाल पर दाब, ताप आदि का प्रभाव

(i) दाब का प्रभाव

यदि ध्वनि का ताप स्थिर रहे, तो ध्वनि की चाल पर दाब परिवर्तन का कोई प्रभाव नहीं पड़ता।

(ii) ताप का प्रभाव

ध्वनि की चाल ताप बढ़ने के साथ बढ़ती है।

$$v = \sqrt{\left(\frac{\gamma RT}{M}\right)} \text{ अथवा } v \propto \sqrt{T}$$

जहाँ T परमताप, R सार्वत्रिक गैस नियतांक तथा M गैस का अणुभार है।

$$v_t = v_0 \left(1 + \frac{t}{273}\right)^{1/2}$$

$$\therefore \quad v_t = v_0 \left(1 + \frac{1}{2} \times \frac{t}{273}\right) \quad \text{(द्विपद सिद्धान्त से)}$$

यदि 0°C पर वायु में ध्वनि की चाल या v_0 का मान 332 मी/से है, तब

$$v_t = 332 \left(1 + \frac{t}{2 \times 273}\right)$$

$$= 332 + 0.61\,t \text{ मी/से}$$

(iii) आर्द्रता का प्रभाव

आर्द्र वायु (अथवा जल वाष्प में मिली वायु) का घनत्व; शुष्क वायु के घनत्व से कम होता है। सूत्र $v = \sqrt{\left(\frac{\gamma p}{d}\right)}$ से यदि γ का मान नियत रखें, तो आर्द्र वायु में ध्वनि की चाल शुष्क वायु की अपेक्षा थोड़ी बढ़ जाती है। इसी कारण बरसात में रेल की सीटी तथा कारखानों के साइरन अधिक दूर तक सुनाई देते हैं।

(iv) वायु की गति का प्रभाव

यदि ध्वनि की चाल v तथा वायु की चाल w हो, तो वायु चलने की दिशा में ध्वनि की चाल $(v + w)$ तथा विपरीत दिशा में $(v - w)$ होगी।

(v) आवृत्ति का प्रभाव

आवृत्ति का ध्वनि की चाल पर कोई प्रभाव नहीं पड़ता। विभिन्न आवृत्तियों की तरंगें वायु में एक ही चाल से चलती हैं। यदि ध्वनि की चाल आवृत्ति पर निर्भर करती हो, तो हम ऑर्केस्ट्रा (orchestra) का आनन्द नहीं उठा सकते थे।

प्रघाती तरंगें

जब कोई वस्तु वायु में ध्वनि की चाल से अधिक चाल से चलती है, तो यह अपने पीछे विक्षोभ का शंक्वाकार (conical) क्षेत्र छोड़ती चलती है, जो लगातार फैलता जाता है। इस विक्षोभ को ही **प्रघाती तरंगें** कहते हैं। इसमें अत्यधिक ऊर्जा होती है। इतनी तीव्र गति से चलने वाली वस्तु की चाल की माप को मैक संख्या कहते हैं। 1 मैक संख्या स्रोत की चाल एवं ध्वनि की चाल के अनुपात के बराबर होती है।

$$\text{मैक संख्या} = \frac{\text{स्रोत का वेग}}{\text{ध्वनि का वेग}}$$

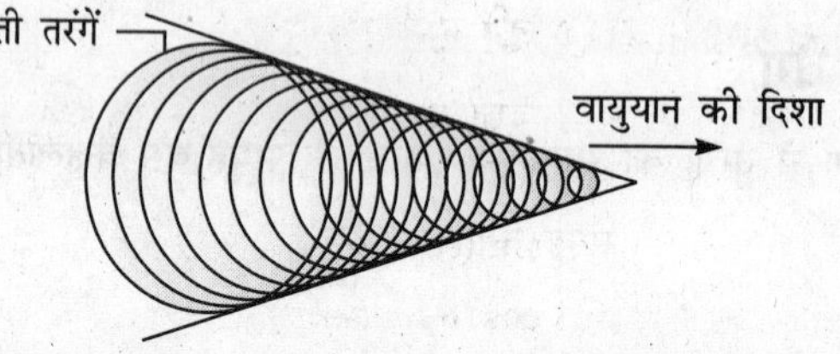

बो-तरंगें

जल की सतह पर बनने वाली प्रघाती तरंगों को **बो-तरंगें** कहते हैं।

आवृत्ति परास के आधार पर तरंग विभाजन

अपश्रव्य आवृत्ति तरंगें

वे ध्वनि तरंगें जिनकी आवृत्ति 20 हर्ट्ज से कम होती हैं, **अपश्रव्य आवृत्ति तरंगें** कहलाती हैं। ये ध्वनि मानव द्वारा नहीं सुनी जा सकती। ये तरंगें केवल साँपों द्वारा सुनी जा सकती हैं। इनकी तरंगदैर्ध्य 16.6 मी से अधिक होती है। उदाहरण भूकम्प से।

श्रव्य तरंगें

वे ध्वनि तरंगें जिनकी आवृत्ति 20 हर्ट्ज से 20,000 हर्ट्ज के बीच होती हैं, **श्रव्य तरंगें** कहलाती हैं। ये तरंगें मानव कान द्वारा सुनी जा सकती हैं। तबले की झिल्ली, तनी डोरी तथा मानव स्वर से ये ध्वनियाँ उत्पन्न होती हैं।

श्रव्य परास

20 हर्ट्ज से लेकर 20×10^3 हर्ट्ज परास की आवृत्तियों को (जो मनुष्य द्वारा सुनी जाती है), **श्रव्य परास** कहते हैं।

पराश्रव्य तरंगें

वे ध्वनि तरंगें जिनकी आवृत्ति 20,000 हर्ट्ज से अधिक होती हैं, **पराश्रव्य तरंगें** कहलाती हैं। इनकी तरंगदैर्ध्य $\lambda < 1.66$ सेमी होती है। इन्हें मानव कानों द्वारा सुना जा सकता है, किन्तु मच्छर, कुत्ता, चमगादड़ इन तरंगों के प्रति संवेदनशील होते हैं।

महत्त्वपूर्ण तथ्य

- मनुष्य पराश्रव्य व अपश्रव्य तरंगों को नहीं सुन सकता है।
- यद्यपि कुछ प्राणी जैसे कुत्ते व चमगादड़ इन्हें सुन सकते हैं।
- पुरुष की आवाज की माध्य आवृत्ति 140 हर्ट्ज जबकि स्त्री की आवाज की माध्य आवृत्ति 280 हर्ट्ज होती है।
- ध्वनि तरंगों का 0°C पर वायु में वेग 332 मी/से होता है।

पराश्रव्य तरंगों का संसूचन

हम इन तरंगों का दाब-विद्युत संसूचक कर सकते हैं। जब किसी क्वार्ट्ज क्रिस्टल के आमने-सामने के पार्श्वों (faces) पर पराश्रव्य तरंगों द्वारा दाब आरोपित किया जाता है, तो इसके अभिलम्बवत् स्थित पार्श्वों पर विपरीत आवेश उत्पन्न हो जाते हैं। इन्हें वाल्व-प्रवर्धक द्वारा प्रवर्धित करके, उपयुक्त साधनों द्वारा इनका संसूचन करते हैं।

प्रगामी तरंगें

ऐसी तरंगें जिनमें एक स्थान से दूसरे स्थान को ऊर्जा का प्रवाह होता है, **प्रगामी तरंगें** कहलाती हैं।

एकविमीय प्रगामी तरंग की समीकरण

माना एक तरंग c वेग से x दिशा में संचरण कर रही है। यदि y तरंग का विस्थापन हो, तो तरंग की समीकरण

$$y = A\sin(\omega t \pm kx)$$

$$y = A\cos(\omega t \pm kx)$$

प्रगामी तरंग के लिए निम्नलिखित समीकरणें दी जाती हैं

$$y = a\sin(\omega t - kx) \quad \text{या} \quad y = a\sin\frac{2\pi v}{\lambda}\left(t - \frac{x}{v}\right)$$

या $$y = a\sin\frac{2\pi}{\lambda}(vt - x) \quad \text{या} \quad y = a\sin 2\pi\left(\frac{t}{T} - \frac{x}{\lambda}\right)$$

संचरण की दिशा

समीकरण $y = a\sin(\omega t - kx)$ द्वारा प्रदर्शित तरंग $+x$-अक्ष की दिशा में संचरण कर रही है तथा $y = a\sin(kx - \omega t)$ भी धनात्मक x दिशा में संचरण कर रही है।

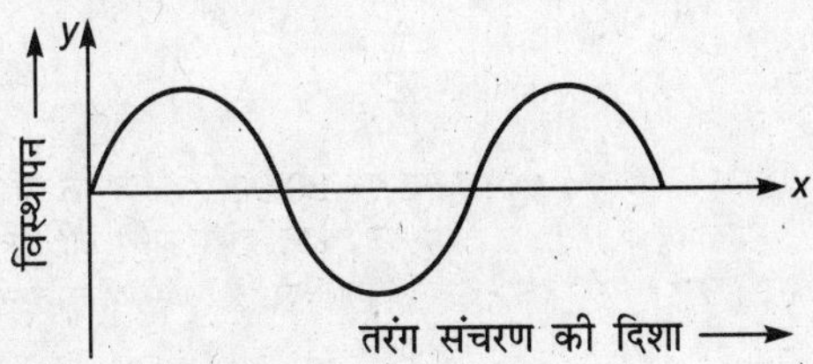

समीकरण $y = a\sin(\omega t + kx)$, x-अक्ष की ऋणात्मक दिशा में संचरित होती है।

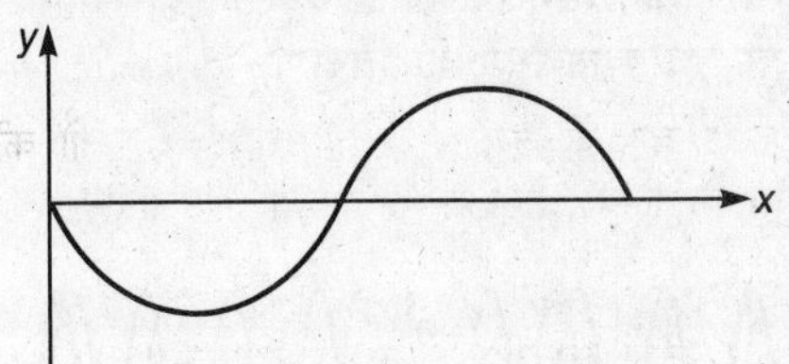

प्रगामी तरंग में कण का समय-विस्थापन ग्राफ

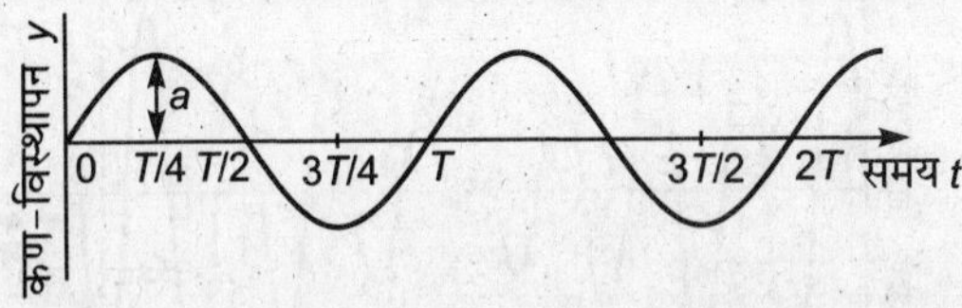

इस ग्राफ से यह पता चलता है कि कण का विस्थापन y समय के साथ सरल आवर्त रूप से बदलता है, अर्थात् कण सरल आवर्त गति कर रहा है।

दूरी-विस्थापन ग्राफ

इस ग्राफ से यह पता चलता है कि कण के विस्थापन का मान कण की स्थिति के साथ भी सरल आवर्त रूप से बदलता है।

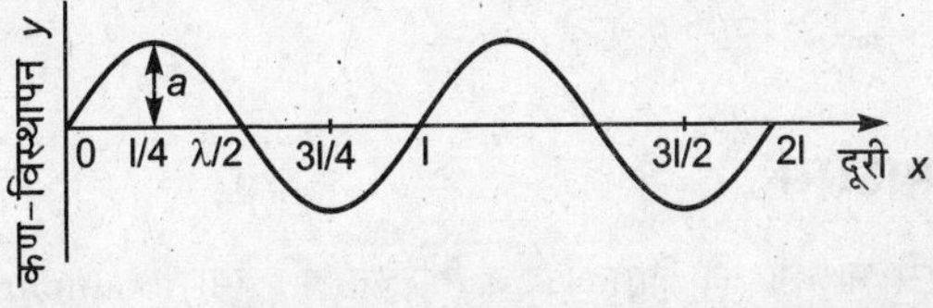

तरंगों का अध्यारोपण का सिद्धान्त

इस सिद्धान्त के अनुसार, माध्यम के प्रत्येक कण का किसी क्षण परिणामी विस्थापन दोनों तरंगों द्वारा अलग-अलग विस्थापनों के सदिश योग के बराबर होता है।

परिणामी विस्थापन $\mathbf{y} = \mathbf{y}_1 + \mathbf{y}_2 + \dots \mathbf{y}_n$

दो तरंगों का व्यतिकरण

यदि किसी माध्यम में एक ही आवृत्ति की दो तरंगें एक साथ एक ही दिशा में चलती हैं, तो उनके अध्यारोपण से माध्यम के विभिन्न बिन्दुओं पर प्राप्त तीव्रता, उन दोनों तरंगों की अलग-अलग तीव्रताओं के योग से भिन्न होती हैं। इस घटना को ही **व्यतिकरण** कहते हैं।

जिन बिन्दुओं पर तीव्रता अधिकतम होती है, उन बिन्दुओं पर हुए व्यतिकरण को **संपोषी** (constructive) व्यतिकरण कहते हैं।

अधिकतम तीव्रता के लिये, दोनों तरंगों के बीच

कलान्तर, $\Delta\phi = 2n\pi$ जहाँ $n = 0, 1, 2, \dots$

पथान्तर, $\Delta x = n\lambda$ जहाँ $n = 0, 1, 2, \dots$

अधिकतम तीव्रता

$$I_{\max} = I_1 + I_2 + 2\sqrt{I_1 I_2} = (\sqrt{I_1} + \sqrt{I_2})^2$$

$$I_{\max} = (a_1 + a_2)^2$$

a_1 व a_2 दोनों तरंगों के आयाम व I_1, I_2 दोनों तरंगों की तीव्रताएँ हैं।

जिन बिन्दुओं पर ध्वनि तरंग की तीव्रता न्यूनतम या लगभग शून्य होती हैं, उन बिन्दुओं पर हुए व्यतिकरण को **विनाशी** (destructive) **व्यतिकरण** कहते हैं।

न्यूनतम तीव्रता के लिये, दोनों तरंगों के बीच कलान्तर

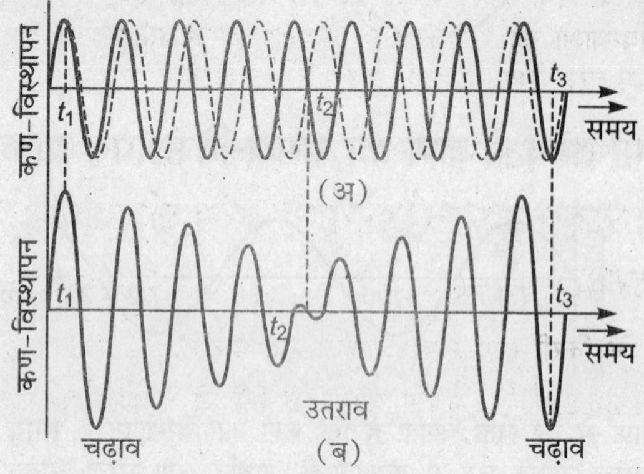

$$\Delta\phi = (2n+1)\pi \quad \text{जहाँ} \quad n = 0, 1, 2, \ldots$$

पथान्तर $\quad \Delta x = (2n+1)\dfrac{\lambda}{2}$

न्यूनतम तीव्रता

$$I_{\min} = I_1 + I_2 - 2\sqrt{I_1 I_2} = (\sqrt{I_1} \sim \sqrt{I_2})^2$$

$$I_{\min} = (a_1 \sim a_2)^2$$

विस्पन्द

जब दो लगभग समान आवृत्ति की तरंगें एक साथ उत्पन्न की जाती हैं, तो उनके अध्यारोपण से प्राप्त परिणामी तरंग की तीव्रता एक ही बिन्दु पर समय के साथ घटती-बढ़ती रहती हैं। इस घटना को **विस्पन्द** कहते हैं।

विस्पन्द आवृत्ति दोनों तरंगों की आवृत्तियों के अन्तर के बराबर होती है। **विस्पन्दों की संख्या** $= n_1 \sim n_2$

एक सेकण्ड में जितनी बार अधिकतम व न्यूनतम आवृत्ति सुनी जाती है, उस संख्या को **विस्पन्द आवृत्ति** कहते हैं।

एक विस्पन्द को सुनने में लगे समय को **विस्पन्द काल** कहते हैं।

विस्पन्दों के उपयोग

(i) **आवृत्ति ज्ञात करने में** यदि हमें किसी स्वरित्र की आवृत्ति (n_1) ज्ञात है, तो हम इसकी सहायता से अज्ञात स्वरित्र की आवृत्ति ज्ञात कर सकते हैं, माना कि 1 सेकण्ड में x विस्पन्द सुनायी पड़ते हैं।

(ii) **बाजों का समस्वरण करना** बाजे वाले अपने बाजों को समस्वरण करने के लिये विस्पन्दों का उपयोग करते हैं।

(iii) **खानों में खतरनाक गैसों का पता लगाने में** ऐसा करने के लिये समान प्रकार के दो छोटे पाइप लेकर एक पाइप में शुद्ध वायु तथा दूसरे पाइप में खान की वायु प्रवाहित करते हैं, यदि खान की वायु शुद्ध है तो विस्पन्द सुनायी नहीं देते हैं।

बद्ध माध्यम

किसी ऐसे माध्यम को जिसकी एक निश्चित परिसीमा (boundary) हो तथा जिसकी सीमायें अन्य माध्यमों से स्पष्ट पृष्ठों द्वारा पृथक् हों, **बद्ध माध्यम** कहते हैं। इस प्रकार का माध्यम केवल कुछ निश्चित आवृत्तियों से ही कम्पन कर सकता है तथा ये आवृत्तियाँ उस माध्यम की अभिलक्षणिक आवृत्तियाँ होती हैं। सितार का तार, बाँसुरी का वायु-स्तम्भ, तबले की झिल्ली, इत्यादि सभी बद्ध माध्यम हैं।

क्र.सं.	**विवरण**	**यदि विस्पन्दों की संख्या बढ़ती है** ($x' > x$), **तब अज्ञात स्वरित्र की आवृत्ति**	**यदि विस्पन्दों की संख्या घटती है** ($x' < x$), **तब अज्ञात स्वरित्र की आवृत्ति**	**यदि विस्पन्दों की संख्या न घटती है तथा न ही बढ़ती है** ($x' = x$), **तो अज्ञात स्वरित्र की आवृत्ति**	**यदि विस्पन्द उत्पन्न ही नहीं होते हैं** ($x' = 0$), **तो अज्ञात स्वरित्र की आवृत्ति**
1.	अज्ञात स्वरित्र की एक भुजा पर थोड़ा-सा मोम लगाने पर	$n_2 = n_1 - x$	$n_1 + x$	$n_1 + x$	$n_1 + x$
2.	ज्ञात स्वरित्र की एक भुजा को थोड़ा-सा रेती से घिसने पर	$n_2 = n_1 - x$	$n_1 + x$	$n_1 + x$	$n_1 + x$
3.	अज्ञात स्वरित्र की एक भुजा को थोड़ा-सा रेती से घिसने पर	$n_2 = n_1 + x$	$n_1 - x$	$n_1 - x$	$n_1 - x$
4.	ज्ञात स्वरित्र की एक भुजा थोड़ा-सा मोम लगाने पर	$n_2 = n_1 + x$	$n_1 - x$	$n_1 - x$	$n_1 - x$

बद्ध माध्यम की परिसीमा दो प्रकार की होती है

कठोर अथवा **दृढ़ कोमल** अथवा **मुक्त**।

(i) कोमल तल अथवा खुले सिरे से प्रगामी तरंग का परावर्तन निम्न चित्र में दर्शाया गया है।

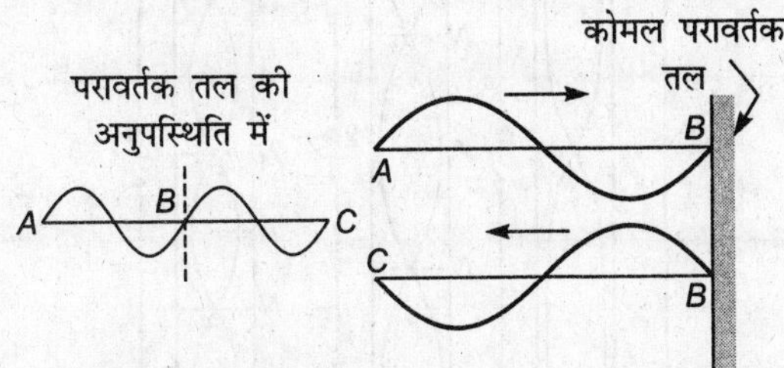

(ii) कठोर तल अथवा दृढ़ सिरे से प्रगामी तरंग का परावर्तन निम्न चित्र में दर्शाया गया है।

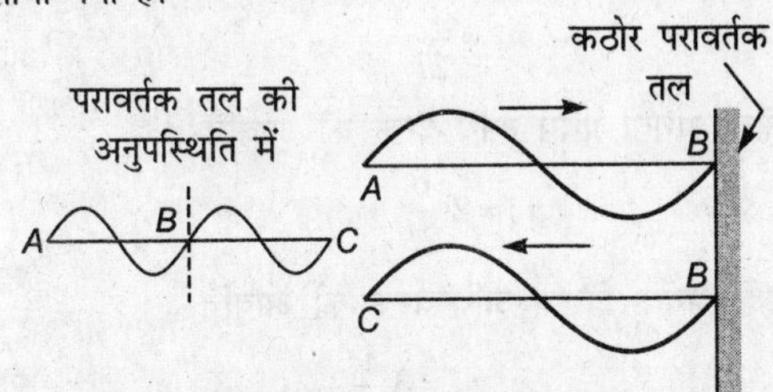

अप्रगामी तरंगें

किसी बद्ध माध्यम में समान चाल परन्तु विपरीत दिशा में चलने वाली दो अनुप्रस्थ अथवा दो अनुदैर्ध्य तरंगों के अध्यारोपण से बनी तरंग को **अप्रगामी तरंग** कहते हैं। अप्रगामी तरंग की समीकरण निम्नलिखित होती हैं

$$y = 2a \sin \frac{2\pi x}{\lambda} . \cos \frac{2\pi vt}{\lambda}$$

या
$$y = 2a \sin \frac{2\pi x}{\lambda} \cdot \sin \frac{2\pi t}{T}$$

या
$$y = 2a \cos \frac{2\pi x}{\lambda} . \sin \frac{2\pi vt}{\lambda}$$

या
$$y = 2a \cos \frac{2\pi x}{\lambda} . \cos \frac{2\pi t}{T}$$

अप्रगामी तरंगों की विशेषताएँ

अप्रगामी तरंगों के बनने के लिये माध्यम असीमित नहीं होना चाहिए, बल्कि इसकी एक निश्चित परिसीमा होनी चाहिए।

अप्रगामी तरंग में माध्यम के कुछ बिन्दु स्थायी रूप से विरामावस्था में रहते हैं। इन बिन्दुओं को **निस्पन्द** (N), जबकि कुछ बिन्दु अन्य बिन्दुओं के सापेक्ष अधिकतम विस्थापित होते रहते हैं, इन बिन्दुओं को **प्रस्पन्द** (A) कहते हैं।

दो लगातार निस्पन्दों अथवा दो लगातार प्रस्पन्दों के बीच की दूरी $\lambda/2$ होती है।

दो निस्पन्दों के मध्य सभी कण एक ही कला में कम्पन्न करते हैं, जबकि निस्पन्दों के दोनों ओर के कण परस्पर विपरीत कला में कम्पन करते हैं।

निस्पन्दों के अतिरिक्त अन्य सभी कण साम्यावस्था के परित: सरल आवर्त गति करते हैं।

किन्हीं भी दो निस्पन्दों के बीच के समस्त कणों के आवर्तकाल तो समान होते हैं, परन्तु उनके आयाम भिन्न-भिन्न होते हैं।

अनुदैर्ध्य अप्रगामी तरंगों में निस्पन्दों पर दाब तथा घनत्व में परिवर्तन अधिकतम जबकि प्रस्पन्दों पर न्यूनतम या शून्य होता है।

माध्यम के सभी कण एक आवर्तकाल में दो बार एक साथ अपनी-अपनी साम्यावस्थाओं को पार करते हैं, अर्थात् एक आवर्तकाल में अप्रगामी तरंग दो बार सरल रेखा का रूप धारण कर लेती है।

खुले सिरे (कोमल तल) पर तरंग के परावर्तन के फलस्वरूप उत्पन्न अप्रगामी तरंग की ग्राफीय व्यवस्था

माना कि किसी क्षण t पर आपतित प्रगामी तरंग की समीकरण $y = a \sin 2\pi \left(\frac{t}{T} - \frac{x}{\lambda}\right)$ है। तब खुले सिरे से परावर्तित तरंग की समीकरण $y = a \sin 2\pi \left(\frac{t}{T} + \frac{x}{\lambda}\right)$ होगी। इन तरंगों के विभिन्न समयों $(t = 0, \frac{T}{4}, \frac{T}{2}, \frac{3T}{4}, T)$ पर *समीकरण निम्न सारणी के अनुसार होंगे*

समय	आपतित तरंग की समीकरण	खुले सिरे (कोमल तल) से परावर्तित तरंग की समीकरण
$t = t$ पर	$y = a \sin 2\pi \left(\frac{t}{T} - \frac{x}{\lambda}\right)$	$y = a \sin 2\pi \left(\frac{t}{T} + \frac{x}{\lambda}\right)$
$t = 0$ पर	$y = -a \sin \frac{2\pi x}{\lambda}$	$y = +a \sin \frac{2\pi x}{\lambda}$ (आपतित के विपरीत)
$t = \frac{T}{4}$ पर	$y = +a \cos \frac{2\pi x}{\lambda}$	$y = +a \cos \frac{2\pi x}{\lambda}$ (आपतित के समान)
$t = \frac{T}{2}$ पर	$y = +a \sin \frac{2\pi x}{\lambda}$	$y = -a \sin \frac{2\pi x}{\lambda}$ (आपतित के विपरीत)
$t = \frac{3T}{4}$ पर	$y = -a \cos \frac{2\pi x}{\lambda}$	$y = -a \cos \frac{2\pi x}{\lambda}$ (आपतित के समान)
$t = T$ पर	$y = -a \sin \frac{2\pi x}{\lambda}$	$y = +a \sin \frac{2\pi x}{\lambda}$ (आपतित के विपरीत)

बन्द सिरे (कठोर तल) पर तरंग के परावर्तन के फलस्वरूप उत्पन्न अप्रगामी तरंग की ग्राफीय व्यवस्था

माना कि किसी क्षण t पर आपतित तरंग की समीकरण $y = a \sin 2\pi \left(\frac{t}{T} - \frac{x}{\lambda}\right)$ है। तब बन्द सिरे से परावर्तित तरंग की समीकरण $y = a \sin \left[2\pi \left(\frac{t}{T} - \frac{x}{\lambda}\right) + \pi\right]$ होगी, क्योंकि बन्द सिरे पर परावर्तित तरंग की कला में π अथवा $180°$ का परिवर्तन हो जाता है। इन तरंगों के विभिन्न समयों $\left(t = 0, \frac{T}{4}, \frac{T}{2}, \frac{3T}{4}, T\right)$ पर समीकरण निम्न सारणी के अनुसार होंगे।

समय	आपतित तरंग की समीकरण	बन्द सिरे (कठोर तल) से परावर्तित तरंग की समीकरण
$t = t$ पर	$y = a\sin 2\pi\left(\frac{t}{T} - \frac{x}{\lambda}\right)$	$y = a\sin\left[2\pi\left(\frac{t}{T} + \frac{x}{\lambda}\right) + \pi\right]$
$t = 0$ पर	$y = -a\sin\frac{2\pi x}{\lambda}$	$y = -a\sin\frac{2\pi x}{\lambda}$ (आपतित के समान)
$t = \frac{T}{4}$ पर	$y = +a\cos\frac{2\pi x}{\lambda}$	$y = -a\cos\frac{2\pi x}{\lambda}$ (आपतित के विपरीत)
$t = \frac{T}{2}$ पर	$y = +a\sin\frac{2\pi x}{\lambda}$	$y = +a\sin\frac{2\pi x}{\lambda}$ (आपतित के समान)
$t = \frac{3T}{4}$ पर	$y = -a\cos\frac{2\pi x}{\lambda}$	$y = +a\cos\frac{2\pi x}{\lambda}$ (आपतित के विपरीत)
$t = T$ पर	$y = -a\sin\frac{2\pi x}{\lambda}$	$y = -a\sin\frac{2\pi x}{\lambda}$ (आपतित के समान)

वायु स्तम्भ

समान क्षेत्रफल वाली बेलनाकार नलियों को **ऑर्गन पाइप** कहते हैं व इनमें उपस्थित वायु को **वायु स्तम्भ** कहते हैं।

दोनों ओर से खुले ऑर्गन पाइप को **खुला ऑर्गन पाइप** (open organ pipe) व एक ओर से बन्द ऑर्गन पाइप को **बन्द ऑर्गन पाइप** (closed organ pipe) कहते हैं।

बन्द ऑर्गन पाइप में वायु स्तम्भों के कम्पन

जब हम किसी बन्द पाइप के खुले सिरे पर फूँक मारते हैं, तो एक अनुदैर्ध्य अप्रगामी तरंग उत्पन्न हो जाती है। पाइप में होने वाले कम्पनों को निम्न चित्र में दर्शाया गया है।

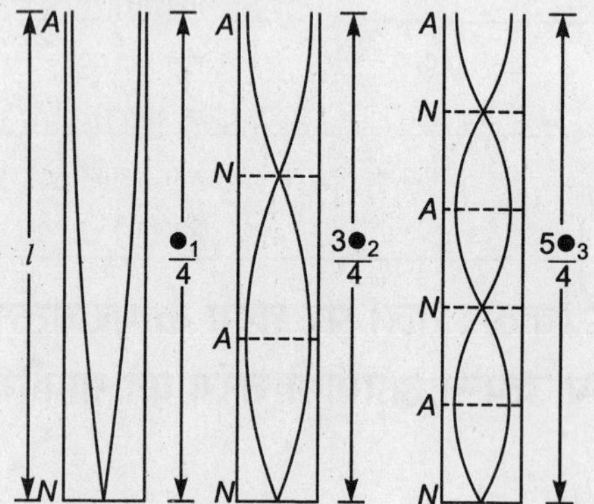

प्रथम संनादी अथवा मूल स्वरक की आवृत्ति $n_1 = \frac{v}{4l}$

तृतीय संनादी अथवा प्रथम अधिस्वरक की आवृत्ति $n_2 = \frac{3v}{4l}$

पंचम संनादी अथवा द्वितीय अधिस्वरक की आवृत्ति $n_3 = \frac{5v}{4l}$

जहाँ, $l =$ ऑर्गन पाइप की लम्बाई

$\therefore \quad n_1 : n_2 : n_3 = 1:3:5$

बन्द पाइप में केवल विषम संनादी ही उत्पन्न हो सकते हैं।

खुले ऑर्गन पाइप में वायु स्तम्भों के कम्पन

खुले पाइप में वायु स्तम्भों के कम्पनों को निम्न चित्र में दर्शाया गया है।

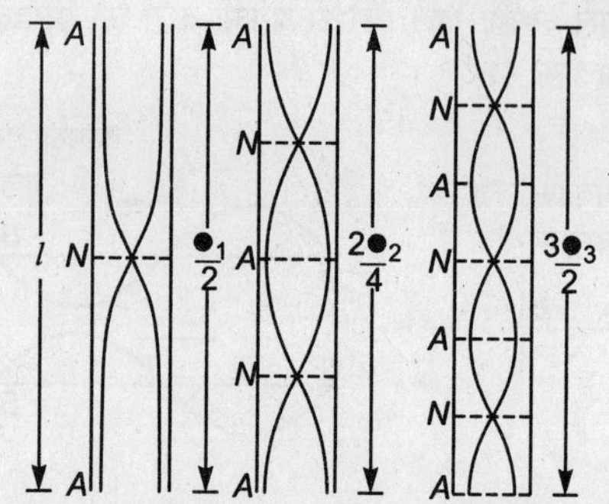

प्रथम संनादी अथवा मूलस्वरक की आवृत्ति

$$n_1 = \frac{v}{2l}$$

द्वितीय संनादी अथवा प्रथम अधिस्वरक की आवृत्ति

$$n_2 = 2\frac{v}{2l}$$

तृतीय संनादी अथवा द्वितीय अधिस्वरक की आवृत्ति

$$n_3 = 3\frac{v}{2l}$$

$$\therefore \quad n_1 : n_2 : n_3 = 1:2:3$$

खुले पाइप से सम तथा विषम दोनों प्रकार के संनादी उत्पन्न हो सकते हैं।

अंत्य संशोधन

यह पाया जाता है कि ऑर्गन पाइप में प्रस्पन्द ठीक खुले सिरे पर न बनकर थोड़ा बाहर बनता है, इस प्रकार कम्पन करने वाले वायु स्तम्भ की लम्बाई पाइप की लम्बाई से कुछ अधिक हो जाती है। खुले सिरे प्रस्पन्द तक की दूरी को **अंत्य संशोधन** (e) कहते हैं।

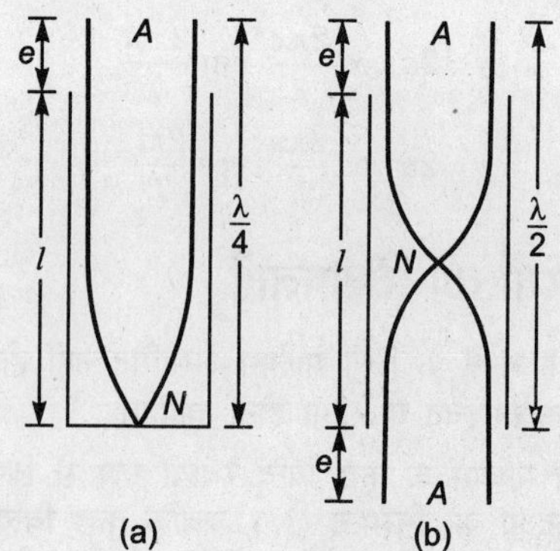

अंत्य संशोधन का मान पाइप के खुले मुँह के आकार पर निर्भर करता है। यदि पाइप की त्रिज्या r है, तो $e = 0.6\,r$

बन्द पाइप के लिए आवृत्ति, $n_1 = \frac{v}{4(l + 0.6\,r)}$

खुले पाइप के लिए आवृत्ति, $n_1 = \frac{v}{2(l + 1.2r)}$

जहाँ, $l =$ पाइप की लम्बाई तथा $r =$ पाइप की त्रिज्या।

अनुनाद नली

(i) अनुनाद नली एक बन्द ऑर्गन पाइप की तरह होती है जिसके वायु स्तम्भ की लम्बाई घटायी या बढ़ाई जा सकती है।

(ii) यदि वायु स्तम्भ के कम्पनों की आवृत्ति स्वरित्र की आवृत्ति के बराबर हो जाती है, तब यह घटना **अनुनाद** कहलाती है।

(iii) अनुनाद की पहली स्थिति में वायु स्तम्भ में पहला अनुनाद $\frac{\lambda}{4}$ दूरी पर प्राप्त होता है।

$$l_1 + e = \frac{\lambda}{4} \quad ...(i)$$

यहाँ $e = 0.6\,r$, r = वायु स्तम्भ की त्रिज्या,

l_1 = प्रथम अनुनादी लम्बाई।

(iv) अनुनाद की द्वितीय स्थिति में वायु स्तम्भ में द्वितीय अनुनाद $\frac{3\lambda}{4}$ दूरी पर प्राप्त होता है।

$$\therefore \quad l_2 + e = \frac{3\lambda}{4} \quad ...(ii)$$

l_2 = द्वितीय अनुनादी लम्बाई।

(v) ध्वनि का वेग $v = 2n\,(l_2 - l_1)$

(vi) ध्वनि की तरंगदैर्ध्य $\lambda = 2\,(l_2 - l_1)$

(vii) अंत्य संशोधन $e = \frac{l_2 - 3\,l_1}{2}$

(viii) अनुनाद नली की सहायता से स्वरित्र की आवृत्ति तथा ध्वनि का वेग ज्ञात कर सकते हैं।

(ix) अनुनाद नली की त्रिज्या बढ़ाने पर, ध्वनि की तरंगदैर्ध्य बढ़ती है, जबकि आवृत्ति घटती है।

ध्वनि के अभिलक्षण

तारत्व

तारत्व ध्वनि का वह लक्षण है जिसके कारण हम मोटी व बारीक ध्वनियों के बीच अन्तर कर सकते हैं। ध्वनि का तारत्व उसकी आवृत्ति पर निर्भर करता है, ध्वनि की आवृत्ति जितनी अधिक होती है, उसका तारत्व उतना ही ऊँचा होता है।

प्रबलता

ध्वनि का वह लक्षण है जिसके कारण ध्वनि धीमी अथवा तेज सुनायी पड़ती है, **प्रबलता** कहलाती है।

गुणता

ध्वनि का वह लक्षण जिसके कारण हम दो विभिन्न ध्वनियों में अन्तर कर सकते हैं, **गुणता** कहलाती है। ध्वनि की गुणता इन अधिस्वरकों की संख्या, क्रम व आपेक्षिक तीव्रता पर निर्भर करती है।

महत्त्वपूर्ण तथ्य

- किसी ध्वनि में संनादियों की संख्या जितनी अधिक होती है, वह उतनी ही मधुर सुनायी पड़ती है।
- पुरुषों की आवाज व शेर की दहाड़ का तारत्व कम होता है।
- सबसे निर्बल श्रव्य ध्वनि की तीव्रता 10^{-12} वाट/मी^{2} होती है।
- साधारण बातचीत में ध्वनि की तीव्रता 10^{-16} वाट/मी^{2} होती है।
- किसी गैस में ध्वनि तरंगें सदैव अनुदैर्ध्य होती हैं।
- ध्वनि तरंगों में भी परावर्तन होता है। परावर्तन के दौरान तरंग की चाल, आवृत्ति व तरंगदैर्ध्य अपरिवर्तित रहते हैं।
- यांत्रिक तरंगों में केवल ऊर्जा व संवेग का ही संचरण होता है, पदार्थ का नहीं।
- गहरे जल में ध्वनि की चाल उथले जल में ध्वनि की चाल की अपेक्षा अधिक होती है।

तनी हुई डोरियों के कम्पन

इनमें बन्द सिरों पर निस्पन्द तथा खुले सिरों पर प्रस्पन्द बनते हैं। यदि डोरी के दोनों सिरे बँधे हों, तो बँधे सिरों पर **निस्पन्द** तथा मध्य में **प्रस्पन्द** बनता है।

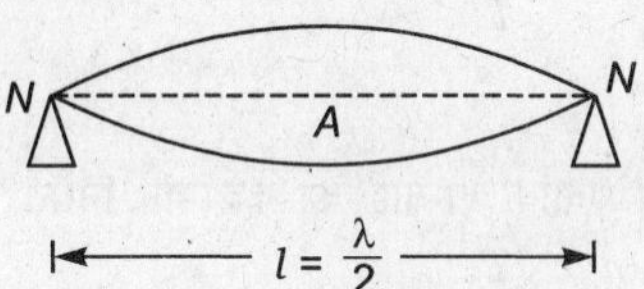

दो दृढ़ आधारों के बीच तनी हुई डोरी में अनुप्रस्थ तरंग की चाल

$$v = \sqrt{\left(\frac{T}{m}\right)}$$

या

$$v = \sqrt{\left(\frac{T}{\pi r^2 d}\right)}$$

जहाँ, T = तनाव, m = एकांक लम्बाई का द्रव्यमान,

d = डोरी के पदार्थ का घनत्व।

तनी डोरी के विभिन्न प्रकार के कम्पनों को चित्र में दर्शाया गया है।

(i) मूल अधिस्वरक या प्रथम संनादी की आवृत्ति

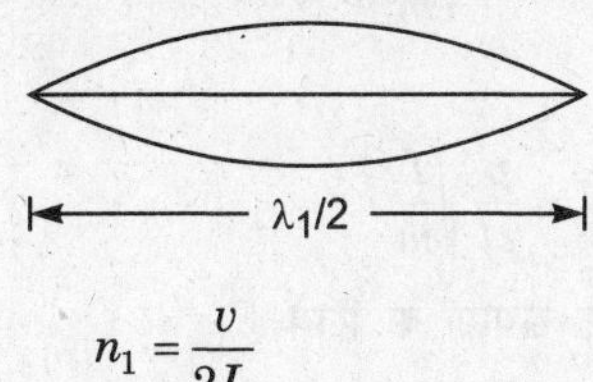

$$n_1 = \frac{v}{2L}$$

व $$L = \frac{\lambda_1}{2}$$

(ii) प्रथम अधिस्वरक या द्वितीय संनादी की आवृत्ति

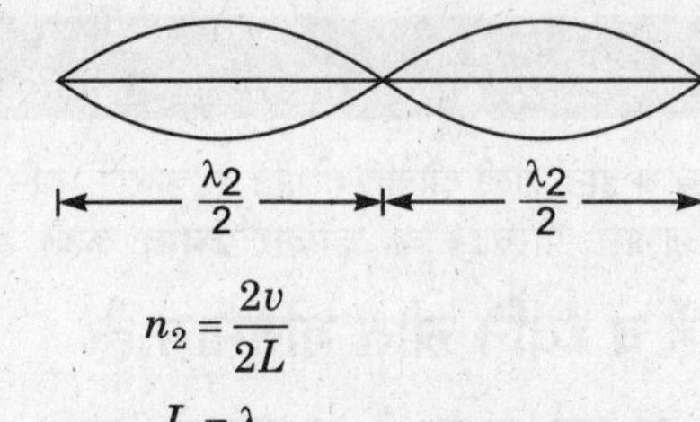

$$n_2 = \frac{2v}{2L}$$

$$\Rightarrow \quad L = \lambda_2$$

(iii) द्वितीय अधिरस्वरक या तृतीय संनादी की आवृत्ति

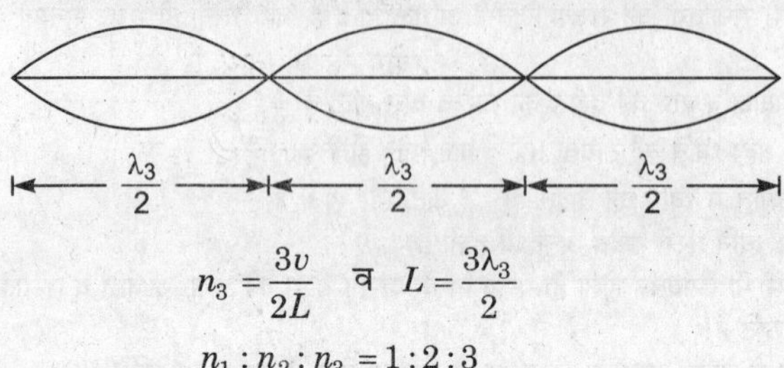

$$n_3 = \frac{3v}{2L} \quad \text{व} \quad L = \frac{3\lambda_3}{2}$$

$$\therefore \quad n_1 : n_2 : n_3 = 1 : 2 : 3$$

तनी हुई डोरी के कम्पनों के नियम

लम्बाई का नियम

यदि डोरी का तनाव व एकांक लम्बाई का द्रव्यमान नियत रहे, तो आवृत्ति $n \propto \frac{1}{l}$

तनाव का नियम

यदि डोरी की लम्बाई व एकांक लम्बाई का द्रव्यमान नियत रहे, तो आवृत्ति $n \propto \sqrt{T}$

द्रव्यमान का नियम

यदि डोरी की लम्बाई व तनाव नियत रहे, तो $n \propto \frac{1}{\sqrt{m}}$

मेल्डी का नियम

यदि l लम्बाई की एक डोरी जो p लूपों में कम्पन कर रही है व डोरी का तनाव T है, के लिये स्वरित्र की आवृत्ति N है, तो

अनुदैर्ध्य संयोग के लिये

$$\frac{N}{2} = \frac{p}{2l}\sqrt{\frac{T}{m}}$$

अनुप्रस्थ संयोग के लिये

$$N = \frac{p}{2l}\sqrt{\frac{T}{m}}$$

स्पष्ट है कि दोनों प्रकार के संयोगों के लिये

$$Tp^2 = \text{नियतांक}$$

या $$p\sqrt{T} = \text{नियतांक}$$

यह **मेल्डी का नियम** कहलाता है।

डॉप्लर प्रभाव

ध्वनि स्रोत व श्रोता के बीच होने वाली आपेक्षिक गति के कारण ध्वनि स्रोत की आवृत्ति में होने वाले आभासी परिवर्तन को **डॉप्लर प्रभाव** कहते हैं।

(i) श्रोता स्थिर है व ध्वनि स्रोत गतिमान है

यदि स्रोत, स्थिर श्रोता की ओर आ रहा है, तो आभासी आवृत्ति

$$n' = n\left(\frac{v}{v - v_s}\right)$$

अर्थात् आवृत्ति बढ़ी हुई प्रतीत होती है।

आभासी तरंगदैर्ध्य $\lambda' = \lambda\left(\frac{v - v_s}{v}\right)$

अर्थात् तरंगदैर्ध्य घटा हुआ प्रतीत होता है।

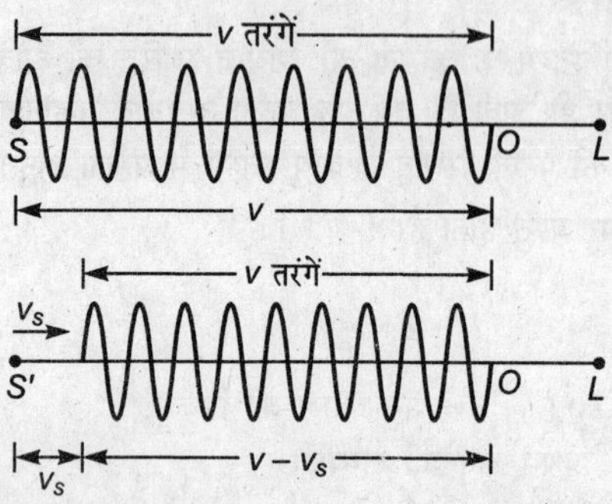

यदि स्रोत, स्थिर श्रोता से दूर जा रहा है, तो आभासी आवृत्ति

$$n' = n\left(\frac{v}{v + v_s}\right)$$

जहाँ $v =$ ध्वनि का वेग, $v_s =$ स्रोत का वेग

अर्थात् आवृत्ति घटी हुई प्रतीत होती है।

आभासी तरंगदैर्ध्य $\lambda' = \lambda\left(\frac{v + v_s}{v}\right)$

अर्थात् तरंगदैर्ध्य बढ़ा हुआ प्रतीत होता है।

(ii) श्रोता गतिमान है व स्रोत स्थिर है

यदि श्रोता, स्थिर स्रोत की ओर जा रहा है, तो आभासी आवृत्ति

$$n' = n\left(\frac{v + v_o}{v}\right)$$

अर्थात् आवृत्ति बढ़ी हुई प्रतीत होती है।

आभासी तरंगदैर्ध्य $\lambda' = \lambda\left(\frac{v}{v + v_o}\right)$

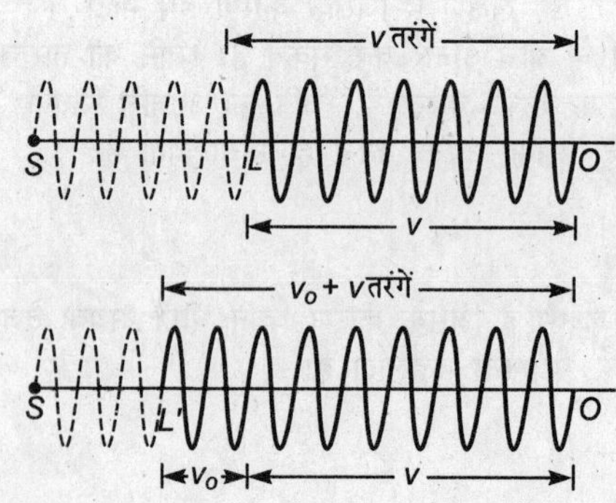

यदि श्रोता, स्थिर स्रोत से दूर जा रहा है, तो आभासी आवृत्ति

$$n' = n\left(\frac{v - v_o}{v}\right)$$

जहाँ $v_o =$ श्रोता का वेग, $v =$ ध्वनि का वेग

अर्थात् आभासी आवृत्ति घटी हुई प्रतीत होती है।

आभासी तरंगदैर्ध्य $\lambda' = \lambda\left(\frac{v}{v - v_o}\right)$

अर्थात् आभासी तरंगदैर्ध्य बढ़ा हुआ प्रतीत होता है।

(iii) दोनों स्रोत तथा श्रोता गतिमान हैं

यदि श्रोता व स्रोत एक दिशा में गतिमान हैं तथा श्रोता, स्रोत से आगे है, तब आभासी आवृत्ति

$$n' = \left(\frac{v - v_o}{v - v_s}\right) n$$

आभासी तरंगदैर्ध्य $\lambda' = \lambda\left(\frac{v - v_s}{v - v_o}\right)$

यदि दोनों एक ही दिशा में गतिमान हैं तथा स्रोत, श्रोता से आगे हैं, तब आभासी आवृत्ति

$$n' = n\left(\frac{v + v_o}{v + v_s}\right)$$

आभासी तरंगदैर्ध्य $\lambda' = \lambda\left(\frac{v + v_s}{v + v_o}\right)$

यदि दोनों एक-दूसरे की ओर आ रहे हैं, तब आभासी आवृत्ति

$$n' = n\left(\frac{v + v_o}{v - v_s}\right)$$

आभासी तरंगदैर्ध्य $\lambda' = \lambda\left(\frac{v - v_s}{v + v_o}\right)$

यदि दोनों एक-दूसरे से दूर जा रहे हैं, तब आभासी आवृत्ति

$$n' = n\left(\frac{v - v_o}{v + v_s}\right)$$

आभासी तरंगदैर्ध्य $\lambda' = \lambda\left(\frac{v + v_s}{v - v_o}\right)$

(iv) यदि वायु w वेग से बह रही है, तो आभासी आवृत्ति

$$n' = n\left(\frac{v \pm w - v_o}{u \pm w - v_s}\right)$$

ध्वनि का वेग ज्ञात करने की हैब की टेलीफोन विधि

हैब ने वर्ष 1905 में एक बड़े कमरे के भीतर प्रयोग करके वायु में ध्वनि का वेग ज्ञात किया। यह विधि व्यतिकरण के सिद्धान्त पर आधारित है। इसमें एक अज्ञात आवृत्ति (n) के स्रोत (सीटी) से उत्पन्न ध्वनि तरंगों की तरंगदैर्ध्य (λ) नापते हैं तथा सूत्र $v = n\lambda$ से ध्वनि का वेग (v) ज्ञात करते हैं।

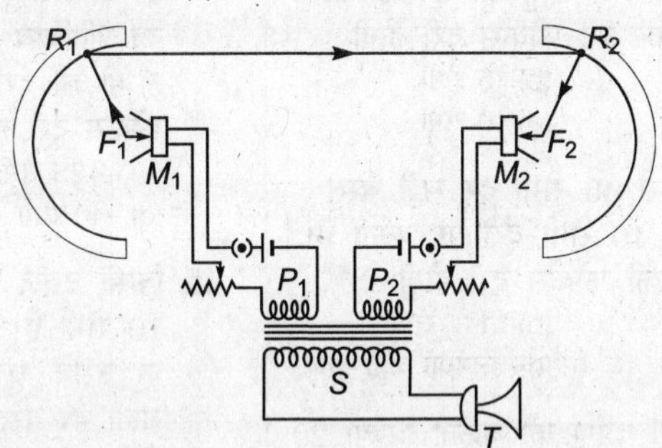

प्रकाश में डॉप्लर प्रभाव

यदि कोई प्रकाश स्रोत किसी स्थिर प्रेक्षक से दूर जाता है अथवा निकट आता है, तो इसकी आवृत्ति व तरंगदैर्ध्य में भी परिवर्तन का आभास होता है। इसी को **प्रकाश का डॉप्लर प्रभाव** कहते हैं।

यदि प्रकाश स्रोत, प्रेक्षक से दूर जाता है, तो इसकी आवृत्ति घटी हुई व तरंगदैर्ध्य बढ़ी हुई प्रतीत होती है। इसे **लाल विस्थापन** (red shift) कहते हैं।

यदि कोई प्रकाश स्रोत, प्रेक्षक के निकट आ रहा है, तो इसकी आवृत्ति बढ़ी हुई व तरंगदैर्ध्य घटी हुई प्रतीत होती है। इसे **बैंगनी विस्थापन** (violet shift) कहते हैं।

तरंगदैर्ध्य में आभासी परिवर्तन $\Delta\lambda = \frac{v}{c}\lambda$

$c =$ निर्वात में प्रकाश का वेग

आवृत्ति में आभासी परिवर्तन $\Delta n = \frac{2v}{c} n$

यदि प्रकाश स्रोत तथा प्रेक्षक v वेग से इस प्रकार गति कर रहे हैं कि उनके बीच की दूरी घट रही है, तो

आभासी आवृत्ति $n' = n\sqrt{\frac{1 + v/c}{1 - v/c}}$

यदि प्रकाश स्रोत तथा प्रेक्षक v वेग से इस प्रकार गति कर रहे हैं कि उनके बीच की दूरी बढ़ रही है, तो

आभासी आवृत्ति $n' = n\sqrt{\frac{1 - v/c}{1 + v/c}}$

वस्तुनिष्ठ प्रश्न

1. एक उत्तल दर्पण से 25 सेमी दूर रखी वस्तु का प्रतिबिम्ब वस्तु की लम्बाई का आधा है। दर्पण की फोकस दूरी होगी
(a) 20 सेमी (b) 15 सेमी
(c) 25 सेमी (d) 10 सेमी

2. उत्तल दर्पण से 40 सेमी दूर रखी वस्तु का प्रतिबिम्ब 10 सेमी दूरी पर बनता है। उत्तल दर्पण की फोकस दूरी होगी
(a) 12.3 सेमी (b) 11.3 सेमी
(c) 13.3 सेमी (d) इनमें से कोई नहीं

3. किसी अवतल दर्पण की वक्रता त्रिज्या 20 सेमी है। किसी वस्तु का दोगुने आकार का वास्तविक प्रतिबिम्ब बनाने के लिए वस्तु को दर्पण से दूर रखना होगा
(a) 15 सेमी (b) 20 सेमी
(c) 10 सेमी (d) 5 सेमी

4. किसी अवतल दर्पण से 40 सेमी दूर वस्तु रखने से उसका प्रतिबिम्ब उसी स्थान पर बनता है। दर्पण की फोकस दूरी होगी
(a) 40 सेमी (b) 20 सेमी
(c) 60 सेमी (d) 80 सेमी

5. एक उत्तल दर्पण जिसकी फोकस दूरी 30 सेमी है, के द्वारा वस्तु के आकार का 1/5 गुना बड़ा प्रतिबिम्ब बनता है। दर्पण से वस्तु की दूरी होगी
(a) 60 सेमी (b) 90 सेमी
(c) 120 सेमी (d) 150 सेमी

6. यदि अवतल दर्पण के फोकस से कोई वस्तु x सेमी दूर रखी है और उसका प्रतिबिम्ब y सेमी की दूरी पर बनता है, तो निम्नलिखित में उचित होगा
(a) $f = \sqrt{xy}$ (b) $f = x + y$
(c) $f = x - y$ (d) $f = 0$

7. 16 सेमी फोकस दूरी वाले अवतल दर्पण के सामने 12 सेमी की दूरी पर कोई वस्तु रखी है। यदि वस्तु की ऊँचाई 2 सेमी हो, तो प्रतिबिम्ब की ऊँचाई होगी
(a) 8 सेमी (b) 6 सेमी
(c) 5 सेमी (d) 2 सेमी

8. एक 30 सेमी वक्रता त्रिज्या वाले उत्तल दर्पण के सामने 15 सेमी की दूरी पर एक जलती हुई मोमबत्ती रखी है। प्रतिबिम्ब की स्थिति होगी
(a) दर्पण के सामने 10 सेमी पर
(b) दर्पण के पीछे 10 सेमी पर
(c) दर्पण के पीछे 7.5 सेमी पर
(d) कहीं भी नहीं

9. एक कार की लाइट में अवतल दर्पण लगा है। दीप्त तन्तु की लम्बाई 4 मिमी है। तन्तु का प्रतिबिम्ब 40 सेमी बड़ा तथा दर्पण से 5 मी की दूरी पर बनाने के लिए दर्पण की फोकस दूरी होगी
(a) –4.95 सेमी (b) –5 सेमी
(c) –40 सेमी (d) 5.37 सेमी

10. किसी उत्तल दर्पण की फोकस दूरी 10 सेमी है। एक वस्तु उसकी मुख्य अक्ष पर उसके ध्रुव से 20 सेमी दूरी पर रखी जाती है। वस्तु के प्रतिबिम्ब की स्थिति होगी
(a) 6.67 सेमी दर्पण के पीछे, आभासी
(b) 6.67 सेमी दर्पण के आगे, आभासी
(c) 6.67 सेमी दर्पण के पीछे, वास्तविक
(d) उपरोक्त में से कोई नहीं

11. कोई वस्तु अवतल दर्पण के सम्मुख 20 सेमी दूरी पर रखी है। यदि दर्पण की वक्रता त्रिज्या 20 सेमी हो, तो उसका प्रतिबिम्ब बनेगा
(a) 10 सेमी दर्पण के आगे
(b) 20 सेमी दर्पण के आगे
(c) 10 सेमी दर्पण के पीछे
(d) 20 सेमी दर्पण के पीछे

12. एक उत्तल दर्पण 1/2 आवर्धन करता है जबकि वस्तु दर्पण से 90 सेमी दूरी पर है। यदि प्रतिबिम्ब की माप वस्तु का 1/3 हो, तो ध्रुव से वह दूरी जहाँ वस्तु रखनी चाहिए, वह है
(a) 1.8 मी (b) 2.6 मी
(c) 0.90 मी (d) इनमें से कोई नहीं

13. एक अवतल दर्पण द्वारा बनाया गया प्रतिबिम्ब वस्तु के माप का 1/2 है। यदि वस्तु को दर्पण से 6 सेमी दूर ले जाए, तो प्रतिबिम्ब, वस्तु के माप का 1/4 हो जाएगा। अवतल दर्पण की फोकस दूरी होगी
(a) 24 सेमी (b) 3 सेमी
(c) 12 सेमी (d) 6 सेमी

14. सूर्य का व्यास 600 सेमी वक्रता त्रिज्या वाले अवतल दर्पण के ध्रुव पर लगभग 32' का कोण बनाता है। इस अवतल गोलीय दर्पण द्वारा बनाए गए सूर्य के प्रतिबिम्ब का व्यास लगभग होगा $(\tan 16' = 0.0046)$
(a) 3.18 सेमी (b) 2.76 सेमी
(c) 4.14 सेमी (d) इनमें से कोई नहीं

15. निर्वात् तथा एक पारदर्शी माध्यम में प्रकाश की चाल क्रमशः 3×10^8 मी/से तथा 2.4×10^8 मी/से है। माध्यम का निरपेक्ष अपवर्तनांक होगा
(a) 5/4 (b) 3/4
(c) 4/3 (d) 3/2

16. वायु में प्रकाश की चाल 3×10^8 मी/से है। यदि काँच में प्रकाश की चाल 2×10^8 मी/से हो, तो वायु के सापेक्ष काँच का अपवर्तनांक होगा
(a) 2/3 (b) 1.8
(c) 2×10^8 (d) 1.5

17. एक बेलनाकार बर्तन की गहराई d है। यह बर्तन आपस में न मिश्रित होने वाले समान आयतन के द्रवों से भरा है, जिनके अपवर्तनांक क्रमशः μ_1, μ_2, μ_3 हैं। बर्तन की आभासी गहराई है
(a) $3d(\mu_1 + \mu_2 + \mu_3)$
(b) $\frac{d}{3}\left(\frac{1}{\mu_1} + \frac{1}{\mu_2} + \frac{1}{\mu_3}\right)$
(c) $\frac{\mu_1 + \mu_2 + \mu_3}{d}$
(d) उपरोक्त में से कोई नहीं

18. एक काँच की प्लेट के अन्दर एक छोटा-सा हवा का बुलबुला है। एक प्रेक्षक को यह बुलबुला काँच में नीचे की ओर लम्ब रूप में देखते हुए नजदीकी सतह से 2 मिमी की दूरी पर दिखता प्रतीत होता है। वास्तविक दूरी होगी (काँच के लिए $\mu = 1.5$)
(a) 3 मिमी
(b) 2 मिमी
(c) 1.33 मिमी
(d) 4.33 मिमी

19. वायु के सापेक्ष किसी द्रव का क्रान्तिक कोण 45° है। उस द्रव का अपवर्तनांक होगा
(a) $1/\sqrt{2}$ (b) $\sqrt{3/2}$
(c) $2/\sqrt{3}$ (d) $\sqrt{2}$

20. एक बीकर की तली में कोई वस्तु रखी है तथा बीकर में 12 सेमी की ऊँचाई तक कोई द्रव भर दिया जाता है। यदि वायु के सापेक्ष द्रव का अपवर्तनांक $\frac{4}{3}$ हो, तो वस्तु बीकर की तली से ऊपर उठी हुई प्रतीत होगी
(a) 2 सेमी (b) 3 सेमी
(c) 5 सेमी (d) 4 सेमी

21. वायु के सापेक्ष का अपवर्तनांक 1.50 है तथा काँच के सापेक्ष हीरे का अपवर्तनांक 1.61 है। वायु के सापेक्ष हीरे का अपवर्तनांक होगा
(a) 1.61 (b) 1.50
(c) 3.11 (d) 2.41

22. 40 सेमी गहराई की बाल्टी पानी से लबालब भरी है। बाल्टी की तली की आभासी गहराई होगी
(a) 30 सेमी (b) 40 सेमी
(c) 60 सेमी (d) इनमें से कोई नहीं

23. यदि दो माध्यमों के पृथक्कारी तल पर प्रकाश लम्बवत् आपतित हो, तो अपवर्तन कोण होगा
(a) 90° (b) 0°
(c) 135° (d) 60°

24. पानी की सतह से 1 मी ऊपर स्थित व्यक्ति को स्वच्छ पानी के तालाब की तली में एक सिक्का 3.4 मी गहराई पर प्रतीत होता है। उस व्यक्ति द्वारा कम से कम कितनी लम्बी छड़ से यह सिक्का छुआ जाएगा, जबकि पानी का अपवर्तनांक $\frac{4}{3}$ है?
(a) 4.2 मी (b) 3.5 मी
(c) 1.2 मी (d) 2.1 मी

25. एक काँच की पट्टी की मोटाई t मीटर है। यदि पट्टी का अपवर्तनांक μ तथा प्रकाश की चाल c हो, तो पट्टी को पार करने में लगा समय होगा
(a) t/c (b) $\mu t/c$
(c) $\mu c/t$ (d) $t/\mu c$

26. प्रकाश की एक किरण एक माध्यम, जिसमें प्रकाश का वेग 1.5×10^{10} सेमी/से है, से वायु में 20° तथा 40° के आपतन कोणों पर आपतित होती है। यदि वायु में प्रकाश का वेग 3×10^{10} सेमी/से है, तो किरण में पूर्ण आन्तरिक परावर्तन होगा
(a) किसी दशा में नहीं
(b) जब आपतित कोण 30° हो
(c) जब आपतित कोण 20° हो
(d) दोनों दशाओं में

27. एक स्क्रीन को प्रकाश के स्रोत से 3 मी की दूरी पर रखा गया है। यदि 20 सेमी व्यास की काँच की प्लेट ($\mu = 1.5$) स्क्रीन तथा स्रोत के बीच में रख दी जाए, तो प्रकाश द्वारा लिए गए समय में वृद्धि सेकण्ड में होगी
(a) $\left(\frac{10}{3}\right) \times 10^{-10}$ (b) $\left(\frac{3}{10}\right) \times 10^{-10}$
(c) $\left(\frac{5}{3}\right) \times 10^{-10}$ (d) 1×10^{-9}

28. तालाब के जल की सतह के 2 मी ऊपर एक लैम्प रखा है ($\mu_{जल} = 4/3$)। ऊपर से देखने पर पानी में लैम्प का प्रतिबिम्ब, तालाब की तली से मिलता प्रतीत होता है। तालाब की गहराई है
(a) 2/3 मी (b) 3/2 मी
(c) 8/3 मी (d) 2 मी

29. एक तेल की पतली पर्त पानी पर तैर रही है। एक प्रकाश किरण 45° के आपतन कोण पर तेल की सतह पर आपतित होती है। किरण द्वारा पानी के अन्दर बने अपवर्तन कोण का मान होगा
(तेल का अपवर्तनांक = 1.45 पानी का अपवर्तनांक = 1.33)
(a) $\sin^{-1} 0.53$ (b) $\sin^{-1} 0.49$
(c) $\sin^{-1} 0.65$ (d) $\sin^{-1} 0.38$

30. दिए गए आँकड़ों से द्रव का अपवर्तनांक होगा; खाली बीकर की तली का पाठ्यांक = 11.42 सेमी
द्रव से आधे भरे बीकर की तली का पाठ्यांक = 11.80 सेमी
बीकर में द्रव की ऊपरी सतह का पाठ्यांक = 12.89 सेमी
(a) 1.30 (b) 1.12
(c) 1.35 (d) इनमें से कोई नहीं

31. एक लेन्स को पुस्तक के छपे पृष्ठ पर रखकर थोड़ा ऊपर उठाने से अक्षर बड़े दिखाई देते हैं, तो पुस्तक लेन्स से होगी
(a) f दूरी पर
(b) $2f$ दूरी पर
(c) अनन्त दूरी पर
(d) लेन्स के प्रकाशिक केन्द्र व फोकस के बीच

32. एक उत्तल लेन्स के सामने उसके फोकस से 9 सेमी दूर एक वस्तु है। वस्तु का वास्तविक उल्टा व बड़ा प्रतिबिम्ब फोकस से 16 सेमी की दूरी पर बनता है। लेन्स की फोकस दूरी होगी
(a) 12 सेमी (b) 24 सेमी
(c) −12 सेमी (d) −24 सेमी

33. एक उत्तल लेन्स से 5 सेमी की दूरी पर स्थित एक वस्तु का प्रतिबिम्ब वस्तु की ओर उससे दोगुना बड़ा बनता है। यदि वस्तु को उसी लेन्स से 15 सेमी की दूरी पर रखा जाए, तो प्रतिबिम्ब की लेन्स से दूरी होगी
(a) 15 सेमी (b) 20 सेमी
(c) 12 सेमी (d) 30 सेमी

34. 0.12 मी फोकस दूरी के उत्तल लेन्स से वस्तु का तीन गुना वास्तविक प्रतिबिम्ब पर्दे पर प्राप्त करने के लिए वस्तु को लेन्स से दूर रखना चाहिए
(a) 0.12 मी पर (b) 0.15 मी पर
(c) 0.14 मी पर (d) 0.16 मी पर

35. एक लेन्स की फोकस दूरी +20 सेमी है। यदि इसके सम्पर्क में एक अन्य लेन्स लगा दिया जाए ताकि इसकी सम्मिलित फोकस दूरी −40 सेमी हो जाए, तो दूसरे लेन्स की शक्ति होगी
(a) +1.7 D (b) −5.0 D
(c) −7.5 D (d) −1.7 D

36. अभिसारी किरणों के मार्ग में 20 सेमी फोकस दूरी वाले अवतल लेन्स को रखने पर किरणें लेन्स से 15 सेमी पीछे अक्ष पर फोकस होती हैं। लेन्स की अनुपस्थिति में किरणें फोकस होती हैं
(a) 8.6 सेमी दूर (b) 6.8 सेमी दूर
(c) 7.8 सेमी दूर (d) 9.8 सेमी दूर

37. एक वस्तु 30 सेमी फोकस दूरी वाले अवतल लेन्स के फोकस पर स्थित है। प्रतिबिम्ब की स्थिति होगी
(a) −15 सेमी (b) 15 सेमी
(c) 10 सेमी (d) −10 सेमी

38. एक मोमबत्ती किसी पर्दे से 90 सेमी की दूरी पर रखी है। 20 सेमी फोकस दूरी के उनके बीच रखे उत्तल लेन्स से पर्दे पर वास्तविक और छोटा स्पष्ट प्रतिबिम्ब बनता है। लेन्स से मोमबत्ती की दूरी होगी
(a) 30 सेमी (b) 60 सेमी
(c) −30 सेमी (d) −70 सेमी

39. एक प्रदीप्त स्लिट उत्तल लेन्स के सामने 40 सेमी की दूरी पर रखी है। लेन्स की फोकस दूरी 15 सेमी है, पर्दे पर बने प्रतिबिम्ब का आवर्धन होगा
(a) 2/3 (b) −4/5
(c) −3/5 (d) 2

40. एक उत्तल लेन्स की फोकस दूरी 20 सेमी है। इससे वस्तु का दोगुना बड़ा वास्तविक प्रतिबिम्ब बनता है। वस्तु की लेन्स से दूरी होगी
(a) −30 सेमी (b) −20 सेमी
(c) −60 सेमी (d) 30 सेमी

41. दो लेन्सों, जिनमें से एक की फोकस दूरी 25 सेमी (उत्तल) तथा दूसरे की फोकस दूरी −10 सेमी (अवतल) है, को एक साथ रखा गया है। संयुक्त लेन्स की क्षमता होगी
(a) 14 D (b) −14 D
(c) 6 D (d) −6 D

42. एक उत्तल लेन्स की फोकस दूरी 20 सेमी है। लेन्स के एक ओर उससे 50 सेमी की दूरी पर 4 सेमी ऊँची वस्तु रखी है। प्रतिबिम्ब की ऊँचाई होगी
(a) 2/3 सेमी (b) 8/3 सेमी
(c) −8/3 सेमी (d) 6 सेमी

43. एक उत्तल लेन्स, जो स्क्रीन पर वास्तविक प्रतिबिम्ब बनाता है, का आवर्धन 1.8 है। जब स्क्रीन को 5 सेमी हटाया गया तथा प्रतिबिम्ब पुन: फोकस किया गया, तो आवर्धन 2.0 हो जाता है। लेन्स की फोकस दूरी होनी चाहिए
(a) 9 सेमी (b) 25 सेमी
(c) 10 सेमी (d) 18 सेमी

44. 1.5 अपवर्तनांक वाले लेन्स की वायु में फोकस दूरी 20 सेमी है। यदि पानी का अपवर्तनांक 2.0 हो जाता है, तो उसकी फोकस दूरी होगी
(a) 18 सेमी (b) 80 सेमी
(c) 40 सेमी (d) 10 सेमी

45. वस्तु तथा स्क्रीन के बीच लेन्स की दो स्थितियों में यदि आवर्धन m_1 व m_2 हों तथा लेन्स की दोनों स्थितियों की दूरी d हों, तो लेन्स की फोकस दूरी f होगी
(a) $d / (m_1 + m_2)$
(b) $d / (m_1 - m_2)$
(c) $(m_1 - m_2) / d$
(d) उपरोक्त में से कोई नहीं

46. विभिन्न दूरियों पर स्थित वस्तुओं के प्रतिबिम्बों को फोकस करने के लिए आँख के लेन्स की फोकस दूरी परिवर्तित होती है
(a) पुतली द्वारा
(b) सिलियरी पेशियों द्वारा
(c) दृष्टिपटल द्वारा
(d) अन्ध बिन्दु द्वारा

47. दूरदृष्टि का एक रोगी 40 सेमी से निकट की वस्तुओं को साफ नहीं देख पाता। आँख को सामान्य बनाने के लिए आवश्यक लेन्स होगा
(a) 200/3 सेमी फोकस दूरी का अवतल लेन्स
(b) 100 सेमी फोकस दूरी का अवतल लेन्स
(c) 200/3 सेमी फोकस दूरी का उत्तल लेन्स
(d) उपरोक्त में से कोई नहीं

48. कोई मनुष्य 5 मी की दूरी तक स्पष्ट देख सकता है। 10 मी तक स्पष्ट देखने के लिए आवश्यक लेन्स की फोकस दूरी होगी
(a) 10 मी (b) – 10 मी
(c) 20 मी (d) 5 मी

49. एक व्यक्ति अपनी आँख से 60 सेमी से कम दूरी पर रखी वस्तु को स्पष्ट नहीं देख पाता। इस दोष के निवारण के लिए उसे कितनी क्षमता का लेन्स प्रयोग करना होगा?
(a) $\frac{3}{2}$ D (b) $\frac{5}{3}$ D
(c) $\frac{7}{3}$ D (d) इनमें से कोई नहीं

50. द्वितीयक रंग है
(a) मैजेण्टा, लाल और पीला
(b) मैजेण्टा, नीला और पीला
(c) हरा, स्यान और पीला
(d) मैजेण्टा, स्यान और पीला

51. जब श्वेत प्रकाश काँच के प्रिज्म में से गुजरता है, तो दूसरी ओर प्राप्त स्पेक्ट्रम में जिस रंग का विचलन न्यूनतम होता है, वह है
(a) बैंगनी (b) लाल
(c) हरा (d) पीला

52. निम्नलिखित में से प्रकाश के किस रंग की तरंगदैर्ध्य अधिक लम्बी होती है?
(a) हरा (b) पीला
(c) बैंगनी (d) लाल

53. आपतित प्रकाश की तरंगदैर्ध्य बढ़ाने पर किसी माध्यम के अपवर्तनांक पर क्या प्रभाव पड़ता है?
(a) घटता है (b) बढ़ता है
(c) नियत रहता है (d) शून्य हो जाता है

54. श्वेत प्रकाश स्पेक्ट्रम के जिस भाग के लिए आँख की दृश्यता (visibility) सर्वाधिक है, वह है
(a) नीला (b) हरा-नीला
(c) पीला (d) लाल

55. एकवर्णी प्रकाश किरण निर्वात से किसी पदार्थ में चलती है, तो निम्नलिखित में से कौन-सा लक्षण नहीं बदलता है?
(a) चाल (b) तीव्रता
(c) तरंगदैर्ध्य (d) आवृत्ति

56. निम्नलिखित में से किस विद्युत चुम्बकीय विकिरण की तरंगदैर्ध्य न्यूनतम है?
(a) पराबैंगनी किरणें (b) एक्स किरणें
(c) गामा किरणें (d) माइक्रो तरंगें

57. जब प्रकाश वायु से काँच में प्रवेश करता है, तो उसकी
(a) तरंगदैर्ध्य बढ़ती है (b) तरंगदैर्ध्य घटती है
(c) आवृत्ति घटती है (d) आवृत्ति बढ़ती है

58. अवरक्त स्पेक्ट्रम किसके बीच पड़ता है?
(a) रेडियो तरंगों व सूक्ष्म तरंगों के बीच
(b) सूक्ष्म तरंगों व दृश्य क्षेत्र के बीच
(c) दृश्य तथा पराबैंगनी क्षेत्रों के बीच
(d) पराबैंगनी व एक्स किरणों के बीच

59. जब प्रकाश एक माध्यम से दूसरे माध्यम में जाता है, तो निम्न में से कौन-सा एक अपरिवर्तित रहता है?
(a) तीव्रता (b) वेग
(c) तरंगदैर्ध्य (d) आवृत्ति

60. प्रकाश तरंगों के वायु से काँच में जाने पर जो चर (variables) प्रभावित होते हैं, वे हैं
(a) तरंगदैर्ध्य, आवृत्ति और वेग
(b) वेग और आवृत्ति
(c) तरंगदैर्ध्य और आवृत्ति
(d) तरंगदैर्ध्य और वेग

61. प्रकाश की गति किसके बीच से जाते हुए न्यूनतम होगी?
(a) काँच (b) निर्वात्
(c) जल (d) वायु

62. सूर्य के प्रकाश को धरती की सतह पर पहुँचने में लगने वाला समय है, लगभग
(a) 4.2 सेकण्ड (b) 4.8 सेकण्ड
(b) 8.5 मिनट (d) 3.6 घण्टे

63. पूर्ण आन्तरिक परावर्तन होता है, जब प्रकाश जाता है
(a) हीरे से काँच में (b) जल से काँच में
(c) वायु से जल में (d) वायु से काँच में

64. प्रकाश तन्तु (optical fibre) जिस सिद्धान्त पर काम करता है, वह है
(a) पूर्ण आभ्यंतर (आन्तरिक) परावर्तन
(b) अपवर्तन
(c) प्रकीर्णन
(d) व्यतिकरण

65. प्रकाश सजावट तथा विज्ञापन के लिए विसर्जन नलिकाओं में प्रयुक्त होने वाली गैस है
(a) कार्बन डाइ ऑक्साइड (b) अमोनिया
(c) सल्फर डाइ ऑक्साइड (d) निऑन

66. मरीजों के पेट के अन्दर का परीक्षण करने हेतु डॉक्टरों द्वारा प्रयुक्त ''एण्डोस्कोप'' निम्नलिखित में से किस सिद्धान्त पर कार्य करता है?
(a) प्रकाश का परावर्तन
(b) प्रकाश का प्रकीर्णन
(c) प्रकाश का अपवर्तन
(d) प्रकाश का सकल आन्तरिक परावर्तन

67. मृगमरीचिका का कारण है
(a) प्रकाश का व्यतिकरण
(b) प्रकाश का विवर्तन
(c) प्रकाश का ध्रुवण
(d) प्रकाश का पूर्ण आन्तरिक परावर्तन

68. एक काटा हुआ हीरा क्यों जगमगाता है?
(a) इसकी आणविक संरचना के कारण
(c) प्रकाश के शोषण के कारण
(c) पूर्ण आन्तरिक परावर्तन के कारण
(d) कुछ अन्य निहित गुण के कारण

69. उचित रीति से कटे हीरे की असाधारण चमक का आधारभूत कारण यह है, कि
(a) उसमें अति उच्च पारदर्शिता होती है
(b) उसका अति उच्च अपवर्तन सूचकांक होता है
(c) वह बहुत कठोर होता है
(d) उसके सुनिश्चित विचलन तल होते हैं

70. प्रकाश विकिरणों की प्रकृति होती है
(a) तरंग के समान
(b) कण के समान
(d) तरंग एवं कण दोनों के समान
(d) तरंग एवं कण, किसी के समान नहीं

71. प्रकाश का शून्यावकाश में वेग अनुमानत: है
(a) 3×10^{10} मी/से
(b) 3×10^{8} मी/से
(c) 3×10^{8} किमी/से
(d) 3×10^{8} प्रकाश वर्ष

72. निम्नांकित ऊर्जा रूपान्तरणों में से किस के द्वारा प्रकाश संश्लेषण की क्रिया सम्पादित होती है?
(a) प्रकाश से रासायनिक ऊर्जा
(b) प्रकाश से ताप ऊर्जा
(c) ताप से जैव रासायनिक ऊर्जा
(d) ऊष्मा से गतिज ऊर्जा

73. जब दो समानान्तर समतल दर्पणों के बीच कोई वस्तु रख दी जाती है, तो बनने वाले प्रतिबिम्बों की संख्या होती है
(a) दो (b) एक
(c) छ: (d) अनन्त

74. समान आयाम व समान तरंगदैर्ध्य की दो तरगें विभिन्न कलाओं में अध्यारोपित की जाती हैं। परिणामी तरंग का आयाम होगा, जब उनके बीच कलान्तर है
(a) शून्य (b) $\pi/2$
(c) π (d) $3\pi/3$

75. दो कला सम्बद्ध एकवर्णी प्रकाश पुंजों की तीव्रताएँ I तथा $4I$ हैं। इनके अध्यारोपण से परिणामी पुंज में अधिकतम तथा न्यूनतम सम्भव तीव्रताएँ हैं
(a) $5I$ तथा $3I$ (b) $9I$ तथा I
(c) $9I$ तथा $3I$ (d) $5I$ तथा I

76. चित्र में यंग का द्वि-स्लिट प्रयोग दर्शाया गया है। चित्र में O के एक ओर Q पहली दीप्त फ्रिन्ज की स्थिति है। O के दूसरी ओर P, Q के सापेक्ष ग्यारहवीं फ्रिन्ज की स्थिति है। यदि प्रयुक्त प्रकाश की तरंगदैर्ध्य 6000×10^{-10} मी हो, तो S_1B होगा

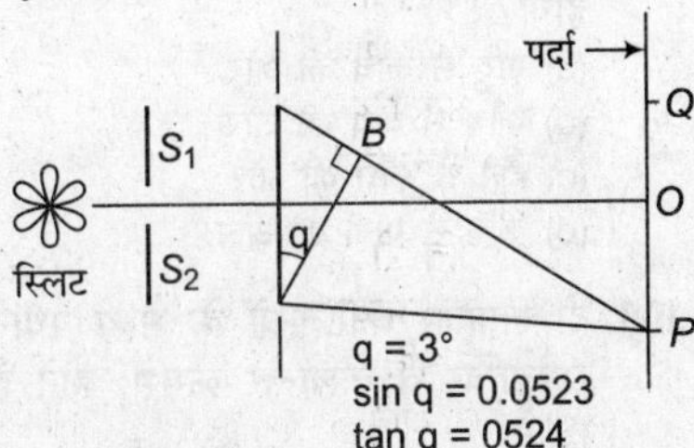

(a) 6×10^{-6} मी
(b) 3.144×10^{-7} मी
(c) 6.2×10^{-5} मी
(d) 3.138×10^{-7} मी

77. 6000 Å तरंगदैर्ध्य के प्रकाश द्वारा उत्पन्न व्यतिकरण प्रतिरूप में यह पाया जाता है कि जब व्यतिकरण तरंगों में से किसी एक के पथ में 1.5 अपवर्तनांक वाली काँच की एक पतली प्लेट रख दी जाती है, तो केन्द्रीय फ्रिन्ज हटकर चौथी दीप्त फ्रिन्ज की स्थिति में पहुँच जाती है। काँच की प्लेट की मोटाई है
(a) 4.8×10^{-6} मी (b) 8.23×10^{-6} मी
(c) 14.98×10^{-6} मी (d) 3.78×10^{-6} मी

78. 5460 Å के समान कला के स्रोतों से निकलने वाले तरंगाग्रों के मध्य किसी बिन्दु पर पथान्तर 2.1 माइक्रोन है। उस बिन्दु पर उन तरंगाग्रों के मध्य कलान्तर होगा
(a) 7.692 (b) $7.692\,\pi$
(c) $\frac{7.692}{\pi}$ (d) $\frac{7.692}{3\pi}$

79. यंग के द्वि-स्लिट प्रयोग में, दो स्लिटें समान आयाम A तथा तरंगदैर्ध्य λ के कला सम्बद्ध (coherent) स्रोतों की भाँति कार्य करती हैं। एक अन्य प्रयोग में उसी अवस्था के साथ वही दो स्लिटें आयाम A तथा तरंगदैर्ध्य λ के स्रोतों की भाँति कार्य करती हैं, परन्तु कला असम्बद्ध (incoherent) है। पर्दे के मध्य बिन्दु पर पहली तथा दूसरी स्थितियों में प्रकाश की तीव्रताओं का अनुपात है
(a) 1 : 2 (b) 2 : 1
(c) 2 : 3 (d) 3 : 2

80. व्यतिकारी तरंगों के विस्थापन क्रमश: $y_1 = 4\sin\omega t$ सेमी तथा $y_2 = 3\sin\left(\frac{\omega t+\pi}{2}\right)$ सेमी है। परिणामी तरंग का आयाम होगा
(a) 5 सेमी (b) 2 सेमी
(c) 1 सेमी (d) शून्य

81. एकवर्णी प्रकाश के मार्ग में एक छोटी वृत्ताकार चकती रख दी जाती है। ज्यामितीय छाया का केन्द्र होगा
(a) चमकीला (b) रंगीन
(c) आधा चमकीला (d) काला

82. 1 मिमी दूरी पर स्थित दो रेखा छिद्रों पर 6.0×10^{-7} मी तरंगदैर्ध्य का प्रकाश आपतित किया गया है। रेखा छिद्रों से 1 मी दूर रखे पर्दे पर तीसरी अदीप्त तथा पाँचवी दीप्त फ्रिन्ज के मध्य दूरी होगी
(a) 0.65 मिमी (b) 1.5 मिमी
(c) 2.50 मिमी (d) 1.63 मिमी

83. यंग के व्यतिकरण प्रयोग अवस्था में आपतित पीला प्रकाश दो तरंगदैर्ध्यों 5890 Å तथा 5895 Å से निर्मित है। स्लिटों के बीच की दूरी 10^{-3} मी है तथा पर्दा स्लिटों से 1 मी की दूरी पर रखा गया है। पर्दे पर किस क्रम तक की फ्रिन्जें देखी जा सकती हैं तथा पर्दे के मध्य से कितनी दूरी तक फ्रिन्जें पायी जा सकती हैं?
(a) 589, 1.5 मी (b) 425, 0.347 मी
(c) 589, 0.347 मी (d) 425, 1.5 मी

84. यंग के द्वि-स्लिट प्रयोग में रेखा छिद्रों को श्वेत प्रकाश से प्रकाशित किया गया है। दोनों रेखा छिद्रों के मध्य दूरी b है तथा उनसे पर्दा d दूरी पर है। पर्दे पर रेखा छिद्र के ठीक सामने कुछ तरंगदैर्ध्य अनुपस्थित हैं, वे है
(a) $\lambda = \frac{b^2}{d}, \frac{b^2}{3d}, \dots$ (b) $\lambda = \frac{b^2}{d}, \frac{b^2}{2d}, \dots$
(c) $\lambda = \frac{2b^2}{3d}$ (d) $\lambda = \frac{2b^2}{d}$

85. एक समान्तर एकवर्णी प्रकाश पुँज एक पतली स्लिट पर अभिलम्बवत् गिरता है। आपतित पुँज की दिशा के लम्बवत् रखे एक पर्दे पर विवर्तन प्रतिरूप बनता है। विवर्तन प्रतिरूप के प्रथम निम्निष्ठ पर, स्लिट के दोनों किनारों से आने वाली किरणों के बीच कलान्तर है
(a) शून्य (b) π
(c) $\pi/2$ (d) 2π

86. एकल-स्लिट विवर्तन प्रयोग में, जिसमें स्लिट की चौड़ाई 0.6 मिमी है, पीला प्रकाश प्रयुक्त किया जाता है। यदि पीले प्रकाश को X- किरणों से बदल दिया जाए, तो प्रेक्षित प्रतिरूप दर्शाएगा कि
(a) केन्द्रीय उच्चिष्ठ पहले से संकीर्ण हो जाता है
(b) विवर्तन प्रतिरूप ही नहीं बनता
(c) फ्रिन्जों की संख्या कम हो जाती है
(d) फ्रिन्जों की संख्या बढ़ जाती है

87. एकल-स्लिट फ्रॉनहॉफर विवर्तन में फ्रिन्जों की चौड़ाई बदलती है
(a) स्लिट की चौड़ाई के अनुक्रमानुपात में
(b) स्लिट की चौड़ाई के व्युत्क्रमानुपात में
(c) प्रकाश की तरंगदैर्ध्य के व्युत्क्रमानुपात में
(d) स्लिट तथा पर्दे के बीच की दूरी के व्युत्क्रमानुपात में

88. दो समान तीव्रता के कला सम्बद्ध स्रोत किसी बिन्दु पर अधिकतम 100 इकाई तीव्रता उत्पन्न करते हैं। यदि एक स्रोत की चौड़ाई घटाकर 36% कम कर दी जाए, तो उसी बिन्दु पर प्रकाश तीव्रता होगी
(a) 90 इकाई (b) 89 इकाई
(c) 24 इकाई (d) 81 इकाई

89. 5500 Å तरंगदैर्ध्य का प्रकाश 22×10^{-5} सेमी चौड़े रेखा छिद्र पर अभिलम्बवत् पड़ता है। केन्द्रीय उच्चिष्ठ के दोनों ओर प्रथम निम्निष्ठ की कोणीय स्थिति होगी
(a) 0.25 रेडियन (b) 2.5 रेडियन
(c) 0.5 रेडियन (d) 5.0 रेडियन

90. लाल प्रकाश का पुंज प्रयुक्त करके एक-एकल स्लिट द्वारा विवर्तन प्रतिरूप प्राप्त किया गया है। क्या होता है यदि लाल प्रकाश नीले प्रकाश से प्रतिस्थापित किया जाए?
(a) विवर्तन फ्रिन्जें चौड़ी तथा परस्पर दूर-दूर हो जाती हैं
(b) विवर्तन फ्रिन्जें पतली तथा पास-पास हो जाती हैं
(c) विवर्तन फ्रिन्जें विलुप्त हो जाती हैं
(d) विवर्तन प्रतिरूप में कोई परिवर्तन नहीं होता

91. 5×10^{-5} सेमी मोटाई तथा 1.33 अपवर्तनांक वाली साबुन की फिल्म पर श्वेत प्रकाश अभिलम्बवत् गिरता है। दृश्य भाग में कौन-सी तरंगदैर्ध्य सबसे अधिक परावर्तित होती है?
(a) 3800 Å (b) 8867 Å
(c) 26600 Å (d) 5320 Å

92. 4000 Å तरंगदैर्ध्य का प्रकाश आपतित करने पर एक चकती 2 अर्द्धावर्ती कटिबन्धों को ढकती है। यदि उस पर 8000 Å तरंगदैर्ध्य का प्रकाश आपतित किया जाए, तो वह कितने कटिबन्ध ढकेगी?
(a) 2 (b) 4
(c) 3 (d) 1

93. दो प्रकाश पुंजों में स्थानिक एवं कालिक सम्बद्धता होगी, यदि
(a) दोनों के मध्य कलान्तर निश्चित हो
(b) दोनों के मध्य क्रलान्तर शून्य हो
(c) दोनों के मध्य तरंगदैर्ध्य समान हो
(d) दोनों के मध्य तरंगदैर्ध्य भिन्न हो

94. यद्यपि प्रकाश व ध्वनि दोनों की तरंग प्रकृति है, परन्तु ध्वनि में विवर्तन सुगमता से हो जाता है, जबकि प्रकाश में विवर्तन देखने के लिए विशेष व्यवस्था करनी पड़ती है, क्योंकि
(a) प्रकाश तरंगें अनुप्रस्थ हैं
(b) प्रकाश निर्वात में चल सकता है
(c) प्रकाश की चाल बहुत अधिक है
(d) प्रकाश की तरंगदैर्ध्य बहुत छोटी है

95. विद्युत चुम्बकीय तरंगों के संचरण में संचरण की दिशा तथा ध्रुवण तल के बीच कोण होता है
(a) 90° (b) 180°
(c) 0° (d) 45°

96. एक अध्रुवित प्रकाश किरण X- अक्ष के अनुदिश गतिमान है। किरण में वैद्युत क्षेत्र वेक्टर कम्पन करता है
(a) X-अक्ष के अनुदिश (b) Y-अक्ष के अनुदिश
(c) Z-अक्ष के लम्बवत् (d) Y-अक्ष के लम्बवत्

97. अपवर्तनांक 1.5 के काँच के टुकड़े को ध्रुवक के रूप में प्रयोग करें, तो ध्रुवण कोण होगा
(a) 43.7° (b) 33.7°
(c) 56.3° (d) 23.4°

98. वृत्तीय ध्रुवित और अध्रुवित मिश्रित प्रकाश के विश्लेषण के लिए मिश्रित प्रकाश को गुज़ारना चाहिए
(a) पहले क्वार्टर-तरंग प्लेट से, फिर निकॉल प्रिज्म से
(b) पहले अर्द्ध-तरंग प्लेट से, फिर निकॉल प्रिज्म से
(c) पहले निकॉल प्रिज्म से, फिर क्वार्टर-तरंग प्लेट से
(d) पहले निकॉल प्रिज्म से, फिर अर्द्ध-तरंग प्लेट से

99. जल में चलता प्रकाश पुँज जल में डूबी काँच की एक प्लेट पर गिरता है। जब आपतन कोण 51° है, तब परावर्तित प्रकाश पुँज पूर्णतया समतल ध्रुवित पाया जाता है। वायु के सापेक्ष काँच का अपवर्तनांक है (जल का अपवर्तनांक $=4/3$)
(a) 1.33 (b) 1.235
(c) 1.647 (d) 2.155

100. यंग के प्रयोग में दो रेखा छिद्रों (slits) के मध्य दूरी 0.1 मिमी है तथा इन छिद्रों की पर्दे से दूरी 20 सेमी है। पर्दे पर बनी फ्रिन्ज की चौड़ाई 1.1 मिमी है, तो प्रकाश पुँज की तरंगदैर्ध्य है
(a) 5500 Å (b) 4500 Å
(c) 5490 Å (d) 6000 Å

101. दो ध्रुवकों की ध्रुवण दिशाएँ समान्तर हैं, जब उनसे I_m तीव्रता का प्रकाश निकलता है। यदि इनकी ध्रुवण दिशाओं के मध्य कोण θ हो, तो यह तीव्रता $I_m/2$ हो जाती है। θ का मान होगा
(a) ± 45° तथा ± 180°
(b) ± 60°
(c) ± 105°
(d) ± 45° तथा ± 135°

102. एक किरण पुँज AO काँच के गुटके $(n=1.54)$ पर चित्रानुसार गिरती है। परावर्तित किरण OB एक निकॉल प्रिज्म से गुजरती है। प्रिज्म में से देखने पर हम देखते हैं कि प्रिज्म को घुमाने पर

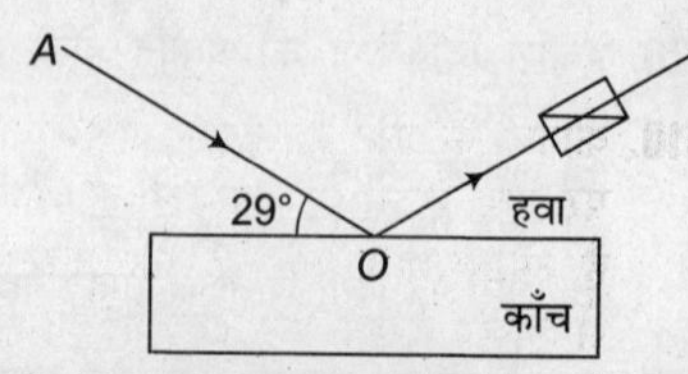

(a) निर्गत प्रकाश समतल ध्रुवित है
(b) निर्गत प्रकाश आंशिक ध्रुवित है
(c) निर्गत प्रकाश ध्रुवित नहीं होता
(d) उपरोक्त में से कोई नहीं

103. रंगीन काँच के स्थान पर पोलेरॉइड के बने चश्मों की विशेष उपयोगिता है, क्योंकि ये
(a) आँखों में चौंध उत्पन्न करने वाले प्रकाश का अवशोषण करते हैं
(b) आँखों को पराबैंगनी तरंगों से सुरक्षा प्रदान करते हैं
(c) आँखों में धूल-मिट्टी के कणों को जाने से रोकते हैं
(d) तेज प्रकाश का परावर्तन करते हैं

104. प्रकाश के विवर्तन के लिए अवरोधक का आकार किस कोटि का होना चाहिए?
(a) 10^{-2} मी (b) 10^{-4} मी
(c) 10^{-3} मी (d) 10^{-7} मी

105. दो निकॉल प्रिज्मों के मुख्य परिच्छेद परस्पर θ कोण पर रखें हैं। प्रथम प्रिज्म पर आपतित अध्रुवित प्रकाश का 25% भाग ही दूसरे प्रिज्म से निर्गत् हो पाता है। कोण θ का मान होगा
(a) 90° (b) 45°
(c) 60° (d) 120°

106. न्यूटन रिंग समायोजन से, बनी हुई रिंग के कारक समानुपाती होते हैं
(a) λ (b) λ^2 के
(c) $\sqrt{\lambda}$ के (d) $\frac{1}{\sqrt{\lambda}}$ के

107. इलेक्ट्रॉन सूक्ष्मदर्शी की विभेदन क्षमता साधारण सूक्ष्मदर्शी से कितने गुना अधिक होती है?
(a) 40 गुना (b) 400 गुना
(c) 4000 गुना (d) 4 गुना

108. प्रकाश किरण के किस माध्यम से परावर्तित होने पर 180° कलान्तर प्राप्त होगा?
(a) वायु से काँच की ओर
(b) काँच से वायु की ओर
(c) हीरे से काँच की ओर
(d) काँच से पानी की ओर

109. दो लगातार कटिबन्धों के मध्य पथान्तर, समयान्तर व कलान्तर क्रमशः होते हैं
(a) $\frac{\lambda}{2}, \frac{T}{2}, \pi$ (b) λ, T, π
(c) $\frac{\lambda}{2}, \frac{T}{2}, \frac{\pi}{2}$ (d) $\frac{\lambda}{2}, \frac{T}{2}, 2\pi$

110. कागज के एक टुकड़े पर पड़े एक धब्बे पर एक कैल्साइट क्रिस्टल को रखा जाता है और घुमाया जाता है, कैल्साइट क्रिस्टल से होकर देखने पर दिखायी देगा
(a) एक धब्बा
(b) दो स्थायी धब्बे
(c) दो घूमते हुए धब्बे
(d) एक धब्बे के परितः घूमता हुआ दूसरा धब्बा

111. एक प्रिज्म का कोण 60° है, न्यूनतम विचलन की स्थिति में रखने पर यह 30° का विचलन उत्पन्न करता है, तब आपतन कोण है
(a) 30° (b) 45° (c) 15° (d) 60°

112. स्पेक्ट्रोमापी की प्रिज्म टेबल पर एक समबाहु प्रिज्म न्यूनतम विचलन की स्थिति में रखा हुआ है। यदि आपतन कोण 60° है, तो किरण का विचलन कोण है
(a) 90° (b) 60° (c) 45° (d) 30°

113. दो लेन्सों के सम्पर्क में अवर्णक अभिसारी युग्म की शक्ति +2 D है। उत्तल लेंस की शक्ति + 5 D है। अभिसारी व अपसारी लेन्सों की वर्ण विक्षेपण क्षमताओं में क्या अनुपात है?
(a) 2:5 (b) 3:5
(c) 5:2 (d) 5:3

114. यंग के द्वि-रेखा छिद्र में पर्दे पर एक बिन्दु पर जहाँ पथान्तर λ है, तीव्रता K है, उस बिन्दु पर जहाँ पथान्तर $\lambda/4$ हैं, तीव्रता क्या होगी?
(a) $K/4$ (b) $K/2$
(c) K (d) शून्य

115. सोडियम प्रकाश ($\lambda = 5898$ Å) के साथ यंग को द्वि-रेखा छिद्र प्रयोग में 92 फ्रिन्जें दिखायी देती है, यदि हरे प्रकाश ($\lambda = 3461$ Å) को प्रयोग करें, तब कितनी फ्रिन्जें दिखायी देंगी?
(a) 62 (b) 67
(c) 85 (d) 99

116. फ्रेनल द्विक-प्रिज्म के प्रयोग में लेन्स की दो स्थितियों में रेखा छिद्रों के बीच की दूरी क्रमश: 16 सेमी व 9 सेमी प्राप्त होती हैं, इनके बीच वास्तविक दूरी है
(a) 12.5 सेमी (b) 12.0 सेमी
(c) 13 सेमी (d) 14 सेमी

117. यंग के द्वि-रेखा छिद्र व्यतिकरण प्रयोग में दो स्रोतों के बीच दूरी $0.1/\pi$ मिमी है, स्रोत से पर्दे की दूरी 25 सेमी है। प्रयुक्त प्रकाश की तरंगदैर्ध्य 5000 Å है, तब प्रथम अदीप्त फ्रिन्ज की कोणीय स्थिति है
(a) 0.10° (b) 0.15°
(c) 0.30° (d) 0.45°

118. 3800 Å तरंगदैर्ध्य के पीले प्रकाश एवं 4000 Å तरंगदैर्ध्य के नीले प्रकाश का मिश्रण 0.00010 मिमी मोटाई की वायु फिल्म पर लम्बवत् आपतित होता है, परावर्तित प्रकाश का रंग है।
(a) लाल
(b) नीला
(c) बैंगनी
(d) काला

119. साबुन के पतले झाग में चमकदार रंगों का बनना किस परिघटना का परिणाम है?
(a) बहुलित परावर्तन और व्यतिकरण
(b) बहुलित अपवर्तन और परिक्षेपण
(c) विवर्तन और परिक्षेपण
(d) ध्रुवण और व्यतिकरण

120. रमन प्रभाव का प्रकाश की उन किरणों से सम्बन्ध है, जो आर-पार जाती हैं
(a) केवल द्रवों के
(b) केवल प्रिज्मों के
(c) केवल हीरों के
(d) सभी पारदर्शी माध्यम के

121. जब एक सीडी (ऑडियो एवं वीडियो प्रणालियों में प्रयुक्त होने वाली कॉम्पैक्ट डिस्क) सूर्य के प्रकाश में देखी जाती है, तो इन्द्रधनुष के समान रंग दिखाई पड़ते हैं। इसकी व्याख्या की जा सकती है
(a) परावर्तन एवं विवर्तन (reflection and diffraction) की परिघटना के आधार पर
(b) परावर्तन एवं पारगमन (reflection and transmission) की परिघटना के आधार पर
(c) विवर्तन पर पारगमन की परिघटना के आधार पर
(d) अपवर्तन (refraction) विवर्तन एवं पागमन की परिघटना के आधार पर

122. आकाश नीला दिखाई देता है, प्रकाश के
(a) विवर्तन के कारण (b) परावर्तन के कारण
(c) अपवर्तन के कारण (d) प्रकीर्णन के कारण

123. अस्त होते समय सूर्य लाल दिखाई देता है
(a) परावर्तन के कारण (b) प्रकीर्णन के कारण
(c) अपवर्तन के कारण (d) विवर्तन के कारण

124. एक तरंग की आवृत्ति 120 हर्ट्ज है। यदि तरंग की चाल 480 मी/से हो, तो तरंग का तरंगदैर्ध्य होगा
(a) 2 मी (b) 4 मी
(c) 3 मी (d) 8 मी

125. तनी हुई डोरी में
(a) केवल सम सन्नादी उत्पन्न होती है
(b) केवल विषम सन्नादी उत्पन्न होती है
(c) सम तथा विषम सन्नादी उत्पन्न होती है
(d) न सम और न ही विषम सन्नादी उत्पन्न होती है

126. दोनों सिरों पर खुली आर्गन पाइप में उत्पन्न होती हैं
(a) अनुदैर्ध्य अप्रगामी तरंगें
(b) अनुदैर्ध्य प्रगामी तरंगें
(c) अनुप्रस्थ अप्रगामी तरंगें
(d) अनुप्रस्थ प्रगामी तरंगें

127. दो तरंगों की आवृत्तियों में 1 : 2 का अनुपात है। उनके आवर्तकालों में अनुपात होगा
(a) 1 : 2 (b) 2 : 1
(c) 1 : 4 (d) 4 : 1

128. वायु में दो तरंगों के तरंगदैर्ध्यों का अनुपात 3:5 है। इन तरंगों की आवृत्तियों का अनुपात होगा
(a) 3 : 5 (b) 5 : 3
(c) 15 : 3 (d) 5 : 9

129. एक स्थिर प्रेक्षक को पार करते समय इन्जन की सीटी की आभासी आवृत्ति में 3:2 के अनुपात में परिवर्तन होता है। यदि ध्वनि का वेग 330 मी/से हो, तो इन्जन का वेग होगा
(a) 70 मी/से (b) 68 मी/से
(c) 66 मी/से (d) 64 मी/से

130. एक रेडियो प्रसार केन्द्र से 40 मेगा हर्ट्ज की विद्युत चुम्बकीय तरंगें प्रसारित होती हैं। यदि विद्युत चुम्बकीय तरंगों की चाल 3×10^8 मी/से हो, तो इन तरंगों की तरंगदैर्ध्य होगी
(a) 7.5 मी (b) 6.5 मी
(c) 5.5 मी (d) 4.5 मी

131. X-किरणों की तरंगदैर्ध्य 1 Å है। यदि X-किरणों की चाल 3.0×10^8 मी/से हो, तो इनकी आवृत्ति होगी
(a) 3×10^{-6} हर्ट्ज (b) 3×10^{18} हर्ट्ज
(c) 3×10^{20} हर्ट्ज (d) 3×10^{14} हर्ट्ज

132. गाल्टन की सीटी द्वारा उत्पन्न पराश्रव्य तरंग की आवृत्ति 30000 हर्ट्ज है। सीटी द्वारा वायु में उत्पन्न पराश्रव्य तरंग की तरंगदैर्ध्य होगी
(a) 1.1 सेमी (b) 1.1 मी
(c) 0.1 सेमी (d) 11 सेमी

133. एकविमीय तरंग का सही समीकरण है
(a) $\frac{d^2y}{dx^2} = \frac{1}{u^2}\frac{d^2y}{dt^2}$
(b) $\frac{d^2y}{dx^2} = u^2\frac{d^2y}{dt^2}$
(c) $\frac{d^2y}{dx^2} = \frac{1}{u}\frac{d^2y}{dt^2}$
(d) $\frac{d^2y}{dx^2} = u\frac{d^2y}{dt^2}$

134. किसी पुरुष के स्वर की आवृत्ति 400 कम्पन/से है तथा उत्पन्न ध्वनि तरंगों की लम्बाई 1 मी है। यदि किसी महिला के स्वरों की लम्बाई 80 सेमी हो, तो उसके स्वर की आवृत्ति होगी

(a) 500 कम्पन/से (b) 400 कम्पन/से
(c) 200 कम्पन/से (d) 100 कम्पन/से

135. दो पहाड़ियों के बीच खड़ा एक व्यक्ति जब बन्दूक से गोली चलाता है, तो उसे क्रमशः 2 सेकण्ड तथा 3 सेकण्ड बाद प्रतिध्वनियाँ सुनाई देती हैं। यदि वायु में ध्वनि का वेग 332 मी/से हो, तो पहाड़ियों के बीच की दूरी होगी

(a) 1660 मी (b) 830 मी
(c) 996 मी (d) 880 मी

136. 10 सेमी मोटी दीवार से गुजरने पर ध्वनि की तीव्रता 20% घट जाती है। ऐसी ही 20 सेमी मोटी दीवार से गुजरने पर ध्वनि की तीव्रता कुल कितने प्रतिशत घट जायेगी?

(a) 30% (b) 36%
(c) 40% (d) 80%

137. दो सरल आवर्त गतियाँ जिनके आयाम असमान हों, आवर्तकाल 1 : 2 की निष्पत्ति में हो, $\frac{\pi}{2}$ के कलान्तर पर परस्पर अभिलम्बवत् अध्यारोपित होने पर उत्पन्न करती हैं

(a) वृत्तीय गति (b) दीर्घ वृत्तीय गति
(c) परवलीय गति (d) सरल रेखीय गति

138. 600 कम्पन/से की एक ध्वनि तरंग जब वायु में चलती है, तो तरंगदैर्ध्य 0.50 मी होती है। जब यह तरंग जल में प्रवेश करती है, तो तरंगदैर्ध्य 2 मी बढ़ जाती है। ध्वनि की वायु तथा जल में चालों का अनुपात है

(a) 1 : 4 (b) 1 : 5 (c) 4 : 1 (d) 5 : 1

139. जैसे ही एक खाली बर्तन जल से भरा जाता है, उसकी आवृत्ति

(a) बढ़ती है (b) कम होती है
(c) वही रहती है (d) इनमें से कोई नहीं

140. 450 हर्ट्ज की ध्वनि देने वाली एक सीटी एक स्थिर श्रोता की ओर 33 मी/से की चाल से आ रही है। वायु में ध्वनि का वेग 330 मी/से है। श्रोता द्वारा सुनी गई आवृत्ति हर्ट्ज में है

(a) 429 (b) 409 (c) 517 (d) 500

141. किसी खुले ऑर्गन पाइप की मूल आवृत्ति 300 हर्ट्ज है, इस ऑर्गन पाइप का प्रथम अधिस्वरक उतना ही है जितना कि एक बन्द पाइप का प्रथम अधिस्वरक। यदि ध्वनि की चाल 300 मी/से है, तो बन्द ऑर्गन पाइप की लम्बाई है

(a) 41 सेमी (b) 10 सेमी
(c) 164 सेमी (d) 82 सेमी

142. चार तरंगों के आयाम a तथा कोणीय वेग ω नीचे दिये गये हैं, किस तरंग की तीव्रता सबसे अधिक है?

(a) $a = 10 \times 10^{-4}$ मी, $\omega = 500$ सेकण्ड$^{-1}$
(b) $a = 2 \times 10^{-4}$ मी, $\omega = 2000$ सेकण्ड$^{-1}$
(c) $a = 2 \times 10^{-4}$ मी, $\omega = 200$ सेकण्ड$^{-1}$
(d) $a = 20 \times 10^{-4}$ मी, $\omega = 115$ सेकण्ड$^{-1}$

143. 0.5 ग्राम भार की एक मीटर लम्बी डोरी को 200 हर्ट्ज आवृत्ति वाले स्वरित्र से बद्ध करके अनुप्रस्थ स्थिति में कम्पन कराया जाता है। डोरी में चार लूप उत्पन्न करने के लिए तनाव होगा

(a) 10 न्यूटन (b) 5 न्यूटन
(c) 15 न्यूटन (d) 110 न्यूटन

144. पानी में उत्पादित ध्वनि की तरंगदैर्ध्य 480 सेमी है। यदि ध्वनि का वेग पानी में 1440 मी/से तथा वायु में 330 मी/से है, तो एक व्यक्ति द्वारा वायु में सुनी गई ध्वनि की तरंगदैर्ध्य सेमी में होगी

(a) 2096 (b) 480
(c) 110 (d) इनमें से कोई नहीं

145. जमीन पर एक व्यक्ति एक जेट विमान को अपने सिर के ठीक ऊपर देखता है। जब विमान ऊर्ध्वाधर के साथ 30° का कोण व्यक्ति की आँख पर बनाता है तब ध्वनि सुनाई देती है। यदि ध्वनि का वेग v हो, तो जेट विमान का वेग होगा

(a) $v/2$ (b) $v/\sqrt{3}$
(c) $\sqrt{3}v/2$ (d) इनमें से कोई नहीं

146. दो कण C व D समान आयाम a तथा समान आवृत्ति n से समान सरल रेखा के अनुदिश सरल आवर्त गति कर रहे हैं। दोनों कणों के मध्य अधिकतम दूरी $a\sqrt{2}$ है। दोनों के मध्य प्रारम्भिक कलान्तर है

(a) $\pi/4$ (b) $\pi/2$
(c) π (d) शून्य

147. एक तरंग बनाने वाली टंकी से 10 पूर्ण तरंगें प्रति सेकण्ड उत्पादित की जाती हैं। यदि शृंग एवं उससे निकटस्थ गर्त के बीच की दूरी 10 सेमी हो, तो तरंग का वेग होगा

(a) 50 सेमी/सेकण्ड (b) 200 सेमी/सेकण्ड
(c) 100 सेमी/सेकण्ड (d) इनमें से कोई नहीं

148. दो आदमी बिन्दु A तथा B पर एक समतल ऊर्ध्वाधर पहाड़ी के फलक C से समान दूरी पर हैं एवं आपस में 600 मी की दूरी पर हैं। उनमें से एक गोली चलाता है, दूसरा सीधी आवाज सुनने के एक सेकण्ड बाद उसकी प्रतिध्वनि सुनता है। यदि ध्वनि का वेग 330 मी/से है, तो C की A, B से समान न्यूनतम दूरी लगभग है

(a) 418 मी (b) 355 मी
(c) 465 मी (d) इनमें से कोई नहीं

149. 0°C ताप पर बादलों की गड़गड़ाहट रोशनी के 5 सेकण्ड बाद सुनी गई। यदि तापमान 20°C होता, तो ध्वनि सुनाई देती

(a) 4.8 सेकण्ड बाद (लगभग)
(b) 2.5 सेकण्ड बाद (लगभग)
(c) 3.8 सेकण्ड बाद (लगभग)
(d) 5.2 सेकण्ड बाद (लगभग)

150. समान ताप पर हीलियम के घनत्व का हाइड्रोजन के घनत्व से 4 : 1 का अनुपात हो, तो हाइड्रोजन गैस ($\gamma = 7/5$) तथा हीलियम गैस ($\gamma = 5/3$) में ध्वनि वेगों का अनुपात होगा

(a) $7/3$ (b) $5/2\sqrt{(21)}$
(c) $\sqrt{(21)}/5$ (d) $2\sqrt{(21)}/5$

151. समान दूरी पर बने 20 छिद्रों वाली तश्तरी को ऊर्ध्वाधर तल से अपने अक्ष के परितः 120 चक्कर/मिनट घुमाया जाता है। यदि हवा एक ओर से फूंकी जाए, तो ध्वनि तरंगों की लगभग लम्बाई होगी

(a) 16.5 मी (b) 8.25 मी
(c) 6.0 मी (d) इनमें से कोई नहीं

152. वह तापमान जिस पर ध्वनि का वेग, 0°C पर ध्वनि के वेग का डेढ़ गुना होता है

(a) 136°C (b) 50°C
(c) 341.25°C (d) इनमें से कोई नहीं

153. एक गहरे कुएँ में पानी का तल, खींचने हेतु लगी घिरनी ठीक 20 मी नीचे है। रस्सी से बाल्टी खींचते समय बाल्टी जैसे ही घिरनी से टकराती है, बाल्टी रस्सी से खुल जाती है। यदि ध्वनि की वायु में चाल 360 मी/से तथा g का मान 10 मी/से^{2} है, तो बाल्टी के पानी के तल से टकराने की आवाज सुनाई देगी

(a) 1/18 सेकण्ड बाद (b) 2 सेकण्ड बाद
(c) $2\frac{1}{18}$ सेकण्ड बाद (d) $1\frac{1}{18}$ सेकण्ड बाद

154. प्रगामी तरंग का समीकरण है

$$y = 4\sin\left[\pi\left(\frac{t}{5} - \frac{x}{9}\right) + \frac{\pi}{6}\right]$$

जहाँ x, y मीटर में हैं, निम्नलिखित में कौन-सा सही है?

(a) $f = 50$ हर्ट्ज (b) $A = 0.04$ सेमी
(c) $v = 5$ सेमी (d) $\lambda = 18$ मी

155. दो व्यक्ति समतल ऊर्ध्वाधर पहाड़ की चोटी के फलक पर (व्यक्ति ऊर्ध्वाधर पहाड़ की चोटी के तल के समान्तर रेखा पर खड़े हैं) आपस में 330 मी की दूरी पर खड़े हैं। एक व्यक्ति बन्दूक चलाता है तथा दूसरा सीधे बन्दूक की आवाज सुनने के 1 सेकण्ड बाद प्रतिध्वनि सुनता है। पहाड़ की चोटी से उस रेखा की लम्ब दूरी, जिस पर व्यक्ति खड़े हैं, होगी (ध्वनि का वेग = 300 मी/से)

(a) 350 मी (b) $165\sqrt{2}$ मी
(c) $110\sqrt{3}$ मी (d) $165\sqrt{3}$ मी

156. एक पत्थर 80 मी गहरे कुएँ में गिराया जाता है। पानी से टकराने पर उत्पन्न ध्वनि 4.25 सेकण्ड बाद सुनी जाती है। ध्वनि का वेग है ($g = 10$ मी/से^{2})

(a) 160 मी/से (b) 340 मी/से
(c) 320 मी/से (d) 170 मी/से

157. 1000 हर्ट्ज आवृत्ति की एक तरंग बिन्दुओं x और y के बीच 400 मी की दूरी 2 सेकण्ड में तय करती है, तो बिन्दुओं x और y के बीच तरंगदैर्ध्यों की संख्या होगी

(a) 1000 (b) 400
(c) 2000 (d) 200

158. गुरुत्वविहीन अन्तरिक्ष में किसी सरल लोलक की आवृत्ति होगी

(a) शून्य (b) अनन्त
(c) कम (d) इनमें से कोई नहीं

159. एक सिरे पर बन्द नली (लम्बाई = 25 सेमी, व्यास = 3 सेमी) के दूसरे सिरे पर फूँक मारने पर (ध्वनि का वेग 330 मी/से) उत्पन्न ध्वनियों की आवृत्तियाँ होंगी

(a) आवृत्तियों के संयोग 330, 660, 990, 1320, ... हर्ट्ज
(b) आवृत्तियों के संयोग 330, 990, 1650, 2310, ... हर्ट्ज
(c) आवृत्तियों के संयोग 300, 900, 1500, 2100, ... हर्ट्ज
(d) 330 हर्ट्ज

160. जब एक ट्रेन प्रेक्षक की ओर उपगमन करती है, तो सीटी की आवृत्ति 100 साइकिल/सेकण्ड है और जब यह प्रेक्षक को पार करती है, तो आवृत्ति 50 साइकिल/सेकण्ड है। जब प्रेक्षक ट्रेन के साथ गति करता है, तो आवृत्ति का मान है

(a) $\frac{200}{3}$ साइकिल/सेकण्ड
(b) $\frac{100}{3}$ साइकिल/सेकण्ड
(c) $\frac{50}{3}$ साइकिल/सेकण्ड
(d) $\frac{20}{3}$ साइकिल/सेकण्ड

161. यदि ध्वनि की तीव्रता 20 गुनी कर दी जाए, तो ध्वनि-स्तर कितने डेसीबेल बढ़ जाता है?

(a) 13 डेसीबेल (b) 40 डेसीबेल
(c) 20 डेसीबेल (d) 10 डेसीबेल

162. दो तरंगों के कणों के दोलन आयाम क्रमशः 0.4 मिमी तथा 0.5 मिमी हैं। इनके प्रति संचरित तीव्रताओं के अनुपात हैं

(a) 16 : 25 (b) 9 : 25
(c) 25 : 9 (d) 25 : 16

163. दो स्वरित्र A तथा B वायु में कम्पन कर रहे हैं। A की आवृत्ति 116 हर्ट्ज एवं उसके द्वारा उत्पन्न तरंगों की तरंगदैर्ध्य 200 सेमी है। B की आवृत्ति 83 हर्ट्ज है। B द्वारा उत्पादित तरंगों की तरंगदैर्ध्य होगी

(a) 379.5 सेमी (b) 279.5 सेमी
(c) 479.5 सेमी (d) 179.5 सेमी

164. दो बालक किसी लोहे के दो विपरीत सिरों पर हैं। एक बालक नलिका के एक सिरे पर पत्थर मारता है। ध्वनि के लोहे और वायु से होकर दूसरे बालक तक जाने में लगे समयों का अनुपात है (ध्वनि का वायु में वेग = 344 मी/से, ध्वनि का लोहे में वेग = 5130 मी/से)

(a) 14.9 : 1 (b) 1 : 14.9
(c) 1 : 19 (d) 19 : 1

165. एक इंजन 20 मी/से की चाल से 100 मी त्रिज्या के वृत्तीय पथ पर गति कर रहा है। यदि इंजन 500 हर्ट्ज आवृत्ति की सीटी बजाए, तो वृत्त के केन्द्र पर स्थिर खड़े प्रेक्षक को ध्वनि की आवृत्ति कितनी प्रतीत होगी?

(a) 500 हर्ट्ज से कम
(b) 500 हर्ट्ज से अधिक
(c) 500 हर्ट्ज
(d) कोई ध्वनि नहीं

166. एक तारा पृथ्वी की ओर 4×10^6 मी/से की चाल से गति कर रहा है। यदि उससे प्राप्त स्पेक्ट्रम में किसी विशेष रेखा की वास्तविक तरंगदैर्ध्य 5920 Å हो, तो आभासी तरंगदैर्ध्य क्या होगी? (प्रकाश की चाल = 3×10^8 मी/से)

(a) 3520 Å (b) 4840 Å
(c) 5841 Å (d) 5000 Å

167. एक प्रगामी तरंग का विस्थापन समीकरण है $y = 5 \times 10^{-5} \sin (100\,t - 50x)$ जहाँ राशियाँ MKS प्रणाली में हैं। तरंग का वेग होगा

(a) 500 मी/से (b) 8 मी/से
(c) 4 मी/से (d) 2 मी/से

168. अनुप्रस्थ तरंग की समीकरण $y = 10 \sin \pi (0.01x - 2t)$ है। जहाँ x तथा y सेमी में हैं तथा t सेकण्ड में है। इसकी आवृत्ति है

(a) 1 प्रति सेकण्ड (b) 5 प्रति सेकण्ड
(c) 0.5 प्रति सेकण्ड (d) 15 प्रति सेकण्ड

169. एक अनुप्रस्थ तरंग समीकरण $y = y_0 \sin 2\pi \left(ft - \frac{x}{\lambda}\right)$ द्वारा व्यक्त की जाती है। कण का अधिकतम वेग तरंग वेग का चार गुना है, यदि

(a) $\lambda = \frac{\pi y_0}{4}$ (b) $\lambda = \frac{\pi y_0}{2}$
(c) $\lambda = 2\pi y_0$ (d) $\lambda = \pi y_0$

170. अप्रगामी तरंग की समीकरण है $y = 5 \sin 100\,t \cos 0.01\,x$, जहाँ y मिमी में है तथा t सेकण्ड में है। प्रगामी तरंग का वेग होगा

(a) 500 मी/से (b) 10^4 मी/से
(c) 10^{-4} मी/से (d) 1 मी/से

171. अप्रगामी तरंग की समीकरण है

$$y = 5 \sin \frac{\pi x}{3} \cos 40\,\pi t$$

जहाँ x तथा y सेमी में हैं तथा t सेकण्ड में है। दो लगातार निस्पंदों के बीच की दूरी है

(a) 1.5 सेमी (b) 6 सेमी
(c) 12 सेमी (d) 3 सेमी

172. एक सिरे पर बन्द नली में 484 हर्ट्ज की मूल आवृत्ति उत्पन्न होती है। इस नली को दो बराबर भागों में काटा जाता है। इन दानों नलियों में उत्पन्न मूल आवृत्तियाँ होगी

(a) 242 हर्ट्ज, 484 हर्ट्ज
(b) 242 हर्ट्ज, 968 हर्ट्ज
(c) 484 हर्ट्ज, 968 हर्ट्ज
(d) 968 हर्ट्ज, 1936 हर्ट्ज

173. एक सरल लोलक का आवर्तकाल T_1 है। जब इसके निलम्बन बिन्दु को ऊर्ध्वाधर ऊपर की ओर $y = kt^2$ के अनुसार चलाया जाता है, जहाँ y ऊर्ध्वाधर चली गई दूरी है तथा $k = 1$ मी/से^{2} है, तब इसका आर्तकाल T_2 हो जाता है। T_1^2/T_2^2 का मान है ($g = 10$ मी/से^{2})

(a) 5/6 (b) 11/10
(c) 6/5 (d) 5/4

174. एक आदर्श स्प्रिंग, जिसका स्प्रिंग-नियतांक k है, छत से लटकायी गई है तथा उसके निचले सिरे से द्रव्यमान M के ब्लॉक को बाँधा गया है। यदि ब्लॉक को स्प्रिंग की अतानित (unstretched) अवस्था से

छोड़ा जाये तो स्प्रिंग में अधिकतम विस्तार (extension) का मान है

(a) $4Mg/k$ (b) $2Mg/k$
(c) Mg/k (d) $Mg/2k$

175. द्रव्यमान m का एक गुटका P घर्षणहीन तल पर रखा गया है। उसी द्रव्यमान का एक अन्य गुटका Q, गुटके P पर रखा गया है। Q को एक द्रव्यमानहीन स्प्रिंग से, जिसका स्प्रिंग-नियतांक k है, एक दीवार से बाँधा गया है। दोनों गुटकों के बीच स्थैतिक घर्षण गुणांक μ_s है। स्प्रिंग को दूरी A से खींचने के लिये, गुटकों P तथा Q को साथ-साथ चलाया जाता है छोड़ने पर गुटके बिना फिसले दोलन करते हैं। गुटकों P व Q के बीच अधिकतम घर्षण-बल है

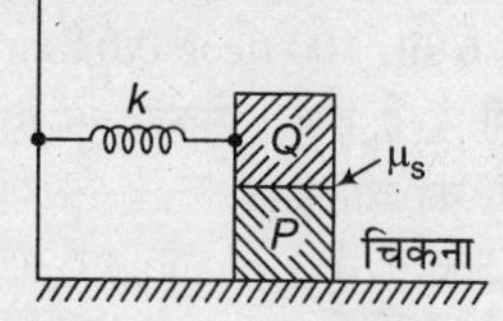

(a) 0 (b) kA
(c) $\frac{kA}{2}$ (d) $\mu_s mg$

176. एक एमसमान बेलन जिसकी लम्बाई L, द्रव्यमान M तथा परिच्छेद-क्षेत्रफल A है, एक द्रव्यमानहीन स्प्रिंग द्वारा एक स्थिर बिन्दु से ऊर्ध्वाधर लटका है। यह सन्तुलन स्थिति में घनत्व ρ के द्रव में आधा डूबा है। जब बेलन को थोड़ा नीचे खींचकर छोड़ दिया जाता है तो वह छोटे आयाम के साथ ऊर्ध्वाधर दोलन करने लगता है। यदि स्प्रिंग का बल नियतांक k हो तो बेलन की आवृत्ति है

(a) $\frac{1}{2\pi}\left(\frac{k-A\rho g}{M}\right)^{1/2}$

(b) $\frac{1}{2\pi}\left(\frac{k+A\rho g}{M}\right)^{1/2}$

(c) $\frac{1}{2\pi}\left(\frac{k+\rho g L_2}{M}\right)^{1/2}$

(d) $\frac{1}{2\pi}\left(\frac{k+A\rho g}{A\rho g}\right)^{1/2}$

177. L लम्बाई के एक बन्द ऑर्गन पाइप तथा एक खुले ऑर्गन पाइप में क्रमशः घनत्वों ρ_1 तथा ρ_2 की गैसें भरी हैं। दोनों पाइपों में जो अपने प्रथम अधिस्वरकों में समान आवृत्ति से कम्पन्न कर रहे हैं, गैसो की संपीड्यता समान है। खुले पाइप की लम्बाई है

(a) $\frac{L}{3}$ (b) $\frac{4L}{3}$
(c) $\frac{4L}{3}\sqrt{\frac{\rho_1}{\rho_2}}$ (d) $\frac{4L}{3}\sqrt{\frac{\rho_2}{\rho_1}}$

178. सही विकल्प चुनिए
दो एक-जैसे तने तार साथ-साथ कम्पित करने पर 6 विस्पद प्रति सेकण्ड देते हैं। उनमें से एक के तनाव को थोड़ा-सा बदलने पर विस्पन्द-आवृत्ति अपरिवर्तित रहती है। यदि तारों में प्रारम्भिक तनाव T_1 व T_2 हों $(T_1 > T_2)$ तो उपरोक्त तनाव-परिवर्तन में

(a) T_2 को घटाया गया (b) T_2 को बढ़ाया गया
(c) T_1 को बढ़ाया गया (d) इनमें से कोई नहीं

179. लम्बाई l, त्रिज्या r तथा घनत्व d वाले एक तार पर तनाव T लगाया गया है। तार की आवृत्ति n के लिए कौन-सा अनुमानित ग्राफ सही है?

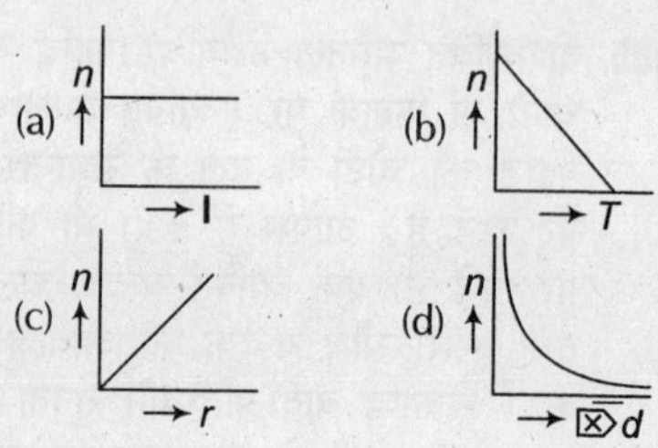

180. स्वर अन्तराल 9/8 तथा 10/9 क्रमशः कहलाते हैं

(a) लघु स्वर एवं दीर्घ स्वर
(b) दीर्घ स्वर एवं लघु स्वर
(c) दीर्घ स्वर एवं अर्द्धस्वर
(d) अर्द्धस्वर एवं लघु स्वर।

181. रेलवे प्लेटफॉर्म पर रखा एक साइरन 5 किलोहर्ट्ज (kHz) आवृत्ति की ध्वनि उत्पन्न करता है। साइरन की ओर आती एक ट्रेन A में बैठा यात्री साइरन की आवृत्ति को 5.5 किलोहर्ट्ज अभिलेखित करता है। अब यात्री साइरन की ओर आती एक दूसरी ट्रेन B में बैठा उसी साइरन की आवृत्ति को 0.6 किलोहर्ट्ज अभिलेखित करता है। ट्रेनों B तथा A की चालों का अनुपात है

(a) 242/252 (b) 2
(c) 5/6 (d) 11/6

182. हाइड्रोजन स्पेक्ट्रम में H_α-रेखा की तरंगदैर्ध्य 656 nm (नैनोमीटर) है, जबकि अति दूर गैलक्सी के स्पेक्ट्रम में H_α-रेखा की तरंगदैर्ध्य 706 nm है। पृथ्वी के सापेक्ष गैलक्सी की अनुमानित चाल है

(a) 2.0×10^8 मी/से (b) 2.0×10^7 मी/से
(c) 2.0×10^6 मी/से (d) 2.0×10^5 मी/से

सही उत्तर

1. (c)	2. (c)	3. (a)	4. (b)	5. (c)	6. (a)	7. (a)	8. (c)	9. (a)	10. (a)
11. (b)	12. (a)	13. (b)	14. (b)	15. (a)	16. (d)	17. (b)	18. (a)	19. (d)	20. (b)
21. (d)	22. (a)	23. (b)	24. (a)	25. (b)	26. (b)	27. (a)	28. (c)	29. (a)	30. (c)
31. (d)	32. (a)	33. (d)	34. (d)	35. (c)	36. (a)	37. (a)	38. (b)	39. (c)	40. (a)
41. (d)	42. (c)	43. (b)	44. (b)	45. (b)	46. (b)	47. (c)	48. (b)	49. (c)	50. (d)
51. (b)	52. (d)	53. (a)	54. (b)	55. (d)	56. (c)	57. (b)	58. (b)	59. (d)	60. (d)
61. (a)	62. (c)	63. (a)	64. (a)	65. (d)	66. (d)	67. (d)	68. (c)	69. (b)	70. (c)
71. (b)	72. (a)	73. (d)	74. (a)	75. (b)	76. (a)	77. (a)	78. (b)	79. (b)	80. (a)
81. (a)	82. (b)	83. (c)	84. (a)	85. (d)	86. (b)	87. (c)	88. (d)	89. (a)	90. (b)
91. (d)	92. (d)	93. (a)	94. (d)	95. (c)	96. (b)	97. (c)	98. (a)	99. (c)	100. (a)
101. (d)	102. (b)	103. (a)	104. (d)	105. (b)	106. (c)	107. (c)	108. (a)	109. (a)	110. (d)
111. (b)	112. (b)	113. (b)	114. (b)	115. (d)	116. (b)	117. (d)	118. (b)	119. (a)	120. (d)
121. (a)	122. (d)	123. (b)	124. (b)	125. (c)	126. (a)	127. (b)	128. (b)	129. (c)	130. (a)
131. (b)	132. (a)	133. (a)	134. (a)	135. (b)	136. (b)	137. (c)	138. (b)	139. (a)	140. (d)
141. (a)	142. (a)	143. (b)	144. (c)	145. (b)	146. (b)	147. (b)	148. (c)	149. (a)	150. (d)
151. (b)	152. (c)	153. (b)	154. (d)	155. (d)	156. (c)	157. (c)	158. (a)	159. (b)	160. (a)
161. (a)	162. (a)	163. (b)	164. (a)	165. (c)	166. (c)	167. (d)	168. (a)	169. (b)	170. (b)
171. (d)	172. (d)	173. (c)	174. (b)	175. (c)	176. (b)	177. (c)	178. (b)	179. (d)	180. (b)
181. (b)	182. (b)								

सॉल्यूशन्स

1. *(c)* यहाँ $u = -25$ सेमी, $m = -\frac{v}{u} = -\frac{1}{2}$

$$\Rightarrow \quad v = \frac{u}{2} = \frac{25}{2}$$

$$\frac{1}{f} = \frac{1}{v} + \frac{1}{u}$$

$$\frac{1}{f} = \frac{2}{25} - \frac{1}{25} = \frac{1}{25}$$

$f = 25$ सेमी

2. *(c)* उत्तल दर्पण में प्रतिबिम्ब दर्पण के पीछे बनता है।

$u = -40$ सेमी, $v = 10$ सेमी

सूत्र $\frac{1}{f} = \frac{1}{u} + \frac{1}{v}$ से,

$$\frac{1}{f} = \frac{1}{-40} + \frac{1}{10} = \frac{3}{40}$$

$f = 40/3 = 13.3$ सेमी

3. *(a)* $f = -\frac{20}{2} = -10$ सेमी

$$\therefore \quad m = -\frac{v}{u} = -2$$

$$\Rightarrow \quad v = 2u$$

सूत्र $\frac{1}{v} + \frac{1}{u} = \frac{1}{f}$ से,

$$\therefore \quad \frac{1}{2u} + \frac{1}{u} = -\frac{1}{10}$$

$$\therefore \quad \frac{1}{2u} + \frac{1}{u} = -\frac{1}{10}$$

$\Rightarrow \quad u = -15$ सेमी

4. *(b)* जब वस्तु दर्पण के वक्रता केन्द्र पर होती है, तो उसका प्रतिबिम्ब भी उसी स्थान पर बनता है।

चूँकि वस्तु वक्रता केन्द पर रखी है, अतः $R = 40$ सेमी

$\therefore$ फोकस दूरी $= \frac{R}{2} = \frac{40}{2} = 20$ सेमी

5. *(c)* यहाँ $f = 30$ सेमी

$$m = \frac{v}{u} = -\frac{1}{5}$$

$$\Rightarrow \quad v = -\frac{u}{5}$$

$$\frac{1}{v} + \frac{1}{u} = \frac{1}{f} \Rightarrow -\frac{5}{u} + \frac{1}{u} = \frac{1}{30}$$

$$\Rightarrow \quad -\frac{4}{u} = \frac{1}{30}$$

$\therefore \quad u = -120$ सेमी

6. *(a)* $\frac{1}{v} + \frac{1}{u} = \frac{1}{f}$

यहाँ $u = -(f + x), v = -(f + y)$

हल करने पर, $f = \sqrt{xy}$

7. *(a)* यहाँ $f = -16$ सेमी, $u = -12$ सेमी,

सूत्र $\frac{1}{v} + \frac{1}{u} = \frac{1}{f}$ से,

$$\frac{1}{v} = \frac{1}{f} - \frac{1}{u}$$

$$\frac{1}{v} = -\frac{1}{16} + \frac{1}{12} = \frac{-3+4}{48}$$

$\therefore \quad v = 48$ सेमी

अब $\frac{I}{O} = -\frac{v}{u}$

जहाँ I प्रतिबिम्ब की लम्बाई है तथा O वस्तु की लम्बाई है।

$$\frac{I}{2} = -\left(\frac{48}{-12}\right)$$

$\therefore \quad I = 8$ सेमी

8. *(c)* $\because f = \frac{30}{2} = 15$ सेमी, $u = -15$ सेमी,

सूत्र $\frac{1}{u} + \frac{1}{v} = \frac{1}{f}$ से,

$$\frac{1}{v} = \frac{1}{f} - \frac{1}{u}$$

$$\Rightarrow \quad \frac{1}{v} = \frac{1}{15} + \frac{1}{15} = \frac{2}{15}$$

$\therefore \quad v = 7.5$ सेमी

9. *(a)* $m = -\frac{40}{0.4} = -100 = \frac{v}{u}$

$$\therefore \quad \frac{v}{u} = -100 \Rightarrow u - \frac{v}{100}$$

[$\because v = -5$ मी $= -500$ सेमी]

$\therefore \quad u = -\frac{500}{100} = -5$ सेमी

सूत्र $\frac{1}{v} + \frac{1}{u} = \frac{1}{f}$ से,

$$\frac{1}{f} = -\frac{1}{5} - \frac{1}{500} = -\frac{101}{500}$$

$f = -4.95$ सेमी

10. *(a)* यहाँ, $f = 10$ सेमी, $u = -20$ सेमी,

सूत्र $\frac{1}{v} + \frac{1}{u} = \frac{1}{f}$ से,

$$\Rightarrow \quad \frac{1}{v} = \frac{1}{10} + \frac{1}{20} = \frac{3}{20}$$

$\therefore \quad v = 6.67$ सेमी

चूँकि v धनात्मक है। अतः दर्पण के पीछे सीधा व आभासी प्रतिबिम्ब बनेगा।

11. *(b)* वस्तु वक्रता केन्द्र पर रखी है। अतः प्रतिबिम्ब भी वक्रता केन्द्र पर दर्पण के आगे ध्रुव से 20 सेमी दूर बनेगा।

12. *(a)* $\frac{1}{f} = \frac{1}{u} + \frac{1}{v}$

$$\therefore \quad \frac{u}{f} = \frac{u}{v} + 1$$

$$\therefore \quad \frac{u_1}{f} = \frac{u_1}{v_1} + 1$$

$$\because \quad m = \frac{v_1}{u_1} = -\frac{1}{2} \quad \text{(दिया है)}$$

$$\Rightarrow \quad \frac{u_1}{v_1} = -2$$

$$\therefore \quad \frac{u_1}{f} = -1 \quad \ldots\text{(i)}$$

इसी प्रकार,

$$\frac{u_2}{f} = -2 \quad \ldots\text{(ii)}$$

$$\therefore \quad \frac{u_2}{u_1} = 2$$

$$u_2 = 2u_1 = 2 \times 90$$

$= 180$ सेमी $= 1.8$ मी

14. *(b)* अवतल दर्पण से सूर्य (दूरस्थ वस्तु) का प्रतिबिम्ब दर्पण के फोकस पर बनेगा। सूर्य के व्यास और प्रतिबिम्ब के व्यास द्वारा दर्पण के ध्रुव पर समान कोण बनेगा। अतः प्रतिबिम्ब की त्रिज्या द्वारा दर्पण के ध्रुव पर बना कोण

$$\theta = 16'$$

परन्तु, $\tan\theta = \frac{R}{f}$

जहाँ R प्रतिबिम्ब की त्रिज्या है तथा f दर्पण की फोकस दूरी है। अतः प्रतिबिम्ब का व्यास

$$d = 2R = (2f)\tan 16'$$

$d = 600 \times 0.0046$ सेमी

$= 2.76$ सेमी ≈ 3 सेमी

15. *(a)* $\mu = \frac{c}{v} = \frac{3 \times 10^8}{2.4 \times 10^8} = \frac{5}{4}$

16. *(d)* $_a\mu_g = \frac{\text{वायु में प्रकाश की चाल}}{\text{काँच की प्रकाश की चाल}}$

$$_a\mu_g = \frac{\text{वायु में प्रकाश की चाल}}{\text{काँच की प्रकाश की चाल}}$$

$$= \frac{3 \times 10^8}{2 \times 10^8} = 1.5$$

17. *(b)* माना बर्तन की गहराई d है।

प्रत्येक द्रव की वास्तविक गहराई $d/3$ है।

अतः बर्तन की आभासी गहराई

$$= \frac{d}{3\mu_1} + \frac{d}{3\mu_2} + \frac{d}{\mu_3}$$

$$= \frac{d}{3}\left[\frac{1}{\mu_1} + \frac{1}{\mu_2} + \frac{1}{\mu_3}\right]$$

18. *(a)* बुलबुले की आभासी दूरी = 2 मिमी

$$\therefore \quad \mu = \frac{\text{वास्तविक दूरी}\,(x)}{\text{आभासी दूरी}}$$

$\Rightarrow \quad x = 1.5 \times 2 = 3$ मिमी

19. *(d)* $\mu = \frac{1}{\sin C} = \frac{a}{\sin 45°} = \sqrt{2}$

20. *(b)* यदि द्रव की गहराई t हो, तो प्रतिबिम्ब की तली से ऊँचाई x = वास्तविक गहराई – आभासी गहराई

$$x = t - \frac{1}{\mu} = \left(1 - \frac{1}{\mu}\right)t$$

$$\therefore \quad x = \left(1 - \frac{3}{4}\right) \times 12$$

$x = 3$ सेमी

21. *(d)* $\frac{\mu_g}{\mu_a} = 1.50$ तथा $\frac{\mu_d}{\mu_a} = 1.61$

$$\therefore \quad {}_a\mu_d = \frac{\mu_d}{\mu_a} = \frac{\mu_d}{\mu_g} \times \frac{\mu_g}{\mu_a}$$

$$= 1.61 \times 1.50 = 2.41$$

22. *(a)* यदि आभासी गहराई x सेमी हो, तो

$$\frac{4}{3} = \frac{40}{x}$$

$\therefore \quad x = 30$ सेमी

23. *(b)* चूँकि आपतन कोण शून्य है, अतः अपवर्तन कोण भी शून्य होगा।

24. *(a)* पानी की आभासी गहराई

$= 3.4 - 1 = 2.4$ सेमी

यदि पानी की वास्तविक गहराई x मीटर हो, तो

अपवर्तनांक $= \frac{x}{2.4}$ या $\frac{4}{3} = \frac{x}{2.4}$

$x = 3.2$ मी

अतः उपयुक्त छड़ की कम से कम लम्बाई

$= 3.2 + 1 = 4.2$ मी

25. *(b)* सूत्र $\mu = \frac{c}{v}$ से, $\therefore v = \frac{c}{\mu}$

अतः लगा समय $= \frac{\text{दूरी}}{\text{चाल}} = \frac{t}{v} = \frac{t}{c/\mu}$

$$\therefore \quad T = \frac{\mu t}{c}$$

26. *(b)* पूर्ण आन्तरिक परावर्तन के लिए आपतन कोण का मान क्रान्तिक कोण C से अधिक होना चाहिए

$$\therefore \quad \sin C = \frac{1}{\mu}$$

$$\mu = \frac{c}{v} = \frac{3 \times 10^{10}}{1.5 \times 10^{10}} = 2$$

$$\therefore \quad \sin C = \frac{1}{2} \Rightarrow C = 30°$$

27. *(a)* माना काँच में प्रकाश की चाल v सेमी/सेकण्ड है, तब $\mu = \frac{c}{v}$ से

$$\Rightarrow \quad v = \frac{c}{\mu}$$

प्रकाश को काँच की प्लेट को पार करने में लगा समय

$$t_1 = \frac{d}{v} = \frac{d\mu}{c}$$

प्रकाश को 20 सेमी दूरी वायु में तय करने में लगा समय

$$t_2 = \frac{d}{c}$$

समय में अभीष्ट वृद्धि $t_1 - t_2 = \frac{d}{c}(\mu - 1)$

$$= \frac{20 \times 0.5}{3 \times 10^{10}}$$

$$= \frac{10}{3} \times 10^{-10} \text{ सेकण्ड}$$

28. *(c)* परावर्तन के नियम से जल में लैम्प का प्रतिबिम्ब पानी की सतह से 2 मी नीचे बनेगा। चूँकि लैम्प का प्रतिबिम्ब और तालाब की तली मिलते हुए प्रतीत होते हैं, अतः पानी की आभासी गहराई 2 मी होगी।

वास्तविक गहराई $= \frac{4}{3} \times 2 = \frac{8}{3}$ मी

33. *(d)* दिया है, $\frac{v}{u} = 2$

$$\therefore \quad \frac{v}{-5} = 2$$

$v = -10$ सेमी

सूत्र $\frac{1}{f} = \frac{1}{v} - \frac{1}{u}$ से,

या $\quad \frac{1}{f} = \frac{1}{-10} + \frac{1}{5}$

$f = 10$ सेमी

अब $u = -15$ सेमी, $f = 10$ सेमी

$$\therefore \quad \frac{1}{v} + \frac{1}{15} = \frac{1}{10}$$

$$\frac{1}{v} = \frac{1}{10} - \frac{1}{15}$$

$v = 30$ सेमी

34. *(d)* $m = \frac{v}{u} = -3$

$v = -3u$

तथा $f = 12$ सेमी

$$\therefore \quad \frac{1}{v} - \frac{1}{u} = \frac{1}{f}$$

$$-\frac{1}{3u} - \frac{1}{u} = \frac{1}{12}$$

$u = -16$ सेमी

$= -0.16$ मी

35. *(c)* सूत्र $\frac{1}{F} = \frac{1}{f_1} + \frac{1}{f_2}$ से,

$$-\frac{1}{40} = \frac{1}{20} + \frac{1}{f_2}$$

$$\therefore \quad \frac{1}{f_2} = -\frac{1}{40} - \frac{1}{20} = -\frac{3}{40}$$

$$\therefore \quad P = \frac{100}{f_2} = 100 \times \left(-\frac{3}{40}\right)$$

$$\therefore \quad P = -7.5 \text{ D}$$

36. *(a)* माना लेन्स की अनुपस्थिति में किरणें O बिन्दु पर फोकस होती हैं। यह बिन्दु लेन्स के लिए आभासी वस्तु का कार्य करता है।

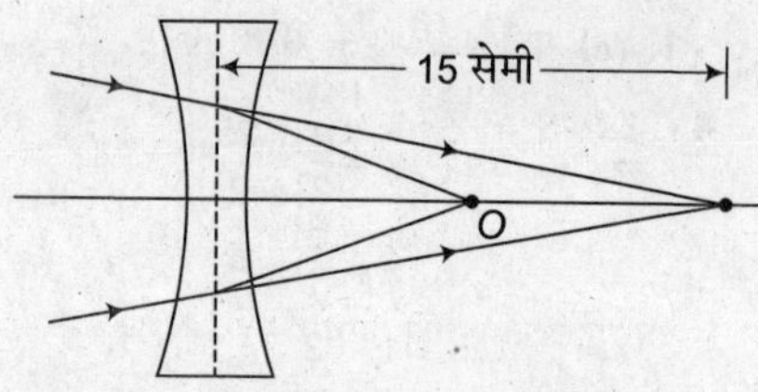

यहाँ, $v = 15$ सेमी, $f = -20$ सेमी

$$\therefore \quad \frac{1}{v} - \frac{1}{u} = \frac{1}{f}$$

$$\frac{1}{15} - \frac{1}{u} = -\frac{1}{20}$$

$$\frac{1}{u} = \frac{1}{20} + \frac{1}{15} = \frac{3+4}{60} = \frac{7}{60}$$

$$\therefore \quad u = \frac{60}{7}$$

$= 8.57$ सेमी $= 8.6$ सेमी

अतः लेन्स की अनुपस्थिति में किरणें 8.6 सेमी दूर O बिन्दु पर फोकस होंगी।

37. *(a)* यहाँ, $f = -30$ सेमी, $u = -30$ सेमी

सूत्र $\frac{1}{v} - \frac{1}{u} = \frac{1}{f}$ से,

$$\frac{1}{v} + \frac{1}{30} = -\frac{1}{30}$$

या $\quad \frac{1}{v} = -\frac{1}{30} - \frac{1}{30} = -\frac{1}{15}$

$\therefore \quad v = -15$ सेमी

38. *(b)* माना मोमबत्ती की लेन्स से दूरी x सेमी, है। लेन्स व पर्दे के बीच की दूरी $= 90 - x$

यहाँ $f = 20$ सेमी, $u = -x, v = 90 - x$

सूत्र $\frac{1}{v} - \frac{1}{u} = \frac{1}{f}$ से, $\frac{1}{90-x} + \frac{1}{x} = \frac{1}{20}$

$\therefore \quad x^2 - 90x + 1800 = 0$

$\therefore \quad x = 60$ अथवा 30

$x = 60$ सेमी, के लिए आवर्धन $m = \frac{v}{u}$ का आंकिक मान 1 से कम होगा, अतः अभीष्ट दूरी $x = 60$ सेमी।

39. *(c)* यहाँ, $f = 15$ सेमी $u = -40$ सेमी

सूत्र $\frac{1}{v} - \frac{1}{u} = \frac{1}{f}$ से,

$$\frac{1}{v} + \frac{1}{40} = \frac{1}{15}$$

$\therefore \quad v = 24$ सेमी

आवर्धन $m = \frac{v}{u} = \frac{24}{-40} = -\frac{3}{5}$

40. *(a)* $f = 20$ सेमी, चूँकि प्रतिबिम्ब वास्तविक है, अतः आवर्धन ऋणात्मक होगा।

$\therefore \quad \frac{v}{u} = -2$ या $v = -2u$

$\because \quad \frac{1}{v}-\frac{1}{u}=\frac{1}{f}$

$\therefore \quad -\frac{1}{2u}-\frac{1}{u}=\frac{1}{20}$

$\therefore \quad u=-30$ सेमी

41. *(d)* $P_1=\frac{100}{f_1}=\frac{100}{25}=4\text{D}$

$$P_2=\frac{100}{-10}=-10\,\text{D}$$

संयुक्त लेन्स की क्षमता $=P=P_1+P_2$

$=4-10=-6\,\text{D}$

42. *(c)* यहाँ, $f=20$ सेमी, $u=-50$ सेमी

सूत्र $\frac{1}{v}-\frac{1}{u}=\frac{1}{f}$ से,

$\Rightarrow \quad \frac{1}{v}=\frac{1}{u}+\frac{1}{f}$

$\therefore \quad \frac{1}{v}=-\frac{1}{50}+\frac{1}{20}$

$\therefore \quad v=\frac{100}{3}$ सेमी

यदि वस्तु की लम्बाई O तथा प्रतिबिम्ब की लम्बाई I है, तो आवर्धन $\frac{I}{O}=\frac{v}{u}$

$\therefore \quad \frac{I}{4}=\frac{100/3}{-50}=\frac{-2}{3}$

$\therefore \quad I=-\frac{8}{3}$ सेमी

43. *(b)* सूत्र $\frac{1}{v}-\frac{1}{u}=\frac{1}{f}$ से,

$\Rightarrow \quad 1-\frac{v}{u}=\frac{v}{f}$

$\therefore \quad m=1-\frac{v}{f}$

प्रश्नानुसार,

$1-\frac{v}{f}=-1.8$ ...(i)

$1-\frac{v+5}{f}=-2$ ...(ii)

समी (i) व (ii) को हल करने पर,

$f=25$ सेमी

44. *(b)* सूत्र $\frac{f_w}{f_a}=\frac{{}_an_g-1}{{}_an_w-1}$ से,

$${}_wn_g=\frac{{}_an_g}{{}_an_w}=\frac{1.5\times 3}{4}=\frac{9}{8}$$

$\therefore \quad \frac{f_w}{f_a}=\frac{1.5-1}{9/8-1}=4$

$\therefore \quad f_w=4f_a$

$=4\times 20=80$ सेमी

45. *(b)* सूत्र $\frac{1}{v}-\frac{1}{u}=\frac{1}{f}$ से,

$\Rightarrow \quad 1-\frac{v}{u}=\frac{v}{f}$

$\Rightarrow \quad m=-\frac{v}{u}=\frac{v}{f}-1$

$\therefore \quad v=(1+m)f$

माना लेन्स से प्रतिबिम्ब की दूरी पहली स्थिति में v_1 व दूसरी स्थिति में v_2 है, तब

$v_1=(1+m_1)f$ ...(i)

$v_2=(1+m_2)f$ ...(ii)

समी (i) में से (ii) को घटाने पर,

$v_1-v_2=(m_1-m_2)$

$\therefore \quad v_1-v_2=d$

$\therefore \quad d=(m_1-m_2)$

$\Rightarrow \quad f=\frac{d}{m_1-m_2}$

47. *(c)* यहाँ, $v=-40$ सेमी, $u=-25$ सेमी

सूत्र $\frac{1}{f}=\frac{1}{v}-\frac{1}{u}$ से,

$\Rightarrow \quad \frac{1}{f}=-\frac{1}{40}+\frac{1}{25}=\frac{3}{200}$

$\therefore \quad f=\frac{200}{3}$ सेमी

चूँकि फोकस दूरी धनात्मक है, अतः इस दोष के निवारण हेतु उसे उत्तल लेन्स का प्रयोग करना होगा।

48. *(b)* यहाँ $v=-5$ मी, $u=-10$ मी

सूत्र $\frac{1}{f}=\frac{1}{v}-\frac{1}{u}$ से,

$\therefore \quad \frac{1}{f}=-\frac{1}{5}+\frac{1}{10}=-\frac{1}{10}$

$f=-10$ मी

49. *(c)* साधारण आँख के लिए निकट बिन्दु की आँख से दूरी 25 सेमी होती है। अतः व्यक्ति की आँख में दूरदृष्टि दोष है। इस दोष के निवारण हेतु उसे उत्तल लेन्स का प्रयोग करना होगा। यदि प्रयुक्त लेन्स की फोकस दूरी f हो, तो $\frac{1}{f}=\frac{1}{v}-\frac{1}{u}$ से,

यहाँ, $u=-25$ सेमी तथा $v=-60$ सेमी

$\frac{1}{f}=-\frac{1}{60}+\frac{1}{25}=\frac{7}{300}$

लेन्स की क्षमता $P=\frac{100}{f}$

$=100\times\frac{7}{300}=\frac{7}{3}\text{D}$

75. *(b)* $\frac{I_{max}}{I_{min}}=\frac{(\sqrt{I_1}+\sqrt{I_2})^2}{(\sqrt{I_2}-\sqrt{I_2})^2}$

दिया है, $I_1=I, I_2=4I$

$\therefore \quad \frac{I_{max}}{I_{min}}=\frac{(\sqrt{I}+\sqrt{4I})^2}{(\sqrt{I}-\sqrt{4I})^2}=\frac{(3\sqrt{I})^2}{(-\sqrt{I})^2}\Rightarrow\frac{9I}{I}=\frac{9}{1}$

अतः $I_{max}=9I, I_{min}=I$

76. *(a)* पथान्तर $S_1B=m\lambda$, जहाँ $m=$ फ्रिन्जों की संख्या $=10$

$\therefore \quad S_1B=10\times 6000\times 10^{-10}$ मी

$=6\times 10^{-6}$ मी

77. *(a)* $x_0=\frac{D}{d}(n-1)t$

अथवा $\frac{4D\lambda}{d}=\frac{D}{d}(n-1)t$

$\therefore \quad t=\frac{4\lambda}{(n-1)}$

$=\frac{4\times 6000\times 10^{-10}}{(1.5-1)}$

$=4.8\times 10^{-6}$ मी

78. *(b)* कलान्तर $=\frac{2\pi}{\lambda}\times$ पथान्तर

अर्थात् $\Delta\phi=\frac{2\pi}{\lambda}\times\Delta x$

यहाँ $\Delta x=2.1\times 10^{-6}$ मी

$=2.1\times 10^{-4}$ सेमी

$\lambda=5460\times 10^{-10}$ मी

$=5460\times 10^{-8}$ सेमी

$\therefore \quad \Delta\phi=\frac{2\times\pi\times 2.1\times 10^{-4}}{5460\times 10^{-8}}$

$=7.692\,\pi$

79. *(b)* कला समबद्ध स्रोतों को कारण पर्दे के मध्य बिन्दु पर तीव्रता

$=K(A+A)^2=4KA^2$

तथा कला असम्बद्ध स्रोतों के कारण तीव्रता

$=K(A^2+A^2)=2KA^2$

$\therefore$ अभीष्ट अनुपात $=\frac{4KA^2}{2KA^2}=2:1$

80. *(a)* परिणामी तरंग का आयाम

$\therefore \quad A=\sqrt{a_1^2+a_2^2+2a_1a_2\cos\theta}$

यहाँ $a_1=4$ सेमी, $a_2=3$ सेमी, $\theta=\pi/2$

$\therefore A=\sqrt{(4)^2+(3)^2+2\times 4\times 3\cos\pi/2}$

$=\sqrt{16+9+0}=\sqrt{25}=5$ सेमी

81. *(a)* एकवर्णी प्रकाश के मार्ग में एक छोटी वृत्ताकार चकती रखने पर इससे विवर्तित तरंगें केन्द्र पर संपोषी व्यतिकरण करती हैं। अतः ज्यामितीय छाया का केन्द्र चमकीला होगा।

82. *(b)* केन्द्रीय फ्रिन्ज से mवीं अदीप्त फ्रिन्ज की दूरी

$x_m=(2m-1)\frac{\lambda D}{2d}$

$\therefore \quad x_3=\frac{(2\times 3-1)\times 6.0\times 10^{-7}\times 1}{2\times 1\times 10^{-3}}$

$=\frac{5\times 6\times 10^{-7}}{2\times 10^{-3}}=1.5\times 10^{-3}$ मी

केन्द्रीय फ्रिन्ज से nवीं दीप्त फ्रिन्ज की दूरी

$x_n=2n\left(\frac{\lambda D}{2d}\right)$

$\therefore \quad x_5=\frac{2\times 5\times 6\times 10^{-7}\times 1}{2\times 1\times 10^{-3}}$

$=3\times 10^{-3}$ मी

अतः $x_5 - x_3 = (3 \times 10^{-3} - 1.5 \times 10^{-3})$ मी

$= 1.5 \times 10^{-3}$ मी $= 1.5$ मिमी

83. *(c)* फ्रिन्जें उस क्रम तक देखी जा सकती हैं, जिस पर एक तरंगदैर्ध्य की दीप्त फ्रिन्ज दूसरी की अदीप्त फ्रिन्ज के साथ संपाती है, अर्थात्

$$m\lambda = \left(m - \frac{1}{2}\right)\lambda' \quad ...(i)$$

$\lambda = 5890\,\text{Å}$ तथा $\lambda' = 5859\,\text{Å}$ रखने पर,

$$m \times 5890\,\text{Å} = \left(m - \frac{1}{2}\right) \times 5895\,\text{Å}$$

या $\frac{5895}{2} = (5895m - 5890m)$

या $m = \frac{5895}{2 \times 5} = 589.5 \approx 589$

पर्दे के मध्य से 589 क्रम की दीप्त फ्रिन्ज की दूरी

$$x = m\frac{D\lambda}{d}$$

$$= 589 \times \frac{1.0 \times 5890 \times 10^{-10}}{10^{-3}} \text{ मी}$$

$$= 0.347 \text{ मी}$$

84. *(a)* बिन्दु विशेष पर पथान्तर

$= (d^2 + b^2)^{1/2} - d$

$$= d\left(1 + \frac{1}{2}\frac{b^2}{d^2}\right) - d = \frac{b^2}{2d}$$

अदीप्त बैण्ड के लिए, पथान्तर

$$\frac{b^2}{2d} = (2m-1)\frac{\lambda}{2}$$

$$\Rightarrow \quad \lambda = \frac{b^2}{(2m-1)d}$$

$m = 1, 2, 3, ...$ रखने पर,

$$\therefore \quad \lambda = \frac{b^2}{d}, \frac{b^2}{3d}, \frac{b^2}{5d} ....$$

85. *(d)* विवर्तन प्रतिरूप में प्रत्येक निम्निष्ठ के लिए किनारों से आने वाली किरणों के बीच पथान्तर λ तथा कलान्तर 2π होगा।

86. *(b)* स्लिट की चौड़ाई (0.6 मिमी X-किरणों की तरंगदैर्ध्य ($\approx 1\text{Å} \approx 10^{-7}$ मिमी) से बहुत बड़ी है। अतः विवर्तन प्रतिरूप दिखाई नहीं देगा।

88. *(d)* माना प्रत्येक स्रोत की तीव्रता I_0 है।

$$\therefore \quad I = I_0 + I_0 + 2\sqrt{I_0 I_0}\cos\theta$$

$$100 = I_0 + I_0 + 2I_0 \quad (\theta = 0°)$$

$$\Rightarrow \quad 100 = 4I_0$$

$$\therefore \quad I_0 = \frac{100}{4} = 25 \text{ इकाई}$$

$$\therefore \quad a = \text{आयाम} = \sqrt{I_0} = 5 \text{ इकाई}$$

एक स्रोत की चौड़ाई 36% कम करने पर उसकी तीव्रता

$$= 25 - 25 \times \frac{36}{100} = 25 - 9$$

$$= 16 \text{ इकाई}$$

अतः इस स्रोत का आयाम $= \sqrt{16} = 4$ इकाई

अतः उसी बिन्दु पर अधिकतम प्रकाश तीव्रता

$$= (5 + 4)^2 = 81 \text{ इकाई}$$

89. *(a)* चौड़ाई e वाले रेखा छिद्र पर विवर्तन के कारण निम्निष्ठों की स्थितियों के लिए,

$$e\sin\theta = \pm m\lambda, m = 1, 2, 3, ...$$

केन्द्रीय उच्चिष्ठ के एक और प्रथम निम्निष्ठ की कोणीय स्थिति के लिए,

$$e\sin\theta_1 = \lambda$$

यदि θ छोटा है, तो $\sin\theta \approx \theta$

$$\therefore \theta_1 = \frac{\lambda}{e} = \frac{5500 \times 10^{-18}}{22 \times 10^{-7}} = 0.25 \text{ रेडियन}$$

91. *(d)* उच्चिष्ठ की शर्त से,

$$2\mu t\cos r = (2n+1)\frac{\lambda}{2}$$

$$\therefore \quad \lambda = \frac{2 \times 2\mu t\cos r}{(2n+1)}$$

$$= \frac{2 \times 2 \times 1.33 \times 5 \times 10^{-7}\cos 0°}{(2n+1)}$$

$$= \frac{26600 \times 10^{-10}}{(2n+1)} \text{ मी} = \frac{26600}{(2n+1)}\text{Å}$$

$n = 0, 1, 2, 3, ...$ रखने पर,

$\lambda_0 = 26600\,\text{Å}$

$\lambda_1 = 8867\,\text{Å}$

$\lambda_2 = 5320\,\text{Å}$

$\lambda_3 = 3800\,\text{Å}$

प्राप्त तंरगदैर्ध्यों में से 5320 Å दृश्य प्रकाश में होती है, अतः यह सबसे अधिक परावर्तित होगी।

92. *(d)* $n_1\lambda_1 = n_2\lambda_2$

$$\Rightarrow \quad n_2 = \frac{n_1\lambda_1}{\lambda_2} = \frac{2 \times 4000}{8000} = 1$$

97. *(c)* $\mu = \tan i_p \Rightarrow 1.5 = \tan i_p$

$$\Rightarrow \quad i_p = \tan^{-1}(1.5) = 56.3°$$

98. *(a)* प्रकाश के वृत्तीय ध्रुवित होने के लिए उसे क्वाटर-तरंग प्लेट से फिर निकॉल प्रिज्म से गुजारने पर तीव्रता शून्य से अधिकतम तक बदलती है तथा जब तीव्रता अशून्य से अधिकतम रहती है, तब प्रकाश अध्रुवित तथा वृत्तीय ध्रुवित का मिश्रण होता है।

99. *(c)* ब्रूस्टर के नियम से,

$${}_wn_g = \tan i_p = \tan 51° = 1.235$$

वायु के सापेक्ष काँच का अपवर्तनांक

$${}_an_g = {}_an_w \times {}_wn_g$$

$$= \frac{4}{3} \times 1.235 = 1.647$$

100. *(a)* फ्रिन्ज की चौड़ाई $\beta = \frac{\lambda D}{d}$

$$\Rightarrow \lambda = \frac{\beta d}{D} = \frac{1.1 \times 10^{-3} \times 0.1 \times 10^{-3}}{20 \times 10^{-2}}$$

$$= \frac{1.1}{2} \times 10^{-6} = 0.55 \times 10^{-6} \text{ मी}$$

$$= 5500 \times 10^{-10} \text{ मी} = 5500\,\text{Å}$$

101. *(d)* $I_1 = I_0\cos^2 0° = I_m$

$$I_2 = I_0\cos^2\theta = \frac{I_m}{2}$$

$$\therefore \quad \frac{I_0}{I_0\cos^2\theta} = \frac{I_m}{\frac{I_m}{2}}$$

$$\Rightarrow \quad \frac{1}{\cos^2\theta} = 2$$

$$\Rightarrow \quad \cos^2\theta = \frac{1}{2}$$

$$\therefore \quad \cos\theta = \pm\frac{1}{\sqrt{2}}$$

$$\Rightarrow \quad \theta = \pm 45°, \pm 135°$$

102. *(b)* यहाँ $n = \tan i_p$ लागू नहीं होता, अतः परावर्तित किरण OB केवल आंशिक ध्रुवित है।

103. *(a)* रंगीन काँच द्वारा प्रकाश का अवशोषण होने के कारण वस्तुएँ धूमिल दिखाई देती हैं। पोलेरॉइड केवल उस ध्रुवित प्रकाश का अवशोषण करता है, जोकि आँखों में चौंध उत्पन्न करता है। अतः पोलेरॉइड के चश्में में से देखने पर वस्तुएँ स्पष्ट दिखाई पड़ती हैं।

105. *(b)* प्रथम पोलेरॉइड से निर्गत प्रकाश की तीव्रता

$$I = I_0\overline{\cos^2\theta} = \frac{I_0}{2} \quad \left(\because \overline{\cos^2\theta} = \frac{1}{2}\right)$$

$a = 10$ सेमी; $\alpha = 2°$

पुनः मैलस के नियम से,

$$I' = I\cos^2\theta$$

$$\frac{25I_0}{100} = \frac{I_0}{2}\cos^2\theta$$

$$\Rightarrow \quad \frac{1}{2} = \cos^2\theta$$

$$\Rightarrow \quad \cos\theta = \frac{1}{\sqrt{2}} \Rightarrow \theta = 45°$$

अध्याय 05 इलेक्ट्रॉनिकी एवं विकिरण का द्वैत व्यवहार

प्रकाश वैद्युत प्रभाव

जब किसी धातु की सतह पर एक निश्चित आवृत्ति का प्रकाश डाला जाता है, तो धातु की सतह से इलेक्ट्रॉनों का उत्सर्जन होने लगता है, इस घटना को ही प्रकाश वैद्युत प्रभाव कहते हैं, व उत्सर्जित इलेक्ट्रॉनों को प्रकाश इलेक्ट्रॉन व इन इलेक्ट्रॉनों के कारण बहने वाली धारा को प्रकाश विद्युत धारा कहते हैं।

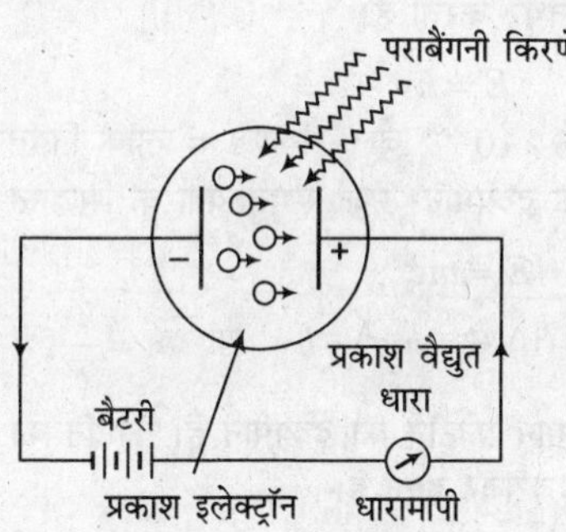

प्रकाश विद्युत प्रभाव की प्रयोगिक व्यवस्था

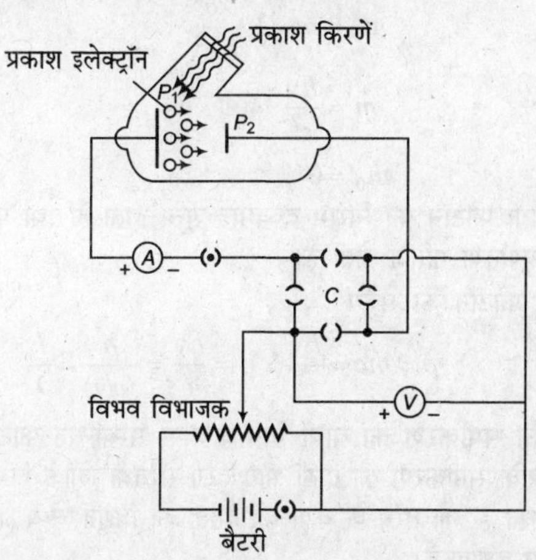

प्रकाश विद्युत प्रभाव के अध्ययन के लिए प्रयोगिक व्यवस्था चित्र में दर्शाई गई है।

इस प्रयोग से हम प्रकाश विद्युत धारा, प्रकाश इलेक्ट्रॉनों के उत्सर्जन की दर व प्रकाश इलेक्ट्रॉनों की महत्तम गतिज ऊर्जा का परिवर्तन, आपतित प्रकाश के विभिन्न गुणों; **जैसे**–तीव्रता, आवृत्ति आदि के साथ ज्ञात कर सकते हैं।

आपतित प्रकाश की तीव्रता का प्रभाव

प्रकाश इलेक्ट्रॉनों के उत्सर्जन की दर अर्थात् प्रकाश विद्युत धारा, अपतित प्रकाश की तीव्रता के अनुक्रमानुपाती होती है।

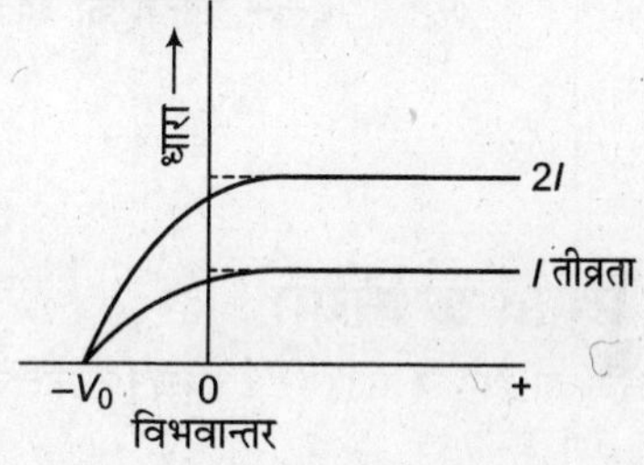

इस ग्राफ से स्पष्ट है कि प्लेट पर लगाये विभवान्तर के एक निश्चित ऋणात्मक मान के लिए प्रकाश विद्युत धारा शून्य हो जाती है। इस विभव को निरोधी विभव अथवा संस्तब्ध विभव कहते हैं।

यदि निरोधी विभव V_0 है, तो उत्सर्जित प्रकाश इलेक्ट्रॉनों की अधिकतम गतिज ऊर्जा $(\mathrm{KE})_{\max} = eV_0$

अर्थात् प्रकाश इलेक्ट्रॉनों की अधिकतम गतिज ऊर्जा आपतित प्रकाश की तीव्रता पर निर्भर नहीं करती है।

देहली आवृत्ति

धातु की सतह पर गिरने वाले प्रकाश की वह न्यूनतम आवृत्ति जिससे कम आवृत्ति के लिए प्रकाश इलेक्ट्रॉनों का उत्सर्जन सम्भव नहीं है, देहली आवृत्ति कहलाती है। इसे ν_0से प्रदर्शित करते हैं।

कार्यफलन

किसी धातु की सतह से इलेक्ट्रॉन उत्सर्जित करने के लिए, ऊर्जा की आवश्यक न्यूनतम मात्रा को उस धातु का कार्यफलन कहते हैं।

$$\text{कार्यफलन } W = h\nu_0$$

जहाँ, h = प्लांक नियतांक, ν_0 = देहली आवृत्ति

या $W = \frac{hc}{\lambda_0}$, जहाँ λ_0 = देहली तरंगदैर्ध्य

आपतित प्रकाश की आवृत्ति का प्रभाव

यदि आपतित प्रकाश की तीव्रता नियत रहे, तो प्रकाश विद्युत धारा पर आपतित प्रकाश की आवृत्ति का कोई प्रभाव नहीं पड़ता, परन्तु आवृत्ति के बढ़ने पर निरोधी विभव का मान बढ़ता है।

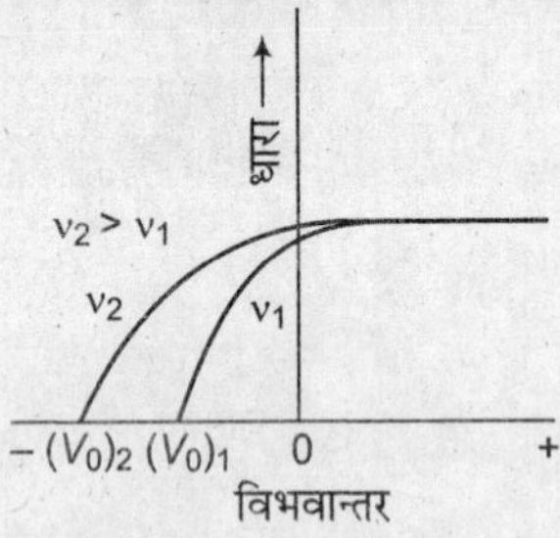

यदि आपतित प्रकाश की आवृत्ति व उत्सर्जित प्रकाश इलेक्ट्रॉनों की अधिकतम गतिज ऊर्जा की बीच ग्राफ खींचा जाए, तो एक सरल रेखा प्राप्त होती है, अर्थात् उत्सर्जित प्रकाश इलेक्ट्रॉनों की अधिकतम गतिज ऊर्जा आपतित प्रकाश की आवृत्ति के समानुपाती होती **है।**

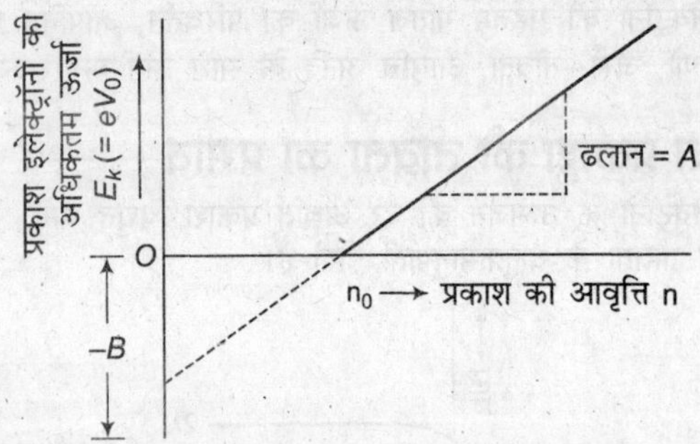

प्रकाश वैद्युत प्रभाव के नियम

1. प्रकाश के आपतित होने व सतह से इलेक्ट्रॉन निकलने के बीच कोई समयान्तराल नहीं होता।
2. उत्सर्जित प्रकाश इलेक्ट्रॉनों की संख्या, आपतित प्रकाश की तीव्रता के समानुपाती होती हैं।
3. उत्सर्जित इलेक्ट्रॉनों की गतिज ऊर्जा, आपतित प्रकाश की तीव्रता पर निर्भर नहीं करती।
4. उत्सर्जित इलेक्ट्रॉनों की गतिज ऊर्जा, आपतित प्रकाश की आवृत्ति के समानुपाती होती है।
5. यदि आपतित प्रकाश की आवृत्ति, देहली आवृत्ति से कम है,तो प्रकाश इलेक्ट्रॉनों का उत्सर्जन असम्भव है।
6. उत्सर्जित इलेक्ट्रॉनों की संख्या, आपतित प्रकाश की आवृत्ति पर निर्भर नहीं करती।

आइन्सटीन का प्रकाश का वैद्युत प्रभाव समीकरण

यदि किसी धातु की सतह पर ν आवृत्ति का प्रकाश आपतित होता है तथा धातु की सतह की देहली आवृत्ति ν_0 है, तो उत्सर्जित इलेक्ट्रॉनों की अधिकतम गतिज ऊर्जा

$$E_k = h(\nu - \nu_0)$$

या $$\frac{1}{2}mv^2_{\max} = h(\nu - \nu_0)$$

यही आइन्सटीन की प्रकाश वैद्युत समीकरण है।

प्रकाश वैद्युत सेल

वह युक्ति जिसके द्वारा प्रकाश ऊर्जा को सीधे विद्युत-ऊर्जा में बदला जा सकता है, प्रकाश वैद्युत सेल कहलाती है। ये सेल कई प्रकार के होते हैं तथा सभी प्रकाश वैद्युत प्रभाव के सिद्धान्त पर कार्य करते हैं।

प्रकाश वैद्युत सेलों के उपयोग

(i) सिनेमा, टीवी आदि में ध्वनि के पुनरूत्पादन में।
(ii) ठोसों व द्रवों की पारदर्शिता मापने में।
(iii) रासायनिक अभिक्रियाओं में भट्टी का ताप नियन्त्रित करने में।
(iv) स्वचालित दरवाजों में।
(v) प्रकाश विद्युत गणकों में।
(vi) भट्टियों तथा रासायनिक-प्रक्रियाओं में ताप-नियन्त्रण में।

प्लांक का क्वाण्टम सिद्धान्त

(i) कृष्ण वस्तु के विकिरित स्पेक्ट्रम की व्याख्या करते समय प्लांक ने क्वाण्टम का सिद्धान्त बताया। प्लांक के क्वाण्टम सिद्धान्त के अनुसार, ऊर्जा प्रकाश के एक क्वाण्टा या फोटॉन के पूर्ण गुणक के रूप में विनियमित (exchange) होती है।

(ii) प्रत्येक फोटॉन में ऊर्जा E होती है, जो विद्युत चुम्बकीय विकिरण की आवृत्ति पर निर्भर करती है।

$$E = h\nu \quad \text{...(i)}$$

जहाँ $h = 6.6 \times 10^{-34}$ जूल-सेकण्ड = प्लांक नियतांक।

(iii) आइन्सटीन के द्रव्यमान-ऊर्जा समतुल्यता के सिद्धान्त से,

$$E = mc^2 \quad \text{...(ii)}$$

समी (i) तथा (ii) से, $mc^2 = h\nu$ या $m = \frac{h\nu}{c^2}$

जहाँ m गतिमान फोटॉन का द्रव्यमान है। फोटॉन का वेग v, प्रकाश के वेग c के बराबर होता है।

अत: $v = c$

(iv) सापेक्षिकता के सिद्धान्त के अनुसार फोटॉन का विराम द्रव्यमान

$$m_0 = m\sqrt{1 - \frac{v^2}{c^2}}$$

यहाँ $m = \frac{h\nu}{c^2}$ तथा $v = c$

अत: $m_0 = 0$

स्पष्टतया फोटॉन का विराम द्रव्यमान शून्य होता है तथा फोटॉन की ऊर्जा पूर्णतया गतिज होती है।

(v) प्रत्येक फोटॉन का संवेग

$$p = mc = \frac{h\nu}{c^2} \times c = \frac{h\nu}{c} = \frac{h}{(c/\nu)} = \frac{h}{\lambda} \quad \text{...(iii)}$$

उपरोक्त समीकरण का बायाँ भाग कण से सम्बन्धित फोटॉन का संवेग है, जबकि समीकरण का दायाँ भाग तरंग से तथा प्लांक नियतांक से सम्बन्धित है, जो तरंग के कण की द्वैतता को विद्युत चुम्बकीय विकिरण के द्वारा दर्शाता है।

कुछ परिस्थितियों में यह तरंग की तरह व्यवहार करता है तथा दूसरी परिस्थितियों में यह कण की तरह व्यवहार करता है।

(vi) तरंग कण पर विद्युत चुम्बकीय तरंगों का पूर्ण स्वामित्व नहीं है। यद्यपि गति में एक पदार्थ कण में, दे-ब्रोग्ली के अनुसार तरंगदैर्ध्य होगी, जो निम्न सूत्र से दी जाती है

$$\lambda = \frac{h}{mv} = \frac{h}{p} = \frac{h}{\sqrt{2mK}}$$

जहाँ K गतिज ऊर्जा है।

(vii) यदि m किग्रा द्रव्यमान तथा q कूलॉम आवेश का एक कण विराम से V वोल्ट विभवान्तर से त्वरित किया जाता है, तब

$$\frac{1}{2}mv^2 = qV \quad \text{या} \quad mv = \sqrt{2mqV}$$

अत: $$\lambda = \frac{h}{\sqrt{2mqV}}$$

द्रव्य तरंगें : दे-ब्रोग्ली तरंगें

माना ν आवृत्ति का फोटॉन प्रकाश के वेग c से चल रहा है। क्वाण्टम सिद्धान्त के अनुसार फोटॉन की ऊर्जा,

$$E = h\nu \qquad \ldots(i)$$

यदि फोटॉन का गतिक द्रव्यमान m है, तब आइन्सटीन के आपेक्षिकता सिद्धान्त के अनुसार, इस फोटॉन की ऊर्जा,

$$E = mc^2 \qquad \ldots(ii)$$

समी (i) व (ii) से, $h\nu = mc^2 \Rightarrow m = \frac{h\nu}{c^2}$

फोटॉन का संवेग, $p = m \times c = \frac{h\nu}{c^2} \times c = \frac{h\nu}{c} = \frac{h}{\lambda}$

$$\therefore \quad \lambda = \frac{h}{p} \qquad \ldots(iii)$$

यदि द्रव्य कण का द्रव्यमान m है तथा वेग v है, तब गतिमान द्रव्य कण से सम्बद्ध द्रव्य तरंग की तरंगदैर्ध्य,

$$\lambda = \frac{h}{p} \Rightarrow \lambda = \frac{h}{mv}$$

यदि कण की गतिज ऊर्जा E हो, तब

$$p = mv = \sqrt{2mE} \quad \therefore \quad T = \frac{h}{\sqrt{2mE}}$$

अत: $$\lambda \propto \frac{1}{p} \propto \frac{1}{v} \propto \frac{1}{\sqrt{E}}$$

माइक्रो आकार के कण; जैसे—इलेक्ट्रॉन, प्रोटॉन, न्यूट्रॉन, α-कण इत्यादि से सम्बद्ध द्रव्य तरंग की तरंगदैर्ध्य की कोटि 10^{-10} मी है।

जीमान प्रभाव तथा पाश्चन बैक प्रभाव

यदि वर्णक्रमदर्शी की विभेदन क्षमता काफी अधिक हो, तो चुम्बकीय क्षेत्र में रखे प्रकाश स्रोत की प्रत्येक वर्णक्रम रेखा अनेक घटक रेखाओं में विभाजित हो जाती है। इस घटना को जीमान प्रभाव कहते हैं।

यदि चुम्बकीय क्षेत्र वृहत् हो, तो यह कक्षक तथा कोणीय चक्रण संवेग के बीच युग्मन को बाधित करता है, जिसके परिणामस्वरूप विभेदन का विभि न प्रतिरूप प्राप्त होता है। यह प्रभाव पाश्चन बैक प्रभाव (Paschen back effect) कहलाता है।

$$J = L + S$$

$$|J| = \sqrt{j(j+1)}\, h$$

रमन प्रभाव

रमन के अनुसार, जब कोई एकवर्णी प्रकाश द्रवों और ठोसों से होकर गुजरता हैं, तो उसमें आपतित प्रकाश के साथ अत्यल्प तीव्रता का कुछ अन्य वर्णों का प्रकाश दृश्य होता है।

इलेक्ट्रॉनिकी

तापायनिक उत्सर्जन

सन् 1884 में वैज्ञानिक **थॉमस अल्वा एडीसन** (Thomas Alva Edison) ने ज्ञात किया था कि जब धातुओं को गर्म किया जाता है, तो उनकी सतह से एक निश्चित ताप पर इलेक्ट्रॉनों का उत्सर्जन होने लगता है; इन इलेक्ट्रॉनों को तापायन (thermions) कहते हैं तथा इस घटना को **तापायनिक उत्सर्जन** कहते हैं। खोजकर्ता के नाम पर इसे **एडीसन प्रभाव** (Edison effect) भी कहते हैं।

रिचर्डसन्-दुशमान समीकरण

उत्सर्जन धारा घनत्व J निम्न प्रकार परिभाषित की गई है,

$$J = \frac{\text{उत्सर्जन धारा}}{\text{उत्सर्जक का क्षेत्रफल}}$$

इसे रिचर्डसन् समीकरण या **रिचर्डसन् दुशमान** समीकरण कहते हैं। यह है,

$$J = AT^2 e^{-\phi/kt} \quad (\text{ऐम्पियर/मी}^2)$$

या $$J = AT^2 e^{-t/T}$$

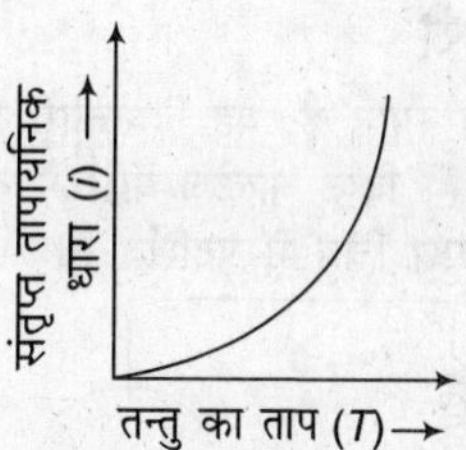

डायोड वाल्व

यह साधारणतम प्रकार की निर्वात् ट्यूब है, जिसमें दो इलेक्ट्रोड होते हैं। दो इलेक्ट्रोड, काँच या धातु के एक निर्वातित बल्ब में बन्द होते हैं। इलेक्ट्रोड को कैथोड (cathode) कहते हैं, जो इलेक्ट्रॉन उत्सर्जक का कार्य करता है तथा दूसरे को प्लेट या एनोड (anode) कहते हैं, जो साधारणतया, कैथोड को घेरता हुआ धातु का एक खोखला सिलिण्डर होता है तथा इलेक्ट्रॉन आकर्षित करने का कार्य करता है। कैथोड को प्रत्यक्ष या अप्रत्यक्ष रूप में गर्म किया जाता है। डायोड का सांकेतिक प्रदर्शन चित्र में किया गया है।

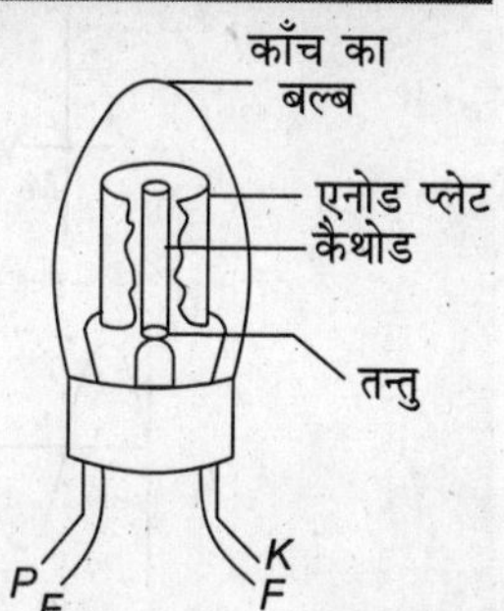

डायोड अभिलाक्षणिक वक्र

एक डायोड के लिए किसी नियत कार्यकारी ताप T पर प्लेट धारा (i_p) और प्लेट विभव (V_p) के मध्य सम्बन्ध को एक ग्राफ से निरूपित करने

पर प्राप्त वक्र को डायोड का अभिलाक्षणिक वक्र कहते हैं।

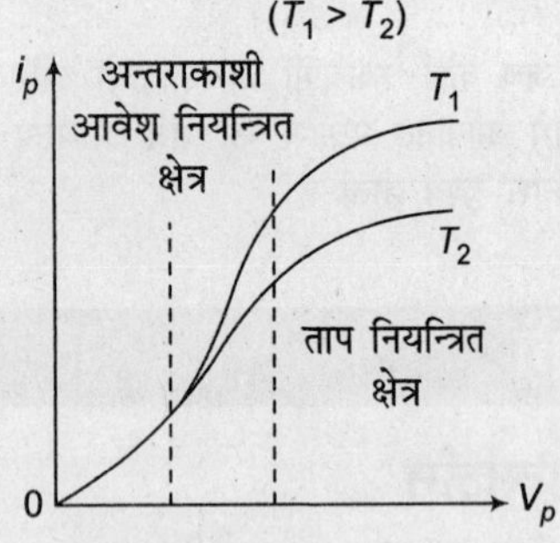

डायोड के लिए चाइल्ड नियम

अन्तराकाशी नियन्त्रित क्षेत्र में डायोड में प्लेट धारा (i_p), प्लेट और कैथोड के मध्य वोल्टता (V_p) की (3/2) घात के समानुपाती होती है।

अर्थात् $i_p \propto V_p^{3/2}$ या $i_p = KV_p^{3/2}$

डायोड वाल्व का उपयोग : दिष्टकारी के रूप में

प्रत्यावर्ती धारा को दिष्ट धारा में बदलने की क्रिया को दिष्टकरण (rectification) कहते हैं और जो उपकरण इस कार्य के लिए उपयोग में लाया जाता है, उसे दिष्टकारी (rectifier) कहते हैं। *कार्य के अनुसार दिष्टकारी दो प्रकार का होता है*

(i) अर्द्ध-तरंग दिष्टकारी (Half-wave rectifier)

(ii) पूर्ण तरंग दिष्टकारी (Full-wave rectifier)

अर्द्ध-तरंग दिष्टकारी

जैसा कि इसके नाम से स्पष्ट है, यह दिष्टकारी प्रत्यावर्ती वोल्टेज/धारा की केवल आधी तरंग को ही दिष्ट वोल्टेज/धारा में बदलता है। इसके लिए आवश्यक परिपथ व्यवस्था चित्र में प्रदर्शित है।

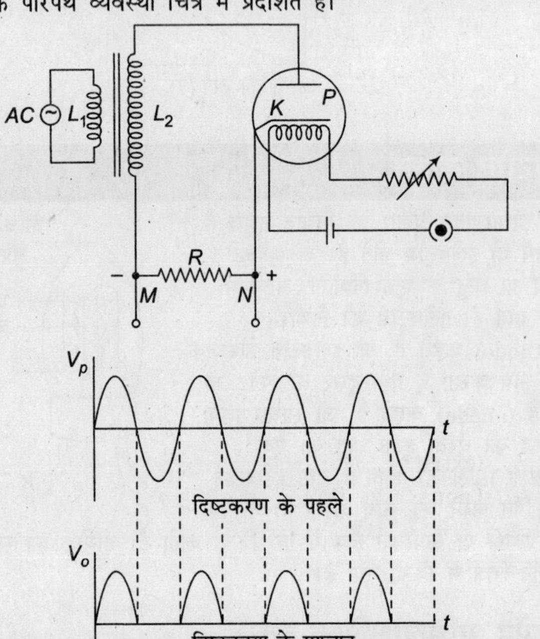

पूर्ण-तरंग दिष्टकारी

यह दिष्टकारी प्रत्यावर्ती धारा की पूरी तरंग को दिष्ट धारा में बदलता है। इसमें दो डायोड वाल्व D_1 व D_2 चित्र की भाँति जोड़े जाते हैं।

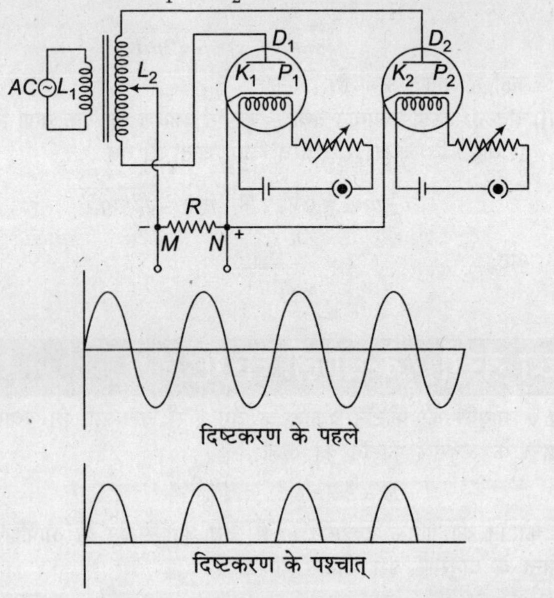

ट्रायोड वाल्व

सन् 1907 में अमेरिकी वैज्ञानिक डॉ. लीडी फॉरेस्ट ने डायोड वाल्व में कम प्लेट विभव पर अन्तराकाशी आवेश के दुष्प्रभाव को कम करने के लिए प्लेट व कैथोड के मध्य एक तीसरे जालीदार इलेक्ट्रोड का समावेश करके इसे अत्यन्त उपयोगी वाल्व बना दिया। तीन इलेक्ट्रोड हो जाने के कारण यह वाल्व **ट्रायोड वाल्व** कहलाता है।

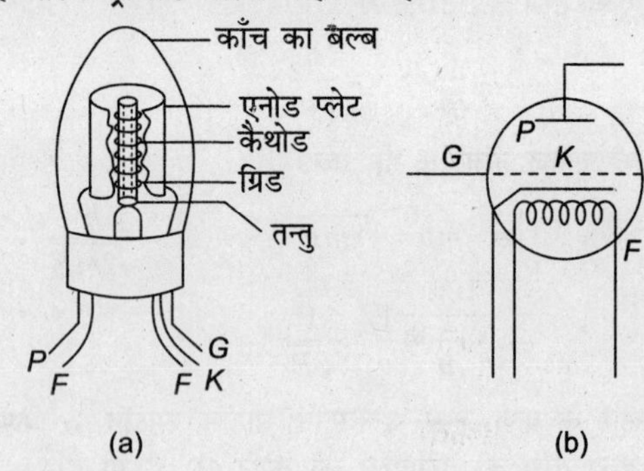

तीसरे समावेशित इलेक्ट्रोड को ग्रिड (grid) कहते हैं। यह कैथोड द्वारा इलेक्ट्रॉन उत्सर्जन को नियन्त्रित करती है, अत:, इसके नाम के अनुरूप, ट्रायोड में तीन इलेक्ट्रोड होते हैं। कैथोड ट्यूब के मध्य में होता है, जिसके परित: नियन्त्रक ग्रिड होती है तथा नियंत्रक ग्रिड के परित: एनोड होता है। नियंत्रक ग्रिड, प्लेट की अपेक्षा कैथोड के अधिक निकट होती है। ट्रायोड का संकेत चित्र में दिखाया गया है। ग्रिड को कैथोड के सापेक्ष कुछ ऋण विभव पर रखा जाता है, जिससे कि इलेक्ट्रॉन तारों के साथ टकराये बिना, तारों के बीच से होकर जाते हैं।

ट्रायोड वाल्व के अभिलाक्षणिक वक्र

ट्रायोड वाल्व के दो अभिलाक्षणिक वक्र होते हैं

(a) एनोड अभिलाक्षणिक वक्र

$[i_p = f(V_p)v_g =$ नियत] ग्रिड विभव को स्थिर रखकर प्लेट-विभव V_p तथा प्लेट-धारा i_p के मध्य खींचे गए वक्र को एनोड अभिलाक्षणिक वक्र कहते हैं।

(b) अन्योन्य अभिलाक्षणिक वक्र

$[i_p = f(V_p)v_g =$ नियत] प्लेट-विभव को स्थिर रखकर ग्रिड विभव तथा प्लेट-धारा के मध्य खींचे गये वक्र को अन्योन्य अभिलाक्षणिक वक्र कहते हैं।

जब परिपथ में कोई लोड प्रतिरोध नहीं लगाया जाता, तब प्राप्त अभिलाक्षणिक वक्र स्थैतिक वक्र कहलाते हैं।

धारा (i_p) त्रिअर्द्धघात (three halves power) नियम का पालन करती है। ट्रायोड के लिए,

$$i_p = k\left(V_g + \frac{V_p}{\mu}\right)^{3/2}$$

V_g का वह मान जिस पर प्लेट धारा शून्य (अर्थात् $i_p = 0$) हो जाती है, अंतक वोल्टता कहलाती है। प्लेट वोल्टता के किसी मान के लिए, अंतक वोल्टता

$$(V_g)_{\text{cut-off}} = -\frac{V_p}{\mu}$$

ट्रायोड वाल्व के गुणांक

ट्रायोड वाल्व के निम्नलिखित तीन गुणांक होते हैं

(a) प्रवर्धन गुणांक

$$\mu = \left(\frac{\text{प्लेट विभव में परिवर्तन}}{\text{ग्रिड विभव में परिवर्तन}}\right)_{i_p = \text{नियत}} = \left(\frac{\delta V_p}{\delta V_g}\right)_{i_p = \text{नियत}}$$

ऋण चिह्न का अर्थ है कि अनुपात में दोनों विभव में परिवर्तन विपरीत चिन्ह के होते हैं और प्रश्नानुसार, μ को धन-संख्या के रूप में प्रदर्शित करते हैं।

(b) प्लेट प्रतिरोध

$$r_p = \left(\frac{\text{प्लेट विभव में परिवर्तन}}{\text{प्लेट धारा में परिवर्तन}}\right)_{V_g = \text{नियत}} = \left(\frac{\delta V_p}{\delta i_g}\right)_{V_g = \text{नियत}}$$

(c) अन्योन्य चालकता

$$g_m = \left(\frac{\text{प्लेट विभव में परिवर्तन}}{\text{ग्रिड विभव में परिवर्तन}}\right)_{V_p = \text{नियत}} = \left(\frac{\delta i_p}{\delta V_g}\right)_{V_p = \text{नियत}}$$

वाल्व नियतांकों में सम्बन्ध $\mu = r_p \times g_m$

ट्रायोड प्रवर्धक की भाँति

निर्बल परिवर्ती वोल्टता, धारा तथा शक्ति को सबल परिवर्ती वोल्टता, धारा तथा शक्ति में बदलने की क्रिया को प्रवर्धन और प्रयुक्त उपकरण को प्रवर्धक कहते हैं। ट्रायोड का उपयोग प्रवर्धक के रूप में किया जाता है।

निर्गत वोल्टता एवं निवेशी वोल्टता के अनुपात को वोल्टेज प्रवर्धन कहते हैं। इसका मान निम्नांकित सूत्र से ज्ञात करते हैं

$$A_v = \frac{\mu R_L}{R_L + r_p}, P_0 = (i_p^2 \cdot R_L)$$

$$P_{\max} = \frac{\mu^2 V_g^2}{4R_L},$$

जब $R_L = r_p$ जहाँ R_L लोड प्रतिरोध तथा r_p प्लेट प्रतिरोध है।

अनेक प्रवर्धकों का संयोजन

जब एक प्रवर्धक से वांछित प्रवर्धन प्राप्त नहीं हो पाता है, तब कई प्रवर्धक श्रेणीक्रम में जोड़ते हैं। जिसमें पहले प्रवर्धक का निर्गत वोल्टेज दूसरे का निवेशी वोल्टेज और दूसरे के निर्गत तीसरे का निवेशी वोल्टेज हो जाता है। यदि क्रमागत रूप से प्रवर्धकों का वोल्टेज क्रमशः $A_1, A_2, A_3, \ldots.$ हो, तो संयोजन का परिणामी वोल्टेज प्रवर्धन, $A_V = A_1 \times A_2 \times A_3 \times \ldots\ldots$

चालक, अर्द्धचालक तथा अचालक

सामान्यतः ठोसों को दो वर्गों में रखा जा सकता है

1. चालक (conductor) तथा अचालक (insulator)। चालकों में आवेश का प्रवाह सुगमता से हो जाता है, जबकि अचालकों में आवेश प्रवाह नहीं होता है।
2. चालकों में मुक्त इलेक्ट्रॉनों की संख्या(लगभग 10^{28} प्रति मी^{3}) अधिक होने के कारण इनकी चालकता अधिक होती है। इसके विपरीत अचालकों में मुक्त इलेक्ट्रॉनों की संख्या नगण्य होने के कारण इनकी चालकता शून्य होती है।
3. कुछ पदार्थ ऐसे भी होते हैं, जिनकी चालकता, चालकों व अचालकों के मध्य होती है, इन्हें अर्द्धचालक (semiconductor) कहते हैं।
4. परम शून्य ताप पर, अर्द्धचालक एक आदर्श अचालक की भाँति व्यवहार करता है।

अर्द्धचालक दो प्रकार के होते हैं

(i) निज अर्द्धचालक

ये अर्द्धचालक पूर्णतः शुद्ध होते हैं, इनमें कोई अपद्रव्य नहीं मिला होता है। प्राकृतिक अवस्था में, शुद्ध जर्मेनियम (Ge) तथा सिलिकॉन (Si) निज अर्द्धचालक हैं।

निज अर्द्धचालक में इलेक्ट्रॉनों (ऋणात्मक) तथा कोटरों (धनात्मक) की संख्या समान होती है।

(ii) बाह्य अर्द्धचालक

निज अर्द्धचालकों की वैद्युत चालकता अत्यन्त अल्प होती है। परन्तु, यदि इनमें कुछ अपद्रव्य मिश्रित कर दिये जाएँ, तो प्राप्त क्रिस्टल की वैद्युत चालकता बढ़ जाती है। ऐसे अशुद्ध अर्द्धचालकों को बाह्य (extrinsic) अथवा अपद्रव्य (impurity) अथवा अपमिश्रित (doped) अर्द्धचालक कहते हैं।

मिश्रित किए जाने वाले अपद्रव्यों के प्रकार के आधार पर बाह्य अर्द्धचालक दो प्रकार के होते हैं

(a) ***n*-टाइप अर्द्धचालक** (*n*-type semiconductor)

जब किसी शुद्ध अर्द्धचालक में, कोई पंचसंयोजक अशुद्धि मिलाते हैं, तो इस प्रकार प्राप्त अशुद्ध क्रिस्टल को n-टाइप अर्द्धचालक कहते हैं। जैसे में As की अशुद्धि मिलाने से बना क्रिस्टल।

(b) ***p*-टाइप अर्द्धचालक** (*p*-type semiconductor)
जब किसी शुद्ध अर्द्धचालक में कोई त्रिसंयोजक क्रिस्टल मिलाते हैं, तो इस प्रकार प्राप्त अशुद्ध क्रिस्टल *p*-टाइप अर्द्धचालक कहलाता है; जैसे Si में Al की अशुद्धि मिलाने से बना क्रिस्टल।

p-n सन्धि डायोड

p-n सन्धि डायोड एक मूल अर्द्धचालक युक्ति हैं, जोकि *p*-टाइप क्रिस्टल को *n*-टाइप क्रिस्टल से जोड़ने पर प्राप्त होती है।

1. इसके एक क्षेत्र में ग्राही अपद्रव्यों (acceptor impurities) की अधिकता तथा दूसरे क्षेत्र में दाता अपद्रव्यों (donor impurities) की अधिकता होती है। इन क्षेत्रों को क्रमशः *p*-क्षेत्र (*p*-region) तथा *n*-क्षेत्र (*n*-region) कहते हैं तथा इनके क्षेत्रों के बीच की परिसीमा (boundary) को *p-n* सन्धि कहते हैं।
2. *p-n* सन्धि के दोनों ओर के उस क्षेत्र को, जिसमें कोई आवेश वाहक नहीं होता है, अवक्षय परत (depletion layer) कहते हैं। इसकी मोटाई 10^{-4} सेमी की कोटि की होती है।
3. सन्धि का विभव प्राचीर (potential barrier), सन्धि के ताप तथा पदार्थ पर निर्भर करता है।
4. अग्रअभिनति (forward bias) में *p-n* सन्धि के *p*-सिरे को बैटरी के धन ध्रुव से तथा *n*-सिरे को ऋण ध्रुव से जोड़ते हैं। इसी प्रकार उत्क्रम अभिनति (reverse bias) में इसके विपरीत।
5. अग्रअभिनत सन्धि में आरोपित विद्युत क्षेत्र E, आन्तरिक क्षेत्र E_i से कहीं अधिक प्रबल होता है, अतः बहुसंख्यक आवेश वाहक सन्धि की ओर खिंचते हैं। इससे अवक्षय क्षेत्र की चौड़ाई घट जाती है।
6. उत्क्रम अभिनत सन्धि में, आरोपित विद्युत क्षेत्र E, आन्तरिक क्षेत्र E_i को प्रबलित करता है। अतः बहुसंख्यक आवेश वाहक सन्धि से दूर हटते हैं। इससे अवक्षय क्षेत्र की चौड़ाई बढ़ जाती है।
7. *p-n* सन्धि डायोड के उपयोग
   (a) दिष्टकारी के रूप में। (b) स्विच के रूप में।
   (c) संधारित्र के रूप में।
   (d) लेसर किरणें उत्पन्न करने में।
8. *p-n* सन्धि डायोड का परिपथ प्रतीक है।

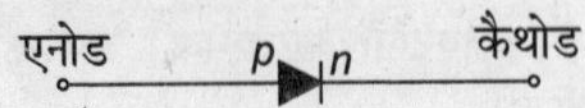

p-n सन्धि डायोड अर्द्ध-तरंग दिष्टकारी के रूप में

p-n सन्धि डायोड का अर्द्ध-तरंग दिष्टकारी चित्र (a) में तथा इसके निवेशी तथा निर्गत तरंग रूप चित्र (b) में प्रदर्शित हैं। अर्द्ध-तरंग दिष्टकारी में केवल एक डायोड प्रयुक्त होता है।

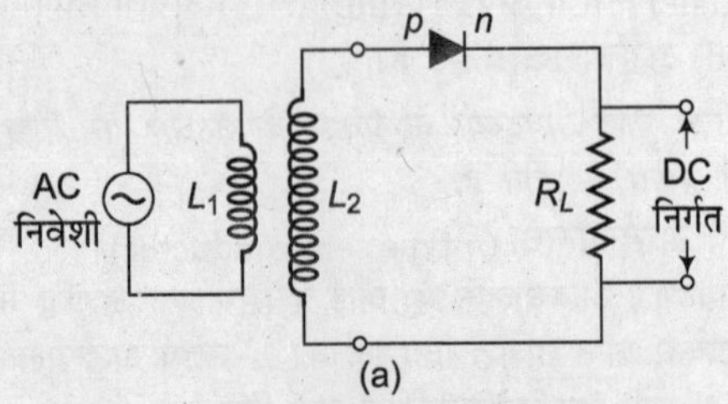

(a)

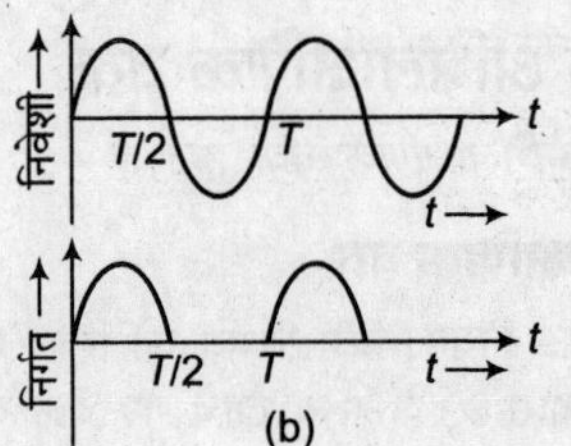

(b)

अर्द्ध-तरंग दिष्टकारी में निर्गत धारा एकदिशीय, परन्तु आन्तरायिक तथा स्पंदमान होती है।

p-n सन्धि डायोड पूर्ण-तरंग दिष्टकारी के रूप में

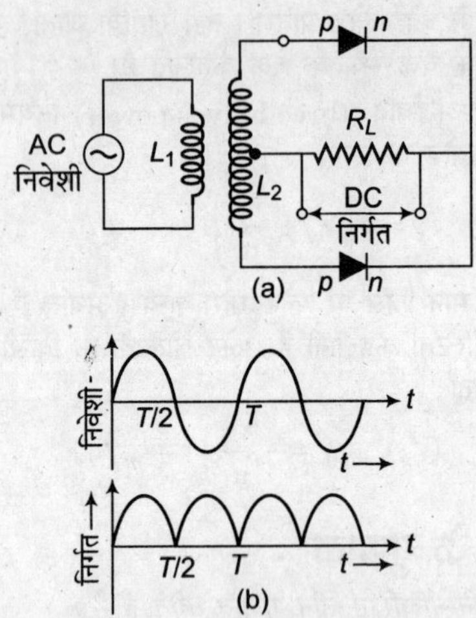

पूर्ण-तरंग दिष्टकारी परिपथ (a) में तथा इसके निवेशी व निर्गत तरंग-रूप चित्र (b) में प्रदर्शित किये गए हैं। पूर्ण-तरंग दिष्टकारी में दो डायोड प्रयुक्त होते हैं।

पूर्ण-तरंग दिष्टकारी में निर्गत धारा एकदिशीय स्पंदों की अविरत (continuous) श्रेणी होती है।

ट्रांजिस्टर

n व *p* प्रकार के अर्द्धचालकों से निर्मित वह युक्ति जो ट्रायोड वाल्व के स्थान पर प्रयुक्त होती है, ट्रांजिस्टर कहलाती है।

ट्रांजिस्टर दो प्रकार के होते हैं

(i) ***p-n-p* ट्रांजिस्टर** (*p-n-p* transistor)

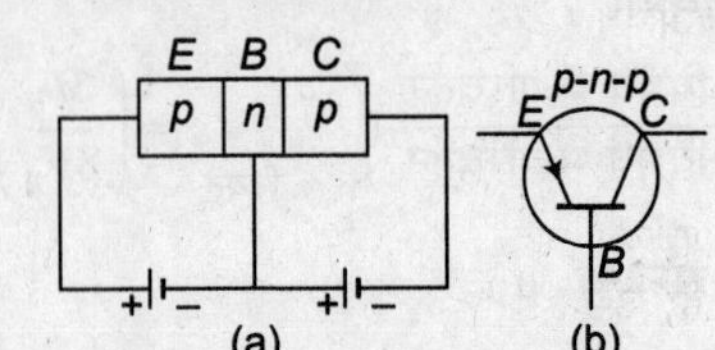

p-n-p ट्रांजिस्टर का परिपथ तथा प्रतीक क्रमशः चित्र (a) तथा (b) में प्रदर्शित किये गए हैं।

$E \rightarrow$ उत्सर्जक (emitter)
$B \rightarrow$ आधार (base)
$C \rightarrow$ संग्राहक (collector)

इसमें बायीं ओर की उत्सर्जक-आधार (p-n) सन्धि, अग्र अभिनत (forward biased) अल्प-प्रतिरोध वाली होती है तथा दायीं ओर की आधार-संग्राहक (n-p) सन्धि, उत्क्रम अभिनत (reverse biased) उच्च प्रतिरोध वाली होती है।

(ii) n-p-n **ट्रांजिस्टर** (n-p-n transistor) n-p-n ट्रांजिस्टर का परिपथ तथा प्रतीक क्रमश: चित्र (a) तथा (b) में प्रदर्शित किए गए हैं।

इसमें भी बायीं ओर की सन्धि अग्र अभिनत तथा दायीं ओर की सन्धि उत्क्रम अभिनत होती है।

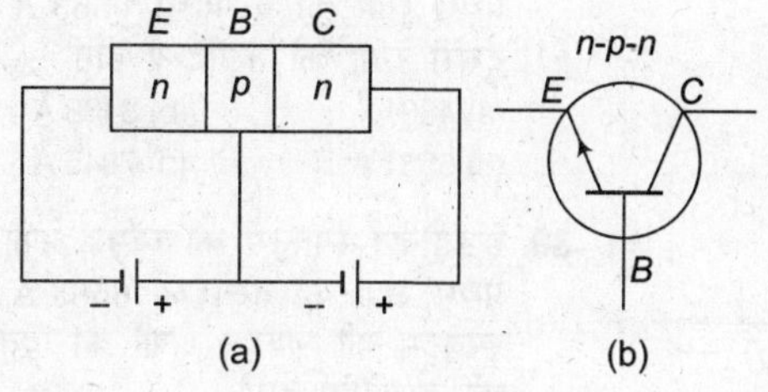

(a) (b)

ट्रांजिस्टर प्रवर्धक के रूप में

ट्रांजिस्टर प्रवर्धक के रूप में तीन विन्यासों में प्रयोग होता है

(i) **उभयनिष्ठ आधार प्रवर्धक** (Common Base Amplifier)

(a) धारा लाभ $\alpha = \left(\frac{\Delta I_c}{\Delta I_e}\right)_{V_{CB}}, \propto < 1$

(b) वोल्टता लाभ $A_V = V_{out}/V_{in} = \alpha\,(R_{out}/R_{in})$

(c) शक्ति लाभ $= \alpha \cdot A_V = \frac{a^2 R_{out}}{R_{in}}$

(ii) **उभयनिष्ठ उत्सर्जक प्रवर्धक** (Common Emitter Amplifier)

(a) धारा लाभ $\beta = \left(\frac{\Delta I_c}{\Delta I_b}\right)_{V_{CE}} = \frac{\alpha}{1-\alpha}$ या $\alpha = \frac{\beta}{1+\beta}$

(b) वोल्टता लाभ $A_v = \beta \cdot \frac{R_{out}}{R_{in}}$

(c) शक्ति लाभ $= \beta \cdot A_v = \beta^2 \frac{R_{out}}{R_{in}}$

वस्तुनिष्ठ प्रश्न

1. एक धनायनित आयनित C^{12} व C^{13} परमाणु अनुप्रस्थ समरूपी चुम्बकीय क्षेत्र में समान विभव से त्वरित होकर प्रवेश करते हैं। इनके वृत्ताकार पथों की त्रिज्याओं के अनुपात $r_{12} : r_{13}$ का मान होगा

(a) $\sqrt{12} : \sqrt{13}$ (b) 13 : 12
(c) 12 : 13 (d) 13 : 24

2. बोहर कक्षा के लिए त्रिज्या r, पूर्णांक n तथा नियतांक k में सम्बन्ध है

(a) $r = \frac{n}{k}$ (b) $r = \frac{n}{k^2}$
(c) $r = n^2 k$ (d) $r = nk$

3. गन्धक तथा हीलियम परमाणु के मूल स्तरों की त्रिज्याओं का अनुपात होगा

(a) 1 : 8 (b) 4 : 1
(c) 2 : 1 (d) 8 : 1

4. हाइड्रोजन परमाणु की प्रथम कक्षा की त्रिज्या 0.53Å है, उसकी चतुर्थ कक्षा की त्रिज्या होगी

(a) 8.48 Å (b) 8.40 Å
(c) 4.42 Å (d) 9.32 Å

5. एक इलेक्ट्रॉन सूक्ष्मदर्शी पर कितनी वोल्टता आरोपित की जाए, ताकि 2 Å तरंगदैर्ध्य का इलेक्ट्रॉन उत्पन्न हो सके?

(a) 37.5 V (b) 200 V
(c) 100 V (d) 50 V

6. X-किरण नली 40 kV पर कार्य करती है। प्रति कैथोड पर टकराने वाले इलेक्ट्रॉनों की अधिकतम चाल होगी

(a) 1.18×10^8 मी/से
(b) 1.18×10^7 मी/से
(c) 1.83×10^{10} मी/से
(d) 2.18×10^8 मी/से

7. किसी कण के संवेग में अनिश्चितता 10^{-20} किग्रा-मी/से है। इस स्थिति मे न्यूनतम अनिश्चितता होगी

(a) 10^{-4} मी (b) 10^{-14} मी
(c) 10^{-6} मी (d) 10^{-10} मी

8. एक त्वरित इलेक्ट्रॉनों का कोई पुंज किसी लक्ष्य से टकराता है, जिसके फलस्वरूप X-किरणों का सतत् स्पेक्ट्रम उत्सर्जित होता है। 40 kV पर संचालित X-किरण नलिका से उत्सर्जित X-किरण स्पेक्ट्रम में निम्नलिखित में कौन-सी तरंगदैर्ध्य अनुपस्थित होगी?

(a) 0.25 Å (b) 1.7 Å
(c) 0.5 Å (d) 2.0 Å

9. म्यूऑन-प्रोटॉन निकाय के लिए मूल अवस्था में ऊर्जा होगी

(a) 13.6×207 MeV
(b) -13.6×207 MeV
(c) -13.6×186 MeV
(d) 13.6×186 MeV

10. एक इलेक्ट्रॉन A से विरामावस्था में गति करके B बिन्दु पर 1.8×10^7 मी/से के वेग से पहुँचता है। यदि P तथा Q के मध्य 936 वोल्ट विभवान्तर हो, तो इलेक्ट्रॉन का विशिष्ट आवेश होगा

(a) 1.73×10^{11} कूलॉम/किग्रा
(b) 1.63×10^{10} कूलॉम/किग्रा
(c) 1.83×10^{11} कूलॉम/किग्रा
(d) 1.73×10^9 कूलॉम/किग्रा

11. एक धातु का कार्यफलन 1 eV है। धातु पर 3000 Å का प्रकाश आपतित होता है, उत्सर्जित फोटोइलेक्ट्रॉन का वेग होगा

(a) 10^6 मी/से (b) 10^3 मी/से
(c) 10^2 मी/से (d) 10^8 मी/से

12. 6.2 eV का पराबैंगनी विकिरण एक एल्युमीनियम की सतह (कार्यफलन 4.2 eV) पर पड़ता है। सबसे तेज उत्सर्जित इलेक्ट्रॉन की गतिज ऊर्जा जूल में लगभग है

(a) 3×10^{-21} (b) 3.2×10^{-19}
(c) 6.4×10^{-19} (d) 4.5×10^{-19}

13. किसी धातु की देहली तरंगदैर्ध्य 4000 Å है। इससे प्रकाश इलेक्ट्रॉन उत्सर्जित होंगे, यदि इस पर प्रकाश डाला जाए

(a) 50 वाट के अवरक्त लैम्प का
(b) 1 वाट के अवरक्त लैम्प का
(c) 50 वाट के पराबैंगनी लैम्प का
(d) 100 वाट के अवरक्त लैम्प का

14. अधिकतम तरंगदैर्ध्य के दृश्य प्रकाश के संगत फोटॉन की ऊर्जा होगी
(a) 1.6 eV (b) 3.2 eV
(c) 2.6 eV (d) 4.8 eV

15. 5000 Å तरंगदैर्ध्य वाले प्रकाश के लिए फोटॉन ऊर्जा 2.5 eV है। 1 Å की तरंगदैर्ध्य वाली X-किरणों के लिए फोटॉन ऊर्जा लगभग होगी
(a) (2.5/5000) eV (b) $(2.5/5000)^2$ eV
(c) (2.5 × 5000) eV (d) $2.5 \times (5000)^2$ eV

16. एक दिए हुए विकिरण में प्रत्येक फोटॉन का संवेग 3.3×10^{-29} किग्रा मी/से है, विकिरण की आवृत्ति होगी
($h = 6.6 \times 10^{-34}$ जूल-सेकण्ड)
(a) 1.5×10^{13} हर्ट्ज (b) 7.5×10^{12} हर्ट्ज
(c) 6×10^{10} हर्ट्ज (d) 3×10^{3} हर्ट्ज

17. 880 kHz की आवृत्ति तथा 10 kW शक्ति पर एक ट्रान्समीटर कार्य करता है। प्रति सेकण्ड उत्सर्जित होने वाले फोटॉनों की संख्या होगी
(a) 13.27×10^{44} (b) 13.27×10^{34}
(c) 1327×10^{34} (d) 1.72×10^{31}

18. एक पदार्थ का कार्यफलन 1.6 eV है। प्रकाश की उच्चतम तरंगदैर्ध्य जो पदार्थ से प्रकाश उत्सर्जन कर सके, होगी
(a) 7734 Å (b) 5800 Å
(c) 3867 Å (d) 2900 Å

19. दो फोटॉन जिनकी समान ऊर्जा 2.5 eV है, प्रत्येक एक धातु की प्लेट पर आयनित होते हैं। जिसका कार्यफलन 4.0 eV है। धातु की सतह से उत्सर्जित होने वाले इलेक्ट्रॉनों की संख्या होगी
(a) दो (b) कोई नहीं
(c) एक (d) दो से अधिक

20. सोडियम सतह क्रमशः पराबैंगनी तथा दृश्य प्रकाश से प्रकाशित की जाती है तथा निरोधी विभव ज्ञात किया जाता है। यह निरोधी विभव
(a) पराबैंगनी प्रकाश के लिए अधिक होगा
(b) दोनों स्थितियों में समान है
(c) दृश्य प्रकाश के लिए अधिक होगा
(d) दोनों स्थितियों में शून्य होगा

21. सोडियम तथा कॉपर की सतह X-किरणों द्वारा अलग-अलग प्रयोग में किरणित की जाती हैं तथा उनके निरोधी विभव ज्ञात किये जाते हैं। निरोधी विभव
(a) दोनों प्रयोगों में बराबर होंगे
(b) सोडियम के लिए अधिक होगा
(c) कॉपर के लिए अधिक होगा
(d) दोनों प्रयोगों में अनन्त होगा

22. प्रकाश संवेदी पदार्थ पर देहली प्रकाश की 1.5 गुनी आवृत्ति का प्रकाश आपतित किया जाता है। यदि आवृत्ति आधी कर दी जाए तथा तीव्रता दोगुनी कर दी जाए, तो प्रकाश विद्युत धारा हो जाएगी
(a) चार गुनी (b) दोगुनी
(c) आधी (d) शून्य

23. निम्न में से कौन-सा ग्राफ प्रकाश विद्युत धारा का आपतित विकिरण की तीव्रता के साथ परिवर्तन सही रूप से दर्शाता है?

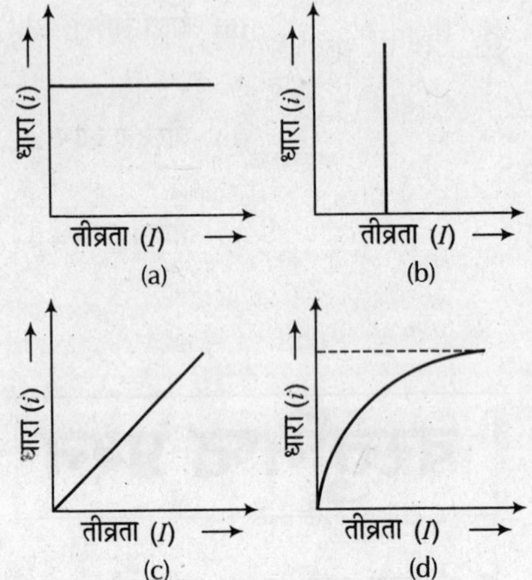

24. प्रकाश का एक स्रोत एक फोटो सेल से 1 मी दूरी पर रखा जाता है तथा निरोधी विभव V_0 है। यदि दूरी दोगुनी कर दी जाए, तो निरोधी विभव हो जाएगा
(a) V_0 (b) $2V_0$
(c) $\frac{V_0}{4}$ (d) $\frac{V_0}{2}$

25. 6 eV ऊर्जा के फोटॉन 2.1 eV कार्यफलन के पौटेशियम की सतह पर आपतित होते हैं, निरोधी विभव का मान होगा
(a) – 6V (b) – 2.1 V
(c) – 3.9 V (d) – 6 V

26. किसी धातु पृष्ठ पर नीला प्रकाश आपतित करने पर उससे इलेक्ट्रॉन उत्सर्जित होते हैं परन्तु हरे रंग से नहीं। निम्नलिखित में से किस रंग से प्रकाश उत्सर्जन सम्भव होगा?
(a) बैंगनी (b) लाल (c) पीला (d) नारंगी

27. λ तरंगदैर्ध्य का प्रकाश, प्रकाश संवेदी सतह पर आपतित होता है तथा E गतिज ऊर्जा के इलेक्ट्रॉन उत्सर्जित होते हैं। यदि गतिज ऊर्जा को $2E$ तक बढ़ा दिया जाए, तो तरंगदैर्ध्य λ' हो जाती है, जहाँ
(a) $\lambda' = \frac{\lambda}{2}$ (b) $\lambda' = 2\lambda$
(c) $\frac{\lambda}{2} < \lambda' < \lambda$ (d) $\lambda' > \lambda$

28. एक फोटो सेल, एक प्रकाश संवेदी सतह से 4 मी की दूरी पर रखा जाता है। जब प्रकाश सतह पर पड़ता है, तो 5 मिलीऐम्पियर की धारा उत्पन्न होती है। यदि सेल की दूरी 1 मी कर दी जाए, तो धारा हो जाएगी
(a) 1.25 मिलीऐम्पियर (b) $\frac{5}{10}$ मिलीऐम्पियर
(c) 20 मिलीऐम्पियर (d) 80 मिलीऐम्पियर

29. हाइड्रोजन स्पेक्ट्रम की बॉमर श्रेणी की प्रथम रेखा की तरंगदैर्ध्य 6563 Å है। दूसरी रेखा की तरंगदैर्ध्य होगी
(a) 4861 Å (b) 3438 Å
(c) 6531 Å (d) 7845 Å

30. हाइड्रोजन स्पेक्ट्रम की बॉमर श्रेणी की प्रथम रेखा की तरंगदैर्ध्य 6563 Å है। उसी स्पेक्ट्रम की पाश्चन श्रेणी की द्वितीय रेखा की तरंगदैर्ध्य होगी
(a) 12818 Å (b) 18572 Å
(c) 22825 Å (d) 916 Å

31. 5 MeV ऊर्जा का एक α-कण, एक स्थिर यूरेनियम नाभिक द्वारा 180° पर प्रकीर्णित किया जाता है। निकटतम उपगमन की दूरी का क्रम है
(a) 10^{-10} मी (b) 10^{-13} मी
(c) 10^{-14} मी (d) 10^{-16} मी

32. हाइड्रोजन परमाणु मूल अवस्था से मुख्य क्वाण्टम संख्या 4 की अवस्था तक उत्तेजित होता है। प्राप्त स्पेक्ट्रम रेखाओं की संख्या होगी
(a) 3 (b) 2 (c) 5 (d) 6

33. पूर्ण सूर्य ग्रहण के समय, सौर विकिरण में होती हैं
(a) अधिक संख्या में काली फ्राउनहोफर रेखाएँ
(b) कम संख्या में काली फ्राउनहोफर रेखाएँ
(c) कोई नहीं
(d) सभी फ्राउनहोफर रेखाएँ, चमकीली रंगीन रेखाओं में बदल जाती हैं

34. एक हाइड्रोजन परमाणु की इसकी मूल अवस्था में त्रिज्या 5.3×10^{-11} मी है। इलेक्ट्रॉन से टक्कर के पश्चात् इसकी त्रिज्या 21.2×10^{-11} मी पाई जाती है। परमाणु की अन्तिम अवस्था के लिए मुख्य क्वाण्टम संख्या है
(a) $n = 4$ (b) $n = 2$
(c) $n = 16$ (d) $n = 3$

35. जब इलेक्ट्रॉन स्तर $n = 4$ से $n = 1$ में कूदता है, तो प्रतिक्षिप्त हाइड्रोजन परमाणु का संवेग होगा
(a) 12.75×10^{-19} किग्रा मी से$^{-1}$
(b) 13.6×10^{-19} किग्रा मी से$^{-1}$
(c) 6.2×10^{-27} किग्रा मी से$^{-1}$
(d) शून्य

36. एकधा आयनित हीलियम परमाणु अपनी मूल अवस्था में एक बड़ी तरंगदैर्ध्य अवशोषित करता है, वह तरंगदैर्ध्य होगी
(a) 304 Å (b) 606 Å
(c) 1216 Å (d) 912 Å

37. हाइड्रोजन परमाणु के लिए लाइमन श्रेणी की सीमान्त तरंगदैर्ध्य 912 Å है। हाइड्रोजन परमाणु के लिए बॉमर श्रेणी की सीमान्त तरंगदैर्ध्य है
(a) 912 Å (b) 912×2 Å
(c) 912×4 Å (d) $912/2$ Å

38. मूल अवस्था में हाइड्रोजन सदृश परमाणु (या आयन) की ऊर्जा -122.4 eV है। यह हो सकता है
(a) हाइड्रोजन परमाणु (b) He^+
(c) Li^{2+} (d) Be^{3+}

39. अवरक्त तरंगों की आवृत्ति लगभग है
(a) 10^{16} हर्ट्ज (b) 10^{19} हर्ट्ज
(c) 10^{13} हर्ट्ज (d) 10^{9} हर्ट्ज

40. एक दिए गए परमाणु का प्रथम उत्सर्जक विभव 10.2 वोल्ट है, तब आयनन विभव होगा
(a) 13.6 वोल्ट (b) 40.8 वोल्ट
(c) 30.6 वोल्ट (d) 20.4 वोल्ट

41. यदि हाइड्रोजन परमाणु को उसकी मूल अवस्था में 975 Å तरंगदैर्ध्य के एकवर्णी विकिरण से उत्तेजित किया जाता है, तो परिणामी स्पेक्ट्रम में सम्भावित रेखाओं की संख्या होगी
(a) 6 (b) 4
(c) 3 (d) 2

42. विभवान्तर V से त्वरित α-कण की दे-ब्रोग्ली तरंगदैर्ध्य क्या होगी?
(a) $\frac{0.101}{\sqrt{V}}$ Å (b) $\frac{0.202}{\sqrt{V}}$ Å
(c) $\frac{0.287}{\sqrt{V}}$ Å (d) $\frac{12.27}{\sqrt{V}}$ Å

43. कैथोड किरण नलिका को 2500 वोल्ट पर प्रयोग किया जाता है। इलेक्ट्रॉनों की नलिका में चाल होगी
(a) 3×10^7 मी/से (b) 1.5×10^7 मी/से
(c) 3.6×10^6 मी/से (d) 6×10^7 मी/से

44. दो समान्तर प्लेटों के बीच इलेक्ट्रॉन पुँज 6×10^7 मी/से के वेग से गतिमान है। यदि दोनों प्लेटों के बीच विद्युत क्षेत्र 3×10^3 वोल्ट/मी है, तो इलेक्ट्रॉन पुँज को अविक्षेपित रखने के लिए आवश्यक चुम्बकीय क्षेत्र का मान होगा
(a) 2.5×10^{-4} टेस्ला (b) 2×10^{-4} टेस्ला
(c) 1×10^{-4} टेस्ला (d) 0.5×10^{-4} टेस्ला

45. कैथोड किरणें निम्नलिखित में से किसके द्वारा विक्षेपित होती हैं?
(a) न तो विद्युत क्षेत्र व न चुम्बकीय क्षेत्र द्वारा
(b) विद्युत क्षेत्र व चुम्बकीय क्षेत्र दोनों के द्वारा
(c) केवल विद्युत क्षेत्र द्वारा
(d) केवल चुम्बकीय क्षेत्र द्वारा

46. हाइड्रोजन परमाणु में दो लगातार कक्षकों में इलेक्ट्रॉनों के कोणीय संवेगों का अन्तर होता है
(a) $\frac{h}{2\pi}$ (b) $\frac{2nh}{\pi}$
(c) $\frac{h}{2}$ (d) $(n-1)\frac{h}{2\pi}$

47. प्रकाश वैद्युत प्रभाव के लिए कार्यफलन
(a) भिन्न-भिन्न धातुओं के लिए भिन्न-भिन्न होता है
(b) सभी धातुओं के लिए समान होता है
(c) आपतित प्रकाश की आवृत्ति पर निर्भर करता है
(d) उपरोक्त में से कोई नहीं

48. प्रकाश वैद्युत प्रभाव निम्नलिखित में से किसके संरक्षण पर आधारित है?
(a) कोणीय संवेग (b) रेखीय संवेग
(c) द्रव्यमान (d) ऊर्जा

49. कॉम्पटन प्रभाव निम्नलिखित में से किसमें होता है?
(a) धन किरणों में (b) β -किरणों में
(c) X -किरणों में (d) दृश्य किरणों में

50. तरंगदैर्ध्य λ के फोटॉन का विराम द्रव्यमान लगभग होता है
(a) $\frac{hc}{\lambda}$ (b) $\frac{h}{\lambda}$
(c) $\frac{h}{c\lambda}$ (c) शून्य

51. पौटेशियम की देहली आवृत्ति 3×10^{14} हर्ट्ज है, इसका कार्यफलन कितना होगा?
(a) 0.5×10^{-19} जूल (b) 4×10^{-19} जूल
(c) 2×10^{-19} जूल (d) 1×10^{-19} जूल

52. प्रकाश ऊर्जा का विद्युत ऊर्जा में परिवर्तन निम्नलिखित में से किसमें प्राप्त किया जाता है?
(a) अभ्र कोष्ठ में
(b) ताप युग्म में
(d) प्रकाश वैद्युत सेल में
(d) कूलिज नलिका में

53. धन किरणों का आविष्कार किसने किया था?
(a) ब्रेग ने (b) एस्टन ने
(c) गोल्डस्टीन ने (d) थॉमसन ने

54. किसी परमाणु से इलेक्ट्रॉन निम्नलिखित में से किस बल के कारण बंधे होते हैं?
(a) वान्डर वाल्स बलों द्वारा
(b) गुरुत्वीय बलों द्वारा
(c) नाभिकीय बलों द्वारा
(d) कूलॉमीय बलों द्वारा

55. किसी परमाणु का आकार लगभग होता है
(a) 1 फर्मी (b) 1 Å
(b) 1 माइक्रॉन (d) 1 नैनोमीटर

56. हाइड्रोजन परमाणु के प्रथम बोहर कक्षक की त्रिज्या कितनी होगी?
($e = 1.6 \times 10^{-19}$) कूलॉम,
$m = 9.1 \times 10^{-31}$ किग्रा,
$h = 6.6 \times 10^{-34}$ जूल-सेकण्ड)
(a) 0.53 मिमी (b) 53 Å
(c) 0.53 Å (d) 5.3 Å

57. हाइड्रोजन परमाणु के चौथे व पाँचवें कक्षक में कक्षीय इलेक्ट्रॉन की ऊर्जाओं का अनुपात होगा
(a) 4 : 5 (b) 5 : 4
(c) 25 : 16 (d) 16 : 25

58. द्रव्य की तरंग प्रकृति की खोज किसने की थी?
(a) सी वी रमन ने (b) डेविसन जर्मर ने
(c) दे-ब्रोग्ली ने (d) थॉमसन ने

59. हाइड्रोजन परमाणु की मूल अवस्था में तरंगदैर्ध्य की चाल होती है
(a) c (b) $c/2$ (c) $c/10$ (d) $c/137$

60. कैथोड किरणों का वेग होता है
(a) प्रकाश के वेग से कम या अधिक
(b) प्रकाश के वेग से कम
(c) प्रकाश के वेग के बराबर
(d) प्रकाश के वेग से अधिक

61. पेयजल में गामा उत्सर्जक समस्थानिक है या नहीं, इनकी पुष्टि निम्नलिखित में से किसमें की जा सकती है?
(a) सूक्ष्मदर्शी
(b) सीसा पट्टिका
(c) प्रस्फुरण गणक
(d) स्पेक्ट्रमी प्रकाशमापी

62. निम्न विकिरण प्रकारों में से किसमें सर्वाधिक ऊर्जा होती है?
(a) दृश्य किरणों में (b) एक्स-रे
(d) अल्ट्रावॉयलेट (d) इन्फ्रारेड

63. सूर्य पर ऊर्जा का निर्माण होता है
(a) नाभिकीय विखंडन द्वारा
(b) नाभिकीय संलयन द्वारा
(c) ऑक्सीकरण अभिक्रियाओं द्वारा
(d) अवकरण अभिक्रियाओं द्वारा

64. तारे अपनी ऊर्जा प्राप्त करते हैं
1. नाभिकीय संलयन से
2. गुरुत्वीय संकुचन से
3. रासायनिक अभिक्रिया से
4. नाभिकीय विखंडन से
अपने उत्तर का चयन नीचे दिए कूट से कीजिए

कूट
(a) 1 तथा 2 (b) 1, 2 तथा 3
(c) 1 तथा 4 (d) 2 तथा 4

65. तारे अपनी ऊर्जा निम्न में से किस प्रकार प्राप्त करते हैं?
(a) नाभिकीय संयोजन के फलस्वरूप
(b) नाभिकीय विखंडन से
(c) रासायनिक क्रिया से
(d) गुरुत्वाकर्षण खिंचाव से

66. सितारों में अक्षय ऊर्जा के स्रोत का कारण है
(a) हाइड्रोजन का हीलियम में परिवर्तन
(b) हीलियम का हाइड्रोजन में परिवर्तन
(c) रेडियोधर्मी पदार्थों का क्षय
(d) ऑक्सीजन की अधिकता जो जलने में सहायक है तथा ऊर्जा उत्पन्न करती है

67. सूर्य से उत्पन्न ऊर्जा का स्रोत है
(a) नाभिकीय विखंडन
(b) नाभिकीय संलयन
(c) प्रकाश विद्युत प्रभाव
(d) सेरेनकोव प्रभाव

68. एक कृत्रिम उपग्रह में विद्युत ऊर्जा का स्रोत क्या होता है?
(a) सौर सेलें
(b) लघु नाभिकीय रिएक्टर
(c) डायनेमो
(d) थर्मोपाइल

69. अंतराकाशी आवेश सीमित धारा की स्थिति में, एक डायोड में, यदि प्लेट वोल्टता 400 वोल्ट व 200 वोल्ट पर क्रमशः i_1 व i_2 धारा बहती है, तो $\frac{i_1}{i_2}$ का मान होगा
(a) $\left(\frac{1}{4}\right)^{\sqrt{2}}$ (b) $2\sqrt{2}$
(c) 2 (d) $\frac{1}{2}$

70. तीन ट्रायोड प्रवर्धक जिनमें से प्रत्येक का वोल्टेज प्रवर्धन 10 है, क्रमागत रूप से जुड़े हैं। इनका नेट वोल्टेज प्रवर्धन होगा
(a) 30 (b) 130
(c) $\frac{10}{3}$ (d) 10^3

71. एक प्रयोग में, 240 वोल्ट पर एक डायोड में प्लेट पर संतृप्त धारा मिलती है, परन्तु एक विद्यार्थी प्लेट धारा को और अधिक बढ़ाना चाहता है। यह सम्भव है, यदि
(a) प्लेट विभव ओर अधिक बढ़ाया जाए
(b) प्लेट विभव को कम किया जाए
(c) फिलामेण्ट धारा कम की जाए
(d) फिलामेण्ट धारा बढ़ायी जाए

72. एक ट्रायोड वाल्व का प्लेट प्रतिरोध 3000 ओम है। इसकी अन्योन्य चालकता 1.5 मिलीऐम्पियर/वोल्ट है। ट्रायोड का प्रवर्धन गुणांक है
(a) 5×10^{-6} (b) 4.5
(c) 0.45 (d) 2×10^6

73. एक डायोड अभिलाक्षणिक वक्र की प्रवणता 4×10^{-2} मिली ऐम्पियर/वोल्ट है। डायोड का प्रतिरोध kΩ में है
(a) 25 (b) 50
(c) 10 (d) 300

74. दो ट्रायोड वाल्व A_1 व A_2 में प्रत्येक का प्रवर्धन गुणांक 40 है। प्लेट प्रतिरोध क्रमशः 4 kΩ व 8 kΩ है। यदि इन्हें 8 kΩ लोड प्रतिरोध के साथ प्रवर्धक परिपथ में उपयोग में लाया जाए, तो उनके वोल्टता प्रवर्धनों का अनुपात होगा
(a) $\frac{2}{3}$ (b) $\frac{4}{3}$
(c) $\frac{4}{9}$ (d) 5

75. वाल्व के कैथोड पर बेरियम-स्ट्रॉन्शियम ऑक्साइड का लेप चढ़ा रहता है, क्योंकि इसमें
(a) कैथोड बहुत उच्च ताप तक गर्म किया जाता है
(b) कैथोड का तापायनिक कार्यफलन बढ़ जाता है
(c) कैथोड वाष्पीकृत नहीं होता
(d) कैथोड का तापायनिक कार्यफलन घट जाता है

76. p-n सन्धि डायोड में अल्प उत्क्रम वोल्टता पर उत्क्रम धारा 25 μA प्राप्त होती है। अग्र वोल्टता 0.05 वोल्ट पर अग्र धारा का मान, यदि $\frac{kT}{e} = 0.025$ वोल्ट हो, होगा
(a) 16 मिली ऐम्पियर
(b) 160 मिली ऐम्पियर
(c) 0.16 मिली ऐम्पियर
(d) 1.6 मिली ऐम्पियर

77. डायोड वाल्व में संतृप्त धारा की अवस्था में प्लेट प्रतिरोध कितना होगा?
(a) ∞ (b) 0 (c) 0.5 (d) 1

78. किसी डायोड में प्लेट धारा शून्य होगी, जब
(a) प्लेट विभव शून्य है
(b) प्लेट विभव थोड़ा-सा धनात्मक है
(c) प्लेट विभव थोड़ा-सा ऋणात्मक है
(d) प्लेट विभव बहुत धनात्मक है

79. दिष्टकारी का प्रयोग किया जाता है
(a) वोल्टता प्रवर्धन में
(b) प्रकाश ऊर्जा को विद्युत ऊर्जा में बदलने में
(c) ऊष्मीय ऊर्जा को विद्युत ऊर्जा में बदलने में
(d) AC को DC में बदलने में

80. ट्रायोड वाल्व में संतृप्त धारा की अवस्था में अन्योन्य चालकता है
(a) शून्य (b) अनन्त
(c) g_m (d) इनमें से कोई नहीं

81. निम्नलिखित में से सही विकल्प चुनिए (एक से अधिक विकल्प भी ठीक हो सकते हैं)
(a) डायोड को दिष्टकारी की तरह प्रयोग किया जा सकता है
(b) ट्रायोड वाल्व, प्रवर्धक की तरह प्रयोग नहीं किया जा सकता
(c) डायोड में धारा सदैव आरोपित वोल्टेज के अनुक्रमानुपाती होती है
(d) ट्रायोड के I-V अभिलाक्षणिक वक्र में वक्रीय भाग, बिना विकृत (without distortion) प्रवर्धन के लिए प्रयुक्त किया जाता है

82. ट्रांजिस्टर मूल रूप में एक
(a) शक्ति चालित साधन है
(b) विभव चालित साधन है
(c) प्रतिरोध चालित साधन है
(d) धारा चालित साधन है

83. दो प्रवर्धक श्रेणी क्रम में चित्रानुसार जुड़े हैं। यदि इनके वोल्टेज प्रवर्धन A_1 व A_2 हों, तो $V_{in} = 50$ मिली वोल्ट के लिए V_{out} का मान होगा

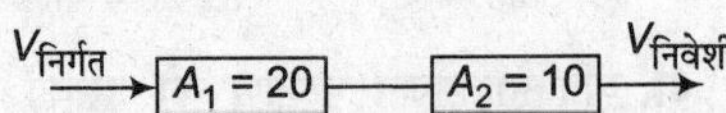

(a) 10 वोल्ट (b) 20 वोल्ट
(c) 40 वोल्ट (d) 5 वोल्ट

84. उत्क्रम अभिनत p-n सन्धि के अवक्षय क्षेत्र के मध्य में
(a) विभव शून्य है
(b) विद्युत क्षेत्र शून्य है
(c) विभव अधिकतम है
(d) विद्युत क्षेत्र अधिकतम है

85. जब अर्द्धचालक की चालकता, सहसंयोजक बन्ध के टूटने के कारण है, तब अर्द्धचालक कहलाता है
(a) p-टाइप
(b) n-टाइप
(c) निज
(d) बाह्य

86. किसी ट्रांजिस्टर के नियतांक α व β के लिए
(a) $\alpha\beta = 1$
(b) $\beta > 1, \alpha < 1$
(c) $\alpha = \beta$
(d) $\beta < 1, \alpha > 1$

87. p-n सन्धि डायोड के अग्र व पश्च प्रतिरोधों का अनुपात है
(a) $1:10^{-4}$ (b) $10^{-4}:1$
(c) 1 : 1 (d) $10^{-2}:1$

88. p-टाइप अर्द्धचालक बनाने के लिए शुद्ध सिलिकॉन में मिलाए जाने वाले अपद्रव्य परमाणु हैं
(a) फास्फोरस
(b) आयरन
(c) एण्टीमनी
(d) ऐल्युमीनियम

89. उभयनिष्ठ उत्सर्जक प्रवर्धक में, यदि $\frac{I_c}{I_e} = 0.98$ हो, तो धारा लाभ β है
(a) 49 (b) 4.9
(c) 98 (d) 9.8

90. p-n सन्धि डायोड में अवक्षय परत की चौड़ाई 10^{-6} मी है तथा इसके सिरों पर विभवान्तर 0.1 वोल्ट है। इसमें विद्युत क्षेत्र होगा
(a) 10^7 वोल्ट/मी
(b) 10^{-6} वोल्ट/मी
(c) 10^5 वोल्ट/मी
(d) 10^{-5} वोल्ट/मी

91. निम्नलिखित में से किन ठोस पदार्थों में कोटर (holes) आवेश वाहक हैं?
(a) निज अर्द्धचालक
(b) आयनित ठोस
(c) p-टाइप अर्द्धचालक
(d) n-टाइप अर्द्धचालक

92. एक ट्रांजिस्टर के लिए $\beta = 62, R_L = 5\ \text{k}\Omega$ व $R_i = 500\ \Omega$ है। इसके वोल्टेज प्रवर्धन का मान है
(a) 62
(b) 2500
(c) 620
(d) 310

93. सन्धि डायोड में विसरण धारा की दिशा होती है
(a) p-क्षेत्र से n की तरफ
(b) n-क्षेत्र से p की तरफ
(c) n-क्षेत्र से p की तरफ, यदि सन्धि अग्र अभिनति में है तथा इसका विलोम, यदि सन्धि पश्च अभिनति में है
(d) n-क्षेत्र से p की तरफ, यदि सन्धि अग्र अभिनति में है तथा इसका विलोम, यदि सन्धि उत्क्रम अभिनति में है

94. शुद्ध सिलिकॉन के प्रतिदर्श (नमूने) में फॉस्फोरस के 10^{13} परमाणु प्रति सेमी^{3} मिश्रित किये गए हैं। यदि सभी दाता परमाणु क्रियाशील हों, तो 20°C पर प्रतिरोधकता क्या होगी? यदि इलेक्ट्रॉन की गतिशीलता 1200 सेमी^{2}/वोल्ट सेकण्ड है
(a) 5.208 ओम-सेमी
(b) 520.8 ओम-सेमी
(c) 0.05208 ओम-सेमी
(d) 52.08 ओम-सेमी

95. निम्न में n-p-n ट्रांजिस्टर का प्रतीक है
(a)
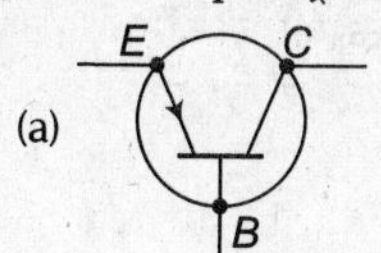

(b)
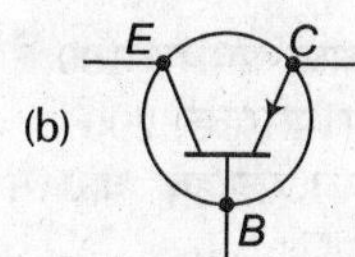

(c)
(d)
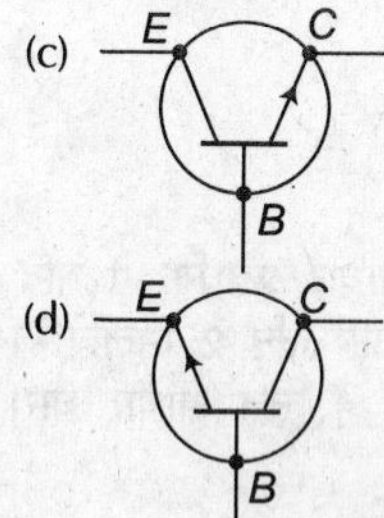

96. दो क्रमागत p-n सन्धियाँ, एक बैटरी के साथ श्रेणी क्रम में तीन प्रकार से जोड़ी जा सकती हैं। इन सन्धियों के बीच विभव-पतन बराबर है
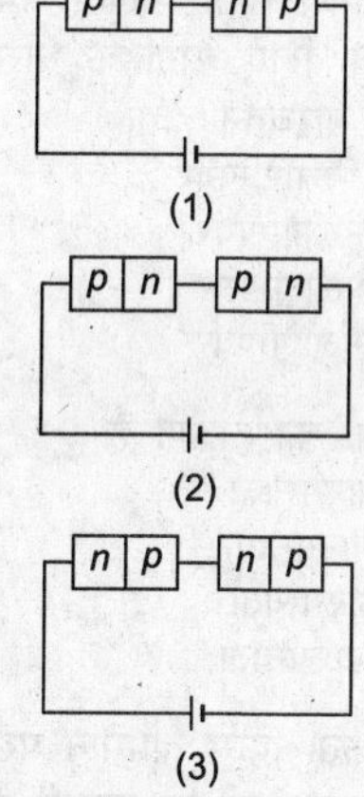

(a) परिपथ 2 और 3 में
(b) परिपथ 1 और 2 में
(c) परिपथ 3 और 1 में
(d) केवल परिपथ 1 में

97. एक ट्रायोड में प्लेट धारा शून्य हो जाएगी, यदि ग्रिड को दिए गए ऋण विभव का आयाम है
(a) V_P/μ (b) μV_P
(c) $V_P \times r_P$ (d) V_P/r_P

98. ऐनोड पर प्रति सेकण्ड 14×10^{15} इलेक्ट्रॉन पहुँचते हैं, यदि व्यय शक्ति 448 मिलीवाट है, तब ऐनोड विभव है
(a) 150 वोल्ट (b) 200 वोल्ट
(c) 14 × 448 वोल्ट (d) 448/14 वोल्ट

99. एक ट्रायोड का प्रवर्धन गुणांक 20 है, इसका प्लेट प्रतिरोध 10 किलो ओम है, इसकी अन्योन्य चालकता है
(a) 2×10^5 म्हो
(b) 2×10^4 म्हो
(c) 500 म्हो
(d) 2×10^{-3} म्हो

100. प्लेट धारा अधिकतम होगी जब प्लेट
(a) ग्रिड ऋणात्मक है व प्लेट धनात्मक है
(b) ग्रिड धनात्मक है व प्लेट ऋणात्मक है
(c) ग्रिड व प्लेट दोनों धनात्मक हैं
(d) ग्रिड व प्लेट दोनों ऋणात्मक हैं

101. एक क्रिस्टल लैटिस के तीनों अक्ष परस्पर लम्बवत् हैं तथा लैटिस बेरौमीटर में दो समान हैं, यह क्रिस्टल निकाय है
(a) घनीय (b) चतुष्कोणीय
(c) विषमनताक्ष (d) षट्कोणीय

102. अर्द्धचालक में संयोजकता बैण्ड व चालक बैण्ड के बीच प्रतिबन्धित बैण्ड अन्तराल का मान होता है
(a) 1 eV (b) 5 eV
(c) 1 keV (d) 1 MeV

103. डोपिंग पदार्थ को अशुद्धि कहते हैं, क्योंकि ये
(a) आवेश वाहकों की संख्या को कम करते हैं
(b) अर्द्धचालकों के रासायनिक गुण परिवर्तित कर देते हैं
(c) अर्द्धचालकों को 100% से कम शुद्ध बना देते हैं
(d) शुद्ध अर्द्धचालकों की क्रिस्टलीय संरचना को परिवर्तित कर देते हैं

104. n-प्रकार के अर्द्धचालक में बहुसंख्यक व अल्पसंख्यक आवेश वाहक होते हैं, क्रमश:
(a) कोटर व कोटर
(b) कोटर व इलेक्ट्रॉन
(c) इलेक्ट्रॉन व कोटर
(d) इलेक्ट्रॉन व इलेक्ट्रॉन

105. अन्त: केन्द्रित परमाणु एवं सोडियम में कोने के परमाणु के बीच दूरी है ($a = 4.225$ Å)
(a) 3.66 Å (b) 3.17 Å
(c) 2.99 Å (d) 2.54 Å

106. n-प्रकार के जर्मेनियम में इलेक्ट्रॉनों की गतिशीलता 3900 सेमी^{2}/वोल्ट-सेकण्ड तथा उसकी चालकता 5 म्हो/सेमी है, यदि कोटरों का प्रभाव नगण्य माना जाए, तो अशुद्धि सान्द्रता होगी
(a) 8×10^{15} प्रति सेमी^{3}
(b) 9.25×10^{14} प्रति सेमी^{3}
(c) 6×10^{13} प्रति सेमी^{3}
(d) 9×10^{13} प्रति सेमी^{3}

107. कोटर विद्यमान हो सकते हैं
(a) धातुओं में (b) अचालकों में
(c) अर्द्धचालकों में (d) ट्रांजिस्टर में

108. परम शून्य ताप पर, शुद्ध जर्मेनियम
(a) आदर्श चालक के रूप में व्यवहार करता है
(b) आदर्श अचालक के रूप में व्यवहार करता है
(c) में कोई इलेक्ट्रॉन नहीं होता
(d) उपरोक्त में से कोई नहीं

109. p-n सन्धि डायोड की अग्र अभिनति स्थिति में, धारा प्रवाह का मुख्य कारण है
(a) इलेक्ट्रॉनों का अनुगमन
(b) इलेक्ट्रॉनों का विसरण
(c) इलेक्ट्रॉनों के अनुगमन व विसरण दोनों
(d) उपरोक्त में से कोई नहीं

110. सन्धि डायोड में, उत्क्रम में संतृप्त धारा वह है, जो प्रवाहित होती है, जबकि
(a) केवल बहुसंख्यक आवेश वाहक सन्धि के पार जा रहे हों
(b) केवल अल्पसंख्यक आवेश सन्धि के पार जा रहे हों
(c) सन्धि अग्र अभिनत हो
(d) विभव प्राचीर शून्य हो

111. एक n-p-n ट्रांजिस्टर परिपथ में संग्राहक धारा 10 मिली ऐम्पियर है, यदि उत्सर्जित इलेक्ट्रॉन में 90% संग्राहक तक पहुँचते हैं, तब
(a) उत्सर्जक धारा 9 मिली ऐम्पियर होगी
(b) उत्सर्जक धारा 11 मिली ऐम्पियर होगी
(c) उत्सर्जक धारा 10 मिली ऐम्पियर होगी
(d) उत्सर्जक धारा शून्य होगी

112. यदि ट्रांजिस्टर के आधार व संग्राहक अग्र अभिनत हैं, तो इसका उपयोग नहीं किया जा सकता है
(a) एक स्विच की तरह
(b) एक प्रवर्धक की तरह
(c) एक दोलक की तरह
(d) इन सभी की तरह

113. ट्रांजिस्टर का वह भाग, जिसको अधिक संख्या में बहुसंख्यक आवेश उत्पन्न करने के लिए अधिक डोप किया जाता है, है
(a) उत्सर्जक
(b) आधार
(c) संग्राहक
(d) ट्रांजिस्टर की प्रकृति के अनुसार

114. एक ट्रांजिस्टर के लिए α का मान 0.9 है, β का मान है
(a) 1 (b) 0.09 (c) 0.9 (d) 9

115. एक ट्रांजिस्टर के लिए β का मान 100 है, तो α का मान होगा
(a) 0.01
(b) 0.1
(c) 0.99
(d) 1

116. एक ट्रांजिस्टर का धारा प्रवर्धन 100 है। यदि आधार धारा में परिवर्तन 200 माइक्रोऐम्पियर है, तब संग्राहक धारा में परिवर्तन कितना होगा?
(a) 0.2 मिली ऐम्पियर
(b) 2 मिली ऐम्पियर
(c) 20 मिली ऐम्पियर
(d) 200 मिली ऐम्पियर

117. एक उभयनिष्ठ आधार प्रवर्धक में यदि संग्राहक धारा में परिवर्तन 2 मिलीऐम्पियर है तथा $\alpha = 0.98$ है, तब आधार धारा में परिवर्तन है
(a) 0.04 मिलीऐम्पियर
(b) 1.96 मिलीऐम्पियर
(c) 980 मिलीऐम्पियर
(d) 2 मिलीऐम्पियर

118. उभयनिष्ठ आधार विन्यास में एक ट्रांजिस्टर का धारा आवर्धन 0.99 है, उत्सर्जक धारा में 5 मिलीऐम्पियर के परिवर्तन के लिए, संग्राहक धारा में आवश्यक परिवर्तन होगा
(a) 0.196 मिलीऐम्पियर
(b) 2.45 मिलीऐम्पियर
(c) 4.95 मिलीऐम्पियर
(d) 5.10 मिलीऐम्पियर

119. अतिचालक का लक्षण है
(a) उच्च पारगम्यता
(b) निम्न पारगम्यता
(c) शून्य पारगम्यता
(d) अनंत पारगम्यता

120. अतिचालकता किस तापमान पर अत्यधिक आर्थिक महत्व की हो सकती है, जिससे लाखों रुपये की बचत हो?
(a) अत्यन्त कम तापमान पर
(b) अर्द्धचालक के तापमान पर
(c) सामान्य तापमान पर
(d) अत्यधिक ऊँचे तापमान पर

121. नव आविष्कृत उच्च ताप अतिचालक है
(a) मिश्र धातुएँ
(b) शुद्ध दुर्लभ मृदा धातुएँ
(c) सिरेमिक ऑक्साइड
(d) अकार्बनिक बहुलक

122. अर्द्धचालक की चालकता (शून्य डिग्री केल्विन) ताप पर होती है।
(a) 10^5 ओम
(b) 10^{-1} ओम
(c) 10^{-5} ओम
(d) शून्य

123. परम शून्य तापमान पर अर्द्धचालकों में विद्युत प्रतिरोध हो जाता है
(a) सम्पूर्ण (अनंत) (b) अल्प
(c) उच्च (d) शून्य

124. निम्न में से कौन-सी अर्द्धचालक की तरह ट्रांजिस्टर में प्रयोग होती है?
(a) ताँबा (b) जर्मेनियम
(c) ग्रेफाइट (d) चाँदी

125. निम्न में से कौन-से अर्द्धचालक हैं?
1. सिलिकॉन 2. क्वार्ट्ज
3. सिरेमिक्स 4. जर्मेनियम
निम्न विकल्पों में से सही उत्तर का चयन कीजिए।
(a) 1 और 2 (b) 1 और 3
(c) 1 और 4 (d) 3 और 4

126. एक प्रवर्धक तथा उच्चायी ट्रांसफॉर्मर की कार्य विधि में अन्तर है
(a) प्रवर्धक शक्ति में वृद्धि करता है, जो ट्रांसफॉर्मर के लिए सम्भव नहीं है
(b) प्रवर्धक शक्ति को कम करता है, जबकि ट्रांसफॉर्मर में शक्ति में वृद्धि करता है
(c) प्रवर्धक शक्ति को स्थिर रखता है, जबकि ट्रांसफॉर्मर में शक्ति कम होती है
(d) प्रवर्धक शक्ति को स्थिर रखता है, जबकि ट्रांसफॉर्मर में शक्ति में वृद्धि होती है

127. ट्रायोड को प्रवर्धक के रूप में प्रयोग करते हुए, हम ग्रिड को धनात्मक नहीं रखना चाहते हैं, क्योंकि
(a) अन्योन्य लाक्षणिक सरल रेखीय नहीं होता
(b) यह प्लेट धारा को कम करता है
(c) यह प्रवर्धन गुणक को प्रभावित करता है
(d) किसी अन्य कारण से

128. दिखाए गए गेटों का संयोग किसे प्रदर्शित करता है?

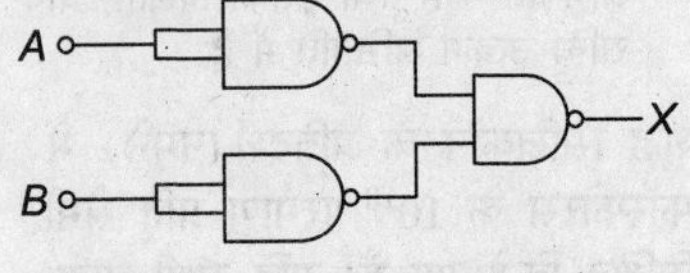

(a) OR गेट (b) NOT गेट
(c) XOR गेट (d) NAND गेट

सही उत्तर

1. (a)	**2.** (c)	**3.** (a)	**4.** (a)	**5.** (a)	**6.** (a)	**7.** (b)	**8.** (a)	**9.** (c)	**10.** (a)
11. (a)	**12.** (b)	**13.** (c)	**14.** (a)	**15.** (c)	**16.** (a)	**17.** (d)	**18.** (a)	**19.** (b)	**20.** (a)
21. (b)	**22.** (d)	**23.** (c)	**24.** (a)	**25.** (c)	**26.** (a)	**27.** (c)	**28.** (d)	**29.** (a)	**30.** (a)
31. (c)	**32.** (d)	**33.** (d)	**34.** (b)	**35.** (c)	**36.** (a)	**37.** (c)	**38.** (c)	**39.** (c)	**40.** (a)
41. (b)	**42.** (a)	**43.** (a)	**44.** (d)	**45.** (b)	**46.** (a)	**47.** (a)	**48.** (d)	**49.** (c)	**50.** (d)
51. (c)	**52.** (c)	**53.** (c)	**54.** (b)	**55.** (a)	**56.** (c)	**57.** (c)	**58.** (c)	**59.** (d)	**60.** (b)
61. (c)	**62.** (b)	**63.** (b)	**64.** (a)	**65.** (a)	**66.** (a)	**67.** (b)	**68.** (a)	**69.** (b)	**70.** (d)
71. (d)	**72.** (b)	**73.** (a)	**74.** (b)	**75.** (d)	**76.** (c)	**77.** (a)	**78.** (c)	**79.** (d)	**80.** (a)
81. (a)	**82.** (d)	**83.** (a)	**84.** (d)	**85.** (c)	**86.** (b)	**87.** (b)	**88.** (d)	**89.** (a)	**90.** (c)
91. (c)	**92.** (c)	**93.** (a)	**94.** (b)	**95.** (d)	**96.** (a)	**97.** (a)	**98.** (b)	**99.** (d)	**100.** (c)
101. (b)	**102.** (a)	**103.** (c)	**104.** (c)	**105.** (a)	**106.** (a)	**107.** (c)	**108.** (b)	**109.** (c)	**110.** (b)
111. (b)	**112.** (b)	**113.** (a)	**114.** (d)	**115.** (c)	**116.** (c)	**117.** (a)	**118.** (c)	**119.** (c)	**120.** (c)
121. (c)	**122.** (d)	**123.** (a)	**124.** (b)	**125.** (c)	**126.** (a)	**127.** (a)	**128.** (a)		

सॉल्यूशन्स

1. *(a)* सूत्रानुसार $r \propto \sqrt{M}$ ...(i)

दिया है, $M_{12} = 12$ amu, $M_{13} = 13$ amu

अतः: $\frac{r_{12}}{r_{13}} = \sqrt{\frac{M_{12}}{M_{13}}}$

समी (i) में दिये गए मान रखने पर

$$\frac{r_{12}}{r_{13}} = \sqrt{\frac{12}{13}} \Rightarrow r_{12} : r_{13} = \sqrt{12} : \sqrt{13}$$

2. *(c)* $r_n \propto n^2 \Rightarrow Kn^2$

3. *(a)* सूत्रानुसार, $r_n = \frac{n^2}{Z} \Rightarrow r_n \propto \frac{1}{Z}$

$$\frac{r_S}{r_{He}} = \frac{Z_{He}}{Z_S} = \frac{2}{16} = \frac{1}{8}$$

4. *(a)* $r_n = 0.53\, n^2 = 0.53 \times (4)^2 \quad (\because n = 4)$

$$= 8.48\ \text{Å}$$

5. *(a)* सूत्र द्वारा, $\lambda = \sqrt{\frac{150}{V}}$ Å

$\because \quad \lambda = 2$ Å

$\therefore \quad 2 \times 10^{-10} = \sqrt{\frac{150}{V}} \times 10^{-10}$ ...(i)

समी (i) के दोनों ओर का वर्ग करने पर,

$$4 = \frac{150}{V} \Rightarrow V = 37.5 \text{ वोल्ट}$$

6. *(a)* $v_{max} = \frac{\sqrt{2eV}}{m}$

$$= \frac{\sqrt{2 \times 1.6 \times 10^{-19} \times 40 \times 10^3}}{9.1 \times 10^{-31}}$$

$= 1.18 \times 10^8$ मी/से

7. *(b)* $\Delta x = \frac{h}{2\pi \Delta p} = \frac{6.6 \times 10^{-34}}{2 \times 3.14 \times 10^{-20}}$

$= 1.1 \times 10^{-14} \approx 10^{-14}$ मी

8. *(a)* ऊर्जा $E = \frac{hc}{\lambda}$

$$\therefore \quad 40 \times 10^3 \times 1.6 \times 10^{-19} = \frac{6.6 \times 10^{-34} \times 3 \times 10^8}{\lambda}$$

$$\therefore \quad \lambda = \frac{6.6 \times 10^{-34} \times 3 \times 10^8}{40 \times 10^3 \times 1.6 \times 10^{-19}}$$

$= 3.1 \times 10^{-11}$ मी

$= 0.31 \times 10^{-10}$ मी $= 0.31$ Å

अतः 0.31 Å से कम की तरंगदैर्ध्य अनुपस्थित होगी।

9. *(c)* $E_{\mu p} = -\frac{Z^2 e^4 m_{\mu p}}{9\varepsilon_0 n^2 h^2}$ ...(i)

$\because \quad m_{\mu p} = 186 m_e$ ...(ii)

अब समी (i) तथा (ii) से,

$$\because \quad E_{\mu p} = -\frac{Z^2 e^4 186 m_c}{9\varepsilon_0 n^2 h^2}$$

Z, e, m, ε_0 एवं m_e के मान रखकर 1.6×10^{-19} से भाग देने पर,

$$E_{\mu p} = 186 \times (-13.6) \text{ MeV}$$

10. *(a)* $\frac{e}{m} = \frac{v^2}{2V} \quad (\because E = \frac{1}{2} mv^2 = eV)$

$$\frac{e}{m} = \frac{(1.8 \times 10^7)^2}{2 \times 936}$$

$= 1.73 \times 10^{11}$ कूलॉम/किग्रा

11. *(a)* $\frac{1}{2} \times mv^2 = \frac{hc}{\lambda} - W_0$

$$\frac{1}{2} \times mv^2 = \frac{6.6 \times 10^{-34} \times 3 \times 10^8}{3000 \times 10^{-10}} - 1.6 \times 10^{-19}$$

$$\Rightarrow \quad \frac{1}{2} \times 9.1 \times 10^{-31} v^2 = 5 \times 10^{-19}$$

$$\Rightarrow \quad v = \sqrt{\frac{2 \times 5 \times 10^{-19}}{9.1 \times 10^{-31}}}$$

$\therefore \quad v \approx 10^6$ मी/से

12. *(b)* $KE = \frac{hc}{\lambda} - W_0 = h\nu - h\nu_0$

$\Rightarrow \quad KE = 6.2 - 4.2 = 2$ eV

$\Rightarrow \quad KE = 2 \times 1.6 \times 10^{-19}$

$KE = 3.2 \times 10^{-19}$ जूल

13. *(c)* प्रकाश इलेक्ट्रॉनों के उत्सर्जन के लिए $\lambda < \lambda_0$, जहाँ

$\lambda_0 =$ देहली तरंगदैर्ध्य।

पराबैंगनी प्रकाश की तरंगदैर्ध्य 4000 Å से कम है, अतः $\lambda < \lambda_0$ प्रतिबन्ध सन्तुष्ट होता है।

14. *(a)* हम जानते हैं कि दृश्य प्रकाश में महत्तम तरंगदैर्ध्य

$$\lambda_{max} = 7800 \text{ Å}$$

अतः $\quad E = \frac{hc}{\lambda} = \frac{12375}{7800} = 1.6$ eV

15. *(c)* $E = \frac{hc}{\lambda} \Rightarrow E \propto \frac{1}{\lambda} \Rightarrow \frac{E_2}{E_1} = \frac{\lambda_1}{\lambda_2}$

$$\Rightarrow \quad E_2 = E_1 \frac{\lambda_1}{\lambda_2}$$

$$\therefore \quad E_2 = 2.5 \text{ eV} \times \frac{5000 \text{ Å}}{1 \text{ Å}}$$

$= 2.5 \times 5000$ eV

16. *(a)* $p = \frac{h\nu}{c} \Rightarrow \nu = \frac{cp}{h}$ ...(i)

समी (i) को हल करने पर

$$\nu = \frac{3 \times 10^8 \times 3.3 \times 10^{-29}}{6.6 \times 10^{-34}}$$

$= 1.5 \times 10^{13}$ हर्ट्ज

17. *(d)* प्रत्येक फोटॉन की ऊर्जा $= h\nu$ प्रति सेकण्ड उत्सर्जित होने वाले फोटॉनों की संख्या

$$= \frac{10 \times 10^3}{6.6 \times 10^{-34} \times 880 \times 10^3}$$

$$= 1.72 \times 10^{31}$$

18. *(a)* $W = \frac{hc}{\lambda_0} \Rightarrow \lambda_0 = \frac{hc}{W}$

$$= \frac{12375}{W(\text{eV में})} = \frac{12375}{1.6} = 77.34\ \text{Å}$$

19. *(b)* यदि आपतित फोटॉन की ऊर्जा धातु के कार्यफलन से कम होती है, तो फोटोइलेक्ट्रॉन उत्सर्जित नहीं होते हैं।

20. *(a)* सूत्र $E_K = h\nu - W$ से,

चूँकि पराबैंगनी विकिरण की आवृत्ति अधिक होती है, अतः गतिज ऊर्जा या निरोधी विभव पराबैंगनी विकिरण के लिए अधिक होगा।

21. *(b)* सूत्र $E_K = h\nu - W$ से,

चूँकि सोडियम का कार्यफलन कम होता है, अतः ऊर्जा या निरोधी विभव सोडियम के लिए अधिक होगा।

22. *(d)* नई आवृत्ति $= \frac{1.5\, v_0}{2} = 0.75\, v_0$

चूँकि नईं आवृत्ति प्रकाश की देहली आवृत्ति से कम है, अतः प्रकाश वैद्युत प्रभाव उत्पन्न नही होगा। अतः विद्युत धारा शून्य हो जाएगी।

24. *(a)* दूरी बढ़ाने पर तीव्रता घटती है, परन्तु तीव्रता का ऊर्जा तथा निरोधी विभव पर कोई प्रभाव नहीं पड़ता।

25. *(c)* $E_K = h\nu - W$

$$= 6\text{ eV} - 2.1\text{ eV} = 3.1\text{ eV}$$

निरोधी विभव $V_3 = -\frac{E_K}{e} = -\frac{3.9\text{ eV}}{e}$

$$= -3.9\text{ V}$$

26. *(a)* नीले रंग की तरंगदैर्ध्य, हरे रंग की तरंगदैर्ध्य से कम होती है। अतः बैंगनी रंग के प्रकाश से इलेक्ट्रॉन उत्सर्जित हो सकेंगे क्योंकि बैंगनी रंग की तरंगदैर्ध्य नीले रंग की तरंगदैर्ध्य से कम होती है।

27. *(c)* $E = \frac{hc}{\lambda} - W$ ...(i)

$$2E = \frac{hc}{\lambda'} - W \quad \text{...(ii)}$$

समीकरण (ii) को (i) से भाग देने पर

$$2 = \frac{\frac{hc}{\lambda'} - W}{\frac{hc}{\lambda} - W}$$

$$2\frac{hc}{\lambda} - 2W = \frac{hc}{\lambda'} = W$$

$$\frac{hc}{\lambda'} = \frac{2hc}{\lambda} - W$$

$$\frac{hc}{\lambda'} = \frac{2}{\lambda} - \frac{W}{hc}$$

अतः $\lambda' = \frac{1}{\frac{2}{\lambda} - \frac{W}{hc}}$

$\Rightarrow$ $\frac{\lambda}{2} < \lambda' < \lambda$

28. *(d)* तीव्रता $\propto \frac{1}{(\text{दूरी})^2}$

अतः $\frac{I_2}{I_1} = \left(\frac{r_1}{r_2}\right)^2 = \left(\frac{4}{1}\right)^2 = \frac{16}{1}$

चूँकि प्रकाश विद्युत धारा $i \propto$ तीव्रता I

$\therefore$ $\frac{i_2}{i_1} = \frac{I_2}{I_1} = \frac{16}{1} \Rightarrow i_2 = 16 i_1 = -16 \times 5$

$= 80$ मिलीऐम्पियर

29. *(a)* बॉमर श्रेणी के लिए,

$$\frac{1}{\lambda} = R\left(\frac{1}{2^2} - \frac{1}{n^2}\right), n = 3, 4, 5, 6 \ldots \infty$$

प्रथम रेखा के लिए, $n = 3$

$\therefore$ $\frac{1}{\lambda_1} = R\left(\frac{1}{2^2} - \frac{1}{3^2}\right) = \frac{5R}{36}$ ...(i)

द्वितीय रेखा के लिए, $n = 4$

$\therefore$ $\frac{1}{\lambda_2} = R\left(\frac{1}{2^2} - \frac{1}{4^2}\right) = \frac{3R}{16}$ ...(ii)

समी (i) को (ii) से भाग देने पर,

$$\frac{\lambda_2}{\lambda_1} = \frac{5R}{36} \times \frac{16}{3R} = \frac{20}{27}$$

$$\lambda_2 = \frac{20}{27} \times \lambda_1 = \frac{20}{27} \times 6563$$

$$= 4861\text{Å}$$

30. *(a)* बॉमर श्रेणी की प्रथम रेखा के लिए,

$$\frac{1}{\lambda_B} = R\left(\frac{1}{2^2} - \frac{1}{3^2}\right) = \frac{5R}{36} \quad \text{...(i)}$$

पाश्चन श्रेणी की द्वितीय रेखा के लिए,

$$\frac{1}{\lambda_P} = R\left(\frac{1}{3^2} - \frac{1}{5^2}\right) = \frac{16R}{225} \quad \text{...(ii)}$$

समी (i) को (ii) से भाग देने पर,

$$\frac{\lambda_P}{\lambda_B} = \frac{5R}{36} \times \frac{225}{16R} = 1.953$$

$$\lambda_P = 1.953 \times \lambda_B = 1.953 \times 6563 = 12818\text{ Å}$$

31. *(c)* यदि r_0, निकटतम उपगमन की दूरी है, तो

$$E = \frac{1}{2}mv^2 = \frac{(Ze)(2e)}{4\pi\varepsilon_0 r_0}$$

$$\therefore r_0 = \frac{(Ze)(2e)}{4\pi\varepsilon_0 E}$$

$$= \frac{92 \times (1.6 \times 10^{-19})^2 \times 2 \times 9 \times 10^9)}{5 \times 1.6 \times 10^{-13}}$$

$\approx 10^{-14}$ मी

32. *(d)* सम्भावित उत्सर्जन है

$4 \to 3, 4 \to 2, 4 \to 1, 3 \to 2, 3 \to 1$
तथा $2 \to 1$

33. *(d)* पूर्ण सूर्य ग्रहण के समय प्रकाश मण्डल ढक जाता है। वर्णमण्डल में तत्वों की वाष्पों से उत्सर्जित रेखाएँ चमकीली रेखाओं के रूप में दिखाई देती हैं। अतः सभी फ्राउनहोफर रेखाएँ, चमकीली रंगीन रेखाओं के रूप में दिखाई देती हैं।

34. *(b)* दिया है, $r_1 = 5.3 \times 10^{-11}$ मी

तथा $r_2 = 21.2 \times 10^{-11}$ मी

$= 4 \times 5.3 \times 10^{-11}$ मी

$\therefore$ $r_2 = 4r_1$

परन्तु $r_n = n^2 r_1$

$\therefore$ $n = 2$

35. *(c)* प्रतिक्षिप्त हाइड्रोजन परमाणु का संवेग

= उत्सर्जित फोटॉन का संवेग

$$= \frac{h\nu}{c} = \frac{h}{\lambda} = hR = \left(\frac{1}{n_i^2} - \frac{1}{n_f^2}\right)$$

$$= 6.6 \times 10^{-34} \times 10^7 \left(\frac{1}{1} - \frac{1}{16}\right)$$

$= 6.2 \times 10^{-27}$ किग्रा-मी/से

36. *(a)* $\lambda = \frac{912}{Z^2\left[\frac{1}{n_1^2} - \frac{1}{n_2^2}\right]}\text{Å}$

एकधा आयनित हीलियम परमाणु के लिए $Z = 2$ बड़ी तरंगदैर्ध्य के अवशोषण के लिए,

$$n_1 = 1, n_2 = 2$$

$\therefore$ $\lambda = \frac{912\text{ Å}}{(2)^2\left[1 - \frac{1}{4}\right]} = \frac{912}{3}\text{ Å} = 304\text{ Å}$

37. *(c)* बॉमर श्रेणी की सीमान्त रेखा के लिए,

$$n_i = 2, n_f = \infty$$

$\therefore$ $\frac{1}{\lambda} = R\left[\frac{1}{n_i^2} - \frac{1}{n_f^2}\right]$

या $\frac{1}{\lambda} = R\left[\frac{1}{2^2} - \frac{1}{\infty^2}\right] = \frac{R}{4}$

$\lambda = \frac{4}{R} = \frac{4}{10967800}$ मी

$= 4 \times 912 \times 10^{-19}$ मी

$= 912 \times 4\text{Å}$

38. *(c)* $E_n^z = -\frac{13.6 \times Z^2}{n^2}$ eV

मूल अवस्था में, $n = 1$

$\therefore$ $E_1^Z = -13.6 \times Z^2$ eV

यहाँ $E_1^Z = -122.4$ eV

$\therefore$ $-122.4 = -13.6\, Z^2$ या $Z = 3$

अतः यह लीथियम परमाणु है।

40. *(a)* $(E_2)_H - (E_1)_H = 10.2$ eV

या $\frac{(E_1)_H}{4} - (E_1)_H = 10.2$ eV

$\therefore \quad (E_1)_H = -13.6$ eV

अतः आयनन विभव $= (E_\infty)_H - (E_1)_H$

$= 13.6$ eV

41. *(b)* $\lambda = \frac{912 \text{ Å}}{Z^2\left[\frac{1}{n_1^2} - \frac{1}{n_2^2}\right]}$

यहाँ, $\lambda = 975$ Å, $Z = 1, n_1 = 1, n_2 = ?$

$\therefore \quad 975 = \frac{912}{1\left[1 - \frac{1}{n_2^2}\right]} \Rightarrow n_2 = \sqrt{\frac{975}{63}} = 4$

42. *(a)* $\lambda = \frac{h}{mv} = \frac{h}{\sqrt{2meV}}$

$= \frac{6.6 \times 10^{-34}}{\sqrt{2 \times 4 \times 1.67 \times 10^{-27} \times 2 \times 1.6 \times 10^{-19}}} \times \frac{1}{\sqrt{V}}$

$= \frac{0.101}{\sqrt{V}}$ Å

43. *(a)* $\frac{1}{2}mv^2 = eV$

$\therefore \; v = \frac{\sqrt{2eV}}{m} = \frac{\sqrt{2 \times 1.6 \times 10^{-19} \times 2500}}{9 \times 10^{-31}}$

$= \frac{\sqrt{80}}{3} \times 10^7 = 3 \times 10^7$ मी/से

44. *(d)* $v = \frac{E}{B}$

दिया है, $v = 6 \times 10^7$ मी/से

$E = 3 \times 10^3$ वोल्ट/मी

$\therefore \quad 6 \times 10^7 = \frac{3 \times 10^3}{B}$

$\Rightarrow \quad B = \frac{3 \times 10^3}{6 \times 10^7} = 5 \times 10^{-5}$ टेस्ला

$= 0.5 \times 10^{-4}$ टेस्ला

51. *(c)* $W = h\nu$

$= 6.6 \times 10^{-34} \times 3 \times 10^{14}$

$= 1.98 \times 10^{-19} \approx 2 \times 10^{-19}$ जूल

56. *(c)* $r = \frac{\varepsilon_0 h^2 n^2}{\pi m Z e^2}$

$= \frac{8.86 \times 10^{-12} \times (6.6 \times 10^{-34})^2 \times (1)^2}{3.14 \times 9.1 \times 10^{-31} \times 1 \times (1.6 \times 10^{-19})^2}$

$= 0.53 \times 10^{-10}$ मी $= 0.53$ Å

57. *(c)* $E_n = -\frac{Z^2 Rhc}{n^2} \Rightarrow E_n \propto \frac{1}{n^2}$

$\therefore \quad \frac{E_4}{E_5} = \frac{5^2}{4^2} = \frac{25}{16}$

$E_4 : E_5 = 25 : 16$

69. *(b)* $i_p = kV_p^{3/2}$ से,

$\Rightarrow \quad \frac{i_1}{i_2} = \left(\frac{V_1}{V_2}\right)^{3/2} = \left(\frac{400}{200}\right)^{3/2}$

$= 2^{3/2} = 2\sqrt{2}$

70. *(d)* $A = A_1 \cdot A_2 \cdot A_3$

$= 10 \times 10 \times 10 = 10^3$

71. *(d)* संतृप्त धारा की स्थिति में, प्लेट विभव बढ़ाने से धारा नहीं बढ़ती, बल्कि फिलामेंट का ताप या उसमें प्रवाहित धारा को बढ़ाने से उत्सर्जित इलेक्ट्रॉनों की संख्या बढ़ जाती है। परिणामस्वरूप, अधिक प्लेट धारा बहती है।

72. *(b)* $r_p = 3000\,\Omega$

$g_m = 1.5 \times 10^{-3}$ ऐम्पियर/वोल्ट

$\mu = r_p \times g_m = 3000 \times 1.5 \times 10^{-3}$

$= 4.5$

73. *(a)* $\frac{\Delta I_p}{\Delta V_p} = 4 \times 10^{-2}$ मिली-ऐम्पियर/वोल्ट

$= 4 \times 10^{-5}$ ऐम्पियर/वोल्ट

$\because \quad r_p = \frac{\Delta V_p}{\Delta I_p}$

$\therefore \quad r_p = \frac{1}{4 \times 10^{-5}}\,\Omega = \frac{10^5}{4} = \frac{100}{4} \times 10^3$

$= 25 \times 10^3\,\Omega = 25\text{k}\Omega$

83. *(a)* $A = A_1 A_2 = \frac{V_{out}}{V_{in}}$

या $20 \times 10 = \frac{V_{out}}{50 \times 10^{-3}}$

या $V_{out} = 200 \times 50 \times 10^{-3} = 10$ वोल्ट

87. *(b)* $\frac{R_f}{R_e} = \frac{10^2}{10^6} = \frac{10^{-4}}{1} = 10^{-4} : 1$

89. *(a)* $\frac{I_c}{I_e} = 0.98 = \alpha$

$\therefore \beta = \frac{\alpha}{1 - \alpha} = \frac{0.98}{1 - 0.98} = \frac{0.98}{0.02} = \frac{98}{2} = 49$

90. *(c)* सूत्र $E = \frac{V}{d}$ से,

$E = \frac{0.1}{10^{-6}}$ वोल्ट/मी

$= 0.1 \times 10^6 = 10^5$ वोल्ट/मी

92. *(c)* $A = \beta\frac{R_L}{R_i} = 62 \times \frac{5 \times 10^3}{500}$

$= 62 \times 10 = 620$

94. *(b)* $\rho = \frac{1}{nq\mu}$

यहाँ, $n = 10^{13}$/सेमी^{3}

$q = 1.6 \times 10^{-19}$ कूलॉम

$\mu = 1200$ सेमी^{2}/वोल्ट-सेकण्ड

$\rho = \frac{1}{10^{13} \times 1.6 \times 10^{-19} \times 1200}$

$= 520.8$ ओम सेमी

98. *(b)* $n = 14 \times 10^{15}$

$i = \frac{ne}{t} = \frac{14 \times 10^{15} \times 1.6 \times 10^{-19}}{1}$

$= 22.4 \times 10^{-4} = 2.24 \times 10^{-3}$ ऐम्पियर

$= 2.24$ मिली ऐम्पियर

$P = Vi$

$448 = V \times 2.24$

$V = \frac{448}{2.24} = 200$ वोल्ट

99. *(d)* $\mu = 20, R_p = 10\,\text{k}\Omega = 10 \times 10^3\,\Omega$

$\mu = r_p \times g_m$

$\Rightarrow \quad g_m = \frac{\mu}{r_p} = \frac{20}{10 \times 10^3} = 2 \times 10^{-3}$ म्हो

106. *(a)* $\sigma_n = n_d e\mu_n$ से,

$\mu_n = 3900$ सेमी^{2}/वोल्ट-सेकण्ड

$\sigma_n = 5$ म्हो/सेमी

$\therefore \quad 5 = n_d \times 1.6 \times 10^{-19} \times 3900$

$n_d = \frac{5}{1.6 \times 10^{-19} \times 3900}$

$= 8 \times 10^{15}$ प्रति सेमी^{3}

111. *(b)* $i_c = 10$ मिली ऐम्पियर

$I_c = I_e$ का $90\% = \frac{9}{10}I_e$

$10 = \frac{9}{10}I_e$

$\therefore \quad I_e = \frac{100}{9} = 11$ मिली ऐम्पियर

114. *(d)* $\beta = \frac{\alpha}{1 - \alpha} = \frac{0.9}{1 - 0.9} = 9$

115. *(c)* $\alpha = \frac{\beta}{1 + \beta} = \frac{100}{1 + 100} = \frac{100}{101} = 0.99$

116. *(c)* $\beta = 100, \Delta I_b = 200$ माइक्रो ऐम्पियर

$\Delta I_c = \beta \times \Delta I_b = 100 \times 200$ माइक्रो ऐम्पियर

$= 100 \times 200 \times 10^{-6}$ ऐम्पियर

$= 2 \times 10^{-2}$ ऐम्पियर $= 20$ मिली ऐम्पियर

117. *(a)* $\alpha = 0.98$

$\beta = \frac{\alpha}{1 - \alpha} = \frac{0.98}{1 - 0.98} = \frac{0.98}{0.02} = 49$

$\beta = \frac{\Delta I_c}{\Delta I_b} \Rightarrow \Delta I_b = \frac{\Delta I_c}{\beta} = \frac{2}{49}$

$= 0.04$ मिली ऐम्पियर

118. *(c)* $\alpha = 0.49, \Delta I_e = 5$ मिली ऐम्पियर

$\Delta I_c = \alpha \Delta I_e$

$= 0.99 \times 5$

$= 4.95$ मिली ऐम्पियर

रसायन विज्ञान

अध्याय 01

पदार्थों की अवस्थाएँ व ऊष्मागतिकी

यह द्रव्य की वह अवस्था है जो अपनी कम श्यानता, कम घनत्व तथा तीव्र विसरण के गुण के आधार पर द्रव्य की अन्य अवस्थाओं अर्थात् ठोस तथा द्रव से भिन्न होती है। गैस वह द्रव्य है जिसका आकार तथा आयतन निश्चित नहीं होता है। इनके कणों के मध्य आकर्षण-विकर्षण का बल नगण्य होता है।

गैसों की विशेषताएँ

गैसीय कणों के बीच आकर्षण-विकर्षण का बल नगण्य होता है, इसलिए गैस के कण एक-दूसरे से अधिक दूरी पर होते हैं और उनका स्थान अनिश्चित होता है। इसी कारण, गैसों का आकार व आयतन अनिश्चित होता है।

इनकी मुख्य विशेषताएँ निम्न प्रकार हैं

गैस वह द्रव्य है, जिसका आकार तथा आयतन निश्चित नहीं होता है।

(i) सभी गैसें अधात्विक तत्वों से बनी होती हैं।
(ii) गैसों के अणुभार कम होते हैं।
(iii) गैसों की आकृति निश्चित नही होती है।
(iv) गैसों का अनन्तता तक समान रूप से प्रसार हो सकता है।
(v) गैसों की संपीड्यता उच्च होती है।
(vi) गैसें समांगी मिश्रण बनाती हैं।
(vii) गैसों की गतिज ऊर्जा उच्च होती है।
(viii) ये एकपरमाणुक, द्विपरमाणुक तथा बहुपरमाणुक हो सकती हैं

जैसे He, H_2, CO_2।

गैसीय अवस्था में पदार्थ का घनत्व सबसे कम होता है।

किसी गैस की निश्चित मात्रा का घनत्व, दाब के समानुपाती तथा ताप के व्युत्क्रमानुपाती होता है।

अतः $d = \frac{pM}{RT}$

सामान्य ताप व दाब पर, किसी भी गैस के 1 मोल का आयतन 22.4 लीटर होता है यह **मोलर गैस आयतन** कहलाता है।

गैसीय नियम

बॉयल का नियम

"स्थिर ताप पर, किसी गैस की निश्चित मात्रा का आयतन, दाब के व्युत्क्रमानुपाती होता है।"

$$V \propto \frac{1}{p} \qquad \text{(स्थिर ताप पर)}$$

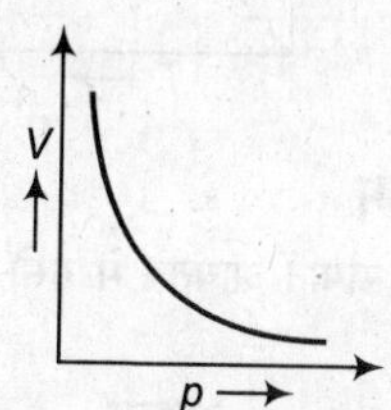

$pV = K$ (जहाँ K = आनुपातिक नियतांक)

अर्थात् स्थिर ताप पर, नियत द्रव्यमान की गैस के आयतन तथा दाब का गुणनफल सदैव नियत रहता है।

नोट *ताप स्थिर रहने के कारण यह समतापीय प्रक्रम कहलाता है।*

चार्ल्स का नियम

"स्थिर दाब पर, किसी गैस की निश्चित मात्रा का आयतन, परमताप के समानुपाती होता है।"

$$V \propto T \qquad \text{(स्थिर दाब पर)}$$

$$\frac{V}{T} = K \qquad \text{(नियतांक)}$$

$$\frac{V_1}{T_1} = \frac{V_2}{T_2}$$

अर्थात् स्थिर दाब पर, किसी नियत मात्रा की गैस के आयतन तथा परमताप का अनुपात स्थिर रहता है।

अथवा

"स्थिर दाब पर, तापमान के 1°C बढ़ने या घटने से किसी गैस का आयतन उसके 0°C पर उपस्थित आयतन का 1/273वाँ भाग बढ़ता या घटता है।"

$$V = V_0\left[1 + \frac{t°C}{273}\right] = \frac{V_0}{273}T$$

इस सम्बन्ध को ग्राफ के द्वारा निम्न प्रकार समझाया जा सकता है

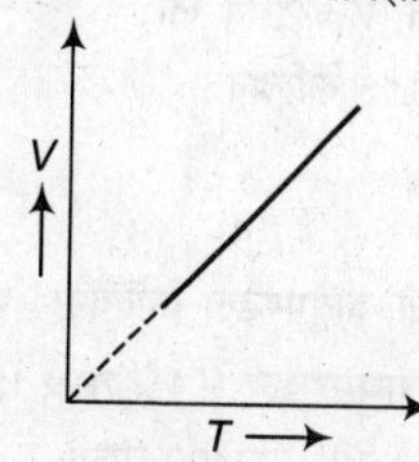

परम शून्य ताप वह काल्पनिक ताप है जिस पर गैसों का आयतन शून्य हो जाता है। अतः –273°C ताप को परम शून्य ताप कहते हैं।

गै-लूसैक का नियम या दाब-ताप नियम

"निश्चित आयतन पर, किसी दी गई गैस का दाब उसके परमताप के समानुपाती होता है।" क्योंकि इसमें आयतन स्थिर रहता है, अत: इसे समआयतनी प्रक्रम कहते हैं।

$$p \propto T$$

या $$\frac{p}{T} = K \quad \text{(नियतांक)}$$

p तथा T के बीच सम्बन्ध निम्न प्रकार प्रदर्शित किया जा सकता है

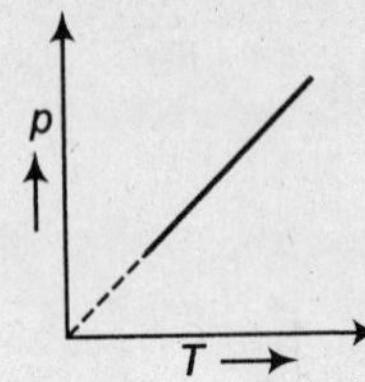

आवोगाद्रो का नियम

"स्थिर ताप तथा दाब पर, समान आयतन में गैसों के अणुओं की संख्या समान होती है।"

अथवा

गैस के अणुओं का आयतन उनकी प्रकृति पर निर्भर नहीं करता, बल्कि ताप तथा दाब पर निर्भर करता है।

यदि p तथा T स्थिर हों, तो

$$V \propto n \quad \text{या} \quad \frac{V}{n} = K \quad \text{(नियतांक)}$$

जहाँ, n गैस के मोलों की संख्या है, अर्थात् $n = \frac{m}{M}$

m = पदार्थ का द्रव्यमान (ग्राम में), M = पदार्थ का अणुभार

गैस समीकरण

जो समीकरण किसी गैस की निश्चित मात्रा के दाब, आयतन और ताप में सम्बन्ध व्यक्त करती है, उसे गैस समीकरण कहते हैं।

$$V \propto \frac{1}{p} \quad \text{(बॉयल के नियमानुसार)}$$

$$V \propto T \quad \text{(चार्ल्स के नियमानुसार)}$$

मिलाने पर, $$V \propto \frac{T}{p}$$

गैस समीकरण, $pV = RT$ (जहाँ, R = गैस नियतांक)

$$R = \frac{pV}{T} = \frac{\text{दाब} \times \text{आयतन}}{\text{ताप}}$$

गैस स्थिरांक, R के विभिन्न संख्यात्मक मान

STP **पर,** $p = 1$ वायुमण्डल, $V = 22.4$ ली,

$T = 0°C = 273.15$ केल्विन

$$R = \frac{1 \times 22.4}{273.15}$$

$= 0.0820$ ली-वायुमण्डल केल्विन$^{-1}$ मोल$^{-1}$

CGS **पद्धति में,** $p = 1$ वायुमण्डल $= 1 \times 76 \times 13.6 \times 980$ डाइन सेमी$^{-2}$

$V = 22.4$ ली $= 22400$ मिली; $T = 0°C$

$$R = \frac{1 \times 76 \times 13.6 \times 980 \times 22400}{273}$$

$= 8.314 \times 10^7$ अर्ग केल्विन$^{-1}$ मोल$^{-1}$

MKS **पद्धति में,** $R = 8.314$ जूल केल्विन$^{-1}$ मोल$^{-1}$

कैलोरी में, 4.16 जूल = 1 कैलोरी

$$R = \frac{8.314}{4.16} \text{ कैलोरी केल्विन}^{-1} \text{ मोल}^{-1}$$

$\therefore$ $R = 1.99$ या 2 कैलोरी केल्विन$^{-1}$ मोल$^{-1}$

$R = 0.002$ किलोकैलोरी केल्विन$^{-1}$ मोल$^{-1}$

R का सामान्य मात्रक

$$pV = nRT$$

$$R = \frac{p \times V}{nT} = \frac{\text{दाब} \times \text{आयतन}}{\text{मोल} \times \text{ताप}}$$

$$= \frac{\text{बल/क्षेत्रफल} \times \text{आयतन}}{\text{मोल} \times \text{ताप}}$$

$$= \frac{\text{बल} \times \text{लम्बाई}}{\text{मोल} \times \text{ताप}} = \frac{\text{कार्य}}{\text{मोल} \times \text{ताप}}$$

अत: R = कार्य/डिग्री/मोल

डाल्टन का आंशिक दाब का नियम

"दो या दो से अधिक आपस में अभिक्रिया न करने वाली गैसों को यदि एक ही पात्र में बन्द कर दिया जाए, तो इस मिश्रण का दाब अवयवी गैसों के आंशिक दाबों के योग के बराबर होगा,"

अर्थात् कुल दाब, $p = p_1 + p_2 + p_3 + \ldots\ldots$

जहाँ, p कुल दाब तथा p_1, p_2, p_3 आदि विभिन्न अभिक्रिया न करने वाली गैसों के आंशिक दाब हैं।

$$\text{आंशिक दाब, } p_1 = \frac{\text{गैस के मोलों की संख्या}}{\text{मिश्रण में सभी गैसों के कुल मोल}} \times \text{कुल दाब}$$

मोल प्रभाज × कुल दाब $= x_i p$

यदि अनेक गैसें जिनका आयतन $V_1, V_2, V_3, \ldots$ आदि तथा दाब $p_1, p_2, p_3 \ldots$ आदि हैं, को एक पात्र, जिसका आयतन V है, में मिलाया जाए, तो कुल दाब निम्न होगा

$$p = \frac{p_1V_1 + p_2V_2 + p_3V_3}{V}$$

तथा, आंशिक दाब $(p_1) = \frac{p_1V_1}{V}$

ग्राह्म का विसरण नियम

"समान ताप व दाब पर, गैसों के विसरण की दर (r) उसके घनत्व (d) के वर्गमूल के व्युत्क्रमानुपाती होती है।"

$$r \propto \frac{1}{\sqrt{d}}$$

$$\Rightarrow \quad \frac{r_1}{r_2} = \sqrt{\frac{d_2}{d_1}} = \sqrt{\frac{M_2}{M_1}}$$

विसरण दर, $r = \frac{V}{t}$ (V = विसरित गैस का आयतन, t = विसरण का समय

$$\frac{r_1}{r_2} = \frac{V_1}{t_1} \times \frac{t_2}{V_2} = \sqrt{\frac{d_2}{d_1}} = \sqrt{\frac{M_2}{M_1}}$$

दो गैसों के विभिन्न दाबों की तुलना

चूँकि इकाई आयतन में अणुओं की संख्या दाब के समानुपाती होती है, इसलिए गैस के विसरण की दर भी दाब के समानुपाती होगी, अर्थात् $r = \frac{Kp}{\sqrt{M}}$

जहाँ, K नियत ताप पर नियतांक है।;

अत: $\frac{r_1}{r_2} = \frac{p_1}{p_2} \times \sqrt{\frac{M_2}{M_1}}$

गुरुत्वाकर्षण बल के अनापेक्ष गैसों का अन्त: मिश्रण **विसरण** (diffusion) कहलाता है। इसमें अणुओं का प्रवाह अधिक सान्द्रता से कम सान्द्रता की ओर होता है। विसरण के सिद्धान्त द्वारा गैसीय मिश्रण से गैसों का पृथक्करण **एटमोलिसिस** (atomolysis) कहलाता है।

गैसों का गतिज सिद्धान्त

इसके अनुसार "गैस सूक्ष्म कणों के मिलने से बनती है जिसे **अणु** कहते हैं, जो तीव्र गति में रहते हैं।, इस सिद्धान्त का विकास **क्लॉजियस, मैक्सवैल, वोल्ट्समान** आदि ने किया था।

इसकी मुख्य अवधारणाएँ निम्न प्रकार हैं

1. प्रत्येक गैस में असंख्य छोटे-छोटे कण होते हैं, जिन्हें **अणु** कहते हैं। अणुओं का वास्तविक आयतन, गैस के सम्पूर्ण आयतन की तुलना में नगण्य होता है।
2. गैस के अणु सदैव तीव्र गति से प्रत्येक सम्भव दिशा में भिन्न वेगों से चलायमान होते हैं। ये सीधी रेखा में चलते हैं। इनके चलने की दिशा केवल उनके आपस में अथवा पात्र की दीवार से टकराने पर परिवर्तित होती है।
3. अणु पूर्ण तथा प्रत्यास्थ होते हैं और एक-दूसरे के प्रति कोई विशेष आकर्षण नहीं रखते हैं। अत: टकराने से ऊर्जा की हानि नहीं होती है।
4. गैस दाब जो पात्र की दीवार पर उत्पन्न होता है, वह गैस के अणुओं की टक्कर के कारण होता है।
5. गैस का परमताप उसमें उपस्थित सभी अणुओं की औसत गतिज ऊर्जा की माप होता है, अर्थात् ताप बढ़ने पर वेग बढ़ जाता है।
6. अणुओं की गति पर गुरुत्व का प्रभाव नगण्य होता है।

गैसों के गतिज सिद्धान्त का समीकरण

गैसों के गतिज सिद्धान्त की व्याख्या करने के लिए **क्लॉसियस** तथा **क्रोनिंग** में निम्न गणितीय सम्बन्ध दिया

$$pV = \frac{1}{3} mnu^2$$

जहाँ, $p =$ दाब, $u =$ वर्ग माध्य मूल वेग

$V =$ गैस का आयतन, $n =$ अणुओं की संख्या

$m =$ अणु का द्रव्यमान

एक मोल गैस के लिए, $m \times n = M$ [जहाँ, $M =$ गैस का अणुभार]

अत: $pV = \frac{1}{3} Mu^2$

गैसों की गतिज ऊर्जा

हम जानते हैं, कि 1 मोल गैस के लिए गैसों का गतिज आण्विक समीकरण $pV = \frac{1}{3} Mu^2$

$\Rightarrow \quad pV = \frac{1}{3} \times \frac{2}{2} Mu^2$

$\Rightarrow \quad pV = \frac{2}{3} \times \frac{1}{2} Mu^2$

$\Rightarrow \quad pV = \frac{2}{3}\text{KE} \quad [\because \text{KE} = \frac{1}{2} Mu^2]$

$\therefore \quad \text{KE} = \frac{3pV}{2}$

गैस समीकरण से, एक मोल के लिए $pV = RT$

$\therefore \quad \text{KE} = \frac{3RT}{2}$

अर्थात्, गैसों की गतिज ऊर्जा उसके परमताप के समानुपाती होती है।

अथवा $\text{KE} = \frac{3}{2} kT$ (जहाँ, $k =$ बोल्ट्जमान नियतांक

$= 1.38 \times 10^{-16}$ अर्ग केल्विन$^{-1}$ अणु$^{-1}$)

गैसों के वर्ग माध्य मूल वेग की गणना

$$pV = \frac{1}{3} Mu^2 \quad \Rightarrow \quad Mu^2 = 3pV$$

$$\Rightarrow \quad u^2 = \frac{3pV}{M} \quad \therefore \quad u = \sqrt{\frac{3pV}{M}}$$

गैस समीकरण से, $pV = RT \quad \therefore \quad u = \sqrt{\frac{3RT}{M}}$

अत: गैसों के वर्ग माध्य मूल वेग का मान गैस के द्रव्यमान तथा ताप पर निर्भर करता है।

वेग मी से$^{-1}$ (MKS) में ज्ञात करने के लिए $R = 8.314$ जूल किलो मीटर तथा M किग्रा में लें।

यदि घनत्व किग्रा मी$^{-3}$ में ओर दाब न्यूटन मी$^{-2}$ में हो तो वेग मी से$^{-1}$।

गैसों के गतिज सिद्धान्त से गैस नियमों की व्युत्पत्ति

बॉयल का नियम

एक मोल गैस के लिए, गैसों का गतिज आण्विक समीकरण,

$$pV = \frac{1}{3} Mu^2 \quad \Rightarrow pV = \frac{2}{3} \times \frac{1}{2} Mu^2$$

$$\Rightarrow \quad pV = \frac{2}{3}\text{KE} \quad [\text{KE} = \frac{1}{2} Mu^2]$$

$$\therefore \quad V = \frac{2}{3} \frac{\text{KE}}{p}$$

स्थिर ताप पर, KE का मान नियत रहता है।

अत: $V \propto \frac{1}{p}$ [यही बॉयल का नियम है।]

चार्ल्स का नियम

इसके अनुसार, $V \propto T$ (जहाँ, p स्थिर है।)

उपरोक्त समीकरण के अनुसार,

$$pV = \frac{2}{3}\text{KE} \quad \therefore \quad V = \frac{2}{3} \times \frac{\text{KE}}{p}$$

जब, p स्थिर है, तब

या $V =$ स्थिरांक $\times E$ या $V \propto E$

हम जानते हैं कि गैस की गतिज ऊर्जा (KE), ताप (T) के अनुक्रमानुपाती होती है, अत:

$E \propto T \Rightarrow V \propto T$ [यही चार्ल्स का नियम है।]

अवस्था समीकरण

गैसों के गतिज सिद्धान्त की अभिधारणा के अनुसार, अणुओं की औसत गतिज ऊर्जा का मान परमताप के समानुपाती होता है। अत:

$$\frac{1}{2}Mu^2 \propto T$$

$\Rightarrow$ $$\frac{1}{2}Mu^2 = KT \quad [\text{जहाँ, } K = \text{स्थिरांक}]$$

$\Rightarrow$ $$\frac{3}{2}\times\frac{1}{3}Mu^2 = KT$$

$\Rightarrow$ $$\frac{1}{3}Mu^2 = \frac{2}{3}KT \quad \ldots(i)$$

गैसों की गतिज समीकरण के अनुसार,

$$pV = \frac{1}{3}Mu^2 \quad \ldots(ii)$$

समी (i) तथा (ii) से, $pV = \frac{2}{3}KT$

या $$\frac{pV}{T} = \frac{2}{3}K = \text{स्थिरांक}$$

1 मोल गैस के लिए स्थिरांक K का मान R के बराबर होता है और यह गैस स्थिरांक कहलाता है। अत: उपरोक्त समीकरण में K के स्थान पर R रखने पर, $\frac{pV}{T} = R$ या $pV = RT$

डाल्टन का आंशिक दाब का नियम

इस नियम से, $p = p_1 + p_2 + p_3 + \ldots$

गैसों की गतिज समीकरण के अनुसार,

$$\frac{1}{2}Mu^2 = KT = \frac{3}{2}pV$$

$\therefore$ गतिज ऊर्जा $= \frac{3}{2} \times$ दाब $\times$ आयतन

चूँकि मिश्रण की सभी गैसें एक ही पात्र में हैं जिसका आयतन V है, अत: कुल गतिज ऊर्जा,

$$= \frac{3}{2}\times p_1V + \frac{3}{2}p_2V + \frac{3}{2}p_3V + \ldots$$

(जहाँ, p_1, p_2 = विभिन्न गैसों के आंशिक दाब)

$\therefore$ कुल गतिज ऊर्जा $= \frac{3}{2}p_{\text{कुल}} \times V$

या $$\frac{3}{2}p_{\text{कुल}} \times V = \frac{3}{2}p_1V + \frac{3}{2}p_2V + \frac{3}{2}p_3V + \ldots$$

$\therefore$ $$p_{\text{कुल}} \text{ या } p = p_1 + p_2 + p_3 + \ldots$$

यही डाल्टन का आंशिक दाब का नियम है।

ग्राह्म का विसरण का नियम

$$r \propto \frac{1}{\sqrt{d}} \quad (\text{जब दाब स्थिर है})$$

गैसों के गतिज समीकरण के अनुसार, $pV = \frac{1}{3}Mu^2$

$\Rightarrow$ $$u = \sqrt{\frac{3pV}{M}}$$

$\Rightarrow$ $$u = \sqrt{\frac{3p}{d}} \quad \left[\because d = \frac{M}{V}\right]$$

स्थिर दाब (p) पर, $$u \propto \frac{1}{\sqrt{d}}$$

गैसों के विसरण की दर (r), अणुओं के वेग (u) के समानुपाती होती है, अर्थात्

$$r \propto u$$

$\Rightarrow$ $$r \propto \frac{1}{\sqrt{d}}$$

यही ग्राह्म का विसरण का नियम है।

आण्विक वेगों का वितरण

गैसों के गतिज सिद्धान्त के अनुसार गतिशील गैस के कण एक-दूसरे से तथा पात्र की दीवारों से लगातार टकराते रहते हैं। इन संघट्टों (collisions) के कारण अणुओं के मध्य ऊर्जा का पुन: वितरण होता है अत: इनके वेग तथा इनकी गति की दिशा में भी परिवर्तन हो जाता है। वेगों के मध्य अणुओं के वितरण के सम्बन्ध में **मैक्सवेल** ने अध्ययन किया। उनके अनुसार, आण्विक वेगों का वितरण एक व्यंजक द्वारा निम्नवत् दिया जा सकता है

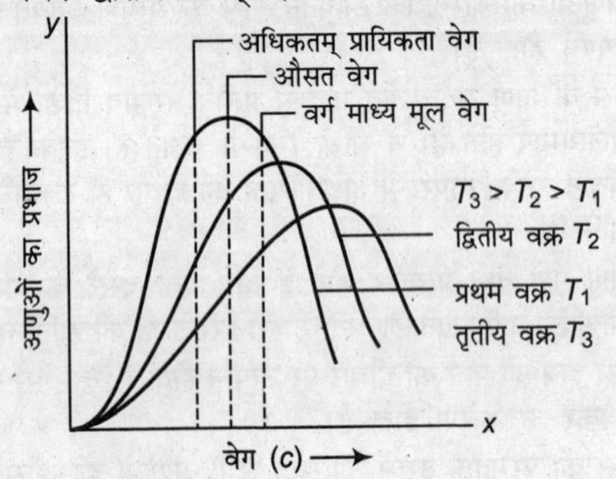

$$\frac{dnV}{n} = 4\pi\left(\frac{M}{2\pi RT}\right)^{3/2} e^{-MV^2/2RT}\, V^2 dV$$

या $$\frac{1}{n}\frac{dnV}{dV} = 4\pi\left(\frac{M}{2\pi RT}\right)^{3/2} e^{-MV^2/2RT}\, V^2$$

उन्होंने x-अक्ष पर अणुओं के वेग तथा y-अक्ष पर अणुओं के प्रभाज को आरेखित किया। इस प्रकार प्राप्त वक्र, किसी निश्चित ताप पर, आण्विक वेगों का वितरण दर्शाता है। इसे **मैक्सवेल वितरण वक्र** कहते हैं।

गणना से यह पाया गया कि किसी गैस के लिए, किसी दिए गए ताप पर अधिकतम् प्रायिकता वेग उसके अणुओं के अधिकतम् प्रभाज का वेग होता है।

आण्विक वेग

गैसीय अणुओं के तीन प्रकार के वेगों की गणना की गई है

औसत वेग

$$u_{av} = \frac{u_1 + u_2 + u_3 + \ldots}{n} \Rightarrow u_{av} = \sqrt{\left(\frac{8RT}{\pi M}\right)}$$

प्रायिकता वेग

यह सर्वाधिक अणुओं द्वारा तय की गई चाल है।

$$u_{mp} = \sqrt{\left[\frac{2RT}{M}\right]}$$

वर्ग माध्य मूल वेग

$$u_{rms} = \sqrt{\frac{u_1^2 + u_2^2 + u_3^2 \ldots}{n}} \Rightarrow u_{rms} = \sqrt{\frac{3RT}{M}}$$

u_{av}, u_{mp} तथा u_{rms} में सम्बन्ध

$$u_{mp} : u_{av} : u_{rms} :: \sqrt{\left(\frac{2RT}{M}\right)} : \sqrt{\left(\frac{8RT}{\pi M}\right)} : \sqrt{\left(\frac{3RT}{M}\right)}$$

$$= \sqrt{2} : \sqrt{\frac{8}{\pi}} : \sqrt{3} = 1 : 1.128 : 1.224$$

पदार्थ की विशिष्ट ऊष्मा

किसी पदार्थ की विशिष्ट ऊष्मा, ऊष्मा की वह मात्रा होती है, जो एक ग्राम पदार्थ का ताप 1°C तक बढ़ाने के लिए आवश्यक होती है।

पदार्थ की विशिष्ट ऊष्मा का मापन दो प्रकार से किया जाता है, स्थिर आयतन पर तथा स्थिर दाब पर। दोनों के मानों में ठोस या द्रव अवस्था में अन्तर नगण्य होता है परन्तु गैसों की स्थिति में, इन दोनों के मानों का अनुपात अनेक जानकारियाँ प्रदान करता है।

स्थिर आयतन पर, एक मोल गैस का ताप 1°C बढ़ाने के लिए जितनी ऊष्मा की आवश्यकता होती है उसे स्थिर आयतन पर गैस की मोलर ऊष्मा कहते हैं। इसे C_V से प्रदर्शित करते हैं।

जब एकपरमाणुक (monoatomic) गैस का आयतन स्थिर रखा जाता है, तो उसका 1°C ताप बढ़ाने में दी गई ऊष्मा पूर्णतया अणुओं की गतिज ऊर्जा बढ़ाने में प्रयुक्त होती है। अत: गतिज ऊर्जा की वृद्धि, स्थिर आयतन पर विशिष्ट या मोलर ऊष्मा के समान होती है।

स्थिर दाब पर, 1 मोल गैस का ताप 1°C बढ़ाने के लिए जितनी ऊष्मा की आवश्यकता होती है, उसे स्थिर दाब पर गैस की मोलर ऊष्मा कहते हैं। इसे C_p से प्रदर्शित किया जाता है।

स्थिर दाब पर, ताप 1°C बढ़ाने के लिए गैस को दी गई ऊष्मा दो प्रकार से प्रयुक्त होती है। प्रथम गतिशील अणुओं की गतिज ऊर्जा बढ़ाने में जिसका मान C_V के बराबर होता है, तथा दूसरा गैस का आयतन बढ़ने से बाहरी दाब के विपरीत कार्य करने में।

(i) $C_V = \frac{3}{2}R$

(ii) $C_p - C_V = R$

(iii) $C_p = R + \frac{3}{2}R = \frac{5}{2}R$

एकपरमाणुक गैसों के लिए, $\gamma = \frac{C_p}{C_V} = \frac{5/2R}{3/2R} = 1.66$

द्विपरमाणुक गैसों के लिए, $\gamma = \frac{C_p}{C_V} = 1.40$

बहुपरमाणुक गैसों के लिए, $\gamma = \frac{C_p}{C_V} = 1.33$

जहाँ, γ = मोलर ऊष्माधारिता अनुपात, इसे **पायसन नियतांक** भी कहते हैं।

ऊर्जा का समविभाजन नियम

ऊर्जा का समविभाजन सिद्धान्त **मैक्सवेल** तथा **वोल्टजमैन** द्वारा प्रतिपादित किया गया था। इसके अनुसार, "किसी गैस को दी हुई ऊर्जा प्रत्येक स्वतन्त्रता की कोटि में बराबर विभाजित होती है। स्वतन्त्रता की कोटि अणु द्वारा सम्भावित गति की प्रणाली है।

माना किसी गैस का वर्ग माध्य मूल वेग T ताप पर V है। यदि गैस के अणु का द्रव्यमान M है, तो गतिज ऊर्जा (KE) तीनों अक्षों पर निम्न प्रकार वियोजित होगी

$$u^2 = u_x^2 + u_y^2 + u_z^2 \quad \ldots(i)$$

$$\text{KE} = \frac{1}{2}mv^2 \Rightarrow \frac{1}{2}mu^2 = \frac{1}{2}mu_x^2 + \frac{1}{2}mu_y^2 + \frac{1}{2}mu_z^2$$

$$(\text{KE})_a = (\text{KE})_x + (\text{KE})_y + (\text{KE})_z$$

$\Rightarrow \quad (\text{KE})_a$ = औसत ऊर्जा वेग

गैस के अणु तीनों अक्षों पर अनियमित रूप से गति करते हैं। इनके तीनों अक्षों पर वेग समान होते हैं।

$$(\text{KE})_x = (\text{KE})_y = (\text{KE})_z$$

इसे **समवितरण नियम** भी कहते हैं।

आण्विक संघट्ट का नियम

माध्य मुक्त पथ

दो संघट्टों के मध्य किसी गैसीय अणु द्वारा तय किया गया औसत वेग, माध्य मुक्त पथ कहलाता है।

$$\text{औसत मुक्त पथ}(\lambda) = \frac{\text{प्रति सेकण्ड तय की गई दूरी}}{\text{प्रति सेकण्ड टक्करों की संख्या}}$$

$$\Rightarrow \quad \lambda = \frac{RT}{\sqrt{2}\,\pi\sigma^2\, pVN}$$

उपरोक्त सम्बन्ध से यह स्पष्ट होता है कि माध्य मुक्त पथ (λ) ताप (T) के समानुपाती तथा दाब (p) के व्युत्क्रमानुपाती होता है। अत: अधिक ताप तथा कम दाब पर, माध्य मुक्त पथ का मान अधिक होता है।

सामान्य ताप व दाब पर, कुछ गैसों के औसत मुक्त पथ का मान निम्न प्रकार है

$H_2 = 11 \times 10^{-6}$ सेमी या $N_2 = 6 \times 10^{-6}$ सेमी

$O_2 = 6.4 \times 10^{-6}$ सेमी या $He = 18 \times 10^{-6}$ सेमी

संघट्टों की आवृत्ति

गैसीय अणु एक-दूसरे से टकराते हैं। किसी दिए गए ताप पर, गैसों के इकाई आयतन में प्रति सेकण्ड होने वाली टक्करों की संख्या संघट्ट आवृत्ति (z) कहलाती है।

$$z = \frac{1}{\sqrt{2}}\pi x\sigma_1^2 N$$

या α = आण्विक व्यास, x = औसत वेग

या N = प्रति इकाई आयतन में अणुओं की संख्या

सामान्य ताप व दाब पर, यह आवृत्ति बहुत अधिक होती है। लेकिन दाब व ताप में वृद्धि से इसका मान और भी अधिक बढ़ जाता है।

आण्विक व्यास

दो अणु जब एक-दूसरे के समीप होते हैं, तब उनके बीच का प्रतिकर्षण बल इतना अधिक हो जाता है कि अणु का आकार छोटा होने पर वह अपने पथों को

मन्द कर देता है जिसके कारण उनके मध्य प्रभावी व्यास उपस्थित होगा, जिसे आण्विक व्यास कहते हैं।
इसे σ से प्रदर्शित करते हैं।
गैसों का आण्विक व्यास लगभग 10^{-8} सेमी होता है।

आदर्श एवं वास्तविक गैसें

आदर्श गैस

जो गैस दाब और ताप की सभी परिस्थितियों में बॉयल और चार्ल्स के नियमों का तथा आदर्श गैस समीकरण का ठीक रूप से पालन करती है, उसे आदर्श गैस कहते हैं। ***उदाहरण*** नाइट्रोजन, हाइड्रोजन आदि।

आदर्श गैस की विशेषताएँ

(i) स्थिर ताप पर, आदर्श गैस के आयतन व दाब का गुणनफल सदैव स्थिर रहता है।
(ii) आदर्श गैस की संपीड्यता इकाई होती है।

$$\text{संपीड्यता,} \quad \phi = \frac{pV}{nRT} = 1$$

(iii) आदर्श गैस के अणुओं के बीच कोई आकर्षण नहीं होता है।
(iv) यदि आदर्श गैस को स्थिर दाब पर ठण्डा किया जाए, तो –273°C तक इस गैस का आयतन घटता जाएगा तथा –273°C या 0 K पर इसका आयतन शून्य हो जाएगा।
(v) यदि बिना बाहरी कार्य किए आदर्श गैस का प्रसारण किया जाए, तो यह कोई ऊष्मीय प्रभाव नहीं दिखाती है।

वास्तविक गैस

वह गैस, जो उच्च दाब तथा कम ताप पर आदर्श व्यवहार से विचलन प्रदर्शित करती है तथा बॉयल और चार्ल्स के नियमों का तथा आदर्श गैस समीकरण का पालन नहीं करती है, वास्तविक गैस कहलाती है।
वास्तविक गैसें, आदर्श व्यवहार से गतिज सिद्धान्त के निम्न दो दोषों के कारण विचलन प्रदर्शित करती हैं।

(i) गैस के अणुओं का वास्तविक आयतन गैस के कुल आयतन की तुलना में नगण्य होता है।
(ii) गैसीय अणुओं के बीच आकर्षण व प्रतिकर्षण बल नगण्य होता है।

गैस के आदर्श व्यवहार से विचलित होने की सीमा को संपीड्यता गुणक (compressibility factor, ϕ) द्वारा प्रदर्शित किया जाता है। गणितीय रूप से

$$\phi = \frac{pV}{nRT}$$

अतः ϕ का मान इकाई से जितना अधिक विचलित होता है, गैस का आदर्श व्यवहार उतना ही अधिक विचलित होता है। *इस प्रकार*

1. यदि, $z = 1$, तो गैस आदर्श है। ("वह ताप जिस पर कोई वास्तविक गैस आदर्श गैस की तरह व्यवहार करती है, बॉयल तापमान कहलाता है।)
2. यदि, $z > 1$, तो गैस कम संपीडनीय होती है।
3. यदि, $z < 1$, तो गैस से अधिक संपीडनीय होती है।

आदर्श गैस समीकरण में, आयतन संशोधन तथा दाब संशोधन करने पर प्राप्त समीकरण को वाण्डरवाल्स समीकरण कहते हैं।
वास्तविक गैसें ताप तथा दाब के विस्तृत परिसर में वाण्डरवाल्स समीकरण का पालन करती है, जो निम्न प्रकार है

$$\left(p + \frac{a}{V^2}\right)(V - b) = RT$$

वास्तविक गैस के n अणुओं के लिए वाण्डरवाल्स समीकरण,

$$\left(p + \frac{an^2}{V^2}\right)(V - nb) = nRT$$

वाण्डरवाल्स स्थिरांक a वास्तविक गैसों के अणुओं के मध्य अन्तराअणुक आकर्षण बलों की माप है।
वाण्डरवाल्स स्थिरांक b गैस अणुओं के स्वयं के वास्तविक आयतन से सम्बन्धित होता है।

आदर्श व्यवहार से गैसों का विचलन

कम दाब पर, गैस का आयतन अधिक होता है। अतः b को V की अपेक्षा नगण्य माना जा सकता है। अतः वाण्डरवाल्स समीकरण,

$$pV = RT - \frac{a}{V}$$

अधिक दाब पर, गैस का आयतन कम होता है। अतः $\frac{a}{V^2}$ को p के अधिक मान की अपेक्षा नगण्य माना जा सकता है। अतः वाण्डरवाल्स समीकरण, $pV = RT + pb$

अधिक ताप पर गैस का आयतन बहुत अधिक होता है। अतः दोनों b तथा $\frac{a}{V^2}$ उपेक्षणीय होते हैं। अतः वाण्डरवाल्स समीकरण

$$pV = RT$$

हाइड्रोजन तथा हीलियम का असामान्य व्यवहार

H_2 तथा He दोनों बहुत हल्की गैसें हैं, अतः इनके अणु बहुत हल्के होते हैं। इस कारण अणुओं के मध्य आकर्षण बल अत्यन्त कम होता है। सामान्य ताप तथा दाब पर भी $\frac{a}{V^2}$ उपेक्षणीय होता है। अतः वाण्डरवाल्स समीकरण $pV = RT + pb$

वाण्डरवाल्स स्थिरांक '*a*' व '*b*' का मात्रक

यदि दाब को वायुमण्डल में तथा आयतन को लीटर में व्यक्त किया जाए, तो

$$a = \text{वायुमण्डल ली}^2 \text{ मोल}^{-2} \text{ या } \quad b = \text{ली मोल}^{-1}$$

एस **पद्धति में,** a = न्यूटन मी^{4} मोल $^{-2}$ या b = मी^{3} मोल$^{-1}$

क्रान्तिक दशाएँ

वह ताप, जिसके ऊपर किसी गैस को दाब बढ़ाकर द्रवित नहीं किया जा सकता उस गैस का **क्रान्तिक ताप** (critical temperature) कहलाता है। $T_c = \frac{8a}{27\,Rb}$

क्रान्तिक ताप पर, एक मोल गैस का आयतन, **क्रान्तिक आयतन** (critical volume) कहलाता है। $V_c = 3b$
क्रान्तिक ताप पर, किसी गैस को द्रवित करने के लिए उपयुक्त दाब, **क्रान्तिक दाब** (critical pressure) कहलाता है।

$$p_c = \frac{a}{27b^2}$$

p_c, V_c तथा T_c में सम्बन्ध, $p_c V_c = \frac{3}{8} RT_c$

अन्य अवस्था समीकरण

क्लॉसियस समीकरण

इसके अनुसार, वाण्डरवाल्स स्थिरांक a, ताप के व्युत्क्रमानुपाती होता है। इसलिए वाण्डरवाल्स समीकरण में $\frac{a}{V^2}$ के स्थान पर $\frac{a}{T(V+C)^2}$ रखने पर

$$\left[p+\frac{a}{T(V+C)^2}\right](V-b)=RT;$$ जहाँ, C स्थिरांक है।

डीटेरिसी समीकरण

अधिक दाब पर गैस अणुओं का पारस्परिक आकर्षण समझाने के लिए डीटेरिसी ने एक चरघातांकी घटक का सुझाव दिया।
इसकी समीकरण निम्न है;

$$p(V-b)=RT.e^{-a/RTV}$$

कामरलिंग ऑन विरियल समीकरण

कामरलिंग ऑन ने गैस के एक अंश के लिए किसी ताप पर pV के मान को, दाब के घातांकों के रूप में एक श्रेणी के रूप में दिया। इस प्रकार प्राप्त समीकरण

$$pV=A+Bp+Cp^2+Qp^2+......$$

जहाँ, A, B, C तथा Q क्रमशः पहला, दूसरा, तीसरा तथा चौथा विरियल गुणांक कहलाता है।

कम दाब पर, A का मान RT के बराबर होता है तथा अन्य विरियल स्थिरांक नगण्य होते हैं।

अतः कम दाब पर $pV=A=nRT$

संगत अवस्थाओं का नियम

यह नियम बताता है कि ऐसे दो पदार्थ जिनमें समानित दाब तथा समानित ताप एक समान हो, तो उनमें समानित आयतन भी समान होगा। अतः संगत अवस्थाओं का नियम, निम्न प्रकार से दर्शाया जा सकता है

$$\pi+\frac{3}{\phi^2}(3\phi-1)+8\theta$$

जहाँ, पर ϕ समानित आयतन, π समानित दाब तथा θ समानित ताप है। इस समीकरण को सभी गैसों के लिय अवस्था की समानित वाण्डरवाल्स समीकरण भी कह सकते हैं। उपरोक्त समीकरण से

$$\pi=\frac{p}{p_c}, \phi=\frac{V}{V_c}$$

तथा $$\theta=\frac{T}{T_c}$$

गैसों का द्रवीकरण

गतिज सिद्धान्त के अनुसार सभी गैसें अणुओं से मिलकर बनी होती है। ये अणु एक-दूसरे से पर्याप्त दूरी पर रहते हैं और तीव्र वेग से गतिशील रहते हैं। यदि अणुओं के बीच की दूरी कम कर दी जाए, तो गैस द्रव में परिवर्तित हो जाती हैं। यह कार्य दो विधियों द्वारा किया जा सकता है

(i) ताप कम करके (ii) दाब बढ़ाकर

किन्तु सभी गैसों को केवल दाब बढ़ाकर सामान्य ताप पर द्रवित नहीं किया जा सकता है, किन्तु ताप घटाकर एवं दाब बढ़ाकर द्रवित करना सम्भव होता है अतः क्रान्तिक ताप के नीचे सम्पीडित करके सभी गैसों को द्रवित किया जा सकता है।

द्रवित गैसों के उपयोग

(i) द्रवित अमोनिया और द्रवित SO_2, शीतलन में प्रयुक्त होती हैं।
(ii) द्रवित CO_2, सोडा फाउण्टेन में प्रयोग की जाती है।
(iii) द्रवित क्लोरीन, विरंजन व कीटनाशक के रूप में प्रयोग होती है।
(iv) तरल वायु, रॉकेट, जेट विमान तथा बम आदि में ऑक्सीजन के प्रमुख स्रोत के रूप में प्रयुक्त की जाती है।
(v) संपीडित ऑक्सीजन वैल्डिंग कार्य में प्रयोग की जाती है।
(vi) संपीडित हीलियम वायुयान में काम आती है।

ऊष्मागतिकी

किसी भौतिक अथवा रासायनिक प्रक्रम में होने वाले ऊर्जा परिवर्तनों के मात्रात्मक अध्ययन को **ऊष्मागतिकी** कहते हैं। रसायन विज्ञान की वह शाखा जिसके अन्तर्गत रासायनिक पदार्थ में होने वाले केवल रासायनिक परिवर्तनों में ऊर्जा परिवर्तन का अध्ययन किया जाता है, **रासायनिक ऊष्मागतिकी** कहलाती है।

ऊष्मागतिकी में प्रयुक्त कुछ सामान्य राशियाँ

तन्त्र एवं वातावरण

ब्रह्माण्ड का वह भाग जिस पर प्रेक्षण किया जाता है, तन्त्र कहलाता है, तथा शेष भाग को वातावरण कहते हैं।

तन्त्र + वातावरण = ब्रह्माण्ड

प्रायोगिक कार्य के लिए ब्रह्माण्ड का वही भाग, जो तन्त्र से अन्तःक्रिया करता है, वातावरण के रूप में लिया जाता है।

तन्त्र के प्रकार

खुला तन्त्र

ऐसा तन्त्र, जिसमें तन्त्र तथा वातावरण के मध्य ऊर्जा व द्रव्य दोनों का विनिमय हो सके, खुला तन्त्र कहलाता है।

उदाहरण खुले पात्र में अभिकारक।

बन्द तन्त्र

ऐसा तन्त्र, जो अपने वातावरण से केवल ऊर्जा का विनिमय कर सके, द्रव्य का नहीं, बन्द तन्त्र कहलाता है। ***उदाहरण*** बन्द पात्र में अभिकारक।

विलगित तन्त्र

ऐसा तन्त्र, जो अपने वातावरण से ऊष्मा तथा द्रव्य दोनों का विनिमय न कर सके, विलगित तन्त्र कहलाता है।

उदाहरण अभिकारक एक थर्मस फ्लास्क में लिए जाए।

गहन तथा विस्तीर्ण गुण

ऐसा गुण, जो तन्त्र या निकाय में उपस्थित पदार्थ की मात्रा पर निर्भर करता है, विस्तीर्ण गुण कहलाता है।

उदाहरण मोलों की संख्या, आयतन, ऐन्थैल्पी आदि।

ऐसा गुण, जो तन्त्र या निकाय में उपस्थित पदार्थ की मात्रा पर निर्भर नहीं करता है, गहन गुण कहलाता है।

उदाहरण ताप, घनत्व, सान्द्रता आदि।

ऊष्मागतिकी प्रक्रम

समतापीय प्रक्रम

ऐसा प्रक्रम, जिसमें प्रक्रम की प्रत्येक अवस्था में ताप स्थिर रहता है, समतापीय प्रक्रम कहलाता है।

समतापीय प्रक्रम के लिए, $dT = 0$ होता है।

आदर्श गैस के n मोल के लिए, समतापीय प्रसार में किया गया अधिकतम कार्य

$$W_{\text{अधिकतम}} = -2.303 nRT \log \frac{V_2}{V_1}$$

एन्ट्रॉपी परिवर्तन, $\Delta S_T = 2.303\, nR \log \frac{V_2}{V_1}$

यदि $V_2 > V_1$ तो ΔS_T धनात्मक होगा।

रुद्धोष्म प्रक्रम

ऐसा प्रक्रम, जिसमें प्रक्रम के किसी भी पद में ऊष्मा का आदान-प्रदान नहीं होता है, रुद्धोष्म प्रक्रम कहलाता है।

रुद्धोष्म प्रक्रम के लिए, $dq = 0$

रुद्धोष्म प्रक्रम में एन्ट्रॉपी परिवर्तन शून्य होता है।

समदाबीय प्रक्रम

ऐसा प्रक्रम, जिसमें प्रक्रम की प्रत्येक अवस्था में दाब स्थिर रहता है, समदाबीय प्रक्रम कहलाता है।

समदाबीय प्रक्रम के लिए, $dp = 0$

एन्ट्रॉपी परिवर्तन $\Delta S_p = 2.303\, C_p \log\left(\frac{T_2}{T_1}\right)$

समआयतनी प्रक्रम

ऐसा प्रक्रम, जिसमें प्रक्रम की प्रत्येक अवस्था में आयतन स्थिर रहता है, समआयतनी प्रक्रम कहलाता है।

समआयतनी प्रक्रम के लिए, $dV = 0$

समआयतनी प्रक्रम में एन्ट्रॉपी परिवर्तन,

$$\Delta S_V = 2.303\, C_V \log\left(\frac{T_2}{T_1}\right)$$

चक्रीय प्रक्रम

जब कोई तन्त्र कई परिवर्तनों के पश्चात् अपनी मूल अवस्था में पुनः लौट आता है, तो इस प्रक्रम को चक्रीय प्रक्रम कहते हैं।

चक्रीय प्रक्रम के लिए ,

$$dE = 0, dH = 0$$

स्वतः प्रक्रम

ऐसा प्रक्रम, जो एक बार आरम्भ करने के पश्चात् स्वतः पूर्ण होता है, स्वतः परिवर्ती प्रक्रम कहलाता है।

यदि प्रक्रम स्वतः परिवर्ती होता है, तो मुक्त ऊर्जा परिवर्तन ऋणात्मक तथा $\Delta S > 0$ होता है।

एन्ट्रॉपी इस प्रकार से बढ़ती है

ठोस < द्रव < गैस

आन्तरिक ऊर्जा

प्रत्येक पदार्थ में ऊर्जा की एक निश्चित मात्रा रहती है, जो उसकी रासायनिक प्रकृति, ताप, दाब तथा आयतन पर निर्भर करती है। यह आन्तरिक या नैट ऊर्जा कहलाती है।

इसे E से प्रदर्शित करते हैं, यह कई प्रकार की ऊर्जाओं का योग होती है।

(i) स्थानान्तरण ऊर्जा E_t

(ii) घूर्णन ऊर्जा E_r

(iii) कम्पन्न ऊर्जा E_v

(iv) इलेक्ट्रॉनिक ऊर्जा E_e

(v) नाभिकीय ऊर्जा E_n

(vi) अन्योन्यक्रिया के कारण ऊर्जा, E_i,

$$E = E_t + E_r + E_v + E_e + E_n + E_i$$

आन्तरिक ऊर्जा में परिवर्तन

$$(\Delta E) = E_{\text{प्रारम्भिक}} - E_{\text{अन्तिम}}$$

आन्तरिक ऊर्जा का मात्रक

SI प्रणाली में — जूल (Joule)

CGS प्रणाली में — अर्ग (erg)

1 कैलोरी = 4.184 जूल = 4.184×10^7 अर्ग

1 जूल = 0.2390 कैलोरी = 10^7अर्ग = 1 न्यूटन-मीटर (N-m)

1 लीटर-वायुमण्डल = 101.3 जूल = 24.206 कैलोरी

1 कैलोरी > 1 जूल > 1अर्ग

महत्त्वपूर्ण तथ्य

- एकअणुक गैस के एक मोल के लिए, आन्तरिक ऊर्जा का मान 3/2 RT मोल$^{-1}$ होता है।
- ऊष्माक्षेपी अभिक्रियाओं (exothermic reactions) के लिए ΔE का मान ऋणात्मक तथा ऊष्माशोषी अभिक्रियाओं (endothermic reactions) के लिए ΔE का मान धनात्मक होता है।
- किसी तत्व की प्रबल स्थायी अवस्था में, आन्तरिक ऊर्जा का मान शून्य होता है।

ऊष्मागतिकी का शून्य नियम

"जब दो वस्तुओं (जो भिन्न तापक्रम पर हैं) को एक-दूसरे से ऊष्मीय रूप में जोड़ा जाता है, (अर्थात् किसी चालक द्वारा जोड़ा जाता है) तो तापक्रम उच्च तापमान वाली वस्तु से निम्न तापमान वाली वस्तु की ओर तब तक स्थानान्तरित होता रहता है, जबतक कि दोनों वस्तुओं का तापक्रम समान न हो जाए अर्थात् ऊष्मीय साम्यावस्था स्थापित न हो जाए।" इसे तापक्रम का नियम अथवा ऊष्मीय साम्यावस्था का नियम भी कहते हैं।

ऊष्मागतिकी का प्रथम नियम

ऊष्मागतिकी के प्रथम नियम के अनुसार, "ऊर्जा को न तो नष्ट किया जा सकता है और न ही उत्पन्न किया जा सकता है, यद्यपि ऊर्जा को एक रूप से दूसरे रूप में परिवर्तित किया जा सकता है।" इस नियम को निम्न प्रकार से परिभाषित किया जा सकता है

"किसी विलगित तन्त्र की कुल ऊर्जा स्थिर रहती है।"

"ब्रह्माण्ड की कुल ऊर्जा स्थिर रहती है।"

"किसी चिरस्थायी गतिज मशीन अर्थात् एक मशीन, जो बिना ऊर्जा ग्रहण किए लगातार कार्य उत्पन्न करेगी" का निर्माण असम्भव है।

यदि अवशोषण ऊष्मा (Q) से युक्त तथा कार्य W वाले किसी प्रक्रम की आन्तरिक ऊर्जा में परिवर्तन $\Delta E(E_p - E_R)$ है, तो

$$\Delta E = Q - W$$

(जब तन्त्र द्वारा कार्य किया जाता है)

अथवा $$\Delta E = Q + W$$

(जब तन्त्र पर कार्य किया जाता है)

ऊष्मागतिकी के प्रथम नियम के कुछ महत्त्वपूर्ण तथ्य

किसी आदर्श गैस के समतापीय प्रसार से युक्त एक चक्रीय प्रक्रम के लिए,

$$\Delta E = 0, \quad \therefore Q = -W$$

अत: गैस द्वारा किया गया कार्य अवशोषित ऊष्मा के बिल्कुल समान होता है।

समआयतनी प्रक्रम के लिए, $W = 0, \quad \therefore \Delta E = Q_V$

(जहाँ, V स्थिर आयतन का संकेत करता है।)

अत: स्थिर आयतन पर, गैस की आन्तरिक ऊर्जा में वृद्धि अवशोषित ऊष्मा के समान होती हैं।

किसी रुद्धोष्म प्रक्रम के लिए,

$$Q = 0, \Delta E = -W_q$$

अत: रुद्धोष्म प्रक्रम में आन्तरिक ऊर्जा में कमी, किए गए कार्य के बिल्कुल बराबर होती है।

ऊष्मागतिकी के प्रथम नियम की सीमाएँ

1. इससे यह ज्ञात नहीं होता है कि ऊर्जा का परिवर्तन किस दिशा में होगा और यह परिवर्तन सतत् हो सकता है या नहीं।
2. इससे यह भी संकेत नहीं मिलता है कि ऊष्मा ठण्डे सिरे से गर्म सिरे की ओर प्रवाहित हो सकती है या नहीं।

एन्थैल्पी

किसी निकाय की आन्तरिक ऊर्जा (E) तथा उसकी pV ऊर्जा के योग को निकाय की एन्थैल्पी या पूर्ण ऊष्मा कहते हैं। इसे 'H' से प्रदर्शित करते हैं। यह एक अवस्था फलन है।

$$H = E + pV$$

स्थिर दाब की परिस्थितियों में, एन्थैल्पी परिवर्तन (ΔH)

$$= H_2 - H_1 = (E_2 + pV_2) - (E_1 + pV_1)$$

$$\Delta H = E_2 - E_1 + p(V_2 - V_1),$$

$$\Delta H = \Delta E + p\Delta V, \quad \Delta H = q_p$$

स्थिर दाब पर, यदि तन्त्र द्वारा अवशोषित ऊष्मा अर्थात् ΔH ऋणात्मक है, तो अभिक्रिया ऊष्माक्षेपी होती है। यदि ΔH धनात्मक है, तो अभिक्रिया ऊष्माशोषी होती है।

$$\Delta H = \Delta E + \Delta nRT$$

एन्थैल्पी से सम्बन्धित कुछ तथ्य

1. स्थिर दाब पर, किसी तन्त्र की ऊष्मा (Q_p), उस तन्त्र के एन्थैल्पी परिवर्तन के समान होती है। अत:

$$Q_p = \Delta H$$

2. ऊष्माशोषी अभिक्रियाओं में, ΔH का मान धनात्मक होता है तथा ऊष्माक्षेपी अभिक्रियाओं के लिए ΔH का मान ऋणात्मक होता है।
3. एकपरमाणुक गैस के लिए एन्थैल्पी का मान $\frac{5}{2}RT$ मोल$^{-1}$ होता है।

समतापीय उत्क्रमणीय प्रसार में आदर्श गैस द्वारा किया गया कार्य

$$W_m = -2.303\, nRT \log_{10} \frac{V_2}{V_1}$$

या $$W_m = -2.303\, nRT \log_{10} \frac{p_1}{p_2}$$

ऊष्मागतिकी का द्वितीय नियम

इस नियम को निम्न प्रकार परिभाषित किया जा सकता है

"सभी स्वत: प्रक्रम ऊष्मागतिकी रूप में अनुत्क्रमणीय होते हैं।"

"ऊष्मा को बिना किसी परिवर्तन के कार्य की तुल्य मात्रा में पूर्णत: परिवर्तित करना असम्भव है।"

ऊष्मा स्वयं किसी ठण्डी वस्तु से गर्म वस्तु में स्थानान्तरित नहीं हो सकती, जब तक कि बाह्य ऊर्जा का प्रयोग न किया जाए।

किसी गर्म पात्र से ऊष्मा लेना तथा उसे चक्रीय प्रक्रम द्वारा इसके किसी भी भाग को ठण्डे पात्र में स्थानान्तरित किए बिना कार्य में पूर्णत: परिवर्तित करना असम्भव है। *(लार्ड कैल्विन)*

"कुछ कार्य किए बिना निम्न ताप पर स्थित तन्त्र से उच्च ताप पर स्थित तन्त्र में ऊर्जा का स्थानान्तरण चक्रीय प्रक्रम के लिए असम्भव है।" *(क्लासियस)*

कार्नोट चक्र

किसी तन्त्र द्वारा ऊष्मा के कार्य में परिवर्तन होने के अधिकतम अंश की गणना करने के लिए कार्नोट ने एक उत्क्रमणीय चक्र प्रयुक्त किया, जिसे कार्नोट चक्र कहते हैं। $q = W$

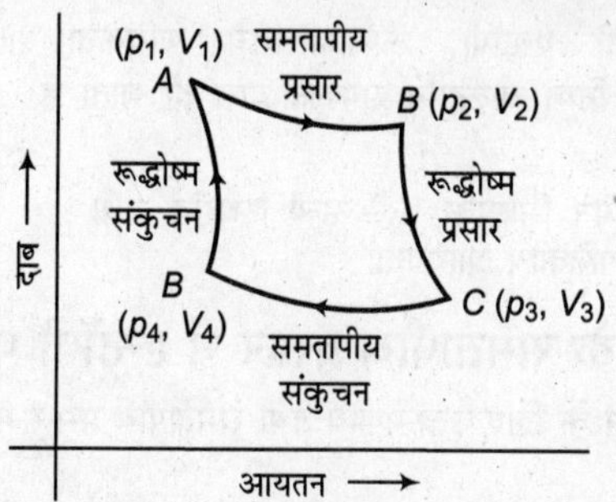

ऊष्मा को कार्य में रूपान्तरित करने के लिए प्रयुक्त मशीन को ऊष्मा इन्जन कहते हैं। ऊष्मा के कार्य में रूपान्तरण के क्रम में ऊष्मा, इन्जन में उच्च तापीय पात्र (जो स्रोत कहलाता है) में अवशोषित होती है। इस अवशोषित ऊष्मा का कुछ भाग कार्य में परिवर्तित हो जाता है तथा शेष भाग निम्न तापीय पात्र (जो सिंक कहलाता है) में चला जाता है।

उदाहरण भाप इन्जन, ऊष्मा इन्जन, जिसमें स्रोत एक बॉयलर तथा वातावरण सिंक है।

इस चक्र में निम्न चार पद होते हैं

(i) समतापीय उत्क्रमणीय प्रसार

(ii) रुद्धोष्म उत्क्रमणीय प्रसार

(iv) रुद्धोष्म उत्क्रमणीय संकुचन

एक चक्र द्वारा किया गया नैट कार्य,

$$W = RT_2 \ln\frac{V_2}{V_1} + RT_1 \ln\frac{V_2}{V_1}$$

पूर्ण चक्र में अवशोषित नैट ऊष्मा

$$Q_2 = R(T_2 - T_1)\ln\frac{V_2}{V_1}$$

ऊष्मा इन्जन की दक्षता (η)

यदि स्रोत द्वारा अवशोषित ऊष्मा Q_2 है, सिंक द्वारा निष्कासित ऊष्मा Q_1 है। T_2 व T_1 क्रमश: स्रोत व सिंक के ताप हैं तथा किया गया कार्य W है, तो मशीन की कार्यक्षमता η निम्न प्रकार है

$$\eta = \frac{W}{Q_2} = \frac{Q_2 - Q_1}{Q_2} = \frac{T_2 - T_1}{T_2} = 1 - \frac{T_1}{T_2}$$

जहाँ, Q_2 = स्रोत द्वारा अवशोषित ऊष्मा,

Q_1 = सिंक द्वारा निष्कासित ऊष्मा

T_2 = स्रोत का ताप, T_1 = सिंक का ताप

W = किया गया कार्य

एन्ट्रॉपी

किसी निकाय की अव्यवस्था (यादृच्छिकता) की माप को एन्ट्रॉपी कहते हैं। उदाहरण के लिए गैसों की एन्ट्रॉपी द्रवों से अधिक और द्रवों की एन्ट्रॉपी, ठोस पदार्थों से अधिक होती है।

$$\Delta S = \frac{q_{\text{rev}}}{T}$$

अथवा अवस्था परिवर्तनों में, $\Delta S = \frac{\Delta H}{T}$

किसी स्वत: प्रक्रम के लिए, $\Delta S > 0$

साम्यावस्था के लिए, $\Delta S = 0$

अस्वत: प्रक्रम के लिए, $\Delta S < 0$

किसी तन्त्र की एन्ट्रॉपी, ऊष्मागतिकीय प्रायिकता (thermodynamic probability) में निम्न बोल्ट्मैन सम्बन्ध द्वारा दी जाती है

$$S = K \log W + k$$

जहाँ, K = बोल्ट्मैन स्थिरांक, k = अन्य स्थिरांक तथा

W = ऊष्मागतिकीय प्रायिकता

आदर्श गैस के समतापीय प्रसार में एन्ट्रॉपी परिवर्तन

किसी आदर्श गैस के लिए उत्क्रमणीय तथा समतापीय प्रसार में आन्तरिक ऊर्जा स्थिर रहती है।

$$\Delta E = 0$$

$$\Delta E = q - W \quad \text{(प्रथम नियम अनुसार)}$$

$$q_{\text{उत्क्रमणीय}} = W$$

$$\Delta S = \frac{q_{\text{उत्क्रमणीय}}}{T} = \frac{1}{T} nRT \log_{10}\frac{V_2}{V_1}$$

$$= nR\log_{10}\frac{V_2}{V_1}$$

स्वतः उत्क्रमणीय तथा अनुत्क्रमणीय प्रक्रमों में एन्ट्रॉपी परिवर्तन

स्थिर ताप पर, निर्वात् में आदर्श गैस का समतापीय प्रसार अपने आप (स्वत:) होता है।

$$\therefore \quad W = 0, q = 0, \ \Delta E = 0, \Delta S = 0, \ W = p\Delta V$$

ताप को स्थिर रखने के लिए वातावरण से उत्क्रमणीय रूप से ऊष्मा का अवशोषण होगा।

निकाय की एन्ट्रॉपी में वृद्धि $= \frac{+q_{\text{उत्क्रमणीय}}}{T}$

वातावरण की एन्ट्रॉपी में कमी $= \frac{-q_{\text{उत्क्रमणीय}}}{T}$

एन्ट्रॉपी में कुल परिवर्तन $= \frac{+q_{\text{उत्क्रमणीय}}}{T} - \frac{q_{\text{उत्क्रमणीय}}}{T} = 0$

(i) उत्क्रमणीय प्रक्रम के लिए,
$(\Delta S_{\text{निकाय}} + \Delta S_{\text{वातावरण}}) = 0$

(ii) अनुत्क्रमणीय प्रक्रम के लिए,
$(\Delta S_{\text{निकाय}} + \Delta S_{\text{वातावरण}}) > 0$

(iii) दोनों को मिलाने पर,
$(\Delta S_{\text{निकाय}} + \Delta S_{\text{वातावरण}}) \geq 0$

गिब्स मुक्त ऊर्जा

गिब्स मुक्त ऊर्जा किसी तन्त्र की वह अधिकतम ऊर्जा है, जो प्रक्रम के समय अधिकतम उपयोगी कार्य को परिवर्तित होने के लिए, उपलब्ध होती है।

$$G = H \ TS$$

मुक्त ऊर्जा परिवर्तन, $\Delta G = \Delta H - T\Delta S$

(स्थिर ताप तथा स्थिर दाब पर)

$$\because \quad -T\Delta S_{\text{कुल}} = \Delta H - T\Delta S$$

इसलिए, $\Delta G = -T\Delta S_{\text{कुल}}$

यदि $\Delta G < 0$; अभिक्रिया स्वत: परिवर्तित होती है।

यदि $\Delta G = 0$; अभिक्रिया साम्यावस्था में है।

यदि $\Delta G > 0$; अभिक्रिया अस्वत: परिवर्तित या विपरीत प्रक्रम में स्वत: परिवर्तित होती है।

यदि कोई रासायनिक अभिक्रिया मानक अवस्था (298 K तथा 1 वायुमण्डलीय दाब) पर होती है, तो उसकी मुक्त ऊर्जा परिवर्तन को मानक मुक्त ऊर्जा परिवर्तन कहते हैं तथा इसे ΔG° से निरूपित करते हैं।

$$\Delta G^\circ = \Sigma \Delta G^\circ_{\text{उत्पाद}} - \Sigma \Delta G^\circ_{\text{अभिकारक}}$$

मानक मुक्त ऊर्जा परिवर्तन (ΔG°) का साम्य स्थिरांक K से सम्बन्ध निम्न प्रकार है

$$\Delta G^o = -nRT \ln K$$

$$= -2 \cdot 303\, nRT \log_{10} K$$

मुक्त ऊर्जा परिवर्तन का विद्युत कार्य से निम्न सम्बन्ध है

$$\Delta G = nFE_{\text{सेल}},$$

$$\Delta G^o = -nFE^o_{\text{सेल}}$$

स्वतः प्रक्रम के लिए परिस्थितियाँ

क्र.सं.	ΔH	ΔS	$\Delta G = \Delta H - T\Delta S$	टिप्पणी
1.	−	+	−	सभी तापों पर स्वतः अभिक्रिया
2.	+	−	+	सभी तापों पर अस्वतः अभिक्रिया
3.	−	−	− (निम्न ताप पर)	निम्न ताप पर स्वतः अभिक्रिया
4.	−	−	+ (उच्च ताप पर)	उच्च ताप पर अस्वतः अभिक्रिया
5.	+	+	+ (निम्न ताप पर)	निम्न ताप पर अस्वतः अभिक्रिया
6.	+	+	− (उच्च ताप पर)	उच्च ताप पर स्वतः अभिक्रिया

ऊष्मा धारिता

किसी पदार्थ का ताप 1°C (या 1 K) बढ़ाने के लिए आवश्यक ऊष्मा की मात्रा उस पदार्थ की **ऊष्मा धारिता** कहलाती है। इसे C से व्यक्त करते हैं।

$$\text{ऊष्मा धारिता } (C) = \frac{dq}{dT} - \frac{dq}{T_2 - T_1}$$

जहाँ, q पदार्थ द्वारा अवशोषित ऊष्मा की मात्रा, ΔT ताप में परिवर्तन, T_1 प्रारम्भिक ताप तथा T_2 अन्तिम ताप है। किसी पदार्थ की ऊष्मा धारिता इसकी मात्रा पर निर्भर करती है।

ऊष्मा धारिता का मात्रक कैलोरी कैल्विन$^{-1}$ या जूल कैल्विन$^{-1}$ होता है।

विशिष्ट ऊष्मा धारिता या विशिष्ट ऊष्मा

किसी पदार्थ के एक ग्राम का ताप 1°C (या 1 K) बढ़ाने के लिए आवश्यक ऊष्मा की मात्रा को उस पदार्थ की **विशिष्ट ऊष्मा** कहते हैं। इसे C_s या s से प्रदर्शित करते हैं।

$$\text{विशिष्ट ऊष्मा } (C_s) = \frac{dq}{m \times dT} = \frac{dq}{m(T_2 - T_1)}$$

अथवा $q = C_s \times m \times \Delta T$

जहाँ, m पदार्थ का द्रव्यमान (ग्राम में) है।

$$\therefore \quad C = \frac{dq}{dT} \qquad \left[\because C_s = \frac{C}{w}\right]$$

विशिष्ट ऊष्मा का मात्रक कैलोरी कैल्विन$^{-1}$ ग्राम$^{-1}$ अथवा जूल कैल्विन$^{-1}$ ग्राम$^{-1}$ होता है।

मोलर ऊष्मा धारिता

किसी पदार्थ के एक मोल का ताप 1°C (या 1 K) बढ़ाने के लिए आवश्यक ऊष्मा की मात्रा को उस पदार्थ की **मोलर ऊष्मा धारिता** कहते हैं। इसे C_m से व्यक्त करते हैं।

$$\text{मोलर ऊष्मा धारिता } (C_m) = \frac{q}{n \times dT} = \frac{q}{n(T_2 - T_1)}$$

जहाँ, q पदार्थ द्वारा अवशोषित ऊष्मा, n पदार्थ के मोलों की संख्या, ΔT ताप परिवर्तन, T_1 प्रारम्भिक ताप तथा T_2 अन्तिम ताप है।

$$\therefore \quad C = \frac{q}{\Delta T} \qquad \left[\because C_m = \frac{C}{n}\right]$$

$$\because \quad \text{मोलों की संख्या } (n) = \frac{\text{द्रव्यमान}}{\text{अणुभार}} = \frac{w}{M}$$

$$\therefore \quad C_m = \frac{C \times M}{w}$$

$$C_m = C_s \times M$$

अतः **मोलर ऊष्मा धारिता = विशिष्ट ऊष्मा × पदार्थ की मात्रा** (ग्राम में)

- मोलर ऊष्मा धारिता का मात्रक कैलोरी कैल्विन$^{-1}$ मोल$^{-1}$ अथवा जूल कैल्विन$^{-1}$ मोल$^{-1}$ होता है।

मोलर ऊष्मा धारिता निम्न दो प्रकार की होती है

(i) **स्थिर आयतन पर मोलर ऊष्मा धारिता** (Molar heat capacity at constant volume, C_V) स्थिर आयतन पर एक मोल गैस का ताप 1°C बढ़ाने के लिए आवश्यक ऊष्मा की मात्रा को C_V कहते हैं।

(ii) **स्थिर दाब पर मोलर ऊष्मा धारिता** (Molar heat capacity at constant pressure, C_p) ऊष्मा की वह मात्रा, जो स्थिर दाब पर 1 मोल गैस का 1°C बढ़ाने के लिए आवश्यक होती है, C_p कहलाती है। ठोस व द्रवों के लिए C_p व C_V के मध्य बहुत कम अन्तर होता है। परन्तु गैसों में यह अन्तर बहुत अधिक होता है, अतः गैसों के लिए,

$$C_V = \left(\frac{\Delta E}{\Delta T}\right)_V \quad (\because \text{स्थिर आयतन पर, } q_V = \Delta E) \qquad \ldots(i)$$

$$C_p = \left(\frac{\Delta H}{\Delta T}\right)_p \quad (\because \text{स्थिर दाब पर, } q_p = \Delta H) \qquad \ldots(ii)$$

C_p का मान सदैव C_V से अधिक होता है क्योंकि स्थिर दाब पर कुछ ऊष्मा कार्य करने में भी प्रयुक्त होती है।

कुछ उपयोगी सम्बन्ध

(i) $C_V = \frac{3}{2}R$

(ii) $C_p = \frac{3}{2}R + R = \frac{5}{2}R$

(iii) $C_p - C_V = R$

यह महत्वपूर्ण है, कि C_p तथा C_V के उपरोक्त मान आदर्श गैसों के लिए सत्य होते हैं। अन्य गैसों के लिए C_p तथा C_V के मान क्रमशः $5R/2$ तथा $3R/2$ के सिद्धान्तीय मानों से कुछ अधिक होते हैं।

मोलर विशिष्ट ऊष्माओं का अनुपात

(a) **एकपरमाणुक गैसों के लिए,**

$$\frac{C_p}{C_V} = \gamma = 1.66$$

(b) **द्विपरमाणुक गैसों के लिए,**

$$\frac{C_p}{C_V} = \gamma = 1.40$$

(c) **त्रिपरमाणुक गैसों के लिए,** x का मान $\frac{3}{2}R$ होता है

अतः $$\frac{C_p}{C_V} = \gamma = 1.33$$

वस्तुनिष्ठ प्रश्न

1. SI इकाई में R का मान होगा
(a) 8.315 जूल केल्विन$^{-1}$ मोल$^{-1}$
(b) 8.315×10^7 अर्ग केल्विन$^{-1}$ मोल$^{-1}$
(c) 0.0823 ली वायुमण्डल केल्विन$^{-1}$ मोल$^{-1}$
(d) 2 कैलोरी केल्विन$^{-1}$ मोल$^{-1}$

2. यदि p, V, M, T तथा R क्रमशः दाब, आयतन, मोलर द्रव्यमान, ताप तथा गैस स्थिरांक है, तो एक आदर्श गैस का घनत्व होगा।
(a) $\frac{RT}{pM}$ (b) $\frac{p}{RT}$
(c) $\frac{pM}{RT}$ (d) $\frac{M}{V}$

3. किसी नमूने का NTP पर वर्ग माध्य मूल वेग निम्न में किस सूत्र द्वारा ज्ञात किया जाता है?
(a) $\sqrt{\frac{3p}{d}}$ (b) $\sqrt{\frac{3pV}{M}}$
(c) $\frac{\sqrt{3RT}}{M}$ (d) ये सभी

4. STP पर H_2, N_2, O_2 तथा HBr अणुओं का औसत वर्ग वेग का क्रम कौन-सा है?
(a) $H_2 > N_2 > O_2 > HBr$
(b) $N_2 > O_2 > H_2 > HBr$
(c) $O_2 > H_2 > N_2 > HBr$
(d) $HBr > O_2 > N_2 > H_2$

5. किसी गैस के आदर्श गैस की तरह व्यवहार करने के लिए यह बताया जाता है कि $\frac{pV}{T}$ = नियतांक होता है। तुम किसी गैस से आदर्श गैस की तरह व्यवहार करने की उम्मीद कब कर रख सकते हो?
(a) जब ताप निम्न होता है
(b) जब ताप व दाब दोनों निम्न होते हैं
(c) जब ताप उच्च व दाब निम्न होता है
(d) जब ताप व दाब दोनों उच्च होते हैं

6. वाण्डरवाल्स समीकरण का शुद्ध निरूपण है
(a) $pV = RT$
(b) $\left(p+\frac{q}{V^2}\right)(V-b)=RT$
(c) $\left(p-\frac{q}{V^2}\right)(V+b)=RT$
(d) $pV=\frac{1}{2}mnu^2$

7. n मोल वास्तविक गैस के लिए वाण्डरवाल्स समीकरण निम्न होती है
(a) $\left(p+\frac{a}{V^2}\right)(V-b)=nRT$
(b) $\left(p+\frac{na}{V^2}\right)(V-nb)=nRT$
(c) $\left(p+\frac{n^2a}{V^2}\right)(V-nb)=nRT$
(d) $\left(p+\frac{a}{n^2V^2}\right)(V-nb)=nRT$

8. वाण्डरवाल्स समीकरण में नियतांक a अधिकतम है
(a) He में (b) H_2 में
(c) O_2 में (d) NH_3 में

9. गैस B के विसरण की दर द्विपरमाणुक गैस A से 6.5 गुनी है। B का अणुभार ज्ञात करें यदि A का परमाणु भार 36 हो।
(a) 1.7 (b) 27
(c) 2.7 (d) 1.0

10. 1000°C पर CO_2 के एक अणु का वर्ग माध्य मूल वेग क्या होगा?
(a) 8.94×10^4 सेमी/से
(b) 8.49×10^4 सेमी/से
(c) 89.4×10^4 सेमी/से
(d) 894 सेमी/से

11. किसी गैस की स्थिर आयतन तथा स्थिर दाब पर विशिष्ट ऊष्मा क्रमशः 0.075 कैलोरी ग्राम$^{-1}$ तथा 0.125 कैलोरी ग्राम$^{-1}$ है। गैस का अणुभार क्या होगा?
(a) 10 (b) 20
(c) 30 (d) 40

12. गैसों के अणुगति सिद्धान्त के अनुसार, एक द्विपरमाणुक अणुओं वाली गैस के लिए
(a) उसका दाब अणुओं के माध्य वेग के अनुक्रमानुपाती होता है
(b) उसका दाब अणुओं के वर्ग माध्य मूल वेग के अनुक्रमानुपाती होती है
(c) उसके अणुओं का वर्ग माध्य मूल वेग उसके ताप के व्युत्क्रमानुपाती होता है
(d) उसके अणुओं की माध्य स्थानान्तरीय गतिज ऊर्जा उसके परमताप के अनुक्रमानुपाती होती है

13. वाण्डरवाल्स समीकरण निम्न में से किस प्रकार की गैसों के व्यवहार को स्पष्ट करती है?
(a) आदर्श गैसें
(b) वास्तविक गैसें
(c) वाष्प
(d) अवास्तविक गैसें

14. गैस अणु की गतिज ऊर्जा निम्न में से किस ताप पर शून्य होगी?
(a) 0°C (b) 273°C
(c) –273°C (d) 116°C

15. गैसें उच्च दाब पर आदर्शता के व्यवहार से विचलित हो जाती है। अनादर्शता (non-ideality) के लिए निम्न में से कौन-सा कथन सत्य है?
(a) उच्च दाब पर गैसीय अणुओं के बीच का टकराव अधिक हो जाता है
(b) उच्च दाब पर गैसीय अणु केवल एक दिशा में ही गति करते हैं
(c) उच्च दाब पर, गैस का आयतन महत्त्वहीन हो जाता है।
(d) उच्च दाब पर, अन्तराण्विक क्रिया महत्त्वपूर्ण हो जाती है

16. प्रति डिग्री प्रति मोल गैस स्थिरांक का मान लगभग होगा
(a) 1 कैलोरी (b) 2 कैलोरी
(c) 3 कैलोरी (d) 4 कैलोरी

17. अपेक्षाकृत अधिक दाब पर वाण्डरवाल्स समीकरण हो जाती है
(a) $pV = RT$ (b) $pV = RT - \frac{a}{V}$
(c) $pV = RT + pb$ (d) $pV = RT - \frac{a}{V^2}$

18. एक गैस का सूत्र $[CO]_x$ है, यदि इसका वाष्प घनत्व 70 है, तो x का मान होगा
(a) 2.5 (b) 3.0 (c) 5.0 (d) 6.0

19. यदि 2 ली CO_2 का दाब तथा ताप दोगुना कर दिया जाए, तो CO_2 का आयतन हो जाएगा
(a) 5 ली (b) 4 ली
(c) 8 ली (d) 2 ली

20. 11.2 ली CO_2 का STP पर भार होगा
(a) 88 ग्राम (b) 44 ग्राम
(c) 32 ग्राम (d) 22 ग्राम

21. गैसों का अणुगति सिद्धान्त बताता है कि गैसों की कुल गतिज ऊर्जा निर्भर करती है?
(a) गैस के दाब पर
(b) गैस के ताप पर
(c) गैस के आयतन पर
(d) गैस के दाब, आयतन तथा ताप पर

22. गैसों के अणुगति सिद्धान्त के लिए निम्न में से कौन-सा सही नहीं है?
(a) गैसे छोटे कणों अर्थात् अणुओं की बनी होती है
(b) अणु सतत् गति करते हैं
(c) अणुओं के टकराने पर ऊर्जा की क्षति होती है
(d) गैस को गर्म करने पर अणु तेजी से गति करते हैं।

23. अधिकतम प्रायिकता वेग (α), औसत वेग (v) तथा वर्ग माध्य मूल वेग (u) का अनुपात है।
(a) $\sqrt{2} : \frac{\sqrt{8}}{\pi} : \sqrt{3}$ (b) $1 : \sqrt{2} : \sqrt{3}$
(c) $\sqrt{2} : \sqrt{3} : \sqrt{8}$ (d) $1 : \sqrt{8}\pi : \sqrt{3}$

24. आदर्श गैस का संपीड्यता कारक (compressibility factor) निम्न समीकरण द्वारा परिभाषित किया जा सकता है, $Z = \frac{pV}{RT}$, गैस का संपीड्यता कारक निम्न में से क्या होगा?
(a) 0 (b) ∞ (अनन्त)
(c) 1 (d) −1

25. O_2, N_2, NH_3 तथा CH_4 के लिए वाण्डरवाल्स स्थिरांक *a* के मान क्रमश: 1.360, 1.390, 4.170 तथा 2.253 ली^{2} वायुमण्डल मोल$^{-2}$ है। निम्न में से कौन-सी गैस को सरलता से द्रवित किया जा सकता है?
(a) O_2 (b) N_2
(c) NH_3 (d) CH_4

26. निम्न में से ऐसा कौन-सा पद है जो वाण्डरवाल्स समीकरण में अनादर्श गैस के लिए अन्तराण्विक बल को दर्शाता है?
(a) RT (b) $V - b$
(c) $\left[p + \frac{a}{V^2}\right]$ (d) $[RT]^{-1}$

27. एक द्रव, अपने क्वथनांक पर अपनी ही वाष्प के साथ साम्य अवस्था में है। औसत रूप से अणुओं में दोनों अवस्थाओं में निम्न में से क्या समान होगा?
(a) अन्तराण्विक बल (b) स्थितिज ऊर्जा
(c) कुल ऊर्जा (d) गतिज ऊर्जा

28. निम्न में से कौन-सा व्यंजक आदर्श गैस के लिए मान्य है?
(a) $pV = nRT$ (b) $V_1T_1 = V_2T_2$
(c) $p_1V_2 = V_1p_2$ (d) $p_1T_2d_2 = p_2T_1d_1$

29. एक गैस को केवल दाब द्वारा द्रवित किया जा सकता है, जब उसका ताप
(a) क्रान्तिक ताप से अधिक हो
(b) क्रान्तिक ताप से कम हो
(c) क्रान्तिक ताप के तुल्य हो
(d) उपरोक्त में से कोई नहीं

30. H_2 गैस की विसरण की दर एक दूसरी गैस '*X*' से पाँच गुनी अधिक है। गैस *X* का अणुभार होगा
(a) 10 (b) 25
(c) 50 (d) 100

31. निम्नलिखित में से किसकी विसरण की दर अधिक होगी?
(a) O_2 (b) CO_2
(c) NH_3 (d) N_2

32. 2 ग्राम हाइड्रोजन 10 मिनट में एक पात्र में विसरित होती है। समान पात्र में समान परिस्थितियों में समान समय में ऑक्सीजन विसरित होगी
(a) 0.5 ग्राम (b) 4 ग्राम
(c) 6 ग्राम (d) 8 ग्राम

33. समान परिस्थितियों में चार 1 लीटर वाले फ्लास्कों को O_2, F_2, CH_4 तथा CO_2 गैसों से पृथक्-पृथक् भरा गया। इन गैसों के अणुओं की संख्या का अनुपात होगा
(a) 2 : 2 : 5 : 3 (b) 1 : 1 : 1 : 1
(c) 1 : 2 : 3 : 4 (d) 2 : 2 : 3 : 4

34. *A* तथा *B* दो समान पात्र हैं, *A* में 298 K तथा 1 वायुमण्डलीय दाब पर 15 ग्राम एथेन हैं। पात्र *B* में इसी ताप तथा दाब पर 75 ग्राम गैस X_2 है। X_2 का वाष्प घनत्व है
(a) 75 (b) 150
(c) 37.5 (d) 300

35. वाण्डरवाल्स समीकरण का पालन करने वाली वास्तविक गैस आदर्श गैस में समानता दर्शाएगी यदि
(a) *a* तथा *b* स्थिरांकों के मान कम हों
(b) *a* बड़ा हो तथा *b* छोटा हो
(c) *a* छोटा हो तथा *b* बड़ा हो
(d) *a* तथा *b* दोनों बड़े हों

36. निम्न में से किस गैस में अणुओं की संख्या न्यूनतम् है?
(a) 4 ग्राम H_2O (b) 2 ग्राम मेथेन
(c) 4 ग्राम PCl_5 (d) 2 ग्राम फॉसजीन

37. हीलियम गैस *B* की तुलना में दोगुनी विसरित होती है। यदि हीलियम का वाष्प घनत्व 2 है, तो *B* का अणुभार होगा
(a) 16 (b) 24
(c) 8 (d) 4

38. एक मोल CO_2 में होते हैं
(a) 6.02×10^{23} C परमाणु
(b) 6.02×10^{23} O परमाणु
(c) 18.1×10^{23} CO_2 परमाणु
(d) 3 ग्राम परमाणु CO_2

39. एक गैस आदर्श गैस व्यवहार की ओर अग्रसर होती है
(a) कम ताप व कम दाब पर
(b) अधिक ताप व कम दाब पर
(c) कम ताप व अधिक दाब पर
(d) अधिक ताप व अधिक दाब पर

40. 0°C ताप पर रिक्त पात्र में एथेन तथा हाइड्रोजन के समान भार को मिलाया जाता है। हाइड्रोजन द्वारा लगाए गए कुल दाब का प्रभाज क्या होगा?
(a) 1 : 2 (b) 1 : 1
(c) 1 : 16 (d) 15 : 16

41. वाष्पदाब व ताप के सम्बन्ध को जाना जाता है
(a) गैस समीकरण द्वारा
(b) क्लेपीरॉन समीकरण द्वारा
(c) क्लॉसियम समीकरण द्वारा
(d) क्लॉसियस क्लेपीरॉन समीकरण द्वारा

42. जल का पृष्ठ तनाव 20°C पर 72.75 डाइन सेमी$^{-1}$ है। SI पद्धति में इसका मान है
(a) 7.255 न्यूटन मी$^{-1}$
(b) 0.07275 न्यूटन मी$^{-1}$
(c) 0.7275 न्यूटन मी$^{-1}$
(d) इनमें से कोई नहीं

43. SI पद्धति में श्यानता गुणांक (η) की इकाई है
(a) किग्रा से^{2} मी$^{-2}$ (b) किग्रा मी$^{-1}$ से$^{-1}$
(c) किग्रा सेमी$^{-1}$ मी$^{-1}$ (d) ग्राम मी$^{-1}$ से$^{-1}$

44. 100°C पर जल का वाष्प दाब होगा
(a) 76 सेमी (b) 760 सेमी
(c) 0.1 वायुमण्डल (d) 0 सेमी

45. किसी द्रव का श्यानता गुणांक, ताप के बढ़ने पर
(a) बढ़ता है
(b) कम होता है
(c) अपरिवर्तित रहता है
(d) पहले बढ़ता है फिर घटता है

46. NTP पर 11.2 लीटर कार्बन डाइऑक्साइड का भार होगा
(a) 88 ग्राम (b) 44 ग्राम
(c) 32 ग्राम (d) 22 ग्राम

47. खाली बर्तन में 25°C पर मेथेन तथा O_2 के समान आयतन भरे हैं। ऑक्सीजन का दाब है, कुल दाब का
(a) 1/3 (b) 1/2
(c) 2/3 (d) $\frac{1/3 \times 273}{298}$

48. किसी गैस का आयतन एक विशिष्ट ताप तथा 1 वायुमण्डलीय दाब पर 120 मिली है, ताप को स्थिर रखते हुए दाब को 5 वायुमण्डलीय दाब पर ले जाते हैं, गैस का परिवर्तित आयतन होगा
(a) 24 मिली (b) 115 मिली
(c) 125 मिली (d) 600 मिली

49. 5 ग्राम प्रत्येक निम्नलिखित में से 87°C और 750 मिमी दाब पर ली जाती है, निम्न में से किसका आयतन सबसे कम होगा?
(a) HCl (b) HBr
(c) HF (d) HI

50. यदि 2 लीटर कार्बन डाइऑक्साइड के दाब तथा ताप को दो गुना कर दिया जाए तो कार्बन डाइऑक्साइड का आयतन कितना हो जाएगा?
(a) 5 ली (b) 4 ली
(c) 8 ली (d) 2 ली

51. जब आदर्श गैस का प्रसार बिना किसी रूकावट के होता है, तब शीतलन नहीं होता, क्योंकि
(a) अणु परस्पर कोई आकर्षण बल नहीं लगाते
(b) अणुओं द्वारा किया गया कार्य गतिज ऊर्जा में कमी के तुल्य होता है
(c) अणु बिना किसी ऊर्जा के ह्रास से टकराते हैं
(d) अणु व्युत्क्रम-ताप (inversion temperature) के ऊपर होते हैं।

52. 500 मिली के दो फ्लास्क *A* तथा *B* में, 300 K ताप तथा 1 वायुमण्डलीय दाब पर दो गैसें क्रमश: O_2 तथा SO_2 भर दी गईं। निम्न में से फ्लास्क में क्या उपस्थित होगी?
(a) परमाणुओं की समान संख्या
(b) अणुओं की समान संख्या
(c) *B* फ्लास्क की अपेक्षा *A* फ्लास्क में मोलों की अधिक संख्या
(d) गैसों की समान मात्रा

53. NTP पर 112 मिली ऑक्सीजन का भार द्रवीकरण करने पर कितना हो जाएगा?
(a) 0.32 ग्राम (b) 0.64 ग्राम
(c) 0.16 ग्राम (d) 0.96 ग्राम

54. ताप बढ़ने पर किसी द्रव का पृष्ठ तनाव
(a) बढ़ता है
(b) घटता है
(c) स्थिर रहता है
(d) पहले घटता है फिर बढ़ता है

55. ताप बढ़ाने पर द्रव की श्यानता
(a) बढ़ती है
(b) घटती है
(c) स्थिर रहती है
(d) पहले घटती है फिर बढ़ती है

56. वाष्पीकरण के साथ होता है
(a) ऊष्मा का अवशोषण
(b) ऊष्मा का उत्सर्जन
(c) 'a' व 'b' दोनों
(d) उपरोक्त में से कोई नहीं

57. निम्न में से कौन-सा समीकरण श्यानता गुणांक के सन्दर्भ में सत्य नहीं है?
(a) डाइन सेमी$^{-2}$ से
(b) डाइन सेमी$^{-2}$ से$^{-1}$
(c) न्यूटन मी$^{-2}$ से
(d) 1 प्वाइज = 10^{-1} न्यूटन मी$^{-2}$ से

58. किसी द्रव के अणुभार में वृद्धि होने पर उसकी श्यानता
(a) कम होती है
(b) बढ़ती है
(c) प्रभावहीन रहती है
(d) सभी असत्य हैं

59. किसकी श्यानता अधिकतम् होती है?
(a) जल (b) ग्लाइकॉल
(c) ऐसीटोन (d) ऐथेनॉल

60. परम शून्य पर निम्न में से कौन-सा वैध है?
(a) गैस की गतिज ऊर्जा शून्य हो जाती है किन्तु आण्विक गति शून्य नहीं होती
(b) गैस की गतिज ऊर्जा शून्य हो जाती है तथा आण्विक गति भी शून्य हो जाती है
(c) गैस की गतिज ऊर्जा घटती है किन्तु शून्य नहीं होती
(d) उपरोक्त में से कोई नहीं

61. सार्वत्रिक गैस स्थिरांक (*R*) का मान निर्भर करता है
(a) गैस के मोलों की संख्या पर
(b) गैस के आयतन पर
(c) गैस के ताप पर
(d) उपरोक्त में से कोई नहीं

62. मेथेन तथा हाइड्रोजन के समान द्रव्यमानों को 25°C पर रिक्त पात्र में मिलाया गया। हाइड्रोजन द्वारा डाले गए कुल दाब का प्रभाज होगा
(a) $\frac{1}{2}$ (b) $\frac{8}{9}$
(c) $\frac{1}{9}$ (d) $\frac{16}{17}$

63. यदि एक गैस *A* का घनत्व गैस *B* के घनत्व का 1.5 गुना है। तथा *A* का आण्विक द्रव्यमान *M* है, तो *B* का आण्विक द्रव्यमान होगा
(a) 1.5 M (b) M/1.5
(c) 3M (d) M/3

64. 0.30 ग्राम गैस 27°C तथा 3 वायुमण्डलीय दाब पर 82.0 मिली आयतन घेरती है। गैस का आण्विक द्रव्यमान होगा।
(a) 60 (b) 30
(c) 90 (d) 120

65. पारे के 760 मिमी दाब पर SO_2 गैस के 2 लीटर को एक निश्चित ताप पर ऑक्सीजन युक्त 10 लीटर वाले फ्लास्क में स्थानान्तरित किया गया। फ्लास्क में SO_2 का आशिंक दाब होगा
(a) 63.33 मिमी Hg (b) 152 मिमी Hg
(c) 760 मिमी Hg (d) 1330 मिमी Hg

66. प्रेशर कुकर खाना पकाने के समय को कम करता है क्योंकि
(a) ऊष्मा अधिक सरलता से वितरित होती है
(b) उच्च दाब भोज्य पदार्थों को नर्म कर देता है
(c) कुकर के भीतर क्वथनांक बढ़ जाता है
(d) अधिक ऊष्मा प्रयोग में लाई जाती है

67. अधिक ऊँचाई पर पानी का क्वथनांक कम हो जाता है क्योंकि
(a) वायुमण्डलीय दाब निम्न होता है
(b) ताप कम होता है
(c) वायुमण्डलीय दाब उच्च होता है
(d) उपरोक्त में से कोई नहीं

68. कोई द्रव तथा उसकी वाष्प, क्वथनांक पर साम्य अवस्था में होते हैं। औसतन दोनों अवस्थाओं में अणुओं की संख्या बराबर होती है।
(a) स्थितिज ऊर्जा के (b) कुल ऊर्जा के
(c) गतिज ऊर्जा के (d) अन्तराण्विक बल के

69. मेन्थॉल के किसी जलीय विलयन का वाष्प दाब
(a) जल के समान होता है
(b) मेन्थॉल के समान होता है
(c) जल से अधिक होता है
(d) जल से कम होता है

70. एक आदर्श गैस की प्रति अणु औसत गतिज ऊर्जा, मानक अर्न्तराष्ट्रीय इकाई (SI unit) में 25°C पर होगी
(a) 6.17×10^{-21} किलोजूल
(b) 6.17×10^{-21} जूल
(c) 6.17×10^{-20} किलोजूल
(d) 7.16×10^{-20} जूल

71. एक खुले फ्लास्क जिसमें 27°C ताप पर वायु भरी है, को 127°C ताप तक गर्म किया जाता है। तब पहले से उपस्थित वायु का कौन-सा अंश बाहर निकलेगा?
(a) 1/2 (b) 1/4 (c) 3/4 (d) 2/3

72. निम्न में से 10 ग्राम भार वाला ऐसा कौन-सा नमूना है जिसमें परमाणुओं की संख्या अधिकतम होती है?
(a) NH_3 (b) O_2
(c) C_2H_6 (d) CO_2

73. यदि गैसें He एवं O_2 दोनों एक ही ताप पर हैं, तब ऑक्सीजन के नि:सरण (effusion) की गति निम्न में से किसके बराबर होगी?
(a) हीलियम से आठ गुना अधिक
(b) हीलियम से 0.35 गुना अधिक
(c) हीलियम से दो गुना अधिक
(d) हीलियम से चार गुना अधिक

74. हाइड्रोजन (50 K) और ऑक्सीजन (800 K) के वर्ग माध्य मूल वेगों का अनुपात निम्न है
(a) 4 (b) 2 (c) 1 (d) 1/4

75. एक आदर्श गैस के अणुओं का 27°C ताप पर औसत वेग 0.3 मी/से है। उसका औसत वेग 927°C ताप पर होगा
(a) 0.6 मी/से (b) 0.3 मी/से
(c) 0.9 मी/से (d) 3.0 मी/से

76. किसी गैस का व्यवहार विचलन इस दशा में अधिक होता है
(a) 0°C व 1 वायुमण्डलीय दाब
(b) 100°C व 2 वायुमण्डलीय दाब
(c) –100°C व 1 वायुमण्डलीय दाब
(d) 500°C व 1 वायुमण्डलीय दाब

77. आदर्श गैस के लिए संपीड्यता गुणक है
(a) 1.5 (b) 1.0 (c) 2.0 (d) ∞

78. वाण्डरवाल्स समीकरण में स्थिरांक *a* और *b* सम्बन्धित हैं
(a) अणुओं के आकर्षण बल और उनकी बन्धन ऊर्जाओं से
(b) अणुओं के सीमित आयतन तथा अणुओं के प्रतिकर्षण बल से
(c) अणुओं की आकृतियाँ तथा अणुओं के प्रतिकर्षण बल से
(d) अणुओं के आकर्षण बल तथा अणुओं के सीमित आयतन से

79. गैस का किस पद से अधिक मान होने पर वह द्रवीभूत नहीं की जा सकती हैं?
(a) क्रान्तिक ताप (b) क्रान्तिक दाब
(c) क्रान्तिक आयतन (d) क्रान्तिक घनत्व

80. स्थिर दाब पर एक गैस (अणुभार 80) की विशिष्ट ऊष्मा 0.125 है। यह गैस है
(a) एकपरमाणुक (b) द्विपरमाणुक
(c) त्रिपरमाणुक (d) H_2

81. कम दाब पर कामरलिंग औन्स समीकरण में पहला विरियल गुणांक होगा
(a) pV (b) RT
(c) $1/V$ (d) $1/RT$

82. वाण्डरवाल्स स्थिरांक a की इकाई होगी
(a) मोल वायुमण्डल$^{-1}$
(b) वायुमण्डल मोल$^{-1}$
(c) वायुमण्डल ली^{2} मोल$^{-2}$
(d) वायुमण्डल ली$^{-2}$ मोल^2

83. यदि गैस का वर्ग माध्य मूल वेग 100 सेमी से$^{-1}$ हो, तो उसका औसत वेग होगा
(a) 100 सेमी से$^{-1}$ (b) 0.01 सेमी से$^{-1}$
(c) 92.13 सेमी से$^{-1}$ (d) 81.64 सेमी से$^{-1}$

84. वह ताप जिस पर वास्तविक गैस का दूसरा विरियल गुणांक शून्य होता है' कहलाता है।
(a) क्रान्तिक ताप (b) क्वथनांक
(c) बॉयल ताप (d) हिमांक

85. वास्तविक गैस के लिए विरियल अवस्था समीकरण निम्न है
(a) $pV = RT + \frac{B'}{V} + \frac{C'}{V^2} + ...$
(b) $pV = RT + Cp^2 + Dp^3$
(c) $pV = RT + RT^2 + RT^3 + ...$
(d) $pV = RT + \frac{B}{V} + \frac{C'}{V} + ...$

86. 27°C पर 2 मोल आदर्श गैस की गतिज ऊर्जा होगी
(a) 1800 कैलोरी (b) 900 कैलोरी
(c) 600 कैलोरी (d) 3600 कैलोरी

87. निम्न गैस स्थायी गैस कहलाती है
(a) NH_3 (b) N_2
(c) H_2 (d) CO_2

88. 100°C तथा 0°C के मध्य कार्यरत एक इन्जन 453.6 किलोकैलोरी ऊष्मा ग्रहण करता है। इन्जन के द्वारा किया गया उपयोगी कार्य कितना हो सकता है?
(a) 508.3 किलोजूल (b) 506.5 किलोजूल
(c) 500 किलोजूल (d) 501 किलोजूल

89. 95°C तथा 15°C के मध्य कार्यरत कार्नोट चक्र को दी जाने वाली ऊष्मा क्या होगी, यदि अधिकतम कार्य 214 कैलोरी है?
(a) 884.4 कैलोरी (b) 984.4 कैलोरी
(c) 880 कैलोरी (d) 980 कैलोरी

90. ΔE तथा ΔH में सम्बन्ध है
(a) $\Delta E = \Delta H + p\Delta V$
(b) $\Delta H = \Delta E + p\Delta V$
(c) $\Delta E = \Delta V + \Delta H$
(d) $\Delta H = \Delta E - p\Delta V$

91. एक अच्छी तरह बन्द थर्मस फ्लास्क में कुछ बर्फ के टुकड़े हैं। यह उदाहरण है
(a) खुले निकाय का
(b) बन्द निकाय का
(c) विलगित निकाय का
(d) अनऊष्मागतिकीय निकाय का

92. निम्नलिखित में से कौन-सा कथन सत्य है ?
(a) ऊष्माक्षेपी अभिक्रिया के लिए ΔH धनात्मक है
(b) ऊष्माशोषी अभिक्रिया के लिए ΔH ऋणात्मक है
(c) प्रबल अम्ल तथा प्रबल क्षार की उदासीनीकरण की उष्मा सदैव समान होती है
(d) गलन की एन्थैल्पी ऋणात्मक होती है

93. निम्न में से कौन-सा ऊष्माशोषी अभिक्रिया का उदाहरण है ?
(a) $C_2H_2 + 2H_2 \longrightarrow C_2H_6$; DE = – 314.0 किलोजूल
(b) $N_2 + O_2 \longrightarrow 2NO$; $\Delta E = -180.5$ किलोजूल
(c) $C + O_2 \longrightarrow CO_2$; $\Delta E = -393.5$ किलोजूल
(d) $2H_2 + O_2 \longrightarrow 2H_2O$; $\Delta E = +571.8$ किलोजूल

94. हेस का स्थिर ऊष्मा संकलन का नियम आधारित है
(a) $E=mc^2$
(b) द्रव्यमान संरक्षण का नियम
(c) ऊष्मागतिकी का प्रथम नियम
(d) उपरोक्त में से कोई नहीं

95. प्रबल अम्ल द्वारा प्रबल क्षार के उदासीनीकरण की ऊष्मा नियत रहती है, क्योंकि
(a) प्रत्येक स्थिति में केवल H^+ तथा OH^- आयन क्रिया करते हैं
(b) बनने वाले लवण का जल-अपघटन नहीं होता है
(c) प्रबल क्षार तथा प्रबल अम्ल पूर्णतः क्रिया करते हैं
(d) प्रबल अम्ल तथा प्रबल क्षार जलीय विलयन में क्रिया करते हैं

96. प्रबल अम्ल के विरुद्ध प्रबल क्षार की उदासीनीकरण की ऊष्मा स्थिर एवं बराबर है
(a) 57 किलोजूल (b) 5.7×10^4 जूल
(c) 13.7 किलोकैलोरी (d) ये सभी सही हैं

97. विषमलम्बाक्ष एवं एकनताक्ष गन्धक के दहन की ऊष्माएँ क्रमशः 70960 तथा 71030 कैलोरी है, तो विषमलम्बाक्ष गन्धक के एकनताक्ष गन्धक में बदलने के लिए ऊष्मा क्या होगी?
(a) + 70 कैलोरी (b) – 70 कैलोरी
(c) 70960 कैलोरी (d) 71030 कैलोरी

98. एक अभिक्रिया सरलता से नहीं होगी यदि
(a) ΔH धनात्मक है तथा ΔS भी धनात्मक है
(b) ΔH धनात्मक है तथा ΔS ऋणात्मक है
(c) ΔH ऋणात्मक है तथा ΔS ऋणात्मक है
(d) ΔH ऋणात्मक है तथा ΔS धनात्मक है

99. 300 कैल्विन पर एक आदर्श गैस के एक मोल का समतापी प्रसार 1 लीटर आयतन से 10 लीटर आयतन तक किया जाता है। इस प्रक्रिया की ΔE है
($R = 2$ कैलोरी मोल$^{-1}$ कैल्विन$^{-1}$)
(a) 163.7 कैलोरी (b) 1381.1 कैलोरी
(c) 9 ली वायुमण्डल (d) शून्य

100. ताप के साथ अभिक्रिया ऊष्मा में परिवर्तन कहलाता है
(a) वाण्ट हॉफ समतापी वक्र
(b) वाण्ट हॉफ समआयतनी वक्र
(c) किरचॉफ समीकरण
(d) उपरोक्त में से कोई नहीं

101. ऊष्मागतिकी का द्वितीय नियम है
(a) कुल ऊर्जा संरक्षित रहती है
(b) ऊर्जा संरक्षित रहती है
(c) एन्ट्रॉपी परिवर्तित होती है
(d) उपरोक्त में से कोई नहीं

102. एक रासायनिक अभिक्रिया नहीं होगी यदि इसमें
(a) ΔH मान धनात्मक तथा ΔS ऋणात्मक है
(b) ΔH ऋणात्मक तथा ΔS धनात्मक है
(c) ΔH तथा ΔS दोनों ऋणात्मक हैं किन्तु $\Delta H > T\Delta S$
(d) ΔH तथा ΔS दोनों धनात्मक हैं किन्तु $\Delta H > T\Delta S$

103. निम्न में से कौन-सा कथन रासायनिक दर्शाता है, कि मेथेनॉल की सम्भवन ऊष्मा –239 किलोजूल मोल$^{-1}$ है?
(a) $CH_4 + \frac{1}{2}O_2 \longrightarrow CH_3OH$
(b) $CO + 2H_2 \longrightarrow CH_3OH$
(c) $\frac{1}{2}O_2 + C + 2H_2 \longrightarrow CH_3OH$
(d) उपरोक्त सभी

104. ग्लूकोस के ज्वलन की ऊष्मा दी गयी है
$$C_6H_{12}O_6 + 6O_2 \longrightarrow 6CO_2 + 6H_2O; \Delta H = -2840 \text{ किलोजूल}$$
0.18 ग्राम ग्लूकोस को उत्क्रम अभिक्रिया के द्वारा प्राप्त करने के लिए निम्नलिखित में से कितनी ऊर्जा आवश्यक होगी?
(a) 28.40 किलोजूल (b) 2.84 किलोजूल
(c) 5.68 किलोजूल (d) 56.8 किलोजूल

105. जब 10 ग्राम NaOH की तनु विलयन में H_2SO_4 की अधिकता से क्रिया करायी जाती है, तो उत्सर्जित ऊष्मा लगभग होगी
(a) 11.3 किलोकैलोरी (b) 3.42 किलोकैलोरी
(c) 34.2 किलोकैलोरी (d) 1.13 किलोकैलोरा

106. मानक अवस्था में गिब्स मुक्त ऊर्जा परिवर्तन, ΔG^o का साम्य स्थिरांक Kp से सम्बन्ध है

(a) $K_p = -RT \ln \Delta G^o$ (b) $K_p = e^{-\frac{\Delta G^o}{RT}}$
(c) $K_p = -\frac{\Delta G^o}{RT}$ (d) $K_p = e^{-\frac{\Delta G^o}{RT}}$

107. CH_4, C_2H_6, C_2H_4 तथा C_2H_2 गैसों की ज्वलन ऊष्मा क्रमशः −212.8, −373.0, −337.0 तथा −310.5 किलोकैलोरी (समान ताप पर) हैं। निम्न में कौन-सा उत्तम ईंधन का उदाहरण है?

(a) CH_4 (b) C_2H_6 (c) C_2H_4 (d) C_2H_2

108. किस अवस्था में पदार्थ की एन्ट्रॉपी अधिकतम होती है?

(a) ठोस (b) द्रव
(c) गैस (d) सभी में समान

109. एन्ट्रॉपी के लिए कौन-सा कथन सत्य है?

(a) परम शून्य ताप पर पूर्ण क्रिस्टलीय पदार्थ की एन्ट्रॉपी धनात्मक होती है
(b) परम शून्य ताप पर पूर्ण क्रिस्टलीय पदार्थ की ऐन्ट्रॉपी शून्य होती है
(c) 0°C पर पूर्ण क्रिस्टलीय पदार्थ की एन्ट्रॉपी शून्य होती है
(d) परम शून्य ताप पर सभी क्रिस्टलीय पदार्थों की एन्ट्रॉपी शून्य होती है

110. एकपरमाणुक गैस के लिए, C_p होता है

(a) R (b) $\frac{3}{2}R$
(c) $\frac{5}{2}R$ (d) $\frac{7}{2}R$

111. निम्न में से सत्य कथन है?

(a) $\frac{C_p}{C_V} = \gamma$ (b) $C_p > C_V$
(c) $C_p - C_V = R$ (d) ये सभी

112. स्थिर आयतन पर किसी गैस की विशिष्ट ऊष्मा 0.075 कैलोरी ग्राम$^{-1}$ है। यदि गैस का मोलर द्रव्यमान 40 ग्राम मोल$^{-1}$ हो, तो गैस की परमाणुकता होगी

(a) 1 (b) 2
(c) 3 (d) इनमें से कोई नहीं

113. एक अभिक्रिया में एन्थैल्पी परिवर्तन निर्भर नहीं करता है

(a) अभिक्रिया की परिस्थितियों पर
(b) प्रारम्भिक तथा अन्तिम सान्द्रता पर
(c) अभिकारक तथा उत्पाद की भौतिक अवस्था पर
(d) अभिक्रिया में पदों की संख्या पर

114. अभिक्रिया, $CO_2(s) \longrightarrow CO_2(g)$ के लिए

(a) ΔH तथा ΔS दोनों धनात्मक हैं
(b) ΔH ऋणात्मक तथा ΔS धनात्मक है
(c) ΔH धनात्मक तथा ΔS ऋणात्मक है
(d) ΔH तथा ΔS दोनों ऋणात्मक हैं

115. ΔS^o किस अभिक्रिया के लिए अधिकतम है?

(a) $Ca(s) + \frac{1}{2}O_2(g) \longrightarrow CaO(s)$
(b) $CaCO_3(s) \longrightarrow CaO(s) + CO_2(g)$
(c) $C(s) + O_2(g) \longrightarrow CO_2(g)$
(d) $N_2(g) + O_2(g) \longrightarrow 2NO_2(g)$

116. निम्न में से कौन-सी घटना में एन्ट्रॉपी नहीं बढ़ती है?

(a) सुक्रोस का विलयन से क्रिस्टलीकरण
(b) लोहे का जंग लगना
(c) बर्फ का जल में परिवर्तन
(d) कपूर का वाष्पीकरण

117. 16 ग्राम ऑक्सीजन को 300 K पर प्रसारित करने में अधिकतम किया गया कार्य क्या होगा, जबकि आयतन 5 डेका मी^{3} से 25 डेका मी^{3} हो जाए तथा ताप स्थिर रहे?

(a) 2.01×10^3 जूल
(b) 2.8×10^3 जूल
(c) 2.0×10^{-3} किलोजूल
(d) 2.0×10^6 किलोजूल

118. किसी अभिक्रिया के लिए यदि ΔH का मान ऋणात्मक हो, तो

(a) ऊष्मा अवशोषित होती है
(b) ऊष्मा मुक्त होती है
(c) ऊष्मा में परिवर्तन असामान्य होता है
(d) ऊष्मा में परिवर्तन शून्य होता है

119. $CO_2(g)$, $H_2O(l)$ तथा $CH_4(g)$ के लिए सम्भवन ऊष्मा क्रमशः 94.0, −68.4 तथा −17.9 किलोजूल है। मेथेन की दहन ऊष्मा होगी

(a) −212.9 किलोकैलोरी
(b) −136.8 किलोकैलोरी
(c) −304.3 किलोकैलोरी
(d) −105.2 किलोकैलोरी

120. निम्नलिखित में से कौन-सी इकाई सर्वाधिक ऊर्जा को प्रदर्शित करती है?

(a) कैलोरी (b) जूल
(c) अर्ग (d) इलेक्ट्रॉन वोल्ट

121. Li की प्रथम आयनन ऊर्जा 5.4 इलेक्ट्रॉन वोल्ट तथा Cl की इलेक्ट्रॉन बन्धुता 3.61 इलेक्ट्रॉन वोल्ट है। अभिक्रिया,

$$Li(g) + Cl(g) \longrightarrow Li^+Cl^-$$

के लिए ΔH (किलोजूल मोल$^{-1}$) क्या होगी यदि उत्पन्न आयन एक-दूसरे से बन्धन न करें? (1 इलेक्ट्रॉन वोल्ट = 1.6×10^{-19} जूल)

(a) 70 (b) 100
(c) 170 (d) 270

122. Ag^+ आयनों तथा HCl द्वारा AgCl के अवक्षेपण के लिए होता है

(a) $\Delta H = 0$ (b) $\Delta G = 0$
(c) ΔG = ऋणात्मक (d) $\Delta H = \Delta G$

123. यदि ΔH एन्थैल्पी में परिवर्तन है तथा ΔE आन्तरिक ऊर्जा में परिवर्तन है, तो

(a) ΔH सदैव ΔE से कम होता है
(b) ΔH सदैव ΔE से अधिक होता है
(c) $\Delta H < \Delta E$ यदि गैसीय उत्पाद के मोलों की संख्या, गैसीय अभिकारकों के मोलों की संख्या से अधिक होती है
(d) $\Delta H < \Delta E$ यदि गैसीय उत्पाद के मोलों की संख्या, गैसीय अभिकारकों के मोलों की संख्या से कम होती है

124. आधुनिकता चिन्ह अवधारणा के अनुसार ऊष्मागतिकी के प्रथम नियम को दर्शाने वाला व्यंजक है

(a) $\Delta E = q + W$
(b) $\Delta E = q + pV$
(c) $\Delta E = q - W$
(d) उपरोक्त सभी व्यंजक सही हैं

125. 1 ग्राम परमाणु ग्रेफाइट तथा 1 ग्राम परमाणु हीरे को पृथक्-पृथक् CO_2 बनने तक जलाया गया। निकलने वाली ऊष्मा की मात्रा क्रमशः 393.5 किलोजूल तथा 395.4 किलोजूल हैं। इससे ज्ञात होता है

(a) ग्रेफाइट में ऑक्सीजन के लिए अधिकतम बन्धुता होती है
(b) हीरे में ऑक्सीजन के लिए अधिकतम बन्धुता होती है
(c) ग्रेफाइट, हीरे से अधिक स्थायी है
(d) हीरा, ग्रेफाइट से अधिक स्थायी है

126. निम्न में से कौन-सा बन्द तन्त्र है?

(a) खुले बीकर में गर्म द्रव
(b) बन्द बीकर में गर्म द्रव इसकी वाष्प के साम्य में
(c) एक सील बन्द विद्युत्‌रोधी बीकर में गर्म द्रव
(d) उपरोक्त में से कोई नहीं

127. निम्न में से किसमें, किसी भी ताप पर अभिक्रिया सम्भव नहीं है?

(a) $\Delta G > 0, \Delta S > 0$ (b) $\Delta H > 0, \Delta S < 0$
(c) $\Delta H < 0, \Delta S < 0$ (d) इन सभी में

128. एक स्वतः प्रक्रम वह है, जिसके निकाय में होती है

(a) कोई ऊर्जा परिवर्तन नहीं
(b) मुक्त ऊर्जा में कमी
(c) एन्ट्रॉपी में कमी
(d) आन्तरिक ऊर्जा में वृद्धि

129. उत्क्रमणीय समतापीय चक्र के लिए कुल आन्तरिक ऊर्जा परिवर्तन होता है

(a) सदैव 100 कैलोरी प्रति डिग्री
(b) सदैव ऋणात्मक
(c) शून्य
(d) सदैव धनात्मक

130. स्थिर दाब पर अभिक्रिया की ऊष्मा समतुल्य है

(a) ΔS के (b) ΔE के
(c) Δq के (d) ΔH के

131. एक ऊष्माक्षेपी अभिक्रिया वह है, जिसमें क्रियाकारक पदार्थ में

(a) उत्पादों की अपेक्षा अधिक ऊर्जा होती है
(b) उत्पादों की अपेक्षा कम ऊर्जा होती है
(c) उत्पादों की अपेक्षा अधिक ताप पर होते हैं
(d) उपरोक्त में से कोई नहीं

132. एक अभिक्रिया का साम्यावस्था स्थिरांक सम्बन्धित है

(a) मानक मुक्त ऊर्जा परिवर्तन, $\Delta G°$ से
(b) मुक्त ऊर्जा परिवर्तन, ΔG से
(c) तापमान, T से
(d) उपरोक्त में से कोई नहीं

133. बम कैलोरीमीटर में अभिक्रिया के लिए ऊर्जा की मात्रा की माप है

(a) ΔG (b) ΔH
(c) ΔE (d) $p\Delta V$

134. समतापीय रूप से प्रसरित होने वाली आदर्श गैस की ऊर्जा

(a) दाब बढ़ाने पर बढ़ती है
(b) आयतन घटाने पर घटती है
(c) दाब घटाने पर घटती है
(d) स्थिर रहती है

135. कौन-सी अभिक्रिया के लिए $\Delta H = \Delta E$ है?

(a) $NH_4Cl(s) \longrightarrow NH_4Cl(g)$
(b) $CaCO_3(s) \longrightarrow CaO(s) + CO_2(g)$
(c) CCl_4 का वाष्पन
(d) $2HI(g) \longrightarrow H_2(g) + I_2(g)$

136. सम्भवन ऊष्मा वह एन्थैल्पी परिवर्तन है, जिसमें एक पदार्थ 298 कैल्विन तथा 1 वायुमण्डलीय दाब पर इसके तत्वों से बनता है। तत्व की एन्थैल्पी अधिकतम स्थायी अवस्था में शून्य होती है। अतः यौगिक की सम्भवन ऊष्मा होती है

(a) सदैव ऋणात्मक (b) सदैव धनात्मक
(c) उस यौगिक की मानक ऊष्मा एन्थैल्पी
(d) शून्य

137. F_2, Cl_2 Br_2 तथा I_2 की बन्ध ऊर्जाएँ क्रमशः 155.4, 243.6, 193.2 तथा 151.2 किलोजूल मोल$^{-1}$ है। सबसे प्रबलतम बन्ध है

(a) F—F (b) Cl—Cl
(c) Br—Br (d) I—I

138. रेफ्रिजरेटर का दरवाजा खोलने से होता है

(a) कमरा गर्म (b) कमरा ठण्डा
(c) ऊष्मा की अधिक मात्रा निकलती है
(d) कमरे पर कोई प्रभाव नहीं पड़ता

139. जब बर्फ गलकर पानी में परिवर्तित होती है, तब एन्ट्रॉपी अथवा जब एक ठोस द्रव में बदलता है, तो एन्ट्रॉपी

(a) शून्य हो जाती है (b) उतनी ही रहती है
(c) बढ़ जाती है (d) घट जाती है

140. किसी सेल के लिए ΔG तथा E में सम्बन्ध है, $\Delta G = -nEF$, सेल अभिक्रिया स्वतः होगी यदि

(a) G धनात्मक हो (b) E धनात्मक हो
(c) G ऋणात्मक हो (d) E ऋणात्मक हो

141. एक समतापीय प्रक्रम में, किसी आदर्श गैस के लिए मुक्त ऊर्जा की दाब पर निर्भरता को निम्न द्वारा व्यक्त किया जाता है

(a) $\Delta GT = nRT \ \ln\frac{p_2}{p_1}$ (b) $\Delta GT = nRT \ \ln\frac{V_2}{V_1}$
(c) $\Delta GT = nRT \ \ln\frac{V_2}{V_1}$ (d) $\Delta GT = nRT \ \ln\frac{p_2}{p_1}$

142. आन्तरिक ऊर्जा किसमें सम्मिलित नहीं होती?

(a) नाभिकीय ऊर्जा में
(b) घूर्णन ऊर्जा में
(c) कम्पन ऊर्जा में
(d) गुरुत्वाकर्षण के खिचाव से उत्पन्न ऊर्जा में

सही उत्तर

1 (a)	2 (c)	3 (d)	4 (a)	5 (c)	6 (b)	7 (c)	8 (d)	9 (a)	10 (b)
11 (d)	12 (d)	13 (b)	14 (c)	15 (d)	16 (b)	17 (c)	18 (c)	19 (d)	20 (d)
21 (b)	22 (c)	23 (a)	24 (c)	25 (d)	26 (c)	27 (b)	28 (d)	29 (b)	30 (c)
31 (c)	32 (d)	33 (b)	34 (a)	35 (a)	36 (c)	37 (a)	38 (a)	39 (b)	40 (d)
41 (d)	42 (c)	43 (b)	44 (a)	45 (b)	46 (d)	47 (a)	48 (a)	49 (d)	50 (d)
51 (a)	52 (b)	53 (c)	54 (b)	55 (b)	56 (a)	57 (b)	58 (b)	59 (b)	60 (b)
61 (d)	62 (b)	63 (b)	64 (b)	65 (b)	66 (c)	67 (a)	68 (c)	69 (c)	70 (b)
71 (b)	72 (c)	73 (b)	74 (c)	75 (a)	76 (c)	77 (b)	78 (d)	79 (a)	80 (a)
81 (b)	82 (c)	83 (c)	84 (c)	85 (a)	86 (a)	87 (c)	88 (a)	89 (b)	90 (b)
91 (c)	92 (c)	93 (d)	94 (a)	95 (a)	96 (d)	97 (b)	98 (b)	99 (d)	100 (c)
101 (a)	102 (a)	103 (c)	104 (b)	105 (b)	106 (b)	107 (a)	108 (c)	109 (b)	110 (c)
111 (d)	112 (a)	113 (d)	114 (a)	115 (b)	116 (a)	117 (a)	118 (b)	119 (c)	120 (d)
121 (a)	122 (a)	123 (d)	124 (a)	125 (c)	126 (b)	127 (b)	128 (b)	129 (c)	130 (d)
131 (a)	132 (a)	133 (c)	134 (d)	135 (d)	136 (c)	137 (b)	138 (a)	139 (c)	140 (b)
141 (a)	142 (d)								

अध्याय 02 तत्त्वों का आवर्ती वर्गीकरण

तत्वों का आवर्ती वर्गीकरण

1. तत्वों और यौगिकों का सरल और क्रमबद्ध अध्ययन करने के लिए विभिन्न तत्वों के गुणों में समानताओं के अनुसार तत्वों को समूहों में वर्गीकृत करना तत्वों का आवर्ती वर्गीकरण कहलाता है।
2. **डोबेराइनर** (Dobereiner 1829) ने समान रासायनिक गुणों वाले तत्वों को तीन-तीन के समूहों में वर्गीकृत किया, जिन्हें त्रिक नाम दिया।
3. **न्यूलैण्ड का अष्टक नियम** (1864) इन्होंने तत्वों को उनके बढ़ते हुए परमाणु भारों के क्रम में व्यवस्थित किया, जिसमें प्रत्येक आठवाँ तत्व प्रथम तत्व से समानता दर्शाता है।
4. सन् 1869 में जर्मन वैज्ञानिक **लोथर मेयर** ने तत्वों को भौतिक गुणों के, विशेषकर उनके परमाणु आयतनों के आधार पर वर्गीकृत किया, जिसमें समान गुण वाले तत्व समान स्थिति ग्रहण करते हैं।
5. **मेण्डेलीफ** ने ज्ञात 63 तत्वों को आवर्त सारणी में व्यवस्थित किया। **मेण्डेलीफ का आवर्ती नियम** इस नियम के अनुसार, ''तत्वों के भौतिक एवं रासायनिक गुण उनके परमाणु भारों के आवर्ती फलन होते हैं।''

मेण्डेलीफ की आवर्त सारणी का महत्त्व

आवर्त सारणी के द्वारा तत्वों के गुणों का अध्ययन किया जा सकता है और यदि किसी एक तत्व के गुण ज्ञात हो, तो उस समूह के अन्य तत्वों के गुणों को ज्ञात किया जा सकता है।

आवर्त सारणी में तत्वों की स्थिति के आधार पर उनके परमाणु भार सही-सही ज्ञात किये जा सकते हैं।

आवर्त सारणी में उपस्थित रिक्त स्थान, उनके नये तत्वों की खोज को प्रेरित करते हैं।

मेण्डेलीफ की आवर्त सारणी के दोष

1. हाइड्रोजन की स्थिति स्पष्ट नहीं है यह क्षार धातुओं एवं हैलोजनों से समानता रखता है।
2. कम परमाणु भार वाले तत्वों को अधिक परमाणु भार वाले तत्वों के बाद रखा गया है।
3. आवर्त सारणी में समस्थानिकों के लिये अलग स्थान प्रदान नहीं किये गये हैं।
4. असमान गुण वाले तत्वों को एक साथ तथा समान गुण वाले तत्वों को भिन्न-भिन्न स्थानों पर रखा गया है।
5. मेण्डेलीफ तत्वों की आवर्तता को नहीं समझा सके।

आधुनिक आवर्त नियम

मोजले ने 1913 ई. में यह सिद्ध किया कि परमाणु का आधारभूत गुण परमाणु क्रमांक है, न कि परमाणु भार।

इस नियम के अनुसार, ''तत्वों के भौतिक एवं रासायनिक गुण उनके परमाणु क्रमांकों के आवर्ती फलन होते हैं।''

दीर्घाकार आवर्त सारणी

दीर्घाकार आवर्त सारणी में उपस्थित क्षैतिज कॉलम को आवर्त तथा खड़े हुए कॉलम को वर्ग या समूह कहते हैं।

इस आवर्त सारणी में सात आवर्त हैं तथा प्रत्येक आवर्त के लिए मुख्य क्वाण्टम संख्या का मान भिन्न-भिन्न होता है

आवर्त में उपस्थित तत्वों की संख्या

आवर्त (n)	तत्वों की संख्या
प्रथम	2
द्वितीय	8
तृतीय	8
चतुर्थ	18
पंचम	18
षष्ठ	32
सप्तम	32

3. दीर्घाकार आवर्त सारणी में 18 समूह होते हैं।
4. आवर्त सारणी में नीचे की ओर दो श्रेणियाँ दी गई, जिसमें पहले में लेन्थैनम से आगे चौदह तत्व तथा दूसरी में ऐक्टीनियम से आगे चौदह तत्व हैं प्रथम श्रेणी को लेन्थेनॉइड श्रेणी तथा दूसरी श्रेणी को ऐक्टीनॉइड श्रेणी कहते हैं।

तत्वों का *s, p, d* तथा *f*-ब्लॉकों में विभाजन

तत्वों को उनके इलेक्ट्रॉनिक विन्यास के आधार पर चार ब्लॉकों में विभक्त किया गया है

(a) *s*-ब्लॉक के तत्व (*S*-Block Elements) (n^{1-2})

जिन तत्वों में इलेक्ट्रॉन बाह्य कोश *s*-कक्षक में भरते हैं, *s*-ब्लॉक तत्व कहलाते हैं।

वर्ग IA तथा वर्ग IIA के तत्व *s*-ब्लॉक तत्व हैं।

s-ब्लॉक के तत्वों के सामान्य लक्षण

1. इन तत्वों की संयोजकता 1-2 तक होती है
2. इन तत्वों का परमाणु आकार सबसे बड़ा होता है।
3. ये सभी धातुएँ नर्म होती है। इनके क्वथनांक तथा गलनांक कम होते हैं।

4. इन तत्वों के आयनन विभव कम होते है। ये सभी प्रबल धन विद्युत तत्व हैं।
5. IA समूह के तत्व एकसंयोजी होते हैं, किन्तु IIA समूह के तत्व अपने यौगिकों में द्विसंयोजी होते हैं।
6. ये धातुएँ बहुत अधिक क्रियाशील होती हैं, इसलिये IA समूह की क्षार धातुओं को द्रवित पैराफीन में रखा जाता है।
7. ये अपने बाह्यतम कोश से इलेक्ट्रॉनो को त्यागकर धनात्मक आयन बनाते हैं। ये धनात्मक आयन रंगहीन तथा प्रतिचुम्बकीय होते हैं। अत: इनमें कोई अयुग्मित इलेक्ट्रॉन नहीं पाये जाते हैं।
8. ये आयनिक यौगिक बनाते हैं। दोनों समूहों में यौगिकों का आयनिक गुण ऊपर से नीचे जाने पर बढ़ता है।
9. ये धातुएँ प्रबल अपचायक होती हैं।
10. *s*-ब्लॉक की अधिकांश धातु और उनके लवण ज्वाला में गर्म करने पर ज्वाला को विशेष रंग देते हैं।
11. इस ब्लॉक के सभी तत्व मरकरी (Hg) से क्रिया करके अमलगम (amalgam) बनाते हैं।
12. इन तत्वों के ऑक्साइड क्षारीय होते हैं। परन्तु हाइड्रोजन का ऑक्साइड उदासीन होता है।
13. ये तत्व बहुत क्रियाशील है। अधातुओं से सुगमतापूर्वक अभिक्रिया करके विद्युत संयोजी यौगिक बनाते हैं।

p-ब्लॉक तत्व (ns^2, np^{1-6})

ऐसे तत्व जिनमें इलेक्ट्रॉन बाह्यतम कोश के *p*-कक्षक में जाते हैं, *p*-ब्लॉक तत्व कहलाते हैं।

समूह 13 से 18 तक के तत्व *p*-ब्लॉक तत्व हैं।

p-ब्लॉक तत्वों के सामान्य लक्षण

1. इस ब्लॉक के तत्व 2-4 तक संयोजकता दिखाते हैं। समूह 13, 14, 15, 16, 17, के तत्वों की सामान्य संयोजकताएँ क्रमश: 3, 4, 3, 2, 1 होती हैं।
2. *p*-ब्लॉक के अधिकतर तत्व धातु, अधातु तथा उपधातु होते हैं।
3. ऑक्सीजन, फ्लोरीन तथा अक्रिय गैसों को छोड़कर सभी *p*-ब्लॉक के तत्वों की ऑक्सीकरण संख्या धनात्मक होती है।
4. *p*-ब्लॉक के तत्वों के आयनन विभव, *s*-ब्लॉक के तत्वों के आयनन विभव से अधिक होते हैं।
5. *p*-ब्लॉक तत्वों का परमाणु आकार, *s*-ब्लॉक के तत्वों के परमाणु आकार से अपेक्षाकृत कम होता है अर्थात् बायें से दायें जाने पर परमाणु आकार, नाभिक आवेश बढ़ने के कारण घटता है।
6. ये प्रबल विद्युत ऋणात्मक तत्व हैं। *p*-ब्लॉक तत्वों के परमाणु आकार छोटे होने के कारण इनकी इलेक्ट्रॉन बन्धुता *s*-ब्लॉक तत्वों से अधिक होती है। हैलोजन, ऑक्सीजन, सल्फर तथा फॉस्फोरस *p*-ब्लॉक तत्वों के क्रियाशील तत्व हैं।
7. *p*-ब्लॉक तत्वों के ऑक्साइड प्रकृति में अम्लीय होते हैं।
8. ये तत्व आपस में मिलकर सहसंयोजक यौगिक बनाते हैं।
9. इस ब्लॉक के फॉस्फोरस, ऑक्सीजन व हैलोजन तत्व बहुत क्रियाशील तत्व है।

d-ब्लॉक तत्व $(n-1)d^{1-10}ns^{1-2}$

1. जिन तत्वों में इलेक्ट्रॉन बाह्य कोश से पिछले कोश के *d*-कक्षक में प्रवेश करते हैं, *d*-ब्लॉक तत्व कहलाते हैं समूह 3 से समूह 12 तक के तत्व *d*-ब्लॉक तत्व हैं।
2. प्रवर्धित आवर्त सारणी में *s*-ब्लॉक तथा *p*-ब्लॉक के तत्वों के बीच वाले भाग में स्थित IIIB, IVB, VB, VIB, VIIB, IB, IIB के सभी तत्व *d*-ब्लॉक के तत्व कहलाते हैं।
3. *d*-ब्लॉक तत्वों में तीन श्रेणियाँ होती हैं।

   प्रथम संक्रमण श्रेणी स्कैण्डियम $(Z = 21)$ से जिंक $(Z = 30)$ तक

   द्वितीय संक्रमण श्रेणी यिट्रियम $(Z = 39)$ से कैडमियम $(Z = 48)$ तक

   तृतीय संक्रमण श्रेणी लेन्थैनम $(Z = 57)$ से मरकरी $(Z = 80)$ तक (Ce-58 से Lu-71 को छोड़कर)

चतुर्थ संक्रमण श्रेणी-अपूर्ण

d-ब्लॉक तत्वों के सामान्य लक्षण

1. ये लगभग सभी धातुएँ होती हैं, जिनके गलनांक तथा क्वथनांक अपेक्षाकृत *s*-ब्लॉक तत्वों से अधिक होते हैं।
2. सभी *d*-ब्लॉक धातुएँ मुक्त तथा चलित इलेक्ट्रॉन की उपस्थिति के कारण विद्युत तथा ऊष्मा की अच्छी चालक होती है।
3. *d*-ब्लॉक तत्वों में $(n-1)d$ उपकोश आंशिक रूप से भरा होता है। अत: ये परिवर्ती संयोजकता प्रदर्शित करते हैं।
4. *d*-ब्लॉक तत्व अधिकतर रंगीन यौगिक बनाते हैं।
5. ये विभिन्न ऑक्सीकरण अवस्था प्रदर्शित करते हैं।
6. *d*-ब्लॉक तत्वों में संकर आयन तथा संकर यौगिक बनाने की प्रवृत्ति होती है।
7. *d*-ब्लॉक तत्वों तथा उनके यौगिकों में उत्प्रेरक गुण होते हैं।

f-ब्लॉक तत्व $(n-2)f^{1-14}(n-1)d^{0-1}ns^2$

ऐसे तत्व जिनमें अन्तिम इलेक्ट्रॉन बाह्य कोश के *f*-कक्षक में प्रवेश करता है, *f*-ब्लॉक तत्व कहलाते हैं।

प्रथम श्रेणी में लेन्थैनम से आगे के 14 तत्व होते हैं।

द्वितीय श्रेणी में ऐक्टीनियम से आगे के 14 तत्व होते हैं।

f-ब्लॉक तत्वों के सामान्य लक्षण

1. ये सभी तत्व धातु हैं। ये बहुत अधिक क्रियाशील होते हैं।
2. आयनन ऊर्जा कम होने के कारण ये प्रबल विद्युत धनात्मक तत्व हैं।
3. ये परिवर्ती ऑक्सीकरण अवस्था प्रदर्शित करते हैं।
4. ये तत्व रंगीन आयन और रंगीन यौगिक बनाते हैं।
5. *f*-ब्लॉक तत्व उपसहसंयोजक यौगिक बनाते हैं।
6. ये सामान्यत: आयनिक यौगिक बनाते हैं।

आवर्ती गुण

जब तत्वों को बढ़ते हुए परमाणु क्रमांकों के आधार पर व्यवस्थित किया जाता है, तो एक निश्चित नियमित अन्तराल के बाद कुछ अभिलाक्षणिक गुणों का पुन: प्रकट होना, तत्वों की आवर्तता कहलाती है।

गुणों की आवर्तता का कारण परमाणु संख्या के एक निश्चित परिवर्तन के बाद बाहरी इलेक्ट्रॉनिक संरचना की पुनरावृत्ति है।

आयनन विभव

किसी परमाणु के बाहरी कक्षा से इलेक्ट्रॉन निकालने में प्रयुक्त ऊर्जा की मात्रा को उस परमाणु का आयनन विभव कहते हैं। इसे प्राय: इलेक्ट्रॉन वोल्ट में मापा जाता है।

$M \xrightarrow{I_1} M^+ + e^-$; I_1 = प्रथम आयनन विभव

$M^+ \xrightarrow{I_2} M^{2+} + e^-$; I_2 = द्वितीय आयनन विभव

$M^{2+} \xrightarrow{I_3} M^{3+} + e^-$; I_3 = तृतीय आयनन विभव

1. आवर्त सारणी में समूह में ऊपर से नीचे की ओर जाने पर आयनन विभव का मान कम हो जाता है। क्योंकि परमाणवीय त्रिज्या में अधिक वृद्धि होने के कारण बाह्यतम इलेक्ट्रॉन पर नाभिकीय आकर्षण कम हो जाता है।

Li	Na	K	Rb	Cs
(5.4)	(5.1)	(4.3)	(4.2)	(3.9)

2. आवर्त में बायें से दायें जाने पर आयनन विभव का मान बढ़ता है क्योंकि नाभिकीय आकर्षण बढ़ जाता है।

Li	Be	B	C	N	O	F	Ne
(5.4)	(9.3)	(8.3)	(11.3)	(14.5)	(13.6)	(17.4)	(21.6)

3. अपवाद, Be की आयनन ऊर्जा B से अधिक तथा N की O से अधिक होती है। इसका कारण पूर्ण भरे तथा अर्द्ध रूप से भरे हुए कक्षकों का स्थायित्व अधिक होता है।

   इसी प्रकार Mg की Al से तथा P की S से आयनन ऊर्जा अधिक होती है।
4. प्रथम आयनन विभव से द्वितीय आयनन विभव और तृतीय आयनन विभव का मान अधिकतम होता है।
5. सभी आयनन ऊर्जाएँ धनात्मक होती है।
6. सभी ज्ञात तत्वों में क्षार धातुओं की आयनन ऊर्जा सबसे कम तथा उत्कृष्ट गैसों की आयनन ऊर्जा सबसे अधिक होती है।
7. जिस तत्व के आयनन विभव का मान कम होता है। उसमें इलेक्ट्रॉन त्यागने की प्रवृत्ति अधिक होती है। अत: वह प्रबल धन विद्युती होता है, आवर्त में आयनन विभव का मान बढ़ने के कारण धनात्मकता कम होती है। तथा समूह में आयनन विभव कम होता जाता है। अत: विद्युत धनात्मकता बढ़ती जाती है।

परमाणु त्रिज्या

किसी परमाणु के नाभिक तथा बाहरी कोश के बीच की दूरी उसकी परमाणवीय त्रिज्या कहलाती है।

1. किसी परमाणु के लिये, वाण्डरवाल्स त्रिज्या > धात्विक त्रिज्या > सहसंयोजक त्रिज्या
2. ऋणायन की त्रिज्या > परमाणु त्रिज्या > धनायन की त्रिज्या
3. किसी भी आवर्त से बायें से दायें जाने पर त्रिज्या का मान घटता है, क्योंकि नाभिकीय आवेश का मान बढ़ता है।
4. किसी भी समूह में ऊपर से नीचे जाने पर त्रिज्या मान बढ़ता है। क्योंकि नाभिकीय आवेश की वृद्धि के साथ कोशों की संख्या भी बढ़ती हैं।
5. समान इलेक्ट्रॉन की संख्या वाले धनायनों की त्रिज्या आवर्त में बायें से दायें जाने की ओर घटती है।

   जैसे $Na^+ > Mg^{2+} > Al^{3+} > Si^{4+}$

   (सभी में 10 इलेक्ट्रॉन है)
6. समान इलेक्ट्रॉनों की संख्या वाले ऋणायनों की त्रिज्या आवर्त में बायें से दायें जाने की ओर घटती है।

   $C^{4-} > N^{3-} > O^{2-} > F^-$ (सभी में 10 इलेक्ट्रॉन है)

आयनिक त्रिज्या

किसी परमाणु के द्वारा इलेक्ट्रॉन त्यागने पर धनायन बनता है, जिससे उसकी बाह्यतम कोश से इलेक्ट्रॉन निकल जाने पर वह परमाणु छोटा हो जाता है, क्योंकि उसके बाह्यतम कक्षक में इलेक्ट्रॉनों की संख्या कम हो जाने के कारण नाभिकीय आवेश बढ़ जाता है और आयनिक त्रिज्या घट जाती है। जबकि ऋणायन में बिल्कुल विपरीत होता है।

किसी आयनिक यौगिक में आयनिक बन्ध द्वारा जुड़े दो आयनों के नाभिकों की बीच की दूरी आयनों की त्रिज्याओं के योग के बराबर होती है।

उपवर्ग IA में सभी तत्व इलेक्ट्रॉन दाता है जिसके कारण आयनिक त्रिज्या परमाणु त्रिज्या से कम होती है। ऊपर से नीचे की ओर चलने पर, परमाणु क्रमांक वृद्धि के साथ परमाणु त्रिज्या का मान बढ़ता जाता है।

उपवर्ग VIIA में सभी तत्व इलेक्ट्रॉन ग्रहण करते हैं, जिसके कारण आयनिक त्रिज्या, परमाणु त्रिज्या से अधिक होती है और ऊपर से नीचे की ओर चलने पर इसका मान क्रमश: बढ़ता जाता है।

इलेक्ट्रॉन बन्धुता

1. ऊर्जा जो किसी विद्युत उदासीन गैसीय परमाणु द्वारा एक अतिरिक्त इलेक्ट्रॉन ग्रहण करके ऋणायन बनाने में उत्सर्जित होती है, उस ऊर्जा को उस परमाणु की इलेक्ट्रॉन बन्धुता कहते हैं।
2. द्वितीय इलेक्ट्रॉन बन्धुता का मान सदैव धनात्मक होता है। क्योंकि ऋणायन तथा इलेक्ट्रॉन के मध्य प्रतिकर्षण को दूर करने के लिए बाहर से ऊर्जा देनी पड़ती है।
3. एक ही कोश के विभिन्न उपकोशों में अतिरिक्त इलेक्ट्रॉन जोड़ने पर इलेक्ट्रॉन बन्धुता का मान निम्न क्रम में होता है
   $s > p > d > f$
4. प्रभावी नाभिकीय आवेश एक समूह में नीचे जाने पर घटता है, अत: इलेक्ट्रॉन बन्धुता घटती है। इसका अपवाद केवल क्लोरीन है, जिसकी इलेक्ट्रॉन बन्धुता फ्लुओरीन से अधिक होती है।
5. अर्द्ध भरित और पूर्ण भरित उपकोश अधिक स्थायी होता है, जिसके कारण ये अतिरिक्त इलेक्ट्रॉन के जुड़ने का विरोध करता है। जिससे इनकी इलेक्ट्रॉन बन्धुता बहुत कम होती है।
6. पूर्ण भरित उपकोश में अतिरिक्त इलेक्ट्रॉन के जुड़ने के लिए स्थान नहीं होता है, जिसके कारण इनकी इलेक्ट्रॉन बन्धुता का मान शून्य होता है या धनात्मक होता है। फ्लुओरीन की इलेक्ट्रॉन बन्धुता का मान क्लोरीन के मान से कम होता है, इसका कारण यह है कि फ्लुओरीन के छोटे आकार में अधिक इलेक्ट्रॉन होने के कारण उसके इलेक्ट्रॉन घनत्व का मान उच्च हो जाता है, जिसमें जुड़ने वाला इलेक्ट्रॉन प्रतिकर्षित होने लगता है और मुक्त ऊर्जा का मान कम हो जाता है।

विद्युत ऋणात्मकता

1. किसी यौगिक के अणु में किसी परमाणु द्वारा इलेक्ट्रॉनों को अपनी ओर आकर्षित करने की प्रवृत्ति को उसकी विद्युत ऋणात्मकता कहते हैं।
2. किसी समूह में ऋण विद्युतता का मान ऊपर से नीचे जाने पर घटता है अर्थात् विद्युत धनात्मकता बढ़ती है। जिससे धात्विक गुणों में वृद्धि होती है।
3. किसी आवर्त में परमाणु क्रमांक बढ़ने से ऋण विद्युतता बढ़ती है अर्थात् विद्युत धनात्मकता घटती है। जिससे धात्विक गुणों में कमी होती जाती है। इस प्रकार स्पष्ट होता है कि तत्व जितना अधिक ऋण विद्युती होता है। उतना ही अधिक उसमें अधातु गुण होता है।

Li	Be	B	C	N	O
1.0	1.5	2.0	2.5	3.0	3.5

F	Cl	Br	I
4.0	3.0	2.8	2.5

रासायनिक बन्ध

किसी अणु में विभिन्न परमाणु, जिन बलों के द्वारा एक-दूसरे से बँधे रहते हैं, वे बल रासायनिक बन्ध कहलाते हैं।

संयोजकता

किसी तत्व की संयोजकता, हाइड्रोजन परमाणुओं की वह संख्या है जो उस तत्व के एक परमाणु से संयोग करती है। सर्वप्रथम संयोजकता शब्द का प्रयोग फ्रैंकलैण्ड ने किया।

संयोजकता का इलेक्ट्रॉनिक सिद्धान्त

इस सिद्धान्त को कोसेल और लुईस ने सन् 1916 में प्रतिपादित किया और लैम्यूर ने 1919 में पूर्ण किया।

इनके अनुसार परमाणु की संयोजकताएँ इनके इलेक्ट्रॉनिक विन्यास पर आधारित है।

रासायनिक बन्ध के बनने में परमाणु के बाह्यतम कोश में उपस्थित इलेक्ट्रॉन भाग लेते हैं जिनको संयोजी कोश कहते हैं।

संयोजी कोश में भाग लेने वाले इलेक्ट्रॉन संयोजी इलेक्ट्रॉन कहलाते हैं।

यदि बाह्य कक्षा में 8 (He में 2) इलेक्ट्रॉन हैं तो तत्व अक्रिय होता है। यदि तत्व की बाह्य कक्षा में 8 इलेक्ट्रॉन से कम है तो तत्व इलेक्ट्रॉनों के आदान-प्रदान द्वारा या साझा करके इसे आठ

(H,Li तथा Be में 2) करने की प्रवृत्ति रखता है क्योंकि बाह्य कोश में आठ इलेक्ट्रॉनों की उपस्थिति स्थाई व्यवस्था है।

बन्धों के प्रकार

(i) विद्युत संयोजक या आयनिक बन्ध
(ii) सहसंयोजक बन्ध
(iii) उपसहसंयोजक बन्ध

विद्युत संयोजक बन्ध अथवा आयनिक बन्ध

परमाणुओं के मध्य इलेक्ट्रॉनों के स्थानान्तरण के द्वारा जो बन्ध बनते हैं, उन्हें विद्युत संयोजक बन्ध कहते हैं। विद्युत संयोजक बन्ध प्रबल धनात्मक तत्व (**जैसे** Na, K, Ca, Be Mg आदि) तथा प्रबल विद्युत ऋणात्मक तत्व (**जैसे** O, F, N, S, Cl, Br आदि) के मध्य बनते हैं।

किसी तत्व द्वारा जितने इलेक्ट्रॉन त्यागे या ग्रहण किये जाते हैं, तत्व की विद्युत संयोजकता कहलाती है तथा इस प्रकार बने यौगिकों को विद्युत संयोजक यौगिक या आयनिक यौगिक कहते हैं।

जब दो परमाणुओं के मध्य इलेक्ट्रॉनों का स्थानान्तरण होता है तो उनमें से एक परमाणु एक या एक से अधिक इलेक्ट्रॉनों का त्याग करके धनायन बनाता है तथा दूसरा परमाणु एक या एक से अधिक इलेक्ट्रॉन ग्रहण करके ऋणायन बनाता है।

विद्युत संयोजक यौगिकों के लक्षण

1. आयनिक यौगिक प्रकृति में क्रिस्टलीय होते हैं। इन यौगिकों में उनके आयन एक नियमित क्रम से व्यवस्थित रहते हैं। **जैसे** सोडियम क्लोराइड के क्रिस्टल में प्रत्येक सोडियम परमाणु छः क्लोरीन परमाणुओं से घिरा होता है। इसी प्रकार प्रत्यक क्लोरीन परमाणु छः सोडियम परमाणु से घिरा रहता है।
2. विद्युत संयोजक यौगिकों के धनायन तथा ऋणायन, स्थिर विद्युत आकर्षण बलों के कारण एक-दूसरे से बँधे रहते हैं। अत: विद्युत संयोजक यौगिकों के गलनांक तथा क्वथनांक अधिक होते हैं।
3. विद्युत संयोजक यौगिक जल में विलेय होते हैं तथा जल में विलेय होने के कारण अपने आयनों में वियोजित हो जाते हैं।
4. विद्युत संयोजक यौगिक प्राय: अध्रुवीय विलायकों में अघुलनशील होते हैं। **जैसे** CCl_4, C_6H_6 आदि।
5. विद्युत संयोजक बन्ध बनाने में परमाणुओं के मध्य इलेक्ट्रॉनों का स्थानान्तरण हो जाता है तथा विपरीत आवेशित आयन परस्पर स्थिर विद्युत आकर्षण द्वारा जुड़े रहते हैं। अत: विद्युत संयोजक बन्ध अदिशात्मक होते हैं।
6. विद्युत संयोजक यौगिकों की रासायनिक अभिक्रियाओं में इनके आयन भाग लेते हैं। इस प्रकार की अभिक्रियाओं को आयनिक अभिक्रियाएँ कहते हैं। आयनिक अभिक्रियाओं की गति बहुत अधिक होती है।

महत्त्वपूर्ण बिन्दु

- परमाणुओं द्वारा मिलकर आयनिक बन्ध बनाने में होने वाले ऊर्जा परिवर्तन को बॉर्न हैबर चक्र से दिखाते हैं।
- यह नियम हेस नियम पर आधारित है।
- परमाणुओं के बीच बन्ध बनने में जो कुल ऊर्जा प्राप्त होती है। उसे सम्भवन ऊष्मा कहते हैं।
- ऊर्जा का मान जितना अधिक होगा बन्ध उतना ही शक्तिशाली होगा

$$-u = H_s + \frac{1}{2}H_d + I_E - E_A - E_L$$

u = सम्भवन ऊष्मा, H_s = उर्ध्वपातन ऊष्मा
H_d = वियोजन ऊष्मा, I_E = आयनन ऊर्जा
E_A = इलेक्ट्रॉन बन्धुता, E_L = जालक ऊर्जा

- मुक्त गैसीय आयनों से किसी विद्युत संयोजी यौगिक के 1 मोल के निर्माण में जो ऊर्जा मुक्त होती है। वह जालक ऊर्जा कहलाती है।
- किसी बन्ध को तोड़ने के लिए जितनी ऊर्जा की आवश्यकता होती है। वह उसकी बन्ध वियोजन ऊर्जा कहलाती है।
- H_2 की बन्ध वियोजन ऊर्जा 104 किलोकैलोरी/मोल है।

परिवर्ती विद्युत संयोजकता

जो तत्व, एक से अधिक संयोजकता प्रदर्शित करते हैं, परिवर्ती विद्युत संयोजकता कहलाती है।

1. **अक्रिय युग्म प्रभाव** (Inert pair effect) जिन तत्वों का इलेक्ट्रॉनिक विन्यास ns^2 प्रकार का होता है। वे बन्ध बनाने में भाग नहीं लेते हैं। Pb से Pb^{2+} अक्रिय युग्म प्रभाव के कारण है।
2. **कोर का अस्थाई विन्यास** d-ब्लॉक के तत्वों में इलेक्ट्रॉनों की व्यवस्था अस्थाई होती है। अत: यह परिवर्ती संयोजकता प्रदर्शित करते हैं। **जैसे** Fe^{2+} ($3s^2$, $3p^6$, $3d^6$) एक इलेक्ट्रॉन त्यागकर Fe^{3+} बनाता है।

सहसंयोजक बन्ध

परमाणुओं के मध्य इलेक्ट्रॉनों की बराबर की साझेदारी से जो बन्ध बनते हैं, उन्हें सहसंयोजक बन्ध कहते हैं तथा इस प्रकार बने यौगिकों को सहसंयोजी यौगिक कहते हैं तथा यौगिक में एक परमाणु के द्वारा साझे में प्रयुक्त इलेक्ट्रॉनों की संख्या को उस तत्व की सहसंयोजकता कहते हैं।

जब दो परमाणु परस्पर एक दो या तीन इलेक्ट्रॉनों का साझा करते हैं, तो बनने वाले सहसंयोजक बन्ध क्रमश: एकल बन्ध, द्विबन्ध तथा त्रिबन्ध कहलाते हैं।

सहसंयोजक बन्ध दो प्रकार के होते हैं

1. अध्रुवीय सहसंयोजी बन्ध

दो समान परमाणुओं के मध्य बने सहसंयोजी बन्ध में आयनिक लक्षण नहीं होते, क्योंकि उनकी विद्युत ऋणात्मकताएँ समान होती हैं। इस प्रकार के बन्ध अध्रुवीय सहसंयोजी बन्ध कहलाते हैं। ***उदाहरण*** Cl_2, O_2, N_2 आदि।

2. ध्रुवीय सहसंयोजी बन्ध

दो भिन्न परमाणुओं के मध्य स्थित सहसंयोजी बन्ध में आंशिक आयनिक लक्षण होते हैं, क्योंकि उनकी विद्युत ऋणात्मकताएँ भिन्न होती हैं। इस प्रकार के बन्ध ध्रुवीय सहसंयोजी बन्ध कहलाते हैं। **जैसे** HCl, HBr आदि।

द्विध्रुव आघूर्ण

वह गुण जो किसी सहसंयोजी बन्ध की ध्रुवता की माप बताता है, द्विध्रुव आघूर्ण कहलाता है।

बन्ध का द्विध्रुव आघूर्ण (μ) = आवेश $(q) \times$ दूरी (d)

द्विध्रुव आघूर्ण की इकाई डिबाई (D) है।

$$1\,D = 10^{-18} esu\,Cm = 3.33564 \times 10^{-30}\,Cm$$

जहाँ, C = कूलॉम तथा m = मीटर है।

द्विपरमाणुक अणुओं का द्विध्रुव आघूर्ण शून्य होता है, क्योंकि ये अध्रुवीय होते हैं। **जैसे** H_2, Cl_2, F_2, O_2, N_2 आदि।

HF, HCl, HBr तथा HI आदि यौगिकों के द्विध्रुव आघूर्ण बहुत अधिक होते हैं, क्योंकि इनकी विद्युत ऋणात्मकता में अन्तर बहुत अधिक होता है।

सहसंयोजी यौगिकों के लक्षण

1. सहसंयोजी यौगिक प्रायः जल तथा अन्य ध्रुवीय विलायकों में अविलेय तथा अध्रुवीय विलायकों में विलेय होते हैं।
2. सहसंयोजी यौगिकों की रासायनिक अभिक्रियाओं में इनके अणु भाग लेते हैं। इस प्रकार की अभिक्रियाओं को आण्विक अभिक्रियाएँ कहते हैं। आण्विक अभिक्रियाओं की गति आयनिक अभिक्रियाओं की गति से बहुत कम होती है।
3. सहसंयोजक यौगिक विद्युत के कुचालक होते हैं।
4. सहसंयोजक बन्ध की प्रकृति दिशात्मक होती है, इसलिए सहसंयोजी यौगिकों के अणुओं की एक विशेष ज्यामितीय आकृति होती है। अतः ये समावयवता प्रदर्शित करते हैं।
5. विलयित या गलित हो जाने पर सहसंयोजी यौगिक साधारणतया आयनित नहीं होते।
6. सहसंयोजी यौगिकों के गलनांक तथा क्वथनांक कम होते हैं।
7. सहसंयोजी अणु जो जल के अणुओं के साथ हाइड्रोजन बन्ध बनाते हैं, वे जल में घुलनशील होते हैं।
   जैसे ऐल्कोहॉल, कार्बोक्सिलिक अम्ल आदि।
8. क्वथनांक तथा गलनांक कम होने के कारण सहसंयोजी ठोस, आयनिक ठोस से अधिक वाष्पशील होते हैं।

उपसहसंयोजक बन्ध

दो परमाणुओं के मध्य दो इलेक्ट्रॉनों की साझेदारी द्वारा जब एक रासायनिक बन्ध इस प्रकार बनता है कि साझे के दोनों इलेक्ट्रॉन उनमें से किसी एक परमाणु द्वारा दिये जायें, तो इस प्रकार के बन्ध को उपसहसंयोजी बन्ध कहते हैं।

जिन यौगिकों में उपसहसंयोजक बन्ध होते हैं, उन्हें उपसहसंयोजक यौगिक कहते हैं। साझे में इलेक्ट्रॉन देने वाले परमाणु को दाता कहते हैं तथा दूसरे परमाणु को ग्राही कहते हैं। दाता परमाणु तथा ग्राही परमाणु के बीच का उपसहसंयोजक बन्ध, दाता परमाणु से ग्राही परमाणु की ओर तीर के चिन्ह $(\rightarrow)$ से प्रदर्शित किया जाता है।

उपसहसंयोजी यौगिकों के लक्षण

उपसहसंयोजी यौगिकों के गुण, साधारणतः सहसंयोजी यौगिकों के गुणों से मिलते जुलते होते हैं।

इनके मुख्य गुण निम्नलिखित हैं

1. ये सामान्य परिस्थितियों में ठोस, द्रव तथा गैस तीनों अवस्थाओं में रह सकते हैं।
2. ये यौगिक साधारणतः अध्रुवीय विलायकों में विलेय होते हैं।
3. ये ऊष्मा तथा विद्युत के कुचालक होते हैं।
4. इनके क्वथनांक व गलनांक, सहसंयोजी यौगिकों से अधिक होते हैं।
5. उपसहसंयोजक बन्ध दिशात्मक प्रकृति के होते हैं तथा समावयवता प्रदर्शित करते हैं।

अष्टक नियम

अष्टक नियम अनुसार अधिकांश तत्व अपनी बाह्यतम कक्षा में आठ इलेक्ट्रॉन पूर्ण करके स्थाई विन्यास प्राप्त कर लेते हैं।

अष्टक नियम का एक अपवाद है, यह है कि कुछ परमाणु अपनी बाह्यतम कक्षा में इलेक्ट्रॉन भी नहीं रखते हैं और बहुत अधिक स्थाई हो जाते हैं।

जैसे PCl_5, SF_6, ICl_3, IF_7 में अष्टक प्रसारित (expanded) होता है अर्थात् इनकी बाह्य कोश में 8 से अधिक इलेक्ट्रॉन पाये जाते हैं। BCl_3, $BeCl_2$ में अष्टक पूर्ण नहीं होता फिर भी ये अणु स्थाई हैं।

हाइड्रोजन का एक परमाणु एक इलेक्ट्रॉन प्राप्त कर H^- आयन बनाते हैं। जो एक अधिक स्थायी संरचना है।

NO, NO_2, ClO_2 आदि विषम इलेक्ट्रॉन अणु के उदाहरण हैं।

σ-बन्ध परमाणवीय कक्षकों के अक्षीय अतिव्यापन से बना हुआ बन्ध, σ-बन्ध कहलाता है।

π-बन्ध परमाणवीय कक्षकों के सहपार्श्वीय अतिव्यापन से बना हुआ बन्ध, π-बन्ध कहलाता है। एक π-बन्ध, एक σ-बन्ध से दुर्बल होता है।

दो परमाणुओं के मध्य केवल एक ही σ-बन्ध बनता है तथा सदैव π-बन्ध σ-बन्ध बनने के बाद बनता है। द्विबन्ध में एक σ व एक π-बन्ध बनते हैं जबकि त्रिबन्ध में एक σ व दो π-बन्ध बनते हैं।

एकल, द्वि व त्रिक बन्धों के गुणों का क्रम निम्न प्रकार है।

(i) बन्ध ऊर्जा → त्रिबन्ध > द्विबन्ध > एकल बन्ध
(ii) दृढ़ता → त्रिबन्ध > द्विबन्ध > एकल बन्ध
(iii) स्थायित्व → त्रिबन्ध > द्विबन्ध > एकल बन्ध
(iv) क्रियाशीलता → त्रिबन्ध > द्विबन्ध > एकल बन्ध
(v) बन्ध लम्बाई → एकल बन्ध > द्विबन्ध > त्रिबन्ध

संयोजकता कोश इलेक्ट्रॉन युग्म प्रतिकर्षण सिद्धान्त

अणु की आकृति केन्द्रीय परमाणु के आस-पास उपस्थित संयोजी कोश इलेक्ट्रॉन युग्मों (संयोजित अथवा असंयोजित) की संख्या पर निर्भर करती है।

केन्द्रीय परमाणु के संयोजकता कोश में उपस्थित इलेक्ट्रॉन युग्म एक दूसरे को प्रतिकर्षित करते हैं क्योंकि इनके इलेक्ट्रॉन अभ्र पर ऋणात्मक आवेश होता है।

ये इलेक्ट्रॉन युग्म त्रिविम में इस प्रकार व्यवस्थित होने का प्रयत्न करते हैं कि इनमें प्रतिकर्षण कम से कम हो। इस स्थिति में इनके मध्य अधिकतम दूरी होती है। इलेक्ट्रॉन युग्मों के बीच प्रतिकर्षण अन्योन्य क्रियाएँ निम्नलिखित क्रम में घटती है।

एकाकी युग्म-एकाकी युग्म > एकाकी युग्म – आबंधी युग्म > आबंधी युग्म – आबंधी युग्म

अर्थात् $lp - lp > lp - bp > bp - bp$

संयोजकता आबन्ध सिद्धान्त

इस सिद्धान्त के अनुसार सहसंयोजक आबन्ध की व्याख्या इलेक्ट्रॉन तरंगफलन (ψ) के अतिव्यापन (overlapping) के आधार पर की जा सकती है।

केवल इन्हीं परमाणवीय कक्षकों का अतिव्यापन होगा जिनमें विपरीत चक्रण वाले इलेक्ट्रॉन होते हैं। $\boxed{\uparrow}\boxed{\downarrow}$

आबन्ध सामर्थ्य अतिव्यापन की सीमा पर निर्भर करती है। *ss* अतिव्यापन, *sp* अतिव्यापन, तथा *pp* समाक्ष अतिव्यापन से σ–आबन्ध बनता है तथा *pp* सम्पार्श्वीय अतिव्यापन से π-आबन्ध बनता है। आबन्ध सामर्थ्य का क्रम *p-p* समाक्ष > *s-p* > *s-s* $\sigma > \pi$ आबन्ध बनता है।

संकरण

वह घटना जिसमें किसी परमाणु की संयोजकता कोश के विभिन्न आकृतियों तथा लगभग समान ऊर्जा वाले कक्षकों के मिश्रित होने से उतनी ही संख्या में दूसरे समान आकृति के समान ऊर्जा वाले नवीन कक्षक बनते हैं। संकरण कहलाती है

संकरण	संकरित कक्षकों की व्यवस्था	संकरित कक्षकों में उपस्थित इलेक्ट्रॉन युग्मों के प्रकार		अणु की आकृति	उदाहरण
		बन्ध युग्म	एकाकी युग्म		
sp	रेखीय	2	0	रेखीय	$BeCl_2$, BeF_2, CO_2, C_2H_2
sp^2	समतलीय त्रिभुज	3	0	समतलीय त्रिभुज	BF_3, C_2H_4, ग्रेफाइट, $SnCl_2$
sp^3	चतुष्फलकीय	4	0	चतुष्फलकीय	CH_4, $PbCl_4$, $SiCl_4$, CCl_4,
		3	1	त्रिभुजीय पिरैमिडी	NH_3, PH_3, PCl_3
		2	2	V-आकृति	H_2O, OF_2, Cl_2O, H_2S
sp^3d	त्रिभुजीय द्विपिरैमिडी	5	0	त्रिभुजीय चतुष्फलकीय	PCl_5
		4	1	T-आकृति	$TeCl_4$
		3	2	रेखीय	ClF_3, IF_3
		2	3	अष्टफलकीय	ICl_2^-, XeF_2
sp^3d^2	अष्टफलकीय	6	0	वर्गाकार पिरैमिडी	SF_6
		5	1	वर्गाकार	IF_5
		4	2	पंचभुजीय द्विपिरैमिडी	XeF_4, ICl_4^-
sp^3d^2	पंचभुजीय द्विपिरैमिडी	7	0	पंचभुजीय द्विपिरैमिडी	IF_7
		6	1	अनियमित अष्टफलकीय	XeF_6

महत्त्वपूर्ण बिन्दु

- सिजविक का अधिकतम सह-संयोजकता नियम यह बताता है। किसी परमाणु में स्थायी इलेक्ट्रॉन विन्यास प्राप्त करने के लिए परमाणु सह-संयोजकता चार से अधिक हो सकती है। क्योंकि बाह्यतम कोश में *d*-आर्बिटल होते हैं।
- कुछ यौगिकों में दो परमाणुओं के मध्य एक इलेक्ट्रॉन की साझेदारी (sharing) से एकल इलेक्ट्रॉन बन्ध बनता है। जो दाता से ग्राही की ओर होता है। इसको आधे सिर वाला तीर (⇀) से दिखाते हैं। ये सुग्डेन का एक इलेक्ट्रॉन बन्ध नियम है।

आण्विक कक्षक सिद्धान्त

सहसंयोजी बन्ध को समझने के लिए **हुण्ड** तथा **मुलिकन** ने 1932 में एक सिद्धान्त दिया जो कक्षकों के संयोजन पर निर्भर था।

जब दो परमाणु के परमाणवीय कक्षक आपस में मिश्रित होकर नये कक्षक बनाते हैं। वे आण्विक कक्षक कहलाते हैं।

आण्विक कक्षकों की संख्या मिलने वाले परमाणवीय कक्षकों की संख्या के बराबर होती है।

s-परमाणवीय कक्षकों के संयोग से बनने वाले आण्विक कक्षक निम्न हैं।

(+) + (+) —योग→ (·)(·) → (· + ·)
σ बन्धीय

(+) + (+) —टूटना→ (·)(·) → (−) (+)
σ अबन्धीय

आण्विक कक्षकों का ऊर्जा क्रम निम्न है

$$\sigma 1s, \overset{*}{\sigma} 1s, \sigma 2s, \overset{*}{\sigma} 2s, \sigma 2p_x, \begin{matrix}\pi 2p_y \\ \pi 2p_z\end{matrix}, \begin{matrix}\overset{*}{\pi} 2p_y \\ \pi^* 2p_z\end{matrix} \overset{*}{\sigma} 2p_x$$

$$\text{बन्ध कोटि} = \frac{(\text{बन्धीय इलेक्ट्रॉन} - \text{अबन्धीय इलेक्ट्रॉन})}{2}$$

किसी अणु की बन्ध कोटि ऋणात्मक नहीं हो सकती है।

जब अणु के लिये बन्ध कोटि शून्य हो जाये तो संरचना अस्थायी हो जाती है।

अनुनाद

1. अनुनाद एक प्रकार का इलेक्ट्रॉनों का विस्थापन है। जिसके फलस्वरूप एक ही यौगिक की कई एक-समान संरचनाएँ इस प्रकार प्राप्त होती हैं कि इनमें से किसी एक संरचना से यौगिक के सभी गुणों की व्याख्या नहीं की जा सकती है लेकिन सभी संरचनाओं की सहायता से यौगिक के सभी गुणों की व्याख्या की जा सकती है। जिसको अनुनाद कहते हैं।
2. बेन्जीन को निम्न दो संरचनाओं का अनुनादी संकर (resonance hybrid) माना जाता है।

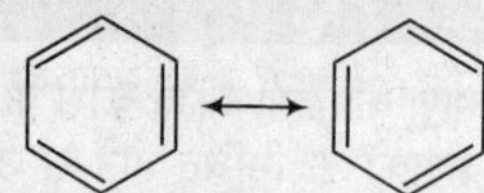

3. अनुनादी संरचनाओं (resonating structures) को उनके मध्य एक दो सिरों वाला तीर (double headed arrow) (⟷) लगाकर प्रदर्शित करते हैं।
4. **अनुनाद के प्रतिबन्ध** प्रत्येक संरचना में अयुग्मित इलेक्ट्रॉनों की संख्या समान होती है।
   (i) प्रत्येक संरचना की आन्तरिक ऊर्जा समान या लगभग समान होती है।
   (ii) प्रत्येक संरचना की ज्यामिति समतलीय (planar) होती है।

धात्विक बन्ध

धातु परमाणुओं की बाह्य कक्षा में कम से कम 1 से 3 इलेक्ट्रॉन होते हैं। जो एक दूसरे से एक बन्ध के द्वारा जुड़े रहते हैं। जिसे धात्विक बन्ध कहते हैं। धात्विक बन्ध बनाने के लिये निम्न बिन्दु हैं
इन बिन्दुओं को ड्रुड (Drude) और लोरेन्टस ने दिया था।

1. धातुओं के परमाणुओं का आयनन विभव बहुत कम होता है जिससे ये परमाणु इलेक्ट्रॉन उत्सर्जित कर देते हैं। तथा धनावेशित आयन कोर की अवस्था में रहते हैं। परमाणु द्वारा उत्सर्जित इलेक्ट्रॉन गतिशील इलेक्ट्रॉन कहलाते हैं।
2. इलेक्ट्रॉनों के उत्सर्जन से बने ये धनावेशित आयन आपस में मिलकर क्रिस्टल जालक का निर्माण करते हैं।
3. ये इलेक्ट्रॉन आदर्श गैस की तरह व्यवहार करते हैं तथा इनकी गति की दिशा निश्चित नहीं होती है।
4. इन धनावेशित आयनों की कोर के बीच इन गतिशील इलेक्ट्रॉनों की उपस्थिति के कारण इनके बीच आकर्षण होता है तथा यह आकर्षण बल ही धात्विक बन्ध है।

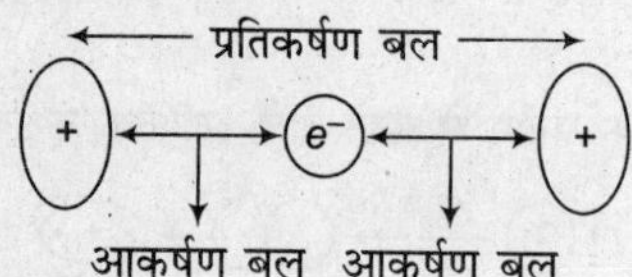

5. धात्विक बन्ध की शक्ति संयोजी इलेक्ट्रॉनों की संख्या तथा नाभिकीय आवेश बढ़ने के साथ बढ़ती है। यही कारण है कि क्षार धातुएँ मृदु (soft) होती है तथा उनके गलनांक कम होते हैं जबकि संक्रमण धातुएँ कठोर होती हैं तथा उनके गलनांक उच्च होते हैं।

बन्धन ऊर्जा

किसी पदार्थ की गैसीय अवस्था में उसमें उपस्थित किसी बन्ध के एक मोल को तोड़ने में प्रयोग होने वाली ऊर्जा को बन्ध ऊर्जा कहते हैं।

$$\underset{(g)}{A-B} + \Delta H \longrightarrow \underset{(g)}{A} + \underset{(g)}{B}$$

कुछ अणुओं में इलेक्ट्रॉनों की संख्या विषम होती है। इन अणुओं को विषम इलेक्ट्रॉन अणु कहते हैं।

महत्त्वपूर्ण बिन्दु

- विषम इलेक्ट्रॉन अणुओं में अष्टक पूर्ण नहीं होता है। गैसीय अवस्था में नाइट्रिक ऑक्साइड दो संरचनाओं का अनुनादी संकर है।

$$:\dot{N}=\ddot{O}: \leftrightarrow :\overset{\cdot\cdot}{\underset{-}{N}}=\underset{+}{\dot{O}}:$$

समविन्यासी

जिन अणुओं, आयनों व परमाणुओं के समूहों की संरचनाएँ तथा विन्यास समान होते हैं। वे समविन्यासी कहलाते हैं।

हाइड्रोजन बन्ध

हाइड्रोजन बन्ध बनने के लिये अणु में हाइड्रोजन का उच्च विद्युत ऋणात्मक परमाणु जैसे F, O या N से बँधे होना आवश्यक है। अधिक विद्युत ऋणात्मक परमाणु से जुडे H परमाणु तथा दूसरे अणु के विद्युत ऋणात्मक परमाणु के मध्य लगने वाले विद्युत आकर्षण बल को H-बन्ध कहते हैं। *उदाहरण*

$$\overset{\delta+}{H}-\overset{\delta-}{F}\cdots H-F\cdots H-F$$

H-बन्ध

ऋण विद्युताओं का घटता क्रम निम्न प्रकार है।

F> O> N> Cl> Br> I> S> C> H

कुछ अणुओं में सहसंयोजक बन्ध बनाने के लिए इलेक्ट्रॉन की संख्या कुल संख्या से कम होती है। जिनको न्यून इलेक्ट्रॉन अणु कहते हैं।

ध्रुवणता

किसी विद्युत संयोजक यौगिक में ऋणायन की संयोजी कक्षा के इलेक्ट्रॉनों की धनायन अपनी ओर आकर्षित करता है, जिसमें ऋणायन की आकृति विकृत हो जाती है। इस प्रक्रिया को ध्रुवणता कहते हैं। तथा धनायन के द्वारा ऋणायन को ध्रुवित करने का गुण ध्रुवण क्षमता कहलाता है।

फैजान्स का नियम

अणुओं में बन्ध के आयनिक या सहसंयोजी लक्षण फैजान्स के नियम से दिया जाता है। धनायन का आकार कम तथा आवेश अधिक होने पर ध्रुवण क्षमता अधिक हो जाती है। ऋणायन का आकार व आवेश अधिक होने पर ध्रुवण क्षमता कम हो जाती है। अक्रिय गैस इलेक्ट्रॉनिक विन्यास होने पर धनायन की ध्रुवण क्षमता कम हो जाती है।

औपचारिक आवेश

$$\begin{bmatrix}\text{लुईस संरचना में}\\ \text{किसी परमाणु पर}\\ \text{औपचारिक आवेश}\end{bmatrix} = \begin{bmatrix}\text{मुक्त परमाणु में संयोजकता}\\ \text{इलेक्ट्रॉनों की कुल संख्या}\end{bmatrix} - \begin{bmatrix}\text{एकाकी युग्म इलेक्ट्रॉनों}\\ \text{की कुल संख्या}\end{bmatrix} - \frac{1}{2}\begin{bmatrix}\text{सहभाजित इलेक्ट्रॉनों}\\ \text{की कुल संख्या}\end{bmatrix}$$

वस्तुनिष्ठ प्रश्न

1. निम्न में से कौन s-ब्लॉक का तत्व है?
(a) ऐलुमिनियम (b) क्रोमियम
(c) स्कैण्डियम (d) पोटैशियम

2. द्वितीय आवर्त में सबसे अधिक अम्लीय ऑक्साइड बनाता है
(a) F (b) N
(c) O (d) Li

3. आवर्त में सबसे छोटे परमाणु आकार वाले तत्व
(a) क्षारीय धातु (b) हैलोजन
(c) अक्रिय गैसें (d) चाल्कोजन

4. निम्न में से किस समूह में उपधातु पाये जाते हैं?
(a) IA (b) IIA
(c) VIA (d) इनमें से कोई नहीं

5. निम्न में से किस ब्लॉक में धातु, अधातु, उपधातु तथा अक्रिय गैसें सभी उपस्थित होते हैं
(a) s-ब्लॉक (b) p-ब्लॉक
(c) d-ब्लॉक (d) f-ब्लॉक

6. सबसे बड़ा आयन है
(a) Al^{3+} (b) Ba^{2+} (c) Mg^{2+} (d) Na^{+}

7. निम्न में से किसकी त्रिज्या सबसे कम होगीं?
(a) O^{2-} (b) F^{-} (c) Li^{+} (d) Be^{2+}

8. वह तत्व जिसका इलेक्ट्रॉनिक वितरण $1s^2, 2s^2, 2p^6, 3s^2$ है
(a) धातु (b) उपधातु
(c) अक्रिय गैस (d) अधातु

9. वह तत्व जो केवल 0°C पर द्रव अवस्था में पाया जाता है।
(a) आयरन (b) मरकरी
(c) सोडियम (d) ऐलुमिनियम

10. किसका आयनन विभव सबसे कम होता है?
(a) N (b) O (c) F (d) Ne

11. वह तत्व जिसका इलेक्ट्रॉनिक वितरण $3d^4 4s^1$ है
(a) उपधातु (b) अधातु
(c) संक्रमण (d) धातु

12. आवर्त सारणी के VIII समूह में है
(a) 6 तत्व (b) 12 तत्व (c) 3 तत्व (d) 9 तत्व

13. निम्न में से किसकी आयनिक त्रिज्या सबसे अधिक होती है?
(a) Be^{2+} (b) Mg^{2+} (c) Ca^{2+} (d) Sr^{2+}

14. निम्न में से किसका आकार सबसे छोटा होगा?
(a) O^{2-} (b) C^{4-} (c) F^{-} (d) N^{3-}

15. समूह में नीचे जाने पर, तत्वों का विद्युत धनात्मक गुण
(a) बढ़ता है (b) घटता है
(c) समान रहता है (d) इनमें से कोई नहीं

16. तत्वों का प्रथम वर्गीकरण किसने दिया?
(a) मेण्डेलीफ ने (b) लोथर मेयर ने
(c) न्यूलैण्ड ने (d) डोबेराइनर ने

17. निम्न में से कौन-सा तत्वों का युग्म रासायनिक रूप से लगभग समान होता है?
(a) Na, Al (b) Cu, S
(c) Ti, Zr (d) Zr, Hf

18. निम्न में से आयनन विभव का कौन-सा क्रम सही है?
(a) Be< B< C< N< O
(b) B< Be< C< O< N
(c) Be > B > C > N > O
(d) B < Be< N < C< O

19. निम्न में से किसमें रंगीन आयन की क्षमता सबसे अधिक होती है?
(a) s-ब्लॉक तत्वों में (b) d-ब्लॉक तत्वों में
(c) p-ब्लॉक तत्वों में (d) इन सभी में

20. निम्न में से आयनिक त्रिज्या का कौन-सा क्रम सही है?
(a) $Ca^{2+} < K^{+} < Cl^{-} < S^{2-}$
(b) $S^{2-} > K^{+} > Cl^{-} > Ca^{2+}$
(c) $Ca^{2+} > Cl^{-} > K^{+} > S^{2+}$
(d) उपरोक्त में से कोई नहीं

21. N तथा O का प्रथम आयनन विभव, इलेक्ट्रॉन वोल्ट में है
(a) 14.6, 13.6 (b) 13.6, 14.6
(c) 13.6, 13.6 (d) 14.6, 14.6

22. निम्न में से किस तत्व की विद्युत धनात्मकता सबसे अधिक होगी?
(a) कॉपर (b) कैल्सियम
(c) बेरियम (d) क्रोमियम

23. निम्न में से किस प्रजाति का आयनन विभव सबसे कम होगा?
(a) O_2 (b) O (c) O_2^+ (d) O_2^-

24. निम्न में से किसका घनत्व सबसे अधिक होगा?
(a) Fe (b) Cu
(c) B (d) Pb

25. Mg का प्रथम आयनन विभव, ऐलुमिनियम से .... होती है
(a) कम
(b) अधिक
(c) समान
(d) उपरोक्त में से कोई नहीं

26. आवर्त सारणी का दीर्घ रूप किसने विकसित किया?
(a) लोथर मेयर ने (b) नील बोर ने
(c) मेण्डेलीफ ने (d) मोसले ने

27. निम्न में से किसमें ऊर्जा का अवशोषण होता है?
(a) $F \longrightarrow F^-$ (b) $Cl \longrightarrow Cl^-$
(c) $O \longrightarrow O^{2-}$ (d) $H \longrightarrow H^-$

28. निम्न में से किसका आयनन विभव सबसे कम होगा?
(a) $3d^2$ (b) $4s^1$ (c) $2p^6$ (d) $3p^6$

29. निम्न में से किसमें कार्बन सबसे अधिक विद्युत ऋणात्मक है?
(a) sp (b) sp^2
(c) sp^3 (d) ये सभी

30. निम्न में से कौन-सा आयन, O^{2-} आयन का समइलेक्ट्रॉनिक नहीं है?
(a) N^{3-} (b) Na^{+}
(c) F^{-} (d) Ti^{+}

31. हैलोजनों को आवर्त सारणी में VII समूह में रखा गया है, क्योंकि
(a) ये अधातु हैं
(b) ये बहुत अधिक क्रियाशील हैं
(c) ये विद्युत ऋणात्मक तत्व हैं
(d) इनके बाह्यतम कोश में सात इलेक्ट्रॉन हैं

32. आवर्त में परमाणु क्रमांक बढ़ने के साथ-साथ
(a) ऑक्सीकरण अवस्था की संख्या जो तत्व अपने यौगिकों में प्रदर्शित करता है, बढ़ती है
(b) विद्युत धनात्मक गुण बढ़ता है
(c) विद्युत धनात्मक गुण घटता है
(d) धात्विक गुण बढ़ता है

33. आवर्त में, क्षारीय धातुओं का
(a) आयनन विभव सबसे अधिक होता है
(b) परमाणु त्रिज्या सबसे अधिक होती है
(c) घनत्व सबसे अधिक होता है
(d) विद्युत ऋणात्मक सबसे अधिक होता है

34. आवर्त सारणी के दीर्घ रूप में होते हैं
(a) 8 क्षैतिज तथा 8 खड़ी हुई पंक्तियाँ
(b) 7 क्षैतिज तथा 18 खड़ी हुई पंक्तियाँ
(c) 10 क्षैतिज तथा 14 खड़ी हुई पंक्तियाँ
(d) 14 क्षैतिज तथा 10 खड़ी हुई पंक्तियाँ

35. विकर्णी सम्बन्ध प्रदर्शित करता है
(a) सभी तत्व अपने विकर्णी विलोम तत्व के साथ
(b) तीसरे तथा चौथे आवर्त के सभी तत्व
(c) द्वितीय तथा तीसरे आवर्त के कुछ तत्व
(d) d-ब्लॉक के तत्व

36. मरकरी केवल एक धातु है, जो 0°C पर द्रव अवस्था में पायी जाती है।
(a) आयनन ऊर्जा का उच्च होना तथा दुर्बल धात्विक बन्ध होना
(b) आयनन विभव का कम होना
(c) परमाणु भार का अधिक होना
(d) वाष्प दाब अधिक होना

37. दीर्घाकार आवर्त सारणी में किसी आवर्त तथा समूह में इलेक्ट्रॉनों की संख्या सबसे अधिक होती है
(a) 5वाँ आवर्त तथा II समूह
(b) 6वाँ आवर्त तथा III समूह
(c) 6वाँ आवर्त तथा II समूह
(d) पहला आवर्त तथा II समूह

38. क्षारीय धातुओं के परॉक्साइड तथा सब-ऑक्साइड रंगीन होते हैं, इसका कारण है
(a) क्रिस्टल दोष
(b) अयुग्मित इलेक्ट्रॉनों की उपस्थिति
(c) आंशिक दोष तथा आंशिक अयुग्मित इलेक्ट्रॉनों की उपस्थिति
(d) उपरोक्त में से कोई नहीं

39. क्षारीय धातु तथा हैलोजन दोनों में परमाणु क्रमांक बढ़ने के साथ-साथ एक समान गुण है
(a) परमाणु त्रिज्या बढ़ती है
(b) क्वथनांक बढ़ता है
(c) विद्युत ऋणात्मकता बढ़ती है।
(d) जलन के साथ क्रियाशीलता बढ़ती है

40. निम्न में से कौन-सा/से तथ्य असत्य है।
I. Ag ऊष्मा तथा विद्युत का अच्छा चालक है।
II. सिल्वर हैलाइड (AgI को छोड़कर) प्रकाश के प्रति संवेदी हैं।
III. सिल्वर अम्ल-राज, दाँतों में भरने में प्रयोग किया जाता है।
IV. सिल्वर अम्ल-राज से क्रिया नहीं करता।
कूट
(a) I तथा III (b) II तथा III
(c) II तथा IV (d) ये सभी

41. निम्न में से कौन प्रतिचुम्बकीय नहीं है।
(a) Zn^{2+} (b) Cu^+
(c) Cd^{2+} (d) Cu^{2+}

42. ऑफबाऊ नियम लागू नहीं होता
(a) Cu तथा Ar के लिए
(b) Cu तथा Cr के लिए
(c) Cr तथा Ar के लिए
(d) Fe तथा Ag के लिए

43. $MgSO_4$ से $BaSO_4$ तक सल्फेटों की जल में घुलनशीलता घटती है, इसका कारण है
(a) आयनिक प्रकृति बढ़ती है
(b) M^{2+} आयन का आकार बढ़ता है
(c) जालक ऊर्जा घटती है
(d) M^{2+} आयन की जलयोजन ऐन्थैल्पी घटती है

44. निम्न में से कौन-सा सत्य नहीं है?
(a) क्षारीय मृदा धातुओं की धात्विक प्रकृति Be से Ba तक बढ़ती है
(b) क्षारीय मृदा धातुओं की क्रियाशीलता Be से Ba तक बढ़ती है
(c) इन धातुओं का अपचायक गुण Be से Ba तक बढ़ता है
(d) उपरोक्त सभी सत्य हैं

45. IIA समूह के तत्वों के हाइड्रॉक्साइड़ों की घुलनशीलता $Mg(OH)_2$ से $Ba(OH)_2$ तक बढ़ती है, इसका कारण है
(a) जालक ऊर्जा का बढ़ना
(b) जालक ऊर्जा का घटना
(c) आयनन ऊर्जा का बढ़ना
(d) ऊष्मीय स्थिरता का बढ़ना

46. क्षारीय मृदा कार्बोनेटों की ऊष्मीय स्थिरता Be से Ba तक बढ़ती है, क्योंकि
(a) सहसंयोजी, प्रवृत्ति घटती है तथा आयनिक प्रवृत्ति बढ़ती है
(b) जालक ऊर्जा बढ़ती है
(c) विद्युत धनात्मक गुण बढ़ता है
(d) उपरोक्त में से कोई नहीं

47. निम्न में से कौन-सा सत्य है?
(a) क्षारीय धातु, क्षारीय मृदा धातुओं से कम विद्युत धनात्मक होती हैं
(b) क्षारीय मृदा धातु, क्षारीय धातुओं से अधिक विद्युत धनात्मक तथा कठोर होती है
(c) क्षारीय धातु, क्षारीय मृदा धातुओं से अधिक विद्युत धनात्मक तथा कठोर होती है
(d) क्षारीय धातुओं का प्रथम आयनन विभव, क्षारीय मृदा धातुओं से अधिक होता है

48. निम्न में से कौन-सा तथ्य असत्य है?
(a) क्लोरीन गीले वस्त्रों को विरंजित देती है
(b) आयोडीन के धब्बे हाइपो विलयन द्वारा दूर किये जा सकते हैं
(c) ब्रोमीन कार्नेलाइट से बनाई जाती है
(d) आयोडीन को अम्लीय KBr में से प्रवाहित करने पर ब्रोमीन मुक्त होती है

49. Al तथा Ga की समान सहसंयोजक त्रिज्या होती है, क्योंकि
(a) Ga परमाणु के *s*-इलेक्ट्रॉनों की परिरक्षण क्षमता कम होती है
(b) Ga परमाणु के *s*-इलेक्ट्रॉनों की परिरक्षण क्षमता कम होती है
(c) Ga परमाणु के *d*-इलेक्ट्रॉनों की परिरक्षण क्षमता कम होती है
(d) Ga परमाणु के *d*-इलेक्ट्रॉनों की परिरक्षण क्षमता अधिक होती है

50. बोरॉन, IIIA समूह के अन्य तत्वों से भिन्न होता है, क्योंकि
(a) अक्रिय युग्म प्रभाव की अनुपस्थिति होती है
(b) अधिक आवेश तथा छोटा आकार
(c) *d*-कक्षक की अनुपस्थिति
(d) उपरोक्त सभी सही हैं

51. सामान्यत: सहसंयोजी यौगिक जल में होते हैं
(a) घुलनशील
(b) अघुलनशील
(c) आयनिक
(d) जल विच्छेदित

52. विद्युत संयोजी बन्ध होता है
(a) NaCl में (b) Br_2 में
(c) PF_5 में (d) XeF_4 में

53. NH_4Cl में निम्न प्रकार के बन्ध होते हैं
(a) विद्युत संयोजी, सहसंयोजी तथा उपसहसंयोजी बन्ध
(b) सहसंयोजी तथा उपसहसंयोजी बन्ध
(c) विद्युत संयोजी बन्ध केवल
(d) विद्युत संयोजी तथा सहसंयोजी बन्ध

54. निम्न में से किसमें ध्रुवीय तथा अध्रुवीय दोनों प्रकार के बन्ध पाये जाते हैं?
(a) NH_4Cl (b) HCN
(c) H_2O_2 (d) CH_4

55. आयनिक बन्ध का बनना है
(a) ऊष्माक्षेपी क्रिया (b) ऊष्माशोषी क्रिया
(c) (a) और (b) दोनों (d) इनमें से कोई नहीं

56. इलेक्ट्रॉन का स्थानान्तरण प्रक्रम है
(a) ऊष्माशोषी क्रिया
(b) ऊष्माक्षेपी क्रिया
(c) कभी ऊष्माक्षेपी तथा कभी ऊष्माशोषी
(d) न तो ऊष्माशोषी और न ही ऊष्माक्षेपी क्रिया

57. अमोनिया से अमोनियम आयन के बनने में NH_3 तथा H के बीच बनने वाला बन्ध होता है
(a) सहसंयोजी बन्ध (b) उपसहसंयोजी बन्ध
(c) विद्युत संयोजी बन्ध (d) इनमें से कोई नहीं

58. निम्न में से कौन इलेक्ट्रॉन ग्राही का कार्य करता है?
(a) He (b) C
(c) F (d) Al

59. सहसंयोजी यौगिकों में दो परमाणुओं के मध्य अधिकतम सहसंयोजी बन्धों की संख्या होती है
(a) चार (b) दो
(c) तीन (d) एक

60. निम्न में से कौन-सा बन्ध अध्रुवीय होता है?
(a) N—H (b) C—H
(c) F—F (d) O—H

61. निम्न में से कौन-सा अणु, अष्टक नियम का अपवाद नहीं है?
(a) BF_3 (b) PF_5
(c) IF_7 (d) CO_2

62. निम्न में से किस अणु का द्विध्रुव आघूर्ण शून्य होगा?
(a) H_2O (b) CO_2
(c) NH_3 (d) SO_2

63. CO समइलेक्ट्रॉनिक आयन है
(a) CN^- (b) O_2^+
(c) O_2^- (d) N_2^+

64. निम्न में से कौन-सा यौगिक जल में घुलनशील होता है?
(a) CS_2 (b) C_2H_5OH
(c) CCl_4 (d) $CHCl_3$

65. निम्न में से कौन-सा यौगिक आयनिक होता है?
(a) KI (b) CH_4
(c) डायमण्ड (d) H_2

66. कार्बन ट्रेटाक्लोराइड का द्विध्रुव आघूर्ण शून्य होता है, क्योंकि
(a) इसकी संरचना रेखीय होती है
(b) इसकी नियमित चतुर्भुजीय संरचना होती है
(c) कार्बन तथा क्लोरीन परमाणु का समान आकार होता है
(d) कार्बन तथा क्लोरीन परमाणु की इलेक्ट्रॉन बन्धुता समान होती है

67. निम्न में से किस यौगिक में आयनिक,सहसंयोजी तथा उपसहसंयोजी तीनों बन्ध पाये जाते हैं?
(a) जल (b) अमोनिया
(c) सोडियम सायनाइड (d) पोटैशियम ब्रोमाइड

68. निम्न में से किस अणु का द्विध्रुव आघूर्ण शून्य होता है?
(a) NH_3 (b) BF_3 (c) NF_3 (d) ClO_2

69. आयनिक क्रिस्टल जल में घुलनशील होते हैं, क्योंकि
(a) जल एक उभयधर्मी विलायक है
(b) जल एक उच्च क्वथनांक वाला द्रव है
(c) विलयन की धनात्मक ऊष्मा द्वारा होने वाला प्रक्रम है
(d) सॉल्वेशन के कारण जल, क्रिस्टल में अन्तर आयनिक आकर्षण बल को कम कर देता है

70. सहसंयोजी बन्ध ऐसे दो तत्वों के मध्य बनता है
(a) जिनकी विद्युत ऋणात्मकताएँ समान होती है
(b) जिनकी आयनिक ऊर्जा कम होती है
(c) जिनके क्वथनांक कम होते हैं
(d) जो बहुत कम आवेश वाला आयन बनाते हैं

71. मेथेनॉल तथा एथेनॉल पानी में मिश्रणीय हैं, क्योंकि इसमें है
(a) सहसंयोजक गुण (b) हाइड्रोजन बन्ध गुण
(c) ऑक्सीजन बन्ध गुण (d) इनमें से कोई नहीं

72. हाइड्रोजन फ्लोराइड द्रव होता है, जबकि दूसरे हाइड्रोजन हैलाइड नहीं है, क्योंकि
(a) HF अणु में हाइड्रोजन बन्ध होता है
(b) F_2 बहुत अधिक क्रियाशील होता है
(c) सभी हाइड्रोजन में हैलाइड में HF सबसे प्रबल अम्ल है
(d) सभी हैलोजन में फ्लोरीन परमाणु सबसे छोटा होता है

73. विद्युत संयोजकता के लिये अनुकूल परिस्थितियाँ हैं
(a) आयनों पर कम आवेश, बड़ा धनायन तथा छोटा ऋणायन
(b) आयनों पर अधिक आवेश, छोटा धनायन तथा बड़ा ऋणायन
(c) आयनों पर अधिक आवेश, बड़ा धनायन तथा छोटा ऋणायन
(d) आयनों पर कम आवेश, छोटा धनायन तथा बड़ा ऋणायन

74. $KMnO_4$ में मैंगनीज की संयोजकता क्या होगी?
(a) 2 (b) 4
(c) 6 (d) 7

75. किसी तत्व का इलेक्ट्रॉनिक वितरण $1s^2, 2s^2, 2p^6, 3s^2, 3p^2$ है। इसके संयोजी इलेक्ट्रॉनों की संख्या होगी
(a) 2 (b) 3
(c) 4 (d) 5

76. जब धातु, अधातु से संयोग करता है, तब धातु में होता है
(a) इलेक्ट्रॉन त्यागना (b) इलेक्ट्रॉन ग्रहण करना
(c) विद्युतीय उदासीन (d) इनमें से कोई नहीं

77. कैल्सियम पायरोफॉस्फेट का रासायनिक सूत्र $Ca_2P_2O_7$ है, तो फेरी पायरोफॉस्फेट का सूत्र होगा
(a) $Fe_3(P_2O_7)_3$ (b) $Fe_4(P_2O_7)_3$
(c) $Fe_4P_4O_{10}$ (d) Fe_3PO_4

78. एक यौगिक X तथा Y तत्वों से मिलकर बना है। X का तुल्यांक भार इसके परमाणु भार का एक-चौथाई है तथा Y का तुल्यांक भार इसके परमाणु भार का आधा है। यौगिक का सूत्र है
(a) XY (b) XY_2
(c) X_2Y (d) X_4Y_2

79. जब X_aY_b सूत्र वाला एक आयनिक यौगिक जल में घोला जाता है, तब प्राप्त आयन होंगे
(a) X^{a+} तथा Y^{b-} (b) ${}_aX^{a+}$ तथा ${}_bY^{a-}$
(c) ${}_bX^{b+}$ तथा ${}_aX^{b-}$ (d) ${}_aX^{b+}$ तथा ${}_bY^{a-}$

80. निम्न में वह प्रजाति कौन-सी है जो अनुचुम्बकीय प्रवृत्ति को प्रदर्शित नहीं करती?
(a) O_2^+ (b) O_2
(c) O_2^{2-} (d) H_2^+

81. निम्न में से किस हैलाइड का गलनांक उच्चतम है?
(a) NaBr (b) NaCl
(c) NaF (d) NaI

82. दो कार्बन परमाणुओं के बीच पाया जाने वाला कौन-सा कार्बनिक रासायनिक बन्ध सरलता से विकृत हो सकता है?
(a) एकल बन्ध (b) ऐरोमैटिक चक्र
(c) त्रिबन्ध (d) द्विबन्ध

83. निम्न में से किसमें, केन्द्र परमाणु sp^3 संकर कक्षकों को बन्धुता में प्रयोग नहीं करता?
(a) BeF_3^- (b) OH_3^+
(c) NF_3 (d) NH_4^+

84. निम्न में से द्विध्रुव आघूर्ण किसका अधिकतम है?
(a) HF (b) HCl
(c) HI (d) HBr

85. निम्न में से कौन-सा यौगिक अष्टक नियम का अनुपालन नहीं करता है?
(a) PH_3 (b) H_2O
(c) PCl_3 (d) PCl_5

86. निम्न में से कौन-सा कथन असत्य है?
(a) मेथेन का अणु, आकृति में चतुष्फलकीय होता है
(b) P_2O_5 दो शीर्ष से जुडे हुए पिरैमिड की भाँति लगता है
(c) निकेल ट्रेटाफ्लोराइड, आकृति में वर्गीय समतलीय होता है
(d) ऐसीटिलीन का अणु रैखिक नहीं होता है

87. Br तथा Cl के मध्य किस प्रकार का बन्ध होता है
(a) अध्रुवीय
(b) ध्रुवीय तथा ऋणात्मक सिरा Cl पर होता है
(c) आयनिक
(d) ध्रुवीय तथा ऋणात्मक सिरा Br पर होता है

88. निम्न में से कौन-सा पदार्थ सहसंयोजी बन्ध रखता है?
(a) जर्मेनियम (b) NaCl
(c) ठोस नियॉन (d) कॉपर

89. हाइड्रोजन परमाणु को छोड़कर $2p$-कक्षक की ऊर्जा
(a) $2s$-कक्षक से कम है
(b) $2s$-कक्षक से अधिक है
(c) $2s$-कक्षक के बराबर है
(d) $2s$-कक्षक की ऊर्जा से दुगुनी है

90. कार्बन ट्रेटाक्लोराइड है, एक
(a) ध्रुवीय अणु (b) आयनित अणु
(c) अध्रुवीय अणु (d) इनमें से कोई नहीं

91. H_2SO_4 की इलेक्ट्रॉनिक संरचना में कुल असहभाजित इलेक्ट्रॉनों की संख्या है
(a) 20 (b) 16
(c) 12 (d) 8

92. ऐसीटिक अम्ल की इलेक्ट्रॉनिक संरचना में होते हैं
(a) 16 युग्मित व 8 अयुग्मित इलेक्ट्रॉन
(b) 8 युग्मित व 16 अयुग्मित इलेक्ट्रॉन
(c) 12 युग्मित व 12 अयुग्मित इलेक्ट्रॉन
(d) 18 यग्मित व 6 अयुग्मित इलेक्ट्रॉन

93. हाइड्रोजन परमाणु आपस में जुड़कर H_2 अणु निम्न में से किसके द्वारा बनाते है?
(a) हाइड्रोजन बन्ध (b) आयनिक बन्ध
(c) सहसंयोजी बन्ध (d) डेटिव बन्ध

94. निम्न में से किस N_2 अणु कक्षक की ऊर्जा न्यूनतम होगी
(a) $\pi 2p_y$ (b) $\pi^* 2p_x$
(c) $\sigma 2s$ (d) $\sigma 2p_z$

95. जल के अणु में बन्ध कोण लगभग होता है
(a) 120° (b) 180°
(c) 109°28′ (d) 104°30′

96. $HC{\equiv}C{-}CH{=}CH_2$ में C—C एकल बन्ध में कार्बन परमाणुओं का संकरण होता है
(a) $sp^3 - sp^3$ (b) $sp^2 - sp^3$
(c) $sp - sp^2$ (d) $sp^3 - sp$

97. हाइड्रोजन बन्ध का निर्माण होता है, जब यौगिक में उपस्थित होते हैं हाइड्रोजन और
(a) अत्यधिक विद्युत ऋणात्मक परमाणु
(b) अत्यधिक विद्युत धनात्मक परमाणु
(c) d-कक्षक भरे धातु परमाणु
(d) उपधातु

98. PCl_5 अणु निम्नलिखित संकरण का परिणाम है
(a) sp^2d^2 (b) sp^3d
(c) spd^3 (d) sp^2d^3

99. सहसंयोजक अणुओं का क्रिस्टल संरचना में होने का कारण है
(a) द्विध्रुव-द्विध्रुव आकर्षण
(b) स्थिर विद्युत आकर्षण
(c) हाइड्रोजन बन्ध
(d) वान्डर वाल्स आकर्षण

100. संयोजकता कोश इलेक्ट्रॉन युग्म प्रतिकर्षण (VSEPR) सिद्धान्त के अनुसार, उस अणु की सम्भव आकृति जिसके परमाणु के बाह्य कोश में 4 इलेक्ट्रॉन युग्म हो, निम्न होगी
(a) रेखिक (b) चतुष्फलकीय
(c) षट्कोणीय (d) अष्टफलकीय

101. सिलिकॉन कार्बाइड (SiC) है
(a) आयनिक ठोस (b) धात्विक ठोस
(c) सहसंयोजक ठोस (d) आण्विक ठोस

102. s-s अतिव्यापन से
(a) π-बन्ध बनता है
(b) σ-बन्ध बनता है
(c) हाइड्रोजन बन्ध बनता है
(d) कोई बन्ध नहीं बनता है

103. निम्न में से कौन-सा बन्ध सर्वाधिक मात्रा में हाइड्रोजन बन्ध के लिये उत्तरदायी होगा
(a) O—H (b) S—H
(c) N—H (d) F—H

104. निम्न में से कौन-से अणु की आकृति V प्रकार की होगी
(a) SO_2 (b) C_2H_2 (c) CO_2 (d) $SnCl_4$

105. H_2O_2 में दो ऑक्सीजन परमाणु के मध्य होता है
(a) विद्युत संयोजक बन्ध (b) सहसंयोजक बन्ध
(c) कोई आबन्ध नहीं (d) उपसहसंयोजक बन्ध

106. $BeCl_2$ में बेरेलियम परमाणु में किस प्रकार का संकरण पाया जाता है
(a) sp (b) sp^2 (c) sp^3d (d) sp^3

107. किसमें हाइड्रोजन बन्ध पाये जाते है?
(a) H_2 (b) बर्फ
(c) हाइड्रोकार्बन (d) गन्धक

108. विद्युत संयोजक बन्ध का बनना निर्भर करता है
(a) आयनन ऊर्जा पर (b) जालक ऊर्जा पर
(c) इलेक्ट्रॉन बन्धुता पर (d) इन तीनों पर

109. पाई (π) बन्ध बनता है
(a) नाभिक के अक्ष पर परमाणवीय कक्षकों के अतिव्यापन से
(b) p-कक्षक के साथ s-कक्षक के अतिव्यापन से
(c) अर्ध-पूरित p-कक्षकों के पार्श्ववर्ती अतिव्यापन से
(d) पाई-इलेक्ट्रॉन के पारस्परिक साझे के द्वारा

110. सहसंयोजी यौगिक
(a) विद्युत के सुचालक होते हैं
(b) विद्युत के कुचालक होते हैं
(c) केवल गर्म करने पर विद्युत संचालन करते हैं
(d) केवल जलीय अवस्था में विद्युत का संचालन करते हैं

111. XeF_2 अणु है
(a) रेखीय (b) त्रिकोणीय समतलीय
(c) पिरैमिडीय (d) वर्ग समतलीय

112. आण्विक कक्षक सिद्धान्त के आधार पर CO का बन्ध क्रम कितना होगा?
(a) 0 (b) 1
(c) 3 (d) 2

113. अमोनिया का बन्ध कोण क्या होगा?
(a) 109°28′ (b) 90°
(c) 107° (d) 105°

114. निम्नलिखित कथनों में से कौन-सा सहसंयोजक बन्ध के बारे में सही नहीं हैं?
(a) इलेक्ट्रॉन परमाणुओं के बीच साझी होते हैं
(b) बन्ध अदिशात्मक होता है
(c) बन्ध का बल अतिव्यापन की दर पर निर्भर करता है
(d) जो बन्ध बनता है, वह ध्रुवीय भी हो सकता है नहीं भी

115. $AlCl_3$ सहसंयोजी होता है, जबकि AlF_3 आयनिक होता है। इसकी विवेचना किसके द्वारा की जा सकती है?
(a) क्रिस्टलीय संरचना द्वारा
(b) जालक ऊर्जा द्वारा
(c) फैजान के नियम द्वारा
(d) संयोजकता बन्ध सिद्धान्त द्वारा

116. निम्न में से किस एक का द्विध्रुव आघूर्ण शून्य है
(a) C_6H_6 (b) CO
(c) NH_3 (d) SO_2

117. H_2O का क्वथनांक 100°C तथा H_2S का क्वथनांक –42°C है। इसे किस आधार पर समझाया जा सकता है
(a) सहसंयोजक बन्ध (b) वाण्डरवाल्स बल
(c) हाइड्रोजन बन्ध (d) आयनिक बन्ध

118. सबसे प्रबल बन्ध बनता है जब परमाणु कक्षक में
(a) अधिकतम अतिव्यापन होता है
(b) न्यूनतम अतिव्यापन होता है
(c) अतिव्यापन नहीं होता है
(d) उपरोक्त में से कोई नहीं

119. निम्न में से ऐसा कौन-सा अणु है जो अनुचुम्बकीय हो तथा जिसका बन्ध क्रम 0.5 हो?
(a) H_2^+ (b) F_2
(c) O_2 (d) N_2

120. अणु जिसमें एक अयुग्मित इलेक्ट्रॉन है
(a) NO (b) CO
(c) CN^- (d) O_2

121. निम्नलिखित में से किस पदार्थ का क्वथनांक सबसे अधिक होगा
(a) He (b) CsF
(c) NH_3 (d) $CHCl_3$

122. धातु के फॉस्फेट का सूत्र MPO_4 है तो इसके नाइट्रेट का सूत्र होगा
(a) MNO_3 (b) $M_2(NO_3)_2$
(c) $M(NO_3)_2$ (d) $M(NO_3)_3$

123. अमोनिया की संरचना है
(a) त्रिकोणीय (b) चतुष्फलकीय
(c) पिरामिडीय (d) त्रिकोणीय पिरामिडीय

124. निम्नलिखित में से किसमें विद्युत संयोजकता एवं सहसंयोजकता दोनों हैं
(a) NaCl (b) NaOH
(c) H_2O (d) गैस

125. किस अणु में सभी परमाणु एकतलीय है
(a) CH_4 (b) BF_3
(c) PF_3 (d) NH_3

126. निम्न में से कोई सहसंयोजी तथा आयनिक बन्ध दोनों उपस्थित है?
(a) फीनॉल (b) NH_3
(c) जल (d) HCl

127. निम्न में से किसमें सहसंयोजी तथा आयनिक बन्ध दोनों उपस्थित हैं?
(a) CCl_4 में (b) NH_4Cl में
(c) $CaCl_2$ में (d) H_2O में

128. निम्न में से कौन-सा जल में अघुलनशील है?
(a) AgF (b) AgI
(c) KBr (d) $CaCl_2$

129. ग्रेफाइट में कार्बन परमाणु किस प्रकार का होगा?
(a) sp^2-संकरित (b) sp-संकरत
(c) sp^3-संकरित (d) इनमें से कोई नहीं

130. उपसहसंयोजी बन्ध में ग्राही परमाणु को संयोजी कोश में उपस्थित कक्षक में निम्न में से क्या होना चाहिये?

(a) युग्मित इलेक्ट्रॉन (b) तीन इलेक्ट्रॉन
(c) कोई इलेक्ट्रॉन नहीं (d) एकल इलेक्ट्रॉन

131. निम्न में से किसके बीच धात्विक बन्ध का निर्माण होता है?
(a) दो अधिकतम विद्युतऋणी तत्वों के बीच
(b) दो अधिकतम धनविद्युती तत्वों के बीच
(c) एक धन विद्युती तथा एक ऋणविद्युती तत्व के बीच
(d) उपरोक्त में से कोई नहीं

132. निम्न में से कौन-सा पदार्थ जल में सबसे कम घुलनशील है?
(a) $CaSO_4$ (b) $MgSO_4$
(c) Na_2SO_4 (d) $BaSO_4$

133. $K_4[Fe(CN)_6]$ में बन्ध होते हैं
(a) सभी आयनिक
(b) सभी सहसंयोजी
(c) आयनिक, तथा सहसंयोजी
(d) आयनिक, सहसंयोजी तथा उपसहसंयोजी

134. आयनिक क्रियाएँ होती हैं
(a) तीव्र
(b) मन्द
(c) औसत गति वाली
(d) उपरोक्त में से कोई नहीं

135. निम्न में से कौन-सा यौगिक आयनिक या विद्युत संयोजी है
(a) CCl_4 (b) $MgCl_2$
(c) $SiCl_4$ (d) PCl_5

136. धात्विक बन्ध निम्न में किस प्रकार का होगा?
(a) आयनिक
(b) इलेक्ट्रोस्थैतिक
(c) ध्रुवीय सहसंयोजी
(d) अध्रुवीय सहसंयोजी

137. वह अणु, जिसके केन्द्र परमाणु पर चार इलेक्ट्रॉन युग्म पाये जाते हो, वह किस प्रकार का होगा?
(a) रैखिक (b) त्रिकोणीय समतलीय
(c) चतुष्फलकीय (d) अष्टफलकीय

138. निम्न में सबसे अधिक दुर्बल है?
(a) आयनिक बन्ध (b) सहसंयोजी बन्ध
(c) धात्विक बन्ध (d) वाण्डरवाल्स बल

139. जल के अणुओं के दिष्ट बन्ध कौन-सा कोण बनाते हैं?
(a) 90° (b) 120° (c) 105° (d) 60°

140. परमाणु द्वारा तत्व के निर्माण में
(a) आकर्षण बल लगते हैं
(b) विकर्षण बल लगते हैं
(c) आकर्षण एवं विकर्षण दोनों बल लगते हैं
(d) उपरोक्त में से कोई नहीं

सही उत्तर

1 (d)	2 (b)	3 (b)	4 (c)	5 (b)	6 (b)	7 (d)	8 (a)	9 (b)	10 (b)
11 (c)	12 (d)	13 (d)	14 (c)	15 (a)	16 (d)	17 (d)	18 (b)	19 (b)	20 (a)
21 (a)	22 (c)	23 (d)	24 (d)	25 (b)	26 (b)	27 (c)	28 (b)	29 (a)	30 (d)
31 (d)	32 (c)	33 (b)	34 (b)	35 (c)	36 (a)	37 (b)	38 (c)	39 (a)	40 (d)
41 (d)	42 (b)	43 (d)	44 (d)	45 (b)	46 (b)	47 (b)	48 (d)	49 (c)	50 (d)
51 (b)	52 (a)	53 (a)	54 (c)	55 (a)	56 (a)	57 (b)	58 (c)	59 (c)	60 (c)
61 (d)	62 (b)	63 (a)	64 (b)	65 (a)	66 (b)	67 (c)	68 (b)	69 (d)	70 (a)
71 (b)	72 (a)	73 (a)	74 (d)	75 (c)	76 (a)	77 (b)	78 (b)	79 (d)	80 (c)
81 (c)	82 (c)	83 (a)	84 (a)	85 (d)	86 (d)	87 (b)	88 (a)	89 (b)	90 (c)
91 (a)	92 (a)	93 (c)	94 (c)	95 (d)	96 (c)	97 (a)	98 (b)	99 (d)	100 (b)
101 (c)	102 (b)	103 (d)	104 (a)	105 (b)	106 (a)	107 (b)	108 (d)	109 (c)	110 (b)
111 (a)	112 (c)	113 (c)	114 (b)	115 (c)	116 (a)	117 (c)	118 (a)	119 (b)	120 (a)
121 (b)	122 (d)	123 (c)	124 (b)	125 (b)	126 (d)	127 (b)	128 (b)	129 (a)	130 (c)
131 (b)	132 (d)	133 (d)	134 (a)	135 (b)	136 (a)	137 (b)	138 (d)	139 (c)	140 (c)

अध्याय 03 विलयन एवं साम्यवस्था

विलयन

- दो या दो से अधिक अवयवों का समांगी मिश्रण **विलयन** कहलाता है। किसी द्विअंगी विलयन (जिसमें दो अवयव हों) में जो अवयव अधिक मात्रा में उपस्थित होता है, **उसे विलायक** कहते हैं तथा दूसरे अवयव को विलेय कहते हैं।
- अवयवों की मात्रा के आधार पर विलयनों को **तनु और सान्द्र विलयन**, **संतृप्त और असंतृप्त विलयन** तथा **अतिसंतृप्त विलयन** में वर्गीकृत किया जा सकता है।
- विलायकों की भौतिक प्रावस्था के आधार पर विलयनों को **ठोस विलयन**, **द्रव विलयन** एवं **गैस विलयन** में वर्गीकृत किया जा सकता है।

विलयन की सान्द्रता

विलयन के प्रति इकाई आयतन (या इकाई मात्रा) में उपस्थित विलेय की मात्रा विलयन की सान्द्रता कहलाती है। विलयन की सान्द्रता व्यक्त करने की प्रमुख विधियाँ इस प्रकार हैं

(i) *W/W* **अथवा भार/भार या द्रव्यमान प्रतिशत**

अवयव का द्रव्यमान (%)

$$= \frac{\text{विलयन में उपस्थित अवयव का द्रव्यमान (ग्राम)} \times 100}{\text{विलयन का कुल द्रव्यमान (ग्राम)}}$$

(ii) *W/V* **अथवा भार/आयतन प्रतिशत**

$$\text{विलेय का भार/आयतन \%} = \frac{\text{विलेय पदार्थ का भार (ग्राम)} \times 100}{\text{विलयन का आयतन}}$$

(iii) *V/V* **अथवा आयतन प्रतिशत**

$$\text{विलेय का आयतन \%} = \frac{\text{विलेय का आयतन (मिली)} \times 100}{\text{विलयन का आयतन (मिली)}}$$

(iv) **अंश प्रति मिलियन (ppm)**

$$\text{ppm में सान्द्रता} = \frac{\text{विलेय का भार (ग्राम)} \times 10^6}{\text{विलयन का भार (ग्राम)}}$$

(v) **अंश प्रति बिलियन (ppb)**

$$\text{ppb में सान्द्रता} = \frac{\text{विलेय को अंश का द्रव्यमान} \times 10^9}{\text{विलयन का कुल द्रव्यमान}}$$

(vi) **मोलरता (*M*)** $= \frac{\text{विलेय के मोलों की संख्या}}{\text{विलयन का आयतन (लीटर)}}$

(vii) **मोललता (*m*)** $= \frac{\text{विलेय के मोलों की संख्या}}{\text{विलायक का भार (किग्रा)}}$

(viii) **नॉर्मलता (*N*)** $= \frac{\text{विलेय के ग्राम - तुल्यांकों की संख्या}}{\text{विलयन का आयतन (लीटर)}}$

नोट विलयन की मोलरता और नार्मलता में सम्बन्ध

$$\text{विलयन की नॉर्मलता} = \text{मोलरता} \times \frac{\text{आण्विक द्रव्यमान}}{\text{तुल्यांकी द्रव्यमान}}$$

$$\text{अम्ल की नॉर्मलता} = \text{मोलरता} \times \text{क्षारकता}$$

$$\text{क्षार की नॉर्मलता} = \text{मोलरता} \times \text{अम्लीयता}$$

एक द्विअंगी विलयन जिसमें विलायक और विलेय के मोलों की संख्या क्रमशः n_1 और n_2 हैं।

(ix) **मोल प्रभाज (χ)** विलायक का मोल प्रभाज, $\chi_1 = \frac{n_1}{n_1 + n_2}$

विलेय का मोल प्रभाज, $\chi_2 = \frac{n_2}{n_1 + n_2}$

(x) **फॉर्मलता** $= \frac{\text{विलेय के ग्राम - सूत्र भार की संख्या}}{\text{विलयन का आयतन (लीटर)}}$

- **हेनरी का नियम** स्थिर ताप पर किसी गैस का वाष्प अवस्था में आंशिक दाब (p) उस विलयन में गैस के मोल-अंश (मोल-प्रभाज) के समानुपाती होता है।

$$p \propto \chi \text{ या } p = K_H \cdot \chi \quad (K_H = \text{हेनरी स्थिरांक})$$

यदि हम गैस के मोल अंश को उसकी विलेयता माने तो हेनरी के नियमानुसार स्थिर ताप पर किसी गैस की द्रव में विलेयता गैस के आंशिक दाब के समानुपाती होती है। सामान्यता ताप में वृद्धि होने के साथ गैसों की विलेयता घटती है।

वाष्प दाब

किसी ताप पर द्रव तथा उसकी वाष्प के मध्य साम्य अवस्था में द्रव के पृष्ठ पर लगने वाला वाष्प का दाब, 'वाष्प दाब' कहलाता है। कम क्वथनांक वाले द्रव का वाष्प दाब अधिक होता है। किसी विलायक या द्रव में अवाष्पशील विलेय घोलने पर विलेय के अणु, द्रव (विलायक) के अणुओं की निर्गामी प्रवृत्ति (द्रव के अणुओं की वाष्प में बदलने की प्रवृत्ति) पर एक प्रकार का अवरोध उत्पन्न करते हैं, जिससे विलायक का वाष्प दाब कम हो जाता है। इस घटना को वाष्प दाब का अवनमन कहते हैं।

राउल्ट का नियम राउल्ट के नियम के अनुसार, किसी दिए गए ताप पर विलयन के किसी घटक का आंशिक वाष्प दाब (p), इसके मोल प्रभाज (χ) तथा शुद्ध अवस्था में इस घटक के वाष्प दाब ($p°$) के गुणनफल के बराबर होता है। दो द्रवों A और B वाले आदर्श विलयन के लिए,

$$p_A = p_A^\circ \cdot \chi_A \text{ और } p_B = p_B^\circ \cdot \chi_B$$

विलयन का कुल वाष्प दाब, $p_s = p_A^\circ \cdot \chi_A + p_B^\circ \cdot \chi_B$

(p_A और p_B, A और B के आंशिक दाब है। p_A° और p_B° क्रमशः शुद्ध अवस्था में A और B के वाष्प दाब हैं। χ_A और χ_B क्रमशः A और B के मोल प्रभाज है।)

नोट माना वाष्प अवस्था में दो घटकों A और B के मोल अंश क्रमशः y_A और y_B हैं तो डाल्टन के आंशिक दाब नियम से,

$p_A = y_A p$ कुल और $p_B = y_B p$ कुल

- आदर्श विलयन के लिए, $\Delta H_{\text{मिश्रण}} = 0$, $\Delta V_{\text{मिश्रण}} = 0$ तथा $\Delta S_{\text{मिश्रण}} > 0$
- अनादर्श विलयन के लिए, $p_A \neq p_A^\circ \cdot \chi_A$ और $p_B \neq p_A^\circ \cdot \chi_B$
- $\Delta H_{\text{मिश्रण}} \neq 0$, $\Delta V_{\text{मिश्रण}} \neq 0$

अणुसंख्य गुणधर्म

- विलयन के वे गुणधर्म जो विलयन में उपस्थित विलेय (अवाष्पशील) के कणों की संख्या पर निर्भर करते हैं, अणुसंख्य गुणधर्म कहलाते हैं। वाष्प दाब में आपेक्षिक अवनमन, क्वथनांक के उन्नयन, हिमांक में अवनमन और परासरण दाब विलयन के अणुसंख्य गुणधर्म हैं।

(i) **वाष्पदाब में आपेक्षिक अवनमन** किसी विलायक के वाष्प दाब में अवनमन तथा शुद्ध विलायक के वाष्प दाब के अनुपात को वाष्प दाब का आपेक्षिक अवनमन कहते हैं तथा राउल्ट के नियमानुसार, अवाष्पशील विलेय पदार्थों के विलयन के लिए वाष्प दाब का आपेक्षिक अवनमन विलयन में विलेय के मोल प्रभाज ($\chi_{\text{विलेय}}$) के बराबर होता है।

$$\frac{p^\circ - p_s}{p^\circ} = x_2 \text{ विलेय} = \frac{n_2}{n_1 + n_2} \text{ राउल्ट के नियम से}$$

$$\frac{p^\circ - p_s}{p^\circ} = \frac{W_2 . M_1}{M_2 . W_1}$$

(तनु वियलनों के लिए $n_2 << n_1$)

(n_1 और n_2 क्रमशः विलायक और विलेय के मोल हैं)

p° = शुद्ध विलायक का वाष्प दब

p_s = विलयन का वाष्प दाब,

W_1 = विलायक का भार (g)

M_1 और M_2 क्रमशः विलायक और विलेय के अणुभार हैं।

(ii) **क्वथनांक में उन्नयन (ΔT_b)** विलायक के 1000 ग्राम में विलेय पदार्थ के 1 मोल को घोलने पर क्वथनांक में होने वाली वृद्धि (उन्नयन) **मोलल उन्नयन स्थिरांक** कहलाती है। विलायक के 100 ग्राम लेने पर इसे **मोलर उन्नयन स्थिरांक** कहते हैं।

$$\Delta T_b = K_b . m = \frac{K_b \times W_2 \times 1000}{M_2 \times W_1}$$

(K_b = मोलल उन्नयन स्थिरांक, W_2 = विलेय का भार (g), W_1 = विलायक का भार (g) तथा M_2 = विलेय का अणुभार)

मोलल उन्नयन स्थिरांक का मान प्रत्येक विलायक के लिए स्थिर रहता है, चाहे विलेय पदार्थ कोई भी हो, क्योंकि जब विलायक में एक मोल घोलते हैं, तो उससे प्राप्त अणुओं की संख्या सदैव स्थिर रहती हैं।

(iii) **हिमांक में अवनमन (ΔT_f)** हिमांक पर पदार्थ के द्रव तथा ठोस स्वरूपों के वाष्प दाब समान होते हैं। जब किसी विलेय पदार्थ को किसी विलायक में घोला जाता है, तो विलायक का हिमांक कम हो जाता है, हिमांक में उत्पन्न इस कमी को हिमांक में अवनमन कहा जाता है।

$$\Delta T_f = K_f . m = \frac{K_f \times W_2 \times 1000}{M_2 \times W_1}$$

K_f = मोलल अवमन स्थिरांक)

मोलल अवनमन स्थिरांक (K_f)

किसी विलेय के 1 मोल को विलायक के 1000 ग्राम (1 किग्रा) में घोलने पर हिमांक में जो अवनमन होता है, उसे मोलल अवनमन स्थिरांक कहते हैं।

परासरण दाब (π)

अर्द्धपारगम्य झिल्ली से होकर शुद्ध विलायक से विलयन की ओर अथवा तनु विलयन से सान्द्र विलयन की ओर विलायक का स्वतः प्रवाह परासरण कहलाता है तथा परासरण रोकने के लिए विलयन पर लगाया गया बाह्य दाब परासरण दाब के बराबर होता है।

$$\pi V = nRT \text{ या } \pi = \frac{nRT}{V} \quad \text{या } \pi = CRT\left(C = \frac{n}{V}\right)$$

R = विलयन स्थिरांक, C = सान्द्रता (मोल/ली में), V = आयतन (लीटर)

T = ताप केल्विन में तथा n = विलेय के मोलों की संख्या

वाण्ट-हॉफ गुणांक $(i) = \dfrac{\text{किसी अणुसंख्य गुणधर्म का प्रायोगिक मान}}{\text{उसी अणुसंख्य गुणधर्म का सामान्य मान}}$

विद्युत-अपघट्य के लिए, $i > 1$

विद्युत अन-अपघट्य के लिए, $i = 1$

वाण्ट हॉफ गुणांक (i) का अणुसंख्य गुणों से सम्बन्ध

(i) $\dfrac{p^\circ - p_S}{p^\circ} = i x_{2(\text{विलेय})}$

(ii) $\Delta T_b = i K_b m$

(iii) $\Delta T_f = i K_f m$

(iv) $\pi = iCRT$

वाण्ट-हॉफ गुणांक एवं वियोजन की मात्रा में सम्बन्ध $\alpha = \dfrac{i - 1}{(n-1)}$

वाण्ट-हॉफ गुणांक एवं संगुणन की मात्रा में सम्बन्ध $\alpha = \dfrac{n(1-i)}{(n-1)}$

जहाँ, n = एक अणु के पूर्ण वियोजित या संगुणित होने पर प्राप्त कुल आयनों की संख्या है।

साम्यावस्था

उत्क्रमणीय अभिक्रियाओं की ऐसी अवस्था जिस पर अग्र अभिक्रिया की गति (वेग), पश्च अभिक्रिया की गति के बराबर हो जाती है, साम्यावस्था कहलाती है।

उदाहरण जल $\rightleftharpoons$ वाष्प

भौतिक प्रक्रमों में साम्यावस्था

यदि किसी निकाय की केवल भौतिक अवस्थाओं (States) या प्रावस्थाओं (Phases) में परिवर्तन से साम्यावस्था प्राप्त हो जाती है, तो उसे भौतिक साम्य (Physical equilibrium) कहते हैं। पदार्थ की तीनों अवस्थाओं के आधार पर भौतिक साम्य निम्न प्रकार के होते हैं

(i) ठोस-द्रव साम्यावस्था

(ii) द्रव-वाष्प साम्यावस्था

(iii) ठोस-वाष्प साम्यावस्था

(iv) द्रव में ठोस की घुलनशीलता-सम्बन्धी साम्य

(v) द्रव में गैस की घुलनशीलता सम्बन्धी साम्य

भौतिक प्रक्रमों में साम्यावस्था के सामान्य अभिलक्षण

(i) यह केवल बन्द निकायों में ही प्राप्त की जा सकती है।

(ii) इसकी प्रकृति **गतिशील** (Dynamic) होती है।

(iii) इस स्थिति में प्रेक्षणीय गुण स्थिर हो जाते हैं।

रासायनिक प्रक्रमों में साम्यावस्था

किसी उत्क्रमणीय अभिक्रिया की वह अवस्था जिसमें अभिकारकों तथा उत्पादों की सान्द्रताएँ स्थिर हो जाती हैं तथा समय के साथ परिवर्तित नहीं होती हैं, रासायनिक साम्यावस्था कहलाती है।

रासायनिक साम्यावस्था के प्रमुख लक्षण

(i) साम्यावस्था में अग्र तथा विपरीत (पश्च) अभिक्रियाओं के वेग बराबर हो जाते हैं।

(ii) ताप, दाब, आयतन या सान्द्रण में परिवर्तन करने पर साम्यावस्था परिवर्तित होती है।

(iii) साम्यावस्था पर, अभिकारकों व उत्पादों की मात्राएँ व सान्द्रताएँ स्थिर रहती हैं तथा साम्यावस्था गतिशील होती है।

रासायनिक साम्यावस्था के प्रकार

(i) **समांगी साम्यावस्था** वह साम्यावस्था जिसमें अभिकारकों की अवस्था समान होती है, समांगी साम्यावस्था कहलाती है।

$$Fe^{3+}(aq) + SCN^-(aq) \rightleftharpoons [Fe(SCN)]^{2+}(aq)$$

(ii) **विषमांगी साम्यावस्था** वह साम्यावस्था जिसमें अभिकारकों एवं उत्पादों की अवस्था भिन्न-भिन्न होती है। विषमांगी साम्यावस्था कहलाती है।

$$CaCO_3(s) \rightleftharpoons CaO(s) + CO_2(g)$$

सक्रिय द्रव्यमान

गैस प्रावस्था या तनु विलयन में, किसी पदार्थ की मोलर सान्द्रता को उसका सक्रिय द्रव्यमान कहते हैं। मोलर सान्द्रता अर्थात् इकाई आयतन में पदार्थ के मोलों की संख्या, प्रायः मोल/लीटर में व्यक्त की जाती है। अतः

$$\text{पदार्थ का सक्रिय द्रव्यमान} = \frac{\text{पदार्थ के मोलों की संख्या}}{\text{आयतन (लीटर में)}} = \frac{\text{पदार्थ की मात्रा/अणु भार}}{\text{आयतन (लीटर में)}}$$

साम्य की गतिक प्रकृति

जब साम्यावस्था स्थापित हो जाती है, तो अभिक्रिया रूकती नहीं है अपितु अग्र तथा पश्च अभिक्रियाएँ समान वेग से दोनों ओर होती रहती है।

द्रव्यानुपाती क्रिया का नियम

इस नियम के अनुसार, "स्थिर ताप पर किसी पदार्थ की क्रिया करने की दर उसके सक्रिय द्रव्यमान के समानुपाती होती है तथा किसी रासायनिक अभिक्रिया की दर इसके सभी अभिकारकों के सक्रिय द्रव्यमानों के गुणनफल के समानुपाती होती है।"

वेग स्थिरांक

किसी अभिक्रिया का वेग स्थिरांक अभिकारकों का आण्विक सान्द्रण इकाई होने की स्थिति में अभिक्रिया के वेग के बराबर होता है। स्थिरांक का मान ताप बढ़ाने पर बढ़ जाता है तथा धनात्मक उत्प्रेरक की उपस्थिति में भी इसका मान बढ़ जाता है।

साम्यावस्था स्थिरांक

किसी उत्क्रमणीय अभिक्रिया का साम्यावस्था स्थिरांक (K_C), अग्र अभिक्रिया तथा पश्च अभिक्रियाओं के वेग स्थिरांकों के अनुपात के बराबर होता है।

उदाहरण अभिक्रिया $aA + bB \rightleftharpoons cC + dD$ के लिए,

$$\text{साम्यावस्था}, K_C = \frac{[C]^c\,[D]^d}{[A]^a\,[B]^b}$$

$$K_C \text{ का मात्रक} = (\text{मोल/लीटर})^{\Delta n}$$

जहाँ, Δn = गैसीय उत्पादों के मोलों की संख्या − गैसीय अभिकारकों के मोलों की संख्या

साम्य स्थिरांक का मान अभिकारकों की प्रारम्भिक सान्द्रता, उत्प्रेरक की उपस्थिति तथा अक्रिय पदार्थों की उपस्थिति, साम्यावस्था प्राप्त करने की दिशा पर निर्भर नहीं करता है। समीकरण को n से गुणा/भाग करने पर नया साम्यावस्था स्थिरांक पूर्व मान का n गुना/n वीं घात होता है।

गैसीय पदार्थों के बीच अभिक्रिया होने पर, साम्यावस्था स्थिरांक (K_p) गैसीय उत्पादों के आंशिक दाब तथा गैसीय अभिकारकों के आंशिक दाब के अनुपात के बराबर होता है।

$$K_p = \frac{p_C^{m_1} \cdot p_D^{m_2}}{p_A^{n_1} \cdot p_B^{n_2}}$$

$$K_p \text{ का मात्रक} = (\text{वायुमण्डलीय})^{\Delta n}$$

K_C **तथा** K_p **में सम्बन्ध** $K_p = K_C(RT)^{\Delta n}$

साम्यावस्था स्थिरांक के अनुप्रयोग

(i) अभिक्रिया की सीमा का अनुमान लगाना

(ii) अभिक्रिया की दिशा ज्ञात करने में

(iii) साम्य सान्द्रताओं की गणना में

साम्यावस्था को प्रभावित करने वाले कारक

(i) सान्द्रता में परिवर्तन

(ii) दाब में परिवर्तन

(iii) ताप में परिवर्तन

(iv) उत्प्रेरक का प्रभाव

ला-शातेलिए का नियम

इस नियमानुसार, यदि किसी साम्य निकाय की साम्यावस्था में ताप, दाब, सान्द्रण, आयतन, आदि का परिवर्तन किया जाए, तो साम्यावस्था उस दिशा में परिवर्तित हो जाती है, जिसमें किए गए परिवर्तन का प्रभाव निरस्त होता है, अर्थात् नई परिवर्तित परिस्थिति में साम्यावस्था पुनः स्थापित हो जाती है।

अनुप्रयोग

(i) अभिक्रिया में अभिकारक/उत्पाद की सान्द्रता बढ़ाने पर साम्यावस्था क्रमशः अग्र/पश्च दिशा में विस्थापित हो जाती है।

(ii) अभिक्रिया में दाब बढ़ाने पर साम्यावस्था कम आयतन की दिशा की ओर विस्थापित हो जाती है।

(iii) ऊष्माशोषी/ऊष्माक्षेपी अभिक्रियाओं में ताप बढ़ाने पर साम्यावस्था अग्र/पश्च दिशा की ओर विस्थापित हो जाती है।

(iv) अभिक्रिया में उत्प्रेरक साम्यावस्था पर कोई प्रभाव नहीं डालता है।

(v) अभिक्रिया में स्थिर आयतन पर, अक्रिय गैस मिलाने पर साम्यावस्था पर कोई प्रभाव नहीं पड़ता है, जबकि स्थिर दाब पर अक्रिय गैस मिलाने पर साम्यावस्था, दाब में वृद्धि से अधिक मोलों की दिशा में विस्थापित हो जाती है।

विद्युत-अपघट्य

वे पदार्थ जिनके जलीय विलयन में से विद्युत धारा प्रवाहित की जा सकती है, विद्युत-अपघट्य कहलाते हैं। **उदाहरण** आयनिक यौगिक, जैसे—सोडियम क्लोराइड, कॉपर सल्फेट, आदि।

विद्युत-अपघट्यों का वर्गीकरण

फैराडे के अनुसार विद्युत-अपघट्य पदार्थ दो प्रकार के होते हैं

(i) **प्रबल विद्युत-अपघट्य** ऐसे विद्युत-अपघट्य जिनका जलीय विलयन में पूर्ण आयनन या वियोजन हो जाता है, प्रबल विद्युत-अपघट्य कहलाते हैं।

उदाहरण प्रबल अम्ल ($HCl, H_2SO_4, HClO_4, HNO_3$), प्रबल क्षार [($NaOH, KOH, CsOH, Ca(OH)_2, Mg(OH)_2$)] लवण ($KCl, KI, NaCl, Na_2SO_4$) आदि।

(ii) **दुर्बल विद्युत-अपघट्य** वे पदार्थ, जिनका जलीय विलयन में आंशिक वियोजन (आयनन) होता है तथा इस कारण जो विद्युत धारा के दुर्बल सुचालक होते हैं, दुर्बल विद्युत-अपघट्य कहलाते हैं। दुर्बल विद्युत-अपघट्यों के उदासीन अणुओं एवं आयनों के मध्य साम्यावस्था पायी जाती है।

उदाहरण दुर्बल अम्ल, ($H_2CO_3, HCN, CH_3COOH, H_2C_2O_4$ आदि), दुर्बल क्षार ($NH_4OH, Al(OH)_3, NH_3, R—NH_2$ आदि)।

विद्युत अपघटन

किसी विद्युत-अपघट्य की गलित अवस्था में या उसके जलीय विलयन में विद्युत धारा प्रवाहित करने पर उसमें द्रव्य स्थानान्तरण होता है तथा उसका अपघटन हो जाता है, इस क्रिया को विद्युत अपघटन कहते हैं।

उदाहरण HCl के जलीय विलयन में विद्युत प्रवाहित करने पर निम्न अभिक्रिया होती है

$$2HCl(aq) \longrightarrow H_2(g) + Cl_2(g)$$

आयनिक साम्य

आयनों एवं उदासीन अणुओं के मध्य स्थापित साम्य आयनिक साम्य कहलाते हैं।

अम्लों एवं क्षारकों का आयनन

विद्युत-अपघट्य पदार्थों को जल अथवा ध्रुवीय विलायकों में घोलने पर यह विद्युत अविशिष्ट आयनों में वियोजित हो जाते हैं। वियोजन की यह प्रक्रिया आयनन कहलाती है।

वियोजन की मात्रा/आयनन की मात्रा

किसी विद्युत-अपघट्य के कुल अणुओं (मोलों) का वह अंश जो साम्यावस्था पर वियोजित होता है, वियोजन या आयनन की मात्रा कहलाता है।

$$\text{वियोजन की मात्रा } (\alpha) = \frac{\text{वियोजित अणुओं (मोलों) की संख्या}}{\text{वियोजन से पूर्व अणुओं (मोलों) की कुल संख्या}}$$

दुर्बल विद्युत-अपघट्यों के वियोजन की मात्रा ताप बढ़ाने पर बढ़ती है तथा विलयन की सान्द्रता बढ़ाने अथवा समआयन की उपस्थिति में घटती है।

आयनन की मात्रा को प्रभावित करनेवाले कारक

(i) विद्युत-अपघट्य की प्रकृति
(ii) विलायक की प्रकृति
(iii) ताप
(iv) विलयन की सान्द्रता

बहुक्षारकीय अम्लों में आयनन

द्विक्षारकीय अम्ल H_2X के लिए आयनन अभिक्रिया निम्नलिखित समीकरणों द्वारा दर्शायी जाती है।

$$H_2X\,(aq) \rightleftharpoons H^+\,(aq) + HX^-(aq)$$
$$HX^-\,(aq) \rightleftharpoons H^+(aq) + X^{2-}(aq)$$

ऑस्टवाल्ड का तनुता का नियम

इस नियम के अनुसार, स्थिर ताप पर दुर्बल विद्युत-अपघट्यों के वियोजन की मात्रा तनुता के वर्गमूल के समानुपाती होती है।

गणितीय रूप में, $\alpha \propto \sqrt{V}$

यहाँ, α = वियोजन की मात्रा, V = तनुता

अम्ल तथा क्षारक अवधारणाएँ

आर्हेनियस की अवधारणा के अनुसार, अम्ल जलीय विलयन में हाइड्रोजन आयन (H^+) तथा क्षार हाइड्रॉक्साइड आयन (OH^-) देते हैं।

ब्रॉन्स्टेड तथा **लॉरी** की अवधारणा के अनुसार, अम्ल प्रोटॉन दाता तथा क्षार प्रोटॉन ग्राही होते हैं।

लुईस की अवधारणा के अनुसार, अम्ल इलेक्ट्रॉन युग्म ग्राही (जैसे— $AlCl_3, FeCl_3, SO_3$, आदि) तथा क्षार इलेक्ट्रॉन युग्म दाता (जैसे— H_2O, C_2H_5OH, OH^- आदि) होते हैं।

कुछ अम्लों की प्रबलता का क्रम निम्न है

$$HI > HBr > HCl > HF$$

कुछ क्षारों की प्रबलता का क्रम निम्न है

$$KOH > NaOH > NH_4OH > Ba(OH)_2 > H_2O$$

अम्ल-सामर्थ्य को प्रभावित करने वाले कारक

सामान्यतया अम्ल की प्रबलता दो प्रमुख कारकों के द्वारा प्रभावित होती है

(i) $H—A$ बन्ध की सामर्थ्य

(ii) $H—A$ की ध्रुवणता (जहाँ, A कोई तत्व H को छोड़कर)

हाइड्रोजन आयन सान्द्रण तथा मान

किसी विलयन में उपस्थित हाइड्रोजन आयनों की मात्रा उस विलयन का हाइड्रोजन आयन सान्द्रण (H^+) कहलाती है।

अम्लीय शक्ति

अम्ल में $H—A$ बन्ध की सामर्थ्य अम्लीय शक्ति कहलाती है।

pH पैमाना

हाइड्रोजन आयनों के मोल प्रति लीटर में सान्द्रण के ऋणात्मक लघुगणक को pH कहते हैं। गणितीय रूप में,

$$pH = -\log_{10}[H^+] = \log_{10}\left[\frac{1}{[H]^+}\right]$$

तथा $[H^+] = 10^{-pH}$

इसी प्रकार $pOH = -\log_{10}[OH^-] = \log \frac{1}{[OH^-]}$

$$pH + pOH = 14$$

pH पैमाने की परास (Range) 0-14 होती है।

उदासीन विलयन के लिए, $pH = 7$

अम्लीय विलयन के लिए, $pH < 7$

क्षारीय विलयन के लिए, $pH > 7$

हेन्डरसन समीकरण

अम्लीय बफर के लिए हेन्डरसन समीकरण

$$pH = pK_a + \log \frac{[\text{लवण}]}{[\text{अम्ल}]}$$

क्षारीय बफर के लिए हेन्डरसन समीकरण

$$pOH = pK_b + \log \frac{[\text{लवण}]}{[\text{क्षार}]}$$

उदासीनीकरण अभिक्रिया

जलीय विलयन में वह अभिक्रिया जिसमें H^+ आयन तथा OH^- आयन परस्पर क्रिया करके जल बनाते हैं, उदासीनीकरण अभिक्रिया कहलाती है।

द्वि एवं बहुक्षारकीय अम्ल तथा द्वि-एवं बहुअम्लीय क्षारक

वे अम्ल, जिनमें प्रति अणु एक से अधिक आयनित होने वाले प्रोटॉन होते हैं, बहु-क्षारकीय अथवा पॉलिप्रोटिक अम्ल कहलाते हैं।

उदाहरण ऑक्सेलिक अम्ल (HOOC-COOH), सल्फ्यूरिक अम्ल (H_2SO_4), फॉस्फोरिक अम्ल (H_3PO_4), इत्यादि।

लवण

किसी अम्ल तथा क्षारक की उदासीनीकरण अभिक्रिया से प्राप्त आयनिक यौगिक को लवण कहते हैं।

उदाहरण $\underset{\text{क्षार}}{NH_3} + \underset{\text{अम्ल}}{HCl} \longrightarrow \underset{\text{लवण}}{NH_4Cl}$

लवणों के प्रकार

लवणों को 6 भागों में वर्गीकृत किया गया है

(i) सामान्य लवण (ii) अम्लीय लवण
(iii) क्षारकीय लवण (iv) द्विक् लवण
(v) संकर लवण (vi) मिश्रित लवण

लवण का जल-अपघटन

वह अभिक्रिया, जिसमें कोई लवण जल से अभिकृत होकर अम्लीय, क्षारीय या उदासीन विलयन बनाता है, लवण का जल-अपघटन कहलाती है।

लवणों के जल-अपघटन को चार भागों में वियोजित किया गया है

(i) दुर्बल अम्ल व प्रबल क्षार से बने लवण के जल-अपघटन से प्राप्त विलयन क्षारीय होता है।

(ii) प्रबल अम्ल तथा दुर्बल क्षार से बने लवण के जल-अपघटन से प्राप्त विलयन अम्लीय होता है।

(iii) दुर्बल अम्ल तथा दुर्बल क्षार से बने लवण के जल-अपघटन से प्राप्त विलयन अम्लीय, क्षारीय या उदासीन हो सकता है।

(iv) प्रबल अम्ल व प्रबल क्षार से बने लवण का जल-अपघटन नहीं होता है। इसका जलीय विलयन उदासीन होता है।

सूचक

वे पदार्थ जिनका अम्लीय विलयन में एक रंग तथा क्षारीय विलयन में कोई अन्य रंग होता है, अर्थात् pH मान में परिवर्तन के साथ इनके रंग में परिवर्तन हो जाता है सूचक अथवा अम्ल-क्षार सूचक कहलाते हैं।

वस्तुनिष्ठ प्रश्न

1. आसुत या शुद्ध जल की मोलरता है
(a) 100 M (b) 55.56 M
(c) 50 M (d) 18 M

2. 5g NaOH, 450 mL विलयन में घुला हुआ है। विलयन की मोलरता है
(a) 0.125 mol L^{-1} (b) 0.139 mol L^{-1}
(c) 0.250 mol L^{-1} (d) 0.278 mol L^{-1}

3. 180 ग्राम जल में जल के कितने मोल होते हैं?
(a) 1 मोल (b) 18 मोल
(c) 10 मोल (d) 100 मोल

4. 5 मिलीग्राम NaCl प्रति लीटर होता है
(a) 5 ppm (b) 50 μ g mL^{-1}
(c) 025 μg mL^{-1} (d) 0.066 mol mL^{-1}

5. Na_2CO_3 के 0.2 M विलयन के 500 मिली के लिए आवश्यक मात्रा है
(a) 1.53 ग्राम (b) 3.06 ग्राम
(c) 5.3 ग्राम (d) 10.6 ग्राम

6. यदि 1000 ग्राम विलायक में 18 ग्राम ग्लूकोस विलेय है, तो विलयन कहा जाता है
(a) 1 मोलर (b) 0.1 मोलर
(c) 0.5 मोलर (d) – 0.1 मोलर

7. सर्वाधिक क्वथनांक प्रदर्शित करने वाला जलीय विलयन है
(a) 0.015 M ग्लूकोस (b) 0.01 M KNO_3
(c) 0.015 M यूरिया (d) 0.01 M Na_2SO_4

8. 90 ग्राम जल में 1.8 ग्राम ग्लूकोस का मोल प्रभाज है
(a) 0.19
(b) 0.019
(c) 0.0019
(d) 0.00019

9. 3.0 g ऐसीटिक अम्ल 80 g बेन्जीन में विलीन है। विलयन की मोललता है
(a) 0.0625 mol kg^{-1}
(b) 0.00625 mol kg^{-1}
(c) 0.625 mol kg^{-1}
(d) 6.25 mol kg^{-1}

10. स्प्रिट के नमूने में एथेनॉल $90\%\left(\frac{w}{w}\right)$ है। एथेनॉल का मोल प्रभाज होगा।
(a) 0.779 (b) 0.719
(c) 0.732 (d) 0.831

11. निम्नांकित में से कौन-सा अणुसंख्य गुणधर्म है?
(a) पृष्ठ तनाव (b) श्यानता
(c) परासरण दाब (d) प्रकाशिक सक्रियता

12. निम्नलिखित में से विलयन का कौन-सा गुण अणुओं की संख्या पर निर्भर नहीं करता है?
(a) वाष्प दाब अवनमन (b) हिमांक अवनमन
(c) पृष्ठ तनाव (d) परासरण दाब

13. तापमान से स्वतन्त्र सान्द्रता इकाई होती है
(a) नॉर्मलता
(b) द्रव्यमान-आयतन प्रतिशत
(c) मोललता
(d) मोलरता

14. हिमांक का अवनमन सीधा समानुपात दर्शाता है
(a) विलयन का मोल अंश
(b) विलयन की मोलरता
(c) विलयन की मोललता
(d) विलायक की मोललता

15. निम्न में से किस 0.1 M जलीय विलयन का हिमांक न्यूनतम होगा?
(a) सोडियम क्लोराइड (b) यूरिया
(c) पोटैशियम सल्फेट (d) ग्लूकोस

16. समान ताप पर किन विलयनों के युग्म समपरासरी हैं?
(a) 0.1 M NaCl तथा 0.1 M Na_2SO_4
(b) 0.1 M यूरिया तथा 0.1 M NaCl
(c) 0.1 M यूरिया तथा 0.2 M $MgCl_2$
(d) 0.1 M $Ca(NO_3)_2$ तथा 0.1 M Na_2SO_4

17. साम्य स्थिरांक K_C की इकाई अभिक्रिया, $N_2(g)+3H_2(g) \rightleftharpoons 2NH_3(g)$ के लिए होगी
(a) लीटर^2 मोल$^{-2}$ (b) लीटर मोल$^{-2}$
(c) लीटर मोल$^{-1}$ (d) मोल लीटर$^{-1}$

18. एक उत्क्रमणीय अभिक्रिया का उदाहरण है
(a) $AgNO_3 + HCl \rightleftharpoons AgCl + HNO_3$
(b) $HgCl_2 + H_2S \rightleftharpoons HgS + 2HCl$
(c) $KNO_3 + NaCl \rightleftharpoons KCl + NaNO_3$
(d) $2Na + 2H_2O \rightleftharpoons 2NaOH + H_2$

19. एक जलीय विलयन का pH 4 है। विलयन में हाइड्रोजन आयनों की सान्द्रता होगी
(a) 10^{-2} मोल/लीटर (b) 10^{-4} मोल/लीटर
(c) 10^{-6} मोल/लीटर (d) 10^{-8} मोल/लीटर

20. यदि अभिक्रिया, $H_2(g)+I_2(g) \rightleftharpoons 2HI(g)$ के लिए K_C का मान 50 है, तो अभिक्रिया, $2HI(g) \rightleftharpoons H_2(g)+I_2(g)$ के लिए K_C का मान होगा
(a) 20.0 (b) 1/50
(c) 50 (d) 5.0

21. लवण जिसके नॉर्मल जलीय विलयन के pH मान की सर्वाधिक होने की सम्भावना है, वह है
(a) CH_3COONH_4 (b) NH_4Cl
(c) NaCN (d) KCl

22. 1.0×10^{-8} M NaOH के विलयन का लगभग pH मान है।
(a) 6 (b) 7 से अधिक
(c) 8 (d) 14

23. निम्नलिखित में से कौन-सा उभय (प्रतिरोधी) विलयन है?
(a) KOH + KCl
(b) $HNO_3 + NaNO_3$
(c) HCOOH + HCOONa
(d) HCl + NaCl

24. निम्नलिखित में से कौन-सा प्रतिरोधक (बफर) विलयन है?
(a) KOH + KCl (b) $HNO_3 + KNO_3$
(c) $NH_4Cl + NH_4OH$ (d) HCl + NaCl

25. लवण AB_2 के संतृप्त विलयन में $[B^-]$ की सान्द्रता x मोल/लीटर है। लवण के विलेयता गुणनफल का मान है
(a) $\frac{x^3}{2}$ (b) $\frac{x^3}{4}$
(c) $\frac{x^3}{3}$ (d) $\frac{x^2}{4}$

26. 20°C पर AgCl की विलेयता 1×10^{-5} मोल प्रति लीटर है। AgCl का विलेयता गुणनफल होगा
(a) 10^{-10} (b) 1.435×10^{-3}
(c) 2×10^{-5} (d) इनमें से कोई नहीं

27. एक जलीय विलयन में निम्नलिखित साम्य है,
$CH_3COOH \rightleftharpoons CH_3COO^- + H^+$
यदि इस विलयन में तनु HCl मिलाया जाए, तो
(a) साम्य स्थिरांक बढ़ जाएगा
(b) साम्य स्थिरांक घट जाएगा
(c) ऐसीटेट आयन की सान्द्रता घट जाएगी
(d) ऐसीटेट आयन की सान्द्रता बढ़ जाएगी

28. Ag_2CrO_4 के संतृप्त विलयन में CrO_4^- की सान्द्रता 1.0×10^{-4} मोल/लीटर है। इसके विलेयता गुणनफल का मान होगा
(a) 1.0×10^{-8} (b) 1.0×10^{-12}
(c) 4.0×10^{-8} (d) 4.0×10^{-12}

29. ऐसीटिक अम्ल 50% वियोजित होता है। 0.0002 N ऐसीटिक अम्ल का pH मान है
(a) 3.6 (b) 4
(c) 3 (d) 3.4

30. A, B, C तथा D विलयनों के pH मान क्रमशः 8.5, 3.5, 4.5 तथा 7.5 हैं। इनमें सर्वाधिक अम्लीय विलयन है
(a) A (b) B
(c) C (d) D

31. अमोनियम क्लोराइड और अमोनियम हाइड्रॉक्साइड बफर विलयन का pH है
(a) 7
(b) 7 से कम
(c) 7 से अधिक
(d) उपरोक्त में से कोई नहीं

32. निम्नलिखित में से कौन-सा प्रबलतम संयुग्मी क्षार है?
(a) Cl^- (b) CH_3COO^-
(c) SO_2^- (d) NO_2^-

33. रासायनिक क्रिया, $BCl_3 + PH_3 \rightarrow PH_3 \rightarrow BCl_3$ मे लुईस क्षार है
(a) PH_3 (b) BCl_3
(c) दोनों (d) इनमें से कोई नहीं

34. स्पीशीज, जो लुईस अम्ल की भाँति व्यवहार करती है परन्तु ब्रॉन्स्टेड क्षार की भाँति नहीं, है
(a) NH_2^- (b) O^{2-}
(c) BF_3 (d) OH^-

35. K_C (साम्य स्थिरांक) होता है
(a) $K_C = K_f$ (b) $K_C = K_b$
(c) $K_C = \frac{K_f}{K_b}$ (d) $K_C = \frac{K_b}{K_f}$

36. $CaCO_3(s) \rightleftharpoons CaO(s) + CO_2(g)$
उपरोक्त साम्य कहलाता है।
(a) समांगी साम्य
(b) विषमांगी साम्य
(c) चक्रीय साम्य
(d) भौतिक साम्य

सही उत्तर

1 (b)	2 (d)	3 (c)	4 (a)	5 (d)	6 (a)	7 (d)	8 (c)	9 (c)	10 (a)
11 (c)	12 (c)	13 (c)	14 (c)	15 (c)	16 (b)	17 (a)	18 (c)	19 (b)	20 (b)
21 (c)	22 (b)	23 (c)	24 (c)	25 (a)	26 (a)	27 (c)	28 (d)	29 (b)	30 (b)
31 (c)	32 (b)	33 (a)	34 (c)	35 (c)	36 (b)				

अध्याय 04 सामान्य कार्बनिक रसायन

कार्बनिक यौगिकों का वर्गीकरण

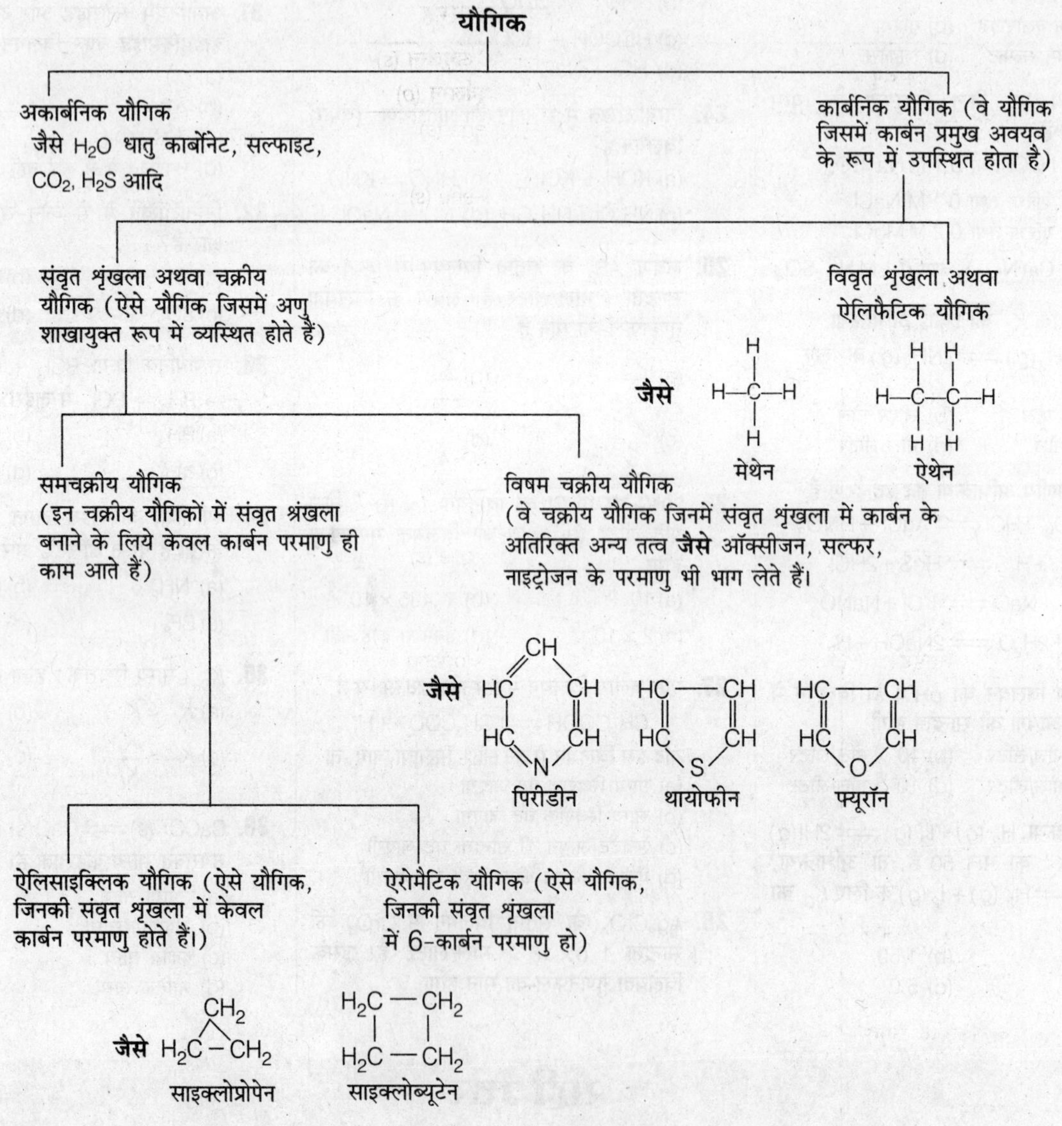

कार्बनिक यौगिकों का नामकरण

कार्बनिक यौगिकों का नामकरण आई. यू. पी. ए. सी. पद्धति के आधार पर किया जाता है। *जिसके महत्त्वपूर्ण नियम निम्नलिखित हैं*

1. सर्वाधिक कार्बन परमाणुओं वाली शृंखला का चयन।
2. क्रियात्मक अथवा प्रतिस्थापी समूह के निकटतम सिरे से कार्बन परमाणुओ का अंकन।
3. कार्बन परमाणुओं की संख्या के आधार पर यह तय करना है कि वह किस ऐल्केन का व्युत्पन्न है।
4. प्रमुख क्रियात्मक समूह के आधार पर नाम के अनुलग्न का निर्धारण।
5. अन्य क्रियात्मक समूहों के प्रतिस्थापी समूह बनाते हैं।
6. समस्त प्रतिस्थापी समूहों को अंग्रेजी वर्णमाला के क्रम में स्थिति दर्शाते हुए मुख्य नाम से पहले लिखते हैं।
7. प्रतिस्थापी समूहों की स्थिति के अंक के बाद एक (-) लगाते हैं, फिर समूह का नाम लिखते हैं

पूर्वलग्न C_1 (मेथ), C_2 (ऐथ), C_3 (प्रोप), C_4 (ब्यूट), C_5 (पेन्ट), C_6 (हेक्स), C_7 (हेप्टा), C_8 (ओक्टा), C_9 (नोना)।

$CH_2=CH-$ वाइनिल समूह,

$CH_2=CH-CH_2-$ ऐलिल समूह,

$CH_3-CH=CH-$ प्रोपीनल समूह

क्रियात्मक समूह

क्र.सं.	यौगिक का वर्ग	समूह की संरचना	IUPAC अनुलग्न (s) या पूर्वलग्न (p)	उदाहरण
1.	ऐल्केन	$C-C$	ane (s)	$CH_3CH_2CH_2CH_3$ ब्यूटेन
2.	एल्कीन	$C=C$	—ene (s)	$CH_2=CHCH_2CH_3$ 1-ब्यूटीन
3.	ऐल्काइन	$>C\equiv C<$	—yne (s)	$CH\equiv C\cdot CH_2CH_3$ 1-ब्यूटाइन
4.	ऐल्कोहॉल	$-OH$	—ol (s)	$CH_3CH_2CH_2OH$ 1-प्रोपेनॉल
5.	ईथर	$-\overset{\vert}{\underset{\vert}{C}}-O-\overset{\vert}{\underset{\vert}{C}}-$	—	$C_2H_5-O-C_2H_5$ ऐथाक्सी ऐथेन
6.	ऐल्डिहाइड	$-\underset{H}{\underset{\vert}{C}}=O$	—al (s)	CH_3CHO एथेनल
7.	कीटोन	$-\overset{\vert}{\underset{\vert}{C}}=O$	—one (s)	$CH_3-\underset{\underset{O}{\Vert}}{C}-CH_3$ प्रोपेनॉन
8.	हैलाइड	$-X$ (X = F, Cl, Br, I)	Halogeno (–p) or –yl halide (s)	$CH_3CH_2CH_2Br$ 1-ब्रोमो प्रोपेन प्रोपिल ब्रोमाइड
9.	नाइट्रो	$-NO_2$	Nitro (–p)	$CH_3CH_2NO_2$ नाइट्रो ऐथेन
10.	ऐमीन	NH_2 $>NH$ $>\underset{\vert}{N}-$	–amino (–p) or-amine (s)	$CH_3CH_2NH_2$ ऐमीनो ऐथेन या एथिल ऐमीन
11.	कार्बोक्सिलिक अम्ल	$-\underset{\underset{O}{\Vert}}{C}-OH$	-oic acid (s)	CH_3CH_2COOH प्रोपेनोइक अम्ल
12.	कार्बेक्सिलेट समूह	$-\underset{\underset{O}{\Vert}}{C}-O^-$	-oate (s)	$CH_3-\underset{\underset{O}{\Vert}}{C}-O^-Na^+$ सोडियम एथनोऐट
13.	अम्ल ऐनहाइड्रसाइड	$-\underset{\underset{O}{\Vert}}{C}-O-\underset{\underset{O}{\Vert}}{C}-$	-oic anhydride (s)	$CH_3-\underset{\underset{O}{\Vert}}{C}-OCH_3$ मेथिल एथनोऐट

14.	ऐमाइड	$-\overset{O}{\overset{\parallel}{C}}-NH_2$	-amides (*s*)	$CH_3-\overset{O}{\overset{\parallel}{C}}-O-\overset{O}{\overset{\parallel}{C}}-CH_3$ ऐथेनोइक ऐनहाइड्राइड $CH_3-\overset{O}{\overset{\parallel}{C}}-NH_2$ ऐथेनेमाइड
15.	अम्ल हैलाइड	$-\overset{O}{\overset{\parallel}{C}}-X$	-oyl halide (*s*)	$CH_3-\overset{O}{\overset{\parallel}{C}}-Cl$ एथेनॉयल क्लोराइड

1. sp^3 संकरण में एक *s* एवं तीन *p* कक्षक भाग लेते हैं, अत: *s* का 1/4 एवं *p* का 3/4 या *s* का 25% तथा *p* का 75% गुण होता है। संकरण में आकृति चतुष्फलकीय होती है।
2. sp^2 संकरण में *s* का एक तथा *p* के दो कक्षक भाग लेते हैं। अत: *s* का 33.3% एवं *p* का 66.7% गुण होता है। अणु की आकृति त्रिकोणीय होती है।
3. *sp* संकरण में *s* का एक एवं *p* का एक कक्षक भाग लेता है, अत: *s* तथा *p* दोनों के 50% गुण होते हैं तथा आकृति रेखीय या विकर्ण होती है।
4. sp^3 में बन्ध कोण 109°.28′, sp^2 में बन्ध कोण 120° एवं *sp* में बन्ध कोण 180° का होता है।
5. ऐल्केनों (sp^3-s) ऐल्कीनों (sp^2-s) तथा ऐल्काइनों (*sp-s*) में C—H बन्ध ऊर्जा क्रमश: 104, 106 एवं 121 किलोकैलोरी/मोल होती है।
6. संकरित कक्षक में *s* का गुण बढ़ने से बन्ध कोण का मान बढ़ता है।

$$sp\,(180°) > sp^2\,(120°) > sp^3\,(109°28')$$

s –लक्षण 50% 33.3% 25%

7. कक्षकों का घटता आकार है $sp^3 > sp^2 > sp$

प्रेरणिक प्रभाव

जब ध्रुवीय बन्ध में सांझे का इलेक्ट्रॉन जोड़ा दोनों परमाणुओं के बीच उपस्थित न रहकर उस परमाणु की ओर विस्थापित हो जाता है जो अधिक ऋणविद्युती होता है तथा संलग्न परमाणुओं पर आंशिक धन एवं ऋण आवेश उत्पन्न हो जाता है। इस प्रभाव को प्रेरणिक प्रभाव (*I*) कहते हैं जो एक स्थायी प्रभाव है।

–*I* प्रभाव डालने वाले समूह या इलेक्ट्रॉन आकर्षित करने वाले समूह (घटता हुआ क्रम)

$$\overset{+}{N}R_3 > \overset{+}{N}H_3 > NO_2 > SO_3R > CN$$

$$> COOH > F > Cl > Br > I > OR > OH$$

+I प्रभाव डालने वाले समूह या इलेक्ट्रॉन प्रतिकर्षित करने वाले समूह (घटता हुआ क्रम)

$$O^- > COO^- > (CH_3)_3C\text{—} > (CH_3)_2CH\text{—}$$

$$> CH_3\text{—}CH_2\text{—} > CH_3\text{—}$$

इलेक्ट्रोमैरिक प्रभाव

आक्रमणकारी अभिकर्मक की माँग पर बहु बन्ध द्वारा जुड़े हुए समूह; **जैसे** >C=O, —C≡C—, —C≡N आदि में π–इलेक्ट्रॉन युग्म के पूर्णत: किसी एक परमाणु पर स्थानान्तरित हो जाने की प्रक्रिया को इलेक्ट्रोमैरिक प्रभाव कहते हैं यह प्रेरणिक प्रभाव से प्रबल होता है तथा अस्थायी प्रभाव है।

$$CN^- + \text{C}{=}\ddot{\text{O}}\text{:} \longrightarrow \overset{+}{\text{C}}\text{—}\ddot{\text{O}}\text{:}^-$$

मेसोमैरिक प्रभाव या अनुनाद प्रभाव

इस प्रभाव के अन्तर्गत π–इलेक्ट्रॉन युग्म अथवा एकाकी इलेक्ट्रॉन का पूर्ण रूप से विस्थापन हो जाता है और यह स्थायी प्रभाव है।

$$CH_3\text{—}CH{=}CH\text{—}\overset{:\ddot{O}}{\overset{\parallel}{C}}\text{—}\ddot{O}\text{—}H \leftrightarrow \quad \text{(I)}$$

$$CH_2\text{—}\overset{+}{C}H\text{—}CH{=}\overset{:\ddot{O}:^-}{\overset{|}{C}}\text{—}\ddot{O}\text{—}H \quad \text{(II)}$$

अनुनाद के लक्षण

1. बन्ध लम्बाई में कमी होती है
2. अनुनादी ऊर्जा की उपस्थिति
3. स्थायित्व

आर्थो समावयवी का गलनांक, पैरा समावयवी की अपेक्षा, हाइड्रोजन बन्ध के कारण कम होता है।

स्टिएरिक प्रभाव

जब कोई क्रियात्मक समूह, बड़े आकार के समूह से घिरा रहता है तो समूह क्रियात्मक समूह पर रक्षी प्रभाव डालते हैं, जिससे कार्बनिक अणु के गुणों में परिवर्तन आ जाता है। इसे स्टिएरिक प्रभाव कहते हैं।

इलेक्ट्रॉन स्नेही अभिकर्मक

इसमें इलेक्ट्रॉनों का अभाव होता है। ये इलेक्ट्रॉन युग्म ग्राही का कार्य करते हैं। अत: इलेक्ट्रॉनस्नेही अभिकर्मक लुईस अम्ल होते हैं। धनावेशित तथा उदासीन इलेक्ट्रॉनस्नेही निम्नलिखित हैं

$H^+, H_3O^+, NO_2^+, NO^+, SO_3H^+, Br^+, -\overset{|}{\underset{|}{C}}{}^+$ (या $-CH_3^+$)

$SO_3, BF_3, AlCl_3, FeCl_3, RCOCl, >C{=}O$ आदि

नाभिकस्नेही अभिकर्मक

इन अभिकर्मकों के पास एकाकी इलेक्ट्रॉन युग्म होता है। अत: ये इलेक्ट्रॉन दाता या लुईस बेस का कार्य करते हैं। ऋणावेशित या आणविक नाभिकस्नेही अभिकर्मक निम्नलिखित हैं

$:Cl^-, :Br^-, :I^-, :CN^-, :OH^-, NO_2^-,$
$CH_3COO^-, C_2H_5O^-, H_2O, ROH, :NH_3,$
$RNH_2, R_2NH, R_3N:$ आदि।

समांगी बन्ध विदलन

जब सहसंयोजक बन्ध का विदलन इस प्रकार होता है कि दोनों परमाणु या समूह अपना-अपना साझे का इलेक्ट्रॉन लेकर अलग हो जाते हैं, तो इसे समांगी बन्ध विदलन कहते हैं। इस प्रक्रिया में दो मुक्त मूलक उत्पन्न होते हैं। जिन्हें विषम इलेक्ट्रॉन अणु भी कहते हैं।

$$R:X \xrightarrow{\text{समांगी बन्ध विदलन}} \underset{\text{मुक्त मूलक}}{R^\bullet + X^\bullet}$$

मुक्त मूलक

ये अत्यन्त अस्थायी तथा क्रियाशील होते हैं। ये आवेशहीन होते हैं। ये अभिक्रिया के समय बनते हैं और अभिक्रिया के पूर्ण होने पर नष्ट हो जाते है; **जैसे**

$$:\dot{Cl}:, \dot{C}H_3, (C_6H_5)_3\dot{C}, \dot{C}_6H_5, C_6H_5-\overset{O}{\overset{\|}{C}}-\dot{O}:$$

ट्राइफेनिल मेथिल मुक्त मूलक सबसे स्थायी है, जो अनुनाद के द्वारा स्थायित्व प्राप्त कर लेता है।

विषमांगी बन्ध विदलन

इसमें सहसंयोजक बन्ध का विदलन असममित रूप से होता है जिसमें साझे का इलेक्ट्रॉन जोड़ा किसी परमाणु या खण्ड के साथ चला जाता है और दो आवेश युक्त आयन बनते हैं।

$$R:X \longrightarrow \underset{\text{धनायन}}{R^\oplus} + \underset{\text{ऋणायन}}{:X^\ominus}$$

कार्बोनियम आयन

धनावेशित कार्बनिक समूह R^+, जिसमें एक कार्बन परमाणु के संयोजी कोश में केवल 6 इलेक्ट्रॉन होते हैं, कार्बोनियम आयन कहलाता है।

कार्बोनियम आयनों का स्थायित्व अणु भार बढ़ने के साथ बढ़ता है, समान अणु भार के कार्बोनियम आयनों का स्थायित्व कार्बन परमाणु पर ऐल्किल समूहों की संख्या बढ़ने के साथ बढ़ता है क्योंकि धनावेश का विसर्जन होता है।

$$R_3C^\oplus > R_2\overset{\oplus}{C}H > R\overset{\oplus}{C}H_2 > \overset{\oplus}{C}H_3$$

$$\overset{\oplus}{C}H_3 < CH_3\overset{\oplus}{C}H_2 < CH_3CH_2\overset{\oplus}{C}H_2 < CH_3\ CH_2CH_2\overset{\oplus}{C}H_2$$

कार्बेनियन

ऋणावेशित कार्बनिक समूह R^- : जिसमें एक कार्बन के पास एकाकी इलेक्ट्रॉन युग्म होता है, कार्बेनियन कहलाता है। अत: कार्बेनियन में केन्द्र के कार्बन परमाणु के पास 8 इलेक्ट्रॉन होते हैं।

कार्बेनियन का आपेक्षिक स्थायित्व का क्रम कार्बोनियम आयनों से विपरीत है, अर्थात्

$$\bar{C}H_3 > \text{प्राथमिक} > \text{द्वितीयक} > \text{तृतीयक}$$

$$\bar{C}H_3 > \bar{C}_2H_5 > CH_3\bar{C}HCH_3 > CH_3-\underset{CH_3}{\overset{CH_3}{\underset{|}{\overset{|}{\bar{C}}}}}:$$

कार्बीन में कार्बन के दो बन्ध तथा दो इलेक्ट्रॉन होते हैं।

$-\ddot{C}-$; **जैसे** मेथिलीन $(H_2C:)$

प्रतिस्थापन अभिक्रिया

जब अभिक्रिया में एक परमाणु या समूह दूसरे परमाणु या समूह से प्रतिस्थापित होता है, जिसमें अणु की संरचना में कोई परिवर्तन नहीं होता उसे प्रतिस्थापन अभिक्रिया कहते हैं।

$$R-X + KOH - R-OH + KX$$

नाभिकस्नेही प्रतिस्थापन

इसे S_N से व्यक्त करते हैं, जिसमें प्रतिस्थापी एक नाभिकस्नेही होता है। नाभिकस्नेही प्रतिस्थापन की क्रिया S_N1 या S_N2 क्रियाविधि से सम्पन्न होती है।

S_N1 क्रियाविधि

1. पहले अणु का एक बन्ध टूटता है, उसके बाद दूसरा बन्ध बनता है।
2. प्रतिस्थापन सामने से या पीछे से होता है।
3. यह परिवर्तन प्रथम कोटि बलगतिकी का पालन करता हैं।
4. यह एकअणुक अभिक्रिया है।

S_N2 क्रियाविधि

1. इसमें प्रथम बन्ध टूटने के साथ दूसरा बन्ध बनने लगता है।
2. प्रतिस्थापन सदैव पीछे से होता है।
3. यह द्विअणुक अभिक्रिया है।

इलेक्ट्रोफिलक प्रतिस्थापन

वह प्रतिस्थापन जिसमें प्रतिस्थापी एक इलेक्ट्रॉन स्नेही होता है, इलेक्ट्रॉन स्नेही प्रतिस्थापन कहलाता है।

योगात्मक अभिक्रिया (Additon Reaction)

वह अभिक्रिया जिसमें एक बहु-बन्ध के कारण अणु आपस में संयोग करके केवल एक क्रियाफल देते हैं, योगात्मक अभिक्रिया कहलाती हैं।

$$>C=C< + X_2 \longrightarrow \underset{X}{\underset{|}{C}}-\underset{X}{\underset{|}{C}}$$

$$\underset{\text{कार्बोनिल समूह}}{>C=O} + \underset{\text{हाइड्रोजन सायनाइड}}{HCN} \longrightarrow \underset{\text{सायनो हाइड्रिन (योगात्मक अभिक्रिया)}}{>\underset{CN}{\underset{|}{C}}-OH}$$

समावयवता

यदि दो या दो से अधिक यौगिकों को एक ही अणु सूत्र से प्रदर्शित किया जाए परन्तु उनके भौतिक एवं रासायनिक गुणों में भिन्नता हो तो ऐसे यौगिक समावयवी कहलाते हैं। इस प्रक्रिया को समावयवता कहते हैं।

ये प्राय: दो प्रकार की होती हैं

(i) संरचनात्मक समावयवता (ii) त्रिविम समावयवता

(a) संरचनात्मक समावयवता

(i) **श्रृंखला समावयवता** (Chain isomerism) यह कार्बन परमाणुओं की श्रृंखला की संरचना में अन्तर के कारण होती हैं।

$$CH_3CH_2\ CH_2\ CH_2CH_3;$$
n–पेन्टेन

$$CH_3—CH(CH_3)—CH_2—CH_3$$
आइसो-पेन्टेन

(ii) **स्थान समावयवता** (Position isomerism) इस प्रकार की समावयवता परमाणु या समूह द्वारा एक ही कार्बन श्रृंखला में भिन्न-भिन्न स्थान ग्रहण करने के कारण होती हैं।

$$CH_3CH_2CH{=}CH_2 \quad CH_3CH{=}CHCH_3$$
1-ब्यूटीन 2-ब्यूटीन

(iii) **क्रियात्मक समावयवता** (Functional isomerism) इस प्रकार की समावयवता, भिन्न-भिन्न क्रियात्मक समूहों की उपस्थिति के कारण होती हैं। इस प्रकार की समावयवता में ऐल्कोहॉल एवं ईथर, ऐल्डिहाइड एवं कीटोन कार्बोक्सिलिक अम्ल एवं एस्टर तथा ऐमीन के अणु सूत्र समान होते हैं।

$$CH_3CH_2OH \quad CH_3OCH_3$$
एथिल ऐल्कोहॉल डाइमेथिल ईथर

(iv) **मध्यावयवता** (Metamerism) इस प्रकार की समावयवता एक ही सजातीय श्रेणी के सदस्यों द्वारा दर्शायी जाती हैं तथा यह समावयवता एक ही क्रियात्मक समूह या बहुसंयोजी परमाणुओं से जुड़े भिन्न-भिन्न एल्किल समूहों के कारण होती हैं। इस प्रकार की समावयवता, ईथर, कीटोन, द्वितीयक एमीन, तृतीयक एमीन एवं एस्टर में पाई जाती है।

(v) **चलावयवता** (Tautomerism) यह समावयवता हाइड्रोजन परमाणु के एक बहुसंयोजक परमाणु के दूसरे बहुसंयोजक परमाणु पर स्थानान्तरण के परिणामस्वरूप उत्पन्न होती हैं। चलावयवता में हाइड्रोजन के स्थानान्तरण होने से बन्धों की व्यवस्था भी परिवर्तित होती हैं।

जैस ऐसीटोऐसीटिक एस्टर, मैलोनिक एस्टर, सायनोएसीटिक एस्टर। इसे कीटो-ईनॉल चलावयवता भी कहते हैं।

(b) त्रिविम समावयवता

(i) **प्रकाशीय समावयवता** (Optical isomerism) इस प्रकार की समावयवता ऐसे यौगिकों द्वारा प्रदर्शित की जाती है, जिनके आण्विक सूत्र और संरचनात्मक सूत्र तो समान होते हैं, किन्तु समतल ध्रुवित प्रकाश के प्रति उनका आचरण भिन्न होता है। इसके अनेक उदाहरण हैं; जैसे लैक्टिक अम्ल, टार्टरिक अम्ल, मैलिक अम्ल, मैण्डेलिक अम्ल, वैलेरिक अम्ल, ऐमिल ऐल्कोहॉल आदि।

(ii) **ज्यामितीय समावयवता** (Geometrical isomersim) जब एक यौगिक में दो भिन्न परमाणु या समूह, द्विबन्ध वाले दो कार्बन से जुड़े हो, तो उसमें मुक्त घूर्णन (free rotation) सम्भव नहीं है। इस प्रकार समूह की स्थिति अन्तरिक्ष (space) के अनुसार निश्चित होती है, जिसको ज्यामिति समावयवता, इस प्रकार के यौगिक को ज्यामिति समावयवी यौगिक कहते हैं। इसको सिस (*cis*) रूप में भी दिखाते हैं। इसको विपक्ष (*trans*) रूप में भी दिखाते हैं।

$$\begin{matrix} H—C—COOH \\ \| \\ H—C—COOH \end{matrix} \qquad \begin{matrix} HOOC—C—H \\ \| \\ H—C—COOH \end{matrix}$$
मैलिक अम्ल (*सिस रूप*) फ्यूमेरिक अम्ल (*ट्रांस रूप*)

1. **किरैल केन्द्र** या **असममित कार्बन** परमाणु वह है जो चार भिन्न परमाणु या समूहों से जुड़े रहते हैं। लैक्टिक अम्ल, मैलिक अम्ल, मैण्डेलिक अम्ल, वेलेरिक अम्ल, ऐमिल ऐल्कोहॉल, में एक एवं टार्टरिक अम्ल में दो तथा ग्लूकोस एवं फ्रक्टोस में चार किरैल केन्द्र होते हैं।
2. 50% दक्षिण ध्रुवण घूर्णक 50% वाम ध्रुवण घूर्णक यौगिकों का मिश्रण रेसिमिक मिश्रण कहलाता है तथा ये प्रकाश निष्क्रिय होता है क्योंकि इसमें बाह्य सन्तुलन हो जाता है।

   टार्टरिक अम्ल का मीसो रूप निष्क्रिय होता है, क्योंकि इसमें आन्तरिक सन्तुलन होता है।
3. **वाल्डेन प्रतिलोमन** एक प्रकाश सक्रिय यौगिक के (+*d*) रूप को (–*l*) रूप में या विपरीत परिवर्तन को वाल्डेन प्रतिलोमन कहते हैं।
4. **प्रतिबिम्ब समावयवी** जब प्रकाश समावयवी एक दूसरे के दर्पण प्रतिबिम्ब हो;

   जैसे टार्टरिक अम्ल के *d* एवं *l* रूप, तो वे प्रतिबिम्ब समावयवी कहलाते हैं।

ऐलिफैटिक हाइड्रोकार्बन

ऐल्केन के निर्माण की सामान्य विधियाँ

1. ऐल्कीन एवं ऐल्काइन का उत्प्रेरकों की उपस्थिति में हाइड्रोजनीकरण करने से ऐल्केन प्राप्त होते हैं।

$$CH{\equiv}CH \xrightarrow[H_2]{Pt/Pd/\ Ni} CH_2{=}CH_2$$

$$\xrightarrow[H_2]{Pt/Pd/\ Ni} CH_3—CH_3$$
एथेन

2. **वुर्ट्ज अभिक्रिया** ऐल्किल हैलाइड पर शुष्क ईथर की उपस्थिति में सोडियम की अभिक्रिया से ऐल्केन प्राप्त होते हैं।

$$2CH_3Cl + 2Na \xrightarrow{\text{ईथर}} CH_3—CH_3 + 2NaI$$

3. **फ्रैन्कलैण्ड अभिक्रिया** ऐल्किल हैलाइड पर जिंक की क्रिया से ऐल्केन प्राप्त होते हैं।

$$2CH_3Cl + Zn \longrightarrow CH_3—CH_3 + ZnCl_2$$

4. ऐल्किल हैलाइड का अपचयन करने पर ऐल्केन प्राप्त होते हैं।

$$CH_3I + 2H \xrightarrow[\text{या } Zn/CH_3COOH]{Zn—Cu/C_2H_5OH} CH_4 + HI$$

5. ग्रिगनार्ड अभिकर्मक का उपयोग करने से ऐल्केन प्राप्त होते हैं।

$$Mg\begin{matrix} C_2H_5 \\ I \end{matrix} + HOH \longrightarrow C_2H_6 + Mg(OH)I$$

6. **कोल्बे विधि** वसा अम्लों के सोडियम लवण के विद्युत अपघटन द्वारा ऐनोड पर ऐल्केन प्राप्त होती है

$$2CH_3COONa + 2H_2O \longrightarrow C_2H_6 + 2CO_2 + 2NaOH + H_2$$

ऐल्केन के भौतिक गुण

1. साधारण तापक्रम पर प्रथम चार ऐल्केन (मेथेन, ऐथेन प्रोपेन, ब्यूटेन) रंगहीन गैस हैं। अगले तेरह (C_5 से C_{17}) रंगहीन तेलीय द्रव तथा उच्च भार वाले C_{18} से आगे मोम जैसे ठोस होते हैं।
2. इनके क्वथनांक, अणुभार के साथ बढ़ते हैं।
3. अणुभार बढ़ने के साथ गलनांक में भी वृद्धि होती है लेकिन विषम कार्बन परमाणु होने पर गलनांक अपेक्षा से कम हो जाता है।
4. जल तथा ध्रुवीय विलायकों में अविलेय किन्तु बेन्जीन तथा अध्रुवीय विलायकों में घुलनशील।
5. जल से हल्के होते हैं। अणुभार के बढ़ने से घनत्व में वृद्धि होती है।

ऐल्केन के रासायनिक गुण

1. पराबैंगनी प्रकाश सूर्य, के मन्द प्रकाश अथवा उच्च तापक्रम (250 – 400°C) पर क्लोरीन एवं ब्रोमीन, ऐल्केन के साथ प्रतिस्थापन अभिक्रिया देते हैं।

$$CH_4 \xrightarrow[UV]{Cl_2} CH_3Cl \xrightarrow{Cl_2} CH_2Cl_2 \xrightarrow{Cl_2} CHCl_3 \xrightarrow{Cl_2} CCl_4$$

2. सधूम नाइट्रिक अम्ल, उच्च तापक्रम पर ऐल्केन से वाष्प अवस्था में क्रिया मन्द गति से करता है

$$C_2H_6 + HNO_3 \xrightarrow{500°C} \underset{\text{नाइट्रोऐथेन}}{C_2H_5NO_2} + H_2O$$

उच्च अणु भार वाले ऐल्केन, नाइट्रेट ऐल्केनों का मिश्रण बनाते हैं।

$$CH_3—CH_2—CH_3 + HNO_3 \xrightarrow{400°C}$$

$$CH_3—CH_2—CH_2NO_2 + CH_3CHCH_3NO_2 \longrightarrow$$

$$+ CH_3CH_2NO_2 + CH_3NO_2$$

3. **भंजन** उच्च तापक्रम पर उत्प्रेरकों की उपस्थिति में उच्च अणु भार के ऐल्केन कार्बन-कार्बन बन्ध के विखण्डन द्वारा छोटे ऐल्केन तथा ऐल्कीन देते हैं।

$$C_6H_{14} \xrightarrow{500°C} \begin{cases} C_6H_{12} + H_2 \\ C_2H_6 + C_4H_8 \\ C_3H_8 + C_3H_6 \end{cases}$$

4. **समावयवीकरण**

$$\underset{n\text{-हेक्सेन}}{CH_3(CH_2)_4CH_3} \xrightarrow[\text{ऊष्मा}]{AlCl_3/HCl} \underset{\text{2–मेथिल पेन्टेन}}{CH_3—\underset{CH_3}{\underset{|}{CH}}—CH_2—CH_2—CH_3}$$

$$+ \underset{\text{3–मेथिल पेन्टेन}}{CH_3—CH_2—\underset{CH_3}{\underset{|}{CH}}—CH_2—CH_3}$$

5. **ऐरोमैटीकरण** उच्च तापक्रम (500°C) द्वारा दाब (10-20 वायुमण्डल) पर उच्च ऐल्केन उत्प्रेरक की उपस्थिति में ऐरोमैटिक हाइड्रोकार्बन में परिवर्तित हो जाते हैं।

$$\underset{n\text{-हेक्सेन}}{C_6H_{14}} \xrightarrow[Cr_2O_3/Al_2O_3]{500°C\ \text{उच्च दाब}} \underset{\text{बेन्जीन}}{C_6H_6} + 4H_2$$

6. **दहन** हवा या ऑक्सीजन में ऐल्केन हल्की नीली लौ से जलते हैं। अभिक्रिया में अत्यन्त ऊष्मा उत्पन्न होती है। अत: ऐल्केन ईंधन के रूप में महत्त्वपूर्ण हैं।

$$C_xH_y + \left(x + \frac{y}{4}\right)O_2 \longrightarrow xCO_2 + \frac{y}{2}H_2O$$

7. **ऑक्सीकरण** वायु अथवा ऑक्सीजन की नियन्त्रित मात्रा में उच्च दाब एवं तापक्रम पर उत्प्रेरकों की उपस्थिति में ऐल्केन से ऐल्कोहॉल, ऐल्डिहाइड तथा अम्ल प्राप्त होते हैं।

$$2CH_4 + O_2 \xrightarrow{Cu} 2CH_3OH$$

$$CH_4 + O_2 \xrightarrow{MoO} HCHO + H_2O$$

$$2RCH_3 + 3O_2 \xrightarrow{\text{मैगनीज ऐसीटेट}} 2RCOOH + H_2O$$

ऐल्कीनों के निर्माण की सामान्य विधियाँ

1. **ऐल्कोहॉल का निर्जलीकरण**

$$CH_3CH_2OH \xrightarrow[\text{या } Al_2O_3\ 350°C]{\text{सान्द्र } H_2SO_4, 160°C} CH_2{=}CH_2 + H_2O$$

2. **ऐल्किल हैलाइड का विहाइड्रोहैलोजनीकरण** क्षार के ऐल्कोहॉलीय विलयन, ऐल्किल हैलाइड से क्रिया करके ऐल्कीन बनाते हैं।

$$CH_3CH_2Br \xrightarrow[80–90°C]{KOH—C_2H_5OH} CH_2{=}CH_2 + KBr + H_2O$$

3. **डाइहैलाइड का विहैलोजनीकरण**

$$CH_2Cl—CH_2Cl \xrightarrow{Zn} CH_2{=}CH_2 + ZnCl_2$$

ऐल्कीनों के भौतिक गुण

ऐल्केन तथा ऐल्कीनों के भौतिक गुणों में समानता है। यह पानी में अल्प विलेय है तथा बैन्जीन, पेट्रोलियम, ईथर आदि में विलेय है। यह रंगहीन, गन्धहीन तथा पानी से हल्के होते हैं।

ऐल्कीनों के रासायनिक गुण

संकलन अभिक्रियाएँ

1. **उत्प्रेरणीय हाइड्रोजनीकरण**

$$CH_2{=}CH_2 + H_2 \xrightarrow[\text{या Ni}]{Pt, Pd} \underset{\text{एथेन}}{CH_3—CH_3}$$

2. **हैलोजन** क्लोरीन और ब्रोमीन का संकलन होकर डाइ हैलाइड प्राप्त होते हैं।

$$CH_2{=}CH_2 + Cl_2 \longrightarrow \underset{Cl}{CH_2}{-}\underset{Cl}{CH_2}$$

एथिलीन ब्रोमाइड

असममित ऐल्कीनों में हाइड्रोजन हैलाइडों का योग मार्कोनीकॉफ नियम के अनुसार होता है। इसके अनुसार HX का ऋण भाग उस कार्बन से जुड़ता है, जिस पर हाइड्रोजन परमाणुओं की संख्या न्यूनतम होती है।

$$\underset{\text{प्रोपिलीन}}{CH_3{-}CH{=}CH_2} + H^+Br^- \longrightarrow \underset{\text{आइसो-प्रोपिल ब्रोमाइड}}{CH_3CHBr{-}CH_3}$$

परॉक्साइड की उपस्थिति में HX का योग मार्कोनीकॉफ नियम के विपरीत होता है उसे, खैराश या परॉक्साइड प्रभाव कहते हैं। इसके अनुसार

$$CH_3CH{=}CH_2 + H^+Br^- \xrightarrow[\text{परॉक्साइड}]{\text{कार्बनिक}} \underset{n\text{-प्रोपिल ब्रोमाइड}}{CH_3CH_2CH_2{-}Br}$$

3. **जल** अम्लों की उपस्थिति में अधिक क्रियाशील ऐल्कीन जल का संकलन कर ऐल्कोहॉल देते हैं।

$$CH_2{=}CH_2 \xrightarrow{H_2O/H^+} CH_3{-}CH_2OH$$

4. **ओजोनीकरण** ऐल्कीन के द्विबन्ध पर ओजोन के संकलन से ओजोनाइड प्राप्त होती है। इसके विखण्डन से ऐल्डिहाइड एवं कीटोन प्राप्त होते हैं। इनसे ऐल्कीन की संरचना तथा द्विबन्ध की स्थिति एवं संख्या का निर्धारण होता है।

$$CH_2{=}CH_2 \xrightarrow{O_3} \underset{\text{एथिलीन ओजोनाइड}}{CH_2(O)CH_2\ (\text{O–O})} \xrightarrow{Zn/H_2O}$$

$$\underset{\text{फार्मेल्डिहाइड}}{2H{-}\underset{H}{C}{=}O} + ZnO + H_2O$$

5. **प्रतिस्थापन अभिक्रिया**

$$\underset{\text{प्रोपीन}}{CH_3{-}CH{=}CH_2} \xrightarrow[500\text{–}600°C]{Cl_2}$$

$$\underset{\text{ऐलिल हैलाइड}}{Cl{-}CH_2{-}CH{=}CH_2} + HCl$$

6. **दहन** $C_2H_4 + 3O_2 \longrightarrow 2CO_2 + 2H_2O$

7. **बहुलीकरण**

$$nCH_2{=}CH_2 \xrightarrow[\text{ऊष्मा}]{O_2\ \text{दाब}} \underset{\text{पॉलीथीन}}{\left(CH_2{-}CH_2\right)_n}$$

ऐल्काइनों के बनाने की सामान्य विधियाँ

1. ऐल्किल हैलाइड का विहाइड्रो हैलोजनीकरण

$$\underset{\text{एथिलीन ब्रोमाइड}}{CH_2Br{-}CH_2Br} \xrightarrow[-HBr]{KOH/C_2H_5OH} \underset{\text{विनाइल ब्रोमाइड}}{CH_2{=}CHBr} \xrightarrow[-HBr]{NaNH_2} \underset{\text{ऐसीटिलीन}}{CH{\equiv}CH}$$

ऐल्काइनों के भौतिक गुण

प्रथम तीन ऐल्काइन रंगहीन गैस हैं। उच्च ऐल्काइन रंगहीन द्रव तथा इनसे उच्च अणु भार वाले ठोस पदार्थ हैं। इनके क्वथनांक एवं घनत्व ऐल्कीन से कुछ अधिक होते हैं। इनकी जल में अल्प विलेयता होती है। ऐसीटिलीन गन्धहीन होती है।

ऐल्काइनों के रासायनिक गुण

1. **संकलन**

(i) $CH{\equiv}CH + Cl_2 \longrightarrow ClCH{=}CHCl$ (1, 2-डाइक्लोरो एथीन) $\xrightarrow{Cl_2} Cl_2CH{=}CHCl_2$

1, 1, 2, 2-ट्रेटाक्लोरो एथेन

(ii) $CH{\equiv}CH + HCN \xrightarrow{Cu_2(CN)_2} CH_2{=}CHCN$ (ऐक्रिलोनाइट्राइल)

(iii) $CH{\equiv}CH + CH_3OH \longrightarrow CH_2{=}CH{-}O{-}CH_3$ (मेथिल विनाइल ईथर)

(iv) $CH{\equiv}CH + O_3 \longrightarrow$

$$\underset{\text{ऐसीटिलीन ओजोनाइड}}{CH{-}CH\ (\text{O}; \text{O–O})} \xrightarrow[Zn]{H_2O} \underset{\text{ग्लायऑक्जैल}}{H{-}\underset{O}{\overset{\|}{C}}{-}\underset{O}{\overset{\|}{C}}{-}H}$$

(v) $HC{\equiv}CH + AsCl_3 \longrightarrow HC(Cl){=}CHAsCl_2$ (ल्यूसाइट)

ल्यूसाइट एक विषैली गैस है, जोकि युद्ध में प्रयुक्त होती है

2. **ऑक्सीकरण**

$$CH{\equiv}CH \xrightarrow[KMnO_4]{4[O]} (COOH)_2$$

ऑक्सेलिक अम्ल

3. **दहन**

$$2C_2H_2 + 5O_2 \longrightarrow 4CO_2 + 2H_2O$$

4. **बहुलीकरण** $CH{\equiv}CH + CH{\equiv}CH \xrightarrow{Cu_2Cl_2/NH_4Cl}$

$$CH_2{=}CH{-}C{\equiv}CH \xrightarrow{HCl} CH_2{=}\underset{Cl}{C}{-}CH{=}CH_2$$

क्लोरोप्रीन, संश्लेषित रबड़ बनाने में काम आती है।

5. **ऐसीटिलीन का अम्लीय गुण**

$$HC{\equiv}CH \xrightarrow[\text{अथवा } NaNH_2]{Na/NH_3} HC{\equiv}CNa + \frac{1}{2}H_2$$

पेट्रोलियम

पेट्रोलियम ऐल्केन हाइड्रोकार्बन यौगिकों (C_1 से C_{40} तक) का मिश्रण है। कुछ मात्रा में ऐरोमैटिक हाइड्रोकार्बन भी होती हैं।

पेट्रोलियम के प्रमुख प्रभाज

क्र. सं.	नाम	क्वथनांक °C	रचना	उपयोग
1.	लाइट पेट्रोल	20-100	$C_5H_{12}{-}C_7H_{16}$	विलायक
2.	बेन्जाइन	70-90	$C_6{-}C_7$	शुष्क सफाई
3.	लिग्रोइन	80-120	$C_6{-}C_8$	विलायक
4.	पेट्रोल	70-200	$C_6{-}C_{11}$	मोटरकार का ईंधन
5.	कैरोसीन (मिट्टी का तेल)	200-300	$C_{12}{-}C_{16}$	प्रकाश, ईंधन

6.	गैस तेल, डीजल	300-400	C_{13}—C_{18}	फरनेस तेल, डीजल
7.	स्नेहक तेल	350 से ऊपर	C_{16}—C_{20}	स्नेहक
8.	ग्रीस, वैसलीन	400 से ऊपर	C_{18}—C_{22}	दवा, मरहम
9.	पैराफिन, मोम	400 से ऊपर	C_{20}—C_{30}	मोमबत्ती, मोनिया कागज
10.	अंवशेष-बिट्यूमिन	400 से ऊपर	C_{30}—C_{40}	टार, पेट्रोलियम, कोक, सड़क बनाने में

ऑक्टेन संख्या

पेट्रोल की गुणवत्ता उसकी ऑक्टेन संख्या से मापी जाती है। आइसो ऑक्टेन (2,2,4-ट्राइमेथिल पेन्टेन) की ऑक्टेन संख्या 100 तथा *n*-हेप्टेन की शून्य मानी गई है क्योंकि इनमें क्रमशः उच्च एवं निम्न अपस्फोटरोधी गुण है। यदि किसी ईंधन का अपस्फोटन ऐसे मिश्रण के समान है। जिसमें 80% *आइसो*-ऑक्टेन तथा 20% *n*-हेप्टेन है तो उसकी ऑक्टेन संख्या 80 होगी। किसी ईंधन की ऑक्टेन संख्या बढ़ाने के लिए अपस्फोटरोधी यौगिक मिलाए जाते हैं।

इंजन में ईंधन के असमान दहन से उत्पन्न विस्फोट या गड़बड़ाहट की आवाज अस्फोटन कहलाता है। किसी तेल का अस्फोटन कम करने के लिए गैसोलीन में कुछ पदार्थों के मिलाने से ऑक्टेन संख्या बढ़ जाती है। टेट्राएथिल लैड प्रमुख अपस्फोटरोधी यौगिक है।

ऐल्केन के ताप अपघटन को भंजन कहते हैं।

कोयले से प्राप्त हाइड्रोकार्बनों का मिश्रण संश्लेषित पेट्रोल कहलाता है। इसमें कोयले का हाइड्रोजनीकरण होता है।

यह निम्नलिखित विधियों द्वारा बनाया जाता है

(i) फिशर ट्रोप विधि (ii) बर्गियस विधि

(iii) आई.सी.आई. विधि।

ऐल्किल हैलाइड, ऐल्कोहॉल तथा ईथर

हैलोऐल्केन

हैलोऐल्केन तीन प्रकार के होते हैं

(i) **प्राथमिक जैसे** मेथिल क्लोराइड, एथिल क्लोराइड आदि; जिसमें CH_2X समूह होता है।

(ii) **द्वितीयक जैसे** 2-ब्रोमो ब्यूटेन, जिसमें CHX समूह होता है।

(iii) **तृतीयक जैसे** 2-क्लोरो-2-मेथिल प्रोपेन, जिसमें —C—X समूह होता है।

ऐल्कोहॉल

ये प्रायः तीन प्रकार के होते हैं

1. **प्राथमिक ऐल्कोहॉल** —CH_2OH समूह होता है। इनका सामान्य सूत्र R—CH_2OH है।
   जैसे एथिल ऐल्कोहॉल (C_2H_5OH)।
2. **द्वितीयक ऐल्कोहॉल** >CH(OH) समूह होता है। इनका सामान्य सूत्र R—CHOH होता है।
   जैसे *आइसो*-प्रोपिल ऐल्कोहॉल $(CH_3)_2CHOH$
3. **तृतीयक ऐल्कोहॉल** >C(OH) समूह होता है। **जैसे** $(CH_3)_3C$—OH तृतीयक ब्यूटिल ऐल्कोहॉल।

(i) प्राथमिक, द्वितीयक तथा तृतीयक ऐल्कोहॉलों में अन्तर ऑक्सीकरण से प्राप्त पदार्थ द्वारा कॉपर के साथ अभिक्रिया द्वारा, विक्टर मेयर विधि द्वारा तथा ल्यूकास परीक्षण द्वारा किया जाता है।

(ii) ल्यूकास अभिकर्मक, सान्द्र HCl तथा निर्जल $ZnCl_2$ का मिश्रण होता है।

(iii) साधारण ताप पर तृतीयक ऐल्कोहॉल ल्यूकास अभिकर्मक के साथ तुरन्त एक धुंधलापन उत्पन्न करते हैं। द्वितीयक ऐल्कोहॉल 5-10 मिनट बाद

एथिल ब्रोमाइड का रसायन

	बनाने की विधियाँ		रासायनिक गुण
1.	$C_2H_5OH + NaBr + H_2SO_4 \xrightarrow{\text{गर्म}} C_2H_5Br$		$\xrightarrow{Na^+ OH^-} C_2H_5OH$ एथिल ऐल्कोहॉल
2.	$3C_2H_5OH + PBr_3 \longrightarrow 3C_2H_5Br + H_3PO_3$		$\xrightarrow{H_2O} C_2H_5OH$
3.	$C_2H_6 + Br_2 \xrightarrow{\text{UV प्रकाश}} C_2H_5Br + HBr$		$\xrightarrow{Na^+ \bar{O}C_2H_5} C_2H_5OC_2H_5$ डाइएथिल ईथर
4.	$C_2H_4 + HBr \longrightarrow C_2H_5Br$		$\xrightarrow{NH_3} C_2H_5NH_2$ एथिल ऐमीन
5.	हुन्सडीकर अभिक्रिया $C_2H_5COOAg + Br_2 \longrightarrow C_2H_5Br + AgBr + CO_2$	C_2H_5Br एथिल ब्रोमाइड	$\xrightarrow[\text{वुर्ट्ज अभिक्रिया}]{Na\text{ (ईथर)}} C_2H_5$—$C_2H_5$ ब्यूटेन $\xrightarrow[\text{फैंनक्लैण्ड अभिक्रिया}]{Zn} C_2H_5$—$C_2H_5$ ब्यूटेन

क्लोरोफॉर्म का रसायन

	बनाने की विधियाँ		रासायनिक गुण
1.	$C_2H_5OH \xrightarrow[H_2O/\text{आसवन}]{Ca(OCl)Cl}$		$\xrightarrow[\text{जल-अपघटन}]{KOH\text{(जलीय या ऐल्को.)}}$ HCOOK पोटैशियम फार्मेट
2.	$CH_3COCH_3 \xrightarrow[H_2O/\text{आसवन}]{\text{ब्लीचिंग पाउडर } Ca(OCl)Cl}$		$\xrightarrow[\text{अपचयन (2H)}]{Zn\text{—}HCl} CH_2Cl_2$ मेथिलीन क्लोराइड

3.	$CCl_3CH(OH)_2 \xrightarrow[\text{आसवन}]{NaOH}$ शुद्ध क्लोरोफॉर्म क्लोरल हाइड्रेड		$\xrightarrow[\text{अपचयन (6H)}]{Zn—HCl} CH_4$ मेथेन $\xrightarrow[\text{गर्म}]{Ag} C_2H_2$ ऐसिटिलीन
4.	व्यापारिक विधि $CCl_4 + 2H \xrightarrow[\text{जल}]{\text{आयरन}}$	$CHCl_3$ क्लोरोफॉर्म	$\xrightarrow[\text{रीमर-टीमैन अभिक्रिया}]{C_2H_5OH + NaOH} C_6H_4(OH)CHO$ सैलिसिल ऐल्डिहाइड
5.	UV प्रकाश उच्च ताप पर $CH_4 \xrightarrow{Cl_2} CH_3Cl \xrightarrow{Cl_2} CH_2Cl_2 \xrightarrow{Cl_2} CHCl_3$		

धुंधलापन उत्पन्न करते हैं। प्राथमिक ऐल्कोहॉल साधारण ताप पर ल्यूकास अभिकर्मक से अभिक्रिया नहीं करता।

(iv) ग्रिगनार्ड अभिकर्मक और ऑक्सीजन की अभिक्रिया से प्राथमिक ऐल्कोहॉल, ग्रिगनार्ड अभिकर्मक और ऐसीटैल्डिहाइड से द्वितीयक ऐल्कोहॉल और ग्रिगनार्ड अभिकर्मक तथा ऐसीटैल्डिहाइड से तृतीयक ऐल्कोहॉल प्राप्त होते हैं।

(v) ऐल्कोहॉल उदासीन पदार्थ है।

(vi) ऑक्सीजन परमाणु पर एकाकी इलेक्ट्रॉन युग्म की उपस्थिति के कारण प्रबल अम्लों के प्रति ऐल्कोहॉल क्षार की तरह व्यवहार करते हैं।

(vii) **ऑक्सीकरण**

$$CH_3—CH_2—OH \xrightarrow[H_2SO_4(-H_2O)]{K_2Cr_2O_7} CH_3CHO \xrightarrow{[O]} CH_3COOH$$

एथेनॉल → ऐसिटैल्डिहाइड → ऐसीटिक अम्ल

$$CH_3—\overset{H}{\underset{CH_2CH_3}{C}}—OH \xrightarrow{[O]} CH_3—\underset{CH_2CH_3}{C}{=}O \xrightarrow{[O]} 2CH_3COOH$$

द्वितीयक ब्यूटिल ऐल्कोहॉल (4कार्बन परमाणु) → एथिल मेथिल कीटोन (4 कार्बन परमाणु) → ऐसीटिक अम्ल (2 कार्बन परमाणु)

$$CH_3—\overset{OH}{\underset{CH_3}{C}}—CH \xrightarrow{-H_2O} CH_3—\underset{CH_3}{C}{=}CH_2 \xrightarrow{[O]} H—COOH + CH_3—\underset{CH_3}{C}{=}O \xrightarrow{[O]} CH_3COOH$$

तृतीयक ब्यूटिल ऐल्कोहॉल (4कार्बन) → फार्मिक अम्ल + ऐसीटोन (3 कार्बन) → ऐसीटिक अम्ल (2 कार्बन)

(viii) **विहाइड्रोजनीकरण**

$$R—CH_2O \xrightarrow[300°C]{Cu} R—CHO + H_2$$

प्राथमिक ऐल्कोहॉल → ऐल्डिहाइड

$$R—\underset{OH}{CH}—R' \xrightarrow[300°C]{Cu} R—\underset{O}{\overset{\|}{C}}—R' + H_2$$

द्वितीयक ऐल्कोहॉल → कीटोन

$$CH_3—\overset{CH_3}{\underset{CH_3}{C}}—OH \xrightarrow[300°C]{Cu} CH_3—\underset{CH_3}{C}{=}CH_2$$

तृतीयक ब्यूटिल ऐल्कोहॉल → 2-मेथिल प्रोपीन-1

4. लकड़ी के भंजक आसवन से पायरोलिग्नियस अम्ल प्राप्त होता है। जिसमें 2.4% मेथिल ऐल्कोहॉल, 10% ऐसीटिक अम्ल, 0.6% ऐसीटोन तथा शेष जल रहता है।
5. मेथिल ऐल्कोहॉल युक्त एथिल ऐल्कोहॉल मेथिलित स्पिरिट या विकृतीकृत स्पिरिट कहलाता है।
6. एथिल ऐल्कोहॉल का निर्माण शर्कराओं, शीरा या स्टार्च के किण्वन द्वारा किया जाता है।
7. पेट्रोल एथिल ऐल्कोहॉल और बेन्जीन का मिश्रण मोटर ईंधन के रूप में प्रयुक्त होता है। यह पॉवर ऐल्कोहॉल कहलाता है।

एथिल ऐल्कोहॉल का रसायन

	बनाने की विधियाँ		गुण
1.	$C_2H_5Br \xrightarrow[\text{अथवा AgOH}]{NaOH} C_2H_5OH + NaBr$ अथवा AgBr		$\xrightarrow{Na} C_2H_5O^-Na^+ + \frac{1}{2}H_2$ सोडियम एथॉक्साइड
2.	$CH_2{=}CH_2 + H_2SO_4 \longrightarrow$ $CH_3CH_2HSO_4 \xrightarrow{H_2O} CH_3CH_2OH + H_2SO_4$		$\xrightarrow[H^+]{CH_3COCl} CH_3COOC_2H_5 + H_2O$ एथिल ऐसीटेट $\xrightarrow[\text{अथवा }(CH_3CO)_2O]{CH_3COCl} CH_3COOC_2H_5 + HCl$
		C_2H_5OH एथिल ऐल्कोहॉल	
3.	$CH_3COOC_2H_5 + KOH \longrightarrow CH_3COOK + C_2H_5OH$		$\xrightarrow{I_2/NaOH} CHI_3$ आयोडोफॉर्म $\xrightarrow[X = Cl, Br, I]{HX} C_2H_5X$ एथिल हैलाइड
4.	$CH_3CHO + 2H \xrightarrow{Na/C_2H_5OH} CH_3CH_2OH$		$\xrightarrow[SOCl_2]{PCl_5, PCl_3} C_2H_5Cl$ एथिल क्लोराइड

ग्लिसरॉल का रसायन

	बनाने की विधियाँ		गुण
1.	वनस्पति तेल या वसा $\xrightarrow{\text{क्षार}}$ साबुन + ग्लिसरॉल (लाई) $\xrightarrow{\text{भाप}}$ वसा अम्ल + ग्लिसरॉल (मीठा जल)		$\xrightarrow{Na}$ CH_2ONa–$CHOH$–CH_2OH सोडियम ग्लिसरोलेट $\xrightarrow{Na}$ CH_2ONa–$CHOH$–CH_2ONa डाइसोडियम ग्लिसरोलेट
2.	$C_6H_{12}O_6$ (ग्लूकोस) $\xrightarrow[Na_2SO_3]{\text{यीस्ट}} CO_2 + CH_3CHO$ + ग्लिसरॉल		$\xrightarrow[110°C]{HCl}$ CH_2Cl–$CHOH$–CH_2OH ग्लिसरॉल α-मोनोक्लोरो हाइड्रिन $\xrightarrow[CH_3COOH, 110°C]{HCl \text{ आधिक्य}}$
3.	**संश्लेषण** $CH_2{=}CH$–CH_3 (प्रोपीन) $\xrightarrow[500°C]{Cl_2}$ CH_2Cl–$CH{=}CH_2$ $\xrightarrow{Na_2CO_3}$ CH_2OH–$CH{=}CH_2$ $\xrightarrow{HOCl}$ CH_2ONa–$CHCl$–CH_2OH $\xrightarrow{NaOH}$ CH_2OH–$CHOH$–CH_2OH	CH_2OH–CH_2OH–CH_2OH ग्लिसरॉल	CH_2Cl–$CHOH$–CH_2Cl ग्लिसरॉल α′–α′ डाइक्लोरो हाइड्रिन $\xrightarrow{PCl_5}$ CH_2Cl–$CHCl$–CH_2Cl 1, 2, 3–ट्राइक्लोरो प्रोपेन $\xrightarrow[H_2SO_4]{HNO_3}$ CH_2ONO_2–$CHONO_2$–CH_2ONO_2 ग्लिसरॉल ट्राइनाइट्रेट

		$\xrightarrow[110°C]{(COOH)_2 \cdot 2H_2O}$ HCOOH (फार्मिक अम्ल) $\xrightarrow[260°C]{(COOH)_2}$ $CH_2{=}CH{-}CH_2OH$ (ऐलिल ऐल्कोहॉल) $\xrightarrow[HNO_3]{\text{ऑक्सीकरण}}$ CHO–CHOH–CH_2OH (ग्लिसरैल्डिहाइड) ⟶ COOH–CHOH–CH_2OH (ग्लिसरिक अम्ल) ⟶ COOH–CHOH–COOH (टारटोनिक अम्ल) ⟶ COOH–CO–COOH (मीसोआक्सेलिक अम्ल)

डाइएथिल ईथर का रसायन

	बनाने की विधियाँ		गुण
1.	C_2H_5OH (एथिल ऐल्कोहॉल) $\xrightarrow[114°C]{\text{सान्द्र } H_2SO_4}$	$C_2H_5{-}O{-}C_2H_5$ डाइएथिल ईथर	$\xrightarrow[\text{सूर्य प्रकाश में}]{O_2}$ $(C_2H_5)_2O \rightarrow O$ (ईथर परॉक्साइड)
2.	$C_2H_5OH \xrightarrow[240\text{-}260°C,\ -H_2O]{Al_2O_3}$		$\xrightarrow{PCl_5 \text{ गर्म}} 2C_2H_5Cl + POCl_3$ $\xrightarrow[-H_2O]{Al_2O_3 \cdot 360°C} C_2H_4$
3.	$C_2H_5ONa \xrightarrow[\text{(विलियमसन संश्लेषण)}]{C_2H_5I(-NaI)}$		$\xrightarrow{Cl_2 \text{(अन्धेरे में)}} CH_3{-}CH(Cl){-}O{-}CH(Cl){-}CH_3$ (α'-α'डाइक्लोरो डाइएथिल ईथर)
4.	$C_2H_5I \xrightarrow{Ag_2O \text{ ताप } (-AgI)}$		$\xrightarrow{Cl_2 \text{(UV प्रकाश)}} C_2Cl_5{-}O{-}C_2H_5$ (परक्लोरो डाइएथिल ईथर) $\xrightarrow[150°C]{CO(500 \text{ वायुमण्डल})} C_2H_5COOC_2H_5$ (एथिल प्रोपिऑनेट) $\xrightarrow[\text{अपचयन}]{\text{लाल P/HI गर्म}} C_2H_6$ $\xrightarrow[150°C]{CH_3COCl} CH_3COOC_2H_5$ (एथिल ऐसीटेट) $\xrightarrow{CH_3CO{-}O{-}COCH_3} CH_3COOC_2H_5$

1. ईथर का उपयोग निश्चेतक के रूप में किया जाता है।
2. ईथर अत्यधिक ज्वलनशील द्रव है।

ऑक्सीजन युक्त कार्बनिक योगिक

1. ऐल्डिहाइड तथा कीटोन कार्बोनिल यौगिक हैं, जिनमें कार्बोनिल समूह $-\overset{|}{C}{=}O$ उपस्थित होता है। यदि इस समूह से हाइड्रोजन परमाणु जुड़ा हो, तो यौगिक ऐल्डिहाइड कहलाता है।

ऐल्डिहाइड एवं कीटोन के सामान्य सूत्र हैं

$$\underset{\text{ऐल्डिहाइड}}{R{-}\overset{\overset{\large O}{||}}{C}{-}H} \qquad \underset{\text{कीटोन}}{R{-}\overset{\overset{\large O}{||}}{C}{-}R'}$$

2. कार्बोक्सिलिक अम्ल के कैल्सियम अथवा बेरियम लवण के शुष्क आसवन द्वारा बनाए जाते हैं।

$$\underset{\text{कैल्सियम फॉर्मेट}}{(HCOO)_2Ca} \xrightarrow[\text{आसवन}]{\text{शुष्क}} \underset{\text{फॉर्मेल्डिहाइड}}{HCHO} + CaCO_3$$

$$(CH_3COO)_2Ca + (HCOO)_2Ca \xrightarrow[\text{आसवन}]{\text{शुष्क}} \underset{\text{ऐसीटैल्डिहाइड}}{2CH_3CHO} + 2CaCO_3$$

$$(CH_3COO)_2Ca \xrightarrow[\text{आसवन}]{\text{शुष्क}} \underset{\text{ऐसीटोन}}{CH_3COCH_3} + CaCO_3$$

3. **रोजनमुण्ड अभिक्रिया** अम्ल क्लोराइड को उत्प्रेरक (पैलेडियम-बेरियम सल्फेट, Pd-$BaSO_4$) की उपस्थिति में हाइड्रोजन द्वारा अपचयित करने पर ऐल्डिहाइड प्राप्त होते हैं।

$$CH_3\underset{\underset{O}{\|}}{C}-Cl \xrightarrow[130°C]{H_2/Pd} CH_3-\underset{\underset{O}{\|}}{C}-H + HCl$$

ऐसीटैल्डिहाइड

4. **स्टीफन विधि** ईथर विलयन में स्टैनस क्लोराइड और हाइड्रोक्लोरिक अम्ल द्वारा अपचयित करने पर सायनाइड से ऐल्डिहाइड प्राप्त होते हैं।

$$\underset{\text{मेथिल सायनाइड}}{CH_3C\equiv N} \xrightarrow[2H]{SnCl_2/HCl} \underset{\text{ऐल्डिमाइन}}{CH_3-CH=NH}$$

$$\xrightarrow{H_2O} \underset{\text{ऐसीटैल्डिहाइड}}{CH_3CHO + NH_3}$$

5. फॉर्मेल्डिहाइड रंगहीन तीक्ष्ण गन्ध वाली गैस है, ऐसीटोन रंगहीन द्रव है। निम्न अणुभार के ऐल्डिहाइड, जल में पूर्ण रूप से विलय होते हैं, किन्तु अणुभार बढ़ने पर विलेयता घट जाती है। यह ऐल्कोहॉल तथा ईथर में विलेय हैं। इनके क्वथनांक तत्संगत हाइड्रोकार्बन के क्वथनांक से अधिक तथा ऐल्कोहॉल कम होते हैं।

6. ऐसीटेल्डिहाइड, ऐसीटोन व अन्य मेथिल कीटोन अर्थात् CH_3CO समूह युक्त कीटोन, क्षारीय माध्यम में हैलोजन के साथ हैलोफॉर्म अभिक्रिया देते हैं। **जैसे** I_2 तथा NaOH के साथ पीले रंग का आयोडोफॉर्म बनता है।

$$CH_3COCH_3 + 3I_3 + 4\,NaOH \longrightarrow \underset{\text{आयोडोफॉर्म}}{CHI_3} + CH_3COONa + 3NaI + 3H_2O$$

7. ऐल्डिहाइड अपचयन करने पर प्राथमिक ऐल्कोहॉल तथा कीटोन द्वितीयक ऐल्कोहॉल देते हैं। (**अपचायक** निकेल, प्लेटिनम, पैलेडियम की उपस्थिति में हाइड्रोजन, सोडियम अमलगम और जल, लीथियम ऐलुमिनियम हाइड्राइड $LiAlH_4$), सोडियम बोरोहाइड्राइड ($NaBH_4$)।

$$CH_3-\underset{\underset{O}{\|}}{C}-H + H_2 \xrightarrow{Ni,\ Pt\ \text{या}\ Pd} CH_3CH_2OH$$

$$CH_3-\underset{\underset{O}{\|}}{C}-CH_3 + H_2 \xrightarrow{Ni,\ Pt\ \text{या}\ Pd} CH_3-\underset{\underset{OH}{|}}{CH}-CH_3$$

8. **क्लीमेन्सन अपचयन**

$$R-\underset{\underset{O}{\|}}{C}-H \xrightarrow[\text{क्लीमेन्सन अपचयन}]{\text{Zn-Hg/सान्द्र HCl}} \underset{\text{हाइड्रोकार्बन}}{R-\overset{\overset{H}{|}}{\underset{\underset{H}{|}}{C}}-H}$$

$$R-\underset{\underset{O}{\|}}{C}-R' \xrightarrow{\text{Zn-Hg/सान्द्र HCl}} \underset{\text{हाइड्रोकार्बन}}{R-\overset{\overset{H}{|}}{\underset{\underset{H}{|}}{C}}-R'}$$

9. **वोल्फ किशनर अपचयन**

$$R-\underset{\underset{O}{\|}}{C}-H \xrightarrow{NH_2-NH_2\ \text{क्षार}\ (C_2H_5ONa)} \underset{\text{हाइड्रोकार्बन}}{R-\overset{\overset{H}{|}}{\underset{\underset{H}{|}}{C}}-H}$$

$$R-\underset{\underset{O}{\|}}{C}-R' \xrightarrow{NH_2-NH_2\ \text{क्षार}\ (C_2H_5ONa)} \underset{\text{हाइड्रोकार्बन}}{R-\overset{\overset{H}{|}}{\underset{\underset{H}{|}}{C}}-R'}$$

10. ऐल्डिहाइड तथा कीटोन KCN के क्षारीय विलयन के साथ सायनोहाइड्रिन बनाते हैं।

$$CH_3-\overset{\overset{H}{|}}{C}=O + HCN \xrightarrow{KOH} CH_3-\overset{\overset{H}{|}}{\underset{\underset{CN}{|}}{C}}-OH$$

(ऐसीटैल्डिहाइड सायनोहाइड्रिन)

11. सायनोहाइड्रिन के जल-अपघटन से निम्नलिखित उत्पाद प्राप्त होते हैं।

$$CH_3-\overset{\overset{H}{|}}{\underset{\underset{OH}{|}}{C}}-CN + H_2O \longrightarrow CH_3-\overset{\overset{H}{|}}{\underset{\underset{OH}{|}}{C}}-CONH_2$$

हाइड्रॉक्सी ऐमाइड

12. सायनोहाइड्रिन के अपचयन द्वारा ऐमीनो ऐल्कोहॉल प्राप्त होते हैं।

$$CH_3-\overset{\overset{H}{|}}{\underset{\underset{OH}{|}}{C}}-CN + 2H_2 \longrightarrow CH_3-\underset{\underset{OH}{|}}{CH}-CH_2NH_2$$

13. ऐल्कोहॉल की अधिकता में हाइड्रोजन क्लोराइड की उपस्थिति में (ऐल्डिहाइड संकलन द्वारा) ऐसीटल बनते हैं।

$$R-\overset{\overset{H}{|}}{C}=O + C_2H_5OH \xrightleftharpoons{\text{HCl गैस}} \underset{\text{हेमीऐसीटल}}{R-\overset{\overset{H}{|}}{\underset{\underset{OC_2H_5}{|}}{C}}-OH}$$

$$\xrightleftharpoons[\text{HCl गैस}]{C_2H_5OH} \underset{\text{ऐसीटल}}{R-\overset{\overset{H}{|}}{\underset{\underset{OC_2H_5}{|}}{C}}-OC_2H_5}$$

14. फॉर्मेल्डिहाइड, अमोनिया के साथ अभिक्रिया करके हेक्सामेथिलीन टेट्रामीन या यूरोट्रॉपीन बनाता है।

$$6HCHO + 4NH_3 \longrightarrow \underset{\text{यूरोट्रॉपीन}}{(CH_2)_6N_4} + 6H_2O$$

15. **ऐल्डॉल संघनन** क्षार की उपस्थिति में ऐल्डिहाइड अथवा कीटोन के दो अणु संघनन द्वारा नए कार्बन-कार्बन बन्ध बनाते हैं। इसके लिए अनेक अणु में एक α-हाइड्रोजन परमाणु का होना आवश्यक है।

(i) क्षार की उपस्थिति में ऐसीटैल्डिहाइड के दो अणु संयोग कर ऐल्डॉल देते हैं।

$$CH_3-\overset{H}{\overset{|}{C}}=O+CH_3-\overset{H}{\overset{|}{C}}=O \xrightarrow{OH^-} CH_3-\underset{OH}{\underset{|}{\overset{H}{\overset{|}{C}}}}-CH_2CHO$$

ऐल्डॉल
(3-हाइड्रॉक्सी ब्यूटेनल)

(ii) कीटोन के दो अणु संघनन उत्पाद बनाते हैं।

$$CH_3-\underset{CH_3}{\underset{|}{C}}=O+HCH_2-\underset{CH_3}{\underset{|}{C}}=O \xrightarrow{OH^-} CH_3-\underset{CH_3}{\underset{|}{\overset{OH}{\overset{|}{C}}}}-CH_2-\underset{O}{\underset{\|}{C}}-CH_3$$

डाइऐसीटोन ऐल्कोहॉल

डाइऐसीटोन ऐल्डिहाइड को गर्म करने पर मेसीटिल ऑक्साइड बनता है। ऐल्डॉल को गर्म करने पर क्रोटनेल्डिहाइड बनता है।

16. **कैनिजारो अभिक्रिया** जिन ऐल्डिहाइड्स में α–हाइड्रोजन परमाणु नहीं है, वे सान्द्र जलीय अथवा ऐल्कोहॉलीय क्षार के प्रभाव में स्वत: ऑक्सीकरण-अपचयन अभिक्रिया द्वारा ऐल्कोहॉल तथा कार्बोक्सिलिक अम्ल का लवण देते हैं।

$$2H-\underset{O}{\underset{\|}{C}}-H \xrightarrow{NaOH} CH_3OH+H-\underset{O}{\underset{\|}{C}}-ONa$$

$$\underset{\text{बैन्जेल्डिहाइड}}{2C_6H_5CHO} \xrightarrow{NaOH} \underset{\text{बैन्जॉयल ऐल्कोहॉल}}{C_6H_5CH_2OH} + \underset{\text{सोडियम बैन्जोऐट}}{C_6H_5-\underset{O}{\underset{\|}{C}}-ONa}$$

शैन्को अभिक्रिया उत्प्रेरक ऐलुमिनियम एथिलेट की उपस्थिति में एस्टर देते हैं

$$\underset{\text{ऐसीटैल्डिहाइड}}{2CH_3CHO} \xrightarrow{Al(OC_2H_5)_3} \underset{\text{एथिल ऐसीटेट}}{CH_3-\underset{O}{\underset{\|}{C}}-OC_2H_5}$$

ऐसीटोन को सान्द्र सल्फ्यूरिक अम्ल के साथ आसवित करने पर मेसिटिलीन प्राप्त होती है।

$$3CH_3-\underset{O}{\underset{\|}{C}}-CH_3 \xrightarrow{H_2SO_4} \text{(1,3,5-}(CH_3)_3C_6H_3\text{)} + 3H_2O$$

मेसिटिलीन

ऐल्डिहाइड प्रबल अपचायक है

(i) ये फेहलिंग विलयन (कॉपर टार्ट्रेट का क्षारीय विलयन) को लाल रंग के क्यूप्रस ऑक्साइड (Cu_2O) में अपचयित कर देता है।

(ii) ऐल्डिहाइड, टॉलेन अभिकर्मक (अमोनियामय $AgNO_3$) को सिल्वर (काला अवक्षेप-रजत दर्पण) में अपचयित कर देते हैं।

कीटोन की तुलना में ऐल्डिहाइड अधिक क्रियाशील होते हैं। *इसके दो मुख्य कारण हैं*

कीटोन में दो ऐल्किल समूह होते हैं और ऐल्किल समूह के $+I$ प्रभाव (इलेक्ट्रॉन देना) के कारण कार्बोनिल कार्बन पर धन-आवेश कम हो जाते हैं।

दो ऐल्किल समूह होने के कारण कीटोन में कार्बोनिल कार्बन अधिक घिरा हुआ रहता है, अत: न्यूक्लियोफाइल आसानी से आक्रमण नहीं कर पाता है। अत: क्रियाशीलता का क्रम निम्नवत् है

$$\begin{matrix}H\\H\end{matrix}\!\!>C=O > \begin{matrix}CH_3\\H\end{matrix}\!\!>C=O > \begin{matrix}CH_3\\CH_3\end{matrix}\!\!>C=O$$

कार्बोक्सिलिक अम्लों की आपेक्षिक प्रबलता

1. अम्लों में प्रतिस्थापियों का प्रभाव निम्न प्रकार है-अम्लता पर प्रतिस्थापितों का प्रभाव प्रतिस्थापी की प्रकृति, प्रतिस्थापितों की संख्या और —COOH समूह से प्रतिस्थापी की दूरी पर निर्भर करता है।
2. यदि G समूह या परमाणु इलेक्ट्रॉन को आकर्षित करने वाला है, अर्थात् $(-I)$ है, तो कार्बोक्सिलेट आयन की स्थिरता बढ़ेगी तथा अम्ल प्रबल होगा।

   $G = F, Cl, Br, I, NO_2, CN$ आदि।

   जैसे $ClCH_2COOH, Cl_2CHCOOH, Cl_3C-COOH$

   आदि ऐसीटिक अम्ल की तुलना में प्रबल अम्ल हैं।
3. यदि G समूह या परमाणु इलेक्ट्रॉन देने वाला है अर्थात् $(-I)$ है, तो कार्बोक्सिलेट आयन की स्थिरता कम होगी और अम्ल दुर्बल होगा।

   $G = -CH_3$ तथा $-OCH_3$
4. उपरोक्त आधार पर अम्लीयता का क्रम निम्नलिखित होगा

   $$Cl_3C-COOH > Cl_2CHCOOH > ClCH_2COOH > CH_3COOH > HOH > R-OH > CH\equiv CH > NH_3 > RH$$

   $$HCOOH > CH_3COOH > CH_3CH_2COOH$$

   $$ClCH_2COOH > HCOOH > CH_3COOH$$
5. फॉर्मिक अम्ल एक तीव्र अपचायक है।

   (i) यह अमोनियामय $AgNO_3$ (टॉलेन अभिकर्मक) के साथ सिल्वर दर्पण बनाता है।

   $$HCOOH + Ag_2O \longrightarrow 2Ag + CO_2 + H_2O$$

   (ii) फेहलिंग विलयन को अपचयित कर Cu_2O का लाल अवक्षेप देता है।

   $$HCOOH + 2CuO \longrightarrow Cu_2O + CO_2 + H_2O$$

   (iii) $HgCl_2$ को पहले Hg_2Cl_2 और फिर Hg में अपचयित करता है।
6. ऐसीटिक अम्ल का 6-10% विलयन सिरका कहलाता है।

7. **कार्बोक्सिलिक अम्ल के व्युत्पन्न** कार्बोक्सिलिक अम्ल में कार्बोक्सिलेट समूह के —OH का —Cl तथा —COOR, $—NH_2$ तथा —OR′ समूह द्वारा प्रतिस्थापन करने पर निम्न व्युत्पन्न प्राप्त होते हैं।

$R—C(=O)—Cl$ अम्ल क्लोराइड; $(R—CO)_2O$ ऐनहाइड्राइड; $R—C(=O)—NH_2$ ऐमाइड; $R—C(=O)—OR'$ एस्टर

R = ऐल्किल समूह (CH_3, C_2H_5) आदि।

ऐसीटिल क्लोराइड का रसायन

क्र.सं.	बनाने की विधियाँ		गुण
1.	$CH_3COOH \xrightarrow{PCl_5}$		$\xrightarrow[H_2O,H^+]{H_2O \text{ या}} CH_3COOH + HCl$ ऐसीटिक अम्ल
2.	$CH_3COOH \xrightarrow{SOCl_2}$		$\xrightarrow{NH_3} CH_3CONH_2$ ऐसीटैमाइड
3.	$CH_3COOH \xrightarrow[\text{आसवन}]{PCl_5}$		$\xrightarrow[C_2H_5ONa]{C_2H_5OH \text{ या}} CH_3COOC_2H_5$ एथिल ऐसीटेट
			$\xrightarrow{CH_3COONa} (CH_3CO)_2O$ ऐसीटिक ऐनहाइड्राइड
		CH_3COCl	अपचयन: $H_2—Pd$ → CH_3CHO ऐसीटैल्डिहाइड; $LiAlH_4$ → CH_3CH_2OH एथिल ऐल्कोहॉल

ऐसीटिक ऐंनहाइड्राइड का रसायन

क्र. सं.	बनाने की विधियाँ		गुण
1.	$CH_3COCl + CH_3COONa \xrightarrow{\text{आसवन}}$		$\xrightarrow[\text{जल-अपघटन}]{H_2O} CH_3COOH$
2.	$2CH_3COONa \xrightarrow[\text{आसवन}]{COCl_2}$	$CH_3(CO)_2O$	$\xrightarrow{PCl_5} CH_3COCl + POCl_3 \xrightarrow{NH_3} CH_3CONH_2 + CH_3COOH$
			$\xrightarrow{C_2H_5OH} CH_3COOC_2H_5 + CH_3COOH$
3.	$CH_3COOH \xrightarrow[\text{गर्म}]{P_2Cl_5}$		

ऐसीटैमाइड (CH_3CONH_2)

क्र.सं.	बनाने की विधियाँ		गुण
1.	$CH_3COONH_4 \xrightarrow{\text{शुष्क आसवन}}$		$\xrightarrow[H_2O,HCl]{\text{जल-अपघटन}} CH_3COOH + NH_4Cl$
			$\xrightarrow{NaOH \text{ गरम}} CH_3COONa + NH_3 \uparrow$
2.	$CH_3COCl \xrightarrow{NH_3}$	CH_3CONH_2	$\xrightarrow{HNO_2} CH_3COOH + N_2$
3.	$(CH_3CO)_2O \xrightarrow{NH_3}$		$\xrightarrow[\text{गर्म}]{P_2O_5} CH_3CN$

एथिल ऐसीटेट ($CH_3COOC_2H_5$)

क्र. सं.	बनाने की विधियाँ		गुण
1.	$CH_3COOH + C_2H_5OH \xrightarrow[\text{या HCl गैस}]{\text{सान्द्र } H_2SO_4}$		$\xrightarrow{NH_3} CH_3CONH_2 + C_2H_5OH$ (ऐसीटामाइड)
		($CH_3COOC_2H_5$)	$\xrightarrow{CH_3OH} CH_3COOC_2H_5 + C_2H_5OH$
2.	$(CH_3CO)_2O \xrightarrow{C_2H_5OH}$		$\xrightarrow[Na/C_2H_5OH]{\text{अपचयन}} C_2H_5OH$
3.	$CH_3CHO \xrightarrow{Al(OC_2H_5)_3}$		$\xrightarrow{CH_3MgBr} (CH_3)_3C—OH$ (तृतीयक ब्यूटिल ऐल्कोहॉल)
4.	$CH_3COOAg \xrightarrow{C_2H_5I}$		$\xrightarrow[\text{क्लैजन संघनन}]{C_2H_5ONa} CH_3—CO—CH_2—COOC_2H_5$ (ऐथिल ऐसिटो-ऐसीटेट)

महत्त्वपूर्ण बिन्दु

- यूरिया प्रथम कार्बनिक यौगिक है, जिसका संश्लेषण व्होलर ने 1628 में किया।

$$2KCNO + (NH_4)_2SO_4 \longrightarrow 2NH_4CNO + K_2SO_4$$

$$\underset{\text{अमोनियम सायनेट}}{NH_4CNO} \xrightarrow{\text{उष्मा}} \underset{\text{यूरिया}}{H_2NCONH_2}$$

- यूरिया एक रंगहीन, गन्धहीन ठोस है जो जल तथा ऐल्कोहॉल में शीघ्र विलयित है, परन्तु ईथर में अघुलनशील है। इसका जलीय विलयन लिटमस के प्रति उदासीन है। यूरिया एक अति मोनोऐसीटिक क्षार हैं।
- **जल अपघटन** यूरिया, अम्लों, क्षारों या एन्जाइम (यूरिऐज) की उपस्थिति में जल अपघटित होकर कार्बन डाइऑक्साइड तथा अमोनिया देता है।

$$NH_2CONH_2 + H_2O + HCl \longrightarrow 2NH_4Cl + CO_2$$

$$NH_2CONH_2 + 2NaOH \longrightarrow 2NH_3 + Na_2CO_3$$

$$NH_2CONH_2 + H_2O \xrightarrow[\text{एन्जाइम}]{\text{यूरिऐज}} 2NH_3 + CO_2$$

- **ऊष्मा की क्रिया** (बाईयूरेट अभिक्रिया) यूरिया को गर्म करने पर NH_3 निकलती है तथा बाइयूरेट बनता है। बाइयूरेट के जलीय विलयन में NaOH और एक बूँद $CuSO_4$ डालने पर बैंगनी रंग आता है, इसे बाइयूरेट परीक्षण कहते हैं।

$$\underset{\text{यूरिया (2 अणु)}}{H_2NCONH_2 + HNHCONH_2} \longrightarrow \underset{\text{बाइयूरेट}}{H_2NCONHCONH_2} + NH_3$$

- ऑक्सेलिक अम्ल **200°C** पर गर्म करने पर फार्मिक अम्ल देता है।
- ऑक्सेलिक अम्ल अपचायक गुण के कारण $KMnO_4$ का अपचयन रंगहीन मैगनस लवण में करता है।

ऐरोमैटिक यौगिक

1. ऐरोमैटिक हाइड्रोकार्बन और उनके व्युत्पन्नों का मुख्य स्रोत कोलतार है।
2. कोलतार, कोयला गैस, अमोनियामय शराब तथा कोक आदि कोयले के विनाशी आसवान से प्राप्त होती है। बेन्जीन, टॉलूईन तथा जाइलीन हल्के तेल के प्रभाजी आसवान से प्राप्त होते हैं। नेफ्थलीन, फीनॉल तथा पिरिडीन मध्य तेल के प्रभाजी आसवन से प्राप्त होती है। क्रीसॉल तथा ऐन्थ्रेसीन क्रमश: भारी तेल तथ ऐन्थ्रेसीन तेल के प्रभाजी आसवन से प्राप्त होते हैं।
3. *आर्थो* (*o*-) तथा *पैरा* (*p*-) दिष्टकारी समूह है $—OC_6H_5$ (अति प्रबल) —OH, $—NR_2$, —NHR, $—NH_2$ (प्रबल) —OR, $—OCHR_3$, $—NHCOCH_3$ (हल्का प्रबल) $—CH_3$, $—C_2H_5$, $—C_6H_5$ (दुर्बल) आदि।
4. *मैटा* (*m*-) दिष्टकारी समूह है $—NO_2$, —CN (अति प्रबल) —COOH, —COOR, $—\overset{+}{N}(CH_3)_3$ (प्रबल) $—SO_3H$, —CHO, —COR, (हल्का प्रबल) आदि है।
5. *o*- तथा *p*-दिष्टकारी समूह सक्रियणकारी समूह कहलाते हैं, क्योंकि ये नाभिक में इलेक्ट्रॉन घनत्व बढ़ाते हैं। *m*-दिष्टकारी समूह बेन्जीन वलय को विसक्रियित करते हैं क्योंकि ये वलय पर इलेक्ट्रॉन घनत्व कम करते हैं, इसलिए ये विसक्रियणकारी समूह कहलाते हैं। हैलोजन (—F, —Cl, —Br, —I) *o*- तथा *p*-दिष्टकारी समूह हैं, किन्तु बेन्जीन वलय को विसक्रियित करते हैं।
6. बेन्जीन के नाइट्रीकरण में नाइट्रोनियम आयन (NO_2^+) सक्रिय अभिकर्मक होता है।
7. बेन्जीन की संरचना मुख्यत: निम्न दो संरचनाओं का अनुवाद संकर है।

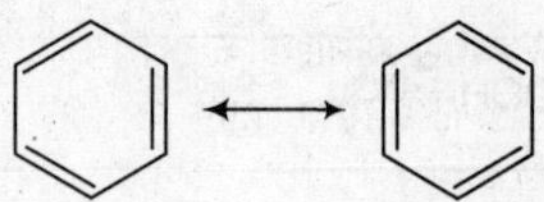

8. बेन्जीन में अनुनाद के कारण C—C बन्ध लम्बाई (1.54 Å) से कम तथा C = C बन्ध लम्बाई (1.34 Å) से अधिक अर्थात् 1.39 Å होती है तथा C—C—C और C—C—H बन्ध काण 120° होता है तथा इसमें प्रत्येक परमाणु sp^2 संकरित होता है

बेन्जीन का संक्षिप्त विवरण

बनाने की विधि		गुण
1. $C_6H_5COONa + Na + NaOH(CaO) \xrightarrow{\text{रक्त तप्त नली}}$		$\xrightarrow[\text{Fe अथवा } AlCl_3]{Cl_2} C_6H_5Cl + HCl$ क्लोरोबेन्जीन
2. $C_6H_5OH + \underset{\text{चूर्ण}}{Zn} \xrightarrow{500°C}$		$\xrightarrow{HNO_3/H_2SO_4} C_6H_5NO_2 + H_2O$ नाइट्रोबेन्जीन
3. $C_6H_5SO_3H + H_2O \xrightarrow{\text{अति तप्त भाप}}$	C_6H_6 बेन्जीन	$\xrightarrow{\text{सान्द्र } H_2SO_4} C_6H_5SO_3H + H_2O$ बेन्जीन सल्फोनिक अम्ल
4. $C_6H_5ONH \cdot HCl \xrightarrow[-H_2O]{HNO_2}$		$\xrightarrow[\text{फ्रीडल क्रॉफ्ट अभिक्रिया}]{CH_3Cl—AlCl_3} C_6H_5CH_3 + HCl$ टॉलूईन
5. $C_6H_5N_2Cl \xrightarrow[{[2H]}]{SnCl_2/NaOH}$		$\xrightarrow[\text{फ्रीडल क्रॉफ्ट अभिक्रिया}]{CO_2—AlCl_3} C_6H_5COOH$ बेन्जोइक अम्ल
6. $2C_2H_2 \xrightarrow{500°C}$		$\xrightarrow[\text{फ्रीडल क्रॉफ्ट अभिक्रिया}]{CO_2—AlCl_3} C_6H_5CONH_2$ बेन्जेऐमाइड
		$\xrightarrow[\text{फ्रीडल क्रॉफ्ट अभिक्रिया}]{COCl_2—AlCl_3} C_6H_5COCl$ बेन्जोयल क्लोराइड
		$\xrightarrow[\text{फ्रीडल क्रॉफ्ट अभिक्रिया}]{C_6H_5COCl} C_6H_5COC_6H_5$ बेन्जोफिनोन
		संकलन अभिक्रिया
	बेन्जीन	$\xrightarrow[\text{Ni अथवा APt}]{3H_2} C_6H_{12}$ साइक्लोहेक्सेन
		$\xrightarrow[\text{सूर्य का प्रकाश}]{3Cl_2—AlCl_3} C_6H_6Cl_6$ बेन्जीन हेक्साक्लोराइड
		$\xrightarrow{3O_3} C_6H_6 3O_3 \xrightarrow[3Zn]{3H_2O}$ CHO—CHO ग्लाइऑक्जेल

9. ब्रोमोबेन्जीन तथा मेथिल ब्रोमाइड के ईथरीय विलयन को सोडियम के साथ गर्म करने पर टॉलूईन प्राप्त होती है। यह अभिक्रिया वुर्टज-फिटिग अभिक्रिया कहलाती है

$$C_6H_5 + 2\,Na + BrCHs_3 \longrightarrow \underset{\text{टॉलूईन}}{C_6H_5CH_3} + 2\,NaBr$$

10. टॉलूईन में $—CH_3$ समूह, *o*- तथा *p*-दैशिक होने के कारण बेन्जीन रिंग में प्रतिस्थापन अभिक्रियाओं के फलस्वरूप *आर्थो* तथा *पैरा* उत्पाद प्राप्त होते हैं।

11. टॉलूईन का सधूम HNO_3 और सधूम H_2SO_4 के मिश्रण द्वारा नाइट्रीकरण पर 2, 4, 6-ट्राईनाइट्रोटॉलूईन (TNT) बनता हो जो कि एक विस्फोटक के रूप में प्रयोग किया जाता है।

12. **ऑक्सीकरण** टॉलूईन का क्षारीय या अम्लीय $KMnO_4$ अथवा $K_2Cr_2O_7$ द्वारा ऑक्सीकरण करने पर, $—CH_3$ समूह $—COOH$ समूह में ऑक्सीकृत हो जाता है और बेन्जोइक अम्ल बनता है।

$$\underset{\text{टॉलूईन}}{C_6H_5CH_3} \xrightarrow[\text{या तनु } HNO_3]{KMnO_4 \text{ या } K_2Cr_2O_7} \underset{\text{बेन्जोइक अम्ल}}{C_6H_5COOH}$$

वस्तुनिष्ठ प्रश्न

1. निम्न में जैल्डाल विधि से नाइट्रोजन की प्रतिशत मात्रा ज्ञात करने का सूत्र है

(a) $\%N = \frac{1.4\,VW}{N}$ (b) $\%N = \frac{1.4\,NW}{V}$

(c) $\%N = \frac{VN.W}{1.4}$ (d) $\%N = \frac{1.4\,VN}{W}$

2. ब्यूटेन एवं *आइसो*-ब्यूटेन उदाहरण है

(a) शृंखला समावयवता के
(b) ज्यामितीय समावयवता के
(c) स्थान समावयवता के
(d) चलावयवता के

3. निम्न रूपों में से ऐथेन का ग्रसित संरूपण कौन-सा होगा?

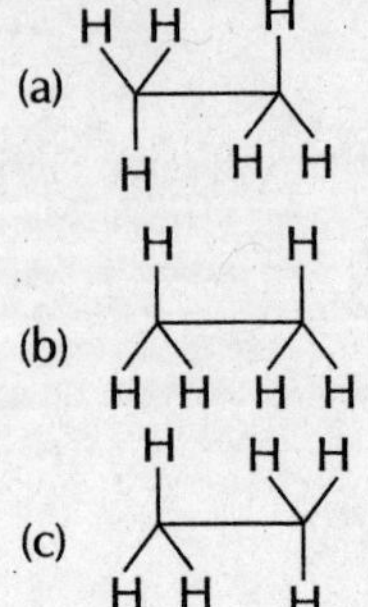

(d) उपरोक्त में से कोई नहीं

4. ऐथेन और साइक्लोहेक्सेन में निम्न संरूपणों का युग्म अधिक स्थायी है

(a) ग्रसित संरूपण एवं कुर्सी संरूपण
(b) सान्तरिक संरूपण एवं कुर्सी संरूपण
(c) सान्तरिक संरूपण एवं नौका संरूपण
(d) ग्रसित संरूपण एवं नौका संरूपण

5. एक हाइड्रोकार्बन के विश्लेषण करने पर C = 85.6% तथा H = 14.4% प्राप्त हुए। हाइड्रोकार्बन का मूलानुपाती सूत्र होगा

(a) C_3H_6 (b) C_2H_4 (c) C_6H_{22} (d) CH_2

6. किसी कार्बनिक अम्ल का अणुभार होता है

(a) तुल्यांकी भार × क्षारकता

(b) $\frac{\text{तुल्यांकी भार}}{\text{क्षारकता}}$

(c) $\frac{\text{क्षारकता}}{\text{तुल्यांकी भार}}$

(d) तुल्यांकी भार × संयोजकता

7. क्लोरोफॉर्म का अणुभार ज्ञात करने की उपयुक्त विधि है

(a) रेनोल्ड विधि (b) विसरण विधि
(c) वाष्पदाब विधि (d) विक्टर मेयर विधि

8. $CH_3-CH_2-C(CH_3)=CH_2$ का IUPAC नाम है

(a) 2-मेथिल ब्यूटीन-1
(b) 3-मेथिल ब्यूटीन-1
(c) विनाइल मेथिल ऐथेन
(d) प्रोपाइल ऐथेन-1

9. वह यौगिक, जो डाइऐथिल ईथर के साथ समावयवी नहीं है

(a) *n*-प्रोपिइल मेथिल ईथर
(b) ब्यूटेन-1-ऑल
(c) 2-प्रोपिल प्रोपेन-2-ऑल
(d) ब्यूटेनॉन

10. एक यौगिक विश्लेषण पर 80% कार्बन तथा 20% हाइड्रोजन देता है। यह यौगिक होगा।

(a) C_6H_6 (b) C_2H_5OH
(c) C_2H_6 (d) $CHCl_3$

11. निम्न में से कौन-सा युग्म त्रिविम समावयवता को प्रदर्शित करता है?

(a) ज्यामितीय समावयवता, स्थिति समावयवता
(b) ज्यामितीय समावयवता, निश्चित समावयवता
(c) प्रकाशिक समावयवता, ज्यामितीय समावयवता
(d) प्रकाशिक समावयवता, मध्यावयवता

12. ऐल्कीन में नहीं होती

(a) शृंखला समावयवता
(b) ज्यामितीय समावयवता
(c) मध्यावयवता
(d) स्थिति समावयवता

13. प्रकाशिक समावयवता प्रदर्शित करता है

(a) ब्यूटेनॉल-1 (b) ब्यूटेनॉल-2
(c) ब्यूटीन-1 (d) ब्यूटीन-2

14. निम्न में यौगिकों के किस युग्म में स्थान समावयवता है?

(a) $CH_3-CH_2-CH_2-CH_3$ और $CH_3-CH(CH_3)-CH_3$
(b) $CH_3-CH_2-CH=CH_2$ और $CH_3-CH=CH-CH_3$
(c) CH_3-CH_2OH और CH_3-O-CH_3
(d) $CH_3-C(CH_3)_2-CH_3$ और $CH_3-CH_2-CH_2-CH_2-CH_3$

15. निम्न में कौन-सा यौगिक, 2, 2, 3-ट्राइमेथिल हेक्सेन है?

(a) $CH_3-C(CH_3)_2-CH(CH_3)-CH_2-CH_3$
(b) $CH_3-C(CH_3)_2-CH_2-CH(CH_3)-CH_3$
(c) $CH_3-C(CH_3)_2-CH(CH_3)-CH_2-CH_2-CH_3$
(d) $CH_3-CH(CH_3)-CH_2-CH_2-C(CH_3)_2-CH_3$

16. निम्न में से कौन-सी प्रजाति सर्वाधिक स्थायी है?

(a) $P\text{-}O_2N-C_6H_4-\overset{+}{C}H_2$
(b) $P\text{-}CH_3O-C_6H_4-\overset{+}{C}H_2$
(c) $P\text{-}Cl-C_6H_4-\overset{+}{C}H_2$
(d) $C_6H_5-\overset{+}{C}H_2$

17. निम्न यौगिक प्रदर्शित करता है

$(CH_3)_2C=CH-CH(CH_3)COOH$

(a) चलावयवता
(b) प्रकाशित समावयवता
(c) ज्यामितीय समावयवता
(d) ज्यामितीय एवं प्रकाशिक समावयवता

18. स्थायित्व का घटता हुआ क्रम कौन-सा है?

(i) $CH_3-\overset{+}{C}H-CH_3$
(ii) $CH_3-\overset{+}{C}H-O-CH_3$
(iii) $CH_3\overset{+}{C}HCOCH_3$

(a) (i) < (ii) < (iii) (b) (i) > (ii) > (iii)
(c) (iii) > (ii) > (i) (d) (ii) > (iii) > (i)

19. सक्सिनिक अम्ल का IUPAC नाम है

(a) 1-4-ब्यूटेन डाइओइक अम्ल
(b) डाइमेथिल-2 अम्ल
(c) 1, 2-डाइमेथिल डाइओइक अम्ल
(d) उपरोक्त में से कोई नहीं

20. $N\equiv C-CH=CH_2$ यौगिक में कार्बन परमाणु (1) और कार्बन परमाणु (2) के बीच बने बन्ध में कार्बन पर कौन-सा संकरण है?

(a) sp^2 और sp^2 (b) sp^3 और sp
(c) sp और sp^2 (d) sp और sp

21. कौन-से यौगिक में कार्बन बन्ध बनाने के लिए केवल sp^3 संकरित कक्षक का उपयोग होता है?

(a) $HCOOH$ (b) $(NH_2)_2CO$
(c) $(CH_3)_3COH$ (d) $(CH_3)_3CHO$

22. एथेन में C—C बन्ध का समांगी विखण्डन एक माध्यमिक देता है, जिसमें कार्बन है

(a) sp^3 संकरित (b) sp^2 संकरित
(c) sp संकरित (d) sp^2d संकरित

23. $C_4H_{10}O$ यौगिक प्रदर्शित करते हैं

(a) मध्यावयवता
(b) क्रियात्मक समावयवता
(c) स्थिति समावयवता
(d) सभी प्रकार की समावयवता

24. वह यौगिक जिसमें एक आइसोप्रोपिल समूह होता है, का नाम है

(a) 2, 2, 3, 3-टेट्रामेथिल पेन्टेन
(b) 2, 2-डाइमेथिल पेन्टेन
(c) 2, 2, 3-ट्राइमेथिल पेन्टेन
(d) 2-मेथिल पेन्टेन

25. निम्न में से किसमें असममित कार्बन परमाणु है?

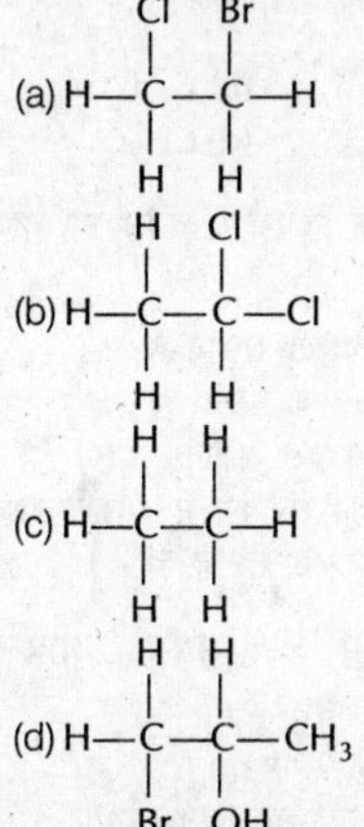

26. निम्न यौगिक का सही IUPAC नाम है

$$CH_3-\underset{\underset{CH_2CH_3}{|}}{\overset{\overset{H}{|}}{C}}-CHO$$

(a) ब्यूटेन-2-ऐल्डिहाइड
(b) 2-मेथिल ब्यूटेनल
(c) 3-मेथिल *आइसो*-ब्यूटायरैल्डिहाइड
(d) 2-एथिल प्रोपेनल

27. यदि दो यौगिकों का मूलानुपाती सूत्र समान है लेकिन अणुसूत्र भिन्न-भिन्न है, तो उसमे होगा

(a) अलग-अलग प्रतिशत संघटन
(b) अलग-अलग अणुभार
(c) समान विस्कासिता
(d) समान वाष्प घनत्व

28. किसका द्विध्रुव आघूर्ण शून्य है?

(a) *समपक्ष*-2-ब्यूटीन (b) *विपक्ष*-2-ब्यूटीन
(c) 1-ब्यूटीन (d) 2-मेथिल-1-प्रोपीन

29. निम्न संरचना के यौगिक में ज्यामितीय समावयवियों की संख्या कितनी है?

$CH_3-CH=CH-CH=CH-C_2H_5$

(a) 4 (b) 3 (c) 2 (d) 5

30. निम्न में से कौन-सा कार्बेनायन अधिक स्थायी है?

(a) मेथिल (b) प्राथमिक
(c) द्वितीयक (d) तृतीयक

31. एक यौगिक जिसका मूलानुपाती सूत्र C_2H_5O है, का अणुभार 90 है। यौगिक का अणुसूत्र है

(a) C_2H_5O (b) $C_3H_6O_3$
(c) $C_4H_{10}O_2$ (d) $C_5H_{14}O$

32. निम्न में जो अनुनाद प्रदर्शित नहीं करता है

(a) बेन्जीन (b) एथिल एमीन
(c) ऐनिलीन (d) टॉलुईन

33. निम्नलिखित यौगिक का IUPAC नाम है

$CH_2=CH-CH(CH_3)_2$

(a) 1, 1-डाइमेथिल-2-प्रोपीन
(b) 3-मेथिल-1-ब्यूटीन
(c) 2-विनाइल प्रोपेन
(d) 1-*आइसो*-प्रोपिल एथिलीन

34. सूत्र $C_4H_{11}N$ में कितने प्राथमिक ऐमीन सम्भव हैं?

(a) 1 (b) 2
(c) 3 (d) 4

35. निम्न में से कौन-सा —OH क्रियात्मक समूह वाला यौगिक है?

(a) 1, 2-एथेन डाइऑल (b) 2-ब्यूटेनॉन
(c) नाइट्रोबेन्जीन (d) एथेनल

36. निम्न में से कौन-सा बन्ध $sp—sp^3$ संकरित कक्षक के अतिव्यापन से बनता है?

(a) $CH_3-C\equiv C-H$
(b) $CH_3-CH=CH-CH_3$
(c) $CH_2=CH-CH=CH_2$
(d) $HC\equiv CH$

37. मेथेन अणु में कार्बन परमाणुओं के चारों ओर हाइड्रोजन परमाणुओं की व्यवस्था इस प्रकार से है

(a) वर्ग समतल (b) चतुष्फलकीय
(c) वर्ग पिरामिडी (d) अष्टफलकीय

38. निम्न में से किसका व्यवहार नाभिकस्नेही और इलेक्ट्रॉनस्नेही दोनों की तरह होता है?

(a) CH_3NH_2 (b) CH_3Cl
(c) CH_3CN (d) CH_3OH

39. एक पदार्थ के अणु में उपस्थित विभिन्न तत्वों के परमाणुओं के सरलतम अनुपात को प्रदर्शित करने वाला सूत्र कहलाता है

(a) अणुसूत्र (b) मूलानुपाती सूत्र
(c) संरचना सूत्र (d) युक्ति सूत्र

40. किसी यौगिक के अणु में उपस्थित विभिन्न तत्वों के परमाणुओं की वास्तविक संख्या बतलाता है, वह होता है

(a) अणुसूत्र (b) संरचना सूत्र
(c) मूलानुपाती सूत्र (d) इनमें से कोई नहीं

41. फ्रीऑन-114 एक कार्बनिक पदार्थ है, जिसका प्रयोग रेफ्रीजरेटर्स तथा वायुशीतकों (AC) में होता है। इसका रासायनिक नाम 1, 2-डाइक्लोरो टेट्रोफ्लुओरो एथेन है।
इसका सही संरचना सूत्र है

(a) $Cl-\underset{\underset{Cl}{|}}{\overset{\overset{F}{|}}{C}}-\underset{\underset{F}{|}}{\overset{\overset{F}{|}}{C}}-H$

(b) $F-\underset{\underset{Cl}{|}}{\overset{\overset{H}{|}}{C}}-\underset{\underset{Cl}{|}}{\overset{\overset{F}{|}}{C}}-F$

(c) $F-\underset{\underset{F}{|}}{\overset{\overset{Cl}{|}}{C}}-\underset{\underset{F}{|}}{\overset{\overset{F}{|}}{C}}-Cl$

(d) $F-\underset{\underset{Cl}{|}}{\overset{\overset{F}{|}}{C}}-\underset{\underset{H}{|}}{\overset{\overset{Cl}{|}}{C}}-\underset{\underset{F}{|}}{\overset{\overset{F}{|}}{C}}-F$

42. निम्नलिखित यौगिकों में से ध्रुवण घूर्णक है

(a) $HO-\underset{\underset{H}{|}}{\overset{\overset{H}{|}}{C}}-COOH$

(b) $CH_3-\underset{\underset{Cl}{|}}{\overset{\overset{H}{|}}{C}}-COOH$

(c) $CH_3-\underset{\underset{OH}{|}}{\overset{\overset{CH_3}{|}}{C}}-COOH$

(d) $CH_3-\underset{\underset{Cl}{|}}{\overset{\overset{CH_3}{|}}{C}}-COOH$

43. निम्न में शृंखला समावयवता का उदाहरण बताइए

(a) $C-\overset{\overset{C}{|}}{C}-C-C$ और $C-\underset{\underset{C}{|}}{\overset{\overset{C}{|}}{C}}-C$

(b) $C-\underset{\underset{C}{|}}{C}-C-\overset{\overset{C}{|}}{C}$ और $\overset{\overset{C}{|}}{C}-C-\underset{\underset{C}{|}}{C}-C$

(c) $(C)_2{>}C-C-C$ तथा $C-C-\underset{\underset{C}{|}}{\overset{\overset{C}{|}}{C}}$

(d) $C-C-C-C$ तथा $C-C-\underset{\underset{C}{|}}{C}$

44. निम्न में से किस संकरण में s-गुण का अधिकतम प्रतिशत होता है?

(a) sp^3 (b) sp^2
(c) sp (d) इनमें से कोई नहीं

45. एक ऐल्केन समावयवियों को बनाता है, उसमें कम से कम कार्बन परमाणुओं की संख्या होगी

(a) 1 (b) 2
(c) 3 (d) 4

46. निम्न में कौन-सा किरैल यौगिक है?

(a) 2-मेथिल पेन्टेनॉइक अम्ल है
(b) 3-मेथिल पेन्टेनॉइक अम्ल
(c) 4-मेथिल पेन्टेनॉइक अम्ल
(d) उपरोक्त में से कोई नहीं

47. निम्न में से असममित कार्बन परमाणु है

(a) $CH_3—CH_2—CH_2(Br)$
(b) $CH_3—CH(Br)—CH(CH_3)—CH_3$
(c) $CH_3—CH_2—CH(Br)—CH_3$
(d) $CH_3—C(CH_3)(Br)—CH_2—CH_2—CH_3$

48. बेन्जीन में सभी बन्धों के बराबर होने का कारण है

(a) चलावयवता (b) *I*-प्रभाव
(c) अनुनाद (d) समावयवता

49. 0.5 ग्राम हाइड्रोकार्बन दहन के फलस्वरूप 0.9 ग्राम पानी का निर्माण होता है। हाइड्रोकार्बन में कार्बन की प्रतिशतता है

(a) 75. 8 (b) 80.0
(c) 56.6 (d) 28.6

50. किसी कार्बनिक यौगिक का मूलानुपाती सूत्र CH है। यदि यौगिक का वाष्प घनत्व 39 हो, तो उसका अणुसूत्र होगा

(a) C_4H_4 (b) C_6H_6
(c) C_8H_8 (d) C_7H_7

51. कौन-से संकरित कक्षक निम्न यौगिक को बनाएँगे?

$$CH_3—CH=CH_2$$

(a) sp^2 और sp^3 (b) sp^2 और sp^3
(c) sp और sp^2 (d) केवल sp^3

52. एल्किल सायनाइड एवं एल्किल आइसोसायनाइड द्वारा किस प्रकार की समावयवता दर्शायी जाती है?

(a) क्रियात्मक (b) स्थिति
(c) चलावयवता (d) मध्यावयवता

53. नैफ्थलीन में उपस्थित π इलेक्ट्रॉनों की संख्या है

(a) 4 (b) 6
(c) 10 (d) 14

54. इन यौगिकों में से किनमें कार्बन के लिए एक से अधिक प्रकार का संकरण sp, sp^2, sp^3 हुआ है?

(i) $CH_3CH_2CH_2CH_3$
(ii) $CH_3—CH=CH—CH_3$
(iii) $CH_3=CH—CH=CH_2$
(iv) $H—C\equiv C—H$

(a) (ii) और (iv) (b) (i) और (iv)
(c) (ii) और (iii) (d) केवल (ii)

55. निम्न में से कौन *समपक्ष-विपक्ष* समावयवता को प्रदर्शित कर सकता है?

(a) $HC\equiv CH$ (b) $ClCH=CHCl$
(c) $CH_3 \cdot CHCl \cdot COOH$
(d) $ClCH_2—CH_2Cl$

56. अभिक्रिया ,
$CH_3CHO + HCN \longrightarrow CH_3CH(OH)CN$
में एक किरैल केन्द्र उत्पन्न होता है। यह उत्पाद होगा

(a) वाम ध्रुवण घूर्णक (b) मीसो यौगिक
(c) दक्षिण ध्रुवण घूर्णक (d) रेसेमिक मिश्रण

57. निम्नलिखित में से कौन-सा यौगिक प्रतिबिम्ब रूपों में रह सकता है?

(a) $CH_3—CH(CH_3)—COOH$
(b) $CH_2=CHCH_2CH_2CH_3$
(c) $CH_3—CH(NH_2)—CH_3$
(d) $CH_3—CH_2—CH(NH_2)—CH_3$

58. हाइड्रोकार्बन की एक सीधी शृंखला का अणुसूत्र C_8H_{10} है। कार्बन परमाणु के लिए शृंखला के एक सिरे से दूसरे सिरे तक संकरण क्रमशः $sp^3, sp^2, sp^2, sp^3, sp^2, sp^2, sp$ और sp है। हाइड्रोकार्बन का संरचना सूत्र होगा

(a) $CH_3—C\equiv C—CH_2—CH=CH—CH=CH_2$
(b) $CH_3—CH_2—CH=CH—CH_2—C\equiv C—CH=CH_2$
(c) $CH_3—CH=CH—CH_2—C\equiv C—CH=CH_2$
(d) $CH_3—CH=CH—CH_2—CH=CH—C\equiv CH$

59. किसमें बन्ध कोण अधिकतम है?

(a) sp^3 (b) sp^2
(c) sp (d) sp^3d

60. निम्नलिखित यौगिकों में से किसके प्रतिबिम्ब रूप का अस्तित्व नहीं होगा?

(a) $CH_3CH(OH)CO_2H$
(b) $CH_3CH_2CH(CH_3)CH_2OH$
(c) $C_6H_5CH_2CH_3$
(d) $C_6H_5CHClCH_3$

61. n असममित कार्बन परमाणुओं वाले कार्बनिक यौगिक के प्रकाशीय समावयवों की संख्या होगी

(a) 2^{n+1} (b) n^2
(c) 2^n (d) 2^{n-1}

62. $\underset{1}{C}(Br)(H)=\underset{2}{C}(Br)(H) \xrightarrow{H_2} Br\underset{3}{C}H_2\underset{4}{C}H_2Br$

में कार्बन परमाणु 1, 2, 3, 4 की संकर अवस्था होगी

(a) 1 और 2 sp^2; 3 और $4sp^3$
(b) 1 और sp^2; 3 और $4sp$
(c) 1, 2, 3 और $4sp$
(d) $1, 2, sp^3; 3, 4sp^2$

63. निम्न में से किसकी उपस्थिति के कारण मीसो-टार्टरिक अम्ल प्रकाशिक अघूर्णक है?

(a) आण्विक सममिति
(b) आण्विक असममिति
(c) बाह्य-प्रतिकारक
(d) दो असममित कार्बन परमाणु

64. एक कार्बनिक यौगिक का मुलानुपाती सूत्र CH_2O तथा वाष्प घनत्व 30 है तो उसका अणुसूत्र होगा

(a) $C_3H_6O_3$ (b) $C_2H_4O_2$
(c) C_2H_4O (d) CH_2O

65. साइक्लोहेक्सेन के विषय में कौन-सा कथन सत्य है?

(a) इसके दो समावयवी सम्भव हैं
(b) इसके तीन संरूपण सम्भव हैं
(c) नौका संरूपण सबसे अधिक स्थायी है
(d) कुर्सी तथा नौका संरूपण में 44 किलोजूल मोल$^{-1}$ का ऊर्जा अन्तर है

66. *आर्थो*-जाइलीन में σ (सिग्मा) आबन्धों की संख्या है

(a) 6 (b) 9
(c) 12 (d) 18

67. निम्न में से कौन-सा इलेक्ट्रॉनस्नेही प्रतिकारक है

(a) RO^- (b) BF_3
(c) NH_3 (d) ROH

68. तृतीयक ब्यूटिल कार्बोनियम आयन का संरचना सूत्र है

(a) पिरैमिडी
(b) त्रिकोणीय समतल
(c) चतुष्फलकीय
(d) समतल वर्गाकार

69. सर्वाधिक स्थायी कार्बोनियम आयन कौन-सा है?

(a) $C_6H_5—\overset{\oplus}{C}(C_6H_5)—C_6H_5$ (b) $CH_3—\overset{\oplus}{C}H(CH_3)—CH_3$
(c) $CH_3—\overset{\oplus}{C}H—CH_3$ (d) $CH_3CH_2\overset{\oplus}{C}H_2$

70. निम्न में से कौन-सा यौगिक ज्यामितीय समावयवता दिखाता है?

(a) C_2H_5Br
(b) $(CH)_2(COOH)_2$
(c) CH_3CHO
(d) $(CH_2)_2(COOH)_2$

71. एक कार्बनिक सहसंयोजक आबन्ध के विषमांगी विखण्डन से प्राप्य है
(a) मुक्त मूलक
(b) दोनों धनायन तथा ऋणायन
(c) केवल धनायन
(d) केवल ऋणायन

72. निम्नलिखित कथनों में से कौन-सा सहसंयोजक बन्ध के बारे में सही नहीं है?
(a) इलेक्ट्रॉन परमाणुओं के बीच साझी होते हैं
(b) बन्ध अदिशिक होता है
(c) बन्ध का बल अतिव्यापन की दर निर्भर करता है
(d) जो बन्ध बनता है वह ध्रुवीय हो भी सकता है और नहीं भी

73. हाइड्रोजन बन्ध उपस्थित नहीं है
(a) ग्लिसरीन में
(b) जल में
(c) हाइड्रोजन सल्फाइड में
(d) हाइड्रोजन फ्लुओराइड में

74. एल. पी. जी. एक मिश्रण है
(a) $C_6H_{12} + C_6H_6$ का (b) $C_4H_{10} + C_3H_8$ का
(c) $C_2H_4 + C_2H_2$ का (d) $C_2H_4 + CH_4$ का

75. मेथेन अणु की आकृति है
(a) चतुष्फलक (b) अष्ट्फलक
(c) रैखिक (d) त्रिकोणीय

76. एथिलीन अणु में कार्बन-कार्बन लम्बाई है
(a) 1.54 Å (b) 1.35 Å
(c) 1.19 Å (d) 2.4 Å

77. सायनोहाइड्रिन का कौन-सा यौगिक जल अपघटन पर प्रकाश सक्रिय उत्पाद देता है?
(a) HCHO (b) CH_3CHO
(c) CH_3COCH_3 (d) ये सभी

78. $CH_3—C{\equiv}C—CH{=}CH_2$ अणु में σ तथा π बन्धों की संख्या है
(a) 10, 3 (b) 12, 2
(c) 10, 2 (d) 9, 2

79. C_7H_9N के समावयवियों की कुल संख्या है
(a) 3 (b) 5 (c) 4 (d) 6

80. निम्न में से कौन-सा अणु किरैल केन्द्र नहीं रखता है?
(a) $DCH_2—CH_2—CH_2—Cl$
(b) $CH_3—CHD—CH_2—Cl$
(c) $CH_3—CHCl—CH_2D$
(d) $CH_3CHOHCH_2—CH_3$

81. निम्न में से किसमें कार्बन-कार्बन बन्ध की लम्बाई समान है?
(a) 2-ब्यूटीन (b) बेन्जीन
(c) 1-ब्यूटीन (d) 1-प्रोपाइन

82. एक यौगिक में दो असमान असममित कार्बन परमाणु हैं। प्रकाशिक समावयवियों की संख्या है
(a) 2 (b) 3
(c) 4 (d) 5

83. निम्न में से कौन-सा यौगिक प्रकाशिक समावयवी रूप में हैं?
(a) 1-ब्यूटेनॉल (b) 2-ब्यूटेनॉल
(c) 3-पेन्टेनॉल (d) 4-हेप्टेनॉल

84. (+)-2-क्लोरो 2-फेनिल एथेन और टॉलूईन के घोल में जब अल्प मात्रा में ऐन्टिमनी पेन्टाक्लोराइड ($SbCl_5$) डाला जाए तो ऊपर लिखित यौगिक रेसेमिक मिश्रण में बदल जाता है, क्योंकि मध्यवर्ती स्पीशीज
(a) कार्बऋणायन का निर्माण होता है
(b) कार्बीन का निर्माण होता है
(c) मुक्त मूलक का निर्माण होता है
(d) कार्बधनायन का निर्माण होता है।

85. ग्लूकोस के ताजा बने विलयन का (समय के साथ) प्रकाश घूर्णन का बदलना जाना जाता है
(a) इनवर्जन
(b) विशिष्ट घूर्णन
(c) रोटेटरी मोशन
(d) म्यूटारोटेशन

86. $(Cl)(CH_3)C{=}C(C_2H_5)(I)$ का IUPAC नाम है
(a) *समपक्ष*-2-क्लोरो-3-आयडो-2-पेन्टीन
(b) *विपक्ष*-2-क्लोरो-3-आयडो-2-पेन्टीन
(c) 2-आयडो-3-क्लोरो पेन्टीन
(d) उपरोक्त में से कोई नहीं

87. पेट्रोल का कौन-सा संघटन होगा?
(a) $C_3—C_5$ (b) $C_{12}—C_{18}$
(c) $C_5—C_{12}$ (d) $C_8—C_{10}$

88. ऑक्टेन संख्या शून्य होती है
(a) *n*-हेप्टेन के लिए
(b) *आइसो*-ऑक्टेन के लिए
(c) *n*-हेक्सेन के लिए
(d) *आइसो*-हेप्टेन के लिए

89. ऐल्किल हैलाइडों के युग्मन से ऐल्केन बनना कहलाता है
(a) वुर्ट्ज संश्लेषण
(b) कोल्बे संश्लेषण
(c) क्लेजन संघनन
(d) फ्रीडल-क्राफ्ट अभिक्रिया

90. निम्न में से किसे सोडा लाइम (NaOH + CaO) के साथ गर्म करने पर ऐल्केन बनेगी?
(a) C_2H_5COONa (b) CH_3COONa
(c) C_6H_5COONa (d) ये सभी

91. निम्न में से कौन अपचयन द्वारा ऐल्केन होते हैं?
(a) ऐल्डिहाइड (b) कीटोन
(c) ऐल्किल क्लोराइड (d) सभी सही हैं

92. निम्न में से कौन-सी विशेषता एथीन एवं एथाइन दोनों पर लागू होती है?
(a) क्लोरीन के साथ मिलाने पर विस्फोटित होती है
(b) बॉयर अभिकर्मक को रंगहीन करके भूरा अवक्षेप देती है
(c) ठण्डे सान्द्र H_2SO_4 द्वारा शीघ्रता से अवशोषित हो जाती है
(d) $AgNO_3$ विलयन के साथ सफेद अवक्षेप देती है

93. वुर्ट्ज अभिक्रिया में, मुक्त मूलक के विघटन के द्वारा कभी-कभी साथ में प्राप्त होने वाला पदार्थ है।
(a) एल्काइन (b) ऐल्कीन
(c) CO_2 (d) ऐल्कीन हैलाइड

94. $CH_3—CH_2—CHBr—CH_3$ विहाइड्रोहैलोजनीकरण के फलस्वरूप देता है।
(a) ब्यूटेन (b) ब्यटेन-1-ईन
(c) ब्यूटेन-2-ईन (d) ब्यूट-2-आइन

95. *A* तथा *B* कार्बनिक यौगिकों में सभी sp^2 कार्बन परमाणु हैं। *A* बेयर अभिकर्मक को रंगहीन कर देता है, परन्तु *B* नहीं। अत: *A* तथा *B* क्रमशः है।
(a) एथिलीन, ऐसीटिलीन
(b) प्रोपिलीन, ऐसीटिलीन
(c) एथिलीन, बेन्जीन
(d) बेन्जीन, ऐसीटिलीन

96. प्रोप-1- आइन $HgSO_4$ की उपस्थिति में तनु H_2SO_4 के साथ अभिकृत होकर ऐसीटोन देती है इसका कारण है।
(a) अतिसंयुग्मन
(b) अनुनाद
(c) चलावयवता
(d) उपरोक्त में से कोई नहीं

97. LPG के सिलेण्डरों में गैस रिसाव का पता लगाने के लिए प्रयुक्त किया जाने वाला पदार्थ है।
(a) ग्लाइकॉल (b) फीनॉल
(c) थायोऐल्कोहॉल (d) ग्लिसरॉल

98. ऐसीटिलीन तथा HCHO, कॉपर ऐसीटिलाइड उत्प्रेरक की उपस्थिति में अभिक्रिया करके बनाते हैं।
(a) 2-ब्यूटाईन-1, 4-डाइऑल
(b) 1-ब्यूटाईन-1, 4-डाइऑल
(c) 2-ब्यूटाईन-1, 2-डाइऑल
(d) उपरोक्त में से कोई नहीं

99. मोटरकारों में प्रयुक्त ईंधन में हाइड्रोकार्बनों का मिश्रण होता है।
(a) $C_4—C_{12}$ (b) C_{20} से ऊपर
(c) $C_{15}—C_{20}$ (d) $C_1—C_4$

100. ऐल्कोहॉलिक KOH प्रयुक्त होता है
(a) निर्जलीकरण के लिए
(b) विहाइड्रोजनीकरण के लिए
(c) विहाइड्रोहैलोजनीकरण के लिए
(d) विहैलोजनीकरण के लिए

101. *आइसो*-ऑक्टेन तथा *n*-हेप्टेन के लिए एक मिश्रण में *n*-हेप्टेन की प्रतिशतता 10 है। ईंधन की आक्टेन संख्या है
(a) 10 (b) 90
(c) 110 (d) 100

102. कार्बोनिल यौगिकों का $NH_2—NH_2$ तथा NaOH द्वारा ऐल्केनों में अपचयन कहलाता है।
(a) क्लीमेन्सन अपचयन
(b) वुल्फ किशनर अपचयन
(c) वुर्ट्ज अभिक्रिया
(d) पोन्डोफ वर्ले अपचयन

103. द्रव अमोनिया की उपस्थिति में 2-ब्यूटाइन सोडियम द्वारा अपचयित होकर मुख्यतया देती है।
(a) *समपक्ष*-ब्यूट-2-ईन
(b) *विपक्ष*-ब्यूट-2-ईन
(c) *n*-ब्यूटीन
(d) कोई अभिक्रिया नहीं होती

104. सिल्वर ऐसीटिलाइड HCl के साथ गर्म करने पर देता है
(a) C_2H_2 (b) H_2
(c) C_2H_4 (d) C_6H_6

105. सूर्य के प्रकाश की उपस्थिति में क्लोरीन तथा मेथेन की क्रिया के फलस्वरूप निम्न में से कौन-सा पदार्थ नहीं बनता है
(a) CH_3Cl (b) $CHCl_3$
(c) CH_3CH_3 (d) CH_3CHCH_3

106. जब HCl गैस को, बेन्जोइल परॉक्साइड की उपस्थिति में प्रोपीन में से गुजारा जाता है तो यह देती है
(a) *n*-प्रोपिल क्लोराइड
(b) 2-क्लोरो प्रोपेन
(c) एलिल क्लोराइड
(d) कोई अभिक्रिया नहीं होती

107. निम्न में से कौन-सी हाइड्रोकार्बन $NaNH_2$ के साथ अभिक्रिया करके सोडियम लवण बनायेगी?
(a) बेन्जीन (b) एथेन
(c) एथीन (d) ऐसीटिलीन

108. ब्यूटा-1, 3-डाइन ओजोनी अपघटन पर देती है
(a) HCHO तथा ग्लाइऑक्सल
(b) CH_3CHO तथा ग्लाइऑक्सल
(c) CO_2 तथा ग्लाइऑक्सल
(d) HCHO, ग्लाइऑक्सल तथा CH_3CHO

109. निम्न अभिक्रिया में उत्पाद *D* है
$CH{\equiv}CH \xrightarrow{HBr} A \xrightarrow{HBr} B \xrightarrow{\text{ऐल्को. KOH}} C \xrightarrow{NaNH_2} D$
(a) एथेनॉल (b) एथेन
(c) एथाइन (d) एथेनल

110. $CH_3C{\equiv}C—Na$ *आइसो*-प्रोपिल क्लोराइड से क्रिया करके देता है
(a) 4-मेथिल पेन्ट-2-आईन
(b) प्रोपीन
(c) प्रोपीन तथा प्रोपाइन
(d) प्रोपीन, प्रोपाइन तथा 4-मेथिल पेन्ट-2-आइन का मिश्रण

111. कौन-सी हाइड्रोकार्बन, कमरे के ताप पर ठोस है
(a) CH_4 (b) C_3H_8
(c) C_8H_{18} (d) $C_{20}H_{42}$

112. 2-ब्रोमोब्यूटेन ऐल्कोहॉलीय KOH के साथ अभिक्रिया करके देता है
(a) ब्यूट-1-ईन (b) ब्यूट-2-ईन
(c) ब्यूटेन-2-ऑल (d) इनमें से कोई नहीं

113. $CH_2{=}CH_2 \xrightarrow{HBr} X \xrightarrow{HOH} Y \xrightarrow{NaOH+I_2} Z$ में यौगिक *Z* है
(a) CHI_3 (b) CCl_4
(c) C_2H_5OH (d) CH_3OH

114. मार्कोनीकॉफ के नियम का उल्लंघन निम्न में से किसकी उपस्थिति में होता है?
(a) जिंक (b) परॉक्साइड्स
(c) Hg—Zn / HCl (d) ये सभी

115. उच्चतम अपस्फोटन ... होता है।
(a) ऐरोमैटिक हाइड्रोकार्बन
(b) ऑलफिन्स
(c) शृंखलायुक्त पैराफिन्स (शाखायुक्त)
(d) सरल शृंखला पैराफिन्स

116. पेट्रोलियम ईथर का उपयोग किया जाता है
(a) वसा एवं तेल, वार्निस व रबर के विलायक में
(b) ईंधन के रूप में
(c) (a) तथा (b) दोनों
(d) उपरोक्त में से कोई नहीं

117. निम्न अभिक्रिया में
$$CH_3—CH(OH)—CH_2—CH_3 \xrightarrow[475\,K]{H_2SO_4}$$
(a) $CH_3CH{=}CHCH_3$ अधिक बनता है
(b) $CH_2{=}CH\cdot CH_2CH_3$ अधिक बनता है
(c) दोनों समान मात्रा में बनते हैं
(d) उत्पाद का अनुपात उत्प्रेरक की प्रकृति पर निर्भर करता है

118. मेथिल और एथेन दोनों किससे एक पद में प्राप्त किये जा सकते हैं?
(a) CH_3I (b) C_2H_5I
(c) CH_3OH (d) C_2H_5OH

119. मेथिल समूह बेन्जीन से जुड़कर निम्न में से किसके साथ क्रिया करके कार्बोक्सिल समूह में ऑक्सीकृत हो सकता है?
(a) Fe_2O_3 (b) $AgNO_3$ (c) $KMnO_4$ (d) Cr_2O_3

120. कौन-सा अभिकर्मक $CH_3—C{\equiv}C—CH_3$ में त्रिबन्ध की स्थिति निर्धारित करने में प्रयुक्त नहीं किया जा सकता है
(a) Br_2 (b) O_3
(c) Cu^+ (d) $KMnO_4$

121. मेथेन तथा भाप के मिश्रण को 725°C ताप पर ऐलुमिना उत्प्रेरक पर स्थित निकेल के ऊपर से प्रवाहित करने पर प्राप्त होता है
(a) CH_3OH (b) CO_2 एवं H_2
(c) CO एवं H_2 (d) इनमें से कोई नहीं

122. एक एल्काइन, जो ओजोनी अपघटन पर ऐसीटिक अम्ल के दो मोल देती है, यह है
(a) 1-ब्यूटाईन (b) 2-ब्यूटाईन
(c) मेथिल ऐसीटिलीन (d) 3-मेथिल-1-ब्यूटाईन

123. *n*-हेक्सेन के शुद्ध नमूने को बनाने के लिए, सोडियम धातु को एक अभिकर्मक के रूप में प्रयुक्त करते हुए दूसरा अभिकर्मक क्या होगा?
(a) एथिल क्लोराइड एवं *n*-ब्यूटिल क्लोराइड
(b) मेथिल ब्रोमाइड एवं *n*-पेन्टिल ब्रोमाइड
(c) *n*-प्रोपिल ब्रोमाइड
(d) एथिल ब्रोमाइड एवं *n*-ब्यूटिल ब्रोमाइड

124. अपरिष्कृत तेल के शोधन के दौरान ताप वृद्धि के साथ निम्नलिखित की प्राप्ति का क्रम है
(a) केरोसीन, गैसोलीन, डीजल
(b) डीजल, गैसोलीन, केरोसीन
(c) गैसोलीन, डीजल, केरोसीन
(d) गैसोलीन, केरोसीन, डीजल

125. क्षारीय $KMnO_4$ के विलयन को रंगहीन करने वाला सर्वाधिक उपर्युक्त यौगिक है
(a) $CH_3—CH_3$
(b) $C_{10}H_8$
(c) $(CH_3)_4C$
(d) $CH_3CH{=}CHCH_2CH_2CH_3$

126. *HX* के प्रति ऐल्कीनों की क्रियाशीलता घटने का क्रम है
(a) ब्यूटीन > प्रोपीन > एथीन
(b) ब्यूटीन > एथीन > प्रोपीन
(c) एथीन > प्रोपीन > ब्यूटीन
(d) उपरोक्त में से कोई नहीं

127. ऐसीटिलीन हाइड्रोकार्बन अम्लीय होते हैं क्योकि
(a) C—H बन्ध का सिग्मा इलेक्ट्रॉन घनत्व 50%-*s* लक्षण वाले कार्बन के समीप होता है
(b) ऐसीटिलीन में प्रत्येक कार्बन परमाणु पर केवल एक हाइड्रोजन परमाणु होता है
(c) ऐसीटिलीन में दो कार्बन वाले सम्भावित हाइड्रोकार्बनों में सबसे कम हाइड्रोजन परमाणु होते हैं
(d) ऐसीटिलीन C_nH_{2n-2} सूत्र वाली ऐल्काइनों के वर्ग से सम्बन्धित होती है

128. निम्न में से किस अभिक्रिया में योग मार्कोनीकॉफ नियम के अनुसार नहीं होता है
(a) $CH_3CH{=}CH_2 + HCl \xrightarrow{ROOR}$
(b) $CH_3CH{=}CH_2 + HBr \xrightarrow{ROOR}$
(c) $CH_2{=}CH_2 + HI \xrightarrow{ROOR}$
(d) $CH_3CH{=}CHCH_3 + HBr \xrightarrow{ROOR}$

129. प्रोपीन $CH_3—CH{=}CH_2$ को ऑक्सीकरण द्वारा 1-प्रोपेनॉल में परिवर्तित किया जा सकता है। निम्न में से कौन-सा अभिकर्मक इस कार्य के लिए आदर्श है
(a) क्षारीय $KMnO_4$
(b) B_2H_6 एवं ऐल्कोहॉलीय H_2O_2
(c) O_3 / Zn रज
(d) OsO_4 / $CHCl_3$

130. निम्न में से कौन ब्रोमीन के साथ सर्वाधिक शीघ्रता से अभिक्रिया करेगा

(a) $CH_3CH_2CH_3$ (b) $CH_2{=}CH_2$
(c) $CH{\equiv}CH$ (d) $CH_3{-}CH{=}CH_2$

131. ल्यूसाइट है

(a) $CHCl \| CHAsCl_3$ (b) $CHCl \| CHAsCl_3$
(c) $CHCl \| CHAsCl_2$ (d) $CHCl \| CH_2AsCl_2$

132. जब 2-मेथिल प्रोपीन को निर्जल $ZnCl_2$ की उपस्थिति में ऐसीटिल क्लोराइड के साथ गर्म किया जाता है तो प्राप्त यौगिक है

(a) $(CH_3)_2C \cdot Cl{-}CH_2COCH_3$
(b) $(CH_3)_2CHCl_2COCH_3$
(c) $CH_3CO{-}O{-}C(CH_3)_2$
(d) $CH_3CO{-}C(CH_3){-}CH_3$

133. 2-मेथिल-2-ब्यूटीन पर परॉक्साइडों की उपस्थिति में HCl का योग होने पर बनने वाला उत्पाद है

(a) 2-क्लोरो-2-मेथिल ब्यूटेन
(b) 3-क्लोरो-2-मेथिल ब्यूटेन
(c) 2-क्लोरो-3-मेथिल ब्यूटेन
(d) 2, 3-डाईक्लोरो-2-मेथिल ब्यूटेन

134. ओलिफिनिक बन्ध आसानी से अपचयित हो जाते हैं

(a) H_2 के द्वारा
(b) धातु एवं अम्ल द्वारा
(c) H_2 एवं Ni द्वारा
(d) Na एवं C_2H_5OH द्वारा

135. परॉक्साइडों की उपस्थिति में $CH_3{-}C(CH_3){=}CH_2$ बनता है इसका कारण है

(a) मार्कोनीकॉफ का नियम
(b) सैत्जेफ नियम
(c) खैराश प्रभाव (d) इनमें से कोई नहीं

136. निम्न में से कौन अन्धेरे में क्लोरीन के साथ अभिक्रिया नहीं करता है?

(a) CH_4 (b) C_2H_2
(c) C_2H_4 (d) CH_3CHO

137. एक 5 कार्बन परमाणु वाला हाइड्रोकार्बन अणु क्षारीय $KMnO_4$ को रंगहीन कर देता है परन्तु टॉलेन अभिकर्मक से अभिक्रिया नहीं करता है। हाइड्रोकार्बन है

(a) एक एल्काइन (b) एक एल्केन
(c) एक एल्कीन (d) एक डाईएल्कीन

138. पेट्रोल का कौन-सा संघटन होगा?

(a) $C_3{-}C_5$ (b) $C_{12}{-}C_{18}$
(c) $C_5{-}C_{12}$ (d) $C_8{-}C_{10}$

139. ऑक्टेन संख्या शून्य होती है

(a) *n*-हेप्टेन के लिए
(b) *आइसो*-ऑक्टेन के लिए
(c) *n*-हेक्सेन के लिए
(d) *आइसो*-हेप्टेन के लिए

140. जब विनाइल क्लोराइड को ऐल्कोहॉली पोटैशियम हाइड्रॉक्साइड विलयन में से प्रवाहित किया जाता है तो

(a) यह घुल जाता है
(b) यह विनाइल ऐल्कोहॉल बनाता है
(c) यह ऐसिटिलीन बनाता है
(d) इस पर कोई प्रभाव नहीं होता है

141. निम्न में से कौन-सा ग्रिगनार्ड अभिकर्मक नहीं बनाता है?

(a) CH_3F (b) CH_3Cl
(c) CH_3Br (d) CH_3I

142. हैलोजन परमाणु की क्रियाशीलता सबसे कम होती है

(a) प्रोपिल आयोडाइड में
(b) प्रोपिल क्लोराइड में
(c) *आइसो*-प्रोपिल ब्रोमाइड में
(d) *आइसो*-प्रोपिल क्लोराइड में

143. ग्रिगनार्ड अभिकर्मक का किसके साथ द्विअपघटन होता है?

(a) H_2O (b) C_2H_5OH
(c) $C_2H_5NH_2$ (d) ये सभी

144. निम्न में से कौन-सा कार्बनिक हैलाइड C_2H_5ONa के साथ गर्म करने पर सबसे कम क्रियाशील होता है?

(a) $(CH_3)_2C \cdot Br$
(b) $CH_3{-}C({=}CH_2){-}CH_2Br$
(c) $CH_2{=}CHBr$
(d) $CH_2{=}CH{-}CH_2Br$

145. S_N1 अभिक्रिया में, प्रथम पद में निर्माण होता है

(a) मुक्त मूलक का (b) कार्बऋणायन का
(c) कार्बधनायन का (d) अन्तिम उत्पाद का

146. ऐल्किल हैलाइड जल में अविलेय होते हैं, क्योंकि

(a) ऐल्किल हैलाइड अध्रुवीय होते हैं जबकि जल ध्रुवीय होता है
(b) दोनों ध्रुवीय होते हैं
(c) ऐल्किल हैलाइड जल के साथ हाइड्रोजन बन्ध नहीं बनाते हैं
(d) ऐल्किल हैलाइड में हैलोजन परमाणु होता है

147. एक यौगिक *A* का गुणसूत्र C_2Cl_3OH है। यह फेहलिंग विलयन को अपचयित कर देता है तथा ऑक्सीकरण करने पर मोनोकार्बोक्सिलिक अम्ल *B* देता है। C_2H_5OH पर Cl_2 की क्रिया द्वारा *A* प्राप्त होता है।

(a) क्लोरल (b) $CHCl_3$
(c) CH_3Cl (d) $ClCH_2COOCH_3$

148. क्लोरोफॉर्म के प्रकाश तथा वायु द्वारा होने वाले ऑक्सीकरण को रोका जा सकता है

(a) CH_3COOH से (b) C_2H_5OH से
(c) CH_3CHO से (d) CH_3COOCH_3 से

149. क्लोरोफॉर्म सान्द्र नाइट्रिक अम्ल के साथ क्रिया करके देता है

(a) क्लोरोपिकरिन
(b) नाइट्रोमेथेन
(c) नाइट्रोजन
(d) मेथिल आइसोसायनाइड

150. निम्न में से कौन-सा युग्म ग्रिगनार्ड अभिकर्मक के साथ क्रिया करवाने पर तृतीयक ब्यूटिल ऐल्कोहॉल देता है?

(a) $CH_3MgBr + CH_3COCH_3$
(b) $C_2H_5MgBr + CH_3COCH_3$
(c) $CH_3MgBr + (CH_3)_2CHOH$
(d) $CH_3MgBr + (CH_3)_3COH$

151. निम्न अभिक्रिया में उत्पाद है

$$CHCl_3 + C_6H_5NH_2 + 3NaOH \longrightarrow A + 3B + 3C$$

(a) फेनिल आइसोसायनाइड
(b) फेनिल सायनाइड
(c) एथिलीडीन क्लोराइड
(d) क्लोरोबेन्जीन

152. क्लोरोपिकरिन का सूत्र है

(a) $C_2H_5C(NO)_5SH$ (b) CCl_3CHON
(c) CCl_3NO_2 (d) CCl_3NO_3

153. कार्बिल ऐमीन अभिक्रिया के लिए गर्म ऐल्कोहॉली KOH तथा ...... की आवश्यकता होती है

(a) कोई भी ऐमीन तथा क्लोरोफॉर्म
(b) क्लोरोफॉर्म तथा सिल्वर चूर्ण
(c) एक प्राथमिक ऐमीन तथा ऐल्किल हैलाइड
(d) एक मोनोऐल्किल ऐमीन तथा ट्राइक्लोरोमेथेन

154. निम्न में से कौन-सा यौगिक $AgNO_3$ के साथ अवक्षेप देता है?

(a) CCl_3CHO (b) $CHCl_3$
(c) CHI_3 (d) $C_6H_5CH_2Cl$

155. क्लोरोफॉर्म के औद्योगिक निर्माण में ऐसीटोन तथा ...... की आवश्यकता होती है

(a) फॉसजीन
(b) कैल्सियम हाइपोक्लोराइट
(c) क्लोरीन गैस
(d) सोडियम क्लोराइड

156. क्लोरल को NaOH के साथ उबालने पर बनता है

(a) CH_3Cl (b) $CHCl_3$ (c) CCl_4 (d) ये सभी

157. निम्न में से कौन-सा *जैम*-डाइहैलाइड है?

(a) CH_3CHBr_2
(b) $BrCH_2 \cdot CH_2Br$
(c) $CH_3CHBrCH_2Br$
(d) $CH_2Br{-}CH_2CH_2Br$

158. निम्न में से कौन-सी अभिक्रिया ऐल्किल हैलाइड RX का नाभिकस्नेही प्रतिस्थापन दर्शाती है?
(a) $RX + H_2 \longrightarrow RH + HX$
(b) $RX + KCN \longrightarrow RCN + KX$
(c) $2RX + 2Na \xrightarrow{\text{ईथर}} R—R + 2NaX$
(d) $RX + Mg \xrightarrow{\text{ईथर}} RMgX$

159. आयोडोफॉर्म के प्रतिरोधी होने का करण है
(a) इसकी विषैली प्रकृति
(b) दुर्गन्ध
(c) आयोडीन का मुक्त होना
(d) उपरोक्त में से कोई नहीं

160. यौगिक $CH_3—CH_2—CH_2Br$ को $CH_3—CH_2OH$ में परिवर्तित किया जा सकता है?
(a) निर्जलीकरण द्वारा (b) हाइड्रोजनीकरण द्वारा
(c) प्रतिस्थापन द्वारा (d) योग द्वारा

161. एक पाँच परमाणु वाले कार्बनिल यौगिक का अणुभार 253 है। इसका सूत्र होगा
[F = 19, Cl = 35.5, Br = 80, I = 127]
(a) $CHBr_3$ (b) CHI_3 (c) $CHBr_2$ (d) CHF_3

162. निम्न में कौन-सा यौगिक आयोडोफॉर्म परीक्षण देता है?
(a) 1-ब्यूटेनॉल (b) 2-ब्यूटेनॉल
(c) 3-पेन्टेनॉल (d) प्रोपेनेल

163. अभिक्रिया,
$$CH_3—\underset{\substack{|\\CH_3}}{CH}—Cl \rightarrow CH_3—\underset{\substack{|\\CH_3}}{CH}—OH + Cl^-$$
दर्शाती है
(a) जलअपघटन (b) ऑक्सीकरण
(c) उदासीनीकरण (d) द्विअपघटन

164. कौन-से यौगिक में $AgNO_3$ मिलाने पर पीला अवक्षेप बनेगा?
(a) KIO_3 (b) CHI_3
(c) KI (d) (b) एवं (c) दोनों

165. नाभिकस्नेही ऐलिफैटिक प्रतिस्थापन में नाभिकस्नेही प्राय: होते हैं
(a) अम्ल (b) क्षार
(c) लवण (d) उदासीन अणु

166. ऐल्किल हैलाइडों तथा उनके जनक हाइड्रोकार्बनों RH के क्वथनांकों का क्रम है?
(a) $RH > RI > RBr > RCl > RF$
(b) $RI > RBr > RCl > RF > RH$
(c) $RH > RF > RI > RBr > RCl$
(d) उपरोक्त में से कोई नही

167. यदि मेथिल आयोडाइड तथा एथिल आयोडाइड को समान मात्रा में मिलाया जाता है तथा मिश्रण की क्रिया शुष्क ईथर की उपस्थिति में धात्विक (metallic) सोडियम से करायी जाती है तो सम्भावी उत्पादों की संख्या है
(a) 2 (b) 3
(c) 1 (d) 4

168. निम्न में से कौन-सा कथन सत्य है?
(a) C_2H_5Br की क्रिया C_2H_5ONa से करवाने पर डाइएथिल ईथर बनता है
(b) C_2H_5Br की क्रिया AgCN से करवाने पर एथिल सायनाइड बनता है
(c) C_2H_5Br की क्रिया ऐल्कोहॉली KOH से करवाने पर C_2H_5OH बनता है
(d) C_2H_5Br सोडियम के साथ क्रिया करके C_2H_5OH देता है

169. निश्चेतक कार्यों के लिए क्लोरोफॉर्म की शुद्धता की जाँच की जाती है
(a) लैड नाइट्रेट द्वारा
(b) मरक्यूरिक क्लोराइड द्वारा
(c) सिल्वर नाइट्रेट द्वारा
(d) फेहलिंग विलयन द्वारा

170. $CH_3—CH=CH_2 + HBr \rightarrow X$ इस अभिक्रिया में उत्पाद X है
(a) $CH_3—CHBr—CH_3$
(b) $CH_2Br—CH=CH_2$
(c) $CH_2=C=CH_2$
(d) $CH_3—CH_2—CH_2Br$

171. जब एथिल क्लोराइड तथा ऐल्कोहॉली KOH को गर्म किया जाता है तो प्राप्त होने वाला यौगिक है
(a) C_2H_4 (b) C_2H_5OH
(c) $C_2H_5OC_2H_5$ (d) C_2H_5I

172. एक ऐल्कोहॉल से ऐल्किल हैलाइड बनाने के लिए कौन-सा अभिकर्मक प्रयुक्त नहीं किया जा सकता है?
(a) NaCl (b) PCl_5
(c) $SOCl_2$ (d) $HCl + ZnCl_2$

173. बेन्जीन निर्जल $AlCl_3$ की उपस्थिति में मेथिल क्लोराइड के साथ क्रिया करके जो उत्पाद बनाती है उसकी क्रिया UV प्रकाश की उपस्थिति में क्लोरीन के आधिक्य से करवाने पर प्राप्त होने वाला उत्पाद है
(a) C_6H_5Cl (b) $C_6H_5CHCl_2$
(c) $C_6H_5C \cdot Cl_3$ (d) इनमें से कोई नहीं

174. एथिल ब्रोमाइड की क्रिया ऐल्कोहॉली KOH के साथ करवाने पर बनता है
(a) एथिलीन (b) एथेनॉल
(c) एथेन (d) ऐसीटिक अम्ल

175. एथेनॉल को क्लोरोएथेन में परिवर्तित करने के लिए उत्तम अभिकर्मक है
(a) PCl_3 (b) PCl_5
(c) $SOCl_2$ (d) $HCl + ZnCl_2$

176. $CHCl_3$ की बोतलों में अल्प मात्रा में ऐल्कोहॉल मिलाया जाता है, क्योंकि
(a) यह ऐल्कोहॉल के निश्चेतक गुण (anaesthetic property) को रोकता है
(b) यह $CHCl_3$ के फॉसजीन में ऑक्सीकरण को रोकता है
(c) यह बनने वाली फॉसजीन को एथिल कार्बोनेट में परिवर्तित कर देता है
(d) उपरोक्त में से कोई नहीं

177. क्लोरोबेन्जीन पर ऐल्कोहॉली सिल्वर नाइट्रेट की क्रिया किस पर क्रिया के समान होती है?
(a) ऐलिल क्लोराइड
(b) विनाइल क्लोराइड
(c) आइसोप्रोपिल क्लोराइड
(d) बेन्जिल क्लोराइड

178. अभिक्रिया,
$CH_3Br + OH^- \rightarrow CH_3OH + Br^-$ है
(a) इलेक्ट्रॉनस्नेही प्रतिस्थापन
(b) इलेक्ट्रॉनस्नेही योग
(c) नाभिकस्नेही योग
(d) नाभिकस्नेही प्रतिस्थापन

179. क्लोरोफॉर्म की KOH की उपस्थिति में प्राथमिक ऐरोमैटिक ऐमीन के साथ अभिक्रिया कहलाती है
(a) जल अपघटन
(b) अपचयन
(c) वुर्ट्ज अभिक्रिया
(d) कार्बिलऐमीन अभिक्रिया

180. ग्रिगनार्ड अभिकर्मक बनाया जाता है
(a) जिंक तथा ऐल्किल हैलाइड की क्रिया द्वारा
(b) मैग्नीशियम तथा ऐल्किल हैलाइड की क्रिया द्वारा
(c) मैग्नीशियम तथा ऐल्केन से
(d) मैग्नीशियम तथा ऐरोमैटिक हाइड्रोकार्बन से

181. निम्न में से क्या प्राप्त होता है जब विरंजक चूर्ण (bleaching powder) को ऐसीटोन के साथ आसवित करते हैं?
(a) CCl_4 (b) $CHCl_3$
(c) CH_2Cl_2 (d) CH_3Cl

182. HI के आधिक्य में गर्म करने पर डाइएथिल ईथर देता है
(a) C_2H_5OH (b) C_2H_5I
(c) C_2H_4 (d) C_2H_6

183. जब शुद्ध CCl_4 में $AgNO_3$ विलयन मिलाया जाता है,तो
(a) एक हल्का पीला अवक्षेप बनता है
(b) दही जैसा सफेद अवक्षेप बनता है
(c) कोई अवक्षेप नहीं बनता है
(d) उपरोक्त में से कोई नहीं

184. हैलोजन परमाणु की अधिकतम क्रियाशीलता निम्न में किस यौगिक में होती है?
(a) आइसो-प्रोपिल क्लोराइड में
(b) प्रोपिल ब्रोमाइड में
(c) प्रोपिल क्लोराइड में
(d) *आइसो*-प्रोपिल ब्रोमाइड में

185. ग्रिगनार्ड अभिकर्मक का ऐल्किल समूह कार्य करता है?
(a) मुक्त मूलक की भाँति
(b) कार्बोनियम आयन की भाँति
(c) कार्बऐनायन की भाँति
(d) उपरोक्त में से कोई नहीं

186. निम्न में से सबसे कम क्रियाशील यौगिक है?
(a) ऐल्किल हैलाइड (b) ऐलिल हैलाइड
(c) विनाइल क्लोराइड (d) इनमें से कोई नहीं

187. निम्न में से कौन-सा ऐल्किल हैलाइड S_N1 क्रियाविधि द्वारा जल-अपघटित किया जाता है?
(a) CH_3Cl (b) CH_3CH_2Cl
(c) $CH_3CH_2CH_2Cl$ (d) $(CH_3)_3C\cdot Cl$

188. एक कार्बनिक यौगिक A, PCl_5 के साथ यौगिक B देता है। B सोडियम के साथ क्रिया करके n-ब्यूटेन देता है। यौगिक A तथा B होंगे
(a) C_2H_5OH और C_2H_5Cl
(b) C_2H_5Cl और C_2H_5ONa
(c) C_3H_7OH और C_3H_7OCl
(d) C_4H_9OH और C_4H_9OCl

189. एथिल आयोडाइड तथा प्रोपिल आयोडाइड के मिश्रण का वुर्ट्ज संश्लेषण किया गया। निम्न में से क्या नहीं बनेगा?
(a) हेक्सेन (b) पेन्टेन
(c) ब्यूटेन (d) प्रोपेन

190. निम्न में से कौन सर्वाधिक अम्लीय है?
(a) फीनॉल (b) बेन्जिल ऐल्कोहॉल
(c) m-क्लोरो फीनॉल (d) प्रोपेन

191. एथेनोइक अम्ल को एथेनॉल में परिवर्तित करने के लिए प्रयुक्त अभिकर्मक है
(a) $LiAlH_4$ (b) BH_3
(c) PCl_3 (d) $K_2Cr_2O_7$ / H^+

192. एथेनॉल से जल के अवशेष को दूर करने के लिए निम्न में से कौन-सी विधि उपयुक्त है?
(a) Na धातु के साथ गर्म करना
(b) इसमें शुष्क HCl को प्रवाहित करना
(c) इसे आसवित करना
(d) Mg के साथ अभिक्रिया करना

193. एथिलीन 1% ठण्डे तथा क्षारीय $KMnO_4$ के साथ अभिक्रिया करके देती है
(a) ऑक्सेलिक अम्ल (b) ऐसीटोन
(c) एथिलीन ग्लाइकॉल (d) फॉर्मेल्डिहाइड

194. हाइड्रोजन बन्धन अधिकतम होता है
(a) एथेनॉल में (b) डाइएथिल ईथर में
(c) एथिल क्लोराइड में (d) ट्राइएथिलऐमीन में

195. निम्न में से कौन आयोडोफॉर्म परीक्षण नहीं देता है?
(a) *आइसो*-प्रोपिल ऐल्कोहॉल
(b) एथेनल
(c) एथेनॉल
(d) बेन्जिल एल्कोहॉल

196. एथीन, प्रोपीन तथा 2-मेथिल प्रोपीन के जलयोजन का बढ़ता हुआ क्रम है
(a) प्रोपीन < एथीन < 2-मेथिल प्रोपीन
(b) एथीन < प्रोपीन < 2-मेथिल प्रोपीन
(c) 2-मेथिल प्रोपीन < एथिल < प्रोपीन
(d) 2-मेथिल प्रोपीन < प्रोपीन < एथीन

197. निम्न में से कौन धनात्मक आयोडोफॉर्म परीक्षण देता है?
(a) CH_3OH (b) $(CH_3)_2CHOH$
(c) $(CH_3)_3C\cdot OH$ (d) C_6H_5OH

198. CH_3MgI की ऐसीटोन के साथ अभिक्रिया द्वारा प्राप्त उत्पाद जल-अपघटन पर देता है?
(a) $CH_3CH_2CH_2OH$ (b) $CH_3CH_2CH_2CH_2$
(c) $(CH_3)_2CHOH$ (d) $(CH_3)_3COH$

199. HNO_2 निम्न में से किसके साथ अभिक्रिया करके ऐल्कोहॉल बनाता है?
(a) $C_6H_5NHCH_3$ (b) $C_5H_5NH_2$
(c) $(CH_3)_2NH$ (d) CH_3NH_2

200. यदि फॉर्मेल्डिहाइड तथा KOH को गर्म किया जाए तो बनता है
(a) ऐसीटिलीन (b) मेथेन
(c) मेथिल ऐल्कोहॉल (d) ऐथिल फॉर्मेट

201. एक कार्बनिक यौगिक A सोडियम धातु से क्रिया करके B बनाता है। A को सान्द्र H_2SO_4 के साथ गर्म करने पर यह डाई एथिल ईथर देता है। A तथा B है
(a) C_2H_5OH तथा C_2H_5ONa
(b) C_3H_7OH तथा CH_3ONa
(c) CH_3OH तथा CH_3ONa
(d) C_2H_5OH तथा CH_3ONa

202. निम्न में से कौन आयोडोफॉर्म परीक्षण देगा?
(a) CH_3OH (b) C_2H_5OH
(c) n-प्रोपनॉल (d) n-ब्यूटेनॉल

203. औद्योगिक ऐल्कोहॉल है
(a) परिशुद्ध ऐल्कोहॉल (b) पावर ऐल्कोहॉल
(c) 90-95% ऐल्कोहॉल (d) 80-85% ऐल्कोहॉल

204. निम्न में से कौन-सा यौगिक धनात्मक आयोडोफॉर्म परीक्षण देगा?
(a) 2-फेनिल एथेनॉल (b) 1-फेनिल एथेनॉल
(c) 3-पेन्टेनॉल (d) इनमें से कोई नहीं

205. ऐल्कोहॉल के निर्जलीकरण में प्रयुक्त होने वाला अभिकर्मक है?
(a) फॉस्फोरस पेन्टाक्लोराइड
(b) कैल्सियम क्लोराइड
(c) ऐलुमिनियम ऑक्साइड
(d) सोडियम क्लोराइड

206. निम्न क्रमिक अभिक्रिया में A तथा R हैं

$$\begin{matrix} CH_2 \\ \| \\ CH_2 \end{matrix} \xrightarrow{\text{हाइपोक्लोरस अम्ल}} A \xrightarrow{R} \begin{matrix} CH_2OH \\ | \\ CH_2OH \end{matrix}$$

(a) CH_3CH_2Cl तथा NaOH
(b) CH_3CH_2OH तथा H_2SO_4
(c) $ClCH_2\cdot CH_2OH$ तथा $NaHCO_3$
(d) $CH_2—CH_2$ (O से जुड़ा एपॉक्साइड वलय) तथा ऊष्मा

207. ग्लिसरॉल, ऑक्सेलिक अम्ल के साथ 110°C पर गर्म करने पर देता है
(a) एथेनॉल
(b) मेथेनोइक अम्ल
(c) ऐसीटोन
(d) ईथर

208. CH_3MgI से प्रोपेन-2-ऑल बनाने में, आवश्यक अन्य रसायन है?
(a) HCHO (b) CH_3CHO
(c) C_2H_5OH (d) CO_2

209. निम्न में से कौन आयोडोफॉर्म परीक्षण नहीं देगा?
(a) मेथिल ऐल्कोहॉल (b) एथिल ऐल्कोहॉल
(c) एसिटैल्डिहाइड (d) ऐसीटोन

210. CH_3COOH को P_2O_5 द्वारा निर्जलीकरण करने पर प्राप्त यौगिक है
(a) ऐसीटिक ऐनहाइड्राइड
(b) ऐसिटैल्डिहाइड
(c) ऐसीटामाइड
(d) ऐथिल ऐल्कोहॉल

211. निम्न में से कौन-सा यौगिक $NaHCO_3$ के साथ CO_2 की बुदबुदाहट देगा?
(a) फीनॉल (b) ऐसीटिक अम्ल
(c) दोनों (d) इनमें से कोई नहीं

212. ग्रिगनार्ड अभिकर्मक के साथ कीटोन की अभिक्रिया हाइड्रोलिसिस के द्वारा देती है
(a) द्वितीयक ऐल्कोहॉल (b) प्राथमिक ऐल्कोहॉल
(c) तृतीयक ऐल्कोहॉल (d) ऐल्डिहाइड

213. जब एथेनॉल और मेथेनॉल के मिश्रण को सान्द्र H_2SO_4 की उपस्थिति में गर्म किया जाता है, तो बनने वाला कार्बनिक यौगिक है
(a) $CH_3OC_2H_5$
(b) CH_3OCH_3 और $C_2H_5OC_2H_5$
(c) $CH_3OC_2H_5$ और CH_3OCH_3
(d) $CH_3OC_2H_5, CH_2OCH_3$ और $C_2H_5OC_2H_5$

214. ऐसीटोन का क्वथनांक होता है
(a) 56°C (b) 60°C
(c) 100°C (d) 90°C

215. सेमीकार्बेजाइड का सूत्र है
(a) NH_2CONH_2
(b) $NH_2—NH_2$
(c) $NH_2CONHNH_2$
(d) उपरोक्त में से कोई नहीं

216. निम्न में से सत्य कथन बताइए
(a) ऐल्डिहाइड्स में कैनीजारो अभिक्रिया होती है
(b) ऐल्डिहाइड, कीटोन्स की अपेक्षा ऑक्सीकरण के प्रति कम संवेदनशील होते हैं
(c) ऐल्डिहाइड, कीटोन्स की अपेक्षा ऑक्सीकरण के प्रति अधिक संवेदनशील होते हैं
(d) फॉर्मेल्डिहाइड NH_3 के साथ $CH_2(OH)NH_2$ बनाता है

217. फेहलिंग विलयन का उपयोग इसकी पहचान में किया जाता है
(a) कीटॉनिक समूह (b) ऐल्डिहाइड समूह
(c) ऐल्कोहॉलिक समूह (d) कार्बोक्सिलिक समूह

218. 2-मेथिल 2-ब्यूटीन के ओजोनीकरण से निर्मित होता है
(a) ऐल्डिहाइड (b) कीटोन
(c) दोनों (d) इनमें से कोई नहीं

219. मेथिल आयोडाइड को सोडियम एथॉक्साइड के साथ गर्म करने पर बनता है

(a) CH_3OH (b) $C_2H_5OC_2H_5$
(c) CH_3OCH_3 (d) $CH_3OC_2H_5$

220. निम्न में से कौन-से यौगिकों के बीच ऐल्डॉल संघनन के बाद निर्जलीकरण करने पर मेथिल विनाइल कीटोन बनता है

(a) HCHO तथा CH_3COCH_3
(b) HCHO तथा CH_3CHO
(c) CH_3CHO के दो अणु
(d) CH_3COCH_3 के दो अणु

221. ऐल्डॉल उत्पाद है

(a) दो ऐल्डिहाइड अणुओं का
(b) दो कीटोन अणुओं का
(c) ऐल्डिहाइड तथा कीटोन का
(d) कीटोन तथा अम्ल को

222. कीटोन का अपचयन Zn - Hg तथा सान्द्र HCl द्वारा करके ऐल्केन का बनना उदाहरण है

(a) ऐल्किलीकरण का
(b) क्लीमेन्सन अपचयन का
(c) उत्प्रेरकी हाइड्रोजनीकरण का
(d) कोल्बे संश्लेषण का

223. आयोडोफॉर्म परीक्षण द्वारा परीक्षा की जाती है

(a) *R*—OH समूह की (b) *R*—CHO समूह की
(c) CH_3 —CO समूह की (d) *ROR* समूह की

224. ऐल्डिहाइड तथा कीटोन्स के ऐल्डॉल संघनन में बनता है

(a) कार्बीन (b) नाभिकस्नेही
(c) इलेक्ट्रॉनस्नेही (d) मुक्त मूलक

225. मेटाफॉर्मेल्डिहाइड के बारे में क्या सत्य है?

(a) HCHO का एक त्रिगुणित (Trimer)
(b) HCHO का एक द्विगुणित (Dimer)
(c) CH_3CHO का एक षड्गुणित (Hexamer)
(d) HCHO का एक षड्गुणित

226. ऐसीटोन के समावयवी (Isomeric) यौगिक का संरचना सूत्र है

(a) CH_3CH_2CHO (b) CH_3CHO
(c) CH_3CH_2OH (d) एथिलीन

227. जब $HgSO_4$ युक्त H_2SO_4 में ऐसीटिलीन प्रवाहित की जाती है, तो बनता है

(a) एथिल एल्कोहॉल (b) ऐसीटोन
(c) ऐसीटैल्डिहाइड (d) एथिलीन

228. निम्न में कौन-सा संयोग (Combination) ग्रिगनार्ड अभिकर्मक के साथ क्रिया करवाने पर तृतीयक (Tertiary) ब्यूटिल ऐल्कोहॉल देता है?

(a) $CH_3MgBr + CH_3COCH_3$
(b) $C_2H_5MgBr + CH_3COCH_3$
(c) $CH_3MgBr + (CH_3)_3 \cdot C \cdot OH$
(d) $CH_3MgBr + CH_3CH_2CHO$

229. एक कार्बनिक यौगिक में हाइड्रोजन, ऑक्सीजन तथा एक कार्बन परमाणु है, एवं धनात्मक टॉलेन अभिकर्मक परीक्षण यौगिक है

(a) HCHO (b) CH_3OH
(c) CH_3CHO (d) इनमें से कोई नहीं

230. एस्टर की गन्ध होती है

(a) फलों जैसी (b) अण्डे जैसी
(c) मछली जैसी (d) इनमें से कोई नहीं

231. ऐसीटिक अम्ल, सल्फ्यूरिक अम्ल तथा कार्बोनिक अम्ल की अम्लता का बढ़ता क्रम है

(a) $CH_3COOH < H_2SO_4 < H_2CO_3$
(b) $H_2CO_3 < CH_3COOH < H_2SO_4$
(c) $CH_3COOH < H_2CO_3 < H_2SO_4$
(d) $H_2SO_4 < H_2CO_3 < CH_3COOH$

232. कार्बोक्सिलिक अम्ल किसका गुण नहीं दर्शाते हैं?

(a) $>C{=}O$ समूह
(b) $—CH_3$ समूह
(c) —COOH समूह
(d) उपरोक्त में से कोई नहीं

233. निम्न में से कौन-सा प्रबलतम अम्ल है?

(a) CF_3COOH (b) CBr_3COOH
(c) CH_3COOH (d) CCl_3COOH

234. निम्न में से अम्लता का सही क्रम कौन-सा है?

(a) $HCOOH > CH_3COOH > ClCH_2COOH > C_2H_5COOH$
(b) $ClCH_2COOH > HCOOH > CH_3COOH > C_2H_5COOH$
(c) $CH_3COOH > HCOOH > ClCH_2COOH > C_2H_5COOH$
(d) $C_2H_5COOH > CH_3COOH > HCOOH > ClCH_2COOH$

235. $[Ag(NH_3)_2]OH$ किसके साथ क्रिया करके सिल्वर देता है

(a) HCOOH (b) CH_3COOH
(c) CH_3COCH_3 (d) CH_3OH

236. PCl_5 की किसके साथ क्रिया करवाने पर अम्ल हैलाइड बनता है?

(a) अम्ल (b) ऐल्कोहॉल
(c) ऐमाइड (d) एस्टर

237. एथिल बेन्जीन के $KMnO_4$ ऑक्सीकरण से बनने वाला यौगिक है

(a) बेन्जोइक अम्ल (b) बेन्जिल ऐल्कोहॉल
(c) बेन्जोफीनोन (d) एसीटोफीनोन

238. ऐसीटिक अम्ल PCl_5 के साथ क्रिया करके बनाता है?

(a) $CH_2Cl \cdot COOH$ (b) $CHCl_2COOH$
(c) CH_3COCl (d) CH_3COOCl

239. आयोडीन उत्प्रेरक की उपस्थिति में क्लोरीन ऐसीटिक अम्ल के साथ क्रिया करके देती है

(a) $CH_3—\overset{O}{\overset{\|}{C}}—Cl$
(b) $CH_2Cl—\overset{O}{\overset{\|}{C}}—OH$
(c) $CH_3—\overset{Cl}{\overset{|}{C}H}—OH$
(d) $CH_3—\overset{O}{\overset{\|}{C}}—O—Cl$

240. $CH_3CONH_2 \xrightarrow{NaOBr} Z$, यहाँ Z है

(a) CH_3Br (b) CH_4
(c) CH_3OBr (d) CH_3NH_2

241. RCH_2CH_2OH को RCH_2CH_2COOH में परिवर्तित किया जा सकता है। अभिकर्मकों का सही क्रम होगा

(a) PBr_3, KCN, H^+ (b) PBr_3, KCN, H_2
(c) KCN, H^+ (d) HCN, PBr_3, H^+

242. निम्न क्रम में C यौगिक को पहचानिए

$$CH_3CN \xrightarrow{Na/C_2H_5OH} A \xrightarrow{HNO_2} B \xrightarrow{Ag \text{ के साथ गर्म}} C$$

(a) CH_3COOH (b) CH_3CH_2NHOH
(c) CH_3CONH_2 (d) CH_3CHO

243. अमोनिया के साथ अभिक्रिया का घटता क्रम है

(a) ऐनहाइड्राइड, एस्टर, ईथर
(b) ऐनहाइड्राइड, ईथर, एस्टर
(c) ईथर, ऐनहाइड्राइड, एस्टर
(d) एस्टर, ईथर, ऐनहाइड्राइड

244. निम्न अभिक्रिया का मुख्य कार्बनिक उत्पाद है

$$CH_2{=}CH(CH_2)_9COOH + HBr \xrightarrow{\text{परॉक्साइड}}$$

(a) $CH_3CH(Br)(CH_2)_8COOH$
(b) $CH_2{=}CH(CH_2)_8COBr$
(c) $CH_2Br(CH_2)_9COOH$
(d) $CH_2{=}CH(CH_2)_7CHBrCOOH$

245. ऐसीटिक अम्ल बेन्जीन के द्विगुणित के रूप में रहता है, क्योंकि

(a) संघनन अभिक्रिया होती है
(b) —COOH समूह होते हैं
(c) α - कार्बन H - परमाणु होते हैं
(d) H बन्ध होता है

246. $CH_3CH_2COOH \xrightarrow[Fe]{Cl_2} X \xrightarrow[KOH]{\text{ऐल्कोहॉल}} Y$

ऐल्कोहॉलिक यौगिक है

(a) CH_3CH_2OH (b) CH_3CH_2CN
(c) $CH_2{=}CHCOH$ (d) $CH_2CHClCOOH$

247. फॉर्मिक अम्ल एवं ऐसीटिक अम्ल में विभेद करने के लिए प्रयुक्त किया जा सकता है

(a) $NaHCO_3$ (b) $FeCl_3$
(c) विक्टर मेयर परीक्षण (d) टॉलेन अभिकर्मक

248. फॉर्मिक अम्ल टॉलेन अभिकर्मक को अपचयित करता है, क्योंकि

(a) यह बहुत प्रबल अम्ल है
(b) इसमें ऐल्डिहाइड समूह होता है
(c) यह कार्बोक्सिलिक अम्ल है
(d) उपरोक्त में से कोई नहीं

249. सान्द्र H_2SO_4 की उपस्थिति में ऐसीटिक ऐनहाइड्राइड के साथ गर्म करने पर सैलिसिलिक अम्ल देता है
(a) विस्फोटक (b) रंजक
(c) रेजिन (d) औषधि

250. कौन-सा अम्ल P_4O_{10} के साथ क्रिया करने पर ऐनहाइड्राइड नहीं देता है?
(a) फॉर्मिक अम्ल (b) ऐसीटिक अम्ल
(c) प्रोपियोनिक अम्ल (d) बेन्जोइक अम्ल

251. ऐल्डिहाइड, जो कैनिजारो अभिक्रिया नहीं दर्शाता है
(a) क्लोरल (b) पैराऐल्डिहाइड
(c) ऐसिटैल्डिहाइड (d) फॉर्मेल्डिहाइड

252. कौन-सा अम्ल का सोडियम लवण कोल्बे विद्युत-अपघटन द्वारा ऐल्केन नहीं बनाता है?
(a) सोडियम फॉर्मेट (b) सोडियम ऐसीटेट
(c) सोडियम प्रोपियोनेट (d) सोडियम ब्यूटेनोएट

253. निम्न में कौन-सा $FeCl_3$ के ऐल्कोहॉली विलयन के साथ बैंगनी रंग देता है?
(a) सेलिसिलिक अम्ल (b) बेन्जोइक अम्ल
(c) ऐसीटिक अम्ल (d) नाइट्रोबेन्जीन

254. ऐसीटिक क्लोराइड का उत्प्रेरकी अपचयन Pd की उपस्थिति में H_2 द्वारा करने पर मुख्य उत्पाद प्राप्त होता है
(a) CH_3COOH (b) CH_3CHO
(c) CH_3COCH_3 (d) $HCHO$

255. निम्न में से किसका अधिकतम क्वथनांक है?
(a) C_2H_5OH (b) CH_3COOH
(c) CH_3COCH_3 (d) $HCOOCH_3$

256. ऐसीटिक अम्ल वाष्प ऐलुमिनियम फॉस्फेट पर से प्रवाहित करने पर देती है
(a) CH_3CHO (b) कीटोन
(c) C_2H_6 (d) C_2H_4

257. निम्न अभिक्रिया का अन्तिम उत्पाद है
$$CH_3COOH \xrightarrow{CaCO_3} A \xrightarrow{\text{ताप}} B \xrightarrow{NH_2OH} C$$
(a) ऐसीटैल्डिहाइड ऑक्सिम
(b) फार्मेल्डिहाइड ऑक्सिम
(c) मेथिल नाइट्रेट
(d) ऐसीटॉक्सिम

258. निम्न में से कौन-सा हेल वोलार्ड जेलिंस्की अभिक्रिया नहीं देगा?
(a) CH_3COOH
(b) CH_3CH_2COOH
(c) 2, 2-डाइमेथिल प्रोपियोनिक अम्ल
(d) 2-मेथिल प्रोपियोनिक अम्ल

259. जब ऐसीटैमाइड की क्रिया क्षार तथा ब्रोमीन से करवाई जाती है, तो प्राप्त होता है
(a) प्राथमिक एमीन (b) द्वितीयक एमीन
(c) तृतीयक एमीन (d) इनमें से कोई नहीं

260. अभिक्रिया $CH_3OH \xrightarrow[300°]{Cu} A \xrightarrow[300°]{NaOH} B$ का अन्तिम उत्पाद है
(a) ऐल्केन
(b) कार्बोक्सिलिक अम्ल
(c) कीटोन
(d) कार्बोक्सिलिक अम्ल का सोडियम लवण

261. जब 2-मेथिल प्रोपीन को निर्जल $ZnCl_2$ की उपस्थिति में ऐसीटिल क्लोराइड के साथ गर्म किया जाता है, तो निम्न में से किस संरचना वाला यौगिक बनता है?
(a) $CH_3—C(CH_3)(Cl)—CH_2—COCH_3$
(b) $CH_3—C(H)(CH_3)—CH_2—CO—CH_3$
(c) $CH_3—C(=O)—O—C(CH_3)_2—CH_3$
(d) $CH_3—C(=O)—C(CH_3)=CH_2$

262. α-क्लोरो ऐसीटिक अम्ल को Ag चूर्ण के साथ गर्म करने पर कौन-सा यौगिक बनता है?
(a) ऐसीटिक अम्ल
(b) ऑक्सेलिक अम्ल
(c) मैलिक अम्ल
(d) सक्सीनिक अम्ल

263. जब एक वसीय अम्ल के सोडियम लवण का जलीय विलयन विद्युत अपघटन किया जाता है, तो प्राप्त होता है?
(a) ऐल्कोहॉल (b) एथिलीन
(c) ऐसीटिलीन (d) ऐल्केन

264. जब प्रोपिल मैग्नीशियम ब्रोमाइड की क्रिया CO_2 से कराई जाती है, तो कौन-सा अम्ल बनता है?
(a) CH_3CH_2COOH
(b) C_3H_7COOH
(c) $CH_3CH_2CH_2CH_2COOH$
(d) इनमें से कोई नहीं

265. Br_2 जल के साथ क्रिया करने पर सैलिसिलिक अम्ल देता है
(a) ब्रोमो सैलिसिलिक अम्ल
(b) ब्रोमो बेन्जोइक अम्ल
(c) 2, 4, 6-ट्राइब्रोमो फीनॉल
(d) उपरोक्त में से कोई नहीं

266. सधूम HNO_3 के साथ गर्म करने पर सैलिसिलिक अम्ल देता है
(a) पिकरिक अम्ल
(b) 2, 4, 6-ट्राइनाइट्रो फीनॉल
(c) विस्फोटक
(d) ये सभी

267. फॉर्मिक अम्ल तथा ऐसीटिक अम्ल के लिए कौन-सी अभिक्रिया सामान्य नहीं है?
(a) सोडियम द्वारा H_2 का प्रतिस्थापन
(b) ऐल्कोहॉल के साथ एस्टर का निर्माण
(c) फेहलिंग विलयन का अपचयन
(d) नीला लिटमस लाल होना

268. $R—CO—NH_2$ की Br_2/KOH के साथ अभिक्रिया द्वारा मुख्य उत्पाद $R—NH_2$ बनता है, इस क्रिया में भाग लेने वाला मध्यवर्ती हैं
(a) $R—CO—NHBr$
(b) $R—N{=}C{=}O$
(c) $R—NH—Br$
(d) $R—CO—NBr_2$

269. निम्न में से कौन-सा $HgCl_2$ के साथ सफेद अवक्षेप देता है?
(a) फॉर्मिक अम्ल (b) ऐसीटिक अम्ल
(c) प्रोपियोनिक अम्ल (d) ब्यूटायरिक अम्ल

270. $AlCl_3$ की उपस्थिति में बेन्जीन पर Cl_2 का योग एक उदाहरण है
(a) योग का (b) हैलोजनीकरण का
(c) प्रतिस्थापन का (d) विलोपन का

271. निम्न में से कौन बेन्जीन प्रतिस्थापन को विसक्रियत करता है?
(a) $—NHR$ (b) $—OH$
(c) $—OR$ (d) $—COOR$

272. नाइट्रीकरण में H_2SO_4 प्रयुक्त होता है
(a) विलायक के रूप में
(b) निर्जलीकारक के रूप में
(c) सल्फोनीकारक के रूप में
(d) नाइट्रोनियम आयन के उत्पादक के रूप में

273. सूर्य के प्रकाश की उपस्थिति में टॉलूईन क्लोरीन के साथ अभिकृत होकर देती है
(a) क्लोरोफेनिल मेथेन
(b) डाइक्लोरोफेनिल मेथेन
(c) ट्राइक्लोरोफेनिल मेथेन
(d) उपरोक्त सभी

274. *ऑर्थो* जाइलीन अम्लीय $KMnO_4$ के साथ ऑक्सीकृत होकर देती है
(a) थैलिक अम्ल (b) आइसोथैलिक अम्ल
(c) टरथैलिक अम्ल (d) बेन्जीन

275. इलेक्ट्रानस्नेही नाइट्रीकरण के प्रति सर्वाधिक क्रियाशील अभिकर्मक है
(a) टॉलूईन (b) नाइट्रोबेन्जीन
(c) बेन्जोइक अम्ल (d) बेन्जीन

276. $Z \xrightarrow{Cl_2}$ बेन्जोट्राइक्लोराइड $\xrightarrow{\text{जल-अपघटन}} Y$ अभिक्रिया में X तथा Y हैं
(a) C_6H_6, C_6H_5CHO
(b) $C_6H_5CH_3, C_6H_5CHO$
(c) $C_6H_5CH_3, C_6H_5COOH$
(d) C_6H_6, C_6H_5COOH

277. प्रयोगशाला में बेन्जीन निम्न में से किस यौगिक से बनायी जाती है
(a) $C_6H_5N_2Cl$ (b) C_6H_5OH
(c) C_6H_5COONa (d) $C_6H_5SO_3H$

278. बेन्जीन को ऐरोमैटिक होने के लिए इसमें विस्थानीकृत π इलेक्ट्रॉनों का चक्रीय अभ्र होना चाहिए तथा अभ्र में होने चाहिए
(a) 6π इलेक्ट्रॉन (b) 3π इलेक्ट्रॉन
(c) 8π इलेक्ट्रॉन (d) 12π इलेक्ट्रॉन

279. *n*-हेक्सेन का ऐरोमैटिकरण देता है
(a) बेन्जीन (b) टॉलूईन
(c) साइक्लोहेक्सेन (d) साइक्लोहेप्टेन

280. क्लोरो बेन्जीन Cu_2Cl_2 की उपस्थिति में कम दाब पर जलीय NH_4 के साथ गर्म करने पर देती है
(a) ऐनीलीन (b) बेन्जैमाइड
(c) *o*-डाइक्लोरोबेन्जीन (d) क्लोरोऐमीनो बेन्जीन

281. क्लोरोबेन्जीन शुष्क ईथर में Na के साथ क्रिया करके एक यौगिक (*A*) देती है, यौगिक *A* है
(a) फीनॉल (b) डाइफेनिल
(c) एथिल बेन्जीन (d) फेनिल ईथर

282. *o*-तथा *p*-दिष्टकारी समूह है
(a) $—C_2H_5$ (b) $—NO_2$
(c) —CHO (d) $—SO_3$

283. निम्न में से कौन इलेक्ट्रॉनस्नेही प्रतिस्थापन अभिक्रिया को प्रदर्शित करती है
(a) वुर्ट्ज अभिक्रिया (b) कोल्बे विद्युत अपघटनी विधि
(c) फ्रीडल-क्राफ्ट अभिक्रिया
(d) विहाइड्रोहैलोजनीकरण

284. बेन्जीन वलय प्रतिस्थापन में $—NH_2$ समूह की सक्रियणकारी प्रकृति का कारण है
(a) अतिसंयुग्मन
(b) अनुनाद
(c) N-परमाणु पर एकाकी इलेक्ट्रॉन युग्म
(d) सभी सही हैं

285. बेन्जोइक अम्ल के नाइट्रीकरण का मुख्य उत्पाद है
(a) 3-नाइट्रोबेन्जोइक अम्ल
(b) 4-नाइट्रोबेन्जोइक अम्ल
(c) 2-नाइट्रोबेन्जोइक अम्ल
(d) 2, 4-डाइनाइट्रोबेन्जोइक अम्ल

286. *n*-हेप्टेन का $Al_2O_3 + Cr_2O_3$ उत्प्रेरक की उपस्थिति में 500°C ताप पर ऐरोमैटिकरण करने से प्राप्त होता है
(a) टॉलूईन (b) बेन्जीन
(c) दोनों (d) इनमें से कोई नहीं

287. निम्न में प्रबलतम *o*, *p*-दिष्टकारी समूह है
(a) —OH (b) —Cl
(c) $—C_6H_5$ (d) —Br

288. निम्न में से कौन-सी परिस्थितियाँ तथा अभिकर्मक बेन्जीन को क्लोरोबेन्जीन में परिवर्तित कर सकती है
(a) Cl_2, सूर्य का प्रकाश, ऊष्मा
(b) HCl, ऊष्मा
(c) HCl, सूर्य का प्रकाश, ऊष्मा
(d) Cl_2, $AlCl_3$ ऊष्मा

289. क्लोरोबेन्जीन क्षार की उपस्थिति में रैने निकेल के साथ क्रिया करके देती है
(a) बेन्जीन (b) क्लोरोफीनॉल
(c) फीनॉल (d) इनमें से कोई नहीं

290. जब बेन्जीन को निर्जल ऐलुमिनियम क्लोराइड की उपस्थिति में ऐसीटिक ऐनहाइड्राइड के साथ गर्म करते हैं, तो बनता है
(a) ऐसीटोफीनोन
(b) टॉलूईन
(c) बेन्जोइक अम्ल
(d) फिनाइल ऐसीटिक अम्ल

291. बेन्जीन $AlCl_3$ की उपस्थिति में CH_3COCl से क्रिया कर देता है
(a) C_6H_5Cl (b) $C_6H_5COCH_3$
(c) C_6H_5COCl (d) $C_6H_5CH_3$

292. निम्न में से कौन-सा धनात्मक आयोडोफार्म परीक्षण देता है?
(a) C_6H_5CHO (b) $C_6H_5CH_2CHO$
(c) CH_3CH_2OH (d) $C_6H_5OCH_3$

293. $C_6H_5—O—CH_3 + HI \xrightarrow{\text{ताप}}$ उपरोक्त अभिक्रिया में कौन-सा उत्पाद बनता है?
(a) $C_6H_5—I$ और $CH_3—OH$
(b) $C_6H_5—OH$ और $CH_3—I$
(c) $C_6H_5—CH_3$ और HOI
(d) C_6H_6 और CH_3OI

294. जब सान्द्र NaOH की उपस्थिति में बेन्जैल्डिहाइड और फॉर्मेल्डिहाइड के समान मोलर वाले मिश्रण को गर्म किया जाता है तब बनने वाले उत्पाद हैं
(a) $C_6H_5—CH_2—OH$ और H—COONa
(b) $C_6H_5—COONa$ और $CH_3—OH$
(c) $C_6H_5—COOH$ और CH_3ONa
(d) $C_6H_5CH_2COONa$

295. बेन्जोइक अम्ल सान्द्र HNO_3 तथा सान्द्र H_2SO_4 से अभिक्रिया कर देता है
(a) 3-नाइट्रोबेन्जोइक अम्ल
(b) 4-बेन्जीनसल्फोनिल अम्ल
(c) 4-नाइट्रोबेन्जोइक अम्ल
(d) 2-नाइट्रोबेन्जोइक अम्ल

296. निम्न यौगिकों की अपचायक क्षमता का क्रम है?
(a) $C_6H_5CHO > CH_3COCH_3 > CH_3CHO$
(b) $CH_3COCH_3 > C_6H_5CHO > CH_3CHO$
(c) $CH_3CHO > C_6H_5CHO > CH_3COCH_3$
(d) $CH_3CHO > CH_3COCH_3 > C_6H_5CHO$

297. बेन्जैल्डिहाइड के क्लीमेन्सन अपचयन से उत्पन्न होता है
(a) $C_6H_5NH_2$ (b) $C_6H_5CH_3$
(c) C_6H_5Cl (d) C_6H_5COOH

298. बेन्जीन में ऐसीटिक अम्ल द्विगुणित अणु के रूप में रहता है, क्योंकि
(a) संघनन अभिक्रिया होती है
(b) —COOH समूह होता है
(c) कार्बन पर हाइड्रोजन परमाणु उपस्थित होता है
(d) हाइड्रोजन बन्ध पाया जाता है

299. C_6H_5CHO से प्रारम्भ करके किस अभिक्रिया द्वारा एक ही पद में α, β-असंतृप्त कार्बोक्सिलिक अम्ल उपलब्ध होते हैं?
(a) ऐल्डोल अभिक्रिया
(b) पर्किन अभिक्रिया
(c) मीरवीन पोन्डोर्फ अभिक्रिया
(d) इटार्ड अभिक्रिया

300. बेन्जैल्डिहाइड को ऐसीटिक ऐनहाइड्राइड के साथ निम्न में किसकी उपस्थिति में संघनित करने पर सिनैमिक अम्ल बनता है?
(a) सान्द्र H_2SO_4
(b) ऐल्कोहॉली KOH
(c) Na
(d) CH_3COONa

300. निम्न में से कौन-सा अम्ल बेन्जोइक अम्ल से दुर्बल है?

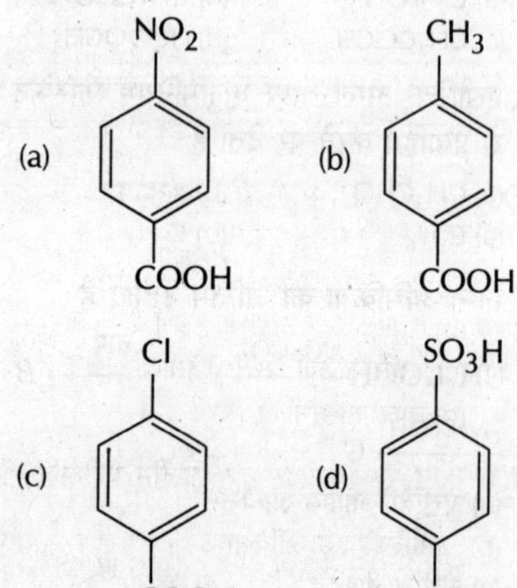

302. निम्न में से किस यौगिक में ठण्डे तनु क्षार की उपस्थिति में स्वत: ऐल्डोल संघनन होगा?
(a) C_6H_5CHO (b) CH≡C — CHO
(c) CH_3CH_2CHO (d) $CH_2═CHCHO$

303. $(CH_3CO)_2O$ की उपस्थिति में CrO_3 द्वारा टॉलूईन '*A*' जलीय NaOH के साथ क्रिया कर देगा
(a) C_6H_5CHO
(b) $(C_6H_5CO)_2O$
(c) C_2H_5COONa
(d) 2, 4-डाइऐसीटाइल टॉलूईन

304. नाभिक स्नेही योग अभिक्रियाओं के लिए कार्बोनिल यौगिकों की अभिक्रिया का सामान्य क्रम होगा

(a) $H_2C{=}O > RCHO > ArCHO > R_2C{=}O > Ar_2C{=}O$

(b) $ArCHO > Ar_2C{=}O > RCHO > R_2C{=}O > H_2C{=}O$

(c) $Ar_2C{=}O > ArCHO > ArCHO > RCHO > H_2C{=}O$

(d) $H_2C{=}O > R_2C{=}O > Ar_2O{=}O > RCHO > ArCHO$

305. फीनॉल के साथ किसकी क्रिया से बैकेलाइट प्लास्टिक बनता है।

(a) CH_3CHO (b) $HCHO$

(c) बेंकिंग सोडा (d) $HCOOH$

306. ऐसीटिक अम्ल, फिनॉल तथा n-हेक्सेनोल में कौन-सा यौगिक $NaHCO_3$ के विलयन से क्रिया करके सोडियम लवण तथा CO_2 देगा?

(a) ऐसीटिक अम्ल (b) फीनॉल

(c) n-हेक्सेनोल (d) ऐसीटिक अम्ल तथा फिनॉल

307. टॉलूईन को बेन्जोइक अम्ल में निम्न में किसके द्वारा ऑक्सीकृत किया जा सकता है?

(a) क्षारीय $KMnO_4$ (b) क्षारीय $K_2Cr_2O_7$

(c) दोनों (a) तथा (b) (d) इनमें से कोई नहीं

308. टॉलूईन वायु की उपस्थिति में V_2O_5 द्वारा ऑक्सीकरण करने पर उत्पन्न करती है?

(a) फीनॉल (b) बेन्जोइक अम्ल

(c) बेन्जैल्डिहाइड (d) बेन्जिल ऐल्कोहॉल

309. CH_3COCl निम्न में किसके साथ क्रिया करता है?

(a) C_6H_5OH के साथ

(b) $C_6H_5NH_2$ के साथ

(c) सैलिसिलिक अम्ल के साथ

(d) उपरोक्त सभी के साथ

310. कौन-सा फिनाइल हाइड्राजीन परीक्षण नहीं देता है

(a) ग्लूकोस (b) C_6H_5OH

(c) CH_3CHO (d) C_6H_5CHO

311. निम्न में कौन प्रबलतम अम्ल है?

(a) बेन्जोइक अम्ल

(b) o-नाइट्रोबेन्जोइक अम्ल

(c) फीनॉल

(d) p-नाइट्रोबेन्जोइक अम्ल

312. p-मेथाक्सी बेन्जोइक अम्ल (A), p-नाइट्रोबेन्जोइक अम्ल (B) तथा बेन्जोइक अम्ल (C) की घटती अम्लता का विन्यास है

(a) B, A, C (b) A, B, C

(c) C, A, B (d) B, C, D

313. डाइएथिल ईथर किसके साथ गर्म करने पर विघटित हो जाता है

(a) HI (b) NaOH

(c) जल (d) $KMnO_4$

314. यूरिया है

(a) मोनो अम्लीय क्षार

(b) द्विक्षारकी क्षार

(c) उभयधर्मी

(d) उपरोक्त में से कोई नहीं

315. $C_6H_5 \cdot CHO$ के लिए निम्न में से कौन-सा कथन असत्य है

(a) ऑक्सीकरण से बेन्जोइक अम्ल बनता है

(b) इसे 'परफ्यूमरी' में उपयोग करते हैं

(c) यह ऐरोमैटिक ऐल्डिहाइड है

(d) अवकरण से यह फीनॉल देगा

316. निम्न में से किसमें —OH समूह नहीं है?

(a) फीनॉल

(b) कार्बोक्सिलिक अम्ल

(c) ऐल्डिहाइड

(d) ऐल्कोहॉल

317. बाइयूरेट है

(a) $(NH_2CONH_2)_2$

(b) NH_3CONH_2COOH

(c) $NH_2CONHCONH_2$

(d) $NH_2CONHCH_2NH_2$

318. क्लोरल है

(a) CCl_3CHO (b) CCl_3COCH_3

(c) $CCl_3 \cdot COCCl_3$ (d) CCl_3CH_2OH

319. एक नाइट्रोजन युक्त कार्बनिक यौगिक को $CHCl_3$ तथा ऐल्कोहॉली KOH के साथ गर्म करने पर दुर्गन्ध वाली वाष्प निकली, यह यौगिक हो सकता है

(a) नाइट्रोबेन्जीन

(b) बेन्जैमाइड

(c) ऐनिलीन

(d) N, N-डाइमेथिल ऐनिलीन

320. तीव्रतम अम्ल है

(a) o-नाइट्रोबेन्जोइक अम्ल

(b) m-नाइट्रोबेन्जोइक अम्ल

(c) p-नाइट्रोबेन्जोइक अम्ल

(d) p-नाइट्रोफीनॉल

321. निम्न में से कौन-सा यौगिक शीघ्रता से नाइट्रीकृत होगा?

(a) बेन्जोइक अम्ल (b) टॉलूईन

(c) फीनॉल (d) नाइट्रोबेन्जीन

322. ऐनिलीन Br_2 के आधिक्य के साथ क्रिया करके देती है?

(a) 2, 4, 6-ट्राइनाइट्रोऐनिलीन

(b) 2, 4, 6 ट्राइनाइट्रोऐनिलीन

(c) 2-ब्रोमोटॉलूईन तथा HBr

(d) 2-2-ब्रोमोफीनॉल तथा HBr

323. $C_6H_5NH_2 \xrightarrow{(CH_3CO)_2O} X \xrightarrow{CH_3COOH \text{ में } Br_2} Y \xrightarrow[\text{ताप}]{H_2O/H^+} Z$ Z है

(a) p-ब्रोमोऐनिलीन

(b) 2, 4, 6-ट्राइब्रोमोऐनिलीन

(c) नाइट्रोबेन्जीन

(d) m-ब्रोमोऐनिलीन

324. TNT है

(a) 2, 4-डाइनाइट्रो टॉलूईन

(b) 1, 2, 3-ट्राइनाइट्रो टॉलूईन

(c) 2, 4, 6-ट्राइनाइट्रो टॉलूईन

(d) 3, 4, 6-ट्राइनाइट्रो टॉलूईन

325. बेन्जीन $\xrightarrow[90\%]{\text{सान्द्र } HNO_3 \,|\, \text{सान्द्र } H_2SO_4}$ मध्यवर्ती $\xrightarrow[\text{ऊष्मा}]{Sn/HCl} X$; अभिक्रिया में X है

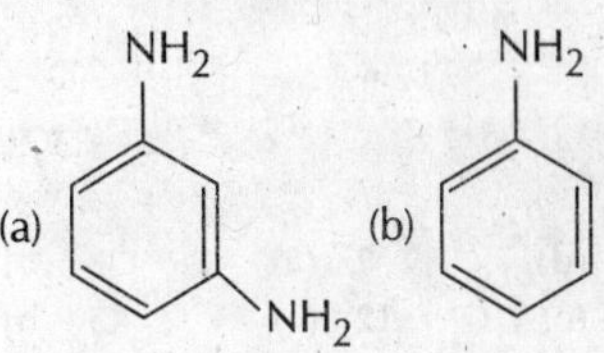

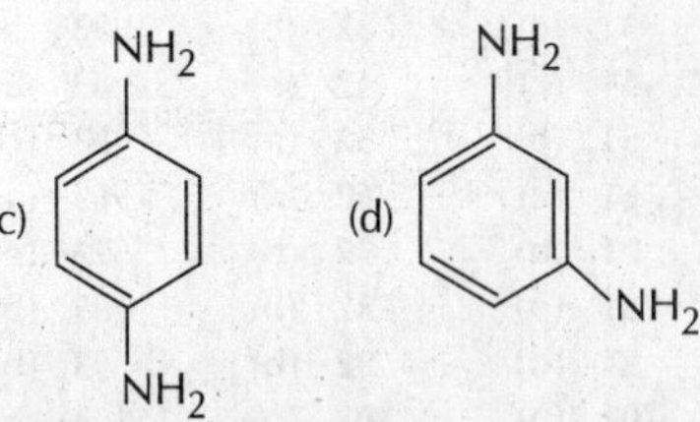

326. ऐनिलीन का नाइट्रीकरण ऐसिलिकरण के बाद कराया जाता है क्योंकि

(a) इससे ऑक्सीकरण टाला जा सकता है

(b) o-तथा p-नाइट्रोऐनिलीन अधिक मात्रा में प्राप्त होती है

(c) अभिक्रिया व्यवस्थापनीय हो जाती है

(d) उपरोक्त सभी सही हैं

327. निम्न में से कौन-सा ब्रोमीन के साथ सबसे कम क्रियाशील होता है?

(a) ऐनिसोल (b) नाइट्रोबेन्जीन

(c) फीनॉल (d) क्लोरोबेन्जीन

328. ऐनिलीन की $NaNO_2/HCl$ के साथ 0°C β ताप पर क्रिया करवाकर β- नैफ्थौल विलयन से क्रिया करने पर उपलब्ध होता है

(a) चमकीला लाल रंजक

(b) नीला विलयन

(c) बैंगनी अवक्षेप

(d) पीले रंग का संकुल

329. निम्न में से कौन-सा अधिकतम क्षारीय प्रकृति का हो सकता है?

(a) ऐनिलीन (b) मेथिल ऐमीन

(c) हाइडॉक्सिल ऐमीन (d) एथिल ऐमीन

330. नाइट्रोबेन्जीन ऐल्कोहॉली सोडियम हाइड्रॉक्साइड की उपस्थिति में जिंक के साथ क्रिया करके देता है

(a) NH_3 (b) $C_6H_5NHNHC_6H_5$
(c) NH_2OH (d) $N{=}N{\longrightarrow}O$

331. ऐनिलीन का उपयोग किया जाता है

(a) ऊन के Crimping में
(b) रंजक उद्योग में
(c) सरेस बनाने में
(d) जल्दी सूखने वाली वार्निश के निर्माण में

332. ऐनिलीन $NaNO_2$ के साथ HCl की उपस्थिति में ठण्डे में अभिक्रिया करती है तो बनने वाले यौगिक की सरंचना होती है

(a) NH_2Cl
(b) $C_6H_5N{=}NCl$
(c) $N{=}N$
(d) $C_6H_5NH\cdot NHC_6H_5$

333. *p*-हाइड्रॉक्सी ऐजोबेन्जीन का एक उदाहरण होता है

(a) हॉफमैन पुनर्विन्यास का
(b) फ्रीस अभिगमन
(c) बेन्जीडीन पुनर्विन्यास का
(d) डाइऐजोटीकरण तथा युग्मन का

334. ऐरोमैटिक प्राथमिक ऐमीन की क्रिया ठण्डे नाइट्रस अम्ल से करवाने पर बनता है

(a) ऐल्कोहॉल (b) नाइट्राइट
(c) डाइऐजोनियम लवण (d) बेन्जीन

335. बेन्जीन डाइऐजोनियम क्लोराइड जल के साथ गर्म करने पर देता है

(a) फ्रीनॉल (b) ऐनिलीन
(c) बेन्जिल ऐल्कोहॉल (d) क्लोरोबेन्जीन

336. ऐनिलीन, एल्काहल हैलाइट के साथ क्रिया करके देता है

(a) ऐमीनो यौगिक
(b) तृतीयक यौगिक
(c) चतुष्क अमोनियम यौगिक
(d) ऐजोमेथेन

337. $NaNO_2$ तथा HCl की बर्फ में किसके साथ क्रिया करवाकर डाइऐजोटीकरण किया जाता है?

(a) ऐरोमैटिक द्वितीयक ऐमीन
(b) ऐरोमैटिक प्राथमिक ऐमीन
(c) ऐरोमैटिक नाइट्रो यौगिक
(d) ऐलिफैटिक ऐमीन

338. बेन्जीन डाइऐजोनियम क्लारोइड, फीनॉल के साथ अभिक्रिया करके उत्पन्न करता है

(a) *p*-हाइड्रॉक्सी ऐजोबेन्जीन
(b) *p*-ऐमीनो ऐजोबेन्जीन
(c) *o*-हाइड्रॉक्सी ऐजोबेन्जीन
(d) डाइऐजोबेन्जीन

सही उत्तर

1 (d)	2 (a)	3 (b)	4 (b)	5 (d)	6 (a)	7 (d)	8 (a)	9 (d)	10 (c)
11 (c)	12 (c)	13 (b)	14 (b)	15 (c)	16 (d)	17 (b)	18 (b)	19 (a)	20 (c)
21 (c)	22 (b)	23 (d)	24 (d)	25 (d)	26 (b)	27 (b)	28 (b)	29 (a)	30 (a)
31 (c)	32 (b)	33 (b)	34 (d)	35 (a)	36 (a)	37 (b)	38 (c)	39 (b)	40 (a)
41 (c)	42 (b)	43 (a)	44 (c)	45 (d)	46 (b)	47 (c)	48 (c)	49 (b)	50 (b)
51 (b)	52 (a)	53 (c)	54 (d)	55 (b)	56 (d)	57 (d)	58 (d)	59 (c)	60 (c)
61 (c)	62 (a)	63 (a)	64 (b)	65 (d)	66 (d)	67 (b)	68 (b)	69 (a)	70 (b)
71 (b)	72 (b)	73 (c)	74 (b)	75 (a)	76 (b)	77 (b)	78 (a)	79 (b)	80 (a)
81 (b)	82 (b)	83 (b)	84 (d)	85 (d)	86 (b)	87 (c)	88 (a)	89 (a)	90 (a,b)
91 (d)	92 (b)	93 (b)	94 (c)	95 (c)	96 (c)	97 (c)	98 (a)	99 (a)	100 (c)
101 (b)	102 (b)	103 (b)	104 (a)	105 (d)	106 (b)	107 (d)	108 (a)	109 (c)	110 (a)
111 (d)	112 (b)	113 (a)	114 (b)	115 (d)	116 (a)	117 (a)	118 (a)	119 (c)	120 (d)
121 (a)	122 (b)	123 (c)	124 (d)	125 (d)	126 (c)	127 (a)	128 (b)	129 (b)	130 (c)
131 (c)	132 (a)	133 (a)	134 (c)	135 (c)	136 (a)	137 (c)	138 (c)	139 (a)	140 (c)
141 (a)	142 (b)	143 (d)	144 (c)	145 (c)	146 (c)	147 (a)	148 (b)	149 (a)	150 (a)
151 (a)	152 (c)	153 (d)	154 (c)	155 (b)	156 (b)	157 (a)	158 (b)	159 (c)	160 (c)
161 (a)	162 (b)	163 (a)	164 (b)	165 (b)	166 (b)	167 (b)	168 (a)	169 (c)	170 (a)
171 (a)	172 (a)	173 (c)	174 (a)	175 (c)	176 (b)	177 (b)	178 (d)	179 (d)	180 (b)
181 (b)	182 (b)	183 (c)	184 (d)	185 (c)	186 (c)	187 (d)	188 (a)	189 (d)	190 (c)
191 (a)	192 (d)	193 (c)	194 (a)	195 (d)	196 (b)	197 (b)	198 (d)	199 (d)	200 (a)
201 (a)	202 (b)	203 (c)	204 (b)	205 (c)	206 (c)	207 (b)	208 (b)	209 (a)	210 (a)
211 (b)	212 (c)	213 (d)	214 (a)	215 (c)	216 (c)	217 (b)	218 (c)	219 (d)	220 (a)
221 (a)	222 (b)	223 (c)	224 (b)	225 (a)	226 (a)	227 (c)	228 (a)	229 (a)	230 (a)
231 (b)	232 (a)	233 (a)	234 (b)	235 (a)	236 (a)	237 (a)	238 (c)	239 (b)	240 (d)
241 (a)	242 (d)	243 (a)	244 (c)	245 (d)	246 (c)	247 (d)	248 (b)	249 (d)	250 (a)
251 (c)	252 (a)	253 (a)	254 (b)	255 (b)	256 (b)	257 (d)	258 (c)	259 (a)	260 (d)
261 (a)	262 (d)	263 (d)	264 (b)	265 (c)	266 (d)	267 (c)	268 (a,b)	269 (a)	270 (c)
271 (d)	272 (d)	273 (d)	274 (a)	275 (a)	276 (c)	277 (c)	278 (a)	279 (a)	280 (a)
281 (b)	282 (a)	283 (c)	284 (c)	285 (a)	286 (a)	287 (a)	288 (d)	289 (a)	290 (a)
291 (b)	292 (c)	293 (b)	294 (a)	295 (a)	296 (c)	297 (b)	298 (d)	299 (b)	300 (d)
301 (b)	302 (c)	303 (c)	304 (a)	305 (a)	306 (b)	307 (a)	308 (a)	309 (b)	310 (d)
311 (b)	312 (b)	313 (d)	314 (a)	315 (a)	316 (d)	317 (c)	318 (c)	319 (a)	320 (c)
321 (a)	322 (c)	323 (b)	324 (a)	325 (c)	326 (a)	327 (d)	328 (b)	329 (a)	330 (d)
331 (b)	332 (b)	333 (b)	334 (d)	335 (c)	336 (a)	337 (c)	338 (b)		

अध्याय 05 पर्यावरण व दैनिक जीवन में रसायन

प्रदूषक

- वे पदार्थ जो प्रदूषण उत्पन्न करते हैं, **प्रदूषक** (Pollutants) कहलाते हैं। वे प्रदूषक जो जिस अवस्था में निर्मित होते हैं, उसी अवस्था में ही वातावरण में विद्यमान रहते हैं, **प्राथमिक प्रदूषक** (Primary Pollutants) कहलाते हैं। ***उदाहरण*** CO, सल्फर डाइऑक्साइड (SO_2), नाइट्रोजन डाइऑक्साइड (NO_2) गैस।
- प्राथमिक प्रदूषक की रासायनिक अभिक्रिया अथवा परिवर्तन द्वारा प्राप्त यौगिक **द्वितीयक प्रदूषक** (Secondary Pollutants) कहलाते हैं। ***उदाहरण*** परॉक्सीऐसीटिल नाइट्रेट।
- जैव निम्नीकृत प्रदूषक (Biodegradable Pollutants) स्वत: या सूक्ष्मजीवों या ऊष्मा द्वारा विघटित हो जाते हैं। ***उदाहरण*** वाहित मल, जबकि अनिम्नीकृत प्रदूषक (Non-degradable Pollutants) वस्तुत: सरल एवं अहानिकारक पदार्थों में नहीं टूटने वाले प्रदूषक होते हैं। ***उदाहरण*** प्लास्टिक, डी डी टी, फीनॉल, पारा, सीसा।

प्रदूषण के प्रकार

प्रदूषण मुख्यत: तीन प्रकार का होता है

1. वायुमण्डलीय प्रदूषण या वायु प्रदूषण
2. जल प्रदूषण तथा
3. मृदा प्रदूषण।

प्रदूषकों के आधार पर प्रदूषण रेडियोसक्रिय, ध्वनि तथा नाभिकीय प्रदूषण आदि भी हो सकता है।

वायुमण्डलीय प्रदूषण

- पृथ्वी के चारों ओर वायु से घिरे भाग को **वायुमण्डल** (Atmosphere) कहते हैं। यह पुन: क्षोभमण्डल (Troposphere) पृथ्वी की सतह से 10 किमी ऊँचाई तक, समतापमण्डल (Stratosphere) लगभग 50 किमी ऊँचाई तक तथा आयनमण्डल (Ionosphere) में विभाजित रहता है।
- वायु विभिन्न गैसों का मिश्रण होती है—नाइट्रोजन (78.084%), ऑक्सीजन (20.946%), ऑर्गन (उत्कृष्ट गैस) (0.934%), कार्बन डाइऑक्साइड (0.033%)।

वायुमण्डलीय प्रदूषण मुख्य रूप से दो प्रकार का होता है

समतापमण्डलीय प्रदूषण

- क्षोभमण्डल के ऊपर समतापमण्डल होता है। इसमें डाइनाइट्रोजन, डाइऑक्सीजन, ओजोन तथा सूक्ष्म मात्रा में जलवाष्प उपस्थित होती है।
- समतापमण्डल में उपस्थित ओजोन (O_3) सूर्य से आने वाली दुष्प्रभावी पराबैंगनी किरणों (Ultra Voilet) का अवशोषण कर उन्हें ऊष्मा में परिवर्तित कर देती है। इस कारण पराबैंगनी किरणें पृथ्वी तक नहीं पहुँच पाती हैं, जिससे जीव-जन्तु इसके हानिकारक प्रभाव से बच जाते हैं।
- पृथ्वी से आने वाले प्रदूषक NO, SO_2, CH_4, CF_2Cl_2 आदि ओजोन के साथ क्रिया करके ओजोन परत को नष्ट कर देते हैं।
- इससे ओजोन परत पतली हो जाती है एवं इसकी UV किरणों को रोकने की क्षमता में कमी आ जाती है।
- ओजोन पर्त के क्षय होने से अधिकाधिक पराबैंगनी किरणें क्षोभमण्डल में पहुँचने लगेगीं तथा इस कारण त्वचा का जीर्णन, मोतियाबिन्द, सनबर्न (Sunburn), त्वचा का कैन्सर आदि रोग उत्पन्न हो जाएँगे।
- क्लोरो-फ्लुओरो कार्बन (CFC) यौगिकों का उपयोग रेफ्रिजरेटर, एयर कण्डीशनर आदि में तथा प्लास्टिक फोम के निर्माण एवं कम्प्यूटर उद्योग में कम्प्यूटर के पुर्जों की सफाई करने में होता है।
- इन स्रोतों से CFC की काफी मात्रा वायुमण्डल में पहुँचकर ओजोन परत को नष्ट कर देती है। अत: इनका प्रयोग अब कम कर दिया गया है। इनके स्थान पर अब हाइड्रो क्लोरोफ्लुओरो कार्बन प्रयोग में लाए जाते हैं।

क्षोभमण्डलीय प्रदूषण

- वायुमण्डल की सबसे निचली परत 'क्षोभमण्डल' (Stratosphere) कहलाती है। यह समुद्र-तल से 10 किमी की ऊँचाई तक होती है। इसमें मनुष्य तथा अन्य प्राणी रहते हैं।
- क्षोभमण्डल धूलकणों से युक्त क्षेत्र है, जिसमें वायु, अधिक मात्रा में जलवाष्प तथा बादल उपस्थित होते हैं। इस क्षेत्र में वायु का तीव्र प्रवाह एवं बादल का निर्माण होता है।
- वायु में उपस्थित अवांछनीय ठोस अथवा गैस कणों के कारण क्षोभमण्डलीय प्रदूषण (Stratospheric Pollution) होता है। क्षोभमण्डल में मुख्यत: निम्नलिखित गैसीय तथा कणिकीय (Gaseous and Particulate) प्रदूषक उपस्थित होते हैं।

गैसीय वायु प्रदूषक

ये सल्फर, नाइट्रोजन तथा कार्बन के ऑक्साइड, हाइड्रोजन सल्फाइड, हाइड्रोकार्बन, ओजोन तथा अन्य ऑक्सीकारक हैं।

शहरों में वायु गुणवत्ता सूचकांक (Air Quality Index, AQI) का परिकलन करने में कार्बन मोनो ऑक्साइड (CO) नाइट्रोजन डाइ ऑक्साइड (NO_2), सल्फर डाइ आक्साइड (SO_2) आदि वायुमण्डलीय गैसों पर विचार किया जाता है।

गैसीय वायु प्रदूषक एवं उनके प्रभाव

वायु प्रदूषक	अल्पकालिक प्रभाव	दीर्घकालिक प्रभाव
कार्बन मोनॉक्साइड	रक्त मे उपस्थित हीमोग्लोबिन की ऑक्सीजन वहन क्षमता का घटना	केन्द्रीय तन्त्रिका तन्त्र पर प्रतिकूल प्रभाव, सिरदर्द, स्नायु दुर्बलता, दृष्टि शक्ति क्षीण होना आदि।
नाइट्रोजन के ऑक्साइड	दर्द, नाक में जलन, खाँसी-जुकाम	मनुष्यों में श्वास सम्बन्धी रोग, रक्त-स्राव, निमोनिया आदि तथा पौधों में प्रकाश संश्लेषण की दर कम होना।
सल्फर डाइऑक्साइड	दमे की शिकायत	श्वसन तथा फेफड़ों पर प्रभाव तथा पौधों में कलियों का गिरना।
हाइड्रोकार्बन	दर्द, खाँसी व आँखों में जलन	विभिन्न प्रकार के कैन्सरजन्य रोग।
सीसा तथा अन्य धातुएँ	शरीर पर प्रतिकूल प्रभाव	हृदय एवं तन्त्रिका तन्त्र के रोग, लीवर व किडनी की क्षति, शिशुओं में मानसिक रोग, प्रजनन क्षमता में हानि, गर्भस्थ शिशु पर प्रतिकूल प्रभाव।
धूल कण	विभिन्न प्रकार के रोगों का खतर	कैन्सर एवं विषाक्तता।

कणिकीय प्रदूषण

कणिकीय प्रदूषक (Particulate Pollutants) वायु में निलम्बित सूक्ष्म ठोस कण अथवा द्रवीय बूँदें होती हैं। ये जीवित तथा निर्जीव दोनों प्रकार के हो सकते हैं।

- जीवाणु, कवक, फफूँद, शैवाल आदि **जीवित कणिकीय** प्रदूषक हैं।
- धूम्र (जैसे-सिगरेट का धुआँ, तेल-धूम्र), धूल, कोहरा तथा धूम्र आदि **निर्जीव कणिकीय** प्रदूषक हैं।
- नैनो कण मुक्त मूलकों के निर्माण को प्रेरित करते हैं। ये खाद्य श्रृंखलाओं में प्रविष्ट होकर पर्यावरण में संचित रहते हैं।

वायुमण्डलीय प्रदूषण के प्रभाव

अम्ल वर्षा

- वायुमण्डल में उपस्थित कार्बन डाइऑक्साइड के जल में घुलने के कारण वर्षा के जल का pH मान 5.6 होता है। pH मान 5.6 से कम होने पर वर्षा **अम्ल वर्षा** (Acid Rain) कहलाती है।
- जीवाश्म ईंधन जैसे-कोयला शक्ति संयन्त्रों, भट्टियों तथा मोटर इंजनों में डीजल और पेट्रोल (जिसमें सल्फर तथा नाइट्रोजन पदार्थ होते हैं) के दहन पर सल्फर डाइऑक्साइड तथा नाइट्रोजन ऑक्साइड उत्पन्न होते हैं।
- सल्फर डाइऑक्साइड (SO_2) तथा नाइट्रोजन डाइऑक्साइड (NO_2) जल से क्रिया करके क्रमश: सल्फ्यूरिक अम्ल तथा नाइट्रिक अम्ल बनाते हैं, जो अत्यधिक प्रबल अम्ल होने के कारण वर्षा के जल को अम्लीय कर देते हैं। अम्ल वर्षा में अम्लों की सान्द्रता इस क्रम में पायी जाती है : $H_2SO_4 > HNO_3 > HCl$।
- अम्ल वर्षा कृषि, पेड़-पौधों आदि के लिए हानिकारक होती है, क्योंकि यह इनकी वृद्धि के लिए आवश्यक पोषक तत्वों को घोलकर पृथक् कर देती है। यह मनुष्यों तथा जानवरों में श्वसन अवरोध उत्पन्न करती है।

धूम्र कोहरा या धुन्ध

यह धूम्र और कोहरा से मिलकर बनता है।

[धूम्र + कोहरा] धूम्र-कोहरा (Smog)

[Smoke + Fog]

धूम्र कोहरे दो प्रकार के होते हैं

सल्फ्यूरस या अपचायक या पारम्परिक या शास्त्रीय धूम्र कोहरा या लन्दन टाइप धुन्ध

(धूम्र + कोहरा + SO_2) अपचायक धूम्र-कोहरा (Reducing Smog) ठण्डी एवं नम जलवायु में होता है। रासायनिक रूप से यह एक अपचायक मिश्रण है। यह स्वास्थ्य के लिए हानिकारक होता है, इसे लन्दन धूम्र-कोहरा (London Smog) भी कहा जाता है।

प्रकाश-रासायनिक या ऑक्सीकारक धूम्र कोहरा

- धूम्र + कोहरा + (NO_2, O_3) यह गर्म शुष्क एवं सूर्यमयी जलवायु से निर्मित होता है। इसे **लॉस एन्जिलीस** धूम्र कोहरे के नाम से भी जाना जाता है। यह स्वचालित वाहनों तथा कारखानों से निकलने वाले नाइट्रोजन के ऑक्साइडों तथा हाइड्रोकार्बनों पर सूर्य के प्रकाश की क्रिया के कारण उत्पन्न होता है।
- प्रकाश रासायनिक धूम्र कोहरे (Photochemical Smog) की रासायनिक प्रकृति ऑक्सीकारक होती है, क्योंकि इसमें ऑक्सीकारक अभिकर्मकों की सान्द्रता उच्च रहती है। इसके सामान्य घटक ओजोन, नाइट्रिक ऑक्साइड, एक्रोलीन, फॉर्मेल्डिहाइड एवं परॉक्सीऐसीटिल नाइट्रेट (Peroxyacetyl Nitrate) हैं। SO_2 प्रदूषक की उपस्थिति के कारण पौधों में क्लोरोफिल के निर्माण की गति का धीमा होना **क्लोरोसिस** (Chlorosis) कहलाता है।
- पारा प्रदूषण का प्रमुख स्रोत खनन गतिविधि होती है। इसके अतिरिक्त कोयला आधारित ऊष्मीय शक्ति संयन्त्र से पारा प्रदूषण होता है। पारा के सम्पर्क में आने का कोई सुरक्षा-स्तर ज्ञात नहीं है।

नोट वायु प्रदूषण की दृष्टि से नई दिल्ली भारत का पहला तथा विश्व का दूसरा सबसे अधिक प्रदूषित शहर है। 2.5 **माइक्रोमीटर से कम हानिकारक कण** = 153μg/m^3

10 **माइक्रोमीटर से कम हानिकारक कण** = 286μg/m^3

हरित गृह प्रभाव एवं भूमण्डलीय ऊष्मायन

- वायुमण्डल में उपस्थित कुछ प्रमुख गैसें लघु तरंगदैर्ध्य के सौर विकिरण को पृथ्वी के धरातल तक आने देती हैं, परन्तु पृथ्वी से निकलने वाले दीर्घ तरंगी विकिरण को अवशोषित कर लेती हैं।
- इस कारण वायुमण्डल पृथ्वी के औसत तापमान को 35°C के आस-पास बनाए रखता है। इस घटना को ही **हरित गृह प्रभाव** (Green House Effect) कहते हैं।
- इसके लिए उत्तरदायी गैसों में प्रमुख कार्बन डाइऑक्साइड, मेथेन, नाइट्रस ऑक्साइड, ओजोन, सल्फर डाइऑक्साइड तथा जलवाष्प हैं। मेथेन हरितग्रह प्रभाव उत्पन्न करने में CO_2 से अधिक प्रभावशाली है। ये गैसें **हरित गृह गैसें** (ग्रीन हाउस गैसें) कहलाती हैं।
- हरित गृह गैसों की सान्द्रता में वृद्धि के कारण वातावरण के तापमान में निरन्तर वृद्धि हो रही है, जिसे सामान्यत: **भूमण्डलीय ऊष्मायन** (Global Warming) कहते हैं। भूमण्डलीय ऊष्मायन के प्रभाव के कारण ध्रुवों की बर्फ पिघलना, समुद्र तल में वृद्धि, चक्रवात एवं तेज तूफान आदि घटनाएँ हो रही हैं।

पर्यावरण प्रदूषण का नियन्त्रण

सीवेज, नगरीय कूड़ा करकट, कल-कारखानों द्वारा विसर्जित विषाक्त अवशिष्ट का पुन:चक्रण सीवेज उपचार संयन्त्र अपनाकर पर्यावरण प्रदूषण को नियन्त्रित किया जा सकता है। भस्मीकरण, पाचन तथा सन्निक्षेपण (Dumping) भी पर्यावरण प्रदूषण को नियन्त्रित करते हैं।

जल प्रदूषण

- जल में अपशिष्ट पदार्थ मिलने या अन्य मानवीय गतिविधियों के कारण जल के गुणों में अवांछित परिवर्तन होना जल प्रदूषण (Water Pollution) कहलाता है। यह मुख्यतः घरेलू सीवेज, औद्योगिक अपशिष्ट, कृषि में उपयोग किए जाने वाली रासायनिक खाद तथा बढ़े हुए तापमान के कारण होता है।

नोट आर्सेनिक, फलुओराइड तथा फॉर्मेल्डिहाइड भारत के कुछ भागों में सामान्यतः पाए जाने वाले जल प्रदूषक हैं।

- बहुत से देशों द्वारा परमाण्विक कचरे को भी समुद्री जल में डाल दिया जाता है, जिससे पर्यावरण एवं समुद्री जीवों को गम्भीर क्षति पहुँचती है। प्रदूषित जल के सेवन से हैजा, पीलिया, पेचिश, टाइफाइड आदि रोग हो जाते हैं। जल को छानकर अथवा उबालकर शुद्ध किया जा सकता है।
- जल को शुद्ध करने की सामान्य रासायनिक विधि क्लोरीनीकरण है। इसमें जल में क्लोरीन की गोलियाँ अथवा विरंजक चूर्ण मिलाया जाता है। समुद्र में अपशिष्ट के विसर्जन से **मैरीन** (Marine) **प्रदूषण** होता है।

ऑयल जैपिंग : समुद्री जल से तेल का पृथक्करण

जीवाणु के प्रयोग द्वारा समुद्री जल से तेल को पृथक् करने की तकनीक ऑयल जैपिंग (Oil Zapping) कहलाती है। ऑयल जैपर पाँच जीवाणुओं का मिश्रण होता है। ये जीवाणु अपरिष्कृत तेल में उपस्थित हाइड्रोकार्बन यौगिकों तथा तेल परिष्करणशालाओं द्वारा उत्पन्न विषैले हाइड्रोकार्बन अपशिष्ट का भक्षण करके उन्हें हानिरहित CO_2 तथा जल में परिवर्तित कर देते हैं। ऑयल जैपर को जीवाणुरहित पॉलिथीन बैग में पैक करके एक स्थान से दूसरे स्थान पर भेजा जाता है। सामान्य ताप पर इसकी आयु तीन माह होती है। इसका प्रयोग अगस्त 2010 में मुम्बई में हुए ऑयल स्पिल (Oil Spill) को समुद्री जल से दूर करने के लिए किया गया था। ऑयल जैपिंग जीवाणु का निर्माण TERI (The Energy and Resources Institute) ने किया था, जिसके लिए उन्हें सात वर्षों का समय लगा।

जैव रासायनिक ऑक्सीकरण माँग

- जल में घुली हुई ऑक्सीजन जलीय जीवन के संरक्षण के लिए आवश्यक है। सूक्ष्मजीवों की उपस्थिति में विलेय ऑक्सीजन द्वारा कार्बनिक प्रदूषक ऑक्सीकृत हो जाते हैं। इस प्रकार जलीय ऑक्सीजन का उपभोग हो जाता है।
- जल के एक नमूने के निश्चित आयतन में उपस्थित कार्बनिक पदार्थ को विखण्डित करने के लिए जीवाणु द्वारा आवश्यक ऑक्सीजन को जैव रासायनिक ऑक्सीजन माँग (Biochemical Oxygen Demand, BOD) कहा जाता है।
- स्वच्छ जल की BOD का मान 5 ppm से कम होता है, जबकि अत्यधिक प्रदूषित जल में यह 17 ppm या इससे अधिक होता है।

जल प्रदूषण के नियन्त्रण में पराबैंगनी विकिरण की भूमिका

पराबैंगनी विकिरण जल की धारा का कोई अवयव जैसे अवांछनीय रंग, गन्ध, रसायन, स्वाद आदि परिवर्तित नहीं करता है एवं यह किसी प्रकार का हानिकारक सहउत्पाद भी उत्पन्न नहीं करता है। यह केवल जल की धारा को जीवाणु रहित बनाता है, उसमें उपस्थित ओजोन या क्लोरीन/क्लेरेमीन का विघटन करता है तथा TOC का अपचयन करता है। यह तीव्र प्रभावी तथा वातावरण के अनुकूल प्रक्रम है। UV विकिरण, सूक्ष्म जीव की बाह्य कोशिका भित्ति को भेदकर, कोशिका से गुजरकर, डीऑक्सीराइबोन्यूक्लिक अम्ल (DNA) तक पहुँच जाता है जहाँ यह आनुवंशिक पदार्थ में परिवर्तन करके सूक्ष्मजीव को नष्ट कर देता है। अतः कोई अवशेष प्राप्त नहीं होता है। यद्यपि यह विकिरण अपने आप में जल के शोधन के लिए सम्पूर्ण नहीं है। जल के शोधन के लिए इसके साथ अन्य प्रक्रमों को भी प्रयोग में लाना पड़ता है। यह केवल जीवाणुनाशी का कार्य करता है।

मृदा प्रदूषण

- अपशिष्ट पदार्थों, पीड़कनाशी, शाकनाशी आदि के द्वारा मृदा के भौतिक, रासायनिक अथवा जैविक गुणों में अवांछनीय परिवर्तन हो जाता है, जिससे मृदा की गुणवत्ता कम हो जाती है तथा मृदा की कृषि हेतु उपयोगिता कम हो जाती है।
- इस प्रकार मृदा का प्रदूषित होना मृदा प्रदूषण (Soil Pollution) कहलाता है। पीड़कनाशी, खरपतवारनाशी ($NaClO_3$, $NaAsO_3$), कीटनाशी (DDT), कवकनाशी (मेथिल मर्करी) आदि मुख्य मृदा प्रदूषक हैं।
- DDT का उपयोग कृषि में कीट, सेडैट, खरपतवार तथा फसलों के अनेक रोगों के नियन्त्रक के रूप में किया जाता है, किन्तु इसके दुष्प्रभावों के कारण इसका प्रयोग पश्चिमी देशों व भारत में प्रतिबन्धित कर दिया गया है।
- औद्योगिक एवं नगरीय अपशिष्ट मृदा प्रदूषण के ज्ञात स्रोत हैं। पृथ्वी के धरातल और गहराइयों से खनिज एवं अयस्क निकालने की प्रक्रिया भी मृदा प्रदूषण के लिए उत्तरदायी है।

रेडियोधर्मी प्रदूषण

- रेडियोधर्मी पदार्थों से होने वाला प्रदूषण रेडियोधर्मी प्रदूषण (Radioactive Pollution) कहलाता है। 'एक्स-रे' के अधिक प्रयोग से मनुष्य के शरीर में कैन्सर और अल्सर हो जाता है।
- रक्त-कोशिका एवं अस्थि-मज्जा में भी इन किरणों से अवान्छित परिवर्तन हो जाते हैं। जीवित कोशिकाएँ भी विकिरण से नष्ट हो जाती हैं। रेडियो समस्थानिकों का उपयोग शोध, औषधि निर्माण व उद्योग में हो रहा है। रेडियोधर्मी विघटन से विद्युत तरंगें निकलती हैं।
- ये विद्युत तरंगें जैविक दृष्टि से हानिकारक हैं। इनसे कैन्सर आदि रोग उत्पन्न होते हैं। रेडियोधर्मी प्रभाव कोशिकाओं एवं गुणसूत्रों में अत्यन्त प्रतिक्रियात्मक रासायनिक तत्वों को प्रविष्ट करा देते हैं। इससे आनुवंशिक पदार्थों में अवन्छित परिवर्तन हो जाता है और उत्परिवर्तन जैसी दुर्घटनाएँ हो सकती हैं।

हरित रसायन एवं प्रदूषण नियन्त्रण

हरित रसायन (Green Chemistry) विज्ञान के उन ज्ञान तथा अभ्यासों पर बल देता है, जिससे प्रदूषकों के उत्पादन में कमी आ सके अर्थात् इसके अन्तर्गत उन अभिक्रियाओं या प्रक्रमों का अध्ययन किया जाता है, जिनमे विषैले पदार्थ उत्पन्न नहीं होते हैं। प्रदूषण को निम्न विधियों द्वारा रोका जा सकता है

1. औद्योगिक जोनिंग
2. नियन्त्रक यन्त्रों तथा युक्तियों को अपनाकर।
3. प्रदूषक निकालने वाले यन्त्रों को उच्च उन्नतांश तक लगाकर (ऊँची चिमनी के प्रयोग द्वारा)।
4. पेड़-पौधे अधिक मात्रा में लगाकर।
5. जन जागृति द्वारा।
6. पुनः चक्रण द्वारा।
7. भस्मीकरण, पाचन तथा सन्निक्षेपण द्वारा।

कम्प्यूटर पुनर्चक्रण

कम्प्यूटर के पुनर्चक्रण द्वारा बहुत से महत्त्वपूर्ण पदार्थ प्राप्त होते हैं जैसे–टिन, सिलिकन, आयरन, ऐलुमिनियम प्लास्टिक आदि। इसके पुर्नप्रयोग से नए कम्प्यूटर की लागत को कम किया जा सकता है।

कम्प्यूटर के अवयवों में बहुत से विषैले पदार्थ जैसे–डाइऑक्सिन, पॉलिक्लोरीनीकृत बाइफेनिल, कैडमियम, क्रोमियम, रेडियोऐक्टिव समस्थानिक, मर्करी आदि उपस्थित होते हैं। एक कम्प्यूटर मॉनीटर में भारानुसार 6% से अधिक सीसा होता है, जो कैथोड किरण नलिका के रूप में होता है। सर्किट बोर्ड में सीसा–टिन सॉल्डर की पर्याप्त मात्रा उपस्थित होती है, जो भूमिगत जल की लिचिंग कर देते हैं या वायु प्रदूषण का कारण होते हैं।

मुख्य गैसें एवं उनके अवशोषक

अवशोषक	अवशोषित गैसें
क्षारीय पायरोगैलोल	ऑक्सीजन तथा कार्बन डाइऑक्साइड
फेरस सल्फेट विलयन	नाइट्रिक ऑक्साइड
अमोनियम क्यूप्रस क्लोराइड	कार्बन मोनॉक्साइड (CO), ऐसीटिलीन ($CH \equiv CH$) तथा ऑक्सीजन
सान्द्र सल्फ्यूरिक अम्ल	नमी तथा अमोनिया
तारपीन का तेल	ओजोन
पोटैशियम हाइड्रॉक्साइड तथा सोडियम हाइड्रॉक्साइड	कार्बन डाइ-ऑक्साइड, सल्फर डाइऑक्साइड, हैलोजन, सभी अम्लीय ऑक्साइड
गर्म पैलेडियम	हाइड्रोजन
गर्म मैग्नीशियम	नाइट्रोजन
कॉपर सल्फेट विलयन	फॉस्फीन, ऑर्सिन तथा हाइड्रोजन सल्फाइड

मुख्य औद्योगिक विधियाँ

विधि	धातु/यौगिक
सॉल्वे की अमोनिया सोडा विधि	सोडियम बाइकार्बोनेट ($NaHCO_3$) तथा सोडियम कार्बोनेट (Na_2CO_3)
बॉश विधि	हाइड्रोजन के निर्माण में।
सर्पेक विधि, बेयर विधि, हॉल विधि, हूप विधि	ऐलुमीनियम के शोधन में।
ऑस्टवाल्ड विधि, बर्कलैण्ड आइड विधि	नाइट्रिक अम्ल (HNO_3) के निर्माण में।
कॉस्टनर विधि	सोडियम के शोधन में।
सॉल्वे विधि, कास्टनर केलनर विधि, गॉसेज विधि, नेल्सन सेल विधि	कॉस्टिक सोडे (NaOH) के निर्माण में।
मर्क की विधि, स्वः ऑक्सीकरण विधि	हाइड्रोजन परॉक्साइड (H_2O_2) के निर्माण में।
ली-ब्लॉक विधि	पोटैशियम कार्बोनेट तथा सोडियम कार्बोनेट के निर्माण में।
गोल्डस्मिट की थर्माइट विधि या ऐलुमिनों तापीय विधि	थर्माइट वेल्डिंग में।
हैबर विधि, सायनेमाइड विधि	अमोनिया (NH_3) के निर्माण में।
सीमेन और हाल्स्के ओजोनाइजर	ओजोन (O_3) के निर्माण में।
सीस कक्ष विधि (Lead Chamber Process), सम्पर्क विधि (Contact Process)	सल्फ्यूरिक अम्ल (H_2SO_4) के निर्माण में।
डीकेन विधि	क्लोरीन (Cl_2) के निर्माण में।
हेजनक्लेवर विधि, बैचमान विधि	विरंजक चूर्ण ($CaOCl_2$) के निर्माण में।
रैमजे तथा रैले की प्रथम विधि और द्वितीय विधि, फिशर तथा रिंगे की आधुनिक विधि	अक्रिय गैसों के पृथक्करण में।
पेटिन्सन विधि, पार्क की विधि	चाँदी के निर्माण में।
बेसेमर विधि, एल डी विधि	स्टील इस्पात के निर्माण में।

औषधियाँ

वे पदार्थ जिनका उपयोग रोगों के निदान, निवारण और उपचार के लिए किया जाता है, औषधि कहलाते हैं।

यदि अनुशंसित मात्रा से अधिक मात्रा का उपयोग किया जाए तो अधिकांश औषधियाँ प्रभावकारी विष होती हैं। रसायनों के चिकित्सीय उपयोग को रसायन चिकित्सा (chemotherapy) कहते हैं।

प्रतितापक

वे औषधियाँ जो शरीर के सामान्य तापक्रम को बिना प्रभावित किए अधिक तापक्रम को नियन्त्रित करती हैं, ज्वररोधी कहलाती हैं।

उदाहरण पैरासिटामॉल, ऐस्पिरिन तथा फिनैसिटिन ज्वररोधी औषधियाँ हैं।

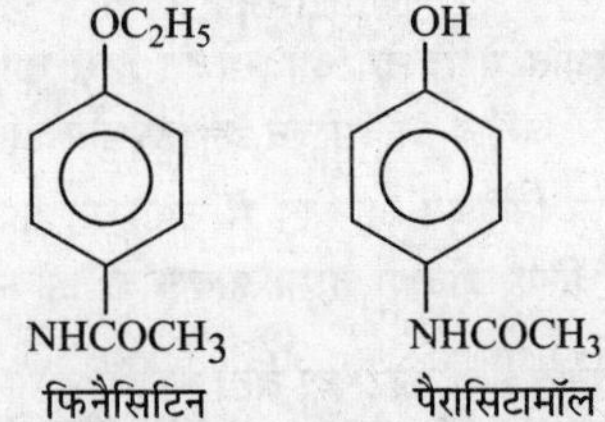

फिनैसिटिन पैरासिटामॉल

दर्द निवारक

औषधियाँ जो दर्द निवारण में उपयोग की जाती है, पीड़ाहारी या दर्द निवारक कहलाती हैं।

दर्द निवारक दर्द को बिना चेतना, क्षीणता, मनोसंभ्रम, असमन्वय या पक्षाघात अथवा तन्त्रिका तन्त्र में अन्य कोई बाधा उत्पन्न करके, कम अथवा समाप्त करती हैं।

वे औषधियाँ जो बिना नींद तथा बिना चेतना क्षीणता के दर्द का निवारण करती हैं, **अस्वपाक दर्द निवारक** (non-narcotic analgesics) कहलाती हैं।

उदाहरण ऐस्पिरिन, ब्यूटाजोलिडीन, ब्रूफेन आदि।

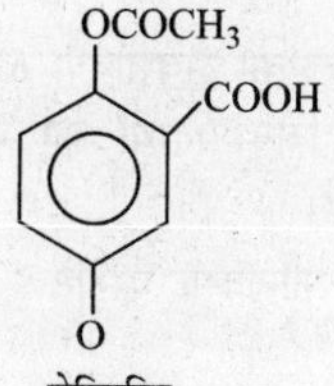

ऐस्पिरिन 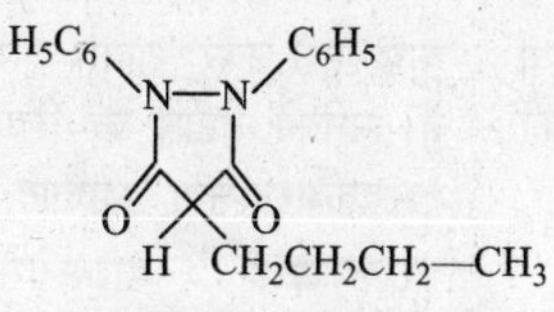   ब्यूटाजोलिडीन 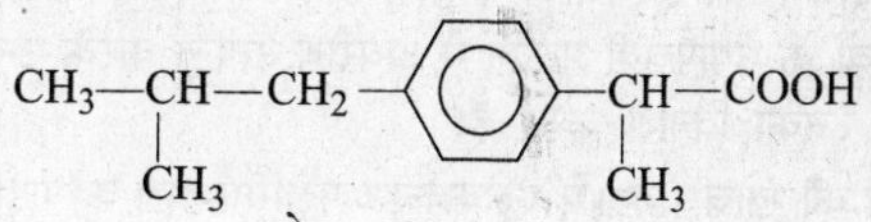   ब्रूफेन

वे औषधियाँ जो नींद अथवा चेतना क्षीणता उत्पन्न करती है, **स्वपाक दर्द निवारक** (narcotic analgesics) कहलाती हैं।

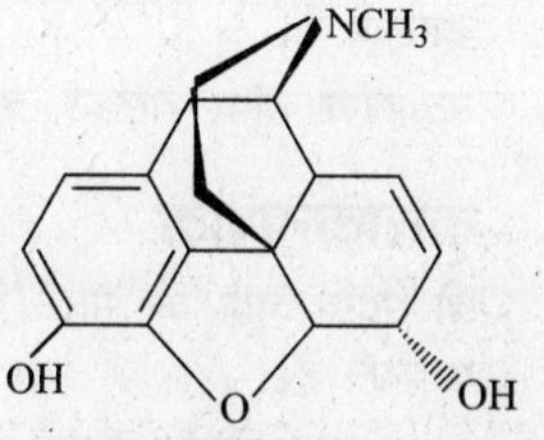

मॉर्फीन 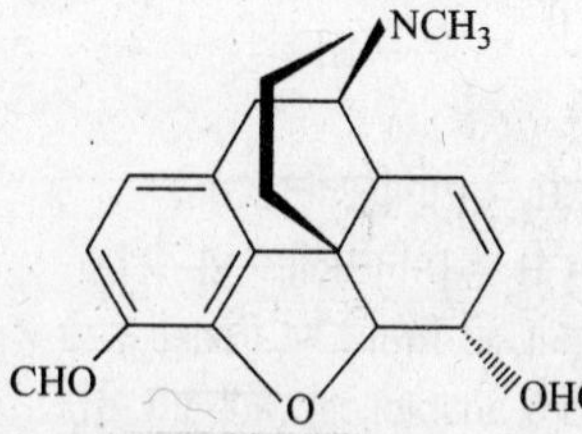   हेरोइन

पूतिरोधी तथा रोगाणुनाशी

ऐसे रसायन जो या तो सूक्ष्म जीवों का विनाश करते हैं अथवा उनकी वृद्धि को रोकते हैं, पूतिरोधी या रोगणुानाशी कहलाते हैं।
पूतिरोधी सजीव ऊतकों पर हानिकारक प्रभाव नहीं डालते, परन्तु रोगाणुनाशी सजीव ऊतकों पर हानिकारक प्रभाव डालते हैं।
डेटॉल एक प्रमुख पूतिरोधी है जो क्लोरोजाइलिनॉल तथा टर्पीनिऑल का मिश्रण होता है।
बाइथायोनॉल भी एक पूतिरोधी है जिसका उपयोग साबुन में किया जाता है।

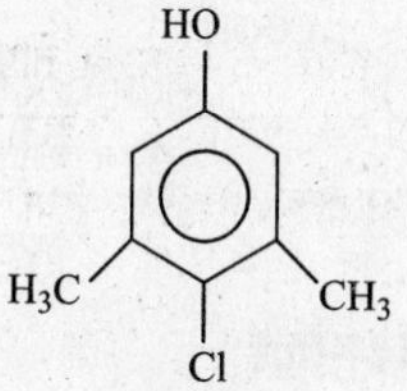

क्लोरोजाइलिनॉल 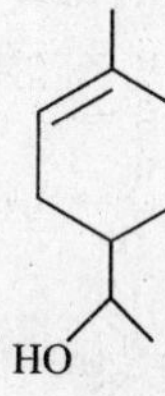   α–टर्पीनिऑल 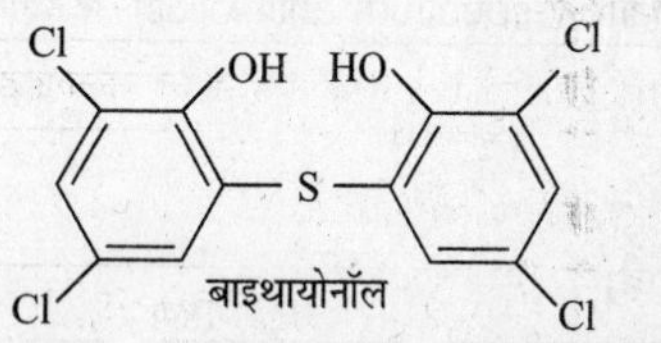   बाइथायोनॉल

प्रशान्तक

प्रशान्तक का उपयोग तनाव तथा छोटी या बड़ी मानसिक बीमारियों में किया जाता है। यह अच्छा होने की भावना को अभिप्रेरित करके चिन्ता, तनाव, क्षोभ तथा उत्तेजना से मुक्ति देता है।
क्लोरडाइजेपॉक्साइड और मेप्रोबेमेट मन्द प्रशान्तक हैं जो तनाव दूर करते हैं। इक्वैनिल भी एक प्रकार का प्रशान्तक है जिसका प्रयोग अवसाद और अतितनाव के नियन्त्रण के लिए किया जाता है।

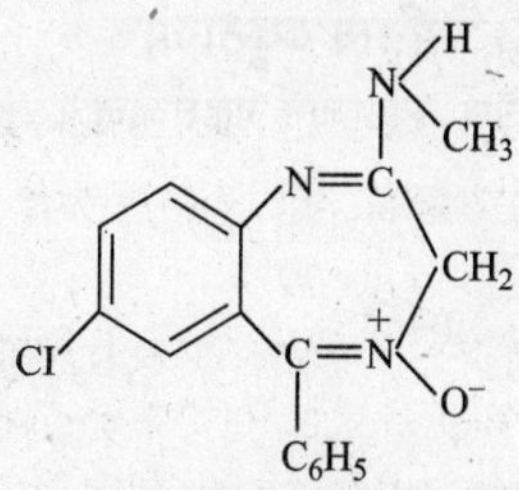

क्लोरडाइजेपॉक्साइड 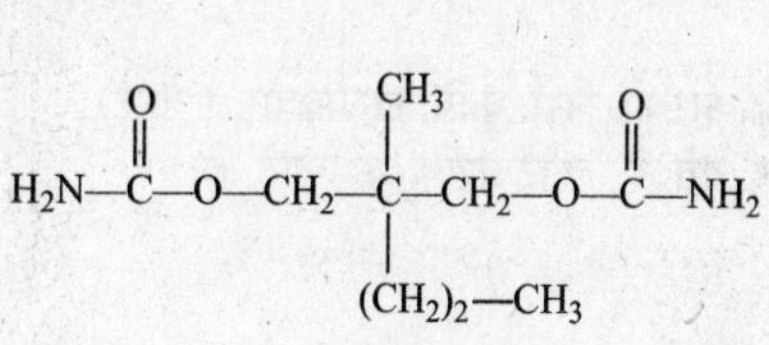   मेप्रोबेमेट

प्रतिजैविक

प्रतिजैविक वे रासायनिक पदार्थ हैं जो सूक्ष्मजीवों के द्वारा उत्पन्न किए जाते हैं, तथा जो कम सान्द्रता मे सूक्ष्मजीवों के उपापचयी प्रक्रमों में अवरोध उत्पन्न करके उनकी वृद्धि को रोकते हैं अथवा उनका विनाश करते हैं।

प्रथम प्रतिजैविक पेनिसिलीन की खोज 1929 में ऐलेक्जेन्डर फ्लेमिंग द्वारा की गई।

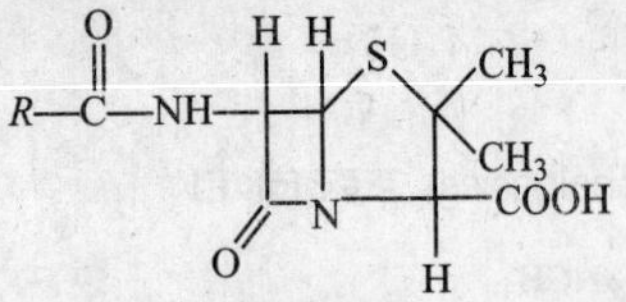

पेनिसिलिन

यदि,

$R = C_6H_5—CH_2—$[पेनिसिलीन-G]

$R = C_6H_5O—CH_2—$[पेनिसिलीन-V]

जो प्रतिजीवाणु एक से अधिक प्रकार के जीवाणुओं का विनाश या विरोध करते हैं, **विस्तृत स्पेक्ट्रम प्रतिजीवाणु** (broad spectrum antibiotics) कहलाते हैं।

उदाहरण क्लोरैम्फेनिकॉल, वेंकेमाइसिन तथा ऑफलोक्सासिन

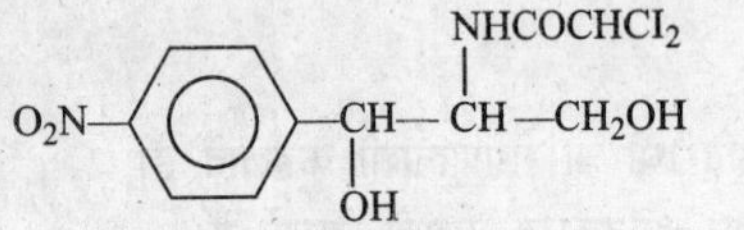

क्लोरैम्फेनिकॉल

प्रतिजीवाणु जो प्रधानत: एक ही प्रकार के जीवाणुओं के विरुद्ध प्रभावी होते हैं, **संकीर्ण स्पेक्ट्रम प्रतिजीवाणु** (narrow spectrum antibiotics) कहलाते हैं।

उदाहरण पेनिसिलीन-G।

सल्फा औषधियाँ

इनका चिकित्सीय महत्त्व अधिक है।

उदाहरण सल्फेनिलऐमाइड, सल्फापाइरीडीन, सल्फाथायजोल, सल्फाग्वानीडीन आदि।

मलेरियानाशक औषधियाँ

वे औषधियाँ जो मलेरिया को खत्म करने के लिए उपयोग की जाती हैं, मलेरियानाशक औषधियाँ कहलाती हैं।

उदाहरण प्लाजमोक्विन, मेपाक्रिन, कुनीन आदि।

कृषि रसायन

कीटनाशक

वे पदार्थ जो फसल के लिए हानिकारक कारकों **जैसे** कृषि खरपतवार (घास), कवक तथा कृन्तक (चूहे) को नष्ट कर देते हैं, कीटनाशक कहलाते हैं।

कृमिनाशक

वे पदार्थ जो कीड़ों को मारने में प्रयुक्त होते हैं, कृमिनाशक कहलाते हैं।

उदाहरण गैमेक्सीन, फ्लोरडेन, एल्ड्रिन आदि।

खरपतवारनाशक

कुछ पौधें उर्वरा शक्ति व जल का अवशोषण उपयोगी फसल के साथ करते हैं। उनको हटाने के लिए जिन पदार्थों का उपयोग किया जाता है, वे खरपतवारनाशक कहलाते हैं।

उदाहरण 2, 4-डाइक्लोरो फीनॉक्सी ऐसीटिक अम्ल, 2, 4, 5-ट्राइक्लोरो फीनॉक्सी ऐसीटिक अम्ल।

कवकनाशी

जो पदार्थ कवक को नष्ट करने के लिए उपयोग किये जाते हैं, कवकनाशक कहलाते हैं।

उदाहरण कॉपर सल्फेट, कॉपर नैफ्थैनेट, बोरडेक्स मिश्रण आदि।

कृन्तकनाशक

जो पदार्थ चूहों को मारने के लिए उपयोग किये जाते हैं, कृन्तकनाशक कहलाते हैं।

उदाहरण सोडियम क्लोरो ऐसीटेट, थैलियम सल्फेट, जिंक फॉस्फाइड आदि।

कुछ महत्त्वपूर्ण यौगिकों का संश्लेषण

(i) ऐस्पिरिन

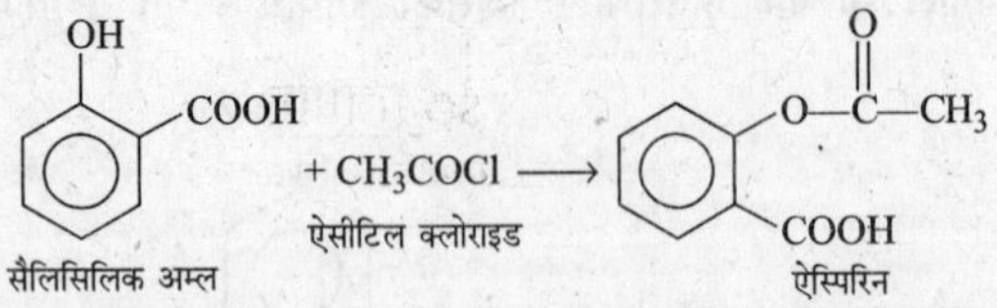

सैलिसिलिक अम्ल $+ CH_3COCl \longrightarrow$ ऐस्पिरिन

ऐसीटिल क्लोराइड

(ii) पैरासिटामॉल

$NH_2C_6H_4OH + CH_3COCl \xrightarrow{-HCl} NHCOCH_3C_6H_4OH$

पैरासिटामॉल

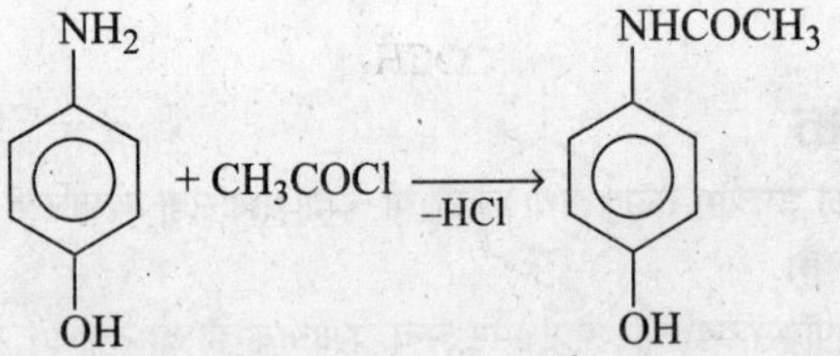

(iii) फेनिल ब्यूटाजोन

फेनिल ब्यूटाजोन पाइराजोलॉन (pyrazolone) का व्युत्पन्न है।

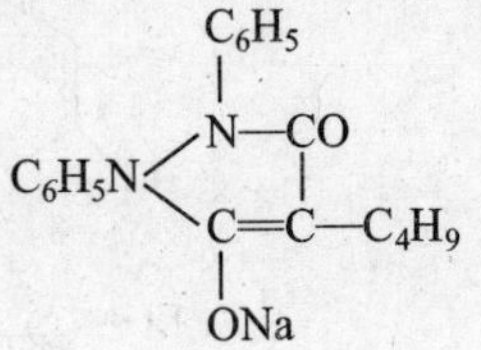

(iv) **सल्फाऐसीटैमाइड**

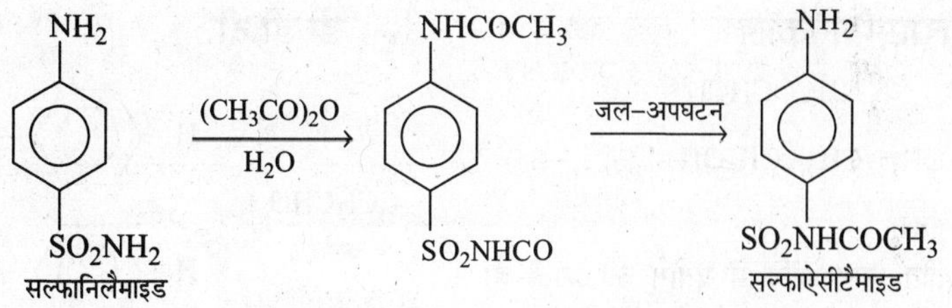
$(CH_3CO)_2O$
H_2O
जल–अपघटन
सल्फानिलैमाइड
सल्फाऐसीटैमाइड

इसका उपयोग विभिन्न मूत्र रोगों के उपचार में होता है।

(v) **सल्फाग्वानिडीन**

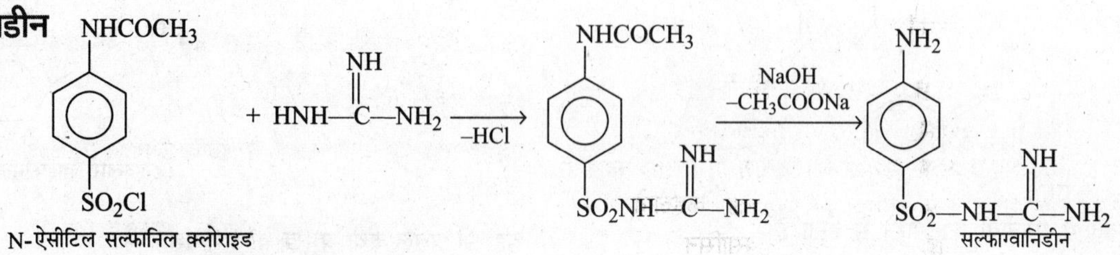
–HCl
NaOH
$-CH_3COONa$
N-ऐसीटिल सल्फानिल क्लोराइड
सल्फाग्वानिडीन

इसका उपयोग डिसेन्ट्री (dysentery) में औषधि के रूप में किया जाता है

(vi) **सल्फापाइरीडीन**

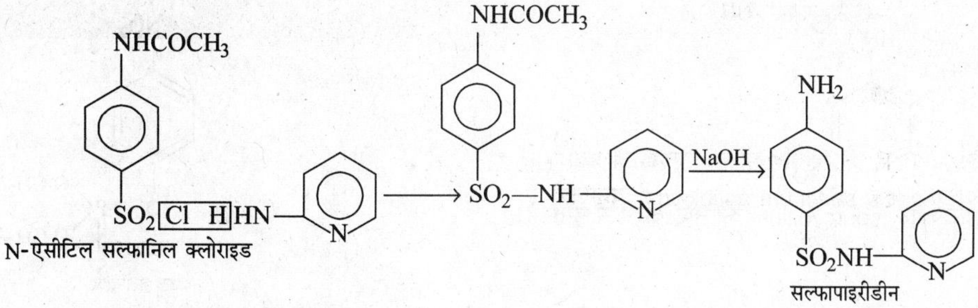
NaOH
N-ऐसीटिल सल्फानिल क्लोराइड
सल्फापाइरीडीन

इसका उपयोग निमोनिया के उपचार में किया जाता है।

(vii) **सल्फाथायाजोल**

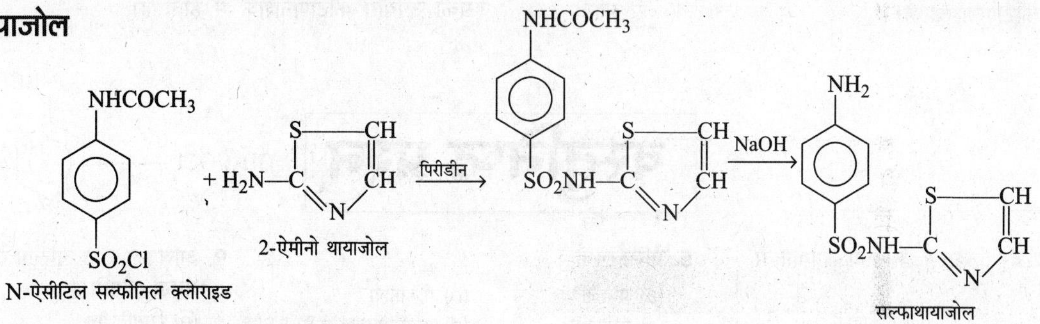
पिरीडीन
NaOH
2-ऐमीनो थायाजोल
N-ऐसीटिल सल्फोनिल क्लोराइड
सल्फाथायाजोल

इसका उपयोग गम्भीर संक्रामक रोगों के उपचार में किया जाता है।

(viii) **स्ट्रेप्टोमाइसीन**

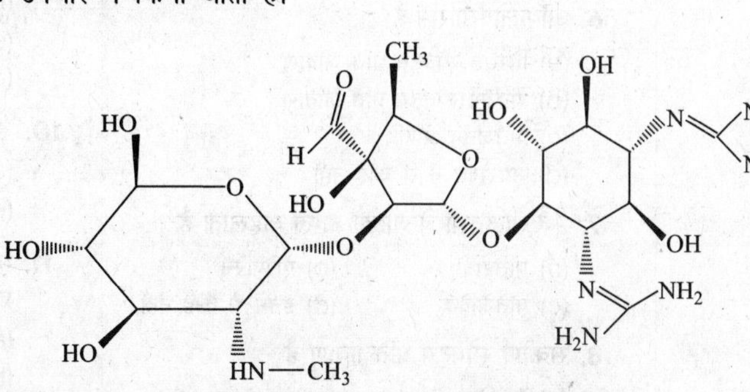

इसका उपयोग तपेदिक के उपचार में किया जाता है, यह निमोनिया के उपचार में भी प्रभावी है।

(ix) **क्लोरोमाइसिटीन या क्लोरोएम्फेनिकॉल**

$$O_2N-C_6H_4-CH(OH)-CH(NHCOCHCl_2)-CH_2OH$$

यह टायफाइड, डिसेन्ट्री, निमोनिया, तीव्र ज्वर आदि में प्रयोग की जाती है।

(x) **क्लोरोक्वीन्स**

HN, N, Cl, N

इसका उपयोग रक्त में परजीवी को मारने में होता है।

(xi) **प्राइमाक्वीन**

HN, NH_2, N, N

इसका उपयोग यकृत में स्पोरोज्वाट (sporozoities) को नष्ट करने में होता है।

(xii) **गैमेक्सीन**

$$C_6H_6 + 3Cl_2 \xrightarrow{hv} C_6H_6Cl_6 \text{ (गैमेक्सीन)}$$

यह एक प्रबल कीटाणुनाशक है।

(xiii) **डी.डी.टी.**

$$\underset{\text{क्लोरल}}{CCl_3CHO} + \underset{\text{क्लोरो बेन्जीन}}{2\,H-C_6H_4-Cl} \xrightarrow[-H_2O]{\text{सान्द्र } H_2SO_4} CCl_3CH(C_6H_4Cl)_2$$

डी. डी. टी.

(डाइक्लोरो डाइफेनिल ट्राइक्लोरो एथेन)

यह भी प्रबल तथा प्रमुख कीटाणुनाशक है।

(xiv) **पैराथियान** (डाइएथिल *p*-नाइट्रो फेनिल फॉस्फोरोथायोनेट)

$$NO_2-C_6H_4-O-P(=S)(OCH_2R)_2$$

$C_{10}H_{14}NO_5P_5$

इसका उपयोग कीटाणुनाशक में होता है।

वस्तुनिष्ठ प्रश्न

1. औषधि जो दर्द निवारण के लिए उपयोग में लायी जाती है
(a) ज्वररोधी (b) पीड़ाहारी
(c) प्रशान्तक (d) पूतिरोधी

2. राउल्फीया सरपेन्टाइना [Rauwalfia Serpentina] से निष्कर्षित रसायन है
(a) ब्रुफेन (b) रेसरपाइन
(c) ऐस्पिरिन (d) मेप्रोवेमट

3. निम्न में से कौन-सा प्रशान्तक है?
(a) इक्वैनिल (b) मॉर्फिन
(c) स्ट्रेप्टोमाइसीन (d) पेनिसिलिन

4. नोवाल्जीन है
(a) प्रतिजैविक (b) पीड़ाहारी
(c) ज्वारोधी (d) प्रशान्तक

5. ऐस्पिरिन है
(a) प्रतिजैविक (b) पीड़ाहारी
(c) पूतिरोधी (d) इनमें से कोई नहीं

6. ऑफलोक्सासिन है
(a) विस्तृत स्पेक्ट्रम प्रति जीवाणु
(b) संकीर्ण स्पेक्ट्रम प्रति जीवाणु
(c) प्रतिजनन औषधि
(d) उपरोक्त में से कोई नहीं

7. 2-ऐसीटॉक्सी बेन्जोइक अम्ल कहलाता है
(a) पूतिरोधी (b) ऐस्पिरिन
(c) प्रतिजैविक (d) इनमें से कोई नहीं

8. संकीर्ण स्पेक्ट्रम प्रतिजीवाणु है
(a) पैरासिटामॉल (b) पेनिसिलिन
(c) ऐस्पिरिन (d) क्लोरोफीनॉकल

9. आजकल अति अम्लता को दूर करने की सबसे प्रमुख औषधि है
(a) सिमेटिडीन
(b) धात्विक ऑक्साइड
(c) रैनिटिडिन (जैनटेक)
(d) उपरोक्त में से कोई नहीं

10. डाइमेटेप है
(a) प्रतिअम्ल (b) प्रतिहिस्टैमिन
(c) हिस्टैमिन (d) पीड़ाहारी

11. मानसिक बीमारियों को दूर करने के लिए किस प्रकार की औषधि का उपयोग किया जाता है?
(a) प्रतिअम्ल
(b) प्रतिजैविक
(c) प्रशान्तक
(d) पीड़ाहारी

12. नॉरएड्रीनेलिन है
(a) तन्त्रिकीय संचारक (b) वाहिका विस्फोटक
(c) पीड़ाहारी (d) इनमें से कोई नहीं

13. पीड़ाहारी जो बिना नींद तथा बिना चेतना क्षीणता के दर्द का निवारण करते हैं
(a) अस्वपाक पीड़ाहारी (b) स्वपाक पीड़ाहारी
(c) पूतिरोधी (d) प्रतिजैविक

14. मॉर्फीन है
(a) अस्वपाक पीड़ाहारी (b) स्वपाक पीड़ाहारी
(c) पूतिरोधी (d) प्रतिजैविक

15. औषधि जो शरीर के सामान्य तापक्रम को बिना प्रभावित किए अधिक तापक्रम को नियन्त्रित करती है
(a) पीड़ाहारी (b) तन्त्रिकीय संचारक
(c) ज्वारोधी (d) प्रतिजैविक

16. डेटॉल मिश्रण है
(a) क्लोरोजाइलिनॉल तथा टर्पीनिऑल का
(b) क्लोरोजाइलिनॉल तथा बाइथायोनॉल का
(c) टर्पीनिऑल तथा आयोडीन का
(d) उपरोक्त में से कोई नहीं

17. निम्न में से कौन-सा कीटनाशक (pesticide) का उदाहरण नहीं है?
(a) BHC (b) DDT
(c) मैलाथायोन (d) सरपेसिल

18. अनेक सामग्री को रँगने में अलग-अलग रंजक प्रयुक्त होते हैं। निम्न में से कौन-सा कथन गलत है?
(a) नायलॉन को अम्लीय रंजकों द्वारा रँगते हैं
(b) सूत को मैलेकाइट ग्रीन द्वारा रँगा जा सकता है
(c) पॉलीऐक्रिलोनाइट्राइल को रंजकों द्वारा रँगा जा सकता है
(d) उपरोक्त सभी सही हैं

19. नील (indigo) निम्न में किससे सम्बन्धित है?
(a) वेट रंजक (b) रंगबन्धक रंजक
(c) प्रत्यक्ष रंजक (d) अन्तर्जनित रंजक

20. कैल्सियम अमोनियम नाइट्रेट (CAN) अमोनियम नाइट्रेट की तुलना में अधिक प्रयुक्त किया जाता है क्योंकि
(a) CAN अमोनियम नाइट्रेट की अपेक्षा बेहतर उर्वरक है
(b) अमोनियम नाइट्रेट एक विस्फोटक यौगिक है
(c) CAN जल में विलेय है जबकि अमोनियम नाइट्रेट अविलेय है
(d) अमोनियम नाइट्रेट महँगा है

21. सैलिसिलिक अम्ल की किसके साथ क्रिया कराने पर ऐस्पिरिन बनती है?
(a) ऐसीटोन
(b) ऐसिटैल्डिहाइड
(c) ऐसीटिल क्लोराइड
(d) ऐसीटिक अम्ल

22. ऐस्पिरिन है
(a) प्रतिजैविक (b) प्रतितापक
(c) प्रतिरोधी (d) इनमें से कोई नहीं

23. ऐस्पिरिन एक ऐसीटिलीकृत उत्पाद है
(a) *p*-डाइहाइड्रॉक्सी बेन्जोइक अम्ल का
(b) *o*-हाइड्रॉक्सी बेन्जोइक अम्ल का
(c) *o*-डाइहाइड्रॉक्सी बेन्जोइक अम्ल का
(d) *m*-हाइड्रॉक्सी बेन्जोइक अम्ल का

24. निम्न में से कौन प्रतितापक है?
(a) क्वीनीन (b) पैरासिटामॉल
(c) ल्यूमिनॉल (d) पेप्राजीन

25. पैरासिटामॉल है
(a) प्रतितापक तथा दर्दनाशक
(b) दर्दनाशक
(c) प्रतितापक (d) प्रतिजैविक

26. क्लोरोएम्फेनिकोल प्रयुक्त की जाती है
(a) एक दर्दनाशक के रूप में
(b) एक निश्चेतक के रूप में
(c) एक प्रतिजैविक के रूप में
(d) एक प्रतिरोधी के रूप में

27. नायलॉन को रँग सकने में सक्षम होते हैं
(a) अम्ल रंजक (b) क्षारीय रंजक
(c) 'a' व 'b' दोनों (d) इनमें से कोई नहीं

28. निम्नलिखित में से कौन-सा क्षारीय रंजक (Basic dye) का उदाहरण है?
(a) ऐलिजरिन (b) ऐनिलीन यैलो
(c) ऑरेन्ज I (d) मार्टियस यैलो

29. निम्न में से कौन-सा वनस्पतियों अथवा जन्तुओं से उत्पन्न होने वाला प्राकृतिक रंजक का उदाहरण नहीं है?
(a) नील (b) ऐजो रंजक
(c) केसर (d) टाइरेन परपल

30. सल्फाऐसीटैमाइड का प्रयोग किया जाता है
(a) मूत्र के उपचार में (b) निमोनिया में
(c) तपेदिक के उपचार में (d) इनमें से कोई नहीं

31. अमोनिया तथा कार्बन डाइऑक्साइड से यूरिया के औद्योगिक निर्माण में अभिक्रिया का प्रथम उत्पाद है
(a) अमोनियम कार्बामेट
(b) अमोनियम हाइड्रॉक्साइड
(c) अमोनियम कार्बोनेट
(d) अमोनियम फॉर्मेट

32. यूरिया अमोनियम सल्फेट से अच्छा उर्वरक है क्योंकि
(a) यूरिया जल में विलेय है जबकि अमोनियम सल्फेट अविलेय है
(b) अधिक समय तक प्रयुक्त करने पर अमोनियम सल्फेट से मिट्टी अम्लीय हो जाती है
(c) यूरिया पौधों की वृद्धि के लिए आवश्यक सही मात्रा में नाइट्रोजन प्रदान करता है
(d) यूरिया सस्ता उर्वरक है

33. निम्न में से कौन एक प्रतिजैविक है?
(a) पेनिसिलीन (b) ऐस्कॉर्बिक अम्ल
(c) इन्सुलिन (d) ऐल्बुमिन

34. निम्न में से कौन विस्तृत स्पेक्ट्रम प्रतिजैविक है?
(a) स्ट्रेप्टोमाइसीन (b) ऐम्पिसिलीन
(c) क्लोरोएम्फेनिकोल (d) पेनिसिलीन-G

35. आर्सेनिक औषधियाँ मुख्यतः किसमें प्रयोग की जाती हैं?
(a) पीलिया (b) टायफॉइड
(c) उपदंश रोग (d) हैजा

36. ऐडीनोसीन मोनोफॉस्फेट (AMP) है
(a) एक न्यूक्लिओटाइड (b) एक न्यूक्लिओसाइड
(c) एक कीटनाशी (d) एक प्रतिजीवाणुक

37. फिनैसिटीन प्रयुक्त होती है
(a) दर्द निवारक के रूप में
(b) प्रतितापक के रूप में
(c) मलेरियानाशक के रूप में
(d) प्रतिरोधी के रूप में

38. तेज ज्वर में शरीर के ताप को कम करने वाला पदार्थ कहलाता है
(a) प्रतिरोधी (b) तापक
(c) प्रतितापक (d) प्रतिजैवी

39. निम्न उर्वरकों में से सबसे कम नाइट्रोजन किसमें पायी जाती है?
(a) यूरिया में
(b) कैल्सियम अमोनियम नाइट्रेट में
(c) अमोनियम सल्फेट में
(d) अमोनियम नाइट्रेट में

40. एक ऐजो रंजक (azo dye) का नाम है
(a) काँगो रेड (b) मैलेकाइट ग्रीन
(c) मार्टियस यैलो (d) नील

41. कीटनाशक गैमेक्सीन निम्न पर आधारित उत्पाद है
(a) डी०डी०टी०
(b) बेन्जीन हेक्साक्लोराइड
(c) हेक्साक्लोरोएथेन
(d) क्लोरल

42. नाइट्रोजन का प्रतिशत किसमें सबसे अधिक है?
(a) यूरिया (b) अमोनियम नाइट्रेट
(c) CAN (d) कैल्सियम नाइट्रेट

43. कौन-सा यौगिक ऐस्पिरिन है?
(a) ऐसीटिल सैलिसिलिक अम्ल
(b) सैलिसिलिक अम्ल
(c) ऐसीटैमाइड
(d) सैलिसिल ऐमाइड

44. यह किसकी संरचना है?

$H_2N-C_6H_4-SO_2-NH-C(=NH)NH_2$

(a) ऐस्पिरिन (b) पी.ए.एस.
(c) सल्फाग्वानीडीन (d) स्ट्रेप्टोमाइसीन

45. केन्द्रीय तन्त्रिका तन्त्र को प्रभावित करने वाला तथा निद्रा प्रेरित करने वाला पदार्थ कहलाता है

(a) प्रशान्तक (b) प्रतितापक
(c) दर्द निवारक (d) इनमें से कोई नहीं

46. निम्न में से कौन-सी निद्राकारी औषधि (hypnotic drug) है?

(a) ल्यूमिनॉल (b) सैलोल
(c) कैटचोल (d) फीनॉल

47. निम्न में से कौन दर्द में राहत देता है?

(a) फेनिल ऐसीटेट
(b) मेथिल ऐसीटेट
(c) ऐसीटिल सैलिसिलिक अम्ल
(d) सैलिसिलिक अम्ल

48. सल्फा औषधियाँ प्रयुक्त होती हैं

(a) जीवाणु को अवक्षेपित करने में
(b) जीवाणु को दूर करने में
(c) जीवाणु का आकार कम करने में
(d) जीवाणु की वृद्धि रोकने में

49. एण्टीबॉडीज हैं

(a) कार्बोहाइड्रेट (b) एन्जाइम
(c) प्रोटीन (d) हॉर्मोन

50. सल्फर युक्त सब्जी है

(a) आलू (b) पत्तागोभी
(c) बैंगन (d) कद्दू

51. स्ट्रैप्टोमाइसिन निम्न में से किसके उपचार में प्रभावशाली होती है?

(a) क्षय रोग के (b) मलेरिया के
(c) हैजा के (d) टायफॉइड ज्वर के

52. निम्नलिखित कथनों पर विचार कीजिए

1. बड़े शीतगृह संयन्त्रों में प्रशीतक के रूप में अमोनिया का प्रयोग होता है, जबकि घरेलू रेफ्रिजरेटरों में क्लोरोफ्लुओरो कार्बन का प्रयोग किया जाता है।
2. अमोनिया को परिवेशी तापमान और निम्न दाब पर द्रवीकृत किया जा सकता है।
3. क्लोरोफ्लुओरो कार्बन वायु प्रदूषक होते हैं।

उपरोक्त कथनों में से कौन-सा/से कथन सही है/हैं?

(a) 1 और 3
(b) 2 और 3
(c) केवल 3
(d) 1, 2 और 3

53. उथले हैण्डपम्प से पानी पीने वाले व्यक्तियों में निम्नलिखित बीमारियाँ होने की सम्भावना होती है

1. हैजा 2. टायफायड
3. पीलिया 4. फ्लुओरोसिस

कूट

(a) 2, 3 और 4
(b) 1, 2 और 3
(c) 1, 2 और 4
(d) 1, और 3

55. निम्नलिखित युग्मों में से कौन-सा एक सही सुमेलित नहीं है?

(a) वायु के प्रमुख घटक–नाइट्रोजन और ऑक्सीजन गैस
(b) वायु के घटक जो पौधों के वर्धन और विकास के लिए आवश्यक हैं– नाइट्रोजन गैस
(c) वायु के घटक जो प्रकाश संश्लेषण के कारक हैं –कार्बन डाइऑक्साइड और जलवाष्प
(d) वायु के घटक जो वायु प्रदूषण के कारक हैं– दुर्लभ गैसें

55. निम्नलिखित कथनों पर विचार कीजिए क्लोरोफ्लुओरो कार्बन, जो ओजोन-ह्रासक पदार्थों के रूप में चर्चित है, उनका प्रयोग

1. सुघट्य फोम के निर्माण में होता है।
2. ट्यूबलेस टायरों के निर्माण में होता है।
3. कुछ विशिष्ट इलेक्ट्रॉनिक अवयवों की सफाई करने में होता है।
4. ऐरोसॉल कैन में दाबकारी एजेण्ट के रूप में होता है।

उपरोक्त कथनों में कौन-सा/से कथन सही है/हैं?

(a) 1, 2 और 3
(b) केवल 4
(c) 1, 3 और 4
(d) ये सभी

56. निम्न में से कौन-सा/से कथन सही है/हैं?

1. अम्ल वर्षा बादल के जल एवं सल्फर डाइऑक्साइड प्रदूषकों के मध्य अभिक्रिया के फलस्वरूप होती है।
2. सल्फर डाइऑक्साइड अम्ल वर्षा के लिए प्रमुखत: उत्तरदायी है।

कूट

(a) केवल 1
(b) केवल 2
(c) 1 और 2
(d) न तो 1 और न ही 2

सही उत्तर

1 (b)	2 (b)	3 (a)	4 (b)	5 (b)	6 (a)	7 (b)	8 (b)	9 (c)	10 (b)
11 (c)	12 (a)	13 (a)	14 (b)	15 (c)	16 (a)	17 (d)	18 (b)	19 (a)	20 (b)
21 (c)	22 (b)	23 (b)	24 (b)	25 (a)	26 (c)	27 (a)	28 (b)	29 (b)	30 (a)
31 (c)	32 (b)	33 (a)	34 (c)	35 (c)	36 (a)	37 (b)	38 (c)	39 (b)	40 (a)
41 (b)	42 (a)	43 (a)	44 (c)	45 (a)	46 (a)	47 (c)	48 (d)	49 (c)	50 (b)
51 (a)	52 (d)	53 (b)	54 (d)	55 (c)	56 (c)